Manual for Regulatory Review and Verification of Securities Offerings

证券发行上市审核工作手册

（2014）

中国证券监督管理委员会/编

中国财政经济出版社

图书在版编目（CIP）数据

证券发行上市审核工作手册．2014/中国证券监督管理委员会编．—北京：中国财政经济出版社，2014.10

ISBN 978－7－5095－5722－8

Ⅰ.①证…　Ⅱ.①中…　Ⅲ.①证券法－汇编－中国　Ⅳ.①D922.287.9

中国版本图书馆CIP数据核字（2014）第231349号

责任编辑：蔺红英　王　丽　　　责任校对：朱碧波

封面设计：田　晗　　　版式设计：张　明

中国财政经济出版社出版

URL：http：//www.cfeph.cn

E－mail：cfeph@cfeph.cn

社址：北京市海淀区阜成路甲28号　邮政编码：100142

发行电话：010－88190912　88190949

北京鹏润伟业印刷有限公司印刷　各地新华书店经销

787×1092毫米　16开　123.75印张　2 300 000字

2014年10月第1版　2014年10月北京第1次印刷

定价：320.00元

ISBN 978－7－5095－5722－8/F·4625

（图书出现印装问题，本社负责调换）

目　录

I　证券发行审核

II. 证券发行信息披露

III　证券发行保荐

IV 发审委审核

V 询价与承销

VI 证券上市

VII. 持续督导

VIII 证券服务机构

IX 常用法律、法规、规章及规则

Ⅰ 证券发行审核

1. 中华人民共和国公司法

（1993 年 12 月 29 日第八届全国人民代表大会常务委员会第五次会议通过　根据 1999 年 12 月 25 日第九届全国人民代表大会常务委员会第十三次会议《关于修改〈中华人民共和国公司法〉的决定》第一次修正　根据 2004 年 8 月 28 日第十届全国人民代表大会常务委员会第十一次会议《关于修改〈中华人民共和国公司法〉的决定》第二次修正　2005 年 10 月 27 日第十届全国人民代表大会常务委员会第十八次会议修订　根据 2013 年 12 月 28 日第十二届全国人民代表大会常务委员会第六次会议《关于修改〈中华人民共和国海洋环境保护法〉等七部法律的决定》第三次修正）

目　录

第一章　总　　则

第一条　为了规范公司的组织和行为，保护公司、股东和债权人的合法权益，维护社会经济秩序，促进社会主义市场经济的发展，制定本法。

第二条　本法所称公司是指依照本法在中国境内设立的有限责任公司和股份有限公司。

第三条　公司是企业法人，有独立的法人财产，享有法人财产权。公司以其全部财产对公司的债务承担责任。

有限责任公司的股东以其认缴的出资额为限对公司承担责任；股份有限公司的股东以其认购的股份为限对公司承担责任。

第四条　公司股东依法享有资产收益、参与重大决策和选择管理者等权利。

第五条　公司从事经营活动，必须遵守法律、行政法规，遵守社会公德、商业道德，诚实守信，接受政府和社会公众的监督，承担社会责任。

公司的合法权益受法律保护，不受侵犯。

第六条　设立公司，应当依法向公司登记机关申请设立登记。符合本法规定的设立条件的，由公司登记机关分别登记为有限责任公司或者股份有限公司；不符合本法规定的设立条件的，不得登记为有限责任公司或者股份有限公司。

法律、行政法规规定设立公司必须报经批准的，应当在公司登记前依法办理批准手续。

公众可以向公司登记机关申请查询公司登记事项，公司登记机关应当提供查询服务。

第七条　依法设立的公司，由公司登记机关发给公司营业执照。公司营业执照签发日期为公司成立日期。

公司营业执照应当载明公司的名称、住所、注册资本、经营范围、法定代表人姓名等事项。

公司营业执照记载的事项发生变更的，公司应当依法办理变更登记，由公司登记机关换发营业执照。

第八条 依照本法设立的有限责任公司，必须在公司名称中标明有限责任公司或者有限公司字样。

依照本法设立的股份有限公司，必须在公司名称中标明股份有限公司或者股份公司字样。

第九条 有限责任公司变更为股份有限公司，应当符合本法规定的股份有限公司的条件。股份有限公司变更为有限责任公司，应当符合本法规定的有限责任公司的条件。

有限责任公司变更为股份有限公司的，或者股份有限公司变更为有限责任公司的，公司变更前的债权、债务由变更后的公司承继。

第十条 公司以其主要办事机构所在地为住所。

第十一条 设立公司必须依法制定公司章程。公司章程对公司、股东、董事、监事、高级管理人员具有约束力。

第十二条 公司的经营范围由公司章程规定，并依法登记。公司可以修改公司章程，改变经营范围，但是应当办理变更登记。

公司的经营范围中属于法律、行政法规规定须经批准的项目，应当依法经过批准。

第十三条 公司法定代表人依照公司章程的规定，由董事长、执行董事或者经理担任，并依法登记。公司法定代表人变更，应当办理变更登记。

第十四条 公司可以设立分公司。设立分公司，应当向公司登记机关申请登记，领取营业执照。分公司不具有法人资格，其民事责任由公司承担。

公司可以设立子公司，子公司具有法人资格，依法独立承担民事责任。

第十五条 公司可以向其他企业投资；但是，除法律另有规定外，不得成为对所投资企业的债务承担连带责任的出资人。

第十六条 公司向其他企业投资或者为他人提供担保，依照公司章程的规定，由董事会或者股东会、股东大会决议；公司章程对投资或者担保的总额及单项投资或者担保的数额有限额规定的，不得超过规定的限额。

公司为公司股东或者实际控制人提供担保的，必须经股东会或者股东大会决议。

前款规定的股东或者受前款规定的实际控制人支配的股东，不得参加前款规定事项的表决。该项表决由出席会议的其他股东所持表决权的过半数通过。

第十七条 公司必须保护职工的合法权益，依法与职工签订劳动合同，参加社会保险，加强劳动保护，实现安全生产。

公司应当采用多种形式，加强公司职工的职业教育和岗位培训，提高职工素质。

第十八条 公司职工依照《中华人民共和国工会法》组织工会，开展工会活动，维护职工合法权益。公司应当为本公司工会提供必要的活动条件。公司工会代表职工就职工的劳动报酬、工作时间、福利、保险和劳动安全卫生等事项依法与公司签订集体合同。

公司依照宪法和有关法律的规定，通过职工代表大会或者其他形式，实行民主管理。

公司研究决定改制以及经营方面的重大问题、制定重要的规章制度时，应当听取公司工会的意见，并通过职工代表大会或者其他形式听取职工的意见和建议。

第十九条 在公司中，根据中国共产党章程的规定，设立中国共产党的组织，开展党的活动。公司应当为党组织的活动提供必要条件。

第二十条 公司股东应当遵守法律、行政法规和公司章程，依法行使股东权利，不得滥用股东权利损害公司或者其他股东的利益；不得滥用公司法人独立地位和股东有限责任损害公司债权人的利益。

公司股东滥用股东权利给公司或者其他股东造成损失的，应当依法承担赔偿责任。

公司股东滥用公司法人独立地位和股东有限责任，逃避债务，严重损害公司债权人利益的，应当对公司债务承担连带责任。

第二十一条 公司的控股股东、实际控制人、董事、监事、高级管理人员不得利用其关联关系损害公司利益。

违反前款规定，给公司造成损失的，应当承担赔偿责任。

第二十二条 公司股东会或者股东大会、董事会的决议内容违反法律、行政法规的无效。

股东会或者股东大会、董事会的会议召集程序、表决方式违反法律、行政法规或者公司章程，或者决议内容违反公司章程的，股东可以自决议作出之日起六十日内，请求人民法院撤销。

股东依照前款规定提起诉讼的，人民法院可以应公司的请求，要求股东提供相应担保。

公司根据股东会或者股东大会、董事会决议已办理变更登记的，人民法院宣告该决议无效或者撤销该决议后，公司应当向公司登记机关申请撤销变更登记。

第二章　有限责任公司的设立和组织机构

第一节　设　立

第二十三条　设立有限责任公司，应当具备下列条件：

（一）股东符合法定人数；

（二）有符合公司章程规定的全体股东认缴的出资额；

（三）股东共同制定公司章程；

（四）有公司名称，建立符合有限责任公司要求的组织机构；

（五）有公司住所。

第二十四条　有限责任公司由五十个以下股东出资设立。

第二十五条　有限责任公司章程应当载明下列事项：

（一）公司名称和住所；

（二）公司经营范围；

（三）公司注册资本；

（四）股东的姓名或者名称；

（五）股东的出资方式、出资额和出资时间；

（六）公司的机构及其产生办法、职权、议事规则；

（七）公司法定代表人；

（八）股东会会议认为需要规定的其他事项。

股东应当在公司章程上签名、盖章。

第二十六条　有限责任公司的注册资本为在公司登记机关登记的全体股东认缴的出资额。

法律、行政法规以及国务院决定对有限责任公司注册资本实缴、注册资本最低限额另有规定的，从其规定。

第二十七条　股东可以用货币出资，也可以用实物、知识产权、土地使用权等可以用货币估价并可以依法转让的非货币财产作价出资；但是，法律、行政法规规定不得作为出资的财产除外。

对作为出资的非货币财产应当评估作价，核实财产，不得高估或者低估作价。法律、行政法规对评估作价有规定的，从其规定。

第二十八条　股东应当按期足额缴纳公司章程中规定的各自所认缴的出资额。股东以货币出资的，应当将货币出资足额存入有限责任公司在银行开设的账户；以非货币财产出资的，应当依法办理其财产权的转移手续。

股东不按照前款规定缴纳出资的，除应当向公司足额缴纳外，还应当向已按期足额缴纳出资的股东承担违约责任。

第二十九条 股东认足公司章程规定的出资后，由全体股东指定的代表或者共同委托的代理人向公司登记机关报送公司登记申请书、公司章程等文件，申请设立登记。

第三十条 有限责任公司成立后，发现作为设立公司出资的非货币财产的实际价额显著低于公司章程所定价额的，应当由交付该出资的股东补足其差额；公司设立时的其他股东承担连带责任。

第三十一条 有限责任公司成立后，应当向股东签发出资证明书。

出资证明书应当载明下列事项：

（一）公司名称；

（二）公司成立日期；

（三）公司注册资本；

（四）股东的姓名或者名称、缴纳的出资额和出资日期；

（五）出资证明书的编号和核发日期。

出资证明书由公司盖章。

第三十二条 有限责任公司应当置备股东名册，记载下列事项：

（一）股东的姓名或者名称及住所；

（二）股东的出资额；

（三）出资证明书编号。

记载于股东名册的股东，可以依股东名册主张行使股东权利。

公司应当将股东的姓名或者名称向公司登记机关登记；登记事项发生变更的，应当办理变更登记。未经登记或者变更登记的，不得对抗第三人。

第三十三条 股东有权查阅、复制公司章程、股东会会议记录、董事会会议决议、监事会会议决议和财务会计报告。

股东可以要求查阅公司会计账簿。股东要求查阅公司会计账簿的，应当向公司提出书面请求，说明目的。公司有合理根据认为股东查阅会计账簿有不正当目的，可能损害公司合法利益的，可以拒绝提供查阅，并应当自股东提出书面请求之日起十五日内书面答复股东并说明理由。公司拒绝提供查阅的，股东可以请求人民法院要求公司提供查阅。

第三十四条 股东按照实缴的出资比例分取红利；公司新增资本时，股东有权优先按照实缴的出资比例认缴出资。但是，全体股东约定不按照出资比例分取红利或者不按照出资比例优先认缴出资的除外。

第三十五条 公司成立后，股东不得抽逃出资。

第二节 组织机构

第三十六条 有限责任公司股东会由全体股东组成。股东会是公司的权力机构，依照本法行使职权。

第三十七条 股东会行使下列职权：

（一）决定公司的经营方针和投资计划；

（二）选举和更换非由职工代表担任的董事、监事，决定有关董事、监事的报酬事项；

（三）审议批准董事会的报告；

（四）审议批准监事会或者监事的报告；

（五）审议批准公司的年度财务预算方案、决算方案；

（六）审议批准公司的利润分配方案和弥补亏损方案；

（七）对公司增加或者减少注册资本作出决议；

（八）对发行公司债券作出决议；

（九）对公司合并、分立、解散、清算或者变更公司形式作出决议；

（十）修改公司章程；

（十一）公司章程规定的其他职权。

对前款所列事项股东以书面形式一致表示同意的，可以不召开股东会会议，直接作出决定，并由全体股东在决定文件上签名、盖章。

第三十八条 首次股东会会议由出资最多的股东召集和主持，依照本法规定行使职权。

第三十九条 股东会会议分为定期会议和临时会议。

定期会议应当依照公司章程的规定按时召开。代表十分之一以上表决权的股东，三分之一以上的董事，监事会或者不设监事会的公司的监事提议召开临时会议的，应当召开临时会议。

第四十条 有限责任公司设立董事会的，股东会会议由董事会召集，董事长主持；董事长不能履行职务或者不履行职务的，由副董事长主持；副董事长不能履行职务或者不履行职务的，由半数以上董事共同推举一名董事主持。

有限责任公司不设董事会的，股东会会议由执行董事召集和主持。

董事会或者执行董事不能履行或者不履行召集股东会会议职责的，由监事会或者不设监事会的公司的监事召集和主持；监事会或者监事不召集和主持的，代表十分之一以上表决权的股东可以自行召集和主持。

第四十一条 召开股东会会议，应当于会议召开十五日前通知全体股东；但是，公司章程另有规定或者全体股东另有约定的除外。

股东会应当对所议事项的决定作成会议记录，出席会议的股东应当在会议记录上签名。

第四十二条 股东会会议由股东按照出资比例行使表决权；但是，公司章程另有规定的除外。

第四十三条 股东会的议事方式和表决程序，除本法有规定的外，由公司章程规定。

股东会会议作出修改公司章程、增加或者减少注册资本的决议，以及公司合并、分立、解散或者变更公司形式的决议，必须经代表三分之二以上表决权的股东通过。

第四十四条 有限责任公司设董事会，其成员为三人至十三人；但是，本法第五十条另有规定的除外。

两个以上的国有企业或者两个以上的其他国有投资主体投资设立的有限责任公司，其董事会成员中应当有公司职工代表；其他有限责任公司董事会成员中可以有公司职工代表。董事会中的职工代表由公司职工通过职工代表大会、职工大会或者其他形式民主选举产生。

董事会设董事长一人，可以设副董事长。董事长、副董事长的产生办法由公司章程规定。

第四十五条 董事任期由公司章程规定，但每届任期不得超过三年。董事任期届满，连选可以连任。

董事任期届满未及时改选，或者董事在任期内辞职导致董事会成员低于法定人数的，在改选出的董事就任前，原董事仍应当依照法律、行政法规和公司章程的规定，履行董事职务。

第四十六条 董事会对股东会负责，行使下列职权：

（一）召集股东会会议，并向股东会报告工作；

（二）执行股东会的决议；

（三）决定公司的经营计划和投资方案；

（四）制订公司的年度财务预算方案、决算方案；

（五）制订公司的利润分配方案和弥补亏损方案；

（六）制订公司增加或者减少注册资本以及发行公司债券的方案；

（七）制订公司合并、分立、解散或者变更公司形式的方案；

（八）决定公司内部管理机构的设置；

（九）决定聘任或者解聘公司经理及其报酬事项，并根据经理的提名决定聘任或者解聘公司副经理、财务负责人及其报酬事项；

（十）制定公司的基本管理制度；

（十一）公司章程规定的其他职权。

第四十七条 董事会会议由董事长召集和主持；董事长不能履行职务或者不履行职务的，由副董事长召集和主持；副董事长不能履行职务或者不履行职务的，由半数以上董事共同推举一名董事召集和主持。

第四十八条 董事会的议事方式和表决程序，除本法有规定的外，由公司章程规定。

董事会应当对所议事项的决定作成会议记录，出席会议的董事应当在会议记录上签名。

董事会决议的表决，实行一人一票。

第四十九条 有限责任公司可以设经理，由董事会决定聘任或者解聘。经理对董事会负责，行使下列职权：

（一）主持公司的生产经营管理工作，组织实施董事会决议；

（二）组织实施公司年度经营计划和投资方案；

（三）拟订公司内部管理机构设置方案；

（四）拟订公司的基本管理制度；

（五）制定公司的具体规章；

（六）提请聘任或者解聘公司副经理、财务负责人；

（七）决定聘任或者解聘除应由董事会决定聘任或者解聘以外的负责管理人员；

（八）董事会授予的其他职权。

公司章程对经理职权另有规定的，从其规定。

经理列席董事会会议。

第五十条 股东人数较少或者规模较小的有限责任公司，可以设一名执行董事，不设董事会。执行董事可以兼任公司经理。

执行董事的职权由公司章程规定。

第五十一条 有限责任公司设监事会，其成员不得少于三人。股东人数较少或者规模较小的有限责任公司，可以设一至二名监事，不设监事会。

监事会应当包括股东代表和适当比例的公司职工代表，其中职工代表的比例不得低于三分之一，具体比例由公司章程规定。监事会中的职工代表由公司职工通过职工代表大会、职工大会或者其他形式民主选举产生。

监事会设主席一人，由全体监事过半数选举产生。监事会主席召集和主持监事会会议；监事会主席不能履行职务或者不履行职务的，由半数以上监事共同推举一名监事召集和主持监事会会议。

董事、高级管理人员不得兼任监事。

第五十二条 监事的任期每届为三年。监事任期届满，连选可以连任。

监事任期届满未及时改选，或者监事在任期内辞职导致监事会成员低于法定人数的，在改选出的监事就任前，原监事仍应当依照法律、行政法规和公司章程的规定，履行监事职务。

第五十三条 监事会、不设监事会的公司的监事行使下列职权：

（一）检查公司财务；

（二）对董事、高级管理人员执行公司职务的行为进行监督，对违反法律、行政法规、公司章程或者股东会决议的董事、高级管理人员提出罢免的建议；

（三）当董事、高级管理人员的行为损害公司的利益时，要求董事、高级管理人员予以纠正；

（四）提议召开临时股东会会议，在董事会不履行本法规定的召集和主持股东会会议职责时召集和主持股东会会议；

（五）向股东会会议提出提案；

（六）依照本法第一百五十一条的规定，对董事、高级管理人员提起诉讼；

（七）公司章程规定的其他职权。

第五十四条 监事可以列席董事会会议，并对董事会决议事项提出质询或者建议。

监事会、不设监事会的公司的监事发现公司经营情况异常，可以进行调查；必要时，可以聘请会计师事务所等协助其工作，费用由公司承担。

第五十五条 监事会每年度至少召开一次会议，监事可以提议召开临时监事会会议。

监事会的议事方式和表决程序，除本法有规定的外，由公司章程规定。

监事会决议应当经半数以上监事通过。

监事会应当对所议事项的决定作成会议记录，出席会议的监事应当在会议记录上签名。

第五十六条 监事会、不设监事会的公司的监事行使职权所必需的费用，由公司承担。

第三节 一人有限责任公司的特别规定

第五十七条 一人有限责任公司的设立和组织机构，适用本节规定；本节没有规定的，适用本章第一节、第二节的规定。

本法所称一人有限责任公司，是指只有一个自然人股东或者一个法人股东的有限责任公司。

第五十八条 一个自然人只能投资设立一个一人有限责任公司。该一人有限责任公司不能投资设立新的一人有限责任公司。

第五十九条 一人有限责任公司应当在公司登记中注明自然人独资或者法人独资，并在公司营业执照中载明。

第六十条 一人有限责任公司章程由股东制定。

第六十一条 一人有限责任公司不设股东会。股东作出本法第三十七条第一款所列决定时，应当采用书面形式，并由股东签名后置备于公司。

第六十二条 一人有限责任公司应当在每一会计年度终了时编制财务会计报告，并经会计师事务所审计。

第六十三条 一人有限责任公司的股东不能证明公司财产独立于股东自己的财产的，应当对公司债务承担连带责任。

第四节 国有独资公司的特别规定

第六十四条 国有独资公司的设立和组织机构，适用本节规定；本节没有规定的，适用本章第一节、第二节的规定。

本法所称国有独资公司，是指国家单独出资、由国务院或者地方人民政府授权本级人民政府国有资产监督管理机构履行出资人职责的有限责任公司。

第六十五条 国有独资公司章程由国有资产监督管理机构制定，或者由董事会制订报国有资产监督管理机构批准。

第六十六条 国有独资公司不设股东会，由国有资产监督管理机构行使股东会职权。国有资产监督管理机构可以授权公司董事会行使股东会的部分职权，决定公司的重大事项，但公司的合并、分立、解散、增加或者减少注册资本和发行公司债券，必须由国有资产监督管理机构决定；其中，重要的国有独资公司合并、分立、解散、申请破产的，应当由国有资产监督管理机构审核后，报本级人民政府批准。

前款所称重要的国有独资公司，按照国务院的规定确定。

第六十七条 国有独资公司设董事会，依照本法第四十六条、第六十六条的规定行使职权。董事每届任期不得超过三年。董事会成员中应当有公司职工代表。

董事会成员由国有资产监督管理机构委派；但是，董事会成员中的职工代表由公司职工代表大会选举产生。

董事会设董事长一人，可以设副董事长。董事长、副董事长由国有资产监督管理机构从董事会成员中指定。

第六十八条 国有独资公司设经理，由董事会聘任或者解聘。经理依照本法第四十九条规定行使职权。

经国有资产监督管理机构同意，董事会成员可以兼任经理。

第六十九条 国有独资公司的董事长、副董事长、董事、高级管理人员，未经国有资产监督管理机构同意，不得在其他有限责任公司、股份有限公司或者其他经济组织兼职。

第七十条 国有独资公司监事会成员不得少于五人，其中职工代表的比例不得低于三分之一，具体比例由公司章程规定。

监事会成员由国有资产监督管理机构委派；但是，监事会成员中的职工代表由公司职工代表大会选举产生。监事会主席由国有资产监督管理机构从监事会成员中指定。

监事会行使本法第五十三条第（一）项至第（三）项规定的职权和国务院规定的其他职权。

第三章 有限责任公司的股权转让

第七十一条 有限责任公司的股东之间可以相互转让其全部或者部分股权。

股东向股东以外的人转让股权，应当经其他股东过半数同意。股东应就其股权转让事项书面通知其他股东征求同意，其他股东自接到书面通知之日起满三十日未答复的，视为同意转让。其他股东半数以上不同意转让的，不同意的股东应当购买该转让的股权；不购买的，视为同意转让。

经股东同意转让的股权，在同等条件下，其他股东有优先购买权。两个以上股东主张行使优先购买权的，协商确定各自的购买比例；协商不成的，按照转让时各自的出资比例行使优先购买权。

公司章程对股权转让另有规定的，从其规定。

第七十二条 人民法院依照法律规定的强制执行程序转让股东的股权时，应当通知公司及全体股东，其他股东在同等条件下有优先购买权。其他股东自人民法院通知之日起满二十日不行使优先购买权的，视为放弃优先购买权。

第七十三条 依照本法第七十一条、第七十二条转让股权后，公司应当注销原股东的出资证明书，向新股东签发出资证明书，并相应修改公司章程和股东名册中有关股东及其出资额的记载。对公司章程的该项修改不需再由股东会表决。

第七十四条 有下列情形之一的，对股东会该项决议投反对票的股东可以请求公司按照合理的价格收购其股权：

（一）公司连续五年不向股东分配利润，而公司该五年连续盈利，并且符合本法规定的分配利润条件的；

（二）公司合并、分立、转让主要财产的；

（三）公司章程规定的营业期限届满或者章程规定的其他解散事由出现，股东会会议通过决议修改章程使公司存续的。

自股东会会议决议通过之日起六十日内，股东与公司不能达成股权收购协议的，股东可以自股东会会议决议通过之日起九十日内向人民法院提起诉讼。

第七十五条 自然人股东死亡后，其合法继承人可以继承股东资格；但是，公司章程另有规定的除外。

第四章 股份有限公司的设立和组织机构

第一节 设 立

第七十六条 设立股份有限公司，应当具备下列条件：

（一）发起人符合法定人数；

（二）有符合公司章程规定的全体发起人认购的股本总额或者募集的实收股本总额；

（三）股份发行、筹办事项符合法律规定；

（四）发起人制订公司章程，采用募集方式设立的经创立大会通过；

（五）有公司名称，建立符合股份有限公司要求的组织机构；

（六）有公司住所。

第七十七条 股份有限公司的设立，可以采取发起设立或者募集设立的方式。

发起设立，是指由发起人认购公司应发行的全部股份而设立公司。

募集设立，是指由发起人认购公司应发行股份的一部分，其余股份向社会公开募集或者向特定对象募集而设立公司。

第七十八条 设立股份有限公司，应当有二人以上二百人以下为发起人，其中须有半数以上的发起人在中国境内有住所。

第七十九条 股份有限公司发起人承担公司筹办事务。

发起人应当签订发起人协议，明确各自在公司设立过程中的权利和义务。

第八十条 股份有限公司采取发起设立方式设立的，注册资本为在公司登记机关登记的全体发起人认购的股本总额。在发起人认购的股份缴足前，不得向他人募集股份。

股份有限公司采取募集方式设立的，注册资本为在公司登记机关登记的实收股本总额。

法律、行政法规以及国务院决定对股份有限公司注册资本实缴、注册资本最低限额另有规定的，从其规定。

第八十一条 股份有限公司章程应当载明下列事项：

（一）公司名称和住所；

（二）公司经营范围；

（三）公司设立方式；

（四）公司股份总数、每股金额和注册资本；

（五）发起人的姓名或者名称、认购的股份数、出资方式和出资时间；

（六）董事会的组成、职权和议事规则；

（七）公司法定代表人；

（八）监事会的组成、职权和议事规则；

（九）公司利润分配办法；

（十）公司的解散事由与清算办法；

（十一）公司的通知和公告办法；

（十二）股东大会会议认为需要规定的其他事项。

第八十二条 发起人的出资方式，适用本法第二十七条的规定。

第八十三条 以发起设立方式设立股份有限公司的，发起人应当书面认足公司章程规定其认购的股份，并按照公司章程规定缴纳出资。以非货币财产出资的，应当依法办理其财产权的转移手续。

发起人不依照前款规定缴纳出资的，应当按照发起人协议承担违约责任。

发起人认足公司章程规定的出资后，应当选举董事会和监事会，由董事会向公司登记机关报送公司章程以及法律、行政法规规定的其他文件，申请设立登记。

第八十四条 以募集设立方式设立股份有限公司的，发起人认购的股份不得少于公司股份总数的百分之三十五；但是，法律、行政法规另有规定的，从其规定。

第八十五条 发起人向社会公开募集股份，必须公告招股说明书，并制作认股书。认股书应当载明本法第八十六条所列事项，由认股人填写认购股数、金额、住所，并签名、盖章。认股人按照所认购股数缴纳股款。

第八十六条 招股说明书应当附有发起人制订的公司章程，并载明下列事项：

（一）发起人认购的股份数；

（二）每股的票面金额和发行价格；

（三）无记名股票的发行总数；

（四）募集资金的用途；

（五）认股人的权利、义务；

（六）本次募股的起止期限及逾期未募足时认股人可以撤回所认股份的说明。

第八十七条 发起人向社会公开募集股份，应当由依法设立的证券公司承销，签订承销协议。

第八十八条 发起人向社会公开募集股份，应当同银行签订代收股款协议。

代收股款的银行应当按照协议代收和保存股款，向缴纳股款的认股人出具收款单据，并负有向有关部门出具收款证明的义务。

第八十九条 发行股份的股款缴足后，必须经依法设立的验资机构验资并出具证明。发起人应当自股款缴足之日起三十日内主持召开公司创立大会。创立大会由发起人、认股人组成。

发行的股份超过招股说明书规定的截止期限尚未募足的，或者发行股份的股款缴足后，发起人在三十日内未召开创立大会的，认股人可以按照所缴股款并加算银行同期存款利息，要求发起人返还。

第九十条 发起人应当在创立大会召开十五日前将会议日期通知各认股人或者予以公告。创立大会应有代表股份总数过半数的发起人、认股人出席，方可举行。

创立大会行使下列职权：

（一）审议发起人关于公司筹办情况的报告；

（二）通过公司章程；

（三）选举董事会成员；

（四）选举监事会成员；

（五）对公司的设立费用进行审核；

（六）对发起人用于抵作股款的财产的作价进行审核；

（七）发生不可抗力或者经营条件发生重大变化直接影响公司设立的，可以作出不设立公司的决议。

创立大会对前款所列事项作出决议，必须经出席会议的认股人所持表决权过半数通过。

第九十一条 发起人、认股人缴纳股款或者交付抵作股款的出资后，除未按期募足股份、发起人未按期召开创立大会或者创立大会决议不设立公司的情形外，不得抽回其股本。

第九十二条 董事会应于创立大会结束后三十日内，向公司登记机关报送下列文件，申请设立登记：

（一）公司登记申请书；

（二）创立大会的会议记录；

（三）公司章程；

（四）验资证明；

（五）法定代表人、董事、监事的任职文件及其身份证明；

（六）发起人的法人资格证明或者自然人身份证明；

（七）公司住所证明。

以募集方式设立股份有限公司公开发行股票的，还应当向公司登记机关报送国务院证券监督管理机构的核准文件。

第九十三条 股份有限公司成立后，发起人未按照公司章程的规定缴足出资的，应当补缴；其他发起人承担连带责任。

股份有限公司成立后，发现作为设立公司出资的非货币财产的实际价额显著低于公司章程所定价额的，应当由交付该出资的发起人补足其差额；其他发起人承担连带责任。

第九十四条 股份有限公司的发起人应当承担下列责任：

（一）公司不能成立时，对设立行为所产生的债务和费用负连带责任；

（二）公司不能成立时，对认股人已缴纳的股款，负返还股款并加算银行同期存款利息的连带责任；

（三）在公司设立过程中，由于发起人的过失致使公司利益受到损害的，应当对公司承担赔偿责任。

第九十五条 有限责任公司变更为股份有限公司时，折合的实收股本总额不得高于公司净资产额。有限责任公司变更为股份有限公司，为增加资本公开发行股份时，应当依法办理。

第九十六条 股份有限公司应当将公司章程、股东名册、公司债券存根、股东大会会议记录、董事会会议记录、监事会会议记录、财务会计报告置备于本公司。

第九十七条 股东有权查阅公司章程、股东名册、公司债券存根、股东大会会议记录、董事会会议决议、监事会会议决议、财务会计报告，对公司的经营提出建议或者质询。

第二节 股东大会

第九十八条 股份有限公司股东大会由全体股东组成。股东大会是公司的权力机构，依照本法行使职权。

第九十九条 本法第三十七条第一款关于有限责任公司股东会职权的规定，适用于股份有限公司股东大会。

第一百条 股东大会应当每年召开一次年会。有下列情形之一的，应当在两个月内召开临时股东大会：

（一）董事人数不足本法规定人数或者公司章程所定人数的三分之二时；

（二）公司未弥补的亏损达实收股本总额三分之一时；

（三）单独或者合计持有公司百分之十以上股份的股东请求时；

（四）董事会认为必要时；

（五）监事会提议召开时；

（六）公司章程规定的其他情形。

第一百零一条 股东大会会议由董事会召集，董事长主持；董事长不能履行职务或者不履行职务的，由副董事长主持；副董事长不能履行职务或者不履行职务的，由半数以上董事共同推举一名董事主持。

董事会不能履行或者不履行召集股东大会会议职责的，监事会应当及时召集和主持；监事会不召集和主持的，连续九十日以上单独或者合计持有公司百分之十以上股份的股东可以自行召集和主持。

第一百零二条 召开股东大会会议，应当将会议召开的时间、地点和审议的事项于会议召开二十日前通知各股东；临时股东大会应当于会议召开十五日前通知各股东；发行无记名股票的，应当于会议召开三十日前公告会议召开的时间、地点和审议事项。

单独或者合计持有公司百分之三以上股份的股东，可以在股东大会召开十日前提出临时提案并书面提交董事会；董事会应当在收到提案后二日内通知其他股东，并将该临时提案提交股东大会审议。临时提案的内容应当属于股东大会职权范围，并有明确议题和具体决议事项。

股东大会不得对前两款通知中未列明的事项作出决议。

无记名股票持有人出席股东大会会议的，应当于会议召开五日前至股东大会闭会时将股票交存于公司。

第一百零三条 股东出席股东大会会议，所持每一股份有一表决权。但是，公司持有的本公司股份没有表决权。

股东大会作出决议，必须经出席会议的股东所持表决权过半数通过。但是，股东大会作出修改公司章程、增加或者减少注册资本的决议，以及公司合并、分立、解散或者变更公司形式的决议，必须经出席会议的股东所持表决权的三分之二以上通过。

第一百零四条 本法和公司章程规定公司转让、受让重大资产或者对外提供担保等事项必须经股东大会作出决议的，董事会应当及时召集股东大会会议，由股东大会就上述事项进行表决。

第一百零五条 股东大会选举董事、监事，可以依照公司章程的规定或者股东大会的决议，实行累积投票制。

本法所称累积投票制，是指股东大会选举董事或者监事时，每一股份拥有与应选董事或者监事人数相同的表决权，股东拥有的表决权可以集中使用。

第一百零六条 股东可以委托代理人出席股东大会会议，代理人应当向公司提交股东授权委托书，并在授权范围内行使表决权。

第一百零七条 股东大会应当对所议事项的决定作成会议记录，主持人、出席会议的董事应当在会议记录上签名。会议记录应当与出席股东的签名册及代理出席的委托书一并保存。

第三节 董事会、经理

第一百零八条 股份有限公司设董事会，其成员为五人至十九人。

董事会成员中可以有公司职工代表。董事会中的职工代表由公司职工通过职工代表大会、职工大会或者其他形式民主选举产生。

本法第四十五条关于有限责任公司董事任期的规定，适用于股份有限公司董事。

本法第四十六条关于有限责任公司董事会职权的规定，适用于股份有限公司董事会。

第一百零九条 董事会设董事长一人，可以设副董事长。董事长和副董事长由董事会以全体董事的过半数选举产生。

董事长召集和主持董事会会议，检查董事会决议的实施情况。副董事长协助董事长工作，董事长不能履行职务或者不履行职务的，由副董事长履行职务；副董事长不能履行职务或者不履行职务的，由半数以上董事共同推举一名董事履行职务。

第一百一十条 董事会每年度至少召开两次会议，每次会议应当于会议召开十日前通知全体董事和监事。

代表十分之一以上表决权的股东、三分之一以上董事或者监事会，可以提议召开董事会临时会议。董事长应当自接到提议后十日内，召集和主持董事会会议。

董事会召开临时会议，可以另定召集董事会的通知方式和通知时限。

第一百一十一条 董事会会议应有过半数的董事出席方可举行。董事会作出决议，必须经全体董事的过半数通过。

董事会决议的表决，实行一人一票。

第一百一十二条 董事会会议，应由董事本人出席；董事因故不能出席，可以书面委托其他董事代为出席，委托书中应载明授权范围。

董事会应当对会议所议事项的决定作成会议记录，出席会议的董事应当在会议记录上签名。

董事应当对董事会的决议承担责任。董事会的决议违反法律、行政法规或者公司章程、股东大会决议，致使公司遭受严重损失的，参与决议的董事对公司负赔偿责任。但经证明在表决时曾表明异议并记载于会议记录的，该董事可以免除责任。

第一百一十三条 股份有限公司设经理，由董事会决定聘任或者解聘。

本法第四十九条关于有限责任公司经理职权的规定，适用于股份有限公司经理。

第一百一十四条 公司董事会可以决定由董事会成员兼任经理。

第一百一十五条 公司不得直接或者通过子公司向董事、监事、高级管理人员提供借款。

第一百一十六条 公司应当定期向股东披露董事、监事、高级管理人员从公司获得报酬的情况。

第四节 监事会

第一百一十七条 股份有限公司设监事会，其成员不得少于三人。

监事会应当包括股东代表和适当比例的公司职工代表，其中职工代表的比例不得低于三分之一，具体比例由公司章程规定。监事会中的职工代表由公司职工通过职工代表大会、职工大会或者其他形式民主选举产生。

监事会设主席一人，可以设副主席。监事会主席和副主席由全体监事过半数选举产生。监事会主席召集和主持监事会会议；监事会主席不能履行职务或者不履行职务的，由监事会副主席召集和主持监事会会议；监事会副主席不能履行职务或者不履行职务的，由半数以上监事共同推举一名监事召集和主持监事会会议。

董事、高级管理人员不得兼任监事。

本法第五十二条关于有限责任公司监事任期的规定，适用于股份有限公司监事。

第一百一十八条 本法第五十三条、第五十四条关于有限责任公司监事会职权的规定，适用于股份有限公司监事会。

监事会行使职权所必需的费用，由公司承担。

第一百一十九条 监事会每六个月至少召开一次会议。监事可以提议召开临时监事会会议。

监事会的议事方式和表决程序，除本法有规定的外，由公司章程规定。

监事会决议应当经半数以上监事通过。

监事会应当对所议事项的决定作成会议记录，出席会议的监事应当在会议记录上签名。

第五节 上市公司组织机构的特别规定

第一百二十条 本法所称上市公司，是指其股票在证券交易所上市交易的股份有限公司。

第一百二十一条 上市公司在一年内购买、出售重大资产或者担保金额超过公司资产总额百分之三十的，应当由股东大会作出决议，并经出席会议的股东所持表决权的三分之二以上通过。

第一百二十二条 上市公司设独立董事，具体办法由国务院规定。

第一百二十三条 上市公司设董事会秘书，负责公司股东大会和董事会会议的筹备、文件保管以及公司股东资料的管理，办理信息披露事务等事宜。

第一百二十四条 上市公司董事与董事会会议决议事项所涉及的企业有关联关系的，不得对该项决议行使表决权，也不得代理其他董事行使表决权。该董事会会议由过半数的无关联关系董事出席即可举行，董事会会议所作决议须经无关联关系董事过半数通过。出席董事会的无关联关系董事人数不足三人的，应将该事项提交上市公司股东大会审议。

第五章 股份有限公司的股份发行和转让

第一节 股份发行

第一百二十五条 股份有限公司的资本划分为股份，每一股的金额相等。

公司的股份采取股票的形式。股票是公司签发的证明股东所持股份的凭证。

第一百二十六条 股份的发行，实行公平、公正的原则，同种类的每一股份应当具有同等权利。

同次发行的同种类股票，每股的发行条件和价格应当相同；任何单位或者个人所认购的股份，每股应当支付相同价额。

第一百二十七条 股票发行价格可以按票面金额，也可以超过票面金额，但不得低于票面金额。

第一百二十八条 股票采用纸面形式或者国务院证券监督管理机构规定的其他形式。

股票应当载明下列主要事项：

（一）公司名称；

（二）公司成立日期；

（三）股票种类、票面金额及代表的股份数；

（四）股票的编号。

股票由法定代表人签名，公司盖章。

发起人的股票，应当标明发起人股票字样。

第一百二十九条 公司发行的股票，可以为记名股票，也可以为无记名股票。

公司向发起人、法人发行的股票，应当为记名股票，并应当记载该发起人、法人的名称或者姓名，不得另立户名或者以代表人姓名记名。

第一百三十条 公司发行记名股票的，应当置备股东名册，记载下列事项：

（一）股东的姓名或者名称及住所；

（二）各股东所持股份数；

（三）各股东所持股票的编号；

（四）各股东取得股份的日期。

发行无记名股票的，公司应当记载其股票数量、编号及发行日期。

第一百三十一条 国务院可以对公司发行本法规定以外的其他种类的股份，另行作出规定。

第一百三十二条 股份有限公司成立后，即向股东正式交付股票。公司成立前不得向股东交付股票。

第一百三十三条 公司发行新股，股东大会应当对下列事项作出决议：

（一）新股种类及数额；

（二）新股发行价格；

（三）新股发行的起止日期；

（四）向原有股东发行新股的种类及数额。

第一百三十四条 公司经国务院证券监督管理机构核准公开发行新股时，必须公告新股招股说明书和财务会计报告，并制作认股书。

本法第八十七条、第八十八条的规定适用于公司公开发行新股。

第一百三十五条 公司发行新股，可以根据公司经营情况和财务状况，确定其作价方案。

第一百三十六条 公司发行新股募足股款后，必须向公司登记机关办理变更登记，并公告。

第二节 股份转让

第一百三十七条 股东持有的股份可以依法转让。

第一百三十八条 股东转让其股份，应当在依法设立的证券交易场所进行或者按照国务院规定的其他方式进行。

第一百三十九条 记名股票，由股东以背书方式或者法律、行政法规规定的其他方式转让；转让后由公司将受让人的姓名或者名称及住所记载于股东名册。

股东大会召开前二十日内或者公司决定分配股利的基准日前五日内，不得进行前款规定的股东名册的变更登记。但是，法律对上市公司股东名册变更登记另有规定的，从其规定。

第一百四十条 无记名股票的转让，由股东将该股票交付给受让人后即发生转让的效力。

第一百四十一条 发起人持有的本公司股份，自公司成立之日起一年内不得转让。公司公开发行股份前已发行的股份，自公司股票在证券交易所上市交易之日起一年内不得转让。

公司董事、监事、高级管理人员应当向公司申报所持有的本公司的股份及其变动情况，在任职期间每年转让的股份不得超过其所持有本公司股份总数的百分之二十五；所持本公司股份自公司股票上市交易之日起一年内不得转让。上述人员离职后半年内，不得转让其所持有的本公司股份。公司章程可以对公司董事、监事、高级管理人员转让其所持有的本公司股份作出其他限制性规定。

第一百四十二条 公司不得收购本公司股份。但是，有下列情形之一的除外：

（一）减少公司注册资本；

（二）与持有本公司股份的其他公司合并；

（三）将股份奖励给本公司职工；

（四）股东因对股东大会作出的公司合并、分立决议持异议，要求公司收购其股份的。

公司因前款第（一）项至第（三）项的原因收购本公司股份的，应当经股东大会决议。公司依照前款规定收购本公司股份后，属于第（一）项情形的，应当自收购之日起十日内注销；属于第（二）项、第（四）项情形的，应当在六个月内转让或者注销。

公司依照第一款第（三）项规定收购的本公司股份，不得超过本公司已发行股份总额的百分之五；用于收购的资金应当从公司的税后利润中支出；所收购的股份应当在一年内转让给职工。

公司不得接受本公司的股票作为质押权的标的。

第一百四十三条 记名股票被盗、遗失或者灭失，股东可以依照《中华人民共和国民事诉讼法》规定的公示催告程序，请求人民法院宣告该股票失效。人民法院宣告该股票失效后，股东可以向公司申请补发股票。

第一百四十四条 上市公司的股票，依照有关法律、行政法规及证券交易所交易规则上市交易。

第一百四十五条 上市公司必须依照法律、行政法规的规定，公开其财务状况、经营情况及重大诉讼，在每会计年度内半年公布一次财务会计报告。

第六章　公司董事、监事、高级管理人员的资格和义务

第一百四十六条　有下列情形之一的，不得担任公司的董事、监事、高级管理人员：

（一）无民事行为能力或者限制民事行为能力；

（二）因贪污、贿赂、侵占财产、挪用财产或者破坏社会主义市场经济秩序，被判处刑罚，执行期满未逾五年，或者因犯罪被剥夺政治权利，执行期满未逾五年；

（三）担任破产清算的公司、企业的董事或者厂长、经理，对该公司、企业的破产负有个人责任的，自该公司、企业破产清算完结之日起未逾三年；

（四）担任因违法被吊销营业执照、责令关闭的公司、企业的法定代表人，并负有个人责任的，自该公司、企业被吊销营业执照之日起未逾三年；

（五）个人所负数额较大的债务到期未清偿。

公司违反前款规定选举、委派董事、监事或者聘任高级管理人员的，该选举、委派或者聘任无效。

董事、监事、高级管理人员在任职期间出现本条第一款所列情形的，公司应当解除其职务。

第一百四十七条　董事、监事、高级管理人员应当遵守法律、行政法规和公司章程，对公司负有忠实义务和勤勉义务。

董事、监事、高级管理人员不得利用职权收受贿赂或者其他非法收入，不得侵占公司的财产。

第一百四十八条　董事、高级管理人员不得有下列行为：

（一）挪用公司资金；

（二）将公司资金以其个人名义或者以其他个人名义开立账户存储；

（三）违反公司章程的规定，未经股东会、股东大会或者董事会同意，将公司资金借贷给他人或者以公司财产为他人提供担保；

（四）违反公司章程的规定或者未经股东会、股东大会同意，与本公司订立合同或者进行交易；

（五）未经股东会或者股东大会同意，利用职务便利为自己或者他人谋取属于公司的商业机会，自营或者为他人经营与所任职公司同类的业务；

（六）接受他人与公司交易的佣金归为己有；

（七）擅自披露公司秘密；

（八）违反对公司忠实义务的其他行为。

董事、高级管理人员违反前款规定所得的收入应当归公司所有。

第一百四十九条 董事、监事、高级管理人员执行公司职务时违反法律、行政法规或者公司章程的规定，给公司造成损失的，应当承担赔偿责任。

第一百五十条 股东会或者股东大会要求董事、监事、高级管理人员列席会议的，董事、监事、高级管理人员应当列席并接受股东的质询。

董事、高级管理人员应当如实向监事会或者不设监事会的有限责任公司的监事提供有关情况和资料，不得妨碍监事会或者监事行使职权。

第一百五十一条 董事、高级管理人员有本法第一百四十九条规定的情形的，有限责任公司的股东、股份有限公司连续一百八十日以上单独或者合计持有公司百分之一以上股份的股东，可以书面请求监事会或者不设监事会的有限责任公司的监事向人民法院提起诉讼；监事有本法第一百四十九条规定的情形的，前述股东可以书面请求董事会或者不设董事会的有限责任公司的执行董事向人民法院提起诉讼。

监事会、不设监事会的有限责任公司的监事，或者董事会、执行董事收到前款规定的股东书面请求后拒绝提起诉讼，或者自收到请求之日起三十日内未提起诉讼，或者情况紧急、不立即提起诉讼将会使公司利益受到难以弥补的损害的，前款规定的股东有权为了公司的利益以自己的名义直接向人民法院提起诉讼。

他人侵犯公司合法权益，给公司造成损失的，本条第一款规定的股东可以依照前两款的规定向人民法院提起诉讼。

第一百五十二条 董事、高级管理人员违反法律、行政法规或者公司章程的规定，损害股东利益的，股东可以向人民法院提起诉讼。

第七章 公司债券

第一百五十三条 本法所称公司债券，是指公司依照法定程序发行、约定在一定期限还本付息的有价证券。

公司发行公司债券应当符合《中华人民共和国证券法》规定的发行条件。

第一百五十四条 发行公司债券的申请经国务院授权的部门核准后，应当公告公司债券募集办法。

公司债券募集办法中应当载明下列主要事项：

（一）公司名称；

（二）债券募集资金的用途；

（三）债券总额和债券的票面金额；

（四）债券利率的确定方式；

（五）还本付息的期限和方式；

（六）债券担保情况；

（七）债券的发行价格、发行的起止日期；

（八）公司净资产额；

（九）已发行的尚未到期的公司债券总额；

（十）公司债券的承销机构。

第一百五十五条 公司以实物券方式发行公司债券的，必须在债券上载明公司名称、债券票面金额、利率、偿还期限等事项，并由法定代表人签名，公司盖章。

第一百五十六条 公司债券，可以为记名债券，也可以为无记名债券。

第一百五十七条 公司发行公司债券应当置备公司债券存根簿。

发行记名公司债券的，应当在公司债券存根簿上载明下列事项：

（一）债券持有人的姓名或者名称及住所；

（二）债券持有人取得债券的日期及债券的编号；

（三）债券总额，债券的票面金额、利率、还本付息的期限和方式；

（四）债券的发行日期。

发行无记名公司债券的，应当在公司债券存根簿上载明债券总额、利率、偿还期限和方式、发行日期及债券的编号。

第一百五十八条 记名公司债券的登记结算机构应当建立债券登记、存管、付息、兑付等相关制度。

第一百五十九条 公司债券可以转让，转让价格由转让人与受让人约定。

公司债券在证券交易所上市交易的，按照证券交易所的交易规则转让。

第一百六十条 记名公司债券，由债券持有人以背书方式或者法律、行政法规规定的其他方式转让；转让后由公司将受让人的姓名或者名称及住所记载于公司债券存根簿。

无记名公司债券的转让，由债券持有人将该债券交付给受让人后即发生转让的效力。

第一百六十一条 上市公司经股东大会决议可以发行可转换为股票的公司债券，并在公司债券募集办法中规定具体的转换办法。上市公司发行可转换为股票的公司债券，应当报国务院证券监督管理机构核准。

发行可转换为股票的公司债券，应当在债券上标明可转换公司债券字样，并在公司债券存根簿上载明可转换公司债券的数额。

第一百六十二条 发行可转换为股票的公司债券的，公司应当按照其转换办法向债券持有人换发股票，但债券持有人对转换股票或者不转换股票有选择权。

第八章　公司财务、会计

第一百六十三条　公司应当依照法律、行政法规和国务院财政部门的规定建立本公司的财务、会计制度。

第一百六十四条　公司应当在每一会计年度终了时编制财务会计报告，并依法经会计师事务所审计。

财务会计报告应当依照法律、行政法规和国务院财政部门的规定制作。

第一百六十五条　有限责任公司应当依照公司章程规定的期限将财务会计报告送交各股东。

股份有限公司的财务会计报告应当在召开股东大会年会的二十日前置备于本公司，供股东查阅；公开发行股票的股份有限公司必须公告其财务会计报告。

第一百六十六条　公司分配当年税后利润时，应当提取利润的百分之十列入公司法定公积金。公司法定公积金累计额为公司注册资本的百分之五十以上的，可以不再提取。

公司的法定公积金不足以弥补以前年度亏损的，在依照前款规定提取法定公积金之前，应当先用当年利润弥补亏损。

公司从税后利润中提取法定公积金后，经股东会或者股东大会决议，还可以从税后利润中提取任意公积金。

公司弥补亏损和提取公积金后所余税后利润，有限责任公司依照本法第三十四条的规定分配；股份有限公司按照股东持有的股份比例分配，但股份有限公司章程规定不按持股比例分配的除外。

股东会、股东大会或者董事会违反前款规定，在公司弥补亏损和提取法定公积金之前向股东分配利润的，股东必须将违反规定分配的利润退还公司。

公司持有的本公司股份不得分配利润。

第一百六十七条　股份有限公司以超过股票票面金额的发行价格发行股份所得的溢价款以及国务院财政部门规定列入资本公积金的其他收入，应当列为公司资本公积金。

第一百六十八条　公司的公积金用于弥补公司的亏损、扩大公司生产经营或者转为增加公司资本。但是，资本公积金不得用于弥补公司的亏损。

法定公积金转为资本时，所留存的该项公积金不得少于转增前公司注册资本的百分之二十五。

第一百六十九条　公司聘用、解聘承办公司审计业务的会计师事务所，依照公司章程的规定，由股东会、股东大会或者董事会决定。

公司股东会、股东大会或者董事会就解聘会计师事务所进行表决时，应当允许会计师事务所陈述意见。

第一百七十条 公司应当向聘用的会计师事务所提供真实、完整的会计凭证、会计账簿、财务会计报告及其他会计资料，不得拒绝、隐匿、谎报。

第一百七十一条 公司除法定的会计账簿外，不得另立会计账簿。

对公司资产，不得以任何个人名义开立账户存储。

第九章 公司合并、分立、增资、减资

第一百七十二条 公司合并可以采取吸收合并或者新设合并。

一个公司吸收其他公司为吸收合并，被吸收的公司解散。两个以上公司合并设立一个新的公司为新设合并，合并各方解散。

第一百七十三条 公司合并，应当由合并各方签订合并协议，并编制资产负债表及财产清单。公司应当自作出合并决议之日起十日内通知债权人，并于三十日内在报纸上公告。债权人自接到通知书之日起三十日内，未接到通知书的自公告之日起四十五日内，可以要求公司清偿债务或者提供相应的担保。

第一百七十四条 公司合并时，合并各方的债权、债务，应当由合并后存续的公司或者新设的公司承继。

第一百七十五条 公司分立，其财产作相应的分割。

公司分立，应当编制资产负债表及财产清单。公司应当自作出分立决议之日起十日内通知债权人，并于三十日内在报纸上公告。

第一百七十六条 公司分立前的债务由分立后的公司承担连带责任。但是，公司在分立前与债权人就债务清偿达成的书面协议另有约定的除外。

第一百七十七条 公司需要减少注册资本时，必须编制资产负债表及财产清单。

公司应当自作出减少注册资本决议之日起十日内通知债权人，并于三十日内在报纸上公告。债权人自接到通知书之日起三十日内，未接到通知书的自公告之日起四十五日内，有权要求公司清偿债务或者提供相应的担保。

第一百七十八条 有限责任公司增加注册资本时，股东认缴新增资本的出资，依照本法设立有限责任公司缴纳出资的有关规定执行。

股份有限公司为增加注册资本发行新股时，股东认购新股，依照本法设立股份有限公司缴纳股款的有关规定执行。

第一百七十九条 公司合并或者分立，登记事项发生变更的，应当依法向公司登记机关办理变更登记；公司解散的，应当依法办理公司注销登记；设立新公司的，应当依法办理公司设立登记。

公司增加或者减少注册资本，应当依法向公司登记机关办理变更登记。

第十章　公司解散和清算

第一百八十条　公司因下列原因解散：

（一）公司章程规定的营业期限届满或者公司章程规定的其他解散事由出现；

（二）股东会或者股东大会决议解散；

（三）因公司合并或者分立需要解散；

（四）依法被吊销营业执照、责令关闭或者被撤销；

（五）人民法院依照本法第一百八十二条的规定予以解散。

第一百八十一条　公司有本法第一百八十条第（一）项情形的，可以通过修改公司章程而存续。

依照前款规定修改公司章程，有限责任公司须经持有三分之二以上表决权的股东通过，股份有限公司须经出席股东大会会议的股东所持表决权的三分之二以上通过。

第一百八十二条　公司经营管理发生严重困难，继续存续会使股东利益受到重大损失，通过其他途径不能解决的，持有公司全部股东表决权百分之十以上的股东，可以请求人民法院解散公司。

第一百八十三条　公司因本法第一百八十条第（一）项、第（二）项、第（四）项、第（五）项规定而解散的，应当在解散事由出现之日起十五日内成立清算组，开始清算。有限责任公司的清算组由股东组成，股份有限公司的清算组由董事或者股东大会确定的人员组成。逾期不成立清算组进行清算的，债权人可以申请人民法院指定有关人员组成清算组进行清算。人民法院应当受理该申请，并及时组织清算组进行清算。

第一百八十四条　清算组在清算期间行使下列职权：

（一）清理公司财产，分别编制资产负债表和财产清单；

（二）通知、公告债权人；

（三）处理与清算有关的公司未了结的业务；

（四）清缴所欠税款以及清算过程中产生的税款；

（五）清理债权、债务；

（六）处理公司清偿债务后的剩余财产；

（七）代表公司参与民事诉讼活动。

第一百八十五条　清算组应当自成立之日起十日内通知债权人，并于六十日内在报纸上公告。债权人应当自接到通知书之日起三十日内，未接到通知书的自公告之日起四十五日内，向清算组申报其债权。

债权人申报债权，应当说明债权的有关事项，并提供证明材料。清算组应当对债权进行登记。

在申报债权期间，清算组不得对债权人进行清偿。

第一百八十六条 清算组在清理公司财产、编制资产负债表和财产清单后，应当制定清算方案，并报股东会、股东大会或者人民法院确认。

公司财产在分别支付清算费用、职工的工资、社会保险费用和法定补偿金，缴纳所欠税款，清偿公司债务后的剩余财产，有限责任公司按照股东的出资比例分配，股份有限公司按照股东持有的股份比例分配。

清算期间，公司存续，但不得开展与清算无关的经营活动。公司财产在未依照前款规定清偿前，不得分配给股东。

第一百八十七条 清算组在清理公司财产、编制资产负债表和财产清单后，发现公司财产不足清偿债务的，应当依法向人民法院申请宣告破产。

公司经人民法院裁定宣告破产后，清算组应当将清算事务移交给人民法院。

第一百八十八条 公司清算结束后，清算组应当制作清算报告，报股东会、股东大会或者人民法院确认，并报送公司登记机关，申请注销公司登记，公告公司终止。

第一百八十九条 清算组成员应当忠于职守，依法履行清算义务。

清算组成员不得利用职权收受贿赂或者其他非法收入，不得侵占公司财产。

清算组成员因故意或者重大过失给公司或者债权人造成损失的，应当承担赔偿责任。

第一百九十条 公司被依法宣告破产的，依照有关企业破产的法律实施破产清算。

第十一章　外国公司的分支机构

第一百九十一条 本法所称外国公司是指依照外国法律在中国境外设立的公司。

第一百九十二条 外国公司在中国境内设立分支机构，必须向中国主管机关提出申请，并提交其公司章程、所属国的公司登记证书等有关文件，经批准后，向公司登记机关依法办理登记，领取营业执照。

外国公司分支机构的审批办法由国务院另行规定。

第一百九十三条 外国公司在中国境内设立分支机构，必须在中国境内指定负责该分支机构的代表人或者代理人，并向该分支机构拨付与其所从事的经营活动相适应的资金。

对外国公司分支机构的经营资金需要规定最低限额的，由国务院另行规定。

第一百九十四条 外国公司的分支机构应当在其名称中标明该外国公司的国籍及责任形式。

外国公司的分支机构应当在本机构中置备该外国公司章程。

第一百九十五条 外国公司在中国境内设立的分支机构不具有中国法人资格。

外国公司对其分支机构在中国境内进行经营活动承担民事责任。

第一百九十六条 经批准设立的外国公司分支机构，在中国境内从事业务活动，必须遵守中国的法律，不得损害中国的社会公共利益，其合法权益受中国法律保护。

第一百九十七条 外国公司撤销其在中国境内的分支机构时，必须依法清偿债务，依照本法有关公司清算程序的规定进行清算。未清偿债务之前，不得将其分支机构的财产移至中国境外。

第十二章　法律责任

第一百九十八条 违反本法规定，虚报注册资本、提交虚假材料或者采取其他欺诈手段隐瞒重要事实取得公司登记的，由公司登记机关责令改正，对虚报注册资本的公司，处以虚报注册资本金额百分之五以上百分之十五以下的罚款；对提交虚假材料或者采取其他欺诈手段隐瞒重要事实的公司，处以五万元以上五十万元以下的罚款；情节严重的，撤销公司登记或者吊销营业执照。

第一百九十九条 公司的发起人、股东虚假出资，未交付或者未按期交付作为出资的货币或者非货币财产的，由公司登记机关责令改正，处以虚假出资金额百分之五以上百分之十五以下的罚款。

第二百条 公司的发起人、股东在公司成立后，抽逃其出资的，由公司登记机关责令改正，处以所抽逃出资金额百分之五以上百分之十五以下的罚款。

第二百零一条 公司违反本法规定，在法定的会计账簿以外另立会计账簿的，由县级以上人民政府财政部门责令改正，处以五万元以上五十万元以下的罚款。

第二百零二条 公司在依法向有关主管部门提供的财务会计报告等材料上作虚假记载或者隐瞒重要事实的，由有关主管部门对直接负责的主管人员和其他直接责任人员处以三万元以上三十万元以下的罚款。

第二百零三条 公司不依照本法规定提取法定公积金的，由县级以上人民政府财政部门责令如数补足应当提取的金额，可以对公司处以二十万元以下的罚款。

第二百零四条 公司在合并、分立、减少注册资本或者进行清算时，不依照本法规定通知或者公告债权人的，由公司登记机关责令改正，对公司处以一万元以上十万元以下的罚款。

公司在进行清算时，隐匿财产，对资产负债表或者财产清单作虚假记载或者在未清偿债务前分配公司财产的，由公司登记机关责令改正，对公司处以隐匿财产或者未清偿债务前分配公司财产金额百分之五以上百分之十以下的罚款；对直接负责的主管人员和其他直接责任人员处以一万元以上十万元以下的罚款。

第二百零五条 公司在清算期间开展与清算无关的经营活动的，由公司登记机关予以警告，没收违法所得。

第二百零六条 清算组不依照本法规定向公司登记机关报送清算报告，或者报送清算报告隐瞒重要事实或者有重大遗漏的，由公司登记机关责令改正。

清算组成员利用职权徇私舞弊、谋取非法收入或者侵占公司财产的，由公司登记机关责令退还公司财产，没收违法所得，并可以处以违法所得一倍以上五倍以下的罚款。

第二百零七条 承担资产评估、验资或者验证的机构提供虚假材料的，由公司登记机关没收违法所得，处以违法所得一倍以上五倍以下的罚款，并可以由有关主管部门依法责令该机构停业、吊销直接责任人员的资格证书，吊销营业执照。

承担资产评估、验资或者验证的机构因过失提供有重大遗漏的报告的，由公司登记机关责令改正，情节较重的，处以所得收入一倍以上五倍以下的罚款，并可以由有关主管部门依法责令该机构停业、吊销直接责任人员的资格证书，吊销营业执照。

承担资产评估、验资或者验证的机构因其出具的评估结果、验资或者验证证明不实，给公司债权人造成损失的，除能够证明自己没有过错的外，在其评估或者证明不实的金额范围内承担赔偿责任。

第二百零八条 公司登记机关对不符合本法规定条件的登记申请予以登记，或者对符合本法规定条件的登记申请不予登记的，对直接负责的主管人员和其他直接责任人员，依法给予行政处分。

第二百零九条 公司登记机关的上级部门强令公司登记机关对不符合本法规定条件的登记申请予以登记，或者对符合本法规定条件的登记申请不予登记的，或者对违法登记进行包庇的，对直接负责的主管人员和其他直接责任人员依法给予行政处分。

第二百一十条 未依法登记为有限责任公司或者股份有限公司，而冒用有限责任公司或者股份有限公司名义的，或者未依法登记为有限责任公司或者股份有限公司的分公司，而冒用有限责任公司或者股份有限公司的分公司名义的，由公司登记机关责令改正或者予以取缔，可以并处十万元以下的罚款。

第二百一十一条 公司成立后无正当理由超过六个月未开业的，或者开业后自行停业连续六个月以上的，可以由公司登记机关吊销营业执照。

公司登记事项发生变更时，未依照本法规定办理有关变更登记的，由公司登记机关责令限期登记；逾期不登记的，处以一万元以上十万元以下的罚款。

第二百一十二条 外国公司违反本法规定，擅自在中国境内设立分支机构的，由公司登记机关责令改正或者关闭，可以并处五万元以上二十万元以下的罚款。

第二百一十三条 利用公司名义从事危害国家安全、社会公共利益的严重违法行为的，吊销营业执照。

第二百一十四条 公司违反本法规定，应当承担民事赔偿责任和缴纳罚款、罚金的，其财产不足以支付时，先承担民事赔偿责任。

第二百一十五条 违反本法规定，构成犯罪的，依法追究刑事责任。

第十三章 附 则

第二百一十六条 本法下列用语的含义：

（一）高级管理人员，是指公司的经理、副经理、财务负责人，上市公司董事会秘书和公司章程规定的其他人员。

（二）控股股东，是指其出资额占有限责任公司资本总额百分之五十以上或者其持有的股份占股份有限公司股本总额百分之五十以上的股东；出资额或者持有股份的比例虽然不足百分之五十，但依其出资额或者持有的股份所享有的表决权已足以对股东会、股东大会的决议产生重大影响的股东。

（三）实际控制人，是指虽不是公司的股东，但通过投资关系、协议或者其他安排，能够实际支配公司行为的人。

（四）关联关系，是指公司控股股东、实际控制人、董事、监事、高级管理人员与其直接或者间接控制的企业之间的关系，以及可能导致公司利益转移的其他关系。但是，国家控股的企业之间不仅因为同受国家控股而具有关联关系。

第二百一十七条 外商投资的有限责任公司和股份有限公司适用本法；有关外商投资的法律另有规定的，适用其规定。

第二百一十八条 本法自 2006 年 1 月 1 日起施行。

2. 中华人民共和国证券法

（1998 年 12 月 29 日第九届全国人民代表大会常务委员会第六次会议通过　根据 2004 年 8 月 28 日第十届全国人民代表大会常务委员会第十一次会议《关于修改〈中华人民共和国证券法〉的决定》第一次修正　2005 年 10 月 27 日第十届全国人民代表大会常务委员会第十八次会议修订　根据 2013 年 6 月 29 日第十二届全国人民代表大会常务委员会第三次会议《关于修改〈中华人民共和国文物保护法〉等十二部法律的决定》第二次修正　根据 2014 年 8 月 31 日第十二届全国人民代表大会常务委员会第十次会议《关于修改〈中华人民共和国保险法〉等五部法律的决定》第三次修正）

目　录

第一章　总　　则

第一条　为了规范证券发行和交易行为，保护投资者的合法权益，维护社会经济秩序和社会公共利益，促进社会主义市场经济的发展，制定本法。

第二条 在中华人民共和国境内，股票、公司债券和国务院依法认定的其他证券的发行和交易，适用本法；本法未规定的，适用《中华人民共和国公司法》和其他法律、行政法规的规定。

政府债券、证券投资基金份额的上市交易，适用本法；其他法律、行政法规另有规定的，适用其规定。

证券衍生品种发行、交易的管理办法，由国务院依照本法的原则规定。

第三条 证券的发行、交易活动，必须实行公开、公平、公正的原则。

第四条 证券发行、交易活动的当事人具有平等的法律地位，应当遵守自愿、有偿、诚实信用的原则。

第五条 证券的发行、交易活动，必须遵守法律、行政法规；禁止欺诈、内幕交易和操纵证券市场的行为。

第六条 证券业和银行业、信托业、保险业实行分业经营、分业管理，证券公司与银行、信托、保险业务机构分别设立。国家另有规定的除外。

第七条 国务院证券监督管理机构依法对全国证券市场实行集中统一监督管理。

国务院证券监督管理机构根据需要可以设立派出机构，按照授权履行监督管理职责。

第八条 在国家对证券发行、交易活动实行集中统一监督管理的前提下，依法设立证券业协会，实行自律性管理。

第九条 国家审计机关依法对证券交易所、证券公司、证券登记结算机构、证券监督管理机构进行审计监督。

第二章 证券发行

第十条 公开发行证券，必须符合法律、行政法规规定的条件，并依法报经国务院证券监督管理机构或者国务院授权的部门核准；未经依法核准，任何单位和个人不得公开发行证券。

有下列情形之一的，为公开发行：

（一）向不特定对象发行证券的；

（二）向特定对象发行证券累计超过二百人的；

（三）法律、行政法规规定的其他发行行为。

非公开发行证券，不得采用广告、公开劝诱和变相公开方式。

第十一条 发行人申请公开发行股票、可转换为股票的公司债券，依法采取承销方式的，或者公开发行法律、行政法规规定实行保荐制度的其他证券的，应当聘请具有保荐资格的机构担任保荐人。

保荐人应当遵守业务规则和行业规范，诚实守信，勤勉尽责，对发行人的申请文件和信息披露资料进行审慎核查，督导发行人规范运作。

保荐人的资格及其管理办法由国务院证券监督管理机构规定。

第十二条 设立股份有限公司公开发行股票，应当符合《中华人民共和国公司法》规定的条件和经国务院批准的国务院证券监督管理机构规定的其他条件，向国务院证券监督管理机构报送募股申请和下列文件：

（一）公司章程；

（二）发起人协议；

（三）发起人姓名或者名称，发起人认购的股份数、出资种类及验资证明；

（四）招股说明书；

（五）代收股款银行的名称及地址；

（六）承销机构名称及有关的协议。

依照本法规定聘请保荐人的，还应当报送保荐人出具的发行保荐书。

法律、行政法规规定设立公司必须报经批准的，还应当提交相应的批准文件。

第十三条 公司公开发行新股，应当符合下列条件：

（一）具备健全且运行良好的组织机构；

（二）具有持续盈利能力，财务状况良好；

（三）最近三年财务会计文件无虚假记载，无其他重大违法行为；

（四）经国务院批准的国务院证券监督管理机构规定的其他条件。

上市公司非公开发行新股，应当符合经国务院批准的国务院证券监督管理机构规定的条件，并报国务院证券监督管理机构核准。

第十四条 公司公开发行新股，应当向国务院证券监督管理机构报送募股申请和下列文件：

（一）公司营业执照；

（二）公司章程；

（三）股东大会决议；

（四）招股说明书；

（五）财务会计报告；

（六）代收股款银行的名称及地址；

（七）承销机构名称及有关的协议。

依照本法规定聘请保荐人的，还应当报送保荐人出具的发行保荐书。

第十五条 公司对公开发行股票所募集资金，必须按照招股说明书所列资金用途使用。改变招股说明书所列资金用途，必须经股东大会作出决议。擅自改变用途而未作纠正的，或者未经股东大会认可的，不得公开发行新股。

第十六条 公开发行公司债券，应当符合下列条件：

（一）股份有限公司的净资产不低于人民币三千万元，有限责任公司的净资产不低于人民币六千万元；

（二）累计债券余额不超过公司净资产的百分之四十；

（三）最近三年平均可分配利润足以支付公司债券一年的利息；

（四）筹集的资金投向符合国家产业政策；

（五）债券的利率不超过国务院限定的利率水平；

（六）国务院规定的其他条件。

公开发行公司债券筹集的资金，必须用于核准的用途，不得用于弥补亏损和非生产性支出。

上市公司发行可转换为股票的公司债券，除应当符合第一款规定的条件外，还应当符合本法关于公开发行股票的条件，并报国务院证券监督管理机构核准。

第十七条 申请公开发行公司债券，应当向国务院授权的部门或者国务院证券监督管理机构报送下列文件：

（一）公司营业执照；

（二）公司章程；

（三）公司债券募集办法；

（四）资产评估报告和验资报告；

（五）国务院授权的部门或者国务院证券监督管理机构规定的其他文件。

依照本法规定聘请保荐人的，还应当报送保荐人出具的发行保荐书。

第十八条 有下列情形之一的，不得再次公开发行公司债券：

（一）前一次公开发行的公司债券尚未募足；

（二）对已公开发行的公司债券或者其他债务有违约或者延迟支付本息的事实，仍处于继续状态；

（三）违反本法规定，改变公开发行公司债券所募资金的用途。

第十九条 发行人依法申请核准发行证券所报送的申请文件的格式、报送方式，由依法负责核准的机构或者部门规定。

第二十条 发行人向国务院证券监督管理机构或者国务院授权的部门报送的证券发行申请文件，必须真实、准确、完整。

为证券发行出具有关文件的证券服务机构和人员，必须严格履行法定职责，保证其所出具文件的真实性、准确性和完整性。

第二十一条 发行人申请首次公开发行股票的，在提交申请文件后，应当按照国务院证券监督管理机构的规定预先披露有关申请文件。

第二十二条 国务院证券监督管理机构设发行审核委员会，依法审核股票发行申请。

发行审核委员会由国务院证券监督管理机构的专业人员和所聘请的该机构外的有关专家组成，以投票方式对股票发行申请进行表决，提出审核意见。

发行审核委员会的具体组成办法、组成人员任期、工作程序，由国务院证券监督管理机构规定。

第二十三条 国务院证券监督管理机构依照法定条件负责核准股票发行申请。核准程序应当公开，依法接受监督。

参与审核和核准股票发行申请的人员，不得与发行申请人有利害关系，不得直接或者间接接受发行申请人的馈赠，不得持有所核准的发行申请的股票，不得私下与发行申请人进行接触。

国务院授权的部门对公司债券发行申请的核准，参照前两款的规定执行。

第二十四条 国务院证券监督管理机构或者国务院授权的部门应当自受理证券发行申请文件之日起三个月内，依照法定条件和法定程序作出予以核准或者不予核准的决定，发行人根据要求补充、修改发行申请文件的时间不计算在内；不予核准的，应当说明理由。

第二十五条 证券发行申请经核准，发行人应当依照法律、行政法规的规定，在证券公开发行前，公告公开发行募集文件，并将该文件置备于指定场所供公众查阅。

发行证券的信息依法公开前，任何知情人不得公开或者泄露该信息。

发行人不得在公告公开发行募集文件前发行证券。

第二十六条 国务院证券监督管理机构或者国务院授权的部门对已作出的核准证券发行的决定，发现不符合法定条件或者法定程序，尚未发行证券的，应当予以撤销，停止发行。已经发行尚未上市的，撤销发行核准决定，发行人应当按照发行价并加算银行同期存款利息返还证券持有人；保荐人应当与发行人承担连带责任，但是能够证明自己没有过错的除外；发行人的控股股东、实际控制人有过错的，应当与发行人承担连带责任。

第二十七条 股票依法发行后，发行人经营与收益的变化，由发行人自行负责；由此变化引致的投资风险，由投资者自行负责。

第二十八条 发行人向不特定对象发行的证券，法律、行政法规规定应当由证券公司承销的，发行人应当同证券公司签订承销协议。证券承销业务采取代销或者包销方式。

证券代销是指证券公司代发行人发售证券，在承销期结束时，将未售出的证券全部退还给发行人的承销方式。

证券包销是指证券公司将发行人的证券按照协议全部购入或者在承销期结束时将售后剩余证券全部自行购入的承销方式。

第二十九条 公开发行证券的发行人有权依法自主选择承销的证券公司。证券公司不得以不正当竞争手段招揽证券承销业务。

第三十条 证券公司承销证券，应当同发行人签订代销或者包销协议，载明下列事项：

（一）当事人的名称、住所及法定代表人姓名；

（二）代销、包销证券的种类、数量、金额及发行价格；

（三）代销、包销的期限及起止日期；

（四）代销、包销的付款方式及日期；

（五）代销、包销的费用和结算办法；

（六）违约责任；

（七）国务院证券监督管理机构规定的其他事项。

第三十一条 证券公司承销证券，应当对公开发行募集文件的真实性、准确性、完整性进行核查；发现有虚假记载、误导性陈述或者重大遗漏的，不得进行销售活动；已经销售的，必须立即停止销售活动，并采取纠正措施。

第三十二条 向不特定对象发行的证券票面总值超过人民币五千万元的，应当由承销团承销。承销团应当由主承销和参与承销的证券公司组成。

第三十三条 证券的代销、包销期限最长不得超过九十日。

证券公司在代销、包销期内，对所代销、包销的证券应当保证先行出售给认购人，证券公司不得为本公司预留所代销的证券和预先购入并留存所包销的证券。

第三十四条 股票发行采取溢价发行的，其发行价格由发行人与承销的证券公司协商确定。

第三十五条 股票发行采用代销方式，代销期限届满，向投资者出售的股票数量未达到拟公开发行股票数量百分之七十的，为发行失败。发行人应当按照发行价并加算银行同期存款利息返还股票认购人。

第三十六条 公开发行股票，代销、包销期限届满，发行人应当在规定的期限内将股票发行情况报国务院证券监督管理机构备案。

第三章 证券交易

第一节 一般规定

第三十七条 证券交易当事人依法买卖的证券，必须是依法发行并交付的证券。

非依法发行的证券，不得买卖。

第三十八条 依法发行的股票、公司债券及其他证券，法律对其转让期限有限制性规定的，在限定的期限内不得买卖。

第三十九条 依法公开发行的股票、公司债券及其他证券，应当在依法设立的证券交易所上市交易或者在国务院批准的其他证券交易场所转让。

第四十条 证券在证券交易所上市交易，应当采用公开的集中交易方式或者国务院证券监督管理机构批准的其他方式。

第四十一条 证券交易当事人买卖的证券可以采用纸面形式或者国务院证券监督管理机构规定的其他形式。

第四十二条 证券交易以现货和国务院规定的其他方式进行交易。

第四十三条 证券交易所、证券公司和证券登记结算机构的从业人员、证券监督管理机构的工作人员以及法律、行政法规禁止参与股票交易的其他人员，在任期或者法定限期内，不得直接或者以化名、借他人名义持有、买卖股票，也不得收受他人赠送的股票。

任何人在成为前款所列人员时，其原已持有的股票，必须依法转让。

第四十四条 证券交易所、证券公司、证券登记结算机构必须依法为客户开立的账户保密。

第四十五条 为股票发行出具审计报告、资产评估报告或者法律意见书等文件的证券服务机构和人员，在该股票承销期内和期满后六个月内，不得买卖该种股票。

除前款规定外，为上市公司出具审计报告、资产评估报告或者法律意见书等文件的证券服务机构和人员，自接受上市公司委托之日起至上述文件公开后五日内，不得买卖该种股票。

第四十六条 证券交易的收费必须合理，并公开收费项目、收费标准和收费办法。

证券交易的收费项目、收费标准和管理办法由国务院有关主管部门统一规定。

第四十七条 上市公司董事、监事、高级管理人员、持有上市公司股份百分之五以上的股东，将其持有的该公司的股票在买入后六个月内卖出，或者在卖出后六个月内又买入，由此所得收益归该公司所有，公司董事会应当收回其所得收益。但是，证券公司因包销购入售后剩余股票而持有百分之五以上股份的，卖出该股票不受六个月时间限制。

公司董事会不按照前款规定执行的，股东有权要求董事会在三十日内执行。公司董事会未在上述期限内执行的，股东有权为了公司的利益以自己的名义直接向人民法院提起诉讼。

公司董事会不按照第一款的规定执行的，负有责任的董事依法承担连带责任。

第二节 证券上市

第四十八条 申请证券上市交易，应当向证券交易所提出申请，由证券交易所依法审核同意，并由双方签订上市协议。

证券交易所根据国务院授权的部门的决定安排政府债券上市交易。

第四十九条 申请股票、可转换为股票的公司债券或者法律、行政法规规定实行保荐制度的其他证券上市交易，应当聘请具有保荐资格的机构担任保荐人。

本法第十一条第二款、第三款的规定适用于上市保荐人。

第五十条 股份有限公司申请股票上市，应当符合下列条件：

（一）股票经国务院证券监督管理机构核准已公开发行；

（二）公司股本总额不少于人民币三千万元；

（三）公开发行的股份达到公司股份总数的百分之二十五以上；公司股本总额超过人民币四亿元的，公开发行股份的比例为百分之十以上；

（四）公司最近三年无重大违法行为，财务会计报告无虚假记载。

证券交易所可以规定高于前款规定的上市条件，并报国务院证券监督管理机构批准。

第五十一条 国家鼓励符合产业政策并符合上市条件的公司股票上市交易。

第五十二条 申请股票上市交易，应当向证券交易所报送下列文件：

（一）上市报告书；

（二）申请股票上市的股东大会决议；

（三）公司章程；

（四）公司营业执照；

（五）依法经会计师事务所审计的公司最近三年的财务会计报告；

（六）法律意见书和上市保荐书；

（七）最近一次的招股说明书；

（八）证券交易所上市规则规定的其他文件。

第五十三条 股票上市交易申请经证券交易所审核同意后，签订上市协议的公司应当在规定的期限内公告股票上市的有关文件，并将该文件置备于指定场所供公众查阅。

第五十四条　签订上市协议的公司除公告前条规定的文件外，还应当公告下列事项：

（一）股票获准在证券交易所交易的日期；

（二）持有公司股份最多的前十名股东的名单和持股数额；

（三）公司的实际控制人；

（四）董事、监事、高级管理人员的姓名及其持有本公司股票和债券的情况。

第五十五条　上市公司有下列情形之一的，由证券交易所决定暂停其股票上市交易：

（一）公司股本总额、股权分布等发生变化不再具备上市条件；

（二）公司不按照规定公开其财务状况，或者对财务会计报告作虚假记载，可能误导投资者；

（三）公司有重大违法行为；

（四）公司最近三年连续亏损；

（五）证券交易所上市规则规定的其他情形。

第五十六条　上市公司有下列情形之一的，由证券交易所决定终止其股票上市交易：

（一）公司股本总额、股权分布等发生变化不再具备上市条件，在证券交易所规定的期限内仍不能达到上市条件；

（二）公司不按照规定公开其财务状况，或者对财务会计报告作虚假记载，且拒绝纠正；

（三）公司最近三年连续亏损，在其后一个年度内未能恢复盈利；

（四）公司解散或者被宣告破产；

（五）证券交易所上市规则规定的其他情形。

第五十七条　公司申请公司债券上市交易，应当符合下列条件：

（一）公司债券的期限为一年以上；

（二）公司债券实际发行额不少于人民币五千万元；

（三）公司申请债券上市时仍符合法定的公司债券发行条件。

第五十八条　申请公司债券上市交易，应当向证券交易所报送下列文件：

（一）上市报告书；

（二）申请公司债券上市的董事会决议；

（三）公司章程；

（四）公司营业执照；

（五）公司债券募集办法；

（六）公司债券的实际发行数额；

（七）证券交易所上市规则规定的其他文件。

申请可转换为股票的公司债券上市交易，还应当报送保荐人出具的上市保荐书。

第五十九条 公司债券上市交易申请经证券交易所审核同意后，签订上市协议的公司应当在规定的期限内公告公司债券上市文件及有关文件，并将其申请文件置备于指定场所供公众查阅。

第六十条 公司债券上市交易后，公司有下列情形之一的，由证券交易所决定暂停其公司债券上市交易：

（一）公司有重大违法行为；

（二）公司情况发生重大变化不符合公司债券上市条件；

（三）发行公司债券所募集的资金不按照核准的用途使用；

（四）未按照公司债券募集办法履行义务；

（五）公司最近二年连续亏损。

第六十一条 公司有前条第（一）项、第（四）项所列情形之一经查实后果严重的，或者有前条第（二）项、第（三）项、第（五）项所列情形之一，在限期内未能消除的，由证券交易所决定终止其公司债券上市交易。

公司解散或者被宣告破产的，由证券交易所终止其公司债券上市交易。

第六十二条 对证券交易所作出的不予上市、暂停上市、终止上市决定不服的，可以向证券交易所设立的复核机构申请复核。

第三节 持续信息公开

第六十三条 发行人、上市公司依法披露的信息，必须真实、准确、完整，不得有虚假记载、误导性陈述或者重大遗漏。

第六十四条 经国务院证券监督管理机构核准依法公开发行股票，或者经国务院授权的部门核准依法公开发行公司债券，应当公告招股说明书、公司债券募集办法。依法公开发行新股或者公司债券的，还应当公告财务会计报告。

第六十五条 上市公司和公司债券上市交易的公司，应当在每一会计年度的上半年结束之日起二个月内，向国务院证券监督管理机构和证券交易所报送记载以下内容的中期报告，并予公告：

（一）公司财务会计报告和经营情况；

（二）涉及公司的重大诉讼事项；

（三）已发行的股票、公司债券变动情况；

（四）提交股东大会审议的重要事项；

（五）国务院证券监督管理机构规定的其他事项。

第六十六条 上市公司和公司债券上市交易的公司，应当在每一会计年度结束之日起四个月内，向国务院证券监督管理机构和证券交易所报送记载以下内容的年度报告，并予公告：

（一）公司概况；

（二）公司财务会计报告和经营情况；

（三）董事、监事、高级管理人员简介及其持股情况；

（四）已发行的股票、公司债券情况，包括持有公司股份最多的前十名股东的名单和持股数额；

（五）公司的实际控制人；

（六）国务院证券监督管理机构规定的其他事项。

第六十七条 发生可能对上市公司股票交易价格产生较大影响的重大事件，投资者尚未得知时，上市公司应当立即将有关该重大事件的情况向国务院证券监督管理机构和证券交易所报送临时报告，并予公告，说明事件的起因、目前的状态和可能产生的法律后果。

下列情况为前款所称重大事件：

（一）公司的经营方针和经营范围的重大变化；

（二）公司的重大投资行为和重大的购置财产的决定；

（三）公司订立重要合同，可能对公司的资产、负债、权益和经营成果产生重要影响；

（四）公司发生重大债务和未能清偿到期重大债务的违约情况；

（五）公司发生重大亏损或者重大损失；

（六）公司生产经营的外部条件发生的重大变化；

（七）公司的董事、三分之一以上监事或者经理发生变动；

（八）持有公司百分之五以上股份的股东或者实际控制人，其持有股份或者控制公司的情况发生较大变化；

（九）公司减资、合并、分立、解散及申请破产的决定；

（十）涉及公司的重大诉讼，股东大会、董事会决议被依法撤销或者宣告无效；

（十一）公司涉嫌犯罪被司法机关立案调查，公司董事、监事、高级管理人员涉嫌犯罪被司法机关采取强制措施；

（十二）国务院证券监督管理机构规定的其他事项。

第六十八条 上市公司董事、高级管理人员应当对公司定期报告签署书面确认意见。

上市公司监事会应当对董事会编制的公司定期报告进行审核并提出书面审

核意见。

上市公司董事、监事、高级管理人员应当保证上市公司所披露的信息真实、准确、完整。

第六十九条 发行人、上市公司公告的招股说明书、公司债券募集办法、财务会计报告、上市报告文件、年度报告、中期报告、临时报告以及其他信息披露资料，有虚假记载、误导性陈述或者重大遗漏，致使投资者在证券交易中遭受损失的，发行人、上市公司应当承担赔偿责任；发行人、上市公司的董事、监事、高级管理人员和其他直接责任人员以及保荐人、承销的证券公司，应当与发行人、上市公司承担连带赔偿责任，但是能够证明自己没有过错的除外；发行人、上市公司的控股股东、实际控制人有过错的，应当与发行人、上市公司承担连带赔偿责任。

第七十条 依法必须披露的信息，应当在国务院证券监督管理机构指定的媒体发布，同时将其置备于公司住所、证券交易所，供社会公众查阅。

第七十一条 国务院证券监督管理机构对上市公司年度报告、中期报告、临时报告以及公告的情况进行监督，对上市公司分派或者配售新股的情况进行监督，对上市公司控股股东和信息披露义务人的行为进行监督。

证券监督管理机构、证券交易所、保荐人、承销的证券公司及有关人员，对公司依照法律、行政法规规定必须作出的公告，在公告前不得泄露其内容。

第七十二条 证券交易所决定暂停或者终止证券上市交易的，应当及时公告，并报国务院证券监督管理机构备案。

第四节 禁止的交易行为

第七十三条 禁止证券交易内幕信息的知情人和非法获取内幕信息的人利用内幕信息从事证券交易活动。

第七十四条 证券交易内幕信息的知情人包括：

（一）发行人的董事、监事、高级管理人员；

（二）持有公司百分之五以上股份的股东及其董事、监事、高级管理人员，公司的实际控制人及其董事、监事、高级管理人员；

（三）发行人控股的公司及其董事、监事、高级管理人员；

（四）由于所任公司职务可以获取公司有关内幕信息的人员；

（五）证券监督管理机构工作人员以及由于法定职责对证券的发行、交易进行管理的其他人员；

（六）保荐人、承销的证券公司、证券交易所、证券登记结算机构、证券服务机构的有关人员；

（七）国务院证券监督管理机构规定的其他人。

第七十五条 证券交易活动中，涉及公司的经营、财务或者对该公司证券的市场价格有重大影响的尚未公开的信息，为内幕信息。

下列信息皆属内幕信息：

（一）本法第六十七条第二款所列重大事件；

（二）公司分配股利或者增资的计划；

（三）公司股权结构的重大变化；

（四）公司债务担保的重大变更；

（五）公司营业用主要资产的抵押、出售或者报废一次超过该资产的百分之三十；

（六）公司的董事、监事、高级管理人员的行为可能依法承担重大损害赔偿责任；

（七）上市公司收购的有关方案；

（八）国务院证券监督管理机构认定的对证券交易价格有显著影响的其他重要信息。

第七十六条 证券交易内幕信息的知情人和非法获取内幕信息的人，在内幕信息公开前，不得买卖该公司的证券，或者泄露该信息，或者建议他人买卖该证券。

持有或者通过协议、其他安排与他人共同持有公司百分之五以上股份的自然人、法人、其他组织收购上市公司的股份，本法另有规定的，适用其规定。

内幕交易行为给投资者造成损失的，行为人应当依法承担赔偿责任。

第七十七条 禁止任何人以下列手段操纵证券市场：

（一）单独或者通过合谋，集中资金优势、持股优势或者利用信息优势联合或者连续买卖，操纵证券交易价格或者证券交易量；

（二）与他人串通，以事先约定的时间、价格和方式相互进行证券交易，影响证券交易价格或者证券交易量；

（三）在自己实际控制的账户之间进行证券交易，影响证券交易价格或者证券交易量；

（四）以其他手段操纵证券市场。

操纵证券市场行为给投资者造成损失的，行为人应当依法承担赔偿责任。

第七十八条 禁止国家工作人员、传播媒介从业人员和有关人员编造、传播虚假信息，扰乱证券市场。

禁止证券交易所、证券公司、证券登记结算机构、证券服务机构及其从业人员，证券业协会、证券监督管理机构及其工作人员，在证券交易活动中作出虚假陈述或者信息误导。

各种传播媒介传播证券市场信息必须真实、客观，禁止误导。

第七十九条 禁止证券公司及其从业人员从事下列损害客户利益的欺诈行为：

（一）违背客户的委托为其买卖证券；

（二）不在规定时间内向客户提供交易的书面确认文件；

（三）挪用客户所委托买卖的证券或者客户账户上的资金；

（四）未经客户的委托，擅自为客户买卖证券，或者假借客户的名义买卖证券；

（五）为牟取佣金收入，诱使客户进行不必要的证券买卖；

（六）利用传播媒介或者通过其他方式提供、传播虚假或者误导投资者的信息；

（七）其他违背客户真实意思表示，损害客户利益的行为。

欺诈客户行为给客户造成损失的，行为人应当依法承担赔偿责任。

第八十条 禁止法人非法利用他人账户从事证券交易；禁止法人出借自己或者他人的证券账户。

第八十一条 依法拓宽资金入市渠道，禁止资金违规流入股市。

第八十二条 禁止任何人挪用公款买卖证券。

第八十三条 国有企业和国有资产控股的企业买卖上市交易的股票，必须遵守国家有关规定。

第八十四条 证券交易所、证券公司、证券登记结算机构、证券服务机构及其从业人员对证券交易中发现的禁止的交易行为，应当及时向证券监督管理机构报告。

第四章 上市公司的收购

第八十五条 投资者可以采取要约收购、协议收购及其他合法方式收购上市公司。

第八十六条 通过证券交易所的证券交易，投资者持有或者通过协议、其他安排与他人共同持有一个上市公司已发行的股份达到百分之五时，应当在该事实发生之日起三日内，向国务院证券监督管理机构、证券交易所作出书面报告，通知该上市公司，并予公告；在上述期限内，不得再行买卖该上市公司的股票。

投资者持有或者通过协议、其他安排与他人共同持有一个上市公司已发行的股份达到百分之五后，其所持该上市公司已发行的股份比例每增加或者减少百分之五，应当依照前款规定进行报告和公告。在报告期限内和作出报告、公告后二日内，不得再行买卖该上市公司的股票。

第八十七条 依照前条规定所作的书面报告和公告，应当包括下列内容：

（一）持股人的名称、住所；

（二）持有的股票的名称、数额；

（三）持股达到法定比例或者持股增减变化达到法定比例的日期。

第八十八条 通过证券交易所的证券交易，投资者持有或者通过协议、其他安排与他人共同持有一个上市公司已发行的股份达到百分之三十时，继续进行收购的，应当依法向该上市公司所有股东发出收购上市公司全部或者部分股份的要约。

收购上市公司部分股份的收购要约应当约定，被收购公司股东承诺出售的股份数额超过预定收购的股份数额的，收购人按比例进行收购。

第八十九条 依照前条规定发出收购要约，收购人必须公告上市公司收购报告书，并载明下列事项：

（一）收购人的名称、住所；

（二）收购人关于收购的决定；

（三）被收购的上市公司名称；

（四）收购目的；

（五）收购股份的详细名称和预定收购的股份数额；

（六）收购期限、收购价格；

（七）收购所需资金额及资金保证；

（八）公告上市公司收购报告书时持有被收购公司股份数占该公司已发行的股份总数的比例。

第九十条 收购要约约定的收购期限不得少于三十日，并不得超过六十日。

第九十一条 在收购要约确定的承诺期限内，收购人不得撤销其收购要约。收购人需要变更收购要约的，必须及时公告，载明具体变更事项。

第九十二条 收购要约提出的各项收购条件，适用于被收购公司的所有股东。

第九十三条 采取要约收购方式的，收购人在收购期限内，不得卖出被收购公司的股票，也不得采取要约规定以外的形式和超出要约的条件买入被收购公司的股票。

第九十四条 采取协议收购方式的，收购人可以依照法律、行政法规的规定同被收购公司的股东以协议方式进行股份转让。

以协议方式收购上市公司时，达成协议后，收购人必须在三日内将该收购协议向国务院证券监督管理机构及证券交易所作出书面报告，并予公告。

在公告前不得履行收购协议。

第九十五条 采取协议收购方式的，协议双方可以临时委托证券登记结算机构保管协议转让的股票，并将资金存放于指定的银行。

第九十六条 采取协议收购方式的，收购人收购或者通过协议、其他安排与他人共同收购一个上市公司已发行的股份达到百分之三十时，继续进行收购的，应当向该上市公司所有股东发出收购上市公司全部或者部分股份的要约。但是，经国务院证券监督管理机构免除发出要约的除外。

收购人依照前款规定以要约方式收购上市公司股份，应当遵守本法第八十九条至第九十三条的规定。

第九十七条 收购期限届满，被收购公司股权分布不符合上市条件的，该上市公司的股票应当由证券交易所依法终止上市交易；其余仍持有被收购公司股票的股东，有权向收购人以收购要约的同等条件出售其股票，收购人应当收购。

收购行为完成后，被收购公司不再具备股份有限公司条件的，应当依法变更企业形式。

第九十八条 在上市公司收购中，收购人持有的被收购的上市公司的股票，在收购行为完成后的十二个月内不得转让。

第九十九条 收购行为完成后，收购人与被收购公司合并，并将该公司解散的，被解散公司的原有股票由收购人依法更换。

第一百条 收购行为完成后，收购人应当在十五日内将收购情况报告国务院证券监督管理机构和证券交易所，并予公告。

第一百零一条 收购上市公司中由国家授权投资的机构持有的股份，应当按照国务院的规定，经有关主管部门批准。

国务院证券监督管理机构应当依照本法的原则制定上市公司收购的具体办法。

第五章 证券交易所

第一百零二条 证券交易所是为证券集中交易提供场所和设施，组织和监督证券交易，实行自律管理的法人。

证券交易所的设立和解散，由国务院决定。

第一百零三条 设立证券交易所必须制定章程。

证券交易所章程的制定和修改，必须经国务院证券监督管理机构批准。

第一百零四条 证券交易所必须在其名称中标明证券交易所字样。其他任何单位或者个人不得使用证券交易所或者近似的名称。

第一百零五条 证券交易所可以自行支配的各项费用收入，应当首先用于保证其证券交易场所和设施的正常运行并逐步改善。

实行会员制的证券交易所的财产积累归会员所有，其权益由会员共同享有，在其存续期间，不得将其财产积累分配给会员。

第一百零六条 证券交易所设理事会。

第一百零七条 证券交易所设总经理一人，由国务院证券监督管理机构任免。

第一百零八条 有《中华人民共和国公司法》第一百四十六条规定的情形或者下列情形之一的，不得担任证券交易所的负责人：

（一）因违法行为或者违纪行为被解除职务的证券交易所、证券登记结算机构的负责人或者证券公司的董事、监事、高级管理人员，自被解除职务之日起未逾五年；

（二）因违法行为或者违纪行为被撤销资格的律师、注册会计师或者投资咨询机构、财务顾问机构、资信评级机构、资产评估机构、验证机构的专业人员，自被撤销资格之日起未逾五年。

第一百零九条 因违法行为或者违纪行为被开除的证券交易所、证券登记结算机构、证券服务机构、证券公司的从业人员和被开除的国家机关工作人员，不得招聘为证券交易所的从业人员。

第一百一十条 进入证券交易所参与集中交易的，必须是证券交易所的会员。

第一百一十一条 投资者应当与证券公司签订证券交易委托协议，并在证券公司开立证券交易账户，以书面、电话以及其他方式，委托该证券公司代其买卖证券。

第一百一十二条 证券公司根据投资者的委托，按照证券交易规则提出交易申报，参与证券交易所场内的集中交易，并根据成交结果承担相应的清算交收责任；证券登记结算机构根据成交结果，按照清算交收规则，与证券公司进行证券和资金的清算交收，并为证券公司客户办理证券的登记过户手续。

第一百一十三条 证券交易所应当为组织公平的集中交易提供保障，公布证券交易即时行情，并按交易日制作证券市场行情表，予以公布。

未经证券交易所许可，任何单位和个人不得发布证券交易即时行情。

第一百一十四条 因突发性事件而影响证券交易的正常进行时，证券交易所可以采取技术性停牌的措施；因不可抗力的突发性事件或者为维护证券交易的正常秩序，证券交易所可以决定临时停市。

证券交易所采取技术性停牌或者决定临时停市，必须及时报告国务院证券监督管理机构。

第一百一十五条 证券交易所对证券交易实行实时监控，并按照国务院证券监督管理机构的要求，对异常的交易情况提出报告。

证券交易所应当对上市公司及相关信息披露义务人披露信息进行监督，督促其依法及时、准确地披露信息。

证券交易所根据需要，可以对出现重大异常交易情况的证券账户限制交易，并报国务院证券监督管理机构备案。

第一百一十六条 证券交易所应当从其收取的交易费用和会员费、席位费中提取一定比例的金额设立风险基金。风险基金由证券交易所理事会管理。

风险基金提取的具体比例和使用办法，由国务院证券监督管理机构会同国务院财政部门规定。

第一百一十七条 证券交易所应当将收存的风险基金存入开户银行专门账户，不得擅自使用。

第一百一十八条 证券交易所依照证券法律、行政法规制定上市规则、交易规则、会员管理规则和其他有关规则，并报国务院证券监督管理机构批准。

第一百一十九条 证券交易所的负责人和其他从业人员在执行与证券交易有关的职务时，与其本人或者其亲属有利害关系的，应当回避。

第一百二十条 按照依法制定的交易规则进行的交易，不得改变其交易结果。对交易中违规交易者应负的民事责任不得免除；在违规交易中所获利益，依照有关规定处理。

第一百二十一条 在证券交易所内从事证券交易的人员，违反证券交易所有关交易规则的，由证券交易所给予纪律处分；对情节严重的，撤销其资格，禁止其入场进行证券交易。

第六章 证券公司

第一百二十二条 设立证券公司，必须经国务院证券监督管理机构审查批准。未经国务院证券监督管理机构批准，任何单位和个人不得经营证券业务。

第一百二十三条 本法所称证券公司是指依照《中华人民共和国公司法》和本法规定设立的经营证券业务的有限责任公司或者股份有限公司。

第一百二十四条 设立证券公司，应当具备下列条件：

（一）有符合法律、行政法规规定的公司章程；

（二）主要股东具有持续盈利能力，信誉良好，最近三年无重大违法违规记录，净资产不低于人民币二亿元；

（三）有符合本法规定的注册资本；

（四）董事、监事、高级管理人员具备任职资格，从业人员具有证券从业资格；

（五）有完善的风险管理与内部控制制度；

（六）有合格的经营场所和业务设施；

（七）法律、行政法规规定的和经国务院批准的国务院证券监督管理机构规定的其他条件。

第一百二十五条 经国务院证券监督管理机构批准，证券公司可以经营下列部分或者全部业务：

（一）证券经纪；

（二）证券投资咨询；

（三）与证券交易、证券投资活动有关的财务顾问；

（四）证券承销与保荐；

（五）证券自营；

（六）证券资产管理；

（七）其他证券业务。

第一百二十六条 证券公司必须在其名称中标明证券有限责任公司或者证券股份有限公司字样。

第一百二十七条 证券公司经营本法第一百二十五条第（一）项至第（三）项业务的，注册资本最低限额为人民币五千万元；经营第（四）项至第（七）项业务之一的，注册资本最低限额为人民币一亿元；经营第（四）项至第（七）项业务中两项以上的，注册资本最低限额为人民币五亿元。证券公司的注册资本应当是实缴资本。

国务院证券监督管理机构根据审慎监管原则和各项业务的风险程度，可以调整注册资本最低限额，但不得少于前款规定的限额。

第一百二十八条 国务院证券监督管理机构应当自受理证券公司设立申请之日起六个月内，依照法定条件和法定程序并根据审慎监管原则进行审查，作出批准或者不予批准的决定，并通知申请人；不予批准的，应当说明理由。

证券公司设立申请获得批准的，申请人应当在规定的期限内向公司登记机关申请设立登记，领取营业执照。

证券公司应当自领取营业执照之日起十五日内，向国务院证券监督管理机构申请经营证券业务许可证。未取得经营证券业务许可证，证券公司不得经营证券业务。

第一百二十九条 证券公司设立、收购或者撤销分支机构，变更业务范围，增加注册资本且股权结构发生重大调整，减少注册资本，变更持有百分之五以上股权的股东、实际控制人，变更公司章程中的重要条款，合并、分立、停业、解散、破产，必须经国务院证券监督管理机构批准。

证券公司在境外设立、收购或者参股证券经营机构，必须经国务院证券监督管理机构批准。

第一百三十条 国务院证券监督管理机构应当对证券公司的净资本，净资本与负债的比例，净资本与净资产的比例，净资本与自营、承销、资产管理等业务规模的比例，负债与净资产的比例，以及流动资产与流动负债的比例等风险控制指标作出规定。

证券公司不得为其股东或者股东的关联人提供融资或者担保。

第一百三十一条 证券公司的董事、监事、高级管理人员，应当正直诚实，品行良好，熟悉证券法律、行政法规，具有履行职责所需的经营管理能力，并在任职前取得国务院证券监督管理机构核准的任职资格。

有《中华人民共和国公司法》第一百四十六条规定的情形或者下列情形之一的，不得担任证券公司的董事、监事、高级管理人员：

（一）因违法行为或者违纪行为被解除职务的证券交易所、证券登记结算机构的负责人或者证券公司的董事、监事、高级管理人员，自被解除职务之日起未逾五年；

（二）因违法行为或者违纪行为被撤销资格的律师、注册会计师或者投资咨询机构、财务顾问机构、资信评级机构、资产评估机构、验证机构的专业人员，自被撤销资格之日起未逾五年。

第一百三十二条 因违法行为或者违纪行为被开除的证券交易所、证券登记结算机构、证券服务机构、证券公司的从业人员和被开除的国家机关工作人员，不得招聘为证券公司的从业人员。

第一百三十三条 国家机关工作人员和法律、行政法规规定的禁止在公司中兼职的其他人员，不得在证券公司中兼任职务。

第一百三十四条 国家设立证券投资者保护基金。证券投资者保护基金由证券公司缴纳的资金及其他依法筹集的资金组成，其筹集、管理和使用的具体办法由国务院规定。

第一百三十五条 证券公司从每年的税后利润中提取交易风险准备金，用于弥补证券交易的损失，其提取的具体比例由国务院证券监督管理机构规定。

第一百三十六条 证券公司应当建立健全内部控制制度，采取有效隔离措施，防范公司与客户之间、不同客户之间的利益冲突。

证券公司必须将其证券经纪业务、证券承销业务、证券自营业务和证券资产管理业务分开办理，不得混合操作。

第一百三十七条 证券公司的自营业务必须以自己的名义进行，不得假借他人名义或者以个人名义进行。

证券公司的自营业务必须使用自有资金和依法筹集的资金。

证券公司不得将其自营账户借给他人使用。

第一百三十八条 证券公司依法享有自主经营的权利，其合法经营不受干涉。

第一百三十九条 证券公司客户的交易结算资金应当存放在商业银行，以每个客户的名义单独立户管理。具体办法和实施步骤由国务院规定。

证券公司不得将客户的交易结算资金和证券归入其自有财产。禁止任何单位或者个人以任何形式挪用客户的交易结算资金和证券。证券公司破产或者清算时，客户的交易结算资金和证券不属于其破产财产或者清算财产。非因客户本身的债务或者法律规定的其他情形，不得查封、冻结、扣划或者强制执行客户的交易结算资金和证券。

第一百四十条 证券公司办理经纪业务，应当置备统一制定的证券买卖委托书，供委托人使用。采取其他委托方式的，必须作出委托记录。

客户的证券买卖委托，不论是否成交，其委托记录应当按照规定的期限，保存于证券公司。

第一百四十一条 证券公司接受证券买卖的委托，应当根据委托书载明的证券名称、买卖数量、出价方式、价格幅度等，按照交易规则代理买卖证券，如实进行交易记录；买卖成交后，应当按照规定制作买卖成交报告单交付客户。

证券交易中确认交易行为及其交易结果的对账单必须真实，并由交易经办人员以外的审核人员逐笔审核，保证账面证券余额与实际持有的证券相一致。

第一百四十二条 证券公司为客户买卖证券提供融资融券服务，应当按照国务院的规定并经国务院证券监督管理机构批准。

第一百四十三条 证券公司办理经纪业务，不得接受客户的全权委托而决定证券买卖、选择证券种类、决定买卖数量或者买卖价格。

第一百四十四条 证券公司不得以任何方式对客户证券买卖的收益或者赔偿证券买卖的损失作出承诺。

第一百四十五条 证券公司及其从业人员不得未经过其依法设立的营业场所私下接受客户委托买卖证券。

第一百四十六条 证券公司的从业人员在证券交易活动中，执行所属的证券公司的指令或者利用职务违反交易规则的，由所属的证券公司承担全部责任。

第一百四十七条 证券公司应当妥善保存客户开户资料、委托记录、交易记录和与内部管理、业务经营有关的各项资料，任何人不得隐匿、伪造、篡改或者毁损。上述资料的保存期限不得少于二十年。

第一百四十八条 证券公司应当按照规定向国务院证券监督管理机构报送业务、财务等经营管理信息和资料。国务院证券监督管理机构有权要求证券公司及其股东、实际控制人在指定的期限内提供有关信息、资料。

证券公司及其股东、实际控制人向国务院证券监督管理机构报送或者提供的信息、资料，必须真实、准确、完整。

第一百四十九条 国务院证券监督管理机构认为有必要时，可以委托会计师事务所、资产评估机构对证券公司的财务状况、内部控制状况、资产价值进行审计或者评估。具体办法由国务院证券监督管理机构会同有关主管部门制定。

第一百五十条 证券公司的净资本或者其他风险控制指标不符合规定的，国务院证券监督管理机构应当责令其限期改正；逾期未改正，或者其行为严重危及该证券公司的稳健运行、损害客户合法权益的，国务院证券监督管理机构可以区别情形，对其采取下列措施：

（一）限制业务活动，责令暂停部分业务，停止批准新业务；

（二）停止批准增设、收购营业性分支机构；

（三）限制分配红利，限制向董事、监事、高级管理人员支付报酬、提供福利；

（四）限制转让财产或者在财产上设定其他权利；

（五）责令更换董事、监事、高级管理人员或者限制其权利；

（六）责令控股股东转让股权或者限制有关股东行使股东权利；

（七）撤销有关业务许可。

证券公司整改后，应当向国务院证券监督管理机构提交报告。国务院证券监督管理机构经验收，符合有关风险控制指标的，应当自验收完毕之日起三日内解除对其采取的前款规定的有关措施。

第一百五十一条 证券公司的股东有虚假出资、抽逃出资行为的，国务院证券监督管理机构应当责令其限期改正，并可责令其转让所持证券公司的股权。

在前款规定的股东按照要求改正违法行为、转让所持证券公司的股权前，国务院证券监督管理机构可以限制其股东权利。

第一百五十二条 证券公司的董事、监事、高级管理人员未能勤勉尽责，致使证券公司存在重大违法违规行为或者重大风险的，国务院证券监督管理机构可以撤销其任职资格，并责令公司予以更换。

第一百五十三条 证券公司违法经营或者出现重大风险，严重危害证券市场秩序、损害投资者利益的，国务院证券监督管理机构可以对该证券公司采取责令停业整顿、指定其他机构托管、接管或者撤销等监管措施。

第一百五十四条 在证券公司被责令停业整顿、被依法指定托管、接管或者清算期间，或者出现重大风险时，经国务院证券监督管理机构批准，可以对该证券公司直接负责的董事、监事、高级管理人员和其他直接责任人员采取以下措施：

（一）通知出境管理机关依法阻止其出境；

（二）申请司法机关禁止其转移、转让或者以其他方式处分财产，或者在财产上设定其他权利。

第七章 证券登记结算机构

第一百五十五条 证券登记结算机构是为证券交易提供集中登记、存管与结算服务，不以营利为目的的法人。

设立证券登记结算机构必须经国务院证券监督管理机构批准。

第一百五十六条 设立证券登记结算机构，应当具备下列条件：

（一）自有资金不少于人民币二亿元；

（二）具有证券登记、存管和结算服务所必须的场所和设施；

（三）主要管理人员和从业人员必须具有证券从业资格；

（四）国务院证券监督管理机构规定的其他条件。

证券登记结算机构的名称中应当标明证券登记结算字样。

第一百五十七条 证券登记结算机构履行下列职能：

（一）证券账户、结算账户的设立；

（二）证券的存管和过户；

（三）证券持有人名册登记；

（四）证券交易所上市证券交易的清算和交收；

（五）受发行人的委托派发证券权益；

（六）办理与上述业务有关的查询；

（七）国务院证券监督管理机构批准的其他业务。

第一百五十八条 证券登记结算采取全国集中统一的运营方式。

证券登记结算机构章程、业务规则应当依法制定，并经国务院证券监督管理机构批准。

第一百五十九条 证券持有人持有的证券，在上市交易时，应当全部存管在证券登记结算机构。

证券登记结算机构不得挪用客户的证券。

第一百六十条 证券登记结算机构应当向证券发行人提供证券持有人名册及其有关资料。

证券登记结算机构应当根据证券登记结算的结果，确认证券持有人持有证券的事实，提供证券持有人登记资料。

证券登记结算机构应当保证证券持有人名册和登记过户记录真实、准确、完整，不得隐匿、伪造、篡改或者毁损。

第一百六十一条 证券登记结算机构应当采取下列措施保证业务的正常进行：

（一）具有必备的服务设备和完善的数据安全保护措施；

（二）建立完善的业务、财务和安全防范等管理制度；

（三）建立完善的风险管理系统。

第一百六十二条 证券登记结算机构应当妥善保存登记、存管和结算的原始凭证及有关文件和资料。其保存期限不得少于二十年。

第一百六十三条 证券登记结算机构应当设立证券结算风险基金，用于垫付或者弥补因违约交收、技术故障、操作失误、不可抗力造成的证券登记结算机构的损失。

证券结算风险基金从证券登记结算机构的业务收入和收益中提取，并可以由结算参与人按照证券交易业务量的一定比例缴纳。

证券结算风险基金的筹集、管理办法，由国务院证券监督管理机构会同国务院财政部门规定。

第一百六十四条 证券结算风险基金应当存入指定银行的专门账户，实行专项管理。

证券登记结算机构以证券结算风险基金赔偿后，应当向有关责任人追偿。

第一百六十五条 证券登记结算机构申请解散，应当经国务院证券监督管理机构批准。

第一百六十六条 投资者委托证券公司进行证券交易，应当申请开立证券账户。证券登记结算机构应当按照规定以投资者本人的名义为投资者开立证券账户。

投资者申请开立账户，必须持有证明中国公民身份或者中国法人资格的合法证件。国家另有规定的除外。

第一百六十七条 证券登记结算机构为证券交易提供净额结算服务时，应当要求结算参与人按照货银对付的原则，足额交付证券和资金，并提供交收担保。

在交收完成之前，任何人不得动用用于交收的证券、资金和担保物。

结算参与人未按时履行交收义务的，证券登记结算机构有权按照业务规则处理前款所述财产。

第一百六十八条 证券登记结算机构按照业务规则收取的各类结算资金和证券，必须存放于专门的清算交收账户，只能按业务规则用于已成交的证券交易的清算交收，不得被强制执行。

第八章 证券服务机构

第一百六十九条 投资咨询机构、财务顾问机构、资信评级机构、资产评估机构、会计师事务所从事证券服务业务，必须经国务院证券监督管理机构和有关主管部门批准。

投资咨询机构、财务顾问机构、资信评级机构、资产评估机构、会计师事务所从事证券服务业务的审批管理办法，由国务院证券监督管理机构和有关主管部门制定。

第一百七十条 投资咨询机构、财务顾问机构、资信评级机构从事证券服务业务的人员，必须具备证券专业知识和从事证券业务或者证券服务业务二年以上经验。认定其证券从业资格的标准和管理办法，由国务院证券监督管理机构制定。

第一百七十一条 投资咨询机构及其从业人员从事证券服务业务不得有下列行为：

（一）代理委托人从事证券投资；

（二）与委托人约定分享证券投资收益或者分担证券投资损失；

（三）买卖本咨询机构提供服务的上市公司股票；

（四）利用传播媒介或者通过其他方式提供、传播虚假或者误导投资者的信息；

（五）法律、行政法规禁止的其他行为。

有前款所列行为之一，给投资者造成损失的，依法承担赔偿责任。

第一百七十二条 从事证券服务业务的投资咨询机构和资信评级机构，应当按照国务院有关主管部门规定的标准或者收费办法收取服务费用。

第一百七十三条 证券服务机构为证券的发行、上市、交易等证券业务活动制作、出具审计报告、资产评估报告、财务顾问报告、资信评级报告或者法律意见书等文件，应当勤勉尽责，对所依据的文件资料内容的真实性、准确性、完整性进行核查和验证。其制作、出具的文件有虚假记载、误导性陈述或者重大遗漏，给他人造成损失的，应当与发行人、上市公司承担连带赔偿责任，但是能够证明自己没有过错的除外。

第九章　证券业协会

第一百七十四条　证券业协会是证券业的自律性组织，是社会团体法人。

证券公司应当加入证券业协会。

证券业协会的权力机构为全体会员组成的会员大会。

第一百七十五条　证券业协会章程由会员大会制定，并报国务院证券监督管理机构备案。

第一百七十六条　证券业协会履行下列职责：

（一）教育和组织会员遵守证券法律、行政法规；

（二）依法维护会员的合法权益，向证券监督管理机构反映会员的建议和要求；

（三）收集整理证券信息，为会员提供服务；

（四）制定会员应遵守的规则，组织会员单位的从业人员的业务培训，开展会员间的业务交流；

（五）对会员之间、会员与客户之间发生的证券业务纠纷进行调解；

（六）组织会员就证券业的发展、运作及有关内容进行研究；

（七）监督、检查会员行为，对违反法律、行政法规或者协会章程的，按照规定给予纪律处分；

（八）证券业协会章程规定的其他职责。

第一百七十七条　证券业协会设理事会。理事会成员依章程的规定由选举产生。

第十章　证券监督管理机构

第一百七十八条　国务院证券监督管理机构依法对证券市场实行监督管理，维护证券市场秩序，保障其合法运行。

第一百七十九条　国务院证券监督管理机构在对证券市场实施监督管理中履行下列职责：

（一）依法制定有关证券市场监督管理的规章、规则，并依法行使审批或者核准权；

（二）依法对证券的发行、上市、交易、登记、存管、结算，进行监督管理；

（三）依法对证券发行人、上市公司、证券公司、证券投资基金管理公司、证券服务机构、证券交易所、证券登记结算机构的证券业务活动，进行监督管理；

（四）依法制定从事证券业务人员的资格标准和行为准则，并监督实施；

（五）依法监督检查证券发行、上市和交易的信息公开情况；

（六）依法对证券业协会的活动进行指导和监督；

（七）依法对违反证券市场监督管理法律、行政法规的行为进行查处；

（八）法律、行政法规规定的其他职责。

国务院证券监督管理机构可以和其他国家或者地区的证券监督管理机构建立监督管理合作机制，实施跨境监督管理。

第一百八十条 国务院证券监督管理机构依法履行职责，有权采取下列措施：

（一）对证券发行人、上市公司、证券公司、证券投资基金管理公司、证券服务机构、证券交易所、证券登记结算机构进行现场检查；

（二）进入涉嫌违法行为发生场所调查取证；

（三）询问当事人和与被调查事件有关的单位和个人，要求其对与被调查事件有关的事项作出说明；

（四）查阅、复制与被调查事件有关的财产权登记、通讯记录等资料；

（五）查阅、复制当事人和与被调查事件有关的单位和个人的证券交易记录、登记过户记录、财务会计资料及其他相关文件和资料；对可能被转移、隐匿或者毁损的文件和资料，可以予以封存；

（六）查询当事人和与被调查事件有关的单位和个人的资金账户、证券账户和银行账户；对有证据证明已经或者可能转移或者隐匿违法资金、证券等涉案财产或者隐匿、伪造、毁损重要证据的，经国务院证券监督管理机构主要负责人批准，可以冻结或者查封；

（七）在调查操纵证券市场、内幕交易等重大证券违法行为时，经国务院证券监督管理机构主要负责人批准，可以限制被调查事件当事人的证券买卖，但限制的期限不得超过十五个交易日；案情复杂的，可以延长十五个交易日。

第一百八十一条 国务院证券监督管理机构依法履行职责，进行监督检查或者调查，其监督检查、调查的人员不得少于二人，并应当出示合法证件和监督检查、调查通知书。监督检查、调查的人员少于二人或者未出示合法证件和监督检查、调查通知书的，被检查、调查的单位有权拒绝。

第一百八十二条 国务院证券监督管理机构工作人员必须忠于职守，依法办事，公正廉洁，不得利用职务便利牟取不正当利益，不得泄露所知悉的有关单位和个人的商业秘密。

第一百八十三条 国务院证券监督管理机构依法履行职责，被检查、调查的单位和个人应当配合，如实提供有关文件和资料，不得拒绝、阻碍和隐瞒。

第一百八十四条 国务院证券监督管理机构依法制定的规章、规则和监督管理工作制度应当公开。

国务院证券监督管理机构依据调查结果，对证券违法行为作出的处罚决定，应当公开。

第一百八十五条 国务院证券监督管理机构应当与国务院其他金融监督管理机构建立监督管理信息共享机制。

国务院证券监督管理机构依法履行职责，进行监督检查或者调查时，有关部门应当予以配合。

第一百八十六条 国务院证券监督管理机构依法履行职责，发现证券违法行为涉嫌犯罪的，应当将案件移送司法机关处理。

第一百八十七条 国务院证券监督管理机构的人员不得在被监管的机构中任职。

第十一章 法律责任

第一百八十八条 未经法定机关核准，擅自公开或者变相公开发行证券的，责令停止发行，退还所募资金并加算银行同期存款利息，处以非法所募资金金额百分之一以上百分之五以下的罚款；对擅自公开或者变相公开发行证券设立的公司，由依法履行监督管理职责的机构或者部门会同县级以上地方人民政府予以取缔。对直接负责的主管人员和其他直接责任人员给予警告，并处以三万元以上三十万元以下的罚款。

第一百八十九条 发行人不符合发行条件，以欺骗手段骗取发行核准，尚未发行证券的，处以三十万元以上六十万元以下的罚款；已经发行证券的，处以非法所募资金金额百分之一以上百分之五以下的罚款。对直接负责的主管人员和其他直接责任人员处以三万元以上三十万元以下的罚款。

发行人的控股股东、实际控制人指使从事前款违法行为的，依照前款的规定处罚。

第一百九十条 证券公司承销或者代理买卖未经核准擅自公开发行的证券的，责令停止承销或者代理买卖，没收违法所得，并处以违法所得一倍以上五倍以下的罚款；没有违法所得或者违法所得不足三十万元的，处以三十万元以上六十万元以下的罚款。给投资者造成损失的，应当与发行人承担连带赔偿责任。对直接负责的主管人员和其他直接责任人员给予警告，撤销任职资格或者证券从业资格，并处以三万元以上三十万元以下的罚款。

第一百九十一条 证券公司承销证券，有下列行为之一的，责令改正，给予警告，没收违法所得，可以并处三十万元以上六十万元以下的罚款；情节严重的，暂停或者撤销相关业务许可。给其他证券承销机构或者投资者造成损失的，依法承担赔偿责任。对直接负责的主管人员和其他直接责任人员给予警告，可以并处三万元以上三十万元以下的罚款；情节严重的，撤销任职资格或者证券从业资格：

（一）进行虚假的或者误导投资者的广告或者其他宣传推介活动；

（二）以不正当竞争手段招揽承销业务；

（三）其他违反证券承销业务规定的行为。

第一百九十二条 保荐人出具有虚假记载、误导性陈述或者重大遗漏的保荐书，或者不履行其他法定职责的，责令改正，给予警告，没收业务收入，并处以业务收入一倍以上五倍以下的罚款；情节严重的，暂停或者撤销相关业务许可。对直接负责的主管人员和其他直接责任人员给予警告，并处以三万元以上三十万元以下的罚款；情节严重的，撤销任职资格或者证券从业资格。

第一百九十三条 发行人、上市公司或者其他信息披露义务人未按照规定披露信息，或者所披露的信息有虚假记载、误导性陈述或者重大遗漏的，责令改正，给予警告，并处以三十万元以上六十万元以下的罚款。对直接负责的主管人员和其他直接责任人员给予警告，并处以三万元以上三十万元以下的罚款。

发行人、上市公司或者其他信息披露义务人未按照规定报送有关报告，或者报送的报告有虚假记载、误导性陈述或者重大遗漏的，责令改正，给予警告，并处以三十万元以上六十万元以下的罚款。对直接负责的主管人员和其他直接责任人员给予警告，并处以三万元以上三十万元以下的罚款。

发行人、上市公司或者其他信息披露义务人的控股股东、实际控制人指使从事前两款违法行为的，依照前两款的规定处罚。

第一百九十四条 发行人、上市公司擅自改变公开发行证券所募集资金的用途的，责令改正，对直接负责的主管人员和其他直接责任人员给予警告，并处以三万元以上三十万元以下的罚款。

发行人、上市公司的控股股东、实际控制人指使从事前款违法行为的，给予警告，并处以三十万元以上六十万元以下的罚款。对直接负责的主管人员和其他直接责任人员依照前款的规定处罚。

第一百九十五条 上市公司的董事、监事、高级管理人员、持有上市公司股份百分之五以上的股东，违反本法第四十七条的规定买卖本公司股票的，给予警告，可以并处三万元以上十万元以下的罚款。

第一百九十六条 非法开设证券交易场所的，由县级以上人民政府予以取缔，没收违法所得，并处以违法所得一倍以上五倍以下的罚款；没有违法所得或者违法所得不足十万元的，处以十万元以上五十万元以下的罚款。对直接负责的主管人员和其他直接责任人员给予警告，并处以三万元以上三十万元以下的罚款。

第一百九十七条 未经批准，擅自设立证券公司或者非法经营证券业务的，由证券监督管理机构予以取缔，没收违法所得，并处以违法所得一倍以上五倍以下的罚款；没有违法所得或者违法所得不足三十万元的，处以三十万元以上六十万元以下的罚款。对直接负责的主管人员和其他直接责任人员给予警告，并处以三万元以上三十万元以下的罚款。

第一百九十八条 违反本法规定，聘任不具有任职资格、证券从业资格的人员的，由证券监督管理机构责令改正，给予警告，可以并处十万元以上三十万元以下的罚款；对直接负责的主管人员给予警告，可以并处三万元以上十万元以下的罚款。

第一百九十九条 法律、行政法规规定禁止参与股票交易的人员，直接或者以化名、借他人名义持有、买卖股票的，责令依法处理非法持有的股票，没收违法所得，并处以买卖股票等值以下的罚款；属于国家工作人员的，还应当依法给予行政处分。

第二百条 证券交易所、证券公司、证券登记结算机构、证券服务机构的从业人员或者证券业协会的工作人员，故意提供虚假资料，隐匿、伪造、篡改或者毁损交易记录，诱骗投资者买卖证券的，撤销证券从业资格，并处以三万元以上十万元以下的罚款；属于国家工作人员的，还应当依法给予行政处分。

第二百零一条 为股票的发行、上市、交易出具审计报告、资产评估报告或者法律意见书等文件的证券服务机构和人员，违反本法第四十五条的规定买卖股票的，责令依法处理非法持有的股票，没收违法所得，并处以买卖股票等值以下的罚款。

第二百零二条 证券交易内幕信息的知情人或者非法获取内幕信息的人，在涉及证券的发行、交易或者其他对证券的价格有重大影响的信息公开前，买卖该证券，或者泄露该信息，或者建议他人买卖该证券的，责令依法处理非法持有的证券，没收违法所得，并处以违法所得一倍以上五倍以下的罚款；没有违法所得或者违法所得不足三万元的，处以三万元以上六十万元以下的罚款。单位从事内幕交易的，还应当对直接负责的主管人员和其他直接责任人员给予警告，并处以三万元以上三十万元以下的罚款。证券监督管理机构工作人员进行内幕交易的，从重处罚。

第二百零三条 违反本法规定，操纵证券市场的，责令依法处理非法持有的证券，没收违法所得，并处以违法所得一倍以上五倍以下的罚款；没有违法所得或者违法所得不足三十万元的，处以三十万元以上三百万元以下的罚款。单位操纵证券市场的，还应当对直接负责的主管人员和其他直接责任人员给予警告，并处以十万元以上六十万元以下的罚款。

第二百零四条 违反法律规定，在限制转让期限内买卖证券的，责令改正，给予警告，并处以买卖证券等值以下的罚款。对直接负责的主管人员和其他直接责任人员给予警告，并处以三万元以上三十万元以下的罚款。

第二百零五条 证券公司违反本法规定，为客户买卖证券提供融资融券的，没收违法所得，暂停或者撤销相关业务许可，并处以非法融资融券等值以下的罚款。对直接负责的主管人员和其他直接责任人员给予警告，撤销任职资格或者证券从业资格，并处以三万元以上三十万元以下的罚款。

第二百零六条 违反本法第七十八条第一款、第三款的规定，扰乱证券市场的，由证券监督管理机构责令改正，没收违法所得，并处以违法所得一倍以上五倍以下的罚款；没有违法所得或者违法所得不足三万元的，处以三万元以上二十万元以下的罚款。

第二百零七条 违反本法第七十八条第二款的规定，在证券交易活动中作出虚假陈述或者信息误导的，责令改正，处以三万元以上二十万元以下的罚款；属于国家工作人员的，还应当依法给予行政处分。

第二百零八条 违反本法规定，法人以他人名义设立账户或者利用他人账户买卖证券的，责令改正，没收违法所得，并处以违法所得一倍以上五倍以下的罚款；没有违法所得或者违法所得不足三万元的，处以三万元以上三十万元以下的罚款。对直接负责的主管人员和其他直接责任人员给予警告，并处以三万元以上十万元以下的罚款。

证券公司为前款规定的违法行为提供自己或者他人的证券交易账户的，除依照前款的规定处罚外，还应当撤销直接负责的主管人员和其他直接责任人员的任职资格或者证券从业资格。

第二百零九条 证券公司违反本法规定，假借他人名义或者以个人名义从事证券自营业务的，责令改正，没收违法所得，并处以违法所得一倍以上五倍以下的罚款；没有违法所得或者违法所得不足三十万元的，处以三十万元以上六十万元以下的罚款；情节严重的，暂停或者撤销证券自营业务许可。对直接负责的主管人员和其他直接责任人员给予警告，撤销任职资格或者证券从业资格，并处以三万元以上十万元以下的罚款。

第二百一十条 证券公司违背客户的委托买卖证券、办理交易事项，或者违背客户真实意思表示，办理交易以外的其他事项的，责令改正，处以一万元以上十万元以下的罚款。给客户造成损失的，依法承担赔偿责任。

第二百一十一条 证券公司、证券登记结算机构挪用客户的资金或者证券，或者未经客户的委托，擅自为客户买卖证券的，责令改正，没收违法所得，并处以违法所得一倍以上五倍以下的罚款；没有违法所得或者违法所得不足十万元的，处以十万元以上六十万元以下的罚款；情节严重的，责令关闭或者撤销相关业务许可。对直接负责的主管人员和其他直接责任人员给予警告，撤销任职资格或者证券从业资格，并处以三万元以上三十万元以下的罚款。

第二百一十二条 证券公司办理经纪业务，接受客户的全权委托买卖证券的，或者证券公司对客户买卖证券的收益或者赔偿证券买卖的损失作出承诺的，责令改正，没收违法所得，并处以五万元以上二十万元以下的罚款，可以暂停或者撤销相关业务许可。对直接负责的主管人员和其他直接责任人员给予警告，并处以三万元以上十万元以下的罚款，可以撤销任职资格或者证券从业资格。

第二百一十三条 收购人未按照本法规定履行上市公司收购的公告、发出收购要约等义务的，责令改正，给予警告，并处以十万元以上三十万元以下的罚款；在改正前，收购人对其收购或者通过协议、其他安排与他人共同收购的股份不得行使表决权。对直接负责的主管人员和其他直接责任人员给予警告，并处以三万元以上三十万元以下的罚款。

第二百一十四条 收购人或者收购人的控股股东，利用上市公司收购，损害被收购公司及其股东的合法权益的，责令改正，给予警告；情节严重的，并处以十万元以上六十万元以下的罚款。给被收购公司及其股东造成损失的，依法承担赔偿责任。对直接负责的主管人员和其他直接责任人员给予警告，并处以三万元以上三十万元以下的罚款。

第二百一十五条 证券公司及其从业人员违反本法规定，私下接受客户委托买卖证券的，责令改正，给予警告，没收违法所得，并处以违法所得一倍以上五倍以下的罚款；没有违法所得或者违法所得不足十万元的，处以十万元以上三十万元以下的罚款。

第二百一十六条 证券公司违反规定，未经批准经营非上市证券的交易的，责令改正，没收违法所得，并处以违法所得一倍以上五倍以下的罚款。

第二百一十七条 证券公司成立后，无正当理由超过三个月未开始营业的，或者开业后自行停业连续三个月以上的，由公司登记机关吊销其公司营业执照。

第二百一十八条　证券公司违反本法第一百二十九条的规定，擅自设立、收购、撤销分支机构，或者合并、分立、停业、解散、破产，或者在境外设立、收购、参股证券经营机构的，责令改正，没收违法所得，并处以违法所得一倍以上五倍以下的罚款；没有违法所得或者违法所得不足十万元的，处以十万元以上六十万元以下的罚款。对直接负责的主管人员给予警告，并处以三万元以上十万元以下的罚款。

证券公司违反本法第一百二十九条的规定，擅自变更有关事项的，责令改正，并处以十万元以上三十万元以下的罚款。对直接负责的主管人员给予警告，并处以五万元以下的罚款。

第二百一十九条　证券公司违反本法规定，超出业务许可范围经营证券业务的，责令改正，没收违法所得，并处以违法所得一倍以上五倍以下的罚款；没有违法所得或者违法所得不足三十万元的，处以三十万元以上六十万元以下罚款；情节严重的，责令关闭。对直接负责的主管人员和其他直接责任人员给予警告，撤销任职资格或者证券从业资格，并处以三万元以上十万元以下的罚款。

第二百二十条　证券公司对其证券经纪业务、证券承销业务、证券自营业务、证券资产管理业务，不依法分开办理，混合操作的，责令改正，没收违法所得，并处以三十万元以上六十万元以下的罚款；情节严重的，撤销相关业务许可。对直接负责的主管人员和其他直接责任人员给予警告，并处以三万元以上十万元以下的罚款；情节严重的，撤销任职资格或者证券从业资格。

第二百二十一条　提交虚假证明文件或者采取其他欺诈手段隐瞒重要事实骗取证券业务许可的，或者证券公司在证券交易中有严重违法行为，不再具备经营资格的，由证券监督管理机构撤销证券业务许可。

第二百二十二条　证券公司或者其股东、实际控制人违反规定，拒不向证券监督管理机构报送或者提供经营管理信息和资料，或者报送、提供的经营管理信息和资料有虚假记载、误导性陈述或者重大遗漏的，责令改正，给予警告，并处以三万元以上三十万元以下的罚款，可以暂停或者撤销证券公司相关业务许可。对直接负责的主管人员和其他直接责任人员，给予警告，并处以三万元以下的罚款，可以撤销任职资格或者证券从业资格。

证券公司为其股东或者股东的关联人提供融资或者担保的，责令改正，给予警告，并处以十万元以上三十万元以下的罚款。对直接负责的主管人员和其他直接责任人员，处以三万元以上十万元以下的罚款。股东有过错的，在按照要求改正前，国务院证券监督管理机构可以限制其股东权利；拒不改正的，可以责令其转让所持证券公司股权。

第二百二十三条 证券服务机构未勤勉尽责，所制作、出具的文件有虚假记载、误导性陈述或者重大遗漏的，责令改正，没收业务收入，暂停或者撤销证券服务业务许可，并处以业务收入一倍以上五倍以下的罚款。对直接负责的主管人员和其他直接责任人员给予警告，撤销证券从业资格，并处以三万元以上十万元以下的罚款。

第二百二十四条 违反本法规定，发行、承销公司债券的，由国务院授权的部门依照本法有关规定予以处罚。

第二百二十五条 上市公司、证券公司、证券交易所、证券登记结算机构、证券服务机构，未按照有关规定保存有关文件和资料的，责令改正，给予警告，并处以三万元以上三十万元以下的罚款；隐匿、伪造、篡改或者毁损有关文件和资料的，给予警告，并处以三十万元以上六十万元以下的罚款。

第二百二十六条 未经国务院证券监督管理机构批准，擅自设立证券登记结算机构的，由证券监督管理机构予以取缔，没收违法所得，并处以违法所得一倍以上五倍以下的罚款。

投资咨询机构、财务顾问机构、资信评级机构、资产评估机构、会计师事务所未经批准，擅自从事证券服务业务的，责令改正，没收违法所得，并处以违法所得一倍以上五倍以下的罚款。

证券登记结算机构、证券服务机构违反本法规定或者依法制定的业务规则的，由证券监督管理机构责令改正，没收违法所得，并处以违法所得一倍以上五倍以下的罚款；没有违法所得或者违法所得不足十万元的，处以十万元以上三十万元以下的罚款；情节严重的，责令关闭或者撤销证券服务业务许可。

第二百二十七条 国务院证券监督管理机构或者国务院授权的部门有下列情形之一的，对直接负责的主管人员和其他直接责任人员，依法给予行政处分：

（一）对不符合本法规定的发行证券、设立证券公司等申请予以核准、批准的；

（二）违反规定采取本法第一百八十条规定的现场检查、调查取证、查询、冻结或者查封等措施的；

（三）违反规定对有关机构和人员实施行政处罚的；

（四）其他不依法履行职责的行为。

第二百二十八条 证券监督管理机构的工作人员和发行审核委员会的组成人员，不履行本法规定的职责，滥用职权、玩忽职守，利用职务便利牟取不正当利益，或者泄露所知悉的有关单位和个人的商业秘密的，依法追究法律责任。

第二百二十九条 证券交易所对不符合本法规定条件的证券上市申请予以审核同意的，给予警告，没收业务收入，并处以业务收入一倍以上五倍以下的罚款。对直接负责的主管人员和其他直接责任人员给予警告，并处以三万元以上三十万元以下的罚款。

第二百三十条 拒绝、阻碍证券监督管理机构及其工作人员依法行使监督检查、调查职权未使用暴力、威胁方法的，依法给予治安管理处罚。

第二百三十一条 违反本法规定，构成犯罪的，依法追究刑事责任。

第二百三十二条 违反本法规定，应当承担民事赔偿责任和缴纳罚款、罚金，其财产不足以同时支付时，先承担民事赔偿责任。

第二百三十三条 违反法律、行政法规或者国务院证券监督管理机构的有关规定，情节严重的，国务院证券监督管理机构可以对有关责任人员采取证券市场禁入的措施。

前款所称证券市场禁入，是指在一定期限内直至终身不得从事证券业务或者不得担任上市公司董事、监事、高级管理人员的制度。

第二百三十四条 依照本法收缴的罚款和没收的违法所得，全部上缴国库。

第二百三十五条 当事人对证券监督管理机构或者国务院授权的部门的处罚决定不服的，可以依法申请行政复议，或者依法直接向人民法院提起诉讼。

第十二章 附 则

第二百三十六条 本法施行前依照行政法规已批准在证券交易所上市交易的证券继续依法进行交易。

本法施行前依照行政法规和国务院金融行政管理部门的规定经批准设立的证券经营机构，不完全符合本法规定的，应当在规定的限期内达到本法规定的要求。具体实施办法，由国务院另行规定。

第二百三十七条 发行人申请核准公开发行股票、公司债券，应当按照规定缴纳审核费用。

第二百三十八条 境内企业直接或者间接到境外发行证券或者将其证券在境外上市交易，必须经国务院证券监督管理机构依照国务院的规定批准。

第二百三十九条 境内公司股票以外币认购和交易的，具体办法由国务院另行规定。

第二百四十条 本法自2006年1月1日起施行。

3. 国务院关于开展优先股试点的指导意见

（2013 年 11 月 30 日　国发［2013］46 号）

各省、自治区、直辖市人民政府，国务院各部委、各直属机构：

为贯彻落实党的十八大、十八届三中全会精神，深化金融体制改革，支持实体经济发展，依照公司法、证券法相关规定，国务院决定开展优先股试点。开展优先股试点，有利于进一步深化企业股份制改革，为发行人提供灵活的直接融资工具，优化企业财务结构，推动企业兼并重组；有利于丰富证券品种，为投资者提供多元化的投资渠道，提高直接融资比重，促进资本市场稳定发展。为稳妥有序开展优先股试点，现提出如下指导意见。

一、优先股股东的权利与义务

（一）优先股的含义。优先股是指依照公司法，在一般规定的普通种类股份之外，另行规定的其他种类股份，其股份持有人优先于普通股股东分配公司利润和剩余财产，但参与公司决策管理等权利受到限制。

除本指导意见另有规定以外，优先股股东的权利、义务以及优先股股份的管理应当符合公司法的规定。试点期间不允许发行在股息分配和剩余财产分配上具有不同优先顺序的优先股，但允许发行在其他条款上具有不同设置的优先股。

（二）优先分配利润。优先股股东按照约定的票面股息率，优先于普通股股东分配公司利润。公司应当以现金的形式向优先股股东支付股息，在完全支付约定的股息之前，不得向普通股股东分配利润。

公司应当在公司章程中明确以下事项：（1）优先股股息率是采用固定股息率还是浮动股息率，并相应明确固定股息率水平或浮动股息率计算方法。（2）公司在有可分配税后利润的情况下是否必须分配利润。（3）如果公司因本会计年度可分配利润不足而未向优先股股东足额派发股息，差额部分是否累积到下一会计年度。（4）优先股股东按照约定的股息率分配股息后，是否有权同普通股股东一起参加剩余利润分配。（5）优先股利润分配涉及的其他事项。

（三）优先分配剩余财产。公司因解散、破产等原因进行清算时，公司财产在按照公司法和破产法有关规定进行清偿后的剩余财产，应当优先向优先股股东支付未派发的股息和公司章程约定的清算金额，不足以支付的按照优先股股东持股比例分配。

（四）优先股转换和回购。公司可以在公司章程中规定优先股转换为普通股、发行人回购优先股的条件、价格和比例。转换选择权或回购选择权可规定由发行人或优先股股东行使。发行人要求回购优先股的，必须完全支付所欠股息，但商业银行发行优先股补充资本的除外。优先股回购后相应减记发行在外的优先股股份总数。

（五）表决权限制。除以下情况外，优先股股东不出席股东大会会议，所持股份没有表决权：（1）修改公司章程中与优先股相关的内容；（2）一次或累计减少公司注册资本超过百分之十；（3）公司合并、分立、解散或变更公司形式；（4）发行优先股；（5）公司章程规定的其他情形。上述事项的决议，除须经出席会议的普通股股东（含表决权恢复的优先股股东）所持表决权的三分之二以上通过之外，还须经出席会议的优先股股东（不含表决权恢复的优先股股东）所持表决权的三分之二以上通过。

（六）表决权恢复。公司累计 3 个会计年度或连续 2 个会计年度未按约定支付优先股股息的，优先股股东有权出席股东大会，每股优先股股份享有公司章程规定的表决权。对于股息可累积到下一会计年度的优先股，表决权恢复直至公司全额支付所欠股息。对于股息不可累积的优先股，表决权恢复直至公司全额支付当年股息。公司章程可规定优先股表决权恢复的其他情形。

（七）与股份种类相关的计算。以下事项计算持股比例时，仅计算普通股和表决权恢复的优先股：（1）根据公司法第一百零一条，请求召开临时股东大会；（2）根据公司法第一百零二条，召集和主持股东大会；（3）根据公司法第一百零三条，提交股东大会临时提案；（4）根据公司法第二百一十七条，认定控股股东。

二、优先股发行与交易

（八）发行人范围。公开发行优先股的发行人限于证监会规定的上市公司，非公开发行优先股的发行人限于上市公司（含注册地在境内的境外上市公司）和非上市公众公司。

（九）发行条件。公司已发行的优先股不得超过公司普通股股份总数的百分之五十，且筹资金额不得超过发行前净资产的百分之五十，已回购、转换的优先股不纳入计算。公司公开发行优先股以及上市公司非公开发行优先股的其他条件适用证券法的规定。非上市公众公司非公开发行优先股的条件由证监会另行规定。

（十）公开发行。公司公开发行优先股的，应当在公司章程中规定以下事项：（1）采取固定股息率；（2）在有可分配税后利润的情况下必须向优先股股东分配股息；（3）未向优先股股东足额派发股息的差额部分应当累积到下一会计年度；（4）优先股股东按照约定的股息率分配股息后，不再同普通股股东一起参加剩余利润分配。商业银行发行优先股补充资本的，可就第（2）项和第（3）项事项另行规定。

（十一）交易转让及登记存管。优先股应当在证券交易所、全国中小企业股份转让系统或者在国务院批准的其他证券交易场所交易或转让。优先股应当在中国证券登记结算公司集中登记存管。优先股交易或转让环节的投资者适当性标准应当与发行环节一致。

（十二）信息披露。公司应当在发行文件中详尽说明优先股股东的权利义务，充分揭示风险。同时，应按规定真实、准确、完整、及时、公平地披露或者提供信息，不得有虚假记载、误导性陈述或重大遗漏。

（十三）公司收购。优先股可以作为并购重组支付手段。上市公司收购要约适用于被收购公司的所有股东，但可以针对优先股股东和普通股股东提出不同的收购条件。根据证券法第八十六条计算收购人持有上市公司已发行股份比例，以及根据证券法第八十八条和第九十六条计算触发要约收购义务时，表决权未恢复的优先股不计入持股数额和股本总额。

（十四）与持股数额相关的计算。以下事项计算持股数额时，仅计算普通股和表决权恢复的优先股：（1）根据证券法第五十四条和第六十六条，认定持有公司股份最多的前十名股东的名单和持股数额；（2）根据证券法第四十七条、第六十七条和第七十四条，认定持有公司百分之五以上股份的股东。

三、组织管理和配套政策

（十五）加强组织管理。证监会应加强与有关部门的协调配合，积极稳妥地组织开展优先股试点工作。证监会应当根据公司法、证券法和本指导意见，制定并发布优先股试点的具体规定，指导证券自律组织完善相关业务规则。

证监会应当加强市场监管，督促公司认真履行信息披露义务，督促中介机构诚实守信、勤勉尽责，依法查处违法违规行为，切实保护投资者合法权益。

（十六）完善配套政策。优先股相关会计处理和财务报告，应当遵循财政部发布的企业会计准则及其他相关会计标准。企业投资优先股获得的股息、红利等投资收益，符合税法规定条件的，可以作为企业所得税免税收入。全国社会保障基金、企业年金投资优先股的比例不受现行证券品种投资比例的限制，具体政策由国务院主管部门制定。外资行业准入管理中外资持股比例优先股与普通股合并计算。试点中需要配套制定的其他政策事项，由证监会根据试点进展情况提出，商有关部门办理，重大事项报告国务院。

4. 国务院关于进一步促进资本市场健康发展的若干意见

（2014 年 5 月 8 日　国发［2014］17 号）

各省、自治区、直辖市人民政府，国务院各部委、各直属机构：

进一步促进资本市场健康发展，健全多层次资本市场体系，对于加快完善现代市场体系、拓宽企业和居民投融资渠道、优化资源配置、促进经济转型升级具有重要意义。20 多年来，我国资本市场快速发展，初步形成了涵盖股票、债券、期货的市场体系，为促进改革开放和经济社会发展作出了重要贡献。但总体上看，我国资本市场仍不成熟，一些体制机制性问题依然存在，新情况新问题不断出现。为深入贯彻党的十八大和十八届二中、三中全会精神，认真落实党中央和国务院的决策部署，实现资本市场健康发展，现提出以下意见。

一、总体要求

（一）指导思想

高举中国特色社会主义伟大旗帜，以邓小平理论、"三个代表"重要思想、科学发展观为指导，贯彻党中央和国务院的决策部署，解放思想，改革创新，开拓进取。坚持市场化和法治化取向，维护公开、公平、公正的市场秩序，维护投资者特别是中小投资者合法权益。紧紧围绕促进实体经济发展，激发市场创新活力，拓展市场广度深度，扩大市场双向开放，促进直接融资与间接融资协调发展，提高直接融资比重，防范和分散金融风险。推动混合所有制经济发展，完善现代企业制度和公司治理结构，提高企业竞争能力，促进资本形成和股权流转，更好发挥资本市场优化资源配置的作用，促进创新创业、结构调整和经济社会持续健康发展。

（二）基本原则

资本市场改革发展要从我国国情出发，积极借鉴国际经验，遵循以下原则：

一是处理好市场与政府的关系。尊重市场规律，依据市场规则、市场价格、市场竞争实现效益最大化和效率最优化，使市场在资源配置中起决定性作用。同时，更好发挥政府作用，履行好政府监管职能，实施科学监管、适度监管，创造公平竞争的市场环境，保护投资者合法权益，有效维护市场秩序。

二是处理好创新发展与防范风险的关系。以市场为导向、以提高市场服务能力和效率为目的，积极鼓励和引导资本市场创新。同时，强化风险防范，始终把风险监测、预警和处置贯穿于市场创新发展全过程，牢牢守住不发生系统性、区域性金融风险的底线。

三是处理好风险自担与强化投资者保护的关系。加强投资者教育，引导投资者培育理性投资理念，自担风险、自负盈亏，提高风险意识和自我保护能力。同时，健全投资者特别是中小投资者权益保护制度，保障投资者的知情权、参与权、求偿权和监督权，切实维护投资者合法权益。

四是处理好积极推进与稳步实施的关系。立足全局、着眼长远，坚定不移地积极推进改革。同时，加强市场顶层设计，增强改革措施的系统性、针对性、协同性，把握好改革的力度、节奏和市场承受程度，稳步实施各项政策措施，着力维护资本市场平稳发展。

（三）主要任务

加快建设多渠道、广覆盖、严监管、高效率的股权市场，规范发展债券市场，拓展期货市场，着力优化市场体系结构、运行机制、基础设施和外部环境，实现发行交易方式多样、投融资工具丰富、风险管理功能完备、场内场外和公募私募协调发展。到2020年，基本形成结构合理、功能完善、规范透明、稳健高效、开放包容的多层次资本市场体系。

二、发展多层次股票市场

（四）积极稳妥推进股票发行注册制改革。建立和完善以信息披露为中心的股票发行制度。发行人是信息披露第一责任人，必须做到言行与信息披露的内容一致。发行人、中介机构对信息披露的真实性、准确性、完整性、充分性和及时性承担法律责任。投资者自行判断发行人的盈利能力和投资价值，自担投资风险。逐步探索符合我国实际的股票发行条件、上市标准和审核方式。证券监管部门依法监管发行和上市活动，严厉查处违法违规行为。

（五）加快多层次股权市场建设。强化证券交易所市场的主导地位，充分发挥证券交易所的自律监管职能。壮大主板、中小企业板市场，创新交易机制，丰富交易品种。加快创业板市场改革，健全适合创新型、成长型企业发展的制度安排。增加证券交易所市场内部层次。加快完善全国中小企业股份转让系统，建立小额、便捷、灵活、多元的投融资机制。在清理整顿的基础上，将区域性股权市场纳入多层次资本市场体系。完善集中统一的登记结算制度。

（六）提高上市公司质量。引导上市公司通过资本市场完善现代企业制度，建立健全市场化经营机制，规范经营决策。督促上市公司以投资者需求为导向，履行好信息披露义务，严格执行企业会计准则和财务报告制度，提高财务信息的可比性，增强信息披露的有效性。促进上市公司提高效益，增强持续回报投资者能力，为股东创造更多价值。规范上市公司控股股东、实际控制人行为，保障公司独立主体地位，维护各类股东的平等权利。鼓励上市公司建立市值管理制度。完善上市公司股权激励制度，允许上市公司按规定通过多种形式开展员工持股计划。

（七）鼓励市场化并购重组。充分发挥资本市场在企业并购重组过程中的主渠道作用，强化资本市场的产权定价和交易功能，拓宽并购融资渠道，丰富并购支付方式。尊重企业自主决策，鼓励各类资本公平参与并购，破除市场壁垒和行业分割，实现公司产权和控制权跨地区、跨所有制顺畅转让。

（八）完善退市制度。构建符合我国实际并有利于投资者保护的退市制度，建立健全市场化、多元化退市指标体系并严格执行。支持上市公司根据自身发展战略，在确保公众投资者权益的前提下以吸收合并、股东收购、转板等形式实施主动退市。对欺诈发行的上市公司实行强制退市。明确退市公司重新上市的标准和程序。逐步形成公司进退有序、市场转板顺畅的良性循环机制。

三、规范发展债券市场

（九）积极发展债券市场。完善公司债券公开发行制度。发展适合不同投资者群体的多样化债券品种。建立健全地方政府债券制度。丰富适合中小微企业的债券品种。统筹推进符合条件的资产证券化发展。支持和规范商业银行、证券经营机构、保险资产管理机构等合格机构依法开展债券承销业务。

（十）强化债券市场信用约束。规范发展债券市场信用评级服务。完善发行人信息披露制度，提高投资者风险识别能力，减少对外部评级的依赖。建立债券发行人信息共享机制。探索发展债券信用保险。完善债券增信机制，规范发展债券增信业务。强化发行人和投资者的责任约束，健全债券违约监测和处置机制，支持债券持有人会议维护债权人整体利益，切实防范道德风险。

（十一）深化债券市场互联互通。在符合投资者适当性管理要求的前提下，完善债券品种在不同市场的交叉挂牌及自主转托管机制，促进债券跨市场顺畅流转。鼓励债券交易场所合理分工、发挥各自优势。促进债券登记结算机构信息共享、顺畅连接，加强互联互通。提高债券市场信息系统、市场监察系统的运行效率，逐步强化对债券登记结算体系的统一管理，防范系统性风险。

（十二）加强债券市场监管协调。充分发挥公司信用类债券部际协调机制作用，各相关部门按照法律法规赋予的职责，各司其职，加强对债券市场准入、信息披露和资信评级的监管，建立投资者保护制度，加大查处债券市场虚假陈述、内幕交易、价格操纵等各类违法违规行为的力度。

四、培育私募市场

（十三）建立健全私募发行制度。建立合格投资者标准体系，明确各类产品私募发行的投资者适当性要求和面向同一类投资者的私募发行信息披露要求，规范募集行为。对私募发行不设行政审批，允许各类发行主体在依法合规的基础上，向累计不超过法律规定特定数量的投资者发行股票、债券、基金等产品。积极发挥证券中介机构、资产管理机构和有关市场组织的作用，建立健全私募产品发行监管制度，切实强化事中事后监管。建立促进经营机构规范开展私募业务的风险控制和自律管理制度安排，以及各类私募产品的统一监测系统。

（十四）发展私募投资基金。按照功能监管、适度监管的原则，完善股权投资基金、私募资产管理计划、私募集合理财产品、集合资金信托计划等各类私募投资产品的监管标准。依法严厉打击以私募为名的各类非法集资活动。完善扶持创业投资发展的政策体系，鼓励和引导创业投资基金支持中小微企业。研究制定保险资金投资创业投资基金的相关政策。完善围绕创新链需要的科技金融服务体系，创新科技金融产品和服务，促进战略性新兴产业发展。

五、推进期货市场建设

（十五）发展商品期货市场。以提升产业服务能力和配合资源性产品价格形成机制改革为重点，继续推出大宗资源性产品期货品种，发展商品期权、商品指数、碳排放权等交易工具，充分发挥期货市场价格发现和风险管理功能，增强期货市场服务实体经济的能力。允许符合条件的机构投资者以对冲风险为目的使用期货衍生品工具，清理取消对企业运用风险管理工具的不必要限制。

（十六）建设金融期货市场。配合利率市场化和人民币汇率形成机制改革，适应资本市场风险管理需要，平稳有序发展金融衍生产品。逐步丰富股指期货、股指期权和股票期权品种。逐步发展国债期货，进一步健全反映市场供求关系的国债收益率曲线。

六、提高证券期货服务业竞争力

（十七）放宽业务准入。实施公开透明、进退有序的证券期货业务牌照管理制度，研究证券公司、基金管理公司、期货公司、证券投资咨询公司等交叉持牌，支持符合条件的其他金融机构在风险隔离基础上申请证券期货业务牌照。积极支持民营资本进入证券期货服务业。支持证券期货经营机构与其他金融机构在风险可控前提下以相互控股、参股的方式探索综合经营。

（十八）促进中介机构创新发展。推动证券经营机构实施差异化、专业化、特色化发展，促进形成若干具有国际竞争力、品牌影响力和系统重要性的现代投资银行。促进证券投资基金管理公司向现代资产管理机构转型，提高财富管理水平。推动期货经营机构并购重组，提高行业集中度。支持证券期货经营机构拓宽融资渠道，扩大业务范围。在风险可控前提下，优化客户交易结算资金存管模式。支持证券期货经营机构、各类资产管理机构围绕风险管理、资本中介、投资融资等业务自主创设产品。规范发展证券期货经营机构柜台业务。对会计师事务所、资产评估机构、评级增信机构、法律服务机构开展证券期货相关服务强化监督，提升证券期货服务机构执业质量和公信力，打造功能齐备、分工专业、服务优质的金融服务产业。

（十九）壮大专业机构投资者。支持全国社会保障基金积极参与资本市场投资，支持社会保险基金、企业年金、职业年金、商业保险资金、境外长期资金等机构投资者资金逐步扩大资本市场投资范围和规模。推动商业银行、保险公司等设立基金管理公司，大力发展证券投资基金。

（二十）引导证券期货互联网业务有序发展。建立健全证券期货互联网业务监管规则。支持证券期货服务业、各类资产管理机构利用网络信息技术创新产品、业务和交易方式。支持有条件的互联网企业参与资本市场，促进互联网金融健康发展，扩大资本市场服务的覆盖面。

七、扩大资本市场开放

（二十一）便利境内外主体跨境投融资。扩大合格境外机构投资者、合格境内机构投资者的范围，提高投资额度与上限。稳步开放境外个人直接投资境内资本市场，有序推进境内个人直接投资境外资本市场。建立健全个人跨境投融资权益保护制度。在符合外商投资产业政策的范围内，逐步放宽外资持有上市公司股份的限制，完善对收购兼并行为的国家安全审查和反垄断审查制度。

（二十二）逐步提高证券期货行业对外开放水平。适时扩大外资参股或控股的境内证券期货经营机构的经营范围。鼓励境内证券期货经营机构实施“走出去”战略，增强国际竞争力。推动境内外交易所市场的连接，研究推进境内外基金互认和证券交易所产品互认。稳步探索 B 股市场改革。

（二十三）加强跨境监管合作。完善跨境监管合作机制，加大跨境执法协查力度，形成适应开放型资本市场体系的跨境监管制度。深化与香港、澳门特别行政区和台湾地区的监管合作。加强与国际证券期货监管组织的合作，积极参与国际证券期货监管规则制定。

八、防范和化解金融风险

（二十四）完善系统性风险监测预警和评估处置机制。建立健全宏观审慎管理制度。逐步建立覆盖各类金融市场、机构、产品、工具和交易结算行为的风险监测监控平台。完善风险管理措施，及时化解重大风险隐患。加强涵盖资本市场、货币市场、信托理财等领域的跨行业、跨市场、跨境风险监管。

（二十五）健全市场稳定机制。资本市场稳定关系经济发展和社会稳定大局。各地区、各部门在出台政策时要充分考虑资本市场的敏感性，做好新闻宣传和舆论引导工作。完善市场交易机制，丰富市场风险管理工具。建立健全金融市场突发事件快速反应和处置机制。健全稳定市场预期机制。

（二十六）从严查处证券期货违法违规行为。加强违法违规线索监测，提升执法反应能力。严厉打击证券期货违法犯罪行为。完善证券期货行政执法与刑事司法的衔接机制，深化证券期货监管部门与公安司法机关的合作。进一步加强执法能力，丰富行政调查手段，大幅改进执法效率，提高违法违规成本，切实提升执法效果。

（二十七）推进证券期货监管转型。加强全国集中统一的证券期货监管体系建设，依法规范监管权力运行，减少审批、核准、备案事项，强化事中事后监管，提高监管能力和透明度。支持市场自律组织履行职能。加强社会信用体系建设，完善资本市场诚信监管制度，强化守信激励、失信惩戒机制。

九、营造资本市场良好发展环境

（二十八）健全法规制度。推进证券法修订和期货法制定工作。出台上市公司监管、私募基金监管等行政法规。建立健全结构合理、内容科学、层级适当的法律实施规范体系，整合清理现行规章、规范性文件，完善监管执法实体和程序规则。重点围绕调查与审理分离、日常监管与稽查处罚协同等关键环节，积极探索完善监管执法体制和机制。配合完善民事赔偿法律制度，健全操纵市场等犯罪认定标准。

（二十九）坚决保护投资者特别是中小投资者合法权益。健全投资者适当性制度，严格投资者适当性管理。完善公众公司中小投资者投票和表决机制，优化投资者回报机制，健全多元化纠纷解决和投资者损害赔偿救济机制。督促证券投资基金等机构投资者参加上市公司业绩发布会，代表公众投资者行使权利。

（三十）完善资本市场税收政策。按照宏观调控政策和税制改革的总体方向，统筹研究有利于进一步促进资本市场健康发展的税收政策。

（三十一）完善市场基础设施。加强登记、结算、托管等公共基础设施建设。实现资本市场监管数据信息共享。推进资本市场信息系统建设，提高防范网络攻击、应对重大灾难与技术故障的能力。

（三十二）加强协调配合。健全跨部门监管协作机制。加强中小投资者保护工作的协调合作。各地区、各部门要加强与证券期货监管部门的信息共享与协同配合。出台支持资本市场扩大对外开放的外汇、海关监管政策。地方人民政府要规范各类区域性交易场所，打击各种非法证券期货活动，做好区域内金融风险防范和处置工作。

（三十三）规范资本市场信息传播秩序。各地区、各部门要严格管理涉及资本市场的内幕信息，确保信息发布公开公正、准确透明。健全资本市场政策发布和解读机制，创新舆论回应与引导方式。综合运用法律、行政、行业自律等方式，完善资本市场信息传播管理制度。依法严肃查处造谣、传谣以及炒作不实信息误导投资者和影响社会稳定的机构、个人。

国务院

二〇一四年五月八日

5. 国务院办公厅关于进一步加强资本市场中小投资者合法权益保护工作的意见

（2013年12月25日　国办发［2013］110号）

各省、自治区、直辖市人民政府，国务院各部委、各直属机构：

中小投资者是我国现阶段资本市场的主要参与群体，但处于信息弱势地位，抗风险能力和自我保护能力较弱，合法权益容易受到侵害。维护中小投资者合法权益是证券期货监管工作的重中之重，关系广大人民群众切身利益，是资本市场持续健康发展的基础。近年来，我国中小投资者保护工作取得了积极成效，但与维护市场“公开、公平、公正”和保护广大投资者合法权益的要求相比还有较大差距。为贯彻落实党的十八大、十八届三中全会精神和国务院有关要求，进一步加强资本市场中小投资者合法权益保护工作，经国务院同意，现提出如下意见。

一、健全投资者适当性制度

制定完善中小投资者分类标准。根据我国资本市场实际情况，制定并公开中小投资者分类标准及依据，并进行动态评估和调整。进一步规范不同层次市场及交易品种的投资者适当性制度安排，明确适合投资者参与的范围和方式。

科学划分风险等级。证券期货经营机构和中介机构应当对产品或者服务的风险进行评估并划分风险等级。推荐与投资者风险承受和识别能力相适应的产品或者服务，向投资者充分说明可能影响其权利的信息，不得误导、欺诈客户。

进一步完善规章制度和市场服务规则。证券期货经营机构和中介机构应当建立执业规范和内部问责机制，销售人员不得以个人名义接受客户委托从事交易；明确提示投资者如实提供资料信息，对收集的个人信息要严格保密、确保安全，不得出售或者非法提供给他人。严格落实投资者适当性制度并强化监管，违反适当性管理规定给中小投资者造成损失的，要依法追究责任。

二、优化投资回报机制

引导和支持上市公司增强持续回报能力。上市公司应当完善公司治理，提高盈利能力，主动积极回报投资者。公司首次公开发行股票、上市公司再融资或者并购重组摊薄即期回报的，应当承诺并兑现填补回报的具体措施。

完善利润分配制度。上市公司应当披露利润分配政策尤其是现金分红政策的具体安排和承诺。对不履行分红承诺的上市公司，要记入诚信档案，未达到整改要求的不得进行再融资。独立董事及相关中介机构应当对利润分配政策是否损害中小投资者合法权益发表明确意见。

建立多元化投资回报体系。完善股份回购制度，引导上市公司承诺在出现股价低于每股净资产等情形时回购股份。研究建立“以股代息”制度，丰富股利分配方式。对现金分红持续稳定的上市公司，在监管政策上给予扶持。制定差异化的分红引导政策。完善除权除息制度安排。

发展服务中小投资者的专业化中介机构。鼓励开发适合中小投资者的产品。鼓励中小投资者通过机构投资者参与市场。基金管理人应当切实履行分红承诺，并努力创造良好投资回报。鼓励基金管理费率结构及水平多样化，形成基金管理人与基金份额持有人利益一致的费用模式。

三、保障中小投资者知情权

增强信息披露的针对性。有关主体应当真实、准确、完整、及时地披露对投资决策有重大影响的信息，披露内容做到简明易懂，充分揭示风险，方便中小投资者查阅。健全内部信息披露制度和流程，强化董事会秘书等相关人员职责。制定自愿性和简明化的信息披露规则。

提高市场透明度。对显著影响证券期货交易价格的信息，交易场所和有关主体要及时履行报告、信息披露和提示风险的义务。建立统一的信息披露平台。健全跨市场交易产品及突发事件信息披露机制。健全信息披露异常情形问责机制，加大对上市公司发生敏感事件时信息披露的动态监管力度。

切实履行信息披露职责。上市公司依法公开披露信息前，不得非法对他人提供相关信息。上市公司控股股东、实际控制人在信息披露文件中的承诺须具体可操作，特别是应当就赔偿或者补偿责任作出明确承诺并切实履行。上市公司应当明确接受投资者问询的时间和方式，健全舆论反应机制。

四、健全中小投资者投票机制

完善中小投资者投票等机制。引导上市公司股东大会全面采用网络投票方式。积极推行累积投票制选举董事、监事。上市公司不得对征集投票权提出最低持股比例限制。完善上市公司股东大会投票表决第三方见证制度。研究完善中小投资者提出罢免公司董事提案的制度。自律组织应当健全独立董事备案和履职评价制度。

建立中小投资者单独计票机制。上市公司股东大会审议影响中小投资者利益的重大事项时，对中小投资者表决应当单独计票。单独计票结果应当及时公开披露，并报送证券监管部门。

保障中小投资者依法行使权利。健全利益冲突回避、杜绝同业竞争和关联交易公平处理制度。上市公司控股股东、实际控制人不得限制或者阻挠中小投资者行使合法权利，不得损害公司和中小投资者的权益。健全公开发行公司债券持有人会议制度和受托管理制度。基金管理人须为基金份额持有人行使投票权提供便利，鼓励中小投资者参加持有人大会。

五、建立多元化纠纷解决机制

完善纠纷解决机制。上市公司及证券期货经营机构等应当承担投资者投诉处理的首要责任，完善投诉处理机制并公开处理流程和办理情况。证券监管部门要健全登记备案制度，将投诉处理情况作为衡量相关主体合规管理水平的依据。支持投资者与市场经营主体协商解决争议或者达成和解协议。

发挥第三方机构作用。支持自律组织、市场机构独立或者联合依法开展证券期货专业调解，为中小投资者提供免费服务。开展证券期货仲裁服务，培养专业仲裁力量。建立调解与仲裁、诉讼的对接机制。

加强协调配合。有关部门配合司法机关完善相关侵权行为民事诉讼制度。优化中小投资者依法维权程序，降低维权成本。健全适应资本市场中小投资者民事侵权赔偿特点的救济维权工作机制。推动完善破产清偿中保护投资者的措施。

六、健全中小投资者赔偿机制

督促违规或者涉案当事人主动赔偿投资者。对上市公司违法行为负有责任的控股股东及实际控制人，应当主动、依法将其持有的公司股权及其他资产用于赔偿中小投资者。招股说明书虚假记载、误导性陈述或者重大遗漏致使投资者遭受损失的，责任主体须依法赔偿投资者，中介机构也应当承担相应责任。基金管理人、托管人等未能履行勤勉尽责义务造成基金份额持有人财产损失的，应当依法赔偿。

建立上市公司退市风险应对机制。因违法违规而存在退市风险的上市公司，在定期报告中应当对退市风险作专项评估，并提出应对预案。研究建立公开发行公司债券的偿债基金制度。上市公司退市引入保险机制，在有关责任保险中增加退市保险附加条款。健全证券中介机构职业保险制度。

完善风险救助机制。证券期货经营机构和基金管理人应当在现有政策框架下，利用计提的风险准备金完善自主救济机制，依法赔偿投资者损失。研究实行证券发行保荐质保金制度和上市公司违规风险准备金制度。探索建立证券期货领域行政和解制度，开展行政和解试点。研究扩大证券投资者保护基金和期货投资者保障基金使用范围和来源。

七、加大监管和打击力度

完善监管政策。证券监管部门应当把维护中小投资者合法权益贯穿监管工作始终，落实到各个环节。对纳入行政许可、注册或者备案管理的证券期货行为，证券监管部门应当建立起相应的投资者合法权益保护安排。建立限售股股东减持计划预披露制度，在披露之前有关股东不得转让股票。鼓励限售股股东主动延长锁定期。建立覆盖全市场的诚信记录数据库，并实现部门之间共享。健全中小投资者查询市场经营主体诚信状况的机制。建立守信激励和失信惩戒机制。

坚决查处损害中小投资者合法权益的违法行为。严肃查处上市公司不当更正盈利预测报告、未披露导致股价异动事项、先于指定媒体发布信息、以新闻发布替代应履行公告义务、编造或传播虚假信息误导投资者，以及进行内幕交易和操纵市场等行为。坚决打击上市公司控股股东、实际控制人直接或者间接转移、侵占上市公司资产。建立证券期货违法案件举报奖励制度。

强化执法协作。各地区、各部门要统一认识，密切配合，严厉打击各类证券期货违法犯罪活动，及时纠正各类损害中小投资者合法权益的行为。建立侵害中小投资者合法权益事件的快速反应和处置机制，制定和完善应对突发性群体事件预案，做好相关事件处理和维护稳定工作。证券监管部门、公安机关应当不断强化执法协作，完善工作机制，加大提前介入力度。有关部门要配合公安、司法机关完善证券期货犯罪行为的追诉标准及相关司法解释。

八、强化中小投资者教育

加大普及证券期货知识力度。将投资者教育逐步纳入国民教育体系，有条件的地区可以先行试点。充分发挥媒体的舆论引导和宣传教育功能。证券期货经营机构应当承担各项产品和服务的投资者教育义务，保障费用支出和人员配备，将投资者教育纳入各业务环节。

提高投资者风险防范意识。自律组织应当强化投资者教育功能，健全会员投资者教育服务自律规则。中小投资者应当树立理性投资意识，依法行使权利和履行义务，养成良好投资习惯，不听信传言，不盲目跟风，提高风险防范意识和自我保护能力。

九、完善投资者保护组织体系

构建综合保护体系。加快形成法律保护、监管保护、自律保护、市场保护、自我保护的综合保护体系，实现中小投资者保护工作常态化、规范化和制度化。证券监管部门、自律组织以及市场经营主体应当健全组织机构和工作制度，加大资源投入，完善基础设施，畅通与中小投资者的沟通渠道。证券监管部门建立中小投资者合法权益保障检查制度与评估评价体系，并将其作为日常监管和行政许可申请审核的重要依据。

完善组织体系。探索建立中小投资者自律组织和公益性维权组织，向中小投资者提供救济援助，丰富和解、调解、仲裁、诉讼等维权内容和方式。充分发挥证券期货专业律师的作用，鼓励和支持律师为中小投资者提供公益性法律援助。

优化政策环境。证券监管部门要进一步完善政策措施，提高保护中小投资者合法权益的水平。上市公司国有大股东或者实际控制人应当依法行使权利，支持市场经营主体履行法定义务。财政、税收、证券监管部门应当完善交易和分红等相关税费制度，优化投资环境。国务院有关部门和地方人民政府要求上市公司提供未公开信息的，应当遵循法律法规相关规定。有关部门要完善数据采集发布工作机制，加强信息共享，形成投资者合法权益保护的协调沟通机制。强化国际监管合作与交流，实现投资者合法权益的跨境监管和保护。

国务院办公厅

二〇一三年十二月二十五日

I.1 股票发行审核

I.1.1 首次公开发行股票并上市管理办法

（2006 年 5 月 17 日　中国证券监督管理委员会令第 32 号 ）

《首次公开发行股票并上市管理办法》已经 2006 年 5 月 17 日中国证券监督管理委员会第 180 次主席办公会议审议通过，现予公布，自 2006 年 5 月 18 日起施行。

中国证券监督管理委员会主席：尚福林

二〇〇六年五月十七日

首次公开发行股票并上市管理办法

第一章　总　　则

第一条 为了规范首次公开发行股票并上市的行为，保护投资者的合法权益和社会公共利益，根据《证券法》、《公司法》，制定本办法。

第二条 在中华人民共和国境内首次公开发行股票并上市，适用本办法。

境内公司股票以外币认购和交易的，不适用本办法。

第三条 首次公开发行股票并上市，应当符合《证券法》、《公司法》和本办法规定的发行条件。

第四条 发行人依法披露的信息，必须真实、准确、完整，不得有虚假记载、误导性陈述或者重大遗漏。

第五条 保荐人及其保荐代表人应当遵循勤勉尽责、诚实守信的原则，认真履行审慎核查和辅导义务，并对其所出具的发行保荐书的真实性、准确性、完整性负责。

第六条 为证券发行出具有关文件的证券服务机构和人员，应当按照本行业公认的业务标准和道德规范，严格履行法定职责，并对其所出具文件的真实性、准确性和完整性负责。

第七条 中国证券监督管理委员会（以下简称“中国证监会”）对发行人首次公开发行股票的核准，不表明其对该股票的投资价值或者投资者的收益作出实质性判断或者保证。股票依法发行后，因发行人经营与收益的变化引致的投资风险，由投资者自行负责。

第二章 发行条件

第一节 主体资格

第八条 发行人应当是依法设立且合法存续的股份有限公司。

经国务院批准，有限责任公司在依法变更为股份有限公司时，可以采取募集设立方式公开发行股票。

第九条 发行人自股份有限公司成立后，持续经营时间应当在3年以上，但经国务院批准的除外。

有限责任公司按原账面净资产值折股整体变更为股份有限公司的，持续经营时间可以从有限责任公司成立之日起计算。

第十条 发行人的注册资本已足额缴纳，发起人或者股东用作出资的资产的财产权转移手续已办理完毕，发行人的主要资产不存在重大权属纠纷。

第十一条 发行人的生产经营符合法律、行政法规和公司章程的规定，符合国家产业政策。

第十二条 发行人最近3年内主营业务和董事、高级管理人员没有发生重大变化，实际控制人没有发生变更。

第十三条 发行人的股权清晰，控股股东和受控股股东、实际控制人支配的股东持有的发行人股份不存在重大权属纠纷。

第二节 独 立 性

第十四条 发行人应当具有完整的业务体系和直接面向市场独立经营的能力。

第十五条 发行人的资产完整。生产型企业应当具备与生产经营有关的生产系统、辅助生产系统和配套设施，合法拥有与生产经营有关的土地、厂房、机器设备以及商标、专利、非专利技术的所有权或者使用权，具有独立的原料采购和产品销售系统；非生产型企业应当具备与经营有关的业务体系及相关资产。

第十六条 发行人的人员独立。发行人的总经理、副总经理、财务负责人和董事会秘书等高级管理人员不得在控股股东、实际控制人及其控制的其他企业中担任除董事、监事以外的其他职务，不得在控股股东、实际控制人及其控制的其他企业领薪；发行人的财务人员不得在控股股东、实际控制人及其控制的其他企业中兼职。

第十七条 发行人的财务独立。发行人应当建立独立的财务核算体系，能够独立作出财务决策，具有规范的财务会计制度和对分公司、子公司的财务管理制度；发行人不得与控股股东、实际控制人及其控制的其他企业共用银行账户。

第十八条 发行人的机构独立。发行人应当建立健全内部经营管理机构，独立行使经营管理职权，与控股股东、实际控制人及其控制的其他企业间不得有机构混同的情形。

第十九条 发行人的业务独立。发行人的业务应当独立于控股股东、实际控制人及其控制的其他企业，与控股股东、实际控制人及其控制的其他企业间不得有同业竞争或者显失公平的关联交易。

第二十条 发行人在独立性方面不得有其他严重缺陷。

第三节 规范运行

第二十一条 发行人已经依法建立健全股东大会、董事会、监事会、独立董事、董事会秘书制度，相关机构和人员能够依法履行职责。

第二十二条 发行人的董事、监事和高级管理人员已经了解与股票发行上市有关的法律法规，知悉上市公司及其董事、监事和高级管理人员的法定义务和责任。

第二十三条 发行人的董事、监事和高级管理人员符合法律、行政法规和规章规定的任职资格，且不得有下列情形：

（一）被中国证监会采取证券市场禁入措施尚在禁入期的；

（二）最近36个月内受到中国证监会行政处罚，或者最近12个月内受到证券交易所公开谴责；

（三）因涉嫌犯罪被司法机关立案侦查或者涉嫌违法违规被中国证监会立案调查，尚未有明确结论意见。

第二十四条 发行人的内部控制制度健全且被有效执行，能够合理保证财务报告的可靠性、生产经营的合法性、营运的效率与效果。

第二十五条 发行人不得有下列情形：

（一）最近36个月内未经法定机关核准，擅自公开或者变相公开发行过证券；或者有关违法行为虽然发生在36个月前，但目前仍处于持续状态；

（二）最近36个月内违反工商、税收、土地、环保、海关以及其他法律、行政法规，受到行政处罚，且情节严重；

（三）最近36个月内曾向中国证监会提出发行申请，但报送的发行申请文件有虚假记载、误导性陈述或重大遗漏；或者不符合发行条件以欺骗手段骗取发行核准；或者以不正当手段干扰中国证监会及其发行审核委员会审核工作；或者伪造、变造发行人或其董事、监事、高级管理人员的签字、盖章；

（四）本次报送的发行申请文件有虚假记载、误导性陈述或者重大遗漏；

（五）涉嫌犯罪被司法机关立案侦查，尚未有明确结论意见；

（六）严重损害投资者合法权益和社会公共利益的其他情形。

第二十六条 发行人的公司章程中已明确对外担保的审批权限和审议程序，不存在为控股股东、实际控制人及其控制的其他企业进行违规担保的情形。

第二十七条 发行人有严格的资金管理制度，不得有资金被控股股东、实际控制人及其控制的其他企业以借款、代偿债务、代垫款项或者其他方式占用的情形。

第四节 财务与会计

第二十八条 发行人资产质量良好，资产负债结构合理，盈利能力较强，现金流量正常。

第二十九条 发行人的内部控制在所有重大方面是有效的，并由注册会计师出具了无保留结论的内部控制鉴证报告。

第三十条 发行人会计基础工作规范，财务报表的编制符合企业会计准则和相关会计制度的规定，在所有重大方面公允地反映了发行人的财务状况、经营成果和现金流量，并由注册会计师出具了无保留意见的审计报告。

第三十一条 发行人编制财务报表应以实际发生的交易或者事项为依据；在进行会计确认、计量和报告时应当保持应有的谨慎；对相同或者相似的经济业务，应选用一致的会计政策，不得随意变更。

第三十二条 发行人应当完整披露关联方关系并按重要性原则恰当披露关联交易。关联交易价格公允，不存在通过关联交易操纵利润的情形。

第三十三条 发行人应当符合下列条件：

（一）最近3个会计年度净利润均为正数且累计超过人民币3000万元，净利润以扣除非经常性损益前后较低者为计算依据；

（二）最近3个会计年度经营活动产生的现金流量净额累计超过人民币5000万元；或者最近3个会计年度营业收入累计超过人民币3亿元；

（三）发行前股本总额不少于人民币3000万元；

（四）最近一期末无形资产（扣除土地使用权、水面养殖权和采矿权等后）占净资产的比例不高于 20%；

（五）最近一期末不存在未弥补亏损。

第三十四条 发行人依法纳税，各项税收优惠符合相关法律法规的规定。发行人的经营成果对税收优惠不存在严重依赖。

第三十五条 发行人不存在重大偿债风险，不存在影响持续经营的担保、诉讼以及仲裁等重大或有事项。

第三十六条 发行人申报文件中不得有下列情形：

（一）故意遗漏或虚构交易、事项或者其他重要信息；

（二）滥用会计政策或者会计估计；

（三）操纵、伪造或篡改编制财务报表所依据的会计记录或者相关凭证。

第三十七条 发行人不得有下列影响持续盈利能力的情形：

（一）发行人的经营模式、产品或服务的品种结构已经或者将发生重大变化，并对发行人的持续盈利能力构成重大不利影响；

（二）发行人的行业地位或发行人所处行业的经营环境已经或者将发生重大变化，并对发行人的持续盈利能力构成重大不利影响；

（三）发行人最近 1 个会计年度的营业收入或净利润对关联方或者存在重大不确定性的客户存在重大依赖；

（四）发行人最近 1 个会计年度的净利润主要来自合并财务报表范围以外的投资收益；

（五）发行人在用的商标、专利、专有技术以及特许经营权等重要资产或技术的取得或者使用存在重大不利变化的风险；

（六）其他可能对发行人持续盈利能力构成重大不利影响的情形。

第五节 募集资金运用

第三十八条 募集资金应当有明确的使用方向，原则上应当用于主营业务。

除金融类企业外，募集资金使用项目不得为持有交易性金融资产和可供出售的金融资产、借予他人、委托理财等财务性投资，不得直接或者间接投资于以买卖有价证券为主要业务的公司。

第三十九条 募集资金数额和投资项目应当与发行人现有生产经营规模、财务状况、技术水平和管理能力等相适应。

第四十条 募集资金投资项目应当符合国家产业政策、投资管理、环境保护、土地管理以及其他法律、法规和规章的规定。

第四十一条 发行人董事会应当对募集资金投资项目的可行性进行认真分析，确信投资项目具有较好的市场前景和盈利能力，有效防范投资风险，提高募集资金使用效益。

第四十二条 募集资金投资项目实施后，不会产生同业竞争或者对发行人的独立性产生不利影响。

第四十三条 发行人应当建立募集资金专项存储制度，募集资金应当存放于董事会决定的专项账户。

第三章 发行程序

第四十四条 发行人董事会应当依法就本次股票发行的具体方案、本次募集资金使用的可行性及其他必须明确的事项作出决议，并提请股东大会批准。

第四十五条 发行人股东大会就本次发行股票作出的决议，至少应当包括下列事项：

（一）本次发行股票的种类和数量；

（二）发行对象；

（三）价格区间或者定价方式；

（四）募集资金用途；

（五）发行前滚存利润的分配方案；

（六）决议的有效期；

（七）对董事会办理本次发行具体事宜的授权；

（八）其他必须明确的事项。

第四十六条 发行人应当按照中国证监会的有关规定制作申请文件，由保荐人保荐并向中国证监会申报。

特定行业的发行人应当提供管理部门的相关意见。

第四十七条 中国证监会收到申请文件后，在5个工作日内作出是否受理的决定。

第四十八条 中国证监会受理申请文件后，由相关职能部门对发行人的申请文件进行初审，并由发行审核委员会审核。

第四十九条 中国证监会在初审过程中，将征求发行人注册地省级人民政府是否同意发行人发行股票的意见，并就发行人的募集资金投资项目是否符合国家产业政策和投资管理的规定征求国家发展和改革委员会的意见。

第五十条 中国证监会依照法定条件对发行人的发行申请作出予以核准或者不予核准的决定，并出具相关文件。

自中国证监会核准发行之日起，发行人应当在6个月内发行股票；超过6个月未发行的，核准文件失效，须重新经中国证监会核准后方可发行。

第五十一条 发行申请核准后、股票发行结束前，发行人发生重大事项的，应当暂缓或者暂停发行，并及时报告中国证监会，同时履行信息披露义务。影响发行条件的，应当重新履行核准程序。

第五十二条 股票发行申请未获核准的，自中国证监会作出不予核准决定之日起6个月后，发行人可以再次提出股票发行申请。

第四章 信息披露

第五十三条 发行人应当按照中国证监会的有关规定编制和披露招股说明书。

第五十四条 招股说明书内容与格式准则是信息披露的最低要求。不论准则是否有明确规定，凡是对投资者作出投资决策有重大影响的信息，均应当予以披露。

第五十五条 发行人及其全体董事、监事和高级管理人员应当在招股说明书上签字、盖章，保证招股说明书的内容真实、准确、完整。保荐人及其保荐代表人应当对招股说明书的真实性、准确性、完整性进行核查，并在核查意见上签字、盖章。

第五十六条 招股说明书中引用的财务报表在其最近一期截止日后6个月内有效。特别情况下发行人可申请适当延长，但至多不超过1个月。财务报表应当以年度末、半年度末或者季度末为截止日。

第五十七条 招股说明书的有效期为6个月，自中国证监会核准发行申请前招股说明书最后一次签署之日起计算。

第五十八条 申请文件受理后、发行审核委员会审核前，发行人应当将招股说明书（申报稿）在中国证监会网站（www. csrc. gov. cn）预先披露。发行人可以将招股说明书（申报稿）刊登于其企业网站，但披露内容应当完全一致，且不得早于在中国证监会网站的披露时间。

第五十九条 发行人及其全体董事、监事和高级管理人员应当保证预先披露的招股说明书（申报稿）的内容真实、准确、完整。

第六十条 预先披露的招股说明书（申报稿）不是发行人发行股票的正式文件，不能含有价格信息，发行人不得据此发行股票。

发行人应当在预先披露的招股说明书（申报稿）的显要位置声明："本公司的发行申请尚未得到中国证监会核准。本招股说明书（申报稿）不具有据以发行股票的法律效力，仅供预先披露之用。投资者应当以正式公告的招股说明书全文作为作出投资决定的依据。"

第六十一条 发行人应当在发行前将招股说明书摘要刊登于至少一种中国证监会指定的报刊，同时将招股说明书全文刊登于中国证监会指定的网站，并将招股说明书全文置备于发行人住所、拟上市证券交易所、保荐人、主承销商和其他承销机构的住所，以备公众查阅。

第六十二条 保荐人出具的发行保荐书、证券服务机构出具的有关文件应当作为招股说明书的备查文件，在中国证监会指定的网站上披露，并置备于发行人住所、拟上市证券交易所、保荐人、主承销商和其他承销机构的住所，以备公众查阅。

第六十三条 发行人可以将招股说明书摘要、招股说明书全文、有关备查文件刊登于其他报刊和网站，但披露内容应当完全一致，且不得早于在中国证监会指定报刊和网站的披露时间。

第五章 监管和处罚

第六十四条 发行人向中国证监会报送的发行申请文件有虚假记载、误导性陈述或者重大遗漏的，发行人不符合发行条件以欺骗手段骗取发行核准的，发行人以不正当手段干扰中国证监会及其发行审核委员会审核工作的，发行人或其董事、监事、高级管理人员的签字、盖章系伪造或者变造的，除依照《证券法》的有关规定处罚外，中国证监会将采取终止审核并在36个月内不受理发行人的股票发行申请的监管措施。

第六十五条 保荐人出具有虚假记载、误导性陈述或者重大遗漏的发行保荐书，保荐人以不正当手段干扰中国证监会及其发行审核委员会审核工作的，保荐人或其相关签字人员的签字、盖章系伪造或变造的，或者不履行其他法定职责的，依照《证券法》和保荐制度的有关规定处理。

第六十六条 证券服务机构未勤勉尽责，所制作、出具的文件有虚假记载、误导性陈述或者重大遗漏的，除依照《证券法》及其他相关法律、行政法规和规章的规定处罚外，中国证监会将采取12个月内不接受相关机构出具的证券发行专项文件，36个月内不接受相关签字人员出具的证券发行专项文件的监管措施。

第六十七条 发行人、保荐人或证券服务机构制作或者出具的文件不符合要求，擅自改动已提交的文件，或者拒绝答复中国证监会审核中提出的相关问题的，中国证监会将视情节轻重，对相关机构和责任人员采取监管谈话、责令改正等监管措施，记入诚信档案并公布；情节特别严重的，给予警告。

第六十八条 发行人披露盈利预测的，利润实现数如未达到盈利预测的80%，除因不可抗力外，其法定代表人、盈利预测审核报告签字注册会计师应当在股东大会及中国证监会指定报刊上公开作出解释并道歉；中国证监会可以对法定代表人处以警告。

利润实现数未达到盈利预测的50%的，除因不可抗力外，中国证监会在36个月内不受理该公司的公开发行证券申请。

第六章 附 则

第六十九条 在中华人民共和国境内，首次公开发行股票且不上市的管理办法，由中国证监会另行规定。

第七十条 本办法自2006年5月18日起施行。《关于股票发行工作若干规定的通知》（证监［1996］12号）、《关于做好1997年股票发行工作的通知》（证监［1997］13号）、《关于股票发行工作若干问题的补充通知》（证监［1998］8号）、《关于对拟发行上市企业改制情况进行调查的通知》（证监发字［1998］259号）、《关于对拟公开发行股票公司改制运行情况进行调查的通知》（证监发［1999］4号）、《关于拟发行股票公司聘请审计机构等问题的通知》（证监发行字［2000］131号）和《关于进一步规范股票首次发行上市有关工作的通知》（证监发行字［2003］116号）同时废止。

I.1.2 首次公开发行股票并在创业板上市管理办法

（2014年5月14日 中国证券监督管理委员会令第99号）

第一章 总 则

第一条 为了规范首次公开发行股票并在创业板上市的行为，促进自主创新企业及其他成长型创业企业的发展，保护投资者的合法权益，维护社会公共利益，根据《证券法》、《公司法》，制定本办法。

第二条 在中华人民共和国境内首次公开发行股票并在创业板上市，适用本办法。

第三条 发行人申请首次公开发行股票并在创业板上市，应当符合《证券法》、《公司法》和本办法规定的发行条件。

第四条 发行人依法披露的信息，必须真实、准确、完整、及时，不得有虚假记载、误导性陈述或者重大遗漏。

发行人作为信息披露第一责任人，应当及时向保荐人、证券服务机构提供真实、准确、完整的财务会计资料和其他资料，全面配合保荐人、证券服务机构开展尽职调查。

第五条 发行人的控股股东、实际控制人、董事、监事、高级管理人员等责任主体应当诚实守信，全面履行公开承诺事项，不得在发行上市中损害投资者的合法权益。

第六条 保荐人及其保荐代表人应当严格履行法定职责，遵守业务规则和行业规范，对发行人的申请文件和信息披露资料进行审慎核查，督导发行人规范运行，对证券服务机构出具的专业意见进行核查，对发行人是否具备持续盈利能力、是否符合法定发行条件作出专业判断，并确保发行人的申请文件和招股说明书等信息披露资料真实、准确、完整、及时。

第七条 为股票发行出具文件的证券服务机构和人员，应当严格履行法定职责，遵守本行业的业务标准和执业规范，对发行人的相关业务资料进行核查验证，确保所出具的相关专业文件真实、准确、完整、及时。

第八条 中国证券监督管理委员会（以下简称中国证监会）依法对发行人申请文件的合法合规性进行审核，依法核准发行人的首次公开发行股票申请，并对发行人股票发行进行监督管理。

证券交易所依法制定业务规则，创造公开、公平、公正的市场环境，保障创业板市场的正常运行。

第九条 中国证监会依据发行人提供的申请文件核准发行人首次公开发行股票申请，不对发行人的盈利能力、投资价值或者投资者的收益作出实质性判断或者保证。

投资者自主判断发行人的投资价值，自主作出投资决策，自行承担股票依法发行后因发行人经营与收益变化或者股票价格变动引致的投资风险。

第十条 创业板市场应当建立健全与投资者风险承受能力相适应的投资者准入制度，向投资者充分提示投资风险，注重投资者需求，切实保护投资者特别是中小投资者的合法权益。

第二章 发行条件

第十一条 发行人申请首次公开发行股票应当符合下列条件：

（一）发行人是依法设立且持续经营三年以上的股份有限公司。有限责任公司按原账面净资产值折股整体变更为股份有限公司的，持续经营时间可以从有限责任公司成立之日起计算；

（二）最近两年连续盈利，最近两年净利润累计不少于一千万元；或者最近一年盈利，最近一年营业收入不少于五千万元。净利润以扣除非经常性损益前后孰低者为计算依据；

（三）最近一期末净资产不少于二千万元，且不存在未弥补亏损；

（四）发行后股本总额不少于三千万元。

第十二条 发行人的注册资本已足额缴纳，发起人或者股东用作出资的资产的财产权转移手续已办理完毕。发行人的主要资产不存在重大权属纠纷。

第十三条 发行人应当主要经营一种业务，其生产经营活动符合法律、行政法规和公司章程的规定，符合国家产业政策及环境保护政策。

第十四条 发行人最近两年内主营业务和董事、高级管理人员均没有发生重大变化，实际控制人没有发生变更。

第十五条 发行人的股权清晰，控股股东和受控股股东、实际控制人支配的股东所持发行人的股份不存在重大权属纠纷。

第十六条 发行人资产完整，业务及人员、财务、机构独立，具有完整的业务体系和直接面向市场独立经营的能力。与控股股东、实际控制人及其控制的其他企业间不存在同业竞争，以及严重影响公司独立性或者显失公允的关联交易。

第十七条 发行人具有完善的公司治理结构，依法建立健全股东大会、董事会、监事会以及独立董事、董事会秘书、审计委员会制度，相关机构和人员能够依法履行职责。

发行人应当建立健全股东投票计票制度，建立发行人与股东之间的多元化纠纷解决机制，切实保障投资者依法行使收益权、知情权、参与权、监督权、求偿权等股东权利。

第十八条 发行人会计基础工作规范，财务报表的编制和披露符合企业会计准则和相关信息披露规则的规定，在所有重大方面公允地反映了发行人的财务状况、经营成果和现金流量，并由注册会计师出具无保留意见的审计报告。

第十九条 发行人内部控制制度健全且被有效执行，能够合理保证公司运行效率、合法合规和财务报告的可靠性，并由注册会计师出具无保留结论的内部控制鉴证报告。

第二十条 发行人的董事、监事和高级管理人员应当忠实、勤勉，具备法律、行政法规和规章规定的资格，且不存在下列情形：

（一）被中国证监会采取证券市场禁入措施尚在禁入期的；

（二）最近三年内受到中国证监会行政处罚，或者最近一年内受到证券交易所公开谴责的；

（三）因涉嫌犯罪被司法机关立案侦查或者涉嫌违法违规被中国证监会立案调查，尚未有明确结论意见的。

第二十一条 发行人及其控股股东、实际控制人最近三年内不存在损害投资者合法权益和社会公共利益的重大违法行为。

发行人及其控股股东、实际控制人最近三年内不存在未经法定机关核准，擅自公开或者变相公开发行证券，或者有关违法行为虽然发生在三年前，但目前仍处于持续状态的情形。

第二十二条 发行人募集资金应当用于主营业务，并有明确的用途。募集资金数额和投资方向应当与发行人现有生产经营规模、财务状况、技术水平、管理能力及未来资本支出规划等相适应。

第三章 发行程序

第二十三条 发行人董事会应当依法就本次发行股票的具体方案、本次募集资金使用的可行性及其他必须明确的事项作出决议，并提请股东大会批准。

本次发行股票时发行人股东公开发售股份的，发行人董事会还应当依法合理制定股东公开发售股份的具体方案并提请股东大会批准。

第二十四条 发行人股东大会应当就本次发行股票作出决议，决议至少应当包括下列事项：

（一）股票的种类和数量；

（二）发行对象；

（三）发行方式；

（四）价格区间或者定价方式；

（五）募集资金用途；

（六）发行前滚存利润的分配方案；

（七）决议的有效期；

（八）对董事会办理本次发行具体事宜的授权；

（九）其他必须明确的事项。

第二十五条 发行人应当按照中国证监会有关规定制作申请文件，由保荐人保荐并向中国证监会申报。

第二十六条 保荐人保荐发行人发行股票并在创业板上市，应当对发行人的成长性进行尽职调查和审慎判断并出具专项意见。发行人为自主创新企业的，还应当在专项意见中说明发行人的自主创新能力，并分析其对成长性的影响。

第二十七条 中国证监会收到申请文件后，在五个工作日内作出是否受理的决定。

第二十八条 中国证监会受理申请文件后，由相关职能部门对发行人的申请文件进行初审，由创业板发行审核委员会审核，并建立健全对保荐人、证券服务机构工作底稿的检查制度。

第二十九条 中国证监会自申请文件受理之日起三个月内，依法对发行人的发行申请作出予以核准、中止审核、终止审核、不予核准的决定，并出具相关文件。发行人根据要求补充、修改发行申请文件的时间不计算在内。

发行人应当自中国证监会核准之日起十二个月内发行股票，发行时点由发行人自主选择；超过十二个月未发行的，核准文件失效，须重新经中国证监会核准后方可发行。

第三十条 发行申请核准后至股票发行结束前，发行人应当及时更新信息披露文件内容，财务报表过期的，发行人还应当补充财务会计报告等文件；保荐人及证券服务机构应当持续履行尽职调查职责；其间发生重大事项的，发行人应当暂缓或者暂停发行，并及时报告中国证监会，同时履行信息披露义务；出现不符合发行条件事项的，中国证监会撤回核准决定。

第三十一条 股票发行申请未获核准的，发行人可自中国证监会作出不予核准决定之日起六个月后再次提出股票发行申请。

第四章 信息披露

第三十二条 发行人应当以投资者的决策需要为导向，按照中国证监会的有关规定编制和披露招股说明书，内容简明易懂，语言浅白平实，便于中小投资者阅读。

第三十三条 中国证监会制定的创业板招股说明书内容与格式准则是信息披露的最低要求。不论准则是否有明确规定，凡是对投资者作出投资决策有重大影响的信息，均应当予以披露。

第三十四条 发行人应当在招股说明书显要位置作如下提示："本次股票发行后拟在创业板市场上市，该市场具有较高的投资风险。创业板公司具有业绩不稳定、经营风险高、退市风险大等特点，投资者面临较大的市场风险。投资者应充分了解创业板市场的投资风险及本公司所披露的风险因素，审慎作出投资决定。"

第三十五条 发行人应当在招股说明书中分析并完整披露对其持续盈利能力产生重大不利影响的所有因素，充分揭示相关风险，并披露保荐人对发行人是否具备持续盈利能力的核查结论意见。

第三十六条 发行人应当在招股说明书中披露相关责任主体以及保荐人、证券服务机构及相关人员作出的承诺事项、承诺履行情况以及对未能履行承诺采取的约束措施，包括但不限于：

（一）本次发行前股东所持股份的限售安排、自愿锁定股份、延长锁定期限或者相关股东减持意向的承诺；

（二）稳定股价预案；

（三）依法承担赔偿或者补偿责任的承诺；

（四）填补被摊薄即期回报的措施及承诺；

（五）利润分配政策（包括现金分红政策）的安排及承诺。

第三十七条 发行人及其全体董事、监事和高级管理人员应当在招股说明书上签名、盖章，保证招股说明书内容真实、准确、完整、及时。保荐人及其保荐代表人应当对招股说明书的真实性、准确性、完整性、及时性进行核查，并在核查意见上签名、盖章。

发行人的控股股东、实际控制人应当对招股说明书出具确认意见，并签名、盖章。

第三十八条 招股说明书引用的财务报表在其最近一期截止日后六个月内有效。特别情况下发行人可申请适当延长，但至多不超过一个月。财务报表应当以年度末、半年度末或者季度末为截止日。

第三十九条 招股说明书的有效期为六个月，自公开发行前招股说明书最后一次签署之日起计算。

第四十条 发行人申请文件受理后，应当及时在中国证监会网站预先披露招股说明书（申报稿）。发行人可在公司网站刊登招股说明书（申报稿），所披露的内容应当一致，且不得早于在中国证监会网站披露的时间。

第四十一条 发行人及保荐人应当对预先披露的招股说明书（申报稿）负责，一经申报及预披露，不得随意更改，并确保不存在故意隐瞒及重大差错。

第四十二条 预先披露的招股说明书（申报稿）不能含有股票发行价格信息。

发行人应当在预先披露的招股说明书（申报稿）的显要位置作如下声明："本公司的发行申请尚未得到中国证监会核准。本招股说明书（申报稿）不具有据以发行股票的法律效力，仅供预先披露之用。投资者应当以正式公告的招股说明书作为投资决定的依据。"

第四十三条 发行人及其全体董事、监事和高级管理人员应当保证预先披露的招股说明书（申报稿）的内容真实、准确、完整、及时。

第四十四条 发行人股票发行前应当在中国证监会指定网站全文刊登招股说明书，同时在中国证监会指定报刊刊登提示性公告，告知投资者网上刊登的地址及获取文件的途径。

发行人应当将招股说明书披露于公司网站，时间不得早于前款规定的刊登时间。

第四十五条 保荐人出具的发行保荐书、证券服务机构出具的文件及其他与发行有关的重要文件应当作为招股说明书备查文件，在中国证监会指定网站和公司网站披露。

第四十六条 发行人应当将招股说明书及备查文件置备于发行人、拟上市证券交易所、保荐人、主承销商和其他承销机构的住所，以备公众查阅。

第四十七条 申请文件受理后至发行人发行申请经中国证监会核准、依法刊登招股说明书前，发行人及与本次发行有关的当事人不得以广告、说明会等方式为公开发行股票进行宣传。

第五章 监督管理和法律责任

第四十八条 证券交易所应当建立适合创业板特点的上市、交易、退市等制度，加强对相关当事人履行公开承诺行为的监督和约束，督促保荐人履行持续督导义务，对违反有关法律、法规、交易所业务规则以及不履行承诺的行为，及时采取相应的监管措施。

第四十九条 证券交易所应当建立适合创业板特点的市场风险警示及投资者持续教育的制度，督促发行人建立健全保护投资者合法权益的制度以及防范和纠正违法违规行为的内部控制体系。

第五十条 自申请文件受理之日起，发行人及其控股股东、实际控制人、董事、监事、高级管理人员以及保荐人、证券服务机构及相关人员即对发行申请文件的真实性、准确性、完整性、及时性承担相应的法律责任。

发行人的发行申请文件和信息披露文件存在自相矛盾或者同一事实表述不一致且有实质性差异的，中国证监会将中止审核并自确认之日起十二个月内不受理相关保荐代表人推荐的发行申请。

第五十一条 发行人向中国证监会报送的发行申请文件有虚假记载、误导性陈述或者重大遗漏的，中国证监会将终止审核并自确认之日起三十六个月内不受理发行人的发行申请，并依照《证券法》的有关规定进行处罚；致使投资者在证券交易中遭受损失的，发行人及其控股股东、实际控制人、董事、监事、高级管理人员以及保荐人、证券服务机构应当依法承担赔偿责任。

第五十二条 发行人不符合发行条件以欺骗手段骗取发行核准的，发行人以不正当手段干扰中国证监会及其发行审核委员会审核工作的，发行人或其董事、监事、高级管理人员、控股股东、实际控制人的签名、盖章系伪造或者变造的，发行人及与本次发行有关的当事人违反本办法规定为公开发行股票进行宣传的，中国证监会将终止审核并自确认之日起三十六个月内不受理发行人的发行申请，并依照《证券法》的有关规定进行处罚。

第五十三条 保荐人出具有虚假记载、误导性陈述或者重大遗漏的发行保荐书的，保荐人以不正当手段干扰中国证监会及其发行审核委员会审核工作的，保荐人或其相关签名人员的签名、盖章系伪造或变造的，或者不履行其他法定职责的，依照《证券法》和保荐制度的有关规定处理。

第五十四条 证券服务机构未勤勉尽责，所制作、出具的文件有虚假记载、误导性陈述或者重大遗漏的，中国证监会将自确认之日起十二个月内不接受相关机构出具的证券发行专项文件，三十六个月内不接受相关签名人员出具的证券发行专项文件，并依照《证券法》及其他相关法律、行政法规和规章的规定进行处罚；给他人造成损失的，应当依法承担赔偿责任。

第五十五条 发行人、保荐人或证券服务机构制作或者出具文件不符合要求，擅自改动招股说明书或者其他已提交文件的，或者拒绝答复中国证监会审核提出的相关问题的，中国证监会将视情节轻重，对相关机构和责任人员采取监管谈话、责令改正等监管措施，记入诚信档案并公布；情节严重的，给予警告等行政处罚。

第五十六条 发行人披露盈利预测，利润实现数如未达到盈利预测的百分之八十的，除因不可抗力外，其法定代表人、财务负责人应当在股东大会及中国证监会指定网站、报刊上公开作出解释并道歉；情节严重的，中国证监会给予警告等行政处罚。

利润实现数未达到盈利预测的百分之五十的，除因不可抗力外，中国证监会还可以自确认之日起三十六个月内不受理该公司的公开发行证券申请。

注册会计师为上述盈利预测出具审核报告的过程中未勤勉尽责的，中国证监会将视情节轻重，对相关机构和责任人员采取监管谈话等监管措施，记入诚信档案并公布；情节严重的，给予警告等行政处罚。

第六章　附　　则

第五十七条　本办法自公布之日起施行。《首次公开发行股票并在创业板上市管理暂行办法》（证监会令第61号）、《关于进一步做好创业板推荐工作的指引》（证监会公告［2010］8号）同时废止。

I. 1. 3　上市公司证券发行管理办法

（2006 年 5 月 6 日　中国证券监督管理委员会令第 30 号）

《上市公司证券发行管理办法》已经 2006 年 4 月 26 日中国证券监督管理委员会第 178 次主席办公会议审议通过，现予公布，自 2006 年 5 月 8 日起施行。

中国证券监督管理委员会主席：尚福林

二〇〇六年五月六日

上市公司证券发行管理办法

第一章　总　　则

第一条　为了规范上市公司证券发行行为，保护投资者的合法权益和社会公共利益，根据《证券法》、《公司法》制定本办法。

第二条　上市公司申请在境内发行证券，适用本办法。

本办法所称证券，指下列证券品种：

（一）股票；

（二）可转换公司债券；

（三）中国证券监督管理委员会（以下简称“中国证监会”）认可的其他品种。

第三条　上市公司发行证券，可以向不特定对象公开发行，也可以向特定对象非公开发行。

第四条　上市公司发行证券，必须真实、准确、完整、及时、公平地披露或者提供信息，不得有虚假记载、误导性陈述或者重大遗漏。

第五条　中国证监会对上市公司证券发行的核准，不表明其对该证券的投资价值或者投资者的收益作出实质性判断或者保证。因上市公司经营与收益的变化引致的投资风险，由认购证券的投资者自行负责。

第二章　公开发行证券的条件

第一节　一般规定

第六条　上市公司的组织机构健全、运行良好，符合下列规定：

（一）公司章程合法有效，股东大会、董事会、监事会和独立董事制度健全，能够依法有效履行职责；

（二）公司内部控制制度健全，能够有效保证公司运行的效率、合法合规性和财务报告的可靠性；内部控制制度的完整性、合理性、有效性不存在重大缺陷；

（三）现任董事、监事和高级管理人员具备任职资格，能够忠实和勤勉地履行职务，不存在违反公司法第一百四十八条、第一百四十九条规定的行为，且最近36个月内未受到过中国证监会的行政处罚、最近12个月内未受到过证券交易所的公开谴责；

（四）上市公司与控股股东或实际控制人的人员、资产、财务分开，机构、业务独立，能够自主经营管理；

（五）最近12个月内不存在违规对外提供担保的行为。

第七条　上市公司的盈利能力具有可持续性，符合下列规定：

（一）最近3个会计年度连续盈利。扣除非经常性损益后的净利润与扣除前的净利润相比，以低者作为计算依据；

（二）业务和盈利来源相对稳定，不存在严重依赖于控股股东、实际控制人的情形；

（三）现有主营业务或投资方向能够可持续发展，经营模式和投资计划稳健，主要产品或服务的市场前景良好，行业经营环境和市场需求不存在现实或可预见的重大不利变化；

（四）高级管理人员和核心技术人员稳定，最近12个月内未发生重大不利变化；

（五）公司重要资产、核心技术或其他重大权益的取得合法，能够持续使用，不存在现实或可预见的重大不利变化；

（六）不存在可能严重影响公司持续经营的担保、诉讼、仲裁或其他重大事项；

（七）最近24个月内曾公开发行证券的，不存在发行当年营业利润比上年下降50%以上的情形。

第八条　上市公司的财务状况良好，符合下列规定：

（一）会计基础工作规范，严格遵循国家统一会计制度的规定；

（二）最近3年及一期财务报表未被注册会计师出具保留意见、否定意见或无法表示意见的审计报告；被注册会计师出具带强调事项段的无保留意见审计报告的，所涉及的事项对发行人无重大不利影响或者在发行前重大不利影响已经消除；

（三）资产质量良好。不良资产不足以对公司财务状况造成重大不利影响；

（四）经营成果真实，现金流量正常。营业收入和成本费用的确认严格遵循国家有关企业会计准则的规定，最近3年资产减值准备计提充分合理，不存在操纵经营业绩的情形；

（五）最近3年以现金或股票方式累计分配的利润不少于最近3年实现的年均可分配利润的20%。

第九条 上市公司最近36个月内财务会计文件无虚假记载，且不存在下列重大违法行为：

（一）违反证券法律、行政法规或规章，受到中国证监会的行政处罚，或者受到刑事处罚；

（二）违反工商、税收、土地、环保、海关法律、行政法规或规章，受到行政处罚且情节严重，或者受到刑事处罚；

（三）违反国家其他法律、行政法规且情节严重的行为。

第十条 上市公司募集资金的数额和使用应当符合下列规定：

（一）募集资金数额不超过项目需要量；

（二）募集资金用途符合国家产业政策和有关环境保护、土地管理等法律和行政法规的规定；

（三）除金融类企业外，本次募集资金使用项目不得为持有交易性金融资产和可供出售的金融资产、借予他人、委托理财等财务性投资，不得直接或间接投资于以买卖有价证券为主要业务的公司；

（四）投资项目实施后，不会与控股股东或实际控制人产生同业竞争或影响公司生产经营的独立性；

（五）建立募集资金专项存储制度，募集资金必须存放于公司董事会决定的专项账户。

第十一条 上市公司存在下列情形之一的，不得公开发行证券：

（一）本次发行申请文件有虚假记载、误导性陈述或重大遗漏；

（二）擅自改变前次公开发行证券募集资金的用途而未作纠正；

（三）上市公司最近12个月内受到过证券交易所的公开谴责；

（四）上市公司及其控股股东或实际控制人最近12个月内存在未履行向投资者作出的公开承诺的行为；

（五）上市公司或其现任董事、高级管理人员因涉嫌犯罪被司法机关立案侦查或涉嫌违法违规被中国证监会立案调查；

（六）严重损害投资者的合法权益和社会公共利益的其他情形。

第二节　发行股票

第十二条　向原股东配售股份（简称“配股”），除符合本章第一节规定外，还应当符合下列规定：

（一）拟配售股份数量不超过本次配售股份前股本总额的30%；

（二）控股股东应当在股东大会召开前公开承诺认配股份的数量；

（三）采用证券法规定的代销方式发行。

控股股东不履行认配股份的承诺，或者代销期限届满，原股东认购股票的数量未达到拟配售数量70%的，发行人应当按照发行价并加算银行同期存款利息返还已经认购的股东。

第十三条　向不特定对象公开募集股份（简称“增发”），除符合本章第一节规定外，还应当符合下列规定：

（一）最近3个会计年度加权平均净资产收益率平均不低于6%。扣除非经常性损益后的净利润与扣除前的净利润相比，以低者作为加权平均净资产收益率的计算依据；

（二）除金融类企业外，最近一期末不存在持有金额较大的交易性金融资产和可供出售的金融资产、借予他人款项、委托理财等财务性投资的情形；

（三）发行价格应不低于公告招股意向书前20个交易日公司股票均价或前1个交易日的均价。

第三节　发行可转换公司债券

第十四条　公开发行可转换公司债券的公司，除应当符合本章第一节规定外，还应当符合下列规定：

（一）最近3个会计年度加权平均净资产收益率平均不低于6%。扣除非经常性损益后的净利润与扣除前的净利润相比，以低者作为加权平均净资产收益率的计算依据；

（二）本次发行后累计公司债券余额不超过最近一期末净资产额的40%；

（三）最近3个会计年度实现的年均可分配利润不少于公司债券1年的利息。

前款所称可转换公司债券，是指发行公司依法发行、在一定期间内依据约定的条件可以转换成股份的公司债券。

第十五条　可转换公司债券的期限最短为1年，最长为6年。

第十六条　可转换公司债券每张面值100元。

可转换公司债券的利率由发行公司与主承销商协商确定，但必须符合国家的有关规定。

第十七条 公开发行可转换公司债券，应当委托具有资格的资信评级机构进行信用评级和跟踪评级。

资信评级机构每年至少公告一次跟踪评级报告。

第十八条 上市公司应当在可转换公司债券期满后5个工作日内办理完毕偿还债券余额本息的事项。

第十九条 公开发行可转换公司债券，应当约定保护债券持有人权利的办法，以及债券持有人会议的权利、程序和决议生效条件。

存在下列事项之一的，应当召开债券持有人会议：

（一）拟变更募集说明书的约定；

（二）发行人不能按期支付本息；

（三）发行人减资、合并、分立、解散或者申请破产；

（四）保证人或者担保物发生重大变化；

（五）其他影响债券持有人重大权益的事项。

第二十条 公开发行可转换公司债券，应当提供担保，但最近一期末经审计的净资产不低于人民币15亿元的公司除外。

提供担保的，应当为全额担保，担保范围包括债券的本金及利息、违约金、损害赔偿金和实现债权的费用。

以保证方式提供担保的，应当为连带责任担保，且保证人最近一期经审计的净资产额应不低于其累计对外担保的金额。证券公司或上市公司不得作为发行可转债的担保人，但上市商业银行除外。

设定抵押或质押的，抵押或质押财产的估值应不低于担保金额。估值应经有资格的资产评估机构评估。

第二十一条 可转换公司债券自发行结束之日起6个月后方可转换为公司股票，转股期限由公司根据可转换公司债券的存续期限及公司财务状况确定。

债券持有人对转换股票或者不转换股票有选择权，并于转股的次日成为发行公司的股东。

第二十二条 转股价格应不低于募集说明书公告日前20个交易日该公司股票交易均价和前1个交易日的均价。

前款所称转股价格，是指募集说明书事先约定的可转换公司债券转换为每股股份所支付的价格。

第二十三条 募集说明书可以约定赎回条款，规定上市公司可按事先约定的条件和价格赎回尚未转股的可转换公司债券。

第二十四条 募集说明书可以约定回售条款，规定债券持有人可按事先约定的条件和价格将所持债券回售给上市公司。

募集说明书应当约定，上市公司改变公告的募集资金用途的，赋予债券持有人一次回售的权利。

第二十五条 募集说明书应当约定转股价格调整的原则及方式。发行可转换公司债券后，因配股、增发、送股、派息、分立及其他原因引起上市公司股份变动的，应当同时调整转股价格。

第二十六条 募集说明书约定转股价格向下修正条款的，应当同时约定：

（一）转股价格修正方案须提交公司股东大会表决，且须经出席会议的股东所持表决权的2/3以上同意。股东大会进行表决时，持有公司可转换债券的股东应当回避；

（二）修正后的转股价格不低于前项规定的股东大会召开日前20个交易日该公司股票交易均价和前1个交易日的均价。

第二十七条 上市公司可以公开发行认股权和债券分离交易的可转换公司债券（简称“分离交易的可转换公司债券”）。

发行分离交易的可转换公司债券，除符合本章第一节规定外，还应当符合下列规定：

（一）公司最近一期末经审计的净资产不低于人民币15亿元；

（二）最近3个会计年度实现的年均可分配利润不少于公司债券1年的利息；

（三）最近3个会计年度经营活动产生的现金流量净额平均不少于公司债券1年的利息，符合本办法第十四条第（一）项规定的公司除外；

（四）本次发行后累计公司债券余额不超过最近一期末净资产额的40%，预计所附认股权全部行权后募集的资金总量不超过拟发行公司债券金额。

第二十八条 分离交易的可转换公司债券应当申请在上市公司股票上市的证券交易所上市交易。

分离交易的可转换公司债券中的公司债券和认股权分别符合证券交易所上市条件的，应当分别上市交易。

第二十九条 分离交易的可转换公司债券的期限最短为1年。

债券的面值、利率、信用评级、偿还本息、债权保护适用本办法第十六条至第十九条的规定。

第三十条 发行分离交易的可转换公司债券，发行人提供担保的，适用本办法第二十条第二款至第四款的规定。

第三十一条 认股权证上市交易的，认股权证约定的要素应当包括行权价格、存续期间、行权期间或行权日、行权比例。

第三十二条 认股权证的行权价格应不低于公告募集说明书日前20个交易日公司股票均价和前1个交易日的均价。

第三十三条 认股权证的存续期间不超过公司债券的期限，自发行结束之日起不少于6个月。

募集说明书公告的权证存续期限不得调整。

第三十四条 认股权证自发行结束至少已满6个月起方可行权，行权期间为存续期限届满前的一段期间，或者是存续期限内的特定交易日。

第三十五条 分离交易的可转换公司债券募集说明书应当约定，上市公司改变公告的募集资金用途的，赋予债券持有人一次回售的权利。

第三章 非公开发行股票的条件

第三十六条 本办法规定的非公开发行股票，是指上市公司采用非公开方式，向特定对象发行股票的行为。

第三十七条 非公开发行股票的特定对象应当符合下列规定：

（一）特定对象符合股东大会决议规定的条件；

（二）发行对象不超过10名。

发行对象为境外战略投资者的，应当经国务院相关部门事先批准。

第三十八条 上市公司非公开发行股票，应当符合下列规定：

（一）发行价格不低于定价基准日前20个交易日公司股票均价的90%；

（二）本次发行的股份自发行结束之日起，12个月内不得转让；控股股东、实际控制人及其控制的企业认购的股份，36个月内不得转让；

（三）募集资金使用符合本办法第十条的规定；

（四）本次发行将导致上市公司控制权发生变化的，还应当符合中国证监会的其他规定。

第三十九条 上市公司存在下列情形之一的，不得非公开发行股票：

（一）本次发行申请文件有虚假记载、误导性陈述或重大遗漏；

（二）上市公司的权益被控股股东或实际控制人严重损害且尚未消除；

（三）上市公司及其附属公司违规对外提供担保且尚未解除；

（四）现任董事、高级管理人员最近36个月内受到过中国证监会的行政处罚，或者最近12个月内受到过证券交易所公开谴责；

（五）上市公司或其现任董事、高级管理人员因涉嫌犯罪正被司法机关立案侦查或涉嫌违法违规正被中国证监会立案调查；

（六）最近一年及一期财务报表被注册会计师出具保留意见、否定意见或无法表示意见的审计报告。保留意见、否定意见或无法表示意见所涉及事项的重大影响已经消除或者本次发行涉及重大重组的除外；

（七）严重损害投资者合法权益和社会公共利益的其他情形。

第四章　发行程序

第四十条　上市公司申请发行证券，董事会应当依法就下列事项作出决议，并提请股东大会批准：

（一）本次证券发行的方案；

（二）本次募集资金使用的可行性报告；

（三）前次募集资金使用的报告；

（四）其他必须明确的事项。

第四十一条　股东大会就发行股票作出的决定，至少应当包括下列事项：

（一）本次发行证券的种类和数量；

（二）发行方式、发行对象及向原股东配售的安排；

（三）定价方式或价格区间；

（四）募集资金用途；

（五）决议的有效期；

（六）对董事会办理本次发行具体事宜的授权；

（七）其他必须明确的事项。

第四十二条　股东大会就发行可转换公司债券作出的决定，至少应当包括下列事项：

（一）本办法第四十一条规定的事项；

（二）债券利率；

（三）债券期限；

（四）担保事项；

（五）回售条款；

（六）还本付息的期限和方式；

（七）转股期；

（八）转股价格的确定和修正。

第四十三条　股东大会就发行分离交易的可转换公司债券作出的决定，至少应当包括下列事项：

（一）本办法第四十一条、第四十二条第（二）项至第（六）项规定的事项；

（二）认股权证的行权价格；

（三）认股权证的存续期限；

（四）认股权证的行权期间或行权日。

第四十四条 股东大会就发行证券事项作出决议，必须经出席会议的股东所持表决权的2/3以上通过。向本公司特定的股东及其关联人发行证券的，股东大会就发行方案进行表决时，关联股东应当回避。

上市公司就发行证券事项召开股东大会，应当提供网络或者其他方式为股东参加股东大会提供便利。

第四十五条 上市公司申请公开发行证券或者非公开发行新股，应当由保荐人保荐，并向中国证监会申报。

保荐人应当按照中国证监会的有关规定编制和报送发行申请文件。

第四十六条 中国证监会依照下列程序审核发行证券的申请：

（一）收到申请文件后，5个工作日内决定是否受理；

（二）中国证监会受理后，对申请文件进行初审；

（三）发行审核委员会审核申请文件；

（四）中国证监会作出核准或者不予核准的决定。

第四十七条 自中国证监会核准发行之日起，上市公司应在6个月内发行证券；超过6个月未发行的，核准文件失效，须重新经中国证监会核准后方可发行。

第四十八条 上市公司发行证券前发生重大事项的，应暂缓发行，并及时报告中国证监会。该事项对本次发行条件构成重大影响的，发行证券的申请应重新经过中国证监会核准。

第四十九条 上市公司发行证券，应当由证券公司承销；非公开发行股票，发行对象均属于原前10名股东的，可以由上市公司自行销售。

第五十条 证券发行申请未获核准的上市公司，自中国证监会作出不予核准的决定之日起6个月后，可再次提出证券发行申请。

第五章 信息披露

第五十一条 上市公司发行证券，应当按照中国证监会规定的程序、内容和格式，编制公开募集证券说明书或者其他信息披露文件，依法履行信息披露义务。

第五十二条 上市公司应当保证投资者及时、充分、公平地获得法定披露的信息，信息披露文件使用的文字应当简洁、平实、易懂。

中国证监会规定的内容是信息披露的最低要求，凡对投资者投资决策有重大影响的信息，上市公司均应充分披露。

第五十三条 证券发行议案经董事会表决通过后，应当在2个工作日内报告证券交易所，公告召开股东大会的通知。

使用募集资金收购资产或者股权的，应当在公告召开股东大会通知的同时，披露该资产或者股权的基本情况、交易价格、定价依据以及是否与公司股东或其他关联人存在利害关系。

第五十四条 股东大会通过本次发行议案之日起2个工作日内，上市公司应当公布股东大会决议。

第五十五条 上市公司收到中国证监会关于本次发行申请的下列决定后，应当在次一工作日予以公告：

（一）不予受理或者终止审查；

（二）不予核准或者予以核准。

上市公司决定撤回证券发行申请的，应当在撤回申请文件的次一工作日予以公告。

第五十六条 上市公司全体董事、监事、高级管理人员应当在公开募集证券说明书上签字，保证不存在虚假记载、误导性陈述或者重大遗漏，并声明承担个别和连带的法律责任。

第五十七条 保荐机构及保荐代表人应当对公开募集证券说明书的内容进行尽职调查并签字，确认不存在虚假记载、误导性陈述或者重大遗漏，并声明承担相应的法律责任。

第五十八条 为证券发行出具专项文件的注册会计师、资产评估人员、资信评级人员、律师及其所在机构，应当按照本行业公认的业务标准和道德规范出具文件，并声明对所出具文件的真实性、准确性和完整性承担责任。

第五十九条 公开募集证券说明书所引用的审计报告、盈利预测审核报告、资产评估报告、资信评级报告，应当由有资格的证券服务机构出具，并由至少2名有从业资格的人员签署。

公开募集证券说明书所引用的法律意见书，应当由律师事务所出具，并由至少2名经办律师签署。

第六十条 公开募集证券说明书自最后签署之日起6个月内有效。

公开募集证券说明书不得使用超过有效期的资产评估报告或者资信评级报告。

第六十一条 上市公司在公开发行证券前的2至5个工作日内，应当将经中国证监会核准的募集说明书摘要或者募集意向书摘要刊登在至少一种中国证监会指定的报刊，同时将其全文刊登在中国证监会指定的互联网网站，置备于中国证监会指定的场所，供公众查阅。

第六十二条 上市公司在非公开发行新股后，应当将发行情况报告书刊登在至少一种中国证监会指定的报刊，同时将其刊登在中国证监会指定的互联网网站，置备于中国证监会指定的场所，供公众查阅。

第六十三条 上市公司可以将公开募集证券说明书全文或摘要、发行情况公告书刊登于其他网站和报刊，但不得早于按照第六十一条、第六十二条规定披露信息的时间。

第六章 监管和处罚

第六十四条 上市公司违反本办法规定，中国证监会可以责令整改；对其直接负责的主管人员和其他直接责任人员，可以采取监管谈话、认定为不适当人选等行政监管措施，记入诚信档案并公布。

第六十五条 上市公司及其直接负责的主管人员和其他直接责任人员违反法律、行政法规或本办法规定，依法应予行政处罚的，依照有关规定进行处罚；涉嫌犯罪的，依法移送司法机关，追究其刑事责任。

第六十六条 上市公司提供的申请文件中有虚假记载、误导性陈述或重大遗漏的，中国证监会可作出终止审查决定，并在36个月内不再受理该公司的公开发行证券申请。

第六十七条 上市公司披露盈利预测的，利润实现数如未达到盈利预测的80%，除因不可抗力外，其法定代表人、盈利预测审核报告签字注册会计师应当在股东大会及中国证监会指定报刊上公开作出解释并道歉；中国证监会可以对法定代表人处以警告。

利润实现数未达到盈利预测的50%的，除因不可抗力外，中国证监会在36个月内不受理该公司的公开发行证券申请。

第六十八条 上市公司违反本办法第十条第（三）项和第（四）项规定的，中国证监会可以责令改正，并在36个月内不受理该公司的公开发行证券申请。

第六十九条 为证券发行出具审计报告、法律意见、资产评估报告、资信评级报告及其他专项文件的证券服务机构和人员，在其出具的专项文件中存在虚假记载、误导性陈述或重大遗漏的，除承担证券法规定的法律责任外，中国证监会12个月内不接受相关机构出具的证券发行专项文件，36个月内不接受相关人员出具的证券发行专项文件。

第七十条 承销机构在承销非公开发行的新股时，将新股配售给不符合本办法第三十七条规定的对象的，中国证监会可以责令改正，并在36个月内不接受其参与证券承销。

第七十一条 上市公司在非公开发行新股时，违反本办法第四十九条规定的，中国证监会可以责令改正，并在36个月内不受理该公司的公开发行证券申请。

第七十二条 本办法规定的特定对象违反规定，擅自转让限售期限未满的股票的，中国证监会可以责令改正，情节严重的，12个月内不得作为特定对象认购证券。

第七十三条 上市公司和保荐机构、承销商向参与认购的投资者提供财务资助或补偿的，中国证监会可以责令改正；情节严重的，处以警告、罚款。

第七章 附 则

第七十四条 上市公司发行以外币认购的证券的办法、上市公司向员工发行证券用于激励的办法，由中国证监会另行规定。

第七十五条 本办法自2006年5月8日起施行。《上市公司新股发行管理办法》（证监会令第1号）、《关于做好上市公司新股发行工作的通知》（证监发［2001］43号）、《关于上市公司增发新股有关条件的通知》（证监发［2002］55号）、《上市公司发行可转换公司债券实施办法》（证监会令第2号）和《关于做好上市公司可转换公司债券发行工作的通知》（证监发行字［2001］115号）同时废止。

I.1.4 创业板上市公司证券发行管理暂行办法

（2014年5月14日 中国证券监督管理委员会令第100号）

第一章 总 则

第一条 为了规范创业板上市公司（以下简称上市公司）证券发行行为，保护投资者的合法权益和社会公共利益，根据《证券法》、《公司法》制定本办法。

第二条 上市公司申请在境内发行证券，适用本办法。

本办法所称证券，指下列证券品种：

（一）股票；

（二）可转换公司债券；

（三）中国证券监督管理委员会（以下简称“中国证监会”）认可的其他品种。

第三条 上市公司发行证券，可以向不特定对象公开发行，也可以向特定对象非公开发行。

第四条 上市公司发行证券，必须真实、准确、完整、及时、公平地披露或者提供信息，不得有虚假记载、误导性陈述或者重大遗漏。

上市公司作为信息披露第一责任人，应当及时向保荐人、证券服务机构提供真实、准确、完整的财务会计资料和其他资料，全面配合保荐人、证券服务机构开展尽职调查。

第五条 保荐人应当严格履行法定职责，遵守业务规则和行业规范，对保荐的上市公司的申请文件和证券服务机构出具的专业意见进行审慎核查，督导上市公司规范运作，对上市公司是否具备持续盈利能力、是否符合发行条件作出专业判断，并确保所出具的发行保荐书和上市公司的申请文件真实、准确、完整、及时。

第六条 为证券发行出具文件的证券服务机构和人员，应当严格履行法定职责，遵照本行业的业务标准和执业规范，对上市公司的相关业务资料进行核查和验证，确保所出具的专业文件真实、准确、完整、及时。

第七条 上市公司应当建立投资者保护机制，优化投资回报机制，保障投资者的知情权和参与权等权利，切实保护投资者特别是中小投资者的合法权益。

第八条 中国证监会对上市公司证券发行的核准，不表明其对该证券的投资价值或者投资者的收益作出实质性判断或者保证。投资者应当自主判断上市公司的投资价值并作出投资决策，自行承担因上市公司经营与收益的变化引致的投资风险。

第二章 发行证券的条件

第一节 一般规定

第九条 上市公司发行证券，应当符合《证券法》规定的条件，并且符合以下规定：

（一）最近二年盈利，净利润以扣除非经常性损益前后孰低者为计算依据；

（二）会计基础工作规范，经营成果真实。内部控制制度健全且被有效执行，能够合理保证公司财务报告的可靠性、生产经营的合法性，以及营运的效率与效果；

（三）最近二年按照上市公司章程的规定实施现金分红；

（四）最近三年及一期财务报表未被注册会计师出具否定意见或者无法表示意见的审计报告；被注册会计师出具保留意见或者带强调事项段的无保留意见审计报告的，所涉及的事项对上市公司无重大不利影响或者在发行前重大不利影响已经消除；

（五）最近一期末资产负债率高于百分之四十五，但上市公司非公开发行股票的除外；

（六）上市公司与控股股东或者实际控制人的人员、资产、财务分开，机构、业务独立，能够自主经营管理。上市公司最近十二个月内不存在违规对外提供担保或者资金被上市公司控股股东、实际控制人及其控制的其他企业以借款、代偿债务、代垫款项或者其他方式占用的情形。

第十条 上市公司存在下列情形之一的，不得发行证券：

（一）本次发行申请文件有虚假记载、误导性陈述或者重大遗漏；

（二）最近十二个月内未履行向投资者作出的公开承诺；

（三）最近三十六个月内因违反法律、行政法规、规章受到行政处罚且情节严重，或者受到刑事处罚，或者因违反证券法律、行政法规、规章受到中国证监会的行政处罚；最近十二个月内受到证券交易所的公开谴责；因涉嫌犯罪被司法机关立案侦查或者涉嫌违法违规被中国证监会立案调查；

（四）上市公司控股股东或者实际控制人最近十二个月内因违反证券法律、行政法规、规章，受到中国证监会的行政处罚，或者受到刑事处罚；

（五）现任董事、监事和高级管理人员存在违反《公司法》第一百四十七条、第一百四十八条规定的行为，或者最近三十六个月内受到中国证监会的行政处罚、最近十二个月内受到证券交易所的公开谴责；因涉嫌犯罪被司法机关立案侦查或者涉嫌违法违规被中国证监会立案调查；

（六）严重损害投资者的合法权益和社会公共利益的其他情形。

第十一条 上市公司募集资金使用应当符合下列规定：

（一）前次募集资金基本使用完毕，且使用进度和效果与披露情况基本一致；

（二）本次募集资金用途符合国家产业政策和法律、行政法规的规定；

（三）除金融类企业外，本次募集资金使用不得为持有交易性金融资产和可供出售的金融资产、借予他人、委托理财等财务性投资，不得直接或者间接投资于以买卖有价证券为主要业务的公司；

（四）本次募集资金投资实施后，不会与控股股东、实际控制人产生同业竞争或者影响公司生产经营的独立性。

第二节 公开发行股票

第十二条 向原股东配售股份（以下简称配股），除符合本章第一节规定外，还应当符合下列规定：

（一）拟配售股份数量不超过本次配售股份前股本总额的百分之三十；

（二）控股股东应当在股东大会召开前公开承诺认配股份的数量；

（三）采用《证券法》规定的代销方式发行。

控股股东不履行认配股份的承诺，或者代销期限届满，原股东认购股票的数量未达到拟配售数量百分之七十的，上市公司应当按照发行价并加算银行同期存款利息返还已经认购的股东。

第十三条 向不特定对象公开募集股份（以下简称增发），除符合本章第一节规定外，还应当符合下列规定：

（一）除金融类企业外，最近一期末不存在持有金额较大的交易性金融资产和可供出售的金融资产、借予他人款项、委托理财等财务性投资的情形；

（二）发行价格不低于公告招股意向书前二十个交易日或者前一个交易日公司股票均价。

第三节 非公开发行股票

第十四条 上市公司非公开发行股票除符合本章第一节规定外，还应当符合本节的规定。

前款所称非公开发行股票，是指上市公司采用非公开方式，向特定对象发行股票的行为。

第十五条 非公开发行股票的特定对象应当符合下列规定：

（一）特定对象符合股东大会决议规定的条件；

（二）发行对象不超过五名。

发行对象为境外战略投资者的，应当遵守国家的相关规定。

第十六条 上市公司非公开发行股票确定发行价格和持股期限，应当符合下列规定：

（一）发行价格不低于发行期首日前一个交易日公司股票均价的，本次发行股份自发行结束之日起可上市交易；

（二）发行价格低于发行期首日前二十个交易日公司股票均价但不低于百分之九十，或者发行价格低于发行期首日前一个交易日公司股票均价但不低于百分之九十的，本次发行股份自发行结束之日起十二个月内不得上市交易；

（三）上市公司控股股东、实际控制人或者其控制的关联方以及董事会引入的境内外战略投资者，以不低于董事会作出本次非公开发行股票决议公告日前二十个交易日或者前一个交易日公司股票均价的百分之九十认购的，本次发行股份自发行结束之日起三十六个月内不得上市交易。

上市公司非公开发行股票将导致上市公司控制权发生变化的，还应当符合中国证监会的其他规定。

第十七条 上市公司非公开发行股票募集资金用于收购兼并的，免于适用本办法第九条第（一）项的规定。

第四节 发行可转换公司债券

第十八条 公开发行可转换公司债券的上市公司，除应当符合《证券法》规定的条件外，还应当符合本章第一节和本节的规定。

前款所称可转换公司债券，是指上市公司依法发行、在一定期间内依据约定的条件可以转换成股份的公司债券。

第十九条 可转换公司债券的期限最短为一年。

第二十条 可转换公司债券每张面值一百元。

可转换公司债券的利率由上市公司与主承销商协商确定，但必须符合国家的有关规定。

第二十一条 公开发行可转换公司债券，应当委托具有资格的资信评级机构进行信用评级和跟踪评级。

资信评级机构每年至少公告一次跟踪评级报告。

第二十二条 上市公司应当在可转换公司债券期满后五个工作日内办理完毕偿还债券余额本息的事项。

第二十三条 公开发行可转换公司债券，应当约定保护债券持有人权利的办法，以及债券持有人会议的权利、程序和决议生效条件。

存在下列事项之一的，应当召开债券持有人会议：

（一）拟变更募集说明书的约定；

（二）上市公司不能按期支付本息；

（三）上市公司减资、合并、分立、解散或者申请破产；

（四）保证人或者担保物发生重大变化；

（五）其他影响债券持有人重大权益的事项。

第二十四条 可转换公司债券自发行结束之日起六个月后方可转换为公司股票，转股期限由公司根据可转换公司债券的存续期限及公司财务状况确定。

债券持有人对转换股票或者不转换股票有选择权，并于转股的次日成为上市公司股东。

第二十五条 转股价格应当不低于募集说明书公告日前二十个交易日和前一个交易日公司股票均价。

前款所称转股价格，是指募集说明书事先约定的可转换公司债券转换为每股股份所支付的价格。

第二十六条 募集说明书可以约定赎回条款，规定上市公司可以按事先约定的条件和价格赎回尚未转股的可转换公司债券。

第二十七条 募集说明书可以约定回售条款，规定债券持有人可以按事先约定的条件和价格将所持债券回售给上市公司。

募集说明书应当约定，上市公司改变公告的募集资金用途的，赋予债券持有人一次回售的权利。

第二十八条 募集说明书应当约定转股价格调整的原则及方式。发行可转换公司债券后，因配股、送股、派息、分立及其他原因引起上市公司股份变动的，应当同时调整转股价格。

第二十九条 募集说明书约定转股价格向下修正条款的，应当同时约定：

（一）转股价格修正方案须提交公司股东大会表决，且须经出席会议的股东所持表决权的三分之二以上同意。股东大会进行表决时，持有公司可转换债券的股东应当回避；

（二）修正后的转股价格不低于前项规定的股东大会召开日前二十个交易日和前一个交易日公司股票均价。

第三章　发行程序

第三十条 上市公司申请发行证券，董事会应当依法就下列事项作出决议，并提请股东大会批准：

（一）本次证券发行的方案；

（二）本次发行方案的论证分析报告；

（三）本次募集资金使用的可行性报告；

（四）其他必须明确的事项。

董事会在编制本次发行方案的论证分析报告时，应当结合上市公司所处行业和发展阶段、融资规划、财务状况、资金需求等情况进行论证分析，独立董事应当发表专项意见。论证分析报告至少包括下列内容：

（一）本次发行证券及其品种选择的必要性；

（二）本次发行对象的选择范围、数量和标准的适当性；

（三）本次发行定价的原则、依据、方法和程序的合理性；

（四）本次发行方式的可行性；

（五）本次发行方案的公平性、合理性；

（六）本次发行对原股东权益或者即期回报摊薄的影响以及填补的具体措施。

第三十一条 股东大会就发行股票作出的决定，应当至少包括下列事项：

（一）本次发行证券的种类和数量；

（二）发行方式、发行对象及向原股东配售的安排；

（三）定价方式或者价格区间；

（四）募集资金用途；

（五）决议的有效期；

（六）对董事会办理本次发行具体事宜的授权；

（七）其他必须明确的事项。

第三十二条 股东大会就发行可转换公司债券作出的决定，应当至少包括下列事项：

（一）本办法第三十一条规定的事项；

（二）债券利率；

（三）债券期限；

（四）回售条款；

（五）还本付息的期限和方式；

（六）转股期；

（七）转股价格的确定和修正。

第三十三条 股东大会就发行证券事项作出决议，必须经出席会议的股东所持表决权的三分之二以上通过，中小投资者表决情况应当单独计票。向本公司特定的股东及其关联人发行证券的，股东大会就发行方案进行表决时，关联股东应当回避。

上市公司就发行证券事项召开股东大会，应当提供网络投票的方式，公司还可以通过其他方式为股东参加股东大会提供便利。

第三十四条 上市公司年度股东大会可以根据公司章程的规定，授权董事会决定非公开发行融资总额不超过最近一年末净资产百分之十的股票，该项授权在下一年度股东大会召开日失效。

上市公司年度股东大会给予董事会前款授权的，应当按照本办法第三十一条的规定通过相关决议，作为董事会行使授权的前提条件。

第三十五条 上市公司申请发行证券，应当由保荐人保荐，但是根据本办法第三十七条规定适用简易程序且根据本办法第四十条规定采取自行销售的除外。

保荐人或者上市公司应当按照中国证监会的有关规定编制和报送发行申请文件。

第三十六条 中国证监会依照下列程序审核发行证券的申请：

（一）收到申请文件后，五个工作日内决定是否受理；

（二）中国证监会受理后，对申请文件进行初审；

（三）创业板发行审核委员会审核申请文件；

（四）中国证监会作出核准或者不予核准的决定。

第三十七条 上市公司申请非公开发行股票融资额不超过人民币五千万元且不超过最近一年末净资产百分之十的，中国证监会适用简易程序，但是最近十二个月内上市公司非公开发行股票的融资总额超过最近一年末净资产百分之十的除外。

前款规定的简易程序，中国证监会自受理之日起十五个工作日内作出核准或者不予核准决定。

第三十八条 上市公司应当自中国证监会核准之日起六个月内发行证券。超过六个月未发行的，核准文件失效，须重新经中国证监会核准后方可发行。

第三十九条 上市公司发行证券前发生重大事项的，应当暂缓发行，并及时报告中国证监会。该事项对本次发行条件构成重大影响的，发行证券的申请应当重新经中国证监会核准。

第四十条 上市公司公开发行证券，应当由证券公司承销。非公开发行股票符合以下情形之一的，可以由上市公司自行销售：

（一）发行对象为原前十名股东；

（二）发行对象为上市公司控股股东、实际控制人或者其控制的关联方；

（三）发行对象为上市公司董事、监事、高级管理人员或者员工；

（四）董事会审议相关议案时已经确定的境内外战略投资者或者其他发行对象；

（五）中国证监会认定的其他情形。

上市公司自行销售的，应当在董事会决议中确定发行对象，且不得采用竞价方式确定发行价格。

第四十一条 证券发行申请未获核准的上市公司，自中国证监会作出不予核准的决定之日起六个月后，可以再次提出证券发行申请。

第四章 信息披露

第四十二条 上市公司发行证券，应当以投资者决策需求为导向，按照中国证监会规定的程序、内容和格式，编制公开发行证券募集说明书或者其他信息披露文件，依法履行信息披露义务。

第四十三条 上市公司应当保证投资者及时、充分、公平地获得法定披露的信息，信息披露文件使用的文字应当简洁、平实、浅白、易懂，便于中小投资者阅读。

中国证监会规定的内容是信息披露的最低要求，凡对投资者投资决策有重大影响的信息，上市公司均应当充分披露。

第四十四条 证券发行议案经董事会表决通过后，应当在二个工作日内报告证券交易所，公告召开股东大会的通知。

使用募集资金收购资产或者股权的，应当在公告召开股东大会通知的同时，披露该资产或者股权的基本情况、交易价格、定价依据以及是否与公司股东或者其他关联人存在利害关系。

第四十五条 股东大会通过本次发行议案之日起二个工作日内，上市公司应当披露股东大会决议公告。股东大会决议公告中应当包括中小投资者单独计票结果。

第四十六条 上市公司提出发行申请后，出现下列情形之一的，应当在次一工作日予以公告：

（一）收到中国证监会不予受理或者终止审查决定；

（二）收到中国证监会不予核准或者予以核准决定；

（三）上市公司撤回证券发行申请。

第四十七条 上市公司全体董事、监事、高级管理人员应当在公开发行证券募集说明书等证券发行信息披露文件上签字，保证不存在虚假记载、误导性陈述或者重大遗漏，并声明承担个别和连带的法律责任。

保荐人及保荐代表人应当声明对其保荐的上市公司公开发行证券募集说明

书等证券发行信息披露文件的真实性、准确性、完整性和及时性承担责任。

为证券发行出具文件的证券服务机构和人员应当声明对所出具文件的真实性、准确性、完整性和及时性承担责任。

第四十八条 公开发行证券募集说明书等证券发行信息披露文件所引用的审计报告、盈利预测审核报告、资产评估报告、资信评级报告，应当由有资格的证券服务机构出具，并由至少二名有从业资格的人员签署。

公开发行证券募集说明书等证券发行信息披露文件所引用的法律意见书，应当由律师事务所出具，并由至少二名经办律师签署。

第四十九条 公开发行证券募集说明书自最后签署之日起六个月内有效。

公开发行证券募集说明书等证券发行信息披露文件不得使用超过有效期的资产评估报告或者资信评级报告。

第五十条 上市公司在公开发行证券前的二至五个工作日内，应当将经中国证监会核准的公司发行证券募集说明书刊登在中国证监会指定的互联网网站，并置备于中国证监会指定的场所，供公众查阅。

第五十一条 上市公司在非公开发行证券后的二个工作日内，应当将发行情况报告书刊登在中国证监会指定的互联网网站，并置备于中国证监会指定的场所，供公众查阅。

第五十二条 上市公司可以将公开发行证券募集说明书、发行情况报告书刊登于其他网站，但不得早于按照本办法第五十条、第五十一条规定披露信息的时间。

第五章 监管和处罚

第五十三条 上市公司违反本办法规定，中国证监会可以责令改正；对其直接负责的主管人员和其他直接责任人员，可以采取监管谈话、认定为不适当人选等监管措施，记入诚信档案并公布。

第五十四条 上市公司及其直接负责的主管人员和其他直接责任人员违反法律、行政法规或者本办法规定，依法应当予以行政处罚的，依照有关规定进行处罚；涉嫌犯罪的，依法移送司法机关，追究其刑事责任。

第五十五条 自申请文件受理之日起，上市公司及其控股股东、实际控制人、董事、监事、高级管理人员以及保荐人、证券服务机构及相关人员即对申请文件的真实性、准确性、完整性、及时性承担相应的法律责任。

上市公司报送的申请文件中记载的信息自相矛盾、或者就同一事实前后存在不同表述且有实质性差异的，中国证监会将中止审查并自确认之日起十二个月内不受理相关保荐代表人推荐的发行申请。

第五十六条 上市公司报送的申请文件中有虚假记载、误导性陈述或者重大遗漏的，中国证监会将终止审查并自确认之日起三十六个月内不受理该上市公司的发行证券申请，并依照《证券法》的有关规定进行处罚；致使投资者在证券交易中遭受损失的，应当依法承担赔偿责任。

第五十七条 上市公司在发行证券决策、申请、发行过程中，非法向他人提供尚未依法公开披露信息的，中国证监会可以对其直接负责的主管人员和其他直接责任人员采取监管谈话、认定为不适当人选等监管措施，并依照《证券法》的有关规定进行处罚或者追究相关责任。

第五十八条 上市公司披露盈利预测，利润实现数如未达到盈利预测的百分之八十的，除因不可抗力外，其法定代表人、财务负责人应当在股东大会及中国证监会指定网站、报刊上公开作出解释并道歉；情节严重的，中国证监会给予警告等行政处罚。

利润实现数未达到盈利预测的百分之五十的，除因不可抗力外，中国证监会还可以自确认之日起三十六个月内不受理该上市公司的发行证券申请。

注册会计师为上述盈利预测出具审核报告的过程中未勤勉尽责的，中国证监会将视情节轻重，对相关机构和责任人员采取监管谈话等监管措施，记入诚信档案并公布；情节严重的，给予警告等行政处罚。

第五十九条 上市公司违反本办法第十一条第（三）项、第（四）项规定的，中国证监会可以责令改正；情节严重的，自确认之日起三十六个月内不受理该公司的发行证券申请。

第六十条 上市公司及其董事、高级管理人员以及上市公司控股股东、实际控制人及其控制的关联方违反所作出的与上市公司证券发行相关的约定或者承诺的，中国证监会可以对其采取监管谈话、责令公开说明、责令改正、认定为不适当人选等监管措施。

上市公司控股股东或者实际控制人最近十二个月内未履行持股意向等公开承诺的，不得参与本上市公司发行证券认购。

第六十一条 保荐人出具有虚假记载、误导性陈述或者重大遗漏的发行保荐书的，中国证监会可以责令改正，并依照《证券法》和保荐制度的有关规定进行处理；致使投资者遭受损失的，应当依法承担赔偿责任。

第六十二条 保荐人以不正当手段干扰中国证监会及其创业板发行审核委员会审核工作的，保荐人或其相关签名人员的签名、盖章系伪造或变造的，或者不履行其他法定职责的，依照《证券法》和保荐制度的有关规定处理。

第六十三条 为证券发行出具审计报告、法律意见、资产评估报告、资信评级报告及其他专项文件的证券服务机构和人员，在其出具的专项文件中存在虚假记载、误导性陈述或者重大遗漏，中国证监会自确认之日起十二个月内不接受相关机构出具的证券发行专项文件，三十六个月内不接受相关人员出具的证券发行专项文件；致使投资者遭受损失的，应当依法承担赔偿责任。

第六十四条 承销机构在承销非公开发行的证券时，将证券配售给不符合本办法第十五条规定的对象的，中国证监会可以责令改正；情节严重的，自确认之日起三十六个月内不接受其参与证券承销。

第六十五条 上市公司在非公开发行新股时，违反本办法第四十条规定的，中国证监会可以责令改正；情节严重的，自确认之日起三十六个月内不受理该上市公司的发行证券申请。

第六十六条 本办法规定的特定对象违反规定，擅自转让限售期限未满的股票的，中国证监会可以责令改正；情节严重的，自确认之日起十二个月内不得作为特定对象认购证券。

第六章 附 则

第六十七条 上市公司向员工发行证券用于激励的办法、上市公司发行优先股的办法法律法规另有规定的，适用其规定。

第六十八条 本办法自公布之日起施行。

I.1.5 优先股试点管理办法

（2014 年 3 月 21 日　中国证券监督管理委员会令第 97 号）

《优先股试点管理办法》已经 2013 年 12 月 9 日中国证券监督管理委员会第 16 次主席办公会会议审议通过，现予公布，自公布之日起施行。

中国证券监督管理委员会主席：肖钢

二〇一四年三月二十一日

优先股试点管理办法

第一章　总　　则

第一条　为规范优先股发行和交易行为，保护投资者合法权益，根据《公司法》《证券法》《国务院关于开展优先股试点的指导意见》及相关法律法规，制定本办法。

第二条　本办法所称优先股是指依照《公司法》，在一般规定的普通种类股份之外，另行规定的其他种类股份，其股份持有人优先于普通股股东分配公司利润和剩余财产，但参与公司决策管理等权利受到限制。

第三条　上市公司可以发行优先股，非上市公众公司可以非公开发行优先股。

第四条　优先股试点应当符合《公司法》、《证券法》、《国务院关于开展优先股试点的指导意见》和本办法的相关规定，并遵循公开、公平、公正的原则，禁止欺诈、内幕交易和操纵市场的行为。

第五条　证券公司及其他证券服务机构参与优先股试点，应当遵守法律法规及中国证券监督管理委员会（以下简称中国证监会）相关规定，遵循行业公认的业务标准和行为规范，诚实守信、勤勉尽责。

第六条　试点期间不允许发行在股息分配和剩余财产分配上具有不同优先顺序的优先股，但允许发行在其他条款上具有不同设置的优先股。

同一公司既发行强制分红优先股，又发行不含强制分红条款优先股的，不属于发行在股息分配上具有不同优先顺序的优先股。

第七条 相同条款的优先股应当具有同等权利。同次发行的相同条款优先股，每股发行的条件、价格和票面股息率应当相同；任何单位或者个人认购的股份，每股应当支付相同价额。

第二章 优先股股东权利的行使

第八条 发行优先股的公司除按《国务院关于开展优先股试点的指导意见》制定章程有关条款外，还应当按本办法在章程中明确优先股股东的有关权利和义务。

第九条 优先股股东按照约定的股息率分配股息后，有权同普通股股东一起参加剩余利润分配的，公司章程应明确优先股股东参与剩余利润分配的比例、条件等事项。

第十条 出现以下情况之一的，公司召开股东大会会议应通知优先股股东，并遵循《公司法》及公司章程通知普通股股东的规定程序。优先股股东有权出席股东大会会议，就以下事项与普通股股东分类表决，其所持每一优先股有一表决权，但公司持有的本公司优先股没有表决权：

（一）修改公司章程中与优先股相关的内容；

（二）一次或累计减少公司注册资本超过百分之十；

（三）公司合并、分立、解散或变更公司形式；

（四）发行优先股；

（五）公司章程规定的其他情形。

上述事项的决议，除须经出席会议的普通股股东（含表决权恢复的优先股股东）所持表决权的三分之二以上通过之外，还须经出席会议的优先股股东（不含表决权恢复的优先股股东）所持表决权的三分之二以上通过。

第十一条 公司股东大会可授权公司董事会按公司章程的约定向优先股支付股息。公司累计三个会计年度或连续两个会计年度未按约定支付优先股股息的，股东大会批准当年不按约定分配利润的方案次日起，优先股股东有权出席股东大会与普通股股东共同表决，每股优先股股份享有公司章程规定的一定比例表决权。

对于股息可累积到下一会计年度的优先股，表决权恢复直至公司全额支付所欠股息。对于股息不可累积的优先股，表决权恢复直至公司全额支付当年股息。公司章程可规定优先股表决权恢复的其他情形。

第十二条 优先股股东有权查阅公司章程、股东名册、公司债券存根、股东大会会议记录、董事会会议决议、监事会会议决议、财务会计报告。

第十三条 发行人回购优先股包括发行人要求赎回优先股和投资者要求回售优先股两种情况，并应在公司章程和招股文件中规定其具体条件。发行人要求赎回优先股的，必须完全支付所欠股息，但商业银行发行优先股补充资本的除外。优先股回购后相应减记发行在外的优先股股份总数。

第十四条 公司董事、监事、高级管理人员应当向公司申报所持有的本公司优先股及其变动情况，在任职期间每年转让的股份不得超过其所持本公司优先股股份总数的百分之二十五。公司章程可以对公司董事、监事、高级管理人员转让其所持有的本公司优先股股份作出其他限制性规定。

第十五条 除《国务院关于开展优先股试点的指导意见》规定的事项外，计算股东人数和持股比例时应分别计算普通股和优先股。

第十六条 公司章程中规定优先股采用固定股息率的，可以在优先股存续期内采取相同的固定股息率，或明确每年的固定股息率，各年度的股息率可以不同；公司章程中规定优先股采用浮动股息率的，应当明确优先股存续期内票面股息率的计算方法。

第三章 上市公司发行优先股

第一节 一般规定

第十七条 上市公司应当与控股股东或实际控制人的人员、资产、财务分开，机构、业务独立。

第十八条 上市公司内部控制制度健全，能够有效保证公司运行效率、合法合规和财务报告的可靠性，内部控制的有效性应当不存在重大缺陷。

第十九条 上市公司发行优先股，最近三个会计年度实现的年均可分配利润应当不少于优先股一年的股息。

第二十条 上市公司最近三年现金分红情况应当符合公司章程及中国证监会的有关监管规定。

第二十一条 上市公司报告期不存在重大会计违规事项。公开发行优先股，最近三年财务报表被注册会计师出具的审计报告应当为标准审计报告或带强调事项段的无保留意见的审计报告；非公开发行优先股，最近一年财务报表被注册会计师出具的审计报告为非标准审计报告的，所涉及事项对公司无重大不利影响或者在发行前重大不利影响已经消除。

第二十二条 上市公司发行优先股募集资金应有明确用途，与公司业务范围、经营规模相匹配，募集资金用途符合国家产业政策和有关环境保护、土地管理等法律和行政法规的规定。

除金融类企业外，本次募集资金使用项目不得为持有交易性金融资产和可供出售的金融资产、借予他人等财务性投资，不得直接或间接投资于以买卖有价证券为主要业务的公司。

第二十三条 上市公司已发行的优先股不得超过公司普通股股份总数的百分之五十，且筹资金额不得超过发行前净资产的百分之五十，已回购、转换的优先股不纳入计算。

第二十四条 上市公司同一次发行的优先股，条款应当相同。每次优先股发行完毕前，不得再次发行优先股。

第二十五条 上市公司存在下列情形之一的，不得发行优先股：

（一）本次发行申请文件有虚假记载、误导性陈述或重大遗漏；

（二）最近十二个月内受到过中国证监会的行政处罚；

（三）因涉嫌犯罪正被司法机关立案侦查或涉嫌违法违规正被中国证监会立案调查；

（四）上市公司的权益被控股股东或实际控制人严重损害且尚未消除；

（五）上市公司及其附属公司违规对外提供担保且尚未解除；

（六）存在可能严重影响公司持续经营的担保、诉讼、仲裁、市场重大质疑或其他重大事项；

（七）其董事和高级管理人员不符合法律、行政法规和规章规定的任职资格；

（八）严重损害投资者合法权益和社会公共利益的其他情形。

第二节 公开发行的特别规定

第二十六条 上市公司公开发行优先股，应当符合以下情形之一：

（一）其普通股为上证50指数成份股；

（二）以公开发行优先股作为支付手段收购或吸收合并其他上市公司；

（三）以减少注册资本为目的回购普通股的，可以公开发行优先股作为支付手段，或者在回购方案实施完毕后，可公开发行不超过回购减资总额的优先股。

中国证监会核准公开发行优先股后不再符合本条第（一）项情形的，上市公司仍可实施本次发行。

第二十七条 上市公司最近三个会计年度应当连续盈利。扣除非经常性损益后的净利润与扣除前的净利润相比，以孰低者作为计算依据。

第二十八条 上市公司公开发行优先股应当在公司章程中规定以下事项：

（一）采取固定股息率；

（二）在有可分配税后利润的情况下必须向优先股股东分配股息；

（三）未向优先股股东足额派发股息的差额部分应当累积到下一会计年度；

（四）优先股股东按照约定的股息率分配股息后，不再同普通股股东一起参加剩余利润分配。

商业银行发行优先股补充资本的，可就第（二）项和第（三）项事项另行约定。

第二十九条 上市公司公开发行优先股的，可以向原股东优先配售。

第三十条 除本办法第二十五条的规定外，上市公司最近三十六个月内因违反工商、税收、土地、环保、海关法律、行政法规或规章，受到行政处罚且情节严重的，不得公开发行优先股。

第三十一条 上市公司公开发行优先股，公司及其控股股东或实际控制人最近十二个月内应当不存在违反向投资者作出的公开承诺的行为。

第三节 其他规定

第三十二条 优先股每股票面金额为一百元。

优先股发行价格和票面股息率应当公允、合理，不得损害股东或其他利益相关方的合法利益，发行价格不得低于优先股票面金额。

公开发行优先股的价格或票面股息率以市场询价或证监会认可的其他公开方式确定。非公开发行优先股的票面股息率不得高于最近两个会计年度的年均加权平均净资产收益率。

第三十三条 上市公司不得发行可转换为普通股的优先股。但商业银行可根据商业银行资本监管规定，非公开发行触发事件发生时强制转换为普通股的优先股，并遵守有关规定。

第三十四条 上市公司非公开发行优先股仅向本办法规定的合格投资者发行，每次发行对象不得超过二百人，且相同条款优先股的发行对象累计不得超过二百人。

发行对象为境外战略投资者的，还应当符合国务院相关部门的规定。

第四节 发行程序

第三十五条 上市公司申请发行优先股，董事会应当按照中国证监会有关信息披露规定，公开披露本次优先股发行预案，并依法就以下事项作出决议，提请股东大会批准。

（一）本次优先股的发行方案；

（二）非公开发行优先股且发行对象确定的，上市公司与相应发行对象签订的附条件生效的优先股认购合同。认购合同应当载明发行对象拟认购优先股的数量、认购价格或定价原则、票面股息率或其确定原则，以及其他必要条款。认购合同应当约定发行对象不得以竞价方式参与认购，且本次发行一经上市公司董事会、股东大会批准并经中国证监会核准，该合同即应生效；

（三）非公开发行优先股且发行对象尚未确定的，决议应包括发行对象的范围和资格、定价原则、发行数量或数量区间。

上市公司的控股股东、实际控制人或其控制的关联人参与认购本次非公开发行优先股的，按照前款第（二）项执行。

第三十六条 上市公司独立董事应当就上市公司本次发行对公司各类股东权益的影响发表专项意见，并与董事会决议一同披露。

第三十七条 上市公司股东大会就发行优先股进行审议，应当就下列事项逐项进行表决：

（一）本次发行优先股的种类和数量；

（二）发行方式、发行对象及向原股东配售的安排；

（三）票面金额、发行价格或其确定原则；

（四）优先股股东参与分配利润的方式，包括：票面股息率或其确定原则、股息发放的条件、股息支付方式、股息是否累积、是否可以参与剩余利润分配等；

（五）回购条款，包括回购的条件、期间、价格及其确定原则、回购选择权的行使主体等（如有）；

（六）募集资金用途；

（七）公司与发行对象签订的附条件生效的优先股认购合同（如有）；

（八）决议的有效期；

（九）公司章程关于优先股股东和普通股股东利润分配、剩余财产分配、优先股表决权恢复等相关政策条款的修订方案；

（十）对董事会办理本次发行具体事宜的授权；

（十一）其他事项。

上述决议，须经出席会议的普通股股东（含表决权恢复的优先股股东）所持表决权的三分之二以上通过。已发行优先股的，还须经出席会议的优先股股东（不含表决权恢复的优先股股东）所持表决权的三分之二以上通过。上市公司向公司特定股东及其关联人发行优先股的，股东大会就发行方案进行表决时，关联股东应当回避。

第三十八条 上市公司就发行优先股事项召开股东大会，应当提供网络投票，还可以通过中国证监会认可的其他方式为股东参加股东大会提供便利。

第三十九条 上市公司申请发行优先股应当由保荐人保荐并向中国证监会申报，其申请、审核、核准、发行等相关程序参照《上市公司证券发行管理办法》和《证券发行与承销管理办法》的规定。发审委会议按照《中国证券监督管理委员会发行审核委员会办法》规定的特别程序，审核发行申请。

第四十条 上市公司发行优先股，可以申请一次核准，分次发行，不同次发行的优先股除票面股息率外，其他条款应当相同。自中国证监会核准发行之日起，公司应在六个月内实施首次发行，剩余数量应当在二十四个月内发行完毕。超过核准文件时限的，须申请中国证监会重新核准。首次发行数量应当不少于总发行数量的百分之五十，剩余各次发行的数量由公司自行确定，每次发行完毕后五个工作日内报中国证监会备案。

第四章 非上市公众公司非公开发行优先股

第四十一条 非上市公众公司非公开发行优先股应符合下列条件：

（一）合法规范经营；

（二）公司治理机制健全；

（三）依法履行信息披露义务。

第四十二条 非上市公众公司非公开发行优先股应当遵守本办法第二十三条、第二十四条、第二十五条、第三十二条、第三十三条的规定。

第四十三条 非上市公众公司非公开发行优先股仅向本办法规定的合格投资者发行，每次发行对象不得超过二百人，且相同条款优先股的发行对象累计不得超过二百人。

第四十四条 非上市公众公司拟发行优先股的，董事会应依法就具体方案、本次发行对公司各类股东权益的影响、发行优先股的目的、募集资金的用途及其他必须明确的事项作出决议，并提请股东大会批准。

董事会决议确定具体发行对象的，董事会决议应当确定具体的发行对象名称及其认购价格或定价原则、认购数量或数量区间等；同时应在召开董事会前与相应发行对象签订附条件生效的股份认购合同。董事会决议未确定具体发行对象的，董事会决议应当明确发行对象的范围和资格、定价原则等。

第四十五条 非上市公众公司股东大会就发行优先股进行审议，表决事项参照本办法第三十七条执行。发行优先股决议，须经出席会议的普通股股东（含表决权恢复的优先股股东）所持表决权的三分之二以上通过。已发行优先股的，还须经出席会议的优先股股东（不含表决权恢复的优先股股东）所持表决权的三分之二以上通过。非上市公众公司向公司特定股东及其关联人发行优先股的，股东大会就发行方案进行表决时，关联股东应当回避，公司普通股股东（不含表决权恢复的优先股股东）人数少于二百人的除外。

第四十六条 非上市公众公司发行优先股的申请、审核（豁免）、发行等相关程序应按照《非上市公众公司监督管理办法》等相关规定办理。

第五章　交易转让及登记结算

第四十七条　优先股发行后可以申请上市交易或转让，不设限售期。

公开发行的优先股可以在证券交易所上市交易。上市公司非公开发行的优先股可以在证券交易所转让，非上市公众公司非公开发行的优先股可以在全国中小企业股份转让系统转让，转让范围仅限合格投资者。交易或转让的具体办法由证券交易所或全国中小企业股份转让系统另行制定。

第四十八条　优先股交易或转让环节的投资者适当性标准应当与发行环节保持一致；非公开发行的相同条款优先股经交易或转让后，投资者不得超过二百人。

第四十九条　中国证券登记结算公司为优先股提供登记、存管、清算、交收等服务。

第六章　信息披露

第五十条　公司应当按照中国证监会有关信息披露规则编制募集优先股说明书或其他信息披露文件，依法履行信息披露义务。上市公司相关信息披露程序和要求参照《上市公司证券发行管理办法》和《上市公司非公开发行股票实施细则》及有关监管指引的规定。非上市公众公司非公开发行优先股的信息披露程序和要求参照《非上市公众公司监督管理办法》及有关监管指引的规定。

第五十一条　发行优先股的公司披露定期报告时，应当以专门章节披露已发行优先股情况、持有公司优先股股份最多的前十名股东的名单和持股数额、优先股股东的利润分配情况、优先股的回购情况、优先股股东表决权恢复及行使情况、优先股会计处理情况及其他与优先股有关的情况，具体内容与格式由中国证监会规定。

第五十二条　发行优先股的上市公司，发生表决权恢复、回购普通股等事项，以及其他可能对其普通股或优先股交易或转让价格产生较大影响事项的，上市公司应当按照《证券法》第六十七条以及中国证监会的相关规定，履行临时报告、公告等信息披露义务。

第五十三条　发行优先股的非上市公众公司按照《非上市公众公司监督管理办法》及有关监管指引的规定履行日常信息披露义务。

第七章　回购与并购重组

第五十四条　上市公司可以非公开发行优先股作为支付手段，向公司特定股东回购普通股。上市公司回购普通股的价格应当公允、合理，不得损害股东或其他利益相关方的合法利益。

第五十五条 上市公司以减少注册资本为目的回购普通股公开发行优先股的，以及以非公开发行优先股为支付手段向公司特定股东回购普通股的，除应当符合优先股发行条件和程序，还应符合以下规定：

（一）上市公司回购普通股应当由董事会依法作出决议并提交股东大会批准；

（二）上市公司股东大会就回购普通股作出的决议，应当包括下列事项：回购普通股的价格区间，回购普通股的数量和比例，回购普通股的期限，决议的有效期，对董事会办理本次回购股份事宜的具体授权，其他相关事项。以发行优先股作为支付手段的，应当包括拟用于支付的优先股总金额以及支付比例；回购方案实施完毕之日起一年内公开发行优先股的，应当包括回购的资金总额以及资金来源；

（三）上市公司股东大会就回购普通股作出决议，必须经出席会议的普通股股东（含表决权恢复的优先股股东）所持表决权的三分之二以上通过；

（四）上市公司应当在股东大会作出回购普通股决议后的次日公告该决议；

（五）依法通知债权人；

本办法未做规定的应当符合中国证监会有关上市公司回购的其他规定。

第五十六条 上市公司收购要约适用于被收购公司的所有股东，但可以针对优先股股东和普通股股东提出不同的收购条件。

第五十七条 上市公司可以按照《上市公司重大资产重组管理办法》规定的条件发行优先股购买资产，同时应当遵守本办法第三十三条，以及第三十五条至第三十八条的规定，依法披露有关信息、履行相应程序。

第五十八条 上市公司发行优先股作为支付手段购买资产的，可以同时募集配套资金。

第五十九条 非上市公众公司发行优先股的方案涉及重大资产重组的，应当符合中国证监会有关重大资产重组的规定。

第八章 监管措施和法律责任

第六十条 公司及其控股股东或实际控制人，公司董事、监事、高级管理人员以及其他直接责任人员，相关市场中介机构及责任人员，以及优先股试点的其他市场参与者违反本办法规定的，依照《公司法》、《证券法》和中国证监会的有关规定处理；涉嫌犯罪的，依法移送司法机关，追究其刑事责任。

第六十一条 上市公司、非上市公众公司违反本办法规定，存在未按规定制定有关章程条款、不按照约定召集股东大会恢复优先股股东表决权等损害优先股股东和中小股东权益等行为的，中国证监会应当责令改正，对上市公司、非上市公众公司和其直接负责的主管人员和其他直接责任人员，可以采取相应的行政监管措施以及警告、三万元以下罚款等行政处罚。

第六十二条 上市公司违反本办法第二十二条第二款规定的，中国证监会可以责令改正，并在三十六个月内不受理该公司的公开发行证券申请。

第六十三条 上市公司、非上市公众公司向本办法规定的合格投资者以外的投资者非公开发行优先股，中国证监会应当责令改正，并可以自确认之日起在三十六个月内不受理该公司的发行优先股申请。

第六十四条 承销机构在承销非公开发行的优先股时，将优先股配售给不符合本办法合格投资者规定的对象的，中国证监会可以责令改正，并在三十六个月内不接受其参与证券承销。

第九章 附 则

第六十五条 本办法所称合格投资者包括：

（一）经有关金融监管部门批准设立的金融机构，包括商业银行、证券公司、基金管理公司、信托公司和保险公司等；

（二）上述金融机构面向投资者发行的理财产品，包括但不限于银行理财产品、信托产品、投连险产品、基金产品、证券公司资产管理产品等；

（三）实收资本或实收股本总额不低于人民币五百万元的企业法人；

（四）实缴出资总额不低于人民币五百万元的合伙企业；

（五）合格境外机构投资者（QFII）、人民币合格境外机构投资者（RQFII）、符合国务院相关部门规定的境外战略投资者；

（六）除发行人董事、高级管理人员及其配偶以外的，名下各类证券账户、资金账户、资产管理账户的资产总额不低于人民币五百万元的个人投资者；

（七）经中国证监会认可的其他合格投资者。

第六十六条 非上市公众公司首次公开发行普通股并同时非公开发行优先股的，其优先股的发行与信息披露应符合本办法中关于上市公司非公开发行优先股的有关规定。

第六十七条 注册在境内的境外上市公司在境外发行优先股，应当符合境外募集股份及上市的有关规定。

注册在境内的境外上市公司在境内发行优先股，参照执行本办法关于非上市公众公司发行优先股的规定，以及《非上市公众公司监督管理办法》等相关规定，其优先股可以在全国中小企业股份转让系统进行转让。

第六十八条 本办法下列用语含义如下：

（一）强制分红：公司在有可分配税后利润的情况下必须向优先股股东分配股息；

（二）可分配税后利润：发行人股东依法享有的未分配利润；

（三）加权平均净资产收益率：按照《公开发行证券的公司信息披露编报规则第 9 号——净资产收益率和每股收益的计算及披露》计算的加权平均净资产收益率；

（四）上证 50 指数：中证指数有限公司发布的上证 50 指数。

第六十九条 本办法中计算合格投资者人数时，同一资产管理机构以其管理的两只以上产品认购或受让优先股的，视为一人。

第七十条 本办法自公布之日起施行。

I. 1. 6　上市公司非公开发行股票实施细则（2011 年修订）

第一章　总　　则

第一条　为规范上市公司非公开发行股票行为，根据《上市公司证券发行管理办法》（证监会令第 30 号，以下简称《管理办法》）的有关规定，制定本细则。

第二条　上市公司非公开发行股票，应当有利于减少关联交易、避免同业竞争、增强独立性；应当有利于提高资产质量、改善财务状况、增强持续盈利能力。

第三条　上市公司董事、监事、高级管理人员、保荐人和承销商、为本次发行出具专项文件的专业人员及其所在机构，以及上市公司控股股东、实际控制人及其知情人员，应当遵守有关法律法规和规章，勤勉尽责，不得利用上市公司非公开发行股票谋取不正当利益，禁止泄露内幕信息和利用内幕信息进行证券交易或者操纵证券交易价格。

第四条　上市公司的控股股东、实际控制人和本次发行对象，应当按照有关规定及时向上市公司提供信息，配合上市公司真实、准确、完整地履行信息披露义务。

第五条　保荐人、上市公司选择非公开发行股票的发行对象和确定发行价格，应当遵循公平、公正原则，体现上市公司和全体股东的最大利益。

第六条　发行方案涉及中国证监会规定的重大资产重组的，其配套融资按照现行相关规定办理。

第二章　发行对象与认购条件

第七条　《管理办法》所称"定价基准日"，是指计算发行底价的基准日。定价基准日可以为关于本次非公开发行股票的董事会决议公告日、股东大会决议公告日，也可以为发行期的首日。上市公司应按不低于该发行底价的价格发行股票。

《管理办法》所称"定价基准日前 20 个交易日股票交易均价"的计算公式为：定价基准日前 20 个交易日股票交易均价 = 定价基准日前 20 个交易日股票交易总额/定价基准日前 20 个交易日股票交易总量。

第八条　《管理办法》所称"发行对象不超过 10 名"，是指认购并获得本次非公开发行股票的法人、自然人或者其他合法投资组织不超过10名。

证券投资基金管理公司以其管理的2只以上基金认购的，视为一个发行对象。

信托公司作为发行对象，只能以自有资金认购。

第九条 发行对象属于下列情形之一的，具体发行对象及其认购价格或者定价原则应当由上市公司董事会的非公开发行股票决议确定，并经股东大会批准；认购的股份自发行结束之日起36个月内不得转让：

（一）上市公司的控股股东、实际控制人或其控制的关联人；

（二）通过认购本次发行的股份取得上市公司实际控制权的投资者；

（三）董事会拟引入的境内外战略投资者。

第十条 发行对象属于本细则第九条规定以外的情形的，上市公司应当在取得发行核准批文后，按照本细则的规定以竞价方式确定发行价格和发行对象。发行对象认购的股份自发行结束之日起12个月内不得转让。

第三章 董事会与股东大会决议

第十一条 上市公司申请非公开发行股票，应当按照《管理办法》的相关规定召开董事会、股东大会，并按规定及时披露信息。

第十二条 董事会决议确定具体发行对象的，上市公司应当在召开董事会的当日或者前1日与相应发行对象签订附条件生效的股份认购合同。

前款所述认购合同应载明该发行对象拟认购股份的数量或数量区间、认购价格或定价原则、限售期，同时约定本次发行一经上市公司董事会、股东大会批准并经中国证监会核准，该合同即应生效。

第十三条 上市公司董事会作出非公开发行股票决议，应当符合下列规定：

（一）应当按照《管理办法》的规定选择确定本次发行的定价基准日，并提请股东大会批准。

（二）董事会决议确定具体发行对象的，董事会决议应当确定具体的发行对象名称及其认购价格或定价原则、认购数量或者数量区间、限售期；发行对象与公司签订的附条件生效的股份认购合同应当经董事会批准。

（三）董事会决议未确定具体发行对象的，董事会决议应当明确发行对象的范围和资格，定价原则、限售期。

（四）本次非公开发行股票的数量不确定的，董事会决议应当明确数量区间（含上限和下限）。董事会决议还应当明确，上市公司的股票在定价基准日至发行日期间除权、除息的，发行数量和发行底价是否相应调整。

（五）董事会决议应当明确本次募集资金数量的上限、拟投入项目的资金需要总数量、本次募集资金投入数量、其余资金的筹措渠道。募集资金用于补充流动资金或者偿还银行贷款的，应当说明补充流动资金或者偿还银行贷款的具体数额；募集资金用于收购资产的，应当明确交易对方、标的资产、作价原则等事项。

第十四条 董事会决议经表决通过后，上市公司应当在 2 个交易日内披露。

董事会应当按照《公开发行证券的公司信息披露内容与格式准则第 25 号—上市公司非公开发行股票预案和发行情况报告书》的要求编制非公开发行股票预案，作为董事会决议的附件，与董事会决议同时刊登。

第十五条 本次发行涉及资产审计、评估或者上市公司盈利预测的，资产审计结果、评估结果和经审核的盈利预测报告至迟应随召开股东大会的通知同时公告。

第十六条 非公开发行股票的董事会决议公告后，出现以下情况需要重新召开董事会的，应当由董事会重新确定本次发行的定价基准日：

（一）本次非公开发行股票股东大会决议的有效期已过；

（二）本次发行方案发生变化；

（三）其他对本次发行定价具有重大影响的事项。

第十七条 上市公司股东大会就非公开发行股票作出的决定，至少应当包括《管理办法》和本细则规定须提交股东大会批准的事项。

《管理办法》所称应当回避表决的“特定的股东及其关联人”，是指董事会决议已确定为本次发行对象的股东及其关联人。

第四章 核准与发行

第十八条 股东大会批准本次发行后，上市公司可向中国证监会提交发行申请文件。

申请文件应当按照本细则附件 1《上市公司非公开发行股票申请文件目录》的有关规定编制。

第十九条 保荐人和发行人律师应当各司其职，勤勉尽责，对本次非公开发行股票申请的合规性审慎地履行尽职调查职责。

保荐人出具的发行保荐书和发行人律师出具的法律意见书，应当对照中国证监会的各项规定逐项发表明确的结论性意见，并载明得出每项结论的查证过程及事实依据。

第二十条 中国证监会按照《管理办法》规定的程序审核非公开发行股票

申请。

上市公司收到中国证监会发行审核委员会关于本次发行申请获得通过或者未获通过的结果后，应当在次一交易日予以公告，并在公告中说明，公司收到中国证监会作出的予以核准或者不予核准的决定后，将另行公告。

第二十一条 上市公司取得核准批文后，应当在批文的有效期内，按照《证券发行与承销管理办法》（证监会令第37号）的有关规定发行股票。

上市公司收到中国证监会予以核准决定后作出的公告中，应当公告本次发行的保荐人，并公开上市公司和保荐人指定办理本次发行的负责人及其有效联系方式。

上市公司、保荐人对非公开发行股票进行推介或者向特定对象提供投资价值研究报告的，不得采用任何公开方式，且不得早于上市公司董事会关于非公开发行股票的决议公告之日。

第二十二条 董事会决议确定具体发行对象的，上市公司在取得核准批文后，应当按照本细则第九条的规定和认购合同的约定发行股票。

第二十三条 董事会决议未确定具体发行对象的，在取得中国证监会的核准批文后，由上市公司及保荐人在批文的有效期内选择发行时间；在发行期起始的前1日，保荐人应当向符合条件的特定对象提供认购邀请书。

第二十四条 认购邀请书发送对象的名单由上市公司及保荐人共同确定。

认购邀请书发送对象的名单除应当包含董事会决议公告后已经提交认购意向书的投资者、公司前20名股东外，还应当包含符合《证券发行与承销管理办法》规定条件的下列询价对象：

（一）不少于20家证券投资基金管理公司；

（二）不少于10家证券公司；

（三）不少于5家保险机构投资者。

第二十五条 认购邀请书应当按照公正、透明的原则，事先约定选择发行对象、确定认购价格、分配认购数量等事项的操作规则。

认购邀请书及其申购报价表参照本细则附件2的范本制作，发送时由上市公司加盖公章，由保荐代表人签署。

第二十六条 认购邀请书发出后，上市公司及保荐人应当在认购邀请书约定的时间内收集特定投资者签署的申购报价表。

在申购报价期间，上市公司、保荐人应当确保任何工作人员不泄露发行对象的申购报价情况，申购报价过程应当由发行人律师现场见证。

第二十七条 申购报价结束后，上市公司及保荐人应当对有效申购按照报价高低进行累计统计，按照价格优先的原则合理确定发行对象、发行价格和发行股数。

第二十八条 发行结果确定后，上市公司应当与发行对象签订正式认购合同，发行对象应当按照合同约定缴款。

发行对象的认购资金应先划入保荐人为本次发行专门开立的账户，验资完毕后，扣除相关费用再划入发行人募集资金专项存储账户。

第二十九条 验资完成后的次一交易日，上市公司和保荐人应当向中国证监会提交《证券发行与承销管理办法》第五十条规定的备案材料。

发行情况报告书应当按照《公开发行证券的公司信息披露内容与格式准则第25号—上市公司非公开发行股票预案和发行情况报告书》的要求编制。

第三十条 保荐人关于本次发行过程和认购对象合规性的报告应当详细记载本次发行的全部过程，列示发行对象的申购报价情况及其获得配售的情况，并对发行结果是否公平、公正，是否符合非公开发行股票的有关规定发表意见。

报价在发行价格之上的特定对象未获得配售或者被调减配售数量的，保荐人应当向该特定对象说明理由，并在报告书中说明情况。

第三十一条 发行人律师关于本次发行过程和认购对象合规性的报告应当详细认证本次发行的全部过程，并对发行过程的合规性、发行结果是否公平、公正，是否符合非公开发行股票的有关规定发表明确意见。

发行人律师应当对认购邀请书、申购报价表、正式签署的股份认购合同及其他有关法律文书进行见证，并在报告书中确认有关法律文书合法有效。

第五章 附 则

第三十二条 本细则自发布之日起实施。

第三十三条 本细则的附件包括《上市公司非公开发行股票申请文件目录》、《〈认购邀请书〉和〈申购报价单〉范本》。

附件1

上市公司非公开发行股票申请文件目录

第一章 发行人的申请报告及相关文件

1-1 发行人申请报告

1-2 本次发行的董事会决议和股东大会决议

1－3　本次非公开发行股票预案

1－4　公告的其他相关信息披露文件

第二章　保荐人和律师出具的文件

2－1　保荐人出具的证券发行保荐书

2－2　保荐人尽职调查报告

2－3　发行人律师出具的法律意见书

2－4　发行人律师工作报告

第三章　财务信息相关文件

3－1　发行人最近1年的财务报告和审计报告及最近一期的财务报告

3－2　最近3年一期的比较式财务报表（包括合并报表和母公司报表）

3－3　本次收购资产相关的最近1年一期的财务报告及其审计报告、资产评估报告

3－4　发行人董事会、会计师事务所及注册会计师关于上市公司最近1年及一期的非标准无保留意见审计报告的补充意见

3－5　会计师事务所关于前次募集资金使用情况的专项报告

第四章　其他文件

4－1　有关部门对募集资金投资项目的审批、核准或备案文件

4－2　特定行业主管部门出具的监管意见书

4－3　国务院相关主管部门关于引入境外战略投资者的批准文件

4－4　附条件生效的股份认购合同

4－5　附条件生效的资产转让合同

4－6　发行人全体董事对相关申请文件真实性、准确性和完整性的承诺书

编制说明：

前述申请文件目录是对发行申请文件的最低要求，中国证监会根据审核需要，可以要求发行人和中介机构补充材料。某些材料对发行人不适用的，可不必提供，但应作出书面说明。保荐机构报送申请文件，初次报送应提交原件1份，复印件及电子文件3份。

附件 2

《认购邀请书》和《申购报价单》范本

[*] 股份有限公司非公开发行股票认购邀请书：

经 [*] 股份有限公司（简称“公司”或“本公司”）[*] 年度第 [*] 次临时股东大会（简称“股东大会”）批准，拟向特定投资者非公开发行股票（简称“本次发行”）。本次发行已经中国证监会核准。现发出认购邀请书（简称“本邀请书”），诚邀贵公司/您参与本次发行认购。以下为本次发行认购的具体事项，敬请认真阅读：

一、认购对象与条件

1. 认购对象

本次发行的认购对象为 [*]。

2. 认购数量

每一特定投资者的最低有效认购数量不得低于 [*] 万股，超过 [*] 万股的必须是 [*] 万股的整数倍。每一特定投资者最多认购数量不得超过 [*] 万股。

3. 认购价格

本次发行价格根据本邀请书第三部分所规定的程序和规则确定。

二、认购时间安排

1. 接到本邀请书后，贵公司如欲认购，应于 [*] 年 [*] 月 [*] 日 [*] 时前将附件《申购报价单》以传真方式发至本公司（传真号：[*]）。

2. 本公司收到《申购报价单》后，根据中国证监会的有关规定和本邀请书第三部分所规定的程序和规则确定本次发行的价格、最终发行对象和股份分配数量，并于确定上述结果后尽快向最终发行对象发出《缴款通知书》。

3. 发行对象收到《缴款通知书》后，应在《缴款通知书》规定的时限内将认购款汇至本公司指定的账户（具体账户为：[*]）。认购款未按时到账的，视为放弃认购。

三、发行价格、发行对象及分配股数的确定程序和规则

1. 本次申报价格

本次申报价格应不低于每股 [*] 元。

（认购人可以在该价格基础上，根据不同的认购股份数量，以增加 [*]

元的整数倍的形式确定其申报价格，每个认购人申报的价格不超过三档。）

2. 认购确认程序与规则

（此处保荐人和上市公司应明确告知确认最终认购价格、发行对象及其分配数量的程序和规则。该程序和规则应当公平、公正，符合中国证监会的有关规定）

四、特别提示

1. 凡决定参加本次认购的认购人须对本邀请书所附《申购报价单》签字确认并加盖公章，并将《申购报价单》于［ * ］年［ * ］月［ * ］日［ * ］时前传真至本公司。

2. 凡被确定为最终发行对象的认购人，必须在《缴款通知书》指定的时间将认购款足额汇入本公司指定的账户。为确保认购款能在规定时间内足额到达指定的银行账户，请在收到本邀请书的传真件后尽快准备汇款事宜。

3. 本邀请书所附《申购报价单》为无条件确认书，接受人一旦申报，即有法律效力。

4. 本邀请书的发出、《申购报价单》的接收、《缴款通知书》的发出、发行价格、发行对象及分配股数的确认等认购事宜，由［ * ］律师事务所进行法律见证。

《申购报价单》如由授权代表签署，须附上由法定代表签署的授权委托书。

5. 本次认购的联系人：［ * ］，电话：［ * ］，传真号：［ * ］

________________股份有限公司保荐代表人（* * 证券公司）：________

［ * ］年［ * ］月［ * ］日

本认购邀请书附件：申购报价单

致：［ * ］股份有限公司

我单位收到并已详细阅读了贵方于［ * ］年［ * ］月［ * ］日发出的《［ * ］股份有限公司非公开发行股票认购邀请书》和贵公司［ * ］年度第［ * ］次临时股东大会的相关公告。经研究，同意按贵方确定的条件参加此次认购，本人在此确认：

一、同意《［ * ］股份有限公司非公开发行股票认购邀请书》所确定的认购条件与规则。

二、同意：

1. 按每股［ * ］元的价格认购［ * ］万股（大写数字）

2. 按每股［ * ］元的价格认购［ * ］万股（大写数字）

3. 按每股［ * ］元的价格认购［ * ］万股（大写数字）

三、同意按贵方最终确认的认购数量和时间缴纳认购款。

四、我方联系人：____________________

电话：____________________

手机：____________________

传真：____________________

公司（公章）

法定代表人或其授权代表、或本人签署

年　　月　　日

关于修改《首次公开发行股票时公司股东公开发售股份暂行规定》的决定

为进一步规范首次公开发行股票时公司股东向投资者公开发售股份的行为，现决定对《首次公开发行股票时公司股东公开发售股份暂行规定》（证监会公告［2013］44号）作如下修改：

一、第九条第二款修改为："公司首次公开发行股票应主要用于筹集企业发展需要的资金。新股发行数量应根据企业实际的资金需求合理确定；公司股东公开发售股份数量不得超过自愿设定12个月及以上限售期的投资者获得配售股份的数量。"

二、增加一条，作为第十五条："自愿设定12个月及以上限售期的投资者不得与公开发售股份的公司股东及相关利益方存在财务资助或者补偿、股份代持、信托持股等不当利益安排。存在上述行为的，中国证监会将比照《证券发行与承销管理办法》第40条的规定处理。"

本决定自公布之日起施行。

《首次公开发行股票时公司股东公开发售股份暂行规定》根据本决定作相应的修改并对条文顺序作相应调整，重新公布。

I.1.7　首次公开发行股票时公司股东公开发售股份暂行规定

（2014 年 3 月 21 日　中国证监会公告［2014］11 号）

（2013 年 12 月 2 日中国证券监督管理委员会公布，根据 2014 年 3 月 21 日中国证券监督管理委员会《关于修改〈首次公开发行股票时公司股东公开发售股份暂行规定〉的决定》修订）

第一条　为了规范首次公开发行股票时公司股东向投资者公开发售股份的行为，根据《公司法》、《证券法》、《首次公开发行股票并上市管理办法》、《首次公开发行股票并在创业板上市管理暂行办法》、《证券发行与承销管理办法》等制定本规定。

第二条　本规定所称公司股东公开发售股份是指发行人首次公开发行新股时，公司股东将其持有的股份以公开发行方式一并向投资者发售的行为（即老股转让）。

第三条　首次公开发行股票，既包括公开发行新股，也包括公司股东公开发售股份。

公司股东公开发售股份应当遵守《证券发行与承销管理办法》的规定，发行价格应当与新发行股票的价格相同。

第四条　公司股东应当遵循平等自愿的原则协商确定首次公开发行时各自公开发售股份的数量。

第五条　公司首次公开发行时，公司股东公开发售的股份，其已持有时间应当在 36 个月以上。

公司股东公开发售股份后，公司的股权结构不得发生重大变化，实际控制人不得发生变更。

第六条　公司股东公开发售的股份，权属应当清晰，不存在法律纠纷或质押、冻结等依法不得转让的情况。

第七条　公司股东拟公开发售股份的，应当向发行人董事会提出申请；需要相关主管部门批准的，应当事先取得相关部门的批准文件。

发行人董事会应当依法就本次股票发行方案作出决议，并提请股东大会批准。

第八条　发行人与拟公开发售股份的公司股东应当就本次发行承销费用的

分摊原则进行约定，并在招股说明书等文件中披露相关信息。

第九条 公司股票发行方案应当载明本次公开发行股票的数量。公司发行新股的同时，其股东拟公开发售股份的，发行方案应当载明公司预计发行新股数量、公司相关股东预计公开发售股份的数量和上限，并明确新股发行与老股转让数量的调整机制。

公司首次公开发行股票应主要用于筹集企业发展需要的资金。新股发行数量应根据企业实际的资金需求合理确定；公司股东公开发售股份数量不得超过自愿设定12个月及以上限售期的投资者获得配售股份的数量。

第十条 发行人应当在招股说明书扉页载明公司拟发行新股和公司股东拟公开发售股份的数量，并提示股东发售股份所得资金不归公司所有；在招股说明书披露本次公开发行的股数、预计发行新股数量和公司股东公开发售股份的数量、发行费用的分摊原则及拟公开发售股份的股东情况，包括股东名称、持股数量及拟公开发售股份数量等。

发行公告应该披露公司股东拟公开发售股份总数及股东名称、各自公开发售股份数量等情况，并应当提示投资者关注公司将不会获得公司股东发售股份所得资金。

第十一条 发行价格确定后，投资者网上申购前，发行人、保荐机构（主承销商）应当披露新发行股票及公司股东公开发售股份的具体数量及拟公开发售股份的股东名称及数量。

第十二条 首次公开发行时，拟公开发售股份的公司股东属于下列情形之一的，招股说明书及发行公告应当说明并披露此次股东公开发售股份事项对公司控制权、治理结构及生产经营等产生的影响，提示投资者就上述事项予以关注。

（一）公司控股股东；

（二）持股10%以上的股东；

（三）本次公开发行前36个月内担任公司董事、监事、高级管理人员、核心技术人员；

（四）对发行人经营有重大影响或与发行人有特殊关系的其他股东；

（五）上述股东的关联方或一致行动人。

第十三条 保荐机构、发行人律师应当按照执业规范就公司股东公开发售股份是否符合法律、法规及公司章程的规定，是否履行相关决策或审批程序，所公开发售的股份是否存在权属纠纷或存在质押、冻结等依法不得转让的情况进行充分尽职调查，并对公司股东公开发售股份后公司股权结构是否发生重大变化、实际控制人是否发生变更发表意见，分析公司股东股份公开转让事项对公司治理结构及生产经营产生的具体影响。

第十四条 公司股东公开发售股份的登记、结算等事项应当符合证券交易所、证券登记结算公司制订的相关业务规定。

第十五条 自愿设定 12 个月及以上限售期的投资者不得与公开发售股份的公司股东及相关利益方存在财务资助或者补偿、股份代持、信托持股等不当利益安排。存在上述行为的，中国证监会将比照《证券发行与承销管理办法》第 40 条的规定处理。

第十六条 公司股东公开发售股份应当符合本规定及国家法律、行政法规及公司章程的规定。存在违法违规情况的，中国证监会依法进行查处；涉嫌犯罪的，依法移送司法机关，追究刑事责任。

I.1.8 关于修改上市公司现金分红若干规定的决定

（2008 年 10 月 9 日 中国证券监督管理委员会令第 57 号）

《关于修改上市公司现金分红若干规定的决定》已经 2008 年 10 月 7 日中国证券监督管理委员会第 240 次主席办公会议审议通过，现予公布，自 2008 年 10 月 9 日起施行。

中国证券监督管理委员会主席：尚福林

二〇〇八年十月九日

关于修改上市公司现金分红若干规定的决定

上市公司现金分红是实现投资者投资回报的重要形式，对于培育资本市场长期投资理念，增强资本市场的吸引力和活力，具有十分重要的作用。为了引导和规范上市公司现金分红，现就有关事项决定如下：

一、在《上市公司章程指引（2006 年修订）》第一百五十五条增加一款，作为第二款："注释：公司应当在章程中明确现金分红政策，利润分配政策应保持连续性和稳定性。"

二、在《关于加强社会公众股股东权益保护的若干规定》第四条第（一）项增加规定："上市公司可以进行中期现金分红。"

三、将《上市公司证券发行管理办法》第八条第（五）项"最近三年以现金或股票方式累计分配的利润不少于最近三年实现的年均可分配利润的百分之二十"修改为："最近三年以现金方式累计分配的利润不少于最近三年实现的年均可分配利润的百分之三十"。

四、将《公开发行证券的公司信息披露内容与格式准则第 2 号——年度报告的内容与格式（2005 年修订）》第三十七条修改为："上市公司应披露本次利润分配预案或资本公积金转增股本预案。对于本报告期内盈利但未提出现金利润分配预案的公司，应详细说明未分红的原因、未用于分红的资金留存公司的用途。公司还应披露现金分红政策在本报告期的执行情况。同时应当以列表方式明确披露公司前三年现金分红的数额、与净利润的比率。"

五、将《公开发行证券的公司信息披露内容与格式准则第 3 号——半年度报告的内容与格式（2007 年修订）》第三十七条第一款修改为："公司应当披露以前期间拟定、在报告期实施的利润分配方案、公积金转增股本方案或发行新股方案的执行情况。同时，披露现金分红政策的执行情况，并说明董事会是否制定现金分红预案。"

六、在《公开发行证券的公司信息披露编报规则第 13 号——季度报告的内容与格式特别规定（2007 年修订）》第十三条后增加一条，作为第十四条："公司应当说明本报告期内现金分红政策的执行情况。"

七、中国证监会派出机构、上海证券交易所、深圳证券交易所和中国证券登记结算有限责任公司应当督促上市公司按照本决定修改公司章程、履行信息披露义务，做好监管和服务工作。

八、本决定自 2008 年 10 月 9 日起施行。《关于规范上市公司行为若干问题的通知》（证监上字（1996）7 号）同时废止。

I.1.9　关于进一步落实上市公司现金分红有关事项的通知

（2012 年 5 月 4 日　中国证监会）

中国证监会各省、自治区、直辖市、计划单列市监管局，上海、深圳专员办，各证券、期货交易所，中国证券登记结算公司，中国证券投资者保护基金公司，中国证券金融公司，中国期货保证金监控中心公司，中国证券业、期货业、上市公司协会，会内各部门：

上市公司是资本市场发展的基石。随着上市公司的成长和发展，给予投资者合理的投资回报，为投资者提供分享经济增长成果的机会，是上市公司应尽的责任和义务。现金分红是实现投资回报的重要形式，更是培育资本市场长期投资理念，增强资本市场活力和吸引力的重要途径。为进一步增强上市公司现金分红的透明度，便于投资者形成稳定的回报预期，现就进一步落实上市公司现金分红有关事项通知如下：

一、上市公司应当进一步强化回报股东的意识，严格依照《公司法》和公司章程的规定，自主决策公司利润分配事项，制定明确的回报规划，充分维护公司股东依法享有的资产收益等权利，不断完善董事会、股东大会对公司利润分配事项的决策程序和机制。

二、上市公司制定利润分配政策尤其是现金分红政策时，应当履行必要的决策程序。董事会应当就股东回报事宜进行专项研究论证，详细说明规划安排的理由等情况。上市公司应当通过多种渠道充分听取独立董事以及中小股东的意见，做好现金分红事项的信息披露，并在公司章程中载明以下内容：

（一）公司董事会、股东大会对利润分配尤其是现金分红事项的决策程序和机制，对既定利润分配政策尤其是现金分红政策作出调整的具体条件、决策程序和机制，以及为充分听取独立董事和中小股东意见所采取的措施。

（二）公司的利润分配政策尤其是现金分红政策的具体内容，利润分配的形式，利润分配尤其是现金分红的期间间隔，现金分红的具体条件，发放股票股利的条件，各期现金分红最低金额或比例（如有）等。

首次公开发行股票公司应当合理制定和完善利润分配政策，并按照本通知的要求在公司章程（草案）中载明相关内容。保荐机构在从事首次公开发行股票保荐业务中，应当督促首次公开发行股票公司落实本通知的要求。

三、上市公司在制定现金分红具体方案时，董事会应当认真研究和论证公司现金分红的时机、条件和最低比例、调整的条件及其决策程序要求等事宜，独立董事应当发表明确意见。股东大会对现金分红具体方案进行审议时，应当通过多种渠道主动与股东特别是中小股东进行沟通和交流，充分听取中小股东的意见和诉求，并及时答复中小股东关心的问题。

四、上市公司应当严格执行公司章程确定的现金分红政策以及股东大会审议批准的现金分红具体方案。确有必要对公司章程确定的现金分红政策进行调整或者变更的，应当满足公司章程规定的条件，经过详细论证后，履行相应的决策程序，并经出席股东大会的股东所持表决权的2/3以上通过。

五、上市公司应当在定期报告中详细披露现金分红政策的制定及执行情况，说明是否符合公司章程的规定或者股东大会决议的要求，分红标准和比例是否明确和清晰，相关的决策程序和机制是否完备，独立董事是否尽职履责并发挥了应有的作用，中小股东是否有充分表达意见和诉求的机会，中小股东的合法权益是否得到充分维护等。对现金分红政策进行调整或变更的，还要详细说明调整或变更的条件和程序是否合规和透明等。

六、首次公开发行股票公司应当在招股说明书中做好利润分配相关信息披露工作：

（一）披露公司章程（草案）中利润分配相关内容。

（二）披露董事会关于股东回报事宜的专项研究论证情况以及相应的规划安排理由等信息。

（三）披露公司利润分配政策制定时的主要考虑因素及已经履行的决策程序。利润分配政策中明确不采取现金分红或者有现金分红最低比例安排的，应当进一步披露制定相关政策或者比例时的主要考虑因素。发行人利润主要来源于控股子公司的，应当披露控股子公司的财务管理制度、章程中利润分配条款内容以及能否保证发行人未来具备现金分红能力。发行人应结合自身生产经营情况详细说明未分配利润的使用安排情况。

（四）披露公司是否有未来3年具体利润分配计划。如有，应当进一步披露计划的具体内容、制定的依据和可行性。发行人应结合自身生产经营情况详细说明未分配利润的使用安排情况。

（五）披露公司长期回报规划的具体内容，以及规划制定时主要考虑因素。分红回报规划应当着眼于公司的长远和可持续发展，在综合分析企业经营发展实际、股东要求和意愿、社会资金成本、外部融资环境等因素的基础上，充分考虑公司目前及未来盈利规模、现金流量状况、发展所处阶段、项目投资资金需求、本次发行融资、银行信贷及债权融资环境等情况，建立对投资者持续、稳定、科学的回报机制，保持利润分配政策的连续性和稳定性。

（六）在招股说明书中作“重大事项提示”，提醒投资者关注公司发行上市后的利润分配政策、现金分红的最低比例（如有）、未来3年具体利润分配计划（如有）和长期回报规划，并提示详细参阅招股说明书中的具体内容。

保荐机构应当在保荐工作报告中反映发行人利润分配政策的完善情况，对发行人利润分配的决策机制是否符合本规定，对发行人利润分配政策和未来分红规划是否注重给予投资者合理回报、是否有利于保护投资者合法权益等发表明确意见。

七、拟发行证券的上市公司应制定对股东回报的合理规划，对经营利润用于自身发展和回报股东要合理平衡，要重视提高现金分红水平，提升对股东的回报。

上市公司应当在募集说明书或发行预案中增加披露利润分配政策尤其是现金分红政策的制定及执行情况、最近3年现金分红金额及比例、未分配利润使用安排情况，并作“重大事项提示”，提醒投资者关注上述情况。保荐机构应当在保荐工作报告中对上市公司利润分配政策的决策机制是否合规，是否建立了对投资者持续、稳定、科学的回报机制，现金分红的承诺是否履行，本通知的要求是否已经落实发表明确意见。

对于最近3年现金分红水平较低的上市公司，发行人及保荐机构应结合不同行业和不同类型公司的特点和经营模式、公司所处发展阶段、盈利水平、资金需求等因素说明公司现金分红水平较低的原因，并对公司是否充分考虑了股东要求和意愿、是否给予了投资者合理回报以及公司的现金分红政策是否符合上市公司股东利益最大化原则发表明确意见。

八、当事人进行借壳上市、重大资产重组、合并分立或者因收购导致上市公司控制权发生变更的，应当按照本通知的要求，在重大资产重组报告书、权益变动报告书或者收购报告书中详细披露重组或者控制权发生变更后上市公司的现金分红政策及相应的规划安排、董事会的情况说明等信息。

九、各证监局应当将本通知传达至辖区内各上市公司，督促其遵照执行。各证监局、上海及深圳证券交易所、会内相关部门应当加强对上市公司现金分红政策的决策过程、执行情况以及信息披露等事项的监管。

资本市场各参与主体要齐心协力，提升上市公司经营管理和规范运作水平，增强市场运行的诚信度和透明度，提高上市公司盈利能力和持续发展能力，不断提高上市公司质量，夯实分红回报的基础，共同促进资本市场健康稳定发展。

I.1.10 关于印发《〈首次公开发行股票并上市管理办法〉第十二条"实际控制人没有发生变更"的理解和适用——证券期货法律适用意见第1号》的通知

（2007年11月25日 证监法律字［2007］15号）

中国证监会各省、自治区、直辖市、计划单列市监管局，上海、深圳专员办，各证券、期货交易所，中国证券登记结算公司，中国证券投资者保护基金公司，中国期货保证金监控中心公司，中国证券业、期货业协会，会内各部门：

近来，我会在审核首次公开发行股票并上市的过程中发现，在多家申请首次公开发行并上市的案例，尤其是一些中小企业案例中，均存在如何理解和适用《首次公开发行股票并上市管理办法》第十二条发行人最近3年内实际控制人没有发生变更的问题。为正确理解和适用该条规定，为合理、审慎地判断发行人是否符合该条规定确立基本的把握原则和判断标准，我们制定了《〈首次公开发行股票并上市管理办法〉第十二条"实际控制人没有发生变更"的理解和适用——证券期货法律适用意见第1号》，现予发布，请遵照执行。

中国证券监督管理委员会

二〇〇七年十一月二十五日

《首次公开发行股票并上市管理办法》第十二条"实际控制人没有发生变更"的理解和适用——证券期货法律适用意见第1号

近来，一些申请首次公开发行股票并上市的发行人及其保荐人和律师多次向我会咨询《首次公开发行股票并上市管理办法》（以下简称《首发办法》）第十二条发行人最近3年内"实际控制人没有发生变更"的理解和适用问题，例如，在公司最近3年内控股股东发生变更的情况下，如果主张多个共同控制公司的小股东没有发生变化，是否符合《首发办法》的上述规定；在公司股权比较分散（例如有些中小企业）、没有实际控制人，或者因国有资产重组导致公司控股股东发生变更等情况下，应该如何理解和适用《首发办法》的上述规定。经研究，我会认为：

一、从立法意图看，《首发办法》第十二条规定要求发行人最近3年内实际控制人没有发生变更，旨在以公司控制权的稳定为标准，判断公司是否具有持续发展、持续盈利的能力，以便投资者在对公司的持续发展和盈利能力拥有较为明确预期的情况下做出投资决策。由于公司控制权往往能够决定和实质影响公司的经营方针、决策和经营管理层的任免，一旦公司控制权发生变化，公司的经营方针和决策、组织机构运作及业务运营等都可能发生重大变化，给发行人的持续发展和持续盈利能力带来重大不确定性。

二、公司控制权是能够对股东大会的决议产生重大影响或者能够实际支配公司行为的权力，其渊源是对公司的直接或者间接的股权投资关系。因此，认定公司控制权的归属，既需要审查相应的股权投资关系，也需要根据个案的实际情况，综合对发行人股东大会、董事会决议的实质影响、对董事和高级管理人员的提名及任免所起的作用等因素进行分析判断。

三、发行人及其保荐人和律师主张多人共同拥有公司控制权的，应当符合以下条件：

（一）每人都必须直接持有公司股份和/或者间接支配公司股份的表决权；

（二）发行人公司治理结构健全、运行良好，多人共同拥有公司控制权的情况不影响发行人的规范运作；

（三）多人共同拥有公司控制权的情况，一般应当通过公司章程、协议或者其他安排予以明确，有关章程、协议及安排必须合法有效、权利义务清晰、责任明确，该情况在最近3年内且在首发后的可预期期限内是稳定、有效存在的，共同拥有公司控制权的多人没有出现重大变更；

（四）发行审核部门根据发行人的具体情况认为发行人应该符合的其他条件。

发行人及其保荐人和律师应当提供充分的事实和证据证明多人共同拥有公司控制权的真实性、合理性和稳定性，没有充分、有说服力的事实和证据证明的，其主张不予认可。相关股东采取股份锁定等有利于公司控制权稳定措施的，发行审核部门可将该等情形作为判断构成多人共同拥有公司控制权的重要因素。

如果发行人最近3年内持有、实际支配公司股份表决权比例最高的人发生变化，且变化前后的股东不属于同一实际控制人，视为公司控制权发生变更。

发行人最近3年内持有、实际支配公司股份表决权比例最高的人存在重大不确定性的，比照前款规定执行。

四、发行人不存在拥有公司控制权的人或者公司控制权的归属难以判断的，如果符合以下情形，可视为公司控制权没有发生变更：

（一）发行人的股权及控制结构、经营管理层和主营业务在首发前 3 年内没有发生重大变化；

（二）发行人的股权及控制结构不影响公司治理有效性；

（三）发行人及其保荐人和律师能够提供证据充分证明。

相关股东采取股份锁定等有利于公司股权及控制结构稳定措施的，发行审核部门可将该等情形作为判断公司控制权没有发生变更的重要因素。

五、因国有资产监督管理需要，国务院或者省级人民政府国有资产监督管理机构无偿划转直属国有控股企业的国有股权或者对该等企业进行重组等导致发行人控股股东发生变更的，如果符合以下情形，可视为公司控制权没有发生变更：

（一）有关国有股权无偿划转或者重组等属于国有资产监督管理的整体性调整，经国务院国有资产监督管理机构或者省级人民政府按照相关程序决策通过，且发行人能够提供有关决策或者批复文件；

（二）发行人与原控股股东不存在同业竞争或者大量的关联交易，不存在故意规避《首发办法》规定的其他发行条件的情形；

（三）有关国有股权无偿划转或者重组等对发行人的经营管理层、主营业务和独立性没有重大不利影响。

按照国有资产监督管理的整体性调整，国务院国有资产监督管理机构直属国有企业与地方国有企业之间无偿划转国有股权或者重组等导致发行人控股股东发生变更的，比照前款规定执行，但是应当经国务院国有资产监督管理机构批准并提交相关批复文件。

不属于前两款规定情形的国有股权无偿划转或者重组等导致发行人控股股东发生变更的，视为公司控制权发生变更。

六、发行人应当在招股说明书中披露公司控制权的归属、公司的股权及控制结构，并真实、准确、完整地披露公司控制权或者股权及控制结构可能存在的不稳定性及其对公司的生产、经营及盈利能力的潜在影响和风险。

七、律师和律师事务所就公司控制权的归属及其变动情况出具的法律意见书是发行审核部门判断发行人最近 3 年内“实际控制人没有发生变更”的重要依据。律师和律师事务所应当确保法律意见书的结论明确，依据适当、充分，法律分析清晰、合理，违反相关规定的，除依法采取相应的监管措施外，监管部门还将对法律意见书的签字律师和签字的律师事务所负责人此后出具的法律意见书给予重点关注。律师和律师事务所存在违法违规行为的，将依法追究其法律责任。

I. 1. 11 《首次公开发行股票并上市管理办法》第十二条发行人最近3年内主营业务没有发生重大变化的适用意见——证券期货法律适用意见第3号

（2008年5月19日 中国证监会公告［2008］22号）

为支持发行人在首次公开发行股票并上市前进行业务重组整合以实现整体发行上市，规范该等业务重组行为，我会制定了《〈首次公开发行股票并上市管理办法〉第十二条发行人最近3年内主营业务没有发生重大变化的适用意见——证券期货法律适用意见第3号》，现予公告，请遵照执行。

二〇〇八年五月十九日

《首次公开发行股票并上市管理办法》第十二条发行人最近3年内主营业务没有发生重大变化的适用意见——证券期货法律适用意见第3号

《首次公开发行股票并上市管理办法》（证监会令第32号，以下简称《首发办法》）第十二条要求，发行人最近3年内主营业务没有发生重大变化。近来，一些申请首次公开发行股票并上市的公司（以下简称发行人）最近3年（以下简称报告期）内存在对同一公司控制权人下相同、类似或相关业务进行重组的情况，不少发行人咨询该情况是否符合《首发办法》的上述要求。经研究，我会认为：

一、发行人对同一公司控制权人下相同、类似或相关业务进行重组，多是企业集团为实现主营业务整体发行上市、降低管理成本、发挥业务协同优势、提高企业规模经济效应而实施的市场行为。从资本市场角度看，发行人在发行上市前，对同一公司控制权人下与发行人相同、类似或者相关的业务进行重组整合，有利于避免同业竞争、减少关联交易、优化公司治理、确保规范运作，对于提高上市公司质量，发挥资本市场优化资源配置功能，保护投资者特别是中小投资者的合法权益，促进资本市场健康稳定发展，具有积极作用。

二、发行人报告期内存在对同一公司控制权人下相同、类似或相关业务进行重组情况的，如同时符合下列条件，视为主营业务没有发生重大变化：

（一）被重组方应当自报告期期初起即与发行人受同一公司控制权人控制，如果被重组方是在报告期内新设立的，应当自成立之日即与发行人受同一公司控制权人控制；

（二）被重组进入发行人的业务与发行人重组前的业务具有相关性（相同、类似行业或同一产业链的上下游）。

重组方式遵循市场化原则，包括但不限于以下方式：

（一）发行人收购被重组方股权；

（二）发行人收购被重组方的经营性资产；

（三）公司控制权人以被重组方股权或经营性资产对发行人进行增资；

（四）发行人吸收合并被重组方。

三、发行人报告期内存在对同一公司控制权人下相同、类似或相关业务进行重组的，应关注重组对发行人资产总额、营业收入或利润总额的影响情况。发行人应根据影响情况按照以下要求执行：

（一）被重组方重组前一个会计年度末的资产总额或前一个会计年度的营业收入或利润总额达到或超过重组前发行人相应项目100%的，为便于投资者了解重组后的整体运营情况，发行人重组后运行一个会计年度后方可申请发行。

（二）被重组方重组前一个会计年度末的资产总额或前一个会计年度的营业收入或利润总额达到或超过重组前发行人相应项目50%，但不超过100%的，保荐机构和发行人律师应按照相关法律法规对首次公开发行主体的要求，将被重组方纳入尽职调查范围并发表相关意见。发行申请文件还应按照《公开发行证券的公司信息披露内容与格式准则第9号——首次公开发行股票并上市申请文件》（证监发行字［2006］6号）附录第四章和第八章的要求，提交会计师关于被重组方的有关文件以及与财务会计资料相关的其他文件。

（三）被重组方重组前一个会计年度末的资产总额或前一个会计年度的营业收入或利润总额达到或超过重组前发行人相应项目20%的，申报财务报表至少须包含重组完成后的最近一期资产负债表。

四、被重组方重组前一会计年度与重组前发行人存在关联交易的，资产总额、营业收入或利润总额按照扣除该等交易后的口径计算。

五、发行人提交首发申请文件前一个会计年度或一期内发生多次重组行为的，重组对发行人资产总额、营业收入或利润总额的影响应累计计算。

六、重组属于《企业会计准则第20号——企业合并》中同一控制下的企业合并事项的，被重组方合并前的净损益应计入非经常性损益，并在申报财务报表中单独列示。

重组属于同一公司控制权人下的非企业合并事项，但被重组方重组前一个会计年度末的资产总额或前一个会计年度的营业收入或利润总额达到或超过重组前发行人相应项目20%的，在编制发行人最近3年及一期备考利润表时，应假定重组后的公司架构在申报报表期初即已存在，并由申报会计师出具意见。

I. 1. 12 《上市公司证券发行管理办法》第三十九条“违规对外提供担保且尚未解除”的理解和适用——证券期货法律适用意见第5号

（2009年7月9日 中国证监会公告[2009]16号）

为正确理解和适用《上市公司证券发行管理办法》第三十九条关于上市公司及其附属公司违规对外提供担保且尚未解除不得非公开发行股票的规定，并为保荐机构及相关证券服务机构提供合理、审慎的判断标准，我会制定了《〈上市公司证券发行管理办法〉第三十九条“违规对外提供担保且尚未解除”的理解和适用——证券期货法律适用意见第5号》，现予公布，自2009年7月13日起施行。

中国证券监督管理委员会

二〇〇九年七月九日

《上市公司证券发行管理办法》（证监会令第30号，以下简称《管理办法》）第三十九条第（三）项规定，上市公司申请非公开发行股票，不得存在“上市公司及其附属公司违规对外提供担保且尚未解除”的情形。在非公开发行股票的行政许可审核实践中，部分上市公司及其附属公司通常采取一些纠正或补救措施，以解除违规担保或消除违规担保对公司的不利影响。由于实践中违规担保的情形多种多样，公司采取的纠正和补救措施各不相同，经过重大资产重组的上市公司历史遗留的违规担保情况则更加复杂，由此造成对于《管理办法》第三十九条“违规对外提供担保且尚未解除”规定的不同理解和认识。经研究，我会认为：

一、非公开发行股票的上市公司应当具有规范的公司治理结构和相应的内控制度，并应严格控制对外担保风险，避免给上市公司、附属公司及其股东产生重大不利影响和造成经济损失。

二、《管理办法》所规定的“上市公司及其附属公司”是指上市公司及其合并报表的控股子公司。

三、《管理办法》所规定的“违规对外提供担保”（以下简称违规担保），是指上市公司及其附属公司违反相关法律、行政法规、规章、中国证监会发布的规范性文件、公司章程的规定（以下简称相关法律规定）对外提供担保。以下情形属于《管理办法》所规定的违规担保：

（一）未按照相关法律规定履行董事会或股东大会表决程序；

（二）董事会或股东大会作出对外担保事项决议时，关联董事或股东未按照相关法律规定回避表决；

（三）董事会或股东大会批准的公司对外担保总额或单项担保的数额超过中国证监会或者公司章程规定的限额；

（四）董事会或股东大会批准对外担保事项后，未按照中国证监会规定的内容在指定媒体及时披露信息；

（五）独立董事未按规定在年度报告中对对外担保事项进行专项说明，并发表独立意见；

（六）其他违反相关法律规定的对外担保行为。

四、《管理办法》所规定的"尚未解除"，是指上市公司递交非公开发行股票申请文件时，上市公司及其附属公司违规担保尚未解除或其风险隐患尚未消除，上市公司及其股东的利益安全存在重大不确定性，而不局限于《合同法》中"合同解除"的概念。担保责任解除主要指上市公司及其附属公司违规担保状态的停止、担保责任的消灭，或者上市公司及其附属公司已经采取有效措施消除了违规担保对上市公司及股东带来的重大风险隐患等。

递交非公开发行股票申请文件前，保荐机构和发行人律师经核查存在下列情形之一的，可以出具意见认定违规担保已经解除或其对上市公司的风险隐患已经消除：

（一）上市公司及其附属公司已经采取相应纠正措施，自律组织、行政监管部门或司法机关已依法追究违规单位及相关人员的法律责任（包括立案调查或立案侦查），相关信息已及时披露；

（二）上市公司及其附属公司已按企业会计准则的要求对因违规担保而承担的付款义务确认预计负债或者已经承担担保责任，自律组织、行政监管部门或司法机关已依法追究违规单位及相关人员的法律责任（包括立案调查或立案侦查），相关信息已及时披露；

（三）担保合同未成立、未生效或已经被宣告无效、解除或撤销，上市公司及其附属公司不再继续承担担保责任以及其他相关赔偿责任；

（四）由于债务人已经全额偿还债务，或债权人未依法要求上市公司及其附属公司承担责任等原因，导致担保责任已经解除；

（五）因其他事由导致担保事项不再继续对上市公司及其社会公众股东利益产生重大不利影响。

前款第（二）项赋予上市公司及其附属公司一定选择权，但不鼓励其通过提前承担担保责任而直接给上市公司及其股东带来经济损失。上市公司及其附属公司选择确认预计负债方式可以给予投资者明确预期，同时，应努力通过法定途径避免或减少损失。

五、实施重大资产重组的上市公司，对于重组前遗留的违规担保，除适用前条规定外，保荐机构和发行人律师经核查存在下列情形之一的，可出具意见认定违规担保对上市公司的风险隐患已经消除：

（一）实施重大资产重组前，重组方已经知晓违规担保的事实，虽然递交非公开发行股票申请文件前违规担保尚未解除，但上市公司及其附属公司已按企业会计准则的要求对因违规担保而承担的付款义务确认预计负债，且自律组织、行政监管部门或司法机关已依法追究违规单位及相关人员的法律责任（包括立案调查或立案侦查），相关信息已及时披露；

（二）相关当事方已签署有效的法律文件，约定控股股东、实际控制人或重组方全部承担上市公司及其附属公司因违规担保可能产生的债务本息，且控股股东、实际控制人或重组方切实具备履约能力。

六、相关会计师事务所可以就上述第四条第二款第（二）项、第五条第（一）项关于上市公司及其附属公司对违规担保而承担的付款义务是否确认预计负债出具专项审核意见。

七、保荐机构和相关证券服务机构就上市公司及其附属公司违规担保是否已经解除出具的专业意见是监管部门作出判断的重要依据。保荐机构、相关证券服务机构及其人员应当确保专业意见的结论明确，依据适当、充分，分析清晰、合理。违反相关规定的，除依法采取相应的监管措施外，监管部门还将对相关机构和人员此后出具的专业意见给予重点关注。保荐机构、相关证券服务机构及其人员存在违法违规行为的，将依法追究其法律责任。

I.1.13 关于印发《关于支持科技成果出资入股确认股权的指导意见》的通知

（2012 年 11 月 15 日 证监发［2012］87 号）

中国证监会各省、自治区、直辖市、计划单列市监管局，中国证监会各部门；各省、自治区、直辖市、计划单列市科技厅（委、局），新疆生产建设兵团科技局：

为支持科技成果出资入股确认股权，中国证监会、科技部制定了《关于支持科技成果出资入股确认股权的指导意见》，现印发给你们，请遵照执行。

中国证监会 科技部

二〇一二年十一月十五日

关于支持科技成果出资入股确认股权的指导意见

为了贯彻全国科技创新大会精神，落实中共中央、国务院《关于深化科技体制改革加快国家创新体系建设的意见》，进一步发挥资本市场的资源配置功能，促进科技成果出资入股，建立资本市场推动企业科技创新的长效机制，支持实体经济发展和企业提高科技创新能力，现就进一步优化科技成果出资入股，依法确认股权的相关制度安排提出以下指导意见。

一、鼓励以科技成果出资入股确认股权。以科技成果出资入股的，支持在企业创立之初，通过发起人协议、投资协议或公司章程等形式对科技成果的权属、评估作价、折股数量和比例等事项作出明确约定，形成明晰的产权，避免今后发生纠纷，影响企业发行上市或挂牌转让。按照《公司法》的相关规定，包括科技成果在内的无形资产占注册资本的比例可达到 70%。

二、鼓励企业明确科技人员在科技成果中享有的权益，依法确认股权。支持企业根据《科学技术进步法》、《促进科技成果转化法》、《专利法》和《专利法实施细则》等相关法律法规的规定，在相关的职务发明合同中约定科技人员在职务发明中享有的权益，并依法确认科技人员在企业中的股权。

三、落实北京中关村等园区先行先试政策，采取多种方式合理确认股权。

支持北京中关村、上海张江、武汉东湖国家自主创新示范区和安徽合芜蚌自主创新综合试验区内的企业、高等院校及科研院所按照依据国家法律法规制定的先行先试政策进行股权和分红权激励，对做出突出贡献的科技人员和经营管理人员所实施的技术入股、股权奖励、分红权等，以合理的方式确认其在企业中的股权。

四、进一步深化发行审核机制改革，对科技成果形成的股权予以审核确认。对于企业在股权形成及演变过程中存在的审批或者备案手续方面的瑕疵，中国证监会本着重要性原则处理。涉及的股权占比较低、不影响公司控制权稳定且没有重大风险隐患的，在做充分的信息披露并说明出现股权纠纷时的解决机制的情况下，将不再要求企业在上市前补办相关确认手续。

I.1.14 关于商业银行发行优先股补充一级资本的指导意见

（2014 年 4 月 3 日 银监发［2014］12 号）

为规范商业银行优先股发行，提升商业银行资本质量，保护利益相关方的合法权益，根据《国务院关于开展优先股试点的指导意见》（国发［2013］46 号）、《商业银行资本管理办法（试行）》（银监会令 2012 年第 1 号）、《优先股试点管理办法》等规定，现就商业银行发行优先股补充一级资本提出如下指导意见。

一、商业银行发行优先股，应符合国务院、证监会的相关规定及银监会关于募集资本补充工具的条件，且核心一级资本充足率不得低于银监会的审慎监管要求。

二、商业银行发行优先股，应向银监会提出发行申请，申请文件包括：（一）优先股发行申请；（二）优先股发行方案；（三）根据《优先股试点管理办法》修改的公司章程（草案）；（四）股东大会决议；（五）资本规划；（六）最近三个年度经审计的财务报表及附注；（七）发行人律师出具的合规性法律意见书；（八）银监会要求的其他文件。

商业银行发行优先股涉及的资本补充、章程修改等行政许可事项，由银监会相关监管部门一次性予以受理、审查并决定。

三、商业银行取得银监会的批准文件后，向证监会提出发行申请。证监会依据《优先股试点管理办法》及相关配套规则进行核准。非上市商业银行发行优先股的，应当按照证监会有关要求，申请在全国中小企业股份转让系统挂牌公开转让股票，纳入非上市公众公司监管。

四、商业银行发行优先股补充一级资本，应符合《商业银行资本管理办法（试行）》和《中国银监会关于商业银行资本工具创新的指导意见》（银监发［2012］56 号）规定的其他一级资本工具合格标准。

五、根据《商业银行资本管理办法（试行）》的有关规定，商业银行应在发行合约中明确有权取消优先股的股息支付且不构成违约事件；未向优先股股东足额派发的股息不累积到下一计息年度。

商业银行在行使上述权利时应充分考虑优先股股东的权益。商业银行决定取消优先股股息支付的，应在付息日前至少十个工作日通知投资者。

六、商业银行不得发行附有回售条款的优先股。商业银行行使赎回权，应遵守《商业银行资本管理办法（试行）》的相关规定。

七、商业银行应根据《商业银行资本管理办法（试行）》和《优先股试点管理办法》等规定，设置将优先股强制转换为普通股的条款，即当触发事件发生时，商业银行按合约约定将优先股转换为普通股。商业银行发行包含强制转换为普通股条款的优先股，应采取非公开方式发行。优先股强制转换为普通股的转换价格和转换数量的确定方式，由发行人和投资者在发行合约中约定。

商业银行设置优先股强制转换为普通股条款的，股东大会应就优先股强制转换为普通股有关事项进行审议，包括转换价格的确定方式，并履行《优先股试点管理办法》第三十七条规定的程序。商业银行披露定期报告时，应专门披露优先股强制转换情况。商业银行发生优先股强制转换为普通股的情形时，应当报银监会审查并决定，并按照《证券法》第六十七条及证监会的相关规定，履行临时报告、公告等信息披露义务。优先股转换为普通股导致公司控制权变化的，还应符合证监会的有关规定。

八、除遵守证监会、证券交易所、全国中小企业股份转让系统关于优先股信息披露的一般规定外，商业银行应按照银监会《关于商业银行资本构成信息披露的监管要求》（银监发［2013］33 号）的相关规定，公开披露优先股的相关信息。

I.1.15　关于做好餐饮等生活服务类公司首次公开发行股票并上市有关工作的通知

（2012 年 5 月 16 日　发行监管部函［2012］244 号）

各保荐机构：

为做好餐饮等生活服务类公司首次公开发行股票并上市的有关工作，提高信息披露质量，我们制定了《关于餐饮等生活服务类公司首次公开发行股票并上市信息披露指引（试行）》，现予公布，请遵照执行。

附件：《关于餐饮等生活服务类公司首次公开发行股票并上市信息披露指引（试行）》

二〇一二年五月十六日

关于餐饮等生活服务类公司首次公开发行股票并上市信息披露指引（试行）

为保护投资者知情权，提高餐饮等生活服务类公司首次公开发行股票并上市（以下简称发行人）信息披露质量，依据《首次公开发行股票并上市管理办法》等规定，制定本指引。

餐饮企业可按本指引在招股说明书中对重要事项进行披露；美容、健身等其他生活服务类公司可结合自身经营特点参照执行；其他类型的连锁经营企业或生产经营中存在大量个人客户和现金收付的企业，也可参照本指引相关条款进行信息披露。

一、发行人业务发展状况

为使投资者更好地了解发行人业务发展状况和经营业绩，招股说明书应披露：

（一）发行人设立以来的业务拓展总体情况。

（二）发行人报告期内直营店及加盟店的数量及变动原因。

（三）发行人现有各直营店的经营情况，包括地址、营业面积、开业时间、装修支出及摊销政策，报告期内各直营店的营业收入、利润总额、净利润、桌/座流转率、顾客人均消费等。

（四）发行人现有各直营店的店面租赁情况，包括租赁期限、租金水平、续租权利、产权瑕疵及对门店持续经营的影响。

（五）发行人现有各加盟店的控制人、店面名称、地址、营业面积、开业时间以及报告期内特许经营费、管理费的收取情况。

（六）发行人现有加盟店特许经营到期后的商业合作安排，历史上加盟店到期后不再续约的比例，发行人与现有加盟店相关利益主体是否存在纠纷。

保荐机构及发行人律师应核查发行人报告期内加盟店停业或关闭的原因，核查发行人与现有加盟店相关利益主体是否存在纠纷；会计师应核查披露数据是否准确。

二、发行人主要经营模式及持续发展能力

发行人通过直营及特许经营方式快速扩张，面临较大的市场竞争风险，招股说明书应披露：

（一）发行人的市场定位、定价政策及与主要竞争对手的差异。

（二）发行人的主要市场推广模式及各门店在资产、人员、财务、机构、业务等方面的管理方式。

（三）发行人选择新店地址的条件，以及防范新店与现有门店竞争的措施。

（四）在正常情况下新店达到收支平衡所需的时间。

（五）发行人未来的扩张计划，包括未来三年拟新设门店数量，收购计划、预期投资成本、资金来源。如发行人计划跨区域经营，还应披露在向新地区扩张过程中，外部环境、税收政策、消费习惯等差异对公司新设门店的不利影响。

（六）发行人的市场竞争状况，所在区域及目标区域同类品牌及餐饮门店的数量及竞争情况，发行人与主要竞争对手的比较，包括市场地位、市场占有率、品牌、特征及经营环境等。

（七）发行人采用特许经营方式合作经营的，招股说明书应披露：1. 发行人特许经营模式下的品牌加盟策略，加盟店管理模式，相关各方的权利与义务，加盟费的收取原则等；2. 发行人控股股东或实际控制人、董事、监事及高级管理人员及其直系亲属，以及内部员工持有加盟店股份的情况；3. 特许经营业务对发行人的重要性，报告期各期占发行人营业收入及利润总额的比例；4. 发行人确保加盟店根据发行人的标准经营的措施。

保荐机构应核查发行人报告期内是否存在因管理不善、各直营店或加盟店未遵守公司内部管理制度等因素而导致对发行人品牌和日常经营产生不利影响的情况。

保荐机构应根据发行人的经营现状，结合企业定位、消费人群、门店布局及经营业绩、募投项目等情况，对在新地区开设的直营店和加盟店最近三年及一期的财务状况进行分析比较，说明发行人跨区域发展业务的能力，是否存在跨区域经营的风险。

三、发行人食品安全卫生

发行人应高度重视食品安全卫生等问题，招股说明书应披露：

（一）发行人的食品安全控制体系及采购、加工、存储、配送、人力资源、质量控制等管理措施，比如负责食品安全的高级管理层的身份，从事质量监控的员工人数及有关员工的职位、资历和背景；发行人对供应商进行检测的方式、次数及标准；发行人报告期内是否受到相关部门对食品或餐厅卫生的调查，解决的方案和处理的结果。

（二）发行人及其下属各门店报告期内在食品安全、卫生、环保、消防等方面受到相关部门处罚的情况。

（三）报告期内发行人收到的有关其所提供食品及服务的投诉情况。发生食物中毒等安全事故的，应披露事故原因、涉及的顾客人数、处理结果。

保荐机构及发行人律师应核查发行人报告期内是否存在因食品安全、卫生等问题造成的重大诉讼或纠纷，并向相关消费者权益保护机构查询是否存在顾客投诉或索赔；核查发行人是否受到相关部门对其食品、卫生、环保、消防问题的调查及处理结果。

四、发行人主要管理制度及执行情况

发行人应在招股说明书中披露其主要管理制度及执行情况：

（一）发行人报告期内在采购、付款等方面的内控制度建设及运行情况，包括各直营店和加盟店主要原辅材料的供应方式，不同渠道采购的数量及金额，主要供应商等情况；报告期各期全部店面统一采购、加工、配送的覆盖比率，以及集中采购、统一配送的商品总价值占营业成本的比重。

（二）发行人报告期内在销售、收款、资金管理等方面的内控制度建设及运行情况。如发行人采用了店面集中监控及交易结算系统，应披露系统的主要功能及报告期内的实际运行情况。

（三）发行人应结合自身业务特点披露所采用的主要会计政策，特别是餐饮收入、与餐饮相关的烟酒收入、商品销售收入、特许权及加盟费等收入的确认和计量方法。

（四）发行人报告期各期对个人客户销售收入占全部销售收入的比例，以现金、刷卡方式进行结算的比例。

（五）发行人连锁经营的管理模式和组织管理方法。

会计师应针对发行人的经营及核算特点，关注发行人收入的确认和计量，以及与收入确认相关的打折、发卡、赠券等行为的会计核算方法。

会计师应对发行人的内控制度建设、交易结算系统的应用给予充分关注，核查发行人报告期内内部控制制度的设计及运行是否健全有效，核查范围包括但不限于发行人在采购、付款、销售、收款及资金管理等环节所采取的具体内控措施及执行情况，集中监控系统和交易结算系统的运行情况，申报报表和原始报表存在重大差异的原因等。

五、发行人公司治理

发行人应在招股说明书进一步细化披露公司治理的有关情况，包括：

（一）公司股东大会、董事会、监事会、独立董事、董事会秘书制度的建立时间及主要内容，说明相关制度是否符合中国证监会发布的有关上市公司治理的规范性文件要求，是否存在差异。

（二）报告期公司股东大会、董事会、监事会的实际运行情况，包括但不限于会议召开次数、出席会议情况及决策事项。

（三）独立董事、监事包括外部监事（如有）出席相关会议及履行职责的情况；如独立董事、监事对有关决策事项曾提出异议的，则需披露该事项的内容、独立董事、监事的姓名及所提异议的内容等。

（四）公司战略、审计、提名、薪酬与考核等各专门委员会的设立时间、人员构成及实际发挥作用的情况。

（五）公司针对其股权结构、行业等特点建立的保证其内控制度完整合理有效、公司治理完善的具体措施。

保荐机构、发行人律师应切实履行尽职调查义务，通过访谈、调阅公司内部决策的相关资料等，核查了解发行人内部组织结构、三会实际运行情况等，并就发行人公司治理结构的完备性、有效性发表明确意见。

六、发行人商标及商号

关于发行人的商标和商号，招股说明书应披露：

（一）发行人拥有商标的名称、取得方式和时间、使用情况、使用期限，并说明是否为国家驰名商标；发行人使用的商号是否已登记注册并制定具体的保护措施。

（二）发行人商标、商号对直营店、加盟店的授权使用情况，相应的权利和义务。

（三）发行人报告期内是否存在因商标、商号使用发生纠纷的情况；如存在，应披露进展情况及处理结果，影响较大的，应作重大事项提示。

（四）由于历史原因存在个别企业使用与发行人相同或类似的商标、商号，易导致投资者产生混淆的，应详细披露有关情况，并充分揭示风险。

七、发行人员工及其社会保障情况

餐饮企业人员流动较为频繁，招股说明书应披露：

（一）发行人报告期内各直营店聘用员工的数量及薪酬，社会保险、住房公积金的缴纳情况。

（二）报告期各期的员工流失率，特别是店长、厨师、中层管理人员的流失率；发行人针对核心员工实施的激励计划，员工培训及人才储备计划。

I.1.16 关于首次公开发行股票预先披露等问题的通知

（2013 年 12 月 13 日 发行监管函［2013］328 号）

各保荐机构：

为贯彻落实《中国证监会关于进一步推进新股发行体制改革的意见》（证监会公告［2013］42 号）（以下简称《意见》）有关要求，进一步强化社会监督和提高审核工作透明度，严格审核秩序，现就预先披露等问题通知如下：

一、保荐机构应当按照下列时点要求提交用于预先披露的材料，包括招股说明书（申报稿）和承诺函（具体格式要求见附件）等。中国证监会审核部门收到上述材料后，即按程序安排预先披露。

1. 保荐机构应在向中国证监会提交首发申请文件的同时，一并提交预先披露材料。

2. 发行人及其中介机构按要求回复反馈意见后，审核部门将通知保荐机构提交用于更新的预先披露材料，保荐机构应在收到通知后 5 个工作日内将更新后的预先披露材料提交至审核部门。

3. 遇其他需更新预先披露材料情形的，审核部门可通知保荐机构提交用于更新的预先披露材料，保荐机构应在收到通知后 5 个工作日内将更新后的预先披露材料提交至审核部门。

二、本通知发布之日前已提交首发申请但尚未通过发审会的企业（以下简称在审企业），应向审核部门提交财务资料在有效期内的预先披露材料并相应更新申请文件，其后方可履行后续审核程序。为及时披露财务信息，保障信息披露质量，在审企业提交的相关文件中财务资料的审计基准日应不早于 2013 年 12 月 31 日。新申请首发企业财务资料的审计基准日参照上述要求执行。

三、发行人及其控股股东等责任主体应当按照《意见》及相关配套文件要求切实落实其诚信义务等事项，并在相关文件中披露。发行人及保荐机构向中国证监会提交的首发申请文件应符合《意见》及相关配套文件要求。在审企业及本通知发布之日前已通过发审会但尚未获核准的企业，应在报送预先披露或会后事项材料时，一并补充提交相关文件。

四、审核部门将按照申请文件受理时间有序开展初审工作，并严格执行《中国证监会行政许可实施程序规定》（以下简称《规定》）有关中止审查、终止审查的规定。

1. 发行人及其保荐机构应在规定时间内提交反馈意见回复材料；不能在规定时间内提交的，可申请延期一次，但应书面说明理由和延期时间，延期时间不得超过2个月。无法在上述期限内提交相关材料的，发行人及其保荐机构应按《规定》的有关要求，申请中止审查。

2. 保荐机构应在报送预先披露更新材料的同时报送发审会材料、招股说明书修改情况的书面说明。不能在规定时间内提交的，应书面说明理由和延期提交的具体时间，并按《规定》的有关要求申请中止审查。

3. 审核部门在发行人预先披露更新后安排初审会。初审会结束后，审核部门以书面形式将需要发行人及其中介机构进一步说明的事项告知保荐机构，并告知发行人及其保荐机构做好提请发审会审议的准备工作。

4. 发审会前，发行人及其保荐机构无需根据审核部门的意见修改已提交的发审会材料和预先披露材料。涉及修改招股说明书等文件的，在申请文件封卷材料中一并反映。

5. 发审会前，相关保荐机构应持续关注媒体报道情况，并主动就媒体报道对信息披露真实性、准确性、完整性提出的质疑进行核查。

6. 中止审查项目申请恢复审查的，由发行人及其保荐机构书面提交申请及相关材料。我会根据《规定》的有关要求出具恢复审查通知。恢复审查时，根据其中止审查前已进入的审核环节，排在恢复审查通知之日该审核环节全部企业之后，并安排后续审核工作。

7. 未能在规定时间提交反馈意见回复材料、预先披露材料和发审会材料，也不申请延期或者中止审查的，将根据《规定》的有关要求予以终止审查。

五、审核过程中，审核部门对中介机构尽职履责情况存在重大疑问的，将调阅中介机构工作底稿，发现涉嫌违法违规重大问题的，立即移交稽查部门介入调查。

六、本通知自发布之日起实施。《关于调整预先披露时间等问题的通知》（发行监管函［2011］424号）同时废止。

中国证监会发行监管部　创业板发行监管部

二〇一三年十二月十三日

附件

××证券公司
关于×××股份有限公司首次公开发行股票并上市预先披露文件的承诺函

本公司及保荐代表人承诺如下：

1. 本公司已根据首次公开发行股票信息披露的相关要求，制作并报送×××股份有限公司（以下简称发行人）首次公开发行股票并上市的预先披露文件的电子版。

2. 本次预先披露的文件及其电子版标准名称为：×××股份有限公司首次公开发行股票招股说明书/×××股份有限公司创业板首次公开发行股票招股说明书（申报稿20××年××月××日报送）。

3. 预先披露文件电子版以光盘（2份）形式制作，光盘表面附有以下信息：

×××股份有限公司首发预先披露文件/×××股份有限公司创业板首发预先披露文件

报送日期：××××年××月××日

保荐机构：××证券公司

保荐代表人（签字）：×××、×××

4. 本公司及保荐代表人保证，发行人预先披露文件的电子文件与书面文件的内容一致。

5. 本公司及保荐代表人保证，发行人预先披露文件真实、准确、完整，不存在虚假记载、误导性陈述或者重大遗漏。

6. 本公司及保荐代表人保证，发行人预先披露文件的内容及签署符合法律法规和中国证监会的要求，不存在未经书面说明擅自修改的情形。

7. 本公司及保荐代表人保证，对于中国证监会历次已提出的书面反馈意见，本公司已做出回复且履行了必要的核查程序，并已对有关回复涉及的内容根据反馈意见要求在发行人预先披露文件中予以披露。

8. 如违反上述保证，本公司及保荐代表人愿承担相应的责任。

保荐代表人（签名）：×××、×××

××证券公司（公章）

××××年××月××日

I. 1. 17 关于做好首次公开发行股票公司2012年度财务报告专项检查工作的通知

（2012年12月28日 发行监管函［2012］551号）

各保荐机构、会计师事务所：

为深化落实《关于进一步深化新股发行体制改革的指导意见》（证监会公告［2012］10号）有关要求，切实推进以信息披露为中心的新股发行体制改革工作，夯实首次公开发行股票公司（以下简称首发公司）财务会计信息真实性、准确性、完整性，检查中介机构执业质量，我会将对首发公司财务会计信息开展专项检查工作。各保荐机构、会计师事务所应严格遵照本通知要求，积极做好首发公司财务会计信息自查工作，我会在自查基础上将安排重点抽查工作。现就有关事项通知如下：

一、总体要求

财务会计信息作为首发公司基础性信息之一，必须真实、准确、完整予以反映。各中介机构应充分关注外部经营环境变化对企业业绩造成的影响和潜在风险，认真核查企业业绩变化情况，如实披露相关经营与财务信息。

各中介机构在开展2012年年度财务资料补充和信息披露工作时，应严格遵守现行各项执业准则和信息披露规范要求，勤勉尽责，审慎执业，对首发公司报告期内财务会计信息真实性、准确性、完整性开展全面自查工作。中国证监会各派出机构应督促中介机构做好对本监管辖区内在审企业的自查工作。

二、自查工作基本要求

1. 保荐机构、会计师事务所应切实贯彻《关于进一步提高首次公开发行股票公司财务信息披露质量有关问题的意见》（证监会公告［2012］14号）的有关规定，落实《会计监管风险提示》文件通知要求，勤勉尽责，对首发公司报告期财务会计信息开展全面自查工作，并提交自查报告，逐项具体说明对各项财务问题、执业中需关注问题的落实情况、核查过程和核查结论，核查过程应明示具体核查人员、核查时间、核查方式、获取证据等相关内容。

2. 发行人是信息披露第一责任人，应认真配合中介机构的相关核查。

3. 保荐机构、会计师事务所在开展自查工作时，应重点关注首发公司报告期内收入、盈利是否真实、准确，是否存在粉饰业绩或财务造假等情形，下列事项应予以重点核查：

（1）以自我交易的方式实现收入、利润的虚假增长。即首先通过虚构交易（例如，支付往来款项、购买原材料等）将大额资金转出，再将上述资金设法转入发行人客户，最终以销售交易的方式将资金转回；

（2）发行人或关联方与其客户或供应商以私下利益交换等方法进行恶意串通以实现收入、盈利的虚假增长。如直销模式下，与客户串通，通过期末集中发货提前确认收入，或放宽信用政策，以更长的信用周期换取收入增加。经销或加盟商模式下，加大经销商或加盟商铺货数量，提前确认收入等；

（3）关联方或其他利益相关方代发行人支付成本、费用或者采用无偿或不公允的交易价格向发行人提供经济资源；

（4）保荐机构及其关联方、PE 投资机构及其关联方、PE 投资机构的股东或实际控制人控制或投资的其他企业在申报期内最后一年与发行人发生大额交易从而导致发行人在申报期内最后一年收入、利润出现较大幅度增长；

（5）利用体外资金支付货款，少计原材料采购数量及金额，虚减当期成本，虚构利润；

（6）采用技术手段或其他方法指使关联方或其他法人、自然人冒充互联网或移动互联网客户与发行人（即互联网或移动互联网服务企业）进行交易以实现收入、盈利的虚假增长等；

（7）将本应计入当期成本、费用的支出混入存货、在建工程等资产项目的归集和分配过程以达到少计当期成本费用的目的；

（8）压低员工薪金，阶段性降低人工成本粉饰业绩；

（9）推迟正常经营管理所需费用开支，通过延迟成本费用发生期间，增加利润，粉饰报表；

（10）期末对欠款坏账、存货跌价等资产减值可能估计不足；

（11）推迟在建工程转固时间或外购固定资产达到预定使用状态时间等，延迟固定资产开始计提折旧时间；

（12）其他可能导致公司财务信息披露失真、粉饰业绩或财务造假的情况。

保荐机构、会计师事务所应结合发行人具体情况，逐项说明对前述问题的核查程序、核查过程和核查结论，核查过程应明示具体核查人员、核查时间、核查方式、获取证据等相关内容。

4. 保荐机构、会计师事务所应详细编制自查工作底稿，留存自查过程中获取和编写的各种重要资料和工作记录。工作底稿应当内容完整、格式规范、标示统一、记录清晰。

5. 如自查过程中发现发行人已申报财务会计信息存在粉饰业绩、财务造假等情形，保荐机构、会计师事务所应以书面形式主动向中国证监会发行监管部门和辖区证监局报告。发行人拒不配合中介机构相关核查的，要在自查报告中予以反映。

6. 保荐机构、会计师应高度关注可能导致发行人未来期间业绩大幅下降的相关财务信息和风险因素披露，包括但不限于以下情况：

（1）截止招股说明书签署日发行人主要产品、原材料的市场价格变化情况，对于发行人主要产品市场价格在资产负债表日后期间出现较大幅度下跌或主要原材料价格在资产负债表日后期间出现较大幅度上升的情况，保荐机构、会计师事务所应结合实际情况督促发行人充分披露相关信息，并做好风险提示；

（2）对于发行人申报期内最后一年收入、利润增长较大的，保荐机构、会计师事务所应重点分析其增长的实质原因。对于发行人由于在市场价格出现较大幅度上升前提前囤积原材料或由于偶发因素导致其主要产品市场价格上升较快从而获取超额收益的情况，保荐机构、会计师事务所应督促发行人结合上述事项的有关情况、以定性分析和定量分析相结合的方法对发行人超额盈利能力的持续性和稳定性做重点分析并做补充披露，发行人还应视上述事项后续变化及影响做好风险提示。

7. 保荐机构、会计师事务所应在2013年3月31日之前将自查工作报告报送我会。

三、有关抽查工作以及处理

我会将在发行人补充2012年度财务资料后，严格审核中介机构自查报告。与此同时，我会将组成专门小组对保荐机构和会计师事务所的自查工作进行重点抽查。在审核时发现保荐机构、会计师事务所执业质量存在较大问题的，将移送相关监管部门依法处理；发现财务造假、利润操纵明确线索的，将转稽查部门做进一步调查；涉嫌犯罪的，将依法移送司法机关，追究刑事责任。发行人不配合中介机构实施核查，提供虚假财务资料的，经初步查实后，将依法移送立案稽查。

首发公司及相关中介机构应严把信息披露质量，坚决遏制虚假信息披露。对恶意造假和信息披露严重失实以及欺诈上市的行为，我会将依法予以严厉打击，对涉嫌、构成违法犯罪的行为，将依法移送追究刑事责任。

特此通知。

中国证监会发行监管部　创业板发行监管部　会计部

二〇一二年十二月二十八日

I.1.18 关于进一步提高首次公开发行股票公司财务信息披露质量有关问题的意见

（2012 年 5 月 23 日 中国证监会公告［2012］14 号）

为贯彻落实《关于进一步深化新股发行体制改革的指导意见》（证监会公告［2012］10 号）的有关要求，进一步提高首次公开发行股票公司财务信息的披露质量，增加透明度，促进新股发行中各市场参与主体归位尽责，现就进一步加强首次公开发行股票公司财务信息披露工作提出如下意见：

一、各市场主体须勤勉尽责，切实提高财务信息披露质量

财务信息是发行人招股说明书的编制基础。在发行监管工作中，发现少数发行人财务信息的披露质量不同程度地存在一些问题，有的缺乏针对性和充分性，有的随意调节会计政策、遗漏重要事项、粉饰财务报表，有的存在业绩造假、利润操纵等可疑情形。发行人、会计师事务所、保荐机构等市场主体应高度重视解决存在的问题，提升首次公开发行股票公司财务信息披露质量。

（一）发行人应依法承担财务报告的会计责任、财务信息的披露责任。发行人应严格执行《会计法》、《企业会计准则》的规定，保证会计基础工作的规范性，真实、公允地编制财务会计报告，为保荐机构的尽职调查和会计师事务所的审计鉴证提供真实、完整的财务会计资料和其他资料，确保招股说明书财务信息披露真实、准确、完整。

发行人的控股股东、实际控制人不得利用控制地位或关联方关系纵容、指使或协助发行人进行财务造假、利润操纵，或有意隐瞒重要财务信息的披露。

（二）会计师事务所及其签字注册会计师应当严格按照执业标准出具审计报告、审核报告或其他鉴证报告。会计师事务所应进一步完善质量控制制度，加强内部管理。会计师事务所及签字注册会计师在执业中应有效实施项目质量控制复核程序，保持独立性，不得代替发行人从事具体的会计处理业务或财务报告编制工作。

（三）保荐机构要切实履行对发行人的辅导、尽职调查和保荐责任。保荐机构要对发行人的财务管理、内部控制、规范运作等方面制度的健全性和实施的有效性进行核查和判断，并在发行保荐书和发行保荐工作报告中客观反映基本情况和风险因素，对重要事项应当独立核查和判断。

二、采取措施，切实解决首次公开发行股票公司财务信息披露中存在的突出问题

当前，在首次公开发行股票公司财务信息披露方面应重点做好以下工作：

（一）发行人应建立健全财务报告内部控制制度，合理保证财务报告的可靠性、生产经营的合法性、营运的效率和效果

发行人应建立规范的财务会计核算体系，保证财务部门岗位齐备，所聘用人员具备相应的专业知识及工作经验，能够胜任该岗位工作，各关键岗位应严格执行不相容职务分离的原则。发行人应通过记账、核对、岗位职责落实、职责分离、档案管理等会计控制方法，确保企业会计基础工作规范，财务报告编制有良好基础。

发行人审计委员会应主动了解内部审计部门的工作动态，对其发现的重大内部控制缺陷及时协调并向董事会报告。审计委员会应对发行人聘请的审计机构的独立性予以审查，并就其独立性发表意见。会计师事务所应对审计委员会及内部审计部门是否切实履行职责进行尽职调查，并记录在工作底稿中。

发行人相关部门应严格按照所授权限订立采购合同，并保留采购申请、采购合同、采购通知、验收证明、入库凭证、商业票据、款项支付等相关记录。发行人财务部门应对上述记录进行验证，确保会计记录、采购记录和仓储记录保持一致。

发行人应定期检查销售流程中的薄弱环节，并予以完善。会计师事务所、保荐机构应重点关注销售客户的真实性，客户所购货物是否有合理用途、客户的付款能力和货款回收的及时性，关注发行人是否频繁发生与业务不相关或交易价格明显异常的大额资金流动，核查发行人是否存在通过第三方账户周转从而达到货款回收的情况。会计师事务所对销售交易中存在的异常情况应保持职业敏感性。

发行人应建立和完善严格的资金授权、批准、审验、责任追究等相关管理制度，加强资金活动的管理。会计师事务所、保荐机构应关注发行人是否存在与控股股东或实际控制人互相占用资金、利用员工账户或其他个人账户进行货款收支或其他与公司业务相关的款项往来等情况，存在上述情况的，应要求发行人采取切实措施予以整改。

对于发行人财务会计基础薄弱且存在内部控制缺陷的，保荐机构应在保荐工作报告中对此做详细记录，并将整改措施和整改结果记录在案；会计师事务所在实施内部控制审计工作的过程中应评价发行人内部控制缺陷的严重程度，测试发行人内部控制制度执行的有效性并发表意见。

（二）发行人及相关中介机构应确保财务信息披露真实、准确、完整地反

映公司的经营情况

发行人应在招股说明书相关章节中对其经营情况、财务情况、行业趋势情况和市场竞争情况等进行充分披露，并做到财务信息披露和非财务信息披露相互衔接。

会计师事务所在出具审计报告、保荐机构在出具发行保荐工作报告时应认真分析公司经营的总体情况，将财务信息与非财务信息进行相互印证，判断发行人财务信息披露是否真实、准确、完整地反映其经营情况。

（三）相关中介机构应关注发行人申报期内的盈利增长情况和异常交易，防范利润操纵

如发行人营业收入和净利润在申报期内出现较大幅度波动或申报期内营业毛利或净利润的增长幅度明显高于营业收入的增长幅度，会计师事务所、保荐机构应对上述事项发表核查意见，并督促发行人在招股说明书中作补充披露。

如发行人申报期内存在异常、偶发或交易标的不具备实物形态（例如技术转让合同、技术服务合同、特许权使用合同等）、交易价格明显偏离正常市场价格、交易标的对交易对手而言不具有合理用途的交易，会计师事务所、保荐机构应对上述交易进行核查，关注上述交易的真实性、公允性、可持续性及上述交易相关损益是否应界定为非经常性损益等，并督促发行人对上述交易情况在招股说明书中作详细披露。

（四）发行人及各中介机构应严格按照《企业会计准则》、《上市公司信息披露管理办法》和证券交易所颁布的相关业务规则的有关规定进行关联方认定，充分披露关联方关系及其交易

发行人应严格按照《企业会计准则 36 号——关联方披露》、《上市公司信息披露管理办法》和证券交易所颁布的相关业务规则中的有关规定，完整、准确地披露关联方关系及其交易。发行人的控股股东、实际控制人应协助发行人完整、准确地披露关联方关系及其交易。

保荐机构、会计师事务所和律师事务所在核查发行人与其客户、供应商之间是否存在关联方关系时，不应仅限于查阅书面资料，应采取实地走访，核对工商、税务、银行等部门提供的资料，甄别客户和供应商的实际控制人及关键经办人员与发行人是否存在关联方关系；发行人应积极配合保荐机构、会计师事务所和律师事务所对关联方关系的核查工作，为其提供便利条件。

会计师事务所、保荐机构应关注与发行人实际控制人、董事、监事、高级管理人员关系密切的家庭成员与发行人的客户、供应商（含外协厂商）是否存在关联方关系。

会计师事务所、保荐机构应关注发行人重要子公司少数股东的有关情况并

核实该少数股东是否与发行人存在其他利益关系并披露。

对于发行人申报期内关联方注销及非关联化的情况，发行人应充分披露上述交易的有关情况并将关联方注销及非关联化之前的交易作为关联交易进行披露；会计师事务所、保荐机构应关注在非关联化后发行人与上述原关联方的后续交易情况、非关联化后相关资产、人员的去向等。

（五）发行人应结合经济交易的实际情况，谨慎、合理地进行收入确认，相关中介机构应关注收入确认的真实性、合规性和毛利率分析的合理性

发行人应结合实际经营情况、相关交易合同条款和《企业会计准则》及其应用指南的有关规定制定并披露收入确认的会计政策。

当发行人经销商或加盟商模式收入占营业收入比例较大时，发行人应检查经销商或加盟商的布局合理性，定期统计经销商或加盟商存续情况。发行人应配合保荐机构对经销商或加盟商的经营情况、销售收入真实性、退换货情况进行核查，保荐机构应将核查过程及核查结果记录在工作底稿中。上述经销商或加盟商的布局、存续情况、退换货情况等应在招股说明书中作详细披露。

如果发行人频繁发生经销商或加盟商开业及退出的情况，会计师事务所应关注发行人原有的收入确认会计政策是否谨慎，对该部分不稳定经销商或加盟商的收入确认是否恰当，发生退货或换货时损失是否由发行人承担，并督促发行人结合实际交易情况进行合理的会计处理。

保荐机构应督促发行人充分披露不同模式营业收入的有关情况并充分关注申报期内经销商模式收入的最终销售实现情况。

发行人存在特殊交易模式或创新交易模式的，应合理分析盈利模式和交易方式创新对经济交易实质和收入确认的影响，关注与商品所有权相关的主要风险和报酬是否发生转移、完工百分比法的运用是否合规等；会计师事务所、保荐机构应关注发行人上述收入确认方法及其相关信息披露是否正确反映交易的经济实质。

对于会计政策和特殊会计处理事项对发行人经营成果有重要影响的，发行人应在招股说明书中详细披露相关会计政策、重要会计估计和会计核算方法对发行人报告期业绩及未来经营成果可能产生的影响等。

发行人应紧密结合实际经营情况、采用定性分析与定量分析相结合的方法，准确、恰当地通过毛利率分析描述发行人的盈利能力。相关中介机构应从发行人行业及市场变化趋势、产品销售价格和产品成本要素等方面对发行人毛利率变动的合理性进行核查。

（六）相关中介机构应对发行人主要客户和供应商进行核查

会计师事务所、保荐机构应对发行人主要客户和供应商（如前十名客户或

供应商）情况进行核查，并根据重要性原则进行实地走访或核查，上述核查情况应记录在工作底稿中。

（七）发行人应完善存货盘点制度，相关中介机构应关注存货的真实性和存货跌价准备是否充分计提

发行人应完善存货盘点制度，在会计期末对存货进行盘点，并将存货盘点结果做书面记录。

会计师事务所应进行实地监盘，在存货监盘过程中应重点关注异地存放、盘点过程存在特殊困难或由第三方保管或控制的存货。如实施监盘程序确有困难，会计师事务所应考虑能否实施有效替代程序获取充分、适当的审计证据，否则会计师事务所应考虑上述情况对审计意见的影响。

在发行人申报期末存货余额较大的情况下，保荐机构应要求发行人出具关于存货期末余额较大的原因以及是否充分计提存货跌价准备的书面说明，与会计师事务所主动进行沟通，并结合发行人业务模式、存货周转情况、市场竞争情况和行业发展趋势等因素分析发行人上述书面说明的合理性。

（八）发行人及相关中介机构应充分关注现金收付交易对发行人会计核算基础的不利影响

发行人与个人或个体经销商等交易金额较大的，发行人应采取各项措施尽量提高通过银行系统收付款的比例，减少现金交易比例；对现金交易部分，应建立现代化的收银系统，防止出现某些环节的舞弊现象。在与个人或个体经销商交易过程中，在缺乏外部凭证的情况下，发行人应尽量在自制凭证上留下交易对方认可的记录，提高自制凭证的可靠性。会计师事务所在审计过程中，应关注发行人的原始凭证是否完整，审计证据是否足以支持审计结论。

（九）相关中介机构应保持对财务异常信息的敏感度，防范利润操纵

会计师事务所、保荐机构应关注发行人是否利用会计政策和会计估计变更影响利润，如降低坏账计提比例、改变存货计价方式、改变收入确认方式等。

会计师事务所、保荐机构应关注发行人是否存在人为改变正常经营活动，从而达到粉饰业绩的情况。如发行人放宽付款条件促进短期销售增长、延期付款增加现金流、推迟广告投入减少销售费用、短期降低员工工资、引进临时客户等。

三、进一步完善和落实责任追究机制

证券监管部门将依据《证券法》、《公司法》和《证券发行上市保荐业务管理办法》等法律法规的规定，进一步加强监管，完善对发行人、会计师事务所和保荐机构在财务信息披露方面的责任追究机制，督促有关各方切实履行职责。

（一）证券监管部门将加强对财务信息披露违法违规行为的监管，对于发行人的财务造假、利润操纵等重大违法、违规行为，坚决予以查处，并对负有责任的相关中介机构和相关人员予以惩处。

（二）证券监管部门将加强对会计师事务所、保荐机构执业质量的日常监管。证券监管部门将建立首次公开发行股票公司相关中介机构不良行为记录制度并纳入统一监管体系，形成监管合力；根据各相关中介机构不良行为的性质和情节，分别采取责令改正、监管谈话、出具警示函、认定为不适当人选等行政监管措施；构成违法违规的，依法进行行政处罚；涉嫌犯罪的，依法移送司法机关，追究刑事责任。

证券监管部门将把有关中介机构的不良行为和监管部门采取的监管措施、进行的行政处罚记入诚信档案，并适时向社会公开。

（三）保荐机构、会计师事务所应建立内部问责机制，对于相关人员在新股发行申报过程中出现的不规范行为，应加大内部问责力度，并将问责和整改结果及时报送证券监管部门和相关行业协会。

（四）加大社会监督力度，不断提升新股发行透明度，形成合力，共同促进信息披露质量的提高。

I. 1. 19 中国证监会关于印发《会计监管风险提示第 4 号——首次公开发行股票公司审计》的通知

中国证监会各省、自治区、直辖市、计划单列市监管局，上海、深圳专员办，上海、深圳证券交易所：

当前，企业首次公开发行股票涉及面广、影响大，关系到广大投资者的切身利益，受到媒体和公众的广泛关注。在监管实践中，我会发现会计师事务所在从事首次公开发行股票公司审计业务中存在一些共性问题，对首次公开发行股票公司信息披露质量产生了不利影响。

为了提示首次公开发行股票公司审计业务监管风险，增强监管针对性，根据我会《关于进一步提高首次公开发行股票公司财务信息披露质量有关问题的意见》（证监会公告［2012］14 号），制定了《会计监管风险提示——首次公开发行股票公司审计》，现予以印发。各单位应全面掌握会计监管风险提示的要求，并将会计监管风险提示转发至注册在本辖区的会计师事务所和保荐机构，组织会计师事务所认真学习。在对被核准、不予核准或终止审核的首次公开发行股票公司的审计业务进行检查时，应按本风险提示对相关问题予以高度关注，并督促会计师事务所采取有效措施提高执业水平，为投资者提供更加真实、有效的投资决策依据，促进资本市场稳定健康发展。

此前，我会已通过证监办发［2012］22 号印发了 3 项会计监管风险提示，即政府补助、通过未披露关联方实施的舞弊风险、审计项目复核等。为了增强会计监管风险提示的系统性，便于查找和使用，现将已印发的 3 项会计监管风险提示依次编号为：第 1 号——政府补助，第 2 号——通过未披露关联方实施的舞弊风险，第 3 号——审计项目复核，本次印发的首次公开发行股票公司审计为第 4 号。今后将陆续制定新的会计监管风险提示，并按顺序编号印发。

中国证监会办公厅

二〇一二年十月十六日

会计监管风险提示第 4 号——首次公开发行股票公司审计

为落实《关于进一步提高首次公开发行股票公司财务信息披露质量有关问题的意见》（证监会公告［2012］14 号），促进新股发行中会计师事务所归位尽责，进一步提高首次公开发行股票公司财务信息披露质量，现就会计师事务所执行首次公开发行股票（IPO）公司审计业务的监管风险进行提示。

一、会计师事务所 IPO 审计项目质量控制

会计师事务所应当遵照《中国注册会计师执业准则》和《会计监管风险提示第 3 号——审计项目复核》的要求，完善并强化会计师事务所 IPO 审计项目质量控制制度及其执行。

（一）常见问题

会计师事务所在 IPO 审计项目质量控制中，主要存在以下问题：

第一，在承接 IPO 审计业务时，未充分了解、分析发行人所处环境、公司治理、内部控制、财务状况、上市动机和管理层诚信情况；未充分了解发行人可能存在重大风险的领域并适当评估会计师事务所是否具有足够的胜任能力；未充分关注发行人在 IPO 过程中更换注册会计师的行为，未与前任注册会计师进行充分沟通。

第二，在选派项目组成员时，未充分识别和评价会计师事务所、审计项目组成员的独立性和专业胜任能力。

第三，在 IPO 审计业务执行阶段，会计师事务所未完善有关监督、咨询、符合的体系；质量控制复核人员往往介入过晚，复核工作未充分关注发行人经营模式和经营特点对会计处理和财务报表的影响。

第四，在会计师事务所分所执行 IPO 审核业务时，总所未对分所执行 IPO 审计业务进行充分的业务指导，未对其 IPO 审计项目执业质量进行必要的复核和检查。

（二）会计监管关注事项

在会计监管工作中，应当对会计师事务所执行 IPO 审计业务质量控制情况予以重点关注：

第一，在承接 IPO 审计业务时，应当对发行人上市动机、所处行业的基本情况及其行业地位、可能存在的高风险领域、公司治理情况及申报期基本财务指标等进行调查。对于发行人存在欺诈上市嫌疑或者注册会计师无法应对重大审计风险的情况，会计师事务所应坚决拒绝接受委托。如果发行人在 IPO 过程中曾经更换过注册会计师，后任注册会计师应就发行人更换注册会计师的原因与前任注册会计师进行沟通，以了解发行人管理层的诚信情况，发行人与前任注册会计师存在重大分歧的会计、审计问题及其他可能对审计造成重大影响的事项。

第二，在选派项目组成员时，应检查会计师事务所、IPO 审计项目组成员等是否与发行人存在关联关系或直接经济利益关系等影响独立性的行为；根据对审计风险的评估，检查项目组成员是否具有包括相应技术知识、相关行业审计实务经验等在内的专业胜任能力。

第三，在 IPO 审计业务执行阶段，会计师事务所应建立健全与监督、咨询和复核等有关的质量控制体系，始终将审计风险控制在可接受的范围。质量控制复核人员可尽早介入，结合行业特点、行业同期基本情况，全面分析发行人的经营模式、经营特点和在申报期内的变化情况，以及发行人会计处理的合理性和会计处理在申报期内的变化情况，以确定可能存在舞弊和重大错报风险的领域及其对财务报告的影响程度。

第四，会计师事务所总所应加强对其分所 IPO 审计业务执业质量的管理，定期对各分所进行执业质量培训和质量控制检查，提升分所审计业务执业质量。

二、了解内部控制并进行内控测试

注册会计师应评价内部控制设计的合理性和执行的有效性，据以确定实质性测试的性质、时间和范围；同时还应当对发行人与财务报告相关的内部控制的有效性发表意见，并根据要求单独出具内部控制鉴证报告或内部控制审计报告。

（一）常见问题

注册会计师在评价发行人内部控制有效性及其对财务报表的影响时，通常存在以下问题：

第一，内部控制鉴证或内部控制审计中，对发现的内部控制缺陷，未正确判断其严重程度及其对内部控制鉴证报告或内部控制审计报告结论的影响。

第二，财务报表审计中，实质性测试时未充分考虑财务报表重大错报风险（包括控制风险）的评估结果，对实质性测试发现的财务报表重大错报，未考虑其是否与内部控制缺陷相关。

（二）会计监管关注事项

在会计监管工作中，应关注注册会计师是否了解发行人的内部控制并实施必要的控制测试，同时将发行人内部控制缺陷及其整改措施、整改结果记录于审计工作底稿：

第一，对于发行人内部控制缺陷，注册会计师应评价其严重程度，并考虑其对财务报表的影响程度；对于在实质性测试中发现的财务报表重大错报，应考虑其是否与内部控制缺陷相关；对于发行人财务会计基础薄弱的，应特别关注其是否存在内部控制重大缺陷，并考虑对发行人内部控制有效性的影响。

第二，考虑发行人的内部控制缺陷是否在内部控制鉴证报告或内部控制审计报告中得到恰当反映。

第三，对审计委员会及内部审计部门是否切实履行职责进行尽职调查，并记录于审计工作底稿。

三、财务信息披露和非财务信息披露的相互印证

注册会计师应遵照《中国注册会计师审计准则第 1521 号——注册会计师对含有已审计财务报表的文件中的其他信息的责任》的要求，阅读发行人在招股说明书中对其经营、财务、行业趋势和市场竞争等情况的披露。对于识别的包含已审计财务报表的文件中的其他信息和已审计财务报表存在重大不一致的，注册会计师应当确定已审计财务报表或其他信息是否需要作出修改；如果管理层拒绝修改财务报表或其他信息，注册会计师应在审计报告中发表非无保留意见或增加其他事项段说明重大不一致，以及采取准则规定的其他应对措施。如果注册会计师认为在包括已审计财务报表的文件中的其他信息中存在对事实的重大错报，但是并不影响已审计财务报表的，在发行人管理层或治理层拒绝作出修改的情况下，注册会计师应当与保荐机构进行沟通。

（一）常见问题

注册会计师在核对包含已审计财务报表的文件中的其他信息时，通常存在以下问题：

第一，忽视招股说明书其他部分引用已审计财务报表中财务信息的准确性和一致性。

第二，忽视招股说明书中披露的业务数据与已审计财务报表的一致性。

第三，未结合发行人的经营特点对财务报表各项目进行客观分析。

（二）会计监管关注事项

在会计监管工作中，应关注注册会计师是否结合发行人的经营特点，重视申报期内年度财务报表各项目间的勾稽关系、联动性以及财务信息与非财务信息的相互印证。具体包括：

第一，发行人招股说明书披露的财务信息是否与已审计财务报表一致，如招股说明书中披露的申报期研发费用发生额是否与财务报表中披露的研发支出一致。

第二，发行人的经营模式、产销量和营业收入、营业成本、应收账款、期间费用等是否能够相互匹配；发行人的产能、主要原材料及能源耗用是否与产量相匹配；发行人资产的形成过程是否与发行人历史沿革和经营情况相互印证。

第三，招股说明书中披露的财务信息分析是否与注册会计师审计了解的发行人实际情况相符，如应收账款变动原因的分析是否合理。

四、发行人申报期内的盈利增长和异常交易

对于发行人申报期内存在的盈利异常增长和异常交易，注册会计师应根据证监会公告［2012］14 号的相关要求，对盈利异常增长事项发表核查意见；同时，应关注异常交易的真实性、公允性、可持续性及其相关损益是否应界定为非经常性损益等，并督促发行人在招股说明书中作补充披露。

（一）常见问题

注册会计师在核查发行人申报期内的盈利增长和异常交易时，通常存在以下问题：

第一，在分析发行人申报期内盈利增长异常时，缺乏对重要比率和趋势的科学预判、对异常变动的深入调查以及多个业务指标间的联动分析。

第二，在审计发行人申报期内异常交易时，局限于采用常规审计程序收集审计证据，忽视了对异常交易商业实质的考虑和取证。

（二）会计监管关注事项

在会计监管工作中，应关注注册会计师是否针对发行人申报期内存在的盈利异常增长和异常交易执行了充分、适当的审计程序。

1. 申报期内存在盈利异常增长情况

在会计监管工作中，应关注注册会计师是否设计了合理的分析程序，是否对实质性分析结果的预期值进行了科学的预判，特别包括以下事项：

第一，对包括但不限于毛利率、期间费用率、应收账款周转率、存货周转率、预收账款变动率、产能利用率、产销率等影响发行人盈利增长的重要财务指标和非财务指标，是否进行多维度的分析。

第二，对于公司申报期内毛利率高于同行业水平，而应收账款周转率、存货周转率低于同行业水平，以及经营性现金流量与净利润脱节的情况是否追查其合理性，识别发行人是否存在利润操纵。

第三，为了识别发行人是否通过挤占申报期前后的经营成果以美化申报期的财务报表，注册会计师在审计发行人申报期财务报表时，是否关注申报期前 1 至 2 年的财务报表和申报期财务报表日至财务报表报出日之间发行人的财务信息。

第四，注册会计师是否关注发行人在申报期内的盈利异常增长现象并发表核查意见，如申报期内发行人出现较大幅度波动的财务报表项目，或营业毛利、净利润的增长幅度明显高于营业收入的增长幅度等情况，并督促发行人在招股说明书中作补充披露。

2. 申报期内存在异常交易情况

异常交易往往具有如下特点：一是偶发性；二是交易标的不具备实物形态或对交易对手而言不具有合理用途；三是交易价格明显偏离正常市场价格。虽

然这些异常交易支持其发生的各种形式和证据齐全、审计证据的收回率较高，但注册会计师对此仍应保持高度的职业怀疑态度。

注册会计师在审计异常交易的过程中不应仅满足于取得形式上的审计证据，而应着重于实质性的专业判断，考虑与上述交易相关的损益是否应界定为非经常性损益等，并督促发行人对上述交易情况在招股说明书中作详细披露。

五、关联方认定及其交易

注册会计师应当遵照《中国注册会计师执业准则》和我会《会计监管风险提示第 2 号——通过未披露关联方实施的舞弊风险》的要求，审计发行人是否严格按照《企业会计准则 36 号——关联方披露》、《上市公司信息披露管理办法》和证券交易所相关业务规则的规定，真实、准确、完整地披露关联方关系及其交易，关注发行人是否存在通过未披露关联方实施舞弊的行为。

（一）常见问题

除《会计监管风险提示第 2 号——通过未披露关联方实施的舞弊风险》中提到的审计常见问题，注册会计师审计关联方及其交易通常还存在以下问题：

第一，仅限于查阅书面资料以获取发行人关联方关系，未实施其他必要的审计程序。

第二，忽视对发行人在申报期内注销或非关联化的关联方及其商业实质的甄别。

第三，忽视对重大关联交易价格公允性的检查。

（二）会计监管关注事项

在会计监管工作中，应当关注注册会计师是否采取《会计监管风险提示第 2 号——通过未披露关联方实施的舞弊风险》中提到的应对措施，并补充考虑：

第一，如果存在未披露关联交易迹象，注册会计师应当采取进一步措施核实是否存在未披露关联方的情况。注册会计师应调查申报期内与发行人存在重大、异常交易的交易对手背景信息，如股东、关键管理人员、业务规模、办公地址等信息，并与已经取得的申报期内发行人实际控制人、董事、监事、高级管理人员关系密切的家庭成员名单相互核对和印证。

第二，如果存在申报期内发行人关联方注销及非关联化的情况，注册会计师应关注发行人是否将关联方注销及非关联化之前的交易作为关联交易进行披露；应识别发行人将原关联方非关联化行为的动机及后续交易的真实性、公允性，以及发行人是否存在剥离亏损子公司或亏损项目以增加公司利润的行为。

第三，如果存在发行人与控股股东及其控制的企业发生重大关联交易等情形，注册会计师应扩大对关联交易的审计范围，必要时可要求发行人及控股股东配合，以核查关联方财务资料。

六、收入确认和成本核算

在从事 IPO 审计业务过程中，注册会计师应结合发行人所处行业特点，关注收入确认和成本核算的真实性、完整性，以及毛利率分析的合理性，尤其是在识别和评估舞弊导致的收入项目重大错报风险时，注册会计师应当基于收入确认存在舞弊风险的假定，对不同类型的交易进行重点关注。

（一）常见问题

注册会计师在对发行人申报期收入确认和成本核算进行审计时，通常存在以下问题：

第一，忽视对发行人不同销售模式，特别是创新销售模式下收入确认的分析。

第二，忽视申报期内各期应收账款、预收款项、营业收入和经营活动现金流量等数据之间的逻辑关系，未发现其中的异常情况。

第三，忽视对发行人申报期内成本核算真实性、完整性和收入成本配比合理性的分析。

第四，忽视同行业公司毛利率分析，未能发现发行人毛利率异常背后的真实原因。

（二）会计监管关注事项

在会计监管工作中，应关注注册会计师是否有针对性地执行了以下审计程序：

第一，申报期内发行人在不同销售模式下收入确认方式：

如果发行人采用经销商或加盟商模式，注册会计师应当关注发行人频繁发生经销商或加盟商加入及退出的情况，以及发行人申报期内经销商或加盟商收入的最终销售实现情况。同时，应考虑发行人收入确认会计政策是否符合《企业会计准则》及其应用指南的有关规定，包括对不稳定经销商或加盟商的收入确认是否适当、退换货损失的处理是否适当等。

如果发行人采用直销模式，注册会计师应当检查销售协议中收入确认条件、退换货条件、款项支付条件等是否能够证明与商品所有权相关的主要风险和报酬已经发生转移。

如果发行人存在其他特殊交易模式或创新交易模式，注册会计师应当合理分析盈利模式和交易方式创新对经济实质和收入确认的影响。只有在充分、适当的审计证据能够证明与商品所有权相关的主要风险和报酬已经发生转移时，发行人才能确认销售收入。在此过程中，注册会计师应注重从外部独立来源获取审计证据。

如果发行人采用完工百分比法确认销售收入，注册会计师应当核查发行人确认完工百分比的方式是否合理，从发行人内部不同部门获取资料中相关信息是否一致，以及完工百分比是否能够取得客户确认、监理报告、供应商结算单据等外部证据佐证，必要时可以聘请外部专家协助。

第二，注册会计师应考虑与营业收入相关的报表项目之间的逻辑关系：

如果发行人应收账款余额较大，或者应收账款增长比例高于销售收入的增长比例，注册会计师应当分析具体原因，并通过扩大函证比例、增加大客户访谈、增加截止测试和期后收款测试的比例等方式，加强应收账款的实质性测试程序。

如果发行人经营性现金流量与利润严重不匹配，注册会计师应要求发行人分析经营性现金流量与净利润之间产生差异的原因，并逐项核对差异是否合理。

第三，注册会计师应当关注发行人申报期内成本核算的真实性、完整性和收入成本配比的合理性，具体包括：

（1）发行人成本核算的会计政策是否符合发行人实际经营情况。

（2）如果发行人毛利率与同行业公司相比明显偏高且与行业发展状况不符、存货余额较大、存货周转率较低，注册会计师应核查发行人是否存在通过少转成本虚增毛利润的行为。如，发行人为满足高新技术企业认定条件，将应计入生产成本项目的支出在管理费用的研发费用中核算和列报。

（3）注册会计师应核查发行人是否向实际控制人及其关联方或其他第三方转移成本，以降低期末存货和当期营业成本。

（4）注册会计师应进行截止测试，检查发行人是否通过调节成本确认期间在各年度之间调节利润。

第四，如果发行人报告期毛利率变动较大或者与同行业上市公司平均毛利率差异较大，注册会计师应当采用定性分析与定量分析相结合的方法，从发行人行业及市场变化趋势，产品销售价格和产品成本要素等方面对发行人毛利率变动的合理性进行核查。

七、主要客户和供应商

注册会计师应当核查申报期内发行人是否为主要客户建立客户档案，确定其授信额度，并在授信额度内对客户提供赊销；核查发行人是否建立合格供应商名录，是否在合格供应商名录内选择供应商；是否对发行人主要客户和供应商情况进行核查，并根据重要性原则进行实地走访或电话访谈，将相关情况记录于审计工作底稿。

（一）常见问题

核实主要客户和供应商信息是注册会计师执行 IPO 审计业务一项非常重要的程序，注册会计师在核查中通常存在以下问题：

第一，未对发行人或保荐人提供的主要客户和供应商信息执行必要的审计程序以核实其真实性。

第二，未对取得的主要客户和供应商信息保持必要的职业怀疑态度，未识别出关联方或者存在异常的客户和供应商。

第三，未对审计中发现的委托采购、集合销售等名义采购、销售业务的真实性执行进一步审计程序。

（二）会计监管关注事项

在会计监管工作中，应关注注册会计师是否有针对性地执行了以下审计程序：

第一，对发行人主要客户和供应商（如前十名客户或供应商）情况进行核查，取得客户或供应商的工商登记资料；根据重要性原则，对主要客户和供应商进行实地走访或电话访谈，并记录于审计工作底稿。特别注意甄别客户和供应商的实际控制人及关键经办人员与发行人是否存在关联方关系。

第二，对比历年主要客户和供应商名单，对报告期新增的主要客户核查其基本情况，必要时通过实地走访等方式核实其交易的真实性；对于与原有主要客户、供应商交易额大幅减少或合作关系取消的情况，应关注变化原因。如果注册会计师直接从与发行人有业务往来的客户或供应商处获取审计证据存在困难，在不违反《中国注册会计师执业道德守则》对注册会计师独立性相关规定的前提下，可以要求发行人以适当方式或者聘请第三方调查机构进行背景调查以帮助注册会计师获取审计证据。

第三，注册会计师应关注发行人与主要客户交易的真实性，客户所购货物是否有合理用途、客户的付款能力和货款回收的及时性，以及供应商的真实性和供货来源。

八、资产盘点和资产权属

注册会计师应关注存货和其他资产的真实性以及减值准备计提是否充分，了解发行人是否建立主要资产的定期盘点制度，包括盘点频率、盘点执行人、监盘人等，盘点结果是否形成书面记录；注册会计师应在存货盘点现场实施监盘，并对期末存货记录实施审计程序，以确定其是否准确反映实际的存货盘点结果。

（一）常见问题

执行监盘程序和核实资产权属是注册会计师在 IPO 审计业务中应特别重视的审计程序，注册会计师审计中主要存在以下问题：

第一，忽视异地存放或由第三方保管或控制的存货。

第二，忽视申报期第 1 年和第 2 年年末存货余额的审计。

第三，忽视货币资金的受限情况，忽视房屋及建筑物、交通工具、矿权等资产权属的抵押、质押情况。

第四，未能正确判断自身对资产监盘的专业胜任能力，未能及时聘请专家执行监盘工作。

第五，混淆发行人盘点和注册会计师监盘之间的不同责任。

（二）会计监管关注事项

在会计监管工作中，应关注注册会计师是否有针对性地执行以下审计程序：

第一，如果存在异地存放和由第三方保管或控制的存货，注册会计师应当针对发行人实际情况，执行异地盘点或向第三方发函等审计程序。

第二，如果注册会计师在申报期第1年或第2年结束后接受委托担任发行人的注册会计师，可能无法对发行人第1年或第2年年末的存货实施监盘，注册会计师应考虑能否实施有效替代程序（包括取得、使用并评估前任会计师的监盘结果）以获取充分、适当的审计证据，否则注册会计师应考虑上述情况对审计意见的影响。

第三，在进行银行函证时，关注是否存在受限货币资金；对于房屋及建筑物、交通工具、矿权等资产的监盘，注册会计师除实地查看外，应同时查看资产权属证明原件，了解是否设定对外抵押，并取得复印件作为工作底稿；对于正在办理权属证明的大额资产，注册会计师应了解权属证明办理情况，确认是否存在权属纠纷或实质性障碍。

第四，如果实施监盘程序确有困难，注册会计师应考虑能否实施有效替代程序（包括聘请专家进行监盘程序）以获取充分、适当的审计证据，否则注册会计师应考虑上述情况对审计意见的影响。

第五，注册会计师应当关注发行人不同时期存放存货的仓库变动情况，以确定发行人盘点范围是否完整，是否存在因仓库变动未将存货纳入盘点范围的情况发生。

九、货币资金注册

会计师应充分关注发行人现金收支管理制度是否完善、有效，以及大额现金收支交易的真实性；同时，关注银行存款余额及其发生额，尤其是大额异常资金转账的合理性。

（一）常见问题

注册会计师在对IPO公司货币资金进行审计时，通常存在以下问题：

第一，忽视对发行人申报期内大额现金收支交易真实性的审计，未能针对现金收支交易取得充分、适当的审计证据。

第二，未将对货币资金特别是现金收支交易的审计，和发行人与货币资金相关的内部控制设计和执行的有效性测试结合起来。

第三，对申报期内银行询证函等外部证据的取得不够重视。

第四，将货币资金的审计简单等同于申报期内货币资金余额的确认。

（二）会计监管关注事项

在会计监管工作中，应关注注册会计师是否针对发行人的实际情况，实施必要的审计程序，取得充分、适当的审计证据：

第一，注册会计师在对发行人大额现金收支交易进行审计时，应当：（1）关注大额现金使用范围是否符合《现金管理暂行条例》的规定；（2）以收取现金方式实现销售的，应核对付款方和付款金额与合同、订单、出库单是否一致，以确定款项确实由客户支付；（3）必要时，向现金交易客户函证申报期内各期收入金额，以评估现金收入的发生和完整性认定是否恰当。

第二，注册会计师在对与发行人申报期内货币资金相关内部控制执行有效性进行测试时，应当：（1）评价发行人是否已按《现金交易管理暂行条例》明确了现金的使用范围及办理现金收支业务时应遵守的规定，已按照《支付结算办法》及有关规定制定了银行存款的结算程序，相关内部控制的设计是否合理；（2）对申报期内现金的收支、费用的开支和备用金的管理等按规定的审批权限、支取流程和程序作重点抽查；（3）复核银行存款余额调节表，核对调节项的合理性，同时结合期后回款（付款）情况验证银行存款余额调节表项目的真实性；在选取申报期内货币资金控制测试样本时要增加审计程序的不可预见性，谨慎选取样本，认真对待抽样发现的异常。

第三，注册会计师在执行与货币资金有关的实质性审计程序时，不应仅局限于银行函证、现金盘点和检查银行存款余额调节表等常规审计程序，还应该结合发行人申报期内的销售、采购交易等情况，适当运用分析性程序以识别风险：（1）申报期内开户银行的数量及分布与发行人实际经营的需要是否一致；（2）银行账户的实际用途是否合理，尤其关注申报期内大额资金往来和新开账户；（3）申报期内注销账户原因，防止因发行人注销账户而降低注册会计师对该账户的风险预期等；（4）结合对利息收入和银行手续费的审计，分析发行人货币资金余额和交易的合理性。

第四，注册会计师应转变余额审计观念，重视核对发行人申报期内银行交易：（1）设定重要性水平，分账户详细核对申报期内重要大额交易；（2）要求发行人提供加盖银行印章的对账单，必要时可以重新向银行取得对账单，以获取真实的银行对账单作为外部证据；核对收付发生额时要高度谨慎，如高度重视长期未达账项，查看是否存在挪用资金等事项；（4）关注收付业务内容与公司日常收支的相关性，以识别发行人转移资金或者出借银行账户的情况；（5）结合应收应付账款科目审计，防止发行人粉饰现金流量；（6）核对会计核算系统发生额与网上银行流水。

十、财务异常信息的审计

注册会计师应了解发行人的生产经营情况，将发行人申报期财务数据进行多纬度的对比分析，并分析发行人选用会计政策和会计估计的适当性。同时，注册会计师还应关注会计政策和会计估计在申报期内的一致性，关注发行人是否存在利用会计政策和会计估计变更从而人为改变正常经营活动以影响申报期各年度利润的行为。

（一）常见问题

针对财务异常信息的审计，注册会计师通常存在以下问题：

第一，忽视发行人申报期各年度财务数据、申报期财务数据与申报期前历史数据、申报期财务数据与同行业公司财务数据以及申报财务报表与原始财务报表数据的对比，未能发现发行人申报期财务指标变动存在的异常情况。

第二，忽视与同行业公司财务数据的对比，未能发现发行人申报期财务数据变动与同行业公司之间的显著差异情况。

第三，忽视对发行人申报期内会计政策和会计估计变更原因及其合理性的分析。

（二）会计监管关注事项

在会计监管工作中，应关注注册会计师是否保持足够的职业怀疑态度，并针对发行人的实际情况，取得充分、适当的审计证据，以证明财务异常信息的合理性，具体包括：

第一，发行人申报期各年度财务数据、申报期财务数据与申报期前历史数据的变动情况，是否与注册会计师了解的发行人基本情况保持一致；申报期财务数据与同行业公司财务数据相比是否存在异常，分析异常原因；申报财务报表与原始财务报表是否存在差异，分析差异原因，并评价是否与发行人会计基础薄弱或管理层舞弊有关。

第二，发行人所采用的会计政策和会计估计是否与同行业公司存在明显差异，分析其是否利用会计政策和会计估计变更操纵利润，如降低坏账计提比例、改变存货计价方式、改变投资性房地产的计价方式、改变收入确认方式等。

第三，发行人是否人为改变正常经营活动以粉饰业绩，如发行人放宽付款条件促进短期销售增长、推迟广告投入减少销售费用、短期降低员工工资、引进临时客户等。

I. 1. 20　关于组织对首发企业信息披露质量进行抽查的通知

（2014 年 4 月 23 日　发行监管函［2014］147 号）

各发行人、保荐机构：

根据《中国证监会关于进一步推进新股发行体制改革的意见》（证监会公告［2013］42 号），对申请首次公开发行股票的企业，将在上发审会前对发行人信息披露质量进行抽查，以推动各方进一步归位尽责，共同促进首发信息披露质量的提高。现就与抽查工作相关的具体事项通知如下：

一、抽查目标

抽查工作旨在落实“推动各方归位尽责，提高信息披露质量”的监管要求。抽查将通过审阅申报材料及工作底稿，并以抽样的方式进行现场检查，从而核实和印证中介机构是否就发行人信息披露质量履职尽责。抽查既不是对企业的全面体检，也不对企业的盈利能力进行判断。

二、抽取原则

抽取的过程应做到公平、公正、公开。被抽取企业将以抽签的方式随机产生，抽取过程公开透明。中国证监会将定期向中国证券业协会移交拟参加抽取的企业名单，具体抽取工作将由中国证券业协会负责。被抽取企业产生后，相关信息将及时向社会公布。此外，若审核过程中发现在审企业所披露的信息可能存在虚假记载、误导性陈述或重大遗漏，或者中介机构尽职履责情况存在重大疑问的，审核部门可以直接将其列为抽查对象。

三、抽取范围

申请首次公开发行股票的企业，在上发审会前均应纳入抽取范围，并参加一次被抽取工作（IPO 财务专项检查时已抽查过的 40 家企业，不再纳入抽取范围）。

本《通知》下发前已受理的企业，发行人及中介机构提交反馈意见回复，并已按要求报送招股说明书预披露稿的，将纳入近期抽取范围。中国证监会将根据审核情况，分批确定参加抽取的名单。

已参加过抽取的企业将不再参加以后的抽取工作，中国证监会在向社会定期公布的在审企业情况表中将注明是否参加过抽取工作。抽查时间不计算在《中国证券监督管理委员会行政许可实施程序规定》规定的行政许可审查期限内。被抽中的企业如提交终止（或中止）审查申请的，不影响抽查的正常进行。

四、抽查结果的处理

抽查完成后，如发现存在一般性问题的，将通过约谈提醒、下发反馈意见函等方式督促其在后续工作中予以改进。情节较重的，将由我会相关职能部门依法采取监管谈话、警示函等行政监管措施。经过抽查发现明确的违法违规线索的，将移送稽查部门进一步查实查证，涉及犯罪的，将移交司法机关严肃处理。

中国证监会发行监管部

二〇一四年四月二十三日

I. 1. 21 关于加强对通过发审会的拟发行证券的公司会后事项监管的通知

（2002 年 2 月 3 日 证监发行字［2002］15 号）

为加强对通过发审会的申请首发、增发、配股公司会后事项的监管，确保拟发行公司符合发行上市条件，督促其切实按照《证券法》、《公司法》及信息披露准则的规定，做到信息披露的真实、准确、完整、充分和及时，降低发行风险，现对主承销商、律师事务所及会计师事务所提出如下工作要求：

一、对通过发审会的拟发行公司，在获准上市前，主承销商和相关专业中介机构仍应遵循勤勉尽责、诚实信用的原则，继续认真履行尽职调查义务，对拟发行公司是否发生重大事项给予持续、必要的关注。

所谓重大事项是指可能影响本次发行上市及对投资者做出投资决策有重大影响的应予披露的事项。

二、拟发行公司在发审会后至招股说明书或招股意向书刊登日之前发生重大事项的，应于该事项发生后 2 个工作日内向中国证监会书面说明并对招股说明书或招股意向书作出修改或进行补充披露，主承销商及相关专业中介机构应对重大事项发表专业意见。

中国证监会在收到上述补充材料和说明后，将按审核程序决定是否需要重新提交发审会讨论。

三、在对拟发行公司的申请文件进行封卷时，拟发行公司应提供经中国证监会审核、根据发审委意见修改并经全体董事签署的招股说明书或招股意向书（封卷稿），其中发行价格、发行时间及发行方案待定。

四、拟发行公司在刊登招股说明书或招股意向书的前一工作日，应向中国证监会说明拟刊登的招股说明书或招股意向书与招股说明书或招股意向书（封卷稿）之间是否存在差异，主承销商及相关专业中介机构应出具声明和承诺。发行人律师还应出具补充法律意见书，说明已对所有与本次发行上市有关的事项进行了充分的核查验证，保证不存在虚假记载、误导性陈述及重大遗漏。中国证监会同时将上述文件归档。

五、招股说明书或招股意向书刊登后至获准上市前，拟发行公司发生重大事项的，应于该事项发生后第一个工作日向中国证监会提交书面说明，主承销商和相关专业中介机构应出具专业意见。

如发生重大事项导致拟发行公司不符合发行上市条件的，中国证监会将依照有关法律、法规及前述第二条第二款执行。

如发生重大事项后拟发行公司仍符合发行上市条件的，拟发行公司应在报告中国证监会后第二日刊登补充公告。

六、申请直接上市及发行可转换公司债券的公司的会后事项处理参照本规定执行。

七、本通知自发布之日起实施。

二〇〇二年二月三日

I.1.22 股票发行审核标准备忘录 第5号——关于已通过发审会拟发行证券的公司会后事项监管及封卷工作的操作规程

（2002年5月10日 中国证监会发行监管部）

根据《关于加强对通过发审会的拟发行证券的公司会后事项监管的通知》（证监发行字［2002］15号）（以下称“15号文”）的规定，现对会后事项监管及封卷工作的具体操作规程明确如下：

一、公司发行前，审核员应督促发行人提供会后重大事项说明，要求主承销商及发行人律师、会计师对公司在通过发审会审核后是否发生重大事项分别出具专业意见。

二、是否需要重新提交发审会审核的标准

发行人如果满足以下全部条件，不再提交发审会审核。

1. 注册会计师出具了无保留意见的审计报告。

2. 主承销商出具的专项说明和发行人律师出具的法律意见书中没有影响公司发行新股的情形出现。

3. 公司无重大违法违规行为。

4. 公司的财务状况正常，报表项目无异常变化。

5. 公司没有发生重大资产置换、股权、债务重组等公司架构变化的情形。

6. 公司的主营业务没有发生变更。

7. 公司的管理层及核心技术人员稳定，没有出现对公司的经营管理有重大影响的人员变化。

8. 公司没有发生未履行法定程序的关联交易，且没有发生未在申报的招股说明书中披露的重大关联交易。

9. 经办公司业务的主承销商、会计师和律师未受到有关部门的处罚，或未发生更换。

10. 公司的盈利状况与盈利预测（如有）趋势基本相符。

11. 公司及其董事长、总经理、主要股东没有发生重大的诉讼、仲裁和股权纠纷，也不存在影响公司发行新股的潜在纠纷。

12. 没有发生大股东占用公司资金和侵害小股东利益的情形。

13. 没有发生影响公司持续发展的法律、政策、市场等方面的重大变化。

14. 公司的业务、资产、人员、机构、财务的独立性没有发生变化。

15. 公司主要财产、股权没有出现限制性障碍。

16. 上市公司不存在违反信息披露要求的事项。

17. 公司不存在其他影响发行上市和投资者判断的重大事项。

三、拟发行公司若最近一年实现的净利润低于上一年的净利润或盈利预测数（如有），或净资产收益率未达公司承诺的收益率，由发行部决定是否重新提交发审会讨论。

四、拟发行公司若出现下列不符合发行上市条件的情况，中国证监会对发行人的本次发行申请作出不予核准的决定，无需提交发审会审核。

1. 申请增发的上市公司申报时前三年加权平均净资产收益率低于6%，同时公司本次发行前最近三年加权平均净资产收益率低于6%，且本次发行前最近一年净资产收益率低于前一年净资产收益率。

2. 申请配股的上市公司，招股说明书披露前最近三个会计年度扣除非经常性损益后的加权平均净资产收益率低于6%。

五、封卷时，审核员应要求公司在提供的招股说明书或招股意向书明确注明“封卷稿”字样及封卷稿提交时间，注明全体董事及相关专业中介机构签署意见的时间。

六、我会在公开发行前2周左右通知通过发审会的发行人和中介机构，要求其按照“15号文”第四条的要求将会后事项的有关材料报送我部。

七、发行公司在发审会通过后有重大事项发生或者需要重新上发审会审核的，我部将暂缓安排发行；无重大事项发生的，办理最终封卷手续。

八、在我会将核准文件交发行人的当日或者发行公司刊登招股说明书（招股意向书）的前一个工作日中午12：00以前，发行人和中介机构应向我部提交“承诺函”，承诺自提交会后事项材料日至提交承诺函日止（即最近二周左右时间内），无“15号文”所述重大事项发生。如有重大事项发生的，应重新提交会后事项材料。

九、按时提交承诺函、且无重大事项发生的，我会安排发行；未能按时提交承诺函、或有重大事项发生的，我会暂缓安排发行。

十、在招股说明书或招股意向书刊登后至获准上市前，如公司发生重大事项，有关说明提交我部后，经审阅无异议的，公司方能于第二日刊登补充公告。

I. 1. 23 股票发行审核标准备忘录（2002）第8号——关于发行人报送申请文件后变更中介机构的处理办法

（2002年4月16日 中国证监会发行监管部）

拟申请首发、增发、配股的公司（以下称“发行人”），在报送申请文件后股票未发行前更换主承销商、签字会计师或会计师事务所、签字律师或律师事务所（以下称“其他中介机构”）的，按下列原则和要求处理：

一、更换主承销商的处理原则

1. 更换主承销商的，应重新履行申报程序，并重新办理公司申请文件的受理手续。

2. 更换后的主承销商应重新制作发行人的申请文件，并对申请文件进行质量控制，根据《公开发行证券公司信息披露内容与格式准则第9号——首次公开发行股票申请文件》，对需由主承销商出具意见的文件，应重新核查并出具新的意见。

3. 发审会后更换主承销商的，原则上应重新上发审会。

二、更换其他中介机构的处理原则

1. 换后的会计师或会计师事务所应对申请首次公开发行股票公司的审计报告，出具新的专业报告。

2. 更换后的律师或律师事务所应出具新的法律意见书和律师工作报告。

3. 发审会后更换其他中介机构的，且发行人未出现审核标准备忘录（2001）第五号《关于已通过发审会审核的拟发行公司会后发生事项的处理程序》所列情形的，原则上不需重新上发审会，但更换前的其他中介机构因经办发行上市业务受到中国证监会、相关行业主管机关或协会等机构处罚，或证监会另有规定的除外。

4. 主承销商对更换后的其他中介机构出具的专业报告应重新履行核查义务。

三、不同阶段更换中介机构的其他要求

1. 报送申请文件后股票未发行前更换的，更换前后的主承销商、其他中介机构及发行人应向证监会发行部分别说明更换原因。

2. 反馈意见后更换的，更换后的主承销商、其他中介机构根据证监会发行部对发行人申请文件的审核反馈意见，在发行人出具正式回复意见基础上，对相关问题重新进行尽职调查，出具新的专业意见。

3. 发审会后到招股书签署日期间更换的，更换后的其他中介机构除完成上述工作外，应根据发审委对发行人申请文件的审核意见，对发审委意见的落实发表意见，并对所发生的事项重新复核，出具新的报告。

4. 已完成封卷工作的，需补充封卷。

四、责任承担

1. 更换后的主承销商、其他中介机构承担核查申请文件或出具专业报告真实、准确、完整的责任。

2. 被更换的主承销商、其他中介机构，不得免除其所辅导或更换前所保证的申请文件或专业报告真实、准确、完整的责任。

I. 1. 24 股票发行审核标准备忘录第 16 号（新修订）——首次公开发行股票的公司专项复核的审核要求

（2003 年 12 月 16 日 中国证监会发行监管部）

为提高股票发行核准工作的质量和效率，证监会发行监管部在审核首次公开发行股票的公司（以下简称发行人）的申请文件时，如发现其申报财务会计资料存在重大疑问，或其财务会计方面的内部控制制度有可能存在重大缺陷、并由此导致申报资料存在重大问题时，可另行委托一家具备证券执业资格的会计师事务所对申报财务会计资料的特定项目进行专项复核。专项复核的决定由证监会发行监管部作出。

专项复核应遵照以下程序和标准执行：

一、专项复核的目的

专项复核的目的是为发行人申报财务会计资料的可靠性提供重要依据。

二、专项复核的范围

确定专项复核范围的标准为：

1. 专项复核的问题应明确且可操作；

2. 专项复核仅针对特定期间的财务会计数据，原则上不涉及申报期间以外的事项。

三、专项复核事务所的选择

审核过程中，发行监管部认为必要时，可委托具备证券执业资格的会计师事务所对公司财务资料进行专项复核。

四、专项复核会计师事务所的工作要求

会计师事务所接受专项复核委托后，应遵照以下要求执行业务：

1. 应当恪守独立、客观、公正的原则，以应有的职业谨慎态度独立开展专项复核工作，形成复核结论，出具专项复核报告。

2. 在间隔专项复核报告出具日至少一个完整会计年度后，方可向同一发行人提供审计服务及相关服务。

3. 应当按照财政部《企业会计准则》、《企业会计制度》及其他有关规定，中注协颁布的《中国注册会计师独立审计准则》及有关执业规范，以及证监会的信息披露要求，根据证监会发行监管部的书面反馈意见和发行人具体情况拟定专项复核工作计划、确定复核范围和程序，并应在实施之前将专项复核工作计划报证监会发行监管部备案。专项复核工作计划应包括复核程序、复核时间、出具专项复核报告时间等内容。

五、专项复核报告的要求

执行专项复核业务的会计师事务所应出具专项复核报告，该报告应由两名具有证券、期货从业资格的注册会计师签名、盖章（其中至少一名为合伙人或主任会计师或其授权的副主任会计师），并加盖事务所公章。

专项复核报告至少应包括四个部分：

1. 复核时间、范围及目的；

2. 相关责任；

3. 履行的复核程序；

4. 复核结论。

专项复核会计师应对复核事项提出明确的复核意见，不得以“未发现”等类似的消极意见代替复核结论。专项复核报告最迟应在发行人申报财务资料有效期截止前一个月送至中国证监会。

六、专项复核差异的处理

如果专项复核会计师就复核事项所出具的复核意见与原申报财务资料存在差异，发行人、主承销商及申报会计师应就该复核差异提出处理意见，审核人员应将该复核差异及处理情况向股票发行审核委员会汇报。

七、专项复核报告的使用

专项复核报告供证监会发行监管部、股票发行审核委员会履行审核工作职责时使用。执行专项复核的会计师事务所应根据其履行的程序、出具的复核结论承担相应的法律责任。

I.1.25 关于职工持股会及工会持股有关问题的法律意见

（2002 年 11 月 5 日 法协字［2002］第 115 号）

发行监管部：

你部关于职工持股会或工会持股有关问题的咨询函收悉。经研究，现提出以下法律意见；

一、我会停止审批职工持股会及工会作为发起人或股东的公司的发行申请主要有两点考虑：

其一、防止发行人借职工持股会及工会的名义变相发行内部职工股，甚至演变成公开发行前的私募行为。

其二、在民政部门不再接受职工持股会的社团法人登记之后，职工持股会不再具备法人资格，不再具备成为上市公司股东及发起人的主体资格，而工会成为上市公司的股东与其设立和活动的宗旨不符。

二、我部认为，与发行申请人有关的工会或职工持股会持股的三种情形，建议分别处理：

1. 对已上市公司而言，在受理其再融资申请时，应要求发行人的股东不存在职工持股会及工会，如存在的，应要求其按照法律部［2000］24 号文要求规范。

2. 对拟上市公司而言，受理其发行申请时，应要求发行人的股东不属于职工持股会及工会持股，同时，应要求发行人的实际控制人不属于职工持股会及工会持股。

3. 对于工会或职工持股会持有拟上市公司或已上市公司的子公司股份的，可以不要求其清理。

中国证监会法律部

二〇〇二年十一月五日

I. 1. 26 关于职工持股会及工会能否作为上市公司股东的复函

（2000 年 12 月 11 日 证监会法律部［2000］24 号）

北京市中伦金通律师事务所：

你所 10 月 13 日给我部的《关于职工持股会能否成为上市公司股东的请示函》收悉，经研究，答复如下：

根据国务院《社会团体登记管理条例》和民政部办公厅 2000 年 7 月 7 日印发的《关于暂停对企业内部职工持股会进行社团法人登记的函》（民办函［2000］110 号）的精神，职工持股会属于单位内部团体，不再由民政部门登记管理。对此前已登记的职工持股会在社团清理整顿中暂不换发社团法人证书。因此，职工持股会将不再具有法人资格。在此种情况改变之前，职工持股会不能成为公司的股东。

另外，根据中华全国总工会的意见和《中华人民共和国工会法》的有关规定，工会作为上市公司的股东，其身份与工会的设立和活动宗旨不一致，可能会对工会正常活动产生不利影响。因此，我会也暂不受理工会作为股东或发起人的公司公开发行股票的申请。

特此函复。

中国证监会法律部

二〇〇〇年十二月十一日

I. 1. 27　关于发布《关于前次募集资金使用情况报告的规定》的通知

（2007 年 12 月 26 日　证监发行字［2007］500 号）

各上市公司，各保荐机构，各具有证券、期货相关业务资格的会计师事务所：

为规范上市公司前次募集资金使用情况报告的编制行为，根据《上市公司证券发行管理办法》（证监会令第 30 号），我会制定了《关于前次募集资金使用情况报告的规定》，现予发布，自发布之日起实施。原《前次募集资金使用情况专项报告指引》（2001 年 4 月 10 日 证监公司字［2001］42 号）同时废止。

中国证券监督管理委员会

二〇〇七年十二月二十六日

关于前次募集资金使用情况报告的规定

第一条　为规范上市公司前次募集资金使用情况报告的编制行为，保护投资者的合法权益，根据《上市公司证券发行管理办法》（证监会令第 30 号），制定本规定。

第二条　上市公司申请发行证券，且前次募集资金到账时间距今未满五个会计年度的，董事会应按照本规定编制前次募集资金使用情况报告，对发行申请文件最近一期经审计的财务报告截止日的最近一次（境内或境外）募集资金实际使用情况进行详细说明，并就前次募集资金使用情况报告作出决议后提请股东大会批准。

董事会应保证前次募集资金使用情况报告的内容真实、准确、完整，不存在虚假记载、误导性陈述或重大遗漏。

第三条　前次募集资金使用情况报告在提请股东大会批准前应由具有证券、期货相关业务资格的会计师事务所按照《中国注册会计师其他鉴证业务准则第 3101 号——历史财务信息审计或审阅以外的鉴证业务》的相关规定出具鉴证报告。

注册会计师应当以积极方式对前次募集资金使用情况报告是否已经按照本规定编制以及是否如实反映了上市公司前次募集资金使用情况发表鉴证意见。

第四条 前次募集资金使用情况报告应说明前次募集资金的数额、资金到账时间以及资金在专项账户的存放情况（至少应当包括初始存放金额、截止日余额）。

第五条 前次募集资金使用情况报告应通过与前次募集说明书或非公开发行股票相关信息披露文件中关于募集资金运用的相关披露内容进行逐项对照，以对照表的方式对比说明前次募集资金实际使用情况，包括（但不限于）投资项目、项目中募集资金投资总额、截止日募集资金累计投资额、项目达到预定可使用状态日期或截止日项目完工程度。(《前次募集资金使用情况对照表（参考格式）见附件一》)

前次募集资金实际投资项目发生变更的，应单独说明变更项目的名称、涉及金额及占前次募集资金总额的比例、变更原因、变更程序、批准机构及相关披露情况；前次募集资金项目的实际投资总额与承诺存在差异的，应说明差异内容和原因。

前次募集资金投资项目已对外转让或置换的（前次募集资金投资项目在上市公司实施重大资产重组中已全部对外转让或置换的除外），应单独说明在对外转让或置换前使用募集资金投资该项目的金额、投资项目完工程度和实现效益，转让或置换的定价依据及相关收益，转让价款收取和使用情况，置换进入资产的运行情况（至少应当包括资产权属变更情况、资产账面价值变化情况、生产经营情况和效益贡献情况）。

临时将闲置募集资金用于其他用途的，应单独说明使用闲置资金金额、用途、使用时间、批准机构、批准程序以及收回情况。前次募集资金未使用完毕的，应说明未使用金额及占前次募集资金总额的比例、未使用完毕的原因以及剩余资金的使用计划和安排。

第六条 前次募集资金使用情况报告应通过与前次募集说明书或非公开发行股票相关信息披露文件中关于募集资金投资项目效益预测的相关披露内容进行逐项对照，以对照表的方式对比说明前次募集资金投资项目最近3年实现效益的情况，包括（但不限于）实际投资项目、截止日投资项目累计产能利用率、投资项目承诺效益、最近3年实际效益、截止日累计实现效益、是否达到预计效益（《前次募集资金投资项目实现效益情况对照表（参考格式）见附件二》)。实现效益的计算口径、计算方法应与承诺效益的计算口径、计算方法一致，并在前次募集资金使用情况报告中明确说明。

前次募集资金投资项目无法单独核算效益的，应说明原因，并就该投资项目对公司财务状况、经营业绩的影响作定性分析。

募集资金投资项目的累计实现的收益低于承诺的累计收益 20%（含 20%）以上的，应对差异原因进行详细说明。

第七条 前次发行涉及以资产认购股份的，前次募集资金使用情况报告应对该资产运行情况予以详细说明。该资产运行情况至少应当包括资产权属变更情况、资产账面价值变化情况、生产经营情况、效益贡献情况、是否达到盈利预测以及承诺事项的履行情况。

第八条 前次募集资金使用情况报告应将募集资金实际使用情况与公司定期报告和其他信息披露文件中披露的有关内容做逐项对照，并说明实际情况与披露内容是否存在差异。如有差异，应详细说明差异内容和原因。

第九条 前次募集资金使用情况报告和会计师事务所鉴证报告均为上市公司证券发行申请文件的必备内容。

第十条 本规定自发布之日起实施。原《前次募集资金使用情况专项报告指引》（2001 年 4 月 10 日 证监公司字［2001］42 号）同时废止。

附件：1. 前次募集资金使用情况对照表（参考格式）

2. 前次募集资金投资项目实现效益情况对照表（参考格式）

附件 1

前次募集资金使用情况对照表（参考格式）

单位：

<table>
<tr><td colspan="6">募集资金总额：</td><td colspan="5">已累计使用募集资金总额：</td></tr>
<tr><td colspan="6">变更用途的募集资金总额：
变更用途的募集资金总额比例：</td><td colspan="5">各年度使用募集资金总额：
200×年：
200×年：
200×年：</td></tr>
<tr><td colspan="3">投资项目</td><td colspan="3">募集资金投资总额</td><td colspan="4">截止日募集资金累计投资额</td><td rowspan="2">项目达到预定可使用状态日期（或截止日项目完工程度）</td></tr>
<tr><td>序号</td><td>承诺投资项目</td><td>实际投资项目</td><td>募集前承诺投资金额</td><td>募集后承诺投资金额</td><td>实际投资金额</td><td>募集前承诺投资金额</td><td>募集后承诺投资金额</td><td>实际投资金额</td><td>实际投资金额与募集后承诺投资金额的差额</td></tr>
<tr><td>1</td><td></td><td></td><td></td><td></td><td></td><td></td><td></td><td></td><td></td><td></td></tr>
<tr><td>2</td><td></td><td></td><td></td><td></td><td></td><td></td><td></td><td></td><td></td><td></td></tr>
<tr><td>3</td><td></td><td></td><td></td><td></td><td></td><td></td><td></td><td></td><td></td><td></td></tr>
<tr><td></td><td></td><td></td><td></td><td></td><td></td><td></td><td></td><td></td><td></td><td></td></tr>
<tr><td></td><td></td><td></td><td></td><td></td><td></td><td></td><td></td><td></td><td></td><td></td></tr>
<tr><td></td><td></td><td></td><td></td><td></td><td></td><td></td><td></td><td></td><td></td><td></td></tr>
<tr><td></td><td></td><td></td><td></td><td></td><td></td><td></td><td></td><td></td><td></td><td></td></tr>
<tr><td></td><td></td><td></td><td></td><td></td><td></td><td></td><td></td><td></td><td></td><td></td></tr>
<tr><td></td><td></td><td></td><td></td><td></td><td></td><td></td><td></td><td></td><td></td><td></td></tr>
</table>

附件 2

前次募集资金投资项目实现效益情况对照表（参考格式）

单位：

<table>
<tr><td colspan="2">实际投资项目</td><td rowspan="2">截止日投资项目累计产能利用率</td><td rowspan="2">承诺效益</td><td colspan="3">最近三年实际效益</td><td rowspan="2">截止日累计实现效益</td><td rowspan="2">是否达到预计效益</td></tr>
<tr><td>序号</td><td>项目名称</td><td>200×</td><td>200×</td><td>200×</td></tr>
<tr><td>1</td><td></td><td></td><td></td><td></td><td></td><td></td><td></td><td></td></tr>
<tr><td>2</td><td></td><td></td><td></td><td></td><td></td><td></td><td></td><td></td></tr>
<tr><td>3</td><td></td><td></td><td></td><td></td><td></td><td></td><td></td><td></td></tr>
<tr><td></td><td></td><td></td><td></td><td></td><td></td><td></td><td></td><td></td></tr>
<tr><td></td><td></td><td></td><td></td><td></td><td></td><td></td><td></td><td></td></tr>
<tr><td></td><td></td><td></td><td></td><td></td><td></td><td></td><td></td><td></td></tr>
<tr><td></td><td></td><td></td><td></td><td></td><td></td><td></td><td></td><td></td></tr>
<tr><td></td><td></td><td></td><td></td><td></td><td></td><td></td><td></td><td></td></tr>
<tr><td></td><td></td><td></td><td></td><td></td><td></td><td></td><td></td><td></td></tr>
</table>

注 1：投资项目承诺效益各年度不同的，应分年度披露。

注 2：截止日投资项目累计产能利用率是指投资项目达到预计可使用状态至截止日期间，投资项目的实际产量与设计产能之比。

I. 1. 28 发行监管问答

(1) 发行监管问答——落实首发承诺及老股转让规定

1. 问：关于减持价格和股票锁定期延长承诺如何把握？

答：《意见》规定了解禁后两年内减持价不低于发行价和特定情形下锁定期限自动延长6个月的最低承诺要求，发行人控股股东、持有股份的董事、高级管理人员也可根据具体情形提出更高、更细的锁定要求。对于已作出承诺的董事、高级管理人员，应明确不因其职务变更、离职等原因，而放弃履行承诺。

2. 问：股价稳定预案应包括哪些具体内容？

答：预案应明确发行人回购公司股票、控股股东增持、董事及高级管理人员增持的具体情形和具体措施，确定出现相关情形时股价稳定措施何时启动，将履行的法律程序等，以明确市场预期。稳定股价措施可根据公司的具体情况自主决定。对于未来新聘的董事、高级管理人员，也应要求其履行公司发行上市时董事、高级管理人员已作出的相应承诺要求。

3. 问：股份回购承诺有何具体要求？

答：招股说明书及有关申报文件应明确如招股说明书存在对判断发行人是否符合法律规定的发行条件构成重大、实质影响的虚假记载、误导性陈述或者重大遗漏需回购股份情形的，发行人、控股股东将如何启动股份回购措施、以什么价格回购等；公司及控股股东、实际控制人、董事、监事、高级管理人员及相关中介机构作出的关于赔偿投资者损失的承诺应当具体、明确，确保投资者合法权益得到有效保护。

4. 问：关于持股5%以上股东持股意向的透明度如何披露？

答：招股说明书及相关申报材料应披露该等股东持有股份的锁定期安排，将在满足何种条件时，以何种方式、价格在什么期限内进行减持；并承诺在减持前3个交易日予以公告。如未履行上述承诺，要明确将承担何种责任和后果。

5. 问：关于承诺事项的约束措施，发行人及其控股股东、中介机构各应履行什么职责？

答：发行人及其控股股东等责任主体所作出的承诺及相关约束措施，是招股说明书等申报文件的必备内容，应按要求进行充分披露。除上述承诺外，包括发行人、控股股东等主体作出的其他承诺，如控股股东、实际控制人关于规范关联交易等的承诺等，也应同时提出未能履行承诺时的约束措施。

保荐机构应对相关承诺的内容合法、合理，失信补救措施的及时有效等发表核查意见。发行人律师应对相关承诺及约束措施的合法性发表意见。

6. 问：《规定》要求公司股东拟公开发售的股份需持有36个月以上。36个月应依哪个时点作为界定基准？

答：36个月持有期的要求，是指拟减持公司股份的股东自取得该等股份之日起至股东大会通过老股转让方案表决日止，不低于36个月。已通过发审会的发行人变更老股转让方案的，属于《股票发行审核标准备忘录第5号》规定的影响发行上市及投资者判断的重大事项，需重新提交发审会审核。

7. 问：在审企业可以增加募投项目及募集资金需求量吗？

答：《意见》要求发行人应根据募投项目资金需要量合理确定新股发行数量。审核过程中，发行人提出调整募投项目及其资金需求量的，需履行相应的审核程序。《意见》发布前已通过发审会审核的企业，募集资金需求量及新股发行数量上限以通过发审会时披露的情况为准，经我会核准发行后预计将超募的，应按《规定》要求减少新股发行数量。已通过发审会的发行人如提出增加募集资金需求量或增加新股发行数量的，属于《股票发行审核标准备忘录第5号》规定的影响发行上市及投资者判断的重大事项，需重新提交发审会审核。

（2）发行监管问答——关于相关责任主体承诺事项的问答

1. 关于上市三年内公司股价低于每股净资产时承诺稳定公司股价的预案，有何审核要求？

答：启动预案的触发条件必须明确，比如公司股票连续20个交易日收盘价均低于每股净资产；发行人、控股股东、董事及高级管理人员都必须提出相应的股价稳定措施，具体措施可以是发行人回购公司股票，控股股东增持公司股票，董事、高级管理人员增持公司股票、减薪等；股价稳定措施应明确可预期，比如明确增持公司股票的数量或资金金额。

2. 关于提高大股东持股意向的透明度，是否有数量、期限等标准要求？

答：发行前持股5%及其以上的股东必须至少披露限售期结束后两年内的减持意向，减持意向应说明减持的价格预期、减持股数，不可以“根据市场情况减持”等语句敷衍。

（3）发行监管问答——募集资金运用信息披露

发行人应如何加强对募集资金运用的信息披露？

答：首次公开发行股票的募集资金除可用于固定资产投资项目外，还可用于公司的一般用途，如补充流动资金、偿还银行贷款等。募集资金的数额和投资方向应当与发行人现有生产经营规模、财务状况、技术水平和管理能力、未来资本支出规划等相适应。

募集资金用于固定资产投资项目的，发行人应按照《招股说明书准则》的要求披露项目的建设情况、市场前景及相关风险等。募集资金用于补充流动资金等一般用途的，发行人应在招股说明书中分析披露募集资金用于上述一般用途的合理性和必要性。其中，用于补充流动资金的，应结合公司行业特点、现有规模及成长性、资金周转速度等合理确定相应规模；用于偿还银行贷款的，应结合银行信贷及债权融资环境、公司偿债风险控制目标等说明偿还银行贷款后公司负债结构合理性等。

初审过程中，发行人需调整募集资金用途的，应履行相应的法律程序；已通过发审会的，发行人原则上不得调整募集资金项目，但可根据募投项目实际投资情况、成本变化等因素合理调整募集资金的需求量，并可以部分募集资金用于公司一般用途，但需在招股说明书中说明调整的原因。

发行人应谨慎运用募集资金、注重投资者回报，并根据相关监管要求，加强募集资金运用的持续性信息披露。

（4）发行监管问答——首发企业上市地选择和申报时间把握等

1. 证监会目前对首发企业上市地选择有何要求？

答：首发企业可以根据自身意愿，在沪深市场之间自主选择上市地，不与企业公开发行股数多少挂钩。中国证监会审核部门将按照沪深交易所均衡的原则开展首发审核工作。企业应当在预先披露材料时确定上市地，并在招股书等申报文件中披露。本问答发布前已申报的企业可本着自愿原则，重新确认上市地并更新申报文件。

2. 目前在审首发企业排队较长，拟新申报企业在申报时间选择上应当考虑哪些因素？

答：目前主板（中小板）、创业板首发在审企业数量较多，在较长时间内难以轮到新申报企业。鉴于今年要研究推进股票发行注册制改革方案，《证券法》也已启动修订程序，有关股票发行的规则可能会有变化，对发行人信息披露要求会更严，发行人和保荐机构承担的责任和义务会更多。因此，为了减轻企业成本和负担，我们建议保荐机构协助发行人合理把握申报时间，以免因在审时间过长，给企业正常生产经营造成不必要的负面影响。同时，证监会鼓励和支持符合条件的企业到全国中小企业股份转让系统挂牌并进行股权、债权融资，或到海外发行上市。

（5）发行监管问答——关于首次公开发行股票中止审查的情形

1. 发行人提交首次公开发行股票申请文件后，在审核过程中发生何种情形时发行人会被列入中止审查的名单？

答：在审核过程中，有些企业因为出现了一些客观情况，使得审核程序无法继续，或者存在对其信息披露的真实性、准确性、完整性的质疑且有一定的线索，需要通过必要的核查来查清事实。在这些情况下，为维护正常的审核秩序，本着对发行人和投资者负责的态度，我们会将这些企业列入中止审查的名单。实践中，主要有以下四类情形：

（1）申请文件不齐备等导致审核程序无法继续的情形

①对有关法律、行政法规、规章的规定，需要请求有关机关作出解释，进一步明确具体含义。

②发行人申请文件中记载的财务资料已过有效期。

③发行人及其中介机构未在规定的期限内提交反馈意见回复。

④发行人发行其他证券品种需要履行信息披露义务，导致审核程序冲突。

⑤负责本次发行的保荐代表人发生变更，会计师事务所、律师事务所或者签字会计师、律师发生变更，需要履行相关程序。

（2）发行人主体资格存疑或中介机构执业行为受限导致审核程序无法继续的情形

①发行人、发行人的控股股东、实际控制人及发行人的保荐机构或律师因涉嫌违法违规被行政机关调查，或者被司法机关侦查，尚未结案。

②保荐机构或其他中介机构被中国证监会依法采取限制业务活动、责令停业整顿、指定其他机构托管、接管等监管措施，尚未解除。

（3）对发行人披露的信息存在重大质疑需要进一步核查的情形

①发行人申请文件中记载的信息存在自相矛盾、或就同一事实前后存在不同表述且有实质性差异。

②根据发行申请文件披露的信息，对发行人是否符合发行条件明显存疑，需要进一步核实。

③媒体报道、信访举报反映或者通过其他途径发现发行人申请文件涉嫌违法违规，或者存在其他影响首次公开发行的重大事项，经初步核查无法澄清。

（4）发行人主动要求中止审查或者其他导致审核工作无法正常开展的

情形。

二、发行人首次公开发行股票申请中止审查后，如何才能恢复审查?

答：发生中止审查事项后，发行人及中介机构需及时补充相关材料或提供书面说明，我们将视情况依照有关规定分别采取要求发行人和中介机构自查、委托其他中介机构或派出机构核查、或者直接现场核查等措施。发现存在违规行为的，将对相关责任人采取相应监管措施；发现违法犯罪线索的，将移送稽查部门调查或移送司法机关侦查。

中止审查后，如果中止审查事项已经消除、发行人及中介机构已经进行澄清或者采取纠正措施的，恢复审查。

发行人申请文件中记载的财务资料已过有效期且逾期 3 个月未更新的，我们将直接终止审查。

中止审查期间，发现发行人不符合《证券法》、《首次公开发行股票并上市管理办法》及《首次公开发行股票并在创业板上市管理暂行办法》规定的发行条件的，我们将依程序终止审查或者做出不予核准的决定。

申请人主动要求中止审查的，申请恢复审查时，应当提交书面申请，经审核同意后恢复审查。

恢复审查后，我们将参照发行人首次公开发行申请的受理时间安排其审核顺序。

三、《中国证监会关于进一步推进新股发行体制改革的意见》提出，“审核过程中，发现发行人申请材料中记载的信息自相矛盾、或就同一事实前后存在不同表述且有实质性差异的，中国证监会将中止审核”，请问审核过程中具体是如何把握的?

答：在以往的审核实践中，我们发现部分发行人和中介机构为了赶时间、抢进度，突击申报，粗制滥造发行申请文件，信息披露质量差；部分中介机构尽职调查不到位，招股说明书披露的信息前后不一致，或者涉嫌与事实不符等。针对上述现象，为进一步提高信息披露质量，本次新股发行体制改革推出了这一措施。

1. 判断发行人申请文件中记载的信息是否自相矛盾、或就同一事实前后是否存在不同表述且有实质性差异，主要从以下两方面进行考量：一是信息披露存在的问题及其性质；二是该问题对审核工作、对判断发行人是否符合发行条件构成重大影响，或者是否构成影响投资者判断其投资价值的重要因素。在审核过程中，我们关注的情况主要包括：发行申请文件不符合申报文件的有关规定，申请文件制作粗糙，申请文件前后文相互矛盾，申请文件之间相互矛盾，申请文件披露的信息与事实存在差异，发行人财务资料涉嫌虚假或会计处理不符合会计准则的规定等。

2. 在判断申请文件披露的信息是否与事实存在差异时，我们重点关注以下信息：发行人的实际控制人；发行人关联方与发行人经营相同或相似业务；发行人的技术水平、市场占有率、研发费用、研发能力等信息；发行人环保设施运行、污染排放及治理污染投入等情况；发行人的诉讼、仲裁等信息；公司经营模式、产品或服务品种结构、公司行业地位或所处行业的经营环境及其变化情况等信息；对公司生产经营有较大影响的商标、专利、专有技术以及特许经营权等重要资产或技术的权属状况等信息；公司关联方和关联交易等信息；公司主要客户、供应商。

3. 发行人财务资料涉嫌虚假或会计处理不符合会计准则的规定主要存在两种情形：一是公司营业收入、利润总额、总资产、净资产等涉嫌虚假，即通过虚构交易、虚假凭证、隐瞒应在公司账上反映的成本及费用等弄虚作假的行为和手段，或明显违背其既有的会计政策和估计等，以达到虚增或虚减资产、利润的目的。二是公司采用的会计政策与会计准则的规定不符，会计估计与同行业上市公司存在明显差异且无合理解释，影响到对公司财务状况、经营成果及现金流量的公允反映。

（6）发行监管问答——在审首发企业中介机构被行政处罚、更换等的处理

申请首次公开发行股票的企业（以下简称发行人）相关中介机构及相关签字人员被行政处罚、采取监管措施或更换的，审核中是如何把握的？

答：根据《证券法》等相关法规要求，首发上市实行保荐制度，发行人是信息披露第一责任人，保荐机构承担保荐责任，保荐机构对其他中介机构出具的专业意见有进行核查的义务。审核过程中，对于发行人相关中介机构被行政处罚、采取监管措施或更换的，按照上述归责要求根据不同情况进行相应处理。具体如下：

1. 在审首发企业，包括已过发审会的企业，更换保荐机构的，一律需要重新履行申报程序。

2. 更换保荐代表人、律师事务所、会计师事务所或签字律师、会计师的，更换后的机构或个人需要重新进行尽职调查并出具专业意见，保荐机构应进行复核。如保荐机构认为新出具的文件与原机构或个人出具的文件内容无重大差异的，则继续安排后续审核工作。如保荐机构认为有重大差异的，则依据相关规定进行相应处理；已通过发审会的，需重新上发审会。

3. 审核过程中，保荐机构、律师事务所、会计师事务所或相关保荐代表人、签字律师、签字会计师被行政处罚、采取监管措施的，保荐机构及所涉中介机构均应就其出具的专业意见进行复核并出具复核意见。如复核后不存在影响发行人本次发行上市的重大事项的，则继续安排后续审核工作；已通过发审会的，可不重新上发审会。

相关行政处罚或监管措施导致保荐机构、会计师事务所、律师事务所或签字保荐代表人、会计师、律师执业受限制的，在相关行政处罚或监管措施实施完毕之前，不安排后续审核工作。

4. 在审首发企业更换保荐代表人、律师、律师事务所、会计师、会计师事务所的，原签字机构和个人需出具承诺，对其原签署的相关文件的真实、准确、完整承担相应的法律责任。如发现其出具的文件存在问题的，中国证监会将依法从严追责。

（7）发行监管问答——关于调整首次公开发行股票企业征求国家发改委意见材料的要求

首发企业用于征求国家发改委意见的材料是否有调整？

答：为贯彻国务院关于进一步深化行政审批制度改革的精神，落实《中国证监会关于进一步推进新股发行体制改革的意见》的要求，中国证监会与国家发改委经协商一致，对主板和中小板首发企业提交用于征求国家发改委意见的材料进行简化，简化后的材料包括：申请文件电子版光盘一份，募集资金投资项目的项目备案（核准、批复）文件、环评批复、土地预审意见、节能评估文件等固定资产投资管理文件的复印件单行本一份。请各发行人和保荐机构按照上述要求，在报送预先披露材料的同时报送相关材料。

I.1.29 财政部 国资委 证监会 社保基金会关于印发《境内证券市场转持部分国有股充实全国社会保障基金实施办法》的通知

（2009年6月19日 财企［2009］94号）

国务院有关部委，有关直属机构，各省、自治区、直辖市、计划单列市财政厅（局）、国有资产监督管理委员会（办公室），中国证券登记结算有限责任公司，有关国有股东、上市公司：

经国务院批准，现将《境内证券市场转持部分国有股充实全国社会保障基金实施办法》印发给你们，请认真贯彻执行。

财政部 国资委 证监会 社保基金会

二〇〇九年六月十九日

境内证券市场转持部分国有股充实全国社会保障基金实施办法

第一章 总 则

第一条 按照中央关于多渠道筹集社会保障基金的决定精神，根据国务院关于在境内证券市场实施国有股转持的有关政策，制定本办法。

第二条 本办法所称国有股东是指经国有资产监督管理机构确认的国有股东。

第三条 本办法所称国有资产监督管理机构，是指代表国务院和省级以上（含计划单列市）人民政府履行出资人职责、负责监督管理企业国有资产的特设机构和负责监督管理金融类企业国有资产的各级财政部门。

第四条 本办法所称国有股是指国有股东持有的上市公司股份。

第五条 本办法所称国有股转持是指股份有限公司首次公开发行股票并上市时，按实际发行股份数量的10%，将上市公司部分国有股转由全国社会保障基金理事会（以下简称社保基金会）持有。

第二章　转持范围、比例和方式

第六条　股权分置改革新老划断后，凡在境内证券市场首次公开发行股票并上市的含国有股的股份有限公司，除国务院另有规定的，均须按首次公开发行时实际发行股份数量的10%，将股份有限公司部分国有股转由社保基金会持有，国有股东持股数量少于应转持股份数量的，按实际持股数量转持。

第七条　股权分置改革新老划断后至本办法公布前首次公开发行股票并上市的股份有限公司，由经国有资产监督管理机构确认的上市前国有股东承担转持义务。经确认的国有股东在履行转持义务前已发生股份转让的，须按其承担的转持义务以上缴资金等方式替代转持国有股。

第八条　本办法公布后首次公开发行股票并上市的股份有限公司，由经国有资产监督管理机构确认的国有股东承担转持义务。

第九条　混合所有制的国有股东，由该类国有股东的国有出资人按其持股比例乘以该类国有股东应转持的权益额，履行转持义务。具体方式包括：在取得国有股东各出资人或各股东一致意见后，直接转持国有股，并由该国有股东的国有出资人对非国有出资人给予相应补偿；或者由该国有股东的国有出资人以分红或自有资金一次或分次上缴中央金库。

第十条　对符合直接转持股份条件，但根据国家相关规定需要保持国有控股地位的，经国有资产监督管理机构批准，允许国有股东在确保资金及时、足额上缴中央金库情况下，采取包括但不限于以分红或自有资金等方式履行转持义务。

第三章　转持程序

第十一条　股权分置改革新老划断后至本办法公布前首次公开发行股票并上市的股份有限公司的转持程序：

1. 国有资产监督管理机构根据现有资料对转持公司中的国有股东身份和转持股份数量进行初步核定，并由财政部、国资委、证监会和社保基金会将上市公司名称、国有股东名称及应转持股份数量等内容向社会联合公告。应转持股份自公告之日起予以冻结。

2. 国有股东对转持公告如有疑义，应在公告发布后30个工作日内向国有资产监督管理机构反馈意见，由国有资产监督管理机构予以重新核定。

3. 对于以转持股份形式履行转持义务的，国有资产监督管理机构向中国证券登记结算有限责任公司（以下简称中国结算公司）下达国有股转持通知，并抄送社保基金会。中国结算公司在收到国有股转持通知后15个工作日内，将各国有股东应转持股份，变更登记到社保基金会转持股票账户。

对于以上缴资金方式履行转持义务的，国有股东应及时足额就地上缴中央金库，凭一般缴款书（复印件）到中国结算公司办理股份解冻手续。

4. 国有股东在国有股转持程序完成后30个工作日内，应将转持股份情况，或以其他方式履行转持义务情况以及一般缴款书（复印件）等有关文件报国有资产监督管理机构备案，并抄送财政部和社保基金会。

第十二条 本办法公布后首次公开发行股票并上市的股份有限公司的转持程序：

1. 首次公开发行股票并上市的股份有限公司的第一大国有股东向国有资产监督管理机构申请确认国有股东身份和转持股份数量。国有资产监督管理机构确认后，出具国有股转持批复，并抄送社保基金会和中国结算公司。国有股转持批复应要求国有股东向社保基金会作出转持承诺，并载明各国有股东转持股份数量或上缴资金数量等内容。该批复应作为股份有限公司申请首次公开发行股票并上市的必备文件。

2. 对于以转持股份形式履行转持义务的，中国结算公司在收到国有股转持批复后、首次公开发行股票上市前，将各国有股东应转持股份，变更登记到社保基金会转持股票账户。对于以上缴资金方式履行转持义务的，国有股东须按国有股转持批复的要求，及时足额就地上缴到中央金库。

3. 国有股东在国有股转持工作完成后30个工作日内将转持股份情况，或以其他方式履行转持义务情况以及一般缴款书（复印件）等有关文件报国有资产监督管理机构备案，并抄送财政部和社保基金会。

第四章 转持股份的管理和处置

第十三条 转由社保基金会持有的境内上市公司国有股，社保基金会承继原国有股东的禁售期义务。对股权分置改革新老划断至本办法公布前首次公开发行股票并上市的股份有限公司转持的股份，社保基金会在承继原国有股东的法定和自愿承诺禁售期基础上，再将禁售期延长三年。

第十四条 社保基金会转持国有股后，享有转持股份的收益权和处置权，不干预上市公司日常经营管理。

第十五条 国有股转持给社保基金会和资金上缴中央金库后，相关国有单位核减国有权益，依次冲减未分配利润、盈余公积金、资本公积金和实收资本，并做好相应国有资产产权变动登记工作。对于转持股份，社保基金以发行价入账，并纳入基金总资产统一核算。对国有股东替代转持上缴中央金库的资金，财政部应及时拨入社保基金账户。

第十六条 财政部负责对转持国有股充实全国社保基金的财务管理实施监管。财政部可委托专业中介机构定期对社保基金会转持国有股的运营情况进行审计。

第十七条 社保基金会应设立专门账户用于接收转持股份，按本办法转持国有股以及转持股份在社保基金各账户之间转账，免征过户费。

第十八条 国有股转持过程中涉及的信息披露事项，由相关方依照有关法律法规处理。

第五章 附 则

第十九条 本办法由财政部商有关部门负责解释。

第二十条 境外上市公司减转持工作仍按现有相关规定执行。

第二十一条 本办法自公布之日起施行。

I.1.30 财政部 国资委 证监会 社保基金会关于豁免国有创业投资机构和国有创业投资引导基金国有股转持义务有关问题的通知

（2010 年 10 月 13 日 财企［2010］278 号）

国务院有关部委，有关直属机构，各省、自治区、直辖市、计划单列市财政厅（局）、国资委（局），中国证券登记结算有限责任公司，有关国有创业投资机构、国有创业投资引导基金：

《财政部国资委证监会社保基金会关于印发〈境内证券市场转持部分国有股充实全国社会保障基金实施办法〉的通知》（财企［2009］94 号）规定，股权分置改革新老划断后，凡在境内证券市场首次公开发行股票并上市的含国有股的股份有限公司，除国务院另有规定的，均须按首次公开发行时实际发行股份数量的 10%，将股份有限公司部分国有股转由社保基金会持有，国有股东持股数量少于应转持股份数量的，按实际持股数量转持。

为进一步提高国有资本从事创业投资的积极性，鼓励和引导国有创业投资机构加大对中早期项目的投资，促进我国创业投资事业的发展和科技创新目标的实现，经国务院批准，符合条件的国有创业投资机构和国有创业投资引导基金，投资于未上市中小企业形成的国有股，可申请豁免国有股转持义务。现将有关事项通知如下：

一、资质条件

（一）豁免国有股转持义务的国有创业投资机构应当符合下列条件：

1. 经营范围符合《创业投资企业管理暂行办法》（发展改革委等 10 部门令第 39 号，以下简称《办法》）规定，且工商登记名称中注有“创业投资”字样。在 2005 年 11 月 15 日《办法》发布前完成工商登记的，可保留原有工商登记名称，但经营范围须符合《办法》规定。

2. 遵照《办法》规定的条件和程序完成备案，经备案管理部门年度检查核实，投资运作符合《办法》有关规定。

（二）豁免国有股转持义务的国有创业投资引导基金应当为按照《关于创业投资引导基金规范设立与运作的指导意见》（国办发［2008］116 号）规定，规范设立并运作的国有创业投资引导基金。

（三）本通知所称未上市中小企业，应当同时符合下列条件：

1. 职工人数不超过500人；

2. 年销售（营业额）不超过2亿元；

3. 资产总额不超过2亿元。

上述条件按照国有创业投资机构和国有创业投资引导基金初始投资行为发生时被投资企业的规模确定。

二、申报资料

国有创业投资机构或国有创业投资引导基金申请豁免国有股转持义务，应当提供以下资料：

（一）申请报告；

（二）国有创业投资机构按照《创业投资企业管理暂行办法》完成备案及年检的证明文件，国有创业投资引导基金按照《关于创业投资引导基金规范设立与运作的指导意见》规范设立并运作的具体说明；

（三）经会计师事务所审计的被投资企业在国有创业投资机构或国有创业投资引导基金初始投资发生时上一年度的会计报表；

（四）由被投资企业所在地劳动和社会保障部门出具的被投资企业在国有创业投资机构或国有创业投资引导基金初始投资发生时上一年度末职工人数的证明；

（五）其他说明材料。

三、办理程序

被投资企业拟首次公开发行股票并上市前，符合条件的国有创业投资机构或国有创业投资引导基金直接向财政部提出豁免国有股转持义务申请。财政部经审核后出具豁免国有股转持义务的批复文件，并抄送国资委、证监会、社保基金会和相关省（自治区、直辖市、计划单列市）国有资产监督管理机构、财政部门。若被投资企业有其他国有股东，需省级或省级以上国有资产管理机构出具国有股转持批复的，已豁免国有股转持额度在应转持总额度中扣除。

已按《境内证券市场转持部分国有股充实全国社会保障基金实施办法》实施国有股转持的，符合条件的国有创业投资机构或国有创业投资引导基金直接向财政部提出国有股回拨申请。财政部会同社保基金会复核后向中国证券登记结算有限责任公司（以下简称中国结算公司）下达国有股回拨通知，并抄送国资委、证监会、社保基金会和相关省（自治区、直辖市、计划单列市）国有资产监督管理机构、财政部门。中国结算公司在收到国有股回拨通知后15个工作日内，将已转持国有股，由社保基金会转持股票账户变更登记到国有创业投资机构或国有创业投资引导基金开设的股票账户。

I. 1. 31 关于规范上市公司国有股东发行可交换公司债券及国有控股上市公司发行证券有关事项的通知

（2009 年 6 月 24 日 国资发产权［2009］125 号）

国务院各部委、各直属机构，各省、自治区、直辖市及计划单列市和新疆生产建设兵团国资委，各中央企业，上海证券交易所、深圳证券交易所、中国证券登记结算有限责任公司：

为规范上市公司国有股东发行可交换公司债券及国有控股上市公司发行证券行为，维护证券市场健康发展，根据《中华人民共和国公司法》、《中华人民共和国证券法》、《中华人民共和国企业国有资产法》，以及《企业国有资产监督管理暂行条例》（国务院令第 378 号）等法律法规规定，现就有关问题通知如下：

一、本通知所称上市公司国有股东发行的可交换公司债券是指上市公司国有股东依法发行、在一定期限内依据约定的条件可以交换成该股东所持特定上市公司股份的公司债券。

本通知所称国有控股上市公司发行证券包括上市公司采用公开方式向原股东配售股份、向不特定对象公开募集股份，采用非公开方式向特定对象发行股份以及发行（分离交易）可转换公司债券等。

二、上市公司国有股东发行可交换公司债券应当遵守有关法律法规及规章制度的规定，符合国有资产监督管理机构对上市公司最低持股比例的要求；应当做好可行性研究，严格履行内部决策程序，合理把握市场时机，并建立健全有关债券发行的风险防范和控制机制；募集资金的投向应当符合国家相关产业政策及企业主业发展规划。

三、上市公司国有股东发行的可交换公司债券交换为上市公司每股股份的价格应不低于债券募集说明书公告日前 1 个交易日、前 20 个交易日、前 30 个交易日该上市公司股票均价中的最高者。

四、上市公司国有股东发行的可交换公司债券，其利率应当在参照同期银行贷款利率、银行票据利率、同行业其他企业发行的债券利率，以及标的公司股票每股交换价格、上市公司未来发展前景等因素的前提下，通过市场询价合理确定。

五、国有股东发行可交换公司债券，该股东单位为国有独资公司的，由公司董事会负责制订债券发行方案，并由国有资产监督管理机构依照法定程序作出决定；国有股东为其他类型公司制企业的，债券发行方案在董事会审议后，应当在公司股东会（股东大会）召开前不少于20个工作日，按照规定程序将发行方案报省级或省级以上国有资产监督管理机构审核，国有资产监督管理机构应在公司股东会（股东大会）召开前5个工作日出具批复意见。

国有股东为中央单位的，由中央单位通过集团母公司报国务院国有资产监督管理机构审核；国有股东为地方单位的，由地方单位通过集团母公司报省级国有资产监督管理机构审核。

六、上市公司国有股东发行可交换公司债券的，应当向国有资产监督管理机构报送以下材料：

（一）国有股东发行可交换公司债券的请示；

（二）国有股东发行可交换公司债券的方案及内部决议；

（三）国有股东发行可交换公司债券的风险评估论证情况、偿本付息的具体方案及债务风险的应对预案；

（四）国有控股股东发行可交换公司债券对其控股地位影响的分析；

（五）国有股东为发行可交换公司债券设定担保的股票质押备案表；

（六）国有股东基本情况、营业执照、公司章程及产权登记文件；

（七）国有股东最近一个会计年度的审计报告；

（八）上市公司基本情况、最近一期年度报告及中期报告；

（九）国有资产监督管理机构要求提供的其他材料。

七、国有控股上市公司发行证券应当遵守有关法律、行政法规及规章制度的规定，有利于提高上市公司的核心竞争力，完善法人治理结构，有利于维护上市公司全体投资者的合法权益，募集资金的投向应当符合国家相关产业政策及公司发展规划。

八、国有控股上市公司发行证券，涉及国有股东或经本次认购上市公司增发股份后成为上市公司股东的潜在国有股东，以资产认购所发行证券的，应当按照国务院国有资产监督管理机构关于规范国有股东与上市公司进行资产重组的有关规定开展相关工作。

九、国有控股股东应当协助上市公司根据国家有关产业政策规定、资本市场状况，以及上市公司发展需要，就发行证券事项进行充分的可行性研究，并严格按照国家有关法律法规要求，规范运作。

十、国有控股股东应当在上市公司董事会审议通过证券发行方案后，按照规定程序在上市公司股东大会召开前不少于20个工作日，将该方案逐级报省级或省级以上国有资产监督管理机构审核。国有资产监督管理机构在上市公司相关股东大会召开前5个工作日出具批复意见。

国有资产监督管理机构关于国有控股上市公司发行证券的审核程序按照本通知

第五条第二款的规定办理。

十一、国有控股上市公司拟发行证券的，国有控股股东应当向国有资产监督管理机构报送以下材料：

（一）国有控股上市公司拟发行证券情况的请示；

（二）上市公司董事会关于本次发行证券的决议；

（三）上市公司拟发行证券的方案；

（四）国有控股股东基本情况、认购股份情况及其上一年度审计报告；

（五）国有控股股东关于上市公司发行证券对其控股地位影响的分析；

（六）上市公司基本情况、最近一期的年度报告及中期报告；

（七）上市公司前次募集资金使用情况的报告及本次募集资金使用方向是否符合国家相关政策规定；

（八）上市公司发行可转换债券的风险评估论证情况、偿本付息的具体方案及发生债务风险的应对预案；

（九）律师事务所出具的法律意见书；

（十）国有资产监督管理机构要求提供的其他材料。

十二、国有控股股东在上市公司召开股东大会时，应当按照国有资产监督管理机构出具的批复意见，对上市公司拟发行证券的方案进行表决。

上市公司股东大会召开前未获得国有资产监督管理机构批复的，国有控股股东应当按照有关法律法规规定，提议上市公司延期召开股东大会。

十三、上市公司证券发行完毕后，国有控股股东应持国有资产监督管理机构的批复，到证券登记结算机构办理相关股份变更手续。

国务院国有资产监督管理委员会

二〇〇九年六月二十四日

I.1.32 非上市公众公司监管指引第4号——股东人数超过200人的未上市股份有限公司申请行政许可有关问题的审核指引

（2013年12月26日 中国证监会公告［2013］54号）

《证券法》第十条明确规定“向特定对象发行证券累计超过二百人的”属于公开发行，需依法报经中国证监会核准。对于股东人数已经超过200人的未上市股份有限公司（以下简称200人公司），符合本指引规定的，可申请公开发行并在证券交易所上市、在全国中小企业股份转让系统（以下简称全国股份转让系统）挂牌公开转让等行政许可。对200人公司合规性的审核纳入行政许可过程中一并审核，不再单独审核。现将200人公司的审核标准、申请文件、股份代持及间接持股处理等事项的监管要求明确如下：

一、审核标准

200人公司申请行政许可的合规性应当符合本指引规定的下列要求：

（一）公司依法设立且合法存续

200人公司的设立、增资等行为不违反当时法律明确的禁止性规定，目前处于合法存续状态。城市商业银行、农村商业银行等银行业股份公司应当符合《关于规范金融企业内部职工持股的通知》（财金［2010］97号）。

200人公司的设立、历次增资依法需要批准的，应当经过有权部门的批准。存在不规范情形的，应当经过规范整改，并经当地省级人民政府确认。

200人公司在股份形成及转让过程中不存在虚假陈述、出资不实、股权管理混乱等情形，不存在重大诉讼、纠纷以及重大风险隐患。

（二）股权清晰

200人公司的股权清晰，是指股权形成真实、有效，权属清晰及股权结构清晰。具体要求包括：

1. 股权权属明确。200人公司应当设置股东名册并进行有序管理，股东、公司及相关方对股份归属、股份数量及持股比例无异议。股权结构中存在工会或职工持股会代持、委托持股、信托持股、以及通过“持股平台”间接持股等情形的，应当按照本指引的相关规定进行规范。

本指引所称“持股平台”是指单纯以持股为目的的合伙企业、公司等持股主体。

2. 股东与公司之间、股东之间、股东与第三方之间不存在重大股份权属争议、纠纷或潜在纠纷。

3. 股东出资行为真实，不存在重大法律瑕疵，或者相关行为已经得到有效规范，不存在风险隐患。

申请行政许可的200人公司应当对股份进行确权，通过公证、律师见证等方式明确股份的权属。申请公开发行并在证券交易所上市的，经过确权的股份数量应当达到股份总数的90%以上（含90%）；申请在全国股份转让系统挂牌公开转让的，经过确权的股份数量应当达到股份总数的80%以上（含80%）。未确权的部分应当设立股份托管账户，专户管理，并明确披露有关责任的承担主体。

（三）经营规范

200人公司持续规范经营，不存在资不抵债或者明显缺乏清偿能力等破产风险的情形。

（四）公司治理与信息披露制度健全

200人公司按照中国证监会的相关规定，已经建立健全了公司治理机制和履行信息披露义务的各项制度。

二、申请文件

（一）200人公司申请行政许可，应当提交下列文件：

1. 企业法人营业执照

2. 公司关于股权形成过程的专项说明；

3. 设立、历次增资的批准文件；

4. 证券公司出具的专项核查报告；

5. 律师事务所出具的专项法律意见书，或者在提交行政许可的法律意见书中出具专项法律意见。

以上各项文件如已在申请公开发行并在证券交易所上市或者在全国股份转让系统挂牌公开转让的申请文件中提交，可不重复提交。

（二）存在下列情形之一的，应当报送省级人民政府出具的确认函：

1. 1994年7月1日《公司法》实施前，经过体改部门批准设立，但存在内部职工股超范围或超比例发行、法人股向社会个人发行等不规范情形的定向募集公司。

2. 1994年7月1日《公司法》实施前，依法批准向社会公开发行股票的公司。

3. 按照《国务院办公厅转发证监会关于清理整顿场外非法股票交易方案的通知》（国办发［1998］10号），清理整顿证券交易场所后“下柜”形成的股东超过200人的公司。

4. 中国证监会认为需要省级人民政府出具确认函的其他情形。

省级人民政府出具的确认函应当说明公司股份形成、规范的过程以及存在的问题，并明确承担相应责任。

（三）股份已经委托股份托管机构进行集中托管的，应当由股份托管机构出具股份托管情况的证明。股份未进行集中托管的，应当按照前款规定提供省级人民政府的确认函。

（四）属于200人公司的城市商业银行、农村商业银行等银行业股份公司应当提供中国银行业监督管理机构出具的监管意见。

三、关于股份代持及间接持股的处理

（一）一般规定

股份公司股权结构中存在工会代持、职工持股会代持、委托持股或信托持股等股份代持关系，或者存在通过“持股平台”间接持股的安排以致实际股东超过200人的，在依据本指引申请行政许可时，应当已经将代持股份还原至实际股东、将间接持股转为直接持股，并依法履行了相应的法律程序。

（二）特别规定

以私募股权基金、资产管理计划以及其他金融计划进行持股的，如果该金融计划是依据相关法律法规设立并规范运作，且已经接受证券监督管理机构监管的，可不进行股份还原或转为直接持股。

四、相关各方的责任

（一）公司及其相关人员的责任

在申请文件制作及申报过程中，公司及其控股股东、实际控制人、董事、监事及高级管理人员应当在申请文件中签名保证内容真实、准确、完整。

公司控股股东、实际控制人、董事、监事及高级管理人员应当积极配合相关证券公司、律师事务所、会计师事务所开展尽职调查。

（二）中介机构的职责

证券公司、律师事务所应当勤勉尽责，对公司股份形成、经营情况、公司治理及信息披露等方面进行充分核查验证，确保所出具的文件无虚假记载、误导性陈述或者重大遗漏。

五、附则

（一）申请行政许可的200人公司的控股股东、实际控制人或者重要控股子公司也属于200人公司的，应当依照本指引的要求进行规范。

（二）2006年1月1日《证券法》修订实施后，未上市股份有限公司股东人数超过200人的，应当符合《证券法》和《非上市公众公司监督管理办法》的有关规定。国家另有规定的，从其规定。

（三）本指引自公布之日起施行。

I.2 债券发行审核

I.2.1 公司债券发行试点办法

（2007 年 8 月 14 日 中国证券监督管理委员会令第 49 号）

第一章 总 则

第一条 为规范公司债券的发行行为，保护投资者的合法权益和社会公共利益，根据《证券法》、《公司法》，制定本办法。

第二条 在中华人民共和国境内发行公司债券，适用本办法。

本办法所称公司债券，是指公司依照法定程序发行、约定在一年以上期限内还本付息的有价证券。

第三条 申请发行公司债券，应当符合《证券法》、《公司法》和本办法规定的条件，经中国证券监督管理委员会（以下简称中国证监会）核准。

第四条 申请发行公司债券，必须真实、准确、完整、及时、公平地披露或者提供信息，不得有虚假记载、误导性陈述或者重大遗漏。

第五条 公司应当诚实信用，维护债券持有人享有的法定权利和债券募集说明书约定的权利。

第六条 中国证监会对公司债券发行的核准，不表明其对该债券的投资价值或者投资者的收益作出实质性判断或者保证。公司债券的投资风险，由认购债券的投资者自行负责。

第二章 发行条件

第七条 发行公司债券，应当符合下列规定：

（一）公司的生产经营符合法律、行政法规和公司章程的规定，符合国家产业政策；

（二）公司内部控制制度健全，内部控制制度的完整性、合理性、有效性不存在重大缺陷；

（三）经资信评级机构评级，债券信用级别良好；

（四）公司最近一期末经审计的净资产额应符合法律、行政法规和中国证监会的有关规定；

（五）最近三个会计年度实现的年均可分配利润不少于公司债券一年的利息；

（六）本次发行后累计公司债券余额不超过最近一期末净资产额的百分之四十；金融类公司的累计公司债券余额按金融企业的有关规定计算。

第八条 存在下列情形之一的，不得发行公司债券：

（一）最近三十六月内公司财务会计文件存在虚假记载，或公司存在其他重大违法行为；

（二）本次发行申请文件存在虚假记载、误导性陈述或者重大遗漏；

（三）对已发行的公司债券或者其他债务有违约或者迟延支付本息的事实，仍处于继续状态；

（四）严重损害投资者合法权益和社会公共利益的其他情形。

第九条 公司债券每张面值一百元，发行价格由发行人与保荐人通过市场询价确定。

第十条 公司债券的信用评级，应当委托经中国证监会认定、具有从事证券服务业务资格的资信评级机构进行。

公司与资信评级机构应当约定，在债券有效存续期间，资信评级机构每年至少公告一次跟踪评级报告。

第十一条 为公司债券提供担保的，应当符合下列规定：

（一）担保范围包括债券的本金及利息、违约金、损害赔偿金和实现债权的费用；

（二）以保证方式提供担保的，应当为连带责任保证，且保证人资产质量良好；

（三）设定担保的，担保财产权属应当清晰，尚未被设定担保或者采取保全措施，且担保财产的价值经有资格的资产评估机构评估不低于担保金额；

（四）符合《物权法》、《担保法》和其他有关法律、法规的规定。

第三章 发行程序

第十二条 申请发行公司债券，应当由公司董事会制定方案，由股东会或股东大会对下列事项做出决议：

（一）发行债券的数量；

（二）向公司股东配售的安排；

（三）债券期限；

（四）募集资金的用途；

（五）决议的有效期；

（六）对董事会的授权事项；

（七）其他需要明确的事项。

第十三条 发行公司债券募集的资金，必须符合股东会或股东大会核准的用途，且符合国家产业政策。

第十四条 发行公司债券，应当由保荐人保荐，并向中国证监会申报。

保荐人应当按照中国证监会的有关规定编制和报送募集说明书和发行申请文件。

第十五条 公司全体董事、监事、高级管理人员应当在债券募集说明书上签字，保证不存在虚假记载、误导性陈述或者重大遗漏，并声明承担个别和连带的法律责任。

第十六条 保荐人应当对债券募集说明书的内容进行尽职调查，并由相关责任人签字，确认不存在虚假记载、误导性陈述或者重大遗漏，并声明承担相应的法律责任。

第十七条 为债券发行出具专项文件的注册会计师、资产评估人员、资信评级人员、律师及其所在机构，应当按照依法制定的业务规则、行业公认的业务标准和道德规范出具文件，并声明对所出具文件的真实性、准确性和完整性承担责任。

第十八条 债券募集说明书所引用的审计报告、资产评估报告、资信评级报告，应当由有资格的证券服务机构出具，并由至少二名有从业资格的人员签署。

债券募集说明书所引用的法律意见书，应当由律师事务所出具，并由至少二名经办律师签署。

第十九条 债券募集说明书自最后签署之日起六个月内有效。

债券募集说明书不得使用超过有效期的资产评估报告或者资信评级报告。

第二十条 中国证监会依照下列程序审核发行公司债券的申请：

（一）收到申请文件后，五个工作日内决定是否受理；

（二）中国证监会受理后，对申请文件进行初审；

（三）发行审核委员会按照《中国证券监督管理委员会发行审核委员会办法》规定的特别程序审核申请文件；

（四）中国证监会作出核准或者不予核准的决定。

第二十一条 发行公司债券，可以申请一次核准，分期发行。自中国证监会核准发行之日起，公司应在六个月内首期发行，剩余数量应当在二十四个月内发行完毕。超过核准文件限定的时效未发行的，须重新经中国证监会核准后方可发行。

首期发行数量应当不少于总发行数量的50%，剩余各期发行的数量由公司自行确定，每期发行完毕后五个工作日内报中国证监会备案。

第二十二条 公司应当在发行公司债券前的二至五个工作日内，将经中国证监会核准的债券募集说明书摘要刊登在至少一种中国证监会指定的报刊，同时将其全文刊登在中国证监会指定的互联网网站。

第四章 债券持有人权益保护

第二十三条 公司应当为债券持有人聘请债券受托管理人，并订立债券受托管理协议；在债券存续期限内，由债券受托管理人依照协议的约定维护债券持有人的利益。

公司应当在债券募集说明书中约定，投资者认购本期债券视作同意债券受托管理协议。

第二十四条 债券受托管理人由本次发行的保荐人或者其他经中国证监会认可的机构担任。为本次发行提供担保的机构不得担任本次债券发行的受托管理人。

债券受托管理人应当为债券持有人的最大利益行事，不得与债券持有人存在利益冲突。

第二十五条 债券受托管理人应当履行下列职责：

（一）持续关注公司和保证人的资信状况，出现可能影响债券持有人重大权益的事项时，召集债券持有人会议；

（二）公司为债券设定担保的，债券受托管理协议应当约定担保财产为信托财产，债券受托管理人应在债券发行前取得担保的权利证明或其他有关文件，并在担保期间妥善保管；

（三）在债券持续期内勤勉处理债券持有人与公司之间的谈判或者诉讼事务；

（四）预计公司不能偿还债务时，要求公司追加担保，或者依法申请法定机关采取财产保全措施；

（五）公司不能偿还债务时，受托参与整顿、和解、重组或者破产的法律程序；

（六）债券受托管理协议约定的其他重要义务。

第二十六条 公司应当与债券受托管理人制定债券持有人会议规则，约定债券持有人通过债券持有人会议行使权利的范围、程序和其他重要事项。

公司应当在债券募集说明书中约定，投资者认购本期债券视作同意债券持有人会议规则。

第二十七条 存在下列情况的，应当召开债券持有人会议：

（一）拟变更债券募集说明书的约定；

（二）拟变更债券受托管理人；

（三）公司不能按期支付本息；

（四）公司减资、合并、分立、解散或者申请破产；

（五）保证人或者担保物发生重大变化；

（六）发生对债券持有人权益有重大影响的事项。

第五章 监督管理

第二十八条 公司违反本办法规定，存在不履行信息披露义务，或者不按照约定召集债券持有人会议，损害债券持有人权益等行为的，中国证监会可以责令整改；对其直接负责的主管人员和其他直接责任人员，可以采取监管谈话、认定为不适当人选等行政监管措施，记入诚信档案并公布。

第二十九条 保荐人出具有虚假记载、误导性陈述或者重大遗漏的发行保荐书，保荐人或其相关人员伪造或变造签字、盖章，或者不履行其他法定职责的，依照《证券法》和保荐制度的有关规定处理。

第三十条 为公司债券发行出具审计报告、法律意见、资产评估报告、资信评级报告及其他专项文件的证券服务机构和人员，在其出具的专项文件中存在虚假记载、误导性陈述或者重大遗漏的，依照《证券法》和中国证监会的有关规定处理。

第三十一条 债券受托管理人违反本办法规定，未能履行债券受托管理协议约定的职责，损害债券持有人权益的，中国证监会可以责令整改；对其直接负责的主管人员和其他直接责任人员，可以采取监管谈话、认定为不适当人选等行政监管措施，记入诚信档案并公布。

第六章 附　则

第三十二条 公司债券的上市交易、登记结算等事项应当遵守所在证券交易场所及相应证券登记结算机构的有关规定。

I. 2. 2 关于实施《公司债券发行试点办法》有关事项的通知

（2007 年 8 月 14 日　证监发［2007］112 号）

各上市公司、各保荐机构：

为适应大力发展公司债券市场的需要，规范公司债券的发行行为，促进资本市场的协调发展，根据《证券法》、《公司法》，我会制定并颁布了《公司债券发行试点办法》。

试点初期，试点公司限于沪深证券交易所上市的公司及发行境外上市外资股的境内股份有限公司。

中国证券监督管理委员会

二〇〇七年八月十四日

I.2.3 关于商业银行发行公司债券补充资本的指导意见

（2013 年 10 月 30 日 中国证监会公告［2013］39 号）

现公布《关于商业银行发行公司债券补充资本的指导意见》，自 2013 年 11 月 6 日起施行。

中国证监会 中国银监会

二〇一三年十月三十日

关于商业银行发行公司债券补充资本的指导意见

第一条 为支持商业银行开展资本工具创新，拓宽资本补充渠道，根据《证券法》、《公司法》、《商业银行资本管理办法（试行）》、中国证监会公司债券发行管理办法等法律、法规和相关规定，制定本指导意见。

第二条 商业银行发行公司债券补充资本是指商业银行发行符合资本工具合格标准、经中国银监会认定可计入商业银行资本的公司债券。在上海、深圳证券交易所上市的商业银行，或发行境外上市外资股的境内商业银行，或申请在境内首次公开发行股票的在审商业银行（以下简称上市或拟上市商业银行），可以按照《证券法》、《公司法》、中国证监会公司债券发行管理办法发行包含减记条款的公司债券（以下简称减记债）补充资本。

第三条 减记债在《商业银行资本管理办法（试行）》规定的触发事件发生时，能立即减记，投资者相应承担本金及利息损失的风险。

减记债应符合商业银行资本工具合格标准，经中国银监会认定可计入商业银行二级资本。

第四条 上市或拟上市商业银行拟发行减记债补充资本的，应当按照《商业银行资本管理办法（试行）》、《中国银监会关于商业银行资本工具创新的指导意见》（银监发［2012］56 号）、《中国银监会关于做好〈商业银行资本管理办法（试行）〉实施工作的指导意见》（银监发［2013］11 号）等规定，妥善设计公司债券的相关条款，制定可行的发行方案，报中国银监会进行资本属性的确认，并由中国银监会出具监管意见。

第五条 上市或拟上市商业银行取得中国银监会的监管意见后，应当按照中国证监会公司债券发行管理办法及相关配套规则制作发行申请文件，报中国证监会核准并公开发行，或按照证券交易所业务规则备案后非公开发行。

第六条 除遵循中国证监会、证券交易所关于公司债券信息披露的一般规定外，发行人应当在募集说明书中充分披露减记债作为资本工具的特殊属性和风险事项，在募集说明书的显著位置对减记条款及其触发事件进行特别提示，并对是否约定补偿条款及其对投资者权益的影响等风险事项作出充分说明。

第七条 上市或拟上市商业银行公开发行减记债申请上市交易的，应当在发行前根据证券交易所的相关规则，报证券交易所审核同意并明确其交易机制安排。

第八条 发行人及承销商应采取措施，确保公开发行认购债券的投资者适当性要求与参与二级市场交易的投资者适当性要求保持一致。

第九条 对于公开发行的减记债，证券交易所应当完善其上市交易、信息披露的管理和服务，按照发行人资产规模和信用水平实行差异化的交易机制安排，建立投资者适当性管理制度，健全风险控制机制和措施。

第十条 发行人应当根据自身经营状况及监管要求及时披露触发事件发生的风险。

证券交易所督促发行人履行信息披露义务，并相应完善公开发行减记债的交易机制安排，严格投资者适当性管理。

第十一条 减记债可以经备案后非公开发行，其备案程序、信息披露要求、交易机制安排、投资者适当性管理等由证券交易所依照相关法律法规和本指导意见另行规定，报中国证监会批准。

第十二条 减记债应当由中国证券登记结算有限责任公司或中国证监会认可的其他机构登记、托管、结算。

第十三条 其他商业银行符合中国证监会关于公司债券发行人范围有关规定的，可以依照本指导意见申请发行减记债。

第十四条 商业银行发行其他类型的公司债券补充资本，由中国证监会、中国银监会依照法律、行政法规另行规定。

第十五条 本指导意见自 2013 年 11 月 6 日起施行，由中国证监会和中国银监会负责解释。

I. 2. 4　关于银行业上市公司发行债券时累计公司债券余额如何计算有关问题的函

（2008 年 1 月 18 日　发行监管函［2008］11 号）

各保荐机构、各银行业上市公司：

我会 2007 年 8 月发布的《公司债券发行试点办法》第七条规定，“发行公司债券，本次发行后累计公司债券余额不超过最近一期末净资产额的百分之四十，金融类公司的累计公司债券余额按金融企业的有关规定计算”。根据《中国银监会办公厅关于银行业金融机构公司债券有关问题意见的复函》（银监办函［2008］288 号）的规定，银行业上市公司发行债券时，其累计公司债券余额的计算及相关问题可按如下原则处理：

一、银行业上市公司发行普通公司债券、可转换公司债券、分离交易的可转债或者其他公司债券品种时，其累计公司债券余额的计算由银监会根据有关监管指标核定。银行业上市公司董事会在银监会核定的指标内提出发行方案，经股东大会表决通过后向我会报送正式申请材料。

二、分离交易的可转换公司债券是一般性债券与权证相结合的新型债务融资工具，发行后权证和债券分离交易，债券部分不能按照可转债有关规定计入附属资本。但根据银监会的有关规则，若分离交易的可转债具有次级性质，可比照长期次级债务工具的有关规定计入附属资本。其发行规模（包括其他长期次级债务工具）受核心资本 50% 的约束，原始期限不得低于 5 年，在距到期日的最后 5 年里，计入附属资本的数量逐年摊销。在附属资本中，分离交易的可转债列在长期附属债务工具下，不得列入可转债。

中国证券监督管理委员会

二〇〇八年一月十八日

I. 2. 5 上市公司股东发行可交换公司债券试行规定

（2008 年 10 月 17 日 中国证监会公告［2008］41 号）

为规范上市公司股东发行可交换公司债券行为，根据《公司债券发行试点办法》（证监会令第 49 号），我会制定了《上市公司股东发行可交换公司债券试行规定》，现予公布，自公布之日起施行。

中国证券监督管理委员会

二〇〇八年十月十七日

上市公司股东发行可交换公司债券试行规定

为规范上市公司股东发行可交换公司债券的行为，根据《公司债券发行试点办法》，就有关事项规定如下：

一、持有上市公司股份的股东，可以经保荐人保荐，向中国证监会申请发行可交换公司债券。

可交换公司债券是指上市公司的股东依法发行、在一定期限内依据约定的条件可以交换成该股东所持有的上市公司股份的公司债券。

二、申请发行可交换公司债券，应当符合下列规定：

（一）申请人应当是符合《公司法》、《证券法》规定的有限责任公司或者股份有限公司；

（二）公司组织机构健全，运行良好，内部控制制度不存在重大缺陷；

（三）公司最近一期末的净资产额不少于人民币 3 亿元；

（四）公司最近 3 个会计年度实现的年均可分配利润不少于公司债券一年的利息；

（五）本次发行后累计公司债券余额不超过最近一期末净资产额的 40%；

（六）本次发行债券的金额不超过预备用于交换的股票按募集说明书公告日前 20 个交易日均价计算的市值的 70%，且应当将预备用于交换的股票设定为本次发行的公司债券的担保物；

（七）经资信评级机构评级，债券信用级别良好；

（八）不存在《公司债券发行试点办法》第八条规定的不得发行公司债券

的情形。

三、预备用于交换的上市公司股票应当符合下列规定：

（一）该上市公司最近一期末的净资产不低于人民币 15 亿元，或者最近 3 个会计年度加权平均净资产收益率平均不低于 6%。扣除非经常性损益后的净利润与扣除前的净利润相比，以低者作为加权平均净资产收益率的计算依据；

（二）用于交换的股票在提出发行申请时应当为无限售条件股份，且股东在约定的换股期间转让该部分股票不违反其对上市公司或者其他股东的承诺；

（三）用于交换的股票在本次可交换公司债券发行前，不存在被查封、扣押、冻结等财产权利被限制的情形，也不存在权属争议或者依法不得转让或设定担保的其他情形。

四、可交换公司债券的期限最短为一年，最长为 6 年，面值每张人民币 100 元，发行价格由上市公司股东和保荐人通过市场询价确定。

募集说明书可以约定赎回条款，规定上市公司股东可以按事先约定的条件和价格赎回尚未换股的可交换公司债券。

募集说明书可以约定回售条款，规定债券持有人可以按事先约定的条件和价格将所持债券回售给上市公司股东。

五、可交换公司债券自发行结束之日起 12 个月后方可交换为预备交换的股票，债券持有人对交换股票或者不交换股票有选择权。

公司债券交换为每股股份的价格应当不低于公告募集说明书日前 20 个交易日公司股票均价和前一个交易日的均价。募集说明书应当事先约定交换价格及其调整、修正原则。若调整或修正交换价格，将造成预备用于交换的股票数量少于未偿还可交换公司债券全部换股所需股票的，公司必须事先补充提供预备用于交换的股票，并就该等股票设定担保，办理相关登记手续。

六、可交换公司债券的发行程序，按照《公司债券发行试点办法》第三章的规定办理。

债券受托管理和债券持有人权益保护事项，按照《公司债券发行试点办法》第四章的规定办理。

可交换公司债券的信用评级事项，按照《公司债券发行试点办法》第二章第十条的规定办理。

除用预备交换的股票设定担保外，发行人为本次发行的公司债券另行提供担保的，按照《公司债券发行试点办法》第二章第十一条的规定办理。

七、预备用于交换的股票及其孳息（包括资本公积转增股本、送股、分红、派息等），是本次发行可交换公司债券的担保物，用于对债券持有人交换股份和本期债券本息偿付提供担保。

在可交换公司债券发行前，公司债券受托管理人应当与上市公司股东就预备用于交换的股票签订担保合同，按照证券登记结算机构的业务规则设定担保，办理相关登记手续，将其专户存放，并取得担保权利证明文件。

当债券持有人按照约定条件交换股份时，从作为担保物的股票中提取相应数额用于支付；债券持有人部分或者全部未选择换股且上市公司股东到期未能清偿债务时，作为担保物的股票及其孳息处分所得的价款优先用于清偿对债券持有人的负债。

八、可交换公司债券持有人申请换股的，应当通过其托管证券公司向证券交易所发出换股指令，指令视同为债券受托管理人与发行人认可的解除担保指令。

九、申请发行可交换公司债券，应当按照本规定的要求编制申请文件，按照《证券法》的规定持续公开信息。编制募集说明书除应参照《公开发行证券的公司信息披露内容与格式准则第 23 号——公开发行公司债券募集说明书》（证监发行字［2007］224 号）外，还应参照上市公司发行可转换公司债券募集说明书摘要的有关要求披露上市公司的重要信息。

十、拥有上市公司控制权的股东发行可交换公司债券的，应当合理确定发行方案，不得通过本次发行直接将控制权转让给他人。持有可交换公司债券的投资者因行使换股权利增持上市公司股份的，或者因持有可交换公司债券的投资者行使换股权利导致拥有上市公司控制权的股东发生变化的，相关当事人应当履行《上市公司收购管理办法》（证监会令第 35 号）规定的义务。

十一、可交换公司债券的上市交易、换股、回售、赎回、登记结算等事项，按照证券交易所和证券登记结算机构的有关规定办理。

十二、本规定未尽事项，按照中国证监会的其他有关规定办理。

十三、本规定自公布之日起施行。

附录：发行可交换公司债券申请文件目录

发行可交换公司债券申请文件目录

一、相关责任人签署的募集说明书；

二、保荐人出具的发行保荐书；

三、发行人关于就预备用于交换的股票在证券登记结算机构设定担保并办理相关登记手续的承诺；

四、评级机构出具的债券资信评级报告；

五、公司债券受托管理协议和公司债券持有人会议规则；

六、本期债券担保合同（如有）、抵押财产的资产评估文件（如有）；

七、其他重要文件。

I. 2. 6　关于创业板上市公司非公开发行公司债券的有关事项的公告

（2011 年 10 月 20 日　中国证监会公告［2011］29 号）

为了促进创业板上市公司持续规范发展，进一步支持自主创新和其他成长型创业企业利用资本市场做优做强，多渠道破解中小企业融资难题，现将创业板上市公司非公开发行公司债券的有关事项公告如下，请各保荐机构、创业板上市公司遵照执行：

一、创业板上市公司申请非公开发行公司债券，执行《公司债券发行试点办法》（证监会令第 49 号）的有关规定，符合规定的公司可依照程序向中国证监会报送申请文件。

二、创业板上市公司非公开发行公司债券的转让执行深圳证券交易所的有关业务规则。

I. 2. 7 最高人民法院关于《国土资源部办公厅关于征求为公司债券持有人办理国有土地使用权抵押登记意见函》的答复

（2010 年 6 月 23 日 ［2010］民二他字第 16 号）

国土资源部办公厅：

国土资厅函［2010］374 号《国土资源部办公厅关于征求为公司债券持有人办理国有土地使用权抵押登记意见函》收悉，经研究，答复如下：

基于公司债券持有人具有分散性、群体性、不易保护自身权利的特点，《公司债券发行试点办法》（以下简称《办法》）规定了公司债券受托管理人制度，以保护全体公司债券持有人的权益。基于此，《办法》第二十五条对公司债券受托管理人的法定职责进行了规定，同时允许当事人约定权利义务范围。

根据《物权法》的规定，函中所述案例的抵押权人为全体公司债券持有人。抵押权的设定有利于保护全体公司债券持有人的利益。在公司债券持有人因其不确定性、群体性而无法申请办理抵押权登记的情形下，认定公司债券受托管理人可以代理办理抵押权登记手续，符合设立公司债券受托管理人制度的目的，也不违反《办法》第二十五条的规定。在法律没有禁止性规定以及当事人之间没有禁止代为办理抵押登记约定的情形下，应认定公司债券受托管理人可代理全体公司债券持有人申请办理土地抵押登记。

以上意见仅供参考。

I. 2. 8 关于商业银行发行公司债券补充资本及其上市交易、转让相关事项的通知

（2014 年 1 月 9 日　上证发［2014］4 号）

各市场参与人：

根据中国证监会和中国银监会联合发布的《关于商业银行发行公司债券补充资本的指导意见》（证监会公告［2013］39 号，以下简称《指导意见》）和上海证券交易所（以下简称本所）有关规定，现就上市或拟上市商业银行发行包含减记条款的公司债券（以下简称减记债）并通过本所上市交易、转让的有关事项通知如下。上市或拟上市商业银行是指在证券交易所上市的商业银行，或发行境外上市外资股的境内商业银行，或申请在境内首次公开发行股票的在审商业银行。

一、发行人申请其公开发行的减记债在本所上市，应当满足《上海证券交易所公司债券上市规则》（以下简称《债券上市规则》）的相关规定，并经本所审核同意。

公开发行的减记债拟在本所上市交易的，发行人应当在发行前与本所进行沟通，明确交易机制等安排。

二、非公开发行的减记债在本所进行转让的，在发行前应当向本所备案，其备案程序适用本所关于非公开发行公司债券备案的相关规定。

三、发行人非公开发行减记债，应按照中国证监会及本所相关规定编制并向本所报送备案材料，备案材料包括：

（一）备案申请函及申请表；

（二）发行人公司章程及营业执照（副本）复印件；

（三）发行人内设有权机构关于本期债券发行事项的决议；

（四）中国银监会监管意见；

（五）减记债承销协议；

（六）减记债募集说明书；

（七）承销商尽职调查报告；

（八）减记债受托管理协议（若有）及持有人会议规则；

（九）发行人最近一期及经审计的两个完整会计年度的财务报告；

（十）律师事务所出具的关于本期减记债发行的法律意见书；

（十一）本所要求的其他文件。

四、非公开发行的减记债募集说明书应当披露所有对投资者作出投资决策可能产生重大影响的信息，至少包括以下内容：

（一）发行人基本情况（包括资本充足率，资本工具发行情况等）；

（二）本期减记债发行基本情况及发行条款；

（三）本期减记债风险因素及重大事项提示：至少含有本期减记债作为资本工具的特殊属性和风险事项，减记条款及其触发事件的特别提示，并对是否约定补偿条款及其对投资者权益的影响等风险事项作出说明；

（四）承销机构及承销安排；

（五）募集资金用途；

（六）减记债转让安排；

（七）信息披露的具体内容和方式；

（八）减记债受托管理（若有）及减记债持有人会议等投资者保护机制安排；

（九）减记债信用评级和跟踪评级的具体安排（若有）；

（十）发行人全体董事、监事和高级管理人员对发行文件真实性、准确性和完整性的承诺；

（十一）其他重要事项。

五、发行人申请非公开发行的减记债在本所转让，应当向本所提交转让申请书、债券发行文件、债券持有人名册以及本所要求的其他材料，并在转让前与本所签订《减记债转让服务协议》。

六、发行人应当保证上市交易或转让相关文件及信息披露内容真实、准确、完整，不存在虚假记载、误导性陈述或重大遗漏。

七、参与公开发行的减记债认购和交易的投资者，应当为符合《上海证券交易所债券市场投资者适当性管理暂行办法》规定的专业投资者。

参与非公开发行的减记债认购和转让的合格投资者，应当符合下列条件：

（一）经有关金融监管部门批准设立的金融机构，包括商业银行、证券公司、基金管理公司、信托公司和保险公司等；

（二）上述金融机构面向投资者发行的理财产品，包括但不限于银行理财产品、信托产品、投连险产品、基金产品、证券公司资产管理产品等；

（三）注册资本实缴额不低于人民币500万元的企业法人；

（四）实缴出资总额不低于人民币500万元的合伙企业；

（五）合格境外机构投资者（QFII）、人民币合格境外机构投资者（RQFII）；

（六）名下各类证券账户、资金账户、资产管理账户的资产总额不低于人民币500万元的个人投资者；

（七）经本所认可的其他合格投资者。

发行人的董事、监事、高级管理人员及持股比例超过5%的股东，可以参与本公司非公开发行减记债的认购与转让。

证券公司及相关金融机构应当建立完备的投资者适当性管理制度，确认参与减记债认购、交易或转让的投资者符合上述要求。

八、每期非公开发行的减记债的投资者合计不得超过200人。

九、发行时最近一期末的总资产为5万亿元人民币以上（含本数）的上市或拟上市商业银行公开发行的减记债，可以在本所采用竞价、报价、询价、协议等方式进行交易。其交易相关事项适用《上海证券交易所交易规则》、《上海证券交易所债券交易实施细则》等相关规则。

非公开发行的减记债，以及发行时最近一期末的总资产为5万亿元人民币以下的上市或拟上市商业银行公开发行的减记债，采用竞价方式之外的报价、询价、协议等方式进行转让或交易。其转让或交易相关事项适用《上海证券交易所固定收益证券综合电子平台交易暂行规定》等相关规则。

十、减记债信用级别变化或者发行人出现其他重大风险事件时，本所可以根据市场情况，对其交易机制、投资者适当性标准等进行调整。

十一、公开发行的减记债，发行人和其他信息披露义务人应当按照《指导意见》、《债券上市规则》等相关规定及募集说明书的约定履行信息披露义务。

非公开发行的减记债，发行人和其他信息披露义务人应当按照《指导意见》、本所其他相关规定及募集说明书约定履行相应的信息披露义务。转让期间，发行人应当披露年度报告。本所网站债券专区可提供定向信息披露服务。

十二、减记债上市交易或转让期间，出现公司债券信息披露相关规定列示的情况或发生以下重大事件时，发行人应当及时进行临时信息披露：

（一）当中国银监会规定的二级资本工具触发事件发生时，发行人应当及时就触发事件的具体情况、拟减记金额、金额计算方式、减记执行日以及执行程序等事宜向本所提交临时报告，并进行披露；

（二）当中国银监会规定的其他一级资本工具触发事件发生后，发行人应当及时进行披露；

（三）对发行人及其资本充足率产生重要影响的其他事件发生时，应当及时披露风险提示报告；

（四）发行人在满足赎回相关条件并选择提前赎回时，应当至少提前20个交易日向本所提交临时报告，并且在赎回期结束前至少披露3次赎回提示性报告，报告应当载明赎回执行日、赎回金额、赎回程序、赎回价格、付款方法、付款时间等内容。赎回期结束后，发行人应当披露赎回结果及其影响。

十三、减记债的登记、托管、结算及回购等相关事宜，由中国证券登记结算有限责任公司或中国证监会认可的其他机构按照其业务规则办理。

十四、本所对减记债上市暂免收取相关费用，对减记债交易及转让参照公司债券交易收取经手费。

十五、其他商业银行公开或非公开发行的减记债在本所的上市交易或转让事宜，参照本通知办理，本所另有规定的除外。

商业银行发行的其他类型的补充资本的公司债券在本所上市交易或转让事宜，由本所另行规定。

十六、本通知自发布之日起实施，由本所负责解释。

特此通知。

上海证券交易所

二〇一四年一月九日

I. 2. 9 企业债券管理条例[①]

（2011年1月8日 中华人民共和国国务院令第121号）

第一章 总 则

第一条 为了加强对企业债券的管理，引导资金的合理流向，有效利用社会闲散资金，保护投资者的合法益，制定本条例。

第二条 本条例适用于中华人民共和国境内具有法人资格的企业（以下简称企业）在境内发行的债券。但是，金融债券和外币债券除外。除前款规定的企业外，任何单位和个人不得发行企业债券。

第三条 企业进行有偿筹集资金活动，必须通过公开发行企业债券的形式进行。但是，法律和国务院另有规定的除外。

第四条 发行和购买企业债券应当遵循自愿、互利、有偿的原则。

第二章 企业债券

第五条 本条例所称企业债券，是指企业依照法定程序发行、约定在一定期限内还本付息的有价证券。

第六条 企业债券的票面应当载明下列内容：

（一）企业的名称、住所；

（二）企业债券的面额；

（三）企业债券的利率；

（四）还本期限和方式；

（五）利息的支付方式；

（六）企业债券发行日期和编号；

（七）企业的印记和企业法定代表人的签章；

（八）审批机关批准发行的文号、日期。

---

① 2011年1月8日发布的《国务院关于废止和修改部分行政法规的规定》（国务院令第588号）对该条例进行了修订。如下：将《企业债券管理条例》第二十六条修改为："未经批准发行或者变相发行企业债券的，以及未通过证券经营机构发行企业债券的，责令停止发行活动，退还非法所筹资金，处以相当于非法所筹资金金额百分之五以下的罚款。"

第二十七条修改为："超过批准数额发行企业债券的，责令退还超额发行部分或者核减相当于超额发行金额的贷款额度，处以相当于超额发行部分百分之五以下的罚款。"

第七条 企业债券持有人有权按照约定期限取得利息、收回本金，但是无权参与企业的经营管理。

第八条 企业债券持有人对企业的经营状况不承担责任。

第九条 企业债券可以转让、抵押和继承。

第三章 企业债券的管理

第十条 国家计划委员会会同中国人民银行、财政部、国务院证券委员会拟订全国企业债券发行的年度规模和规模内的各项指标，报国务院批准后，下达各省、自治区、直辖市、计划单列市人民政府和国务院有关部门执行。未经国务院同意，任何地方、部门不得擅自突破企业债券发行的年度规模，并不得擅自调整年度规模内的各项指标。

第十一条 企业发行企业债券必须按照本条例的规定进行审批；未经批准的，不得擅自发行和变相发行企业债券。中央企业发行企业债券，由中国人民银行会同国家计划委员会审批；地方企业发行企业债券，由中国人民银行省、自治区、直辖市、计划单列市分行会同同级计划主管部门审批。

第十二条 企业发行企业债券必须符合下列条件：

（一）企业规模达到国家规定的要求；

（二）企业财务会计制度符合国家规定；

（三）具有偿债能力；

（四）企业经济效益良好，发行企业债券前连续三年盈利；

（五）所筹资金用途符合国家产业政策。

第十三条 企业发行企业债券应当制订发行章程。

发行章程应当包括下列内容：

（一）企业的名称、住所、经营范围、法定代表人；

（二）企业近三年的生产经营状况和有关业务发展的基本情况；

（三）财务报告；

（四）企业自有资产净值；

（五）筹集资金的用途；

（六）效益预测；

（七）发行对象、时间、期限、方式；

（八）债券的种类及期限；

（九）债券的利率；

（十）债券总面额；

（十一）还本付息方式；

(十二)审批机关要求载明的其他事项。

第十四条 企业申请发行企业债券,应当向审批机关报送下列文件:

(一)发行企业债券的申请书;

(二)营业执照;

(三)发行章程;

(四)经会计师事务所审计的企业近三年的财务报告;

(五)审批机关要求提供的其他材料。

企业发行企业债券用于固定资产投资,按照国家有关规定需要经有关部门审批的,

还应当报送有关部门的审批文件。

第十五条 企业发行企业债券应当公布经审批机关批准的发行章程。

企业发行企业债券,可以向经认可的债券评信机构申请信用评级。

第十六条 企业发行企业债券的总面额不得大于该企业的自有资产净值。

第十七条 企业发行企业债券用于固定资产投资的,依照国家有关固定资产投资的规定办理。

第十八条 企业债券的利率不得高于银行相同期限居民储蓄定期存款利率的百分之四十。

第十九条 任何单位不得以下列资金购买企业债券:

(一)财政预算拨款;

(二)银行贷款;

(三)国家规定不得用于购买企业债券的其他资金。

办理储蓄业务的机构不得将所吸收的储蓄存款用于购买企业债券。

第二十条 企业发行企业债券所筹资金应当按照审批机关批准的用途,用于本企业的生产经营。企业发行企业债券所筹资金不得用于房地产买卖、股票买卖和期货交易等与本企业生产经营无关的风险性投资。

第二十一条 企业发行企业债券,应当由证券经营机构承销。

证券经营机构承销企业债券,应当对发行债券的企业的发行章程和其他有关文件的真实性、准确性、完整性进行核查。

第二十二条 企业债券的转让,应当在经批准的可以进行债券交易的场所进行。

第二十三条 非证券经营机构和个人不得经营企业债券的承销和转让业务。

第二十四条 单位和个人所得的企业债券利息收入,按照国家规定纳税。

第二十五条 中国人民银行及其分支机构和国家证券监督管理机构,依照

规定的职责，负责对企业债券的发行和交易活动，进行监督检查。

第四章　法律责任

第二十六条　未经批准发行或者变相发行企业债券的，以及未通过证券经营机构发行企业债券的，责令停止发行活动，冻结并责令退还非法所筹资金，处以相当于非法所筹资金金额百分之五以下的罚款。

第二十七条　超过批准数额发行企业债券的，冻结并责令退还超额发行部分或者核减相当于超额发行金额的贷款额度，处以相当于超额发行部分百分之五以下的罚款。

第二十八条　超过本条例第十八条规定的最高利率发行企业债券的，责令改正，处以相当于所筹资金金额百分之五以下的罚款。

第二十九条　用财政预算拨款、银行贷款或者国家规定不得用于购买企业债券的其他资金购买企业债券的，以及办理储蓄业务的机构用所吸收的储蓄存款购买企业债券的，责令收回该资金，处以相当于所购买企业债券金额百分之五以下的罚款。

第三十条　未按批准用途使用发行企业债券所筹资金的，责令改正，没收其违反批准用途使用资金所获收益，并处以相当于违法使用资金金额百分之五以下的罚款。

第三十一条　非证券经营机构和个人经营企业债券的承销或者转让业务的，责令停止非法经营，没收非法所得，并处以承销或者转让企业债券金额百分之五以下的罚款。

第三十二条　本条例第二十六条、第二十七条、第二十八条、第二十九条、第三十条、第三十一条规定的处罚，由中国人民银行及其分支机构决定。

第三十三条　对有本条例第二十六条、第二十七条、第二十八条、第二十九条、第三十条、第三十一条所列违法行为的单位的法定代表人和直接责任人员，由中国人民银行及其分支机构给予警告或者处以一万元以上十万元以下的罚款；构成犯罪的，依法追究刑事责任。

第三十四条　地方审批机关违反本条例规定，批准发行企业债券的，责令改正，给予通报批评，根据情况相应核减该地方企业债券的发行规模。

第三十五条　企业债券监督管理机关的工作人员玩忽职守、徇私舞弊的，给予行政处分；构成犯罪的，依法追究刑事责任。

第三十六条　发行企业债券的企业违反本条例规定，给他人造成损失的，应当依法承担民事赔偿责任。

第五章 附 则

第三十七条 企业发行短期融资券，按照中国人民银行有关规定执行。

第三十八条 本条例由中国人民银行会同国家计划委员会解释。

第三十九条 本条例自发布之日起施行。1987 年 3 月 27 日国务院发布的《企业债券管理暂行条例》同时废止。

I. 2. 10 国家发展改革委办公厅关于进一步改进企业债券发行审核工作的通知（存目）

（2013 年 4 月 19 日 发改办财金［2013］957 号）

I. 2. 11 国家发展改革委办公厅关于进一步强化企业债券风险防范管理有关问题的通知（存目）

（2012 年 12 月 11 日 发改办财金［2012］3451 号）

I. 2. 12 国家发展改革委办公厅关于进一步改进企业债券发行工作的通知（存目）

（2013 年 8 月 2 日 发改办财金［2013］1890 号）

I. 2. 13 国资委关于印发《中央企业债券发行管理暂行办法》的通知（存目）

（2008 年 4 月 3 日　国资发产权［2008］70 号）

I. 2. 14 中国银监会关于有效防范企业债担保风险的意见（存目）

（2007 年 10 月 12 日　银监发［2007］75 号）

Ⅱ　证券发行信息披露

II.1 公开发行证券的公司信息披露内容与格式准则第1号——招股说明书（2006年修订）

（2006年5月18日 证监发行字［2006］5号）

目 录

第一章 总 则

第一条 为规范首次公开发行股票的信息披露行为，保护投资者合法权益，根据《公司法》、《证券法》和《首次公开发行股票并上市管理办法》（证监会令第 32 号）的规定，制定本准则。

第二条 申请在中华人民共和国境内首次公开发行股票并上市的公司（以下简称发行人）应按本准则编制招股说明书及其摘要，作为向中国证券监督管理委员会（以下简称中国证监会）申请首次公开发行股票的必备法律文件，并按规定披露。

第三条 本准则的规定是对招股说明书信息披露的最低要求。不论本准则是否有明确规定，凡对投资者做出投资决策有重大影响的信息，均应披露。

第四条 本准则某些具体要求对发行人确实不适用的，发行人可根据实际情况，在不影响披露内容完整性的前提下做适当调整，但应在申报时作书面说明。

第五条 若发行人有充分依据证明本准则要求披露的某些信息涉及国家机密、商业秘密及其他因披露可能导致其违反国家有关保密法律法规规定或严重损害公司利益的，发行人可向中国证监会申请豁免按本准则披露。

第六条 在不影响信息披露的完整性和不致引起阅读不便的前提下，发行人可采用相互引征的方法，对各相关部分的内容进行适当的技术处理，以避免重复和保持文字简洁。

第七条 发行人在招股说明书及其摘要中披露的所有信息应真实、准确、完整。

发行人报送申请文件后，在中国证监会核准前，发生应予披露事项的，应向中国证监会书面说明情况，并及时修改招股说明书及其摘要。

发行人公开发行股票的申请经中国证监会核准后，发生应予披露事项的，应向中国证监会书面说明情况，并经中国证监会同意后相应修改招股说明书及其摘要。必要时发行人公开发行股票的申请应重新经过中国证监会核准。

第八条 发行人在招股说明书及其摘要中披露的财务会计资料应有充分的依据，所引用的发行人的财务报表、盈利预测报告（如有）应由具有证券期货相关业务资格的会计师事务所审计或审核。

第九条 发行人应针对实际情况在招股说明书首页作“重大事项提示”，提醒投资者给予特别关注。

第十条 招股说明书还应符合以下一般要求：

（一）引用的数据应有充分、客观的依据，并注明资料来源；

（二）引用的数字应采用阿拉伯数字，货币金额除特别说明外，应指人民币金额，并以元、千元或万元为单位；

（三）发行人可根据有关规定或其他需求，编制招股说明书外文译本，但应保证中、外文文本的一致性，并在外文文本上注明：“本招股说明书分别以中、英（或日、法等）文编制，在对中外文本的理解上发生歧义时，以中文文本为准”；

在境内外同时发行股票的，应按照从严原则编制招股说明书，并保证披露内容的一致性；

（四）招股说明书全文文本应采用质地良好的纸张印刷，幅面为 209×295 毫米（相当于标准的 A4 纸规格）；

（五）招股说明书应使用事实描述性语言，保证其内容简明扼要、通俗易懂，突出事件实质，不得有祝贺性、广告性、恭维性或诋毁性的词句。

第十一条 招股说明书摘要的编制和披露，还应符合以下要求：

（一）招股说明书摘要的目的仅为向公众提供有关本次发行的简要情况，无须包括招股说明书全文各部分的主要内容；

（二）招股说明书摘要内容必须忠实于招股说明书全文，不得出现与全文相矛盾之处；

（三）招股说明书摘要应尽量采用图表或其他较为直观的方式准确披露发行人的情况，做到简明扼要、通俗易懂；

（四）在中国证监会指定的信息披露报刊刊登的招股说明书摘要最小字号为标准小 5 号字，最小行距为 0.35 毫米。

第十二条 发行人应在招股说明书及其摘要披露后 10 日内，将正式印刷的招股说明书全文文本一式五份，分别报送中国证监会及其在发行人注册地的派出机构。

第十三条 发行人编制招股说明书及其摘要时应当准确引用有关中介机构的专业意见或报告。

第十四条 发行人下属企业的资产规模、收入或利润对发行人有重大影响的，应参照本准则的规定披露该下属企业的相关信息。

特定行业的发行人，除执行本准则的规定外，还应执行中国证监会就该行业信息披露制定的特别规定。

第二章 招股说明书

第一节 封面、书脊、扉页、目录、释义

第十五条 招股说明书全文文本封面应标有“×××公司首次公开发行股票招股说明书”字样，并载明发行人、保荐人、主承销商的名称和住所。

第十六条 招股说明书全文文本书脊应标明“×××公司首次公开发行股票招股说明书”字样。

第十七条 招股说明书全文文本扉页应载有如下内容：

（一）发行股票类型；

（二）发行股数；

（三）每股面值；

（四）每股发行价格；

（五）预计发行日期；

（六）拟上市的证券交易所；

（七）发行后总股本，发行境外上市外资股的公司还应披露在境内上市流通的股份数量和在境外上市流通的股份数量；

（八）本次发行前股东所持股份的流通限制、股东对所持股份自愿锁定的承诺；

（九）保荐人、主承销商；

（十）招股说明书签署日期。

第十八条 招股说明书扉页应载有发行人的如下声明：

“发行人及全体董事、监事、高级管理人员承诺招股说明书及其摘要不存在虚假记载、误导性陈述或重大遗漏，并对其真实性、准确性、完整性承担个别和连带的法律责任。”

“公司负责人和主管会计工作的负责人、会计机构负责人保证招股说明书及其摘要中财务会计资料真实、完整。”

“中国证监会、其他政府部门对本次发行所做的任何决定或意见，均不表明其对发行人股票的价值或投资者的收益作出实质性判断或者保证。任何与之相反的声明均属虚假不实陈述。”

“根据《证券法》的规定，股票依法发行后，发行人经营与收益的变化，由发行人自行负责，由此变化引致的投资风险，由投资者自行负责。”

“投资者若对本招股说明书及其摘要存在任何疑问，应咨询自己的股票经纪人、律师、会计师或其他专业顾问。”

第十九条 招股说明书及其摘要的目录应标明各章、节的标题及相应的页

码，内容编排也应符合通行的中文惯例。

第二十条 发行人应对可能造成投资者理解障碍及有特定含义的术语作出释义。招股说明书及其摘要的释义应在目录次页排印。

第二节 概 览

第二十一条 发行人应声明："本概览仅对招股说明书全文做扼要提示。投资者作出投资决策前，应认真阅读招股说明书全文。"

第二十二条 发行人应披露发行人及其控股股东、实际控制人的简要情况，发行人的主要财务数据及主要财务指标，本次发行情况及募集资金用途等。

第三节 本次发行概况

第二十三条 发行人应披露本次发行的基本情况，主要包括：

（一）股票种类；

（二）每股面值；

（三）发行股数、占发行后总股本的比例；

（四）每股发行价；

（五）标明计算基础和口径的市盈率；

（六）预测净利润及发行后每股收益（如有）；

（七）发行前和发行后每股净资产；

（八）标明计量基础和口径的市净率；

（九）发行方式与发行对象；

（十）承销方式；

（十一）预计募集资金总额和净额；

（十二）发行费用概算（包括承销费用、保荐费用、审计费用、评估费用、律师费用、发行手续费用、审核费等）。

第二十四条 发行人应披露下列机构的名称、法定代表人、住所、联系电话、传真，同时应披露有关经办人员的姓名：

（一）发行人；

（二）保荐人、主承销商及其他承销机构；

（三）律师事务所；

（四）会计师事务所；

（五）资产评估机构；

（六）股票登记机构；

（七）收款银行；

（八）其他与本次发行有关的机构。

第二十五条 发行人应披露其与本次发行有关的中介机构及其负责人、高级管理人员、经办人员之间存在的直接或间接的股权关系或其他权益关系。

第二十六条 发行人应针对不同的发行方式，披露预计发行上市的重要日期，主要包括：

（一）询价推介时间；

（二）定价公告刊登日期；

（三）申购日期和缴款日期；

（四）股票上市日期。

第四节 风险因素

第二十七条 发行人应当遵循重要性原则，按顺序披露可能直接或间接对发行人生产经营状况、财务状况和持续盈利能力产生重大不利影响的所有因素。

发行人应针对自身的实际情况，充分、准确、具体地描述相关风险因素。

发行人应对所披露的风险因素做定量分析，无法进行定量分析的，应有针对性地作出定性描述。

有关风险因素可能对发行人生产经营状况、财务状况和持续盈利能力有严重不利影响的，应作“重大事项提示”。

第二十八条 发行人应披露的风险因素包括但不限于下列内容：

（一）产品或服务的市场前景、行业经营环境的变化、商业周期或产品生命周期的影响、市场饱和或市场分割、过度依赖单一市场、市场占有率下降等；

（二）经营模式发生变化，经营业绩不稳定，主要产品或主要原材料价格波动，过度依赖某一重要原材料、产品或服务，经营场所过度集中或分散等；

（三）内部控制有效性不足导致的风险、资产周转能力较差导致的流动性风险、现金流状况不佳或债务结构不合理导致的偿债风险、主要资产减值准备计提不足的风险、主要资产价值大幅波动的风险、非经常性损益或合并财务报表范围以外的投资收益金额较大导致净利润大幅波动的风险、重大担保或诉讼仲裁等或有事项导致的风险；

（四）技术不成熟、技术尚未产业化、技术缺乏有效保护或保护期限短、缺乏核心技术或核心技术依赖他人、产品或技术面临被淘汰等；

（五）投资项目在市场前景、技术保障、产业政策、环境保护、土地使用、融资安排、与他人合作等方面存在的问题，因营业规模、营业范围扩大或者业务转型而导致的管理风险、业务转型风险，因固定资产折旧大量增加而导致的利润下滑风险，以及因产能扩大而导致的产品销售风险等；

（六）由于财政、金融、税收、土地使用、产业政策、行业管理、环境保护等方面法律、法规、政策变化引致的风险；

（七）可能严重影响公司持续经营的其他因素，如自然灾害、安全生产、汇率变化、外贸环境等。

第五节 发行人基本情况

第二十九条 发行人应披露其基本情况，主要包括：

（一）注册中、英文名称；

（二）注册资本；

（三）法定代表人；

（四）成立日期；

（五）住所和邮政编码；

（六）电话、传真号码；

（七）互联网网址；

（八）电子信箱。

第三十条 发行人应详细披露改制重组情况，主要包括：

（一）设立方式；

（二）发起人；

（三）在改制设立发行人之前，主要发起人拥有的主要资产和实际从事的主要业务；

（四）发行人成立时拥有的主要资产和实际从事的主要业务；

（五）在发行人成立之后，主要发起人拥有的主要资产和实际从事的主要业务；

（六）改制前原企业的业务流程、改制后发行人的业务流程，以及原企业和发行人业务流程间的联系；

（七）发行人成立以来，在生产经营方面与主要发起人的关联关系及演变情况；

（八）发起人出资资产的产权变更手续办理情况。

发行人应详细披露与控股股东、实际控制人及其控制的其他企业，在资产、人员、财务、机构、业务方面的分开情况，说明是否具有完整的业务体系及面向市场独立经营的能力。

第三十一条 发行人应详细披露设立以来股本的形成及其变化和重大资产重组情况，包括其具体内容、所履行的法定程序以及对发行人业务、管理层、实际控制人及经营业绩的影响。

第三十二条 发行人应简要披露设立时发起人或股东出资及设立后历次股

本变化的验资情况，披露设立时发起人投入资产的计量属性。

第三十三条 发行人应采用方框图或其他有效形式，全面披露发起人、持有发行人5%以上股份的主要股东、实际控制人，控股股东、实际控制人所控制的其他企业，发行人的职能部门、分公司、控股子公司、参股子公司，以及其他有重要影响的关联方。

第三十四条 发行人应披露其控股子公司、参股子公司的简要情况，包括成立时间、注册资本、实收资本、注册地和主要生产经营地、股东构成及控制情况、主营业务、最近一年及一期的总资产、净资产、净利润，并标明有关财务数据是否经过审计及审计机构名称。

第三十五条 发行人应披露发起人、持有发行人5%以上股份的主要股东及实际控制人的基本情况，主要包括：

（一）发起人、持有发行人5%以上股份的主要股东及实际控制人如为法人，应披露成立时间、注册资本、实收资本、注册地和主要生产经营地、股东构成、主营业务、最近一年及一期的总资产、净资产、净利润，并标明有关财务数据是否经过审计及审计机构名称；如为自然人，则应披露国籍、是否拥有永久境外居留权、身份证号码、住所；

（二）控股股东和实际控制人控制的其他企业的成立时间、注册资本、实收资本、注册地和主要生产经营地、主营业务、最近一年及一期的总资产、净资产、净利润，并标明这些数据是否经过审计及审计机构名称；

（三）控股股东和实际控制人直接或间接持有发行人的股份是否存在质押或其他有争议的情况。

实际控制人应披露到最终的国有控股主体或自然人为止。

第三十六条 发行人应披露有关股本的情况，主要包括：

（一）本次发行前的总股本、本次发行的股份，以及本次发行的股份占发行后总股本的比例；

（二）前十名股东；

（三）前十名自然人股东及其在发行人处担任的职务；

（四）若有国有股份或外资股份的，须根据有关主管部门对股份设置的批复文件披露股东名称、持股数量、持股比例。涉及国有股的，应在国家股股东之后标注“SS”（State - own shareholder 的缩写），在国有法人股股东之后标注“SLS”（State - own Legal - person Shareholder 的缩写），并披露前述标识的依据及标识的含义；

（五）股东中的战略投资者持股及其简况；

（六）本次发行前各股东间的关联关系及关联股东的各自持股比例；

（七）本次发行前股东所持股份的流通限制和自愿锁定股份的承诺。

第三十七条 如发行过内部职工股，发行人应披露以下情况：

（一）内部职工股的审批及发行情况，包括审批机关、审批日期、发行数量、发行方式、发行范围、发行缴款及验资情况；

（二）本次发行前的内部职工股托管情况，包括托管单位、前十名自然人股东名单、持股数量及比例、应托管数量、实际托管数量、托管完成时间，未托管股票数额及原因、未托管股票的处理办法。省级人民政府对发行人内部职工股托管情况及真实性的确认情况；

（三）发生过的违法违规情况，包括超范围和超比例发行的情况，通过增发、配股、国家股和法人股转配等形式变相增加内部职工股的情况，内部职工股转让和交易中的违法违规情况，法人股个人化的情况，这些违法违规行为的纠正情况及省级人民政府对清理、纠正情况的确认意见；

（四）对尚存在内部职工股潜在问题和风险隐患的，应披露有关责任的承担主体等。

第三十八条 发行人曾存在工会持股、职工持股会持股、信托持股、委托持股或股东数量超过二百人的，应详细披露有关股份的形成原因及演变情况；进行过清理的，应当说明是否存在潜在问题和风险隐患，以及有关责任的承担主体等。

第三十九条 发行人应简要披露员工及其社会保障情况，主要包括：

（一）员工人数及变化情况；

（二）员工专业结构；

（三）员工受教育程度；

（四）员工年龄分布；

（五）发行人执行社会保障制度、住房制度改革、医疗制度改革情况。

第四十条 发行人应披露持有5%以上股份的主要股东以及作为股东的董事、监事、高级管理人员作出的重要承诺及其履行情况。

第六节 业务和技术

第四十一条 发行人应披露其主营业务、主要产品（或服务）及设立以来的变化情况。

发行人从事多种业务和产品（或服务）生产经营的，业务和产品（或服务）分类的口径应前后一致。

如果发行人的主营业务和产品（或服务）分属不同行业，则应按不同行业分别披露相关信息。

第四十二条 发行人应披露其所处行业的基本情况，包括但不限于：

（一）行业主管部门、行业监管体制、行业主要法律法规及政策等；

（二）行业竞争格局和市场化程度、行业内的主要企业和主要企业的市场份额、进入本行业的主要障碍、市场供求状况及变动原因、行业利润水平的变动趋势及变动原因等；

（三）影响行业发展的有利和不利因素，如产业政策、技术替代、行业发展瓶颈、国际市场冲击等；

（四）行业技术水平及技术特点、行业特有的经营模式、行业的周期性、区域性或季节性特征等；

（五）发行人所处行业与上、下游行业之间的关联性，上下游行业发展状况对本行业及其发展前景的有利和不利影响；

（六）出口业务比例较大的发行人，还应披露产品进口国的有关进口政策、贸易摩擦对产品进口的影响、以及进口国同类产品的竞争格局等情况。

第四十三条 发行人应披露其在行业中的竞争地位，包括发行人的市场占有率、近三年的变化情况及未来变化趋势，主要竞争对手的简要情况等。

第四十四条 发行人应根据重要性原则披露主营业务的具体情况，包括：

（一）主要产品或服务的用途；

（二）主要产品的工艺流程图或服务的流程图；

（三）主要经营模式，包括采购模式、生产模式和销售模式；

（四）列表披露报告期内各期主要产品（或服务）的产能、产量、销量、销售收入，产品或服务的主要消费群体、销售价格的变动情况；报告期内各期向前五名客户合计的销售额占当期销售总额的百分比，如向单个客户的销售比例超过总额的50%或严重依赖于少数客户的，应披露其名称及销售比例。如该客户为发行人的关联方，则应披露产品最终实现销售的情况。受同一实际控制人控制的销售客户，应合并计算销售额；

（五）报告期内主要产品的原材料和能源及其供应情况，主要原材料和能源的价格变动趋势、主要原材料和能源占成本的比重；报告期内各期向前五名供应商合计的采购额占当期采购总额的百分比，如向单个供应商的采购比例超过总额的50%或严重依赖于少数供应商的，应披露其名称及采购比例。受同一实际控制人控制的供应商，应合并计算采购额；

（六）发行人应披露董事、监事、高级管理人员和核心技术人员，主要关联方或持有发行人5%以上股份的股东在上述供应商或客户中所占的权益。若无，亦应说明；

（七）存在高危险、重污染情况的，应披露安全生产及污染治理情况、因安全生产及环境保护原因受到处罚的情况、近三年相关费用成本支出及未来支出情况，说明是否符合国家关于安全生产和环境保护的要求。

第四十五条 发行人应列表披露与其业务相关的主要固定资产及无形资产，主要包括：

（一）生产经营所使用的主要生产设备、房屋建筑物及其取得和使用情况、成新率或尚可使用年限、在发行人及下属企业的分布情况等；

（二）商标、专利、非专利技术、土地使用权、水面养殖权、探矿权、采矿权等主要无形资产的数量、取得方式和时间、使用情况、使用期限或保护期、最近一期末账面价值，以及上述资产对发行人生产经营的重要程度。

发行人允许他人使用自己所有的资产，或作为被许可方使用他人资产的，应简要披露许可合同的主要内容，包括许可人、被许可人、许可使用的具体资产内容、许可方式、许可年限、许可使用费等，以及合同履行情况。若发行人所有或使用的资产存在纠纷或潜在纠纷的，应明确说明。

第四十六条 发行人应披露拥有的特许经营权的情况，主要包括特许经营权的取得情况，特许经营权的期限、费用标准，对发行人持续生产经营的影响。

第四十七条 发行人应披露主要产品生产技术所处的阶段，如处于基础研究、试生产、小批量生产或大批量生产阶段。

发行人应披露正在从事的研发项目及进展情况、拟达到的目标，最近三年及一期研发费用占营业收入的比例等。与其他单位合作研发的，还需说明合作协议的主要内容、研究成果的分配方案及采取的保密措施等。

发行人应披露保持技术不断创新的机制、技术储备及技术创新的安排等。

第四十八条 发行人若在中华人民共和国境外进行生产经营，应对有关业务活动进行地域性分析。若发行人在境外拥有资产，应详细披露该资产的具体内容、资产规模、所在地、经营管理和盈利情况等。

第四十九条 发行人应披露主要产品和服务的质量控制情况，包括质量控制标准、质量控制措施、出现的质量纠纷等。

第五十条 发行人名称冠有“高科技”或“科技”字样的，应说明冠以此名的依据。

第七节 同业竞争与关联交易

第五十一条 发行人应披露是否存在与控股股东、实际控制人及其控制的其他企业从事相同、相似业务的情况。对存在相同、相似业务的，发行人应对是否存在同业竞争作出合理解释。

第五十二条 发行人应披露控股股东、实际控制人作出的避免同业竞争的承诺。

第五十三条 发行人应根据《公司法》和《企业会计准则》的相关规定披露关联方、关联关系和关联交易。

第五十四条 发行人应根据交易的性质和频率，按照经常性和偶发性分类披露关联交易及关联交易对其财务状况和经营成果的影响。

购销商品、提供劳务等经常性的关联交易，应分别披露最近三年及一期关联交易方名称、交易内容、交易金额、交易价格的确定方法、占当期营业收入或营业成本的比重、占当期同类型交易的比重以及关联交易增减变化的趋势，与交易相关应收应付款项的余额及增减变化的原因，以及上述关联交易是否仍将持续进行。

偶发性的关联交易，应披露关联交易方名称、交易时间、交易内容、交易金额、交易价格的确定方法、资金的结算情况、交易产生利润及对发行人当期经营成果的影响、交易对公司主营业务的影响。

第五十五条 发行人应披露是否在章程中对关联交易决策权力与程序作出规定。公司章程是否规定关联股东或利益冲突的董事在关联交易表决中的回避制度或做必要的公允声明。

发行人应披露最近三年及一期发生的关联交易是否履行了公司章程规定的程序，以及独立董事对关联交易履行的审议程序是否合法及交易价格是否公允的意见。

第五十六条 发行人应披露拟采取的减少关联交易的措施。

第八节 董事、监事、高级管理人员与核心技术人员

第五十七条 发行人应披露董事、监事、高级管理人员及核心技术人员的简要情况，主要包括：

（一）姓名、国籍及境外居留权；

（二）性别；

（三）年龄；

（四）学历；

（五）职称；

（六）主要业务经历；

（七）曾经担任的重要职务及任期；

（八）现任职务及任期；

对核心技术人员还应披露其主要成果及获得的奖项。

对于董事、监事，应披露其提名人，并披露上述人员的选聘情况。

第五十八条 发行人应列表披露董事、监事、高级管理人员、核心技术人员及其近亲属以任何方式直接或间接持有发行人股份的情况，并应列出持有人

姓名，近三年所持股份的增减变动以及所持股份的质押或冻结情况。

第五十九条 发行人应披露董事、监事、高级管理人员及核心技术人员的其他对外投资情况，有关对外投资与发行人存在利益冲突的，应予特别说明，并披露其投资金额、持股比例以及有关承诺和协议；如无该种情形，则应予以声明。对于存在利益冲突情形的，应披露解决情况。

第六十条 发行人应披露董事、监事、高级管理人员及核心技术人员最近一年从发行人及其关联企业领取收入的情况，以及所享受的其他待遇和退休金计划等。

第六十一条 发行人应披露董事、监事、高级管理人员及核心技术人员的兼职情况及所兼职单位与发行人的关联关系。没有兼职的，应予以声明。

第六十二条 发行人应披露董事、监事、高级管理人员及核心技术人员相互之间存在的亲属关系。

第六十三条 发行人应披露与董事、监事、高级管理人员及核心技术人员所签定的协议，董事、监事、高级管理人员及核心技术人员作出的重要承诺，以及有关协议或承诺的履行情况。

第六十四条 发行人应披露董事、监事、高级管理人员是否符合法律法规规定的任职资格。

第六十五条 发行人董事、监事、高级管理人员在近三年内曾发生变动的，应披露变动情况和原因。

第九节 公司治理

第六十六条 发行人应披露股东大会、董事会、监事会、独立董事、董事会秘书制度的建立健全及运行情况，说明上述机构和人员履行职责的情况。

发行人应披露战略、审计、提名、薪酬与考核等各专门委员会的设置情况。

第六十七条 发行人应披露近三年内是否存在违法违规行为，若存在违法违规行为，应披露违规事实和受到处罚的情况，并说明对发行人的影响；若不存在违法违规行为，应明确声明。

第六十八条 发行人应披露近三年内是否存在资金被控股股东、实际控制人及其控制的其他企业占用的情况，或者为控股股东、实际控制人及其控制的其他企业担保的情况；若不存在资金占用和对外担保，应明确声明。

第六十九条 发行人应披露公司管理层对内部控制完整性、合理性及有效性的自我评估意见以及注册会计师对公司内部控制的鉴证意见。注册会计师指出公司内部控制存在缺陷的，应予披露并说明改进措施。

第十节 财务会计信息

第七十条 发行人运行三年以上的，应披露最近三年及一期的资产负债表、利润表和现金流量表；运行不足三年的，应披露最近三年及一期的利润表以及设立后各年及最近一期的资产负债表和现金流量表。发行人编制合并财务报表的，应同时披露合并财务报表和母公司财务报表。

第七十一条 发行人应披露会计师事务所的审计意见类型。财务报表被出具带强调事项段的无保留审计意见的，应全文披露审计报告正文以及董事会、监事会及注册会计师对强调事项的详细说明。

第七十二条 发行人应披露财务报表的编制基础、合并财务报表范围及变化情况。发行人运行不足三年的，应披露设立前利润表编制的会计主体及确定方法；存在剥离调整的，还应披露剥离调整的原则、方法和具体剥离情况。

第七十三条 发行人应结合业务特点充分披露报告期内采用的主要会计政策和会计估计，主要包括：

（一）收入确认和计量的具体方法；

（二）金融资产和金融负债的分类方法，金融工具的确认依据和计量方法，金融资产转移的确认依据和计量方法，主要金融资产的公允价值确定方法、减值测试方法和减值准备计提方法；

（三）发出存货成本的计量方法，存货可变现净值的确定依据及存货跌价准备的计提方法；

（四）长期股权投资的初始计量、后续计量及收益确认方法；

（五）投资性房地产的种类和计量模式；采用成本模式的，投资性房地产的折旧或摊销方法以及减值准备计提依据；采用公允价值模式的，投资性房地产公允价值的确定依据和方法；投资性房地产的转换及处置的确认和计量方法；

（六）固定资产的确认条件、分类、计量基础和折旧方法，各类固定资产的使用寿命、预计净残值和折旧率；

（七）无形资产的计价方法和摊销方法；使用寿命有限的无形资产，其使用寿命的估计情况；使用寿命不确定的无形资产，使用寿命不确定的判断依据；

（八）除存货、投资性房地产及金融资产外，其他主要资产的资产减值准备的确定方法；

（九）股份支付的种类及权益工具公允价值的确定方法；

（十）借款费用资本化的依据及方法；

（十一）其他对发行人报告期内财务状况、经营成果有重大影响的会计政策和会计估计；

（十二）报告期内存在会计政策或会计估计变更的，变更的内容、理由及对发行人财务状况、经营成果的影响金额。

第七十四条 发行人的财务报表中包含了分部信息的，应披露分部信息。

第七十五条 发行人最近一年及一期内收购兼并其他企业资产（或股权），且被收购企业资产总额或营业收入或净利润超过收购前发行人相应项目20%（含）的，应披露被收购企业收购前一年利润表。

第七十六条 发行人应依据经注册会计师核验的非经常性损益明细表，以合并财务报表的数据为基础，披露最近三年及一期非经常性损益的具体内容、金额及对当期经营成果的影响，并计算最近三年及一期扣除非经常性损益后的净利润金额。

第七十七条 发行人应扼要披露最近一期末主要固定资产类别、折旧年限、原价、净值；对外投资项目及各项投资的投资期限、初始投资额、期末投资额、股权投资占被投资方的股权比例及会计核算方法，编制合并报表时采用成本法核算的长期股权投资按照权益法进行调整的方法及影响金额。

第七十八条 发行人应扼要披露最近一期末主要无形资产的取得方式、初始金额、摊销年限及确定依据、摊余价值及剩余摊销年限。无形资产的原始价值是以评估值作为入账依据的，还应披露资产评估机构名称及主要评估方法。

第七十九条 发行人应扼要披露最近一期末的主要债项，包括主要的银行借款，对内部人员和关联方的负债，主要合同承诺的债务、或有债项的金额、期限、成本，票据贴现、抵押及担保等形成的或有负债情况。有逾期未偿还债项的，应说明其金额、利率、贷款资金用途、未按期偿还的原因、预计还款期等。

第八十条 发行人应披露所有者权益变动表，扼要披露报告期内各期末股东权益的情况，包括股本、资本公积、盈余公积、未分配利润及少数股东权益的情况。

第八十一条 发行人应扼要披露报告期内各期经营活动产生的现金流量、投资活动产生的现金流量、筹资活动产生的现金流量的基本情况及不涉及现金收支的重大投资和筹资活动及其影响。

第八十二条 发行人应扼要披露会计报表附注中的期后事项、或有事项及其他重要事项。

第八十三条 发行人应列表披露最近三年及一期的流动比率、速动比率、资产负债率（母公司）、应收账款周转率、存货周转率、息税折旧摊销前利润、利息保障倍数、每股经营活动产生的现金流量、每股净现金流量、每股收益、净资产收益率、无形资产（扣除土地使用权、水面养殖权和采矿权等后）占净资产的比例。除特别指出外，上述财务指标应以合并财务报表的数据为基础进行计算。其中，净资产收益率和每股收益的计算应执行财政部、中国证监会的有关规定。

第八十四条 如果发行人认为提供盈利预测报告将有助于投资者对发行人及投资于发行人的股票作出正确判断，且发行人确信有能力对最近的未来期间的盈利情况作出比较切合实际的预测，发行人可以披露盈利预测报告。发行人本次募集资金拟用于重大资产购买的，则应当披露发行人假设按预计购买基准日完成购买的盈利预测报告及假设发行当年 1 月 1 日完成购买的盈利预测报告。

第八十五条 发行人披露盈利预测报告的，应声明："本公司盈利预测报告是管理层在最佳估计假设的基础上编制的，但所依据的各种假设具有不确定性，投资者进行投资决策时应谨慎使用。"

第八十六条 发行人披露的盈利预测报告应包括盈利预测表及其说明。

盈利预测表的格式应与利润表一致，其中预测数应分栏列示已审实现数、未审实现数、预测数和合计数。需要编制合并财务报表的发行人，应分别编制母公司盈利预测表和合并盈利预测表。

盈利预测说明应包括编制基准、所依据的基本假设及其合理性、与盈利预测数据相关的背景及分析资料等。盈利预测数据包含了特定的财政税收优惠政策或非经常性损益项目的，应特别说明。

第八十七条 发行境内上市外资股和境外上市外资股的发行人，由于在境内外披露的财务会计资料所采用的会计准则不同，导致净资产或净利润存在差异的，发行人应披露财务报表差异调节表，并注明境外会计师事务所的名称。境内外会计师事务所的审计意见类型存在差异的，还应披露境外会计师事务所的审计意见类型及差异原因。

第八十八条 发行人在设立时以及在报告期内进行资产评估的，应扼要披露资产评估机构名称及主要评估方法，资产评估前的账面值、评估值及增减情况，增减变化幅度较大的，应说明原因。

第八十九条 发行人应扼要披露设立时及以后历次验资报告，简要说明历次资本变动与资金到位情况。

第十一节 管理层讨论与分析

第九十条 发行人应主要依据最近三年及一期的合并财务报表分析披露发行人财务状况、盈利能力及现金流量的报告期内情况及未来趋势。讨论与分析不应仅限于财务因素，还应包括非财务因素；不应仅以引述方式重复财务报表的内容，应选择使用逐年比较、与同行业对比分析等便于理解的形式进行分析。

第九十一条 发行人对财务状况、盈利能力及现金流量的分析一般应包括但不限于第九十二条至第九十七条的内容，但发行人可视实际情况并根据重要性原则有选择地进行增减。

第九十二条 财务状况分析一般应包括以下内容：

（一）发行人应披露公司资产、负债的主要构成，分析说明主要资产的减值准备提取情况是否与资产质量实际状况相符；最近三年及一期资产结构、负债结构发生重大变化的，发行人还应分析说明导致变化的主要因素；

（二）发行人应分析披露最近三年及一期流动比率、速动比率、资产负债率、息税折旧摊销前利润及利息保障倍数的变动趋势，并结合公司的现金流量状况、在银行的资信状况、可利用的融资渠道及授信额度、表内负债、表外融资情况及或有负债等情况，分析说明公司的偿债能力。发行人最近三年及一期经营活动产生的现金流量净额为负数或者远低于当期净利润的，应分析披露原因；

（三）发行人应披露最近三年及一期应收账款周转率、存货周转率等反映资产周转能力的财务指标的变动趋势，并结合市场发展、行业竞争状况、公司生产模式及物流管理、销售模式及赊销政策等情况，分析说明公司的资产周转能力；

（四）发行人最近一期末持有金额较大的交易性金融资产、可供出售的金融资产、借与他人款项、委托理财等财务性投资的，应分析其投资目的、对发行人资金安排的影响、投资期限、发行人对投资的监管方案、投资的可回收性及减值准备的计提是否充足。

第九十三条 盈利能力分析一般应包括以下内容：

（一）发行人应列表披露最近三年及一期营业收入的构成及比例，并分别按产品（或服务）类别及业务、地区分部列示，分析营业收入增减变化的情况及原因；营业收入存在季节性波动的，应分析季节性因素对各季度经营成果的影响；

（二）发行人应依据所从事的主营业务、采用的经营模式及行业竞争情况，分析公司最近三年及一期利润的主要来源、可能影响发行人盈利能力连续性和稳定性的主要因素；

（三）发行人应按照利润表项目逐项分析最近三年及一期经营成果变化的原因，对于变动幅度较大的项目应重点说明；

（四）发行人主要产品的销售价格或主要原材料、燃料价格频繁变动且影响较大的，应针对价格变动对公司利润的影响作敏感性分析；

（五）发行人应列表披露最近三年及一期公司综合毛利率、分行业毛利率的数据及变动情况；报告期内发生重大变化的，还应用数据说明相关因素对毛利率变动的影响程度；

（六）发行人最近三年非经常性损益、合并财务报表范围以外的投资收益以及少数股东损益对公司经营成果有重大影响的，应当分析原因及对公司盈利能力稳定性的影响。

第九十四条 资本性支出的分析一般应包括以下内容：

（一）发行人应披露最近三年及一期重大的资本性支出情况；如果资本性支出导致公司固定资产大规模增加或进行跨行业投资的，应当分析资本性支出对公司主营业务和经营成果的影响；

（二）发行人应披露未来可预见的重大资本性支出计划及资金需求量；未来资本性支出计划跨行业投资的，应说明其与公司未来发展战略的关系。

第九十五条 发行人的重大会计政策或会计估计与可比上市公司存在较大差异，或者按规定将要进行变更的，应分析重大会计政策或会计估计的差异或变更对公司利润产生的影响。

第九十六条 发行人目前存在重大担保、诉讼、其他或有事项和重大期后事项的，应说明对发行人财务状况、盈利能力及持续经营的影响。

第九十七条 发行人应结合其在行业、业务经营方面存在的主要优势及困难，谨慎、客观地对公司财务状况和盈利能力的未来趋势进行分析。对报告期内已对公司财务状况和盈利能力有重大影响的因素，应分析该等因素对公司未来财务状况和盈利能力可能产生的影响；如果目前已经存在新的趋势或变化，可能对公司未来财务状况和盈利能力产生重大影响的，应分析影响情况。

第十二节 业务发展目标

第九十八条 发行人应披露发行当年和未来两年的发展计划，包括提高竞争能力、市场和业务开拓、筹资等方面的计划。

第九十九条 发行人披露的发展计划应当具体，并应说明拟定上述计划所依据的假设条件，实施上述计划可能面临的主要困难，以及确保实现上述发展计划拟采用的方式、方法或途径。

第一百条 发行人应披露上述业务发展计划与现有业务的关系。若实现上述计划涉及与他人合作的，应对合作方及合作条件予以说明。

第一百零一条 发行人可对其产品、服务或者业务的发展趋势进行预测，但应采取审慎态度，并披露有关的假设基准等。涉及盈利预测的，应遵循盈利预测的相关规定。

第十三节 募集资金运用

第一百零二条 发行人应披露：

（一）预计募集资金数额；

（二）按投资项目的轻重缓急顺序，列表披露预计募集资金投入的时间进度及项目履行的审批、核准或备案情况；

（三）若所筹资金不能满足项目资金需求的，应说明缺口部分的资金来源及落实情况。

第一百零三条 募集资金用于扩大现有产品产能的，发行人应结合现有各类产品在报告期内的产能、产量、销量、产销率、销售区域，项目达产后各类产品新增的产能、产量，以及本行业的发展趋势、有关产品的市场容量、主要竞争对手等情况对项目的市场前景进行详细的分析论证。

募集资金用于新产品开发生产的，发行人应结合新产品的市场容量、主要竞争对手、行业发展趋势、技术保障、项目投产后新增产能情况，对项目的市场前景进行详细的分析论证。

第一百零四条 募集资金投入导致发行人生产经营模式发生变化的，发行人应结合其在新模式下的经营管理能力、技术准备情况、产品市场开拓情况等，对项目的可行性进行分析。

第一百零五条 发行人原固定资产投资和研发支出很少、本次募集资金将大规模增加固定资产投资或研发支出的，应充分说明固定资产变化与产能变动的匹配关系，并充分披露新增固定资产折旧、研发支出对发行人未来经营成果的影响。

第一百零六条 募集资金直接投资于固定资产项目的，发行人可视实际情况并根据重要性原则披露以下内容：

（一）投资概算情况，预计投资规模，募集资金的具体用途，包括用于购置设备、土地、技术以及补充流动资金等方面的具体支出；

（二）产品的质量标准和技术水平，生产方法、工艺流程和生产技术选择，主要设备选择，核心技术及其取得方式；

（三）主要原材料、辅助材料及燃料的供应情况；

（四）投资项目的竣工时间、产量、产品销售方式及营销措施；

（五）投资项目可能存在的环保问题、采取的措施及资金投入情况；

（六）投资项目的选址，拟占用土地的面积、取得方式及土地用途；

（七）项目的组织方式、项目的实施进展情况。

第一百零七条 募集资金拟用于合资经营或合作经营的，除需披露第一百零六条的内容外，还应披露：

（一）合资或合作方的基本情况，包括名称、法定代表人、住所、注册资本、实收资本、主要股东、主营业务，与发行人是否存在关联关系；投资规模及各方投资比例；合资或合作方的出资方式；合资或合作协议的主要条款以及可能对发行人不利的条款。

（二）拟组建的企业法人的基本情况，包括设立、注册资本、主营业务、组织管理和控制情况。不组建企业法人的，应详细披露合作模式。

第一百零八条 募集资金拟用于向其他企业增资或收购其他企业股份的，应披露：

（一）拟增资或收购的企业的基本情况及最近一年及一期经具有证券期货相关业务资格的会计师事务所审计的资产负债表和利润表；

（二）增资资金折合股份或收购股份的评估、定价情况；

（三）增资或收购前后持股比例及控制情况；

（四）增资或收购行为与发行人业务发展规划的关系。

第一百零九条 募集资金拟用于收购资产的，应披露：

（一）拟收购资产的内容；

（二）拟收购资产的评估、定价情况；

（三）拟收购资产与发行人主营业务的关系。

若收购的资产为在建工程的，还应披露在建工程的已投资情况、尚需投资的金额、负债情况、建设进度、计划完成时间等。

第一百一十条 发行人募集资金拟投入其他用途的，应披露具体的用途。

第一百一十一条 发行人应披露募集资金运用对财务状况及经营成果的影响。项目能独立核算的，发行人应审慎预测项目效益，分别说明达产前后的效益情况，以及预计达产时间，并充分说明预测基础、依据；项目不能独立核算的，应分析募集资金投入对发行人财务状况及经营成果的影响。

第十四节 股利分配政策

第一百一十二条 发行人应披露最近三年股利分配政策、实际股利分配情况以及发行后的股利分配政策。

第一百一十三条 发行人应披露本次发行完成前滚存利润的分配安排和已履行的决策程序。若发行前的滚存利润归发行前的股东享有，应披露滚存利润的审计和实际派发情况，同时在招股说明书首页对滚存利润中由发行前股东单独享有的金额以及是否派发完毕作“重大事项提示”。

第一百一十四条 发行人已发行境外上市外资股的，应披露股利分配的上限为按中国会计准则和制度与上市地会计准则确定的未分配利润数字中较低者。

第十五节 其他重要事项

第一百一十五条 发行人应披露有关信息披露和投资者关系的负责部门、

负责人、电话号码等。

第一百一十六条 发行人应披露交易金额在500万元以上或者虽未达到前述标准但对生产经营活动、未来发展或财务状况具有重要影响的合同内容，主要包括：

（一）当事人的名称和住所；

（二）标的；

（三）数量；

（四）质量；

（五）价款或者报酬；

（六）履行期限；

（七）地点和方式；

（八）违约责任；

（九）解决争议的方法；

（十）对发行人经营有重大影响的附带条款和限制条件。

总资产规模为10亿元以上的发行人，可视实际情况决定应披露的交易金额，但应在申报时说明。

第一百一十七条 发行人应披露对外担保的有关情况，包括：

（一）被担保人的名称、注册资本、实收资本、住所、生产经营情况、与发行人有无关联关系、以及最近一年及一期的总资产、净资产和净利润；

（二）主债务的种类、金额和履行债务的期限；

（三）担保方式：采用保证方式还是抵押、质押方式；采用抵押、质押方式的，应披露担保物的种类、数量、价值等相关情况；

（四）担保范围；

（五）担保期间；

（六）解决争议的方法；

（七）其他对担保人有重大影响的条款；

（八）担保履行情况。

发行人不存在对外担保的，应予说明。

第一百一十八条 发行人应披露对财务状况、经营成果、声誉、业务活动、未来前景等可能产生较大影响的诉讼或仲裁事项，主要包括：

（一）案件受理情况和基本案情；

（二）诉讼或仲裁请求；

（三）判决、裁决结果及执行情况；

（四）诉讼、仲裁案件对发行人的影响。

第一百一十九条 发行人应披露控股股东或实际控制人、控股子公司，发行人董事、监事、高级管理人员和核心技术人员作为一方当事人的重大诉讼或仲裁事项。

第一百二十条 发行人应披露董事、监事、高级管理人员和核心技术人员涉及刑事诉讼的情况。

第十六节 董事、监事、高级管理人员及有关中介机构声明

第一百二十一条 发行人全体董事、监事、高级管理人员应在招股说明书正文的尾页声明：

"本公司全体董事、监事、高级管理人员承诺本招股说明书及其摘要不存在虚假记载、误导性陈述或重大遗漏，并对其真实性、准确性、完整性承担个别和连带的法律责任。"

声明应由全体董事、监事、高级管理人员签名，并由发行人加盖公章。

第一百二十二条 保荐人（主承销商）应对招股说明书的真实性、准确性、完整性进行核查，并在招股说明书正文后声明：

"本公司已对招股说明书及其摘要进行了核查，确认不存在虚假记载、误导性陈述或重大遗漏，并对其真实性、准确性和完整性承担相应的法律责任。"

声明应由法定代表人、保荐代表人、项目主办人签名，并由保荐人（主承销商）加盖公章。

第一百二十三条 发行人律师应在招股说明书正文后声明：

"本所及经办律师已阅读招股说明书及其摘要，确认招股说明书及其摘要与本所出具的法律意见书和律师工作报告无矛盾之处。本所及经办律师对发行人在招股说明书及其摘要中引用的法律意见书和律师工作报告的内容无异议，确认招股说明书不致因上述内容而出现虚假记载、误导性陈述或重大遗漏，并对其真实性、准确性和完整性承担相应的法律责任。"

声明应由经办律师及所在律师事务所负责人签名，并由律师事务所加盖公章。

第一百二十四条 承担审计业务的会计师事务所应在招股说明书正文后声明：

"本所及签字注册会计师已阅读招股说明书及其摘要，确认招股说明书及其摘要与本所出具的审计报告、盈利预测审核报告（如有）、内部控制鉴证报告及经本所核验的非经常性损益明细表无矛盾之处。本所及签字注册会计师对发行人在招股说明书及其摘要中引用的审计报告、盈利预测审核报告（如有）、内部控制鉴证报告及经本所核验的非经常性损益明细表的内容无异议，确认招股说明书不致因上述内容而出现虚假记载、误导性陈述或重大遗漏，并对其真

实性、准确性和完整性承担相应的法律责任。”

声明应由签字注册会计师及所在会计师事务所负责人签名，并由会计师事务所加盖公章。

第一百二十五条 承担评估业务的资产评估机构应在招股说明书正文后声明：

“本机构及签字注册资产评估师已阅读招股说明书及其摘要，确认招股说明书及其摘要与本机构出具的资产评估报告无矛盾之处。本机构及签字注册资产评估师对发行人在招股说明书及其摘要中引用的资产评估报告的内容无异议，确认招股说明书不致因上述内容而出现虚假记载、误导性陈述或重大遗漏，并对其真实性、准确性和完整性承担相应的法律责任”。

声明应由签字注册资产评估师及所在资产评估机构负责人签名，并由资产评估机构加盖公章。

第一百二十六条 承担验资业务的机构应在招股说明书正文后声明：

“本机构及签字注册会计师已阅读招股说明书及其摘要，确认招股说明书及其摘要与本机构出具的验资报告无矛盾之处。本机构及签字注册会计师对发行人在招股说明书及其摘要中引用的验资报告的内容无异议，确认招股说明书不致因上述内容而出现虚假记载、误导性陈述或重大遗漏，并对其真实性、准确性和完整性承担相应的法律责任”。

声明应由签字注册会计师及所在验资机构负责人签名，并由验资机构加盖公章。

第一百二十七条 本准则所要求的有关人员的签名下方应以印刷体形式注明其姓名。

第十七节 备查文件

第一百二十八条 招股说明书结尾应列明备查文件，并在指定网站上披露。备查文件包括下列文件：

（一）发行保荐书；

（二）财务报表及审计报告；

（三）盈利预测报告及审核报告（如有）；

（四）内部控制鉴证报告；

（五）经注册会计师核验的非经常性损益明细表；

（六）法律意见书及律师工作报告；

（七）公司章程（草案）；

（八）中国证监会核准本次发行的文件；

（九）其他与本次发行有关的重要文件。

第三章 招股说明书摘要

第一百二十九条 发行人应在招股说明书摘要的显要位置声明：

“本招股说明书摘要的目的仅为向公众提供有关本次发行的简要情况，并不包括招股说明书全文的各部分内容。招股说明书全文同时刊载于×××网站。投资者在做出认购决定之前，应仔细阅读招股说明书全文，并以其作为投资决定的依据。”

“投资者若对本招股说明书及其摘要存在任何疑问，应咨询自己的股票经纪人、律师、会计师或其他专业顾问。”

“发行人及全体董事、监事、高级管理人员承诺招股说明书及其摘要不存在虚假记载、误导性陈述或重大遗漏，并对招股说明书及其摘要的真实性、准确性、完整性承担个别和连带的法律责任。”

“公司负责人和主管会计工作的负责人、会计机构负责人保证招股说明书及其摘要中财务会计资料真实、完整。”

“中国证监会、其他政府部门对本次发行所作的任何决定或意见，均不表明其对发行人股票的价值或者投资者的收益做出实质性判断或者保证。任何与之相反的声明均属虚假不实陈述。”

第一节 重大事项提示

第一百三十条 发行人应针对公司实际情况作重大事项提示。

第二节 本次发行概况

第一百三十一条 发行人应当以表格形式披露本次发行的基本情况，主要包括：

股票种类	
每股面值	
发行股数、占发行后总股本的比例	
发行价格	
标明计量基础和口径的市盈率	
预测净利润及发行后每股收益（如有）	
发行前和发行后每股净资产	
标明计量基础和口径的市净率	
发行方式	
发行对象（发行人若对投资者进行分类，应披露分类标准；分类中如有战略投资者，应披露其基本情况、与发行人的关系及配售的数量）	
本次发行股份的流通限制和锁定安排	
承销方式	
预计募集资金总额和净额	
发行费用概算	

第三节　发行人基本情况

第一百三十二条　发行人应当披露其基本情况，主要包括：

（一）发行人基本资料，包括：

注册中、英文名称	
注册资本	
法定代表人	
成立日期	
住所及其邮政编码	
电话、传真号码	
互联网网址	
电子信箱	

（二）发行人历史沿革及改制重组情况，主要包括：

1. 发行人的设立方式；

2. 发起人及其投入的资产内容。

（三）有关股本的情况，主要包括：

1. 总股本、本次发行的股份、股份流通限制和锁定安排；

2. 以表格方式披露下述人员的持股数量及比例：

（1）发起人；

（2）前十名股东；

（3）前十名自然人股东；

（4）国家股、国有法人股股东，并注明标识及其含义；

（5）外资股股东。

3. 发行人的发起人、控股股东和主要股东之间的关联关系。

（四）发行人的主营业务、主要产品或服务及其用途、产品销售方式和渠道、所需主要原材料、行业竞争情况以及发行人在行业中的竞争地位。

（五）发行人业务及生产经营有关的资产权属情况。对发行人业务及生产经营所必须的商标、土地使用权、专利与非专利技术、重要特许权利等，应明确披露这些权利的使用及权属情况。

（六）同业竞争和关联交易情况，以及有关独立董事对关联交易发表的意见，并以表格形式披露报告期内关联交易对发行人财务状况和经营成果的影响。

（七）董事、监事、高级管理人员，以图表形式披露上述人员的基本情况及其兼职情况、薪酬情况以及与发行人及其控股子公司间的股权关系或其他利益关系。

姓名	职务	性别	年龄	任期起止日期	简要经历	兼职情况	薪酬情况	持有公司股份的数量	与公司的其他利益关系

（八）发行人控股股东及其实际控制人的简要情况。

（九）发行人应简要披露其财务会计信息及管理层讨论与分析，主要包括：

1. 发行人运行三年以上的，披露最近三年及一期的资产负债表、利润表和现金流量表；运行不足三年的，应披露最近三年及一期的利润表以及设立后各年及最近一期的资产负债表和现金流量表。发行人编制了合并财务报表的，仅披露合并财务报表即可。

2. 以合并财务报表的数据为基础披露最近三年及一期非经常性损益的具体内容及金额，计算最近三年及一期扣除非经常性损益后的净利润金额。

3. 列表披露最近三年及一期的流动比率、速动比率、资产负债率（母公司）、应收账款周转率、存货周转率、息税折旧摊销前利润、利息保障倍数、每股经营活动的现金流量、每股净现金流量、每股收益、净资产收益率、无形资产（扣除土地使用权、水面养殖权和采矿权等后）占净资产的比例。除特别指出外，上述财务指标应以合并财务报表的数据为基础进行计算。

4. 简要盈利预测表（如有）。

5. 管理层对公司财务状况、盈利能力及现金流量的报告期内情况及未来趋势的简要讨论与分析，重点披露报告期内公司营业收入及净利润的主要来源、现实及可预见的主要影响因素分析。

6. 最近三年股利分配政策和实际分配情况、发行前滚存利润的分配政策及分配情况、发行后股利分配政策。

7. 发行人控股子公司或纳入发行人合并会计报表的其他企业的基本情况，主要包括：公司成立日期、注册资本、实收资本、股权结构、主要管理人员、主营业务、主要产品或服务、最近一年及一期主要财务数据。

第四节 募集资金运用

第一百三十三条 发行人应简要披露本次募集资金投资项目的具体安排和计划，以及对项目发展前景的分析。

第五节 风险因素和其他重要事项

第一百三十四条 发行人应有针对性地披露其实际面对的特有风险，不必披露风险对策和措施。已在“重大事项提示”中披露的，不必重复披露。

第一百三十五条 发行人应披露对投资者作出投资决策有重要影响的其他事项，如重大合同、重大诉讼或仲裁事项等。

第六节 本次发行各方当事人和发行时间安排

第一百三十六条 发行人应以表格形式披露本次发行各方当事人的情况：

名　　称	住所	联系电话	传真	经办人或联系人
发行人				
保荐人（主承销商）				
律师事务所				
会计师事务所				
资产评估机构（如有）				
股票登记机构				
收款银行				
拟上市的证券交易所				

第一百三十七条 发行人应以表格形式披露本次发行上市的重要日期，主要包括：

询价推介时间	
定价公告刊登日期	
申购日期和缴款日期	
股票上市日期	

第七节 备查文件

第一百三十八条 发行人应披露招股说明书全文和备查文件的查阅方式。

第四章 附 则

第一百三十九条 本准则自发布之日起施行。

II.2 公开发行证券的公司信息披露内容与格式准则第9号——首次公开发行股票并上市申请文件（2006年修订）

（2006年5月18日 证监发行字［2006］6号）

第一条 为了规范首次公开发行股票并上市申请文件的格式和报送方式，根据《证券法》、《首次公开发行股票并上市管理办法》（证监会令第32号）的规定，制定本准则。

第二条 申请首次公开发行股票并上市的公司（以下简称发行人）应按本准则的要求制作和报送申请文件。

第三条 本准则附录规定的申请文件目录是对发行申请文件的最低要求。根据审核需要，中国证券监督管理委员会（以下简称中国证监会）可以要求发行人和中介机构补充材料。如果某些材料对发行人不适用，可不提供，但应向中国证监会作出书面说明。

第四条 申请文件一经受理，未经中国证监会同意，不得增加、撤回或更换。

第五条 发行人报送申请文件，初次报送应提交原件一份，复印件三份；在提交发行审核委员会审核前，根据中国证监会要求的份数补报申请文件。

发行人不能提供有关文件的原件的，应由发行人律师提供鉴证意见，或由出文单位盖章，以保证与原件一致。如原出文单位不再存续，由承继其职权的单位或作出撤销决定的单位出文证明文件的真实性。

第六条 申请文件所有需要签名处，均应为签名人亲笔签名，不得以名章、签名章等代替。

申请文件中需要由发行人律师鉴证的文件，发行人律师应在该文件首页注明“以下第××页至第××页与原件一致”，并签名和签署鉴证日期，律师事务所应在该文件首页加盖公章，并在第××页至第××页侧面以公章加盖骑缝章。

第七条 发行人应根据中国证监会对申请文件的反馈意见提供补充材料。有关中介机构应对反馈意见相关问题进行尽职调查或补充出具专业意见。

第八条 申请文件应采用幅面为209×295毫米规格的纸张（相当于标准A4纸张规格），双面印刷（需提供原件的历史文件除外）。

第九条 申请文件的封面和侧面应标明“××公司首次公开发行股票并上

市申请文件”字样。

第十条 申请文件的扉页应标明发行人董事会秘书及有关中介机构项目负责人的姓名、电话、传真及其他方便的联系方式。

第十一条 申请文件章与章之间、节与节之间应有明显的分隔标识。

申请文件中的页码应与目录中标识的页码相符。例如，第四章4－1的页码标注为4－1－1，4－1－2，4－1－3，……，4－1－n。

第十二条 发行人在每次报送书面申请文件的同时，应报送一份相应的标准电子文件（标准.doc或.rtf格式文件）。

发行结束后，发行人应将招股说明书的电子文件及历次报送的电子文件汇总报送中国证监会备案。

第十三条 未按本准则的要求制作和报送申请文件的，中国证监会按照有关规定不予受理。

第十四条 本准则自发布之日起施行。

附录：首次公开发行股票并上市申请文件目录

附录

首次公开发行股票并上市申请文件目录

第一章 招股说明书与发行公告

1－1 招股说明书（申报稿）

1－2 招股说明书摘要（申报稿）

1－3 发行公告（发行前提供）

第二章 发行人关于本次发行的申请及授权文件

2－1 发行人关于本次发行的申请报告

2－2 发行人董事会有关本次发行的决议

2－3 发行人股东大会有关本次发行的决议

第三章 保荐人关于本次发行的文件

3－1 发行保荐书

第四章　会计师关于本次发行的文件

4－1　财务报表及审计报告

4－2　盈利预测报告及审核报告

4－3　内部控制鉴证报告

4－4　经注册会计师核验的非经常性损益明细表

第五章　发行人律师关于本次发行的文件

5－1　法律意见书

5－2　律师工作报告

第六章　发行人的设立文件

6－1　发行人的企业法人营业执照

6－2　发起人协议

6－3　发起人或主要股东的营业执照或有关身份证明文件

6－4　发行人公司章程（草案）

第七章　关于本次发行募集资金运用的文件

7－1　募集资金投资项目的审批、核准或备案文件

7－2　发行人拟收购资产（或股权）的财务报表、资产评估报告及审计报告

7－3　发行人拟收购资产（或股权）的合同或合同草案

第八章　与财务会计资料相关的其他文件

8－1　发行人关于最近三年及一期的纳税情况的说明

8－1－1　发行人最近三年及一期所得税纳税申报表

8－1－2　有关发行人税收优惠、财政补贴的证明文件

8－1－3　主要税种纳税情况的说明及注册会计师出具的意见

8－1－4　主管税收征管机构出具的最近三年及一期发行人纳税情况的证明

8－2　成立不满三年的股份有限公司需报送的财务资料

8－2－1　最近三年原企业或股份公司的原始财务报表

8－2－2　原始财务报表与申报财务报表的差异比较表

8－2－3　注册会计师对差异情况出具的意见

8－3　成立已满三年的股份有限公司需报送的财务资料

8－3－1　最近三年原始财务报表

8－3－2　原始财务报表与申报财务报表的差异比较表

8－3－3　注册会计师对差异情况出具的意见

8－4　发行人设立时和最近三年及一期的资产评估报告（含土地评估报告）

8－5　发行人的历次验资报告

8－6　发行人大股东或控股股东最近一年及一期的原始财务报表及审计报告

第九章　其他文件

9－1　产权和特许经营权证书

9－1－1　发行人拥有或使用的商标、专利、计算机软件著作权等知识产权以及土地使用权、房屋所有权、采矿权等产权证书清单（需列明证书所有者或使用者名称、证书号码、权利期限、取得方式、是否及存在何种他项权利等内容，并由发行人律师对全部产权证书的真实性、合法性和有效性出具鉴证意见）

9－1－2　特许经营权证书

9－2　有关消除或避免同业竞争的协议以及发行人的控股股东和实际控制人出具的相关承诺

9－3　国有资产管理部门出具的国有股权设置批复文件及商务部出具的外资股确认文件

9－4　发行人生产经营和募集资金投资项目符合环境保护要求的证明文件（重污染行业的发行人需提供省级环保部门出具的证明文件）

9－5　重要合同

9－5－1　重组协议

9－5－2　商标、专利、专有技术等知识产权许可使用协议

9－5－3　重大关联交易协议

9－5－4　其他重要商务合同

9－6　保荐协议和承销协议

9－7　发行人全体董事对发行申请文件真实性、准确性和完整性的承诺书

9－8　特定行业（或企业）的管理部门出具的相关意见

第十章　定向募集公司还应提供的文件

10－1　有关内部职工股发行和演变情况的文件

10－1－1　历次发行内部职工股的批准文件

10－1－2　内部职工股发行的证明文件

10－1－3　托管机构出具的历次托管证明

10－1－4　有关违规清理情况的文件

10－1－5　发行人律师对前述文件真实性的鉴证意见

10－2　省级人民政府或国务院有关部门关于发行人内部职工股审批、发行、托管、清理以及是否存在潜在隐患等情况的确认文件

10－3　中介机构的意见

10－3－1　发行人律师关于发行人内部职工股审批、发行、托管和清理情况的核查意见

10－3－2　保荐人关于发行人内部职工股审批、发行、托管和清理情况的核查意见

II.3 公开发行证券的公司信息披露内容与格式准则第 28 号——创业板公司招股说明书（2014 年修订）

（2014 年 6 月 11 日　中国证监会公告［2014］28 号）

现公布《公开发行证券的公司信息披露内容与格式准则第 28 号——创业板公司招股说明书（2014 年修订）》，自公布之日起施行。

附件：

附件 1：创业板首发招股说明书准则

附件 2：创业板首发招股说明书准则修订说明

附件 1

创业板首发招股说明书准则

目　录

第一章　总　　则

第一条　为规范首次公开发行股票的信息披露行为，保护投资者合法权益，根据《公司法》、《证券法》和《首次公开发行股票并在创业板上市管理办法》（证监会令第99号）的规定，制定本准则。

第二条　申请在中华人民共和国境内首次公开发行股票并在创业板上市的公司（以下简称发行人）应按本准则编制招股说明书，作为向中国证券监督管理委员会（以下简称中国证监会）申请首次公开发行股票的必备法律文件，并按本准则的规定进行披露。

第三条　本准则的规定是对招股说明书信息披露的最低要求。不论本准则是否有明确规定，凡对投资者投资决策有重大影响的信息，均应披露。

第四条　本准则某些具体要求对发行人确实不适用的，发行人可根据实际情况，在不影响披露内容完整性的前提下作适当调整，但应在申报时作书面说明。

第五条　发行人有充分依据证明本准则要求披露的某些信息涉及国家秘密、商业秘密及其他因披露可能导致其违反国家有关保密法律法规规定或严重损害公司利益的，发行人可向中国证监会申请豁免按本准则披露。

第六条　发行人是信息披露的第一责任人，发行人的信息披露应真实、准确、完整、及时。

发行人报送申请文件后至股票发行结束前，发生应予披露事项的，应向中国证监会书面说明情况，并按照有关规定及时修改招股说明书或者进行补充披露。

第七条　发行人在招股说明书中披露的财务会计资料应有充分的依据，所引用的发行人的财务报表、盈利预测报告（如有）应由具有证券期货相关业务资格的会计师事务所审计或审核。

第八条　发行人在招股说明书中披露的预测性信息及其他涉及发行人未来经营和财务状况等信息，应当谨慎、合理。

第九条　发行人应在招股说明书显要位置提示创业板投资风险，作如下声明：

“本次股票发行后拟在创业板市场上市，该市场具有较高的投资风险。创业板公司具有业绩不稳定、经营风险高、退市风险大等特点，投资者面临较大的市场风险。投资者应充分了解创业板市场的投资风险及本公司所披露的风险因素，审慎作出投资决定。”

第十条 发行人应针对实际情况在招股说明书首页作“重大事项提示”，提醒投资者需特别关注的重要事项，并提醒投资者认真阅读招股说明书“风险因素”一章的全部内容。

第十一条 发行人下属企业的资产规模、收入或利润对发行人有重大影响的，应参照本准则的规定披露该下属企业的相关信息。

特定行业的发行人，除执行本准则的规定外，还应执行中国证监会关于该行业信息披露的特别规定。

第十二条 招股说明书应便于投资者阅读，做到浅白易懂、简明扼要、逻辑清晰，具有可读性和可理解性。

（一）招股说明书应使用事实描述性语言，突出事件实质和披露重点，对投资者需要重点提醒的信息应当突出表示；使用浅白平实、通俗易懂的日常用语，使用直接、客观、简洁、确定的语句，不应使用抽象、模糊、冗长、重复的表述，不应过度依赖释义，尽量避免使用艰深晦涩、生僻难懂的专业术语或公文用语，不得有祝贺性、广告性、恭维性或诋毁性的词句；

（二）招股说明书应尽量采用图表、图片或其他较为直观的方式进行披露；

（三）招股说明书在不影响信息披露的完整性和不致引起阅读不便的前提下，可采用相互引征的方法，对各相关部分的内容进行适当的技术处理，以避免重复和保持文字简洁；

（四）招股说明书对不同章节或段落出现的同一语词、表述、事项的披露应具有一致性。

第十三条 招股说明书引用相关意见或数据应符合下列要求：

（一）应准确引用与本次发行有关的中介机构的专业意见或报告；

（二）应谨慎引用第三方数据或结论，如引用，应确保有充分、客观、独立的依据，并注明资料来源；

（三）引用的数字应采用阿拉伯数字，货币金额除特别说明外，应指人民币金额，并以元、千元或万元为单位。

第十四条 发行人应按照有关规定在中国证监会网站预先披露招股说明书（申报稿），并在预先披露的招股说明书（申报稿）的显要位置声明：“本公司的发行申请尚未得到中国证监会核准。本招股说明书（申报稿）不具有据以发行股票的法律效力，仅供预先披露之用。投资者应当以正式公告的招股说明书作为投资决定的依据。”

第十五条 发行人应在中国证监会指定网站披露招股说明书及其附件，并同时在中国证监会指定报刊上披露首次公开发行股票并在创业板上市提示性公告："本公司首次公开发行股票申请已获中国证监会核准，招股说明书及附件披露于中国证监会指定网站（www.××××.×××）和公司网站（www.××××.×××），并置备于本公司、拟上市的证券交易所、保荐人、主承销商和其他承销机构的住所，供公众查阅。"

提示性公告应当载有下列内容：

（一）发行股票的类型；

（二）发行股数，股东公开发售股数（如有）；

（三）每股面值；

（四）发行方式与发行对象；

（五）承销方式；

（六）预计发行日期；

（七）发行人、保荐人、主承销商的联系地址及联系电话。

第十六条 发行人应在招股说明书披露后十日内，将正式印刷的招股说明书全文文本一式五份，分别报送中国证监会及其在发行人注册地的派出机构。

第二章 招股说明书

第一节 封面、书脊、扉页、目录、释义

第十七条 招股说明书文本封面应标有"×××公司首次公开发行股票并在创业板上市招股说明书"字样，并载明发行人、保荐人、主承销商的名称和住所。同时，明确提示创业板投资风险，依照本准则第九条作出恰当的声明。

第十八条 招股说明书文本书脊应标有"×××公司首次公开发行股票并在创业板上市招股说明书"字样。

第十九条 发行人应在招股说明书扉页作如下声明：

"发行人及全体董事、监事、高级管理人员承诺招股说明书不存在虚假记载、误导性陈述或重大遗漏，并对其真实性、准确性、完整性、及时性承担个别和连带的法律责任。

"发行人及全体董事、监事、高级管理人员、发行人的控股股东、实际控制人以及保荐人、承销的证券公司承诺因发行人招股说明书及其他信息披露资料有虚假记载、误导性陈述或者重大遗漏，致使投资者在证券发行和交易中遭受损失的，将依法赔偿投资者损失。

"证券服务机构承诺因其为发行人本次公开发行制作、出具的文件有虚假记载、误导性陈述或者重大遗漏，给他人造成损失的，将依法赔偿投资者损失。

"公司负责人和主管会计工作的负责人、会计机构负责人保证招股说明书中财务会计资料真实、完整。

"中国证监会对本次发行所作的任何决定或意见，均不表明其对发行人的盈利能力、投资价值或者对投资者的收益作出实质性判断或者保证。任何与之相反的声明均属虚假不实陈述。

"根据《证券法》的规定，股票依法发行后，发行人经营与收益的变化，由发行人自行负责；投资者自主判断发行人的投资价值，自主作出投资决策，自行承担股票依法发行后因发行人经营与收益变化或者股票价格变动引致的投资风险。"

第二十条 招股说明书扉页应列表载明下列内容：

（一）发行股票类型；

（二）发行股数，股东公开发售股数（如有）；

（三）每股面值；

（四）每股发行价格；

（五）预计发行日期；

（六）拟上市的证券交易所；

（七）发行后总股本，发行境外上市外资股的公司还应披露在境内上市流通的股份数量和在境外上市流通的股份数量；

（八）保荐人、主承销商；

（九）招股说明书签署日期。

发行人股东公开发售股份的，还应当载明发行人拟发行新股和股东拟公开发售股份的数量，并提示股东公开发售股份所得资金不归发行人所有。

第二十一条 招股说明书的目录应标明各章、节的标题及相应的页码，内容编排也应符合通行的惯例。

第二十二条 发行人应对可能造成投资者理解障碍及有特定含义的术语作出释义。招股说明书的释义应在目录次页排印。

第二节　概　览

第二十三条 发行人应声明："本概览仅对招股说明书全文作扼要提示。投资者作出投资决策前，应认真阅读招股说明书全文。"

第二十四条 发行人应简要披露发行人及其控股股东、实际控制人的情况，概述发行人的主营业务、主要财务数据及财务指标、募集资金用途。

第三节　本次发行概况

第二十五条 发行人应披露本次发行的基本情况，主要包括：

（一）股票种类；

（二）每股面值；

（三）发行股数、股东公开发售股数（如有），占发行后总股本的比例；

（四）每股发行价格；

（五）标明计算基础和口径的市盈率；

（六）预测净利润及发行后每股收益（如有）；

（七）发行前和发行后每股净资产；

（八）标明计算基础和口径的市净率；

（九）发行方式与发行对象；

（十）承销方式；

（十一）预计募集资金总额和净额；

（十二）发行费用概算（包括承销费、保荐费、审计费、评估费、律师费、发行手续费等）。

发行人股东公开发售股份的，还应当披露具体方案，包括本次预计发行新股数量，发行人股东公开发售股份的数量，发行费用的分摊原则，拟公开发售股份的股东名称、持股数量及拟公开发售股份数量等。

第二十六条 发行人应披露下列机构的名称、法定代表人、住所、联系电话、传真，同时应披露有关经办人员的姓名：

（一）保荐人、主承销商及其他承销机构；

（二）律师事务所；

（三）会计师事务所；

（四）资产评估机构；

（五）股票登记机构；

（六）收款银行；

（七）其他与本次发行有关的机构。

第二十七条 发行人应披露其与本次发行有关的保荐人、承销机构、证券服务机构及其负责人、高级管理人员、经办人员之间存在的直接或间接的股权关系或其他权益关系。

第二十八条 发行人应针对不同的发行方式披露预计发行上市的重要日期，主要包括：

（一）刊登发行公告日期；

（二）开始询价推介日期；

（三）刊登定价公告日期；

（四）申购日期和缴款日期；

（五）股票上市日期。

第四节 风险因素

第二十九条 发行人应当遵循重要性原则按顺序披露可能直接或间接对发行人经营状况、财务状况、持续经营和盈利能力以及对本次发行产生重大不利影响的所有风险因素。

第三十条 发行人应针对自身实际情况描述相关风险因素，描述应充分、准确、具体，并作定量分析，无法进行定量分析的，应有针对性地作出定性描述。发行人对所披露的风险因素应明确说明该因素对其报告期内的实际影响以及可能对将来的具体影响。

发行人披露风险因素时，应当针对该风险的实际情况概括描述其风险点，不得采用普遍适用的模糊表述。

风险因素中不得包含风险对策、发行人竞争优势及类似表述，一项风险因素不得描述多个风险。

第五节 发行人基本情况

第三十一条 发行人应披露其基本情况，主要包括：

（一）注册中、英文名称；

（二）注册资本；

（三）法定代表人；

（四）成立日期；

（五）住所和邮政编码；

（六）电话、传真号码；

（七）互联网网址；

（八）电子信箱；

（九）负责信息披露和投资者关系的部门、负责人和电话号码。

第三十二条 发行人应简要披露公司的设立情况、设立方式，发行人属于有限责任公司整体变更为股份有限公司的，还应披露有限责任公司的设立情况。

发行人应简要披露设立以来的重大资产重组情况，发行人最近一年及一期内收购兼并其他企业资产（或股权）且被收购企业资产总额或营业收入或净利润超过收购前发行人相应项目 20%（含）的，应披露被收购企业收购前一年利润表的主要数据。

第三十三条 发行人应采用方框图或其他有效形式，全面披露持有发行人 5% 以上股份的主要股东、实际控制人，控股股东、实际控制人所控制的其他企业，发行人的分公司、控股子公司、参股公司，以及其他有重要影响的关联方。

第三十四条 发行人应简要披露其控股子公司、参股公司的情况，主要包括成立时间、注册资本、实收资本、注册地和主要生产经营地、股东构成及控制情况、主营业务及其与发行人主营业务的关系、最近一年及一期末的总资产、净资产、最近一年及一期的净利润，并标明有关财务数据是否经过审计及审计机构名称。

第三十五条 发行人应披露持有发行人5%以上股份的主要股东及实际控制人的基本情况，主要包括：

（一）持有发行人5%以上股份的主要股东及实际控制人为法人的，应披露成立时间、注册资本、实收资本、注册地和主要生产经营地、股东构成、主营业务及其与发行人主营业务的关系；为自然人的，应披露国籍、是否拥有永久境外居留权、身份证号码；为合伙企业的，应披露合伙人构成、出资比例及合伙企业的实际控制人。

发行人的控股股东及实际控制人为法人的，还应披露最近一年及一期末的总资产、净资产、最近一年及一期的净利润，并标明有关财务数据是否经过审计及审计机构名称；

（二）控股股东和实际控制人控制的其他企业的情况，主要包括成立时间、注册资本、实收资本、注册地和主要生产经营地、主营业务及其与发行人主营业务的关系、最近一年及一期末的总资产、净资产、最近一年及一期的净利润，并标明有关财务数据是否经过审计及审计机构名称；

（三）控股股东和实际控制人直接或间接持有发行人的股份是否存在质押或其他有争议的情况；

（四）实际控制人应披露至最终的国有控股主体、集体组织、自然人；

（五）无控股股东、实际控制人的，应参照本条对发行人控股股东及实际控制人的要求披露对发行人有重大影响的股东情况。

第三十六条 发行人应披露有关股本的情况，主要包括：

（一）本次发行前的总股本、本次发行及公开发售的股份，以及本次发行及公开发售的股份占发行后总股本的比例；

（二）本次发行前后的前十名股东；

（三）本次发行前后的前十名自然人股东及其在发行人处担任的职务；

（四）发行人股本有国有股份或外资股份的，应根据有关主管部门对股份设置的批复文件披露相应的股东名称、持股数量、持股比例。涉及国有股的，应在国有股东之后标注“SS”（State - owned Shareholder 的缩写），披露前述标识的依据及标识的含义，并披露国有股转持情况；

（五）最近一年发行人新增股东的持股数量及变化情况、取得股份的时间、价格和定价依据。属于战略投资者的，应予注明并说明具体的战略关系。

新增股东为法人的，应披露其主要股东及实际控制人；为自然人的，应披露国籍、拥有永久境外居留权情况（如有）、身份证号码；为合伙企业的，应披露其普通合伙人及实际控制人、有限合伙人（如有）的情况；

（六）本次发行前各股东间的关联关系及关联股东的各自持股比例；

（七）发行人股东公开发售股份的，应披露公开发售股份对发行人的控制权、治理结构及生产经营产生的影响，并提示投资者关注上述事项。

第三十七条 发行人应披露正在执行的对其董事、监事、高级管理人员、其他核心人员、员工实行的股权激励（如员工持股计划、限制性股票、股票期权）及其他制度安排和执行情况。

第三十八条 发行人应简要披露员工情况，主要包括员工人数及最近三年变化情况，员工专业结构。

第三十九条 发行人应充分披露发行人、发行人的股东、实际控制人、发行人的董事、监事、高级管理人员及其他核心人员以及本次发行的保荐人及证券服务机构等作出的重要承诺、履行情况以及未能履行承诺的约束措施，承诺事项及其约束措施应当合法合理、具体明确，具备可操作性。承诺事项主要包括：

（一）本次发行前股东所持股份的限售安排、自愿锁定股份、延长锁定期限以及相关股东持股及减持意向等承诺；

（二）稳定股价的承诺；

（三）股份回购的承诺；

（四）依法承担赔偿或者补偿责任的承诺；

（五）填补被摊薄即期回报的措施及承诺；

（六）利润分配政策的承诺；

（七）其他承诺事项。

对投资者作出投资决策有重大影响的承诺事项，发行人应在招股说明书首页简要作“重大事项提示”。

第六节 业务和技术

第四十条 发行人应清晰、准确、客观地披露主营业务、主要产品或服务的情况，包括：

（一）主营业务、主要产品或服务的基本情况，主营业务收入的主要构成；

（二）主要经营模式，如盈利模式、采购模式、生产或服务模式、营销及管理模式等，分析采用目前经营模式的原因、影响经营模式的关键因素以及经营模式和影响因素在报告期内的变化情况及未来变化趋势。发行人的业务及其模式具有创新性的，还应披露其独特性、创新性及持续创新机制；

（三）设立以来主营业务、主要产品或服务、主要经营模式的演变情况；

（四）主要产品的工艺流程图或服务的流程图。

第四十一条 发行人应结合所处行业基本情况披露其竞争状况，主要包括：

（一）发行人所处行业的行业主管部门、行业监管体制、行业主要法律法规和政策及对发行人经营发展的影响等；

（二）结合行业竞争格局、市场化程度、行业内主要企业情况、行业特有的经营模式及盈利模式，披露发行人产品或服务的市场地位、技术水平及特点、竞争优势与劣势，以及上述情况在最近三年的变化情况及未来可预见的变化趋势；

（三）影响发行人发展的有利和不利因素，如产业政策、技术替代、行业发展瓶颈、国际市场冲击、发行人与上下游行业之间的关系；对于出口业务比例较大的发行人，还应披露产品进口国的有关进口政策、贸易摩擦对产品进口的影响、以及进口国同类产品的竞争格局等情况。

第四十二条 发行人应披露销售情况和主要客户，包括：

（一）报告期内各期主要产品或服务的规模（产能、产量、销量，或服务能力、服务量）、销售收入，产品或服务的主要客户群体、销售价格的总体变动情况。存在多种销售模式的，应披露各销售模式的规模及占当期销售总额的比重；

（二）报告期内各期向前五名客户合计的销售额占当期销售总额的百分比，向单个客户的销售比例超过总额的50%、前五名客户中新增的客户或严重依赖于少数客户的，应披露其名称或姓名、销售比例。该客户为发行人关联方的，则应披露产品最终实现销售的情况。受同一实际控制人控制的销售客户，应合并计算销售额。

第四十三条 发行人应披露采购情况和主要供应商，包括：

（一）报告期内采购产品、原材料、能源或接受服务的情况，相关价格变动趋势；

（二）报告期内各期向前五名供应商合计的采购额占当期采购总额的百分比，向单个供应商的采购比例超过总额的50%、前五名供应商中新增的供应商或严重依赖于少数供应商的，应披露其名称或姓名、采购比例。受同一实际控制人控制的供应商，应合并计算采购额。

第四十四条 发行人应按对业务经营的重要性程度列表披露与其业务相关的主要固定资产、无形资产等资源要素，主要包括：

（一）经营使用的主要生产设备、房屋建筑物，披露取得和使用情况、成新率或尚可使用年限、在发行人及下属企业的分布情况以及设备大修或技术改造的周期、计划实施安排及对公司经营的影响；

（二）主要无形资产情况，主要包括商标、已取得的专利、非专利技术、土地使用权、水面养殖权、探矿权、采矿权等的数量、取得方式和时间、使用情况以及目前的法律状态，披露使用期限或保护期、最近一期末账面价值，以及上述资产对发行人生产经营的重要程度；

（三）其他对发行人经营发生作用的资源要素。

发行人允许他人使用自己所有的资源要素，或作为被许可方使用他人资源要素的，应简要披露许可合同的主要内容，包括许可人、被许可人、许可使用的具体资源要素内容、许可方式、许可年限、许可使用费等，以及合同履行情况。若发行人所有或使用的资源要素存在纠纷或潜在纠纷的，应明确说明。

第四十五条　发行人应披露其拥有的特许经营权的情况，主要包括特许经营权的取得情况，特许经营权的期限、费用标准，对发行人持续生产经营的影响。

第四十六条　发行人应披露其主要产品或服务的核心技术及技术来源，说明技术属于原始创新、集成创新或引进消化吸收再创新的情况，披露核心技术与已取得的专利及非专利技术的对应关系，以及在主营业务及产品或服务中的应用，并披露核心技术产品收入占营业收入的比例。

发行人应披露最近三年及一期研发费用的构成、占营业收入的比例。与其他单位合作研发的，还需说明合作协议的主要内容、研究成果的分配方案及采取的保密措施等。

发行人应披露其核心技术人员、研发人员占员工总数的比例，所取得的专业资质及重要科研成果和获得的奖项，披露最近两年核心技术人员的主要变动情况及对发行人的影响。

第四十七条　发行人在中华人民共和国境外进行生产经营的，应对有关业务活动进行地域性分析。发行人在境外拥有资产的，应详细披露该资产的具体内容、资产规模、所在地、经营管理和盈利情况等。

第四十八条　发行人应披露发行当年和未来三年的发展规划及拟采取的措施。

发行人披露的发展规划应当具体明确，合理说明发展规划所依据的假设条件，实施过程中可能面临的主要困难，确保实现发展规划采用的方法或途径。发行人应声明在上市后通过定期报告公告发展规划的实施情况。

发行人披露的发展规划、措施以及相应的分析，应与招股说明书其他相关内容相衔接。

第七节　同业竞争与关联交易

第四十九条　发行人应披露是否存在与控股股东、实际控制人及其控制的其他企业从事相同或相似业务的情况。对存在相同或相似业务的，发行人应对是否存在同业竞争作出合理解释。

第五十条　发行人应披露控股股东、实际控制人作出的避免同业竞争的承诺。

第五十一条　发行人应根据《公司法》和企业会计准则的相关规定披露关联方、关联关系和关联交易。

第五十二条　发行人应根据交易的性质和频率，按照经常性和偶发性分类披露关联交易及关联交易对其财务状况和经营成果的影响。

购销商品、提供劳务等经常性关联交易，应分别披露报告期内关联交易方名称、交易内容、交易金额、交易价格的确定方法、占当期营业收入或营业成本的比重、占当期同类型交易的比重以及关联交易增减变化的趋势，与交易相关应收应付款项的余额及增减变化的原因，以及上述关联交易是否仍将持续进行。

偶发性关联交易，应披露关联交易方名称、交易时间、交易内容、交易金额、交易价格的确定方法、资金结算情况、交易产生的利润及对发行人当期经营成果的影响、交易对公司主营业务的影响。

发行人应披露报告期内所发生的全部关联交易的简要汇总表。

第五十三条　发行人应披露报告期内发生的关联交易是否履行公司章程规定的程序，披露独立董事对关联交易履行的审议程序是否合法及交易价格是否公允的意见。

第八节　董事、监事、高级管理人员与公司治理

第五十四条　发行人应披露董事、监事、高级管理人员及其他核心人员的简要情况，主要包括：

（一）姓名、国籍及境外居留权；

（二）性别；

（三）年龄；

（四）学历及专业背景；

（五）职称；

（六）主要业务经历及实际负责的业务活动；对发行人设立、发展有重要影响的董事、监事、高级管理人员及其他核心人员，还应披露其创业或从业历程；

（七）曾经担任的重要职务及任期；

（八）现任发行人的职务及任期；

（九）兼职情况及所兼职单位与发行人的关联关系；

（十）与其他董事、监事、高级管理人员及其他核心人员的亲属关系。

对于董事、监事，应披露其提名人；对于董事、监事、高级管理人员，还应披露其了解股票发行上市相关法律法规及其法定义务责任的情况。

第五十五条 发行人应披露董事、监事、高级管理人员及其他核心人员与发行人及其业务相关的对外投资情况，包括投资金额、持股比例、有关承诺和协议，对于存在利益冲突情形的，应披露解决情况。

发行人应列表披露董事、监事、高级管理人员、其他核心人员及其近亲属以任何方式直接或间接持有发行人股份的情况、持有人姓名及所持股份的质押或冻结情况。

第五十六条 发行人应披露董事、监事、高级管理人员及其他核心人员的薪酬组成、确定依据、所履行的程序及最近三年内薪酬总额占各期发行人利润总额的比重，最近一年从发行人及其关联企业领取收入的情况，以及所享受的其他待遇和退休金计划等。

第五十七条 发行人应披露与董事、监事、高级管理人员及其他核心人员所签定的协议，以及有关协议的履行情况。

第五十八条 发行人董事、监事、高级管理人员在近两年内曾发生变动的，应披露变动情况和原因。

第五十九条 发行人应披露股东（大）会、董事会、监事会、独立董事、董事会秘书以及审计委员会等机构和人员的运行及履职情况，主要包括：

（一）结合《公司法》、中国证监会关于公司治理的有关规定及公司章程，披露报告期内发行人公司治理存在的缺陷及改进情况；

（二）报告期内发行人股东（大）会、董事会、监事会的实际运行情况，包括会议召开次数，出席会议情况，股东（大）会、董事会、监事会的召开及决议内容是否合法有效，是否存在董事会或高级管理人员违反《公司法》及其他规定行使职权的情形；

（三）独立董事出席董事会等履职情况。独立董事对发行人有关事项曾提出异议的，应披露该事项的内容、独立董事的姓名及所提异议的内容等；

（四）审计委员会及其他专门委员会的人员构成及运行情况。

第六十条 发行人应披露公司管理层对内部控制完整性、合理性及有效性的自我评估意见以及注册会计师对公司内部控制的鉴证意见。注册会计师指出公司内部控制存在缺陷的，应予披露并说明改进措施。

第六十一条 发行人应披露最近三年内是否存在违法违规行为，若存在违法违规行为，应披露违法违规事实和受到处罚的情况，并说明对发行人的影响。

第六十二条 发行人应披露最近三年内是否存在资金被控股股东、实际控制人及其控制的其他企业以借款、代偿债务、代垫款或者其他方式占用的情况，或者为控股股东、实际控制人及其控制的其他企业担保的情况。

第六十三条 发行人应披露资金管理、对外投资、担保事项的政策及制度安排，说明决策权限及程序等规定，并说明最近三年的执行情况。

第六十四条 发行人应披露投资者权益保护的情况，说明在保障投资者尤其是中小投资者依法享有获取公司信息、享有资产收益、参与重大决策和选择管理者等权利方面采取的措施，主要包括：

（一）建立健全内部信息披露制度和流程；

（二）完善股东投票机制。建立累积投票制选举公司董事，中小投资者单独计票等机制，对法定事项采取网络投票方式召开股东大会进行审议表决；

（三）其他保护投资者合法权益的措施。

第九节 财务会计信息与管理层分析

第六十五条 发行人应披露最近三年及一期的资产负债表、利润表和现金流量表。发行人编制合并财务报表的，应披露合并财务报表。

第六十六条 发行人应披露会计师事务所的审计意见类型。

第六十七条 发行人应结合自身业务特点深入分析影响收入、成本、费用和利润的主要因素，以及对发行人具有核心意义、或其变动对业绩变动具有较强预示作用的财务或非财务指标。分析报告期内上述因素和指标对财务状况和盈利能力的影响程度，并分析其对公司未来财务状况和盈利能力可能产生的影响；目前已经存在新的趋势或变化，可能对公司未来财务状况和盈利能力产生重大影响的，应分析具体的影响。

第六十八条 发行人信息披露应当满足及时性要求，应当披露财务报告审计基准日至招股说明书签署日之间的相关财务信息。

发行人应明确提醒投资者公司已披露财务报告审计基准日后的主要财务信息和经营状况，注明相关财务信息是否经过审计或审阅，并作“重大事项提示”。若审计基准日后存在发行人经营状况恶化、经营业绩下降等不利变化的，应明确披露相关风险并说明原因。

第六十九条 发行人应结合业务特点充分披露报告期内采用的对公允反映公司财务状况和经营成果有重大影响的主要会计政策和会计估计。

发行人重大会计政策或会计估计与可比上市公司存在较大差异的，应分析重大会计政策或会计估计的差异产生的原因及对公司利润产生的影响。

第七十条 发行人应披露报告期内执行的主要税收政策、缴纳的主要税种，并按税种分项说明执行的法定税率。

存在税负减免的，应按税种分项说明相关法律法规或政策依据、批准机关、批准文号、减免幅度及有效期限。

第七十一条 发行人财务报表包含了分部信息的，应披露分部信息。

编制合并财务报表的，分部信息的披露应当以合并财务报表为基础。分部信息应当与合并财务报表或发行人财务报表中的总额信息相衔接。

发行人分析公司财务会计信息时，应当利用分部信息。

第七十二条 发行人应依据经注册会计师鉴证的非经常性损益明细表，以合并财务报表的数据为基础，披露最近三年及一期非经常性损益的具体内容、金额及对当期经营成果的影响，并计算最近三年及一期扣除非经常性损益后的净利润金额。

第七十三条 发行人应列表披露最近三年及一期的主要财务指标。主要包括流动比率、速动比率、资产负债率（母公司）、应收账款周转率、存货周转率、息税折旧摊销前利润、归属于发行人股东的净利润、归属于发行人股东扣除非经常性损益后的净利润、利息保障倍数、每股经营活动产生的现金流量、每股净现金流量、基本每股收益、稀释每股收益、归属于发行人股东的每股净资产、净资产收益率、无形资产（扣除土地使用权、水面养殖权和采矿权等后）占净资产的比例。除特别指出外，上述财务指标应以合并财务报表的数据为基础进行计算。其中，净资产收益率和每股收益的计算应执行中国证监会的有关规定。

第七十四条 如果发行人认为提供盈利预测报告将有助于投资者对发行人及投资于发行人的股票作出正确判断，且发行人确信能对最近的未来期间的盈利情况作出比较切合实际的预测，发行人可以披露盈利预测报告。

发行人披露盈利预测报告的，应声明："本公司盈利预测报告是管理层在最佳估计假设的基础上编制的，但所依据的各种假设具有不确定性，投资者进行投资决策时应谨慎使用。"

发行人披露的盈利预测报告应包括盈利预测表及其说明。盈利预测表的格式应与利润表一致，其中预测数应分栏列示已审实现数、未审实现数、预测数和合计数。

盈利预测说明应包括编制基准、所依据的基本假设及其合理性、与盈利预测数据相关的背景及分析资料等。盈利预测数据包含了特定的财政税收优惠政策或非经常性损益项目的，应特别说明。

第七十五条 发行人应扼要披露会计报表附注中的资产负债表日后事项、或有事项及其他重要事项，并结合目前存在重大担保、诉讼、其他或有事项和重大资产负债表日后事项的情况，说明对发行人财务状况、盈利能力及持续经营的影响。

第七十六条 发行人应主要依据最近三年及一期的合并财务报表分析披露发行人财务状况、盈利能力及现金流量的报告期内情况及未来趋势。分析不应仅限于财务因素，还应包括非财务因素；不应仅以引述方式重复财务报表的内容，应选择使用逐年比较、与同行业对比分析等便于理解的形式进行分析。选择同行业公司对比分析时，发行人应披露选择相关公司的原因，分析所选公司与发行人之间的可比性。发行人分析时应结合公司业务情况，将财务信息与非财务信息进行相互印证。

第七十七条 盈利能力分析一般应包括下列内容：

（一）发行人应按照利润表项目逐项分析最近三年及一期经营成果变化的原因，对于变动幅度较大的项目应重点说明；

（二）发行人应列表披露最近三年及一期营业收入的构成及比例，并分别按产品或服务类别及业务、地区分部列示，分析营业收入增减变化的情况及原因；披露主要产品或服务的销售价格、销售量的变化情况及原因；营业收入存在季节性波动的，应分析季节性因素对各季度经营成果的影响；

（三）发行人应结合最近三年及一期营业成本的主要构成情况，主要原材料和能源的采购数量及采购价格等，披露最近三年及一期发行人营业成本增减变化情况及原因；

（四）发行人应披露最近三年及一期销售费用、管理费用和财务费用的构成及变化情况；应披露最近三年及一期的销售费用率，如果与同行业可比上市公司的销售费用率存在显著差异，还应结合发行人的销售模式和业务特点分析差异的原因；应披露管理费用、财务费用占销售收入的比重，并解释异常波动的原因；

（五）发行人应披露营业利润、利润总额和净利润金额，分析发行人净利润的主要来源及净利润增减变化情况及原因；

（六）发行人应披露最近三年及一期的综合毛利率、分产品或服务的毛利率及变动情况；报告期内毛利率发生重大变化的，还应用数据说明相关因素对毛利率变动的影响程度；应与同行业上市公司中与发行人相同或相近产品或服务的毛利率对比，如存在显著差异，应结合发行人经营模式、产品销售价格和产品成本等，披露差异的原因及对净利润的影响；

（七）发行人主要产品的销售价格或主要原材料、能源价格频繁变动且影响较大的，应针对价格变动对公司利润的影响作敏感性分析；

（八）发行人最近三年及一期非经常性损益、合并财务报表范围以外的投资收益对公司经营成果有重大影响的，应当分析原因及对公司盈利能力稳定性的影响；应披露报告期内收到的政府补助，披露其中金额较大项目的主要信息；

（九）发行人应按税种分项披露最近三年及一期公司缴纳的税额，说明所得税费用（收益）与会计利润的关系；应披露最近三年及一期税收政策的变化及对发行人的影响，是否面临即将实施的重大税收政策调整及对发行人可能存在的影响。

第七十八条 发行人应分析并完整披露对其持续盈利能力产生重大不利影响的所有因素，包括报告期内实际发生以及未来可能发生的重大不利影响，披露保荐人对发行人是否具备持续盈利能力的核查结论意见，并在招股说明书首页作“重大事项提示”。对发行人持续盈利能力构成重大不利影响的因素包括但不限于下列情形：

（一）发行人的经营模式、产品或服务的品种结构已经或者将发生重大变化，并对发行人的持续盈利能力构成重大不利影响；

（二）发行人的行业地位或发行人所处行业的经营环境已经或者将发生重大变化，并对发行人的持续盈利能力构成重大不利影响；

（三）发行人在用的商标、专利、专有技术、特许经营权等重要资产或者技术的取得或者使用存在重大不利变化的风险；

（四）发行人最近一年的营业收入或净利润对关联方或者有重大不确定性的客户存在重大依赖；

（五）发行人最近一年的净利润主要来自合并财务报表范围以外的投资收益；

（六）其他可能对发行人持续盈利能力构成重大不利影响的情形。

第七十九条 财务状况分析一般应包括下列内容：

（一）发行人应披露最近三年及一期末资产、负债的主要构成，分析最近三年及一期末资产、负债结构变动的主要原因和影响；

（二）发行人应分析最近三年及一期末发生较大变动，或对财务状况构成重大影响的资产负债表项目的具体构成，并分析其变化原因和影响；

（三）发行人应披露最近三年及一期末应收款项的账面原值、坏账准备、账面价值，结合应收款项的构成、比例、账龄、信用期、主要债务人等，分析说明报告期内应收款项的变动情况及原因；披露最近三年及一期末应收账款中主要客户的应收账款金额、占比及变化情况，新增主要客户的应收账款金额及占比情况；

（四）发行人应披露最近三年及一期末存货的类别、账面价值、存货跌价准备，结合存货的构成、比例等，分析说明报告期内存货的变动情况及原因；如发行人期末存货余额较大，周转率较低，应结合业务模式、市场竞争情况和行业发展趋势等因素披露原因，同时分析并披露发行人的存货减值风险；

（五）发行人应披露最近一期末的主要债项，包括主要的银行借款，对内部人员和关联方的负债，主要合同承诺的债务、或有债项的金额、期限、成本，票据贴现、抵押及担保等形成的或有负债情况。有逾期未偿还债项的，应说明其金额、利率、贷款资金用途、未按期偿还的原因、预计还款期等。结合主要债项的构成、比例、借款费用资本化情况、用途等，分析说明报告期内债项的变动情况及原因。发行人应分析可预见的未来需偿还的负债金额及相应利息金额，并结合公司的现金流量状况、在银行的资信状况、可利用的融资渠道及授信额度、表内负债、表外融资情况及或有负债等情况，分析公司的偿债能力和流动性风险；

（六）发行人应扼要披露报告期内各期末股东权益的情况，包括股本、资本公积、盈余公积、未分配利润及少数股东权益的情况。发行人应分析说明报告期内股东权益各项目的变动情况及原因。

第八十条 现金流量的分析一般应包括下列内容：

（一）发行人应扼要披露最近三年及一期经营活动产生的现金流量、投资活动产生的现金流量、筹资活动产生的现金流量的基本情况和变动原因，披露不涉及现金收支的重大投资和筹资活动及其影响；

（二）发行人最近三年及一期经营活动产生的现金流量净额为负数或者远低于当期净利润的，应分析披露原因；

（三）发行人应披露未来可预见的重大资本性支出计划及资金需求量；未来资本性支出计划跨行业投资的，应说明其与公司未来发展战略的关系。

第八十一条 发行人应披露最近三年及一期的实际股利分配情况以及发行后的股利分配政策。

第八十二条 发行人应披露本次发行完成前滚存利润的分配安排和已履行的决策程序。若发行前的滚存利润归发行前的股东享有，应披露滚存利润的审计和实际派发情况，同时在招股说明书首页对滚存利润中由发行前股东单独享有的金额以及是否派发完毕作“重大事项提示”。

第十节 募集资金运用

第八十三条 发行人募集资金应当围绕主营业务进行投资安排，列表简要披露募集资金使用的具体用途、预计募集资金数额、预计投资规模、预计投入的时间进度情况。

第八十四条 发行人应根据重要性原则披露募集资金运用情况：

（一）募集资金的具体用途，简要分析募集资金具体用途的可行性及其与发行人现有主要业务、核心技术之间的关系；

（二）投资概算情况。发行人所筹资金如不能满足预计资金使用需求的，应说明缺口部分的资金来源及落实情况；如所筹资金超过预计募集资金数额的，应说明相关资金在运用和管理上的安排；

（三）募集资金具体用途所需的时间周期和时间进度；

（四）募集资金运用涉及履行审批、核准或备案程序的，应披露相关的履行情况；

（五）募集资金运用涉及环保问题的，应披露可能存在的环保问题、采取的措施及资金投入情况；

（六）募集资金运用涉及新取得土地或房产的，应披露取得方式、进展情况及未能如期取得对募集资金具体用途的影响；

（七）募集资金运用涉及与他人合作的，应披露合作方基本情况、合作方式、各方权利义务关系；

（八）募集资金的专户存储安排。

第八十五条 募集资金用于偿还债务的，应披露债务产生的原因及用途、偿债的总体安排及对发行人财务状况、偿债能力和财务费用的具体影响。

第八十六条 募集资金用于补充营运资金的，发行人应披露补充营运资金的必要性和管理运营安排，说明对公司财务状况及经营成果的影响和对提升公司核心竞争力的作用。

第八十七条 发行人使用自有资金或其他资金已先期投资于募集资金具体用途的，应披露募集资金具体用途的启动及进展情况、发行人已投资的资金来源、本次募集资金拟投资的资金数额。

第十一节　其他重要事项

第八十八条 发行人应披露正在履行的合同的金额或交易金额、所产生的营业收入或毛利额相应占发行人最近一个会计年度经审计的营业收入或营业利润的10%以上的合同以及其他对发行人生产经营活动、未来发展或财务状况具有重要影响的合同的基本情况，包括合同当事人、合同标的、合同价款或报酬、履行期限、实际履行情况等。与同一交易主体在一个会计年度内连续发生的相同内容或性质的合同应累计计算。

第八十九条 发行人应披露对外担保的情况，主要包括：

（一）被担保人的名称、注册资本、实收资本、住所、生产经营情况、与发行人有无关联关系、以及最近一年及一期末的总资产、净资产和最近一年及一期的净利润；

（二）主债务的种类、金额和履行债务的期限；

（三）担保方式：采用保证方式还是抵押、质押方式；采用抵押、质押方式的，应披露担保物的种类、数量、价值等相关情况；

（四）担保范围；

（五）担保期间；

（六）解决争议的方法；

（七）其他对担保人有重大影响的条款；

（八）担保履行情况。

发行人不存在对外担保的，应予说明。

第九十条 发行人应披露对财务状况、经营成果、声誉、业务活动、未来前景等可能产生较大影响的诉讼或仲裁事项，主要包括：

（一）案件受理情况和基本案情；

（二）诉讼或仲裁请求；

（三）判决、裁决结果及执行情况；

（四）诉讼、仲裁案件对发行人的影响。

第九十一条 发行人应披露控股股东或实际控制人、控股子公司，发行人董事、监事、高级管理人员和其他核心人员作为一方当事人的重大诉讼或仲裁事项。

发行人应披露控股股东、实际控制人最近三年内是否存在重大违法行为。

第九十二条 发行人应披露董事、监事、高级管理人员和其他核心人员涉及刑事诉讼的情况。

第十二节 有关声明

第九十三条 发行人全体董事、监事、高级管理人员应在招股说明书正文的尾页声明：

“本公司全体董事、监事、高级管理人员承诺本招股说明书不存在虚假记载、误导性陈述或重大遗漏，并对其真实性、准确性、完整性、及时性承担个别和连带的法律责任。”

声明应由全体董事、监事、高级管理人员签名，并由发行人加盖公章。

第九十四条 保荐人（主承销商）应对招股说明书的真实性、准确性、完整性、及时性进行核查，并在招股说明书正文后声明：

“本公司已对招股说明书进行了核查，确认不存在虚假记载、误导性陈述或重大遗漏，并对其真实性、准确性、完整性、及时性承担相应的法律责任。”

声明应由法定代表人、保荐代表人、项目协办人签名，并由保荐人（主承销商）加盖公章。

第九十五条 发行人律师应在招股说明书正文后声明：

“本所及经办律师已阅读招股说明书，确认招股说明书与本所出具的法律意见书和律师工作报告无矛盾之处。本所及经办律师对发行人在招股说明书中引用的法律意见书和律师工作报告的内容无异议，确认招股说明书不致因上述内容而出现虚假记载、误导性陈述或重大遗漏，并对其真实性、准确性、完整性、及时性承担相应的法律责任。”

声明应由经办律师及所在律师事务所负责人签名，并由律师事务所加盖公章。

第九十六条 承担审计业务的会计师事务所应在招股说明书正文后声明：

“本所及签字注册会计师已阅读招股说明书，确认招股说明书与本所出具的审计报告、盈利预测审核报告（如有）、内部控制鉴证报告及经本所鉴证的非经常性损益明细表无矛盾之处。本所及签字注册会计师对发行人在招股说明书中引用的审计报告、盈利预测审核报告（如有）、内部控制鉴证报告及经本所鉴证的非经常性损益明细表的内容无异议，确认招股说明书不致因上述内容而出现虚假记载、误导性陈述或重大遗漏，并对其真实性、准确性、完整性、及时性承担相应的法律责任。”

声明应由签字注册会计师及所在会计师事务所负责人签名，并由会计师事务所加盖公章。

第九十七条 承担评估业务的资产评估机构应在招股说明书正文后声明：

“本机构及签字注册资产评估师已阅读招股说明书，确认招股说明书与本机构出具的资产评估报告无矛盾之处。本机构及签字注册资产评估师对发行人在招股说明书中引用的资产评估报告的内容无异议，确认招股说明书不致因上述内容而出现虚假记载、误导性陈述或重大遗漏，并对其真实性、准确性、完整性、及时性承担相应的法律责任。”

声明应由签字注册资产评估师及所在资产评估机构负责人签名，并由资产评估机构加盖公章。

第九十八条 承担验资业务的机构应在招股说明书正文后声明：

“本机构及签字注册会计师已阅读招股说明书，确认招股说明书与本机构出具的验资报告无矛盾之处。本机构及签字注册会计师对发行人在招股说明书中引用的验资报告的内容无异议，确认招股说明书不致因上述内容而出现虚假记载、误导性陈述或重大遗漏，并对其真实性、准确性、完整性、及时性承担相应的法律责任。”

声明应由签字注册会计师及所在验资机构负责人签名，并由验资机构加盖公章。

第九十九条 发行人及上述机构和人员应按照本准则第九十三条至第九十八条的规定，在预先披露的招股说明书（申报稿）中发表声明。

第一百条 本准则所要求的有关人员的签名下方应以印刷体形式注明其姓名。

第十三节 附 件

第一百零一条 招股说明书结尾应列明附件，并在中国证监会指定网站披露。附件应包括下列文件：

（一）发行保荐书（附：发行人成长性专项意见）及发行保荐工作报告；

（二）发行人关于公司设立以来股本演变情况的说明及其董事、监事、高级管理人员的确认意见；

（三）发行人控股股东、实际控制人对招股说明书的确认意见；

（四）财务报表及审计报告；

（五）发行人审计报告基准日至招股说明书签署日之间的相关财务报表及审阅报告（如有）；

（六）盈利预测报告及审核报告（如有）；

（七）内部控制鉴证报告；

（八）经注册会计师鉴证的非经常性损益明细表；

（九）法律意见书及律师工作报告；

（十）公司章程（草案）；

（十一）中国证监会核准本次发行的文件；

（十二）其他与本次发行有关的重要文件。

第三章 附 则

第一百零二条 本准则自公布之日起施行。2009 年 7 月 20 日发布的《公开发行证券的公司信息披露内容与格式准则第 28 号——创业板公司招股说明书》（证监会公告［2009］17 号）同时废止。

附件 2

《公开发行证券的公司信息披露内容与格式准则第 28 号——创业板公司招股说明书》修订说明

为深化以信息披露为中心的理念，切实提高信息披露质量，落实新股发行体制改革的要求，我会对《公开发行证券的公司信息披露内容与格式准则第 28 号——创业板公司招股说明书》（以下简称“创业板招股说明书准则”）进行了修订。现将有关修订情况说明如下：

一、修订的背景和过程

现行创业板招股说明书准则秉承创业板市场特色，在突出风险揭示、强化披露责任、降低披露成本等方面发挥了重要作用，但信息披露仍存在一定问题：一是形式化、格式化、模板化倾向较为严重，套用同行业公司招股书的情形较为普遍，内容僵化，个性化不突出；二是可读性不强，语言不够浅白，内容逻辑性差，重复内容多，一定程度上影响投资者分析判断；三是存在选择性披露，避重就轻，广告倾向突出，对风险揭示不足，对影响公司发展的各项因素分析不够透彻；四是信息披露更新不及时，对审核过程中发生的重大事项不能及时向我会报告并相应修改招股说明书，尤其是在发审会、发行上市等重要时点隐瞒重大事项。

针对上述问题，我会对创业板信息披露存在问题的原因进行深入分析，系统梳理了四年来创业板首发信息披露工作的经验和问题，认真研究美国、英国、香港等境外成熟市场的信息披露规则及招股说明书范例，通过座谈、调研、讲座、发函等多种方式，向创业板上市公司、保荐机构、基金公司、律师事务所、会计师事务所等市场主体、地方政府部门就创业板招股说明书准则的执行情况及修订工作进行征求意见，在此基础上对创业板招股说明书准则进行了修订。

二、修订创业板招股说明书准则遵循的理念和原则

本次修订全面贯彻新股发行体制改革和保护中小投资者合法权益的要求，坚持以信息披露为中心的理念，充分体现“招股说明书以有利于投资者决策为披露导向，招股说明书是保护中小投资者合法权益的重要依据”的总体原则，切实充分披露，提高披露质量，促进市场主体归位尽责。具体原则如下：

（一）信息披露从监管导向转为投资者需求导向，体现充分披露原则。区分内部审核信息和外部披露信息，简化或取消与投资决策相关性不大的审核信息和合规要求，精简历史沿革，提高募集资金使用披露的针对性；同时，加强

对投资决策有重大影响的信息披露要求，强化风险揭示、财务信息、公司治理、投资者保护等内容，提高披露有效性，体现充分披露原则。

（二）针对创业企业的实际特点，提出差异化的披露要求。通过梳理总结四年来的创业板发行监管实践，本次修订总结新兴行业特点，针对创业企业业务模式新、业绩波动大、上下游联系密切等特点，重点突出经营模式、客户群体、核心技术、研发能力、创业团队、高管薪酬等方面的信息披露要求，加强信息披露的针对性。

（三）信息披露简明易懂、语言浅白，强化招股说明书的可读性。本次修订进一步强调招股说明书应便于投资者阅读，信息披露应做到浅白平实、通俗易懂、简明扼要、逻辑清晰，不过度依赖释义，尽量避免使用艰深晦涩的专业术语或公文用语，进一步提高招股说明书的可读性和可理解性。

（四）贯彻落实新股发行体制改革和保护中小投资者权益等意见的要求。本次修订增加了信息披露尤其是财务信息的及时性要求、新股发行改革要求的承诺事项、依法承担赔偿补偿责任的声明、现金分红政策，以及保障投资者依法行使收益权、知情权、参与权等股东权利的具体措施和信息披露要求，为强化信息披露监管提供制度保障。

三、本次修订的主要内容

修订后创业板招股说明书准则仍分为总则、招股说明书、附则3章，节数由15节调整至13节，条文由123条调整至102条。本次修订的主要内容如下：

（一）总则方面。一是落实新股发行改革的要求，明确“发行人是信息披露的第一责任人”；二是增加信息披露的及时性要求；三是增加对预测性信息应谨慎合理的披露要求；四是增加信息披露可读性的要求，进一步强调应使用浅白语言，内容简明扼要、客观清晰、富有逻辑。

（二）风险因素方面。为充分揭示风险，切实做到披露到位，本次修订一是参照境外做法，不再详细列举风险因素种类，而是要求企业针对自身情况描述风险；二是取消对重大风险因素的披露要求，不再代替投资者对风险是否重大进行判断，在重大事项提示中明确提示投资者需认真阅读风险因素一节的全部内容；三是要求风险披露须用包含公司特性的标题性语言对风险进行概括，要求不得披露风险对策、一项风险因素不得描述多个风险。

（三）基本情况方面。一是简化或取消与投资决策相关性不大的披露要求，如取消对工会持股、委托持股、员工社保、5%以上股东最近一年一期主要财务指标等方面的披露要求；二是增加公司自治内容披露，要求披露企业正实施的股权激励方案及执行情况；三是落实新股发行改革的要求，增加披露发行人及其股东、实际控制人等责任主体的承诺事项和约束措施。

（四）业务与技术方面。一是增加对收入构成、模式演变、多种采购销售模式的披露要求，细化经营模式披露，单独披露新增的重要客户或供应商；二是为避免误导，明确要求披露“已取得”而非“正在申请”的专利；三是增加披露核心技术与专利、非专利技术的对应关系以及在主业中的应用；四是鉴于准则已对发行人最近三年是否存在违法违规行为有披露要求，本次修订取消企业安全生产、质量控制、污染治理等方面的披露要求；五是因企业未来发展与业务经营密切相关，本次修订将原第十二节“未来发展与规划”并入本节，以提高信息披露的可读性和有效性。

（五）关联交易与同业竞争。一是增加披露报告期关联交易汇总表；二是取消关联交易决策权限与程序、关联股东或董事回避规定的要求，上述内容已在招股书附件“公司章程”予以体现。

（六）董监高及公司治理方面。一是因原第八节“董事、监事、高级管理人员与其他核心人员”及原第九节“公司治理”的内容相近，故将两节合并；二是增加披露董监高的专业背景及对企业有重要影响的董监高的创业或从业历程；三是参考 Facebook 招股书，强化对董监高薪酬情况的披露要求；四是强化对公司治理、保护投资者权益的披露要求。

（七）财务信息方面。本次对财务信息披露的修订，系在有利于投资者作出投资决策的前提下，强化发行人对重大信息的披露。一是强化有效信息的披露，对公司财务约束、风险因素、投资回报等对投资决策影响重大的信息加大要求，增加对影响收入、成本和业绩的因素程度及具有核心意义的财务或业务指标的分析；二是强化可读性，企业应尽量结合自身情况分析财务信息，选取可比性强的同行业公司加以比较分析；三是新修订的创业板首发办法已将持续盈利能力这一发行条件调整为披露要求，故招股书准则新增了对持续盈利能力的信息披露要求；四是增加对审计基准日至招股书签署日之间的财务信息和经营状况的披露要求；五是简化历史财务信息，不再披露母公司报表、股东权益变动表，减少对税收政策、评估报告、验资报告等披露要求，对财务信息的部分项目内容按重要性原则自主披露。

（八）募集资金使用方面。对于募集资金使用，原准则系按照资金使用的具体方式如固定资产投资、与他人合资、向其他企业增资、收购股权或资产等加以要求，总体上过于固化、不够灵活，与创业企业资产轻、业态新的特点不尽一致。为转变监管理念，提高披露针对性，本次修订不再按照资金使用方式而是在总体上对募集资金使用作出要求，更具操作性，实质上并未降低披露要求。

特此说明。

II. 4 公开发行证券的公司信息披露内容与格式准则第29号——首次公开发行股票并在创业板上市申请文件（2014年修订）

（2014年6月11日 中国证监会公告［2014］29号）

第一条 为了规范首次公开发行股票并在创业板上市申请文件的格式和报送方式，根据《证券法》、《首次公开发行股票并在创业板上市管理办法》（证监会令第99号）的规定，制定本准则。

第二条 申请在中华人民共和国境内首次公开发行股票并在创业板上市的公司（以下简称发行人）应按本准则的要求制作和报送申请文件。

第三条 本准则附件规定的申请文件目录是对发行申请文件的最低要求。根据审核需要，中国证券监督管理委员会（以下简称中国证监会）可以要求发行人、保荐人和相关证券服务机构补充文件。如果某些文件对发行人不适用，可不提供，但应向中国证监会作出书面说明。

第四条 发行人控股股东、实际控制人应当对招股说明书出具确认意见，确认招股说明书中与其相关的内容真实、准确、完整、及时，且不存在指使发行人违反规定披露信息，或者指使发行人披露有虚假记载、误导性陈述或重大遗漏的信息的情形。

第五条 保荐人应当对发行人的成长性出具专项意见，并作为发行保荐书的附件。发行人为自主创新企业的，还应当在专项意见中说明发行人的自主创新能力。

第六条 申请文件一经受理，未经中国证监会同意，不得增加、撤回或更换。

第七条 发行人报送申请文件，初次报送应提交原件一份，复印件二份；根据审核需要，中国证监会可以要求发行人补充报送申请文件。

发行人不能提供有关文件的原件的，应由发行人律师提供鉴证意见，或由出文单位盖章，以保证与原件一致。如原出文单位不再存续，由承继其职权的单位或作出撤销决定的单位出文证明文件的真实性。

第八条 申请文件所有需要签名处，应载明签名字样的印刷体，并由签名人亲笔签名，不得以名章、签名章等代替。

申请文件中需要由发行人律师鉴证的文件，发行人律师应在该文件首页注明“以下第××页至第××页与原件一致”，并签名和签署鉴证日期，律师事务所应在该文件首页加盖公章，并在第××页至第××页侧面以公章加盖骑缝章。

第九条 发行人应根据中国证监会对申请文件的反馈意见提供补充材料。保荐人和相关证券服务机构应对反馈意见相关问题进行尽职调查或补充出具专业意见。

第十条 申请文件应采用幅面为209毫米×295毫米规格的纸张（相当于标准A4纸张规格），双面印刷（需提供原件的历史文件除外）。

第十一条 申请文件的封面和侧面应标明“××公司首次公开发行股票并在创业板上市申请文件”字样。

第十二条 申请文件的首页应标明发行人董事会秘书、保荐人和相关证券服务机构项目负责人的姓名、电话、传真及其他方便的联系方式。

第十三条 申请文件章与章之间、节与节之间应有明显的分隔标识。

申请文件中的页码应与目录中标识的页码相符。例如，第四章4-1的页码标注为4-1-1，4-1-2，4-1-3，……，4-1-n。

第十四条 发行人在每次报送书面申请文件的同时，应报送一份相应的标准电子文件（标准.doc或.rtf格式文件）。

发行结束后，发行人应将招股说明书的电子文件及历次报送的电子文件汇总报送中国证监会备案。

第十五条 未按本准则的要求制作和报送申请文件的，中国证监会按照有关规定不予受理。

第十六条 本准则自公布之日起施行。2009年7月20日发布的《公开发行证券的公司信息披露内容与格式准则第29号——首次公开发行股票并在创业板上市申请文件》（证监会公告［2009］18号）同时废止。

附件：1. 首次公开发行股票并在创业板上市申请文件目录

2. 发行人成长性专项意见编制指引

附件 1

首次公开发行股票并在创业板上市申请文件目录

第一章 招股说明书与发行公告

1－1 招股说明书（申报稿）

1－2 发行人控股股东、实际控制人对招股说明书的确认意见

1－3 发行公告（发行前提供）

第二章 发行人关于本次发行的申请及授权文件

2－1 发行人关于本次发行的申请报告

2－2 发行人董事会有关本次发行的决议

2－3 发行人股东大会有关本次发行的决议

第三章 保荐人和证券服务机构文件

3－1 保荐人关于本次发行的文件

3－1－1 发行保荐书（附：发行人成长性专项意见）

3－1－2 发行保荐工作报告（附：关于保荐项目重要事项尽职调查情况问核表）

3－2 注册会计师关于本次发行的文件

3－2－1 财务报表及审计报告

3－2－2 发行人审计报告基准日至招股说明书签署日之间的相关财务报表及审阅报告（发行前提供）

3－2－3 盈利预测报告及审核报告

3－2－4 内部控制鉴证报告

3－2－5 经注册会计师鉴证的非经常性损益明细表

3－3 发行人律师关于本次发行的文件

3－3－1 法律意见书

3－3－2 律师工作报告

第四章 发行人的设立文件

4－1 发行人的企业法人营业执照

4－2 发起人协议

4－3　发起人或主要股东的营业执照或有关身份证明文件

4－4　发行人公司章程（草案）

4－5　发行人关于公司设立以来股本演变情况的说明及其董事、监事、高级管理人员的确认意见

4－6　国有资产管理部门出具的国有股权设置及转持批复文件及商务主管部门出具的外资股确认文件

第五章　与财务会计资料相关的其他文件

5－1　发行人关于最近三年及一期的纳税情况的说明

5－1－1　发行人最近三年及一期所得税纳税申报表

5－1－2　有关发行人税收优惠、财政补贴的证明文件

5－1－3　主要税种纳税情况的说明及注册会计师出具的意见

5－1－4　主管税收征管机构出具的最近三年及一期发行人纳税情况的证明

5－2　成立不满三年的股份有限公司需报送的财务资料

5－2－1　最近三年原企业或股份公司的原始财务报表

5－2－2　原始财务报表与申报财务报表的差异比较表

5－2－3　注册会计师对差异情况出具的意见

5－3　成立已满三年的股份有限公司需报送的财务资料

5－3－1　最近三年原始财务报表

5－3－2　原始财务报表与申报财务报表的差异比较表

5－3－3　注册会计师对差异情况出具的意见

5－4　发行人设立时和最近三年及一期的资产评估报告（含土地评估报告）

5－5　发行人的历次验资报告

5－6　发行人大股东或控股股东最近一年及一期的原始财务报表及审计报告

第六章　其他文件

6－1　关于本次发行募集资金运用的文件

6－1－1　发行人关于募集资金运用的总体安排说明

6－1－2　募集资金投资项目的审批、核准或备案文件

6－1－3　发行人拟收购资产（或股权）的财务报表、资产评估报告及审计报告

6－1－4　发行人拟收购资产（或股权）的合同或合同草案

6－2　产权和特许经营权证书

6－2－1　发行人拥有或使用的商标、专利、计算机软件著作权等知识产权以及土地使用权、房屋所有权、采矿权等产权证书清单（需列明证书所有者或使用者名称、证书号码、权利期限、取得方式、是否及存在何种他项权利等内容，并由发行人律师对全部产权证书的真实性、合法性和有效性出具鉴证意见）

6－2－2　特许经营权证书

6－3　重要合同

6－3－1　商标、专利、专有技术等知识产权许可使用协议

6－3－2　重大关联交易协议

6－3－3　重组协议

6－3－4　其他重要商务合同

6－4　承诺事项

6－4－1　发行人及其实际控制人、控股股东、持股5%以上股东以及发行人董事、监事、高级管理人员等责任主体的重要承诺以及未履行承诺的约束措施

6－4－2　有关消除或避免同业竞争的协议以及发行人的控股股东和实际控制人出具的相关承诺

6－4－3　发行人全体董事、监事、高级管理人员对发行申请文件真实性、准确性、完整性、及时性的承诺书

6－5　发行人律师关于发行人董事、监事、高级管理人员、发行人控股股东和实际控制人在相关文件上签名盖章的真实性的鉴证意见

6－6　发行人生产经营和募集资金投资项目符合环境保护要求的证明文件（重污染行业的发行人需提供符合国家环保部门规定的证明文件）

6－7　特定行业（或企业）的管理部门出具的相关意见

6－8　保荐协议和承销协议

附件 2

发行人成长性专项意见编制指引

保荐人编制发行人成长性专项意见，应当符合以下原则和要求：

一、保荐人应当按照勤勉尽责原则，结合企业的行业前景及其地位、业务模式、技术水平和研发能力、产品或服务的质量及市场前景、营销能力等因素，同时考虑企业持续成长的制约条件，综合分析判断企业的成长性，出具结论明确的成长性专项意见。成长性专项意见应有严密论证和依据充分的专业意见做支撑。

二、保荐人对不同业务类型的企业应重点关注不同方面：企业的业务属于产品制造类的，应就其核心技术和持续技术创新能力对成长性的影响发表明确分析意见；企业的业务属于非产品制造类的，应就其业务的特色和业务模式的创新性对成长性的影响明确发表分析意见。

三、保荐人应当充分关注企业的自主创新能力，深入核查企业是否拥有关键的核心技术、突出的研发优势、创新的业务模式以及较强的市场开拓能力，并重点分析企业自主创新能力对成长性的影响。

四、保荐人应充分揭示企业的成长性风险，并督促发行人在招股说明书中作“重大事项提示”。

II.5 关于发布《公开发行证券的公司信息披露内容与格式准则第11号——上市公司公开发行证券募集说明书》的通知

（2006年5月8日 证监发行字［2006］2号）

各上市公司、各保荐机构：

为规范上市公司公开发行证券募集说明书的编制行为，现发布《公开发行证券的公司信息披露内容与格式准则第11号——上市公司公开发行证券募集说明书》，自发布之日起实施。《公开发行证券的公司信息披露内容与格式准则第11号——上市公司新股招股说明书》、《公开发行证券的公司信息披露内容与格式准则第13号——可转换公司债券募集说明书》同时废止。

公开发行证券的公司信息披露内容与格式准则第11号——上市公司公开发行证券募集说明书

目 录

第四章　附则

第一章　总　　则

第一条　为规范上市公司公开发行证券的信息披露行为，保护投资者的合法权益，根据《公司法》、《证券法》、《上市公司证券发行管理办法》，制定本准则。

第二条　发行人编制配股说明书、增发招股意向书、增发招股说明书、可转换公司债券募集说明书、分离交易的可转换公司债券募集说明书等募集说明书及其摘要，应当符合本准则的要求。

第三条　募集说明书的编制应遵循以下要求：

（一）使用通俗易懂的事实描述性语言，并采用表格或其他较为直观的方式披露公司及其产品、财务等情况；

（二）引用的资料应注明来源，事实依据应充分、客观；

（三）引用的数字应采用阿拉伯数字，有关金额的资料除特别说明之外，应指人民币金额，并以元、千元或万元为单位；

（四）发行人可编制募集说明书外文译本，但应保证中外文文本的一致性，在对中外文本的理解上发生歧义时，以中文文本为准；

（五）募集说明书摘要的编制必须忠实于募集说明书全文的内容，不得出现与全文相矛盾之处。

第四条　在不影响信息披露的完整并保证阅读方便的前提下，发行人可采用相互引征的方法，对各相关部分的内容进行适当的技术处理；对于曾在募集说明书、上市公告书和定期报告、临时报告中披露过的信息，如事实未发生变化，发行人可采用索引的方法进行披露，以免重复。

第五条　上市公司发行证券刊登的募集说明书摘要最小字号为标准小 5 号字，最小行距为 0.35 毫米。

发行人将募集说明书及其摘要全文刊登并保留在公司网站的，其内容应当与在报刊上刊登的一致。

第六条　增发招股意向书除发行数量、发行价格及筹资金额等内容可不确定外，其内容和格式应与增发招股说明书一致。

增发招股意向书应载明“本招股意向书的所有内容均构成招股说明书不可撤销的组成部分，与招股说明书具有同等法律效力”。

发行价格确定后，发行人应编制增发招股说明书，刊登于中国证监会指定的互联网网站，并报中国证监会备案。

第七条　特殊行业的发行人编制募集说明书及其摘要，还应遵循中国证监会关于该行业的信息披露特别规定。

第二章 募集说明书

第一节 封面、书脊、扉页、目录、释义

第八条 募集说明书文本封面及书脊应标明“×××股份有限公司×××说明书”字样，封面还应载明已经上市股票简称和代码、发行人注册地、保荐机构、主承销商、募集说明书公告时间。

第九条 募集说明书文本扉页应当刊载如下声明：

“本公司全体董事、监事、高级管理人员承诺募集说明书及其摘要不存在任何虚假、误导性陈述或重大遗漏，并保证所披露信息的真实、准确、完整”。

“公司负责人、主管会计工作负责人及会计机构负责人（会计主管人员）保证募集说明书及其摘要中财务会计报告真实、完整”。

“证券监督管理机构及其他政府部门对本次发行所作的任何决定，均不表明其对发行人所发行证券的价值或者投资人的收益作出实质性判断或者保证。任何与之相反的声明均属虚假不实陈述”。

“根据《证券法》的规定，证券依法发行后，发行人经营与收益的变化，由发行人自行负责，由此变化引致的投资风险，由投资者自行负责”。

第十条 发行人认为对投资者有重大影响的事项，应在募集说明书文本扉页中作“重大事项提示”，提醒投资人关注。

第十一条 募集说明书目录应标明各章、节的标题及其对应的页码。发行人应对可能对投资者理解有障碍及有特定含意的术语作出释义。募集说明书释义应在目录次页排印。

第二节 本次发行概况

第十二条 本节披露本次发行的基本情况：

（一）发行人中英文名称及注册地、境内上市股票简称和代码、上市地；

（二）本次发行的核准文件、证券类型、发行数量、证券面值、定价方式或发行价格、预计募集资金量（含发行费用）及募集资金净额、募集资金专项存储的账户；

（三）发行方式与发行对象；

（四）承销方式及承销期；

（五）发行费用；

（六）承销期间的停牌、复牌及本次发行证券上市的时间安排、申请上市证券交易所；

（七）本次发行证券的上市流通，包括各类投资者持有期的限制或承诺。

发行可转换公司债券的，应载明主要发行条款、评级或担保情况。

第十三条 本节应披露本次发行涉及的下列机构的名称、法定代表人、经办人员、办公地址、联系电话、传真：

（一）发行人；

（二）保荐机构和承销团成员；

（三）发行人律师事务所；

（四）审计机构；

（五）资产评估机构；

（六）申请上市的证券交易所；

（七）收款银行；

（八）资信评级机构；

（九）债券的担保人。

第三节 风险因素

第十四条 发行人应当遵循重要性原则，按顺序披露可能直接或间接对发行人生产经营状况和持续盈利能力产生重大不利影响的所有因素。

发行人应针对自身的实际情况，充分、准确、具体地描述相关风险因素。

发行人应对所披露的风险因素做定量分析，无法进行定量分析的，应有针对性地作出定性描述。

有关风险因素对发行人生产经营状况和持续盈利能力有严重不利影响的，应做“重大事项提示”。

第十五条 发行人应披露的风险因素包括但不限于下列内容：

（一）产品或服务的市场前景、行业经营环境的变化、商业周期或产品生命周期的影响、市场饱和或市场分割、过度依赖单一市场、市场占有率下降；

（二）经营模式发生变化、经营业绩不稳定、主要产品或主要原材料价格波动、过度依赖某一重要原材料、产品或服务、经营场所过度集中或分散；

（三）资产周转能力较差导致的资产流动性风险、现金流状况不佳及债务结构不合理导致的偿债风险、各项主要资产减值准备计提不足的风险、重大对外投资和境外投资管理不善或财务失控的风险、非经常性损益比重较大等因素导致发行人盈利来源不稳定的风险、发行人未来资本性支出计划存在的投资风险；

（四）技术不成熟、技术尚未产业化、技术缺乏有效保护或保护期限短、缺乏核心技术或核心技术依赖他人、产品或技术面临被淘汰；

（五）投资项目在市场前景、技术保障、产业政策、环境保护、土地使用、融资安排、与他人合作等方面存在的问题，因营业规模、营业范围扩大或者业务转型而导致的管理风险、业务转型风险，因固定资产折旧大量增加而导致的利润下滑风险，以及因产能扩大而导致的产品销售风险；

（六）由于财政、金融、税收、土地使用、产业政策、行业管理、环境保护等方面法律、法规、政策变化引致的风险；

（七）可能严重影响公司持续经营的其他因素，如自然灾害、安全生产、汇率变化、外贸环境、担保、诉讼和仲裁等。

第四节　发行人基本情况

第十六条　发行人应披露本次发行前股本总额及前10名股东持股数量、股份性质及其股份限售情况。

第十七条　发行人应以图表方式披露其组织结构和对其他企业的重要权益投资情况。

列表披露发行人直接或间接控股企业的成立时间、注册资本、实收资本、发行人持有的权益比例、主要业务及主要生产经营地、最近一年该企业总资产、净资产、营业收入、净利润等财务数据，并注明有关财务数据是否经过审计及审计机构名称。

第十八条　发行人应披露控股股东和实际控制人的基本情况。实际控制人应披露到最终的国有控股主体或自然人为止。

若发行人的控股股东或实际控制人为自然人，应披露其姓名、简要背景及所持有的发行人股票被质押的情况，同时披露该自然人对其他企业的投资情况。

若发行人的控股股东或实际控制人为法人，应披露该法人的名称及其股东。披露该法人的成立日期、注册资本、主要业务、主要资产的规模及分布、最近一年母公司财务报表的主要财务数据、所持有的发行人股票被质押的情况。

第十九条　发行人应披露其所从事的主要业务、主要产品（或服务）的用途。

发行人从事多种业务和产品（或服务）生产经营的，关于业务和产品（或服务）分类的披露应前后一致，不得采用多种统计口径进行披露。

如果发行人的主要业务和产品（或服务）分属不同行业，应分行业披露相关信息。

第二十条　发行人应结合其主要业务和主要产品（或服务）披露所处行业的基本情况，包括但不限于：

（一）行业的主管部门、监管体制、主要法律法规及政策等；

（二）行业竞争格局和市场化程度、行业内的主要企业及其市场份额、进入本行业的主要障碍、市场供求状况及变动原因、行业利润水平的变动趋势及变动原因等；

（三）行业技术水平及技术特点、行业特有的经营模式、行业的周期性、区域性或季节性特征等；

（四）发行人所处行业与上、下游行业之间的关联性及上下游行业发展状况；

（五）出口业务比例较大的发行人，还应披露产品进口国的有关进出口政策，贸易摩擦对产品进口的影响，以及进口国同类产品的竞争格局等情况。

第二十一条 发行人应披露在行业中的竞争地位，包括发行人的市场占有率、近3年的变化情况及未来变化趋势，主要竞争对手的简要情况等。

第二十二条 发行人应根据重要性原则披露主要业务的具体情况，主要包括：

（一）分别按主要产品、销售区域、销售模式披露最近3年及一期的营业收入构成；

（二）主要产品的工艺流程或服务的流程图；

（三）主要经营模式，包括生产模式、采购模式、销售模式；

（四）列表披露报告期主要产品（或服务）的产能、产量、销量，产品或服务的主要消费群体、销售价格的基本情况；报告期内各年度向前5名客户合计的销售额占各年度销售总额的百分比，如向单个客户的销售比例超过总额的50%或严重依赖于少数客户的，则应披露其名称及销售比例，如该等客户为发行人的关联人的，则应披露产品最终实现销售的情况。对于销售客户存在同属相同的实际控制人情形的，则应合并计算销售额；

（五）报告期主要产品所需的主要原材料和能源及其供应情况；报告期内各年度向前5名供应商合计的采购额占各年度采购总额的百分比，如向单个供应商的采购比例超过总额的50%或严重依赖于少数客户的，则应披露其名称及采购比例。对于供应商存在同属相同的实际控制人情形的，则应合并计算采购额；

（六）发行人应披露董事、监事、高级管理人员和核心技术人员，主要关联方或持有发行人5%以上股份的股东在上述供应商或客户中所占的权益。若无，亦应说明；

（七）存在高危险、重污染情况的，应披露安全生产及污染治理情况、因安全生产及环境保护原因受到处罚的情况、近3年相关费用或成本支出及未来支出情况，说明是否符合国家关于安全生产和环境保护的要求。

第二十三条 发行人应列表披露与其业务相关的主要固定资产及无形资

产，主要包括：

（一）生产经营所需的主要生产设备、房屋及其取得和使用情况、成新率或尚可使用年限、在发行人及下属公司中分布情况等；

（二）商标、专利、非专利技术、土地使用权、水面养殖权、探矿权、采矿权等主要无形资产的价值、取得方式和时间、使用情况、使用期限或保护期，以及对发行人生产经营的重大影响。

发行人允许他人使用自己所有的资产，或作为被许可方使用他人资产的，应简介许可合同的主要内容，主要包括许可人、被许可人、许可使用的具体资产内容、许可方式、许可年限、许可使用费等。若发行人所有或使用的资产存在纠纷或潜在纠纷的，应明确提示。

第二十四条 发行人应披露拥有的特许经营权的情况，主要包括特许经营权的取得、特许经营权的期限、费用标准，对发行人持续生产经营的影响。

第二十五条 发行人若在中华人民共和国境外进行生产经营，应对有关业务活动进行地域性分析。若发行人在境外拥有资产，应详细披露该资产规模、所在地、经营管理、盈利情况等。

第二十六条 发行人应列表披露自上市以来历次筹资、派现及净资产额变化情况。

<table>
<tr><td>首发前最近一期末净资产额（万元）</td><td colspan="3"></td></tr>
<tr><td rowspan="4">历次筹资情况</td><td>发行时间</td><td>发行类别</td><td>筹资净额（万元）</td></tr>
<tr><td></td><td></td><td></td></tr>
<tr><td></td><td></td><td></td></tr>
<tr><td colspan="2">合计</td><td></td></tr>
<tr><td>首发后累计派现金额（万元）</td><td colspan="3"></td></tr>
<tr><td>本次发行前最近一期末净资产额（万元）</td><td colspan="3"></td></tr>
</table>

第二十七条 发行人应披露最近3年及一期发行人及其控股股东、实际控制人所作出的重要承诺及承诺的履行情况。

第二十八条 发行人应披露发行人的股利分配政策。

第二十九条 发行人发行可转换公司债券的，还应当披露最近3年发行的债券和债券偿还情况以及各年度利息保障倍数、贷款偿还率、利息偿付率等财务指标和资信评级情况。

第三十条 发行人应列表披露现任董事、监事、高级管理人员的基本情况。至少包括姓名、性别、年龄、从业简历、兼职情况、薪酬情况、持有本公司股份情况。

发行人应披露对管理层的激励情况。

第五节 同业竞争与关联交易

第三十一条 发行人应披露是否存在与控股股东、实际控制人及其控制的企业从事相同、相似业务的情况。对存在相同、相似业务的，发行人应对是否存在同业竞争做出合理解释。

第三十二条 对于已存在或可能存在的同业竞争，发行人应披露解决同业竞争的具体措施。

第三十三条 发行人应披露独立董事对发行人是否存在同业竞争和避免同业竞争有关措施的有效性所发表的意见。

第三十四条 发行人应根据《公司法》、企业会计准则的相关规定披露关联方、关联关系和关联交易。

第三十五条 发行人应按经常性关联交易和偶发性关联交易分类披露最近3年及一期关联交易情况。

对经常性的关联交易，发行人应披露：关联交易方、交易内容、交易金额、交易价格的确定方法、占营业收入或营业成本的比重、占同类型交易的比重以及关联交易增减变化的趋势，与交易相关的应收应付款项余额及增减变化的原因。

对偶发性的关联交易，发行人应披露关联交易方、交易内容、交易金额、交易价格的确定方法、资金的结算情况、交易产生利润及对发行人当期利润的影响程度、关联交易对公司主要业务的影响。

第三十六条 发行人应披露明确的减少和规范关联交易的措施。

发行人应披露独立董事对关联交易的必要性、关联交易价格的公允性、批准程序的合规性以及减少和规范关联交易措施的有效性发表的意见。

第六节 财务会计信息

第三十七条 如未作特别说明，本节信息应摘自经有证券期货相关业务资格会计师事务所审计的财务报告及审核的盈利预测报告。

第三十八条 发行人应披露最近3年审计意见的类型；被出具带强调事项段的无保留意见的，还应披露审计报告正文以及董事会对相关事项的详细解释，并说明相关事项是否对公司有重大影响或影响是否已经消除，会计师事务所及注册会计师关于相关事项对发行人是否有重大影响或影响是否已经消除所发表的意见。

第三十九条 发行人应披露最近3年及一期的资产负债表、利润表、现金流量表及所有者权益变动表。发行人编制合并财务报表的，应同时披露合并财务报表和母公司财务报表。最近3年及一期合并财务报表范围发生重大变化的，还应披露合并财务报表范围的具体变化情况、变化原因及其影响。

最近3年内进行过导致公司主营业务和经营性资产发生实质变更的重大资产购买、出售、置换的发行人，披露的最近3年及一期的财务报表应包括：重组完成后各年的资产负债表、利润表、现金流量表和所有者权益变动表，以及重组时编制的重组前模拟利润表和模拟报表的编制基础。

发行人本次募集资金拟用于重大资产购买的，即拟购买的总资产或净资产占发行人最近一年末合并财务报表总资产或净资产的50%以上、或拟购买的资产在前一年产生的营业收入占发行人前一年合并财务报表营业收入的50%以上，还应披露假设前3年已完成购买并据此编制的前3年备考合并利润表、前一年末备考合并资产负债表。

第四十条 发行境内上市外资股和境外上市外资股的发行人，由于在境内外披露的财务会计资料所采用的会计准则不同，导致净资产、净利润存在差异的，应披露最近一年的差异调节表，并注明境外财务报表的审计机构的名称以及审计意见的类型。

第四十一条 发行人应列表披露最近3年及一期的流动比率、速动比率、资产负债率（母公司）、应收账款周转率、存货周转率、每股经营活动现金流量、每股净现金流量、研发费用占营业收入的比重等财务指标以及非经常性损益明细表。除特别说明，上述财务指标以合并财务报表的数据为基础进行计算，其中扣除非经常性损益前后的净资产收益率和每股收益的计算应执行财政部、证监会的有关规定。

第四十二条 发行人本次募集资金拟用于重大资产购买的，应当披露发行人假设按预计购买基准日完成购买的盈利预测报告及假设发行当年1月1日完成购买的盈利预测报告及会计师事务所的审核意见。其他发行人认为提供盈利预测报告将有助于投资者对发行人及投资于发行人的证券作出正确判断，且发行人确信有能力对最近的未来期间的盈利情况作出切合实际的预测，可以披露盈利预测报告及会计师事务所的审核意见。

第四十三条 发行人披露盈利预测报告的，应声明："本公司盈利预测报告是管理层在最佳估计假设的基础上编制的，但所依据的各种假设具有不确定性，投资者进行投资决策时应谨慎使用"。

第四十四条 发行人披露的盈利预测报告应包括盈利预测表及其说明。

盈利预测表的格式应与利润表一致，其中预测数应分栏列示已审实现数、未审实现数、预测数和合计数。需要编制合并财务报表的发行人，应分别编制母公司盈利预测表和合并盈利预测表。

盈利预测说明应包括编制基准、所依据的基本假设及其合理性、与盈利预测数据相关的背景及分析资料等。盈利预测数据包含了特定的财政税收优惠政策或非经常性损益项目的，应特别说明。

第七节　管理层讨论与分析

第四十五条　发行人应主要依据最近 3 年及一期的合并财务报表分析影响发行人财务状况、经营业绩、现金流量的财务与非财务因素，并审慎披露未来变动趋势。为有助于理解分析过程和结论，发行人应提供分部信息。

发行人不应仅以引述方式重复财务报告的内容，应选择使用逐年比较、与同行业对比分析等便于理解的形式对最近 3 年及一期的上述情况进行分析。

第四十六条　发行人对财务状况、盈利能力及现金流量的分析一般应包括但不限于第四十七条至第五十二条的内容，但发行人可视实际情况并根据重要性原则有选择地进行增减。

第四十七条　财务状况分析一般应包括：

（一）发行人应披露公司资产、负债的主要构成，分析说明其主要资产的减值准备提取情况是否与资产质量实际状况相符；最近 3 年及一期资产结构、负债结构发生重大变化的，发行人还应分析说明导致变化的主要因素；

（二）发行人应分析披露最近 3 年及一期流动比率、速动比率、资产负债率以及利息保障倍数的变动趋势，并结合公司的现金流量状况、在银行的资信状况、可利用的融资渠道及授信额度、表内负债、表外融资情况及或有负债等情况，分析说明公司的偿债能力。发行人最近 3 年及一期经营活动产生的现金流量净额为负数或者远低于同期净利润的，应分析披露原因；

（三）发行人应披露最近 3 年及一期应收账款周转率、存货周转率等反映资产周转能力的财务指标的变动趋势，并结合市场发展、行业竞争状况、公司生产模式及物流管理、销售模式及赊销政策等情况，分析说明影响公司的资产周转能力；

（四）发行人最近一期末持有金额较大的交易性金融资产、可供出售的金融资产、借予他人款项、委托理财等财务性投资的，应分析其投资目的、对发行人资金安排的影响、投资期限、发行人对投资的监管方案、投资的可回收性及减值准备的计提是否充足。

第四十八条　盈利能力分析一般应包括：

（一）发行人应列表披露最近 3 年及一期营业收入的构成及比例，分别按产品（或服务）类别及业务、地区分部列示，分析营业收入增减变化的情况及原因；营业收入存在季节性波动的，应分析季节性因素对各季度经营成果的影响；

（二）发行人应依据所从事的主要业务、采用的经营模式及行业竞争情况，分析公司最近 3 年一期利润的主要来源、可能影响发行人盈利能力连续性和稳定性的主要因素；

（三）发行人应按照利润表项目逐项分析最近 3 年及一期经营成果变化的原因，对于变动幅度较大的项目应重点说明；

（四）发行人主要产品价格或主要原材料、燃料价格频繁变动且影响较大的，应对价格变动对公司利润的影响作敏感性分析；

（五）发行人应列表披露最近 3 年及一期公司综合毛利率、分行业毛利率的数据及变动情况；最近 3 年及一期毛利率发生重大变化的，还应用数据说明相关因素对毛利率变动的影响程度；

（六）发行人最近 3 年及一期投资收益及非经常性损益对公司经营成果有重大影响的，应当分析原因及对公司盈利能力稳定性的影响。

第四十九条 资本性支出分析一般应包括：

（一）发行人应披露最近 3 年及一期的重大的资本性支出情况；如果资本性支出导致公司固定资产大规模增加或进行跨行业投资的，应当分析资本性支出对公司主要业务和经营成果的影响；

（二）发行人应披露未来可预见的重大资本性支出计划及资金需求量，资本性支出计划涉及跨行业投资的，应说明其与发行人业务发展规划的关系。

第五十条 发行人最近 3 年及一期存在会计政策变更、会计估计变更的，应披露变更的性质、内容、原因、变更影响数的处理方法及对发行人财务状况、经营成果的影响；发行人最近 3 年及一期存在会计差错更正的，应披露前期差错的性质。

第五十一条 发行人目前存在重大担保、诉讼、其他或有事项和重大期后事项的，应说明其对发行人财务状况、盈利能力及持续经营的影响。

第五十二条 发行人应结合其在业务经营方面存在的主要优势及困难，谨慎、客观地对公司财务状况和盈利能力的未来发展趋势进行分析。

第八节 本次募集资金运用

第五十三条 发行人应披露：

（一）预计募集资金数额；

（二）按投资项目的轻重缓急顺序，列表披露募集资金投资项目内容、时间进度、项目的审批、核准或备案情况；

（三）若所筹资金不能满足规划中项目资金需求的，应详细说明其缺口部分的资金来源及落实情况。

第五十四条 募集资金用于扩大现有产品产能的，发行人应结合现有各类产品在报告期内的产能、产量、销量、产销率、销售区域，项目达产后各类产品年新增的产能、产量、销售区域，以及本行业的发展趋势、有关产品的市场容量、主要竞争对手等情况对项目的市场前景进行详细的分析论证。

募集资金用于新产品开发生产或用于跨行业发展的，发行人应披露相关新产品的市场容量、主要竞争对手、行业发展趋势、技术保障、项目投产后新增产能情况，对项目的市场前景进行详细的分析论证。

第五十五条 募集资金投入导致发行人生产经营模式发生变化的，发行人应结合其在新模式下的经营管理能力、技术准备情况、产品市场开拓情况等，对项目的可行性进行分析。

第五十六条 发行人原固定资产投资和研发支出较少、本次募集资金将大规模增加固定资产投资或研发支出的，应充分说明固定资产变化与产能变动的匹配关系，并充分披露新增固定资产折旧、研发支出对发行人未来经营成果的影响。

第五十七条 募集资金直接投资于固定资产项目的，发行人可视实际情况并根据重要性原则披露以下内容：

（一）投资概算情况，预计投资规模，募集资金的具体用项，包括用于购置设备、土地、技术以及补充流动资金等方面的具体支出；

（二）产品的质量标准和技术水平，生产方法、工艺流程和生产技术选择，主要设备选择，核心技术及其取得方式；

（三）主要原材料、辅助材料及燃料等的供应情况；

（四）投资项目的竣工时间、产量、产品销售方式及营销措施；

（五）投资项目可能存在的环保问题、采取的措施及资金投入情况；

（六）投资项目的选址，拟占用土地的面积、取得方式；

（七）项目的组织方式，项目的实施进展情况。

第五十八条 募集资金拟用于对外投资或合作经营的，还应披露：

（一）合资或合作方的基本情况，包括名称、法定代表人、住所、注册资本、主要股东、主要业务，与发行人是否存在关联关系；投资规模及各方投资比例；合资或合作方的出资方式；合资协议的主要条款以及可能对发行人不利的条款；

（二）拟组建的企业法人的基本情况，包括设立、注册资本、主要业务；组织管理和发行人对其的控制情况。

第五十九条 募集资金拟用于向其他企业增资或收购其他企业股份的，应披露：

（一）拟增资或收购的企业的基本情况及最近一年及一期经具有证券期货相关业务资格的会计师事务所审计的资产负债表和利润表；

（二）增资资金折合股份或收购股份的评估、定价情况；

（三）增资或收购前后持股比例及控制情况；

（四）增资或收购行为与发行人业务发展规划的关系。

第六十条 募集资金拟用于收购资产的，应披露：

（一）拟收购资产的内容；

（二）拟收购资产的评估、定价情况；

（三）拟收购资产与发行人主要业务的关系。

若收购的资产为在建工程的，还应披露在建工程的已投资情况、还需投资的金额、负债情况、建设进度、计划完成时间等。

第六十一条 发行人募集资金拟投入其他用途的，应披露具体的内容。

第九节 历次募集资金运用

第六十二条 披露最近5年内募集资金运用的基本情况。

第六十三条 列表披露前次募集资金实际使用情况。若募集资金的运用和项目未达到计划进度和效益，应进行说明。

募集资金实际使用情况表

投资项目	承诺投资情况		实际使用情况			实际投资与承诺投资的差异额	备注
	投资额	预计完工时间	投资额	完工程度	完工时间		

第六十四条 发行人对前次募集资金投资项目的效益作出承诺并披露的，列表披露投资项目效益情况；项目实际效益与承诺效益存在重大差异的，还应披露原因。

募集资金投资项目效益情况表

投资项目	发行人承诺效益	项目实际效益	差异额	主要原因

第六十五条 发行人最近5年内募集资金的运用发生变更的，应列表披露历次变更情况，并披露募集资金的变更金额及占所募集资金净额的比例；发行人募集资金所投资的项目被以资产置换等方式置换出公司的，应予以单独披露。

第六十六条 发行人应披露会计师事务所对前次募集资金运用所出具的专项报告结论。

第十节　董事及有关中介机构声明

第六十七条　发行人全体董事、监事、高级管理人员应在募集说明书正文的尾页声明：

“本公司全体董事、监事、高级管理人员承诺本募集说明书及其摘要不存在虚假记载、误导性陈述或重大遗漏，并对其真实性、准确性、完整性承担个别和连带的法律责任”。

声明应由全体董事、监事、高级管理人员签名，并由发行人加盖公章。

第六十八条　保荐机构、主承销商应对募集说明书的真实性、准确性、完整性进行核查，并在募集说明书正文后声明：

“本公司已对募集说明书及其摘要进行了核查，确认不存在虚假记载、误导性陈述或重大遗漏，并对其真实性、准确性和完整性承担相应的法律责任”。

声明应由项目主办人、保荐代表人、法定代表人签名，并由公司加盖公章。

第六十九条　发行人律师应在募集说明书正文后声明：

“本所及签字的律师已阅读募集说明书及其摘要，确认募集说明书及其摘要与本所出具的法律意见书和律师工作报告不存在矛盾。本所及签字的律师对发行人在募集说明书及其摘要中引用的法律意见书和律师工作报告的内容无异议，确认募集说明书不致因所引用内容出现虚假记载、误导性陈述或重大遗漏，并对其真实性、准确性和完整性承担相应的法律责任”。

声明应由签字的律师、所在律师事务所负责人签名，并由律师事务所加盖公章。

第七十条　承担审计业务的会计师事务所应在募集说明书正文后声明：

“本所及签字注册会计师已阅读募集说明书及其摘要，确认募集说明书及其摘要与本所出具的报告不存在矛盾。本所及签字注册会计师对发行人在募集说明书及其摘要中引用的财务报告的内容无异议（或盈利预测已经本所审核），确认募集说明书不致因所引用内容而出现虚假记载、误导性陈述或重大遗漏，并对其真实性、准确性和完整性承担相应的法律责任。”

声明应由签字注册会计师及所在会计师事务所负责人签名，并由会计师事务所加盖公章。

第七十一条　承担评估业务的资产评估机构应在募集说明书正文后声明：“本机构及签字的资产评估师已阅读募集说明书及其摘要，确认募集说明书及其摘要与本机构出具的评估报告不存在矛盾。本机构及签字的评估师对发行人在募集说明书及其摘要中引用的评估报告的内容无异议，确认募集说明书不致因所引用内容出现虚假记载、误导性陈述或重大遗漏，并对其真实性、准确性和完整性承担相应的法律责任”。

声明应由签字的资产评估师及单位负责人签名，并由资产评估机构加盖公章。

第七十二条 承担债券信用评级业务的机构应在募集说明书正文后声明：

“本机构及签字的评级人员已阅读募集说明书及其摘要，确认募集说明书及其摘要与本机构出具的资信评级报告不存在矛盾。本机构及签字的评级人员对发行人在募集说明书及其摘要中引用的资信评级报告的内容无异议，确认募集说明书不致因所引用内容出现虚假记载、误导性陈述或重大遗漏，并对其真实性、准确性和完整性承担相应的法律责任”。

声明应由签字的评级人员及单位负责人签名，并由评级机构加盖公章。

第七十三条 有关人员的签名应使用楷体。

第十一节 备查文件

第七十四条 募集说明书结尾应列明备查文件，并在指定网站上披露。

第七十五条 备查文件包括下列文件：

（一）发行人最近3年的财务报告及审计报告和已披露的中期报告；

（二）保荐机构出具的发行保荐书；

（三）法律意见书和律师工作报告；

（四）注册会计师关于前次募集资金使用情况的专项报告；

（五）中国证监会核准本次发行的文件。

如有下列文件，应作为备查文件披露：

（一）资信评级报告；

（二）担保合同和担保函；

（三）盈利预测报告及盈利预测报告的审核报告；

（四）发行人董事会关于非标准无保留意见审计报告涉及事项处理情况的说明；

（五）会计师事务所及注册会计师关于非标准无保留意见审计报告的补充意见；

（六）最近3年内发生重大资产重组的发行人提供的模拟财务报告及审计报告和重组进入公司的资产的财务报告、资产评估报告和/或审计报告；

（七）拟收购资产的资产评估报告及有关审核文件；

（八）其他与本次发行有关的重要文件。

第三章 募集说明书摘要

第七十六条 发行人应在募集说明书摘要的显要位置声明本准则第九条的

内容及以下内容：

“本募集说明书摘要的目的仅为向公众提供有关本次发行的简要情况。投资者在做出认购决定之前，应仔细阅读募集说明书全文，并以其作为投资决定的依据。募集说明书全文同时刊载于×××网站”。

第七十七条 募集说明书摘要的内容至少包括下列各部分：

（一）本次发行概况。按照本准则第二章第二节的要求披露。

（二）主要股东情况。披露前10名股东持股数量、股份性质及其股份限售情况。

（三）财务会计信息及管理层讨论与分析。披露本准则第三十九条要求的财务指标，简要摘录管理层讨论与分析中对投资判断敏感性较强的内容。

（四）本次募集资金运用。简要披露本次募集资金的原因、使用计划、投资项目基本情况和项目发展前景分析。

第七十八条 摘要的结尾应当说明募集说明书全文及备查文件的查阅方式。

第四章 附 则

第七十九条 本准则由中国证监会负责解释。

第八十条 本准则自发布之日起施行。

II. 6 关于发布《公开发行证券的公司信息披露内容与格式准则第 25 号——上市公司非公开发行股票预案和发行情况报告书》的通知

（2007 年 9 月 17 日　证监发行字［2007］303 号）

各上市公司、各保荐机构：

为规范上市公司非公开发行股票的信息披露行为，我会制定了《公开发行证券的公司信息披露内容与格式准则第 25 号——上市公司非公开发行股票预案和发行情况报告书》，现予发布，自发布之日起实施。

二〇〇七年九月十七日

公开发行证券的公司信息披露内容与格式准则第 25 号——上市公司非公开发行股票预案和发行情况报告书

第一章　总　　则

第一条　为规范上市公司非公开发行股票的信息披露行为，根据《上市公司证券发行管理办法》（证监会令第 30 号）、《上市公司非公开发行股票实施细则》（证监发行字［2007］302 号），制定本准则。

第二条　上市公司非公开发行股票，应当按照本准则第二章的要求编制非公开发行股票预案，作为董事会决议的附件，与董事会决议同时刊登。

第三条　上市公司非公开发行股票结束后，应当按照本准则第三章的要求编制并刊登发行情况报告书。

第四条　在不影响信息披露的完整并保证阅读方便的前提下，对于曾在定期报告、临时公告或者其他信息披露文件中披露过的信息，如事实未发生变化，发行人可以采用索引的方法进行披露。

本准则某些具体要求对本次发行确实不适用或者需要豁免适用的，上市公司可以根据实际情况调整，但应当在提交发行申请文件时作出专项说明。

第二章　非公开发行股票预案

第五条　非公开发行股票预案应当包括以下内容：

（一）本次非公开发行股票方案概要；

（二）董事会关于本次募集资金使用的可行性分析；

（三）董事会关于本次发行对公司影响的讨论与分析；

（四）其他有必要披露的事项。

第六条　发行对象为上市公司控股股东、实际控制人及其控制的关联人、境内外战略投资者，或者发行对象认购本次发行的股份将导致公司实际控制权发生变化的，非公开发行股票预案除应当包括本准则第五条规定的内容外，还应当披露以下内容：

（一）发行对象的基本情况；

（二）附条件生效的股份认购合同的内容摘要。

第七条　本次募集资金用于收购资产的，非公开发行股票预案除应当包括本准则第五条、第六条规定的内容外，还应当披露以下内容：

（一）目标资产的基本情况；

（二）附条件生效的资产转让合同的内容摘要；

（三）董事会关于资产定价合理性的讨论与分析。

第八条　上市公司拟收购的资产在首次董事会前尚未进行审计、评估，以及相关盈利预测数据尚未经注册会计师审核的，在首次董事会决议公告中应披露相关资产的主要历史财务数据，注明未经审计，并作出关于“目标资产经审计的历史财务数据、资产评估结果以及经审核的盈利预测数据将在发行预案补充公告中予以披露”的特别提示。

上市公司应当在审计、评估或者盈利预测审核完成后再次召开董事会，对相关事项作出补充决议，并编制非公开发行股票预案的补充公告。

第九条　本次非公开发行股票方案概要应当根据情况说明以下内容：

（一）上市公司本次非公开发行的背景和目的；

（二）发行对象及其与公司的关系；

（三）发行股份的价格及定价原则、发行数量、限售期；

（四）募集资金投向；

（五）本次发行是否构成关联交易；

（六）本次发行是否导致公司控制权发生变化；

（七）本次发行方案已经取得有关主管部门批准的情况以及尚需呈报批准的程序。

第十条 董事会关于本次募集资金使用的可行性分析应当包括以下内容：

（一）简要说明本次募集资金的使用计划、投资项目基本情况、项目发展前景，以及本次发行对公司经营管理、财务状况等的影响；

（二）募集资金用于补充流动资金或者偿还银行贷款的，应当说明补充流动资金或者偿还银行贷款的具体数额，并详细分析其必要性和对公司财务状况的影响；

（三）募集资金用于收购他人资产的，应当披露相关资产的信息；

（四）本次募集资金投资项目涉及立项、土地、环保等有关报批事项的，应当说明已经取得有关主管部门批准的情况以及尚需呈报批准的程序。

第十一条 发行对象属于本准则第六条、第七条规定的情况的，发行对象的基本情况说明应当包括：

（一）发行对象是法人的，应披露发行对象名称、注册地、法定代表人，与其控股股东、实际控制人之间的股权控制关系结构图，主营业务情况，最近3年主要业务的发展状况和经营成果，并披露其最近1年简要财务会计报表，注明是否已经审计；

（二）发行对象是自然人的，应披露姓名、住所，最近5年内的职业、职务，应注明每份职业的起止日期以及所任职单位、是否与所任职单位存在产权关系，以及其所控制的核心企业和核心业务、关联企业的主营业务情况；

（三）发行对象及其董事、监事、高级管理人员（或者主要负责人）最近5年受过行政处罚（与证券市场明显无关的除外）、刑事处罚或者涉及与经济纠纷有关的重大民事诉讼或者仲裁的，应当披露处罚机关或者受理机构的名称、处罚种类、诉讼或者仲裁结果以及日期、原因和执行情况；

（四）本次发行完成后，发行对象及其控股股东、实际控制人所从事的业务与上市公司的业务是否存在同业竞争或者潜在的同业竞争，是否存在关联交易；如存在，是否已做出相应的安排确保发行对象及其关联方与上市公司之间避免同业竞争以及保持上市公司的独立性；

（五）本次发行预案披露前24个月内发行对象及其控股股东、实际控制人与上市公司之间的重大交易情况。

第十二条 通过本次发行拟进入的资产为非股权资产的，应当重点说明相关资产的下列基本情况：

（一）相关的资产名称、类别以及所有者和经营管理者的基本情况；

（二）资产权属是否清晰、是否存在权利受限、权属争议或者妨碍权属转移的其他情况；

（三）相关资产独立运营和核算的情况。披露最近1年1期主营业务发展情况和经审计的财务信息摘要。分析其财务状况、经营成果、现金流量状况及其发展趋势；

（四）资产的交易价格及定价依据。披露相关资产经审计的账面值；交易价格以资产评估结果作为依据的，应当披露资产评估方法和资产评估结果；相关资产在最近3年曾进行资产评估或者交易的，还应当说明评估价值和交易价格、交易对方。

第十三条 拟进入的资产为股权的，还应当重点说明相关股权的下列基本情况：

（一）股权所在公司的名称、企业性质、注册地、主要办公地点、法定代表人、注册资本；股权及控制关系，包括公司的主要股东及其持股比例、股东出资协议及公司章程中可能对本次交易产生影响的主要内容、原高管人员的安排；

（二）股权所在公司主要资产的权属状况及对外担保和主要负债情况；

（三）股权所在公司最近1年1期主营业务发展情况和经审计的财务信息摘要。分析其主要财务指标状况及其发展趋势。

第十四条 拟进入的资产将增加上市公司的债务或者或有负债的，披露内容还应包括：

（一）债务的本息、期限、债权人等基本情况；

（二）上市公司承担该债务的必要性；

（三）交易完成后上市公司是否存在偿债风险和其他或有风险；

（四）是否已取得债权人的书面同意，对未获得同意部分的债务处理安排等。

第十五条 附生效条件的股份认购合同的内容摘要应当包括：

（一）合同主体、签订时间；

（二）认购方式、支付方式；

（三）合同的生效条件和生效时间；

（四）合同附带的任何保留条款、前置条件；

（五）违约责任条款。

附生效条件的资产转让合同的内容摘要除前款内容外，至少还应当包括：

（一）目标资产及其价格或定价依据；

（二）资产交付或过户时间安排；

（三）资产自评估截止日至资产交付日所产生收益的归属；

（四）与资产相关的人员安排。

第十六条 董事会关于资产定价合理性的讨论与分析，应当分别对资产交易价格或者资产评估价格的合理性进行说明。

资产交易价格以经审计的账面值为依据的，上市公司董事会应当结合相关资产的盈利能力说明定价的公允性。

本次资产交易根据资产评估结果定价的，在评估机构出具资产评估报告后，应当补充披露上市公司董事会及独立董事对评估机构的独立性、评估假设前提和评估结论的合理性、评估方法的适用性等问题发表的意见。采取收益现值法等基于对未来收益预测的评估方法进行评估的，应当披露评估机构对评估方法的适用性、评估假设前提及相关参数的合理性、未来收益预测的谨慎性的说明。

第十七条 董事会关于本次发行对公司影响的讨论与分析部分，应当根据情况说明以下内容：

（一）本次发行后上市公司业务及资产是否存在整合计划，公司章程等是否进行调整；预计股东结构、高管人员结构、业务结构的变动情况；

（二）本次发行后上市公司财务状况、盈利能力及现金流量的变动情况；

（三）上市公司与控股股东及其关联人之间的业务关系、管理关系、关联交易及同业竞争等变化情况；

（四）本次发行完成后，上市公司是否存在资金、资产被控股股东及其关联人占用的情形，或上市公司为控股股东及其关联人提供担保的情形；

（五）上市公司负债结构是否合理，是否存在通过本次发行大量增加负债（包括或有负债）的情况，是否存在负债比例过低、财务成本不合理的情况；

（六）本次股票发行相关的风险说明。如市场风险、业务与经营风险、财务风险、管理风险、政策风险和其他风险。

第三章 发行情况报告书

第十八条 发行情况报告书至少应当包括以下内容：

（一）本次发行的基本情况；

（二）发行前后相关情况对比；

（三）保荐人关于本次发行过程和发行对象合规性的结论意见；

（四）发行人律师关于本次发行过程和发行对象合规性的结论意见；

（五）发行人全体董事的公开声明；

（六）备查文件。

第十九条 由于情况发生变化，导致董事会决议中关于本次发行的讨论与分析需要修正或者补充说明的，董事会应当在发行情况报告书中作出专项的讨论与分析。

第二十条 本次发行的基本情况应当包括：

（一）本次发行履行的相关程序，包括但不限于董事会和股东大会表决的时间、监管部门审核发行申请的发审会场次及时间、取得核准批文的时间、核准文件的文号、资金到账和验资时间、办理股权登记的时间等内容；

（二）本次发行证券的类型、发行数量、证券面值、发行价格、募集资金量、发行费用等；其中，应当公告各发行对象的申购报价情况及其获得配售的情况，发行价格与发行底价、发行日前20个交易日均价的比率；

（三）各发行对象的名称、企业性质、注册地、注册资本、主要办公地点、法定代表人、主要经营范围及其认购数量与限售期，应明示限售期的截止日；与发行人的关联关系，该发行对象及其关联方与发行人最近一年重大交易情况（按照偶发性和经常性分别列示）以及未来交易的安排。发行对象是自然人的，应当披露其姓名、住所；

（四）本次发行相关机构名称、法定代表人、经办人员、办公地址、联系电话、传真。包括：保荐人和承销团成员、发行人律师事务所、审计机构、资产评估机构等。

第二十一条 发行前后相关情况对比，发行人应着重披露以下内容：

（一）本次发行前后前10名股东持股数量、持股比例、股份性质及其股份限售比较情况。

（二）本次发行对公司的影响，包括股本结构、资产结构、业务结构、公司治理、高管人员结构、关联交易和同业竞争等的变动情况。

第二十二条 发行情况报告书应当披露保荐人关于本次非公开发行过程和发行对象合规性报告的结论意见。内容至少包括：

（一）关于本次发行定价过程合规性的说明；

（二）关于发行对象的选择是否公平、公正，是否符合上市公司及其全体股东的利益的说明。

第二十三条 发行情况报告书应当披露发行人律师关于本次非公开发行过程和发行对象合规性报告的结论意见。内容至少包括：

（一）关于发行对象资格的合规性的说明；

（二）关于本次发行相关合同等法律文件的合规性的说明；

（三）本次发行涉及资产转让或者其他后续事项的，应当陈述办理资产过户或者其他后续事项的程序、期限，并进行法律风险评估。

第二十四条 发行人全体董事应在发行情况报告书的首页声明：

“本公司全体董事承诺本发行情况报告书不存在虚假记载、误导性陈述或重大遗漏，并对其真实性、准确性、完整性承担个别和连带的法律责任”。

声明应由全体董事签名，并由发行人加盖公章。

第二十五条 发行情况报告书的备查文件包括：

（一）保荐机构出具的发行保荐书和尽职调查报告；

（二）发行人律师出具的法律意见书和律师工作报告。

第四章 附　　则

第二十六条 依照法律法规、规章和证券交易所规则的规定，本次非公开发行股票需要披露其他信息的，应当按照各有关规定予以披露。

第二十七条 本准则自发布之日起实施。

II.7 关于发布《公开发行证券的公司信息披露内容与格式准则第10号——上市公司公开发行证券申请文件》的通知

（2006年5月8日　证监发行字［2006］1号）

各上市公司、各保荐机构：

为规范上市公司公开发行证券申请文件的报送行为，现发布《公开发行证券的公司信息披露内容与格式准则第10号——上市公司公开发行证券申请文件》，自发布之日起实施。原《公开发行证券的公司信息披露内容与格式准则第10号——上市公司新股发行申请文件》、《公开发行证券的公司信息披露内容与格式准则第12号——上市公司发行可转换公司债券申请文件》同时废止。

二〇〇六年五月八日

公开发行证券的公司信息披露内容与格式准则第10号——上市公司公开发行证券申请文件

第一条　为规范上市公司公开发行证券申请文件的报送行为，根据《证券法》、《上市公司证券发行管理办法》制定本准则。

第二条　申请公开发行证券的，应按本准则的规定制作申请文件。

第三条　本准则规定的申请文件目录是对发行申请文件的最低要求，中国证监会根据审核需要，可以要求发行人和中介机构补充材料。如果某些材料对发行人不适用，可不必提供，但应向中国证监会作出书面说明。

第四条　申请文件一经受理，未经中国证监会同意不得增加、撤回或更换。

第五条　发行人应根据中国证监会对发行申请文件的反馈意见提供补充材料。有关中介机构应对反馈意见相关问题进行尽职调查或补充出具专业意见。

第六条　保荐机构报送申请文件，初次报送应提交原件一份，复印件两份；在提交发行审核委员会审核之前，根据中国证监会要求的份数补报申请文件。

第七条　发行人不能提供有关文件的原件的，应由发行人律师提供鉴证意见，或由出文单位盖章，以保证与原件一致。如原出文单位不再存续，由承继其职权的单位或作出撤销决定的单位出文证明文件的真实性。

所有需要签名处，均应为签名人亲笔签名，不得以名章、签名章等代替。

需要由发行人律师鉴证的文件，发行人律师应在该文件首页注明“以下第××页至第×××页与原件一致”，并签名和签署鉴证日期，律师事务所应在该文件首页加盖公章，并在第××页至第×××页侧面以公章加盖骑缝章。

第八条 申请文件应采用幅面为209×295毫米规格的纸张（相当于标准A4纸张规格），双面印刷（需提供原件的历史文件除外）。

第九条 申请文件的封面和侧面应标明“×××公司配股/增发/可转换公司债券/分离交易的可转换公司债券）申请文件”字样。

发行申请文件的扉页上应标明发行人董事会秘书及有关中介机构项目负责人的姓名、电话、传真及其他有效的联系方式。

第十条 申请文件章与章之间、节与节之间应有明显的分隔标识。

申请文件中的页码必须与目录中的页码相符。页码标注的举例，如第四章4－1的页码标注为：4－1－1，4－1－2，4－1－3，……，4－1－n。

第十一条 在每次报送书面文件的同时，发行人应报两份相应的电子文件（应为标准.doc或.rtf文件）。

发行结束后，发行人应将募集说明书的电子文件及历次报送的电子文件汇总报送中国证监会备案。

第十二条 未按本准则的要求制作和报送发行申请文件的，中国证监会可不予受理。

第十三条 本准则自发布之日起施行。

附录：上市公司公开发行证券申请文件目录

附录：

上市公司公开发行证券申请文件目录

第一章 本次证券发行的募集文件

1－1 募集说明书（申报稿）

1－2 募集说明书摘要

1－3 发行公告（发审会后按中国证监会要求提供）

第二章　发行人关于本次证券发行的申请与授权文件

2－1　发行人关于本次证券发行的申请报告

2－2　发行人董事会决议

2－3　发行人股东大会决议

第三章　保荐机构关于本次证券发行的文件

3－1　证券发行保荐书

3－2　保荐机构尽职调查报告

第四章　发行人律师关于本次证券发行的文件

4－1　法律意见书

4－2　律师工作报告

第五章　关于本次证券发行募集资金运用的文件

5－1　募集资金投资项目的审批、核准或备案文件

5－2　发行人拟收购资产（包括权益）有关的财务报告、审计报告、资产评估报告

5－3　发行人拟收购资产（包括权益）的合同或其草案

第六章　其他文件

6－1　发行人最近三年的财务报告和审计报告及最近一期的财务报告

6－2　会计师事务所关于发行人内部控制制度的鉴证报告

6－3　会计师事务所关于前次募集资金使用情况的专项报告

6－4　经注册会计师核验的发行人最近三年加权平均净资产收益率和非经常性损益明细表

6－5　发行人董事会、会计师事务所及注册会计师关于非标准无保留意见审计报告的补充意见

6－6　盈利预测报告及盈利预测报告审核报告

6－7　最近三年内发生重大资产重组的发行人提供的模拟财务报告及审计报告和重组进入公司的资产的财务报告、资产评估报告和/或审计报告

6－8　控股股东（企业法人）最近一年的财务报告、审计报告以及保荐机构出具的关于实际控制人情况的说明

6－9　发行人公司章程（限于电子文件）

6－10　资信评级机构为本次发行可转换公司债券或分离交易的可转换公司债券出具的资信评级报告

6－11　本次发行可转换公司债券或分离交易的可转换公司债券的担保合同、担保函、担保人就提供担保获得的授权文件

6－12　特定行业（或企业）主管部门出具的监管意见书

6－13　承销协议（发行前按中国证监会要求提供）

6－14　发行人全体董事对发行申请文件真实性、准确性和完整性的承诺书

II.8 公开发行证券的公司信息披露内容与格式准则第35号——创业板上市公司公开发行证券募集说明书

（2014年6月11日 中国证监会公告［2014］30号）

第一章 总 则

第一条 为规范创业板上市公司（以下简称上市公司或发行人）发行证券的信息披露行为，保护投资者的合法权益，根据《公司法》、《证券法》、《创业板上市公司证券发行管理暂行办法》（证监会令第100号），制定本准则。

第二条 发行人因配股、增发、发行可转换公司债券等编制募集说明书，应当符合本准则的要求。

第三条 募集说明书的信息披露应当以投资者需求为导向，本准则的规定是对募集说明书信息披露的最低要求。不论本准则是否有明确规定，凡对投资者做出投资决策有重大影响的信息，均应披露。本准则某些具体要求对发行人确不适用的，发行人可以根据实际情况调整，并在申报时作书面说明。

募集说明书涉及未公开重大信息的，发行人应按有关规定及时履行信息披露义务。

本次发行涉及重大资产重组的，募集说明书的信息披露还应当符合中国证监会有关重大资产重组的规定。

第四条 募集说明书的编制应遵循以下要求：

（一）使用通俗易懂的事实描述性语言，并采用表格或其他较为直观的方式披露公司及其产品、财务等情况；

（二）引用的资料应注明来源，事实依据应充分、客观；

（三）引用的数字应采用阿拉伯数字，有关金额的资料除特别说明之外，应指人民币金额，并以元、千元或万元为单位；

（四）发行人可编制募集说明书外文译本，但应保证中外文文本的一致性，在对中外文本的理解上发生歧义时，以中文文本为准。

第五条 在不影响信息披露的完整并保证阅读方便的前提下，发行人可采用相互引征的方法，对各相关部分的内容进行适当的技术处理；对于曾在募集说明书、上市公告书和定期报告、临时报告中披露过的信息，如事实未发生变化，发行人可采用索引的方法进行披露，以免重复。

第六条 发行人将募集说明书披露于公司网站的，其内容应当与在中国证监会指定网站披露的一致。

第七条 增发招股意向书除发行数量、发行价格及筹资金额等内容可不确定外，其内容和格式应与增发招股说明书一致。

增发招股意向书应载明“本招股意向书的所有内容均构成招股说明书不可撤销的组成部分，与招股说明书具有同等法律效力”。

发行价格确定后，发行人应编制增发招股说明书，刊登于中国证监会指定的互联网网站，并报中国证监会备案。

第八条 发行人应在中国证监会指定网站披露公开发行证券募集说明书，并在中国证监会指定报刊上作创业板上市公司发行证券提示性公告：“本公司发行证券申请已获中国证监会核准，募集说明书及附件披露于中国证监会指定网站（www.××××.×××）和公司网站（www.××××.×××），并置备于本公司、证券交易所、保荐人、主承销商和其他承销机构的住所，供公众查阅。”

提示性公告还应当载有下列内容：

（一）发行证券的类型；

（二）发行数量；

（三）面值；

（四）发行方式与发行对象；

（五）承销方式（如有）；

（六）（预计）发行日期；

（七）发行人、保荐人、主承销商的联系地址及联系电话。

第九条 特殊行业的发行人编制募集说明书，还应遵循中国证监会关于该行业的信息披露特别规定。

第二章 募集说明书

第一节 封面、书脊、扉页、目录、释义

第十条 募集说明书文本封面及书脊应标明“×××股份有限公司×××说明书”字样，封面还应载明已经上市股票简称和代码、发行人注册地、保荐机构、主承销商、募集说明书公告时间。

第十一条 募集说明书文本扉页应当刊载如下声明：

“本公司全体董事、监事、高级管理人员承诺募集说明书不存在任何虚假、误导性陈述或重大遗漏，并保证所披露信息的真实、准确、完整。

“公司负责人、主管会计工作负责人及会计机构负责人（会计主管人员）

保证募集说明书中财务会计报告真实、完整。

“证券监督管理机构及其他政府部门对本次发行所作的任何决定，均不表明其对发行人所发行证券的价值或者投资者的收益作出实质性判断或者保证。任何与之相反的声明均属虚假不实陈述。

“根据《证券法》的规定，证券依法发行后，发行人经营与收益的变化，由发行人自行负责，由此变化引致的投资风险，由投资者自行负责。”

第十二条 发行人认为对投资者有重大影响的事项，应在募集说明书文本扉页中作“重大事项提示”，提醒投资者关注。

第十三条 募集说明书目录应标明各章、节的标题及其对应的页码。发行人应对可能对投资者理解有障碍及有特定含意的术语作出释义。募集说明书释义应在目录次页排印。

第二节　本次发行概况

第十四条 本节披露本次发行的基本情况：

（一）发行人中英文名称及注册地、境内上市股票简称和代码、上市地；

（二）本次发行的核准文件、证券类型、发行数量、证券面值、定价方式或发行价格、预计募集资金量（含发行费用）及募集资金净额、募集资金专项存储的账户；

（三）发行方式与发行对象；

（四）承销方式及承销期；

（五）发行费用；

（六）承销期间的停牌、复牌及本次发行证券上市的时间安排、申请上市证券交易所；

（七）本次发行证券的上市流通，包括各类投资者持有期的限制或承诺。

发行可转换公司债券的，应载明主要发行条款、评级或担保情况。

第十五条 本节应披露本次发行涉及的下列机构的名称、法定代表人、经办人员、办公地址、联系电话、传真：

（一）发行人；

（二）保荐机构和承销团成员；

（三）发行人律师事务所；

（四）审计机构；

（五）资产评估机构；

（六）申请上市的证券交易所；

（七）收款银行；

（八）资信评级机构；

（九）债券担保人。

第十六条 发行人应披露其与本次发行有关的中介机构及其负责人、高级管理人员及经办人员之间存在的直接或间接的股权关系或其他利害关系。

第三节 风险因素

第十七条 发行人应当遵循重要性原则，按顺序披露可能直接或间接对发行人生产经营状况和持续盈利能力产生重大不利影响的所有因素。

发行人应针对自身的实际情况，充分、准确、具体地描述相关风险因素。

发行人应对所披露的风险因素做定量分析，无法进行定量分析的，应有针对性地作出定性描述。

有关风险因素对发行人生产经营状况和持续盈利能力有严重不利影响的，应做“重大事项提示”。

第十八条 发行人应披露的风险因素包括但不限于下列内容：

（一）产品或服务的市场前景、行业经营环境的变化、商业周期或产品生命周期的影响、市场饱和或市场分割、过度依赖单一市场、市场占有率下降；

（二）经营模式发生变化、经营业绩不稳定、主要产品或主要原材料价格波动、过度依赖某一重要原材料、产品或服务、经营场所过度集中或分散；

（三）资产周转能力较差导致的资产流动性风险、现金流状况不佳及债务结构不合理导致的偿债风险、各项主要资产减值准备计提不足的风险、重大对外投资和境外投资管理不善或财务失控的风险、非经常性损益比重较大等因素导致发行人盈利来源不稳定的风险、发行人未来资本性支出计划存在的投资风险；

（四）技术不成熟、技术尚未产业化、技术缺乏有效保护或保护期限短、缺乏核心技术或核心技术依赖他人、产品或技术面临被淘汰；

（五）投资项目在市场前景、技术保障、产业政策、环境保护、土地使用、融资安排、与他人合作等方面存在的问题，因营业规模、营业范围扩大或者业务转型而导致的管理风险、业务转型风险，因固定资产折旧大量增加而导致的利润下滑风险，以及因产能扩大而导致的产品销售风险；

（六）由于财政、金融、税收、土地使用、产业政策、行业管理、环境保护等方面法律、法规、政策变化引致的风险；

（七）因发行新股导致原股东分红减少、表决权被摊薄的风险；

（八）可能严重影响公司持续经营的其他因素，如自然灾害、安全生产、汇率变化、外贸环境、担保、诉讼和仲裁等。

第四节 发行人基本情况

第十九条 发行人应披露本次发行前股本总额及前 10 名股东持股数量、

股份性质及其股份限售情况。

第二十条 发行人应以图表方式概要披露首次公开发行股票并在创业板上市以来（上市超过三年的为最近三年）派发股份股利、资本公积金转增股本、发行新股、可转换债券等引致的股权结构变化情况。

第二十一条 发行人应以图表方式披露其组织结构和对其他企业的重要权益投资情况。

列表披露发行人直接或间接控股企业的成立时间、注册资本、实收资本、发行人持有的权益比例、主要业务及主要生产经营地、最近一年该企业总资产、净资产、营业收入、净利润等财务数据，并注明有关财务数据是否经过审计及审计机构名称。

第二十二条 发行人应披露控股股东和实际控制人的基本情况及首次公开发行股票并在创业板上市以来（上市超过三年的为最近三年）的变化情况。实际控制人应披露到最终的国有控股主体或自然人为止。

若发行人的控股股东或实际控制人为自然人，应披露其姓名、简要背景及所持有的发行人股票被质押的情况，同时披露该自然人对其他企业的投资情况。

若发行人的控股股东或实际控制人为法人，应披露该法人的名称及其股东。披露该法人的成立日期、注册资本、主要业务、主要资产的规模及分布、最近一年母公司财务报表的主要财务数据、所持有的发行人股票被质押的情况。

第二十三条 发行人应披露其所从事的主要业务、主要产品（或服务）的用途。

发行人从事多种业务和产品（或服务）生产经营的，关于业务和产品（或服务）分类的披露应前后一致，不得采用多种统计口径进行披露。

如果发行人的主要业务和产品（或服务）分属不同行业，应分行业披露相关信息。

第二十四条 发行人应结合其主要业务和主要产品（或服务）披露所处行业的基本情况，包括但不限于：

（一）行业的主管部门、监管体制、主要法律法规及政策等；

（二）行业竞争格局和市场化程度、行业内的主要企业及其市场份额、进入本行业的主要障碍、市场供求状况及变动原因、行业利润水平的变动趋势及变动原因等；

（三）行业技术水平及技术特点、行业特有的经营模式、行业的周期性、区域性或季节性特征等；

（四）发行人所处行业与上、下游行业之间的关联性及上下游行业发展状况；

（五）出口业务比例较大的发行人，还应披露产品进口国的有关进出口政策，贸易磨擦对产品进口的影响，以及进口国同类产品的竞争格局等情况。

第二十五条 发行人应披露在行业中的竞争地位，包括发行人的市场占有率、近三年的变化情况及未来变化趋势，主要竞争对手的简要情况等。

第二十六条 发行人应根据重要性原则披露主要业务的具体情况，主要包括：

（一）分别按主要产品、销售区域、销售模式披露最近三年及一期的营业收入构成；

（二）主要产品的工艺流程或服务的流程图；

（三）主要经营模式，包括生产模式、采购模式、销售模式；发行人的业务及其模式具有创新性的，应披露其独特性、创新性以及持续创新机制；

（四）列表披露报告期主要产品（或服务）的产能、产量、销量，产品或服务的主要消费群体、销售价格的基本情况；报告期内各年度向前5名客户合计的销售额占各年度销售总额的百分比，如向单个客户的销售比例超过总额的50%或严重依赖于少数客户的，则应披露其名称及销售比例，如该等客户为发行人的关联人的，则应披露产品最终实现销售的情况。对于销售客户存在同属相同的实际控制人情形的，则应合并计算销售额；

（五）报告期主要产品所需的主要原材料和能源及其供应情况；报告期内各年度向前5名供应商合计的采购额占各年度采购总额的百分比，如向单个供应商的采购比例超过总额的50%或严重依赖于少数客户的，则应披露其名称及采购比例。对于供应商存在同属相同的实际控制人情形的，则应合并计算采购额；

（六）发行人应披露董事、监事、高级管理人员和核心技术人员，主要关联方或持有发行人5%以上股份的股东在上述供应商或客户中所占的权益。若无，亦应说明；

（七）存在高危险、重污染情况的，应披露安全生产及污染治理情况、因安全生产及环境保护原因受到处罚的情况、近三年相关费用或成本支出及未来支出情况，说明是否符合国家关于安全生产和环境保护的要求。

第二十七条 发行人应概要披露首次公开发行股票并在创业板上市以来（上市超过三年的为最近三年）发生的重大资产重组情况，包括其具体内容、进展程度，以及对发行人业务、管理层、股权结构、实际控制人及经营业绩的影响。

第二十八条 发行人应列表披露与其业务相关的主要固定资产及无形资产，主要包括：

（一）生产经营所需的主要生产设备、房屋及其取得和使用情况、成新率或尚可使用年限、在发行人及下属公司中分布情况等；

（二）商标、专利、非专利技术、土地使用权、水面养殖权、探矿权、采矿权等主要无形资产的价值、取得方式和时间、使用情况、使用期限或保护期，以及对发行人生产经营的重大影响。

发行人允许他人使用自己所有的资产，或作为被许可方使用他人资产的，应简介许可合同的主要内容，主要包括许可人、被许可人、许可使用的具体资产内容、许可方式、许可年限、许可使用费等。若发行人所有或使用的资产存在纠纷或潜在纠纷的，应明确提示。

第二十九条 发行人应披露拥有的特许经营权的情况，主要包括特许经营权的取得、特许经营权的期限、费用标准，对发行人持续生产经营的影响。

第三十条 发行人应披露其主要产品或服务的核心技术及技术来源，说明技术属于原始创新、集成创新或引进消化吸收再创新的情况，披露核心技术与已取得的专利及非专利技术的对应关系，以及在主营业务及产品或服务中的应用，并披露核心技术产品收入占营业收入的比例。

发行人应披露最近三年及一期研发费用的构成、占营业收入的比例。与其他单位合作研发的，还需说明合作协议的主要内容、研究成果的分配方案及采取的保密措施等。

发行人应披露其核心技术人员、研发人员占员工总数的比例，所取得的专业资质及重要科研成果和获得的奖项，披露最近两年核心技术人员的主要变动情况及对发行人的影响。

第三十一条 发行人若在中华人民共和国境外进行生产经营，应对有关业务活动进行地域性分析。若发行人在境外拥有资产，应详细披露该资产规模、所在地、经营管理、盈利情况等。

第三十二条 发行人应列表披露自上市以来历次筹资、派现及净资产额变化情况。

第三十三条 发行人应披露最近三年及一期发行人、控股股东、实际控制人、发行人董事、监事、高级管理人员等责任主体所作出的重要承诺及承诺的履行情况，说明本次发行涉及的限售安排和自愿锁定股份的承诺，以及其他与本次发行相关的承诺事项，如避免同业竞争承诺、利润补偿承诺、减持意向或价格承诺、稳定公司股价预案以及相关约束措施等。

第三十四条 发行人应披露本次发行前后发行人的股利分配政策是否存在

重大变化，包括最近三年现金分红情况、母公司及重要子公司的现金分红政策、发行人股东依法享有的未分配利润。

第三十五条 发行人发行可转换公司债券的，还应当披露最近三年发行的债券和债券偿还情况以及各年度利息保障倍数、贷款偿还率、利息偿付率等财务指标和资信评级情况。

第三十六条 发行人应列表披露现任董事、监事、高级管理人员及其他核心人员的基本情况。至少包括姓名、性别、年龄、从业简历、兼职情况、薪酬情况、持有本公司股份情况及最近三年的历次股份变动情况。

发行人应披露对管理层的激励情况。

第五节 同业竞争与关联交易

第三十七条 发行人应披露是否存在与控股股东、实际控制人及其控制的企业从事相同、相似业务的情况，说明上市以来是否发生新的同业竞争或影响发行人独立性的关联交易，说明首次公开发行招股说明书中及历次作出的相关承诺的履行情况。对存在相同、相似业务的，发行人应对是否存在同业竞争做出合理解释。

第三十八条 对于已存在或可能存在的同业竞争，发行人应披露解决同业竞争的具体措施。

第三十九条 发行人应披露独立董事对发行人是否存在同业竞争和避免同业竞争有关措施的有效性所发表的意见。

第四十条 发行人应根据《公司法》、《企业会计准则》、《上市公司信息披露管理办法》和证券交易所颁布的相关业务规则的有关规定进行关联方认定，充分披露关联方关系及关联交易。

第四十一条 发行人应按经常性关联交易和偶发性关联交易分类披露最近三年及一期关联交易情况。

对经常性的关联交易，发行人应披露关联交易方、交易内容、交易金额、交易价格的确定方法、占营业收入或营业成本的比重、占同类型交易的比重以及关联交易增减变化的趋势，与交易相关的应收应付款项余额及增减变化的原因。

对偶发性的关联交易，发行人应披露关联交易方、交易内容、交易金额、交易价格的确定方法、资金的结算情况、交易产生利润及对发行人当期利润的影响程度、关联交易对公司主要业务的影响。

第四十二条 发行人应披露明确的减少和规范关联交易的措施。

发行人应披露独立董事对关联交易的必要性、关联交易价格的公允性、批准程序的合规性以及减少和规范关联交易措施的有效性发表的意见。

第六节　财务会计信息

第四十三条　如未作特别说明，本节信息应摘自经有证券期货相关业务资格会计师事务所审计的财务报告及审核的盈利预测报告。

第四十四条　发行人应披露最近三年审计意见的类型；被出具保留意见或者带强调事项段的无保留意见的，还应披露审计报告正文以及董事会对相关事项的详细解释，并说明相关事项是否对公司有重大影响或影响是否已经消除，会计师事务所及注册会计师关于相关事项对发行人是否有重大影响或影响是否已经消除所发表的意见。

第四十五条　发行人应披露最近三年及一期的资产负债表、利润表、现金流量表及所有者权益变动表。发行人编制合并财务报表的，应同时披露合并财务报表和母公司财务报表。最近三年及一期合并财务报表范围发生重大变化的，还应披露合并财务报表范围的具体变化情况、变化原因及其影响。

最近三年内进行过导致公司主营业务和经营性资产发生实质变更的重大资产购买、出售、置换的发行人，披露的最近三年及一期的财务报表应包括：重组完成后各年的资产负债表、利润表、现金流量表和所有者权益变动表，以及重组时编制的重组前模拟利润表和模拟报表的编制基础。

发行人本次募集资金拟用于重大资产购买的，即拟购买的总资产或净资产占发行人最近一年末合并财务报表总资产或净资产的50%以上、或拟购买的资产在前一年产生的营业收入占发行人前一年合并财务报表营业收入的50%以上，还应披露假设前三年已完成购买并据此编制的前三年备考合并利润表、前一年末备考合并资产负债表。

第四十六条　发行人应列表披露最近三年及一期的流动比率、速动比率、资产负债率（母公司）、应收账款周转率、存货周转率、每股经营活动现金流量、每股净现金流量、研发费用占营业收入的比重等财务指标以及非经常性损益明细表。除特别说明，上述财务指标以合并财务报表的数据为基础进行计算，其中扣除非经常性损益前后的净资产收益率和每股收益的计算应执行财政部、证监会的有关规定。

第四十七条　发行人本次募集资金拟用于重大资产购买的，应当披露发行人假设按预计购买基准日完成购买的盈利预测报告及假设发行当年1月1日完成购买的盈利预测报告及会计师事务所的审核意见。其他发行人认为提供盈利预测报告将有助于投资者对发行人及投资于发行人的证券作出正确判断，且发行人确信有能力对最近的未来期间的盈利情况作出切合实际的预测，可以披露盈利预测报告及会计师事务所的审核意见。

第四十八条　发行人披露盈利预测报告的，应声明：“本公司盈利预测报告是管理层在最佳估计假设的基础上编制的，但所依据的各种假设具有不确定性，投资者进行投资决策时应谨慎使用”。

第四十九条 发行人披露的盈利预测报告应包括盈利预测表及其说明。

盈利预测表的格式应与利润表一致，其中预测数应分栏列示已审实现数、未审实现数、预测数和合计数。需要编制合并财务报表的发行人，应分别编制母公司盈利预测表和合并盈利预测表。

盈利预测说明应包括编制基准、所依据的基本假设及其合理性、与盈利预测数据相关的背景及分析资料等。盈利预测数据包含了特定的财政税收优惠政策或非经常性损益项目的，应特别说明。

第七节 管理层讨论与分析

第五十条 发行人应主要依据最近三年及一期的合并财务报表分析影响发行人财务状况、经营业绩、现金流量的财务与非财务因素，并审慎披露未来变动趋势。为有助于理解分析过程和结论，发行人应提供分部信息。

发行人不应仅以引述方式重复财务报告的内容，应选择使用逐年比较、与同行业对比分析等便于理解的形式对最近三年及一期的上述情况进行分析。

第五十一条 发行人对财务状况、盈利能力及现金流量的分析一般应包括但不限于第五十二条至第五十七条的内容，但发行人可视实际情况并根据重要性原则有选择地进行增减。

第五十二条 财务状况分析一般应包括：

（一）发行人应披露公司资产、负债的主要构成，分析说明其主要资产的减值准备提取情况是否与资产质量实际状况相符；最近三年及一期资产结构、负债结构发生重大变化的，发行人还应分析说明导致变化的主要因素；

（二）发行人应分析披露最近三年及一期流动比率、速动比率、资产负债率以及利息保障倍数的变动趋势，并结合公司的现金流量状况、在银行的资信状况、可利用的融资渠道及授信额度、表内负债、表外融资情况及或有负债等情况，分析说明公司的偿债能力。发行人最近三年及一期经营活动产生的现金流量净额为负数或者远低于同期净利润的，应分析披露原因；

（三）发行人应披露最近三年及一期应收账款周转率、存货周转率等反映资产周转能力的财务指标的变动趋势，并结合市场发展、行业竞争状况、公司生产模式及物流管理、销售模式及赊销政策等情况，分析说明影响公司的资产周转能力；

（四）发行人最近一期末持有金额较大的交易性金融资产、可供出售的金融资产、借予他人款项、委托理财等财务性投资的，应分析其投资目的、对发行人资金安排的影响、投资期限、发行人对投资的监管方案、投资的可回收性及减值准备的计提是否充足。

第五十三条 盈利能力分析一般应包括：

（一）发行人应列表披露最近三年及一期营业收入的构成及比例，分别按产品（或服务）类别及业务、地区分部列示，分析营业收入增减变化的情况及原因；营业收入存在季节性波动的，应分析季节性因素对各季度经营成果的影响；

（二）发行人应依据所从事的主要业务、采用的经营模式及行业竞争情况，分析公司最近三年一期利润的主要来源、可能影响发行人盈利能力连续性和稳定性的主要因素；

（三）发行人应按照利润表项目逐项分析最近三年及一期经营成果变化的原因，对于变动幅度较大的项目应重点说明；

（四）发行人主要产品价格或主要原材料、燃料价格频繁变动且影响较大的，应对价格变动对公司利润的影响作敏感性分析；

（五）发行人应列表披露最近三年及一期公司综合毛利率、分行业毛利率的数据及变动情况；最近三年及一期毛利率发生重大变化的，还应用数据说明相关因素对毛利率变动的影响程度；

（六）发行人最近三年及一期投资收益及非经常性损益对公司经营成果有重大影响的，应当分析原因及对公司盈利能力稳定性的影响。

第五十四条 资本性支出分析一般应包括：

（一）发行人应披露最近三年及一期的重大的资本性支出情况；如果资本性支出导致公司固定资产大规模增加或进行跨行业投资的，应当分析资本性支出对公司主要业务和经营成果的影响；

（二）发行人应披露未来可预见的重大资本性支出计划及资金需求量，资本性支出计划涉及跨行业投资的，应说明其与发行人业务发展规划的关系。

第五十五条 发行人最近三年及一期存在会计政策变更、会计估计变更的，应披露变更的性质、内容、原因、变更影响数的处理方法及对发行人财务状况、经营成果的影响；发行人最近三年及一期存在会计差错更正的，应披露前期差错的性质。

第五十六条 发行人目前存在重大担保、诉讼、其他或有事项和重大期后事项的，应说明其对发行人财务状况、盈利能力及持续经营的影响。

第五十七条 发行人应结合其在业务经营方面存在的主要优势及困难，谨慎、客观地对公司财务状况和盈利能力的未来发展趋势进行分析。

第八节 本次募集资金运用

第五十八条 发行人应披露：

（一）预计募集资金数额；

（二）按投资项目的轻重缓急顺序，列表披露募集资金投资项目内容、时间进度、项目的审批、核准或备案情况；

（三）若所筹资金不能满足规划中项目资金需求的，应详细说明其缺口部分的资金来源及落实情况。

第五十九条 募集资金用于扩大现有产品产能的，发行人应结合现有各类产品在报告期内的产能、产量、销量、产销率、销售区域，项目达产后各类产品年新增的产能、产量、销售区域，以及本行业的发展趋势、有关产品的市场容量、主要竞争对手等情况对项目的市场前景进行详细的分析论证。

募集资金用于新产品开发生产或用于跨行业发展的，发行人应披露相关新产品的市场容量、主要竞争对手、行业发展趋势、技术保障、项目投产后新增产能情况，对项目的市场前景进行详细的分析论证。

第六十条 募集资金投入导致发行人生产经营模式发生变化的，发行人应结合其在新模式下的经营管理能力、技术准备情况、产品市场开拓情况等，对项目的可行性进行分析。

第六十一条 发行人原固定资产投资和研发支出较少、本次募集资金将大规模增加固定资产投资或研发支出的，应充分说明固定资产变化与产能变动的匹配关系，并充分披露新增固定资产折旧、研发支出对发行人未来经营成果的影响。

第六十二条 募集资金直接投资于固定资产项目的，发行人可视实际情况并根据重要性原则披露以下内容：

（一）投资概算情况，预计投资规模，募集资金的具体用项，包括用于购置设备、土地、技术以及补充流动资金等方面的具体支出；

（二）产品的质量标准和技术水平，生产方法、工艺流程和生产技术选择，主要设备选择，核心技术及其取得方式；

（三）主要原材料、辅助材料及燃料等的供应情况；

（四）投资项目的竣工时间、产量、产品销售方式及营销措施；

（五）投资项目可能存在的环保问题、采取的措施及资金投入情况；

（六）投资项目的选址，拟占用土地的面积、取得方式；

（七）项目的组织方式，项目的实施进展情况。

第六十三条 募集资金拟用于对外投资或合作经营的，还应披露：

（一）合资或合作方的基本情况，包括名称、法定代表人、住所、注册资本、主要股东、主要业务，与发行人是否存在关联关系；投资规模及各方投资比例；合资或合作方的出资方式；合资协议的主要条款以及可能对发行人不利的条款；

（二）拟组建的企业法人的基本情况，包括设立、注册资本、主要业务；

组织管理和发行人对其的控制情况。

第六十四条 募集资金拟用于向其他企业增资或收购其他企业股份的，应披露：

（一）拟增资或收购的企业的基本情况及最近一年及一期经具有证券期货相关业务资格的会计师事务所审计的资产负债表和利润表；

（二）增资资金折合股份或收购股份的评估、定价情况；

（三）增资或收购前后持股比例及控制情况；

（四）增资或收购行为与发行人业务发展规划的关系。

第六十五条 募集资金拟用于收购资产的，应披露：

（一）拟收购资产的内容；

（二）拟收购资产的评估、定价情况；

（三）拟收购资产与发行人主要业务的关系。

若收购的资产为在建工程的，还应披露在建工程的已投资情况、还需投资的金额、负债情况、建设进度、计划完成时间等。

第六十六条 发行人募集资金拟投入其他用途的，应披露具体的内容。

第九节 历次募集资金运用

第六十七条 披露最近五年内募集资金运用的基本情况。

第六十八条 列表披露前次募集资金实际使用情况，说明前次募集资金是否已基本使用完毕，且使用进度和效果与披露情况一致。

第六十九条 发行人对前次募集资金投资项目的效益作出承诺并披露的，列表披露投资项目效益情况；项目实际效益与承诺效益存在重大差异的，还应披露原因。

第七十条 发行人最近五年内募集资金的运用发生变更的，应列表披露历次变更情况，并披露募集资金的变更金额及占所募集资金净额的比例；发行人募集资金所投资的项目被以资产置换等方式置换出公司的，应予以单独披露。

第七十一条 发行人应披露会计师事务所对前次募集资金运用所出具的专项报告结论。

第十节 董事、监事、高级管理人员及有关中介机构声明与承诺

第七十二条 发行人全体董事、监事、高级管理人员应在募集说明书正文的尾页声明：

“本公司全体董事、监事、高级管理人员承诺本募集说明书不存在虚假记载、误导性陈述或重大遗漏，并对其真实性、准确性、完整性承担个别和连带的法律责任。”

声明应由全体董事、监事、高级管理人员签名，并由发行人加盖公章。

第七十三条 保荐机构、主承销商应对募集说明书的真实性、准确性、完整性进行核查，并在募集说明书正文后声明：

"本公司已对募集说明书进行了核查，确认不存在虚假记载、误导性陈述或重大遗漏，并对其真实性、准确性和完整性承担相应的法律责任。"

声明应由项目主办人、保荐代表人、法定代表人签名，并由公司加盖公章。

第七十四条 发行人律师应在募集说明书正文后声明：

"本所及签字的律师已阅读募集说明书，确认募集说明书与本所出具的法律意见书和律师工作报告不存在矛盾。本所及签字的律师对发行人在募集说明书中引用的法律意见书和律师工作报告的内容无异议，确认募集说明书不致因所引用内容出现虚假记载、误导性陈述或重大遗漏，并对其真实性、准确性和完整性承担相应的法律责任。"

声明应由签字的律师、所在律师事务所负责人签名，并由律师事务所加盖公章。

第七十五条 承担审计业务的会计师事务所应在募集说明书正文后声明：

"本所及签字注册会计师已阅读募集说明书，确认募集说明书与本所出具的报告不存在矛盾。本所及签字注册会计师对发行人在募集说明书中引用的财务报告的内容无异议（或盈利预测已经本所审核），确认募集说明书不致因所引用内容而出现虚假记载、误导性陈述或重大遗漏，并对其真实性、准确性和完整性承担相应的法律责任。"

声明应由签字注册会计师及所在会计师事务所负责人签名，并由会计师事务所加盖公章。

第七十六条 承担评估业务的资产评估机构应在募集说明书正文后声明：

"本机构及签字的资产评估师已阅读募集说明书，确认募集说明书与本机构出具的评估报告不存在矛盾。本机构及签字的评估师对发行人在募集说明书中引用的评估报告的内容无异议，确认募集说明书不致因所引用内容出现虚假记载、误导性陈述或重大遗漏，并对其真实性、准确性和完整性承担相应的法律责任。"

声明应由签字的资产评估师及单位负责人签名，并由资产评估机构加盖公章。

第七十七条 承担债券信用评级业务的机构应在募集说明书正文后声明：

"本机构及签字的评级人员已阅读募集说明书，确认募集说明书与本机构出具的资信评级报告不存在矛盾。本机构及签字的评级人员对发行人在募集说明书中引用的资信评级报告的内容无异议，确认募集说明书不致因所引用内容出现虚假记载、误导性陈述或重大遗漏，并对其真实性、准确性和完整性承担相应的法律责任。”

声明应由签字的评级人员及单位负责人签名，并由评级机构加盖公章。

第七十八条 发行人应披露与本次发行相关的董事会声明及承诺等事项，主要包括：

（一）董事会关于除本次发行外未来十二个月内是否有其他股权融资计划的声明；

（二）本次发行摊薄即期回报的，发行人董事会按照国务院和中国证监会有关规定作出的有关承诺并兑现填补回报的具体措施。

第七十九条 有关人员的签名应使用楷体。

第十一节 备查文件

第八十条 募集说明书结尾应列明备查文件，并在指定网站上披露。

第八十一条 备查文件包括下列文件：

（一）发行人最近三年的财务报告及审计报告和已披露的中期报告；

（二）保荐机构出具的发行保荐书和发行保荐工作报告；

（三）法律意见书和律师工作报告；

（四）注册会计师关于前次募集资金使用情况的专项报告；

（五）中国证监会核准本次发行的文件。

如有下列文件，应作为备查文件披露：

（一）资信评级报告；

（二）担保合同和担保函；

（三）盈利预测报告及盈利预测报告的审核报告；

（四）发行人董事会关于非标准无保留意见审计报告涉及事项处理情况的说明；

（五）会计师事务所及注册会计师关于非标准无保留意见审计报告的补充意见；

（六）最近三年内发生重大资产重组的发行人提供的模拟财务报告及审计报告和重组进入公司的资产的财务报告、资产评估报告和/或审计报告；

（七）拟收购资产的资产评估报告及有关审核文件；

（八）其他与本次发行有关的重要文件。

第三章 附 则

第八十二条 本准则由中国证监会负责解释。

第八十三条 本准则自公布之日起施行。

II.9 公开发行证券的公司信息披露内容与格式准则第36号——创业板上市公司非公开发行股票预案和发行情况报告书

（2014年6月11日 中国证监会公告［2014］31号）

第一章 总 则

第一条 为规范创业板上市公司（以下简称上市公司或发行人）非公开发行股票的信息披露行为，保护投资者合法权益，根据《创业板上市公司证券发行管理暂行办法》（证监会令第100号），制定本准则。

第二条 上市公司非公开发行股票，应当按照本准则第二章的要求编制非公开发行股票预案，作为董事会决议的附件。非公开发行股票预案应在中国证监会指定网站披露，相关提示性公告应与董事会决议同时刊登。

第三条 上市公司非公开发行股票结束后，应当按照本准则第三章的要求编制发行情况报告书，并在中国证监会指定网站披露，同时在中国证监会指定报刊上刊登相关提示性公告。

第四条 在不影响信息披露的完整并保证阅读方便的前提下，对于曾在定期报告、临时公告或者其他信息披露文件中披露过的信息，如事实未发生变化，发行人可以采用索引的方法进行披露，并须提供查询网址。

本准则某些具体要求对发行人确不适用的，发行人可以根据实际情况调整，并在发行预案中作出说明。

本次发行涉及重大资产重组的，发行预案的信息披露内容还应当符合中国证监会有关重大资产重组的规定。

第二章 非公开发行股票预案

第五条 非公开发行股票预案应当包括以下内容：

（一）本次非公开发行股票方案概要；

（二）董事会关于本次募集资金使用的可行性分析；

（三）董事会关于本次发行对公司影响的讨论与分析；

（四）其他有必要披露的事项。

第六条 发行对象为上市公司控股股东、实际控制人及其控制的关联人、境内外战略投资者，或者发行对象认购本次发行的股份将导致公司实际控制权发生变化的，非公开发行股票预案除应当包括本准则第五条规定的内容外，还应当披露以下内容：

（一）发行对象的基本情况；

（二）附条件生效的股份认购合同的内容摘要。

第七条 本次募集资金用于收购资产的，非公开发行股票预案除应当包括本准则第五条、第六条规定的内容外，还应当披露以下内容：

（一）目标资产的基本情况；

（二）附条件生效的资产转让合同的内容摘要；

（三）董事会关于资产定价合理性的讨论与分析。

第八条 上市公司拟收购的资产在首次董事会前尚未进行审计、评估，以及相关盈利预测数据尚未经注册会计师审核的，在首次董事会决议公告中应披露相关资产的主要历史财务数据，注明未经审计，并作出关于"目标资产经审计的历史财务数据、资产评估结果以及经审核的盈利预测数据将在发行预案补充公告中予以披露"的特别提示。

上市公司应当在审计、评估或者盈利预测审核完成后再次召开董事会，对相关事项作出补充决议，并编制非公开发行股票预案的补充公告。

第九条 本次非公开发行股票方案概要应当根据情况说明以下内容：

（一）本次非公开发行的背景和目的；

（二）发行对象及其与公司的关系；

（三）发行股份的价格及定价原则、发行数量、限售期；

（四）募集资金投向；

（五）本次发行是否构成关联交易；

（六）本次发行是否导致公司控制权发生变化；

（七）本次发行方案已经取得有关主管部门批准的情况以及尚需呈报批准的程序。

第十条 董事会关于本次募集资金使用的可行性分析应当包括以下内容：

（一）简要说明本次募集资金的使用计划、投资项目基本情况、项目发展前景，以及本次发行对公司经营管理、财务状况等的影响；

（二）募集资金用于补充流动资金或者偿还银行贷款的，应当说明补充流动资金或者偿还银行贷款的具体数额，并详细分析其必要性和对公司财务状况的影响；

（三）募集资金用于收购他人资产的，应当披露相关资产的信息；

（四）本次募集资金投资项目涉及立项、土地、环保等有关报批事项的，应当说明已经取得有关主管部门批准的情况以及尚需呈报批准的程序。

第十一条 发行对象属于本准则第六条、第七条规定的情况的，发行对象的基本情况说明应当包括：

（一）发行对象是法人的，应披露发行对象名称、注册地、法定代表人，与其控股股东、实际控制人之间的股权控制关系结构图，主营业务情况，最近三年主要业务的发展状况和经营成果，并披露其最近一年简要财务会计报表，注明是否已经审计；

（二）发行对象是自然人的，应披露姓名、住所，最近五年内的职业、职务，应注明每份职业的起止日期以及所任职单位、是否与所任职单位存在产权关系，以及其所控制的核心企业和核心业务、关联企业的主营业务情况；

（三）发行对象及其董事、监事、高级管理人员（或者主要负责人）最近五年受过行政处罚（与证券市场明显无关的除外）、刑事处罚或者涉及与经济纠纷有关的重大民事诉讼或者仲裁的，应当披露处罚机关或者受理机构的名称、处罚种类、诉讼或者仲裁结果以及日期、原因和执行情况；

（四）本次发行完成后，发行对象及其控股股东、实际控制人所从事的业务与上市公司的业务是否存在同业竞争或者潜在的同业竞争，是否存在关联交易；如存在，是否已做出相应的安排确保发行对象及其关联方与上市公司之间避免同业竞争以及保持上市公司的独立性；

（五）本次非公开发行股票预案披露前二十四个月内发行对象及其控股股东、实际控制人与上市公司之间的重大交易情况。

第十二条 通过本次发行拟进入的资产为非股权资产的，应当重点说明相关资产的下列基本情况：

（一）相关的资产名称、类别以及所有者和经营管理者的基本情况；

（二）资产权属是否清晰、是否存在权利受限、权属争议或者妨碍权属转移的其他情况；

（三）相关资产独立运营和核算的情况。披露最近一年一期主营业务发展情况和经审计的财务信息摘要。分析其财务状况、经营成果、现金流量状况及其发展趋势；

（四）资产的交易价格及定价依据。披露相关资产经审计的账面值；交易价格以资产评估结果作为依据的，应当披露资产评估方法和资产评估结果；相关资产在最近三年曾进行资产评估或者交易的，还应当说明评估价值和交易价格、交易对方。

第十三条 拟进入的资产为股权的，还应当重点说明相关股权的下列基本情况：

（一）股权所在公司的名称、企业性质、注册地、主要办公地点、法定代表人、注册资本；股权及控制关系，包括公司的主要股东及其持股比例、股东出资协议及公司章程中可能对本次交易产生影响的主要内容、原高管人员的安排；

（二）股权所在公司主要资产的权属状况及对外担保和主要负债情况；

（三）股权所在公司最近一年一期主营业务发展情况和经审计的财务信息摘要。分析其主要财务指标状况及其发展趋势。

第十四条 拟进入的资产将增加上市公司的债务或者或有负债的，披露内容还应包括：

（一）债务的本息、期限、债权人等基本情况；

（二）上市公司承担该债务的必要性；

（三）交易完成后上市公司是否存在偿债风险和其他或有风险；

（四）是否已取得债权人的书面同意，对未获得同意部分的债务处理安排等。

第十五条 附生效条件的股份认购合同的内容摘要应当包括：

（一）合同主体、签订时间；

（二）认购方式、支付方式；

（三）合同的生效条件和生效时间；

（四）合同附带的任何保留条款、前置条件；

（五）违约责任条款。

附生效条件的资产转让合同的内容摘要除前款内容外，至少还应当包括：

（一）目标资产及其价格或定价依据；

（二）资产交付或过户时间安排；

（三）资产自评估截止日至资产交付日所产生收益的归属；

（四）与资产相关的人员安排。

第十六条 董事会关于资产定价合理性的讨论与分析，应当分别对资产交易价格或者资产评估价格的合理性进行说明。

资产交易价格以经审计的账面值为依据的，上市公司董事会应当结合相关资产的盈利能力说明定价的公允性。

本次资产交易根据资产评估结果定价的，在评估机构出具资产评估报告后，应当补充披露上市公司董事会及独立董事对评估机构的独立性、评估假设前提和评估结论的合理性、评估方法的适用性等问题发表的意见。采取收益现值法等基于对未来收益预测的评估方法进行评估的，应当披露评估机构对评估方法的适用性、评估假设前提及相关参数的合理性、未来收益预测的谨慎性的说明。

第十七条 董事会关于本次发行对公司影响的讨论与分析部分，应当根据情况说明以下内容：

（一）本次发行后上市公司业务及资产是否存在整合计划，公司章程等是否进行调整；预计股东结构、高管人员结构、业务结构的变动情况；

（二）本次发行后上市公司财务状况、盈利能力及现金流量的变动情况；

（三）上市公司与控股股东及其关联人之间的业务关系、管理关系、关联交易及同业竞争等变化情况；

（四）本次发行完成后，上市公司是否存在资金、资产被控股股东及其关联人占用的情形，或上市公司为控股股东及其关联人提供担保的情形；

（五）上市公司负债结构是否合理，是否存在通过本次发行大量增加负债（包括或有负债）的情况，是否存在负债比例过低、财务成本不合理的情况；

（六）本次股票发行相关的风险说明。如市场风险、业务与经营风险、财务风险、管理风险、政策风险、因发行新股导致原股东分红减少、表决权被摊薄的风险和其他风险；

（七）本次发行前后发行人的股利分配政策是否存在重大变化，包括最近三年现金分红情况、母公司及重要子公司的现金分红政策、发行人股东依法享有的未分配利润等；

（八）与本次发行相关的董事会声明及承诺事项：

1. 董事会关于除本次发行外未来十二个月内是否有其他股权融资计划的声明；

2. 本次发行摊薄即期回报的，发行人董事会按照国务院和中国证监会有关规定作出的有关承诺并兑现填补回报的具体措施。

第三章 发行情况报告书

第十八条 发行情况报告书至少应当包括以下内容：

（一）本次发行的基本情况；

（二）发行前后相关情况对比；

（三）保荐人关于本次发行过程和发行对象合规性的结论意见（按规定适用简易程序且采取自行销售的，不适用本项要求，但应当披露董事会关于本次非公开发行过程和发行对象合规性的结论意见）；

（四）发行人律师关于本次发行过程和发行对象合规性的结论意见；

（五）发行人全体董事的公开声明；

（六）备查文件。

第十九条 由于情况发生变化，导致董事会决议中关于本次发行的讨论与分析需要修正或者补充说明的，董事会应当在发行情况报告书中作出专项的讨论与分析。

第二十条 本次发行的基本情况应当包括：

（一）本次发行履行的相关程序，包括但不限于董事会和股东大会表决的时间、监管部门审核发行申请的发审会场次及时间、取得核准批文的时间、核准文件的文号、资金到账和验资时间、办理股权登记的时间等内容；

（二）本次发行证券的类型、发行数量、证券面值、发行价格、募集资金量、发行费用等，其中，应当公告各发行对象的申购报价情况及其获得配售的情况，发行价格与发行期首日前二十个交易日均价的比率；

（三）各发行对象的名称、企业性质、注册地、注册资本、主要办公地点、法定代表人、主要经营范围及其认购数量与限售期，应明示限售期的截止日；与发行人的关联关系，该发行对象及其关联方与发行人最近一年重大交易情况（按照偶发性和经常性分别列示）以及未来交易的安排。发行对象是自然人的，应当披露其姓名、住所；

（四）本次发行相关机构名称、法定代表人、经办人员、办公地址、联系电话、传真。包括：保荐人和承销团成员、发行人律师事务所、审计机构、资产评估机构等。

第二十一条 发行前后相关情况对比，发行人应着重披露以下内容：

（一）本次发行前后前10名股东持股数量、持股比例、股份性质及其股份限售比较情况；

（二）本次发行对公司的影响，包括股本结构、资产结构、业务结构、公司治理、高管人员结构、关联交易和同业竞争等的变动情况。

第二十二条 发行情况报告书应当披露保荐人关于本次非公开发行过程和发行对象合规性报告的结论意见。内容至少包括：

（一）关于本次发行定价过程合规性的说明；

（二）关于发行对象的选择是否公平、公正，是否符合上市公司及其全体股东的利益的说明。

按规定适用简易程序且采取自行销售的，不适用前款规定，但应当披露董事会关于本次非公开发行过程和发行对象合规性的结论意见。

第二十三条 发行情况报告书应当披露发行人律师关于本次非公开发行过程和发行对象合规性报告的结论意见。内容至少包括：

（一）关于发行对象资格的合规性的说明；

（二）关于本次发行相关合同等法律文件的合规性的说明；

（三）本次发行涉及资产转让或者其他后续事项的，应当陈述办理资产过户或者其他后续事项的程序、期限，并进行法律风险评估。

第二十四条 发行人全体董事应在发行情况报告书的首页声明：

“本公司全体董事承诺本发行情况报告书不存在虚假记载、误导性陈述或重大遗漏，并对其真实性、准确性、完整性承担个别和连带的法律责任。”

声明应由全体董事签名，并由发行人加盖公章。

第二十五条 发行情况报告书的备查文件包括：

（一）保荐机构出具的发行保荐书和发行保荐工作报告（按规定适用简易程序且采取自行销售的除外）；

（二）发行人律师出具的法律意见书和律师工作报告。

第四章 附 则

第二十六条 依照法律法规、规章和证券交易所规则的规定，本次非公开发行股票需要披露其他信息的，应当按照各有关规定予以披露。

第二十七条 本准则自公布之日起施行。

II. 10 公开发行证券的公司信息披露内容与格式准则第 37 号——创业板上市公司发行证券申请文件

（2014 年 6 月 11 日 中国证监会公告［2014］32 号）

第一条 为规范创业板上市公司（以下简称发行人）发行证券申请文件的报送行为，根据《证券法》、《创业板上市公司证券发行管理暂行办法》（证监会令第 100 号）制定本准则。

第二条 发行人申请发行证券的，应按本准则的规定制作申请文件。发行人配股、公开增发、发行可转换公司债券的，适用本准则附件 1；发行人非公开发行股票的，适用本准则附件 2。

第三条 本准则规定的申请文件目录是对发行申请文件的最低要求，中国证监会根据审核需要，可以要求发行人和中介机构补充材料。如果某些材料对发行人不适用，可不必提供，但应向中国证监会作出书面说明。

第四条 申请文件一经受理，未经中国证监会同意不得增加、撤回或更换。

第五条 发行人应根据中国证监会对发行申请文件的反馈意见提供补充材料。有关中介机构应对反馈意见相关问题进行尽职调查或补充出具专业意见。

第六条 保荐机构报送申请文件，初次报送应提交原件一份，复印件两份；在提交创业板发行审核委员会审核之前，根据中国证监会要求的份数补报申请文件。

第七条 发行人不能提供有关文件的原件的，应由发行人律师提供鉴证意见，或由出文单位盖章，以保证与原件一致。如原出文单位不再存续，由承继其职权的单位或作出撤销决定的单位出文证明文件的真实性。

所有需要签名处，均应为签名人亲笔签名，不得以名章、签名章等代替。

需要由发行人律师鉴证的文件，发行人律师应在该文件首页注明“以下第××页至第×××页与原件一致”，并签名和签署鉴证日期，律师事务所应在该文件首页加盖公章，并在第××页至第×××页侧面以公章加盖骑缝章。

第八条 申请文件应采用幅面为 209 毫米×295 毫米规格的纸张（相当于标准 a4 纸张规格），双面印刷（需提供原件的历史文件除外）。

第九条 申请文件的封面和侧面应标明“×××公司配股/公开增发/可转换公司债券/非公开发行股票）申请文件”字样。

发行申请文件的扉页上应标明发行人董事会秘书及有关中介机构项目负责人的姓名、电话、传真及其他有效的联系方式。

第十条 申请文件章与章之间、节与节之间应有明显的分隔标识。

申请文件中的页码必须与目录中的页码相符。页码标注的举例，如第四章4－1的页码标注为：4－1－1，4－1－2，4－1－3，……，4－1－n。

第十一条 在每次报送书面文件的同时，发行人应报两份相应的电子文件（应为标准.doc或.rtf格式文件）。

发行结束后，发行人应将募集说明书的电子文件及历次报送的电子文件汇总报送中国证监会备案。

第十二条 未按本准则的要求制作和报送发行申请文件的，中国证监会可不予受理。

第十三条 本准则自公布之日起施行。

附件：

1. 创业板上市公司发行证券申请文件目录（适用于配股、公开增发、可转换公司债券）

2. 创业板上市公司非公开发行股票申请文件目录（适用于非公开发行股票）

附件1

创业板上市公司发行证券申请文件目录（适用于配股、公开增发、可转换公司债券）

第一章 本次证券发行的募集文件

1－1 募集说明书（申报稿）

1－2 发行公告（发审会后按中国证监会要求提供）

第二章 发行人关于本次证券发行的申请与授权文件

2－1 发行人关于本次证券发行的申请报告

2－2 发行人董事会决议

2－3 发行人股东大会决议

2－4 关于本次发行涉及/不涉及重大资产重组的说明

2－5　公告的其他相关信息披露文件

第三章　保荐机构关于本次证券发行的文件

3－1　证券发行保荐书

3－2　发行保荐工作报告

第四章　发行人律师关于本次证券发行的文件

4－1　法律意见书

4－2　律师工作报告

第五章　关于本次证券发行募集资金运用的文件

5－1　募集资金投资项目的审批、核准或备案文件

5－2　发行人拟收购资产（包括权益）有关的财务报告、审计报告、资产评估报告

5－3　发行人拟收购资产（包括权益）的合同或其草案

第六章　其他文件

6－1　发行人最近三年的财务报告和审计报告及最近一期的财务报告

6－2　会计师事务所关于发行人内部控制制度的鉴证报告

6－3　会计师事务所关于前次募集资金使用情况的专项报告

6－4　经注册会计师核验的发行人非经常性损益明细表

6－5　发行人董事会、会计师事务所及注册会计师关于非标准无保留意见审计报告的补充意见

6－6　盈利预测报告及盈利预测报告审核报告

6－7　最近三年内发生重大资产重组的发行人提供的模拟财务报告及审计报告和重组进入公司的资产的财务报告、资产评估报告和/或审计报告

6－8　控股股东（企业法人）最近一年的财务报告、审计报告以及保荐机构出具的关于实际控制人情况的说明

6－9　发行人公司章程（限于电子文件）

6－10　资信评级机构为本次发行可转换公司债券出具的资信评级报告

6－11　本次发行可转换公司债券的担保合同、担保函、担保人就提供担保获得的授权文件

6－12　特定行业（或企业）主管部门出具的监管意见书

6－13　承销协议（发行前按中国证监会要求提供）

6－14　发行人全体董事、监事、高级管理人员对发行申请文件真实性、准确性和完整性的承诺书

附件 2

创业板上市公司非公开发行股票申请文件目录
（适用于非公开发行股票）

第一章　发行人的申请报告及相关文件

1－1　发行人申请报告

1－2　本次发行的董事会决议

1－3　股东大会决议，或最近一年年度股东大会授权董事会决定发行融资总额不超过最近一年末净资产百分之十的股票的决议

1－4　发行申请如适用简易程序是否符合相关条件的专项说明

1－5　本次非公开发行股票预案

1－6　关于本次发行涉及/不涉及重大资产重组的说明

1－7　公告的其他相关信息披露文件

第二章　保荐人和律师出具的文件

2－1　保荐人出具的证券发行保荐书（按规定适用简易程序且采取自行销售的除外）

2－2　发行保荐工作报告（按规定适用简易程序且采取自行销售的除外）

2－3　发行人律师出具的法律意见书

2－4　发行人律师工作报告

第三章　财务信息相关文件

3－1　发行人最近二年的财务报告和审计报告及最近一期的财务报告

3－2　最近三年一期的比较式财务报表（包括合并报表和母公司报表）

3－3　本次收购资产相关的最近一年一期的财务报告及其审计报告、资产评估报告

3－4　发行人董事会、会计师事务所及注册会计师关于上市公司最近一年及一期的非标准无保留意见审计报告的补充意见

3－5　会计师事务所关于前次募集资金使用情况的专项报告

第四章　其他文件

4－1　有关部门对募集资金投资项目的审批、核准或备案文件

4－2　特定行业主管部门出具的监管意见书

4－3　国务院相关主管部门关于引入境外战略投资者的批准文件

4－4　附条件生效的股份认购合同

4－5　附条件生效的资产转让合同

4－6　发行人全体董事、监事、高级管理人员对相关申请文件真实性、准确性和完整性的承诺书

II.11 公开发行证券的公司信息披露内容与格式准则第32号——发行优先股申请文件

（2014年4月1日 中国证监会公告［2014］12号）

第一条 为规范上市公司发行优先股申请文件的报送行为，根据《证券法》、《优先股试点管理办法》制定本准则。

第二条 申请发行优先股的上市公司（以下简称发行人），应按本准则的规定制作申请文件。

第三条 本准则规定的申请文件目录是对发行申请文件的最低要求，中国证券监督管理委员会（以下简称中国证监会）根据审核需要，可以要求发行人和中介机构补充材料。如果某些材料对发行人不适用，可不必提供，但应向中国证监会作出书面说明。

第四条 申请文件一经受理，未经中国证监会同意不得增加、撤回或更换。

第五条 保荐机构报送申请文件，初次报送应提交原件一份，复印件两份；在提交发行审核委员会审核之前，根据中国证监会要求的份数补报申请文件。

第六条 发行人不能提供有关文件的原件的，应由发行人律师提供鉴证意见，或由出文单位盖章，以保证与原件一致。如原出文单位不再存续，由承继其职权的单位或作出撤销决定的单位出文证明文件的真实性。

所有需要签名处，均应为签名人亲笔签名，不得以名章、签名章等代替。

需要由发行人律师鉴证的文件，发行人律师应在该文件首页注明“以下第××页至第×××页与原件一致”，并签名和签署鉴证日期，律师事务所应在该文件首页加盖公章，并在第××页至第×××页侧面以公章加盖骑缝章。

第七条 申请文件的封面和侧面应标明“×××公司公开发行/非公开发行优先股申请文件”字样。

发行申请文件的扉页上应标明发行人董事会秘书及有关中介机构项目负责人的姓名、电话、传真及其他有效联系方式。

第八条 申请文件的章与章之间、节与节之间应有明显的分隔标识。

申请文件正文页码必须与目录中的页码相符。页码标注的举例：如第四章4－1的页码标注依序为4－1－1，4－1－2，4－1－3，……4－1－n.

第九条 在每次报送书面文件的同时，发行人应报送两份相应的电子文件（应为标准。doc 文件）.

第十条 未按本准则的要求制作和报送发行申请文件的，中国证监会可不予受理。

附录

上市公司发行优先股申请文件目录

第一章 本次发行优先股的募集文件

1－1 募集说明书（申报稿）

1－2 募集说明书概览（申报稿）

第二章 发行人的申请与授权文件

2－1 发行人申请报告

2－2 发行人发行预案

2－3 发行人董事会决议

2－4 发行人股东大会决议

第三章 保荐机构和发行人律师出具的文件

3－1 保荐机构出具的证券发行保荐书

3－2 保荐机构出具的保荐工作报告

3－3 发行人律师出具的法律意见书

3－4 发行人律师出具的律师工作报告

第四章 关于本次发行优先股募集资金使用的文件

4－1 发行人拟收购资产（包括权益）最近一年的财务报告和审计报告及最近一期的财务报告、资产评估报告

4－2 发行人拟收购资产（包括权益）的合同或其草案

第五章 其他文件

5－1 发行人最近三年的财务报告和审计报告及最近一期的财务报告、最近三年及一期比较式财务报表，如最近三年发生重大资产重组的，还应提供重

组时编制的重组前模拟财务报告及审计报告

5－2　发行人最近三年及一期非经常性损益明细表

5－3　审计机构关于发行人最近一年末内部控制的审计报告或鉴证报告

5－4　发行人董事会、审计机构关于报告期内非标准审计报告涉及事项对公司是否有重大不利影响或重大不利影响是否已经消除的说明（如有）

5－5　盈利预测报告及盈利预测报告审核报告（如有）

5－6　资信评级机构为本次发行优先股出具的资信评级报告（如有）

5－7　本次发行优先股的担保合同、担保函、担保人就提供担保获得的授权文件（如有）

5－8　发行人对本次发行优先股作出的有关声明和承诺

5－9　审计机构关于本次发行优先股相关会计处理事项的专项意见

5－10　发行人公司章程（限电子文件）

5－11　特定行业（或企业）主管部门出具的监管意见书

5－12　承销协议（发行前按中国证监会要求提供）

5－13　发行人全体董事对发行申请文件真实性、准确性和完整性的承诺书

II. 12　公开发行证券的公司信息披露内容与格式准则第 33 号——发行优先股预案和发行情况报告书

（2014 年 4 月 1 日　中国证监会公告［2014］13 号）

第一章　总　　则

第一条　为规范上市公司发行优先股的信息披露行为，保护投资者合法权益，根据《公司法》、《证券法》、《优先股试点管理办法》等法律、法规及中国证券监督管理委员会（以下简称中国证监会）的有关规定，制定本准则。

第二条　申请发行优先股的上市公司（以下简称发行人），应当按照本准则第二章的要求编制发行优先股预案（以下简称发行预案），作为董事会决议的附件，与董事会决议同时披露。

第三条　公开发行优先股发行结束后，发行人应按证券交易所有关规定披露上市公告书；非公开发行优先股发行结束后，发行人应当按照本准则第三章的要求编制并披露发行情况报告书。

第四条　在不影响信息披露的完整性并保证阅读方便的前提下，对于已在公司日常信息披露文件中披露过的信息，如事实未发生变化，发行人可以采用索引的方法进行披露，并须提供查询网址。

本准则某些具体要求对发行人确不适用的，发行人可以根据实际情况调整，并在发行预案中作出说明。

本次发行涉及重大资产重组的，发行预案的信息披露内容还应当符合中国证监会有关重大资产重组的规定。

第二章　发行优先股预案

第五条　发行预案应当包括以下内容：

（一）本次优先股发行的目的；

（二）本次优先股发行方案；

（三）本次优先股发行带来的主要风险；

（四）本次发行募集资金使用计划；

（五）董事会关于本次发行对公司影响的讨论与分析；

（六）本次优先股发行涉及的公司章程修订情况；

（七）其他有必要披露的事项。

发行预案披露后，公司发生与本次发行相关的重大事项，发行人应按有关规定及时履行信息披露义务。

第六条 发行预案披露本次发行目的时，应结合公司行业特点、业务发展和资本结构等情况，说明确定本次发行品种和融资规模的依据。

第七条 公司确定发行方案时，应符合相关法律法规的要求，披露内容包括：

（一）本次发行优先股的种类和数量；

（二）发行方式、发行对象或发行对象范围及向原股东配售的安排、是否分次发行；

（三）票面金额、发行价格或定价原则；

（四）票面股息率或其确定原则；

（五）优先股股东参与分配利润的方式，包括：股息发放的条件及设定条件所依据的财务报表口径、股息支付方式、股息是否累积、是否可以参与剩余利润分配等；

（六）回购条款，包括发行人要求赎回和投资者要求回售的条件、期间、价格或其确定原则、回购选择权的行使主体等；

（七）商业银行在触发事件发生时，将优先股强制转换为普通股的转换价格的确定方式（如有）；

（八）表决权的限制和恢复，包括表决权恢复的情形及恢复的具体计算方法；

（九）清偿顺序及清算方法；

（十）信用评级情况及跟踪评级安排（如有）；

（十一）担保方式及担保主体（如有）；

（十二）本次优先股发行后上市交易或转让的安排。

第八条 非公开发行优先股，发行对象属于下列情形之一的，发行预案应披露具体发行对象及其认购价格或定价原则：

（一）上市公司的控股股东、实际控制人或其控制的关联人；

（二）董事会已确定的发行对象。

第九条 非公开发行优先股且发行对象已确定的，发行预案还应包括以下内容：

（一）发行对象的基本情况，并明确发行对象与发行人是否存在关联关系；

（二）优先股认购合同的主要内容，例如：

1. 合同主体、签订时间；

2. 认购价格、认购方式、支付方式；

3. 合同的生效条件和生效时间；

4. 违约责任条款。

第十条 发行人应当遵循重要性原则，披露可能直接或间接对发行人及原股东产生重大不利影响的所有因素。发行人应结合自身的实际情况及优先股的条款设置，充分、准确、具体地揭示相关风险因素，可以量化分析的，应披露具体影响程度。例如：

（一）分红减少的风险。量化分析本次优先股股息发放对普通股及已发行优先股股息发放的影响；

（二）表决权被摊薄的风险。优先股表决权恢复导致的原股东表决权被摊薄的风险，特别是可能发生控制权变更的风险；

（三）普通股股东的清偿顺序风险；

（四）税务风险。

第十一条 发行人应列表披露本次募集资金的使用计划。

第十二条 本次发行募集资金用于补充流动资金的，应当分析与同行业上市公司对流动资金的需求水平是否相当；募集资金用于偿还银行贷款的，应当结合市场利率水平、公司融资成本说明偿还银行贷款后公司负债结构是否合理；银行、证券、保险等金融行业公司募集资金补充资本的，应结合行业监管指标、对普通股现金分红的影响分析本次融资规模的合理性。

第十三条 募集资金用于项目投资的，应披露项目需要资金数额、项目内容及进度和涉及的审批情况。

募集资金投入项目导致发行人生产经营模式发生变化的，发行人应结合其在新模式下的经营管理能力、技术准备情况、产品市场开拓情况等，对项目的可行性进行分析。

第十四条 募集资金用于收购资产并以评估作为价格确定依据的，应披露评估报告，用于收购企业或股权的，还应披露拟收购资产前一年度经审计的资产负债表、利润表及最近一期的经营状况。

拟收购的资产在首次董事会前尚未进行审计、评估的，发行人应当在审计、评估完成后再次召开董事会，对相关事项作出补充决议，并编制优先股发行预案的补充公告。

第十五条 募集资金用于收购资产的，发行预案应披露以下内容：

（一）目标资产的主要情况，如资产构成、成新率、适用情况；

（二）资产转让合同主要内容，如交易价格及确定依据、资产交付、合同的生效条件和生效时间、违约责任条款等；

（三）资产权属是否清晰、是否存在权利受限、权属争议或者妨碍权属转移的其他情况；

（四）董事会对资产收购价格公允性的分析说明、相关评估机构对其执业独立性的意见和独立董事对收购价格公允性的意见；相关资产在最近三年曾进行资产评估或者交易的，还应当说明评估价值和交易价格、交易对方；

（五）如收购企业或股权的，还应披露因收购而新增的重要债务，分析说明给公司增加的偿债风险及是否取得债权人的书面同意或经债券持有人会议审议通过；发行人尚须履行的义务，包括员工安置及潜在负债情况；资产自评估截止日至资产交付日所产生收益的归属等。

第十六条 发行人董事会应分析本次优先股发行对公司的影响，例如：

（一）本次发行优先股相关的会计处理方法；

（二）本次发行的优先股发放的股息能否在所得税前列支及政策依据；

（三）本次发行对公司股本、净资产（净资本）、营运资金、资产负债率、净资产收益率、归属于普通股股东的每股收益等主要财务数据和财务指标的影响，并注明财务数据和财务指标的相关报表口径；

（四）本次发行对金融行业发行人资本监管指标的影响及相关行业资本监管要求；

（五）最近三年内利用募集资金投资已完工项目的实施效果及尚未完工重大投资项目的资金来源、进度和与本次发行的关系；

（六）本次发行募集资金进行项目投资或购买资产的，应披露项目实施后上市公司与控股股东及其关联人之间的关联交易及同业竞争等变化情况；向控股股东或其关联方购买的，还应披露本次发行完成后，公司是否存在资金、资产被控股股东及其关联人占用的情形，或公司为控股股东及其关联人提供担保的情形；

（七）最近三年现金分红情况，并结合母公司及重要子公司的现金分红政策、发行人股东依法享有的未分配利润、已发行优先股的票面股息率及历史实际支付情况、未来需要偿还的大额债务和重大资本支出计划等，分析披露发行人本次优先股股息或优先股回购的支付能力；

（八）与本次发行相关的董事会声明及承诺事项：

1. 董事会关于除本次发行外未来十二个月内是否有其他股权融资计划的声明；

2. 本次发行摊薄即期回报的，发行人董事会按照国务院和中国证监会有关规定作出的关于承诺并兑现填补回报的具体措施。

第十七条 发行预案应说明本次优先股发行涉及的公司章程修订情况，

例如：

（一）利润分配条款，包括票面股息率、是否强制分红、是否可累积、是否参与剩余利润分配；

（二）剩余财产分配条款；

（三）表决权限制与恢复条款；

（四）回购优先股的具体条件、优先股转换为普通股的具体条件（如有）；

（五）与优先股股东权利义务相关的其他内容。

第三章　发行情况报告书

第十八条　发行情况报告书应列表说明本次非公开发行的基本情况。

（一）本次发行履行的相关程序，参考格式如下：

序号	相关程序	相关程序的说明	时间
1	董事会决议	（会议届次、相关议案）	（董事会召开的时间）
2	股东大会决议	（会议届次、相关议案）	（股东大会召开的时间）
3	其他需履行的程序（如国资委批复、主管部门的批复等）	（批复文号、文件名称）	（取得相关批复的时间）
4	发行审核委员会审核	（发审会场次）	（发审会召开的时间）
5	中国证监会核准	（核准文件的文号）	（取得核准批复的时间）
6	募集资金到账	（到账金额、发行费用）	（到账时间）
7	募集资金验资	（验资机构、验资报告）	（验资时间）
8	登记托管	（登记机构）	（登记托管的时间）
9	转让安排	（转让的平台）	（可转让的时间）

（二）各发行对象的名称、类型和认购数量，并备注与发行人的关联方及关联交易情况，参考格式如下：

序号	发行对象名称	性质	认购金额	是否为关联方	最近一年是否存在关联交易
1					
2					
3					
……					

注：①发行对象性质按《优先股试点管理办法》所规定的合格投资者类别列示；

②最近一年存在重大关联交易的，需按照偶发性和经常性进一步披露关联交易的信息。

（三）本次发行优先股的类型及主要条款，参考格式如下：

<table>
<tr><td colspan="5">本次发行方案要点</td></tr>
<tr><td>1</td><td>面　值</td><td></td><td>2</td><td>发行价格</td><td></td></tr>
<tr><td>3</td><td>发行数量</td><td></td><td>4</td><td>发行规模</td><td></td></tr>
<tr><td>5</td><td>是否累积</td><td></td><td>6</td><td>是否参与</td><td></td></tr>
<tr><td>7</td><td>是否调息</td><td></td><td>8</td><td>股息支付方式</td><td></td></tr>
<tr><td>9</td><td>票面股息率的确定原则</td><td colspan="4"></td></tr>
<tr><td>10</td><td>股息发放的条件</td><td colspan="4"></td></tr>
<tr><td>11</td><td>转换安排</td><td colspan="4"></td></tr>
<tr><td>12</td><td>回购安排</td><td colspan="4"></td></tr>
<tr><td>13</td><td>评级安排</td><td colspan="4"></td></tr>
<tr><td>14</td><td>担保安排</td><td colspan="4"></td></tr>
<tr><td>15</td><td>表决权恢复的安排</td><td colspan="4"></td></tr>
<tr><td rowspan="2">16</td><td rowspan="2">其他特别条款的说明</td><td colspan="4">（如：为满足行业监管所设定的发行条款）</td></tr>
<tr><td colspan="4">（如：本次发行的特别安排等）</td></tr>
</table>

（四）本次发行相关机构及经办人员。

第十九条　发行情况报告书应当披露保荐人关于本次非公开发行过程和发行对象合规性报告的结论意见及持续督导责任。内容至少包括：

（一）本次发行定价过程合规性的说明；

（二）发行对象的选择是否公平、公正，是否符合上市公司及其全体股东的利益的说明；

（三）持续督导责任的内容及履行方式。

第二十条　发行情况报告书应当披露发行人律师关于本次非公开发行过程和发行对象合规性报告的结论意见。内容至少包括：

（一）发行对象资格的合规性的说明；

（二）本次发行相关合同等法律文件的合规性的说明；

（三）本次发行涉及资产转让或者其他后续事项的，应当陈述办理资产过户或者其他后续事项的程序、期限，并进行法律风险评估。

第二十一条　发行人全体董事应在发行情况报告书的首页披露声明和承诺：

"本公司全体董事承诺本发行情况报告书不存在虚假记载、误导性陈述或重大遗漏，并对其真实性、准确性、完整性承担个别和连带的法律责任。"

本次发行摊薄即期回报的，董事会关于填补回报具体措施的承诺。

声明和承诺应由全体董事签名，并由发行人加盖公章。

第二十二条　发行情况报告书应将募集说明书作为备查文件，并在指定网站上披露。

II. 13 公开发行证券的公司信息披露内容与格式准则第 34 号——发行优先股募集说明书

（2014 年 4 月 1 日　中国证监会公告［2014］14 号）

第一章　总　　则

第一条　为规范上市公司发行优先股的信息披露行为，保护投资者合法权益，根据《公司法》、《证券法》、《优先股试点管理办法》等法律、法规及中国证券监督管理委员会（以下简称中国证监会）的有关规定，制定本准则。

第二条　申请发行优先股的上市公司（以下简称发行人），应当按照本准则的要求编制优先股募集说明书（以下简称募集说明书），作为向中国证监会申请发行优先股的必备文件。公开发行优先股，募集说明书应按规定披露；非公开发行优先股，募集说明书在发行结束之前不能公开披露。

第三条　募集说明书的信息披露应当以投资者需求为导向，本准则的规定是对募集说明书信息披露的最低要求。不论本准则是否有明确规定，凡对投资者做出投资决策有重大影响的信息，均应披露。本准则某些具体要求对发行人确不适用的，发行人可以根据实际情况调整，并在申报时作书面说明。

募集说明书涉及未公开重大信息的，发行人应按有关规定及时履行信息披露义务。

本次发行涉及重大资产重组的，募集说明书的信息披露还应当符合中国证监会有关重大资产重组的规定。

第四条　募集说明书的编制应遵循以下要求：

（一）表述通俗易懂，并采用表格或其他较为直观的方式披露公司及其产品、财务等情况，定性分析与定量分析方法应相互结合；

（二）引用的资料应注明来源，事实依据应充分、客观；

（三）引用的数字应采用阿拉伯数字，货币金额除特别说明外，应指人民币金额，并以元、千元、万元或百万元为单位；

（四）涉及财务数据或财务指标的，应注明相关报表口径；

（五）发行人可编制募集说明书外文译本，但应保证中、外文文本的一致性，在对中外文文本的理解上发生歧义时，以中文文本为准；

（六）募集说明书概览的内容，应摘自募集说明书，并与其保持一致。

第五条 在不影响信息披露的完整性并保证阅读方便的前提下，发行人可以采用相互引征的方法，对各相关部分的内容进行适当的技术处理。对于已在本次优先股发行预案及公司日常信息披露文件中披露过的信息，如事实未发生变化，发行人可以采用索引的方法进行披露，并须提供查询网址。

发行人在募集说明书中索引公司其他信息披露文件的内容，为募集说明书的有效组成部分，发行人及中介机构应承担相应的法律责任。

第二章 募集说明书

第一节 封面、书脊、扉页、目录、释义

第六条 募集说明书文本封面及书脊应标明“×××公司公开发行（或非公开发行）优先股募集说明书”字样，封面还应载明已经上市普通股简称和代码、发行人注册地、保荐机构、主承销商、募集说明书公告时间（公开发行适用）。

非公开发行优先股的，募集说明书文本封面还应注明：“本募集说明书仅供拟认购的合格投资者使用，不得利用本募集说明书及申购从事内幕交易或操纵证券市场”。

第七条 募集说明书文本扉页应当刊载如下声明：

“本公司全体董事、监事、高级管理人员承诺募集说明书及其概览不存在任何虚假记载、误导性陈述或重大遗漏，并保证所披露信息的真实、准确、完整。

“公司负责人、主管会计工作负责人及会计机构负责人（会计主管人员）保证募集说明书及其概览中财务会计报告真实、完整。

“中国证监会对本次证券发行的核准，不表明其对上市公司所披露信息的真实性、准确性和完整性作出实质性判断或保证，也不表明其对本次优先股的价值或投资者的收益作出实质性判断或者保证。任何与之相反的声明均属虚假不实陈述。

“根据《证券法》的规定，证券依法发行后，发行人经营与收益的变化，由发行人自行负责，由此变化引致的投资风险，由投资者自行负责。”

第八条 发行人应针对实际情况在募集说明书文本扉页作“重大事项提示”，提醒投资者需特别关注的与本次发行相关的重大风险或重大事项，例如：

（一）本次发行的优先股是否上市交易。如果上市交易的，其与公司普通股分属不同的股份类别，将以不同股份代码进行交易，存在交易不活跃或价格大幅波动的风险；如果不上市交易的，存在交易受限的风险；

（二）本次发行的优先股的票面股息率或其确定原则、股息发放条件、股息是否累积、是否参与剩余利润分配；

（三）是否设有回购或强制转换为普通股的条款；

（四）本次发行的优先股的会计处理方法；

（五）表决权限制与恢复的约定；

（六）公司生产经营中存在的其他重大事项。

第九条 募集说明书目录应标明各章、节的标题及其对应的页码。发行人应对投资者理解可能有障碍及有特定含意的术语作出释义。募集说明书释义应在目录次页排印。

第十条 特殊行业的发行人编制募集说明书及其概览，还应遵循中国证监会关于该行业的信息披露特别规定。

第二节 本次发行概况

第十一条 发行人应披露本次发行的基本情况，主要包括：

（一）发行的核准文件、核准规模和本次优先股的名称和发行总额。如发行人分次发行的，披露各次发行安排；

（二）本次发行优先股的种类和数量；

（三）发行方式、发行对象或发行对象范围及向原股东配售的安排；

（四）票面金额、发行价格或定价原则；

（五）票面股息率或其确定原则；

（六）承销方式；

（七）发行费用概算。

第十二条 发行人应披露本次优先股发行和上市交易或转让的时间安排，披露至上市交易或转让前的有关重要日期，主要包括：

（一）发行公告刊登日期（公开发行适用）；

（二）预计发行日期；

（三）申购日期；

（四）资金冻结日期（如有）；

（五）上市交易或转让安排。

第十三条 发行人应披露本次发行涉及的下列机构的名称、法定代表人、经办人员、住所、联系电话、传真：

（一）发行人；

（二）保荐机构和承销团成员；

（三）发行人律师事务所；

（四）审计机构；

（五）申请上市交易或转让的证券交易所；

（六）股票登记机构；

（七）收款银行；

（八）资产评估机构（如有）；

（九）资信评级机构（如有）；

（十）担保人（如有）；

（十一）其他与本次发行相关的机构。

第十四条 发行人应披露其与本次发行有关的中介机构及其负责人、高级管理人员及经办人员之间存在的直接或间接的股权关系或其他利害关系。

第三节 风险因素

第十五条 发行人应当遵循重要性原则，披露可能直接或间接对优先股投资者、发行人及原股东、公司生产经营产生重大不利影响的所有因素。发行人应当结合自身的实际情况及优先股的条款设置，充分、准确、具体地揭示相关风险因素，可以量化分析的，应披露具体影响程度。例如：

（一）本次优先股的投资风险

1. 股息不可累积，或者不参与剩余利润分配；

2. 不能足额派息的风险。发行人应列明可能导致实际股息率低于票面股息率的各种影响因素；

3. 表决权限制的风险；

4. 市价波动风险和交易风险。因价格波动或交易不活跃而可能受到的不利影响；

5. 回购风险。发行人应列明可能导致公司赎回优先股的各种影响因素；

6. 强制转换风险。商业银行在触发事件发生时强制将优先股转为普通股的风险；

7. 优先股股东的清偿顺序风险；

8. 提供信用评级的，评级下降的风险；

9. 提供担保的，担保资产或担保人财务状况发生重大不利变化的风险。

（二）发行人及原股东面临的与本次发行有关的风险

1. 分红减少的风险。量化分析本次优先股股息发放对普通股及已发行优先股股息发放的影响；

2. 表决权被摊薄的风险。优先股表决权恢复导致的原股东表决权被摊薄的风险，特别是可能发生控制权变更的风险；

3. 普通股股东的清偿顺序风险；

4. 税务风险；

5. 其他风险。例如：利率风险、流动性风险、与本次优先股相关的公允价值波动风险。

（三）与发行人生产经营有关的风险

1. 行业风险。例如，可能涉及行业前景、行业经营环境的不利变化，公司行业地位下降的风险；

2. 财务风险。应结合公司财务状况具体分析面临的风险因素；

3. 管理风险。例如，内部控制存在的缺陷；因营业规模、营业范围扩大或者业务转型而导致的管理风险；

4. 政策风险。例如，产业政策、行业管理、环境保护、税收制度等发生变化对公司的影响。

第四节 本次发行的优先股与已发行的优先股

第十六条 发行人应披露本次发行方案的主要内容，包括：

（一）本次发行优先股的种类和数量；

（二）发行方式、发行对象或发行对象范围及向原股东配售的安排、发行对象资格要求；

（三）票面金额、发行价格或定价原则；

（四）票面股息率或其确定原则；

（五）优先股股东参与分配利润的方式，包括：股息发放的条件、股息支付方式、股息是否累积、是否可以参与剩余利润分配等；

（六）回购条款，包括发行人要求赎回和投资者要求回售的条件、期间、价格或其确定原则、回购选择权的行使主体等；

（七）商业银行在触发事件发生时，将优先股强制转换为普通股的转换价格确定方式（如有）；

（八）表决权的限制和恢复，包括表决权恢复的情形及恢复的具体计算方法；

（九）清偿顺序及清算方法；

（十）信用评级情况及跟踪评级安排（如有）；

（十一）担保方式及担保主体（如有）；

（十二）本次优先股发行后上市交易或转让的安排。

第十七条 发行人应披露本次发行优先股相关的会计处理方法。

第十八条 发行人应披露本次发行的优先股发放的股息能否在所得税前列支及政策依据。

第十九条 发行人应披露本次发行对公司股本、净资产（净资本）、营运资金、资产负债率、净资产收益率、归属于普通股股东的每股收益等主要财务数据和财务指标的影响。

第二十条 金融行业发行人应披露本次发行对公司资本监管指标的影响及

相关行业资本监管要求。

第二十一条 发行人应披露投资者与本次发行的优先股交易、股息发放、回购、转换等相关的税费、征收依据及缴纳方式。

第二十二条 发行人应披露已发行在外的优先股的简要情况，包括发行时间、发行总量及融资总额、现有发行在外数量、已回购或转换为普通股的数量、各期股息实际发放情况等。

发行人应列表披露本次发行的优先股与已发行在外优先股主要条款的差异比较。

第二十三条 发行人聘请资信评级机构对本次发行的优先股进行信用评级的，应披露其信用评级情况及跟踪评级安排。

第二十四条 本次发行的优先股提供担保的，应披露担保及授权情况。

第五节 发行人基本情况及主要业务

第二十五条 发行人应提请投资者可在公司日常信息披露文件中查阅公司的基本情况，包括股本变动及股东情况、董事、监事、高级管理人员及其持股情况等。

第二十六条 发行人应披露控股股东和实际控制人的基本情况、发行人组织架构和管理模式以及发行人董事、监事、高级管理人员名单。实际控制人应披露到最终的国有控股主体、集体企业或自然人为止。

第二十七条 发行人应结合所处的行业特点、财务信息、分部报告、主要对外投资等情况披露公司从事的主要业务、主要产品及各业务板块的经营状况。

第六节 财务会计信息及管理层讨论与分析

第二十八条 发行人应提请投资者，欲完整了解公司财务会计信息，应查阅公司日常信息披露文件。

第二十九条 审计机构曾对发行人最近三年财务报表出具非标准审计报告的，发行人应披露董事会和审计机构关于非标准审计报告涉及事项对公司是否有重大不利影响或重大不利影响是否已经消除的说明。

第三十条 发行人应简要披露财务会计信息，主要包括：

（一）最近三年及一期的资产负债表、利润表及现金流量表。编制合并财务报表的，仅需披露合并财务报表。最近三年及一期合并财务报表范围发生重大变化的，应披露具体变化情况。最近三年内发生重大资产重组的，披露的最近三年及一期财务报表应包括：重组完成后各年的资产负债表、利润表和现金流量表，以及重组时编制的重组前模拟利润表和模拟报表的编制基础；

（二）最近三年及一期的主要财务指标。

第三十一条 发行人应主要依据最近三年及一期的合并财务报表分析公司财务状况、盈利能力和现金流量。

第三十二条 发行人在分析财务状况时，应披露最近三年及一期末资产、负债的重要项目和重大变化情况及原因。

第三十三条 发行人在分析盈利能力时，应披露以下内容：

（一）最近三年及一期营业收入、营业成本、营业利润、利润总额和净利润的重大变化情况及原因；

（二）最近三年及一期综合毛利率和分产品或服务的毛利率的重大变化情况及原因；

（三）最近三年及一期非经常性损益和投资收益的主要构成、重大变化情况及原因；上述项目金额及占净利润比重较高的，还应分析对公司盈利能力的影响；

（四）最近三年及一期税收政策及变化对公司盈利能力的影响。

第三十四条 发行人在分析现金流量时，应披露最近三年及一期经营活动产生的现金流量净额的构成、变动情况及原因。经营活动产生的现金流量净额为负数或者远低于当期净利润的，应披露原因及对公司盈利能力的影响。

第三十五条 发行人应披露最近三年现金分红情况。并应结合母公司及重要子公司的现金分红政策、发行人股东依法享有的未分配利润、已发行优先股的票面股息率及历史实际支付情况、未来需要偿还的大额债务和重大资本支出计划等，分析披露发行人本次优先股股息或优先股回购的支付能力。

第三十六条 发行人披露盈利预测报告的，应在募集说明书中简要披露预测数，同时应声明："本公司盈利预测报告是管理层在最佳估计假设的基础上编制的，但所依据的各种假设具有不确定性，投资者进行投资决策时应谨慎使用"。

第七节 募集资金运用

第三十七条 发行人应提请投资者，欲完整了解公司募集资金运用情况，应查阅公司本次优先股发行预案。

第三十八条 发行人应列表披露本次募集资金的用途。

第三十九条 发行人应披露本次优先股发行预案公布后的募集资金投资项目的进展情况。

第八节 其他重要事项

第四十条 发行人应披露公司最近一期末的对外担保情况，并披露对公司财务状况、经营成果、声誉、业务活动、未来前景等可能产生较大影响的未决诉讼或仲裁事项，可能出现的处理结果或已生效法律文书的执行情况。

第四十一条 发行人应披露与本次发行相关的董事会声明及承诺事项。

例如：

（一）董事会关于除本次发行外未来十二个月内是否有其他股权融资计划的声明；

（二）本次发行摊薄即期回报的，发行人董事会按照国务院和中国证监会有关规定作出的关于承诺并兑现填补回报的具体措施。

第九节　董事、监事、高级管理人员及有关中介机构声明

第四十二条　发行人全体董事、监事及高级管理人员应在募集说明书正文的尾页声明：

“本公司全体董事、监事及高级管理人员承诺本募集说明书及其概览不存在虚假记载、误导性陈述或重大遗漏，并对其真实性、准确性、完整性承担个别和连带的法律责任。”

声明应由全体董事、监事及高级管理人员签名，并由发行人加盖公章。

第四十三条　保荐机构（主承销商）应在募集说明书正文后声明：

“本公司已对募集说明书及其概览进行了核查，确认不存在虚假记载、误导性陈述或重大遗漏，并对其真实性、准确性和完整性承担相应的法律责任。”

声明应由项目协办人、保荐代表人、法定代表人或其授权代表签名，并由保荐机构加盖公章。

第四十四条　发行人律师应在募集说明书正文后声明：

“本所及签字的律师已阅读募集说明书及其概览，确认募集说明书及其概览与本所出具的法律意见书不存在矛盾。本所及签字律师对发行人在募集说明书及其概览中引用的法律意见书的内容无异议，确认募集说明书及其概览不致因所引用内容出现虚假记载、误导性陈述或重大遗漏，并对其真实性、准确性和完整性承担相应的法律责任。”

声明应由签字的律师、所在律师事务所负责人签名，并由律师事务所加盖公章。

第四十五条　承担审计业务的会计师事务所应在募集说明书正文后声明：

“本所及签字注册会计师已阅读募集说明书及其概览，确认募集说明书及其概览与本所出具的报告不存在矛盾。本所及签字注册会计师对发行人在募集说明书及其概览中引用的审计报告的内容无异议（或盈利预测已经本所审核），确认募集说明书及其概览不致因所引用内容而出现虚假记载、误导性陈述或重大遗漏，并对其真实性、准确性和完整性承担相应的法律责任。”

声明应由签字注册会计师及所在会计师事务所负责人签名，并由会计师事务所加盖公章。

第四十六条　承担资信评级业务或者资产评估业务的机构（如有）应在募

集说明书正文后声明：

“本机构及签字的资信评级人员（或资产评估人员）已阅读募集说明书及其概览，确认募集说明书及其概览与本机构出具的报告不存在矛盾。本机构及签字的资信评级人员（或资产评估人员）对发行人在募集说明书及其概览中引用的报告的内容无异议，确认募集说明书及其概览不致因所引用内容而出现虚假记载、误导性陈述或重大遗漏，并对其真实性、准确性和完整性承担相应的法律责任。”

声明应由签字的资信评级人员（或资产评估人员）及单位负责人签名，并由资信评级机构或者资产评估机构加盖公章。

第十节　备查文件

第四十七条　募集说明书结尾应列明备查文件，并在指定网站上披露备查文件。

第四十八条　备查文件包括下列文件：

（一）最近三年的财务报告、审计报告及最近一期的财务报告；

（二）本次优先股发行预案；

（三）保荐机构出具的发行保荐书；

（四）法律意见书；

（五）公司章程；

（六）发行人对本次发行优先股作出的有关声明和承诺；

（七）中国证监会核准本次发行的文件。

如有下列文件，应作为备查文件披露：

（一）发行人董事会、审计机构关于报告期内非标准审计报告涉及事项对公司是否有重大不利影响或重大不利影响是否已经消除的说明；

（二）最近三年内发生重大资产重组的，重组时编制的重组前模拟财务报告及审计报告；

（三）盈利预测及审核报告；

（四）资信评级报告；

（五）担保合同；

（六）拟收购资产的资产评估报告及有关批复文件；

（七）其他与本次发行有关的重要文件。

第三章　募集说明书概览

第四十九条　发行人公开发行优先股的，应当将募集说明书概览刊登在中国证监会指定的报刊，并提示可以查询募集说明全文的网址。

第五十条 发行人应在募集说明书概览的显要位置声明本准则第七条的内容及以下内容：

“本概览的编制主是为了方便投资者快速浏览，投资者如欲申购，务请在申购前认真阅读募集说明书全文及发行人的日常信息披露文件。”

第五十一条 募集说明书概览的内容至少包括下列各部分：

（一）发行人及本次发行的中介机构基本情况，参考格式如下：

（一）发行人基本情况			
发行人名称		股票简称	
注册资本		法定代表人	
注册地址		控股股东或实际控制人	
行业分类		主要产品及服务	
（二）本次发行的有关中介机构			
保荐机构、主承销商		承销团成员	
发行人律师		审计机构	
评估机构（如有）		评级机构（如有）	
（三）发行人的重大事项			
未决诉讼、未决仲裁、对外担保等重大事项			

（二）本次发行方案要点、重大事项提示、发行安排、本次优先股的会计处理及税项安排，参考格式如下：

（一）本次发行方案要点					
1	面　值		2	发行价格	
3	发行数量		4	发行规模	
5	是否累积		6	是否参与	
7	是否调息		8	股息支付方式	
9	票面股息率的确定原则				
10	股息发放的条件				
11	转换安排				
12	回购安排				
13	评级安排				
14	担保安排				
15	向原股东配售的安排	（适用于公开发行）			
16	交易或转让安排				
17	表决权恢复的安排				
18	募集资金投资项目				
19	其他特别条款的说明	（如：为满足行业监管所设定的发行条款）			
		（如：本次发行的特别安排等）			

续表

（二）本次发行的重大事项提示（除已在本概览中专门披露的事项外，此处须与募集说明书正文中的重大事项提示保持一致，具体描述可适当简化）		
1	交易安排的风险、交易不活跃的风险	
2	影响股息支付的因素	
3	设置回购条款或强制转换为普通股条款带来的风险	
4	本次发行的其他重大事项	
（三）本次发行的时间安排		
1	发行公告刊登日期（适用于公开发行）	
2	预计发行日期	
3	申购日期	
4	资金冻结日期（如有）	
5	上市交易或转让的安排	
（四）本次优先股的会计处理及税项安排		
1	本次优先股的会计处理	
2	本次优先股股息的税务处理及相关税项安排	

注：金融行业发行人可根据行业监管的要求和行业特点对本概览进行适当调整。

（三）发行人最近三年及一期的主要财务数据及财务指标，参考格式如下：

项　目				
资产总额（万元）				
归属于母公司所有者权益（万元）				
资产负债率（母公司）				
营业收入（万元）				
净利润（万元）				
归属于母公司所有者的净利润（万元）				
扣除非经常性损益后归属于母公司所有者的净利润（万元）				
基本每股收益（元）				
稀释每股收益（元）				
加权平均净资产收益率（%）				
经营活动产生的现金流量净额（万元）				
现金分红（万元）				

注：需注明财务数据及财务指标的相关报表口径。

第四章　附　　则

第五十二条　本准则由中国证监会负责解释。

第五十三条　本准则自公布之日起施行。

II.14 关于发布《公开发行证券的公司信息披露内容与格式准则第23号——公开发行公司债券募集说明书》的通知

（2007年8月15日 证监发行字［2007］224号）

各上市公司、各保荐机构：

为规范上市公司公开发行公司债券募集说明书的编制行为，根据《公司债券发行试点办法》，现发布《公开发行证券的公司信息披露内容与格式准则第23号——公开发行公司债券募集说明书》，自发布之日起实施。

中国证券监督管理委员会

二〇〇七年八月十五日

公开发行证券的公司信息披露内容与格式准则第23号——公开发行公司债券募集说明书

目 录

第一章　总　　则

第一条　为规范公开发行公司债券的信息披露行为，保护投资者合法权益，根据《公司法》、《证券法》、《公司债券发行试点办法》等法律、法规以及中国证券监督管理委员会（以下简称中国证监会）的有关规定，制定本准则。

第二条　申请发行公司债券的公司（以下简称发行人），应按本准则的要求编制公司债券募集说明书（以下简称募集说明书）及其摘要，作为向中国证监会申请发行公司债券的必备文件，并按规定披露。

第三条　本准则的规定是对募集说明书信息披露的最低要求。不论本准则是否有明确规定，凡对投资者做出投资决策有重大影响的信息，均应披露。

发行人认为对投资者有重大影响的事项，应在募集说明书文本扉页中作"重大事项提示"，提醒投资人关注。

第四条　募集说明书的编制应遵循以下要求：

（一）募集说明书全文文本封面应标有"×××公司公开发行公司债券募集说明书"字样，并应载明发行人及保荐人（主承销商）的名称和住所，还应载明正式申报的募集说明书签署日期；

（二）发行人应对可能对投资者理解有障碍及有特定含义的术语作出释义，募集说明书及其摘要的释义应在目录次页排印；

（三）引用的数据应提供资料来源，事实依据应充分、客观；

（四）引用的数字应采用阿拉伯数字，货币金额除特别说明外，应指人民币金额，并以元、千元或万元为单位；

（五）发行人可编制募集说明书外文译本，但应保证中、外文文本的一致性，在对中外文本的理解上发生歧义时，以中文文本为准。

第五条　募集说明书摘要的编制应遵循以下要求：

（一）募集说明书摘要必须忠实于募集说明书全文的内容，不得出现与全文相矛盾之处；

（二）募集说明书摘要刊登于中国证监会指定的信息披露报刊，篇幅不得超过一个版面。在指定报刊刊登的募集说明书摘要最小字号为标准小 5 号字，最小行距为0.35毫米。

第二章 募集说明书

第一节 发行概况

第六条 发行人应披露发行的基本情况及发行条款，主要包括：

（一）发行的核准文件、核准规模和本期债券的名称和发行总额。如发行人分次发行的，披露各期发行安排；

（二）票面金额；

（三）债券期限、还本付息的方式，本期债券的起息日、利息登记日、付息日期、本金支付日、支付方式、支付金额及其他具体安排；

（四）债券利率或其确定方式/发行价格或其确定方式；

（五）赎回条款或回售条款（如有）；

（六）担保情况（如有）；

（七）信用级别及资信评级机构；

（八）债券受托管理人；

（九）发行方式与发行对象；

（十）承销方式；

（十一）发行费用概算。

第七条 发行人应披露公司债券上市的地点和时间安排，并针对不同的发行方式，披露至上市前的有关重要日期，主要包括：

（一）发行公告刊登的日期；

（二）预计发行日期；

（三）申购日期；

（四）资金冻结日期（如有）；

（五）预计上市日期。

第八条 发行人应披露下列机构的名称、法定代表人、住所、联系电话、传真，同时应披露有关经办人员的姓名：

（一）发行人；

（二）保荐人（主承销商）及其他承销机构；

（三）律师事务所；

（四）会计师事务所；

（五）担保人（如有）；

（六）资信评级机构；

（七）债券受托管理人；

（八）收款银行；

（九）公司债券申请上市的证券交易所；

（十）公司债券登记机构；

（十一）其他与发行相关的机构。

第九条 发行人应披露其与本期发行有关的中介机构及其负责人、高级管理人员及经办人员之间存在的直接或间接的股权关系或其他利害关系。

第二节 风险因素

第十条 发行人应当遵循重要性原则，按顺序披露可能直接或间接对发行人生产经营状况、财务状况和债券偿付能力产生重大不利影响的所有因素。发行人应针对自身的实际情况，充分、准确、具体地描述相关风险因素。

第十一条 发行人应有针对地披露与本期债券相关的、可能影响债券本息偿付的具体风险因素，对这些风险因素能作出定量分析的，应进行定量分析；不能作出定量分析的，应进行定性描述。

有关风险因素可能对发行人生产经营状况、财务状况和偿债能力有严重不利影响的，发行人应作“重大事项提示”。

第十二条 发行人应披露下列风险因素：

（一）本期债券的投资风险：

1. 利率风险。市场利率变化对本期债券收益的影响。

2. 流动性风险。本期债券因市场交易不活跃而可能受到的不利影响。

3. 偿付风险。本期债券本息可能不能足额偿付的风险。

4. 本期债券安排所特有的风险。本期债券有关约定潜在的风险，如专项偿债账户及其他偿债保障措施可能存在的风险、提前偿付安排可能对投资人利益的影响等。

5. 资信风险。发行人最近三年内资信状况及存在的问题和可能出现的资信风险。

6. 担保（如有）或评级的风险。担保人（如有）资信或担保物（如有）的现状及可能发生的重大变化对本期债券本息偿还的影响，信用评级级别变化可能对投资人利益的影响等。

（二）发行人的相关风险

1. 财务风险。发行人因资产结构、负债结构和其他财务结构不合理而形成的财务风险，对外担保等导致发行人整体变现能力差等风险。

2. 经营风险。发行人的产品或服务的市场前景、行业经营环境的变化、商业周期或产品生命周期的影响、市场饱和或市场分割、过度依赖单一市场、市场占有率下降等风险。

3. 管理风险。发行人管理制度存在的问题及可能诱发的债券本息偿付风险，如因内部控制不健全等可能对发行人产生直接和间接的经济损失，及其可能对债券本息偿付的影响。

4. 政策风险。因国家法律、法规、政策的可能变化对发行人产生的具体政策性风险，如因财政、金融、土地使用、产业政策、行业管理、环境保护、税收制度、财务管理制度、经营许可制度、外汇制度、收费标准等发生变化而对发行人的影响。

第十三条 发行人如披露风险的相应对策，主要应披露发行人针对风险已经采取的具体措施。

第三节 发行人的资信状况

第十四条 发行人应披露所聘请的资信评级机构及其对本期债券的信用评级情况。

第十五条 发行人应披露信用评级报告的主要事项，至少包括下列情况：

（一）信用评级结论及标识所代表的涵义；

（二）提供担保的，应对比说明有无担保的情况下评级结论的差异；

（三）评级报告揭示的主要风险；

（四）跟踪评级的有关安排；

（五）其他重要事项。

第十六条 发行人还应披露下列公司资信情况：

（一）公司获得主要贷款银行的授信情况；

（二）近三年与主要客户发生业务往来时，是否有严重违约现象；

（三）近三年发行的债券以及偿还情况；

（四）本次发行后的累计公司债券余额及其占发行人最近一期经审计净资产的比例；

（五）近三年的流动比率、速动比率、资产负债率、利息倍数［（利润总额＋利息费用）/利息费用］、贷款偿还率（实际贷款偿还额/应偿还贷款额）、利息偿付率（实际支付利息/应付利息）等财务指标。

第四节 担保（如有）

第十七条 发行人应披露本期债券的担保情况（如有）、担保授权情况。

第十八条 提供保证担保的，应披露保证人的基本情况，至少包括下列事项：

（一）基本情况简介；

（二）最近一年的净资产额、资产负债率、净资产收益率、流动比率、速动比率等主要财务指标，并注明是否经审计；

（三）资信状况；

（四）累计对外担保的金额；

（五）累计担保余额占其净资产额的比例；

（六）偿债能力分析。

第十九条 提供保证担保的，应披露债券担保协议或担保函的主要内容，至少包括下列事项：

（一）担保金额；

（二）担保期限；

（三）担保方式；

（四）担保范围；

（五）发行人、担保人、债券受托管理人、债券持有人之间的权利义务关系；

（六）反担保和共同担保的情况（如有）；

（七）各方认为需要约定的其他事项。

第二十条 提供抵押或质押担保的，应披露担保物的名称、金额（账面价值和评估值）、担保物金额与所发行债券面值总额和本息总额之间的比例，并说明担保物发生重大变化时的持续披露安排。

第二十一条 提供抵押和质押担保的，应披露担保物的评估、登记、保管和相关法律手续的办理情况，并披露担保的范围。

第二十二条 发行人应披露债券持有人及债券受托管理人对担保事项的持续监督安排。

第五节 偿债计划及其他保障措施

第二十三条 发行人应披露所制定的具体偿债计划及保障措施。

第二十四条 发行人如设置专项偿债账户的，应披露该账户的资金来源、提取的起止时间、提取频度、提取金额、管理方式、监督安排及信息披露等内容。

第二十五条 发行人应披露不能按时支付利息、到期不能兑付以及发生其他违约情况时的解决措施。

发行人应当作出董事会决定并披露，在出现预计不能按期偿付债券本息或者到期未能按期偿付债券本息时，公司将至少采取如下措施：

（一）不向股东分配利润；

（二）暂缓重大对外投资、收购兼并等资本性支出项目的实施；

（三）调减或停发董事和高级管理人员的工资和奖金；

（四）主要责任人不得调离。

第二十六条 发行人应披露其他已做出的，可能影响债券持有人利益的承诺事项。发行人可根据实际情况作下列约定：

（一）本期债券存续期内最高借款余额不超过同一时点净资产的倍数；

（二）本期债券存续期内最高抵（质）押借款余额不超过同一时点净资产的倍数。

在计算上述最高借款余额时，应包括发行人及其控股子公司对外担保等产生的或有负债。

第六节 债券持有人会议

第二十七条 发行人应披露债券持有人根据法律、法规的规定和本募集说明书的约定行使有关权利的形式。

第二十八条 发行人应披露债券持有人会议规则的主要内容，包括但不限于债券持有人会议的权利、召开程序以及决议的生效条件和效力等。

发行人应明确提示投资者认购本期债券视作同意发行人制定的债券持有人会议规则。

第二十九条 发行人应披露债券持有人会议召开的情形。至少应包括：

（一）拟变更募集说明书的约定；

（二）发行人不能按期支付本息；

（三）发行人减资、合并、分立、解散或者申请破产；

（四）保证人或者担保物发生重大变化；

（五）变更、解聘债券受托管理人；

（六）发生对债券持有人权益有重大影响的事项。

第三十条 发行人应明确披露债券持有人会议决议的生效条件和效力。说明决议对未参加会议或明示不同意见的债券持有人的适用性，以及决议是否对全体债券持有人具有同等效力。

第三十一条 发行人应披露债券持有人会议规则约定的其他重要事宜。

第七节 债券受托管理人

第三十二条 发行人应披露所聘任的债券受托管理人及其联系人和所订立的债券受托管理协议的情况。

发行人应明确提示投资者认购本期债券视作同意债券受托管理协议。

第三十三条 发行人应披露债券受托管理协议的主要事项，至少包括下列事项：

（一）债券受托管理人的名称及基本情况；

（二）债券受托管理人的聘任情况，与发行人是否有利害关系；

（三）发行人、债券持有人和债券受托管理人之间的权利、义务和违约责任；

（四）债券受托管理人行使权利、履行义务的方式、程序等；

（五）债券受托管理人的报酬情况；

（六）变更、解聘债券受托管理人的条件及程序；

（七）其他重要内容。

第三十四条 发行人应披露债券受托管理人保护债券持有人合法权益的主要措施，说明债券受托管理事务的主要程序和方式，说明如何出具债券受托管理事务报告。

第三十五条 发行人应披露债券受托管理人应履行的义务，至少应包括：

（一）持续关注公司和保证人的资信状况，出现可能影响债券持有人重大权益的事项时，召集债券持有人会议；

（二）公司为债券设定抵押或质押担保的，债券受托管理人应在债券发行前取得抵押权、质押权的权利证明文件，并在担保期间妥善保管；

（三）在债券持续期内勤勉处理债券持有人与公司之间的谈判或者诉讼事务；

（四）预计公司不能偿还债务时，要求公司追加担保，或者依法申请法定机关采取财产保全措施；

（五）公司不能偿还债务时，受托参与整顿、和解、重组或者破产的法律程序；

（六）债券受托管理协议约定的其他重要义务。

第八节 发行人基本情况

第三十六条 发行人应简要披露公司设立及上市情况、股本变化情况、重大资产重组情况。

发行人应披露本次发行前股本总额及前 10 名股东持股数量、股份性质及其股份限售情况。

第三十七条 发行人应以图表方式披露其组织结构和对其他企业的重要权益投资情况。

第三十八条 发行人应披露控股股东和实际控制人的基本情况。实际控制人应披露到最终的国有控股主体或自然人为止。

若发行人的控股股东或实际控制人为自然人，应披露其姓名、简要背景及所持有的发行人股票被质押的情况，同时披露该自然人对其他企业的投资情况。

若发行人的控股股东或实际控制人为法人，应披露该法人的名称及其股东。披露该法人的成立日期、注册资本、主要业务、主要资产的规模及分布、最近一年母公司财务报表的主要财务数据并注明是否经审计、所持有的发行人股票被质押的情况。

第三十九条 发行人应列表披露现任董事、监事、高级管理人员的基本情况。至少包括姓名、性别、年龄、从业简历、兼职情况、薪酬情况、持有本公司股票及债券情况。

第四十条 发行人应披露其所从事的主要业务、主要产品（或服务）的用途。

第九节 财务会计信息

第四十一条 如未作特别说明，本节信息中近三年的财务会计信息应摘自经有证券期货相关业务资格会计师事务所审计的财务报告，发行境外上市外资股的境内股份有限公司应以按照中国的企业会计准则编制的财务报告为基准。

第四十二条 发行人应简要披露财务会计信息，主要包括：

（一）最近三年及一期的资产负债表、利润表及现金流量表，发行人编制合并财务报表的，应同时披露合并财务报表和母公司财务报表。最近三年及一期合并财务报表范围发生重大变化的，还应披露合并财务报表范围的具体变化情况、变化原因及其影响；

（二）最近三年及一期的主要财务指标；

（三）最近三年内进行过导致公司主营业务和经营性资产发生实质变更的重大资产购买、出售、置换的发行人，披露最近三年及一期的财务报表应包括：重组完成后各年的资产负债表、利润表、现金流量表，以及重组时编制的重组前模拟资产负债表、模拟利润表和模拟报表的编制基础。

（四）公司管理层作出的关于公司最近三年及一期的财务分析的简明结论性意见，主要以发行人的母公司财务报表为基础分析说明发行人资产负债结构、现金流量、偿债能力、近三年的盈利能力、未来业务目标以及盈利能力的可持续性。

第四十三条 发行人应重点披露本次发行公司债券后公司资产负债结构的变化。

第四十四条 会计师事务所曾对发行人近三年财务报告出具非标准无保留意见的，发行人应披露发行人董事会关于非标准无保留意见审计报告涉及事项处理情况的说明以及会计师事务所及注册会计师关于非标准无保留意见审计报告的补充意见。

第四十五条 发行人对可能影响投资者理解公司财务状况、经营业绩和现金流量情况的信息，应加以必要的说明。

第十节 募集资金运用

第四十六条 发行人应简要披露募集资金的运用计划。

第四十七条 募集资金用于项目投资、股权投资或收购资产的，发行人应当披露拟投资项目的基本情况、股权投资情况、拟收购资产的基本情况。

募集资金运用涉及立项、土地、环保等有关报批事项的，发行人应当披露已经取得有关主管部门批准的情况。

募集资金用于补充流动资金或者偿还银行贷款的，发行人应当披露补充流动资金或者偿还银行贷款的具体安排和对公司财务状况的影响。

第十一节 其他重要事项

第四十八条 发行人应披露公司最近一期末的对外担保情况，并披露对公司财务状况、经营成果、声誉、业务活动、未来前景等可能产生较大影响的未决诉讼或仲裁事项，主要包括：

（一）受理该诉讼或仲裁的法院或仲裁机构的名称；

（二）提起诉讼或仲裁的日期；

（三）诉讼或仲裁的当事人和代理人；

（四）提起诉讼或仲裁的原因；

（五）诉讼或仲裁请求；

（六）可能出现的处理结果或已生效法律文书的执行情况。

第十二节 董事及有关中介机构声明

第四十九条 发行人全体董事、监事及高管人员应在募集说明书正文的尾页声明：

“本公司全体董事、监事及高管人员承诺本募集说明书及其摘要不存在虚假记载、误导性陈述或重大遗漏，并对其真实性、准确性、完整性承担个别和连带的法律责任。”

声明应由全体董事、监事及高管人员签名，并由发行人加盖公章。

第五十条 保荐人（主承销商）应在募集说明书正文后声明：

“本公司已对募集说明书及其摘要进行了核查，确认不存在虚假记载、误导性陈述或重大遗漏，并对其真实性、准确性和完整性承担相应的法律责任。”

声明应由项目主办人、公司法定代表人或其授权代表签名，并由公司加盖公章。

第五十一条 发行人律师应在募集说明书正文后声明：

“本所及签字的律师已阅读募集说明书及其摘要，确认募集说明书及其摘要与本所出具的法律意见书不存在矛盾。本所及签字律师对发行人在募集说明书及其摘要中引用的法律意见书的内容无异议，确认募集说明书不致因所引用内容出现虚假记载、误导性陈述或重大遗漏，并对其真实性、准确性和完整性承担相应的法律责任。”

声明应由签字的律师、所在律师事务所负责人签名，并由律师事务所加盖公章。

第五十二条 承担审计业务的会计师事务所应在募集说明书正文后声明："本所及签字注册会计师已阅读募集说明书及其摘要，确认募集说明书及其摘要与本所出具的报告不存在矛盾。本所及签字注册会计师对发行人在募集说明书及其摘要中引用的财务报告的内容无异议，确认募集说明书不致因所引用内容而出现虚假记载、误导性陈述或重大遗漏，并对其真实性、准确性和完整性承担相应的法律责任。"

声明应由签字注册会计师及所在会计师事务所负责人签名，并由会计师事务所加盖公章。

第五十三条 承担资信评级业务或者资产评估业务（如有）的机构应在募集说明书正文后声明：

"本机构及签字的资信评级人员（或资产评估人员）已阅读募集说明书及其摘要，确认募集说明书及其摘要与本机构出具的报告不存在矛盾。本机构及签字的资信评级人员（或资产评估人员）对发行人在募集说明书及其摘要中引用的报告的内容无异议，确认募集说明书及其摘要不致因所引用内容而出现虚假记载、误导性陈述或重大遗漏，并对其真实性、准确性和完整性承担相应的法律责任"。

声明应由签字的资信评级人员（或资产评估人员）及单位负责人签名，并由资信评级机构或者资产评估机构加盖公章。

第十三节 备查文件

第五十四条 募集说明书结尾应列明备查文件，并在指定网站上披露。

第五十五条 备查文件包括下列文件：

（一）发行人最近 3 年的财务报告及审计报告和已披露的中期报告；

（二）保荐机构出具的发行保荐书；

（三）法律意见书；

（四）资信评级报告；

（五）中国证监会核准本次发行的文件。

如有下列文件，应作为备查文件披露：

（一）担保合同和担保函；

（二）发行人董事会关于报告期内被出具非标准无保留意见审计报告涉及事项处理情况的说明；

（三）注册会计师关于报告期内非标准无保留意见审计报告的补充意见；

（四）最近 3 年内发生的重大资产重组的发行人提供的模拟财务报告及审

计报告和重组进入公司的资产的财务报告、资产评估报告和/或审计报告；

（五）拟收购资产或担保资产的资产评估报告及有关审核文件；

（六）其他与发行有关的重要文件。

第三章　募集说明书摘要

第五十六条　发行人应在募集说明书摘要的显要位置声明：

“本募集说明书摘要的目的仅为向公众提供有关本次发行的简要情况，并不包括募集说明书全文的各部分内容。募集说明书全文同时刊载于×××网站。投资者在做出认购决定之前，应仔细阅读募集说明书全文，并以其作为投资决定的依据。”

第五十七条　募集说明书摘要的内容至少包括下列各部分：

（一）发行概况。按照本准则第二章第一节的要求披露。

（二）担保事项（如有）和评级情况。

（三）发行人基本情况。按照本准则第二章第八节的要求简要披露。

（四）公司的资信情况。

（五）财务会计信息，披露本准则第四十二条要求的财务指标。

（六）募集资金运用。简要披露募集资金的使用计划、投资项目基本情况和项目发展前景分析。

第五十八条　募集说明书摘要的结尾应当说明募集说明书全文及备查文件的查阅方式。

第四章　附　　则

第五十九条　本准则由中国证监会负责解释。

第六十条　本准则自发布之日起施行。

II.15 关于发布《公开发行证券的公司信息披露内容与格式准则第24号——公开发行公司债券申请文件》的通知

（2007年8月15日 证监发行字［2007］225号）

各上市公司、各保荐机构：

为规范公开发行公司债券申请文件的报送行为，根据《公司债券发行试点办法》，现发布《公开发行证券的公司信息披露内容与格式准则第24号——公开发行公司债券申请文件》，自发布之日起实施。

中国证券监督管理委员会

二〇〇七年八月十五日

公开发行证券的公司信息披露内容与格式准则第24号——公开发行公司债券申请文件

第一条 为规范公开发行公司债券申请文件的报送行为，根据《证券法》、《公司债券发行试点办法》制定本准则。

第二条 申请公开发行公司债券的，应按本准则的规定制作申请文件。

第三条 本准则规定的申请文件目录是对发行申请文件的最低要求，中国证监会根据审核需要，可以要求发行人和中介机构补充材料。如果某些材料对发行人不适用，可不必提供，但应向中国证监会作出书面说明。

第四条 保荐机构报送申请文件，初次报送应提交原件一份，复印件两份；在提交发行审核委员会审核之前，根据中国证监会要求的份数补报申请文件。

第五条 发行人不能提供有关文件的原件的，应由发行人律师提供鉴证意见，或由出文单位盖章，以保证与原件一致。如原出文单位不再存续，由承继其职权的单位或作出撤销决定的单位出文证明文件的真实性。

所有需要签名处，均应为签名人亲笔签名，不得以名章、签名章等代替。

第六条 申请文件的封面和侧面应标明“×××公司公司债券申请文件”字样。

发行申请文件的扉页上应标明发行人董事会秘书及有关中介机构项目负责人的姓名、电话、传真及其他有效的联系方式。

第七条 在每次报送书面文件的同时，发行人应报两份相应的电子文件（应为标准.doc或.rtf文件）。

发行结束后，发行人应将募集说明书的电子文件及历次报送的电子文件汇总报送中国证监会备案。

第八条 未按本准则的要求制作和报送发行申请文件的，中国证监会可不予受理。

第九条 本准则自发布之日起施行。

附录：

公开发行公司债券申请文件目录

第一章 本次公司债券发行的募集文件

1-1 募集说明书（申报稿）

1-2 募集说明书摘要

1-3 发行公告（发审会后按中国证监会要求提供）

第二章 发行人关于本次公司债券发行的申请与授权文件

2-1 发行人关于本次公司债券发行的申请报告

2-2 发行人董事会决议

2-3 发行人股东大会决议

第三章 中介机构关于本次公司债券发行的文件

3-1 保荐人出具的公司债券发行保荐书

3-2 发行人律师出具的法律意见书

第四章 其他文件

4-1 发行人最近三年的财务报告和审计报告及最近一期的财务报告（截至此次申请时，近期发生重大资产重组的发行人提供的模拟财务报告及审计报

告和重组进入公司的资产的财务报告、资产评估报告和/或审计报告）

4－2　发行人董事会、会计师事务所及注册会计师关于非标准无保留意见审计报告的补充意见（如有）

4－3　本次公司债券发行募集资金使用的有关文件

4－4　债券受托管理协议

4－5　债券持有人会议规则

4－6　资信评级机构为本次发行公司债券出具的资信评级报告

4－7　本次发行公司债券的担保合同、担保函、担保人就提供担保获得的授权文件（如有）；担保财产的资产评估文件（如为抵押或质押担保）

4－8　担保人最近一年及一期的财务报告、审计报告（如有）

4－9　特定行业主管部门出具的监管意见书

4－10　承销协议（发行前按中国证监会要求提供）

4－11　发行人全体董事、监事和高管对发行申请文件真实性、准确性和完整性的承诺书

II.16 关于发布《公开发行证券的公司信息披露编报规则第3号——保险公司招股说明书内容与格式特别规定》的通知（2006年修订）

（2006年12月8日 证监发行字［2006］151号）

各保险公司、各保荐机构：

为规范公开发行股票的保险公司的信息披露行为，现发布《公开发行证券的公司信息披露编报规则第3号——保险公司招股说明书内容与格式特别规定》，自发布之日起实施。

公开发行证券的公司信息披露编报规则第3号
——保险公司招股说明书内容与格式特别规定
（2006年修订）

第一条 为规范公开发行股票的保险公司（以下简称“保险公司”）的信息披露行为，保护投资者的合法权益，依据《中华人民共和国公司法》、《中华人民共和国证券法》、《中华人民共和国保险法》等法律法规及中国证券监督管理委员会（以下简称“中国证监会”）、中国保险监督管理委员会（以下简称“中国保监会”）的有关规定制定本规定。

第二条 保险公司为首次公开发行股票编制招股说明书时，除应遵循中国证监会有关招股说明书、财务报告的一般规定外，还应遵循本规定的要求。

第三条 保险公司应披露的风险因素包括但不限于下列内容：

（一）利率变动风险；

（二）保险公司确定保险产品的保险费率及计提各项准备金时采用的预定利率、预定赔付率、预定附加费率、预定投资回报率等假设可能导致的定价不充分、准备金计提不足等风险；

（三）经营风险，即由于内部控制不完善或内部控制失效，或者由于不可控的外部条件引起损失的风险，如保险代理机构、营销人员流失风险，非正常退保风险，保险公司员工及代理人员损害保户利益导致公司信誉受损的风险，巨灾风险，再保险业务相关风险等；

（四）保险欺诈风险，即投保人、被保险人、保险代理人、保险经纪人、保险公估人不遵循最大诚信原则，违反法定义务，向保险公司虚假陈述或隐瞒重要事实等的风险；

（五）投资风险，即保险公司投资组合面临的资产价值下降或未产生预期盈利的风险；

（六）资产与负债不匹配的风险，即保险公司资产与负债在结构上不相匹配，对偿付能力造成不利影响的风险；

（七）信息系统风险，即因信息系统不能正常运行、不完善等因素造成无法正常进行业务处理、数据丢失，而可能给公司造成的损失或对经营业绩产生的不利影响；

（八）政策性风险，即因国家政策、法律法规变化而产生的风险，如因税收、政府监管等方面政策的变化而产生的风险；

（九）其他风险，即在上述风险因素之外公司面临的风险。

第四条 保险公司应披露我国保险行业基本情况，包括但不限于下列内容：

（一）中国保险业概览；

（二）行业特点及发展趋势；

（三）保险业监管体系及主要法律法规。

第五条 保险公司应结合自身情况，披露但不限于下列内容：

（一）发行人经营的主要保险业务类别的市场份额；

（二）发行人在市场竞争中的主要优势和劣势；

（三）发行人展业制度、营销人员及网络，以及保险代理情况等；

（四）保险产品的研究开发情况及最近推出的主要新产品等。

第六条 保险公司应建立并披露公司内部控制制度，包括销售、核保、核赔、再保险等业务控制；预算、费用管理、财务报告等财务控制；资金调度、投资决策、投资风险管理等资金控制；信息技术、信息安全管理等信息技术控制。

第七条 保险公司应结合自身业务特点披露经营的主要保险业务类别及发展规划，保险费率的制定原则及方法。个险业务应披露保户数量。

保险公司应分地区、主要保险业务类别披露最近三年及一期保费收入的构成，并分析各地区、主要保险业务类别保费收入增减变动情况及原因。

保险公司应按主要保险业务类别披露赔付支出、手续费支出的构成，并分析其增减变动情况及原因。

第八条 保险公司应结合自身业务特点披露计提准备金的种类、原则和方法，按主要保险业务类别披露最近三年及一期期末各项准备金余额，分析其变动情况及原因。保险公司应结合各类准备金的特点，说明准备金计提是否充分。

第九条 保险公司应按中国保监会有关规定披露最近三年及一期各期末偿付能力情况，包括但不限于实际偿付能力额度、最低偿付能力额度、偿付能力充足率。

最近三年及一期偿付能力额度和监管指标超出正常范围，保险监管部门提出过异议的，保险公司应予披露并做出相应说明。

第十条 保险公司应披露再保险业务的相关政策及主要业务伙伴。

按主要分保公司分类披露最近三年及一期分出保费、分入保费及分保准备金的计提情况及变动原因，并披露尚处有效期的重大分保事项的有关情况。对存在超额赔款再保险等非比例再保险合同的，应单独披露。

再保险公司应按主要保险业务类别披露分保费收入、转分保分出保费。

财产保险公司应披露最近一期末承担重大保险责任的保单情况，并披露其分保安排。

第十一条 保险公司应披露最近三年及一期财务再保险合同的主要内容、核算方法及对当期利润的影响。

第十二条 保险公司应结合保险监管部门规定披露公司投资政策、投资策略，最近三年及一期投资组合构成及投资收益率，并分析其变动情况及趋势。

保险公司应分别根据投资对象和持有目的分类披露最近三年及一期各期末投资组合构成。根据投资对象分类时，应区分为银行存款、政府债券、金融债券、企业债券、基金、股票及其他资金运用方式；根据持有目的分类时，应区分为以公允价值计量且其变动计入当期损益的金融资产、持有至到期投资、可供出售金融资产及其他。

第十三条 人寿保险公司、健康保险公司、养老保险公司在首次公开发行股票时应披露内含价值信息；拥有人寿保险公司、健康保险公司或养老保险公司的金融或保险集团公司应披露相关业务的内含价值信息。

公司应聘请外部精算机构或精算师，根据中国保监会相关规定，编制内含价值报告，并将其作为招股说明书备查文件。外部精算机构或精算师应在招股说明书正文后声明：

“本机构、签字精算师已阅读招股说明书及其摘要，确认招股说明书及其摘要与本机构出具的内含价值报告无矛盾之处。本机构、签字精算师对发行人在招股说明书及其摘要中引用的内含价值报告的内容无异议，确认招股说明书不致因上述内容而出现虚假记载、误导性陈述或重大遗漏，并对其真实性、准确性和完整性承担相应的法律责任”。声明应由签字精算师、精算机构负责人签名，并由精算机构加盖公章。

保险公司在招股说明书中披露内含价值有关信息时，应声明：“内含价值是基于一组关于未来经验的假设，以精算方法估算的经济价值，但所依据的各种假设具有不确定性，投资者进行投资决策时应谨慎使用”。内含价值信息包括但不限于下列内容：

（一）最近一年末内含价值和一年新业务价值的结果；

（二）最近一年末计算内含价值的收益率、风险贴现率等主要假设；

（三）最近一年末内含价值和一年新业务价值的敏感性分析结果；

（四）最近一年末内含价值的变动分析。

第十四条 保险公司应结合保险业务特点披露报告期内采用的主要会计政策和会计估计，其中与保险业务直接相关的包括但不限于下列内容：

（一）主要保险业务类别保费收入（含分保费收入）确认和计量的具体方法；

（二）未决赔款准备金的核算方法；

（三）未到期责任准备金的核算方法；

（四）寿险责任准备金的核算方法；

（五）长期健康险责任准备金的核算方法；

（六）总准备金的核算方法。

再保险公司应重点披露各项分保准备金的核算方法。

第十五条 保险公司应按规定披露分部信息。

在境外设立分支机构的保险公司，应单独披露境外分支机构的业务经营情况。

第十六条 保险公司应按账龄披露最近一年及一期末应收保费构成。应收保费中如有持发行人5%（含5%）以上股份的股东单位欠款，应予以说明。

第十七条 保险公司应按主要分保公司分类披露最近一年及一期末应收、应付分保账款金额。应收分保账款中如有持发行人5%（含5%）以上股份的股东单位欠款，应予以说明。

第十八条 保险公司应按成本法、权益法分类披露最近一年及一期末长期股权投资，重要投资项目应披露投资起始日、初始投资额、期末投资额、股权投资占被投资方的股权比例等相关信息。

第十九条 保险公司应分析说明报告期内应付手续费变化情况。

第二十条 保险公司应披露最近一年及一期末保单质押贷款金额、利率水平。

第二十一条 保险公司应披露最近一年及一期末待处理抵债物资账面余额及减值准备，并分析其可回收性。

第二十二条 保险公司应披露存出资本保证金、保险保障基金的计提依据及金额。

第二十三条 保险公司应披露最近三年及一期下述财务指标：流动比率、资产负债率、净资产收益率、每股收益、自留保费增长率、综合成本率（财产保险）、赔付率（财产保险）与退保率（人身保险）。

保险公司应说明以上指标在最近三年及一期的变化趋势、原因以及其他有关情况。

第二十四条 保险公司计划将募集资金用于增设分支机构的，应披露所需资金数额、拟设地点等内容；募集资金仅用于增加资本的，可不必说明其具体投向；募集资金用于更新设备、收购兼并等其他用途时，需详细披露募集资金投向。

第二十五条 保险公司应聘请拥有专业精算人员、有保险公司审计经验、具有执行证券期货相关业务资格的会计师事务所，按照中国独立审计准则对其依据中国会计和信息披露准则和制度编制的法定财务报告进行审计。此外，应增加审计内容，聘请获中国证监会和财政部特别许可的国际会计师事务所，按照国际通行的审计准则，对其按国际通行的会计和信息披露准则编制的补充财务报告进行审计。

增加审计时需关注的主要内容包括：损失准备的提取及不良资产的处置情况；重大表外项目及对财务状况和经营成果的影响；不同服务对象、经营项目及经营区域的资产质量、获利能力和经营风险；法定财务报告与补充财务报告之间的主要差异等。

招股说明书正文中的财务资料均应摘自法定财务报告。补充财务报告作为招股说明书附录披露，供投资者判断保险公司财务状况和投资风险时参考。

第二十六条 本规定自发布之日起施行。中国证监会此前颁布的“公开发行证券的公司信息披露编报规则”第 3 号、4 号——《保险公司招股说明书内容与格式特别规定》（证监发［2000］76 号）及《保险公司财务报表附注特别规定》（证监发［2000］76 号）同时废止。

II.17 公开发行证券公司信息披露编报规则第5号——证券公司招股说明书内容与格式特别规定

（2000年11月2日 证监发［2000］76号）

第一条 为规范公开发行股票证券公司（以下简称证券公司）信息披露行为，保护投资者的合法权益，依据《中华人民共和国公司法》、《中华人民共和国证券法》等法律法规，制定本规定。

第二条 证券公司为首次公开发行股票而编制招股说明书时，除应遵循中国证券监督管理委员会（以下简称中国证监会）有关招股说明书内容与格式准则的一般规定外，还应遵循本规定的要求。

第三条 证券公司应披露不少于最近三年年末或各该年度的如下主要会计数据：资产总额、股东权益、自营证券、应收款项、流动资产、代买卖证券款、受托资金、流动负债、长期负债、营业收入、手续费收入、自营证券差价收入、证券发行收入、营业支出、营业费用、利润总额和净利润。

第四条 证券公司应披露下述各种风险因素。对这些风险因素能作出定量分析的，应进行定量分析；不能作出定量分析的，应进行定性描述。

（一）分析可能存在的证券经纪风险，如因证券营业部地理分布不合理和投资者的投资观念、证券交易技术等发生变化而对证券经纪业务产生的影响。

（二）分析可能存在的证券承销风险，如因市场发育程度、发行方式、承销承诺、市场判断等因素发生变化而对证券承销业务产生的影响。

（三）分析可能存在的证券自营风险，如因投资产品本身内含风险、证券市场价格异常波动、投资决策不当等因素而对证券自营业务产生的影响。

（四）分析可能存在的资产管理风险，如因资产管理措施不恰当、风险对冲机制不健全等原因而对资产管理业务产生的影响。

（五）分析其他证券经营业务可能存在的风险，如金融新业务、新产品的开发对证券公司产生的影响。

（六）分析人为因素产生的管理风险，如因内部控制不健全、自身操作不当、职员道德水准不高等可能对公司产生直接和间接的经济损失。

（七）分析由于资产结构和财务结构不合理而形成的财务风险，如因整体业务结构和规模设计不合理（如自营规模过大、长期投资权重过高等）、对外担保等而导致公司整体变现能力差等流动性风险。

（八）分析因技术因素而产生的操作风险，如因电脑系统不可靠、网络技术不完善、电子技术创新等而产生的风险。

（九）分析因同业竞争而产生的风险，如经营许可证制度变化、市场竞争（包括外资证券公司被允许进入中国证券市场）等对我国证券公司的影响。

（十）分析因国家法律、法规、政策的可能变化而产生的政策性风险，如因税收制度、经营许可制度、外汇制度、利率政策、收费标准等发生变化而对证券公司的影响。

第五条 证券公司应建立健全的内部控制制度，并在招股说明书正文中专设一部分，对其内部控制制度的完整性、合理性和有效性作出说明。

证券公司还应委托所聘请的会计师事务所对其内部控制制度及风险管理系统的完整性、合理性和有效性进行评价，提出改进建议，并以内部控制评价报告的形式作出报告。内部控制评价报告随招股说明书一并呈报中国证监会。

所聘请的会计师事务所指出以上三性存在缺陷的，证券公司应予披露，并说明准备采取的改进措施。

第六条 证券公司募集资金计划投向需经有关部门批准的，应作出特别说明，并披露有关部门的批准文号、所需资金额等内容。

募集资金用于风险投资项目的，应当披露项目概况、存在的主要风险及可能给公司带来的收益等。

募集资金仅为了增加资本的或用于补充公司流动资金的，可不必说明募集资金具体投向。

第七条 证券公司应在介绍发行人情况时详细披露经核准的业务范围，管理总部、分公司的名称、地点、职员数，以及营业部的数量、职员总数、总营运资金和分布等基本情况。

证券公司还应专设一部分披露其研究情况，包括研究经费、研究人员总数、研究人员结构（年龄、学历、技术职称等构成）、主要研究成果及这些研究成果对公司开展业务的积极影响等。

第八条 证券公司在申请公开发行股票前，应根据资产的潜在损失可能，提足各项损失准备或核销不良资产，据以确定原股东投入的净资产，并披露为解决不良资产问题已采取或拟采取的措施。

第九条 证券公司应按下列要求披露前三年或前三年加最近一期的主要经营业绩：

（一）在证券经纪业务方面，应披露的内容包括：

1. 按证券种类（如股票、基金、国债、企业债券和其他证券等）披露各期代理买卖证券的金额和市场份额。

2. 按债券的种类（如国债、企业债券等）披露各期代理的已兑付债券金额。

（二）在证券承销业务方面，应披露的内容包括：

1. 按发行类别（如首次发行、公募增发、配股、债券发行等）分别披露各期担任主承销的次数、承销金额和相应的承销收入。

2. 各期副主承销次数、承销金额及承销收入。

3. 各期分销次数及分销金额。

（三）按自营证券种类披露各期自营证券的规模、自营证券差价收入和自营证券收益率。

（四）披露有关资产管理业务的各期平均受托管理资金、受托资金总体损益和平均受托资产管理收益率。

（五）其他业务利润较大的，分别按业务类别披露各期收益情况。

第十条 证券公司应披露不少于最近三年每年年末或各该年度的如下财务指标：净资产负债率、流动比率、净资本、自营证券比率、长期投资比率、固定资本比率、净资产收益率、总资产利润率、营业费用率、利润总额、净利润以及每股收益等。

分析以上各项指标在最近三年的变化趋势、原因以及其他有关情况。

第十一条 证券公司应披露前三年各项准备（包括自营证券跌价准备、坏账准备、长期投资减值准备和一般风险准备等）的计提方法与依据。某期准备金冲销金额较大的，应披露冲销的金额、原因和依据。

第十二条 证券公司应披露可能影响其财务状况和经营成果的主要表外项目（如代保管证券、融资合约、重要的承销合同、担保、抵押、质押等）的总额及有关情况。

第十三条 证券公司应聘请有证券公司审计经验的、具有执行证券期货相关业务资格的会计师事务所，按中国审计准则对其依中国会计和信息披露准则和制度编制的法定财务报告进行审计。此外，应增加审计内容，聘请获中国证监会和财政部特别许可的国际会计师事务所，按国际通行的审计准则，对其按国际通行的会计和信息披露准则编制的补充财务报告进行审计。

增加审计时需关注的内容包括：损失准备的提取及不良资产的处置情况；重大表外项目及其对财务状况和经营成果的影响；不同经营业务及经营区域的资产质量、获利能力和经营风险；法定财务报告与补充财务报告之间的主要差异。

招股说明书正文中的财务资料均应摘自法定财务报告。补充财务报告作为招股说明书附录披露，供投资者判断证券公司财务状况和投资风险时参考。

第十四条 本规定由中国证监会负责解释。

第十五条 本规定自发布之日起施行。

II.18 公开发行证券的公司信息披露编报规则第9号——净资产收益率和每股收益的计算及披露（2010年修订）

（2010年1月11日　中国证监会公告［2010］2号）

第一条　为规范公开发行证券的公司（以下简称公司）的信息披露行为，真实反映公司的盈利能力，提高净资产收益率和每股收益指标计算的合理性和可比性，特制订本规则。

第二条　公司招股说明书、年度财务报告、中期财务报告等公开披露信息中的净资产收益率和每股收益应按本规则进行计算或披露。

第三条　公司编制以上报告时，应以如下表格形式，列示按加权平均法计算的净资产收益率，以及基本每股收益和稀释每股收益。

报告期利润	加权平均净资产收益率	每股收益	
		基本每股收益	稀释每股收益
归属于公司普通股股东的净利润			
扣除非经常性损益后归属于公司普通股股东的净利润			

公司编制和披露合并财务报表的，“扣除非经常性损益后归属于公司普通股股东的净利润”以扣除少数股东损益后的合并净利润为基础，扣除母公司非经常性损益（应考虑所得税影响）、各子公司非经常性损益（应考虑所得税影响）中母公司普通股股东所占份额；“归属于公司普通股股东的期末净资产”不包括少数股东权益金额。

第四条　加权平均净资产收益率的计算公式如下：

加权平均净资产收益率 $= P_0/(E_0 + NP \div 2 + E_i \times M_i \div M_0 - E_j \times M_j \div M_0 \pm E_k \times M_k \div M_0)$

其中：P_0 分别对应于归属于公司普通股股东的净利润、扣除非经常性损益后归属于公司普通股股东的净利润；NP 为归属于公司普通股股东的净利润；E_0 为归属于公司普通股股东的期初净资产；E_i 为报告期发行新股或债转股等新增的、归属于公司普通股股东的净资产；E_j 为报告期回购或现金分红等减少的、归属于公司普通股股东的净资产；M_0 为报告期月份数；M_i 为新增净资产次月起至报告期期末的累计月数；M_j 为减少净资产次月起至报告期期末的累计月数；E_k 为因其他交易或事项引起的、归属于公司普通股股东的净资产增减变动；M_k 为发生其他净资产增减变动次月起至报告期期末的累计月数。

报告期发生同一控制下企业合并的，计算加权平均净资产收益率时，被合并方的净资产从报告期期初起进行加权；计算扣除非经常性损益后的加权平均净资产收益率时，被合并方的净资产从合并日的次月起进行加权。计算比较期间的加权平均净资产收益率时，被合并方的净利润、净资产均从比较期间期初起进行加权；计算比较期间扣除非经常性损益后的加权平均净资产收益率时，被合并方的净资产不予加权计算（权重为零）。

第五条 基本每股收益可参照如下公式计算：

基本每股收益 $= P_0 \div S$

$S = S_0 + S_1 + S_i \times M_i \div M_0 - S_j \times M_j \div M_0 - S_k$

其中：P_0 为归属于公司普通股股东的净利润或扣除非经常性损益后归属于普通股股东的净利润；S 为发行在外的普通股加权平均数；S_0 为期初股份总数；S_1 为报告期因公积金转增股本或股票股利分配等增加股份数；S_i 为报告期因发行新股或债转股等增加股份数；S_j 为报告期因回购等减少股份数；S_k 为报告期缩股数；M_0 报告期月份数；M_i 为增加股份次月起至报告期期末的累计月数；M_j 为减少股份次月起至报告期期末的累计月数。

第六条 公司存在稀释性潜在普通股的，应当分别调整归属于普通股股东的报告期净利润和发行在外普通股加权平均数，并据以计算稀释每股收益。

在发行可转换债券、股份期权、认股权证等稀释性潜在普通股情况下，稀释每股收益可参照如下公式计算：

稀释每股收益 $= P_1 /$（$S_0 + S_1 + S_i \times M_i \div M_0 - S_j \times M_j \div M_0 - S_k +$ 认股权证、股份期权、可转换债券等增加的普通股加权平均数）

其中，P_1 为归属于公司普通股股东的净利润或扣除非经常性损益后归属于公司普通股股东的净利润，并考虑稀释性潜在普通股对其影响，按《企业会计准则》及有关规定进行调整。公司在计算稀释每股收益时，应考虑所有稀释性潜在普通股对归属于公司普通股股东的净利润或扣除非经常性损益后归属于公司普通股股东的净利润和加权平均股数的影响，按照其稀释程度从大到小的顺序计入稀释每股收益，直至稀释每股收益达到最小值。

第七条 在资产负债表日至财务报告批准报出日之间发生派发股票股利、公积金转增股本、拆股或并股，影响发行在外普通股或潜在普通股数量，但不影响所有者权益金额的，应当按调整后的股数重新计算各比较期间的每股收益。

第八条 报告期内发生同一控制下企业合并，合并方在合并日发行新股份并作为对价的，计算报告期末的基本每股收益时，应把该股份视同在合并期初即已发行在外的普通股处理（按权重为1进行加权平均）。计算比较期间的基本每股收益时，应把该股份视同在比较期间期初即已发行在外的普通股处理。计算报告期末扣除非经常性损益后的每股收益时，合并方在合并日发行的新股份从合并日起次月进行加权。计算比较期间扣除非经常性损益后的每股收益时，合并方在合并日发行的新股份不予加权计算（权重为零）。

报告期发生同一控制下企业合并，合并方在合并日发行新股份并作为对价的，计算报告期和比较期间的稀释每股收益时，比照计算基本每股收益的原则处理。

第九条 报告期公司以发行股份购买资产等方式实现非上市公司间接上市且构成反向购买的，计算报告期的每股收益时：

报告期的普通股加权平均股数＝报告期期初至购买日所处当月的加权平均股数＋购买日起次月至报告期期末的加权平均股数

报告期期初至购买日所处当月的加权平均股数＝购买方（法律上子公司）加权平均股数×收购协议中的换股比例×期初至购买日所处当月的累计月数÷报告期月份数

购买日起次月至报告期期末的加权平均股数＝被购买方（法律上母公司）加权平均股数×购买日起次月到报告期期末的累计月数÷报告期月份数

报告期公司以发行股份购买资产等方式实现非上市公司间接上市的，计算比较期间的每股收益时：

比较期间的普通股加权平均股数＝购买方（法律上子公司）加权平均股数×收购协议中的换股比例

第十条 公司在编制比较财务数据时，上期净资产收益率和每股收益应按本规则进行计算。公司招股说明书、年度财务报告、中期财务报告等公开披露文件正文应包括这些指标的计算过程，摘要可省略计算过程。

第十一条 公司公开列示的净资产收益率或每股收益指标若引自经审计或审核（若规定需要）的财务报告，注册会计师应检查这些指标计算的准确性。

第十二条 本规则自公布之日起施行。

II. 19 公开发行证券公司信息披露编报规则第10号——从事房地产开发业务的公司招股说明书内容与格式特别规定

（2001年2月6日 证监发［2001］17号）

第一条 为规范从事房地产开发业务的公司（包括专营房地产业务公司及兼营房地产业务公司，以下简称发行人）公开发行股票的信息披露行为，保护投资者的合法权益，依据《中华人民共和国公司法》、《中华人民共和国证券法》等法律法规，制定本规定。

第二条 发行人为首次公开发行股票而编制招股说明书时，除应遵循中国证券监督管理委员会（以下简称中国证监会）有关招股说明书内容与格式准则的一般规定外，还应遵循本规定的要求。

第三条 发行人应针对自身实际情况披露风险因素。对这些风险因素能够作出定量分析的，应进行定量分析；不能作出定量分析的，应进行定性描述。

（一）结合自身具体情况，披露以下风险因素，包括但不限于：

项目开发风险。应披露在房地产开发过程中，因为设计、施工条件，环境条件变化等因素导致开发成本提高的风险。

筹资风险。应披露公司筹措资金时，受经济周期、产业政策、银行贷款政策、预售情况等因素影响的风险。

销售风险。应披露开发项目销售受项目定位、销售价格变动、竞争楼盘供应情况等因素影响的风险。

土地风险。应披露土地开发时面临的各种风险，包括市政规划调整的风险、土地闲置风险、地价变化的风险。

合作和合资项目的控制风险。应披露对合作、合资开发项目，如果没有实际控制权将增加不确定性的风险。

工程质量风险。应披露已完工项目或在建项目如果存在质量缺陷，将会对公司产生不利影响的风险。

其他风险。应披露税收制度、房改制度和购房贷款政策、对房地产投资开发方面的其他政策变化对公司的不利影响的风险。

（二）项目开发中如存在“停工”“烂尾”“空置”的情况，应做特别风险提示。

（三）披露的风险对策应是已采取的或拟采取的切实可行的具体措施。

第四条 发行人应专节披露公司资质等级取得情况和相关证书，持有房地产专业或建筑工程专业资格专职技术人员数目，公司开发建设中采用的新工艺和新技术等情况。

第五条 发行人应披露公司的主要经营策略及市场推广模式，包括但不限于：

（一）房地产经营的市场定位及主要消费者群体；

（二）主要从事房地产项目的类型：如主要以出售为主，还以出租为主；经营模式是自主经营开发，还是合作、合资开发；主要从事住宅开发还是办公楼开发等；

（三）房地产项目的定价模式和销售理念；

（四）采用的主要融资方式；

（五）采用的主要销售模式；

（六）采用的的物业管理模式；

（七）公司经营管理、品牌建设、员工素质、企业文化等方面的竞争力。

第六条 发行人应专节披露公司经营管理体制及内控制度，包括但不限于：

（一）房地产开发项目决策程序；

（二）开发项目管理架构的设置；

（三）公司质量控制体系，包括对施工单位的质量考核办法；采用新材料、新工艺的质量控制办法；对特殊环境的项目的质量控制。

第七条 发行人应专节披露房地产行业概况及业务特点，包括但不限于：

（一）房地产行业概况；

（二）房地产业务的性质和特点；

（三）主要开发项目所处地区的市场分析；

（四）房地产开发流程图。

第八条 发行人应专节详细披露在开发过程中涉及的各项具体业务的运行情况，包括但不限于：

（一）如何选择房地产项目的设计单位、设计方案；

（二）如何选择施工单位，如何管理、监督施工单位；

（三）如何选择监理单位；

（四）对出租物业的经营方式。

第九条 发行人应专节披露公司所开发的主要房地产业务项目的情况。可按照已开发完工项目、开发建设中项目、拟开发项目的顺序披露各项目基本情况，包括但不限于下列情况：

（一）项目应具备的资格文件（含土地使用证、建设用地规划许可证、建设工程规划许可证、建设工程开工证、商品房销售许可证、房产证等）取得情况；

（二）项目经营模式，如属合作、合资开发，应简要说明合作方情况、合作方式、协议履行情况等；

（三）披露项目位置及土地的取得手续是否完备；

（四）对完工或开工项目应披露主体工程施工是自建还是出包方式，承包方是否分包。并披露施工单位的资质等级及基本情况；

（五）对在建项目应披露预计总投资和已投资额，工程进度（包括开工时间、预计竣工时间，实际进度与计划进度出现的较大差异及原因，项目是否存在停工可能）；

（六）工程质量情况，如监理单位的意见及质量监管部门的验收报告。对已交付使用的商品房是否有质量纠纷；

（七）项目的销售情况，对采用预售方式的，应披露预售比例；

（八）代为收取的住宅共用部分、共用设施设备维修基金的执行情况。

第十条 发行人应参照第十条的要求披露募股资金拟投资项目，及募股资金占项目总投资的比例，缺口资金的解决方式。

第十一条 发行人应专节披露公司的土地资源，包括但不限于项目名称、所处地理位置、占地面积、规划建筑面积、土地用途、相关法律手续是否完备等。

第十二条 发行人发行上市前应聘请具有证券从业资格的资产评估机构对公司存货，包括开发成本及开发产品（但不包括代建工程）、出租开发产品、周转房等进行资产评估。在招股说明书中披露资产评估结果和主要项目的资产评估方法，并注明本次资产评估仅为投资者提供参考，有关评估结果不进行账务调整。

第十三条 发行人应根据本规定编制招股说明书概要。

第十四条 本规定由中国证监会负责解释。

第十五条 本规定自发布之日起施行。

II. 20 公开发行证券公司信息披露编报规则第 11 号——从事房地产开发业务的公司财务报表附注特别规定

（2001 年 2 月 6 日 证监发［2001］17 号）

第一条 为规范从事房地产开发业务的公司（包括专营房地产业务公司及兼营房地产业务公司，以下简称发行人）公开发行股票的信息披露行为，保护投资者的合法权益，依据《中华人民共和国公司法》、《中华人民共和国证券法》等法律法规，制定本规定。

第二条 发行人编制财务报表附注明，除应遵循中国证券监督管理委员会（以下简称中国证监会）有关财务报表附注的一般规定外，还应遵循本规定的要求。

第三条 发行人在主要会计政策中披露如下内容：

（一）在合并会计报表编制方法中说明对合作开发项目编制合并报表时采用的方法。

（二）在存货的核算方法中增加披露；

开发用土地的核算方法；

披露公共配套设施费用的核算方法；

披露出租开发产品、周转房的摊销方法；

对不同类别存货（如：库存设备、开发成本、开发产品、出租开发产品、周转房）计提跌价准备的比例及依据。

（三）披露维修基金的核算方法。

（四）披露质量保证金的核算方法。

（五）披露各类型业务收入的确认原则及方法：

房地产销售收入的确认原则及方法。应根据行业特点确定具体的确认标准。对采用分期收款方式销售、出售自用房屋、代建房屋和工程业务，应单独披露有关收入确认方法。

出租物业收入的确认原则及方法。

建筑施工收入的确认原则及方法。

物业管理收入的确认原则及方法。

其他业务收入的确认原则及方法。

（六）为房地产开发项目借入资金所发生的利息及有关费用的会计处理

方法。

第四条 发行人在存货项目注释应披露：

（一）按性质（如：库存设备、开发成本、开发产品、分期收款开发产品、出租开发产品、周转房）分类列示存货余额。

（二）按下列格式分项目披露“开发成本”：

项目名称	开工时间	预计竣工时间	预计总投资	期初余额	期末余额
合计					

注：对尚未开发的土地，应披露预计开工时间。

（三）按下列格式分项目披露“开发产品”：

项目名称	竣工时间	期初余额	本期增加	本期减少	期末余额
合计					

（四）按下列格式分项目披露“分期收款开发产品”、“出租开发产品”、“周转房”：

项目名称	期初余额	本期增加	本期减少	期末余额
合计				

（五）应按下列格式披露存货跌价准备金计提情况；对于开发中项目，可以合并列示。对“停工”、“烂尾”、“空置”项目，如果不计提或计提跌价比例较低，应详细说明理由。

项目名称	期初余额	本期增加	本期减少	期末余额	备注
合计					

第五条 发行人在预收账款项目注释中，除按账龄列示余额外，对预售房产收款，应按下列格式分项目披露。

项目名称	期初余额	期末余额	预计竣工时间	预售比例
合计				

第六条 发行人在主营业务收入项目注释中，应分项目披露报告期内各期

间金额。

第七条 发行人的经营业务涉及不同行业和地区时，应按行业和地区披露收入、营业利润、资产的分部资料。

行业可以按照房地产、施工、物业管理、商业等分类；地区可以按境内、境外披露，对经营环境存在差异的省、直辖市，也应分别披露。

第八条 发行人为商品房承购人向银行提供抵押贷款担保的，应披露尚未结清的担保金额，并说明风险程度。

第九条 本规则由中国证监会负责解释。

第十条 本规则自发布之日起施行。

II.21 关于发布《公开发行证券公司信息披露的编报规则第12号——公开发行证券的法律意见书和律师工作报告》的通知

（2001年3月1日 证监发［2001］37号）

各拟首次公开发行股票公司、已上市公司，各具有执行证券期货相关业务资格的律师事务所，各具有主承销商资格的证券公司、金融资产管理公司：

为适应推行证券发行核准制的要求，保护投资者的合法权益，我会在总结实践经验的基础上，制定了《公开发行证券公司信息披露的编报规则第12号——公开发行证券的法律意见书和律师工作报告》，现予发布，自发布之日起施行。

1999年6月15日发布的《公开发行股票公司信息披露的内容与格式准则第六号——法律意见书的内容与格式（修订）》（证监法律字［1999］2号）同时废止。

中国证券监督管理委员会

二〇〇一年三月一日

公开发行证券公司信息披露的编报规则第12号——公开发行证券的法律意见书和律师工作报告

第一章 法律意见书和律师工作报告的基本要求

第一条 根据《中华人民共和国证券法》（以下简称《证券法》）、《中华人民共和国公司法》（以下简称《公司法》）等法律、法规的规定，制定本规则。

第二条 拟首次公开发行股票公司和已上市公司增发股份、配股，以及已上市公司发行可转换公司债券等，拟首次公开发行股票公司或已上市公司（以下简称“发行人”）所聘请的律师事务所及其委派的律师（以下“律师”均指签名律师及其所任职的律师事务所）应按本规则的要求出具法律意见书、律师工作报告并制作工作底稿。本规则的部分内容不适用于增发股份、配股、发行可转换公司债券等的，发行人律师应结合实际情况，根据有关规定进行调整，并提供适当的补充法律意见。

第三条 法律意见书和律师工作报告是发行人向中国证券监督管理委员会（以下简称“中国证监会”）申请公开发行证券的必备文件。

第四条 律师在法律意见书中应对本规则规定的事项及其他任何与本次发行有关的法律问题明确发表结论性意见。

第五条 律师在律师工作报告中应详尽、完整地阐述所履行尽职调查的情况，在法律意见书中所发表意见或结论的依据、进行有关核查验证的过程、所涉及的必要资料或文件。

第六条 法律意见书和律师工作报告的内容应符合本规则的规定。本规则的某些具体规定确实对发行人不适用的，律师可根据实际情况作适当变更，但应向中国证监会书面说明变更的原因。本规则未明确要求，但对发行人发行上市有重大影响的法律问题，律师应发表法律意见。

第七条 律师签署的法律意见书和律师工作报告报送后，不得进行修改。如律师认为需补充或更正，应另行出具补充法律意见书和律师工作报告。

第八条 律师出具法律意见书和律师工作报告所用的语词应简洁明晰，不得使用“基本符合条件”或“除×××以外，基本符合条件”一类的措辞。对不符合有关法律、法规和中国证监会有关规定的事项，或已勤勉尽责仍不能对其法律性质或其合法性作出准确判断的事项，律师应发表保留意见，并说明相应的理由。

第九条 提交中国证监会的法律意见书和律师工作报告应是经二名以上具有执行证券期货相关业务资格的经办律师和其所在律师事务所的负责人签名，并经该律师事务所加盖公章、签署日期的正式文本。

第十条 发行人申请文件报送后，律师应关注申请文件的任何修改和中国证监会的反馈意见，发行人和主承销商也有义务及时通知律师。上述变动和意见如对法律意见书和律师工作报告有影响的，律师应出具补充法律意见书。

第十一条 发行人向中国证监会报送申请文件前，或在报送申请文件后且证券尚未发行前更换为本次发行证券所聘请的律师或律师事务所的，更换后的律师或律师事务所及发行人应向中国证监会分别说明。

更换后的律师或律师事务所应对原法律意见书和律师工作报告的真实性和合法性发表意见。如有保留意见，应明确说明。在此基础上更换后的律师或律师事务所应出具新的法律意见书和律师工作报告。

第十二条 律师应在法律意见书和律师工作报告中承诺对发行人的行为以

及本次申请的合法、合规进行了充分的核查验证，并对招股说明书及其摘要进行审慎审阅，并在招股说明书及其概要中发表声明："本所及经办律师保证由本所同意发行人在招股说明书及其摘要中引用的法律意见书和律师工作报告的内容已经本所审阅，确认招股说明书及其摘要不致因上述内容出现虚假记载、误导性陈述及重大遗漏引致的法律风险，并对其真实性、准确性和完整性承担相应的法律责任"。

第十三条 律师在制作法律意见书和律师工作报告的同时，应制作工作底稿。前款所称工作底稿是指律师在为证券发行人制作法律意见书和律师工作报告过程中形成的工作记录及在工作中获取的所有文件、会议纪要、谈话记录等资料。

第十四条 律师应及时、准确、真实地制作工作底稿，工作底稿的质量是判断律师是否勤勉尽责的重要依据。

第十五条 工作底稿的正式文本应由两名以上律师签名，其所在的律师事务所加盖公章，其内容应真实、完整、记录清晰，并标明索引编号及顺序号码。

第十六条 工作底稿应包括（但不限于）以下内容：

（一）律师承担项目的基本情况，包括委托单位名称、项目名称、制作项目的时间或期间、工作量统计。

（二）为制作法律意见书和律师工作报告制定的工作计划及其操作程序的记录。

（三）与发行人（包括发起人）设立及历史沿革有关的资料，如设立批准证书、营业执照、合同、章程等文件或变更文件的复印件。

（四）重大合同、协议及其他重要文件和会议记录的摘要或副本。

（五）与发行人及相关人员相互沟通情况的记录，对发行人提供资料的检查、调查访问记录、往来函件、现场勘察记录、查阅文件清单等相关的资料及详细说明。

（六）发行人及相关人员的书面保证或声明书的复印件。

（七）对保留意见及疑难问题所作的说明。

（八）其他与出具法律意见书和律师工作报告相关的重要资料。上述资料应注明来源。凡涉及律师向有关当事人调查所作的记录，应由当事人和律师本人签名。

第十七条 工作底稿由制作人所在的律师事务所保存，保存期限至少7年。中国证监会根据需要可随时调阅、检查工作底稿。

第二章 法律意见书的必备内容

第十八条 法律意见书开头部分应载明，律师是否根据《证券法》、《公司法》等有关法律、法规和中国证监会的有关规定，按照律师行业公认的业务标准、道德规范和勤勉尽责精神，出具法律意见书。

第一节 律师应声明的事项

第十九条 律师应承诺已依据本规则的规定及本法律意见书出具日以前已发生或存在的事实和我国现行法律、法规和中国证监会的有关规定发表法律意见。

第二十条 律师应承诺已严格履行法定职责，遵循了勤勉尽责和诚实信用原则，对发行人的行为以及本次申请的合法、合规、真实、有效进行了充分的核查验证，保证法律意见书和律师工作报告不存在虚假记载、误导性陈述及重大遗漏。

第二十一条 律师应承诺同意将法律意见书和律师工作报告作为发行人申请公开发行股票所必备的法律文件，随同其他材料一同上报，并愿意承担相应的法律责任。

第二十二条 律师应承诺同意发行人部分或全部在招股说明书中自行引用或按中国证监会审核要求引用法律意见书或律师工作报告的内容，但发行人作上述引用时，不得因引用而导致法律上的歧义或曲解，律师应对有关招股说明书的内容进行再次审阅并确认。

第二十三条 律师可作出其他适当声明，但不得做出违反律师行业公认的业务标准、道德规范和勤勉尽责精神的免责声明。

第二节 法律意见书正文

第二十四条 律师应在进行充分核查验证的基础上，对本次股票发行上市的下列（包括但不限于）事项明确发表结论性意见。所发表的结论性意见应包括是否合法合规、是否真实有效，是否存在纠纷或潜在风险。

（一）本次发行上市的批准和授权

（二）发行人本次发行上市的主体资格

（三）本次发行上市的实质条件

（四）发行人的设立

（五）发行人的独立性

（六）发起人或股东（实际控制人）

（七）发行人的股本及其演变

（八）发行人的业务

（九）关联交易及同业竞争

（十）发行人的主要财产

（十一）发行人的重大债权债务

（十二）发行人的重大资产变化及收购兼并

（十三）发行人公司章程的制定与修改

（十四）发行人股东大会、董事会、监事会议事规则及规范运作

（十五）发行人董事、监事和高级管理人员及其变化

（十六）发行人的税务

（十七）发行人的环境保护和产品质量、技术等标准

（十八）发行人募集资金的运用

（十九）发行人业务发展目标

（二十）诉讼、仲裁或行政处罚

（二十一）原定向募集公司增资发行的有关问题（如有）

（二十二）发行人招股说明书法律风险的评价

（二十三）律师认为需要说明的其他问题

第三节　本次发行上市的总体结论性意见

第二十五条　律师应对发行人是否符合股票发行上市条件、发行人行为是否存在违法违规、以及招股说明书及其摘要引用的法律意见书和律师工作报告的内容是否适当，明确发表总体结论性意见。

第二十六条　律师已勤勉尽责仍不能发表肯定性意见的，应发表保留意见，并说明相应的理由及其对本次发行上市的影响程度。

第三章　律师工作报告的必备内容

第二十七条　律师工作报告开头部分应载明，律师是否根据《证券法》、《公司法》等有关法律、法规和中国证监会的有关规定，按照律师行业公认的业务标准、道德规范和勤勉尽责精神，出具律师工作报告。

第一节　律师工作报告引言

第二十八条　简介律师及律师事务所，包括（但不限于）注册地及时间、业务范围、证券执业律师人数、本次签名律师的证券业务执业记录及其主要经历、联系方式等。

第二十九条　说明律师制作法律意见书的工作过程，包括（但不限于）与发行人相互沟通的情况，对发行人提供材料的查验、走访、谈话记录、现场勘查记录、查阅文件的情况，以及工作时间等。

第二节　律师工作报告正文

第三十条　本次发行上市的批准和授权

（一）股东大会是否已依法定程序作出批准发行上市的决议。

（二）根据有关法律、法规、规范性文件以及公司章程等规定，上述决议的内容是否合法有效。

（三）如股东大会授权董事会办理有关发行上市事宜，上述授权范围、程序是否合法有效。

第三十一条 发行人发行股票的主体资格

（一）发行人是否具有发行上市的主体资格。

（二）发行人是否依法有效存续，即根据法律、法规、规范性文件及公司章程，发行人是否有终止的情形出现。

第三十二条 本次发行上市的实质条件分别就不同类别或特征的发行人，对照《证券法》、《公司法》等法律、法规和规范性文件的规定，逐条核查发行人是否符合发行上市条件。

第三十三条 发行人的设立

（一）发行人设立的程序、资格、条件、方式等是否符合当时法律、法规和规范性文件的规定，并得到有权部门的批准。

（二）发行人设立过程中所签定的改制重组合同是否符合有关法律、法规和规范性文件的规定，是否因此引致发行人设立行为存在潜在纠纷。

（三）发行人设立过程中有关资产评估、验资等是否履行了必要程序，是否符合当时法律、法规和规范性文件的规定。

（四）发行人创立大会的程序及所议事项是否符合法律、法规和规范性文件的规定。

第三十四条 发行人的独立性

（一）发行人业务是否独立于股东单位及其他关联方。

（二）发行人的资产是否独立完整。

（三）如发行人属于生产经营企业，是否具有独立完整的供应、生产、销售系统。

（四）发行人的人员是否独立。

（五）发行人的机构是否独立。

（六）发行人的财务是否独立。

（七）概括说明发行人是否具有面向市场自主经营的能力。

第三十五条 发起人和股东（追溯至发行人的实际控制人）

（一）发起人或股东是否依法存续，是否具有法律、法规和规范性文件规定担任发起人或进行出资的资格。

（二）发行人的发起人或股东人数、住所、出资比例是否符合有关法律、法规和规范性文件的规定。

（三）发起人已投入发行人的资产的产权关系是否清晰，将上述资产投入发行人是否存在法律障碍。

（四）若发起人将其全资附属企业或其他企业先注销再以其资产折价入股，应说明发起人是否已通过履行必要的法律程序取得了上述资产的所有权，是否已征得相关债权人同意，对其原有债务的处置是否合法、合规、真实、有效。

（五）若发起人以在其他企业中的权益折价入股，是否已征得该企业其他出资人的同意，并已履行了相应的法律程序。

（六）发起人投入发行人的资产或权利的权属证书是否已由发起人转移给发行人，是否存在法律障碍或风险。

第三十六条 发行人的股本及演变

（一）发行人设立时的股权设置、股本结构是否合法有效，产权界定和确认是否存在纠纷及风险。

（二）发行人历次股权变动是否合法、合规、真实、有效。

（三）发起人所持股份是否存在质押，如存在，说明质押的合法性及可能引致的风险。

第三十七条 发行人的业务

（一）发行人的经营范围和经营方式是否符合有关法律、法规和规范性文件的规定。

（二）发行人是否在中国大陆以外经营，如存在，应说明其经营的合法、合规、真实、有效。

（三）发行人的业务是否变更过，如变更过，应说明具体情况及其可能存在的法律问题。

（四）发行人主营业务是否突出。

（五）发行人是否存在持续经营的法律障碍。

第三十八条 关联交易及同业竞争

（一）发行人是否存在持有发行人股份5%以上的关联方，如存在，说明发行人与关联方之间存在何种关联关系。

（二）发行人与关联方之间是否存在重大关联交易，如存在，应说明关联交易的内容、数量、金额，以及关联交易的相对比重。

（三）上述关联交易是否公允物是否存在损害发行人及其他股东利益的情况。

（四）若上述关联交易的一方是发行人股东，还需说明是否已采取必要措施对其他股东的利益进行保护。

（五）发行人是否在章程及其他内部规定中明确了关联交易公允决策的程序。

（六）发行人与关联方之间是否存在同业竞争。如存在，说明同业竞争的性质。

（七）有关方面是否已采取有效措施或承诺采取有效措施避免同业竞争。

（八）发行人是否对有关关联交易和解决同业竞争的承诺或措施进行了充分披露，以及有无重大遗漏或重大隐瞒，如存在，说明对本次发行上市的影响。

第三十九条 发行人的主要财产

（一）发行人拥有房产的情况。

（二）发行人拥有土地使用权、商标、专利、特许经营权等无形资产的情况。

（三）发行人拥有主要生产经营设备的情况。

（四）上述财产是否存在产权纠纷或潜在纠纷，如有，应说明对本次发行上市的影响。

（五）发行人以何种方式取得上述财产的所有权或使用权，是否已取得完备的权属证书，若未取得，还需说明取得这些权属证书是否存在法律障碍。

（六）发行人对其主要财产的所有权或使用权的行使有无限制，是否存在担保或其他权利受到限制的情况。

（七）发行人有无租赁房屋、土地使用权等情况，如有，应说明租赁是否合法有效。

第四十条 发行人的重大债权债务

（一）发行人将要履行、正在履行以及虽已履行完毕但可能存在潜在纠纷的重大合同的合法性、有效性，是否存在潜在风险，如有风险和纠纷，应说明对本次发行上市的影响。

（二）上述合同的主体是否变更为发行人，合同履行是否存在法律障碍。

（三）发行人是否有因环境保护、知识产权、产品质量、劳动安全、人身权等原因产生的侵权之债，如有，应说明对本次发行上市的影响。

（四）发行人与关联方之间是否存在重大债权债务关系及相互提供担保的情况。

（五）发行人金额较大的其他应收、应付款是否因正常的生产经营活动发生，是否合法有效。

第四十一条 发行人重大资产变化及收购兼并

（一）发行人设立至今有无合并、分立、增资扩股、减少注册资本、收购或出售资产等行为，如有，应说明是否符合当时法律、法规和规范性文件的规定，是否已履行必要的法律手续。

（二）发行人是否拟进行资产置换、资产剥离、资产出售或收购等行为，如拟进行，应说明其方式和法律依据，以及是否履行了必要的法律手续，是否对发行人发行上市的实质条件及本规定的有关内容产生实质性影响。

第四十二条 发行人章程的制定与修改

（一）发行人章程或章程草案的制定及近三年的修改是否已履行法定程序。

（二）发行人的章程或章程草案的内容是否符合现行法律、法规和规范性文件的规定。

（三）发行人的章程或章程草案是否按有关制定上市公司章程的规定起草或修订。如无法执行有关规定的，应说明理由。发行人已在香港或境外上市的，应说明是否符合到境外上市公司章程的有关规定。

第四十三条 发行人股东大会、董事会、监事会议事规则及规范运作

（一）发行人是否具有健全的组织机构。

（二）发行人是否具有健全的股东大会、董事会、监事会议事规则，该议事规则是否符合相关法律、法规和规范性文件的规定。

（三）发行人历次股东大会、董事会、监事会的召开、决议内容及签署是否合法、合规、真实、有效。

（四）股东大会或董事会历次授权或重大决策等行为是否合法、合规、真实、有效。

第四十四条 发行人董事、监事和高级管理人员及其变化

（一）发行人的董事、监事和高级管理人员的任职是否符合法律、法规和规范性文件以及公司章程的规定。

（二）上述人员在近三年尤其是企业发行上市前一年是否发生过变化，若存在，应说明这种变化是否符合有关规定，履行了必要的法律程序。

（三）发行人是否设立独立董事，其任职资格是否符合有关规定，其职权范围是否违反有关法律、法规和规范性文件的规定。

第四十五条 发行人的税务

（一）发行人及其控股子公司执行的税种、税率是否符合现行法律、法规和规范性文件的要求。若发行人享受优惠政策、财政补贴等政策，该政策是否合法、合规、真实、有效。

（二）发行人近三年是否依法纳税，是否存在被税务部门处罚的情形。

第四十六条 发行人的环境保护和产品质量、技术等标准

（一）发行人的生产经营活动和拟投资项目是否符合有关环境保护的要求，

有权部门是否出具意见。

（二）近三年是否因违反环境保护方面的法律、法规和规范性文件而被处罚。

（三）发行人的产品是否符合有关产品质量和技术监督标准。近三年是否因违反有关产品质量和技术监督方面的法律法规而受到处罚。

第四十七条 发行人募股资金的运用

（一）发行人募股资金用于哪些项目，是否需要得到有权部门的批准或授权。如需要，应说明是否已经得到批准或授权。

（二）若上述项目涉及与他人进行合作的，应说明是否已依法订立相关的合同，这些项目是否会导致同业竞争。

（三）如发行人是增资发行的，应说明前次募集资金的使用是否与原募集计划一致。如发行人改变前次募集资金的用途，应说明该改变是否依法定程序获得批准。

第四十八条 发行人业务发展目标

（一）发行人业务发展目标与主营业务是否一致。

（二）发行人业务发展目标是否符合国家法律、法规和规范性文件的规定，是否存在潜在的法律风险。

第四十九条 诉讼、仲裁或行政处罚

（一）发行人、持有发行人5%以上（含5%）的主要股东（追溯至实际控制人）、发行人的控股公司是否存在尚未了结的或可预见的重大诉讼、仲裁及行政处罚案件。如存在，应说明对本次发行、上市的影响。

（二）发行人董事长、总经理是否存在尚未了结的或可预见的重大诉讼、仲裁及行政处罚案件。如存在，应说明对发行人生产经营的影响。

（三）如上述案件存在，还应对案件的简要情况作出说明（包括但不限于受理该案件的法院名称、提起诉讼的日期、诉讼的当事人和代理人、案由、诉讼请求、可能出现的处理结果或已生效法律文书的主要内容等）。

第五十条 原定向募集公司增资发行的有关问题

（一）公司设立及内部职工股的设置是否得到合法批准。

（二）内部职工股是否按批准的比例、范围及方式发行。

（三）内部职工股首次及历次托管是否合法、合规、真实、有效。

（四）内部职工股的演变是否合法、合规、真实、有效。

（五）如内部职工股涉及违法违规行为，是否该行为已得到清理，批准内部职工股的部门是否出具对有关情况及对有关责任和潜在风险承担责任进行确认的文件。

第五十一条 发行人招股说明书法律风险的评价

是否参与招股说明书的编制及讨论，是否已审阅招股说明书，特别对发行人引用法律意见书和律师工作报告相关内容是否已审阅，对发行人招股说明书及其摘要是否存在虚假记载、误导性陈述或重大遗漏引致的法律风险进行评价。

第五十二条 律师认为需要说明的其他问题

本规则未明确要求，但对发行上市有重大影响的法律问题，律师应当发表法律意见。

第四章 附 则

第五十三条 本规则由中国证监会负责解释。

第五十四条 本规则自公布之日起施行。1999 年 6 月 15 日发布的《公开发行股票公司信息披露的内容与格式准则第六号——法律意见书的内容与格式（修订）》（证监法律字［1999］2 号）同时废止。

II. 22　公开发行证券的公司信息披露编报规则第 14 号——非标准无保留审计意见及其涉及事项的处理

（2001 年 12 月 22 日　证监发［2001］157 号）

第一条　为进一步提高上市公司信息披露质量，规范同上市公司非标准无保留审计意见及涉及事项有关的信息披露行为，保护投资者合法权益，根据《中华人民共和国公司法》、《中华人民共和国证券法》，制定本规定。

第二条　本规定所称非标准无保留审计意见是指注册会计师出具的除标准无保留审计意见外的其他类型审计意见，包括带解释性说明的无保留意见、保留意见（含带解释性说明的保留意见）、无法表示意见和否定意见。

第三条　具有执行证券、期货相关业务资格的会计师事务所应当建立健全完善的内部质量控制机制，以保证注册会计师出具恰当的审计意见。

第四条　具有执行证券、期货相关业务资格的注册会计师应当恪守专业标准，保持必要的执业谨慎，结合审计业务的具体情况，出具恰当的审计意见。

第五条　注册会计师不得以解释性说明代替保留意见，或者以保留意见代替否定意见。凡注册会计师对上市公司的财务报告出具非标准无保留审计意见的，应当根据中国注册会计师独立审计准则的要求，在其审计报告中清楚地说明出具该意见的原因及依据，并对该意见涉及事项对上市公司财务报告的影响做出估计，无法估计的应当说明原因。

第六条　上市公司应当严格执行会计准则、制度及相关信息披露规范性的规定。凡上市公司的财务报告因明显违反上述规定，将导致注册会计师出具非标准无保留审计意见的，注册会计师应当指出并要求公司就相关事项做出必要的调整。

第七条　如上市公司拒绝就明显违反会计准则、制度及相关信息披露规范规定的事项做出调整，或者调整后注册会计师认为其仍然明显违反会计准则、制度及相关信息披露规范规定，进而出具了非标准无保留审计意见的，证券交易所应当在上市公司定期报告披露后，立即对其股票实行停牌处理，并要求上市公司限期纠正。

第八条　由于本规定第七条的原因导致上市公司股票停牌的，停牌期间中国证券监督管理委员会将对有关事项进行调查，并依法做出处理。股票停牌期间上市公司应当继续履行法定的信息披露义务。

第九条 如上市公司的财务报告被注册会计师出具非标准无保留审计意见，其涉及事项不属于明显违反会计准则、制度及相关信息披露规范规定的，上市公司董事会应当在相应的定期报告中针对该审计意见涉及的事项做出详细说明，包括（但不限于）：

（一）非标准无保留审计意见涉及事项的基本情况；

（二）注册会计师对该事项的基本意见；

（三）公司董事会、监事会和管理层等对该事项的意见；

（四）该事项对上市公司的影响程度；

（五）消除该事项及其影响的可能性；

（六）消除该事项及其影响的具体措施。

第十条 如保留意见或否定意见涉及事项对上市公司利润产生影响，注册会计师估计了该事项对利润影响数的，上市公司应当在制定利润分配方案时扣除上述审计意见的影响数，待该审计意见涉及事项及其对利润的影响消除后再行分配；如果注册会计师出具了无法表示意见的审计报告，上市公司当年不得进行利润分配。

第十一条 本规定自发布之日起施行。

II. 23　公开发行证券的公司信息披露编报规则第 15 号——财务报告的一般规定

（2010 年 1 月 11 日　中国证监会公告［2010］1 号）

现公布《公开发行证券的公司信息披露编报规则第 15 号——财务报告的一般规定》（2010 年修订）。上市公司自 2009 年年度报告起应按照本规则要求编制并披露。拟上市公司的申报报表审计截止日为 2009 年 12 月 31 日及之后的适用本规则。

附件 1.《公开发行证券的公司信息披露编报规则第 15 号——财务报告的一般规定》

附件 2. 财务报告披露格式（略）

中国证券监督管理委员会

二〇一〇年一月十一日

附件 1

《公开发行证券的公司信息披露编报规则第 15 号——财务报告的一般规定》（2010 年修订）

第一章　总　　则

第一条　为规范公开发行证券的公司财务信息披露行为，保护投资者的合法权益，依据《公司法》、《证券法》、《企业会计准则》及中国证券监督管理委员会（以下简称“中国证监会”）有关规定，制定本规则。

第二条　凡在中华人民共和国境内公开发行证券并在证券交易所上市的股份有限公司（以下简称“公司”），按照有关规定需要披露年度财务报告或需要参照年度财务报告披露有关财务信息时，应遵循本规则。

第三条 本规则是对财务报告披露的最低要求。不论本规则是否有明确要求，凡对投资者进行投资决策有重大影响的财务信息，公司均应予以充分披露。

第四条 由于商业秘密等原因导致本规则某些信息确实不便披露的，首次公开发行股票公司可向中国证监会申请豁免，已经公开发行股票并在证券交易所上市的公司可向证券交易所申请豁免，经证券交易所批准后，可以不予披露。公司应当在相关章节说明未按本规则要求进行披露的原因。

第五条 公司编制和对外提供的财务报告，不得含有虚假的信息或者隐瞒重要事实。公司董事会、监事会及董事、监事、高级管理人员应保证提供的财务报告不存在虚假记载、误导性陈述或重大遗漏，并就财务报告的真实性、准确性、完整性承担个别和连带的法律责任。

第六条 公司年度财务报告应由具有证券期货相关业务资格的会计师事务所审计，有关审计报告由上述会计师事务所盖章及由两名或两名以上注册会计师签名盖章。

编制合并财务报表的公司，纳入合并范围的重要子公司和特殊目的主体的年度财务报告，以及对公司财务报告有重大影响的联营企业、合营企业的年度财务报告，也应由具有证券期货相关业务资格的会计师事务所审计。

本规则第四章补充资料应由具有证券期货相关业务资格的会计师事务所审计，证监会另有规定的除外。

第七条 特殊行业公司财务报告的披露除需遵守本规则外，还需遵循该行业财务报告的特别规定。

第二章 财务报表

第八条 公司应按企业会计准则及相关规定的要求编制财务报表，并遵循相关信息披露规范的规定。

第九条 本规则要求披露的财务报表包括资产负债表、利润表、现金流量表和所有者权益变动表。

第十条 编制合并财务报表的公司，除提供合并财务报表外，还应提供母公司财务报表。

第十一条 公司提供的财务报表中会计数据的排列应自左至右，最左侧为最近一期数据；表内各主要报表项目应标有附注编号，并与财务报表附注编号相一致；年度报告摘要部分中引用编号应与财务报表附注编号一致。

第十二条 公司提供的财务报表应加盖公司公章，由公司法定代表人、主管会计工作的公司负责人、公司会计机构负责人（会计主管人员）签名并盖章。若公司设置总会计师的，总会计师应签名并盖章。

第三章　财务报表附注

第十三条　公司应按照企业会计准则和中国证监会有关规定的要求，编制和披露财务报表附注。公司编制和披露附注时应遵循重要性原则。

第十四条　财务报表附注应当对财务报表中相关数据涉及的交易、事项做出真实、充分、明晰的说明。

第一节　公司的基本情况

第十五条　首次公开发行证券的公司应简述公司历史沿革、改制情况、行业性质、经营范围、主要产品或提供的劳务、主业变更、公司的基本组织架构等。

首次公开发行证券的公司若从其设立为股份有限公司时起运行不足 3 年的，应说明设立为股份有限公司之前各会计期间的财务报表主体及其确定方法和所有者权益变动情况。

第十六条　上市公司披露定期报告时至少应简述公司历史沿革、所处行业、经营范围、主要产品或提供的劳务等。公司在报告期间内主营业务发生变更、股权发生重大变更、发生重大并购、重组的，应予以说明。

第二节　会计政策、会计估计和前期差错

第十七条　公司应根据《企业会计准则第 30 号——财务报表列报》等相关准则和本规则的要求，并结合母公司或编制合并报表时合并范围内主体的业务特点充分披露报告期内采用的主要会计政策和会计估计。

（一）财务报表的编制基础。

（二）遵循企业会计准则的声明。

（三）会计期间。

（四）记账本位币。若记账本位币为人民币以外的其他货币的，说明选定记账本位币的考虑因素及折算成人民币时的折算方法。

（五）同一控制下和非同一控制下企业合并的会计处理方法。

（六）合并财务报表的编制方法。

对同一子公司的股权在连续两个会计年度买入再卖出，或卖出再买入的应披露相关的会计处理方法。

（七）编制现金流量表时现金及现金等价物的确定标准。

（八）发生外币交易时折算汇率的确定；在资产负债表日外币项目采用的折算方法；汇兑损益的处理方法；外币报表折算的会计处理方法。

（九）金融工具的分类、确认依据和计量方法；金融资产转移的确认依据

和计量方法；金融负债终止确认条件；金融资产和金融负债的公允价值确定方法，包括因继续涉入形成的金融资产、金融负债的公允价值确定方法；金融资产减值测试方法、减值准备计提方法。

将尚未到期的持有至到期投资重分类为可供出售金融资产的，说明持有意图或能力发生改变的依据。

（十）应收款项坏账准备的确认标准、计提方法。

（十一）存货类别；发出存货的计价方法；确定不同类别存货可变现净值的依据及存货跌价准备的计提方法；存货的盘存制度以及低值易耗品和包装物的摊销方法。

（十二）长期股权投资的初始投资成本确定、后续计量及损益确认方法；确定对被投资单位具有共同控制、重大影响的依据；减值测试方法及减值准备计提方法。

（十三）投资性房地产的种类和计量模式；采用成本模式的，披露投资性房地产的折旧或摊销方法以及减值准备计提依据；采用公允价值模式的，应披露采用该项会计政策的依据，包括认定投资性房地产所在地有活跃的房地产交易市场的依据；公司能够从房地产交易市场取得同类或类似房地产的市场价格及其他相关信息，从而对投资性房地产的公允价值进行估计的依据；同时说明对投资性房地产的公允价值进行估计时涉及的关键假设和主要不确定因素。

（十四）固定资产的确认条件、分类、折旧方法；各类固定资产的折旧年限、估计残值率和年折旧率；各类固定资产的减值测试方法、减值准备计提方法。融资租入固定资产的认定依据、计价方法、折旧方法。

（十五）在建工程的类别、结转为固定资产的标准和时点；在建工程减值测试方法、减值准备计提方法。

（十六）借款费用资本化的确认原则、资本化期间、暂停资本化期间以及借款费用资本化金额的计算方法，包括计算各项利息费用时利率或资本化率的确定方法，采用实际利率计算利息费用的，说明实际利率的计算过程。

（十七）生物资产的确定标准、分类；各类生物资产的使用寿命和预计净残值的确定依据、折旧方法和减值测试方法和减值准备计提方法。采用公允价值计量生物资产的，应披露采用公允价值的依据。

（十八）与各类油气资产相关支出的资本化标准；各类油气资产的折耗或摊销方法、减值测试方法和减值准备计提方法；采矿许可证等执照费用的会计处理方法；油气储量估计的判断依据等。

（十九）无形资产的计价方法；使用寿命有限的无形资产，其使用寿命估计情况；使用寿命不确定的无形资产，使用寿命不确定的判断依据；对使用寿命不确定的无形资产，还应说明每一个会计期间对该无形资产使用寿命进行复核的程序，以及针对该项无形资产的减值测试方法及减值准备计提方法；划分公司内部研究开发项目的研究阶段和开发阶段具体标准，以及开发阶段支出符合资本化条件的具体标准。

（二十）长期待摊费用的摊销方法及摊销年限。

（二十一）附回购条件的资产转让，公司应考虑交易的经济实质，充分披露其会计处理方法。

（二十二）预计负债的确认标准和计量方法。

（二十三）股份支付的种类及权益工具公允价值的确定方法；确认可行权权益工具最佳估计的依据。说明股份支付计划的相关会计处理，包括修改、终止股份支付计划的相关会计处理。

（二十四）与回购本公司股份相关的会计处理方法。

（二十五）收入确认原则和计量方法。销售商品收入确认时间的具体判断标准；确认让渡资产使用权收入的依据；按完工百分比法确认提供劳务的收入和建造合同收入时，确定合同完工进度的依据和方法。

（二十六）政府补助的类型及会计处理方法。

（二十七）确认递延所得税资产和递延所得税负债的依据。

（二十八）分别经营租赁和融资租赁，说明其会计处理方法。

（二十九）持有待售资产的确认标准，及其会计处理方法。

（三十）资产证券化业务的会计处理方法。

（三十一）采用套期会计的依据，包括逐项说明公允价值套期、现金流量套期、境外经营净投资套期下各被套期项目及其对应的套期工具、被套期风险、指定该套期关系的会计期间，以及套期有效性的认定标准等。说明套期会计处理方法。

（三十二）编制本期财务报告所采用的主要会计政策和会计估计变更的审批程序、内容和原因、受影响的报表项目名称和金额。

（三十三）本期发现的前期会计差错，采用追溯重述法处理的，应披露前期会计差错内容、批准处理情况、受影响的各个比较期间报表项目名称、累积影响数；采用未来适用法处理的，应披露重大会计差错更正的内容、批准处理情况、采用未来适用法的原因。

（三十四）公司应说明其他主要会计政策、会计估计和财务报表的编制方法。

第三节　税　　项

第十八条　按税种分项说明本期执行的法定税率。

各分公司、分厂异地独立缴纳企业所得税的，应说明各分公司、分厂执行的企业所得税税率。本期企业所得税税率的变化、税率优惠政策，若税率、税率优惠政策较上期没有发生变化，也应说明。

第十九条 存在各税种的税负减免的，应按税种分项说明相关法律法规或政策依据、批准机关、批准文号、减免幅度及有效期限。对于超过法定纳税期限尚未缴纳的税款，应披露主管税务机关的批准文件。享有其他特殊税收优惠政策的，应说明该政策的有效期限、累计获得的税收优惠以及已获得但尚未执行的税收优惠。

第四节 企业合并及合并财务报表

第二十条 公司应披露境内外重要子公司的全称、子公司类型、注册地、业务性质、注册资本、经营范围以及本公司期末对其实际出资额、实质上构成对子公司净投资的其他项目余额、持股比例和表决权比例等。对于通过企业合并取得的子公司，应分别“通过同一控制下的企业合并取得的子公司”和“通过非同一控制下的企业合并取得的子公司”两大类别做上述披露。

第二十一条 公司作为发起机构对其具有控制权的特殊目的主体，或通过受托经营或承租等方式形成控制权的经营实体，应披露该特殊目的主体或经营主体与公司之间的主要业务往来，包括在合并财务报表内确认的主要资产、负债项目及其期末余额。

第二十二条 对纳入合并范围但母公司拥有其半数或半数以下股权的子公司，应说明纳入合并范围的原因。对于母公司拥有半数以上股权，但未能对其形成控制的被投资单位，应说明未形成控制的原因。

第二十三条 公司报告期内合并范围如发生变更的，应当披露变更原因，并披露报告期内新纳入合并范围子公司、特殊目的主体、通过受托经营或承租等方式形成控制权的经营实体名称及其期末净资产、本期净利润，以及报告期内不再纳入合并范围子公司、特殊目的主体、经营实体名称及其处置日净资产、期初至处置日期间净利润。

第二十四条 本期发生同一控制下企业合并的，说明属于“同一控制下企业合并”的判断依据，披露同一控制的实际控制人，以及被合并方自合并本期期初至合并日的收入、净利润、经营活动现金流量等情况。

第二十五条 报告期发生非同一控制下的购买增加子公司的，披露非同一控制下企业合并中商誉（负商誉）的金额及其计算方法；报告期发生出售丧失控制权的股权而减少子公司的，说明出售日的确定方法、相关交易产生的损益确认方法。

第二十六条 公司以发行股份购买资产等方式实现非上市公司或业务借壳

上市并构成反向购买的，应说明判断构成反向购买的依据、企业合并成本的确定方法、合并中确认的商誉或计入当期的损益的计算方法。

第二十七条 报告期内发生吸收合并的，应分别同一控制下和非同一控制下的吸收合并，披露并入的主要资产、负债项目及其金额。

第二十八条 分别列示各个重要子公司少数股东权益期末余额、本期少数股东权益中用于冲减少数股东损益的金额，以及从母公司所有者权益冲减子公司少数股东分担的本期亏损超过少数股东在该子公司期初所有者权益中所享有份额后的余额。

第二十九条 合并财务报表中包含境外经营实体时，应披露其主要财务报表项目的折算汇率。

第五节 财务报表项目附注

第三十条 编制合并财务报表的公司，应按照本规则对合并财务报表项目进行注释，并对母公司财务报表的主要项目进行注释。

第三十一条 对资产负债表中的资产、负债项目，注释比较期间的期末数及其变动情况；所有者权益变动表、利润表和现金流量表中的项目应按照比较财务报表逐期列示。

第三十二条 因担保或其他原因造成所有权或使用权受到限制的资产项目，应充分披露其期末金额、所有权或使用权受限制的原因。

第三十三条 外币货币资金、应收款项、应付款项、预收款项和预付款项等，应列示其原币金额以及折算汇率。

第三十四条 具体的报表项目应按以下要求进行注释：

（一）按现金、银行存款、其他货币资金等分项列示货币资金。因抵押、质押或冻结等对使用有限制、存放在境外、有潜在回收风险的款项应单独说明。

（二）交易性金融资产分别交易性债券投资、交易性权益工具投资、指定为以公允价值计量且其变动计入当期损益的金融资产、衍生金融资产等类别，列示其比较期间的期末公允价值。

应披露有限售条件或变现方面有其他重大限制的交易性金融资产项目及其金额。

（三）列示应收票据的种类及其金额。

列示期末金额最大的前五项期末已质押的、出票人无力履约而将票据转为应收账款的、已经背书给他方但尚未到期的应收票据金额。

（四）分项列示 1 年以上应收未收的应收股利金额，对其中金额较大的，应分别被投资单位或投资项目说明每项应收股利未收回的原因和对相关款项是否发生减值的判断；对逾期应收利息，分贷款单位列示逾期时间及其期末金额。

（五）分别单项金额重大的应收款项、单项金额不重大但按信用风险特征组合后该组合的风险较大的应收款项、其他不重大应收款项，列示这三类应收款项金额、占应收款项总额的比例、坏账准备计提比例和金额。

对应收款项应说明如下事项：

1. 单项金额重大的应收款项，若单独测试发现存在减值的，应逐项披露其坏账准备计提比例及其理由；单项金额不重大但按信用风险特征组合后该组合的风险较大的应收款项，应披露该组合坏账准备计提比例及确定该组合的依据；

2. 以前期间已全额计提坏账准备，或计提坏账准备的比例较大，但在本期又全额收回或转回，或在本期收回或转回比例较大的，应说明其原因、确定原坏账准备比例的依据及其合理性。披露本期通过重组等其他方式收回的应收款项金额、重组前累计已计提的坏账准备；

3. 本期实际核销的应收款项性质、原因及其金额。若实际核销的款项是因关联交易产生的，应单独披露；

4. 分项列示应收款项中应收持公司5%（含5%）以上表决权股份的股东单位名称及对应的应收款项、已计提坏账准备的期初额、期末额；如无此类欠款，也应予以说明；

5. 金额较大的其他应收款项，应披露其内容和金额；

6. 列示金额（按欠款方归集）位列前五名的应收账款和其他应收款项及其对应的账龄、占应收账款总额或其他应收款总额的比例；

7. 披露应收关联方款项情况，包括应收关联方款项占应收款项总额的比例等；

8. 根据《企业会计准则第23号——金融资产转移》终止确认的应收款项，列示其终止确认的金额，及与终止确认相关的利得或损失；

9. 以应收款项为标的资产进行资产证券化的，分项列示继续涉入形成的资产、负债的金额。

（六）应按不同账龄列示预付款项余额及各账龄余额占预付款项总额的比例。账龄超过1年且金额重大的预付款项，应说明未及时结算的原因。

分项列示预付款项中预付持公司5%以上（含5%）表决权股份的股东单位名称及对应的预付款项、已计提坏账准备的期初额、期末额。列示金额（按预付方归集）位列前五名的预付款项金额及其占预付款项总额的比例、本公司与预付单位关系、预付时间、未结算原因等。

（七）分存货类别列示存货期初、期末金额及对应的跌价准备，披露计提存货跌价准备的依据及本期转回、转销存货跌价准备的原因、本期转回金额占该项存货期末余额的比例。存货期末余额含有借款费用资本化金额的，应予以披露。

（八）金额较大的其他流动资产，应说明其内容。

（九）分别持有至到期投资、贷款和应收款项、可供出售金融资产，列示其期初金额、期末金额。持有至到期投资重分类为可供出售金融资产时，列示重分类的持有至到期投资金额及该金额占重分类前持有至到期投资总额的比例。披露本期出售但尚未到期的持有至到期投资金额，以及该出售金额占该项投资出售前金额的比例。

可供出售金融资产中的长期债权投资，按其种类列示长期债权投资的面值、初始投资成本、到期日、本期利息、累计应收或已收利息、期末余额。存在限售期限的可供出售金融资产，应逐项披露其限售期限。

（十）分别融资租赁、分期收款销售商品、分期收款提供劳务披露对应的长期应收款金额。

（十一）分别对重要合营企业投资、对联营企业投资披露被投资单位名称及主要财务信息等相关信息。合营企业、联营企业的重要会计政策、会计期间与公司的会计政策、会计期间存在重大差异的，主要财务信息按调整后数据列示。

（十二）分别按成本法核算和按权益法核算的长期股权投资，并按被投资单位披露长期股权投资的初始投资成本、期初余额、期末余额、增减变动情况等。对按权益法核算的长期股权投资，还应列示从被投资单位分得的现金红利。

公司应按被投资单位披露长期股权投资的减值情况。有限售条件的长期股权投资应予以说明。公司对被投资单位持股比例与其在被投资单位表决权比例不一致的，应说明原因。

对被投资单位由于所在国家或地区及其他方面的影响，其向投资企业转移资金的能力受到限制的，应当披露受限制的具体情况以及当期累计未确认的投资损失金额。

（十三）采用成本计量模式的投资性房地产，分项列示其账面原值、累计折旧、减值准备累计金额以及账面价值的期初账面余额、本期增加额、本期减少额、期末账面余额。

采用公允价值计量模式的投资性房地产，分项列示其初始成本、公允价值变动累计金额以及账面价值的期初账面余额、本期增加额、本期减少额、期末账面余额。

公司应披露未办妥产权证书的投资性房地产有关情况，说明未办妥产权证书的原因和预计办结时间。

（十四）分项列示固定资产的账面原值、累计折旧、账面净值、减值准备累计金额以及账面价值的期初账面余额、本期增加额、本期减少额、期末账面余额。

公司应披露本期在建工程完工转入固定资产的情况。公司还应披露暂时闲置固定资产的账面原值、累计折旧、减值准备和账面净值。公司应披露未办妥产权证书的固定资产有关情况，说明未办妥产权证书的原因和预计办结时间。

通过融资租赁租入的固定资产应披露每类租入资产的账面原值、累计折旧、账面净值。通过经营租赁租出的固定资产应披露每类租出资产的账面价值。

公司应披露持有待售固定资产名称、账面价值、公允价值、预计处置费用和预计处置时间等。

（十五）分项列示在建工程账面余额、减值准备、账面净值的期初额、期末额。

列示重大在建工程的本期变动情况，包括在建工程名称、预算数、期初余额、本期增加额、本期转入固定资产金额、其他减少额、期末余额、工程投入占预算的比例、工程进度、利息资本化累计金额、本期利息资本化金额、资金来源等。资金来源应区分募股资金、金融机构贷款和其他来源等。

分项列示计提在建工程减值准备的金额及计提的原因；列示重大在建工程的工程进度。

（十六）分项列示各类工程物资的期初额、本期增加额、本期减少额、期末额。

（十七）分项列示转入清理但尚未清理完毕的固定资产期初、期末账面价值及转入清理的原因。转入固定资产清理起始时间已超过1年的，应说明清理进展情况。

（十八）分项列示以成本计量和以公允价值计量的生产性生物资产期初额、本期增加额、本期减少额、期末额。

（十九）分项列示油气资产的期初额、本期增加额、本期减少额、期末额。

（二十）分项披露无形资产账面原值、累计摊销、账面净值、减值准备累计、账面价值的期初额、本期增加额、本期减少额、期末额。披露开发支出期初额、本期增加额、本期减少额、期末额，以及本期开发支出占本期研究开发项目支出总额的比例。披露通过公司内部研发形成的无形资产占无形资产期末账面价值的比例。

在报告期内发生的单项价值在100万元以上的无形资产，若该资产原始价值是以评估值作为入账依据的，还应披露评估机构名称、评估方法。

（二十一）分别投资单位或分项列示产生商誉的事项，及对应商誉的期初额、本期增加额、本期减少额、期末额，以及减值准备累计金额，并披露商誉减值测试方法及减值准备计提方法。

（二十二）分项列示除以上长期资产项目外的其他长期资产的金额。金额较大的其他长期资产，应列示其内容。

（二十三）列示长期待摊费用的期初额、本期增加额、本期摊销额、其他减少额、期末额；其他减少额金额较大的，要说明原因。

（二十四）递延所得税资产和递延所得税负债以抵销后的净额列示的，应分项列示递延所得税资产和递延所得税负债的可抵扣或应纳税暂时性差异、递延所得税资产或递延所得税负债期初、期末额。同时分项列示递延所得税资产和递延所得税负债互抵金额。

递延所得税资产和递延所得税负债不以抵销后的净额列示的，应分项列示递延所得税资产和递延所得税负债的期初额、期末额。

由于未来能否获得足够的应纳税所得额具有不确定性，因此未确认为递延所得税资产的可抵扣暂时性差异和可抵扣亏损，应分项列示其金额，同时披露未确认为递延所得税资产的可抵扣亏损的到期年度及对应金额。

（二十五）资产减值准备明细表按《企业会计准则第30号——财务报表列报》应用指南的规定列报。

（二十六）金额较大的其他非流动资产，应列示其内容。

（二十七）按借款条件（质押借款、抵押借款、保证借款、信用借款等）分项列示短期借款金额。

对已到期未偿还的短期借款，应分别贷款单位列示贷款金额、贷款利率、贷款资金用途、未按期偿还的原因及预计还款期，并在期后事项中披露资产负债表日后已偿还金额。若已到期的短期借款获得展期，应说明展期条件、新的到期日。

（二十八）分别发行的交易性债券、指定为以公允价值计量且其变动计入本期损益的金融负债、衍生金融负债、其他金融负债等项目，列示其比较期间的公允价值。

（二十九）分别银行承兑汇票、商业承兑汇票，列示重大的应付票据金额，并披露下一会计期间将到期的金额。

（三十）应付账款、预收账款和其他应付款项目，应列示应付持有本公司

5%以上（含5%）表决权股份的股东单位或关联方的款项；如无此类欠款，也应说明。

账龄超过1年的大额应付账款、预收账款及其他应付款，应说明未偿还或未结转的原因，并在资产负债表日后事项中披露已偿还金额。

（三十一）分别工资、奖金、津贴和补贴、职工福利费、社会保险费、住房公积金、辞退福利等项目，列示应付职工薪酬的期初额、本期增加额、本期减少额、期末额。应单独披露工会经费和职工教育费、非货币性福利、因解除劳工关系给予补偿金额。

披露应付职工薪酬的预计发放时间、金额等安排；披露应付职工薪酬中属于拖欠性质的金额。

（三十二）分别增值税、消费税、营业税、企业所得税、个人所得税、城市维护建设税等项目，列示应交税费的期初额、期末额。

所在地税务机关同意各分公司、分厂之间应纳税所得额相互调剂的，应说明税款计算过程。

（三十三）分别分期付息到期还本的长期借款利息、企业债券利息、短期借款应付利息等项目，列示应付利息的期初额、期末额。

（三十四）分项披露应付股利期初额、期末额，超过1年未支付的应付股利，应说明未支付原因。

（三十五）金额较大的其他应付款，应列示其内容。应披露账龄超过1年的大额其他应付款有关情况。

（三十六）分别对外提供担保、未决诉讼、产品质量保证、重组义务、辞退福利、待执行亏损合同等项目，列示预计负债期初额、本期增加额、本期减少额、期末额。

（三十七）1年内到期的非流动负债，包括1年内到期的长期借款、应付债券、长期应付款，其附注披露要求同"长期借款"、"应付债券"、"长期应付款"。

对于逾期借款，应分别贷款单位列示借款金额、逾期时间、年利率，同时说明逾期未偿还的原因和预计还款期，并在期后事项中披露资产负债表日后已偿还金额。

披露1年内到期的非流动负债中属于逾期借款获得展期的金额。

（三十八）金额较大的其他流动负债，应列示其内容、金额。

（三十九）分别信用借款、抵押借款、保证借款、质押借款等，列示各币种的长期借款金额。

按借款单位，列示金额前五名的长期借款的起始日、借款终止日、利率、外币及本币金额的期初额、期末额。报告期内因逾期借款获展期形成的长期借款，应披露其获展期的条件、本金、利息、预计还款安排等。

（四十）分别应付债券名称，列示其面值、发行日期、债券期限、发行金额、期初应付利息、本期应计利息、本期已付利息、期末应付利息、期末额。披露可转换公司债券的转股条件、转股时间。

（四十一）按长期应付款的应付单位，列示金额前五名的长期应付款期限、初始金额、利率、应计利息、期末额、借款条件。

（四十二）列示应付融资租赁款期初、期末的外币、人民币金额，并披露由独立第三方为公司融资租赁提供的担保。

（四十三）分项披露专项应付款期初额、本期增加额、本期减少额、期末额等。

（四十四）金额较大的其他非流动负债，应列示其内容。

分别公司本期取得与资产相关、与收益相关的政府补助，逐项披露其种类以及对应的期初额、期末额。

（四十五）说明报告期内股本的变动情况，包括本期发行新股、送股、公积金转股等。如果报告期内有增资或减资行为的，应披露执行验资的会计师事务所名称和验资报告文号。

运行不足3年的股份有限公司，设立前的年份只需说明净资产情况。

有限责任公司整体变更为股份公司应说明公司设立时的验资情况。

（四十六）公司应披露与库存股相关的如下信息：

1. 回购本公司股份的原因及对应的库存股成本确定方法；

2. 因库存股注销而减少的股本；

3. 注销的库存股成本高于对应股本成本的，披露依次冲减的资本公积、盈余公积、未分配利润的金额；注销的库存股成本低于对应股本成本的，披露增加的资本公积金额；

4. 库存股转让时，转让收入高于库存股成本的，披露增加的资本公积金额；转让收入低于库存股成本的，披露依次冲减的资本公积、盈余公积、未分配利润的金额；

5. 因实行股权激励回购本公司股份的，应披露本期回购股份占本公司已发行股份的总比例和累计库存股占已发行股份的总比例。

（四十七）应根据重要性原则，披露与专项储备相关的情况。

（四十八）分项列示报告期资本公积的变动情况。

（四十九）分别法定盈余公积、任意盈余公积、储备基金、企业发展基金等项目列示其在报告期内的变动情况。用盈余公积转增股本、弥补亏损、分派股利的，应说明有关决议。

（五十）列示期初未分配利润、本期归属于母公司所有者的净利润、本期利润分配、期末未分配利润金额。本期利润分配包括提取法定盈余公积、提取任意盈余公积、应付普通股股利、转作股本的普通股股利等金额。若对上年末未分配利润进行调整的，应披露调整前期初未分配利润、各项调整事由及其调整金额、调整后期初未分配利润。

对于首次公开发行证券的公司，如果发行前的滚存利润经股东大会决议由新老股东共同享有，应明确予以说明；如果发行前的滚存利润经股东大会决议在发行前进行分配并由老股东享有，公司应明确披露应付股利中老股东享有的经审计的利润数。

（五十一）分别主营业务收入和其他业务收入列示营业收入、营业成本的本期发生额、上期发生额。同时，按行业、产品、地区列示主营业务收入、主营业务成本本期发生额、上期发生额。

应披露公司前五名客户的营业收入总额，以及占公司全部营业收入的比例。

（五十二）对建造合同，分别固定造价合同、成本加成合同，列示单项合同本期确认收入占本期营业收入10%以上合同项目，及其合同金额、累计已发生成本、累计已确认毛利（亏损为负数）、已办理结算的金额。

（五十三）分别消费税、营业税、城市维护建设税、教育费附加、资源税等项目列示营业税金及附加的计缴标准、本期发生额、上期发生额。

（五十四）分别交易性金融资产、交易性金融负债、按公允价值计量的投资性房地产等项目列示公允价值变动收益（损失为负数）的本期发生额和上期发生额。

（五十五）分项列示投资收益（损失为负数）的本期发生额、上期发生额。

分别按成本法核算的和按权益法核算的长期股权投资，并列示占利润总额5%及以上或占利润总额比例最高的前五家投资单位的长期股权投资收益（损失为负数）的本期发生额、上期发生额，以及本期比上期增减变动的原因。

若投资收益汇回有重大限制的，应予以说明。若不存在此类重大限制，也应做出说明。

（五十六）分项列示资产减值损失本期发生额、上期发生额。

（五十七）分项列示营业外收入和营业外支出本期发生额、上期发生额。分项列示公司本期取得的计入当期损益的政府补助种类及金额。

（五十八）分别按税法及相关规定计算的当期企业所得税、递延所得税调整等项目，列示所得税费用的本期发生额、上期发生额。

（五十九）披露基本每股收益和稀释每股收益的计算过程。

（六十）分项列示其他综合收益各项目、金额及其所得税影响、前期计入其他综合收益当期转入损益净额的本期发生额和上期发生额。

（六十一）分项列示收到或支付的其他与经营活动、筹资活动、投资活动有关的现金。

（六十二）披露将净利润调节为经营活动现金流量的信息、本期取得或处置子公司及其他营业单位的信息、现金和现金等价物的构成情况。

（六十三）披露所有者权益变动表中对上年年末余额进行调整的“其他”项目名称及调整金额，披露由同一控制下企业合并产生的追溯调整等事项。

第六节　资产证券化业务的会计处理

第三十五条　公司应根据《信贷资产证券化试点管理办法》和《企业会计准则第 23 号——金融资产转移》，披露金融资产证券化业务的主要交易安排及其会计处理。涉及非金融资产的资产证券化业务，参照《信贷资产证券化试点管理办法》和《企业会计准则第 23 号——金融资产转移》的有关规定，披露非金融资产证券化业务的主要交易安排及其会计处理。同时，应详细说明资产证券化业务的破产隔离条款。

第三十六条　公司对特殊目的主体虽然不具有控制权但实质上承担其风险的，应当披露特殊目的主体名称及其期末资产总额、期末负债总额、期末净资产、本期营业收入、本期净利润。

第七节　关联方及关联交易

第三十七条　披露本企业的关联方情况。

第三十八条　分别购销商品、提供和接受劳务、关联托管、关联承包、关联租赁、关联担保、关联方资金拆借、关联方资产转让、债务重组等各项关联交易，披露关联交易定价方式及决策程序、关联交易金额占同类交易金额的比例等情况。披露应收、应付关联方款项情况。

第八节　股份支付

第三十九条　公司应披露本期授予、行权和失效的各项权益工具总额；期末发行在外的股份期权或其他权益工具行权价格的范围和合同剩余期限。

第四十条　以权益结算的股份支付，应披露授予日权益工具公允价值的确定方法；等待期内每个资产负债表日对可行权权益工具数量的最佳估计的确定方法。本期估计与上期估计有重大差异的，应说明原因。公司还应披露资本公积中以权益结算的股份支付的累计金额。

第四十一条　以现金结算的股份支付，应披露公司承担的、以股份或其他权益工具为基础计算确定的负债的公允价值确定方法。公司应披露负债中以现金结算的股份支付产生的累计负债金额。

第四十二条 公司应披露本期以权益结算的股份支付和以现金结算的股份支付而确认的费用总额，以及以股份支付换取的职工服务总额、其他服务总额。

第四十三条 公司对股份支付进行修改的，应披露原因、修改内容及其财务影响。公司终止股份支付计划的，应披露终止原因及其财务影响。

第九节 或有事项

第四十四条 分别未决诉讼或仲裁、对外提供担保、贷款承诺、开出保函、信用证等产生或有负债的事项，逐项披露或有负债金额、预计财务影响（如无法预计，应说明理由）。

第四十五条 若公司没有需要在财务报表附注中说明的或有事项，也应予以说明。

第十节 承诺事项

第四十六条 对于资产负债表日存在的涉及上市公司的重大承诺事项，应在财务报表附注中逐项披露涉及金额及其财务影响。

第四十七条 应披露前期承诺的履行情况。如果公司没有需要披露的承诺事项，也应予以说明。

第十一节 资产负债表日后事项

第四十八条 公司应按《企业会计准则第29号——资产负债表日后事项》及有关规定，说明资产负债表日后股票和债券的发行、对一个公司的巨额投资、金额重大的债务重组、自然灾害导致的资产损失以及外汇汇率发生较大变动等非调整事项的内容，估计其对财务状况、经营成果的影响；如无法做出估计，应说明原因。

第四十九条 披露资产负债表日后利润分配情况，包括拟分配的利润或股利、经审议批准宣告发放的利润或股利金额等。

第十二节 其他重要事项

第五十条 非货币性资产交换、债务重组、租赁等应按相关企业会计准则和中国证监会的有关规定进行披露。企业合并按本规则第三章第四节的要求进行披露。

第五十一条 本期发生资产置换、转让及出售行为的公司，应专项披露资产置换的详细情况，包括资产账面价值、转让金额、转让原因以及对公司财务状况、经营成果的影响等。

第五十二条 披露公司期末发行在外的、可转换为股份的金融工具种类、发行数量、预计可以转换的股份数量（如无法预计，简要说明理由），以及本期已经转换为股份的金融工具种类、数量和已转换的股份数量。

第五十三条 公司应汇总披露以公允价值计量的有关资产和负债，以及外币金融资产和金融负债的信息。

公司应分项列示以公允价值计量的金融资产、金融负债、投资性房地产、生产性生物资产等的期初金额、本期公允价值变动损益、计入权益的累计公允价值变动、本期计提的减值、期末金额等。

对公司期末持有的外币金融资产、金融负债，应分项列示其期初金额、本期公允价值变动损益、计入权益的累计公允价值变动、本期计提的减值、期末金额等。

第五十四条 公司应披露年金计划的主要内容及重大变化。

第五十五条 其他对投资者决策有影响的重要事项，应逐项披露。

第十三节 母公司财务报表的主要项目附注

第五十六条 母公司财务报表的主要项目附注，包括应收账款、其他应收款、长期股权投资、营业收入和营业成本、投资收益、现金流量表补充资料等，参照本规则第三章财务报表项目附注的要求列示、披露。

第五十七条 本期发生反向购买的，母公司报表附注应披露以评估值入账的资产、负债项目名称，及其评估值、原账面价值。

第四章 补充资料

第五十八条 逐项披露根据《公开发行证券的公司信息披露解释性公告第1号——非经常性损益》界定的非经常性损益项目名称及其税前金额。

对公司根据《公开发行证券的公司信息披露解释性公告第1号——非经常性损益》定义界定的非经常性损益项目，以及把《公开发行证券的公司信息披露解释性公告第1号——非经常性损益》中列举的非经常性损益界定为经常性损益的项目，应说明原因。

第五十九条 披露境内外会计准则下会计数据差异的公司，应披露中国会计准则、国际财务报告准则和（或）其他国家或地区会计准则下的比较期间净利润、净资产期初额、期末额。披露把中国会计准则下的净利润、净资产调整为国际财务报告准则下和（或）其他国家或地区会计准则下净利润、净资产的差异调节表，列示各主要调节项目及其金额。

对已经境外审计机构审计的数据进行差异调节的，应注明该境外机构的名称。

第六十条 按照中国证监会《公开发行证券的公司信息披露编报规则第9号——净资产收益率和每股收益的计算及披露》的要求，分项列示净资产收益率及每股收益。

第六十一条 金额异常或比较期间变动异常的报表项目（如两个期间的数据变动幅度达30%以上，或占公司报表日资产总额5%或报告期利润总额10%以上的）、非会计准则指定的报表项目、名称反映不出其性质或内容的报表项目，应说明该项目的具体情况及变动原因。

第五章 附 则

第六十二条 本规则自公布之日起施行。

II. 24 公开发行证券的公司信息披露编报规则第 17 号——外商投资股份有限公司招股说明书内容与格式特别规定

（2002 年 3 月 19 日 证监发［2002］17 号）

第一条 为规范公开发行证券的外商投资股份有限公司（以下简称发行人）的信息披露行为，保护投资者的合法权益，依据《中华人民共和国公司法》、《中华人民共和国证券法》等法律法规，制定本规定。

第二条 发行人为公开发行股票而编制招股说明书时，除应遵循中国证监会有关招股说明书内容与格式准则的一般规定外，还应遵循本规定的要求。

第三条 发行人应详细披露以下可能存在的风险：

（一）依赖境外原材料供应商、境外客户以及境外技术服务的风险。

（二）国家有关外商投资企业税收优惠的法律、法规、政策可能发生变化的风险。

（三）外国股东住所地、总部所在国家或地区向中国境内投资或技术转让的法律、法规可能发生变化的风险。

（四）汇率风险。

第四条 发行人应披露持股 5%（含）以上的外国股东的住所地、外国股东总部所在国家或地区对于向中国投资和技术转让的法律、法规。

若公司章程中对股东转让股份作出限制的，发行人应作出披露。

第五条 发行人应详细披露其与股东的关联交易情况，包括但不限于：

（一）发行人的业务与技术是否依赖外国股东，是否存在商标、专利及专有技术使用方面的限制。存在上述情况的，还应说明保护公众投资者利益的措施。

（二）过去三年与外国股东之间的关联交易情况，包括但不限于原材料供应、产品销售、技术转让费的提取、管理费用和销售费用的分摊情况及有关价格的确定标准、执行本次发行审计业务的会计师事务所对关联交易公允性出具的意见、保证关联交易公允的具体措施，并在管理层讨论与分析中，说明下一年的关联交易总量。属于生产加工型的发行人，还应披露原材料来源、产品销售渠道。

（三）发行人与其外国股东签定的市场分割协议的主要内容及具体执行

情况。

第六条 发行人应详细披露董事和高级管理人员的国籍、境外永久居留权的情况，在境内、境外其他机构担任的职务。

第七条 香港、澳门、台湾地区投资者在大陆设立的股份有限公司，参照本规定执行。

第八条 本规定自发布之日起实施。

II. 25 公开发行证券的公司信息披露编报规则第 26 号——商业银行信息披露特别规定（2014 年修订）

（2014 年 1 月 6 日 中国证监会公告［2014］3 号）

第一条 为了规范公开发行证券并上市的商业银行（以下简称商业银行）的信息披露行为，保护投资者的合法权益，依据《中华人民共和国公司法》、《中华人民共和国证券法》、《中华人民共和国商业银行法》、《上市公司信息披露管理办法》等法律法规和规章，制定本规定。

第二条 商业银行除应遵循中国证监会有关定期报告和临时报告等信息披露的一般规定外，还应遵循本规定的要求。

本规定所指定期报告的范围包括年度报告和半年度报告。

第三条 商业银行应在定期报告中披露截至报告期末前三年的主要会计数据，包括资产总额及结构、负债总额及结构、股东权益、存款总额及结构、贷款总额及结构、资本净额及结构（包括核心一级资本、其他一级资本和二级资本）、加权风险资产净额、贷款损失准备。

第四条 商业银行应在定期报告中披露截至报告期末前三年合并财务报表口径的主要财务指标，包括营业收入、利润总额、归属于本行股东的净利润、归属于本行股东的扣除非经常性损益后的净利润、资本充足率、一级资本充足率、核心一级资本充足率、不良贷款率、存贷比、流动性比例、单一最大客户贷款比率、最大十家客户贷款比率、正常类贷款迁徙率、关注类贷款迁徙率、次级类贷款迁徙率、可疑类贷款迁徙率、拨备覆盖率、拨贷比、成本收入比。

第五条 商业银行应根据自身经营管理特点在定期报告中合理确定并披露分级管理情况及各层级分支机构数量和地区分布，包括名称、地址、职员数、资产规模等。

第六条 商业银行应在定期报告中披露报告期信贷资产质量情况，包括按五级分类中的正常类贷款、关注类贷款、次级类贷款、可疑类贷款和损失类贷款的数额和占比，以及与上年末相比的增减变动情况。还应披露报告期公司重组贷款、逾期贷款的期初、期末余额以及占比情况。商业银行应对上述增减变动情况进行分析。

第七条 商业银行应在定期报告中披露报告期内贷款损失准备的计提和核销情况，包括贷款损失准备的计提方法、贷款损失准备的期初余额、本期计提、本期转出、本期核销、期末余额、回收以前年度已核销贷款损失准备的数额。

第八条 商业银行应在定期报告中披露报告期应收利息的增减变动情况，包括期初余额、本期增加数额、本期收回数额和期末余额，应收利息坏账准备的提取情况，坏账核销程序与政策。商业银行应对应收利息和坏账准备的增减变动情况进行分析。

第九条 商业银行应在定期报告中披露报告期营业收入中贷款利息净收入、拆放同业利息收入、存放中央银行款项利息收入、存放同业利息收入、债券投资利息收入、手续费及佣金净收入及其他项目的数额、占比及同比变动情况并予以分析。

第十条 商业银行应在定期报告中披露贷款投放的前十个行业和主要地区分布情况、贷款担保方式分布情况、金额及占比，前十大贷款客户的贷款余额以及占贷款总额的比例。

第十一条 商业银行应在定期报告中披露截至报告期末抵债资产情况，包括抵债资产金额，计提减值准备情况等。

第十二条 商业银行应在定期报告中分类披露计息负债的平均余额和平均利率，生息资产的平均余额和平均利率。包括但不限于企业活期存款、企业定期存款、储蓄活期存款、储蓄定期存款的平均余额和利率以及合计数；企业贷款、零售贷款；一般性短期贷款利率、中长期贷款利率；存放中央银行款项、存放同业、债券投资的平均余额和平均利率；同业拆入、已发行债券平均成本。

第十三条 商业银行应在定期报告中披露持有的金融债券的类别和金额，面值最大的十只金融债券的面值、年利率及到期日，计提减值准备情况。

第十四条 商业银行应在定期报告中披露报告期理财业务、资产证券化、托管、信托、财富管理等业务的开展和损益情况，包括但不限于披露为开展该业务而设立的载体的性质、目的、融资方式以及是否将该载体纳入合并范围的判断原则，并区分是否纳入合并财务报表的合并范围和业务类型，披露所涉及业务的规模。对于未纳入合并范围的载体，还应披露在该载体中权益的最大损失敞口及其确定方法。

第十五条 商业银行应在定期报告中披露对财务状况和经营成果造成重大影响的表外项目余额，包括但不限于信贷承诺（不可撤消的贷款承诺、银行承兑汇票、开出保函、开出信用证）、租赁承诺、资本性支出承诺等项目的具体情况。

第十六条 商业银行应在定期报告中披露下列各类风险的计量方法，风险计量体系的重大变更，以及相应的资本要求变化：

（一）信用风险状况。商业银行应披露信用风险管理、信用风险暴露、逾期贷款总额、信用风险资产组合缓释后风险暴露余额、信贷资产质量和收益的情况，包括产生信用风险的业务活动、信用风险管理和控制政策、信用风险管理的组织结构和职责划分、资产风险分类的程序和方法、信用风险分布情况、信用风险集中程度、不良贷款分析、贷款重组、不良贷款的地区分布和行业分布等情况。

（二）流动性风险状况。商业银行应披露能反映其流动性状况的有关指标，分析资产与负债在期限、结构上的匹配情况，分析影响流动性的因素，说明本行流动性管理策略。

（三）市场风险状况。商业银行应披露其市场风险状况的定量和定性信息，包括所承担市场风险的类别、总体市场风险水平及不同类别市场风险的风险头寸和风险水平；所承担各类市场风险的识别、计量和控制方法；有关市场风险的敏感性分析，包括利率、汇率、股票及其他价格变动对商业银行经济价值或财务状况和盈利能力的影响；市场风险管理的政策和程序；市场风险资本状况等。

（四）操作风险状况。商业银行应披露由于内部程序、人员、系统的不完善或失误，或外部事件造成损失的风险。

（五）其他风险状况。其他可能对本行造成严重不利影响的风险因素。

第十七条 商业银行董事会应向年度股东大会就关联交易管理制度的执行情况，关联交易控制委员会的运作情况，以及当年发生关联交易情况作出专项报告并披露。

第十八条 除日常经营范围的对外担保外，商业银行的对外担保事项，单笔担保金额超过经审计的上一年度合并财务报表中归属于上市公司股东的净资产金额5%或单笔担保金额超过20亿元的，公司应及时公告。

第十九条 商业银行涉及的诉讼事项，单笔金额超过经审计的上一年度合并财务报表中归属于本行股东的净资产金额1%的，公司应及时公告。

第二十条 商业银行发生的股权投资、收购和出售资产等事项，单笔金额超过经审计的上一年度合并财务报表中归属于本行股东的净资产金额5%或单笔金额超过20亿元的，公司应及时公告。

商业银行发生的资产和设备采购事项，单笔金额超过经审计的上一年度合并财务报表中归属于本行股东的净资产金额1%的，公司应及时公告。

第二十一条 商业银行发生重大突发事件（包括但不限于银行挤兑、重大诈骗、分支机构和个人的重大违规事件），涉及金额达到最近一期经审计的合并财务报表中归属于本行股东的净利润1%以上的，公司应按要求及时进行公告。

第二十二条 商业银行的关联交易包括与关联方之间发生的各类贷款、信贷承诺、证券回购、拆借、担保、债券投资等表内、外业务，资产转移和向商业银行提供服务等交易。

商业银行应在定期报告中披露与关联自然人发生关联交易的余额及其风险敞口。还应当及时披露与关联法人发生的交易金额占商业银行最近一期经审计净资产的0.5%以上的关联交易，应当及时披露。如果交易金额在3000万元以上且占最近一期经审计净资产1%以上的关联交易，除应当及时披露外，还应当提交董事会审议。如果交易金额占商业银行最近一期经审计净资产5%以上的关联交易，除应当及时披露外，还应当将该交易提交股东大会审议。商业银行的独立董事应当对关联交易的公允性以及内部审批程序履行情况发表书面意见。如商业银行根据相关规则，对日常发生的关联交易进行了合理预计，并履行了相应的董事会或股东大会审批和披露程序，则在预计范围内无需重复履行董事会和股东大会审批和披露程序。

第二十三条 商业银行的信用风险状况、流动性风险状况、市场风险状况、操作风险状况和其他风险状况发生变动，对公司的经营或盈利能力造成重大影响的，商业银行应及时进行公告。

第二十四条 商业银行应在定期报告中披露推出的创新业务品种情况。对银行有重大影响的业务创新，在得到有关部门批准之日起，应在两个工作日内按要求进行公告。

第二十五条 利率、汇率、税率发生变化以及新的政策、法规对商业银行经营业务和盈利能力构成重大影响的，商业银行应按要求及时公告政策、法规的变化对商业银行业务和盈利能力所造成的影响。

第二十六条 本规定要求披露的部分内容如与财务报表附注相同的，在不影响信息披露完整性和不妨碍阅读的情况下，公司可采取相互印证的方法对年度报告进行合理的技术处理，避免不必要的重复。

第二十七条 本规定所提及的监管指标和该等指标的计算口径，如中国银行业监督管理机构有相应规定规范的，按照中国银行业监督管理机构的标准执行。

第二十八条 商业银行信息披露违反本规定的，依照《中华人民共和国证券法》第一百九十三条、《上市公司信息披露管理办法》第六章的有关规定，依法追究法律责任。

第二十九条 本规定公布之日起施行，中国证监会2008年9月1日发布的《公开发行证券的公司信息披露编报规则第26号——商业银行信息披露特别规定》（证监会公告［2008］33号）同时废止。

II. 26 公开发行证券的公司信息披露解释性公告第1号——非经常性损益

（2008年10月31日 中国证监会公告［2008］43号）

一、非经常性损益的定义

非经常性损益是指与公司正常经营业务无直接关系，以及虽与正常经营业务相关，但由于其性质特殊和偶发性，影响报表使用人对公司经营业绩和盈利能力做出正常判断的各项交易和事项产生的损益。

二、非经常性损益通常包括以下项目：

（一）非流动性资产处置损益，包括已计提资产减值准备的冲销部分；

（二）越权审批，或无正式批准文件，或偶发性的税收返还、减免；

（三）计入当期损益的政府补助，但与公司正常经营业务密切相关，符合国家政策规定、按照一定标准定额或定量持续享受的政府补助除外；

（四）计入当期损益的对非金融企业收取的资金占用费；

（五）企业取得子公司、联营企业及合营企业的投资成本小于取得投资时应享有被投资单位可辨认净资产公允价值产生的收益；

（六）非货币性资产交换损益；

（七）委托他人投资或管理资产的损益；

（八）因不可抗力因素，如遭受自然灾害而计提的各项资产减值准备；

（九）债务重组损益；

（十）企业重组费用，如安置职工的支出、整合费用等；

（十一）交易价格显失公允的交易产生的超过公允价值部分的损益；

（十二）同一控制下企业合并产生的子公司期初至合并日的当期净损益；

（十三）与公司正常经营业务无关的或有事项产生的损益；

（十四）除同公司正常经营业务相关的有效套期保值业务外，持有交易性金融资产、交易性金融负债产生的公允价值变动损益，以及处置交易性金融资产、交易性金融负债和可供出售金融资产取得的投资收益；

（十五）单独进行减值测试的应收款项减值准备转回；

（十六）对外委托贷款取得的损益；

（十七）采用公允价值模式进行后续计量的投资性房地产公允价值变动产生的损益；

（十八）根据税收、会计等法律、法规的要求对当期损益进行一次性调整对当期损益的影响；

（十九）受托经营取得的托管费收入；

（二十）除上述各项之外的其他营业外收入和支出；

（二十一）其他符合非经常性损益定义的损益项目。

三、公司在编报招股说明书、定期报告或发行证券的申报材料时，应对照非经常性损益的定义，综合考虑相关损益同公司正常经营业务的关联程度以及可持续性，结合自身实际情况做出合理判断，并做出充分披露。

四、公司除应披露非经常性损益项目和金额外，还应当对重大非经常性损益项目的内容增加必要的附注说明。

五、公司对"其他符合非经常性损益定义的损益项目"以及根据自身正常经营业务的性质和特点将本规定列举的非经常性损益项目界定为经常性损益的项目，应当在附注中单独做出说明。

六、公司计算同非经常性损益相关的财务指标时，如涉及少数股东损益和所得税影响的，应当予以扣除。

七、注册会计师为公司招股说明书、定期报告、申请发行证券材料中的财务报告出具审计报告或审核报告时，应对非经常性损益项目、金额和附注说明予以充分关注，并对公司披露的非经常性损益及其说明的真实性、准确性、完整性及合理性进行核实。

八、上市公司自2008年12月1日起执行，在编制2008年度财务报告时应按照本公告要求披露非经常性损益。拟上市公司自公告之日起执行。

II. 27 公开发行证券的公司信息披露解释性公告第 2 号——财务报表附注中政府补助相关信息的披露

（2013 年 9 月 12 日 中国证监会公告［2013］38 号）

为规范上市公司、拟首次公开发行股票并上市的公司和其他公开发行证券的公司（以下简称公司）在年度财务报表附注中涉及政府补助的信息披露，进一步提高公司关于政府补助的财务信息披露质量，根据《公开发行证券的公司信息披露编报规则第 15 号——财务报告的一般规定》的相关规定，制订本解释性公告。

一、公司应在财务报表附注的会计政策部分披露下列与政府补助相关的具体会计政策：

（一）区分与资产相关政府补助和与收益相关政府补助的具体标准。若政府文件未明确规定补助对象，还需说明将该政府补助划分为与资产相关或与收益相关的判断依据。

（二）与政府补助相关的递延收益的摊销方法以及摊销期限的确认方法。

（三）政府补助的确认时点。

二、对于报告期末按应收金额确认的政府补助，公司应按补助单位和补助项目逐项披露应收款项的期末余额、账龄以及预计收取的时间、金额及依据。如公司未能在预计时点收到预计金额的政府补助，公司应披露原因。

单位名称	政府补助项目名称	期末余额	期末账龄	预计收取的时间、金额及依据
合计				

三、公司应当遵循重要性原则，对涉及政府补助的负债项目，在财务报表附注的相关项目下，逐项披露相关期初余额、本期新增补助金额、本期计入营业外收入金额、本期转入资本公积金额以及期末余额。对于相关文件未明确规定补助对象的政府补助项目，公司还应单独说明其划分依据。

负债项目	期初余额	本期新增补助金额	本期计入营业外收入金额	其他变动	期末余额	与资产相关/与收益相关
合计						

四、公司应当遵循重要性原则，对于计入当期损益的政府补助，分项披露本期发生额及上期发生额。对于相关文件未明确规定补助对象的政府补助项目，公司还应单独说明其划分依据。

补助项目	本期发生额	上期发生额	与资产相关/与收益相关
合计			

五、公司应根据《公开发行证券的公司信息披露解释性公告第 1 号——非经常性损益》的相关规定披露计入当期损益的政府补助是否属于非经常性损益，如作为经常性损益，则应在财务报表补充资料中逐项披露理由。

六、本解释性公告自公布之日起施行。

II. 28 公开发行证券的公司信息披露解释性公告第 3 号 ——财务报表附注中可供出售金融资产减值的披露

（2013 年 9 月 12 日　中国证监会公告［2013］38 号）

为规范上市公司、拟首次公开发行股票并上市的公司和其他公开发行证券的公司（以下简称公司）年度财务报表中可供出售金融资产减值相关信息的披露，进一步提高财务信息披露质量，根据《公开发行证券的公司信息披露编报规则第 15 号——财务报告的一般规定》的相关规定，制订本解释性公告。

一、公司应在年度财务报告的财务报表附注的会计政策部分明确披露各类可供出售金融资产减值的各项认定标准。其中，对于权益工具投资，还应明确披露判断其公允价值发生“严重”或“非暂时性”下跌的具体量化标准、成本的计算方法、期末公允价值的确定方法，以及持续下跌期间的确定依据。

二、公司应在年度财务报表附注的项目附注部分充分披露有关可供出售金融资产减值的信息，包括：

（一）截至报告期末可供出售金融资产的成本（摊余成本）、公允价值、累计计入其他综合收益的公允价值变动金额，以及已计提减值金额。

可供出售金融资产分类	可供出售权益工具	可供出售债务工具	合计
权益工具的成本/债务工具的摊余成本			
公允价值			
累计计入其他综合收益的公允价值变动金额			
已计提减值金额			

（二）报告期内可供出售金融资产减值的变动情况。

可供出售金融资产分类	可供出售权益工具	可供出售债务工具	合计
期初已计提减值金额			
本年计提			
其中：从其他综合收益转入			
本年减少			
其中：期后公允价值回升转回			
期末已计提减值金额			

（三）对于期末公允价值相对于成本的下跌幅度已达到或超过50%，或者持续下跌时间已达到或超过12个月，尚未根据成本与期末公允价值差额计提减值的可供出售权益工具，公司应详细披露各项投资的成本和公允价值的金额、公允价值相对于成本的下跌幅度、持续下跌时间、已计提减值金额，以及未根据成本与期末公允价值的差额计提减值的理由。

三、本解释性公告自公布之日起施行。

II. 29 公开发行证券的公司信息披露解释性公告第 4 号——财务报表附注中分步实现企业合并相关信息的披露

（2013 年 12 月 23 日 中国证监会公告［2013］48 号）

为规范上市公司、拟首次公开发行股票并上市的公司和其他公开发行证券的公司（以下统称公司）分步实现企业合并的交易在年度财务报表附注中的信息披露，进一步提高财务信息披露质量，根据《公开发行证券的公司信息披露编报规则第 15 号——财务报告的一般规定》的相关规定，制订本解释性公告。

公司通过多次交易分步实现企业合并的，除应满足《公开发行证券的公司信息披露编报规则第 15 号——财务报告的一般规定》中，关于企业合并及合并财务报表的一般披露要求外，还应在取得控制权的报告期补充披露以下信息：

一、公司应在财务报表附注的会计政策部分，区分非同一控制下企业合并和同一控制下企业合并，分别披露在母公司财务报表和合并财务报表中的会计处理方法。

二、对于分步实现的非同一控制下企业合并，公司应当遵循重要性原则，在财务报表附注中与企业合并及合并财务报表相关的附注部分，披露以下信息：

（一）前期和本期取得股权的取得时点、取得成本、取得比例和取得方式；

（二）取得控制权的时点及判断依据；

（三）购买日之前原持有股权在购买日的账面价值、公允价值，以及按照公允价值重新计量所产生的利得或损失的金额；

（四）购买日之前原持有股权在购买日的公允价值的确定方法及主要假设；

（五）购买日之前与原持有股权相关的其他综合收益转入投资收益的金额。

三、本解释性公告自公布之日起施行。

II.30 公开发行证券的公司信息披露解释性公告第5号——财务报表附注中分步处置对子公司投资至丧失控制权相关信息的披露

（2013年12月23日 中国证监会公告［2013］48号）

为规范上市公司、拟首次公开发行股票并上市的公司和其他公开发行证券的公司（以下统称公司）分步处置对子公司投资至丧失控制权的交易在年度财务报表附注中的信息披露，进一步提高财务信息披露质量，根据《公开发行证券的公司信息披露编报规则第15号——财务报告的一般规定》的相关规定，制订本解释性公告。

公司通过多次交易分步处置对子公司投资至丧失控制权的，除应满足《公开发行证券的公司信息披露编报规则第15号——财务报告的一般规定》中，关于处置子公司股权和合并范围发生变化的一般披露要求外，还应在丧失控制权的报告期补充披露以下信息：

一、公司应在财务报表附注的会计政策部分，披露下列与分步处置股权至丧失控制权相关的具体会计政策：

（一）判断分步处置股权至丧失控制权过程中的各项交易是否属于“一揽子交易”的原则；

（二）对于属于“一揽子交易”的，在母公司财务报表和合并财务报表中的会计处理方法；

（三）对于不属于“一揽子交易”的，在母公司财务报表和合并财务报表中的会计处理方法。

二、公司应当遵循重要性原则，在财务报表附注中与企业合并及合并财务报表相关的附注部分，区分是否属于“一揽子交易”分别进行披露。

（一）属于“一揽子交易”的，至少应披露判断为“一揽子交易”的理由及以下信息：

1. 前期和本期所处置股权的处置时点、处置价款、处置比例、处置方式，以及处置价款与处置投资所对应的合并财务报表层面享有该子公司净资产份额的差额；

2. 丧失控制权的时点及判断依据；

3. 在丧失控制权之日，合并财务报表层面剩余股权的账面价值、公允价值，以及按照公允价值重新计量所产生的利得或损失的金额；

4. 在丧失控制权之日，合并财务报表层面剩余股权的公允价值的确定方法及主要假设；

5. 与原先子公司股权投资相关的其他综合收益转入投资损益的金额，以及上述金额中属于丧失控制权之前的各步交易中，处置价款与处置投资所对应的合并财务报表层面享有该子公司净资产份额之间差额的金额。

（二）不属于“一揽子交易”的，至少应披露判断不属于“一揽子交易”的理由及以下信息：

1. 前期和本期所处置股权的处置时点、处置价款、处置比例、处置方式，以及处置价款与处置投资所对应的合并财务报表层面享有该子公司净资产份额的差额；

2. 丧失控制权的时点及判断依据；

3. 在丧失控制权之日，合并财务报表层面剩余股权的账面价值、公允价值，以及按照公允价值重新计量所产生的利得或损失的金额；

4. 在丧失控制权之日，合并财务报表层面剩余股权的公允价值的确定方法及主要假设；

5. 与原先子公司股权投资相关的其他综合收益转入投资损益的金额。

三、本解释性公告自公布之日起施行。

II. 31　公开发行证券的公司信息披露规范问答第3号——弥补累计亏损的来源、程序及信息披露（2006年修订）

（2006年4月10日　证监会计字［2006］8号）

背　景

《公司法》（2005年修订）中规定："公司的公积金用于弥补公司的亏损，扩大公司生产经营或者转为增加公司股本"以及"资本公积金不得用于弥补公司的亏损"，但未说明弥补亏损的程序等。其他有关法规对此也只是作了原则性的规定。上市公司在实际弥补累计亏损时做法不一。

相关规定

《公司法》第一百六十七条、一百六十九条等。

问　题

上市公司当年可用以弥补累计亏损的来源包括哪些？弥补时应履行什么程序？在这一过程中应如何履行信息披露义务？

解　答

根据《公司法》等法律法规，上市公司弥补累计亏损的来源、履行的程序以及相关的信息披露除遵循法律法规的相关规定外，应遵循如下规定：

一、上市公司弥补累计亏损的来源：

（一）公司当年对累计亏损的弥补，应按照任意盈余公积、法定盈余公积的顺序依次弥补。法定公益金不得用于弥补亏损。

（二）公司应根据经审计的财务报告拟订累计亏损弥补方案。

二、公司以任意盈余公积、法定盈余公积弥补累计亏损的，应履行以下程序及信息披露义务：

（一）董事会制订弥补亏损的方案，说明弥补亏损的原因、方式和金额等，并形成董事会决议，提交股东大会表决。

（二）董事会发布董事会决议公告和召开股东大会公告。

（三）召开股东大会，讨论弥补亏损的方案，形成决议，并予公告。

（四）依据股东大会决议进行会计处理，并公告股东权益变动表。

三、公司累计亏损未经全额弥补之前，不得向股东派发股利。

四、公司以资本公积转增股本时应履行的程序及有关信息披露义务，参照公司以任意盈余公积、法定盈余公积弥补累计亏损的程序和信息披露义务执行。

II. 32 上市公司执行企业会计准则监管问题解答（证监会会计部 1—9 期）[①]

上市公司执行企业会计准则监管问题解答（1—8 期）

2009 年第 1 期，总第 1 期
2009 年第 2 期，总第 2 期
2009 年第 3 期，总第 3 期
2010 年第 1 期，总第 4 期
2011 年第 1 期，总第 5 期
2011 年第 2 期，总第 6 期
2012 年第 1 期，总第 7 期
2013 年第 1 期，总第 8 期

2009 年第 1 期，总第 1 期

问题 1：根据《企业会计准则讲解》（2008）的要求，在编制 2008 年年报时，煤炭企业在固定资产折旧外计提的维简费，应比照安全生产费用的原则处理，即在所有者权益"盈余公积"项下以"专项储备"项目单独列报，具体如何进行会计处理？

解答：第一，维简费会计处理方法的变化，视为会计政策变更，按照《企业会计准则第 28 号——会计政策、会计估计变更和差错更正》所规定的原则进行追溯调整；第二，采用新的核算方法后，按规定标准计提维简费时，不再计入成本或费用；第三，采用新的核算方法后，按照规定范围使用维简费形成的固定资产，按照《企业会计准则第 4 号——固定资产》的要求计提折旧；第四，编制 2008 年年报时，根据取得的相关信息，能够对因维简费会计政策变更所涉及的固定资产进行追溯调整时，应进行追溯调整。

问题 2：同一控制下企业合并中作为对价发行的普通股股数，在计算基本每股收益时，是否需要根据具体发行日期加权后计入各列报期间普通股的加权平均数？

解答：在计算基本每股收益时，作为同一控制下企业合并的合并方，公司应将作为对价而发行的全部新股数计入合并当年和对比年度的发行在外的普通股加权平均数（即权重为 1）；在存在稀释性潜在普通股的条件下，公司应采

① 缺第 9 期。

用同样原则计算稀释每股收益。

问题3：执行新会计准则后，对于转让超额亏损子公司的经济业务，在合并报表中应如何进行会计处理？

解答：公司对超额亏损子公司在2006年12月31日前根据有关规定未确认的投资损失，公司在新会计准则实施后转让上述超额亏损子公司时，转让价款与上述未确认投资损失的差额应调整未分配利润，不能在合并利润表中确认为当期投资收益；对于新会计准则实施后已在利润表内确认的子公司超额亏损，在转让该子公司时可以将转让价款与已确认超额亏损的差额作为投资收益计入当期合并利润表。

问题4：上市公司是否可以采用《关于证券投资基金执行〈企业会计准则〉估值业务及份额净值计价有关事项的通知》（证监会计字［2007］21号）所规定的估值方法对可供出售金融资产的期末公允价值进行计量？

解答：上市公司可以采用包括《关于证券投资基金执行《企业会计准则，估值业务及份额净值计价有关事项的通知》（证监会计字［2007）21号）所规定的估值方法在内的、合理的估值方法对可供出售金融资产的期末公允价值进行计量，同时应在财务报表附注中对其采用的估值方法和估值过程进行详细披露。根据一贯性原则，公司应在以后的会计期间内采用相同的估值方法对同类可供出售金融资产进行估值。

问题5：对于非同一控制下企业合并，根据《企业会计准则》，如果合并成本小于被购买方可辨认净资产的公允价值，将差额（即负商誉）确认收益时，应关注那些事项？

解答：对于非同一控制下企业合并，应按照《企业会计准则第20号——企业合并》的要求，首先确定购买日，然后再确定合并成本和收购方在购买日享有的被购买方可辨认净资产公允价值的份额。

在出现负商誉的情况下，应对合并成本及取得的被购买方的各项可辨认资产、负债（包括或有负债）的公允价值进行复核；经复核后合并成本仍小于合并中取得的被购买方可辨认净资产公允价值份额的，其差额应当计入当期损益，同时应当充分披露相关交易的背景情况。

问题6：上市公司股票期权激励计划往往包括多期期权，各期期权的等待期跨越多个会计期间，如何在资产负债表日确认某一会计期间的期权费用？

解答：公司应根据期权激励计划条款设定的条件，采用恰当的估值技术，分别计算各期期权的单位公允价值。在各个资产负债表日，根据最新取得的可行权人数变动、业绩指标完成情况等后续信息，修正预计可行权的股票期权数量，并以此为依据确认各期应分摊的费用。对于跨越多个会计期间的期权费用，一般可以按照该期期权在某会计期间内等待期长度占整个等待期长度的比例进行分摊。

问题7：上市公司大股东将其持有的其他公司的股份按照合同约定价格（低于市价）转让给上市公司的高级管理人员，上市公司如何进行会计处理？

解答：该项行为的实质是股权激励，应该按照股份支付的相关要求进行会计处理。根据《企业会计准则第11号——股份支付》及应用指南，对于权益结算的涉及职工的股份支付，应当按照授予日权益工具的公允价值记入成本费用和资本公积，不确认其后续公允价值变动。

2009年第2期，总第2期

问题1：对于上市公司的控股股东、控股股东控制的其他关联方、上市公司的实质控制人对上市公司进行直接或间接的捐赠、债务豁免等单方面地利益输送行为，如何进行会计处理？

解答：由于交易是基于双方的特殊身份才得以发生，且使得上市公司明显地、单方面地从中获益，因此，监管中应认定为其经济实质具有资本投入性质，形成的利得应计入所有者权益。上市公司与潜在控股股东之间发生的上述交易，应比照上述原则进行监管。

问题2：上市公司收到的由其控股股东或其他原非流通股股东根据股改承诺为补足当期利润而支付的现金，如何进行会计处理？

解答：应作为权益性交易计入所有者权益。

问题3：实务中存在上市公司的非流通股股东通过向上市公司直接或间接捐赠（如豁免上市公司债务）作为向流通股股东支付股改对价的情形，如何进行会计处理？

解答：鉴于证监会公告［2008］48号发布前对此类股权分置改革对价会计处理的具体规定不明确，对于证监会公告［2008］48号发布日前有关股改方案已经相关股东会议表决通过的上市公司，如果能够在2008年报披露日前完成股改，上市公司可以将非流通股东作为股改对价的直接或间接捐赠计入当期损益。除此之外，非流通股股东作为股改对价的直接或间接捐赠均应计入所有者权益。

问题4：对于上市公司因破产重整而进行的债务重组交易，何时确认债务重组收益？

解答：由于涉及破产重整的债务重组协议执行过程及结果存在重大不确定性，因此，上市公司通常应在破产重整协议履行完毕后确认债务重组收益，除非有确凿证据表明上述重大不确定性已经消除。

2009 年第 3 期，总第 3 期

问题 1：《财政部关于做好执行会计准则企业 2008 年年报工作的通知》（财会函［2008］60 号），企业购买上市公司，被购买的上市公司不构成业务的，购买企业应按照权益性交易的原则进行处理，不得确认商誉或计入当期损益。在实务中，适用上述会计处理原则的常见情况有哪些？

解答：实务中适用上述会计处理原则的常见情况有如下三种：

（1）非上市公司通过购买“空壳”上市公司实现借壳上市；

（2）非上市公司借壳上市，“壳公司”中除现金和金融资产外无其他非货币性资产；

（3）上市公司和非上市公司通过资产置换，置出全部资产负债，另外增发股票收购非上市公司资产负债（股权），非上市公司实现借壳上市。

问题 2：非上市公司取得上市公司的控制权，构成反向购买的，上市公司应如何编制与披露其个别报表？

解答：上市公司在其个别财务报表中应当按照《企业会计准则第 2 号——长期股权投资》等的规定确定取得资产的入账价值。披露的前期比较报表，应为自身个别财务报表。

问题 3：母公司在不丧失控制权的情况下处置对子公司的长期股权投资，在合并财务报表中如何进行会计处理？

解答：根据财会便［2009］14 号函，母公司在不丧失控制权的情况下处置对子公司的长期股权投资，在合并财务报表中处置价款与处置长期股权投资相对应享有子公司净资产的差额应当计入所有者权益。

问题 4：对于上市公司持有的掉期产品等金融衍生工具投资，如果不符合套期保值会计处理条件的，如何进行会计处理和披露？

解答：公司应根据《企业会计准则第 22 号——金融工具确认和计量》的要求，对衍生金融工具进行表内核算。金融衍生产品的公允价值通常应根据具有较高声望的独立第三方中介机构或金融机构的估值确定，估值方法应在不同会计期间内保持一致，并予以充分披露。在持有期间内，公司应将其公允价值变动计入公允价值变动损益。在处置时，应将其公允价值与初始入账金额之间的差额确认为投资收益，同时调整公允价值变动损益。

2010 年第 1 期，总第 4 期

问题解答针对目前出现的上市公司按照税法规定需补缴以前年度税款或由上市公司主要股东或实际控制人无偿代为承担或缴纳税款及相应罚金滞纳金、

认定前期会计估计发生差错和上市公司在发行权益性证券过程中发生的各种交易费用及其他费用等难点问题进行了必要的解答。

问题 1：上市公司按照税法规定需补缴以前年度税款或由上市公司主要股东或实际控制人无偿代为承担或缴纳税款及相应罚金、滞纳金的，应该如何进行会计处理？

解答：上市公司应当按照企业会计准则的规定，进行所得税及其他税费的核算。对于上市公司按照税法规定需补缴以前年度税款的，如果属于前期差错，应按照《企业会计准则第 28 号——会计政策、会计估计变更和差错更正》的规定处理，调整以前年度会计报表相关项目；否则，应计入补缴税款当期的损益。因补缴税款应支付的罚金和滞纳金，应计入当期损益。对于主要股东或实际控制人无偿代上市公司缴纳或承担的税款，上市公司取得股东代缴或承担的税款、罚金、滞纳金等应计入所有者权益。

问题 2：上市公司在何种情况下可以认定前期会计估计发生差错，需要按照《企业会计准则第 28 号——会计政策、会计估计变更和差错更正》进行处理？

解答：会计估计，指企业对结果不确定的交易或者事项以最近可利用的信息为基础所作的判断。尽管会计估计所涉及的交易和事项具有内在的不确定性，但如果上市公司在进行会计估计时，已经充分考虑和合理利用了当时所获得的各方面信息，一般不存在会计估计差错。例如由于上市公司据以进行估计的基础发生了变化，或者由于取得新信息、积累更多经验以及后来的发展变化，可能需要对会计估计进行修订，这种修订不属于前期会计差错。只有上市公司能够提供确凿证据表明由于重大人为过失或舞弊等原因，并未合理使用编报前期报表时已经或能够取得的可靠信息做出会计估计，导致前期会计估计结果未恰当反映当时的情况，应按照《企业会计准则第 28 号——会计政策、会计估计变更和差错更正》进行前期差错更正，其他情况下会计估计变更及影响应采用未来适用法进行会计处理。

问题 3：上市公司在发行权益性证券过程中发生的各种交易费用及其他费用，应如何进行会计核算？

解答：上市公司为发行权益性证券发生的承销费、保荐费、上网发行费、招股说明书印刷费、申报会计师费、律师费、评估费等与发行权益性证券直接相关的新增外部费用，应自所发行权益性证券的发行收入中扣减，在权益性证券发行有溢价的情况下，自溢价收入中扣除，在权益性证券发行无溢价或溢价金额不足以扣减的情况下，应当冲减盈余公积和未分配利润；发行权益性证券过程中发行的广告费、路演及财经公关费、上市酒会费等其他费用应在发生时计入当期损益。

2011年第1期，总第5期

问题1：上市公司持有的以权益法核算的长期股权投资，因减少投资、被投资单位增发股份等原因引起上市公司在被投资单位持股比例下降的，但对被投资单位仍具有重大影响的情况下，应如何进行会计处理?

解答：对于原以权益法核算的长期股权投资，如果持股比例下降后对被投资单位仍具有重大影响，剩余投资仍应按照权益法核算。其中，出售部分股权导致持股比例下降的，实际取得价款与按出售股权比例计算应结转长期股权投资账面价值之间的差额计入当期损益；由于被投资单位增发股份、投资方未同比例增资导致持股比例下降的，持股比例下降部分视同长期股权投资处置，按新的持股比例确认归属于本公司的被投资单位增发股份导致的净资产增加份额，与应结转持股比例下降部分的长期股权投资账面价值之间的差额计入当期损益。

例如：A公司为上市公司，2009年1月1日，A公司以1100万元现金取得B公司股份400万股，占B公司总股份的25%，并对B公司形成重大影响。2009年1月1日，B公司可辨认净资产公允价值为4000万元。2010年7月1日，B公司向C公司定向增发新股400万股，C公司以2000万元现金认购。增发股份后，A公司对B公司仍具有重大影响。2009年1月1日到2010年6月30日期间，以2009年1月1日B公司可辨认净资产公允价值为基础计算，B公司累计实现净利润800万元。除所实现利润外，在此期间，B公司所有者权益无其他变动。

分析：

2009年1月1日，A公司取得B公司的长期股权投资，采用权益法核算，占B公司可辨认净资产公允价值的份额为4000*25%=1000万元，确认长期股权投资成本为1100万元，包括商誉100万元。

2009年1月至2010年6月，A公司累计确认投资收益800*25%=200万元，同时增加长期股权投资账面价值200万元。2010年6月30日，A公司对B公司长期股权投资账面价值1100+200=1300万元。

B公司向C公司定向发行股份后，A公司在B公司所持股份比例变为：400/（1600+400）=20%。B公司因定向发行股份所有者权益增加2000万元，归属于A公司的份额为2000*20%=400万元。

A公司对B公司持股比例减少25%-20%=5%，相当于处置5%/25%=20%的长期股权投资，视同处置长期股权投资的账面价值为1300*20%=260万元。

长期股权投资账面价值调增 400 - 260 = 140 万元（其中“长期股权投资——成本”调减 1100 * 20% = 220 万元，“长期股权投资——损益调整”调增 400 - 200 * 20% = 360 万元），同时确认 140 万元投资收益。

问题 2：公司投资动漫影视作品的支出应如何进行会计核算？

解答：公司投资动漫影视作品的支出，其会计处理应根据影视作品的制作目的和盈利模式确定：如公司投资动漫影视作品的主要目的是推广相关动漫玩具形象，促进其销售，实质上是一种广告营销手段。有关动漫影视作品的制作支出应比照广告费用支出处理；如影视作品的制作目的是为通过版权销售获取经济利益流入，且在实质上具有作为影视产品独立盈利的能力，则公司可参照《电影企业会计核算办法》（财会［2004］19 号）的相关规定，对影视作品的投资支出进行资本化处理。

问题 3：部分上市公司采用 BT（建设 - 移交）模式参与公共基础设施建设，合同授予方是政府（包括政府有关部门或政府授权的企业），BT 项目公司负责该项目的投融资和建设，项目完工后移交给政府，政府根据回购协议在规定的期限内支付回购资金（含占用资金的投资回报）。对于此类 BT 业务，应如何进行会计处理？

解答：对于符合上述条件的 BT 业务，应参照企业会计准则对 BOT 业务的相关会计处理规定进行核算：项目公司同时提供建造服务的，建造期间，对于所提供的建造服务按照《企业会计准则第 15 号——建造合同》确认相关的收入和成本，建造合同收入按应收取对价的公允价值计量，同时确认长期应收款；项目公司未提供建造服务的，应按照建造过程中支付的工程价款等考虑合同规定，确认长期应收款。其中，长期应收款应采用摊余成本计量并按期确认利息收入，实际利率在长期应收款存续期间内一般保持不变。

本问题解答发布前相关 BT 业务未按上述规定进行处理的，应当进行追溯调整，追溯调整不切实可行的除外。

2011 年第 2 期，总第 6 期

问题 1：如果公司对固定资产的预计使用年限等会计估计作出变更，变更后的会计估计最早可以自何时开始应用？

解答：对会计估计的变更应当采用未开始用法处理，即会计估计变更仅影响变更当期的，其影响数应当在变更当期予以确认；会计估计变更及影响变更当期数又影响未来期间数的，其影响数应当在变更当期和未来期间予以确认。因此会计估计变更应当自该会计估计变更被正式批准后生效。为了方便操作，新会计估计最早可以自最近一期尚未公布的定期报告开始实施，原则上不能追

溯调整更早会计期间。

问题 2：对于上市公司在报告年度资产负债表已经存在的债务，如果公司在报告年度资产负债表日后期间与债务人达成债务重组协议，是否应该根据债务重组协议调整报告年度资产负债表中相关负债的金额？

解答：报告年度资产负债表日后期间与债务人达成债务重组交易不属于资产负债表日后调整事项不能据以调整报告年度资产、负债项目的确认和计量。债务重组中涉及的相关负债在报告期仍应按照债务重组协议前具有法律效力的有关协议等的约定确认和计量，相关债务重组损益应当在有关负债符合终止确认条件时确认。

问题 3：除按照贷款合同约定的利率支付利息之外，公司为取得贷款可能还与银行签订监管协议、造价咨询协议、信息系统咨询服务等合同并支付相关费用，上述服务费用应如何进行会计处理？

解答：在上市公司取得银行贷款的同时与银行签订监管协议、造价咨询协议、信息系统咨询服务等服务协议的情况下，如果向银行支付的该类服务费用与取得银行贷款直接相关并且银行实质上未提供协议约定服务的，相关服务费用按照实质重于形式的原则，视同贷款利息进行处理；如果银行确实提供了协议约定的服务，相关服务费用应当单独进行会计处理。

问题 4：在非同一控制下企业合并中，作为购买方的上市公司以发行股份购买资产作为合并对价的，如何确定企业合并成本？

解答：一般情况下，企业合并成本应当以上市公司股票在购买日的公开市场价格为基础确定。在董事会就企业合并事项的决议公告日到购买日之间时间相隔较长，且在此期间公司股票价格出现大幅度波动的情况下，如果作为合并对价发行的股票同时附有一定限售期和限售条件的，可以采用适当的估值技术确定公司发行股票的价值，并据此计算企业合并成本。在极特殊的情况下，如果上市公司能够证明被购买方的公允价值可以更为可靠地确定，也可以以被购买方在购买日的公允价值为基础计算确定企业合并成本。

2012 年第 1 期，总第 7 期

1. 确定存货可变现净值对资产负债表日后信息的考虑

按照企业会计准则规定，公司持有的存货项目如原材料、自制半成品、产成品等应根据其持有目的，综合考虑资产负债表日可获得的信息等确定其可变现净值。具体包括以下几种情况：

第一，在资产负债表日存在活跃市场、有明确市场价格的，一般应以该市场价格为基础，确定存货的可变现净值。

第二，根据资产负债表日前后一段时间有关存货市场价格的走势等进行判断，如公司能够提供明确的证据表明资产负债表日的市场价格较为异常，无法代表企业持有存货的预期变现价值的，例如在报告期资产负债表日的价格没有足够成交量支持，或者从资产负债表日后事项期间的价格趋势判断资产负债表日的价格为非正常波动形成等，原则上可以考虑根据报告期资产负债表日后事项期间的价格走势确定相关存货在报告期资产负债表日的可变现净值。

第三，在资产负债表日不存在明确市场价格，但资产负债表日后事项期间取得了该存货的价格信息，且该价格信息与资产负债表日价格相关的，可以日后事项期间取得的有关价格为基础确定存货在报告期资产负债表日的可变现净值。

上述原则仅适用于存货可变现净值的确定，不适用于按照会计准则规定在报告期资产负债表日需以公允价值计量的资产项目。

2. 涉及 BOT 项目的合并报表编制

上市公司合并报表范围内的企业承接 BOT 项目，但将实质性建造服务发包给合并范围内其他企业的，上市公司在编制合并财务报表时，实务中一直存在是否应抵销建造方的建造合同收入及发包方对应的资产成本的困惑。一般情况下，合并财务报表以纳入到合并范围内的母子公司个别报表（或经调整的个别报表）为基础，在抵销未实现内部交易损益后编制形成。上市公司合并报表范围内的企业（项目公司）自政府承接 BOT 项目，并发包给合并范围内的其他企业（承包方），由承包方提供实质性建造服务的，从合并报表作为一个报告主体来看，建造服务的最终提供对象为合并范围以外的政府部门，有关收入、损益随着建造服务的提供应为已实现，上市公司的合并财务报表中，应按照相关规定体现出建造合同的收入与成本。

2013 年第 1 期，总第 8 期

问题 1：上市公司在何种情况下可以认定前期会计估计发生差错，并追溯调整前期报表?

解答：根据《上市公司执行企业会计准则监管问题解答》（2010 年第 1 期，总第 4 期），不应简单将会计估计与实际结果对比认定存在差错。只有在上市公司能够提供确凿证据，表明由于重大人为过失或舞弊等原因，未能合理使用前期报表编报时已经存在且能够取得的可靠信息，导致前期会计估计结果未恰当反映当时情况，才能认定前期会计估计存在差错。前期会计估计存在差错，并不必然进行追溯调整，只有当上市公司确定相关因素导致会计估计差错累计影响数切实可行且该差错重要时，才采用追溯重述法调整前期报表，否则

应采用未来适用法。

问题2：上市公司发生企业合并时，若上市公司与被合并主体受同一最终控制方控制的时间接近一年，是否可以将该交易判断为同一控制下的企业合并？

解答：根据《企业会计准则第20号——企业合并》及其讲解，判断企业合并是否属于同一控制下的企业合并时，要求参与合并的企业在合并前后受最终控制方的控制为非暂时性的。具体的时间性要求为：在合并日之前，参与合并各方受最终控制方的控制时间在一年以上（含一年），合并日之后所形成的报告主体受最终控制方的控制时间也应达到一年以上（含一年）。此外，如果合并交易发生时上市公司与拟收购主体受同一最终控制方控制的时间超过"一年"，还需要根据《企业会计准则解释第5号》的相关规定，判断合并交易与之前上市公司与拟收购主体成为同一控制下企业的交易是否为一揽子交易。

问题3：对于上市公司已计提但尚未使用的安全生产费，是否可以确认递延所得税资产？

解答：按照企业会计准则及相关规定，已计提但尚未使用的安全生产费不涉及资产负债的账面价值与计税基础之间的暂时性差异，不应确认递延所得税。因安全生产费的计提和使用产生的会计利润与应纳税所得额之间的差异，比照永久性差异进行会计处理。

问题4：上市公司获得的政府补助，是否仅有按照固定的定额标准取得的政府补助才能按照应收金额计量？

解答：根据《企业会计准则第16号——政府补助》的规定，对期末有确凿证据表明能够符合财政扶持政策规定的相关条件且预计能够收到财政扶持资金时，可以按应收金额计量。

问题5：上市公司与政府发生交易取得的收入，是否均认定为政府补助？

解答：根据财政部发布的《做好执行企业会计准则的企业2012年年报工作的通知》（财会［2012］25号），企业与政府发生交易所取得的收入，如果该交易具有商业实质，且与企业销售商品或提供劳务等日常经营活动密切相关的，应当按照《企业会计准则第14号——收入》规定进行会计处理，并作为营业收入列报。在判断该交易是否具有商业实质时，应考虑该交易是否具有经济上的互惠性，与交易相关的合同、协议、国家有关文件是否已明确规定了交易目的、交易双方的权利和义务，如属于政府采购的，是否已履行相关的政府采购程序等。

II. 33 关于首次公开发行股票并上市公司招股说明书财务报告审计截止日后主要财务信息及经营状况信息披露指引

（2013 年 12 月 6 日 中国证监会公告［2013］45 号）

为进一步提高信息披露质量，增强信息披露的及时性，保护投资者的合法权益，依据《首次公开发行股票并上市管理办法》、《首次公开发行股票并在创业板上市管理暂行办法》等规定，制定本指引。

申请首次公开发行股票并上市的公司（以下简称发行人）在刊登招股说明书时，应充分披露财务报告审计截止日后的财务信息及主要经营状况，保荐机构应关注发行人在财务报告审计截止日后经营状况是否发生重大变化，并督促发行人做好信息披露工作。

一、总体要求

为便于投资者充分了解和掌握发行人的财务信息及经营状况，发行人财务报告审计截止日至招股说明书签署日之间超过 1 个月的，应在招股说明书中披露审计截止日后的主要经营状况。发行人财务报告审计截止日至招股说明书签署日之间超过 4 个月的，还应补充提供期间季度的未经审计的财务报表，并在招股说明书中披露审计截止日后的主要财务信息。

发行人提供并披露未经审计财务报表的，发行人董事会、监事会及其董事、监事、高级管理人员需出具专项声明，保证该等财务报表所载资料不存在虚假记载、误导性陈述或者重大遗漏，并对其内容的真实性、准确性及完整性承担个别及连带责任。发行人负责人、主管会计工作负责人及会计机构负责人（会计主管人员）应出具专项声明，保证该等财务报表的真实、准确、完整。会计师事务所应就该等财务报表出具审阅意见。

二、主要财务信息的披露

发行人提供季度未经审计的财务报表的，应在招股说明书中以列表方式披露该季度末和上年末（或该季度和上年同期及年初至该季度末和上年同期）的主要财务信息，包括但不限于：总资产、所有者权益、营业收入、营业利润、利润总额、净利润、归属于母公司股东的净利润、扣除非经常性损益后的归属于母公司股东的净利润、经营活动产生的现金流量净额等，并披露纳入非经常性损益的主要项目和金额。应注明相关财务信息未经审计，但已经会计师事务所审阅。

若该季度的主要会计报表项目与财务报告审计截止日或上年同期相比发生较大变化的，应披露变化情况、变化原因以及由此可能产生的影响。如发行人报告期内最近一期营业收入或营业利润呈现下滑趋势的，应进一步披露申报财务报告中最近一年及一期各季度的简要经营业绩，并与最近一季度未经审计的数据进行比较分析，同时充分披露由此可能带来的风险。

发行人如果预计年初至发行上市后第一个报告期期末的累计净利润以及扣除非经常性损益后孰低的净利润可能较上年同期发生重大变动的，应分析披露可能出现的情况及主要原因。

三、主要经营状况的披露

发行人应结合自身经营业绩波动的周期性和季节性特点，以及财务报告审计截止日后未经审计的财务信息（如有），在招股说明书中简要披露审计截止日后的主要经营状况。相关情况披露的截止时点应尽量接近招股说明书签署日。

发行人还应结合自身所处行业在过去若干年内出现的波动情况，分析披露该行业是否具备较强的周期性特征。如果属于强周期性行业，应进一步披露行业当前的发展状况。如果有明显迹象显示行业的景气指数已接近或处于顶峰，或已出现下滑趋势，且短期内主要影响因素将持续存在，应就该情况及可能对发行人未来经营业绩产生的不利影响作重大事项提示。

保荐机构应关注发行人在以下方面是否发生重大变化：发行人经营模式，主要原材料的采购规模及采购价格，主要产品的生产、销售规模及销售价格，主要客户及供应商的构成，税收政策以及其他可能影响投资者判断的重大事项。保荐机构应在发行保荐书中说明相关结论，并在发行保荐工作报告中详细说明核查的过程、了解并收集到的相关情况，得出结论的依据。如果发行人经营状况存在重大变化，保荐机构应督促发行人在招股说明书中予以充分披露。

四、重大事项提示

发行人应在招股说明书重大事项提示中提醒投资者，发行人已披露财务报告审计截止日后的主要财务信息（如有）及经营状况。需注明相关财务信息未经审计，但已经会计师事务所审阅。

发行人应结合财务报告审计截止日后的财务信息及经营状况，及时评估可能对发行人未来经营产生不利影响的风险因素，以及发行人经营中可能存在的主要困难，关注可能导致发行人经营业绩出现较大下降的因素。若审计截止日后发行人经营状况发生了较大不利变化，或延续之前即已存在的经营业绩下降趋势，应在重大事项提示中披露相关风险。预计年初至发行上市后第一个报告期期末的累计净利润可能较上年同期发生较大下降的，应在重大事项提示中明确披露可能出现的情况及主要原因。

II. 34 关于首次公开发行股票并上市公司招股说明书中与盈利能力相关的信息披露指引

（2013 年 12 月 6 日 中国证监会公告［2013］46 号）

为进一步强化首次公开发行股票并上市公司（以下简称发行人）信息披露的真实、准确、完整和及时，依据《首次公开发行股票并上市管理办法》、《首次公开发行股票并在创业板上市管理暂行办法》等规定，制定本指引。

发行人在披露与盈利能力相关的信息时，除应遵守招股说明书准则的一般规定外，应结合自身情况，有针对性地分析和披露盈利能力。相关中介机构应结合发行人所处的行业、经营模式等，制定符合发行人业务特点的尽职调查方案，尽职调查的内容、程序、过程及结论应在各自工作底稿中予以反映，保荐机构还应在保荐工作报告中说明其尽职调查情况及结论。

一、收入方面

（一）发行人应在招股说明书中披露下列对其收入有重大影响的信息，包括但不限于：

按产品或服务类别及业务、地区分部列表披露报告期各期营业收入的构成及比例。发行人主要产品或服务的销售价格、销售量的变化情况及原因。报告期营业收入增减变化情况及原因。

发行人采用的销售模式及销售政策。按业务类别披露发行人所采用的收入确认的具体标准、收入确认时点。发行人应根据会计准则的要求，结合自身业务特点、操作流程等因素详细说明其收入确认标准的合理性。

报告期各期发行人对主要客户的销售金额、占比及变化情况，主要客户中新增客户的销售金额及占比情况。报告期各期末发行人应收账款中主要客户的应收账款金额、占比及变化情况，新增主要客户的应收账款金额及占比情况。

（二）保荐机构和会计师事务所应核查发行人收入的真实性和准确性，包括但不限于：

发行人收入构成及变化情况是否符合行业和市场同期的变化情况。发行人产品或服务价格、销量及变动趋势与市场上相同或相近产品或服务的信息及其走势相比是否存在显著异常。

发行人属于强周期性行业的，发行人收入变化情况与该行业是否保持一致。发行人营业收入季节性波动显著的，季节性因素对发行人各季度收入的影响是否合理。

不同销售模式对发行人收入核算的影响，经销商或加盟商销售占比较高的，经销商或加盟商最终销售的大致去向。发行人收入确认标准是否符合会计准则的规定，是否与行业惯例存在显著差异及原因。发行人合同收入确认时点的恰当性，是否存在提前或延迟确认收入的情况。

发行人主要客户及变化情况，与新增和异常客户交易的合理性及持续性，会计期末是否存在突击确认销售以及期后是否存在大量销售退回的情况。发行人主要合同的签订及履行情况，发行人各期主要客户的销售金额与销售合同金额之间是否匹配。报告期发行人应收账款主要客户与发行人主要客户是否匹配，新增客户的应收账款金额与其营业收入是否匹配。大额应收款项是否能够按期收回以及期末收到的销售款项是否存在期后不正常流出的情况。

发行人是否利用与关联方或其他利益相关方的交易实现报告期收入的增长。报告期关联销售金额及占比大幅下降的原因及合理性，是否存在隐匿关联交易或关联交易非关联化的情形。

二、成本方面

（一）发行人应在招股说明书中披露下列对其成本有重大影响的信息，包括但不限于：

结合报告期各期营业成本的主要构成情况，主要原材料和能源的采购数量及采购价格等，披露报告期各期发行人营业成本增减变化情况及原因。

报告期各期发行人对主要供应商的采购金额、占比及变化情况，对主要供应商中新增供应商的采购金额及占比情况。

报告期各期发行人存货的主要构成及变化情况。如发行人期末存货余额较大，周转率较低，应结合其业务模式、市场竞争情况和行业发展趋势等因素披露原因，同时分析并披露发行人的存货减值风险。

（二）保荐机构和会计师事务所应核查发行人成本的准确性和完整性，包括但不限于：

发行人主要原材料和能源的价格及其变动趋势与市场上相同或相近原材料和能源的价格及其走势相比是否存在显著异常。报告期各期发行人主要原材料及单位能源耗用与产能、产量、销量之间是否匹配。报告期发行人料、工、费的波动情况及其合理性。

发行人成本核算方法是否符合实际经营情况和会计准则的要求，报告期成本核算的方法是否保持一贯性。

发行人主要供应商变动的原因及合理性，是否存在与原有主要供应商交易额大幅减少或合作关系取消的情况。发行人主要采购合同的签订及实际履行情况。是否存在主要供应商中的外协或外包方占比较高的情况，外协或外包生产方式对发行人营业成本的影响。

发行人存货的真实性，是否存在将本应计入当期成本费用的支出混入存货项目以达到少计当期成本费用的情况。发行人存货盘点制度的建立和报告期实际执行情况，异地存放、盘点过程存在特殊困难或由第三方保管或控制的存货的盘存方法以及履行的替代盘点程序。

三、期间费用方面

（一）发行人应在招股说明书中披露下列对其期间费用有重大影响的信息，包括但不限于：

报告期各期发行人销售费用、管理费用和财务费用的构成及变化情况。

报告期各期发行人的销售费用率，如果与同行业上市公司的销售费用率存在显著差异，应披露差异情况，并结合发行人的销售模式和业务特点，披露存在差异的原因。

报告期各期发行人管理费用、财务费用占销售收入的比重，如报告期内存在异常波动，应披露原因。

（二）保荐机构和会计师事务所应核查发行人期间费用的准确性和完整性，包括但不限于：

发行人销售费用、管理费用和财务费用构成项目是否存在异常或变动幅度较大的情况及其合理性。

发行人销售费用率与同行业上市公司销售费用率相比，是否合理。发行人销售费用的变动趋势与营业收入的变动趋势的一致性，销售费用的项目和金额与当期发行人与销售相关的行为是否匹配，是否存在相关支出由其他利益相关方支付的情况。

发行人报告期管理人员薪酬是否合理，研发费用的规模与列支与发行人当期的研发行为及工艺进展是否匹配。

发行人报告期是否足额计提各项贷款利息支出，是否根据贷款实际使用情况恰当进行利息资本化，发行人占用相关方资金或资金被相关方占用是否支付或收取资金占用费，费用是否合理。

报告期各期发行人员工工资总额、平均工资及变动趋势与发行人所在地区平均水平或同行业上市公司平均水平之间是否存在显著差异及差异的合理性。

四、净利润方面

（一）发行人应在招股说明书中披露下列对其净利润有重大影响的信息，包括但不限于：

报告期各期发行人的营业利润、利润总额和净利润金额，分析发行人净利润的主要来源以及净利润增减变化情况及原因。

报告期各期发行人的综合毛利率、分产品或服务的毛利率，同行业上市公司中与发行人相同或相近产品或服务的毛利率对比情况。如存在显著差异，应结合发行人经营模式、产品销售价格和产品成本等，披露原因及对发行人净利润的影响。

报告期内发行人的各项会计估计，如坏账准备计提比例、固定资产折旧年限等与同行业上市公司同类资产相比存在显著差异的，应披露原因及对发行人净利润的累计影响。

根据《公开发行证券的公司信息披露解释性公告第2号——财务报表附注中政府补助相关信息的披露》的相关规定，应在报表附注中作完整披露；政府补助金额较大的项目，应在招股说明书中披露主要信息。

报告期内税收政策的变化及对发行人的影响，是否面临即将实施的重大税收政策调整及对发行人可能存在的影响。

（二）保荐机构和会计师事务所应核查影响发行人净利润的项目，包括但不限于：

发行人政府补助项目的会计处理合规性。其中按应收金额确认的政府补助，是否满足确认标准，以及确认标准的一致性；与资产相关和与收益相关政府补助的划分标准是否恰当，政府补助相关递延收益分配期限确定方式是否合理等。

发行人是否符合所享受的税收优惠的条件，相关会计处理的合规性，如果存在补缴或退回的可能，是否已充分提示相关风险。

II.35 关于不再实施特定上市公司特殊审计要求的通知

（2007 年 3 月 8 日　证监会计字［2007］12 号）

各上市公司、拟上市公司、相关会计师事务所：

2006 年，财政部颁布了新的企业会计准则、审计准则体系（以下简称新会计、审计准则），并已于 2007 年 1 月 1 日开始执行。新会计、审计准则同国际会计、审计准则实现了实质性趋同。鉴于我国会计和审计制度的调整，此前实施的金融类上市公司在法定审计之外聘请国际会计师事务所进行审计和对一次发行量超过 3 亿（含 3 亿）股以上的公司进行补充审计的相关规定不再执行。

自本通知发布之日起，《公开发行证券的公司信息披露编报规则第 16 号——A 股公司实行补充审计的暂行规定》（证监发［2001］161 号），《关于 A 股公司做好补充审计工作的通知》（证监发［2001］162 号），《关于 2002 年 A 股公司进行补充审计试点有关问题的通知》（证监发［2002］10 号），《公开发行证券的公司信息披露规范问答第 4 号——金融类公司境内外审计差异及利润分配基准》（证监会计字［2001］58 号），《公开发行证券的公司信息披露编报规则第 5 号——证券公司招股说明书内容与格式特别规定》（证监发［2000］76 号）第 13 条，《公开发行证券的公司信息披露编报规则第 8 号——证券公司年度报告的内容与格式特别规定》（证监发［2000］80 号）第 5 条，《公开发行证券的公司信息披露编报规则第 18 号——商业银行信息披露特别规定》（证监会计字［2003］3 号）第 17 条、第 21 条以及《公开发行证券的公司信息披露编报规则第 3 号——保险公司招股说明书内容与格式特别规定》（证监发行字［2006］151 号）第 25 条等规定予以废止。

特此通知。

II.36 关于近期报送及补正再融资申请文件相关要求的通知

（2008 年 1 月 11 日 发行监管函［2008］9 号）

各保荐机构：

结合上市公司即将按新会计准则编制披露 2007 年年报等情况，我部针对近期再融资申请中的共性问题进行了研究，现将近期报送及补正再融资申请文件的相关要求印发给你们，请予执行。

附件：报送及补正再融资申请文件的相关要求

附件

报送及补正再融资申请文件的相关要求

1. 关于 2007 年报披露期间报送再融资申请文件的要求

鉴于 2007 年是新会计准则正式实施的第一年，会计师事务所对上市公司 2007 年度财务报表可能存在较多的调整事项，为保证审核质量，提高审核效率，自 2008 年 1 月 1 日起，除公司债券、非公开发行股票申请文件以外，新报送的其他再融资申请文件（包括增发、配股、可转债、分离交易可转债申请文件）应包含发行人 2007 年年报的财务会计信息。

再融资申请已受理的上市公司应在保证信息披露质量的前提下，尽快安排 2007 年报披露工作。2007 年报披露后，保荐人应及时根据 2007 年报对发行人是否仍然符合发行条件进行补充尽职调查，发表明确意见的尽职调查意见并更新相关发行申请文件。

对于披露 2007 年报前已经取得再融资核准批文但尚未发行的上市公司，保荐人应及时跟踪发行人 2007 年报披露情况；如在尽职调查中发现发行人出现影响本次发行合规性的重大事项，应在第一时间以书面形式向我部报告。

2. 关于再融资企业披露 2007 年报后募集说明书中财务会计信息的披露要求

鉴于上市公司披露 2007 年报后，2006 年、2007 年按新会计准则口径编制的财务数据已进行了公开披露，为保持财务报表数据披露口径的一致性、可操作性及财务会计信息的有用性，申请再融资的上市公司披露2007年报后，在募集说明书中应统一按照新会计准则编制披露2005—2007年度财务报表，其中2005年度财务报表应根据《企业会计准则第38号——首次执行企业会计准则》第五条至第十九条规定进行追溯调整，并参照本通知附件一的要求以列表形式披露新旧会计准则股东权益和净利润的差异调节过程，同时应聘请提供年度审计服务的会计师事务所对上述差异调节过程发表审计意见。注册会计师在参照《中国注册会计师审阅准则第2101号——财务报表审阅》的有关要求对差异调节表进行审阅时，应保持必要的执业谨慎并谨慎发表审阅意见（标准无保留意见的审阅报告格式参见附件二）。发行人在募集说明书“财务会计信息”中应披露2005年度新旧会计准则股东权益差异调节表、净利润差异调节表以及注册会计师的审阅意见以及2005年财务报告的新旧会计准则差异调节过程。

上市公司的财务指标是否符合发行条件，依照过去三年已披露的年报财务数据进行计算。

上市公司募集资金运用涉及重大资产收购的，应参照上述原则编报拟收购资产财务报表及备考合并财务报表。考虑到发行人最近一期中期财务报表原则上不需审计，因此申报的最近一期中期备考合并财务报表可以未经审计。发行申请材料受理后，发行人新公布定期报告并补充更新申请财务会计资料时，应补充提供更新后的（即截至新公布的财务报告截止日）拟购入资产及备考合并财务报表；如补报的财务报表未经审计，应在发行申请文件中作特别说明并披露。

3. 审核过程中公布新的中期财务报告后，发行人及保荐人相关申请文件的补正要求

在我部审核过程中，发行人公布新的中期财务报表后，发行申请文件的补正要求如下：

发行人新公布半年度报告的，保荐人原则上应在五个工作日内向我部补报以下相关材料：①发行人新的半年度报告；②保荐人关于新半年度报告披露内容是否涉及影响本次发行的重大事项，新半年度报告财务数据是否发生重大不利变化等事项的补充尽职调查报告；③根据新半年年度报告修订的募集说明书。

发行人新公布季度报告或临时公告的，如涉及影响本次发行的重大事项或发行人季度报告财务数据发生重大不利变化，应在第一时间以书面形式向我部报告。如季度报告未涉及影响本次发行的重大事项，且季度报告财务数据未发生重大不利变化，由保荐人督促发行人在募集说明书中以索引的方式就公司最近一期季度报告的相关信息进行提示性披露。

4. 再融资封卷文件清单及注意事项

上市公司再融资申请通过发审会后的封卷文件应包括以下内容：

（1）根据第10号准则申请文件目录或非公开发行细则规定的申请文件目录需要提供的文件。其中，公开发行的募集说明书包括初次申报时的募集说明书以及根据发审会意见修改后、并由发行人全体董事、高管签署的募集说明书。

（2）历次反馈意见及回复。

（3）全套封卷材料的电子文件和光盘。

（4）保荐代表人签字的承诺函。承诺内容至少包括：①全套封卷文件已经完备，不存在擅自改动、增删申请文件内容的情况；②发审委审核意见的恢复真实、准确完整，发审委提出的整改事项已落实。

封卷应注意以下事项：

（1）发行人通过发审会后，保荐代表人原则上应在发审委审核意见函规定的时间内提供对发审委意见落实情况回复以及根据上述目录清单准备的文件。

（2）上述文件均需要提供原件，如确实无法提供的，可由律师出具“该文件与原件一致”的鉴证意见。

（3）封卷时至少一名保荐代表人应当到场。

附件1　××股份有限公司新旧会计准则股东权益和净利润差异调节表

新旧会计准则股东权益差异调节表

2005年12月31日

单位：人民币元

项　目	项目名称	金额
	2005年12月31日股东权益（原会计准则）	
1	长期股权投资差额	
	其中：同一控制下企业合并形成的长期股权投资差额	
	其他采用权益法核算的长期股权投资贷方差额	
2	拟以公允价值模式计量的投资性房地产	
3	因预计资产弃置费用应补提的以前年度折旧等	
4	符合预计负债确认条件的辞退补偿	
5	股份支付	
6	符合预计负债确认条件的重组义务	
7	企业合并	
	其中：同一控制下企业合并商誉的账面价值	
	根据新准则计提的商誉减值准备	
8	以公允价值计量且其变动计入当期损益的金融资产以及可供出售金融资产	
9	以公允价值计量且其变动计入当期损益的金融负债	

续表

项　目	项目名称	金额
10	金融工具分拆增加的权益	
11	衍生金融工具	
12	按照2007年2月1日发布的企业会计准则实施问题专家工作组意见第十项进行的追溯调整	
13	少数股东权益	
14	所得税	
15	其他	
	2005年12月31日股票权益（新会计准则）	

注：差异调节表不再进行《新旧会计准则股东权益差异调节表的编制和审阅要求》中所要求的“重要提示”。

新旧会计准则净利润差异调节表

项　目	项目名称	金额
	2005年年度净利润（原会计准则）	
	调节项目	
1	营业收入	
2	营业成本	
3	营业税金及附加	
4	销售费用	
5	管理费用	
6	财务费用	
7	资产减值损失	
8	公允价值变动收益	
9	投资收益	
10	营业外收入	
11	营业外支出	
12	所得税费用	
13	按照2007年2月1日发布的企业会计准则实施问题专家工作组意见第十项进行的追溯调整	
14	少数股东损益	
15	其他	
	2005年度净利润（新会计准则）	

注：金融企业净利润的调节项目按照金融企业利润表的列报格式和方法进行填列。

上市公司应同时编制差异调节表附注，差异调节表附注为本差异表的组成部分。

附件2　关于××股份有限公司

新旧会计准则股东权益和净利润差异调节表的审阅报告

审阅报告编号

ABC股份有限公司全体股东：

我们审阅了后附的ABC股份有限公司（以下简称ABC公司）新旧会计准则股东权益和净利润差异调节表（以下简称差异调节表）。按照《企业会计准则第38号——首次执行企业会计准则》的有关规定，并参照“关于做好与新会计准则相关财务会计信息披露工作的通知”（证监发［2006］136号，以下简称通知）以及《新旧会计准则股东权益差异调节表的编制和审阅要求》[①] 的相关要求编制差异调节表是ABC公司管理层的责任。我们的责任是在实施审阅工作的基础上对差异调节表出具审阅报告。

我们参照《中国注册会计师审阅准则第2101号——财务报表审阅》的规定执行审阅业务。该准则要求我们计划和实施审阅工作，以对差异调节表是否不存在重大错报获取有限保证。审阅主要限于询问公司有关人员差异调节表相关会计政策和所有重要的认定、了解差异调节表中调节金额的计算过程、阅读差异调节表以考虑是否遵循指明的编制基础以及在必要时实施分析程序，审阅工作提出的保证程度低于审计。我们没有实施审计，因而不发表审计意见。

根据我们的审阅，我们没有注意到任何事项使我们相信差异调节表没有按照《企业会计准则第38号——首次执行企业会计准则》和“通知”的有关规定编制。

××会计师事务所　　　注册会计师（签名并盖章）

（加盖公章）　　　注册会计师（签名并盖章）

地址

二〇〇八年　月　日

① 《新会计准则股东权益差异调节表的编制和审阅要求》可以参见：上海证券交易所上市公司业务专区/2006年年度报告工作备忘录第1号或深圳证券交易所上市公司业务平台/新旧会计准则过渡业务专栏/上市公司业务专区（中小企业板业务专区）。

III 证券发行保荐

III.1 证券发行上市保荐业务管理办法（2009 年修订）

（2009 年 5 月 13 日 中国证券监督管理委员会令第 63 号）

（2008 年 8 月 14 日中国证券监督管理委员会第 235 次主席办公会议审议通过，根据 2009 年 5 月 13 日中国证券监督管理委员会《关于修改〈证券发行上市保荐业务管理办法〉的决定》修订）

第一章 总 则

第一条 为了规范证券发行上市保荐业务，提高上市公司质量和证券公司执业水平，保护投资者的合法权益，促进证券市场健康发展，根据《证券法》、《国务院对确需保留的行政审批项目设定行政许可的决定》（国务院令第 412 号）等有关法律、行政法规，制定本办法。

第二条 发行人应当就下列事项聘请具有保荐机构资格的证券公司履行保荐职责：

（一）首次公开发行股票并上市；

（二）上市公司发行新股、可转换公司债券；

（三）中国证券监督管理委员会（以下简称中国证监会）认定的其他情形。

第三条 证券公司从事证券发行上市保荐业务，应依照本办法规定向中国证监会申请保荐机构资格。

保荐机构履行保荐职责，应当指定依照本办法规定取得保荐代表人资格的个人具体负责保荐工作。

未经中国证监会核准，任何机构和个人不得从事保荐业务。

第四条 保荐机构及其保荐代表人应当遵守法律、行政法规和中国证监会的相关规定，恪守业务规则和行业规范，诚实守信，勤勉尽责，尽职推荐发行人证券发行上市，持续督导发行人履行规范运作、信守承诺、信息披露等义务。

保荐机构及其保荐代表人不得通过从事保荐业务谋取任何不正当利益。

第五条 保荐代表人应当遵守职业道德准则，珍视和维护保荐代表人职业声誉，保持应有的职业谨慎，保持和提高专业胜任能力。

保荐代表人应当维护发行人的合法利益，对从事保荐业务过程中获知的发行人信息保密。保荐代表人应当恪守独立履行职责的原则，不因迎合发行人或者满足发行人的不当要求而丧失客观、公正的立场，不得唆使、协助或者参与发行人及证券服务机构实施非法的或者具有欺诈性的行为。

保荐代表人及其配偶不得以任何名义或者方式持有发行人的股份。

第六条 同次发行的证券，其发行保荐和上市保荐应当由同一保荐机构承担。保荐机构依法对发行人申请文件、证券发行募集文件进行核查，向中国证监会、证券交易所出具保荐意见。保荐机构应当保证所出具的文件真实、准确、完整。

证券发行规模达到一定数量的，可以采用联合保荐，但参与联合保荐的保荐机构不得超过2家。

证券发行的主承销商可以由该保荐机构担任，也可以由其他具有保荐机构资格的证券公司与该保荐机构共同担任。

第七条 发行人及其董事、监事、高级管理人员，为证券发行上市制作、出具有关文件的律师事务所、会计师事务所、资产评估机构等证券服务机构及其签字人员，应当依照法律、行政法规和中国证监会的规定，配合保荐机构及其保荐代表人履行保荐职责，并承担相应的责任。

保荐机构及其保荐代表人履行保荐职责，不能减轻或者免除发行人及其董事、监事、高级管理人员、证券服务机构及其签字人员的责任。

第八条 中国证监会依法对保荐机构及其保荐代表人进行监督管理。

中国证券业协会对保荐机构及其保荐代表人进行自律管理。

第二章 保荐机构和保荐代表人的资格管理

第九条 证券公司申请保荐机构资格，应当具备下列条件：

（一）注册资本不低于人民币1亿元，净资本不低于人民币5000万元；

（二）具有完善的公司治理和内部控制制度，风险控制指标符合相关规定；

（三）保荐业务部门具有健全的业务规程、内部风险评估和控制系统，内部机构设置合理，具备相应的研究能力、销售能力等后台支持；

（四）具有良好的保荐业务团队且专业结构合理，从业人员不少于35人，其中最近3年从事保荐相关业务的人员不少于20人；

（五）符合保荐代表人资格条件的从业人员不少于4人；

（六）最近3年内未因重大违法违规行为受到行政处罚；

（七）中国证监会规定的其他条件。

第十条 证券公司申请保荐机构资格，应当向中国证监会提交下列材料：

（一）申请报告；

（二）股东（大）会和董事会关于申请保荐机构资格的决议；

（三）公司设立批准文件；

（四）营业执照复印件；

（五）公司治理和公司内部控制制度及执行情况的说明；

（六）董事、监事、高级管理人员和主要股东情况的说明；

（七）内部风险评估和控制系统及执行情况的说明；

（八）保荐业务尽职调查制度、辅导制度、内部核查制度、持续督导制度、持续培训制度和保荐工作底稿制度的建立情况；

（九）经具有证券期货相关业务资格的会计师事务所审计的最近 1 年度净资本计算表、风险资本准备计算表和风险控制指标监管报表；

（十）保荐业务部门机构设置、分工及人员配置情况的说明；

（十一）研究、销售等后台支持部门的情况说明；

（十二）保荐业务负责人、内核负责人、保荐业务部门负责人和内核小组成员名单及其简历；

（十三）证券公司指定联络人的说明；

（十四）证券公司对申请文件真实性、准确性、完整性承担责任的承诺函，并应由其全体董事签字；

（十五）中国证监会要求的其他材料。

第十一条 个人申请保荐代表人资格，应当具备下列条件：

（一）具备 3 年以上保荐相关业务经历；

（二）最近 3 年内在本办法第二条规定的境内证券发行项目中担任过项目协办人；

（三）参加中国证监会认可的保荐代表人胜任能力考试且成绩合格有效；

（四）诚实守信，品行良好，无不良诚信记录，最近 3 年未受到中国证监会的行政处罚；

（五）未负有数额较大到期未清偿的债务；

（六）中国证监会规定的其他条件。

第十二条 个人申请保荐代表人资格，应当通过所任职的保荐机构向中国证监会提交下列材料：

（一）申请报告；

（二）个人简历、身份证明文件和学历学位证书；

（三）证券业从业人员资格考试、保荐代表人胜任能力考试成绩合格的证明；

（四）证券业执业证书；

（五）从事保荐相关业务的详细情况说明，以及最近 3 年内担任本办法第二条规定的境内证券发行项目协办人的工作情况说明；

（六）保荐机构出具的推荐函，其中应当说明申请人遵纪守法、业务水平、组织能力等情况；

（七）保荐机构对申请文件真实性、准确性、完整性承担责任的承诺函，并应由其董事长或者总经理签字；

（八）中国证监会要求的其他材料。

第十三条 证券公司和个人应当保证申请文件真实、准确、完整。申请期间，申请文件内容发生重大变化的，应当自变化之日起 2 个工作日内向中国证监会提交更新资料。

第十四条 中国证监会依法受理、审查申请文件。对保荐机构资格的申请，自受理之日起 45 个工作日内做出核准或者不予核准的书面决定；对保荐代表人资格的申请，自受理之日起 20 个工作日内做出核准或者不予核准的书面决定。

第十五条 证券公司取得保荐机构资格后，应当持续符合本办法第九条规定的条件。保荐机构因重大违法违规行为受到行政处罚的，中国证监会撤销其保荐机构资格；不再具备第九条规定其他条件的，中国证监会可责令其限期整改，逾期仍然不符合要求的，中国证监会撤销其保荐机构资格。

第十六条 个人取得保荐代表人资格后，应当持续符合本办法第十一条第（四）项、第（五）项和第（六）项规定的条件。保荐代表人被吊销、注销证券业执业证书，或者受到中国证监会行政处罚的，中国证监会撤销其保荐代表人资格；不再符合其他条件的，中国证监会责令其限期整改，逾期仍然不符合要求的，中国证监会撤销其保荐代表人资格。

个人通过中国证监会认可的保荐代表人胜任能力考试或者取得保荐代表人资格后，应当定期参加中国证券业协会或者中国证监会认可的其他机构组织的保荐代表人年度业务培训。保荐代表人未按要求参加保荐代表人年度业务培训的，中国证监会撤销其保荐代表人资格；通过保荐代表人胜任能力考试而未取得保荐代表人资格的个人，未按要求参加保荐代表人年度业务培训的，其保荐代表人胜任能力考试成绩不再有效。

第十七条 中国证监会依法对保荐机构、保荐代表人进行注册登记管理。

第十八条 保荐机构的注册登记事项包括：

（一）保荐机构名称、成立时间、注册资本、注册地址、主要办公地址和法定代表人；

（二）保荐机构的主要股东情况；

（三）保荐机构的董事、监事和高级管理人员情况；

（四）保荐机构的保荐业务负责人、内核负责人情况；

（五）保荐机构的保荐业务部门负责人情况；

（六）保荐机构的保荐业务部门机构设置、分工及人员配置情况；

（七）保荐机构的执业情况；

（八）中国证监会要求的其他事项。

第十九条 保荐代表人的注册登记事项包括：

（一）保荐代表人的姓名、性别、出生日期、身份证号码；

（二）保荐代表人的联系电话、通讯地址；

（三）保荐代表人的任职机构、职务；

（四）保荐代表人的学习和工作经历；

（五）保荐代表人的执业情况；

（六）中国证监会要求的其他事项。

第二十条 保荐机构、保荐代表人注册登记事项发生变化的，保荐机构应当自变化之日起5个工作日内向中国证监会书面报告，由中国证监会予以变更登记。

第二十一条 保荐代表人从原保荐机构离职，调入其他保荐机构的，应通过新任职机构向中国证监会申请变更登记，并提交下列材料：

（一）变更登记申请报告；

（二）证券业执业证书；

（三）保荐代表人出具的其在原保荐机构保荐业务交接情况的说明；

（四）新任职机构出具的接收函；

（五）新任职机构对申请文件真实性、准确性、完整性承担责任的承诺函，并应由其董事长或者总经理签字；

（六）中国证监会要求的其他材料。

第二十二条 保荐机构应当于每年4月份向中国证监会报送年度执业报告。年度执业报告应当包括以下内容：

（一）保荐机构、保荐代表人年度执业情况的说明；

（二）保荐机构对保荐代表人尽职调查工作日志检查情况的说明；

（三）保荐机构对保荐代表人的年度考核、评定情况；

（四）保荐机构、保荐代表人其他重大事项的说明；

（五）保荐机构对年度执业报告真实性、准确性、完整性承担责任的承诺函，并应由其法定代表人签字；

（六）中国证监会要求的其他事项。

第三章 保荐职责

第二十三条 保荐机构应当尽职推荐发行人证券发行上市。

发行人证券上市后，保荐机构应当持续督导发行人履行规范运作、信守承诺、信息披露等义务。

第二十四条 保荐机构推荐发行人证券发行上市，应当遵循诚实守信、勤勉尽责的原则，按照中国证监会对保荐机构尽职调查工作的要求，对发行人进行全面调查，充分了解发行人的经营状况及其面临的风险和问题。

第二十五条 保荐机构在推荐发行人首次公开发行股票并上市前，应当对发行人进行辅导，对发行人的董事、监事和高级管理人员、持有5%以上股份的股东和实际控制人（或者其法定代表人）进行系统的法规知识、证券市场知识培训，使其全面掌握发行上市、规范运作等方面的有关法律法规和规则，知悉信息披露和履行承诺等方面的责任和义务，树立进入证券市场的诚信意识、自律意识和法制意识。

第二十六条 保荐机构辅导工作完成后，应由发行人所在地的中国证监会派出机构进行辅导验收。

第二十七条 保荐机构应当与发行人签订保荐协议，明确双方的权利和义务，按照行业规范协商确定履行保荐职责的相关费用。

保荐协议签订后，保荐机构应在5个工作日内报发行人所在地的中国证监会派出机构备案。

第二十八条 保荐机构应当确信发行人符合法律、行政法规和中国证监会的有关规定，方可推荐其证券发行上市。

保荐机构决定推荐发行人证券发行上市的，可以根据发行人的委托，组织编制申请文件并出具推荐文件。

第二十九条 对发行人申请文件、证券发行募集文件中有证券服务机构及其签字人员出具专业意见的内容，保荐机构应当结合尽职调查过程中获得的信息对其进行审慎核查，对发行人提供的资料和披露的内容进行独立判断。

保荐机构所作的判断与证券服务机构的专业意见存在重大差异的，应当对有关事项进行调查、复核，并可聘请其他证券服务机构提供专业服务。

第三十条 对发行人申请文件、证券发行募集文件中无证券服务机构及其签字人员专业意见支持的内容，保荐机构应当获得充分的尽职调查证据，在对各种证据进行综合分析的基础上对发行人提供的资料和披露的内容进行独立判断，并有充分理由确信所作的判断与发行人申请文件、证券发行募集文件的内容不存在实质性差异。

第三十一条 保荐机构推荐发行人发行证券，应当向中国证监会提交发行保荐书、保荐代表人专项授权书以及中国证监会要求的其他与保荐业务有关的文件。发行保荐书应当包括下列内容：

（一）逐项说明本次发行是否符合《公司法》、《证券法》规定的发行条件和程序；

（二）逐项说明本次发行是否符合中国证监会的有关规定，并载明得出每项结论的查证过程及事实依据；

（三）发行人存在的主要风险；

（四）对发行人发展前景的评价；

（五）保荐机构内部审核程序简介及内核意见；

（六）保荐机构与发行人的关联关系；

（七）相关承诺事项；

（八）中国证监会要求的其他事项。

第三十二条 保荐机构推荐发行人证券上市，应当向证券交易所提交上市保荐书以及证券交易所要求的其他与保荐业务有关的文件，并报中国证监会备案。上市保荐书应当包括下列内容：

（一）逐项说明本次证券上市是否符合《公司法》、《证券法》及证券交易所规定的上市条件；

（二）对发行人证券上市后持续督导工作的具体安排；

（三）保荐机构与发行人的关联关系；

（四）相关承诺事项；

（五）中国证监会或者证券交易所要求的其他事项。

第三十三条 在发行保荐书和上市保荐书中，保荐机构应当就下列事项做出承诺：

（一）有充分理由确信发行人符合法律法规及中国证监会有关证券发行上市的相关规定；

（二）有充分理由确信发行人申请文件和信息披露资料不存在虚假记载、误导性陈述或者重大遗漏；

（三）有充分理由确信发行人及其董事在申请文件和信息披露资料中表达意见的依据充分合理；

（四）有充分理由确信申请文件和信息披露资料与证券服务机构发表的意见不存在实质性差异；

（五）保证所指定的保荐代表人及本保荐机构的相关人员已勤勉尽责，对发行人申请文件和信息披露资料进行了尽职调查、审慎核查；

（六）保证保荐书、与履行保荐职责有关的其他文件不存在虚假记载、误导性陈述或者重大遗漏；

（七）保证对发行人提供的专业服务和出具的专业意见符合法律、行政法规、中国证监会的规定和行业规范；

（八）自愿接受中国证监会依照本办法采取的监管措施；

（九）中国证监会规定的其他事项。

第三十四条 保荐机构提交发行保荐书后，应当配合中国证监会的审核，并承担下列工作：

（一）组织发行人及证券服务机构对中国证监会的意见进行答复；

（二）按照中国证监会的要求对涉及本次证券发行上市的特定事项进行尽职调查或者核查；

（三）指定保荐代表人与中国证监会职能部门进行专业沟通，保荐代表人在发行审核委员会会议上接受委员质询；

（四）中国证监会规定的其他工作。

第三十五条 保荐机构应当针对发行人的具体情况，确定证券发行上市后持续督导的内容，督导发行人履行有关上市公司规范运作、信守承诺和信息披露等义务，审阅信息披露文件及向中国证监会、证券交易所提交的其他文件，并承担下列工作：

（一）督导发行人有效执行并完善防止控股股东、实际控制人、其他关联方违规占用发行人资源的制度；

（二）督导发行人有效执行并完善防止其董事、监事、高级管理人员利用职务之便损害发行人利益的内控制度；

（三）督导发行人有效执行并完善保障关联交易公允性和合规性的制度，并对关联交易发表意见；

（四）持续关注发行人募集资金的专户存储、投资项目的实施等承诺事项；

（五）持续关注发行人为他人提供担保等事项，并发表意见；

（六）中国证监会、证券交易所规定及保荐协议约定的其他工作。

第三十六条 首次公开发行股票并在主板上市的，持续督导的期间为证券上市当年剩余时间及其后 2 个完整会计年度；主板上市公司发行新股、可转换公司债券的，持续督导的期间为证券上市当年剩余时间及其后 1 个完整会计年度。

首次公开发行股票并在创业板上市的，持续督导的期间为证券上市当年剩余时间及其后 3 个完整会计年度；创业板上市公司发行新股、可转换公司债券的，持续督导的期间为证券上市当年剩余时间及其后 2 个完整会计年度。

首次公开发行股票并在创业板上市的，持续督导期内保荐机构应当自发行人披露年度报告、中期报告之日起15个工作日内在中国证监会指定网站披露跟踪报告，对本办法第三十五条所涉及的事项，进行分析并发表独立意见。发行人临时报告披露的信息涉及募集资金、关联交易、委托理财、为他人提供担保等重大事项的，保荐机构应当自临时报告披露之日起10个工作日内进行分析并在中国证监会指定网站发表独立意见。

持续督导的期间自证券上市之日起计算。

第三十七条 持续督导期届满，如有尚未完结的保荐工作，保荐机构应当继续完成。

保荐机构在履行保荐职责期间未勤勉尽责的，其责任不因持续督导期届满而免除或者终止。

第四章 保荐业务规程

第三十八条 保荐机构应当建立健全保荐工作的内部控制体系，切实保证保荐业务负责人、内核负责人、保荐业务部门负责人、保荐代表人、项目协办人及其他保荐业务相关人员勤勉尽责，严格控制风险，提高保荐业务整体质量。

第三十九条 保荐机构应当建立健全证券发行上市的尽职调查制度、辅导制度、对发行上市申请文件的内部核查制度、对发行人证券上市后的持续督导制度。

第四十条 保荐机构应当建立健全对保荐代表人及其他保荐业务相关人员的持续培训制度。

第四十一条 保荐机构应当建立健全工作底稿制度，为每一项目建立独立的保荐工作底稿。

保荐代表人必须为其具体负责的每一项目建立尽职调查工作日志，作为保荐工作底稿的一部分存档备查；保荐机构应当定期对尽职调查工作日志进行检查。

保荐工作底稿应当真实、准确、完整地反映整个保荐工作的全过程，保存期不少于10年。

第四十二条 保荐机构的保荐业务负责人、内核负责人负责监督、执行保荐业务各项制度并承担相应的责任。

第四十三条 保荐机构及其控股股东、实际控制人、重要关联方持有发行人的股份合计超过7%，或者发行人持有、控制保荐机构的股份超过7%的，保荐机构在推荐发行人证券发行上市时，应联合1家无关联保荐机构共同履行保荐职责，且该无关联保荐机构为第一保荐机构。

第四十四条 刊登证券发行募集文件前终止保荐协议的，保荐机构和发行人应当自终止之日起5个工作日内分别向中国证监会报告，说明原因。

第四十五条 刊登证券发行募集文件以后直至持续督导工作结束，保荐机构和发行人不得终止保荐协议，但存在合理理由的情形除外。发行人因再次申请发行证券另行聘请保荐机构、保荐机构被中国证监会撤销保荐机构资格的，应当终止保荐协议。

终止保荐协议的，保荐机构和发行人应当自终止之日起5个工作日内向中国证监会、证券交易所报告，说明原因。

第四十六条 持续督导期间，保荐机构被撤销保荐机构资格的，发行人应当在1个月内另行聘请保荐机构，未在规定期限内另行聘请的，中国证监会可以为其指定保荐机构。

第四十七条 另行聘请的保荐机构应当完成原保荐机构未完成的持续督导工作。

因原保荐机构被撤销保荐机构资格而另行聘请保荐机构的，另行聘请的保荐机构持续督导的时间不得少于1个完整的会计年度。

另行聘请的保荐机构应当自保荐协议签订之日起开展保荐工作并承担相应的责任。原保荐机构在履行保荐职责期间未勤勉尽责的，其责任不因保荐机构的更换而免除或者终止。

第四十八条 保荐机构应当指定2名保荐代表人具体负责1家发行人的保荐工作，出具由法定代表人签字的专项授权书，并确保保荐机构有关部门和人员有效分工协作。保荐机构可以指定1名项目协办人。

第四十九条 证券发行后，保荐机构不得更换保荐代表人，但因保荐代表人离职或者被撤销保荐代表人资格的，应当更换保荐代表人。

保荐机构更换保荐代表人的，应当通知发行人，并在5个工作日内向中国证监会、证券交易所报告，说明原因。原保荐代表人在具体负责保荐工作期间未勤勉尽责的，其责任不因保荐代表人的更换而免除或者终止。

第五十条 保荐机构法定代表人、保荐业务负责人、内核负责人、保荐代表人和项目协办人应当在发行保荐书上签字，保荐机构法定代表人、保荐代表人应同时在证券发行募集文件上签字。

第五十一条 保荐机构应将履行保荐职责时发表的意见及时告知发行人，同时在保荐工作底稿中保存，并可依照本办法规定公开发表声明、向中国证监会或者证券交易所报告。

第五十二条 持续督导工作结束后，保荐机构应当在发行人公告年度报告之日起的10个工作日内向中国证监会、证券交易所报送保荐总结报告书。保荐机构法定代表人和保荐代表人应当在保荐总结报告书上签字。保荐总结报告书应当包括下列内容：

（一）发行人的基本情况；

（二）保荐工作概述；

（三）履行保荐职责期间发生的重大事项及处理情况；

（四）对发行人配合保荐工作情况的说明及评价；

（五）对证券服务机构参与证券发行上市相关工作情况的说明及评价；

（六）中国证监会要求的其他事项。

第五十三条 保荐代表人及其他保荐业务相关人员属于内幕信息的知情人员，应当遵守法律、行政法规和中国证监会的规定，不得利用内幕信息直接或者间接为保荐机构、本人或者他人谋取不正当利益。

第五章 保荐业务协调

第五十四条 保荐机构及其保荐代表人履行保荐职责可对发行人行使下列权利：

（一）要求发行人按照本办法规定和保荐协议约定的方式，及时通报信息；

（二）定期或者不定期对发行人进行回访，查阅保荐工作需要的发行人材料；

（三）列席发行人的股东大会、董事会和监事会；

（四）对发行人的信息披露文件及向中国证监会、证券交易所提交的其他文件进行事前审阅；

（五）对有关部门关注的发行人相关事项进行核查，必要时可聘请相关证券服务机构配合；

（六）按照中国证监会、证券交易所信息披露规定，对发行人违法违规的事项发表公开声明；

（七）中国证监会规定或者保荐协议约定的其他权利。

第五十五条 发行人有下列情形之一的，应当及时通知或者咨询保荐机构，并将相关文件送交保荐机构：

（一）变更募集资金及投资项目等承诺事项；

（二）发生关联交易、为他人提供担保等事项；

（三）履行信息披露义务或者向中国证监会、证券交易所报告有关事项；

（四）发生违法违规行为或者其他重大事项；

（五）中国证监会规定或者保荐协议约定的其他事项。

第五十六条 证券发行前，发行人不配合保荐机构履行保荐职责的，保荐机构应当发表保留意见，并在发行保荐书中予以说明；情节严重的，应当不予保荐，已保荐的应当撤销保荐。

第五十七条 证券发行后，保荐机构有充分理由确信发行人可能存在违法违规行为以及其他不当行为的，应当督促发行人做出说明并限期纠正；情节严重的，应当向中国证监会、证券交易所报告。

第五十八条 保荐机构应当组织协调证券服务机构及其签字人员参与证券发行上市的相关工作。

发行人为证券发行上市聘用的会计师事务所、律师事务所、资产评估机构以及其他证券服务机构，保荐机构有充分理由认为其专业能力存在明显缺陷的，可以向发行人建议更换。

第五十九条 保荐机构对证券服务机构及其签字人员出具的专业意见存有疑义的，应当主动与证券服务机构进行协商，并可要求其做出解释或者出具依据。

第六十条 保荐机构有充分理由确信证券服务机构及其签字人员出具的专业意见可能存在虚假记载、误导性陈述或重大遗漏等违法违规情形或者其他不当情形的，应当及时发表意见；情节严重的，应当向中国证监会、证券交易所报告。

第六十一条 证券服务机构及其签字人员应当保持专业独立性，对保荐机构提出的疑义或者意见进行审慎的复核判断，并向保荐机构、发行人及时发表意见。

第六章 监管措施和法律责任

第六十二条 中国证监会可以对保荐机构及其保荐代表人从事保荐业务的情况进行定期或者不定期现场检查，保荐机构及其保荐代表人应当积极配合检查，如实提供有关资料，不得拒绝、阻挠、逃避检查，不得谎报、隐匿、销毁相关证据材料。

第六十三条 中国证监会建立保荐信用监管系统，对保荐机构和保荐代表人进行持续动态的注册登记管理，记录其执业情况、违法违规行为、其他不良行为以及对其采取的监管措施等，必要时可以将记录予以公布。

第六十四条 自保荐机构向中国证监会提交保荐文件之日起，保荐机构及其保荐代表人承担相应的责任。

第六十五条 保荐机构资格申请文件存在虚假记载、误导性陈述或者重大遗漏的，中国证监会不予核准；已核准的，撤销其保荐机构资格。

保荐代表人资格申请文件存在虚假记载、误导性陈述或者重大遗漏的，中国证监会不予核准；已核准的，撤销其保荐代表人资格。对提交该申请文件的保荐机构，中国证监会自撤销之日起6个月内不再受理该保荐机构推荐的保荐代表人资格申请。

第六十六条 保荐机构、保荐代表人、保荐业务负责人和内核负责人违反本办法，未诚实守信、勤勉尽责地履行相关义务的，中国证监会责令改正，并对其采取监管谈话、重点关注、责令进行业务学习、出具警示函、责令公开说明、认定为不适当人选等监管措施；依法应给予行政处罚的，依照有关规定进行处罚；情节严重涉嫌犯罪的，依法移送司法机关，追究其刑事责任。

第六十七条 保荐机构出现下列情形之一的，中国证监会自确认之日起暂停其保荐机构资格3个月；情节严重的，暂停其保荐机构资格6个月，并可以责令保荐机构更换保荐业务负责人、内核负责人；情节特别严重的，撤销其保荐机构资格：

（一）向中国证监会、证券交易所提交的与保荐工作相关的文件存在虚假记载、误导性陈述或者重大遗漏；

（二）内部控制制度未有效执行；

（三）尽职调查制度、内部核查制度、持续督导制度、保荐工作底稿制度未有效执行；

（四）保荐工作底稿存在虚假记载、误导性陈述或者重大遗漏；

（五）唆使、协助或者参与发行人及证券服务机构提供存在虚假记载、误导性陈述或者重大遗漏的文件；

（六）唆使、协助或者参与发行人干扰中国证监会及其发行审核委员会的审核工作；

（七）通过从事保荐业务谋取不正当利益；

（八）严重违反诚实守信、勤勉尽责义务的其他情形。

第六十八条 保荐代表人出现下列情形之一的，中国证监会可根据情节轻重，自确认之日起3个月到12个月内不受理相关保荐代表人具体负责的推荐；情节特别严重的，撤销其保荐代表人资格：

（一）尽职调查工作日志缺失或者遗漏、隐瞒重要问题；

（二）未完成或者未参加辅导工作；

（三）未参加持续督导工作，或者持续督导工作未勤勉尽责；

（四）因保荐业务或其具体负责保荐工作的发行人在保荐期间内受到证券交易所、中国证券业协会公开谴责；

（五）唆使、协助或者参与发行人干扰中国证监会及其发行审核委员会的审核工作；

（六）严重违反诚实守信、勤勉尽责义务的其他情形。

第六十九条 保荐代表人出现下列情形之一的，中国证监会撤销其保荐代表人资格；情节严重的，对其采取证券市场禁入的措施：

（一）在与保荐工作相关文件上签字推荐发行人证券发行上市，但未参加尽职调查工作，或者尽职调查工作不彻底、不充分，明显不符合业务规则和行业规范；

（二）通过从事保荐业务谋取不正当利益；

（三）本人及其配偶持有发行人的股份；

（四）唆使、协助或者参与发行人及证券服务机构提供存在虚假记载、误导性陈述或者重大遗漏的文件；

（五）参与组织编制的与保荐工作相关文件存在虚假记载、误导性陈述或者重大遗漏。

第七十条 保荐机构、保荐代表人因保荐业务涉嫌违法违规处于立案调查期间的，中国证监会暂不受理该保荐机构的推荐；暂不受理相关保荐代表人具体负责的推荐。

第七十一条 发行人出现下列情形之一的，中国证监会自确认之日起暂停保荐机构的保荐机构资格3个月，撤销相关人员的保荐代表人资格：

（一）证券发行募集文件等申请文件存在虚假记载、误导性陈述或者重大遗漏；

（二）公开发行证券上市当年即亏损；

（三）持续督导期间信息披露文件存在虚假记载、误导性陈述或者重大遗漏。

第七十二条 发行人在持续督导期间出现下列情形之一的，中国证监会可根据情节轻重，自确认之日起3个月到12个月内不受理相关保荐代表人具体负责的推荐；情节特别严重的，撤销相关人员的保荐代表人资格：

（一）证券上市当年累计50%以上募集资金的用途与承诺不符；

（二）公开发行证券并在主板上市当年营业利润比上年下滑50%以上；

（三）首次公开发行股票并上市之日起12个月内控股股东或者实际控制人发生变更；

（四）首次公开发行股票并上市之日起12个月内累计50%以上资产或者主营业务发生重组；

（五）上市公司公开发行新股、可转换公司债券之日起12个月内累计50%以上资产或者主营业务发生重组，且未在证券发行募集文件中披露；

（六）实际盈利低于盈利预测达20%以上；

（七）关联交易显失公允或者程序违规，涉及金额较大；

（八）控股股东、实际控制人或其他关联方违规占用发行人资源，涉及金额较大；

（九）违规为他人提供担保，涉及金额较大；

（十）违规购买或出售资产、借款、委托资产管理等，涉及金额较大；

（十一）董事、监事、高级管理人员侵占发行人利益受到行政处罚或者被追究刑事责任；

（十二）违反上市公司规范运作和信息披露等有关法律法规，情节严重的；

（十三）中国证监会规定的其他情形。

第七十三条 保荐代表人被暂不受理具体负责的推荐或者被撤销保荐代表人资格的，保荐业务负责人、内核负责人应承担相应的责任，对已受理的该保荐代表人具体负责推荐的项目，保荐机构应当撤回推荐；情节严重的，责令保荐机构就各项保荐业务制度限期整改，责令保荐机构更换保荐业务负责人、内核负责人，逾期仍然不符合要求的，撤销其保荐机构资格。

第七十四条 保荐机构、保荐业务负责人或者内核负责人在1个自然年度内被采取本办法第六十六条规定监管措施累计5次以上，中国证监会可暂停保荐机构的保荐机构资格3个月，责令保荐机构更换保荐业务负责人、内核负责人。

保荐代表人在2个自然年度内被采取本办法第六十六条规定监管措施累计2次以上，中国证监会可6个月内不受理相关保荐代表人具体负责的推荐。

第七十五条 对中国证监会采取的监管措施，保荐机构及其保荐代表人提出申辩的，如有充分证据证明下列事实且理由成立，中国证监会予以采纳：

（一）发行人或其董事、监事、高级管理人员故意隐瞒重大事实，保荐机构和保荐代表人已履行勤勉尽责义务；

（二）发行人已在证券发行募集文件中做出特别提示，保荐机构和保荐代表人已履行勤勉尽责义务；

（三）发行人因不可抗力致使业绩、募集资金运用等出现异常或者未能履行承诺；

（四）发行人及其董事、监事、高级管理人员在持续督导期间故意违法违规，保荐机构和保荐代表人主动予以揭示，已履行勤勉尽责义务；

（五）保荐机构、保荐代表人已履行勤勉尽责义务的其他情形。

第七十六条 发行人及其董事、监事、高级管理人员违反本办法规定，变更保荐机构后未另行聘请保荐机构，持续督导期间违法违规且拒不纠正，发生重大事项未及时通知保荐机构，或者发生其他严重不配合保荐工作情形的，中国证监会可以责令改正，予以公布并可根据情节轻重采取下列监管措施：

（一）要求发行人每月向中国证监会报告接受保荐机构督导的情况；

（二）要求发行人披露月度财务报告、相关资料；

（三）指定证券服务机构进行核查；

（四）要求证券交易所对发行人证券的交易实行特别提示；

（五）36 个月内不受理其发行证券申请；

（六）将直接负责的主管人员和其他责任人员认定为不适当人选。

第七十七条 证券服务机构及其签字人员违反本办法规定的，中国证监会责令改正，并对相关机构和责任人员采取监管谈话、重点关注、出具警示函、责令公开说明、认定为不适当人选等监管措施。

第七十八条 证券服务机构及其签字人员出具的专业意见存在虚假记载、误导性陈述或重大遗漏，或者因不配合保荐工作而导致严重后果的，中国证监会自确认之日起 6 个月到 36 个月内不受理其文件，并将处理结果予以公布。

第七十九条 发行人及其董事、监事、高级管理人员、证券服务机构及其签字人员违反法律、行政法规，依法应予行政处罚的，依照有关规定进行处罚；涉嫌犯罪的，依法移送司法机关，追究其刑事责任。

第七章 附 则

第八十条 本办法所称“保荐机构”，是指《证券法》第十一条所指“保荐人”。

第八十一条 中国证券业协会或者经中国证监会认可的其他机构，可以组织保荐代表人胜任能力考试。

第八十二条 本办法实施前从事证券发行上市保荐业务的保荐机构，不完全符合本办法规定的，应当在本办法实施之日起 3 个月内达到本办法规定的要求，并由中国证监会组织验收。逾期仍然不符合要求的，中国证监会撤销其保荐机构资格。

第八十三条 本办法自 2008 年 12 月 1 日起施行，《证券发行上市保荐制度暂行办法》（证监会令第 18 号）、《首次公开发行股票辅导工作办法》（证监发［2001］125 号）同时废止。

III. 2　保荐人尽职调查工作准则

（2006 年 5 月 29 日　证监发行字［2006］15 号）

目　录

第一章　总　　则

第一条　为了规范和指导保荐人尽职调查工作，提高尽职调查工作质量，根据有关法律、行政法规及中国证券监督管理委员会（以下简称中国证监会）关于保荐业务管理的有关规定，制定本准则。

第二条　本准则所称尽职调查是指保荐人对拟推荐公开发行证券的公司（以下简称发行人）进行全面调查，充分了解发行人的经营情况及其面临的风险和问题，并有充分理由确信发行人符合《证券法》等法律法规及中国证监会规定的发行条件以及确信发行人申请文件和公开发行募集文件真实、准确、完整的过程。

第三条　本准则主要针对首次公开发行股票的工业企业的基本特征制定。保荐人应当在参照本准则基础上，根据发行人的行业、业务、融资类型不同，在不影响尽职调查质量前提下调整、补充、完善尽职调查工作的相关内容。

第四条　本准则是对保荐人尽职调查工作的一般要求。不论本准则是否有明确规定，凡涉及发行条件或对投资者做出投资决策有重大影响的信息，保荐人均应当勤勉尽责地进行尽职调查。

第五条 保荐人尽职调查时，应当考虑其自身专业胜任能力和专业独立性，并确保参与尽职调查工作的相关人员能够恪守独立、客观、公正的原则，具备良好的职业道德和专业胜任能力。

第六条 对发行人公开发行募集文件中无中介机构及其签名人员专业意见支持的内容，保荐人应当在获得充分的尽职调查证据并对各种证据进行综合分析的基础上进行独立判断。

对发行人公开发行募集文件中有中介机构及其签名人员出具专业意见的内容，保荐人应当结合尽职调查过程中获得的信息对专业意见的内容进行审慎核查。对专业意见存有异议的，应当主动与中介机构进行协商，并可要求其做出解释或出具依据；发现专业意见与尽职调查过程中获得的信息存在重大差异的，应当对有关事项进行调查、复核，并可聘请其他中介机构提供专业服务。

第七条 保荐人应在尽职调查基础上形成发行保荐书，同时，应当建立尽职调查工作底稿制度。工作底稿应当真实、准确、完整地反映尽职调查工作。

第八条 中国证监会依照法律、法规、规章和本准则的规定，对保荐人的尽职调查工作进行监管。

第二章 发行人基本情况调查

第九条 改制与设立情况

取得发行人改制的相关资料，包括改制前原企业（或主要发起人）的相关财务资料及审计报告、资产和业务构成情况、上级主管部门同意改制的批复文件等，以及发行人的改制方案、人员安置方案、审计报告、评估报告等，并通过与发行人董事、监事、高级管理人员（以下简称高管人员）及其员工谈话，咨询中介机构等方法，核查发行人在改制时业务、资产、债务、人员等重组情况，分析判断是否符合法律、法规，是否符合证券监管、国有资产管理、税收管理、劳动保障等相关规定。调查改制完成后原企业或主要发起人的资产构成和业务构成情况，改制前原企业的业务流程、改制后发行人的业务流程，以及原企业和发行人业务流程间的联系；调查发行人成立以来，在生产经营方面与主要发起人的关联关系及演变情况，分析判断发行人改制是否清晰、彻底，是否已将与发行人业务有关的生产经营性资产及辅助设施全部投入股份公司，是否保证了发行人供应系统、生产系统、销售系统等方面的独立性和完整性，以及与原企业或主要发起人在法律关系、产权关系、业务关系（如现实的或潜在的关联交易和同业竞争等）、管理关系（如托管等）等方面是否存在重大瑕疵。

取得发行人设立时的政府批准文件、营业执照、公司章程、发起人协议、创立大会文件、评估报告、审计报告、验资报告、工商登记文件等资料，核查发行人的设立程序、工商注册登记的合法性、真实性；必要时走访相关政府部门和中介机构。

第十条 历史沿革情况

查阅发行人历年营业执照、公司章程、工商登记等文件，以及历年业务经营情况记录、年度检验、年度财务报告等资料，调查发行人的历史沿革情况；必要时走访相关政府部门和中介机构。

第十一条 发起人、股东的出资情况

取得发行人设立时各发起人的营业执照（或身份证明文件）、财务报告等有关资料，核查发起人人数、住所、出资比例等是否符合法律、法规和其他有关规定；核查自然人发起人直接持股和间接持股的有关情况，关注其在发行人的任职情况，并关注其亲属在发行人的投资、任职情况；核查发起人是否合法拥有出资资产的产权，资产权属是否存在纠纷或潜在纠纷，以及有关发起人投入资产的计量属性；核查发起人股份转让情况。

通过咨询中介机构、询问发行人高管人员及其财务人员、前往工商管理部门调阅发行人注册登记资料、查阅股东出资时验资资料以及出资后发行人与股东之间的交易记录等方法，调查发行人股东的出资是否及时到位、出资方式是否合法，是否存在出资不实、虚假出资、抽逃资金等情况；核查股东出资资产（包括房屋、土地、车辆、商标、专利等）的产权过户情况。对以实物、知识产权、土地使用权等非现金资产出资的，应查阅资产评估报告，分析资产评估结果的合理性；对以高新技术成果出资入股的，应查阅相关管理部门出具的高新技术成果认定书。

第十二条 重大股权变动情况

查阅与发行人重大股权变动相关的股东大会、董事会、监事会（以下简称三会）有关文件以及政府批准文件、评估报告、审计报告、验资报告、股权转让协议、工商变更登记文件等，核查发行人历次增资、减资、股东变动的合法、合规性，核查发行人股本总额、股东结构和实际控制人是否发生重大变动。

第十三条 重大重组情况

若发行人设立后发生过合并、分立、收购或出售资产、资产置换、重大增资或减资、债务重组等重大重组事项的，应取得相关三会决议文件、重组协议文件、政府批准文件、审计报告、评估报告、中介机构专业意见、债权人同意债务转移的相关文件、重组相关的对价支付凭证和资产过户文件等资料，并通过与重组相关各方和经办人员进行谈话，调查发行人重组动机、内容、程序和完成情况，分析重组行为对发行人业务、控制权、高管人员、财务状况和经营

业绩等方面的影响，判断重组行为是否导致发行人主营业务和经营性资产发生实质变更。

第十四条 主要股东情况

通过现场调查、咨询中介机构、走访工商管理部门，以及查阅发行人主要股东（应追溯至发行人实际控制人）的营业执照、公司章程、财务报告及审计报告（如有）等方式，调查或了解以下事项：主要股东的主营业务、股权结构、生产经营等情况；主要股东之间关联关系或一致行动情况及相关协议；主要股东所持发行人股份的质押、冻结和其他限制权利的情况；控股股东和受控股股东、实际控制人支配的股东持有的发行人股份重大权属纠纷情况；主要股东和实际控制人最近三年内变化情况或未来潜在变动情况。

通过走访主管机构、咨询中介机构、查阅相应的监管记录、与发行人及其主要股东的高管人员及员工谈话等方法，调查主要股东是否存在影响发行人正常经营管理、侵害发行人及其他股东的利益、违反相关法律法规等情形。

第十五条 员工情况

通过查阅发行人员工名册、劳务合同、工资表和社会保障费用明细表等资料，实地走访发行人员工的工作生活场所，与发行人员工谈话，实地察看发行人员工工作情况等方法，调查发行人员工的年龄、教育、专业等结构分布情况及近年来的变化情况，分析其变化的趋势；了解发行人员工的工作面貌、工作热情和工作的满意程度；调查发行人在执行国家用工制度、劳动保护制度、社会保障制度、住房制度和医疗保障制度等方面是否存在违法、违规情况。

第十六条 独立情况

通过查阅发行人控股股东或实际控制人的组织结构资料、发行人组织结构资料、下属公司工商登记和财务资料等方法，结合发行人的生产、采购和销售记录实地考察其产、供、销系统，调查分析发行人是否具有完整的业务流程、独立的生产经营场所以及独立的采购、销售系统，调查分析其对产供销系统和下属公司的控制情况；计算发行人关联采购额和关联销售额分别占其同期采购总额和销售总额的比例，分析是否存在影响发行人独立性的重大或频繁的关联交易，判断其业务独立性。

查阅商标、专利、版权、特许经营权等无形资产以及房产、土地使用权、主要生产经营设备等主要财产的权属凭证、相关合同等资料，并通过咨询中介机构意见，走访房产管理、土地管理、知识产权管理等部门，必要时进行实物资产监盘等方法，调查发行人是否具备完整、合法的财产权属凭证以及是否实际占有；调查商标权、专利权、版权、特许经营权等的权利期限情况，核查这些资产是否存在法律纠纷或潜在纠纷；调查金额较大、期限较长的其他应收款、其他应付款、预收及预付账款产生的原因及交易记录、资金流向等，调查发行人是否存在资产被控股股东或实际控制人及其关联方控制和占用的情况，判断其资产独立性。

通过查阅发行人及股东单位员工名册及劳务合同、发行人工资明细表、与高管人员及员工谈话等方法，调查发行人高管人员是否在控股股东、实际控制人及其控制的其他企业中担任除董事、监事以外的其他职务，发行人财务人员是否在控股股东、实际控制人及其控制的其他企业中兼职，高管人员是否在发行人领取薪酬，是否在控股股东、实际控制人及其控制的其他企业领取薪酬；调查发行人员工的劳动、人事、工资报酬以及相应的社会保障是否独立管理，判断其人员独立性。

通过与高管人员和相关业务人员谈话，查阅发行人财务会计制度、银行开户资料、纳税资料，到相关单位进行核实等方法，调查发行人是否设立独立的财务会计部门、建立独立的会计核算体系，具有规范的财务会计制度和对分公司、子公司的财务管理制度，是否独立进行财务决策、独立在银行开户、独立纳税等，判断其财务独立性。

通过实地调查、与高管人员和员工谈话、查阅股东大会和董事会相关决议、查阅各机构内部规章制度等方法，调查发行人的机构是否与控股股东或实际控制人完全分开且独立运作，是否存在混合经营、合署办公的情形，是否完全拥有机构设置自主权等，判断其机构独立性。

第十七条 内部职工股等情况

如果发行人发行过内部职工股，应取得其内部职工股的审批文件、募股文件、缴款证明文件及验资报告等，必要时走访审批机构、收款银行、验资机构等，调查发行的合法性、真实性；取得内部职工股历年托管证明文件，必要时走访托管机构，调查内部职工股的托管、转让情况；调查内部职工股发行过程中的违法违规情况，包括超范围、超比例发行，通过增发、配股、国家股和法人股转配等形式变相增加内部职工股，内部职工股转让和交易中的违法违规，法人股个人化等情况；调查内部职工股是否存在潜在问题和风险隐患，发行人或相关主体是否采取解决措施或明确责任主体。

调档查阅工商登记资料、发行人三会文件，并与发行人员工和高管人员谈话，调查发行人是否存在工会持股、职工持股会持股、信托持股或股东数量超过二百人的情况，取得相关股份形成及演变的法律文件；上述股份进行过清理的，取得相关的协议文件、决策文件、价款支付凭证等，调查是否存在潜在问题和风险隐患，是否已明确有关责任承担主体。

第十八条 商业信用情况

通过走访当地工商、税务、海关、土地管理、环保、银行、保险、电力、供水等机构和发行人主要供应商、销售商、客户，与发行人高管人员和员工谈话，咨询中介机构，查阅发行人完税凭证、工商登记及相关资料、银行单据、保险凭证、贷款合同及供销合同和客户服务合同、监管机构的监管记录和处罚文件等方法，调查发行人是否按期缴纳相关税、费及合同履约情况，关注发行人是否存在重大违法、违规或不诚信行为，评价发行人的商业信用。

第三章　业务与技术调查

第十九条　行业情况及竞争状况

根据发行人的主营业务，确定发行人所属行业。通过收集行业主管部门制定的发展规划、行业管理方面的法律法规及规范性文件，了解行业监管体制和政策趋势。

通过收集行业杂志、行业分析报告、主要竞争对手意见、行业专家意见、行业协会意见等方法，了解发行人所属行业的市场环境、市场容量、市场细分、市场化程度、进入壁垒、供求状况、竞争状况、行业利润水平和未来变动情况，判断行业的发展前景及行业发展的有利和不利因素，了解行业内主要企业及其市场份额情况，调查竞争对手情况，分析发行人在行业中所处的竞争地位及变动情况。

查阅行业研究资料、咨询行业分析师，调查发行人所处行业的技术水平及技术特点，分析行业的周期性、区域性或季节性特征。了解发行人所属行业特有的经营模式，调查行业企业采用的主要商业模式、销售模式、盈利模式；对照发行人所采用的模式，判断其主要风险及对未来的影响；对报告期内已经或未来将发生经营模式转型的，应予以重点核查。

查阅相关研究报告，分析该行业在产品价值链的作用，通过对该行业与其上下游行业的关联度、上下游行业的发展前景、产品用途的广度、产品替代趋势等进行分析论证，分析上下游行业变动及变动趋势对发行人所处行业的有利和不利影响。根据财务资料，分析发行人出口业务情况，如果出口比例较大，调查相关产品进口国的有关进口政策、贸易摩擦对产品进口的影响、以及进口国同类产品的竞争格局等情况，分析出口市场变动对发行人的影响。

第二十条　采购情况

通过与采购部门人员、主要供应商沟通，查阅相关研究报告和统计资料等方法，调查发行人主要原材料、重要辅助材料、所需能源动力的市场供求状况。

调查发行人的采购模式，查阅发行人产品成本计算单，定量分析主要原材料、所需能源动力价格变动、可替代性、供应渠道变化等因素对发行人生产成本的影响，调查其采购是否受到资源或其他因素的限制。

取得发行人主要供应商（至少前 10 名）的相关资料，计算最近三个会计年度发行人向主要供应商的采购金额、占发行人同类原材料采购金额和总采购金额比例（属于同一实际控制人的供应商，应合并计算采购额），判断是否存在严重依赖个别供应商的情况，如果存在，是否对重要原材料的供应做出备选安排；取得发行人同前述供应商的长期供货合同，分析交易条款，判断发行人原材料供应及价格的稳定性。

与采购部门、生产计划部门人员沟通，调查发行人采购部门与生产计划部门的衔接情况、原材料的安全储备量情况，关注是否存在严重的原材料缺货风险。计算最近几期原材料类存货的周转天数，判断是否存在原材料积压风险，实地调查是否存在残次、冷背、呆滞的原材料。

通过查阅制度文件、现场实地考察等方法，调查发行人的存货管理制度及其实施情况，包括但不限于存货入库前是否经过验收、存货的保存是否安全以及是否建立存货短缺、毁损的处罚或追索等制度。

与主要供应商、发行人律师沟通，调查发行人高管人员、核心技术人员、主要关联方或持有发行人 5% 以上股份的股东在主要供应商中所占的权益情况，是否发生关联采购。如果存在影响成本的重大关联采购，抽查不同时点的关联交易合同，分析不同时点的关联采购价格与当时同类原材料市场公允价格是否存在异常，判断关联采购的定价是否合理，是否存在大股东与发行人之间的利润输送或资金转移情况。

第二十一条 生产情况

取得发行人生产流程资料，结合生产核心技术或关键生产环节，分析评价发行人生产工艺、技术在行业中的领先程度。

取得发行人主要产品的设计生产能力和历年产量有关资料并进行比较，与生产部门人员沟通，分析发行人各生产环节是否存在瓶颈制约。

通过现场观察、查阅财务资料等方法，核查发行人主要设备、房产等资产的成新率和剩余使用年限，在发行人及其下属公司的分布情况；关注是否存在闲置，是否对闲置资产做出安排；涉及租赁的，应取得租赁合同，分析相关条款和实际执行情况；涉及关联方租赁的，应分析租赁的必要性、合理性和租赁价格的公允性。调查发行人是否存在设备抵押贷款的情形，如有，查阅借款合同的条款及还款情况，分析预期债务是否会对发行人的生产保障构成影响。取得发行人关键设备、厂房等重要资产的保险合同或其他保障协定，判断发行人对重要财产是否实施了必要的保障措施。

取得发行人专利、非专利技术、土地使用权、水面养殖权、探矿权、采矿权等主要无形资产的明细资料，分析其剩余使用期限或保护期情况，关注其对发行人生产经营的重大影响。取得发行人许可或被许可使用资产的合同文件，关注许可使用的具体资产内容、许可方式、许可年限、许可使用费，分析未来对发行人生产经营可能造成的影响；调查上述许可合同中，发行人所有或使用的资产存在纠纷或潜在纠纷的情况。取得发行人拥有的特许经营权的法律文件，分析特许经营权的取得、期限、费用标准等，关注对发行人持续生产经营的影响。

调查发行人是否在境外进行生产经营，取得其境外拥有资产的详细资料，并分析其境外的生产规模、盈利状况、主要风险等。

查阅发行人历年产品（服务）成本计算单，计算主要产品（服务）的毛利率、贡献毛利占当期主营业务利润的比重指标，与同类公司数据比较，分析发行人较同行业公司在成本方面的竞争优势或劣势；根据发行人报告期上述数据，分析发行人主要产品的盈利能力，分析单位成本中直接材料、直接人工、燃料及动力、制造费用等成本要素的变动情况，计算发行人产品的主要原材料、动力、燃料的比重，存在单一原材料所占比重较大的，分析其价格的变动趋势，并分析评价可能给发行人销售和利润所带来的重要影响。

与发行人质量管理部门人员沟通、取得质量控制制度文件、现场实地考察，了解发行人质量管理的组织设置、质量控制制度及实施情况。获取质量技术监督部门文件，调查发行人产品（服务）是否符合行业标准，报告期是否因产品质量问题受过质量技术监督部门的处罚。

取得发行人安全生产及以往安全事故处理等方面的资料，调查发行人是否存在重大安全隐患、是否采取保障安全生产的措施，调查发行人成立以来是否发生过重大的安全事故以及受到处罚的情况，分析评价安全事故对发行人生产经营、经营业绩可能产生的影响。

调查发行人的生产工艺是否符合环境保护相关法规，调查发行人历年来在环境保护方面的投入及未来可能的投入情况。现场观察“三废”的排放情况，核查有无污染处理设施及其实际运行情况。走访周围居民，并征求环境保护管理部门的意见，调查是否存在受到处罚的情况。

第二十二条 销售情况

结合发行人的行业属性和企业规模等情况，了解发行人的销售模式，分析其采用该种模式的原因和可能引致的风险；查阅发行人产品的注册商标，了解其市场认知度和信誉度，评价产品的品牌优势。了解市场上是否存在假冒伪劣产品，如有，调查发行人的打假力度和维权措施实施情况。

通过与发行人销售部门负责人沟通、获取权威市场调研机构的报告等方法，调查发行人产品（服务）的市场定位、客户的市场需求状况，是否有稳定的客户基础等。搜集发行人主要产品市场的地域分布和市场占有率资料，结合行业排名、竞争对手等情况，对发行人主要产品的行业地位进行分析。搜集行业产品定价普遍策略和行业龙头企业的产品定价策略，了解发行人主要产品的定价策略，评价其产品定价策略合理性；调查报告期发行人产品销售价格的变动情况。获取或编制发行人报告期按区域分布的销售记录，调查发行人产品（服务）的销售区域，分析发行人销售区域局限化现象是否明显，产品的销售是否受到地方保护主义的影响。

获取或编制发行人报告期对主要客户（至少前10名）的销售额占年度销售总额的比例及回款情况，是否过分依赖某一客户（属于同一实际控制人的销售客户，应合并计算销售额）；分析其主要客户的回款情况，是否存在以实物抵债的现象。对大客户，需追查销货合同、销货发票、产品出库单、银行进账单，或用函证的方法确定销售业务发生的真实性；与前述客户存在长期合同的，应取得相关合同，分析长期合同的交易条款及对发行人销售的影响。如果存在会计期末销售收入异常增长的情况，需追查相关收入确认凭证，判断是否属于虚开发票、虚增收入的情形。

获取发行人最近几年产品返修率、客户诉讼和产品质量纠纷等方面的资料，调查发行人销售维护和售后服务体系的建立及其实际运行情况，分析客户诉讼和产品质量纠纷对未来销售的影响及销售方面可能存在的或有负债。查阅销售合同、销售部门对销售退回的处理意见等资料，核查是否存在大额异常的销售退回，判断销售退回的真实性。对产品大量出口的，应函证或走访海关等相关机构，调查其销售方式、销售途径和客户回款情况，确认销售的真实性，判断收入确认标准的合理性。

调查主营业务收入、其他业务收入中是否存在重大的关联销售，关注高管人员和核心技术人员、主要关联方或持有发行人5%以上股份的股东在主要客户中所占的权益；抽查不同时点的关联销售合同，分析不同时点销售价格的变动，并与同类产品当时市场公允价格比较；调查上述关联销售合同中，产品最终实现销售的情况。如果存在异常，分析其对收入的影响，分析关联销售定价是否合理，是否存在大股东与发行人之间的利润输送或资金转移现象。

第二十三条 核心技术人员、技术与研发情况

取得发行人研发体制、研发机构设置、激励制度、研发人员资历等资料，调查发行人的研发模式和研发系统的设置和运行情况，分析是否存在良好的技术创新机制，是否能够满足发行人未来发展的需要。

调查发行人拥有的专利、非专利技术、技术许可协议、技术合作协议等，分析发行人主要产品的核心技术，考察其技术水平、技术成熟程度、同行业技术发展水平及技术进步情况；分析发行人主要产品生产技术所处的阶段（如基础研究、中试、小批量生产或大批量生产阶段）；核查核心技术的取得方式及使用情况，判断是否存在纠纷或潜在纠纷及侵犯他人知识产权的情形。调查专利技术和非专利技术许可方式、允许使用期限及到期的处理方法，考察主要产品的技术含量和可替代性；对于专利技术，应关注专利的有效期及到期后对发行人的影响，并核查侵权情况及发行人具体的保护措施与效果；对于非专利技术，应取得发行人相关保密制度及其与核心技术人员签订的保密协议等，调查发行人具体的技术保护措施和实际的保护状况；对发行人未来经营存在重大影响的关键技术，应当予以特别关注和专项调查。

取得发行人核心技术人员的奖励制度、股权激励计划等资料，调查发行人对关键技术人员是否实施了有效约束和激励，是否有效避免了关键技术人才的流失和技术秘密的外泄。取得发行人主要研发成果、在研项目、研发目标等资料，调查发行人历年研发费用占发行人主营业务收入的比重、自主知识产权的数量与质量、技术储备等情况，对发行人的研发能力进行分析。与其他单位合作研发的，取得合作协议等相关资料，分析合作研发的成果分配、保密措施等问题。

第四章　同业竞争与关联交易调查

第二十四条　同业竞争情况

取得发行人改制方案，分析发行人、控股股东或实际控制人及其控制的企业的财务报告及主营业务构成等相关数据，必要时取得上述单位相关生产、库存、销售等资料，并通过询问发行人及其控股股东或实际控制人、实地走访生产或销售部门等方法，调查发行人控股股东或实际控制人及其控制的企业实际业务范围、业务性质、客户对象、与发行人产品的可替代性等情况，判断是否构成同业竞争，并核查发行人控股股东或实际控制人是否对避免同业竞争做出承诺以及承诺的履行情况。

第二十五条　关联方及关联交易情况

通过与发行人高管人员谈话、咨询中介机构、查阅发行人及其控股股东或实际控制人的股权结构和组织结构、查阅发行人重要会议记录和重要合同等方法，按照《公司法》和企业会计准则的规定，确认发行人的关联方及关联方关系，调档查阅关联方的工商登记资料。

调查发行人高管人员及核心技术人员是否在关联方单位任职、领取薪酬，是否存在由关联方单位直接或间接委派等情况。

通过与发行人高管人员、财务部门和主要业务部门负责人交谈，查阅账簿、相关合同、会议记录、独立董事意见，发函询证，咨询律师及注册会计师意见，查阅同类交易的市场价格数据等方法，调查发行人关联交易的以下内容（包括但不限于）：

1. 是否符合相关法律法规的规定。

2. 取得与关联交易相关的会议资料，判断是否按照公司章程或其他规定履行了必要的批准程序。

3. 定价依据是否充分，定价是否公允，与市场交易价格或独立第三方价格是否有较大差异及其原因，是否存在明显属于单方获利性交易。

4. 向关联方销售产生的收入占发行人主营业务收入的比例、向关联方采购额占发行人采购总额的比例，分析是否达到了影响发行人经营独立性的程度。

5. 计算关联方的应收、应付款项余额分别占发行人应收、应付款项余额的比例，关注关联交易的真实性和关联方应收款项的可收回性。

6. 关联交易产生的利润占发行人利润总额的比例是否较高，是否对发行人业绩的稳定性产生影响。

7. 调查关联交易合同条款的履行情况，以及有无大额销售退回情况及其对发行人财务状况的影响。

8. 是否存在关联交易非关联化的情况。对于缺乏明显商业理由的交易，实质与形式明显不符的交易，交易价格、条件、形式等明显异常或显失公允的交易，与曾经的关联方持续发生的交易，与非正常业务关系单位或个人发生的偶发性或重大交易等，应当予以重点关注，分析是否为虚构的交易、是否实质上是关联交易，调查交易背后是否还有其他安排。

9. 分析关联交易的偶发性和经常性。对于购销商品、提供劳务等经常性关联交易，分析增减变化的原因及是否仍将持续进行，关注关联交易合同重要条款是否明确且具有可操作性以及是否切实得到履行；对于偶发性关联交易，分析对当期经营成果和主营业务的影响，关注交易价格、交易目的和实质，评价交易对发行人独立经营能力的影响。

10. 参照财政部关于关联交易会计处理的相关规定，核查发行人主要关联交易的会计处理是否符合规定。

第五章 高管人员调查

第二十六条 高管人员任职情况及任职资格

通过查阅有关三会文件、公司章程等方法，了解高管人员任职情况，核查相关高管人员的任职是否符合法律、法规规定的任职资格，聘任是否符合公司章程规定的任免程序和内部人事聘用制度；调查高管人员相互之间是否存在亲属关系。对于高管人员任职资格需经监管部门核准或备案的，应获得相关批准或备案文件。

第二十七条 高管人员的经历及行为操守

通过与高管人员分别谈话、查阅有关高管人员个人履历资料、查询高管人员曾担任高管人员的其他上市公司的财务及监管记录、咨询主管机构、与中介机构和发行人员工谈话等方法，调查了解高管人员的教育经历、专业资历以及是否存在违法、违规行为或不诚信行为，是否存在受到处罚和对曾任职的破产企业负个人责任的情况。

取得发行人与高管人员所签定的协议或承诺文件，关注高管人员做出的重要承诺，以及有关协议或承诺的履行情况。

第二十八条 高管人员胜任能力和勤勉尽责

通过查询有关资料，与高管人员、中介机构、发行人员工、主要供应商、主要销售商谈话等方法，了解发行人高管人员曾担任高管人员的其他公司的规范运作情况以及该公司经营情况，分析高管人员管理公司的能力。

通过与高管人员分别谈话、与发行人员工谈话等方法，了解发行人员工对高管人员的评价，发行人高管人员是否团结，关键管理人员之间是否存在重大分歧和矛盾，是否会对发行人经营产生现实或潜在的重大影响。

通过与高管人员分别谈话、与发行人员工谈话、查阅三会及总经理办公会纪要等方法，了解每名高管人员尤其是每名董事投入发行人业务的时间，分析高管人员是否有足够时间和精力勤勉尽责地管理公司。

分别与董事长、总经理、财务负责人和董事会秘书（包括但不限于上述人员）就公司现状、发展前景等方面问题进行交谈，了解高管人员的胜任能力和勤勉尽责情况。这些问题包括但不限于：

1. 发行人所处行业的基本情况及发展趋势；

2. 发行人的发展战略、经营理念和经营模式、业务发展目标以及历年发展计划的执行和实现情况；

3. 与竞争对手比较，发行人的竞争优势和劣势；

4. 发行人经营中存在的主要问题和风险，有何解决措施；

5. 对公司治理结构及内部控制情况的评价；

6. 在扩大市场份额、开拓客户方面有何措施；

7. 如何保证经营计划及财务计划的有效实施；

8. 如何使用募集资金；

9. 发行人上市的主要目的。

第二十九条 高管人员薪酬及兼职情况

通过查阅三会文件、与高管人员交谈、与发行人员工交谈等方法，调查发行人为高管人员制定的薪酬方案、股权激励方案。

通过与高管人员交谈、咨询发行人律师、查阅有关资料等方法，调查高管人员在发行人内部或外部的兼职情况，分析高管人员兼职情况是否会对其工作效率、质量产生影响。关注高管人员最近一年从发行人及其关联企业领取收入的情况，以及所享受的其他待遇、退休金计划等。

第三十条 报告期内高管人员变动

通过查阅有关三会文件、与高管人员交谈、与发行人员工交谈等方法，了解报告期高管人员的变动情况，内容包括但不限于变动经过、变动原因、是否符合公司章程规定的任免程序和内部人事聘用制度、程序，控股股东或实际控制人推荐高管人选是否通过合法程序，是否存在控股股东或实际控制人干预发行人董事会和股东大会已经做出的人事任免决定的情况等。

第三十一条 高管人员是否具备上市公司高管人员的资格

通过与高管人员谈话、组织高管人员考试等方法，调查高管人员是否已掌握进入证券市场应具备的法律、行政法规和相关知识，是否已知悉上市公司及其高管人员的法定义务和责任，是否具备足够的诚信水准和管理上市公司的能力及经验。

第三十二条 高管人员持股及其他对外投资情况

取得高管人员的声明文件，调查高管人员及其近亲属以任何方式直接或间接持有发行人股份的情况，近三年所持股份的增减变动以及所持股份的质押或冻结情况。

调查高管人员的其他对外投资情况，包括持股对象、持股数量、持股比例以及有关承诺和协议；核查高管人员及其直系亲属是否存在自营或为他人经营与发行人同类业务的情况，是否存在与公司利益发生冲突的对外投资，是否存在重大债务负担。

第六章 组织结构与内部控制调查

第三十三条 公司章程及其规范运行情况

通过查阅发行人公司章程、咨询发行人律师等方法，调查公司章程是否符合《公司法》、《证券法》及中国证监会和交易所的有关规定。关注董事会授权情况是否符合规定。

通过查阅三会文件、咨询发行人律师等方法，调查公司章程历次修改情况、修改原因、每次修改是否经过法定程序、是否进行了工商变更登记。

了解发行人三年内是否存在违法违规行为，若存在违法违规行为，应详细核查违规事实及受到处罚的情况；若不存在违法违规行为，应取得发行人明确的书面声明。

第三十四条 组织结构和三会运作情况

了解发行人的内部组织结构，考察总部与分（子）公司、董事会、专门委员会、总部职能部门与分（子）公司内部控制决策的形式、层次、实施和反馈的情况，分析评价发行人组织运作的有效性；调查各机构之间的管理、分工、协作和信息沟通关系，分析其设计的必要性、合理性和运行的有效性。根据公司章程，结合发行人组织结构，核查发行人组织机构是否健全、清晰，其设置是否体现分工明确、相互制约的治理原则。

取得发行人公司治理制度规定，包括三会议事规则、董事会专门委员会议事规则、总经理工作制度、内部审计制度等文件资料，核查发行人是否依法建立了健全的股东大会、董事会、监事会、独立董事、董事会秘书制度，了解发行人董事会、监事会，以及战略、审计、提名、薪酬与考核等专门委员会的设置情况，及公司章程中规定的上述机构和人员依法履行的职责是否完备、明确。

通过与主要股东、董事、监事、独立董事、董事会秘书谈话、讨论和查阅有关三会文件等方法，核查发行人三会和高管人员的职责及制衡机制是否有效运作，发行人建立的决策程序和议事规则是否民主、透明，内部监督和反馈系统是否健全、有效。

取得发行人历次三会的会议文件，包括书面通知副本、会议记录、会议决议等，并结合尽职调查的其他信息，核查发行人：

1. 是否依据有关法律法规和公司章程发布通知并按期召开三会；

2. 董事会和监事会是否按照有关法律法规和公司章程及时进行换届选举；

3. 会议文件是否完整，会议记录中时间、地点、出席人数等要件是否齐备，会议文件是否归档保存；

4. 会议记录是否正常签署；

5. 对重大投资、融资、经营决策、对外担保、关联交易等事项的决策过程中，是否履行了公司章程和相关议事规则规定的程序；

6. 涉及关联董事、关联股东或其他利益相关者应当回避的，该等人员是否回避了表决；

7. 监事会是否正常发挥作用，是否具备切实的监督手段；

8. 董事会下设的专门委员会是否正常发挥作用，是否形成相关决策记录；

9. 三会决议的实际执行情况，未能执行的会议决议，相关执行者是否向决议机构汇报并说明原因。

第三十五条 独立董事制度及其执行情况

取得发行人独立董事方面的资料，核查发行人是否已经建立了独立董事制度，根据有关制度规定，判断发行人独立董事制度是否合规。核查发行人独立董事的任职资格、职权范围等是否符合中国证监会的有关规定。

通过与独立董事谈话，调阅董事会会议纪要、独立董事所发表的意见等方法，核查独立董事是否知悉发行人的生产经营情况、财务情况，是否在董事会决策和发行人经营管理中实际发挥独立作用。

第三十六条 内部控制环境

通过与发行人高管人员及员工交谈，查阅董事会、总经理办公会等会议记录、发行人各项业务及管理规章制度等方法，分析评价发行人是否有积极的控制环境，包括考察董事会及相关的专门委员会是否负责批准并定期审查发行人的经营战略和重大决策、确定经营风险的可接受水平；考察高管人员是否执行董事会批准的战略和政策，以及高管人员和董事会、专门委员会之间的责任、授权和报告关系是否明确；考察高管人员是否促使发行人员工了解公司的内部控制制度并在其中发挥作用。

第三十七条 业务控制

与发行人相关业务管理及运作部门进行沟通，查阅发行人关于各类业务管理的相关制度规定，了解各类业务循环过程和其中的控制标准、控制措施，包括授权与审批、复核与查证、业务规程与操作程序、岗位权限与职责分工、相互独立与制衡、应急与预防等措施。应选择一定数量的控制活动样本，采取验证、观察、询问、重新操作等测试方法，评价发行人的内部控制措施是否有效实施。

调查发行人是否接受过政府审计及其他外部审计，如有，核查该审计报告所提问题是否已得到有效解决。调查发行人报告期及最近一期的业务经营操作是否符合监管部门的有关规定，是否存在因违反工商、税务、审计、环保、劳动保护等部门的相关规定而受到处罚的情形及对发行人业务经营、财务状况等的影响，并调查该事件是否已改正，不良后果是否已消除。

对发行人已发现的由于风险控制不力所导致的损失事件进行调查，了解事件发生过程及对发行人财务状况、经营业绩的影响，了解该业务环节内部控制制度的相关规定及有效性，事件发生后发行人所采取的紧急补救措施及效果，追踪发行人针对内控的薄弱环节所采取的改进措施及效果。

第三十八条 信息系统控制

了解发行人信息系统建设情况、管理制度、操作流程和风险防范制度。通过与发行人高管人员和员工交谈，查阅发行人相关业务规章制度等方法，评价信息沟通与反馈是否有效，包括是否建立了能够涵盖发行人的全部重要活动，并对内部和外部的信息进行搜集和整理的有效信息系统，是否建立了有效的信息沟通和反馈渠道，确保员工能充分理解和执行发行人政策和程序，并保证相关信息能够传达到应被传达到的人员。在此基础上，评价发行人信息系统内部控制的完整性、合理性及有效性。

第三十九条 会计管理控制

搜集发行人会计管理的相关资料，核查发行人的会计管理是否涵盖所有业务环节，是否制定了专门的、操作性强的会计制度，各级会计人员是否具备了专业素质，是否建立了持续的人员培训制度，有无控制风险的相关规定，会计岗位设置是否贯彻“责任分离、相互制约”原则，是否执行重要会计业务和电算化操作授权规定，是否按规定组织对账等，分析评价发行人会计管理内部控制的完整性、合理性及有效性。

第四十条 内部控制的监督

了解发行人的内部审计队伍建设情况，核查其人数是否符合相关规定，是否配备了专业的中坚力量，核查内部审计是否涵盖了各项业务、分支机构、财务会计、数据系统等各类别，调查了解近年来发行人通过内部审计避免或减少损失的情况，并综合分析发行人内部审计及监督体系的有效性。

与发行人高管人员、内部审计、注册会计师等部门和人员交谈，了解发行人内部控制的监督和评价制度。采用询问、验证、查阅内部审计报告、查阅监事会报告和对发行人已出现的风险事项进行实证分析等方法，考察发行人内部控制的监督和评价制度的有效性。

取得发行人管理层对内部控制完整性、合理性及有效性的自我评价书面意见。内部控制存在缺陷的，重点核查发行人拟采取的改进措施是否可行、有效。

第七章 财务与会计调查

第四十一条 财务报告及相关财务资料

对经注册会计师审计或发表专业意见的财务报告及相关财务资料的内容进行审慎核查。审慎核查时，不仅需关注会计信息各构成要素之间是否相匹配，还需关注会计信息与相关非会计信息之间是否相匹配，特别是应将财务分析与发行人实际业务情况相结合，关注发行人的业务发展、业务管理状况，了解发行人业务的实际操作程序、相关经营部门的经营业绩，对发行人财务资料做出总体评价。在此基础上，对重要的财务事项进行重点核查。

发现异常财务事项或财务报表被出具非标准审计报告时，应采取现场察看，核查相关会计记录和业务文件，向董事会、监事会、业务人员和经办人员询问等多种形式进行专项核查。必要时，就会计师的审计或审核意见、会计报表附注中重要或异常内容与会计师进行沟通，或请会计师做出书面解释，但应对会计师所做解释的合理性、准确性、完整性进行核查，并做出独立判断；对于重大财务异常事项，应当对有关事项进行调查、复核，必要时可聘请其他中介机构提供专业服务。

对于发行人财务报表中包含的分部信息，应获取相关分部资料，进行必要的核查。

对纳入合并范围的重要控股子公司的财务状况应同样履行充分的审慎核查程序。

对发行人披露的参股子公司，应获取最近一年及一期的财务报告及审计报告（如有）。

对发行人运行不足三年的，应核查发行人设立前利润表编制的会计主体及确定方法。财务报表存在剥离调整的，还应核查剥离调整的原则、方法和具体剥离情况。

如发行人最近一年及一期内收购兼并其他企业资产（或股权），且被收购企业资产总额或营业收入或净利润超过收购前发行人相应项目 20%（含 20%）的，应获得被收购企业收购前一年的利润表，并核查其财务情况。

第四十二条 会计政策和会计估计

通过查阅发行人财务资料，并与相关财务人员和会计师沟通，核查发行人的会计政策和会计估计的合规性和稳健性。

如发行人报告期内存在会计政策或会计估计变更，重点核查变更内容、理由及对发行人财务状况、经营成果的影响。

第四十三条 评估报告

通过询问评估师，查阅评估报告和相关的财务资料以及评估机构的资质材料等方法，结合行业发展和物价变动等情况，核查评估机构是否履行了必要的评估程序、评估假设是否合理、评估方法是否恰当、评估依据是否充分、评估结果是否合理、评估值大幅增减变化原因是否合理，关注评估中的特殊说明事项及评估资产的产权是否明确。

第四十四条 内控鉴证报告

取得注册会计师关于发行人内部控制的鉴证报告，与发行人聘请的注册会计师进行沟通，了解发行人内部控制制度是否完整、合理和有效。如会计师提出了改进建议，应对不足的方面进行特别关注，跟踪发行人改进的措施及效果。

第四十五条 财务比率分析

计算发行人各年度毛利率、资产收益率、净资产收益率、每股收益等，分析发行人各年度盈利能力及其变动情况，分析母公司报表和合并报表的利润结构和利润来源，判断发行人盈利能力的持续性。

计算发行人各年度资产负债率、流动比率、速动比率、利息保障倍数等，结合发行人的现金流量状况、在银行的资信状况、可利用的融资渠道及授信额度、表内负债、表外融资及或有负债等情况，分析发行人各年度偿债能力及其变动情况，判断发行人的偿债能力和偿债风险。

计算发行人各年度资产周转率、存货周转率和应收账款周转率等，结合市场发展、行业竞争状况、发行人生产模式及物流管理、销售模式及赊销政策等情况，分析发行人各年度营运能力及其变动情况，判断发行人经营风险和持续经营能力。

通过上述比率分析，与同行业可比公司的财务指标比较，综合分析发行人的财务风险和经营风险，判断发行人财务状况是否良好，是否存在持续经营问题。

第四十六条 销售收入

通过询问会计师，查阅银行存款、应收账款、销售收入等相关科目等方法，了解实际会计核算中该行业收入确认的一般原则以及发行人确认收入的具体标准，判断收入确认具体标准是否符合会计准则的要求，是否存在提前或延迟确认收入或虚计收入的情况。核查发行人在会计期末是否存在突击确认销售的情况，期末收到销售款项是否存在期后不正常流出的情况；分析发行人经营现金净流量的增减变化情况是否与发行人销售收入变化情况相符，关注交易产生的经济利益是否真正流入企业。

取得发行人收入的产品构成、地域构成及其变动情况的详细资料，分析收入及其构成变动情况是否符合行业和市场同期的变化情况。如发行人收入存在季节性波动，应分析季节性因素对各季度经营成果的影响，参照同行业其他公司的情况，分析发行人收入的变动情况及其与成本、费用等财务数据之间的配比关系是否合理。

取得发行人主要产品报告期价格变动的资料，了解报告期内的价格变动情况，分析发行人主要产品价格变动的基本规律及其对发行人收入变动的影响；搜集市场上相同或相近产品的价格信息和近年的走势情况，与发行人产品价格的变动情况进行比较，分析是否存在异常；取得发行人报告期主要产品的销量变化资料，了解报告期内主要产品销售数量的变化情况，分析发行人主要产品销量变动的基本规律及其对发行人收入变动的影响。存在异常变动或重大变动的，应分析并追查原因。

关注发行人销售模式对其收入核算的影响及是否存在异常，了解主要经销商的资金实力、销售网络、所经销产品对外销售和回款等情况，核查发行人的产品销售核算与经销商的核算是否存在重大不符。

第四十七条 销售成本与销售毛利

根据发行人的生产流程，搜集相应的业务管理文件，了解发行人生产经营各环节成本核算方法和步骤，确认发行人报告期成本核算的方法是否保持一致。

获取报告期主要产品的成本明细表，了解产品单位成本及构成情况，包括直接材料、直接人工、燃料和动力、制造费用等。报告期内主要产品单位成本大幅变动的，应进行因素分析并结合市场和同行业企业情况判断其合理性。

对照发行人的工艺流程、生产周期和在产品历史数据，分析期末在产品余额的合理性，关注期末存货中在产品是否存在余额巨大等异常情况，判断是否存在应转未转成本的情况。

计算发行人报告期的利润率指标，分析其报告期内的变化情况并判断其未来变动趋势，与同行业企业进行比较分析，判断发行人产品毛利率、营业利润率等是否正常，存在重大异常的应进行多因素分析并进行重点核查。

第四十八条 期间费用

取得营业费用明细表，结合行业销售特点、发行人销售方式、销售操作流程、销售网络、回款要求、售后承诺（如无条件退货）等事项，分析发行人营业费用的完整性、合理性；对照各年营业收入的环比分析，核对与营业收入直接相关的营业费用变动趋势是否与前者一致。两者变动趋势存在重大不一致的，应进行重点核查。

取得发行人管理费用明细表，分析是否存在异常的管理费用项目，如存在，应通过核查相关凭证、对比历史数据等方式予以重点核查。关注控股股东、实际控制人或关联方占用资金的相关费用情况。

取得财务费用明细表，对发行人存在较大银行借款或付息债务的，应对其利息支出情况进行测算，结合对固定资产的调查，确认大额利息资本化的合理性。

第四十九条 非经常性损益

取得经注册会计师验证的发行人报告期加权平均净资产收益率和非经常性损益明细表，逐项核查是否符合相关规定，调查非经常性损益的来源、取得依据和相关凭证以及相关款项是否真实收到、会计处理是否正确，并分析其对发行人财务状况和经营业绩的影响；结合业务背景和业务资料，判断重大非经常性损益项目发生的合理性和计价的公允性；计算非经常性损益占当期利润比重，分析由此产生的风险。

第五十条　货币资金

通过取得发行人银行账户资料、向银行函证等方式，核查定期存款账户、保证金账户、非银行金融机构账户等非日常结算账户形成原因及目前状况。对于在证券营业部开立的证券投资账户，还应核查发行人是否及时完整地核算了证券投资及其损益。

抽查货币资金明细账，重点核查大额货币资金的流出和流入，分析是否存在合理的业务背景，判断其存在的风险；核查大额银行存款账户，判断其真实性；分析金额重大的未达账项形成的原因及其影响；关注报告期货币资金的期初余额、本期发生额和期末余额。

第五十一条　应收款项

取得应收款项明细表和账龄分析表、主要债务人及主要逾期债务人名单等资料，并进行分析核查。了解大额应收款形成原因、债务人状况、催款情况和还款计划。

抽查相应的单证和合同，对账龄较长的大额应收账款，分析其他应收款发生的业务背景，核查其核算依据的充分性，判断其收回风险；取得相关采购合同，核查大额预付账款产生的原因、时间和相关采购业务的执行情况。调查应收票据取得、背书、抵押和贴现等情况，关注由此产生的风险。

判断坏账准备计提是否充分、是否存在操纵经营业绩的情形。

重点核查报告期内是否存在资金被控股股东、实际控制人及其控制的其他企业占用情况。

结合发行人收款政策、应收账款周转情况、现金流量情况，对发行人销售收入的回款情况进行分析，关注报告期应收账款增幅明显高于主营业务收入增幅的情况，判断由此引致的经营风险和对持续经营能力的影响。

第五十二条　存货

取得存货明细表，核查存货余额较大、周转率较低的情况。结合生产情况、存货结构及其变动情况，核查存货报告期内大幅变动的原因。

结合原材料及产品特性、生产需求、存货库存时间长短，实地抽盘大额存货，确认存货计价的准确性，核查是否存在大量积压或冷备情况，分析提取存货跌价准备的计提方法是否合理、提取数额是否充分；测算发出存货成本的计量方法是否合理。

第五十三条　对外投资

查阅发行人股权投资的相关资料，了解其报告期的变化情况；取得被投资公司的营业执照、报告期的财务报告、投资协议等文件，了解被投资公司经营状况，判断投资减值准备计提方法是否合理、提取数额是否充分，投资收益核算是否准确。对于依照法定要求需要进行审计的被投资公司，应该取得相应的审计报告。

取得报告期发行人购买或出售被投资公司股权时的财务报告、审计报告及评估报告（如有），分析交易的公允性和会计处理的合理性。

查阅发行人交易性投资相关资料，了解重大交易性投资会计处理的合理性；取得重大委托理财的相关合同及发行人内部的批准文件，分析该委托理财是否存在违法违规行为。

取得重大项目的投资合同及发行人内部的批准文件，核查其合法性、有效性，结合项目进度情况，分析其影响及会计处理的合理性。

第五十四条　固定资产、无形资产

取得固定资产的折旧明细表和减值准备明细表，通过询问生产部门、设备管理部门和基建部门以及实地观察等方法，核查固定资产的使用状况、在建工程的施工进度，确认固定资产的使用状态是否良好，在建工程是否达到结转固定资产的条件，了解是否存在已长期停工的在建工程、长期未使用的固定资产等情况。分析固定资产折旧政策的稳健性以及在建工程和固定资产减值准备计提是否充分，根据固定资产的会计政策对报告期内固定资产折旧计提进行测算。

对照无形资产的有关协议、资料，了解重要无形资产的取得方式、入账依据、初始金额、摊销年限及确定依据、摊余价值及剩余摊销年限。无形资产的原始价值是以评估值作为入账依据的，应该重点关注评估结果及会计处理是否合理。

第五十五条　投资性房地产

核查重要投资性房地产的种类和计量模式，采用成本模式的，核查其折旧或摊销方法以及减值准备计提依据；采用公允价值模式的，核查其公允价值的确定依据和方法。了解重要投资性房地产的转换及处置的确认和计量方法，判断上述会计处理方法是否合理，分析其对发行人的经营状况的影响程度。

第五十六条　主要债务

查阅发行人主要银行借款资料，了解银行借款状况，发行人在主要借款银行的资信评级情况，是否存在逾期借款，有逾期未偿还债项的，应了解其未按期偿还的原因、预计还款期等；取得应付款项明细表，了解应付票据是否真实支付、大额应付账款的账龄和逾期未付款原因、大额其他应付款及长期应付款的具体内容和业务背景、大额应交税金欠缴情况等；了解对内部人员和关联方的负债，主要合同承诺的债务金额、期限、成本。

第五十七条 现金流量

取得发行人报告期现金流量的财务资料，综合考虑发行人的行业特点、规模特征、销售模式等，结合资产负债表和损益表相关数据勾稽关系，对发行人经营活动、投资活动和筹资活动产生的现金流量进行全面分析；核查发行人经营活动产生的现金流量及其变动情况，判断发行人资产流动性、盈利能力、偿债能力及风险等。如果发行人经营活动产生的现金流量净额持续为负或远低于同期净利润的，应进行专项核查，并判断其真实盈利能力和持续经营能力。对最近三个会计年度经营活动产生的现金流量净额的编制进行必要的复核和测算。

第五十八条 或有负债

取得发行人对外担保的相关资料，计算担保金额占发行人净资产、总资产的比重，调查担保决策过程是否符合有关法律法规和公司章程等的规定，分析一旦发生损失，对发行人正常生产经营和盈利状况的影响程度，调查被担保方是否具备履行义务的能力、是否提供了必要的反担保。

调查发行人是否存在重大仲裁、诉讼和其他重大或有事项，并分析该等已决和未决仲裁、诉讼与其他重大或有事项对发行人的重大影响。

第五十九条 合并报表的范围

根据对发行人组织结构等情况的尽职调查，分析合并范围是否合规。对于报告期内合并报表范围发生重大变化的，应了解其变化原因，分析该变化对发行人经营状况和财务状况的影响。

第六十条 纳税情况

查阅发行人报告期的纳税资料，调查发行人及其控股子公司所执行的税种、税基、税率是否符合现行法律、法规的要求及报告期是否依法纳税。

取得发行人税收优惠或财政补贴资料，核查发行人享有的税收优惠或财政补贴是否符合财政管理部门和税收管理部门的有关规定，调查税收优惠或财政补贴的来源、归属、用途及会计处理等情况，关注税收优惠期或补贴期及其未来影响，分析发行人对税收政策的依赖程度和对未来经营业绩、财务状况的影响。

第六十一条 盈利预测

根据发行人编制盈利预测所依据的资料和盈利预测假设，结合境内外经济形势、行业发展趋势、市场竞争状况，判断发行人盈利预测假设的合理性。

对比以前年度计划与实际完成情况，参照发行人发展趋势、市场情况及发行人的促销措施，评价发行人预测期间经营计划、投资计划和融资计划安排是否得当。根据了解的发行人生产规模和现有的生产能力，分析评价预测计划执行的可行性。

发行人本次募集资金拟用于重大资产购买的，核查是否编制了假设按预计购买基准日完成购买的盈利预测报告及假设发行当年 1 月 1 日完成购买的盈利预测报告。需要编制合并财务报表的，发行人是否分别编制了母公司盈利预测表和合并盈利预测表，盈利预测报告的编制是否符合相关要求。

第八章　业务发展目标调查

第六十二条　发展战略

取得发行人中长期发展战略的相关文件，包括战略策划资料、董事会会议纪要、战略委员会会议纪要、独立董事意见等相关文件，分析发行人是否已经建立清晰、明确、具体的发展战略，包括战略目标、实现战略目标的依据、步骤、方式、手段及各方面的行动计划。

通过各种渠道了解竞争对手（包括但不限于上市公司）的发展战略，将发行人与竞争对手的发展战略进行比较，并对发行人所处行业、市场、竞争等情况进行深入分析，调查发行人的发展战略是否合理、可行。

第六十三条　经营理念和经营模式

取得发行人经营理念、经营模式的相关资料，通过与发起人、高管人员及员工、主要供应商、主要销售客户谈话等方法，了解发行人的经营理念和经营模式，分析发行人经营理念、经营模式对发行人经营管理和发展的影响。

第六十四条　历年发展计划的执行和实现情况

取得发行人历年发展计划、年度报告等资料，调查各年计划的执行和实现情况，分析发行人高管人员制定经营计划的可行性和实施计划的能力。

第六十五条　业务发展目标

取得发行人未来二至三年的发展计划和业务发展目标及其依据等资料，调查未来行业的发展趋势和市场竞争状况，并通过与高管人员及员工、主要供应商、主要销售客户谈话等方法，调查发行人未来发展目标是否与发行人发展战略一致；分析发行人在管理、产品、人员、技术、市场、投融资、购并、国际化等方面是否制定了具体的计划，这些计划是否与发行人未来发展目标相匹配，是否具备良好的可实现性，是否会对投资者的投资决策造成重大误导；分析未来发展目标实施过程中存在的风险，如是否存在不当的市场扩张、过度的投资等；分析发行人未来发展目标和具体计划与发行人现有业务的关系。分析发行人业务发展计划与现有业务之间的关系。如果发行人实现上述计划涉及与他人合作的，核查发行人的合作方及相关合作条件。

核查发行人对其产品（服务）或者业务所做出的发展趋势预测是否采取了审慎态度，以及有关的假设是否合理。

第六十六条 募集资金投向与未来发展目标的关系

取得发行人募集资金投资项目的可行性研究报告、三会讨论和决策的会议纪要文件，并通过与发行人高管人员谈话、咨询行业专家等方法，调查募集资金投向与发行人发展战略、未来发展目标是否一致，分析其对发行人未来的经营的影响。

第九章 募集资金运用调查

第六十七条 历次募集资金使用情况

取得发行人历次募集资金验资、使用情况的相关资料，调查发行人募集资金是否真实投入股东大会决议的项目，并通过现场观察、取得产权证书资料等，核查募集资金投资项目所形成的资产情况。取得募集资金项目的核算资料，比较历次募集资金实际效益和预期的使用效益是否存在差异，并分析差异原因。

核查历次募集资金剩余情况。未全部使用的，需核查其未使用的资金数额、占所募集资金总额的比例、未全部使用的原因以及发行人是否已做出相关的安排。

取得发行人历次募集资金投向变更的相关决策文件、变更后项目的审批或备案文件，核查募集资金投向变更的原因及其是否符合国家法律法规和产业政策、是否经发行人股东大会审议通过，变更后的项目效益是否良好。

第六十八条 本次募集资金使用情况

通过查阅发行人关于本次募集资金项目的决策文件、项目可行性研究报告、政府部门有关产业目录等方法，根据项目的环保、土地等方面的安排情况，结合目前其他同类企业对同类项目的投资情况、产品市场容量及其变化情况，对发行人本次募集资金项目是否符合国家产业政策和环保要求、技术和市场的可行性以及项目实施的确定性等进行分析；分析募集资金数量是否与发行人规模、主营业务、实际资金需求、资金运用能力及发行人业务发展目标相匹配；取得发行人关于募集资金运用对财务状况及经营成果影响的详细分析，分析本次募集资金对发行人财务状况和经营业绩的影响，项目能独立核算的，核查发行人是否审慎预测项目效益，是否已分别说明达产前后的效益情况，以及预计达产时间，预测基础、依据是否合理；项目不能独立核算的，核查发行人对募集资金投入后对发行人财务状况及经营成果所产生影响的分析是否合理。

调查发行人募集资金是否用于主营业务，是否存在盲目扩张，是否存在导致发行人未来经营模式发生重大变化的风险。在募集资金投资项目实施后，是否与发行人的控股股东或实质控制人产生同业竞争或者对发行人的独立性产生不利影响。跨行业投资的，应调查发行人在人员、技术和管理等方面所具备的条件及项目实施面临的风险和问题。

募集资金用于扩大现有产品产能的，结合对发行人现有各类产品在报告期内的产能、产量、销量、产销率、销售区域，项目达产后各类产品年新增的产能、产量、销售区域，以及行业的发展趋势，有关产品的市场容量，主要竞争对手等情况的调查结果，对发行人投资项目的市场前景做出独立判断。

募集资金用于新产品开发生产的，结合对发行人新产品的市场容量、主要竞争对手、行业发展趋势、技术保障、项目投产后新增产能等情况的调查结果，对发行人投资项目的市场前景做出独立判断。

发行人原固定资产投资和研发支出很少、本次募集资金将大规模增加固定资产投资或研发支出的，调查发行人固定资产变化与产能变动的匹配关系，并分析新增固定资产折旧、研发支出对发行人未来经营成果的影响。

募集资金拟用于向其他企业增资或收购其他企业股份的，应取得拟增资或收购的企业最近一年及一期经具有证券业务资格的会计师事务所审计的资产负债表和利润表，调查增资资金折合股份或收购股份的评估、定价情况，增资或收购前后持股比例及控制情况，增资或收购行为与发行人业务发展规划的关系。实地考察相关企业，调查被收购对象资产质量和效益水平情况，分析相关业务是否与发行人业务发展目标相一致，发行人是否有能力管理、控制收购对象。

募集资金拟用于合资经营或合作经营的，应了解合资或合作方的基本情况，包括名称、法定代表人、住所、注册资本、主要股东、主要业务，与发行人是否存在关联关系，投资规模及各方投资比例，合资或合作方的出资方式，合资或合作协议的主要条款以及可能对发行人不利的条款。拟组建的企业法人的基本情况，包括设立、注册资本、主要业务，组织管理和控制情况。不组建企业法人的，应了解合作模式。

募集资金拟用于收购资产的，应获得拟收购资产的财务报告、审计报告、资产评估报告及相关资料，调查拟收购资产的评估、定价情况，拟收购资产与发行人主营业务的关系。

若收购的资产为在建工程的，还应取得工程资料，了解已投资情况、还需投资的金额、负债情况、建设进度、计划完成时间等。

取得发行人董事会关于建立募集资金专项存储制度的文件，核查发行人是否已在银行开立了募集资金专项账户。

第六十九条 募集资金投向产生的关联交易

发行人募集资金投向涉及与关联方合资或与关联方发生交易的，应取得相关项目或交易对象的详细资料，并判断其对发行人的影响。涉及评估、审计的，应取得相关资料并予以核查；涉及项目合作或设立合资公司的，应取得公司设立或批准文件等，调查发行人对该项目或公司是否具备控制能力和经营能力以及有关协议、合同的订立情况及已履约情况和审批手续；涉及收购资产或购买股权的，应调查交易的定价依据是否充分、公允，判断收购资产是否为发行人必需的经营性资产。

第十章 风险因素及其他重要事项调查

第七十条 风险因素

通过网站、政府文件、专业报刊、专业机构报告等多渠道了解发行人所在行业的产业政策、未来发展方向，与发行人高管人员、财务人员、技术人员等进行谈话，取得发行人既往经营业绩发生重大变动或历次重大事件的相关资料，并参考同行业企业发生的重大变动事件，结合对发行人公司治理、研发、采购、生产、销售、投资、融资、募集资金项目、行业等的调查，分析对发行人业绩和持续经营可能产生不利影响的主要因素以及这些因素可能带来的主要影响。对发行人影响重大的风险，应进行专项核查。

通过与发行人高管人员、采购部门、生产部门和销售部门等负责人谈话，以及查阅账簿、发函询证等方法，评估发行人采购、生产和销售等环节存在的经营风险，分析发行人获取经常性收益的能力。

调查发行人产品（服务）的市场前景、行业经营环境的变化、商业周期或产品生命周期、市场饱和或市场分割、过度依赖单一市场、市场占有率下降等情况，评价其对发行人经营是否产生重大影响。

调查发行人经营模式是否发生变化、经营业绩不稳定、主要产品或主要原材料价格波动、过度依赖某一重要原材料或产品、经营场所过度集中或分散等情况，评价其对发行人经营是否产生重大影响。

调查发行人是否存在因内部控制有效性不足导致的风险、资产周转能力较差导致的流动性风险、现金流状况不佳或债务结构不合理导致的偿债风险、主要资产减值准备计提不足的风险、主要资产价值大幅波动的风险、非经常性损益或合并财务报表范围以外的投资收益金额较大导致净利润大幅波动的风险、重大担保或诉讼等或有事项导致的风险情况，评价其对发行人经营是否产生重大影响。

调查发行人是否存在因技术不成熟、技术尚未产业化、技术缺乏有效保护或保护期限短、缺乏核心技术或核心技术依赖他人、产品或技术面临被淘汰等情况，评价其对发行人经营是否产生重大影响。

调查并核实发行人投资项目在市场前景、技术保障、产业政策、环境保护、土地使用、融资安排、与他人合作等方面存在的问题，是否存在因营业规模、营业范围扩大或者业务转型而导致的管理风险、业务转型风险，因固定资产折旧大量增加而导致的利润下滑风险，以及因产能扩大而导致的产品销售风险等情况，评价其对发行人经营是否产生重大影响。

调查发行人是否存在由于财政、金融、税收、土地使用、产业政策、行业管理、环境保护等方面法律、法规、政策变化引致的风险，评价其对发行人经营是否产生重大影响。

调查发行人是否存在可能严重影响发行人持续经营的其他因素，如自然灾害、安全生产、汇率变化、外贸环境、担保、诉讼和仲裁等情况，评价其对发行人经营是否产生重大影响。

了解以往发行人针对相关风险的主要应对措施以及这些措施实际发挥作用情况，核查发行人是否针对曾经发生和可能发生的主要风险制定了相关制度或规程，是否已经形成了重大风险防范机制。

第七十一条 重大合同

通过发行人高管人员出具书面声明、向合同对方函证、与相关人员谈话、咨询中介机构等方法，核查有关发行人的重大合同是否真实、是否均已提供，并核查合同条款是否合法、是否存在潜在风险。对照发行人有关内部订立合同的权限规定，核查合同的订立是否履行了内部审批程序、是否超越权限决策，分析重大合同履行的可能性，关注因不能履约、违约等事项对发行人产生或可能产生的影响。

第七十二条 诉讼和担保情况

通过高管人员出具书面声明、查阅合同、走访有关监管机构、与高管人员或财务人员谈话、咨询中介机构等方法，核查发行人所有对外担保（包括抵押、质押、保证等）合同，调查发行人及其控股股东或实际控制人、控股子公司、发行人高管人员和核心技术人员是否存在作为一方当事人的重大诉讼或仲裁事项以及发行人高管人员和核心技术人员是否存在涉及刑事诉讼的情况，评价其对发行人经营是否产生重大影响。

第七十三条 信息披露制度的建设和执行情况

通过与董秘、证券部门人员、股东或股东单位人员谈话等方法，调查相关人员是否了解监管部门制定的信息披露制度，公司是否具备认真履行信息披露义务的条件。核查发行人是否已建立起有关信息披露和投资者关系的负责部门，并委任了相关负责人，向投资者提供了沟通渠道。

第七十四条 中介机构执业情况

调查与本次发行有关中介机构是否具有相应的执业资格、是否有被监管机构处罚的记录，通过查看行业排名、与项目签名人员沟通等方法，了解中介机构及其经办人员的诚信状况、执业水平。

第十一章 附 则

第七十五条 尽职推荐受理后、证券发行上市前，保荐人应当参照本准则的规定，持续履行尽职调查义务。

如果发生对投资者做出投资决策有重大影响的信息，保荐人应当及时履行相关的尽职调查义务，并在此基础上对发行人公开发行募集文件做相应修改。

第七十六条 非公开发行证券的，保荐人尽职调查工作参照本准则的有关规定进行。

第七十七条 本准则自发布之日起施行。

III. 3 证券发行上市保荐业务工作底稿指引

（2009 年 3 月 27 日 中国证监会公告［2009］5 号）

第一条 为了规范和指导保荐机构编制、管理证券发行上市保荐业务工作底稿（以下简称工作底稿），根据有关法律、法规以及中国证券监督管理委员会有关保荐业务管理的规定，制定本指引。

第二条 保荐机构应当按照本指引的要求编制工作底稿。

本指引所称工作底稿，是指保荐机构及其保荐代表人在从事保荐业务全部过程中获取和编写的、与保荐业务相关的各种重要资料和工作记录的总称。

第三条 工作底稿应当真实、准确、完整地反映保荐机构尽职推荐发行人证券发行上市、持续督导发行人履行相关义务所开展的主要工作，并应当成为保荐机构出具发行保荐书、发行保荐工作报告、上市保荐书、发表专项保荐意见以及验证招股说明书的基础。

工作底稿是评价保荐机构及其保荐代表人从事保荐业务是否诚实守信、勤勉尽责的重要依据。

第四条 本指引的规定，仅是对保荐机构从事证券发行上市保荐业务时编制工作底稿的一般要求。

无论本指引是否有明确规定，凡对保荐机构及其保荐代表人履行保荐职责有重大影响的文件资料及信息，均应当作为工作底稿予以留存。

第五条 本指引主要针对首次公开发行股票的工业企业的保荐工作基本特征制定。保荐机构应当在参照本指引的基础上，根据发行人的行业、业务、融资类型不同，在不影响保荐业务质量的前提下调整、补充、完善工作底稿。

第六条 工作底稿至少应当包括以下内容：

（一）保荐机构根据有关规定对项目进行立项、内核以及其他相关内部管理工作所形成的文件资料；

（二）保荐机构在尽职调查过程中获取和形成的文件资料；

（三）保荐机构对发行人相关人员进行辅导所形成的文件资料；

（四）保荐机构在协调发行人和证券服务机构时，以定期会议、专题会议以及重大事项临时会议的形式，为发行人分析和解决证券发行上市过程中的主要问题形成的会议资料、会议纪要；

（五）保荐机构、为证券发行上市制作、出具有关文件的律师事务所、会计师事务所、资产评估机构等证券服务机构及其签字人员，对发行人与发行上市相关的重大或专题事项出具的备忘录及专项意见等；

（六）保荐机构根据实际情况，对发行人及其子公司、发行人的控股股东或实际控制人及其子公司等的董事、监事、高级管理人员以及其他人员进行访谈的访谈记录；

（七）保荐机构根据实际情况，对发行人的客户、供应商、开户银行，工商、税务、土地、环保、海关等部门、行业主管部门或行业协会以及其他相关机构或部门的相关人员等进行访谈的访谈记录；

（八）发行申请文件、反馈意见的回复、询价与配售文件以及上市申请和登记的文件；

（九）在持续督导过程中获取的文件资料、出具的保荐意见书及保荐总结报告等相关文件；

（十）保荐代表人为其保荐项目建立的尽职调查工作日志；

（十一）其他对保荐机构及其保荐代表人履行保荐职责有重大影响的文件资料及信息。

第七条 发行人子公司对发行人业务经营或财务状况有重大影响的，保荐机构可参照本指引根据重要性和合理性原则对该子公司单独编制工作底稿。

第八条 工作底稿可以纸质文档、电子文档或者其他介质形式的文档留存，其中重要的工作底稿应当采用纸质文档的形式。以纸质以外的其他介质形式存在的工作底稿，应当以可独立保存的形式留存。

第九条 保荐机构应当按照本指引的要求，对工作底稿建立统一目录，该目录应当便于查阅与核对。对于本指引中确实不适用的部分，应当在工作底稿目录中注明“不适用”。

第十条 工作底稿应当内容完整、格式规范、标识统一、记录清晰。工作底稿各章节之间应当有明显的分隔标识，不同章节中存在重复的文件资料，可以采用相互引征的方法。

第十一条 保荐机构应当对招股说明书进行验证，并按照本指引的要求在验证文件与工作底稿之间建立起索引关系。

第十二条 保荐机构应当建立工作底稿管理制度，明确工作底稿收集整理的责任人员、归档保管流程、借阅程序与检查办法等。

工作底稿应当至少保存十年。

第十三条 在项目每一阶段工作完成后，保荐机构应当及时整理工作底稿并归档，并于项目结束时对工作底稿进行统一存放和管理。

第十四条 保荐机构及相关人员对工作底稿中的未公开披露的信息负有保

密责任。

第十五条 指引自2009年4月1日起施行。

附件1：证券发行上市保荐业务工作底稿目录

附件2：招股说明书验证方法的说明及示例

附件1

证券发行上市保荐业务工作底稿目录

第一部分 保荐机构尽职调查文件

第一章 发行人基本情况调查

1－1 改制与设立情况

1－1－1 改制前原企业（或主要发起人）的相关财务资料及审计报告

1－1－2 上级主管部门同意改制的批复文件

1－1－3 发行人的改制重组方案，包括业务、资产、债务、人员等的重组安排

1－1－4 改制时所做的专项审计报告、评估报告、验资报告等

1－1－5 国企改制的相关人员安置方案的职代会审议文件

1－1－6 国有资产评估的核准或备案文件、国有股权管理文件

1－1－7 发行人设立时的政府批准文件、法律意见书、营业执照、工商登记文件

1－1－8 发起人协议、创立大会文件

1－1－9 发行人设立时的公司章程

1－1－10 改制前原企业资产和业务构成情况的说明

1－1－11 发行人成立时拥有的主要资产和业务情况的说明

1－1－12 发行人成立后主要发起人拥有的主要资产和实际从事业务情况的说明

1－1－13 改制前原企业业务流程、改制后发行人业务流程，以及原企业和发行人业务流程间联系的说明

1－2 历史沿革情况

1－2－1 发行人历次变更的营业执照、历次备案的公司章程以及相关

的工商登记文件

1-2-2 发行人成立以来在生产经营方面与主要发起人的关联关系及演变情况的说明

1-3 发起人、股东的出资情况

1-3-1 发行人设立时各发起人的营业执照（或身份证明文件）、财务报告

1-3-2 发行人设立及历次股本变动时的验资报告及验资资料

1-3-3 发行人设立后与股东之间的非交易性资金往来凭证

1-3-4 发行人与股东之间资金占用情况的说明及相关凭证

1-3-5 发起人、股东以实物资产出资时涉及的资产评估报告、审计报告及国有资产评估结果核准或备案文件

1-3-6 发起人、股东以实物资产出资时，涉及的资产产权变更登记资料文件

1-3-7 自然人发起人直接持股和间接持股的有关情况，及其在发行人的任职情况

1-4 重大股权变动情况

1-4-1 重大股权变动涉及股东的内部决策文件［股东大会、董事会、监事会（以下简称三会）决议等］

1-4-2 发行人审议重大股权变动的股东大会、董事会、监事会决议等（如需）

1-4-3 重大股权变动涉及的政府批准文件

1-4-4 重大股权变动涉及的审计报告、评估报告、验资报告、国有资产评估核准或备案文件、国有股权管理文件

1-4-5 重大股权变动涉及的股权转让协议或增减资协议、债权人同意文件、工商变更登记文件、股权转让价款支付情况说明或支付凭证等

1-4-6 重大股权变动时，其他股东放弃优先购买权的承诺函

1-5 重大重组情况

1-5-1 重大重组涉及的股东大会、董事会、监事会决议、独立董事意见

1-5-2 重组协议

1-5-3 政府批准文件

1-5-4 重大重组涉及的审计报告、评估报告、中介机构专业意见、国有资产评估核准或备案文件

1-5-5 重大重组涉及国有资产转让的，国有资产进场交易的文件

1－5－6 债权人同意债务转移的相关文件、重组相关的对价支付凭证和资产过户文件

1－5－7 重大重组对发行人业务、经营业绩、财务状况和管理层影响情况的说明

1－6 控股股东及实际控制人、发起人及主要股东情况

1－6－1 发行人控股股东或实际控制人的组织结构（参控股子公司、职能部门设置）

1－6－2 发行人的组织结构（参控股子公司、职能部门设置）

1－6－3 控股股东及实际控制人、发起人及主要股东的营业执照、公司章程、最近一年及一期的财务报告及审计报告

1－6－4 控股股东及实际控制人、发起人及主要股东如为自然人的，应提供关于国籍、永久境外居留权、身份证号码以及住所的说明

1－6－5 控股股东及实际控制人控制的其他企业的营业执照、公司章程、最近一年及一期的财务报告及审计报告

1－6－6 控股股东及实际控制人、发起人及主要股东持有发行人股份是否存在质押或权属争议情况的说明及相关文件

1－6－7 控股股东及实际控制人、发起人及主要股东及作为股东的董事、监事、高级管理人员作出的重要承诺及其履行情况的说明

1－6－8 发行人关于全部股东名称、持股数量及比例、股份性质的说明

1－6－9 股东中战略投资者持股的情况及相关资料

1－7 发行人控股子公司、参股子公司的情况

1－7－1 发行人控股子公司、参股子公司的营业执照、公司章程、最近一年及一期的财务报告及审计报告

1－7－2 发行人重要控股子公司、参股子公司的主要其他合作方情况和相关资料

1－8 员工及其独立性情况

1－8－1 关于员工人数及其变化、专业结构、受教育程度、年龄分布的说明

1－8－2 执行社会保障制度、住房制度改革、医疗制度改革情况的说明

1－8－3 劳动合同样本

1－8－4 发行人董事会成员、高级管理人员兼职情况的说明

1－8－5 社保证明和相关费用缴纳凭证

1－9 资产权属及其独立性情况

1－9－1 房屋所有权证

1－9－2　土地使用权证

1－9－3　商标、专利、非专利技术、水面养殖权、探矿权、采矿权、版权、特许经营权等无形资产的权属证明

1－9－4　资产是否存在被控股股东、其他关联方控制或占用情况的说明

1－10　业务、财务、机构的独立情况

1－10－1　控股股东、实际控制人与发行人从事的主要业务与拥有的资产情况

1－10－2　如存在业务交叉，相互占用资产、资源的情况，要特别说明解决措施和效果

1－10－3　控股股东、实际控制人与发行人的财务部门的设置以及独立运作情况

1－10－4　控股股东、实际控制人与发行人的采购销售部门的设置及各自运作情况

1－10－5　控股股东、实际控制人与发行人的基本银行账户开设情况、税务登记证、重要税种的完税凭证

1－10－6　发行人关于机构独立情况的说明

1－10－7　发行人内部各机构的规章制度

1－11　商业信用情况

1－11－1　重大商务合同及其履行情况

1－11－2　工商、税务、海关、环保、银行等的调查反馈文件

1－11－3　行业监管机构的监管记录和处罚文件

1－11－4　主要银行给予发行人的授信额度、主要银行信用评级情况以及发行人获得的主要荣誉和奖励

1－12　内部职工股（如适用）

1－12－1　审批文件、募股文件、缴款证明及验资报告

1－12－2　历次转让文件、历年托管证明文件

1－12－3　内部职工股发行中的违法违规情况，包括超范围、超比例，变相增加内部职工股数量、违规转让和交易、法人股个人化等

1－12－4　内部职工股潜在问题和风险隐患

1－12－5　股份形成及演变的法律文件，包括相关的工商登记资料、三会文件

1－12－6　内部职工股清理的决策文件、相关协议、价款支付凭证

1－12－7　省级人民政府对发行人内部职工股托管情况及真实性的确认文件

第二章 业务与技术调查

2－1 行业情况及竞争状况

2－1－1 行业主管部门制定的发展规划、行业管理方面的法律法规及规范性文件

2－1－2 行业研究资料、行业杂志、行业分析报告

2－1－3 行业专家意见、行业协会意见、主要竞争对手意见

2－1－4 国家有关产业政策及发展纲要

2－1－5 通过公开渠道获得的主要竞争对手资料

2－2 采购情况

2－2－1 行业和发行人采购模式的说明文件

2－2－2 与原材料、辅助材料以及能源动力供求相关的研究报告和统计资料

2－2－3 发行人过往三年的采购情况以及成本变动分析

2－2－4 主要供应商（至少前10名）的各自采购额占年度采购总额的比例说明

2－2－5 与主要供应商（至少前10名）的供货合同

2－2－6 发行人关于采购来源以及价格稳定性的说明

2－2－7 与采购相关的管理制度、存货管理制度及其实施情况

2－2－8 发行人关于关联采购情况的说明

2－2－9 董事、监事、高管人员和核心技术人员、主要关联方或持有发行人5%以上股份的股东在主要供应商中所占权益的说明

2－3 生产情况

2－3－1 行业和发行人生产模式的说明文件

2－3－2 主要产品或服务的用途

2－3－3 主要产品的工艺流程图或服务的流程图

2－3－4 发行人关于生产工艺、技术在行业中领先程度的说明

2－3－5 主要产品的设计生产能力和历年产量有关资料

2－3－6 房产、主要设备等资产的占有与使用情况

2－3－7 房屋、土地、设备租赁合同

2－3－8 如发行人存在设备、房产、土地抵押贷款的情形，借款合同及还款情况

2－3－9 关键设备、厂房等重要资产的保险合同或其他保障协定

2－3－10 无形资产的相关许可文件

2－3－11　发行人许可或被许可使用资产的合同文件

2－3－12　发行人拥有的特许经营权的法律文件

2－3－13　境外拥有资产的情况说明及重要境外资产的权属证明

2－3－14　质量控制制度文件

2－3－15　质量技术监督部门出具的证明文件

2－3－16　安全生产及以往安全事故处理等方面的资料

2－3－17　生产工艺是否符合环境保护相关法规的说明

2－3－18　历年来在环境保护方面的投入及未来可能的投入情况的说明

2－4　销售情况

2－4－1　行业和发行人销售模式的说明文件

2－4－2　销售合同（包括关联销售合同）、销售部门对销售退回的处理意见等资料

2－4－3　权威市场调研机构关于销售情况的报告

2－4－4　主要产品市场的地域分布和市场占有率的资料

2－4－5　报告期按区域分布的销售记录

2－4－6　报告期对主要客户（至少前10名）的销售额占年度销售总额的比例及回款情况

2－4－7　与主要客户（至少前10名）的销售合同

2－4－8　会计期末销售收入异常增长情况的收入确认凭证

2－4－9　报告期产品返修率、客户诉讼和产品质量纠纷等方面的资料

2－4－10　重大关联销售情况的说明

2－4－11　董事、监事、高管人员和核心技术人员、主要关联方或持有发行人5%以上股份的股东在主要客户中所占权益的说明

2－5　核心技术人员、技术与研发情况

2－5－1　研发体制、研发机构设置、激励制度、研发人员资历等资料

2－5－2　技术许可协议、技术合作协议

2－5－3　核心技术的取得及使用是否存在纠纷或潜在纠纷及侵犯他人知识产权的情形的说明

2－5－4　与非专利技术相关的保密制度及其与核心技术人员签订的保密协议

2－5－5　主要研发成果、在研项目、研发目标及研发费用投入情况的说明

第三章　同业竞争与关联交易调查

3－1　同业竞争情况

3－1－1　发行人改制重组方案

3－1－2　发行人、控股股东或实际控制人及其控制的企业主营业务情况的说明

3－1－3　控股股东或实际控制人关于避免同业竞争的承诺函

3－2　关联方及关联交易情况

3－2－1　主要关联方的工商登记资料

3－2－2　关联交易管理制度

3－2－3　与关联交易相关的会议资料

3－2－4　关联交易协议

3－2－5　发行人高管人员及核心技术人员是否在关联方单位任职、领取薪酬的情况说明

3－2－6　与关联交易相关的独立董事意见

3－2－7　关联交易在销售或采购中的占比及其对发行人经营独立性的影响

3－2－8　关联交易相关的应收、应付款项占发行人应收、应付款项的比例

3－2－9　关联交易必要性、持续性、真实性的说明

3－2－10　经常性和偶发性关联交易及其对发行人长期持续运营的影响

3－2－11　与关联交易相关的同类交易的市场价格数据

3－2－12　发行人关于减少关联交易的措施说明

第四章　董事、监事、高级管理人员及核心技术人员调查

4－1　任职及任职资格

4－1－1　与任职情况及资格有关的三会文件

4－1－2　董事、监事、高级管理人员及核心技术人员相互之间是否存在亲属关系的说明

4－1－3　监管部门对于上述人员任职资格的批准或备案文件

4－2　简历及操守

4－2－1　董事、监事、高级管理人员及核心技术人员简历

4－2－2　发行人关于董事、监事、高级管理人员及核心技术人员是否存在违规行为的说明

4－2－3　发行人与高管人员所签订的协议或承诺以及履行情况

4－3　胜任能力和勤勉尽责

4－3－1　董事、监事、高级管理人员及核心技术人员曾担任高管人员

的其他公司的规范运作情况以及该公司经营情况

4－3－2 董事、监事、高级管理人员及核心技术人员在发行人投入的时间的说明以及相关的三会及总经理办公会纪要或纪录

4－4 薪酬及兼职情况

4－4－1 与薪酬情况相关的三会文件

4－4－2 关于是否存在兼职情况的说明

4－4－3 从关联方领取报酬以及享受其他待遇情况的说明

4－5 报告期内变动情况

4－5－1 与报告期内上述人员变动相关的三会文件

4－6 持股及其他对外投资等情况

4－6－1 董事、监事、高级管理人员及核心技术人员就持股及其他对外投资情况发出的声明文件

4－6－2 董事、监事、高级管理人员及核心技术人员及其直系亲属是否存在自营或为他人经营与发行人同类业务的情况及声明文件

4－6－3 董事、监事、高级管理人员及核心技术人员及其直系亲属是否存在与公司利益发生冲突的对外投资，是否存在重大债务负担及声明文件

4－6－4 董事、监事、高级管理人员及核心技术人员是否涉及诉讼、是否有到期未偿还债务等情况的声明及相关资料

第五章 组织机构与内部控制调查

5－1 公司章程及其规范运行情况

5－1－1 与公司章程历次修改相关的三会文件、公司章程进行工商变更登记的资料

5－1－2 发行人就其三年内没有存在违法违规行为发出的明确的书面声明

5－2 组织结构和三会运作情况

5－2－1 组织结构及关于部门职能描述的文件

5－2－2 公司治理制度规定，包括三会议事规则、董事会专门委员会议事规则、董事会秘书制度、总经理工作制度、内部审计制度等文件资料

5－2－3 历次三会的会议文件，包括书面通知副本、会议记录、会议决议等

5－3 独立董事制度及其执行情况

5－3－1 独立董事简历及任职资格说明

5－3－2 独立董事制度

5－3－3　独立董事发表的意见

5－4　内部控制环境

5－4－1　有助分析发行人内部控制环境的董事会、总经理办公会等会议记录

5－4－2　各项业务及管理规章制度

5－5　业务控制

5－5－1　发行人关于各类业务的控制标准、控制措施的相关制度规定

5－5－2　发行人存在因违反工商、税务、审计、环保、海关、劳动保护等部门的相关规定而受到处罚的情况说明

5－6　信息系统控制

5－6－1　信息系统控制相关的业务规章制度

5－7　会计管理控制

5－7－1　会计管理的相关资料（包括但不限于会计制度、会计人员培训制度等）

5－8　内部控制的监督

5－8－1　内部审计报告、监事会报告

5－8－2　发行人管理层对内部控制完整性、合理性及有效性的自我评价书面意见

5－8－3　发行人内部审计稽核部门设置情况及相关内部审计制度

5－9　股东资金占用情况

5－9－1　发行人关于最近三年是否存在资金被控股股东、实际控制人及其控制的其他企业占用情况的说明及相关资料

5－9－2　发行人关于是否为控股股东、实际控制人及其控制的其他企业担保的说明及相关资料

第六章　财务与会计调查

6－1　发行人最近三年及一期的财务资料

6－1－1　最近三年及一期经审计的财务报告及原始财务报表

6－1－2　下属子公司最近三年及一期经审计的财务报告或原始财务报表

6－1－3　披露的参股子公司最近一年及一期的财务报告及审计报告

6－1－4　如发行人最近一年及一期内收购兼并其他企业资产（或股权），且被收购企业资产总额或营业收入或净利润超过收购前发行人相应项目20%（含20%），需要被收购企业收购前一年的利润表并核查其财务状况

6－1－5　如接受过国家审计，需要该等审计报告

6－1－6　对财务资料中重点事项进行调查、复核或进行专项核查的相关资料

6－2　有关评估报告

6－2－1　公司设立时（含有限责任公司改制期间）及报告期内历次资产评估报告

6－2－2　公司设立时（含有限责任公司改制期间）及报告期内历次土地评估报告

6－2－3　其他评估报告（矿产、房地产开发存货等）

6－3　有关内控制度

6－3－1　公司管理层对内部控制完整性、合理性及有效性的自我评估

6－3－2　注册会计师对内部控制的鉴证意见

6－3－3　注册会计师关于内部控制的整改建议及企业的整改措施

6－4　销售收入

6－4－1　发行人收入的产品构成、地域构成及其变动情况的详细资料

6－4－2　发行人主要产品报告期价格变动的资料

6－4－3　发行人报告期主要产品的销量变化资料

6－4－4　报告期主要产品的成本明细表

6－4－5　补贴收入的批复或相关证明文件

6－4－6　金额较大的营业外收入明细表

6－4－7　对主要客户的函证文件

6－5　期间费用

6－5－1　营业费用明细表

6－5 2　管理费用明细表

6－5－3　财务费用明细表

6－5－4　经注册会计师验证的发行人报告期加权平均净资产收益率和非经常性损益明细表

6－6　发行人银行账户资料

6－7　应收款项

6－7－1　应收款项明细表和账龄分析表

6－7－2　主要债务人及主要逾期债务人名单

6－7－3　与应收款项相关的销售合同

6－7－4　应收持发行人5%及以上表决权股份的股东账款情况

6－8　存货明细表及构成分析

6－9　重要的对外投资

6-9-1　被投资公司的营业执照

6-9-2　被投资公司报告期的财务报告

6-9-3　投资协议

6-9-4　被投资公司的审计报告

6-9-5　报告期发行人购买或出售被投资公司股权时的财务报告、审计报告及评估报告

6-9-6　重大委托理财的相关合同

6-9-7　重大项目的投资合同

6-9-8　发行人内部关于对外投资的批准文件

6-10　固定资产的折旧明细表和减值准备明细表

6-11　主要债务

6-11-1　银行借款合同

6-11-2　委托贷款合同

6-11-3　应付持发行人5%及以上表决权股份的股东账款情况

6-12　纳税情况

6-12-1　报告期的纳税申报表和税收缴款书

6-12-2　公司历史上所有关于税务争议、滞纳金缴纳、以及重大关税纠纷的详细情况以及有关文件及信函

6-12-3　公司及各控股子公司的所有纳税凭证

6-12-4　发行人享有税收优惠的有关政府部门的批复

6-12-5　报告期内产品出口退税税率变动情况及相关文件

6-12-6　当地税务部门出具的关于发行人报告期内纳税情况的证明文件

6-13　无形资产摊销和减值情况

6-14　报告期内发行人主要财务指标情况表

6-15　报告期内重大会计差错更正情况

6-16　报告期内重大会计政策、估计变更情况

6-17　报告期内发行人管理层关于商誉减值测试情况说明

6-18　盈利预测报告

6-19　境内外报表差异调节表

6-20　历次验资报告

第七章　业务发展目标调查

7-1　发展战略

7-1-1　中长期发展战略规划资料

7－1－2　战略委员会会议纪要

7－1－3　独立董事意见

7－2　历年发展计划及年度报告

7－3　业务发展目标

7－3－1　未来二至三年的发展计划

7－3－2　业务发展目标相关文件

7－3－3　制定业务发展目标的依据性文件

7－3－4　业务发展目标与现有业务的关系

7－3－5　募集资金投向与业务发展目标的关系

第八章　募集资金运用调查

8－1　本次募集资金运用的相关资料

8－1－1　可行性研究报告

8－1－2　关于本次募集资金运用的股东大会、董事会的议案、决议和会议纪要

8－1－3　涉及本次募集资金项目有关主管部门的批复或相关核准或备案文件

8－1－4　本次募集资金投向涉及安全、环保等需相关政府部门出具的批复

8－1－5　如收购资产的，拟收购资产的财务报告、审计报告、资产评估报告及收购协议

8－1－6　如收购的资产为在建工程，相关工程资料及收购协议

8－1－7　拟增资或收购的企业最近一年及一期经具有证券业务资格的会计师事务所审计的资产负债表和利润表

8－2　历次募集资金验资、使用情况的相关资料

8－2－1　发行人关于历次募集资金运用情况的说明

8－2－2　会计师出具的专项报告以及募集资金运用项目的核算资料

8－2－3　历次募集资金投向变更的相关决策文件

8－2－4　变更后项目的核准或备案文件

8－2－5　历次募集资金的验资报告

8－3　发行人关于募集资金运用对财务状况及经营成果影响的详细分析

8－4　关于建立募集资金专项存储、使用的文件

8－4－1　关于募集资金专项管理的相关制度文件

8－4－2　募集资金专项账户的开户证明、使用情况的说明

8－5　募集资金投向产生的关联交易

8－5－1　关联方资料

8－5－2　评估报告和审计报告

8－5－3　项目合作协议及合资公司设立文件

第九章　股利分配情况调查

9－1　最近三年的股利分配政策

9－2　发行人关于实际股利分配情况的说明

9－3　发行人关于发行后股利分配政策的说明

9－4　相关三会文件

第十章　风险因素及其他重要事项调查

10－1　既往经营业绩发生重大变动或历次重大事件的相关资料

10－2　重大合同（包括已履行完毕但属于报告期内且对发行人有重要影响的合同）

10－3　诉讼和担保情况

10－3－1　与重大诉讼或仲裁事项相关的合同、协议，法院或仲裁机构受理的相关文件

10－3－2　所有对外担保（包括抵押、质押、保证等）合同

第二部分　保荐机构从事保荐业务的记录

第一章　会议纪要

1－1　定期会议的会议资料以及会议记录

1－2　重大事项的专题讨论会的会议资料及会议纪要

1－3　按照证监会保荐业务管理相关规定制作的工作日志

第二章　备忘录

2－1　保荐机构就重大或专题事项出具的备忘录

2－2　发行人律师就重大或专题事项出具的备忘录

2－3　会计师就重大或专题事项出具的备忘录

2－4　评估师就重大或专题事项出具的备忘录

2－5　承销商律师就重大或专题事项出具的备忘录

2－6　其他中介机构就重大或专题事项出具的备忘录

第三章 访谈提纲及记录

3－1 发行人高管访谈提纲及记录

3－2 发行人的客户和供应商访谈提纲及记录

3－3 与发行人的开户银行和工商、税收、土地、环保、海关等部门、行业主管部门或行业协会以及其他相关机构或部门的访谈提纲及记录

第四章 对发行人进行现场尽职调查的记录

4－1 现场访谈及实地尽职调查的记录文件

第五章 招股说明书验证

5－1 招股说明书（验证版）

第三部分 申请文件及其他文件

第一章 保荐机构内部控制文件

1－1 立项文件

1－1－1 立项申请文件

1－1－2 审查批准文件

1－2 内核文件

1－2－1 内核会议通知

1－2－2 内核会议纪要

1－2－3 内核意见及整改方案

1－2－4 内核结论性文件

第二章 辅导文件

2－1 辅导讲义

2－2 辅导考试试题及答卷

2－3 历次辅导总结报告

2－4 辅导验收申请文件

第三章 发行申请文件及反馈意见回复

3－1 报送中国证监会发行部的发行申请文件

3－2 发行部历次反馈意见及回复

3－3　上报发审委的文件

3－4　发审委反馈意见及回复

3－5　封卷文件

第四章　询价、簿记等发行阶段相关文件

4－1　询价阶段相关文件

4－2　簿记阶段相关文件

4－3　承销团文件

4－4　发行总结文件

第五章　上市申请文件及证券登记公司文件

5－1　上市申请阶段报送证券交易所文件

5－2　股份登记阶段报送证券登记公司文件

第六章　持续督导文件

6－1　持续督导期间的工作日志

6－2　持续督导期间的会议纪要、三会文件、信息披露文件

6－3　持续督导期间现场核查资料

6－4　持续督导期间履行保荐职责发表的意见

6－5　保荐总结报告书

附件 2

招股说明书验证方法的说明及示例

一、验证方法说明

保荐机构应当对招股说明书中记载的重要信息、数据以及其他对保荐业务或投资者做出投资决策有重大影响的内容进行验证。验证方法为在所需验证的文字后插入脚注，并对其进行注释，说明对应的工作底稿目录编号以及相应的文件名称。招股说明书验证版本的打印稿应当留存于工作底稿。

二、验证示例

以下为《××股份有限公司首次公开发行 A 股股票招股说明书（验证版）》片断：

第五章　发行人基本情况

……

200×年××月××日，××人民政府出具《关于同意设立××股份有限公司的批复》（××［200×］××号）[①]，批准由××集团作为主发起人，联合甲、乙、丙、丁共同发起设立本公司。其中，××集团以其经评估后的净资产[②]认缴出资人民币××万元，占本公司注册资本的××%；甲以现金缴纳出资××万元，占本公司注册资本的××%；乙以现金缴纳出资××万元，占本公司注册资本的××%；丙以现金缴纳出资××万元，占本公司注册资本的××%；丁以现金缴纳出资××万元，占本公司注册资本的××%。××会计师事务所于200×年××月××日出具《验资报告》（××［200×］验字第××号）[③]，验证各发起人出资均已到位。200×年××月××日本公司召开了创立大会[④]，审议并通过了设立公司及批准公司章程的决议。200×年××月××日，本公司在××工商行政管理局注册登记并领取了《企业法人营业执照》（注册号：××）[⑤]，公司设立时注册资本为××万元。

---

① ××人民政府《关于同意设立××股份有限公司的批复》（××［200×］××号），1－1－5－1。

② ××资产评估机构关于××集团的《资产评估报告》（××评字［200×］号），1－1－4－2。

③ ××会计师事务所《验资报告》（××［200×］验字××号），1－1－4－3。

④ 创立大会文件，1－1－6－2。

⑤《企业法人营业执照》（注册号：××），1－1－5－3。

III. 4　发行证券的公司信息披露内容与格式准则第 27 号——发行保荐书和发行保荐工作报告

（2009 年 3 月 27 日　中国证监会公告［2009］4 号）

第一章　总　　则

第一条　为了规范发行保荐书、发行保荐工作报告的报送行为，加强证券发行的信息披露，提高保荐机构及其保荐代表人的执业水准，根据《证券法》、《证券发行上市保荐业务管理办法》的规定，制定本准则。

第二条　申请首次公开发行股票并上市的股份有限公司、发行新股或可转换公司债券的上市公司（以下简称发行人）所聘请的保荐机构应当按照本准则的要求出具发行保荐书和发行保荐工作报告。

第三条　发行保荐书是保荐机构及其保荐代表人为推荐发行人证券发行而出具的正式法律文件，也是评价保荐机构及其保荐代表人从事保荐业务是否诚实守信、勤勉尽责的重要依据。

第四条　保荐机构应在发行保荐书中对发行人是否符合发行条件，发行人存在的主要风险，保荐机构与发行人的关联关系，保荐机构的推荐结论等事项发表明确意见。

第五条　发行保荐工作报告是发行保荐书的辅助性文件。保荐机构应在发行保荐工作报告中，全面记载尽职推荐发行人的主要工作过程，详细说明尽职推荐过程中发现的发行人存在的主要问题及解决情况，充分揭示发行人面临的主要风险。

第六条　凡是对投资者做出投资决策有重大影响的问题或者风险，发行保荐工作报告均应予以充分关注和揭示，并详尽、完整地陈述分析，就主要问题的解决情况予以说明。

第七条　发行保荐书、发行保荐工作报告必须建立在对发行人进行全面调查，充分了解发行人经营状况及其面临风险和问题的基础之上，并具备相应的保荐业务工作底稿支持。

第八条　发行保荐书和发行保荐工作报告开头部分应当载明，保荐机构及其保荐代表人是否根据《公司法》、《证券法》等有关法律、法规和中国证监会的有关规定，诚实守信，勤勉尽责，严格按照依法制订的业务规则、行业执业规范和道德准则出具发行保荐书和发行保荐工作报告，并保证所出具文件的真实性、准确性和完整性。

第九条 保荐机构报送发行保荐书和发行保荐工作报告后，发行人情况发生重大变化并影响本次证券发行条件的，保荐机构应当及时对发行保荐书和发行保荐工作报告进行补充、更新。

第二章 发行保荐书的必备内容

第一节 本次证券发行基本情况

第十条 保荐机构应简述本次具体负责推荐的保荐代表人，包括保荐代表人姓名、保荐业务执业情况等内容。

第十一条 保荐机构应简述本次证券发行项目协办人及其他项目组成员，包括项目协办人姓名、保荐业务执业情况，项目组其他成员姓名等内容。

第十二条 保荐机构应简述发行人情况，包括发行人名称、注册地及时间、联系方式、业务范围、本次证券发行类型等内容。上市公司非公开发行股票的，还应当披露发行人的最新股权结构、前十名股东情况、历次筹资、现金分红及净资产变化表、主要财务数据及财务指标。

第十三条 保荐机构应详细说明发行人与保荐机构是否存在下列情形：

（一）保荐机构或其控股股东、实际控制人、重要关联方持有发行人或其控股股东、实际控制人、重要关联方股份的情况；

（二）发行人或其控股股东、实际控制人、重要关联方持有保荐机构或其控股股东、实际控制人、重要关联方股份的情况；

（三）保荐机构的保荐代表人及其配偶，董事、监事、高级管理人员拥有发行人权益、在发行人任职等情况；

（四）保荐机构的控股股东、实际控制人、重要关联方与发行人控股股东、实际控制人、重要关联方相互提供担保或者融资等情况；

（五）保荐机构与发行人之间的其他关联关系。

存在上述情形的，应当重点说明其对保荐机构及其保荐代表人公正履行保荐职责可能产生的影响。

第十四条 保荐机构应简述其内部审核程序和内核意见。

第二节 保荐机构承诺事项

第十五条 保荐机构应承诺已按照法律、行政法规和中国证监会的规定，对发行人及其控股股东、实际控制人进行了尽职调查、审慎核查，同意推荐发行人证券发行上市，并据此出具本发行保荐书。

第十六条 保荐机构应就《证券发行上市保荐业务管理办法》第 33 条所

列事项做出承诺。

第三节　对本次证券发行的推荐意见

第十七条　保荐机构应在进行充分尽职调查、审慎核查的基础上，对本次证券发行明确发表推荐结论。

第十八条　保荐机构应逐项说明发行人是否已就本次证券发行履行了《公司法》、《证券法》及中国证监会规定的决策程序。

第十九条　保荐机构应逐项说明本次证券发行是否符合《证券法》规定的发行条件。

第二十条　保荐机构应逐项说明本次证券发行是否符合《首次公开发行股票并上市管理办法》或者《上市公司证券发行管理办法》规定的发行条件，并载明得出每项结论的查证过程及事实依据。

第二十一条　保荐机构应结合发行人行业地位、经营模式、产品结构、经营环境、主要客户、重要资产以及技术等影响持续盈利能力的因素，详细说明发行人存在的主要风险，并对发行人的发展前景进行简要评价。

第二十二条　发行保荐书应由保荐机构法定代表人、保荐业务负责人、内核负责人、保荐代表人和项目协办人签字，加盖保荐机构公章并注明签署日期。

第三章　发行保荐工作报告的必备内容

第一节　项目运作流程

第二十三条　保荐机构应详细说明其内部的项目审核流程。

第二十四条　保荐机构应详细说明对本次证券发行项目的立项审核主要过程，包括申请立项时间、立项评估决策机构成员构成及立项评估时间。

第二十五条　保荐机构应详细说明本次证券发行项目执行的主要过程，包括项目执行成员构成、进场工作的时间、尽职调查的主要过程、保荐代表人参与尽职调查的工作时间以及主要过程等。

第二十六条　保荐机构应详细说明内部核查部门审核本次证券发行项目的主要过程，包括内部核查部门的成员构成、现场核查的次数及工作时间。

第二十七条　保荐机构应详细说明内核小组对发行人本次证券发行项目的审核过程，包括内核小组成员构成、内核小组会议时间、内核小组成员意见、内核小组表决结果等。

第二节　项目存在问题及其解决情况

第二十八条　保荐机构应详细说明立项评估决策机构成员意见、立项评估决策机构成员审议情况。

第二十九条 保荐机构应详细说明项目执行成员在尽职调查过程中发现和关注的主要问题以及对主要问题的研究、分析与处理情况（如协调发行人和证券服务机构召开定期会议、专题会议以及重大事项临时会议的主要内容等），重点说明对主要问题的解决情况。

第三十条 保荐机构应详细说明内部核查部门关注的主要问题，逐项说明对内部核查部门意见的具体落实情况。

第三十一条 保荐机构应详细说明内核小组会议讨论的主要问题及审核意见，逐项说明对内核小组意见的具体落实情况。

第三十二条 保荐机构应陈述核查证券服务机构出具专业意见的情况，说明证券服务机构出具专业意见与保荐机构所作判断存在的差异，对其中的重大差异，应详细说明研究并予以解决的过程。

第三十三条 发行保荐工作报告应由保荐机构法定代表人、保荐业务负责人、内核负责人、保荐业务部门负责人、保荐代表人和项目协办人签字，加盖保荐机构公章并注明签署日期。

第四章 附 则

第三十四条 本准则自2009年4月1日起施行。

III.5 关于按要求报送非公开发行股票保荐书的函

（2007 年 7 月 2 日 发行监管函［2007］18 号）

各保荐机构：

2006 年 5 月发布的《上市公司证券发行管理办法》（以下简称《管理办法》）建立了上市公司向特定对象非公开发行股票的制度。实施一年多来，非公开发行股票成为上市公司再融资的重要方式之一。

为进一步提高保荐人尽职调查质量，提高再融资效率，保荐人应当严格按照《保荐人尽职调查工作准则》（证监发行字［2006］15 号）的规定，勤勉尽责，对本次非公开发行股票申请的合规性履行尽职调查职责。保荐人应当在认真履行尽职调查职责的基础上出具发行保荐书。

保荐人出具的发行保荐书，应当对照中国证监会关于非公开发行股票的各项规定，逐项发表明确的结论性意见，并载明得出每项结论的查证过程及事实依据。现将《非公开发行股票发行保荐书的必备内容》印发给你们，请按必备内容要求报送非公开发行股票保荐书。

非公开发行股票发行保荐书的必备内容

一、发行保荐书应当按照以下格式和内容陈述上市公司的基本情况：

（一）历史沿革

1. 设立和上市、最近一次重大股权或者资产变动情况
2. 最新股权结构和前十名股东
3. 本次发行前后股权变化情况表
4. 主营业务、主要产品
5. 历次筹资、现金分红及净资产额的变化表

<table>
<tr><td>首发前期末净资产额</td><td colspan="3">（万元）</td></tr>
<tr><td rowspan="4">历次筹资情况</td><td>发行时间</td><td>发行类别</td><td>筹资净额（万元）</td></tr>
<tr><td></td><td></td><td></td></tr>
<tr><td></td><td></td><td></td></tr>
<tr><td colspan="2">合计</td><td>（万元）</td></tr>
<tr><td>首发后累计派现金额</td><td colspan="3">（万元）</td></tr>
<tr><td>本次发行前期末净资产额</td><td colspan="3">（万元）</td></tr>
</table>

（二）主要股东及实际控制人情况

1. 主要股东情况

包括注册资本、主要业务、主要股东、主要控股公司、简要财务数据等。

2. 实际控制人情况（要求同上）

3. 主要股东和实际控制人持有公司股权结构图

（三）发行人主要财务数据和财务指标

1. 最近三年资产负债表、利润表、现金流量表主要数据

（1）合并资产负债表主要数据

单位：万元

项　目	2006 年 12 月 31 日	2005 年 12 月 31 日	2004 年 12 月 31 日
资产总额			
负债总额			
少数股东权益			
股东权益			

（2）合并利润表主要数据

单位：万元

项　目	2006 年度	2005 年度	2004 年度
主营业务收入			
主营业务利润			
营业利润			
利润总额			
净利润			

（3）合并现金流量表主要数据

单位：万元

项　目	2006 年度	2005 年度	2004 年度
经营活动产生的现金流量净额			
投资活动产生的现金流量净额			
筹资活动产生的现金流量净额			
现金及现金等价物净增加额			

2. 主要财务指标表

（1）最近三年非经常性损益明细表

（2）最近三年主要财务指标表

项　目	2006 年度	2005 年度	2004 年度
流动比率			
速动比率			
资产负债率（母公司报表）（%）			
资产负债率（合并报表）（%）			
应收账款周转率（次）			
存货周转率（次）			

续表

项　目		2006 年度	2005 年度	2004 年度
每股净资产				
每股经营活动现金流量（元）				
每股净现金流量（元）				
扣除非经常性损益前每股收益（元）	全面摊薄			
	加权平均			
扣除非经常性损益前净资产收益率（%）	全面摊薄			
	加权平均			
扣除非经常性损益后每股收益（元）	全面摊薄			
	加权平均			
扣除非经常性损益后净资产收益率（%）	全面摊薄			
	加权平均			

3. 发行人最近三年主营业务收入、主营业务利润构成及主要产品毛利率、产销量情况

（1）最近三年主营业务收入构成

产品（或行业）名称	2006 年度主营业务收入		2005 年度主营业务收入		2004 年度主营业务收入	
	金额	比重	金额	比重	金额	比重
A						
B						
C						
合计						

最近三年主营业务收入及构成发生重大变动的原因（如有）

（2）最近三年主营业务利润构成

产品（或行业）名称	2006 年度主营业务利润		2005 年度主营业务利润		2004 年度主营业务利润	
	金额	比重	金额	比重	金额	比重
A						
B						
C						
合计						

最近三年主营业务利润及构成发生重大变动的原因（如有）

（3）最近三年主要产品（或行业）毛利率

产品（或行业）名称	2006 年度	2005 年度	2004 年度
A			
B			
C			
综合毛利率			

最近三年主要产品（或行业）毛利率发生重大变动的原因（如有）

（4）最近三年主要产品（或行业）产能、产量、销量情况

产品（或行业）名称	2006 年度			2005 年度			2004 年度		
	产能	产量	销量	产能	产量	销量	产能	产量	销量
A									
B									
C									

最近三年主要产品（或行业）产能利用率、产销率较低的原因（如有）

（注：发行人最近一期财务数据和财务指标较上年同期存在重大变动的，应简要说明相关情况及原因。）

二、保荐人应当根据尽职调查的结果，对照非公开发行股票的各项规定，对包括但不限于下列事项逐项发表明确的结论性意见，并载明得出每项结论的查证过程及事实依据。

（一）关于本次发行方案

1. 本次发行方案的基本情况

董事会、股东大会决议日	
定价基准日、发行底价	
发行数量	
发行对象及认购方式	应当注明大股东是否认购、出资和认购方式/是否有境外投资者
锁定期安排	
备注	

发行对象属于控股股东、实际控制人、外国投资者、战略合作对象等情况的，说明发行对象的基本情况。

2. 保荐人尽职调查意见。逐条核查并说明本次发行方案是否符合《管理办法》第 37 条、第 38 条的规定，以及相关信息披露规则的规定。

（二）本次募集资金运用相关情况

1. 本次募集资金使用情况

序号	项目名称	总投资（亿元）	本次以募集资金投入（亿元）	项目批文

针对各募集资金使用项目，应当分别、简要陈述其主要投资建设内容、建设期和预计达产时间、投资达产后的产能、项目目前进展情况（已投资金额、

项目完工进度、预计完工时间）、项目预计产生的效益（如有）等基本情况。

涉及立项、土地、环保等有关报批事项的，说明已经取得有关主管部门批准的情况以及尚需呈报批准的程序。

募集资金用于补充流动资金或者偿还银行贷款的，应当说明补充流动资金或者偿还银行贷款的具体数据、必要性和对公司财务状况的影响。

保荐人的尽职调查意见。保荐人应当逐条核查本次募集资金使用是否符合《管理办法》第10条以及相关规则的规定。其中重点关注以下事项：

（1）拟投资项目是否需要核准或备案，若需要核准或备案，相关文件是否出具、出具的文件是否超过出具文件单位的权限范围。

（2）投资项目的土地使用权手续办理情况。

（3）若公司属于重污染行业，或本次投资项目属于重污染行业，是否出具省级环保部门的核查文件。

（4）本次投资项目是否会增加新的关联交易、产生同业竞争。

（5）若对其他公司增资的，该公司其他股是否同比增资、是否放弃优先认股权。

（三）（如有）本次收购资产的相关情况

1. 进入资产的基本情况。包括

（1）相关资产名称、主要内容、所有者和经营管理者的基本情况，资产的经审计资产负债表、利润表的主要数据；

（2）股权及控制关系，股东出资协议及公司章程中可能对本次交易产生影响的主要内容、原高管人员的安排；

（3）股权所在公司主要资产的权属状况及对外担保情况、主要负债情况；

（4）附条件生效的股份认购合同、资产转让合同的重要条款；

（5）资产的审计评估情况，包括资产评估基准日、评估方法、资产评估结果明细表；资产的定价方法或定价原则，评估基准日至实际收购日的利润归属。

2. 保荐人尽职调查意见。

（1）保荐人应逐条核查本次进入资产的方案是否符合《管理办法》及其配套规定、信息披露规则的有关规定。

（2）发行保荐书应当反映律师的核查意见，包括资产权属清晰情况、是否存在权利受限、权属争议或者妨碍权属转移的其他情况、相关协议条款是否合法有效等情况。

（3）发行保荐书应当反映具有证券期货相关业务资格的会计师事务所对拟收购资产财务报告的审计意见类型。

（四）发行人前次募集资金运用

1. 前次募集资金使用情况。

（1）前次募集资金的数额及资金到位时间；

（2）前次募集资金的实际使用情况；

（3）前次募集资金投资项目变更情况及变更原因（如有）；

（4）前次募集资金投资项目的效益情况；

（5）前次募集资金投资项目实际效益与承诺效益存在较大差异的原因（如有）。

2. 发行保荐书应当反映会计师事务所关于前次募集资金使用情况专项报告的结论性意见。

（五）发行人最近一年及一期财务报告的审计意见

1. 会计师事务所对近一年及一期财务报告所发表的审计意见类型。最近一年一期审计意见涉及保留意见、否定意见或无法表示意见的，说明审计意见涉及事项的具体情况及最新进展。说明发行人董事会、会计师事务所及注册会计师关于非标准无保留意见审计报告的补充意见。

2. 保荐机构关于“最近一年及一期保留意见、否定意见或无法表示意见所涉及事项对发行人存在的重大不利影响是否已经消除”所发表的结论性尽职调查意见。

（六）发行人及其附属公司的对外担保

1. 目前发行人及其附属公司对外担保情况。

2. 保荐机构关于“发行人及其附属公司是否存在违规对外提供担保且尚未解除的情形”所发表的结论性尽职调查意见

（七）（如有）发行人最近一年及一期的重大会计差错更正

1. 发行人最近一年及一期会计差错更正情况。

2 保荐机构应当说明发行人最近一年及一期会计差错更正涉及的金额、会计差错的性质、会计差错的相关责任人。

（八）公司规范运行情况

1. 保荐人应当逐条核查公司是否符合《管理办法》第 39 条的各项规定，并发表结论性意见。

2. 发行保荐书应当反映发行人律师是否逐条核查公司是否符合《管理办法》的 39 条的各项规定，并发表结论性意见。

（九）（如有）其他重要情况

保荐人应当陈述其他对本次发行存在重要影响的情况。

III.6 关于切实落实保荐制度各项要求，勤勉尽责，提高尽职调查工作质量的通知

（2010 年 4 月 20 日　发行监管函［2010］121 号）

各保荐机构：

保荐制度实施以来，各保荐机构积极落实保荐制度的相关要求，提高保荐工作质量。但近期，有少数发行人因招股说明书中有关专利、诉讼和关联方等事项的披露与实际情况不符，导致发行中止或者取消发审会审核，严重影响了发行审核和证券发行市场的正常秩序。上述事件的发生，反映出部门保荐机构尽职调查工作未能做到勤勉尽责，内部控制制度存在缺陷。为切实落实保荐制度各项要求，勤勉尽责地做好尽职调查工作，现将有关要求通知如下：

一、请各保荐机构对于 2010 年 5 月 1 日前申报的在审项目（包括已过会未发行的项目），对专利、商标、诉讼和仲裁、关联方以及招股说明书等文件中披露的其他重要事项进行全面核查。专项检查发现招股说明书等文件存在与事实不符等问题的，应及时向我部报告，并及时修改和更新相关申请文件。

二、保荐机构应按照《证券发行上市保荐业务工作底稿指引》的要求，认真做好招股说明书的验证工作，确保招股说明书中披露的信息言之有据。我部将在保荐业务检查时重点抽查招股说明书验证版本。

三、发行证券的申请文件申报后，保荐机构及签字保荐代表人应会同其他证券服务机构，按规定对发行人进行持续尽职调查，并根据实际情况的变化及时、主动修改和更新申请文件。

四、保荐机构应督促其他证券服务机构认真做好尽职调查工作，并对其他证券服务机构出具的意见进行必要复核。

五、根据《证券法》和《首次公开发行股票并上市管理办法》的相关规定，发行证券的申请文件一经申报，发行人及其中介机构即对相关申请文件的真实性、准确性和完整性承担法律责任，各保荐机构及保荐代表人应提高责任意识，切实做好尽职调查工作，发行人发行证券的申请文件存在虚假记载、误导性陈述或者重大遗漏的，将根据《证券法》、《首次公开发行股票并上市管理办法》和《证券发行上市保荐业务管理办法》的相关规定予以严肃处理。

六、请各保荐机构切实落实保荐制度的各项要求、完善和落实内部控制制度，加强质量控制，强化对保荐代表人的管理，督促保荐代表人勤勉尽责，做好尽职调查工作，提高工作质量。

特此通知。

III.7 关于进一步加强保荐业务监管有关问题的意见

（2012年3月15日　中国证监会公告［2012］4号）

为进一步加强对保荐机构执业行为的监管，督促保荐机构强化对保荐业务的管理和风险控制，切实提高保荐业务质量，现提出如下意见：

一、保荐机构应进一步健全保荐业务内控制度，强化对保荐代表人及其他项目人员的管理，完善立项、尽职调查、内核、质量控制、保荐项目持续追踪、工作底稿、工作日志、持续督导等保荐业务相关制度和保荐业务风险控制机制，切实提高保荐项目质量。

二、保荐机构应为保荐项目配备保荐代表人和其他项目人员，相关人员应具备完成保荐项目所需要的行业、财务、法律知识及较为丰富的执业经验，有能力按照《保荐人尽职调查工作准则》（证监发行字［2006］15号）的要求开展尽职调查工作。

《发行保荐工作报告》中须说明保荐代表人和其他项目人员所从事的具体工作，相关人员在项目中发挥的作用。保荐代表人和其他项目人员应在《发行保荐工作报告》上签字，并根据自己所从事的具体工作承担相应的责任。

三、保荐机构的质量控制部门应切实履行把关责任，发现保荐项目存在重大问题和风险的，应指派专人实地走访发行人并进行必要的现场尽职调查工作。

保荐机构的内核小组应切实发挥内核把关作用，对发行人存在的问题和风险进行仔细研判，确信发行人符合法定发行上市条件，信息披露真实、准确、完整。

四、保荐机构应建立对保荐代表人和其他项目人员的问核制度，由内核小组在召开内核会议时对相关人员进行问核，督促保荐代表人和其他项目人员严格按照《保荐人尽职调查工作准则》的要求做好尽职调查工作。

内核小组的问核工作须围绕尽职调查工作和内核会议讨论中发现的风险和问题进行，发现保荐代表人和其他项目人员的工作存在不足的，应提出书面整改意见并要求相关人员落实。

五、保荐机构须健全保荐项目的持续追踪机制，确保对保荐项目的全过程管理，避免保荐项目申报后可能出现的发行人新情况新问题不能及时在申请文件中补充披露以及反馈意见落实文件、发审委意见落实文件、举报信核查文件以及会后事项文件未履行保荐机构内部批准程序的风险。

六、在两名保荐代表人可在主板（含中小企业板）和创业板同时各负责一家在审企业的基础上，调整为可同时各负责两家在审企业。但下述两类保荐代表人除外：

（一）最近3年内有过违规记录的保荐代表人，违规记录包括被中国证监会采取过监管措施、受到过证券交易所公开谴责或中国证券业协会自律处分的；

（二）最近3年内未曾担任过已完成的首发、再融资项目签字保荐代表人的。

申报项目时，保荐机构应针对签字保荐代表人申报的在审企业家数及是否存在上述（一）、（二）项情况作出说明与承诺。

七、本意见自公布之日起施行。中国证监会《关于进一步做好〈证券发行上市保荐制度暂行办法〉实施工作的通知》（证监发行字［2004］167号）及证监会公告［2009］19号同时废止。

III. 8 关于进一步加强保荐机构内部控制有关问题的通知

（2013 年 12 月 27 日 发行监管函［2013］346 号）

各保荐机构：

为落实《中国证监会关于进一步推进新股发行体制改革的意见》，深入贯彻以信息披露为中心的发行监管要求，健全保荐业务内控制度，强化执业过程的风险和责任意识，现将有关问题通知如下：

一、保荐机构应进一步健全覆盖立项、尽职调查、内核、质量控制、持续督导等环节的内控制度安排、组织体系和控制措施，不断增强自我约束和风险控制能力。应在梳理既有保荐业务流程和岗位职责的基础上，进一步完善对执业全过程的风险识别、评价和管理，树立"以信息披露为中心、切实防范项目风险"的工作导向，将制度细化到人、落实到岗。

二、保荐机构应按照《公开发行证券的公司信息披露内容与格式准则第 1 号——招股说明书》、《公开发行证券的公司信息披露内容与格式准则第 28 号——创业板公司招股说明书》和其他信息披露准则及指引的具体要求，督促发行人做好信息披露工作。保荐机构应对发行人的申请文件和信息披露资料进行审慎核查，督导发行人规范运行，对其他中介机构出具的专业意见进行核查，对发行人是否具备持续盈利能力，是否符合法定发行条件做出专业判断，并确保发行人的申请文件和招股说明书等信息披露资料真实、准确、完整、及时。

三、保荐机构应建立健全公司内部问核机制，进一步完善关于问核的具体制度，明确问核内容、程序、人员和责任。

（一）保荐机构应在《发行保荐工作报告》中详细说明问核的实施情况、问核中发现的问题，以及在尽职调查中对重点事项采取的核查过程、手段及方式。

（二）保荐机构履行问核程序时，应要求项目的两名签字保荐代表人填写《关于保荐项目重要事项尽职调查情况问核表》（以下简称《问核表》，详见附表），誊写该表所附承诺事项，并签字确认。保荐业务负责人或保荐业务部门负责人应当参加问核程序，并在《问核表》上签字确认。

（三）《问核表》作为发行保荐工作报告的附件，在受理发行人上市申请文件时一并提交。今后在首发企业审核过程中，不再设问核环节。

四、保荐机构应进一步提升内控制度的执行效果，建立起配套的追责机制。保荐机构主要负责人要高度重视保荐业务内部控制体系的健全与运行，保荐业务负责人、内核负责人应切实监督、执行各项制度。对保荐代表人和其他项目人员违反制度规定的行为，要及时予以制止，情节严重的要追究其责任。责任与利益相匹配，切实发挥内控制度对保荐执业全过程的约束机制。

五、保荐机构应遵循中国证券业协会制定的保荐业务内控和尽职调查等行业自律规范，自觉接受中国证券业协会的自律管理，进一步发挥行业自律组织在保荐业务人员、保荐执业行为等方面的自律管理职能。

附表 1：关于保荐项目重要事项尽职调查问核表（适用于主板，含中小企业板）（略）

附表 2：关于保荐项目重要事项尽职调查问核表（适用于创业板）（略）

III. 9　证券公司治理准则（存目）

（2012 年 12 月 11 日　中国证监会公告［2012］41 号）

III. 10　证券公司内部控制指引（存目）

（2003 年 12 月 15 日　证监机构字［2003］260 号）

III. 11　证券公司分类监管规定（2010 年修订）（存目）

（2010 年 5 月 14 日　中国证监会公告［2010］17 号）

III. 12　证券公司风险控制指标管理办法（存目）

（2006 年 7 月 20 日　中国证券监督管理委员会令第 34 号）

III. 13　关于调整证券公司净资本计算标准的规定（2012 年修订）（存目）

（2012 年 11 月 16 日　中国证监会公告［2012］37 号）

Ⅳ 发审委审核

IV.1 中国证券监督管理委员会发行审核委员会办法（2009年修订）

（2009年5月13日　中国证券监督管理委员会令第62号）

（2006年5月8日中国证券监督管理委员会第179次主席办公会议审议通过　根据2009年5月13日中国证券监督管理委员会《关于修改〈中国证券监督管理委员会发行审核委员会办法〉的决定》修订）

第一章　总　　则

第一条　为了保证在股票发行审核工作中贯彻公开、公平、公正的原则，提高股票发行审核工作的质量和透明度，根据《中华人民共和国证券法》的有关规定，制定本办法。

第二条　中国证券监督管理委员会（以下简称中国证监会）设立主板市场发行审核委员会（以下简称主板发审委）、创业板市场发行审核委员会（以下简称创业板发审委）和上市公司并购重组审核委员会（以下简称并购重组委）。

主板发审委、创业板发审委（以下统称发审委）审核发行人股票发行申请和可转换公司债券等中国证监会认可的其他证券的发行申请（以下统称股票发行申请），适用本办法。

并购重组委的组成、职责、工作规程等另行制定。

第三条　发审委依照《中华人民共和国证券法》、《中华人民共和国公司法》等法律、行政法规和中国证监会的规定，对发行人的股票发行申请文件和中国证监会有关职能部门的初审报告进行审核。

发审委以投票方式对股票发行申请进行表决，提出审核意见。

中国证监会依照法定条件和法定程序作出予以核准或者不予核准股票发行申请的决定。

第四条　发审委通过发审委工作会议（以下简称发审委会议）履行职责。

第五条　中国证监会负责对发审委事务的日常管理以及对发审委委员的考核和监督。

第二章　发审委的组成

第六条　发审委委员由中国证监会的专业人员和中国证监会外的有关专家

组成，由中国证监会聘任。

主板发审委委员为25名，部分发审委委员可以为专职。其中中国证监会的人员5名，中国证监会以外的人员20名。

创业板发审委委员为35名，部分发审委委员可以为专职。其中中国证监会的人员5名，中国证监会以外的人员30名。

发审委设会议召集人。

第七条 发审委委员每届任期一年，可以连任，但连续任期最长不超过3届。

主板发审委委员、创业板发审委委员和并购重组委委员不得相互兼任。

第八条 发审委委员应当符合下列条件：

（一）坚持原则，公正廉洁，忠于职守，严格遵守国家法律、行政法规和规章；

（二）熟悉证券、会计业务及有关的法律、行政法规和规章；

（三）精通所从事行业的专业知识，在所从事的领域内有较高声誉；

（四）没有违法、违纪记录；

（五）中国证监会认为需要符合的其他条件。

第九条 发审委委员有下列情形之一的，中国证监会应当予以解聘：

（一）违反法律、行政法规、规章和发行审核工作纪律的；

（二）未按照中国证监会的有关规定勤勉尽职的；

（三）本人提出辞职申请的；

（四）2次以上无故不出席发审委会议的；

（五）经中国证监会考核认为不适合担任发审委委员的其他情形。

发审委委员的解聘不受任期是否届满的限制。发审委委员解聘后，中国证监会应及时选聘新的发审委委员。

第三章 发审委的职责

第十条 发审委的职责是：根据有关法律、行政法规和中国证监会的规定，审核股票发行申请是否符合相关条件；审核保荐人、会计师事务所、律师事务所、资产评估机构等证券服务机构及相关人员为股票发行所出具的有关材料及意见书；审核中国证监会有关职能部门出具的初审报告；依法对股票发行申请提出审核意见。

第十一条 发审委委员以个人身份出席发审委会议，依法履行职责，独立发表审核意见并行使表决权。

第十二条 发审委委员可以通过中国证监会有关职能部门调阅履行职责所

必需的与发行人有关的资料。

第十三条 发审委委员应当遵守下列规定：

（一）按要求出席发审委会议，并在审核工作中勤勉尽职；

（二）保守国家秘密和发行人的商业秘密；

（三）不得泄露发审委会议讨论内容、表决情况以及其他有关情况；

（四）不得利用发审委委员身份或者在履行职责上所得到的非公开信息，为本人或者他人直接或者间接谋取利益；

（五）不得与发行申请人有利害关系，不得直接或间接接受发行申请人及相关单位或个人提供的资金、物品等馈赠和其他利益，不得持有所核准的发行申请的股票，不得私下与发行申请人及其他相关单位或个人进行接触；

（六）不得有与其他发审委委员串通表决或者诱导其他发审委委员表决的行为；

（七）中国证监会的其他有关规定。

第十四条 发审委委员有义务向中国证监会举报任何以不正当手段对其施加影响的发行人及其他相关单位或者个人。

第十五条 发审委委员审核股票发行申请文件时，有下列情形之一的，应及时提出回避：

（一）发审委委员或者其亲属担任发行人或者保荐人的董事（含独立董事，下同）、监事、经理或者其他高级管理人员的；

（二）发审委委员或者其亲属、发审委委员所在工作单位持有发行人的股票，可能影响其公正履行职责的；

（三）发审委委员或者其所在工作单位近两年来为发行人提供保荐、承销、审计、评估、法律、咨询等服务，可能妨碍其公正履行职责的；

（四）发审委委员或者其亲属担任董事、监事、经理或者其他高级管理人员的公司与发行人或者保荐人有行业竞争关系，经认定可能影响其公正履行职责的；

（五）发审委会议召开前，与本次所审核发行人及其他相关单位或者个人进行过接触，可能影响其公正履行职责的；

（六）中国证监会认定的可能产生利害冲突或者发审委委员认为可能影响其公正履行职责的其他情形。

前款所称亲属，是指发审委委员的配偶、父母、子女、兄弟姐妹、配偶的父母、子女的配偶、兄弟姐妹的配偶。

第十六条 发行人及其他相关单位和个人如果认为发审委委员与其存在利害冲突或者潜在的利害冲突，可能影响发审委委员公正履行职责的，可以在报送发审委会议审核的股票发行申请文件时，向中国证监会提出要求有关发审委委员予以回避的书面申请，并说明理由。

中国证监会根据发行人及其他相关单位和个人提出的书面申请，决定相关发审委委员是否回避。

第十七条 发审委委员接受聘任后，应当承诺遵守中国证监会有关对发审委委员的规定和纪律要求，认真履行职责，接受中国证监会的考核和监督。

第四章 发审委会议

第一节 一般规定

第十八条 发审委通过召开发审委会议进行审核工作。

第十九条 发审委会议表决采取记名投票方式。表决票设同意票和反对票，发审委委员不得弃权。发审委委员在投票时应当在表决票上说明理由。

第二十条 发审委委员应依据法律、行政法规和中国证监会的规定，结合自身的专业知识，独立、客观、公正地对股票发行申请进行审核。

发审委委员应当以审慎、负责的态度，全面审阅发行人的股票发行申请文件和中国证监会有关职能部门出具的初审报告。在审核时，发审委委员应当在工作底稿上填写个人审核意见：

（一）发审委委员对初审报告中提请发审委委员关注的问题和审核意见有异议的，应当在工作底稿上对相关内容提出有依据、明确的审核意见；

（二）发审委委员认为发行人存在初审报告提请关注问题以外的其他问题的，应当在工作底稿上提出有依据、明确的审核意见；

（三）发审委委员认为发行人存在尚待调查核实并影响明确判断的重大问题的，应当在工作底稿上提出有依据、明确的审核意见。

发审委委员在发审委会议上应当根据自己的工作底稿发表个人审核意见，同时应当根据会议讨论情况，完善个人审核意见并在工作底稿上予以记录。

发审委会议在充分讨论的基础上，形成会议对发行人股票发行申请的审核意见，并对发行人的股票发行申请是否符合相关条件进行表决。

第二十一条 发审委会议召集人按照中国证监会的有关规定负责召集发审委会议，组织发审委委员发表意见、讨论，总结发审委会议审核意见和组织投票等事项。

发审委会议结束后，参会发审委委员应当在会议记录、审核意见、表决结果等会议资料上签名确认，同时提交工作底稿。

第二十二条 发审委会议对发行人的股票发行申请形成审核意见之前，可以请发行人代表和保荐代表人到会陈述和接受发审委委员的询问。

第二十三条 发审委会议对发行人的股票发行申请只进行一次审核。

出现发审委会议审核意见与表决结果有明显差异或者发审委会议表决结果显失公正情况的，中国证监会可以进行调查，并依法做出核准或者不予核准的决定。

第二十四条 中国证监会有关职能部门负责安排发审委会议、送达有关审核材料、对发审委会议讨论情况进行记录、起草发审委会议纪要、保管档案等具体工作。

第二十五条 发审委会议根据审核工作需要，可以邀请发审委委员以外的行业专家到会提供专业咨询意见。发审委委员以外的行业专家没有表决权。

第二十六条 发审委每年应当至少召开一次全体会议，对审核工作进行总结。

第二节 普通程序

第二十七条 发审委会议审核发行人公开发行股票申请和可转换公司债券等中国证监会认可的其他公开发行证券申请，适用本节规定。

第二十八条 中国证监会有关职能部门应当在发审委会议召开5日前，将会议通知、股票发行申请文件及中国证监会有关职能部门的初审报告送达参会发审委委员，并将发审委会议审核的发行人名单、会议时间、发行人承诺函和参会发审委委员名单在中国证监会网站上公布。

第二十九条 每次参加发审委会议的发审委委员为7名。表决投票时同意票数达到5票为通过，同意票数未达到5票为未通过。

第三十条 发审委委员发现存在尚待调查核实并影响明确判断的重大问题，应当在发审委会议前以书面方式提议暂缓表决。发审委会议首先对该股票发行申请是否需要暂缓表决进行投票，同意票数达到5票的，可以对该股票发行申请暂缓表决；同意票数未达到5票的，发审委会议按正常程序对该股票发行申请进行审核。

暂缓表决的发行申请再次提交发审委会议审核时，原则上仍由原发审委委员审核。

发审委会议对发行人的股票发行申请只能暂缓表决一次。

第三十一条 发审委会议对发行人的股票发行申请投票表决后，中国证监会在网站上公布表决结果。

发审委会议对发行人股票发行申请作出的表决结果及提出的审核意见，中国证监会有关职能部门应当向发行人聘请的保荐人进行书面反馈。

第三十二条 在发审委会议对发行人的股票发行申请表决通过后至中国证监会核准前，发行人发生了与所报送的股票发行申请文件不一致的重大事项，中国证监会有关职能部门可以提请发审委召开会后事项发审委会议，对该发行人的股票发行申请文件重新进行审核。会后事项发审委会议的参会发审委委员不受是否审核过该发行人的股票发行申请的限制。

第三节　特别程序

第三十三条　发审委会议审核上市公司非公开发行股票申请和中国证监会认可的其他非公开发行证券申请，适用本节规定。

第三十四条　中国证监会有关职能部门应当在发审委会议召开前，将会议通知、股票发行申请文件及中国证监会有关职能部门的初审报告送达参会发审委委员。

第三十五条　每次参加发审委会议的委员为5名。表决投票时同意票数达到3票为通过，同意票数未达到3票为未通过。

第三十六条　发审委委员在审核上市公司非公开发行股票申请和中国证监会认可的其他非公开发行证券申请时，不得提议暂缓表决。

第三十七条　中国证监会不公布发审委会议审核的发行人名单、会议时间、发行人承诺函、参会发审委委员名单和表决结果。

第五章　对发审委审核工作的监督

第三十八条　中国证监会对发审委实行问责制度。出现发审委会议审核意见与表决结果有明显差异的，中国证监会可以要求所有参会发审委委员分别作出解释和说明。

第三十九条　发审委委员存在违反本办法第十三条规定的行为，或者存在对所参加发审委会议应当回避而未提出回避等其他违反发审委工作纪律的行为的，中国证监会应当根据情节轻重对有关发审委委员分别予以谈话提醒、批评、解聘等处理。

第四十条　中国证监会建立对发审委委员违法、违纪行为的举报监督机制。

对有线索举报发审委委员存在违法、违纪行为的，中国证监会应当进行调查，根据调查结果对有关发审委委员分别予以谈话提醒、批评、解聘等处理；涉嫌犯罪的，依法移交司法机关处理。

第四十一条　中国证监会对发审委委员的批评可以在新闻媒体上公开。

第四十二条　在发审委会议召开前，有证据表明发行人、其他相关单位或者个人直接或者间接以不正当手段影响发审委委员对发行人股票发行申请的判断，或者以其他方式干扰发审委委员审核的，中国证监会可以暂停对有关发行人的发审委会议审核。

发行人股票发行申请通过发审委会议后，有证据表明发行人、其他相关单位或者个人直接或者间接以不正当手段影响发审委委员对发行人股票发行申请的判断的，或者以其他方式干扰发审委委员审核的，中国证监会可以暂停核准；情节严重的，中国证监会不予核准。

第四十三条 发行人聘请的保荐人有义务督促发行人遵守本办法的有关规定。保荐人唆使、协助或者参与干扰发审委工作的，中国证监会按照有关规定在3个月内不受理该保荐人的推荐。

第六章 附 则

第四十四条 本办法自2006年5月9日起施行。《中国证券监督管理委员会股票发行审核委员会暂行办法》（证监会令第16号）同时废止。

IV.2 中国证券监督管理委员会发行审核委员会工作细则

（2006年5月18日 证监发［2006］51号）

为规范中国证券监督管理委员会（以下简称中国证监会）发行审核委员会（以下简称发审委）的工作，更好地贯彻公开、公平、公正原则，提高股票发行审核工作的质量和透明度，根据《中国证券监督管理委员会发行审核委员会办法》（以下简称《发审委办法》），制定本工作细则。

一、发审委会议前的工作规程

（一）中国证监会发行监管部（以下简称发行监管部）具体负责发行审核委员会工作会议（以下简称发审委会议）前的各项准备工作。主要包括：确定发审委会议日期、发审委会议审核的发行人、出席发审委会议的发审委委员（以下简称委员），向委员送达发审委会议通知、发行人的股票发行申请文件和发行监管部的初审报告（以下简称审核材料），在中国证监会网站上公布适用普通程序审核的股票发行申请的发审委会议（以下简称普通程序发审委会议）的有关信息等。

（二）发行监管部在每月月底前制定下月发审委会议召开计划并告知全体委员，非专职委员应当在每月月底前将下月能参加发审委会议的时间安排报告发行监管部。发审委会议原则上应当在每周固定时间召开。

（三）发行监管部安排发审委会议审核发行人的顺序，原则上按照发行人向发行监管部报送审核材料的时间先后确定。

（四）发行监管部在普通程序发审委会议召开5天前，将会议通知及审核材料送达参会委员并请委员签收。对适用特别程序审核的股票发行申请的发审委会议（以下简称特别程序发审委会议），发行监管部在会议召开前及时将会议通知及审核材料送达参会委员，并请委员签收。外地委员的审核材料可以采取委员认可的方式送达。

（五）发行监管部在将发审委会议通知及审核材料送达参会委员后，在中国证监会网站上公布普通程序发审委会议审核的发行人名单、会议时间、发行人承诺函和参会委员名单。特别程序发审委会议不公布会议审核的发行人名单、会议时间、发行人承诺函和参会委员名单。

（六）委员应当将须回避的有关情况及时上报发行监管部。若发现存在须回避情形或者已确定出席发审委会议后又因特殊原因不能出席会议的，参加普通程序发审委会议的委员应在会议召开 3 天前通知发行监管部，并提出书面申请及理由，发行监管部经核实后对参会委员作相应调整，并及时履行上网公告程序；参加特别程序发审委会议的委员应在接到会议通知后及时提出有关申请，发行监管部经核实后对参会委员作相应调整。

（七）委员收到审核材料后，应当按照《发审委办法》第二十条的规定，根据法律、行政法规和中国证监会有关规章，全面审阅审核材料并按要求填写审核工作底稿。

（八）委员审核材料期间，经发行监管部登记后，可调阅履行职责所必需的与发行人有关的资料。

二、发审委会议的工作规程

（一）发审委会议议程：

1. 出席会议委员达到规定人数后，委员应填写与发行人接触事项的有关说明，交由发行监管部工作人员核对后，召集人宣布会议开始并主持会议。

2. 发行监管部预审人员向委员报告审核情况，并就有关问题提供说明。

3. 召集人组织委员对初审报告中提请委员关注的问题和审核意见逐一发表个人审核意见。委员也可对初审报告提请关注问题以外的其他事项发表个人审核意见。

4. 发行人代表和保荐代表人各 2 名到会陈述和接受询问，时间不超过 45 分钟。

5. 召集人总结委员的主要审核意见，形成发审委会议对发行人股票发行申请的审核意见。

6. 委员对发审委会议记录、审核意见记录确认并签名。

7. 召集人组织委员进行投票表决。表决方式采取封闭式记名投票，委员个人的投票意见不对外公布。

8. 发行监管部工作人员负责监票及统计投票结果。

9. 召集人宣布表决结果。

10. 委员在发审委会议表决结果上签名，同时提交审核工作底稿。

（二）发行监管部工作人员负责发审委会议记录、审核意见记录和会议考勤记录，并对会议全过程进行录音。

（三）发审委会议依据《发审委办法》第三十条规定对发行人的股票发行申请暂缓表决的，按以下规定办理：

1. 委员在审核材料期间，如发现发行人存在尚待调查核实并影响明确判断的重大问题，认为需暂缓表决的，应在审核工作底稿上写明意见，并在发审委会议前以书面方式向发行监管部发审委工作处提出建议。

2. 发审委会议首先听取提出暂缓表决建议的委员对该股票发行申请暂缓表决的理由，由会议对该股票发行申请是否需要暂缓表决进行投票。同意票数达到5票的，可以对该股票发行申请暂缓表决，召集人总结对该股票发行申请暂缓表决的审核意见。同意票数未达到5票的，发审委会议按正常程序对该股票发行申请进行审核。

3. 发审委会议同意对发行人的股票发行申请暂缓表决后，发行人如申请再次审核，应当自收到暂缓表决审核意见之日起1个月内向发行监管部提出申请。

4. 被暂缓表决的股票发行申请再次提交发审委会议审核时，原发审委委员如不能参加会议，应当向发行监管部作出说明。

三、发审委会议后的工作规程

（一）发行监管部在普通程序发审委会议结束后，在中国证监会网站上公布会议的表决结果。特别程序发审委会议不公布会议的表决结果。

（二）依据《发审委办法》第三十二条规定召开的会后事项发审委会议还应当遵守以下规定：

1. 会后事项发审委会议应当对发行人完整的申请文件进行审核。

2. 会后事项发审委会议不设暂缓表决。

3. 会后事项发审委会议只进行1次审核。

4. 中国证监会的其他规定。

四、发审委会议纪律

（一）委员应当遵守以下规定：

1. 委员应当在规定时间内提出回避申请，不得拖延或者在发审委会议现场提出回避申请。

2. 委员应当按时参加发审委会议，不迟到、不早退、不在会议期间无故离开会场。

3. 审核材料应当由委员妥善保管，不得对外泄露，待发审委会议结束后由发行监管部工作人员收回。

4. 发审委会议召开过程中，参会人员应当关闭手机、呼机及其他通讯工具。

5. 委员应遵循独立、客观、公正的原则，不得与其他委员串通表决或者诱导其他委员表决。

6. 委员不得泄露发审委会议讨论内容、表决情况及其他有关情况。

7. 委员不得利用发审委委员身份从事与发行审核无关的活动。

（二）发审委会议召集人应当遵守以下规定：

1. 主持发审委会议，维持发审委会议纪律，根据发行人的具体情况掌握发审委会议进度。

2. 组织委员在发审委会议上发表个人审核意见。

3. 负责总结参会委员需向发行人代表和保荐代表人询问的问题。

4. 负责总结发审委会议讨论、关注的问题。

5. 负责总结参会委员的主要审核意见，形成本次发审委会议对发行人股票发行申请的审核意见。

6. 组织参会委员投票表决，宣读表决结果。

（三）委员任期届满，中国证监会将对委员遵守发审委纪律和履行职责的情况进行考核和评价。

（四）中国证监会发现发行人及其他相关单位或者个人以任何不正当手段影响委员或者干扰发审委审核的，发行监管部将暂停安排发审委会议对相关发行人股票发行申请的审核。

五、附则

1. 本工作细则自 2006 年 5 月 18 日起施行。2003 年 12 月 11 日发布的《中国证券监督管理委员会股票发行审核委员会工作细则》（证监发［2003］88 号）同时废止。

V　询价与承销

V.1 证券发行与承销管理办法

（2014 年 3 月 21 日 中国证券监督管理委员会令第 98 号）

（2013 年 10 月 8 日中国证券监督管理委员会第 11 次主席办公会议审议通过，根据 2014 年 3 月 21 日中国证券监督管理委员会《关于修改〈证券发行与承销管理办法〉的决定》修订）

第一章 总 则

第一条 为规范证券发行与承销行为，保护投资者合法权益，根据《证券法》和《公司法》，制定本办法。

第二条 发行人在境内发行股票或者可转换公司债券（以下统称证券）、证券公司在境内承销证券以及投资者认购境内发行的证券，适用本办法。

首次公开发行股票时公司股东公开发售其所持股份（以下简称老股转让）的，还应当符合中国证券监督管理委员会（以下简称中国证监会）的相关规定。

第三条 中国证监会依法对证券发行与承销行为进行监督管理。证券交易所、证券登记结算机构和中国证券业协会应当制定相关业务规则（以下简称相关规则），规范证券发行与承销行为。证券公司承销证券，应当依据本办法以及中国证监会有关风险控制和内部控制等相关规定，制定严格的风险管理制度和内部控制制度，加强定价和配售过程管理，落实承销责任。

为证券发行出具相关文件的证券服务机构和人员，应当按照本行业公认的业务标准和道德规范，严格履行法定职责，对其所出具文件的真实性、准确性和完整性承担责任。

第二章 定价与配售

第四条 首次公开发行股票，可以通过向网下投资者询价的方式确定股票发行价格，也可以通过发行人与主承销商自主协商直接定价等其他合法可行的方式确定发行价格。发行人和主承销商应当在招股意向书（或招股说明书，下同）和发行公告中披露本次发行股票的定价方式。上市公司发行证券的定价，应当符合中国证监会关于上市公司证券发行的有关规定。

第五条 首次公开发行股票，网下投资者须具备丰富的投资经验和良好的定价能力，应当接受中国证券业协会的自律管理，遵守中国证券业协会的自律规则。

网下投资者参与报价时，应当持有一定金额的非限售股份。发行人和主承销商可以根据自律规则，设置网下投资者的具体条件，并在发行公告中预先披露。主承销商应当对网下投资者是否符合预先披露的条件进行核查，对不符合条件的投资者，应当拒绝或剔除其报价。

第六条 首次公开发行股票采用询价方式定价的，符合条件的网下机构和个人投资者可以自主决定是否报价，主承销商无正当理由不得拒绝。网下投资者应当遵循独立、客观、诚信的原则合理报价，不得协商报价或者故意压低、抬高价格。

网下投资者报价应当包含每股价格和该价格对应的拟申购股数，且只能有一个报价。非个人投资者应当以机构为单位进行报价。首次公开发行股票价格（或发行价格区间）确定后，提供有效报价的投资者方可参与申购。

第七条 首次公开发行股票采用询价方式的，网下投资者报价后，发行人和主承销商应当剔除拟申购总量中报价最高的部分，剔除部分不得低于所有网下投资者拟申购总量的10%，然后根据剩余报价及拟申购数量协商确定发行价格。剔除部分不得参与网下申购。

公开发行股票数量在4亿股（含）以下的，有效报价投资者的数量不少于10家；公开发行股票数量在4亿股以上的，有效报价投资者的数量不少于20家。剔除最高报价部分后有效报价投资者数量不足的，应当中止发行。

第八条 首次公开发行股票时，发行人和主承销商可以自主协商确定参与网下询价投资者的条件、有效报价条件、配售原则和配售方式，并按照事先确定的配售原则在有效申购的网下投资者中选择配售股票的对象。

第九条 首次公开发行股票后总股本4亿股（含）以下的，网下初始发行比例不低于本次公开发行股票数量的60%；发行后总股本超过4亿股的，网下初始发行比例不低于本次公开发行股票数量的70%。其中，应安排不低于本次网下发行股票数量的40%优先向通过公开募集方式设立的证券投资基金（以下简称公募基金）和由社保基金投资管理人管理的社会保障基金（以下简称社保基金）配售，安排一定比例的股票向根据《企业年金基金管理办法》设立的企业年金基金和符合《保险资金运用管理暂行办法》等相关规定的保险资金（以下简称保险资金）配售。公募基金、社保基金、企业年金基金和保险资金有效申购不足安排数量的，发行人和主承销商可以向其他符合条件的网下投资者配售剩余部分。

对网下投资者进行分类配售的，同类投资者获得配售的比例应当相同。公募基金、社保基金、企业年金基金和保险资金的配售比例应当不低于其他投资者。

安排向战略投资者配售股票的，应当扣除向战略投资者配售部分后确定网下网上发行比例。

网下投资者可与发行人和主承销商自主约定网下配售股票的持有期限并公开披露。

第十条 首次公开发行股票网下投资者申购数量低于网下初始发行量的，发行人和主承销商不得将网下发行部分向网上回拨，应当中止发行。

网上投资者有效申购倍数超过 50 倍、低于 100 倍（含）的，应当从网下向网上回拨，回拨比例为本次公开发行股票数量的 20%；网上投资者有效申购倍数超过 100 倍的，回拨比例为本次公开发行股票数量的 40%；网上投资者有效申购倍数超过 150 倍的，回拨后网下发行比例不超过本次公开发行股票数量的 10%。本款所指公开发行股票数量应按照扣除设定 12 个月及以上限售期的股票数量计算。

网上投资者申购数量不足网上初始发行量的，可回拨给网下投资者。

除本办法第六条和本条第一款规定的中止发行情形外，发行人和主承销商还可以约定中止发行的其他具体情形并事先披露。中止发行后，在核准文件有效期内，经向中国证监会备案，可重新启动发行。

第十一条 首次公开发行股票，持有一定数量非限售股份的投资者才能参与网上申购。网上配售应当综合考虑投资者持有非限售股份的市值和申购资金量。采用其他方式进行网上申购和配售的，应当符合中国证监会的有关规定。

第十二条 首次公开发行股票的网下发行应和网上发行同时进行，参与申购的网下和网上投资者应当全额缴付申购资金。投资者应自行选择参与网下或网上发行，不得同时参与。

发行人股东拟进行老股转让的，发行人和主承销商应于网下网上申购前协商确定发行价格、发行数量和老股转让数量。无老股转让计划的，发行人和主承销商可通过网下询价确定发行价格或发行价格区间。网上投资者申购时仅公告发行价格区间、未确定发行价格的，主承销商应当安排投资者按价格区间上限申购，如最终确定的发行价格低于价格区间上限，差价部分应当及时退还投资者。

第十三条 首次公开发行股票数量在 4 亿股以上的，可以向战略投资者配售股票。发行人应当与战略投资者事先签署配售协议。

发行人和主承销商应当在发行公告中披露战略投资者的选择标准、向战略投资者配售的股票总量、占本次发行股票的比例以及持有期限等。

战略投资者不参与网下询价，且应当承诺获得本次配售的股票持有期限不少于12个月，持有期自本次公开发行的股票上市之日起计算。

第十四条 首次公开发行股票数量在4亿股以上的，发行人和主承销商可以在发行方案中采用超额配售选择权。超额配售选择权的实施应当遵守中国证监会、证券交易所、证券登记结算机构和中国证券业协会的规定。

第十五条 首次公开发行股票网下配售时，发行人和主承销商不得向下列对象配售股票：

（一）发行人及其股东、实际控制人、董事、监事、高级管理人员和其他员工；发行人及其股东、实际控制人、董事、监事、高级管理人员能够直接或间接实施控制、共同控制或施加重大影响的公司，以及该公司控股股东、控股子公司和控股股东控制的其他子公司；

（二）主承销商及其持股比例5%以上的股东，主承销商的董事、监事、高级管理人员和其他员工；主承销商及其持股比例5%以上的股东、董事、监事、高级管理人员能够直接或间接实施控制、共同控制或施加重大影响的公司，以及该公司控股股东、控股子公司和控股股东控制的其他子公司；

（三）承销商及其控股股东、董事、监事、高级管理人员和其他员工；

（四）本条第（一）、（二）、（三）项所述人士的关系密切的家庭成员，包括配偶、子女及其配偶、父母及配偶的父母、兄弟姐妹及其配偶、配偶的兄弟姐妹、子女配偶的父母；

（五）过去6个月内与主承销商存在保荐、承销业务关系的公司及其持股5%以上的股东、实际控制人、董事、监事、高级管理人员，或已与主承销商签署保荐、承销业务合同或达成相关意向的公司及其持股5%以上的股东、实际控制人、董事、监事、高级管理人员；

（六）通过配售可能导致不当行为或不正当利益的其他自然人、法人和组织。

本条第（二）、（三）项规定的禁止配售对象管理的公募基金不受前款规定的限制，但应符合中国证监会的有关规定。

第十六条 发行人和承销商及相关人员不得泄露询价和定价信息；不得以任何方式操纵发行定价；不得劝诱网下投资者抬高报价，不得干扰网下投资者正常报价和申购；不得以提供透支、回扣或者中国证监会认定的其他不正当手段诱使他人申购股票；不得以代持、信托持股等方式谋取不正当利益或向其他相关利益主体输送利益；不得直接或通过其利益相关方向参与认购的投资者提供财务资助或者补偿；不得以自有资金或者变相通过自有资金参与网下配售；

不得与网下投资者互相串通，协商报价和配售；不得收取网下投资者回扣或其他相关利益。

第十七条 上市公司发行证券，存在利润分配方案、公积金转增股本方案尚未提交股东大会表决或者虽经股东大会表决通过但未实施的，应当在方案实施后发行。相关方案实施前，主承销商不得承销上市公司发行的证券。

第十八条 上市公司向原股东配售股票（以下简称配股），应当向股权登记日登记在册的股东配售，且配售比例应当相同。

上市公司向不特定对象公开募集股份（以下简称增发）或者发行可转换公司债券，可以全部或者部分向原股东优先配售，优先配售比例应当在发行公告中披露。

第十九条 上市公司增发或者发行可转换公司债券，主承销商可以对参与网下配售的机构投资者进行分类，对不同类别的机构投资者设定不同的配售比例，对同一类别的机构投资者应当按相同的比例进行配售。主承销商应当在发行公告中明确机构投资者的分类标准。

主承销商未对机构投资者进行分类的，应当在网下配售和网上发行之间建立回拨机制，回拨后两者的获配比例应当一致。

第二十条 上市公司非公开发行证券的，发行对象及其数量的选择应当符合中国证监会关于上市公司证券发行的相关规定。

第三章 证券承销

第二十一条 发行人和主承销商应当签订承销协议，在承销协议中界定双方的权利义务关系，约定明确的承销基数。采用包销方式的，应当明确包销责任；采用代销方式的，应当约定发行失败后的处理措施。

证券发行依照法律、行政法规的规定应由承销团承销的，组成承销团的承销商应当签订承销团协议，由主承销商负责组织承销工作。证券发行由两家以上证券公司联合主承销的，所有担任主承销商的证券公司应当共同承担主承销责任，履行相关义务。承销团由3家以上承销商组成的，可以设副主承销商，协助主承销商组织承销活动。

承销团成员应当按照承销团协议及承销协议的规定进行承销活动，不得进行虚假承销。

第二十二条 证券公司承销证券，应当依照《证券法》第二十八条的规定采用包销或者代销方式。上市公司非公开发行股票未采用自行销售方式或者上市公司配股的，应当采用代销方式。

第二十三条 股票发行采用代销方式的，应当在发行公告（或认购邀请书）中披露发行失败后的处理措施。股票发行失败后，主承销商应当协助发行人按照发行价并加算银行同期存款利息返还股票认购人。

第二十四条 证券公司实施承销前，应当向中国证监会报送发行与承销方案。

第二十五条 上市公司发行证券期间相关证券的停复牌安排，应当遵守证券交易所的相关规则。

主承销商应当按有关规定及时划付申购资金冻结利息。

第二十六条 投资者申购缴款结束后，发行人和主承销商应当聘请具有证券、期货相关业务资格的会计师事务所对申购和募集资金进行验证，并出具验资报告；还应当聘请律师事务所对网下发行过程、配售行为、参与定价和配售的投资者资质条件及其与发行人和承销商的关联关系、资金划拨等事项进行见证，并出具专项法律意见书。证券上市后10日内，主承销商应当将验资报告、专项法律意见随同承销总结报告等文件一并报中国证监会。

第四章 信息披露

第二十七条 发行人和主承销商在发行过程中，应当按照中国证监会规定的要求编制信息披露文件，履行信息披露义务。发行人和承销商在发行过程中披露的信息，应当真实、准确、完整、及时，不得有虚假记载、误导性陈述或者重大遗漏。

第二十八条 首次公开发行股票申请文件受理后至发行人发行申请经中国证监会核准、依法刊登招股意向书前，发行人及与本次发行有关的当事人不得采取任何公开方式或变相公开方式进行与股票发行相关的推介活动，也不得通过其他利益关联方或委托他人等方式进行相关活动。

第二十九条 首次公开发行股票招股意向书刊登后，发行人和主承销商可以向网下投资者进行推介和询价，并通过互联网等方式向公众投资者进行推介。

发行人和主承销商向公众投资者进行推介时，向公众投资者提供的发行人信息的内容及完整性应与向网下投资者提供的信息保持一致。

第三十条 发行人和主承销商在推介过程中不得夸大宣传，或以虚假广告等不正当手段诱导、误导投资者，不得披露除招股意向书等公开信息以外的发行人其他信息。

承销商应当保留推介、定价、配售等承销过程中的相关资料至少三年并存档备查，包括推介宣传材料、路演现场录音等，如实、全面反映询价、定价和配售过程。

第三十一条 发行人和主承销商应当将发行过程中披露的信息刊登在至少一种中国证监会指定的报刊，同时将其刊登在中国证监会指定的互联网网站，并置备于中国证监会指定的场所，供公众查阅。

第三十二条 发行人披露的招股意向书除不含发行价格、筹资金额以外，其内容与格式应当与招股说明书一致，并与招股说明书具有同等法律效力。

第三十三条 首次公开发行股票的发行人和主承销商应当在发行和承销过程中公开披露以下信息：

（一）招股意向书刊登首日在发行公告中披露发行定价方式、定价程序、参与网下询价投资者条件、股票配售原则、配售方式、有效报价的确定方式、中止发行安排、发行时间安排和路演推介相关安排等信息；发行人股东拟老股转让的，还应披露预计老股转让的数量上限，老股转让股东名称及各自转让老股数量，并明确新股发行与老股转让数量的调整机制。

（二）网上申购前披露每位网下投资者的详细报价情况，包括投资者名称、申购价格及对应的拟申购数量；剔除最高报价有关情况；剔除最高报价部分后网下投资者报价的中位数和加权平均数以及公募基金报价的中位数和加权平均数；有效报价和发行价格（或发行价格区间）的确定过程；发行价格（或发行价格区间）及对应的市盈率；网下网上的发行方式和发行数量；回拨机制；中止发行安排；申购缴款要求等。已公告老股转让方案的，还应披露老股转让和新股发行的确定数量，老股转让股东名称及各自转让老股数量，并应提示投资者关注，发行人将不会获得老股转让部分所得资金。按照发行价格计算的预计募集资金总额低于拟以本次募集资金投资的项目金额的，还应披露相关投资风险。

（三）如公告的发行价格（或发行价格区间上限）市盈率高于同行业上市公司二级市场平均市盈率，发行人和主承销商应当在披露发行价格的同时，在投资风险特别公告中明示该定价可能存在估值过高给投资者带来损失的风险，提醒投资者关注。内容至少包括：

1. 比较分析发行人与同行业上市公司的差异及该差异对估值的影响；提请投资者关注发行价格与网下投资者报价之间存在的差异。

2. 提请投资者关注投资风险，审慎研判发行定价的合理性，理性做出投资决策。

（四）在发行结果公告中披露获配机构投资者名称、个人投资者个人信息以及每个获配投资者的报价、申购数量和获配数量等，并明确说明自主配售的结果是否符合事先公布的配售原则；对于提供有效报价但未参与申购，或实际申购数量明显少于报价时拟申购量的投资者应列表公示并着重说明；发行后还应披露保荐费用、承销费用、其他中介费用等发行费用信息。

（五）向战略投资者配售股票的，应当在网下配售结果公告中披露战略投资者的名称、认购数量及持有期限等情况。

第三十四条 发行人和主承销商在披露发行市盈率时，应同时披露发行市盈率的计算方式。在进行行业市盈率比较分析时，应当按照中国证监会有关上市公司行业分类指引中制定的行业分类标准确定发行人行业归属，并分析说明行业归属的依据。存在多个市盈率口径时，应当充分列示可供选择的比较基准，并应当按照审慎、充分提示风险的原则选取和披露行业平均市盈率。发行人还可以同时披露市净率等反映发行人所在行业特点的估值指标。

第五章 监管和处罚

第三十五条 中国证监会对证券发行承销过程实施事中事后监管，发现涉嫌违法违规或者存在异常情形的，可责令发行人和承销商暂停或中止发行，对相关事项进行调查处理。

第三十六条 中国证券业协会应当建立对承销商询价、定价、配售行为和网下投资者报价行为的日常监管制度，加强相关行为的监督检查，发现违规情形的，应当及时采取自律监管措施。中国证券业协会还应当建立对网下投资者和承销商的跟踪分析和评价体系，并根据评价结果采取奖惩措施。

第三十七条 发行人、证券公司、证券服务机构、投资者及其直接负责的主管人员和其他直接责任人员有失诚信、违反法律、行政法规或者本办法规定的，中国证监会可以视情节轻重采取责令改正、监管谈话、出具警示函、责令公开说明、认定为不适当人选等监管措施，或者采取市场禁入措施，并记入诚信档案；依法应予行政处罚的，依照有关规定进行处罚；涉嫌犯罪的，依法移送司法机关，追究其刑事责任。

第三十八条 证券公司承销未经核准擅自公开发行的证券的，依照《证券法》第一百九十条的规定处罚。

证券公司承销证券有前款所述情形的，中国证监会可以采取12至36个月暂不受理其证券承销业务有关文件的监管措施。

第三十九条 证券公司及其直接负责的主管人员和其他直接责任人员在承销证券过程中，有下列行为之一的，中国证监会可以采取本办法第三十五条规定的监管措施；情节比较严重的，还可以采取3至12个月暂不受理其证券承销业务有关文件的监管措施；依法应予行政处罚的，依照《证券法》第一百九十一条的规定予以处罚：

（一）夸大宣传，或以虚假广告等不正当手段诱导、误导投资者；

（二）以不正当竞争手段招揽承销业务；

（三）从事本办法第十六条规定禁止的行为；

（四）向不符合本办法第八条规定的网下投资者配售股票，或向本办法第十五条规定禁止配售的对象配售股票；

（五）未按本办法要求披露有关文件；

（六）未按照事先披露的原则和方式配售股票，或其他未依照披露文件实施的行为；

（七）向投资者提供除招股意向书等公开信息以外的发行人其他信息；

（八）未按照本办法要求保留推介、定价、配售等承销过程中相关资料；

（九）其他违反证券承销业务规定的行为。

第四十条 发行人及其直接负责的主管人员和其他直接责任人员有下列行为之一的，中国证监会可以采取本办法第三十五条规定的监管措施；构成违反《证券法》相关规定的，依法进行行政处罚：

（一）从事本办法第十六条规定禁止的行为；

（二）夸大宣传，或以虚假广告等不正当手段诱导、误导投资者；

（三）向投资者提供除招股意向书等公开信息以外的发行人信息；

（四）中国证监会认定的其他情形。

第六章 附 则

第四十一条 其他证券的发行与承销比照本办法执行。中国证监会另有规定的，从其规定。

第四十二条 本办法自2013年12月13日起施行。2006年9月17日发布并于2010年10月11日、2012年5月18日修改的《证券发行与承销管理办法》同时废止。

V.2 关于进一步改革和完善新股发行体制的指导意见

（2009年6月10日 中国证监会公告［2009］13号）

近年来，在党中央、国务院正确领导下，我国资本市场进行了一系列重大基础性和制度性改革，取得了显著成效。市场规模和容量跨上新台阶，市场机制和结构逐步优化，投资者入市踊跃，各类企业利用资本市场健全机制、融入资本的态度积极，资本市场的重要性日益突出。为了进一步健全机制、提高效率，有必要对新股发行体制进行改革和完善以适应市场的更大发展。经过对股票发行体制改革有关问题进行广泛调查研究，我会对进一步改革和完善新股发行体制提出以下指导意见：

一、改革原则、基本内容和预期目标

（一）改革原则。坚持市场化方向，促进新股定价进一步市场化，注重培育市场约束机制，推动发行人、投资人、承销商等市场主体归位尽责，重视中小投资人的参与意愿。

（二）基本内容。在新股定价方面，完善询价和申购的报价约束机制，淡化行政指导，形成进一步市场化的价格形成机制。在发行承销方面，增加承销与配售的灵活性，理顺承销机制，强化买方对卖方的约束力和承销商在发行活动中的责任，逐步改变完全按资金量配售股份；适时调整股份发行政策，增加可供交易股份数量；优化网上发行机制，股份分配适当向有申购意向的中小投资者倾斜，缓解巨额资金申购新股状况；完善回拨机制和中止发行机制。同时，加强新股认购风险提示，明晰发行市场的风险。

（三）预期目标。一是市场价格发现功能得到优化，买方、卖方的内在制衡机制得以强化。二是提升股份配售机制的有效性，缓解巨额资金申购新股状况，提高发行的质量和效率。三是在风险明晰的前提下，中小投资者的参与意愿得到重视，向有意向申购新股的中小投资者适当倾斜。四是增强揭示风险的力度，强化一级市场风险意识。

二、近期改革措施

新股发行体制涉及面广、影响大，为保证改革的平稳推进，拟采取分步实施、逐步完善的方式，分阶段推出各项改革措施。现阶段主要推出如下四项措施：

（一）完善询价和申购的报价约束机制，形成进一步市场化的价格形成机制。询价对象应真实报价，询价报价与申购报价应当具有逻辑一致性，主承销商应当采取措施杜绝高报不买和低报高买。发行人及其主承销商应当根据发行规模和市场情况，合理设定每笔申购的最低申购量。对最终定价超过预期价格导致募集资金量超过项目资金需要量的，发行人应当提前在招股说明书中披露用途。

（二）优化网上发行机制，将网下网上申购参与对象分开。对每一只股票发行，任一股票配售对象只能选择网下或者网上一种方式进行新股申购，所有参与该只股票网下报价、申购、配售的股票配售对象均不再参与网上申购。

（三）对网上单个申购账户设定上限。发行人及其主承销商应当根据发行规模和市场情况，合理设定单一网上申购账户的申购上限，原则上不超过本次网上发行股数的千分之一。单个投资者只能使用一个合格账户申购新股。

（四）加强新股认购风险提示，提示所有参与人明晰市场风险。发行人及其主承销商应当刊登新股投资风险特别公告，充分揭示一级市场风险，提醒投资者理性判断投资该公司的可行性。证券经营机构应当采取措施，向投资者提示新股认购风险。

其他改革措施，在统筹兼顾市场发展的速度、改革的力度和市场的承受程度的基础上，择机推出。

三、切实落实各项改革措施

新股发行体制改革需要市场参与各方密切配合，市场各方应当提高认识，制定相应方案，周密部署，切实将各项改革要求落到实处。

发行人应当树立发行上市的正确理念，积极履行信息披露义务，加强募集资金管理，提高上市公司经营水平，维护股东合法权益。

承销商（保荐机构）及其他证券公司应当勤勉尽责，诚实守信，经营活动中维护买卖双方的长期利益和根本利益。具体工作中要在机构、人员、制度和技术等方面加以改进和适应，不断提高专业服务能力。

询价对象应当发挥专业机构的作用，认真、审慎、专业地掌握资料、分析研判、理性定价，从而形成对市场的理性引导。

投资者应当充分关注定价市场化蕴含的风险因素，知晓部分股票上市后可能跌破发行价，切实提高风险意识，强化价值投资理念，避免盲目炒作。

相关自律组织应当积极采取措施，切实加强对参与新股发行的承销商、询价对象、股票配售对象、证券公司的自律管理和服务。

V.3 关于深化新股发行体制改革的指导意见

（2010年10月11日　中国证监会公告［2010］26号）

为了进一步健全新股发行体制、强化市场约束机制，2009年6月10日，我会发布《关于进一步改革和完善新股发行体制的指导意见》，推出了新股发行体制改革。在具体实施方式上，改革采取分步实施、逐步完善的方式，分阶段逐步推出各项改革措施。第一阶段新股发行体制改革的各项措施已得到落实，市场化的改革方向得到了社会的普遍认同，把发行体制改革向纵深推进成为市场共识，推出下一步改革措施的市场条件已基本具备。经深入研究并广泛听取市场各方意见，按照改革的统一部署，现提出第二阶段改革措施如下：

一、进一步完善报价申购和配售约束机制。在中小型公司新股发行中，发行人及其主承销商应当根据发行规模和市场情况，合理设定每笔网下配售的配售量，以促进询价对象认真定价。根据每笔配售量确定可获配机构的数量，再对发行价格以上的入围报价进行配售，如果入围机构较多应进行随机摇号，根据摇号结果进行配售。

二、扩大询价对象范围，充实网下机构投资者。主承销商可以自主推荐一定数量的具有较高定价能力和长期投资取向的机构投资者，参与网下询价配售。

主承销商应当制订推荐机构投资者的原则和标准，包括最低注册资本、管理资产规模要求，专业技能、投资经验要求，市场影响力、信用记录要求，业务战略关系要求，鼓励长期持股等。主承销商应当建立透明的推荐决策机制。推荐标准、决策程序以及最终确定的机构投资者名单应当报中国证券业协会登记备案。中国证券业协会可制订指引指导登记备案工作。

三、增强定价信息透明度。发行人及其主承销商须披露参与询价的机构的具体报价情况。主承销商须披露在推介路演阶段向询价对象提供的对发行人股票的估值结论、发行人同行业可比上市公司的市盈率或其他等效指标。

四、完善回拨机制和中止发行机制。发行人及其主承销商应当根据发行规模和市场情况，合理设计承销流程，有效管理承销风险。

网上申购不足时，可以向网下回拨由参与网下的机构投资者申购，仍然申购不足的，可以由承销团推荐其他投资者参与网下申购。网下机构投资者在既定的网下发售比例内有效申购不足，不得向网上回拨，可以中止发行。网下报价情况未及发行人和主承销商预期、网上申购不足、网上申购不足向网下回拨后仍然申购不足的，可以中止发行。中止发行的具体情形可以由发行人和承销商约定，并予以披露。中止发行后，在核准文件有效期内，经向中国证监会备案，可重新启动发行。

证券交易所和证券登记结算机构应当创造条件，进一步缩短新股发行结束后到上市的时间。

新股发行体制改革需要市场参与各方密切配合，市场各方应当按照新股发行体制改革精神，统一理念、提高认识，精心部署、周密安排，切实将各项改革要求和措施落到实处。

V.4 关于进一步深化新股发行体制改革的指导意见

（2012 年 4 月 28 日 中国证监会公告［2012］10 号）

根据党中央、国务院关于 2012 年经济工作的部署，深化新股发行体制改革是完善资本市场的重要任务之一。改革的主要内容是，在过去两年减少行政干预的基础上，健全股份有限公司发行股票和上市交易的基础性制度，推动各市场主体进一步归位尽责，促使新股价格真实反映公司价值，实现一级市场和二级市场均衡协调健康发展，切实保护投资者的合法权益。

一、完善规则，明确责任，强化信息披露的真实性、准确性、充分性和完整性

要进一步推进以信息披露为中心的发行制度建设，逐步淡化监管机构对拟上市公司盈利能力的判断，修改完善相关规则，改进发行条件和信息披露要求，落实发行人、各中介机构独立的主体责任，全过程、多角度提升信息披露质量。发行人和各中介机构应按法规制度履行职责，不得包装和粉饰业绩。对法规没有明确规定的事项，应本着诚信、专业的原则，善意表述。

（一）发行人作为信息披露第一责任人，必须始终恪守诚实守信的行为准则。其基本义务和责任是，为保荐机构、会计师事务所和律师事务所等中介机构提供真实、完整的财务会计资料和其他资料，全面配合中介机构开展尽职调查。发行人的控股股东、实际控制人不得利用控制地位或关联关系以及其他条件，要求或协助发行人编造虚假信息或隐瞒重要信息。

（二）保荐机构应遵守业务规则和行业规范，诚实守信，勤勉尽责。对发行人的申请文件和招股说明书等信息披露资料进行尽职核查，督促发行人完整、客观地反映其基本情况和风险因素，并对其他中介机构出具的专业意见进行必要的核查。

（三）律师事务所应恪守律师职业道德和执业纪律，认真履行核查和验证义务，完整、客观地反映发行人合法存续与合规经营的相关情况、问题与风险，对其所出具文件的真实性、准确性、充分性和完整性负责。提倡和鼓励具备条件的律师事务所撰写招股说明书。

（四）会计师事务所应结合业务质量控制的需要，制定包括复核制度在内的质量控制制度和程序。注册会计师在执行审计业务时，应当严守执业准则和会计师事务所质量控制制度，确保风险评估等重要审计程序执行到位，保持合理的职业怀疑态度，保持对财务异常信息的敏感度，防范管理层舞弊、利润操纵等行为发生。会计师事务所及其签字注册会计师应当严格按照执业准则出具审计报告、审核报告或其他鉴证报告。

（五）资产评估机构、资信评级机构等其他中介机构要按相关法律法规、行业执业准则的要求，严格履行职责，独立核查判断，出具专业意见。

（六）为提高财务信息披露质量，要进一步明确发行人及其控股股东和实际控制人、会计师事务所、保荐机构在财务会计资料提供、审计执业规范、辅导及尽职调查等方面的责任，坚决抑制包装粉饰行为。

（七）发行人应当建立健全公司治理结构，完善内控制度，建立有效保护股东尤其是中小投资者合法权益的机制；在招股说明书中详细披露公司治理结构的状况及运行情况。保荐机构、律师事务所、会计师事务所应结合辅导、核查等工作，对发行人公司治理结构及内控制度的有效性发表意见。

（八）进一步提前预先披露新股资料的时点，逐步实现发行申请受理后即预先披露招股说明书，提高透明度，加强公众投资者和社会各界的监督。

（九）在公司上市过程中征求有关部委意见的环节，按照国务院有关减少对微观经济活动干预、提高政府服务效率等行政审批制度改革精神，在有效增加相关信息数量和质量的前提下，改进征求相关部委意见的方式。

（十）发行申请获得核准后，在核准批文有效期内，由发行人及主承销商自行选择发行时间窗口。

二、适当调整询价范围和配售比例，进一步完善定价约束机制

（一）扩大询价对象范围。除了目前有关办法规定的7类机构外，主承销商可以自主推荐5至10名投资经验比较丰富的个人投资者参与网下询价配售。主承销商应当制订推荐的原则和标准、内部决定程序并向中国证券业协会备案。发行人、发行人股东和中介机构不得利用关联关系或其他关系向推荐的个人投资者输送利益，或劝诱推荐的个人投资者抬高发行价格。

（二）提高向网下投资者配售股份的比例，建立网下向网上回拨机制。向网下投资者配售股份的比例原则上不低于本次公开发行与转让股份（以下称为本次发售股份）的50%。网下中签率高于网上中签率的2至4倍时，发行人和承销商应将本次发售股份中的10%从网下向网上回拨；超过4倍时应将本次发售股份中的20%从网下向网上回拨。

（三）促进询价机构审慎定价。询价机构应严格执行内控制度和投资管理业务制度，进一步提升定价的专业性和规范性。询价机构要认真研读发行人招股说明书等信息，发现存在异常情形的，如与本次发行相关联的机构或个人存在不良诚信记录、发行人所在行业已经出现不利变化、发行人盈利水平与行业相比存在异常等，询价机构应采取调研、核查等方式进一步核实研判。如未能对相关异常情形进行核实研判，或者缺乏充分的时间熟悉、研究发行人的资料信息，参与报价申购具有较高风险，应保持充分的审慎。

（四）加强对询价、定价过程的监管。承销商应保留询价、定价过程中的相关资料并存档备查，包括推介宣传材料、路演现场录音等，如实、全面反映询价、定价过程。中国证监会、中国证券业协会要加强对询价、定价过程及存档资料的日常检查，对发行人和承销商夸大宣传、虚假广告等行为采取监管措施。

（五）引入独立第三方对拟上市公司的信息披露进行风险评析，为中小投资者在新股认购时提供参考。中国证券业协会具体组织开展新股风险评析的相关工作。

（六）证券交易所组织开展中小投资者新股模拟询价活动，促进中小投资者研究、熟悉新股，引导中小投资者理性投资。

三、加强对发行定价的监管，促使发行人及参与各方尽责

（一）招股说明书预先披露后，发行人可向特定询价对象以非公开方式进行初步沟通，征询价格意向，预估发行价格区间，并在发审会召开前向中国证监会提交书面报告。预估的发行定价市盈率高于同行业上市公司平均市盈率的，发行人需在招股说明书及发行公告中补充说明相关风险因素，澄清募集资金数量是否合理，是否由于自身言行误导，并提醒投资者关注相关重点事项。无细分行业平均市盈率的，参考所属板块二级市场平均市盈率。

根据预估的发行价格，如预计募集资金超过募集资金投资项目需要，发行人需在招股说明书中补充说明超募资金用途及其对公司的影响；如募集资金投资项目存在资金缺口，发行人需合理确定资金缺口的解决办法，并在招股说明书中补充披露。

（二）招股说明书正式披露后，根据询价结果确定的发行价格市盈率高于同行业上市公司平均市盈率25%的（采用其他方法定价的比照执行），发行人应召开董事会，结合适合本公司的其他定价方法，分析讨论发行定价的合理性因素和风险性因素，进一步分析预计募集资金的使用对公司主业的贡献和对业绩的影响，尤其是公司绝对和相对业绩指标波动的风险因素，相关信息应补充披露。董事会应就最终定价进行确认，独立董事应对董事会讨论的充分性发表意见。发行人需在董事会召开后两日内刊登公告，披露询价对象报价情况、董事会决议及独立董事的意见。

中国证监会综合考虑补充披露信息等相关情况后，可要求发行人及承销商重新询价，或要求未提供盈利预测的发行人补充提供经会计师事务所审核的盈利预测报告并公告，并在盈利预测公告后重新询价。属于发审会后发生重大事项的，中国证监会将按照有关规定决定是否重新提交发审会审核，须提交发审会审核的应在审核通过后再办理重新询价等事项。

四、增加新上市公司流通股数量，有效缓解股票供应不足

（一）取消现行网下配售股份 3 个月的锁定期，提高新上市公司股票的流通性。发行人、承销商与投资者自主约定的锁定期，不受此限。

（二）在首次公开发行新股时，推动部分老股向网下投资者转让，增加新上市公司可流通股数量。持股期满 3 年的股东可将部分老股向网下投资者转让。老股转让后，发行人的实际控制人不得发生变更。老股东选择转让老股的，应在招股说明书中披露老股东名称及转让股份数量。

（三）老股转让所得资金须保存在专用账户，由保荐机构进行监管。在老股转让所得资金的锁定期限内，如二级市场价格低于发行价，专用账户内的资金可以在二级市场回购公司股票。控股股东和实际控制人及其关联方转让所持老股的，新股上市满 1 年后，老股东可将账户资金余额的 10% 转出；满 2 年后，老股东可将账户资金余额的 20% 转出；满 3 年后，可将剩余资金全部转出。非控股股东和非实际控制人及其关联方转让所持老股的，新股上市满 1 年后可将资金转出。

证券交易所和中国证券登记结算公司应制定相关规则并加以监管。

五、继续完善对炒新行为的监管措施，维护新股交易正常秩序

（一）证券交易所应根据市场情况研究完善新股交易机制、开盘价格形成机制，促进新股上市后合理定价，正常交易。

（二）证券交易所应明确新股异常交易行为标准，加强对新股上市初期的监管，加大对炒新行为的监管力度。

（三）加强投资者适当性管理。中国证券业协会和证券交易所应制定投资者适当性管理的自律规则，要求会员切实落实投资者适当性管理的相关要求，加强对买入新股客户的适当性管理。

（四）加强对新股认购账户的管理。证券公司应对投资者尤其是机构投资者开立证券账户进行核查和管理，包括投资者的机构属性和业务特点等，加强对客户违规炒新、炒差、炒小行为的监控和监管。

（五）加大对新股交易特点的信息揭示。由证券交易所等相关机构定期统计并公布新股交易的价格变化情况及各类投资者买卖新股的损益情况。

六、严格执行法律法规和相关政策，加大监管和惩治力度

新股发行体制的有效运行需要法治保障。中国证监会将加大对违法违规行为及不当行为的监管和惩治力度，维护正常市场秩序，保护投资者合法权益。

（一）加大对财务虚假披露行为的打击力度。对于新股发行过程中的财务造假、利润操纵、虚假披露等违法违规行为，自律组织应根据自律规范采取自律措施，中国证监会将根据情节轻重，依法对公司法定代表人、财务负责人和相关人员、中介机构及其相关人员采取监管措施、立案调查、行政处罚等措施，涉嫌犯罪的依法移送司法机关追究其刑事责任。法律、法规已有明确规定的，依法从重处理。法律、法规规定尚不明确的，要进一步予以完善。中国证监会将加强与司法机关、自律组织的监管与执法协作，形成合力。

（二）加强对路演和“人情报价”的监管和处罚。加强对发行人、承销商、询价对象的路演、询价、报价和定价过程的监管，对夸大宣传、虚假宣传、“人情报价”等行为采取必要的监管措施。中国证监会将完善诚信档案、加强诚信法制体系建设，建立失信惩戒机制。

（三）发行价格高于同行业上市公司平均市盈率25%的发行人，除因不可抗力外，上市后实际盈利低于盈利预测的，中国证监会将视情节轻重，对发行人董事及高级管理人员采取列为重点关注、监管谈话、认定为非适当人选等措施，记入诚信档案；对承销机构法定代表人、项目负责人等采取监管谈话、重点关注、出具警示函、认定为不适当人选等监管措施，记入诚信档案；对会计师事务所采取监管谈话、出具警示函等监管措施，记入诚信档案。

（四）加强对第三方独立评析机构的监管。第三方评析机构违反评析业务流程，违规出具新股风险评析报告，或者出具的评析报告存在虚假记载、故意遗漏的，中国证券业协会要依照自律管理规则进行处罚，中国证监会视情节给予处理。

（五）加强对证券公司执行投资者适当性管理要求的监管力度。中国证监会及其派出机构要加强对证券公司实施投资者适当性管理和投资者教育等方面情况的监督检查，发现违规行为的，依法采取责令改正、监管谈话、出具警示函、责令处分有关人员等监管措施。

（六）证券交易所应进一步细化异常交易的认定标准，强化监管涉嫌操纵新股价格的违规违法行为，严厉打击操纵新股价格。

现阶段新股发行中的弊端是我国资本市场的痼疾，所谓新股价格畸高、“打新”投机严重及随之出现的“业绩变脸”和市场表现下滑，除体制机制原因外，还有深刻的社会、文化和历史根源。因此，在深化新股发行体制改革的同时，必须加强舆论宣传、风险揭示和投资教育，逐步改变目前存在的以“送礼祝贺”心态参与报价，以分享“胜利果实”心态参与认购，以“赌博中彩”心态参与炒作等种种不良习惯和风气。只有全面考虑各种影响因素，采取综合治理方针，才能取得预期效果。

上述新股发行体制改革的指导意见，是经过广泛讨论、征求意见并认真研究后形成的。中国证监会将在整体规划、统筹协调的基础上，突出重点，分步实施，实现平稳有序推进。在此过程中，还将根据市场实际情况及时采取必要的调整措施。

V.5 关于进一步推进新股发行体制改革的意见

（2013 年 11 月 30 日 中国证监会公告［2013］42 号）

贯彻党的十八届三中全会决定中关于“推进股票发行注册制改革”的要求，必须进一步推进新股发行体制改革，厘清和理顺新股发行过程中政府与市场的关系，加快实现监管转型，提高信息披露质量，强化市场约束，促进市场参与各方归位尽责，为实行股票发行注册制奠定良好基础。改革的总体原则是：坚持市场化、法制化取向，综合施策、标本兼治，进一步理顺发行、定价、配售等环节的运行机制，发挥市场决定性作用，加强市场监管，维护市场公平，切实保护投资者特别是中小投资者的合法权益。

一、推进新股市场化发行机制

（一）进一步提前招股说明书预先披露时点，加强社会监督。发行人招股说明书申报稿正式受理后，即在中国证监会网站披露。

（二）招股说明书预先披露后，发行人相关信息及财务数据不得随意更改。审核过程中，发现发行人申请材料中记载的信息自相矛盾、或就同一事实前后存在不同表述且有实质性差异的，中国证监会将中止审核，并在 12 个月内不再受理相关保荐代表人推荐的发行申请。发行人、中介机构报送的发行申请文件及相关法律文书涉嫌虚假记载、误导性陈述或重大遗漏的，移交稽查部门查处，被稽查立案的，暂停受理相关中介机构推荐的发行申请；查证属实的，自确认之日起 36 个月内不再受理该发行人的股票发行申请，并依法追究中介机构及相关当事人责任。

（三）股票发行审核以信息披露为中心。

发行人作为信息披露第一责任人，应当及时向中介机构提供真实、完整、准确的财务会计资料和其他资料，全面配合中介机构开展尽职调查。

保荐机构应当严格履行法定职责，遵守业务规则和行业规范，对发行人的申请文件和信息披露资料进行审慎核查，督导发行人规范运行，对其他中介机构出具的专业意见进行核查，对发行人是否具备持续盈利能力、是否符合法定发行条件做出专业判断，并确保发行人的申请文件和招股说明书等信息披露资料真实、准确、完整、及时。

会计师事务所、律师事务所、资产评估机构等证券服务机构及人员，必须严格履行法定职责，遵照本行业的业务标准和执业规范，对发行人的相关业务资料进行核查验证，确保所出具的相关专业文件真实、准确、完整、及时。

中国证监会发行监管部门和股票发行审核委员会依法对发行申请文件和信息披露内容的合法合规性进行审核，不对发行人的盈利能力和投资价值做出判断。发现申请文件和信息披露内容存在违法违规情形的，严格追究相关当事人的责任。

投资者应当认真阅读发行人公开披露的信息，自主判断企业的投资价值，自主做出投资决策，自行承担股票依法发行后因发行人经营与收益变化导致的风险。

（四）中国证监会自受理证券发行申请文件之日起三个月内，依照法定条件和法定程序做出核准、中止审核、终止审核、不予核准的决定。

（五）发行人首次公开发行新股时，鼓励持股满三年的原有股东将部分老股向投资者转让，增加新上市公司可流通股票的比例。老股转让后，公司实际控制人不得发生变更。老股转让的具体方案应在公司招股说明书和发行公告中公开披露。

发行人应根据募投项目资金需要量合理确定新股发行数量，新股数量不足法定上市条件的，可以通过转让老股增加公开发行股票的数量。新股发行超募的资金，要相应减持老股。

（六）申请首次公开发行股票的在审企业，可申请先行发行公司债。鼓励企业以股债结合的方式融资。

（七）发行人通过发审会并履行会后事项程序后，中国证监会即核准发行，新股发行时点由发行人自主选择。

（八）放宽首次公开发行股票核准文件的有效期至12个月。

发行人自取得核准文件之日起至公开发行前，应参照上市公司定期报告的信息披露要求，及时修改信息披露文件内容，补充财务会计报告相关数据，更新预先披露的招股说明书；期间发生重大会后事项的，发行人应及时向中国证监会报告并提供说明；保荐机构及相关中介机构应持续履行尽职调查义务。发行人发生重大会后事项的，由中国证监会按审核程序决定是否需要重新提交发审会审议。

二、强化发行人及其控股股东等责任主体的诚信义务

（一）加强对相关责任主体的市场约束。

1. 发行人控股股东、持有发行人股份的董事和高级管理人员应在公开募集及上市文件中公开承诺：所持股票在锁定期满后两年内减持的，其减持价格不低于发行价；公司上市后6个月内如公司股票连续20个交易日的收盘价均低于发行价，或者上市后6个月期末收盘价低于发行价，持有公司股票的锁定期限自动延长至少6个月。

2. 发行人及其控股股东、公司董事及高级管理人员应在公开募集及上市文件中提出上市后三年内公司股价低于每股净资产时稳定公司股价的预案，预案应包括启动股价稳定措施的具体条件、可能采取的具体措施等。具体措施可以包括发行人回购公司股票，控股股东、公司董事、高级管理人员增持公司股票等。上述人员在启动股价稳定措施时应提前公告具体实施方案。

3. 发行人及其控股股东应在公开募集及上市文件中公开承诺，发行人招股说明书有虚假记载、误导性陈述或者重大遗漏，对判断发行人是否符合法律规定的发行条件构成重大、实质影响的，将依法回购首次公开发行的全部新股，且发行人控股股东将购回已转让的原限售股份。发行人及其控股股东、实际控制人、董事、监事、高级管理人员等相关责任主体应在公开募集及上市文件中公开承诺：发行人招股说明书有虚假记载、误导性陈述或者重大遗漏，致使投资者在证券交易中遭受损失的，将依法赔偿投资者损失。

保荐机构、会计师事务所等证券服务机构应当在公开募集及上市文件中公开承诺：因其为发行人首次公开发行制作、出具的文件有虚假记载、误导性陈述或者重大遗漏，给投资者造成损失的，将依法赔偿投资者损失。

（二）提高公司大股东持股意向的透明度。发行人应当在公开募集及上市文件中披露公开发行前持股5%以上股东的持股意向及减持意向。持股5%以上股东减持时，须提前三个交易日予以公告。

（三）强化对相关责任主体承诺事项的约束。发行人及其控股股东、公司董事及高级管理人员等责任主体做出公开承诺事项的，应同时提出未能履行承诺时的约束措施，并在公开募集及上市文件中披露，接受社会监督。证券交易所应加强对相关当事人履行公开承诺行为的监督和约束，对不履行承诺的行为及时采取监管措施。

三、进一步提高新股定价的市场化程度

（一）改革新股发行定价方式。按照《证券法》第三十四条的规定，发行价格由发行人与承销的证券公司自行协商确定。发行人应与承销商协商确定定价方式，并在发行公告中披露。

（二）网下投资者报价后，发行人和主承销商应预先剔除申购总量中报价最高的部分，剔除的申购量不得低于申购总量的10%，然后根据剩余报价及申购情况协商确定发行价格。被剔除的申购份额不得参与网下配售。

公开发行股票数量在4亿股以下的，提供有效报价的投资者应不少于10家，但不得多于20家；公开发行股票数量在4亿股以上的，提供有效报价的投资者应不少于20家，但不得多于40家。网下发行股票筹资总额超过200亿元的，提供有效报价的投资者可适当增加，但不得多于60家。有效报价人数不足的，应当中止发行。

发挥个人投资者参与发行定价的作用。发行人和主承销商应当允许符合条件的个人投资者参与网下定价和网下配售。具备承销资格的证券公司应预先制定上述个人投资者需具备的条件，并向社会公告。

（三）强化定价过程的信息披露要求。发行人和主承销商应制作定价过程及结果的信息披露文件并公开披露。在网上申购前，发行人和主承销商应当披露每位网下投资者的详细报价情况，包括投资者名称、申购价格及对应的申购数量，所有网下投资者报价的中位数、加权平均数，以公开募集方式设立的证券投资基金报价的中位数和加权平均数、确定的发行价及对应的市盈率等。

如拟定的发行价格（或发行价格区间上限）的市盈率高于同行业上市公司二级市场平均市盈率的，在网上申购前发行人和主承销商应发布投资风险特别公告，明示该定价可能存在估值过高给投资者带来损失的风险，提醒投资者关注。内容至少应包括：

1. 比较分析发行人与同行业上市公司的差异及对发行定价的影响；提请投资者关注所定价格与网下投资者报价之间存在的差异。

2. 提请投资者关注投资风险，审慎研判发行定价的合理性，理性做出投资决策。

四、改革新股配售方式

（一）引入主承销商自主配售机制。网下发行的股票，由主承销商在提供有效报价的投资者中自主选择投资者进行配售。发行人应与主承销商协商确定网下配售原则和方式，并在发行公告中披露。承销商应当按照事先公告的配售原则进行配售。

（二）网下配售的股票中至少40%应优先向以公开募集方式设立的证券投资基金和由社保基金投资管理人管理的社会保障基金配售。上述投资者有效申购数量不足的，发行人和主承销商可以向其他投资者进行配售。

（三）调整网下配售比例，强化网下报价约束机制。公司股本4亿元以下的，网下配售比例不低于本次公开发行股票数量的60%；公司股本超过4亿元的，网下配售比例不低于本次公开发行股票数量的70%。余下部分向网上投资者发售。既定的网下配售部分认购不足的，应当中止发行，发行人和主承销商不得向网上回拨股票。

（四）调整网下网上回拨机制。网上投资者有效认购倍数在50倍以上但低于100倍的，应从网下向网上回拨，回拨比例为本次公开发行股票数量的20%；网上投资者有效认购倍数在100倍以上的，回拨比例为本次公开发行股票数量的40%。

（五）改进网上配售方式。持有一定数量非限售股份的投资者才能参与网上申购。网上配售应综合考虑投资者持有非限售股份的市值及申购资金量，进行配号、抽签。

证券交易所、证券登记结算公司应制订网上配售的实施细则，规范网上配售行为。发行人、主承销商应根据相关规则制订网上配售具体方案并公告。方案必须明确每位投资者网上申购数量的上限，该上限最高不得超过本次网上初始发行股数的千分之一。

（六）强化股票配售过程的信息披露要求。主承销商和发行人应制作配售程序及结果的信息披露文件并公开披露。发行人和主承销商应当在发行公告中披露投资者参与自主配售的条件、配售原则；自主配售结束后应披露配售结果，包括获得配售的投资者名称、报价、申购数量及配售数额等，主承销商应说明自主配售结果是否符合事先公布的配售原则；对于提供有效报价但未参与申购，或实际申购数量明显少于报价时拟申购数量的投资者，发行人和主承销商应在配售结果中列表公示。

发行人、主承销商、参与网下配售的投资者及相关利益方存在维护公司股票上市后价格稳定的协议或约定的，发行人应在上市公告中予以披露。

五、加大监管执法力度，切实维护“三公”原则

（一）保荐机构与发行人签订发行上市相关的辅导协议后，应及时在保荐机构网站及发行人注册地证监局网站披露对发行人的辅导工作进展；辅导工作结束后，应对辅导过程、内容及效果进行总结并在上述网站披露。

（二）进一步提高信息披露质量。以投资者的决策需要为导向，改进信息披露内容和格式，突出披露重点，强化对发行人主要业务及业务模式、外部市场环境、经营业绩、主要风险因素等对投资者投资决策有重大影响的信息披露要求。使用浅白语言，提高披露信息的可读性，方便广大中小投资者阅读和监督。

（三）在发审会前，中国证监会将对保荐机构、会计师事务所、律师事务所等相关中介机构的工作底稿及尽职履责情况进行抽查。

（四）强化发行监管与稽查执法的联动机制。从申请文件被行政受理时点起，发行人及其董事、监事、高级管理人员及相关中介机构即需要对申请文件的真实性、准确性、完整性承担相应的法律责任。审核中发现涉嫌违法违规重大问题的，立即移交稽查部门介入调查。

（五）强化新股发行的过程监管、行为监管和事后问责。发行人和承销商不得向发行人、发行人董事及高级管理人员、承销商及上述人员的关联方配售股票。发行人和承销商不得采取操纵新股价格、暗箱操作或其他有违公开、公平、公正原则的行为；不得采取劝诱网下投资者抬高报价但不向其配售股票的行为；不得通过自主配售以代持、信托持股等方式向其他相关利益主体输送利益或谋取不正当利益。中国证券业协会应制定自律规则，规范路演推介、投资价值分析报告披露、承销商自主配售等行为，加强行业自律管理。

（六）证券交易所应进一步完善新股上市首日开盘价格形成机制及新股上市初期交易机制，建立以新股发行价为比较基准的上市首日停牌机制，加强对“炒新”行为的约束。

（七）发行人上市后，保荐机构应严格依法履行持续督导职责，督促发行人履行有关上市公司规范运行、信守承诺和信息披露等义务，审阅发行人信息披露文件及发行人向中国证监会、证券交易所提交的其他文件。持续督导期内，保荐机构应按规定公开披露定期跟踪报告；发行人出现重大变故或事件，保荐机构应按规定公开披露临时报告。持续督导期结束后20个工作日内，保荐机构应撰写督导工作报告，在中国证监会指定网站披露，并就督导工作未尽事宜做出安排。持续督导责任落实不到位的，依法追究保荐机构责任。

（八）发行人上市当年营业利润比上年下滑50%以上或上市当年即亏损的，中国证监会将自确认之日起即暂不受理相关保荐机构推荐的发行申请，并移交稽查部门查处。发行人在招股说明书中已经明确具体地提示上述业绩下滑风险、或存在其他法定免责情形的，不在此列。

上市公司涉嫌欺诈上市的，立案查处时即采取措施冻结发行人募集资金专用账户。

（九）进一步加大对发行人信息披露责任和中介机构保荐、承销执业行为的监督执法和自律监管力度。建立和完善中国证监会保荐信用监管系统、中国证券业协会从业人员自律管理系统与证券交易所信息披露系统之间的信息共享和互通互联，方便社会公众参与监督，强化外部声誉和诚信机制的约束功能。发行人及其董事、监事、高级管理人员未能诚实履行信息披露义务、信息披露严重违规、财务造假，或者保荐机构、会计师事务所、律师事务所等相关中介机构未能勤勉尽责的，依法严惩。

V.6 关于加强新股发行监管的措施

（2014 年 1 月 12 日 中国证监会公告［2014］4 号）

根据《中国证监会关于进一步推进新股发行体制改革的意见》（证监会公告［2013］42 号）和《证券发行与承销管理办法》（证监会令第 95 号），为进一步加强首次公开发行股票过程监管，现提出以下措施：

一、中国证监会将对发行人的询价、路演过程进行抽查，发现发行人和主承销商在路演推介过程中使用除招股意向书等公开信息以外的发行人其他信息的，中止其发行，并依据相关规定对发行人、主承销商采取监管措施。涉嫌违法违规的，依法处理。

二、如拟定的发行价格（或发行价格区间上限）对应的市盈率高于同行业上市公司二级市场平均市盈率，发行人和主承销商应在网上申购前三周内连续发布投资风险特别公告（以下简称风险公告），每周至少发布一次。风险公告内容至少包括：

（一）比较分析发行人与同行业上市公司的差异及该差异对估值的影响；提请投资者关注发行价格与网下投资者报价之间存在的差异。

（二）提请投资者关注投资风险，审慎研判发行定价的合理性，理性作出投资决策。

发行人应依据《上市公司行业分类指引》确定所属行业，并选取中证指数有限公司发布的最近一个月静态平均市盈率为参考依据。

三、中国证监会和中国证券业协会将对网下报价投资者的报价过程进行抽查。发现网下报价投资者不具备定价能力，或没有严格履行报价评估和决策程序、未能审慎报价的，中国证券业协会应将其列入黑名单并定期公布，禁止参与首次公开发行股票的网下询价。主承销商允许不符合其事先公布条件的网下投资者参与询价和配售的，中国证监会依据有关规定严肃处理。

V.7 关于新股发行定价相关问题的通知

（2012年5月23日 中国证监会发行监管部 创业板发行监管部）

各发行人、保荐机构：

为落实《关于进一步深化新股发行体制改革的指导意见》的精神，加强对新股发行定价过程的监管，强化信息披露和风险揭示，促使市场参与各方切实履职尽责，合理定价，理性参与，现将新股发行定价的相关事项通知如下：

一、招股说明书（申报稿）预先披露后，发行人和主承销商可向特定询价对象以非公开方式进行初步沟通，征询价格意向，预估发行价格区间（价格区间上限、下限之差应在合理范围内），也可通过其他合理方式预估发行价格区间。

初步沟通不得采用公开或变相公开方式进行，不得向询价对象提供预先披露的招股说明书（申报稿）等公开信息以外的发行人其他信息。

二、发行人预估发行价格区间的，应在发审委会议公告前向发行监管部门提交关于发行价格预估情况的书面报告。书面报告应包括初步沟通的具体情况、发行价格的确定方式，发行价格区间及其对应的市盈率（或其他估值指标，下同），与同行业上市公司平均市盈率比较分析情况，预估发行市盈率高于行业市盈率的理由及相关风险因素分析。发行人主承销商应同时提交对预估价格的专项意见并在初步询价时披露。

三、发行人应按照中国证监会有关上市公司行业分类指引中制定的行业分类标准确定自身行业归属，并分析说明行业归属的依据，相关内容在初步询价公告中披露。所属行业存在多级分类的，按最符合公司实际情况的细分行业确定行业归属。在进行行业市盈率比较分析时，应选取中证指数有限公司发布的发行人所属行业最近一个月平均滚动市盈率进行比较。无相应行业市盈率数据的，参考所属市场板块同期二级市场平均市盈率进行比较。

四、发行市盈率按发行人经审计的最近会计年度净利润计算，或者按最近一期经审计的财务报告基准日前12个月的净利润计算（均为扣除非经常性损益前后孰低的净利润）。按后者计算的，需由申报会计师出具审阅意见，审阅意见与发行市盈率信息同时披露；审阅报告须报监管部门备案。

预估的发行市盈率高于行业市盈率的，发行人需在正式披露的招股说明书中补充说明相关风险因素，并在初步询价公告中提醒投资者关注可能存在的估值及投资风险。

五、根据预估的发行价格，如预计募集资金超过募集资金投资项目需要，发行人需在招股说明书中补充说明超募资金用途及其对公司的影响；如募集资金投资项目存在资金缺口，发行人需分析资金缺口对项目正常实施的影响，合理确定资金缺口的解决办法，并在招股说明书中补充披露。

六、招股说明书正式披露后，根据询价结果拟定的发行价格（或发行价格区间上限，下同）市盈率高于同行业上市公司平均市盈率25%的，发行人应召开董事会对发行定价进行确认，并讨论分析定价的风险性因素及其相关影响。

七、发行人董事会讨论的内容应包括但不限于下列内容：

（一）董事会是否同意拟定的发行价格，以及董事会最终确定的发行价格。

（二）分析最终发行定价是否考虑了发行人已公开披露的所有风险因素。

（三）分析预计募集资金的使用对公司主业的贡献和对业绩的影响，尤其是公司绝对和相对业绩指标波动的风险。

独立董事应对董事会讨论的充分性发表意见。发行人需在董事会召开后两个工作日内刊登公告，披露询价对象报价情况、董事会决议及讨论分析情况、独立董事的意见。董事会讨论情况应在公告后报监管部门备案。

八、经发行人董事会确定的发行市盈率高于同行业上市公司平均市盈率25%的，发行人及其主承销商应在报备的定价报告中对发行定价的合理性以及风险因素进行分析。

（一）定价是否充分考虑了询价对象的报价申购意向，与所有报价的平均值、中位值及基金类询价对象报价的平均值、中位值的差异率及其合理性，同时应结合适合发行人的其他定价方法进行比较分析。

（二）分析发行人较同行业上市公司的具体优势，发行人在评估上述优势对发行定价的影响时是否审慎、恰当。

（三）分析发行定价是否考虑了发行人已公开披露的所有风险因素，这些风险因素是否得到了恰当评估。

（四）结合其他新股依据初步询价结果定价时的申购倍数及其上市后的市场表现，比较分析本次发行定价是否审慎、恰当。

上述分析内容应在发行公告及投资风险特别公告中披露，并明示该定价可能存在估值过高给投资者带来损失的风险。

九、经发行人董事会确定的发行市盈率高于同行业上市公司平均市盈率25%的，原则上发行人应补充提供经会计师事务所审核的盈利预测报告，并在公告盈利预测报告后重新询价；发行人申报时已提供盈利预测报告但对定价的合理性解释不充分的，应重新询价。

十、经发行人董事会确定的发行市盈率高于同行业上市公司平均市盈率25%的，如果存在以下情形之一，发行监管部门将按照会后重大事项的监管规定，将发行人的首发申请重新提交发审会审核。审核通过后重新询价。

（一）发行人按确定的发行价计算的募集资金量大幅超过募投项目拟以本次募集资金投入的资金需要量，导致发行人的基本情况发生重大变化，发行人需要补充披露资金使用计划等相关情况并分析揭示风险，可能影响投资者判断的。

（二）发行人按确定的发行价计算的募集资金量大幅超过按预估发行价计算的募集资金量，导致发行人的基本情况发生重大变化，发行人需要补充披露资金使用计划等相关情况并分析揭示风险，可能影响投资者判断的。

（三）发行人存在《股票发行审核标准备忘录第5号——关于已通过发审会拟发行证券的公司会后事项监管及封卷工作的操作规程》中规定的需要重新提交发审会审核的事项。

十一、需要重新询价或重新提交发审会审核的，发行人及其主承销商应中止发行并公告。中止发行后，经向发行监管部门备案或经中国证监会重新核准后，可再次启动发行。

特此通知。

V.8 关于做好询价工作相关问题的函

（2006年5月29日 发行监管函［2006］38号）

各保荐人、拟首次公开发行的发行人、询价对象：

近期，首次公开发行股票的相关法规及配套规定相继发布实施，新股发行在新的法律框架和全流通的新机制下重新启动。为做好新形势下的询价试点工作，提高询价质量和工作效率，现将有关要求函告如下。

一、总体要求

（一）保荐人和承销商应当加强投资银行、研究和销售队伍建设，强化公司内部的协调管理。一方面要提高研究和定价能力，向投资者提供以事实为依据的高水平投资价值研究报告；另一方面要加强对推介和销售工作的规范和管理，不得采用不正当手段推介和销售股票，注意控制发行环节的市场风险。

（二）询价对象应遵循价值投资理念，在对发行人进行认真研究的基础上，理性报价，诚信申购，切实起到投资者对发行人的价格约束作用。

（三）保荐人应当设立专门的部门或工作小组，负责组织协调保荐人内部投资银行、研究、销售等各部门共同完成信息披露、推介、簿记、定价、配售和资金清算等各项工作，确保询价发行工作高效、有序进行。

（四）保荐人应当在中国证券业协会备案登记的询价对象初步询价，向在中国证券业协会备案登记的股票配售对象累计投票询价。

保荐人应对询价对象和股票配售对象的资格和账户进行核查和确认。对未予备案登记的询价对象，不得进行初步询价；对未予备案登记、或未以指定账户申购的股票配售对象，不得进行股票配售。

（五）询价对象的具体名称及联系方式等信息在中国证券业协会网站（http://www.s-a-c.org.cn）公告，保荐人可通过密码查询股票配售对象的具体名称及其指定账户信息，询价对象可通过密码查询其指定账户信息。

询价对象指定的证券账户、资金账户仅限于询价对象自己使用，不得通过任何形式出租、出借。

（六）中国证监会建立询价对象诚信档案，对询价对象实施动态监管。对未能忠实履行诚信义务的询价对象，将适时向社会公布其相关行为；情节严重的，将其从询价对象名单中去除。

二、关于投资价值研究报告

（一）保荐人（主承销商）应根据发行安排适时撰写投资价值研究报告，同时可组织承销团其他成员撰写投资价值研究报告。

（二）投资价值研究报告应由研究人员独立撰写并署名，撰写人员应严格遵守证券公司内部隔离制度。出具投资价值研究报告的承销商应建立完善的研究报告质量控制制度。

（三）投资价值研究报告在初步询价前完成，仅限于向询价对象提供，不应以任何形式公开发表或披露。承销团以外的其他机构撰写的投资价值研究报告不得作为推介询价的资料。

（四）研究报告的撰写应遵守以下原则：

1. 独立、审慎、客观；

2. 资料来源具有权威性；

3. 对发行人所在行业的评估具有一致性和连贯性；

4. 无虚假记载、误导性陈述或重大遗漏。

（五）投资价值研究报告除应包括《关于首次公开发行股票试行询价制度若干问题的通知》（证监发行字［2004］162 号，以下简称 162 号文）规定的内容外，还应包括以下内容：

1. 发行人所在行业的供求关系、竞争格局、上下游产业链以及行业政策等方面的分析，以及发行人与主要竞争者的比较分析；

2. 发行人盈利模式、产量、成本、销售价格、销售量、市场占有率等影响盈利能力因素的分析及预测；

3. 发行人经营风险、财务风险等风险因素对定价的影响；

4. 宏观经济走势、行业走势、股票市场走势对定价的影响。

三、关于初步询价

（一）招股意向书公告前，发行人及保荐人应向发行部提交书面报告，说明具体的发行方案、询价工作的组织准备情况；同时应提供投资价值研究报告，填报《发行方案基本情况表》（附表 1）和《投资价值研究报告备查表》（附表 2）。

（二）招股意向书公告的同时，发行人及其保荐人应刊登初步询价公告，披露参加初步询价的询价对象数量及结构。初步询价公告还应包括核准文号、招股意向书刊登的时间及报刊名称、拟发行股数、向询价对象发行数量及比例、初步询价时间安排等信息。

（三）初步询价公告刊登后，保荐人应向参与初步询价的询价对象提供投资价值研究报告，安排相关推介活动。

（四）询价对象在进行初步询价报价时，应向保荐人提供报价依据，包括报价考虑的主要因素、采用的主要定价方法等。

询价对象的报价应独立、客观、诚实。在发行人及市场未出现重大变化的情况下，询价对象在初步询价和累计投票询价两个阶段的报价应有逻辑一致性。

（五）发行人及其保荐人不得利用推介过程误导投资者，推介资料不得存在虚假记载、误导性陈述或重大遗漏；不得干扰询价对象正常的报价和申购行为。

（六）参与初步询价并报价的询价对象不足20家（发行规模4亿股以上的，参与初步询价并报价的询价对象不足50家），发行人和保荐人应选择推迟或放弃本次新股发行工作，并及时公告。

发行人和保荐人推迟或放弃本次发行后重新启动发行工作，须向中国证监会提出书面申请。

（七）保荐人在初步询价阶段可通过《初步询价表》的形式收集询价对象的书面反馈意见。《初步询价表》应包括询价对象的报价区间及其确定依据，对投资价值研究报告质量的评价等内容（参考格式见附表3）。

（八）发行人及其保荐人应为询价对象研究分析发行信息、参与推介和报价、申购决策等预留足够的时间。自招股意向书公告日至开始推介活动的时间间隔不得少于1天，自初步询价最后一次推介活动结束至询价对象提交《初步询价表》截止的时间间隔应不少于半个工作日。

（九）初步询价结束后，保荐人应对询价对象的反馈意见、报价结果及报价依据进行统计分析，并与发行人协商确定发行价格区间。保荐人所作的统计分析应总结询价对象反馈的主要意见，对报价区间、认购意向和拟申购数量等统计信息，以图形、表格等形式直观列示。

（十）发行价格区间确定后，发行人及其保荐人应将拟定的发行价格区间及依据、初步询价结果公告及网下发行公告报发行部备案。保荐人还应将初步询价的统计分析报告、询价对象填报的《初步询价价格征询表》复印件及《初步询价基本情况表》（附表4）报发行部备案。

（十一）发行价格区间报备后，发行人及其保荐人应刊登初步询价结果公告。

初步询价结果公告应至少包括以下内容：初步询价基本情况，包括询价对象的数量和类别，询价对象的报价总区间（最高、最低报价），询价对象报价区间上限按询价对象机构类别的分类统计情况，发行价格区间及确定依据，发行价格区间对应的摊薄前后的市盈率区间等。

四、关于累计投票询价

（一）初步询价结果公告的同时，发行人及其保荐人可以刊登累计投票询价公告（简称网下发行公告）。网下发行公告至少应包括以下内容：发行价格区间，网下发行数量，发行对象，累计投票询价的具体方式和价格确定方式，股票配售方式，发行时间安排，投资者申购程序及方式，申购款项的计算、缴纳、冻结及退回方式，《申购报价单》（参考格式见附表5），参与累计投票询价相关工作的会计师事务所和律师事务所名称等。

（二）累计投票询价期间，保荐人负责组织网下累计投标申购，接收申购报价单，冻结申购资金，簿记建档；同时可组织推介活动。

（三）保荐人应聘请会计师事务所对网下申购资金到账情况进行核验并出具验资报告；聘请律师事务所对询价和配售过程，包括但不限于配售对象、申购和配售方式是否符合有关法律法规和操作规程的规定进行见证，并出具专项法律意见书。

（四）单一股票配售对象指定证券账户的累计申购上限不得超过拟向询价对象配售的股份总量。询价对象在申购及持股等方面应遵循有关法律法规、规章的规定并自行承担责任。

（五）申购缴款结束后，保荐人对簿记结果进行分析，并与发行人协商确定发行价格和发行股数。

（六）发行价格确定前，发行人及其保荐人可以根据簿记结果决定是否继续发行，并及时公告。推迟或放弃发行的，保荐人应将申购冻结资金及利息返还原询价对象。发行人及其保荐人推迟或放弃本次发行后重新启动发行工作，须向中国证监会提出书面申请。

（七）发行人和保荐人在确定发行股数、发行价格区间或发行价格时，应综合考虑法律法规对公众持股比例的要求、项目资金需要量等因素。

（八）发行人及其保荐人应将发行价格及其确定依据报发行部备案。保荐人还应将累计投标询价簿记情况（《累计投标询价簿记表》参考格式见附表6）、询价对象在初步询价和累计投标询价前后报价的对比情况、配售结果（见附表7）、拟定的定价公告和网下配售结果公告报发行部备案。

（九）保荐人配售股票前，应与发行人正式签署承销协议，与承销团成员正式签署承销团协议。

（十）发行价格报备后，发行人及其保荐人应对发行价格以上的全部有效申购进行同比例配售。配售比例为拟向询价对象配售的股份数量除以发行价格以上的有效申购总量。

（十一）股票配售完成后，发行人及其保荐人应刊登定价公告和网下配售结果公告。

定价公告应包括发行价格及其确定依据、对应摊薄前后的市盈率、市净率等，提供盈利预测的发行人还应披露基于盈利预测的市盈率、市净率等。网下配售结果公告应符合 162 号文的要求。定价公告和网下配售结果公告可合并披露。

（十二）网下配售结果公告当日，保荐人应解冻并向询价对象返还多余的申购资金。申购资金冻结期间产生的利息，归投资者保护基金所有。

五、关于网上定价发行和承销总结报告

（一）定价结果公告后，保荐人可开始网上定价发行工作。

（二）网上发行前，保荐人应组织发行人进行互联网推介，并应在互联网推介前刊登公告，说明推介的网站名称、时间安排以及推介活动的人员等。

（三）网上发行的具体操作按证券交易所的有关办法进行。询价与网上发行的基本操作流程可参照附表 8 进行。

（四）保荐人应在新股上市后十日内将承销总结报告报发行部备案。承销总结报告应对询价及发行的整体情况以及股票上市后的表现等进行说明，并要求提供招股说明书单行本、承销协议及承销团协议、律师见证意见原件、验资报告原件（包括网下申购资金的验资报告和募集资金到账情况的验资报告）及《新股发行统计表》（见附表 9）。

附表：

1. 发行方案基本情况表（附表 1）
2. 投资价值研究报告备查表（附表 2）
3. 初步询价表（附表 3）
4. 初步询价基本情况表（附表 4）
5. 申购报价单（附表 5）
6. 累计投标询价簿记表（附表 6）
7. 定价及配售结果表（附表 7）
8. 询价与网上定价发行基本流程（附表 8）
9. 新股发行情况统计表（附表 9）

附表1　　××股份有限公司发行方案基本情况

基本情况	主承销商		通过发审会时间	
	保荐人、项目主办人			
	通过发审会时拟定发行数量		审计截止日	
	发行前总股本		本次发行股份	
	股东大会决议（发行数量、筹资额）		发行数量占发行后总股本的比例	
盈利情况	净利润		每股净资产	
	摊薄前每股收益		摊薄后每股收益	
	基于盈利预测的每股收益（如有）		发行前一年末净资产（万元）	
	备注：上述财务指标均指发行前一年经审计财务报表数字；摊薄前每股收益 =（当年经审计的、扣除非经常性损益前后孰低的净利润）/发行前总股本；摊薄后每股收益 =（当年经审计的、扣除非经常性损益前后孰低的净利润）/发行后总股本			
筹资情况	过会时预计筹资额（万元）		本次发行拟筹资额（万元）	
发行方案	发行方式概述			
	网下配售数量及比例		网上发行数量及比例	
	推介会安排			

备注：本表应于发行前与《发行方案》和《发行公告》同时报送。

发行公司联系人及联系方式：

主承销商联系人及联系方式：

发行人及主承销商请在此加盖公章

年　　月　　日

附表2　　××股份有限公司投资价值研究报告备查表

研究报告制作单位		主承销商	
公司所属行业		行业平均市盈率	
营业收入构成及比例			
同行业可比上市公司			
可比上市公司的选择依据			
可比上市公司市价情况及平均市盈率			
研究报告采用的估值方法及相关结论			
研究报告预计的发行人二级市场价格区间及对应的市盈率			
研究报告撰写人（部门）		联系方式	

报送日期：　　年　　月　　日

备注：1. 本表应于刊登招股意向书前与《投资价值研究报告》（制作单位盖章原件）同时报送。

2. 所属行业应按照《上市公司行业分类指引》划分；行业平均市盈率应按照交易所定期公布的行业平均市盈率填写。

研究报告制作单位盖章处

附表 3　××公司首次公开发行 A 股初步询价表

填表说明：本表带＊栏目为选择填写项，其他为必填项。本表须于××××年××月××日××时前传真至××公司（主承销商），逾期视为放弃本次初步询价。

询价对象编号：

<table>
<tr><td colspan="4">一、保荐人（主承销商）基本信息</td></tr>
<tr><td>保荐人（主承销商）名称</td><td colspan="3"></td></tr>
<tr><td>联系人</td><td></td><td>联系电话</td><td></td></tr>
<tr><td>接收询价表传真</td><td colspan="3"></td></tr>
<tr><td colspan="4">二、询价对象基本信息</td></tr>
<tr><td>询价对象全称</td><td colspan="3"></td></tr>
<tr><td>通信地址及邮编</td><td colspan="3"></td></tr>
<tr><td>法定代表人</td><td colspan="3"></td></tr>
<tr><td>经办人</td><td></td><td>经办人联系电话</td><td></td></tr>
<tr><td>经办人传真</td><td></td><td>经办人电子信箱</td><td></td></tr>
<tr><td colspan="4">三、询价对象报价信息</td></tr>
<tr><td rowspan="2">报价区间</td><td colspan="2">价格上限（元）
提示：价格上限最高为价格下限的120%</td><td></td></tr>
<tr><td colspan="2">价格下限（元）</td><td></td></tr>
<tr><td rowspan="2">＊在报价区间的申购意向</td><td>□ 申购</td><td colspan="2">拟申购数量（万股）：</td></tr>
<tr><td>□ 未确定</td><td colspan="2">□ 不申购</td></tr>
<tr><td>报价依据
（可另附页说明）</td><td colspan="3"></td></tr>
<tr><td rowspan="3">对保荐人（主承销商）投资价值研究报告的评价（分值高者为优）</td><td>客观性评价</td><td colspan="2">□5　□4　□3　□2　□1</td></tr>
<tr><td>估值方法合理性评价</td><td colspan="2">□5　□4　□3　□2　□1</td></tr>
<tr><td>总体评价</td><td colspan="2">□5　□4　□3　□2　□1</td></tr>
<tr><td colspan="3">法定代表人（或授权代表）签字/章：</td><td>单位签章：</td></tr>
</table>

填表日期：　　年　　月　　日

附表 4　　××股份有限公司初步询价基本情况表

<table>
<tr><td>保荐人（主承销商）</td><td colspan="2"></td><td>初步询价时间</td><td></td></tr>
<tr><td>初步询价路演安排</td><td colspan="4"></td></tr>
<tr><td>询价对象报价区间</td><td colspan="2"></td><td>拟定发行价格区间</td><td></td></tr>
<tr><td>发行价格区间
对应市盈率</td><td colspan="4">摊薄前：
摊薄后：</td></tr>
<tr><td rowspan="6">初步询价对象数量及报价区间上下限（下限最低价和上限最高价）</td><td colspan="2">基金公司</td><td colspan="2"></td></tr>
<tr><td colspan="2">QFII</td><td colspan="2"></td></tr>
<tr><td colspan="2">证券公司</td><td colspan="2"></td></tr>
<tr><td colspan="2">信托公司</td><td colspan="2"></td></tr>
<tr><td colspan="2">财务公司</td><td colspan="2"></td></tr>
<tr><td colspan="2">保险机构</td><td colspan="2"></td></tr>
<tr><td>报价较集中的区域</td><td colspan="2"></td><td>基金公司报价情况
（包括集中度）</td><td></td></tr>
<tr><td>确定发行价格
区间的依据</td><td colspan="2"></td><td></td><td></td></tr>
<tr><td>询价对象对投资价值研究报告的反馈情况</td><td colspan="2"></td><td></td><td></td></tr>
</table>

年　　月　　日

备注：本表应于发行价格区间确定后，与报备材料和拟刊登的《初步询价结果公告》同时报送。

发行人及主承销商请加盖公章

附表 5　　申购报价表

<table>
<tr><td colspan="4">重要声明
填表前请详细阅读网下发行公告及填表说明。
本表一经完整填写、签字盖章并传真至保荐机构（主承销商）处，即构成申购人发出的、具法律效力的要约。</td></tr>
<tr><td>配售对象全称</td><td colspan="3"></td></tr>
<tr><td>股票账户名称</td><td></td><td>股票账户号码</td><td></td></tr>
<tr><td colspan="4">申购信息</td></tr>
<tr><td>序号</td><td>申购价格（元）</td><td>申购数量（万股）</td><td>申购金额（万元）</td></tr>
<tr><td>1</td><td></td><td></td><td></td></tr>
<tr><td>2</td><td></td><td></td><td></td></tr>
<tr><td>3</td><td></td><td></td><td></td></tr>
<tr><td colspan="4">累计申购股数：大写　　　　万股（小写　　　　万股）</td></tr>
<tr><td colspan="4">累计申购金额：大写　　　　万元（小写　　　　万元）</td></tr>
<tr><td>经办人</td><td></td><td>经办人身份证号</td><td></td></tr>
<tr><td>联系电话</td><td></td><td>传真号码</td><td></td></tr>
</table>

续表

移动电话		电子邮件	
通讯地址及邮编			
退款银行信息			
银行全称			
账号			
收款人全称			
银行所在地			

申购人在此承诺：

1. 本单位以上填写内容真实有效。
2. 申购款来源符合有关法律法规及中国证监会有关规定。
3. 本单位此次申购获配股票自愿按照规定从社会公众公开发行股票上市之日起锁定 3 个月。

法定代表人（或授权代表）签字：　　　　单位盖章　　年　　月　　日

附表 6　　××股份有限公司累计投标询价簿记表

不同价格的汇总认购情况（请注明单位）					不同的询价对象在每个价格上的认购数量（请注明单位）										
有效价格	该价格的认购数量	该价格的认购倍数	该价格以上的认购数量	该价格之上的认购倍数	基金			QFII		证券公司		财务公司		信托公司	
					××基金公司	××基金公司	××基金公司								
价格区间下限（元）															
价格区间上限（元）															

制表单位：

制表人：　　　　年　　月　　日

联系方式：

附表6－1　　　　簿记表附表

询价对象名称		订 单 情 况						
		价格1	申购数量	价格2	申购数量	价格3	申购数量	申购金额
1	××公司							
2	××公司							
3	××公司							
4	××公司							
5	××公司							
6	××公司							
7	××公司							
8	××公司							
9	××公司							
10	××公司							
11	××公司							
12	××公司							
13	××公司							
14	××公司							
15	××公司							
16	××公司							
17	××公司							

备注：价格1小于价格2小于价格3。

附表7　××股份有限公司累计投标询价定价及配售结果表

确定的发行价格		发行数量	
筹资总额		筹资净额	
发行后每股盈利		发行后每股净资产	
市盈率	摊薄前： 摊薄后：	市净率	摊薄前： 摊薄后：
价格确定依据			
通过发审会时确定的筹资额		发行前一年净资产	
认购倍数		配售比例	
申购总量		有效申购总量	
无效申购数量及原因			
认购资金总额		认购（配售）对象数量	
认购较为集中的价格（区间）			

续表

各类机构的认购情况	基金：	证券公司：	QFII：
	财务公司：	信托公司：	保险机构：
初步询价对象的报价和认购行为对比			

年 月 日

备注：本表应于价格确定后第一时间，与拟刊登的《定价公告》和《网下配售结果公告》同时报送。

主承销商：（请加盖公章） 发行人加盖公章

附表 8 询价与网上定价发行基本流程

日期 \ 发行方式	网下累计投标询价及配售	网上资金申购定价发行
T－11 左右	刊登《招股意向书》、《初步询价及推介公告》	
T－10—T－6	路演推介、初步询价（中小企业可适当缩短初步询价时间）	
T－6	询价对象提交报单截止日、确定发行价格区间	
T－5	初步询价结果向证监会报备	
T－4	刊登《初步询价结果及发行价格区间公告》、《网下累计投标询价发行公告》，开始申购	
T－3	网下申购截止、确定发行价格	
T－2	累计投标询价结果向证监会报备	刊登《网上路演公告》
T－1	刊登《定价公告及网下配售结果公告》，网下申购资金解冻	刊登《网上发行公告》
T		投资者申购、缴款
T＋1		冻结申购资金
T＋2		对有效申购进行配号
T＋3		刊登《网上申购中签率公告》
T＋4		刊登《网上申购中签结果公告》，网上申购资金解冻，登记公司将网上募集资金划入主承销商指定账户
	主承销商当日将网上网下募集资金划入发行人账户	

附表9　　××股份有限公司新股发行情况统计表

<table>
<tr><td colspan="6">一、发行基本情况</td></tr>
<tr><td>主承销商</td><td></td><td>发行量（万股）</td><td></td><td>筹资总额（万元）</td><td></td></tr>
<tr><td>股票简称及代码</td><td></td><td>刊登招股书时间</td><td>年　月　日</td><td>上市时间及上市地</td><td></td></tr>
<tr><td>发行后股本总额</td><td>万股</td><td>发行价格</td><td>元/股</td><td>发行市盈率（摊薄前/摊薄后）</td><td></td></tr>
<tr><td>招股书披露发行费用（万元）</td><td></td><td>实际发生发行费用</td><td></td><td>筹资净额（万股）</td><td></td></tr>
<tr><td colspan="6">二、网下询价及配售情况（网下发行数量：________万股）</td></tr>
<tr><td>发行价格区间</td><td></td><td>询价配售量（万股）及比例</td><td></td><td>初步询价对象家数</td><td></td></tr>
<tr><td>初步询价时间</td><td></td><td>网下累计投标时间</td><td></td><td>有效申购总量（万股）</td><td></td></tr>
<tr><td>有效申购资金总额（万元）</td><td></td><td>网下配售认购倍数</td><td></td><td>冻结资金利息金额（网下）</td><td></td></tr>
<tr><td colspan="6">三、网上申购情况（网上发行量：________万股）</td></tr>
<tr><td>网上发行日</td><td></td><td>每户申购上限（股）</td><td></td><td>中签率（%）</td><td></td></tr>
<tr><td>两市有效申购总量（股）</td><td></td><td>两市有效申购户数（户）</td><td></td><td>超额认购倍数（倍）</td><td></td></tr>
<tr><td>网上冻结资金（万元）</td><td></td><td>冻结资金利息金额（网上）</td><td></td><td>备注（其他情况）</td><td></td></tr>
</table>

注：本表应于募集资金到达发行人账户并验资结束后第一时间传真至综合处（原件随发行总结材料共同报送）。

主承销商请在此盖章　　　　填表人及其联系方式：　　　　填表日期：

V.9 超额配售选择权试点意见

（2001 年 9 月 3 日　证监发［2001］112 号）

为促进股票发行制度的市场化，控制股票发行风险，规范主承销商在上市公司向全体社会公众发售股票（以下简称增发）中行使超额配售选择权的行为，根据有关法律、法规的规定，制定本试点意见。

一、本试点意见所称超额配售选择权，是指发行人授予主承销商的一项选择权，获此授权的主承销商按同一发行价格超额发售不超过包销数额 15% 的股份，即主承销商按不超过包销数额 115% 的股份向投资者发售。在本次增发包销部分的股票上市之日起 30 日内，主承销商有权根据市场情况选择从集中竞价交易市场购买发行人股票，或者要求发行人增发股票，分配给对此超额发售部分提出认购申请的投资者。

二、中国证券监督管理委员会（以下简称中国证监会）依法对主承销商行使超额配售选择权进行监督管理。

证券交易所对超额配售选择权的行使过程进行实时监控。

三、发行人计划在增发中实施超额配售选择权的，应当提请股东大会批准，因行使超额配售选择权所发行的新股为本次增发的一部分。

发行人应当披露因行使超额配售选择权而可能增发股票所募集资金的用途，并提请股东大会批准。

四、拟在增发中实施超额配售选择权的主承销商，应当向中国证监会提供充分依据，说明公司已建立完善的内部控制，遵循内部防火墙原则，并由专人负责内部监察工作。

中国证监会认为必要时，可以对主承销商进行实地检查。

五、主承销商与发行人签订的承销协议中，应当明确发行人对主承销商行使超额配售选择权的授权，以及主承销商包销和行使超额配售选择权的责任。

有关超额配售选择权的实施方案应当在增发招股说明书（包括招股意向书和招股说明书）中予以披露。

六、在实施增发前，主承销商应当向证券登记结算机构申请开立专门用于行使超额配售选择权的账户，并向证券交易所和证券登记结算机构提交授权委托书及授权代表的有效签字样本。

主承销商行使超额配售选择权所涉及的开户、清算、交收等事项，应当按照证券交易所和证券登记结算机构的相关规则办理。

七、主承销商在决定行使超额配售选择权时，应当保证仅对参与本次发行申购且与本次发行无特殊利益关系的机构投资者做出延期交付股份的安排。

在前款所述投资者预先付款并同意推迟股份交收的情况下，主承销商可以在征集认购意向时，与其达成预售拟行使超额配售选择权所对应股份的协议，并将该协议报证券登记结算机构备案。

八、在超额配售选择权行使期内，如果发行人股票的市场交易价格低于发行价格，主承销商用超额发售股票获得的资金，按不高于发行价的价格从集中竞价交易市场购买发行人的股票，分配给提出认购申请的投资者；如果发行人股票的市场交易价格高于发行价格，主承销商可以根据授权要求发行人增发股票，分配给提出认购申请的投资者，发行人获得发行此部分新股所募集的资金。

超额配售选择权的行使限额，即主承销商从集中竞价交易市场购买的发行人股票与要求发行人增发的股票之和，应当不超过本次增发包销数额的15%。

九、在超额配售选择权行使期内，由主承销商指定的授权代表负责行使超额配售选择权及股票的配售。

主承销商行使超额配售选择权，可以根据市场情况一次或分次进行，从集中竞价交易市场购买发行人股票所发生的费用由主承销商承担。

十、主承销商应当将预售股份取得的资金存入其在商业银行开设的独立账户。除包销以外，主承销商在发行承销期间，不得运用该账户资金外的其他资金或通过他人买卖发行人上市流通的股票。

证券登记结算机构有权对该账户资金的使用情况进行监察。

十一、超额配售选择权行使期届满或累计行使数额达到超额配售选择权行使限额时，主承销商应当在两个工作日内向证券交易所和证券登记结算机构提出申请并提供相关材料，将超额配售选择权账户上的所有股份配售给接受延期交付安排的投资者。

十二、超额配售选择权行使完成后，本次发行的新股按以下公式计算：

本次发行的新股数量＝发行包销股份数量＋超额配售选择权累计行使数量－主承销商从集中竞价交易市场购买发行人股票的数量

十三、主承销商应当在超额配售选择权行使完成后的五个工作日内，通知相关银行将应付给发行人的资金（如有）支付给发行人，应付资金按以下公式计算：

发行人因行使超额配售选择权的筹资额＝发行价×（超额配售选择权累计行使数量－主承销商从集中竞价交易市场购买发行人股票的数量）－因行使超

额配售选择权而发行新股的承销费用

十四、发行人在包销数额内的新股发行完成后，应当发布股份变动公告；在实施超额配售选择权所涉及的股票发行验资工作完成后的三个工作日内，应当再次发布股份变动公告；在全部发行工作完成后，发行人还应当按照有关规定办理相关的工商变更登记手续。

十五、在超额配售选择权行使完成后的三个工作日内，主承销商应当在中国证监会指定报刊披露以下有关超额配售选择权的行使情况：

（一）因行使超额配售选择权而发行的新股数量；如未行使，应当说明原因；

（二）从集中竞价交易市场购买发行人股票的数量及所支付的总金额、平均价格、最高与最低价格；

（三）发行人本次增发股份总量；

（四）发行人本次筹资总金额。

十六、主承销商应当保留行使超额配售选择权的完整记录。在全部发行工作完成后 15 个工作日内，主承销商应当将超额配售选择权的行使情况及其内部监察报告报中国证监会和证券交易所备案。

十七、首次公开发行股票公司试行超额配售选择权的，参照本试点意见执行。

十八、本试点意见自发布之日起施行。

V.10 关于缩短新股发行结束到上市所需时间有关事宜的通知

（2001 年 11 月21 日　证监发［2001］144 号）

为提高我国证券市场效率，减少市场风险，现就缩短新股（含首次发行和增资发行）发行结束到上市所需时间的有关事宜通知如下：

一、证券交易所和中国证券登记结算有限责任公司沪、深分公司（以下简称证券登记公司）应调整相关运行规则和程序，满足新股发行结束、募股资金到位后在现有法律框架内尽快上市交易的需要，逐步达到该间隔期限一般不超过七个交易日。

新股上市由发行公司申请，具体时间由证券交易所确定。新股发行公司未在证券交易所安排的时间内上市的，主承销商应向投资者公开说明发行公司董事会陈述的理由及预计的上市时间安排。

二、新股发行公司募股资金到位后，证券登记公司应督促主承销商协助发行公司尽快提交股份登记申请，证券交易所应督促新股发行公司尽快提交上市申请。各单位应加强对新股发行公司的指导，方便并协助新股发行公司办理有关事宜。

三、证券登记公司在受理股份登记申请后的两个工作日内完成股份登记手续。

主承销商应协助和督促新股发行公司在发行结束、募股资金到位后的第二天完成验资工作，获得会计师事务所出具的验资报告；协助和督促新股发行公司在新股发行阶段提前准备办理股份登记的申请资料。

定向募集公司在原有股份登记手续办妥后，证券交易所方安排其通过交易系统发行新股。

四、新股发行公司按照《证券法》第 45 条向证券交易所提交的营业执照和按照《证券法》第 48 条在上市公告书中披露的营业执照，可以是公司新股发行前持有的营业执照。但上市公告书应披露本次新股发行后营业执照变更的有关程序和预计的时间。

五、本通知发布后，证券交易所可以选择若干新股发行公司试运行，并在三个月内逐步适用于全部新股发行。

证券交易所应组织各具有主承销商资格的会员单位认真执行。各单位在实施中如有问题或建议，请及时报告我会。

V.11 关于全国社会保障基金委托投资若干问题的复函

（2002 年 8 月 6 日 证监函［2002］201 号）

全国社会保障基金理事会：

你会《关于全国社会保障基金委托投资若干政策的请示》（社保基金会投［2002］8 号）收悉。经研究，现函复如下：

一、关于持有上市公司 5% 以上股份时的信息披露和交易限制问题。股权公布及其变动信息，对投资者的投资决策具有较大影响。全国社会保障基金（以下简称社保基金）有义务了解其各投资管理人所持股票的情况并在其直接或间接持有上市公司 5% 以上股份时，按照《证券法》第 41 条、第 79 条等有关规定及时披露信息。社保基金合并持有上市公司 5% 股份后，若社保基金理事会与各投资管理人以及各投资管理人之间的投资决策是相互独立的，则对该公司股票的买卖可以不受六个月持有期的限制（即《证券法》第 42 条的规定）；若社保基金理事会与各投资管理人以及各投资管理人之间的投资决策不是相互独立的，则对该公司股票的买卖应受六个月持有期的限制。单个投资管理人持有上市公司 5% 以上股份时，亦有义务按照《证券法》有关规定及时披露信息，并在对该公司股票进行买卖时遵守《证券法》第 42 条的规定。

二、关于新股申购规模上限设置的问题。投资管理人将社保资金用于新股申购，其申购规模按照法律、法规、规章和发行人招股文件对该投资管理人申购规模上限的有关规定执行。

三、关于网下配售定金申购的问题。投资管理人将社保资金用于新股申购，其定金或申购款的缴纳按照我会的有关规定执行。

四、关于社保基金的账户及委托过程中的非交易过户问题。我会已在《关于社保基金理事会委托投资涉及的证券账户、交易席位及结算资金账户有关问题的复函》（证监函［2002］146 号）中答复你会。

五、关于交易佣金问题。请按照我会与国家计委、国家税务总局联合发布的《关于调整证券交易佣金收取标准的通知》（证监发［2002］21 号）执行。

V. 12　关于社保基金行投［2002］22号文的复函

（2002年10月11日　发行监管函［2002］99号）

全国社保基金理事会行政事务部：

你部《关于对〈关于全国社会保障基金委托投资若干问题的复函〉意见的函》（社保基金行投［2002］22号）收悉。经研究，现函复如下：

一、关于持有上市公司5%以上股份时的信息披露和交易限制问题

根据《证券法》的有关规定，股东持有一家上市公司的股份达到5%以上时，应及时报告并公告，在作出公告前不得再行买卖股份。提高全国社会保障基金（以下简称社保基金）持有一家上市公司股份的信息披露的比例或采用定期公告的信息披露方法，既不符合《证券法》的要求，也将使社保基金不能及时、充分地披露对投资者决策有重大影响的、有关上市公司股权分布及其变动的信息，不利于证券市场的稳定和投资者合法权益的保护。

另外，我们认为，社保基金理事会并不希望鼓励其投资管理人频繁地买卖任何一家上市公司的股份，按照《证券法》的要求及时披露信息应不会给社保基金带来过重的信息披露负担。

因此，对持有上市公司5%以上股份时的信息披露和交易限制问题请按照我会《关于全国社会保障基金委托投资若干问题的复函》（证监函［2002］201号）的有关规定执行。

二、关于新股申购规模上限问题

根据我会证监函［2002］201号文，受托管理的社保基金用于新股申购，若投资管理人为基金管理公司，则社保基金视同基金管理公司管理的一个证券投资基金，申购规模应符合证券投资基金参与新股申购的有关规定；若投资管理人为其他投资管理机构，则申购规模应符合该投资管理机构参与新股申购的有关规定。

V.13 关于基金投资非公开发行股票等流通受限证券有关问题的通知

（2006 年 7 月 20 日 证监基金字［2006］141 号）

各基金管理公司、基金托管银行：

为规范基金投资非公开发行股票等流通受限证券的行为，防范风险，保护基金份额持有人的利益，根据《证券投资基金法》、《证券投资基金运作管理办法》等法律法规，现将基金投资非公开发行股票等流通受限证券有关问题通知如下：

一、本通知所称流通受限证券，包括由《上市公司证券发行管理办法》规范的非公开发行股票、公开发行股票网下配售部分等在发行时明确一定期限锁定期的可交易证券，不包括由于发布重大消息或其他原因而临时停牌的证券、已发行未上市证券、回购交易中的质押券等流通受限证券。

二、基金投资流通受限证券限于由中国证券登记结算有限责任公司或中央国债登记结算有限责任公司负责登记和存管的，并可在证券交易所或全国银行间债券市场交易的证券。

三、基金不得投资有锁定期但锁定期不明确的证券。

四、货币市场基金、中短债基金不得投资流通受限证券。

五、封闭式基金投资流通受限证券的锁定期不得超过封闭式基金的剩余存续期。

六、基金投资流通受限证券，基金管理公司应制订严格的投资决策流程和风险控制制度，防范流动性风险、法律风险、道德风险和操作风险等各种风险。

七、基金管理公司应重视风险管理和监察稽核部门的作用，上述部门应恪尽职守，发挥专业判断能力，并保持相对独立性。风险管理部门要对基金投资流通受限证券进行风险评估，并留存书面报告备查。

八、基金管理公司应根据公司净资本规模，以及不同基金的投资风格和流动性特点，兼顾基金投资的安全性、流动性和收益性，合理控制基金投资流通受限证券的比例。

九、基金投资流通受限证券，相关投资决策流程、风险控制制度须经基金管理公司董事会批准。基金投资非公开发行股票，基金管理公司董事会还应批准相关流动性风险处置预案。

十、基金投资流通受限证券，基金管理公司应按照《托管协议的内容与格式》准则的规定，与基金托管银行签订风险控制补充协议。协议应包括基金托管银行对于基金管理公司是否遵守相关制度、流动性风险处置预案以及相关投资额度和比例的情况进行监督等内容。如果基金托管银行没有切实履行监督职责，导致基金出现风险，基金托管银行应承担连带责任。

十一、基金管理公司应在基金投资非公开发行股票后两个交易日内，在中国证监会指定媒体披露所投资非公开发行股票的名称、数量、总成本、账面价值，以及总成本和账面价值占基金资产净值的比例、锁定期等信息。

十二、本通知自发布之日起施行。

V.14 关于战略配售有关问题的通知

（2007 年 3 月 29 日 发行监管函［2007］92 号）

各保荐人：

为规范首次公开发行股票过程中的战略配售行为，根据《证券发行与承销管理办法》，现将战略配售的有关要求通知如下：

一、发行人及其主承销商向战略投资者配售股票，战略投资者应不超过 20 名，战略投资者配售股票的总量不超过本次公开发行股票数量的 30%。

二、发行人公告的战略投资者应为本次配售股票的实际持有人，资金来源应为自有资金。

三、战略投资者参与本次配售，应当就以下事项出具承诺函：

（1）其为本次配售股票的实际持有人，不存在受其他投资者委托或委托其他投资者参与本次战略配售的情形；

（2）资金来源为自有资金，且符合该资金的投资方向；

（3）持有本次配售的股票在限授期内不通过任何形式转让。

承诺函应与配售协议同时签署，并报中国证监会发行部备案。

四、发行人及其主承销商应对战略投资者进行核查，投资者若存在委托他人或委托受托参与本次战略配售的情形，发行人及其主承销商不应该接受该投资者作为战略投资者的申请。

V.15 关于首次公开发行股票网下投资者备案工作的通知

（2014年5月9日 中证协发［2014］78号）

各具有证券承销业务资格的证券公司、网下投资者：

为贯彻落实《关于进一步推进新股发行体制改革的意见》，根据《证券发行与承销管理办法》、《首次公开发行股票承销业务规范》和《首次公开发行股票网下投资者备案管理细则》（下称《管理细则》）的相关规定，中国证券业协会（下称协会）自2014年5月13日起，受理网下投资者的备案申请。现就相关事项通知如下：

一、备案主体

符合《管理细则》第四条网下投资者基本条件的机构投资者和个人投资者均可申请备案。

二、备案方式

证券公司、基金公司、信托公司、财务公司、保险公司和合格的境外投资者等六类机构，可自行通过中国证券业协会首次公开发行股票网下投资者备案管理系统（下称备案系统）提交备案申请。其中，此前已在协会备案成为询价对象的机构，系统登录名为其“五位机构代码+01”，初始登录密码为8个阿拉伯数字“0”；机构遗失系统登录密码的，可向协会申请重置。未在协会备案成为询价对象的上述机构，可向协会申领备案系统登录名和登录密码，申领时应向协会提供工商营业执照和组织机构代码证的电子扫描文件，以及联系人联系方式。

上述六类机构以外的机构投资者和个人投资者，需由具有证券承销业务资格的证券公司，通过登录备案系统向协会推荐备案。证券公司推荐网下投资者备案时，系统登录名为其“五位机构代码+02”，初始登录密码为8个阿拉伯数字“0”。

三、备案内容

此前已在协会备案的六类机构，应登录备案系统核对备案信息是否正确、完整，并按系统要求变更、补充填报相关信息；非六类机构但此前已经证券公司推荐在协会备案成为推荐类询价对象的，应委托相关证券公司登录备案系统核对备案信息是否正确，并按系统要求变更、补充填报相关信息。

未在协会备案的投资者，应按照《首次公开发行股票网下投资者备案管理系统使用指南》（后附）的要求，逐项填报备案申请信息。

在按《管理细则》要求上传填报网下投资者及其股票配售对象资质证明文件、公司内部制度文件时，应严格按照《管理细则》附表二以及附表五中“公司内部制度完备性”部分的要求，完整提交相关资质证明文件和内部制度文件，在相应栏目提交时应按照“阿拉伯数字序号－文件名”的名称格式逐个上传文件，例如“1－询价和网下申购业务流程”。在提交“符合本细则第四条基本条件要求的说明函”时，应在说明函中加入附表一下端的承诺内容。

四、备案确认

协会通过备案系统受理备案申请后，将在十个工作日内完成备案工作，符合备案条件的，在协会网站予以公示；不符合备案条件的，将向申请方书面说明不予备案的原因。

五、联系人与联系方式

联系人：曹威、臧赢鹏、陆华

联系电话：010－66575820/5682/5836

电子信箱：caowei@ sac. net. cn/zangyp@ sac. net. cn/ luhua@ sac. net. cn

备案系统登录域名：ipo. sac. net. cn

附件：首次公开发行股票网下投资者备案管理系统使用指南（略）

V.16 首次公开发行股票承销业务规范

（2014 年 5 月 9 日 中证协发［2014］77 号）

第一章 总 则

第一条 为规范证券公司承销首次公开发行股票行为，保护投资者的合法权益，根据《证券发行与承销管理办法》制定本规范。

第二条 在首次公开发行股票时，承销商路演推介、询价、定价、配售、撰写并发布投资价值研究报告、信息披露等业务活动和网下投资者报价行为适用本规范。

第三条 根据《证券发行与承销管理办法》及本规范的相关规定，中国证券业协会（以下简称协会）对首次公开发行股票的承销商和网下投资者实施自律管理。

第四条 承销商应当建立健全承销业务制度和决策机制，制定严格的风险管理制度和内部控制制度，加强定价和配售过程管理，落实承销责任。

承销商应当对承销业务决策人、执行人等信息知情人行为进行严格管理，不得泄露相关信息。

第五条 承销商应当在合规管理中明确对询价、定价、配售等承销业务活动的要求。

承销商应当聘请律师事务所对发行及承销全程进行即时见证，并对网下投资者资质、路演推介、询价、定价、配售、资金划拨、信息披露等的合规有效性发表明确意见。

第二章 路演推介

第六条 在路演推介时，承销商可以和发行人向投资者介绍公司、行业及发行方案等与本次发行相关的内容。

承销商的证券分析师可以向网下投资者推介其撰写的投资价值研究报告。

第七条 承销商可以和发行人采用现场、电话、互联网等合法合规的方式进行路演推介。采用公开方式进行路演推介的，应当事先披露举行时间和参加方式。

路演推介期间，承销商和发行人与投资者任何形式的见面、交谈、沟通，均视为路演推介。

第八条 承销商应当和发行人至少采用互联网方式向公众投资者进行公开路演推介。在通过互联网等方式进行公开路演推介时，不得屏蔽公众投资者提出的与本次发行相关的问题。

第九条 采用现场方式路演时，除承销商、发行人与投资者之外，其他与路演推介工作无关的机构与个人，不得进入路演现场，不得参与承销商和发行人与投资者的沟通交流活动。

第十条 承销商和发行人推介内容不得超出招股意向书及其他已公开信息的范围，不得对投资者报价、发行价格提出建议或对二级市场交易价格做出预测。

承销商的证券分析师的路演推介应当与发行人的路演推介分别进行，推介内容不得超出投资价值研究报告及其他已公开信息的范围，不得对投资者报价、发行价格提出建议或对二级市场交易价格做出预测。承销商应当采取有效措施保障证券分析师路演推介活动的独立性。

第十一条 承销商和发行人应当以确切的事实为依据，不得夸大宣传或以虚假广告等不正当手段诱导、误导投资者；不得以任何方式发布报价或定价信息；不得阻止符合条件的投资者报价或劝诱投资者报高价；不得口头、书面向投资者或路演参与方透露未公开披露的财务数据、经营状况、重要合同等重大经营信息。

承销商和发行人相关工作人员出现上述情形的，视为相应机构行为。

第十二条 承销商不得自行或与发行人及与本次发行有关的当事人共同以任何方式向投资者发放或变相发放礼品、礼金、礼券等，也不得通过其他利益安排诱导投资者。

第三章 定价与配售

第一节 发行定价

第十三条 主承销商和发行人可以采用向网下投资者询价的方式确定股票发行价格。

主承销商和发行人应当根据初步询价结果确定发行价格或发行价格区间。确定发行价格区间的，应当在发行价格区间内通过累计投标询价确定发行价格。

第十四条 主承销商在与发行人协商制定网下投资者具体条件时，应当遵循协会相关自律规则，并在相关发行公告中预先披露。网下投资者报价时应当持有不少于1000万元市值的非限售股份，机构投资者持有的市值应当以其管理的各个产品为单位单独计算。

主承销商应当对网下投资者是否符合预先公告的条件进行核查，对不符合条件的投资者，应当拒绝或剔除其报价。主承销商无正当理由不得拒绝符合条件的网下投资者参与询价。

第十五条 网下投资者报价应当包含每股价格和该价格对应的拟申购股数，每个投资者只能有一个报价。非个人投资者应当以机构为单位进行报价，报价对应的拟申购股数应当为拟参与申购的投资产品拟申购数量总和。

网下投资者报价后，主承销商和发行人应当剔除拟申购总量中报价最高的部分，剔除部分不得低于所有网下投资者拟申购总量的10%。

首次公开发行股票价格（或发行价格区间）确定后，提供有效报价的投资者方可参与申购。

前款所称有效报价，是指网下投资者所申报价格不低于主承销商和发行人确定的发行价格或发行价格区间下限，且符合主承销商和发行人事先确定且公告的其他条件的报价。

第十六条 承销商、发行人及其他知悉报价信息的人员不得出现以下行为：

（一）投资者报价信息公开披露前泄露投资者报价信息；

（二）操纵发行定价；

（三）劝诱网下投资者抬高报价，或干扰网下投资者正常报价和申购；

（四）以提供透支、回扣或者中国证券监督管理委员会（以下简称证监会）认定的其他不正当手段诱使他人申购股票；

（五）以代持、信托持股等方式谋取不正当利益或向其他相关利益主体输送利益；

（六）直接或通过其利益相关方向参与认购的投资者提供财务资助或者补偿；

（七）以自有资金或者变相通过自有资金参与网下配售；

（八）与网下投资者互相串通，协商报价和配售；

（九）接受投资者的委托为投资者报价；

（十）收取网下投资者回扣或其他相关利益；

（十一）未按事先披露的原则剔除报价和确定有效报价。

第十七条 主承销商应当对网下投资者的报价进行簿记建档，记录网下投资者的申购价格和申购数量，并根据簿记建档结果确定发行价格或发行价格区间。主承销商和发行人不得擅自修改网下投资者的报价信息。

第十八条 主承销商应当选定专门的场所用于簿记建档。簿记场所应当与其他业务区域保持相对独立，且具备完善可靠的通讯系统和记录系统，符合安全保密要求。

第十九条 主承销商应当对簿记现场人员进行严格管理，维持簿记现场秩序：

（一）簿记建档开始前，主承销商应当明确簿记现场人员，相关人员进入簿记现场应当签字确认；

（二）簿记建档期间，除主承销商负责本次发行簿记建档的工作人员、合规人员及对本次网下发行进行见证的律师外，任何人员不得进入簿记场所。簿记建档工作人员不得使用任何对外通讯工具，不得对外泄露报价信息。

簿记建档期间，投资者咨询工作应当集中管理，咨询电话应当全程录音。负责咨询工作的相关人员不得泄露报价信息。

第二十条 主承销商应当和发行人合理确定剔除最高报价部分后的有效报价投资者数量。首次公开发行股票数量在4亿股（含）以下的，有效报价投资者的数量不少于10家；首次公开发行股票数量在4亿股以上的，有效报价投资者的数量不少于20家。剔除最高报价部分后有效报价投资者数量不足的，应当中止发行。

第二十一条 主承销商应当和发行人及拟公开发售股份的发行人股东合理确定本次发行承销费用及分摊原则，不得损害投资者的利益。

第二节 配 售

第二十二条 机构投资者应当以其管理的投资产品为单位参与申购、缴款和配售。

第二十三条 主承销商应当和发行人事先确定配售原则，于招股意向书刊登的同时在相关发行公告中披露，并按已确定且公告的原则和方式确定网下配售结果。

确定网下配售原则时，综合考虑的因素可以包括但不限于：投资者报价、报价时间、申购价格、申购数量、投资者类型、独立研究及评估能力、长期持股意愿、风险承受能力、历史申购情况、与发行人和主承销商长期战略合作情况和协会对网下投资者的评价结果。

第二十四条 主承销商应当和发行人安排不低于本次网下发行股票数量的40%优先向通过公开募集方式设立的证券投资基金和社保基金投资管理人管理的社会保障基金（以下简称公募社保类）配售。

主承销商应当和发行人安排一定比例的股票向根据《企业年金基金管理办法》设立的企业年金基金和符合《保险资金运用管理暂行办法》等相关规定的保险资金（以下简称年金保险类）配售。

公募社保类、年金保险类有效申购不足安排数量的，主承销商和发行人可以向其他符合条件的网下投资者配售。

第二十五条 同类配售对象获得配售的比例应当相同。公募社保类、年金保险类投资者的配售比例应当不低于其他投资者的配售比例。主承销商和发行人对承诺12个月及以上限售期投资者单独设定配售比例的，公募社保类、年金保险类投资者的配售比例应当不低于其他承诺相同限售期的投资者。

第二十六条 主承销商对网下投资者进行分类配售的，应当符合预先披露的配售原则，分类依据充分，相关工作底稿完备。

第二十七条 向网下投资者配售股票时，主承销商应当和发行人保证发行人股权结构符合交易所规定的上市条件，并督促和提醒投资者确保其持股情况满足相关法律法规及主管部门的规定。

第二十八条 主承销商和发行人应当对获得配售的网下投资者进行核查，确保不向下列对象配售股票：

（一）发行人及其股东、实际控制人、董事、监事、高级管理人员和其他员工；发行人及其股东、实际控制人、董事、监事、高级管理人员能够直接或间接实施控制、共同控制或施加重大影响的公司，以及该公司控股股东、控股子公司和控股公司控制的其他子公司。

（二）主承销商及其持股比例5%以上的股东，主承销商的董事、监事、高级管理人员和其他员工；主承销商及其持股比例5%以上的股东、董事、监事、高级管理人员能够直接或间接实施控制、共同控制或施加重大影响的公司，以及该公司控股股东、控股子公司和控股股东控制的其他子公司。

（三）承销商及其控股股东、董事、监事、高级管理人员和其他员工。

（四）本条第（一）、（二）、（三）项所述人士的关系密切的家庭成员，包括配偶、子女及其配偶、父母及配偶的父母、兄弟姐妹及其配偶、配偶的兄弟姐妹、子女配偶的父母。

（五）过去6个月内与主承销商存在保荐、承销业务关系的公司及其持股5%以上的股东、实际控制人、董事、监事、高级管理人员，或已与主承销商签署保荐、承销业务合同或达成相关意向的公司及其持股5%以上的股东、实际控制人、董事、监事、高级管理人员。

（六）通过配售可能导致不当行为或不正当利益的其他自然人、法人和组织。

本条第（二）、（三）项规定的禁止配售对象管理的通过公开募集方式设立的证券投资基金除外，但应当符合证监会的有关规定。

第二十九条 主承销商应当要求参与本次配售的战略投资者就以下事项出

具承诺函：

（一）其为本次配售股票的实际持有人，不存在受其他投资者委托或委托其他投资者参与本次战略配售的情形；

（二）其资金来源为自有资金，且符合该资金的投资方向；

（三）不通过任何形式在限售期内转让所持有本次配售的股票。

第三十条 首次公开发行股票网上投资者有效申购倍数超过 50 倍、低于 100 倍（含）的，应当从网下向网上回拨，回拨比例为本次公开发行股票数量的 20%；网上投资者有效申购倍数超过 100 倍的，回拨比例为本次公开发行股票数量的 40%；网上投资者有效申购倍数超过 150 倍的，回拨后网下发行比例不超过本次公开发行股票数量的 10%。

主承销商和发行人将网下发行部分向网上回拨时，回拨比例的计算基数应当为扣除设定 12 个月及以上限售期部分后的本次公开发行股票数量。

第四章 投资价值研究报告

第三十一条 主承销商可以向网下投资者提供投资价值研究报告，但不得以任何形式公开披露或变相公开投资价值研究报告或其内容，证监会另有规定的除外。

主承销商不得提供承销团以外的机构撰写的投资价值研究报告。

主承销商不得在刊登招股意向书之前提供投资价值研究报告或泄露报告内容。

第三十二条 投资价值研究报告应当由主承销商及承销团其他成员的证券分析师独立撰写并署名。

因经营范围限制，承销商无法撰写投资价值研究报告的，可委托具有证券投资咨询资格的母公司或子公司撰写投资价值研究报告，双方均应当对投资价值研究报告的内容和质量负责，并采取有效措施做好信息保密工作，同时应当在报告首页承诺本次报告的独立性。

第三十三条 承销商应当从组织设置、人员职责及工作流程等方面保证证券分析师撰写投资价值研究报告的独立性。撰写投资价值研究报告相关人员的薪酬不得与相关项目的业务收入挂钩。

第三十四条 投资价值研究报告撰写应当遵守以下原则：

（一）独立、审慎、客观；

（二）资料来源具有权威性；

（三）对发行人所在行业的评估具有一致性和连贯性；

（四）无虚假记载、误导性陈述或重大遗漏。

第三十五条 投资价值研究报告应当对影响发行人投资价值的因素进行全面分析，至少包括下列内容：

（一）发行人的行业分类、行业政策，发行人与主要竞争者的比较及其在行业中的地位；

（二）发行人经营状况和发展前景分析；

（三）发行人盈利能力和财务状况分析；

（四）发行人募集资金投资项目分析；

（五）发行人与同行业可比上市公司（如有）的投资价值比较；

（六）其他对发行人投资价值有重要影响的因素。

投资价值研究报告内容不得超出招股意向书及其他已公开信息的范围。

第三十六条 投资价值研究报告应当按照证监会有关上市公司行业分类指引中制定的行业分类标准确定发行人行业归属，并说明依据，不得随意选择行业归属。

投资价值研究报告选择可比公司应当客观、全面，并说明选择可比公司的依据，不得随意选择可比公司。

投资价值研究报告使用的参数和估值方法应当客观、专业，并分析说明选择参数和估值方法的依据，不得随意调整参数和估值方法。

第三十七条 投资价值研究报告可以提供发行人整体市值区间和市盈率等估值区间，不得对每股估值区间、发行价格进行建议或对二级市场交易价格作出预测。

第三十八条 证券分析师应当在投资价值研究报告中显著位置进行充分的风险提示。

证券分析师应当对所披露的风险因素作定量分析，无法进行定量分析的，应当有针对性地作出定性描述。

证券分析师应当在投资价值研究报告中醒目位置提示投资者自主作出投资决策并自行承担投资风险。

第三十九条 证券分析师参与撰写投资价值研究报告相关工作，需事先履行跨墙审批手续。

承销商实施跨墙管理时，应当保证跨墙人员的相对稳定，维护跨墙工作流程的严肃性，保证信息隔离制度的有效落实。参与跨墙的证券分析师一经确认，不得随意调整。

跨墙期间，证券分析师应当严格遵守信息保密的要求，将跨墙参与的工作与其他工作有效隔离。

第五章 信息披露

第四十条 主承销商应当与发行人共同确保在首次公开发行股票过程中披露的信息真实、准确、完整、及时，无虚假记载、误导性陈述或者重大遗漏。首次公开发行股票过程中发布的公告应当由主承销商和发行人共同落款。

第四十一条 公开披露的信息应当按照证监会的规定，刊登在指定的报刊和互联网网站，并置备于指定场所，供公众查阅。公开披露的信息也可以刊登于其他报刊和网站，但不得早于在上述指定报刊和网站的披露时间。

主承销商对信息披露的内容应当进行严格的质量控制，确保在不同载体上披露的信息保持一致性，并对可能出现的疏漏承担责任。

第四十二条 首次公开发行股票发行与承销过程中，主承销商应当和发行人公开披露以下信息：

（一）招股意向书刊登首日在相关发行公告中披露发行定价方式、定价程序、参与网下询价投资者条件、股票配售原则、配售方式、有效报价的确定方式、中止发行安排、发行时间安排和路演推介相关安排等信息；实施老股转让的，还应当披露预计老股转让的数量上限，老股转让股东名称及各自转让老股数量，并明确新股发行与老股转让数量的调整机制。

（二）网上申购前披露每位网下投资者的详细报价情况，包括投资者名称、申购价格及对应的拟申购数量；剔除最高报价有关情况；剔除最高报价部分后网下投资者报价的中位数和加权平均数以及公募基金报价的中位数和加权平均数；有效报价和发行价格（或发行价格区间）的确定过程；发行价格（或发行价格区间）及对应的市盈率；网下网上的发行方式和发行数量；回拨机制；中止发行安排；申购缴款要求等。已公告老股转让方案的，还应当披露老股转让和新股发行的确定数量，老股转让股东名称及各自转让老股数量，并应当提示投资者关注，发行人将不会获得老股转让部分所得资金。按照发行价格计算的预计募集资金总额低于拟以本次募集资金投资的项目金额的，还应当披露相关投资风险。

（三）如拟定的发行价格（或发行价格区间上限）对应的市盈率高于同行业上市公司二级市场平均市盈率，主承销商和发行人应当在网上申购前三周内连续发布投资风险特别公告，每周至少发布一次。投资风险特别公告中明示该定价可能存在因估值过高给投资者带来损失的风险，提醒投资者关注，内容至少包括：

1. 比较分析发行人与同行业上市公司的差异及该差异对估值的影响，提请投资者关注发行价格与网下投资者报价之间存在的差异；

2. 提请投资者关注投资风险，审慎研判发行定价的合理性，理性作出投资决策。

发行人应当依据《上市公司行业分类指引》确定所属行业，并选取中证指数有限公司发布的最近一个月静态平均市盈率为参考依据。

（四）在发行结果公告中披露获配机构投资者名称、个人投资者基本信息以及每个获配投资者的报价、申购数量和获配数量等，并明确说明自主配售的结果是否符合事先公布的配售原则；对于提供有效报价但未参与申购，或实际申购数量明显少于报价时拟申购量的投资者应当列表公示并着重说明；实施老股转让的，应当披露最终确定的新发行股票及老股转让的具体数量、公开发售股份的股东名称及数量等信息；发行后还应当披露保荐费用、承销费用、其他中介费用等发行费用信息，其中，新股部分承销费率不能高于老股部分承销费率。

（五）向战略投资者配售股票的，应当于招股意向书刊登首日在相关发行公告中披露配售方案；在网下配售结果公告中披露战略投资者的名称、认购数量及持有期限等情况。采用超额配售选择权的，应当于招股意向书刊登首日在相关发行公告中披露其实施方案；在网下配售结果公告中披露超额配售选择权部分的发售情况；在上市公告中披露拟实施的后市稳定计划。

（六）根据证券交易所的规定，及时准确披露网上配售的相关信息，包括配售安排、网上中签率、摇号及中签结果等。

第六章　自律管理

第四十三条　协会建立对承销商和网下投资者的跟踪分析和评价体系，并根据评价结果采取奖惩措施。

第四十四条　协会建立首次公开发行股票网下投资者黑名单（以下简称黑名单）制度。

第四十五条　网下投资者在参与网下询价时存在下列情形的，主承销商应当及时向协会报告：

（一）使用他人账户报价；

（二）投资者之间协商报价；

（三）同一投资者使用多个账户报价；

（四）网上网下同时申购；

（五）与发行人或承销商串通报价；

（六）委托他人报价；

（七）无真实申购意图进行人情报价；

（八）故意压低或抬高价格；

（九）提供有效报价但未参与申购；

（十）不具备定价能力，或没有严格履行报价评估和决策程序、未能审慎报价；

（十一）机构投资者未建立估值模型；

（十二）其他不独立、不客观、不诚信的情形。

第四十六条 网下获配投资者存在下列情形的，主承销商应当及时向协会报告：

（一）不符合配售资格；

（二）获配后未恪守持有期等相关承诺的；

（三）协会规定的其他情形。

第四十七条 网下投资者或配售对象出现第四十五条和第四十六条情形的，主承销商向协会报告时应当报送相关材料。相关材料包括但不限于：

（一）网下投资者名称或配售对象名称；

（二）违规行为简述；

（三）相关证明材料；

（四）相关网下投资者或配售对象的解释说明。

协会在收到相关材料的五个工作日内审核主承销商报送材料的完备性。

第四十八条 协会应当按照以下规定将违规网下投资者或配售对象列入黑名单，并将黑名单在中国证券业协会网站公布：

（一）网下投资者或配售对象首次出现第四十五条和第四十六条所规定的一种情形的，协会将其列入黑名单六个月；

（二）网下投资者或配售对象同时出现第四十五条和第四十六条所规定的两种至五种情形或出现单种情形累计两次至五次的，或被证监会采取行政监管措施的，协会将其列入黑名单十二个月；

（三）网下投资者或配售对象同时出现第四十五条和第四十六条所规定的六种至九种情形或出现单种情形累计六次至九次的，协会将其列入黑名单二十四个月；

（四）网下投资者或配售对象同时出现第四十五条和第四十六条所规定的十种至十三种情形或出现单种情形累计十次至十三次的，或被证监会予以行政处罚的，协会将其列入黑名单三十六个月；

（五）网下投资者或配售对象同时出现第四十五条和第四十六条所规定的十四种至十五种情形或出现单种情形累计十四次至十五次的，协会将其永久列入黑名单。

网下投资者或配售对象被列入黑名单期满后，应当重新备案；被证监会采取市场禁入措施的，禁入期满后三十六个月内不能重新备案。

第四十九条 被列入黑名单的网下投资者或配售对象可以在中国证券业协会网站公布相关黑名单后的五个工作日内书面提出申诉。协会在收到申诉材料后的十个工作日内进行审核，并作出决定。

第五十条 主承销商应当认真履行报告义务。证监会和协会相关检查中发现主承销商存在瞒报、欺报或应报未报等情形的，协会将对其采取自律惩戒措施。

第五十一条 承销商应当保留承销过程中的相关资料并存档备查，相关资料至少保存三年。

承销过程中的相关资料包括但不限于以下资料：

（一）路演推介活动及询价过程中的推介或宣传材料、投资价值研究报告、路演记录、路演录音等；

（二）定价与配售过程中的投资者报价信息、申购信息、获配信息。获配信息包括但不限于投资者名称、获配数量、证券账户号码及身份证明文件等；

（三）确定网下投资者条件、发行价格或发行价格区间、配售结果等的决策文件；

（四）信息披露文件与申报备案文件；

（五）其他和发行与承销过程相关的文件或承销商认为有必要保留的文件。

第五十二条 协会采取现场检查、非现场检查等方式加强对承销商询价、定价、配售行为和网下投资者报价行为的监督检查。检查内容包括：

（一）路演推介的时间、形式、参与人员及内容；

（二）询价、簿记、定价、配售的制度建立与实施；

（三）投资价值研究报告的撰写、提供及其信息隔离制度的建立与实施；

（四）信息披露内容的真实性、准确性、完整性和及时性；

（五）存档备查资料的完备性；

（六）协会认为有必要的其他内容。

承销商应当配合协会进行检查，不得以任何理由拒绝、拖延提供有关资料，或者提供不真实、不准确、不完整的资料。

第五十三条 承销商及其相关业务人员违反本规范规定的，协会将根据《中国证券业协会自律管理措施和纪律处分实施办法》采取自律惩戒措施，并记入协会诚信信息管理系统。

承销商及其相关业务人员违反法律、法规或有关主管部门规定的，协会依法移交证监会或其他有权机关查处。

第七章　附　　则

第五十四条　发现承销商及其相关业务人员违反本规范的，可向协会举报或投诉。

第五十五条　其他证券的承销比照本规范执行。首次公开发行股票配售规则和首次公开发行股票网下投资者备案管理规则由协会另行制定。

第五十六条　本规范由协会负责解释。

第五十七条　本规范自发布之日起施行。《关于首次公开发行股票询价对象及配售对象备案工作有关事项的通知》（中证协发［2012］150号）、《首次公开发行股票询价和网下申购业务实施细则》（中证协发［2012］177号）、2013年12月27日发布的《首次公开发行股票承销业务规范》（中证协发［2013］231号）同时废止。

附件：相关问题解答

附件

《首次公开发行股票承销业务规范（2014年修订）》相关问题解答

一、问：新修订的《首次公开发行股票承销业务规范》（以下简称《业务规范》）第二十条中的“有效报价投资者”是指网下投资者还是指配售对象？

答：满足《业务规范》第十五条第四款“网下投资者所申报价格不低于主承销商和发行人确定的发行价格或发行价格区间下限，且符合主承销商和发行人事先确定且公告的其他条件的报价”，即为有效报价。

有效报价投资者是指提供有效报价的网下投资者，包括有效报价网下个人投资者和有效报价网下机构投资者。

二、问：如何理解《业务规范》第十四条中规定的“网下投资者报价时应当持有不少于1000万元市值的非限售股份”？

答：《业务规范》第十四条第一款规定“网下投资者报价时应当持有不少于1000万元市值的非限售股份，机构投资者持有的市值应当以其管理的各个产品为单位单独计算”。

具体计算方法为，参与网下申购的个人投资者或机构投资者所属或直接管理的自营投资账户或证券投资产品，以初步询价开始前两个交易日为基准日，其在股票发行上市所在证券交易所基准日前二十个交易日的非限售股票的流通市值日均值应为1000万元（含）以上。

三、问：如何理解《业务规范》第二十五条“同类配售对象获得配售的比例应当相同。公募社保类、年金保险类投资者的配售比例应当不低于其他投资者的配售比例”中“其他投资者”及“配售比例”的含义？

答：主承销商可以根据投资者报价、报价时间、申购价格、申购数量、投资者类型、独立研究及评估能力、锁定期安排和长期持股意愿、风险承受能力、历史申购情况、与发行人和主承销商长期合作情况、协会对网下投资者的评价结果等指标对其他投资者进行分类。

《业务规范》第二十五条中的“配售比例”与第二十四条中的“40%”及“一定比例”意义不同。“配售比例”是指获配股份数量与参与申购数量的比率，“40%”与“一定比例”是指网下发行股票的一部分。

V.17 首次公开发行股票配售细则

（2014 年 5 月 9 日　中证协发［2014］77 号）

第一章　总　　则

第一条　为规范首次公开发行股票配售行为，根据《证券发行与承销管理办法》（以下简称《承销管理办法》）、《首次公开发行股票承销业务规范》（以下简称《业务规范》）和《首次公开发行股票网下投资者备案管理细则》（以下简称《备案管理细则》）的相关规定，制定本细则。

第二条　境内首次公开发行股票时，主承销商配售行为和网下投资者申购行为适用本细则。

第三条　中国证券业协会（以下简称协会）依据《承销管理办法》、《业务规范》、《备案管理细则》及本细则的相关规定，对主承销商配售行为和网下投资者申购行为实施自律管理。

第二章　内部制度

第四条　主承销商应当建立健全组织架构和配售制度，加强配售过程管理，在合规管理相关制度中明确对配售工作的要求。

配售制度包括决策机制、配售规则和业务流程，以及与配售相关的内部控制制度等。

第五条　主承销商应当有负责配售决策的相关委员会（以下简称委员会）。

委员会具体职责应当包括制定配售工作规则、确定配售原则和方式，履行配售结果审议决策职责，执行配售制度和程序，确保配售过程和结果依法合规。

第六条　委员会应当以表决方式对配售相关事宜做出决议。表决结果由参与决策的委员签字确认，并存档备查。

委员会委员应当依照规定履行职责，独立发表意见、行使表决权。

第七条　委员会组成人员应当包括合规负责人。

主承销商的合规部门应当指派专人对配售制度、配售原则和方式、配售流程以及配售结果等进行合规性核查。

主承销商其他内控部门应当与合规部门共同做好配售行为的内控管理。

第八条 主承销商应当聘请律师事务所对网下发行过程、配售行为、参与配售的投资者资质条件及其与发行人和主承销商的关联关系、资金划拨等事项进行见证，并出具专项法律意见书。

第三章 配售对象

第九条 在网下申购和配售时，除满足《备案管理细则》规定的基本条件外，主承销商和发行人可以结合项目特点，设置配售对象的具体条件。配售对象条件应当在相关发行公告中事先披露。

第十条 首次公开发行股票时，主承销商应当按照事先披露的配售原则和配售方式，在有效申购的网下个人投资者和机构投资者中选择股票配售对象。

配售对象是指网下投资者所属或直接管理的，已在协会完成备案，可参与网下申购的自营投资账户或证券投资产品。

第十一条 首次公开发行股票时，主承销商不得向下列对象配售股票：

（一）发行人及其股东、实际控制人、董事、监事、高级管理人员和其他员工；发行人及其股东、实际控制人、董事、监事、高级管理人员能够直接或间接实施控制、共同控制或施加重大影响的公司，以及该公司控股股东、控股子公司和控股公司控制的其他子公司；

（二）主承销商及其持股比例5%以上的股东，主承销商的董事、监事、高级管理人员和其他员工；主承销商及其持股比例5%以上的股东、董事、监事、高级管理人员能够直接或间接实施控制、共同控制或施加重大影响的公司，以及该公司控股股东、控股子公司和控股股东控制的其他子公司；

（三）承销商及其控股股东、董事、监事、高级管理人员和其他员工；

（四）本条第（一）、（二）、（三）项所述人士的关系密切的家庭成员，包括配偶、子女及其配偶、父母及配偶的父母、兄弟姐妹及其配偶、配偶的兄弟姐妹、子女配偶的父母；

（五）过去6个月内与主承销商存在保荐、承销业务关系的公司及其持股5%以上的股东、实际控制人、董事、监事、高级管理人员，或已与主承销商签署保荐、承销业务合同或达成相关意向的公司及其持股5%以上的股东、实际控制人、董事、监事、高级管理人员；

（六）通过配售可能导致不当行为或不正当利益的其他自然人、法人和组织；

（七）主承销商或发行人就配售对象资格设定的其他条件。

本条第（二）、（三）项规定的禁止配售对象管理的公募基金不受前款规定的限制，但应当符合证监会的有关规定。

第十二条 网下配售时，主承销商应当对配售对象进行核查。对于不符合条件的配售对象，主承销商应当拒绝对其进行配售。

第四章 配售原则

第十三条 首次公开发行股票时，主承销商应当协商发行人自主确定配售原则和配售方式，并按照相关规定事先披露。

第十四条 主承销商和发行人应当根据以下因素确定清晰、明确、合理、可预期的配售原则：

（一）投资者条件，包括投资者类型、独立研究及评估能力、锁定期安排和长期持股意愿等；

（二）报价情况，包括投资者报价、报价时间等；

（三）申购情况，包括投资者申购价格、申购数量等；

（四）行为表现，包括历史申购情况、网下投资者与发行人和主承销商的战略合作关系等；

（五）协会对网下投资者的评价结果。

第五章 配售方式

第十五条 主承销商对配售对象进行分类的，应当明确配售对象分类工作机制，按照事先披露的配售原则，对配售对象进行分类。

第十六条 主承销商对配售对象进行分类的，应当对通过公开募集方式设立的证券投资基金和社保基金投资管理人管理的社会保障基金（以下简称公募社保类）单独分为一类；对根据《企业年金基金管理办法》设立的企业年金基金和符合《保险资金运用管理暂行办法》等相关规定的保险资金（以下简称年金保险类）单独分为一类。

主承销商可以根据投资者报价、报价时间、申购价格、申购数量、投资者类型、独立研究及评估能力、锁定期安排和长期持股意愿、风险承受能力、历史申购情况、与发行人和主承销商长期合作情况、协会对网下投资者的评价结果等对其他配售对象进行分类。

第十七条 同类配售对象获得配售的比例应当相同。公募社保类、年金保险类投资者的配售比例应当不低于其他投资者的配售比例。

主承销商和发行人对承诺12个月及以上限售期投资者单独设定配售比例的，公募社保类、年金保险类投资者的配售比例应当不低于其他承诺相同限售期的投资者。

第十八条 主承销商和发行人在实施配售时，应当优先满足下列条件：

（一）公募社保类的配售比例应当不低于本次网下发行股票数量的40%；

（二）安排一定比例的股票向年金保险类进行配售，具体配售比例由主承销商协商发行人确定；

公募社保类、年金保险类有效申购不足安排数量的，主承销商和发行人可以向其他符合条件的网下投资者配售。

第六章 信息披露和资料留存

第十九条 主承销商和发行人在配售过程中应当履行信息披露义务。主承销商和发行人在配售过程中披露的信息，应当真实、准确、完整、及时，不得有虚假记载、误导性陈述或者重大遗漏。

第二十条 主承销商在配售过程中应当按照要求编制信息披露文件，公开披露以下信息：

（一）在披露招股意向书同时在相关发行公告中披露配售原则、配售方式；

（二）在发行结果公告中披露获配机构投资者名称、个人投资者个人信息以及每个获配投资者的报价、申购数量和获配数量等，并明确说明配售结果是否符合事先公布的配售原则；

（三）在发行结果公告中列表公示并着重说明提供有效报价但未参与申购，或实际申购数量明显少于报价时拟申购数量的网下投资者；

（四）向战略投资者配售股票的，应当于招股意向书刊登首日在相关发行公告中披露配售方案；在网下配售结果公告中披露战略投资者的名称、认购数量及持有期限等情况。

第二十一条 主承销商应当保留配售工作底稿，工作底稿至少保存三年。工作底稿应当包括：

（一）网下投资者报价及申购信息；

（二）配售对象基本信息：获配投资者为自然人的，应至少取得其姓名、证券账户号码、身份证或护照号码、联络方式、住址等信息；获配投资者为法人或其他组织的，应至少取得其名称、证券账户号码、身份证明号码、联络方式、办公地址等信息；

（三）配售决策过程文件；

（四）法律意见书；

（五）协会规定的其他材料。

第七章 自律管理

第二十二条 协会建立主承销商配售行为跟踪分析和评价体系，对主承销商配售行为进行综合评价。综合评价结果将作为对主承销商分类管理的依据。

第二十三条 综合评价体系包括制度完备性、配售过程合规性、禁止性行为、信息披露合规性、资料留存完整性和配售行为诚信情况等指标。

（一）制度完备性。是指主承销商是否按照《承销管理办法》、《业务规范》和本细则的相关规定，建立健全配售制度。

（二）配售过程合规性。是指主承销商实施配售的过程是否符合《承销管理办法》、《业务规范》和本细则对合规、优先配售、配售比例等方面的相关规定。

（三）禁止性行为。是指主承销商在实施配售过程中是否存在违反《承销管理办法》、《业务规范》和本细则规定的行为。

（四）信息披露合规性。是指主承销商是否按照《承销管理办法》、《业务规范》和本细则规定真实、准确、完整、及时披露相关信息。

（五）资料留存完整性。是指主承销商是否完整保存了网下投资者报价及申购信息、配售对象基本信息、配售决策过程文件、法律意见书等配售工作的相关资料。

（六）配售行为诚信情况。是指主承销商是否按照事先披露的配售原则和方式对网下投资者进行分类和配售。

第二十四条 主承销商应当按照《主承销商配售行为自评表（附表）》（以下简称《自评表》）对每个项目进行自评，并于首次公开发行股票上市15个工作日内将《自评表》报送至协会。

第二十五条 协会根据上一年度主承销商单个项目自评得分计算得出综合评价得分。综合评价得分为：上一年度各个项目得分总和/项目数量。

第二十六条 根据综合评价得分，主承销商分为A、B、C类。

综合评价得分90分（含）以上的，为A类；71分至89分的，为B类；70分（含）以下的，为C类。

第二十七条 上一年度及综合评价期间存在以下情形的主承销商为C类：

（一）主承销商因涉嫌犯罪正被司法机关立案侦查或者受到刑事处罚的；

（二）主承销商被采取责令关闭、暂停或者撤销证券服务业务许可行政处罚措施的，或者被采取临时接管监管措施的；

（三）主承销商的保荐业务被采取责令整改的；

（四）主承销商因涉嫌违反证监会行政规章等规范性文件被调查的；

（五）协会执业检查发现主承销商自评结果存在弄虚作假，或实施配售但未报送《明细表》的。

第二十八条 协会每年对上一年度主承销商配售行为进行综合评价。实施配售的主承销商应当参与综合评价。

协会于每年4月30日前完成综合评价工作，并在网站公示上一年度综合评价结果。

第二十九条 在网下申购和配售过程中，主承销商发现配售对象存在违法违规或违反《备案管理细则》行为，以及存在以下情形的，应当及时报告协会：

（一）不符合配售资格的；

（二）获配后未恪守持有期等相关承诺的；

（三）协会规定的其他情形。

在收到主承销商报告后，协会将其列入首次公开发行股票网下投资者黑名单中。

第三十条 协会可以采取现场检查、非现场检查等方式对主承销商配售行为进行定期或不定期检查。检查内容包括：

（一）配售制度的建立和执行情况；

（二）配售工作流程的合规性；

（三）配售工作底稿的完整性、合规性和存档情况；

（四）配售信息披露的真实性、准确性、完整性和及时性；

（五）主承销商自评结果报送的及时性、真实性和准确性；

（六）协会认为必要的其他内容。

第三十一条 主承销商及其相关业务人员和配售对象应当配合检查工作，不得以任何理由拒绝、拖延提供有关资料，或者提供不真实、不准确、不完整的资料。

第三十二条 主承销商及其相关业务人员和配售对象违反本细则规定，协会将根据《中国证券业协会自律管理措施和纪律处分实施办法》采取相关自律惩戒措施，并记入协会诚信信息管理系统。

主承销商及其相关业务人员和配售对象违反法律、法规或监管部门规定的，协会将移交监管部门或其他有权机关处理。

第八章 附　　则

第三十三条 主承销商及其相关业务人员和配售对象的申购和配售行为接受社会监督。协会接受对违反本细则规定行为的举报或投诉。

第三十四条 本细则由协会负责解释。

第三十五条 本细则自发布之日起施行。

附表：主承销商配售行为自评表

附表

主承销商配售行为自评表

承销项目名称		填报时间		
评价指标	评价事项	减分情况	自评结果	备注
制度完备性	是否建立决策机制	未建立，减10分；不完备，减5分		
	是否制定配售规则	未建立，减10分；不完备，减5分		
	是否制定配售工作流程	未建立，减10分；不完备，减5分		
	是否建立与配售制度相关的内部控制制度	未建立，减10分；不完备，减5分		
配售过程合规性	合规部门是否全程参与	未全程参与，减5分		
	是否对配售对象资质进行审核	未审核，减5分；未全部审核，减2分		
	是否对公募基金、社保基金、企业年金基金和保险资金进行优先配售	未优先配售，减5分		
	其他类配售对象的获配比例是否超过公募社保类和年金保险类投资者的获配比例	超过，减5分		
	是否对同类配售对象配售股票的比例相同	不相同，减5分		
禁止性行为	以自有资金或者变相通过自有资金参与配售	减30分		
	与网下投资者相互协商，串通进行配售	减30分		
	存在利益输送	减50分		
	通过配售谋取回扣、资助、补偿等不正当利益	减50分		
信息披露合规性	是否在披露招股意向书同时在相关发行公告中披露配售原则、配售方式	未披露，减5分		
	是否在发行结果公告中披露获配机构投资者名称、个人投资者个人信息以及每个获配投资者的报价、申购数量和获配数量等信息	未披露，减5分		
	是否在发行结果公告中明确说明配售结果是否符合事先公布的配售原则	未披露，减5分		
	是否在发行结果公告中列表公示并着重说明提供有效报价但未参与申购，或实际申购数量明显少于报价时拟申购数量的网下投资者	未披露，减5分		

续表

承销项目名称		填报时间		
评价指标	评价事项	减分情况	自评结果	备注
资料留存完整性	是否完整留存网下投资者报价及申购信息	未留存，减5分；不完整，减2分		
	是否完整留存配售对象基本信息	未留存，减5分；不完整，减2分		
	是否完整留存配售决策过程文件	未留存，减5分；不完整，减2分		
	是否留存法律意见书	未留存，减2分		
配售行为诚信情况	是否按照事先披露的配售原则对配售对象进行分类	未按照，减10分		
	未按事先披露的配售原则和配售方式进行配售	减30分		
总分				

注：1. 评价期间主承销商基准分为100分。

2. 未出现减分情况，在“评价结果”一栏中打√；出现减分情况，在“自评结果”一栏标明所减分值。

V. 18 首次公开发行股票网下投资者备案管理细则

（2014 年 5 月 9 日 中证协发［2014］77 号）

第一章 总 则

第一条 为了规范首次公开发行股票（下称首发股票）网下投资者的备案和自律管理工作，根据《证券发行与承销管理办法》（下称《承销办法》）和《首次公开发行股票承销业务规范》（下称《业务规范》）的相关规定，制定本细则。

第二条 本细则适用于：

（一）网下投资者参与首发股票询价和网下申购业务。

（二）具有证券承销业务资格的证券公司开展网下投资者推荐工作。

（三）担任首发股票项目主承销商的证券公司（下称主承销商）开展网下投资者选定和管理工作。

第三条 中国证券业协会（下称协会）依据《承销办法》、《业务规范》以及本细则的相关规定，对网下投资者实施自律管理。

第二章 网下投资者备案

第四条 参与首发股票询价和网下申购业务的投资者应在协会备案。

网下投资者备案，需满足以下基本条件：

（一）具备一定的股票投资经验。机构投资者应当依法设立、持续经营时间达到两年（含）以上，开展 A 股投资业务时间达到两年（含）以上；个人投资者应具备五年（含）以上的 A 股投资经验。

（二）具有良好的信用记录。最近 12 个月未受到刑事处罚、未因重大违法违规行为被相关监管部门给予行政处罚、采取监管措施。

（三）具备必要的定价能力。机构投资者应具有相应的研究力量、有效的估值定价模型、科学的定价决策制度和完善的合规风控制度。

（四）监管部门和协会要求的其他条件。

网下投资者指定的股票配售对象不得为债券型证券投资基金或信托计划，也不得为在招募说明书、投资协议等文件中以直接或间接方式载明以博取一、二级市场价差为目的申购首发股票的理财产品等证券投资产品。

股票配售对象是指网下投资者所属或直接管理的，已在协会完成备案，可参与首发股票网下申购业务的自营投资账户或证券投资产品。

第五条 证券公司、基金公司、信托公司、财务公司、保险公司以及合格境外投资者等六类机构投资者可自行在协会备案。

第六条 除本细则第五条所述六类机构投资者外，其他机构投资者或个人投资者可由具有证券承销业务资格的证券公司向协会推荐备案。证券公司应负责对所推荐网下投资者进行核查，保证所推荐的网下投资者符合本细则第四条规定的基本条件。

第七条 向协会申请备案，应当提交以下备案文件：

（一）网下投资者备案信息表（附表1）。

（二）网下投资者资质证明文件（附表2）。

属于本细则第六条所述证券公司推荐备案情形的，还应提交网下投资者推荐名单及股票配售对象推荐名单。

网下投资者的每个股票配售对象均应指定两个证券账户（上海、深圳证券交易所各指定一个）和一个银行账户，用于参与首发股票网下申购业务。当指定证券账户信息和银行账户信息发生变更时，应于三个工作日内向协会提交变更备案申请。

第八条 协会自受理备案文件之日起十个工作日内完成备案工作，符合备案条件的，在协会网站予以公示；不符合备案条件的，向报备方书面说明不予备案的原因。

受理日期自受理回执发出之日起计算。

第九条 首发股票项目的发行人和主承销商可以设置网下投资者的具体条件，并在相关发行公告中预先披露。具体条件不得低于本细则第四条规定的基本条件。

发行人和主承销商应要求参与该项目网下申购业务的网下投资者指定的股票配售对象，以该项目初步询价开始前两个交易日为基准日，其在项目发行上市所在证券交易所基准日前二十个交易日的非限售股票的流通市值日均值应为1000万元（含）以上。

主承销商应在已完成协会备案的网下投资者和股票配售对象范围内，对其是否符合首发股票项目的预先披露条件进行核查，选定可参与该项目询价和网下申购业务的网下投资者和股票配售对象，对不符合条件的，应当拒绝或剔除其报价。

第三章 网下投资者行为

第十条 网下投资者在参与首发股票询价和网下申购业务时，应审慎选择参与项目，认真研读招股资料，深入分析发行人信息，理性报价，合规申购。

第十一条 网下投资者为机构的：

（一）应制定专项内控制度，规范其业务人员或研究人员参与首发股票项目推介活动的行为，避免发生有悖职业道德的情形。

（二）应坚持科学、独立、客观、审慎的原则开展首发股票的研究工作，要认真研读发行人招股说明书等信息，建立必要的估值定价模型。

（三）应建立健全必要的投资决策机制，通过严格履行决策程序确定最终报价。

（四）应按照公司内部业务操作流程提交报价，并建立报价信息复核机制。

（五）应制定申购资金划付审批程序，根据申购计划安排足额的备付资金，确保资金在规定时间内划入结算银行账户。

（六）应针对首发股票询价和网下申购业务的开展情况进行合规审查，对公司是否与项目发行人或主承销商存在《业务规范》第二十八条所述关联关系、报价与申购行为是否符合《承销办法》、《业务规范》以及公司内部制度要求等进行审查。

（七）应建立健全员工业务培训机制，定期或不定期组织员工开展有针对性的业务法规培训，持续提升执业水平。

（八）应将相关业务制度汇编、工作底稿等存档备查。

第十二条 网下投资者为个人的，应当自觉避免参与与发行人或主承销商存在《业务规范》第二十八条所述关联关系首发股票项目的询价和网下申购业务。

第十三条 主承销商应在首发股票上市交易后的十五个工作日内，将项目发行承销工作的基本信息、网下投资者报价信息、网下配售结果信息以及网下投资者违规行为信息（见附表3）提交协会。

第十四条 获配首发股票的网下投资者，应当在获配首发股票上市后的十五个工作日内分别就其获配首发股票于上市首日、第三日和第十日收盘时的股票余额情况向协会备案。

第十五条 网下投资者应当在每年1月31日前向协会填报年度总结表（附表4），对全年的报价和网下申购业务进行总结，对是否持续符合网下投资者条件进行说明。

第四章 网下投资者评价

第十六条 协会建立网下投资者跟踪分析和评价体系，对网下投资者的定价能力进行综合评价（附表5）。协会于每年一季度对网下投资者上年度参与首发股票询价和网下申购业务进行综合评分，并依据评价结果实行分类管理。

第十七条 评价体系包括网下投资者的机制完备性、报价合理性、展业合规性和投资理性度等指标。

（一）机制完备性。是指网下投资者在评价期间是否已根据《承销办法》、《业务规范》和本细则的相关规定，建立健全了参与首发股票询价和网下申购业务的公司内部机制。

（二）报价合理性。是指网下投资者在评价期间所提交报价是否审慎、合理。

（三）展业合规性。是指网下投资者在评价期间参与首发股票询价和网下申购业务时是否遵守《承销办法》、《业务规范》、本细则和公司内部规则的规定，是否发生过违规行为。

（四）投资理性度。是指网下投资者在评价期间对获配股票的交易处理是否基于长期、理性的投资理念。

第十八条 综合评分位居前30%的网下投资者为A类网下投资者；位居31%—80%的网下投资者为B类网下投资者；位居后20%的网下投资者为C类网下投资者。

评价结果为A类网下投资者的，主承销商在开展投资者选择和股票配售工作时应予以优先考虑。

评价结果为B类网下投资者的，可正常参与首发股票询价和网下申购业务。

评价结果为C类网下投资者的，主承销商在开展投资者选择和股票配售工作时应予以谨慎对待。

评价结果确定后，于每年第一季度的最后一周在协会网站公示。

第五章 自律管理

第十九条 协会对网下投资者日常业务的开展情况进行跟踪监测，并组织开展不定期现场检查，发现异常情形的，将采取自律管理措施。

第二十条 协会建立首发股票网下投资者黑名单（下称黑名单）制度，将主承销商、协会、证券交易所、监管部门在业务开展和监测检查中发现存在《业务规范》第六章所述违规行为的网下投资者列入黑名单，并在协会网站公示。

第二十一条 除《业务规范》第六章第四十五条、第四十六条所述情形外，网下投资者未按本细则要求报送信息、瞒报或谎报信息、不配合协会检查工作的，协会将其列入黑名单。

第二十二条 具有证券承销业务资格的证券公司在网下投资者推荐工作中，主承销商在网下投资者选定和管理工作中存在违反本细则规定情形的，协会将依照《中国证券业协会自律管理措施和纪律处分实施办法》采取相应措施。

第二十三条 网下投资者在参与首发股票询价和网下申购业务时涉嫌违法违规的，协会将移交监管部门处理。

第六章 附 则

第二十四条 本细则由中国证券业协会负责解释

第二十五条 本细则自发布之日起实施。

附表：

1. 网下投资者备案信息表
2. 网下投资者资质证明文件明细
3. 主承销业务信息报备
4. 网下投资者年度总结表
5. 网下投资者评价标准明细表

附表 1

网下投资者备案信息表

推荐主承销商名称			
推荐主承销商机构代码			
主承销商联系人		**联系电话**	
联系人手机		**联系人传真**	
网下投资者名称			
网下投资者机构类别	证券/基金/信托/保险/财务/QFII/其他金融机构/实业公司/个人		
网下投资者名称			
组织机构代码（身份证号码）			
个人投资者工作单位		所任职务	
配售对象类型	公募基金/私募基金/社保基金/企业年金/保险资金投资账户/机构自营投资账户/QFII 投资账户/个人投资账户/证券公司资产管理计划/基金公司专户理财产品		
指定证券账户名称（沪）名称		证券账户（沪）号码	
指定证券账户名称（深）名称		证券账户（深）号码	
指定开户银行名称		指定银行账户名称	
指定银行账户号码		指定联行号/大额支付号	
存续期限（如有）			
网下投资者联系人	固定电话	移动电话	邮箱
联系地址		邮政编码	
本机构（人）自愿参与首次公开发行股票询价和网下申购业务，自觉遵守法律、法规、规章及自律规则的相关规定；保证备案文件的真实性；参与首发股票询价和网下申购业务应以专业知识和从业经验为基础，诚实守信、勤勉尽责；接受协会的自律管理；接受并积极配合监管部门和协会依法就首发股票询价和网下申购业务有关事宜进行的调查；如果违反上述承诺，愿意承担由此引起的相关责任，并接受相关处罚。			

注：粗体字部分为具有证券承销业务资格的证券公司推荐的网下投资者填写

网下投资者：（机构名称/个人签名）

公司签章：

承诺日期：

附表 2

网下投资者资质证明文件明细

<table>
<tr><td colspan="4">网下投资者资质证明文件</td></tr>
<tr><td>1</td><td colspan="3">工商营业执照副本复印件（机构）</td></tr>
<tr><td>2</td><td colspan="3">经营金融业务许可证复印件（机构）（如有）</td></tr>
<tr><td>3</td><td colspan="3">自有资金具备投资 A 股资格的证明文件复印件或可开展客户资产管理业务的资格证明文件复印件（机构）</td></tr>
<tr><td>4</td><td colspan="3">符合本细则第四条基本条件要求的说明函</td></tr>
<tr><td>5</td><td colspan="3">个人投资者身份证件复印件、所在单位出具的任职证明材料（个人）</td></tr>
<tr><td colspan="4">股票配售对象资质证明文件</td></tr>
<tr><td rowspan="5">1</td><td rowspan="5">公募证券投资基金产品</td><td>1</td><td>基金募集设立的批复复印件</td></tr>
<tr><td>2</td><td>基金备案确认函复印件</td></tr>
<tr><td>3</td><td>验资报告复印件</td></tr>
<tr><td>4</td><td>基金合同复印件</td></tr>
<tr><td>5</td><td>上海、深圳市场证券账户卡复印件</td></tr>
<tr><td rowspan="5">2</td><td rowspan="5">私募证券投资基金产品</td><td>1</td><td>基金募集设立的批复或备案回执复印件</td></tr>
<tr><td>2</td><td>验资报告复印件</td></tr>
<tr><td>3</td><td>基金合同复印件</td></tr>
<tr><td>4</td><td>上海、深圳市场证券账户卡复印件</td></tr>
<tr><td>5</td><td>持有 5%（含）以上产品份额的投资者情况说明</td></tr>
<tr><td rowspan="3">3</td><td rowspan="3">全国社会保障基金</td><td>1</td><td>社保基金组合资产规模说明函</td></tr>
<tr><td>2</td><td>社保基金组合投资管理合同复印件</td></tr>
<tr><td>3</td><td>上海、深圳市场证券账户卡复印件</td></tr>
<tr><td rowspan="4">4</td><td rowspan="4">保险产品证券投资账户</td><td>1</td><td>保险产品的批复或备案回执复印件</td></tr>
<tr><td>2</td><td>可用于投资权益类证券的资金规模说明函</td></tr>
<tr><td>3</td><td>上海、深圳市场证券账户卡复印件</td></tr>
<tr><td>4</td><td>属于受托代理投资业务的，应提交委托代理合同复印件</td></tr>
<tr><td rowspan="3">5</td><td rowspan="3">企业年金基金</td><td>1</td><td>企业年金确认函复印件</td></tr>
<tr><td>2</td><td>企业年金组合的资产规模说明函</td></tr>
<tr><td>3</td><td>上海、深圳市场证券账户卡复印件</td></tr>
<tr><td rowspan="2">6</td><td rowspan="2">合格境外机构投资者管理的证券投资账户</td><td>1</td><td>A 股投资额度的说明函</td></tr>
<tr><td>2</td><td>上海、深圳市场证券账户卡复印件</td></tr>
<tr><td rowspan="2">7</td><td rowspan="2">各类机构投资者的自营账户</td><td>1</td><td>可用于投资权益类证券的资金规模说明函</td></tr>
<tr><td>2</td><td>上海、深圳市场证券账户卡复印件</td></tr>
<tr><td rowspan="2">8</td><td rowspan="2">个人投资者自有资金投资账户</td><td>1</td><td>可用于投资权益类证券的资金规模说明函</td></tr>
<tr><td>2</td><td>上海、深圳市场证券账户卡复印件</td></tr>
</table>

附表 3

基本信息样表

拟上市公司名称	公司简称	交易代码

申购日期	发行价格	主承销商	保荐人

市盈率 （按发行后股本算）	发行总量 （万股）	新股发行数量 （万股）	老股转让数量 （万股）

预计募集金额 （万元）	实际募集金额 （万元）	网上发行冻结资金 （万元）	网下发行冻结资金 （万元）

网上配售数量 （万股）	网下配售数量 （万股）	网上中签率	网下社保和 公募基金中签率

网下企业年金和 保险资金中签率	网下其他类 投资者中签率	上市首日开盘价	上市首日收盘价

初步询价信息样表（上海）

网下投资者 名称	网下投资者 证件号码	配售对象 名称	证券账号 （沪）	拟申购价格 （元）	拟申购数量 （万股）	自愿锁定期（月） 如无请填 0

初步询价信息样表（深圳）

网下投资者 名称	配售对象 编码	配售对象 名称	证券账号 （深）	拟申购价格 （元）	拟申购数量 （万股）	自愿锁定期（月） 如无请填 0

网下配售结果信息样表（上海）

网下投资者 名称	网下投资者 证件号码	配售对象 名称	证券账号 （沪）	获配价格 （元）	获配股数 （万股）	获配金额 （万元）

网下配售结果信息样表（深圳）

网下投资者名称	配售对象编码	配售对象名称	证券账号（深）	获配价格（元）	获配股数（万股）	获配金额（万元）

违规行为信息样表

网下投资者名称	涉及配售对象名称	违规行为简述	相关网下投资者的解释说明	相关证明材料

附表 4

网下投资者年度总结表

网下投资者名称							
机构代码				填表联系人			
联系电话		传真号码		手机号码		电子信箱	
办公地址						邮政编码	
年度参与询价项目数		有效报价次数		获配次数		报价偏离所有报价全权平均值向上50%（含）的次数	
报价进入报价中位数以上、以下各10%区间内的次数				报价偏离所有报价全权平均值向下80%（含）的次数			
平均申购金额		年度新股申购业务收益情况（截至年底前未卖出部分按公允价值计）		年末股票配售对象沪市A股流通市值		年末股票配售对象深市A股流通市值	
是否持续符合网下投资者基本条件，请简要说明							
年度内是否能够坚持合规展业，是否存在违规行为，如有请简述事实及后续整改措施							

金额：万元

公司签章（个人投资者签字）：

填报日期：

附表 5

网下投资者评价标准明细表

	评价事项		获取信息方式	加分	减分	备注
机制完备性	公司内部制度完备性	询价和网下申购业务流程	提交备案情况、现场检查情况		未制定，减 1 分。	个人投资者此项不适用
		参与推介活动的专项内控机制			未制定，减 1 分。	
		报价决策机制			未制定，减 1 分。	
		估值定价模型			未制定，减 1 分。	
		申购资金划付审批程序			未制定，减 1 分。	
		合规风控制度			未制定，减 1 分。	
		员工培训制度			未制定，减 1 分。	
		询价和网下申购业务工作底稿			未留存，减 1 分。	
报价合理性	报价进入报价中位数以上、以下各 10% 区间内		主承销商提交报价信息表	每一次加 0.5 分。		
	报价偏离所有报价的全权平均值向上 50%（含）		主承销商提交报价信息表		每一次减 0.5 分。	
	报价偏离所有报价的全权平均值向下 80%（含）		主承销商提交报价信息表		每一次减 0.25 分。	
展业合规性	被列入黑名单		协会自有信息		每一次减 5 分。	
	存在待整改事项，未列入黑名单		协会自有信息		每一次减 1 分。	
投资理性度	获配股票上市后的交易情况		网下投资者提交信息	单只获配股票上市交易后第 3 个交易日收盘时股票数量超过获配量 80%，或第 10 个交易日收盘时股票数量超过获配量 50%。加 0.5 分。		

注：评价期间在协会备案的网下投资者基准分为 100 分。

V.19　沪市股票上网发行资金申购实施办法

（2009 年 6 月 18 日　上海证券交易所　中国证券登记结算有限责任公司）

各有关单位：

《沪市股票上网发行资金申购实施办法（修订稿）》（见附件）已经中国证券监督管理委员会批准，现将修订所涉主要内容公布如下。

一、第二条（二）申购单位及上限修改为：每一申购单位为 1000 股，申购数量不少于 1000 股，超过 1000 股的必须是 1000 股的整数倍，但最高不得超过当次社会公众股上网发行总量的千分之一，且不得超过 9999.9 万股。

增加第二款：投资者参与网上公开发行股票的申购，只能使用一个证券账户。证券账户注册资料中“账户持有人名称”相同且“有效身份证明文件号码”相同的多个证券账户（以 T－1 日账户注册资料为准）参与同一只新股申购的，以及同一证券账户多次参与同一只新股申购的，以第一笔申购为有效申购，其余申购均为无效申购。

增加第三款：证券公司客户定向资产管理专用证券账户以及指定交易在不同证券公司的企业年金账户可按现有开立账户参与申购。

二、第二条（四）第二款增加“中国结算上海分公司对新股申购的资金交收不提供交收担保。”

三、第三条增加条款（八）“缩短一个交易日的资金申购流程”：

沪市上网发行资金申购的时间一般为四个交易日，根据发行人和主承销商的申请，沪市上网发行资金申购的时间可以缩短一个交易日，申购流程如下：

1. 投资者申购（T 日）

申购当日（T 日）按《发行公告》和申购办法等规定进行申购。

2. 资金冻结、验资及配号（T＋1 日）

T＋1 日，由中国结算上海分公司将申购资金冻结。T＋1 日 16 时前，申购资金需全部到位，中国结算上海分公司配合上交所指定的具备资格的会计师事务所对申购资金进行验资，并由会计师事务所出具验资报告，上交所以实际到位资金作为有效申购进行配号。

3. 摇号抽签、中签处理（T＋2 日）

T＋2 日，公布确定的发行价格和中签率，并按相关规定进行摇号抽签、中签处理。

4. 资金解冻（T+3 日）

T+3 日，公布中签结果，并按相关规定进行资金解冻和新股认购款划付。

四、第四条增加条款（二）“网下发行参与对象不得参与网上发行”：凡参与网下发行报价的配售对象，不得再参与网上新股申购。

五、增加第五条“监管措施与法律责任”：

（一）因使用多个同证券账户持有人姓名/名称、同有效身份证明文件号码的证券账户申购同一只新股，导致申购无效的，由投资者自行承担相关责任；投资者应根据中国证券登记结算有限责任公司相关规定管理其证券账户。

（二）对每一只新股发行，参与网下发行报价的配售对象再参与网上新股申购，导致其申购无效的，由配售对象及管理该配售对象的相关机构自行承担相关责任。上交所有权禁止此类配售对象开立的证券账户申购新股，并提请有权部门对相关机构做出处罚。

六、原第五条作为第六条。

修订后的《沪市股票上网发行资金申购实施办法》自即日起实施。

特此通知。

附件：沪市股票上网发行资金申购实施办法（修订稿）

附件

沪市股票上网发行资金申购实施办法
（修订稿）

一、为了规范采用资金申购方式上网公开发行股票的有关行为，特制定本办法。

股份公司通过上海证券交易所（以下简称上交所）交易系统采用上网资金申购方式公开发行股票，适用本办法。

二、上网资金申购的基本规定

（一）申购时间

沪市投资者可以使用所持上海证券账户在申购日（以下简称 T 日）向上交所申购在上交所发行的新股，申购时间为 T 日 9：30—11：30，13：00—15：00。

（二）申购单位及上限

每一申购单位为 1000 股，申购数量不少于 1000 股，超过 1000 股的必须是 1000 股的整数倍，但最高不得超过当次社会公众股上网发行总量的千分之一，且不得超过9999.9万股。

投资者参与网上公开发行股票的申购，只能使用一个证券账户。证券账户注册资料中“账户持有人名称”相同且“有效身份证明文件号码”相同的多个证券账户（以T-1日账户注册资料为准）参与同一只新股申购的，以及同一证券账户多次参与同一只新股申购的，以第一笔申购为有效申购，其余申购均为无效申购。

证券公司客户定向资产管理专用证券账户以及指定交易在不同证券公司的企业年金账户可按现有开立账户参与申购。

（三）申购配号

申购委托前，投资者应把申购款全额存入与上交所联网的证券营业部指定的资金账户。上网申购期内，投资者按委托买入股票的方式，以发行价格填写委托单。一经申报，不得撤单。申购配号根据实际有效申购进行，每一有效申购单位配一个号，对所有有效申购单位按时间顺序连续配号。

（四）资金交收及透支申购的处理

中国证券登记结算有限责任公司上海分公司（以下简称中国结算上海分公司）负责申购资金的结算。

结算参与人应使用其在中国结算上海分公司开立的结算备付金账户完成新股申购的资金交收，并应保证该结算备付金账户在T+1日16时有足额资金用于新股申购的资金交收。中国结算上海分公司对新股申购的资金交收不提供交收担保。

如结算参与人在T+1日16时资金不足以完成申购新股的资金交收，则资金不足部分确认为无效申购，由中国结算上海分公司配合上交所指定的具备资格的会计师事务所对申购资金进行验资，并由会计师事务所出具验资报告，上交所以实际到位资金作为有效申购进行配号。具体办法如下：

会员单位在T+1日16时前将资金不实的申购账号及其对应交易单元告知上交所，其上报的资金不实申购总额须与透支总额相等的，T+2日由上交所根据会计师事务所的验资结果并核实会员单位上报情况后，逐一确认上述账号的申购为无效申购。如会员单位未在规定时间内将资金不实的账号告知上交所，T+2日，上交所根据会计师事务所的验资情况，选取该会员单位所属交易单元中资金申购量最大的交易单元，按照申购时间的先后顺序，从最晚申购的账号开始，依次确认无效申购，直至该会员的申购总量与实际到位资金相符；如该会员申购不足金额超过该交易单元申购总量，则该交易单元所有申购均确认为无效申购，同时按照资金申购量从大到小的顺序选择该会员所属其他交易单元，依前述方法确认无效申购。由此产生的一切法律责任，由会员单位承担。

三、上网发行资金申购流程

（一）投资者申购

T日，投资者在申购时间内通过在上交所办理指定交易的证券营业部，根据发行人发行公告规定的发行价格和申购数量缴足申购款，进行申购委托。

已开立资金账户但没有足够资金的投资者，必须在申购日之前（含该日），根据自己的申购量存入足额的申购资金；尚未开立资金账户的投资者，必须在申购日之前（含该日）在上交所办理指定交易的证券营业部开立资金账户，并根据申购量存入足额的申购资金。

（二）资金冻结

T+1日，由中国结算上海分公司将到位申购资金冻结。确因银行汇划原因而造成申购资金不能及时入账的，应由结算参与人在T+1日提供划款银行的有效划款凭证，并确保T+2日上午申购资金入账及结算备付金账户余额能满足申购资金的扣收，同时应缴纳一天申购资金应冻结利息。

（三）验资及配号

T+2日，中国结算上海分公司配合上交所指定的具备资格的会计师事务所对申购资金进行验资，并由会计师事务所出具验资报告，以实际到位资金作为有效申购。发行人应当向负责申购资金验资的会计师事务所支付验资费用。

无效申购确认完毕后，上交所将根据最终的有效申购总量，按以下办法配售新股：

1. 当有效申购总量等于该次股票上网发行量时，投资者按其有效申购量认购股票。

2. 当有效申购总量小于该次股票上网发行量时，投资者按其有效申购量认购股票后，余额部分按承销协议办理。

3. 当有效申购总量大于该次股票发行量时，上交所按照每1000股配一个号的规则，由交易主机自动对有效申购进行统一连续配号，并通过卫星网络公布中签率。

（四）摇号抽签

主承销商于T+3日公布中签率，并根据总配号量和中签率组织摇号抽签，于T+4日公布中签结果。每一个中签号可认购1000股新股。证券营业部应于T+4日在显著位置公布摇号中签结果。

（五）中签处理

中国结算上海分公司于T+3日根据中签结果进行新股认购中签清算，并于当日收市后向各参与申购的结算参与人发送中签数据。

（六）资金解冻

T+4 日，对未中签部分的申购款予以解冻。新股认购款由主承销商通过其开立在中国结算上海分公司的结算备付金账户自行划出至其指定的预留银行收款账户。

中国结算上海分公司将申购期内集中冻结所有投资者申购资金的利息按相关规定办理划转事宜。

（七）发行结束

T+4 日后，主承销商依据承销协议将新股认购款扣除承销费用后划转到发行人指定的银行账户。

（八）缩短一个交易日的资金申购流程

沪市上网发行资金申购的时间一般为四个交易日，根据发行人和主承销商的申请，沪市上网发行资金申购的时间可以缩短一个交易日，申购流程如下：

1. 投资者申购（T 日）

申购当日（T 日）按《发行公告》和申购办法等规定进行申购。

2. 资金冻结、验资及配号（T+1 日）

T+1 日，由中国结算上海分公司将申购资金冻结。T+1 日 16 时前，申购资金需全部到位，中国结算上海分公司配合上交所指定的具备资格的会计师事务所对申购资金进行验资，并由会计师事务所出具验资报告，上交所以实际到位资金作为有效申购进行配号。

3. 摇号抽签、中签处理（T+2 日）

T+2 日，公布确定的发行价格和中签率，并按相关规定进行摇号抽签、中签处理。

4. 资金解冻（T+3 日）

T+3 日，公布中签结果，并按相关规定进行资金解冻和新股认购款划付。

四、网上发行与网下发行的衔接

（一）发行公告的刊登

发行人和主承销商应在网上发行申购日一个交易日之前刊登网上发行公告，网上发行公告与网下发行公告可以合并刊登。

（二）网下发行参与对象不得参与网上发行

凡参与网下发行报价的配售对象，不得再参与网上新股申购。

（三）网上发行与网下发行的回拨

发行人可以根据申购情况进行网上发行数量与网下发行数量的回拨，最终确定对机构投资者和对公众投资者的股票分配数量。

发行人和主承销商应在网上申购资金验资当日，将网上发行与网下发行之间的回拨数量通知上交所。发行人和主承销商未在规定时间内通知上交所的，发行人和主承销商不得进行回拨处理。发行人和主承销商应在回拨处理后将网下申购资金予以解冻。

（四）网下股份登记

网下发行结束后，发行人向中国结算上海分公司提交相关材料申请办理股权登记。材料齐备的，中国结算上海分公司在两个交易日内完成登记。

网上与网下股份登记完成后，中国结算上海分公司将新股股东名册交发行人使用。

五、监管措施和法律责任

（一）因使用多个同证券账户持有人姓名/名称、同有效身份证明文件号码的证券账户申购同一只新股，导致申购无效的，由投资者自行承担相关责任；

投资者应根据中国证券登记结算有限责任公司相关规定管理其证券账户。

（二）对每一只新股发行，参与网下发行报价的配售对象再参与网上新股申购，导致其申购无效的，由配售对象及管理该配售对象的相关机构自行承担相关责任。上交所有权禁止此类配售对象开立的证券账户申购新股，并提请有权部门对相关机构做出处罚。

六、本实施办法自发布之日起生效。

V.20 上海市场首次公开发行股票网上按市值申购实施办法

（2014 年 5 月 9 日　上海证券交易所　中国证券登记结算有限责任公司）

第一章　总　　则

第一条　为规范投资者按持有的上海市场非限售 A 股股份市值（以下简称市值）参与首次公开发行股票网上资金申购业务，根据《证券发行与承销管理办法》、《中国证监会关于进一步推进新股发行体制改革的意见》和《首次公开发行股票时公司股东公开发售股份暂行规定》，制定本办法。

第二条　通过上海证券交易所（以下简称上交所）交易系统并采用网上按市值申购方式首次公开发行股票，适用本办法。

第二章　市值计算规则

第三条　投资者持有的市值以投资者为单位，按其 T－2 日（T 日为发行公告确定的网上申购日，下同）前 20 个交易日（含 T－2 日）的日均持有市值计算。

第四条　投资者持有多个证券账户的，多个证券账户的市值合并计算。

确认多个证券账户为同一投资者持有的原则为证券账户注册资料中的“账户持有人名称”、“有效身份证明文件号码”均相同。证券账户注册资料以 T－2 日日终为准。

融资融券客户信用证券账户的市值合并计算到该投资者持有的市值中，证券公司转融通担保证券明细账户的市值合并计算到该证券公司持有的市值中。

第五条　证券公司客户定向资产管理专用账户以及企业年金账户，证券账户注册资料中“账户持有人名称”相同且“有效身份证明文件号码”相同的，按证券账户单独计算市值并参与申购。

第六条　不合格、休眠、注销证券账户不计算市值。

投资者相关证券账户开户时间不足 20 个交易日的，按 20 个交易日计算日均持有市值。

第七条　非限售 A 股股份发生司法冻结、质押，以及存在上市公司董事、监事、高级管理人员交易限制的，不影响证券账户内持有市值的计算。

第八条　投资者相关证券账户持有市值按其证券账户中纳入市值计算范围

的股份数量与相应收盘价的乘积计算。

第三章 基本规则

第九条 根据投资者持有的市值确定其网上可申购额度，每1万元市值可申购一个申购单位，不足1万元的部分不计入申购额度。

每一个申购单位为1000股，申购数量应当为1000股或其整数倍，但最高不得超过当次网上初始发行股数的千分之一，且不得超过9999.9万股。

第十条 投资者可以根据其持有市值对应的网上可申购额度，使用所持上海市场证券账户在T日申购在上交所发行的新股。申购时间为T日9：30—11：30、13：00—15：00。

投资者在进行申购委托前需足额缴款，投资者申购量超过其持有市值对应的网上可申购额度部分为无效申购。

第十一条 投资者参与网上公开发行股票的申购，只能使用一个证券账户。同一投资者使用多个证券账户参与同一只新股申购的，以及投资者使用同一证券账户多次参与同一只新股申购的，以该投资者的第一笔申购为有效申购，其余申购均为无效申购。

第十二条 T日有多只新股发行的，同一投资者参与当日每只新股网上申购的可申购额度均按其T-2日前20个交易日（含T-2日）的日均持有市值确定。

第十三条 申购委托前，投资者应把申购款全额存入其在指定交易的证券公司开立的资金账户。申购时间内，投资者按委托买入股票的方式，以发行价格填写委托单。一经申报，不得撤单。申购配号根据实际有效申购进行，每一有效申购单位配一个号，对所有有效申购单位按时间顺序连续配号。

第十四条 中国证券登记结算有限责任公司（以下简称中国结算）上海分公司负责申购资金的结算。

结算参与人应使用其在中国结算上海分公司开立的资金交收账户（即结算备付金账户）完成新股申购的资金交收，并应保证其资金交收账户在规定的资金到账时点有足额资金用于新股申购的资金交收。中国结算上海分公司对新股申购的资金交收不提供交收担保。

第十五条 如果结算参与人在规定的资金到账时点资金不足以完成申购新股的资金交收，则资金不足部分确认为无效申购。由中国结算上海分公司配合具有执行证券、期货相关业务资格的会计师事务所对申购资金进行验资，并由会计师事务所出具验资报告，上交所以实际到位资金作为有效申购进行配号。具体办法如下：

证券公司在T+1日16时前将资金不实的申购账号及其对应交易单元告知上交所（对于通过托管银行结算的基金公司等机构，由托管银行向上交所申报并由基金公司盖章确认），其上报的资金不实申购总额须与不到位资金总额相等；T+1日由上交所根据会计师事务所的验资结果并核实证券公司、托管银行上报情况后，逐一确认上述账号的申购为无效申购；如证券公司、托管银行未在规定时间内将资金不实的账号告知上交所；T+1日，上交所根据会计师事务所的验资情况，选取其所属交易单元中申购量最大的交易单元，按照申购时间的先后顺序，从最晚申购的账号开始，依次确认无效申购，直至其申购总量对应的资金与实际到位资金相符；如其申购不足金额对应的申购量超过该交易单元申购总量，则该交易单元所有申购均确认为无效申购；同时，按照申购量从大到小的顺序选择其所属其他交易单元，依前述方法确认无效申购（对于同一日网上发行的多只新股，如其未在规定时间内提交确认情况，则对未到位资金在各只新股之间按申购资金比例分配）。由此产生的一切法律责任，由证券公司、托管银行承担。上交所可以根据有关规定，对相关机构实施口头警示、书面警示、监管谈话等监管措施或者通报批评、限制交易等纪律处分。

第四章　业务流程

第十六条　T-1日，中国结算上海分公司将纳入投资者市值计算的证券账户T-2日前20个交易日（含T-2日）的日均持有市值及T-2日账户组对应关系数据发给上交所。

第十七条　T日，投资者可以通过其指定交易的证券公司查询其持有市值或可申购额度。

第十八条　T日，投资者根据其持有的市值数据，在申购时间内通过指定交易的证券公司进行申购委托，并根据发行人发行公告规定的发行价格以及申购数量足额缴纳申购款。

已开立资金账户但没有足额资金的投资者，必须在T日申购前，根据自己的申购量存入足额的申购资金；尚未开立资金账户的投资者，必须在T日前在指定交易的证券公司开立资金账户，并根据申购量存入足额的申购资金。

第十九条　T+1日，中国结算上海分公司根据上交所发送的申购数据对申购资金进行冻结处理。T+1日16：00前，申购资金须全部到账。中国结算上海分公司配合具有执行证券、期货相关业务资格的会计师事务所对申购资金的到位情况进行核查，并由会计师事务所出具验资报告。发行人应当向负责申购冻结资金验资的会计师事务所支付验资费用。

验资结束后当天（T+1日），上交所根据实际到账的新股申购资金对应的申购总量确认有效申购总量。上交所根据有效申购总量，按以下办法配售新股：

（一）当有效申购总量等于该次股票网上发行量时，投资者按其有效申购量认购股票。

（二）当有效申购总量小于该次股票网上发行量时，投资者按其有效申购量认购股票后，余额部分按发行公告办理。

（三）当有效申购总量大于该次股票网上发行量时，上交所按照每1000股配一个号的规则对有效申购进行统一连续配号。

第二十条 主承销商于T+2日公布中签率，并根据总配号量和中签率组织摇号抽签，于T+3日公布中签结果。每一个中签号可认购1000股新股。证券营业部应于T+3日在显著位置公布摇号中签结果。

第二十一条 T+2日，中国结算上海分公司根据中签结果进行新股认购中签清算，并于当日收市后向各参与申购的结算参与人发送中签数据。

第二十二条 T+3日，中国结算上海分公司对新股申购资金进行解冻处理，并从结算参与人的资金交收账户上扣收新股认购款项。中国结算上海分公司将中签的认购款项扣除相关费用后，划至主承销商的资金交收账户。主承销商在收到中国结算上海分公司划转的认购资金后，依据承销协议将该款项扣除承销费用后划转到发行人指定的银行账户。结算参与人在收到中国结算上海分公司返还未中签部分的申购余款后，将该款项返还给投资者。

T+1日至T+3日的前一自然日，网上发行申购资金由中国结算上海分公司予以冻结，申购冻结资金产生的利息收入由中国结算上海分公司按照相关规定划入证券投资者保护基金。

第二十三条 T+3日，网上发行结束后，中国结算上海分公司完成网上发行新股股东的股份登记。

第五章 网上发行与网下发行的衔接

第二十四条 新股按市值申购网上发行日与网下申购缴款截止日为同一日。

第二十五条 对于通过网下初步询价确定股票发行价格的，网下配售和网上发行均按照定价发行方式进行。

对于通过网下累计投标询价确定股票发行价格的，参与网上发行的投资者按询价区间的上限进行申购。网下累计投标确定发行价格后，T+3日，中签投资者将获得申购价格与发行价格之间的差额部分及未中签部分的申购余款。

第二十六条 发行人和主承销商应在T－1日之前刊登网上、网下发行公告。

第二十七条 对每只新股发行，凡参与网下发行报价或申购的投资者，不得再参与网上新股申购。

第二十八条 发行人和主承销商可以根据申购情况进行网上发行数量与网下发行数量的回拨，最终确定对网上投资者和对网下投资者的股票分配数量。

发行人和主承销商应在网上申购资金验资当日，将网上发行与网下发行之间的回拨数量通知上交所。发行人和主承销商未在规定时间内通知上交所的，发行人和主承销商应根据发行公告确定的网上、网下发行量进行股票配售。

第二十九条 网下发行结束后，发行人向中国结算上海分公司提交相关材料申请办理股份登记。材料齐备的，中国结算上海分公司在两个交易日内完成登记。

网上与网下股份登记完成后，中国结算上海分公司将新股股东名册交发行人。

第六章 附 则

第三十条 因使用多个证券账户申购同一只新股、以同一证券账户多次申购同一只新股，以及因申购量超过可申购额度，导致部分申购无效的，由投资者自行承担相关责任。

投资者应根据中国结算相关规定管理其证券账户。

第三十一条 对同一只新股发行，参与网下发行报价或申购的投资者再参与网上新股申购，导致其网上申购无效的，由投资者自行承担相关责任。

第三十二条 本办法自发布之日起施行。

原由上交所、中国结算颁布的涉及首次公开发行股票申购的相关规定与本办法不一致的，以本办法为准。

V.21 上海市场首次公开发行股票网下发行实施办法

（2014 年 5 月 9 日 上海证券交易所 中国证券登记结算有限责任公司）

第一章 总 则

第一条 为了规范拟在上海证券交易所（以下简称上交所）上市的公司首次公开发行股票网下发行业务，提高首次公开发行股票网下申购及资金结算效率，根据《证券发行与承销管理办法》、《中国证监会关于进一步推进新股发行体制改革的意见》、《首次公开发行股票时公司股东公开发售股份暂行规定》及相关规定，制定本办法。

第二条 通过上交所网下申购电子化平台（以下简称申购平台）及中国证券登记结算有限责任公司（以下简称中国结算）上海分公司登记结算平台（以下简称登记结算平台）完成首次公开发行股票的询价、申购、资金代收付及股份初始登记，适用本办法。

第三条 参与首次公开发行股票网下发行业务的网下投资者及其管理的证券投资产品（以下简称配售对象），应当符合《证券发行与承销管理办法》等有关规定。

第四条 证券资金结算银行经向中国结算上海分公司提出书面申请获准，可成为本办法所称网下发行结算银行（以下简称结算银行）。

第二章 基本规定

第五条 根据主承销商的书面委托，上交所向符合条件的网下投资者提供申购平台进行报价及申购。

第六条 根据主承销商的书面委托，中国结算上海分公司提供登记结算平台代理主承销商申购资金的收付以及网下发行募集款的收取。

经发行人书面委托，中国结算上海分公司根据主承销商提供的网下配售结果数据办理股份初始登记。

第七条 网下投资者及配售对象的信息以中国证券业协会登记备案的数据为准。上交所从中国证券业协会获取网下投资者及配售对象相关信息。

主承销商应根据事先公告的报价条件对网下投资者的资格进行审核，承担相关信息披露责任，并向申购平台确认拟参与该次网下发行的网下投资者相关信息。

第八条 主承销商应当根据中国证券业协会自律规则的相关规定，要求参与该次网下发行业务的网下投资者及其管理的配售对象，以该次初步询价开始日前两个交易日为基准日，其在基准日前20个交易日（含基准日）所持有上海市场非限售A股股份市值的日均市值应为1000万元（含）以上。

参与网下申购业务的网下投资者及其管理的配售对象持有上海市场非限售A股股份市值计算，适用《上海市场首次公开发行股票网上按市值申购实施办法》规定的市值计算规则。

第九条 主承销商通过申购平台向登记结算平台提供配售对象名称、配售对象证券账户、银行收付款账户以及股票代码等相关信息。上述信息经登记结算平台向结算银行转发后，结算银行负责对配售对象申购资金收付款银行账户的合规性进行检查。

第十条 参与首次公开发行股票网下发行业务的主承销商，应向上交所申请获得申购平台CA证书。网下投资者完成在中国证券业协会的登记备案工作后，应由主承销商代为办理申购平台CA证书。同时具有网下投资者和主承销商双重身份的机构应分别申请。CA证书可在首次公开发行中多次使用。

网下投资者使用该CA证书方可登录申购平台参与报价及申购。主承销商使用该CA证书方可登录申购平台进行数据交换。

第十一条 主承销商及结算银行通过中国结算上海分公司参与人远程操作平台（以下简称PROP），与登记结算平台完成相关数据交换。

第三章 询价与申购

第十二条 首次公开发行股票，发行人和主承销商通过向网下投资者询价的方式确定股票发行价格的，既可以在初步询价确定发行价格区间后，通过累计投标询价确定发行价格并向参与累计投标询价的对象配售股票的方式进行，也可以通过初步询价确定发行价格并向参与申购的对象配售股票的方式进行。

第十三条 发行人及主承销商在获得股票代码后方可刊登招股意向书和发行公告。

第十四条 网下投资者参加初步询价，应当符合下列条件：

（一）在初步询价开始日前一交易日12：00前已完成在中国证券业协会备案；

（二）在初步询价开始日前两交易日收盘后，符合发行人及主承销商事先确定并公告的参与新股发行持有市值要求；

（三）已开通CA证书用户；

（四）发行人及主承销商规定的其他条件。

第十五条 主承销商应当在初步询价开始日前一交易日 10：00 前，通过申购平台录入持有市值参数标准，提交并确认股票代码、发行人名称等初步询价相关参数，启动本次网下发行。

主承销商应于该日 21：00 前通过申购平台剔除不符合条件的网下投资者及其配售对象，并完成初步确认。申购平台将根据持有市值参数标准，自动核对经主承销商初步确认的网下投资者及其配售对象资格，不符合条件的将被剔除。

第十六条 初步询价期间，网下投资者及其管理的配售对象报价应当包含每股价格和该价格对应的拟申购股数，且只能有一个报价，其中非个人投资者应当以机构为单位进行报价。

网下投资者可以为其管理的每一配售对象填报同一个拟申购价格，该拟申购价格对应一个拟申购数量。网下投资者为拟参与报价的全部配售对象录入报价记录后，应当一次性提交。网下投资者可以多次提交报价记录，但以最后一次提交的全部报价记录为准。

申购平台记录本次发行的每一个报价情况，主承销商可实时查询有关报价情况。在初步询价截止后，主承销商可以从申购平台获取初步询价报价情况。

第十七条 初步询价截止后，主承销商应在符合网下发行参与条件的网下投资者及配售对象范围内，根据《证券发行与承销管理办法》的有关规定、发行人和主承销商事先确定并公告的有效报价条件，剔除不得参与累计投标询价或定价申购（以下统称申购）的初步询价报价及其对应的拟申购数量。

主承销商应于申购开始日前一个交易日 15：00 前，将剔除后的网下投资者所管理的配售对象信息按本办法第九条的规定通过申购平台发送登记结算平台，其中一个配售对象只能对应一个银行收付款账户。

登记结算平台自动核查申购平台转发的配售对象证券账户的代码有效性，将核查结果反馈主承销商，然后将证券账户代码有效的配售对象信息提供结算银行。

第十八条 主承销商应当在申购开始日前一个交易日 16：30 前，通过申购平台录入并提交确定的股票发行价格区间（或发行价格）、网下发行股票总量等申购参数，并在申购开始前完成相关参数确认。网下发行股票总量由发行人和主承销商根据预先披露的发行方案对网下初始发行总量调整后确定。

在申购阶段开始前，申购平台自动剔除配售对象在初步询价阶段报价低于发行人和主承销商确定的发行价格或发行价格区间下限的初步询价报价及其对应的拟申购数量。

第十九条　在申购阶段，网下投资者可以为其管理的每一配售对象填报同一个申购价格，该申购价格对应一个申购数量，或者按照发行价格填报一个申购数量。

当配售对象初步询价中有效报价所对应的“拟申购数量”不超过网下发行股票总量的，其填报的申购数量，不得低于“拟申购数量”，也不得高于主承销商确定的每个配售对象申购数量上限，且不得高于网下发行股票总量。当配售对象“拟申购数量”超过网下发行股票总量的，其填报的申购数量应为网下发行股票总量。

网下投资者为参与申购的全部配售对象录入申购记录后，应当一次性全部提交。网下申购期间，网下投资者可以多次提交申购记录，但以最后一次提交的全部申购记录为准。

第二十条　在申购阶段，主承销商可通过申购平台实时查询申报情况，并于申购截止日（T日）15：00后，查询并下载申购结果。

第二十一条　主承销商确认申购结果数据，并将确认后的数据于T日15：30前通过申购平台发送至登记结算平台。

第二十二条　对于每一只股票发行，已参与网下发行的配售对象及其关联账户不得再通过网上申购新股。拟参与本次新股网下发行的网下投资者应通过申购平台报备配售对象账户及其关联账户。

配售对象关联账户是指与配售对象证券账户注册资料中的“账户持有人名称”、“有效身份证明文件号码”均相同的证券账户。

第四章　资金的收取与划付

第二十三条　中国结算上海分公司在结算银行开立网下发行专户用于网下申购资金的收付；在结算系统内开立网下申购资金核算总账户，为各配售对象设立认购资金核算明细账户，用于核算配售对象网下申购资金。

第二十四条　申购开始日前一个交易日，主承销商按本办法第九条及第十七条的要求向结算银行提供配售对象相关信息，作为结算银行审核配售对象银行收付款账户合规性的依据。

第二十五条　各配售对象在申购阶段办理申购资金划入时，须将网下发行申购款划付至中国结算上海分公司在结算银行开立的网下发行专户，并在付款凭证备注栏中注明申购所对应的证券账户及股票代码，若没有注明或备注信息错误将导致划款失败。

发行人及主承销商在发行公告中应对上述申购资金划付要求予以明确。

第二十六条　T日登记结算平台收到上交所发送的申购结果数据后，核算每个配售对象应付申购款金额，并将该核算结果通过 PROP 发送给主承销商。

第二十七条 T 日 16：00 为网下申购资金入账的截止时点。配售对象须在 16：00 前将申购资金划入中国结算上海分公司开立在结算银行的网下发行专户，汇款时须在汇款凭证备注栏中注明其申购证券账户及申购证券的股票代码，一个配售对象只能通过一家结算银行办理申购资金的划入，配售对象须通过备案的银行收付款账户办理申购资金的划出、划入。

第二十八条 结算银行根据主承销商提供的各配售对象银行收付款账户信息，对各配售对象收付款银行账户进行合规性检查。通过检查的，根据配售对象的划款指令将申购款计入中国结算上海分公司在结算银行开立的网下发行专户，并向中国结算上海分公司发送电子入账通知。该入账通知须明确中国结算上海分公司网下申购资金核算总账户、配售对象申购证券账户及申购证券股票代码，并留存相关划款凭证。

如未通过检查，结算银行将该笔付款予以退回，并按约定方式通知中国结算上海分公司，由中国结算上海分公司汇总后通知主承销商。

第二十九条 中国结算上海分公司根据结算银行电子入账通知，实时核算各配售对象申购款金额，主承销商可通过 PROP 综合业务终端实时查询各配售对象申购款到账情况；网下投资者可以通过 PROP 综合业务终端实时查询其所管理的配售对象申购款到账情况。

第三十条 主承销商于 T 日 17：30 后通过其 PROP 信箱获取各配售对象截至 T 日 16：00 的申购资金到账情况。

第三十一条 T+1 日 10：30 前，主承销商根据其获取的 T 日 16：00 资金到账情况以及结算银行提供的网下发行专户截止 T 日 16：00 的资金余额，会同具有执行证券、期货相关业务资格的会计师事务所组织验资。

第三十二条 发行人与主承销商按照事先确定的配售原则在有效申购的网下投资者中选择配售股票的对象。主承销商于 T+2 日 7：00 前将确定的配售结果数据，包括：发行价格、获配股数、配售款、证券账户、获配股份限售期限、配售对象证件代码等通过 PROP 发送至登记结算平台，并同时发送申购平台。

第三十三条 登记结算平台根据主承销商提供的上述配售结果数据，将各配售对象的应缴款金额和应退款金额，以及主承销商承销证券网下发行募集款总金额，于 T+2 日 9：00 前以各配售对象申购款缴款银行为单位，形成相应的配售对象退款金额数据及主承销商承销证券网下发行募集款金额数据，通过 PROP 提供给相关结算银行。

主承销商未能在规定时间前通过登记结算平台提供上述配售结果数据的，

中国结算上海分公司的退款时间将顺延，由此给配售对象造成的损失由主承销商承担。

第三十四条 结算银行于 T+2 日根据主承销商通过登记结算平台提供的电子退款明细数据，按照原留存的配售对象汇款凭证，办理配售对象的退款；根据主承销商通过登记结算平台提供的主承销商网下发行募集款收款银行账户办理募集款的划付。

第五章 股份登记

第三十五条 主承销商应按本办法第三十二条规定向登记结算平台发送网下配售结果数据，并保证发送的网下配售结果数据真实、准确、完整。登记结算平台据此办理网下发行股份初始登记。

由于主承销商发送的网下配售结果数据有误所致的一切法律责任，由该主承销商承担。

第六章 附 则

第三十六条 发行人和主承销商对于网下发行工作安排有特别需求的，须经证券监管部门批准，与上交所以及中国结算上海分公司及时沟通，并协商确定具体操作方式。

第三十七条 本办法由上交所和中国结算负责解释。

第三十八条 本办法自发布之日起施行。

V. 22　资金申购上网公开发行股票实施办法

（2009 年 6 月 18 日　深证上［2009］48 号）

一、为了规范资金申购上网公开发行股票的有关行为，特制定本办法。

通过深圳证券交易所（以下简称深交所）交易系统采用资金申购方式上网公开发行股票，适用本办法。

二、基本规定

1. 申购单位及上限

申购单位为 500 股，每一证券账户申购委托不少于 500 股；超过 500 股的必须是 500 股的整数倍，但不得超过主承销商在发行公告中确定的申购上限，且不超过 999999500 股。对于申购数量超过申购上限的新股申购委托，深交所交易系统将该委托视为无效委托予以自动撤销，不予确认。

2. 申购次数

投资者参与网上公开发行股票的申购，只能使用一个证券账户。每只新股发行，每一证券账户只能申购一次。新股申购委托一经深交所交易系统确认，不得撤销。证券账户注册资料中“账户持有人名称”相同且“有效身份证明文件号码”相同的多个证券账户（以 T－1 日账户注册资料为准，T 日为申购日）参与同一只新股申购的，以及同一证券账户多次参与同一只新股申购的，以深交所交易系统确认的该投资者的第一笔申购为有效申购，其余申购均为无效申购。

证券公司客户定向资产管理专用证券账户以及企业年金账户，证券账户注册资料中“账户持有人名称”相同且“有效身份证明文件号码”相同的，可作为不同账户参与申购。

3. 申购限制

对每只新股发行，已经参与网下初步询价的配售对象不得参与网上申购。中国证券登记结算有限责任公司深圳分公司（以下简称中国结算深圳分公司）根据主承销商提供的已参与网下初步询价的配售对象名单以及询价对象报送的配售对象证券账户信息对配售对象的违规申购作无效处理。

4. 资金交收

中国结算深圳分公司对新股申购资金实行非担保交收。

结算参与人应使用其资金交收账户（即结算备付金账户）完成新股申购的

资金交收，并应保证其资金交收账户在规定的资金到账时点有足额资金用于新股申购的资金交收。

如果结算参与人的资金余额不足，不足资金部分的申购视为无效申购。中国结算深圳分公司将根据以下原则进行无效申购处理：同一日内有多只证券进行申购的，按证券代码从小到大进行无效处理；同一证券的申购，根据交易所主机确认申购的时间先后顺序，从最晚一笔申购开始，对该结算参与人的申购委托逐笔进行无效申购处理，直至满足实际资金余额。

5. 申购配号

申购配号根据实际有效申购进行，每一有效申购单位配一个号，对所有有效申购按时间顺序连续配号。

三、资金申购上网发行的一般流程

1. 投资者申购

申购日（T日）当日，持有深市证券账户的投资者在指定的时间内通过与深交所联网的各证券交易网点，根据发行人发行公告规定的发行价格和有效申购数量缴足申购款，进行申购委托。如投资者缴纳的申购款不足，证券交易网点不得接受相关申购委托。

已开立资金账户但没有足够资金的投资者，必须在申购日（含该日）之前存入足额的申购资金；尚未开立资金账户的投资者，必须在申购日（含该日）之前在与深交所联网的证券交易网点开立资金账户，并存入足额的申购资金。

2. 申购资金冻结及验资

申购日后的第一个交易日（T+1日），中国结算深圳分公司对申购资金进行冻结处理。T+1日15：00前，申购资金需全部到账。T+1日16：00后，发行人及其主承销商会同中国结算深圳分公司和具有执行证券、期货相关业务资格的会计师事务所对申购资金的到位情况进行核查，并由会计师事务所出具验资报告。发行人应当向负责申购冻结资金验资的会计师事务所支付申购资金验资费用。

3. 配号

验资结束后当天（T+1日），中国结算深圳分公司根据实际到账的新股申购资金确认有效申购总量，并按每申购单位配一个号，对所有有效申购按时间先后顺序连续配号，直到最后一笔有效申购。

有效申购总量按以下办法配售新股：

（1）如有效申购量小于或等于本次上网发行量，不需进行摇号抽签，所有配号都是中签号码，投资者按其有效申购量认购股票；

（2）如申购数量大于本次上网发行量，则通过摇号抽签，确定有效申购中签号码，每一中签号码认购一个申购单位新股。

4. 摇号抽签

如申购数量大于本次上网发行量，申购日后的第二个交易日（T+2 日），在公证部门的监督下，由主承销商主持摇号抽签，确认摇号中签结果，并于摇号抽签后的第一个交易日（T+3 日）在指定媒体上公布中签结果。

5. 中签处理

T+2 日，中国结算深圳分公司进行中签处理，并于当日收市后向各参与申购的证券公司发送中签数据。

6. 申购资金解冻

申购日后的第三个交易日（T+3 日），中国结算深圳分公司对新股申购资金进行解冻处理，并从结算参与人的资金交收账户上扣收新股认购款项。结算参与人在收到中国结算深圳分公司返还未中签部分的申购余款后，将该款项返还给投资者。

网上发行申购日后第一个交易日（T+1 日）至验资结束后第一个交易日（T+2 日），网上发行申购资金由中国结算深圳分公司予以冻结，申购冻结资金产生的利息收入划转事宜由中国结算深圳分公司按照相关规定办理。

7. 结算与登记

申购日后的第三个交易日（T+3 日），中国结算深圳分公司将中签的认购款项扣除相关费用后，划至主承销商的资金交收账户；主承销商在收到中国结算深圳分公司划转的认购资金后，依据承销协议将该款项扣除承销费用后划转到发行人指定的银行账户。

网上发行结束后，中国结算深圳分公司完成上网发行新股股东的股份登记。

四、网上与网下发行的衔接

1. 发行时间

新股资金申购网上发行与网下申购缴款同时进行。

2. 申购价格

对于通过网下初步询价确定股票发行价格的，网下配售和网上发行均按照定价发行方式进行。

对于通过网下累计投标询价确定股票发行价格的，参与网上发行的投资者按询价区间的上限进行申购。网下累计投标确定发行价格后，资金解冻日网上申购资金解冻，中签投资者将获得申购价格与发行价格之间的差额部分及未中签部分的申购余款。

3. 发行公告的刊登

发行人和主承销商应在网上发行申购日前一个交易日之前刊登网上发行公告，网上发行公告与网下发行公告可以合并刊登。

4. 网上与网下发行的回拨

如发行人和主承销商拟在网上与网下发行之间安排回拨，在确定网下发行流程时应将网下发行申购冻结资金的解冻安排在网上申购资金验资日以后，并安排在网下申购结束后刊登网下配售初步结果公告。

如发行人拟启动网上与网下发行之间的回拨安排，发行人和主承销商应在网上申购资金验资当日通知深交所；未在规定时间内通知深交所的，发行人和主承销商不得进行回拨处理。

5. 网下股份登记

网下发行结束后，发行人向中国结算深圳分公司提交相关材料申请办理股份登记，中国结算深圳分公司在其材料齐备的前提下两个交易日内完成登记。

网上与网下股份登记完成后，中国结算深圳分公司将新股股东名册交发行人。

五、监管措施和法律责任

1. 投资者使用多个证券账户申购同一只新股，或以同一证券账户多次参与申购自行承担相关责任。

投资者应根据中国证券登记结算有限责任公司相关规定管理其证券账户。

2. 参与网下发行报价的配售对象又参与相同证券网上新股申购的，由配售对象及管理该配售对象的相关机构自行承担相关责任。深交所有权禁止此类配售对象开立的证券账户申购新股，并提请有权部门进行查处。

六、发行人通过深交所交易系统发行股票，深交所不向发行人收取手续费，投资者不需缴纳佣金和印花税等费用。

七、本办法自发布之日起施行。

V.23 深圳市场首次公开发行股票网上按市值申购实施办法

（2014年5月9日　深证上［2014］158号）

第一章　总　　则

第一条　为规范投资者按持有的深圳市场非限售A股股份市值（以下简称市值）参与首次公开发行股票网上资金申购业务，根据《证券发行与承销管理办法》、《中国证监会关于进一步推进新股发行体制改革的意见》和《首次公开发行股票时公司股东公开发售股份暂行规定》，制定本办法。

第二条　通过深圳证券交易所（以下简称深交所）交易系统并采用网上按市值申购方式首次公开发行股票，适用本办法。

第二章　市值计算规则

第三条　投资者持有的市值以投资者为单位，按其T-2日（T日为发行公告确定的网上申购日，下同）前20个交易日（含T-2日）的日均持有市值计算。

投资者的同一证券账户多处托管的，其市值合并计算。

第四条　投资者持有多个证券账户的，多个证券账户的市值合并计算。

确认多个证券账户为同一投资者持有的原则为证券账户注册资料中的“账户持有人名称”、“有效身份证明文件号码”均相同。证券账户注册资料以T-2日日终为准。

融资融券客户信用证券账户的市值合并计算到该投资者持有的市值中，证券公司转融通担保证券明细账户的市值合并计算到该证券公司持有的市值中。

第五条　证券公司客户定向资产管理专用账户以及企业年金账户，证券账户注册资料中“账户持有人名称”相同且“有效身份证明文件号码”相同的，按证券账户单独计算市值并参与申购。

第六条　不合格、休眠、注销证券账户不计算市值。

投资者相关证券账户开户时间不足20个交易日的，按20个交易日计算日均持有市值。

第七条　非限售A股股份发生司法冻结、质押，以及存在上市公司董事、监事、高级管理人员持股限制的，不影响证券账户内持有市值的计算。

第八条 投资者相关证券账户持有市值按其证券账户中纳入市值计算范围的股份数量与相应收盘价的乘积计算。

第三章 基本规则

第九条 根据投资者持有的市值确定其网上可申购额度，持有市值1万元以上（含1万元）的投资者才能参与新股申购，每5000元市值可申购一个申购单位，不足5000元的部分不计入申购额度。

每一个申购单位为500股，申购数量应当为500股或其整数倍，但最高不得超过当次网上初始发行股数的千分之一，且不得超过999999500股。

第十条 投资者可以根据其持有市值对应的网上可申购额度，使用所持深圳市场证券账户申购在深交所发行的新股。深交所接受申购申报的时间为T日9：15—11：30、13：00—15：00。

投资者在进行申购委托前需足额缴款，投资者申购量超过其持有市值对应的网上可申购额度部分为无效申购。

对于申购量超过主承销商确定的申购上限的新股申购，深交所交易系统将视为无效予以自动撤销，不予确认；对于申购量超过按市值计算的网上可申购额度，中国证券登记结算有限责任公司（以下简称中国结算）深圳分公司将对超过部分作无效处理。

第十一条 新股申购一经深交所交易系统确认，不得撤销。

投资者参与网上公开发行股票的申购，只能使用一个有市值的证券账户。同一投资者使用多个证券账户参与同一只新股申购的，中国结算深圳分公司将以该投资者第一笔有市值的证券账户的申购为有效申购，对其余申购作无效处理。

每只新股发行，每一证券账户只能申购一次。同一证券账户多次参与同一只新股申购的，以深交所交易系统确认的该投资者的第一笔申购为有效申购，其余申购均被自动撤销。

第十二条 不合格、休眠、注销和无市值证券账户不得参与新股申购，上述账户参与申购的，中国结算深圳分公司将对其作无效处理。各证券公司须做好上述证券账户的前端监控。

第十三条 T日有多只新股发行的，同一投资者参与当日每只新股网上申购的可申购额度均按其T-2日前20个交易日（含T-2日）的日均持有市值确定。

第十四条 申购委托前，投资者应把申购款全额存入其在证券公司开立的资金账户。申购时间内，投资者按委托买入股票的方式，以发行价格填写委托单。一经申报，不得撤单。申购配号根据实际有效申购进行，每一有效申购单位配一个号，对所有有效申购单位按时间顺序连续配号。

第十五条 中国结算深圳分公司对新股申购实行非担保交收。

结算参与人应使用其在中国结算深圳分公司开立的资金交收账户（即结算备付金账户）完成新股申购的资金交收，并应保证其资金交收账户在规定的资金到账时点有足额资金用于新股申购的资金交收。

第十六条 如果结算参与人在规定的资金到账时点资金不足以完成新股申购的资金交收，则资金不足部分确认为无效申购。中国结算深圳分公司将根据以下原则进行无效申购处理：同一日内有多只新股进行申购的，按证券代码从小到大进行无效处理；同一新股的申购，根据深交所主机确认申购的时间先后，逆序从最晚一笔申购开始，对该结算参与人的申购逐笔进行无效处理，直至满足实际资金余额为止。

第四章 业务流程

第十七条 T－2 日，中国结算深圳分公司计算所有深圳市场投资者 T－2 日前20 个交易日（含 T－2 日）的日均持有市值及可申购额度，并于申购日前一个交易日（T－1 日）将可申购额度向各证券公司发送。

各证券公司须做好其投资者网上申购数量的前端监控。

第十八条 T 日，投资者根据其持有的市值数据，在申购时间内通过与深交所联网的各证券公司进行申购委托，并根据发行人发行公告规定的发行价格以及申购数量足额缴纳申购款。如投资者缴纳的申购款不足，证券公司不得接受相关申购委托。

已开立资金账户但没有足额资金的投资者，必须在 T 日申购前，根据自己的申购量存入足额的申购资金；尚未开立资金账户的投资者，必须在 T 日前在与深交所联网的证券公司开立资金账户，并根据申购量存入足额的申购资金。

第十九条 申购日后的第一个交易日（T＋1 日），中国结算深圳分公司对申购资金进行冻结处理。T＋1 日 15：00 前，申购资金须全部到账。T＋1 日 16：00 后，发行人及其主承销商会同中国结算深圳分公司和具有执行证券、期货相关业务资格的会计师事务所对申购资金的到位情况进行核查，并由会计师事务所出具验资报告。发行人应当向负责申购冻结资金验资的会计师事务所支付验资费用。

验资结束后当天（T＋1 日），中国结算深圳分公司根据实际到账的新股申购资金确认有效申购总量，按每申购单位配一个号，对所有有效申购按时间先后顺序连续配号，直到最后一笔有效申购，并按以下办法配售新股：

（一）如有效申购量小于或等于本次网上发行量，不需进行摇号抽签，所有配号都是中签号码，投资者按其有效申购量认购新股。

（二）如有效申购量大于本次网上发行量，则通过摇号抽签，确定有效申购中签号码，每一中签号码认购一个申购单位新股。

第二十条 如有效申购量大于本次网上发行量，申购日后的第二个交易日（T+2 日），在公证部门的监督下，由主承销商主持摇号抽签，确认摇号中签结果，并于申购日后的第三个交易日（T+3 日）在指定媒体上公布中签结果。

第二十一条 T+2 日，中国结算深圳分公司根据中签结果进行新股认购中签清算，并于当日收市后向各参与申购的结算参与人发送中签数据。

第二十二条 T+3 日，中国结算深圳分公司对新股申购资金进行解冻处理，并从结算参与人的资金交收账户上扣收新股认购款项。中国结算深圳分公司将中签的认购款项扣除相关费用后，划至主承销商的资金交收账户。主承销商在收到中国结算深圳分公司划转的认购资金后，依据承销协议将该款项扣除承销费用后划转到发行人指定的银行账户。结算参与人在收到中国结算深圳分公司返还未中签部分的申购余款后，将该款项返还给投资者。

申购日后第一个交易日（T+1 日）至网上申购资金解冻日（T+3 日）的前一自然日，网上发行申购资金由中国结算深圳分公司予以冻结，申购冻结资金产生的利息收入由中国结算深圳分公司按照相关规定划入证券投资者保护基金。

第二十三条 T+3 日，网上发行结束后，中国结算深圳分公司完成网上发行新股股东的股份登记。

第五章 网上发行与网下发行的衔接

第二十四条 新股按市值申购网上发行与网下申购缴款同时进行。

第二十五条 对于通过网下初步询价确定股票发行价格的，网下配售和网上发行均按照定价发行方式进行。

对于通过网下累计投标询价确定股票发行价格的，参与网上发行的投资者按询价区间的上限进行申购。网下累计投标确定发行价格后，T+3 日，中签投资者将获得申购价格与发行价格之间的差额部分及未中签部分的申购余款。

第二十六条 发行人和主承销商应在 T-1 日之前刊登网上发行公告，网上发行公告与网下发行公告可以合并刊登。

第二十七条 对每只新股发行，凡参与网下发行报价或申购的投资者，不得再参与网上新股申购。中国结算深圳分公司根据主承销商提供的已参与网下发行报价或申购的投资者名单对其网上申购作无效处理。

第二十八条 如发行人和主承销商拟在网上与网下发行之间安排回拨，在确定网下发行流程时应将网下发行申购冻结资金的解冻安排在网上申购资金验资日以后，并安排在网下申购结束后刊登网下配售初步结果公告。

如发行人拟启动网上与网下发行之间的回拨安排，发行人和主承销商应在网上申购资金验资当日通知深交所；未在规定时间内通知深交所的，发行人和主承销商应根据发行公告确定的网上、网下发行量进行股票配售。

第二十九条 网下发行结束后，发行人向中国结算深圳分公司提交相关材料申请办理股份登记。材料齐备的，中国结算深圳分公司在两个交易日内完成登记。

网上与网下股份登记完成后，中国结算深圳分公司将新股股东名册交发行人。

第六章　附　　则

第三十条 因使用多个证券账户申购同一只新股、同一证券账户多次申购同一只新股、无市值证券账户申购新股，以及因申购量超过可申购额度，导致部分申购无效的，由投资者自行承担相关责任。

投资者应根据中国结算相关规定管理其证券账户。

第三十一条 各证券公司未按规定做好投资者新股申购前端监控的，中国结算深圳分公司可以根据相关业务规则对失职证券公司予以处理。

第三十二条 对同一只新股发行，参与网下发行报价或申购的投资者再参与网上新股申购，导致其网上申购无效的，由投资者自行承担相关责任。深交所可以对此类投资者的证券账户采取限制交易等监管措施，并提请有权部门作出处罚。

第三十三条 发行人通过深交所交易系统发行股票，深交所不向发行人收取手续费。

第三十四条 本办法自发布之日起施行。原《深圳市场首次公开发行股票网上按市值申购实施办法》（深证上［2013］456 号）同时废止。由深交所、中国结算颁布的涉及首次公开发行股票申购的相关规定与本办法不一致的，以本办法为准。

V.24 深圳市场首次公开发行股票网下发行实施细则

（2014 年 5 月 9 日 深证上［2014］158 号）

第一章 总 则

第一条 为规范深圳市场首次公开发行股票网下发行行为，根据《证券发行与承销管理办法》、《中国证监会关于进一步推进新股发行体制改革的意见》和《首次公开发行股票时公司股东公开发售股份暂行规定》，制定本细则。

第二条 本细则所称网下发行是指首次公开发行股票（以下简称新股）通过深圳证券交易所（以下简称深交所）网下发行电子平台及中国证券登记结算有限责任公司深圳分公司（以下简称中国结算深圳分公司）登记结算平台进行的发行配售。

第三条 持有深市非限售 A 股市值不少于 1000 万元（含）的配售对象方可参与网下询价和申购。

配售对象是指参与网下发行的投资者或其管理的证券投资产品。

第二章 市值计算规则

第四条 配售对象持有的市值，按照 × -2 日（× 日为初步询价开始日，下同）前 20 个交易日（含 × -2 日）的日均持有市值计算。

第五条 配售对象的同一证券账户多处托管的，其市值合并计算。配售对象持有多个证券账户的，多个证券账户市值合并计算。

确认多个证券账户为同一配售对象持有的原则为证券账户注册资料中的“账户持有人名称”、“有效身份证明文件号码”均相同。证券账户注册资料以 × -2 日日终为准。

融资融券客户信用证券账户的市值合并计算到该配售对象持有的市值中，证券公司转融通担保证券明细账户的市值合并计算到该证券公司自营账户市值中。

第六条 证券公司客户定向资产管理专用账户以及企业年金账户，证券账户注册资料中“账户持有人名称”相同且“有效身份证明文件号码”相同的，按证券账户单独计算市值并参与申购。

第七条 不合格、休眠、注销证券账户不计算市值。

证券账户开户时间不足20个交易日的，按20个交易日计算日均持有市值。

第八条 非限售A股股份发生司法冻结、质押，以及存在上市公司董事、监事、高级管理人员持股限制的，不影响证券账户内持有市值的计算。

第九条 配售对象持有的市值按其证券账户中纳入市值计算范围的股份数量与相应收盘价的乘积计算。

第三章 基本规定

第十条 根据主承销商的申请，深交所可以向其提供网下发行电子平台进行初步询价、网下申购及网下配售工作。

第十一条 根据主承销商的书面委托，中国结算深圳分公司提供登记结算平台代理主承销商申购资金的收付、网下发行募集款的收付以及备案银行账户的审核。经发行人书面委托，中国结算深圳分公司根据主承销商提供的网下配售结果数据办理股份初始登记。

第十二条 在初次使用网下发行电子平台发行股票前，主承销商应当办理网下发行电子平台数字证书，与深交所签订网下发行电子平台使用协议，申请成为网下发行电子平台的主承销商用户。主承销商应当使用数字证书在网下发行电子平台进行操作，并对其所有操作负责。

第十三条 投资者通过中国证券业协会（以下简称协会）备案登记后，应当办理网下发行电子平台数字证书，与深交所签订网下发行电子平台使用协议，申请成为网下发行电子平台的投资者用户。投资者应当使用数字证书在网下发行电子平台进行操作，并对其所有操作负责。

第十四条 投资者及配售对象的信息以在协会登记备案的数据为准。

投资者应当于初步询价开始日前一个交易日的12：00前在协会完成配售对象信息的登记备案工作并通过中国结算深圳分公司完成配售对象的资金配号。

第十五条 具有主承销商和投资者双重身份的机构，应当分别办理网下发行电子平台数字证书，分别申请成为主承销商用户和投资者用户。

第十六条 新股网下发行电子化的有关数据，自网下申购缴款之日起在网下发行电子平台和登记结算平台上保留六个月。

第十七条 初步询价截止前，主承销商应当在网下发行电子平台完成参与网下询价投资者的确定。符合主承销商初步询价公告规定的报价条件的投资者方可参与初步询价。

第十八条 网下发行初步询价期间，投资者在网下发行电子平台为其所管理的配售对象进行价格申报并填写相应的拟申购数量等信息。相关申报一经提交，不得撤销。因特殊原因（如市场发生突然变化需要调整估值、经办人员出错等）需要调整报价或拟申购数量的，应当在网下发行电子平台填写具体原因。

每个配售对象只能有一个报价，同一机构管理的不同配售对象报价应当相同。如同一机构出现多个报价，网下发行电子平台以该机构管理配售对象的最后一个申报价格为其最终报价。

第十九条 配售对象应当使用在协会备案的银行账户向中国结算深圳分公司在结算银行开立的网下发行银行账户划付申购资金，并应当保证在最终资金划付时点有足额资金用于新股申购。配售对象划付申购资金应于同一银行系统内划付，不得跨行划付。

配售对象划出申购资金的账户与在协会登记备案的资金账户不一致、申购资金不足或未在规定的时间内到账的，其新股申购全部无效。多只新股同日发行时，配售对象出现前述情形的，其全部新股申购无效。

不同配售对象共用银行账户的，由托管银行向中国结算深圳分公司提供实际划拨资金的配售对象名单，若申购资金不足或未在规定的时间内到账，没有包括在名单中的配售对象的新股申购无效；若托管银行未能及时提供名单，且申购资金不足或未在规定的时间内到账，则共用银行账户的配售对象的新股申购全部无效。

配售对象在协会登记备案的银行账户为其网下配售申购余款退款的指定收款账户。

第二十条 结算银行在首次参与网下发行业务前应向中国结算深圳分公司提交书面申请。

结算银行应当根据中国结算深圳分公司提供的资料，及时、准确地维护配售对象来款银行的银行账号等信息，否则造成的损失由结算银行承担。

第四章 发行流程

第二十一条 初步询价开始前一个交易日，主承销商应当向深交所提出使用网下发行电子平台的申请，并向中国结算深圳分公司提出使用登记结算平台的书面委托申请。

第二十二条 初步询价应当在交易日进行，投资者在发行人初步询价公告规定的时间内通过网下发行电子平台，为其所管理的配售对象填报价格及相应的拟申购数量等信息。

第二十三条 初步询价应当在 T－2 日（T 日为网上申购日，下同）15：00 前完成。初步询价报价期间，主承销商可通过网下发行电子平台查询有关价格及相应的拟申购数量等信息。初步询价截止后，主承销商根据投资者通过网下发行电子平台提交的报价及相应的拟申购数量等信息确定网下发行初步询价结果及有效报价配售对象名单。

第二十四条 T-1 日 15：00 前，主承销商应当在网下发行电子平台录入发行价格等相关信息。

第二十五条 网下申购缴款日为 T 日，参与网下发行的有效报价投资者应于 T 日 9：30—15：00 通过网下发行电子平台录入申购单信息，包括申购价格、申购数量及主承销商在发行公告中规定的其他信息。

第二十六条 T 日，配售对象应当从在协会备案的银行账户向中国结算深圳分公司在结算银行开立的网下发行银行账户足额划付申购资金，申购资金应当于 T 日 15：00 前到账。

对于配售对象在 T 日规定时间（8：30—15：00）以外时间划入的资金，中国结算深圳分公司将认定为无效资金并予以退回。

第二十七条 T 日 15：00—15：20，主承销商通过网下发行电子平台将网下发行申购初步结果提交中国结算深圳分公司。

第二十八条 T 日，中国结算深圳分公司根据配售对象新股申购资金的到账情况以及主承销商提交的网下发行申购初步结果，按照本细则第十九条的规定进行处理，形成新股网下申购结果后于 T 日 17：30 前通过网下发行电子平台交主承销商确认。

第二十九条 T+1 日 10：30 前，发行人及其主承销商会同具有执行证券、期货相关业务资格的会计师事务所对“网下发行银行账户”的新股申购资金进行验证，中国结算深圳分公司和结算银行予以协助。

第三十条 T+1 日 15：00 前，主承销商通过网下发行电子平台下载制作新股配售结果所需的文件，按照规定的格式制作新股网下配售结果文件，并将新股网下配售结果通过网下发行电子平台交中国结算深圳分公司。

第三十一条 T+1 日 17：30 前，中国结算深圳分公司根据新股网下配售结果计算配售对象应退款项，并将相关数据通过网下发行电子平台交主承销商。

第三十二条 T+2 日 9：00 前，中国结算深圳分公司扣收新股认购款项，并发出付款指令，要求结算银行将剩余款项退至配售对象登记备案的收款银行账户。

主承销商未能在 T+1 日 15：00 前通过网下发行电子平台提供新股网下配售结果的，中国结算深圳分公司的退款时间将顺延，由此给投资者造成的损失由主承销商承担。

第三十三条 T+2 日9：00 前，中国结算深圳分公司将网下发行新股认购款项划至主承销商的资金交收账户。

第三十四条 主承销商收到中国结算深圳分公司划转的新股认购款项后，应当及时依据承销协议将有关款项划转到发行人指定的银行账户。

第三十五条 网下发行结束后，中国结算深圳分公司根据主承销商通过网下发行电子平台提供的网下配售结果数据办理股份初始登记。

由于主承销商报送的网下配售结果数据有误，导致网下配售股份初始登记不实的，相关法律责任由主承销商承担，中国结算深圳分公司不承担责任。

第五章 附 则

第三十六条 投资者应当在网下发行电子平台报送和更新其管理的配售对象的关联深圳 A 股证券账户资料，并根据要求及时进行补报和更正相关资料。

对于未报送配售对象关联证券账户资料或未及时根据要求补报和更正相关资料的投资者，其所管理的配售对象将不能参与网下配售。

第三十七条 配售对象已参与某只新股网下报价、申购、配售的，不得参与该只新股网上申购。对于违规者，中国结算将对其网上申购作无效处理；深交所可以视情节轻重给予警告、限制申购等相应处分，情节严重的报有权部门查处。

第三十八条 主承销商应当针对初步询价、网下申购和网下配售过程中可能出现的突发事件制定相应的应急措施，并予以公告。

第三十九条 因不可抗力、意外事件、技术故障以及其他异常情况导致网下发行电子平台和登记结算平台不能正常运行，深交所和中国结算深圳分公司不承担责任。

第四十条 本细则由深交所和中国结算深圳分公司负责解释。

第四十一条 本细则自发布之日起施行。原《深圳市场首次公开发行股票网下发行实施细则》（深证上［2013］455 号）同时废止。

V. 25 上海证券交易所优先股业务试点管理办法

（2014 年 5 月 9 日 上证发［2014］31 号）

第一章 总 则

第一条 为规范优先股试点，维护证券市场秩序，保护投资者合法权益，根据《中华人民共和国证券法》、《国务院关于开展优先股试点的指导意见》、《优先股试点管理办法》等相关法律、行政法规、部门规章以及上海证券交易所（以下简称本所）相关业务规则，制定本办法。

第二条 优先股在本所上市、交易、转让、信息披露等事宜，适用本办法。本办法未规定的，适用本所其他有关规定。

第三条 在本所上市、交易、转让的优先股，其登记、存管和结算由中国证券登记结算有限责任公司（以下简称中国结算）按其业务规则办理。

第四条 本所会员应当向首次参与优先股交易或者转让的投资者全面介绍优先股的产品特征和相关制度规则，充分揭示投资风险，并要求其签署优先股投资风险揭示书。

第二章 上 市

第五条 本所上市公司（以下简称上市公司或发行人）公开发行的优先股申请在本所上市，应当符合下列条件：

（一）优先股经中国证监会核准已公开发行；

（二）本次优先股发行后实际募集资金总额不少于人民币 2.5 亿元；

（三）本所要求的其他条件。

本所可以根据市场需要，对前款规定的上市条件进行调整。

第六条 上市公司向本所提出优先股上市申请，应当提交下列文件：

（一）上市申请书；

（二）中国证监会核准其优先股公开发行的文件；

（三）有关本次发行上市事宜的董事会和股东大会决议；

（四）中国结算出具的优先股登记存管证明文件；

（五）按照有关规定编制的上市公告书；

（六）保荐协议和保荐人出具的上市保荐书；

（七）律师事务所出具的法律意见书；

（八）本所要求的其他文件。

发行人及其董事、监事、高级管理人员应当保证向本所提交的上市申请文件真实、准确、完整，不存在虚假记载、误导性陈述或者重大遗漏。

第七条 本所在收到发行人提交的前条所列全部上市申请文件后 7 个交易日内，作出是否同意上市的决定。出现特殊情况时，本所可以暂缓作出是否同意上市的决定。

经本所审核同意的，上市公司应当在其优先股上市前与本所签订上市协议，明确双方的权利、义务等事项。

第八条 发行人应当于其优先股上市前 5 个交易日内，在指定媒体或者本所网站上披露下列文件，并备置于公司住所，供公众查阅：

（一）上市公告书；

（二）公司章程；

（三）上市保荐书；

（四）法律意见书；

（五）本所要求的其他文件。

发行人在上市申请期间，未经本所同意，不得擅自披露与优先股上市有关的信息。

第九条 上市优先股的风险警示事宜，参照《上海证券交易所股票上市规则》（以下简称《股票上市规则》）的有关规定执行，但上市公司普通股股权分布不符合上市条件的风险警示情形，不适用于其优先股。

第十条 上市优先股的暂停上市、恢复上市、终止上市和重新上市事宜，参照本所《股票上市规则》的有关规定执行。

上市公司因普通股的累计股票成交量、每日股票收盘价、股本总额或者股权分布触及本所《股票上市规则》规定的标准，被本所作出暂停上市、恢复上市、终止上市或者重新上市决定的，不适用于其优先股。

同一优先股连续 20 个交易日收盘市值均低于人民币 5000 万元的，本所可以决定终止该优先股上市，并参照本所《股票上市规则》关于普通股因每日收盘价触及相关标准被终止上市的规定执行。

第三章 交 易

第十一条 本所上市的优先股采取竞价交易方式，交易时间与普通股股票相同。

第十二条 优先股的计价单位为“每股价格”，申报价格最小变动单位为人民币 0.01 元，买入申报数量为 100 股的整数倍，单笔买卖申报数量不得超过 100 万股。

本所可以根据市场需要，调整前款规定的优先股单笔买卖申报数量和申报价格的最小变动单位。

第十三条 优先股交易（含上市首日）设价格涨跌幅限制，涨跌幅比例为10%。

涨跌幅价格的计算公式为：涨幅价格=前收盘价格（1+涨幅比例），跌幅价格=前收盘价格（1–跌幅比例）。

优先股上市首日涨跌幅价格的计算，以该优先股的发行价格为基准。

第十四条 优先股的除息处理独立于普通股进行，并单独公布相应的除息参考价格。

第十五条 优先股单笔买卖申报交易金额不低于人民币200万元的，可以采用大宗交易方式。

第十六条 优先股交易出现下列情形之一的，属于异常波动，本所分别公告该优先股交易异常波动期间累计买入、卖出金额最大5家会员营业部的名称及其买入、卖出金额：

（一）连续3个交易日内收盘价格涨跌幅累计达到±20%的；

（二）单一交易日换手率达到20%的；

（三）本所或证监会认定属于异常波动的其他情形。

优先股异常波动指标自公告之日起重新计算。

优先股交易出现上述异常波动情形的，上市公司应当披露优先股交易异常波动公告。

第十七条 优先股的交易信息独立于普通股以及风险警示普通股的交易信息，予以分别显示。会员应当对优先股的交易信息予以独立显示。

优先股的交易信息不纳入本所有关普通股指数计算。

第四章 转 让

第十八条 上市公司非公开发行的优先股，以及非上市公众公司首次公开发行普通股同时非公开发行的优先股，可以申请在本所转让。

第十九条 发行人发行的优先股申请在本所转让的，应当提交以下材料，经本所审核同意的，在转让前与本所签订优先股转让服务协议：

（一）转让服务申请书；

（二）中国证监会核准其优先股发行的文件；

（三）有关本次发行优先股事宜的董事会和股东大会决议；

（四）中国结算出具的优先股登记存管证明文件；

（五）保荐协议和保荐人出具的保荐文件；

（六）律师事务所出具的法律意见书；

（七）本所要求的其他材料。

第二十条 转让申报的时间为每个交易日9：15—9：25、9：30—11：30、13：00—15：00。

第二十一条 在本所转让的优先股可采取以下申报方式：

（一）意向申报。合格投资者在转让申报时间内，可以通过其委托的本所会员进行转让意向的发布和洽谈，转让意向申报应包括转让品种代码、证券账号、转让方向以及本所规定的其他内容。意向申报可以包括转让价格和数量。

（二）成交申报。转让双方就品种、价格和数量达成一致后，由其委托的本所会员分别进行转让（受让）申报，转让（受让）申报应包括转让品种代码、证券账号、转让价格、转让数量、转让方向以及本所规定的其他内容。转让（受让）申报中，转让品种代码、转让价格和转让数量必须一致。

第二十二条 优先股转让的成交申报、成交结果经本所确认后，不得撤销或变更，转让双方必须承认转让结果，并履行相关的清算交收义务。

第二十三条 会员应保证参与优先股转让的投资者账户实际拥有与申报相对应的优先股或资金。

持有或者租用本所交易业务单元的机构参与优先股转让，应当通过持有或者租用的交易业务单元提出申报，并确保拥有与申报相对应的优先股或者资金。

第二十四条 优先股转让实行投资者适当性管理制度。符合《优先股试点管理办法》规定的合格投资者，可以参与优先股转让。

第二十五条 会员应当切实履行投资者适当性管理职责，通过现场问询、核对资料、签订确认书等方式，审查参与优先股转让的投资者是否为符合规定的合格投资者，并留存有关资料。

第二十六条 同次核准发行且条款相同的优先股在本所转让后，其投资者不得超过200人。

本所按照时间先后顺序对优先股转让申报进行确认，对导致优先股投资者超过200人的转让申报不予确认。

第二十七条 会员应当向其合格投资者提供本所优先股转让申报及成交信息。

第五章 信息披露

第二十八条 优先股发行人及相关信息披露义务人应当根据法律、行政法规、部门规章、本办法及本所其他业务规则的规定，及时、公平地披露信息，并保证所披露信息的真实、准确、完整。

第二十九条 发行优先股的上市公司，其定期报告应当按照《优先股试点管理办法》和中国证监会规定的具体内容与格式披露优先股有关情况。

第三十条 上市公司和相关信息披露义务人应当履行临时报告、公告义务，及时披露所有对上市公司优先股交易或转让价格可能产生较大影响的以下信息：

（一）优先股的发行、上市和转让情况；

（二）优先股的回购情况；

（三）优先股的转换情况；

（四）优先股分配利润或剩余财产的情况；

（五）优先股股东的表决权恢复、行使及变动情况；

（六）优先股股东的分类表决情况；

（七）优先股募集资金的存放和使用情况；

（八）本所规定或认定的其他情形。

第三十一条 上市公司预计应披露的重大信息在披露前已难以保密或者已经泄密，可能或已经对其优先股的交易或转让价格产生较大影响的，应当立即向本所申请对其优先股停牌或暂停转让。

上市公司普通股根据《股票上市规则》停牌或复牌的，其优先股相应停牌/暂停转让或复牌/恢复转让，但上市公司因普通股股权分布连续20个交易日不具备上市条件而停牌或复牌的除外。

为保证信息披露的及时与公平，本所可以根据实际情况、中国证监会的要求或者上市公司的申请，决定上市公司优先股在本所停牌/暂停转让或复牌/恢复转让。

第三十二条 上市公司独立董事应当就上市公司本次发行优先股对公司各类股东权益的影响发表专项意见，并与公司有关发行优先股的董事会决议公告同时披露。

第三十三条 上市公司累计 3 个会计年度或连续 2 个会计年度未按约定支付优先股股息的，应当在公司股东大会批准当年利润分配方案次日发布提示性公告，公告应当载明优先股表决权恢复的原因和起始期限、每股优先股享有的表决权比例，以及优先股表决权恢复对公司的影响等内容。

对于股息可累积到下一会计年度的优先股，上市公司应当在其全额支付所欠股息次日，就优先股表决权恢复的终止日期以及表决权恢复终止对公司的影响等内容发布提示性公告。对于股息不可累积的优先股，上市公司应当在其全额支付当年股息次日，就优先股表决权恢复的终止日期以及表决权恢复终止对公司的影响等内容发布提示性公告。

上市公司出现公司章程规定的其他优先股表决权恢复情形的，应当参照两前款规定发布提示公告。

第三十四条 在构成上市公司关联人的相关情形中，计算持股数额时仅计算普通股和表决权恢复的优先股。

第三十五条 上市公司应当在满足优先股赎回条件的下一交易日发布公告，明确披露是否行使赎回权。如决定行使赎回权的，上市公司还应当在赎回期结束前至少发布 3 次赎回提示性公告，公告应当载明赎回程序、赎回价格、付款方法、付款时间等内容。

赎回期结束后，上市公司应当公告赎回结果及其影响。

第三十六条 上市公司应当在满足优先股回售条件的下一交易日发布回售公告，并在回售期结束前至少发布3次回售提示性公告，公告应当载明回售程序、回售价格、付款方法、付款时间等内容。

回售期结束后，上市公司应当公告回售结果及其影响。

第三十七条 上市商业银行非公开发行的优先股在触发事件发生时强制转换为普通股的，应当遵守有关规定，并按照本所相关规定履行信息披露义务。

第三十八条 上市公司以减少注册资本为目的回购普通股公开发行优先股的，以及以非公开发行优先股为支付手段向公司特定股东回购普通股的，上市公司应当按照《优先股试点管理办法》作出董事会和股东大会决议，并按规定及时披露。

第三十九条 上市公司按照《上市公司重大资产重组管理办法》规定的条件发行优先股购买资产的，应当按照《优先股试点管理办法》、本所《股票上市规则》的规定履行相关报告、公告义务。

第六章 其他事项

第四十条 上市公司优先股的公开发行，参照本所《沪市股票上网发行资金申购实施办法》等规定执行。

第四十一条 优先股的证券简称应当标明为优先股，并使用专用代码段。

第四十二条 试点期间，优先股上市、交易、转让涉及的上市初费、年费、交易或转让经手费等费用，本所暂按普通股收费标准的80%收取，大宗交易经手费相对于优先股竞价交易费率下浮30%，交易单元费按普通股标准收取。

第四十三条 优先股发行人及其董事、监事、高级管理人员、其他信息披露义务人、会员、投资者以及其他相关主体在优先股上市、交易、转让以及信息披露等过程中，违反本办法、本所其他业务规则或者其所作出的承诺的，本所可以按照《上海证券交易所纪律处分和监管措施实施办法》等规定，对其实施相应的监管措施或者纪律处分，并按规定记入诚信档案。

第七章 附 则

第四十四条 本办法经中国证监会批准后生效，修订时亦同。

第四十五条 本办法由本所负责解释。

第四十六条 本办法自发布之日起施行。

V. 26 深圳证券交易所优先股试点业务实施细则

（2014 年 6 月 12 日 深证上［2014］204 号）

第一章 总 则

第一条 为规范优先股的发行、上市、交易、转让、披露等业务，保护投资者合法权益，根据《公司法》、《证券法》、《国务院关于开展优先股试点的指导意见》（以下简称《指导意见》）、《优先股试点管理办法》（以下简称《管理办法》）、《深圳证券交易所股票上市规则》（以下简称《上市规则》）、《深圳证券交易所创业板股票上市规则》（以下简称《创业板上市规则》）、《深圳证券交易所交易规则》（以下简称《交易规则》）等有关规定，制定本细则。

第二条 本细则所指优先股，是指依照《公司法》，在一般规定的普通种类股份之外，另行规定的其他种类股份，其股份持有人优先于普通股股东分配公司利润和剩余财产，但参与公司决策管理等权利受到限制。

第三条 在深圳证券交易所（以下简称本所）交易或者转让的优先股，适用本细则。本细则未尽事宜，参照本所其他相关业务规则办理。

第四条 优先股的登记、存管和结算事宜，由中国证券登记结算公司（以下简称中国结算）另行规定。

第五条 本所会员应当向首次参与优先股交易或者转让的投资者全面介绍优先股的产品特征和运行规则，充分揭示风险，并要求其签署优先股投资风险揭示书。

第二章 发行与上市

第六条 发行人通过本所交易系统采用资金申购方式上网公开发行优先股的，参照本所《资金申购上网公开发行股票实施办法》执行。

第七条 发行人和保荐人申请在本所办理优先股公开发行事宜时，应当提交下列文件：

（一）发行申请书；

（二）网上发行申请表（如有）；

（三）中国证监会核准优先股发行的文件；

（四）募集说明书全文及概览；

（五）发行公告；

（六）网上路演公告（如有）；

（七）本所要求的其他文件。

第八条 发行人非公开发行优先股的，其发行对象及人数应当符合《管理办法》第三十四条的规定。

第九条 在本所发行的优先股每股票面金额为100元人民币。

优先股的发行价格不得低于优先股票面金额。

第十条 公开发行的优先股，同时符合下列条件的，可以申请在本所上市：

（一）优先股经中国证监会核准已公开发行；

（二）本次优先股发行后实际募集资金总额不少于人民币五千万元；

（三）申请优先股上市时仍符合法定的优先股发行条件；

（四）本所要求的其他条件。

第十一条 优先股发行人向本所提出优先股上市申请时，应当提交以下文件：

（一）上市申请书；

（二）上市公告书；

（三）中国证监会核准优先股发行的文件；

（四）根据《指导意见》和《管理办法》，明确规定优先股相关事项的公司章程；

（五）保荐机构出具的《承销保荐协议》、《上市保荐书》，保荐代表人分别签署的《保荐代表人声明和承诺书》（如适用）；

（六）财务顾问出具的《财务顾问报告》（如适用）；

（七）会计师事务所出具的《验资报告》；

（八）资产、负债转移手续完成情况及其证明文件（如适用）；

（九）律师事务所出具的《法律意见书》；

（十）中国结算出具的优先股登记证明文件；

（十一）董事、监事和高级管理人员持股情况变动的报告；

（十二）发行对象、上市公司等在本次优先股发行中所有承诺及其履行情况的《承诺公告》；

（十三）本所要求的其他文件。

第十二条 本所上市委员会对优先股上市申请进行审核，本所根据上市委员会意见作出是否同意上市的决定。

上市委员会对优先股上市申请的审核工作程序适用《深圳证券交易所上市

委员会工作细则》第四章第三节规定的“特别程序”。

第十三条 优先股上市申请经本所审核同意后，发行人应与本所签订上市协议，发行人和保荐人（财务顾问）应当自收到上市通知书之日起30日内安排优先股上市事项。

第三章 交易与转让

第一节 一般规定

第十四条 公开发行的优先股上市交易可以采用竞价交易和大宗交易方式。

本所为非公开发行的优先股提供协议转让服务。

第十五条 优先股交易、转让计价单位为“每股价格”。

第十六条 优先股交易、转让申报价格最小变动单位为0.01元人民币。

第十七条 本所对优先股交易、转让实行价格涨跌幅限制，涨跌幅限制比例为10%。优先股被实行风险警示的，交易、转让的价格涨跌幅限制比例为5%。

第十八条 同一发行人发行的普通股停复牌的，优先股同步停复牌，本所另有要求的除外。

第二节 交 易

第十九条 通过竞价交易买入优先股的，申报数量应为100股或者其整数倍。卖出优先股时，余额不足100股的部分，应当一次性申报卖出。

第二十条 优先股竞价交易单笔申报最大数量不得超过100万股。

第二十一条 优先股竞价交易出现下列情形之一的，属于异常波动，本所分别公布其在交易异常波动期间累计买入、卖出金额最大五家会员证券营业部或者交易单元的名称及其各自累计买入、卖出金额：

（一）连续三个交易日内收盘价格涨跌幅累计达到±20%的；

（二）单一交易日换手率达到20%的；

（三）证监会或者本所认为属于异常波动的其他情形。

异常波动指标自相关信息披露义务人发布异常波动公告或者复牌之日起重新计算。

第二十二条 优先股竞价交易的交易时间、委托申报类型、竞价方式、交易监督等适用本所《交易规则》相关规定。优先股竞价交易纳入本所即时行情，但不纳入指数计算。

第二十三条 优先股进行大宗交易的，单笔申报数量不低于5000股，或者交易金额不低于50万元人民币。

第二十四条 优先股大宗交易采用协议交易方式。

第二十五条 优先股协议大宗交易的成交确认时间为每个交易日的9：15至11：30、13：00至15：30。

第二十六条 本所在交易时间内通过交易所网站即时公布优先股协议大宗交易的报价信息和成交信息。其中报价信息内容包括：证券代码、证券简称、申报类型、买卖方向、数量、价格等；成交信息内容包括：证券代码、证券简称、开盘价、当日最高价、当日最低价、总成交数量、总成交金额、总成交笔数等。

第二十七条 本所在每个交易日结束后通过交易所网站公布优先股协议大宗交易信息，内容包括：证券代码、证券简称、成交量、成交价格以及买卖双方所在会员证券营业部或者交易单元名称。

第二十八条 优先股协议大宗交易的申报时间、价格范围、申报类型等适用本所《交易规则》第三章第六节相关规定。

第三节 转 让

第二十九条 优先股发行人向本所申请办理优先股转让服务时，应当提交以下文件：

（一）转让申请书；

（二）转让公告书；

（三）中国证监会核准优先股发行的文件；

（四）根据《指导意见》和《管理办法》，明确规定优先股相关事项的公司章程；

（五）保荐机构出具的《承销保荐协议》、《转让保荐书》，保荐代表人分别签署的《保荐代表人声明和承诺书》（如适用）；

（六）财务顾问出具的《财务顾问报告》（如适用）；

（七）会计师事务所出具的《验资报告》；

（八）资产、负债转移手续完成情况及其证明文件（如适用）；

（九）律师事务所出具的《法律意见书》；

（十）中国结算出具的优先股登记证明文件；

（十一）董事、监事和高级管理人员持股情况变动的报告；

（十二）发行对象、上市公司等在本次优先股发行中所有承诺及其履行情况的《承诺公告》；

（十三）本所要求的其他文件。

第三十条 转让服务申请经本所同意后，发行人应与本所签订转让服务协议，发行人和保荐人（财务顾问）应当自收到转让通知书之日起30日内安排优先股转让事项。

第三十一条 优先股进行协议转让的，单笔申报数量（金额）、申报时间、价格范围、申报类型、成交确认时间参照本细则第二十三条至第二十八条执行。

第三十二条 优先股转让环节的投资者适当性标准应当与发行环节保持一致；非公开发行的相同条款优先股经转让后，投资者不得超过200人。

本所按照申报时间先后顺序对优先股转让进行确认，对导致优先股持有账户数超过200户的转让不予确认。

第三十三条 本所会员应当履行投资者适当性管理职责，通过现场问询、核对资料、签订确认书等方式审查参与优先股转让的投资者是否为符合规定的合格投资者，并保存相关资料。

第四章 信息披露

第三十四条 上市公司召开董事会审议发行优先股相关事项的，应当及时刊登董事会决议公告，并按照中国证监会有关规定及时披露本次优先股发行预案。

上市公司独立董事应当就本次发行优先股对公司各类股东权益的影响发表专项意见，并与董事会决议一同披露。

第三十五条 上市公司召开股东大会审议发行优先股相关事项的，应当提供网络投票，并在股东大会通知中逐项列出以下需要进行表决的议案：

（一）本次发行优先股的种类和数量；

（二）发行方式、发行对象及向原股东配售的安排；

（三）票面金额、发行价格或者定价区间及其确定原则；

（四）优先股股东参与分配利润的方式，包括：票面股息率及其确定原则、股息发放的条件、股息支付方式、股息是否累积、是否可以参与剩余利润分配等，涉及财务数据或者财务指标的，应注明相关报表口径；

（五）回购条款，包括回购的条件、期间、价格及其确定原则、回购选择权的行使主体等（如有）；

（六）募集资金用途；

（七）公司与发行对象签订的附条件生效的优先股认购合同（如有）；

（八）决议的有效期；

（九）公司章程关于优先股股东和普通股股东利润分配、剩余财产分配、优先股表决权恢复等相关政策条款的修订方案；

（十）对董事会办理本次发行具体事宜的授权；

（十一）中国证监会和本所规定的其他事项。

上述议案须经出席会议的普通股股东（含表决权恢复的优先股股东）所持表决权的三分之二以上通过。已发行优先股的，还须经出席会议的优先股股东（不含表决权恢复的优先股股东）所持表决权的三分之二以上通过。上市公司向公司特定股东及其关联人发行优先股的，股东大会就发行方案进行表决时，关联股东应当回避。

第三十六条 上市公司应当在股东大会决议公告中披露普通股股东和优先股股东分别对上述每项议案同意、反对和弃权的股份数及其所占比例。

第三十七条 上市公司公开发行优先股的，应当在其优先股发行日前五个交易日内，将发行公告和经中国证监会核准的募集说明书全文刊登在中国证监会指定的网站。

第三十八条 上市公司应当在其优先股上市（转让）日前五个交易日内，将上市（转让）公告书全文刊登在中国证监会指定的网站。

上市（转让）公告书至少应当包括以下内容：

（一）发行人基本情况；

（二）本次优先股发行情况；

（三）本次优先股上市（转让）情况；

（四）本次股份变动情况及其影响；

（五）本次发行上市（转让）相关服务机构的基本情况；

（六）保荐机构（财务顾问）的上市（转让）推荐意见；

（七）自募集说明书刊登日至上市（转让）公告书刊登前发生可能对公司有较大影响的其他重要事项（如有）；

（八）本所要求的其他内容。

第三十九条 发行优先股的上市公司披露定期报告时，应当在定期报告中以专门章节的形式，披露以下与优先股相关的情况：

（一）历次发行优先股情况；

（二）优先股股本总额；

（三）前十名优先股股东名单和持有数额；

（四）优先股股东的利润分配情况；

（五）优先股的回购情况（如有）；

（六）优先股股东表决权恢复及行使情况（如有）；

（七）优先股会计处理情况；

（八）中国证监会和本所规定的其他情况。

第四十条 发行优先股的上市公司，发生以下可能对其普通股或者优先股的交易或者转让价格产生较大影响的情况，应当及时履行披露义务：

（一）公司信用状况发生重大变化，可能影响其向优先股股东分配股息的；

（二）优先股股东表决权恢复、行使及其变动情况；

（三）对优先股股东进行利润分配的；

（四）回购普通股或者优先股的；

（五）优先股的收盘市值低于5000万元的；

（六）中国证监会和本所规定的其他情况。

第四十一条 发行优先股的上市公司累计3个会计年度或者连续两个会计年度未按约定支付优先股股息的，应当在公司股东大会批准当年利润分配方案的次日发布表决权恢复提示性公告，公告应当载明优先股表决权恢复的原因和起始期限、每股优先股享有的表决权比例以及表决权恢复对公司的影响等内容。

对于股息可累积到下一会计年度的优先股，公司应当在其全额支付所欠股息的次日发布表决权终止提示性公告；对于股息不可累积的优先股，公司应当在其全额支付当年股息的次日发布表决权终止提示性公告；公告应当载明优先股表决权恢复的终止原因、日期及其对公司的影响等内容。

上市公司出现公司章程规定的其他优先股表决权恢复、终止情形的，应当参照前两款规定发布提示性公告。

第四十二条 投资者持有上市公司已发行的优先股达到该公司优先股股本总额的20%时，应当在该事实发生之日起两个交易日内向本所报告，并通知上市公司予以公告。

持有上市公司已发行的优先股占该公司优先股股本总额20%以上的，其所持上市公司已发行的优先股比例每增加或者减少10%时，应当在该事实发生之日起两个交易日内依照前款规定履行报告和公告义务。

第四十三条 以下事项计算持股比例或者数额时，仅计算普通股和表决权恢复的优先股：

（一）根据《公司法》第一百零一条，请求召开临时股东大会；

（二）根据《公司法》第一百零二条，召集和主持股东大会；

（三）根据《公司法》第一百零三条，提交股东大会临时提案；

（四）根据《公司法》第二百一十七条，认定控股股东；

（五）根据《证券法》第五十四条和第六十六条，认定持有公司股份最多的前十名股东的名单和持股数额；

（六）根据《证券法》第四十七条、第六十七条和第七十四条，认定持有公司百分之五以上股份的股东；

（七）根据《上市规则》、《创业板上市规则》第10.1.3条和第10.1.5条的规定，认定持有公司百分之五以上股份的关联人；

（八）中国证监会和本所规定的其他事项。

第四十四条 上市公司以减少注册资本为目的回购普通股公开发行优先股的，或者以非公开发行优先股为支付手段向公司特定股东回购普通股的，除应当符合优先股发行条件和程序，还应当在董事会审议通过回购股份相关事项后，及时披露董事会决议和回购股份预案。

回购股份预案至少应当包括以下内容：

（一）回购股份的目的；

（二）回购股份的方式；

（三）回购股份的价格或者价格区间、定价原则；

（四）拟回购股份的种类、数量以及占总股本的比例；

（五）以发行优先股作为支付手段的，应当包括拟用于支付的优先股总金额以及支付比例；回购方案实施完毕之日起一年内公开发行优先股的，应当包括回购的资金总额以及资金来源；

（六）回购股份的期限；

（七）决议的有效期；

（八）对董事会办理本次回购股份事宜的具体授权；

（九）中国证监会和本所规定的其他内容。

第四十五条 上市公司按照《上市公司重大资产重组管理办法》规定的条件发行优先股购买资产的，应当按照《管理办法》第五十七条的规定履行相关报告、公告义务。

第四十六条 上市公司应当在优先股派息前五个交易日内刊登付息公告。付息公告应当载明付息方案、付息登记日与除息日、付息对象、付息方法等。

第四十七条 发行人决定行使赎回权的，应当在赎回日前至少发布三次赎回提示性公告。

第四十八条 发行人应当在募集说明书约定的回售条件满足日前至少发布三次回售提示性公告。

第五章 转换与回购

第四十九条 上市公司不得发行可以转换为普通股的优先股。但商业银行可以根据商业银行资本监管规定，非公开发行触发事件发生时强制转换为普通股的优先股，并遵守《中国银监会中国证监会关于商业银行发行优先股补充一级资本的指导意见》等有关规定。

第五十条 发行人回购优先股，包括发行人要求赎回优先股和投资者要求回售优先股，优先股回购后相应减记发行在外的优先股股份总数。

第五十一条 优先股存续期内，募集说明书约定的赎回条件满足且所欠股息已支付时，发行人可以行使赎回权，按约定的价格赎回全部或者部分优先股。

第五十二条 在优先股存续期内，募集说明书约定的回售条件满足时，优先股股东可回售部分或者全部优先股。

第六章 附 则

第五十三条 优先股的风险警示、暂停、恢复、终止、重新上市以及退市整理期等相关事项，参照本所《上市规则》、《创业板上市规则》有关规定执行，但上述相关事项中涉及股权分布、股票累计成交量、每日股票收盘价的情形，不适用优先股。

第五十四条 优先股的发行人及其控股股东、实际控制人、董事、监事、高级管理人员或者其他直接责任人员，保荐人等证券服务机构及其责任人员，以及优先股试点的其他市场参与者，违反本细则规定或者其所作出的承诺的，本所可以按照《上市规则》、《创业板上市规则》、《交易规则》等规定，对其采取相应的监管措施或者纪律处分。本所对前述主体采取纪律处分措施的，将记入诚信档案。

第五十五条 根据本细则第四十三条规定计算持股比例的，其计算公式为：持股比例=股东持有的（普通股股数+恢复表决权的优先股换算为普通股的股数）/上市公司（普通股总数+恢复表决权的优先股换算为普通股的总数）。

第五十六条 优先股上市、交易、转让的各项费用，暂按普通股收费标准的80%收取。

第五十七条 本办法所称“内”、“以内”、“以上”含本数，“低于”、“少于”、“超过”不含本数。

第五十八条 本细则经中国证监会批准后生效，修订时亦同。

第五十九条 本细则由本所负责解释。

第六十条 本细则自发布之日起施行。

V.27 优先股试点登记结算业务实施细则

（2014 年 6 月 20 日　中国证券登记结算有限责任公司）

第一条 为规范优先股试点登记结算业务，保护投资者合法权益，根据《公司法》、《证券法》、《国务院关于开展优先股试点的指导意见》（以下简称《指导意见》）、《优先股试点管理办法》（以下简称《管理办法》）、《证券登记结算管理办法》等法律、行政法规、部门规章的规定，以及中国证券登记结算有限责任公司（以下简称本公司）相关业务规则，制定本细则。

第二条 符合《指导意见》、《管理办法》规定的上市公司、非上市公众公司（以下统称发行人）所发行优先股的登记结算业务，适用本细则。本细则未规定的，适用本公司其他相关业务规定。

第三条 本公司通过电子化证券簿记系统办理优先股的集中登记存管。

本公司根据投资者证券账户的记录办理优先股持有人名册登记。

第四条 投资者参与优先股的认购、交易和转让等活动，应当通过本公司开立的 A 股证券账户进行，本公司另有规定的除外。

第五条 发行人向本公司申请办理优先股初始登记前，应当与本公司签订证券登记及服务协议，明确双方的权利义务关系。

第六条 发行人申请办理优先股初始登记时，应当提交以下申请材料：

（一）优先股登记申请；

（二）发行优先股需有权机构核准、审查的，还需提供有权机构出具的通过核准、审查的文件；非上市公众公司发行优先股，豁免申请核准的，应当提交有权机构出具的优先股发行确认文件；

（三）承销协议（如有）；

（四）具有从事证券业务资格的会计师事务所出具的关于发行人全部募集资金到位的验资报告，包括资产、负债转移手续已完成的证明文件（如有）等；

（五）通过证券交易所或全国中小企业股份转让系统（以下简称全国股转系统）的交易、转让系统以外的途径发行（以下称网下发行）优先股的，还需提供网下发行的优先股持有人名册，持有人名册应当包括但不限于证券代码、证券账户号码、优先股持有人有效身份证明文件号码、本次登记的持有数量等内容；

（六）涉及向外国战略投资者定向发行优先股的，还需提供有权部门的批准文件；申报国有股东、外国投资者（含外国战略投资者）持股情况的，发行人需提供有权部门对上述股东持有人类别认定的批准文件及相关申请；

（七）涉及司法冻结或质押登记的，还需提供司法协助执行、质押登记相关申请材料；

（八）发行人法人有效营业执照副本原件及复印件（或加盖法人公章的复印件）、法定代表人证明书（加盖法人公章）、法定代表人身份证明文件复印件（加盖法人公章）、法定代表人对指定联络人（董事会秘书或证券事务代表）的授权委托书；

（九）指定联络人有效身份证明文件原件及复印件；

（十）本公司要求提供的其他材料。

第七条 本公司对发行人提交的申请材料是否完整、齐全、符合法定形式等进行形式审核。审核通过后，根据证券交易所或全国股转系统传送的通过交易、转让系统发行的结果，以及发行人提供的网下发行结果，办理初始登记，并向发行人出具证券登记证明文件。

由于发行人提交的申请材料不真实、不准确、不完整或其他因发行人原因导致登记不实所产生的一切法律责任由发行人承担。

第八条 优先股持有人通过证券交易所、全国股转系统进行交易、转让的，本公司依据优先股交易、转让的交收结果，办理相应的变更登记。

第九条 优先股发生以下情形的，可以申请办理变更登记：

（一）协议转让；

（二）司法扣划及司法冻结；

（三）行政划拨；

（四）继承、赠与、依法进行的财产分割；

（五）法人合并、分立，或因解散、破产、被依法责令关闭等原因丧失法人资格；

（六）质押；

（七）优先股转换为普通股；

（八）优先股回购（含赎回、回售，下同）；

（九）公司收购；

（十）相关法律、行政法规、中国证监会规章及本公司业务规则规定的其他情形。

第十条 优先股转换为普通股，通过本公司登记结算系统办理投资者资金划付的，按照以下规定办理：

（一）优先股转换完成后的普通股最小单位为一股。

（二）发行人应在优先股转换起始日五个交易日前，向本公司提出办理优先股转换为普通股的申请，并提供有权部门出具的通过审查的文件。

（三）在优先股转换前，发行人应公告明确，对于投资者持有的优先股转换后剩余不足转换为一股普通股部分的资金（以下简称偿还资金），由本公司代为划付，并在公告的偿还资金发放日两个交易日前将足额资金存入本公司指定的银行账户。

（四）本公司确认发行人偿还资金足额到账后，将根据发行人的申请在优先股持有人证券账户中记减优先股余额，记增相应的普通股数额，并将偿还资金划付至优先股托管的证券公司、托管银行等结算参与机构的结算备付金账户。结算参与机构于结算备付金账户收到偿还资金当日，将相应偿还资金划入优先股持有人资金账户。

第十一条 优先股发生回购，通过本公司登记结算系统办理投资者资金划付的，按照以下规定办理：

（一）发行人应在回购条件满足后的两个交易日内，向本公司提出办理有关优先股回购业务的申请。

（二）在优先股回购前，发行人应公告明确回购资金由本公司代为划付，并在公告的回购资金发放日两个交易日前将足额资金存入本公司指定的银行账户。

（三）本公司确认发行人回购资金足额到账后，于发行人公告的回购资金发放日前一交易日闭市后，相应记减优先股持有人证券账户中的优先股余额，并于回购资金发放日将回购资金划付至优先股托管的证券公司、托管银行等结算参与机构的结算备付金账户。结算参与机构应于发行人公告的回购资金发放日将相应回购资金划入优先股持有人资金账户。

第十二条 本公司定期向发行人提供优先股持有人名册。

发生优先股初始登记、召开股东大会、权益分派、股权结构发生重大变化、证券交易（转让）异常波动等情形时，本公司根据发行人的申请提供相应的持有人名册。

发行人应当妥善保管优先股持有人名册，并在法律、行政法规和部门规章许可的范围内使用。因发行人不当使用持有人名册导致的一切法律责任由发行人承担，本公司不承担任何责任。

第十三条 发行人、投资者可以通过本公司提供的电子网络服务系统、现场办理等方式向本公司申请查询其发行或持有的优先股登记信息。

对通过网络查询服务系统等非现场办理方式获得的查询结果有异议的，应以本公司确认的查询结果为准。

第十四条 发行人委托本公司派发优先股股息时，应当向本公司提供派发股息的申请、股东大会决议以及本公司要求的其他材料。

本公司对发行人的申请材料审核通过后，根据其申请派发相应股息。

发行人应在本公司规定的时间内将用于派发股息的资金划至本公司指定银行账户，本公司确认发行人的相应款项到账后，根据有关业务规定办理优先股股息派发手续；不能在本公司规定期限内划入相关款项的，应当及时通知本公司，并按规定进行信息披露，说明原因及后续安排等事项。

因发行人未在规定期限内划入相关款项、未履行及时通知及公告义务所致的一切法律责任由该证券发行人承担，本公司不承担任何责任。

第十五条 对于通过集中竞价方式达成的优先股交易、转让，本公司根据证券交易所、全国股转系统发送的成交结果，提供多边净额结算服务。

对于通过其他方式达成的优先股交易、转让，本公司根据证券交易所、全国股转系统确认的成交结果，可提供净额结算或逐笔全额结算服务。

第十六条 对于优先股交易、转让，本公司根据成交结果，按照相关结算业务规则，与结算参与机构进行证券和资金的交收。结算参与机构负责办理与其客户之间的证券和资金的清算交收。结算参与机构与其客户之间的证券划付，应当依据有关法律法规，委托本公司代为办理。

第十七条 对于纳入本公司多边净额结算范围的优先股交易、转让，计入各结算参与机构最低结算备付金限额和证券结算保证金的计收范围。

最低结算备付金按照债券以外的其他证券品种的比例计收，证券结算保证金按照固定收益类证券品种的比例收取。

第十八条 优先股登记结算相关服务费用，按照本公司规定的收费标准执行；涉及印花税、股息红利个人所得税等税种征收及结算风险基金计提的，按国家有关规定执行。

第十九条 优先股发生终止上市等情形，参照普通股办理相关的登记存管手续，本公司另有规定的除外。

第二十条 注册在境内的境外上市公司在境内发行优先股涉及的登记结算业务，参照上述业务规则申请办理。

第二十一条 本细则由本公司负责解释，自发布之日起实施。

V.28 上海市场首次公开发行股票网上网下发行业务问答

（2014 年 5 月 9 日 上海证券交易所）

5 月 9 日，上海证券交易所（以下简称上交所）、中国证券登记结算有限责任公司（以下简称中国结算）联合修改并发布了《上海市场首次公开发行股票网上按市值申购实施办法》（以下简称《网上发行实施办法》）、《上海市场首次公开发行股票网下发行实施办法》（以下简称《网下发行实施办法》）。上交所、中国结算有关负责人就《网上发行实施办法》、《网下发行实施办法》主要修改内容回答以下问题。

一、关于《网上发行实施办法》的有关问答

1. 本次修改的主要内容是什么？

本次修改的主要内容是调整投资者持有市值的计算规则，投资者持有市值的计算口径由“T－2 日（T 日为发行公告确定的网上申购日，下同）日终持有的市值”调整为“T－2 日前 20 个交易日（含 T－2 日）的日均持有市值”。

2. 调整投资者持有市值的计算口径是出于哪些考虑？

调整投资者市值计算口径，主要是出于以下两点考虑：

一是有利于增加合资格投资者数量，提高投资者整体可申购额度。据测算，按调整后口径计算市值，上海市场具有申购资格的投资者数量和投资者整体可申购额度较调整前均有一定比例的增加。

二是有利于增强市值计算规则的合理性，减轻新股申购对投资者二级市场交易行为的限制。按调整后口径计算市值，投资者单个交易日的交易行为和持股情况不再对新股申购产生关键影响，避免了投资者因 T－2 日卖出持有股票而无法参与新股申购等不合理情况。

3. 调整后的市值计算方式具体是怎样的？

调整后的市值计算方式，主要包括以下方面内容：

（1）投资者持有的市值以投资者为单位，按其 T－2 日前 20 个交易日（含 T－2 日）的日均持有市值计算。

（2）投资者持有多个证券账户的，多个证券账户的市值合并计算。

（3）投资者相关证券账户每日市值按其当日证券账户中纳入市值计算范围的股份数量与相应收盘价的乘积计算。

4. 同一投资者多个证券账户按何种规则合并计算市值？

在计算出各证券账户 T－2 日前 20 个交易日（含 T－2 日）的日均市值后，按照 T－2 日证券账户注册资料中的“账户持有人名称”、“有效身份证明文件号码”均相同的原则合并计算投资者 20 日日均持有市值。

5. 投资者相关证券账户单日市值计算规则是否发生变化？

未发生变化，仍然按当日证券账户中纳入市值计算范围的股份数量与相应收盘价的乘积计算。

6. 投资者证券账户开户时间不足 20 个交易日的，可否参与新股网上申购？持有市值如何计算？

投资者证券账户开户时间不足 20 个交易日的，可以参与申购，其持有市值同样按 20 个交易日计算日均市值。例如，T－2 日某投资者证券账户开户 10 个交易日，持有市值 = ∑10 个交易日的市值 ÷20。

7. 修改后新股网上申购规则、业务流程是否有发生变化？

未发生变化。

二、关于《网下发行实施办法》的有关问答

1. 本次修改的主要内容是什么？

本次修改是对修订后的《证券发行与承销管理办法》、《首次公开发行股票时公司股东公开发售股份暂行规定》以及《中国证监会关于进一步推进新股发行体制改革的意见》中相关规定的贯彻落实，主要涉及以下方面内容：

一是明确网下投资者在参加初步询价前须完成在中国证券业协会备案，本所网下申购平台从中国证券业协会处获取备案信息。

二是明确网下投资者参与上海市场首发新股网下发行，须持有 1000 万元以上的上海市场非限售 A 股股份市值，市值计算规则与网上发行相同。

三是明确网下投资者及其管理的配售对象报价应当包含每股价格和该价格对应的拟申购股数，且只能有一个报价，非个人投资者应当以机构为单位进行报价。

2. 网下投资者参加初步询价，应当符合哪些条件？

网下投资者参加初步询价，应当符合下列条件：一是在初步询价开始日前一交易日 12:00 前已完成在中国证券业协会备案；二是在初步询价开始日前两交易日收盘后，持有市值符合发行人及主承销商事先确定并公告的参与新股发行市值要求；三是已开通 CA 证书用户；四是发行人及主承销商规定的其他条件。

3. 对网下投资者的备案信息确认有何具体要求？

网下投资者及配售对象的信息以中国证券业协会登记备案的数据为准。上交所从中国证券业协会获取网下投资者及配售对象相关信息。

主承销商应根据事先公告的报价条件对网下投资者的资格进行审核，承担相关信息披露责任，并向申购平台确认拟参与该次网下发行的网下投资者相关信息。

4. 网下投资者参与网下发行，对其持有市值有何具体要求？

主承销商应当根据中国证券业协会自律规则的相关规定，要求参与该次网下发行业务的网下投资者及其管理的配售对象，以该次初步询价开始日前两个交易日为基准日，其在基准日前 20 个交易日（含基准日）所持有上海市场非限售 A 股股份市值的日均市值应为 1000 万元（含）以上。

参与网下申购业务的网下投资者及其管理的配售对象持有上海市场非限售 A 股股份市值计算，适用《上海市场首次公开发行股票网上按市值申购实施办法》规定的市值计算规则。

5. 网下投资者及其管理的配售对象在初步询价期间和申购阶段，报价方式与以往有何不同？

（一）初步询价期间，网下投资者及其管理的配售对象报价应当包含每股价格和该价格对应的拟申购股数，且只能有一个报价，其中非个人投资者应当以机构为单位进行报价。

网下投资者可以为其管理的每一配售对象填报同一个拟申购价格，该拟申购价格对应一个拟申购数量。网下投资者为拟参与报价的全部配售对象录入报价记录后，应当一次性提交。网下投资者可以多次提交报价记录，但以最后一次提交的全部报价记录为准。

申购平台记录本次发行的每一个报价情况，主承销商可实时查询有关报价情况。在初步询价截止后，主承销商可以从申购平台获取初步询价报价情况。

（二）在申购阶段，网下投资者可以为其管理的每一配售对象填报同一个申购价格，该申购价格对应一个申购数量，或者按照发行价格填报一个申购数量。

当配售对象初步询价中有效报价所对应的“拟申购数量”不超过网下发行股票总量的，其填报的申购数量，不得低于“拟申购数量”，也不得高于主承销商确定的每个配售对象申购数量上限，且不得高于网下发行股票总量。当配售对象“拟申购数量”超过网下发行股票总量的，其填报的申购数量应为网下发行股票总量。

网下投资者为参与申购的全部配售对象录入申购记录后，应当一次性全部提交。网下申购期间，网下投资者可以多次提交申购记录，但以最后一次提交的全部申购记录为准。

6. 主承销商如何通过申购平台确认符合条件的网下投资者资格？如何确定

可参与申购的网下投资者及配售对象的有效报价信息？请说明具体操作方式。

主承销商应当在初步询价开始日前一交易日 10:00 前，通过申购平台录入持有市值参数标准，提交并确认股票代码、发行人名称等初步询价相关参数，启动本次网下发行。

主承销商应于该日 21:00 前通过申购平台剔除不符合条件的网下投资者及其配售对象，并完成初步确认。申购平台将根据持有市值参数标准，自动核对经主承销商初步确认的网下投资者及其配售对象资格，不符合条件的将被剔除。

初步询价截止后，主承销商应在符合网下发行参与条件的网下投资者及配售对象范围内，根据《证券发行与承销管理办法》的有关规定、发行人和主承销商事先确定并公告的有效报价条件，剔除不得参与累计投标询价或定价申购的初步询价报价及其对应的拟申购数量。

Ⅵ 证券上市

VI. 1　上海证券交易所股票上市规则（2014 年修订）

（2014 年 10 月 17 日　上证发［2014］65 号）

（1998 年 1 月实施　2000 年 5 月第一次修订　2001 年 6 月第二次修订　2002 年 2 月第三次修订　2004 年 12 月第四次修订　2006 年 5 月第五次修订　2008 年 9 月第六次修订　2012 年 7 月第七次修订　2013 年 12 月第八次修订　2014 年 10 月第九次修订）

第一章　总　则

1. 1　为规范股票、可转换为股票的公司债券（以下简称可转换公司债券）和其他衍生品种（以下统称股票及其衍生品种）的上市行为，以及上市公司和相关信息披露义务人的信息披露行为，维护证券市场秩序，保护投资者的合法权益，根据《中华人民共和国公司法》（以下简称《公司法》）、《中华人民共和国证券法》（以下简称《证券法》）和《证券交易所管理办法》等相关法律、行政法规、部门规章以及《上海证券交易所章程》，制定本规则。

1. 2　在上海证券交易所（以下简称本所）上市的股票及其衍生品种，适用本规则。

中国证券监督管理委员会（以下简称中国证监会）和本所对权证等衍生品种、境外公司的股票及其衍生品种在本所的上市、信息披露、停牌等事宜另有规定的，从其规定。

1. 3　申请股票及其衍生品种在本所上市，应当经本所审核同意，并在上市前与本所签订上市协议，明确双方的权利、义务和有关事项。

1. 4　上市公司及其董事、监事、高级管理人员、股东、实际控制人、收购人等机构及其相关人员，以及保荐人及其保荐代表人、证券服务机构及其相关人员应当遵守法律、行政法规、部门规章、其他规范性文件、本规则及本所其他规定。

1. 5　本所依据法律、行政法规、部门规章、其他规范性文件、本规则及本所其他规定和中国证监会的授权，对上市公司及其董事、监事、高级管理人员、股东、实际控制人、收购人等机构及其相关人员，以及保荐人及其保荐代表人、证券服务机构及其相关人员进行监管。

第二章　信息披露的基本原则和一般规定

2. 1　上市公司和相关信息披露义务人应当根据法律、行政法规、部门规章、其他规范性文件、本规则以及本所其他规定，及时、公平地披露信息，并保证所披露信息的真实、准确、完整。

2.2 上市公司董事、监事、高级管理人员应当保证公司及时、公平地披露信息，以及信息披露内容的真实、准确、完整，没有虚假记载、误导性陈述或者重大遗漏。不能保证公告内容真实、准确、完整的，应当在公告中作出相应声明并说明理由。

2.3 上市公司和相关信息披露义务人应当在本规则规定的期限内披露所有对上市公司股票及其衍生品种交易价格可能产生较大影响的重大事件（以下简称重大信息或重大事项）。

2.4 上市公司和相关信息披露义务人应当同时向所有投资者公开披露重大信息，确保所有投资者可以平等地获取同一信息，不得向单个或部分投资者透露或泄漏。

公司向股东、实际控制人及其他第三方报送文件涉及未公开重大信息，应当及时向本所报告，并依照本所相关规定披露。

2.5 上市公司和相关信息披露义务人披露信息，应当以客观事实或具有事实基础的判断和意见为依据，如实反映实际情况，不得有虚假记载。

2.6 上市公司和相关信息披露义务人披露信息，应当客观，不得夸大其辞，不得有误导性陈述。

披露预测性信息及其他涉及公司未来经营和财务状况等信息，应当合理、谨慎、客观。

2.7 上市公司和相关信息披露义务人披露信息，应当内容完整、文件齐备，格式符合规定要求，不得有重大遗漏。

2.8 上市公司和相关信息披露义务人应当关注公共媒体（包括主要网站）关于本公司的报道，以及本公司股票及其衍生品种的交易情况，及时向有关方面核实相关情况，在规定期限内如实回复本所就上述事项提出的问询，并按照本规则规定和本所要求及时就相关情况作出公告，不得以相关事项存在不确定性或需要保密为由不履行报告和公告义务。

2.9 上市公司和相关信息披露义务人及其董事、监事、高级管理人员和其他内幕信息知情人在信息披露前，应当将该信息的知情者控制在最小范围内，不得泄漏公司内幕信息，不得进行内幕交易或者配合他人操纵公司股票及其衍生品种交易价格。

2.10 上市公司应当按照有关规定，制定和执行信息披露事务管理制度。信息披露事务管理制度经公司董事会审议通过后，应当及时报本所备案并在本所网站披露。

2.11　上市公司应披露的信息包括定期报告和临时报告。

公司在披露信息前，应当按照本规则或者本所要求，在第一时间向本所报送定期报告或者临时报告文稿和相关备查文件。

公告文稿应当使用事实描述性的语言，简明扼要、通俗易懂地说明应披露事件，不得含有宣传、广告、恭维、诋毁等性质的词句。

公告文稿和相关备查文件应当采用中文文本，同时采用外文文本的，应当保证两种文本内容的一致。两种文本发生歧义时，以中文文本为准。

2.12　本所根据有关法律、行政法规、部门规章、其他规范性文件、本规则及本所其他规定，对上市公司和相关信息披露义务人的信息披露文件进行形式审核，对其内容的真实性不承担责任。

本所对定期报告实行事前登记、事后审核；对临时报告依不同情况实行事前审核或者事前登记、事后审核。

定期报告和临时报告出现任何错误、遗漏或者误导的，本所可以要求公司作出说明并公告，公司应当按照本所的要求办理。

2.13　上市公司的定期报告和临时报告以及相关信息披露义务人的公告经本所登记后，应当在中国证监会指定的媒体上披露。

公司和相关信息披露义务人应当保证在指定媒体上披露的文件与本所登记的内容完全一致，未能按照既定日期或已登记内容披露的，应当立即向本所报告。

2.14　上市公司和相关信息披露义务人在其他公共媒体发布的重大信息不得先于指定媒体，不得以新闻发布或者答记者问等其他形式代替信息披露或泄漏未公开重大信息。

公司董事、监事和高级管理人员应当遵守并促使公司遵守前款规定。

2.15　上市公司应当将定期报告和临时报告等信息披露文件和相关备查文件在公告的同时备置于公司住所，供公众查阅。

2.16　上市公司应当配备信息披露所必需的通讯设备，保证对外咨询电话的畅通。

2.17　上市公司拟披露的信息存在不确定性、属于临时性商业秘密或者本所认可的其他情形，及时披露可能损害公司利益或者误导投资者，并且符合以下条件的，上市公司可以向本所申请暂缓披露，说明暂缓披露的理由和期限：

（一）拟披露的信息尚未泄漏；

（二）有关内幕人士已书面承诺保密；

（三）公司股票及其衍生品种的交易未发生异常波动。

经本所同意，公司可以暂缓披露相关信息。暂缓披露的期限一般不超过两个月。

暂缓披露申请未获本所同意，暂缓披露的原因已经消除或者暂缓披露的期限届满的，公司应当及时披露。

2.18 上市公司拟披露的信息属于国家秘密、商业秘密或者本所认可的其他情形，按本规则披露或者履行相关义务可能导致其违反国家有关保密的法律法规或损害公司利益的，可以向本所申请豁免按本规则披露或者履行相关义务。

2.19 上市公司和相关信息披露义务人未在规定期限内回复本所问询、未按照本规则规定和本所要求进行公告的，或者本所认为必要时，本所可以交易所公告的形式向市场说明有关情况。

2.20 上市公司发生的或与之有关的事件没有达到本规则规定的披露标准，或者本规则没有具体规定，但本所或公司董事会认为该事件可能对公司股票及其衍生品种交易价格产生较大影响的，公司应当比照本规则及时披露，且在发生类似事件时，按照同一标准予以披露。

2.21 上市公司对本规则的具体要求有疑问的，可以向本所咨询。

2.22 上市公司股东、实际控制人、收购人等相关信息披露义务人，应当按照有关规定履行信息披露义务，积极配合公司做好信息披露工作，及时告知公司已发生或者拟发生的重大事件，并严格履行所作出的承诺。

2.23 保荐人和证券服务机构为上市公司和相关信息披露义务人的证券业务活动制作、出具保荐书、审计报告、资产评估报告、财务顾问报告、资信评级报告、法律意见书等文件，应当勤勉尽责，对所依据文件资料内容的真实性、准确性、完整性进行核查和验证，所制作、出具的文件不得有虚假记载、误导性陈述或者重大遗漏。

第三章 董事、监事和高级管理人员

第一节 董事、监事和高级管理人员声明与承诺

3.1.1 董事、监事和高级管理人员应当在公司股票首次上市前，新任董事和监事应当在股东大会或者职工代表大会通过相关决议后一个月内，新任高级管理人员应当在董事会通过相关决议后一个月内，签署一式三份《董事（监事、高级管理人员）声明及承诺书》，并向本所和公司董事会备案。

董事、监事和高级管理人员签署《董事（监事、高级管理人员）声明及承诺书》时，应当由律师解释该文件的内容，董事、监事和高级管理人员在充分理解后签字并经律师见证。

董事会秘书应当督促董事、监事和高级管理人员及时签署《董事（监事、

高级管理人员）声明及承诺书》，并按照本所规定的途径和方式提交《董事（监事、高级管理人员）声明及承诺书》的书面文件和电子文件。

3.1.2 董事、监事和高级管理人员应当在《董事（监事、高级管理人员）声明及承诺书》中声明：

（一）持有本公司股票的情况；

（二）有无因违反法律、行政法规、部门规章、其他规范性文件、本规则受查处的情况；

（三）参加证券业务培训的情况；

（四）其他任职情况和最近五年的工作经历；

（五）拥有其他国家或者地区的国籍、长期居留权的情况；

（六）本所认为应当声明的其他事项。

3.1.3 董事、监事和高级管理人员应当保证《董事（监事、高级管理人员）声明及承诺书》中声明事项的真实、准确、完整，不存在任何虚假记载、误导性陈述或者重大遗漏。

声明事项发生变化时（持有本公司股票的情况除外），董事、监事和高级管理人员应当自该等事项发生变化之日起五个交易日内，向本所和公司董事会提交有关最新资料。

3.1.4 董事、监事和高级管理人员应当履行以下职责，并在《董事（监事、高级管理人员）声明及承诺书》中作出承诺：

（一）遵守并促使本公司遵守法律、行政法规、部门规章等，履行忠实义务和勤勉义务；

（二）遵守并促使本公司遵守本规则及本所其他规定，接受本所监管；

（三）遵守并促使本公司遵守《公司章程》；

（四）本所认为应当履行的其他职责和应当作出的其他承诺。

监事还应当承诺监督董事和高级管理人员遵守其承诺。

高级管理人员还应当承诺，及时向董事会报告公司经营或者财务等方面出现的可能对公司股票及其衍生品种交易价格产生较大影响的事项。

3.1.5 董事应当履行的忠实义务和勤勉义务包括以下内容：

（一）原则上应当亲自出席董事会会议，以合理的谨慎态度勤勉行事，并对所议事项发表明确意见；因故不能亲自出席董事会会议的，应当审慎地选择受托人；

（二）认真阅读公司各项商务、财务会计报告和公共传媒有关公司的重大报道，及时了解并持续关注公司业务经营管理状况和公司已经发生的或者可能发生的重大事项及其影响，及时向董事会报告公司经营活动中存在的问题，不得以不直接从事经营管理或者不知悉有关问题和情况为由推卸责任；

（三）《证券法》、《公司法》有关规定和社会公认的其他忠实义务和勤勉义务。

3.1.6　董事、监事、高级管理人员和上市公司股东买卖公司股票应当遵守《公司法》、《证券法》、中国证监会和本所相关规定及公司章程。

董事、监事和高级管理人员自公司股票上市之日起一年内和离职后半年内，不得转让其所持本公司股份；任职期间拟买卖本公司股票应当根据相关规定提前报本所备案；所持本公司股份发生变动的，应当及时向公司报告并由公司在本所网站公告。

3.1.7　董事、监事、高级管理人员、持有上市公司5%以上股份的股东，将其持有的公司股票在买入后六个月内卖出，或者在卖出后六个月内买入，由此所得收益归公司所有，公司董事会应当收回其所得收益，并及时披露相关情况。

3.1.8　上市公司在发布召开关于选举独立董事的股东大会通知时，应当在公告中表明有关独立董事的议案以本所审核无异议为前提，并将独立董事候选人的有关材料（包括但不限于提名人声明、候选人声明、独立董事履历表）报送本所。

公司董事会对独立董事候选人的有关情况有异议的，应当同时向本所报送董事会的书面意见。

3.1.9　本所在收到前条所述材料后五个交易日内，对独立董事候选人的任职资格和独立性进行审核。对于本所提出异议的独立董事候选人，董事会应当在股东大会上对该独立董事候选人被本所提出异议的情况作出说明，并表明不将其作为独立董事候选人提交股东大会表决。

第二节　董事会秘书

3.2.1　上市公司应当设立董事会秘书，作为公司与本所之间的指定联络人。

公司应当设立由董事会秘书负责管理的信息披露事务部门。

3.2.2　董事会秘书应当对上市公司和董事会负责，履行如下职责：

（一）负责公司信息对外公布，协调公司信息披露事务，组织制定公司信息披露事务管理制度，督促公司和相关信息披露义务人遵守信息披露相关规定；

（二）负责投资者关系管理，协调公司与证券监管机构、投资者、证券服务机构、媒体等之间的信息沟通；

（三）组织筹备董事会会议和股东大会会议，参加股东大会会议、董事会会议、监事会会议及高级管理人员相关会议，负责董事会会议记录工作并签字；

（四）负责公司信息披露的保密工作，在未公开重大信息泄露时，及时向本所报告并披露；

（五）关注媒体报道并主动求证报道的真实性，督促公司董事会及时回复本所问询；

（六）组织公司董事、监事和高级管理人员进行相关法律、行政法规、本规则及相关规定的培训，协助前述人员了解各自在信息披露中的职责；

（七）知悉公司董事、监事和高级管理人员违反法律、行政法规、部门规章、其他规范性文件、本规则、本所其他规定和公司章程时，或者公司作出或可能作出违反相关规定的决策时，应当提醒相关人员，并立即向本所报告；

（八）负责公司股权管理事务，保管公司董事、监事、高级管理人员、控股股东及其董事、监事、高级管理人员持有本公司股份的资料，并负责披露公司董事、监事、高级管理人员持股变动情况；

（九）《公司法》、中国证监会和本所要求履行的其他职责。

3.2.3 上市公司应当为董事会秘书履行职责提供便利条件，董事、监事、财务负责人及其他高级管理人员和相关工作人员应当支持、配合董事会秘书的工作。

董事会秘书为履行职责，有权了解公司的财务和经营情况，参加涉及信息披露的有关会议，查阅涉及信息披露的所有文件，并要求公司有关部门和人员及时提供相关资料和信息。

董事会秘书在履行职责的过程中受到不当妨碍或者严重阻挠时，可以直接向本所报告。

3.2.4 董事会秘书应当具备履行职责所必需的财务、管理、法律等专业知识，具有良好的职业道德和个人品质，并取得本所颁发的董事会秘书培训合格证书。具有下列情形之一的人士不得担任董事会秘书：

（一）《公司法》第一百四十七条规定的任何一种情形；

（二）最近三年受到过中国证监会的行政处罚；

（三）最近三年受到过证券交易所公开谴责或者三次以上通报批评；

（四）本公司现任监事；

（五）本所认定不适合担任董事会秘书的其他情形。

3.2.5 上市公司应当在首次公开发行的股票上市后三个月内，或者原任董事会秘书离职后三个月内聘任董事会秘书。

3.2.6 上市公司应当在聘任董事会秘书的董事会会议召开五个交易日之

前，向本所报送下述资料：

（一）董事会推荐书，包括被推荐人（候选人）符合本规则规定的董事会秘书任职资格的说明、现任职务和工作表现等内容；

（二）候选人的个人简历和学历证明复印件；

（三）候选人取得的本所颁发的董事会秘书培训合格证书复印件。

本所对董事会秘书候选人任职资格未提出异议的，公司可以召开董事会会议，聘任董事会秘书。

3.2.7　上市公司董事会应当聘任证券事务代表协助董事会秘书履行职责。董事会秘书不能履行职责或董事会秘书授权时，证券事务代表应当代为履行职责。在此期间，并不当然免除董事会秘书对公司信息披露事务所负有的责任。

证券事务代表应当取得本所颁发的董事会秘书培训合格证书。

3.2.8　上市公司董事会聘任董事会秘书和证券事务代表后，应当及时公告并向本所提交下述资料：

（一）董事会秘书、证券事务代表聘任书或者相关董事会决议；

（二）董事会秘书、证券事务代表的通讯方式，包括办公电话、住宅电话、移动电话、传真、通信地址及专用电子邮箱地址等；

（三）公司法定代表人的通讯方式，包括办公电话、移动电话、传真、通信地址及专用电子邮箱地址等。

上述通讯方式发生变更时，公司应当及时向本所提交变更后的资料。

3.2.9　上市公司解聘董事会秘书应当有充分的理由，不得无故将其解聘。

董事会秘书被解聘或者辞职时，公司应当及时向本所报告，说明原因并公告。

董事会秘书有权就被公司不当解聘或者与辞职有关的情况，向本所提交个人陈述报告。

3.2.10　董事会秘书具有下列情形之一的，上市公司应当自相关事实发生之日起一个月内将其解聘：

（一）第3.2.4条规定的任何一种情形；

（二）连续三个月以上不能履行职责；

（三）在履行职责时出现重大错误或者疏漏，给投资者造成重大损失；

（四）违反法律、行政法规、部门规章、其他规范性文件、本规则、本所其他规定和公司章程等，给投资者造成重大损失。

3.2.11　上市公司在聘任董事会秘书时，应当与其签订保密协议，要求董事会秘书承诺在任职期间以及离任后，持续履行保密义务直至有关信息披露为止，但涉及公司违法违规行为的信息不属于前述应当予以保密的范围。

董事会秘书离任前，应当接受董事会和监事会的离任审查，在监事会的监督下移交有关档案文件、正在办理的事项以及其他待办理事项。

3.2.12 董事会秘书被解聘或者辞职后，在未履行报告和公告义务，或者未完成离任审查、档案移交等手续前，仍应承担董事会秘书的责任。

3.2.13 董事会秘书空缺期间，上市公司应当及时指定一名董事或者高级管理人员代行董事会秘书的职责，并报本所备案，同时尽快确定董事会秘书的人选。公司指定代行董事会秘书职责的人员之前，由公司法定代表人代行董事会秘书职责。

董事会秘书空缺时间超过三个月的，公司法定代表人应当代行董事会秘书职责，直至公司聘任新的董事会秘书。

3.2.14 上市公司应当保证董事会秘书在任职期间按要求参加本所组织的董事会秘书后续培训。

3.2.15 本所接受董事会秘书、第3.2.13条规定的代行董事会秘书职责的人员或者证券事务代表以上市公司名义办理的信息披露与股权管理事务。

第四章 保荐人

4.1 本所实行股票和可转换公司债券（含分离交易的可转换公司债券）的上市保荐制度。发行人（上市公司）向本所申请其首次公开发行的股票、上市后发行的新股和可转换公司债券在本所上市，以及公司股票被暂停上市后申请恢复上市、公司股票被终止上市后申请重新上市的，应当由保荐人保荐。

保荐人应当为经中国证监会注册登记并列入保荐人名单，同时具有本所会员资格的证券经营机构；恢复上市保荐人还应当具有中国证券业协会《证券公司从事代办股份转让主办券商业务资格管理办法（试行）》中规定的从事代办股份转让主办券商业务资格。

4.2 保荐人应当与发行人签订保荐协议，明确双方在发行人申请上市期间、申请恢复上市期间和持续督导期间的权利和义务。保荐协议应当约定保荐人审阅发行人信息披露文件的时点。

首次公开发行股票的，持续督导的期间为股票上市当年剩余时间及其后两个完整会计年度；发行新股、可转换公司债券的，持续督导的期间为股票或者可转换公司债券上市当年剩余时间及其后一个完整会计年度；申请恢复上市的，持续督导期间为股票恢复上市当年剩余时间及其后一个完整会计年度。持续督导的期间自股票或者可转换公司债券上市之日起计算。

4.3 保荐人应当在签订保荐协议时指定两名保荐代表人具体负责保荐工作，并作为保荐人与本所之间的指定联络人。

保荐代表人应当为经中国证监会注册登记并列入保荐代表人名单的自然人。

4.4 保荐人保荐股票或者可转换公司债券上市（股票恢复上市除外）时，应当向本所提交上市保荐书、保荐协议、保荐人和相关保荐代表人已经中国证监会注册登记并列入保荐人和保荐代表人名单的证明文件、保荐人向保荐代表人出具的由保荐人法定代表人签名的授权书，以及与上市保荐工作有关的其他文件。

保荐人保荐股票恢复上市时应当提交的文件及其内容，按照本规则第十四章第二节的有关规定执行。

4.5 前条所述上市保荐书应当包括以下内容：

（一）发行股票、可转换公司债券的公司概况；

（二）申请上市的股票、可转换公司债券的发行情况；

（三）保荐人是否存在可能影响其公正履行保荐职责的情形的说明；

（四）保荐人按照有关规定应当承诺的事项；

（五）对公司持续督导工作的安排；

（六）保荐人和相关保荐代表人的联系地址、电话和其他通讯方式；

（七）保荐人认为应当说明的其他事项；

（八）本所要求的其他内容。

上市保荐书应当由保荐人的法定代表人（或者授权代表）和相关保荐代表人签字，注明日期并加盖保荐人公章。

4.6 保荐人应当督导发行人按照本规则的规定履行信息披露及其他相关义务，督导发行人及其董事、监事和高级管理人员遵守本规则并履行向本所作出的承诺，审阅发行人信息披露文件和向本所提交的其他文件，并保证向本所提交的与保荐工作相关的文件的真实、准确、完整。

4.7 保荐人应当在发行人向本所报送信息披露文件及其他文件之前，或者履行信息披露义务后五个交易日内，完成对有关文件的审阅工作，督促发行人及时更正审阅中发现的问题，并向本所报告。

4.8 保荐人履行保荐职责发表的意见应当及时告知发行人，记录于保荐工作档案。

发行人应当配合保荐人和保荐代表人的工作。

4.9 保荐人在履行保荐职责期间有充分理由确信发行人可能存在违反本规则规定的行为的，应当督促发行人作出说明并限期纠正；情节严重的，应当向本所报告。

保荐人按照有关规定对发行人违法违规事项公开发表声明的，应当于披露前向本所报告，经本所审核后在指定媒体上公告。本所对上述公告进行形式审核，对其内容的真实性不承担责任。

4.10　保荐人有充分理由确信证券服务机构及其签名人员按本规则规定出具的专业意见可能存在虚假记载、误导性陈述或重大遗漏等违法违规情形或者其他不当情形的，应当及时发表意见；情节严重的，应当向本所报告。

4.11　保荐人更换保荐代表人的，应当通知发行人，并及时向本所报告，说明原因并提供新更换的保荐代表人的相关资料。发行人应当在收到通知后及时披露保荐代表人变更事宜。

4.12 保荐人和发行人终止保荐协议的，应当及时向本所报告，说明原因并由发行人发布公告。

发行人另行聘请保荐人的，应当及时向本所报告并公告。新聘请的保荐人应当及时向本所提交第4.4条规定的有关文件。

4.13　保荐人应当自持续督导工作结束后十个交易日内向本所报送保荐总结报告书。

4.14　保荐人、相关保荐代表人和保荐工作其他参与人员不得利用从事保荐工作期间获得的发行人尚未披露的信息进行内幕交易，为自己或者他人谋取利益。

第五章　股票和可转换公司债券上市

第一节　首次公开发行股票并上市

5.1.1　发行人首次公开发行股票后申请其股票在本所上市，应当符合下列条件：

（一）股票经中国证监会核准已公开发行；

（二）公司股本总额不少于人民币五千万元；

（三）公开发行的股份达到公司股份总数的25%以上；公司股本总额超过人民币四亿元的，公开发行股份的比例为10%以上；

（四）公司最近三年无重大违法行为，财务会计报告无虚假记载；

（五）本所要求的其他条件。

5.1.2　发行人首次公开发行股票的申请获得中国证监会核准发行后，应当及时向本所提出股票上市申请，并提交下列文件：

（一）上市申请书；

（二）中国证监会核准其股票首次公开发行的文件；

（三）有关本次发行上市事宜的董事会和股东大会决议；

（四）营业执照复印件；

（五）公司章程；

（六）经具有执行证券、期货相关业务资格的会计师事务所审计的发行人最近三年的财务会计报告；

（七）首次公开发行结束后发行人全部股票已经中国证券登记结算有限责任公司上海分公司（以下简称登记公司）托管的证明文件；

（八）首次公开发行结束后，具有执行证券、期货相关业务资格的会计师事务所出具的验资报告；

（九）关于董事、监事和高级管理人员持有本公司股份的情况说明和《董事（监事、高级管理人员）声明及承诺书》；

（十）发行人拟聘任或者已聘任的董事会秘书的有关资料；

（十一）首次公开发行后至上市前，按规定新增的财务资料和有关重大事项的说明（如适用）；

（十二）首次公开发行前已发行股份持有人，自发行人股票上市之日起一年内持股锁定证明；

（十三）第5.1.5条所述承诺函；

（十四）最近一次的招股说明书和经中国证监会审核的全套发行申报材料；

（十五）按照有关规定编制的上市公告书；

（十六）保荐协议和保荐人出具的上市保荐书；

（十七）律师事务所出具的法律意见书；

（十八）本所要求的其他文件。

5.1.3　发行人及其董事、监事、高级管理人员应当保证向本所提交的上市申请文件真实、准确、完整，不存在虚假记载、误导性陈述或者重大遗漏。

5.1.4　发行人首次公开发行股票前已发行的股份，自发行人股票上市之日起一年内不得转让。

5.1.5　发行人向本所申请其首次公开发行股票上市时，控股股东和实际控制人应当承诺：自发行人股票上市之日起三十六个月内，不转让或者委托他人管理其直接和间接持有的发行人首次公开发行股票前已发行股份，也不由发行人回购该部分股份。

但转让双方存在控制关系，或者均受同一实际控制人控制的，自发行人股票上市之日起一年后，经控股股东和实际控制人申请并经本所同意，可豁免遵守前款承诺。

发行人应当在上市公告书中披露上述承诺。

5.1.6　本所在收到发行人提交的第5.1.2条所列全部上市申请文件后七个交易日内，作出是否同意上市的决定并通知发行人。出现特殊情况时，本所可以暂缓作出是否同意上市的决定。

5.1.7　本所设立上市委员会对上市申请进行审议，作出独立的专业判断并形成审核意见。本所根据上市审核委员会的审核意见，作出是否同意上市的决定。

第5.1.1条所列第（一）至第（四）项条件为在本所上市的必备条件，本所并不保证发行人符合上述条件时，其上市申请一定能够获得本所同意。

5.1.8　发行人应当于其股票上市前五个交易日内，在指定媒体或者本所网站上披露下列文件：

（一）上市公告书；

（二）公司章程；

（三）上市保荐书；

（四）法律意见书；

（五）本所要求的其他文件。

上述文件应当备置于公司住所，供公众查阅。

发行人在提出上市申请期间，未经本所同意，不得擅自披露与上市有关的信息。

第二节　上市公司发行股票和可转换公司债券的上市

5.2.1　上市公司向本所申请办理公开发行股票或可转换公司债券发行事宜时，应当提交下列文件：

（一）中国证监会的核准文件；

（二）经中国证监会审核的全部发行申报材料；

（三）发行的预计时间安排；

（四）发行具体实施方案和发行公告；

（五）相关招股意向书或者募集说明书；

（六）本所要求的其他文件。

5.2.2　上市公司应当按照中国证监会有关规定，编制并披露涉及公开发行股票或可转换公司债券的相关公告。

5.2.3　发行结束后，上市公司可以向本所申请公开发行股票或可转换公司债券上市。

5.2.4　上市公司申请可转换公司债券在本所上市，应当符合下列条件：

（一）可转换公司债券的期限为一年以上；

（二）可转换公司债券实际发行额不少于人民币五千万元；

（三）申请上市时仍符合法定的可转换公司债券发行条件。

5.2.5　上市公司向本所申请公开发行股票或可转换公司债券的上市，应当在股票或可转换公司债券上市前五个交易日向本所提交下列文件：

（一）上市申请书；

（二）有关本次发行上市事宜的董事会和股东大会决议；

（三）按照有关规定编制的上市公告书；

（四）保荐协议和保荐人出具的上市保荐书；

（五）发行结束后经具有执行证券、期货相关业务资格的会计师事务所出具的验资报告；

（六）登记公司对新增股份或可转换公司债券登记托管的书面确认文件；

（七）董事、监事和高级管理人员持股情况变动的报告（适用于新股上市）；

（八）本所要求的其他文件。

5.2.6 上市公司应当在公开发行股票或可转换公司债券上市前五个交易日内，在指定媒体上披露下列文件和事项：

（一）上市公告书；

（二）本所要求的其他文件和事项。

5.2.7 上市公司非公开发行股票的限售期届满，申请非公开发行股票上市时，应当在上市前五个交易日向本所提交下列文件：

（一）上市申请书；

（二）发行结果的公告；

（三）发行股份的托管证明；

（四）关于向特定对象发行股份的说明；

（五）上市提示性公告；

（六）本所要求的其他文件。

5.2.8 上市公司非公开发行股票上市申请获得本所同意后，应当在上市前三个交易日内披露上市提示性公告。上市提示性公告应当包括非公开发行股票的上市时间、上市数量、发行价格、发行对象等内容。

第三节 有限售条件的股份上市

5.3.1 上市公司有限售条件的股份上市，应当在上市前五个交易日以书面形式向本所提出上市申请。

5.3.2 上市公司申请公开发行前已发行股份的上市，应当向本所提交下列文件：

（一）上市申请书；

（二）有关股东的持股情况说明及托管情况；

（三）有关股东作出的限售承诺及其履行情况的说明（如有）；

（四）上市提示性公告；

（五）本所要求的其他文件。

5.3.3　经本所同意后，上市公司应当在有关股份上市前三个交易日披露上市提示性公告。上市提示性公告应当包括以下内容：

（一）上市时间和数量；

（二）有关股东所作出的限售承诺及其履行情况；

（三）本所要求的其他内容。

5.3.4　上市公司申请股权分置改革后有限售条件的股份上市，应当参照第5.3.2条、第5.3.3条规定执行，本所另有规定的，从其规定。

5.3.5　上市公司申请向证券投资基金、法人、战略投资者配售的股份上市，应当向本所提交下列文件：

（一）上市申请书；

（二）配售结果的公告；

（三）配售股份的托管证明；

（四）关于向证券投资基金、法人、战略投资者配售股份的说明；

（五）上市提示性公告；

（六）本所要求的其他文件。

5.3.6　经本所同意后，上市公司应当在配售的股份上市前三个交易日内披露上市提示性公告。上市提示性公告应当包括以下内容：

（一）配售股份的上市时间；

（二）配售股份的上市数量；

（三）配售股份的发行价格；

（四）公司历次股份变动情况。

5.3.7　上市公司申请对其有关股东以及（原）董事、监事和高级管理人员所持本公司股份解除锁定时，应当向本所提交下列文件：

（一）持股解锁申请；

（二）全部或者部分解除锁定的理由和相关证明文件（如适用）；

（三）上市提示性公告；

（四）本所要求的其他文件。

5.3.8　上市公司申请其内部职工股上市时，应当向本所提交下列文件：

（一）上市申请书；

（二）中国证监会关于内部职工股上市时间的批文；

（三）有关内部职工股持股情况的说明及其托管证明；

（四）董事、监事和高级管理人员持有内部职工股有关情况的说明；

（五）内部职工股上市提示性公告；

（六）本所要求的其他文件。

5.3.9 经本所同意后，上市公司应当在内部职工股上市前三个交易日内披露上市提示性公告。上市提示性公告应当包括以下内容：

（一）上市日期；

（二）本次上市的股份数量以及董事、监事和高级管理人员持有的数量；

（三）发行价格；

（四）历次股份变动情况；

（五）持有内部职工股的人数。

5.3.10 上市公司向本所申请其他有限售条件的股份上市流通，参照本章相关规定执行。

第六章 定期报告

6.1 上市公司定期报告包括年度报告、中期报告和季度报告。

公司应当在法律、行政法规、部门规章、其他规范性文件以及本规则规定的期限内完成编制并披露定期报告。其中，年度报告应当在每个会计年度结束之日起四个月内，中期报告应当在每个会计年度的上半年结束之日起两个月内，季度报告应当在每个会计年度前三个月、九个月结束后的一个月内编制完成并披露。第一季度季度报告的披露时间不得早于上一年度年度报告的披露时间。

公司预计不能在规定期限内披露定期报告的，应当及时向本所报告，并公告不能按期披露的原因、解决方案以及延期披露的最后期限。

6.2 上市公司应当向本所预约定期报告的披露时间，本所根据均衡披露原则统筹安排各公司定期报告的披露顺序。

公司应当按照本所安排的时间办理定期报告披露事宜。因故需要变更披露时间的，应当提前五个交易日向本所提出书面申请，说明变更的理由和变更后的披露时间，本所视情形决定是否予以调整。本所原则上只接受一次变更申请。

6.3 上市公司董事会应当确保公司按时披露定期报告。因故无法形成董事会审议定期报告的决议的，公司应当以董事会公告的形式对外披露相关情况，说明无法形成董事会决议的原因和存在的风险。

公司不得披露未经董事会审议通过的定期报告。

6.4 上市公司董事会应当按照中国证监会和本所关于定期报告的有关规定，组织有关人员安排落实定期报告的编制和披露工作。

公司经理、财务负责人、董事会秘书等高级管理人员应当及时编制定期报告草案；董事会秘书负责送达董事、监事、高级管理人员审阅；董事长负责召集和主持董事会会议审议定期报告。

公司董事、高级管理人员应当对定期报告签署书面确认意见，明确表示是否同意定期报告的内容；监事会应当对董事会编制的定期报告进行审核，以监事会决议的形式说明定期报告编制和审核程序是否符合相关规定，内容是否真实、准确、完整。董事、高级管理人员不得以任何理由拒绝对定期报告签署书面意见。

为公司定期报告出具审计意见的会计师事务所，应当严格按照注册会计师执业准则及相关规定，及时恰当发表审计意见，不得无故拖延审计工作而影响定期报告的按时披露。

6.5　上市公司年度报告中的财务会计报告应当经具有执行证券、期货相关业务资格的会计师事务所审计。中期报告中的财务会计报告可以不经审计，但公司有下列情形之一的，应当审计：

（一）拟在下半年进行利润分配、以公积金转增股本、弥补亏损；

（二）根据中国证监会或者本所有关规定应当进行审计的其他情形。

季度报告中的财务资料无须审计，但中国证监会和本所另有规定的除外。

6.6　上市公司应当在董事会审议通过定期报告后，及时向本所报送并提交下列文件：

（一）定期报告全文及摘要（或正文）；

（二）审计报告原件（如适用）；

（三）董事会和监事会决议及其公告文稿；

（四）按本所要求制作的载有定期报告和财务数据的电子文件；

（五）本所要求的其他文件。

6.7　定期报告披露前出现业绩提前泄漏，或者因业绩传闻导致公司股票及其衍生品种交易异常波动的，上市公司应当及时披露本报告期相关财务数据（无论是否已经审计），包括营业收入、营业利润、利润总额、净利润、总资产、净资产、每股收益、每股净资产和净资产收益率等主要财务数据和指标。

6.8　按照《公开发行证券的公司信息披露编报规则第14号——非标准无保留审计意见及其涉及事项的处理》的规定，上市公司财务会计报告被会计师事务所出具非标准无保留审计意见的，公司在报送定期报告的同时，应当向本所提交下列文件：

（一）董事会针对该审计意见涉及事项所做的专项说明，审议此专项说明的董事会决议和决议所依据的材料；

决的情况；

（四）该重大事项出现逾期付款情形的，及时披露逾期付款的原因和付款安排；

（五）该重大事项涉及的主要标的物尚未交付或者过户的，及时披露交付或者过户情况；超过约定交付或者过户期限三个月仍未完成交付或者过户的，及时披露未如期完成的原因、进展情况和预计完成的时间，并每隔三十日公告一次进展情况，直至完成交付或者过户；

（六）该重大事项发生可能对公司股票及其衍生品种交易价格产生较大影响的其他进展或者变化的，及时披露进展或者变化情况。

7.6 上市公司根据第7.3条或者第7.4条在规定时间内报送的临时报告不符合本规则有关要求的，可以先披露提示性公告，解释未能按要求披露的原因，并承诺在两个交易日内披露符合要求的公告。

7.7 上市公司控股子公司发生的本规则第九章、第十章和第十一章所述重大事项，视同上市公司发生的重大事项，适用前述各章的规定。

上市公司参股公司发生本规则第九章和第十一章所述重大事项，或者与上市公司的关联人进行第10.1.1条提及的各类交易，可能对上市公司股票及其衍生品种交易价格产生较大影响的，上市公司应当参照上述各章的规定，履行信息披露义务。

第八章 董事会、监事会和股东大会决议

第一节 董事会和监事会决议

8.1.1 上市公司召开董事会会议，应当在会议结束后及时将董事会决议（包括所有提案均被否决的董事会决议）报送本所。董事会决议应当经与会董事签字确认。

本所要求提供董事会会议记录的，公司应当按要求提供。

8.1.2 董事会决议涉及须经股东大会表决的事项，或者本规则第六章、第九章、第十章和第十一章所述重大事项的，上市公司应当及时披露；涉及其他事项的董事会决议，本所认为有必要的，公司也应当及时披露。

8.1.3 董事会决议涉及的本规则第六章、第九章、第十章和第十一章所述重大事项，需要按照中国证监会有关规定或者本所制定的公告格式指引进行公告的，上市公司应当分别披露董事会决议公告和相关重大事项公告。

8.1.4 董事会决议公告应当包括以下内容：

（一）会议通知发出的时间和方式；

（二）会议召开的时间、地点、方式，以及是否符合有关法律、行政法规、

（六）委托或者受托管理资产和业务；

（七）赠与或者受赠资产；

（八）债权、债务重组；

（九）签订许可使用协议；

（十）转让或者受让研究与开发项目；

（十一）本所认定的其他交易。

上述购买或者出售资产，不包括购买原材料、燃料和动力，以及出售产品、商品等与日常经营相关的资产购买或者出售行为，但资产置换中涉及到的此类资产购买或者出售行为，仍包括在内。

9.2 上市公司发生的交易（提供担保除外）达到下列标准之一的，应当及时披露：

（一）交易涉及的资产总额（同时存在账面值和评估值的，以高者为准）占上市公司最近一期经审计总资产的10%以上；

（二）交易的成交金额（包括承担的债务和费用）占上市公司最近一期经审计净资产的10%以上，且绝对金额超过1000万元；

（三）交易产生的利润占上市公司最近一个会计年度经审计净利润的10%以上，且绝对金额超过100万元；

（四）交易标的（如股权）在最近一个会计年度相关的营业收入占上市公司最近一个会计年度经审计营业收入的10%以上，且绝对金额超过1000万元；

（五）交易标的（如股权）在最近一个会计年度相关的净利润占上市公司最近一个会计年度经审计净利润的10%以上，且绝对金额超过100万元。

上述指标涉及的数据如为负值，取其绝对值计算。

9.3 上市公司发生的交易（提供担保、受赠现金资产、单纯减免上市公司义务的债务除外）达到下列标准之一的，除应当及时披露外，还应当提交股东大会审议：

（一）交易涉及的资产总额（同时存在账面值和评估值的，以高者为准）占上市公司最近一期经审计总资产的50%以上；

（二）交易的成交金额（包括承担的债务和费用）占上市公司最近一期经审计净资产的50%以上，且绝对金额超过5000万元；

（三）交易产生的利润占上市公司最近一个会计年度经审计净利润的50%以上，且绝对金额超过500万元；

（四）交易标的（如股权）在最近一个会计年度相关的营业收入占上市公司最近一个会计年度经审计营业收入的50%以上，且绝对金额超过5000万元；

（五）交易标的（如股权）在最近一个会计年度相关的净利润占上市公司

最近一个会计年度经审计净利润的50%以上，且绝对金额超过500万元。

上述指标涉及的数据如为负值，取绝对值计算。

9.4 上市公司与同一交易方同时发生第9.1条第（二）项至第（四）项以外各项中方向相反的两个相关交易时，应当按照其中单个方向的交易涉及指标中较高者计算披露标准。

9.5 交易标的为公司股权，且购买或者出售该股权将导致上市公司合并报表范围发生变更的，该股权所对应的公司的全部资产总额和营业收入，视为第9.2条和第9.3条所述交易涉及的资产总额和与交易标的相关的营业收入。

9.6 交易仅达到第9.3条第（三）项或者第（五）项标准，且上市公司最近一个会计年度每股收益的绝对值低于0.05元的，公司可以向本所申请豁免适用第9.3条将交易提交股东大会审议的规定。

9.7 交易达到第9.3条规定标准的，若交易标的为公司股权，上市公司应当提供具有执行证券、期货相关业务资格的会计师事务所，按照企业会计准则对交易标的最近一年又一期的财务会计报告出具审计报告，审计截止日距审议该交易事项的股东大会召开日不得超过六个月；若交易标的为股权以外的其他非现金资产，公司应当提供具有执行证券、期货相关业务资格的资产评估事务所出具的评估报告，评估基准日距审议该交易事项的股东大会召开日不得超过一年。

交易虽未达到第9.3条规定的标准，但本所认为有必要的，公司也应当按照前款规定，提供有关会计师事务所或者资产评估事务所的审计或者评估报告。

9.8 上市公司投资设立公司，根据《公司法》第二十六条或者第八十一条可以分期缴足出资额的，应当以协议约定的全部出资额为标准适用第9.2条或者第9.3条的规定。

9.9 上市公司进行“提供财务资助”、“委托理财”等交易时，应当以发生额作为计算标准，并按照交易类别在连续十二个月内累计计算。经累计计算的发生额达到第9.2条或者第9.3条规定标准的，分别适用第9.2条或者第9.3条的规定。

已经按照第9.2条或者第9.3条履行相关义务的，不再纳入相关的累计计算范围。

9.10 上市公司进行“提供担保”、“提供财务资助”、“委托理财”等之外的其他交易时，应当对相同交易类别下标的相关的各项交易，按照连续十二个月内累计计算的原则，分别适用第9.2条或者第9.3条的规定。已经按照第9.2条或者第9.3条履行相关义务的，不再纳入相关的累计计算范围。

除前款规定外，公司发生“购买或者出售资产”交易，不论交易标的是否相关，若所涉及的资产总额或者成交金额在连续十二个月内经累计计算超过公司最近一期经审计总资产30%的，除应当披露并参照第9.7条进行审计或者评估外，还应当提交股东大会审议，并经出席会议的股东所持表决权的三分之二以上通过。

9.11 上市公司发生“提供担保”交易事项，应当提交董事会或者股东大会进行审议，并及时披露。

下述担保事项应当在董事会审议通过后提交股东大会审议：

（一）单笔担保额超过公司最近一期经审计净资产10%的担保；

（二）公司及其控股子公司的对外担保总额，超过公司最近一期经审计净资产50%以后提供的任何担保；

（三）为资产负债率超过70%的担保对象提供的担保；

（四）按照担保金额连续十二个月内累计计算原则，超过公司最近一期经审计总资产30%的担保；

（五）按照担保金额连续十二个月内累计计算原则，超过公司最近一期经审计净资产的50%，且绝对金额超过5000万元以上；

（六）本所或者公司章程规定的其他担保。

对于董事会权限范围内的担保事项，除应当经全体董事的过半数通过外，还应当经出席董事会会议的三分之二以上董事同意；前款第（四）项担保，应当经出席会议的股东所持表决权的三分之二以上通过。

9.12 上市公司披露交易事项，应当向本所提交下列文件：

（一）公告文稿；

（二）与交易有关的协议或者意向书；

（三）董事会决议、决议公告文稿和独立董事的意见（如适用）；

（四）交易涉及的有权机关的批文（如适用）；

（五）证券服务机构出具的专业报告（如适用）；

（六）本所要求的其他文件。

9.13 上市公司应当根据交易类型，披露下述所有适用其交易的有关内容：

（一）交易概述和交易各方是否存在关联关系的说明；对于按照累计计算原则达到披露标准的交易，还应当简单介绍各单项交易和累计情况；

（二）交易对方的基本情况；

（三）交易标的的基本情况，包括标的的名称、账面值、评估值、运营情况、有关资产上是否存在抵押、质押或者其他第三人权利、是否存在涉及有关资产的重大争议、诉讼或仲裁事项或者查封、冻结等司法措施；

交易标的为股权的，还应当说明该股权对应的公司的基本情况和最近一年又一期的资产总额、负债总额、净资产、营业收入和净利润等财务数据；

出售控股子公司股权导致上市公司合并报表范围变更的，还应当说明上市公司是否存在为该子公司提供担保、委托该子公司理财，以及该子公司占用上市公司资金等方面的情况；如存在，应当披露前述事项涉及的金额、对上市公司的影响和解决措施；

（四）交易标的的交付状态、交付和过户时间；

（五）交易协议其他方面的主要内容，包括成交金额、支付方式（现金、股权、资产置换等）、支付期限或者分期付款的安排、协议生效条件和生效时间以及有效期间等；交易协议有任何形式的附加或者保留条款的，应当予以特别说明；

交易需经股东大会或者有权机关批准的，还应当说明需履行的法定程序和进展情况；

（六）交易定价依据，公司支出款项的资金来源；

（七）公司预计从交易中获得的利益（包括潜在利益），交易对公司本期和未来财务状况及经营成果的影响；

（八）关于交易对方履约能力的分析；

（九）交易涉及的人员安置、土地租赁、债务重组等情况；

（十）关于交易完成后可能产生关联交易的情况的说明；

（十一）关于交易完成后可能产生同业竞争的情况及相关应对措施的说明；

（十二）证券服务机构及其意见；

（十三）本所要求的有助于说明该交易真实情况的其他内容。

9.14　对于担保事项的披露内容，除前条规定外，还应当包括截止披露日上市公司及其控股子公司对外担保总额、上市公司对控股子公司提供担保的总额、上述数额分别占上市公司最近一期经审计净资产的比例。

9.15　对于达到披露标准的担保，如果被担保人于债务到期后十五个交易日内未履行还款义务，或者被担保人出现破产、清算或其他严重影响其还款能力的情形，上市公司应当及时披露。

9.16　上市公司与其合并报表范围内的控股子公司发生的或者上述控股子公司之间发生的交易，除中国证监会和本所另有规定外，免于按照本章规定披露和履行相应程序。

第十章　关联交易

第一节　关联交易和关联人

10.1.1　上市公司的关联交易，是指上市公司或者其控股子公司与上市公司关联人之间发生的转移资源或者义务的事项，包括以下交易：

（一）第9.1条规定的交易事项；

（二）购买原材料、燃料、动力；

（三）销售产品、商品；

（四）提供或者接受劳务；

（五）委托或者受托销售；

（六）在关联人财务公司存贷款；

（七）与关联人共同投资；

（八）其他通过约定可能引致资源或者义务转移的事项。

10.1.2　上市公司的关联人包括关联法人和关联自然人。

10.1.3　具有以下情形之一的法人或其他组织，为上市公司的关联法人：

（一）直接或者间接控制上市公司的法人或其他组织；

（二）由上述第（一）项直接或者间接控制的除上市公司及其控股子公司以外的法人或其他组织；

（三）由第10.1.5条所列上市公司的关联自然人直接或者间接控制的，或者由关联自然人担任董事、高级管理人员的除上市公司及其控股子公司以外的法人或其他组织；

（四）持有上市公司5%以上股份的法人或其他组织；

（五）中国证监会、本所或者上市公司根据实质重于形式原则认定的其他与上市公司有特殊关系，可能导致上市公司利益对其倾斜的法人或其他组织。

10.1.4　上市公司与前条第（二）项所列法人受同一国有资产管理机构控制的，不因此而形成关联关系，但该法人的法定代表人、总经理或者半数以上的董事兼任上市公司董事、监事或者高级管理人员的除外。

10.1.5　具有以下情形之一的自然人，为上市公司的关联自然人：

（一）直接或间接持有上市公司5%以上股份的自然人；

（二）上市公司董事、监事和高级管理人员；

（三）第10.1.3条第（一）项所列关联法人的董事、监事和高级管理人员；

（四）本条第（一）项和第（二）项所述人士的关系密切的家庭成员，包括配偶、年满18周岁的子女及其配偶、父母及配偶的父母、兄弟姐妹及其配偶、配偶的兄弟姐妹、子女配偶的父母；

（五）中国证监会、本所或者上市公司根据实质重于形式原则认定的其他与上市公司有特殊关系，可能导致上市公司利益对其倾斜的自然人。

10.1.6　具有以下情形之一的法人或其他组织或者自然人，视同上市公司的关联人：

（一）根据与上市公司或者其关联人签署的协议或者作出的安排，在协议或者安排生效后，或在未来十二个月内，将具有第10.1.3条或者第10.1.5条规定的情形之一；

（二）过去十二个月内，曾经具有第10.1.3条或者第10.1.5条规定的情形之一。

10.1.7 上市公司董事、监事、高级管理人员、持股5%以上的股东及其一致行动人、实际控制人，应当将其与上市公司存在的关联关系及时告知公司，并由公司报本所备案。

第二节 关联交易的审议程序和披露

10.2.1 上市公司董事会审议关联交易事项时，关联董事应当回避表决，也不得代理其他董事行使表决权。该董事会会议由过半数的非关联董事出席即可举行，董事会会议所作决议须经非关联董事过半数通过。出席董事会会议的非关联董事人数不足三人的，公司应当将交易提交股东大会审议。

前款所称关联董事包括下列董事或者具有下列情形之一的董事：

（一）为交易对方；

（二）为交易对方的直接或者间接控制人；

（三）在交易对方任职，或者在能直接或间接控制该交易对方的法人或其他组织、该交易对方直接或者间接控制的法人或其他组织任职；

（四）为交易对方或者其直接或者间接控制人的关系密切的家庭成员（具体范围参见第10.1.5条第（四）项的规定）；

（五）为交易对方或者其直接或者间接控制人的董事、监事或高级管理人员的关系密切的家庭成员（具体范围参见第10.1.5条第（四）项的规定）；

（六）中国证监会、本所或者上市公司基于实质重于形式原则认定的其独立商业判断可能受到影响的董事。

10.2.2 上市公司股东大会审议关联交易事项时，关联股东应当回避表决。

前款所称关联股东包括下列股东或者具有下列情形之一的股东：

（一）为交易对方；

（二）为交易对方的直接或者间接控制人；

（三）被交易对方直接或者间接控制；

（四）与交易对方受同一法人或其他组织或者自然人直接或间接控制；

（五）因与交易对方或者其关联人存在尚未履行完毕的股权转让协议或者其他协议而使其表决权受到限制和影响的股东；

（六）中国证监会或者本所认定的可能造成上市公司利益对其倾斜的股东。

10.2.3　上市公司与关联自然人发生的交易金额在 30 万元以上的关联交易（上市公司提供担保除外），应当及时披露。

公司不得直接或者间接向董事、监事、高级管理人员提供借款。

10.2.4　上市公司与关联法人发生的交易金额在 300 万元以上，且占公司最近一期经审计净资产绝对值 0.5% 以上的关联交易（上市公司提供担保除外），应当及时披露。

10.2.5　上市公司与关联人发生的交易（上市公司提供担保、受赠现金资产、单纯减免上市公司义务的债务除外）金额在 3000 万元以上，且占上市公司最近一期经审计净资产绝对值 5% 以上的关联交易，除应当及时披露外，还应当比照第 9.7 条的规定，提供具有执行证券、期货相关业务资格的证券服务机构，对交易标的出具的审计或者评估报告，并将该交易提交股东大会审议。

第 10.2.12 条所述与日常经营相关的关联交易所涉及的交易标的，可以不进行审计或者评估。

10.2.6　上市公司为关联人提供担保的，不论数额大小，均应当在董事会审议通过后及时披露，并提交股东大会审议。

公司为持股 5% 以下的股东提供担保的，参照前款规定执行，有关股东应当在股东大会上回避表决。

10.2.7　上市公司与关联人共同出资设立公司，应当以上市公司的出资额作为交易金额，适用第 10.2.3 条、第 10.2.4 或第 10.2.5 条的规定。

上市公司出资额达到第 10.2.5 条规定标准，如果所有出资方均全部以现金出资，且按照出资额比例确定各方在所设立公司的股权比例的，可以向本所申请豁免适用提交股东大会审议的规定。

10.2.8　上市公司披露关联交易事项时，应当向本所提交下列文件：

（一）公告文稿；

（二）第 9.12 条第（二）项至第（五）项所列文件；

（三）独立董事事前认可该交易的书面文件；

（四）独立董事的意见；

（五）本所要求的其他文件。

10.2.9　上市公司披露的关联交易公告应当包括以下内容：

（一）交易概述及交易标的的基本情况；

（二）独立董事的事前认可情况和发表的独立意见；

（三）董事会表决情况（如适用）；

（四）交易各方的关联关系和关联人基本情况；

（五）交易的定价政策及定价依据，成交价格与交易标的账面值或者评估值以及明确、公允的市场价格之间的关系，以及因交易标的的特殊性而需要说明的与定价有关的其他事项；

若成交价格与账面值、评估值或者市场价格差异较大的，应当说明原因；交易有失公允的，还应当披露本次关联交易所产生的利益的转移方向；

（六）交易协议其他方面的主要内容，包括交易成交价格及结算方式，关联人在交易中所占权益的性质和比重，协议生效条件、生效时间和履行期限等；

（七）交易目的及交易对上市公司的影响，包括进行此次关联交易的真实意图和必要性，对公司本期和未来财务状况及经营成果的影响等；

（八）从当年年初至披露日与该关联人累计已发生的各类关联交易的总金额；

（九）第 9.13 条规定的其他内容；

（十）中国证监会和本所要求的有助于说明交易真实情况的其他内容。

上市公司为关联人和持股5%以下的股东提供担保的，还应当披露第 9.14 条规定的内容。

10.2.10　上市公司进行“提供财务资助”、“委托理财”等关联交易时，应当以发生额作为披露的计算标准，并按交易类别在连续十二个月内累计计算，经累计计算的发生额达到第 10.2.3 条、第 10.2.4 条或者第 10.2.5 条规定标准的，分别适用以上各条的规定。

已经按照第 10.2.3 条、第 10.2.4 条或者第 10.2.5 条履行相关义务的，不再纳入相关的累计计算范围。

10.2.11　上市公司进行前条之外的其他关联交易时，应当按照以下标准，并按照连续十二个月内累计计算的原则，分别适用第 10.2.3 条、第 10.2.4 条或者第 10.2.5 条的规定：

（一）与同一关联人进行的交易；

（二）与不同关联人进行的交易标的类别相关的交易。

上述同一关联人，包括与该关联人受同一法人或其他组织或者自然人直接或间接控制的，或相互存在股权控制关系；以及由同一关联自然人担任董事或高级管理人员的法人或其他组织。

已经按照第 10.2.3 条、第 10.2.4 条或者第 10.2.5 条履行相关义务的，不再纳入相关的累计计算范围。

10.2.12　上市公司与关联人进行第 10.1.1 条第（二）项至第（七）项所列日常关联交易时，按照下述规定进行披露和履行相应审议程序：

（一）已经股东大会或者董事会审议通过且正在执行的日常关联交易协议，如果执行过程中主要条款未发生重大变化的，公司应当在年度报告和中期报告中按要求披露各协议的实际履行情况，并说明是否符合协议的规定；如果协议在执行过程中主要条款发生重大变化或者协议期满需要续签的，公司应当将新修订或者续签的日常关联交易协议，根据协议涉及的总交易金额提交董事会或者股东大会审议，协议没有具体总交易金额的，应当提交股东大会审议；

（二）首次发生的日常关联交易，公司应当与关联人订立书面协议并及时披露，根据协议涉及的总交易金额提交董事会或者股东大会审议，协议没有具体总交易金额的，应当提交股东大会审议；该协议经审议通过并披露后，根据其进行的日常关联交易按照前款规定办理；

（三）每年新发生的各类日常关联交易数量较多，需要经常订立新的日常关联交易协议等，难以按照前项规定将每份协议提交董事会或者股东大会审议的，公司可以在披露上一年度报告之前，按类别对本公司当年度将发生的日常关联交易总金额进行合理预计，根据预计结果提交董事会或者股东大会审议并披露；对于预计范围内的日常关联交易，公司应当在年度报告和中期报告中予以分类汇总披露。公司实际执行中超出预计总金额的，应当根据超出量重新提请董事会或者股东大会审议并披露。

10.2.13　日常关联交易协议的内容应当至少包括定价原则和依据、交易价格、交易总量或者明确具体的总量确定方法、付款时间和方式等主要条款。

协议未确定具体交易价格而仅说明参考市场价格的，公司在按照前条规定履行披露义务时，应当同时披露实际交易价格、市场价格及其确定方法、两种价格存在差异的原因。

10.2.14　上市公司与关联人签订的日常关联交易协议期限超过三年的，应当每三年根据本章的规定重新履行相关审议程序和披露义务。

10.2.15　上市公司与关联人因一方参与公开招标、公开拍卖等行为所导致的关联交易，公司可以向本所申请豁免按照关联交易的方式进行审议和披露。

10.2.16　上市公司与关联人进行的下述交易，可以免予按照关联交易的方式进行审议和披露：

（一）一方以现金方式认购另一方公开发行的股票、公司债券或企业债券、可转换公司债券或者其他衍生品种；

（二）一方作为承销团成员承销另一方公开发行的股票、公司债券或企业债券、可转换公司债券或者其他衍生品种；

（三）一方依据另一方股东大会决议领取股息、红利或者报酬；

（四）本所认定的其他交易。

10.2.17 上市公司与关联人进行交易时涉及的披露和审议程序，本章没有规定的，适用本规则第九章的规定。

第十一章 其他重大事项

第一节 重大诉讼和仲裁

11.1.1 上市公司应当及时披露涉案金额超过1000万元，并且占公司最近一期经审计净资产绝对值10%以上的重大诉讼、仲裁事项。

未达到前款标准或者没有具体涉案金额的诉讼、仲裁事项，董事会基于案件特殊性认为可能对公司股票及其衍生品种交易价格产生较大影响，或者本所认为有必要的，以及涉及股东大会、董事会决议被申请撤销或者宣告无效的诉讼，公司也应当及时披露。

11.1.2 上市公司连续十二个月内发生的诉讼和仲裁事项涉案金额累计达到第11.1.1条所述标准的，适用该条规定。

已经按照第11.1.1条规定履行披露义务的，不再纳入累计计算范围。

11.1.3 上市公司披露重大诉讼、仲裁事项时，应当向本所提交下列文件：

（一）公告文稿；

（二）诉状或者仲裁申请书、受理（应诉）通知书；

（三）判决或者裁决书；

（四）本所要求的其他材料。

11.1.4 上市公司关于重大诉讼、仲裁事项的公告应当包括以下内容：

（一）案件受理情况和基本案情；

（二）案件对公司本期利润或者期后利润的影响；

（三）公司及控股子公司是否还存在尚未披露的其他诉讼、仲裁事项；

（四）本所要求的其他内容。

11.1.5 上市公司应当及时披露重大诉讼、仲裁事项的重大进展情况及其对公司的影响，包括但不限于诉讼案件的初审和终审判决结果、仲裁裁决结果以及判决、裁决执行情况等。

第二节 变更募集资金投资项目

11.2.1 上市公司拟变更募集资金投资项目的，应当在董事会形成相关决议后及时披露，并将该事项提交股东大会审议。

11.2.2 上市公司办理变更募集资金投资项目披露事宜，应当向本所提交下列文件：

（一）公告文稿；

（二）董事会决议和决议公告文稿；

（三）独立董事对变更募集资金投资项目的意见；

（四）监事会对变更募集资金投资项目的意见；

（五）保荐人对变更募集资金投资项目的意见（如适用）；

（六）关于变更募集资金投资项目的说明；

（七）新项目的合作意向书或者协议；

（八）新项目立项机关的批文；

（九）新项目的可行性研究报告；

（十）相关证券服务机构的报告；

（十一）终止原项目的协议；

（十二）本所要求的其他文件。

公司应当根据新项目的具体情况，向本所提供上述第（七）项至第（十一）项所述全部或者部分文件。

11.2.3 上市公司变更募集资金投资项目的公告应当包括以下内容：

（一）原项目基本情况及变更的具体原因；

（二）新项目的基本情况、市场前景和风险提示；

（三）新项目已经取得或者尚待取得有权机关审批的说明（如适用）；

（四）有关募集资金投资项目变更尚需提交股东大会审议的相关说明；

（五）本所要求的其他内容。

新项目涉及购买资产或者对外投资等事项的，还应当比照本规则的相关规定进行披露。

第三节 业绩预告、业绩快报和盈利预测

11.3.1 上市公司预计年度经营业绩将出现下列情形之一的，应当在会计年度结束后一个月内进行业绩预告，预计中期和第三季度业绩将出现下列情形之一的，可以进行业绩预告：

（一）净利润为负值；

（二）净利润与上年同期相比上升或者下降50%以上；

（三）实现扭亏为盈。

11.3.2 上市公司出现第11.3.1条第（二）项情形，且以每股收益作为比较基数较小的，经本所同意可以豁免进行业绩预告：

（一）上一年年度报告每股收益绝对值低于或等于0.05元；

（二）上一期中期报告每股收益绝对值低于或等于0.03元；

（三）上一期年初至第三季度报告期末每股收益绝对值低于或等于

0.04 元。

11.3.3 上市公司披露业绩预告后，又预计本期业绩与已披露的业绩预告情况差异较大的，应当及时刊登业绩预告更正公告。业绩预告更正公告应当包括以下内容：

（一）预计的本期业绩情况；

（二）预计的本期业绩与已披露的业绩预告存在的差异及造成差异的原因；

（三）董事会的致歉说明和对公司内部责任人的认定情况；

（四）关于公司股票可能被实施或者撤销风险警示、暂停上市、恢复上市或者终止上市的说明（如适用）。

根据注册会计师预审计结果进行业绩预告更正的，还应当说明公司与注册会计师是否存在分歧及分歧所在。

11.3.4 上市公司披露业绩预告或者业绩预告更正公告，应当向本所提交下列文件：

（一）公告文稿；

（二）董事会的有关说明；

（三）注册会计师对公司作出业绩预告或者更正其业绩预告的依据及过程是否适当和审慎的意见（如适用）；

（四）本所要求的其他文件。

11.3.5 上市公司可以在年度报告和中期报告披露前发布业绩快报，披露本期及上年同期营业收入、营业利润、利润总额、净利润、总资产、净资产、每股收益、每股净资产和净资产收益率等主要财务数据和指标。

公司披露业绩快报时，应当向本所提交下列文件：

（一）公告文稿；

（二）经法定代表人、主管会计工作的负责人、总会计师（如有）、会计机构负责人（会计主管人员）签字并盖章的比较式资产负债表和利润表；

（三）本所要求的其他文件。

11.3.6 上市公司应当保证业绩快报中的财务数据和指标与相关定期报告披露的实际数据和指标不存在重大差异。

在披露定期报告之前，公司若发现有关财务数据和指标的差异幅度将达到10%的，应当及时披露业绩快报更正公告，说明具体差异及造成差异的原因；差异幅度达到20%的，公司还应当在披露相关定期报告的同时，以董事会公告的形式进行致歉，说明对公司内部责任人的认定情况等。

11.3.7 上市公司预计本期业绩与已披露的盈利预测有重大差异的，应当及时披露盈利预测更正公告，并向本所提交下列文件：

（一）公告文稿；

（二）董事会的有关说明；

（三）董事会关于确认更正盈利预测的依据及过程是否适当和审慎的说明；

（四）注册会计师关于盈利预测与实际情况存在重大差异的专项说明；

（五）本所要求的其他文件。

11.3.8 上市公司盈利预测更正公告应当包括以下内容：

（一）预计的本期业绩；

（二）预计本期业绩与已披露的盈利预测存在的差异及造成差异的原因；

（三）董事会的致歉说明和对公司内部责任人的认定情况；

（四）关于公司股票可能被实施或者撤销风险警示、暂停上市、恢复上市或者终止上市的说明（如适用）。

第四节 利润分配和资本公积金转增股本

11.4.1 上市公司应当在董事会审议通过利润分配或资本公积金转增股本方案（以下简称方案）后，及时披露方案的具体内容。

11.4.2 上市公司在实施方案前，应当向本所提交下列文件：

（一）方案实施公告；

（二）股东大会决议；

（三）登记公司确认方案具体实施时间的文件；

（四）本所要求的其他文件。

11.4.3 上市公司应当于实施方案的股权登记日前三至五个交易日内披露方案实施公告。

11.4.4 方案实施公告应当包括以下内容：

（一）通过方案的股东大会届次和日期；

（二）派发现金股利、股份股利、资本公积金转增股本的比例（以每10股表述）、股本基数（按实施前实际股本计算），以及是否含税和扣税情况等；

（三）股权登记日、除权（息）日、新增股份（未完成股权分置改革的上市公司为“新增可流通股份”）上市日；

（四）方案实施办法；

（五）股本结构变动表（按变动前总股本、本次派发红股数、本次转增股本数、变动后总股本、占总股本比例等项目列示）；

（六）派发股份股利、资本公积金转增股本后，按新股本摊薄计算的上年度每股收益或者本年半年度每股收益；

（七）有关咨询办法。

11.4.5 上市公司应当在股东大会审议通过方案后两个月内，完成利润分配及转增股本事宜。

第五节 股票交易异常波动和传闻澄清

11.5.1 股票交易被本所根据有关规定或业务规则认定为异常波动的，上市公司应当于下一交易日披露股票交易异常波动公告。

根据市场发展的需要，本所可以安排公司在非交易日公告。

股票交易异常波动的计算从公告之日起重新开始，公告日为非交易日，从下一交易日起重新开始。

11.5.2 上市公司披露股票交易异常波动公告时，应当向本所提交下列文件：

（一）公告文稿；

（二）董事会的分析说明；

（三）公司问询控股股东及其实际控制人的函件，以及控股股东及其实际控制人的回函；

（四）有助于说明问题真实情况的其他文件。

11.5.3 上市公司股票交易异常波动公告应当包括以下内容：

（一）股票交易异常波动的具体情况；

（二）董事会核实股票交易异常波动的对象、方式和结果，包括公司内外部环境是否发生变化，公司或者控股股东及其实际控制人是否发生或拟发生资产重组、股权转让等重大事项的情况说明；

（三）是否存在应当披露而未披露重大信息的声明；

（四）本所要求的其他内容。

11.5.4 上市公司股价持续异常，可以向本所申请通过公开方式主动与投资者或媒体进行沟通，并于下一交易日披露沟通情况。

11.5.5 公共传媒传播的消息（以下简称传闻）可能或者已经对公司股票及其衍生品种交易价格产生较大影响的，上市公司应当及时向本所提供传闻传播的证据，控股股东及其实际控制人确认是否存在影响上市公司股票交易价格的重大事项的回函，并发布澄清公告。

11.5.6 上市公司关于传闻的澄清公告应当包括以下内容：

（一）传闻内容及其来源；

（二）传闻所涉事项的真实情况；

（三）本所要求的其他内容。

第六节 回购股份

11.6.1 上市公司为减少注册资本而进行的回购适用本节规定，其他目的的回购应当遵守中国证监会和本所相关规定。

11.6.2 上市公司应当在董事会审议通过回购股份相关事项后，及时披露董事会决议、回购股份预案，并发布召开股东大会的通知。公司披露的回购股份预案应当至少包括以下事项：

（一）回购股份的目的；

（二）回购股份的方式；

（三）回购股份的价格或价格区间、定价原则；

（四）拟回购股份的种类、数量及其占公司总股本的比例；

（五）拟用于回购股份的资金总额及资金来源；

（六）回购股份的期限；

（七）预计回购股份后公司股权结构的变动情况；

（八）管理层对回购股份对公司经营、财务及未来发展的影响的分析报告。

11.6.3 上市公司应当聘请独立财务顾问就回购股份事宜进行尽职调查，出具独立财务顾问报告，并在股东大会召开五日前公告。

11.6.4 上市公司应当在股东大会召开的三日之前，于本所网站披露：刊登回购股份的董事会决议公告的前一个交易日和股东大会股权登记日登记在册的前十名股东（未完成股权分置改革的上市公司为“前十名流通股股东”）的名称或姓名及持股数量、比例。

11.6.5 上市公司股东大会对回购股份作出决议，应当经出席会议的股东所持表决权的三分之二以上通过。

股东大会作出回购股份决议后，公司应当及时公告并在十日内通知债权人。

11.6.6 上市公司采用竞价方式回购股份的，应当按照下述要求履行信息披露义务：

（一）公司向中国证监会申请撤回以竞价方式回购股份的方案或者收到中国证监会异议函后，应当及时披露相关情况；

（二）在收到中国证监会无异议函后五个交易日内，公告《回购报告书》和法律意见书；

（三）在回购期间，于每个月的前三个交易日内刊登回购进展公告，披露截止上月末的回购进展情况，包括已回购股份总额、购买的最高价和最低价、支付的总金额；

通过竞价方式回购股份占上市公司总股本的比例每增加1%的，应当自该事实发生之日起两个交易日内进行公告，公告内容比照前款要求；

（四）距回购期届满三个月仍未实施回购方案的，董事会应当公告未能实施回购的原因。

11.6.7　前条所述《回购报告书》，应当包括以下内容：

（一）第11.6.2条所列事项；

（二）董事、监事和高级管理人员在股东大会决议公告前六个月内是否存在买卖本公司股票的行为，是否存在单独或者与他人联合进行内幕交易或者市场操纵的说明；

（三）独立财务顾问就本次回购股份出具的结论性意见；

（四）律师事务所就本次回购股份出具的结论性意见；

（五）其他应当说明的事项。

11.6.8　上市公司采用要约方式回购股份的，应当按照下述要求履行信息披露义务：

（一）公司向中国证监会申请撤回以要约方式回购股份的回购方案或收到中国证监会异议函后，应当及时披露相关情况；

（二）在收到中国证监会无异议函后二个交易日内刊登提示性公告，并在实施回购方案前披露《回购报告书》和法律意见书；《回购报告书》的内容，除第11.6.7条的规定外，还应当包括公司对股东预受及撤回要约的方式和程序等事项作出的特别说明；

（三）要约回购有效期内，公司应当委托本所每日在本所网站公告预受和撤回预受要约股份的数量。

11.6.9　上市公司应当通过回购专用账户进行回购。回购期届满或者回购方案已实施完毕的，上市公司应当立即停止回购行为，注销回购专用账户，在两个交易日内刊登回购结果公告。

第七节　吸收合并

11.7.1　上市公司拟与其他公司吸收合并，应当在董事会审议通过合并相关事项后，及时披露董事会决议和有关合并方案的提示性公告。提示性公告应当包括以下内容：

（一）合并方案内容；

（二）合并生效条件；

（三）合并双方的基本情况；

（四）投资者保护措施；

（五）本所要求的其他内容。

11.7.2　上市公司发布召开股东大会通知时，应当披露董事会关于合并预案的说明书，并在召开股东大会前至少发布二次风险提示性公告。合并预案说明书应当包括以下内容：

（一）双方当事人基本情况；

（二）合并方案；

（三）合并动因和董事会同意合并理由；

（四）合并双方技术和财务的分析；

（五）独立财务顾问、律师事务所等证券服务机构的意见；

（六）本所要求的其他内容。

合并预案说明书应当充分揭示合并方案存在的风险因素。

11.7.3　上市公司应当聘请独立财务顾问就合并事宜进行尽职调查，出具独立财务顾问报告，聘请律师事务所就合并方案提出法律意见，并在股东大会召开前五个交易日公告。

11.7.4　上市公司股东大会对合并方案作出决议，应当经出席会议的股东所持表决权的三分之二以上通过。

股东大会作出合并方案决议后，公司应当及时公告并在十日内通知债权人。

11.7.5　上市公司合并方案，经中国证监会核准后，应当及时披露合并报告书摘要、实施合并的提示性公告和实施结果公告。合并完成后，公司应当办理股份变更登记，按本规则第五章规定向本所申请合并后公司股份的上市交易。被合并上市公司按照本规则第十四章规定终止上市。

11.7.6　上市公司分立参照本节的审议程序和信息披露规定执行。

第八节　可转换公司债券涉及的重大事项

11.8.1　发行可转换公司债券的上市公司出现以下情况之一时，应当及时向本所报告并披露：

（一）因发行新股、送股、分立及其他原因引起股份变动，需要调整转股价格，或者依据募集说明书约定的转股价格向下修正条款修正转股价格的；

（二）可转换公司债券转换为股票的数额累计达到可转换公司债券开始转股前公司已发行股份总额10%的；

（三）公司信用状况发生重大变化，可能影响如期偿还债券本息的；

（四）可转换公司债券担保人发生重大资产变动、重大诉讼，或者涉及合并、分立等情况的；

（五）未转换的可转换公司债券面值总额少于3000万元的；

（六）有资格的信用评级机构对可转换公司债券的信用或公司的信用进行评级，并已出具信用评级结果的；

（七）可能对可转换公司债券交易价格产生较大影响的其他重大事项；

（八）中国证监会和本所规定的其他情形。

11.8.2　投资者持有上市公司已发行的可转换公司债券达到可转换公司债

券发行总量20%时，应当在该事实发生之日起三日内，以书面形式向本所报告，通知上市公司并予以公告；在上述规定的期限内，不得再行买卖该公司可转换公司债券和股票。

投资者持有上市公司已发行的可转换公司债券达到可转换公司债券发行总量20%后，每增加或者减少10%时，应当依照前款规定履行报告和公告义务。在报告期内和公告后二日内，不得再行买卖该公司的可转换公司债券和股票。

11.8.3 上市公司应当在可转换公司债券约定的付息日前三至五个交易日内披露付息公告；在可转换公司债券期满后两个交易日内披露本息兑付公告。

11.8.4 上市公司应当在可转换公司债券开始转股前三个交易日内披露实施转股的公告。

11.8.5 上市公司应当在满足可转换公司债券赎回条件的下一交易日发布公告，明确披露是否行使赎回权。如决定行使赎回权的，公司还应当在赎回期结束前至少发布三次赎回提示性公告，公告应当载明赎回程序、赎回价格、付款方法、付款时间等内容。

赎回期结束后，公司应当公告赎回结果及其影响。

11.8.6 上市公司应当在满足可转换公司债券回售条件的下一交易日发布回售公告，并在回售期结束前至少发布三次回售提示性公告，公告应当载明回售程序、回售价格、付款方法、付款时间等内容。

回售期结束后，公司应当公告回售结果及其影响。

11.8.7 变更可转换公司债券募集资金投资项目的，上市公司应当在股东大会通过决议后二十个交易日内赋予可转换公司债券持有人一次回售的权利，有关回售公告至少发布三次。其中，在回售实施前、股东大会决议公告后五个交易日内至少发布一次，在回售实施期间至少发布一次，余下一次回售公告的发布时间视需要而定。

11.8.8 上市公司在可转换公司债券转换期结束的二十个交易日前，应当至少发布三次提示性公告，提醒投资者有关在可转换公司债券转换期结束前的十个交易日停止交易的事项。

公司出现可转换公司债券按规定须停止交易的其他情形时，应当在获悉有关情形后及时披露其可转换公司债券将停止交易的公告。

11.8.9 上市公司应当在每一季度结束后及时披露因可转换公司债券转换为股份所引起的股份变动情况。

第九节 权益变动和收购

11.9.1 持有上市公司5%以上股份的股东或实际控制人涉及该上市公司的权益变动或收购的，相关股东、收购人、实际控制人按照《上市公司收购管理办法》履行报告和公告义务的，应当及时通知上市公司。上市公司应当在知悉前述权益变动或收购后，及时发布提示性公告。

11.9.2　因上市公司减少股本导致股东及其一致行动人拥有权益的股份变动达到披露要求的，上市公司应当自完成减少股本变更登记之日起两个交易日内，就因此导致的公司股东权益变动情况作出公告。

11.9.3　上市公司接受股东委托办理股份过户手续的，应当在获悉相关事实后及时公告。

11.9.4　上市公司涉及被要约收购的，应当在收购人公告《要约收购报告书》后二十日内，披露《被收购公司董事会报告书》和独立财务顾问的专业意见。

收购人对收购要约条件作出重大修改的，被收购公司董事会应当在三个交易日内披露董事会和独立财务顾问的补充意见。

11.9.5　上市公司董事、监事、高级管理人员、员工或者其所控制或委托的法人、其他组织、自然人拟对公司进行收购或取得控制权的，公司应当披露非关联董事参与表决的董事会决议、非关联股东参与表决的股东大会决议，以及独立董事和独立财务顾问的意见。

11.9.6　上市公司控股股东向收购人协议转让其所持股份时，控股股东及其关联方未清偿对公司的负债、或未解除公司为其负债提供的担保、或存在损害公司利益的其他情形的，公司董事会应当及时予以披露并提出解决措施。

11.9.7　上市公司实际控制人以及受其控制的股东未履行报告、公告义务的，公司董事会应当自知悉之日起履行报告和公告义务，并督促实际控制人以及受其控制的股东履行报告、公告义务。

11.9.8　上市公司实际控制人及受其控制的股东未履行报告、公告义务，拒不履行相关配合义务，或者实际控制人存在不得收购上市公司的情形的，公司董事会应当拒绝接受实际控制人及受其控制的股东向董事会提交的提案或者临时议案，并向中国证监会和本所报告。

11.9.9　上市公司的收购及相关股份权益变动活动中的信息披露义务人依法披露前，相关信息已在媒体上传播或公司股票交易出现异常的，公司董事会应当立即书面询问有关当事人并及时公告。

11.9.10　上市公司涉及其他上市公司的权益变动或收购的，应当按照《上市公司收购管理办法》履行相关报告、公告义务。

第十节　股权激励

11.10.1　上市公司拟实施股权激励计划，应当严格遵守中国证监会和本所有关股权激励的规定，履行必要的审议程序和报告、公告义务。

11.10.2 上市公司拟实施股权激励计划，应当及时披露董事会审议股权激励计划的决议，中国证监会、国有资产管理机构等对股权激励计划的备案异议、批复情况，股东大会对股权激励计划的决议情况，以及股权激励计划的实施过程，并按本所规定提交相关文件。

11.10.3 上市公司刊登股权激励计划公告时，应当同时在本所网站详细披露各激励对象姓名、职务（岗位）和拟授予限制性股票或股票期权的数量、占股权激励计划拟授予总量的百分比等情况。

11.10.4 上市公司采用限制性股票或股票期权实施股权激励计划的，应当在股东大会审议通过股权激励计划后，及时召开董事会审议并披露股权激励计划是否满足授予条件的结论性意见、授予日、激励对象、激励数量、激励价格、以及对公司当年相关财务状况和经营成果的影响等情况。

股票期权存续期间，股票期权的行权比例、行权价格按照股权激励计划中约定的调整公式进行调整的，公司应当及时披露调整情况。

11.10.5 上市公司拟授予激励对象激励股份的，应向本所提出申请。本所根据公司提交的申请文件，对激励股份授予申请予以确认。公司据此向登记公司提交有关文件，办理激励股份的授予登记，并在授予登记手续完成后及时披露激励股份授予完成公告。

11.10.6 限制性股票满足解除限售条件的，上市公司董事会应当及时审议，并向本所申请解除限售。本所根据公司提交的申请文件，对限制性股票解除限售申请予以确认。公司应当及时披露限制性股票解除限售的情况。

11.10.7 股票期权满足行权条件的，上市公司董事会应当及时审议并披露股票期权是否满足行权条件的结论性意见，以及股票期权行权起止日期、行权股票的来源和预计数量、每一个激励对象持有的本期可行权和拟行权股票期权的数量、尚未符合行权条件的股票期权数量等情况。

股票期权未满足行权条件的，公司应当及时披露未满足行权条件的原因；未满足本期行权条件的，公司董事会应当明确对已授予股票期权的处理措施和相关后续安排。

11.10.8 本所根据上市公司提交的申请文件，对公司股票期权的行权申请予以确认，公司据此向登记公司提交有关文件，办理股票期权行权登记手续，并披露行权结果公告。

11.10.9 股票期权行权所得股份有限售期的，限售期届满，上市公司董事会应当及时审议，并申请限售股份上市、披露解除限售股份的情况。

11.10.10 上市公司实施股权激励计划后，出现激励对象不符合授予条件、离职、继承、死亡等事项，公司应当及时披露对已授予激励对象的限制性股票、股票期权的处理措施、相关后续安排。

第十一节　破产

11.11.1　上市公司被法院裁定进入破产程序后，公司股票及其衍生品种应当按照本规则第十三章有关规定予以停牌、复牌和风险警示，公司应当每月披露一次破产程序的进展情况。

11.11.2　上市公司应当在董事会作出向法院申请重整、和解或破产清算的决定时，或者知悉债权人向法院申请公司重整、破产清算时，及时向本所报告并披露以下信息：

（一）公司作出申请决定的具体原因、正式递交申请的时间（公司主动申请）；

（二）申请人的基本情况、申请目的、申请的事实和理由（债权人申请）；

（三）申请重整、和解或破产清算对公司的影响；

（四）其他需要说明的事项。

公司应当在公告中充分揭示其股票及其衍生品种可能存在被终止上市的风险。

11.11.3　上市公司应当及时披露法院受理重整、和解或破产清算申请的进展情况，包括以下内容：

（一）法院受理重整、和解或者破产清算申请前，申请人请求撤回申请；

（二）法院作出不予受理重整、和解或者破产清算申请的裁定时间和主要内容；

（三）本所要求披露的其他内容。

11.11.4　法院受理重整、和解或者破产清算申请的，上市公司应当及时向本所报告并披露以下内容：

（一）申请人名称（债权人申请）；

（二）法院作出受理重整、和解或者破产清算裁定的时间和主要内容；

（三）法院指定管理人的基本情况（包括但不限于管理人名称或成员姓名、负责人、职责、履行职责的联系地址和联系方式等）；

（四）公司进入破产程序后信息披露责任人的确定模式和负责人的基本情况（包括但不限于姓名、联系地址、联系方式等）；

（五）本所要求披露的其他内容。

公司应当在公告中充分揭示其股票及其衍生品种可能存在被终止上市的风险。

11.11.5　法院受理破产清算申请后、宣告上市公司破产前，上市公司应当就以下所涉事项及时披露相关情况：

（一）公司或者出资额占公司注册资本10%以上的出资人向法院申请重整的时间和理由等；

（二）公司向法院申请和解的时间和理由等；

（三）法院作出同意或者不同意公司重整或和解申请裁定的时间和主要内容；

（四）债权人会议召开计划和召开情况；

（五）法院经审查发现公司不符合《中华人民共和国企业破产法》（以下简称《企业破产法》）规定的情形，作出驳回公司破产申请裁定的时间和主要内容，以及相关申请人是否上诉的情况说明；

（六）本所要求披露的其他事项。

11.11.6　法院裁定重整后，上市公司应当就以下所涉事项及时向本所报告并披露相关情况：

（一）债权申报情况；

（二）向法院和债权人会议提交重整计划草案的时间和草案内容等；

（三）重整计划草案的表决通过和法院批准情况；

（四）法院强制批准重整计划草案情况；

（五）与重整有关的行政许可批准情况；

（六）法院裁定终止重整程序的时间和裁定书内容；

（七）法院裁定宣告公司破产的时间和裁定书内容；

（八）本所要求披露的其他事项。

11.11.7　法院裁定和解后，上市公司应当就以下所涉事项及时向本所报告并披露相关情况：

（一）债权申报情况；

（二）向法院提交和解协议草案的时间和草案内容等；

（三）和解协议草案的表决通过和法院认可情况；

（四）与和解有关的行政许可批准情况；

（五）法院裁定终止和解程序的时间和裁定书内容；

（六）法院裁定宣告公司破产的时间和裁定书内容；

（七）本所要求披露的其他事项。

11.11.8　重整计划、和解协议执行期间，上市公司应当及时披露以下情况：

（一）重整计划、和解协议的执行进展情况；

（二）因公司不能执行或者不执行重整计划或和解协议，法院经管理人或利害关系人请求，裁定宣告公司破产的有关情况；

（三）本所要求披露的其他情况。

11.11.9 上市公司披露上述重整、和解或破产清算情况时，应当按照披露事项所涉情形向本所提交下列文件：

（一）公告文稿；

（二）管理人说明文件；

（三）法院出具的法律文书；

（四）重整计划、和解协议草案；

（五）重整计划、和解协议草案涉及的有权机关的审批文件；

（六）重整计划、和解协议草案涉及的协议书或意向书；

（七）董事会决议；

（八）股东大会决议；

（九）债权人会议决议；

（十）职代会决议；

（十一）律师事务所出具的法律意见书；

（十二）会计师事务所、资产评估机构等证券服务机构出具的专业报告；

（十三）本所要求的其他文件。

11.11.10 进入破产程序的上市公司，除应当及时披露上述信息外，还应当按照本规则和本所其他规定，及时披露定期报告和临时报告。

11.11.11 上市公司采取管理人管理运作模式的，管理人及其成员应当按照《证券法》、最高人民法院、中国证监会和本所有关规定，及时、公平地向所有债权人和股东披露信息，并保证信息披露内容的真实、准确、完整。

公司披露的定期报告应当由管理人成员签署书面意见，披露的临时报告应当由管理人发布并加盖管理人公章。

11.11.12 上市公司采取管理人监督运作模式的，公司董事、监事和高级管理人员应当按照本规则和本所有关规定履行信息披露义务。

管理人应当及时告知公司董事会本节所涉应披露事项和其他应披露的重大事项，并监督公司董事、监事和高级管理人员勤勉尽责地履行信息披露义务。

11.11.13 上市公司进入重整、和解程序后，其重整计划、和解协议涉及增加或减少公司注册资本、发行公司债券、公司合并、公司分立、回购本公司股份、豁免要约收购等事项，应当按照最高人民法院和中国证监会的相关规定履行相应审议程序，并按照本规则和本所有关规定履行信息披露义务。

第十二节 其 他

11.12.1 上市公司和相关信息披露义务人应当严格遵守承诺事项。公司应当及时将公司承诺事项和相关信息披露义务人承诺事项单独摘出报送本所备案，同时在本所网站披露，并在定期报告中专项披露上述承诺事项的履行情况。

公司未履行承诺的，应当及时披露未履行承诺的原因以及相关董事可能承担的法律责任；相关信息披露义务人未履行承诺的，公司应当主动询问相关信息披露义务人，并及时披露相关信息披露义务人未履行承诺的原因，以及董事会拟采取的措施。

11.12.2　上市公司首次公开发行股票申请或者披露文件存在虚假记载、误导性陈述或者重大遗漏，被中国证监会立案稽查的，在形成案件调查结论前，下列主体应当遵守在公开募集及上市文件或者其他文件中作出的公开承诺，暂停转让其拥有权益的股份：

（一）上市公司控股股东、实际控制人；

（二）上市公司董事、监事、高级管理人员；

（三）持有上市公司首次公开发行前已发行股份的股东；

（四）其他持有法律、行政法规、中国证监会规定、本所规则规定的限售股的股东；

（五）上市公司自愿承诺股份限售的股东。

11.12.3　上市公司发行新股申请或者披露文件，或者构成借壳上市的重大资产重组申请或者相关披露文件出现前条规定情形，被中国证监会立案稽查的，在形成案件调查结论前，下列主体应当遵守在信息披露文件或者其他文件中作出的公开承诺，暂停转让其拥有权益的股份：

（一）上市公司控股股东、实际控制人；

（二）上市公司董事、监事、高级管理人员；

（三）重组方及其一致行动人、上市公司购买资产对应经营实体的股份或者股权持有人；

（四）其他持有法律、行政法规、中国证监会规定、本所规则规定的限售股的股东；

（五）自愿承诺股份限售的股东。

11.12.4　前述第11.12.2条和第11.12.3条规定的相关承诺主体在上市公司收到中国证监会立案稽查通知后即不得再行转让其拥有权益的股份，并应当及时向登记结算机构申请办理暂停股份转让手续。

相关承诺主体未按前款规定办理暂停股份转让手续的，上市公司董事会应当及时核实，并代为办理。

11.12.5　上市公司出现下列使公司面临重大风险的情形之一时，应当及时向本所报告并披露：

（一）发生重大亏损或者遭受重大损失；

（二）发生重大债务或者重大债权到期未获清偿；

（三）可能依法承担重大违约责任或者大额赔偿责任；

（四）计提大额资产减值准备；

（五）公司决定解散或者被有权机关依法责令关闭；

（六）公司预计出现股东权益为负值；

（七）主要债务人出现资不抵债或者进入破产程序，公司对相应债权未提取足额坏账准备；

（八）主要资产被查封、扣押、冻结或者被抵押、质押；

（九）主要或者全部业务陷入停顿；

（十）公司因涉嫌违法违规被有权机关调查，或者受到重大行政、刑事处罚；

（十一）公司法定代表人或者经理无法履行职责，董事、监事、高级管理人员因涉嫌违法违纪被有权机关调查或采取强制措施，或者受到重大行政、刑事处罚；

（十二）本所或者公司认定的其他重大风险情况。

上述事项涉及具体金额的，比照适用第9.2条的规定。

11.12.6　上市公司出现第11.12.5条第（十）项情形，且因涉嫌首次公开发行股票申请或者披露文件存在虚假记载、误导性陈述或者重大遗漏，或者因涉嫌信息披露文件存在虚假记载、误导性陈述或者重大遗漏，被中国证监会立案稽查的，公司除应当及时披露外，还应当按下列要求披露相关风险提示公告：

（一）每月至少披露一次公司股票可能被暂停上市和终止上市的风险提示公告；

（二）中国证监会、本所或公司董事会认为必要时，披露公司股票可能被暂停上市和终止上市的风险提示公告。

11.12.7　上市公司出现下列情形之一的，应当及时向本所报告并披露：

（一）变更公司名称、股票简称、公司章程、注册资本、注册地址、主要办公地址和联系电话等，其中公司章程发生变更的，还应当将新的公司章程在本所网站上披露；

（二）经营方针和经营范围发生重大变化；

（三）变更会计政策或者会计估计；

（四）董事会就公司发行新股、可转换公司债券或者其他再融资方案形成相关决议；

（五）中国证监会股票发行审核委员会、并购重组委员会，对公司新股、可转换公司债券等再融资方案、重大资产重组方案提出审核意见；

（六）公司法定代表人、经理、董事（含独立董事）或者三分之一以上的监事提出辞职或者发生变动；

（七）生产经营情况、外部条件或者生产环境发生重大变化（包括产品价格、原材料采购价格和方式发生重大变化等）；

（八）订立重要合同，可能对公司的资产、负债、权益和经营成果产生重大影响；

（九）新颁布的法律、行政法规、部门规章、政策可能对公司经营产生重大影响；

（十）聘任或者解聘为公司审计的会计师事务所；

（十一）法院裁定禁止公司控股股东转让其所持本公司股份；

（十二）任一股东所持公司5%以上的股份被质押、冻结、司法拍卖、托管或者设定信托或被依法限制表决权；

（十三）获得大额政府补贴等额外收益，或者发生可能对公司资产、负债、权益或经营成果产生重大影响的其他事项；

（十四）本所或者公司认定的其他情形。

上述事项涉及具体金额的，比照适用第9.2条的规定或本所其他规定。

第十二章　停牌和复牌

12.1　为保证信息披露的及时与公平，本所可以根据实际情况、中国证监会的要求、上市公司申请，决定上市公司股票及其衍生品种的停牌与复牌事宜。

12.2　上市公司发生本章规定的停牌事项，应当向本所申请对其股票及其衍生品种停牌与复牌。

本章未有明确规定的，公司可以本所认为合理的理由，申请对其股票及其衍生品种的停牌与复牌。

12.3　上市公司发行股票及其衍生品种涉及的停牌和复牌事宜，应当遵守本所相关规定。

12.4　上市公司预计应披露的重大信息在披露前已难以保密或者已经泄露，可能或者已经对公司股票及其衍生品种的交易价格产生较大影响的，应当立即向本所申请对其股票及其衍生品种停牌。

12.5　上市公司进行重大资产重组，根据中国证监会和本所相关规定向本所申请停牌的，公司股票及其衍生品种应当按照相关规定停牌与复牌。

12.6 公共传媒中出现上市公司尚未披露的重大信息，可能或者已经对公司股票及其衍生品种的交易价格产生较大影响的，本所可以在交易时间对公司股票及其衍生品种实施停牌，直至公司披露相关公告的当日开市时复牌。公告披露日为非交易日的，则在公告披露后的第一个交易日开市时复牌。

12.7 上市公司财务会计报告被出具非标准无保留审计意见，且意见所涉及的事项属于明显违反会计准则、制度及相关信息披露规范规定的，本所自公司披露定期报告之日起，对公司股票及其衍生品种实施停牌，直至公司按规定作出纠正后复牌。

12.8 上市公司未在中国证监会和本规则规定的期限内披露季度报告，公司股票及其衍生品种应当于报告披露期限届满的下一交易日停牌一天。

公司未在法定期限和本规则规定的期限内披露年度报告或者中期报告，公司股票及其衍生品种应当停牌，直至公司披露相关定期报告的当日开市时复牌。公告披露日为非交易日的，则在公告披露后的第一个交易日开市时复牌。公司因未披露年度报告或者中期报告的停牌期限不超过两个月。停牌期间，公司应当至少发布三次风险提示公告。

公司未披露季度报告的同时存在未披露年度报告或者中期报告情形的，公司股票及其衍生品种应当按照前款和第十三章的有关规定停牌与复牌。

12.9 上市公司财务会计报告因存在重大会计差错或者虚假记载，被中国证监会责令改正但未在规定期限内改正的，公司股票及其衍生品种应当停牌，直至公司披露改正后的财务会计报告当日开市时复牌。公告披露日为非交易日的，则在公告披露后的第一个交易日开市时复牌。

公司因未按要求改正财务会计报告的停牌期限不超过两个月。停牌期间，公司应当至少发布三次风险提示公告。

12.10 上市公司的定期报告或者临时报告披露不够充分、完整或者可能误导投资者，但拒不按要求就有关内容进行解释或者补充披露的，本所可以对公司股票及其衍生品种实施停牌，直至公司披露相关公告的当日开市时复牌。公告披露日为非交易日的，则在公告披露后的第一个交易日开市时复牌。

12.11 上市公司在公司运作和信息披露方面涉嫌违反法律、行政法规、部门规章、其他规范性文件、本规则或本所其他有关规定，情节严重而被有关部门调查的，本所在调查期间视情况决定公司股票及其衍生品种的停牌和复牌。

12.12 上市公司严重违反本规则且在规定期限内拒不按要求改正的，本所对公司股票及其衍生品种实施停牌，并视情况决定复牌。

12.13 上市公司因某种原因使本所失去关于公司的有效信息来源，本所可以对公司股票及其衍生品种实施停牌，直至上述情况消除后复牌。

12.14 上市公司因股权分布发生变化导致连续二十个交易日不具备上市条件的，本所将于前述交易日届满的下一交易日起对公司股票及其衍生品种实施停牌。公司在停牌后一个月内向本所提交解决股权分布问题的方案。本所同意其实施解决股权分布问题的方案的，公司应当公告本所决定并提示相关风险。自公告披露日的下一交易日起，公司股票及其衍生品种复牌并被本所实施退市风险警示。

12.15 上市公司因收购人履行要约收购义务，或收购人以终止上市公司上市地位为目的而发出全面要约的，要约收购期满至要约收购结果公告前，公司股票及其衍生品种应当停牌。

根据收购结果，被收购上市公司股权分布具备上市条件的，公司股票及其衍生品种应当于要约结果公告日开市时复牌；股权分布不具备上市条件的，且收购人以终止上市公司上市地位为目的的，公司股票及其衍生品种应当于要约结果公告日继续停牌，直至本所终止其股票及其衍生品种上市；股权分布不具备上市条件，但收购人不以终止上市公司上市地位为目的的，可以在五个交易日内向本所提交解决股权分布问题的方案，并参照第12.14条规定处理。

12.16 上市公司在股票及其衍生品种被实施停牌期间，应当每五个交易日披露一次未能复牌的原因（本规则另有规定的除外）。

12.17 上市公司股票被本所实行风险警示的，公司股票及其衍生品种还应当按照本规则第十三章的有关规定停牌和复牌。

12.18 上市公司出现第14.1.1条、第14.1.11条规定的情形之一，或者发生重大事项而影响其上市资格的，公司股票及其衍生品种还应当按照本规则第十四章的有关规定停牌和复牌。

12.19 发行可转换公司债券的上市公司涉及下列事项时，应当向本所申请暂停可转换公司债券的转股：

（一）主动向下修正转股价格；

（二）实施利润分配或者资本公积金转增股本方案；

（三）中国证监会和本所认为应当停牌或者暂停转股的其他事项。

12.20 可转换公司债券出现下列情形之一的，本所按照下列规定停止可转换公司债券的交易：

（一）可转换公司债券流通面值总额少于3000万元，且上市公司发布相关公告三个交易日后；

公司行使赎回权期间发生前述情形的，可转换公司债券不停止交易。

（二）可转换公司债券自转换期结束之前的第十个交易日起；

（三）中国证监会和本所认为必须停止交易的其他情况。

第十三章　风险警示

第一节　一般规定

13.1.1　上市公司出现财务状况异常情况或者其他异常情况，导致其股票存在被终止上市的风险，或者投资者难以判断公司前景，投资者权益可能受到损害的，本所对该公司股票实施风险警示。

13.1.2　本章所称风险警示分为警示存在终止上市风险的风险警示（以下简称退市风险警示）和警示存在其他重大风险的其他风险警示。

13.1.3　本所设立风险警示板，上市公司股票被实施风险警示或者处于退市整理期的，进入该板进行交易。

风险警示板的具体事项，由本所另行规定。

13.1.4　上市公司股票被实施退市风险警示的，在公司股票简称前冠以“*ST”字样，以区别于其他股票。

上市公司股票被实施其他风险警示的，在公司股票简称前冠以“ST”字样，以区别于其他股票，但本所另有规定的除外。

13.1.5　上市公司股票被实施风险警示后，本所可以对公司实施差异化的上市年费标准。

第二节　退市风险警示

13.2.1　上市公司出现以下情形之一的，本所对其股票实施退市风险警示：

（一）最近两个会计年度经审计的净利润连续为负值或者被追溯重述后连续为负值；

（二）最近一个会计年度经审计的期末净资产为负值或者被追溯重述后为负值；

（三）最近一个会计年度经审计的营业收入低于1000万元或者被追溯重述后低于1000万元；

（四）最近一个会计年度的财务会计报告被会计师事务所出具无法表示意见或者否定意见的审计报告；

（五）因财务会计报告存在重大会计差错或者虚假记载，被中国证监会责令改正但未在规定期限内改正，且公司股票已停牌两个月；

（六）未在法定期限内披露年度报告或者中期报告，且公司股票已停牌两个月；

（七）因第12.14条股权分布不具备上市条件，公司在规定的一个月内向本所提交解决股权分布问题的方案，并获得本所同意；

（八）因首次公开发行股票申请或者披露文件存在虚假记载、误导性陈述或者重大遗漏，致使不符合发行条件的发行人骗取了发行核准，或者对新股发行定价产生了实质性影响，受到中国证监会行政处罚，或者因涉嫌欺诈发行罪被依法移送公安机关（以下简称欺诈发行）；

（九）因信息披露文件存在虚假记载、误导性陈述或者重大遗漏，受到中国证监会行政处罚，并且因违法行为性质恶劣、情节严重、市场影响重大，在行政处罚决定书中被认定构成重大违法行为，或者因涉嫌违规披露、不披露重要信息罪被依法移送公安机关（以下简称重大信息披露违法）；

（十）公司可能被依法强制解散；

（十一）法院依法受理公司重整、和解或者破产清算申请；

（十二）本所认定的其他情形。

13.2.2 上市公司预计将出现第 13.2.1 条第（一）项至第（四）项情形之一的，应当在相应的会计年度结束后一个月内，发布股票可能被实施退市风险警示的风险提示公告，并在披露年度报告前至少再发布两次风险提示公告。

13.2.3 上市公司应当在其股票被实施退市风险警示的前一个交易日发布公告。公告应当包括以下内容：

（一）股票的种类、简称、证券代码以及实施退市风险警示的起始日；

（二）实施退市风险警示的原因；

（三）公司董事会关于争取撤销退市风险警示的意见及具体措施；

（四）股票可能被暂停或者终止上市的风险提示；

（五）实施退市风险警示期间公司接受投资者咨询的主要方式；

（六）中国证监会和本所要求的其他内容。

13.2.4 上市公司出现第 13.2.1 条第（一）项至第（四）项情形之一的，应当在董事会审议通过年度报告或者财务会计报告更正事项后及时向本所报告，提交董事会的书面意见，并申请其股票及其衍生品种于年度报告或者财务会计报告更正公告披露日起开始停牌。披露日为非交易日的，于下一交易日起开始停牌。

本所在公司股票停牌起始日后的五个交易日内，根据实际情况，对公司股票实施退市风险警示。公司应按照本所要求在其股票被实施退市风险警示的前一个交易日发布公告。

公司股票及其衍生品种自公告披露日的下一交易日起复牌。自复牌之日起，本所对公司股票实施退市风险警示。

13.2.5 上市公司出现第 13.2.1 条第（五）项或者第（六）项情形的，

公司股票及其衍生品种自停牌两个月届满的下一交易日起复牌。自复牌之日起，本所对公司股票实施退市风险警示。

在股票被实施退市风险警示期间，公司应当每五个交易日发布一次风险提示公告。

13.2.6 上市公司出现第13.2.1条第（七）项情形的，公司应当于交易日披露已经本所同意的对其股权分布问题的解决方案并提示相关风险。

公司股票及其衍生品种自公告披露日的下一交易日起复牌。自复牌之日起，本所对公司股票实施退市风险警示。

13.2.7 上市公司出现第13.2.1条第（八）项或者第（九）项情形的，公司应当于知悉被中国证监会行政处罚或移送公安机关决定当日立即向本所申请公司股票及其衍生品种停牌，并及时披露决定的有关内容。

上市公司未按前款规定申请停牌并披露的，本所在接到中国证监会相关通知后，及时对公司股票及其衍生品种实施停牌。

本所在公司股票停牌起始日后的五个交易日内，根据实际情况，对公司股票实施退市风险警示。公司应按照本所要求在其股票被实施退市风险警示的前一个交易日发布公告。

公司股票及其衍生品种自公告披露日的下一交易日起复牌。自复牌之日起，本所对公司股票实施退市风险警示。

13.2.8 上市公司股票因第13.2.1条第（八）项、第（九）项情形被实施退市风险警示后，公司应当每五个交易日披露一次风险提示公告，提示其股票可能被暂停或者终止上市的风险。

13.2.9 上市公司股票因第13.2.1条第（八）项、第（九）项情形被实施退市风险警示的，自其被实施退市风险警示之日起继续交易三十个交易日。

公司股票全天停牌的，停牌期间不计入前款规定的交易期间，但停牌期间累计不得超过五个交易日。

13.2.10 上市公司出现第13.2.1条第（十）项情形的，应当于知悉当日立即向本所报告，公司股票及其衍生品种于本所知悉该事项后停牌，直至公司披露相关公告后的下一交易日起复牌。自复牌之日起，本所对公司股票实施退市风险警示。

13.2.11 上市公司出现第13.2.1条第（十一）项情形的，应当在收到法院受理公司重整、和解或者破产清算申请裁定的当日向本所报告并于下一交易日公告，公告披露日公司股票及其衍生品种停牌一天。自复牌之日起，本所对公司股票实施退市风险警示。

13.2.12 上市公司股票因13.2.1条第（十一）项情形被实施退市风险警

示的，本所自实施退市风险警示二十个交易日届满的下一交易日起，对公司股票及其衍生品种实施停牌。

13.2.13 上市公司股票及其衍生品种因第13.2.12条被停牌的，公司应当自法院裁定批准公司重整计划、和解协议，或终止重整、和解程序时，向本所申请复牌，并于交易日披露法院裁定书的内容，公司股票及其衍生品种于公告披露日复牌。

13.2.14 上市公司最近一个会计年度审计结果表明第13.2.1条第（一）项至第（四）项情形已经消除的，公司应当在董事会审议通过年度报告后及时向本所报告并披露年度报告，同时可以向本所申请撤销对其股票实施的退市风险警示。

13.2.15 上市公司股票因第13.2.1条第（五）项或者第（六）项情形被实施退市风险警示后两个月内上述情形消除的，公司可以向本所申请撤销对其股票实施的退市风险警示。

13.2.16 上市公司股票因第13.2.1条第（七）项被本所实施退市风险警示的，在六个月内完成解决股权分布问题的方案且其股权分布具备上市条件的，可以向本所申请撤销对其股票实施的退市风险警示。

13.2.17 上市公司因出现第13.2.1条第（八）项或者第（九）项情形，其股票被实施退市风险警示后，在本所作出暂停上市决定前，符合下列情形之一的，可以向本所申请撤销对其股票实施的退市风险警示：

（一）行政处罚决定被依法撤销或者确认无效，且中国证监会未再作出第13.2.1条第（八）项、第（九）项规定的行政处罚，或者因对违法行为性质的认定发生根本性变化，行政处罚决定被依法变更；

（二）公安机关决定不予立案或者撤销案件，或者人民检察院作出不起诉决定，或者人民法院作出无罪判决或者免于刑事处罚，且中国证监会未作出第13.2.1条第（八）项、第（九）项规定的行政处罚。

13.2.18 上市公司股票因第13.2.1条第（十一）项情形被实施退市风险警示后，出现以下情形之一的，公司可以向本所申请撤销对其股票实施的退市风险警示：

（一）重整计划执行完毕；

（二）和解协议执行完毕；

（三）法院受理破产申请后至破产宣告前，依据《企业破产法》作出驳回破产申请的裁定，且申请人在法定期限内未提起上诉；

（四）法院受理破产申请后至破产宣告前，依据《企业破产法》作出终结破产程序的裁定。

公司因上述第（一）、（二）项情形向本所申请撤销对其股票实施的退市风险警示，应当提交法院指定管理人出具的监督报告、律师事务所出具的对公司重整计划或和解协议执行情况的法律意见书，以及本所要求的其他说明文件。

13.2.19　上市公司股票因第13.2.1条第（十）项或者第（十二）项被本所实施退市风险警示的情形已消除，可以向本所申请撤销对其股票实施的退市风险警示。

13.2.20　上市公司向本所提交撤销对其股票实施退市风险警示的申请后，应当在下一交易日作出公告。

本所于收到上市公司申请之日后的五个交易日内，根据实际情况，决定是否撤销对其股票实施的退市风险警示。

13.2.21　本所决定撤销退市风险警示的，上市公司应当按照本所要求在撤销退市风险警示之前一个交易日作出公告。

公司股票及其衍生品种在公告披露日停牌一天，本所自复牌之日起撤销对公司股票实施的退市风险警示。

13.2.22　本所决定不予撤销退市风险警示的，上市公司应当在收到本所有关书面通知的下一交易日作出公告。公司未按规定公告的，本所可以交易所公告的形式予以公告。

第三节　其他风险警示

13.3.1　上市公司出现以下情形之一的，本所对其股票实施其他风险警示：

（一）被暂停上市的公司股票恢复上市后或者被终止上市的公司股票重新上市后，公司尚未发布首份年度报告；

（二）生产经营活动受到严重影响且预计在三个月内不能恢复正常；

（三）主要银行账号被冻结；

（四）董事会会议无法正常召开并形成决议；

（五）公司被控股股东及其关联方非经营性占用资金或违反规定决策程序对外提供担保，情形严重的；

（六）中国证监会或本所认定的其他情形。

13.3.2　上市公司出现第13.3.1条第（一）项情形的，本所自公司股票恢复上市或者重新上市之日起，对其实施其他风险警示。

上市公司出现第13.3.1条第（二）项至第（六）项情形之一的，应当在事实发生之日及时向本所报告，提交董事会的书面意见，并申请其股票及其衍生品种于事实发生下一交易日起开始停牌。本所在收到公司报告之日后的五个交易日内，根据实际情况，对公司股票实施其他风险警示。

13.3.3 上市公司应当按照本所要求在其股票被实施其他风险警示的前一个交易日作出公告，公告内容参照第13.2.3条的规定。

公司股票及其衍生品种自公告披露日的下一交易日起复牌，本所自复牌之日起对公司股票实施其他风险警示。

13.3.4 上市公司股票因第13.3.1条第（五）项被实施其他风险警示的，在被实施其他风险警示期间，公司应当至少每月发布一次提示性公告，披露资金占用或违规对外担保的解决进展情况。

13.3.5 上市公司股票因第13.3.1条第（一）项被实施其他风险警示，公司已披露恢复上市或者重新上市后的首份年度报告的，可以向本所申请撤销对其股票实施的其他风险警示。

13.3.6 上市公司股票因第13.3.1条第（二）项、第（三）项、第（四）项或者第（六）项被实施其他风险警示的情形已消除的，可以向本所申请撤销对其股票实施的其他风险警示。

13.3.7 上市公司股票因第13.3.1条第（五）项被实施其他风险警示后，会计师事务所出具的专项审核报告和独立董事发表的独立意见显示资金占用事项已消除的，或者公司董事会决议说明违规担保事项已解除或相应审议程序已追认的，公司可以向本所申请撤销对其股票实施的其他风险警示。

13.3.8 上市公司股票因第13.2.1条或者第13.3.1条被实施退市风险警示或者其他风险警示的，在风险警示期间，公司根据中国证监会相关规定进行重大资产重组且同时满足以下条件的，可以向本所申请撤销对其股票实施的退市风险警示或者其他风险警示：

（一）根据中国证监会有关上市公司重大资产重组规定，出售全部经营性资产和负债，同时购买其他资产且已实施完毕；

（二）通过购买进入公司的资产是一个完整经营主体，该经营主体在进入公司前已在同一管理层之下持续经营三年以上；

（三）本次购入的资产最近一个会计年度经审计净利润为正值；

（四）经会计师事务所审核的盈利预测显示，公司完成本次重组后盈利能力增强，经营业绩明显改善；

（五）本所规定的其他条件。

13.3.9 上市公司向本所提交撤销对其股票实施的其他风险警示的申请后，应当在下一交易日作出公告。

本所于收到上市公司申请后的五个交易日内，根据实际情况，决定是否撤销对其股票实施的其他风险警示。

13.3.10 本所决定撤销其他风险警示的，上市公司应当按照本所要求在撤销其他风险警示的前一个交易日作出公告。

公司股票及其衍生品种在公告披露日停牌一天。本所自复牌之日起撤销对公司股票实施的其他风险警示。

13.3.11 本所决定不予撤销其他风险警示的，上市公司应当在收到本所有关书面通知后的下一交易日作出公告。公司未按规定公告的，本所可以交易所公告的形式予以公告。

第十四章 暂停、恢复、终止和重新上市

第一节 暂停上市

14.1.1 上市公司出现下列情形之一的，由本所决定暂停其股票上市：

（一）因最近两个会计年度的净利润触及第13.2.1条第（一）项规定的标准，其股票被实施退市风险警示后，公司披露的最近一个会计年度经审计的净利润继续为负值；

（二）因最近一个会计年度的净资产触及第13.2.1条第（二）项规定的标准，其股票被实施退市风险警示后，公司披露的最近一个会计年度经审计的期末净资产继续为负值；

（三）因最近一个会计年度的营业收入触及第13.2.1条第（三）项规定的标准，其股票被实施退市风险警示后，公司披露的最近一个会计年度经审计的营业收入继续低于1000万元；

（四）因最近一个会计年度的审计意见类型触及第13.2.1条第（四）项规定的标准，其股票被实施退市风险警示后，公司披露的最近一个会计年度的财务会计报告被会计师事务所出具无法表示意见或者否定意见的审计报告；

（五）因未在规定期限内改正财务会计报告中的重大差错或者虚假记载触及第13.2.1条第（五）项规定的标准，其股票被实施退市风险警示后，公司在两个月内仍未按要求改正财务会计报告；

（六）因未在法定期限内披露年度报告或者中期报告触及第13.2.1条第（六）项规定的标准，其股票被实施退市风险警示后，公司在两个月内仍未披露应披露的年度报告或者中期报告；

（七）公司股本总额发生变化不具备上市条件；

（八）因第12.14条股权分布发生变化不具备上市条件，其股票被实施停牌后，未在停牌后一个月内向本所提交解决股权分布问题的方案，或者提交了方案但未获本所同意，或者因股权分布发生变化不具备上市条件触及第13.2.1条第（七）项规定的标准，其股票被实施退市风险警示后，公司在六个月内其

股权分布仍不具备上市条件；

（九）因出现第 13. 2. 1 条第（八）项规定的欺诈发行情形，其股票被实施退市风险警示后交易满三十个交易日；

（十）因出现第 13. 2. 1 条第（九）项规定的重大信息披露违法情形，其股票被实施退市风险警示后交易满三十个交易日；

（十一）本所认定的其他情形。

14. 1. 2　上市公司因净利润、净资产、营业收入或者审计意见类型触及第 13. 2. 1 条第（一）项至第（四）项规定的标准，其股票被实施退市风险警示的，应当在其股票被实施退市风险警示当年的会计年度结束后一个月内，发布股票可能被暂停上市的风险提示公告，并在披露该年年度报告前至少再发布两次风险提示公告。

14. 1. 3　上市公司出现第 14. 1. 1 条第（一）项至第（四）项情形之一的，应当在董事会审议通过年度报告后及时向本所报告并披露年度报告，提交董事会的书面意见。公司在披露年度报告的同时，应当再次发布股票将被暂停上市的风险提示公告，并申请其股票及其衍生品种于年度报告披露日起开始停牌。披露日为非交易日的，于下一交易日起开始停牌。

本所在公司股票停牌起始日后的十五个交易日内作出是否暂停其股票上市的决定。

14. 1. 4　上市公司出现第 14. 1. 1 条第（五）项或者第（六）项情形的，本所自两个月届满的下一交易日起对公司股票及其衍生品种实施停牌，并在停牌起始日后的十五个交易日内作出是否暂停其股票上市的决定。

14. 1. 5　上市公司出现第 14. 1. 1 条第（七）项或者第（八）项情形的，本所自规定限期届满的下一交易日起对公司股票及其衍生品种实施停牌，并在停牌起始日后的十五个交易日内作出是否暂停其股票上市的决定。

14. 1. 6　上市公司出现第 14. 1. 1 条第（九）项或者第（十）项情形的，本所自其股票被实施退市风险警示后交易满三十个交易日的下一个交易日起对公司股票及其衍生品种实施停牌，并在公司股票停牌起始日后的十五个交易日内作出是否暂停其股票上市的决定。

14. 1. 7　本所上市委员会对股票暂停上市事宜进行审议，作出独立的专业判断并形成审核意见。

本所根据上市委员会的审核意见，作出是否暂停股票上市的决定。

14. 1. 8　本所在作出暂停其股票上市的决定之日后两个交易日内通知上市公司并发布公告，同时报中国证监会备案。

14. 1. 9　上市公司应当在收到本所暂停其股票上市的决定后及时披露股票

暂停上市公告。股票暂停上市公告应当包括以下内容：

（一）暂停上市的股票种类、简称、证券代码以及暂停上市起始日；

（二）股票暂停上市决定的主要内容；

（三）董事会关于争取恢复股票上市的意见及具体措施；

（四）股票可能被终止上市的风险提示；

（五）暂停上市期间公司接受投资者咨询的主要方式；

（六）中国证监会和本所要求的其他内容。

14.1.10　股票暂停上市期间，公司应当继续履行上市公司的有关义务，并及时披露为恢复其股票上市所采取的措施及有关工作的进展情况。

14.1.11　上市公司出现下列情形之一的，由本所决定暂停其可转换公司债券上市：

（一）公司有重大违法行为；

（二）公司情况发生重大变化不符合可转换公司债券上市条件；

（三）发行可转换公司债券所募集的资金不按照核准的用途使用；

（四）未按照可转换公司债券募集办法履行义务；

（五）公司最近两年连续亏损；

（六）因公司存在第14.1.1条情形其股票被本所暂停上市；

（七）本所认为应当暂停其可转换公司债券上市的其他情形。

14.1.12　可转换公司债券暂停上市事宜，参照本节股票暂停上市的有关规定执行。

14.1.13　上市公司股票被暂停上市后，本所可以对公司实施差异化的上市年费标准。

第二节　恢复上市

14.2.1　上市公司因净利润、净资产、营业收入或者审计意见类型触及第14.1.1条第（一）至（四）项规定的标准，其股票被暂停上市后，向本所提出恢复上市申请的，应当同时符合下列条件：

（一）在法定期限内披露了最近一年年度报告；

（二）最近一个会计年度经审计的扣除非经常性损益前后的净利润均为正值；

（三）最近一个会计年度经审计的营业收入不低于1000万元；

（四）最近一个会计年度经审计的期末净资产为正值；

（五）最近一个会计年度的财务会计报告未被会计师事务所出具保留意见、无法表示意见或者否定意见的审计报告；

（六）保荐机构经核查后发表明确意见，认为公司具备持续经营能力；

（七）保荐机构经核查后发表明确意见，认为公司具备健全的公司治理结构、运作规范、无重大内控缺陷；

（八）不存在本规则规定的暂停上市或者终止上市情形；

（九）本所认为需具备的其他条件。

符合前款规定条件的上市公司可以在最近一年年度报告披露后的五个交易日内，以书面形式向本所提出恢复上市的申请。

14.2.2 上市公司因未在规定期限内改正财务会计报告中的重大差错或者虚假记载触及第14.1.1条第（五）项规定的标准，或者因未在规定期限内披露年度报告或者中期报告触及第14.1.1条第（六）项规定的标准，其股票被暂停上市的，在暂停上市后两个月内披露了改正后的财务会计报告或相关定期报告，可以在披露之日后的五个交易日内，以书面形式向本所提出恢复上市的申请。

14.2.3 上市公司因出现第14.1.1条第（七）项规定的股本总额发生变化不具备上市条件情形，其股票被暂停上市，在本所规定的期限内上述情形已消除的，可以在事实发生之日后的五个交易日内，以书面形式向本所提出恢复上市的申请。

14.2.4 上市公司因股权分布发生变化不具备上市条件触及第14.1.1条第（八）项规定的标准，其股票被暂停上市的，在暂停上市后六个月内，其股权分布重新具备上市条件的，可以在事实发生之日后的五个交易日内，以书面形式向本所提出恢复上市的申请。

14.2.5 上市公司因第14.1.1条第（九）项规定的欺诈发行或者第（十）项规定的重大信息披露违法情形，其股票被暂停上市后，在本所作出终止其股票上市决定前，出现第13.2.17条规定的情形之一的，本所在收到相关法律文书后五个交易日内，作出撤销原暂停公司股票上市的决定。

上市公司应当在收到前款规定的相关法律文书后及时发布公告，并说明公司是否准备按规定向本所申请恢复上市。

14.2.6 上市公司出现第14.2.5条规定情形的，可以在五个交易日内以书面形式向本所提出恢复上市的申请。公司应当在提出申请后，及时发布相关公告。

前述上市公司同时触及本规则规定的欺诈发行和重大信息披露违法之外的风险警示、暂停上市或者终止上市情形的，本所对其股票相应予以实施风险警示、继续暂停上市或者终止上市。

14.2.7 上市公司因第14.1.1条第（十）项规定的重大信息披露违法情形，其股票被暂停上市后，在本所作出终止其股票上市决定前，同时符合下列条件的，公司可以在五个交易日内以书面形式向本所提出恢复上市的申请：

（一）已全面纠正重大违法行为并符合下列要求：

1. 公司已就重大信息披露违法行为所涉事项披露补充或更正公告；

2. 对重大信息披露违法行为的责任追究已处理完毕；

3. 公司已就重大信息披露违法行为所涉事项补充履行相关决策程序；

4. 公司控股股东、实际控制人等相关责任主体，对公司因重大信息披露违法行为发生的损失已作出补偿；

5. 重大信息披露违法行为可能引发的与公司相关的风险因素已消除。

（二）已撤换下列与重大信息披露违法行为有关的责任人员：

1. 被人民法院判决有罪的有关人员；

2. 被中国证监会行政处罚的有关人员；

3. 被中国证监会依法移送公安机关立案调查的有关人员；

4. 中国证监会、本所认定的与重大信息披露违法行为有关的其他责任人员。

（三）已对相关民事赔偿承担做出妥善安排并符合下列要求：

1. 相关赔偿事项已由人民法院作出判决的，该判决已执行完毕；

2. 相关赔偿事项未由人民法院作出判决，但已达成和解的，该和解协议已执行完毕；

3. 相关赔偿事项未由人民法院作出判决，且也未达成和解的，公司及相关责任主体已按预计最高索赔金额计提赔偿基金，并将足额资金划入专项账户，且公司的控股股东和实际控制人已承诺：若赔偿基金不足赔付，其将予以补足。

（四）不存在本规则规定的暂停上市或者终止上市情形。

（五）公司聘请的恢复上市保荐机构、律师已对前述四项条件所述情况进行核查验证，并出具专项核查意见，明确认定公司已完全符合前述四项条件。

公司应当在提出申请后，及时发布相关公告。

14.2.8 上市公司申请恢复上市，应当聘请具有主办券商业务资格的保荐人保荐。

保荐人应当对公司恢复上市申请材料的真实性、准确性和完整性进行核查，在确信公司具备恢复上市条件后出具恢复上市保荐书，并保证承担连带责任。

保荐人应当在规定期限内如实回复本所就公司恢复上市事项提出的问询，并提供相应补充文件。

14.2.9 保荐人在核查过程中，应当至少从以下三个方面对上市公司的有关情况予以充分关注和尽职核查，并出具核查报告：

（一）规范运作：包括但不限于人员、资产、财务的独立性，关联交易是否公允，重大出售或者收购资产的行为是否规范，重组后的业务方向以及经营状况是否发生实质性变化，与实际控制人之间是否存在同业竞争等；

（二）财务会计：包括但不限于收入确认、非经常性损益的确认是否合规，会计师事务所出具的非标准无保留审计意见所涉及事项对公司是否构成重大影响，公司对明显违反会计准则、制度及相关信息披露规范规定的事项进行纠正和调整的情况等；

（三）或有风险：包括但不限于资产出售、抵押、置换、委托经营、重大对外担保、重大诉讼和仲裁事项（适用本规则有关累计计算的规定），以及上述事项对公司生产经营所产生的影响等。

对于公司存在的各种不规范行为，保荐人应当要求公司改正。公司未按要求改正的，保荐人应当拒绝为其出具恢复上市保荐书。

14.2.10 保荐人对因第14.2.2条情形申请恢复上市的公司进行尽职核查时，除前条要求外，还应当对上市公司内部控制制度是否健全有效，是否存在重大缺陷予以关注，并在核查报告中作出说明。

14.2.11 保荐人对因第14.2.3条、第14.2.4条情形申请恢复上市的公司进行尽职核查时，应当对公司提出的股本总额问题、股权分布问题解决方案是否合法合规、导致公司被暂停上市的情形是否已完全消除等情况予以充分关注，并在核查报告中作出说明。

14.2.12 保荐人出具的恢复上市保荐书应当包括以下内容：

（一）公司的基本情况；

（二）公司存在的主要风险以及原有风险是否已经消除的说明；

（三）对公司发展前景的评价；

（四）核查报告的主要内容；

（五）公司是否完全符合恢复上市条件及其依据的说明；

（六）无保留且表述明确的保荐意见及其理由；

（七）保荐人和相关保荐代表人具备相应保荐资格以及保荐人内部审核程序的说明；

（八）保荐人是否存在可能影响其公正履行保荐职责的情形的说明；

（九）保荐人比照有关规定作出的承诺；

（十）对公司持续督导期间的工作安排；

（十一）保荐人和相关保荐代表人的联系地址、电话和其他通讯方式；

（十二）保荐人认为应当说明的其他事项；

（十三）中国证监会和本所要求的其他内容。

上市公司根据第 14.2.1 条向本所提出恢复上市申请的，保荐人的保荐书还应当根据第 14.2.1 条第一款第（六）项和第（七）项的规定发表明确意见。

恢复上市保荐书应当由保荐人的法定代表人（或者授权代表）和相关保荐代表人签字，注明日期并加盖保荐人公章。

14.2.13　上市公司申请其股票恢复上市的，应当聘请律师对恢复上市申请的合法性、合规性以及相关申请材料的真实性、准确性和完整性进行核查验证，就公司是否具备恢复上市条件出具法律意见书，并承担相应的法律责任。

14.2.14　前条所述法律意见书应当包括以下内容及相关结论性意见：

（一）公司的主体资格；

（二）公司是否符合恢复上市的实质条件；

（三）公司的业务及发展目标；

（四）公司治理结构和规范运作情况；

（五）关联交易和同业竞争；

（六）公司的主要财产；

（七）重大债权、债务；

（八）重大资产变化和收购兼并情况；

（九）公司纳税情况；

（十）重大诉讼、仲裁；

（十一）公司受到的行政处罚；

（十二）律师认为需要说明的其他问题。

律师就上述事项发表的有关结论性意见，应当包括是否合法合规、是否真实有效、是否存在纠纷或者潜在风险等。

14.2.15　上市公司提出恢复上市申请时，应当向本所提交下列文件：

（一）恢复上市申请书；

（二）董事会关于公司符合恢复上市条件，同意申请恢复上市的决议；

（三）董事会关于公司在暂停上市期间为恢复上市所做主要工作的报告；

（四）管理层从公司主营业务、经营活动、财务状况、或有事项、期后事项和其他重大事项等角度，对公司所实现的盈利情况、公司经营能力和盈利能力的持续性、稳定性作出的分析报告；

（五）关于公司重大资产重组方案的说明，包括重大资产重组的内部决策程序、资产交接、相关收益的确认、实施结果及相关证明文件等；

（六）关于公司最近一个会计年度的重大关联交易事项的说明，包括相关内部决策程序、协议主要内容、履行情况和实施结果以及相关证明文件等；

（七）关于公司最近一个会计年度纳税情况的说明；

（八）年度报告和审计报告原件；

（九）保荐人出具的恢复上市保荐书和保荐协议；

（十）法律意见书；

（十一）董事会对非标准无保留审计意见涉及事项的说明（如适用）；

（十二）会计师事务所和注册会计师关于出具非标准无保留审计意见的说明（如适用）；

（十三）本所要求的其他文件。

公司应当在向本所提出恢复上市申请后下一交易日发布相关公告。

14.2.16　本所在收到上市公司提交的恢复上市申请文件之日后五个交易日内，作出是否受理的决定并通知公司。

公司提交的申请文件不符合前条要求，或者虽提交申请文件但明显不符合本节规定的恢复上市申请条件的，本所不受理其申请，并在作出不予受理决定之日后的十五个交易日内，作出终止其股票上市的决定。

公司应当在收到本所是否受理其申请的决定后及时披露决定的有关内容，并发布其股票可能被终止上市的风险提示公告。

14.2.17　上市公司根据第14.2.6条规定，向本所申请恢复上市的，可以同时申请免于适用第14.2.8条至第14.2.15条的有关规定，但公司应当聘请律师就其暂停上市的相关情形是否已完全消除进行核查验证，并出具法律意见书。

14.2.18　本所在受理上市公司恢复上市申请之日后的三十个交易日内，作出是否同意其股票恢复上市的决定。

在此期间，本所要求公司提供补充材料的，公司提供补充材料的期间不计入上述本所作出有关决定的期限。

公司提供补充材料的期限累计不得超过三十个交易日。公司未按本所要求在前述期限内提交补充材料的，本所在该期限届满后继续对其所提申请进行审核，并根据本规则作出是否同意其股票恢复上市的决定。

14.2.19　本所上市委员会对上市公司恢复上市申请进行审议，作出独立的专业判断并形成审核意见。

本所根据上市委员会的审核意见，作出是否同意公司股票恢复上市的决定。本所在决定不同意公司股票恢复上市申请的同时，作出终止其股票上市的决定。

14.2.20　本所在作出同意其股票恢复上市的决定后两个交易日内通知上市公司，并报中国证监会备案。

14.2.21　经本所同意恢复上市的，上市公司应当在收到有关决定后及时披露股票恢复上市公告。股票恢复上市公告应当包括以下内容：

（一）恢复上市的股票种类、简称、证券代码；

（二）股票恢复上市决定的主要内容；

（三）董事会关于恢复上市措施的具体说明；

（四）相关风险因素分析；

（五）中国证监会和本所要求的其他内容。

14.2.22　上市公司披露股票恢复上市公告后的五个交易日内，其股票恢复上市。

公司股票恢复上市后，应当在本所风险警示板至少交易至其披露恢复上市后的首份年度报告，但根据第14.2.6条恢复上市的公司股票不适用本款规定。

14.2.23　在可转换公司债券暂停上市期间，上市公司符合下列条件的，可以书面形式向本所提出恢复其可转换公司债券上市的申请：

（一）因第14.1.11条第（一）项或者第（四）项情形可转换公司债券被暂停上市，经查实上述情形造成的后果不严重；

（二）因第14.1.11条第（二）项情形可转换公司债券被暂停上市，该情形在六个月内消除；

（三）因第14.1.11条第（三）项情形可转换公司债券被暂停上市，该情形在两个月内消除；

（四）因第14.1.11条第（五）项情形可转换公司债券被暂停上市，公司在法定披露期限内披露了经审计的最近一年年度报告，且年度财务会计报告显示公司实现盈利；

（五）因第14.1.11条第（六）项情形可转换公司债券被暂停上市，公司股票符合恢复上市条件的。

14.2.24　可转换公司债券恢复上市事宜，参照本节股票恢复上市的有关规定执行。

第三节　强制终止上市

14.3.1　上市公司出现下列情形之一的，由本所决定终止其股票上市：

（一）因净利润、净资产、营业收入或者审计意见类型触及第14.1.1条第（一）项至第（四）项规定的标准，其股票被暂停上市后，公司披露的最近一个会计年度经审计的财务会计报告存在扣除非经常性损益前后的净利润孰低者为负值、期末净资产为负值、营业收入低于1000万元或者被会计师事务所出具保留意见、无法表示意见、否定意见的审计报告等四种情形之一；

（二）因净利润、净资产、营业收入或者审计意见类型触及第14.1.1条第

（一）项至第（四）项规定的标准，其股票被暂停上市后，公司未能在法定期限内披露最近一年的年度报告；

（三）因未在规定期限内按要求改正财务会计报告中的重大差错或者虚假记载触及第14.1.1条第（五）项规定的标准，其股票被暂停上市后，公司在两个月内仍未按要求改正财务会计报告；

（四）因未在规定期限内披露年度报告或者中期报告触及第14.1.1条第（六）项规定的标准，其股票被暂停上市后，公司在两个月内仍未按要求披露相关定期报告；

（五）在本所仅发行A股股票的上市公司，通过本所交易系统连续120个交易日（不包含公司股票停牌日）实现的累计股票成交量低于500万股，或者连续20个交易日（不包含公司股票停牌日）的每日股票收盘价均低于股票面值；

（六）在本所仅发行B股股票的上市公司，通过本所交易系统连续120个交易日（不包含公司股票停牌日）实现的累计股票成交量低于100万股，或者连续20个交易日（不包含公司股票停牌日）的每日股票收盘价均低于股票面值；

（七）在本所既发行A股股票又发行B股股票的上市公司，其A、B股股票的成交量或者收盘价同时触及本条第（五）项和第（六）项规定的标准；

（八）上市公司股东数量连续20个交易日（不含公司首次公开发行股票上市之日起的20个交易日和公司股票停牌日）每日均低于2000人；

（九）公司股本总额发生变化不再具备上市条件，在本所规定的期限内仍不能达到上市条件；

（十）因股权分布发生变化不具备上市条件触及第14.1.1条第（八）项规定的标准，其股票被暂停上市后，公司在暂停上市六个月内股权分布仍不具备上市条件；

（十一）公司被依法强制解散；

（十二）公司被法院宣告破产；

（十三）因出现第14.1.1第（九）项规定的欺诈发行或者第（十）项规定的重大信息披露违法情形，其股票已被暂停上市，且未在规定期限内恢复上市；

（十四）因净利润、净资产、营业收入、审计意见类型触及第14.1.1条第（一）项至第（四）项规定的标准，其股票被暂停上市后，公司在法定期限内披露了最近一年年度报告，但未在其后的五个交易日内提出恢复上市申请；

（十五）因未在规定期限内按要求改正财务会计报告中的重大差错或者虚

假记载触及第 14.1.1 条第（五）项规定的标准，其股票被暂停上市后，公司在两个月内披露了按要求改正的财务会计报告，但未在其后的五个交易日内提出恢复上市申请；

（十六）因未在规定期限内披露年度报告或者中期报告触及第 14.1.1 条第（六）项规定的标准，其股票被暂停上市后，公司在两个月内披露了相关定期报告，但未在其后的五个交易日内提出恢复上市申请；

（十七）因股本总额发生变化不再具备上市条件或者股权分布发生变化不具备上市条件触及第 14.1.1 条第（七）项、第（八）项规定的标准，其股票被暂停上市后，公司股本总额在规定的期限内或者股权分布在六个月内重新具备上市条件，但未在其后的五个交易日内提出恢复上市申请；

（十八）符合第 14.2.6 条或第 14.2.7 条规定的可以申请恢复上市情形，但未在其后的五个交易日内提出恢复上市申请；

（十九）恢复上市申请未被受理；

（二十）恢复上市申请未获同意；

（二十一）本所认定的其他情形。

上市公司董事会预计其股票可能出现终止上市情形的，应当及时提出化解相关风险的应对预案并对外披露。

14.3.2　上市公司股票被暂停上市后，预计可能出现第 14.3.1 条第（一）项或者第（二）项情形的，董事会应当在最近一个会计年度结束后的十个交易日内，发布公司股票可能被终止上市的风险提示公告。

14.3.3　上市公司出现第 14.3.1 条第（一）项情形的，应当自董事会审议通过年度报告后及时向本所报告并披露年度报告，同时发布公司股票可能被终止上市的风险提示公告。

本所在公司披露年度报告之日后的十五个交易日内，作出是否终止其股票上市的决定。

14.3.4　上市公司出现第 14.3.1 条第（二）项至第（四）项情形之一的，本所在法定披露期限或本所规定的披露期限届满后的十五个交易日内，作出是否终止其股票上市的决定。

14.3.5　在本所仅发行 A 股股票的上市公司，出现连续 90 个交易日（不包含公司股票停牌日）通过本所交易系统实现的累计股票成交量低于 375 万股的，应在下一交易日发布公司股票可能被终止上市的风险提示公告，其后每个交易日披露一次，直至自上述起算时点起连续 120 个交易日（不包含公司股票停牌日）内通过本所交易系统实现的累计成交量高于 500 万股或者本所作出公司股票终止上市的决定之日止（以先达到的日期为准）。

在本所仅发行B股股票的上市公司，出现连续90个交易日（不包含公司股票停牌日）通过本所交易系统实现的累计股票成交量低于75万股的，应在下一交易日发布公司股票可能被终止上市的风险提示公告，其后每个交易日披露一次，直至自上述起算时点起连续120个交易日（不包含公司股票停牌日）内通过本所交易系统实现的累计成交量高于100万股或者本所作出公司股票终止上市的决定之日止（以先达到的日期为准）。

在本所既发行A股股票又发行B股股票的上市公司，其A、B股股票的成交量同时触及前两款规定的标准的，应在下一交易日发布公司股票可能被终止上市的风险提示公告，其后每个交易日披露一次，直至自上述起算时点起连续120个交易日（不包含公司股票停牌日）内A、B股股票通过本所交易系统实现的累计成交量分别高于500万股和100万股或者本所作出公司股票终止上市的决定之日止（以先达到的日期为准）。

本所可根据实际情况，对上述风险提示标准进行调整。

14.3.6　在本所仅发行A股股票或者B股股票的上市公司，出现连续10个交易日（不包含公司股票停牌日）每日股票收盘价均低于股票面值的，应当在下一交易日发布公司股票可能被终止上市的风险提示公告，其后每个交易日披露一次，直至收盘价低于股票面值的情形消除或者本所作出公司股票终止上市的决定之日（以先达到的日期为准）。

在本所既发行A股股票又发行B股股票的上市公司，其A、B股股票的收盘价同时触及前款规定的标准的，应当在下一交易日发布公司股票可能被终止上市的风险提示公告，其后每个交易日披露一次，直至收盘价同时低于股票面值的情形消除或者本所作出公司股票终止上市的决定之日（以先达到的日期为准）。

本所可根据实际情况，对上述风险提示标准进行调整。

14.3.7　上市公司股东数量连续10个交易日（不含公司首次公开发行股票上市之日起的20个交易日和公司股票停牌日）每日均低于2000人的，应当在下一交易日发布公司股票可能被终止上市的风险提示公告，其后每个交易日披露一次，直至公司股东数量低于2000人的情形消除或者本所作出公司股票终止上市的决定之日（以先达到的日期为准）。

本所可根据实际情况，对上述风险提示标准进行调整。

14.3.8　上市公司出现第14.3.1条第（五）项至第（八）项情形之一的，其股票及其衍生品种自情形出现的下一交易日起开始停牌，本所在停牌起始日后的十五个交易日内，作出是否终止其股票上市的决定。

14.3.9　上市公司出现第14.3.1条第（九）项情形的，本所在规定期限届满后的十五个交易日内，作出是否终止其股票上市的决定。

14.3.10　上市公司出现第14.3.1条第（十）项情形的，本所在六个月期限届满后的十五个交易日内，作出是否终止其股票上市的决定。

14.3.11　上市公司出现第14.3.1条第（十一）项情形的，应当于知悉公司依法被吊销营业执照、被责令关闭或者被撤销等解散条件成就时，立即向本所报告并于次日公告，同时申请公司股票及其衍生品种自公告披露之日起停牌。

本所在公司披露上述公告之日后的十五个交易日内，作出是否终止其股票上市的决定。

14.3.12　上市公司出现第14.3.1条第（十二）项情形的，应当在收到法院宣告公司破产的裁定书当日向本所报告并于下一交易日公告。

本所在公司披露上述公告之日后的十五个交易日内，作出是否终止其股票上市的决定。

14.3.13　上市公司出现第14.3.1条第（十三）项情形的，本所在中国证监会作出行政处罚决定或者移送公安机关决定之日起届满十二个月前的十五个交易日内，作出是否终止其股票上市的决定。

人民法院已在前款规定的期限之前作出生效有罪判决的，本所在收到相关判决书之日起的十五个交易日内，作出是否终止其股票上市的决定。

上市公司应当在其股票终止上市前，及时发布公司股票可能被终止上市的风险提示公告。

14.3.14　上市公司出现第14.3.1条第（十四）项至第（十八）项情形之一的，本所在规定的恢复上市申请期限届满后的十五个交易日内，作出是否终止其股票上市的决定。

14.3.15　上市公司出现第14.3.1条第（十九）项或者第（二十）项情形的，本所分别在决定不受理其股票恢复上市申请之日后的十五个交易日内或者在决定不同意其股票恢复上市申请的同时，作出终止其股票上市的决定。

14.3.16　本所上市委员会对股票终止上市事宜进行审议，作出独立的专业判断并形成审核意见。

本所根据上市委员会的审核意见，作出是否终止股票上市的决定。

14.3.17　本所在作出是否终止股票上市的决定前，可以要求公司提供补充材料，公司提供补充材料期间不计入上述本所作出有关决定的期限。

公司提供补充材料的期限累计不得超过三十个交易日。公司未按本所要求在前述期限内提交补充材料的，本所根据本规则对其股票作出是否终止上市的决定。

14.3.18　本所在作出终止股票上市的决定之日后两个交易日内，通知公司并发布相关公告，同时报中国证监会备案。

14.3.19　公司应当在收到本所关于终止其股票上市的决定后及时披露股票终止上市公告。股票终止上市公告应当包括以下内容：

（一）终止上市的股票种类、简称、证券代码以及终止上市的日期；

（二）终止上市决定的主要内容；

（三）终止上市后公司股票登记、转让和管理事宜；

（四）终止上市后公司的联系人、联系地址、电话和其他通讯方式；

（五）中国证监会和本所要求的其他内容。

14.3.20　自本所公告对上市公司股票作出终止上市的决定之日后的五个交易日届满的下一交易日起，公司股票进入退市整理期。

退市整理期的交易期限为三十个交易日。在退市整理期间，公司股票进入本所风险警示板交易。

14.3.21　公司股票进入退市整理期的，上市公司及其相关信息披露义务人仍应当遵守法律、行政法规、部门规章、其他规范性文件、本规则及本所其他规定，并履行相关义务。

14.3.22　公司股票在退市整理期内全天停牌的，停牌期间不计入退市整理期。

14.3.23　公司股票根据第14.3.20条规定在本所风险警示板进行交易的，上市公司应当于其股票在风险警示板交易的第一天，发布公司股票已被本所作出终止上市决定的风险提示公告，说明公司股票在风险警示板交易的起始日和终止日等事项。

14.3.24　公司股票根据第14.3.20条规定在本所风险警示板进行交易的，上市公司应当在前二十五个交易日内每五个交易日发布一次股票将被终止上市的风险提示公告，在最后五个交易日内每日发布一次股票将被终止上市的风险提示公告。

14.3.25　公司股票进入退市整理期交易的，本所在退市整理期届满后五个交易日内对其予以摘牌，公司股票终止上市。

公司股票未进入退市整理期交易的，本所在公告公司股票终止上市决定之日起五个交易日内对其予以摘牌，公司股票终止上市。

14.3.26　本所对退市整理期的相关事宜另有规定的，从其规定。

14.3.27　上市公司股票因第14.3.1条规定情形被终止上市后，应当转入全国中小企业股份转让系统挂牌转让。

公司将其股票转入全国中小企业股份转让系统挂牌转让，应当聘请具有主办券商业务资格的证券公司（以下简称代办机构）并与其签订相关协议。公司未聘请或无代办机构接受其聘请的，本所在作出终止其股票上市的决定后，可以为其临时指定代办机构，通知公司和代办机构，并于两个交易日内就上述事项发布相关公告（公司不再具备法人资格的情形除外）。

14.3.28　上市公司股票因第14.3.1条规定情形被终止上市后，公司应当在本所作出终止其股票上市决定后立即安排股票转入全国中小企业股份转让系统挂牌转让的相关事宜，保证公司股票在摘牌之日起四十五个交易日内可以挂牌转让。

14.3.29　上市公司出现下列情形之一的，本所终止其可转换公司债券上市：

（一）因第14.1.11条第（一）项、第（四）项所列情形之一可转换公司债券被暂停上市，经查实上述情形后果严重；

（二）因第14.1.11条第（二）项所列情形可转换公司债券被暂停上市，该情形在六个月内未能消除；

（三）因第14.1.11条第（三）项所列情形可转换公司债券被暂停上市，该情形在两个月内未能消除；

（四）因第14.1.11条第（五）项所列情形可转换公司债券被暂停上市，公司未在法定披露期限内披露经审计的最近一年年度报告，或者披露的年度报告显示公司亏损，或者未在披露年度报告后的五个交易日内提出恢复上市申请；

（五）公司股票被本所终止上市。

14.3.30　可转换公司债券终止上市事宜，参照本节股票终止上市的有关规定执行。

14.3.31　本所对可转换公司债券及其他衍生品种的终止上市事宜另有规定的，从其规定。

第四节　主动终止上市

14.4.1　上市公司出现下列情形之一的，可以向本所申请主动终止上市：

（一）上市公司股东大会决议主动撤回其股票在本所的交易，并决定不再在交易所交易；

（二）上市公司股东大会决议主动撤回其股票在本所的交易，并转而申请在其他交易场所交易或转让；

（三）上市公司向所有股东发出回购全部股份或部分股份的要约，导致公司股本总额、股权分布等发生变化不再具备上市条件；

（四）上市公司股东向所有其他股东发出收购全部股份或部分股份的要约，

导致公司股本总额、股权分布等发生变化不再具备上市条件；

（五）除上市公司股东外的其他收购人向所有股东发出收购全部股份或部分股份的要约，导致公司股本总额、股权分布等发生变化不再具备上市条件；

（六）上市公司因新设合并或者吸收合并，不再具有独立主体资格并被注销；

（七）上市公司股东大会决议公司解散；

（八）中国证监会和本所认可的其他主动终止上市情形。

已在本所发行A股和B股股票的上市公司，根据前款规定申请主动终止上市的，应当申请其A、B股股票同时终止上市，但存在特殊情况的除外。

14.4.2　前条第（一）项、第（二）项规定的股东大会决议事项，除须经出席会议的全体股东所持有效表决权的三分之二以上通过外，还须经出席会议的除下列股东以外的其他股东所持有效表决权的三分之二以上通过：

（一）上市公司的董事、监事、高级管理人员；

（二）单独或者合计持有上市公司5%以上股份的股东。

14.4.3　上市公司应当在第14.4.1条第（一）项、第（二）项规定的股东大会召开通知发布之前，充分披露主动终止上市方案、退市原因及退市后的发展战略，包括并购重组安排、经营发展计划、重新上市安排、异议股东保护的专项说明等。

独立董事应当就上述事项是否有利于公司长远发展和全体股东利益充分征询中小股东意见，在此基础上发表独立意见，独立董事意见应当与股东大会召开通知一并公告。

上市公司应当聘请财务顾问和律师为主动终止上市提供专业服务，发表专业意见并与股东大会召开通知一并公告。

股东大会对主动终止上市事项进行审议后，上市公司应当及时披露股东大会决议公告，说明议案的审议及通过情况。

14.4.4　上市公司因第14.4.1条第（三）项至第（七）项规定的回购、收购、公司合并以及自愿解散等情形引发主动终止上市的，应当遵守《公司法》、《证券法》、《上市公司收购管理办法》、《上市公司重大资产重组管理办法》等有关规定及本所的相关自律性规范文件，严格履行决策、实施程序和信息披露义务，并及时向本所申请公司股票及其衍生品种停牌或复牌。

上市公司以自愿解散形式申请主动终止上市的，除遵守法律法规等有关规定外，还应遵守第14.4.2条和第14.4.3条的规定。

14.4.5　上市公司根据第14.4.1条第（一）项、第（二）项规定的情形，申请主动终止上市的，应当向本所申请其股票及其衍生品种自股东大会股权登记日的下一交易日起停牌，并于股东大会作出终止上市决议后的十五个交易日内，向本所提交主动终止上市申请。

上市公司因第14.4.1条第（三）项至第（七）项规定的回购、收购、公司合并以及自愿解散等情形引发主动终止上市的，公司应当按照相关规定，及时向本所提交主动终止上市申请。

公司应当在提出申请后，及时发布相关公告。

14.4.6　上市公司向本所提出主动终止上市申请的，至少应当提交以下文件：

（一）主动终止上市申请书；

（二）董事会决议及独立董事意见（如适用）；

（三）股东大会决议（如适用）；

（四）主动终止上市的方案；

（五）主动终止上市后去向安排的说明；

（六）异议股东保护的专项说明；

（七）财务顾问出具的关于公司主动终止上市的专项意见；

（八）律师出具的关于公司主动终止上市的专项法律意见；

（九）本所要求的其他材料。

14.4.7　上市公司主动终止上市事项未获股东大会审议通过的，公司应当及时向本所申请其股票及其衍生品种自股东大会决议公告之日起复牌。

14.4.8　本所在收到上市公司提交的主动终止上市申请文件之日后五个交易日内，作出是否受理的决定并通知公司。公司应当在收到决定后及时披露决定的有关内容，并发布其股票是否可能终止上市的风险提示公告。

14.4.9　本所在受理上市公司主动终止上市申请之日后的十五个交易日内，作出是否同意其股票终止上市的决定。在此期间，本所要求公司提供补充材料的，公司提供补充材料期间不计入上述作出有关决定的期限，但累计不得超过三十个交易日。

因全面要约收购上市公司股份、实施以上市公司为对象的公司合并、上市公司全面回购股份，导致公司股票退出市场交易的，除另有规定外，本所在公司公告回购或者收购结果、完成合并交易之日起十五个交易日内，作出是否终止其股票上市的决定。

14.4.10　本所上市委员会对上市公司股票主动终止上市事宜进行审议，重点从保护投资者特别是中小投资者权益的角度，在审查上市公司决策程序合规性的基础上，作出独立的专业判断并形成审核意见。

本所根据上市委员会的审核意见，作出是否终止股票上市的决定。

14.4.11 本所在作出终止股票上市的决定之日后两个交易日内通知公司并发布相关公告。

公司应当在收到本所关于终止其股票上市的决定后，按照14.3.19条的规定及时披露股票终止上市公告。

14.4.12 主动终止上市公司股票不进入退市整理期交易，本所在公告公司股票终止上市决定之日起五个交易日内对其予以摘牌，公司股票终止上市。

14.4.13 上市公司因出现第14.4.1条规定的情形，本所对其股票终止上市的，公司及相关各方应当对公司股票退市后的转让或者交易、异议股东保护措施等作出妥善安排，保护投资者特别是中小投资者的合法权益。

14.4.14 主动终止上市公司可以选择在证券交易场所交易或转让其股票，或者依法作出其他安排。

14.4.15 本所在作出同意或者不同意上市公司主动终止上市决定之日起十五个交易日内，以及上市公司退出市场交易之日起十五个交易日内，将上市公司主动终止上市的情况报告中国证监会。

第五节 重新上市

14.5.1 本所上市公司的股票被终止上市后，其终止上市情形已消除，且同时符合下列条件的，可以向本所申请重新上市：

（一）公司股本总额不少于人民币5000万元；

（二）社会公众股持有的股份占公司股份总数的比例为25%以上；公司股本总额超过人民币4亿元的，社会公众股持有的股份占公司股份总数的比例为10%以上；

（三）公司及董事、监事、高级管理人员最近三年无重大违法行为，财务会计报告无虚假记载；

（四）最近三个会计年度净利润均为正数且累计超过人民币3000万元，净利润以扣除非经常性损益前后较低者为计算依据；

（五）最近三个会计年度经营活动产生的现金流量净额累计超过人民币5000万元；或者最近三个会计年度营业收入累计超过人民币3亿元；

（六）最近一个会计年度经审计的期末净资产为正值；

（七）最近三个会计年度的财务会计报告均被会计师事务所出具标准无保留意见的审计报告；

（八）最近三年主营业务没有发生重大变化，董事、高级管理人员没有发生重大变化，实际控制人没有发生变更；

（九）保荐机构经核查后发表明确意见，认为公司具备持续经营能力；

（十）保荐机构经核查后发表明确意见，认为公司具备健全的公司治理结构、运作规范、无重大内控缺陷；

（十一）本所规定的其他条件。

公司股票被强制终止上市后，公司不配合退市相关工作的，本所自其股票进入全国中小企业股份转让系统挂牌转让之日起三十六个月内不受理其重新上市的申请。

14.5.2 上市公司因欺诈发行或重大信息披露违法，其股票被终止上市后，出现第13.2.17条规定的情形之一的，本所在收到相关法律文书之日起五个交易日内，作出撤销原终止公司股票上市的决定。公司可以不适用前条规定的条件，向本所申请重新上市，恢复其上市地位。

前述公司同时触及本规则规定的欺诈发行和重大信息披露违法之外的风险警示、暂停上市或者终止上市情形的，本所对其股票相应予以实施风险警示、暂停上市或者终止上市。

14.5.3 上市公司因欺诈发行或重大信息披露违法，其股票被终止上市后，公司未同时符合下列条件的，本所不受理其重新上市申请：

（一）已全面纠正重大违法行为并符合下列要求：

1. 公司已就欺诈发行、重大信息披露违法行为所涉事项披露补充或更正公告；

2. 对欺诈发行、重大信息披露违法行为的责任追究已处理完毕；

3. 公司已就重大信息披露违法行为所涉事项补充履行相关决策程序；

4. 公司控股股东、实际控制人等相关责任主体对公司因欺诈发行、重大信息披露违法行为发生的损失已作出补偿；

5. 欺诈发行、重大信息披露违法行为可能引发的与公司相关的风险因素已消除。

（二）已撤换下列与欺诈发行、重大信息披露违法行为有关的责任人员：

1. 被人民法院判决有罪的有关人员；

2. 被中国证监会行政处罚的有关人员；

3. 被中国证监会依法移送公安机关立案调查的有关人员；

4. 中国证监会、本所认定的与欺诈发行、重大信息披露违法行为有关的其他责任人员。

（三）已对相关民事赔偿承担做出妥善安排并符合下列要求：

1. 相关赔偿事项已由人民法院作出判决的，该判决已执行完毕；

2. 相关赔偿事项未由人民法院作出判决，但已达成和解的，该和解协议已执行完毕；

3. 相关赔偿事项未由人民法院作出判决，且也未达成和解的，公司及相关责任主体已按预计最高索赔金额计提赔偿基金，并将足额资金划入专项账户，且公司的控股股东和实际控制人已承诺：若赔偿基金不足赔付，其将予以补足。

（四）公司聘请的重新上市保荐机构、律师已对前述三项条件所述情况进行核查验证，并出具专项核查意见，明确认定公司已完全符合前述三项条件。

14.5.4 本所上市委员会对股票重新上市申请进行审议，作出独立的专业判断并形成审核意见。

本所根据上市委员会的审核意见，作出是否同意公司股票重新上市的决定。

14.5.5 公司股票重新上市后，应当在本所风险警示板至少交易至其披露重新上市后的首份年度报告，但根据第14.5.2条重新上市的公司股票不适用本条规定。

14.5.6 重新上市的其他事宜，由本所另行规定。

第十五章 申请复核

15.1 发行人、上市公司或者申请股票重新上市的公司（以下简称申请人）对本所作出的不予上市、暂停上市、终止上市决定不服的，可以在收到本所有关决定或本所公告有关决定之日后的五个交易日内，向本所申请复核。

申请人应当在向本所提出复核申请之日后的下一交易日披露有关内容。

15.2 申请人根据前条规定向本所申请复核，应当提交下列文件：

（一）复核申请书；

（二）保荐人就申请复核事项出具的意见书；

（三）律师事务所就申请复核事项出具的法律意见书；

（四）本所要求的其他文件。

15.3 本所在收到申请人提交的复核申请文件之日后的五个交易日内，作出是否受理的决定并通知申请人。

未能按照前条规定提交复核申请文件的，本所不受理其复核申请。

申请人应当在收到本所是否受理其复核申请的决定后，及时披露决定的有关内容并提示相关风险。

15.4 本所设立复核委员会，对申请人的复核申请进行审议。

15.5 本所在受理复核申请之日后的三十个交易日内，依据复核委员会的审核意见作出是否维持不予上市、暂停上市、终止上市的决定。该决定为终局决定。

在此期间，本所要求申请人提供补充材料的，申请人应当按要求予以提供。申请人提供补充材料期间不计入本所作出有关决定的期限内。

申请人提供补充材料的期限累计不得超过三十个交易日。申请人未按本所要求在前述期限内提交补充材料的，本所在该期限届满后继续对其所提申请进行审核，并根据本规则对其作出是否维持不予上市、暂停上市或者终止上市的决定。

申请人应当在收到本所的复核决定后，及时披露决定的有关内容。

第十六章　境内外上市事务的协调

16.1　在本所上市的公司同时有证券在境外证券交易所上市的，应当保证将境外证券交易所要求披露的信息，及时向本所报告，并同时在指定媒体上按照本规则规定披露。

16.2　上市公司就同一事件向境外证券交易所提供的报告和公告应当与向本所提供的内容一致。出现重大差异时，公司应当向本所作出专项说明，并按照本所要求披露更正或补充公告。

16.3　上市公司股票及其衍生品种被境外证券交易所停牌的，应当及时向本所报告停牌的事项和原因，并提交是否需要向本所申请停牌的书面说明。

16.4　本章未尽事宜，适用有关法律、行政法规、部门规章、其他规范性文件和本所与其他证券交易所签署的监管合作备忘录以及其他相关规定。

第十七章　日常监管和违反本规则的处理

17.1　本所对本规则第1.5条监管对象实施日常监管，具体措施包括：

（一）要求公司及相关信息披露义务人或者其董事（会）、监事（会）、高级管理人员对有关问题作出解释和说明；

（二）要求公司聘请相关证券服务机构对所存在的问题进行核查并发表意见；

（三）发出各种通知和函件等；

（四）约见有关人员；

（五）暂不受理保荐人、证券服务机构及相关人员出具的文件；

（六）向中国证监会报告有关违法违规行为；

（七）其他监管措施。

公司、相关信息披露义务人等机构及其相关人员应当接受并积极配合本所的日常监管，在规定期限内如实回答本所问询，并按要求提交说明，或者披露相应的更正或补充公告。

17.2　上市公司、相关信息披露义务人和其他责任人违反本规则或者向本所作出的承诺，本所可以视情节轻重给予以下惩戒：

（一）通报批评；

（二）公开谴责。

17.3　上市公司董事、监事、高级管理人员违反本规则或者向本所作出的承诺，本所可以视情节轻重给予以下惩戒：

（一）通报批评；

（二）公开谴责；

（三）公开认定其三年以上不适合担任上市公司董事、监事、高级管理人员。

以上第（二）项、第（三）项惩戒可以一并实施。

17.4　上市公司董事会秘书违反本规则，本所可以视情节轻重给予以下惩戒：

（一）通报批评；

（二）公开谴责；

（三）公开认定其不适合担任上市公司董事会秘书。

以上第（二）项、第（三）项惩戒可以一并实施。

17.5　保荐人和保荐代表人、证券服务机构及相关人员违反本规则，本所可以视情节轻重给予以下惩戒：

（一）通报批评；

（二）公开谴责。

情节严重的，本所依法报中国证监会查处。

17.6 管理人和管理人成员违反本规则规定，本所可以视情节轻重给予以下惩戒：

（一）通报批评；

（二）公开谴责；

（三）建议法院更换管理人或管理人成员。

以上第（二）项、第（三）项惩戒可以一并实施。

17.7 本所设立纪律处分委员会对违反本规则的纪律处分事项进行审核，作出独立的专业判断并形成审核意见。本所根据纪律处分委员会的审核意见，作出是否给予纪律处分的决定。

第十八章　释　　义

18.1　本规则下列用语含义如下：

（一）上市公司：指其股票及其衍生品种在本所上市的股份有限公司。

（二）相关信息披露义务人：指上市公司股东、实际控制人、收购人等。

（三）及时：指自起算日起或触及本规则披露时点的两个交易日内。

（四）披露：指上市公司或相关信息披露义务人按法律、行政法规、部门规章、其他规范性文件、本规则及本所其他规定在指定媒体上公告信息。

（五）高级管理人员：指公司经理、副经理、董事会秘书、财务负责人及公司章程规定的其他人员。

（六）控股股东：指其持有的股份占公司股本总额50%以上的股东；或者持有股份的比例虽然不足50%，但依其持有的股份所享有的表决权已足以对股东大会的决议产生重大影响的股东。

（七）实际控制人：指虽不是公司的股东，但通过投资关系、协议或者其他安排，能够实际支配公司行为的人。

（八）控制：指能够决定一个企业的财务和经营政策，并可据以从该企业的经营活动中获取利益的状态。具有下列情形之一的，构成控制：

1. 股东名册中显示持有公司股份数量最多，但是有相反证据的除外；

2. 能够直接或者间接行使一个公司的表决权多于该公司股东名册中持股数量最多的股东能够行使的表决权；

3. 通过行使表决权能够决定一个公司董事会半数以上成员当选；

4. 中国证监会和本所认定的其他情形。

（九）上市公司控股子公司：指上市公司持有其50%以上的股份，或者能够决定其董事会半数以上成员的当选，或者通过协议或其他安排能够实际控制的公司。

（十）内部职工股：指原定向募集股份有限公司的内部职工认购的股票。

（十一）股权分布不具备上市条件：指社会公众股东持有的股份连续二十个交易日低于公司总股本的25%，公司股本总额超过人民币四亿元的，低于公司总股本的10%。

上述社会公众股东指不包括下列股东的上市公司其他股东：

1. 持有上市公司10%以上股份的股东及其一致行动人；

2. 上市公司的董事、监事、高级管理人员及其关联人。

（十二）证券服务机构：指为证券发行、上市、交易等证券业务活动制作、出具审计报告、资产评估报告、法律意见书、财务顾问报告、资信评级报告等文件的会计师事务所、资产评估机构、律师事务所、财务顾问机构、资信评级机构。

（十三）净资产：指归属于公司普通股股东的期末净资产，不包括少数股东权益金额。

（十四）净利润：指归属于公司普通股股东的净利润，不包括少数股东损益金额。

（十五）每股收益：指根据中国证监会有关规定计算的基本每股收益。

（十六）净资产收益率：指根据中国证监会有关规定计算的全面摊薄净资产收益率。

（十七）回购股份：指上市公司收购本公司发行的流通股股份，并在收购后予以注销的行为。

（十八）破产程序：指《企业破产法》所规范的重整、和解或破产清算程序。

（十九）管理人管理模式：指根据《企业破产法》，经法院裁定由管理人负责管理上市公司财产和营业事务的运作模式。

（二十）管理人监督模式：指根据《企业破产法》，经法院裁定由公司在管理人的监督下自行管理公司财产和营业事务的运作模式。

（二十一）追溯重述：指因财务会计报告存在重大会计差错或者虚假记载，公司主动改正或者被中国证监会责令改正后，对此前披露的年度财务会计报告进行的调整。

（二十二）公司股票停牌日：指本所对公司股票全天予以停牌的交易日。

（二十三）B 股股票每日股票收盘价低于股票面值：指 B 股股票的每日收盘价换算成人民币计价后的收盘价低于股票面值（按本所编制上证综指采用的美元对人民币汇率中间价换算）。

18.2　本规则未定义的用语的含义，依照有关法律、行政法规、部门规章、其他规范性文件和本所有关业务规则确定。

18.3　本规则所称以上、以内含本数，超过、少于、低于、以下不含本数。

第十九章　附　　则

19.1　本规则经本所理事会会议审议通过并报中国证监会批准后生效，修订时亦同。

19.2　本规则由本所负责解释。

19.3　本规则自 2014 年 11 月 16 日起施行。

上市公司在此之前发生的按照原《股票上市规则》应当披露而未披露的重大事项，根据本规则也应当披露的，在本规则发布施行后，应当按照本规则的规定及时披露。

VI.2 深圳证券交易所股票上市规则（2014年修订）

（2014年10月19日 深证上［2014］378号）

（1998年1月实施2000年5月第一次修订 2001年6月第二次修订 2002年2月第三次修订 2004年12月第四次修订 2006年5月第五次修订 2008年9月第六次修订 2012年7月第七次修订 2014年10月第八次修订）

第一章 总 则

1.1 为规范股票、可转换为股票的公司债券（以下简称可转换公司债券）及其他衍生品种（以下统称股票及其衍生品种）上市行为，以及发行人、上市公司及相关信息披露义务人的信息披露行为，维护证券市场秩序，保护投资者的合法权益，根据《中华人民共和国公司法》（以下简称《公司法》）、《中华人民共和国证券法》（以下简称《证券法》）等法律、行政法规、部门规章、规范性文件及《深圳证券交易所章程》，制定本规则。

1.2 在深圳证券交易所（以下简称本所）主板、中小企业板上市的股票及其衍生品种，适用本规则；中国证券监督管理委员会（以下简称中国证监会）和本所对权证等衍生品种、境外公司的股票及其衍生品种的上市、信息披露、停牌等事宜另有规定的，从其规定。

本所对在中小企业板上市的股票及其衍生品种有特别规定的，从其规定。

1.3 申请股票及其衍生品种在本所上市，应当经本所同意，并在上市前与本所签订上市协议，明确双方的权利、义务和有关事项。

1.4 上市公司及其董事、监事、高级管理人员、股东、实际控制人、收购人等自然人、机构及其相关人员，以及保荐人及其保荐代表人、证券服务机构及其相关人员应当遵守法律、行政法规、部门规章、规范性文件、本规则和本所发布的细则、指引、通知、办法、备忘录等相关规定（以下简称本所其他相关规定）。

1.5 本所依据法律、行政法规、部门规章、规范性文件、本规则、本所其他相关规定和中国证监会的授权，对上市公司及其董事、监事、高级管理人员、股东、实际控制人、收购人等自然人、机构及其相关人员，以及保荐人及其保荐代表人、证券服务机构及其相关人员进行监管。

第二章 信息披露的基本原则及一般规定

2.1 上市公司及相关信息披露义务人应当根据法律、行政法规、部门规章、规范性文件、本规则以及本所发布的细则、指引和通知等相关规定，及时、公平地披露信息，并保证所披露的信息真实、准确、完整，不得有虚假记载、误导性陈述或者重大遗漏。

2.2 上市公司董事、监事、高级管理人员应当保证公司所披露的信息真实、准确、完整，不能保证披露的信息内容真实、准确、完整的，应当在公告中作出相应声明并说明理由。

2.3 上市公司股东、实际控制人、收购人等相关信息披露义务人，应当按照有关规定履行信息披露义务，积极配合上市公司做好信息披露工作，及时告知上市公司已发生或者拟发生的重大事件，并严格履行其所作出的承诺。

2.4 本规则所称真实，是指上市公司及相关信息披露义务人披露的信息应当以客观事实或者具有事实基础的判断和意见为依据，如实反映客观情况，不得有虚假记载和不实陈述。

2.5 本规则所称准确，是指上市公司及相关信息披露义务人披露的信息应当使用明确、贴切的语言和简明扼要、通俗易懂的文字，不得含有任何宣传、广告、恭维或者夸大等性质的词句，不得有误导性陈述。

公司披露预测性信息及其他涉及公司未来经营和财务状况等信息时，应当合理、谨慎、客观。

2.6 本规则所称完整，是指上市公司及相关信息披露义务人披露的信息应当内容完整、文件齐备，格式符合规定要求，不得有重大遗漏。

2.7 本规则所称及时，是指上市公司及相关信息披露义务人应当在本规则规定的期限内披露所有对公司股票及其衍生品种交易价格可能产生较大影响的信息（以下简称重大信息）。

2.8 本规则所称公平，是指上市公司及相关信息披露义务人应当同时向所有投资者公开披露重大信息，确保所有投资者可以平等地获取同一信息，不得私下提前向特定对象单独披露、透露或者泄露。

公司向公司股东、实际控制人或者其他第三方报送文件和传递信息涉及未公开重大信息的，应当及时向本所报告，并依据本所相关规定履行信息披露义务。

2.9 上市公司及其董事、监事、高级管理人员、相关信息披露义务人和其他知情人在信息披露前，应当将该信息的知情者控制在最小范围内，不得泄漏未公开重大信息，不得进行内幕交易或者配合他人操纵股票及其衍生品种交易价格。

2.10 上市公司应当按照有关规定制定并严格执行信息披露事务管理制度。

公司应当将经董事会审议的信息披露事务管理制度及时报送本所备案并在本所指定网站披露。

2.11 上市公司应当披露的信息包括定期报告和临时报告。

公司及相关信息披露义务人应当将公告文稿和相关备查文件在第一时间报送本所，报送的公告文稿和相关备查文件应当符合本所的要求。

公司及相关信息披露义务人报送的公告文稿和相关备查文件应当采用中文文本。同时采用外文文本的，信息披露义务人应当保证两种文本的内容一致。两种文本发生歧义时，以中文文本为准。

2.12 本所根据有关法律、行政法规、部门规章、规范性文件、本规则以及本所发布的细则、指引和通知等相关规定，对上市公司及相关信息披露义务人披露的信息进行形式审核，对其内容的真实性不承担责任。

本所对定期报告实行事前登记、事后审核；对临时报告依不同情况实行事前审核或者事前登记、事后审核。

定期报告或者临时报告出现任何错误、遗漏或者误导，本所可以要求公司作出说明并公告，公司应当按照本所要求办理。

2.13 上市公司定期报告和临时报告经本所登记后应当在中国证监会指定媒体上披露。公司未能按照既定时间披露，或者在指定媒体上披露的文件内容与报送本所登记的文件内容不一致的，应当立即向本所报告。

2.14 上市公司及相关信息披露义务人在其他公共媒体发布重大信息的时间不得先于指定媒体，在指定媒体上公告之前不得以新闻发布或者答记者问等任何其他方式透露、泄漏未公开重大信息。

公司董事、监事及高级管理人员应当遵守并促使公司遵守前述规定。

2.15 上市公司及相关信息披露义务人应当关注公共媒体关于本公司的报道以及本公司股票及其衍生品种的交易情况，及时向有关方面了解真实情况。

公司应当在规定期限内如实回复本所就相关事项提出的问询，并按照本规则的规定和本所要求及时、真实、准确、完整地就相关情况作出公告，不得以有关事项存在不确定性或者需要保密等为由不履行报告、公告和回复本所问询的义务。

2.16 上市公司及相关信息披露义务人未在规定期限内回复本所问询，或者未按照本规则的规定和本所的要求进行公告，或者本所认为必要的，本所可以交易所公告等形式，向市场说明有关情况。

2.17 上市公司应当将定期报告、临时报告和相关备查文件等信息披露文件在公告的同时置备于公司住所，供公众查阅。

2.18　上市公司应当配备信息披露所必要的通讯设备，并保证对外咨询电话畅通。

2.19　上市公司拟披露的信息存在不确定性、属于临时性商业秘密或者本所认可的其他情形，及时披露可能会损害公司利益或者误导投资者，且符合以下条件的，

公司可以向本所提出暂缓披露申请，说明暂缓披露的理由和期限：

（一）拟披露的信息未泄漏；

（二）有关内幕人士已书面承诺保密；

（三）公司股票及其衍生品种交易未发生异常波动。

经本所同意，公司可以暂缓披露相关信息。暂缓披露的期限一般不超过两个月。

暂缓披露申请未获本所同意、暂缓披露的原因已经消除或者暂缓披露的期限届满的，公司应当及时披露。

2.20　上市公司拟披露的信息属于国家机密、商业秘密或者本所认可的其他情况，按本规则披露或者履行相关义务可能会导致其违反国家有关保密法律、行政法规规定或者损害公司利益的，公司可以向本所申请豁免按本规则披露或者履行相关义务。

2.21　上市公司发生的或者与之有关的事件没有达到本规则规定的披露标准，或者本规则没有具体规定，但本所或者公司董事会认为该事件对公司股票及其衍生品种交易价格可能产生较大影响的，公司应当比照本规则及时披露。

2.22　上市公司及相关信息披露义务人对本规则的具体规定有疑问的，应当向本所咨询。

2.23　保荐人及其保荐代表人、证券服务机构及其相关人员为发行人、上市公司及相关信息披露义务人的证券业务活动制作、出具上市保荐书、审计报告、资产评估报告、财务顾问报告、资信评级报告或者法律意见书等文件，应当勤勉尽责，对所制作、出具的文件内容的真实性、准确性、完整性进行核查和验证。其制作、出具的文件不得有虚假记载、误导性陈述或者重大遗漏。

第三章　董事、监事和高级管理人员

第一节　董事、监事和高级管理人员声明与承诺

3.1.1　上市公司的董事、监事和高级管理人员应当在公司股票首次上市前，新任董事、监事应当在股东大会或者职工代表大会通过其任命后一个月内，新任高级管理人员应当在董事会通过其任命后一个月内，签署一式三份《董事（监事、高级管理人员）声明及承诺书》，并报本所和公司董事会备案。

董事、监事和高级管理人员签署《董事（监事、高级管理人员）声明及承

诺书》时，应当由律师见证，并由律师解释该文件的内容，董事、监事和高级管理人员在充分理解后签字。

董事会秘书应当督促董事、监事和高级管理人员及时签署《董事（监事、高级管理人员）声明及承诺书》，并按本所规定的途径和方式提交《董事（监事、高级管理人员）声明及承诺书》的书面文件和电子文件。

3.1.2 上市公司董事、监事和高级管理人员应当在《董事（监事、高级管理人员）声明及承诺书》中声明：

（一）持有本公司股票的情况；

（二）有无因违反法律、行政法规、部门规章、规范性文件、本规则或者本所其他相关规定受查处的情况；

（三）参加证券业务培训的情况；

（四）其他任职情况和最近五年的工作经历；

（五）拥有其他国家或者地区的国籍、长期居留权的情况；

（六）本所认为应当说明的其他情况。

3.1.3 上市公司董事、监事和高级管理人员应当保证《董事（监事、高级管理人员）声明及承诺书》中声明事项的真实、准确、完整，不存在虚假记载、误导性陈述或者重大遗漏。

3.1.4 上市公司董事、监事和高级管理人员在任职（含续任）期间出现声明事项发生变化的，董事、监事和高级管理人员应当自该等事项发生变化之日起五个交易日内向本所和公司董事会提交有关该等事项的最新资料。

3.1.5 上市公司董事、监事和高级管理人员应当履行以下职责并在《董事（监事、高级管理人员）声明及承诺书》中作出承诺：

（一）遵守并促使上市公司遵守国家法律、行政法规、部门规章、规范性文件，履行忠实义务和勤勉义务；

（二）遵守并促使上市公司遵守本规则和本所其他相关规定，接受本所监管；

（三）遵守并促使上市公司遵守《公司章程》；

（四）本所认为应当履行的其他职责和应当作出的其他承诺。

监事还应当承诺监督董事和高级管理人员遵守其承诺。

高级管理人员还应当承诺及时向董事会报告有关公司经营或者财务方面出现的可能对公司股票及其衍生品种交易价格产生较大影响的事项。

3.1.6 上市公司董事应当履行的忠实义务和勤勉义务包括：

（一）原则上应当亲自出席董事会，以正常合理的谨慎态度勤勉行事并对所议事项表达明确意见；因故不能亲自出席董事会的，应当审慎地选择受托人；

（二）认真阅读上市公司的各项商务、财务报告和公共媒体有关公司的报道，及时了解并持续关注公司业务经营管理状况和公司已发生或者可能发生的重大事件及其影响，及时向董事会报告公司经营活动中存在的问题，不得以不直接从事经营管理或者不知悉为由推卸责任；

（三）《证券法》、《公司法》规定的及社会公认的其他忠实义务和勤勉义务。

3.1.7 上市公司董事、监事和高级管理人员应当在公司股票上市前、任命生效时及新增持有公司股份时，按照本所的有关规定申报并申请锁定其所持的本公司股份。

公司董事、监事、高级管理人员和证券事务代表所持本公司股份发生变动的（因公司派发股票股利和资本公积转增股本导致的变动除外），应当及时向公司报告并由公司在本所指定网站公告。

3.1.8 上市公司董事、监事、高级管理人员和公司股东买卖本公司股份应当遵守《公司法》、《证券法》、中国证监会和本所相关规定及公司章程。

上市公司董事、监事、高级管理人员自公司股票上市之日起一年内和离职后半年内，不得转让其所持本公司股份。

3.1.9 上市公司董事、监事、高级管理人员、持有公司股份5%以上的股东，将其持有的该公司的股票在买入后六个月内卖出，或者在卖出后六个月内又买入，由此所得收益归该公司所有，公司董事会应当收回其所得收益，并及时披露相关情况。

3.1.10 上市公司在发布召开关于选举独立董事的股东大会通知时，应当将所有独立董事候选人的有关材料（包括但不限于提名人声明、候选人声明、独立董事履历表）报送本所备案。

公司董事会对独立董事候选人的有关情况有异议的，应当同时报送董事会的书面意见。

3.1.11 本所在收到前条所述材料的五个交易日内，对独立董事候选人的任职资格和独立性进行审核。对于本所提出异议的独立董事候选人，上市公司不得将其提交股东大会选举为独立董事。

在召开股东大会选举独立董事时，公司董事会应当对独立董事候选人是否被本所提出异议的情况进行说明。

第二节 董事会秘书

3.2.1 上市公司应当设立董事会秘书，作为公司与本所之间的指定联络人。

公司应当设立由董事会秘书负责管理的信息披露事务部门。

3.2.2 董事会秘书对上市公司和董事会负责，履行如下职责：

（一）负责公司信息披露事务，协调公司信息披露工作，组织制订公司信息披露事务管理制度，督促公司及相关信息披露义务人遵守信息披露相关规定；

（二）负责公司投资者关系管理和股东资料管理工作，协调公司与证券监管机构、股东及实际控制人、保荐人、证券服务机构、媒体等之间的信息沟通；

（三）组织筹备董事会会议和股东大会，参加股东大会、董事会会议、监事会会议及高级管理人员相关会议，负责董事会会议记录工作并签字；

（四）负责公司信息披露的保密工作，在未公开重大信息出现泄露时，及时向本所报告并公告；

（五）关注媒体报道并主动求证真实情况，督促董事会及时回复本所所有问询；

（六）组织董事、监事和高级管理人员进行证券法律法规、本规则及相关规定的培训，协助前述人员了解各自在信息披露中的权利和义务；

（七）督促董事、监事和高级管理人员遵守法律、法规、规章、规范性文件、本规则、本所其他相关规定及公司章程，切实履行其所作出的承诺；在知悉公司作出或者可能作出违反有关规定的决议时，应当予以提醒并立即如实地向本所报告；

（八）《公司法》、《证券法》、中国证监会和本所要求履行的其他职责。

3.2.3 上市公司应当为董事会秘书履行职责提供便利条件，董事、监事、财务负责人及其他高级管理人员和公司相关人员应当支持、配合董事会秘书在信息披露方面的工作。

董事会秘书为履行职责有权了解公司的财务和经营情况，参加涉及信息披露的有关会议，查阅涉及信息披露的所有文件，并要求公司有关部门和人员及时提供相关资料和信息。

董事会秘书在履行职责过程中受到不当妨碍和严重阻挠时，可以直接向本所报告。

3.2.4 董事会秘书应当具备履行职责所必需的财务、管理、法律专业知识，具有良好的职业道德和个人品德，并取得本所颁发的董事会秘书资格证书。有下列情形之一的人士不得担任上市公司董事会秘书：

（一）有《公司法》第一百四十六条规定情形之一的；

（二）自受到中国证监会最近一次行政处罚未满三年的；

（三）最近三年受到证券交易所公开谴责或者三次以上通报批评的；

（四）本公司现任监事；

（五）本所认定不适合担任董事会秘书的其他情形。

3.2.5　上市公司应当在首次公开发行股票上市后三个月内或者原任董事会秘书离职后三个月内聘任董事会秘书。

3.2.6　上市公司应当在有关拟聘任董事会秘书的会议召开五个交易日之前将该董事会秘书的有关材料报送本所，本所自收到有关材料之日起五个交易日内未提出异议的，董事会可以聘任。

3.2.7　上市公司聘任董事会秘书之前应当向本所报送下列资料：

（一）董事会推荐书，包括被推荐人符合本规则任职资格的说明、职务、工作表现及个人品德等内容；

（二）被推荐人的个人简历、学历证明（复印件）；

（三）被推荐人取得的董事会秘书资格证书（复印件）。

3.2.8　上市公司在聘任董事会秘书的同时，还应当聘任证券事务代表，协助董事会秘书履行职责。在董事会秘书不能履行职责时，由证券事务代表行使其权利并履行其职责，在此期间，并不当然免除董事会秘书对公司信息披露事务所负有的责任。

证券事务代表应当参加本所组织的董事会秘书资格培训并取得董事会秘书资格证书。

3.2.9　上市公司董事会正式聘任董事会秘书、证券事务代表后应当及时公告并向本所提交下列资料：

（一）董事会秘书、证券事务代表聘任书或者相关董事会决议；

（二）董事会秘书、证券事务代表的通讯方式，包括办公电话、住宅电话、移动电话、传真、通信地址及专用电子邮件信箱地址等；

（三）公司董事长的通讯方式，包括办公电话、移动电话、传真、通信地址及专用电子邮件信箱地址等。

上述有关通讯方式的资料发生变更时，公司应当及时向本所提交变更后的资料。

3.2.10　上市公司解聘董事会秘书应当具有充分理由，不得无故将其解聘。

董事会秘书被解聘或者辞职时，公司应当及时向本所报告，说明原因并公告。

董事会秘书有权就被公司不当解聘或者与辞职有关的情况，向本所提交个人陈述报告。

3.2.11　董事会秘书有下列情形之一的，上市公司应当自事实发生之日起一个月内解聘董事会秘书：

（一）出现本规则3.2.4条所规定情形之一的；

（二）连续三个月以上不能履行职责的；

（三）在履行职责时出现重大错误或者疏漏，给投资者造成重大损失的；

（四）违反法律、行政法规、部门规章、规范性文件、本规则、本所其他相关规定或者公司章程，给投资者造成重大损失的。

3.2.12　上市公司应当在聘任董事会秘书时与其签订保密协议，要求其承诺在任职期间以及在离任后持续履行保密义务直至有关信息披露为止，但涉及公司违法违规的信息除外。

董事会秘书离任前，应当接受董事会、监事会的离任审查，在公司监事会的监督下移交有关档案文件、正在办理或者待办理事项。

3.2.13　上市公司董事会秘书空缺期间，董事会应当指定一名董事或者高级管理人员代行董事会秘书的职责，并报本所备案，同时尽快确定董事会秘书人选。公司指定代行董事会秘书职责的人员之前，由董事长代行董事会秘书职责。

董事会秘书空缺期间超过三个月之后，董事长应当代行董事会秘书职责，直至公司正式聘任董事会秘书。

3.2.14　上市公司应当保证董事会秘书在任职期间按要求参加本所组织的董事会秘书后续培训。

3.2.15　上市公司在履行信息披露义务时，应当指派董事会秘书、证券事务代表或者本规则3.2.13条规定代行董事会秘书职责的人员负责与本所联系，办理信息披露与股权管理事务。

第四章　保荐人

4.1　本所实行股票、可转换公司债券、分离交易的可转换公司债券上市保荐制度。发行人向本所申请其首次公开发行的股票和上市后发行的新股、可转换公司债券和分离交易的可转换公司债券在本所上市，以及股票被暂停上市后公司申请其股票恢复上市、股票被终止上市后公司申请其股票重新上市的，应当由保荐人保荐。

保荐人应当为经中国证监会注册登记并列入保荐人名单，同时具有本所会员资格的证券经营机构；推荐股票恢复上市的保荐人还应当具有中国证券业协会《证券公司从事代办股份转让主办券商业务资格管理办法（试行）》中规定的从事代办股份转让主办券商业务资格。

根据中国证监会相关规定无需聘请保荐人的，从其规定。

4.2　保荐人应当与发行人签订保荐协议，明确双方在公司申请上市期间、申请恢复上市期间和持续督导期间的权利和义务。保荐协议应当约定保荐人审阅发行人信息披露文件的时点。

首次公开发行股票的，持续督导期间为股票上市当年剩余时间及其后两个完整会计年度；上市后发行新股、可转换公司债券和分离交易的可转换公司债券的，持续督导期间为股票、可转换公司债券或者分离交易的可转换公司债券上市当年剩余时间及其后一个完整会计年度；申请恢复上市的，持续督导期间为股票恢复上市当年剩余时间及其后一个完整会计年度。持续督导期间自股票、可转换公司债券或者分离交易的可转换公司债券上市之日起计算。

4.3 保荐人应当在签订保荐协议时指定两名保荐代表人具体负责保荐工作，作为保荐人与本所之间的指定联络人。

保荐代表人应当为经中国证监会注册登记并列入保荐代表人名单的自然人。

4.4 保荐人保荐股票、可转换公司债券或者分离交易的可转换公司债券上市（恢复上市除外）时，应当向本所提交上市保荐书、保荐协议、保荐人和相关保荐代表人已经中国证监会注册登记并列入保荐人和保荐代表人名单的证明文件和授权委托书，以及与上市保荐工作有关的其他文件。

保荐人推荐股票恢复上市时应当提交的文件及其内容应当符合本规则第十四章第二节的有关规定。

4.5 上市保荐书应当包括以下内容：

（一）发行股票、可转换公司债券或者分离交易的可转换公司债券的公司概况；

（二）申请上市的股票、可转换公司债券或者分离交易的可转换公司债券的发行情况；

（三）保荐人是否存在可能影响公正履行保荐职责情形的说明；

（四）保荐人按照有关规定应当承诺的事项；

（五）对公司持续督导期间的工作安排；

（六）保荐人和相关保荐代表人的联系地址、电话和其他通讯方式；

（七）保荐人认为应当说明的其他事项；

（八）本所要求的其他内容。

上市保荐书应当由保荐人的法定代表人（或者授权代表）和相关保荐代表人签字，注明日期并加盖保荐人公章。

4.6 保荐人应当督导发行人按照本规则的规定履行信息披露及其他相关义务，审阅信息披露文件及其他相关文件，并保证向本所提交的与保荐工作相关的文件真实、准确、完整，没有虚假记载、误导性陈述或者重大遗漏。

保荐人和保荐代表人应当同时督导发行人的董事、监事、高级管理人员、控股股东和实际控制人遵守本规则的规定，并履行向本所作出的承诺。

4.7 保荐人应当在发行人向本所报送信息披露文件及其他文件之前，或者履行信息披露义务后五个交易日内，完成对有关文件的审阅工作，对存在问题的信息披露文件应当及时督促发行人更正或者补充，并同时向本所报告。

4.8　保荐人履行保荐职责发表的意见应当及时告知发行人，记录于保荐工作档案。

发行人应当配合保荐人和保荐代表人的工作。

4.9　保荐人在履行保荐职责期间有充分理由确信发行人可能存在违反本规则规定的行为的，应当督促发行人作出说明并限期纠正；情节严重的，应当向本所报告。

保荐人按照有关规定对发行人违法违规事项公开发表声明的，应当于披露前向本所报告，经本所审核后在指定媒体上公告。本所对上述公告进行形式审核，对其内容的真实性不承担责任。

4.10　保荐人有充分理由确信中介机构及其签名人员按本规则规定出具的专业意见可能存在虚假记载、误导性陈述或者重大遗漏等违法违规情形或者其他不当情形的，应当及时发表意见；情节严重的，应当向本所报告。

4.11　保荐人和发行人终止保荐协议的，应当自终止之日起五个交易日内向本所报告，说明原因并由发行人发布公告。

发行人另行聘请保荐人的，应当及时向本所报告并公告。新聘请的保荐人应当及时向本所提交本规则4.4条规定的有关文件。

4.12　保荐人更换保荐代表人的，应当通知发行人，并在五个交易日内向本所报告，说明原因并提供更换后的保荐代表人的相关资料。发行人应当在收到通知后及时披露保荐代表人变更事宜。

4.13　保荐人应当自持续督导工作结束后十个交易日内向本所报送保荐总结报告书。

4.14　保荐人、相关保荐代表人和保荐工作其他参与人员不得利用从事保荐工作期间获得的发行人尚未披露的信息进行内幕交易，为自己或者他人谋取利益。

第五章　股票和可转换公司债券上市

第一节　首次公开发行的股票上市

5.1.1　发行人首次公开发行股票后申请其股票在本所上市，应当符合下列条件：

（一）股票已公开发行；

（二）公司股本总额不少于五千万元；

（三）公开发行的股份达到公司股份总数的25%以上；公司股本总额超过四亿元的，公开发行股份的比例为10%以上；

（四）公司最近三年无重大违法行为，财务会计报告无虚假记载；

（五）本所要求的其他条件。

5.1.2 发行人向本所申请其首次公开发行的股票上市时，应当按照有关规定编制上市公告书。

5.1.3 发行人向本所申请其首次公开发行的股票上市，应当提交下列文件：

（一）上市报告书（申请书）；

（二）申请股票上市的董事会和股东大会决议；

（三）公司营业执照复印件；

（四）公司章程；

（五）依法经具有从事证券、期货相关业务资格的会计师事务所审计的发行人最近三年的财务会计报告；

（六）保荐协议和保荐人出具的上市保荐书；

（七）律师事务所出具的法律意见书；

（八）具有从事证券、期货相关业务资格的会计师事务所出具的验资报告；

（九）发行人全部股票已经中国证券登记结算有限责任公司深圳分公司（以下简称结算公司）托管的证明文件；

（十）董事、监事和高级管理人员持有本公司股份情况报告和《董事（监事、高级管理人员）声明及承诺书》；

（十一）发行人拟聘任或者已聘任的董事会秘书的有关资料；

（十二）控股股东和实际控制人承诺函；

（十三）公开发行前已发行股份持有人所持股份已在结算公司锁定的证明文件；

（十四）发行后至上市前按规定新增的财务资料和有关重大事件的说明文件（如适用）；

（十五）最近一次的招股说明书；

（十六）上市公告书；

（十七）本规则5.1.6条所述承诺函；

（十八）本所要求的其他文件。

5.1.4 发行人及其董事、监事、高级管理人员应当保证向本所提交的上市申请文件内容真实、准确、完整，不存在虚假记载、误导性陈述或者重大遗漏。

5.1.5 发行人公开发行股票前已发行的股份，自发行人股票上市之日起一年内不得转让。

5.1.6 发行人向本所提出其首次公开发行的股票上市申请时，控股股东和实际控制人应当承诺：自发行人股票上市之日起三十六个月内，不转让或者委托他人管理其直接或者间接持有的发行人公开发行股票前已发行的股份，也不由发行人回购其直接或者间接持有的发行人公开发行股票前已发行的股份。

发行人应当在上市公告书中公告上述承诺。

自发行人股票上市之日起一年后，出现下列情形之一的，经控股股东或者实际控制人申请并经本所同意，可以豁免遵守上述承诺：

（一）转让双方存在实际控制关系，或者均受同一控制人所控制；

（二）因上市公司陷入危机或者面临严重财务困难，受让人提出的挽救公司的重组方案获得该公司股东大会审议通过和有关部门批准，且受让人承诺继续遵守上述承诺；

（三）本所认定的其他情形。

5.1.7 本所在收到全套上市申请文件后七个交易日内，作出是否同意上市的决定。出现特殊情况时，本所可以暂缓作出决定。

5.1.8 本所设立上市委员会对上市申请进行审议，作出独立的专业判断并形成审核意见，本所根据上市委员会意见作出是否同意上市的决定。

本规则5.1.1条所列第（一）项至第（四）项条件为在本所上市的必备条件，本所并不保证发行人符合上述条件时，其上市申请一定能够获得本所同意。

5.1.9 首次公开发行的股票上市申请获得本所同意后，发行人应当于其股票上市前五个交易日内，在指定媒体上披露下列文件：

（一）上市公告书；

（二）公司章程；

（三）申请股票上市的股东大会决议；

（四）法律意见书；

（五）上市保荐书。

上述文件应当置备于公司住所，供公众查阅。

发行人在提出上市申请期间，未经本所同意，不得擅自披露与上市有关的信息。

第二节 上市公司新股和可转换公司债券的发行与上市

5.2.1 上市公司向本所申请办理新股、可转换公司债券或者分离交易的可转换公司债券发行事宜时，应当提交下列文件：

（一）中国证监会的核准文件；

（二）经中国证监会审核的全部发行申报材料；

（三）发行的预计时间安排；

（四）发行具体实施方案和发行公告；

（五）相关招股意向书或者募集说明书；

（六）本所要求的其他文件。

5.2.2 上市公司应当按照中国证监会有关规定，编制并及时披露涉及新股、可转换公司债券或者分离交易的可转换公司债券发行的相关公告。

5.2.3 发行完成后，上市公司可以向本所申请新股、可转换公司债券或者分离交易的可转换公司债券上市。

5.2.4 上市公司申请可转换公司债券在本所上市，应当符合下列条件：

（一）可转换公司债券的期限为一年以上；

（二）可转换公司债券实际发行额不少于五千万元；

（三）申请可转换公司债券上市时仍符合法定的公司债券发行条件。

5.2.5 上市公司申请分离交易的可转换公司债券中公司债券和认股权证在本所上市，应当符合下列条件：

（一）公司最近一期末经审计的净资产不低于十五亿元；

（二）分离交易的可转换公司债券中公司债券的期限为一年以上；

（三）分离交易的可转换公司债券中公司债券的实际发行额不少于五千万元；

（四）分离交易的可转换公司债券中的认股权证自上市之日起存续时间不少于六个月；

（五）申请分离交易的可转换公司债券中公司债券和认股权证上市时公司仍符合法定的分离交易的可转换公司债券发行条件。

5.2.6 上市公司申请新股、可转换公司债券或者分离交易的可转换公司债券上市，应当按照有关规定编制上市公告书；申请新股上市的，还应当编制股份变动报告书。

5.2.7 上市公司向本所申请新股上市时，应当提交下列文件：

（一）上市报告书（申请书）；

（二）保荐协议或者财务顾问协议；

（三）保荐人出具的上市保荐书或者财务顾问报告；

（四）发行完成后经具有从事证券、期货相关业务资格的会计师事务所出具的验资报告；

（五）结算公司对新增股份已登记托管的书面确认文件；

（六）董事、监事和高级管理人员持股情况变动的报告（如适用）；

（七）股份变动报告及上市公告书；

（八）本所要求的其他文件。

5.2.8 上市公司向本所申请可转换公司债券上市时，应当提交下列文件：

（一）上市报告书（申请书）；

（二）申请可转换公司债券上市的董事会决议；

（三）保荐协议和保荐人出具的上市保荐书；

（四）法律意见书；

（五）发行完成后经具有从事证券、期货相关业务资格的会计师事务所出具的验资报告；

（六）结算公司对可转换公司债券已登记托管的书面确认文件；

（七）可转换公司债券募集办法（募集说明书）；

（八）公司关于可转换公司债券的实际发行数额的说明；

（九）本所要求的其他文件。

5.2.9　上市公司向本所申请分离交易的可转换公司债券中公司债券和认股权证上市时，应当提交下列文件：

（一）分离交易的可转换公司债券中公司债券和认股权证上市申请书；

（二）申请分离交易的可转换公司债券中公司债券和认股权证上市的董事会决议；

（三）保荐协议和保荐人出具的上市保荐书；

（四）法律意见书；

（五）发行完成后经具有从事证券、期货相关业务资格的会计师事务所出具的验资报告；

（六）结算公司对分离交易的可转换公司债券中公司债券和认股权证已登记托管的书面确认文件；

（七）分离交易的可转换公司债券中公司债券和认股权证上市公告书；

（八）董事、监事和高级管理人员持有标的证券和权证的情况报告、禁售申请；

（九）分离交易的可转换公司债券募集办法（募集说明书）；

（十）公司关于分离交易的可转换公司债券的实际发行情况说明；

（十一）本所要求的其他文件。

5.2.10　上市公司在本所同意其新股、可转换公司债券或者分离交易的可转换公司债券上市的申请后，应当在新股、可转换公司债券或者分离交易的可转换公司债券上市前五个交易日内，在指定媒体上披露下列文件：

（一）上市公告书；

（二）股份变动报告书（适用于新股上市）；

（三）本所要求的其他文件和事项。

第三节　有限售条件的股份上市流通

5.3.1　上市公司向本所申请内部职工股上市时，应当提交下列文件：

（一）上市申请书；

（二）中国证监会关于内部职工股上市时间的批文；

（三）有关内部职工股的持股情况说明及托管证明；

（四）有关公司董事、监事和高级管理人员持股情况说明；

（五）内部职工股上市提示公告；

（六）本所要求的其他文件。

5.3.2 经本所同意后，上市公司应当在内部职工股上市前三个交易日内披露上市提示公告。上市提示公告应当包括以下内容：

（一）上市日期、本次上市股份数量，董事、监事和高级管理人员持股数；

（二）发行价格；

（三）历次股份变动情况；

（四）持有内部职工股人数。

5.3.3 上市公司向本所申请证券投资基金、法人、战略投资者配售的股份上市流通时，应当向本所提交下列文件：

（一）上市流通申请书；

（二）有关向证券投资基金、法人、战略投资者配售的股份说明；

（三）上市流通提示性公告；

（四）本所要求的其他文件。

5.3.4 经本所同意后，上市公司应当在配售的股份上市流通前三个交易日内披露流通提示性公告。上市流通提示性公告应当包括以下内容：

（一）配售股份的上市流通时间；

（二）配售股份的上市流通数量；

（三）配售股份的发行价格；

（四）公司的历次股份变动情况。

5.3.5 上市公司向本所申请股权分置改革后有限售条件的股份上市流通时，应当向本所提交下列文件：

（一）上市流通申请书；

（二）有限售条件股份的持有人的持股情况说明及托管情况；

（三）有限售条件股份的持有人的有关限售承诺；

（四）限售条件已解除的证明文件；

（五）有限售条件股份上市流通的提示性公告；

（六）本所要求的其他文件。

5.3.6 经本所同意后，上市公司应当在有限售条件的股份上市流通前三个交易日内披露提示性公告，上市流通提示性公告包括以下内容：

（一）限售股份的上市流通时间和数量；

（二）有关股东所作出的限售承诺及其履行情况；

（三）本所要求的其他内容。

5.3.7 上市公司向本所申请其他有限售条件的股份上市流通的，参照本章相关规定办理。

第六章 定期报告

6.1 上市公司应当披露的定期报告包括年度报告、半年度报告和季度报告。

上市公司应当在法律、行政法规、部门规章、规范性文件以及本规则规定的期限内，按照中国证监会及本所的有关规定编制并披露定期报告。

6.2 上市公司应当在每个会计年度结束之日起四个月内披露年度报告，应当在每个会计年度的上半年结束之日起两个月内披露半年度报告，应当在每个会计年度前三个月、九个月结束后的一个月内披露季度报告。

公司第一季度季度报告的披露时间不得早于公司上一年度的年度报告披露时间。

公司预计不能在规定期限内披露定期报告的，应当及时向本所报告，并公告不能按期披露的原因、解决方案及延期披露的最后期限。

6.3 上市公司应当与本所约定定期报告的披露时间，本所根据均衡披露原则统筹安排各公司定期报告披露顺序。

公司应当按照本所安排的时间办理定期报告披露事宜。因故需变更披露时间的，应当提前五个交易日向本所提出书面申请，陈述变更理由，并明确变更后的披露时间，本所视情形决定是否予以调整。本所原则上只接受一次变更申请。

6.4 上市公司董事会应当确保公司定期报告的按时披露，因故无法形成有关定期报告的董事会决议的，应当以董事会公告的方式对外披露相关事项，说明无法形成董事会决议的具体原因和存在的风险。

公司不得披露未经董事会审议通过的定期报告。

6.5 上市公司董事会应当按照中国证监会和本所关于定期报告的有关规定，组织有关人员安排落实定期报告的编制和披露工作。

公司经理、财务负责人、董事会秘书等高级管理人员应当及时编制定期报告提交董事会审议；公司董事、高级管理人员应当依法对公司定期报告是否真实、准确、完整签署书面确认意见；公司监事会应当依法对董事会编制的公司定期报告进行审核并提出书面审核意见。

6.6 上市公司的董事、监事、高级管理人员不得以任何理由拒绝对公司定期报告签署书面意见影响定期报告的按时披露。

公司董事会不得以任何理由影响公司定期报告的按时披露。

负责公司定期报告审计工作的会计师事务所，不得无故拖延审计工作影响公司定期报告的按时披露。

6.7　上市公司年度报告中的财务会计报告必须经具有从事证券、期货相关业务资格的会计师事务所审计。

公司半年度报告中的财务会计报告可以不经审计，但有下列情形之一的，公司应当审计：

（一）拟在下半年进行利润分配、公积金转增股本或者弥补亏损的；

（二）中国证监会或者本所认为应当进行审计的其他情形。

公司季度报告中的财务资料无须审计，但中国证监会或者本所另有规定的除外。

6.8　上市公司应当在定期报告经董事会审议后及时向本所报送，并提交下列文件：

（一）年度报告全文及其摘要、半年度报告全文及其摘要或者季度报告全文及正文；

（二）审计报告原件（如适用）；

（三）董事会和监事会决议及其公告文稿；

（四）按本所要求制作的载有定期报告和财务数据的电子文件；

（五）本所要求的其他文件。

6.9　在公司定期报告披露前出现业绩泄漏，或者因业绩传闻导致公司股票及其衍生品种交易异常波动的，上市公司应当及时披露本报告期相关财务数据（无论是否已经审计），包括营业收入、营业利润、利润总额、净利润、总资产和净资产等。

6.10　按照中国证监会《公开发行证券的公司信息披露编报规则第14号——非标准无保留审计意见及其涉及事项的处理》的规定，上市公司的财务会计报告被注册会计师出具非标准无保留审计意见的，公司在报送定期报告的同时应当向本所提交下列文件：

（一）董事会针对该审计意见涉及事项所做的专项说明，审议此专项说明的董事会决议以及决议所依据的材料；

（二）独立董事对审计意见涉及事项的意见；

（三）监事会对董事会有关说明的意见和相关的决议；

（四）负责审计的会计师事务所及注册会计师出具的专项说明；

（五）中国证监会和本所要求的其他文件。

6.11　负责审计的会计师事务所和注册会计师按本规则6.10条出具的专项说明应当至少包括以下内容：

（一）出具非标准无保留审计意见的依据和理由；

（二）非标准无保留审计意见涉及事项对报告期公司财务状况和经营成果影响的具体金额，若影响的金额导致公司盈亏性质发生变化的，应当明确说明；

（三）非标准无保留意见涉及事项是否明显违反会计准则及相关信息披露规范性规定。

6.12　本规则6.10条所述非标准无保留审计意见涉及事项不属于明显违反会计准则及相关信息披露规范性规定的，上市公司董事会应当按照《公开发行证券的公司信息披露编报规则第14号——非标准无保留审计意见及其涉及事项的处理》的规定，在相应定期报告中对该审计意见涉及事项作出详细说明。

6.13　本规则6.10条所述非标准无保留审计意见涉及事项属于明显违反会计准则及相关信息披露规范性规定的，上市公司应当对有关事项进行纠正，重新审计，并在本所规定的期限内披露纠正后的财务会计报告和有关审计报告。

公司未在本所规定的期限内披露经纠正和调整的财务会计报告和有关审计报告的，本所报中国证监会调查处理。

公司对上述事项进行纠正和调整期间不计入本所作出有关决定的期限之内。

6.14　上市公司应当认真对待本所对其定期报告的事后审核意见，及时回复本所的问询，并按要求对定期报告有关内容作出解释和说明。如需披露更正或者补充公告并修改定期报告的，公司应当在履行相应程序后公告，并在指定网站上披露修改后的定期报告全文。

6.15　发行可转换公司债券的上市公司按照本章规定所编制的年度报告和半年度报告还应当包括以下内容：

（一）转股价格历次调整的情况，经调整后的最新转股价格；

（二）可转换公司债券发行后累计转股的情况；

（三）前十名可转换公司债券持有人的名单和持有量；

（四）担保人盈利能力、资产状况和信用状况发生重大变化的情况；

（五）公司的负债情况、资信变化情况以及在未来年度还债的现金安排；

（六）中国证监会和本所规定的其他内容。

第七章　临时报告的一般规定

7.1　临时报告是指上市公司按照法律、行政法规、部门规章、规范性文件、本规则和本所的其他相关规定发布的除定期报告以外的公告。

临时报告披露内容同时涉及本规则第八章、第九章、第十章和第十一章所述重大事件的，其披露要求和相关审议程序应当同时符合前述各章的相关规定。

临时报告（监事会公告除外）应当加盖董事会公章并由公司董事会发布。

7.2 上市公司应当及时向本所报送并披露临时报告，临时报告涉及的相关备查文件应当同时在本所指定网站上披露（如中介机构报告等文件）。

7.3 上市公司应当在临时报告所涉及的重大事件最先触及下列任一时点后及时履行首次披露义务：

（一）董事会或者监事会作出决议时；

（二）签署意向书或者协议（无论是否附加条件或者期限）时；

（三）公司（含任一董事、监事或者高级管理人员）知悉或者理应知悉重大事件发生时。

7.4 对上市公司股票及其衍生品种交易价格可能产生较大影响的重大事件正处于筹划阶段，虽然尚未触及本规则7.3条规定的时点，但出现下列情形之一的，公司应当及时披露相关筹划情况和既有事实：

（一）该事件难以保密；

（二）该事件已经泄漏或者市场出现有关该事件的传闻；

（三）公司股票及其衍生品种交易已发生异常波动。

7.5 上市公司按照本规则7.3条规定首次披露临时报告时，应当按照本规则规定的披露要求和本所制定的相关格式指引予以公告。在编制公告时若相关事实尚未发生的，公司应当严格按要求公告既有事实，待相关事实发生后，再按照本规则和相关格式指引的要求披露完整的公告。

7.6 上市公司按照本规则7.3条或者7.4条规定履行首次披露义务后，还应当按照以下规定持续披露有关重大事件的进展情况：

（一）董事会、监事会或者股东大会就已披露的重大事件作出决议的，应当及时披露决议情况；

（二）公司就已披露的重大事件与有关当事人签署意向书或者协议的，应当及时披露意向书或者协议的主要内容；

上述意向书或者协议的内容或者履行情况发生重大变更，或者被解除、终止的，公司应当及时披露变更、解除或者终止的情况和原因；

（三）已披露的重大事件获得有关部门批准或者被否决的，应当及时披露批准或者否决情况；

（四）已披露的重大事件出现逾期付款情形的，应当及时披露逾期付款的原因和相关付款安排；

（五）已披露的重大事件涉及主要标的尚待交付或者过户的，应当及时披露有关交付或者过户事宜；

超过约定交付或者过户期限三个月仍未完成交付或者过户的，应当及时披露未如期完成的原因、进展情况和预计完成的时间，并在此后每隔三十日公告一次进展情况，直至完成交付或者过户；

（六）已披露的重大事件出现可能对上市公司股票及其衍生品种交易价格产生较大影响的其他进展或者变化的，应当及时披露事件的进展或者变化情况。

7.7　上市公司按照本规则7.3条或者7.4条规定报送的临时报告不符合本规则要求的，公司应当先披露提示性公告，解释未能按照要求披露的原因，并承诺在两个交易日内披露符合要求的公告。

7.8　上市公司控股子公司发生的本规则第九章、第十章和第十一章所述重大事件，视同上市公司发生的重大事件，适用前述各章的规定。

上市公司参股公司发生本规则第九章、第十一章所述重大事件，或者与上市公司的关联人发生第十章所述的有关交易，可能对上市公司股票及其衍生品种交易价格产生较大影响的，公司应当参照前述各章的规定，履行信息披露义务。

第八章　董事会、监事会和股东大会决议

第一节　董事会和监事会决议

8.1.1　上市公司召开董事会会议，应当在会议结束后及时将董事会决议（包括所有提案均被否决的董事会决议）报送本所备案。董事会决议应当经与会董事签字确认。

本所要求提供董事会会议记录的，公司应当按本所要求提供。

8.1.2　董事会决议涉及须经股东大会表决的事项或者本规则第六章、第九章、第十章和第十一章所述重大事件的，上市公司应当及时披露；董事会决议涉及本所认为有必要披露的其他事项的，上市公司也应当及时披露。

8.1.3　董事会决议涉及的本规则第六章、第九章、第十章和第十一章所述重大事件，需要按照中国证监会有关规定或者本所制定的公告格式指引进行公告的，上市公司应当分别披露董事会决议公告和相关重大事件公告。

8.1.4　董事会决议公告应当包括以下内容：

（一）会议通知发出的时间和方式；

（二）会议召开的时间、地点、方式，以及是否符合有关法律、行政法规、部门规章、规范性文件和公司章程规定的说明；

（三）委托他人出席和缺席的董事人数和姓名、缺席的理由和受托董事姓名；

（四）每项议案获得的同意、反对和弃权的票数以及有关董事反对或者弃权的理由；

（五）涉及关联交易的，说明应当回避表决的董事姓名、理由和回避情况；

（六）需要独立董事事前认可或者独立发表意见的，说明事前认可情况或者所发表的意见；

（七）审议事项的具体内容和会议形成的决议。

8.1.5 上市公司召开监事会会议，应当在会议结束后及时将监事会决议报送本所备案，经本所登记后公告。

监事会决议应当经过与会监事签字确认。监事应当保证监事会决议公告的内容真实、准确、完整，没有虚假记载、误导性陈述或者重大遗漏。

8.1.6 监事会决议公告应当包括以下内容：

（一）会议召开的时间、地点、方式，以及是否符合有关法律、行政法规、部门规章、规范性文件和公司章程规定的说明；

（二）委托他人出席和缺席的监事人数、姓名、缺席的理由和受托监事姓名；

（三）每项议案获得的同意、反对、弃权票数，以及有关监事反对或者弃权的理由；

（四）审议事项的具体内容和会议形成的决议。

第二节 股东大会决议

8.2.1 上市公司应当在年度股东大会召开二十日前或者临时股东大会召开十五日前，以公告方式向股东发出股东大会通知。股东大会通知中应当列明会议召开的时间、地点、方式以及会议召集人和股权登记日等事项，并充分、完整地披露所有提案的具体内容。公司还应当同时在本所指定网站上披露有助于股东对拟讨论的事项作出合理判断所必需的其他资料。

8.2.2 上市公司应当在股东大会结束当日，将股东大会决议公告文稿、股东大会决议和法律意见书报送本所，经本所登记后披露股东大会决议公告。

本所要求提供股东大会会议记录的，上市公司应当按本所要求提供。

8.2.3 上市公司发出股东大会通知后，无正当理由不得延期或者取消股东大会，通知中列明的提案不得取消。一旦出现延期或者取消的情形，上市公司应当在原定召开日期的至少二个交易日之前发布通知，说明延期或者取消的具体原因。延期召开股东大会的，上市公司应当在通知中公布延期后的召开日期。

8.2.4 股东大会召开前股东提出临时提案的，上市公司应当在规定时间内发出股东大会补充通知，披露提出临时提案的股东姓名或者名称、持股比例和新增提案的内容。

8.2.5 股东自行召集股东大会的，应当在发出股东大会通知前书面通知上市公司董事会并将有关文件报送本所备案。

在公告股东大会决议前，召集股东持股比例不得低于公司总股份的10%，召集股东应当在发出股东大会通知前申请在上述期间锁定其持有的公司股份。

股东大会会议期间发生突发事件导致会议不能正常召开的，上市公司应当立即向本所报告，说明原因并披露相关情况以及律师出具的专项法律意见书。

8.2.6 股东大会决议公告应当包括以下内容：

（一）会议召开的时间、地点、方式、召集人和主持人，以及是否符合有关法律、行政法规、部门规章、规范性文件和公司章程的说明；

（二）出席会议的股东（代理人）人数、所持（代理）股份及占上市公司有表决权总股份的比例。未完成股权分置改革的上市公司还应当披露流通股股东和非流通股股东分别出席会议情况；

（三）每项提案的表决方式；

（四）每项提案的表决结果。对股东提案作出决议的，应当列明提案股东的名称或者姓名、持股比例和提案内容；涉及关联交易事项的，应当说明关联股东回避表决情况；未完成股权分置改革的上市公司还应披露流通股股东和非流通股股东分别对每项提案同意、反对、弃权的股份数，涉及需要流通股股东单独表决的提案，应当专门作出说明；

发行境内上市外资股或者同时有证券在境外证券交易所上市的公司，还应当说明股东大会通知情况、内资股股东和外资股股东分别出席会议及表决情况；

（五）法律意见书的结论性意见，若股东大会出现否决提案的，应当披露法律意见书全文。

8.2.7 上市公司在股东大会上不得披露、泄漏未公开重大信息。

第九章 应披露的交易

9.1 本章所称“交易”包括下列事项：

（一）购买或者出售资产；

（二）对外投资（含委托理财、委托贷款、对子公司投资等）；

（三）提供财务资助；

（四）提供担保；

（五）租入或者租出资产；

（六）签订管理方面的合同（含委托经营、受托经营等）；

（七）赠与或者受赠资产；

（八）债权或者债务重组；

（九）研究与开发项目的转移；

（十）签订许可协议；

（十一）本所认定的其他交易。

上述购买、出售的资产不含购买原材料、燃料和动力，以及出售产品、商品等与日常经营相关的资产，但资产置换中涉及购买、出售此类资产的，仍包含在内。

9.2 上市公司发生的交易达到下列标准之一的，应当及时披露：

（一）交易涉及的资产总额占上市公司最近一期经审计总资产的10%以上，该交易涉及的资产总额同时存在账面值和评估值的，以较高者作为计算数据；

（二）交易标的（如股权）在最近一个会计年度相关的营业收入占上市公司最近一个会计年度经审计营业收入的10%以上，且绝对金额超过一千万元；

（三）交易标的（如股权）在最近一个会计年度相关的净利润占上市公司最近一个会计年度经审计净利润的10%以上，且绝对金额超过一百万元；

（四）交易的成交金额（含承担债务和费用）占上市公司最近一期经审计净资产的10%以上，且绝对金额超过一千万元；

（五）交易产生的利润占上市公司最近一个会计年度经审计净利润的10%以上，且绝对金额超过一百万元。

上述指标计算中涉及的数据如为负值，取其绝对值计算。

9.3 上市公司发生的交易（上市公司受赠现金资产除外）达到下列标准之一的，上市公司除应当及时披露外，还应当提交股东大会审议：

（一）交易涉及的资产总额占上市公司最近一期经审计总资产的50%以上，该交易涉及的资产总额同时存在账面值和评估值的，以较高者作为计算数据；

（二）交易标的（如股权）在最近一个会计年度相关的营业收入占上市公司最近一个会计年度经审计营业收入的50%以上，且绝对金额超过五千万元；

（三）交易标的（如股权）在最近一个会计年度相关的净利润占上市公司最近一个会计年度经审计净利润的50%以上，且绝对金额超过五百万元；

（四）交易的成交金额（含承担债务和费用）占上市公司最近一期经审计净资产的50%以上，且绝对金额超过五千万元；

（五）交易产生的利润占上市公司最近一个会计年度经审计净利润的50%以上，且绝对金额超过五百万元。

上述指标计算中涉及的数据如为负值，取其绝对值计算。

9.4 上市公司与同一交易方同时发生本规则9.1条第（二）项至第（四）项以外各项中方向相反的两个交易时，应当按照其中单个方向的交易涉及指标中较高者计算披露标准。

9.5　交易标的为股权，且购买或者出售该股权将导致上市公司合并报表范围发生变更的，该股权对应公司的全部资产和营业收入视为本规则9.2条和9.3条所述交易涉及的资产总额和与交易标的相关的营业收入。

9.6　上市公司发生的交易仅达到本规则9.3条第（三）项或者第（五）项标准，且上市公司最近一个会计年度每股收益的绝对值低于0.05元的，上市公司可以向本所申请豁免适用9.3条提交股东大会审议的规定。

9.7　对于达到本规则9.3条规定标准的交易，若交易标的为公司股权，上市公司应当聘请具有从事证券、期货相关业务资格会计师事务所对交易标的最近一年又一期财务会计报告进行审计，审计截止日距协议签署日不得超过六个月；若交易标的为股权以外的其他资产，公司应当聘请具有从事证券、期货相关业务资格资产评估机构进行评估，评估基准日距协议签署日不得超过一年。

对于未达到9.3条规定标准的交易，若本所认为有必要的，公司也应当按照前款规定，聘请相关会计师事务所或者资产评估机构进行审计或者评估。

9.8　上市公司发生本规则9.1条规定的“购买或者出售资产”交易时，应当以资产总额和成交金额中的较高者作为计算标准，并按交易事项的类型在连续十二个月内累计计算，经累计计算达到最近一期经审计总资产30%的，除应当披露并参照本规则9.7条进行审计或者评估外，还应当提交股东大会审议，并经出席会议的股东所持表决权的三分之二以上通过。

已按照前款规定履行相关义务的，不再纳入相关的累计计算范围。

9.9　上市公司对外投资设立有限责任公司或者股份有限公司，应当以协议约定的全部出资额为标准适用本规则9.2条和9.3条的规定。

9.10　上市公司发生本规则9.1条规定的“提供财务资助”和“委托理财”等事项时，应当以发生额作为计算标准，并按交易事项的类型在连续十二个月内累计计算，经累计计算达到本规则9.2条或者9.3条标准的，适用9.2条或者9.3条的规定。

已按照9.2条或者9.3条规定履行相关义务的，不再纳入相关的累计计算范围。

9.11　上市公司发生本规则9.1条规定的“提供担保”事项时，应当经董事会审议后及时对外披露。“提供担保”事项属于下列情形之一的，还应当在董事会审议通过后提交股东大会审议：

（一）单笔担保额超过上市公司最近一期经审计净资产10%的担保；

（二）上市公司及其控股子公司的对外担保总额，超过上市公司最近一期经审计净资产50%以后提供的任何担保；

（三）为资产负债率超过70%的担保对象提供的担保；

（四）连续十二个月内担保金额超过公司最近一期经审计总资产的30%；

（五）连续十二个月内担保金额超过公司最近一期经审计净资产的50%且绝对金额超过五千万元；

（六）对股东、实际控制人及其关联人提供的担保；

（七）本所或者公司章程规定的其他担保情形。

董事会审议担保事项时，应当经出席董事会会议的三分之二以上董事审议同意。股东大会审议前款第（四）项担保事项时，应当经出席会议的股东所持表决权的三分之二以上通过。

股东大会在审议为股东、实际控制人及其关联人提供的担保议案时，该股东或者受该实际控制人支配的股东，不得参与该项表决，该项表决须经出席股东大会的其他股东所持表决权的半数以上通过。

9.12 上市公司在十二个月内发生的交易标的相关的同类交易，应当按照累计计算的原则适用本规则9.2条或者9.3条规定。

已按照9.2条或者9.3条规定履行相关义务的，不再纳入相关的累计计算范围。

9.13 对于已披露的担保事项，上市公司还应当在出现下列情形之一时及时披露：

（一）被担保人于债务到期后十五个交易日内未履行还款义务的；

（二）被担保人出现破产、清算及其他严重影响还款能力情形的。

9.14 上市公司披露交易事项时，应当向本所提交下列文件：

（一）公告文稿；

（二）与交易有关的协议书或者意向书；

（三）董事会决议、独立董事意见及董事会决议公告文稿（如适用）；

（四）交易涉及的政府批文（如适用）；

（五）中介机构出具的专业报告（如适用）；

（六）本所要求的其他文件。

9.15 上市公司应当根据交易事项的类型，披露下述所有适用其交易的有关内容：

（一）交易概述和交易各方是否存在关联关系的说明；对于按照累计计算原则达到标准的交易，还应当简要介绍各单项交易情况和累计情况；

（二）交易对方的基本情况；

（三）交易标的的基本情况，包括标的的名称、账面值、评估值、运营情况、有关资产是否存在抵押、质押或者其他第三人权利、是否存在涉及有关资产的重大争议、诉讼或者仲裁事项、是否存在查封、冻结等司法措施；

交易标的为股权的，还应当说明该股权对应的公司的基本情况和最近一年又一期经审计的资产总额、负债总额、净资产、营业收入和净利润等财务数据；

出售控股子公司股权导致上市公司合并报表范围变更的，还应当说明上市公司是否存在为该子公司提供担保、委托该子公司理财，以及该子公司占用上市公司资金等方面的情况；如存在，应当披露前述事项涉及的金额、对上市公司的影响和解决措施；

（四）交易协议的主要内容，包括成交金额、支付方式（如现金、股权、资产置换等）、支付期限或者分期付款的安排、协议的生效条件、生效时间以及有效期限等；交易协议有任何形式的附加或者保留条款，应当予以特别说明；

交易须经股东大会或者有权部门批准的，还应当说明需履行的合法程序及其进展情况；

（五）交易定价依据、支出款项的资金来源；

（六）交易标的的交付状态、交付和过户时间；

（七）公司预计从交易中获得的利益（包括潜在利益），以及交易对公司本期和未来财务状况和经营成果的影响；

（八）关于交易对方履约能力的分析；

（九）交易涉及的人员安置、土地租赁、债务重组等情况；

（十）关于交易完成后可能产生关联交易情况的说明；

（十一）关于交易完成后可能产生同业竞争及相关应对措施的说明；

（十二）中介机构及其意见；

（十三）本所要求的有助于说明交易实质的其他内容。

9.16　上市公司披露提供担保事项，除适用本规则 9.15 条的规定外，还应当披露截至公告日上市公司及其控股子公司对外担保总额、上市公司对控股子公司提供担保的总额、上述数额分别占上市公司最近一期经审计净资产的比例。

9.17　上市公司与其合并报表范围内的控股子公司发生的或者上述控股子公司之间发生的交易，除中国证监会或者本所另有规定外，免于按照本章规定披露和履行相应程序。

第十章　关联交易

第一节　关联交易及关联人

10.1.1　上市公司的关联交易，是指上市公司或者其控股子公司与上市公司关联人之间发生的转移资源或者义务的事项，包括：

（一）本规则 9.1 条规定的交易事项；

（二）购买原材料、燃料、动力；

（三）销售产品、商品；

（四）提供或者接受劳务；

（五）委托或者受托销售；

（六）关联双方共同投资；

（七）其他通过约定可能造成资源或者义务转移的事项。

10.1.2 上市公司的关联人包括关联法人和关联自然人。

10.1.3 具有下列情形之一的法人或者其他组织，为上市公司的关联法人：

（一）直接或者间接地控制上市公司的法人或者其他组织；

（二）由前项所述法人直接或者间接控制的除上市公司及其控股子公司以外的法人或者其他组织；

（三）由本规则 10.1.5 条所列上市公司的关联自然人直接或者间接控制的，或者担任董事、高级管理人员的，除上市公司及其控股子公司以外的法人或者其他组织；

（四）持有上市公司 5% 以上股份的法人或者其他组织及其一致行动人；

（五）中国证监会、本所或者上市公司根据实质重于形式的原则认定的其他与上市公司有特殊关系，可能或者已经造成上市公司对其利益倾斜的法人或者其他组织。

10.1.4 上市公司与本规则 10.1.3 条第（二）项所列法人受同一国有资产管理机构控制而形成 10.1.3 条第（二）项所述情形的，不因此构成关联关系，但该法人的董事长、总经理或者半数以上的董事属于本规则 10.1.5 条第（二）项所列情形者除外。

10.1.5 具有下列情形之一的自然人，为上市公司的关联自然人：

（一）直接或者间接持有上市公司 5% 以上股份的自然人；

（二）上市公司董事、监事及高级管理人员；

（三）本规则 10.1.3 条第（一）项所列法人的董事、监事及高级管理人员；

（四）本条第（一）项、第（二）项所述人士的关系密切的家庭成员，包括配偶、父母及配偶的父母、兄弟姐妹及其配偶、年满十八周岁的子女及其配偶、配偶的兄弟姐妹和子女配偶的父母；

（五）中国证监会、本所或者上市公司根据实质重于形式的原则认定的其他与上市公司有特殊关系，可能造成上市公司对其利益倾斜的自然人。

10.1.6　具有下列情形之一的法人或者自然人，视同为上市公司的关联人：

（一）因与上市公司或者其关联人签署协议或者作出安排，在协议或者安排生效后，或者在未来十二个月内，具有本规则10.1.3条或者10.1.5条规定情形之一的；

（二）过去十二个月内，曾经具有本规则10.1.3条或者10.1.5条规定情形之一的。

10.1.7　上市公司董事、监事、高级管理人员、持股5%以上的股东及其一致行动人、实际控制人，应当将与其存在关联关系的关联人情况及时告知上市公司。

公司应当及时将上述关联人情况报本所备案。

第二节　关联交易的程序与披露

10.2.1　上市公司董事会审议关联交易事项时，关联董事应当回避表决，也不得代理其他董事行使表决权。该董事会会议由过半数的非关联董事出席即可举行，董事会会议所做决议须经非关联董事过半数通过。出席董事会的非关联董事人数不足三人的，上市公司应当将该交易提交股东大会审议。

前款所称关联董事包括下列董事或者具有下列情形之一的董事：

（一）交易对方；

（二）在交易对方任职，或者在能直接或者间接控制该交易对方的法人或者其他组织、该交易对方直接或者间接控制的法人或者其他组织任职；

（三）拥有交易对方的直接或者间接控制权的；

（四）交易对方或者其直接或者间接控制人的关系密切的家庭成员（具体范围参见本规则10.1.5条第（四）项的规定）；

（五）交易对方或者其直接或者间接控制人的董事、监事和高级管理人员的关系密切的家庭成员（具体范围参见本规则10.1.5条第（四）项的规定）；

（六）中国证监会、本所或者上市公司认定的因其他原因使其独立的商业判断可能受到影响的人士。

10.2.2　股东大会审议关联交易事项时，下列股东应当回避表决：

（一）交易对方；

（二）拥有交易对方直接或者间接控制权的；

（三）被交易对方直接或者间接控制的；

（四）与交易对方受同一法人或者自然人直接或者间接控制的；

（五）在交易对方任职，或者在能直接或者间接控制该交易对方的法人单位或者该交易对方直接或者间接控制的法人单位任职的（适用于股东为自然人的）；

（六）因与交易对方或者其关联人存在尚未履行完毕的股权转让协议或者其他协议而使其表决权受到限制或者影响的；

（七）中国证监会或者本所认定的可能造成上市公司对其利益倾斜的法人或者自然人。

10.2.3　上市公司与关联自然人发生的交易金额在三十万元以上的关联交易，应当及时披露。

公司不得直接或者通过子公司向董事、监事、高级管理人员提供借款。

10.2.4　上市公司与关联法人发生的交易金额在三百万元以上，且占上市公司最近一期经审计净资产绝对值0.5%以上的关联交易，应当及时披露。

10.2.5　上市公司与关联人发生的交易（上市公司获赠现金资产和提供担保除外）金额在三千万元以上，且占上市公司最近一期经审计净资产绝对值5%以上的关联交易，除应当及时披露外，还应当比照本规则9.7条的规定聘请具有从事证券、期货相关业务资格的中介机构，对交易标的进行评估或者审计，并将该交易提交股东大会审议。

本规则10.2.11条所述与日常经营相关的关联交易所涉及的交易标的，可以不进行审计或者评估。

10.2.6　上市公司为关联人提供担保的，不论数额大小，均应当在董事会审议通过后提交股东大会审议。

10.2.7　上市公司披露关联交易事项时，应当向本所提交下列文件：

（一）公告文稿；

（二）本规则9.14条第（二）项至第（五）项所列文件；

（三）独立董事事前认可该交易的书面文件；

（四）独立董事意见；

（五）本所要求提供的其他文件。

10.2.8　上市公司披露的关联交易公告应当包括以下内容：

（一）交易概述及交易标的的基本情况；

（二）独立董事的事前认可情况和发表的独立意见；

（三）董事会表决情况（如适用）；

（四）交易各方的关联关系说明和关联人基本情况；

（五）交易的定价政策及定价依据，包括成交价格与交易标的的账面值、评估值以及明确、公允的市场价格之间的关系以及因交易标的的特殊而需要说明的与定价有关的其他特定事项；

若成交价格与账面值、评估值或者市场价格差异较大的，应当说明原因。

如交易有失公允的，还应当披露本次关联交易所产生的利益转移方向；

（六）交易协议的主要内容，包括交易价格、交易结算方式、关联人在交易中所占权益的性质和比重，协议生效条件、生效时间、履行期限等；

（七）交易目的及对上市公司的影响，包括进行此次关联交易的必要性和真实意图，对本期和未来财务状况和经营成果的影响等；

（八）当年年初至公告日与该关联人累计已发生的各类关联交易的总金额；

（九）本规则 9.15 条规定的其他内容；

（十）中国证监会和本所要求的有助于说明交易实质的其他内容。

10.2.9　上市公司发生的关联交易涉及本规则 9.1 条规定的"提供财务资助"、"委托理财"等事项时，应当以发生额作为计算标准，并按交易事项的类型在连续十二个月内累计计算，经累计计算达到本规则 10.2.3 条、10.2.4 条和 10.2.5 条标准的，适用 10.2.3 条、10.2.4 条和 10.2.5 条的规定。

已按照 10.2.3 条、10.2.4 条或者 10.2.5 条规定履行相关义务的，不再纳入相关的累计计算范围。

10.2.10　上市公司在连续十二个月内发生的以下关联交易，应当按照累计计算的原则适用本规则 10.2.3 条、10.2.4 条和 10.2.5 条规定：

（一）与同一关联人进行的交易；

（二）与不同关联人进行的与同一交易标的相关的交易。

上述同一关联人包括与该关联人受同一主体控制或者相互存在股权控制关系的其他关联人。

已按照 10.2.3 条、10.2.4 条或者 10.2.5 条规定履行相关义务的，不再纳入相关的累计计算范围。

10.2.11　上市公司与关联人进行本规则 10.1.1 条第（二）项至第（五）项所列的与日常经营相关的关联交易事项，应当按照下述规定进行披露并履行相应审议程序：

（一）对于首次发生的日常关联交易，公司应当与关联人订立书面协议并及时披露，根据协议涉及的交易金额分别适用本规则 10.2.3 条、10.2.4 条或者 10.2.5 条的规定提交董事会或者股东大会审议；协议没有具体交易金额的，应当提交股东大会审议。

（二）已经公司董事会或者股东大会审议通过且正在执行的日常关联交易协议，如果执行过程中主要条款未发生重大变化的，公司应当在定期报告中按要求披露相关协议的实际履行情况，并说明是否符合协议的规定；如果协议在执行过程中主要条款发生重大变化或者协议期满需要续签的，公司应当将新修订或者续签的日常关联交易协议，根据协议涉及的交易金额分别适用 10.2.3

条、10. 2. 4 条或者 10. 2. 5 条的规定提交董事会或者股东大会审议；协议没有具体交易金额的，应当提交股东大会审议。

（三）对于每年发生的数量众多的日常关联交易，因需要经常订立新的日常关联交易协议而难以按照本条第（一）项规定将每份协议提交董事会或者股东大会审议的，公司可以在披露上一年度报告之前，对本公司当年度将发生的日常关联交易总金额进行合理预计，根据预计金额分别适用 10. 2. 3 条、10. 2. 4 条或者 10. 2. 5 条的规定提交董事会或者股东大会审议并披露；对于预计范围内的日常关联交易，公司应当在年度报告和半年度报告中予以披露。如果在实际执行中日常关联交易金额超过预计总金额的，公司应当根据超出金额分别适用 10. 2. 3 条、10. 2. 4 条或者 10. 2. 5 条的规定重新提交董事会或者股东大会审议并披露。

10. 2. 12　日常关联交易协议至少应当包括交易价格、定价原则和依据、交易总量或者其确定方法、付款方式等主要条款。

协议未确定具体交易价格而仅说明参考市场价格的，公司在按照本规则 10. 2. 11 条规定履行披露义务时，应当同时披露实际交易价格、市场价格及其确定方法、两种价格存在差异的原因。

10. 2. 13　上市公司与关联人签订日常关联交易协议的期限超过三年的，应当每三年根据本节规定重新履行审议程序及披露义务。

10. 2. 14　上市公司因公开招标、公开拍卖等行为导致公司与关联人的关联交易时，公司可以向本所申请豁免按照本章规定履行相关义务。

10. 2. 15　上市公司与关联人达成以下关联交易时，可以免予按照本章规定履行相关义务：

（一）一方以现金方式认购另一方公开发行的股票、公司债券或者企业债券、可转换公司债券或者其他衍生品种；

（二）一方作为承销团成员承销另一方公开发行的股票、公司债券或者企业债券、可转换公司债券或者其他衍生品种；

（三）一方依据另一方股东大会决议领取股息、红利或者报酬；

（四）本所认定的其他情况。

第十一章　其他重大事件

第一节　重大诉讼和仲裁

11. 1. 1　上市公司发生的重大诉讼、仲裁事项涉及金额占公司最近一期经审计净资产绝对值 10% 以上，且绝对金额超过一千万元的，应当及时披露。

未达到前款标准或者没有具体涉案金额的诉讼、仲裁事项，董事会基于案件特殊性认为可能对公司股票及其衍生品种交易价格产生较大影响，或者本所认为有必要的，以及涉及公司股东大会、董事会决议被申请撤销或者宣告无效的诉讼的，公司也应当及时披露。

11.1.2 上市公司发生的重大诉讼、仲裁事项应当采取连续十二个月累计计算的原则，经累计计算达到本规则11.1.1条标准的，适用11.1.1条规定。

已按照11.1.1条规定履行相关义务的，不再纳入累计计算范围。

11.1.3 上市公司披露重大诉讼、仲裁事项时应当向本所提交下列文件：

（一）公告文稿；

（二）起诉书或者仲裁申请书、受理（应诉）通知书；

（三）裁定书、判决书或者裁决书；

（四）本所要求的其他材料。

11.1.4 上市公司关于重大诉讼、仲裁事项的公告应当包括以下内容：

（一）案件受理情况和基本案情；

（二）案件对公司本期利润或者期后利润的影响；

（三）公司及控股子公司是否还存在尚未披露的其他诉讼、仲裁事项；

（四）本所要求的其他内容。

11.1.5 上市公司应当及时披露重大诉讼、仲裁事项的重大进展情况及其对公司的影响，包括但不限于诉讼案件的一审和二审判决结果、仲裁裁决结果以及判决、裁决执行情况等。

第二节 变更募集资金投资项目

11.2.1 上市公司拟变更募集资金投资项目的，应当自董事会审议后及时披露，并提交股东大会审议。

11.2.2 上市公司变更募集资金投资项目，应当向本所提交下列文件：

（一）公告文稿；

（二）董事会决议和决议公告文稿；

（三）独立董事对变更募集资金投资项目的意见；

（四）监事会对变更募集资金投资项目的意见；

（五）保荐人对变更募集资金投资项目的意见（如适用）；

（六）关于变更募集资金投资项目的说明；

（七）新项目的合作意向书或者协议；

（八）新项目立项机关的批文；

（九）新项目的可行性研究报告；

（十）相关中介机构报告；

（十一）终止原项目的协议；

（十二）本所要求的其他文件。

公司应当根据新项目的具体情况，向本所提供上述第（六）项至第（十一）项所述全部或者部分文件。

11.2.3 上市公司变更募集资金投资项目，应当披露以下内容：

（一）原项目基本情况及变更的具体原因；

（二）新项目的基本情况、市场前景和风险提示；

（三）新项目已经取得或者尚待有关部门审批的说明（如适用）；

（四）有关变更募集资金投资项目尚需提交股东大会审议的说明；

（五）本所要求的其他内容。

新项目涉及购买资产、对外投资的，还应当比照本规则的相关规定进行披露。

第三节 业绩预告、业绩快报和盈利预测

11.3.1 上市公司预计全年度、半年度、前三季度经营业绩将出现下列情形之一的，应当及时进行业绩预告：

（一）净利润为负值；

（二）净利润与上年同期相比上升或者下降50%以上；

（三）实现扭亏为盈。

11.3.2 以下比较基数较小的上市公司出现本规则11.3.1条第（二）项情形的，经本所同意可以豁免进行业绩预告：

（一）上一年年度每股收益绝对值低于或者等于0.05元；

（二）上一年半年度每股收益绝对值低于或者等于0.03元；

（三）上一年前三季度每股收益绝对值低于或者等于0.04元。

11.3.3 上市公司应当合理、谨慎、客观、准确地披露业绩预告。公司披露业绩预告后，又预计本期业绩与已披露的业绩预告差异较大的，应当按本所的相关规定及时披露业绩预告修正公告。

11.3.4 上市公司披露业绩预告或者业绩预告修正公告时，应当向本所提交下列文件：

（一）公告文稿；

（二）董事会的有关说明；

（三）注册会计师对公司作出业绩预告或者修正其业绩预告的依据及过程是否适当和审慎的意见（如适用）；

（四）本所要求的其他文件。

11.3.5 上市公司披露的业绩预告修正公告应当包括以下内容：

（一）预计的本期业绩；

（二）预计的本期业绩与已披露的业绩预告存在的差异及造成差异的原因；

（三）董事会的致歉说明；

（四）董事会对公司内部责任人的认定情况（如适用）；

（五）关于公司股票交易可能被实行或者撤销风险警示，或者股票可能被暂停上市、恢复上市或者终止上市的说明（如适用）。

若业绩预告修正经过注册会计师预审计的，还应当说明公司与注册会计师在业绩预告方面是否存在分歧及分歧所在。

11.3.6 上市公司可以在定期报告披露前发布业绩快报，业绩快报应当披露上市公司本期及上年同期营业收入、营业利润、利润总额、净利润、总资产、净资产、每股收益、每股净资产和净资产收益率等数据和指标。上市公司披露业绩快报时，应当向本所提交下列文件：

（一）公告文稿；

（二）经公司现任法定代表人、主管会计工作的负责人、总会计师（如有）、会计机构负责人（会计主管人员）签字并盖章的比较式资产负债表和利润表；

（三）本所要求的其他文件。

11.3.7 上市公司应当确保业绩快报中的财务数据和指标与相关定期报告的实际数据和指标不存在重大差异。若有关财务数据和指标的差异幅度达到20%以上的，上市公司应当在披露相关定期报告的同时，以董事会公告的形式进行致歉，并说明差异内容及其原因、对公司内部责任人的认定情况等。

11.3.8 上市公司预计本期业绩与已披露的盈利预测有重大差异的，应当及时披露盈利预测修正公告，并向本所提交下列文件：

（一）公告文稿；

（二）董事会的有关说明；

（三）董事会关于确认修正盈利预测的依据及过程是否适当和审慎的函件；

（四）注册会计师关于实际情况与盈利预测存在差异的专项说明；

（五）本所要求的其他文件。

11.3.9 上市公司披露的盈利预测修正公告应当包括以下内容：

（一）预计的本期业绩；

（二）预计的本期业绩与已披露的盈利预测存在的差异及造成差异的原因；

（三）关于公司股票交易可能被实行或者撤销风险警示，或者股票可能被暂停上市、恢复上市或者终止上市的说明（如适用）。

第四节 利润分配和资本公积金转增股本

11.4.1 上市公司应当在董事会审议通过利润分配或者资本公积金转增股本方案（以下简称方案）后，及时披露方案的具体内容。

11.4.2　上市公司在实施方案前，应当向本所提交下列文件：

（一）方案实施公告；

（二）相关股东大会决议；

（三）结算公司有关确认方案具体实施时间的文件；

（四）本所要求的其他文件。

11.4.3　上市公司应当于实施方案的股权登记日前三至五个交易日内披露方案实施公告。

11.4.4　方案实施公告应当包括以下内容：

（一）通过方案的股东大会届次和日期；

（二）派发现金股利、股份股利、资本公积金转增股本的比例（以每十股表述）、股本基数（按实施前实际股本计算）以及是否含税和扣税情况等；

（三）股权登记日、除权日、新增股份（未完成股权分置改革的公司为“新增可流通股份”）上市日；

（四）方案实施办法；

（五）股本变动结构表（按变动前总股本、本次派发红股数、本次转增股本数、变动后总股本、占总股本比例等项目列示）；

（六）派发股利、资本公积金转增股本后，需要调整的衍生品种行权（转股）价、行权（转股）比例、承诺的最低减持价情况等（如适用）；

（七）派发股份股利、资本公积金转增股本后，按新股本摊薄计算的上年度每股收益或者本年度半年每股收益；

（八）有关咨询办法。

11.4.5　上市公司应当在股东大会审议通过方案后两个月内，完成利润分配及公积金转增股本事宜。

第五节　股票交易异常波动和澄清

11.5.1　股票交易被中国证监会或者本所根据有关规定认定为异常波动的，上市公司应当于次一交易日披露股票交易异常波动公告。在特殊情况下，本所可以安排公司在非交易日公告。

股票交易异常波动的计算从公告之日起重新开始。公告日为非交易日的，从次一交易日起重新开始计算。

11.5.2　上市公司披露股票交易异常波动公告时，应当向本所提交下列文件：

（一）公告文稿；

（二）董事会的分析说明；

（三）函询控股股东及其实际控制人的相关文件（如有）；

（四）有助于说明问题实质的其他文件。

11.5.3　上市公司披露的股票交易异常波动公告应当包括以下内容：

（一）股票交易异常波动情况的说明；

（二）对重要问题的关注、核实情况说明；

（三）是否存在应披露而未披露信息的声明；

（四）是否存在违反公平信息披露情形的说明；

（五）本所要求的其他内容。

11.5.4　公共媒体传播的消息（以下简称传闻）可能或者已经对公司股票及其衍生品种交易价格产生较大影响的，上市公司应当及时向本所提供传闻传播的证据，并发布澄清公告。

11.5.5　上市公司披露的澄清公告应当包括以下内容：

（一）传闻内容及其来源；

（二）传闻所涉及事项的真实情况；

（三）有助于说明问题实质的其他内容。

第六节　回购股份

11.6.1　本节适用于上市公司为减少注册资本而进行的回购，因实施股权激励方案等而进行的回购，依据中国证监会和本所的其他相关规定执行。

11.6.2　上市公司应当在董事会审议通过回购股份相关事项后，及时披露董事会决议、回购股份预案，并发布召开股东大会的通知。

回购股份预案至少应当包括以下内容：

（一）回购股份的目的；

（二）回购股份的方式；

（三）回购股份的价格或者价格区间、定价原则；

（四）拟回购股份的种类、数量及占总股本的比例；

（五）拟用于回购的资金总额及资金来源；

（六）回购股份的期限；

（七）预计回购后公司股权结构的变动情况；

（八）管理层关于本次回购股份对公司经营、财务及未来发展影响的分析。

11.6.3　上市公司应当聘请独立财务顾问就回购股份事宜进行尽职调查，出具独立财务顾问报告，并在股东大会召开五日前予以公告。

11.6.4　上市公司应当在回购股份股东大会召开三日前，公告回购股份董事会决议的前一个交易日及股东大会的股权登记日登记在册的前十名股东（未完成股权分置改革的上市公司为前十名社会公众股股东）的名称及持股数量、比例数据等。

11.6.5 上市公司股东大会对回购股份作出决议，须经出席会议的股东所持表决权的三分之二以上通过。

公司在股东大会作出回购股份决议后，应当在十日内通知债权人，并于三十日内在报纸上公告。

11.6.6 采用集中竞价方式回购股份的，上市公司应当在收到中国证监会无异议函后的五个交易日内公告回购报告书和法律意见书；采用要约方式回购股份的，上市公司应当在收到无异议函后的两个交易日内予以公告，并在实施回购方案前公告回购报告书和法律意见书。回购报告书应包括如下内容：

（一）本规则 11.6.2 条规定的回购股份预案应当包括的内容；

（二）公司董事、监事、高级管理人员在股东大会回购决议公告前六个月是否存在买卖公司股票的行为，是否存在单独或者与他人联合进行内幕交易及市场操纵的说明；

（三）独立财务顾问就本次回购股份出具的结论性意见；

（四）律师事务所就本次回购股份出具的结论性意见；

（五）其他应说明的事项。以要约方式回购股份的，还应当对股东预受及撤回预受要约的方式和程序、股东委托办理要约回购中相关股份预受、撤回、结算、过户登记等事宜的证券公司名称及其通讯方式等事项作出说明。

11.6.7 上市公司距回购期届满三个月时仍未实施回购方案的，董事会应当就未能实施回购的原因予以公告。

11.6.8 以集中竞价交易方式回购股份的，在回购股份期间，上市公司应当在每个月的前三个交易日内，公告截至上月末的回购进展情况，包括已回购股份总额、购买的最高价和最低价、支付的总金额；上市公司通过集中竞价交易方式回购股份占上市公司总股本的比例每增加 1% 的，应当自该事实发生之日起两个交易日内予以公告；回购期届满或者回购方案已实施完毕的，上市公司应当在股份变动报告中披露已回购股份总额、购买的最高价和最低价、支付的总金额。

11.6.9 回购期届满或者回购方案已实施完毕的，上市公司应当停止回购行为，撤销回购专用账户，在两日内公告公司股份变动报告。

第七节 可转换公司债券涉及的重大事项

11.7.1 发行可转换公司债券的上市公司出现下列情形之一时，应当及时向本所报告并披露：

因发行新股、送股、分立及其他原因引起股份变动，需要调整转股价格，或者依据募集说明书约定的转股价格向下修正条款修正转股价格的；

可转换公司债券转换为股票的数额累计达到可转换公司债券开始转股前公

司已发行股份总额的10%的；

公司信用状况发生重大变化，可能影响如期偿还债券本息的；

可转换公司债券担保人发生重大资产变动、重大诉讼，或者涉及合并、分立等情况的；

未转换的可转换公司债券数量少于三千万元的；

有资格的信用评级机构对可转换公司债券的信用或者公司的信用进行评级，并已出具信用评级结果的；

可能对可转换公司债券交易价格产生较大影响的其他重大事件；

中国证监会和本所规定的其他情形。

11.7.2　投资者持有上市公司已发行的可转换公司债券达到发行总量的20%时，应当在事实发生之日起两个交易日内向本所报告，并通知上市公司予以公告。

持有上市公司已发行的可转换公司债券20%及以上的投资者，其所持上市公司已发行的可转换公司债券比例每增加或者减少10%时，应当在事实发生之日起两个交易日内依照前款规定履行报告和公告义务。

11.7.3　上市公司应当在可转换公司债券约定的付息日前三至五个交易日内披露付息公告，在可转换公司债券期满前三至五个交易日内披露本息兑付公告。

11.7.4　上市公司应当在可转换公司债券开始转股前三个交易日内披露实施转股的公告。

11.7.5　上市公司行使赎回权时，应当在每年首次满足赎回条件后的五个交易日内至少发布三次赎回公告。赎回公告应当载明赎回的程序、价格、付款方法、时间等内容。

赎回期结束，公司应当公告赎回结果及影响。

11.7.6　在可以行使回售权的年份内，上市公司应当在每年首次满足回售条件后的五个交易日内至少发布三次回售公告。回售公告应当载明回售的程序、价格、付款方法、时间等内容。

回售期结束后，公司应当公告回售结果及影响。

11.7.7　经股东大会批准变更募集资金投资项目的，上市公司应当在股东大会通过后二十个交易日内赋予可转换公司债券持有人一次回售的权利，有关回售公告至少发布三次，其中，在回售实施前、股东大会决议公告后五个交易日内至少发布一次，在回售实施期间至少发布一次，余下一次回售公告发布的时间视需要而定。

11.7.8　上市公司在可转换公司债券转换期结束的二十个交易日前应当至

少发布三次提示公告，提醒投资者有关在可转换公司债券转换期结束前的十个交易日停止交易的事项。

公司出现可转换公司债券按规定须停止交易的其他情形时，应当在获悉有关情形后及时披露其可转换公司债券将停止交易的公告。

11.7.9　上市公司应当在每一季度结束后及时披露因可转换公司债券转换为股份所引起的股份变动情况。

第八节　收购及相关股份权益变动

11.8.1　在一个上市公司中拥有权益的股份达到该公司已发行股份的5%以上的股东及其实际控制人，其拥有权益的股份变动涉及《证券法》、《上市公司收购管理办法》规定的收购或者股份权益变动情形的，该股东、实际控制人及其他相关信息披露义务人应当按照《证券法》、《上市公司收购管理办法》等的规定履行报告和公告义务，并及时通知公司发布提示性公告。

公司应当在知悉上述收购或者股份权益变动时，及时对外发布公告。

11.8.2　上市公司控股股东以协议方式向收购人转让其所持股份时，控股股东及其关联人如存在未清偿对公司的负债、未解除公司为其提供的担保及其他损害公司利益情形的，公司董事会应当如实对外披露相关情况并提出解决措施。

11.8.3　上市公司涉及被要约收购的，应当在收购人公告《要约收购报告书》后的二十日内披露《被收购公司董事会报告书》和独立财务顾问出具的专业意见。

收购人对要约收购条件作出重大修改的，被收购上市公司董事会应当在三个交易日内披露董事会和独立财务顾问的补充意见。

11.8.4　上市公司董事、监事、高级管理人员、员工或者其所控制或者委托的法人、其他组织拟对上市公司进行收购或者取得控制权的，上市公司应当披露由非关联董事表决作出的董事会决议、非关联股东表决作出的股东大会决议以及独立董事和独立财务顾问的意见。

11.8.5　因上市公司减少股本，导致投资者及其一致行动人在该公司中拥有权益的股份达到该公司已发行股份的5%或者变动幅度达到该公司已发行股份的5%的，公司应当自完成减少股本的变更登记之日起两个交易日内就因此导致的公司股东权益的股份变动情况作出公告。

11.8.6　上市公司受股东委托代为披露相关股份变动过户手续事宜的，应当在获悉相关股份变动过户手续完成后及时对外公告。

11.8.7　上市公司收购及相关股份权益变动活动中的信息披露义务人在依法披露前，如相关信息已在媒体上传播或者公司股票及其衍生品种交易出现异常的，公司董事会应当立即问询有关当事人并对外公告。

11.8.8　上市公司股东、实际控制人未履行报告和公告义务的，公司董事会应当自知悉之日起作出报告和公告，并督促相关股东、实际控制人履行报告和公告义务。

11.8.9　上市公司股东、实际控制人未履行报告和公告义务，拒不履行相关配合义务，或者实际控制人存在不得收购上市公司的情形的，公司董事会应当拒绝接受被实际控制人支配的股东向董事会提交的提案或者临时提案，并及时报告本所及有关监管部门。

11.8.10　上市公司涉及其他上市公司的收购或者股份权益变动活动的，应当按照《证券法》、《上市公司收购管理办法》等的规定履行报告、公告义务。

第九节　股权激励

11.9.1　实行股权激励计划的上市公司，应当严格遵守中国证监会和本所关于股权激励的相关规定，履行必要的审议程序和报告、公告义务。

11.9.2　上市公司应当在董事会审议通过股权激励计划后，及时按本所的要求提交材料，并对外发布股权激励计划公告。

董事会审议股权激励计划时，本次激励计划中成为激励对象的关联董事应当回避表决。

11.9.3　上市公司应当在刊登股权激励计划公告的同时，在本所指定网站详细披露激励对象姓名、拟授予限制性股票或者股票期权的数量、占股权激励计划拟授予总量的比例等情况。

激励对象或者拟授予的权益数量发生变化的，公司应当自董事会审议通过相关议案后两个交易日内在本所指定网站更新相应资料。

11.9.4　上市公司在披露股权激励计划方案后，应当按照有关规定及时报中国证监会备案，并同时抄报公司所在地证监局。

中国证监会对上市公司股权激励计划备案无异议后，公司应当及时对外公告，发布召开股东大会的通知。

11.9.5　上市公司召开股东大会审议股权激励计划的，除现场会议外，还应当向股东提供网络形式的投票平台。

公司应当在股东大会审议股权激励计划后，及时向本所报送相关材料并对外公告。

11.9.6　上市公司应当在股权激励计划授予条件成就后，及时召开董事会审议相关授予事项，并按本规则和本所关于股权激励的相关规定披露董事会对授予条件是否成就等事项的审议结果及授予安排情况。

11.9.7 上市公司应当按规定及时办理限制性股票或者股票期权的授予登记。

公司应当在完成限制性股票或者股票期权的授予登记后，及时披露限制性股票或者股票期权授予完成情况。

因上市公司权益分派等原因导致限制性股票、股票期权相关参数发生变化的，公司应当按照权益分配或者股权激励计划中约定的调整公式对相关数据进行调整，并及时披露调整情况。

11.9.8 上市公司应当在股权激励计划设定的限制性股票解除限售、股票期权行权条件得到满足后，及时召开董事会审议相关实施方案，并按本规则和本所关于股权激励的相关规定，披露董事会对限制性股票解除限售或者股票期权行权条件是否成就等事项的审议结果及具体实施安排。

11.9.9 上市公司应当按规定及时办理股权激励获授股份解除限售、股票期权行权的相关登记手续，并及时披露获授股份解除限售公告或者股票期权行权公告。

第十节 破 产

11.10.1 上市公司应当在董事会作出向法院申请重整、和解或者破产清算的决定时，或者知悉债权人向法院申请公司重整或者破产清算时，及时向本所报告并披露下列事项：

（一）公司作出申请决定的具体原因、正式递交申请的时间（适用于公司主动申请情形）；

（二）申请人的基本情况、申请目的、申请的事实和理由（适用于债权人申请情形）；

（三）申请重整、和解或者破产清算对公司的影响说明及风险提示；

（四）其他需要说明的情况。

11.10.2 上市公司应当及时向本所报告并披露法院受理重整、和解或者破产清算申请的相关进展情况，包括：

（一）法院受理重整、和解或者破产清算申请前，申请人请求撤回申请；

（二）法院作出受理或者不予受理重整、和解或者破产清算申请的裁定；

（三）本所要求披露的其他事项。

11.10.3 法院受理重整、和解或者破产清算申请的，上市公司应当及时向本所报告并披露下列内容：

（一）申请人名称（适用于债权人申请情形）；

（二）法院作出受理重整、和解或者破产清算申请裁定的时间及裁定的主要内容；

（三）法院指定的管理人的基本情况（包括管理人名称、负责人、成员、职责、处理事务的地址和联系方式等）；

（四）负责公司进入破产程序后信息披露事务的责任人情况（包括责任主体名称、成员、联系方式等）；

（五）本所要求披露的其他事项。

公司应当同时在公告中充分揭示其股票及其衍生品种可能被终止上市的风险。

公司股票及其衍生品种应当按照本规则第十三章的有关规定停牌、复牌和实行风险警示。

11.10.4　在法院受理破产清算申请后、宣告上市公司破产前，上市公司应当就所涉事项及时披露以下情况：

（一）公司或者出资额占公司注册资本十分之一以上的出资人向法院提出重整申请及申请时间、申请理由等情况；

（二）公司向法院提出和解申请及申请时间、申请理由等情况；

（三）法院作出同意或者不同意公司重整或者和解申请的裁定、裁定时间及裁定的主要内容；

（四）债权人会议计划召开情况；

（五）法院经审查发现公司不符合《中华人民共和国企业破产法》（以下简称《企业破产法》）规定情形而作出驳回公司破产申请裁定、裁定时间、裁定的主要内容以及相关申请人是否上诉的情况说明；

（六）本所要求披露的其他事项。

11.10.5　在重整期间，上市公司应当就所涉事项及时披露如下内容：

（一）债权申报情况（至少在法定申报债权期限内每月末披露一次）；

（二）重整计划草案的制定情况（包括向法院和债权人会议提交重整计划草案的时间、重整计划草案的主要内容等）；

（三）重整计划草案的表决通过和法院批准情况；

（四）法院强制批准重整计划草案情况；

（五）与重整有关的行政许可批准情况；

（六）法院裁定终止重整程序的原因及时间；

（七）法院裁定宣告公司破产的原因及时间；

（八）本所要求披露的其他事项。

重整期间公司股票及其衍生品种应当按照本规则第十三章的有关规定停牌、复牌和实行风险警示。

11.10.6　被法院裁定和解的上市公司，应当及时就所涉事项披露如下内容：

（一）债权申报情况（至少在法定申报债权期限内每月末披露一次）；

（二）公司向法院提交和解协议草案的时间及草案主要内容；

（三）和解协议草案的表决通过和法院认可情况；

（四）与和解有关的行政许可批准情况；

（五）法院裁定终止和解程序的原因及时间；

（六）法院裁定宣告公司破产的原因及时间；

（七）本所要求披露的其他事项。

11.10.7　在重整计划、和解协议执行期间，上市公司应当及时就所涉事项披露以下情况：

（一）重整计划、和解协议执行的重大进展情况；

（二）因公司不能执行或者不执行重整计划或者和解协议，法院经管理人、利害关系人或者债权人请求，裁定宣告公司破产的有关情况；

（三）本所要求披露的其他事项。

11.10.8　上市公司披露上述重整、和解或者破产清算事项时，应当按照披露事项所涉情形向本所提交下列文件：

（一）公告文稿；

（二）管理人说明文件；

（三）法院出具的法律文书；

（四）重整计划、和解协议草案；

（五）重整计划、和解协议草案涉及的有关部门审批文件；

（六）重整计划、和解协议草案涉及的协议书或者意向书；

（七）董事会决议；

（八）股东大会决议；

（九）债权人会议决议；

（十）职代会决议；

（十一）律师事务所出具的专门意见；

（十二）会计师事务所、资产评估机构等中介机构出具的文件；

（十三）本所要求的其他文件。

11.10.9　进入破产程序的上市公司，除应当及时披露上述信息外，还应当按照本规则和本所的其他有关规定，及时向本所报送并对外披露定期报告和临时报告。

11.10.10　上市公司采取管理人管理运作模式的，管理人及其成员应当按照《证券法》以及最高人民法院、中国证监会和本所的相关规定，真实、准确、完整、及时地履行信息披露义务，并确保对公司所有债权人和股东公平地披露信息。

公司披露的定期报告应当由管理人的成员签署书面确认意见，公司披露的临时报告应当由管理人发布并加盖管理人公章。

11.10.11　上市公司采取管理人监督运作模式的，公司董事会、监事会和高级管理人员应当继续按照本规则和本所其他有关规定履行信息披露义务。

管理人应当及时将涉及信息披露的所有事项告知公司董事会，并督促公司董事、监事和高级管理人员勤勉尽责地履行信息披露义务。

11.10.12　进入重整、和解程序的上市公司，其重整计划、和解协议涉及增加或者减少公司注册资本、发行公司债券、公司合并、公司分立、收购本公司股份等事项的，应当按相关规定履行必要的表决和审批程序，并按照本规则和本所其他有关规定履行信息披露义务。

第十一节　其　他

11.11.1　上市公司和相关信息披露义务人应当严格遵守承诺事项。公司应当及时将公司承诺事项和相关信息披露义务人承诺事项单独摘出报送本所备案，同时在本所指定网站上单独披露。

公司应当在定期报告中专项披露上述承诺事项的履行情况。如出现公司或者相关信息披露义务人不能履行承诺的情形，公司应当及时披露具体原因和董事会拟采取的措施。

11.11.2　上市公司董事、监事、高级管理人员、控股股东、实际控制人、持有上市公司首次公开发行股票前已发行股份的股东、重组方及其一致行动人、上市公司购买资产对应经营实体的股份或者股权持有人，以及其他持有法律、行政法规、部门规章、规范性文件和本所规定的限售股的股东或者其他自愿承诺股份限售的股东，应当遵守其在公开募集及上市文件、信息披露文件或者其他文件中作出的公开承诺：如上市公司因首次公开发行股票、发行新股、构成借壳上市的重大资产重组的申请或者相关披露文件存在虚假记载、误导性陈述或者重大遗漏被证监会立案稽查的，暂停转让其拥有权益的公司股份。

11.11.3　上市公司出现下列使公司面临重大风险情形之一的，应当及时向本所报告并披露：

（一）发生重大亏损或者遭受重大损失；

（二）发生重大债务、未清偿到期重大债务或者重大债权到期未获清偿；

（三）可能依法承担的重大违约责任或者大额赔偿责任；

（四）计提大额资产减值准备；

（五）公司决定解散或者被依法强制解散；

（六）公司预计出现资不抵债（一般指净资产为负值）；

（七）主要债务人出现资不抵债或者进入破产程序，公司对相应债权未提取足额坏账准备；

（八）主要资产被查封、扣押、冻结或者被抵押、质押；

（九）主要或者全部业务陷入停顿；

（十）公司因涉嫌违法违规被有权机关调查或者受到重大行政、刑事处罚；

（十一）公司董事、监事、高级管理人员因涉嫌违法违规被有权机关调查或者采取强制措施而无法履行职责，或者因身体、工作安排等其他原因无法正常履行职责达到或者预计达到三个月以上；

（十二）本所或者公司认定的其他重大风险情况。

上述事项涉及具体金额的，应当比照适用本规则9.2条的规定。

上市公司出现前款第（十）项情形，且因涉嫌欺诈发行或涉嫌重大信息披露违法被中国证监会立案稽查的，公司应当每月披露一次风险提示公告，说明立案稽查的情况进展及公司股票可能被暂停上市的风险。本所或公司董事会认为有必要的，可以增加风险提示公告的披露次数，并视情况对公司股票及其衍生品种的停牌与复牌作出相应安排。

11.11.4　上市公司出现下列情形之一的，应当及时向本所报告并披露：

（一）变更公司名称、股票简称、公司章程、注册资本、注册地址、办公地址和联系电话等，其中公司章程发生变更的，还应当将新的公司章程在本所指定网站上披露；

（二）经营方针和经营范围发生重大变化；

（三）变更会计政策、会计估计；

（四）董事会通过发行新股或者其他再融资方案；

（五）中国证监会发行审核委员会（含上市公司并购重组审核委员会）对公司发行新股或者其他再融资申请、重大资产重组事项提出相应的审核意见；

（六）持有公司5%以上股份的股东或者实际控制人持股情况或者控制公司的情况发生或者拟发生较大变化；

（七）公司董事长、经理、董事（含独立董事），或者三分之一以上的监事提出辞职或者发生变动；

（八）生产经营情况、外部条件或者生产环境发生重大变化（包括产品价格、原材料采购、销售方式等发生重大变化）；

（九）订立重要合同，可能对公司的资产、负债、权益和经营成果产生重大影响；

（十）新颁布的法律、行政法规、部门规章、规范性文件、政策可能对公司经营产生重大影响；

（十一）聘任、解聘为公司审计的会计师事务所；

（十二）法院裁定禁止控股股东转让其所持股份；

（十三）任一股东所持公司5%以上股份被质押、冻结、司法拍卖、托管、设定信托或者被依法限制表决权；

（十四）获得大额政府补贴等额外收益或者发生可能对上市公司的资产、负债、权益或者经营成果产生重大影响的其他事项；

（十五）本所或者公司认定的其他情形。

11.11.5 上市公司因前期已公开披露的财务会计报告存在差错或者虚假记载被责令改正，或者经董事会决定改正的，应当在被责令改正或者董事会作出相应决定时，及时予以披露，并按照中国证监会《公开发行证券的公司信息披露编报规则第19号——财务信息的更正及相关披露》等有关规定的要求，办理财务信息的更正及相关披露事宜。

11.11.6 上市公司涉及股份变动的减资（回购除外）、合并、分立方案，应当在获得中国证监会批准后，及时报告本所并公告。

11.11.7 上市公司减资、合并、分立方案实施过程中涉及信息披露和股份变更登记等事项的，应当按中国证监会和本所的有关规定办理。

第十二章 停牌和复牌

12.1 上市公司发生本章规定的停牌事项，应当向本所申请对其股票及其衍生品种停牌与复牌。

本章未有明确规定的，公司可以以本所认为合理的理由向本所申请对其股票及其衍生品种停牌与复牌，本所视情况决定公司股票及其衍生品种的停牌与复牌事宜。

12.2 上市公司应当披露的重大信息如存在不确定性因素且预计难以保密的，或者在按规定披露前已经泄漏的，公司应当第一时间向本所申请对其股票及其衍生品种停牌，直至按规定披露后复牌。

12.3 上市公司在股东大会召开期间出现异常情况，或者未能在股东大会结束后的次日或者次一交易日披露公司股东大会决议公告且决议内容涉及否决议案的，公司应当向本所申请股票及其衍生品种停牌，直至公司披露股东大会决议公告或者相关信息后复牌。

对于未按本规则规定披露公司股东大会决议公告或者未申请停牌的公司，本所可以视情况对其股票及其衍生品种实施停牌，直至公司按规定披露相关公告后复牌。

12.4 公共媒体中出现上市公司尚未披露的信息，可能或者已经对公司股票及其衍生品种交易价格产生较大影响的，本所可以在交易时间对公司股票及其衍生品种实施停牌，直至公司披露相关公告的当日复牌。

公告日为非交易日的，则在公告披露后的首个交易日开市时复牌。

12.5 上市公司财务会计报告被出具非标准无保留意见，且该意见所涉及事项属于明显违反会计准则及相关信息披露规范性规定的，自公司公布相关定期报告起，本所对公司股票及其衍生品种实施停牌，直至公司按规定作出纠正后复牌。

12.6 上市公司未在法定期限内公布年度报告、半年度报告或者未在本规则规定的期限内公布季度报告的，本所于相关定期报告披露期限届满后次一交易日，对该公司股票及其衍生品种实施停牌。

公司股票及其衍生品种因未披露年度报告和半年度报告的停牌期限不超过两个月。在停牌期间，公司应当至少发布三次风险提示公告。

公司股票及其衍生品种因未披露季度报告被停牌的，直至季度报告披露当日开市时复牌。公告日为非交易日的，则在公告后首个交易日开市时复牌。

未披露季度报告的公司同时存在未披露年度报告或者未披露半年度报告情形的，公司股票及其衍生品种应当按照本条第二款和第十三章的规定停牌与复牌。

12.7 上市公司因财务会计报告存在重大会计差错或者虚假记载，被中国证监会责令改正但未在规定期限内改正的，本所自规定期限届满后次一个交易日起对公司股票及其衍生品种实施停牌，直至其改正的财务会计报告披露当日复牌。公告日为非交易日的，则在公告后首个交易日开市时复牌。

上述停牌期限不超过两个月。在停牌期间，公司应当至少发布三次风险提示公告。

12.8 上市公司在公司运作和信息披露方面涉嫌违反法律、行政法规、部门规章、规范性文件及本所发布的业务规则、细则、指引和通知等相关规定，情节严重的，在被有关部门调查期间，本所视情况决定该公司股票及其衍生品种停牌与复牌事宜。

12.9 上市公司未按本规则或者本所其他相关规定披露其定期报告或者临时报告，或者不按要求进行解释、纠正或者补充披露的，本所可以对该公司股票及其衍生品种实施停牌，直至公司披露相关公告的当日复牌。公告日为非交易日的，则在公告后首个交易日开市时复牌。

12.10 上市公司严重违反本规则或者本所其他相关规定且在规定期限内拒不按要求改正的，本所可以对其股票及其衍生品种实施停牌，并视情况决定其复牌时间。

12.11 上市公司因某种原因使本所失去关于公司的有效信息来源时，本所可以对该公司股票及其衍生品种实施停牌，直至上述情况消除后复牌。

12.12 上市公司因收购人履行要约收购义务，或者收购人以终止上市公司上市地位为目的而发出全面要约的，要约收购期限届满至要约收购结果公告前，公司股票及其衍生品种应当停牌。

根据收购结果，被收购上市公司股权分布具备上市条件的，公司股票及其衍生品种将于要约收购结果公告日开市时复牌。

根据收购结果，被收购上市公司股权分布不再具备上市条件且收购人以终止公司上市地位为收购目的的，公司股票及其衍生品种将于要约收购结果公告日起继续停牌，直至本所终止其股票及其衍生品种上市。

根据收购结果，被收购上市公司股权分布不再具备上市条件但收购人不以终止公司上市地位为收购目的，且公司未能披露可行的解决方案的，其股票及其衍生品种将于要约收购结果公告披露当日起继续停牌。公司在停牌后五个交易日内披露可行的解决方案的，其股票及其衍生品种可以复牌。

公司在停牌后五个交易日内未披露解决方案，或者披露的解决方案存在重大不确定性的，或者在披露可行的解决方案后一个月内未实施完成的，该公司股票按本规则第十三章的有关规定实行退市风险警示。

12.13 上市公司因要约收购以外的其他原因导致股权分布发生变化连续二十个交易日不再具备上市条件，未在上述二十个交易日内披露解决方案的，本所在上述期限届满后次一交易日对该公司股票及其衍生品种实施停牌。

公司在停牌后一个月内披露可行的解决方案的，公司股票及其衍生品种可以复牌。

公司披露的解决方案存在重大不确定性，或者在停牌后一个月内未披露解决方案，或者在披露可行的解决方案后一个月内未实施完成的，该公司股票交易按本规则第十三章的有关规定实行退市风险警示。

公司应当在因股权分布发生变化导致连续十个交易日不再具备上市条件时，及时对外发布风险提示公告。

12.14 上市公司在其股票及其衍生品种被实施停牌期间，应当至少每五个交易日披露一次未能复牌的原因（本规则另有规定的除外）和相关事件进展情况。

12.15 上市公司出现异常状况，本所对其股票交易实行风险警示的，该公司股票及其衍生品种按本规则第十三章的有关规定停牌与复牌。

12.16 上市公司出现本规则第十四章规定的情况，或者发生重大事件而影响公司股票及其衍生品种上市资格的，该公司股票及其衍生品种按本规则第十四章的有关规定停牌与复牌。

12.17 可转换公司债券上市交易期间出现下列情况之一时，可转换公司债券停止交易：

（一）可转换公司债券流通面值少于三千万元时，在公司发布相关公告三个交易日后停止其可转换公司债券的交易；

（二）可转换公司债券转换期结束前的十个交易日停止其交易；

（三）可转换公司债券在赎回期间停止交易；

（四）中国证监会和本所认为应当停止交易的其他情况。

12.18 除上述规定外，本所可以依据中国证监会的要求或者基于维护市场秩序的需要，作出上市公司股票及其衍生品种停牌与复牌的决定。

第十三章 风险警示

第一节 一般规定

13.1.1 上市公司出现财务状况或者其他状况异常，导致其股票存在终止上市风险，或者投资者难以判断公司前景，其投资权益可能受到损害的，本所有权对该公司股票交易实行风险警示。

13.1.2 本章所称风险警示分为提示存在终止上市风险的风险警示（以下简称退市风险警示）和其他风险警示。

13.1.3 退市风险警示的处理措施包括：

（一）在公司股票简称前冠以“＊ST”字样，以区别于其他股票；

（二）股票价格的日涨跌幅限制为5%。

恢复上市首日股票价格的日涨跌幅不受前款有关5%的限制。

13.1.4 其他风险警示的处理措施包括：

（一）在公司股票简称前冠以“ST”字样，以区别于其他股票；

（二）股票价格的日涨跌幅限制为5%。

恢复上市首日股票价格的日涨跌幅不受前款有关5%的限制。

第二节 退市风险警示

13.2.1 上市公司出现下列情形之一的，本所有权对其股票交易实行退市风险警示：

（一）最近两个会计年度经审计的净利润连续为负值或者因追溯重述导致最近两个会计年度净利润连续为负值；

（二）最近一个会计年度经审计的期末净资产为负值或者因追溯重述导致最近一个会计年度期末净资产为负值；

（三）最近一个会计年度经审计的营业收入低于一千万元或者因追溯重述导致最近一个会计年度营业收入低于一千万元；

（四）最近一个会计年度的财务会计报告被出具无法表示意见或者否定意见的审计报告；

（五）因财务会计报告存在重大会计差错或者虚假记载，被中国证监会责令改正但未在规定期限内改正，且公司股票已停牌两个月；

（六）未在法定期限内披露年度报告或者半年度报告，且公司股票已停牌两个月；

（七）因欺诈发行受到中国证监会行政处罚，或者因涉嫌欺诈发行罪被依法移送公安机关；

（八）因重大信息披露违法受到中国证监会行政处罚，或者因涉嫌违规披露、不披露重要信息罪被依法移送公安机关；

（九）出现本规则 12.12 条、12.13 条规定的股权分布不再具备上市条件的情形，公司披露的解决方案存在重大不确定性，或者在规定期限内未披露解决方案，或者在披露可行的解决方案后一个月内未实施完成；

（十）法院依法受理公司重整、和解或者破产清算申请；

（十一）出现可能导致公司被依法强制解散的情形；

（十二）本所认定的其他存在退市风险的情形。

13.2.2　上市公司应当在其股票交易实行退市风险警示的前一个交易日发布公告。公告应当包括以下内容：

（一）股票的种类、简称、证券代码以及实行退市风险警示的起始日；

（二）实行退市风险警示的主要原因；

（三）董事会关于争取撤销退市风险警示的意见及具体措施；

（四）股票可能被暂停上市或者终止上市的风险提示；

（五）实行退市风险警示期间公司接受投资者咨询的主要方式；

（六）中国证监会和本所要求的其他内容。

13.2.3　上市公司出现本规则 13.2.1 条第（一）项至第（四）项规定情形的，应当在董事会审议年度报告或者审议经更正的财务会计报告后，及时向本所报告并提交董事会的书面意见。公司股票及其衍生品种于年度报告或者财务会计报告更正公告披露当日停牌一天。公告日为非交易日的，于次一交易日停牌一天。自复牌之日起，本所对公司股票交易实行退市风险警示。

13.2.4　上市公司出现本规则 13.2.1 条第（五）项、第（六）项规定情形的，本所自公司股票及其衍生品种停牌两个月期限届满的次一交易日对其股票及其衍生品种复牌，并自复牌之日起对公司股票交易实行退市风险警示。

在其股票实行退市风险警示期间，公司应当至少发布三次风险提示公告。

13.2.5 上市公司出现本规则13.2.1条第（七）项、第（八）项规定情形的，公司应当于知悉中国证监会作出行政处罚决定或者移送公安机关决定时立即向本所申请停牌，并在收到前述决定文件后对外公告，公司股票及其衍生品种于公告当日继续停牌一天。公告日为非交易日的，于次一交易日停牌一天。自复牌之日起，本所对公司股票交易实行退市风险警示。公司应当在公告中对其股票将在三十个交易日期限届满后被暂停上市作出风险提示。

公司股票在退市风险警示期间的全天停牌不计入前款规定的三十个交易日内，但停牌天数累计不得超过五个交易日。在退市风险警示期间，公司应当至少每五个交易日发布一次公司股票将被暂停上市的风险提示公告。

公司董事会应当在定期报告中对其股票还可能被终止上市的风险进行专项评估，提出应对预案并予以披露。

13.2.6 上市公司出现本规则13.2.1条第（九）项规定情形的，本所对公司股票交易实行退市风险警示如下：

（一）公司在规定期限内披露股权分布问题解决方案但其方案存在重大不确定性的，公司股票及其衍生品种将于方案公告日停牌一天。公告日为非交易日的，于次一交易日停牌一天。自复牌之日起，本所对公司股票交易实行退市风险警示；

（二）公司未在规定期限内披露股权分布问题解决方案的，应当在规定期限届满后次一交易日披露相关公告，公司股票及其衍生品种于公告日停牌一天。自复牌之日起，本所对公司股票交易实行退市风险警示；

（三）公司披露了可行的股权分布问题解决方案但未能在一个月内实施完成的，应当在一个月期限届满后次一交易日披露相关公告。公司股票及其衍生品种于公告日停牌一天。自复牌之日起，本所对公司股票交易实行退市风险警示。

公司应当在相关公告中充分提示其股票存在的终止上市风险。

在其股票交易实行退市风险警示期间，公司董事会应当采取措施解决上市公司股权分布不再具备上市条件的问题。

13.2.7 上市公司出现本规则13.2.1条第（十）项规定情形的，应当于收到法院受理公司重整、和解或者破产清算申请的裁定文件的当日立即向本所报告，申请公司股票及其衍生品种于次一交易日起停牌，并及时披露相关破产受理公告。

本所自公司披露相关破产受理公告及实行退市风险警示公告的次一交易日起对其股票及其衍生品种复牌，同时对其股票交易实行退市风险警示。

在其股票交易实行退市风险警示期间，公司除应当按照本规则第十一章第十节的规定履行信息披露义务外，还应当至少每五个交易日披露一次公司破产程序的进展情况，提示终止上市风险。

13.2.8 上市公司因出现本规则13.2.1条第（十）项规定情形其股票交易被实行退市风险警示的，本所将自公司股票交易被实行退市风险警示起二十个交易日届满后次一交易日对该公司股票及其衍生品种实施停牌。

公司可以在法院作出批准公司重整计划、和解协议，或者终止重整、和解程序的裁定时向本所提出复牌申请。

本所可以视情况调整该公司股票及其衍生品种的停牌与复牌时间。

13.2.9 上市公司出现本规则13.2.1条第（十一）项规定情形的，应当于知悉当日立即向本所报告，公司股票及其衍生品种于本所知悉该情形之日起停牌，直至公司披露可能被解散及股票交易实行退市风险警示公告的次一交易日开市时复牌。自复牌之日起，本所对公司股票交易实行退市风险警示。

在其股票交易被实行退市风险警示期间，公司应当至少每月披露一次解散事宜的进展情况，提示解散风险。

13.2.10 上市公司最近一个会计年度审计结果表明本规则13.2.1条第（一）项至第（四）项规定情形已消除的，公司可以向本所申请对其股票交易撤销退市风险警示。

13.2.11 上市公司股票交易因本规则13.2.1条第（一）项至第（四）项规定情形被本所实行退市风险警示的，在退市风险警示期间，公司进行重大资产重组且满足以下全部条件的，可以向本所申请对其股票交易撤销退市风险警示：

（一）根据中国证监会有关重大资产重组规定出售全部经营性资产和负债、购买其他资产且已实施完毕；

（二）通过购买进入公司的资产是一个完整经营主体，该经营主体在进入公司前已在同一管理层之下持续经营三年以上；

（三）公司本次购买进入的资产最近一个会计年度经审计的净利润为正值；

（四）经会计师事务所审核的盈利预测报告显示，公司完成本次重组后盈利能力增强，经营业绩明显改善；

（五）本所要求的其他条件。

13.2.12 上市公司股票交易因本规则13.2.1条第（五）项、第（六）项规定情形被本所实行退市风险警示，在实行退市风险警示后两个月内上述情形消除的，公司可以向本所申请对其股票交易撤销退市风险警示。

13.2.13 上市公司因本规则13.2.1条第（七）项、第（八）项规定情形其股票交易被本所实施退市风险警示后，在本所作出暂停上市决定前，符合下列情形之一的，公司可以向本所申请对其股票交易撤销退市风险警示：

（一）中国证监会行政处罚决定被依法撤销，且中国证监会不能以欺诈发行、重大信息披露违法为由重新对公司作出行政处罚决定，或者因对违规行为性质的认定发生根本性变化，被依法变更的；

（二）公安机关决定不予立案或者撤销案件，或者人民检察院作出不起诉决定，或者人民法院作出无罪判决或者免予刑事处罚，且中国证监会不能以欺诈发行、重大信息披露违法为由依法对公司作出行政处罚决定的。

13.2.14　上市公司股票交易因本规则 13.2.1 条第（九）项情形被本所实行退市风险警示，在六个月内解决其股权分布问题重新具备上市条件的，公司可以向本所申请对其股票交易撤销退市风险警示。

13.2.15　上市公司股票交易因本规则 13.2.1 条第（十）项规定情形被本所实行退市风险警示后，出现下列情形之一的，公司可以向本所申请对其股票交易撤销退市风险警示：

（一）重整计划执行完毕；

（二）和解协议执行完毕；

（三）法院受理破产申请后至破产宣告前，依据《企业破产法》规定情形作出驳回破产申请的裁定，且申请人在法定期限内未上诉的；

（四）法院受理破产申请后至破产宣告前，依据《企业破产法》第一百零八条规定情形，作出终结破产程序的裁定。

公司因前款第（一）项、第（二）项情形向本所申请对其股票交易撤销退市风险警示的，应当聘请律师事务所对公司重整计划或者和解协议执行情况出具法律意见书，并向本所提交该法律意见书及其他执行情况说明文件。

13.2.16　上市公司股票交易因本规则 13.2.1 条第（十一）项规定情形被本所实行退市风险警示后，有关部门依法撤销强制解散公司的决定或者公司认为该项情形已消除的，可以向本所申请对其股票交易撤销退市风险警示。

13.2.17　上市公司向本所申请对其股票交易撤销退市风险警示后，应当于次一交易日披露相关公告。

公司提交完备的撤销退市风险警示申请材料的，本所将在十个交易日内作出是否同意其股票交易撤销退市风险警示的决定。在此期间，本所要求公司提供补充材料的，公司应当在本所规定期限内提供有关材料。公司补充材料期间不计入本所作出有关决定的期限内。

13.2.18　本所决定撤销退市风险警示的，上市公司应当按照本所要求在撤销退市风险警示的前一个交易日作出公告。

公司股票及其衍生品种于公告日停牌一天，自复牌之日起本所对公司股票交易撤销退市风险警示。

13.2.19　本所决定不予撤销退市风险警示的，上市公司应当在收到本所有关书面通知的次一交易日作出公告。

第三节　其他风险警示

13.3.1　上市公司出现下列情形之一的，本所有权对其股票交易实行其他风险警示：

（一）公司生产经营活动受到严重影响且预计在三个月以内不能恢复正常；

（二）公司主要银行账号被冻结；

（三）公司董事会无法正常召开会议并形成董事会决议；

（四）公司向控股股东或者其关联人提供资金或者违反规定程序对外提供担保且情形严重的；

（五）本所认定的其他情形。

13.3.2　本规则13.3.1条所述“向控股股东或者其关联人提供资金或者违反规定程序对外提供担保且情形严重”，是指上市公司存在下列情形之一且无可行的解决方案或者虽提出解决方案但预计无法在一个月内解决的：

（一）上市公司向控股股东或者其关联人提供资金的余额在一千万元以上，或者占上市公司最近一期经审计净资产的5%以上；

（二）上市公司违反规定程序对外提供担保的余额（担保对象为上市公司合并报表范围内子公司的除外）在五千万元以上，且占上市公司最近一期经审计净资产的10%以上。

13.3.3　上市公司应当按以下要求及时向本所报告并提交相关材料：

（一）属于本规则13.3.1条第（一）项、第（二）项规定情形的，应当在事实发生后及时向本所报告并提交董事会意见；

（二）属于本规则13.3.1条第（三）项规定情形的，应当在事实发生后及时向本所报告并提交公司报告。

本所在收到相关材料后决定是否对该公司股票交易实行其他风险警示。

13.3.4　上市公司出现本规则13.3.1条第（四）项规定情形的，应当在事实发生之日后及时向本所报告、提交董事会意见并公告，同时披露股票交易可能被实行其他风险警示情形的风险提示公告。

本所在收到相关材料后决定是否对该公司股票交易实行其他风险警示。

13.3.5　上市公司应当按照本所的要求，在其股票交易被实行其他风险警示之前一交易日作出公告，公告内容参照本规则13.2.2条的规定。

公司股票及其衍生品种于公告日停牌一天，自复牌之日起本所对该公司股票交易实行其他风险警示。

13.3.6　上市公司因本规则13.3.1条第（四）项规定情形其股票交易被

实行其他风险警示的，在风险警示期间，公司应当至少每月发布一次提示性公告，披露资金占用或者违规对外担保的解决进展情况。

13.3.7　上市公司认为其出现的本规则13.3.1条第（一）项至第（三）项规定情形已消除的，可以向本所申请对其股票交易撤销其他风险警示。

13.3.8　上市公司认为其出现的本规则13.3.1条第（四）项规定情形已消除的，应当及时对外公告，并可以向本所申请对其股票交易撤销其他风险警示：

（一）公司向控股股东或者其关联人提供资金事项情形已消除，并向本所申请对其股票交易撤销其他风险警示的，应当提交会计师事务所出具的专项审核报告、独立董事出具的专项意见等文件；

（二）公司违规对外担保事项已得到纠正，并向本所申请对其股票交易撤销其他风险警示的，应当提交律师事务所出具的法律意见书、独立董事出具的专项意见等文件。

13.3.9　上市公司因本规则13.3.1条规定情形其股票交易被实行其他风险警示的，在风险警示期间，公司进行重大资产重组且满足以下全部条件的，可以向本所申请对其股票交易撤销其他风险警示：

（一）根据中国证监会有关重大资产重组规定出售全部经营性资产和负债、购买其他资产且已实施完毕；

（二）通过购买进入公司的资产是一个完整经营主体，该经营主体在进入上市公司前已在同一管理层之下持续经营三年以上；

（三）公司本次购买进入的资产最近一个会计年度经审计的净利润为正值；

（四）经会计师事务所审核的盈利预测显示，上市公司完成本次重组后盈利能力增强，经营业绩明显改善；

（五）不存在13.3.1条规定的情形；

（六）本所要求的其他条件。

13.3.10　上市公司向本所申请对其股票交易撤销其他风险警示后，应当于次一交易日披露相关公告。

上市公司提交完备的撤销其他风险警示申请材料的，本所将在十个交易日内作出是否同意其股票交易撤销其他风险警示的决定。在此期间，本所要求公司提供补充材料的，公司应当在本所规定期限内提供有关材料。公司补充材料期间不计入本所作出有关决定的期限内。

13.3.11　本所决定撤销其他风险警示的，上市公司应当按照本所要求在撤销其他风险警示的前一个交易日披露相关公告。

公告日公司股票及其衍生品种停牌一天，本所自复牌之日起对公司股票交易撤销其他风险警示。

13.3.12　本所决定不予撤销其他风险警示的，上市公司应当于收到本所书面通知的次一交易日披露相关公告。

第十四章　暂停、恢复、终止和重新上市

第一节　暂停上市

14.1.1　上市公司出现下列情形之一的，本所有权决定暂停其股票上市交易：

（一）因净利润触及本规则13.2.1条第（一）项规定情形其股票交易被实行退市风险警示后，首个会计年度经审计的净利润继续为负值；

（二）因净资产触及本规则13.2.1条第（二）项规定情形其股票交易被实行退市风险警示后，首个会计年度经审计的期末净资产继续为负值；

（三）因营业收入触及本规则13.2.1条第（三）项规定情形其股票交易被实行退市风险警示后，首个会计年度经审计的营业收入继续低于一千万元；

（四）因审计意见类型触及本规则13.2.1条第（四）项规定情形其股票交易被实行退市风险警示后，首个会计年度的财务会计报告继续被出具无法表示意见或者否定意见的审计报告；

（五）因未在规定期限内改正财务会计报告触及本规则13.2.1条第（五）项规定情形其股票交易被实行退市风险警示后，在两个月内仍未按要求改正其财务会计报告；

（六）因未在法定期限内披露年度报告或者半年度报告触及本规则13.2.1条第（六）项规定情形其股票交易被实行退市风险警示后，在两个月内仍未披露年度报告或者半年度报告；

（七）因欺诈发行触及本规则13.2.1条第（七）项规定情形，其股票交易被实行退市风险警示的三十个交易日期限届满；

（八）因重大信息披露违法触及本规则13.2.1条第（八）项规定情形，其股票交易被实行退市风险警示的三十个交易日期限届满；

（九）因股权分布不再具备上市条件触及本规则13.2.1条第（九）项规定情形其股票交易被实行退市风险警示后，在六个月内其股权分布仍不具备上市条件；

（十）公司股本总额发生变化不再具备上市条件；

（十一）本所规定的其他情形。

14.1.2　上市公司依据本规则14.3.1条申请其股票主动终止上市出现本规则14.1.1　条规定情形的，不适用本节规定。

14.1.3 上市公司出现本规则 14.1.1 条第（一）项至第（四）项规定情形的，本所自公司披露年度报告之日起，对公司股票及其衍生品种实施停牌，并在停牌后十五个交易日内作出是否暂停其股票上市的决定。

公司应当在披露年度报告的同时披露股票可能被暂停上市的风险提示公告。

14.1.4 上市公司出现本规则 14.1.1 条第（五）项、第（六）项规定情形的，本所自两个月期限届满后次一交易日对公司股票及其衍生品种实施停牌，并在停牌后十五个交易日内作出是否暂停其股票上市的决定。

本所决定公司股票暂停上市的，公司在其股票暂停上市期间应当至少披露三次股票可能被终止上市的风险提示公告。

14.1.5 上市公司出现本规则 14.1.1 条第（七）项、第（八）项规定情形的，本所自三十个交易日期限届满后次一交易日对公司股票及其衍生品种实施停牌，并在停牌后的十五个交易日内作出是否暂停其股票上市的决定。

14.1.6 上市公司出现本规则 14.1.1 条第（九）项规定情形的，本所自六个月期限届满后次一交易日对公司股票及其衍生品种实施停牌，并在停牌后十五个交易日内作出是否暂停其股票上市的决定。

14.1.7 上市公司出现本规则 14.1.1 条第（十）项项规定情形的，本所自规定期限届满后次一交易日对公司公司股票及其衍生品种实施停牌，并在停牌后十五个交易日内作出是否暂停其股票上市的决定。

14.1.8 上市公司因净利润、净资产、营业收入或者审计意见类型触及本规则 13.2.1 条第（一）项至第（四）项规定情形其股票交易被实行退市风险警示后，预计首个会计年度年度报告披露后其股票存在暂停上市风险的，公司董事会应当在该会计年度结束后的二十个交易日内发布股票可能被暂停上市的风险提示公告，并在披露年度报告前至少再发布两次风险提示公告。

公司董事会在审议年度财务会计报告时应当就以下事项作出决议，并提交股东大会审议：

（一）如果公司股票被暂停上市，公司将与一家具有本规则 4.1 条规定的代办股份转让主办券商业务资格的证券公司（以下简称股份转让服务机构）签订协议，协议约定由公司聘请该机构作为股票恢复上市的保荐人；如果公司股票终止上市，则委托该机构提供进入全国中小企业股份转让系统（以下简称股份转让系统）挂牌转让服务，并授权其办理证券交易所市场登记结算系统的股份退出登记，办理股份重新确认及股份转让系统的股份登记结算等事宜；

（二）如果公司股票被暂停上市，公司将与结算公司签订协议。协议约定（包括但不限于）：如果股票被终止上市，公司将委托结算公司作为全部股份的托管、登记和结算机构；

（三）如果公司股票被终止上市，公司将申请其股份进入股份转让系统中转让，股东大会授权董事会办理公司股票终止上市以及进入股份转让系统的有关事宜。

14.1.9 上市公司应当在股东大会通过本规则14.1.8条所述提案后五个交易日内完成与股份转让服务机构和结算公司的协议签订工作，在相关协议签订后及时报送本所并对外披露。

14.1.10 因本规则13.2.1条第（五）项至第（十一）项情形其股票交易被实行退市风险警示的上市公司，预计将出现或者已经出现本规则14.1.1条被暂停上市情形的，公司董事会应当及时披露暂停上市风险提示公告，并参照本规则14.1.8条、14.1.9条的规定对其股份进入股份转让系统挂牌转让相关事宜作出必要安排，完成有关事项的审议、协议签订等工作，并对外披露相关安排情况。

14.1.11 本所在作出暂停股票上市决定后的两个交易日内通知上市公司并公告，同时报中国证监会备案。

14.1.12 上市公司应当在收到本所暂停其股票上市的决定后及时披露股票暂停上市公告。股票暂停上市公告应当包括以下内容：

（一）暂停上市股票的种类、简称、证券代码以及暂停上市起始日；

（二）有关股票暂停上市决定的主要内容；

（三）董事会关于争取恢复股票上市的意见及具体措施；

（四）股票可能被终止上市的风险提示；

（五）暂停上市期间公司接受投资者咨询的主要方式；

（六）中国证监会和本所要求的其他内容。

14.1.13 公司在其股票暂停上市期间，应当继续履行上市公司的有关义务，并至少在每月前五个交易日内披露一次为恢复上市所采取的措施及有关工作进展情况。公司没有采取重大措施或者恢复上市计划没有相应进展的，也应当披露并说明具体原因。

因出现本规则14.1.1条第（七）项、第（八）项规定情形其股票被暂停上市的公司，在其股票暂停上市期间，公司董事会还应当在定期报告中对其股票可能被终止上市的风险进行专项评估，提出应对预案并予以披露。

14.1.14 上市公司出现下列情形之一的，本所有权决定暂停其可转换公司债券上市：

（一）公司有重大违法行为；

（二）公司情况发生重大变化不符合可转换公司债券上市条件；

（三）发行可转换公司债券所募集的资金不按照核准的用途使用；

（四）未按照公司可转换公司债券募集办法履行义务；

（五）公司最近两个会计年度经审计的净利润为负值；

（六）因公司触及本规则 14.1.1 条规定其股票被本所暂停上市的情形。

14.1.15　可转换公司债券暂停上市事宜参照本节股票暂停上市有关规定办理。

第二节　恢复上市

14.2.1　上市公司因净利润、净资产、营业收入或者审计意见类型触及本规则 14.1.1 条第（一）项至第（四）项规定情形其股票被暂停上市的，在法定披露期限内披露经审计的暂停上市后首个年度报告且同时符合下列条件的，可以在公司披露年度报告后的五个交易日内向本所提出恢复股票上市的书面申请：

（一）最近一个会计年度经审计的净利润及扣除非经常性损益后的净利润均为正值；

（二）最近一个会计年度经审计的期末净资产为正值；

（三）最近一个会计年度经审计的营业收入不低于一千万元；

（四）最近一个会计年度的财务会计报告未被出具保留意见、无法表示意见或者否定意见的审计报告；

（五）具备持续经营能力；

（六）具备健全的公司治理结构和内部控制制度且运作规范，财务会计报告无虚假记载；

（七）不存在本规则规定的股票应当被暂停上市或者终止上市的情形；

（八）本所认为需具备的其他条件。

14.2.2　上市公司因未在规定期限内改正其财务会计报告或者未在法定期限内披露年度报告或者半年度报告触及本规则 14.1.1 条第（五）项、第（六）项规定情形其股票被暂停上市的，在暂停上市后两个月内披露了经改正的财务会计报告、相关年度报告或者半年度报告的，可以在公司披露相关报告后五个交易日内向本所提出恢复上市的书面申请。

14.2.3　上市公司因欺诈发行、重大信息披露违法触及本规则 14.1.1 条第（七）项、第（八）项规定情形其股票被本所暂停上市的，在暂停上市后符合下列情形之一的，本所在收到中国证监会、公安机关、人民检察院或人民法院相关决定或裁判文书后的五个交易日内，作出撤销对公司股票暂停上市的决定：

（一）中国证监会行政处罚决定被依法撤销，且中国证监会不能以欺诈发行、重大信息披露违法为由重新对公司作出行政处罚决定，或者因对违规行为性质的认定发生根本性变化，被依法变更的；

（二）公安机关决定不予立案或者撤销案件，人民检察院作出不起诉决定，人民法院作出无罪判决或者免于刑事处罚，且中国证监会不能以欺诈发行、重大信息披露违法为由依法对公司作出行政处罚决定。

公司应当在收到前述相关法律文书后及时发布公告，说明公司是否将依据本规则规定向本所申请恢复上市，并应当在公告后的五个交易日内向本所提交恢复上市的书面申请。

公司如还存在触及本规则规定的除欺诈发行、重大信息披露违法情形外的风险警示、暂停上市、终止上市情形的，应当同时适用相关规定。

14.2.4 上市公司因本规则 14.1.1 条第（八）项规定情形股票被暂停上市的，在暂停上市后同时符合下列要求，且不存在本规则规定的除欺诈发行、重大信息披露违法情形外的暂停上市情形的，公司可以在披露违法情形影响消除公告后的五个交易日内，向本所提出恢复上市的书面申请：

（一）已全面纠正违法行为；

（二）已及时撤换有关责任人员；

（三）已对民事赔偿责任作出妥善安排。

14.2.5 上市公司因本规则 14.1.1 条第（九）项规定情形股票被暂停上市的，在暂停上市后的六个月内其股权分布重新具备上市条件的，可以在股权分布重新具备上市条件后的五个交易日内向本所提出恢复上市的书面申请。

14.2.6 上市公司因本规则 14.1.1 条第（十）项规定情形股票被暂停上市的，在本所规定的期限内上述情形已消除的，可以在事实发生后五个交易日内向本所提出恢复上市的书面申请。

14.2.7 上市公司应当聘请股份转让服务机构担任其恢复上市的保荐人。

保荐人应当对公司股票恢复上市申请材料的真实性、准确性、完整性进行核查，就公司是否具备恢复上市条件出具恢复上市保荐书，并保证承担连带责任。

上市公司因本规则 14.2.3 条所述情形申请恢复上市的，不适用本条前两款的规定。公司应当聘请律师就导致公司股票暂停上市的情形是否完全消除出具专门意见，并对公司是否还存在触及本规则规定的除欺诈发行、重大信息披露违法情形外的风险警示、暂停上市、终止上市情形等情况作出说明。

14.2.8 保荐人在核查过程中，至少应当对下列情况予以充分关注和尽职核查，并出具核查报告：

（一）公司规范运作的情况：包括人员、资产、财务的独立性，关联交易情况，重大出售或者购买资产行为的规范性，重组后的业务方向，经营状况是否发生实质性好转，以及与控股股东、实际控制人之间的同业竞争关系等；

（二）公司财务风险的情况：包括公司的收入确认、非经常性损益的确认是否合规，会计师事务所出具的非标准无保留审计意见所涉及事项对公司是否存在重大影响，公司对涉及明显违反会计准则及相关信息披露规范性规定的事项进行纠正和调整的情况等；

（三）公司或有风险的情况：包括资产出售、抵押、置换、委托经营、重大对外担保、重大诉讼、仲裁情况（适用本规则有关累计计算规定），以及上述事项对公司经营产生的不确定性影响等。

（四）上市公司因净利润、净资产、营业收入或者审计意见类型触及本规则 14.1.1 条第（一）项至第（四）项规定情形其股票被暂停上市的，保荐人还应当就公司是否符合本规则 14.2.1 条规定的第（一）项至第（八）项恢复上市条件逐项发表明确意见。

对于公司存在的各种不规范行为，恢复上市的保荐人应当要求公司改正。公司未按要求改正的，保荐人应当拒绝为其出具恢复上市保荐书。

14.2.9　上市公司依据本规则 14.2.2 条的规定向本所申请其股票恢复上市的，保荐人对公司进行尽职核查时，除 14.2.8 条要求外，还应当关注下列情形并在核查报告中逐项作出说明：

（一）公司财务会计政策是否稳健，公司内部控制制度是否健全和有效；

（二）会计师事务所是否认为公司内部控制制度存在较大缺陷，公司是否已根据会计师事务所的意见进行了整改（如适用）；

（三）公司是否已按有关规定改正其财务会计报告（如适用）。

14.2.10　上市公司依据本规则 14.2.4 条的规定向本所申请其股票恢复上市的，保荐人应当在尽职核查时对下列情形予以关注，并在核查报告中逐项作出说明：

（一）公司重大信息披露违法行为影响是否已消除、风险是否已控制；

（二）公司是否具备可持续的盈利能力；

（三）公司治理结构和内部控制制度是否健全，运作是否规范；

（四）公司是否符合 14.2.4 条的规定要求、是否具备申请恢复上市的条件。

14.2.11　保荐人在对依据本规则 14.2.5 条、14.2.6 条的规定申请其股票恢复上市的公司进行尽职核查时，应当对导致公司股票被暂停上市的情形是否已完全消除等情况予以充分关注，并在核查报告中作出说明。

14.2.12　保荐人出具的恢复上市保荐书应当包括以下内容：

（一）公司的基本情况；

（二）公司存在的主要风险，以及原有风险是否已经消除的说明；

（三）对公司前景的评价；

（四）核查报告的具体内容；

（五）公司是否完全符合恢复上市条件及其依据的说明；

（六）无保留且表述明确的保荐意见及其理由；

（七）关于保荐人和相关保荐代表人具备相应保荐资格以及保荐人内部审核程序的说明；

（八）保荐人是否存在可能影响其公正履行保荐职责情形的说明；

（九）保荐人比照有关规定所作出的承诺事项；

（十）对公司持续督导期间的工作安排；

（十一）保荐人和相关保荐代表人的联系地址、电话和其他通讯方式；

（十二）保荐人认为应当说明的其他事项；

（十三）中国证监会和本所要求的其他内容。

恢复上市保荐书应当由保荐人法定代表人（或者授权代表）和相关保荐代表人签字，注明签署日期并加盖保荐人公章。

14.2.13　申请股票恢复上市的公司应当聘请律师对其恢复上市申请的合法、合规性进行充分的核查验证，对有关申请材料进行审慎审阅，并出具法律意见书。律师及其所在的律师事务所应当对恢复上市申请材料的真实性、准确性、完整性承担相应的法律责任。

14.2.14　前条所述法律意见书应当对下列事项明确发表结论性意见：

（一）公司的主体资格；

（二）公司是否完全符合恢复上市的实质条件；

（三）公司的业务及发展目标；

（四）公司治理和规范运作情况；

（五）关联交易和同业竞争；

（六）公司的主要财产；

（七）重大债权、债务；

（八）重大资产变化及收购兼并情况；

（九）公司纳税情况；

（十）重大诉讼、仲裁；

（十一）公司受到的行政处罚；

（十二）律师认为需要说明的其他问题。

律师就上述事项所发表的结论性意见应当包括是否合法合规、是否真实有效，是否存在纠纷或者潜在风险等。

律师为依据本规则 14.2.4 条的规定申请其股票恢复上市的公司出具意见的，除应当遵守本条前两款的规定外，还应当对公司是否符合本规则 14.2.4 条要求的条件进行逐项核查，并在法律意见书中作出说明。

14.2.15　上市公司提出恢复上市申请时，应当向本所提交下列文件：

（一）恢复上市申请书；

（二）董事会关于符合恢复上市条件，同意申请恢复上市的决议；

（三）董事会关于暂停上市期间公司为恢复上市所做主要工作的报告；

（四）董事会关于公司已全面纠正违法行为、及时撤换有关责任人员、对民事赔偿责任承担作出妥善安排等情况的具体说明（如适用）；

（五）董事会关于公司治理结构和内部控制制度建立及运行的情况说明；

（六）管理层从公司主营业务、经营活动、财务状况、或有事项、期后事项和其他重大事项等角度对公司实现盈利的情况、经营能力和盈利能力的持续性和稳定性作出的分析报告；

（七）关于公司重大资产重组方案的说明，包括重大资产重组的内部决策程序、资产交接、相关收益的确认、实施结果及相关证明文件等（如适用）；

（八）关于公司最近一个年度的重大关联交易说明，包括关联交易的内部决策程序、合同及有关记录、实施结果及相关证明文件等；

（九）关于公司最近一个年度的纳税情况说明；

（十）年度报告或者半年度报告及其审计报告原件；

（十一）保荐人出具的恢复上市保荐书以及保荐协议；

（十二）法律意见书；

（十三）董事会对非标准无保留审计意见的说明（如适用）；

（十四）会计师事务所对非标准无保留审计意见的说明（如适用）；

（十五）按照本规则 14.1.9 条规定与股份转让服务机构和结算公司签订的相关协议；

（十六）本所要求的其他有关材料。

因本规则 14.2.3 条所述情形申请恢复上市的上市公司，不适用前款规定，公司应当向本所提交下列文件：

（一）恢复上市申请书；

（二）董事会关于符合恢复上市条件，同意申请恢复上市的决议；

（三）法律意见书；

（四）中国证监会、公安机关、人民检察院或人民法院相关决定或裁判文书；

（五）本所要求的其他有关材料。

公司应当在向本所提出恢复上市申请后次一交易日发布相关公告。

14.2.16　本所将在收到上市公司提交的恢复上市申请文件后的五个交易日内作出是否受理的决定并通知公司。

公司未能按照本规则 14.2.15 条的要求提供申请文件的，本所不受理其股票恢复上市申请。

公司应当在收到本所关于是否受理其申请的决定后，及时披露决定的有关情况并提示其股票可能终止上市的风险。

14.2.17　本所上市委员会对公司股票恢复上市的申请进行审议，作出独立的专业判断并形成审核意见，本所依据上市委员会意见作出是否同意公司股票恢复上市申请的决定。

14.2.18　本所将在受理公司股票恢复上市申请后的三十个交易日内，作出是否同意其股票恢复上市申请的决定。在此期间，本所要求公司提供补充材料的，公司应当在本所规定期限内提供有关材料。公司提供补充材料的期限累计不得超过三十个交易日。公司补充材料期间不计入本所作出有关决定的期限内。

因本规则 14.2.3 条所述情形申请恢复上市的上市公司，本所将在收到公司股票恢复上市申请后的十五个交易日内，作出是否同意其股票恢复上市申请的决定。在此期间，本所要求公司提供补充材料的，公司应当在本所规定期限内提供有关材料。公司提供补充材料的期限累计不得超过五个交易日。公司补充材料期间不计入本所作出有关决定的期限内。

公司未能在本所规定的期限内提供补充材料的，本所将在上述期限届满前作出是否同意公司股票恢复上市申请的决定。

14.2.19　本所受理上市公司股票恢复上市申请后，可以聘请具有从事证券、期货相关业务资格的会计师事务所就公司盈利等相关情况的真实性进行调查核实。

本所聘请会计师事务所进行调查核实期间不计入本规则 14.2.18 条所述本所作出有关决定的期限内。

14.2.20　本所在作出同意公司股票恢复上市决定后两个交易日内通知公司，并报告中国证监会。

14.2.21　经本所审核同意恢复上市的，上市公司应当在收到有关决定后及时披露股票恢复上市公告。股票恢复上市公告应当包括以下内容：

（一）恢复上市股票的种类、简称、证券代码；

（二）有关股票恢复上市决定的主要内容；

（三）董事会关于恢复上市措施的具体说明；

（四）相关风险因素分析；

（五）中国证监会和本所要求的其他内容。

14.2.22　上市公司披露股票恢复上市公告五个交易日后，其股票恢复上市。

14.2.23　因本规则14.1.14条各项情形可转换公司债券被暂停上市的，在暂停上市期间，上市公司符合下列条件的，可以向本所提出恢复其可转换公司债券上市的书面申请：

（一）因14.1.14条第（一）项、第（四）项所列情形之一可转换公司债券被暂停上市，经查实后果不严重的；

（二）因14.1.14条第（二）项情形可转换公司债券被暂停上市，在六个月内该情形消除的；

（三）因14.1.14条第（三）项情形可转换公司债券被暂停上市，在两个月内该情形消除的；

（四）因14.1.14条第（五）项情形可转换公司债券被暂停上市，在法定披露期限内披露经审计的暂停上市后首个年度报告，且年度报告显示公司净利润为正值的；

（五）因14.1.14条第（六）项情形可转换公司债券被暂停上市，公司股票符合恢复上市条件的。

14.2.24　可转换公司债券恢复上市事宜参照本节股票恢复上市有关规定办理。

第三节　主动终止上市

14.3.1　上市公司出现下列情形之一的，可以向本所申请终止其股票上市交易：

（一）上市公司股东大会决议主动撤回其股票在本所上市交易、并决定不再在交易所交易；

（二）上市公司股东大会决议主动撤回其股票在本所上市交易，并转而申请在其他交易场所交易或转让；

（三）上市公司股东大会决议解散；

（四）上市公司因新设合并或者吸收合并，不再具有独立主体资格并被注销；

（五）上市公司以终止公司股票上市为目的，向公司所有股东发出回购全部股份或者部分股份的要约，导致公司股本总额、股权分布等发生变化不再具备上市条件；

（六）上市公司股东以终止公司股票上市为目的，向公司所有其他股东发出收购全部股份或者部分股份的要约，导致公司股本总额、股权分布等发生变化不再具备上市条件；

（七）上市公司股东以外的其他收购人以终止公司股票上市为目的，向公司所有股东发出收购全部股份或者部分股份的要约，导致公司股本总额、股权分布等发生变化不再具备上市条件；

（八）中国证监会或本所认可的其他主动终止上市情形。

A 股股票和 B 股股票同时在本所上市交易的上市公司，依照前款规定申请主动终止上市的，如无特殊理由其 A 股股票和 B 股股票应当同时终止上市。

14.3.2　上市公司出现本规则 14.3.1 条第（一）项、第（二）项规定情形的，应当经出席股东大会的股东所持表决权的三分之二以上通过，且经出席会议的除以下股东以外的其他股东所持表决权的三分之二以上通过：

（一）上市公司的董事、监事、高级管理人员；

（二）单独或者合计持有上市公司 5% 以上股份的股东。

14.3.3　上市公司因本规则 14.3.1 条第（一）项、第（二）项规定情形召开公司股东大会的，应当及时向本所提交下列文件并公告：

（一）董事会关于申请主动终止上市的决议；

（二）召开股东大会通知；

（三）主动终止上市预案；

（四）独立董事意见；

（五）财务顾问报告；

（六）本所要求的其他文件。

前款第（三）项所称“主动终止上市预案”，应当包括但不限于：公司终止上市原因、终止上市方式、终止上市后并购重组安排及经营发展计划、重新上市安排或代办股份转让安排、异议股东保护措施，以及公司董事会关于主动终止上市对公司长远发展和全体股东利益的影响分析等相关内容。

独立董事应当就主动终止上市事项是否有利于公司长远发展和全体股东利益，向除上市公司的董事、监事、高级管理人员、单独或者合计持有上市公司 5% 以上股份的股东以外的其他股东征询意见，并在此基础上发表意见。

公司应当申请其股票及其衍生品种自股东大会股权登记日的次一交易日起停牌，并在股东大会审议通过主动终止上市决议后及时披露决议情况。公司可以在股东大会决议后的十五个交易日内向本所提交主动终止上市的书面申请。

公司主动终止上市决议未获股东大会审议通过的，应当及时向本所申请其股票及其衍生品种自公司股东大会决议公告当日起复牌。

14.3.4　上市公司因本规则14.3.1条第（三）项规定情形召开公司股东大会的，应当及时向本所提交下列文件并公告：

（一）董事会决议；

（二）召开股东大会通知；

（三）董事会关于解散原因、解散安排及异议股东保护措施等情况说明；

（四）法律、行政法规、部门规章、规范性文件、本所及公司章程要求的其他文件。

公司应当及时对外披露股东大会审议情况。如股东大会审议通过上述议案的，公司应当立即向本所报告，并根据有关规定申请办理其股票及其衍生品种停复牌事宜。

14.3.5　上市公司因本规则14.3.1条第（四）项规定情形召开公司股东大会的，应当及时向本所提交下列文件并公告：

（一）董事会决议；

（二）召开股东大会通知；

（三）公司合并预案（须包括异议股东保护措施）；

（四）独立董事意见；

（五）财务顾问报告；

（六）法律意见书；

（七）法律、行政法规、部门规章、规范性文件、本所及公司章程要求的其他文件。

公司应当及时对外披露股东大会审议情况。如股东大会审议通过上述议案的，公司应当立即向本所报告，并根据有关规定申请办理其股票及其衍生品种停复牌事宜。

14.3.6　上市公司因本规则14.3.1条第（五）项规定情形召开公司股东大会的，应当及时向本所提交下列文件并公告：

（一）董事会决议；

（二）召开股东大会通知；

（三）回购报告书或预案（须包括异议股东保护措施、终止上市后续安排）；

（四）独立董事意见；

（五）财务顾问报告；

（六）法律、行政法规、部门规章、规范性文件、本所要求的其他文件。

公司应当及时对外披露股东大会审议情况。如股东大会审议通过上述议案的，公司应当立即向本所报告，并根据有关规定申请办理其股票及其衍生品种停复牌事宜。

14.3.7 上市公司出现本规则14.3.1条第（六）项、第（七）项规定情形的，其股票及其衍生品种自公司披露收购结果公告或者其他相关股权变动公告之日起停牌。

14.3.8 上市公司因自愿解散、公司合并、回购股份及要约收购等情形依据本规则14.3.1条第（三）项至第（七）项的规定申请其股票终止上市的，应当同时遵守《公司法》、《证券法》、中国证监会、本所及公司章程关于上市公司解散、重组、回购、收购等相关规定的要求，履行相应审议程序和披露义务，安排公司股票及其衍生品种的停牌与复牌，及时向本所提交主动终止上市的申请。

14.3.9 上市公司依据本规则14.3.1条的规定向本所申请其股票终止上市的，应当向本所提交下列文件：

（一）终止上市申请书；

（二）股东大会决议（如适用）；

（三）相关终止上市方案；

（四）财务顾问报告；

（五）法律意见书；

（六）本所要求的其他文件。

14.3.10 本所将在收到上市公司提交的终止上市申请文件后五个交易日内作出是否受理的决定并通知公司。

公司未能按本节的要求提供申请文件的，本所不受理其股票终止上市申请。

公司应当在收到本所关于是否受理其申请的决定后，及时披露决定的有关情况并提示其股票可能终止上市的风险。

14.3.11 本所上市委员会对公司股票终止上市的申请进行审议，作出独立的专业判断并形成审核意见。

上市公司依据本规则14.3.1条第（一）项、第（二）项的规定申请其股票终止上市的，本所将在受理公司申请后的十五个交易日内，依据上市委员会意见作出是否同意公司股票终止上市申请的决定。

上市公司因自愿解散、公司合并、回购股份、要约收购等情形依据本规则14.3.1条第（三）项至第（七）项的规定申请其股票终止上市的，除另有规定外，本所将在上市公司披露回购或者收购结果公告、合并交易完成公告、解散决议公告后的十五个交易日内，依据上市委员会意见作出是否同意公司股票终止上市申请的决定。

14.3.12　在本所受理公司申请至作出决定期间，本所要求公司提供补充材料的，公司应当在本所规定期限内提供有关材料。公司提供补充材料的期限累计不得超过三十个交易日。公司补充材料期间不计入本所作出有关决定的期限内。

公司未能在本所规定的期限内提供补充材料的，本所将在上述期限届满前作出是否同意公司股票终止上市申请的决定。

14.3.13　本所在作出同意公司股票终止上市决定后两个交易日内通知公司，并于两个交易日内发布相关公告，同时报中国证监会备案。

14.3.14　因本规则14.3.1条规定情形其股票被终止上市、且法人主体资格将存续的公司，应当对公司股票终止上市后转让或交易、异议股东保护措施作出具体安排，保护中小投资者的合法权益。

14.3.15　上市公司应当在收到本所关于终止其股票上市决定后及时披露股票终止上市公告。

股票终止上市公告应当包括以下内容：

（一）终止上市股票的种类、简称、证券代码以及终止上市的日期；

（二）终止上市决定的主要内容；

（三）公司股票终止上市后相关安排、异议股东保护措施落实情况等；

（四）终止上市后其股票登记、转让、管理事宜（如适用）；

（五）终止上市后公司的联系人、联系地址、电话和其他通讯方式；

（六）中国证监会和本所要求的其他内容。

第四节　强制终止上市

14.4.1　上市公司出现下列情形之一的，本所有权决定终止其股票上市交易：

（一）公司因净利润、净资产、营业收入或者审计意见类型触及本规则14.1.1条第（一）项至第（四）项规定情形其股票被暂停上市的，未能在法定期限内披露暂停上市后的首个年度报告；

（二）公司因净利润、净资产、营业收入或者审计意见类型触及本规则14.1.1条第（一）项至第（四）项规定情形其股票被暂停上市的，暂停上市后首个年度报告显示公司净利润或者扣除非经常性损益后的净利润为负值；

（三）公司因净利润、净资产、营业收入或者审计意见类型触及本规则14.1.1条第（一）项至第（四）项规定情形其股票被暂停上市的，暂停上市后首个年度报告显示公司期末净资产为负值；

（四）公司因净利润、净资产、营业收入或者审计意见类型触及本规则14.1.1条第（一）项至第（四）项规定标准其股票被暂停上市的，暂停上市后首个年度报告显示公司营业收入低于一千万元；

（五）公司因净利润、净资产、营业收入或者审计意见类型触及本规则14.1.1条第（一）项至第（四）项规定情形其股票被暂停上市的，暂停上市后首个年度报告显示公司财务会计报告被出具保留意见、无法表示意见或否定意见的审计报告；

（六）公司因净利润、净资产、营业收入或者审计意见类型触及本规则14.1.1条规定情形其股票被暂停上市的，在法定期限内披露了暂停上市后首个年度报告但未能在其后五个交易日内提出恢复上市申请；

（七）公司因未在规定期限内改正财务会计报告或者未在法定期限内披露年度报告、半年度报告等出现本规则14.1.1条第（五）项、第（六）项规定情形其股票被暂停上市的，在两个月内仍未能披露经改正的财务会计报告、相关年度报告或者半年度报告；

（八）公司因未在规定期限内改正财务会计报告或者未在法定期限内披露年度报告、半年度报告触及本规则14.1.1条第（五）项、第（六）项规定情形其股票被暂停上市的，在两个月内披露了经改正的财务会计报告、相关年度报告或者半年度报告但未能在其后的五个交易日内提出恢复上市申请；

（九）公司因欺诈发行触及本规则14.1.1条第（七）项规定情形其股票被暂停上市后，在中国证监会作出行政处罚决定、移送决定之日起的十二个月内被法院作出有罪判决或者在前述规定期限内未满足恢复上市条件；

（十）公司因重大信息披露违法触及本规则14.1.1条第（八）项规定情形其股票被暂停上市后，在中国证监会作出行政处罚决定、移送决定之日起的十二个月内被法院作出有罪判决或者在前述规定期限内未满足恢复上市条件；

（十一）公司因欺诈发行、重大信息披露违法触及本规则14.1.1条第（七）项、第（八）项规定标准其股票被暂停上市后，符合本规则规定的恢复上市申请条件但未在规定期限内向本所提出恢复上市申请；

（十二）公司因股权分布变化不再具备上市条件触及本规则14.1.1条第（九）项规定情形其股票被暂停上市后，在六个月内股权分布仍不具备上市条件，或虽已具备上市条件但未在规定期限内向本所提出恢复上市申请；

（十三）公司因股本总额发生变化不再具备上市条件触及本规则14.1.1条第（十）项规定标准其股票被暂停上市后，在本所规定的期限内仍不具备上市条件，或虽已具备上市条件但未在规定期限内向本所提出恢复上市申请；

（十四）在本所仅发行A股股票的主板上市公司，通过本所交易系统连续一百二十个交易日（不含公司股票全天停牌的交易日）股票累计成交量低于五百万股；

（十五）在本所仅发行 B 股股票的主板上市公司，通过本所交易系统连续一百二十个交易日（不含公司股票全天停牌的交易日）股票累计成交量低于一百万股；

（十六）在本所既发行 A 股股票又发行 B 股股票的主板上市公司，通过本所交易系统连续一百二十个交易日（不含公司股票全天停牌的交易日）其 A 股股票累计成交量低于五百万股且其 B 股股票累计成交量同时低于一百万股；

（十七）中小企业板上市公司股票通过本所交易系统连续一百二十个交易日（不含公司股票全天停牌的交易日）股票累计成交量低于三百万股；

（十八）在本所仅发行 A 股股票的上市公司，通过本所交易系统连续二十个交易日（不含公司股票全天停牌的交易日）的每日股票收盘价均低于股票面值；

（十九）在本所仅发行 B 股股票的上市公司，通过本所交易系统连续二十个交易日（不含公司股票全天停牌的交易日）的每日股票收盘价均低于股票面值；

（二十）在本所既发行 A 股股票又发行 B 股股票的上市公司，通过本所交易系统连续二十个交易日（不含公司股票全天停牌的交易日）的 A 股、B 股每日股票收盘价同时均低于股票面值；

（二十一）主板上市公司连续二十个交易日（不含公司股票全天停牌的交易日、不含公司首次公开发行股票上市之日起的二十个交易日）股东人数低于 2000 人；

（二十二）中小企业板上市公司连续二十个交易日（不含公司股票全天停牌的交易日、不含公司首次公开发行股票上市之日起的二十个交易日）股东人数低于 1000 人；

（二十三）公司被法院宣告破产；

（二十四）公司被依法强制解散；

（二十五）中小企业板上市公司最近三十六个月内累计受到本所三次公开谴责；

（二十六）恢复上市申请未被受理；

（二十七）恢复上市申请未被审核同意；

（二十八）本所规定的其他情形。

上市公司依据本规则 14. 3. 1 条申请其股票主动终止上市出现前款相关情形的，不适用本节的规定。

14. 4. 2　上市公司出现本规则 14. 4. 1 条第（二十六）项、第（二十七）项规定情形的，本所在不予受理或者不予同意恢复上市的同时作出终止上市决定。

出现本规则 14.4.1 条第（一）项至第（二十五）项和第（二十八）项规定情形的，由本所上市委员会对上市公司股票终止上市事宜进行审议，作出独立的专业判断并形成审核意见。本所依据上市委员会的审核意见，作出公司股票是否终止上市的决定。

14.4.3 上市公司出现本规则 14.4.1 条第（一）项规定情形的，本所自法定披露期限届满后的十五个交易日内作出公司股票是否终止上市的决定。

14.4.4 上市公司出现本规则 14.4.1 条第（二）项至第（五）项规定情形的，应当自董事会审议年度报告后及时向本所报告并披露，同时发布可能被终止上市的风险提示公告。本所自公司年度报告披露后的十五个交易日内作出公司股票是否终止上市的决定。

公司预计可能出现本规则 14.4.1 条第（二）项至第（五）项规定情形的，公司董事会应当在会计年度结束后的十个交易日内发布可能终止上市的风险提示公告。

14.4.5 上市公司出现本规则 14.4.1 条第（七）项规定情形的，本所自两个月期限届满后的十五个交易日内作出公司股票是否终止上市的决定。

14.4.6 上市公司出现本规则 14.4.1 条第（六）项、第（八）项规定情形的，本所在限定的恢复上市申请期限届满后的十五个交易日内作出公司股票是否终止上市的决定。

14.4.7 上市公司出现本规则 14.4.1 条第（九）项、第（十）项规定情形的，本所在中国证监会作出行政处罚决定、移送决定之日起十二个月期限届满前的十五个交易日内，作出公司股票是否终止上市的决定。

法院在前款规定期限之前已作出有罪判决的，本所自收到相关判决文件之日起的十五个交易日内作出公司股票是否终止上市的决定。

14.4.8 上市公司出现本规则 14.4.1 条第（十一）项规定情形的，本所在规定的恢复上市申请期限届满后的十五个交易日内作出公司股票是否终止上市的决定。

14.4.9 上市公司出现本规则 14.4.1 条第（十二）项规定情形的，本所在六个月期限届满后的十五个交易日内或者规定的恢复上市申请期限届满后的十五个交易日内作出公司股票是否终止上市的决定。

14.4.10 上市公司出现本规则 14.4.1 条第（十三）项规定情形的，本所在规定期限届满后的十五个交易日内作出公司股票是否终止上市的决定。

14.4.11 上市公司出现本规则 14.4.1 条第（十四）项至第（二十二）项规定情形的，应当在事实发生的次一交易日披露。公司股票及其衍生品种自公告之日起停牌，本所自公司股票停牌起十五个交易日内作出公司股票是否终止上市的决定。

14.4.12 在本所仅发行A股股票的主板上市公司，出现连续九十个交易日通过本所交易系统实现的累计股票成交量低于五百万股的，应当在次一交易日发布公司股票可能被终止上市的风险提示公告，其后每个交易日披露一次，直至自上述九十个交易日的起算时点起连续一百二十个交易日内通过本所交易系统实现的累计成交量高于五百万股或者本所作出公司股票终止上市的决定之日止（以先达到的日期为准）；

在本所仅发行B股股票的主板上市公司，出现连续九十个交易日通过本所交易系统实现的累计股票成交量低于一百万股的，应当在次一交易日发布公司股票可能被终止上市的风险提示公告，其后每个交易日披露一次，直至自上述九十个交易日的起算时点起连续一百二十个交易日内通过本所交易系统实现的累计成交量高于一百万股或者本所作出公司股票终止上市的决定（以先达到的日期为准）；

在本所既发行A股股票又发行B股股票的主板上市公司，其A股、B股股票的成交量同时触及前两款规定的标准的，应当在次一交易日发布公司股票可能被终止上市的风险提示公告，其后每个交易日披露一次，直至自上述九十个交易日的起算时点起连续一百二十个交易日内A股股票通过本所交易系统实现的累计成交量出现高于五百万股或者B股股票通过本所交易系统实现的累计成交量出现高于一百万股，或者本所作出公司股票终止上市的决定（以先达到的日期为准）；

本所中小企业板上市公司，出现连续九十个交易日通过本所交易系统实现的累计股票成交量低于三百万股的，应当在次一交易日发布公司股票可能被终止上市的风险提示公告，其后每个交易日披露一次，直至自上述九十个交易日的起算时点起连续一百二十个交易日内通过本所交易系统实现的累计成交量高于三百万股或者本所作出公司股票终止上市的决定之日止（以先达到的日期为准）。

14.4.13 上市公司出现连续十个交易日每日股票收盘价低于每股面值的，应当在次一交易日发布公司股票可能被终止上市的风险提示公告，其后每个交易日披露一次，直至收盘价低于每股面值的情形消除或者本所作出公司股票终止上市的决定。

14.4.14 主板上市公司出现连续十个交易日股东人数低于2000人的，应当在次一交易日发布公司股票可能被终止上市的风险提示公告，其后每个交易日披露一次，直至股东人数低于2000人的情形消除或者本所作出公司股票终止上市的决定；

中小企业板上市公司出现连续十个交易日股东人数低于1000人的，应当在次一交易日发布公司股票可能被终止上市的风险提示公告，其后每个交易日披露一次，直至股东人数低于1000人的情形消除或者本所作出公司股票终止上市的决定。

14.4.15　上市公司出现本规则14.4.1条第（二十三）项规定情形的，应当在收到法院宣告公司破产的裁定文件的当日向本所报告并于次日公告。本所在公司发布公告后十五个交易日内作出公司股票是否终止上市的决定。

14.4.16　上市公司出现本规则14.4.1条第（二十四）项规定情形的，应当于公司知悉依法被吊销营业执照、责令关闭或者被撤销等解散条件成立时，立即向本所报告并于次日公告，公司股票及其衍生品种于本所知悉该情形之日起停牌。

本所在公司发布公告后十五个交易日内作出公司股票是否终止上市的决定。

14.4.17　中小企业板上市公司出现本规则14.4.1条第（二十五）项规定情形的，应当在事实发生的次一交易日披露。公司股票及其衍生品种于公告日停牌，本所自公司股票停牌起十五个交易日内作出公司股票是否终止上市的决定。

中小企业板上市公司最近三十六个月内受到本所两次公开谴责的，应当自第二次受到公开谴责起，每月发布一次公司股票可能被终止上市的风险提示公告，直至从第一次受到公开谴责起算的三十六个月期限届满或者本所作出公司股票终止上市的决定。

14.4.18　本所可以视情况调整上市公司风险提示公告披露次数的要求。

14.4.19　本所在作出是否终止股票上市决定前，可以聘请具有从事证券、期货相关业务资格的会计师事务所等证券服务机构就公司盈利等相关情况的真实性进行调查核实，并将核查结果提交上市委员会审议。调查核实期间不计入本所作出有关终止上市决定的期限之内。

本所要求公司提供补充材料的，公司应当在本所规定期限内提供有关材料。公司补充材料期间不计入本所作出有关决定的期限内。

公司提供补充材料的期限累计不得超过三十个交易日。

14.4.20　本所在作出公司股票终止上市决定后两个交易日内通知公司，并于两个交易日内发布相关公告，同时报中国证监会备案。

14.4.21　截至本所作出终止上市决定时，上市公司仍未聘请股份转让服务机构的，本所在作出公司股票终止上市决定的同时为其指定临时股份转让服务机构，通知公司和股份转让服务机构，公司应当在两个交易日内就上述事项发布相关公告（公司破产、解散或者被依法责令关闭的除外）。

14.4.22　上市公司应当在收到本所关于终止其股票上市决定后及时披露股票终止上市公告。

股票终止上市公告应当包括以下内容：

（一）终止上市股票的种类、简称、证券代码以及终止上市的日期；

（二）终止上市决定的主要内容；

（三）终止上市后其股票登记、转让、管理事宜；

（四）终止上市后公司的联系人、联系地址、电话和其他通讯方式；

（五）中国证监会和本所要求的其他内容。

14.4.23　自本所作出上市公司股票终止上市的决定后五个交易日届满的次一交易日起，公司股票进入退市整理期，但本所另有规定的除外。

退市整理期的期限为三十个交易日。

公司股票在退市整理期间的全天停牌不计入退市整理期。

14.4.24　退市整理期间，上市公司股票进入退市整理板交易，并不再在主板或者中小企业板行情中揭示。

退市整理期间，公司股票价格的日涨跌幅限制为10%。

14.4.25　退市整理期间，上市公司应当每五个交易日发布一次股票将被终止上市的风险提示公告，在最后的五个交易日内应当每日发布一次股票将被终止上市的风险提示公告。

14.4.26　退市整理期届满的次一交易日，本所对公司股票予以摘牌，上市公司股票终止上市。

公司股票未进入退市整理期交易的，本所在公司发布股票终止上市公告日的次一交易日对其予以摘牌，公司股票终止上市。

14.4.27　退市整理期具体事宜由本所另行规定。

14.4.28　上市公司应当在股票被终止上市后及时做好相关工作，以确保公司股份在本所退市整理期届满后四十五个交易日内可以进入股份转让系统挂牌转让。

14.4.29　上市公司出现下列情形之一的，本所有权决定终止其可转换公司债券上市：

（一）因本规则14.1.14条第（一）项、第（四）项规定情形之一可转换公司债券被暂停上市后，经查实后果严重的；

（二）因本规则14.1.14条第（二）项规定情形可转换公司债券被暂停上市后，在六个月内该情形未能消除的；

（三）因本规则 14.1.14 条第（三）项规定情形可转换公司债券被暂停上市后，在两个月内该情形未能消除的；

（四）因本规则 14.1.14 条第（五）项规定情形，公司未能在法定期限内披露暂停上市后首个年度报告，或者在法定期限内披露暂停上市后首个年度报告显示公司净利润为负值，或者未能在披露暂停上市后首个年度报告后五个交易日内提出恢复上市申请的；

（五）因本规则 14.3.1 条、14.4.1 条规定公司股票被本所终止上市的。

14.4.30　可转换公司债券终止上市事宜，参照本节股票终止上市有关规定办理。

本所对可转换公司债券及其他衍生品种的终止上市事宜另有规定的，从其规定。

14.4.31　公司因欺诈发行、重大信息披露违法触及本规则 14.4.1 条第（九）项、第（十）项规定情形其股票被本所终止上市后，出现下列情形之一的，本所将在收到中国证监会、公安机关、人民检察院或人民法院相关决定或裁判文书之日起的五个交易日内，作出撤销原终止其股票上市的决定：

（一）中国证监会行政处罚决定被依法撤销，且中国证监会不能以欺诈发行、重大信息披露违法为由重新对公司作出行政处罚决定，或者因对违规行为性质的认定发生根本性变化，被依法变更的；

（二）公安机关决定不予立案或者撤销案件，人民检察院作出不起诉决定，人民法院作出无罪判决或者免于刑事处罚，且中国证监会不能以欺诈发行、重大信息披露违法为由依法对公司作出行政处罚决定。

14.4.32　符合本规则 14.4.31 条规定情形的公司，可以向本所提出恢复其股票正常交易的申请。公司应当提交以下申请文件：

（一）公司关于恢复其股票正常交易的申请书；

（二）公司董事会关于申请恢复其股票正常交易的决议；

（三）公司股东大会关于申请恢复其股票正常交易的决议；

（四）中国证监会关于依法撤销对公司的行政处罚决定书或依法变更行政处罚决定的文件，或者公安机关、人民检察院或人民法院的相关决定或裁判文书；

（五）法律意见书；

（六）公司最近一年又一期经审计财务报告；

（七）公司前十大股东名册和公司持股 5% 以上股东的营业执照或有关身份证明文件；

（八）公司全部股份在结算公司深圳分公司托管的证明文件；

（九）公司董事、监事及高级管理人员持有本公司股份情况说明；

（十）本所要求的其他材料。

本所将在收到公司提交申请文件后的五个交易日内，作出是否受理的决定并通知公司。

14.4.33　符合本规则14.4.31条规定情形向本所提出申请的公司，如还存在触及本规则规定的除欺诈发行、重大信息披露违法情形外的风险警示、暂停上市、终止上市情形的，应当同时适用本规则的相关规定。

本所上市委员会对公司股票恢复正常交易的申请，作出独立的专业判断并形成审核意见，本所依据上市委员会意见，在受理公司申请后的十五个交易日内，作出是否同意恢复公司股票正常交易的决定。

在此期间，本所要求公司提供补充材料的，公司应当在本所规定期限内提供有关材料。公司提供补充材料的期限累计不得超过五个交易日。公司补充材料期间不计入本所作出有关决定的期限内。

14.4.34　符合本规则14.4.31条规定情形向本所提出申请的公司，其董事、监事、高级管理人员、控股股东及其实际控制人所持股份在公司股票恢复正常交易时的流通或限售安排，应当按照法律、行政法规、部门规章、规范性文件及本所有关规定执行。

14.4.35　本所在作出恢复公司股票交易的决定后两个交易日内通知公司，并报告中国证监会。

公司应当在收到上述决定后及时公告，并按本所要求办理恢复股票交易的相关手续。

第五节　重新上市

14.5.1　上市公司在其股票终止上市后，达到本所规定的重新上市条件的，可以向本所申请重新上市。

申请重新上市的公司，应当同时符合以下条件：

（一）公司股本总额不少于五千万元；

（二）社会公众持有的股份占公司股份总数的比例为25%以上；公司股本总额超过四亿元的，社会公众持有的股份占公司股份总数的比例为10%以上；

（三）最近三年公司无重大违法行为，财务会计报告无虚假记载；

（四）公司最近三个会计年度的财务会计报告未被出具保留意见、无法表示意见或者否定意见的审计报告；

（五）公司最近三个会计年度经审计的净利润均为正值且累计超过三千万元（净利润以扣除非经常性损益前后较低者为计算依据）；

（六）公司最近三个会计年度经营活动产生的现金流量净额累计超过五千

万元；或者公司最近三个会计年度营业收入累计超过三亿元；

（七）公司最近一个会计年度经审计的期末净资产为正值；

（八）公司最近三年主营业务未发生重大变化；

（九）公司最近三年董事、高级管理人员未发生重大变化；

（十）公司最近三年实际控制人未发生变更；

（十一）公司具备持续经营能力；

（十二）具备健全的公司治理结构和内部控制制度且运作规范；

（十三）公司董事、监事、高级管理人员具备法律、行政法规、部门规章、规范性文件、本所有关规定及公司章程规定的任职资格，且不存在影响其任职的情形；

（十四）本所要求的其他条件。

前款第（十三）项所称“影响其任职的情形”，包括：被中国证监会采取证券市场禁入措施尚在禁入期的；最近三十六个月内受到中国证监会行政处罚，或者最近十二个月内受到证券交易所公开谴责；因涉嫌犯罪被司法机关立案侦查或者涉嫌违法违规被中国证监会立案调查，尚未有明确结论意见等情形。

14.5.2　上市公司因欺诈发行或重大信息披露违法情形其股票被终止上市后，具备14.5.1条所述重新上市条件拟申请重新上市的，还应当符合以下条件：

（一）已全面纠正违法行为；

（二）已及时撤换有关责任人员；

（三）已对民事赔偿责任作出妥善安排。

公司应当聘请律师对前款所述事项进行逐项核查，就公司是否具备申请重新上市的主体资格、符合重新上市的条件出具专门意见。

重新上市保荐人应当在重新上市保荐书中对本条第一款所述事项逐项说明，并就公司欺诈发行、重大信息披露违法行为影响已基本消除、风险已得到控制，公司具备申请重新上市的条件明确发表意见。

14.5.3　重新上市的申请由本所上市委员会审核。本所将在受理公司重新上市申请后的规定期限内作出是否同意其股票重新上市申请的决定。

14.5.4　公司在其股票终止上市过程中不配合本所相关工作的，本所自公司股票终止上市后三年内不受理其重新上市的申请。

公司申请重新上市的具体事宜由本所另行规定。

第十五章　申请复核

15.1　发行人或者上市公司、重新上市申请公司（以下统称申请人）对本所作出的不予上市、暂停上市、终止上市、不予重新上市决定不服的，可以在收到本所相关决定后的十五个交易日内向本所申请复核，并提交下列文件：

（一）复核申请书；

（二）律师就申请复核事项出具的法律意见书；

（三）保荐人就申请复核事项出具的保荐意见书；

（四）本所要求的其他文件。

申请人应当在向本所提出复核申请后次一交易日发布相关公告。

15.2 本所在收到申请人提交的复核申请后五个交易日内作出是否受理的决定并通知申请人。

申请人未能按照本规则15.1条的要求提供申请文件的，本所不受理其复核申请。

申请人应当在收到本所是否受理其申请的决定后及时披露决定的有关情况，并提示相关风险。

15.3 本所设立上诉复核委员会，对申请人的复核申请进行审议，作出独立的专业判断并形成审核意见。

15.4 本所在受理复核申请后三十个交易日内，依据上诉复核委员会的审核意见作出维持或者撤销不予上市、暂停上市、终止上市、不予重新上市的决定。该决定为终局决定。

在此期间，本所要求申请人提供补充材料的，申请人应当在本所规定期限内提供有关材料。申请人提供补充材料期间不计入本所作出有关决定的期限内。

第十六章 境内外上市事务

16.1 在本所上市的公司同时有证券在境外证券交易所上市的，应当保证境外证券交易所要求其披露的信息，同时在中国证监会指定媒体上按照本规则和本所其他有关规定的要求对外披露。

16.2 上市公司就同一事件履行报告和公告义务时，应当保证同时向本所和境外证券交易所报告，公告的内容一致。出现重大差异时，公司应当向本所说明，并按照本所要求披露更正或者补充公告。

16.3 本章未尽事宜，适用法律、行政法规、部门规章、规范性文件、本所其他有关规定以及本所与其他证券交易所签署的监管合作备忘录的规定。

第十七章 监管措施和违规处分

17.1 本所对本规则1.5条规定的监管对象实施监管，具体监管措施包括：

（一）要求上市公司及相关信息披露义务人或者其董事（会）、监事（会）和高级管理人员、保荐人及其保荐代表人、证券服务机构及其相关人员对有关问题作出解释和说明；

（二）要求公司聘请相关中介机构对公司存在的问题进行核查并发表意见；

（三）向公司发出各种通知和函件等；

（四）约见相关人员；

（五）对相关当事人证券账户采取限制交易措施；

（六）暂不受理保荐人或者其保荐代表人、证券服务机构或者其相关人员出具的文件；

（七）向中国证监会报告有关违法违规行为；

（八）其他监管措施。

本规则1.5条规定的监管对象应当积极配合本所的日常监管，在规定期限内回答本所问询，并按本所要求提交说明，或者披露相应的更正或者补充公告。

17.2　上市公司、相关信息披露义务人及其相关人员违反本规则、本所其他相关规定或者其所作出的承诺的，本所视情节轻重给予以下处分：

（一）通报批评；

（二）公开谴责。

17.3　上市公司董事、监事、高级管理人员违反本规则、本所其他相关规定或者其所作出的承诺的，本所视情节轻重给予以下处分：

（一）通报批评；

（二）公开谴责；

（三）公开认定其不适合担任上市公司董事、监事、高级管理人员。

以上第（二）项、第（三）项处分可以并处。

17.4　上市公司董事会秘书违反本规则、本所其他相关规定或者其所作出的承诺的，本所视情节轻重给予以下处分：

（一）通报批评；

（二）公开谴责；

（三）公开认定其不适合担任上市公司董事会秘书。

以上第（二）项、第（三）项处分可以并处。

17.5　保荐人及其保荐代表人、证券服务机构及其相关人员违反本规则或者本所其他相关规定的，本所视情节轻重给予以下处分：

（一）通报批评；

（二）公开谴责。

情节严重的，本所依法报中国证监会查处。

17.6 破产管理人和管理人成员违反本规则或者本所其他相关规定的，本所视情节轻重给予以下处分：

（一）通报批评；

（二）公开谴责。

（三）建议法院更换管理人或者管理人成员。

17.7 本所设立纪律处分委员会对涉及本规则1.5条规定的监管对象的纪律处分事项进行审核，作出独立的专业判断并形成审核意见。

本所根据纪律处分委员会的审核意见，作出是否给予纪律处分的决定。

第十八章 释 义

18.1 本规则下列用语具有如下含义：

（一）披露：指上市公司或者相关信息披露义务人按法律、行政法规、部门规章、规范性文件、本规则和本所其他有关规定在指定媒体上公告信息。

（二）重大事件：指对上市公司股票及其衍生品种交易价格可能产生较大影响的事项。

（三）及时：指自起算日起或者触及本规则披露时点的两个交易日内。

（四）高级管理人员：指公司经理、副经理、董事会秘书、财务负责人及公司章程规定的其他人员。

（五）控股股东：指其持有的股份占公司股本总额50%以上的股东；或者持有股份的比例虽然不足50%，但依其持有的股份所享有的表决权已足以对股东大会的决议产生重大影响的股东。

（六）实际控制人：指通过投资关系、协议或者其他安排，能够支配、实际支配公司行为的自然人、法人或者其他组织。

（七）控制：指有权决定一个企业的财务和经营政策，并能据以从该企业的经营活动中获取利益。有下列情形之一的，为拥有上市公司控制权：

1. 为上市公司持股50%以上的控股股东；

2. 可以实际支配上市公司股份表决权超过30%；

3. 通过实际支配上市公司股份表决权能够决定公司董事会半数以上成员选任；

4. 依其可实际支配的上市公司股份表决权足以对公司股东大会的决议产生重大影响；

5. 中国证监会或者本所认定的其他情形。

（八）内部职工股：指原定向募集股份有限公司的内部职工认购的股票。

（九）上市公司控股子公司：指上市公司持有其50%以上股份，或者能够决定其董事会半数以上成员组成，或者通过协议或其他安排能够实际控制的公司。

（十）股权分布发生变化不再具备上市条件：指社会公众持有的股份低于公司股份总数的25%；公司股本总额超过四亿元的，社会公众持有的股份低于公司股份总数的10%。

上述社会公众是指除了以下股东之外的上市公司其他股东：

1. 持有上市公司10%以上股份的股东及其一致行动人；

2. 上市公司的董事、监事、高级管理人员及其关系密切的家庭成员，上市公司董事、监事、高级管理人员直接或者间接控制的法人或者其他组织。

（十一）公司承诺：指上市公司及其董事会在招股说明书、配股说明书、募集说明书、定期报告、临时报告、整改报告或者承诺函等文件中就重要事项向公众或者监管部门所作的保证和相关解决措施。

（十二）股东承诺：是指上市公司股东在招股说明书、配股说明书、募集说明书、定期报告、临时报告、整改报告或者承诺函等文件中就重要事项向上市公司、公众或者监管部门所作出的保证和相关解决措施。

（十三）营业收入：指上市公司利润表列报的营业收入；上市公司编制合并财务报表的为合并利润表列报的营业总收入。

（十四）净利润：指上市公司利润表列报的净利润；上市公司编制合并财务报表的为合并利润表列报的归属于母公司所有者的净利润，不包括少数股东损益。

（十五）净资产：指上市公司资产负债表列报的所有者权益；上市公司编制合并财务报表的为合并资产负债表列报的归属于母公司所有者权益，不包括少数股东权益。

（十六）每股收益：指根据中国证监会有关规定计算的基本每股收益。

（十七）净资产收益率：指根据中国证监会有关规定计算的净资产收益率。

（十八）证券服务机构：指为证券发行、上市、交易等证券业务活动制作、出具审计报告、资产评估报告、法律意见书、财务顾问报告、资信评级报告等文件的会计师事务所、资产评估机构、律师事务所、财务顾问机构、资信评级机构、投资咨询机构。

（十九）破产程序：指《企业破产法》所规范的重整、和解或者破产清算程序。

（二十）管理人管理模式：指经法院裁定由管理人负责管理上市公司财产

和营业事务的运作模式。

（二十一）管理人监督模式：指经法院裁定由公司在管理人的监督下自行管理财产和营业事务的运作模式。

（二十二）重整期间：指自法院裁定上市公司重整之日起至重整程序终止期间。

（二十三）向控股股东或者其关联人提供资金：指上市公司为控股股东、实际控制人及其附属企业垫付的工资、福利、保险、广告等费用和其他支出；代控股股东、实际控制人及其附属企业偿还债务而支付的资金；有偿或者无偿、直接或者间接拆借给控股股东、实际控制人及其附属企业的资金；为控股股东、实际控制人及其附属企业承担担保责任而形成的债权；其他在没有商品和劳务对价情况下提供给控股股东、实际控制人及其附属企业使用的资金或者证券监管机构认定的其他非经营性占用资金。

控股股东或者其关联人是指上市公司控股股东、实际控制人或者其控制的附属企业。

（二十四）违反规定程序对外提供担保：指上市公司违反中国证监会《关于规范上市公司对外担保行为的通知》（证监发［2005］120号）或者本规则等规定的对外担保行为。

（二十五）追溯重述：指公司因财务会计报告存在重大会计差错或者虚假记载，主动或者被中国证监会责令对此前披露的财务会计报告进行的差错更正。

（二十六）B股每日股票收盘价：指B股股票每日港币计价的收盘价按本所收市行情报表中发布的汇率（即本所计算深圳综合指数所使用的港币与人民币兑换汇率）换算成人民币计价后的收盘价。

（二十七）欺诈发行：指公司因首次公开发行股票申请、披露文件存在虚假记载、误导性陈述或者重大遗漏，致使不符合发行条件的发行人骗取了发行核准，或者对新股发行定价产生了实质性影响，受到中国证监会行政处罚，或者因涉嫌欺诈发行罪被依法移送公安机关。

（二十八）重大信息披露违法：指上市公司因信息披露文件存在虚假记载、误导性陈述或者重大遗漏，受到中国证监会行政处罚，并且因违法行为性质恶劣、情节严重、市场影响重大，在行政处罚决定书中被认定构成重大违法行为，或者因涉嫌违规披露、不披露重要信息罪被依法移送公安机关。

（二十九）全面纠正违法行为，指包括但不限于：公司就欺诈发行、重大信息披露违法行为所涉事项已进行补充披露或更正公告；公司就欺诈发行、重大信息披露违法行为所涉事项已补充履行相关决策程序；公司因欺诈发行、重大信息披露违法行为发生的损失已获得弥补；欺诈发行、重大信息披露违法行为可能引发的与公司相关的风险因素已消除。

（三十）撤换有关责任人员，指包括但不限于：已撤换被中国证监会依法移送公安机关立案调查的有关人员、被中国证监会行政处罚的有关人员、被人民法院判决有罪的有关人员，以及本所认定的对重大信息披露违法行为负有重要责任的其他人员。

（三十一）对民事赔偿责任作出妥善安排，指包括但不限于：人民法院作出判决的，该判决已执行完毕；已达成和解的，该和解协议已执行完毕；未达成和解的，已按预计最高索赔金额计提赔偿基金，并将足额资金划入基金专户存储；公司的控股股东及其实际控制人或第三方已承诺：将对赔偿基金不足或未予赔偿的部分代为赔付。

18.2　本规则未定义的用语的含义，依照国家有关法律、行政法规、部门规章、规范性文件及本所其他有关业务规则、细则、指引和通知确定。

18.3　本规则所称“以上”、“以下”、“以内”均含本数，“超过”、“少于”、“低于”不含本数。

18.4　本规则所称“元”如无特指，均指人民币元。

第十九章　附　　则

19.1　本规则经本所理事会会议审议通过并报中国证监会批准后生效，修改时亦同。

19.2　本规则由本所负责解释。

19.3　本规则自2014年11月16日起施行。

上市公司在此之前发生的按照原上市规则应当披露而未披露的重大事项，且根据本规则也应当披露的，在本规则发布施行后，应当按照本规则规定的内容及时披露。

19.4　经有关主管机关的批准，本所可以对股票交易被实行退市风险警示或股票被暂停上市的上市公司实行差异化的上市费标准。

VI.3 深圳证券交易所创业板股票上市规则（2014年修订）

（2014年10月19日 深证上［2014］378号）

第一章 总 则

1.1 为规范公司股票、可转换为股票的公司债券（以下简称可转换公司债券）及其他衍生品种（以下统称股票及其衍生品种）的上市行为，以及发行人、上市公司及相关信息披露义务人的信息披露行为，维护证券市场秩序，保护投资者的合法权益，根据《中华人民共和国公司法》（以下简称《公司法》)、《中华人民共和国证券法》（以下简称《证券法》）等法律、行政法规、部门规章、规范性文件及《深圳证券交易所章程》，制定本规则。

1.2 在深圳证券交易所（以下简称本所）创业板上市的股票及其衍生品种，适用本规则；中国证券监督管理委员会（以下简称中国证监会）和本所对权证等衍生品种、境外公司的股票及其衍生品种的上市、信息披露、停牌等事宜另有规定的，从其规定。

1.3 发行人申请股票及其衍生品种在本所创业板上市，应当经本所审核同意，并在上市前与本所签订上市协议，明确双方的权利、义务和有关事项。

1.4 创业板上市公司（以下简称上市公司）及其董事、监事、高级管理人员、股东、实际控制人、收购人等自然人、机构及其相关人员，以及保荐机构及其保荐代表人、证券服务机构及其相关人员应当遵守法律、行政法规、部门规章、规范性文件、本规则和本所发布的细则、指引、通知、办法、备忘录等相关规定（以下简称本所其他相关规定），诚实守信，勤勉尽责。

1.5 本所依据法律、行政法规、部门规章、规范性文件、本规则、本所其他相关规定和中国证监会的授权，对上市公司及其董事、监事、高级管理人员、股东、实际控制人、收购人等自然人、机构及其相关人员，以及保荐机构及其保荐代表人、证券服务机构及其相关人员等进行监管。

第二章 信息披露的基本原则及一般规定

2.1 上市公司及相关信息披露义务人应当根据法律、行政法规、部门规章、规范性文件、本规则以及本所其他相关规定，及时、公平地披露所有对公司股票及其衍生品种交易价格可能产生较大影响的信息（以下简称重大信息），并保证所披露的信息真实、准确、完整，不得有虚假记载、误导性陈述或者重大遗漏。

2.2　上市公司董事、监事和高级管理人员应当保证公司所披露的信息真实、准确、完整、及时、公平，不能保证披露的信息内容真实、准确、完整、及时、公平的，应当在公告中作出相应声明并说明理由。

2.3　本规则所称真实，是指上市公司及相关信息披露义务人披露的信息应当以客观事实或者具有事实基础的判断和意见为依据，如实反映客观情况，不得有虚假记载和不实陈述。

2.4　本规则所称准确，是指上市公司及相关信息披露义务人披露的信息应当使用明确、贴切的语言和简明扼要、通俗易懂的文字，内容应易于理解，不得含有任何宣传、广告、恭维或者夸大等性质的词句，不得有误导性陈述。

公司披露预测性信息及其他涉及公司未来经营和财务状况等信息时，应当合理、谨慎、客观。

2.5　本规则所称完整，是指上市公司及相关信息披露义务人披露的信息应当内容完整、文件齐备，格式符合规定要求，不得有重大遗漏。

2.6　本规则所称及时，是指上市公司及相关信息披露义务人应当在本规则规定的期限内披露重大信息。

2.7　本规则所称公平，是指上市公司及相关信息披露义务人应当同时向所有投资者公开披露重大信息，确保所有投资者可以平等地获取同一信息，不得私下提前向特定对象单独披露、透露或者泄露。

公司通过年度报告说明会、分析师会议、路演等方式与投资者就公司的经营情况、财务状况及其他事项进行沟通时，不得透露或者泄漏未公开重大信息，并应当进行网上直播，使所有投资者均有机会参与。

机构投资者、分析师、新闻媒体等特定对象到公司现场参观、座谈沟通时，公司应当合理、妥善地安排参观过程，避免参观者有机会获取未公开重大信息。

公司因特殊情况需要向公司股东、实际控制人或者银行、税务、统计部门、中介机构、商务谈判对手方等报送文件和提供未公开重大信息时，应当及时向本所报告，依据本所相关规定履行信息披露义务。公司还应当要求中介机构、商务谈判对手方等签署保密协议，保证不对外泄漏有关信息，并承诺在有关信息公告前不买卖且不建议他人买卖该公司股票及其衍生品种。

2.8　上市公司应当按照有关规定制定并严格执行信息披露事务管理制度。

公司应当将经董事会审议通过的信息披露事务管理制度及时报送本所备案并在本所指定网站上披露。

2.9　上市公司及其董事、监事、高级管理人员、相关信息披露义务人和其他知情人在信息披露前，应当将该信息的知情者控制在最小范围内，不得泄漏未公开重大信息，不得进行内幕交易或者配合他人操纵股票及其衍生品种交易价格。

一旦出现未公开重大信息泄漏、市场传闻或者股票交易异常波动，公司及相关信息披露义务人应当及时采取措施、报告本所并立即公告。

2.10　上市公司控股股东、实际控制人等相关信息披露义务人，应当依法行使股东权利，不得滥用股东权利损害公司或者其他股东的利益。

公司股东、实际控制人、收购人等相关信息披露义务人，应当按照有关规定履行信息披露义务，主动配合公司做好信息披露工作，及时告知公司已发生或者拟发生的重大事件，并严格履行其所作出的承诺。

公司股东、实际控制人应当特别注意筹划阶段重大事项的保密工作。公共媒体上出现与公司股东、实际控制人有关的、对公司股票及其衍生品种交易价格可能产生较大影响的报道或者传闻，股东、实际控制人应当及时就有关报道或者传闻所涉及的事项准确告知公司，并积极主动配合公司的调查和相关信息披露工作。

2.11　上市公司披露的信息包括定期报告和临时报告。

公司及相关信息披露义务人应当将公告文稿和相关备查文件在第一时间报送本所，报送的公告文稿和相关备查文件应当符合本所的要求。

公司及相关信息披露义务人报送的公告文稿和相关备查文件应当采用中文文本。同时采用外文文本的，信息披露义务人应当保证两种文本的内容一致。两种文本发生歧义时，以中文文本为准。

2.12　本所根据有关法律、行政法规、部门规章、规范性文件、本规则以及本所其他相关规定，对上市公司及相关信息披露义务人披露的信息进行形式审核，对其内容的真实性不承担责任。

本所对定期报告实行事前登记、事后审核；对临时报告依不同情况实行事前审核或者事前登记、事后审核。

定期报告或者临时报告出现任何错误、遗漏或者误导，本所可以要求公司作出说明并公告，公司应当按照本所要求办理。

2.13　上市公司定期报告和临时报告经本所登记后应当在中国证监会指定网站（以下简称指定网站）和公司网站上披露。定期报告提示性公告还应当在中国证监会指定报刊上披露。

公司未能按照既定时间披露，或者在中国证监会指定媒体上披露的文件内容与报送本所登记的文件内容不一致的，应当立即向本所报告。

2.14　上市公司及相关信息披露义务人在其他公共媒体发布重大信息的时

间不得先于指定媒体，在指定媒体公告之前不得以新闻发布或者答记者问等任何其他方式透露、泄漏未公开重大信息。

公司董事、监事和高级管理人员应当遵守并促使公司遵守前述规定。

2.15　上市公司及相关信息披露义务人应当关注公共媒体关于公司的报道，以及公司股票及其衍生品种的交易情况，及时向有关方面了解真实情况。

公司应当在规定期限内如实回复本所就相关事项提出的问询，并按照本规则的规定和本所要求及时、真实、准确、完整地就相关情况作出公告，不得以有关事项存在不确定性或者需要保密等为由不履行报告、公告和回复本所问询的义务。

2.16　上市公司及相关信息披露义务人未在规定期限内回复本所问询，或者未按照本规则的规定和本所的要求进行公告，或者本所认为必要的，本所可以采取交易所公告等形式，向市场说明有关情况。

2.17　上市公司应当将定期报告、临时报告和相关备查文件等信息披露文件在公告的同时备置于公司住所地，供公众查阅。

2.18　上市公司应当配备信息披露所必要的通讯设备，加强与投资者特别是社会公众投资者的沟通和交流，设立专门的投资者咨询电话并对外公告，如有变更应当及时进行公告并在公司网站上公布。

公司应当保证咨询电话线路畅通，并保证在工作时间有专人负责接听。如遇重大事件或者其他必要时候，公司应当开通多部电话回答投资者咨询。

公司应当在公司网站开设投资者关系专栏，定期举行与投资者见面活动，及时答复公众投资者关心的问题，增进投资者对公司的了解。

2.19　上市公司拟披露的信息存在不确定性、属于临时性商业秘密或者本所认可的其他情形，及时披露可能损害公司利益或者误导投资者，且符合以下条件的，公司可以向本所提出暂缓披露申请，说明暂缓披露的理由和期限：

（一）拟披露的信息未泄漏；

（二）有关内幕信息知情人已书面承诺保密；

（三）公司股票及其衍生品种交易未发生异常波动。

经本所同意，公司可以暂缓披露相关信息。暂缓披露的期限一般不超过两个月。

暂缓披露申请未获本所同意、暂缓披露的原因已经消除或者暂缓披露的期限届满的，公司应当及时披露。

2.20　上市公司拟披露的信息属于国家秘密、商业秘密或者本所认可的其他情况，按本规则披露或者履行相关义务可能导致其违反国家有关保密法律、行政法规规定或者损害公司利益的，公司可以向本所申请豁免按本规则披露或者履行相关义务。

2.21　上市公司发生的或者与之有关的事件没有达到本规则规定的披露标

准，或者本规则没有具体规定，但本所或者公司董事会认为该事件对公司股票及其衍生品种交易价格可能产生较大影响的，公司应当比照本规则及时披露。

2.22　上市公司及相关信息披露义务人对本规则的具体规定有疑问的，应当向本所咨询。

2.23　保荐机构及其保荐代表人、证券服务机构及其相关人员为发行人、上市公司及相关信息披露义务人的证券业务活动制作、出具上市保荐书、持续督导意见、审计报告、资产评估报告、财务顾问报告、资信评级报告或者法律意见书等文件，应当勤勉尽责，对所制作、出具的文件内容的真实性、准确性、完整性进行核查和验证，其制作、出具的文件不得有虚假记载、误导性陈述或者重大遗漏。

第三章　董事、监事、高级管理人员、控股股东和实际控制人

第一节　声明与承诺

3.1.1　上市公司的董事、监事和高级管理人员应当在公司股票首次上市前，新任董事、监事应当在股东大会或者职工代表大会通过其任命后一个月内，新任高级管理人员应当在董事会通过其任命后一个月内，签署一式三份《董事（监事、高级管理人员）声明及承诺书》，并报本所和公司董事会备案。

公司的控股股东、实际控制人应当在公司股票首次上市前签署一式三份《控股股东、实际控制人声明及承诺书》，并报本所和公司董事会备案。控股股东、实际控制人发生变化的，新的控股股东、实际控制人应当在其完成变更的一个月内完成《控股股东、实际控制人声明及承诺书》的签署和备案工作。

前述机构和个人签署《董事（监事、高级管理人员、控股股东、实际控制人）声明及承诺书》时，应当由律师见证，并由律师解释该文件的内容，前述机构和个人在充分理解后签字盖章。

董事会秘书应当督促董事、监事、高级管理人员、控股股东和实际控制人及时签署《董事（监事、高级管理人员、控股股东、实际控制人）声明及承诺书》，并按本所规定的途径和方式提交书面文件和电子文件。

3.1.2　上市公司董事、监事和高级管理人员应当在《董事（监事、高级管理人员）声明及承诺书》中声明：

（一）直接和间接持有本公司股票的情况；

（二）有无因违反法律、行政法规、部门规章、规范性文件、本规则或者本所其他相关规定受查处的情况；

（三）参加证券业务培训的情况；

（四）其他任职情况和最近五年的工作经历；

（五）拥有其他国家或者地区的国籍、长期居留权的情况；

（六）本所认为应当说明的其他情况。

3.1.3　上市公司董事、监事和高级管理人员应当保证《董事（监事、高级管理人员）声明及承诺书》中声明事项的真实、准确、完整，不存在虚假记载、误导性陈述或者重大遗漏。

3.1.4　上市公司董事、监事和高级管理人员在任职（含续任）期间声明事项发生变化的，应当自该等事项发生变化之日起五个交易日内向本所和公司董事会提交有关该等事项的最新资料。

3.1.5　上市公司董事、监事和高级管理人员应当履行以下职责并在《董事（监事、高级管理人员）声明及承诺书》中作出承诺：

（一）遵守并促使上市公司遵守国家法律、行政法规、部门规章、规范性文件，履行忠实义务和勤勉义务；

（二）遵守并促使上市公司遵守本规则和本所其他相关规定，接受本所监管；

（三）遵守并促使上市公司遵守公司章程；

（四）本所认为应当履行的其他职责和应当作出的其他承诺。

监事还应当承诺监督董事和高级管理人员遵守其承诺。

高级管理人员还应当承诺及时向董事会报告有关公司经营或者财务方面出现的可能对公司股票及其衍生品种交易价格产生较大影响的事项。

3.1.6　上市公司控股股东、实际控制人应当在《控股股东、实际控制人声明及承诺书》中声明：

（一）直接和间接持有上市公司股票的情况；

（二）有无因违反法律、行政法规、部门规章、规范性文件、本规则或者本所其他相关规定受查处的情况；

（三）关联人基本情况；

（四）本所认为应当说明的其他情况。

3.1.7　上市公司控股股东、实际控制人应当履行以下义务并在《控股股东、实际控制人声明及承诺书》中作出承诺：

（一）遵守并促使上市公司遵守国家法律、行政法规、部门规章、规范性文件；

（二）遵守并促使上市公司遵守本规则和本所其他相关规定，接受本所监管；

（三）遵守并促使上市公司遵守公司章程；

（四）依法行使股东权利，不滥用控制权损害公司或者其他股东的利益，包括但不限于：

1. 不以任何方式违法违规占用上市公司资金及要求上市公司违法违规提供担保；

2. 不通过非公允性关联交易、利润分配、资产重组、对外投资等任何方式损害上市公司和其他股东的合法权益；

3. 不利用上市公司未公开重大信息谋取利益，不以任何方式泄漏有关上市公司的未公开重大信息，不从事内幕交易、短线交易、操纵市场等违法违规行为；

4. 保证上市公司资产完整、人员独立、财务独立、机构独立和业务独立，不以任何方式影响上市公司的独立性；

（五）严格履行作出的公开声明和各项承诺，不擅自变更或者解除；

（六）严格按照有关规定履行信息披露义务，并保证披露的信息真实、准确、完整，无虚假记载、误导性陈述或者重大遗漏。积极主动配合上市公司做好信息披露工作，及时告知上市公司已发生或者拟发生的重大事件，并如实回答本所的相关问询；

（七）本所认为应当履行的其他义务和应当作出的其他承诺。

3.1.8 上市公司控股股东、实际控制人应当保证《控股股东、实际控制人声明及承诺书》中声明事项的真实、准确、完整，不存在虚假记载、误导性陈述或者重大遗漏。

控股股东、实际控制人声明事项发生变化的，应当自该等事项发生变化之日起五个交易日内向本所和公司董事会提交有关该等事项的最新资料。

3.1.9 上市公司董事应当履行的忠实义务和勤勉义务包括：

（一）原则上应当亲自出席董事会，以正常合理的谨慎态度勤勉行事并对所议事项表达明确意见，因故不能亲自出席董事会的，应当审慎地选择受托人；

（二）认真阅读公司的各项商务、财务报告和公共媒体有关公司的报道，及时了解并持续关注公司业务经营管理状况和公司已发生或者可能发生的重大事件及其影响，及时向董事会报告公司经营活动中存在的问题，不得以不直接从事经营管理或者不知悉为由推卸责任；

（三）在履行职责时诚实守信，在职权范围内以公司整体利益和全体股东利益为出发点行使权利，避免事实上及潜在的利益和职务冲突；

（四）《公司法》、《证券法》规定的及社会公认的其他忠实和勤勉义务。

3.1.10 上市公司董事、监事和高级管理人员应当在公司股票上市前、任命生效时、新增持有公司股份及离职申请生效时，按照本所的有关规定申报并申请锁定其所持的本公司股份。

公司董事、监事、高级管理人员和证券事务代表所持本公司股份发生变动的（因公司派发股票股利和资本公积转增股本导致的变动除外），应当及时向公司报告并由公司在本所指定网站公告。

3.1.11 上市公司董事、监事和高级管理人员买卖本公司股份应当遵守《公司法》、《证券法》、中国证监会和本所相关规定及公司章程。

3.1.12 上市公司董事、监事、高级管理人员、持有公司股份5%以上的股东，将其持有的公司股票在买入后六个月内卖出，或者在卖出后六个月内又买入，由此所得收益归公司所有，公司董事会应当收回其所得收益，并及时披露相关情况。

3.1.13 上市公司在发布召开关于选举独立董事的股东大会通知时，应当将所有独立董事候选人的有关材料（包括但不限于提名人声明、候选人声明、独立董事履历表）报送本所备案。独立董事选举应当实行累积投票制。

公司董事会对独立董事候选人的有关情况有异议的，应当同时报送董事会的书面意见。

3.1.14 本所在收到前条所述材料的五个交易日内，对独立董事候选人的任职资格和独立性进行审核。对于本所提出异议的独立董事候选人，上市公司不得将其提交股东大会选举为独立董事。

在召开股东大会选举独立董事时，公司董事会应当对独立董事候选人是否被本所提出异议等情况进行说明。

3.1.15 上市公司应当保证独立董事享有与其他董事同等的知情权，提供独立董事履行职责所必需的工作条件。在独立董事行使职权时，有关人员应当积极配合，不得拒绝、阻碍或者隐瞒，不得干预独立董事独立行使职权。

3.1.16 本所建立独立董事诚信档案管理系统，对独立董事履行职责情况进行记录，并通过本所网站或者其他方式向社会公开独立董事诚信档案的相关信息。

第二节 董事会秘书

3.2.1 上市公司应当设立董事会秘书，作为公司与本所之间的指定联络人。

公司应当设立信息披露事务部门，由董事会秘书负责管理。

3.2.2 董事会秘书对上市公司和董事会负责，履行如下职责：

（一）负责公司信息披露事务，协调公司信息披露工作，组织制订公司信息披露事务管理制度，督促公司及相关信息披露义务人遵守信息披露相关规定；

（二）负责公司投资者关系管理和股东资料管理工作，协调公司与证券监管机构、股东及实际控制人、证券服务机构、媒体等之间的信息沟通；

（三）组织筹备董事会会议和股东大会，参加股东大会、董事会会议、监事会会议及高级管理人员相关会议，负责董事会会议记录工作并签字确认；

（四）负责公司信息披露的保密工作，在未公开重大信息出现泄露时，及时向本所报告并公告；

（五）关注公共媒体报道并主动求证真实情况，督促董事会及时回复本所所有问询；

（六）组织董事、监事和高级管理人员进行证券法律法规、本规则及本所其他相关规定的培训，协助前述人员了解各自在信息披露中的权利和义务；

（七）督促董事、监事和高级管理人员遵守证券法律法规、本规则、本所其他相关规定及公司章程，切实履行其所作出的承诺；在知悉公司作出或者可能作出违反有关规定的决议时，应当予以提醒并立即如实地向本所报告；

（八）《公司法》、《证券法》、中国证监会和本所要求履行的其他职责。

3.2.3 上市公司应当建立相应的工作制度，为董事会秘书履行职责提供便利条件，董事、监事、财务负责人及其他高级管理人员和公司相关人员应当支持、配合董事会秘书在信息披露方面的工作。

董事会秘书为履行职责有权了解公司的财务和经营情况，参加涉及信息披露的有关会议，查阅涉及信息披露的所有文件，并要求公司有关部门和人员及时提供相关资料和信息。

董事会秘书在履行职责过程中受到不当妨碍或者严重阻挠时，可以直接向本所报告。

3.2.4 董事会秘书应当具备履行职责所必需的财务、管理、法律专业知识，具有良好的职业道德和个人品德，并取得本所颁发的董事会秘书资格证书。有下列情形之一的人士不得担任上市公司董事会秘书：

（一）有《公司法》第一百四十六条规定情形之一的；

（二）被中国证监会采取证券市场禁入措施，期限尚未届满；

（三）最近三年受到证券交易所公开谴责或者三次以上通报批评的；

（四）本公司现任监事；

（五）本所认定不适合担任董事会秘书的其他情形。

拟聘任董事会秘书存在下列情形之一的，上市公司应当及时披露拟聘任该人士的原因以及是否存在影响上市公司规范运作的情形，并提示相关风险：

（一）最近三年内受到中国证监会行政处罚；

（二）因涉嫌犯罪被司法机关立案侦查或者涉嫌违法违规被中国证监会立

案调查，尚未有明确结论意见。

3.2.5 上市公司应当在首次公开发行股票上市后三个月内或者原任董事会秘书离职后三个月内聘任董事会秘书。

3.2.6 上市公司应当在有关拟聘任董事会秘书的会议召开五个交易日之前将该董事会秘书的有关资料报送本所，本所自收到有关资料之日起五个交易日内未提出异议的，董事会可以按照法定程序予以聘任。

3.2.7 上市公司聘任董事会秘书之前应当向本所报送下列资料：

（一）董事会推荐书，包括被推荐人符合本规则任职资格的说明、职务、工作表现及个人品德等内容；

（二）被推荐人的个人简历、学历证明（复印件）；

（三）被推荐人取得的董事会秘书资格证书（复印件）。

3.2.8 上市公司在聘任董事会秘书的同时，还应当聘任证券事务代表，协助董事会秘书履行职责。在董事会秘书不能履行职责时，由证券事务代表行使其权利并履行其职责，在此期间，并不当然免除董事会秘书对公司信息披露事务所负有的责任。

证券事务代表应当参加本所组织的董事会秘书资格培训并取得董事会秘书资格证书。

3.2.9 上市公司应当在董事会正式聘任董事会秘书、证券事务代表后及时公告，并向本所提交下列资料：

（一）董事会秘书、证券事务代表聘任书或者相关董事会决议；

（二）董事会秘书、证券事务代表的通讯方式，包括办公电话、住宅电话、移动电话、传真、通信地址及专用电子邮件信箱地址等；

（三）公司董事长的通讯方式，包括办公电话、移动电话、传真、通信地址及专用电子邮件信箱地址等。

上述有关通讯方式的资料发生变更时，公司应当及时向本所提交变更后的资料。

3.2.10 上市公司解聘董事会秘书应当具有充分理由，不得无故将其解聘。

董事会秘书被解聘或者辞职时，公司应当及时向本所报告，说明原因并公告。

董事会秘书有权就被公司不当解聘或者与辞职有关的情况，向本所提交个人陈述报告。

3.2.11 董事会秘书有下列情形之一的，上市公司应当自该事实发生之日起一个月内解聘董事会秘书：

（一）出现本规则 3. 2. 4 条所规定情形之一的；

（二）连续三个月以上不能履行职责的；

（三）在履行职责时出现重大错误或者疏漏，给公司或者股东造成重大损失的；

（四）违反国家法律、行政法规、部门规章、规范性文件、本规则、本所其他相关规定或者公司章程，给公司或者股东造成重大损失的。

3. 2. 12　上市公司应当在聘任董事会秘书时与其签订保密协议，要求其承诺在任职期间以及在离任后持续履行保密义务直至有关信息披露为止，但涉及公司违法违规的信息除外。

董事会秘书离任前，应当接受董事会、监事会的离任审查，在公司监事会的监督下移交有关档案文件、正在办理或者待办理事项。

3. 2. 13　上市公司董事会秘书空缺期间，董事会应当指定一名董事或者高级管理人员代行董事会秘书的职责，并报本所备案，同时尽快确定董事会秘书人选。公司指定代行董事会秘书职责的人员之前，由董事长代行董事会秘书职责。

董事会秘书空缺期间超过三个月之后，董事长应当代行董事会秘书职责，直至公司正式聘任董事会秘书。

3. 2. 14　上市公司应当保证董事会秘书在任职期间按要求参加本所组织的董事会秘书后续培训。

3. 2. 15　上市公司在履行信息披露义务时，应当指派董事会秘书、证券事务代表或者本规则 3. 2. 13 条规定代行董事会秘书职责的人员负责与本所联系，办理信息披露与股权管理事务。

第四章　保荐机构

4. 1　本所实行股票、可转换公司债券上市保荐制度。发行人向本所申请其首次公开发行的股票和上市后发行的新股、可转换公司债券在本所上市，以及股票被暂停上市后公司申请其股票恢复上市的，应当由保荐机构保荐，但是根据相关规定无需保荐的除外。

保荐机构应当为经中国证监会注册登记并列入保荐机构名单，同时具有本所会员资格的证券经营机构。

4. 2　保荐机构应当与发行人签订保荐协议，明确双方在公司申请上市期间、申请恢复上市期间和持续督导期间的权利和义务。保荐协议应当约定保荐机构审阅发行人信息披露文件的时点。

首次公开发行股票的，持续督导期间为股票上市当年剩余时间及其后三个完整会计年度；上市后发行新股、可转换公司债券的，持续督导期间为股票、可转换公司债券上市当年剩余时间及其后两个完整会计年度；申请恢复上市的，持续督导期间为股票恢复上市当年剩余时间及其后一个完整会计年度。持续督导期间自股票、可转换公司债券上市或者恢复上市之日起计算。

对于在信息披露、规范运作、公司治理、内部控制等方面存在重大缺陷或者违规行为，或者实际控制人、董事会、管理层发生重大变化等监管风险较大的公司，在法定持续督导期结束后，本所可以视情况要求保荐机构延长持续督导期，直至相关问题解决或者风险消除。

4.3　保荐机构应当在签订保荐协议时指定两名保荐代表人具体负责保荐工作，作为保荐机构与本所之间的指定联络人。

保荐代表人应当为经中国证监会注册登记并列入保荐代表人名单的自然人。

4.4　保荐机构保荐股票、可转换公司债券上市（恢复上市除外）时，应当向本所提交上市保荐书、保荐协议、保荐机构和相关保荐代表人已经中国证监会注册登记并列入保荐机构和保荐代表人名单的证明文件和授权委托书，以及与上市保荐工作有关的其他文件。

保荐机构推荐股票恢复上市时应当提交的文件及其内容应当符合本规则第十三章第二节的有关规定。

4.5　上市保荐书应当包括下列内容：

（一）发行股票、可转换公司债券的公司概况；

（二）申请上市的股票、可转换公司债券的发行情况；

（三）保荐机构是否存在可能影响公正履行保荐职责情形的说明；

（四）保荐机构按照有关规定应当承诺的事项；

（五）公司持续督导期间的工作安排；

（六）保荐机构和相关保荐代表人的联系地址、电话和其他通讯方式；

（七）保荐机构认为应当说明的其他事项；

（八）本所要求的其他内容。

上市保荐书应当由保荐机构的法定代表人（或者授权代表）和相关保荐代表人签字，注明日期并加盖保荐机构公章。

4.6　保荐机构应当督导发行人建立健全并有效执行公司治理制度、财务内控制度和信息披露制度，以及督导发行人按照本规则的规定履行信息披露及其他相关义务，审阅信息披露文件及其他相关文件，并保证向本所提交的与保荐工作相关的文件真实、准确、完整，没有虚假记载、误导性陈述或者重大遗漏。

保荐机构和保荐代表人应当督导发行人的董事、监事、高级管理人员、控股股东和实际控制人遵守本规则及本所其他相关规定，并履行其所作出的承诺。

4.7　保荐机构应当在上市公司向本所报送信息披露文件及其他文件，或者履行信息披露义务后，完成对有关文件的审阅工作。发现信息披露文件存在问题的，应当及时督促公司更正或者补充，并同时向本所报告。

4.8　上市公司临时报告披露的信息涉及募集资金、关联交易、委托理财、为他人提供担保等重大事项的，保荐机构应当发表独立意见，并与公司相关公告同时披露。

4.9　持续督导期内，保荐机构应当自上市公司披露年度报告、半年度报告后十五个交易日内在指定网站披露跟踪报告，对《证券发行上市保荐业务管理办法》第三十五条所涉及事项进行分析并发表独立意见。

保荐机构应当对上市公司进行必要的现场检查，以保证前款所发表的独立意见不存在虚假记载、误导性陈述或者重大遗漏。

4.10　保荐机构履行保荐职责发表的意见应当及时告知发行人，记录于保荐工作档案。

发行人应当配合保荐机构和保荐代表人的工作。

4.11　保荐机构在履行保荐职责期间有充分理由确信发行人可能存在违反本规则规定的行为的，应当督促发行人作出说明和限期纠正，并向本所报告。

保荐机构按照有关规定对发行人违法违规事项公开发表声明的，应当于披露前向本所书面报告，经本所审核后在指定网站上公告。本所对上述公告进行形式审核，对其内容的真实性不承担责任。

4.12　保荐机构有充分理由确信中介机构及其签名人员按本规则规定出具的专业意见可能存在虚假记载、误导性陈述或者重大遗漏等违法违规情形或者其他不当情形的，应当及时发表意见并向本所报告。

4.13　保荐机构和发行人终止保荐协议的，应当自终止之日起五个交易日内向本所报告，说明原因并由发行人发布公告。

发行人另行聘请保荐机构的，应当及时向本所报告并公告。新聘请的保荐机构应当及时向本所提交本规则4.4条规定的有关文件。

4.14　保荐机构更换保荐代表人的，应当通知上市公司，并在五个交易日内向本所报告，说明原因并提供更换后的保荐代表人的相关资料。上市公司应当在收到通知后及时披露保荐代表人变更事宜。

4.15　保荐机构应当自持续督导工作结束后十个交易日内向本所报送保荐总结报告书。

4.16 保荐机构、相关保荐代表人和保荐工作其他参与人员不得利用从事保荐工作期间获得的发行人尚未披露的信息进行内幕交易，为自己或者他人谋取利益。

第五章 股票和可转换公司债券上市

第一节 首次公开发行的股票上市

5.1.1 发行人申请股票在本所上市，应当符合下列条件：

（一）股票已公开发行；

（二）公司股本总额不少于3000万元；

（三）公开发行的股份达到公司股份总数的25%以上；公司股本总额超过四亿元的，公开发行股份的比例为10%以上；

（四）公司股东人数不少于200人；

（五）公司最近三年无重大违法行为，财务会计报告无虚假记载；

（六）本所要求的其他条件。

5.1.2 发行人向本所申请其首次公开发行的股票上市时，应当按照有关规定编制上市公告书。

5.1.3 发行人向本所申请其首次公开发行的股票上市，应当提交下列文件：

（一）上市报告书（申请书）；

（二）申请股票上市的董事会和股东大会决议；

（三）公司营业执照复印件；

（四）公司章程；

（五）依法经具有从事证券、期货相关业务资格的会计师事务所审计的发行人最近三年的财务会计报告；

（六）保荐协议和保荐机构出具的上市保荐书；

（七）律师事务所出具的法律意见书；

（八）具有从事证券、期货相关业务资格的会计师事务所出具的验资报告；

（九）发行人全部股票已经中国证券登记结算有限责任公司深圳分公司（以下简称结算公司）登记的证明文件；

（十）董事、监事和高级管理人员持有本公司股份情况报告和《董事（监事、高级管理人员、控股股东、实际控制人）声明及承诺书》；

（十一）发行人拟聘任或者已聘任的董事会秘书的有关资料；

（十二）本规则5.1.6条所述承诺函；

（十三）公开发行前已发行股份持有人所持股份已在结算公司锁定的证明

文件；

（十四）发行后至上市前按规定新增的财务资料和有关重大事件的说明文件（如适用）；

（十五）最近一次的招股说明书；

（十六）上市公告书；

（十七）本所要求的其他文件。

5.1.4 发行人及其董事、监事和高级管理人员应当保证向本所提交的上市申请文件内容真实、准确、完整，不存在虚假记载、误导性陈述或者重大遗漏。

5.1.5 发行人公开发行股票前已发行的股份，自发行人股票上市之日起一年内不得转让。

5.1.6 发行人向本所提出其首次公开发行的股票上市申请时，控股股东和实际控制人应当承诺：自发行人股票上市之日起三十六个月内，不转让或者委托他人管理其直接或者间接持有的发行人公开发行股票前已发行的股份，也不由发行人回购其直接或者间接持有的发行人公开发行股票前已发行的股份。

发行人应当在上市公告书中公告上述承诺。

自发行人股票上市之日起一年后，出现下列情形之一的，经控股股东和实际控制人申请并经本所同意，可以豁免遵守上述承诺：

（一）转让双方存在实际控制关系，或者均受同一控制人控制的；

（二）本所认定的其他情形。

5.1.7 本所在收到全套上市申请文件后七个交易日内，作出是否同意上市的决定。出现特殊情况的，本所可以暂缓作出决定。

5.1.8 本所设立上市委员会对上市申请进行审议，作出独立的专业判断并形成审核意见，本所根据上市委员会意见作出是否同意上市的决定。

本规则5.1.1条所列第（一）项至第（五）项条件为在本所上市的必要条件，本所并不保证发行人符合上述条件时，其上市申请一定能够获得本所同意。

5.1.9 首次公开发行的股票上市申请获得本所同意后，发行人应当于其股票上市前五个交易日内，在指定网站上披露下列文件：

（一）上市公告书；

（二）公司章程；

（三）申请股票上市的股东大会决议；

（四）法律意见书；

（五）上市保荐书。

上述文件应当备置于公司住所，供公众查阅。

发行人在提出上市申请期间，未经本所同意，不得擅自披露与上市有关的信息。

5.1.10　刊登招股说明书后，发行人应当持续关注公共媒体（包括报纸、网站、股票论坛等）对公司的相关报道或者传闻，及时向有关方面了解真实情况，发现存在虚假记载、误导性陈述或者应披露而未披露重大事项等可能对公司股票及其衍生品种交易价格产生较大影响的，应当在上市首日刊登风险提示公告，对相关问题进行澄清并提示公司存在的主要风险。

第二节　上市公司新股和可转换公司债券的发行与上市

5.2.1　上市公司向本所申请办理新股或者可转换公司债券发行事宜时，应当提交下列文件：

（一）中国证监会的核准文件；

（二）经中国证监会审核的全部发行申报材料；

（三）发行的预计时间安排；

（四）发行具体实施方案和发行公告；

（五）相关招股意向书或者募集说明书；

（六）本所要求的其他文件。

5.2.2　上市公司应当按照中国证监会有关规定，编制并及时披露涉及新股和可转换公司债券发行的相关公告。

5.2.3　发行完成后，上市公司可以向本所申请新股或者可转换公司债券上市。

5.2.4　上市公司申请可转换公司债券在本所上市，应当符合下列条件：

（一）可转换公司债券的期限为一年以上；

（二）可转换公司债券实际发行额不少于5000万元；

（三）申请可转换公司债券上市时仍符合法定的公司债券发行条件。

5.2.5　上市公司申请新股或者可转换公司债券上市，应当按照有关规定编制上市公告书；申请新股上市的，还应当编制股份变动报告书。

5.2.6　上市公司向本所申请新股上市的，应当提交下列文件：

（一）上市报告书（申请书）；

（二）保荐协议或者财务顾问协议；

（三）上市保荐书或者财务顾问报告；

（四）发行完成后经具有从事证券、期货相关业务资格的会计师事务所出具的验资报告；

（五）结算公司对新增股份已登记托管的书面确认文件；

（六）董事、监事和高级管理人员持股情况变动的报告（如适用）；

（七）股份变动报告书及上市公告书；

（八）本所要求的其他文件。

根据相关规定无需保荐机构保荐的，上市公司无需提交保荐协议和上市保荐书。

5.2.7 上市公司向本所申请可转换公司债券上市的，应当提交下列文件：

（一）上市报告书（申请书）；

（二）申请可转换公司债券上市的董事会决议；

（三）保荐协议和上市保荐书；

（四）法律意见书；

（五）发行完成后经具有从事证券、期货相关业务资格的会计师事务所出具的验资报告；

（六）结算公司对可转换公司债券已登记托管的书面确认文件；

（七）可转换公司债券募集办法（募集说明书）；

（八）公司关于可转换公司债券的实际发行数额的说明；

（九）本所要求的其他文件。

5.2.8 上市公司在本所同意其新股、可转换公司债券的上市申请后，应当在新股、可转换公司债券上市前五个交易日内，在指定网站上披露下列文件：

（一）上市公告书；

（二）股份变动报告书（适用于新股上市）；

（三）本所要求的其他文件。

第三节　有限售条件的股份上市流通

5.3.1 上市公司向本所申请证券投资基金、法人、战略投资者配售的股份上市流通时，应当提交下列文件：

（一）上市流通申请书；

（二）配售结果的公告；

（三）配售股份的托管证明；

（四）有关向证券投资基金、法人、战略投资者配售的股份说明；

（五）上市流通提示性公告；

（六）本所要求的其他文件。

5.3.2 经本所同意后，上市公司应当在配售的股份上市流通前三个交易日内披露提示性公告。上市流通提示性公告应当包括下列内容：

（一）配售股份的上市流通时间；

（二）配售股份的上市流通数量；

（三）配售股份的发行价格；

（四）公司的历次股份变动情况。

5.3.3 上市公司向本所申请首次公开发行前已发行的股份上市流通时，应当提交下列文件：

（一）上市流通申请书；

（二）有关股东的持股情况说明及托管情况；

（三）有关股东所作出的限售承诺及其履行情况；

（四）股份上市流通提示性公告；

（五）本所要求的其他文件。

5.3.4 经本所同意后，上市公司应当至少在公开发行前已发行的股份上市流通前三个交易日内披露提示性公告，上市流通提示性公告应当包括下列内容：

（一）上市流通时间和数量；

（二）有关股东所作出的限售承诺及其履行情况；

（三）本所要求的其他内容。

5.3.5 上市公司向本所申请其他有限售条件的股份上市流通的，参照本节相关规定办理。

第六章 定期报告

6.1 上市公司应当披露的定期报告包括年度报告、半年度报告和季度报告。

公司应当在法律、行政法规、部门规章、规范性文件以及本规则规定的期限内，按照中国证监会及本所的有关规定编制并披露定期报告。

6.2 上市公司应当在每个会计年度结束之日起四个月内披露年度报告，在每个会计年度的上半年结束之日起两个月内披露半年度报告，在每个会计年度的前三个月、九个月结束后的一个月内披露季度报告。

预计不能在会计年度结束之日起两个月内披露年度报告的公司，应当在该会计年度结束后两个月内按照本规则11.3.7条的要求披露业绩快报。

公司第一季度季度报告的披露时间不得早于公司上一年度的年度报告披露时间。

公司预计不能在规定期限内披露定期报告的，应当及时向本所报告，并公告不能按期披露的原因、解决方案及延期披露的最后期限。

6.3 上市公司应当与本所约定定期报告的披露时间，本所根据均衡披露原则统筹安排各公司定期报告披露顺序。

公司应当按照本所安排的时间办理定期报告披露事宜。因故需变更披露时间的，应当提前五个交易日向本所提出书面申请，陈述变更理由，并明确变更后的披露时间，本所视情形决定是否予以调整。本所原则上只接受一次变更申请。

6.4　上市公司董事会应当确保公司定期报告的按时披露，因故无法形成有关定期报告的董事会决议的，应当以董事会公告的方式对外披露相关事项，说明无法形成董事会决议的具体原因和存在的风险。

公司不得披露未经董事会审议通过的定期报告。

6.5　上市公司董事会应当按照中国证监会和本所关于定期报告的有关规定，组织有关人员安排落实定期报告的编制和披露工作。

公司经理、财务负责人、董事会秘书等高级管理人员应当及时编制定期报告提交董事会审议；公司董事、高级管理人员应当依法对公司定期报告签署书面确认意见；公司监事会应当依法对董事会编制的公司定期报告进行审核并提出书面审核意见。

6.6　上市公司的董事、监事和高级管理人员，不得以任何理由拒绝对公司定期报告签署书面意见影响定期报告的按时披露。

公司董事会不得以任何理由影响公司定期报告的按时披露。

6.7　负责上市公司定期报告审计工作的注册会计师，应当严格遵守中国注册会计师职业道德规范和会计师事务所质量控制准则，不得因任何利害关系影响其客观、公正的立场或者出具不当、不实的审计报告，不得无故拖延审计工作影响公司定期报告的按时披露。

6.8　上市公司年度报告中的财务会计报告必须经具有从事证券、期货相关业务资格的会计师事务所审计。

公司半年度报告中的财务会计报告可以不经审计，但有下列情形之一的，公司应当聘请会计师事务所进行审计：

（一）拟在下半年进行利润分配、公积金转增股本或者弥补亏损的；

（二）因本规则13.1.1条第（五）项情形其股票被暂停上市的；

（三）中国证监会或者本所认为应当进行审计的其他情形。

公司季度报告中的财务资料无须审计，但中国证监会或者本所另有规定的除外。

6.9　上市公司当年存在募集资金使用的，公司应当在进行年度审计的同时，聘请会计师事务所对实际投资项目、实际投资金额、实际投入时间和完工程度等募集资金使用情况进行专项审核，出具专项审核报告，并在年度报告中披露专项审核的情况。

6.10　上市公司应当在定期报告经董事会审议后及时向本所报送，并提交下列文件：

（一）年度报告全文及其摘要（半年度报告全文及其摘要、季度报告全文及正文）；

（二）审计报告原件（如适用）；

（三）董事会和监事会决议及其公告文稿；

（四）按本所要求制作的载有定期报告和财务数据的电子文件；

（五）审计委员会对公司内部控制制度进行检查和评估后发表的专项意见；

（六）本所要求的其他文件。

6.11　在公司定期报告披露前出现业绩提前泄漏，或者因业绩传闻导致公司股票及其衍生品种交易异常波动的，上市公司应当及时按照本规则 11.3.7 条的要求披露业绩快报。

6.12　上市公司应当在每年年度报告披露后十个交易日内举行年度报告说明会，向投资者真实、准确地介绍公司的发展战略、生产经营、新产品和新技术开发、财务状况和经营业绩、投资项目等各方面情况。

公司年度报告说明会应当事先以公告的形式就活动时间、方式和主要内容等向投资者予以说明，年度报告说明会的有关资料应当刊载于公司网站和本所网站的上市公司投资者关系管理互动平台供投资者查阅。

6.13　按照中国证监会《公开发行证券的公司信息披露编报规则第 14 号——非标准无保留审计意见及其涉及事项的处理》规定，上市公司的财务会计报告被注册会计师出具非标准无保留审计意见的，公司在报送定期报告的同时应当向本所提交下列文件：

（一）董事会针对该审计意见涉及事项所做的专项说明，审议此专项说明的董事会决议以及决议所依据的材料；

（二）独立董事对审计意见涉及事项的意见；

（三）监事会对董事会有关说明的意见和相关的决议；

（四）负责审计的会计师事务所及注册会计师出具的专项说明；

（五）中国证监会和本所要求的其他文件。

6.14　负责审计的会计师事务所和注册会计师按本规则 6.13 条出具的专项说明应当至少包括下列内容：

（一）出具非标准无保留审计意见的依据和理由；

（二）非标准无保留审计意见涉及事项对报告期公司财务状况和经营成果影响的具体金额，若影响的金额导致公司盈亏性质发生变化的，应当明确说明；

（三）非标准无保留审计意见涉及事项是否明显违反企业会计准则、制度及相关信息披露规范性规定。

6.15　本规则 6.13 条所述非标准无保留审计意见涉及事项不属于明显违

反企业会计准则、制度及相关信息披露规范性规定的，上市公司董事会应当按照《公开发行证券的公司信息披露编报规则第 14 号——非标准无保留审计意见及其涉及事项的处理》的规定，在相应定期报告中对该审计意见涉及事项作出详细说明。

6.16 本规则 6.13 条所述非标准无保留审计意见涉及事项属于明显违反企业会计准则、制度及相关信息披露规范性规定的，上市公司应当对有关事项进行纠正，重新审计，并在本所规定的期限内披露纠正后的财务会计报告和有关审计报告。

公司未在本所规定的期限内披露经纠正和调整的财务会计报告和有关审计报告的，本所报中国证监会调查处理。

出现本规则 13.1.1 条第（六）项情形或者 13.4.1 第（八）项情形的，公司股票将被暂停上市或者终止上市。

6.17 上市公司最近一个会计年度的财务会计报告被注册会计师出具否定或者无法表示意见的审计报告，应当于其后披露的首个半年度报告和三季度报告中说明导致否定或者无法表示意见的情形是否已经消除。

6.18 上市公司应当认真对待本所对其定期报告的事后审核意见，及时回复本所的问询，并按要求对定期报告有关内容作出解释和说明。如需披露更正或者补充公告并修改定期报告的，公司应当在履行相应程序后公告，并在指定网站上披露修改后的定期报告全文。

6.19 发行可转换公司债券的上市公司按照本章规定所编制的年度报告和半年度报告还应当包括下列内容：

（一）转股价格历次调整的情况，经调整后的最新转股价格；

（二）可转换公司债券发行后累计转股的情况；

（三）前十名可转换公司债券持有人的名单和持有量；

（四）担保人盈利能力、资产状况和信用状况发生重大变化的情况；

（五）公司的负债情况、资信变化情况以及在未来年度还债的现金安排；

（六）中国证监会和本所规定的其他内容。

第七章 临时报告的一般规定

7.1 临时报告是指上市公司按照法律、行政法规、部门规章、规范性文件、本规则和本所其他相关规定发布的除定期报告以外的公告。

临时报告披露内容同时涉及本规则第八章、第九章、第十章和第十一章的，其披露要求和相关审议程序应当同时符合前述各章的相关规定。

临时报告（监事会公告除外）应当由公司董事会发布并加盖董事会公章。

7.2 上市公司应当及时向本所报送并披露临时报告，临时报告涉及的相关备查文件应当同时在本所指定网站上披露（如中介机构报告等文件）。

7.3 上市公司应当在临时报告所涉及的重大事件最先触及下列任一时点后及时履行首次披露义务：

（一）董事会、监事会作出决议时；

（二）签署意向书或者协议（无论是否附加条件或者期限）时；

（三）公司（含任一董事、监事或者高级管理人员）知悉或者理应知悉重大事件发生时。

7.4 对上市公司股票及其衍生品种交易价格可能产生较大影响的重大事件正处于筹划阶段，虽然尚未触及本规则7.3条规定的时点，但出现下列情形之一的，公司应当及时披露相关筹划情况和既有事实：

（一）该事件难以保密；

（二）该事件已经泄漏或者市场出现有关该事件的传闻；

（三）公司股票及其衍生品种交易已发生异常波动。

7.5 上市公司可以在中午休市期间或者下午三点三十分后通过指定网站披露临时报告。

在下列紧急情况下，公司可以向本所申请相关股票及其衍生品种临时停牌，并在上午开市前或者市场交易期间通过指定网站披露临时报告：

（一）公共媒体中传播的信息可能或者已经对公司股票及其衍生品种交易价格产生较大影响，需要进行澄清的；

（二）公司股票及其衍生品种交易异常波动，需要进行说明的；

（三）公司及相关信息披露义务人发生可能对公司股票及其衍生品种交易价格产生较大影响的重大事件（包括处于筹划阶段的重大事件），有关信息难以保密或者已经泄漏的；

（四）中国证监会或者本所认为必要的其他情况。

7.6 上市公司按照本规则7.3条规定首次披露临时报告时，应当按照本规则规定的披露要求和本所制定的相关格式指引予以公告。在编制公告时若相关事实尚未发生，公司应当严格按要求公告既有事实，待相关事实发生后，再按照本规则和相关格式指引的要求披露完整的公告。

7.7 上市公司按照本规则7.3条或者7.4条规定履行首次披露义务后，还应当按照以下规定持续披露有关重大事件的进展情况：

（一）董事会、监事会或者股东大会就已披露的重大事件作出决议的，应当及时披露决议情况；

（二）公司就已披露的重大事件与有关当事人签署意向书或者协议的，应当及时披露意向书或者协议的主要内容；

上述意向书、协议的内容或者履行情况发生重大变更、被解除、终止的，应当及时披露变更、被解除、终止的情况和原因；

（三）已披露的重大事件获得有关部门批准或者被否决的，应当及时披露批准或者否决情况；

（四）已披露的重大事件出现逾期付款情形的，应当及时披露逾期付款的原因和相关付款安排；

（五）已披露的重大事件涉及主要标的尚待交付或者过户的，应当及时披露有关交付或者过户事宜；

超过约定的交付或者过户期限三个月仍未完成交付或者过户的，应当及时披露未如期完成的原因、进展情况和预计完成的时间，并在此后每隔三十日公告一次进展情况，直至完成交付或者过户；

（六）已披露的重大事件出现可能对公司股票及其衍生品种交易价格产生较大影响的其他进展或者变化的，应当及时披露事件的进展或者变化情况。

7.8　上市公司按照本规则7.3条或者7.4条规定报送的临时报告不符合本规则要求的，公司应当先披露提示性公告，解释未能按照要求披露的原因，并承诺在两个交易日内披露符合要求的公告。

7.9　上市公司控股子公司、全资子公司发生的本规则第九章、第十章、第十一章所述重大事件，视同上市公司发生的重大事件，适用前述各章的规定。

上市公司参股公司发生本规则第九章、第十章、第十一章所述重大事件，原则上按照上市公司在该参股公司的持股比例适用前述各章的规定。

上市公司参股公司发生重大事件虽未达到前述规定标准但可能对公司股票及其衍生品种交易价格产生重大影响的，公司应当参照前述各章的规定履行信息披露义务。

7.10　上市公司募集资金投资项目涉及本规则第九章、第十章所述重大交易或者关联交易事项的，公司应当对募集资金使用计划未明确的内容按照前述各章的规定履行信息披露义务，必要时应当提交公司股东大会审议。

第八章　董事会、监事会和股东大会决议

第一节　董事会和监事会决议

8.1.1　上市公司召开董事会会议，应当在会议结束后及时将董事会决议（包括所有提案均被否决的董事会决议）报送本所备案。董事会决议应当经与会董事签字确认。

本所要求提供董事会会议记录的，公司应当按本所要求提供。

8.1.2　董事会决议涉及须经股东大会表决的事项，或者本规则第六章、第九章、第十章和第十一章所述重大事件的，上市公司应当及时披露；董事会决议涉及本所认为有必要披露的其他事项的，公司也应当及时披露。

8.1.3　董事会决议涉及本规则第六章、第九章、第十章和第十一章所述重大事件，需要按照中国证监会有关规定或者本所制定的公告格式指引进行公告的，上市公司应当分别披露董事会决议公告和相关重大事项公告。

8.1.4　董事会决议公告应当包括下列内容：

（一）会议通知发出的时间和方式；

（二）会议召开的时间、地点、方式，以及是否符合有关法律、行政法规、部门规章和公司章程规定的说明；

（三）委托他人出席和缺席的董事人数和姓名、缺席的理由和受托董事姓名；

（四）每项议案获得的同意、反对和弃权的票数，以及有关董事反对或者弃权的理由；

（五）涉及关联交易的，说明应当回避表决的董事姓名、理由和回避情况；

（六）需要独立董事、保荐机构事前认可或者独立发表意见的，说明事前认可情况或者所发表的意见；

（七）审议事项的具体内容和会议形成的决议。

8.1.5　上市公司召开监事会会议，应当在会议结束后及时将监事会决议报送本所备案，经本所登记后公告。

监事会决议应当经与会监事签字确认。监事应当保证监事会决议公告的内容真实、准确、完整，没有虚假记载、误导性陈述或者重大遗漏。

8.1.6　监事会决议公告应当包括下列内容：

（一）会议召开的时间、地点、方式，以及是否符合有关法律、行政法规、部门规章、规范性文件和公司章程规定的说明；

（二）委托他人出席和缺席的监事人数、姓名、缺席的理由和受托监事姓名；

（三）每项议案获得的同意、反对、弃权票数，以及有关监事反对或者弃权的理由；

（四）审议事项的具体内容和会议形成的决议。

第二节　股东大会决议

8.2.1　上市公司应当在年度股东大会召开二十日前或者临时股东大会召开十五日前，以公告方式向股东发出股东大会通知并向股东提供网络形式的投票平台。股东大会通知中应当列明会议召开的时间、地点、方式，以及会议召集人和股权登记日等事项，并充分、完整地披露所有提案的具体内容。公司还应当同时在本所指定网站披露有助于股东对拟讨论的事项作出合理判断所必需的其他资料。

8.2.2 上市公司应当在股东大会结束当日，将股东大会决议公告文稿、股东大会决议和法律意见书报送本所，经本所登记后披露股东大会决议公告。

本所要求提供股东大会会议记录的，公司应当按照本所要求提供。

8.2.3 上市公司发出股东大会通知后，无正当理由不得延期或者取消股东大会，通知中列明的提案不得取消。一旦出现延期或者取消的情形，公司应当在原定召开日期的至少两个交易日之前发布通知，说明延期或者取消的具体原因。延期召开股东大会的，公司应当在通知中公布延期后的召开日期。

8.2.4 股东大会召开前股东提出临时提案的，上市公司应当在规定时间内发出股东大会补充通知，披露提出临时提案的股东姓名或者名称、持股比例和新增提案的内容。

8.2.5 股东自行召集股东大会的，应当在发出股东大会通知前书面通知上市公司董事会并将有关文件报送本所备案。

在公告股东大会决议前，召集股东持股比例不得低于公司总股份的10%，召集股东应当在发出股东大会通知前申请在上述期间锁定其持有的公司股份。

股东大会会议期间发生突发事件导致会议不能正常召开的，上市公司应当立即向本所报告，说明原因并披露相关情况以及律师出具的专项法律意见书。

8.2.6 股东大会决议公告应当包括下列内容：

（一）会议召开的时间、地点、方式、召集人和主持人，以及是否符合有关法律、行政法规、部门规章、规范性文件和公司章程规定的说明；

（二）出席会议的股东（代理人）人数、所持（代理）股份及占上市公司有表决权总股份的比例；

（三）每项提案的表决方式；

（四）每项提案的表决结果；对股东提案作出决议的，应当列明提案股东的姓名或者名称、持股比例和提案内容；涉及关联交易事项的，应当说明关联股东回避表决情况；

（五）法律意见书的结论性意见，若股东大会出现否决提案的，应当披露法律意见书全文。

8.2.7 上市公司在股东大会上不得披露、泄漏未公开重大信息。

第九章 应披露的交易

9.1 本章所称“交易”包括下列事项：

（一）购买或者出售资产；

（二）对外投资（含委托理财、对子公司投资等）；

（三）提供财务资助（含委托贷款、对子公司提供财务资助等）；

（四）提供担保（含对子公司担保）；

（五）租入或者租出资产；

（六）签订管理方面的合同（含委托经营、受托经营等）；

（七）赠与或者受赠资产；

（八）债权或者债务重组；

（九）研究与开发项目的转移；

（十）签订许可协议；

（十一）放弃权利（含放弃优先购买权、优先认缴出资权利等）；

（十二）本所认定的其他交易。

上述购买、出售的资产不含购买原材料、燃料和动力，以及出售产品、商品等与日常经营相关的资产，但资产置换中涉及购买、出售此类资产的，仍包含在内。

9.2 上市公司发生的交易达到下列标准之一的，应当及时披露：

（一）交易涉及的资产总额占上市公司最近一期经审计总资产的10%以上，该交易涉及的资产总额同时存在账面值和评估值的，以较高者作为计算依据；

（二）交易标的（如股权）在最近一个会计年度相关的营业收入占上市公司最近一个会计年度经审计营业收入的10%以上，且绝对金额超过500万元；

（三）交易标的（如股权）在最近一个会计年度相关的净利润占上市公司最近一个会计年度经审计净利润的10%以上，且绝对金额超过100万元；

（四）交易的成交金额（含承担债务和费用）占上市公司最近一期经审计净资产的10%以上，且绝对金额超过500万元；

（五）交易产生的利润占上市公司最近一个会计年度经审计净利润的10%以上，且绝对金额超过100万元。

上述指标计算中涉及的数据如为负值，取其绝对值计算。

9.3 上市公司发生的交易（上市公司受赠现金资产除外）达到下列标准之一的，上市公司除应当及时披露外，还应当提交股东大会审议：

（一）交易涉及的资产总额占上市公司最近一期经审计总资产的50%以上，该交易涉及的资产总额同时存在账面值和评估值的，以较高者作为计算依据；

（二）交易标的（如股权）在最近一个会计年度相关的营业收入占上市公司最近一个会计年度经审计营业收入的50%以上，且绝对金额超过3000万元；

（三）交易标的（如股权）在最近一个会计年度相关的净利润占上市公司最近一个会计年度经审计净利润的50%以上，且绝对金额超过300万元；

（四）交易的成交金额（含承担债务和费用）占上市公司最近一期经审计

净资产的50%以上，且绝对金额超过3000万元；

（五）交易产生的利润占上市公司最近一个会计年度经审计净利润的50%以上，且绝对金额超过300万元。

上述指标计算中涉及的数据如为负值，取其绝对值计算。

9.4 上市公司与同一交易方同时发生本规则9.1条第（二）项至第（四）项以外各项中方向相反的两个交易时，应当按照其中单个方向的交易涉及指标中较高者计算披露标准。

9.5 交易标的为股权，且购买或者出售该股权将导致上市公司合并报表范围发生变更的，该股权对应公司的全部资产和营业收入视为本规则9.2条和9.3条所述交易涉及的资产总额和与交易标的相关的营业收入。

9.6 上市公司发生的交易仅达到本规则9.3条第（三）项或者第（五）项标准，且公司最近一个会计年度每股收益的绝对值低于0.05元的，公司可以向本所申请豁免适用9.3条提交股东大会审议的规定。

9.7 对于达到本规则9.3条规定标准的交易，若交易标的为公司股权，上市公司应当聘请具有从事证券、期货相关业务资格会计师事务所对交易标的最近一年又一期财务会计报告进行审计，审计截止日距协议签署日不得超过六个月；若交易标的为股权以外的其他资产，公司应当聘请具有从事证券、期货相关业务资格资产评估机构进行评估，评估基准日距协议签署日不得超过一年。

对于未达到9.3条规定标准的交易，若本所认为有必要的，公司也应当按照前款规定，聘请相关会计师事务所或者资产评估机构进行审计或者评估。

9.8 上市公司发生本规则9.1条规定的“购买或者出售资产”交易时，应当以资产总额和成交金额中的较高者作为计算标准，并按交易事项的类型在连续十二个月内累计计算，经累计计算达到最近一期经审计总资产30%的，除应当披露并参照本规则9.7条进行审计或者评估外，还应当提交股东大会审议，并经出席会议的股东所持表决权的三分之二以上通过。

已按照前款规定履行相关义务的，不再纳入相关的累计计算范围。

9.9 上市公司对外投资设立有限责任公司或者股份有限公司，应当以协议约定的全部出资额为标准适用本规则9.1条和9.3条的规定。

9.10 上市公司发生本规则9.1条规定的“提供财务资助”和“委托理财”等事项时，应当以发生额作为计算标准，并按交易事项的类型在连续十二个月内累计计算，经累计计算达到本规则9.2条或者9.3条标准的，适用9.2条或者9.3条的规定。

已经按照9.2条或者9.3条规定履行相关义务的，不再纳入相关的累计计算范围。

9.11 上市公司发生本规则9.1条规定的"提供担保"事项时，应当经董事会审议后及时对外披露。

"提供担保"事项属于下列情形之一的，还应当在董事会审议通过后提交股东大会审议：

（一）单笔担保额超过公司最近一期经审计净资产10%的担保；

（二）公司及其控股子公司的对外担保总额，超过公司最近一期经审计净资产50%以后提供的任何担保；

（三）为资产负债率超过70%的担保对象提供的担保；

（四）连续十二个月内担保金额超过公司最近一期经审计总资产的30%；

（五）连续十二个月内担保金额超过公司最近一期经审计净资产的50%且绝对金额超过3000万元；

（六）对股东、实际控制人及其关联人提供的担保；

（七）本所或者公司章程规定的其他担保情形。

董事会审议担保事项时，必须经出席董事会会议的三分之二以上董事审议同意。股东大会审议前款第（四）项担保事项时，必须经出席会议的股东所持表决权的三分之二以上通过。

股东大会在审议为股东、实际控制人及其关联人提供的担保议案时，该股东或者受该实际控制人支配的股东，不得参与该项表决，该项表决由出席股东大会的其他股东所持表决权的半数以上通过。

9.12 上市公司在十二个月内发生的交易标的相关的同类交易，应当按照累计计算的原则适用本规则9.2条或者9.3条规定。

已按照9.2条或者9.3条规定履行相关义务的，不再纳入相关的累计计算范围。

9.13 对于已披露的担保事项，上市公司还应当在出现下列情形之一时及时披露：

（一）被担保人于债务到期后十五个交易日内未履行还款义务的；

（二）被担保人出现破产、清算或者其他严重影响还款能力情形的。

9.14 上市公司披露交易事项时，应当向本所提交下列文件：

（一）公告文稿；

（二）与交易有关的协议书或者意向书；

（三）董事会决议、独立董事意见及董事会决议公告文稿（如适用）；

（四）交易涉及的政府批文（如适用）；

（五）中介机构出具的专业报告（如适用）；

（六）本所要求的其他文件。

9.15　上市公司应当根据交易事项的类型，披露下述所有适用其交易的有关内容：

（一）交易概述和交易各方是否存在关联关系的说明；对于按照累计计算原则达到标准的交易，还应当简要介绍各单项交易情况和累计情况；

（二）交易对方的基本情况；

（三）交易标的的基本情况，包括标的的名称、账面值、评估值、运营情况，有关资产是否存在抵押、质押或者其他第三人权利，是否存在涉及有关资产的重大争议、诉讼或者仲裁事项，是否存在查封、冻结等司法措施；

交易标的为股权的，还应当说明该股权对应的公司的基本情况和最近一年又一期经审计的资产总额、负债总额、净资产、营业收入和净利润等财务数据；

交易标的涉及公司核心技术的，还应当说明出售或者购买的核心技术对公司未来整体业务运行的影响程度及可能存在的相关风险；

出售控股子公司股权导致上市公司合并报表范围变更的，还应当说明公司是否存在为该子公司提供担保、委托该子公司理财，以及该子公司占用公司资金等方面的情况；如存在，应当披露前述事项涉及的金额、对公司的影响和解决措施；

（四）交易协议的主要内容，包括成交金额、支付方式（如现金、股权、资产置换等）、支付期限或者分期付款的安排、协议的生效条件、生效时间以及有效期限等；交易协议有任何形式的附加或者保留条款，应当予以特别说明；

交易需经股东大会或者有权部门批准的，还应当说明需履行的合法程序及其进展情况；

（五）交易定价依据，支出款项的资金来源，以及董事会认为交易条款公平合理且符合股东整体利益的声明；

（六）交易标的的交付状态、交付和过户时间；

（七）进行交易的原因，公司预计从交易中获得的利益（包括潜在利益），以及交易对公司本期和未来财务状况和经营成果的影响（必要时应当咨询负责公司审计的会计师事务所）；

（八）关于交易对方履约能力的分析，包括说明与交易有关的任何担保或者其他保证；

（九）交易涉及的人员安置、土地租赁、债务重组等情况以及出售所得款项拟作的用途；

（十）关于交易完成后可能产生关联交易情况的说明；

（十一）关于交易完成后可能产生同业竞争及相关应对措施的说明；

（十二）中介机构及其意见；

（十三）本所要求的有助于说明交易实质的其他内容。

9.16 上市公司披露提供担保事项，除适用本规则 9.15 条的规定外，还应当披露截至披露日公司及其控股子公司对外担保总额、公司对控股子公司提供担保的总额、上述数额分别占公司最近一期经审计净资产的比例。

9.17 上市公司与其合并范围内的控股子公司发生的或者上述控股子公司之间发生的交易，除中国证监会或者本所另有规定外，免于按照本章规定披露和履行相应程序。

9.18 上市公司因实施募集资金投资项目发生本规则 9.1 条所述交易事项，且未曾按本规则 9.15 条的要求披露交易对方、交易标的、交易协议主要内容、交易定价依据、交易标的交付状态等情况的，应当比照 9.15 条的要求进行全面披露。

上述交易事项构成关联交易的，公司还应当比照本规则第十章的规定进行披露。必要时，本所可以要求公司提交股东大会审议。

第十章 关联交易

第一节 关联交易及关联人

10.1.1 上市公司的关联交易，是指上市公司或者其控股子公司与上市公司关联人之间发生的转移资源或者义务的事项，包括：

（一）本规则 9.1 条规定的交易事项；

（二）购买原材料、燃料、动力；

（三）销售产品、商品；

（四）提供或者接受劳务；

（五）委托或者受托销售；

（六）关联双方共同投资；

（七）其他通过约定可能造成资源或者义务转移的事项。

10.1.2 上市公司的关联人包括关联法人和关联自然人。

10.1.3 具有下列情形之一的法人或者其他组织，为上市公司的关联法人：

（一）直接或者间接控制上市公司的法人或者其他组织；

（二）由前项所述法人直接或者间接控制的除上市公司及其控股子公司以外的法人或者其他组织；

（三）由本规则 10. 1. 5 条所列上市公司的关联自然人直接或者间接控制的，或者担任董事、高级管理人员的，除上市公司及其控股子公司以外的法人或者其他组织；

（四）持有上市公司 5% 以上股份的法人或者一致行动人；

（五）中国证监会、本所或者上市公司根据实质重于形式的原则认定的其他与上市公司有特殊关系，可能造成上市公司对其利益倾斜的法人或者其他组织。

10. 1. 4　上市公司与本规则 10. 1. 3 条第（二）项所列法人受同一国有资产管理机构控制而形成 10. 1. 3 条第（二）项所述情形的，不因此构成关联关系，但该法人的董事长、经理或者半数以上的董事属于本规则 10. 1. 5 条第（二）项所列情形者除外。

10. 1. 5　具有下列情形之一的自然人，为上市公司的关联自然人：

（一）直接或者间接持有上市公司 5% 以上股份的自然人；

（二）上市公司董事、监事及高级管理人员；

（三）直接或者间接控制上市公司的法人或者其他组织的董事、监事及高级管理人员；

（四）本条第（一）项至第（三）项所述人士的关系密切的家庭成员，包括配偶、父母、配偶的父母、兄弟姐妹及其配偶、年满十八周岁的子女及其配偶、配偶的兄弟姐妹和子女配偶的父母；

（五）中国证监会、本所或者上市公司根据实质重于形式的原则认定的其他与上市公司有特殊关系，可能造成上市公司对其利益倾斜的自然人。

10. 1. 6　具有下列情形之一的法人或者自然人，视同为上市公司的关联人：

（一）因与上市公司或者其关联人签署协议或者作出安排，在协议或者安排生效后，或者在未来十二个月内，具有本规则 10. 1. 3 条或者 10. 1. 5 条规定情形之一的；

（二）过去十二个月内，曾经具有 10. 1. 3 条或者 10. 1. 5 条规定情形之一的。

10. 1. 7　上市公司董事、监事、高级管理人员、持股 5% 以上的股东及其一致行动人、实际控制人，应当将与其存在关联关系的关联人情况及时告知上市公司。

公司应当及时更新关联人名单并将上述关联人情况及时向本所备案。

第二节　关联交易的程序与披露

10. 2. 1　上市公司董事会审议关联交易事项时，关联董事应当回避表决，也不得代理其他董事行使表决权。该董事会会议由过半数的非关联董事出席即可举行，董事会会议所做决议须经非关联董事过半数通过。出席董事会的非关联董事人数不足三人的，公司应当将该交易提交股东大会审议。

前款所称关联董事包括下列董事或者具有下列情形之一的董事：

（一）交易对方；

（二）在交易对方任职，或者在能直接或者间接控制该交易对方的法人或者其他组织、该交易对方直接或者间接控制的法人或者其他组织任职；

（三）拥有交易对方的直接或者间接控制权的；

（四）交易对方或者其直接或者间接控制人的关系密切的家庭成员（具体范围参见本规则 10.1.5 条第（四）项的规定）；

（五）交易对方或者其直接或者间接控制人的董事、监事和高级管理人员的关系密切的家庭成员（具体范围参见本规则 10.1.5 条第（四）项的规定）；

（六）中国证监会、本所或者上市公司认定的因其他原因使其独立的商业判断可能受到影响的人士。

10.2.2 股东大会审议关联交易事项时，下列股东应当回避表决：

（一）交易对方；

（二）拥有交易对方直接或者间接控制权的；

（三）被交易对方直接或者间接控制的；

（四）与交易对方受同一法人或者自然人直接或者间接控制的；

（五）交易对方或者其直接或者间接控制人的关系密切的家庭成员（具体范围参见本规则 10.1.5 条第（四）项的规定）；

（六）在交易对方任职，或者在能直接或者间接控制该交易对方的法人单位或者该交易对方直接或者间接控制的法人单位任职的（适用于股东为自然人的情形）；

（七）因与交易对方或者其关联人存在尚未履行完毕的股权转让协议或者其他协议而使其表决权受到限制或者影响的；

（八）中国证监会或者本所认定的可能造成上市公司对其利益倾斜的法人或者自然人。

10.2.3 上市公司与关联自然人发生的交易金额在 30 万元以上的关联交易，应当经董事会审议后及时披露。

公司不得直接或者通过子公司向董事、监事或者高级管理人员提供借款。

10.2.4 上市公司与关联法人发生的交易金额在 100 万元以上，且占上市公司最近一期经审计净资产绝对值 0.5% 以上的关联交易，应当经董事会审议后及时披露。

10.2.5 上市公司与公司董事、监事和高级管理人员及其配偶发生关联交易，应当在对外披露后提交公司股东大会审议。

10.2.6　上市公司与关联人发生的交易（公司获赠现金资产和提供担保除外）金额在1000万元以上，且占公司最近一期经审计净资产绝对值5%以上的关联交易，除应当及时披露外，还应当比照本规则9.7条的规定聘请具有从事证券、期货相关业务资格的中介机构，对交易标的进行评估或者审计，并将该交易提交股东大会审议。

本规则10.2.12条所述与日常经营相关的关联交易所涉及的交易标的，可以不进行审计或者评估。

10.2.7　上市公司为关联人提供担保的，不论数额大小，均应当在董事会审议通过后提交股东大会审议。

10.2.8　上市公司披露关联交易事项时，应当向本所提交下列文件：

（一）公告文稿；

（二）本规则9.14条第（二）项至第（五）项所列文件；

（三）独立董事事前认可该交易的书面文件；

（四）独立董事和保荐机构的意见；

（五）本所要求提供的其他文件。

10.2.9　上市公司披露的关联交易公告应当包括下列内容：

（一）交易概述及交易标的的基本情况；

（二）独立董事的事前认可情况和独立董事、保荐机构发表的独立意见；

（三）董事会表决情况（如适用）；

（四）交易各方的关联关系说明和关联人基本情况；

（五）交易的定价政策及定价依据，包括成交价格与交易标的账面值、评估值以及明确、公允的市场价格之间的关系，以及因交易标的特殊而需要说明的与定价有关的其他特定事项；

若成交价格与账面值、评估值或者市场价格差异较大的，应当说明原因。如交易有失公允的，还应当披露本次关联交易所产生的利益转移方向；

（六）交易协议的主要内容，包括交易价格、交易结算方式、关联人在交易中所占权益的性质和比重、协议生效条件、生效时间、履行期限等；

（七）交易目的及对公司的影响，包括进行此次关联交易的必要性和真实意图，对本期和未来财务状况和经营成果的影响（必要时应当咨询负责公司审计的会计师事务所），支付款项的来源或者获得款项的用途等；

（八）当年年初至披露日与该关联人累计已发生的各类关联交易的总金额；

（九）本规则9.15条规定的其他内容；

（十）中国证监会和本所要求的有助于说明交易实质的其他内容。

10.2.10　上市公司发生的关联交易涉及本规则9.1条规定的“提供财务

资助”、“提供担保”和“委托理财”等事项时，应当以发生额作为计算标准，并按交易事项的类型在连续十二个月内累计计算，经累计计算达到本规则10.2.3条、10.2.4条或者10.2.6条标准的，适用10.2.3条、10.2.4条或者10.2.6条的规定。

已按照10.2.3条、10.2.4条或者10.2.6条的规定履行相关义务的，不再纳入相关的累计计算范围。

10.2.11 上市公司在连续十二个月内发生的以下关联交易，应当按照累计计算的原则适用本规则10.2.3条、10.2.4条或者10.2.6条的规定：

（一）与同一关联人进行的交易；

（二）与不同关联人进行的与同一交易标的相关的交易。

上述同一关联人包括与该关联人受同一主体控制或者相互存在股权控制关系的其他关联人。

已按照10.2.3条、10.2.4条或者10.2.6条的规定履行相关义务的，不再纳入相关的累计计算范围。

10.2.12 上市公司与关联人进行本规则10.1.1条第（二）项至第（五）项所列的与日常经营相关的关联交易事项，应当按照下述规定进行披露并履行相应审议程序：

（一）对于首次发生的日常关联交易，公司应当与关联人订立书面协议并及时披露，根据协议涉及的交易金额分别适用本规则10.2.3条、10.2.4条或者10.2.6条的规定提交董事会或者股东大会审议；协议没有具体交易金额的，应当提交股东大会审议；

（二）已经公司董事会或者股东大会审议通过且正在执行的日常关联交易协议，如果执行过程中主要条款未发生重大变化的，公司应当在定期报告中按要求披露相关协议的实际履行情况，并说明是否符合协议的规定；如果协议在执行过程中主要条款发生重大变化或者协议期满需要续签的，公司应当将新修订或者续签的日常关联交易协议，根据协议涉及的交易金额分别适用10.2.3条、10.2.4条或者10.2.6条的规定提交董事会或者股东大会审议；协议没有具体交易金额的，应当提交股东大会审议；

（三）对于每年发生的数量众多的日常关联交易，因需要经常订立新的日常关联交易协议而难以按照本条第（一）项规定将每份协议提交董事会或者股东大会审议的，公司可以在披露上一年度报告之前，对本公司当年度将发生的日常关联交易总金额进行合理预计，根据预计金额分别适用10.2.3条、10.2.4条或者10.2.6条的规定提交董事会或者股东大会审议并披露；对于预计范围内的日常关联交易，公司应当在年度报告和半年度报告中予以披露。如果在实际执行中日常关联交易金额超过预计总金额的，公司应当根据超出金额分别适用10.2.3条、10.2.4条或者10.2.6条的规定重新提交董事会或者股东大会审议并披露。

10.2.13　日常关联交易协议至少应当包括交易价格、定价原则和依据、交易总量或者其确定方法、付款方式等主要条款。

协议未确定具体交易价格而仅说明参考市场价格的，公司在按照本规则10.2.12条规定履行披露义务时，应当同时披露实际交易价格、市场价格及其确定方法、两种价格存在差异的原因。

10.2.14　上市公司与关联人签订日常关联交易协议的期限超过三年的，应当每三年根据本章规定重新履行审议程序及披露义务。

10.2.15　上市公司因公开招标、公开拍卖等行为导致公司与关联人的关联交易时，公司可以向本所申请豁免按照本规则10.2.6条的规定提交股东大会审议。

公司应当按照本规则10.2.9条的规定披露前款关联交易事项。必要时，本所可以要求公司聘请相关会计师事务所或者资产评估机构进行审计或者评估。

10.2.16　上市公司与关联人达成下列关联交易时，可以免予按照本章规定履行相关义务：

（一）一方以现金方式认购另一方公开发行的股票、公司债券或者企业债券、可转换公司债券或者其他衍生品种；

（二）一方作为承销团成员承销另一方公开发行的股票、公司债券或者企业债券、可转换公司债券或者其他衍生品种；

（三）一方依据另一方股东大会决议领取股息、红利或者报酬；

（四）本所认定的其他情况。

第十一章　其他重大事件

第一节　重大诉讼和仲裁

11.1.1　上市公司发生的重大诉讼、仲裁事项涉及金额占公司最近一期经审计净资产绝对值10%以上，且绝对金额超过500万元的，应当及时披露。

未达到前款标准或者没有具体涉案金额的诉讼、仲裁事项，董事会基于案件特殊性认为可能对公司股票及其衍生品种交易价格产生较大影响，或者本所认为有必要的，或者涉及公司股东大会、董事会决议被申请撤销或者宣告无效的诉讼的，公司也应当及时披露。

11.1.2　上市公司发生的重大诉讼、仲裁事项应当采取连续十二个月累计计算的原则，经累计计算达到本规则 11.1.1 条标准的，适用 11.1.1 条规定。已经按照 11.1.1 条规定履行相关义务的，不再纳入累计计算范围。

11.1.3 上市公司披露重大诉讼、仲裁事项时应当向本所提交下列文件：

（一）公告文稿；

（二）起诉书或者仲裁申请书、受理（应诉）通知书；

（三）裁定书、判决书或者裁决书；

（四）本所要求的其他材料。

11.1.4 上市公司关于重大诉讼、仲裁事项的公告应当包括下列内容：

（一）案件受理情况和基本案情；

（二）案件对公司本期利润及期后利润的影响；

（三）公司及控股子公司是否还存在尚未披露的其他诉讼、仲裁事项；

（四）本所要求的其他内容。

11.1.5 上市公司应当及时披露重大诉讼、仲裁事项的重大进展情况及其对公司的影响，包括但不限于诉讼案件的一审和二审判决结果、仲裁裁决结果以及判决、裁决执行情况等。

第二节 募集资金管理

11.2.1 上市公司应当建立、健全募集资金管理制度，并确保该制度的有效实施。募集资金管理制度应当对募集资金专户存储、使用、变更、监督和责任追究等内容进行明确规定。

11.2.2 上市公司募集资金应当存放于董事会决定的专项账户集中管理，并与保荐机构、存放募集资金的商业银行签订三方监管协议，在协议签订后及时报本所备案并公告协议主要内容。设置多个募集资金专户的，公司还应当说明原因并提出保证高效使用募集资金、有效确保募集资金安全的措施。

11.2.3 上市公司应当按照发行申请文件中承诺的募集资金投资计划使用募集资金，出现严重影响募集资金投资计划正常进行的情形时，公司应当及时报告本所并公告。

11.2.4 上市公司拟变更募集资金投资项目的，应当在董事会审议后及时披露，并提交股东大会审议。

11.2.5 上市公司变更募集资金投资项目，应当向本所提交下列文件：

（一）公告文稿；

（二）董事会决议和决议公告文稿；

（三）独立董事对变更募集资金投资项目的意见；

（四）监事会对变更募集资金投资项目的意见；

（五）保荐机构对变更募集资金投资项目的意见；

（六）关于变更募集资金投资项目的说明；

（七）新项目的合作意向书或者协议（如适用）；

（八）新项目立项机关的批文（如适用）；

（九）新项目的可行性研究报告（如适用）；

（十）相关中介机构报告（如适用）；

（十一）终止原项目的协议（如适用）；

（十二）本所要求的其他文件。

11.2.6 上市公司变更募集资金投资项目，应当披露下列内容：

（一）原项目基本情况及变更的具体原因；

（二）新项目的基本情况、市场前景和风险提示；

（三）新项目已经取得或者尚待有关部门审批的说明（如适用）；

（四）有关变更募集资金投资项目尚需提交股东大会审议的说明；

（五）独立董事、监事会、保荐机构对变更募集资金投资项目的意见；

（六）本所要求的其他内容。

新项目涉及购买资产、对外投资的，还应当比照本规则的相关规定进行披露。

第三节 业绩预告、业绩快报和盈利预测

11.3.1 上市公司预计全年度、半年度、前三季度经营业绩或者财务状况将出现下列情形之一的，应当及时进行业绩预告：

（一）净利润为负；

（二）净利润与上年同期相比上升或者下降50%以上；

（三）与上年同期或者最近一期定期报告业绩相比，出现盈亏性质的变化；

（四）期末净资产为负。

11.3.2 以下比较基数较小的上市公司出现本规则11.3.1条第（二）项情形的，经本所同意可以豁免进行业绩预告：

（一）上一年年度每股收益虽为正值，但低于或者等于0.05元；

（二）上一年半年度每股收益值虽为正值，但低于或者等于0.03元；

（三）上一年前三季度每股收益虽为正值，但低于或者等于0.04元；

11.3.3 上市公司连续两年亏损或者因追溯调整导致最近连续两年以上亏损的，应当于其后披露的首个半年度报告和三季度报告中分别对前三季度和全年盈亏情况进行预告。

11.3.4 上市公司应当合理、谨慎、客观、准确地披露业绩预告和业绩快报。公司披露业绩预告后，又预计本期业绩与已披露的业绩预告差异较大的，应当按照本所的有关规定及时披露业绩预告修正公告或业绩快报。

11.3.5 上市公司披露业绩预告或者业绩预告修正公告时，应当向本所提

交下列文件：

（一）公告文稿；

（二）董事会的有关说明；

（三）注册会计师对公司作出业绩预告或者修正其业绩预告的依据及过程是否适当和审慎的意见（如适用）；

（四）本所要求的其他文件。

11.3.6　上市公司披露的业绩预告修正公告应当包括下列内容：

（一）预计的本期业绩；

（二）预计的本期业绩与已披露的业绩预告存在的差异及造成差异的原因；

（三）董事会的致歉说明和对公司内部责任人的认定情况；

（四）关于公司股票可能被暂停上市、恢复上市或者终止上市的说明（如适用）。

若业绩预告修正经过注册会计师预审计的，还应当说明公司与注册会计师在业绩预告方面是否存在分歧及分歧所在。

11.3.7　上市公司可以在定期报告披露前发布业绩快报，业绩快报应当披露上市公司本期及上年同期营业收入、营业利润、利润总额、净利润、总资产、净资产、每股收益、每股净资产和净资产收益率等数据和指标。公司披露业绩快报时，应当向本所提交下列文件：

（一）公告文稿；

（二）经公司现任法定代表人、主管会计工作的负责人、总会计师（如有）、会计机构负责人（会计主管人员）签字并盖章的比较式资产负债表和利润表；

（三）本所要求的其他文件。

11.3.8　上市公司应当确保业绩快报中的财务数据和指标与相关定期报告的实际数据和指标不存在重大差异。若有关财务数据和指标的差异幅度达到20%以上的，公司应当在披露相关定期报告的同时，以董事会公告的形式进行致歉，并说明差异内容及其原因、对公司内部责任人的认定情况等。

11.3.9　上市公司预计本期业绩与已披露的盈利预测有重大差异的，应当及时披露盈利预测修正公告，并向本所提交下列文件：

（一）公告文稿；

（二）董事会的有关说明；

（三）董事会关于确认修正盈利预测的依据及过程是否适当和审慎的函件；

（四）注册会计师关于实际情况与盈利预测存在差异的专项说明；

（五）本所要求的其他文件。

11.3.10　上市公司披露的盈利预测修正公告应当包括下列内容：

（一）预计的本期业绩；

（二）预计的本期业绩与已披露的盈利预测存在的差异及造成差异的原因；

（三）关于公司股票可能被暂停上市、恢复上市或者终止上市的说明（如适用）。

第四节　利润分配和资本公积金转增股本

11.4.1　上市公司应当在董事会审议通过利润分配和资本公积金转增股本方案（以下简称方案）后，及时披露方案的具体内容。

11.4.2　上市公司在实施方案前，应当向本所提交下列文件：

（一）方案实施公告；

（二）相关股东大会决议；

（三）结算公司有关确认方案具体实施时间的文件；

（四）本所要求的其他文件。

11.4.3　上市公司应当于实施方案的股权登记日前三至五个交易日内披露方案实施公告。

11.4.4　方案实施公告应当包括下列内容：

（一）通过方案的股东大会届次和日期；

（二）派发现金股利、股份股利、资本公积金转增股本的比例（以每10股表述）、股本基数（按实施前实际股本计算），以及是否含税和扣税情况等；

（三）股权登记日、除权日、新增股份上市日；

（四）方案实施办法；

（五）股本变动结构表（按变动前总股本、本次派发红股数、本次转增股本数、变动后总股本、占总股本比例等项目列示）；

（六）派发股利、资本公积金转增股本后，需要调整的衍生品种行权（转股）价、行权（转股）比例、承诺的最低减持价情况等（如适用）；

（七）派发股份股利、资本公积金转增股本后，按新股本摊薄计算的上年度每股收益或者本年度中期每股收益；

（八）有关咨询办法。

11.4.5　上市公司应当在股东大会审议通过方案后的两个月内，完成利润分配及转增股本事宜。

第五节　股票交易异常波动和澄清

11.5.1　股票交易被中国证监会或者本所根据有关规定、业务规则认定为异常波动的，上市公司应当于次一交易日披露股票交易异常波动公告。在特殊情况下，本所可以安排公司在非交易日公告。

股票交易异常波动的计算从公告之日起重新开始。公告日为非交易日的，从下一交易日重新开始计算。

11.5.2　上市公司披露股票交易异常波动公告时，应当向本所提交下列文件：

（一）公告文稿；

（二）董事会的分析说明；

（三）函询控股股东及其实际控制人的相关文件（如有）；

（四）有助于说明问题实质的其他文件。

11.5.3　上市公司披露的股票交易异常波动公告应当包括下列内容：

（一）股票交易异常波动情况的说明；

（二）对重要问题的关注、核实情况说明；

（三）是否存在应披露而未披露信息的声明；

（四）是否存在违反公平信息披露情形的说明；

（五）本所要求的其他内容。

11.5.4　公共媒体传播的消息（以下简称传闻）可能或者已经对上市公司股票及其衍生品种交易价格产生较大影响的，公司应当第一时间向本所提供传闻传播的证据，并发布澄清公告。

11.5.5　上市公司披露的澄清公告应当包括下列内容：

（一）传闻内容及其来源；

（二）传闻所涉及事项的真实情况；

（三）有助于说明问题实质的其他内容。

第六节　回购股份

11.6.1　本节适用于上市公司为减少注册资本而进行的回购。因实施股权激励方案等而进行的回购，依据中国证监会和本所的其他相关规定执行。

11.6.2　上市公司应当在董事会审议通过回购股份相关事项后，及时披露董事会决议、回购股份预案，并发布召开股东大会的通知。

回购股份预案至少应当包括下列内容：

（一）回购股份的目的；

（二）回购股份的方式；

（三）回购股份的价格或者价格区间、定价原则；

（四）拟回购股份的种类、数量及占总股本的比例；

（五）拟用于回购的资金总额及资金来源；

（六）回购股份的期限；

（七）预计回购后公司股权结构的变动情况；

（八）管理层关于本次回购股份对公司经营、财务及未来发展影响的分析。

11.6.3 上市公司应当聘请独立财务顾问就回购股份事宜进行尽职调查，出具独立财务顾问报告，并在股东大会召开五日前予以公告。

11.6.4 上市公司应当在股东大会召开前三日，将董事会公告回购股份决议的前一个交易日及召开股东大会的股权登记日登记在册的前十名股东的姓名或者名称及持股数量、比例，在本所网站予以公布。

11.6.5 上市公司股东大会对回购股份作出决议，须经出席会议的股东所持表决权的三分之二以上通过。

公司作出回购股份决议后，应当在十日内通知债权人，并于三十日内在报纸上公告。

11.6.6 采用集中竞价交易方式回购股份的，上市公司应当在股东大会作出回购股份决议后的次日公告该决议，并将相关材料报送中国证监会和本所备案，同时公告回购报告书。

采用要约方式回购股份的，公司应当在收到中国证监会无异议函后的两个交易日内予以公告，并在实施回购方案前公告回购报告书和法律意见书。

上述回购报告书应当包括如下内容：

（一）本规则 11.6.2 条规定的回购股份预案应当包括的内容；

（二）公司董事、监事、高级管理人员在股东大会回购决议公告前六个月是否存在买卖公司股票的行为，是否存在单独或者与他人联合进行内幕交易及市场操纵的说明；

（三）独立财务顾问就本次回购股份出具的结论性意见；

（四）律师事务所就本次回购股份出具的结论性意见；

（五）其他应说明的事项。

采取要约方式回购股份的，还应当对股东预受及撤回预受要约的方式和程序、股东委托办理要约回购中相关股份预受、撤回、结算、过户登记等事宜的证券公司名称及其通讯方式等事项作出说明。

11.6.7 采取集中竞价交易方式回购股份的，上市公司应当在下列情形下履行报告、公告义务：

（一）公司应当在首次回购股份事实发生的次日予以公告；

（二）公司回购股份占公司总股本的比例每增加 1% 的，应当在事实发生之日起三日内予以公告；

（三）公司在回购期间应当在每个月的前三个交易日内公告截至上月末的回购进展情况，包括已回购股份的数量和比例、购买的最高价和最低价、支付的总金额等；

（四）公司在回购期间应当在定期报告中公告回购进展情况，包括已回购股份的数量和比例、购买的最高价和最低价、支付的总金额等；

（五）回购期届满或者回购方案已实施完毕的，公司应当停止回购行为，并在三日内公告回购股份情况以及公司股份变动报告，包括已回购股份总额、购买的最高价和最低价以及支付的总金额等内容。

回购股份期间，公司不得发行股份募集资金。

11.6.8　上市公司距回购期届满三个月时仍未实施回购方案的，董事会应当就未能实施回购的原因予以公告。

11.6.9　回购期届满或者回购方案已实施完毕的，上市公司应当停止回购行为，撤销回购专用账户，在两个交易日内公告回购股份方案实施情况及公司股份变动报告。

公司回购股份数量、比例、使用资金总额等实施情况与股东大会审议通过的回购股份方案存在差异的，应当同时在公告中对差异作出解释说明。

第七节　可转换公司债券涉及的重大事项

11.7.1　发行可转换公司债券的上市公司出现下列情形之一时，应当及时向本所报告并披露：

（一）因发行新股、送股、分立或者其他原因引起股份变动，需要调整转股价格，或者依据募集说明书约定的转股价格向下修正条款修正转股价格的；

（二）可转换公司债券转换为股票的数额累计达到可转换公司债券开始转股前公司已发行股份总额的10%的；

（三）公司信用状况发生重大变化，可能影响如期偿还债券本息的；

（四）可转换公司债券担保人发生重大资产变动、重大诉讼、合并、分立等情况的；

（五）未转换的可转换公司债券总额少于3000万元的；

（六）有资格的信用评级机构对可转换公司债券的信用或者公司的信用进行评级，并已出具信用评级结果的；

（七）可能对可转换公司债券交易价格产生较大影响的其他重大事件；

（八）中国证监会和本所规定的其他情形。

11.7.2　投资者持有上市公司已发行的可转换公司债券达到发行总量的20%时，应当在事实发生之日起两个交易日内向本所报告，并通知公司予以公告。

持有上市公司已发行的可转换公司债券20%及以上的投资者，其所持公司已发行的可转换公司债券比例每增加或者减少10%时，应当在事实发生之日起两个交易日内依照前款规定履行报告和公告义务。

11.7.3 上市公司应当在可转换公司债券约定的付息日前三至五个交易日内披露付息公告，在可转换公司债券期满前三至五个交易日内披露本息兑付公告。

11.7.4 上市公司应当在可转换公司债券开始转股前三个交易日内披露实施转股的公告。

11.7.5 上市公司行使赎回权时，应当在每年首次满足赎回条件后的五个交易日内至少发布三次赎回公告。赎回公告应当载明赎回的程序、价格、付款方法、时间等内容。

赎回期结束，公司应当公告赎回结果及影响。

11.7.6 在可以行使回售权的年份内，上市公司应当在每年首次满足回售条件后的五个交易日内至少发布三次回售公告。回售公告应当载明回售的程序、价格、付款方法、时间等内容。

回售期结束，公司应当公告回售结果及影响。

11.7.7 经股东大会批准变更募集资金投资项目的，上市公司应当在股东大会通过后二十个交易日内赋予可转换公司债券持有人一次回售的权利。有关回售公告至少发布三次，其中，在回售实施前、股东大会决议公告后五个交易日内至少发布一次，在回售实施期间至少发布一次，余下一次回售公告发布的时间视需要而定。

11.7.8 上市公司在可转换公司债券转换期结束的二十个交易日前应当至少发布三次提示公告，提醒投资者有关在可转换公司债券转换期结束前的十个交易日停止交易的事项。

公司出现可转换公司债券按规定须停止交易的其他情形时，应当在获悉有关情形后及时披露其可转换公司债券将停止交易的公告。

11.7.9 上市公司应当在每一季度结束后及时披露因可转换公司债券转换为股份所引起的股份变动情况。

第八节 收购及相关股份权益变动

11.8.1 投资者及其一致行动人拥有权益的股份达到一个上市公司已发行股份的5%时，应当在该事实发生后及时通知上市公司并予以公告。

在一个上市公司中拥有权益的股份达到该公司已发行股份的5%以上的股东及公司的实际控制人，其拥有权益的股份变动涉及《证券法》、《上市公司收购管理办法》规定的收购或股份权益变动情形的，该股东、实际控制人及其他相关信息披露义务人应当按照《证券法》、《上市公司收购管理办法》等的规定履行报告和公告义务，并及时通知公司发布提示性公告。

公司应当在知悉上述收购或股份权益变动时，及时对外发布公告。

11.8.2 上市公司控股股东以协议方式向收购人转让其所持股份时，控股股东及其关联人如存在未清偿对公司的负债、未解除公司为其提供的担保或者其他损害公司利益情形的，公司董事会应当如实对外披露相关情况并提出解决措施。

11.8.3 在一个上市公司中拥有权益的股份达到该公司已发行股份的5%以上的股东或者公司的实际控制人通过证券交易系统买卖上市公司股份，每增加或减少比例达到公司股份总数的1%时，相关股东、实际控制人及其他信息披露义务人应当委托上市公司在该事实发生之日起两个交易日内就该事项作出公告，公告内容包括股份变动的数量、平均价格、股份变动前后持股情况等。

11.8.4 上市公司涉及被要约收购的，应当在收购人公告《要约收购报告书》后的二十日内披露《被收购公司董事会报告书》与独立财务顾问出具的专业意见。

收购人对收购要约条件作出重大修改的，被收购上市公司董事会应当在三个交易日内披露董事会和独立财务顾问的补充意见。

11.8.5 上市公司董事、监事、高级管理人员、员工或者其所控制或者委托的法人、其他组织拟对上市公司进行收购或者取得控制权的，公司应当披露由非关联董事表决作出的董事会决议、非关联股东表决作出的股东大会决议以及独立董事和独立财务顾问的意见。

11.8.6 因上市公司减少股本，导致投资者及其一致行动人在该公司中拥有权益的股份达到该公司已发行股份的5%或者变动幅度达到该公司已发行股份的5%的，公司应当自完成减少股本的变更登记之日起两个交易日内就因此导致的公司股东权益的股份变动情况作出公告。

11.8.7 上市公司受股东委托代为披露相关股份变动过户手续事宜的，应当在获悉相关股份变动过户手续完成后及时对外公告。

11.8.8 上市公司收购及相关股份权益变动活动中的信息披露义务人在依法披露前，如相关信息已在媒体上传播或者公司股票及其衍生品种交易出现异常的，公司董事会应当立即问询有关当事人并对外公告。

11.8.9 上市公司股东、实际控制人未履行报告和公告义务的，公司董事会应当自知悉之日起作出报告和公告，并督促股东、实际控制人履行报告和公告义务。

11.8.10 上市公司股东、实际控制人未履行报告和公告义务，拒不履行相关配合义务，或者实际控制人存在不得收购上市公司的情形的，公司董事会应当拒绝接受被实际控制人支配的股东向董事会提交的提案或者临时提案，并及时报告本所及有关监管部门。

11.8.11 上市公司涉及其他上市公司的收购或者股份权益变动活动的，应当按照《证券法》、《上市公司收购管理办法》等的规定履行报告和公告义务。

第九节 股权激励

11.9.1 实行股权激励计划的上市公司，应当严格遵守中国证监会和本所关于股权激励的相关规定，履行必要的审议程序和报告、公告义务。

11.9.2 上市公司应当在董事会审议通过股权激励计划后，及时按本所的要求提交材料，并对外发布股权激励计划公告。

董事会审议股权激励计划时，本次激励计划中成为激励对象的关联董事应当回避表决。

11.9.3 上市公司应当在刊登股权激励计划公告的同时，在本所指定网站详细披露激励对象姓名、拟授予限制性股票或者股票期权的数量、占股权激励计划拟授予总量的比例等情况。

激励对象或者拟授予的权益数量发生变化的，公司应当自董事会审议通过相关议案后两个交易日内在本所指定网站更新相应资料。

11.9.4 上市公司在披露股权激励计划方案后，应当按照有关规定及时报中国证监会备案，并同时抄报公司所在地证监局。

中国证监会对公司股权激励计划备案无异议后，公司应当及时对外公告，发布召开股东大会的通知。

11.9.5 上市公司应当在股东大会审议股权激励计划后，及时向本所报送相关材料并对外公告。

11.9.6 上市公司应当在股权激励计划授予条件成就后，及时召开董事会审议相关授予事项，并按本规则和本所关于股权激励的相关规定披露董事会对授予条件是否成就等事项的审议结果及授予安排情况。

11.9.7 上市公司应当按规定及时办理限制性股票或者股票期权的授予登记。

公司应当在完成限制性股票或者股票期权的授予登记后，及时披露限制性股票或者股票期权授予完成情况。

因公司权益分配等原因导致限制性股票、股票期权相关参数发生变化的，公司应当按照权益分配或者股权激励计划中约定的调整公式对相关数据进行调整，并及时披露调整情况。

11.9.8 上市公司应当在股权激励计划设定的限制性股票解除限售、股票期权行权条件得到满足后，及时召开董事会审议相关实施方案，并按本规则和本所关于股权激励的相关规定，披露董事会对限制性股票解除限售或者股票期权行权条件是否成就等事项的审议结果及具体实施安排。

11.9.9 上市公司应当按规定及时办理股权激励获授股份解除限售、股票期权行权的相关登记手续，并及时披露获授股份解除限售公告或者股票期权行权公告。

第十节 破 产

11.10.1 上市公司应当在董事会作出向法院申请重整、和解或者破产清算的决定时，或者知悉债权人向法院申请公司重整或者破产清算时，及时向本所报告并披露下列事项：

（一）公司作出申请决定的具体原因、正式递交申请的时间（适用于公司主动申请情形）；

（二）申请人的基本情况、申请目的、申请的事实和理由（适用于债权人申请情形）；

（三）申请重整、和解或者破产清算对公司的影响说明及风险提示；

（四）其他需要说明的情况。

11.10.2 上市公司应当及时向本所报告并披露法院受理重整、和解或者破产清算申请的相关进展情况，包括：

（一）法院受理重整、和解或者破产清算申请前，申请人请求撤回申请；

（二）法院作出受理或者不予受理重整、和解或者破产清算申请的裁定；

（三）本所要求披露的其他事项。

11.10.3 法院受理重整、和解或者破产清算申请的，上市公司应当及时向本所报告并披露下列内容：

（一）申请人名称（适用于债权人申请情形）；

（二）法院作出受理重整、和解或者破产清算申请裁定的时间及裁定的主要内容；

（三）法院指定的管理人的基本情况（包括管理人名称、负责人、成员、职责、处理事务的地址和联系方式等）；

（四）负责公司进入破产程序后信息披露事务的责任人情况（包括责任主体名称、成员、联系方式等）；

（五）本所要求披露的其他事项。

公司应当同时在公告中充分揭示其股票及其衍生品种可能被终止上市的风险。

公司股票及其衍生品种应当按照本规则第十二章的有关规定停牌、复牌。

11.10.4 在法院受理破产清算申请后，宣告上市公司破产前，公司应当就所涉事项及时披露以下情况：

（一）公司或者出资额占公司注册资本 10% 以上的出资人向法院提出重整申请及申请时间、申请理由等情况；

（二）公司向法院提出和解申请及申请时间、申请理由等情况；

（三）法院作出同意或者不同意公司重整或者和解申请的裁定、裁定时间及裁定的主要内容；

（四）债权人会议计划召开情况；

（五）法院经审查发现公司不符合《企业破产法》规定情形而作出驳回公司破产申请裁定、裁定时间、裁定的主要内容以及相关申请人是否上诉的情况说明；

（六）本所要求披露的其他事项。

11.10.5　在重整期间，上市公司应当就所涉事项及时披露如下内容：

（一）债权申报情况（至少在法定申报债权期限内每月末披露一次）；

（二）重整计划草案的制定情况（包括向法院和债权人会议提交重整计划草案的时间、重整计划草案的主要内容等）；

（三）重整计划草案的表决通过和法院批准情况；

（四）法院强制批准重整计划草案情况；

（五）与重整有关的行政许可批准情况；

（六）法院裁定终止重整程序的原因及时间；

（七）法院裁定宣告公司破产的原因及时间；

（八）本所要求披露的其他事项。

11.10.6　被法院裁定和解的上市公司，应当及时就所涉事项披露如下内容：

（一）债权申报情况（至少在法定申报债权期限内每月末披露一次）；

（二）公司向法院提交和解协议草案的时间及草案主要内容；

（三）和解协议草案的表决通过和法院认可情况；

（四）与和解有关的行政许可批准情况；

（五）法院裁定终止和解程序的原因及时间；

（六）法院裁定宣告公司破产的原因及时间；

（七）本所要求披露的其他事项。

11.10.7　在重整计划、和解协议执行期间，上市公司应当及时就所涉事项披露以下情况：

（一）重整计划、和解协议执行的重大进展情况；

（二）因公司不能执行或者不执行重整计划或者和解协议，法院经管理人、利害关系人或者债权人请求，裁定宣告公司破产的有关情况；

（三）本所要求披露的其他事项。

11.10.8　上市公司披露上述重整、和解或者破产清算事项时，应当按照披露事项所涉情形向本所提交下列文件：

（一）公告文稿；

（二）管理人说明文件；

（三）法院出具的法律文书；

（四）重整计划、和解协议草案；

（五）重整计划、和解协议草案涉及的有关部门审批文件；

（六）重整计划、和解协议草案涉及的协议书或者意向书；

（七）董事会决议；

（八）股东大会决议；

（九）债权人会议决议；

（十）职工代表大会决议；

（十一）律师事务所出具的专门意见；

（十二）会计师事务所、资产评估机构等中介机构出具的文件；

（十三）本所要求的其他文件。

11.10.9　进入破产程序的上市公司，除应当及时披露上述信息外，还应当按照本规则和本所的其他有关规定，及时向本所报送并对外披露定期报告和临时报告。

11.10.10　进入破产程序的上市公司，触及本规则第十三章规定的终止上市条件的，本所按照该章的相关规定对公司股票作出终止上市的决定。

11.10.11　上市公司采取管理人管理运作模式的，管理人及其成员应当按照《证券法》以及最高人民法院、中国证监会和本所的相关规定，真实、准确、完整、及时地履行信息披露义务，并确保对公司所有债权人和股东公平地披露信息。

公司披露的定期报告应当由管理人的成员签署书面确认意见，公司披露的临时报告应当由管理人发布并加盖管理人公章。

11.10.12　上市公司采取管理人监督运作模式的，公司董事会、监事会和高级管理人员应当继续按照本规则和本所有关规定履行信息披露义务。

管理人应当及时将涉及信息披露的所有事项告知公司董事会，并督促公司董事、监事和高级管理人员勤勉尽责地履行信息披露义务。

11.10.13　进入重整、和解程序的上市公司，其重整计划、和解协议涉及增加或者减少公司注册资本、发行公司债券、公司合并、公司分立、收购本公司股份等事项的，应当按有关规定履行必要的表决和审批程序，并按照本规则和本所其他相关规定履行信息披露义务。

第十一节　其　他

11.11.1　上市公司和相关信息披露义务人应当严格遵守承诺事项。公司应当及时将公司承诺事项和相关信息披露义务人承诺事项单独摘出报送本所备案，同时在本所指定网站上单独披露。

公司应当在定期报告中专项披露上述承诺事项的履行情况。如出现公司或者相关信息披露义务人不能履行承诺的情形，公司应当及时披露具体原因和董事会拟采取的措施。

11.11.2　上市公司董事、监事、高级管理人员、控股股东、实际控制人、持有公司首次公开发行股票前已发行股份的股东、重组方及其一致行动人、上市公司购买资产对应经营实体的股份或者股权持有人，以及其他持有法律、行政法规、部门规章、规范性文件和本所规定的限售股的股东或者其他自愿承诺股份限售的股东，应当遵守其在公开募集及上市文件、信息披露文件或者其他文件中作出的公开承诺：如上市公司因首次公开发行股票、发行新股的申请或者相关披露文件存在虚假记载、误导性陈述或者重大遗漏被中国证监会立案稽查的，暂停转让其拥有权益的公司股份。

11.11.3　上市公司出现下列使公司面临重大风险情形之一的，应当及时向本所报告并披露：

（一）发生重大亏损或者遭受重大损失；

（二）发生重大债务、未清偿到期重大债务或者重大债权到期未获清偿；

（三）可能依法承担的重大违约责任或者大额赔偿责任；

（四）计提大额资产减值准备；

（五）公司决定解散或者被依法强制解散；

（六）主要债务人出现资不抵债或者进入破产程序，上市公司对相应债权未提取足额坏账准备；

（七）主要资产被查封、扣押、冻结或者被抵押、质押；

（八）全部或者主要业务陷入停顿；

（九）公司因涉嫌违法违规被有权机关调查或者受到重大行政、刑事处罚；

（十）公司董事、监事和高级管理人员因涉嫌违法违规被有权机关调查或者采取强制措施而无法履行职责，或者因身体、工作安排等其他原因无法正常履行职责达到或者预计达到三个月以上的；

（十一）本所或者公司认定的其他重大风险情况。

上述事项涉及具体金额的，应当比照适用本规则9.2条的规定。

上市公司出现前款第（九）项情形，且因涉嫌欺诈发行或涉嫌重大信息披露违法被中国证监会立案稽查的，公司应当每月披露一次风险提示公告，说明立案稽查的情况进展及公司股票可能被暂停上市的风险。本所或公司董事会认为有必要的，可以增加风险提示公告的披露次数，并视情况对公司股票及其衍生品种的停牌与复牌作出相应安排。

11.11.4　上市公司出现下列情形之一的，公司应当至少在每月前五个交易日内披露一次风险提示公告，包括对公司的影响、为消除风险已经和将要采取的措施及有关工作进展情况，直至相关风险消除。公司没有采取措施或者相关工作没有相应进展的，也应当披露并说明具体原因：

（一）全部或者主要业务陷入停顿且预计在三个月以内不能恢复正常；

（二）公司主要银行账号被冻结；

（三）公司董事会无法正常召开会议并形成董事会决议；

（四）公司向控股股东或者其关联人提供资金或者违反规定程序对外提供担保且情形严重的；

（五）中国证监会或者本所认定的其他情形。

11.11.5　上市公司出现下列情形之一的，应当及时向本所报告并披露：

（一）变更公司名称、股票简称、公司章程、注册资本、注册地址、办公地址和联系电话等，其中公司章程发生变更的，还应当将新的公司章程在本所指定网站上披露；

（二）经营方针、经营范围和公司主营业务发生重大变化；

（三）变更会计政策、会计估计；

（四）董事会通过发行新股或者其他再融资方案；

（五）中国证监会对公司发行新股或者其他再融资申请、重大资产重组事项提出相应的审核意见；

（六）持有公司5%以上股份的股东或者实际控制人持股情况或者控制公司的情况发生或者拟发生较大变化；

（七）公司董事长、经理、董事（含独立董事）或者三分之一以上的监事提出辞职或者发生变动；

（八）生产经营情况、外部条件或者生产环境发生重大变化（包括产品价格、原材料采购、销售方式发生重大变化等）；

（九）订立重要合同，可能对公司的资产、负债、权益和经营成果产生重大影响；

（十）新颁布的法律、行政法规、部门规章、规范性文件、政策可能对公司经营产生重大影响；

（十一）聘任、解聘为公司提供审计服务的会计师事务所；

（十二）法院裁定禁止控股股东转让其所持股份；

（十三）任一股东所持公司5%以上股份被质押、冻结、司法拍卖、托管、设定信托或者被依法限制表决权；

（十四）获得大额政府补贴等额外收益或者发生可能对公司的资产、负债、权益或者经营成果产生重大影响的其他事项；

（十五）本所或者公司认定的其他情形。

11.11.6 上市公司一次性签署与日常生产经营相关的采购、销售、工程承包或者提供劳务等合同的金额占公司最近一个会计年度经审计主营业务收入50%以上，且绝对金额超过一亿元的，应当及时披露，并至少应当包含下列内容：

（一）合同重大风险提示，包括但不限于提示合同的生效条件、履行期限、重大不确定性等；

（二）合同当事人情况介绍，包括但不限于当事人基本情况、最近三个会计年度与公司发生的购销金额以及公司董事会对当事人履约能力的分析等；

（三）合同主要内容，包括但不限于交易价格、结算方式、签订时间、生效条件及时间、履行期限、违约责任等；

（四）合同履行对公司的影响，包括但不限于合同履行对公司当前会计年度及以后会计年度的影响、对公司业务独立性的影响等；

（五）合同的审议程序（如有）；

（六）其他相关说明。

公司应当及时披露重大合同的进展情况，包括但不限于合同生效、合同履行中出现的重大不确定性、合同提前解除、合同终止或者履行完毕等。

公司销售、供应依赖于单一或者少数重大客户的，如果与该客户或者该几个客户间发生有关销售、供应合同条款的重大变动（包括但不限于中断交易、合同价格、数量发生重大变化等），应当及时公告变动情况及对公司当年及未来的影响。

11.11.7 上市公司出现下列使公司的核心竞争能力面临重大风险情形之一的，应当及时向本所报告并披露：

（一）公司在用的商标、专利、专有技术、特许经营权等重要资产或者技术的取得或者使用发生重大不利变化；

（二）公司核心技术团队或者关键技术人员等对公司核心竞争能力有重大影响

的人员辞职或者发生较大变动；

（三）公司核心技术、关键设备、经营模式等面临被替代或者被淘汰的风险；

（四）公司放弃对重要核心技术项目的继续投资或者控制权；

（五）本所或者公司认定的其他影响核心竞争能力的重大风险情形。

11.11.8　上市公司独立或者与第三方合作研究、开发新技术、新产品、新服务或者对现有技术进行改造取得重要进展，该等进展对公司盈利或者未来发展有重要影响的，公司应当及时披露该重要影响及可能存在的风险。

11.11.9　上市公司因前期已公开披露的财务会计报告存在差错或者虚假记载被责令改正，或者经董事会决定改正的，应当在被责令改正或者董事会作出相应决定时，及时予以披露，并按照中国证监会《公开发行证券的公司信息披露编报规则第19号——财务信息的更正及相关披露》等有关规定的要求，办理财务信息的更正及相关披露事宜。

11.11.10　上市公司涉及股份变动的减资（回购除外）、合并、分立方案，应当在获得中国证监会批准后，及时报告本所并公告。

11.11.11　上市公司减资、合并、分立方案实施过程中涉及信息披露和股份变更登记等事项的，应当按照中国证监会和本所的有关规定办理。

第十二章　停牌和复牌

12.1　上市公司发生本章规定的停牌事项，应当向本所申请对其股票及其衍生品种停牌与复牌。

本章未有明确规定的，公司可以以本所认为合理的理由向本所申请对其股票及其衍生品种停牌与复牌，本所视情况决定公司股票及其衍生品种的停牌与复牌事宜。

12.2　上市公司应当披露的重大信息如存在不确定性因素且预计难以保密的，或者在按规定披露前已经泄漏的，公司应当第一时间向本所申请停牌，直至按规定披露后复牌。

12.3　公共媒体中出现上市公司尚未披露的信息，可能或者已经对公司股票及其衍生品种交易价格产生较大影响的，本所可以在交易时间对公司股票及其衍生品种实施停牌，直至公司披露相关公告的当日复牌。

公司披露日为非交易日的，则在公告披露后的首个交易日开市时复牌。

12.4　上市公司出现本规则6.16条所述情形，未在本所规定的期限内披露经纠正和调整的财务会计报告和有关审计报告的，本所将于规定期限届满后次一交易日对公司股票及其衍生品种实施停牌一天后复牌。

12.5　上市公司未在法定披露期限内公布年度报告、半年度报告或者未在本规则规定的期限内公布季度报告的，本所于相关定期报告法定披露期限届满后次一交易日，对该公司股票及其衍生品种实施停牌一天后复牌。

未披露季度报告的同时存在未披露年度报告或者半年度报告情形的，公司股票及其衍生品种应当按照本条前款和本规则第十三章的规定停牌与复牌。

12.6　上市公司财务会计报告因存在重要的前期差错或者虚假记载，中国证监会或者本所责令其改正但未在规定期限内改正的，本所于规定期限届满后次一交易日对公司股票及其衍生品种实施停牌一天后复牌。

公司因财务会计报告存在重要的前期差错或者虚假记载，对以前年度财务会计报告进行追溯调整，导致最近两年年末净资产为负的，公司股票及其衍生品种自披露经调整的财务会计报告和有关审计报告之日起停牌。

12.7　上市公司在公司运作和信息披露方面涉嫌违反法律、行政法规、部门规章或者本所其他相关规定，情节严重的，在被有关部门调查期间，本所视情况决定该公司股票及其衍生品种停牌与复牌时间。

12.8　上市公司披露的信息不符合本规则等有关规定，且拒不按要求进行更正、解释或者补充披露的，本所可以对该公司股票及其衍生品种实施停牌，直至公司披露相关公告的当日复牌。公告日为非交易日的，则在公告后首个交易日开市时复牌。

12.9　上市公司严重违反本规则且在规定期限内拒不按要求改正的，本所可以对其股票及其衍生品种实施停牌，并视情况决定其复牌时间。

12.10　上市公司因故使本所失去关于公司的有效信息来源时，本所可以对该公司股票及其衍生品种实施停牌，直至前述情况消除后复牌。

12.11　上市公司因要约收购以外的其他原因导致股权分布或者股东人数发生变化导致连续二十个交易日不具备上市条件的，本所将于上述交易日期满后次一交易日对该公司股票及其衍生品种实施停牌。公司可以在停牌后一个月内，向本所提出解决股权分布问题或者股东人数问题的具体方案及书面申请，经本所同意后，公司股票及其衍生品种可以复牌。

12.12　上市公司因收购人履行要约收购义务，或者收购人以终止公司上市地位为目的而发出全面要约的，要约收购期满至要约收购结果公告前，公司股票及其衍生品种应当停牌。

根据收购结果，被收购上市公司股权分布或者股东人数具备上市条件的，公司股票及其衍生品种应当于要约结果公告日复牌；股权分布或者股东人数不具备上市条件，且收购人以终止公司上市地位为收购目的的，公司股票及其衍生品种应当于要约结果公告日继续停牌，直至本所终止其股票及其衍生品种上市；股权分布或者股东人数不具备上市条件，但收购人不以终止公司上市地位为收购目的的，公司股票及其衍生品种应当于要约结果公告日继续停牌，公司应当在本所规定的期限内向本所提交股权分布或者股东人数问题的解决方案，经本所同意实施后，公司股票及其衍生品种复牌。

12.13　上市公司应当在收到法院受理公司重整、和解或者破产清算申请的裁定文件的当日立即向本所报告并于次一交易日公告，公司股票及其衍生品种于公告之日停牌一天后复牌。

本所自公司股票及其衍生品种复牌起二十个交易日届满后次一交易日对该公司股票及其衍生品种实施停牌。

公司可以在法院作出批准公司重整计划、和解协议，或者终止重整、和解程序的裁定时向本所提出复牌申请。本所可以视情况调整公司股票及其衍生品种的停牌与复牌时间。

12.14　上市公司在其股票及其衍生品种被实施停牌期间，应当至少每五个交易日披露一次未能复牌的原因（本规则另有规定的除外）和相关事件的进展情况。

12.15　上市公司出现本规则第十三章规定的情况，或者发生重大事件而影响公司股票及其衍生品种上市资格的，公司股票及其衍生品种按本规则第十三章的有关规定停牌与复牌。

12.16　可转换公司债券上市交易期间出现下列情况之一时，可转换公司债券停止交易：

（一）可转换公司债券流通面值少于3000万元时，在公司发布相关公告三个交易日后停止其可转换公司债券的交易；

（二）可转换公司债券转换期结束前的十个交易日停止其交易；

（三）可转换公司债券在赎回期间停止交易；

（四）中国证监会和本所认为应当停止交易的其他情况。

12.17　除上述规定外，本所还可以根据实际情况或者中国证监会的要求，决定上市公司股票及其衍生品种的停牌与复牌。

第十三章　暂停、恢复、终止上市

第一节　暂停上市

13.1.1 上市公司出现下列情形之一的，本所可以决定暂停其股票上市：

（一）最近三年连续亏损（以最近三年的年度财务会计报告披露的当年经审计净利润为依据）；

（二）因财务会计报告存在重要的前期差错或者虚假记载，对以前年度财务会计报告进行追溯调整，导致最近三年连续亏损；

（三）最近一个年度的财务会计报告显示当年年末经审计净资产为负；

（四）因财务会计报告存在重要的前期差错或虚假记载，对以前年度财务会计报告进行追溯调整，导致最近一年年末经审计净资产为负；

（五）最近两个年度的财务会计报告均被注册会计师出具否定或者无法表

示意见的审计报告；

（六）因本规则12.4条或者12.6条所述情形财务会计报告被中国证监会或者本所责令改正但公司未在规定期限内披露改正后的财务会计报告和审计报告，并在规定期限届满之日起四个月内仍未改正；

（七）在法定披露期限届满之日起两个月内仍未披露年度报告或者半年度报告；

（八）因欺诈发行受到中国证监会行政处罚，或者因涉嫌欺诈发行罪被依法移送公安机关；

（九）因重大信息披露违法受到中国证监会行政处罚，或者因涉嫌违规披露、不披露重要信息罪被依法移送公安机关；

（十）因本规则12.11条或者12.12条所述情形，公司股权分布或者股东人数不具备上市条件，公司在本所规定的期限内提交了股权分布或者股东人数问题的解决方案并实施，但公司股票被复牌后的六个月内其股权分布或者股东人数仍不具备上市条件；

（十一）股本总额发生变化不再具备上市条件，在本所规定期限内仍未达到上市条件的；

（十二）本所规定的其他情形。

13.1.2　上市公司可能出现暂停上市风险的，应当在以下时点首次发布公司股票可能被暂停上市的风险提示公告，之后每五个交易日发布一次，直至暂停上市风险消除或者本所作出公司股票暂停上市的决定：

（一）公司连续两年亏损的，在披露其后首个半年度报告时；

（二）因财务会计报告存在重要的前期差错或者虚假记载，须对以前年度财务会计报告进行追溯调整的，在知悉追溯调整导致最近三年连续亏损时；

（三）公司知悉年末净资产为负时；

（四）因财务会计报告存在重要的前期差错或者虚假记载，须对以前年度财务会计报告进行追溯调整的，在知悉追溯调整导致最近一年年末净资产为负时；

（五）公司最近一个会计年度的财务会计报告被注册会计师出具否定或者无法表示意见的审计报告的，在披露其后首个半年度报告时；

（六）因本规则12.4条或者12.6条所述情形财务会计报告被中国证监会或者本所责令改正但未在规定期限内改正的，在规定期限届满后次一交易日；

（七）未能在法定披露期限内披露年度报告或者半年度报告的，在定期报告法定披露期限届满后次一交易日；

（八）在披露公司因涉嫌欺诈发行被中国证监会立案稽查的公告时；

（九）在披露公司因涉嫌重大信息披露违法被中国证监会立案稽查的公告时；

（十）公司因股权分布或者股东人数发生变化导致连续十个交易日不具备上市条件的，在其后首个交易日；

（十一）知悉股本总额发生变化不再具备上市条件时；

（十二）预计可能出现本规则 13.1.1 条所述情形之一时；

（十三）本所认定的其他时点。

本所可以视情况调整公司股票可能被暂停上市的风险提示公告的披露次数。

13.1.3　上市公司依据本规则 13.3.1 条申请其股票主动终止上市出现本规则 13.1.1　条规定情形的，不适用本节的规定。

13.1.4　上市公司发布公司股票可能被暂停上市的风险提示公告，应当包括下列内容：

（一）公司股票可能被暂停上市的情形；

（二）公司股票可能被暂停上市的风险提示，包括但不限于可能被暂停上市的时间、影响因素等；

（三）董事会关于消除暂停上市风险的意见及已经和将要采取的具体措施；

（四）公司接受投资者咨询的主要方式；

（五）本所要求的其他内容。

13.1.5　上市公司出现本规则 13.1.1 条第（一）项至第（五）项情形的，本所自公司披露年度报告之日起，对公司股票及其衍生品种实施停牌，并在停牌后十五个交易日内作出是否暂停其股票上市的决定。

公司在披露年度报告的同时应当披露股票将被暂停上市的风险提示公告。

13.1.6　上市公司出现本规则 13.1.1 条第（六）项情形的，本所自四个月期满后次一交易日对公司股票及其衍生品种实施停牌，并在停牌后十五个交易日内作出是否暂停其股票上市的决定。

13.1.7　上市公司出现本规则 13.1.1 条第（七）项情形的，本所自两个月期满后次一交易日对公司股票及其衍生品种实施停牌，并在停牌后十五个交易日内作出是否暂停其股票上市的决定。

13.1.8　上市公司出现本规则 13.1.1 条第（八）项、第（九）项规定情形的，公司应当于知悉中国证监会作出行政处罚决定或者移送公安机关决定时立即向本所申请停牌，并在收到前述决定文件后对外公告，公司股票及其衍生品种于公告次一交易日继续停牌一天。本所自公司股票及其衍生品种复牌后三十个交易日期限届满后的次一交易日对公司股票及其衍生品种实施停牌，并在停牌后十五个交易日内作出是否暂停其股票上市的决定。

公司股票暂停上市期间，公司董事会应当在定期报告中对其股票还可能被终止上市的风险进行专项评估，提出应对预案并予以披露。

13.1.9　上市公司出现本规则13.1.1条第（十）项情形的，本所自六个月期满后次一交易日对公司股票及其衍生品种实施停牌，并在停牌后十五个交易日内作出是否暂停其股票上市的决定。

13.1.10　上市公司出现本规则13.1.1条第（十一）项情形的，本所自规定期限届满后次一交易日对公司股票及其衍生品种实施停牌，并在停牌后十五个交易日内作出是否暂停其股票上市的决定。

13.1.11　本所在作出暂停股票上市决定后的两个交易日内通知上市公司并公告，同时报中国证监会备案。

13.1.12　上市公司应当在收到本所暂停其股票上市的决定之日起及时披露股票暂停上市公告。股票暂停上市公告应当包括下列内容：

（一）暂停上市股票的种类、简称、证券代码以及暂停上市起始日；

（二）有关股票暂停上市决定的主要内容；

（三）董事会关于争取恢复股票上市的意见及具体措施；

（四）股票可能被终止上市的风险提示；

（五）暂停上市期间公司接受投资者咨询的主要方式；

（六）本所要求的其他内容。

13.1.13　股票暂停上市期间，上市公司应当继续履行上市公司的有关义务，并至少在每月前五个交易日内披露一次为恢复上市所采取的措施及有关工作进展情况，并提示可能被终止上市的风险。公司没有采取重大措施或者恢复上市计划没有相应进展的，也应当披露并说明具体原因。

13.1.14　上市公司出现下列情形之一的，本所有权决定暂停其可转换公司债券上市：

（一）公司有重大违法行为；

（二）公司情况发生重大变化不符合公司可转换公司债券上市条件；

（三）发行公司可转换公司债券所募集的资金不按照核准的用途使用；

（四）未按照公司可转换公司债券募集办法履行义务；

（五）公司最近两年连续亏损；

（六）因公司触及本规则13.1.1条规定其股票被本所暂停上市的情形。

13.1.15　可转换公司债券暂停上市事宜参照本节股票暂停上市有关规定办理。

第二节　恢复上市

13.2.1　上市公司在其股票被暂停上市后申请恢复上市的，至少应当符合下列条件：

（一）具备完善的公司治理结构；

（二）具有可持续的盈利能力；

（三）内控制度健全且运作规范；

（四）暂停上市期间主营业务未发生重大变化；

（五）财务会计文件无虚假记载，且不存在重大违法违规行为；

（六）不存在本规则 13.1.1 条所述情形。

13.2.2　上市公司因本规则 13.1.1 条第（一）项、第（二）项情形其股票被暂停上市的，在股票暂停上市期间，同时符合下列条件的，可以在公司披露首个年度报告后五个交易日内向本所提出恢复股票上市的书面申请：

（一）在法定披露期限内披露经审计的暂停上市后首个年度报告；

（二）经审计的年度财务会计报告显示公司当年净利润为正，净利润以扣除非经常性损益前后的净利润孰低者为计算依据；

（三）暂停上市后披露的首个年度财务会计报告被注册会计师出具标准无保留意见的审计报告。

13.2.3　上市公司因本规则 13.1.1 条第（三）项、第（四）项情形其股票被暂停上市的，在股票暂停上市期间，同时符合下列条件的，可以在公司披露首个年度报告后五个交易日内向本所提出恢复股票上市的书面申请：

（一）在法定披露期限内披露经审计的暂停上市后首个年度报告；

（二）经审计的年度财务会计报告显示当年年末净资产为正；

（三）暂停上市后披露的首个年度财务会计报告被注册会计师出具标准无保留意见的审计报告。

13.2.4　上市公司因本规则 13.1.1 条第（五）项情形其股票被暂停上市的，暂停上市后披露的首个经审计半年度财务会计报告显示该项情形已消除，可以在公司披露半年度报告后五个交易日内向本所提出恢复上市的书面申请。

13.2.5　上市公司因本规则 13.1.1 条第（六）项情形其股票被暂停上市的，在暂停上市后两个月内披露了改正后的经审计财务会计报告的，可以在公司披露相关财务会计报告后五个交易日内向本所提出恢复上市的书面申请。

13.2.6　上市公司因本规则 13.1.1 条第（七）项情形其股票被暂停上市的，在暂停上市后一个月内披露了年度报告或者半年度报告的，可以在公司披露相关定期报告后五个交易日内向本所提出恢复上市的书面申请。

13.2.7　上市公司因本规则 13.1.1 条第（八）项、第（九）项规定情形其股票被本所暂停上市后，符合下列情形之一的，本所在收到中国证监会、公安机关、人民检察院或人民法院相关决定或裁判文书后的五个交易日内，作出撤销对公司股票暂停上市的决定：

（一）中国证监会行政处罚决定被依法撤销，且中国证监会不能以欺诈发行、重大信息披露违法为由重新对公司作出行政处罚决定，或者因对违规行为性质的认定发生根本性变化，被依法变更的；

（二）公安机关决定不予立案或者撤销案件，人民检察院作出不起诉决定，人民法院作出无罪判决或者免于刑事处罚，且中国证监会不能以欺诈发行、重大信息披露违法为由依法对公司作出行政处罚决定。

公司应当在收到前述相关法律文书后及时发布公告，说明公司是否将依据本规则规定向本所申请恢复上市，并应当在公告后的五个交易日内向本所提交恢复上市的书面申请。

公司如还存在触及本规则规定的除欺诈发行、重大信息披露违法情形外的暂停上市、终止上市情形的，应当同时适用相关规定。

13.2.8 上市公司因本规则13.1.1条第（九）项规定情形股票被暂停上市后，同时符合下列要求且不存在本规则规定的除欺诈发行、重大信息披露违法情形外的暂停上市情形的，公司可以在披露其违法情形影响消除公告后的五个交易日内，向本所提出恢复上市的书面申请：

（一）已全面纠正违法行为；

（二）已及时撤换有关责任人员；

（三）已对民事赔偿责任作出妥善安排。

13.2.9 上市公司因本规则13.1.1条第（十）项情形其股票被暂停上市的，在暂停上市后六个月内其股权分布或者股东人数重新符合上市条件的，可以在事实发生后五个交易日内向本所提出恢复上市的书面申请。

13.2.10 上市公司因本规则13.1.1条第（十一）项情形股票被暂停上市的，在本所规定的期限内上述情形已消除的，可以在事实发生后五个交易日内向本所提出恢复上市的书面申请。

13.2.11 上市公司应当聘请保荐机构担任其恢复上市的保荐人。

保荐机构应当对公司恢复上市申请材料的真实性、准确性、完整性进行核查，就公司是否具备恢复上市条件出具恢复上市保荐书，并保证承担连带责任。

上市公司因本规则13.2.7条所述情形申请恢复上市的，不适用本条前两款的规定。公司应当聘请律师就导致公司股票暂停上市的情形是否完全消除出具专门意见，并对公司是否还存在触及本规则规定的除欺诈发行、重大信息披露违法情形外的暂停上市、终止上市情形等情况作出说明。

13.2.12 保荐机构在核查过程中，至少应当对下列情况予以充分关注和尽职核查，并出具核查报告：

（一）公司是否符合恢复上市的条件：包括导致暂停上市的情形是否消

除等；

（二）公司治理及规范运作的情况：包括人员、资产、财务的独立性，关联交易的情况，以及与控制人之间的同业竞争关系等；

（三）公司财务风险的情况：包括公司的收入确认、非经常性损益确认是否合规，公司对涉及明显违反企业会计准则、制度及相关信息披露规范性规定的事项进行纠正和调整的情况等；

（四）公司或有风险的情况：包括资产出售、抵押、置换、委托经营、重大对外担保、重大诉讼、仲裁情况（适用本规则有关累计计算规定），以及上述事项对公司经营产生的不确定性影响等。

对于公司存在的各种不规范行为，恢复上市的保荐机构应当要求公司改正。公司不符合恢复上市条件的，保荐机构应当拒绝为其出具恢复上市保荐书。

13.2.13　保荐机构在对依据本规则 13.2.2 条、13.2.3 条、13.2.4 条或者 13.2.5 条规定申请恢复上市的公司进行尽职核查时，除前条要求外，还应当关注下列情况，并在核查报告中作出说明：

（一）公司财务会计政策是否稳健，公司内部控制制度是否建立健全和有效；

（二）注册会计师是否认为公司内部控制制度存在较大缺陷，公司是否已根据注册会计师的意见进行了整改（如适用）；

（三）公司是否已按有关规定改正其财务会计报告（如适用）。

13.2.14　保荐机构在对依据本规则 13.2.6 条、13.2.9 条或者 13.2.10 条规定申请恢复上市的公司进行尽职核查时，应当对导致公司被暂停上市的情形是否已完全消除等情况予以充分关注，并在核查报告中作出说明。

13.2.15　保荐人在对因本规则 13.2.8 条所述情形申请恢复上市的公司进行尽职核查时，应当对下列事项予以充分关注，并在核查报告中进行逐项说明：

（一）公司重大信息披露违法行为影响是否已消除、风险是否已控制；

（二）公司是否具备可持续的盈利能力；

（三）公司治理结构和内部控制制度是否健全，运作是否规范；

（四）公司是否符合 13.2.8 条的规定要求、是否具备申请恢复上市的条件。

13.2.16　保荐机构出具的恢复上市保荐书应当包括下列内容：

（一）公司的基本情况；

（二）公司存在的主要风险，以及原有风险是否已经消除的说明；

（三）对公司前景的评价；

（四）核查报告的具体内容；

（五）公司是否完全符合恢复上市条件及其依据的说明；

（六）无保留且表述明确的保荐意见及其理由；

（七）关于暂停上市期间公司主营业务未发生重大变化的说明；

（八）关于保荐机构和相关保荐代表人具备相应保荐资格以及保荐机构内部审核程序的说明；

（九）保荐机构是否存在可能影响其公正履行保荐职责情形的说明；

（十）保荐机构比照有关规定所作出的承诺事项；

（十一）对公司持续督导期间的工作安排；

（十二）保荐机构和相关保荐代表人的联系地址、电话和其他通讯方式；

（十三）保荐机构认为应当说明的其他事项；

（十四）本所要求的其他内容。

恢复上市保荐书应当由保荐机构法定代表人（或者授权代表）和相关保荐代表人签字，注明签署日期并加盖保荐机构公章。

13.2.17　申请股票恢复上市的公司应当聘请律师对其恢复上市申请的合法、合规性进行充分的核查验证，对有关申请材料进行审慎审阅，并出具法律意见书。律师及其所在的律师事务所应当对恢复上市申请材料的真实性、准确性、完整性承担相应的法律责任。

13.2.18　前条所述法律意见书应当对下列事项明确发表结论性意见：

（一）公司的主体资格；

（二）公司是否完全符合恢复上市的实质条件；

（三）公司的业务及发展目标；

（四）公司治理和规范运作情况；

（五）关联交易和同业竞争；

（六）公司的主要财产；

（七）重大债权、债务；

（八）重大资产变化及收购兼并情况；

（九）公司纳税情况；

（十）重大诉讼、仲裁；

（十一）公司受到的行政处罚；

（十二）律师认为需要说明的其他问题。

律师就上述事项所发表的结论性意见应当包括是否合法合规、是否真实有效，是否存在纠纷或者潜在风险等。

律师为适用本规则 13.2.8 条的公司申请恢复上市出具意见的，除应当按照本条前两款的规定要求发表意见外，还应当对公司是否符合本规则 13.2.8

条要求的条件进行逐项核查，并在法律意见书中作出说明。

13.2.19　暂停上市公司提出恢复上市申请时，应当向本所提交下列文件：

（一）恢复上市申请书；

（二）董事会关于符合恢复上市条件，同意申请恢复上市的决议；

（三）董事会关于暂停上市期间公司为恢复上市所做主要工作的报告；

（四）董事会关于公司已全面纠正违法行为、及时撤换有关责任人员、对民事赔偿责任承担作出妥善安排等情况的具体说明（如适用）；

（五）管理层从公司主营业务、经营活动、财务状况、或有事项、期后事项和其他重大事项等角度对公司实现盈利的情况、经营能力和盈利能力的持续性和稳定性作出的分析报告；

（六）董事会关于公司治理和规范运作情况的说明；

（七）关于公司最近一个年度的重大关联交易说明：包括关联交易的内部决策程序、合同及有关记录、实施结果及相关证明文件等；

（八）关于公司最近一个年度的纳税情况说明；

（九）年度报告或者半年度报告及其审计报告原件；

（十）保荐机构出具的恢复上市保荐书以及保荐协议（如适用）；

（十一）法律意见书；

（十二）董事会对非标准无保留审计意见的说明（如适用）；

（十三）会计师事务所和注册会计师对非标准无保留审计意见的说明（如适用）；

（十四）董事会关于暂停上市期间公司主营业务未发生重大变化的说明；

（十五）本所要求的其他有关材料。

因本规则13.2.7条所述情形申请恢复上市的上市公司，不适用前款规定，公司应当向本所提交下列文件：

（一）恢复上市申请书；

（二）董事会关于符合恢复上市条件，同意申请恢复上市的决议；

（三）法律意见书；

（四）中国证监会、公安机关、人民检察院或人民法院相关决定或裁判文书；

（五）本所要求的其他有关材料。

公司应当在向本所提出恢复上市申请后次一交易日发布相关公告。

13.2.20　本所在收到暂停上市公司提交的恢复上市申请文件后五个交易日内作出是否受理的决定并通知公司。

公司未能按照本规则13.2.19的要求提供申请文件的，本所不受理其股票恢复上市申请。

公司应当在收到本所是否受理其申请的决定后及时披露决定的有关情况，并披露可能终止上市的风险提示公告。

13.2.21　本所上市委员会对暂停上市公司恢复上市的申请进行审议，作出独立的专业判断并形成审核意见，本所依据上市委员会意见作出是否同意公司股票恢复上市申请的决定。

13.2.22　本所将在受理暂停上市公司恢复上市申请后的三十个交易日内，作出是否同意其股票恢复上市申请的决定。

本所要求公司提供补充材料的，公司应当自本所要求补充材料之日起三十个交易日内提供有关材料。公司补充材料期间不计入本所作出有关决定的期限。

因本规则13.2.7条所述情形申请恢复上市的上市公司，本所将在收到公司股票恢复上市申请后的十五个交易日内，作出是否同意其股票恢复上市申请的决定。在此期间，本所要求公司提供补充材料的，公司应当在本所规定期限内提供有关材料。公司提供补充材料的期限累计不得超过五个交易日。公司补充材料期间不计入本所作出有关决定的期限内。

补充材料期限届满后，本所将不再接受新增材料。

13.2.23　本所受理暂停上市公司恢复上市申请后，可以聘请具有从事证券、期货相关业务资格的会计师事务所就公司财务会计报告盈利的真实性进行调查核实。

本所聘请会计师事务所进行调查核实期间不计入本规则13.2.22规定的本所作出有关决定的期限。

13.2.24　本所在作出同意暂停上市公司股票恢复上市决定后两个交易日内通知公司，并报告中国证监会。

13.2.25　经本所同意恢复上市的，上市公司应当在收到有关决定后及时披露股票恢复上市公告。股票恢复上市公告应当包括下列内容：

（一）恢复上市股票的种类、简称、证券代码；

（二）有关股票恢复上市决定的主要内容；

（三）董事会关于恢复上市措施的具体说明；

（四）相关风险因素分析；

（五）本所要求的其他内容。

13.2.26　上市公司披露股票恢复上市公告五个交易日后，其股票恢复上市。

13.2.27　因本规则13.1.14条各项情形可转换公司债券被暂停上市的，在暂停上市期间，上市公司符合下列条件的，可以向本所提出恢复其可转换公司债券上市的书面申请：

（一）因 13.1.14　条第（一）项、第（四）项所列情形之一可转换公司债券被暂停上市，经查实后果不严重的；

（二）因 13.1.14 条第（二）项所列情形可转换公司债券被暂停上市，在六个月内该情形消除的；

（三）因 13.1.14 条第（三）项情形可转换公司债券被暂停上市，在两个月内该情形消除的；

（四）因 13.1.14 条第（五）项所列情形可转换公司债券被暂停上市，在法定披露期限内披露经审计的暂停上市后首个年度报告，且经审计的年度财务会计报告显示公司净利润（以公司扣除非经常性损益前后的净利润孰低者为计算依据）为正的。

13.2.28　可转换公司债券恢复上市事宜参照本节股票恢复上市的有关规定办理。

第三节　主动终止上市

13.3.1　上市公司出现下列情形之一的，可以向本所申请终止其股票上市交易：

（一）上市公司股东大会决议主动撤回其股票在本所上市交易，并决定不再在证券交易所交易；

（二）上市公司股东大会决议主动撤回其股票在本所上市交易，并转而申请在其他交易场所交易或转让；

（三）上市公司股东大会决议解散；

（四）上市公司因新设合并或者吸收合并，不再具有独立主体资格并被注销；

（五）上市公司以终止公司股票上市为目的，向公司所有股东发出回购全部股份或者部分股份的要约，导致公司股本总额、股权分布等发生变化不再具备上市条件；

（六）上市公司股东以终止公司股票上市为目的，向公司所有其他股东发出收购全部股份或者部分股份的要约，导致公司股本总额、股权分布等发生变化不再具备上市条件；

（七）上市公司股东以外的其他收购人以终止公司股票上市为目的，向公司所有股东发出收购全部股份或者部分股份的要约，导致公司股本总额、股权分布等发生变化不再具备上市条件；

（八）中国证监会或本所认可的其他主动终止上市情形。

13.3.2　上市公司出现本规则 13.3.1 条第（一）项、第（二）项规定情形的，应当经出席股东大会的股东所持表决权的三分之二以上，且经出席会议的除以下股东以外的其他股东所持表决权的三分之二以上通过：

（一）上市公司的董事、监事、高级管理人员；

（二）单独或者合计持有上市公司5%以上股份的股东。

13.3.3 上市公司因本规则13.3.1条第（一）项、第（二）项规定情形召开公司股东大会的，应当及时向本所提交下列文件并公告：

（一）董事会关于申请主动终止上市的决议；

（二）召开股东大会通知；

（三）主动终止上市预案；

（四）独立董事意见；

（五）财务顾问报告；

（六）本所要求的其他文件。

前款第（三）项所称"主动终止上市预案"，应当包括但不限于：公司终止上市原因、终止上市方式、终止上市后经营发展计划、股份转让安排、异议股东保护措施，以及公司董事会关于主动终止上市对公司长远发展和全体股东利益的影响分析等相关内容。

独立董事应当就主动终止上市事项是否有利于公司长远发展和全体股东利益，向除上市公司的董事、监事、高级管理人员、单独或者合计持有上市公司5%以上股份的股东以外的其他股东征询意见，并在此基础上发表意见。

公司应当申请其股票及其衍生品种自股东大会股权登记日的次一交易日起停牌，并在股东大会审议通过主动终止上市决议后及时披露决议情况。公司可以在股东大会决议后的十五个交易日内向本所提交主动终止上市的书面申请。

公司主动终止上市决议未获股东大会审议通过的，应当及时向本所申请其股票及其衍生品种自公司股东大会决议公告当日起复牌。

13.3.4 上市公司因本规则13.3.1条第（三）项规定情形召开公司股东大会的，应当及时向本所提交下列文件并公告：

（一）董事会决议；

（二）召开股东大会通知；

（三）董事会关于解散原因、解散安排及异议股东保护措施等情况的说明；

（四）法律、行政法规、部门规章、规范性文件、本所及公司章程要求的其他文件。

公司应当及时对外披露股东大会审议情况。如股东大会审议通过上述议案的，公司应当立即向本所报告，并根据有关规定申请办理其股票及其衍生品种停复牌事宜。

13.3.5 上市公司因本规则13.3.1条第（四）项规定情形召开公司股东大会的，应当及时向本所提交下列文件并公告：

（一）董事会决议；

（二）召开股东大会通知；

（三）公司合并预案（须包括异议股东保护措施）；

（四）独立董事意见；

（五）财务顾问报告；

（六）法律意见书；

（七）法律、行政法规、部门规章、规范性文件、本所及公司章程要求的其他文件。

公司应当及时对外披露股东大会审议情况。如股东大会审议通过上述议案的，公司应当立即向本所报告，并根据有关规定申请办理其股票及其衍生品种停复牌事宜。

13.3.6　上市公司因本规则13.3.1条第（五）项规定情形召开公司股东大会的，应当及时向本所提交下列文件并公告：

（一）董事会决议；

（二）召开股东大会通知；

（三）回购报告书或预案（须包括异议股东保护措施、终止上市后续安排）；

（四）独立董事意见；

（五）财务顾问报告；

（六）法律、行政法规、部门规章、规范性文件、本所要求的其他文件。

公司应当及时对外披露股东大会审议情况。如股东大会审议通过上述议案的，公司应当立即向本所报告，并根据有关规定申请办理其股票及其衍生品种停复牌事宜。

13.3.7　上市公司出现本规则13.3.1条第（六）项、第（七）项规定情形的，其股票及其衍生品种自公司披露收购结果公告或者其他相关股权变动公告之日起停牌。

13.3.8　上市公司因自愿解散、公司合并、回购股份及要约收购等情形依据本规则13.3.1条第（三）项至第（七）项的规定申请其股票终止上市的，应当同时遵守《公司法》、《证券法》、中国证监会、本所及公司章程关于上市公司解散、重组、回购、收购等相关规定的要求，履行相应审议程序和披露义务，安排公司股票及其衍生品种的停牌与复牌，及时向本所提交主动终止上市的申请。

13.3.9　上市公司依据本规则13.3.1条的规定向本所申请其股票终止上市的，应当向本所提交下列文件：

（一）终止上市申请书；

（二）股东大会决议（如适用）；

（三）相关终止上市方案；

（四）财务顾问报告；

（五）法律意见书；

（六）本所要求的其他文件。

13.3.10 本所将在收到上市公司提交的终止上市申请文件后五个交易日内作出是否受理的决定并通知公司。公司未能按照本节要求提供申请文件的，其股票终止上市申请本所不予受理。

公司应当在收到本所关于是否受理其终止上市申请的决定后，及时披露决定的有关情况并提示其股票可能终止上市的风险。

13.3.11 本所上市委员会对公司股票终止上市的申请进行审议，作出独立的专业判断并形成审核意见。

上市公司依据本规则 13.3.1 条第（一）项、第（二）项的规定申请其股票终止上市的，本所将在受理公司申请后的十五个交易日内，依据上市委员会意见作出是否同意公司股票终止上市申请的决定。

上市公司因自愿解散、公司合并、回购股份、要约收购等情形依据本规则 13.3.1 条第（三）项至第（七）项的规定申请其股票终止上市的，除另有规定外，本所将在上市公司披露解散决议公告、合并交易完成公告、回购或者收购结果公告后的十五个交易日内，依据上市委员会意见作出是否同意公司股票终止上市申请的决定。

13.3.12 在本所受理公司申请至作出决定期间，本所要求公司提供补充材料的，公司应当在本所规定期限内提供有关材料。公司提供补充材料的期限累计不得超过三十个交易日。公司补充材料期间不计入本所作出有关决定的期限内。

公司未能在本所规定的期限内提供补充材料的，本所将在上述期限届满前作出是否同意公司股票终止上市申请的决定。

13.3.13 本所在作出同意公司股票终止上市决定后两个交易日内通知公司，并于两个交易日内发布相关公告，同时报中国证监会备案。

13.3.14 因本规则 13.3.1 条规定情形其股票被终止上市、且法人主体资格将存续的公司，应当对公司股票终止上市后转让或交易、异议股东保护措施作出具体安排，保护中小投资者的合法权益。

13.3.15 上市公司应当在收到本所关于终止其股票上市决定后及时披露股票终止上市公告。

股票终止上市公告应当包括以下内容：

（一）终止上市股票的种类、简称、证券代码以及终止上市的日期；

（二）终止上市决定的主要内容；

（三）公司股票终止上市后相关安排、异议股东保护措施落实情况等；

（四）终止上市后其股票登记、转让、管理事宜（如适用）；

（五）终止上市后公司的联系人、联系地址、电话和其他通讯方式；

（六）中国证监会和本所要求的其他内容。

第四节　强制终止上市

13.4.1　上市公司出现下列情形之一的，本所有权决定终止其股票上市交易：（一）因本规则13.1.1条第（一）项至第（四）项情形其股票被暂停上市后，未能在法定披露期限内披露暂停上市后首个年度报告；

（二）因本规则13.1.1条第（一）项、第（二）项情形其股票被暂停上市后，在法定披露期限内披露的暂停上市后首个年度报告显示公司净利润为负（以公司扣除非经常性损益前后的净利润孰低者为计算依据）；

（三）因本规则13.1.1条第（一）项至第（四）项情形其股票被暂停上市后，在法定披露期限内披露了暂停上市后相关定期报告，但未能在其后五个交易日内提出恢复上市申请；

（四）因本规则13.1.1条第（三）项、第（四）项情形其股票被暂停上市后，在法定披露期限内披露的暂停上市后首个年度报告显示公司年末净资产仍为负；或者因财务会计报告存在重要的前期差错或者虚假记载，对以前年度财务会计报告进行追溯调整，导致最近两年年末净资产为负；

（五）因本规则13.1.1条第（五）项情形其股票被暂停上市后，未能在法定披露期限内披露暂停上市后首个半年度报告；

（六）因本规则13.1.1条第（五）项情形其股票被暂停上市后，披露的暂停上市后首个半年度财务会计报告被注册会计师出具否定或者无法表示意见的审计报告；

（七）因本规则13.1.1条第（五）项情形其股票被暂停上市后，披露的暂停上市后首个半年度报告显示该项情形已消除，但未能在其后五个交易日内提出恢复上市申请；

（八）因本规则13.1.1条第（六）项情形其股票被暂停上市后，在两个月内仍未能披露经改正的有关财务会计报告；

（九）因本规则13.1.1条第（六）项情形其股票被暂停上市后的两个月内披露了经改正的有关财务会计报告，但未能在其后的五个交易日内提出恢复上市申请；

（十）因本规则13.1.1条第（七）项情形其股票被暂停上市后，在一个月内仍未能披露相关年度报告或者半年度报告；

（十一）因本规则13.1.1条第（七）项情形其股票被暂停上市后的一个月内披露了相关年度报告或者半年度报告，但未能在其后的五个交易日内提出恢复上市申请；

（十二）因本规则13.1.1条第（八）项、第（九）项情形其股票被暂停上市后，在中国证监会作出行政处罚决定、移送决定之日起的十二个月内被法院作出有罪判决或者在前述规定期限内未满足恢复上市条件；

（十三）因本规则13.1.1条第（八）项、第（九）项情形其股票被暂停上市后，符合本规则规定的恢复上市申请条件但未在规定期限内向本所提出恢复上市申请；

（十四）因本规则12.11条或者12.12条所述情形，公司股权分布或者股东人数不具备上市条件，公司未在本所规定的期限内提交股权分布或者股东人数问题的解决方案；或者因本规则13.1.1条第（十）项情形其股票被暂停上市后，在其后的六个月内公司股权分布或者股东人数仍不具备上市条件，或虽已具备上市条件但未在规定期限内向本所提出恢复上市申请；

（十五）因本规则13.1.1条第（十一）项情形公司股票被暂停上市后，在本所规定的期限内仍未消除相关情形，或虽已消除相关情形但未在规定期限内向本所提出恢复上市申请；

（十六）恢复上市申请未被受理；

（十七）恢复上市申请未被审核同意；

（十八）公司最近三十六个月内累计受到本所三次公开谴责；

（十九）公司股票连续120个交易日通过本所交易系统实现的累计成交量低于100万股（因本所对新股交易采取特别交易或者停牌制度所导致的除外）；

（二十）公司股票连续二十个交易日每日收盘价均低于每股面值；

（二十一）公司被依法强制解散；

（二十二）法院宣告公司破产；

（二十三）本所规定的其他情形。

上市公司依据本规则13.3.1条申请其股票主动终止上市出现前款相关情形的，不适用本节的规定。

13.4.2 上市公司可能出现终止上市风险的，应当在以下时点首次发布公司股票可能被终止上市的风险提示公告，之后每五个交易日发布一次，直至终止上市风险消除或者本所作出公司股票终止上市的决定：

（一）出现本规则13.4.1条第（二）项、第（四）项、第（六）项情形的，应当自披露相关定期报告时；

（二）因财务会计报告存在重要的前期差错或者虚假记载，对以前年度财务会计报告进行追溯调整，导致最近两年净资产为负的，在知悉追溯调整导致最近两年净资产为负时；

（三）最近三十六个月内受到本所公开谴责两次，第二次被公开谴责时；

（四）中国证监会关于依法撤销对公司的行政处罚决定书或依法变更行政处罚决定的文件，或者公安机关、人民检察院或人民法院的相关决定或裁判文书；

（五）法律意见书；

（六）公司最近一年又一期经审计财务报告；

（七）公司前十大股东名册和公司持股5%以上股东的营业执照或有关身份证明文件；

（八）公司全部股份在结算公司深圳分公司托管的证明文件；

（九）公司董事、监事及高级管理人员持有本公司股份情况说明；

（十）本所要求的其他材料。

本所将在收到公司提交申请文件后的五个交易日内，作出是否受理的决定并通知公司。公司应当及时对外发布相关公告。

13.4.31　符合本规则13.4.29条规定情形向本所提出申请的公司，如还存在触及本规则规定的除欺诈发行、重大信息披露违法情形外的暂停上市、终止上市情形的，应当同时适用本规则的相关规定。

本所上市委员会对公司股票恢复正常交易的申请，作出独立的专业判断并形成审核意见，本所依据上市委员会意见，在受理公司申请后的十五个交易日内，作出是否同意恢复公司股票正常交易的决定。

在此期间，本所要求公司提供补充材料的，公司应当在本所规定期限内提供有关材料。公司提供补充材料的期限累计不得超过五个交易日。公司补充材料期间不计入本所作出有关决定的期限内。

13.4.32　符合本规则13.4.29条规定情形向本所提出申请的公司，其董事、监事、高级管理人员、控股股东及其实际控制人所持股份在公司股票恢复正常交易时的流通或限售安排，应当按照法律、行政法规、部门规章、规范性文件及本所有关规定执行。

13.4.33　本所在作出恢复公司股票交易的决定后两个交易日内通知公司，并报告中国证监会。

公司应当在收到上述决定后及时公告，并按本所要求办理恢复股票交易的相关手续。

13.4.34　可转换公司债券终止上市事宜参照本节股票终止上市有关规定办理。

第十四章　申请复核

14.1　发行人或者上市公司（以下统称申请人）对本所作出的不予上市、暂停上市、终止上市决定不服的，可以在收到本所相关决定后的十五个交易日内向本所申请复核，并提交下列文件：

（一）复核申请书；

（二）律师就申请复核事项出具的法律意见书；

（三）保荐机构就申请复核事项出具的保荐意见书；

（四）本所要求的其他文件。

申请人应当在向本所提出复核申请后次一交易日发布相关公告。

14.2　本所在收到申请人提交的复核申请后五个交易日内作出是否受理的决定并通知申请人。

申请人未能按照本规则14.1条要求提交申请文件的，本所不受理其复核申请。

申请人应当在收到本所是否受理其申请的决定后及时披露决定的有关情况，并提示相关风险。

14.3　本所设立上诉复核委员会，对申请人的复核申请进行审议，作出独立的专业判断并形成审核意见。

14.4　本所在受理复核申请后三十个交易日内，依据上诉复核委员会的审核意见作出维持或者撤销不予上市、暂停上市、终止上市的决定。该决定为终局决定。

在此期间，本所要求申请人提供补充材料的，申请人应当在本所规定期限内提供有关材料。申请人提供补充材料期间不计入本所作出有关决定的期限。

第十五章　境内外上市事务

15.1　在本所上市的公司同时有证券在境外证券交易所上市的，应当保证境外证券交易所要求其披露的信息，同时在中国证监会指定媒体上按照本规则和本所其他相关规定的要求对外披露。

15.2　上市公司就同一事件履行报告和公告义务时，应当保证同时向本所和境外证券交易所报告、公告的内容一致。出现重大差异时，公司应当向本所说明，并按照本所要求披露更正或者补充公告。

15.3　本章未尽事宜，适用法律、行政法规、部门规章、规范性文件、本所其他相关规定以及本所与其他证券交易所签署的监管合作备忘录的规定。

第十六章　监管措施和违规处分

16.1　本所对本规则1.5条规定的监管对象实施监管，具体监管措施包括：

（一）要求作出解释和说明；

（二）要求中介机构或者要求聘请中介机构进行核查并发表意见；

（三）书面警示（发出各种通知和函件）；

（四）约见谈话；

（五）撤销任职资格证书；

（六）暂不受理有关当事人出具的文件；

（七）限制交易；

（八）上报中国证监会；

（九）其他监管措施。

本规则 1.5 条规定的监管对象应当积极配合本所的日常监管，在规定限期内回答本所问询，并按本所要求提交说明，或者披露相应的更正或者补充公告。

16.2　上市公司、相关信息披露义务人及其相关人员违反本规则、本所其他相关规定或者其所作出的承诺的，本所视情节轻重给予以下处分：

（一）通报批评；

（二）公开谴责。

16.3　上市公司董事、监事、高级管理人员违反本规则、本所其他相关规定或者其所作出的承诺的，本所视情节轻重给予以下处分：

（一）通报批评；

（二）公开谴责；

（三）公开认定其不适合担任上市公司董事、监事、高级管理人员。

以上（二）、（三）项处分可以并处。

16.4　上市公司董事会秘书违反本规则、本所其他相关规定或者其所作出的承诺的，本所视情节轻重给予以下处分：

（一）通报批评；

（二）公开谴责；

（三）公开认定其不适合担任上市公司董事会秘书。

以上（二）、（三）项处分可以并处。

16.5　保荐机构及其保荐代表人、证券服务机构及其相关人员违反本规则、本所其他相关规定或者其所作出的承诺的，本所视情节轻重给予以下处分：

（一）通报批评；

（二）公开谴责。

情节严重的，本所依法报中国证监会查处。

16.6　破产管理人或者管理人成员违反本规则或者本所其他相关规定的，

本所视情节轻重给予以下处分：

（一）通报批评；

（二）公开谴责；

（三）建议法院更换管理人或者管理人成员。

16.7　本所设立纪律处分委员会对涉及本规则1.5条规定的监管对象的纪律处分事项进行审核，作出独立的专业判断并形成审核意见。本所根据纪律处分委员会的审核意见，作出是否给予纪律处分的决定。

第十七章　释　　义

17.1　本规则下列用语具有如下含义：

（一）披露：指上市公司或者相关信息披露义务人按法律、行政法规、部门规章、规范性文件、本规则和本所其他相关规定在指定媒体上公告信息。

（二）重大事件：指对上市公司股票及其衍生品种交易价格可能产生较大影响的事项。

（三）及时：指自起算日起或者触及本规则披露时点的两个交易日内。

（四）高级管理人员：指公司经理、副经理、董事会秘书、财务负责人及公司章程规定的其他人员。

（五）控股股东：指其持有的股份占公司股本总额50%以上的股东；或者持有股份的比例虽然不足50%，但依其持有的股份所享有的表决权已足以对股东大会的决议产生重大影响的股东。

（六）实际控制人：指虽不是公司的控股股东，但通过投资关系、协议或者其他安排，能够实际支配公司行为的人。

（七）控制：指有权决定一个企业的财务和经营政策，并能据以从该企业的经营活动中获取利益。有下列情形之一的，为拥有上市公司控制权：

1. 为上市公司持股50%以上的控股股东；

2. 可以实际支配上市公司股份表决权超过30%；

3. 通过实际支配上市公司股份表决权能够决定公司董事会半数以上成员选任；

4. 依其可实际支配的上市公司股份表决权足以对公司股东大会的决议产生重大影响；

5. 中国证监会或者本所认定的其他情形。

（八）上市公司控股子公司：指上市公司持有其50%以上股份，或者能够决定其董事会半数以上成员组成，或者通过协议或者其他安排能够实际控制的公司。

（九）股权分布发生变化不具备上市条件：指社会公众持有的股份连续二十个交易日低于公司股份总数的25%；公司股本总额超过四亿元的，社会公众持股的比例连续二十个交易日低于公司股份总数的10%。

上述社会公众是指除了以下股东之外的上市公司其他股东：

1. 持有上市公司10%以上股份的股东及其一致行动人；

2. 上市公司的董事、监事、高级管理人员及其关系密切的家庭成员，上市公司董事、监事、高级管理人员直接或者间接控制的法人或者其他组织。

（十）股东人数发生变化不具备上市条件：指股东人数少于200人。

（十一）公司承诺：指上市公司及其董事会在招股说明书、配股说明书、募集说明书、定期报告、临时报告、整改报告或者承诺函等文件中就重要事项向公众或者监管部门所作出的保证和提出的相关解决措施。

（十二）股东承诺：指上市公司股东在招股说明书、配股说明书、募集说明书、定期报告、临时报告、整改报告或者承诺函等文件中就重要事项向上市公司、公众或者监管部门所作出的保证和提出的相关解决措施。

（十三）净资产：指归属于公司普通股股东的期末净资产，不包括少数股东权益金额。

（十四）净利润：指归属于公司普通股股东的净利润，不包括少数股东损益金额。

（十五）每股收益：指根据中国证监会有关规定计算的基本每股收益。

（十六）净资产收益率：指根据中国证监会有关规定计算的净资产收益率。

（十七）证券服务机构：指为证券发行、上市、交易等证券业务活动制作、出具审计报告、资产评估报告、法律意见书、财务顾问报告、资信评级报告等文件的会计师事务所、资产评估机构、律师事务所、财务顾问机构、资信评级机构、投资咨询机构。

（十八）破产程序：指《企业破产法》所规范的重整、和解或者破产清算程序。

（十九）管理人管理模式：指经法院裁定由管理人负责管理上市公司财产和营业事务的运作模式。

（二十）管理人监督模式：指经法院裁定由公司在管理人的监督下自行管理财产和营业事务的运作模式。

（二十一）重整期间：指自法院裁定上市公司重整之日起至重整程序终止期间。

（二十二）欺诈发行：指公司因首次公开发行股票申请、披露文件存在虚假记载、误导性陈述或者重大遗漏，致使不符合发行条件的发行人骗取了发行核准，或者对新股发行定价产生了实质性影响，受到中国证监会行政处罚，或者因涉嫌欺诈发行罪被依法移送公安机关。

（二十三）重大信息披露违法：指上市公司因信息披露文件存在虚假记载、误导性陈述或者重大遗漏，受到中国证监会行政处罚，并且因违法行为性质恶劣、情节严重、市场影响重大，在行政处罚决定书中被认定构成重大违法行为，或者因涉嫌违规披露、不披露重要信息罪被依法移送公安机关。

（二十四）全面纠正违法行为，指包括但不限于：公司就重大信息披露违法行为所涉事项已进行补充披露或更正公告；公司就重大信息披露违法行为所涉事项已补充履行相关决策程序；公司因重大信息披露违法行为发生的损失已获得弥补；重大信息披露违法行为可能引发的与公司相关的风险因素已消除。

（二十五）撤换有关责任人员，指包括但不限于：已撤换被中国证监会依法移送公安机关立案调查的有关人员、被中国证监会行政处罚的有关人员、被人民法院判决有罪的有关人员，以及本所认定的对重大信息披露违法行为负有重要责任的其他人员。

（二十六）对民事赔偿责任作出妥善安排，指包括但不限于：人民法院作出判决的，该判决已执行完毕；已达成和解的，该和解协议已执行完毕；未达成和解的，已按预计最高索赔金额计提赔偿基金，并将足额资金划入基金专户存储；公司的控股股东及其实际控制人或第三方已承诺：将对赔偿基金不足或未予赔偿的部分代为赔付。

17.2　本规则未定义的用语的含义，依照国家有关法律、行政法规、部门规章、规范性文件及本所有关业务规则、细则、指引和通知确定。

17.3　本规则所称“以上”、“以内”、“以下”都含本数，“超过”、“少于”、“低于”不含本数。

17.4　本规则所称“元”如无特指，均指人民币元。

第十八章　附　　则

18.1　本规则经本所理事会会议审议通过并报中国证监会批准后生效，修改时亦同。

18.2　本规则由本所负责解释。

18.3　本规则自 2014 年 11 月 16 日起施行。

18.4　经有关主管机关的批准，本所可以对股票被暂停上市的上市公司实行差异化的上市费标准。

VI. 4 上海证券交易所权证管理暂行办法

（2005 年 7 月 19 日 上证国字［2005］17 号）

第一章 总 则

第一条 为规范权证的业务运作，维护正常的市场秩序，保护投资者的合法权益，根据《证券法》等法律、行政法规以及本所相关业务规则，制定本办法。

第二条 本办法所称权证，是指标的证券发行人或其以外的第三人（以下简称发行人）发行的，约定持有人在规定期间内或特定到期日，有权按约定价格向发行人购买或出售标的证券，或以现金结算方式收取结算差价的有价证券。

第三条 权证在本所发行、上市、交易、行权，适用本办法，本办法未作规定的，适用本所其他有关规定。

第四条 本所对权证的发行、上市、交易、行权及信息披露进行监管，中国证监会另有规定的除外。

第五条 在本所发行、上市、交易、行权的权证，其登记、托管和结算由本所指定的证券登记结算机构办理。

第二章 权证的发行上市

第六条 发行人申请发行权证并在本所上市的，应在发行前向本所报送申请材料。本所自受理之日起 20 个工作日内出具审核意见，并报中国证监会备案。

前款申请材料的内容与格式，由本所另行制定。

第七条 权证发行申请经本所核准后，发行人应在发行前 2 至 5 个工作日内将权证发行说明书刊登于至少一种指定报纸和指定网站。

权证发行说明书的内容与格式由本所另行规定。

第八条 发行人应在权证发行结束后 2 个工作日内，将权证发行结果报送本所，并提交权证上市申请材料。

权证上市申请经本所核准后，发行人应在其权证上市 2 个工作日之前，在至少一种指定报纸和指定网站上披露上市公告书。

第九条 申请在本所上市的权证，其标的证券为股票的，标的股票在申请上市之日应符合以下条件：

（一）最近20个交易日流通股份市值不低于30亿元；

（二）最近60个交易日股票交易累计换手率在25%以上；

（三）流通股股本不低于3亿股；

（四）本所规定的其他条件。

标的证券为其他证券的，其资格条件由本所另行规定。

第十条 申请在本所上市的权证，应符合以下条件：

（一）约定权证类别、行权价格、存续期间、行权日期、行权结算方式、行权比例等要素；

（二）申请上市的权证不低于5000万份；

（三）持有1000份以上权证的投资者不得少于100人；

（四）自上市之日起存续时间为6个月以上24个月以下；

（五）发行人提供了符合本办法第十一条规定的履约担保；

（六）本所规定的其他条件。

第十一条 由标的证券发行人以外的第三人发行并在本所上市的权证，发行人应按照下列规定之一，提供履约担保：

（一）通过专用账户提供并维持足够数量的标的证券或现金，作为履约担保。

履约担保的标的证券数量 = 权证上市数量 × 行权比例 × 担保系数；

履约担保的现金金额 = 权证上市数量 × 行权价格 × 行权比例 × 担保系数。担保系数由本所发布并适时调整。

（二）提供经本所认可的机构作为履约的不可撤销的连带责任保证人。

发行人应保证按前款第（一）项规定所提供的用于履约担保的标的证券或者现金不存在质押、司法冻结或其他权利瑕疵。权证存续期间，用于履约担保的标的证券或者现金出现权利瑕疵的，发行人应当及时披露，并采取措施使履约担保重新符合规定。

第十二条 申请权证上市的，发行人应向本所提交下列文件：

（一）上市申请书；

（二）权证发行情况说明；

（三）上市公告书；

（四）董事、监事和高级管理人员持有标的证券和权证的情况报告、禁售申请；

（五）本所要求的其他文件。

上市公告书的内容和格式，由本所另行规定。

第十三条　发行人应当在权证上市前与本所签订上市协议，明确双方的权利、义务和有关事项。

第十四条　出现下列情形之一的，权证将被终止上市：

（一）权证存续期满；

（二）权证在存续期内已被全部行权；

（三）本所认定的其他情形。

权证存续期满前 5 个交易日，权证终止交易，但可以行权。

第十五条　发行人应当在权证存续期满前至少 7 个工作日发布终止上市提示性公告。

第十六条　发行人应于权证终止上市后 2 个工作日内刊登权证终止上市公告。

第十七条　本所有权根据市场需要，要求发行人和相关投资者履行相关信息披露义务。

发行人应指定一名专职人员作为权证信息披露事务联络人。

第三章　权证的交易行权

第一节　交　　易

第十八条　经本所认可的具有本所会员资格的证券公司（以下简称本所会员）可以自营或代理投资者买卖权证。

第十九条　本所会员应向首次买卖权证的投资者全面介绍相关业务规则，充分揭示可能产生的风险，并要求其签署风险揭示书。风险揭示书由本所统一制定。

第二十条　单笔权证买卖申报数量不得超过 100 万份，申报价格最小变动单位为 0.001 元人民币。权证买入申报数量为 100 份的整数倍。

第二十一条　当日买进的权证，当日可以卖出。

第二十二条　权证交易实行价格涨跌幅限制，涨跌幅按下列公式计算：

权证涨幅价格 = 权证前一日收盘价格 +（标的证券当日涨幅价格 - 标的证券前一日收盘价）×125% ×行权比例；

权证跌幅价格 = 权证前一日收盘价格 -（标的证券前一日收盘价 - 标的证券当日跌幅价格）×125% ×行权比例。

当计算结果小于等于零时，权证跌幅价格为零。

第二十三条　权证上市首日开盘参考价，由保荐机构计算；无保荐机构的，由发行人计算，并将计算结果提交本所。

第二十四条 本所在每日开盘前公布每只权证可流通数量、持有权证数量达到或超过可流通数量5%的持有人名单。

第二十五条 权证发行人不得买卖自己发行的权证，标的证券发行人不得买卖标的证券对应的权证。

第二十六条 禁止内幕信息知情人员利用内幕信息进行权证交易活动，获取不正当利益。

第二十七条 禁止任何人从事下列活动：

（一）直接操纵权证价格；

（二）通过操纵标的证券价格影响其对应权证的价格；

（三）通过操纵权证价格影响其对应的标的证券价格。

第二十八条 标的证券停牌的，权证相应停牌；标的证券复牌的，权证复牌。本所根据市场需要有权暂停权证交易。

第二十九条 已上市交易的权证，合格机构可创设同种权证，具体要求由本所另行规定。

第二节 行 权

第三十条 权证持有人行权的，应委托本所会员通过本所交易系统申报。

第三十一条 权证行权的申报数量为100份的整数倍。

第三十二条 当日行权申报指令，当日有效，当日可以撤销。

第三十三条 当日买进的权证，当日可以行权。当日行权取得的标的证券，当日不得卖出。

第三十四条 标的证券除权、除息的，权证的发行人或保荐人应对权证的行权价格、行权比例作相应调整并及时提交本所。

第三十五条 标的证券除权的，权证的行权价格和行权比例分别按下列公式进行调整：

新行权价格＝原行权价格×（标的证券除权日参考价/除权前一日标的证券收盘价）；

新行权比例＝原行权比例×（除权前一日标的证券收盘价/标的证券除权日参考价）。

第三十六条 标的证券除息的，行权比例不变，行权价格按下列公式调整：

新行权价格＝原行权价格×（标的证券除息日参考价/除息前一日标的证券收盘价）。

第三十七条 权证行权采用现金方式结算的，权证持有人行权时，按行权价格与行权日标的证券结算价格及行权费用之差价，收取现金。

前款中的标的证券结算价格，为行权日前十个交易日标的证券每日收盘价的平均数。

第三十八条 权证行权采用证券给付方式结算的，认购权证的持有人行权时，应支付依行权价格及标的证券数量计算的价款，并获得标的证券；认沽权证的持有人行权时，应交付标的证券，并获得依行权价格及标的证券数量计算的价款。

第三十九条 采用现金结算方式行权且权证在行权期满时为价内权证的，发行人在权证期满后的 3 个工作日内向未行权的权证持有人自动支付现金差价。

采用证券给付结算方式行权且权证在行权期满时为价内权证的，代为办理权证行权的本所会员应在权证期满前的 5 个交易日提醒未行权的权证持有人权证即将期满，或按事先约定代为行权。

第四十条 权证交易佣金、费用等，参照在本所上市交易的基金的标准执行。

第四章 罚 则

第四十一条 权证发行人违反本办法或本所相关业务规则的，本所可责令其改正，并视情节轻重，给予下列惩戒：

（一）通报批评；

（二）公开谴责；

（三）本所认为需要采取的其他措施。

第四十二条 本所会员违反本办法或本所其他业务规则，本所可视情节轻重，给予下列惩戒：

（一）责令改正；

（二）通报批评；

（三）公开谴责；

（四）暂停其权证自营或经纪业务，限制其在自营或经纪业务中买入权证；

（五）本所认为需要采取的其他措施。

第四十三条 本所会员严重违反证券登记结算机构结算规则，根据证券登记结算机构的提请，本所可暂停其权证自营或经纪业务，或限制其在自营或经纪业务中买入权证。

第四十四条 本所对权证交易进行实时监控，对存在异常交易，或内幕交易、市场操纵嫌疑的，本所视具体情况，可采取下列措施：

（一）口头警告相关人员；

（二）约见相关人员谈话；

（三）限制出现重大异常交易情况的证券账户的权证交易；

（四）向中国证监会报告。

第五章 附 则

第四十五条 本办法下列用语含义如下：

（一）标的证券：发行人承诺按约定条件向权证持有人购买或出售的证券。

（二）认购权证：发行人发行的，约定持有人在规定期间内或特定到期日，有权按约定价格向发行人购买标的证券的有价证券。

（三）认沽权证：发行人发行的，约定持有人在规定期间内或特定到期日，有权按约定价格向发行人出售标的证券的有价证券。

（四）行权：权证持有人要求发行人按照约定时间、价格和方式履行权证约定的义务。

（五）行权价格：发行人发行权证时所约定的，权证持有人向发行人购买或出售标的证券的价格。

（六）行权比例：一份权证可以购买或出售的标的证券数量。

（七）证券给付结算方式：指权证持有人行权时，发行人有义务按照行权价格向权证持有人出售或购买标的证券。

（八）现金结算方式：指权证持有人行权时，发行人按照约定向权证持有人支付行权价格与标的证券结算价格之间的差额。

（九）价内权证：指权证持有人行权时，权证行权价格与行权费用之和低于标的证券结算价格的认购权证；或者行权费用与标的证券结算价格之和低于权证行权价格的认沽权证。

第四十六条 本办法所称“以上”、“以下”含本数，“超过”、“低于”不含本数。

第四十七条 本办法经本所理事会通过，报中国证监会批准后生效，修改时亦同。

第四十八条 本办法由本所负责解释。

第四十九条 本办法自发布之日起施行。

VI.5 深圳证券交易所权证管理暂行办法

（2005 年 7 月 18 日　深圳证券交易所）

第一章　总　　则

第一条　为规范权证的业务运作，维护正常的市场秩序，保护投资者的合法权益，根据《证券法》等法律、行政法规以及本所相关业务规则，制定本办法。

第二条　本办法所称权证，是指标的证券发行人或其以外的第三人（以下简称发行人）发行的，约定持有人在规定期间内或特定到期日，有权按约定价格向发行人购买或出售标的证券，或以现金结算方式收取结算差价的有价证券。

第三条　权证在本所发行、上市、交易、行权，适用本办法，本办法未作规定的，适用本所其他有关规定。

第四条　本所对权证的发行、上市、交易、行权及信息披露进行监管，中国证监会另有规定的除外。

第五条　在本所发行、上市、交易、行权的权证，其登记、托管和结算由本所指定的证券登记结算机构办理。

第二章　权证的发行上市

第六条　发行人申请发行权证并在本所上市的，应在发行前向本所报送申请材料。本所自受理之日起 20 个工作日内出具审核意见，并报中国证监会备案。

前款申请材料的内容与格式，由本所另行制定。

第七条　权证发行申请经本所核准后，发行人应在发行前 2 至 5 个工作日内将权证发行说明书刊登于至少一种指定报纸和指定网站。

权证发行说明书的内容与格式由本所另行规定。

第八条　发行人应在权证发行结束后 2 个工作日内，将权证发行结果报送本所，并提交权证上市申请材料。

权证上市申请经本所核准后，发行人应在其权证上市 2 个工作日之前，在至少一种指定报纸和指定网站上披露上市公告书。

第九条 申请在本所上市的权证，其标的证券为股票的，标的股票在申请上市之日应符合以下条件：

（一）最近20个交易日流通股份市值不低于30亿元；

（二）最近60个交易日股票交易累计换手率在25%以上；

（三）流通股股本不低于3亿股；

（四）本所规定的其他条件。

标的证券为其他证券的，其资格条件由本所另行规定。

第十条 申请在本所上市的权证，应符合以下条件：

（一）约定权证类别、行权价格、存续期间、行权日期、行权结算方式、行权比例等要素；

（二）申请上市的权证不低于5000万份；

（三）持有1000份以上权证的投资者不得少于100人；

（四）自上市之日起存续时间为6个月以上24个月以下；

（五）发行人提供了符合本办法第十一条规定的履约担保；

（六）本所规定的其他条件。

第十一条 由标的证券发行人以外的第三人发行并在本所上市的权证，发行人应按照下列规定之一，提供履约担保：

（一）通过专用账户提供并维持足够数量的标的证券或现金，作为履约担保。

履约担保的标的证券数量 = 权证上市数量 × 行权比例 × 担保系数；

履约担保的现金金额 = 权证上市数量 × 行权价格 × 行权比例 × 担保系数。担保系数由本所发布并适时调整。

（二）提供经本所认可的机构作为履约的不可撤销的连带责任保证人。

发行人应保证按前款第（一）项规定所提供的用于履约担保的标的证券或者现金不存在质押、司法冻结或其他权利瑕疵。权证存续期间，用于履约担保的标的证券或者现金出现权利瑕疵的，发行人应当及时披露，并采取措施使履约担保重新符合规定。

第十二条 申请权证上市的，发行人应向本所提交下列文件：

（一）上市申请书；

（二）权证发行情况说明；

（三）上市公告书；

（四）董事、监事和高级管理人员持有标的证券和权证的情况报告、禁售申请；

（五）本所要求的其他文件。

上市公告书的内容和格式，由本所另行规定。

第十三条 发行人应当在权证上市前与本所签订上市协议，明确双方的权利、义务和有关事项。

第十四条 出现下列情形之一的，权证将被终止上市：

（一）权证存续期满；

（二）权证在存续期内已被全部行权；

（三）本所认定的其他情形。

权证存续期满前5个交易日，权证终止交易，但可以行权。

第十五条 发行人应当在权证存续期满前至少7个工作日发布终止上市提示性公告。

第十六条 发行人应于权证终止上市后2个工作日内刊登权证终止上市公告。

第十七条 本所有权根据市场需要，要求发行人和相关投资者履行相关信息披露义务。

发行人应指定一名专职人员作为权证信息披露事务联络人。

第三章 权证的交易行权

第一节 交 易

第十八条 经本所认可的具有本所会员资格的证券公司（以下简称本所会员）可以自营或代理投资者买卖权证。

第十九条 本所会员应向首次买卖权证的投资者全面介绍相关业务规则，充分揭示可能产生的风险，并要求其签署风险揭示书。风险揭示书由本所统一制定。

第二十条 单笔权证买卖申报数量不得超过100万份，申报价格最小变动单位为0.001元人民币。权证买入申报数量为100份的整数倍。

第二十一条 当日买进的权证，当日可以卖出。

第二十二条 权证交易实行价格涨跌幅限制，涨跌幅按下列公式计算：

权证涨幅价格=权证前一日收盘价格+（标的证券当日涨幅价格-标的证券前一日收盘价）×125%×行权比例；

权证跌幅价格=权证前一日收盘价格-（标的证券前一日收盘价-标的证券当日跌幅价格）×125%×行权比例。

当计算结果小于等于零时，权证跌幅价格为价格最小变动单位。

第二十三条 权证上市首日开盘参考价，由保荐机构计算；无保荐机构的，由发行人计算，并将计算结果提交本所。

第二十四条 本所在每日开盘前公布每只权证可流通数量、持有权证数量达到或超过可流通数量5%的持有人名单。

第二十五条 权证发行人不得买卖自己发行的权证，标的证券发行人不得买卖标的证券对应的权证。

第二十六条 禁止内幕信息知情人员利用内幕信息进行权证交易活动，获取不正当利益。

第二十七条 禁止任何人从事下列活动：

（一）直接操纵权证价格；

（二）通过操纵标的证券价格影响其对应权证的价格；

（三）通过操纵权证价格影响其对应的标的证券价格。

第二十八条 标的证券停牌的，权证相应停牌；标的证券复牌的，权证复牌。本所根据市场需要有权暂停权证交易。

第二十九条 已上市交易的权证，合格机构可创设同种权证，具体要求由本所另行规定。

第二节 行 权

第三十条 权证持有人行权的，应委托本所会员通过本所交易系统申报。

第三十一条 权证行权以份为单位进行申报。

第三十二条 当日行权申报指令，当日有效，当日可以撤销。

第三十三条 当日买进的权证，当日可以行权。当日行权取得的标的证券，当日不得卖出。

第三十四条 标的证券除权、除息的，权证的发行人或保荐人应对权证的行权价格、行权比例作相应调整并及时提交本所。

第三十五条 标的证券除权的，权证的行权价格和行权比例分别按下列公式进行调整：

新行权价格=原行权价格×（标的证券除权日参考价/除权前一日标的证券收盘价）；

新行权比例=原行权比例×（除权前一日标的证券收盘价/标的证券除权日参考价）。

第三十六条 标的证券除息的，行权比例不变，行权价格按下列公式调整：

新行权价格=原行权价格×（标的证券除息日参考价/除息前一日标的证券收盘价）。

第三十七条 权证行权采用现金方式结算的，权证持有人行权时，按行权价格与行权日标的证券结算价格及行权费用之差价，收取现金。

前款中的标的证券结算价格，为行权日前十个交易日标的证券每日收盘价的平均数。

第三十八条 权证行权采用证券给付方式结算的，认购权证的持有人行权时，应支付依行权价格及标的证券数量计算的价款，并获得标的证券；认沽权证的持有人行权时，应交付标的证券，并获得依行权价格及标的证券数量计算的价款。

第三十九条 采用现金结算方式行权且权证在行权期满时为价内权证的，发行人在权证期满后的 3 个工作日内向未行权的权证持有人自动支付现金差价。

采用证券给付结算方式行权且权证在行权期满时为价内权证的，代为办理权证行权的本所会员应在权证期满前的 5 个交易日提醒未行权的权证持有人权证即将期满，或按事先约定代为行权。

第四十条 权证交易佣金、费用等，参照在本所上市交易的基金的标准执行。

第四章 罚 则

第四十一条 权证发行人违反本办法或本所相关业务规则的，本所可责令其改正，并视情节轻重，给予下列惩戒：

（一）通报批评；

（二）公开谴责；

（三）本所认为需要采取的其他措施。

第四十二条 本所会员违反本办法或本所其他业务规则，本所可视情节轻重，给予下列惩戒：

（一）责令改正；

（二）通报批评；

（三）公开谴责；

（四）暂停其权证自营或经纪业务，限制其在自营或经纪业务中买入权证；

（五）本所认为需要采取的其他措施。

第四十三条 本所会员严重违反证券登记结算机构结算规则，根据证券登记结算机构的提请，本所可暂停其权证自营或经纪业务，或限制其在自营或经纪业务中买入权证。

第四十四条 本所对权证交易进行实时监控，对存在异常交易，或内幕交易、市场操纵嫌疑的，本所视具体情况，可采取下列措施：

（一）口头警告相关人员；

（二）约见相关人员谈话；

（三）限制出现重大异常交易情况的证券账户的权证交易；

（四）向中国证监会报告。

第五章 附　　则

第四十五条 本办法下列用语含义如下：

（一）标的证券：发行人承诺按约定条件向权证持有人购买或出售的证券。

（二）认购权证：发行人发行的，约定持有人在规定期间内或特定到期日，有权按约定价格向发行人购买标的证券的有价证券。

（三）认沽权证：发行人发行的，约定持有人在规定期间内或特定到期日，有权按约定价格向发行人出售标的证券的有价证券。

（四）行权：权证持有人要求发行人按照约定时间、价格和方式履行权证约定的义务。

（五）行权价格：发行人发行权证时所约定的，权证持有人向发行人购买或出售标的证券的价格。

（六）行权比例：一份权证可以购买或出售的标的证券数量。

（七）证券给付结算方式：指权证持有人行权时，发行人有义务按照行权价格向权证持有人出售或购买标的证券。

（八）现金结算方式：指权证持有人行权时，发行人按照约定向权证持有人支付行权价格与标的证券结算价格之间的差额。

（九）价内权证：指权证持有人行权时，权证行权价格与行权费用之和低于标的证券结算价格的认购权证；或者行权费用与标的证券结算价格之和低于权证行权价格的认沽权证。

第四十六条 本办法所称"以上"、"以下"含本数，"超过"、"低于"不含本数。

第四十七条 本办法经本所理事会通过，报中国证监会批准后生效，修改时亦同。

第四十八条 本办法由本所负责解释。

第四十九条 本办法自发布之日起施行。

VI.6 关于权证发行上市若干问题的通知

（2005年11月29日 深圳证券交易所）

为了做好权证的发行、上市和交易工作，根据《深圳证券交易所权证管理暂行办法》（以下简称暂行办法）、《中国证券登记结算有限责任公司关于深圳证券交易所上市权证登记结算业务实施细则》（以下简称结算细则）有关规定，深圳证券交易所（以下简称深交所）、中国证券登记结算有限责任公司（以下简称中国结算）就权证上市、交易、结算和收费等相关事项通知如下：

一、权证发行上市前的相关准备工作

权证发行人应在权证发行前向深交所申请权证代码与权证简称，经深交所确认后方可使用。深交所权证代码与简称编制规则如下：

1. 权证代码

认购权证代码区间为［030001－032999］；认沽权证代码区间为［038001－039999］；权证业务预留的代码区间为［033000－038000］。认购权证和认沽权证分别按发行先后顺序编码。

深交所权证产品的发行、交易、行权等业务使用同一个证券代码。

2. 权证简称

一般情况下，权证简称应为“XYBbKs”，其中：XY为标的证券的两个汉字简称；Bb为两个拼音字母的发行人编码；K为权证类别（其中：C为认购权证，P为认沽权证）；s为同一发行人对同一标的证券发行权证的发行批次，取值为［0，9］，［A，Z］，［a，z］。

例如：攀枝花钢铁有限责任公司对新钢钒发行的认沽权证的代码为038001，简称为“钢钒PGP1”。

权证发行人应在权证上市之前与深交所签订《权证上市协议书》（《权证上市协议书》格式见附件一），并严格执行权证上市协议的规定。

二、权证风险揭示及投资者教育工作

权证是高杠杆性和高风险性产品，为了帮助投资者正确认识并防范权证市场风险，会员单位应当认真履行职责，采取各种形式开展权证业务的投资者教育工作，使投资者知悉权证交易、行权的基本知识和主要风险，以有效防范和控制风险。

在投资者首次参与权证交易前，会员单位必须要求其签署《权证风险揭示书》，并向其解释《权证风险揭示书》的内容，投资者在充分理解后签署。深交所《权证风险揭示书》范本参见附件二。

三、权证交易及结算资格管理

（一）深交所和中国结算对权证业务分别实施交易资格和结算资格管理。同时取得深交所权证交易资格和中国结算权证买入结算资格的会员公司和结算参与人，可从事权证自营或经纪业务。深交所或中国结算另有规定的除外。经深交所审核取得权证交易资格的会员公司名单见附件三。经中国结算审核取得权证买入结算资格的结算参与人名单详见中国结算外部网站。

只取得权证交易资格但未取得权证买入结算资格的会员公司和结算参与人，只可以在自营或经纪业务中行权或卖出权证；已根据结算细则第三十九条的规定选择合资格结算参与人代理或担保其结算业务的，可以在自营或经纪业务中买入权证。

（二）对违反结算细则规定，不能按时履行交收义务的结算参与人，中国结算从下一个交易日起暂停其权证买入结算资格。对于会员公司被暂停权证买入结算资格的，深交所根据中国结算的建议，在下一个交易日限制该会员在自营或经纪业务中买入权证；对于合格境外机构投资者指定的结算参与人被暂停权证买入交易结算资格的，深交所根据中国结算的建议，在下一个交易日限制该合格境外机构投资者买入权证。限制买入的有关措施，由中国结算告知相关结算参与人。

因不能按时履行交收义务被限制权证买入结算资格的结算参与人在补足交收透支款且权证交收履约保证金不低于最低限额的，中国结算认为其具备持续交收能力后，恢复其权证买入结算资格。根据中国结算的建议，深交所在下一个交易日取消对相关会员或合格境外机构投资者的权证买入限制。取消限制买入的有关措施后，由中国结算告知相关结算参与人。

（三）深交所对违反法律、法规、规章或相关业务规则的会员公司，可以暂停其权证交易资格。

（四）会员公司和结算参与人被限制权证交易资格，或被暂停权证买入结算资格后，应及时向其客户说明原因，提示风险，并自行承担因交易资格和买入结算资格被暂停而引起的法律后果。

四、权证主交易商制度

（一）权证发行人应至少选定一家经深交所认可的证券公司担任权证主交易商。

（二）权证发行人应当与被选定为主交易商的证券公司签订权证主交易商服务协议，明确双方权利、义务及相关事项。

（三）权证发行人应当在权证主交易商服务协议签订后三个交易日内将相关文件报深交所备案。权证主交易商或主交易商服务协议内容发生变更的，发行人应当在变更后三个交易日内将变更内容报深交所备案。

（四）权证主交易商应当对相关权证履行双向报价义务。双向报价是指权证主交易商根据其与权证发行人签订的权证主交易商服务协议，在约定的情况下以约定范围内的价格同时申报买入和卖出该权证份额，且卖价高于买价的行为。

（五）权证主交易商应当指定其已向深交所报备的自营账户和自营席位作为履行双向报价义务的专用账户和专用席位。深交所有权对权证主交易商双向报价义务的履行情况进行监督和评价。

（六）权证发行人应敦促权证主交易商严格履行双向报价义务。主交易商在权证交易期间，不认真履行双向报价义务或经营状况恶化不再适合担任主交易商的，权证发行人应及时更换主交易商并公告。

五、权证监管与交易信息披露

（一）权证交易的一线监管

1. 深交所对权证交易进行实时监控，当权证交易严重异常或发生涉嫌违规交易行为时，深交所可视情况对权证交易实施停牌。

2. 对发生异常交易或涉嫌违规行为的会员及其营业部，深交所可采取口头或书面警示、约见谈话、现场检查、要求提供有关文件资料、限制会员及其营业部或相关证券账户的权证交易、上报中国证监会查处等监管措施。

（二）权证交易信息披露

1. 在每日开盘前公布每只权证可流通数量、持有权证数量达到或超过可流通数量5%的持有人名单。

2. 每日分别公布权证的买入、卖出金额最大五家会员营业部或席位的名称及各自的买入、卖出金额。

3. 在证券行情系统中实时公布权证溢价率，揭示权证交易价格与标的证券交易价格偏离的幅度。权证溢价率指标随同行情发布，发布频率为每30秒一次，具体计算公式为：

认购权证溢价率 =（行权价格 +（认购权证市价/行权比例）– 标的证券市价）/标的证券市价 ×100%

认沽权证溢价率 =（标的证券市价 –（行权价格 –（认沽权证市价/行权比例）））/标的证券市价 ×100%

4. 当权证交易严重异常或发生涉嫌违规交易行为时，深交所可视情况公布相关权证托管数据，相关证券账户代码（隐去部分字段）、买入数量、卖出数量、持有份额等信息。

六、权证相关费用的收取标准

（一）深交所收费标准

深交所对上市权证的各方参与者按以下标准收取相关费用，证券公司发行衍生权证的收费标准另行规定：

<table>
<tr><th>收费对象</th><th colspan="3">收费项目</th><th>收费标准</th><th>备　注</th></tr>
<tr><td>发行人</td><td>上市费</td><td colspan="2">上市初费</td><td>20 万元</td><td>发行人只需在权证上市前一次性向深交所缴纳上市初费，不需再缴纳上市月费</td></tr>
<tr><td rowspan="2">证券公司</td><td rowspan="2">席位年费</td><td colspan="2">行权</td><td>每笔申报 0.01 元</td><td>证券公司交深交所，纳入非交易类申报笔数统计</td></tr>
<tr><td colspan="2">交易</td><td>每笔申报 0.15 元</td><td>证券公司交深交所，纳入交易类申报笔数统计</td></tr>
<tr><td rowspan="3">投资者</td><td rowspan="3">交易佣金</td><td colspan="2"></td><td>不超过成交金额的 0.3%（双向收取）</td><td>投资者交证券公司</td></tr>
<tr><td rowspan="2">其中</td><td>交易经手费</td><td>成交金额的 0.0045%（双向收取）</td><td>证券公司交深交所</td></tr>
<tr><td>监管规费</td><td>成交金额的 0.004%（双向收取）</td><td>证券公司交中国证监会（深交所代收代缴）</td></tr>
</table>

（二）中国结算收费标准

中国结算对上市权证的各方参与者按以下标准收取相关费用，证券公司发行衍生权证的收费标准另行规定：

1. 向发行人收取的费用：

<table>
<tr><th>收费项目</th><th>标　准</th><th>备　注</th></tr>
<tr><td>登记服务费</td><td>一般按下列式子在办理权证初始登记时一次性计收：

存续时间（月）×发行份额数（千万）×1000（元/月千万）</td><td>1. 权证存续时间按照月份计算，不足一个月的按照一个月计。
2. 权证发行份额按照千万份计，不足 1000 万份的，按照 1000 万份计。
3. 按该式计算金额不足 10 万元的，按 10 万元计收；超过 20 万元的，按 20 万元计收。
4. 该收费含对发行人提供的所有与权证有关的登记与行权服务。</td></tr>
</table>

2. 向投资者收取的费用：

收费项目	标　准	备　注
权证交易过户费	免费	投资者在二级市场买卖权证免费
行权股票过户费	面值 0.5‰	权证行权引起的投资者与发行人之间的股票过户，仅向投资者单向收取过户费
非交易过户手续费	10 元/每笔	

3. 向结算参与人收取的费用：

收费项目	标　准	备　注
结算费	清算金额的0.015‰	按交易、行权涉及的清算金额计算

七、权证涨跌幅限制的相关说明

深交所对权证交易实行价格涨跌幅限制，涨跌幅价格按下列公式计算：

权证涨幅价格＝权证前一日收盘价格＋（标的证券当日涨幅价格－标的证券前一日收盘价）×125%×行权比例

权证跌幅价格＝权证前一日收盘价格－（标的证券前一日收盘价－标的证券当日跌幅价格）×125%×行权比例

上述公式中，标的证券当日涨幅价格、标的证券当日跌幅价格是指标的证券当日涨跌限制的最高、最低价。

深交所计算价格时，首先计算标的证券的涨跌幅价格（精确至0.001元），其余计算步骤不进行四舍五入，最终计算出的权证涨跌幅价格进行四舍五入，精确至0.001元；当计算结果小于等于零时，权证跌幅价格为最小价格变动单位0.001元。

特此通知。

附件一

深圳证券交易所权证上市协议

甲　方：深圳证券交易所

法定代表人：

住所：深圳市深南东路5045号

联系电话：0755－82083333

乙方（发行人）：

法定代表人：

住所：

联系电话：

第一条　为规范权证上市行为，明确双方的权利与义务，甲、乙双方根据《合同法》、《证券法》和《深圳证券交易所权证管理暂行办法》等有关规定，经协商一致，签订本协议。

第二条　甲方依据有关规定，对乙方提交的权证上市申请文件进行审查，认为乙方发行的权证符合上市条件的，接受其权证上市。

第三条 甲方依据有关法律、法规、规章、甲方相关业务规则的规定，对乙方实施日常监管，乙方同意接受甲方的监管。

第四条 乙方承诺并保证严格遵守相关法律、法规、规章和甲方发布的规则、办法和通知等。乙方在权证上市时和上市后作出的各种承诺，作为本协议不可分割的一部分，应当履行。

第五条 乙方应当在权证上市日前三个工作日向甲方交纳上市初费，但可免交上市月费。上市初费交费标准为每只权证20万元人民币。乙方逾期交纳上市费用的，每逾期一天，应向甲方支付延期交纳金额的0．03%的违约金。乙方权证被终止上市后，已经交纳的上市费不予返还。

经有关主管机关批准，甲方可以对上述收费标准进行调整。

第六条 乙方应通过专用账户提供标的证券或现金，作为权证行权的履约担保；或者提供经甲方认可的机构作为履约担保的不可撤销连带责任保证人。

第七条 乙方通过专用账户提供标的证券或现金作为履约担保的，应在权证上市前至中国证券登记结算有限责任公司深圳分公司办理相关手续，并保证履约担保标的证券或者现金不存在质押、司法冻结或其他权利瑕疵。权证存续期间，用于履约担保的标的证券或者现金出现权利瑕疵的，乙方应当及时披露，并采取措施使履约担保重新符合规定。

第八条 乙方提供经甲方认可的机构作为履约担保的不可撤销连带责任保证人的，应在担保人出现任何导致影响其履约担保能力的情况时及时报告甲方并公告。如果担保人出现因财务状况恶化等原因不再具备履约担保能力的，应及时更换履约担保人，公告相关事项，并将新的履约担保文件报甲方备案。

第九条 乙方应在权证上市前至少选定一家经甲方认可的证券公司担任权证主交易商，与其签订权证主交易商服务协议，报甲方备案并敦促其严格履行权证的双向报价义务。主交易商在权证交易期间，不认真履行双向报价义务或经营状况恶化不再适合担任主交易商的，乙方应及时更换主交易商并公告。

第十条 乙方应根据相关的法律、法规、规章、业务规则及甲方的要求，履行相关信息披露义务。甲方可视市场的需要，对乙方上市的权证实施暂停交易。

第十一条 乙方同意在发生以下情形之一时，向甲方申请终止权证上市或由甲方终止其权证上市：（一）权证存续期满；（二）权证在存续期内已被全部行权；（三）甲方认定的其他情形。

第十二条 本协议的执行与解释适用中华人民共和国法律。

第十三条 凡与本协议有关或因执行本协议所发生的一切争议及纠纷，甲乙双方应首先通过友好协商解决。若自争议或者纠纷发生日之后的三十天内未能通过协商解决，任何一方均可将该项争议提交中国国际经济贸易仲裁委员会华南分会按照当时适用的仲裁规则进行仲裁。仲裁裁决为最终裁决，对双方均具有法律约束力。

第十四条 本协议未约定的事宜，依照国家有关法律、法规、规章及甲方有关业务规则执行。

第十五条 本协议自双方签字盖章之日起生效。双方可以书面方式对本协议作出修改或补充，经双方签字盖章的有关本协议的修改协议和补充协议是本协议的组成部分，与本协议具有同等法律效力。

第十六条 本协议一式四份，双方各执二份。

甲方：深圳证券交易所　　　　乙方：

法定代表人：　　　　法定代表人：

年　月　日　　　　年　月　日

附件二

权证风险揭示书

权证与股票不同，权证交易具有财务杠杆效应，投资者虽然有机会以有限的成本获取较大的收益，但也有可能在短时间内蒙受全额或巨额的损失。投资者在参与权证交易前应审慎评估自身的经济状况和财务能力，充分考虑是否适宜参与此类杠杆性交易。在首次参与权证交易前，投资者应充分了解以下事项：

一、权证上市前，由发行人确定其行权价格、行权比例、行权日期等要素（权证的行权价格和行权比例将随着标的证券除权除息而调整）。权证上市交易后，权证价格将受到市场供求关系等多种市场因素的影响。

二、权证实行 T+0 交易。

三、投资者在参与权证交易前，应充分了解权证发行人的履约能力，如果发行人发生财务风险，投资者有可能面临发行人不能履约的风险。投资者应仔细阅读发行公告书刊载的履约条款的约定。

四、权证是一种高杠杆投资工具，在存续期间均会与标的证券的市场价格发生互动关系，标的证券市价的微小变化可能会引起权证价格的剧烈波动。投资者应特别关注标的证券价格波动对权证价格的影响。

五、权证与绝大多数标的证券不同，有一定的存续期间，且时间价值会随着到期日的临近而递减。即使标的证券市场价格维持不变，权证价格仍有可能随着时间的变化而下跌甚至会变得毫无价值。

投资者还应关注该权证约定条款是否包含有自动行权机制，如无 自动行权机制，投资者应注意及时行权，避免投资损失。

七、有部分证券公司未取得交易所和结算公司授予的权证交易和结算业务资格，不可代理投资者买入权证。因此投资者在通过证券公司参与权证交易前，须了解其开户证券公司是否具备业务资格。

八、证券公司在办理权证结算交收时如未能缴付足额资金履行结算交收职责，结算公司和交易所可能对其权证买入进行限制处理。投资者应注意由此可能对实现投资决定所产生的影响。

九、当权证交易出现重大异常交易或涉嫌违规行为时，交易所可能采取包括临时停牌、公布相关账户交易信息、限制交易等监管措施，投资者也应注意由此可能对投资决定产生的影响。

十、本风险揭示书的风险揭示事项仅为列举性质，未能详尽列明权证交易的所有风险和可能影响权证价格的所有因素。投资者在参与权证交易前，应认真阅读权证发行说明书和上市公告书，对其他可能影响权证或权证价格的因素也必须有所了解和掌握，并确信自己已做好足够的风险评估与财务安排，避免因参与权证交易而遭受难以承受的损失。

本人（委托人）____________（身份证号码：__________________），已收到《权证风险揭示书》，并经________证券公司（证券公司全称）________营业部（营业部全称）指派专人对上述内容进行了解释，本人对上述内容已经充分理解，愿意承担权证的投资风险。

委托人签署：　　　　　　　　　　受理人签署：

日　　期：　　　　　　　　　　　日　　期：

（本风险揭示书一式二份，一份由证券公司留存备查，一份交由委托人存底）

附件三

首批取得权证交易资格的公司名单（115 家）

序号	会员名称	序号	会员名称
1	国信证券有限责任公司	36	泰阳证券有限责任公司
2	巨田证券有限责任公司	37	国海证券有限责任公司
3	招商证券股份有限公司	38	南京证券有限责任公司
4	平安证券有限责任公司	39	华鑫证券有限责任公司
5	长城证券有限责任公司	40	华林证券有限责任公司
6	光大证券股份有限公司	41	中国民族证券有限责任公司
7	华泰证券有限责任公司	42	中信万通证券有限责任公司
8	广发证券股份有限公司	43	山西证券有限责任公司
9	广州证券有限责任公司	44	民生证券有限责任公司
10	华西证券有限责任公司	45	新疆证券有限责任公司
11	申银万国证券股份有限公司	46	广发华福证券有限责任公司
12	海通证券股份有限公司	47	长江证券有限责任公司
13	天同证券有限责任公司	48	河北证券有限责任公司
14	兴业证券股份有限公司	49	国联证券有限责任公司
15	华夏证券股份有限公司	50	东北证券有限责任公司
16	东莞证券有限责任公司	51	恒泰证券有限责任公司
17	中关村证券股份有限公司	52	东海证券有限责任公司
18	北京证券有限责任公司	53	天一证券有限责任公司
19	华安证券有限责任公司	54	东吴证券有限责任公司
20	中信证券股份有限公司	55	中山证券有限责任公司
21	宏源证券股份有限公司	56	第一创业证券有限责任公司
22	湘财证券有限责任公司	57	航空证券有限责任公司
23	东方证券股份有限公司	58	中国国际金融有限公司
24	中国银河证券有限责任公司	59	联合证券有限责任公司
25	西北证券有限责任公司	60	北京高华证券有限责任公司
26	国元证券有限责任公司	61	国泰君安证券股份有限公司
27	国都证券有限责任公司	62	首创证券有限责任公司
28	红塔证券股份有限公司	63	西南证券有限责任公司
29	江南证券有限责任公司	64	四川省天风证券有限责任公司
30	金元证券有限责任公司	65	西部证券股份有限公司
31	第一证券有限公司	66	渤海证券有限责任公司
32	太平洋证券有限责任公司	67	上海证券有限责任公司
33	中国建银投资证券有限责任公司	68	华龙证券有限责任公司
34	方正证券有限责任公司	69	大通证券股份有限公司
35	世纪证券有限责任公司	70	万联证券有限责任公司

续表

序号	会员名称	序号	会员名称
71	信泰证券有限责任公司	94	天元证券经纪有限公司
72	中银国际证券有限责任公司	95	天勤证券经纪有限公司
73	金通证券股份有限公司	96	陕西开源证券经纪有限责任公司
74	日信证券有限责任公司	97	山东省齐鲁证券经纪有限公司
75	金信证券有限责任公司	98	众成证券经纪有限公司
76	兴安证券有限责任公司	99	华创证券经纪有限责任公司
77	健桥证券股份有限公司	100	富成证券经纪有限公司
78	爱建证券有限责任公司	101	万和证券经纪有限公司
79	财富证券有限责任公司	102	川财证券经纪有限责任公司
80	中国科技证券有限责任公司	103	长财证券经纪有限责任公司
81	国盛证券有限责任公司	104	河北财达证券经纪有限责任公司
82	中原证券股份有限公司	105	和兴证券经纪有限责任公司
83	德邦证券有限责任公司	106	天和证券经纪有限公司
84	新时代证券有限责任公司	107	西安华弘证券经纪有限责任公司
85	上海远东证券有限公司	108	三江源证券经纪有限公司
86	联讯证券经纪有限责任公司	109	财通证券经纪有限责任公司
87	成都证券有限责任公司	110	沈阳诚浩证券经纪有限责任公司
88	大同证券经纪有限责任公司	111	江海证券经纪有限责任公司
89	西藏证券经纪有限责任公司	112	厦门证券公司
90	广发北方证券经纪有限责任公司	113	蔚深证券有限责任公司
91	中期证券经纪有限责任公司	114	齐齐哈尔市证券公司
92	五矿证券经纪有限责任公司	115	中天证券有限责任公司
93	上海久联证券经纪有限责任公司	—	—

VI. 7 上海证券交易所公司债券上市规则（2009 年修订）

（2009 年 11 月 2 日 上证债字［2009］186 号）

第一章 总 则

1. 1 为加强对公司债券上市的管理，促进公司债券市场的健康发展，保护投资者的合法权益，根据国家相关法律、法规和《上海证券交易所章程》的规定，制定本规则。

1. 2 上市公司及其他公司制法人发行的公司债券在本所上市交易，适用本规则，本所另有规定的除外。

可转换公司债券、可交换公司债券的上市交易，不适用本规则。

非公司制法人所发行的企业债券的上市交易，参照本规则执行。

1. 3 发行人申请其所发行的公司债券、企业债券等（以下统称债券）在本所上市交易的，应经本所审核同意，并在上市前与本所签订上市协议，明确双方的权利义务和有关事项。

1. 4 经证监会核准发行并在本所上市的债券，不得在本所以外的其他场所交易或转让。

1. 5 本所根据有关标准，对债券上市、交易实行分类管理。

1. 6 本所依据国家证券法律、法规、本规则和本所有关规定对债券发行人及上市推荐人进行监管。

1. 7 本所对公司债券上市的核准，不表明对该债券的投资价值或者投资者的收益作出实质性判断或者保证。因公司经营与收益的变化等引致的投资风险，由购买债券的投资者自行负责。

第二章 债券上市条件

2. 1 发行人申请债券上市，应当符合下列条件：

（一）经有权部门批准并发行；

（二）债券的期限为一年以上；

（三）债券的实际发行额不少于人民币五千万元；

（四）债券须经资信评级机构评级，且债券的信用级别良好；

（五）申请债券上市时仍符合法定的公司债券发行条件；

（六）本所规定的其他条件。

2.2　对于符合2.1条所列上市条件的债券，本所根据其资信等级和其他指标对其上市交易实行分类管理，不能同时达到下列条件的债券，只能通过本所固定收益证券综合电子平台进行上市交易：

（一）发行人的债项评级不低于AA；

（二）债券上市前，发行人最近一期末的净资产不低于15亿元人民币；

（三）债券上市前，发行人最近三个会计年度实现的年均可分配利润不少于债券一年利息的1.5倍；

（四）本所规定的其他条件。

2.3　本所可根据市场情况，对债券上市条件及分类标准进行调整。

第三章　债券上市申请

3.1　发行人申请债券上市须向本所提交下列文件：

（一）债券上市申请书；

（二）有权部门批准债券发行的文件；

（三）同意债券上市的决议；

（四）债券上市推荐书；

（五）公司章程；

（六）公司营业执照；

（七）债券募集办法、发行公告及发行情况报告；

（八）债券资信评级报告及跟踪评级安排说明；

（九）债券实际募集数额的证明文件；

（十）上市公告书（内容与格式见附件2）；

（十一）具有证券从业资格的会计师事务所出具的发行人最近3个完整会计年度审计报告；

（十二）担保人资信情况说明与担保协议（如有）；

（十三）发行人最近三年是否存在违法违规行为的说明；

（十四）债券持有人名册及债券托管情况说明；

（十五）本所要求的其他文件。

经中国证监会核准发行公司债券的上市公司可豁免上述第（五）、第（十一）、第（十三）等项内容。

3.2　申请债券上市的发行人应当保证向本所提交的文件内容真实、准确、完整，不存在虚假、误导性陈述或重大遗漏。

3.3　本所对债券上市实行上市推荐人制度，债券在本所申请上市，必须由一至二个本所认可的机构推荐并出具上市推荐书。

3.4 上市推荐人应当符合下列条件：

（一）本所会员或本所认可的其他机构；

（二）最近一年内无重大违法违规行为；

（三）负责推荐工作的主要业务人员应当熟悉本所章程及相关业务规则；

（四）本所认为应当具备的其他条件。

3.5 上市推荐人应履行下列义务：

（一）确认债券发行人符合上市条件；

（二）确保债券发行人的董事、高级管理人员了解其所担负责任的性质，并承担本所上市规则及上市协议所列明的责任；

（三）协助债券发行人进行债券上市申请工作；

（四）向本所提交上市推荐书；

（五）确保上市文件真实、准确、完整，符合规定要求，文件所载的资料经过核实；

（六）协助债券发行人与本所安排债券上市；

（七）本所规定的上市推荐人应当履行的其他义务。

3.6 上市推荐人应当保证发行人的上市申请材料、上市公告书及其他有关宣传材料没有虚假、误导性陈述或者重大遗漏，并保证对其承担连带责任。

3.7 上市推荐人不得利用其在上市推荐过程中获得的内幕信息进行内幕交易，为自己或他人牟取利益。

3.8 上市推荐人未能遵守上述规定，本所按有关法规进行处理。

第四章 债券上市的核准

4.1 本所设立的上市委员会对债券上市申请进行审核，作出独立的专业判断并形成审核意见，本所根据上市委员会意见作出是否同意上市的决定。

4.2 债券发行人在提出上市申请至其债券核准上市前，未经本所同意不得擅自披露有关信息。

4.3 发行人和上市推荐人必须在债券上市交易前完成上市债券在本所指定托管机构的托管工作，并将债券持有人名册核对无误后报送本所指定托管机构。发行人和上市推荐人对该名册的准确性负全部责任。

4.4 发行人应当在债券上市交易前在证监会指定的信息披露报刊或/及本所网站上公告债券上市公告书，并将上市公告书、核准文件及有关上市申请文件备置于指定场所供公众查阅。

4.5 债券上市前，发行人应与本所签订上市协议。

第五章　信息披露及持续性义务

5.1　债券上市后发行人应遵守以下信息披露的基本原则：

（一）发行人的董事会全体成员必须保证信息披露内容真实、准确、完整，没有虚假、误导性陈述或重大遗漏，并就其保证承担个别和连带的责任；

（二）发行人应该披露的信息包括定期报告、临时报告。定期报告包括年度报告和中期报告；

（三）发行人的报告在披露前须向本所进行登记，并向本所提交相同内容的电子格式文件。本所对定期报告实行事后审查，对临时报告实行事前审查；

（四）发行人信息在正式披露前，发行人董事会及董事会全体成员及其他知情人，有直接责任确保将该信息的知悉者控制在最小范围内。在公告前不得泄露其内容；

（五）发行人公开披露的信息涉及财务会计、法律、资产评估、资信评级等事项的，应当由会计师事务所（证券从业资格）、律师事务所、资产评估和评级机构等专业性中介机构审查验证，并出具书面意见；

（六）本所根据各项法律、法规、规定对发行人披露的信息进行形式审查，对其内容不承担责任。

（七）发行人公开披露的信息应在至少一种证监会指定的报刊或/及本所网站上予以公告，其他公共传媒披露的信息不得先于指定报刊或/及本所网站。发行人不能以新闻发布或答记者问等形式代替信息披露义务；

（八）如发行人有充分理由认为披露有关的信息内容会损害企业的利益，且不公布也不会导致债券市场价格重大变动的，经本所同意，可以不予公布；

（九）发行人认为根据国家有关法律法规不得披露的事项，应当向本所报告，并陈述不宜披露的理由；经本所同意，可免予披露该内容。

5.2　债券上市期间，发行人应当在《证券法》规定的期间内，向本所提交至少记载以下内容的定期报告，并予以公告：

（一）发行人概况；

（二）发行人上半年财务会计状况或经审计的年度财务报告；

（三）已发行债券兑付兑息是否存在违约以及未来是否存在按期偿付风险的情况说明；

（四）债券跟踪评级情况说明（如有）；

（五）涉及和可能涉及影响债券按期偿付的重大诉讼事项

（六）已发行债券变动情况；

（七）本所要求的其他事项。

5.3　债券上市期间，凡发生下列可能导致债券信用评级发生重大变化，对债券按期偿付产生任何影响等事件或者存在相关的市场传言，发行人应当在第一时间向本所提交临时报告，并予以公告澄清。

（一）公司发生重大亏损或者重大损失；

（二）公司发生重大债务和未能清偿到期重大债务的违约情况；

（三）公司减资、合并、分立、解散、申请破产及其他涉及债券发行人主体变更的决定；

（四）公司涉及或可能涉及的重大诉讼；

（五）公司债券担保人主体发生变更或担保人经营、财务状况发生重大变化的情况（如属担保发行）；

（六）国家法律、法规规定和证监会、本所认为必须报告的其他事项。

5.4　发行人应与债券信用评级机构就跟踪评级的有关安排作出约定，并于每年6月30日前将上一年度的跟踪评级报告向市场公告。

债券信用评级机构应及时跟踪发行人的债券资信变化情况，债券资信发生重大变化的，应及时调整债券信用等级，并及时向市场公布。

5.5　债券到期前一周，发行人应按规定在证监会指定的信息披露报刊或/及本所网站上公告债券兑付等有关事宜。

第六章　停牌、复牌、暂停上市、恢复上市、终止上市

6.1　发行人于交易日公布第5.3条所含信息时，本所将视情况对相关债券进行停牌处理。发行人按规定要求披露后进行复牌。

6.2　债券上市交易后，发行人有下列情形之一的，本所对该债券停牌，并在7个交易日内决定是否暂停其上市交易。

（一）公司出现重大违法行为；

（二）公司情况发生重大变化不符合债券上市条件；

（三）发行公司债券所募集的资金不按照核准的用途使用；

（四）未按照债券募集办法履行义务；

（五）公司最近二年连续亏损。

上述情形消除后，发行人可向本所提出恢复上市的申请，本所收到申请后15个交易日内决定是否恢复该债券上市。

6.3　债券出现下列情况之一时，终止其上市交易：

（一）发行人有前条第（一）项、第（四）项所列情形之一，经查实后果严重的，或者有前条第（二）项、第（三）项、第（五）项所列情形之一，在限期内未能消除的，由本所决定终止该债券上市；

（二）公司解散、依法被责令关闭或者被宣告破产的，由本所终止其债券上市；

（三）债券到期前一周终止上市交易。

6.4　对本所作出的不予上市、暂停上市、终止上市决定不服的，发行人可向本所设立的复核机构申请复核。

第七章　违反本规则的处理

7.1　发行人及其董事违反本规则有关规定的，本所将视情节轻重，予以下列处理：

（一）责令改正；

（二）内部批评；

（三）在指定报刊上公开谴责；

（四）报证监会查处。

7.2　上市推荐人违反本规则有关规定的，本所将视情节轻重，予以下列处理：

（一）责令改正；

（二）内部批评；

（三）在指定报刊上公开谴责；

（四）取消上市推荐人资格；

（五）报证监会查处。

第八章　附　　则

8.1　本规则由本所修改和解释。

8.2　本规则自公布之日起施行。

附件：1. 债券上市申报材料内容与格式

2. 上市公告书的格式与内容要求

附件 1

债券上市申报材料内容与格式

一、上市申报材料的纸张、封面与份数

（一）纸张

应采用规格为 209 × 295 毫米的纸张（相当于 A4 纸张规格）。

（二）封面

1. 标有“××债券上市申请材料”字样；

2. 债券发行人名称。

（三）份数

发行人向本所提交申请材料二份，其中一份为原件。

二、上市申请材料目录

（一）债券上市申请书；

（二）有权部门批准债券发行的文件；

（三）同意债券上市的决议；

（四）债券上市推荐书；

（五）公司章程；

（六）公司营业执照；

（七）债券募集办法、发行公告及发行情况报告；

（八）债券资信评级报告及跟踪评级安排说明；

（九）债券实际募集数额的相关证明文件；

（十）上市公告书（内容与格式见附件 2）；

（十一）具有证券从业资格的会计师事务所出具的审计报告；

（十二）担保人近三年资信情况与担保协议（如有）；

（十三）发行人最近三年是否存在违法和重大违规行为的说明；

（十四）债券持有人名册及债券托管情况说明；

（十五）本所要求的其他文件。

附件 2

上市公告书的格式与内容要求

________________债券上市公告书

证券简称：

证券代码：

上市时间：

上市地：

上市推荐人：

一、绪言

重要提示：发行人董事会成员或高级管理人员已批准该上市公告书，保证其中不存在任何虚假、误导性陈述或重大遗留，并对其真实性、准确性、完整性负个别的和连带的责任。

上海证券交易所对公司债券上市的核准，不表明对该债券的投资价值或者投资者的收益作出实质性判断或者保证。因公司经营与收益的变化等引致的投资风险，由购买债券的投资者自行负责。

二、发行人简介

（一）发行人法定名称；

（二）发行人注册地址及办公地址；

（三）发行人注册资本；

（四）发行人法人代表；

（五）发行人基本情况：包括经营范围、经营方式、主要产品以及其隶属关系演变；

（六）发行人面临的风险。

三、债券发行、上市概况

至少应包括下列内容：

（一）债券发行总额；

（二）债券发行批准机关及文号；

（三）债券的发行方式、发行区域及发行对象；

（四）债券发行的主承销商及承销团成员；

（五）债券面额；

（六）债券存续期限；

（七）债券年利率、计息方式和还本付息方式；

（八）债券评级机构及债券信用等级；

四、债券上市与托管基本情况

五、发行人主要财务状况

本节列示发行人主要财务会计资料，包括（但不限于）以下各项：

（一）具有证券从业资格的会计师事务所出具的审计报告。

（二）发行人近三年的财务报表，包括资产负债表、利润及利润分配表、现金流量表（最近一年）。

（三）主要财务指标：

流动比率 = 流动资产/流动负债；

速动比率 =（流动资产 - 存货 - 待摊费用）/流动负债；

资产负债比率 = 负债总计/总资产；

利息偿还倍数 =（税前利润 + 全年利息支付总额）/全年利息支付总额；

净资产收益率 = 净利润/净资产。

六、本期债券的偿付风险及对策措施

七、债券跟踪评级安排说明

八、债券担保人基本情况及资信情况（如有）

九、发行人近三年是否存在违法违规行为的说明

十、募集资金的运用

十一、其他重要事项

十二、有关当事人

本节列出下列有关当事人（但不限于）的机构名称、地址、电话、传真以及联系人姓名：

发行人；

主承销商；

上市推荐人；

担保人；

信用评估机构；

会计师事务所；

律师事务所。

十一、备查文件目录

VI.8 关于调整公司债券发行、上市、交易有关事宜的通知

（2009 年 11 月 2 日 上海证券交易所）

各公司债券发行人、各市场参与者：

为保障公司债券发行试点顺利进行，推进公司债券发行、上市、交易的分类管理，促进公司债券市场稳定有序发展，依据中国证监会《公司债券发行试点办法》及本所相关规则，现将公司债券试点期间的发行、上市及交易中的有关事项通知如下。

一、公司债券的发行和上市

（一）试点期间，申请在本所上市的公司债券发行，凡符合本所《公司债券上市规则》第 2.2 条所列标准的，原则上可采用“网上发行和网下发行”相结合的方式，向全市场投资者（包括个人投资者）发行。达不到上述标准的，不得向个人投资者发行，只能向机构投资者发行。

网上发行是将一定比例的公司债券，按确定的发行价格和利率或利率区间，通过本所集中竞价系统面向全市场投资者公开发行。

公司债券网上发行的具体事务，由公司债券的主承销商牵头安排。

试点期间，本所对公司债券网上发行不收取发行手续费。

（二）参与网上发行认购的投资者应使用在中国证券登记结算有限责任公司开立的首位为 A、B、D、F 的证券账户。商业银行参与公司债券发行认购的相关事项由本所另行规定。

（三）网上发行期间，本所集中竞价系统于交易日的 9：30—11：30，13：00—15：00 接受投资者认购申报，以 1000 元面值为一个认购单位。本所按“时间优先”的原则确认成交后，由中国证券登记结算有限责任公司按其业务规则进行清算、注册登记。

（四）公司债券发行完毕，发行人可按《上海证券交易所公司债券上市规则》相关规定，向本所申请上市，并依之履行相关信息披露义务。

（五）在本所挂牌交易的公司债券须按照本所交易规则和其他相关业务规则进行交易或转让，经本所确认后生效。对违反本规则的行为，本所有权制止；对违规交易，本所有权宣布为无效。

二、公司债券的现货交易

（一）试点期间，符合《上海证券交易所公司债券上市规则》第 2.2 条所

列标准的公司债券，可以通过在本所集中竞价系统、大宗交易系统和固定收益证券综合电子平台（以下简称固定收益平台）进行交易。达不到上述标准的，只能通过本所固定收益平台进行交易。

（二）公司债券现货交易按账户进行申报，并实行净价交易、全价结算。

（三）固定收益平台的一级交易商可向本所申请，经本所同意后对在固定收益平台挂牌的公司债券进行做市及办理与其客户的协议交易。

三、公司债券的回购交易

（一）经发行人申请，并由本所商中国证券登记结算有限责任公司认定，符合条件的公司债券可作为质押券用于债券质押式回购交易，由本所在上市通知中予以公布。本所可根据市场情况，终止特定的公司债券用于债券质押式回购交易。

（二）公司债券作为质押券进行债券质押式回购交易业务通过本所竞价系统进行；质押券的申报和转回可通过本所竞价系统和固定收益平台进行，固定收益平台的交易商可代理客户进行质押券的申报和转回。

（三）符合以下条件之一的公司债券，可作为债券质押式回购交易的质押券：（1）公司债券发行人是中央直属的国有独资企业；（2）公司债券由中国工商银行601398股份有限公司、中国银行601988股份有限公司、中国建设银行601939股份有限公司、中国农业银行股份有限公司、中国交通银行601328股份有限公司、国家开发银行股份有限公司之一提供全额无条件不可撤销连带责任担保或者提供足额资产抵押担保；（3）主体评级和债券评级均在AA级（含）以上；（4）经中国证监会认可的其他公司债券。

四、市场监管

（一）公司债券发行人应按照《上海证券交易所公司债券上市规则》相关规定，履行持续信息披露义务。

（二）公司债券发行人出现影响或可能影响公司债券还本付息的重大事件，本所可以视情况暂停其公司债券现货及回购交易，暂停及恢复交易的时间和方式由本所决定。

（三）公司债券发行人为本所上市公司的，若其股票停牌，本所可以视情况决定暂停公司债券的现货交易及回购交易，直至相关当事人作出公告的下一交易日予以复牌。

（四）本所对公司债券交易实行实时监控，对交易出现异常波动或涉嫌违法违规交易的公司债券可实施特别停牌并予以公告，停牌及复牌的时间和方式由本所决定。对异常交易及其他违法违规行为，按照本所相关规定处理。

（五）会员及其他从事债券交易的机构从事公司债券业务，应建立完备的业务管理制度及风险控制机制。

会员及其他从事债券交易的机构参与公司债券交易时不得卖空。对违反该规定的，本所可限制或暂停其在固定收益平台上的债券交易。

五、其他事项

（一）本通知所指公司债券是《公司债券发行试点办法》（中国证券监督管理委员会第49号令）所称公司债券，即公司依照法定程序发行、约定在一年以上期限内还本付息的有价证券。

（二）试点期间公司债券的发行、上市及交易，适用本通知。本通知未作规定的，适用本所其他相关规定。

（三）公司债券的登记、托管和结算及标准券折算比率等事宜按照相关登记机构的规定办理。

本通知所指债券质押式回购交易是指在本所集中竞价系统进行的以标准券为融资额度的质押融资交易。

（四）由国务院有关部门核准的企业债券等，其发行、上市、现货和质押式回购交易比照公司债券相关规定执行。分离交易的可转换公司债券分离出的债券部分，其回购资格条件和质押式回购交易比照公司债券相关规定执行。

（五）公司债券交易产生的、指数及附属权利由本所及信息公司所有，使用公司债券及开发基于公司债券的衍生产品须得到本所授权。

（六）市场参与者可登陆本所网站（www. sse. com. cn）查阅《上海证券交易所公司债券业务指南》。

（七）本通知发布前已上市但达不到规定分类标准的债券仍可在本所竞价交易系统、大宗交易系统和固定收益平台进行交易。

（八）本通知由本所负责解释，未尽事宜由本所另行规定。原《关于公司债券发行、上市、交易有关事宜的通知》（上证债字［2007］68号）、《关于修订公司债券发行、上市、交易有关事宜的通知》（上证债字［2008］69号）同时废止。

特此通知。

VI. 9　深圳证券交易所公司债券上市规则（2012年修订）

（2012年6月6日　深证上［2012］156号）

第一章　总　　则

1.1　为规范公司债券上市交易行为，以及发行人及相关信息披露义务人的信息披露行为，维护债券市场秩序，促进债券市场的健康发展，保护投资者的合法权益，根据有关法律、行政法规、部门规章、规范性文件及《深圳证券交易所章程》，制定本规则。

1.2　公司债券在深圳证券交易所（以下简称本所）上市交易，适用本规则。

本规则所称公司债券（以下简称债券）是指公司依照法定程序发行，并约定在一定期限内还本付息的有价证券。

企业债券的上市交易，参照本规则执行。

可转换公司债券、可交换公司债券的上市交易，不适用本规则。

1.3　债券在本所上市，不表明本所对该债券的投资价值和按期还本付息作出实质性判断或保证。

债券发行人经营与收益的变化，由发行人自行负责；由此变化引致的投资风险，由投资者自行负责。

1.4　经中国证券监督管理委员会（以下简称中国证监会）核准发行并在本所上市的债券，不得在本所以外的其他场所交易或转让。

1.5　本所依据有关法律、行政法规、部门规章、规范性文件、《深圳证券交易所章程》、本规则和本所发布的细则、指引、通知、办法、备忘录等相关规定（以下简称本所其他相关规定）审核债券上市申请，安排债券上市，并对发行人和上市推荐人等进行监管。

第二章　债券上市条件

2.1　发行人申请其发行的债券在本所上市，应当符合以下条件：

（一）债券经中国证监会或国务院授权的部门核准、批准或者备案并公开发行；

（二）发行人申请债券上市时仍符合法定的债券发行条件；

（三）债券期限为一年以上；

（四）债券实际发行额不少于人民币五千万元；

（五）债券须经资信评级机构评级，且债券信用级别良好；

（六）本所规定的其他条件。

2.2　发行人申请其发行的债券在本所上市，且仅通过本所综合协议交易平台挂牌交易的，应符合 2.1 条规定的条件。

2.3　发行人申请其发行的债券在本所上市，且同时通过本所集中竞价系统和综合协议交易平台挂牌交易的，除应符合 2.1 条规定的条件以外，还应当符合以下条件：

（一）债券须经信用评级机构评级，且债券信用评级达到 AA 级及以上；

（二）本次债券发行前，发行人最近一期末的资产负债率或加权平均资产负债率（以集合形式发行债券的）不高于 70%，或发行人最近一期末的净资产不低于 5 亿元人民币；

（三）发行人最近三个会计年度实现的年均可分配利润不少于债券一年利息的 1.5 倍，以集合形式发行的债券，所有发行人最近三个会计年度实现的加总年均可分配利润不少于债券一年利息的 1.5 倍；

（四）本所规定的其他条件。

2.4　本所可根据市场情况，对债券上市条件进行调整。

第三章　债券上市申请

3.1　发行人申请债券上市，应向本所提交以下申请文件：

（一）债券上市申请书；

（二）中国证监会或国务院授权部门核准、批准或备案债券发行的文件；

（三）申请债券上市的董事会决议或有权决策部门决议；

（四）公司章程（仅适用企业债发行人）；

（五）公司营业执照（仅适用企业债发行人）；

（六）债券募集说明书及相关发行公告或相关文件；

（七）上市推荐书；

（八）上市公告书（内容与格式见附件 2）；

（九）债券承销协议；

（十）债券募集资金证明文件；

（十一）本所指定登记结算机构出具的登记托管证明文件；

（十二）具有证券从业资格的会计师事务所出具的最近三年审计报告，或财政主管机关的有关批复；（仅适用企业债发行人）

（十三）律师事务所出具的关于本次债券发行和上市的法律意见书；

（十四）债券资信评级报告及信用跟踪评级安排的说明（如有）；

（十五）担保协议及担保人资信情况说明（如有）；

（十六）债券受托管理协议（如有）；

（十七）债券持有人会议规则（如有）；

（十八）本所要求的其他文件。

3.2　发行人应当保证向本所提交的文件内容真实、准确、完整，不存在虚假记载、误导性陈述或者重大遗漏。

3.3　本所对债券上市实行上市推荐人制度，发行人申请债券在本所上市，须由一个或一个以上经本所认可的机构推荐，并出具上市推荐书。

3.4　上市推荐人应当符合以下条件：

（一）本所会员或本所认可的其他机构；

（二）最近一年内无重大违法违规行为；

（三）负责上市推荐工作的主要业务人员熟悉本所章程及相关业务规则；

（四）本所要求的其他条件。

3.5　上市推荐人应当履行以下义务：

（一）确认债券发行人符合上市条件；

（二）确保发行人的董事、监事、高级管理人员和其他直接责任人员了解相关法律、行政法规、部门规章、规范性文件、本规则及债券上市协议所列明的义务与责任；

（三）协助发行人进行债券上市申请工作；

（四）向本所提交上市推荐书；

（五）确保上市文件及其他有关宣传材料真实、准确、完整，符合规定要求，文件所载的资料经过核实；

（六）协助发行人与本所安排债券上市事宜；

（七）上市推荐协议约定的其他义务；

（八）本所规定上市推荐人应当履行的其他义务。

3.6　上市推荐人应当保证发行人的上市申请材料、上市公告书及其他有关宣传材料没有虚假记载、误导性陈述或者重大遗漏，并保证对其承担连带责任。

3.7　上市推荐人不得利用其在上市推荐过程中获得的内幕信息进行内幕交易，为自己或他人牟取利益。

第四章　债券上市审核

4.1　本所上市委员会对债券上市申请进行审核，本所根据上市委员会意见作出是否同意上市的决定。

上市委员会对债券上市申请的审核工作程序适用《深圳证券交易所上市委

员会工作细则》第四章第三节规定的“特别程序”。

4.2 债券发行人在提出上市申请至其债券上市交易前，未经本所同意不得擅自披露与本次债券上市有关的信息。

4.3 债券上市申请经本所审核同意后，发行人应与本所签订上市协议（具体格式见附件3），发行人和上市推荐机构应自收到上市通知书之日起一个月内安排债券上市交易。

4.4 发行人应当于债券上市前五个交易日内，在中国证监会或国务院授权部门指定的信息披露媒体上披露债券上市公告书，同时应将上市公告书、核准文件及有关上市申请文件备置于指定场所供公众查阅。

4.5 发行人对本所作出的不予上市、暂停上市、终止上市决定不服的，可以向本所上诉复核委员会申请复核。申请复核的具体程序和要求参照执行《深圳证券交易所股票上市规则》或者《深圳证券交易所创业板股票上市规则》的相关规定。

第五章 信息披露及其他义务

5.1 债券上市后，发行人及其董事、监事和高级管理人员应遵守以下信息披露基本原则：

（一）发行人董事、监事和高级管理人员应当保证信息披露内容真实、准确、完整，没有虚假记载、误导性陈述或重大遗漏，并就其保证承担个别和连带的责任。

（二）发行人应当披露的信息包括定期报告和临时报告。定期报告包括年度报告和中期报告，其他报告为临时报告。

（三）发行人的报告应当在第一时间报送本所。本所对定期报告实行事前登记、事后审核，对临时报告实行事前审核。

（四）发行人信息在正式披露前，发行人董事、监事和高级管理人员及其他知情人，应当确保将该信息的知悉者控制在最小范围内。在公告前不得透露和泄露其内容。

（五）发行人公开披露的信息涉及财务会计、法律、资产评估、资信评级等事项应当由会计师事务所、律师事务所和资产评估、信用评级机构等专业性中介机构审查验证，并出具书面意见。

（六）本所根据有关法律、行政法规、部门规章、规范性文件、本规则以及本所其他相关规定对发行人披露的信息进行形式审核，对其内容的真实性不承担责任。

（七）发行人公开披露的信息可在本所指定信息披露网站或中国证监会、

国务院授权部门指定信息披露媒体上公告，其他公共传媒披露的信息不得先于指定媒体。发行人不得以新闻发布或答记者问等形式代替信息披露义务。

（八）发行人有充分理由认为披露有关信息会损害公司利益，且不公布也不会导致债券市场价格重大变动的，经本所同意，可暂缓或免予披露该内容。

（九）发行人认为根据国家有关法律法规不得披露的事项，应当向本所报告，并陈述不宜披露的内容及理由，经本所同意，可暂缓或免予披露该内容。

（十）集合形式发行债券的信息披露及其他义务参照本章规定执行。

5.2 债券上市期间，发行人应当在每个会计年度的前六个月结束之日起二个月内，向本所提交中期报告，并在中国证监会或国务院授权部门指定的信息披露媒体上予以公告。中期报告至少记载以下内容：

（一）企业财务会计报告和经营情况；

（二）涉及和可能涉及发行人的重大诉讼事项；

（三）已发行债券变动情况；

（四）提交股东大会或其他行使股东大会职权的机构等审议的重要事项；

（五）中国证监会及本所要求的其他事项。

5.3 债券上市期间，发行人应当在每个会计年度结束之日起四个月内，向本所提交至少记载以下内容的年度报告，并在中国证监会或国务院授权部门指定的信息披露媒体上予以公布：

（一）发行人概况；

（二）发行人经具有证券期货从业资格的会计师事务所审计的财务会计报告和经营情况；

（三）发行人董事、监事、高级管理人员简介；

（四）已发行债券情况；

（五）涉及和可能涉及发行人的重大诉讼事项；

（六）中国证监会及本所要求的其他事项。

5.4 债券上市期间，债券信用评级出现变化或发生以下可能导致债券信用评级出现变化的事件或市场传言，发行人应当及时向本所提交临时报告，并予以公告：

（一）发行人发生重大亏损或者重大损失；

（二）发生重大债务和未能清偿到期重大债务的违约情况；

（三）发行人作出减资、合并、分立、分拆、解散、申请破产及其他涉及发行人主体变更的决定；

（四）债券担保人主体发生变更或担保人经营、财务状况发生重大变化的情况（如属担保发行）；

（五）发行人涉及或可能涉及重大诉讼；

（六）国家法律、行政法规、部门规章、规范性文件规定和中国证监会、本所认为必须报告的其他事项。

5.5 在本所集中竞价系统和综合协议交易平台同时挂牌债券的发行人应聘请债券信用评级机构，于每年 6 月 30 日前完成上一年度的债券信用跟踪评级报告并对外公告。

5.6 债券付息两个交易日前，发行人应发布付息公告并在中国证监会指定媒体上公告债券付息有关事宜。

5.7 债券到期五个交易日前，发行人应按规定在中国证监会指定媒体上公告债券兑付等有关事宜。

第六章 停牌、复牌、暂停上市、恢复上市、终止上市

6.1 公共媒体中出现发行人尚未披露的信息，可能导致以下情形之一的，发行人应向本所申请停牌，直至按规定发布相关公告后予以复牌：

（一）信用评级发生重大变化；

（二）对还本付息产生重大影响；

（三）对债券及其衍生品种交易价格产生重大影响。

6.2 发行人出现不能按时付息等情形的，本所可根据市场需要对债券及其衍生品种采取临时停牌等措施，相关情形消除后予以复牌。

6.3 债券上市交易后，发行人有下列情形之一的，本所对债券停牌，并在十五个交易日内决定是否暂停其上市交易：

（一）发行人有重大违法行为；

（二）发行人情况发生重大变化不符合债券上市条件；

（三）发行债券募集的资金不按照核准或者批准的用途使用或未按规定程序变更资金用途；

（四）未按照债券募集办法履行义务；

（五）发行人最近二年连续亏损。

6.4 债券暂停上市后，6.3 条所列情形消除的，发行人可向本所提出恢复上市的申请，本所在收到申请后十五个交易日内决定是否恢复该债券上市交易。

6.5 债券出现下列情况之一的，本所终止其上市交易：

（一）发行人有 6.3 条第（一）项、第（四）项所列情形之一经查实后果严重的，或者有 6.3 条第（二）项、第（三）项、第（五）项所列情形之一，在限期内未能消除的；

（二）发行人解散或者被宣告破产的；

（三）债券到期的。

属于第（一）、（二）项所列情形之一的，由本所上市委员会进行审核，本所根据上市委员会的审核意见作出是否终止该债券上市的决定。

属于第（三）项情形的，本所于债券到期前 5 个交易日终止其上市交易。

第七章　监管措施和违规处分

7.1　债券发行人及其董事、监事、高级管理人员和其他直接责任人员、上市推荐人违反本规则及本所其他相关规定的，本所视情节轻重，对其采取以下自律监管措施：

（一）要求作出解释和说明；

（二）要求上市推荐人或者要求聘请中介机构核查并发表意见；

（三）书面警示（发出各种通知和函件）；

（四）约见谈话；

（五）要求参加培训或考试；

（六）要求或者建议更换有关人选；

（七）暂不受理有关当事人出具的文件；

（八）上报中国证监会；

（九）其他监管措施。

7.2　债券发行人及其董事、监事、高级管理人员和其他直接责任人员、上市推荐人违反本规则及本所其他相关规定的，本所视情节轻重，对其采取以下纪律处分措施：

（一）通报批评；

（二）公开谴责；

（三）其他纪律处分措施。

7.3　本所纪律处分委员会对 7.2 条规定的纪律处分事项进行审核，作出独立的专业判断并形成审核意见。

本所根据纪律处分委员会的审核意见，作出是否给予纪律处分的决定。

第八章　附　　则

8.1　本规则经本所理事会审议通过并报中国证监会批准后生效，修改时亦同。

8.2　本规则由本所负责解释。

8.3　本规则自发布之日起施行，本所 2009 年 11 月 2 日发布的《深圳证券交易所公司债券上市规则》（深证上［2009］143 号）同时废止。

附件 1

债券上市申报材料内容与格式

为做好债券上市申报材料审核工作，深圳证券交易所根据有关法律法规，对债券申请上市的申报材料，要求按以下格式制作：

一、上市申请材料的纸张、封面及份数

（一）纸张

应采用幅面为 209×295 毫米规格的纸张（相当于 A4 纸张规格）。

（二）封面

1. 标有“债券申请上市报送材料”字样；

2. 申请公司名称（申报材料侧面应当标注申请公司名称）。

（三）份数

上市推荐机构申报申请文件时，应当报送申请文件原件、复印件和电子版各 1 套。

二、申请债券上市需提交的材料

（一）债券上市申请书；

（二）中国证监会或国务院授权部门核准、批准或备案债券发行的文件；

（三）申请债券上市的董事会决议或有权决策部门决议；

（四）公司章程；（仅企业债适用）

（五）公司营业执照；（仅企业债适用）

（六）债券募集说明书及相关发行公告或相关文件；

（七）上市推荐书；

（八）上市公告书（内容与格式见附件 2）；

（九）债券承销协议；

（十）债券募集资金证明文件；

（十一）本所指定登记结算机构出具的登记托管证明文件；

（十二）具有证券从业资格的会计师事务所出具的最近三年审计报告，或财政主管机关的有关批复；（仅企业债适用）

（十三）律师事务所出具的关于债券本次发行和上市的法律意见书；

（十四）债券资信评级报告及信用跟踪评级安排的说明（如有）；

（十五）担保协议及担保人资信情况说明（如有）；

（十六）债券受托管理协议（如有）；

（十七）债券持有人会议规则（如有）；

（十八）本所要求的其他文件。

附件 2

上市公告书的格式与内容要求

____________________债券上市公告书

证券简称：

证券代码：

发行总额：

上市时间：

上 市 地：

上市推荐机构：

一、绪言

重要提示：发行人董事会成员或有权决策部门已批准该上市公告书，确信其中不存在任何虚假、误导性陈述或重大遗漏，并对其真实性、准确性、完整性负个别的和连带的责任。深圳证券交易所对本公司上市申请及相关事项的审查，均不构成对本公司所发行债券的价值、收益及兑付作出实质性判断或任何保证。

二、发行人简介

债券发行人为本所上市公司的，可引征上市公司年度报告相关内容，对债券上市公告书进行适当简化，以保持文字简洁。

1. 发行人法定名称；

2. 发行人注册地址及办公地址；

3. 发行人注册资本；

4. 发行人法人代表；

5. 发行人基本情况：包括经营范围、经营方式、主要产品以及其隶属关系演变；

6. 发行人面临的风险。

三、债券发行、上市概况

至少应包括以下内容：

1. 债券发行总额；

2. 债券发行批准机关及文号；

3. 债券的发行方式、发行区域及发行对象；

4. 债券发行的主承销商及承销团成员；

5. 债券面额；

6. 债券存续期限；

7. 债券年利率、计息方式和还本付息方式；

8. 债券信用等级；

9. 募集资金的验资确认。

四、债券上市与托管基本情况

1. 债券上市核准部门及文号；

2. 债券上市托管情况。

五、发行人主要财务状况

本节列示发行人主要财务会计资料，包括（但不限于）以下各项，债券发行人为本所上市公司的，可引征上市公司年度报告相关内容，以保持文字简洁。

1. 审计报告。

2. 发行人近 3 年的财务报表。财务报表包括资产负债表、利润表、最近 1 年的现金流量表和所有者权益（或股东权益）变动表。

3. 主要财务指标：

流动比率 = 流动资产/流动负债 ×100%；

速动比率 = 速动资产/流动负债 ×100%；

资产负债比率 = 负债总额/资产总额 ×100%；

利息保障倍数 1 = 发行人最近三个会计年度实现的年均可分配利润/债券一年利息；

利息保障倍数 2 = 发行人最近三个会计年度实现的年均现金流量净额/债券一年利息；

净资产收益率：分别披露根据中国证监会发布的《公开发行证券公司信息披露编报规则第 9 号——净资产收益率和每股收益的计算及披露》的规定计算的全面摊薄法和加权平均法计算的净资产收益率。

六、本期债券的偿付风险及对策措施

七、债券担保人基本情况及资信情况（如有）

八、债券跟踪评级安排说明

九、债券受托管理人（如有）

债券受托管理人简况，债券受托管理协议主要内容。

十、债券持有人会议规则的有关情况（如有）

十一、募集资金的运用

十二、其他重要事项

十三、有关当事人

本节列出以下有关当事人（但不限于）的机构名称、地址、电话、传真以及联系人姓名：

发行人：

主承销商：

上市推荐人：

债券受托管理人（如有）：

担保人（如有）：

会计师事务所：

资信评估机构：

以上有关当事人应列示机构名称，地址，电话，传真及联系人姓名。

十四、备查文件目录

附件 3

深圳证券交易所债券上市协议

甲方：深圳证券交易所

法定代表人：

住所：广东省深圳市深南东路 5045 号

联系电话：

乙方：

法定代表人：

住所：

联系电话：

鉴于乙方申请其发行的债券在甲方上市，根据国家有关法律、行政法规、部门规章、规范性文件和甲方业务规则等的相关规定，甲乙双方协商一致，签订本协议。

第一条 甲方依据有关法律、行政法规、部门规章、规范性文件、《深圳证券交易所公司债券上市规则》及甲方发布的细则、指引、通知、办法、备忘录等相关规定（以下简称甲方其他相关规定）对乙方提交的债券上市申请进行审核，认为符合上市条件的，同意乙方债券在甲方上市。

本协议中上市债券的基本情况如下：

债券名称：

简称：

代码：

信用评级：

担保人（如有）：

债券面额：

期限：

利率：

发行价格：

发行总量：

交易平台：

募集资金数额：

主管机关批准文号：

第二条 乙方承诺按照债券有关募集文件的规定，按时还本付息。

第三条 甲方依照有关法律、行政法规、部门规章、规范性文件、《深圳证券交易所公司债券上市规则》及甲方其他相关规定对乙方发行上市的债券实施监管，乙方同意接受甲方的监管。

第四条 乙方及其董事、监事和高级管理人员等承诺并保证严格遵守有关法律、行政法规、部门规章、规范性文件、《深圳证券交易所公司债券上市规则》及甲方其他相关规定。

第五条 乙方向甲方缴纳的上市费用及其标准，按照甲方的有关规定执行。

经有关主管机关批准，甲方可以对上述收费标准进行调整。乙方应当按照调整后的收费标准交纳上市费用，双方不再另行签订协议。

第六条 乙方应于上市前五个交易日内在中国证监会指定媒体上披露上市公告书和甲方要求的其他文件。

第七条 乙方应当披露的信息包括定期报告和临时报告。定期报告包括年度报告和中期报告，其他报告为临时报告。

第八条 乙方必须保证信息披露内容真实、准确、完整，没有虚假记载、误导性陈述或者重大遗漏。

第九条 甲方根据有关法律、行政法规、部门规章、规范性文件、《深圳证券交易所公司债券上市规则》及甲方其他相关规定对乙方披露的信息进行形式审核，对其内容的真实性不承担责任。

第十条 乙方应及时将债券评级机构对债券信用等级的评定情况以及债券

信用跟踪评级的变动情况报告甲方。

第十一条 乙方应聘请董事会秘书或者相应专职人员一名，负责与甲方联系，并负责信息披露工作。董事会秘书或者专职人员发生变更时，乙方应及时通知甲方。

第十二条 本协议未尽事宜，依照有关法律、行政法规、部门规章、规范性文件、《深圳证券交易所公司债券上市规则》及甲方其他相关规定处理。

第十三条 本协议的执行与解释适用中华人民共和国法律。

第十四条 与本协议有关或因本执行协议所发生的一切争议及纠纷，甲乙双方应首先通过友好协商解决；若自争议发生日之后的三十日内未能通过协商解决，任何一方均可将该项争议提交中国国际经济贸易仲裁委员会华南分会按照当时适用的仲裁规则进行仲裁。仲裁裁决为最终裁决，对双方均有法律约束力。

第十五条 本协议自签字盖章之日起生效。双方可以以书面方式对本协议作出修改或者补充，经双方签字盖章有关本协议的修改协议和补充协议是本协议的组成部分，与本协议具有同等法律效力。

第十六条 本协议文本一式四份，双方各执二份。

甲方：深圳证券交易所

法定代表人：　　（或授权代表）

乙方：

法定代表人：　　（或授权代表）

年　月　日

VI. 10 上海证券交易所股票上市公告书内容与格式指引

（2013 年 12 月 27 日 上证发［2013］29 号）

各发行人、保荐机构及其他市场参与人：

为了规范首次公开发行股票公司上市的信息披露行为，保护投资者合法权益，上海证券交易所（以下简称本所）对《股票上市公告书内容与格式指引》进行了修订，现予发布，自发布之日起施行。

本所于 2006 年 5 月 18 日发布的《股票上市公告书内容与格式指引》同时废止。

特此通知。

附件：股票上市公告书内容与格式指引（2013 年修订）

股票上市公告书内容与格式指引（2013 年修订）

第一章 总 则

第一条 为了规范首次公开发行股票公司上市的信息披露行为，保护投资者合法权益，根据《公司法》、《证券法》等法律、法规和中国证券监督管理委员会（以下简称中国证监会）的有关规定，制定本指引。

第二条 在中华人民共和国境内首次公开发行股票并申请在上海证券交易所（以下简称本所）上市的股份有限公司（以下简称发行人），应按本指引编制和披露上市公告书。

第三条 本指引的规定是对上市公告书信息披露的最低要求。除本指引指定事项外，凡在招股意向书披露日至上市公告书刊登日期间所发生的对投资者作出投资决策有重大影响的信息，发行人均应披露。

本指引某些具体要求对发行人确实不适用的，发行人可根据实际情况，在不影响披露内容完整性的前提下作适当修改，但应提前以书面形式报本所同意。

第四条 由于商业秘密等特殊原因致使某些信息确实不便披露的，发行人可向本所申请豁免披露。经本所同意豁免的，发行人可不披露相关信息，但应在上市公告书的相关章节说明未按本指引要求进行披露的原因。

第五条 在不影响信息披露的完整性和不致引起阅读不便的前提下，发行人可采用相互引征的方法，对各相关部分的内容进行适当的技术处理，以保持文字简洁，避免不必要的重复。

第六条 发行人在上市公告书中披露的所有信息应真实、准确、完整。

第七条 上市公告书应符合以下一般要求：

（一）引用的数据应有充分、客观的依据，并注明资料来源；

（二）引用的数字应采用阿拉伯数字，货币金额除特别说明外，应指人民币金额，并以元、千元、万元或亿元为单位；

（三）发行人可根据有关规定或其他需求，编制上市公告书外文译本，但应保证中、外文文本的一致性，并在外文文本上注明："本上市公告书分别以中、英（或日、法等）文编制，在对中外文本的理解上发生歧义时，以中文文本为准"；

（四）上市公告书应采用质地良好的纸张印刷，幅面为 209×295 毫米（相当于标准的 A4 纸规格）；

（五）上市公告书封面应载明发行人的名称、"上市公告书"的字样、公告日期等，可载有发行人的英文名称、徽章或其他标记、图案等；

（六）上市公告书应使用事实描述性语言，保证其内容简明扼要、通俗易懂，不得有祝贺性、广告性、恭维性或诋毁性的词句。

第八条 发行人应在其首次公开发行股票上市前，将上市公告书全文在本所网站及中国证监会指定的媒体披露。

第九条 发行人可将上市公告书刊载于其他报刊和网站，但其发布信息的时间不得先于本所网站或中国证监会指定的媒体。

第十条 上市公告书在披露前，任何当事人不得泄露有关的信息，或利用这些信息谋取利益。

第十一条 发行人及其全体董事、监事、高级管理人员应保证上市公告书所披露信息的真实、准确、完整，承诺其中不存在虚假记载、误导性陈述或重大遗漏，并承担个别和连带的法律责任。

第二章 上市公告书

第一节 重要声明与提示

第十二条 发行人应在上市公告书显要位置作如下重要声明与提示：

"本公司及全体董事、监事、高级管理人员保证上市公告书所披露信息的真实、准确、完整，承诺上市公告书不存在虚假记载、误导性陈述或重大遗漏，并承担个别和连带的法律责任。”

“证券交易所、其他政府机关对本公司股票上市及有关事项的意见，均不表明对本公司的任何保证。”

“本公司提醒广大投资者注意，凡本上市公告书未涉及的有关内容，请投资者查阅刊载于××网站的本公司招股说明书全文。”

第十三条 发行人应当在上市公告书显要位置，就首次公开发行股票（以下简称新股）上市初期的投资风险作特别提示，提醒投资者充分了解风险、理性参与新股交易。

第十四条 发行人、主承销商、参与网下配售的投资者及相关利益方存在维护公司股票上市后价格稳定的协议或约定的，发行人应在上市公告书中予以披露。

第十五条 发行人控股股东、持有发行人股份的董事和高级管理人员应在上市公告书中公开承诺：所持股票在锁定期满后两年内减持的，其减持价格不低于发行价；公司上市后6个月内如公司股票连续20个交易日的收盘价均低于发行价，或者上市后6个月期末收盘价低于发行价，持有公司股票的锁定期限自动延长××个月（至少6个月）。对于已作出承诺的董事、高级管理人员，应明确不因其职务变更、离职等原因而放弃履行承诺。

第十六条 发行人及其控股股东、公司董事及高级管理人员应当在上市公告书中提出在上市后3年内公司股价低于每股净资产（根据最近一期经审计的财务报告计算）时稳定公司股价的预案，预案应包括启动股价稳定措施的具体条件、可能采取的具体措施等。具体措施可以包括发行人回购公司股票，控股股东、公司董事、高级管理人员增持公司股票等。

发行人未来新聘的公司董事、高级管理人员，也应明确要求其受到上述稳定公司股价的预案的约束。

上述人员在启动股价稳定措施时应提前公告具体实施方案。

第十七条 发行人及其控股股东应在上市公告书中公开承诺，发行人招股说明书存在虚假记载、误导性陈述或者重大遗漏，对判断发行人是否符合法律规定的发行上市条件构成重大、实质影响时，发行人将依法回购首次公开发行的全部新股，发行人控股股东将购回已转让的原限售股份。发行人应明确上述情形发生时启动股份回购的具体措施与回购价格等。

第十八条 发行人及其控股股东、实际控制人、董事、监事、高级管理人员等相关责任主体应在上市公告书中公开承诺，发行人招股说明书有虚假记载、误导性陈述或者重大遗漏，致使投资者在证券交易中遭受损失的，将依法赔偿投资者损失。

第十九条 保荐机构、会计师事务所等证券服务机构应在上市公告书中公开承诺，因其为发行人首次公开发行制作、出具的文件有虚假记载、误导性陈述或者重大遗漏，给投资者造成损失的，将依法赔偿投资者损失。

第二十条 发行人应在上市公告书中披露公开发行前持股5%以上股东的持股意向及减持意向。持股意向及减持意向应包括该等股东持有股份的锁定期安排，股份减持条件、减持方式、减持价格与减持时间限制。该等股东应承诺在减持前3个交易日予以公告，并明确未履行该项承诺时将承担的责任和后果。

第二十一条 发行人及其控股股东、公司董事及高级管理人员等责任主体，就本指引规定的事项或其他事项作出公开承诺的，承诺内容应当具体、明确，并同时披露未能履行承诺时的约束措施，接受社会监督。

保荐机构应对公开承诺内容以及未能履行承诺时的约束措施的合法性、合理性、有效性等发表意见。发行人律师应对上述承诺及约束措施的合法性发表意见。

第二十二条 本所将加强对相关当事人履行公开承诺行为的监督和约束，对不履行承诺的行为及时采取纪律处分和监管措施。

第二节 股票上市情况

第二十三条 发行人应披露股票发行上市审核情况，主要包括：

（一）编制上市公告书的法律依据；

（二）股票发行的核准部门和文号；

（三）本所同意股票上市文件的文号。

第二十四条 发行人应披露股票上市的相关信息，主要包括：

（一）上市地点；

（二）上市时间；

（三）股票简称；

（四）股票代码；

（五）本次公开发行后的总股本；

（六）本次公开发行的股票数量；

（七）本次上市的无流通限制及锁定安排的股票数量；

（八）发行前股东所持股份的流通限制及期限；

（九）发行前股东对所持股份自愿锁定的承诺；

（十）本次上市股份的其他锁定安排；

（十一）股票登记机构；

（十二）上市保荐机构。

第三节 发行人、股东和实际控制人情况

第二十五条 发行人应披露其基本情况，包括中英文名称、注册资本、法定代表人、住所、经营范围、主营业务、所属行业、电话、传真、电子邮箱、董事会秘书，以及发行人董事、监事、高级管理人员的姓名、任职起止日期以及直接或间接持有发行人的股票、债券情况等。

第二十六条 发行人应披露控股股东及实际控制人的基本情况。

第二十七条 发行人应披露本次发行前后的股本结构变动情况，本次上市前的股东人数，持股数量前10名股东的名称或姓名、持股数量及持股比例。

发行人披露本次发行前后的股本结构变动情况，应以表格形式（见附件1）列明，其中发行人控股股东、持股5%以上的其他股东以及在首次公开发行股票时向投资者公开发售股份的股东持有股份，应分股东列明所持股份变动情况。

第四节 股票发行情况

第二十八条 发行人应披露本次股票上市前首次公开发行股票的情况，主要包括：

（一）发行数量；

（二）发行价格；

（三）每股面值；

（四）发行方式；

（五）募集资金总额及注册会计师对资金到位的验证情况；

（六）发行费用总额及明细构成、每股发行费用；

（七）募集资金净额；

（八）发行后每股净资产；

（九）发行后每股收益。

本条所指的首次公开发行股票，既包括公开发行新股，也包括公司股东公开发售股份。

第五节 财务会计情况

第二十九条 在当期定期报告（包括年度报告、中期报告和季度报告）披露期间刊登上市公告书的发行人，应按以下要求在其上市公告书中披露主要会计数据及财务指标：

（一）发行人在招股意向书中已披露当期定期报告的主要会计数据及财务指标的，上市公告书中不需再次披露；

（二）发行人在招股意向书中未披露当期定期报告的主要会计数据及财务指标的，可以在上市公告书中披露，上市后不再披露当期定期报告；

（三）发行人在上市公告书中未披露当期定期报告的主要会计数据及财务指标的，应在上市公告书中披露年初至当期期末的累计净利润以及扣除非经常性损益后孰低的净利润是否较上年同期发生重大变动，如有重大变动，应分析并披露出现的情况及主要原因；

（四）发行人在上市公告书中未披露当期定期报告的主要会计数据及财务指标的，还应在上市后按照《上海证券交易所股票上市规则》等要求披露当期定期报告。

第三十条 在非定期报告披露期间刊登上市公告书的发行人，如在招股意向书中未披露最近一期定期报告的主要会计数据及财务指标，应在上市公告书中披露。

第三十一条 发行人如预计年初至上市后的第一个报告期期末的累计净利润以及扣除非经常性损益后孰低的净利润可能较上年同期发生重大变动的，应分析并披露可能出现的情况及主要原因。

第三十二条 发行人在上市公告书中披露定期报告的主要会计数据及财务指标的，应在提交上市申请文件时提供经现任法定代表人、主管会计工作的负责人、总会计师（如有）、会计机构负责人（会计主管人员）签字并盖章的以下文件，并与上市公告书同时披露：

（一）报告期及上年度期末的比较式资产负债表；

（二）报告期与上年同期的比较式利润表；

（三）报告期的现金流量表。

第三十三条 发行人披露当期定期报告的主要会计数据及财务指标，应以表格形式（见附件2）列明，并应简要说明报告期的经营情况、财务状况及影响经营业绩的主要因素。对于变动幅度在30%以上的项目，应说明变动的主要原因。

第六节 其他重要事项

第三十四条 发行人应披露招股意向书刊登日至上市公告书刊登前已发生的可能对发行人有较大影响的其他重要事项，主要包括：

（一）主要业务发展目标的进展；

（二）所处行业或市场的重大变化（包括原材料采购价格和产品销售价格、原材料采购和产品销售方式等发生重大变化）；

（三）订立重要合同，可能对发行人的资产、负债、权益和经营成果产生重大影响；

（四）重大关联交易事项；

（五）重大投资；

（六）重大资产（或股权）购买、出售及置换；

（七）发行人住所的变更；

（八）董事、监事、高级管理人员及核心技术人员的变化；

（九）重大诉讼、仲裁事项；

（十）对外担保等或有事项；

（十一）财务状况和经营成果的重大变化；

（十二）董事会、监事会和股东大会决议及其主要内容；

（十三）其他应披露的重大事项。

第七节　上市保荐机构及其意见

第三十五条　发行人应披露保荐机构的有关情况，包括名称、法定代表人、住所、联系电话、传真、保荐代表人和联系人等。

第三十六条　发行人应披露保荐机构推荐意见。

第三章　附　　则

第三十七条　本指引由本所负责解释。

第三十八条　本指引自发布之日起施行。

附件：1. 本次发行前后公司股本结构变动情况

2. 主要会计数据及财务指标

附件 1

本次发行前后公司股本结构变动情况

<table>
<tr><th rowspan="2">股东名称</th><th colspan="2">发行前</th><th colspan="3">发行后</th><th rowspan="2">备注</th></tr>
<tr><th>持股数量（股）</th><th>持股比例（%）</th><th>持股数量（股）</th><th>持股比例（%）</th><th>锁定期限制</th></tr>
<tr><td colspan="7">一、有限售条件 A 股流通股</td></tr>
<tr><td></td><td></td><td></td><td></td><td></td><td></td><td></td></tr>
<tr><td></td><td></td><td></td><td></td><td></td><td></td><td></td></tr>
<tr><td></td><td></td><td></td><td></td><td></td><td></td><td></td></tr>
<tr><td>合计</td><td></td><td></td><td></td><td></td><td></td><td></td></tr>
</table>

续表

股东名称	发行前		发行后			备注
	持股数量（股）	持股比例（%）	持股数量（股）	持股比例（%）	锁定期限制	
二、无限售条件 A 股流通股						
合计						
三、外资股						
合计						
总合计						

注：公司股东在首次公开发行股票时向投资者发售股份的，应在备注中说明公开发售股份情况。

附件 2

主要会计数据及财务指标

项　　目	本报告期末	上年度期末	本报告期末比上年度期末增减（%）
流动资产（元）			
流动负债（元）			
总资产（元）			
归属于发行人股东的所有者权益（元）			
归属于发行人股东的每股净资产（元/股）			
项　　目	本报告期	上年同期	本报告期比上年同期增减（%）
营业总收入（元）			
营业利润（元）			
利润总额（元）			
归属于发行人股东的净利润（元）			
归属于发行人股东的扣除非经常性损益后的净利润（元）			

续表

项　　目	本报告期	上年同期	本报告期比上年同期增减（%）
基本每股收益（元/股）			
扣除非经常性损益后的基本每股收益（元/股）			
加权平均净资产收益率（%）			
扣除非经常性损益后的加权净资产收益率（%）			
经营活动产生的现金流量净额（元）			
每股经营活动产生的现金流量净额（元）			

注：净资产收益率和扣除非经常性损益后的净资产收益率两个指标的本报告期比上年同期增减为两期数的差值。

VI.11 深圳证券交易所股票上市公告书内容与格式指引（2013年12月修订）

（2013年12月30日 深证上［2013］475号）

目 录

第一章 总 则

第一条 为规范首次公开发行股票公司上市的信息披露行为，保护投资者合法权益，根据《公司法》、《证券法》等法律、行政法规和中国证券监督管理委员会（以下简称中国证监会）的有关规定，制定本指引。

第二条 在中华人民共和国境内首次公开发行股票并申请在深圳证券交易所（以下简称本所）上市的股份有限公司（以下简称发行人），应当按本指引编制和披露上市公告书。

第三条 本指引的规定是对上市公告书信息披露的最低要求。无论本指引是否有明确规定，凡在招股意向书披露日至上市公告书刊登日期间所发生的对投资者做出投资决策有重大影响的信息，发行人均应当披露。

本指引某些具体要求对发行人确实不适用的，经本所同意，发行人可以根据实际情况，在不影响披露内容完整性的前提下做出适当修改。

第四条 由于商业秘密等特殊原因致使某些信息确实不便披露的，发行人可以向本所申请豁免按照本指引披露，经本所同意豁免的，发行人可以不予披露，但应当在上市公告书相关章节说明未按本指引要求进行披露的原因。

第五条 在不影响信息披露的完整性和不致引起阅读不便的前提下，发行人可以采用相互引征的方法，对相关部分的内容进行适当的技术处理，以避免不必要的重复。

第六条 发行人在编制上市公告书时还应当遵循以下一般要求：

（一）引用的数据应当有充分、客观的依据，并注明资料来源；

（二）引用的数字应当采用阿拉伯数字，货币金额除特别说明外，指人民币金额，并以元、千元、万元或者亿元为单位；

（三）发行人可以根据有关规定或者其他需求，编制上市公告书外文译本，但应当保证中、外文文本的一致性，并在外文文本上注明："本上市公告书分别以中、英（或者日、法等）文编制，在对中外文本的理解上发生歧义时，以中文文本为准"；

（四）上市公告书应当采用质地良好的纸张印刷，幅面为 209×295 毫米（相当于标准的 A4 纸规格）；

（五）上市公告书封面应当载明发行人的名称、"上市公告书"的字样、公告日期等，可以载有发行人的英文名称、徽章或者其他标记、图案等；

（六）上市公告书应当使用事实描述性语言，保证其内容简明扼要、通俗易懂，不得有祝贺性、广告性、恭维性、推荐性或者诋毁性的词句或者题字。

第七条 发行人应当在其首次公开发行股票上市前，将上市公告书全文刊登在至少一种由中国证监会指定的报刊及中国证监会指定的网站上。

在本所创业板上市的，发行人应当在其首次公开发行股票上市前，将上市公告书全文披露于中国证监会指定网站，将上市公告书的提示性公告刊登在至少一种由中国证监会指定的报刊上。

提示性公告应当披露下列内容：

"经深圳证券交易所审核同意，本公司发行的人民币普通股股票将于××××年××月××日在深圳证券交易所创业板上市，上市公告书全文和首次公开发行股票的招股说明书全文披露于中国证监会指定网站（www.××××.×××），供投资者查阅。"

提示性公告还应当包括以下内容：

（一）股票简称；

（二）股票代码；

（三）首次公开发行后总股本；

（四）首次公开发行股票数量；

（五）发行人和保荐机构的联系地址及联系电话；

（六）本所要求的其他内容。

第八条 发行人可以将上市公告书或者提示性公告刊载于其他报刊和网站，但其披露时间不得早于在中国证监会指定报刊和网站的披露时间。

第九条 在上市公告书披露前，任何当事人不得泄露有关信息，或者利用相关信息谋取不正当利益。

第十条 发行人及其全体董事、监事、高级管理人员应当保证上市公告书内容的真实性、准确性、完整性，承诺其中不存在虚假记载、误导性陈述或者重大遗漏，并就其保证承担个别和连带的法律责任。

第二章 上市公告书

第一节 重要声明与提示

第十一条 发行人应当在上市公告书显要位置作如下重要声明与提示：

“本公司及全体董事、监事、高级管理人员保证上市公告书的真实性、准确性、完整性，承诺上市公告书不存在虚假记载、误导性陈述或者重大遗漏，并承担个别和连带的法律责任。”

“证券交易所、其他政府机关对本公司股票上市及有关事项的意见，均不表明对本公司的任何保证。”

“本公司提醒广大投资者注意，凡本上市公告书未涉及的有关内容，请投资者查阅刊载于 ×× 网站的本公司招股说明书全文。”

第十二条 发行人应当在上市公告书显要位置，就首次公开发行股票上市初期的投资风险作特别提示，提醒投资者充分了解风险、理性参与新股交易。

首次公开发行股票并在本所创业板上市的发行人，还应当在上市公告书显要位置作如下声明与提示：

“本公司股票将在深圳证券交易所创业板市场上市，该市场具有较高的投资风险。创业板公司具有业绩不稳定、经营风险高、退市风险大等特点，投资者面临较大的市场风险。投资者应当充分了解创业板市场的投资风险及本公司所披露的风险因素，审慎做出投资决定。”

第十三条 发行人应当披露发行人、控股股东、实际控制人、董事、监事、高级管理人员等就首次公开发行股票上市作出的重要承诺及说明，包括但不限于以下内容：

（一）发行前股份自愿锁定的承诺；

（二）关于所持股票在锁定期满后两年内减持的，其减持价格不低于发行价，以及公司上市后6个月内如公司股票连续20个交易日的收盘价均低于发行价，或者上市后6个月期末收盘价低于发行价，持有公司股票的锁定期限自动延长至少6个月的承诺；

（三）发行人及其控股股东关于招股说明书有虚假记载、误导性陈述或者重大遗漏，对判断发行人是否符合法律规定的发行条件构成重大、实质影响的，将依法回购首次公开发行的全部新股，且发行人控股股东将购回已转让的原限售股份的承诺；

（四）发行人及其控股股东、实际控制人、董事、监事、高级管理人员等关于招股说明书有虚假记载、误导性陈述或者重大遗漏，致使投资者在证券交易中遭受损失的，将依法赔偿投资者损失的承诺；

（五）发行人及其控股股东、公司董事及高级管理人员关于在发行人上市后三年内公司股价低于每股净资产（根据最近一期经审计的财务报告计算）时稳定公司股价的预案；

（六）关于发行人公开发行前持股5%以上股东持股意向及减持意向的说明；

（七）关于发行人及其控股股东、公司董事及高级管理人员等公开承诺事项未能履行时的约束措施的说明；

（八）在招股说明书中披露的其他承诺。

第十四条 保荐机构、会计师事务所等证券服务机构应当作出以下承诺：如果为发行人首次公开发行制作、出具的文件有虚假记载、误导性陈述或者重大遗漏，给投资者造成损失的，将依法赔偿投资者损失。

第二节 股票上市情况

第十五条 发行人应当披露股票发行上市审批情况，主要包括：

（一）编制上市公告书的法律依据；

（二）股票发行核准部门、核准文件及其主要内容；

（三）本所同意股票上市文件的主要内容。

第十六条 发行人应当披露股票上市的相关信息，主要包括：

（一）上市地点；

（二）上市时间；

（三）股票简称；

（四）股票代码；

（五）首次公开发行后总股本；

（六）首次公开发行股票数量；

（七）发行前股东所持股份的流通限制及期限；

（八）发行前股东对所持股份自愿锁定的承诺；

（九）本次上市股份的其他锁定安排；

（十）本次上市的无流通限制及锁定安排的股份；

（十一）公司股份可上市交易日期，以表格形式（具体格式见附件 1）逐项列明首次公开发行股票前已发行的股份、首次公开发行股份数量、占首次公开发行股票后总股本比例，以及可上市交易日期，其中首次公开发行股票前已发行的股份应当分股东列明所持股份数量和占首次公开发行股票后总股本比例、以及可上市交易日期；

（十二）股票登记机构；

（十三）上市保荐机构。

第三节　发行人、股东和实际控制人情况

第十七条　发行人应当披露公司基本情况，包括中英文名称、注册资本、法定代表人、住所、经营范围、主营业务、所属行业、电话、传真、电子邮箱、董事会秘书。

第十八条　发行人应当披露全体董事、监事、高级管理人员的姓名、任职起止日期以及直接或者间接持有公司的股票、债券情况等。

第十九条　发行人应当披露控股股东及实际控制人情况。若控股股东、实际控制人为个人，应当披露除发行人以外的其他投资情况；若控股股东、实际控制人为法人，应当披露营业执照号及最近一个年度报告期的主要财务状况和经营情况。

第二十条　发行人应当披露本次上市前的股东人数，持股数量前十名股东的名称、持股数量及持股比例。

第四节　股票发行情况

第二十一条　发行人应当披露本次股票上市前首次公开发行股票的情况，主要包括：

（一）首次公开发行股票数量；

（二）发行价格；

（三）发行方式及认购情况；

（四）募集资金总额及注册会计师对资金到位的验证情况；

（五）发行费用总额及明细构成、每股发行费用；

（六）发行人募集资金净额及发行前公司股东转让股份资金净额；

（七）发行后每股净资产（以最近一期经审计的归属于发行人股东的净资产与本次发行募集资金净额的合计数和本次发行后总股本计算）；

（八）发行后每股收益（以最近一个会计年度经审计的归属于发行人股东的净利润和本次发行后总股本摊薄计算）。

第五节 财务会计资料

第二十二条 在定期报告（包括年度报告、中期报告和季度报告）披露期间刊登上市公告书的发行人，应当披露当期的主要会计数据、财务指标以及下一报告期的业绩预计；如招股说明书已进行相应披露，则可以免于披露。

第二十三条 在非定期报告披露期间刊登上市公告书的发行人，应当披露上一报告期的主要会计数据、财务指标以及当期的业绩预计；如招股说明书已进行相应披露，则可以免于披露。

第二十四条 发行人在上市公告书中披露主要会计数据及财务指标的，应当在提交上市申请文件时提供以下文件并与上市公告书同时披露：经现任法定代表人、主管会计工作的负责人、总会计师（如有）、会计机构负责人（会计主管人员）签字并盖章的报告期及上年度期末的比较式资产负债表、报告期与上年同期的比较式利润表、报告期的现金流量表。

第二十五条 发行人应当以表格形式披露定期报告的主要会计数据及财务指标（具体格式见附件2），并简要说明报告期的经营情况、财务状况及影响经营业绩的主要因素。对于变动幅度在30%以上的项目，应当说明变动的主要原因。

第六节 其他重要事项

第二十六条 发行人应当披露招股意向书刊登日至上市公告书刊登前已发生的可能对发行人有较大影响的其他重要事项，主要包括：

（一）主要业务发展目标的进展；

（二）生产经营情况、外部条件或者生产环境发生重大变化（包括原材料采购和产品销售价格、原材料采购和产品销售方式、所处行业或者市场的重大变化等发生重大变化）；

（三）订立重要合同，可能对发行人的资产、负债、权益和经营成果产生重大影响；

（四）重大关联交易事项，包括发行人资金是否被关联人非经营性占用等；

（五）重大投资；

（六）重大资产（或者股权）购买、出售及置换；

（七）发行人住所的变更；

（八）董事、监事、高级管理人员及核心技术人员的变化；

（九）重大诉讼、仲裁事项；

（十）对外担保等或有事项；

（十一）财务状况和经营成果的重大变化；

（十二）董事会、监事会和股东大会决议及其主要内容；

（十三）其他应披露的重大事项。

第七节　上市保荐机构及其意见

第二十七条　发行人应当披露保荐机构的有关情况，包括名称、法定代表人、住所、联系电话、传真、保荐代表人和联系人等。

第二十八条　发行人应当披露保荐机构的保荐意见。

第三章　附　　则

第二十九条　本指引由本所负责解释。

第三十条　本指引自发布之日起施行。本所 2012 年 2 月 7 日发布的《深圳证券交易所股票上市公告书内容与格式指引（2012 年 2 月修订）》（深证上［2012］23 号）同时废止。

附件 1

股票发行情况表

<table>
<tr><th></th><th>股东名称</th><th>持股数</th><th>占发行后股本比例</th><th>可上市交易日期</th></tr>
<tr><td rowspan="2">首次公开发行前已发行股份</td><td></td><td></td><td></td><td></td></tr>
<tr><td></td><td></td><td></td><td></td></tr>
<tr><td></td><td>小计</td><td></td><td></td><td></td></tr>
<tr><td rowspan="2">首次公开发行股份</td><td>网下配售股份</td><td></td><td></td><td></td></tr>
<tr><td>网上发行股份</td><td></td><td></td><td></td></tr>
<tr><td></td><td>小计</td><td></td><td></td><td></td></tr>
<tr><td colspan="2">合计</td><td></td><td></td><td></td></tr>
</table>

注：公司股东在首次公开发行股票时向投资者发售股份的，应当备注说明公开发售股份情况。

附件 2

主要会计数据及财务指标

项　　目	本报告期末	上年度期末	本报告期末比上年度期末增减（%）
流动资产（元）			
流动负债（元）			
总资产（元）			
归属于发行人股东的所有者权益（元）			
归属于发行人股东的每股净资产（元/股）			
项　　目	本报告期	上年同期	本报告期比上年同期增减（%）
营业总收入（元）			
营业利润（元）			
利润总额（元）			
归属于发行人股东的净利润（元）			
归属于发行人股东的扣除非经常性损益后的净利润（元）			
基本每股收益（元/股）			
扣除非经常性损益后的基本每股收益（元/股）			
加权平均净资产收益率（%）			
扣除非经常性损益后的加权净资产收益率（%）			
经营活动产生的现金流量净额（元）			
每股经营活动产生的现金流量净额（元）			

注：净资产收益率和扣除非经常性损益后的净资产收益率两个指标的本报告期比上年同期增减为两期数的差值。

VI. 12　上市公司行业分类指引（2012 年修订）（存目）

（2012 年 10 月 26 日　中国证监会公告［2012］31 号）

VI. 13　关于发布《上海证券交易所证券发行上市业务指引（2013 年修订）》的通知

（2013 年 12 月 27 日　上证发［2013］27 号）

各市场参与人：

为了规范通过上海证券交易所（以下简称本所）系统发行证券并申请在本所上市业务，本所制定了《上海证券交易所证券发行上市业务指引（2013 年修订）》，现予以发布，自发布之日起施行。

本所于 2010 年 11 月 9 日发布的《上海证券交易所证券发行业务指引》（上证发字［2010］30 号）同时废止。

特此通知。

附件：上海证券交易所证券发行上市业务指引（2013 年修订）

上海证券交易所证券发行上市业务指引
（2013 年修订）

第一章　总　　则

第一条　为了规范通过上海证券交易所（以下简称本所）系统发行证券并申请在本所上市业务，根据《证券发行与承销管理办法》、《上海证券交易所股票上市规则》、《上海证券交易所公司债券上市规则》等相关规定，制定本指引。

第二条　发行人通过本所系统公开发行证券并上市业务及各参与人相关行为，适用本指引。

本指引所称证券是指股票、公司债券、可转换公司债券（以下简称可转债）等有价证券。

基金份额发售、上市业务不适用本指引。

第二章 证券发行

第三条 证券发行申请获得证监会发行审核委员会通过后，发行人及其保荐机构、主承销商应及时联系本所相关部门申请证券代码与证券交易简称，并沟通发行与上市申请相关事项。

首次公开发行股票相关业务与本所发行上市部联系，上市公司发行股票、可转债相关业务与本所上市公司监管一部联系，发行公司债券相关业务与本所债券业务部联系。

第四条 证券发行申请获得证监会发行核准批文后，发行人及其主承销商应及时联络本所提交发行计划与发行方案。

第五条 发行人在取得证监会发行核准批文后，先向本所申请其股票发行的，本所将先予安排；但如果发行方案与原先协商本所的发行方案不一致的，发行人、主承销商应与本所充分协商，在获得本所同意后，另行确定发行日期。

多家发行人在取得证监会发行核准批文后，同时向本所申请其股票于同一日发行，但因市场或技术原因无法实现同日发行的，本所可决定按证监会发行批文文号先后安排发行。但发行人招股说明书和最近一期会计数据将要到期的，且其发行时间申请的迟缓并非主观原因造成的，本所将优先安排发行。

本所可以根据市场情况，与发行人及其主承销商协商调整证券发行日期。

第六条 发行人发行证券并申请在本所上市，应将发行公告、招股说明书（招股意向书、募集说明书）全文、备查文件和附录（以下简称相关文件）在本所网站（www. sse. com. cn）披露，并对其内容负责。

第七条 发行人及其主承销商原则上应在拟披露发行公告、招股说明书（招股意向书、募集说明书）全文及相关文件的前一个交易日 15：30 前（发行公司债券为 14：00 前），向本所提交以下材料：

（一）中国证监会核准公开发行证券的文件；

（二）发行人通过本所系统发行证券的申请；

（三）发行公告、招股说明书（招股意向书、募集说明书）全文及相关文件；

（四）发行人及其主承销商关于保证发行公告、招股说明书（招股意向书、募集说明书）全文及其相关文件的电子文件与书面文件内容一致，并承担全部责任的确认函；

（五）本所要求的其他文件。

第八条 证券发行期间，发行人及其主承销商原则上应于当日15：30前（发行公司债券为14：00前），将次日披露的各项公告及本所要求的其他文件提交本所，并及时确认拟披露的公告在指定披露媒体、本所网站的发布事宜，并对内容负责。

第九条 发行人及其主承销商因特殊情况不能按要求提交公告和相关文件的，应当在截止时点的30分钟前，向本所提出申请。

第十条 发行人及其主承销商应确保向本所提交相关材料中的发行数据准确完整。发行数据包括发行价格、发行数量、发行时间、申购代码、配售比例、主承销商交易单元、主承销商证券账户号码及其他相关数据。

第十一条 首次公开发行股票、公开增发股票或公开发行可转债网上发行不得超过1个交易日，网下发行不得超过2个交易日，配股发行不得超过5个交易日，但经本所同意超过上述期限的除外。

首次公开发行股票、公开增发股票或公开发行可转债网上发行期间，主承销商可于网上发行日（T日）收盘后向本所申请查询网上发行资金申购初步结果。上市公司股票、可转债向老股东配售的，主承销商可于T+1日收盘后，通过主承销商证券账户自行查询老股东配售部分的有效配售数量。

首次公开发行股票，发行人及其主承销商可于T+1日收盘后向本所申请查询最终有效申购数据及中签率情况表。

公开增发股票、公开发行可转债，发行人及其主承销商可于T+2日收盘后向本所申请查询最终有效申购数据及中签率情况表。

第十二条 公司债券网上发行不得超过1个交易日，网下发行不超过5个交易日，但经本所同意的除外。网下发行截止日应晚于网上发行截止日至少2个交易日。

公司债券网上发行期间，本所将公司债网上发行成交数据发送给中国结算上海分公司。中国结算上海分公司每日末进行清算。有效认购可于下一交易日日终或认购次2个交易日查询到注册结果。注册数据的证券代码为本期公司债网上发行的证券代码。

网下发行截止日次日10：30前，主承销商应将分销注册数据报本所债券业务部。

第十三条 首次公开发行股票时，主承销商应在T+1日11：00前，将未经验资的网上网下配售情况表按要求提交本所；公开增发股票及公开发行可转债时，应在T+1日16：00前，将未经验资的网上网下配售情况表按要求提交本所。

如验资情况正常，则主承销商不得调整已提交的网上网下配售情况表；如验资情况出现异常，则主承销商应当根据验资情况调整已提交的网上网下配售情况表，并立即采取措施协调处理该异常情形，并将处理结果及时报告本所。

主承销商按前款规定调整网上网下配售情况表的，应在T+1日17：00前，将调整后的网上网下配售情况表按要求提交本所；公开增发股票及公开发行可转债时，主承销商调整网上网下配售情况表的，应在T+2日11：00前，将调整后的网上网下配售情况表按要求提交本所。

第十四条 在证券承销工作中，主承销商应向投资者充分提示申购时间与申购程序。在规定的或已公告的申购时间与申购程序之外，投资者不得增加、减少或修改报价与申购数据，发行人与主承销商不得协助投资者在规定的或已公告的申购时间与申购程序外增加、减少或修改报价与申购数据。

第三章 证券上市

第十五条 证券发行结束后，发行人及其保荐机构、主承销商应根据本所《股票上市规则》、《公司债券上市规则》等相关规定及时准备并报送证券上市申请文件。

第十六条 发行人、保荐机构及主承销商应确保向本所提交上市申请材料中的证券上市数据准确完整。证券上市数据包括发行价格（或上市首日开盘参考价格）、证券上市数量、上市时间、证券代码、股本结构及其相关数据。

第十七条 首次公开发行股票、公开增发、配股、公开发行普通可转债上市申请文件应于证券上市日前五个交易日（L-5日）的15：30前，按要求提交本所相关部门。

分离交易可转债分拆后的公司债上市申请文件及分拆后的权证上市申请文件应于L-5日15：30前，按要求提交本所上市公司监管一部。分拆后的权证上市申请文件应同时报本所交易管理部备案。

第十八条 本所上市委员会对股票、公司债券的首次上市事项进行审核。本所根据上市委员会的审核意见，作出是否同意上市的决定。

第十九条 发行人证券上市申请经本所审核同意的，应将根据相关要求编制的上市公告书及本所要求的其他文件在本所网站披露，并对内容负责。

第二十条 本所根据发行人申请和法律法规、部门规章及本所规则的相关规定，确定证券上市日期。

多家发行人同时申请于同一日上市，但因市场或技术原因无法实现同日上市的，本所可决定先发行的发行人先安排上市，但发行人的会计报表有效期将要届满的，且其上市时间申请的迟缓并非主观原因造成的，本所将优先安排上市。

本所可以根据市场情况，与发行人及其主承销商协商调整证券上市日期。

第二十一条 股票、可转债符合上市条件的，自发行结束日至证券上市日（L日）原则上不得超过7个交易日。公司债券符合上市条件的，本所收到发行人的登记托管证明文件后，协调安排上市日期。

首次公开发行股票、公开增发、公开发行可转债的发行结束日为中签结果公告刊登日。配股发行结束日为除权交易日。

第二十二条 证券首次上市前，发行人应根据中国证监会《国际证券识别码管理办法》相关要求，通过本所网站申请新上市证券的ISIN代码。

第四章 保荐机构、主承销商制度建设及业务人员配备

第二十三条 保荐机构、主承销商公司内部应配备足够的业务人员，负责设计发行方案、市场推介、询价定价、接受投资者咨询、与本所保持联络沟通以及协助发行人申报发行上市申请材料与发布市场公告等业务。

第二十四条 保荐机构、主承销商应建立发行上市业务相关内部管理制度，内部管理制度包括但不限于：明晰的岗位职责说明书、详细的对内对外业务指南或者业务流程、业务人员定期培训机制。

岗位职责说明书及业务指南或者业务流程应根据相关法规、本指引及其他相关规定保持及时更新。

第二十五条 主承销商在发行证券承销与上市申请工作中，应指定至少一名有经验的工作人员与本所保持便捷畅通的联络沟通。

第二十六条 本所可视情况对保荐机构、主承销商的制度建设和人员配备情况进行不定期现场检查。

第五章 自律管理

第二十七条 本所根据本指引对证券发行上市业务参与人行为进行日常监管。具体措施包括：

（一）约见有关人员；

（二）发出监管工作函；

（三）向中国证监会报告有关违规行为。

第二十八条 发行人、保荐机构、主承销商及其相关人员违反本指引的，本所可以根据《上海证券交易所股票上市规则》、《上海证券交易所公司债券上市规则》、《上海证券交易所会员管理规则》等业务规则的规定，视情节轻重实

施纪律处分或者监管措施。

情节严重的，本所依法报中国证监会查处。

第六章 附 则

第二十九条 本指引由本所负责解释。

第三十条 本指引自发布之日起施行。

Ⅶ 持续督导

Ⅶ.1　上市公司的公司治理与规范运作

Ⅶ.2　上市公司持续信息披露

Ⅶ.3　上市公司并购重组

VII.1　上市公司的公司治理与规范运作

VII.1.1　国务院批转证监会关于提高上市公司质量意见的通知

（2005 年 10 月 19 日　国发［2005］34 号）

各省、自治区、直辖市人民政府，国务院各部委、各直属机构：

国务院同意证监会《关于提高上市公司质量的意见》，现转发给你们，请认真贯彻执行。

上市公司是资本市场发展的基石。提高上市公司质量是提高资本市场投资价值的源泉，对于增强资本市场的吸引力和活力，充分发挥资本市场优化资源配置功能，保护投资者特别是中小投资者的合法权益，促进我国资本市场健康稳定发展，具有十分重要的意义。十多年来，我国上市公司不断发展壮大，已成为推动企业改革和带动行业成长的中坚力量。但由于受体制、机制、环境等因素影响，相当一批上市公司法人治理结构不完善、运作不规范、质量不高，严重影响了投资者的信心，制约了资本市场健康稳定发展。贯彻落实《国务院关于推进资本市场改革开放和稳定发展的若干意见》（国发［2004］3 号），提高上市公司质量，是摆在我们面前的一项十分重要而紧迫的任务。

地方各级人民政府要承担起处置本地区上市公司风险的责任，有效防范和化解上市公司风险，必要时可对陷入危机、可能对社会稳定造成重大影响的上市公司组织实施托管。证券监管部门要强化对上市公司的监管，及时查处违法违规行为，对负有责任的人员，视情节轻重，责成上市公司予以撤换或实行市场禁入，涉嫌犯罪的，及时移交公安、司法机关。各有关部门要统一思想，提高认识，密切配合，建立高效、灵活的协作机制和信息共享机制，加大工作力度，综合运用经济、法律和必要的行政手段，营造有利于上市公司规范发展的环境，支持和督促上市公司全面提高质量，为资本市场的健康稳定发展奠定良好的基础。

关于提高上市公司质量的意见

为全面深入贯彻落实《国务院关于推进资本市场改革开放和稳定发展的若干意见》（国发［2004］3号），切实保护投资者的合法权益，促进资本市场持续健康发展，现就提高上市公司质量有关问题提出以下意见：

一、提高认识，高度重视提高上市公司质量工作

（一）充分认识提高上市公司质量的重要意义。上市公司是我国经济运行中最具发展优势的群体，是资本市场投资价值的源泉。提高上市公司质量，是强化上市公司竞争优势，实现可持续发展的内在要求；是夯实资本市场基础，促进资本市场健康稳定发展的根本；是增强资本市场吸引力和活力，充分发挥资本市场优化资源配置功能的关键。提高上市公司质量，就是要立足于全体股东利益的最大化，不断提高公司治理和经营管理水平，不断提高诚信度和透明度，不断提高公司盈利能力和持续发展能力。

（二）提高上市公司质量是推进资本市场改革发展的一项重要任务。经过十多年的培育，上市公司不断发展壮大、运作日趋规范、质量逐步提高，已经成为推动企业改革和带动行业成长的中坚力量。但是，由于受体制、机制、环境等多种因素的影响，相当一批上市公司在法人治理结构、规范运作等方面还存在一些问题，盈利能力不强，对投资者回报不高，严重影响了投资者的信心，制约了资本市场的健康稳定发展。随着社会主义市场经济体制的不断完善和资本市场改革的不断深入，提高上市公司质量已经成为当前和今后一个时期推进资本市场健康发展的一项重要任务。提高上市公司质量，关键在于公司董事会、监事会和经理层要诚实守信、勤勉尽责，努力提高公司竞争能力、盈利能力和规范运作水平；同时，各有关方面要营造有利于上市公司规范发展的环境，支持和督促上市公司全面提高质量。通过切实的努力，使上市公司法人治理结构更加完善，内部控制制度合理健全，激励约束机制规范有效，公司透明度、竞争力和盈利能力显著提高。

二、完善公司治理，提高上市公司经营管理和规范运作水平

（三）完善法人治理结构。上市公司要严格按照《公司法》、外商投资相关法律法规和现代企业制度的要求，完善股东大会、董事会、监事会制度，形成权力机构、决策机构、监督机构与经理层之间权责分明、各司其职、有效制衡、科学决策、协调运作的法人治理结构。股东大会要认真行使法定职权，严格遵守表决事项和表决程序的有关规定，科学民主决策，维护上市公司和股东的合法权益。董事会要对全体股东负责，严格按照法律和公司章程的规定履行职责，把好决策关，加强对公司经理层的激励、监督和约束。要设立以独立董事为主的审计委员会、薪酬与考核委员会并充分发挥其作用。公司全体董事必须勤勉尽责，依法行使职权。监事会要认真发挥好对董事会和经理层的监督作用。经理层要严格执行股东大会和董事会的决定，不断提高公司管理水平和经营业绩。

（四）建立健全公司内部控制制度。上市公司要加强内部控制制度建设，强化内部管理，对内部控制制度的完整性、合理性及其实施的有效性进行定期检查和评估，同时要通过外部审计对公司的内部控制制度以及公司的自我评估报告进行核实评价，并披露相关信息。通过自查和外部审计，及时发现内部控制制度的薄弱环节，认真整改，堵塞漏洞，有效提高风险防范能力。

（五）提高公司运营的透明度。上市公司要切实履行作为公众公司的信息披露义务，严格遵守信息披露规则，保证信息披露内容的真实性、准确性、完整性和及时性，增强信息披露的有效性。要制定并严格执行信息披露管理制度和重要信息的内部报告制度，明确公司及相关人员的信息披露职责和保密责任，保障投资者平等获取信息的权利。公司股东及其他信息披露义务人，要积极配合和协助上市公司履行相应的信息披露义务。上市公司要积极做好投资者关系管理工作，拓宽与投资者的沟通渠道，培育有利于上市公司健康发展的股权文化。

（六）加强对高级管理人员及员工的激励和约束。上市公司要探索并规范激励机制，通过股权激励等多种方式，充分调动上市公司高级管理人员及员工的积极性。要强化上市公司高级管理人员、公司股东之间的共同利益基础，提高上市公司经营业绩。要健全上市公司高级管理人员的工作绩效考核和优胜劣汰机制，强化责任目标约束，不断提高上市公司高级管理人员的进取精神和责任意识。

（七）增强上市公司核心竞争力和盈利能力。上市公司要优化产品结构，努力提高创新能力，提升技术优势和人才优势，不断提高企业竞争力。要大力提高管理效率和管理水平，努力开拓市场，不断增强盈利能力。上市公司要高度重视对股东的现金分红，努力为股东提供良好的投资回报。

三、注重标本兼治，着力解决影响上市公司质量的突出问题

（八）切实维护上市公司的独立性。上市公司必须做到机构独立、业务独立，与股东特别是控股股东在人员、资产、财务方面全面分开。控股股东要依法行使出资人权利，不得侵犯上市公司享有的由全体股东出资形成的法人财产权。控股股东或实际控制人不得利用控制权，违反上市公司规范运作程序，插手上市公司内部管理，干预上市公司经营决策，损害上市公司和其他股东的合法权益。

（九）规范募集资金的运用。上市公司要加强对募集资金的管理。对募集资金投资项目必须进行认真的可行性分析，有效防范投资风险，提高募集资金使用效益。经由股东大会决定的投资项目，公司董事会或经理层不得随意变更。确需变更募集资金用途的，投资项目应符合国家产业政策和固定资产投资管理的有关规定，并经股东大会审议批准后公开披露。

（十）严禁侵占上市公司资金。控股股东或实际控制人不得以向上市公司借款、由上市公司提供担保、代偿债务、代垫款项等各种名目侵占上市公司资金。对已经侵占的资金，控股股东尤其是国有控股股东或实际控制人要针对不同情况，采取现金清偿、红利抵债、以股抵债、以资抵债等方式，加快偿还速度，务必在2006年底前偿还完毕。

（十一）坚决遏制违规对外担保。上市公司要根据有关法规明确对外担保的审批权限，严格执行对外担保审议程序。上市公司任何人员不得违背公司章程规定，未经董事会或股东大会批准或授权，以上市公司名义对外提供担保。上市公司要认真履行对外担保情况的信息披露义务，严格控制对外担保风险，采取有效措施化解已形成的违规担保、连环担保风险。

（十二）规范关联交易行为。上市公司在履行关联交易的决策程序时要严格执行关联方回避制度，并履行相应的信息披露义务，保证关联交易的公允性和交易行为的透明度。要充分发挥独立董事在关联交易决策和信息披露程序中的职责和作用。公司董事、监事和高级管理人员不得通过隐瞒甚至虚假披露关联方信息等手段，规避关联交易决策程序和信息披露要求。对因非公允关联交易造成上市公司利益损失的，上市公司有关人员应承担责任。

（十三）禁止编报虚假财务会计信息。上市公司应严格执行有关会计法规、会计准则和会计制度，加强会计核算和会计监督，真实、公允地反映公司的财务状况、经营成果及现金流量。不得伪造会计凭证等会计资料、提供虚假财务报表；不得利用会计政策、会计估计变更和会计差错更正等手段粉饰资产、收入、成本、利润等财务指标；不得阻碍审计机构正常开展工作，限制其审计范围；不得要求审计机构出具失真或不当的审计报告。上市公司董事会及其董事、总经理、财务负责人对公司财务报告的真实性、完整性承担主要责任。

四、采取有效措施，支持上市公司做优做强

（十四）支持优质企业利用资本市场做优做强。地方政府要积极支持优质企业改制上市，推动国有企业依托资本市场进行改组改制，使优质资源向上市公司集中，支持具备条件的优质大型企业实现整体上市。有关部门要优化公司股票发行上市制度，规范企业改制行为，支持优质大型企业和高成长的中小企业在证券市场融资，逐步改善上市公司整体结构。积极推出市场化创新工具，支持上市公司通过多样化的支付手段进行收购兼并，提升公司的核心竞争力，实现可持续发展。

（十五）提高上市公司再融资效率。要进一步调整和完善上市公司再融资的相关制度，增加融资品种，简化核准程序，充分发挥市场发现价格和合理配置资源的功能，提高上市公司再融资效率。积极培育公司债券市场，制订和完善公司债券发行、交易、信息披露和信用评级等规章制度。鼓励符合条件的上市公司发行公司债券。

（十六）建立多层次市场体系。在加强主板市场建设的同时，积极推动中小企业板块制度创新，为适时推出创业板创造条件。要进一步完善股份代办转让系统，健全多层次资本市场体系和不同层次市场间的准入、退出机制，发挥资本市场优胜劣汰功能，满足不同企业的融资需求。

（十七）积极稳妥地推进股权分置改革。通过股权分置改革消除非流通股和流通股的流通制度差异，有利于形成流通股股东和非流通股股东的共同利益基础，对提高上市公司质量具有重要作用。有关方面要按照总体安排、分类指导、完善制度的要求，加强对改革的组织领导，积极稳妥地推进股权分置改革。

五、完善上市公司监督管理机制，强化监管协作

（十八）强化上市公司监管。有关部门要完善相关法律法规体系，抓紧制订上市公司监管条例，积极推进相关法律的修改，为广大投资者维护自身权益和上市公司规范运作提供法律保障。要进一步加强上市公司监管制度建设，建立累积投票制度和征集投票权制度，完善股东大会网络投票制度、独立董事制度及信息披露相关规则，规范上市公司运作。要落实和完善监管责任制，不断改进监管方式和监管手段，完善上市公司风险监控体系。进一步健全证券监督管理机构与公安、司法部门的协作机制，及时将涉嫌犯罪人员移送公安、司法机关，严肃查处违法犯罪行为，增强上市公司监管的威慑力，提高监管的有效性和权威性，切实维护市场和社会稳定。

（十九）加强上市公司诚信建设。有关部门要建立上市公司及其控股股东或实际控制人的信贷、担保、信用证、商业票据等信用信息及监管信息的共享机制；完善上市公司控股股东、实际控制人、上市公司及其高级管理人员的监管信息系统，对严重失信和违规者予以公开曝光；督促商业银行严格审查上市公司董事会或股东大会批准对外担保的文件和信息披露资料，严格审查上市公司对外担保的合规性和担保能力，切实防范上市公司违规对外担保的风险。

（二十）规范上市公司控股股东或实际控制人的行为。有关方面要督促控股股东或实际控制人加快偿还侵占上市公司的资金，国有控股股东限期内未偿清或出现新增侵占上市公司资金问题的，对相关负责人和直接责任人要给予纪律处分，直至撤销职务；非国有控股股东或实际控制人限期内未偿清或出现新增侵占上市公司资金问题的，有关部门对其融资活动应依法进行必要的限制。要依法查处上市公司股东、实际控制人利用非公允的关联交易侵占上市公司利益、掏空上市公司的行为。加大对侵犯上市公司利益的控股股东或实际控制人的责任追究力度，对构成犯罪的，依法追究刑事责任。

（二十一）加强对上市公司高级管理人员的监管。要制定上市公司高级管理人员行为准则，对违背行为准则并被证券监督管理机构认定为不适当人选的上市公司高级管理人员，要责成上市公司及时按照法定程序予以撤换。对严重违规的上市公司高级管理人员，要实行严格的市场禁入；对构成犯罪的，依法追究刑事责任。

（二十二）加强对证券经营中介机构的监管。要严格保荐机构、保荐代表人的资质管理，督促其忠实履行尽职推荐、持续督导的职责。有关部门要加强对会计师事务所、资产评估机构、律师事务所等中介机构执业行为的监管，完善执业标准体系，督促其勤勉尽责，规范执业行为，提高执业质量。要建立和完善市场禁入制度，加大对中介机构及其责任人违法违规行为的责任追究力度，及时公布其失信和违规记录，强化社会监督。

（二十三）充分发挥自律监管的作用。充分发挥自律组织在促进上市公司提高公司治理、规范运作水平等方面的积极作用。加强对上市公司高级管理人员的培训和持续教育，培养诚信文化，提高高级管理人员的法制意识、责任意识和诚信意识，增强上市公司高级管理人员规范经营的自觉性。

六、加强组织领导，营造促进上市公司健康发展的良好环境

（二十四）加强对提高上市公司质量工作的组织领导。各省（区、市）人民政府要加强组织领导，建立有效的协调机制，统筹研究解决工作中遇到的重大问题，切实采取有效措施，促进上市公司质量全面提高。当前，要着重督促和帮助上市公司切实解决控股股东或实际控制人侵占资金、违规担保等突出问题，研究建立上市公司突发重大风险的处置机制，积极稳妥地推进上市公司股权分置改革。

（二十五）防范和化解上市公司风险。地方各级人民政府要切实承担起处置本地区上市公司风险的责任，建立健全上市公司风险处置应急机制，及时采取有效措施，维护上市公司的经营秩序、财产安全和社会稳定，必要时可对陷入危机、可能对社会稳定造成重大影响的上市公司组织实施托管。支持绩差上市公司特别是国有控股上市公司按照市场化原则进行资产重组和债务重组，改善经营状况。要做好退市公司的风险防范工作，依法追究因严重违法违规行为导致上市公司退市的相关责任人的责任。

（二十六）营造有利于上市公司规范发展的舆论氛围。有关方面要加强对涉及上市公司新闻报道的管理，引导媒体客观、真实、全面地报道上市公司情况，切实防范并及时纠正对上市公司的失实报道，严肃惩处违背事实、蓄意美化或诋毁上市公司的行为，避免误导投资者。切实发挥好媒体的舆论引导和监督作用。

VII. 1. 2　上市公司治理准则

（2002 年 1 月 7 日　中国证监会　国家经贸委）

导　言

为推动上市公司建立和完善现代企业制度，规范上市公司运作，促进我国证券市场健康发展，根据《公司法》、《证券法》及其他相关法律、法规确定的基本原则，并参照国外公司治理实践中普遍认同的标准，制订本准则。

本准则阐明了我国上市公司治理的基本原则、投资者权利保护的实现方式，以及上市公司董事、监事、经理等高级管理人员所应当遵循的基本的行为准则和职业道德等内容。

本准则适用于中国境内的上市公司。上市公司改善公司治理，应当贯彻本准则所阐述的精神。上市公司制定或者修改公司章程及治理细则，应当体现本准则所列明的内容。本准则是评判上市公司是否具有良好的公司治理结构的主要衡量标准，对公司治理存在重大问题的上市公司，证券监管机构将责令其按照本准则的要求进行整改。

第一章　股东与股东大会

第一节　股东权利

第一条　股东作为公司的所有者，享有法律、行政法规和公司章程规定的合法权利。上市公司应建立能够确保股东充分行使权利的公司治理结构。

第二条　上市公司的治理结构应确保所有股东，特别是中小股东享有平等地位。股东按其持有的股份享有平等的权利，并承担相应的义务。

第三条　股东对法律、行政法规和公司章程规定的公司重大事项，享有知情权和参与权。上市公司应建立和股东沟通的有效渠道。

第四条　股东有权按照法律、行政法规的规定，通过民事诉讼或其他法律手段保护其合法权利。股东大会、董事会的决议违反法律、行政法规的规定，侵犯股东合法权益，股东有权依法提起要求停止上述违法行为或侵害行为的诉讼。董事、监事、经理执行职务时违反法律、行政法规或者公司章程的规定，给公司造成损害的，应承担赔偿责任。股东有权要求公司依法提起要求赔偿的诉讼。

第二节　股东大会的规范

第五条　上市公司应在公司章程中规定股东大会的召开和表决程序，包括通知、登记、提案的审议、投票、计票、表决结果的宣布、会议决议的形成、会议记录及其签署、公告等。

第六条 董事会应认真审议并安排股东大会审议事项。股东大会应给予每个提案合理的讨论时间。

第七条 上市公司应在公司章程中规定股东大会对董事会的授权原则，授权内容应明确具体。

第八条 上市公司应在保证股东大会合法、有效的前提下，通过各种方式和途径，包括充分运用现代信息技术手段，扩大股东参与股东大会的比例。股东大会时间、地点的选择应有利于让尽可能多的股东参加会议。

第九条 股东既可以亲自到股东大会现场投票，也可以委托代理人代为投票，两者具有同样的法律效力。

第十条 上市公司董事会、独立董事和符合有关条件的股东可向上市公司股东征集其在股东大会上的投票权。投票权征集应采取无偿的方式进行，并应向被征集人充分披露信息。

第十一条 机构投资者应在公司董事选任、经营者激励与监督、重大事项决策等方面发挥作用。

第三节 关联交易

第十二条 上市公司与关联人之间的关联交易应签订书面协议。协议的签订应当遵循平等、自愿、等价、有偿的原则，协议内容应明确、具体。公司应将该协议的订立、变更、终止及履行情况等事项按照有关规定予以披露。

第十三条 上市公司应采取有效措施防止关联人以垄断采购和销售业务渠道等方式干预公司的经营，损害公司利益。关联交易活动应遵循商业原则，关联交易的价格原则上应不偏离市场独立第三方的价格或收费的标准。公司应对关联交易的定价依据予以充分披露。

第十四条 上市公司的资产属于公司所有。上市公司应采取有效措施防止股东及其关联方以各种形式占用或转移公司的资金、资产及其他资源。上市公司不得为股东及其关联方提供担保。

第二章 控股股东与上市公司

第一节 控股股东行为的规范

第十五条 控股股东对拟上市公司改制重组时应遵循先改制、后上市的原则，并注重建立合理制衡的股权结构。

第十六条 控股股东对拟上市公司改制重组时应分离其社会职能，剥离非经营性资产，非经营性机构、福利性机构及其设施不得进入上市公司。

第十七条 控股股东为上市公司主业服务的存续企业或机构可以按照专业化、市场化的原则改组为专业化公司，并根据商业原则与上市公司签订有关协议。从事其他业务的存续企业应增强其独立发展的能力。无继续经营能力的存续企业，应按有关法律、法规的规定，通过实施破产等途径退出市场。企业重组时具备一定条件的，可以一次性分离其社会职能及分流富余人员，不保留存续企业。

第十八条 控股股东应支持上市公司深化劳动、人事、分配制度改革，转换经营管理机制，建立管理人员竞聘上岗、能上能下，职工择优录用、能进能出，收入分配能增能减、有效激励的各项制度。

第十九条 控股股东对上市公司及其他股东负有诚信义务。控股股东对其所控股的上市公司应严格依法行使出资人的权利，控股股东不得利用资产重组等方式损害上市公司和其他股东的合法权益，不得利用其特殊地位谋取额外的利益。

第二十条 控股股东对上市公司董事、监事候选人的提名，应严格遵循法律、法规和公司章程规定的条件和程序。控股股东提名的董事、监事候选人应当具备相关专业知识和决策、监督能力。控股股东不得对股东大会人事选举决议和董事会人事聘任决议履行任何批准手续；不得越过股东大会、董事会任免上市公司的高级管理人员。

第二十一条 上市公司的重大决策应由股东大会和董事会依法作出。控股股东不得直接或间接干预公司的决策及依法开展的生产经营活动，损害公司及其他股东的权益。

第二节 上市公司的独立性

第二十二条 控股股东与上市公司应实行人员、资产、财务分开，机构、业务独立，各自独立核算、独立承担责任和风险。

第二十三条 上市公司人员应独立于控股股东。上市公司的经理人员、财务负责人、营销负责人和董事会秘书在控股股东单位不得担任除董事以外的其他职务。控股股东高级管理人员兼任上市公司董事的，应保证有足够的时间和精力承担上市公司的工作。

第二十四条 控股股东投入上市公司的资产应独立完整、权属清晰。控股股东以非货币性资产出资的，应办理产权变更手续，明确界定该资产的范围。上市公司应当对该资产独立登记、建账、核算、管理。控股股东不得占用、支配该资产或干预上市公司对该资产的经营管理。

第二十五条 上市公司应按照有关法律、法规的要求建立健全的财务、会计管理制度，独立核算。控股股东应尊重公司财务的独立性，不得干预公司的财务、会计活动。

第二十六条 上市公司的董事会、监事会及其他内部机构应独立运作。控股股东及其职能部门与上市公司及其职能部门之间没有上下级关系。控股股东及其下属机构不得向上市公司及其下属机构下达任何有关上市公司经营的计划和指令，也不得以其他任何形式影响其经营管理的独立性。

第二十七条 上市公司业务应完全独立于控股股东。控股股东及其下属的其他单位不应从事与上市公司相同或相近的业务。控股股东应采取有效措施避免同业竞争。

第三章 董事与董事会

第一节 董事的选聘程序

第二十八条 上市公司应在公司章程中规定规范、透明的董事选聘程序，保证董事选聘公开、公平、公正、独立。

第二十九条 上市公司应在股东大会召开前披露董事候选人的详细资料，保证股东在投票时对候选人有足够的了解。

第三十条 董事候选人应在股东大会召开之前作出书面承诺，同意接受提名，承诺公开披露的董事候选人的资料真实、完整并保证当选后切实履行董事职责。

第三十一条 在董事的选举过程中，应充分反映中小股东的意见。股东大会在董事选举中应积极推行累积投票制度。控股股东控股比例在30%以上的上市公司，应当采用累积投票制。采用累积投票制度的上市公司应在公司章程里规定该制度的实施细则。

第三十二条 上市公司应和董事签订聘任合同，明确公司和董事之间的权利义务、董事的任期、董事违反法律法规和公司章程的责任以及公司因故提前解除合同的补偿等内容。

第二节 董事的义务

第三十三条 董事应根据公司和全体股东的最大利益，忠实、诚信、勤勉地履行职责。

第三十四条 董事应保证有足够的时间和精力履行其应尽的职责。

第三十五条 董事应以认真负责的态度出席董事会，对所议事项表达明确的意见。董事确实无法亲自出席董事会的，可以书面形式委托其他董事按委托人的意愿代为投票，委托人应独立承担法律责任。

第三十六条 董事应遵守有关法律、法规及公司章程的规定，严格遵守其公开作出的承诺。

第三十七条 董事应积极参加有关培训，以了解作为董事的权利、义务和责任，熟悉有关法律法规，掌握作为董事应具备的相关知识。

第三十八条 董事会决议违反法律、法规和公司章程的规定，致使公司遭受损失的，参与决议的董事对公司承担赔偿责任，但经证明在表决时曾表明异议并记载于会议记录的董事除外。

第三十九条 经股东大会批准，上市公司可以为董事购买责任保险。但董事因违反法律法规和公司章程规定而导致的责任除外。

第三节 董事会的构成和职责

第四十条 董事会的人数及人员构成应符合有关法律、法规的要求，确保董事会能够进行富有成效的讨论，作出科学、迅速和谨慎的决策。

第四十一条 董事会应具备合理的专业结构，其成员应具备履行职务所必需的知识、技能和素质。

第四十二条 董事会向股东大会负责。上市公司治理结构应确保董事会能够按照法律、法规和公司章程的规定行使职权。

第四十三条 董事会应认真履行有关法律、法规和公司章程规定的职责，确保公司遵守法律、法规和公司章程的规定，公平对待所有股东，并关注其他利益相关者的利益。

第四节 董事会议事规则

第四十四条 上市公司应在公司章程中规定规范的董事会议事规则，确保董事会高效运作和科学决策。

第四十五条 董事会应定期召开会议，并根据需要及时召开临时会议。董事会会议应有事先拟定的议题。

第四十六条 上市公司董事会会议应严格按照规定的程序进行。董事会应按规定的时间事先通知所有董事，并提供足够的资料，包括会议议题的相关背景材料和有助于董事理解公司业务进展的信息和数据。当2名或2名以上独立董事认为资料不充分或论证不明确时，可联名以书面形式向董事会提出延期召开董事会会议或延期审议该事项，董事会应予以采纳。

第四十七条 董事会会议记录应完整、真实。董事会秘书对会议所议事项要认真组织记录和整理。出席会议的董事、董事会秘书和记录人应在会议记录上签名。董事会会议记录应作为公司重要档案妥善保存，以作为日后明确董事责任的重要依据。

第四十八条 董事会授权董事长在董事会闭会期间行使董事会部分职权的，上市公司应在公司章程中明确规定授权原则和授权内容，授权内容应当明确、具体。凡涉及公司重大利益的事项应由董事会集体决策。

第五节 独立董事制度

第四十九条 上市公司应按照有关规定建立独立董事制度。独立董事应独立于所受聘的公司及其主要股东。独立董事不得在上市公司担任除独立董事外的其他任何职务。

第五十条 独立董事对公司及全体股东负有诚信与勤勉义务。独立董事应按照相关法律、法规、公司章程的要求，认真履行职责，维护公司整体利益，尤其要关注中小股东的合法权益不受损害。独立董事应独立履行职责，不受公司主要股东、实际控制人，以及其他与上市公司存在利害关系的单位或个人的影响。

第五十一条 独立董事的任职条件、选举更换程序、职责等，应符合有关规定。

第六节 董事会专门委员会

第五十二条 上市公司董事会可以按照股东大会的有关决议，设立战略、审计、提名、薪酬与考核等专门委员会。专门委员会成员全部由董事组成，其中审计委员会、提名委员会、薪酬与考核委员会中独立董事应占多数并担任召集人，审计委员会中至少应有一名独立董事是会计专业人士。

第五十三条 战略委员会的主要职责是对公司长期发展战略和重大投资决策进行研究并提出建议。

第五十四条 审计委员会的主要职责是：（1）提议聘请或更换外部审计机构；（2）监督公司的内部审计制度及其实施；（3）负责内部审计与外部审计之间的沟通；（4）审核公司的财务信息及其披露；（5）审查公司的内控制度。

第五十五条 提名委员会的主要职责是：（1）研究董事、经理人员的选择标准和程序并提出建议；（2）广泛搜寻合格的董事和经理人员的人选；（3）对董事候选人和经理人选进行审查并提出建议。

第五十六条 薪酬与考核委员会的主要职责是：（1）研究董事与经理人员考核的标准，进行考核并提出建议；（2）研究和审查董事、高级管理人员的薪酬政策与方案。

第五十七条 各专门委员会可以聘请中介机构提供专业意见，有关费用由公司承担。

第五十八条 各专门委员会对董事会负责，各专门委员会的提案应提交董事会审查决定。

第四章 监事与监事会

第一节 监事会的职责

第五十九条 上市公司监事会应向全体股东负责，对公司财务以及公司董事、经理和其他高级管理人员履行职责的合法合规性进行监督，维护公司及股东的合法权益。

第六十条 监事有了解公司经营情况的权利，并承担相应的保密义务。监事会可以独立聘请中介机构提供专业意见。

第六十一条 上市公司应采取措施保障监事的知情权，为监事正常履行职责提供必要的协助，任何人不得干预、阻挠。监事履行职责所需的合理费用应由公司承担。

第六十二条 监事会的监督记录以及进行财务或专项检查的结果应成为对董事、经理和其他高级管理人员绩效评价的重要依据。

第六十三条 监事会发现董事、经理和其他高级管理人员存在违反法律、法规或公司章程的行为，可以向董事会、股东大会反映，也可以直接向证券监管机构及其他有关部门报告。

第二节 监事会的构成和议事规则

第六十四条 监事应具有法律、会计等方面的专业知识或工作经验。监事会的人员和结构应确保监事会能够独立有效地行使对董事、经理和其他高级管理人员及公司财务的监督和检查。

第六十五条 上市公司应在公司章程中规定规范的监事会议事规则。监事会会议应严格按规定程序进行。

第六十六条 监事会应定期召开会议，并根据需要及时召开临时会议。监事会会议因故不能如期召开，应公告说明原因。

第六十七条 监事会可要求公司董事、经理及其他高级管理人员、内部及外部审计人员出席监事会会议，回答所关注的问题。

第六十八条 监事会会议应有记录，出席会议的监事和记录人应当在会议记录上签字。监事有权要求在记录上对其在会议上的发言作出某种说明性记载。监事会会议记录应作为公司重要档案妥善保存。

第五章 绩效评价与激励约束机制

第一节 董事、监事、经理人员的绩效评价

第六十九条 上市公司应建立公正透明的董事、监事和经理人员的绩效评价标准和程序。

第七十条 董事和经理人员的绩效评价由董事会或其下设的薪酬与考核委员会负责组织。独立董事、监事的评价应采取自我评价与相互评价相结合的方式进行。

第七十一条 董事报酬的数额和方式由董事会提出方案报请股东大会决定。在董事会或薪酬与考核委员会对董事个人进行评价或讨论其报酬时，该董事应当回避。

第七十二条 董事会、监事会应当向股东大会报告董事、监事履行职责的情况、绩效评价结果及其薪酬情况，并予以披露。

第二节 经理人员的聘任

第七十三条 上市公司经理人员的聘任，应严格按照有关法律、法规和公司章程的规定进行。任何组织和个人不得干预公司经理人员的正常选聘程序。

第七十四条 上市公司应尽可能采取公开、透明的方式，从境内外人才市场选聘经理人员，并充分发挥中介机构的作用。

第七十五条 上市公司应和经理人员签订聘任合同，明确双方的权利义务关系。

第七十六条 经理的任免应履行法定的程序，并向社会公告。

第三节 经理人员的激励与约束机制

第七十七条 上市公司应建立经理人员的薪酬与公司绩效和个人业绩相联系的激励机制，以吸引人才，保持经理人员的稳定。

第七十八条 上市公司对经理人员的绩效评价应当成为确定经理人员薪酬以及其他激励方式的依据。

第七十九条 经理人员的薪酬分配方案应获得董事会的批准，向股东大会说明，并予以披露。

第八十条 上市公司应在公司章程中明确经理人员的职责。经理人员违反法律、法规和公司章程规定，致使公司遭受损失的，公司董事会应积极采取措施追究其法律责任。

第六章 利益相关者

第八十一条 上市公司应尊重银行及其他债权人、职工、消费者、供应商、社区等利益相关者的合法权利。

第八十二条 上市公司应与利益相关者积极合作，共同推动公司持续、健康地发展。

第八十三条 上市公司应为维护利益相关者的权益提供必要的条件，当其合法权益受到侵害时，利益相关者应有机会和途径获得赔偿。

第八十四条 上市公司应向银行及其他债权人提供必要的信息，以便其对公司的经营状况和财务状况作出判断和进行决策。

第八十五条 上市公司应鼓励职工通过与董事会、监事会和经理人员的直接沟通和交流，反映职工对公司经营、财务状况以及涉及职工利益的重大决策的意见。

第八十六条 上市公司在保持公司持续发展、实现股东利益最大化的同时，应关注所在社区的福利、环境保护、公益事业等问题，重视公司的社会责任。

第七章　信息披露与透明度

第一节　上市公司的持续信息披露

第八十七条　持续信息披露是上市公司的责任。上市公司应严格按照法律、法规和公司章程的规定，真实、准确、完整、及时地披露信息。

第八十八条　上市公司除按照强制性规定披露信息外，应主动、及时地披露所有可能对股东和其他利益相关者决策产生实质性影响的信息，并保证所有股东有平等的机会获得信息。

第八十九条　上市公司披露的信息应当便于理解。上市公司应保证使用者能够通过经济、便捷的方式（如互联网）获得信息。

第九十条　上市公司董事会秘书负责信息披露事项，包括建立信息披露制度、接待来访、回答咨询、联系股东，向投资者提供公司公开披露的资料等。董事会及经理人员应对董事会秘书的工作予以积极支持。任何机构及个人不得干预董事会秘书的工作。

第二节　公司治理信息的披露

第九十一条　上市公司应按照法律、法规及其他有关规定，披露公司治理的有关信息，包括但不限于：（1）董事会、监事会的人员及构成；（2）董事会、监事会的工作及评价；（3）独立董事工作情况及评价，包括独立董事出席董事会的情况、发表独立意见的情况及对关联交易、董事及高级管理人员的任免等事项的意见；（4）各专门委员会的组成及工作情况；（5）公司治理的实际状况，及与本准则存在的差异及其原因；（6）改进公司治理的具体计划和措施。

第三节　股东权益的披露

第九十二条　上市公司应按照有关规定，及时披露持有公司股份比例较大的股东以及一致行动时可以实际控制公司的股东或实际控制人的详细资料。

第九十三条　上市公司应及时了解并披露公司股份变动的情况以及其他可能引起股份变动的重要事项。

第九十四条　当上市公司控股股东增持、减持或质押公司股份，或上市公司控制权发生转移时，上市公司及其控股股东应及时、准确地向全体股东披露有关信息。

第八章　附　　则

第九十五条　本准则自发布之日起施行。

VII. 1. 3　上市公司股东大会规则（2014年修订）

（2014年5月28日　中国证监会公告［2014］20号）

第一章　总　　则

第一条　为规范上市公司行为，保证股东大会依法行使职权，根据《中华人民共和国公司法》（以下简称《公司法》）、《中华人民共和国证券法》（以下简称《证券法》）的规定，制定本规则。

第二条　上市公司应当严格按照法律、行政法规、本规则及公司章程的相关规定召开股东大会，保证股东能够依法行使权利。

公司董事会应当切实履行职责，认真、按时组织股东大会。公司全体董事应当勤勉尽责，确保股东大会正常召开和依法行使职权。

第三条　股东大会应当在《公司法》和公司章程规定的范围内行使职权。

第四条　股东大会分为年度股东大会和临时股东大会。年度股东大会每年召开一次，应当于上一会计年度结束后的6个月内举行。临时股东大会不定期召开，出现《公司法》第一百零一条规定的应当召开临时股东大会的情形时，临时股东大会应当在2个月内召开。

公司在上述期限内不能召开股东大会的，应当报告公司所在地中国证监会派出机构和公司股票挂牌交易的证券交易所（以下简称证券交易所），说明原因并公告。

第五条　公司召开股东大会，应当聘请律师对以下问题出具法律意见并公告：

（一）会议的召集、召开程序是否符合法律、行政法规、本规则和公司章程的规定；

（二）出席会议人员的资格、召集人资格是否合法有效；

（三）会议的表决程序、表决结果是否合法有效；

（四）应公司要求对其他有关问题出具的法律意见。

第二章　股东大会的召集

第六条　董事会应当在本规则第四条规定的期限内按时召集股东大会。

第七条　独立董事有权向董事会提议召开临时股东大会。对独立董事要求召开临时股东大会的提议，董事会应当根据法律、行政法规和公司章程的规定，在收到提议后10日内提出同意或不同意召开临时股东大会的书面反馈意见。

董事会同意召开临时股东大会的，应当在作出董事会决议后的5日内发出召开股东大会的通知；董事会不同意召开临时股东大会的，应当说明理由并公告。

第八条 监事会有权向董事会提议召开临时股东大会，并应当以书面形式向董事会提出。董事会应当根据法律、行政法规和公司章程的规定，在收到提议后10日内提出同意或不同意召开临时股东大会的书面反馈意见。

董事会同意召开临时股东大会的，应当在作出董事会决议后的5日内发出召开股东大会的通知，通知中对原提议的变更，应当征得监事会的同意。

董事会不同意召开临时股东大会，或者在收到提议后10日内未作出书面反馈的，视为董事会不能履行或者不履行召集股东大会会议职责，监事会可以自行召集和主持。

第九条 单独或者合计持有公司10%以上股份的普通股股东（含表决权恢复的优先股股东）有权向董事会请求召开临时股东大会，并应当以书面形式向董事会提出。董事会应当根据法律、行政法规和公司章程的规定，在收到请求后10日内提出同意或不同意召开临时股东大会的书面反馈意见。

董事会同意召开临时股东大会的，应当在作出董事会决议后的5日内发出召开股东大会的通知，通知中对原请求的变更，应当征得相关股东的同意。

董事会不同意召开临时股东大会，或者在收到请求后10日内未作出反馈的，单独或者合计持有公司10%以上股份的普通股股东（含表决权恢复的优先股股东）有权向监事会提议召开临时股东大会，并应当以书面形式向监事会提出请求。

监事会同意召开临时股东大会的，应在收到请求5日内发出召开股东大会的通知，通知中对原请求的变更，应当征得相关股东的同意。

监事会未在规定期限内发出股东大会通知的，视为监事会不召集和主持股东大会，连续90日以上单独或者合计持有公司10%以上股份的普通股股东（含表决权恢复的优先股股东）可以自行召集和主持。

第十条 监事会或股东决定自行召集股东大会的，应当书面通知董事会，同时向公司所在地中国证监会派出机构和证券交易所备案。

在股东大会决议公告前，召集普通股股东（含表决权恢复的优先股股东）持股比例不得低于10%。

监事会和召集股东应在发出股东大会通知及发布股东大会决议公告时，向公司所在地中国证监会派出机构和证券交易所提交有关证明材料。

第十一条 对于监事会或股东自行召集的股东大会，董事会和董事会秘书应予配合。董事会应当提供股权登记日的股东名册。董事会未提供股东名册的，召集人可以持召集股东大会通知的相关公告，向证券登记结算机构申请获取。召集人所获取的股东名册不得用于除召开股东大会以外的其他用途。

第十二条 监事会或股东自行召集的股东大会，会议所必需的费用由公司承担。

第三章 股东大会的提案与通知

第十三条 提案的内容应当属于股东大会职权范围，有明确议题和具体决议事项，并且符合法律、行政法规和公司章程的有关规定。

第十四条 单独或者合计持有公司3%以上股份的普通股股东（含表决权恢复的优先股股东），可以在股东大会召开10日前提出临时提案并书面提交召集人。召集人应当在收到提案后2日内发出股东大会补充通知，公告临时提案的内容。

除前款规定外，召集人在发出股东大会通知后，不得修改股东大会通知中已列明的提案或增加新的提案。

股东大会通知中未列明或不符合本规则第十三条规定的提案，股东大会不得进行表决并作出决议。

第十五条 召集人应当在年度股东大会召开20日前以公告方式通知各普通股股东（含表决权恢复的优先股股东），临时股东大会应当于会议召开15日前以公告方式通知各普通股股东（含表决权恢复的优先股股东）。

第十六条 股东大会通知和补充通知中应当充分、完整披露所有提案的具体内容，以及为使股东对拟讨论的事项作出合理判断所需的全部资料或解释。拟讨论的事项需要独立董事发表意见的，发出股东大会通知或补充通知时应当同时披露独立董事的意见及理由。

第十七条 股东大会拟讨论董事、监事选举事项的，股东大会通知中应当充分披露董事、监事候选人的详细资料，至少包括以下内容：

（一）教育背景、工作经历、兼职等个人情况；

（二）与公司或其控股股东及实际控制人是否存在关联关系；

（三）披露持有上市公司股份数量；

（四）是否受过中国证监会及其他有关部门的处罚和证券交易所惩戒。

除采取累积投票制选举董事、监事外，每位董事、监事候选人应当以单项提案提出。

第十八条 股东大会通知中应当列明会议时间、地点，并确定股权登记日。股权登记日与会议日期之间的间隔应当不多于7个工作日。股权登记日一旦确认，不得变更。

第十九条 发出股东大会通知后，无正当理由，股东大会不得延期或取消，股东大会通知中列明的提案不得取消。一旦出现延期或取消的情形，召集人应当在原定召开日前至少2个工作日公告并说明原因。

第四章 股东大会的召开

第二十条 公司应当在公司住所地或公司章程规定的地点召开股东大会。

股东大会应当设置会场，以现场会议形式召开，并应当按照法律、行政法规、中国证监会或公司章程的规定，采用安全、经济、便捷的网络和其他方式为股东参加股东大会提供便利。股东通过上述方式参加股东大会的，视为出席。股东通过上述方式参加股东大会的，视为出席。

股东可以亲自出席股东大会并行使表决权，也可以委托他人代为出席和在授权范围内行使表决权。

第二十一条 公司股东大会采用网络或其他方式的，应当在股东大会通知中明确载明网络或其他方式的表决时间以及表决程序。

股东大会网络或其他方式投票的开始时间，不得早于现场股东大会召开前一日下午3：00，并不得迟于现场股东大会召开当日上午9：30，其结束时间不得早于现场股东大会结束当日下午3：00。

第二十二条 董事会和其他召集人应当采取必要措施，保证股东大会的正常秩序。对于干扰股东大会、寻衅滋事和侵犯股东合法权益的行为，应当采取措施加以制止并及时报告有关部门查处。

第二十三条 股权登记日登记在册的所有普通股股东（含表决权恢复的优先股股东）或其代理人，均有权出席股东大会，公司和召集人不得以任何理由拒绝。

优先股股东不出席股东大会会议，所持股份没有表决权，但出现以下情况之一的，公司召开股东大会会议应当通知优先股股东，并遵循《公司法》及公司章程通知普通股股东的规定程序。优先股股东出席股东大会会议时，有权与普通股股东分类表决，其所持每一优先股有一表决权，但公司持有的本公司优先股没有表决权：

（一）修改公司章程中与优先股相关的内容；

（二）一次或累计减少公司注册资本超过百分之十；

（三）公司合并、分立、解散或变更公司形式；

（四）发行优先股；

（五）公司章程规定的其他情形。

上述事项的决议，除须经出席会议的普通股股东（含表决权恢复的优先股股东）所持表决权的三分之二以上通过之外，还须经出席会议的优先股股东（不含表决权恢复的优先股股东）所持表决权的三分之二以上通过。

第二十四条 股东应当持股票账户卡、身份证或其他能够表明其身份的有效证件或证明出席股东大会。代理人还应当提交股东授权委托书和个人有效身份证件。

第二十五条 召集人和律师应当依据证券登记结算机构提供的股东名册共同对股东资格的合法性进行验证，并登记股东姓名或名称及其所持有表决权的股份数。在会议主持人宣布现场出席会议的股东和代理人人数及所持有表决权的股份总数之前，会议登记应当终止。

第二十六条 公司召开股东大会，全体董事、监事和董事会秘书应当出席会议，经理和其他高级管理人员应当列席会议。

第二十七条 股东大会由董事长主持。董事长不能履行职务或不履行职务时，由副董事长主持；副董事长不能履行职务或者不履行职务时，由半数以上董事共同推举的一名董事主持。

监事会自行召集的股东大会，由监事会主席主持。监事会主席不能履行职务或不履行职务时，由监事会副主席主持；监事会副主席不能履行职务或者不履行职务时，由半数以上监事共同推举的一名监事主持。

股东自行召集的股东大会，由召集人推举代表主持。

公司应当制定股东大会议事规则。召开股东大会时，会议主持人违反议事规则使股东大会无法继续进行的，经现场出席股东大会有表决权过半数的股东同意，股东大会可推举一人担任会议主持人，继续开会。

第二十八条 在年度股东大会上，董事会、监事会应当就其过去一年的工作向股东大会作出报告，每名独立董事也应作出述职报告。

第二十九条 董事、监事、高级管理人员在股东大会上应就股东的质询作出解释和说明。

第三十条 会议主持人应当在表决前宣布现场出席会议的股东和代理人人数及所持有表决权的股份总数，现场出席会议的股东和代理人人数及所持有表决权的股份总数以会议登记为准。

第三十一条 股东与股东大会拟审议事项有关联关系时，应当回避表决，其所持有表决权的股份不计入出席股东大会有表决权的股份总数。

股东大会审议影响中小投资者利益的重大事项时，对中小投资者的表决应当单独计票。单独计票结果应当及时公开披露。

公司持有自己的股份没有表决权，且该部分股份不计入出席股东大会有表决权的股份总数。

公司董事会、独立董事和符合相关规定条件的股东可以公开征集股东投票权。征集股东投票权应当向被征集人充分披露具体投票意向等信息。禁止以有偿或者变相有偿的方式征集股东投票权。公司不得对征集投票权提出最低持股比例限制。

第三十二条 股东大会就选举董事、监事进行表决时，根据公司章程的规定或者股东大会的决议，可以实行累积投票制。

前款所称累积投票制是指股东大会选举董事或者监事时，每一普通股（含表决权恢复的优先股）股份拥有与应选董事或者监事人数相同的表决权，股东拥有的表决权可以集中使用。

第三十三条 除累积投票制外，股东大会对所有提案应当逐项表决。对同一事项有不同提案的，应当按提案提出的时间顺序进行表决。除因不可抗力等特殊原因导致股东大会中止或不能作出决议外，股东大会不得对提案进行搁置或不予表决。

股东大会就发行优先股进行审议，应当就下列事项逐项进行表决：

（一）本次发行优先股的种类和数量；

（二）发行方式、发行对象及向原股东配售的安排；

（三）票面金额、发行价格或定价区间及其确定原则；

（四）优先股股东参与分配利润的方式，包括：股息率及其确定原则、股息发放的条件、股息支付方式、股息是否累积、是否可以参与剩余利润分配等；

（五）回购条款，包括回购的条件、期间、价格及其确定原则、回购选择权的行使主体等（如有）；

（六）募集资金用途；

（七）公司与相应发行对象签订的附条件生效的股份认购合同；

（八）决议的有效期；

（九）公司章程关于优先股股东和普通股股东利润分配政策相关条款的修订方案；

（十）对董事会办理本次发行具体事宜的授权；

（十一）其他事项。

第三十四条 股东大会审议提案时，不得对提案进行修改，否则，有关变更应当被视为一个新的提案，不得在本次股东大会上进行表决。

第三十五条 同一表决权只能选择现场、网络或其他表决方式中的一种。同一表决权出现重复表决的以第一次投票结果为准。

第三十六条 出席股东大会的股东，应当对提交表决的提案发表以下意见之一：同意、反对或弃权。

未填、错填、字迹无法辨认的表决票或未投的表决票均视为投票人放弃表决权利，其所持股份数的表决结果应计为“弃权”。

第三十七条 股东大会对提案进行表决前，应当推举两名股东代表参加计票和监票。审议事项与股东有关联关系的，相关股东及代理人不得参加计票、监票。

股东大会对提案进行表决时，应当由律师、股东代表与监事代表共同负责计票、监票。

通过网络或其他方式投票的公司股东或其代理人，有权通过相应的投票系统查验自己的投票结果。

第三十八条 股东大会会议现场结束时间不得早于网络或其他方式，会议主持人应当在会议现场宣布每一提案的表决情况和结果，并根据表决结果宣布提案是否通过。

在正式公布表决结果前，股东大会现场、网络及其他表决方式中所涉及的公司、计票人、监票人、主要股东、网络服务方等相关各方对表决情况均负有保密义务。

第三十九条 股东大会决议应当及时公告，公告中应列明出席会议的股东和代理人人数、所持有表决权的股份总数及占公司有表决权股份总数的比例、表决方式、每项提案的表决结果和通过的各项决议的详细内容。

发行优先股的公司就本规则第二十三条第二款所列情形进行表决的，应当对普通股股东（含表决权恢复的优先股股东）和优先股股东（不含表决权恢复的优先股股东）出席会议及表决的情况分别统计并公告。

发行境内上市外资股的公司，应当对内资股股东和外资股股东出席会议及表决情况分别统计并公告。

第四十条 提案未获通过，或者本次股东大会变更前次股东大会决议的，应当在股东大会决议公告中作特别提示。

第四十一条 股东大会会议记录由董事会秘书负责，会议记录应记载以下内容：

（一）会议时间、地点、议程和召集人姓名或名称；

（二）会议主持人以及出席或列席会议的董事、监事、董事会秘书、经理和其他高级管理人员姓名；

（三）出席会议的股东和代理人人数、所持有表决权的股份总数及占公司股份总数的比例；

（四）对每一提案的审议经过、发言要点和表决结果；

（五）股东的质询意见或建议以及相应的答复或说明；

（六）律师及计票人、监票人姓名；

（七）公司章程规定应当载入会议记录的其他内容。

出席会议的董事、董事会秘书、召集人或其代表、会议主持人应当在会议记录上签名，并保证会议记录内容真实、准确和完整。会议记录应当与现场出席股东的签名册及代理出席的委托书、网络及其他方式表决情况的有效资料一并保存，保存期限不少于10年。

第四十二条 召集人应当保证股东大会连续举行，直至形成最终决议。因不可抗力等特殊原因导致股东大会中止或不能作出决议的，应采取必要措施尽快恢复召开股东大会或直接终止本次股东大会，并及时公告。同时，召集人应向公司所在地中国证监会派出机构及证券交易所报告。

第四十三条 股东大会通过有关董事、监事选举提案的，新任董事、监事按公司章程的规定就任。

第四十四条 股东大会通过有关派现、送股或资本公积转增股本提案的，公司应当在股东大会结束后2个月内实施具体方案。

第四十五条 公司以减少注册资本为目的回购普通股公开发行优先股，以及以非公开发行优先股为支付手段向公司特定股东回购普通股的，股东大会就回购普通股作出决议，应当经出席会议的普通股股东（含表决权恢复的优先股股东）所持表决权的三分之二以上通过。

公司应当在股东大会作出回购普通股决议后的次日公告该决议。

第四十六条 公司股东大会决议内容违反法律、行政法规的无效。

公司控股股东、实际控制人不得限制或者阻挠中小投资者依法行使投票权，不得损害公司和中小投资者的合法权益。

股东大会的会议召集程序、表决方式违反法律、行政法规或者公司章程，或者决议内容违反公司章程的，股东可以自决议作出之日起60日内，请求人民法院撤销。

第五章 监管措施

第四十七条 在本规则规定期限内，上市公司无正当理由不召开股东大会的，证券交易所有权对该公司挂牌交易的股票及衍生品种予以停牌，并要求董事会作出解释并公告。

第四十八条 股东大会的召集、召开和相关信息披露不符合法律、行政法规、本规则和公司章程要求的，中国证监会及其派出机构有权责令公司或相关责任人限期改正，并由证券交易所予以公开谴责。

第四十九条 董事、监事或董事会秘书违反法律、行政法规、本规则和公司章程的规定，不切实履行职责的，中国证监会及其派出机构有权责令其改正，并由证券交易所予以公开谴责；对于情节严重或不予改正的，中国证监会可对相关人员实施证券市场禁入。

第六章 附 则

第五十条 对发行外资股的公司的股东大会，相关法律、行政法规或文件另有规定的，从其规定。

第五十一条 本规则所称公告或通知，是指在中国证监会指定报刊上刊登有关信息披露内容。公告或通知篇幅较长的，公司可以选择在中国证监会指定报刊上对有关内容作摘要性披露，但全文应当同时在中国证监会指定的网站上公布。

本规则所称的股东大会补充通知应当在刊登会议通知的同一指定报刊上公告。

第五十二条 本规则所称“以上”、“内”，含本数；“过”、“低于”、“多于”，不含本数。

第五十三条 本规则由中国证监会负责解释。

第五十四条 本规则自公布之日起施行。《上市公司股东大会规则》（证监发［2006］21号）同时废止。

VII. 1. 4　上市公司章程指引（2014 年修订）

（2014 年 5 月 28 日　中国证监会公告［2014］19 号）

目　　录

第一章　总　　则

第一条　为维护公司、股东和债权人的合法权益，规范公司的组织和行为，根据《中华人民共和国公司法》（以下简称《公司法》）、《中华人民共和国证券法》（以下简称《证券法》）和其他有关规定，制订本章程。

第二条　公司系依照【法规名称】和其他有关规定成立的股份有限公司（以下简称公司）。

公司【设立方式】设立；在【公司登记机关所在地名】工商行政管理局注册登记，取得营业执照，营业执照号【营业执照号码】。

注释：依法律、行政法规规定，公司设立必须报经批准的，应当说明批准机关和批准文件名称。

第三条　公司于【批/核准日期】经【批/核准机关全称】批/核准，首次向社会公众发行人民币普通股【股份数额】股，于【上市日期】在【证券交易所全称】上市。公司于【批/核准日期】经【批/核准机关全称】批/核准，发行优先股【股份数额】股，于【上市日期】在【证券交易所全称】上市。公司向境外投资人发行的以外币认购并且在境内上市的境内上市外资股为【股份数额】，于【上市日期】在【证券交易所全称】上市。

注释：本指引所称优先股，是指依照《公司法》，在一般规定的普通种类股份之外，另行规定的其他种类股份，其股份持有人优先于普通股股东分配公司利润和剩余财产，但参与公司决策管理等权利受到限制。

没有发行（或拟发行）优先股或者境内上市外资股的公司，无需就本条有关优先股或者境内上市外资股的内容作出说明。以下同。

第四条　公司注册名称：【中文全称】【英文全称】

第五条　公司住所：【公司住所地址全称，邮政编码】。

第六条　公司注册资本为人民币【注册资本数额】元。

注释：公司因增加或者减少注册资本而导致注册资本总额变更的，可以在股东大会通过同意增加或减少注册资本的决议后，再就因此而需要修改公司章程的事项通过一项决议，并说明授权董事会具体办理注册资本的变更登记手续。

第七条 公司营业期限为【年数】或者【公司为永久存续的股份有限公司】。

第八条 【董事长或经理】为公司的法定代表人。

第九条 公司全部资产分为等额股份，股东以其认购的股份为限对公司承担责任，公司以其全部资产对公司的债务承担责任。

第十条 本公司章程自生效之日起，即成为规范公司的组织与行为、公司与股东、股东与股东之间权利义务关系的具有法律约束力的文件，对公司、股东、董事、监事、高级管理人员具有法律约束力的文件。依据本章程，股东可以起诉股东，股东可以起诉公司董事、监事、经理和其他高级管理人员，股东可以起诉公司，公司可以起诉股东、董事、监事、经理和其他高级管理人员。

第十一条 本章程所称其他高级管理人员是指公司的副经理、董事会秘书、财务负责人。

注释：公司可以根据实际情况，在章程中确定属于公司高级管理人员的人员。

第二章 经营宗旨和范围

第十二条 公司的经营宗旨：【宗旨内容】

第十三条 经依法登记，公司的经营范围：【经营范围内容】

注释：公司的经营范围中属于法律、行政法规规定须经批准的项目，应当依法经过批准。

第三章 股 份

第一节 股份发行

第十四条 公司的股份采取股票的形式。

第十五条 公司股份的发行，实行公开、公平、公正的原则，同种类的每一股份应当具有同等权利。

同次发行的同种类股票，每股的发行条件和价格应当相同；任何单位或者个人所认购的股份，每股应当支付相同价额。

注释：发行优先股的公司，应当在章程中明确以下事项：（1）优先股股息率采用固定股息率或浮动股息率，并相应明确固定股息率水平或浮动股息率的计算方法；（2）公司在有可分配税后利润的情况下是否必须分配利润；（3）如果公司因本会计年度可分配利润不足而未向优先股股东足额派发股息，差额部分是否累积到下一会计年度；（4）优先股股东按照约定的股息率分配股息后，是否有权同普通股股东一起参加剩余利润分配，以及参与剩余利润分配的比例、条件等事项；（5）其他涉及优先股股东参与公司利润分配的事项；（6）除利润分配和剩余财产分配外，优先股是否在其他条款上具有不同的设置；（7）优先股表决权恢复时，每股优先股股份享有表决权的具体计算方法。

其中，公开发行优先股的，应当在公司章程中明确：（1）采取固定股息率；（2）在有可分配税后利润的情况下必须向优先股股东分配股息；（3）未向优先股股东足额派发股息的差额部分应当累积到下一会计年度；（4）优先股股东按照约定的股息率分配股息后，不再同普通股股东一起参加剩余利润分配。商业银行发行优先股补充资本的，可就第（2）项和第（3）项事项另作规定。

第十六条 公司发行的股票，以人民币标明面值。

第十七条 公司发行的股份，在【证券登记机构名称】集中存管。

第十八条 公司发起人为【各发起人姓名或者名称】、认购的股份数分别为【股份数量】、出资方式和出资时间为【具体方式和时间】。

注释：已成立1年或1年以上的公司，发起人已将所持股份转让的，无需填入发起人的持股数额。

第十九条 公司股份总数为【股份数额】，公司的股本结构为：普通股【数额】股，其他种类股【数额】股。

注释：公司发行优先股等其他种类股份的，应作出说明。

第二十条 公司或公司的子公司（包括公司的附属企业）不以赠与、垫资、担保、补偿或贷款等形式，对购买或者拟购买公司股份的人提供任何资助。

第二节 股份增减和回购

第二十一条 公司根据经营和发展的需要，依照法律、法规的规定，经股东大会分别作出决议，可以采用下列方式增加资本：

（一）公开发行股份；

（二）非公开发行股份；

（三）向现有股东派送红股；

（四）以公积金转增股本；

（五）法律、行政法规规定以及中国证监会批准的其他方式。

注释：发行优先股的公司，应当在章程中对发行优先股的以下事项作出规定：公司已发行的优先股不得超过公司普通股股份总数的百分之五十，且筹资金额不得超过发行前净资产的百分之五十，已回购、转换的优先股不纳入计算。

公司不得发行可转换为普通股的优先股，但商业银行可以根据商业银行资本监管规定，非公开发行触发事件发生时强制转换为普通股的优先股，并遵守有关规定。

发行可转换公司债的公司，还应当在章程中对可转换公司债的发行、转股程序和安排以及转股所导致的公司股本变更等事项作出具体规定。

第二十二条 公司可以减少注册资本。公司减少注册资本，应当按照《公司法》以及其他有关规定和本章程规定的程序办理。

第二十三条 公司在下列情况下，可以依照法律、行政法规、部门规章和本章程的规定，收购本公司的股份：

（一）减少公司注册资本；

（二）与持有本公司股票的其他公司合并；

（三）将股份奖励给本公司职工；

（四）股东因对股东大会作出的公司合并、分立决议持异议，要求公司收购其股份的。

除上述情形外，公司不进行买卖本公司股份的活动。

注释：发行优先股的公司，还应当在公司章程中对回购优先股的选择权由发行人或股东行使、回购的条件、价格和比例等作出具体规定。发行人按章程规定要求回购优先股的，必须完全支付所欠股息，但商业银行发行优先股补充资本的除外。

第二十四条 公司收购本公司股份，可以选择下列方式之一进行：

（一）证券交易所集中竞价交易方式；

（二）要约方式；

（三）中国证监会认可的其他方式。

第二十五条 公司因本章程第二十三条第（一）项至第（三）项的原因收购本公司股份的，应当经股东大会决议。公司依照第二十三条规定收购本公司股份后，属于第（一）项情形的，应当自收购之日起 10 日内注销；属于第（二）项、第（四）项情形的，应当在 6 个月内转让或者注销。

公司依照第二十三条第（三）项规定收购的本公司股份，将不超过本公司已发行股份总额的 5%；用于收购的资金应当从公司的税后利润中支出；所收购的股份应当 1 年内转让给职工。

注释：公司按本条规定回购优先股后，应当相应减记发行在外的优先股股份总数。

第三节 股份转让

第二十六条 公司的股份可以依法转让。

第二十七条 公司不接受本公司的股票作为质押权的标的。

第二十八条 发起人持有的本公司股份，自公司成立之日起 1 年内不得转让。公司公开发行股份前已发行的股份，自公司股票在证券交易所上市交易之日起 1 年内不得转让。

公司董事、监事、高级管理人员应当向公司申报所持有的本公司的股份（含优先股股份）及其变动情况，在任职期间每年转让的股份不得超过其所持有本公司同一种类股份总数的 25%；所持本公司股份自公司股票上市交易之日起 1 年内不得转让。上述人员离职后半年内，不得转让其所持有的本公司股份。

注释：若公司章程对公司董事、监事、高级管理人员转让其所持有的本公司股份（含优先股股份）作出其他限制性规定的，应当进行说明。

第二十九条 公司董事、监事、高级管理人员、持有本公司股份 5% 以上的股东，将其持有的本公司股票在买入后 6 个月内卖出，或者在卖出后 6 个月内又买入，由此所得收益归本公司所有，本公司董事会将收回其所得收益。但是，证券公司因包销购入售后剩余股票而持有 5% 以上股份的，卖出该股票不受 6 个月时间限制。

公司董事会不按照前款规定执行的，股东有权要求董事会在 30 日内执行。公司董事会未在上述期限内执行的，股东有权为了公司的利益以自己的名义直接向人民法院提起诉讼。

公司董事会不按照第一款的规定执行的，负有责任的董事依法承担连带责任。

第四章 股东和股东大会

第一节 股 东

第三十条 公司依据证券登记机构提供的凭证建立股东名册，股东名册是证明股东持有公司股份的充分证据。股东按其所持有股份的种类享有权利，承担义务；持有同一种类股份的股东，享有同等权利，承担同种义务。

注释：公司应当与证券登记机构签订股份保管协议，定期查询主要股东资料以及主要股东的持股变更（包括股权的出质）情况，及时掌握公司的股权结构。

第三十一条 公司召开股东大会、分配股利、清算及从事其他需要确认股东身份的行为时，由董事会或股东大会召集人确定股权登记日，股权登记日收市后登记在册的股东为享有相关权益的股东。

第三十二条 公司股东享有下列权利：

（一）依照其所持有的股份份额获得股利和其他形式的利益分配；

（二）依法请求、召集、主持、参加或者委派股东代理人参加股东大会，并行使相应的表决权；

（三）对公司的经营进行监督，提出建议或者质询；

（四）依照法律、行政法规及本章程的规定转让、赠与或质押其所持有的股份；

（五）查阅本章程、股东名册、公司债券存根、股东大会会议记录、董事会会议决议、监事会会议决议、财务会计报告；

（六）公司终止或者清算时，按其所持有的股份份额参加公司剩余财产的分配；

（七）对股东大会作出的公司合并、分立决议持异议的股东，要求公司收购其股份；

（八）法律、行政法规、部门规章或本章程规定的其他权利。

注释：发行优先股的公司，应当在章程中明确优先股股东不出席股东大会会议，所持股份没有表决权，但以下情况除外：（1）修改公司章程中与优先股相关的内容；（2）一次或累计减少公司注册资本超过10%；（3）公司合并、分立、解散或变更公司形式；（4）发行优先股；（5）公司章程规定的其他情形。

发行优先股的公司，还应当在章程中明确规定：公司累计3个会计年度或者连续2个会计年度未按约定支付优先股股息的，优先股股东有权出席股东大会，每股优先股股份享有公司章程规定的表决权。对于股息可以累积到下一会计年度的优先股，表决权恢复直至公司全额支付所欠股息。对于股息不可累积的优先股，表决权恢复直至公司全额支付当年股息。公司章程可以规定优先股表决权恢复的其他情形。

第三十三条 股东提出查阅前条所述有关信息或者索取资料的，应当向公司提供证明其持有公司股份的种类以及持股数量的书面文件，公司经核实股东身份后按照股东的要求予以提供。

第三十四条 公司股东大会、董事会决议内容违反法律、行政法规的，股东有权请求人民法院认定无效。

股东大会、董事会的会议召集程序、表决方式违反法律、行政法规或者本章程，或者决议内容违反本章程的，股东有权自决议作出之日起60日内，请求人民法院撤销。

第三十五条 董事、高级管理人员执行公司职务时违反法律、行政法规或者本章程的规定，给公司造成损失的，连续180日以上单独或合并持有公司1%以上股份的股东有权书面请求监事会向人民法院提起诉讼；监事会执行公司职务时违反法律、行政法规或者本章程的规定，给公司造成损失的，股东可以书面请求董事会向人民法院提起诉讼。

监事会、董事会收到前款规定的股东书面请求后拒绝提起诉讼，或者自收到请求之日起30日内未提起诉讼，或者情况紧急、不立即提起诉讼将会使公司利益受到难以弥补的损害的，前款规定的股东有权为了公司的利益以自己的名义直接向人民法院提起诉讼。

他人侵犯公司合法权益，给公司造成损失的，本条第一款规定的股东可以依照前两款的规定向人民法院提起诉讼。

第三十六条 董事、高级管理人员违反法律、行政法规或者本章程的规定，损害股东利益的，股东可以向人民法院提起诉讼。

第三十七条 公司股东承担下列义务：

（一）遵守法律、行政法规和本章程；

（二）依其所认购的股份和入股方式缴纳股金；

（三）除法律、法规规定的情形外，不得退股；

（四）不得滥用股东权利损害公司或者其他股东的利益；不得滥用公司法人独立地位和股东有限责任损害公司债权人的利益；

公司股东滥用股东权利给公司或者其他股东造成损失的，应当依法承担赔偿责任。

公司股东滥用公司法人独立地位和股东有限责任，逃避债务，严重损害公司债权人利益的，应当对公司债务承担连带责任。

（五）法律、行政法规及本章程规定应当承担的其他义务。

第三十八条 持有公司5%以上有表决权股份的股东，将其持有的股份进行质押的，应当自该事实发生当日，向公司作出书面报告。

第三十九条 公司的控股股东、实际控制人不得利用其关联关系损害公司利益。违反规定的，给公司造成损失的，应当承担赔偿责任。

公司控股股东及实际控制人对公司和公司社会公众股股东负有诚信义务。控股股东应严格依法行使出资人的权利，控股股东不得利用利润分配、资产重组、对外投资、资金占用、借款担保等方式损害公司和社会公众股股东的合法权益，不得利用其控制地位损害公司和社会公众股股东的利益。

第二节 股东大会的一般规定

第四十条 股东大会是公司的权力机构，依法行使下列职权：

（一）决定公司的经营方针和投资计划；

（二）选举和更换非由职工代表担任的董事、监事，决定有关董事、监事的报酬事项；

（三）审议批准董事会的报告；

（四）审议批准监事会报告；

（五）审议批准公司的年度财务预算方案、决算方案；

（六）审议批准公司的利润分配方案和弥补亏损方案；

（七）对公司增加或者减少注册资本作出决议；

（八）对发行公司债券作出决议；

（九）对公司合并、分立、解散、清算或者变更公司形式作出决议；

（十）修改本章程；

（十一）对公司聘用、解聘会计师事务所作出决议；

（十二）审议批准第四十一条规定的担保事项；

（十三）审议公司在一年内购买、出售重大资产超过公司最近一期经审计总资产30%的事项；

（十四）审议批准变更募集资金用途事项；

（十五）审议股权激励计划；

（十六）审议法律、行政法规、部门规章或本章程规定应当由股东大会决定的其他事项。

注释：上述股东大会的职权不得通过授权的形式由董事会或其他机构和个人代为行使。

第四十一条 公司下列对外担保行为，须经股东大会审议通过。

（一）本公司及本公司控股子公司的对外担保总额，达到或超过最近一期经审计净资产的50%以后提供的任何担保；

（二）公司的对外担保总额，达到或超过最近一期经审计总资产的30%以后提供的任何担保；

（三）为资产负债率超过70%的担保对象提供的担保；

（四）单笔担保额超过最近一期经审计净资产10%的担保；

（五）对股东、实际控制人及其关联方提供的担保。

第四十二条 股东大会分为年度股东大会和临时股东大会。年度股东大会每年召开1次，应当于上一会计年度结束后的6个月内举行。

第四十三条 有下列情形之一的，公司在事实发生之日起2个月以内召开临时股东大会：

（一）董事人数不足《公司法》规定人数或者本章程所定人数的2/3时；

（二）公司未弥补的亏损达实收股本总额1/3时；

（三）单独或者合计持有公司10%以上股份的股东请求时；

（四）董事会认为必要时；

（五）监事会提议召开时；

（六）法律、行政法规、部门规章或本章程规定的其他情形。

注释：公司应当在章程中确定本条第（一）项的具体人数。计算本条第（三）项所称持股比例时，仅计算普通股和表决权恢复的优先股。

第四十四条 本公司召开股东大会的地点为：【具体地点】。

股东大会将设置会场，以现场会议形式召开。公司还将提供【网络或其他方式】为股东参加股东大会提供便利。股东通过上述方式参加股东大会的，视为出席。

注释：公司章程可以规定召开股东大会的地点为公司住所地或其他明确地点。召开股东大会公司采用其他参加股东大会方式的，必须在公司章程中予以明确，并明确合法有效的股东身份确认方式。

第四十五条 本公司召开股东大会时将聘请律师对以下问题出具法律意见并公告：

（一）会议的召集、召开程序是否符合法律、行政法规、本章程；

（二）出席会议人员的资格、召集人资格是否合法有效；

（三）会议的表决程序、表决结果是否合法有效；

（四）应本公司要求对其他有关问题出具的法律意见。

第三节 股东大会的召集

第四十六条 独立董事有权向董事会提议召开临时股东大会。对独立董事要求召开临时股东大会的提议，董事会应当根据法律、行政法规和本章程的规定，在收到提议后 10 日内提出同意或不同意召开临时股东大会的书面反馈意见。董事会同意召开临时股东大会的，将在作出董事会决议后的 5 日内发出召开股东大会的通知；董事会不同意召开临时股东大会的，将说明理由并公告。

第四十七条 监事会有权向董事会提议召开临时股东大会，并应当以书面形式向董事会提出。董事会应当根据法律、行政法规和本章程的规定，在收到提案后 10 日内提出同意或不同意召开临时股东大会的书面反馈意见。

董事会同意召开临时股东大会的，将在作出董事会决议后的 5 日内发出召开股东大会的通知，通知中对原提议的变更，应征得监事会的同意。

董事会不同意召开临时股东大会，或者在收到提案后 10 日内未作出反馈的，视为董事会不能履行或者不履行召集股东大会会议职责，监事会可以自行召集和主持。

第四十八条 单独或者合计持有公司 10% 以上股份的股东有权向董事会请求召开临时股东大会，并应当以书面形式向董事会提出。董事会应当根据法律、行政法规和本章程的规定，在收到请求后 10 日内提出同意或不同意召开临时股东大会的书面反馈意见。

董事会同意召开临时股东大会的，应当在作出董事会决议后的5日内发出召开股东大会的通知，通知中对原请求的变更，应当征得相关股东的同意。

董事会不同意召开临时股东大会，或者在收到请求后10日内未作出反馈的，单独或者合计持有公司10%以上股份的股东有权向监事会提议召开临时股东大会，并应当以书面形式向监事会提出请求。

监事会同意召开临时股东大会的，应在收到请求5日内发出召开股东大会的通知，通知中对原提案的变更，应当征得相关股东的同意。

监事会未在规定期限内发出股东大会通知的，视为监事会不召集和主持股东大会，连续90日以上单独或者合计持有公司10%以上股份的股东可以自行召集和主持。

注释：计算本条所称持股比例时，仅计算普通股和表决权恢复的优先股。

第四十九条 监事会或股东决定自行召集股东大会的，须书面通知董事会，同时向公司所在地中国证监会派出机构和证券交易所备案。

在股东大会决议公告前，召集股东持股比例不得低于10%。

召集股东应在发出股东大会通知及股东大会决议公告时，向公司所在地中国证监会派出机构和证券交易所提交有关证明材料。

注释：计算本条所称持股比例时，仅计算普通股和表决权恢复的优先股。

第五十条 对于监事会或股东自行召集的股东大会，董事会和董事会秘书将予配合。董事会应当提供股权登记日的股东名册。

第五十一条 监事会或股东自行召集的股东大会，会议所必需的费用由本公司承担。

第四节 股东大会的提案与通知

第五十二条 提案的内容应当属于股东大会职权范围，有明确议题和具体决议事项，并且符合法律、行政法规和本章程的有关规定。

第五十三条 公司召开股东大会，董事会、监事会以及单独或者合并持有公司3%以上股份的股东，有权向公司提出提案。

单独或者合计持有公司3%以上股份的股东，可以在股东大会召开10日前提出临时提案并书面提交召集人。召集人应当在收到提案后2日内发出股东大会补充通知，公告临时提案的内容。

除前款规定的情形外，召集人在发出股东大会通知公告后，不得修改股东大会通知中已列明的提案或增加新的提案。

股东大会通知中未列明或不符合本章程第五十二条规定的提案，股东大会不得进行表决并作出决议。

注释：计算本条所称持股比例时，仅计算普通股和表决权恢复的优先股。

第五十四条 召集人将在年度股东大会召开 20 日前以公告方式通知各股东，临时股东大会将于会议召开 15 日前以公告方式通知各股东。

注释：公司在计算起始期限时，不应当包括会议召开当日。

公司可以根据实际情况，决定是否在章程中规定催告程序。

第五十五条 股东大会的通知包括以下内容：

（一）会议的时间、地点和会议期限；

（二）提交会议审议的事项和提案；

（三）以明显的文字说明：全体普通股股东（含表决权恢复的优先股股东）均有权出席股东大会，并可以书面委托代理人出席会议和参加表决，该股东代理人不必是公司的股东；

（四）有权出席股东大会股东的股权登记日；

（五）会务常设联系人姓名，电话号码。

注释：1. 股东大会通知和补充通知中应当充分、完整披露所有提案的全部具体内容。拟讨论的事项需要独立董事发表意见的，发布股东大会通知或补充通知时将同时披露独立董事的意见及理由。

2. 股东大会采用网络或其他方式的，应当在股东大会通知中明确载明网络或其他方式的表决时间及表决程序。股东大会网络或其他方式投票的开始时间，不得早于现场股东大会召开前一日下午 3：00，并不得迟于现场股东大会召开当日上午 9：30，其结束时间不得早于现场股东大会结束当日下午 3：00。

3. 股权登记日与会议日期之间的间隔应当不多于 7 个工作日。股权登记日一旦确认，不得变更。

第五十六条 股东大会拟讨论董事、监事选举事项的，股东大会通知中将充分披露董事、监事候选人的详细资料，至少包括以下内容：

（一）教育背景、工作经历、兼职等个人情况；

（二）与本公司或本公司的控股股东及实际控制人是否存在关联关系；

（三）披露持有本公司股份数量；

（四）是否受过中国证监会及其他有关部门的处罚和证券交易所惩戒。

除采取累积投票制选举董事、监事外，每位董事、监事候选人应当以单项提案提出。

第五十七条 发出股东大会通知后，无正当理由，股东大会不应延期或取消，股东大会通知中列明的提案不应取消。一旦出现延期或取消的情形，召集人应当在原定召开日前至少 2 个工作日公告并说明原因。

第五节 股东大会的召开

第五十八条 本公司董事会和其他召集人将采取必要措施，保证股东大会的正常秩序。对于干扰股东大会、寻衅滋事和侵犯股东合法权益的行为，将采取措施加以制止并及时报告有关部门查处。

第五十九条 股权登记日登记在册的所有普通股股东（含表决权恢复的优先股股东）或其代理人，均有权出席股东大会，并依照有关法律、法规及本章程行使表决权。

股东可以亲自出席股东大会，也可以委托代理人代为出席和表决。

第六十条 个人股东亲自出席会议的，应出示本人身份证或其他能够表明其身份的有效证件或证明、股票账户卡；委托代理他人出席会议的，应出示本人有效身份证件、股东授权委托书。

法人股东应由法定代表人或者法定代表人委托的代理人出席会议。法定代表人出席会议的，应出示本人身份证、能证明其具有法定代表人资格的有效证明；委托代理人出席会议的，代理人应出示本人身份证、法人股东单位的法定代表人依法出具的书面授权委托书。

第六十一条 股东出具的委托他人出席股东大会的授权委托书应当载明下列内容：

（一）代理人的姓名；

（二）是否具有表决权；

（三）分别对列入股东大会议程的每一审议事项投赞成、反对或弃权票的指示；

（四）委托书签发日期和有效期限；

（五）委托人签名（或盖章）。委托人为法人股东的，应加盖法人单位印章。

第六十二条 委托书应当注明如果股东不作具体指示，股东代理人是否可以按自己的意思表决。

第六十三条 代理投票授权委托书由委托人授权他人签署的，授权签署的授权书或者其他授权文件应当经过公证。经公证的授权书或者其他授权文件，和投票代理委托书均需备置于公司住所或者召集会议的通知中指定的其他地方。

委托人为法人的，由其法定代表人或者董事会、其他决策机构决议授权的人作为代表出席公司的股东大会。

第六十四条 出席会议人员的会议登记册由公司负责制作。会议登记册载明参加会议人员姓名（或单位名称）、身份证号码、住所地址、持有或者代表有表决权的股份数额、被代理人姓名（或单位名称）等事项。

第六十五条 召集人和公司聘请的律师将依据证券登记结算机构提供的股

东名册共同对股东资格的合法性进行验证，并登记股东姓名（或名称）及其所持有表决权的股份数。在会议主持人宣布现场出席会议的股东和代理人人数及所持有表决权的股份总数之前，会议登记应当终止。

第六十六条 股东大会召开时，本公司全体董事、监事和董事会秘书应当出席会议，经理和其他高级管理人员应当列席会议。

第六十七条 股东大会由董事长主持。董事长不能履行职务或不履行职务时，由副董事长（公司有两位或两位以上副董事长的，由半数以上董事共同推举的副董事长主持）主持，副董事长不能履行职务或者不履行职务时，由半数以上董事共同推举的一名董事主持。

监事会自行召集的股东大会，由监事会主席主持。监事会主席不能履行职务或不履行职务时，由监事会副主席主持，监事会副主席不能履行职务或者不履行职务时，由半数以上监事共同推举的一名监事主持。

股东自行召集的股东大会，由召集人推举代表主持。

召开股东大会时，会议主持人违反议事规则使股东大会无法继续进行的，经现场出席股东大会有表决权过半数的股东同意，股东大会可推举一人担任会议主持人，继续开会。

第六十八条 公司制定股东大会议事规则，详细规定股东大会的召开和表决程序，包括通知、登记、提案的审议、投票、计票、表决结果的宣布、会议决议的形成、会议记录及其签署、公告等内容，以及股东大会对董事会的授权原则，授权内容应明确具体。股东大会议事规则应作为章程的附件，由董事会拟定，股东大会批准。

第六十九条 在年度股东大会上，董事会、监事会应当就其过去一年的工作向股东大会作出报告。每名独立董事也应作出述职报告。

第七十条 董事、监事、高级管理人员在股东大会上就股东的质询和建议作出解释和说明。

第七十一条 会议主持人应当在表决前宣布现场出席会议的股东和代理人人数及所持有表决权的股份总数，现场出席会议的股东和代理人人数及所持有表决权的股份总数以会议登记为准。

第七十二条 股东大会应有会议记录，由董事会秘书负责。会议记录记载以下内容：

（一）会议时间、地点、议程和召集人姓名或名称；

（二）会议主持人以及出席或列席会议的董事、监事、经理和其他高级管理人员姓名；

（三）出席会议的股东和代理人人数、所持有表决权的股份总数及占公司股份总数的比例；

（四）对每一提案的审议经过、发言要点和表决结果；

（五）股东的质询意见或建议以及相应的答复或说明；

（六）律师及计票人、监票人姓名；

（七）本章程规定应当载入会议记录的其他内容。

注释：既发行内资股又发行境内上市外资股的公司，会议记录的内容还应当包括：（1）出席股东大会的内资股股东（包括股东代理人）和境内上市外资股股东（包括股东代理人）所持有表决权的股份数，各占公司总股份的比例；（2）在记载表决结果时，还应当记载内资股股东和境内上市外资股股东对每一决议事项的表决情况。

未完成股权分置改革的公司，会议记录还应该包括：（1）出席股东大会的流通股股东（包括股东代理人）和非流通股股东（包括股东代理人）所持有表决权的股份数，各占公司总股份的比例；（2）在记载表决结果时，还应当记载流通股股东和非流通股股东对每一决议事项的表决情况。

公司应当根据实际情况，在章程中规定股东大会会议记录需要记载的其他内容。

第七十三条 召集人应当保证会议记录内容真实、准确和完整。出席会议的董事、监事、董事会秘书、召集人或其代表、会议主持人应当在会议记录上签名。会议记录应当与现场出席股东的签名册及代理出席的委托书、网络及其他方式表决情况的有效资料一并保存，保存期限不少于10年。

注释：公司应当根据具体情况，在章程中规定股东大会会议记录的保管期限。

第七十四条 召集人应当保证股东大会连续举行，直至形成最终决议。因不可抗力等特殊原因导致股东大会中止或不能作出决议的，应采取必要措施尽快恢复召开股东大会或直接终止本次股东大会，并及时公告。同时，召集人应向公司所在地中国证监会派出机构及证券交易所报告。

第六节 股东大会的表决和决议

第七十五条 股东大会决议分为普通决议和特别决议。

股东大会作出普通决议，应当由出席股东大会的股东（包括股东代理人）所持表决权的1/2以上通过。

股东大会作出特别决议，应当由出席股东大会的股东（包括股东代理人）所持表决权的2/3以上通过。

第七十六条 下列事项由股东大会以普通决议通过：

（一）董事会和监事会的工作报告；

（二）董事会拟定的利润分配方案和弥补亏损方案；

（三）董事会和监事会成员的任免及其报酬和支付方法；

（四）公司年度预算方案、决算方案；

（五）公司年度报告；

（六）除法律、行政法规规定或者本章程规定应当以特别决议通过以外的其他事项。

第七十七条 下列事项由股东大会以特别决议通过：

（一）公司增加或者减少注册资本；

（二）公司的分立、合并、解散和清算；

（三）本章程的修改；

（四）公司在一年内购买、出售重大资产或者担保金额超过公司最近一期经审计总资产30%的；

（五）股权激励计划；

（六）法律、行政法规或本章程规定的，以及股东大会以普通决议认定会对公司产生重大影响的、需要以特别决议通过的其他事项。

注释：股东大会就以下事项作出特别决议，除须经出席会议的普通股股东（含表决权恢复的优先股股东，包括股东代理人）所持表决权的2/3以上通过之外，还须经出席会议的优先股股东（不含表决权恢复的优先股股东，包括股东代理人）所持表决权的2/3以上通过：（1）修改公司章程中与优先股相关的内容；（2）一次或累计减少公司注册资本超过10%；（3）公司合并、分立、解散或变更公司形式；（4）发行优先股；（5）公司章程规定的其他情形。

第七十八条 股东（包括股东代理人）以其所代表的有表决权的股份数额行使表决权，每一股份享有一票表决权。

股东大会审议影响中小投资者利益的重大事项时，对中小投资者表决应当单独计票。单独计票结果应当及时公开披露。

公司持有的本公司股份没有表决权，且该部分股份不计入出席股东大会有表决权的股份总数。

公司董事会、独立董事和符合相关规定条件的股东可以公开征集股东投票权。征集股东投票权应当向被征集人充分披露具体投票意向等信息。禁止以有偿或者变相有偿的方式征集股东投票权。公司不得对征集投票权提出最低持股比例限制。

注释：若公司有发行在外的其他股份，应当说明是否享有表决权。优先股表决权恢复的，应当根据章程规定的具体计算方法确定每股优先股股份享有的表决权。

第七十九条 股东大会审议有关关联交易事项时，关联股东不应当参与投票表决，其所代表的有表决权的股份数不计入有效表决总数；股东大会决议的公告应当充分披露非关联股东的表决情况。

注释：公司应当根据具体情况，在章程中制订有关联关系股东的回避和表决程序。

第八十条 公司应在保证股东大会合法、有效的前提下，通过各种方式和途径，优先提供网络形式的投票平台等现代信息技术手段，为股东参加股东大会提供便利。

注释：公司就发行优先股事项召开股东大会的，应当提供网络投票，并可以通过中国证监会认可的其他方式为股东参加股东大会提供便利。

第八十一条 除公司处于危机等特殊情况外，非经股东大会以特别决议批准，公司将不与董事、经理和其他高级管理人员以外的人订立将公司全部或者重要业务的管理交予该人负责的合同。

第八十二条 董事、监事候选人名单以提案的方式提请股东大会表决。

股东大会就选举董事、监事进行表决时，根据本章程的规定或者股东大会的决议，可以实行累积投票制。

前款所称累积投票制是指股东大会选举董事或者监事时，每一股份拥有与应选董事或者监事人数相同的表决权，股东拥有的表决权可以集中使用。董事会应当向股东公告候选董事、监事的简历和基本情况。

注释：公司应当在章程中规定董事、监事提名的方式和程序，以及累积投票制的相关事宜。

第八十三条 除累积投票制外，股东大会将对所有提案进行逐项表决，对同一事项有不同提案的，将按提案提出的时间顺序进行表决。除因不可抗力等特殊原因导致股东大会中止或不能作出决议外，股东大会将不会对提案进行搁置或不予表决。

第八十四条 股东大会审议提案时，不会对提案进行修改，否则，有关变更应当被视为一个新的提案，不能在本次股东大会上进行表决。

第八十五条 同一表决权只能选择现场、网络或其他表决方式中的一种。同一表决权出现重复表决的以第一次投票结果为准。

第八十六条 股东大会采取记名方式投票表决。

第八十七条 股东大会对提案进行表决前，应当推举两名股东代表参加计票和监票。审议事项与股东有利害关系的，相关股东及代理人不得参加计票、监票。

股东大会对提案进行表决时，应当由律师、股东代表与监事代表共同负责计票、监票，并当场公布表决结果，决议的表决结果载入会议记录。

通过网络或其他方式投票的公司股东或其代理人，有权通过相应的投票系统查验自己的投票结果。

第八十八条 股东大会现场结束时间不得早于网络或其他方式，会议主持人应当宣布每一提案的表决情况和结果，并根据表决结果宣布提案是否通过。

在正式公布表决结果前，股东大会现场、网络及其他表决方式中所涉及的公司、计票人、监票人、主要股东、网络服务方等相关各方对表决情况均负有保密义务。

第八十九条 出席股东大会的股东，应当对提交表决的提案发表以下意见之一：同意、反对或弃权。

未填、错填、字迹无法辨认的表决票、未投的表决票均视为投票人放弃表决权利，其所持股份数的表决结果应计为“弃权”。

第九十条 会议主持人如果对提交表决的决议结果有任何怀疑，可以对所投票数组织点票；如果会议主持人未进行点票，出席会议的股东或者股东代理人对会议主持人宣布结果有异议的，有权在宣布表决结果后立即要求点票，会议主持人应当立即组织点票。

第九十一条 股东大会决议应当及时公告，公告中应列明出席会议的股东和代理人人数、所持有表决权的股份总数及占公司有表决权股份总数的比例、表决方式、每项提案的表决结果和通过的各项决议的详细内容。

注释：发行境内上市外资股的公司，应当对内资股股东和外资股股东出席会议及表决情况分别统计并公告。

第九十二条 提案未获通过，或者本次股东大会变更前次股东大会决议的，应当在股东大会决议公告中作特别提示。

第九十三条 股东大会通过有关董事、监事选举提案的，新任董事、监事就任时间在【就任时间】。

注释：新任董事、监事就任时间确认方式应在公司章程中予以明确。

第九十四条 股东大会通过有关派现、送股或资本公积转增股本提案的，公司将在股东大会结束后 2 个月内实施具体方案。

第五章 董事会

第一节 董 事

第九十五条 公司董事为自然人，有下列情形之一的，不能担任公司的董事：

（一）无民事行为能力或者限制民事行为能力；

（二）因贪污、贿赂、侵占财产、挪用财产或者破坏社会主义市场经济秩序，被判处刑罚，执行期满未逾5年，或者因犯罪被剥夺政治权利，执行期满未逾5年；

（三）担任破产清算的公司、企业的董事或者厂长、经理，对该公司、企业的破产负有个人责任的，自该公司、企业破产清算完结之日起未逾3年；

（四）担任因违法被吊销营业执照、责令关闭的公司、企业的法定代表人，并负有个人责任的，自该公司、企业被吊销营业执照之日起未逾3年；

（五）个人所负数额较大的债务到期未清偿；

（六）被中国证监会处以证券市场禁入处罚，期限未满的；

（七）法律、行政法规或部门规章规定的其他内容。

违反本条规定选举、委派董事的，该选举、委派或者聘任无效。董事在任职期间出现本条情形的，公司解除其职务。

第九十六条 董事由股东大会选举或更换，任期【年数】。董事任期届满，可连选连任。董事在任期届满以前，股东大会不能无故解除其职务。

董事任期从就任之日起计算，至本届董事会任期届满时为止。董事任期届满未及时改选，在改选出的董事就任前，原董事仍应当依照法律、行政法规、部门规章和本章程的规定，履行董事职务。

董事可以由经理或者其他高级管理人员兼任，但兼任经理或者其他高级管理人员职务的董事以及由职工代表担任的董事，总计不得超过公司董事总数的1/2。

注释：公司章程应规定规范、透明的董事选聘程序。董事会成员中可以有公司职工代表，公司章程应明确本公司董事会是否可以由职工代表担任董事，以及职工代表担任董事的名额。董事会中的职工代表由公司职工通过职工代表大会、职工大会或者其他形式民主选举产生后，直接进入董事会。

第九十七条 董事应当遵守法律、行政法规和本章程，对公司负有下列忠实义务：

（一）不得利用职权收受贿赂或者其他非法收入，不得侵占公司的财产；

（二）不得挪用公司资金；

（三）不得将公司资产或者资金以其个人名义或者其他个人名义开立账户存储；

（四）不得违反本章程的规定，未经股东大会或董事会同意，将公司资金借贷给他人或者以公司财产为他人提供担保；

（五）不得违反本章程的规定或未经股东大会同意，与本公司订立合同或者进行交易；

（六）未经股东大会同意，不得利用职务便利，为自己或他人谋取本应属于公司的商业机会，自营或者为他人经营与本公司同类的业务；

（七）不得接受与公司交易的佣金归为己有；

（八）不得擅自披露公司秘密；

（九）不得利用其关联关系损害公司利益；

（十）法律、行政法规、部门规章及本章程规定的其他忠实义务。

董事违反本条规定所得的收入，应当归公司所有；给公司造成损失的，应当承担赔偿责任。

注释：除以上各项义务要求外，公司可以根据具体情况，在章程中增加对本公司董事其他义务的要求。

第九十八条 董事应当遵守法律、行政法规和本章程，对公司负有下列勤勉义务：

（一）应谨慎、认真、勤勉地行使公司赋予的权利，以保证公司的商业行为符合国家法律、行政法规以及国家各项经济政策的要求，商业活动不超过营业执照规定的业务范围；

（二）应公平对待所有股东；

（三）及时了解公司业务经营管理状况；

（四）应当对公司定期报告签署书面确认意见。保证公司所披露的信息真实、准确、完整；

（五）应当如实向监事会提供有关情况和资料，不得妨碍监事会或者监事行使职权；

（六）法律、行政法规、部门规章及本章程规定的其他勤勉义务。

注释：公司可以根据具体情况，在章程中增加对本公司董事勤勉义务的要求。

第九十九条 董事连续两次未能亲自出席，也不委托其他董事出席董事会会议，视为不能履行职责，董事会应当建议股东大会予以撤换。

第一百条 董事可以在任期届满以前提出辞职。董事辞职应向董事会提交书面辞职报告。董事会将在2日内披露有关情况。

如因董事的辞职导致公司董事会低于法定最低人数时，在改选出的董事就任前，原董事仍应当依照法律、行政法规、部门规章和本章程规定，履行董事职务。

除前款所列情形外，董事辞职自辞职报告送达董事会时生效。

第一百零一条 董事辞职生效或者任期届满，应向董事会办妥所有移交手续，其对公司和股东承担的忠实义务，在任期结束后并不当然解除，在本章程规定的合理期限内仍然有效。

注释：公司章程应规定董事辞职生效或者任期届满后承担忠实义务的具体期限。

第一百零二条 未经本章程规定或者董事会的合法授权，任何董事不得以个人名义代表公司或者董事会行事。董事以其个人名义行事时，在第三方会合理地认为该董事在代表公司或者董事会行事的情况下，该董事应当事先声明其立场和身份。

第一百零三条 董事执行公司职务时违反法律、行政法规、部门规章或本章程的规定，给公司造成损失的，应当承担赔偿责任。

第一百零四条 独立董事应按照法律、行政法规及部门规章的有关规定执行。

第二节 董事会

第一百零五条 公司设董事会，对股东大会负责。

第一百零六条 董事会由【人数】名董事组成，设董事长1人，副董事长【人数】人。

注释：公司应当在章程中确定董事会人数。

第一百零七条 董事会行使下列职权：

（一）召集股东大会，并向股东大会报告工作；

（二）执行股东大会的决议；

（三）决定公司的经营计划和投资方案；

（四）制订公司的年度财务预算方案、决算方案；

（五）制订公司的利润分配方案和弥补亏损方案；

（六）制订公司增加或者减少注册资本、发行债券或其他证券及上市方案；

（七）拟订公司重大收购、收购本公司股票或者合并、分立、解散及变更公司形式的方案；

（八）在股东大会授权范围内，决定公司对外投资、收购出售资产、资产抵押、对外担保事项、委托理财、关联交易等事项；

（九）决定公司内部管理机构的设置；

（十）聘任或者解聘公司经理、董事会秘书；根据经理的提名，聘任或者解聘公司副经理、财务负责人等高级管理人员，并决定其报酬事项和奖惩事项；

（十一）制订公司的基本管理制度；

（十二）制订本章程的修改方案；

（十三）管理公司信息披露事项；

（十四）向股东大会提请聘请或更换为公司审计的会计师事务所；

（十五）听取公司经理的工作汇报并检查经理的工作；

（十六）法律、行政法规、部门规章或本章程授予的其他职权。

注释：公司股东大会可以授权公司董事会按照公司章程的约定向优先股股东支付股息。

超过股东大会授权范围的事项，应当提交股东大会审议。

第一百零八条 公司董事会应当就注册会计师对公司财务报告出具的非标准审计意见向股东大会作出说明。

第一百零九条 董事会制定董事会议事规则，以确保董事会落实股东大会决议，提高工作效率，保证科学决策。

注释：该规则规定董事会的召开和表决程序，董事会议事规则应列入公司章程或作为章程的附件，由董事会拟定，股东大会批准。

第一百一十条 董事会应当确定对外投资、收购出售资产、资产抵押、对外担保事项、委托理财、关联交易的权限，建立严格的审查和决策程序；重大投资项目应当组织有关专家、专业人员进行评审，并报股东大会批准。

注释：公司董事会应当根据相关的法律、法规及公司实际情况，在章程中确定符合公司具体要求的权限范围，以及涉及资金占公司资产的具体比例。

第一百一十一条 董事会设董事长 1 人，可以设副董事长。董事长和副董事长由董事会以全体董事的过半数选举产生。

第一百一十二条 董事长行使下列职权：

（一）主持股东大会和召集、主持董事会会议；

（二）督促、检查董事会决议的执行；

（三）董事会授予的其他职权。

注释：董事会应谨慎授予董事长职权，例行或长期授权须在章程中明确规定。

第一百一十三条 公司副董事长协助董事长工作，董事长不能履行职务或者不履行职务的，由副董事长履行职务（公司有两位或两位以上副董事长的，由半数以上董事共同推举的副董事长履行职务）；副董事长不能履行职务或者不履行职务的，由半数以上董事共同推举一名董事履行职务。

第一百一十四条 董事会每年至少召开两次会议，由董事长召集，于会议召开 10 日以前书面通知全体董事和监事。

第一百一十五条 代表 1/10 以上表决权的股东、1/3 以上董事或者监事会，可以提议召开董事会临时会议。董事长应当自接到提议后 10 日内，召集和主持董事会会议。

第一百一十六条 董事会召开临时董事会会议的通知方式为：【具体通知方式】；通知时限为：【具体通知时限】。

第一百一十七条 董事会会议通知包括以下内容：

（一）会议日期和地点；

（二）会议期限；

（三）事由及议题；

（四）发出通知的日期。

第一百一十八条 董事会会议应有过半数的董事出席方可举行。董事会作出决议，必须经全体董事的过半数通过。

董事会决议的表决，实行一人一票。

第一百一十九条 董事与董事会会议决议事项所涉及的企业有关联关系的，不得对该项决议行使表决权，也不得代理其他董事行使表决权。该董事会会议由过半数的无关联关系董事出席即可举行，董事会会议所作决议须经无关联关系董事过半数通过。出席董事会的无关联董事人数不足 3 人的，应将该事项提交股东大会审议。

第一百二十条 董事会决议表决方式为：【具体表决方式】。

董事会临时会议在保障董事充分表达意见的前提下，可以用【其他方式】进行并作出决议，并由参会董事签字。

注释：此项为选择性条款，公司可自行决定是否在其章程中予以采纳。

第一百二十一条 董事会会议，应由董事本人出席；董事因故不能出席，可以书面委托其他董事代为出席，委托书中应载明代理人的姓名，代理事项、授权范围和有效期限，并由委托人签名或盖章。代为出席会议的董事应当在授权范围内行使董事的权利。董事未出席董事会会议，亦未委托代表出席的，视为放弃在该次会议上的投票权。

第一百二十二条 董事会应当对会议所议事项的决定做成会议记录，出席会议的董事应当在会议记录上签名。

董事会会议记录作为公司档案保存，保存期限不少于 10 年。

注释：公司应当根据具体情况，在章程中规定会议记录的保管期限。

第一百二十三条 董事会会议记录包括以下内容：

（一）会议召开的日期、地点和召集人姓名；

（二）出席董事的姓名以及受他人委托出席董事会的董事（代理人）姓名；

（三）会议议程；

（四）董事发言要点；

（五）每一决议事项的表决方式和结果（表决结果应载明赞成、反对或弃权的票数）。

第六章　经理及其他高级管理人员

第一百二十四条　公司设经理1名，由董事会聘任或解聘。

公司设副经理【人数】名，由董事会聘任或解聘。

公司经理、副经理、财务负责人、董事会秘书和【职务】为公司高级管理人员。

注释：公司可以根据具体情况，在章程中规定属于公司高级管理人员的其他人选。

第一百二十五条　本章程第九十五条关于不得担任董事的情形、同时适用于高级管理人员。

本章程第九十七条关于董事的忠实义务和第九十八条（四）~（六）关于勤勉义务的规定，同时适用于高级管理人员。

第一百二十六条　在公司控股股东、实际控制人单位担任除董事以外其他职务的人员，不得担任公司的高级管理人员。

第一百二十七条　经理每届任期【年数】年，经理连聘可以连任。

第一百二十八条　经理对董事会负责，行使下列职权：

（一）主持公司的生产经营管理工作，组织实施董事会决议，并向董事会报告工作；

（二）组织实施公司年度经营计划和投资方案；

（三）拟订公司内部管理机构设置方案；

（四）拟订公司的基本管理制度；

（五）制定公司的具体规章；

（六）提请董事会聘任或者解聘公司副经理、财务负责人；

（七）决定聘任或者解聘除应由董事会决定聘任或者解聘以外的负责管理人员；

（八）本章程或董事会授予的其他职权。

经理列席董事会会议。

注释：公司应当根据自身情况，在章程中制订符合公司实际要求的经理的职权和具体实施办法。

第一百二十九条　经理应制订经理工作细则，报董事会批准后实施。

第一百三十条　经理工作细则包括下列内容：

（一）经理会议召开的条件、程序和参加的人员；

（二）经理及其他高级管理人员各自具体的职责及其分工；

（三）公司资金、资产运用，签订重大合同的权限，以及向董事会、监事会的报告制度；

（四）董事会认为必要的其他事项。

第一百三十一条 经理可以在任期届满以前提出辞职。有关经理辞职的具体程序和办法由经理与公司之间的劳务合同规定。

第一百三十二条 公司根据自身情况，在章程中应当规定副经理的任免程序、副经理与经理的关系，并可以规定副经理的职权。

第一百三十三条 公司设董事会秘书，负责公司股东大会和董事会会议的筹备、文件保管以及公司股东资料管理，办理信息披露事务等事宜。

董事会秘书应遵守法律、行政法规、部门规章及本章程的有关规定。

第一百三十四条 高级管理人员执行公司职务时违反法律、行政法规、部门规章或本章程的规定，给公司造成损失的，应当承担赔偿责任。

第七章 监事会

第一节 监　　事

第一百三十五条 本章程第九十五条关于不得担任董事的情形、同时适用于监事。

董事、经理和其他高级管理人员不得兼任监事。

第一百三十六条 监事应当遵守法律、行政法规和本章程，对公司负有忠实义务和勤勉义务，不得利用职权收受贿赂或者其他非法收入，不得侵占公司的财产。

第一百三十七条 监事的任期每届为 3 年。监事任期届满，连选可以连任。

第一百三十八条 监事任期届满未及时改选，或者监事在任期内辞职导致监事会成员低于法定人数的，在改选出的监事就任前，原监事仍应当依照法律、行政法规和本章程的规定，履行监事职务。

第一百三十九条 监事应当保证公司披露的信息真实、准确、完整。

第一百四十条 监事可以列席董事会会议，并对董事会决议事项提出质询或者建议。

第一百四十一条 监事不得利用其关联关系损害公司利益，若给公司造成损失的，应当承担赔偿责任。

第一百四十二条 监事执行公司职务时违反法律、行政法规、部门规章或本章程的规定，给公司造成损失的，应当承担赔偿责任。

第二节 监事会

第一百四十三条 公司设监事会。监事会由【人数】名监事组成，监事会设主席1人，可以设副主席。监事会主席和副主席由全体监事过半数选举产生。监事会主席召集和主持监事会会议；监事会主席不能履行职务或者不履行职务的，由监事会副主席召集和主持监事会会议；监事会副主席不能履行职务或者不履行职务的，由半数以上监事共同推举一名监事召集和主持监事会会议。

监事会应当包括股东代表和适当比例的公司职工代表，其中职工代表的比例不低于1/3。监事会中的职工代表由公司职工通过职工代表大会、职工大会或者其他形式民主选举产生。

注释：监事会成员不得少于3人。公司章程应规定职工代表在监事会中的具体比例。

第一百四十四条 监事会行使下列职权：

（一）应当对董事会编制的公司定期报告进行审核并提出书面审核意见；

（二）检查公司财务；

（三）对董事、高级管理人员执行公司职务的行为进行监督，对违反法律、行政法规、本章程或者股东大会决议的董事、高级管理人员提出罢免的建议；

（四）当董事、高级管理人员的行为损害公司的利益时，要求董事、高级管理人员予以纠正；

（五）提议召开临时股东大会，在董事会不履行《公司法》规定的召集和主持股东大会职责时召集和主持股东大会；

（六）向股东大会提出提案；

（七）依照《公司法》第一百五十二条的规定，对董事、高级管理人员提起诉讼；

（八）发现公司经营情况异常，可以进行调查；必要时，可以聘请会计师事务所、律师事务所等专业机构协助其工作，费用由公司承担。

注释：公司章程可以规定监事的其他职权。

第一百四十五条 监事会每6个月至少召开一次会议。监事可以提议召开临时监事会会议。

监事会决议应当经半数以上监事通过。

第一百四十六条 监事会制定监事会议事规则，明确监事会的议事方式和表决程序，以确保监事会的工作效率和科学决策。

注释：监事会议事规则规定监事会的召开和表决程序。监事会议事规则应列入公司章程或作为章程的附件，由监事会拟定，股东大会批准。

第一百四十七条 监事会应当将所议事项的决定做成会议记录，出席会议的监事应当在会议记录上签名。

监事有权要求在记录上对其在会议上的发言作出某种说明性记载。监事会会议记录作为公司档案至少保存10年。

注释：公司应当根据具体情况，在章程中规定会议记录的保管期限。

第一百四十八条 监事会会议通知包括以下内容：

（一）举行会议的日期、地点和会议期限；

（二）事由及议题；

（三）发出通知的日期。

第八章 财务会计制度、利润分配和审计

第一节 财务会计制度

第一百四十九条 公司依照法律、行政法规和国家有关部门的规定，制定公司的财务会计制度。

第一百五十条 公司在每一会计年度结束之日起4个月内向中国证监会和证券交易所报送年度财务会计报告，在每一会计年度前6个月结束之日起2个月内向中国证监会派出机构和证券交易所报送半年度财务会计报告，在每一会计年度前3个月和前9个月结束之日起的1个月内向中国证监会派出机构和证券交易所报送季度财务会计报告。

上述财务会计报告按照有关法律、行政法规及部门规章的规定进行编制。

第一百五十一条 公司除法定的会计账簿外，将不另立会计账簿。公司的资产，不以任何个人名义开立账户存储。

第一百五十二条 公司分配当年税后利润时，应当提取利润的10%列入公司法定公积金。公司法定公积金累计额为公司注册资本的50%以上的，可以不再提取。

公司的法定公积金不足以弥补以前年度亏损的，在依照前款规定提取法定公积金之前，应当先用当年利润弥补亏损。

公司从税后利润中提取法定公积金后，经股东大会决议，还可以从税后利润中提取任意公积金。

公司弥补亏损和提取公积金后所余税后利润，按照股东持有的股份比例分配，但本章程规定不按持股比例分配的除外。

股东大会违反前款规定，在公司弥补亏损和提取法定公积金之前向股东分配利润的，股东必须将违反规定分配的利润退还公司。

公司持有的本公司股份不参与分配利润。

公司应当在公司章程中明确现金分红相对于股票股利在利润分配方式中的优先顺序，并载明以下内容：

（一）公司董事会、股东大会对利润分配尤其是现金分红事项的决策程序和机制，对既定利润分配政策尤其是现金分红政策作出调整的具体条件、决策程序和机制，以及为充分听取独立董事和中小股东意见所采取的措施。

（二）公司的利润分配政策尤其是现金分红政策的具体内容，利润分配的形式，利润分配尤其是现金分红的期间间隔，现金分红的具体条件，发放股票股利的条件，各期现金分红最低金额或比例（如有）等。

注释：公司应当以现金的形式向优先股股东支付股息，在完全支付约定的股息之前，不得向普通股股东分配利润。

第一百五十三条 公司的公积金用于弥补公司的亏损、扩大公司生产经营或者转为增加公司资本。但是，资本公积金将不用于弥补公司的亏损。

法定公积金转为资本时，所留存的该项公积金将不少于转增前公司注册资本的25%。

第一百五十四条 公司股东大会对利润分配方案作出决议后，公司董事会须在股东大会召开后2个月内完成股利（或股份）的派发事项。

第一百五十五条 公司利润分配政策为【具体政策】。

注释：发行境内上市外资股的公司应当按照《境内上市外资股规定实施细则》中的有关规定补充本节的内容。

第二节 内部审计

第一百五十六条 公司实行内部审计制度，配备专职审计人员，对公司财务收支和经济活动进行内部审计监督。

第一百五十七条 公司内部审计制度和审计人员的职责，应当经董事会批准后实施。审计负责人向董事会负责并报告工作。

第三节 会计师事务所的聘任

第一百五十八条 公司聘用取得“从事证券相关业务资格”的会计师事务所进行会计报表审计、净资产验证及其他相关的咨询服务等业务，聘期1年，可以续聘。

第一百五十九条 公司聘用会计师事务所必须由股东大会决定，董事会不得在股东大会决定前委任会计师事务所。

第一百六十条 公司保证向聘用的会计师事务所提供真实、完整的会计凭证、会计账簿、财务会计报告及其他会计资料，不得拒绝、隐匿、谎报。

第一百六十一条 会计师事务所的审计费用由股东大会决定。

第一百六十二条 公司解聘或者不再续聘会计师事务所时，提前【天数】天事先通知会计师事务所，公司股东大会就解聘会计师事务所进行表决时，允许会计师事务所陈述意见。

会计师事务所提出辞聘的，应当向股东大会说明公司有无不当情形。

第九章 通知和公告

第一节 通 知

第一百六十三条 公司的通知以下列形式发出：

（一）以专人送出；

（二）以邮件方式送出；

（三）以公告方式进行；

（四）本章程规定的其他形式。

第一百六十四条 公司发出的通知，以公告方式进行的，一经公告，视为所有相关人员收到通知。

第一百六十五条 公司召开股东大会的会议通知，以【具体通知方式】进行。

第一百六十六条 公司召开董事会的会议通知，以【具体通知方式】进行。

第一百六十七条 公司召开监事会的会议通知，以【具体通知方式】进行。

注释：公司应当根据实际情况，在章程中确定公司各种会议的具体通知方式。

第一百六十八条 公司通知以专人送出的，由被送达人在送达回执上签名（或盖章），被送达人签收日期为送达日期；公司通知以邮件送出的，自交付邮局之日起第【天数】个工作日为送达日期；公司通知以公告方式送出的，第一次公告刊登日为送达日期。

第一百六十九条 因意外遗漏未向某有权得到通知的人送出会议通知或者该等人没有收到会议通知，会议及会议作出的决议并不因此无效。

第二节 公 告

第一百七十条 公司指定【媒体名称】为刊登公司公告和和其他需要披露信息的媒体。

注释：公司应当在中国证监会指定的媒体范围内，在章程中确定一份或者多份报纸和一个网站作为公司披露信息的媒体。

第十章 合并、分立、增资、减资、解散和清算

第一节 合并、分立、增资和减资

第一百七十一条 公司合并可以采取吸收合并或者新设合并。

一个公司吸收其他公司为吸收合并，被吸收的公司解散。两个以上公司合并设立一个新的公司为新设合并，合并各方解散。

第一百七十二条 公司合并，应当由合并各方签订合并协议，并编制资产负债表及财产清单。公司应当自作出合并决议之日起10日内通知债权人，并于30日内在【报纸名称】上公告。债权人自接到通知书之日起30日内，未接到通知书的自公告之日起45日内，可以要求公司清偿债务或者提供相应的担保。

第一百七十三条 公司合并时，合并各方的债权、债务，由合并后存续的公司或者新设的公司承继。

第一百七十四条 公司分立，其财产作相应的分割。

公司分立，应当编制资产负债表及财产清单。公司应当自作出分立决议之日起10日内通知债权人，并于30日内在【报纸名称】上公告。

第一百七十五条 公司分立前的债务由分立后的公司承担连带责任。但是，公司在分立前与债权人就债务清偿达成的书面协议另有约定的除外。

第一百七十六条 公司需要减少注册资本时，必须编制资产负债表及财产清单。

公司应当自作出减少注册资本决议之日起10日内通知债权人，并于30日内在【报纸名称】上公告。债权人自接到通知书之日起30日内，未接到通知书的自公告之日起45日内，有权要求公司清偿债务或者提供相应的担保。

公司减资后的注册资本将不低于法定的最低限额。

第一百七十七条 公司合并或者分立，登记事项发生变更的，应当依法向公司登记机关办理变更登记；公司解散的，应当依法办理公司注销登记；设立新公司的，应当依法办理公司设立登记。

公司增加或者减少注册资本，应当依法向公司登记机关办理变更登记。

第二节 解散和清算

第一百七十八条 公司因下列原因解散：

（一）本章程规定的营业期限届满或者本章程规定的其他解散事由出现；

（二）股东大会决议解散；

（三）因公司合并或者分立需要解散；

（四）依法被吊销营业执照、责令关闭或者被撤销；

（五）公司经营管理发生严重困难，继续存续会使股东利益受到重大损失，通过其他途径不能解决的，持有公司全部股东表决权10%以上的股东，可以请求人民法院解散公司。

第一百七十九条 公司有本章程第一百七十八条第（一）项情形的，可以通过修改本章程而存续。

依照前款规定修改本章程，须经出席股东大会会议的股东所持表决权的2/3以上通过。

第一百八十条 公司因本章程第一百七十八条第（一）项、第（二）项、第（四）项、第（五）项规定而解散的，应当在解散事由出现之日起15日内成立清算组，开始清算。清算组由董事或者股东大会确定的人员组成。逾期不成立清算组进行清算的，债权人可以申请人民法院指定有关人员组成清算组进行清算。

第一百八十一条 清算组在清算期间行使下列职权：

（一）清理公司财产，分别编制资产负债表和财产清单；

（二）通知、公告债权人；

（三）处理与清算有关的公司未了结的业务；

（四）清缴所欠税款以及清算过程中产生的税款；

（五）清理债权、债务；

（六）处理公司清偿债务后的剩余财产；

（七）代表公司参与民事诉讼活动。

第一百八十二条 清算组应当自成立之日起10日内通知债权人，并于60日内在【报纸名称】上公告。债权人应当自接到通知书之日起30日内，未接到通知书的自公告之日起45日内，向清算组申报其债权。

债权人申报债权，应当说明债权的有关事项，并提供证明材料。清算组应当对债权进行登记。

在申报债权期间，清算组不得对债权人进行清偿。

第一百八十三条 清算组在清理公司财产、编制资产负债表和财产清单后，应当制定清算方案，并报股东大会或者人民法院确认。

公司财产在分别支付清算费用、职工的工资、社会保险（放心保）费用和法定补偿金，缴纳所欠税款，清偿公司债务后的剩余财产，公司按照股东持有的股份比例分配。

清算期间，公司存续，但不能开展与清算无关的经营活动。公司财产在未按前款规定清偿前，将不会分配给股东。

注释：已发行优先股的公司因解散、破产等原因进行清算时，公司财产在按照公司法和破产法有关规定进行清偿后的剩余财产，应当优先向优先股股东支付未派发的股息和公司章程约定的清算金额，不足以全额支付的，按照优先股股东持股比例分配。

第一百八十四条 清算组在清理公司财产、编制资产负债表和财产清单后，发现公司财产不足清偿债务的，应当依法向人民法院申请宣告破产。

公司经人民法院裁定宣告破产后，清算组应当将清算事务移交给人民法院。

第一百八十五条 公司清算结束后，清算组应当制作清算报告，报股东大会或者人民法院确认，并报送公司登记机关，申请注销公司登记，公告公司终止。

第一百八十六条 清算组成员应当忠于职守，依法履行清算义务。

清算组成员不得利用职权收受贿赂或者其他非法收入，不得侵占公司财产。

清算组成员因故意或者重大过失给公司或者债权人造成损失的，应当承担赔偿责任。

第一百八十七条 公司被依法宣告破产的，依照有关企业破产的法律实施破产清算。

第十一章 修改章程

第一百八十八条 有下列情形之一的，公司应当修改章程：

（一）《公司法》或有关法律、行政法规修改后，章程规定的事项与修改后的法律、行政法规的规定相抵触；

（二）公司的情况发生变化，与章程记载的事项不一致；

（三）股东大会决定修改章程。

第一百八十九条 股东大会决议通过的章程修改事项应经主管机关审批的，须报主管机关批准；涉及公司登记事项的，依法办理变更登记。

第一百九十条 董事会依照股东大会修改章程的决议和有关主管机关的审批意见修改本章程。

第一百九十一条 章程修改事项属于法律、法规要求披露的信息，按规定予以公告。

第十二章 附 则

第一百九十二条 释义

（一）控股股东，是指其持有的普通股（含表决权恢复的优先股）占公司股本总额50%以上的股东；持有股份的比例虽然不足50%，但依其持有的股份所享有的表决权已足以对股东大会的决议产生重大影响的股东。

（二）实际控制人，是指虽不是公司的股东，但通过投资关系、协议或者其他安排，能够实际支配公司行为的人。

（三）关联关系，是指公司控股股东、实际控制人、董事、监事、高级管理人员与其直接或者间接控制的企业之间的关系，以及可能导致公司利益转移的其他关系。但是，国家控股的企业之间不仅因为同受国家控股而具有关联关系。

第一百九十三条 董事会可依照章程的规定，制订章程细则。章程细则不得与章程的规定相抵触。

第一百九十四条 本章程以中文书写，其他任何语种或不同版本的章程与本章程有歧义时，以在【公司登记机关全称】最近一次核准登记后的中文版章程为准。

第一百九十五条 本章程所称“以上”、“以内”、“以下”，都含本数；“以外”、“低于”、“多于”不含本数。

第一百九十六条 本章程由公司董事会负责解释。

第一百九十七条 本章程附件包括股东大会议事规则、董事会议事规则和监事会议事规则。

第一百九十八条 国家对优先股另有规定的，从其规定。

第一百九十九条 本章程自公布之日起施行。《上市公司章程指引（2006年修订）》（证监公司字［2006］38号）同时废止。

VII.1.5 关于在上市公司建立独立董事制度的指导意见

（2001 年 8 月 16 日　证监发［2001］102 号）

为进一步完善上市公司治理结构，促进上市公司规范运作，现就上市公司建立独立的外部董事（以下简称独立董事）制度提出以下指导意见：

一、上市公司应当建立独立董事制度

（一）上市公司独立董事是指不在公司担任除董事外的其他职务，并与其所受聘的上市公司及其主要股东不存在可能妨碍其进行独立客观判断的关系的董事。

（二）独立董事对上市公司及全体股东负有诚信与勤勉义务。独立董事应当按照相关法律法规、本指导意见和公司章程的要求，认真履行职责，维护公司整体利益，尤其要关注中小股东的合法权益不受损害。独立董事应当独立履行职责，不受上市公司主要股东、实际控制人、或者其他与上市公司存在利害关系的单位或个人的影响。独立董事原则上最多在 5 家上市公司兼任独立董事，并确保有足够的时间和精力有效地履行独立董事的职责。

（三）各境内上市公司应当按照本指导意见的要求修改公司章程，聘任适当人员担任独立董事，其中至少包括一名会计专业人士（会计专业人士是指具有高级职称或注册会计师资格的人士）。在二〇〇二年六月三十日前，董事会成员中应当至少包括 2 名独立董事；在二〇〇三年六月三十日前，上市公司董事会成员中应当至少包括三分之一独立董事。

（四）独立董事出现不符合独立性条件或其他不适宜履行独立董事职责的情形，由此造成上市公司独立董事达不到本《指导意见》要求的人数时，上市公司应按规定补足独立董事人数。

（五）独立董事及拟担任独立董事的人士应当按照中国证监会的要求，参加中国证监会及其授权机构所组织的培训。

二、独立董事应当具备与其行使职权相适应的任职条件

担任独立董事应当符合下列基本条件：

（一）根据法律、行政法规及其他有关规定，具备担任上市公司董事的资格；

（二）具有本《指导意见》所要求的独立性；

（三）具备上市公司运作的基本知识，熟悉相关法律、行政法规、规章及规则；

（四）具有五年以上法律、经济或者其他履行独立董事职责所必需的工作经验；

（五）公司章程规定的其他条件。

三、独立董事必须具有独立性

下列人员不得担任独立董事：

（一）在上市公司或者其附属企业任职的人员及其直系亲属、主要社会关系（直系亲属是指配偶、父母、子女等；主要社会关系是指兄弟姐妹、岳父母、儿媳女婿、兄弟姐妹的配偶、配偶的兄弟姐妹等）；

（二）直接或间接持有上市公司已发行股份1%以上或者是上市公司前十名股东中的自然人股东及其直系亲属；

（三）在直接或间接持有上市公司已发行股份5%以上的股东单位或者在上市公司前五名股东单位任职的人员及其直系亲属；

（四）最近一年内曾经具有前三项所列举情形的人员；

（五）为上市公司或者其附属企业提供财务、法律、咨询等服务的人员；

（六）公司章程规定的其他人员；

（七）中国证监会认定的其他人员。

四、独立董事的提名、选举和更换应当依法、规范地进行

（一）上市公司董事会、监事会、单独或者合并持有上市公司已发行股份1%以上的股东可以提出独立董事候选人，并经股东大会选举决定。

（二）独立董事的提名人在提名前应当征得被提名人的同意。提名人应当充分了解被提名人职业、学历、职称、详细的工作经历、全部兼职等情况，并对其担任独立董事的资格和独立性发表意见，被提名人应当就其本人与上市公司之间不存在任何影响其独立客观判断的关系发表公开声明。

在选举独立董事的股东大会召开前，上市公司董事会应当按照规定公布上述内容。

（三）在选举独立董事的股东大会召开前，上市公司应将所有被提名人的有关材料同时报送中国证监会、公司所在地中国证监会派出机构和公司股票挂牌交易的证券交易所。上市公司董事会对被提名人的有关情况有异议的，应同时报送董事会的书面意见。

中国证监会在15个工作日内对独立董事的任职资格和独立性进行审核。对中国证监会持有异议的被提名人，可作为公司董事候选人，但不作为独立董事候选人。

在召开股东大会选举独立董事时，上市公司董事会应对独立董事候选人是否被中国证监会提出异议的情况进行说明。

对于本《指导意见》发布前已担任上市公司独立董事的人士，上市公司应将前述材料在本《指导意见》发布实施起一个月内报送中国证监会、公司所在地中国证监会派出机构和公司股票挂牌交易的证券交易所。

（四）独立董事每届任期与该上市公司其他董事任期相同，任期届满，连选可以连任，但是连任时间不得超过六年。

（五）独立董事连续3次未亲自出席董事会会议的，由董事会提请股东大会予以撤换。

除出现上述情况及《公司法》中规定的不得担任董事的情形外，独立董事任期届满前不得无故被免职。提前免职的，上市公司应将其作为特别披露事项予以披露，被免职的独立董事认为公司的免职理由不当的，可以作出公开的声明。

（六）独立董事在任期届满前可以提出辞职。独立董事辞职应向董事会提交书面辞职报告，对任何与其辞职有关或其认为有必要引起公司股东和债权人注意的情况进行说明。

如因独立董事辞职导致公司董事会中独立董事所占的比例低于本《指导意见》规定的最低要求时，该独立董事的辞职报告应当在下任独立董事填补其缺额后生效。

五、上市公司应当充分发挥独立董事的作用

（一）为了充分发挥独立董事的作用，独立董事除应当具有公司法和其他相关法律、法规赋予董事的职权外，上市公司还应当赋予独立董事以下特别职权：

1. 重大关联交易（指上市公司拟与关联人达成的总额高于300万元或高于上市公司最近经审计净资产值的5%的关联交易）应由独立董事认可后，提交董事会讨论；独立董事作出判断前，可以聘请中介机构出具独立财务顾问报告，作为其判断的依据。

2. 向董事会提议聘用或解聘会计师事务所；

3. 向董事会提请召开临时股东大会；

4. 提议召开董事会；

5. 独立聘请外部审计机构和咨询机构；

6. 可以在股东大会召开前公开向股东征集投票权。

（二）独立董事行使上述职权应当取得全体独立董事的二分之一以上同意。

（三）如上述提议未被采纳或上述职权不能正常行使，上市公司应将有关情况予以披露。

（四）如果上市公司董事会下设薪酬、审计、提名等委员会的，独立董事应当在委员会成员中占有二分之一以上的比例。

六、独立董事应当对上市公司重大事项发表独立意见

（一）独立董事除履行上述职责外，还应当对以下事项向董事会或股东大会发表独立意见：

1. 提名、任免董事；

2. 聘任或解聘高级管理人员；

3. 公司董事、高级管理人员的薪酬；

4. 上市公司的股东、实际控制人及其关联企业对上市公司现有或新发生的总额高于300万元或高于上市公司最近经审计净资产值的5%的借款或其他资金往来，以及公司是否采取有效措施回收欠款；

5. 独立董事认为可能损害中小股东权益的事项；

6. 公司章程规定的其他事项。

（二）独立董事应当就上述事项发表以下几类意见之一：同意；保留意见及其理由；反对意见及其理由；无法发表意见及其障碍。

（三）如有关事项属于需要披露的事项，上市公司应当将独立董事的意见予以公告，独立董事出现意见分歧无法达成一致时，董事会应将各独立董事的意见分别披露。

七、为了保证独立董事有效行使职权，上市公司应当为独立董事提供必要的条件

（一）上市公司应当保证独立董事享有与其他董事同等的知情权。凡须经董事会决策的事项，上市公司必须按法定的时间提前通知独立董事并同时提供足够的资料，独立董事认为资料不充分的，可以要求补充。当2名或2名以上独立董事认为资料不充分或论证不明确时，可联名书面向董事会提出延期召开董事会会议或延期审议该事项，董事会应予以采纳。

上市公司向独立董事提供的资料，上市公司及独立董事本人应当至少保存5年。

（二）上市公司应提供独立董事履行职责所必需的工作条件。上市公司董事会秘书应积极为独立董事履行职责提供协助，如介绍情况、提供材料等。独立董事发表的独立意见、提案及书面说明应当公告的，董事会秘书应及时到证券交易所办理公告事宜。

（三）独立董事行使职权时，上市公司有关人员应当积极配合，不得拒绝、阻碍或隐瞒，不得干预其独立行使职权。

（四）独立董事聘请中介机构的费用及其他行使职权时所需的费用由上市

公司承担。

（五）上市公司应当给予独立董事适当的津贴。津贴的标准应当由董事会制订预案，股东大会审议通过，并在公司年报中进行披露。

除上述津贴外，独立董事不应从该上市公司及其主要股东或有利害关系的机构和人员取得额外的、未予披露的其他利益。

（六）上市公司可以建立必要的独立董事责任保险制度，以降低独立董事正常履行职责可能引致的风险。

VII. 1. 6 关于加强上市证券公司监管的规定（2010年修订）

（2010年6月30日 中国证监会公告［2010］20号）

上市证券公司具有证券公司与上市公司的双重属性，作为证券公司，要适用证券公司监管相关法规；作为上市公司，要适用上市、发行监管相关法规。为做好相关法律法规的协调和衔接，加强对上市证券公司的监管，现规定如下：

一、证券公司首次公开发行并上市和上市后发行新股、可转换公司债券等再融资行为，应当同时符合《证券法》、《证券公司监督管理条例》、《首次公开发行股票并上市管理办法》、《上市公司证券发行管理办法》等法律法规关于发行、变更注册资本等行政许可规定的条件，向监管部门申请出具监管意见书，提供包括监管意见书在内的相关申请审核材料。IPO和再融资行为涉及变更持有证券公司5%以上股权的股东、实际控制人的，还应当同时报送相关股东资格的审核材料。

二、上市证券公司进行重大资产重组，同时涉及变更持有证券公司5%以上股权的股东、实际控制人的，应当同时提交相关股东资格审核材料。

三、上市证券公司应当根据《证券公司监督管理条例》有关规定在章程中载明，任何单位或者个人未经国务院证券监督管理机构批准，持有或者实际控制证券公司5%以上股权的，应当限期改正；改正前，相应股权不具有表决权。

四、上市证券公司应当根据我会《公开发行证券的公司信息披露内容与格式准则第2号——年度报告的内容与格式》等规定编制上市公司年报，同时上市证券公司还应根据《证券公司年度报告内容与格式准则》等规定编制证券公司监管年报，在规定期限之内先按上市公司要求披露上市公司年报，然后再向监管机构报送证券公司监管年报，并按要求将其中的审计报告、经审计的会计报表及附注在中国证券业协会网站和公司网站进行信息公示。如果向社会公开披露的年报和向监管部门报送的年报存在重大数据差异，上市证券公司应当及时以临时报告方式披露并充分说明产生差异的原因。

五、根据《公开发行证券的公司信息披露内容与格式准则第2号——年度报告的内容与格式》规定，上市公司应当披露持有其他上市公司股权等情况。如果涉及上市证券公司商业秘密等特殊原因确实不便披露的，公司可按照规定向交易所申请豁免。

六、上市证券公司在向监管部门报送综合监管报表的同时，应当以临时公告的形式在交易所网站公开披露公司月度经营情况主要财务信息，包括当期营业收入、当期净利润、期末净资产等数据，以及公司认为应当披露的其他财务信息。上市证券公司有控股证券子公司的，应当同时披露证券子公司相关数据。上市证券公司披露上述数据应当注明数据统计范围及未经审计。

七、根据上海、深圳证券交易所上市规则中关于应当披露交易的规定，对于上市证券公司重大对外投资包括证券自营超过一定额度可能需要及时披露和提交股东大会决议的情况，上市证券公司可以每年由股东大会审议并披露自营投资的总金额；实施自营投资过程中如果发生情况变化，可以在符合章程规定的情况下由股东大会授权董事会表决并予公告。

八、根据《证券公司治理准则》、《证券公司风险控制指标管理办法》等规定，证券公司发生公司或者高管涉嫌重大违法违规行为，财务状况恶化，拟更换董事长、总经理、监事长，风险控制指标出现特定变化等情况时，需要书面通知全体股东。上市证券公司应当将上述情况在指定披露媒体及时公告以履行书面通知全体股东的义务。

九、根据《证券公司治理准则》第 10 条规定，证券公司股东在出现特定情况时，应当及时通知证券公司。上述规定适用于持有上市证券公司 5% 以上股份的股东、实际控制人。

十、根据《证券公司监督管理条例》第 26 条规定和《证券公司业务范围审批暂行规定》第 5 条规定，证券公司开展新业务和经营创新业务，应当经我会批准。上市证券公司在公告董事会、股东大会对拟开展新业务或者经营创新业务的决议时，应当同时向投资者进行风险提示，说明上市证券公司要实际开展相关业务尚需监管机构核准，且存在达不到法律法规和监管要求而导致监管机构不予核准的情形。

十一、上市证券公司应当根据《上市公司信息披露管理办法》的规定，及时披露重大行政许可事项的相关情况，即公司应当在做出行政许可申请的决议或决定、监管部门作出行政许可决定后，及时在指定媒体公开披露相关情况。对于一般行政许可事项，上市证券公司应当在定期报告中公开披露监管部门的行政许可决定。

十二、上市证券公司应当在中期报告、年度报告中披露监管部门对公司的分类结果，其中在中期报告中披露其当年分类结果，在年度报告中披露其近三年的分类结果。

十三、上市证券公司应当根据《上市公司信息披露管理办法》等规定披露其风险控制指标变化、被采取的监管措施等重大事项。其中：

1. 上市证券公司应当在年报和半年报中披露所有风险控制指标情况；日常经营中，当风险控制指标不符合《证券公司风险控制指标管理办法》规定标准的，应当及时以临时公告方式披露，说明原因、目前的状态和可能产生的影响。

2. 上市证券公司被采取重大监管措施或者风险处置措施，影响到其经营行为从而可能对市场价格产生较大影响的，应当确认发生重大事件，及时披露临时公告，并在半年报、年报中披露。这些措施包括但不限于公司被限制业务，责令暂停部分业务，停止批准新业务，停止批准增设、收购营业性分支机构，限制分红，限制向高管、董事、监事支付报酬、提供福利，撤销业务许可，责令控股股东转让股权或者限制股东权利，对公司进行临时接管等重大监管措施或者风险处置措施。

十四、上市证券公司应当结合证券行业特点和自身情况，按照上市公司信息披露管理的监管要求，建立健全信息管理制度，包括但不限于以下方面：

1. 建立健全内幕信息知情人登记制度，按规定严格界定内幕信息及内幕信息知情人的范围，做好内幕信息知情人的登记和管理等工作。

2. 建立健全信息保密制度，明确责任及责任追究措施，要求公司所有内幕信息知情人和保密责任人签署保密承诺书，严格加强内幕信息价格敏感期的信息管理，防止泄露内幕信息。

3. 建立健全信息隔离墙制度，防止利益冲突和内幕交易行为的发生。

4. 建立健全信息管理应急机制，制定切实可行应急预案，明确相关部门和人员责任，适时采取有效的应急措施，及时应对市场有关传闻，积极防范和有效处置公关危机。

5. 建立健全涉及控股子公司的信息披露管理制度。

十五、上市证券公司确有必要需与监管部门沟通有关事项的，应当在交易日收市之后进行，涉及可能影响公司股价的重大事项，应当按规定及时停牌或公告。沟通事项涉及内幕信息的，上市证券公司应当将监管部门有关知情人员纳入内幕信息知情人范围进行登记。

十六、上市证券公司应当按照从严的原则，严格执行《证券公司治理准则》、《上市公司治理准则》等证券公司监管法规和上市公司监管法规，不断完善法人治理结构，提高公司治理水平。

十七、本规定自公布之日起施行。

VII. 1. 7 关于规范上市公司国有股东行为的若干意见

（2009年6月16日 国资发产权［2009］123号）

为维护证券市场健康发展，保护各类投资者合法权益，促进国有资产的合理配置和有序流转，根据《中华人民共和国公司法》、《中华人民共和国证券法》、《中华人民共和国企业国有资产法》、《企业国有资产监督管理暂行条例》（国务院令第378号）等有关法律法规规定，现就规范上市公司国有股东（以下简称国有股东）行为有关问题提出以下意见：

一、做维护资本市场健康发展的表率。国有股东要坚持守法诚信，规范运作，切实履行企业社会责任，积极支持上市公司做强做优，维护资本市场健康发展。

二、切实强化信息披露责任。因自身行为可能引起上市公司证券及其衍生产品价格异动的重要信息，国有股东应当及时书面通知上市公司，并保证相关信息公开的及时与公平，信息内容的真实、准确、完整，无虚假记载、误导性陈述或者重大遗漏。在相关信息依法披露前，严禁国有股东相关人员以内部讲话、接受访谈、发表文章等形式违规披露。

三、依法行使股东权利，严格履行股东义务。在涉及上市公司事项的相关行为决策或实施过程中，国有股东要依法处理与上市公司的关系，切实维护上市公司在人员、资产、财务、机构和业务方面的独立性。同时，应当按照相关法律法规和公司治理规则要求，严格履行内部决策、信息披露、申请报告等程序，不得暗箱操作、违规运作。

四、积极推进国有企业整体改制上市，有序推动现有上市公司资源整合。国有股东应当按照企业发展规划，因企、因地制宜，选择适当时机，以适当方式，实现公司整体业务上市或按业务板块整体上市，做到主营业务突出；要按照加强产业集中度，以及主业发展要求，推动现有上市公司资源优化整合，不断提高资源配置效益。

五、促进提高上市公司质量，增强上市公司核心竞争力。国有股东应当支持上市公司通过技术创新、资产重组、引进战略投资者等多种途径，不断做强做优；要严格规范与上市公司间的关联交易，推动解决同业竞争问题；要支持有退市风险及业绩较差的上市公司研究解决经营发展中存在的问题。

六、规范国有股东所持上市公司股份变动行为。国有股东应当严格按照相关证券监管法律法规，以及《国有股东转让上市公司股份管理暂行办法》（国资委证监会令第19号）、《关于印发〈国有单位受让上市公司股份管理暂行规定〉的通知》（国资发产权［2007］109号）的有关要求，规范所持上市公司股份变动行为，防止内幕交易、操纵股价、损害其他投资者合法权益等行为的发生。国有股东拟通过证券交易系统出售超过规定比例股份的，应当将包括出售股份数量、价格下限、出售时限等情况的出售股份方案报经国有资产监督管理机构批准。

国有股东转让全部或部分股份致使国家对该上市公司不再具有控股地位的，国有资产监督管理机构应当报经本级人民政府批准。

七、合理确定在上市公司的持股比例。对于关系国家安全和国民经济命脉的重要行业和关键领域中的上市公司，具有实际控制力的国有股东应当采取有效措施，切实保持在上市公司中的控制力。必要时，可通过资本市场增持股份，增持行为须遵守证券市场法律法规，符合中国证监会及证券交易所关于增持行为时间“窗口期”和信息披露的相关规定。

八、规范股份质押行为。国有股东将其持有的上市公司股份用于质押的，要做好可行性论证，明确资金用途，制订还款计划，并严格按照内部决策程序进行审议。

国有股东用于质押的股份数量不得超过其所持上市公司股份总额的50%，且仅限于为本单位及其全资或控股子公司提供质押，质押股份的价值应以上市公司股票价格为基础合理确定。

九、切实加强国有股东账户监管。国有股东应当按照《关于印发〈上市公司国有股东标识管理暂行规定〉的通知》（国资发产权［2007］108号）的有关要求，加强对本企业及所控股企业证券账户的清理和监管工作。对于因业务开展需要，确需在证券交易机构新开证券账户或多头开设证券账户的，须得到有权批准机构的批准；要通过建立健全证券账户监测系统，构建对所持上市公司股份的动态监管体系。

十、支持上市公司分配股利。国有股东要按照证券监管的有关法律法规要求，鼓励、支持上市公司在具备条件的前提下，通过包括现金分红在内的多种分配方式回报投资者。

VII. 1. 8　中共中央纪律检查委员会关于规范中管干部辞去公职或者退（离）休后担任上市公司、基金管理公司独立董事、独立监事的通知

（2008 年 6 月 25 日　中纪发［2008］22 号）

各省、自治区、直辖市纪委、党委组织部，中央和国家机关各部委纪检组（纪委）、组织人事部门，中央纪委各派驻纪检组，中央直属机关纪工委，中央国家机关纪工委，军委纪委：

为规范中管干部辞去公职或者退（离）休担任上市公司、基金管理公司独立董事、独立监事的行为，鼓励其发挥个人专长，参与社会发展，同时，防止其可能利用原有职权或者地位形成的便利条件谋取不正当利益，根据《中华人民共和国公务员法》和有关文件精神，现对规范中管干部辞去公职或者退（离）休后担任上市公司、基金管理公司独立董事、独立监事的行为通知如下：

一、中管干部辞去公职或者退（离）休后，因其原有职权或者地位在一定时间内仍有较大影响，对其担任上市公司、基金管理公司独立董事、独立监事的行为必须严格限制。

二、中管干部辞去公职或者退（离）休后三年内，不得到与本人原工作业务直接相关的上市公司、基金管理公司担任独立董事、独立监事，不得从事于本人原工作业务直接相关的营利性活动，中管干部辞去公职或者退（离）休后可以到与本人原工作业务不直接相关的上市公司、基金管理公司担任独立董事、独立监事。

三、中管干部辞去公职或者退（离）休后三年内按照规定担任上市公司、基金管理公司独立董事、独立监事的，必须由拟聘任独立董事、独立监事的公司征得该干部原所在单位党组（党委）同意，并由该干部原所在单位党组（党委）征求中央纪委、中央组织部意见后，再由拟聘任独立董事、独立监事的公司正式任命。中管干部辞去公职或者退（离）休三年后担任上市公司、基金管理公司独立董事、独立监事的，应由本人向其所在单位党组（党委）报告，并由其所在单位党组（党委）向中央组织部备案，同时抄报中央纪委。

四、中管干部辞去公职后担任上市公司、基金管理公司独立董事、独立监事的，可以领取相应报酬，具体数额应当由其所在的上市公司、基金管理公司董事会制订预案，股东大会审议通过，并在公司年报中进行披露。

五、中管干部退（离）休后担任上市公司、基金管理公司独立董事、独立监事的，不得领取报酬、津贴和获取其他额外利益。所在的上市公司、基金管理公司可按照有关规定，报销其工作费用。

六、中管干部辞去公职或者退（离）休后三年内，已担任与本人原工作业务直接相关的上市公司、基金管理公司独立董事、独立监事的，应辞去所担任的独立董事、独立监事。中管干部辞去公职或者退（离）休三年内现已担任与本人原工作业务不直接相关的上市公司、基金管理公司独立董事、独立监事，但未履行本通知规定程序的，要抓紧履行相应程序。

七、本通知自发布之日起施行。中央纪委、中央组织部已经发布的有关于本通知不一致的，依据本通知执行。

八、其他党员领导干部辞去公职或者退（离）休后担任上市公司、基金管理公司独立董事、独立监事的，按照本通知执行。

九、各地区各部门于 2008 年年底前将执行本通知的情况以及书面形式分别报告中央纪委和中央组织部。

VII. 1. 9 中共中央组织部《关于进一步规范党政领导干部在企业兼职（任职）问题的意见》

（2013 年 10 月 19 日 中组发［2013］18 号）

各省、自治区、直辖市党委组织部，中央和国家机关各部委、各人民团体组织人事部门，新疆建设兵团党委组织部，各中管金融企业党委，部分国有重要骨干企业党组（党委），部分高等学校党委：

《关于进一步规范党政领导干部在企业兼职（任职）问题的意见》已经中央领导同志同意，现印发给你们，请认真贯彻执行，并在本意见下发后 3 个月内，将执行情况以书面形式报中央组织部。

中共中央组织部

二〇一三年十月十九日

关于进一步规范党政领导干部在企业兼职（任职）问题的意见

为贯彻落实中央关于从严管理干部的要求，加强干部队伍建设和反腐倡廉建设，根据《中华人民共和国公务员法》、《中国共产党党员领导干部廉洁从政若干准则》和有关文件规定精神，现就进一步规范党政领导干部在企业兼职（任职）问题提出如下意见。

一、现职和不担任现职但未办理退（离）休手续的党政领导干部不得在企业兼职（任职）。

二、对辞去公职或者退（离）休的党政领导干部到企业兼职（任职）必须从严掌握、从严把关，确因工作需要到企业兼职（任职）的，应当按照干部管理权限严格审批。

辞去公职或者退（离）休后三年内，不得到本人原任职务管辖的地区和业务范围内的企业兼职（任职），也不得从事与原任职务管辖业务相关的营利性活动。

辞去公职或者退（离）休后三年内，拟到本人原任职务管辖的地区和业务范围外的企业兼职（任职）的，必须由本人事先向其原所在单位党委（党组）报告，由拟兼职（任职）企业出具兼职（任职）理由说明材料，所在单位党委（党组）按规定审核并按照干部管理权限征得相应的组织（人事）部门同意后，方可兼职（任职）。

辞去公职或者退（离）休后三年后到企业兼职（任职）的，应由本人向其原所在单位党委（党组）报告，由拟兼职（任职）企业出具兼职（任职）理由说明材料，所在单位党委（党组）按规定审批并按照干部管理权限向相应的组织（人事）部门备案。

三、按规定经批准在企业兼职的党政领导干部，不得在企业领取薪酬、奖金、津贴等报酬，不得获取股权和其他额外利益；兼职不得超过1个；所兼任职务实行任期制的，任期届满拟连任必须重新审批或备案，连任不超过两届；兼职的任职年龄界限为70周岁。

四、按规定经批准到企业任职的党政领导干部，应当及时将行政、工资等关系转入企业，不再保留公务员身份，不再保留党政机关的各种待遇。不得将行政、工资等关系转回党政机关办理退（离）休；在企业办理退（离）休手续后，也不得将行政、工资等关系转回党政机关。

五、按规定经批准在企业兼职（任职）的党政领导干部，要严格遵纪守法，廉洁自律，禁止利用职权和职务上的影响为企业或个人谋取不正当利益。党政领导干部在企业兼职期间的履职情况、是否取酬、职务消费和报销有关工作费用等，应每年年底以书面形式报所在单位党委（党组）。

六、限期对党政领导干部违规在企业兼职（任职）进行清理。各地区各部门各单位要根据本意见规定，按照干部管理权限对领导干部在企业兼职（任职）情况进行一次摸底排查，对发现的问题要限期纠正。凡不符合规定的，必须在本意见下发后3个月内免去或由本人辞去所兼任（担任）的职务。确属工作需要且符合有关规定精神，但未履行审批或备案程序的，必须在本意见下发后3个月内补办手续。兼职（任职）期间违规领取的薪酬，应按中央纪委有关规定执行。

七、清理工作完成后，如再发现党政领导干部有违规在企业兼职（任职）或领取报酬隐瞒不报的行为，一经查实，要按照有关规定严肃处理。各地区各部门各单位在审批和审核党政领导干部在企业兼职（任职）时存在违规行为的，要追究主要领导及有关负责人的责任。

八、党政领导干部在其他营利性组织兼职（任职），按照本意见执行。

参照公务员法管理的人民团体和群众团体、事业单位领导干部，按照本意见执行；其他领导干部，参照本意见执行。

九、各地区各部门各单位可根据本意见精神，按照干部管理权限，制定相应的管理实施办法，加强对各级各类领导干部在企业兼职（任职）的规范管理。

十、本意见自发布之日起施行。以往规定与本意见不一致的，按照本意见执行。

VII. 1. 10　关于发布《上市公司董事、监事和高级管理人员所持本公司股份及其变动管理规则》的通知

（2007 年 4 月 5 日　证监公司字［2007］56 号）

各上市公司：

为贯彻落实《中华人民共和国公司法》、《中华人民共和国证券法》等法律法规的规定，加强对上市公司董事、监事和高级管理人员所持本公司股份及其变动的管理，维护证券市场秩序，我会制定了《上市公司董事、监事和高级管理人员所持本公司股份及其变动管理规则》，现予以发布，请遵照执行。

中国证券监督管理委员会

二〇〇七年四月五日

上市公司董事、监事和高级管理人员所持本公司股份及其变动管理规则

第一条　为加强对上市公司董事、监事和高级管理人员所持本公司股份及其变动的管理，维护证券市场秩序，根据《公司法》、《证券法》等法律、行政法规和规章的规定，制定本规则。

第二条　上海证券交易所、深圳证券交易所（以下统称证券交易所）的上市公司及其董事、监事和高级管理人员，应当遵守本规则。

第三条　上市公司董事、监事和高级管理人员所持本公司股份，是指登记在其名下的所有本公司股份。

上市公司董事、监事和高级管理人员从事融资融券交易的，还包括记载在其信用账户内的本公司股份。

第四条　上市公司董事、监事和高级管理人员所持本公司股份在下列情形下不得转让：

（一）本公司股票上市交易之日起 1 年内；

（二）董事、监事和高级管理人员离职后半年内；

（三）董事、监事和高级管理人员承诺一定期限内不转让并在该期限内的；

（四）法律、法规、中国证监会和证券交易所规定的其他情形。

第五条 上市公司董事、监事和高级管理人员在任职期间，每年通过集中竞价、大宗交易、协议转让等方式转让的股份不得超过其所持本公司股份总数的25%，因司法强制执行、继承、遗赠、依法分割财产等导致股份变动的除外。

上市公司董事、监事和高级管理人员所持股份不超过1000股的，可一次全部转让，不受前款转让比例的限制。

第六条 上市公司董事、监事和高级管理人员以上年末其所持有本公司发行的股份为基数，计算其中可转让股份的数量。

上市公司董事、监事和高级管理人员在上述可转让股份数量范围内转让其所持有本公司股份的，还应遵守本规则第四条的规定。

第七条 因上市公司公开或非公开发行股份、实施股权激励计划，或因董事、监事和高级管理人员在二级市场购买、可转债转股、行权、协议受让等各种年内新增股份，新增无限售条件股份当年可转让25%，新增有限售条件的股份计入次年可转让股份的计算基数。

因上市公司进行权益分派导致董事、监事和高级管理人所持本公司股份增加的，可同比例增加当年可转让数量。

第八条 上市公司董事、监事和高级管理人员当年可转让但未转让的本公司股份，应当计入当年末其所持有本公司股份的总数，该总数作为次年可转让股份的计算基数。

第九条 上市公司章程可对董事、监事和高级管理人员转让其所持本公司股份规定比本规则更长的禁止转让期间、更低的可转让股份比例或者附加其他限制转让条件。

第十条 上市公司董事、监事和高级管理人员应在下列时点或期间内委托上市公司通过证券交易所网站申报其个人信息（包括但不限于姓名、职务、身份证号、证券账户、离任职时间等）：

（一）新上市公司的董事、监事和高级管理人员在公司申请股票初始登记时；

（二）新任董事、监事在股东大会（或职工代表大会）通过其任职事项、新任高级管理人员在董事会通过其任职事项后2个交易日内；

（三）现任董事、监事和高级管理人员在其已申报的个人信息发生变化后的2个交易日内；

（四）现任董事、监事和高级管理人员在离任后2个交易日内；

（五）证券交易所要求的其他时间。

第十一条 上市公司董事、监事和高级管理人员所持本公司股份发生变动的，应当自该事实发生之日起2个交易日内，向上市公司报告并由上市公司在证券交易所网站进行公告。公告内容包括：

（一）上年末所持本公司股份数量；

（二）上年末至本次变动前每次股份变动的日期、数量、价格；

（三）本次变动前持股数量；

（四）本次股份变动的日期、数量、价格；

（五）变动后的持股数量；

（六）证券交易所要求披露的其他事项。

第十二条 上市公司董事、监事、高级管理人员应当遵守《证券法》第四十七条规定，违反该规定将其所持本公司股票在买入后6个月内卖出，或者在卖出后6个月内又买入的，由此所得收益归该上市公司所有，公司董事会应当收回其所得收益并及时披露相关情况。

上述“买入后6个月内卖出”是指最后一笔买入时点起算6个月内卖出的；“卖出后6个月内又买入”是指最后一笔卖出时点起算6个月内又买入的。

第十三条 上市公司董事、监事和高级管理人员在下列期间不得买卖本公司股票：

（一）上市公司定期报告公告前30日内；

（二）上市公司业绩预告、业绩快报公告前10日内；

（三）自可能对本公司股票交易价格产生重大影响的重大事项发生之日或在决策过程中，至依法披露后2个交易日内；

（四）证券交易所规定的其他期间。

第十四条 上市公司董事、监事和高级管理人员应当保证本人申报数据的及时、真实、准确、完整。

第十五条 上市公司应当制定专项制度，加强对董事、监事和高级管理人员持有本公司股份及买卖本公司股票行为的申报、披露与监督。

上市公司董事会秘书负责管理公司董事、监事和高级管理人员的身份及所持本公司股份的数据和信息，统一为董事、监事和高级管理人员办理个人信息的网上申报，并定期检查董事、监事和高级管理人员买卖本公司股票的披露情况。

第十六条 上市公司董事、监事和高级管理人员买卖本公司股票违反本规则，中国证监会依照《证券法》的有关规定予以处罚。

第十七条 持有上市公司股份5%以上的股东买卖股票的，参照本规则第十二条规定执行。

第十八条 本规则自公布之日起施行。

VII. 1. 11　上市公司监管指引第2号——上市公司募集资金管理和使用的监管要求

（2012年12月19日　中国证监会公告［2012］44号）

为了加强对上市公司募集资金的监管，提高募集资金使用效益，根据《证券法》以及《上市公司证券发行管理办法》、《首次公开发行股票并上市管理办法》、《首次公开发行股票并在创业板上市管理暂行办法》等规定，现明确监管要求如下：

一、上市公司董事会应当对募集资金投资项目的可行性进行充分论证，确信投资项目具有较好的市场前景和盈利能力，有效防范投资风险，提高募集资金使用效益。

二、上市公司的董事、监事和高级管理人员应当勤勉尽责，督促上市公司规范使用募集资金，自觉维护上市公司募集资金安全，不得参与、协助或纵容上市公司擅自或变相改变募集资金用途。

三、上市公司应当建立并完善募集资金存储、使用、变更、监督和责任追究的内部控制制度，明确募集资金使用的分级审批权限、决策程序、风险控制措施及信息披露要求。

四、上市公司应当将募集资金存放于经董事会批准设立的专项账户集中管理和使用，并在募集资金到位后一个月内与保荐机构、存放募集资金的商业银行签订三方监管协议。募集资金专项账户不得存放非募集资金或用作其他用途。

五、上市公司募集资金应当按照招股说明书或募集说明书所列用途使用。上市公司改变招股说明书或募集说明书所列资金用途的，必须经股东大会作出决议。

六、上市公司募集资金原则上应当用于主营业务。除金融类企业外，募集资金投资项目不得为持有交易性金融资产和可供出售的金融资产、借予他人、委托理财等财务性投资，不得直接或间接投资于以买卖有价证券为主要业务的公司。

七、暂时闲置的募集资金可进行现金管理，其投资的产品须符合以下条件：

（一）安全性高，满足保本要求，产品发行主体能够提供保本承诺；

（二）流动性好，不得影响募集资金投资计划正常进行。

投资产品不得质押，产品专用结算账户（如适用）不得存放非募集资金或用作其他用途，开立或注销产品专用结算账户的，上市公司应当及时报交易所备案并公告。

使用闲置募集资金投资产品的，应当经上市公司董事会审议通过，独立董事、监事会、保荐机构发表明确同意意见。上市公司应当在董事会会议后 2 个交易日内公告下列内容：

（一）本次募集资金的基本情况，包括募集时间、募集资金金额、募集资金净额及投资计划等；

（二）募集资金使用情况；

（三）闲置募集资金投资产品的额度及期限，是否存在变相改变募集资金用途的行为和保证不影响募集资金项目正常进行的措施；

（四）投资产品的收益分配方式、投资范围及安全性；

（五）独立董事、监事会、保荐机构出具的意见。

八、暂时闲置的募集资金可暂时用于补充流动资金。暂时补充流动资金，仅限于与主营业务相关的生产经营使用，不得通过直接或间接安排用于新股配售、申购，或用于股票及其衍生品种、可转换公司债券等的交易。

闲置募集资金暂时用于补充流动资金的，应当经上市公司董事会审议通过，独立董事、监事会、保荐机构发表明确同意意见并披露。单次补充流动资金最长不得超过 12 个月。

九、上市公司实际募集资金净额超过计划募集资金金额的部分（下称超募资金）可用于永久补充流动资金和归还银行借款，每 12 个月内累计金额不得超过超募资金总额的 30%。

超募资金用于永久补充流动资金和归还银行借款的，应当经上市公司股东大会审议批准，并提供网络投票表决方式，独立董事、保荐机构应当发表明确同意意见并披露。上市公司应当承诺在补充流动资金后的 12 个月内不进行高风险投资以及为他人提供财务资助并披露。

十、上市公司以自筹资金预先投入募集资金投资项目的，可以在募集资金到账后 6 个月内，以募集资金置换自筹资金。置换事项应当经董事会审议通过，会计师事务所出具鉴证报告，并由独立董事、监事会、保荐机构发表明确同意意见并披露。

十一、上市公司应当真实、准确、完整地披露募集资金的实际使用情况。董事会应当每半年度全面核查募集资金投资项目的进展情况，出具《公司募集资金存放与实际使用情况的专项报告》并披露。年度审计时，上市公司应聘请会计师事务所对募集资金存放与使用情况出具鉴证报告。

募集资金投资项目实际投资进度与投资计划存在差异的，上市公司应当解释具体原因。当期存在使用闲置募集资金投资产品情况的，上市公司应当披露本报告期的收益情况以及期末的投资份额、签约方、产品名称、期限等信息。

十二、独立董事应当关注募集资金实际使用情况与上市公司信息披露情况是否存在差异。经 1/2 以上独立董事同意，独立董事可以聘请会计师事务所对募集资金存放与使用情况出具鉴证报告，上市公司应当积极配合，并承担必要的费用。

十三、保荐机构应当按照《证券发行上市保荐业务管理办法》的规定，对上市公司募集资金的管理和使用履行保荐职责，做好持续督导工作。保荐机构应当至少每半年度对上市公司募集资金的存放与使用情况进行一次现场核查。每个会计年度结束后，保荐机构应当对上市公司年度募集资金存放与使用情况出具专项核查报告并披露。

十四、本监管指引自公布之日起施行。中国证监会《关于进一步规范上市公司募集资金使用的通知》（证监公司字［2007］25 号）同时废止。

VII. 1. 12　上市公司监管指引第 3 号——上市公司现金分红

（2013 年 11 月 30 日　中国证监会公告［2013］43 号）

第一条　为规范上市公司现金分红，增强现金分红透明度，维护投资者合法权益，根据《公司法》、《证券法》、《上市公司信息披露管理办法》和《上市公司证券发行管理办法》等规定，制定本指引。

第二条　上市公司应当牢固树立回报股东的意识，严格依照《公司法》、《证券法》和公司章程的规定，健全现金分红制度，保持现金分红政策的一致性、合理性和稳定性，保证现金分红信息披露的真实性。

第三条　上市公司制定利润分配政策时，应当履行公司章程规定的决策程序。董事会应当就股东回报事宜进行专项研究论证，制定明确、清晰的股东回报规划，并详细说明规划安排的理由等情况。上市公司应当在公司章程中载明以下内容：

（一）公司董事会、股东大会对利润分配尤其是现金分红事项的决策程序和机制，对既定利润分配政策尤其是现金分红政策作出调整的具体条件、决策程序和机制，以及为充分听取独立董事和中小股东意见所采取的措施。

（二）公司的利润分配政策尤其是现金分红政策的具体内容，利润分配的形式，利润分配尤其是现金分红的期间间隔，现金分红的具体条件，发放股票股利的条件，各期现金分红最低金额或比例（如有）等。

第四条　上市公司应当在章程中明确现金分红相对于股票股利在利润分配方式中的优先顺序。

具备现金分红条件的，应当采用现金分红进行利润分配。

采用股票股利进行利润分配的，应当具有公司成长性、每股净资产的摊薄等真实合理因素。

第五条　上市公司董事会应当综合考虑所处行业特点、发展阶段、自身经营模式、盈利水平以及是否有重大资金支出安排等因素，区分下列情形，并按照公司章程规定的程序，提出差异化的现金分红政策：

（一）公司发展阶段属成熟期且无重大资金支出安排的，进行利润分配时，现金分红在本次利润分配中所占比例最低应达到 80%；

（二）公司发展阶段属成熟期且有重大资金支出安排的，进行利润分配时，现金分红在本次利润分配中所占比例最低应达到 40%；

（三）公司发展阶段属成长期且有重大资金支出安排的，进行利润分配时，现金分红在本次利润分配中所占比例最低应达到20%；

公司发展阶段不易区分但有重大资金支出安排的，可以按照前项规定处理。

第六条 上市公司在制定现金分红具体方案时，董事会应当认真研究和论证公司现金分红的时机、条件和最低比例、调整的条件及其决策程序要求等事宜，独立董事应当发表明确意见。

独立董事可以征集中小股东的意见，提出分红提案，并直接提交董事会审议。

股东大会对现金分红具体方案进行审议前，上市公司应当通过多种渠道主动与股东特别是中小股东进行沟通和交流，充分听取中小股东的意见和诉求，及时答复中小股东关心的问题。

第七条 上市公司应当严格执行公司章程确定的现金分红政策以及股东大会审议批准的现金分红具体方案。确有必要对公司章程确定的现金分红政策进行调整或者变更的，应当满足公司章程规定的条件，经过详细论证后，履行相应的决策程序，并经出席股东大会的股东所持表决权的2/3以上通过。

第八条 上市公司应当在年度报告中详细披露现金分红政策的制定及执行情况，并对下列事项进行专项说明：

（一）是否符合公司章程的规定或者股东大会决议的要求；

（二）分红标准和比例是否明确和清晰；

（三）相关的决策程序和机制是否完备；

（四）独立董事是否履职尽责并发挥了应有的作用；

（五）中小股东是否有充分表达意见和诉求的机会，中小股东的合法权益是否得到了充分保护等。

对现金分红政策进行调整或变更的，还应对调整或变更的条件及程序是否合规和透明等进行详细说明。

第九条 拟发行证券、借壳上市、重大资产重组、合并分立或者因收购导致上市公司控制权发生变更的，应当在募集说明书或发行预案、重大资产重组报告书、权益变动报告书或者收购报告书中详细披露募集或发行、重组或者控制权发生变更后上市公司的现金分红政策及相应的安排、董事会对上述情况的说明等信息。

第十条 上市公司可以依法发行优先股、回购股份。

支持上市公司在其股价低于每股净资产的情形下（亏损公司除外）回购股份。

第十一条 上市公司应当采取有效措施鼓励广大中小投资者以及机构投资者主动参与上市公司利润分配事项的决策。充分发挥中介机构的专业引导作用。

第十二条 证券监管机构在日常监管工作中，应当对下列情形予以重点关注：

（一）公司章程中没有明确、清晰的股东回报规划或者具体的现金分红政策的，重点关注其中的具体原因，相关决策程序是否合法合规，董事、监事、高级管理人员是否勤勉尽责，独立董事是否出具了明确意见等；

（二）公司章程规定不进行现金分红的，重点关注该等规定是否符合公司的实际情况，是否进行了充分的自我评价，独立董事是否出具了明确意见等；

（三）公司章程规定了现金分红政策，但无法按照既定现金分红政策确定当年利润分配方案的，重点关注公司是否按照要求在年度报告中披露了具体原因，相关原因与实际情况是否相符合，独立董事是否出具了明确意见等；

（四）上市公司在年度报告期内有能力分红但不分红尤其是连续多年不分红或者分红水平较低的，重点关注其有关审议通过年度报告的董事会公告中是否详细披露了未进行现金分红或现金分红水平较低的原因，相关原因与实际情况是否相符合，持续关注留存未分配利润的确切用途以及收益情况，独立董事是否对未进行现金分红或现金分红水平较低的合理性发表独立意见，是否按照规定为中小股东参与决策提供了便利等；

（五）上市公司存在大比例现金分红等情形的，重点关注相关决策程序是否合法合规，董事、监事及高级管理人员是否勤勉尽责，独立董事是否出具了明确意见，是否按照规定为中小股东参与决策提供了便利，是否存在明显不合理或相关股东滥用股东权利不当干预公司决策等情形。

第十三条 上市公司有下列情形的，证券监管机构应采取相应的监管措施：

（一）未按规定制定明确的股东回报规划；

（二）未针对现金分红等利润分配政策制定并履行必要的决策程序；

（三）未在定期报告或其他报告中详细披露现金分红政策的制定及执行情况；

（四）章程有明确规定但未按照规定分红；

（五）现金分红监管中发现的其他违法违规情形。

上市公司在有关利润分配政策的陈述或者说明中有虚假或重大遗漏的，证券监管机构应当采取相应的监管措施；依法应当行政处罚的，依照《证券法》第一百九十三条予以处罚。

第十四条 证券监管机构应当将现金分红监管中的监管措施实施情况按照规定记入上市公司诚信档案。上市公司涉及再融资、资产重组事项时，其诚信状况应当在审核中予以重点关注。

第十五条 本指引由中国证券监督管理委员会负责解释。

第十六条 本指引自公布之日起施行。

VII. 1. 13 上市公司监管指引第 4 号——上市公司实际控制人、股东、关联方、收购人以及上市公司承诺及履行

（2013 年 12 月 27 日 中国证监会公告［2013］55 号）

为了加强对上市公司实际控制人、股东、关联方、收购人以及上市公司的承诺及履行承诺行为的监管，切实保护中小投资者合法权益，根据《公司法》、《证券法》、《上市公司收购管理办法》、《上市公司重大资产重组管理办法》、《证券期货市场诚信监督管理暂行办法》等有关法律和规定，现就上市公司实际控制人、股东、关联方、收购人以及上市公司承诺及履行承诺行为制定本指引，有关监管要求如下：

一、上市公司实际控制人、股东、关联方、收购人以及上市公司（以下简称承诺相关方）在首次公开发行股票、再融资、股改、并购重组以及公司治理专项活动等过程中作出的解决同业竞争、资产注入、股权激励、解决产权瑕疵等各项承诺事项，必须有明确的履约时限，不得使用“尽快”、“时机成熟时”等模糊性词语，承诺履行涉及行业政策限制的，应当在政策允许的基础上明确履约时限。

上市公司应对承诺事项的具体内容、履约方式及时间、履约能力分析、履约风险及对策、不能履约时的制约措施等方面进行充分的信息披露。

二、承诺相关方在作出承诺前应分析论证承诺事项的可实现性并公开披露相关内容，不得承诺根据当时情况判断明显不可能实现的事项。

承诺事项需要主管部门审批的，承诺相关方应明确披露需要取得的审批，并明确如无法取得审批的补救措施。

三、承诺相关方已作出的尚未履行完毕的承诺不符合本指引第一、二条规定的，应当在本指引发布之日起 6 个月内重新规范承诺事项并予以披露。

如相关承诺确已无法履行或履行承诺将不利于维护上市公司权益，承诺相关方无法按照前述规定对已有承诺作出规范的，可将变更承诺或豁免履行承诺事项提请股东大会审议，上市公司应向股东提供网络投票方式，承诺相关方及关联方应回避表决。

超过期限未重新规范承诺事项或未透过股东大会审议的，视同超期未履行承诺。

四、收购人收购上市公司成为新的实际控制人时，如原实际控制人承诺的相关事项未履行完毕，相关承诺义务应予以履行或由收购人予以承接，相关事项应在收购报告书中明确披露。

五、因相关法律法规、政策变化、自然灾害等自身无法控制的客观原因导致承诺无法履行或无法按期履行的，承诺相关方应及时披露相关信息。

除因相关法律法规、政策变化、自然灾害等自身无法控制的客观原因外，承诺确已无法履行或者履行承诺不利于维护上市公司权益的，承诺相关方应充分披露原因，并向上市公司或其他投资者提出用新承诺替代原有承诺或者提出豁免履行承诺义务。上述变更方案应提交股东大会审议，上市公司应向股东提供网络投票方式，承诺相关方及关联方应回避表决。独立董事、监事会应就承诺相关方提出的变更方案是否合法合规、是否有利于保护上市公司或其他投资者的利益发表意见。变更方案未经股东大会审议透过且承诺到期的，视同超期未履行承诺。

六、除因相关法律法规、政策变化、自然灾害等承诺相关方自身无法控制的客观原因外，超期未履行承诺或违反承诺的，我会依据《证券期货市场诚信监督管理暂行办法》将相关情况记入诚信档案，并对承诺相关方采取监管谈话、责令公开说明、责令改正、出具警示函、将承诺相关方主要决策者认定为不适当担任上市公司董事、监事、高管人选等监管措施。

在承诺履行完毕或替代方案经股东大会批准前，我会将依据《证券期货市场诚信监督管理暂行办法》及相关法规的规定，对承诺相关方提交的行政许可申请，以及其作为上市公司交易对手方的行政许可申请（例如上市公司向其购买资产、募集资金等）审慎审核或作出不予许可的决定。

七、有证据表明承诺相关方在作出承诺时已知承诺不可履行的，我会将对承诺相关方依据《证券法》等有关规定予以处理。相关问题查实后，在对责任人作出处理前及按本指引进行整改前，依据《证券法》、《上市公司收购管理办法》的有关规定，限制承诺相关方对其持有或者实际支配的股份行使表决权。

八、承诺相关方所作出的承诺应符合本指引的规定，相关承诺事项应由上市公司进行信息披露，上市公司如发现承诺相关方作出的承诺事项不符合本指引的要求，应及时披露相关信息并向投资者作出风险提示。

上市公司应在定期报告中披露报告期内发生或正在履行中的承诺事项及进展情况。

VII. 1. 14　关于上市公司建立内幕信息知情人登记管理制度的规定

（2011年10月25日　中国证监会公告［2011］30号）

第一条　为完善上市公司内幕信息管理制度，做好内幕信息保密工作，有效防范和打击内幕交易等证券违法违规行为，根据《证券法》、《上市公司信息披露管理办法》等法律法规和规章，制定本规定。

第二条　本规定所称内幕信息知情人，是指《证券法》第七十四条规定的有关人员。

第三条　本规定所称内幕信息，是指根据《证券法》第七十五条规定，涉及上市公司的经营、财务或者对公司证券及其衍生品种交易价格有重大影响的尚未公开的信息。

第四条　内幕信息知情人在内幕信息公开前负有保密义务。

第五条　上市公司应当根据本规定，建立内幕信息知情人登记管理制度，对内幕信息的保密管理及在内幕信息依法公开披露前的内幕信息知情人的登记管理作出规定。

第六条　在内幕信息依法公开披露前，上市公司应当按照本规定填写上市公司内幕信息知情人档案（必备项目见附件），及时记录商议筹划、论证咨询、合同订立等阶段及报告、传递、编制、决议、披露等环节的内幕信息知情人名单，及其知悉内幕信息的时间、地点、依据、方式、内容等信息。

第七条　上市公司董事会应当保证内幕信息知情人档案真实、准确和完整，董事长为主要责任人。董事会秘书负责办理上市公司内幕信息知情人的登记入档事宜。

上市公司监事会应当对内幕信息知情人登记管理制度实施情况进行监督。

第八条　上市公司的股东、实际控制人及其关联方研究、发起涉及上市公司的重大事项，以及发生对上市公司股价有重大影响的其他事项时，应当填写本单位内幕信息知情人的档案。

证券公司、证券服务机构、律师事务所等中介机构接受委托从事证券服务业务，该受托事项对上市公司股价有重大影响的，应当填写本机构内幕信息知情人的档案。

收购人、重大资产重组交易对方以及涉及上市公司并对上市公司股价有重大影响事项的其他发起方，应当填写本单位内幕信息知情人的档案。

上述主体应当根据事项进程将内幕信息知情人档案分阶段送达相关上市公司，但完整的内幕信息知情人档案的送达时间不得晚于内幕信息公开披露的时间。内幕信息知情人档案应当按照本规定第六条的要求进行填写。

上市公司应当做好其所知悉的内幕信息流转环节的内幕信息知情人的登记，并做好第一款至第三款涉及各方内幕信息知情人档案的汇总。

第九条 行政管理部门人员接触到上市公司内幕信息的，应当按照相关行政部门的要求做好登记工作。

上市公司在披露前按照相关法律法规政策要求需经常性向相关行政管理部门报送信息的，在报送部门、内容等未发生重大变化的情况下，可将其视为同一内幕信息事项，在同一张表格中登记行政管理部门的名称，并持续登记报送信息的时间。除上述情况外，内幕信息流转涉及到行政管理部门时，上市公司应当按照一事一记的方式在知情人档案中登记行政管理部门的名称、接触内幕信息的原因以及知悉内幕信息的时间。

第十条 上市公司进行收购、重大资产重组、发行证券、合并、分立、回购股份等重大事项，除按照本规定第六条填写上市公司内幕信息知情人档案外，还应当制作重大事项进程备忘录，内容包括但不限于筹划决策过程中各个关键时点的时间、参与筹划决策人员名单、筹划决策方式等。上市公司应当督促备忘录涉及的相关人员在备忘录上签名确认。

第十一条 上市公司内幕信息知情人登记管理制度中应当包括对公司下属各部门、分公司、控股子公司及上市公司能够对其实施重大影响的参股公司的内幕信息管理的内容，明确上述主体的内部报告义务、报告程序和有关人员的信息披露职责。

上市公司内幕信息知情人登记管理制度中应当明确内幕信息知情人的保密义务、违反保密规定责任和通过签订保密协议、禁止内幕交易告知书等必要方式将上述事项告知有关人员等内容。

第十二条 上市公司根据中国证监会的规定，对内幕信息知情人买卖本公司股票及其衍生品种的情况进行自查。发现内幕信息知情人进行内幕交易、泄露内幕信息或者建议他人利用内幕信息进行交易的，上市公司应当进行核实并依据其内幕信息知情人登记管理制度对相关人员进行责任追究，并在 2 个工作日内将有关情况及处理结果报送公司注册地中国证监会派出机构。

第十三条 上市公司应当及时补充完善内幕信息知情人档案信息。内幕信息知情人档案自记录（含补充完善）之日起至少保存 10 年。中国证监会及其派出机构、证券交易所可查询内幕信息知情人档案。

上市公司进行本规定第十条所列重大事项的，应当在内幕信息依法公开披露后及时将内幕信息知情人档案及重大事项进程备忘录报送证券交易所。证券交易所可视情况要求上市公司披露重大事项进程备忘录中的相关内容。

第十四条 中国证监会及其派出机构可以根据《上市公司现场检查办法》的规定，对上市公司内幕信息知情人登记管理制度的建立、执行和上市公司内幕信息知情人档案保管情况进行现场检查。

第十五条 有下列情形之一的，中国证监会可以对上市公司及相关主体采取责令改正、监管谈话、出具警示函等监督管理措施；情节严重的，可以认定相关人员为不适当人选，或者对其采取市场禁入措施：

（一）未按照本规定的要求建立内幕信息知情人登记管理制度；

（二）未按照本规定的要求报送内幕信息知情人档案、重大事项进程备忘录；

（三）内幕信息知情人档案、重大事项进程备忘录有虚假、重大遗漏和重大错误；

（四）拒不配合上市公司进行内幕信息知情人登记。

中国证监会依照前款规定采取监督管理措施，涉及国有控股上市公司或其控股股东的，通报有关国有资产监督管理机构。

发现内幕信息知情人泄露内幕信息、进行内幕交易或者建议他人利用内幕信息进行交易等情形的，中国证监会将对有关单位和个人进行立案稽查，涉嫌犯罪的，依法移送司法机关追究刑事责任。

第十六条 本规定自2011年11月25日起施行。

附件

上市公司内幕信息知情人档案格式（注1）

内幕信息事项（注2）：

序号	内幕信息知情人姓名	身份证号码	知悉内幕信息时间	知悉内幕信息地点	知悉内幕信息方式	内幕信息内容	内幕信息所处阶段	登记时间	登记人
					注3	注4	注5		注6

公司简称：　　　　公司代码：

法定代表人签名：　　　　公司盖章：

注：1. 本表所列项目仅为必备项目，上市公司可根据自身内幕信息管理的需要增加内容；涉及行政管理部门的，应按照第九条的要求内容进行登记。具体档案格式由上市公司根据需要确定，并注意保持稳定性。

2. 内幕信息事项应采取一事一记的方式，即每份内幕信息知情人档案仅涉及一个内幕信息事项，不同内幕信息事项涉及的知情人档案应分别记录。

3. 填报获取内幕信息的方式，包括但不限于会谈、电话、传真、书面报告、电子邮件等。

4. 填报各内幕信息知情人所获知的内幕信息的内容，可根据需要添加附页进行详细说明。

5. 填报内幕信息所处阶段，包括商议筹划，论证咨询，合同订立，公司内部的报告、传递、编制、决议等。

6. 如为上市公司登记，填写上市公司登记人名字；如为上市公司汇总，保留所汇总表格中原登记人的姓名。

VII. 1. 15　关于规范上市公司对外担保行为的通知

（2005 年 11 月 14 日　证监发［2005］120 号）

各上市公司，各银行业金融机构：

为规范上市公司对外担保行为和银行业金融机构审批由上市公司提供担保的贷款行为，有效防范上市公司对外担保风险和金融机构信贷风险，根据《中华人民共和国公司法》、《中华人民共和国证券法》、《中华人民共和国银行业监督管理法》和《中华人民共和国担保法》等法律、法规的规定，现就上市公司对外担保有关问题通知如下：

一、规范上市公司对外担保行为，严格控制上市公司对外担保风险

（一）上市公司对外担保必须经董事会或股东大会审议。

（二）上市公司的《公司章程》应当明确股东大会、董事会审批对外担保的权限及违反审批权限、审议程序的责任追究制度。

（三）应由股东大会审批的对外担保，必须经董事会审议通过后，方可提交股东大会审批。须经股东大会审批的对外担保，包括但不限于下列情形：

1. 上市公司及其控股子公司的对外担保总额，超过最近一期经审计净资产 50% 以后提供的任何担保；

2. 为资产负债率超过 70% 的担保对象提供的担保；

3. 单笔担保额超过最近一期经审计净资产 10% 的担保；

4. 对股东、实际控制人及其关联方提供的担保。

股东大会在审议为股东、实际控制人及其关联方提供的担保议案时，该股东或受该实际控制人支配的股东，不得参与该项表决，该项表决由出席股东大会的其他股东所持表决权的半数以上通过。

（四）应由董事会审批的对外担保，必须经出席董事会的三分之二以上董事审议同意并做出决议。

（五）上市公司董事会或股东大会审议批准的对外担保，必须在中国证监会指定信息披露报刊上及时披露，披露的内容包括董事会或股东大会决议、截止信息披露日上市公司及其控股子公司对外担保总额、上市公司对控股子公司提供担保的总额。

（六）上市公司在办理贷款担保业务时，应向银行业金融机构提交《公司章程》、有关该担保事项董事会决议或股东大会决议原件、刊登该担保事项信息的指定报刊等材料。

（七）上市公司控股子公司的对外担保，比照上述规定执行。上市公司控股子公司应在其董事会或股东大会做出决议后及时通知上市公司履行有关信息披露义务。

二、规范银行业金融机构贷款担保审批行为，有效防范银行业金融机构发放由上市公司提供担保的贷款风险

（一）各银行业金融机构应当严格依据《中华人民共和国担保法》、《中华人民共和国公司法》、《最高人民法院关于适用〈中华人民共和国担保法〉若干问题的解释》等法律法规，加强对由上市公司提供担保的贷款申请的审查，切实防范相关信贷风险，并应及时将贷款、担保信息登录征信管理系统。

（二）各银行业金融机构必须依据本《通知》、上市公司《公司章程》及其他有关规定，认真审核以下事项：

1. 由上市公司提供担保的贷款申请的材料齐备性及合法合规性；
2. 上市公司对外担保履行董事会或股东大会审批程序的情况；
3. 上市公司对外担保履行信息披露义务的情况；
4. 上市公司的担保能力；
5. 贷款人的资信、偿还能力等其他事项。

（三）各银行业金融机构应根据《商业银行授信工作尽职指引》等规定完善内部控制制度，控制贷款风险。

（四）对由上市公司控股子公司提供担保的贷款申请，比照上述规定执行。

三、加强监管协作，加大对涉及上市公司违规对外担保行为的责任追究力度

（一）中国证监会及其派出机构与中国银监会及其派出机构加强监管协作，实施信息共享，共同建立监管协作机制，共同加大对上市公司隐瞒担保信息、违规担保和银行业金融机构违规发放贷款等行为的查处力度，依法追究相关当事人的法律责任。

（二）上市公司及其董事、监事、经理等高级管理人员违反本《通知》规定的，中国证监会责令其整改，并依法予以处罚；涉嫌犯罪的，移送司法机关予以处理。

（三）银行业金融机构违反法律、法规的，中国银监会依法对相关机构及当事人予以处罚；涉嫌犯罪的，移送司法机关等措施追究法律责任。

四、其他

（一）各上市公司应当按照上述规定，修订和完善《公司章程》；各银行业金融机构应将上市公司对外担保纳入统一授信管理，严格按照有关规定进行审批和管理。

（二）本《通知》所称“银行业金融机构”，按《中华人民共和国银行业监督管理法》规定执行。所称“对外担保”，是指上市公司为他人提供的担保，包括上市公司对控股子公司的担保。所称“上市公司及其控股子公司的对外担保总额”，是指包括上市公司对控股子公司担保在内的上市公司对外担保总额与上市公司控股子公司对外担保总额之和。

（三）金融类上市公司不适用本《通知》规定。

（四）《关于上市公司为他人提供担保有关问题的通知》（证监公司字［2000］61号）、《关于规范上市公司与关联方资金往来及上市公司对外担保若干问题的通知》（证监发［2003］56号）中与本《通知》规定不一致的，按本《通知》执行。

五、本《通知》自2006年1月1日起施行。

VII. 1. 16 关于规范上市公司与关联方资金往来及上市公司对外担保若干问题的通知

（2003 年 8 月 28 日 中国证监会 国资委 证监发［2003］56 号）

各上市公司及其控股股东：

为进一步规范上市公司与控股股东及其他关联方的资金往来，有效控制上市公司对外担保风险，保护投资者合法权益，根据《公司法》、《证券法》、《企业国有资产监督管理暂行条例》等法律法规，现就有关问题通知如下：

一、进一步规范上市公司与控股股东及其他关联方的资金往来

上市公司与控股股东及其他关联方的资金往来，应当遵守以下规定：

（一）控股股东及其他关联方与上市公司发生的经营性资金往来中，应当严格限制占用上市公司资金。控股股东及其他关联方不得要求上市公司为其垫支工资、福利、保险、广告等期间费用，也不得互相代为承担成本和其他支出；

（二）上市公司不得以下列方式将资金直接或间接地提供给控股股东及其他关联方使用：

1. 有偿或无偿地拆借公司的资金给控股股东及其他关联方使用；
2. 通过银行或非银行金融机构向关联方提供委托贷款；
3. 委托控股股东及其他关联方进行投资活动；
4. 为控股股东及其他关联方开具没有真实交易背景的商业承兑汇票；
5. 代控股股东及其他关联方偿还债务；
6. 中国证监会认定的其他方式。

（三）注册会计师在为上市公司年度财务会计报告进行审计工作中，应当根据上述规定事项，对上市公司存在控股股东及其他关联方占用资金的情况出具专项说明，公司应当就专项说明作出公告。

二、严格控制上市公司的对外担保风险

上市公司全体董事应当审慎对待和严格控制对外担保产生的债务风险，并对违规或失当的对外担保产生的损失依法承担连带责任。控股股东及其他关联方不得强制上市公司为他人提供担保。

上市公司对外担保应当遵守以下规定：

（一）上市公司不得为控股股东及本公司持股 50% 以下的其他关联方、任何非法人单位或个人提供担保。

（二）上市公司对外担保总额不得超过最近一个会计年度合并会计报表净资产的50%。

（三）上市公司《章程》应当对对外担保的审批程序、被担保对象的资信标准做出规定。对外担保应当取得董事会全体成员2/3以上签署同意，或者经股东大会批准；不得直接或间接为资产负债率超过70%的被担保对象提供债务担保。

（四）上市公司对外担保必须要求对方提供反担保，且反担保的提供方应当具有实际承担能力。

（五）上市公司必须严格按照《上市规则》、《公司章程》的有关规定，认真履行对外担保情况的信息披露义务，必须按规定向注册会计师如实提供公司全部对外担保事项。

（六）上市公司独立董事应在年度报告中，对上市公司累计和当期对外担保情况、执行上述规定情况进行专项说明，并发表独立意见。

三、加大清理已发生的违规占用资金和担保事项的力度

（一）上市公司应自本《通知》发布之日起一个月内，按照本《通知》规定，对上市公司与控股股东及其他关联方已经发生的资金往来、资金占用以及对外担保情况进行自查。

自查报告应在规定期限内上报公司所在地中国证监会派出机构备案，经各地派出机构审核或检查后，应在最近一期年度报告中作为重大事项予以披露。

（二）国有资产监督管理机构应当指导和协调国有控股上市公司解决违规资金占用、关联担保问题，要求有关控股股东尊重、维护上市公司经营自主权和合法权益，促进上市公司依法经营管理，完善法人治理结构，增强上市公司的市场竞争力。

（三）上市公司董事会应当针对历史形成的资金占用、对外担保问题，制定切实可行的解决措施，保证违反本《通知》规定的资金占用量、对外担保形成的或有债务，在每个会计年度至少下降30%。

（四）上市公司被关联方占用的资金，原则上应当以现金清偿。在符合现行法律法规的条件下，可以探索金融创新的方式进行清偿，但需按法定程序报有关部门批准。

（五）严格控制关联方以非现金资产清偿占用的上市公司资金。关联方拟用非现金资产清偿占用的上市公司资金，应当遵守以下规定：

1. 用于抵偿的资产必须属于上市公司同一业务体系，并有利于增强上市公司独立性和核心竞争力，减少关联交易，不得是尚未投入使用的资产或没有客观明确账面净值的资产。

2. 上市公司应当聘请有证券期货相关业务资格的中介机构对符合以资抵债条

件的资产进行评估，以资产评估值或经审计的账面净值作为以资抵债的定价基础，但最终定价不得损害上市公司利益，并充分考虑所占用资金的现值予以折扣。

审计报告和评估报告应当向社会公告。

3. 独立董事应当就上市公司关联方以资抵债方案发表独立意见，或者聘请有证券期货相关业务资格的中介机构出具独立财务顾问报告。

4. 上市公司关联方的以资抵债方案应当报中国证监会批准。中国证监会认为以资抵债方案不符本《通知》规定，或者有明显损害公司和中小投资者利益的情形，可以制止该方案的实施。

5. 上市公司关联方以资抵债方案须经股东大会审议批准，关联方股东应当回避投票。

四、依法追究违规占用资金和对外担保行为的责任

（一）中国证监会与国务院国有资产监督管理委员会（以下简称国资委）等部门加强监管合作，共同建立规范国有控股股东行为的监管协作机制，加大对违规占用资金和对外担保行为的查处力度，依法追究相关当事人的法律责任。

（二）上市公司及其董事、监事、经理等高级管理人员违反本《通知》规定，中国证监会将责令整改，依法予以处罚，并自发现上市公司存在违反本《通知》规定行为起 12 个月内不受理其再融资申请。

（三）上市公司控股股东违反本《通知》规定或不及时清偿违规占用上市公司资金的，中国证监会不受理其公开发行证券的申请或其他审批事项，并将其资信不良记录向国资委、中国银行业监督管理委员会和有关地方政府通报。

国有控股股东违反本《通知》规定的，国有资产监督管理机构对直接负责的主管人员和直接责任人依法给予纪律处分，直至撤销职务；给上市公司或其他股东利益造成损失的，应当承担相应的赔偿责任。非国有控股股东直接负责的主管人员和直接责任人违反本《通知》规定的，给上市公司造成损失或严重损害其他股东利益的，应负赔偿责任，并由相关部门依法处罚。构成犯罪的，依法追究刑事责任。

五、其他本《通知》所称“关联方”按财政部《企业会计准则——关联方关系及其交易的披露》规定执行。纳入上市公司合并会计报表范围的子公司对外担保、与关联方之间进行的资金往来适用本《通知》规定。

六、本通知自发布之日起施行。

VII. 1. 17　上市公司回购社会公众股份管理办法（试行）

（2005 年 6 月 16 日　证监发［2005］51 号）

第一章　总　　则

第一条　为规范上市公司回购社会公众股份的行为，依据《公司法》、《证券法》、《股票发行与交易管理暂行条例》及其他相关法律、行政法规的规定，制订本办法。

第二条　本办法所称上市公司回购社会公众股份是指上市公司为减少注册资本而购买本公司社会公众股份（以下简称股份）并依法予以注销的行为。

第三条　上市公司回购股份，应当按照本办法的规定向中国证券监督管理委员会（以下简称中国证监会）报送备案材料。

第四条　上市公司回购股份，应当有利于公司的可持续发展，不得损害股东和债权人的合法权益。

上市公司的董事、监事和高级管理人员在回购股份中应当忠诚守信，勤勉尽责。

第五条　上市公司回购股份，应当依据本办法的规定履行信息披露义务。

上市公司及其董事应当保证所披露的信息真实、准确、完整，无虚假记载、误导性陈述或重大遗漏。

第六条　上市公司应当聘请独立财务顾问和律师事务所就股份回购事宜出具专业意见。

上述专业机构应当诚实守信，勤勉尽责，对回购股份相关事宜进行尽职调查，对备案材料进行核查，并保证其出具的文件真实、准确、完整。

第七条　任何人不得利用上市公司回购股份从事内幕交易、操纵证券交易价格和进行证券欺诈活动。

第二章　回购股份的一般规定

第八条　上市公司回购股份应当符合以下条件：

（一）公司股票上市已满一年；

（二）公司最近一年无重大违法行为；

（三）回购股份后，上市公司具备持续经营能力；

（四）回购股份后，上市公司的股权分布原则上应当符合上市条件；公司拟通过回购股份终止其股票上市交易的，应当符合相关规定并取得证券交易所的批准；

（五）中国证监会规定的其他条件。

第九条 上市公司回购股份可以采取以下方式之一进行：

（一）证券交易所集中竞价交易方式；

（二）要约方式；

（三）中国证监会认可的其他方式。

第十条 回购的股份自过户至上市公司回购专用账户之日起即失去其权利。上市公司在计算相关指标时，应当从总股本中扣减已回购的股份数量。

第十一条 上市公司在回购股份期间不得发行新股。

在年度报告和半年度报告披露前5个工作日或者对股价有重大影响的信息公开披露前，上市公司不得通过集中竞价交易方式回购股份。

第十二条 因上市公司回购股份，导致股东持有、控制的股份超过该公司已发行股份的30%的，该等股东无须履行要约收购义务。

第三章 回购股份的程序和信息披露

第十三条 上市公司董事会应当在做出回购股份决议后的两个工作日内公告董事会决议、回购股份预案，并发布召开股东大会的通知。

回购股份预案至少应当包括以下内容：

（一）回购股份的目的；

（二）回购股份方式；

（三）回购股份的价格或价格区间、定价原则；

（四）拟回购股份的种类、数量及占总股本的比例；

（五）拟用于回购的资金总额及资金来源；

（六）回购股份的期限；

（七）预计回购后公司股权结构的变动情况；

（八）管理层对本次回购股份对公司经营、财务及未来发展影响的分析。

第十四条 上市公司应当在股东大会召开前3日，将董事会公告回购股份决议的前一个交易日及股东大会的股权登记日登记在册的前10名社会公众股股东的名称及持股数量、比例，在证券交易所网站上予以公布。

第十五条 独立财务顾问应当就上市公司回购股份事宜进行尽职调查，出具独立财务顾问报告，并在股东大会召开5日前在中国证监会指定报刊公告。

独立财务顾问报告应当包括以下内容：

（一）公司回购股份是否符合本办法的规定；

（二）结合回购股份的目的、股价表现、公司估值分析等因素，说明回购的必要性；

（三）结合回购股份所需资金及其来源等因素，分析回购股份对公司日常经营、盈利能力和偿债能力的影响，说明回购方案的可行性；

（四）其他应说明的事项。

第十六条　上市公司股东大会应当对下列事项逐项进行表决：

（一）回购股份的方式；

（二）回购股份的价格或价格区间、定价原则；

（三）拟回购股份的种类、数量和比例；

（四）拟用于回购的资金总额；

（五）回购股份的期限；

（六）对董事会实施回购方案的授权；

（七）其他相关事项。

上市公司在公告股东大会决议时，应当载明“本回购方案尚需报中国证监会备案无异议后方可实施”。

第十七条　上市公司股东大会对回购股份做出决议，须经出席会议的股东所持表决权的三分之二以上通过。

第十八条　上市公司做出回购股份决议后，应当依法通知债权人。

第十九条　上市公司依法通知债权人后，可以向中国证监会报送回购股份备案材料，同时抄报上市公司所在地的中国证监会派出机构。

第二十条　上市公司回购股份备案材料应当包括以下文件：

（一）回购股份的申请；

（二）董事会决议；

（三）股东大会决议；

（四）上市公司回购报告书；

（五）独立财务顾问报告；

（六）法律意见书；

（七）上市公司最近一期经审计的财务会计报告；

（八）上市公司董事、监事、高级管理人员及参与本次回购的各中介机构关于股东大会作出回购决议前6个月买卖上市公司股份的自查报告；

（九）中国证监会规定的其他文件。

第二十一条　上市公司回购报告书应当包括以下内容：

（一）本办法第十三条回购股份预案所列事项；

（二）上市公司董事、监事、高级管理人员在股东大会回购决议公告前六个月是否存在买卖上市公司股票的行为，是否存在单独或者与他人联合进行内幕交易及市场操纵的说明；

（三）独立财务顾问就本次回购股份出具的结论性意见；

（四）律师事务所就本次回购股份出具的结论性意见；

（五）其他应说明的事项。

以要约方式回购股份的，还应当披露股东预受要约的方式和程序、股东撤回预受要约的方式和程序，以及股东委托办理要约回购中相关股份预受、撤回、结算、过户登记等事宜的证券公司名称及其通讯方式。

第二十二条 律师事务所就上市公司回购股份出具的法律意见书应当包括以下内容：

（一）公司回购股份是否符合本办法规定的条件；

（二）公司回购股份是否已履行法定程序；涉及其他主管部门批准的，是否已得到批准；

（三）公司回购股份是否已按照本办法的规定履行相关的信息披露义务；

（四）公司回购股份的资金来源是否合法合规；

（五）其他应说明的事项。

第二十三条 中国证监会自受理上市公司回购股份备案材料之日起 10 个工作日内未提出异议的，上市公司可以实施回购方案。

采用集中竞价方式回购股份的，上市公司应当在收到中国证监会无异议函后的 5 个工作日内公告回购报告书；采用要约方式回购股份的，上市公司应当在收到无异议函后的两个工作日内予以公告，并在实施回购方案前公告回购报告书。

上市公司在回购报告书的同时，应当一并公告法律意见书。

第二十四条 上市公司实施回购方案前，应当在证券登记结算机构开立由证券交易所监控的回购专用账户；该账户仅可用于回购公司股份，已回购的股份应当予以锁定，不得卖出。

第二十五条 上市公司应当在回购的有效期限内实施回购方案。

上市公司距回购期届满 3 个月时仍未实施回购方案的，董事会应当就未能实施回购的原因予以公告。

第二十六条 回购期届满或者回购方案已实施完毕的，公司应当停止回购行为，撤销回购专用账户，在两个工作日内公告公司股份变动报告，并在 10 日内依法注销所回购的股份，办理工商变更登记手续。

第四章 以集中竞价交易方式回购股份的特殊规定

第二十七条 上市公司应当按照证券交易所和证券登记结算机构的相关规定，委托具有从事证券经纪业务资格的证券公司负责办理回购股份的相关事宜。

第二十八条 在回购股份期间，上市公司应当在每个月的前 3 个交易日内，公告截至上月末的回购进展情况，包括已回购股份总额、购买的最高价和最低价、支付的总金额。

上市公司通过集中竞价交易方式回购股份占上市公司总股本的比例每增加1%的，应当自该事实发生之日起两个交易日内予以公告。

第二十九条 回购期届满或者回购方案已实施完毕的，上市公司应当在股份变动报告中披露已回购股份总额、购买的最高价和最低价、支付的总金额。

第五章 以要约方式回购股份的特殊规定

第三十条 上市公司以要约方式回购股份的，要约价格不得低于回购报告书公告前30个交易日该种股票每日加权平均价的算术平均值。

第三十一条 上市公司以要约方式回购股份的，应当在公告回购报告书的同时，将回购所需资金全额存放于证券登记结算机构指定的银行账户。

要约的期限不得少于30日，并不得超过60日。

第三十二条 上市公司以要约方式回购股份，股东预受要约的股份数量超出预定回购的股份数量的，上市公司应当按照相同比例回购股东预受的股份；股东预受要约的股份数量不足预定回购的股份数量的，上市公司应当全部回购股东预受的股份。

第三十三条 上市公司以要约方式回购境内上市外资股的，还应当符合证券交易所和证券登记结算机构业务规则的有关规定。

第六章 监管措施和法律责任

第三十四条 上市公司未按照本办法规定备案的，中国证监会有权要求其暂停或者终止回购股份活动，对公司及其相关责任人依法予以处罚。

第三十五条 上市公司回购股份存在虚假记载、误导性陈述或者重大遗漏的，中国证监会责令其予以纠正，对公司及相关责任人依法予以处罚。

第三十六条 利用上市公司回购股份进行欺诈、操纵市场或者内幕交易的，中国证监会依法予以处罚；构成犯罪的，移交司法机关依法查处。

第三十七条 为上市公司回购股份出具意见的相关专业机构未履行勤勉尽责义务，所发表的专业意见存在虚假记载、误导性陈述或者重大遗漏的，中国证监会对相关专业机构及签字人员采取监管谈话、出具警示函、责令整改等措施；情节严重的，暂停或者吊销其业务资格。

第七章 附 则

第三十八条 本办法自发布之日起施行。

VII.1.18 上市公司以集中竞价交易方式回购股份的补充规定

（2014 年 8 月 14 日　中国证监会公告［2008］39 号）

为适应资本市场发展实践的需要，现对《上市公司回购社会公众股份管理办法（试行）》中有关上市公司以集中竞价交易方式回购股份行为补充规定如下：

一、上市公司以集中竞价交易方式回购股份（以下简称上市公司回购股份），应当由董事会依法作出决议，并提交股东大会批准。

上市公司独立董事应当在充分了解相关信息的基础上，就回购股份事宜发表独立意见。

二、上市公司应当在股东大会召开前 3 日，将董事会公告回购股份决议的前一个交易日及召开股东大会的股权登记日登记在册的前 10 名股东的名称及持股数量、比例，在证券交易所网站予以公布。

三、上市公司股东大会就回购股份作出的决议，应当包括下列事项：

（一）回购股份的价格区间；

（二）拟回购股份的种类、数量和比例；

（三）拟用于回购的资金总额以及资金来源；

（四）回购股份的期限；

（五）决议的有效期；

（六）对董事会办理本次回购股份事宜的具体授权；

（七）其他相关事项。

四、上市公司股东大会对回购股份作出决议，必须经出席会议的股东所持表决权的 2/3 以上通过。

五、上市公司应当在股东大会作出回购股份决议后的次日公告该决议，依法通知债权人，并将相关材料报送中国证监会和证券交易所备案，同时公告回购报告书。

六、上市公司应当在下列情形履行报告、公告义务：

（一）上市公司应当在首次回购股份事实发生的次日予以公告；

（二）上市公司回购股份占上市公司总股本的比例每增加 1% 的，应当自该事实发生之日起 3 日内予以公告；

（三）上市公司在回购期间应当在定期报告中公告回购进展情况，包括已回购股份的数量和比例、购买的最高价和最低价、支付的总金额；

（四）回购期届满或者回购方案已实施完毕的，上市公司应当停止回购行为，并在3日内公告回购股份情况以及公司股份变动报告，包括已回购股份总额、购买的最高价和最低价以及支付的总金额等内容。

七、上市公司回购股份的价格不得为公司股票当日交易涨幅限制的价格。

八、上市公司不得在以下交易时间进行股份回购的委托：

（一）开盘集合竞价；

（二）收盘前半小时内；

（三）股票价格无涨跌幅限制。

九、上市公司在下列期间不得回购股份：

（一）上市公司定期报告或业绩快报公告前10个交易日内；

（二）自可能对本公司股票交易价格产生重大影响的重大事项发生之日或者在决策过程中，至依法披露后2个交易日内；

（三）中国证监会规定的其他情形。

十、上市公司回购股份期间不得发行股份募集资金。

十一、证券交易所应当根据本规定，制定上市公司回购股份相关业务规则，加强对上市公司回购股份的信息披露和债权人合法权益程序保障的合规性监管，对回购股份交易实行实时监察，防范内幕交易以及其他不公平交易行为的发生。

十二、本补充规定自2008年10月9日起施行。《上市公司回购社会公众股份管理办法（试行）》（证监发［2005］51号）中有关以集中竞价交易方式回购股份的规定同时废止。

VII.1.19　上市公司现场检查办法

（2010 年 4 月 13 日　中国证监会公告［2010］12 号）

第一章　总　　则

第一条　为了规范上市公司现场检查行为，加强对上市公司及相关各方的监督管理，保护投资者合法权益，维护证券市场秩序，根据《证券法》、《公司法》等法律、行政法规，制定本办法。

第二条　本办法所称现场检查，是指中国证券监督管理委员会及其派出机构（以下统称中国证监会）在上市公司及其所属企业和机构（以下统称检查对象）的生产、经营、管理场所以及其他相关场所，采取查阅、复制文件和资料、查看实物、谈话及询问等方式，对检查对象的信息披露、公司治理等规范运作情况进行监督检查的行为。

第三条　中国证监会依法履行职责，进行现场检查，检查对象及其工作人员应当配合，保证提供的有关文件和资料真实、准确、完整、及时，不得拒绝、阻碍和隐瞒。

第四条　中国证监会实施现场检查的人员（以下简称检查人员）必须忠于职守，依法办事，廉洁自律，确保现场检查独立、客观、公正、高效，不得干预检查对象正常的生产经营活动，不得利用职务便利牟取不正当利益，不得泄露所知悉的检查对象的商业秘密。

前款规定适用于中国证监会根据需要聘请的证券服务机构及相关人员。

第二章　现场检查内容及方式

第五条　现场检查应当重点关注下列内容：

（一）信息披露的真实性、准确性、完整性、及时性和公平性；

（二）公司治理的合规性；

（三）控股股东、实际控制人行使股东权利或控制权的规范性；

（四）会计核算和财务管理的合规性；

（五）中国证监会认定的其他事项。

第六条　根据现场检查内容，检查人员可以采取全面检查、专项检查、现场走访、列席会议、回访检查等方式对检查对象实施检查。

第七条　全面检查是对公司规范运作情况实行的常规性检查。专项检查是针对公司存在的问题或者易发风险的重大事项进行的专门检查。中国证监会可以采取回访检查方式检查公司对监管工作中发现问题的整改落实情况。

第三章 现场检查程序

第八条 中国证监会依法组织实施现场检查工作，现场检查时，检查人员不得少于2人。必要时，可以聘请证券服务机构予以协助。

第九条 检查对象认为检查人员与其存在利害关系的，有权申请检查人员回避。

检查人员认为自己与检查对象有利害关系的，应当回避。

对检查对象提出的回避申请，中国证监会应当在3个工作日内以口头或者书面形式作出决定。

第十条 实施全面检查或者专项检查的，中国证监会应当至少提前5个工作日以书面形式告知检查对象，要求检查对象准备有关文件和资料，要求相关人员在场配合检查。

在出现重大紧急情况或者有显著证据证明提前告知检查对象可能影响检查效果的情况下，经中国证券监督管理委员会或其派出机构的负责人批准，可以不提前告知，实施突击检查。

第十一条 检查人员进行现场检查时，应当出示合法证件和现场检查通知书。

第十二条 实施现场检查时，检查对象应当按照要求及时向检查人员提供检查所需的文件和资料，并对所提供的文件和资料的真实性、准确性、完整性作出书面承诺。

第十三条 现场检查中发现的问题涉及上市公司控股股东或实际控制人、并购重组当事人、证券服务机构等有关单位和个人的，中国证监会可在检查事项范围内一并实施检查，并要求其提供情况说明、工作底稿及其他相关文件和资料。

前款规定的有关单位和个人应当配合检查，保证提供的有关文件和资料真实、准确、完整、及时，不得拒绝、阻碍和隐瞒。

第十四条 中国证监会实施现场检查，发现相关证券服务机构存在执业违规线索的，可以将该证券服务机构纳入检查范围进行检查。

第十五条 检查人员可以采取询问的方式，要求检查对象及相关人员对与检查工作有关的事项作出说明，制作询问笔录并由被询问人签名确认。

第十六条 实施现场检查时，检查人员可以对有关文件、资料和情况进行查阅、复制、记录、录音、录像、照相，相关单位和个人应当确认并保证提供文件和资料的真实、准确、完整。

第十七条 实施现场检查时，检查人员可以对检查对象的生产、经营、管理场所进行查看，并检查有关生产、销售、仓储记录等文件和资料。

第十八条 实施全面检查或者专项检查的，检查人员应当按照要求制作检查工作报告，并在检查工作报告完成后 5 个工作日内，向检查对象通报检查情况。

实施回访检查的，检查人员应当在检查结束后 5 个工作日内向检查对象通报检查情况。

第四章 监督管理

第十九条 检查结果公布之前，检查人员、检查对象及其相关人员负有保密义务，不得泄露与检查结果有关的任何信息。

第二十条 现场检查中发现检查对象存在应披露而未披露的重大事项或者披露事项与事实不符的，检查对象应当按照中国证监会的要求及时进行披露。

第二十一条 发现检查对象在规范运作等方面存在问题的，中国证监会可以对检查对象采取责令改正措施。

采取前款措施的，中国证监会应当事先向检查对象及有关人员告知检查认定的事实、理由和依据。检查对象或有关人员有不同意见的，可以申辩、陈述意见并说明理由。中国证监会应当对此进行复核，并在收到申辩、陈述意见之日起 10 个工作日内告知复核结果。

第二十二条 中国证监会采取前条规定的责令改正措施的，应当向检查对象发出责令改正决定书并抄送证券交易所。检查对象应当在收到责令改正决定书后 2 个工作日内披露并通报控股股东、实际控制人。

第二十三条 检查对象应当自收到责令改正决定书之日起 30 日内向中国证监会提交整改报告。

整改报告应当包括对照责令改正决定书逐项落实整改的措施、预计完成时间、整改责任人等内容。

第二十四条 整改报告经报中国证监会无异议后，报送证券交易所予以披露，并同时披露董事会关于整改工作的决议和监事会的意见。

第二十五条 检查对象应当按照要求对存在的问题在限定期限内进行整改，并在定期报告中披露截至上一报告期末尚未完成整改工作的进展情况。

检查对象未按照要求进行整改的，中国证监会依法采取进一步监督管理措施。

第二十六条 中国证监会应当跟踪监督检查对象的整改情况，检查整改措施的落实情况，并对其整改结果出具评价意见。

第二十七条 检查对象以及现场检查中涉及的上市公司控股股东或实际控

制人、并购重组当事人、证券服务机构等有关单位和个人（以下统称当事人）存在不配合检查、不如实反映情况或者拒绝检查等违反本办法规定的情形的，中国证监会可以区别情形和视情节轻重，依法采取下列监督管理措施：

（一）责令改正；

（二）监管谈话；

（三）出具警示函；

（四）责令公开说明；

（五）责令参加培训；

（六）责令定期报告；

（七）认定为不适当人选；

（八）中国证监会依法可以采取的其他监督管理措施。

中国证监会按照有关规定，将采取的监督管理措施情况记入诚信档案并在必要时予以公开。

年度人告的可靠性、第二十八条当事人对监督管理措施不服的，可以依法提出行政复议申请或者提起诉讼。复议和诉讼期间，监督管理措施不停止执行。

第二十九条 中国证监会根据现场检查情况对相关证券服务机构的执业情况进行评价，评价结果作为对其执业情况的考核内容。

第三十条 中国证监会在现场检查中发现或者掌握涉嫌违反法律、行政法规及有关规定的证据时，根据法律、行政法规及有关规定在职权范围内进行立案查处。发现其他违法违规线索的，依法移交有关部门处理。

第三十一条 检查人员实施现场检查，有下列情形之一的，由中国证监会责令改正，依法给予行政处分；构成犯罪的，依法移送司法机关追究刑事责任：

（一）玩忽职守造成严重后果；

（二）利用职权打击报复；

（三）利用职务便利谋取不正当利益；

（四）泄露当事人商业秘密或者个人隐私；

（五）依规定应当回避不回避，影响公正执法，造成不良后果；

（六）应当追究法律责任的其他行为。

第五章 附 则

第三十二条 中国证监会对上市公司的检查结果并不代表对其投资价值的实质性判断，投资者应自行判断投资风险。

第三十三条 本办法自2010年5月20日起施行。2001年3月19日发布的《上市公司检查办法》（证监发［2001］46号）同时废止。

VII. 1. 20　上市公司股权激励管理办法（试行）

（2005 年 12 月 31 日　证监公司字［2005］151 号）

第一章　总　　则

第一条　为进一步促进上市公司建立、健全激励与约束机制，依据《中华人民共和国公司法》、《中华人民共和国证券法》及其他有关法律、行政法规的规定，制定本办法。

第二条　本办法所称股权激励是指上市公司以本公司股票为标的，对其董事、监事、高级管理人员及其他员工进行的长期性激励。

上市公司以限制性股票、股票期权及法律、行政法规允许的其他方式实行股权激励计划的，适用本办法的规定。

第三条　上市公司实行的股权激励计划，应当符合法律、行政法规、本办法和公司章程的规定，有利于上市公司的持续发展，不得损害上市公司利益。

上市公司的董事、监事和高级管理人员在实行股权激励计划中应当诚实守信，勤勉尽责，维护公司和全体股东的利益。

第四条　上市公司实行股权激励计划，应当严格按照有关规定和本办法的要求履行信息披露义务。

第五条　为上市公司股权激励计划出具意见的专业机构，应当诚实守信、勤勉尽责，保证所出具的文件真实、准确、完整。

第六条　任何人不得利用股权激励计划进行内幕交易、操纵证券交易价格和进行证券欺诈活动。

第二章　一般规定

第七条　上市公司具有下列情形之一的，不得实行股权激励计划：

（一）最近一个会计年度财务会计报告被注册会计师出具否定意见或者无法表示意见的审计报告；

（二）最近一年内因重大违法违规行为被中国证监会予以行政处罚；

（三）中国证监会认定的其他情形。

第八条　股权激励计划的激励对象可以包括上市公司的董事、监事、高级管理人员、核心技术（业务）人员，以及公司认为应当激励的其他员工，但不应当包括独立董事。

下列人员不得成为激励对象：

（一）最近3年内被证券交易所公开谴责或宣布为不适当人选的；

（二）最近3年内因重大违法违规行为被中国证监会予以行政处罚的；

（三）具有《中华人民共和国公司法》规定的不得担任公司董事、监事、高级管理人员情形的。

股权激励计划经董事会审议通过后，上市公司监事会应当对激励对象名单予以核实，并将核实情况在股东大会上予以说明。

第九条 激励对象为董事、监事、高级管理人员的，上市公司应当建立绩效考核体系和考核办法，以绩效考核指标为实施股权激励计划的条件。

第十条 上市公司不得为激励对象依股权激励计划获取有关权益提供贷款以及其他任何形式的财务资助，包括为其贷款提供担保。

第十一条 拟实行股权激励计划的上市公司，可以根据本公司实际情况，通过以下方式解决标的股票来源：

（一）向激励对象发行股份；

（二）回购本公司股份；

（三）法律、行政法规允许的其他方式。

第十二条 上市公司全部有效的股权激励计划所涉及的标的股票总数累计不得超过公司股本总额的10%。

非经股东大会特别决议批准，任何一名激励对象通过全部有效的股权激励计划获授的本公司股票累计不得超过公司股本总额的1%。

本条第一款、第二款所称股本总额是指股东大会批准最近一次股权激励计划时公司已发行的股本总额。

第十三条 上市公司应当在股权激励计划中对下列事项做出明确规定或说明：

（一）股权激励计划的目的；

（二）激励对象的确定依据和范围；

（三）股权激励计划拟授予的权益数量、所涉及的标的股票种类、来源、数量及占上市公司股本总额的百分比；若分次实施的，每次拟授予的权益数量、所涉及的标的股票种类、来源、数量及占上市公司股本总额的百分比；

（四）激励对象为董事、监事、高级管理人员的，其各自可获授的权益数量、占股权激励计划拟授予权益总量的百分比；其他激励对象（各自或按适当分类）可获授的权益数量及占股权激励计划拟授予权益总量的百分比；

（五）股权激励计划的有效期、授权日、可行权日、标的股票的禁售期；

（六）限制性股票的授予价格或授予价格的确定方法，股票期权的行权价格或行权价格的确定方法；

（七）激励对象获授权益、行权的条件，如绩效考核体系和考核办法，以绩效考核指标为实施股权激励计划的条件；

（八）股权激励计划所涉及的权益数量、标的股票数量、授予价格或行权价格的调整方法和程序；

（九）公司授予权益及激励对象行权的程序；

（十）公司与激励对象各自的权利义务；

（十一）公司发生控制权变更、合并、分立、激励对象发生职务变更、离职、死亡等事项时如何实施股权激励计划；

（十二）股权激励计划的变更、终止；

（十三）其他重要事项。

第十四条 上市公司发生本办法第七条规定的情形之一时，应当终止实施股权激励计划，不得向激励对象继续授予新的权益，激励对象根据股权激励计划已获授但尚未行使的权益应当终止行使。

在股权激励计划实施过程中，激励对象出现本办法第八条规定的不得成为激励对象的情形的，上市公司不得继续授予其权益，其已获授但尚未行使的权益应当终止行使。

第十五 条激励对象转让其通过股权激励计划所得股票的，应当符合有关法律、行政法规及本办法的规定。

第三章 限制性股票

第十六条 本办法所称限制性股票是指激励对象按照股权激励计划规定的条件，从上市公司获得的一定数量的本公司股票。

第十七条 上市公司授予激励对象限制性股票，应当在股权激励计划中规定激励对象获授股票的业绩条件、禁售期限。

第十八条 上市公司以股票市价为基准确定限制性股票授予价格的，在下列期间内不得向激励对象授予股票：

（一）定期报告公布前30日；

（二）重大交易或重大事项决定过程中至该事项公告后2个交易日；

（三）其他可能影响股价的重大事件发生之日起至公告后2个交易日。

第四章 股票期权

第十九条 本办法所称股票期权是指上市公司授予激励对象在未来一定期

限内以预先确定的价格和条件购买本公司一定数量股份的权利。

激励对象可以其获授的股票期权在规定的期间内以预先确定的价格和条件购买上市公司一定数量的股份，也可以放弃该种权利。

第二十条 激励对象获授的股票期权不得转让、用于担保或偿还债务。

第二十一条 上市公司董事会可以根据股东大会审议批准的股票期权计划，决定一次性授出或分次授出股票期权，但累计授出的股票期权涉及的标的股票总额不得超过股票期权计划所涉及的标的股票总额。

第二十二条 股票期权授权日与获授股票期权首次可以行权日之间的间隔不得少于1年。

股票期权的有效期从授权日计算不得超过10年。

第二十三条 在股票期权有效期内，上市公司应当规定激励对象分期行权。

股票期权有效期过后，已授出但尚未行权的股票期权不得行权。

第二十四条 上市公司在授予激励对象股票期权时，应当确定行权价格或行权价格的确定方法。行权价格不应低于下列价格较高者：

（一）股权激励计划草案摘要公布前一个交易日的公司标的股票收盘价；

（二）股权激励计划草案摘要公布前30个交易日内的公司标的股票平均收盘价。

第二十五条 上市公司因标的股票除权、除息或其他原因需要调整行权价格或股票期权数量的，可以按照股票期权计划规定的原则和方式进行调整。

上市公司依据前款调整行权价格或股票期权数量的，应当由董事会做出决议并经股东大会审议批准，或者由股东大会授权董事会决定。

律师应当就上述调整是否符合本办法、公司章程和股票期权计划的规定向董事会出具专业意见。

第二十六条 上市公司在下列期间内不得向激励对象授予股票期权：

（一）定期报告公布前30日；

（二）重大交易或重大事项决定过程中至该事项公告后2个交易日；

（三）其他可能影响股价的重大事件发生之日起至公告后2个交易日。

第二十七条 激励对象应当在上市公司定期报告公布后第2个交易日，至下一次定期报告公布前10个交易日内行权，但不得在下列期间内行权：

（一）重大交易或重大事项决定过程中至该事项公告后2个交易日；

（二）其他可能影响股价的重大事件发生之日起至公告后2个交易日。

第五章 实施程序和信息披露

第二十八条 上市公司董事会下设的薪酬与考核委员会负责拟定股权激励

计划草案。薪酬与考核委员会应当建立完善的议事规则，其拟订的股权激励计划草案应当提交董事会审议。

第二十九条 独立董事应当就股权激励计划是否有利于上市公司的持续发展，是否存在明显损害上市公司及全体股东利益发表独立意见。

第三十条 上市公司应当在董事会审议通过股权激励计划草案后的 2 个交易日内，公告董事会决议、股权激励计划草案摘要、独立董事意见。

股权激励计划草案摘要至少应当包括本办法第十三条第（一）至（八）项、第（十二）项的内容。

第三十一条 上市公司应当聘请律师对股权激励计划出具法律意见书，至少对以下事项发表专业意见：

（一）股权激励计划是否符合本办法的规定；

（二）股权激励计划是否已经履行了法定程序；

（三）上市公司是否已经履行了信息披露义务；

（四）股权激励计划是否存在明显损害上市公司及全体股东利益和违反有关法律、行政法规的情形；

（五）其他应当说明的事项。

第三十二条 上市公司董事会下设的薪酬与考核委员会认为必要时，可以要求上市公司聘请独立财务顾问，对股权激励计划的可行性、是否有利于上市公司的持续发展、是否损害上市公司利益以及对股东利益的影响发表专业意见。

独立财务顾问应当出具独立财务顾问报告，至少对以下事项发表专业意见：

（一）股权激励计划是否符合本办法的规定；

（二）公司实行股权激励计划的可行性；

（三）对激励对象范围和资格的核查意见；

（四）对股权激励计划权益授出额度的核查意见；

（五）公司实施股权激励计划的财务测算；

（六）公司实施股权激励计划对上市公司持续经营能力、股东权益的影响；

（七）对上市公司是否为激励对象提供任何形式的财务资助的核查意见；

（八）股权激励计划是否存在明显损害上市公司及全体股东利益的情形；

（九）上市公司绩效考核体系和考核办法的合理性；

（十）其他应当说明的事项。

第三十三条 董事会审议通过股权激励计划后，上市公司应将有关材料报中国证监会备案，同时抄报证券交易所及公司所在地证监局。

上市公司股权激励计划备案材料应当包括以下文件：

（一）董事会决议；

（二）股权激励计划；

（三）法律意见书；

（四）聘请独立财务顾问的，独立财务顾问报告；

（五）上市公司实行股权激励计划依照规定需要取得有关部门批准的，有关批复文件；

（六）中国证监会要求报送的其他文件。

第三十四条 中国证监会自收到完整的股权激励计划备案申请材料之日起20个工作日内未提出异议的，上市公司可以发出召开股东大会的通知，审议并实施股权激励计划。在上述期限内，中国证监会提出异议的，上市公司不得发出召开股东大会的通知审议及实施该计划。

第三十五条 上市公司在发出召开股东大会通知时，应当同时公告法律意见书；聘请独立财务顾问的，还应当同时公告独立财务顾问报告。

第三十六条 独立董事应当就股权激励计划向所有的股东征集委托投票权。

第三十七条 股东大会应当对股权激励计划中的如下内容进行表决：

（一）股权激励计划所涉及的权益数量、所涉及的标的股票种类、来源和数量；

（二）激励对象的确定依据和范围；

（三）股权激励计划中董事、监事各自被授予的权益数额或权益数额的确定方法；高级管理人员和其他激励对象（各自或按适当分类）被授予的权益数额或权益数额的确定方法；

（四）股权激励计划的有效期、标的股票禁售期；

（五）激励对象获授权益、行权的条件；

（六）限制性股票的授予价格或授予价格的确定方法，股票期权的行权价格或行权价格的确定方法；

（七）股权激励计划涉及的权益数量、标的股票数量、授予价格及行权价格的调整方法和程序；

（八）股权激励计划的变更、终止；

（九）对董事会办理有关股权激励计划相关事宜的授权；

（十）其他需要股东大会表决的事项。

股东大会就上述事项作出决议，必须经出席会议的股东所持表决权的2/3以上通过。

第三十八条 股权激励计划经股东大会审议通过后，上市公司应当持相关文件到证券交易所办理信息披露事宜，到证券登记结算机构办理有关登记结算事宜。

第三十九条 上市公司应当按照证券登记结算机构的业务规则，在证券登记结算机构开设证券账户，用于股权激励计划的实施。

尚未行权的股票期权，以及不得转让的标的股票，应当予以锁定。

第四十条 激励对象的股票期权的行权申请以及限制性股票的锁定和解锁，经董事会或董事会授权的机构确认后，上市公司应当向证券交易所提出行权申请，经证券交易所确认后，由证券登记结算机构办理登记结算事宜。

已行权的股票期权应当及时注销。

第四十一条 除非得到股东大会明确授权，上市公司变更股权激励计划中本办法第三十七条所列事项的，应当提交股东大会审议批准。

第四十二条 上市公司应在定期报告中披露报告期内股权激励计划的实施情况，包括：

（一）报告期内激励对象的范围；

（二）报告期内授出、行使和失效的权益总额；

（三）至报告期末累计已授出但尚未行使的权益总额；

（四）报告期内授予价格与行权价格历次调整的情况以及经调整后的最新授予价格与行权价格；

（五）董事、监事、高级管理人员各自的姓名、职务以及在报告期内历次获授和行使权益的情况；

（六）因激励对象行权所引起的股本变动情况；

（七）股权激励的会计处理方法。

第四十三条 上市公司应当按照有关规定在财务报告中披露股权激励的会计处理。

第四十四条 证券交易所应当在其业务规则中明确股权激励计划所涉及的信息披露要求。

第四十五条 证券登记结算机构应当在其业务规则中明确股权激励计划所涉及的登记结算业务的办理要求。

第六章 监管和处罚

第四十六条 上市公司的财务会计文件有虚假记载的，负有责任的激励对象自该财务会计文件公告之日起 12 个月内由股权激励计划所获得的全部利益应当返还给公司。

第四十七条 上市公司不符合本办法的规定实行股权激励计划的，中国证监会责令其改正，对公司及相关责任人依法予以处罚；在责令改正期间，中国证监会不受理该公司的申请文件。

第四十八条 上市公司未按照本办法及其他相关规定披露股权激励计划相关信息或者所披露的信息有虚假记载、误导性陈述或者重大遗漏的，中国证监会责令其改正，对公司及相关责任人依法予以处罚。

第四十九条 利用股权激励计划虚构业绩、操纵市场或者进行内幕交易，获取不正当利益的，中国证监会依法没收违法所得，对相关责任人员采取市场禁入等措施；构成犯罪的，移交司法机关依法查处。

第五十条 为上市公司股权激励计划出具意见的相关专业机构未履行勤勉尽责义务，所发表的专业意见存在虚假记载、误导性陈述或者重大遗漏的，中国证监会对相关专业机构及签字人员采取监管谈话、出具警示函、责令整改等措施，并移交相关专业机构主管部门处理；情节严重的，处以警告、罚款等处罚；构成证券违法行为的，依法追究法律责任。

第七章 附 则

第五十一条 本办法下列用语具有如下含义：

高级管理人员：指上市公司经理、副经理、财务负责人、董事会秘书和公司章程规定的其他人员。

标的股票：指根据股权激励计划，激励对象有权获授或购买的上市公司股票。

权益：指激励对象根据股权激励计划获得的上市公司股票、股票期权。

授权日：指上市公司向激励对象授予股票期权的日期。授权日必须为交易日。

行权：指激励对象根据股票期权激励计划，在规定的期间内以预先确定的价格和条件购买上市公司股份的行为。

可行权日：指激励对象可以开始行权的日期。可行权日必须为交易日。

行权价格：上市公司向激励对象授予股票期权时所确定的、激励对象购买上市公司股份的价格。

授予价格：上市公司向激励对象授予限制性股票时所确定的、激励对象获得上市公司股份的价格。

本办法所称的“超过”、“少于”不含本数。

第五十二条 本办法适用于股票在上海、深圳证券交易所上市的公司。

第五十三条 本办法自2006年1月1日起施行。

VII. 1. 21 股权激励有关事项备忘录 1 号

（2008 年 3 月 17 日 中国证监会上市公司监管部）

一、提取激励基金问题

1. 如果标的股票的来源是存量，即从二级市场购入股票，则按照《公司法》关于回购股票的相关规定执行；

2. 如果标的股票的来源是增量，即定向增发方式取得股票，则：

（1）提取激励基金应符合现行法律法规、会计准则，并遵守公司章程及相关议事规程。

（2）提取的激励基金不得用于资助激励对象购买限制性股票或者行使股票期权。

二、主要股东、实际控制人成为激励对象问题

持股 5% 以上的主要股东或实际控制人原则上不得成为激励对象。除非经股东大会表决通过，且股东大会对该事项进行投票表决时，关联股东须回避表决。

持股 5% 以上的主要股东或实际控制人的配偶及直系近亲属若符合成为激励对象的条件，可以成为激励对象，但其所获授权益应关注是否与其所任职务相匹配。同时股东大会对该事项进行投票表决时，关联股东须回避表决。

三、限制性股票授予价格的折扣问题

1. 如果标的股票的来源是存量，即从二级市场购入股票，则按照《公司法》关于回购股票的相关规定执行；

2. 如果标的股票的来源是增量，即通过定向增发方式取得股票，其实质属于定向发行，则参照现行《上市公司证券发行管理办法》中有关定向增发的定价原则和锁定期要求确定价格和锁定期，同时考虑股权激励的激励效应。

（1）发行价格不低于定价基准日前 20 个交易日公司股票均价的 50%；

（2）自股票授予日起十二个月内不得转让，激励对象为控股股东、实际控制人的，自股票授予日起三十六个月内不得转让。

若低于上述标准，则需由公司在股权激励草案中充分分析和披露其对股东权益的摊薄影响，我部提交重组审核委员会讨论决定。

四、分期授予问题

若股权激励计划的授予方式为一次授予，则授予数量应与其股本规模、激励对象人数等因素相匹配，不宜一次性授予太多，以充分体现长期激励的效应。

若股权激励计划的授予方式为分期授予，则须在每次授权前召开董事会，确定本次授权的权益数量、激励对象名单、授予价格等相关事宜，并披露本次授权情况的摘要。授予价格的定价基础以该次召开董事会并披露摘要情况前的市价为基准。其中，区分不同的股权激励计划方式按以下原则确定：

1. 如股权激励计划的方式是股票期权，授予价格按照《上市公司股权激励管理办法（试行）》第24条规定确定。

2. 如股权激励计划的方式是限制性股票，授予价格定价原则遵循首次授予价格原则，若以后各期的授予价格定价原则与首次不一致的，则应重新履行申报程序。

预留股份的处理办法参照上述要求。

五、行权指标设定问题

公司设定的行权指标须考虑公司的业绩情况，原则上实行股权激励后的业绩指标（如：每股收益、加权净资产收益率和净利润增长率等）不低于历史水平。此外，鼓励公司同时采用下列指标：

（1）市值指标：如公司各考核期内的平均市值水平不低于同期市场综合指数或成份股指数；

（2）行业比较指标：如公司业绩指标不低于同行业平均水平。

六、授予日问题

公司的股权激励计划中须明确股票期权或者限制性股票的具体授予日期或授予日的确定方式、等待期或锁定期的起止日。若激励计划有授予条件，则授予日须确定在授权条件成就之后。

七、激励对象资格问题

激励对象不能同时参加两个或以上上市公司的股权激励计划。

八、股东大会投票方式问题

公司股东大会在对股权激励计划进行投票表决时，须在提供现场投票方式的同时，提供网络投票方式。

VII. 1. 22 股权激励有关事项备忘录 2 号

（2008 年 3 月 17 日 中国证监会上市公司监管部）

一、激励对象问题

1. 上市公司监事会应当对激励对象名单予以核实，并将核实情况在股东大会上予以说明。为确保上市公司监事独立性，充分发挥其监督作用，上市公司监事不得成为股权激励对象。

2. 为充分发挥市场和社会监督作用，公司对外披露股权激励计划草案时，除预留部分外，激励对象为董事、高管人员的，须披露其姓名、职务、获授数量。除董事、高管人员外的其他激励对象，须通过证券交易所网站披露其姓名、职务。同时，公司须发布公告，提示投资者关注证券交易所网站披露内容。预留股份激励对象经董事会确认后，须参照上述要求进行披露。

二、股权激励与重大事件间隔期问题

1. 上市公司发生《上市公司信息披露管理办法》第三十条规定的重大事件，应当履行信息披露义务，在履行信息披露义务期间及履行信息披露义务完毕后 30 日内，不得推出股权激励计划草案。

2. 上市公司提出增发新股、资产注入、发行可转债等重大事项动议至上述事项实施完毕后 30 日内，上市公司不得提出股权激励计划草案。增发新股、发行可转债实施完毕指所募集资金已经到位；资产注入实施完毕指相关产权过户手续办理完毕。

3. 公司披露股权激励计划草案至股权激励计划经股东大会审议通过后 30 日内，上市公司不得进行增发新股、资产注入、发行可转债等重大事项。

三、股份来源问题

股东不得直接向激励对象赠予（或转让）股份。股东拟提供股份的，应当先将股份赠予（或转让）上市公司，并视为上市公司以零价格（或特定价格）向这部分股东定向回购股份。然后，按照经我会备案无异议的股权激励计划，由上市公司将股份授予激励对象。上市公司对回购股份的授予应符合《公司法》第一百四十三条规定，即必须在一年内将回购股份授予激励对象。

四、其他问题

1. 公司根据自身情况，可设定适合于本公司的绩效考核指标。绩效考核指标应包含财务指标和非财务指标。绩效考核指标如涉及会计利润，应采用按新会计准则计算、扣除非经常性损益后的净利润。同时，期权成本应在经常性损益中列支。

2. 董事会表决股权激励计划草案时，关联董事应予回避。

3. 公司如无特殊原因，原则上不得预留股份。确有需要预留股份的，预留比例不得超过本次股权激励计划拟授予权益数量的百分之十。

4. 上市公司应当在股权激励计划中明确规定，自公司股东大会审议通过股权激励计划之日起 30 日内，公司应当按相关规定召开董事会对激励对象进行授权，并完成登记、公告等相关程序。

VII. 1. 23　股权激励有关事项备忘录 3 号

（2008 年 9 月 16 日　中国证监会上市公司监管部）

一、股权激励计划的变更与撤销

1. 为确保股权激励计划备案工作的严肃性，股权激励计划备案过程中，上市公司不可随意提出修改权益价格或激励方式。上市公司如拟修改权益价格或激励方式，应由董事会审议通过并公告撤销原股权激励计划的决议，同时上市公司应向中国证监会提交终止原股权激励计划备案的申请。

2. 上市公司董事会审议通过撤销实施股权激励计划决议或股东大会审议未通过股权激励计划的，自决议公告之日起 6 个月内，上市公司董事会不得再次审议和披露股权激励计划草案。

二、股权激励会计处理

上市公司应根据股权激励计划设定的条件，采用恰当的估值技术，分别计算各期期权的单位公允价值；在每个资产负债表日，根据最新取得的可行权人数变动、业绩指标完成情况等后续信息，修正预计可行权的股票期权数量，并以此为依据确认各期应分摊的费用。

上市公司应在股权激励计划中明确说明股权激励会计处理方法，测算并列明实施股权激励计划对各期业绩的影响。

三、行权或解锁条件问题

上市公司股权激励计划应明确，股票期权等待期或限制性股票锁定期内，各年度归属于上市公司股东的净利润及归属于上市公司股东的扣除非经常性损益的净利润均不得低于授予日前最近三个会计年度的平均水平且不得为负。

四、行权安排问题

股权激励计划中不得设置上市公司发生控制权变更、合并、分立等情况下激励对象可以加速行权或提前解锁的条款。

五、同时采用两种激励方式问题

同时采用股票期权和限制性股票两种激励方式的上市公司，应当聘请独立财务顾问对其方案发表意见。

六、附条件授予权益问题

股权激励计划中明确规定授予权益条件的，上市公司应当在授予条件成就后 30 日内完成权益授权、登记、公告等相关程序。

七、激励对象范围合理性问题

董事、高级管理人员、核心技术（业务）人员以外人员成为激励对象的，上市公司应在股权激励计划备案材料中逐一分析其与上市公司业务或业绩的关联程度，说明其作为激励对象的合理性。

VII. 1. 24 国有控股上市公司（境内）实施股权激励试行办法

（2006 年 9 月 30 日 国资发分配［2006］175 号）

各省、自治区、直辖市及计划单列市、新疆生产建设兵团国资委、财政厅（局），各中央企业：

为指导国有控股上市公司（境内，以下简称上市公司）规范实施股权激励制度，建立健全激励与约束相结合的中长期激励机制，进一步完善公司法人治理结构，充分调动上市公司高级管理人员和科技人员的积极性、创造性，规范上市公司拟订和实施股权激励计划，根据《中华人民共和国公司法》、《中华人民共和国证券法》、《企业国有资产监督管理暂行条例》（国务院令第 378 号），我们制定了《国有控股上市公司（境内）实施股权激励试行办法》（以下简称《试行办法》）。现印发给你们，请结合实际，认真遵照执行。现将有关事项通知如下：

一、国有控股上市公司实施股权激励是一项重大制度创新，政策性强，操作难度大。为规范实施股权激励制度，对国有控股上市公司试行股权激励实施分类指导。对中央企业及其所出资企业控股的上市公司，其股权激励计划在报股东大会审议表决前，由集团公司按照《试行办法》规定的程序报履行国有资产出资人职责的机构或部门审核；对中央企业所出资三级以下企业控股的上市公司，其股权激励计划在上市公司股东大会审议前，报履行国有资产出资人职责的机构或部门备案。履行国有资产出资人职责的机构或部门自收到完整的股权激励计划申报材料之日起，20 个工作日内出具审核意见，未提出异议的，国有控股股东可按申报意见参与股东大会审议股权激励计划。

二、地方国有控股上市公司试行股权激励办法，应严格按《试行办法》规定的条件执行。在试点期间，上市公司股权激励计划由各省、自治区、直辖市、计划单列市及新疆生产建设兵团国资委或财政厅（局）统一审核批准后，报国务院国资委和财政部备案。

三、对在《试行办法》出台之前已经公告或实施了股权激励的国有控股上市公司，要按照《试行办法》予以规范，对股权激励计划修订完善并履行相应的审核或备案程序。

四、政企尚未分开的部门以及国家授权投资的其他国有资产经营管理机构

（以下简称其他单位），按照《试行办法》的规定审核批准所管理的集团公司及其所出资企业控股的上市公司股权激励计划。

国务院国资委和其他单位对集团公司及其所出资企业控股的上市公司股权激励计划的批复文件抄送财政部。

上市公司在试行过程中的做法及遇到的问题，请及时报告国务院国资委和财政部。

附件：国有控股上市公司（境内）实施股权激励试行办法

附件

国有控股上市公司（境内）实施股权激励试行办法

第一章 总 则

第一条 为指导国有控股上市公司（境内）规范实施股权激励制度，建立健全激励与约束相结合的中长期激励机制，进一步完善公司法人治理结构，依据《中华人民共和国公司法》、《中华人民共和国证券法》、《企业国有资产监督管理暂行条例》等有关法律、行政法规的规定，制定本办法。

第二条 本办法适用于股票在中华人民共和国境内上市的国有控股上市公司（以下简称上市公司）。

第三条 本办法主要用于指导上市公司国有控股股东依法履行相关职责，按本办法要求申报上市公司股权激励计划，并按履行国有资产出资人职责的机构或部门意见，审议表决上市公司股权激励计划。

第四条 本办法所称股权激励，主要是指上市公司以本公司股票为标的，对公司高级管理等人员实施的中长期激励。

第五条 实施股权激励的上市公司应具备以下条件：

（一）公司治理结构规范，股东会、董事会、经理层组织健全，职责明确。外部董事（含独立董事，下同）占董事会成员半数以上；

（二）薪酬委员会由外部董事构成，且薪酬委员会制度健全，议事规则完善，运行规范；

（三）内部控制制度和绩效考核体系健全，基础管理制度规范，建立了符合市场经济和现代企业制度要求的劳动用工、薪酬福利制度及绩效考核体系；

（四）发展战略明确，资产质量和财务状况良好，经营业绩稳健；近三年无财务违法违规行为和不良记录；

（五）证券监管部门规定的其他条件。

第六条 实施股权激励应遵循以下原则：

（一）坚持激励与约束相结合，风险与收益相对称，强化对上市公司管理层的激励力度；

（二）坚持股东利益、公司利益和管理层利益相一致，有利于促进国有资本保值增值，有利于维护中小股东利益，有利于上市公司的可持续发展；

（三）坚持依法规范，公开透明，遵循相关法律法规和公司章程规定；

（四）坚持从实际出发，审慎起步，循序渐进，不断完善。

第二章 股权激励计划的拟订

第七条 股权激励计划应包括股权激励方式、激励对象、激励条件、授予数量、授予价格及其确定的方式、行权时间限制或解锁期限等主要内容。

第八条 股权激励的方式包括股票期权、限制性股票以及法律、行政法规允许的其他方式。上市公司应以期权激励机制为导向，根据实施股权激励的目的，结合本行业及本公司的特点确定股权激励的方式。

第九条 实施股权激励计划所需标的股票来源，可以根据本公司实际情况，通过向激励对象发行股份、回购本公司股份及法律、行政法规允许的其他方式确定，不得由单一国有股股东支付或擅自无偿量化国有股权。

第十条 实施股权激励计划应当以绩效考核指标完成情况为条件，建立健全绩效考核体系和考核办法。绩效考核目标应由股东大会确定。

第十一条 股权激励对象原则上限于上市公司董事、高级管理人员以及对上市公司整体业绩和持续发展有直接影响的核心技术人员和管理骨干。

上市公司监事、独立董事以及由上市公司控股公司以外的人员担任的外部董事，暂不纳入股权激励计划。

证券监管部门规定的不得成为激励对象的人员，不得参与股权激励计划。

第十二条 实施股权激励的核心技术人员和管理骨干，应根据上市公司发展的需要及各类人员的岗位职责、绩效考核等相关情况综合确定，并须在股权激励计划中就确定依据、激励条件、授予范围及数量等情况作出说明。

第十三条 上市公司母公司（控股公司）的负责人在上市公司担任职务的，可参加股权激励计划，但只能参与一家上市公司的股权激励计划。

在股权授予日，任何持有上市公司5%以上有表决权的股份的人员，未经股东大会批准，不得参加股权激励计划。

第十四条 在股权激励计划有效期内授予的股权总量，应结合上市公司股本规模的大小和股权激励对象的范围、股权激励水平等因素，在0.1%—10%之间合理确定。但上市公司全部有效的股权激励计划所涉及的标的股票总数累计不得超过公司股本总额的10%。

上市公司首次实施股权激励计划授予的股权数量原则上应控制在上市公司股本总额的1%以内。

第十五条 上市公司任何一名激励对象通过全部有效的股权激励计划获授的本公司股权，累计不得超过公司股本总额的1%，经股东大会特别决议批准的除外。

第十六条 授予高级管理人员的股权数量按下列办法确定：

（一）在股权激励计划有效期内，高级管理人员个人股权激励预期收益水平，应控制在其薪酬总水平（含预期的期权或股权收益）的30%以内。高级管理人员薪酬总水平应参照国有资产监督管理机构或部门的原则规定，依据上市公司绩效考核与薪酬管理办法确定。

（二）参照国际通行的期权定价模型或股票公平市场价，科学合理测算股票期权的预期价值或限制性股票的预期收益。

按照上述办法预测的股权激励收益和股权授予价格（行权价格），确定高级管理人员股权授予数量。

第十七条 授予董事、核心技术人员和管理骨干的股权数量比照高级管理人员的办法确定。各激励对象薪酬总水平和预期股权激励收益占薪酬总水平的比例应根据上市公司岗位分析、岗位测评和岗位职责按岗位序列确定。

第十八条 根据公平市场价原则，确定股权的授予价格（行权价格）。

（一）上市公司股权的授予价格应不低于下列价格较高者：

1. 股权激励计划草案摘要公布前一个交易日的公司标的股票收盘价；

2. 股权激励计划草案摘要公布前30个交易日内的公司标的股票平均收盘价。

（二）上市公司首次公开发行股票时拟实施的股权激励计划，其股权的授予价格在上市公司首次公开发行上市满30个交易日以后，依据上述原则规定的市场价格确定。

第十九条 股权激励计划的有效期自股东大会通过之日起计算，一般不超过10年。股权激励计划有效期满，上市公司不得依据此计划再授予任何股权。

第二十条 在股权激励计划有效期内，应采取分次实施的方式，每期股权授予方案的间隔期应在一个完整的会计年度以上。

第二十一条 在股权激励计划有效期内，每期授予的股票期权，均应设置行权限制期和行权有效期，并按设定的时间表分批行权：

（一）行权限制期为股权自授予日（授权日）至股权生效日（可行权日）止的期限。行权限制期原则上不得少于 2 年，在限制期内不可以行权。

（二）行权有效期为股权生效日至股权失效日止的期限，由上市公司根据实际确定，但不得低于 3 年。在行权有效期内原则上采取匀速分批行权办法。超过行权有效期的，其权利自动失效，并不可追溯行使。

第二十二条 在股权激励计划有效期内，每期授予的限制性股票，其禁售期不得低于 2 年。禁售期满，根据股权激励计划和业绩目标完成情况确定激励对象可解锁（转让、出售）的股票数量。解锁期不得低于 3 年，在解锁期内原则上采取匀速解锁办法。

第二十三条 高级管理人员转让、出售其通过股权激励计划所得的股票，应符合有关法律、行政法规的相关规定。

第二十四条 在董事会讨论审批或公告公司定期业绩报告等影响股票价格的敏感事项发生时不得授予股权或行权。

第三章 股权激励计划的申报

第二十五条 上市公司国有控股股东在股东大会审议批准股权激励计划之前，应将上市公司拟实施的股权激励计划报履行国有资产出资人职责的机构或部门审核（控股股东为集团公司的由集团公司申报），经审核同意后提请股东大会审议。

第二十六条 国有控股股东申报的股权激励报告应包括以下内容：

（一）上市公司简要情况，包括公司薪酬管理制度、薪酬水平等情况；

（二）股权激励计划和股权激励管理办法等应由股东大会审议的事项及其相关说明；

（三）选择的期权定价模型及股票期权的公平市场价值的测算、限制性股票的预期收益等情况的说明；

（四）上市公司绩效考核评价制度及发展战略和实施计划的说明等。绩效考核评价制度应当包括岗位职责核定、绩效考核评价指标和标准、年度及任期绩效考核目标、考核评价程序以及根据绩效考核评价办法对高管人员股权的授予和行权的相关规定。

第二十七条 国有控股股东应将上市公司按股权激励计划实施的分期股权激励方案，事前报履行国有资产出资人职责的机构或部门备案。

第二十八条 国有控股股东在下列情况下应按本办法规定重新履行申报审核程序：

（一）上市公司终止股权激励计划并实施新计划或变更股权激励计划相关

事项的；

（二）上市公司因发行新股、转增股本、合并、分立、回购等原因导致总股本发生变动或其他原因需要调整股权激励对象范围、授予数量等股权激励计划主要内容的。

第二十九条 股权激励计划应就公司控制权变更、合并、分立，以及激励对象辞职、调动、被解雇、退休、死亡、丧失民事行为能力等事项发生时的股权处理依法作出行权加速、终止等相应规定。

第四章 股权激励计划的考核、管理

第三十条 国有控股股东应依法行使股东权利，要求和督促上市公司制定严格的股权激励管理办法，并建立与之相适应的绩效考核评价制度，以绩效考核指标完成情况为基础对股权激励计划实施动态管理。

第三十一条 按照上市公司股权激励管理办法和绩效考核评价办法确定对激励对象股权的授予、行权或解锁。

对已经授予的股票期权，在行权时可根据年度绩效考核情况进行动态调整。

对已经授予的限制性股票，在解锁时可根据年度绩效考核情况确定可解锁的股票数量，在设定的解锁期内未能解锁，上市公司应收回或以激励对象购买时的价格回购已授予的限制性股票。

第三十二条 参与上市公司股权激励计划的上市公司母公司（控股公司）的负责人，其股权激励计划的实施应符合《中央企业负责人经营业绩考核暂行办法》或相应国有资产监管机构或部门的有关规定。

第三十三条 授予董事、高级管理人员的股权，应根据任期考核或经济责任审计结果行权或兑现。授予的股票期权，应有不低于授予总量的20%留至任职（或任期）考核合格后行权；授予的限制性股票，应将不低于20%的部分锁定至任职（或任期）期满后兑现。

第三十四条 国有控股股东应依法行使股东权利，要求上市公司在发生以下情形之一时，中止实施股权激励计划，自发生之日起一年内不得向激励对象授予新的股权，激励对象也不得根据股权激励计划行使权利或获得收益：

（一）企业年度绩效考核达不到股权激励计划规定的绩效考核标准；

（二）国有资产监督管理机构或部门、监事会或审计部门对上市公司业绩或年度财务会计报告提出重大异议；

（三）发生重大违规行为，受到证券监管及其他有关部门处罚。

第三十五条 股权激励对象有以下情形之一的，上市公司国有控股股东应依法行使股东权利，提出终止授予新的股权并取消其行权资格：

（一）违反国家有关法律法规、上市公司章程规定的；

（二）任职期间，由于受贿索贿、贪污盗窃、泄露上市公司经营和技术秘密、实施关联交易损害上市公司利益、声誉和对上市公司形象有重大负面影响等违法违纪行为，给上市公司造成损失的。

第三十六条 实施股权激励计划的财务、会计处理及其税收等问题，按国家有关法律、行政法规、财务制度、会计准则、税务制度规定执行。

上市公司不得为激励对象按照股权激励计划获取有关权益提供贷款以及其他任何形式的财务资助，包括为其贷款提供担保。

第三十七条 国有控股股东应按照有关规定和本办法的要求，督促和要求上市公司严格履行信息披露义务，及时披露股权激励计划及董事、高级管理人员薪酬管理等相关信息。

第三十八条 国有控股股东应在上市公司年度报告披露后5个工作日内将以下情况报履行国有资产出资人职责的机构或部门备案：

（一）公司股权激励计划的授予、行权或解锁等情况；

（二）公司董事、高级管理等人员持有股权的数量、期限、本年度已经行权（或解锁）和未行权（或解锁）的情况及其所持股权数量与期初所持数量的变动情况；

（三）公司实施股权激励绩效考核情况、实施股权激励对公司费用及利润的影响等。

第五章 附 则

第三十九条 上市公司股权激励的实施程序和信息披露、监管和处罚应符合中国证监会《上市公司股权激励管理办法》（试行）的有关规定。上市公司股权激励计划应经履行国有资产出资人职责的机构或部门审核同意后，报中国证监会备案以及在相关机构办理信息披露、登记结算等事宜。

第四十条 本办法下列用语的含义：

（一）国有控股上市公司，是指政府或国有企业（单位）拥有50%以上股本，以及持有股份的比例虽然不足50%，但拥有实际控制权或依其持有的股份已足以对股东大会的决议产生重大影响的上市公司。

其中控制权，是指根据公司章程或协议，能够控制企业的财务和经营决策。

（二）股票期权，是指上市公司授予激励对象在未来一定期限内以预先确定的价格和条件购买本公司一定数量股票的权利。激励对象有权行使这种权利，也有权放弃这种权利，但不得用于转让、质押或者偿还债务。

（三）限制性股票，是指上市公司按照预先确定的条件授予激励对象一定数量的本公司股票，激励对象只有在工作年限或业绩目标符合股权激励计划规定条件的，才可出售限制性股票并从中获益。

（四）高级管理人员，是指对公司决策、经营、管理负有领导职责的人员，包括经理、副经理、财务负责人（或其他履行上述职责的人员）、董事会秘书和公司章程规定的其他人员。

（五）外部董事，是指由国有控股股东依法提名推荐、由任职公司或控股公司以外的人员（非本公司或控股公司员工的外部人员）担任的董事。对主体业务全部或大部分进入上市公司的企业，其外部董事应为任职公司或控股公司以外的人员；对非主业部分进入上市公司或只有一部分主业进入上市公司的子公司，以及二级以下的上市公司，其外部董事应为任职公司以外的人员。

外部董事不在公司担任除董事和董事会专门委员会有关职务外的其他职务，不负责执行层的事务，与其担任董事的公司不存在可能影响其公正履行外部董事职务的关系。

外部董事含独立董事。独立董事是指与所受聘的公司及其主要股东没有任何经济上的利益关系且不在上市公司担任除独立董事外的其他任何职务。

（六）股权激励预期收益，是指实行股票期权的预期收益为股票期权的预期价值，单位期权的预期价值参照国际通行的期权定价模型进行测算；实行限制性股票的预期收益为获授的限制性股票的价值，单位限制性股票的价值为其授予价格扣除激励对象的购买价格。

第四十一条 本办法自印发之日起施行。

VII. 1. 25 关于上市公司实施员工持股计划试点的指导意见

（2014 年 6 月 20 日 中国证监会公告［2014］33 号）

为了贯彻《中共中央关于全面深化改革若干重大问题的决定》中关于“允许混合所有制经济实行企业员工持股，形成资本所有者和劳动者利益共同体”的精神，落实《国务院关于进一步促进资本市场健康发展的若干意见》（国发［2014］17 号）中关于“允许上市公司按规定通过多种形式开展员工持股计划”的要求，经国务院同意，中国证监会依照《公司法》、《证券法》相关规定，在上市公司中开展员工持股计划实施试点。上市公司实施员工持股计划试点，有利于建立和完善劳动者与所有者的利益共享机制，改善公司治理水平，提高职工的凝聚力和公司竞争力，使社会资金通过资本市场实现优化配置。为稳妥有序开展员工持股计划试点，现提出以下指导意见。

一、员工持股计划基本原则

（一）依法合规原则

上市公司实施员工持股计划，应当严格按照法律、行政法规的规定履行程序，真实、准确、完整、及时地实施信息披露。任何人不得利用员工持股计划进行内幕交易、操纵证券市场等证券欺诈行为。

（二）自愿参与原则

上市公司实施员工持股计划应当遵循公司自主决定，员工自愿参加，上市公司不得以摊派、强行分配等方式强制员工参加本公司的员工持股计划。

（三）风险自担原则

员工持股计划参与人盈亏自负，风险自担，与其他投资者权益平等。

二、员工持股计划的主要内容

（四）员工持股计划是指上市公司根据员工意愿，通过合法方式使员工获得本公司股票并长期持有，股份权益按约定分配给员工的制度安排。员工持股计划的参加对象为公司员工，包括管理层人员。

（五）员工持股计划的资金和股票来源

1. 员工持股计划可以通过以下方式解决所需资金：（1）员工的合法薪酬；（2）法律、行政法规允许的其他方式。

2. 员工持股计划可以通过以下方式解决股票来源：（1）上市公司回购本

公司股票；（2）二级市场购买；（3）认购非公开发行股票；（4）股东自愿赠与；（5）法律、行政法规允许的其他方式。

（六）员工持股计划的持股期限和持股计划的规模

1. 每期员工持股计划的持股期限不得低于 12 个月，以非公开发行方式实施员工持股计划的，持股期限不得低于 36 个月，自上市公司公告标的股票过户至本期持股计划名下时起算；上市公司应当在员工持股计划届满前 6 个月公告到期计划持有的股票数量。

2. 上市公司全部有效的员工持股计划所持有的股票总数累计不得超过公司股本总额的 10%，单个员工所获股份权益对应的股票总数累计不得超过公司股本总额的 1%。员工持股计划持有的股票总数不包括员工在公司首次公开发行股票上市前获得的股份、通过二级市场自行购买的股份及通过股权激励获得的股份。

（七）员工持股计划的管理

1. 参加员工持股计划的员工应当通过员工持股计划持有人会议选出代表或设立相应机构，监督员工持股计划的日常管理，代表员工持股计划持有人行使股东权利或者授权资产管理机构行使股东权利。

2. 上市公司可以自行管理本公司的员工持股计划，也可以将本公司员工持股计划委托给下列具有资产管理资质的机构管理：（1）信托公司；（2）保险资产管理公司；（3）证券公司；（4）基金管理公司；（5）其他符合条件的资产管理机构。

3. 上市公司自行管理本公司员工持股计划的，应当明确持股计划的管理方，制定相应的管理规则，切实维护员工持股计划持有人的合法权益，避免产生上市公司其他股东与员工持股计划持有人之间潜在的利益冲突。

4. 员工享有标的股票的权益；在符合员工持股计划约定的情况下，该权益可由员工自身享有，也可以转让、继承。员工通过持股计划获得的股份权益的占有、使用、收益和处分的权利，可以依据员工持股计划的约定行使；参加员工持股计划的员工离职、退休、死亡以及发生不再适合参加持股计划事由等情况时，其所持股份权益依照员工持股计划约定方式处置。

5. 上市公司委托资产管理机构管理本公司员工持股计划的，应当与资产管理机构签订资产管理协议。资产管理协议应当明确当事人的权利义务，切实维护员工持股计划持有人的合法权益，确保员工持股计划的财产安全。资产管理机构应当根据协议约定管理员工持股计划，同时应当遵守资产管理业务相关规则。

6. 员工持股计划管理机构应当为员工持股计划持有人的最大利益行事，不得与员工持股计划持有人存在利益冲突，不得泄露员工持股计划持有人的个人信息。

7. 员工持股计划管理机构应当以员工持股计划的名义开立证券交易账户。员工持股计划持有的股票、资金为委托财产，员工持股计划管理机构不得将委托财产归入其固有财产。员工持股计划管理机构因依法解散、被依法撤销或者被依法宣告破产等原因进行清算的，委托财产不属于其清算财产。

三、员工持股计划的实施程序及信息披露

（八）上市公司实施员工持股计划前，应当通过职工代表大会等组织充分征求员工意见。

（九）上市公司董事会提出员工持股计划草案并提交股东大会表决，员工持股计划草案至少应包含如下内容：

1. 员工持股计划的参加对象及确定标准、资金、股票来源。

2. 员工持股计划的存续期限、管理模式、持有人会议的召集及表决程序。

3. 公司融资时员工持股计划的参与方式。

4. 员工持股计划的变更、终止，员工发生不适合参加持股计划情况时所持股份权益的处置办法。

5. 员工持股计划持有人代表或机构的选任程序。

6. 员工持股计划管理机构的选任、管理协议的主要条款、管理费用的计提及支付方式。

7. 员工持股计划期满后员工所持有股份的处置办法。

8. 其他重要事项。

非金融类国有控股上市公司实施员工持股计划应当符合相关国有资产监督管理机构关于混合所有制企业员工持股的有关要求。

金融类国有控股上市公司实施员工持股计划应当符合财政部关于金融类国有控股上市公司员工持股的规定。

（十）独立董事和监事会应当就员工持股计划是否有利于上市公司的持续发展，是否损害上市公司及全体股东利益，公司是否以摊派、强行分配等方式强制员工参加本公司持股计划发表意见。上市公司应当在董事会审议通过员工持股计划草案后的 2 个交易日内，公告董事会决议、员工持股计划草案摘要、独立董事及监事会意见及与资产管理机构签订的资产管理协议。

（十一）上市公司应当聘请律师事务所对员工持股计划出具法律意见书，并在召开关于审议员工持股计划的股东大会前公告法律意见书。员工持股计划拟选任的资产管理机构为公司股东或股东关联方的，相关主体应当在股东大会表决时回避；员工持股计划涉及相关董事、股东的，相关董事、股东应当回避表决；公司股东大会对员工持股计划作出决议的，应当经出席会议的股东所持表决权的半数以上通过。

（十二）股东大会审议通过员工持股计划后2个交易日内，上市公司应当披露员工持股计划的主要条款。

（十三）采取二级市场购买方式实施员工持股计划的，员工持股计划管理机构应当在股东大会审议通过员工持股计划后6个月内，根据员工持股计划的安排，完成标的股票的购买。上市公司应当每月公告一次购买股票的时间、数量、价格、方式等具体情况。

上市公司实施员工持股计划的，在完成标的股票的购买或将标的股票过户至员工持股计划名下的2个交易日内，以临时公告形式披露获得标的股票的时间、数量等情况。

（十四）员工因参加员工持股计划，其股份权益发生变动，依据法律应当履行相应义务的，应当依据法律履行；员工持股计划持有公司股票达到公司已发行股份总数的5%时，应当依据法律规定履行相应义务。

（十五）上市公司至少应当在定期报告中披露报告期内下列员工持股计划实施情况：

1. 报告期内持股员工的范围、人数。
2. 实施员工持股计划的资金来源。
3. 报告期内员工持股计划持有的股票总额及占上市公司股本总额的比例。
4. 因员工持股计划持有人处分权利引起的计划股份权益变动情况。
5. 资产管理机构的变更情况。
6. 其他应当予以披露的事项。

四、员工持股计划的监管

（十六）除非公开发行方式外，中国证监会对员工持股计划的实施不设行政许可，由上市公司根据自身实际情况决定实施。

（十七）上市公司公布、实施员工持股计划时，必须严格遵守市场交易规则，遵守中国证监会关于信息敏感期不得买卖股票的规定，严厉禁止利用任何内幕信息进行交易。

（十八）中国证监会对上市公司实施员工持股计划进行监管，对利用员工持股计划进行虚假陈述、操纵证券市场、内幕交易等违法行为的，中国证监会将依法予以处罚。

（十九）法律禁止特定行业公司员工持有、买卖股票的，不得以员工持股计划的名义持有、买卖股票。

（二十）证券交易所在其业务规则中明确员工持股计划的信息披露要求；证券登记结算机构在其业务规则中明确员工持股计划登记结算业务的办理要求。

《关于上市公司实施员工持股计划试点的指导意见》的起草说明

为了贯彻落实党的十八届三中全会和《国务院关于进一步促进资本市场健康发展的若干意见》（国发［2014］17号）精神，中国证监会起草了《关于上市公司实施员工持股计划试点的指导意见》（以下简称《指导意见》），经国务院同意，现予以发布。《指导意见》分为员工持股计划的基本原则、主要内容、实施程序和信息披露要求及员工持股计划的监管等四部分，共计二十条。现将有关情况说明如下：

一、起草背景

作为企业鼓励其员工持有本公司股票的一种有效方式，员工持股计划在境外成熟市场相当普遍。上市公司实施员工持股计划试点，有利于建立和完善劳动者与所有者的利益共享机制，改善公司治理水平，提高职工凝聚力和公司竞争力。

十八届三中全会决定明确提出"允许混合所有制经济实行企业员工持股，形成资本所有者和劳动者利益共同体"，为实施员工持股计划提供了明确的政策依据。当前上市公司员工持股的现象比较普遍，持股来源多样，在上市公司实施员工持股试点具备了相应的市场基础。目前尚无专门法规规章规范管理上市公司员工持股，需要及时出台规则，强化信息披露，防范风险，促使上市公司员工持股计划更加公开、透明、规范。

二、员工持股计划的性质和基本原则

《指导意见》中所说的员工持股计划是指上市公司根据员工意愿，通过合法方式使员工获得本公司股票并长期持有，股份权益按约定分配给员工的制度安排。员工持股计划的持有人既是设立持股计划的委托人，也是持股计划的受益人。员工持股计划的持有人根据出资额享有标的股票对应的份额权益。员工持股计划持有的股票、资金为委托财产，员工持股计划管理机构不得将委托财产归入其固有财产。

《指导意见》要求员工持股计划符合三条原则：一是依法合规原则，二是自愿参与原则，三是风险自担原则。

三、《指导意见》的主要内容

（一）资金、股票来源和持股数量、期限

员工持股计划资金来源于员工的合法薪酬以及法律、行政法规允许的其他方式。员工持股计划可以通过以下方式解决股票来源：（1）上市公司回购本公司股票；（2）二级市场购买；（3）认购非公开发行股票；（4）股东自愿赠与；（5）法律、行政法规允许的其他方式。

员工持股计划所持有的股票总数累计不得超过公司股本总额的10%，单个员工所获股份权益对应的股票总数累计不得超过公司股本总额的1%。每期员工持股计划的最短持股期限为不低于12个月。

（二）员工持股计划的管理

员工可以通过员工持股计划持有人会议选出代表或设立相应机构，监督员工持股计划的日常管理、代表员工持股计划持有人行使股东权利或者授权资产管理机构行使股东权利。

上市公司可以自行管理本公司的员工持股计划，也可以选任独立第三方机构，将员工持股计划委托给合格的资产管理机构管理。无论采取那种管理方式，都应切实维护员工持股计划持有人的合法权益。

（三）实施程序和信息披露要求

上市公司实施员工持股计划，要根据《指导意见》的规定充分履行相应程序，并做好信息披露工作，及时向市场披露持股计划的实施情况，接受市场监督。员工持股计划及参与员工，依据法律应当履行相应义务的，应依法履行。

（四）员工持股计划的监管

中国证监会对员工持股计划实施监管，对存在虚假陈述、操纵证券市场、内幕交易等违法行为的，中国证监会将依法予以处罚。

为便于员工持股计划的信息披露及账户管理，《指导意见》规定证券交易所和证券登记结算机构应当在其业务规则中明确员工持股计划的信息披露要求和登记结算业务的办理要求。

四、需要说明的几个问题

（一）自愿参与原则

自愿参与是指是否参加员工持股计划由员工自愿选择。上市公司实施员工持股计划，应当充分征求员工意见，履行相应程序。上市公司不得以摊派、强行分配等方式强制员工参加本公司的员工持股计划。

（二）关于资金和股票来源

关于上市公司实施员工持股计划的资金和股票来源，《指导意见》作了相应的规定，支持企业在法律、行政法规允许的范围内通过不同方式解决资金和股票来源，增强了员工持股计划的可操作性。

（三）股东自愿赠与及公司回购股票奖励员工

股东自愿赠与作为解决股票来源的一种方式，需股东自愿采取且需要履行相应的股东内部审批程序。股东自愿赠与是员工获得股份的方式，员工通过此种方式取得公司股份后，与其他投资者享受平等股东权益。

公司采取回购本公司股票奖励员工的方式解决员工持股计划股票来源时，员工自愿参与且机会平等，通过股东大会、职工代表大会等决策程序，最大程度的保障公平性。

（四）员工持股计划期限与标的股票锁定期限

员工持股计划长期持续有效。每期员工持股计划持有股票的锁定期为不低于12个月，公司可以自行规定更长的持股期限。以非公开发行方式实施员工持股计划，根据《上市公司证券发行管理办法》、《上市公司非公开发行股票实施细则》的规定，持股期限确定为36个月。

（五）《指导意见》与相关政策的衔接

《指导意见》对所有类型的上市公司都具有直接的指导和规范作用。上市公司实施员工持股计划应依据《指导意见》的规定。此外，非金融类国有控股上市公司实施员工持股计划应当符合相关国有资产监督管理机构关于混合所有制企业员工持股的有关要求，金融类国有控股上市公司实施员工持股计划应当符合财政部关于金融类国有控股上市公司员工持股的规定。

（六）实施员工持股计划是否需要行政许可

上市公司可以根据《指导意见》采取不同的方式实施员工持股计划。除非公开发行方式外，中国证监会对员工持股计划的实施不设行政许可。

特此说明。

VII. 1. 26 国有股东转让所持上市公司股份管理暂行办法

（2007年6月30日 国务院国有资产监督管理委员会
中国证券监督管理委员会令第19号）

第一章 总 则

第一条 为规范国有股东转让所持上市公司股份行为，推动国有资源优化配置，防止国有资产损失，维护证券市场稳定，根据《中华人民共和国公司法》、《中华人民共和国证券法》和《企业国有资产监督管理暂行条例》（国务院令第378号）等法律、行政法规的规定，制定本办法。

第二条 本办法所称国有股东，是指持有上市公司股份的国有及国有控股企业、有关机构、部门、事业单位等。

第三条 国有股东将其持有的上市公司股份通过证券交易系统转让、以协议方式转让、无偿划转或间接转让的，适用本办法。

国有独资或控股的专门从事证券业务的证券公司及基金管理公司转让所持上市公司股份按照相关规定办理。

第四条 国有股东转让所持有的上市公司股份应当权属清晰。权属关系不明确和存在质押、抵押、司法冻结等法律限制转让情况的股份不得转让。

第五条 国有股东转让所持上市公司股份应坚持公开、公平、公正的原则，符合国家的有关法律、行政法规和规章制度的规定，符合国家或地区的产业政策及国有经济布局和结构战略性调整方向，有利于促进国有资产保值增值，有利于提高企业核心竞争力。

第六条 国有股东转让上市公司股份的价格应根据证券市场上市公司股票的交易价格确定。

第七条 国务院国有资产监督管理机构负责国有股东转让上市公司股份的审核工作。

中央国有及国有控股企业、有关机构、部门、事业单位转让上市公司股份对国民经济关键行业、领域和国有经济布局与结构有重大影响的，由国务院国有资产监督管理机构报国务院批准。

地方国有及国有控股企业、有关机构、部门、事业单位转让上市公司股份不再拥有上市公司控股权的，由省级国有资产监督管理机构报省级人民政府批准后报国务院国有资产监督管理机构审核。

在条件成熟时，国务院国有资产监督管理机构应按照《企业国有资产监督管理暂行条例》的要求，将地方国有及国有控股企业、有关机构、部门、事业单位转让上市公司股份逐步交由省级国有资产监督管理机构审核。

第二章　国有股东所持上市公司股份通过证券交易系统的转让

第八条　国有控股股东通过证券交易系统转让上市公司股份，同时符合以下两个条件的，由国有控股股东按照内部决策程序决定，并在股份转让完成后7个工作日内报省级或省级以上国有资产监督管理机构备案：

（一）总股本不超过10亿股的上市公司，国有控股股东在连续三个会计年度内累计净转让股份（累计转让股份扣除累计增持股份后的余额，下同）的比例未达到上市公司总股本的5%；总股本超过10亿股的上市公司，国有控股股东在连续三个会计年度内累计净转让股份的数量未达到5000万股或累计净转让股份的比例未达到上市公司总股本的3%。

（二）国有控股股东转让股份不涉及上市公司控制权的转移。

多个国有股东属于同一控制人的，其累计净转让股份的数量或比例应合并计算。

第九条　国有控股股东转让股份不符合前条规定的两个条件之一的，应将转让方案逐级报国务院国有资产监督管理机构审核批准后实施。

第十条　国有参股股东通过证券交易系统在一个完整会计年度内累计净转让股份比例未达到上市公司总股本5%的，由国有参股股东按照内部决策程序决定，并在每年1月31日前将其上年度转让上市公司股份的情况报省级或省级以上国有资产监督管理机构备案；达到或超过上市公司总股本5%的，应将转让方案逐级报国务院国有资产监督管理机构审核批准后实施。

第十一条　国有股东采取大宗交易方式转让上市公司股份的，转让价格不得低于该上市公司股票当天交易的加权平均价格。

第十二条　国有股东通过证券交易系统转让上市公司股份需要报国有资产监督管理机构审核批准的，其报送的材料主要包括：

（一）国有股东转让上市公司股份的请示；

（二）国有股东转让上市公司股份的内部决策文件及可行性研究报告；

（三）国有股东基本情况及上一年度经审计的财务会计报告；

（四）上市公司基本情况及最近一期的年度报告和中期报告；

（五）国有资产监督管理机构认为必要的其他文件。

第十三条　国有股东转让上市公司股份的可行性研究报告应当包括但不限于以下内容：

（一）转让原因；

（二）转让价格及确定依据；

（三）转让的数量及时限；

（四）转让收入的使用计划；

（五）转让是否符合国家或本地区产业政策及国有经济布局和结构战略性调整方向。

第三章 国有股东所持上市公司股份的协议转让

第十四条 国有股东拟协议转让上市公司股份的，在内部决策后，应当及时按照规定程序逐级书面报告省级或省级以上国有资产监督管理机构，

并应当同时将拟协议转让股份的信息书面告知上市公司，由上市公司依法公开披露该信息，向社会公众进行提示性公告。公开披露文件中应当注明，本次股份拟协议转让事项须经相关国有资产监督管理机构同意后才能组织实施。

第十五条 国有股东报告省级或省级以上国有资产监督管理机构拟协议转让上市公司股份事项的材料主要包括：

（一）国有股东拟协议转让上市公司股份的内部决策文件及可行性研究报告；

（二）拟公开发布的股份协议转让信息内容；

（三）国有资产监督管理机构认为必要的其他文件。

第十六条 省级或省级以上国有资产监督管理机构收到国有股东拟协议转让上市公司股份的书面报告后，应在10个工作日内出具意见。

第十七条 国有股东获得国有资产监督管理机构对拟协议转让上市公司股份事项的意见后，应当书面告知上市公司，由上市公司依法公开披露国有股东所持上市公司股份拟协议转让信息。

第十八条 国有股东所持上市公司股份拟协议转让信息包括但不限于以下内容：

（一）拟转让股份数量及所涉及的上市公司名称及基本情况；

（二）拟受让方应当具备的资格条件；

（三）拟受让方递交受让申请的截止日期。

第十九条 存在下列特殊情形的，经省级或省级以上国有资产监督管理机构批准后，国有股东可不披露拟协议转让股份的信息直接签订转让协议：

（一）上市公司连续两年亏损并存在退市风险或严重财务危机，受让方提出重大资产重组计划及具体时间表的；

（二）国民经济关键行业、领域中对受让方有特殊要求的；

（三）国有及国有控股企业为实施国有资源整合或资产重组，在其内部进

行协议转让的；

（四）上市公司回购股份涉及国有股东所持股份的；

（五）国有股东因接受要约收购方式转让其所持上市公司股份的；

（六）国有股东因解散、破产、被依法责令关闭等原因转让其所持上市公司股份的。

第二十条 国有股东收到拟受让方提交的受让申请及受让方案后，应当对受让方案进行充分的研究论证，并在综合考虑各种因素的基础上择优选取受让方。

第二十一条 受让国有股东所持上市公司股份后拥有上市公司实际控制权的，受让方应为法人，且应当具备以下条件：

（一）受让方或其实际控制人设立三年以上，最近两年连续盈利且无重大违法违规行为；

（二）具有明晰的经营发展战略；

（三）具有促进上市公司持续发展和改善上市公司法人治理结构的能力。

第二十二条 国有控股股东拟采取协议转让方式转让股份并不再拥有上市公司控股权的，应当聘请在境内注册的专业机构担任财务顾问，财务顾问应当具有良好的信誉及近三年内无重大违法违规记录。

第二十三条 财务顾问应当勤勉尽责，遵守行业规范和职业道德，对上市公司股份的转让方式、转让价格、股份转让对国有股东和上市公司的影响等方面出具专业意见；并对拟受让方进行尽职调查，出具尽职调查报告。尽职调查应当包括但不限于以下内容：

（一）拟受让方受让股份的目的；

（二）拟受让方的经营情况、财务状况、资金实力及是否有重大违法违规记录和不良诚信记录；

（三）拟受让方是否具有及时足额支付转让价款的能力及受让资金的来源及其合法性；

（四）拟受让方是否具有促进上市公司持续发展和改善上市公司法人治理结构的能力。

第二十四条 国有股东协议转让上市公司股份的价格应当以上市公司股份转让信息公告日（经批准不须公开股份转让信息的，以股份转让协议签署日为准，下同）前 30 个交易日的每日加权平均价格算术平均值为基础确定；确需折价的，其最低价格不得低于该算术平均值的 90%。

第二十五条 存在下列特殊情形的，国有股东协议转让上市公司股份的价格按以下原则分别确定：

（一）国有股东为实施资源整合或重组上市公司，并在其所持上市公司股份转让完成后全部回购上市公司主业资产的，股份转让价格由国有股东根据中介机构出具的该上市公司股票价格的合理估值结果确定。

（二）国有及国有控股企业为实施国有资源整合或资产重组，在其内部进行协议转让且其拥有的上市公司权益和上市公司中的国有权益并不因此减少的，股份转让价格应当根据上市公司股票的每股净资产值、净资产收益率、合理的市盈率等因素合理确定。

第二十六条 国有股东选择受让方后，应当及时与受让方签订转让协议。转让协议应当包括但不限于以下内容：

（一）转让方、上市公司、拟受让方企业名称、法定代表人及住所；

（二）转让方持股数量、拟转让股份数量及价格；

（三）转让方、受让方的权利和义务；

（四）股份转让价款支付方式及期限；

（五）股份登记过户的条件；

（六）协议变更和解除条件；

（七）协议争议的解决方式；

（八）协议各方的违约责任；

（九）协议生效条件。

第二十七条 国有股东与拟受让方签订股份转让协议后，应及时履行信息披露等相关义务，同时应按规定程序报国务院国有资产监督管理机构审核批准。

决定或批准国有股东协议转让上市公司股份，应当审查下列书面材料：

（一）国有股东协议转让上市公司股份的请示及可行性研究报告；

（二）国有股东公开征集的受让方案及关于选择拟受让方的有关论证情况；

（三）国有股东上一年度经审计的财务会计报告；

（四）拟受让方基本情况、公司章程及最近一期经审计的财务会计报告；

（五）上市公司基本情况、最近一期的年度报告及中期报告；

（六）股份转让协议及股份转让价格的定价说明；

（七）拟受让方与国有股东、上市公司之间在最近 12 个月内股权转让、资产置换、投资等重大情况及债权债务情况；

（八）律师事务所出具的法律意见书；

（九）国有资产监督管理机构认为必要的其他文件。

第二十八条 国有股东应及时收取上市公司股份转让价款。

拟受让方以现金支付股份转让价款的，国有股东应在股份转让协议签订后 5 个工作日内收取不低于转让收入 30% 的保证金，其余价款应在股份过户前全部结清。在全部转让价款支付完毕或交由转让双方共同认可的第三方妥善保管前，不得办理转让股份的过户登记手续。

拟受让方以股票等有价证券支付股份转让价款的按照有关规定办理。

第二十九条 国务院国有资产监督管理机构关于国有股东转让其所持上市公司股份的批复文件和全部转让款支付凭证是证券交易所、中国证券登记结算有限责任公司办理上市公司股份过户手续和工商管理部门办理上市公司章程变更的必备文件。

第四章 国有股东所持上市公司股份的无偿划转

第三十条 国有股东所持上市公司股份可以依法无偿划转给政府机构、事业单位、国有独资企业以及国有独资公司持有。

国有独资公司作为划入或划出一方的，应当符合《中华人民共和国公司法》的有关规定。

第三十一条 上市公司股份划转双方应当在可行性研究的基础上，按照内部决策程序进行审议，并形成无偿划转股份的书面决议文件。

第三十二条 国有股东无偿划转所持上市公司股份可能影响其偿债能力时，上市公司股份划出方应当就无偿划转事项制定相应的债务处置方案。

第三十三条 上市公司股份无偿划转由划转双方按规定程序逐级报国务院国有资产监督管理机构审核批准。

第三十四条 国有股东无偿划转其所持上市公司股份，应当向国有资产监督管理机构报送以下主要材料：

（一）国有股东无偿划转上市公司股份的请示及内部决议文件；

（二）国有股东无偿划转所持上市公司股份的可行性研究报告；

（三）上市公司股份无偿划转协议；

（四）划转双方基本情况、上一年经审计的财务会计报告；

（五）上市公司基本情况、最近一期的年度报告及中期报告；

（六）划出方债务处置方案及或有负债的解决方案；

（七）划入方未来 12 个月内对上市公司的重组计划或发展规划（适用于上市公司控股权转移的）；

（八）律师事务所出具的法律意见书。

第五章 国有股东所持上市公司股份的间接转让

第三十五条 本办法所称国有股东所持上市公司股份的间接转让是指国有股东因产权转让或增资扩股等原因导致其经济性质或实际控制人发生变化的行为。

第三十六条 国有股东所持上市公司股份间接转让应当充分考虑对上市公

司的影响，并按照本办法有关国有股东协议转让上市公司股份价格的确定原则合理确定其所持上市公司股份价格，上市公司股份价格确定的基准日应与国有股东资产评估的基准日一致。国有股东资产评估的基准日与国有股东产权持有单位对该国有股东产权变动决议的日期相差不得超过一个月。

第三十七条 上市公司国有控股股东所持上市公司股份发生间接转让的，应当聘请在境内注册的专业机构担任财务顾问，并对国有产权拟受让方或国有股东引进的战略投资者进行尽职调查，并出具尽职调查报告。

第三十八条 国有股东所持上市公司股份间接转让的，国有股东应在产权转让或增资扩股方案实施前（其中，国有股东国有产权转让的，应在办理产权转让鉴证前；国有股东增资扩股的，应在公司工商登记前），由国有股东逐级报国务院国有资产监督管理机构审核批准。

第三十九条 决定或批准国有股东所持上市公司股份间接转让，应当审查下列书面材料：

（一）国有股东间接转让所持上市公司股份的请示；

（二）国有股东的产权转让或增资扩股批准文件、资产评估结果核准文件及可行性研究报告；

（三）经批准的国有股东产权转让或增资扩股方案；

（四）国有股东国有产权进场交易的有关文件或通过产权交易市场、媒体或网络公开国有股东增资扩股的信息情况及战略投资者的选择依据；

（五）国有股东的国有产权转让协议或增资扩股协议；

（六）国有股东资产作价金额，包括国有股东所持上市公司股份的作价说明；

（七）上市公司基本情况、最近一期的年度报告及中期报告；

（八）国有产权拟受让方或战略投资者最近一期经审计的财务会计报告；

（九）财务顾问出具的财务顾问报告（适用于国有控股股东国有产权变动的）；

（十）律师事务所出具的法律意见书；

（十一）国有资产监督管理机构认为必要的其他文件。

第六章 法律责任

第四十条 在国有股东转让上市公司股份中，转让方、上市公司和拟受让方有下列行为之一的，国有资产监督管理机构应要求转让方终止上市公司股份转让活动，必要时应向人民法院提起诉讼：

（一）未按本办法有关规定在证券交易所公开股份转让信息的；

（二）转让方、上市公司不履行相应的内部决策程序、批准程序或者超越权限、擅自转让上市公司股份的；

（三）转让方、上市公司向中介机构提供虚假会计资料，导致审计、评估结果失真，造成国有资产损失的；

（四）转让方与拟受让方串通，低价转让上市公司股份，造成国有资产损失的；

（五）拟受让方在上市公司股份公开转让信息中，与有关方恶意串通低评低估上市公司股份价格，造成国有资产损失的；拟受让方未在其承诺的期限内对上市公司进行重大资产重组的；

（六）拟受让方采取欺诈、隐瞒等手段影响转让方的选择以及上市公司股份协议签订的。

对以上行为的转让方、上市公司负有直接责任的主管人员和其他直接责任人员，由国有资产监督管理机构或者相关企业按照权限给予纪律处分，造成国有资产损失的，应负赔偿责任；由于拟受让方的责任造成国有资产损失的，拟受让方应依法赔偿转让方的经济损失；涉嫌犯罪的，依法移送司法机关处理。

第四十一条 社会中介机构在上市公司股份转让的审计、评估、咨询和法律服务中违规执业的，由国有资产监督管理机构将有关情况通报其行业主管部门，建议给予相应处罚；情节严重的，上市公司国有股东不得再委托其进行上市公司股份转让的相关业务。

第四十二条 上市公司股份转让批准机构及其有关人员违反本办法，擅自批准或者在批准中以权谋私，造成国有资产损失的，由有关部门按照权限给予纪律处分；涉嫌犯罪的，依法移送司法机关处理。

国有资产监督管理机构违反有关法律、法规或本办法的规定审核上市公司股份转让并造成国有资产损失的，对直接负责的主管人员和其他责任人员依法给予纪律处分；涉嫌犯罪的，依法移送司法机关处理。

第四十三条 上市公司、国有股东违反有关法律、法规或本办法的规定进行股份转让并造成国有资产损失的，国有资产监督管理机构可以责令国有股东采取措施限期纠正；上市公司、国有股东有关负责人及其他责任人员应负赔偿责任，并对其依法给予纪律处分；涉嫌犯罪的，依法移送司法机关处理。

第七章 附 则

第四十四条 国有或国有控股企业持有的上市公司股份被司法机关强制执行的，根据有关法律及司法机关出具的具有法律效力的文件办理相关手续。

第四十五条 本办法自 2007 年 7 月 1 日起施行。

VII. 1. 27 国有单位受让上市公司股份管理暂行规定

（2007 年 6 月 28 日 国务院国有资产监督管理委员会）

第一条 为规范国有单位受让上市公司股份行为，加强对上市公司国有股东的管理，维护各类投资者合法权益和证券市场稳定，防范国有单位投资风险，根据国家有关法律、行政法规，制定本规定。

第二条 本规定所称国有单位是指各级国有资产监督管理机构监管范围内的国有及国有控股企业、有关机构、事业单位等。

第三条 国有独资或控股的专门从事证券业务的证券公司及基金管理公司受让上市公司股份按照相关规定办理。

第四条 国有单位受让上市公司股份应当符合国家有关法律、行政法规和政策规定及本单位的发展规划和年度投资计划，坚持公开、公平、公正原则，有利于国有经济布局和结构战略性调整，有利于加强主业，提升核心竞争力，并做好投资风险的评估、控制和管理工作。

第五条 国有单位受让上市公司股份应当严格按照《证券法》等有关法律、行政法规及规章制度的规定，及时履行信息披露等法定义务。

国有单位受让上市公司股份应当做好可行性研究，按照内部决策程序进行审议，并形成书面决议。

第六条 国有单位受让上市公司股份可以通过证券交易系统购买、通过协议方式受让或其他合法途径进行。

第七条 国有单位受让上市公司股份的价格应根据该上市公司的股票市场价格、合理市盈率、盈利能力及企业发展前景等因素合理确定。

第八条 国有单位受让上市公司股份按本办法有关规定需要报国有资产监督管理机构审核批准的，按以下程序办理：国有单位为中央单位的，其受让上市公司股份由中央单位逐级报国务院国有资产监督管理机构批准。

国有单位为地方单位的，其受让上市公司股份由地方单位逐级报省级国有资产监督管理机构批准。

第九条 国有单位在一个会计年度内通过证券交易所的证券交易系统累计净受让上市公司的股份（所受让的股份扣除所出让的股份的余额）未达到上市公司总股本 5% 的，由国有单位按内部管理程序决策，并在每年 1 月 31 日前将其上年度通过证券交易系统受让上市公司股份的情况报省级或省级以上国有资产监督管理机构备案；达到或超过上市公司总股本5%的，国有单位应将其受让上市公司股份的方案事前报省级或省级以上国有资产监督管理机构备案后方可组织实施。

国有单位通过其控制的不同的受让主体分别受让上市公司股份的，受让比例应合并计算。

第十条 国有单位通过证券交易系统受让上市公司股份需要报国有资产监督管理机构备案的，其报送的材料主要包括：

（一）国有单位受让上市公司股份的方案及内部决议；

（二）国有单位受让上市公司股份的可行性研究报告；

（三）国有单位的基本情况、最近一期财务审计报表；

（四）上市公司的基本情况、最近一期的年度报告和中期报告。

第十一条 国有单位受让上市公司股份的可行性研究报告应主要包括以下内容：

（一）受让股份的原因；

（二）受让股份是否有利于加强主业，是否符合企业发展规划；

（三）受让股份的价格上限及确定依据；

（四）受让股份的数量及受让时限；

（五）受让股份的资金筹措；

（六）受让股份后对企业经营发展的影响分析；

（七）关于上市公司未来的发展规划和重组计划（适用于受让股份后成为上市公司控股股东的）。

第十二条 国有资产监督管理机构收到国有单位通过证券交易系统受让上市公司股份的备案材料后，应在10个工作日内对该事项出具备案意见。国有单位受让上市公司股份的方案经国有资产监督管理机构备案后方可组织实施。

第十三条 国有单位通过协议方式受让上市公司股份并成为上市公司控股股东的，应当聘请在境内注册的专业机构担任财务顾问，针对本单位受让上市公司股份的方式、受让价格、对本单位及上市公司的影响等方面发表专业意见。

财务顾问应当具有良好的信誉及且近三年内无重大违法违规记录。

第十四条 国有单位通过协议方式受让上市公司股份后不具有上市公司控股权或上市公司国有控股股东通过协议方式增持上市公司股份的，由国有单位按内部管理程序决策；国有单位通过协议方式受让上市公司股份后具有上市公司控股权的，应在与转让方签订股份转让协议后逐级报省级或省级以上国有资产监督管理机构审核批准。

第十五条 国有单位协议受让上市公司股份需要报国有资产监督管理机构审核批准的，其报送的材料主要包括：

（一）国有单位受让上市公司股份的请示及内部决议文件；

（二）关于受让上市公司股份的可行性研究报告及受让股份价格的专项说明；

（三）上市公司股份转让协议；

（四）国有单位基本情况、上一年经审计的财务审计报告；

（五）上市公司基本情况、最近一期的年度报告及中期报告；

（六）财务顾问出具的财务顾问报告；

（七）律师事务所出具的法律意见书。

协议受让上市公司股份的可行性研究报告内容参照本规定第十一条的规定。

第十六条 国有单位协议受让上市公司股份经批准后，应持国有资产监督管理机构的有关批复到证券交易所及中国证券登记结算有限责任公司办理股份过户手续。

国有单位协议受让上市公司股份需要报国有资产监督管理机构审核批准的，国有资产监督管理机构的批复文件是证券交易所和中国证券登记结算有限责任公司办理上市公司股份过户手续及工商管理部门办理上市公司章程变更的必备文件。

第十七条 国有单位认购上市公司发行股票的、将其持有的上市公司发行的可转换公司债券转换成股票的、通过司法机关强制执行手续受让上市公司股份的、间接受让上市公司股份的（即受让上市公司股东的控股权）按照相关法律、行政法规及规章制度的规定办理，并在上述行为完成后10个工作日内报省级或省级以上国有资产监督管理机构备案。

第十八条 国有资产监督管理机构应依据本规定及国家有关法律、行政法规及规章制度的规定，认真履行对国有单位受让上市公司股份的审核职责，并根据《上市公司国有股东标识管理暂行规定》对国有单位受让上市公司股份开设的国有股股东证券账户做好标识管理。

VII. 1. 28 关于修改《证券公司董事、监事和高级管理人员任职资格监管办法》的决定

（2012 年 10 月 19 日　中国证券监督管理委员会令第 88 号）

一、第一条修改为："为了规范证券公司董事、监事、高级管理人员和分支机构负责人任职资格监管，提高董事、监事、高级管理人员和分支机构负责人的专业素质，保障证券公司依法合规经营，根据《公司法》、《证券法》、《行政许可法》、《证券公司监督管理条例》等法律、行政法规的有关规定，制定本办法。"

二、第二条修改为："证券公司董事、监事、高级管理人员和分支机构负责人的任职资格监管适用本办法。

本办法所称证券公司高级管理人员（以下简称高管人员），是指证券公司的总经理、副总经理、财务负责人、合规负责人、董事会秘书以及实际履行上述职务的人员。

证券公司行使经营管理职责的管理委员会、执行委员会以及类似机构的成员为高管人员。"

三、第五条修改为："中国证监会依法对证券公司董事、监事、高管人员和分支机构负责人进行监督管理。

证券公司董事、监事、高管人员和分支机构负责人的任职资格由中国证监会授权中国证监会派出机构（以下简称派出机构）依法核准。"

四、第十七条修改为："从事证券工作 10 年以上或曾担任金融机构部门负责人以上职务 8 年以上的人员，申请证券公司董事长、副董事长、独立董事、监事会主席、高管人员和分支机构负责人的任职资格的，学历要求可以放宽至大专。"

五、第二十条修改为："申请董事长、副董事长、监事会主席任职资格的，应当由拟任职的证券公司向证券公司注册地派出机构提出申请，申请经理层人员任职资格应当由本人向其住所地派出机构或由拟任职的证券公司向公司注册地派出机构提出申请，并提交以下材料：

（一）申请表；

（二）2 名推荐人的书面推荐意见；

（三）身份、学历、学位证明文件；

（四）资质测试合格证明；

（五）最近3年曾任职单位鉴定意见；

（六）最近3年担任单位主要负责人的，应提交离任审计报告；

（七）最近3年内在金融机构任职且被纳入监管范围的，应提交监管部门的监管意见；

（八）中国证监会要求提交的其他材料。

申请经理层人员任职资格的，还应当提交证券从业资格证书。”

六、第二十五条修改为：“已经取得董事长、副董事长、监事会主席任职资格的人员，自离开原任职公司之日起12个月内到其他证券公司担任董事长、副董事长、监事会主席，且未出现本办法第七条规定情形的，拟任职公司应当向公司注册地派出机构提交以下申请材料：

（一）申请表；

（二）原任职公司的离任审计报告；

（三）中国证监会要求的其他材料。”

七、第二十六条修改为：“申请分支机构负责人任职资格的，应当由拟任职的证券公司向分支机构所在地派出机构提出申请，并提交以下材料：

（一）申请表；

（二）证券公司的推荐意见；

（三）身份、学历、学位、证券从业资格的证明文件；

（四）最近3年曾任职单位的鉴定意见；

（五）最近3年内曾在金融机构任职且被纳入监管范围的，应提交监管部门的监管意见；

（六）中国证监会要求提交的其他材料。”

八、第二十九条修改为：“派出机构根据《行政许可法》第三十二条和中国证监会行政许可实施程序的有关规定，对申请人提出的任职资格申请作出处理。”

九、删除第三十条、第三十一条。

十、第三十二条改为第三十条，修改为：“派出机构认为有必要时，可以对申请人或拟任人进行考察、谈话。”

十一、第三十三条改为第三十一条，修改为：“申请人或拟任人有下列情形之一的，派出机构可以作出终止审查的决定：

（一）申请人或拟任人死亡或者丧失行为能力的；

（二）申请人依法终止的；

（三）申请人主动要求撤回申请材料的；

（四）申请人未在规定期限内针对反馈意见作出进一步说明、解释的；

（五）申请人或拟任人因涉嫌违法违规行为被行政机关立案调查的；

（六）申请人被依法采取停业整顿、托管、接管、限制业务等监管措施的；

（七）申请人或拟任人因涉嫌犯罪被司法机关立案侦查的；

（八）中国证监会认定的其他情形。”

十二、第三十四条改为第三十二条，修改为：“派出机构应当在规定期限内对证券公司董事、监事、高管人员和分支机构负责人的任职资格申请作出是否核准的决定。不予核准的，应当说明理由。”

十三、第三十五条改为第三十三条，修改为：“证券公司应当自拟任董事、监事取得任职资格之日起30日内，按照公司章程等有关规定办理上述人员的任职手续。自取得任职资格之日起30日内，上述人员未在证券公司任职或履行相关职务的，除有正当理由并经相关派出机构认可的，其任职资格自动失效。”

十四、第三十六条改为第三十四条，修改为：“证券公司任免董事、监事、高管人员和分支机构负责人的，应当自作出决定之日起5日内，将有关人员的变动情况以及高管人员的职责范围在公司公告，并向相关派出机构报告，提交以下材料：

（一）任职、免职决定文件；

（二）相关会议的决议；

（三）相关人员的任职资格核准文件；

（四）相关人员签署的诚信经营承诺书；

（五）高管人员职责范围的说明；

（六）中国证监会规定的其他材料。

证券公司未按要求履行公告、报告义务的，相关人员应当在2日内向相关派出机构报告 。”

十五、第三十九条改为第三十七条，修改为：“证券公司高管人员和分支机构负责人最多可以在证券公司参股的2家公司兼任董事、监事，但不得在上述公司兼任董事、监事以外的职务，不得在其他营利性机构兼职或者从事其他经营性活动。

证券公司高管人员在证券公司全资或控股子公司兼职的，不受上述限制，但应当遵守中国证监会有关规定。

证券公司分支机构负责人不得兼任其他同类分支机构负责人。”

任何人员最多可以在2家证券公司担任独立董事。

证券公司董事、监事、高管人员和分支机构负责人兼职的，应自有关情况发生之日起5日内向相关派出机构报告。”

十六、第四十条改为第三十八条，修改为：“取得经理层人员任职资格的人员，担任除独立董事之外的其他职务，不需重新申请任职资格，由拟任职的证券公司按照规定依法办理其任职手续。

取得分支机构负责人任职资格的人员，改任同一公司其他分支机构负责人或者其他公司分支机构负责人的，不需重新申请任职资格，由拟任职的证券公司按照规定依法办理其任职手续。”

十七、第四十一条改为第三十九条，修改为：“证券公司董事、监事离任的，其任职资格自离任之日起自动失效。

有以下情形的，不受前款规定限制：

（一）证券公司董事（不包括独立董事）、监事在同一公司相互改任；

（二）证券公司董事长、副董事长、监事会主席，在同一公司改任除独立董事之外的其他董事、监事。”

十八、第四十四条改为第四十二条，修改为：“高管人员职责分工发生调整的，证券公司应当在5日内在公司公告，并向相关派出机构报告。同时，证券公司应当将上述事项及时告知相关高管人员。证券公司未按要求履行公告、报告义务的，相关高管人员应当在2日内向相关派出机构报告。”

十九、第四十七条改为第四十五条，修改为：“中国证监会对取得经理层人员任职资格但未在证券公司担任经理层人员职务的人员进行资格年检。

中国证监会对取得分支机构负责人任职资格但未在证券公司担任分支机构负责人职务的人员进行资格年检。

上述人员应当自取得任职资格的下一个年度起，在每年第一季度向住所地派出机构提交由单位负责人或推荐人签署意见的年检登记表。”

二十、第四十八条改为第四十六条，修改为：“取得经理层人员任职资格而不在证券公司担任经理层人员职务的人员，未按规定参加资格年检，或未通过资格年检，或自取得任职资格之日起连续5年未在证券公司任职的，应当在任职前重新申请取得经理层人员的任职资格。

取得分支机构负责人任职资格而不在证券公司担任分支机构负责人职务的人员，未按规定参加资格年检，或未通过资格年检，或连续5年未在证券公司任职的，应当在任职前重新申请取得分支机构负责人的任职资格。”

二十一、第五十条改为第四十八条，修改为：“取得董事、监事、经理层人员任职资格的人员应当至少每3年参加1次中国证监会认可的业务培训，取得培训合格证书。

取得分支机构负责人任职资格的人员应当至少每3年参加1次所在地派出

机构认可的业务培训，取得培训合格证书。”

二十二、第五十三条改为第五十一条，修改为：“有下列情形之一的，相关派出机构应当对负有直接责任或领导责任的董事、监事、高管人员和分支机构负责人进行监管谈话：

（一）证券公司或本人涉嫌违反法律、行政法规或者中国证监会规定；

（二）证券公司法人治理结构、内部控制存在重大隐患；

（三）证券公司财务指标不符合中国证监会规定的风险控制指标；

（四）证券公司聘任不具有任职资格的人员担任董事、监事、高管人员和分支机构负责人或者违反本办法规定授权不具备任职资格的人员实际履行上述职务；

（五）违反本办法第三十四条、第四十二条规定，未履行公告义务；

（六）董事、监事、高管人员和分支机构负责人不遵守承诺；

（七）违反本办法第四十一条、第四十三条、第四十八条、第五十条规定；

（八）自签署推荐意见之日起 1 年内所推荐的人员被认定为不适当人选或被撤销任职资格；

（九）所出具的推荐意见存在虚假内容；

（十）对公司及其股东、其他董事、监事、高管人员和分支机构负责人的违法违规行为隐瞒不报；

（十一）未按规定对离任人员进行离任审计；

（十二）中国证监会根据审慎监管原则认定的其他情形。”

二十三、第五十五条改为第五十三条，修改为：“证券公司董事、监事、高管人员和分支机构负责人在任职期间出现下列情形之一的，中国证监会及相关派出机构可以将其认定为不适当人选：

（一）向证券监管机构提供虚假信息、隐瞒重大事项；

（二）拒绝配合证券监管机构依法履行监管职责；

（三）擅离职守；

（四）1 年内累计 3 次被证券监管机构按照本办法第五十一条的规定进行监管谈话；

（五）累计 3 次被自律组织纪律处分；

（六）累计 3 次对公司受到行政处罚负有领导责任；

（七）累计 5 次对公司受到纪律处分负有领导责任；

（八）中国证监会根据审慎监管原则认定的其他情形。”

二十四、第五十七条改为第五十五条，修改为：“证券公司董事、监事和高管人员未能勤勉尽责，致使证券公司存在重大违法违规行为或者重大风险的，中国证监会及相关派出机构可以撤销相关人员的任职资格，并责令公司限期更换董事、监事和高管人员。

分支机构负责人未能勤勉尽责，致使证券公司存在重大违法违规行为或者重大风险的，应当依据有关规定处理。”

二十五、第五十九条改为第五十七条，修改为：“法定代表人、高管人员和分支机构负责人辞职，或被认定为不适当人选而被解除职务，或被撤销任职资格的，证券公司应当按照规定对其进行离任审计，并且自离任之日起2个月内将审计报告报相关派出机构备案。”

二十六、第六十条改为第五十八条，修改为：“法定代表人、高管人员、分支机构负责人离任审计期间，不得在其他证券公司担任董事、监事、高管人员和分支机构负责人。”

二十七、第六十五条改为第六十三条，修改为：“有下列情形之一的，责令改正，对证券公司和负有责任的人员依据法律法规和部门规章的规定进行处罚：

（一）违反本办法第三十七条、第四十四条和第四十九条规定；

（二）对中国证监会依据本办法第三十五条、第五十四条作出的监管要求，公司未按规定作出相应处理；

（三）证券公司及相关人员未按规定履行报告义务或者报送的材料存在虚假记载、误导性陈述或者重大遗漏的。”

二十八、第六十六条改为第六十四条，修改为：“本办法所称分支机构负责人是指证券公司在境内设立的分公司、证券营业部以及中国证监会规定可以从事业务经营活动的证券公司下属其他非法人机构的经理及实际履行经理职务的人员。”

二十九、原第三条、第四条、第六条、第七条、第八条、第十八条、第十九条、第三十七条、第四十三条、第四十五条、第四十六条、第五十二条、第五十四条、第五十六条、第六十一条中有关“董事、监事和高管人员”的表述修改为“董事、监事、高管人员和分支机构负责人”。

本决定自公布之日起施行。

《证券公司董事、监事和高级管理人员任职资格监管办法》根据本决定作相应修改并对条文顺序作相应调整，重新公布。

证券公司董事、监事和高级管理人员任职资格监管办法

（2006 年 10 月 20 日中国证券监督管理委员会第 192 次主席办公会议审议通过，根据 2012 年 10 月 19 日中国证券监督管理委员会《关于修改〈证券公司董事、监事和高级管理人员任职资格监管办法〉的决定》修订）

第一章 总 则

第一条 为了规范证券公司董事、监事、高级管理人员和分支机构负责人任职资格监管，提高董事、监事、高级管理人员和分支机构负责人的专业素质，保障证券公司依法合规经营，根据《公司法》、《证券法》、《行政许可法》、《证券公司监督管理条例》等法律、行政法规的有关规定，制定本办法。

第二条 证券公司董事、监事、高级管理人员和分支机构负责人的任职资格监管适用本办法。

本办法所称证券公司高级管理人员（以下简称高管人员），是指证券公司的总经理、副总经理、财务负责人、合规负责人、董事会秘书以及实际履行上述职务的人员。

证券公司行使经营管理职责的管理委员会、执行委员会以及类似机构的成员为高管人员。

第三条 证券公司董事、监事、高管人员和分支机构负责人应当在任职前取得中国证券监督管理委员会（以下简称中国证监会）核准的任职资格。

证券公司不得聘任未取得任职资格的人员担任董事、监事、高管人员和分支机构负责人，不得违反规定授权不具备任职资格的人员实际行使职责。

第四条 证券公司董事、监事、高管人员和分支机构负责人应当遵守法律、行政法规和中国证监会的规章、规范性文件，遵守公司章程和行业规范，恪守诚信，勤勉尽责。

第五条 中国证监会依法对证券公司董事、监事、高管人员和分支机构负责人进行监督管理。

证券公司董事、监事、高管人员和分支机构负责人的任职资格由中国证监会授权中国证监会派出机构（以下简称派出机构）依法核准。

第六条 中国证券业协会、证券交易所依法对证券公司董事、监事、高管人员和分支机构负责人进行自律管理。

第二章 任职资格条件

第一节 基本条件

第七条 有下列情形之一的，不得担任证券公司董事、监事、高管人员和分支机构负责人：

（一）《证券法》第一百三十一条第二款、第一百三十二条、第一百三十三条规定的情形；

（二）因重大违法违规行为受到金融监管部门的行政处罚，执行期满未逾3年；

（三）自被中国证监会撤销任职资格之日起未逾3年；

（四）自被中国证监会认定为不适当人选之日起未逾2年；

（五）中国证监会认定的其他情形。

第八条 取得证券公司董事、监事、高管人员和分支机构负责人任职资格，应当具备以下基本条件：

（一）正直诚实，品行良好；

（二）熟悉证券法律、行政法规、规章以及其他规范性文件，具备履行职责所必需的经营管理能力。

第二节 董事、监事的任职资格条件

第九条 取得董事、监事任职资格，除应当具备本办法第八条规定的基本条件外，还应当具备以下条件：

（一）从事证券、金融、法律、会计工作3年以上或者经济工作5年以上；

（二）具有大专以上学历。

第十条 取得独立董事任职资格，除应当具备本办法第八条规定的基本条件外，还应当具备以下条件：

（一）从事证券、金融、法律、会计工作5年以上；

（二）具有大学本科以上学历，并且具有学士以上学位；

（三）有履行职责所必需的时间和精力。

第十一条 独立董事不得与证券公司存在关联关系、利益冲突或者存在其他可能妨碍独立客观判断的情形。

下列人员不得担任证券公司独立董事：

（一）在证券公司或其关联方任职的人员及其近亲属和主要社会关系人员；

（二）在下列机构任职的人员及其近亲属和主要社会关系人员：持有或控制证券公司5%以上股权的单位、证券公司前5名股东单位、与证券公司存在业务联系或利益关系的机构；

（三）持有或控制上市证券公司1%以上股权的自然人，上市证券公司前10名股东中的自然人股东，或者控制证券公司5%以上股权的自然人，及其上述人员的近亲属；

（四）为证券公司及其关联方提供财务、法律、咨询等服务的人员及其近亲属；

（五）最近1年内曾经具有前四项所列举情形之一的人员；

（六）在其他证券公司担任除独立董事以外职务的人员；

（七）中国证监会认定的其他人员。

第十二条 取得董事长、副董事长和监事会主席任职资格，除应当具备本办法第八条规定的基本条件外，还应当具备以下条件：

（一）从事证券工作3年以上，或者金融、法律、会计工作5年以上，或者经济工作10年以上；

（二）具有大学本科以上学历或取得学士以上学位；

（三）通过中国证监会认可的资质测试。

第三节 高管人员的任职资格条件

第十三条 取得总经理、副总经理、财务负责人、合规负责人、董事会秘书，以及证券公司管理委员会、执行委员会和类似机构的成员（以下简称经理层人员）任职资格，除应当具备本办法第八条规定的基本条件外，还应当具备以下条件：

（一）从事证券工作3年以上，或者金融、法律、会计工作5年以上；

（二）具有证券从业资格；

（三）具有大学本科以上学历或取得学士以上学位；

（四）曾担任证券机构部门负责人以上职务不少于2年，或者曾担任金融机构部门负责人以上职务不少于4年，或者具有相当职位管理工作经历；

（五）通过中国证监会认可的资质测试。

第四节 分支机构负责人的任职资格条件

第十四条 取得分支机构负责人任职资格，除应当具备本办法第八条规定的基本条件外，还应当具备以下条件：

（一）从事证券工作3年以上或经济工作5年以上；

（二）具有证券从业资格；

（三）具有大学本科以上学历或取得学士以上学位。

第五节 其他规定

第十五条 证券公司法定代表人应当具有证券从业资格。

第十六条 证券公司董事、监事以及其他人员行使高管人员职责的，应当取得高管人员的任职资格。

第十七条 从事证券工作10年以上或曾担任金融机构部门负责人以上职务8年以上的人员，申请证券公司董事长、副董事长、独立董事、监事会主席、高管人员和分支机构负责人的任职资格的，学历要求可以放宽至大专。

第十八条 具有证券、金融、经济管理、法律、会计、投资类专业硕士研究生以上学历的人员，申请证券公司董事、监事、高管人员和分支机构负责人任职资格的，从事证券、金融、经济、法律、会计工作的年限可以适当放宽。

第十九条 在证券监管机构、自律机构以及其他承担证券监管职能的专业监管岗位任职8年以上的人员，申请高管人员和分支机构负责人的任职资格，可以豁免证券从业资格的要求。

第三章 申请与核准

第一节 申请与受理

第二十条 申请董事长、副董事长、监事会主席任职资格的，应当由拟任职的证券公司向证券公司注册地派出机构提出申请，申请经理层人员任职资格应当由本人向其住所地派出机构或由拟任职的证券公司向公司注册地派出机构提出申请，并提交以下材料：

（一）申请表；

（二）2名推荐人的书面推荐意见；

（三）身份、学历、学位证明文件；

（四）资质测试合格证明；

（五）最近3年曾任职单位鉴定意见；

（六）最近3年担任单位主要负责人的，应提交离任审计报告；

（七）最近3年内在金融机构任职且被纳入监管范围的，应提交监管部门的监管意见；

（八）中国证监会要求提交的其他材料。

申请经理层人员任职资格的，还应当提交证券从业资格证书。

第二十一条 推荐人应当是任职1年以上的证券公司现任董事长、副董事长、监事会主席或经理层人员。

申请人或拟任人不具有证券行业工作经历的，其推荐人中可有1名是其原任职单位的负责人。申请人或拟任人为境外人士的，推荐人中至少有1名为符合本办法规定的人员，另1名可以为申请人或拟任人曾任职的境外证券类机构的高管人员。

推荐人应当对申请人或拟任人是否存在本办法第七条所列举的情形作出说

明，并对其个人品行、遵纪守法、从业经历、业务水平、管理能力等发表明确的推荐意见。

推荐人每个自然年度最多只能推荐3人申请证券公司董事长、副董事长、监事会主席或经理层人员的任职资格。

第二十二条 申请除董事长、副董事长、监事会主席以外董事、监事的任职资格，应当由拟任职的证券公司向公司注册地派出机构提出申请，并提交以下材料：

（一）申请表；

（二）证券公司或股东单位的推荐意见；

（三）身份、学历、学位证明文件；

（四）最近3年内曾任职单位的鉴定意见；

（五）中国证监会要求提交的其他材料。

第二十三条 股东单位推荐的前条所述董事、监事人选，由股东单位出具推荐意见；独立董事人选以及作为职工代表的董事、监事，应当由证券公司出具推荐意见。推荐意见至少包括以下内容：

（一）拟任人是否存在本办法第七条所列举的情形；

（二）拟任人遵守证券法律、行政法规、中国证监会有关规定以及自律组织规则的情况；

（三）拟任人的职业道德水准和诚信表现；

（四）拟任人的管理能力和业务能力；

（五）拟任人是否有足够的时间和精力履行职责。

第二十四条 申请独立董事任职资格，还应当提供拟任人具有5年以上证券、金融、法律或者会计工作经历的证明，以及拟任人关于独立性的声明。声明应重点说明其本人是否存在本办法第十一条所列举的情形。

第二十五条 已经取得董事长、副董事长、监事会主席任职资格的人员，自离开原任职公司之日起12个月内到其他证券公司担任董事长、副董事长、监事会主席，且未出现本办法第七条规定情形的，拟任职公司应当向公司注册地派出机构提交以下申请材料：

（一）申请表；

（二）原任职公司的离任审计报告；

（三）中国证监会要求的其他材料。

第二十六条 申请分支机构负责人任职资格的，应当由拟任职的证券公司向分支机构所在地派出机构提出申请，并提交以下材料：

（一）申请表；

（二）证券公司的推荐意见；

（三）身份、学历、学位、证券从业资格的证明文件；

（四）最近3年曾任职单位的鉴定意见；

（五）最近3年内曾在金融机构任职且被纳入监管范围的，应提交监管部门的监管意见；

（六）中国证监会要求提交的其他材料。

第二十七条 申请人提交学历、学位证明文件复印件的，应当加盖颁发单位或出具单位的公章，或出具公证机关的公证文书或律师的认证文件，以证明复印件与原件一致；提交国外和中国香港、澳门特别行政区及台湾地区大学或高等教育机构学位证书或高等教育文凭，或者非学历教育文凭的，应当同时提交国务院教育行政部门对其所获教育文凭的学历学位认证文件。

第二十八条 申请人提交的最近3年曾任职单位的鉴定意见，应当详细说明申请人或拟任人在曾任职单位的职责范围、履职情况以及是否受到纪律处分等情况。

第二十九条 派出机构根据《行政许可法》第三十二条和中国证监会行政许可实施程序的有关规定，对申请人提出的任职资格申请作出处理。

第二节 审查与核准

第三十条 派出机构认为有必要时，可以对申请人或拟任人进行考察、谈话。

第三十一条 申请人或拟任人有下列情形之一的，派出机构可以作出终止审查的决定：

（一）申请人或拟任人死亡或者丧失行为能力的；

（二）申请人依法终止的；

（三）申请人主动要求撤回申请材料的；

（四）申请人未在规定期限内针对反馈意见作出进一步说明、解释的；

（五）申请人或拟任人因涉嫌违法违规行为被行政机关立案调查的；

（六）申请人被依法采取停业整顿、托管、接管、限制业务等监管措施的；

（七）申请人或拟任人因涉嫌犯罪被司法机关立案侦查的；

（八）中国证监会认定的其他情形。

第三十二条 派出机构应当在规定期限内对证券公司董事、监事、高管人员和分支机构负责人的任职资格申请作出是否核准的决定。不予核准的，应当说明理由。

第三节 任 职

第三十三条 证券公司应当自拟任董事、监事取得任职资格之日起30日内，按照公司章程等有关规定办理上述人员的任职手续。自取得任职资格之日起30日内，上述人员未在证券公司任职或履行相关职务的，除有正当理由并经相关派出机构认可的，其任职资格自动失效。

第三十四条 证券公司任免董事、监事、高管人员和分支机构负责人的，应当自作出决定之日起5日内，将有关人员的变动情况以及高管人员的职责范围在公司公告，并向相关派出机构报告，提交以下材料：

（一）任职、免职决定文件；

（二）相关会议的决议；

（三）相关人员的任职资格核准文件；

（四）相关人员签署的诚信经营承诺书；

（五）高管人员职责范围的说明；

（六）中国证监会规定的其他材料。

证券公司未按要求履行公告、报告义务的，相关人员应当在2日内向相关派出机构报告。

第三十五条 证券公司任免董事、监事、高管人员和分支机构负责人的，中国证监会及相关派出机构可以对有关人员进行任职谈话。证券公司选任的董事、监事、高管人员和分支机构负责人不符合规定的条件的，中国证监会及相关派出机构应当责令证券公司限期更换人员。

第三十六条 内资证券公司境外人士担任经理层人员职务的比例最多可以达到公司该类人员总数的30%；外资参股证券公司境外人士担任经理层人员职务的比例最多可以达到公司该类人员总数的50%.

第三十七条 证券公司高管人员和分支机构负责人最多可以在证券公司参股的2家公司兼任董事、监事，但不得在上述公司兼任董事、监事以外的职务，不得在其他营利性机构兼职或者从事其他经营性活动。

证券公司高管人员在证券公司全资或控股子公司兼职的，不受上述限制，但应当遵守中国证监会有关规定。

证券公司分支机构负责人不得兼任其他同类分支机构负责人。

任何人员最多可以在2家证券公司担任独立董事。

证券公司董事、监事、高管人员和分支机构负责人兼职的，应自有关情况发生之日起5日内向相关派出机构报告。

第三十八条 取得经理层人员任职资格的人员，担任除独立董事之外的其他职务，不需重新申请任职资格，由拟任职的证券公司按照规定依法办理其任职手续。

取得分支机构负责人任职资格的人员，改任同一公司其他分支机构负责人或者其他公司分支机构负责人的，不需重新申请任职资格，由拟任职的证券公司按照规定依法办理其任职手续。

第三十九条 证券公司董事、监事离任的，其任职资格自离任之日起自动失效。

有以下情形的，不受前款规定限制：

（一）证券公司董事（不包括独立董事）、监事在同一公司相互改任；

（二）证券公司董事长、副董事长、监事会主席，在同一公司改任除独立董事之外的其他董事、监事。

第四十条 证券公司变更法定代表人、主要负责人及分支机构负责人的，应当自作出有关任职决定之日起20日内办理证券业务许可证的变更手续。

第四章 监督管理

第四十一条 证券公司董事、监事、高管人员和分支机构负责人应当按照法律、行政法规、中国证监会的规定和公司章程行使职权，不得授权未取得任职资格的人员代为行使职权。

第四十二条 高管人员职责分工发生调整的，证券公司应当在5日内在公司公告，并向相关派出机构报告。同时，证券公司应当将上述事项及时告知相关高管人员。证券公司未按要求履行公告、报告义务的，相关高管人员应当在2日内向相关派出机构报告。

第四十三条 证券公司董事、监事、高管人员和分支机构负责人应当拒绝执行任何机构、个人侵害公司利益或者客户合法权益等的指令或者授意，发现有侵害客户合法权益的违法违规行为的，应当及时向中国证监会及相关派出机构报告。

中国证监会及其派出机构依法保护因依法履行职责、切实维护客户利益而受到不公正待遇的董事、监事、高管人员和分支机构负责人的合法权益。

第四十四条 禁止证券公司董事、监事、高管人员和分支机构负责人从事下列行为：

（一）利用职权收受贿赂或者获取其他非法收入；

（二）挪用或侵占公司或者客户资产；

（三）违法将公司或者客户资金借贷给他人；

（四）以客户资产为本公司、公司股东或者其他机构、个人债务提供担保。

第四十五条 中国证监会对取得经理层人员任职资格但未在证券公司担任经理层人员职务的人员进行资格年检。

中国证监会对取得分支机构负责人任职资格但未在证券公司担任分支机构

负责人职务的人员进行资格年检。

上述人员应当自取得任职资格的下一个年度起，在每年第一季度向住所地派出机构提交由单位负责人或推荐人签署意见的年检登记表。

第四十六条 取得经理层人员任职资格而不在证券公司担任经理层人员职务的人员，未按规定参加资格年检，或未通过资格年检，或自取得任职资格之日起连续5年未在证券公司任职的，应当在任职前重新申请取得经理层人员的任职资格。

取得分支机构负责人任职资格而不在证券公司担任分支机构负责人职务的人员，未按规定参加资格年检，或未通过资格年检，或连续5年未在证券公司任职的，应当在任职前重新申请取得分支机构负责人的任职资格。

第四十七条 中国证监会建立数据库，记录取得经理层人员任职资格的人员信息。证券公司选聘经理层人员，可以从中查询相关信息。

中国证监会将证券公司董事长、副董事长、监事会主席的有关信息录入数据库。

第四十八条 取得董事、监事、经理层人员任职资格的人员应当至少每3年参加1次中国证监会认可的业务培训，取得培训合格证书。

取得分支机构负责人任职资格的人员应当至少每3年参加1次所在地派出机构认可的业务培训，取得培训合格证书。

第四十九条 证券公司董事长、总经理不能履行职务或者缺位时，公司可以按公司章程等规定临时决定符合第八条规定的人员代为履行职务，并在作出决定之日起3日内向中国证监会及注册地派出机构报告。

公司决定的人员不符合条件的，中国证监会及相关派出机构可以责令公司限期另行决定代为履行职务的人员，并责令原代为履行职务人员停止履行职务。

代为履行职务的时间不得超过6个月。公司应当在6个月内选聘具有任职资格的人员担任董事长、总经理。

第五十条 证券公司董事、监事、高管人员和分支机构负责人涉嫌重大违法犯罪，被行政机关立案调查或司法机关立案侦查的，证券公司应当暂停相关人员的职务。

第五十一条 有下列情形之一的，相关派出机构应当对负有直接责任或领导责任的董事、监事、高管人员和分支机构负责人进行监管谈话：

（一）证券公司或本人涉嫌违反法律、行政法规或者中国证监会规定；

（二）证券公司法人治理结构、内部控制存在重大隐患；

（三）证券公司财务指标不符合中国证监会规定的风险控制指标；

（四）证券公司聘任不具有任职资格的人员担任董事、监事、高管人员和分支机构负责人或者违反本办法规定授权不具备任职资格的人员实际履行上述职务；

（五）违反本办法第三十四条、第四十二条规定，未履行公告义务；

（六）董事、监事、高管人员和分支机构负责人不遵守承诺；

（七）违反本办法第四十一条、第四十三条、第四十八条、第五十条规定；

（八）自签署推荐意见之日起 1 年内所推荐的人员被认定为不适当人选或被撤销任职资格；

（九）所出具的推荐意见存在虚假内容；

（十）对公司及其股东、其他董事、监事、高管人员和分支机构负责人的违法违规行为隐瞒不报；

（十一）未按规定对离任人员进行离任审计；

（十二）中国证监会根据审慎监管原则认定的其他情形。

第五十二条 证券公司净资本或其他风险控制指标不符合规定，被中国证监会责令限期改正而逾期未改正的，或其行为严重危及证券公司的稳健运行、损害客户合法权益的，中国证监会可以限制公司向董事、监事、高管人员和分支机构负责人支付报酬、提供福利，或暂停相关人员职务，或责令更换董事、监事、高管人员和分支机构负责人。

董事、监事、高管人员和分支机构负责人被暂停职务期间，不得离职。

第五十三条 证券公司董事、监事、高管人员和分支机构负责人在任职期间出现下列情形之一的，中国证监会及相关派出机构可以将其认定为不适当人选：

（一）向证券监管机构提供虚假信息、隐瞒重大事项；

（二）拒绝配合证券监管机构依法履行监管职责；

（三）擅离职守；

（四）1 年内累计 3 次被证券监管机构按照本办法第五十一条的规定进行监管谈话；

（五）累计 3 次被自律组织纪律处分；

（六）累计 3 次对公司受到行政处罚负有领导责任；

（七）累计 5 次对公司受到纪律处分负有领导责任；

（八）中国证监会根据审慎监管原则认定的其他情形。

第五十四条 自被中国证监会及相关派出机构认定为不适当人选之日起 2 年内，任何证券公司不得聘用该人员担任董事、监事、高管人员和分支机构负责人。

第五十五条 证券公司董事、监事和高管人员未能勤勉尽责，致使证券公司存在重大违法违规行为或者重大风险的，中国证监会及相关派出机构可以撤销相关人员的任职资格，并责令公司限期更换董事、监事和高管人员。

分支机构负责人未能勤勉尽责，致使证券公司存在重大违法违规行为或者重大风险的，应当依据有关规定处理。

第五十六条 自推荐人签署推荐意见之日起1年内，被推荐人被认定为不适当人选或被撤销任职资格的，自作出有关决定之日起2年内不受理该推荐人的推荐意见和签署意见的年检登记表。

第五十七条 法定代表人、高管人员和分支机构负责人辞职，或被认定为不适当人选而被解除职务，或被撤销任职资格的，证券公司应当按照规定对其进行离任审计，并且自离任之日起2个月内将审计报告报相关派出机构备案。

第五十八条 法定代表人、高管人员、分支机构负责人离任审计期间，不得在其他证券公司担任董事、监事、高管人员和分支机构负责人。

第五章 法律责任

第五十九条 证券公司董事、监事、高管人员和分支机构负责人违反法律、行政法规和中国证监会的规定，依法应予以行政处罚的，依照有关规定进行处罚；涉嫌犯罪的，依法移送司法机关，追究刑事责任。

第六十条 申请人或拟任人隐瞒有关情况或者提供虚假材料申请任职资格的，证券监管机构不予受理或者不予行政许可，并依法给予警告。

第六十一条 申请人或拟任人以欺骗、贿赂等不正当手段取得任职资格的，应当予以撤销，对公司和负有责任的人员予以警告，并处以罚款。

第六十二条 证券公司违反本办法规定，聘任不具有任职资格的人员担任相应职务的，中国证监会根据《证券法》第一百九十八条的规定给予行政处罚。

第六十三条 有下列情形之一的，责令改正，对证券公司和负有责任的人员依据法律法规和部门规章的规定进行处罚：

（一）违反本办法第三十七条、第四十四条和第四十九条规定；

（二）对中国证监会依据本办法第三十五条、第五十四条作出的监管要求，公司未按规定作出相应处理；

（三）证券公司及相关人员未按规定履行报告义务或者报送的材料存在虚假记载、误导性陈述或者重大遗漏的。

第六章 附 则

第六十四条 本办法所称分支机构负责人是指证券公司在境内设立的分公

司、证券营业部以及中国证监会规定可以从事业务经营活动的证券公司下属其他非法人机构的经理及实际履行经理职务的人员。

第六十五条 本办法所称金融工作是指除证券以外的其他金融工作。

在上市公司从事证券相关工作的，视为从事证券工作。

第六十六条 本办法规定的期限以工作日计算，不含法定节假日。

第六十七条 本办法自2006年12月1日起施行。中国证监会发布的《证券经营机构高级管理人员任职资格管理暂行办法》（证监机字［1998］46号）、《证券公司高级管理人员管理办法》（中国证监会令第24号）同时废止。

相关附件：

附件1：关于修改《证券公司董事、监事和高级管理人员任职资格监管办法》的决定（略）

附件2：证券公司董事、监事和高级管理人员任职资格监管办法（略）

VII.1.29 上海证券交易所上市公司董事选任与行为指引（2013年修订）（存目）

（2013年6月13日 上证公字［2013］21号）

VII.1.30 深圳证券交易所独立董事备案办法（2011年修订）（存目）

（2011年12月20日 深圳证券交易所）

VII.1.31 上海证券交易所关于发布《上市公司董事、监事、高级管理人员、股东股份交易行为规范问答》的通知（存目）

（2007年4月20日 上海证券交易所）

VII. 1. 32　上海证券交易所上市公司控股股东、实际控制人行为指引（存目）

（2010 年 7 月 26 日　上证公字［2010］46 号）

VII. 1. 33　上海证券交易所上市公司持续督导工作指引（存目）

（2009 年 7 月 15 日　上证公字［2009］75 号）

VII. 1. 34　深圳证券交易所上市公司保荐工作指引（存目）

（2012 年 11 月 23 日　深证上［2012］383 号）

VII. 1. 35　证券交易所上市公司募集资金管理规定

（1）上海证券交易所上市公司募集资金管理办法（2013 年修订）（存目）

（2013 年 3 月 29 日　上海证券交易所）

（2）上海证券交易所关于规范上市公司超募资金使用与管理有关问题的通知（存目）

（2011 年 10 月 31 日　上海证券交易所）

（3）中小企业板信息披露业务备忘录第 29 号：募集资金使用（2013 年修订）（存目）

（2013 年 2 月 5 日　深圳证券交易所）

（4）创业板信息披露业务备忘录第 1 号：超募资金使用（2012 年修订）（存目）

（2012 年 8 月 16 日　深圳证券交易所）

（5）上海证券交易所上市公司董事会秘书管理办法（存目）

（2011 年 4 月 15 日　上海证券交易所）

VII. 1. 36　深圳证券交易所主板上市公司规范运作指引（存目）

（2010 年 7 月 28 日　深圳证券交易所）

VII. 1. 37　深圳证券交易所中小企业板上市公司规范运作指引（存目）

（2010 年 7 月 28 日　深圳证券交易所）

VII. 1. 38　深圳证券交易所创业板上市公司规范运作指引（存目）

（2009 年 10 月 15 日　深圳证券交易所）

VII. 1. 39 深圳证券交易所首次公开发行股票发行与上市指南（2014年修订）（存目）

（2014年4月30日 深圳证券交易所）

VII. 1. 40 上海证券交易所上市公司独立董事备案及培训工作指引（存目）

（2010年10月28日 上证公字［2010］60号）

VII. 1. 41 关于进一步规范创业板上市公司董事、监事和高级管理人员买卖本公司股票行为的通知（存目）

（2010年11月4日 深圳证券交易所）

VII. 1. 42 上海证券交易所上市公司股东大会网络投票实施细则（2012年第二次修订）（存目）

（2012年11月27日 上海证券交易所）

VII. 1. 43 深圳证券交易所上市公司股东大会网络投票实施细则（2014年修订）（存目）

（2014年2月14日 深证上［2014］93号）

VII. 1. 44 深圳证券交易所创业板上市公司公开谴责标准（存目）

（2011 年 4 月 1 日 深圳证券交易所）

VII. 1. 45 关于完善上海证券交易所上市公司退市制度的方案（存目）

（2012 年 6 月 28 日 上海证券交易所）

VII. 1. 46 关于改进和完善深圳证券交易所主板、中小企业板上市公司退市制度的方案（存目）

（2012 年 6 月 28 日 深圳证券交易所）

VII. 1. 47 上海证券交易所退市公司重新上市实施办法（2013 年修订）（存目）

（2013 年 12 月 27 日 上海证券交易所）

VII. 1. 48 深圳证券交易所退市公司重新上市实施办法（存目）

（2012 年 12 月 16 日 深圳证券交易所）

VII. 2 上市公司持续信息披露

VII. 2. 1 上市公司信息披露管理办法

（2007 年 1 月 30 日 中国证券监督管理委员会令第 40 号）

第一章 总 则

第一条 为了规范发行人、上市公司及其他信息披露义务人的信息披露行为，加强信息披露事务管理，保护投资者合法权益，根据《公司法》、《证券法》等法律、行政法规，制定本办法。

第二条 信息披露义务人应当真实、准确、完整、及时地披露信息，不得有虚假记载、误导性陈述或者重大遗漏。

信息披露义务人应当同时向所有投资者公开披露信息。

在境内、外市场发行证券及其衍生品种并上市的公司在境外市场披露的信息，应当同时在境内市场披露。

第三条 发行人、上市公司的董事、监事、高级管理人员应当忠实、勤勉地履行职责，保证披露信息的真实、准确、完整、及时、公平。

第四条 在内幕信息依法披露前，任何知情人不得公开或者泄露该信息，不得利用该信息进行内幕交易。

第五条 信息披露文件主要包括招股说明书、募集说明书、上市公告书、定期报告和临时报告等。

第六条 上市公司及其他信息披露义务人依法披露信息，应当将公告文稿和相关备查文件报送证券交易所登记，并在中国证券监督管理委员会（以下简称中国证监会）指定的媒体发布。

信息披露义务人在公司网站及其他媒体发布信息的时间不得先于指定媒体，不得以新闻发布或者答记者问等任何形式代替应当履行的报告、公告义务，不得以定期报告形式代替应当履行的临时报告义务。

第七条 信息披露义务人应当将信息披露公告文稿和相关备查文件报送上市公司注册地证监局，并置备于公司住所供社会公众查阅。

第八条 信息披露文件应当采用中文文本。同时采用外文文本的，信息披露义务人应当保证两种文本的内容一致。两种文本发生歧义时，以中文文本为准。

第九条 中国证监会依法对信息披露文件及公告的情况、信息披露事务管理活动进行监督，对上市公司控股股东、实际控制人和信息披露义务人的行为进行监督。

证券交易所应当对上市公司及其他信息披露义务人披露信息进行监督，督促其依法及时、准确地披露信息，对证券及其衍生品种交易实行实时监控。证券交易所制订的上市规则和其他信息披露规则应当报中国证监会批准。

第十条 中国证监会可以对金融、房地产等特殊行业上市公司的信息披露作出特别规定。

第二章 招股说明书、募集说明书与上市公告书

第十一条 发行人编制招股说明书应当符合中国证监会的相关规定。凡是对投资者作出投资决策有重大影响的信息，均应当在招股说明书中披露。

公开发行证券的申请经中国证监会核准后，发行人应当在证券发行前公告招股说明书。

第十二条 发行人的董事、监事、高级管理人员，应当对招股说明书签署书面确认意见，保证所披露的信息真实、准确、完整。

招股说明书应当加盖发行人公章。

第十三条 发行人申请首次公开发行股票的，中国证监会受理申请文件后，发行审核委员会审核前，发行人应当将招股说明书申报稿在中国证监会网站预先披露。

预先披露的招股说明书申报稿不是发行人发行股票的正式文件，不能含有价格信息，发行人不得据此发行股票。

第十四条 证券发行申请经中国证监会核准后至发行结束前，发生重要事项的，发行人应当向中国证监会书面说明，并经中国证监会同意后，修改招股说明书或者作相应的补充公告。

第十五条 申请证券上市交易，应当按照证券交易所的规定编制上市公告书，并经证券交易所审核同意后公告。

发行人的董事、监事、高级管理人员，应当对上市公告书签署书面确认意见，保证所披露的信息真实、准确、完整。

上市公告书应当加盖发行人公章。

第十六条 招股说明书、上市公告书引用保荐人、证券服务机构的专业意见或者报告的，相关内容应当与保荐人、证券服务机构出具的文件内容一致，确保引用保荐人、证券服务机构的意见不会产生误导。

第十七条 本办法第十一条至第十六条有关招股说明书的规定，适用于公司债券募集说明书。

第十八条 上市公司在非公开发行新股后，应当依法披露发行情况报告书。

第三章 定期报告

第十九条 上市公司应当披露的定期报告包括年度报告、中期报告和季度报告。凡是对投资者作出投资决策有重大影响的信息，均应当披露。

年度报告中的财务会计报告应当经具有证券、期货相关业务资格的会计师事务所审计。

第二十条 年度报告应当在每个会计年度结束之日起 4 个月内，中期报告应当在每个会计年度的上半年结束之日起 2 个月内，季度报告应当在每个会计年度第 3 个月、第 9 个月结束后的 1 个月内编制完成并披露。

第一季度季度报告的披露时间不得早于上一年度年度报告的披露时间。

第二十一条 年度报告应当记载以下内容：

（一）公司基本情况；

（二）主要会计数据和财务指标；

（三）公司股票、债券发行及变动情况，报告期末股票、债券总额、股东总数，公司前十大股东持股情况；

（四）持股 5% 以上股东、控股股东及实际控制人情况；

（五）董事、监事、高级管理人员的任职情况、持股变动情况、年度报酬情况；

（六）董事会报告；

（七）管理层讨论与分析；

（八）报告期内重大事件及对公司的影响；

（九）财务会计报告和审计报告全文；

（十）中国证监会规定的其他事项。

第二十二条 中期报告应当记载以下内容：

（一）公司基本情况；

（二）主要会计数据和财务指标；

（三）公司股票、债券发行及变动情况、股东总数、公司前十大股东持股情况，控股股东及实际控制人发生变化的情况；

（四）管理层讨论与分析；

（五）报告期内重大诉讼、仲裁等重大事件及对公司的影响；

（六）财务会计报告；

（七）中国证监会规定的其他事项。

第二十三条 季度报告应当记载以下内容：

（一）公司基本情况；

（二）主要会计数据和财务指标；

（三）中国证监会规定的其他事项。

第二十四条 公司董事、高级管理人员应当对定期报告签署书面确认意见，监事会应当提出书面审核意见，说明董事会的编制和审核程序是否符合法律、行政法规和中国证监会的规定，报告的内容是否能够真实、准确、完整地反映上市公司的实际情况。

董事、监事、高级管理人员对定期报告内容的真实性、准确性、完整性无法保证或者存在异议的，应当陈述理由和发表意见，并予以披露。

第二十五条 上市公司预计经营业绩发生亏损或者发生大幅变动的，应当及时进行业绩预告。

第二十六条 定期报告披露前出现业绩泄露，或者出现业绩传闻且公司证券及其衍生品种交易出现异常波动的，上市公司应当及时披露本报告期相关财务数据。

第二十七条 定期报告中财务会计报告被出具非标准审计报告的，上市公司董事会应当针对该审计意见涉及事项作出专项说明。

定期报告中财务会计报告被出具非标准审计意见，证券交易所认为涉嫌违法的，应当提请中国证监会立案调查。

第二十八条 上市公司未在规定期限内披露年度报告和中期报告的，中国证监会应当立即立案稽查，证券交易所应当按照股票上市规则予以处理。

第二十九条 年度报告、中期报告和季度报告的格式及编制规则，由中国证监会另行制定。

第四章 临时报告

第三十条 发生可能对上市公司证券及其衍生品种交易价格产生较大影响的重大事件，投资者尚未得知时，上市公司应当立即披露，说明事件的起因、目前的状态和可能产生的影响。

前款所称重大事件包括：

（一）公司的经营方针和经营范围的重大变化；

（二）公司的重大投资行为和重大的购置财产的决定；

（三）公司订立重要合同，可能对公司的资产、负债、权益和经营成果产生重要影响；

（四）公司发生重大债务和未能清偿到期重大债务的违约情况，或者发生大额赔偿责任；

（五）公司发生重大亏损或者重大损失；

（六）公司生产经营的外部条件发生的重大变化；

（七）公司的董事、1/3 以上监事或者经理发生变动，董事长或者经理无法履行职责；

（八）持有公司 5% 以上股份的股东或者实际控制人，其持有股份或者控制公司的情况发生较大变化；

（九）公司减资、合并、分立、解散及申请破产的决定，或者依法进入破产程序、被责令关闭；

（十）涉及公司的重大诉讼、仲裁，股东大会、董事会决议被依法撤销或者宣告无效；

（十一）公司涉嫌违法违规被有权机关调查，或者受到刑事处罚、重大行政处罚，公司董事、监事、高级管理人员涉嫌违法违纪被有权机关调查或者采取强制措施；

（十二）新公布的法律、法规、规章、行业政策可能对公司产生重大影响；

（十三）董事会就发行新股或者其他再融资方案、股权激励方案形成相关决议；

（十四）法院裁决禁止控股股东转让其所持股份，任一股东所持公司 5% 以上股份被质押、冻结、司法拍卖、托管、设定信托或者被依法限制表决权；

（十五）主要资产被查封、扣押、冻结或者被抵押、质押；

（十六）主要或者全部业务陷入停顿；

（十七）对外提供重大担保；

（十八）获得大额政府补贴等可能对公司资产、负债、权益或者经营成果产生重大影响的额外收益；

（十九）变更会计政策、会计估计；

（二十）因前期已披露的信息存在差错、未按规定披露或者虚假记载，被有关机关责令改正或者经董事会决定进行更正；

（二十一）中国证监会规定的其他情形。

第三十一条 上市公司应当在最先发生的以下任一时点，及时履行重大事件的信息披露义务：

（一）董事会或者监事会就该重大事件形成决议时；

（二）有关各方就该重大事件签署意向书或者协议时；

（三）董事、监事或者高级管理人员知悉该重大事件发生并报告时。

在前款规定的时点之前出现下列情形之一的，上市公司应当及时披露相关事项的现状、可能影响事件进展的风险因素：

（一）该重大事件难以保密；

（二）该重大事件已经泄露或者市场出现传闻；

（三）公司证券及其衍生品种出现异常交易情况。

第三十二条 上市公司披露重大事件后，已披露的重大事件出现可能对上市公司证券及其衍生品种交易价格产生较大影响的进展或者变化的，应当及时披露进展或者变化情况、可能产生的影响。

第三十三条 上市公司控股子公司发生本办法第三十条规定的重大事件，可能对上市公司证券及其衍生品种交易价格产生较大影响的，上市公司应当履行信息披露义务。

上市公司参股公司发生可能对上市公司证券及其衍生品种交易价格产生较大影响的事件的，上市公司应当履行信息披露义务。

第三十四条 涉及上市公司的收购、合并、分立、发行股份、回购股份等行为导致上市公司股本总额、股东、实际控制人等发生重大变化的，信息披露义务人应当依法履行报告、公告义务，披露权益变动情况。

第三十五条 上市公司应当关注本公司证券及其衍生品种的异常交易情况及媒体关于本公司的报道。

证券及其衍生品种发生异常交易或者在媒体中出现的消息可能对公司证券及其衍生品种的交易产生重大影响时，上市公司应当及时向相关各方了解真实情况，必要时应当以书面方式问询。

上市公司控股股东、实际控制人及其一致行动人应当及时、准确地告知上市公司是否存在拟发生的股权转让、资产重组或者其他重大事件，并配合上市公司做好信息披露工作。

第三十六条 公司证券及其衍生品种交易被中国证监会或者证券交易所认定为异常交易的，上市公司应当及时了解造成证券及其衍生品种交易异常波动的影响因素，并及时披露。

第五章 信息披露事务管理

第三十七条 上市公司应当制定信息披露事务管理制度。信息披露事务管理制度应当包括：

（一）明确上市公司应当披露的信息，确定披露标准；

（二）未公开信息的传递、审核、披露流程；

（三）信息披露事务管理部门及其负责人在信息披露中的职责；

（四）董事和董事会、监事和监事会、高级管理人员等的报告、审议和披露的职责；

（五）董事、监事、高级管理人员履行职责的记录和保管制度；

（六）未公开信息的保密措施，内幕信息知情人的范围和保密责任；

（七）财务管理和会计核算的内部控制及监督机制；

（八）对外发布信息的申请、审核、发布流程；与投资者、证券服务机构、媒体等的信息沟通与制度；

（九）信息披露相关文件、资料的档案管理；

（十）涉及子公司的信息披露事务管理和报告制度；

（十一）未按规定披露信息的责任追究机制，对违反规定人员的处理措施。

上市公司信息披露事务管理制度应当经公司董事会审议通过，报注册地证监局和证券交易所备案。

第三十八条 上市公司董事、监事、高级管理人员应当勤勉尽责，关注信息披露文件的编制情况，保证定期报告、临时报告在规定期限内披露，配合上市公司及其他信息披露义务人履行信息披露义务。

第三十九条 上市公司应当制定定期报告的编制、审议、披露程序。经理、财务负责人、董事会秘书等高级管理人员应当及时编制定期报告草案，提请董事会审议；董事会秘书负责送达董事审阅；董事长负责召集和主持董事会会议审议定期报告；监事会负责审核董事会编制的定期报告；董事会秘书负责组织定期报告的披露工作。

第四十条 上市公司应当制定重大事件的报告、传递、审核、披露程序。董事、监事、高级管理人员知悉重大事件发生时，应当按照公司规定立即履行报告义务；董事长在接到报告后，应当立即向董事会报告，并敦促董事会秘书组织临时报告的披露工作。

第四十一条 上市公司通过业绩说明会、分析师会议、路演、接受投资者调研等形式就公司的经营情况、财务状况及其他事件与任何机构和个人进行沟通的，不得提供内幕信息。

第四十二条 董事应当了解并持续关注公司生产经营情况、财务状况和公司已经发生的或者可能发生的重大事件及其影响，主动调查、获取决策所需要的资料。

第四十三条 监事应当对公司董事、高级管理人员履行信息披露职责的行为进行监督；关注公司信息披露情况，发现信息披露存在违法违规问题的，应当进行调查并提出处理建议。

监事会对定期报告出具的书面审核意见，应当说明编制和审核的程序是否符合法律、行政法规、中国证监会的规定，报告的内容是否能够真实、准确、完整地反映上市公司的实际情况。

第四十四条 高级管理人员应当及时向董事会报告有关公司经营或者财务方面出现的重大事件、已披露的事件的进展或者变化情况及其他相关信息。

第四十五条 董事会秘书负责组织和协调公司信息披露事务，汇集上市公司应予披露的信息并报告董事会，持续关注媒体对公司的报道并主动求证报道的真实情况。董事会秘书有权参加股东大会、董事会会议、监事会会议和高级管理人员相关会议，有权了解公司的财务和经营情况，查阅涉及信息披露事宜的所有文件。

董事会秘书负责办理上市公司信息对外公布等相关事宜。除监事会公告外，上市公司披露的信息应当以董事会公告的形式发布。董事、监事、高级管理人员非经董事会书面授权，不得对外发布上市公司未披露信息。

上市公司应当为董事会秘书履行职责提供便利条件，财务负责人应当配合董事会秘书在财务信息披露方面的相关工作。

第四十六条 上市公司的股东、实际控制人发生以下事件时，应当主动告知上市公司董事会，并配合上市公司履行信息披露义务：

（一）持有公司5%以上股份的股东或者实际控制人，其持有股份或者控制公司的情况发生较大变化；

（二）法院裁决禁止控股股东转让其所持股份，任一股东所持公司5%以上股份被质押、冻结、司法拍卖、托管、设定信托或者被依法限制表决权；

（三）拟对上市公司进行重大资产或者业务重组；

（四）中国证监会规定的其他情形。

应当披露的信息依法披露前，相关信息已在媒体上传播或者公司证券及其衍生品种出现交易异常情况的，股东或者实际控制人应当及时、准确地向上市公司作出书面报告，并配合上市公司及时、准确地公告。

上市公司的股东、实际控制人不得滥用其股东权利、支配地位，不得要求上市公司向其提供内幕信息。

第四十七条 上市公司非公开发行股票时，其控股股东、实际控制人和发行对象应当及时向上市公司提供相关信息，配合上市公司履行信息披露义务。

第四十八条 上市公司董事、监事、高级管理人员、持股5%以上的股东及其一致行动人、实际控制人应当及时向上市公司董事会报送上市公司关联人名单及关联关系的说明。上市公司应当履行关联交易的审议程序，并严格执行关联交易回避表决制度。交易各方不得通过隐瞒关联关系或者采取其他手段，规避上市公司的关联交易审议程序和信息披露义务。

第四十九条 通过接受委托或者信托等方式持有上市公司5%以上股份的股东或者实际控制人，应当及时将委托人情况告知上市公司，配合上市公司履行信息披露义务。

第五十条 信息披露义务人应当向其聘用的保荐人、证券服务机构提供与执业相关的所有资料，并确保资料的真实、准确、完整，不得拒绝、隐匿、谎报。

保荐人、证券服务机构在为信息披露出具专项文件时，发现上市公司及其他信息披露义务人提供的材料有虚假记载、误导性陈述、重大遗漏或者其他重大违法行为的，应当要求其补充、纠正。信息披露义务人不予补充、纠正的，保荐人、证券服务机构应当及时向公司注册地证监局和证券交易所报告。

第五十一条 上市公司解聘会计师事务所的，应当在董事会决议后及时通知会计师事务所，公司股东大会就解聘会计师事务所进行表决时，应当允许会计师事务所陈述意见。股东大会作出解聘、更换会计师事务所决议的，上市公司应当在披露时说明更换的具体原因和会计师事务所的陈述意见。

第五十二条 为信息披露义务人履行信息披露义务出具专项文件的保荐人、证券服务机构，应当勤勉尽责、诚实守信，按照依法制定的业务规则、行业执业规范和道德准则发表专业意见，保证所出具文件的真实性、准确性和完整性。

第五十三条 注册会计师应当秉承风险导向审计理念，严格执行注册会计师执业准则及相关规定，完善鉴证程序，科学选用鉴证方法和技术，充分了解被鉴证单位及其环境，审慎关注重大错报风险，获取充分、适当的证据，合理发表鉴证结论。

第五十四条 资产评估机构应当恪守职业道德，严格遵守评估准则或者其他评估规范，恰当选择评估方法，评估中提出的假设条件应当符合实际情况，对评估对象所涉及交易、收入、支出、投资等业务的合法性、未来预测的可靠性取得充分证据，充分考虑未来各种可能性发生的概率及其影响，形成合理的评估结论。

第五十五条 任何机构和个人不得非法获取、提供、传播上市公司的内幕信息，不得利用所获取的内幕信息买卖或者建议他人买卖公司证券及其衍生品种，不得在投资价值分析报告、研究报告等文件中使用内幕信息。

第五十六条 媒体应当客观、真实地报道涉及上市公司的情况，发挥舆论监督作用。

任何机构和个人不得提供、传播虚假或者误导投资者的上市公司信息。

违反前两款规定，给投资者造成损失的，依法承担赔偿责任。

第六章 监督管理与法律责任

第五十七条 中国证监会可以要求上市公司及其他信息披露义务人或者其

董事、监事、高级管理人员对有关信息披露问题作出解释、说明或者提供相关资料，并要求上市公司提供保荐人或者证券服务机构的专业意见。

中国证监会对保荐人和证券服务机构出具的文件的真实性、准确性、完整性有疑义的，可以要求相关机构作出解释、补充，并调阅其工作底稿。

上市公司及其他信息披露义务人、保荐人和证券服务机构应当及时作出回复，并配合中国证监会的检查、调查。

第五十八条 上市公司董事、监事、高级管理人员应当对公司信息披露的真实性、准确性、完整性、及时性、公平性负责，但有充分证据表明其已经履行勤勉尽责义务的除外。

上市公司董事长、经理、董事会秘书，应当对公司临时报告信息披露的真实性、准确性、完整性、及时性、公平性承担主要责任。

上市公司董事长、经理、财务负责人应对公司财务报告的真实性、准确性、完整性、及时性、公平性承担主要责任。

第五十九条 信息披露义务人及其董事、监事、高级管理人员，上市公司的股东、实际控制人、收购人及其董事、监事、高级管理人员违反本办法的，中国证监会可以采取以下监管措施：

（一）责令改正；

（二）监管谈话；

（三）出具警示函；

（四）将其违法违规、不履行公开承诺等情况记入诚信档案并公布；

（五）认定为不适当人选；

（六）依法可以采取的其他监管措施。

第六十条 上市公司未按本办法规定制定上市公司信息披露事务管理制度的，中国证监会责令改正。拒不改正的，中国证监会给予警告、罚款。

第六十一条 信息披露义务人未在规定期限内履行信息披露义务，或者所披露的信息有虚假记载、误导性陈述或者重大遗漏的，中国证监会按照《证券法》第一百九十三条处罚。

第六十二条 信息披露义务人未在规定期限内报送有关报告，或者报送的报告有虚假记载、误导性陈述或者重大遗漏的，中国证监会按照《证券法》第一百九十三条处罚。

第六十三条 上市公司通过隐瞒关联关系或者采取其他手段，规避信息披露、报告义务的，中国证监会按照《证券法》第一百九十三条处罚。

第六十四条 上市公司股东、实际控制人未依法配合上市公司履行信息披露义务的，或者非法要求上市公司提供内幕信息的，中国证监会责令改正，给予警告、罚款。

第六十五条 为信息披露义务人履行信息披露义务出具专项文件的保荐人、证券服务机构及其人员，违反《证券法》、行政法规和中国证监会的规定，由中国证监会依法采取责令改正、监管谈话、出具警示函、记入诚信档案等监管措施；应当给予行政处罚的，中国证监会依法处罚。

第六十六条 任何机构和个人泄露上市公司内幕信息，或者利用内幕信息买卖证券及其衍生品种，中国证监会按照《证券法》第二百零一条、第二百零二条处罚。

第六十七条 任何机构和个人编制、传播虚假信息扰乱证券市场；媒体传播上市公司信息不真实、不客观的，中国证监会按照《证券法》第二百零六条处罚。

在证券及其衍生品种交易活动中作出虚假陈述或者信息误导的，中国证监会按照《证券法》第二百零七条处罚。

第六十八条 涉嫌利用新闻报道以及其他传播方式对上市公司进行敲诈勒索的，中国证监会责令改正，向有关部门发出监管建议函，由有关部门依法追究法律责任。

第六十九条 上市公司及其他信息披露义务人违反本办法的规定，情节严重的，中国证监会可以对有关责任人员采取证券市场禁入的措施。

第七十条 违反本办法，涉嫌犯罪的，依法移送司法机关，追究刑事责任。

第七章 附 则

第七十一条 本办法下列用语的含义：

（一）为信息披露义务人履行信息披露义务出具专项文件的保荐人、证券服务机构，是指为证券发行、上市、交易等证券业务活动制作、出具保荐书、审计报告、资产评估报告、法律意见书、财务顾问报告、资信评级报告等文件的保荐人、会计师事务所、资产评估机构、律师事务所、财务顾问机构、资信评级机构。

（二）及时，是指自起算日起或者触及披露时点的两个交易日内。

（三）上市公司的关联交易，是指上市公司或者其控股子公司与上市公司关联人之间发生的转移资源或者义务的事项。

关联人包括关联法人和关联自然人。

具有以下情形之一的法人，为上市公司的关联法人：

1. 直接或者间接地控制上市公司的法人；

2. 由前项所述法人直接或者间接控制的除上市公司及其控股子公司以外的法人；

3. 关联自然人直接或者间接控制的，或者担任董事、高级管理人员的，除上市公司及其控股子公司以外的法人；

4. 持有上市公司5%以上股份的法人或者一致行动人；

5. 在过去12个月内或者根据相关协议安排在未来12月内，存在上述情形之一的；

6. 中国证监会、证券交易所或者上市公司根据实质重于形式的原则认定的其他与上市公司有特殊关系，可能或者已经造成上市公司对其利益倾斜的法人。

具有以下情形之一的自然人，为上市公司的关联自然人：

1. 直接或者间接持有上市公司5%以上股份的自然人；

2. 上市公司董事、监事及高级管理人员；

3. 直接或者间接地控制上市公司的法人的董事、监事及高级管理人员；

4. 上述第1、2项所述人士的关系密切的家庭成员，包括配偶、父母、年满18周岁的子女及其配偶、兄弟姐妹及其配偶，配偶的父母、兄弟姐妹，子女配偶的父母；

5. 在过去12个月内或者根据相关协议安排在未来12个月内，存在上述情形之一的；

6. 中国证监会、证券交易所或者上市公司根据实质重于形式的原则认定的其他与上市公司有特殊关系，可能或者已经造成上市公司对其利益倾斜的自然人。

（四）指定媒体，是指中国证监会指定的报刊和网站。

第七十二条 本办法自公布之日起施行。《公开发行股票公司信息披露实施细则》（试行）（证监上字［1993］43号）、《关于股票公开发行与上市公司信息披露有关事项的通知》（证监研字［1993］19号）、《关于加强对上市公司临时报告审查的通知》（证监上字［1996］26号）、《关于上市公司发布澄清公告若干问题的通知》（证监上字［1996］28号）、《上市公司披露信息电子存档事宜的通知》（证监信字［1998］50号）、《关于进一步加强ST、PT公司信息披露监管工作的通知》（证监公司字［2000］63号）、《关于拟发行新股的上市公司中期报告有关问题的通知》（证监公司字［2001］69号）、《关于上市公司临时公告及相关附件报送中国证监会派出机构备案的通知》（证监公司字［2003］7号）同时废止。

VII. 2. 2 关于规范上市公司信息披露及相关各方行为的通知

（2007 年 8 月 15 日 证监公司字［2007］128 号）

各上市公司：

为维护证券市场的秩序，打击内幕交易和市场操纵行为，保护投资者合法权益，现就有关事项通知如下：

一、上市公司及相关信息披露义务人应当严格按照《证券法》、《上市公司信息披露管理办法》（证监会令第 40 号）的相关规定，切实履行信息披露义务，公平地向所有投资者披露可能对上市公司股票交易价格产生较大影响的重大事件（以下简称股价敏感重大信息），以使所有投资者均可以同时获悉同样的信息，不得有选择性地、提前向特定对象单独泄露。特定对象包括（但不限于）从事证券投资、证券分析、咨询及其他证券服务业的机构、个人及其关联人等。

二、上市公司的股东、实际控制人及筹划并购重组等重大事件过程中的相关人员，应及时主动向上市公司通报有关信息，并配合上市公司及时、准确、完整地进行披露。上市公司在获悉相关信息时，应及时向证券交易所申请停牌并披露影响股价的重大信息。

三、对于正在筹划中的可能影响公司股价的重大事项，上市公司及其董事、监事、高级管理人员，交易对手方及其关联方和其董事、监事、高级管理人员（或主要负责人），聘请的专业机构和经办人员，参与制订、论证、审批等相关环节的有关机构和人员，以及提供咨询服务、由于业务往来知悉或可能知悉该事项的相关机构和人员等（以下简称内幕信息知情人）在相关事项依法披露前负有保密义务。在上市公司股价敏感重大信息依法披露前，任何内幕信息知情人不得公开或者泄露该信息，不得利用该信息进行内幕交易。

四、上市公司预计筹划中的重大事件难以保密或相关事件已经泄露的，应及时向证券交易所主动申请停牌，直至真实、准确、完整地披露信息。停牌期间，上市公司应当至少每周发布一次事件进展情况公告。发生涉及上市公司的市场传闻或在没有公布任何股价敏感重大信息的情况下股票交易发生异常波动时，上市公司应当向证券交易所主动申请停牌，并核实有无影响上市公司股票交易的重大事件，不得以相关事项存在不确定性为由不履行信息披露义务。

五、剔除大盘因素和同行业板块因素影响，上市公司股价在股价敏感重大信息公布前20个交易日内累计涨跌幅超过20%的，上市公司在向中国证监会提起行许可申请时，应充分举证相关内幕信息知情人及直系亲属等不存在内幕交易行为。证券交易所应对公司股价敏感重大信息公布前股票交易是否存在异常行为进行专项分析，并报中国证监会。中国证监会可对上市公司股价异动行为进行调查，调查期间将暂缓审核上市公司的行政许可申请。

六、上市公司如在澄清公告及股票交易异常波动公告中披露不存在重大资产重组、收购、发行股份等行为的，应同时承诺至少3个月内不再筹划同一事项。对于上市公司澄清公告涉嫌虚假记载、误导性陈述或者重大遗漏的，中国证监会依法追究法律责任。

七、上市公司拟实施无先例、存在重大不确定性、需要向有关部门进行政策咨询、方案论证的重大事项，在向有关部门政策咨询、方案论证前，均应当在闭市后向证券交易所申请停牌。停牌的同时应披露该重大事项类型，原则上自停牌后5个工作日内携带相关材料向相关部门咨询论证。

上市公司向证券交易所申请停牌时，应同时提交停牌和复牌的书面申请。复牌书面申请应当明确：自公司股票停牌之日起5个工作日内（含停牌当日），如果公司未就停牌事项及方案与相关部门咨询、论证，或者经论证方案未获准的，则其股票在下一个交易日自动复牌。自动复牌时，公司应按规定进行公告。上市公司应在方案咨询、论证结束后立即向证券交易所申请复牌，复牌的同时披露方案论证结果。如果方案未通过论证，公司应披露原因；如果通过论证，公司应公告方案。

八、上市公司涉及行政许可及无先例、存在重大不确定性、需要向有关部门进行政策咨询、方案论证的重大事项的，上市公司应当向中国证监会提交内幕信息知情人以及直系亲属在事实发生之日起前6个月内有无持有或买卖上市公司股票的相关文件，并充分举证相关人员不存在内幕交易行为。中国证监会、证券交易所将密切关注股价敏感重大信息公布前的上市公司股票交易情况，发现其股票交易存在涉嫌内幕交易或操纵行为的，中国证监会将依法立案查处，并对可疑账户采取限制交易，冻结、查封等措施。涉嫌犯罪的，移交公安机关追究其刑事责任。

特此通知。

VII. 2. 3 公开发行证券的公司信息披露内容与格式准则第2号——年度报告的内容与格式（2014年修订）

（2014年5月28日 中国证监会公告［2014］21号）

第一章 总 则

第一条 为规范上市公司年度报告的编制及信息披露行为，保护投资者合法权益，根据《公司法》、《证券法》等法律、法规及中国证券监督管理委员会（以下简称中国证监会的有关规定，制定本准则。

第二条 根据《公司法》、《证券法》在中华人民共和国境内公开发行股票并在证券交易所主板（含中小企业板）上市的股份有限公司（以下简称公司）应当按照本准则的要求编制和披露年度报告。

第三条 本准则的规定是对公司年度报告信息披露的最低要求；对投资者投资决策有重大影响的信息，公司均应当披露。鼓励公司以简明易懂的方式对投资者特别是中小投资者披露信息。

第四条 在不影响信息披露完整性和妨碍阅读的前提下，公司可采取相互引证的方法，对年度报告相关部分进行合理的技术处理，以避免不必要的重复和保持文字简洁。

第五条 公司年度报告的全文应当遵循本准则第二章的要求进行编制和披露。

公司年度报告摘要应当遵循本准则第三章的要求，按照附件的格式进行编制和披露。

第六条 同时在境内和境外证券市场上市的公司，如果境外证券市场对年度报告的编制和披露要求与本准则不同，应当遵循报告内容从多不从少、报告要求从严不从宽的原则，并在同一日公布年度报告。

发行境内上市外资股及其衍生证券并在证券交易所上市的公司，应当同时编制年度报告的外文译本。

第七条 公司年度报告中的财务报告应当经具有证券期货相关业务资格的会计师事务所审计，审计报告应当由该所两名注册会计师签字。

第八条 公司在编制年度报告时应当遵循如下一般要求：

（一）年度报告中引用的数字应当采用阿拉伯数字，货币金额除特别说明外，通常指人民币金额，并以元、千元、万元、百万元或亿元为单位。

（二）公司可根据有关规定或其他需求，编制年度报告外文译本，同时应当保证中外文文本的一致性，并在外文文本上注明："本报告分别以中、英（或日、法、俄）文编制，在对中外文文本的理解上发生歧义时，以中文文本为准。"

（三）年度报告封面应当载明公司的中文名称、"年度报告"字样、报告期年份，也可以载明公司的外文名称、徽章、图案等。年度报告的目录应当编排在显著位置。

（四）公司编制年度报告时可以图文并茂，采用柱状图、饼状图等统计图表，以及必要的产品、服务和业务活动图片进行辅助说明，提高报告的可读性。公司在年度报告目录之前刊载宣传照片和图表时，不得刊登带有祝贺、恭维、推荐性的措辞，不得含有欺诈、误导内容的词句。

公司编制年度报告应当遵循中国证监会上市公司行业分类的有关规定，公司可以增加披露所使用的其他的行业分类数据、资料作为参考。

第九条 公司应当在每个会计年度结束之日起 4 个月内将年度报告全文刊登在中国证监会指定网站上；同时将年度报告摘要刊登在至少一种中国证监会指定报纸上，刊登篇幅原则上不超过报纸的 1/4 版面，也可以刊登在中国证监会指定网站上。

公司可以将年度报告刊登在其他媒体上，但不得早于在中国证监会指定媒体披露的时间。

第十条 在年度报告披露前，内幕信息知情人不得泄露内幕信息，或利用内幕信息牟取不正当利益。

第十一条 公司应当在年度报告披露后，将年度报告原件备置于公司住所，以供股东及社会公众查阅。

公司应当在年度报告披露后 10 个工作日内，将年度报告及其相关文件报送公司登记住所地所在辖区的中国证监会派出机构。

第十二条 公司董事会、监事会及董事、监事、高级管理人员应当保证年度报告内容的真实、准确、完整，不存在虚假记载、误导性陈述或重大遗漏，并承担个别和连带的法律责任。

如有董事、监事、高级管理人员对年度报告内容存在异议或无法保证其真实、准确、完整的，应当单独陈述理由。

第十三条 中国证监会对特殊行业公司信息披露另有规定的，公司应当遵循其规定。

行业主管部门对公司另有规定的，公司在编制和披露年度报告时应当遵循其规定。

第二章 年度报告正文

第一节 重要提示、目录和释义

第十四条 公司应当在年度报告文本扉页刊登如下重要提示：公司董事会、监事会及董事、监事、高级管理人员保证年度报告内容的真实、准确、完整，不存在虚假记载、误导性陈述或重大遗漏，并承担个别和连带的法律责任。

公司应当提示经董事会审议的报告期利润分配预案或公积金转增股本预案。

公司负责人、主管会计工作负责人及会计机构负责人（会计主管人员）应当声明并保证年度报告中财务报告的真实、准确、完整。

如有董事、监事、高级管理人员对年度报告内容存在异议或无法保证其真实、准确、完整的，应当声明×××无法保证本报告内容的真实、准确、完整，并说明理由，请投资者特别关注。同时，单独列示未出席董事会审议年度报告的董事姓名及原因。

如执行审计的会计师事务所对公司出具了非标准审计报告，重要提示中应当声明×××会计师事务所为本公司出具了带强调事项段或其他事项段的无保留意见、保留意见、否定意见或无法表示意见的审计报告，本公司董事会、监事会对相关事项已有详细说明，请投资者注意阅读。

如年度报告涉及未来计划等前瞻性陈述，同时附有相应的警示性陈述，则应当声明该计划不构成公司对投资者的实质承诺，请投资者注意投资风险。

第十五条 公司应当对可能造成投资者理解障碍以及特定含义的术语作出通俗易懂的解释，年度报告的释义应当在目录次页排印。

年度报告目录应当标明各章、节的标题及其对应的页码。

第十六条 公司应当在年度报告目录后单独刊登重大风险提示。公司对风险因素的描述应当围绕公司的经营状况，遵循重要性原则披露可能对公司未来发展战略和经营目标的实现产生不利影响的重大风险，并根据实际情况，披露已经或将要采取的措施。

第二节 公司简介

第十七条 公司应当披露如下内容：

（一）公司的中文名称及简称，外文名称及缩写（如有）。

（二）公司的法定代表人。

（三）公司董事会秘书及其证券事务代表的姓名、联系地址、电话、传真、电子信箱。

（四）公司注册地址，公司办公地址及其邮政编码，公司网址、电子信箱。

（五）公司选定的信息披露报纸的名称，登载年度报告的中国证监会指定网站的网址，公司年度报告备置地。

（六）公司股票上市交易所、股票简称和股票代码。

（七）公司报告期内的注册变更情况，包括但不限于：注册登记日期和地点、企业法人营业执照注册号、税务登记号码、组织机构代码，公司还应当提供首次注册情况的相关查询索引；公司上市以来主营业务的变化情况和历次控股股东的变更情况。

（八）其他有关资料：公司聘请的会计师事务所名称、办公地址及签字会计师姓名；公司聘请的报告期内履行持续督导职责的保荐机构或财务顾问的名称、办公地址以及签字的保荐代表人或财务顾问主办人的姓名，以及持续督导的期间。

第三节　会计数据和财务指标摘要

第十八条　公司应当采用数据列表方式，提供截至报告期末公司近 3 年的主要会计数据和财务指标，包括但不限于：总资产、营业收入、归属于上市公司股东的净利润、归属于上市公司股东的扣除非经常性损益的净利润、归属于上市公司股东的净资产、经营活动产生的现金流量净额、净资产收益率、每股收益。

同时发行人民币普通股及境内上市外资股或（和）境外上市外资股的公司，若按不同会计准则计算的净利润和归属于上市公司股东的净资产存在重大差异的，应当列表披露差异情况并说明主要原因。

公司在披露“归属于上市公司股东的扣除非经常性损益后的净利润”时，应当同时说明报告期内非经常性损益的项目及金额。

第十九条　公司主要会计数据和财务指标的计算和披露应当遵循如下要求：

（一）因会计政策变更及会计差错更正等追溯调整或重述以前年度会计数据的，应当同时披露调整前后的数据。

（二）对非经常性损益、净资产收益率和每股收益的确定和计算，中国证监会另有规定的，应当遵照执行。

（三）编制合并财务报表的公司应当以合并财务报表数据填列或计算以上数据和指标。

（四）如公司成立未满 3 年，应当披露公司成立后完整会计年度的上述会计数据和财务指标。

（五）财务数据按照时间顺序自左至右排列，左起为报告期的数据，向右依次列示前一期的数据。

第四节　董事会报告

第二十条　公司董事会报告中应当对财务报告的数据和其他必要的统计数据，以及报告期内发生和未来发生的重大事项进行讨论、分析，可以采用逐年比较、数据列表或其他方式对相关事项进行列示，便于投资者了解其财务状况、经营成果及未来变化情况。公司披露董事会报告应当遵守以下原则：

（一）披露内容应当可靠，引用数据、资料应当依据充分。如引用第三方的数据、资料，应当关注其权威性，并注明来源。

（二）披露内容应当具有充分的决策相关性，着重关注重大投资项目、并购重组、在建工程、研发项目、人才建设等在报告期内的执行情况和未来计划，有利于投资者充分了解公司未来变化趋势。

（三）披露内容应当具有充分关联性，结合公司的外部环境（如宏观环境、行业政策、行业地位或区域市场地位等）和内部条件（如业务规模、经营区域、技术、人员、经营权等）对公司的经营成果和财务状况进行针对性的讨论、分析，保持内在逻辑的一致性。

（四）鼓励公司披露对业绩敏感度较高的关键业绩指标，分析指标的假定条件、计算方法、选取依据，以及变化原因和趋势。

（五）讨论、分析不应简单重复财务报告的内容，而应当侧重分析重要的经营指标和财务指标，重点披露实质性内容、已知的重要趋势和不确定性。

（六）语言表述平实，清晰易懂，力戒空洞、模板化。

第二十一条　董事会报告应当重点分析公司在报告期内的业务、产品、技术、行业有关的外部环境，以及公司的财务状况和经营成果。公司可以根据实际情况和重要性原则对本条中设定的原则性比例作适当下调。如本条规定披露的部分内容与财务报表附注相同的，公司可以建立相关查询索引，避免重复。

公司应当披露已对报告期产生重要影响以及未对报告期产生影响但对未来具有重要影响的事项，内容包括：

（一）主营业务分析。列示公司营业收入、成本、费用、研发投入、现金流等项目的同比变动情况及原因。若公司利润构成或利润来源发生重大变动，公司应当详细说明情况。公司招股说明书、募集说明书和资产重组报告书等公开披露文件中披露的未来发展与规划延续至报告期内的，公司应当对规划目标的实施进度进行分析；实施进度与规划不符的，应当详细说明原因。

公司应当回顾总结前期披露的发展战略和经营计划在报告期内的进展，并对未达到计划目标的情况进行解释。若公司实际经营业绩较曾公开披露过的本年度盈利预测低于或高于20%以上的，应当分析造成差异的原因。

1. 收入。公司应当说明驱动业务收入变化的产销量、订单或劳务的结算比例等因素。如果因子公司股权变动导致合并范围变化的，应当提供上年度同口径的数据；如无法取得，公司应当说明原因。

对实物销售收入大于劳务收入的公司，应当按照行业口径，披露报告期内主要产品的生产量、销售量、库存量和市场占有率（如披露，须注明数据来源）等情况。若相关数据同比发生变动30%以上的，应当说明原因。

对于订单收入占比超过50%的公司，公司应当披露重大的在手订单情况，并披露前期订单在本年度进展和本年度新增订单的完成比例。对前期订单分散且数量较多的，可以按行业口径归类披露。

如报告期内产品或服务发生重大变化或调整，公司应当披露已提供或将提供的新产品及服务，并说明对公司经营及业绩的影响。

公司应当披露主要销售客户的情况，以汇总方式披露公司向前5名客户销售额占年度销售总额的比例。鼓励公司分别披露前5名客户名称和销售额。属于同一控制人控制的客户应当合并列示，受同一国有资产管理机构实际控制的除外。

2. 成本。公司应当按行业或产品披露本年度成本的主要构成项目（如原材料、人工工资、折旧、能源等）占总成本的比例情况，并提供上年同口径可比数据；如无法取得可比数据，公司应当说明原因。

公司应当披露主要供应商的情况，以汇总方式披露公司向前5名供应商采购额占年度采购总额的比例。鼓励公司分别披露前5名供应商名称和采购额。属于同一控制人控制的供应商应当合并列示，受同一国有资产管理机构实际控制的除外。

3. 费用。若报告期内公司销售费用、管理费用、财务费用、所得税等财务数据同比变动30%以上的，应当说明变化原因。

4. 研发支出。公司应当说明报告期内研发项目的目的、进展和拟达到的目标，预计对未来发展的影响。公司应当说明本年度研发支出总额分别占公司最近一期经审计净资产、营业收入的比例，如相关数据同比变化达30%以上，应当说明变化原因。

5. 现金流。结合公司现金流量表相关数据，说明公司经营活动、投资活动和筹资活动产生的现金流量的构成情况。若相关数据同比变化达30%以上，公司应当说明原因。若报告期内公司经营活动的现金流量与本年度净利润存在重大差异，公司应当说明原因。

（二）按照行业、产品或地区经营情况分析。公司应当根据自身实际情况，分别按行业、产品或地区说明报告期内公司主营业务收入、主营业务利润的构成情况。对于占公司营业收入总额或营业利润总额10%以上的业务经营活动及其所属行业、主要产品或地区，应当分项列示其营业收入、营业成本、毛利率，并分析其变动情况。公司应当保持业务数据统计口径一致；如确需调整，应当提供调整后的最近1年数据。

（三）资产、负债状况分析。若报告期内公司主要资产、负债项目（包括货币资金、应收款项、存货、投资性房地产、长期股权投资、固定资产、在建工程、短期借款、长期借款等）占总资产的比例，同比变动达30%以上的，应当说明变化原因。

报告期内公司存在以公允价值计量的资产的，应当说明报告期内购买、出售该资产以及公允价值变动情况。

报告期内公司主要资产计量属性发生重大变化，应当说明原因及对其经营成果和财务状况的影响。

（四）核心竞争力分析。公司应当披露报告期内核心竞争力（包括设备、专利、非专利技术、特许经营权、土地使用权、水面养殖权、探矿权、采矿权、独特经营方式和盈利模式、允许他人使用自己所有的资源要素或作为被许可方使用他人资源要素等）的重要变化及对公司所产生的影响。如发生因设备或技术升级换代、特许经营权丧失等导致公司核心竞争力受到严重影响的，公司应当详细分析，并说明拟采取的相应措施。

（五）投资状况分析。公司应当分析本年度投资情况，包括：

1. 对外股权投资的情况。公司应当披露报告期内对外股权投资额与上年同比的变动数及变动幅度，被投资的公司名称、主要业务以及占被投资公司的权益比例。

公司应当对持有其他上市公司股权，持有商业银行、证券公司、保险公司、信托公司和期货公司等金融企业股权进行重点披露，包括最初投资成本、期初持股数量和比例、期末持股数量和比例、期末账面值、本期收益、会计核算科目、股份来源等情况。

公司应当披露报告期内用于买卖其他上市公司股份的资金数量、股份数量及产生的投资收益。

2. 非金融类公司委托理财及衍生品投资的情况。公司应当披露资金来源、合作方、投资份额、投资期限、产品类型、预计收益、投资盈亏，是否涉诉等。如公司有委托贷款事项，应当披露委托贷款借款人、借款用途、抵押物或担保人，以及展期、逾期或诉讼事项及风险应对措施。

3. 报告期内募集资金或报告期之前募集资金的使用延续到报告期内的，公司应当列表说明募集资金时承诺投资项目及进度与实际投资项目及进度的差异。对于尚未使用的募集资金，应当说明未来资金用途。

如实际投资项目无变更，公司应当披露项目资金本年度和累计实际投入情况、项目的进度及预计收益。若项目已产生收益，应当说明收益情况；未达到计划进度和收益的，应当说明原因。

如实际投资项目发生变更，公司应当披露项目变更原因、变更程序及其披露情况，项目资金的投入情况，项目的进度及预计收益。若项目已产生收益，应当说明收益情况；未达到计划进度和收益的，应当说明原因，并说明原项目的预计收益情况。

4. 主要子公司、参股公司分析。公司应当详细说明主要子公司所处行业、主要产品或服务、注册资本、总资产、净资产、净利润，本年度取得和处置子公司的情况，包括取得和处置的目的、方式以及对公司整体生产经营和业绩的影响。如来源于单个子公司的净利润或单个参股公司的投资收益对公司净利润影响达到10%以上，还应当披露该子公司营业收入、营业利润、净利润等数据。如单个子公司或参股公司的经营业绩与上一年度报告期内相比变动在30%以上，且对公司合并经营业绩造成重大影响的，公司应当对其业绩波动情况及其变动原因进行分析。如主要子公司或参股公司的经营业绩未出现大幅波动，但其资产方面或其他主要财务指标与上年度相比变动在30%以上，并可能对公司未来业绩造成影响的，公司应当说明变化的情况和原因。

公司应当披露持有与公司主业关联度较小的子公司的目的和未来经营计划。对报告期内投资收益占净利润达50%以上的公司，应当披露投资收益中占比在10%以上的股权投资项目。

5. 公司应当列表披露项目投资总额超过公司上年度末经审计净资产10%的非募集资金投资的重大项目投资总额、本年度和累计实际投入金额、项目进度及收益情况。

（六）公司控制的特殊目的主体情况。公司存在控制下的特殊目的主体时，应当披露公司对其控制权方式和控制权内容，并说明公司从中可以获取的利益和对其所承担的风险。公司应当披露特殊目的主体对其提供融资、商品或劳务以支持自身主要经营活动的相关情况。

公司控制的特殊目的主体的定义遵照《企业会计准则第33号——合并财务报表》应用指南的规定执行。

对于公司认为对所处行业不适用，或因其他原因确实无法披露上述条款所列信息，应描述无法披露原因。鼓励公司根据本公司、本行业特殊情况主动披露适用的指标等有助于投资者了解公司经营情况的信息。

第二十二条 公司应当对未来发展进行展望，就行业竞争格局和发展趋势、未来发展战略、下一年度经营计划以及未来面对的风险等因素进行分析，包括：

（一）行业竞争格局和发展趋势。公司应当结合业务规模、经营区域、产品类别以及竞争对手的情况，分析与公司业务关联的宏观环境或行业环境的发展趋势，以及公司的行业地位或区域市场地位的变动趋势。

公司应当结合主要业务的市场变化、营业成本的构成变化、市场份额的变化等因素，分析公司存在的主要优势、困难，并说明有关变化对公司未来经营业绩的影响。

（二）公司发展战略。公司应当从行业壁垒、核心技术替代或扩散、产业链整合、价格竞争、成本波动等方面向投资者提示未来公司发展机遇和挑战，披露公司发展战略，以及拟开展的新业务、拟开发的新产品、拟投资的新项目等。如公司存在多种业务的，还应当说明各项业务的发展规划。分析和讨论应当有数据支持，并说明数据来源。

（三）经营计划。公司应当披露新年度的经营计划，包括：收入、费用、成本计划，新年度的经营目标，如销售额的提升、市场份额的扩大、成本变化、研发计划等，以及为达到上述经营目标拟采取的策略和行动。

（四）因维持当前业务并完成在建投资项目公司所需的资金需求，包括资金来源、资金成本及使用情况进行简要说明。公司应当区分债务融资、表外融资、股权融资、衍生品融资等项目对未来资金来源进行披露。公司应当披露未来重大的资本支出计划，包括未来已知的资本支出承诺、合同安排、时间安排等。

（五）可能面对的风险。公司应当针对自身特点，遵循关联性原则和重要性原则披露可能对公司未来发展战略和经营目标产生不利影响的重大风险因素（包括政策性风险、行业风险、业务模式风险、经营风险、环保风险、汇率风险、利率风险、技术风险、产品价格风险、原材料价格及供应风险、财务风险、单一客户依赖风险、核心技术人员变动风险等），披露内容应当充分、准确，采取图表结合数据的形式，简要分析各风险因素对公司当期及未来经营业绩的影响，并说明已经或计划采取的应对措施。

对于报告期内较上一年度的新增风险因素，公司应当对其产生原因、对公司的影响以及已采取或拟采取的措施及效果进行分析。如分析表明相关变化趋势已经、正在或将要对公司的经营成果和财务状况产生重大影响的，公司应当提供管理层对相关变化的基本判断，详细分析对公司的影响程度。

第二十三条 公司年度财务报告被会计师事务所出具非标准意见审计报告

的，公司应当就所涉及事项作出说明。

公司作出会计政策、会计估计变更或重大会计差错更正的，公司应当披露变更、更正的原因及影响，涉及追溯调整或重述的，应当披露对以往各年度经营成果和财务状况的影响金额。

同时适用境内外会计准则的公司应当对产生差异的情况进行详细说明。

第二十四条 公司应当披露报告期内利润分配政策的制定、执行或调整情况，说明利润分配政策是否符合公司章程及审议程序的规定，是否充分保护中小投资者的合法权益，是否由独立董事发表意见，是否有明确的利润分配标准和分配比例，以及利润分配政策调整或变更的条件和程序是否合规、透明。

公司应当披露近3年（含报告期）的利润分配方案或预案、资本公积金转增股本方案或预案；同时，列表披露近3年（含报告期）现金红利分配的金额及占归属于上市公司股东的净利润的比例。若公司章程规定，以现金方式要约回购股份的资金视同为上市公司现金分红的，应单独披露该种方式计入现金分红的金额和比例。

公司应当披露报告期内现金分红政策的制定及执行情况，并对下列事项进行专项说明：

（一）是否符合公司章程的规定或者股东大会决议的要求；

（二）分红标准和比例是否明确和清晰；

（三）相关的决策程序和机制是否完备；

（四）独立董事是否履职尽责并发挥了应有的作用；

（五）中小股东是否有充分表达意见和诉求的机会，中小股东的合法权益是否得到了充分保护等。

对现金分红政策进行调整或变更的，还应对调整或变更的条件及程序是否合规和透明等进行详细说明。

第二十五条 鼓励公司主动披露积极履行社会责任的工作情况，包括公司在保护债权人、职工、消费者、供应商、社区等利益相关者合法权益方面所承担的社会责任；公司在防治污染，加强生态保护，维护社会安全，实现可持续发展等方面所采取的措施。公司已披露社会责任报告全文的，仅需提供相关的查询索引。

属于国家环境保护部门规定的重污染行业的上市公司及其子公司，应当按照《清洁生产促进法》、《环境信息公开办法（试行）》的相关规定披露报告期内发生的重大环境问题及整改情况、主要污染物达标排放情况、企业环保设施的建设和运行情况、环境污染事故应急预案以及同行业环保参数比较等环境信息。

第五节 重要事项

第二十六条 公司应当披露报告期内重大诉讼、仲裁和媒体普遍质疑的事项。已在上一年度报告中披露，但尚未结案的重大诉讼、仲裁事项，公司应当披露案件进展情况、涉及金额、是否形成预计负债，以及对公司未来的影响。对已经结案的重大诉讼、仲裁事项，公司应当披露案件执行情况。对媒体普遍质疑的事项，公司应当披露有关澄清的内容、应对措施，以及对公司未来的影响。

如以上诉讼、仲裁或媒体质疑事项已在临时报告披露且无后续进展的，仅需披露该事项概述，并提供临时报告披露网站的查询索引。如报告期内公司无重大诉讼、仲裁和媒体质疑事项，应当明确说明“本年度公司无重大诉讼、仲裁和媒体质疑事项”。

第二十七条 上市公司发生控股股东及其关联方非经营性占用资金情况的，应当充分披露相关的决策程序，以及占用资金的期初金额、发生额、期末余额、占用原因、预计偿还方式及清偿时间。

公司应当同时披露会计师事务所对资金占用的专项审核意见。

第二十八条 公司应当披露报告期内发生的破产重整相关事项，包括向法院申请重整、和解或破产清算，法院受理重整、和解或破产清算，以及公司重整期间发生的法院裁定结果及其他重大事项。执行重整计划的公司应当说明计划的具体内容及执行情况。如相关破产事项已在临时报告披露且后续实施无变化的，仅需披露该事项概述，并提供临时报告披露网站的相关查询索引。

第二十九条 公司应当披露报告期内收购及出售重大资产、企业合并事项的简要情况及进展，分析上述事项对公司业务连续性、管理层稳定性的影响。

公司应当说明上述事项是否按计划如期实施，如已实施完毕，应当说明其对财务状况和经营成果的影响，以及所涉及的金额及其占利润总额的比例；如未按计划实施，应当说明原因及公司已采取的措施。

如公司收购、出售资产和企业合并事项已在临时报告披露且后续实施无变化的，仅需披露该事项概述，并提供临时报告披露网站的相关查询索引。

第三十条 公司应当披露股权激励计划在本报告期的具体实施情况，包括但不限于：实施股权激励计划履行的相关程序及总体情况，激励股份来源情况，激励对象考核情况，激励对象范围的调整情况及履行的程序，激励股份授予数量及解除锁定情况，股票期权授予及行权情况，股票期权行权价格及期权数量的调整情况及履行的程序，实施股权激励计划对公司报告期内及以后各年度财务状况和经营成果的影响，激励基金提取情况，涉及股权激励的其他事项。

如相关股权激励事项已在临时报告披露且后续实施无进展或变化的，仅需披露该事项概述，并提供临时报告披露网站的相关查询索引。

第三十一条 公司应当披露报告期内发生的累计关联交易总额高于3000万元且占公司最近一期经审计净资产值5%以上的重大关联交易事项，并按照以下发生关联交易的不同类型分别披露。如已在临时报告披露且后续实施无进展或变化的，仅需披露该事项概述，并提供临时报告披露网站的相关查询索引。

（一）与日常经营相关的关联交易，至少应当披露以下内容：关联交易方、交易内容、定价原则、交易价格、交易金额、占同类交易金额的比例、结算方式；可获得的同类交易市价，如实际交易价与市价存在较大差异，应当说明原因。大额销货退回需披露详细情况。

公司应当说明关联交易的必要性、持续性，关联交易的原因，关联交易对公司独立性的影响，公司对关联方的依赖程度，以及相关解决措施。

公司按类别对报告期内发生的日常关联交易进行总额预计的，应当披露日常关联交易事项在报告期内的实际履行情况。

（二）资产收购、出售发生的关联交易，至少应当披露以下内容：关联交易方、交易内容、定价原则、资产的账面价值、评估价值、市场公允价值、交易价格、结算方式及交易对公司经营成果和财务状况的影响情况，交易价格与账面价值或评估价值、市场公允价值差异较大的，应当说明原因。

（三）公司与关联方共同对外投资发生关联交易的，应当至少披露以下内容：共同投资方、被投资企业的名称、主营业务、注册资本、总资产、净资产、净利润、重大在建项目的进展情况。

（四）公司与关联方存在债权债务往来等事项的，应当披露形成原因，债权债务期初余额、本期发生额、期末余额，及其对公司的影响。

第三十二条 公司应当披露重大合同及其履行情况，包括但不限于：

（一）在报告期内发生或以前期间发生但延续到报告期的托管、承包、租赁其他公司资产或其他公司托管、承包、租赁公司资产的事项；该事项为公司带来的损益额达到公司当年利润总额的10%以上时，应当详细披露有关合同的主要内容，包括但不限于：有关资产的情况，涉及金额、期限、损益及确定依据，同时应当披露该损益对公司的影响。

（二）重大担保。报告期内履行的及尚未履行完毕的担保合同，包括担保金额、担保期限、担保对象、担保类型（一般担保或连带责任担保）、担保的决策程序等。对于未到期担保合同，如有证据表明有可能承担连带清偿责任，应当明确说明。

公司应当披露报告期内公司对外担保（包括公司自身的对外担保及其子公司的对外担保，不含公司对子公司的担保）的发生额和报告期末的担保余额，以及报告期内公司对子公司提供担保的发生额和报告期末对子公司的担保余额。

公司应当披露全部担保总额及其占公司净资产的比例，并分别列示：公司为股东、实际控制人及其关联方提供担保的余额，公司直接或间接为资产负债率超过70%的被担保对象提供的担保余额，以及公司担保总额超过公司净资产50%部分的金额。

公司担保总额包括报告期末公司对外担保余额（包括公司自身的对外担保及其子公司的对外担保，不含公司对子公司的担保）和公司对子公司的担保余额，其中子公司的担保余额为该子公司对外担保总额乘以公司持有该子公司的股权比例。

（三）其他重大合同。列表披露合同订立双方的名称、签订日期、合同标的所涉及资产的账面价值、评估价值、相关评估机构名称、评估基准日、定价原则以及最终交易价格等，并披露截至报告期末合同的执行情况。

第三十三条 公司以及持股5%以上的股东如在报告期内或持续到报告期存在以下承诺事项，包括但不限于：股权分置改革承诺、收购报告书或权益变动报告书中所作承诺、资产重组所作承诺、首次公开发行或再融资所作承诺，以及其他对公司中小股东所作承诺。公司董事会应当说明上述承诺事项在报告期内的履行情况，详细列示承诺方、承诺事项、承诺时间、承诺期限、承诺的履行情况等。如承诺未能及时履行的，应当说明未完成履行的原因及下一步的工作计划。

如公司资产或项目存在盈利预测，且报告期仍处在盈利预测期间内，公司董事会、相关股东和负责持续督导的中介机构应当就资产或项目是否达到原盈利预测及其原因作出说明。同时，公司应当提供原盈利预测的相关披露查询索引。

第三十四条 公司应当披露年度财务报告审计聘任、解聘会计师事务所的情况，报告期内支付给聘任会计师事务所的报酬情况，及目前的审计机构和签字会计师已为公司提供审计服务的连续年限，年限从审计机构与公司首次签订审计业务约定书之日起开始计算。

公司报告期内若聘请了内部控制审计会计师事务所、财务顾问或保荐人，应当披露聘任内部控制审计会计师事务所、财务顾问或保荐人的情况，报告期内支付给内部控制审计会计师事务所、财务顾问或保荐人的报酬情况。

第三十五条 公司及其董事、监事、高级管理人员、持有5%以上股份的股东、实际控制人、收购人在报告期内如存在被有权机关调查、被司法机关或纪检部门采取强制措施、被移送司法机关或追究刑事责任、被中国证监会立案调查或行政处罚、被采取市场禁入、被认定为不适当人选、被其他行政管理部门处罚，以及被证券交易所公开谴责的情形，应当说明原因及结论。

报告期内公司被中国证监会及其派出机构采取行政监管措施并提出限期整改要求的，公司应当披露整改责任人、整改期限、整改措施，以及整改报告书的指定披露网站及日期。

第三十六条 年度报告披露后面临暂停上市和终止上市风险的公司，应当披露导致暂停上市或终止上市的原因以及公司采取的消除暂停上市或终止上市情形的措施。面临终止上市风险的公司，应当同时披露终止上市后投资者关系管理工作的详细安排和计划。

第三十七条 公司应当披露其他在报告期内发生的《证券法》第六十七条、《上市公司信息披露管理办法》第三十条所列的重大事件，以及公司董事会判断为重大事件的事项。

如前款所涉重要事项已作为临时报告在指定网站披露，仅需说明信息披露指定网站的相关查询索引及披露日期。

第三十八条 公司的子公司发生的本节所列重要事项，应当视同公司的重要事项予以披露。

第六节 股份变动及股东情况

第三十九条 公司应当按以下要求披露报告期内的股份变动情况：

（一）公司股份变动情况，按照中国证监会对公司股份变动报告规定的内容与格式进行编制。

（二）证券发行与上市情况。

1. 截至报告期末近3年历次证券发行情况，包括普通股股票、可转换公司债券、分离交易的可转换公司债券、公司债券及其他衍生证券的种类、发行日期、发行价格（或利率）、发行数量、上市日期、获准上市交易数量、交易终止日期等。

2. 对报告期内因送股、转增股本、配股、增发新股、非公开发行股票、权证行权、实施股权激励计划、企业合并、可转换公司债券转股、减资、内部职工股上市、债券发行或其他原因引起公司股份总数及股东结构的变动、公司资产和负债结构的变动，应当予以说明。

3. 现存的内部职工股的发行日期、发行价格、发行数量等。

报告期内优先股的股份变动、发行与上市等情况，应当按照本章第七节的相关要求予以披露。

第四十条 公司应当按照以下要求披露股东和实际控制人情况：

（一）公司股东数量及持股情况，按照中国证监会对公司股份变动报告规定的格式进行编制，应当披露以下内容：

1. 截至报告期末以及年度报告披露日前第五个交易日末的普通股股东总数及表决权恢复的优先股股东总数（如有）。

2. 截至报告期末持有本公司5%以上股份的股东的名称、报告期内股份增减变动的情况、报告期末持股数量、所持股份类别及所持股份质押或冻结的情况。如持股5%以上的股东少于10人，则应当列出至少前10名股东的持股情况。如所持股份中包括无限售条件股份（或已上市流通股份）、有限售条件股份（或未上市流通股份），应当分别披露其数量。

如前10名股东之间存在关联关系或属于《上市公司收购管理办法》规定的一致行动人的，应当予以说明。

如有战略投资者或一般法人因配售新股成为前10名股东的，应当予以注明，并披露约定持股期间的起止日期。

以上列出的股东情况中应当注明代表国家持有股份的单位和外资股东。

（二）公司控股股东情况。若控股股东为法人的，应当披露名称、单位负责人或法定代表人、成立日期、组织机构代码、注册资本、主要经营业务和未来发展战略等，鼓励披露经营成果、财务状况、现金流等；若控股股东为自然人的，应当披露其姓名、国籍、是否取得其他国家或地区居留权、最近5年内的职业及职务。如报告期内控股股东发生变更，应当列明披露相关信息的指定网站查询索引及日期。

公司应当披露控股股东报告期内控股和参股的其他境内外上市公司的股权情况。对控股股东为自然人的，应当披露其过去10年曾控股的境内外上市公司情况。

如不存在控股股东，公司应当予以特别说明。

（三）公司实际控制人情况。公司应当比照本条第二款有关控股股东披露的要求，披露公司实际控制人的情况，并以方框图及文字的形式披露公司与实际控制人之间的产权和控制关系。实际控制人应当披露到自然人、国有资产管理部门，或者股东之间达成某种协议或安排的其他机构或自然人，包括以信托方式形成实际控制的情况。

如实际控制人通过信托或其他资产管理方式控制公司，应当披露信托合同或者其他资产管理安排的主要内容，包括信托或其他资产管理的具体方式，信托管理权限（包括公司股份表决权的行使等），涉及的股份数量及占公司已发行股份的比例，信托或资产管理费用，信托资产处理安排，合同签订的时间、期限及变更、终止的条件，以及其他特别条款等。

如公司最终控制层面存在多位自然人或自然人控制的法人共同持股的情形，且其中没有一人的持股比例（直接或间接持有下一级控制层面公司的股份比例）超过50%，各自的持股比例比较接近，公司无法确定实际控制人的，应当披露最终控制层面持股比例在10%以上的股东情况；如公司没有持股10%以上的股东，则应当披露持股比例5%以上的股东情况。

如不存在实际控制人的情况，公司应当予以特别说明。

（四）其他持股在10%以上的法人股东，应当披露其名称、单位负责人或法定代表人、成立日期、组织机构代码、注册资本、主要经营业务或管理活动等情况。

（五）公司前10名无限售流通股股东的名称全称、年末持有无限售流通股的数量和种类（A、B、H股或其他）。公司股票为融资融券标的证券的，股东持股数量应当按照其通过普通证券账户、信用证券账户持有的股票及其权益数量合并计算。

如前10名无限售流通股股东之间，以及前10名无限售流通股股东和前10名股东之间存在关联关系或属于《上市公司收购管理办法》规定的一致行动人的，应当予以说明。

（六）报告期末完成股权分置改革的公司应当按照中国证监会对公司股份变动报告规定的格式披露前10名股东中原非流通股股东持有股份的限售条件。

公司在计算本条所指股东持股数额或比例时，仅计算普通股和表决权恢复的优先股。

第七节　优先股相关情况

第四十一条　发行优先股的公司披露年度报告时，应当以专门章节披露优先股有关情况，具体要求参见本准则第四十二条至第四十六条的规定。如年度报告其他章节与上述规定要求披露的部分内容相同的，公司可以建立相关查询索引，避免重复。

第四十二条　公司应当披露截至报告期末近3年优先股的发行与上市情况，包括公开发行或非公开发行的发行日期、发行价格和票面股息率、发行数量、上市日期、获准上市交易数量、终止上市日期、募集资金使用及变更情况等。

符合《上市公司重大资产重组管理办法》规定的条件发行优先股购买资产的，参照前款规定进行披露。

公司优先股股东数量及持股情况，按照中国证监会对公司股份变动报告规定的格式进行编制，应当披露以下内容：

（一）截至报告期末以及年度报告披露日前五个交易日末的优先股股东总数。

（二）截至报告期末持有本公司5%以上优先股股份的股东名称、报告期内股份增减变动的情况、报告期末持股数量、所持股份类别及所持股份质押或冻结的情况。如持股5%以上的优先股股东少于10人，则应当列出至少前10名优先股股东的持股情况。如股东所持优先股在除股息分配和剩余财产分配以外的其他条款上具有不同设置，应当分别披露其持股数量。

如前10名优先股股东之间、前10名优先股股东与前10名普通股股东之间存在关联关系或属于《上市公司收购管理办法》规定的一致行动人的，应当予以说明。

以上列出的优先股股东情况中应当注明代表国家持有股份的单位和外资股东。

第四十三条 公司应当披露报告期内优先股的利润分配情况，包括股息率及分配金额、是否符合分配条件和相关程序、股息支付方式、股息是否累积、是否参与剩余利润分配等。同时，列表披露近3年（含报告期）优先股分配金额与分配比例，对于因本会计年度可分配利润不足而累积到下一会计年度的差额或可参与剩余利润分配的部分应当单独说明。

优先股的利润分配政策调整或变更的，公司应当披露原因和变更的程序。报告期内盈利且母公司未分配利润为正，但未对优先股进行利润分配的，公司应当详细披露原因以及未分配利润的用途和使用计划。

如公司章程中涉及优先股分配的其他事项，公司应当予以说明。

第四十四条 报告期内公司进行优先股回购或商业银行发行的优先股转换成普通股的，应当按照以下要求披露相关的回购或转换情况：

（一）优先股的回购情况，包括回购期间、回购价格和定价原则、回购数量和比例、回购的资金总额以及资金来源、回购股份的期限、回购选择权的行使主体、对公司股本结构的影响等，并披露相关的程序。

（二）优先股的转换情况，包括转股条件、转股价格、转换比例、转换选择权的行使主体，对公司股本结构的影响等，并披露相关的程序。

第四十五条 报告期内存在优先股表决权恢复的，公司应当按照以下要求披露相关情况：

（一）公司应当披露相关表决权的恢复、行使情况，包括恢复表决权的优先股数量、比例、有效期间、对公司股本结构的影响等，并披露相关的决议与程序。如果存在公司章程规定的优先股表决权恢复的其他情形，应当予以说明。

（二）如前10名股东、持有5%以上股份的股东或实际控制人所持股份中包含表决权恢复的优先股，公司应当按照本准则第四十条的规定单独披露表决权恢复的优先股涉及的股东和实际控制人情况。

第四十六条 公司应当披露对优先股采取的会计政策及理由，财务报表及附注中的相关内容应当按照中国证监会制定的有关财务报告规定进行编制。

第八节 董事、监事、高级管理人员和员工情况

第四十七条 公司应当披露董事、监事和高级管理人员的情况，包括：

（一）基本情况。现任及报告期内离任董事、监事、高级管理人员的姓名、性别、年龄、任期起止日期、年初和年末持有本公司股份、股票期权、被授予的限制性股票数量、年度内股份增减变动量及增减变动的原因。如为独立董事，需单独注明。

（二）现任董事、监事、高级管理人员最近5年的主要工作经历。董事、监事、高级管理人员如在股东单位任职，应当说明其职务及任职期间，以及在除股东单位外的其他单位的任职或兼职情况。

（三）年度报酬情况。

董事、监事和高级管理人员报酬的决策程序、报酬确定依据以及应付报酬情况。报告期末每位现任及报告期内离任董事、监事和高级管理人员在报告期内从公司获得的应付报酬总额及在其股东单位领薪情况。报告期末全体董事、监事和高级管理人员实际获得的报酬合计。

对于董事、监事和高级管理人员获得的股权激励，公司应当按照已解锁股份、未解锁股份、可行权股份、已行权股份、行权价以及报告期末市价单独列示。

（四）在报告期内被选举或离任的董事和监事、聘任或解聘的高级管理人员姓名，及董事、监事离任和高级管理人员解聘原因。

第四十八条 公司应当披露报告期内核心技术团队或关键技术人员（非董事、监事、高级管理人员）等对公司核心竞争力有重大影响的人员的变动情况，并说明变动对公司经营的影响及公司采取的应对措施。

第四十九条 公司应当披露母公司和主要子公司的员工情况，包括在职员工的数量、专业构成（如生产人员、销售人员、技术人员、财务人员、行政人员）、教育程度、员工薪酬政策、培训计划以及需公司承担费用的离退休职工人数。其中，专业构成和教育程度须以柱状图或饼状图等统计图表列示。

对于劳务外包数量较大的，公司应当披露劳务外包的工时总数和支付的报酬总额。

第九节 公司治理

第五十条 公司应当披露公司治理的基本状况，列示公司报告期内建立的

各项公司治理制度，说明公司治理与《公司法》和中国证监会相关规定的要求是否存在差异；如有差异，应当说明原因。

公司治理专项活动开展情况以及内幕信息知情人登记管理制度的制定、实施情况已通过临时公告或专项报告披露的，公司应当提供指定披露网站的相关查询索引。

第五十一条 公司应当披露报告期内召开的年度股东大会和临时股东大会的有关情况，包括：会议届次、召开日期、会议议案名称、决议情况、会议决议刊登的指定网站的查询索引与披露日期，以及表决权恢复的优先股股东请求召开临时股东大会、召集和主持股东大会、提交股东大会临时提案的情况（如有）。

第五十二条 公司应当披露报告期内每位独立董事履行职责的情况，包括但不限于：独立董事的姓名，独立董事出席董事会的次数、方式，独立董事曾提出异议的有关事项及异议的内容，出席股东大会的次数，独立董事对公司有关建议是否被采纳的说明。

第五十三条 公司应当披露董事会下设专门委员会在报告期内履行职责时所提出的重要意见和建议。

第五十四条 监事会在报告期内的监督活动中发现公司存在风险的，公司应当披露监事会就有关风险的简要意见、监事会会议召开时间、会议届次、参会监事以及指定披露网站的查询索引及披露日期等信息；否则，公司应当披露监事会对报告期内的监督事项无异议。

第五十五条 公司应当就其与控股股东在业务、人员、资产、机构、财务等方面存在的不能保证独立性、不能保持自主经营能力的情况进行说明。

因股份化改造、行业特点、国家政策、收购兼并等原因存在同业竞争的，公司应当披露相应的解决措施、工作进度及后续工作计划。公司、控股股东和实际控制人对此作出承诺的，应当在重大事项中予以说明。

第五十六条 公司应当披露报告期内对高级管理人员的考评机制，以及激励机制的建立、实施情况。

第十节 内部控制

第五十七条 公司应当披露董事会关于内部控制责任的声明，并披露建立财务报告内部控制的依据以及内部控制制度建设情况。

主板（不含中小企业板）上市公司应当按照规定的实施范围披露董事会审议通过的内部控制自我评价报告，披露报告期内发现的内部控制重大缺陷的具体情况，包括缺陷发生的时间、对缺陷的具体描述、缺陷对财务报告的潜在影响，已实施或拟实施的整改措施、整改时间、整改责任人及整改效果。

鼓励中小企业板上市公司披露董事会审议通过的内部控制自我评价报告。

第五十八条 按照规定要求对内部控制进行审计的公司，应当披露会计师事务所出具的内部控制审计报告。若会计师事务所出具非标准意见的内部控制审计报告或者内部控制审计报告与董事会的自我评价报告意见不一致的，公司应当解释原因。

第五十九条 公司应当披露年度报告重大差错责任追究制度的建立与执行情况，披露董事会对有关责任人采取的问责措施及处理结果。

第十一节 财务报告

第六十条 公司应当披露审计报告正文和经审计的财务报表。

财务报表包括公司近两年的比较式资产负债表、比较式利润表和比较式现金流量表，以及比较式所有者权益（股东权益）变动表和财务报表附注。编制合并财务报表的公司，除提供合并财务报表外，还应当提供母公司财务报表。

财务报表附注应当按照中国证监会制定的有关财务报告的规定编制。

第十二节 备查文件目录

第六十一条 公司应当披露备查文件的目录，包括：

（一）载有公司负责人、主管会计工作负责人、会计机构负责人（会计主管人员）签名并盖章的财务报表。

（二）载有会计师事务所盖章、注册会计师签名并盖章的审计报告原件。

（三）报告期内在中国证监会指定网站上公开披露过的所有公司文件的正本及公告的原稿。

（四）在其他证券市场公布的年度报告。

公司应当在办公场所置备上述文件的原件。中国证监会及其派出机构、证券交易所要求提供时，或股东依据法律、法规或公司章程要求查阅时，公司应当及时提供。

第三章 年度报告摘要

第一节 重要提示

第六十二条 公司应当在年度报告摘要显著位置刊登如下重要提示：本年度报告摘要来自年度报告全文，投资者欲了解详细内容，应当仔细阅读同时刊载于上海证券交易所网站或深圳证券交易所网站等中国证监会指定网站上的年度报告全文。

第六十三条 公司应当以简易图表形式披露如下内容：

（一）股票简称、股票代码、股票上市交易所。如报告期末至年度报告披露日期间公司股票简称发生变更，应当同时披露变更后的股票简称。

（二）公司董事会秘书和证券事务代表的姓名、电话、传真、电子信箱。

第二节　主要财务数据及股东变化

第六十四条　公司应当以列表方式披露截至报告期末公司近3年主要会计数据和财务指标，包括但不限于：总资产、营业收入、归属于上市公司股东的净利润、归属于上市公司股东的扣除非经常性损益的净利润、归属于上市公司股东的净资产、经营活动产生的现金流量净额、净资产收益率、每股收益。

第六十五条　公司应当列表披露截至报告期末以及年度报告披露日前第5个交易日末的普通股和优先股股东总数、表决权恢复的优先股股东总数、报告期末前10名普通股股东和前10名优先股股东持股情况，以方框图形式披露公司与实际控制人之间的产权及控制关系。

第三节　管理层讨论与分析

第六十六条　公司董事会应当以图表与文字相结合的形式简明、扼要分析报告期内的财务状况、经营成果及重要事项。

第四节　涉及财务报告的相关事项

第六十七条　如与上一年度报告相比，公司会计政策、会计估计以及财务报表合并范围发生变化，或因报告期内重大会计差错更正而追溯重述的，公司应当予以披露，并分析其原因及影响。

第六十八条　如年度财务报告被会计师事务所出具带有强调事项段或其他事项段的无保留意见、保留意见、否定意见或无法表示意见的审计报告，公司董事会和监事会应当就所涉及事项作出说明。

第四章　附　　则

第六十九条　本准则所称“控股股东”、“实际控制人”、“关联方”、“关联交易”、“高级管理人员”等的界定按照《公司法》、《证券法》等法律法规以及《上市公司信息披露管理办法》、《优先股试点管理办法》等相关规定执行。

第七十条　本准则所称“以上”、“以内”包含本数，“超过”、“少于”、“低于”、“以下”不含本数。

第七十一条　本准则自公布之日起施行。《公开发行证券的公司信息披露内容与格式准则第2号——年度报告的内容与格式（2012年修订）》（证监会公告［2012］22号）同时废止。

附件：×××股份有限公司年度报告摘要格式

附件

×××股份有限公司年度报告摘要格式

一、重要提示

1.1 本年度报告摘要来自年度报告全文，投资者欲了解详细内容，应当仔细阅读同时刊载于上海证券交易所网站或深圳证券交易所网站等中国证监会指定网站上的年度报告全文。

1.2 公司简介

股票简称		股票代码	
股票上市交易所			
联系人和联系方式	董事会秘书	证券事务代表	
姓名			
电话			
传真			
电子信箱			

二、主要财务数据和股东变化

2.1 主要财务数据

单位：元

	N年（末）	N-1年（末）	本年（末）比上年（末）增减（%）	N-2年（末）
总资产				
归属于上市公司股东的净资产				
经营活动产生的现金流量净额				
营业收入				
归属于上市公司股东的净利润				
归属于上市公司股东的扣除非经常性损益的净利润				
加权平均净资产收益率				
基本每股收益（元/股）				
稀释每股收益（元/股）				

注：

1. N年是指报告期当年。

2. 在报告期内公司因派发股票股利、公积金转增股本、拆股而增加或并股而减少公司总股本，但不影响股东权益金额的，应当根据相关会计准则的规定按最新股本调整并列报最近 3 年的基本每股收益和稀释每股收益。

3. 如果报告期末至年度报告披露日，公司股本因送红股、资本公积转增股本的原因发生变化且不影响股东权益金额的，应当根据相关会计准则的规定按最新股本调整并列报最近 3 年的基本每股收益和稀释每股收益。

4. 本报告期对上年度财务数据进行了追溯调整或重述的，上年度期末和上年度同期应当同时列示追溯调整或重述前后的数据。

2.2 前 10 名股东持股情况表

报告期末股东总数		年度报告披露日前第 5 个交易日末股东总数			
前 10 名股东持股情况					
股东名称	股东性质	持股比例（%）	持股总数	持有有限售条件的股份数量（持有非流通的股份数量）	质押或冻结的股份数量
上述股东关联关系或一致行动的说明					

注：

1. 完成股权分置改革的公司按照“持有有限售条件的股份数量”列示，未完成股权分置改革的公司按照“持有非流通的股份数量”列示。

2. 股东性质包括国家、国有法人、境内非国有法人、境内自然人、境外法人、境外自然人等。

3. 股份种类包括人民币普通股、优先股、境内上市外资股、境外上市外资股和其他。

4. 已发行优先股的公司，应当参照本表格式另行列示截至报告期末以及年度报告披露日前第 5 个交易日末的优先股股东总数、表决权恢复的优先股股东总数、报告期末前 10 名优先股股东持股情况。

2.3 以方框图描述公司与实际控制人之间的产权及控制关系。

三、管理层讨论与分析

管理层可以图表结合文字形式，简明、扼要分析公司在报告期内的财务状况、经营成果及重大事项。

四、涉及财务报告的相关事项

4.1 与上年度财务报告相比，会计政策、会计估计和核算方法发生变化的，公司应当说明情况、原因及其影响。

4.2 报告期内发生重大会计差错更正需追溯重述的，公司应当说明情况、更正金额、原因及其影响。

4.3 与上年度财务报告相比，对财务报表合并范围发生变化的，公司应当作出具体说明。

4.4 年度财务报告被会计师事务所出具非标准审计意见的，董事会、监事会应当对涉及事项作出说明。

注：本年度报告摘要在中国证监会指定报纸刊登的篇幅原则上不超过报纸的1/4版面。公司可以根据版面作适当调整，以符合正常的阅读习惯。

VII. 2. 4 公开发行证券的公司信息披露内容与格式准则第3号——半年度报告的内容与格式（2014年修订）

（2014年5月28日 中国证监会公告［2014］22号）

第一章 总 则

第一条 为规范上市公司半年度报告的编制及信息披露行为，保护投资者合法权益，根据《公司法》、《证券法》等法律、法规及中国证券监督管理委员会（以下简称中国证监会）的有关规定，制定本准则。

第二条 半年度报告是中期报告的一种类型。根据《公司法》、《证券法》在中华人民共和国境内公开发行股票并在证券交易所主板（含中小企业板）上市的股份有限公司（以下简称公司）应当按照本准则的要求编制和披露半年度报告。

第三条 本准则的规定是对公司半年度报告信息披露的最低要求；对投资者投资决策有重大影响的信息，公司均应当披露。鼓励公司以简明易懂的方式对投资者特别是中小投资者披露信息。

第四条 在不影响信息披露完整性和妨碍阅读的前提下，公司可以采用相互引证的方法，对半年度报告相关部分进行合理的技术处理，以避免不必要的重复和保持文字简洁。

第五条 公司半年度报告的全文应当遵循本准则第二章的要求进行编制和披露。公司半年度报告摘要应当遵循本准则第三章的要求，按照附件的格式进行编制和披露。

半年度报告的报告期是指年初至半年度期末的期间。

第六条 同时在境内和境外证券市场上市的公司，如果境外证券市场对半年度报告的编制和披露要求与本准则不同，应当遵循报告内容从多不从少、报告要求从严不从宽的原则，并在同一日公布半年度报告。

发行境内上市外资股及其衍生证券并在证券交易所上市的公司，应当同时编制半年度报告的外文译本。

第七条 公司半年度报告中的财务报告可以不经审计，但中国证监会和证券交易所另有规定的除外。

第八条 公司在编制半年度报告时应当遵循如下一般要求：

（一）半年度报告中引用的数字应当采用阿拉伯数字，货币金额除特别说明外，通常指人民币金额，并以元、千元、万元、百万元或亿元为单位。

（二）公司可以根据有关规定或其他需求，编制半年度报告外文译本，同时应当保证中外文文本的一致性，并在外文文本上注明："本报告分别以中、英（或日、法、俄）文编制，在对中外文文本的理解发生歧义时，以中文文本为准。"

（三）半年度报告封面应当载明公司的中文名称、"半年度报告"字样、报告期间，也可以载明公司的外文名称、徽章、图案等。半年度报告的目录应当编排在显著位置。

（四）公司编制半年度报告时可以图文并茂，采用柱状图、饼状图等统计图表以及必要的产品、服务和业务活动图片进行辅助说明，提高报告的可读性。公司在半年度报告目录之前刊载宣传照片和图表时，不得刊登带有祝贺、恭维、推荐性的措辞，不得含有欺诈、误导性内容的词句。

（五）公司编制半年度报告应当遵循中国证监会上市公司行业分类的有关规定，公司可以增加披露所使用的其他的行业分类数据、资料作为参考。

第九条 公司应当在每个会计年度上半年度结束之日起2个月内将半年度报告全文刊登在中国证监会指定网站上；同时将半年度报告摘要刊登在至少一种中国证监会指定报纸上，刊登篇幅原则上不超过报纸的1/4版面，也可以刊登在中国证监会指定网站上。

公司可以将半年度报告刊登在其他媒体上，但不得早于在中国证监会指定媒体披露的时间。

第十条 公司应当在半年度报告披露后，将半年度报告原件备置于公司住所，以供股东及社会公众查阅。

第十一条 公司董事会、监事会及董事、监事、高级管理人员应当保证半年度报告内容的真实、准确、完整，不存在虚假记载、误导性陈述或重大遗漏，并承担个别和连带的法律责任。

如有董事、监事、高级管理人员对半年度报告内容存在异议或无法保证其真实、准确、完整的，应当单独陈述理由。

第十二条 中国证监会对特殊行业公司信息披露另有规定的，公司应当遵循其规定。

行业主管部门对公司另有规定的，公司在编制和披露半年度报告时应当遵循其规定。

第二章　半年度报告正文

第一节　重要提示、目录和释义

第十三条　公司应当在半年度报告文本扉页刊登如下重要提示：公司董事会、监事会及董事、监事、高级管理人员保证半年度报告内容的真实、准确、完整，不存在虚假记载、误导性陈述或重大遗漏，并承担个别和连带的法律责任。

如有董事、监事、高级管理人员对半年度报告内容存在异议或无法保证其真实、准确、完整的，公司应当在半年度报告文本扉页声明×××无法保证本报告内容的真实、准确、完整，并说明理由，请投资者特别关注。同时，单独列示未出席董事会审议半年度报告的董事姓名及原因。

公司应当提示经董事会审议的报告期内的半年度利润分配预案或公积金转增股本预案。

公司负责人、主管会计工作负责人及会计机构负责人（会计主管人员）应当声明并保证半年度报告中财务报告的真实、准确、完整。

第十四条　如半年度财务报告已经审计并被出具非标准审计报告，重要提示中应当声明×××会计师事务所为本公司出具了带强调事项段或其他事项段的无保留意见、保留意见、否定意见或无法表示意见的审计报告，本公司董事会、监事会对相关事项已有详细说明，请投资者注意阅读。

如半年度报告涉及未来计划等前瞻性陈述，同时附有相应的警示性陈述，则应当声明该计划不构成公司对投资者的实质承诺，请投资者注意投资风险。

第十五条　公司应当对可能造成投资者理解障碍以及具有特定含义的术语作出通俗易懂的解释，半年度报告的释义应当在目录次页排印。

半年度报告目录应当标明各章、节的标题及其对应的页码。

第二节　公司简介

第十六条　公司应当披露如下内容：

（一）公司的中文名称及简称，外文名称及缩写（如有）。

（二）公司的法定代表人。

（三）公司董事会秘书及其证券事务代表的姓名、联系地址、电话、传真、电子信箱。

（四）公司股票上市交易所、股票简称和股票代码。

以下事项在报告期内发生变更并已在临时报告披露的，公司应当列明披露相关信息的指定网站查询索引及日期：

（一）公司注册地址，公司办公地址及其邮政编码，公司网址、电子信箱。

（二）公司选定的信息披露报纸的名称，登载半年度报告的中国证监会指定网站的网址，公司半年度报告备置地。

（三）公司报告期内的注册情况，包括但不限于：注册登记日期和地点、企业法人营业执照注册号、税务登记号码、组织机构代码。

（四）其他有关资料。

第三节　会计数据和财务指标摘要

第十七条　公司应当采用数据列表方式，提供报告期末和上年末（或报告期和上年相同期间）主要会计数据和财务指标及变动比率，包括但不限于：总资产、营业收入、归属于上市公司股东的净利润、归属于上市公司股东的扣除非经常性损益的净利润、归属于上市公司股东的净资产、经营活动产生的现金流量净额、净资产收益率、每股收益。

公司在披露“归属于上市公司股东的扣除非经常性损益后的净利润”时，应当同时说明报告期内非经常性损益的项目及金额。

同时发行人民币普通股及境内上市外资股或（和）境外上市外资股的公司，若按不同会计准则计算的净利润和归属于上市公司股东的净资产存在重大差异的，应当列表披露差异情况并说明主要原因。

上述会计数据和财务指标应当按照《公开发行证券的公司信息披露内容与格式准则第2号——年度报告的内容与格式（2014年修订）》（以下简称《年度报告准则》）以及中国证监会颁布的其他有关信息披露规范的相关规定计算和披露。

第四节　董事会报告

第十八条　公司董事会报告中应当对财务报告的数据和其他必要的统计数据，以及报告期内发生和未来可能发生的重大事项进行讨论、分析，以便于投资者了解其财务状况、经营成果及未来变化情况。公司披露董事会报告应当遵守《年度报告准则》第二十条所列原则。

第十九条　董事会报告应当重点分析公司在报告期内的财务状况和经营成果。如本条规定披露的部分内容与财务报表附注相同的，公司可以建立相关查询索引，避免重复。

公司应当披露已对报告期产生重要影响以及未对报告期产生影响但对未来具有重要影响的事项，内容包括：

（一）主营业务分析。列示公司营业收入、成本、费用、研发投入、现金流等项目的同比变动情况及原因。若公司利润构成或利润来源发生重大变动，公司应当详细说明情况。

公司招股说明书、募集说明书和资产重组报告书等公开披露文件中披露的未来发展与规划延续至报告期内的，公司应当对规划目标的实施进度进行分析；实施进度与规划不符的，应当详细说明原因。

公司应当回顾总结前期披露的经营计划在报告期内的进展，并对未达到计划目标的情况进行解释。

（二）按照行业、产品或地区经营情况分析。对于占公司营业收入总额或营业利润总额10%以上的业务经营活动及其所属行业、主要产品或地区，应当分项列示其营业收入、营业成本、毛利率，并分析其变动情况。

（三）核心竞争力分析。公司应当披露报告期内核心竞争力的重要变化及对公司所产生的影响。如发生因设备或技术升级换代、特许经营权丧失等导致公司核心竞争力受到严重影响的，公司应当详细分析，并说明拟采取的相应措施。

（四）投资状况分析。公司应当分析报告期内投资情况，包括：

1. 对外股权投资的情况。公司应当对持有其他上市公司股权，持有商业银行、证券公司、保险公司、信托公司和期货公司等金融企业股权进行重点披露，包括最初投资成本、期初持股比例、期末持股比例、期末账面值等情况。

2. 非金融类公司委托理财及衍生品投资的情况。公司应当披露资金来源、合作方、投资份额、投资期限、产品类型、预计收益、投资盈亏，是否涉诉等。如公司有委托贷款事项，应当披露委托贷款借款人、借款用途、抵押物或担保人，以及展期、逾期或诉讼事项及风险应对措施。

3. 募集资金的使用情况。报告期内募集资金或报告期之前募集资金的使用延续到报告期内的，公司应当披露有关投资项目的实际进度及收益情况；对于未达到计划进度和收益的，应当说明原因；对于尚未使用的募集资金，应当说明未来资金用途；对于实际投资项目发生变更的，应当披露项目变更原因、变更程序及其披露情况，项目资金的投入情况，项目的进度及收益情况。

如本条规定披露的内容已在《公司募集资金存放与实际使用情况的专项报告》中披露的，公司可以提供指定披露网站的相关查询索引，避免重复。

4. 主要子公司、参股公司情况。如来源于单个子公司的净利润或单个参股公司的投资收益对公司净利润影响达到10%以上，应当披露该子公司或参股公司业务性质、主要产品或服务和净利润等情况。

5. 重大非募集资金投资情况。公司应当列表披露项目投资总额超过公司上年度末经审计净资产10%的非募集资金投资的重大项目投资总额、本报告期和累计实际投入金额、项目进度及收益情况。

第二十条 公司如果预测年初至下一报告期期末的累计净利润可能为亏损或者与上年同期相比发生重大变动，应当予以警示并说明原因。

第二十一条 公司半年度财务报告已经审计，并被出具非标准审计报告的，公司应当就所涉及事项作出说明。

上年年度报告中的财务报告被注册会计师出具非标准审计报告的，公司应当就所涉及事项的变化及处理情况作出说明。

第二十二条 公司应当披露报告期内实施的利润分配方案特别是现金分红方案、资本公积金转增股本方案的执行或调整情况。

如公司董事会在审议半年度报告时拟定利润分配预案、资本公积金转增股本预案的，公司应当说明上述预案是否符合公司章程及审议程序的规定，是否充分保护中小投资者的合法权益，是否由独立董事发表意见。

第五节 重要事项

第二十三条 公司治理实际情况与《公司法》和中国证监会相关规定的要求存在差异的，公司应当披露差异的内容及报告期内已采取的整改措施及整改情况。

第二十四条 公司应当披露报告期内重大诉讼、仲裁和媒体普遍质疑的事项。已在上一年度报告中披露，但尚未结案的重大诉讼、仲裁事项，公司应当披露案件进展情况，涉及金额，是否形成预计负债，以及对公司未来的影响。对已经结案的重大诉讼、仲裁事项，公司应当披露案件执行情况。对媒体普遍质疑的事项，公司应当披露有关澄清的内容、应对措施，以及对公司未来的影响。

如以上诉讼、仲裁或媒体普遍质疑事项已在临时报告披露且无后续进展的，仅需披露该事项概述，并提供临时报告披露网站的查询索引。如报告期内公司无重大诉讼、仲裁和媒体质疑事项，应当明确说明"本报告期内无重大诉讼、仲裁和媒体质疑事项。"

第二十五条 公司应当披露报告期内发生的破产重整相关事项，包括向法院申请重整、和解或破产清算，法院受理重整、和解或破产清算，以及公司重整期间发生的法院裁定结果及其他重大事项。执行重整计划的公司应当说明计划的具体内容及执行情况。

如相关破产事项已在临时报告披露且后续实施无变化的，仅需披露该事项概述，并提供临时报告披露网站的相关查询索引。

第二十六条 公司应当披露报告期内发生及以前期间发生但持续到报告期的收购及出售重大资产、企业合并事项的简要情况及进展，分析上述事项对公司业务连续性、管理层稳定性的影响、对报告期财务状况和经营成果的影响，说明所涉及的金额及其占利润总额的比例。

如公司收购、出售资产和企业合并事项已在临时报告披露且后续实施无变化的，仅需披露该事项概述，并提供临时报告披露网站的相关查询索引。

第二十七条 公司应当披露股权激励计划在本报告期的具体实施情况，包括但不限于：实施股权激励计划履行的相关程序及总体情况，激励股份来源情况，激励对象考核情况，激励对象范围的调整情况及履行的程序，激励股份授予数量及解除锁定情况，股票期权授予及行权情况，股票期权行权价格及期权数量的调整情况及履行的程序，实施股权激励计划对公司报告期内及未来财务状况和经营成果的影响。

如相关股权激励事项已在临时报告披露且后续实施无进展或变化的，仅需披露该事项概述，并提供临时报告披露网站的相关查询索引。

第二十八条 公司应当按照以下关联交易的不同类型分别披露。如已在临时报告披露且后续实施无进展或变化的，仅需披露该事项概述，并提供临时报告披露网站的相关查询索引。

（一）与日常经营相关的关联交易，至少应当披露以下内容：关联交易方、交易内容、定价原则、交易价格、交易金额、占同类交易金额的比例、结算方式；可获得的同类交易市价，如实际交易价与市价存在较大差异，应当说明原因。大额销货退回需披露详细情况。

公司按类别对本年度将发生的日常关联交易进行总额预计的，应当披露日常关联交易事项在报告期内的实际履行情况。

（二）资产收购、出售发生的关联交易，至少应当披露以下内容：关联交易方、交易内容、定价原则、资产的账面价值、评估价值（如有）、市场公允价值（如有）、交易价格、结算方式及交易对公司经营成果和财务状况的影响情况。交易价格与账面价值或评估价值、市场公允价值差异较大的，应当说明原因。

（三）公司与关联方共同对外投资发生关联交易的，应当至少披露以下内容：共同投资方、被投资企业的名称、主营业务、注册资本、总资产、净资产、净利润、重大在建项目的进展情况。

（四）公司与关联方存在非经营性债权债务往来等事项的，应当披露形成原因及其对公司的影响。

第二十九条 公司应当披露重大合同及其履行情况。包括但不限于：

（一）在报告期内发生或以前期间发生但延续到报告期的重大交易、托管、承包、租赁其他公司资产或其他公司托管、承包、租赁公司资产的事项，包括但不限于：涉及金额、期限以及对财务状况和经营成果的影响。

（二）重大担保。报告期内履行的及尚未履行完毕的担保合同，包括担保金额、担保期限、担保对象、担保类型（一般担保或连带责任担保）、担保的决策程序等。对于未到期担保合同，如有证据表明有可能承担连带清偿责任的，应当明确说明。

（三）其他重大合同。列表披露合同订立双方的名称、签订日期、合同标的所涉及资产的账面价值、评估价值、相关评估机构名称、评估基准日、定价原则以及最终交易价格等，并披露截至报告期末合同的执行情况。

第三十条 公司以及持股5%以上的股东如在报告期内发生或存在以前期间发生但延续到报告期的承诺事项，公司应当说明该承诺事项在报告期内的履行情况。如承诺未能及时履行的，应当说明未完成履行的原因及下一步的工作计划。

第三十一条 半年度财务报告已经审计的，公司应当披露聘任审计半年度财务报告的会计师事务所的情况及报告期内支付给会计师事务所的报酬情况。更换会计师事务所的，公司应当披露解聘原会计师事务所的原因，以及是否履行了必要的程序。

第三十二条 公司及其董事、监事、高级管理人员、持有5%以上股份的股东、实际控制人、收购人在报告期内如存在被有权机关调查、被司法机关或纪检部门采取强制措施、被移送司法机关或追究刑事责任、被中国证监会立案调查或行政处罚、被采取市场禁入、被认定为不适当人选、被其他行政管理部门处罚，以及被证券交易所公开遣责的情形，应当说明原因及结论。

报告期内被中国证监会及其派出机构采取行政监管措施并提出限期整改要求的，公司应当披露整改责任人、整改期限、整改措施，以及披露整改报告书的指定网站查询索引及日期。

第三十三条 对上述二十三条至三十二条规定之外，且已在前一定期报告或临时报告中披露过的在报告期内发生以及在以前期间发生但持续到报告期的其他重要事项信息，公司应当列明披露相关信息的指定网站查询索引及日期。

第六节 股份变动及股东情况

第三十四条 报告期内的股份变动情况，公司应当按照中国证监会对公司股份变动报告规定的内容与格式进行编制。

对报告期内因送股、转增股本、配股、增发新股、非公开发行股票、权证行权、实施股权激励计划、企业合并、可转换公司债券转股、减资、内部职工股上市、债券发行或其他原因引起公司股份总数及股东结构变动、公司资产和负债结构变动的，应当予以说明。

报告期内优先股的股份变动等情况，应当按照本章第七节的相关要求予以披露。

第三十五条 公司股东数量及持股情况，应当按照中国证监会对公司股份变动报告规定的格式进行编制，披露以下内容：

（一）截至报告期末的普通股股东总数及表决权恢复的优先股股东总数（如有）。

（二）截至报告期末持有本公司5%以上股份的股东的名称、报告期内股份增减变动的情况、报告期末持股数量、所持股份类别及所持股份质押或冻结的情况。如持股5%以上的股东少于10人，则应当列出至少前10名股东的持股情况。公司股票为融资融券标的证券的，股东持股数量应当按照其通过普通证券账户、信用证券账户持有的股票及其权益数量合并计算。

如所持股份中包括无限售条件股份（或已上市流通股份）、有限售条件股份（或未上市流通股份），应当分别披露其数量。如前10名股东之间存在关联关系或属于《上市公司收购管理办法》规定的一致行动人的，应当予以说明。

如有战略投资者或一般法人因配售新股成为前10名股东的，应当予以注明，并披露约定持股期间的起止日期。

以上列出的股东情况中应当注明代表国家持有股份的单位和外资股东。

公司在计算本条所指股东持股数额或比例时，仅计算普通股和表决权恢复的优先股（如有）。

第三十六条 公司控股股东或实际控制人报告期内发生变化的，应当列明披露相关信息的指定网站查询索引及日期。

第七节 优先股相关情况

第三十七条 发行优先股的公司披露半年度报告，应当以专门章节披露优先股有关情况，具体按照本准则第三十八条至第四十一条的规定执行。半年度报告其他章节与上述规定要求披露的部分内容相同的，公司可以建立相关查询索引，避免重复。

第三十八条 公司应当披露报告期内优先股的发行与上市情况，包括公开发行或非公开发行的发行日期、发行价格和票面股息率、发行数量、上市日期、获准上市交易数量、终止上市日期、募集资金使用进展及变更情况等。

符合《上市公司重大资产重组管理办法》规定的条件发行优先股购买资产的，参照前款规定进行披露。

公司优先股股东数量及持股情况，按照中国证监会对公司股份变动报告规定的格式进行编制，应当披露以下内容：

（一）截至报告期末的优先股股东总数。

（二）截至报告期末持有本公司5%以上优先股股份的股东名称、报告期内股份增减变动的情况、报告期末持股数量、所持股份类别及所持股份质押或冻结的情况。如持股5%以上的优先股股东少于10人，则应当列出至少前10名优先股股东的持股情况。如所持优先股在除股息分配和剩余财产分配以外的其他条款上具有不同设置，应当分别披露其数量。

（三）如前10名优先股股东之间，前10名优先股股东与前10名普通股股东之间存在关联关系或属于《上市公司收购管理办法》规定的一致行动人的，应当予以说明。

（四）以上列出的优先股股东情况中应当注明代表国家持有股份的单位和外资股东。

第三十九条 报告期内公司进行优先股回购或商业银行发行的优先股转换成普通股的，应当按照以下要求披露相关的回购或转换情况：

（一）优先股的回购情况，包括回购期间、回购价格和定价原则、回购数量和比例、回购的资金总额以及资金来源、回购股份的期限、回购选择权的行使主体、对公司股本结构的影响等，并披露相关的程序。

（二）优先股的转换情况，包括转股条件、转股价格、转换比例、转换选择权的行使主体，对公司股本结构的影响等，并披露相关的程序。

第四十条 报告期内存在优先股表决权恢复的，公司应当披露相关表决权的恢复、行使情况。

第四十一条 公司应当披露对优先股采取的会计政策及理由，财务报表及附注中的相关内容应当按照中国证监会制定的有关财务报告规定进行编制。

第八节 董事、监事、高级管理人员情况

第四十二条 公司应当披露现任及报告期内离任董事、监事、高级管理人员在报告期内持有本公司股份、股票期权、被授予的限制性股票数量的变动情况。

第四十三条 公司应当披露报告期内被选举或离任的董事和监事、聘任或解聘的高级管理人员姓名，及董事、监事离任和高级管理人员解聘的原因。

第九节 财务报告

第四十四条 公司应当在半年度报告中披露比较式资产负债表、比较式利润表和比较式现金流量表，以及比较式所有者权益（股东权益）变动表和财务报表附注。

第四十五条 半年度财务报告未经审计的，公司应当注明“未经审计”字样。半年度财务报告已经审计的，公司应当披露审计意见类型；若被注册会计师出具非标准审计报告，公司还应当披露审计报告正文。

第十节 备查文件目录

第四十六条 公司应当披露备查文件的目录，包括：

（一）载有公司负责人、主管会计工作负责人、会计机构负责人（会计主管人员）签名并盖章的财务报表。

（二）载有会计师事务所盖章、注册会计师签名并盖章的审计报告原件（如有）。

（三）报告期内在中国证监会指定网站上公开披露过的所有公司文件的正本及公告的原稿。

（四）在其他证券市场公布的半年度报告。

公司应当在办公场所备置上述文件的原件。中国证监会及其派出机构、证券交易所要求提供时，或股东依据法律、法规或公司章程要求查阅时，公司应当及时提供。

第三章　半年度报告摘要

第一节　重要提示

第四十七条　公司应当在半年度报告摘要显著位置刊登如下重要提示：

本半年度报告摘要来自半年度报告全文，投资者欲了解详细内容，应当仔细阅读同时刊载于上海证券交易所网站或深圳证券交易所网站等中国证监会指定网站上的半年度报告全文。

第四十八条　公司应当以简易图表形式披露如下内容：

（一）股票简称、股票代码、股票上市交易所。如报告期末至半年度报告披露日期间公司股票简称发生变更，应当同时披露变更后的股票简称。

（二）公司董事会秘书和证券事务代表的姓名、电话、传真、电子信箱。

第二节　主要财务数据及股东变化

第四十九条　公司应当以列表方式披露报告期末和上年末（或报告期和上年相同期间）主要会计数据和财务指标及变动比率，包括但不限于：总资产、营业收入、归属于上市公司股东的净利润、归属于上市公司股东的扣除非经常性损益的净利润、归属于上市公司股东的净资产、经营活动产生的现金流量净额、净资产收益率、每股收益。

第五十条　公司应当列表披露截至报告期末的普通股和优先股股东总数、表决权恢复的优先股股东总数、报告期末前 10 名普通股股东和前 10 名优先股股东持股情况。公司控股股东或实际控制人报告期内发生变化的，应当列明披露相关信息的指定网站查询索引及日期。

第三节　管理层讨论与分析

第五十一条　公司董事会应当以图表与文字相结合的形式简明、扼要分析报告期内的财务状况、经营成果及重要事项。

第四节　涉及财务报告的相关事项

第五十二条　如与上一年度报告相比，公司会计政策、会计估计以及财务报表合并范围发生变化，或因报告期内重大会计差错更正而追溯重述的，公司应当予以披露，并分析其原因及影响。

第五十三条 如半年度财务报告已经审计，应当披露审计意见类型，若被出具带有强调事项段或其他事项段的无保留意见、保留意见、否定意见或无法表示意见的审计报告，公司董事会和监事会应当就所涉及事项作出说明。

第四章 附 则

第五十四条 本准则所称“控股股东”、“实际控制人”、“关联方”、“关联交易”、“高级管理人员”等的界定按照《公司法》、《证券法》等法律法规以及《上市公司信息披露管理办法》、《优先股试点管理办法》等相关规定执行。

第五十五条 本准则所称“以上”包含本数，“超过”、“少于”不含本数。

第五十六条 本准则自公布之日起施行。《公开发行证券的公司信息披露内容与格式准则第 3 号——半年度报告的内容与格式（2013 年修订）》（证监会公告［2013］23 号）同时废止。

附件：×××股份有限公司半年度报告摘要格式

附件

×××股份有限公司半年度报告摘要格式

一、重要提示

1.1 本半年度报告摘要来自半年度报告全文，投资者欲了解详细内容，应当仔细阅读同时刊载于上海证券交易所网站或深圳证券交易所网站等中国证监会指定网站上的半年度报告全文。

1.2 公司简介

<table>
<tr><td>股票简称</td><td></td><td>股票代码</td><td></td></tr>
<tr><td>股票上市交易所</td><td colspan="3"></td></tr>
<tr><td>联系人和联系方式</td><td>董事会秘书</td><td colspan="2">证券事务代表</td></tr>
<tr><td>姓名</td><td></td><td colspan="2"></td></tr>
<tr><td>电话</td><td></td><td colspan="2"></td></tr>
<tr><td>传真</td><td></td><td colspan="2"></td></tr>
<tr><td>电子信箱</td><td></td><td colspan="2"></td></tr>
</table>

二、主要财务数据和股东变化

2.1 主要财务数据

单位：

	本报告期末	上年度末	本报告期末比上年度末增减（%）
总资产			
归属于上市公司股东的净资产			
	本报告期	上年同期	本报告期比上年同期增减（%）
经营活动产生的现金流量净额			
营业收入			
归属于上市公司股东的净利润			
归属于上市公司股东的扣除非经常性损益的净利润加权平均净资产收益率			
基本每股收益（元/股）			
稀释每股收益（元/股）			

注：

1. 在报告期内公司因派发股票股利、公积金转增股本、拆股而增加或因并股而减少公司总股本，但不影响股东权益金额的，应当根据相关会计准则的规定按最新股本调整并列报基本每股收益和稀释每股收益。

2. 如果报告期末至半年度报告披露日，公司股本因送红股、资本公积转增股本的原因发生变化且不影响股东权益金额的，应当根据相关会计准则的规定按最新股本调整并列报基本每股收益和稀释每股收益。

3. 本报告期对上年度财务数据进行了追溯调整或重述的，上年度末和上年同期应当同时列示追溯调整或重述前后的数据。

2.2 前10名股东持股情况表

报告期末股东总数					
前10名股东持股情况					
股东名称	股东性质	持股比例（%）	持股数量	持有有限售条件的股份数量（持有非流通的股份数量）	质押或冻结的股份数量
上述股东关联关系或一致行动的说明					

注：

1. 完成股权分置改革的公司按照“持有有限售条件的股份数量”列示，未完成股权分置改革的公司按照“持有非流通的股份数量”列示。

2. 股东性质包括国家、国有法人、境内非国有法人、境内自然人、境外法人、境外自然人等。

3. 股份种类包括人民币普通股、优先股、境内上市外资股、境外上市外资股和其他。

4. 已发行优先股的公司，应当参照本表格式另行列示截至报告期末的优先股股东总数、表决权恢复的优先股股东总数、报告期末前10名优先股股东持股情况。

2.3　控股股东或实际控制人变更情况

□适用　□不适用

新控股股东名称	
新实际控制人名称	
变更日期	
指定网站查询索引及日期	

三、管理层讨论与分析

管理层可以图表结合文字形式，简明、扼要分析公司在报告期内的财务状况、经营成果及重大事项。

四、涉及财务报告的相关事项

4.1 与上年度财务报告相比，会计政策、会计估计和核算方法发生变化的，公司应当说明情况、原因及其影响。

4.2 报告期内发生重大会计差错更正需追溯重述的，公司应当说明情况、更正金额、原因及其影响。

4.3 与上年度财务报告相比，对财务报表合并范围发生变化的，公司应当作出具体说明。

4.4 半年度财务报告已经审计，并被出具非标准审计报告的，董事会、监事会应当对涉及事项作出说明。

注：本半年度报告摘要在中国证监会指定报纸刊登的篇幅原则上不超过报纸的1/4版面。公司可以根据版面作适当调整，以符合正常的阅读习惯。

VII. 2. 5 公开发行证券的公司信息披露编报规则第 13 号——季度报告内容与格式特别规定（2014 年修订）

（2014 年 5 月 28 日 中国证监会公告［2014］23 号）

第一章 总 则

第一条 为规范上市公司季度报告的编制及信息披露行为，保护投资者合法权益，根据《公司法》、《证券法》等法律、法规及中国证券监督管理委员会（以下简称中国证监会）的有关规定，制定本规则。

第二条 根据《公司法》、《证券法》在中华人民共和国境内公开发行股票并在证券交易所主板（含中小企业板）上市的股份有限公司（以下简称公司）应当按照本规则的要求编制和披露季度报告。

第三条 公司应当在会计年度前 3 个月、9 个月结束后的 1 个月内将季度报告正文刊登于至少一种中国证监会指定的报纸上，并将季度报告全文（包括正文及附录）刊登于中国证监会指定网站上。季度报告正文应当按照本规则第二章要求编制，并按照附件的格式披露。

季度报告的报告期是指季度初至季度末 3 个月期间。

第一季度季度报告的披露时间不得早于上一年度年度报告。

第四条 公司季度报告中的财务报表可以不经审计，但中国证监会和证券交易所另有规定的除外。

第二章 季度报告正文

第一节 重要提示

第五条 公司应当在季度报告正文的显要位置刊登如下重要提示：公司董事会、监事会及董事、监事、高级管理人员保证季度报告内容的真实、准确、完整，不存在虚假记载、误导性陈述或者重大遗漏，并承担个别和连带的法律责任。

如有董事、监事、高级管理人员对季度报告内容存在异议或无法保证其真实、准确、完整的，公司应当在季度报告中声明 ××× 无法保证本报告内容的真实、准确、完整，并说明理由，请投资者特别关注。同时，单独列示未出席董事会审议季度报告的董事姓名及原因。

公司负责人、主管会计工作负责人及会计机构负责人（会计主管人员）应当声明并保证季度报告中财务报表的真实、准确、完整。

第六条 如季度报告中的财务报表已经审计并被出具非标准审计报告，重要提示中应当声明×××会计师事务所为本公司出具了带强调事项段或其他事项段的无保留意见、保留意见、否定意见或无法表示意见的审计报告，本公司董事会、监事会对相关事项已有详细说明，请投资者注意阅读。

第二节 主要财务数据及股东变化

第七条 公司应当采用数据列表方式，提供报告期末和上年末（或年初至报告期末和上年相同期间）公司主要会计数据和财务指标及变动比率，包括但不限于：总资产、营业收入、归属于上市公司股东的净利润、归属于上市公司股东的扣除非经常性损益的净利润、归属于上市公司股东的净资产、经营活动产生的现金流量净额、净资产收益率、每股收益。

公司在披露“归属于上市公司股东的扣除非经常性损益后的净利润”时，应当同时说明报告期内非经常性损益的项目及金额。

上述会计数据和财务指标应当按照《公开发行证券的公司信息披露内容与格式准则第2号——年度报告的内容与格式（2014年修订）》以及中国证监会颁布的其他有关信息披露规范的相关规定计算和披露。

第八条 公司应当按照中国证监会对公司股份变动报告规定的格式披露截至报告期末的普通股和优先股股东总数，前10名普通股股东和前10名优先股股东、前10名无限售条件的普通股股东和前10名无限售条件的优先股股东的持股情况。

第三节 重要事项

第九条 报告期主要会计报表项目、财务指标发生重大变动的，应当说明情况及主要原因。

第十条 报告期内发生或将要发生、或以前期间发生但延续到报告期的重要事项，若对本报告期或以后期间的公司财务状况和经营成果产生重大影响，对投资者投资决策产生重大影响，应当披露该重要事项进展情况，并说明其影响和解决方案。公司已在临时报告披露且无后续进展的，仅需披露该事项概述，并提供临时报告披露网站的查询索引。

第十一条 公司以及持股5%以上的股东如在报告期内发生或存在以前期间发生但持续到报告期的承诺事项，公司应当说明该承诺事项在报告期内的履行情况。

第十二条 公司如果预测年初至下一报告期期末的累计净利润可能为亏损或者与上年同期相比发生重大变动，应当予以警示并说明原因。

第三章 附 录

第十三条 公司应当编制季度报告的附录部分。公司应当在该部分按照《企业会计准则》以及中国证监会颁布的有关信息披露规范要求披露截至报告期末的比较式合并资产负债表以及年初至报告期末的比较式合并利润表和比较式现金流量表，并注明是否已经审计。

季度报告中的财务报表已经审计的，公司应当披露审计意见类型；若被注册会计师出具非标准审计报告，公司还应当披露审计报告正文。

第四章 附 则

第十四条 本规则自公布之日起施行。《公开发行证券的公司信息披露编报规则第 13 号——季度报告内容与格式特别规定（2013 修订）》（证监会公告［2013］23 号）同时废止。

附件：×××股份有限公司季度报告格式

附件

×××股份有限公司季度报告格式

一、重要提示

1.1 公司董事会、监事会及董事、监事、高级管理人员应当保证季度报告内容的真实、准确、完整，不存在虚假记载、误导性陈述或者重大遗漏，并承担个别和连带的法律责任。

1.2 如有董事、监事、高级管理人员对季度报告内容存在异议或无法保证其真实、准确、完整的，应当声明×××无法保证本报告内容的真实、准确、完整，并说明理由，请投资者特别关注。

1.3 如有董事未出席董事会审议季度报告，应当单独列示该董事姓名及未出席原因。

1.4 公司负责人、主管会计工作负责人及会计机构负责人（会计主管人员）应当声明并保证季度报告中财务报表的真实、准确、完整。

1.5 如季度报告中的财务报表已经审计并被出具非标准审计报告，应当声明×××会计师事务所为本公司出具了带强调事项段或其他事项段的无保留意见、保留意见、否定意见或无法表示意见的审计报告，本公司董事会、监事会对相关事项已有详细说明，请投资者注意阅读。

二、公司主要财务数据和股东变化

2.1 主要财务数据。

单位：

	本报告期末	上年度期末	本报告期末比上年度期末增减（%）
总资产			
归属于上市公司股东的净资产			
	年初至报告期末		比上年同期增减（%）
经营活动产生的现金流量净额			
	年初至报告期末		比上年同期增减（%）
营业收入			
归属于上市公司股东的净利润			
归属于上市公司股东的扣除非经常性损益的净利润			
加权平均净资产收益率			
基本每股收益（元/股）			
稀释每股收益（元/股）			

注：

1. 在报告期内公司因派发股票股利、公积金转增股本、拆股而增加或因并股而减少公司总股本，但不影响股东权益金额的，应当根据相关会计准则的规定按最新股本调整并列报基本每股收益和稀释每股收益。

2. 如果报告期末至季度报告披露日，公司股本因送红股、资本公积转增股本的原因发生变化且不影响股东权益金额的，应当根据相关会计准则的规定按最新股本调整并列报基本每股收益和稀释每股收益。

3. 本报告期对以前期间财务数据进行了追溯调整或重述的，应当同时列示追溯调整或重述前后的数据。

2.2 截至报告期末的普通股和优先股股东总数，前10名普通股股东和前10名优先股股东、前10名无限售条件的普通股股东和前10名无限售条件的优先股股东的持股情况。

三、重要事项

3.1 公司主要会计报表项目、财务指标重大变动的情况及原因。

□适用 □不适用

3.2 重要事项进展情况及其影响和解决方案的分析说明。

□适用 □不适用

3.3 公司及持股5%以上的股东承诺事项履行情况。

□适用 □不适用

3.4 预测年初至下一报告期期末的累计净利润可能为亏损或者与上年同期相比发生重大变动的警示及原因说明。

□适用 □不适用

VII. 2. 6 公开发行证券的公司信息披露内容与格式准则第30号——创业板上市公司年度报告的内容与格式（2012年修订）

（2012年12月14日 中国证监会公告［2012］43号）

现公布《公开发行证券的公司信息披露内容与格式准则第30号——创业板上市公司年度报告的内容与格式》（2012年修订），自2013年1月1日起施行。

附件1:《公开发行证券的公司信息披露内容与格式准则第30号——创业板上市公司年度报告的内容与格式》（2012年修订）

附件2:《公开发行证券的公司信息披露内容与格式准则第30号——创业板上市公司年度报告的内容与格式》（2012年修订）修订说明

附件1

公开发行证券的公司信息披露内容与格式准则第30号——创业板上市公司年度报告的内容与格式（2012年修订）

第一章 总 则

第一条 为规范创业板上市公司年度报告的编制及信息披露行为，保护投资者合法权益，根据《公司法》、《证券法》等法律、法规及中国证监会的有关规定，制订本准则。

第二条 凡根据《公司法》、《证券法》在中华人民共和国境内公开发行股票并在创业板上市的股份有限公司（以下简称公司）应当按照本准则的要求编制和披露年度报告。

第三条 本准则的规定是对公司年度报告信息披露的最低要求。凡对投资者投资决策有重大影响的信息，不论本准则是否有明确规定，公司均应披露。

第四条 本准则某些具体要求对公司确实不适用的，经证券交易所批准后，公司可根据实际情况在不影响披露内容完整性的前提下做出适当修改。

第五条 由于商业秘密等特殊原因导致本准则规定的某些信息确实不便披露的，公司可向证券交易所申请豁免，经证券交易所批准后，可以不予披露。公司应当在相关章节说明未按本准则要求进行披露的原因。商业秘密的确定应保持境内外内容一致。

第六条 在不影响信息披露完整性和不致引起阅读不便的前提下，公司可采取相互引征的做法，对相关部分进行适当的技术处理，以避免不必要的重复和保持文字简洁。

第七条 公司年度报告的全文应按本准则第二章的要求编制，年度报告摘要的内容摘自年度报告正文，编制和披露应遵循本准则第三章的要求，并按照附件的格式进行。

第八条 同时在境内和境外证券市场上市的公司，若境外证券市场对年度报告的编制和披露要求与本准则不同，应遵循报告内容从多不从少，报告要求从严不从宽的原则，并应当在同一日公布年度报告。

第九条 公司年度报告中的财务报告必须经具有证券期货相关业务资格的会计师事务所审计，审计报告须由该所至少两名注册会计师签字。

第十条 公司在编制年度报告时还应遵循如下一般要求：

（一）年度报告中引用的数字应当采用阿拉伯数字，有关货币金额除特别说明外，指人民币金额，并以元、千元、万元、百万元或亿元为单位。

（二）公司可根据有关规定或其他需求，编制年度报告外文译本，但应努力保证中外文文本的一致性，并在外文文本上注明："本报告分别以中、英（或日、法等）文编制，在对中外文文本的理解上发生歧义时，以中文文本为准。"

（三）年度报告印刷文本应采用质地良好的纸张印刷，幅面为 209×295 毫米（相当于标准的 A4 纸规格）。年度报告封面应载明公司的名称、"年度报告"的字样、报告期年份，也可以载有公司的外文名称、徽章或其他标记、图案等。年度报告的目录应编排在显著位置。

（四）公司可以在年度报告正文前刊载宣传本公司的照片、图表或致投资者信，但不得刊登任何祝贺性、恭维性或推荐性的词句、题字或照片，不得含有夸大、欺诈、误导或内容不准确、不客观的词句。

（五）年度报告中若涉及行业分类，必须遵循中国证监会有关上市公司行业分类的规定；公司可以在此基础上，增加披露使用其他行业分类的数据、资料作为参考。

第十一条 公司应当在每个会计年度结束之日起 4 个月内将年度报告全文

和摘要刊登在中国证监会指定的网站和公司网站上；同时在至少一种中国证监会指定报纸上刊登“本公司××××年度报告及摘要已于×年×月×日在中国证监会指定的创业板信息披露网站上披露，请投资者注意查阅。”的提示性公告。

公司可以将年度报告刊登在其他网站和其他报刊上，但不得早于在中国证监会指定的网站上披露的时间。

第十二条 在年度报告披露前，任何当事人不得泄露与其有关的信息，或利用这些信息谋取不正当利益。

第十三条 公司应当在年度报告公布后，将年度报告原件或有法律效力的复印件备置于公司办公地点，以供股东和投资者查阅。公司应在年度报告公布后10个工作日内，将年度报告及相关文件报送公司住所地中国证监会派出机构。

第十四条 公司董事会、监事会及董事、监事、高级管理人员应当保证年度报告内容的真实性、准确性、完整性，承诺其中不存在虚假记载、误导性陈述或重大遗漏，并就其保证承担个别和连带的法律责任。如有董事、监事、高级管理人员对年度报告内容的真实性、准确性、完整性无法保证或存在异议的，应当单独陈述理由和发表意见。未参会董事应当单独列示其姓名。

第十五条 特殊行业公司，除执行本准则规定外，还应执行中国证监会就该行业信息披露制定的特别规定。

第二章 年度报告正文

第一节 重要提示、目录及释义

第十六条 公司应在年度报告文本扉页刊登如下（但不限于）重要提示：

本公司董事会、监事会及董事、监事、高级管理人员保证本报告所载资料不存在任何虚假记载、误导性陈述或者重大遗漏，并对其内容的真实性、准确性和完整性承担个别及连带责任。

如有董事、监事、高级管理人员对年度报告内容的真实性、准确性、完整性无法保证或存在异议的，应当声明：××董事、监事、高级管理人员无法保证本报告内容的真实性、准确性和完整性，理由是：……，请投资者特别关注。如有董事未出席董事会，应当单独列示其姓名。

如果执行审计的会计师事务所对公司出具了非标准审计报告，重要提示中应增加以下陈述：

××会计师事务所为本公司出具了带强调事项段的无保留意见（或保留意见、否定意见、无法表示意见）的审计报告，本公司董事会、监事会对相关事项亦有详细说明，请投资者注意阅读。

公司负责人、主管会计工作负责人及会计机构负责人（会计主管人员）应当声明：保证年度报告中财务报告的真实、完整。

如果报告中涉及未来的计划、预测等方面的内容，重要提示中还应增加以下陈述：

本报告中如有涉及未来的计划、业绩预测等方面的内容，均不构成本公司对任何投资者及相关人士的承诺，投资者及相关人士均应对此保持足够的风险认识，并且应当理解计划、预测与承诺之间的差异。

第十七条 年度报告目录应标明各章、节的标题及其对应的页码。公司应对可能造成投资者理解障碍及有特定含义的术语作出清晰、易懂的解释，年报的释义应在目录次页排印。

第二节 公司基本情况简介

第十八条 公司应披露如下内容：

（一）公司的法定中、英文名称及缩写。

（二）公司法定代表人。

（三）公司董事会秘书及证券事务代表的姓名、联系地址、电话、传真、电子信箱。

（四）公司注册地址，公司办公地址及其邮政编码，公司国际互联网网址、电子信箱。

（五）公司选定的信息披露媒体的名称，登载年度报告的中国证监会指定网站的网址，公司年度报告备置地点。

（六）公司股票简称和股票代码。

（七）公司聘请的会计师事务所名称、办公地址。

（八）公司历史沿革：报告期内的历次注册变更情况，包括变更注册登记日期、地点，企业法人营业执照注册号，税务登记号码，组织机构代码等。

第三节 会计数据和财务指标摘要

第十九条 公司应采用数据列表方式，提供截至报告期末公司近 3 年的主要会计数据和财务指标，包括但不限于以下各项：营业收入、营业利润、利润总额、归属于上市公司普通股股东的净利润、归属于上市公司普通股股东的扣除非经常性损益后的净利润、资产总额、负债总额、归属于上市公司普通股股东的所有者权益、经营活动产生的现金流量净额、每股经营活动产生的现金流量净额、归属于上市公司普通股股东的每股净资产、净资产收益率、每股收益、资产负债率等。计算公式（不须披露）如下：

归属于上市公司普通股股东的每股净资产 = 年度末归属于上市公司普通股

股东的所有者权益/年度末普通股股份总数

每股经营活动产生的现金流量净额 = 经营活动产生的现金流量净额/年度末普通股股份总数

净资产收益率、每股收益的计算公式参照《公开发行证券的公司信息披露编报规则第 9 号——净资产收益率和每股收益的计算及披露》执行。已发行人民币普通股，又发行境内上市外资股或境外上市外资股的公司，应披露按不同会计准则计算的净利润和归属于上市公司普通股股东的所有者权益产生的重大差异，并说明主要原因。

公司在披露“扣除非经常性损益后的净利润”时，应同时说明扣除的项目、涉及金额。

第二十条 公司主要会计数据和财务指标的计算和披露应遵循如下要求：

（一）因会计政策变更及会计差错更正等追溯调整或重述以前年度会计数据的，应披露会计政策变更的原因及会计差错更正的情况，并应同时披露调整前后的数据。

（二）应按照《公开发行证券的公司信息披露解释性公告第 1 号——非经常性损益（2008 年修订）》的要求，确定和计算非经常性损益。

（三）编制合并财务报表的公司应以合并财务报表数据填列或计算以上数据和指标。

（四）数据应根据时间顺序从左到右进行排列，左边起是报告期的数据。

第二十一条 公司应在主要会计数据和财务指标摘要之后刊登重大风险提示。公司对风险因素的描述应当围绕公司的经营情况，遵循重要性原则，披露可能对公司下一年度发展战略和经营目标的实现产生不利影响的重大风险，包括但不限于未来不能持续成长的风险、不能持续进行技术创新或产品更新的风险、产品的市场竞争风险、对大客户的依赖风险、重大投资失败的风险、关键技术人员流失的风险等，并根据实际情况，披露已经或将要采取的措施。

第四节 董事会报告

第二十二条 公司董事会报告中应当对报告期公司从事的主要业务进行回顾，包括报告期公司所从事的主要业务和主要产品简介、行业发展变化、市场竞争格局以及公司行业地位等内容。

第二十三条 公司董事会报告中应当对财务报告数据与其他必要的统计数据，以及报告期内发生的和未来将要发生的重大事项，进行讨论与分析，以有助于投资者了解其经营成果、财务状况及未来可能变化。公司可以运用逐年比较、数据列表或其他方式对相关事项进行列示，以增进投资者的理解。披露应遵守以下的原则：

（一）披露内容应具有充分的可靠性。引用的数据、资料应有充分的依据，如果引用第三方的数据、资料作为讨论与分析的依据，应注明来源，并判断第三方的数据、资料是否拥有足够的权威性。

（二）披露内容应具有充分的相关性。公司应充分考虑并尊重投资者的投资需要，披露的内容应能够帮助投资者更加充分地理解公司未来变化的趋势。公司应重点讨论和分析重大的投资项目、资产购买、兼并重组、在建工程、研发项目、人才培养和储备等方面在报告期内的执行情况和未来的计划。

（三）披露内容应具有充分的关联性。分析与讨论公司的外部环境、市场格局、风险因素等内容时，所述内容应与公司的经营成果、财务状况具有足够的关联度，应充分考虑公司的外部经营环境（包括但不限于经济环境、行业环境等）和内部资源条件（包括但不限于资产、技术、人员、经营权等），结合公司的战略和营销等管理政策，以及公司所从事的业务特征，进行有针对性的讨论与分析，并且保持逻辑的连贯。

（四）鼓励公司披露管理层在经营管理活动中使用的关键业绩指标。可以披露指标的假定条件和计算方法以及公司选择这些指标的依据，重点讨论与分析指标变化的原因和趋势。关键业绩指标由公司根据自身特点，选择对业绩敏感度较高且公司有一定控制能力的要素而确定。

（五）讨论与分析应充分解释导致财务数据变动的根本原因及其反映的可能趋势，而不能只是重复财务报告的内容。

（六）披露内容应突出重要性。避免空泛、模板式的语言，以及过多披露不重要的事项而掩盖重要信息。

第二十四条 公司应回顾分析在报告期内的主要经营情况。对重要事项的披露应该完整全面，不能有选择地披露。公司应披露已对报告期产生重要影响以及未对报告期产生影响但对未来具有重要影响的事项等。内容包括但不限于：

（一）主营业务。应包括（但不限于）收入、成本、费用、研发投入、现金流等科目，需要提示变化并分析变化的原因。若公司利润构成或利润来源发生重大变动，应详细说明。

1. 收入：公司应说明驱动业务收入变化的产销量、订单或劳务的结算比例等因素。如果因子公司股权变动导致合并范围变化的，应提供上年同口径的数据供投资者参考。若报告期内产品或服务发生重大变化或调整，公司应介绍已推出或宣布推出的新产品及服务，并说明对公司经营及业绩的影响。

对实物销售收入大于劳务收入的公司，应按照行业口径，披露报告期内的生产量、销售量和库存量情况。若相关数据同比变动在30%以上的，应说明原因。

对于订单收入占比超过50%的公司，应披露重大的已签订订单情况，并披露前期订单在本年度进展和本年度新增订单的完成比例。对前期订单分散且数量较多的，可以按行业口径归类披露。临时报告已经披露过的情况，公司应提供相关披露索引。

2. 成本：公司应披露本年度成本的主要构成项目，如原材料、人工工资、折旧、能源和动力等在成本总额中的占比情况，披露可按行业分类列示，并提供上年同口径可比数据。如果涉及商业秘密的，公司可仅披露占比最高或最主要的单个项目。

3. 费用：若报告期公司销售费用、管理费用、财务费用、所得税等财务数据同比发生重大变动的，应当说明产生变化的主要影响因素。

4. 研发投入：公司应说明本年度所进行研发项目的目的，项目进展和拟达到的目标，并预计对公司未来发展的影响。公司应说明本年度研发支出总额及资本化的比重、研发支出占营业收入的比重，如数据较上年发生显著变化，还应解释变化的原因。

5. 现金流：结合公司现金流量表相关数据，说明公司经营活动、投资活动和筹资活动产生的现金流量的构成情况，若相关数据同比发生重大变动，公司应当分析主要影响因素。若报告期公司经营活动产生的现金流量与报告期净利润存在重大差异的，公司应当解释原因。

6. 公司应当披露主要供应商、客户情况：介绍公司向前5名供应商合计的采购金额占公司年度采购总额的比例，向前5名客户合计的销售额占公司年度销售总额的比例。向单一供应商或客户采购、销售比例超过30%的，还应说明该供应商或客户采购、销售金额及所占比例，报告期内公司与其之间的采购、销售金额和比例相比以前年度是否发生较大变化；属于同一控制人控制的供应商及客户应合并列示。

7. 公司首次公开发行招股说明书中披露的未来发展与规划延续至报告期的，公司应对规划目标的实施进度进行分析，实施进度与规划不符的，应详细说明原因。

公司应当回顾总结前期披露的发展战略和经营计划在报告期内的进展，对未达到计划目标的情况进行解释。若公司实际经营业绩低于或高于曾公开披露过的本年度盈利预测20%以上的，应从收入、成本、费用、税负等相关方面说明造成差异的原因。

（二）分部报告。公司应当根据自身实际情况，分别按行业、产品或地区说明报告期内公司主营业务收入、主营业务利润的构成情况。对于占公司营业收入或营业利润10%以上的行业、产品或地区，应分项列示其营业收入、营业成本、营业利润率，并分析其变动情况。公司应当保持业务数据统计口径的一致性，如确需调整的，公司应提供调整后的过去3年数据。

（三）资产及负债状况。若报告期公司资产构成（货币资金、应收款项、存货、投资性房地产、长期股权投资、固定资产、在建工程、短期借款、长期借款等占总资产的比重）同比发生重大变动的，应当说明产生变化的主要影响因素。

报告期内公司具有以公允价值计量的资产的，应当说明报告期内该资产的购入、售出以及公允价值变动等情况。

公司报告期内如主要资产计量属性发生重大变化，应说明原因及其对经营成果和财务状况的影响。

（四）竞争能力。公司应分析说明报告期内公司核心竞争能力（如设备、专利、非专利技术、特许经营权、土地使用权、水面养殖权、探矿权、采矿权、核心技术人员、独特经营方式和盈利模式、允许他人使用自己拥有的资源要素或作为被许可方使用他人资源要素等）方面的重要变化及对公司所产生的影响。如果发生因设备或技术升级换代、核心技术人员辞职、特许经营权丧失等导致公司核心竞争能力受到严重影响的，应详细说明具体情况及公司拟采取的措施。

（五）投资状况。公司应介绍本年度投资情况，分析报告期内公司投资额同比变化情况。对达到公开披露标准的，公司应披露被投资公司名称、主要业务、投资份额和持股比例、资金来源、合作方、投资期限、产品类型、预计收益、本期投资盈亏、是否涉诉等信息。

1. 对募集资金投资项目，在项目未达到预计收益之前，公司应持续列表说明募集资金时承诺投资项目、项目进度与实际投资项目、进度的异同。尚未使用的募集资金，应说明资金用途及去向。当项目达到预计收益之后，公司可提示投资者在以后年份停止披露。

实际投资项目如没有变更，公司应介绍项目资金的投入情况、项目的进度及预计收益；若项目已产生收益，应说明累计收益情况；未达到计划进度和收益的，应当解释原因。实际投资项目如有变更，公司应介绍项目变更原因、变更程序及其披露情况，项目资金的投入情况，项目的进度及预计收益；若项目已产生收益，应说明收益情况；未达到计划进度和收益的，应说明原因。同时还需说明原项目的预计收益情况。

公司首次公开发行时产生的超募资金的使用延续到报告期的，应说明超募资金的使用计划、计划实施情况、资金使用的收益以及超募资金的节余情况。

2. 对非募集资金投资项目，公司应根据重要性原则，对报告期持有其他上市公司股权、参股商业银行、证券、保险、信托和期货公司等金融企业股权进行披露，包括初始投资成本、持股比例、期末账面值、本期收益、股份来源等情况；对报告期用于买卖其他上市公司股份的资金数量、股份数量及产生的投资收益进行披露；对报告期持有的以公允价值计量的境内外基金、债券、信托产品、期货、金融衍生工具等金融资产的初始投资成本、资金来源、报告期内购入或售出及投资收益情况、公允价值变动情况等进行披露。重要性标准，可参考负责公司财务报告审计的会计师事务所的审计标准，公司应披露重要性标准的具体数值。

（六）主要控股参股公司分析。公司应详细介绍主要子公司的主要业务、注册资本、总资产、净资产、净利润，本年度取得和处置子公司的情况，包括取得和处置的方式及对公司整体生产经营和业绩的影响。如来源于单个子公司的净利润或单个参股公司的投资收益对公司净利润影响达到10%以上，还应介绍该公司主营业务收入、主营业务利润等数据。若单个子公司或参股公司的经营业绩同比出现大幅波动，且对公司合并经营业绩造成重大影响的，公司应当对其业绩波动情况及其变动原因进行分析。

主要子公司或参股公司的经营情况的披露应参照上市公司董事会报告的要求。对于与公司主业关联较小的子公司，应披露持有目的和未来经营计划；对本年度内投资收益占净利润比例达50%以上的公司，应披露投资收益中占比在10%以上的股权投资项目。

若主要子公司或参股公司的经营业绩未出现大幅波动，但其资产方面或其他主要财务指标出现显著变化，并可能在将来对公司业绩造成影响，也应对变化情况和原因予以说明。

（七）公司控制的特殊目的主体情况。公司存在其控制下的特殊目的主体时，应介绍公司对其控制权方式和控制权内容，并说明公司从中可以获取的利益和对其所承担的风险。另外，公司还应介绍特殊目的主体对其提供融资、商品或劳务以支持自身主要经营活动的相关情况。公司控制的特殊目的主体为《企业会计准则第33号——合并财务报表》应用指南中所规定的“特殊目的主体”。

第二十五条 公司应对未来发展进行展望。应讨论和分析行业竞争格局和趋势，披露公司未来发展战略、下一年度的经营计划以及公司可能面对的风险。主要包括但不限于：

（一）行业格局和趋势。公司应结合自身的业务规模、经营区域、产品类别以及竞争对手等情况，介绍与公司业务关联的宏观经济层面或行业环境层面的发展趋势，以及公司的行业地位或区域市场地位的变动趋势。公司应结合主要业务的市场变化情况、营业成本构成的变化情况、市场份额变化情况等因素，分析公司的主要行业优势和困难，并说明变化对公司未来经营业绩和盈利能力的影响。

（二）公司发展战略。公司应围绕行业壁垒、核心技术替代或扩散、产业链整合、价格竞争、成本波动等方面向投资者提示未来公司发展机遇和挑战，披露公司发展战略，以及拟开展的新业务、拟开发的新产品、拟投资的新项目等。若公司存在多种业务的，还应当说明各项业务的发展规划。分析和讨论应提供数据支持，并说明数据来源。

公司对未来发展战略的披露，应结合投资者关注较多的问题，以及公司现阶段所面临的特定环境、公司所处行业及所从事业务特征来进行。重点对公司未来主要经营模式或业务模式是否会发生重大变化，新技术、新产品的开发计划及进展，产能扩张、资产收购等重大投资计划，投资者回报安排等发展战略、发展步骤进行有针对性的描述，以助于投资者了解公司未来发展方向及经营风格。

（三）经营计划。公司应当披露下一年度的经营计划，包括（但不限于）收入、费用、成本计划，及下一年度的经营目标，如销售额的提升、市场份额的扩大、成本下降、研发计划等，为达到上述经营目标拟采取的策略和行动。公司应同时说明该经营计划并不构成公司对投资者的业绩承诺，提示投资者对此保持足够的风险意识，并且应当理解经营计划与业绩承诺之间的差异。公司应披露维持公司当前业务并完成在建投资项目所需的资金需求，对公司经营计划涉及的投资资金的来源、成本及使用情况进行简要说明。

（四）可能面对的风险。公司应当针对自身特点，遵循关联性原则和重要性原则披露可能对公司未来发展战略和经营目标的实现产生不利影响的重大风险因素（例如政策性风险、行业特有风险、业务模式风险、经营风险、环保风险、汇率风险、利率风险、技术风险、产品价格风险、原材料价格及供应风险、财务风险、单一客户依赖风险、核心技术人员变动等），披露的内容应当充分、准确、具体，应尽量采取定量的方式分析各风险因素对公司当期及未来经营业绩的影响，并介绍已经或计划采取的应对措施。

对于本年度较上一年度的新增风险因素，公司应对其产生的原因、对公司的影响以及已经采取或拟采取的措施及效果等进行分析。若分析表明相关变化趋势已经、正在或将要对公司的财务状况和经营成果产生重大影响的，公司应提供管理层对相关变化的基本判断，尽可能定量分析对公司的影响程度。

第二十六条 对会计师事务所出具非标准审计报告的，公司应就所涉及事项做出说明。

报告期发生会计政策、会计估计变更或重要前期差错更正的，董事会应讨论、分析变更、更正的原因及影响。如涉及追溯调整，应披露对以往各年度财务状况和经营成果的影响金额；如涉及更换会计师事务所，应披露是否就相关事项与前任会计师事务所进行了必要的沟通。

适用境内外会计准则的公司，董事会应对产生差异的情况进行详细说明。

第二十七条 公司应披露利润分配政策以及近3年（包括本报告期）的股利分配方案（预案）、资本公积金转增股本方案（预案）和现金红利分配情况。对于报告期内盈利但未提出现金利润分配方案预案的公司，应详细说明原因，同时说明公司未分配利润的用途和使用计划。

第二十八条 鼓励公司披露社会责任报告。社会责任报告应经公司董事会审议通过，并以单独报告的形式在披露年度报告的同时在指定网站披露。

第二十九条 公司应披露内幕信息知情人管理制度的建立和执行情况，报告期内自查内幕信息知情人涉嫌内幕交易的情况，以及监管部门的查处和整改情况。

第五节 重要事项

第三十条 公司应披露重大诉讼、仲裁事项。包括发生在本年度涉及公司的重大诉讼、仲裁事项，应陈述该事项基本情况、涉及金额，是否存在预计负债。已在上年度年报中披露，但尚未结案的重大诉讼、仲裁事项，应陈述其进展情况或审理结果及影响。对已经结案的重大诉讼、仲裁事项，还应说明其执行情况。如以上诉讼、仲裁事项已在临时报告披露且无后续进展的，则可只披露事项概述，并提供临时报告相关披露索引。

如报告期内公司无重大诉讼、仲裁事项，应明确陈述“本年度公司无重大诉讼、仲裁事项”。

第三十一条 发生控股股东及其关联方非经营性占用资金情况的，公司应充分披露资金占用期初金额、发生额、偿还额、期末余额、占用原因、预计偿还方式及清偿时间。

公司应同时披露年审会计师对资金占用的专项审核意见。

第三十二条 公司应披露报告期内发生的破产相关事项，包括向法院申请重整、和解或破产清算，法院受理重整、和解或破产清算，公司重整期间等发生的法院裁定结果及其他重大事项。执行相关重整、和解等计划的公司还应说明计划的具体内容及执行情况。如相关破产事项已在临时报告披露且后续实施无变化的，则可只披露事项概述，并提供临时报告相关披露索引。

第三十三条 公司应披露报告期内收购及出售资产、企业合并事项的简要情况及进程，分析上述事项对公司业务连续性、管理层稳定性的影响，同时还应说明事项是否按计划如期实施，如已实施完毕应说明其对财务状况和经营成果的影响及其占利润总额的比例；如未按计划实施则说明原因及公司采取的措施。

第三十四条 公司应披露股权激励计划在本报告期的具体实施情况，包括但不限于：实施股权激励计划履行的相关程序及总体情况；激励基金提取情况；股权激励股份购买情况；对激励对象的考核情况；对激励对象范围的调整情况及履行的程序；股权激励股份授予数量及解除锁定情况；股票期权授予及行权情况；股票期权行权价格及期权数量等的调整情况及履行的程序；实施股权激励计划对公司本报告期及以后各年度财务状况和经营成果的影响；涉及股权激励的其他事项。如相关股权激励事项已在临时报告披露且后续实施无进展或变化的，则可只披露事项概述，并提供临时报告相关披露索引。

第三十五条 公司应披露报告期内发生的重大关联交易事项。若对于某一关联方，报告期内累计关联交易总额高于1000万元且占公司最近一期经审计净资产值5%以上的，须披露关联交易方、交易内容、交易时间及披露时间等情况。

如果发生的交易属不同类型，应按以下要求分别披露：

（一）与日常经营相关的关联交易，至少应披露以下内容：关联交易方、交易内容、定价原则、交易价格、交易金额、占同类交易金额的比例、结算方式。可以获得同类交易市场价格的，应披露市场参考价格，实际交易价格与市场参考价格差异较大的，应说明原因。大额销货退回需披露详细情况。

公司按类别对当年度将发生的日常关联交易总金额进行预计的，应披露日常关联交易事项在报告期内的实际履行情况。

（二）资产、股权转让发生的关联交易，至少应披露以下内容：关联交易方、交易内容、定价原则、资产的账面价值、评估价格、交易价格、结算方式及获得的转让收益，转让价格与账面价值或评估值差异较大的，应说明原因。如相关资产、股权转让关联交易事项已在临时报告披露且后续实施无变化或进展的，则可只披露事项概述、披露日期，并提供临时报告相关披露索引。

（三）公司与关联方共同对外投资发生的关联交易，至少应披露以下内容：共同投资方、被投资企业的基本情况及业务范围、投资进展情况等。

（四）公司与关联方存在债权债务往来、担保等事项的，应披露形成的原因及其对公司的影响。

（五）其他重大关联交易。

第三十六条 公司应披露重大合同及其履行情况。包括（但不限于）：

（一）在报告期内发生或以往期间发生但延续到报告期的托管、承包、租赁其他公司资产或其他公司托管、承包、租赁公司资产的事项，且该事项为公司带来的利润达到公司当年利润总额的10%以上（含10%）时，应详细披露有关合同的主要内容，如有关资产的情况、涉及的金额和期限、收益及其确定依据等。同时还应披露该收益对公司的影响。

（二）重大担保。公司应当披露报告期内履行的及尚未履行完毕的担保合同，包括担保金额、担保期限、担保对象、担保类型（一般担保或连带责任担保）、担保的决策程序等；对于未到期担保合同，如有明显迹象表明有可能承担连带清偿责任，应明确说明。

公司还应披露本年度发生的公司为子公司提供担保的金额，担保总额占公司净资产的比例；公司为股东、实际控制人及其关联方提供担保的金额，公司直接或间接为资产负债率超过70%的被担保对象提供的债务担保金额，以及公司担保总额超过净资产50%部分的金额。

（三）在报告期内或报告期继续发生的委托他人进行现金资产管理事项，公司应披露委托事项的具体情况，包括：受托人名称、委托金额、委托期限、报酬确定方式，以及当年度实际收益或损失和实际收回情况等；公司还应说明该项委托是否经过法定程序，未来是否还有委托理财计划；公司若就该项委托计提投资减值准备的，应披露当年度计提金额。若公司有委托贷款事项，也应比照上述委托行为予以披露。

（四）其他重大合同。

第三十七条 公司或持股5%以上股东、实际控制人、董事、监事、高级管理人员如在报告期内或持续到报告期内有承诺事项，包括收购报告书或权益变动报告书中所作承诺、资产重组时所作承诺、首次公开发行或再融资时所作承诺、股权激励时所作承诺，以及其他对公司中小股东所作承诺等，公司董事会应说明该承诺事项在报告期内的履行情况，详细列示承诺方、承诺类型、承诺事项、承诺时间、承诺期限、承诺的履行情况等。如承诺未能及时履行的，应说明未完成履行的原因及下一步工作计划。

另外，如公司资产或项目存在盈利预测，且报告期仍处在盈利预测期间内，公司董事会和相关股东应就资产或项目是否达到原盈利预测及其原因做出说明。同时，公司应提供进行盈利预测时的相关披露索引。

第三十八条 公司应披露聘任、解聘会计师事务所情况，会计师事务所为公司提供服务类别及为不同类别服务所支付的报酬情况，目前的审计机构已为公司提供审计服务的连续年限（年限从审计机构与公司首次签订审计业务约定书日开始计算）。

第三十九条 公司及其董事、监事、高级管理人员、公司控股股东、实际控制人、收购人如在报告期内存在受有权机关调查、司法纪检部门采取强制措施、被移送司法机关或追究刑事责任、中国证监会稽查、中国证监会行政处罚、证券市场禁入、认定为不适当人选或被其他行政管理部门处罚及证券交易所公开谴责的情形，应当说明原因及结论。如中国证监会及其派出机构对公司检查后提出整改意见的，应简单说明整改情况，披露整改报告书的信息披露报纸、网站及日期。

列入省级以上环保部门公布的污染严重企业名单的或存在其他重大社会安全问题的公司及其子公司，应披露公司存在的问题、整改情况。如报告期内被行政处罚，应披露处罚事项、处罚措施及整改情况。

第四十条 年报披露后面临暂停上市和终止上市风险的公司，应当充分披露导致暂停上市或终止上市的原因以及公司采取的消除暂停上市或终止上市情形的措施。面临终止上市风险的公司，应同时披露终止上市后投资者关系管理工作的详细安排和计划。

第四十一条 公司还应披露其他在报告期内发生的《证券法》第六十七条、《上市公司信息披露管理办法》第三十条所列的重大事件，以及公司董事会判断为重大事件的事项。

如前款所涉重要事项已作为临时报告在指定网站披露，只需说明信息披露网站及披露日期。

第四十二条 控股子公司发生的本节所列的重要事项应当视同公司的重要事项予以披露。

第四十三条 公司还应披露其他需要披露的事项，如选定信息披露媒体的变更等。

第六节 股本变动及股东情况

第四十四条 公司应按以下要求披露股本变动情况：

（一）股份变动情况表（按照《公开发行证券的公司信息披露内容与格式准则第 5 号——公司股份变动报告的内容与格式》（2007 年修订）表 2 规定的格式进行编制）

披露限售股份变动情况表，其中限售股份指发行时有限售条件的股份，董事、监事及高级管理人员所持股份以及因其他原因限售的股份。该表的具体格式按年度报告摘要披露格式 3.1 列示（见附件）。

（二）证券发行与上市情况

1. 介绍报告期内证券发行情况，包括股票、可转换公司债券、公司债券及其他衍生证券的种类、发行日期、发行价格（或利率）、发行数量、上市日期、获准上市交易数量、交易终止日期等。

2. 对报告期内因送股、转增股本、配股、增发新股、非公开发行股票、权证行权、实施股权激励计划、企业合并、可转换公司债券转股、减资、债券发行或其他原因引起公司股份总数及结构的变动、公司资产负债结构的变动，应予以说明。

第四十五条 公司按以下要求披露股东和实际控制人情况：

（一）按照《公开发行证券的公司信息披露内容与格式准则第5号——公司股份变动报告的内容与格式》（2007年修订）表6规定的格式披露以下内容：

1. 截至报告期末以及董事会审议年度报告披露日前第5个交易日末的股东总数。

2. 持有本公司5%以上（含5%）股份的股东的名称、年度内股份增减变动的情况、年末持股数量、所持股份类别及所持股份质押或冻结的情况。若持股5%以上（含5%）的股东少于10人，则应列出至少前10名股东的持股情况。如所持股份中包括已上市流通股份（或无限售条件股份）、未上市流通股份（或有限售条件股份），应分别披露其数额。

如前10名股东之间存在关联关系或属于《上市公司收购管理办法》规定的一致行动人的，应予以说明。

如果有战略投资者或一般法人因配售新股成为前10名股东的，应予以注明，并披露约定持股期间的起止日期。

以上列出的股东情况中应注明代表国家持有股份的单位或外资股东。

（二）公司控股股东情况

若控股股东为法人的，应披露名称、单位负责人或法定代表人、成立日期、注册资本、主要经营业务或管理活动等；若控股股东为自然人的，应披露其姓名、国籍、是否取得其他国家或地区居留权、最近5年内的职业及职务。如报告期内控股股东发生变更，应列明相关信息披露索引。

公司应披露控股股东目前控股和参股的其他上市公司的股权情况。对控股股东为自然人的，应披露其过去10年曾控股的上市公司情况。

如上市公司不存在控股股东，应予以特别说明。

（三）公司实际控制人情况

公司应比照本款第二项有关控股股东披露要求，披露公司的实际控制人情况，并以方框图及文字的形式披露公司与实际控制人之间的产权和控制关系。实际控制人应披露到自然人、国有资产管理部门，或者股东之间达成某种协议或安排的其他机构或自然人，包括以信托方式形成实际控制的情况。

如实际控制人通过信托或其他资产管理方式控制公司，应披露信托合同或者其他资产管理安排的主要内容，包括信托或其他资产管理的具体方式、信托管理权限（包括公司股份表决权的行使等）、涉及的股份数量及占公司已发行股份的比例、信托或资产管理费用、合同的期限及变更、终止的条件、信托资产处理安排、合同签订的时间及其他特别条款等。

如公司最终控制层面存在多位自然人或自然人控制的法人共同持股的情形，且其中没有一人的持股比例（持有或控制下一级控制层面公司的股份比例）超过50%，各自的持股比例比较接近，公司无法确定实际控制人的，应当披露最终控制层面持股比例在5%以上的股东情况。

（四）其他持股在10%以上（含10%）的法人股东，应介绍其法定代表人、成立日期、主要经营业务或管理活动、注册资本等情况。

（五）公司前10名无限售流通股股东的名称全称、年末持有无限售流通股的数量和种类（A、H股或其他）。公司股票为融资融券标的证券的，股东持股数量应当按照其通过普通证券账户、信用证券账户持有的股票及其权益数量合并计算。

如前10名无限售流通股股东之间，以及前10名无限售流通股股东和前10名股东之间存在关联关系或属于《上市公司收购管理办法》规定的一致行动人的，应予以说明。

第七节　董事、监事、高级管理人员和员工情况

第四十六条　公司应披露董事、监事和高级管理人员的情况，包括：

（一）基本情况

现任董事、监事、高级管理人员的姓名、性别、年龄、任期起止日期、年初和年末持有本公司股份、股票期权、被授予的限制性股票数量、年度内股份增减变动量及增减变动的原因。如为独立董事，需单独注明。

（二）现任董事、监事、高级管理人员最近5年的主要工作经历。董事、监事、高级管理人员如在股东单位任职，应说明职务及任职期间，以及在除股东单位外的其他单位的任职或兼职情况。上市公司应披露董事、监事和高级管理人员（包括前任）受证券监管机构处罚的历史情况。

（三）年度报酬情况

董事、监事和高级管理人员报酬的决策程序、报酬确定依据以及报酬的实际支付情况。披露每一位现任及报告期内离任董事、监事和高级管理人员在报告期内从公司获得的税前报酬总额（包括基本工资、奖金、津贴、补贴、职工福利费和各项保险费、公积金、年金以及以其他形式从公司获得的报酬）以及从公司关联方获得的应付报酬总额，全体董事、监事和高级管理人员的报酬合

计。另外，将获得的股权激励按照可行权股数、已行权数量、行权价以及报告期末市价单独列示。

公司应列明不在公司领取报酬、津贴的董事、监事的姓名，并注明其是否在股东单位或其他关联单位领取报酬、津贴。

（四）在报告期内被选举或离任的董事和监事、聘任或解聘的高级管理人员姓名，及董事、监事离任和高级管理人员解聘原因。

第四十七条 公司应披露核心技术团队或关键技术人员（非董事、监事、高级管理人员）等对公司核心竞争能力有重大影响的人员的变动情况，并说明变动对公司经营的影响及公司采取的应对措施。

第四十八条 公司应披露员工情况，包括在职员工的数量、专业构成（如生产人员、销售人员、技术人员、财务人员、行政人员）、教育程度及公司需承担费用的离退休职工人数。

对于劳务外包数量较大的，公司应披露劳务外包的工时总数和支付的报酬总额。

第八节 公司治理

第四十九条 公司应说明公司治理的实际状况与中国证监会发布的有关上市公司治理的规范性文件是否存在重大差异，如有重大差异，应说明具体情况及原因。

第五十条 公司应介绍报告期内召开的年度股东大会、临时股东大会、董事会的有关情况，包括会议届次、召开日期，并提供相关信息披露索引。

第五十一条 公司应披露年报信息披露重大差错责任追究制度的建设情况。公司报告期内如发生重大会计差错更正、重大遗漏信息补充以及业绩预告修正等情况，应按照本准则的要求逐项如实披露更正、补充或修正的原因及影响，披露董事会对有关责任人采取的问责措施及处理结果。

第五十二条 监事会在报告期内的监督活动中发现公司存在风险的，公司应当披露监事会就有关风险的简要意见、监事会会议召开时间、会议届次、参会监事以及在指定披露网站的披露索引及披露日期等信息；否则，公司应当披露监事会对报告期内的监督事项无异议。

第九节 财务报告

第五十三条 公司应披露审计报告正文、经审计的财务报表。

第五十四条 财务报表包括公司报告期末及其前一个年度末的比较式资产负债表、现金流量表、所有者权益（股东权益）变动表、该两年度的比较式利润表及其附注。编制合并财务报表的公司，除提供合并财务报表外，还应提供母公司财务报表。

第五十五条 财务报表附注应当按照《公开发行证券的公司信息披露编报规则第15号——财务报告的一般规定》（2010年修订）和中国证监会发布的相关规定编制。

第十节 备查文件目录

第五十六条 公司应当披露备查文件的目录，包括：

（一）载有法定代表人、主管会计工作负责人（如设置总会计师，须为总会计师）、会计机构负责人（会计主管人员）签名并盖章的财务报表。

（二）载有会计师事务所盖章、注册会计师签名并盖章的审计报告原件。

（三）报告期内在中国证监会指定网站上公开披露过的所有公司文件的正本及公告的原稿。

（四）在其他证券市场公布的年度报告。

公司应当在办公场所置备上述文件的原件。当中国证监会、证券交易所要求提供时，或股东依据法规或公司章程要求查阅时，公司应及时提供。

第三章 年度报告摘要

第一节 重要提示

第五十七条 公司应在年度报告摘要显要位置刊登如下（但不限于）重要提示："为全面了解本公司的经营成果、财务状况及未来发展规划，投资者应到证监会指定网站仔细阅读年度报告全文。"

如有个别董事、监事、高级管理人员对年度报告内容的真实性、准确性、完整性无法保证或存在异议的，应当声明："××董事、监事、高级管理人员无法保证本报告内容的真实性、准确性和完整性，理由是：……，请投资者特别关注。"

如果执行审计的会计师事务所对公司出具了非标准审计报告，重要提示中应增加以下陈述："××会计师事务所为本公司出具了带强调事项段的无保留意见（或保留意见、否定意见、无法表示意见）的审计报告，本公司董事会、监事会对相关事项亦有详细说明，请投资者注意阅读。"

公司应提示董事会对本报告期利润的分配预案。

第二节 公司基本情况

第五十八条 公司应披露：

（一）公司股票简称、股票代码（若报告期初至报告披露日期间公司股票简称发生变更，还应同时披露变更前的股票简称）。

（二）公司董事会秘书及证券事务代表的姓名、办公地址、电话、电子邮箱。

第五十九条 公司应采用数据列表方式，提供截至报告期末近3年公司主要会计数据和财务指标，包括以下各项：营业收入、营业成本、归属于上市公司普通股股东的净利润、经营活动产生的现金流量净额、每股收益、每股净资产、净资产收益率、资产负债率、期末总股本等。

表格中金额和股本的计量单位可采用万、亿（元、股）等，减少数据位数，方便阅读。基本原则是小数点前最多保留5位，小数点后保留两位，更多位数请选用更高的单位，如以万、亿等单位表示。

第六十条 公司应披露报告期末公司股本结构、股东总数、前10名股东情况、控制框图。

第三节 管理层讨论与分析

第六十一条 公司管理层应当简要介绍公司报告期内的经营情况，主要围绕公司的市场份额、市场排名、产能和产量及销量、销售价格、成本构成等数据，尽量选择当期重大变化的情况进行讨论，分析公司报告期内经营活动的总体状况，至少包括：

（一）提示主营业务的经营是否存在重大变化。对占公司主营收入或主营业务利润10%以上的产品，分别列示其销售收入、销售成本、毛利率，并提示其中是否存在变化。

（二）提示是否存在需要特别关注的经营季节性或周期性特征（如有）。对于业务年度与会计年度不一致的行业，鼓励披露按业务年度口径汇总的收入、成本、销量、净利润、期末存货的当期和历史数据。

（三）若报告期内公司的营业收入、营业成本、归属于上市公司普通股股东的净利润总额或者构成较前一报告期发生重大变化的，应予以说明。

（四）提示分部报告与上期相比是否存在重大变化。分部情况可参考年报正文摘要而成，分析应主要以经营数据变化的驱动因素分析为主，并保证数据的历史可比性。

第六十二条 若与上一会计期间相比，公司会计政策、会计估计以及财务报表合并范围发生变化，或报告期因重大会计差错而进行追溯调整，应予以披露，并对其原因和影响数进行说明。若年度报告被会计师事务所出具有解释性说明、保留意见、无法表示意见或否定意见的审计报告，公司董事会和监事会应就所涉及事项做出说明。

第六十三条 公司如果预测年初至下一报告期期末的累计净利润可能为亏损或者与上年同期相比发生大幅度变动，应当予以警示并说明。

第四章 附 则

第六十四条 本准则所称“控股股东”、“实际控制人”、“关联方”、“关联交易”、“高级管理人员”等的界定按照《公司法》、《证券法》等法律法规以及《上市公司信息披露管理办法》等相关规定执行。

第六十五条 本准则所称“以上”、“以内”包含本数，“超过”、“少于”、“低于”、“以下”不含本数。

第六十六条 本准则自2013年1月1日起施行。《公开发行证券的公司信息披露内容与格式准则第30号——创业板上市公司年度报告的内容与格式》（证监会公告［2009］33号）同时废止。

附件：年度报告摘要披露格式

附件

××××股份有限公司年度报告摘要

§1 重要提示

1.1 为全面了解本公司的经营成果、财务状况及未来发展规划，投资者应到指定网站仔细阅读年度报告全文。网站地址为：chinext. cninfo. com. cn；chinext. cs. com. cn；chinext. cnstock. com；chinext. stcn. com；chinext. ccstock. cn。

1.2 如有董事、监事、高级管理人员声明对年度报告内容的真实性、准确性、完整性无法保证或存在异议的，应当声明：

××董事、监事、高级管理人员无法保证本报告内容的真实性、准确性和完整性，理由是：……，请投资者特别关注。

1.3 如有董事未出席董事会，应当单独列示其姓名。

1.4 ××会计师事务所对本年度公司财务报告的审计意见为：××××。

如当期会计师事务所发生变更，公司应增加提示：

公司本年度会计师事务所由××会计师事务所变更为××会计师事务所。

如执行审计的会计师事务所出具了带强调事项段的无保留意见、保留意见、无法表示意见或否定意见的审计报告（以下简称非标准审计报告），应当特别提示：

××会计师事务所为本公司出具了带强调事项段的无保留意见（或保留意见、无法表示意见、否定意见）的审计报告，本公司董事会、监事会对相关事项亦有详细说明，请投资者注意阅读。

1.5 公司联系方式为：董秘×××，电话为××××，电子信箱为××××，办公地址为××××，证券事务代表为×××，电话为××××，电子信箱为××××，办公地址为××××。

1.6 公司董事会建议以公司××××年××月××日的总股本××××万股为基数，每××股送现金红利×元，并以资本公积转增股本，每××股转增×股。

1.7 本报告中如有涉及未来的计划、预测等方面的内容，均不构成本公司对任何投资者及相关人士的承诺。

§2 会计数据和财务指标摘要①

	××××年（T年，即本年）	××××年（T-1年）	本年比上年增减（%）	××××年（T-2年）
营业收入				
营业成本				
归属于上市公司普通股股东的净利润				
经营活动产生的现金流量净额				
期末总股本				
每股收益				
每股净资产				
净资产收益率				
资产负债率				

§3 股本结构及股东情况

3.1 股本结构表（按照《公开发行证券的公司信息披露内容与格式准则第5号——公司股份变动报告的内容与格式》（2007年修订）表1或表2规定的格式编制）。

3.2 股东数量及前10名股东持股情况表（按照《公开发行证券的公司信息披露内容与格式准则第5号——公司股份变动报告书的内容与格式》（2007年修订）表6规定的格式编制）。

3.3 公司与控股股东、实际控制人之间的产权及控制关系的方框图。

§4 管理层讨论与分析

管理层可以图表结合文字形式，简明、扼要分析公司在报告期内的财务状况、经营成果及重大事项。

§5 涉及财务报告的相关事项

5.1 与上年度财务报告相比，会计政策、会计估计和核算方法发生变化

① 提供截至报告期末公司近三年调整后的主要会计数据和财务指标。

的，公司应当说明情况、原因及其影响。

5.2 报告期内发生重大会计差错更正需追溯重述的，公司应当说明情况、更正金额、原因及其影响。

5.3 与上年度财务报告相比，对财务报表合并范围发生变化的，公司应当做作出具体说明。

5.4 年度财务报告被会计师事务所出具非标准审计意见的，董事会、监事会应当对涉及事项做作出说明。

附件 2

《公开发行证券的公司信息披露内容与格式准则第 30 号——创业板上市公司年度报告的内容与格式》（2012 年修订）修订说明

创业板推出三年来，中国证监会一直在不断研究创业板上市公司信息披露的特点，探索提高信息披露质量，合理控制信息披露成本，为投资者的投资决策提供更有效的信息。《公开发行证券的公司信息披露内容与格式准则第 30 号——创业板上市公司年度报告的内容与格式》（以下简称《创业板年报准则》）自 2009 年 12 月发布以来，在近 3 年的实践中发挥了非常重要的作用，但也逐渐反映出了一些问题，例如部分投资者所关心的问题披露流于形式、不够深入，年度报告摘要与全文趋同、缺乏针对性等等。在总结前期监管工作的基础上，根据《公司法》、《证券法》以及我会的相关规定，对《创业板年报准则》的相关内容予以修订，形成了修订稿（以下简称《创业板年报准则》（2012 年修订））。

一、文件修订的基本原则和思路

《创业板年报准则》（2012 年修订）的基本修订思路是针对其在实践中存在的主要问题，根据创业板公司的特点做出修改，旨在提高创业板公司信息披露的有效性和针对性。修订主要遵循以下原则：

（一）以投资者需求为导向

在此次修订中，通过投资者座谈会、投顾座谈会、问卷调查等多种形式，充分了解投资者的需求，从投资者的角度出发，来确定披露的重点和详略。根据与投资者、投顾座谈和问卷调查了解的情况，发现不同类别的投资者对信息的需求侧重有所不同。中小投资者要求上市公司的信息披露语言通俗简单，重点突出；机构投资者要求信息披露翔实细致，并尽可能提供有关背景材料。年报摘要的主要目标群体是中小投资者，年报全文的主要受众则是机构投资者，根据其不同需求，在修订中做出有针对性的安排，简化年报摘要的内容，提高年报全文披露要求，尤其是董事会报告部分的内容。同时，在年报全文及摘要的内容顺序排列上，也充分尊重投资者需求，做到重点突出，清晰明确。

（二）突出创业板特色

由于创业板公司存在行业新、技术新、模式新等特点，普通投资者理解难度加大，因此要求公司在披露核心竞争能力、风险因素、研发情况、内外部经营环境变化等非财务信息时，尽量进行量化分析，讨论和分析要具体、有针对性，避免流于形式；要求公司在分析讨论核心优势、研发投入、风险因素时，提供必要的财务数据予以细化说明；要求公司完善利润分配披露内容，促进公司合理回报股东。

（三）简化年报摘要

针对目前摘要与全文内容趋同的问题，根据中小投资者的需求，对年度报告摘要部分进行大幅简化，着重披露投资者最关心的公司财务状况及经营情况方面的内容。修改后，摘要部分保留重要提示、公司基本情况（主要内容为公司主要会计数据和财务指标）、股东及股本结构情况、管理层讨论与分析等内容。

（四）降低公司披露成本

考虑投资者接受信息的特点，适当减少了重复披露及与投资者决策关联程度较低的信息披露要求，避免了大量冗余信息掩盖有效信息的问题，提高了年报信息披露的针对性。根据与投资者、投顾座谈的情况以及问卷调查的情况，了解到投资者大多以通过网站、交易软件等渠道获取公司所披露的信息，因此，借鉴创业板公司 IPO 招股说明书仅在报纸刊载提示性公告的做法，简化年报摘要在指定报纸刊载的要求，公司仅需在报纸登载提示性公告。从投资者和上市公司的反馈看，这一做法既方便了投资者获取信息，同时也降低了公司信息披露的成本，获得了双方的认可。

二、文件修订的主要内容

修订后的《创业板年报准则》共四章 66 条，主要内容包括总则、年度报告正文、年度报告摘要和附则四个部分。第一章“总则”主要阐述了创业板上市公司年度报告编制和披露的总体要求；第二章“年度报告正文”分为十节，分别为重要提示及目录和释义、公司基本情况简介、会计数据和财务指标摘要、董事会报告、重要事项、股本变动及股东情况、董事监事高级管理人员和员工情况、公司治理、财务报告、备查文件目录，详细规定了创业板上市公司年度报告正文的具体内容；第三章“年度报告摘要”明确年度报告摘要应披露的主要内容。

《创业板年报准则》（2012 年修订）的主要特点以及较之修订前的主要变化如下：

（一）要求创业板上市公司根据自身行业特点，为投资者提供客观可靠、决策有用的信息

针对创业板公司的特点，为提高年报披露的有效性，要求创业板年报信息披露不仅要反映过去的经营成果和资产状况，还要关注未来的变化，包含经营环境、公司战略以及行业发展趋势等方面，应使披露内容具有充分的相关性、关联性、重要性以及可控性，避免空洞的辞藻堆砌和无重点的流水式叙述。

1. 要求公司从驱动营业收入变化的产销量、订单或劳务的结算比例等因素，以及本年度成本的主要构成、重大在手订单、研发投入及进展、分部经营情况等方面详细说明报告期公司经营的具体状况。

2. 鼓励公司披露管理层在经营管理活动中使用的各种关键业绩指标。

3. 细化对未来展望的披露要求，要求公司从行业格局和趋势、公司发展战略、经营计划、可能面对的风险等方面详细分析公司未来发展前景；并要求公司结合投资者关注较多的问题以及公司现阶段所面临的特定环境、公司所处行业及所从事业务特征，重点对公司未来主要经营模式或业务模式是否化发生重大变化等进行有针对性的描述。

4. 要求公司在分析与讨论公司的外部环境、市场格局、风险因素等内容时，充分结合其现阶段所面临的特定环境，结合公司所处的行业以及所从事的业务特征进行有针对性的分析。

5. 强化对股权投资的披露要求，对于和公司主业关联较小的子公司，要求披露持有目的和未来经营计划；对本年度内投资收益占净利润比例较高的公司，要求披露对投资收益影响较大的股权投资项目。

（二）要求创业板上市公司考虑并尊重投资者的投资决策需要，披露内容应具有充分的相关性和连续性

对董事会报告的内容排列进行了全面梳理，使其更符合投资者的阅读习惯，便于获取关键信息，使得董事会报告的逻辑更加清晰，也提高了内容的完整性。要求公司重点讨论和分析重大的投资项目、资产购买、兼并重组、在建工程、研发项目、人才培养和储备等方面在报告期内的执行情况和未来的计划等以提高披露的相关性；要求充分考虑公司的外部经营环境（包括但不限于经济环境、行业环境等）和内部资源条件（包括但不限于资产、技术、人员、经营权等），结合公司的战略和营销等管理政策，结合公司所从事的业务特征，

进行有针对性的讨论与分析；要求公司保持前后年度统计口径的统一，以提高信息披露的连续性。

（三）调整重大风险提示的披露位置，进一步明确风险披露要求

年度报告的披露目的在于向投资者展示上市公司年度经营情况，应当首先向投资者披露年度经营业绩，因此本次修订将重大风险提示的披露位置由年度报告目录之后，调整至主要会计数据和财务指标之后。同时，为避免公司披露的重大风险流于形式，调整了相关条款的表述方式，对风险提示披露的要求做了进一步的明确。

（四）简化年报摘要，调整摘要披露形式

针对目前摘要与全文内容趋同问题，为提高摘要披露的有效性，《创业板年报准则》（2012 年修订）对年度报告摘要部分做了大幅简化。简化的基本思路是在摘要中着重披露投资者最关心的公司财务状况及经营情况等内容，保留公司基本情况（主要内容为公司主要会计数据和财务指标）、股东及股本结构情况、管理层讨论与分析等内容，并且在篇幅安排上要求突出重点，尤其是重点披露投资者最为关注的内容。经过调整，年度摘要的长度大约为一张 A4 纸的篇幅。

同时，简化年报摘要报纸刊载的要求，仅要求公司在报纸发布提示性公告，这符合投资者获取信息的习惯，也与创业板公司 IPO 信息披露要求一致。年报信息在前一天晚上就在相关网站披露，第二天上午摘要才在报纸刊载，报纸存在一定的滞后性，难以满足投资者对信息披露及时性的要求。从实践看，简化报纸刊载年报摘要的要求符合大多数投资者获取信息的习惯，根据中小投资者问卷调查的情况，投资者一般都通过相关网站和交易软件获取公司披露信息。而且简化报纸刊载要求在公司 IPO 招股说明书的披露中取得了较好的效果，投资者较为适应。

（五）对涉及公司治理的部分条款进行调整

公司治理是投资者做出投资判断的重要指标，原来要求在年报中汇总披露董事会专门委员会的工作情况、独立董事和监事的履职情况等内容，与公司网站披露和临时报告内容都有所重复。因此，在本次修订中，在年报中不再要求予以重复披露。同时，对于投资者重视的其他有助于判断公司具体治理情况的信息，比如高管薪酬情况、实际控制人所控制的其他公司等，则强化了有关披露要求。这样的调整既有助于降低公司的披露成本，也可以使投资者获取更多重要信息。

（六）对部分条款进行必要的调整、补充和完善

一是对于公司披露涉及未来的经营计划等内容的，要求明确说明未来计划

与业绩预测的差别，以避免误导投资者；二是为了明确和增强行业可比性，要求公司年度报告中若涉及行业分类，必须使用中国证监会指定的行业分类，并以此行业分类为标准披露数据、资料；三是将原来监管机构每年以临时通知形式要求披露的内容纳入年报披露，例如社会责任报告等；四是要求公司披露内幕信息知情人管理制度的建立及执行情况，以及公司报告期内自查内幕信息知情人涉嫌内幕交易的情况等内容，防范内幕交易；五是完善利润分配的披露内容，促进上市公司合理回报股东；六是对若干条款予以完善，避免内容遗漏及理解上的歧义。

三、文件修订过程

《创业板年报准则》（2012 年修订）的形成过程体现了创新思路、充分论证的工作方法。

（一）形成初稿阶段和初步征求意见阶段

《创业板年报准则》的修订工作于 2011 年 9 月正式启动。在初稿形成和初步征求意见阶段，主要开展了如下工作：保证人员到位，挑选业务骨干参与修订工作；确定修订的原则和思路，保证修订工作的有效性和针对性；充分讨论，对修订涉及的条文和问题进行多次讨论；多方论证，修订初稿形成后，向证监会创业板发行监管部、法律部、会计部等相关部门、各派出机构和上海、深圳证券交易所书面征求了意见，并根据意见对文件进行了逐条修改。另外，向部分创业板上市公司、中介机构等也征求了意见，听取其意见和建议。

（二）向社会公开征求意见和修改阶段

根据征求建议和意见情况，不断进行完善，形成了相对成熟的初稿，并于 2012 年 1 月 5 日—1 月 16 日就修订稿向社会公开征求意见。征求意见阶段共收到社会反馈邮件 3 封，其中两封提出了修改建议，一封表示对修订初稿无异议。对收到的建议，组织人员认真进行了分析讨论，采纳了其合理部分并据此对初稿进行了修改。

（三）与投资者和上市公司反复讨论、形成一致阶段

年报准则的最大利益相关者无疑是投资者和上市公司，因此，年报准则修订的成功与否，投资者和上市公司的意见不可或缺。为充分征询有关各方意见，开展了如下工作：

一是供需见面：举行证券公司、基金公司等机构投资者和创业板上市公司共同参加的多次座谈会，由信息披露的供求双方站在各自的立场上，就年报应披露的内容进行充分辩论、求同存异；就重大调整专门举行上市公司座谈会、投顾座谈会等，充分考虑各方反应，慎重决策。

二是深入研讨：邀请部分证券公司和基金公司加入年报准则的后期修订工

作，充分听取专业分析师对创业板上市公司的价值分析和判断方法，借此进一步明确创业板公司信息披露的重点。

三是借鉴国际经验：为充分学习和借鉴国际经验，邀请特许公认会计师公会（ACCA）专家加入修订工作，了解国际社会特别是成熟市场国家关于公司年报的最新发展趋势。

四是公司试编：在年报准则修订过程中，先后三次组织部分创业板上市公司根据修订后的规则进行年报试编制，并根据年报试编制的反馈情况进行针对性的调整和改进。

五是问卷调查：根据前期对中小投资者需求的初步了解，形成了年报摘要的模板，在公司试编后，到证券营业部举行中小投资者座谈会，进一步了解其对年报摘要的需求、意见和建议。在此基础上，设计了针对中小投资者的问卷，通过中信证券的20家营业部向1000位个人投资者发放，以期了解个人投资者对年报的需求，尤其是对年报摘要的需求。

VII. 2. 7 公开发行证券的公司信息披露内容与格式准则第31号——创业板上市公司半年度报告的内容与格式（2013年修订）

（2013年6月28日 中国证监会公告［2013］29号）

现公布《公开发行证券的公司信息披露内容与格式准则第31号——创业板上市公司半年度报告的内容与格式》（2013年修订），自公布之日起施行。

附件1:《公开发行证券的公司信息披露内容与格式准则第31号——创业板上市公司半年度报告的内容与格式》（2013年修订）

附件2:《公开发行证券的公司信息披露内容与格式准则第31号——创业板上市公司半年度报告的内容与格式》（2013年修订）的修订说明

附件1

公开发行证券的公司信息披露内容与格式准则第31号——创业板上市公司半年度报告的内容与格式

第一章 总 则

第一条 为规范创业板上市公司半年度报告的编制及信息披露行为，保护投资者的合法权益，依据《公司法》、《证券法》等法律、法规及中国证券监督管理委员会（以下简称中国证监会）的有关规定，制定本准则。

第二条 凡根据《公司法》、《证券法》在中华人民共和国境内公开发行股票并在深圳证券交易所创业板市场上市的股份有限公司（以下简称公司）应当按照本准则的要求编制和披露半年度报告。

第三条 本准则的规定是对半年度报告信息披露的最低要求。凡对投资者投资决策有重大影响的信息，不论本准则是否有明确规定，公司均应当披露。

第四条 本准则的某些具体要求对公司确实不适用的，经证券交易所批准后，公司可以根据实际情况在不影响披露内容完整性的前提下做出适当修改。

第五条 由于商业秘密等特殊原因，导致本准则规定的某些信息确实不便披露的，公司可以向证券交易所申请豁免，经证券交易所批准后，公司可不予披露。公司应当在相关章节说明未按本准则要求进行披露的原因。商业秘密的确定应保持境内外内容一致。

第六条 在不影响信息披露完整性和不致引起阅读不便的前提下，公司可以采用相互引证的方法，对各相关部分的内容进行适当的技术处理，以避免不必要的重复，保持文字简洁。

第七条 公司半年度报告的全文应当按本准则第二章的要求编制，摘要的编制应遵循本准则第三章的要求，并按照附件的格式进行披露。

半年度报告的报告期是指年初至半年度期末。

第八条 同时在境内、境外证券交易所上市的公司，如果境外证券监管部门对半年度报告的编制和披露要求与本准则不一致，应遵循报告披露内容从多不从少、报告要求从严不从宽的原则办理，并应在同一时间公布半年度报告。

第九条 半年度报告中的财务报告可以不经审计，但中国证监会和证券交易所另有规定的除外。

第十条 公司在编制半年度报告时应当遵循如下一般要求：

（一）半年度报告中引用的数字应当采用阿拉伯数字，货币金额除特别说明外，通常指人民币金额，并以元、千元、万元、百万元或亿元为单位。

（二）公司可以根据有关规定或其他需求，编制半年度报告外文译本，但应努力保证中外文文本的一致性，并在外文文本上注明："本报告分别以中、英（或日、法等）文编制，在对中外文文本的理解发生歧义时，以中文文本为准。"

（三）半年度报告封面应当载明公司的中文名称、"半年度报告"字样、报告期间，也可以载明公司的外文名称、徽章、图案等。

（四）公司可以在半年度报告正文前刊载宣传本公司的照片、图表或致投资者信，但不得刊登任何祝贺性、恭维性或推荐性的词句、题字或照片，不得含有夸大、欺诈、误导或内容不准确、不客观的词句。

（五）半年度报告中若涉及行业分类，必须遵循中国证监会有关上市公司行业分类的规定；公司可以在此基础上，增加披露使用其他行业分类的数据、资料作为参考。

第十一条 在半年度报告披露前，任何当事人不得泄露与其有关的信息，或利用这些信息谋取不正当利益。

第十二条 公司应当在每个会计年度上半年结束之日起2个月内将半年度报告及摘要刊登在中国证监会指定的网站和公司网站上；同时在至少一种中国

证监会指定的报纸上刊登"本公司××××年半年度报告及摘要已于×年×月×日在中国证监会指定的创业板信息披露网站上披露，请投资者注意查阅"的提示性公告。公司可以将半年度报告刊登在其他网站和其他报刊上，但不得早于在中国证监会指定的网站披露的时间。

第十三条 公司应当在半年度报告披露后及时将半年度报告原件或有法律效力的复印件备置于公司办公地点，以供股东和投资者查阅。

第十四条 公司董事会、监事会及董事、监事、高级管理人员应当保证半年度报告内容的真实性、准确性、完整性，承诺其中不存在虚假记载、误导性陈述或重大遗漏，并就该保证承担个别和连带责任。

如有董事、监事、高级管理人员对半年度报告内容的真实性、准确性、完整性无法做出保证或存在异议的，应当单独陈述理由和发表意见。未参会董事应当单独列示其姓名、职务以及未出席原因。

第十五条 特殊行业公司，除执行本准则规定外，还应执行中国证监会就该行业信息披露制定的特别规定。

第二章 半年度报告正文

第一节 重要提示、释义

第十六条 公司应当在半年度报告全文的显要位置刊登如下重要提示："本公司董事会、监事会及董事、监事、高级管理人员保证本报告所载资料不存在任何虚假记载、误导性陈述或者重大遗漏，并对其内容的真实性、准确性、完整性承担个别及连带责任。"

如有董事、监事、高级管理人员对半年度报告内容的真实性、准确性、完整性无法做出保证或存在异议的，公司应披露如下声明："××董事、监事、高级管理人员无法保证本报告内容的真实性、准确性、完整性，理由是：……，请投资者特别关注。"

公司还应单独披露未出席董事会会议董事的姓名、职务以及未出席原因。

公司负责人、主管会计工作负责人及会计机构负责人（会计主管人员）应当声明：保证半年度报告中财务报告的真实、完整。

公司应当提示经董事会审议的报告期内的半年度利润分配预案或公积金转增股本预案。

第十七条 财务报告已经会计师事务所审计并被出具标准审计报告的，公司应当明确表述"公司半年度财务报告已经××会计师事务所审计并出具标准审计报告。"

财务报告已经会计师事务所审计并被出具带强调事项段或其他事项段的无

保留意见、保留意见、否定意见或无法表示意见的审计报告（以下简称非标准审计报告），公司应说明审计意见涉及事项的披露位置，并作以下提示："公司半年度财务报告已经××会计师事务所审计并出具带强调事项段或其他事项段的无保留意见、保留意见、否定意见或无法表示意见的审计报告，本公司董事会、监事会对相关事项已作详细说明，请投资者注意阅读。"

第十八条 公司应当对半年度报告中投资者难于理解及有特定含义的术语做出解释。

第二节 公司基本情况简介

第十九条 公司应当披露如下事项：

（一）法定中、英文名称及缩写；

（二）法定代表人；

（三）董事会秘书及董事会证券事务代表的姓名、联系地址、电话、传真及电子信箱；

（四）公司注册地址，办公地址及其邮政编码，互联网网址，电子信箱；

（五）公司选定的信息披露报刊名称，登载半年度报告的中国证监会指定网站的网址，半年度报告备置地点；

（六）公司股票简称和股票代码。

第二十条 公司应采用数据列表方式，提供截至报告期末和上年末（或报告期和上年同期）公司主要会计数据和财务指标，包括以下各项：营业总收入、净利润、扣除非经常性损益后的净利润、基本每股收益和稀释每股收益、净资产收益率、扣除非经常损益后的净资产收益率，总资产、所有者权益、每股净资产、经营活动产生的现金流量净额、每股经营活动产生的现金流量净额。同时说明扣除的非经常性损益项目及其金额和所得税影响额。

上述会计数据及财务指标应按照《公开发行证券的公司信息披露内容与格式准则第30号——创业板上市公司年度报告的内容与格式》（2012年修订）（以下简称《年度报告准则》）以及中国证监会颁布的其他有关信息披露规章或规范性文件计算填列，涉及股东权益的数据及指标，应采用归属于公司普通股股东的股东权益；涉及利润的数据及指标，应采用归属于公司普通股股东的净利润。

同时按国际会计准则编制财务报告的公司，还应披露分别按国内、国际会计准则编制的财务报告中的报告期的净利润、报告期末的净资产并说明其差异。

第二十一条 公司应在主要会计数据和财务指标摘要之后刊登重大风险提示。公司对风险因素的描述应当围绕公司的经营情况，遵循重要性原则，着重披露报告期新增的、可能对公司下一报告期经营产生不利影响的重大风险，并根据实际情况，披露已经或将要采取的措施。

第三节 董事会报告

第二十二条 公司董事会报告中应当对财务报告的数据和其他必要的统计数据，以及报告期内发生和未来可能发生的重大事项进行讨论、分析，以便于投资者了解其财务状况、经营成果及未来变化情况。公司披露董事会报告应当遵守创业板《年度报告准则》第二十三条所列原则。

第二十三条 董事会报告应当重点分析公司在报告期内的财务状况和经营成果。内容至少包括：

（一）概述公司报告期内总体经营情况，营业收入、费用、营业利润、净利润及经营活动现金流等项目的同比变动情况，说明引起变动的主要影响因素以及对报告期利润产生重大影响的其他经济业务活动。

（二）公司应分析说明驱动业务收入变化的具体因素，例如产销量、订单或劳务的结算比例等因素。

公司应披露报告期重大的已签订单情况，以及前期订单在本报告期的进展和本报告期新增订单的完成比例。临时报告已经披露过的情况，公司可只提供相关披露索引。

（三）主营业务的范围及经营状况，对占报告期营业收入 10% 以上（含 10%）的产品或服务，应分别列示其营业收入、营业成本、毛利率。

（四）若报告期内利润构成、主营业务或其结构、主营业务盈利能力发生重大变化的，应予以说明；报告期内产品或服务发生重大变化或调整的，公司应介绍已推出或宣布将推出的新产品及服务，并说明可能对公司未来经营及业绩的影响。

（五）报告期内前 5 大供应商或客户发生变化的，公司应说明变化的具体情况并分析对公司未来经营的影响。

（六）如来源于单个参股公司的投资收益对公司净利润影响达到 10% 以上（含 10%），应介绍该公司业务性质、主要产品或服务和净利润等情况。

（七）公司应披露重要研发项目在本报告期的进展情况并预计对公司未来发展的影响。

（八）报告期内如果发生因设备或技术升级换代、核心技术人员辞职、特许经营权丧失、重要无形资产发生不利变化等导致公司核心竞争能力受到严重影响的，应详细说明具体情况及公司拟采取的措施。

（九）公司应结合公司业务发展规模、经营区域、产品、竞争对手等情况，介绍与公司业务相关的宏观经济层面或外部经营环境的发展现状和变化趋势，以及公司的行业地位或区域市场地位的变动趋势。

（十）公司应披露年度经营计划在报告期内的执行情况，年度经营计划发生重大变更的，应说明变更的具体原因、变更的内容及对公司年度经营业绩可能产生的影响。

（十一）公司应当遵循重要性原则披露可能对公司未来发展战略和经营目标的实现产生不利影响的所有风险因素，公司应当针对自身特点进行风险揭示，披露的内容应当充分、准确、具体，应尽量采取定量的方式分析各风险因素对公司当期及未来经营业绩的影响。同时公司可以根据实际情况，介绍已（或拟）采取的措施，对策和措施应当具体并具备可操作性。

第二十四条 董事会应当说明报告期的投资情况，包括但不限于以下方面：

（一）在报告期内募集资金或报告期之前募集资金的使用延续到报告期内的，公司应披露有关投资项目的实际进度及收益情况，投资项目运营中可能出现的风险和重大不利变化；未达到计划进度和收益的，应解释原因；尚未使用募集资金的用途；募集资金用途发生变更的，应说明变更原因、是否已履行变更程序、新的用途、实际进度与收益情况。

（二）重大非募集资金投资项目的实际进度和收益情况。

（三）对外股权投资的情况。公司应当对持有其他上市公司股权，持有商业银行、证券公司、保险公司、信托公司和期货公司等金融企业股权的情况进行重点披露，包括最初投资成本、期初持股比例、期末持股比例、期末账面值等。

（四）非金融类公司委托理财及衍生品投资的情况。公司应当披露资金来源、合作方、投资份额、投资期限、产品类型、预计收益、投资盈亏、是否涉诉等。如公司有委托贷款事项，应当披露委托贷款借款人、借款用途、抵押物或担保人，以及展期、逾期或诉讼事项及风险应对措施。

第二十五条 董事会应当将报告期实际经营成果与招股说明书、募集说明书、资产重组报告书或定期报告披露的盈利预测、有关计划或展望进行比较，说明完成预测或计划的进度情况。

第二十六条 董事会如果预测本期至下一报告期期末的净利润可能为亏损、实现扭亏为盈或者与上年同期相比发生大幅度变动，应当予以警示。

第二十七条 财务报告已经会计师事务所审计，并被出具非标准审计报告的，董事会应就所涉及的事项予以说明。

上年年度报告中的财务报告被注册会计师出具非标准审计报告的，董事会应就所涉及事项的变化及处理情况予以说明。

第二十八条 公司应当披露以前期间拟定、在报告期实施的利润分配方案、公积金转增股本方案的执行情况，以及现金分红政策的执行情况。

如董事会在审议半年度报告时制定利润分配预案、公积金转增股本预案的，公司应当充分说明上述预案是否符合公司章程及审议程序的规定，是否充分保护中小投资者的合法权益，独立董事是否发表意见。

第四节 重要事项

第二十九条 公司应披露重大诉讼、仲裁事项。包括在报告期内发生及以前期间发生但持续到报告期的重大诉讼、仲裁事项，包括进展情况或审理结果，及对经营成果与财务状况的影响（包括由此产生的损益占报告期净利润的比例等，本节下同）。对已经结案的重大诉讼、仲裁事项，还应说明其执行情况。如果以上诉讼、仲裁事项已在临时报告披露且无后续进展的，则可只披露事项概述，并提供临时报告披露网站的相关查询索引。

如报告期内公司无重大诉讼、仲裁事项，应明确陈述"本报告期公司无重大诉讼、仲裁事项"。

第三十条 公司应当披露在报告期内发生及以前期间发生但持续到报告期的重大资产收购、出售及企业合并事项的简要情况及进程，说明上述事项对公司业务连续性、管理层稳定性的影响、对报告期经营成果与财务状况的影响，说明所涉及的金额及其占资产总额和利润总额的比例。

如公司收购、出售资产和企业合并事项已在临时报告披露且后续实施无变化的，仅需披露该事项概述，并提供临时报告披露网站的相关查询索引。

第三十一条 报告期内涉及股权激励方案的公司，应当披露股权激励方案的执行情况，包括实施股权激励方案所履行的相关程序及总体情况、股权激励基金提取及分配情况、股权激励股份来源情况、对激励对象的考核情况、对激励对象范围的调整情况、股权激励股份授予数量、股票期权授予及行权情况、股票期权行权价格及行权比例等的调整情况等，实施股权激励方案对公司报告期及未来财务状况和经营成果的影响。

如相关股权激励事项已在临时报告披露且后续实施无进展或变化的，仅需披露该事项概述，并提供临时报告披露网站的相关查询索引。

第三十二条 公司应当遵循如下规定，分类披露在报告期内发生的重大关联交易事项。若对于某一关联方，报告期内累计关联交易总额高于1000万元且占公司最近一期经审计净资产绝对值5%以上的，须披露关联交易方、交易内容、交易时间及披露时间等情况。如已在临时报告披露且后续实施无进展或变化的，仅需披露该事项概述，并提供临时报告披露网站的相关查询索引。

（一）与日常经营相关的关联交易，至少应披露以下内容：关联交易方、交易内容、定价原则、交易价格、交易金额、占同类交易金额的比例、结算方式及关联交易事项对公司利润的影响。可以获得同类交易市场价格的，应披露市场参考价格，实际交易价格与市场参考价格差异较大的，应说明原因；关联方之间存在大额销货退回的，应予说明。

公司按类别对本公司当年度将发生的日常关联交易进行总金额预计的，应披露日常关联交易事项在报告期内的实际履行情况。

（二）资产收购、出售发生的关联交易，至少应披露以下内容：关联交易方、交易内容、定价原则、资产的账面价值、评估价值（若有）、市场公允价值（若有）、交易价格、结算方式、交易对公司经营成果与财务状况的影响情况。交易价格与账面价值、评估价值或市场公允价值差异较大的，应说明原因。

（三）公司与关联方存在非经营性债权债务往来、担保等事项的，应披露形成的原因及对公司的影响。

（四）其他重大关联交易。

第三十三条 公司应当披露重大合同及其履行情况。包括（但不限于）：

（一）在报告期内发生或以前期间发生但延续到报告期的重大交易、托管、承包、租赁其他公司资产或其他公司托管、承包、租赁公司资产事项的信息，包括交易金额、期限以及对经营成果与财务状况的影响。

（二）在报告期内发生或以前期间发生但延续到报告期的重大担保合同信息，包括担保金额、担保期限、担保对象、担保类型（一般担保或连带责任担保）、担保的决策程序等。对于未到期担保合同，如有明显迹象表明可能承担连带清偿责任的担保事项，公司应予明确说明。

（三）在报告期内发生或以前期间发生但延续到报告期的重大委托他人进行现金资产管理的信息，包括受托人名称、委托金额、委托期限、报酬确定方式、实际收益、期末余额以及该项行为是否履行了必要的程序。

上述事项如已在临时报告披露且后续实施无进展或变化的，仅需披露该事项概述，并提供临时报告披露网站的相关查询索引。

第三十四条 公司或持有公司股份5%以上的股东、实际控制人、董事、监事、高级管理人员有在报告期内发生或以前期间发生但持续到报告期的承诺事项的，公司应当披露该承诺在报告期内的履行情况。

第三十五条 财务报告已经会计师事务所审计的，公司应当披露会计师事务所的名称、注册会计师的姓名以及审计费用。

更换会计师事务所的，公司应披露解聘原会计师事务所的原因，以及是否履行了必要的程序。

第三十六条 公司还应披露其他在报告期内发生的《证券法》第六十七条、《上市公司信息披露管理办法》第三十条所列的重大事件，以及公司董事会判断为重大事件的事项。

如前款所涉及重要事项已作为临时报告在指定网站披露，只需说明信息披露网站及披露日期。

第五节 股本变动和股东情况

第三十七条 对于报告期内的股份变动情况，公司应当按照中国证监会对公司股份变动报告规定的内容与格式进行编制。

对报告期内因送股、转增股本、配股、增发新股、非公开发行股票、权证行权、实施股权激励计划、企业合并、可转换公司债券转股、减资、内部职工股上市、债券发行或其他原因引起公司股份总数及股东结构变动、公司资产和负债结构变动的，应当予以说明。

第三十八条 公司股东数量及持股情况，应当按照中国证监会对公司股份变动报告规定的格式进行编制，披露以下内容：

（一）截至报告期末的股东总数。

（二）截至报告期末持有本公司5%以上股份的股东名称、报告期内股份增减变动的情况、报告期末持股数量、所持股份类别及所持股份质押或冻结的情况。如持股5%以上的股东少于10人，则应当列出至少前10名股东的持股情况。公司股票为融资融券标的证券的，股东持股数量应当按照其通过普通证券账户、信用证券账户持有的股票及其权益数量合并计算。

如前10名股东所持股份中包括无限售流通股股份、限售流通股股份，应分别披露其数额；如前10名股东之间存在关联关系或属于《上市公司收购管理办法》规定的一致行动人的，应予以说明。

如果有战略投资者或一般法人因配售新股成为前10名股东的，应予以说明，并披露约定持股期间的起止日期。

以上列出的前10名股东中应注明代表国家持股的单位或外资股东。

第三十九条 公司控股股东或实际控制人报告期内发生变化的，应当列明披露相关信息的指定媒体及日期。

第六节 董事、监事、高级管理人员情况

第四十条 公司应当披露报告期内董事、监事、高级管理人员持有本公司股份、股票期权、被授予的限售流通股股票数量的变动情况。

第四十一条 公司应当披露报告期内董事、监事、高级管理人员新聘或解聘的情况及原因。

第七节 财务报告

第四十二条 公司应当在半年度报告中披露比较式资产负债表、利润表、

现金流量表、所有者权益变动表和财务报表附注。编制合并财务报表的公司，除提供合并财务报表外，还应提供母公司财务报表。

第四十三条 财务报告未经会计师事务所审计的，公司应当注明“未经审计”字样。财务报告经过审计的，若注册会计师出具标准审计报告，公司应明确说明注册会计师已出具标准审计报告；若注册会计师出具非标准审计报告，公司应披露审计报告正文。

第八节 备查文件目录

第四十四条 公司应当披露备查文件的目录，包括：

（一）载有法定代表人签名的半年度报告文本；

（二）载有单位负责人、主管会计工作负责人、会计机构负责人签名并盖章（如设置总会计师，还须由总会计师签名并盖章）的财务报告文本；

（三）载有会计师事务所盖章、注册会计师签名并盖章的审计报告文本（如有）；

（四）在其他证券市场披露的半年度报告文本（如有）；

（五）其他有关资料。

公司应当在办公场所备置上述文件的原件。当中国证监会、证券交易所要求提供或股东依据法规或公司章程要求查阅时，公司应及时提供。

第三章 半年度报告摘要

第一节 重要提示

第四十五条 公司应当在半年度报告摘要的显要位置刊登如下重要提示：“本公司董事会、监事会及董事、监事、高级管理人员保证本报告摘要所载资料不存在任何虚假记载、误导性陈述或者重大遗漏，并对其内容的真实性、准确性、完整性承担个别及连带责任。”

“本半年度报告摘要摘自半年度报告全文，报告全文同时刊载于……。投资者欲了解详细内容，应当仔细阅读半年度报告全文。”

其他重要提示内容应按照本准则第十六、十七条的规定披露。

第四十六条 公司应当以简易图表形式披露如下内容：

（一）股票简称、股票代码。如报告期末至半年度报告披露日期间公司股票简称发生变更，应当同时披露变更后的股票简称。

（二）公司董事会秘书和证券事务代表的姓名、电话、传真、电子信箱。

第二节 主要财务会计数据及股东变化

第四十七条 公司应采用数据列表方式，提供截至报告期末和上年末（或报告期和上年同期）公司主要会计数据和财务指标，包括以下各项：营业总收入、净利润、扣除非经常性损益后的净利润、基本每股收益和稀释每股收益、净资产收益率、扣除非经常损益后的净资产收益率、总资产、所有者权益、每股净资产、经营活动产生的现金流量净额、每股经营活动产生的现金流量净额。同时说明扣除的非经常性损益项目及其金额和所得税影响额。

第四十八条 公司应当列表披露截至报告期末的股东总数、报告期末前10名股东持股情况。公司控股股东或实际控制人报告期内发生变化的，应当列明披露相关信息的指定网站查询索引。

第三节 管理层讨论与分析

第四十九条 公司管理层应当简要介绍报告期的经营情况，主要围绕财务状况和经营成果，尽量选择当期重大变化的情况进行讨论，分析公司报告期内经营活动的总体状况，至少包括：

（一）提示主营业务的经营是否存在重大变化。对占公司主营业务收入或主营业务利润10%以上的产品，分别列示其销售收入、销售成本、毛利率，并提示是否存在变化。

（二）提示是否存在需要特别关注的季节性或周期性经营特征。

（三）若报告期内公司的营业收入、营业成本、归属于上市公司普通股股东的净利润总额或者构成较前一报告期发生重大变化的，应予以说明。

第四节 涉及财务报告的相关事项

第五十条 如与上一年度报告相比，公司会计政策、会计估计以及财务报表合并范围发生变化，或因报告期内重大会计差错更正而追溯重述的，公司应当予以披露，并分析其原因及影响。

第五十一条 如半年度财务报告已经审计，应当披露审计意见类型，若被出具带有强调事项段或其他事项段的无保留意见、保留意见、否定意见或无法表示意见的审计报告，公司董事会和监事会应当就所涉及事项作出说明。

第四章 附 则

第五十二条 本准则所称“控股股东”、“实际控制人”、“关联方”、“关联交易”、“高级管理人员”等的界定按照《公司法》、《证券法》等法律法规以及《上市公司信息披露管理办法》等相关规定执行。

第五十三条 本准则自公布之日起施行。《公开发行证券的公司信息披露内容与格式准则第31号——创业板上市公司半年度报告的内容与格式》（证监会公告［2010］19号）同时废止。

附件：半年度报告摘要披露格式

附件　半年度报告摘要披露格式

××××股份有限公司半年度报告摘要

§1　重要提示

1.1　本公司董事会、监事会及董事、监事、高级管理人员保证本报告摘要所载资料不存在任何虚假记载、误导性陈述或者重大遗漏，并对其内容的真实性、准确性、完整性承担个别及连带责任。

本半年度报告摘要摘自半年度报告全文，报告全文同时刊载于……。投资者欲了解详细内容，应当仔细阅读半年度报告全文。

1.2　如个别董事、监事、高级管理人员对半年度报告内容的真实性、准确性、完整性无法保证或存在异议的，应当声明：

××董事、监事、高级管理人员无法保证本报告内容的真实性、准确性、完整性，理由是：……，请投资者特别关注。

1.3　如有董事未出席董事会，应当单独列示其姓名、职务以及未出席的原因。

1.4　财务报告已经会计师事务所审计并被出具标准审计报告的，公司应当明确表述“公司半年度财务报告已经××会计师事务所审计并出具标准审计报告”。

如执行审计的会计师事务所出具了带强调事项段或其他事项段的无保留意见、保留意见、否定意见或无法表示意见的审计报告（以下简称非标准审计报告），应当特别提示：

公司半年度财务报告已经××会计师事务所审计并被出具了带强调事项段或其他事项段的无保留意见（或保留意见、否定意见、无法表示意见）的审计报告，本公司董事会、监事会对相关事项已作详细说明，请投资者注意阅读。

1.5　公司简介

股票简称		股票代码	
股票上市交易所			
联系人和联系方式	董事会秘书	证券事务代表	
姓名			
电话			
传真			
电子信箱			

§2 主要财务数据和股东变化

2.1 主要财务数据

单位：元

项目	报告期	年初至报告期期末	本报告期比上年同期增减（%）
营业总收入			
归属于公司普通股股东的净利润			
扣除非经常损益的归属于公司普通股股东的净利润			
基本每股收益			
稀释每股收益			
净资产收益率			
扣除非经常性损益后的净资产收益率			
项目	本报告期末	上年度期末	本报告期末比上年度期末增减（%）
总资产			
归属于公司普通股股东的所有者权益（或股东权益）			
归属于公司普通股股东的每股净资产			
项目	报告期	年初至报告期期末	本报告期比上年同期增减（%）
经营活动产生的现金流量净额			
每股经营活动产生的现金流量净额			
非经常性损益项目	年初至报告期期末金额		
……			
非经常性损益对所得税的影响合计			
合计			

注：

1. 在报告期内公司因派发股票股利、公积金转增股本、拆股而增加或因并股而减少公司总股本，但不影响股东权益金额的，应当根据相关会计准则的规定按最新股本调整并列报基本每股收益和稀释每股收益。

2. 如果报告期末至半年度报告披露日，公司股本因送红股、资本公积金转增股本的原因发生变化且不影响股东权益金额的，应当根据相关会计准则的规定按最新股本调整并列报基本每股收益和稀释每股收益。

3. 本报告期对上年度财务数据进行了追溯调整或重述的，上年度末和上年同期应当同时列示追溯调整或重述前后的数据。

2.2 前10名股东持股情况表

报告期末股东总数					
前10名股东持股情况					
股东名称	股东性质	持股比例	持股数量	持有有限售条件的股份数量（持有非流通的股份数量）①	质押或冻结的股份数量
上述股东关联关系或一致行动的说明					

注：股东性质包括国家、国有法人、境内非国有法人、境内自然人、境外法人、境外自然人等。

① 提供截至报告期末公司近三年调整后的主要会计数据和财务指标。

2.3 控股股东或实际控制人变更情况

□适用 □不适用

新控股股东名称	
新实际控制人名称	
变更日期	
指定网站查询索引	

§3 管理层讨论与分析

管理层可以图表结合文字形式，简明、扼要地分析公司在报告期内的财务状况及经营成果。

§4 涉及财务报告的相关事项

4.1 与上年度财务报告相比，会计政策、会计估计和核算方法发生变化的，公司应当说明情况、原因及其影响。

4.2 报告期内发生重大会计差错更正需追溯重述的，公司应当说明情况、更正金额、原因及其影响。

4.3 与上年度财务报告相比，财务报表合并范围发生变化的，公司应当作出具体说明。

4.4 半年度财务报告已经审计，并被出具非标准审计报告的，董事会、监事会应当对涉及事项作出说明。

附件2

《公开发行证券的公司信息披露内容与格式准则第31号——创业板上市公司半年度报告的内容与格式》（2013年修订）的修订说明

2012年年末和2013年年初中国证监会分别对外发布了创业板公司年报准则和季报规则。为进一步完善创业板公司信息披露体系，提高创业板公司信息披露质量，根据《公司法》、《证券法》以及中国证监会的相关规定，结合年报准则和季报规则的修订思路，中国证监会对《公开发行证券的公司信息披露内容与格式准则第31号——创业板上市公司半年度报告的内容与格式》（以下简称《创业板半年报准则》）进行了修订。现将有关情况说明如下：

一、修订思路和原则

《创业板半年报准则》的修订思路与创业板年报准则和季报规则相一致，即继续以投资者需求为导向，实现半年报准则与年报准则、季报规则的有效衔接。修订过程中主要遵循以下原则：

一是以投资者需求为导向。在突出重大性、相关性、变化性和关联性披露要求的基础上，增强非财务信息的披露，注重非财务信息与财务信息的互补与结合。针对机构投资者和中小投资者的不同需求，强调半年度报告全文的披露内容应更加详实具体，半年度报告摘要应更加清晰易懂、重点突出。

二是体现创业板特色。由于创业板公司存在行业新、技术新、模式新等特点，因此要求公司在披露核心竞争能力、风险因素、研发情况、内外部经营环境变化等非财务信息时，尽量进行量化分析；在分析讨论核心优势、研发投入、风险因素时，提供必要的财务数据予以细化说明。

三是注重与年报准则、季报规则的有效衔接。对于创业板年报准则和季报规则修订的重要内容，创业板半年报准则进行了同步修改，保证信息披露的一致性和有效衔接。

四是简化披露要求。充分考虑投资者获取信息的方式和关注的内容，删除重复冗余的信息披露要求；简化信息披露形式，降低公司信息披露成本。

二、主要修订内容

修订后的《创业板半年报准则》共四章53条，第一章“总则”概述了创业板公司半年度报告编制和披露的总体要求；第二章“半年度报告正文”共八节，分别为重要提示和释义、公司基本情况简介、董事会报告、重要事项、股本变动及股东情况、董事监事高级管理人员和员工情况、财务报告、备查文件目录，详细规定了创业板上市公司半年度报告正文的具体内容；第三章“半年度报告摘要”明确了半年度报告摘要披露内容；第四章为附则。修订后《创业板半年报准则》的主要特点以及主要变化如下：

（一）增加信息披露内容，突出创业板特色

充分考虑投资者的信息需求和创业板公司的特点，增加了收入驱动因素、重大在手订单、主要产品变化或新产品推出、前五名供应商和客户变化、重要研发项目进展、对外股权投资、非金融类公司理财产品和衍生品投资等方面的披露要求；细化了公司利润分配预案的具体披露内容；鼓励公司披露管理层在经营管理活动中使用的关键业绩指标。

（二）突出风险因素披露，充分揭示风险

针对创业板公司投资风险相对较高的特点，延续创业板年报和季报的做法，要求公司对重大风险进行充分披露，并将披露位置调整至主要会计数据和财务指

标之后，使投资者能够结合公司财务指标情况，更充分地了解公司的重大风险。

（三）简化半年报摘要，提高信息披露的针对性

由于半年报摘要主要服务于中小投资者，中小投资者更关注公司的财务状况、经营情况、股东变动情况等重大事项，因此对修订前内容较为繁复的半年报摘要进行大幅简化，仅保留公司基本情况（主要披露主要会计数据和财务指标）、股东及股本结构情况、管理层讨论与分析等披露要求。

（四）推进电子化披露，降低披露成本

延续年报和季报的修订思路，仅要求创业板公司在指定报纸上刊登提示性公告，不必再刊登报告摘要全文，同时取消公司向中国证监会、公司所在地的派出机构和证券交易所报送半年度报告的要求。

（五）对部分条款进行必要的调整、补充和完善

对半年度报告的整体披露要求进行细化，对公司会计数据和财务指标的披露顺序进行了调整；对在临时公告中已披露过并且未发生后续变化的重大事项，要求公司仅披露相关事项概述，并提供临时报告索引等。

VII. 2. 8 公开发行证券的公司信息披露编报规则第 20 号——创业板上市公司季度报告的内容与格式（2013 年修订）

（2013 年 3 月 25 日 中国证监会公告［2013］21 号）

现公布《公开发行证券的公司信息披露编报规则第 20 号——创业板上市公司季度报告的内容与格式》（2013 年修订），自公布之日起施行。

附件 1：《公开发行证券的公司信息披露编报规则第 20 号——创业板上市公司季度报告的内容与格式》（2013 年修订）

附件 2：关于《公开发行证券的公司信息披露编报规则第 20 号——创业板上市公司季度报告的内容与格式》（2013 年修订）的修订说明

附件 1

《公开发行证券的公司信息披露编报规则第 20 号——创业板上市公司季度报告的内容与格式》（2013 年修订）

第一章 总 则

第一条 为规范创业板上市公司季度报告的编制及信息披露行为，保护投资者合法权益，根据《公司法》、《证券法》等法律、法规及中国证券监督管理委员会（以下简称中国证监会）的有关规定，制定本规则。

第二条 凡根据《公司法》和《证券法》在中华人民共和国境内公开发行股票并在深圳证券交易所创业板市场上市的股份有限公司（以下简称公司）应当按照本规则的要求编制和披露季度报告。

第三条 公司应在会计年度前 3 个月以及前 9 个月结束后的 1 个月内编制季度报告（包括正文及附录）并刊登于中国证监会指定的网站和公司网站上；同时在至少一种中国证监会指定的报纸上刊登“本公司 × × × × 年第 × 季度报告已于 × 年 × 月 × 日在中国证监会指定的创业板信息披露网站上披露，请投资者注意查阅”的提示性公告。季度报告正文应按照本规则第二章要求编制，并按照附件的格式披露。

季度报告报告期系指季度初至季度末的 3 个月期间。

第一季度季度报告的披露时间不得早于上一年度年度报告的披露时间。

第四条 公司季度报告中的财务报告可以不经审计，但中国证监会和证券交易所另有规定的除外。

第二章 季度报告正文

第一节 重要提示

第五条 公司应在季度报告正文刊登如下重要提示：

本公司董事会、监事会及其董事、监事、高级管理人员保证本报告所载资料不存在任何虚假记载、误导性陈述或者重大遗漏，并对其内容的真实性、准确性和完整性承担个别及连带责任。

如个别董事、监事、高级管理人员对季度报告内容的真实性、准确性、完整性无法保证或存在异议的，应当声明：××董事、监事、高级管理人员无法保证本报告内容的真实性、准确性和完整性，理由是：……，请投资者特别关注。如有董事未出席董事会，应当单独列示其姓名、职务以及未出席原因。

第六条 如季度财务报告经审计被出具带强调事项段的无保留意见、保留意见、否定意见或无法表示意见的审计报告（以下简称非标准审计报告），重要提示中应增加下列特别提示：

××会计师事务所为本公司出具了带强调事项段的无保留意见（或保留意见、否定意见、无法表示意见）的审计报告，本公司董事会、独立董事、监事会对相关事项亦有详细说明，请投资者注意阅读。

第七条 公司负责人、主管会计工作负责人以及会计机构负责人（会计主管人员）应当声明：保证季度报告中财务报告的真实、完整。

第二节 公司基本情况

第八条 公司应采用数据列表方式，提供截至报告期末及报告期公司主要会计数据和财务指标，包括但不限于以下各项：营业总收入、净利润、基本每股收益和稀释每股收益、净资产收益率、扣除非经常性损益后的净资产收益率、总资产、所有者权益（或股东权益）、每股净资产、经营活动产生的现金流量净额、每股经营活动产生的现金流量净额等。同时说明扣除的非经常性损益项目及其金额和所得税影响额。

上述会计数据及财务指标应按照《公开发行证券的公司信息披露内容与格式准则第 30 号——创业板上市公司年度报告的内容与格式》（2012 年修订）

以及中国证监会颁布的其他有关信息披露规章或规范性文件计算填列，涉及股东权益的数据及指标，应采用归属于公司普通股股东的股东权益；涉及利润的数据及指标，应采用归属于公司普通股股东的净利润。

第九条 公司应在主要会计数据和财务指标之后刊登重大风险提示。公司对风险因素的描述应当围绕公司的经营情况，遵循重要性原则，着重披露报告期新增的、可能对公司下一报告期经营产生不利影响的重大风险，并根据实际情况，披露已经或将要采取的措施。

第十条 公司应参照《公开发行证券的公司信息披露内容与格式准则第 5 号——公司股份变动报告的内容与格式》表 6 和《公开发行证券的公司信息披露内容与格式准则第 30 号——创业板上市公司年度报告的内容与格式》（2012 年修订）第四十五条规定的格式披露报告期末股东总数、前 10 名流通股股东或前 10 名无限售条件股东的持股情况、限售股份变动情况。

第三节 管理层讨论与分析

第十一条 报告期主要财务报表项目、财务指标发生重大变动的，应当说明变动情况及其主要原因。

第十二条 公司应回顾报告期内主营业务的经营情况，包括但不限于以下内容：

（一）公司应分析说明驱动业务收入变化的具体因素，例如产销量、订单或劳务的结算比例等因素。

公司应披露报告期重大的已签订单情况，以及前期订单在本报告期的进展和本报告期新增订单的完成比例。对前期订单分散且数量较多的，可以按行业或其他口径归类披露。临时报告已经披露过的情况，公司可只提供相关披露索引。

（二）若报告期内产品或服务发生重大变化或调整，公司应介绍已推出或宣布将推出的新产品及服务，并说明可能对公司未来经营及业绩的影响。

（三）公司应披露重要研发项目在本报告期的进展情况并预计对公司未来发展的影响。

（四）如果报告期内公司的无形资产、核心竞争能力、核心技术团队或关键技术人员（非董事、监事、高级管理人员）等发生重大变化，公司应加以说明并披露其对公司的影响，可能对公司产生严重不利影响的，还应披露公司拟采取的应对措施。

（五）报告期内公司前 5 大供应商或客户发生变化的，公司应说明变化的具体情况并分析对公司未来经营的影响。

（六）公司应披露年度经营计划在报告期内的执行情况，年度经营计划发生重大变更的，应说明变更的具体原因、变更的内容及对公司年度经营业绩可能产生的影响。

（七）公司应分析可能对公司未来经营产生不利影响的重要风险因素及公司经营存在的主要困难，并说明公司拟采取的应对措施。

第四节　重要事项

第十三条　公司、股东及实际控制人如有报告期内发生或报告期之前发生但延续到报告期内的承诺事项，应说明该承诺事项及其履行情况。如公司或相关义务人不能履行承诺事项，公司应及时披露具体原因及拟采取的措施。

第十四条　在报告期内募集资金或报告期之前募集资金的使用延续到报告期内的，公司应就募集资金的使用情况加以披露。公司应列表披露报告期内募集资金投资项目的资金投入、项目进度、预计收益、已产生的收益、项目变更、其他与主营业务相关的营运资金的使用、募集资金结余等情况。

第十五条　报告期内发生或将要发生、或之前期间发生但延续到报告期的重大事项，若对本报告期或以后期间的公司财务状况、经营成果产生重大影响，对投资者决策产生重大影响，应披露该重大事项进展情况，并说明其影响和解决方案。公司已在临时公告披露过的信息，则可只披露事项概述，并提供临时报告网站链接。

第十六条　公司应当说明本报告期内现金分红政策的执行情况。

第十七条　公司如果预测年初至下一报告期期末的累计净利润可能为亏损、实现扭亏为盈或者与上年同期相比发生大幅度变动，应当予以警示并说明原因。

第三章　附　　录

第十八条　公司应编制季度报告的附录部分。附录部分应包括公司按照《企业会计准则第 32 号——中期财务报告》以及中国证监会颁布的信息披露有关规章或规范要求披露的比较式财务报表，至少包括资产负债表、利润表和现金流量表。若季度财务报表经过注册会计师审计，则附录应披露审计报告正文。

第四章　附　　则

第十九条　本规则自公布之日起施行。《公开发行证券的公司信息披露编报规则第 20 号——创业板上市公司季度报告的内容与格式》（证监会公告［2010］10 号）同时废止。

附件：季度报告正文披露格式

附件：季度报告正文披露格式

××××股份有限公司季度报告

§1 重要提示

1.1　本公司董事会、监事会及董事、监事、高级管理人员保证本报告所载资料不存在任何虚假记载、误导性陈述或者重大遗漏，并对其内容的真实性、准确性和完整性承担个别及连带责任。

如个别董事、监事、高级管理人员对季度报告内容的真实性、准确性、完整性无法保证或存在异议的，应当声明：××董事、监事、高级管理人员无法保证本报告内容的真实性、准确性、完整性，理由是：……，请投资者特别关注。

如有董事未出席董事会，应当单独列示其姓名、职务以及未出席原因。

1.2　如果季度报告中的财务报告经审计被出具非标准审计报告，应当特别提示：

××会计师事务所为本公司出具了带强调事项段的无保留意见（或保留意见、否定意见、无法表示意见）的审计报告，本公司董事会、独立董事、监事会对相关事项亦有详细说明，请投资者注意阅读。

1.3　公司负责人、主管会计工作负责人以及会计机构负责人（会计主管人员）应当声明：保证季度报告中财务报告的真实、完整。

§2　公司基本情况

2.1　主要会计数据及财务指标。

项目	报告期	年初至报告期期末	本报告期比上年同期增减（%）
营业总收入			
归属于公司普通股股东的净利润			
基本每股收益			
稀释每股收益			
净资产收益率			
扣除非经常性损益后的净资产收益率			

续表

项目	本报告期末	上年度期末	本报告期末比上年度期末增减（%）
总资产			
归属于公司普通股股东的所有者权益（或股东权益）			
归属于公司普通股股东的每股净资产			
项目	年初至报告期期末		比上年同期增减（%）
经营活动产生的现金流量净额			
每股经营活动产生的现金流量净额			
非经常性损益项目	年初至报告期期末金额		
……			
非经常性损益对所得税的影响合计			
合计			

2.2　重大风险提示。

2.3　报告期末股东总数及前十名流通股东（或无限售条件股东）持股情况表。

2.4　限售股份变动情况表。

§3　管理层讨论与分析

3.1　公司主要财务报表项目、财务指标重大变动的情况及原因。

□适用　　□不适用

3.2　业务回顾和展望。

§4　重要事项

4.1　公司、股东及实际控制人承诺事项履行情况。

□适用　　□不适用

4.2　募集资金使用情况。

□适用　　□不适用

<table>
<tr><td colspan="3">募集资金总额</td><td colspan="3"></td><td colspan="3">本季度投入募集资金总额</td><td colspan="4"></td></tr>
<tr><td colspan="3">变更用途的募集资金总额</td><td colspan="3"></td><td colspan="3" rowspan="2">已累计投入募集资金总额</td><td colspan="4" rowspan="2"></td></tr>
<tr><td colspan="3">变更用途的募集资金总额比例</td><td colspan="3"></td></tr>
<tr><td>承诺投资项目</td><td>是否已变更项目（含部分变更）</td><td>募集资金承诺投资总额</td><td>调整后投资总额</td><td>截至期末承诺投入金额（1）</td><td>本季度实际投入金额</td><td>截至期末累计投入金额（2）</td><td>截至期末累计投入金额与承诺投入金额的差额（3）=（2）-（1）</td><td>截至期末投入进度（%）（4）=（2）/（1）</td><td>项目达到预定可使用状态日期</td><td>本季度实现的效益</td><td>是否达到预计效益</td><td>项目可行性是否发生重大变化</td></tr>
<tr><td></td><td></td><td></td><td></td><td></td><td></td><td></td><td></td><td></td><td></td><td></td><td></td><td></td></tr>
<tr><td></td><td></td><td></td><td></td><td></td><td></td><td></td><td></td><td></td><td></td><td></td><td></td><td></td></tr>
<tr><td></td><td></td><td></td><td></td><td></td><td></td><td></td><td></td><td></td><td></td><td></td><td></td><td></td></tr>
<tr><td></td><td></td><td></td><td></td><td></td><td></td><td></td><td></td><td></td><td></td><td></td><td></td><td></td></tr>
<tr><td>合计</td><td></td><td></td><td></td><td></td><td></td><td></td><td></td><td></td><td></td><td></td><td></td><td></td></tr>
<tr><td>未达到计划进度或预计收益的情况和原因（分具体项目）</td><td colspan="12">当“是否达到预计效益”列存在“否”值时，此项必填</td></tr>
<tr><td>项目可行性发生重大变化的情况说明</td><td colspan="12">当“项目可行性是否发生重大变化”列存在“是”值时，此项必填</td></tr>
<tr><td>募集资金投资项目实施地点变更情况</td><td colspan="12"></td></tr>
<tr><td>募集资金投资项目实施方式调整情况</td><td colspan="12"></td></tr>
<tr><td>募集资金投资项目先期投入及置换情况</td><td colspan="12"></td></tr>
</table>

续表

项目实施出现募集资金结余的金额及原因	
其他与主营业务相关的营运资金的使用情况	
尚未使用的募集资金用途及去向	
募集资金使用及披露中存在的问题或其他情况	

4.3 其他重大事项。

4.4 报告期内现金分红政策的执行情况。

4.5 预测年初至下一报告期期末的累计净利润可能为亏损、实现扭亏为盈或者与上年同期相比发生大幅度变动的警示及原因说明。

□适用　　□不适用

附件 2

关于《公开发行证券的公司信息披露编报规则第 20 号——创业板上市公司季度报告的内容与格式》（2013 年修订）的修订说明

2012 年中国证监会修订并完善了创业板上市公司年度报告编报规则，在此基础上，结合对创业板公司信息披露工作的监管经验，对《公开发行证券的公司信息披露编报规则第 20 号——创业板上市公司季度报告的内容与格式》（以下简称《创业板季报规则》）进行了修订。修订工作充分考虑了投资者的信息需求和创业板公司的披露成本，以提高创业板公司的信息披露质量，合理控制信息披露成本，为投资者决策提供有用信息。

一、文件修订的基本原则和思路

修订后的《创业板季报规则》以投资者需求为出发点，进一步提高创业板上市公司信息披露的有效性和针对性，在已发布的《公开发行证券的公司信息披露编报规则第 20 号——创业板上市公司季度报告的内容与格式》基础上，结合监管中发现的问题对相关内容进行了修订，修订主要遵循以下原则：

（一）突出创业板特色，满足投资者需求

针对创业板公司具有创新能力强、经营模式和盈利模式新，受市场及所处行业变化影响大等特点，创业板公司投资者可能更需要及时了解公司经营、研发等情况，因此，季报中提供的公司信息应更加具体、有针对性，同时注重信息的时效性和决策有用性，来满足投资者的需求。

（二）注重与年报准则的衔接

修订后的年报准则要求公司在经营情况、风险因素等方面做出细化的、有针对性的披露，季报规则充分考虑了重要信息披露的连续性要求，注重与年报准则的衔接，为投资者提供持续信息。

（三）简化披露要求，降低披露成本

结合创业板公司信息披露的监管经验，考虑投资者获取信息的方式，修订后的《创业板季报规则》简化了披露要求，借鉴修订后创业板年报准则的做法，仅要求公司在报纸上刊载提示性公告，不必刊载季度报告全文，降低公司披露成本。

二、文件修订内容

修订后的《创业板季报规则》共 4 章 19 条，主要内容包括总则、季度报告正文、季度报告附录和附则 4 个部分。第一章“总则”主要阐述了创业板上市公司季度报告编制和披露的总体要求；第二章“季度报告正文”分为4节，分别为重要提示、公司基本情况、管理层讨论与分析和重要事项，详细规定了创业板上市公司季度报告正文的具体内容；第三章“季度报告附录”规定了创业板上市公司应披露的季度财务会计报表和审计报告正文；第四章为附则。

修订后的《创业板季报规则》的主要特点和变化如下：

（一）结合创业板公司的特点，增加非财务信息的披露要求

创业板公司成长性较强，经营机制更为灵活，经营模式和盈利模式多元化特征更为突出，投资者对非财务信息的需求更趋明显。修订后的《创业板季报规则》增加了非财务信息的披露要求，要求公司对引起收入变化的驱动因素进行分析、披露主要产品的变化或新产品的推出情况及可能对公司未来经营及业绩的影响，重大订单的签订、完成情况和重要研发项目的进展情况及未来影响。

（二）强化风险因素的披露

季度报告的披露目的在于向投资者及时披露公司的经营情况，使投资者充分了解公司的经营风险，修订后的《创业板季报规则》要求公司对前五名供应商或客户发生的变化情况进行说明并分析对公司未来的影响；同时，延续修订后年报的做法，对重大风险提示的要求进行进一步明确，并将披露位置调整至主要会计数据和财务指标之后。

（三）简化披露方式，取消披露后报送要求

原《创业板季报规则》除要求公司在证监会指定网站和公司网站上披露季报全文（包括正文和附录）外，还需在证监会指定报纸上披露季报正文，修订后的《创业板季报规则》仅要求在指定报纸上刊登提示性公告。另外，取消公司向中国证监会以及公司所在地的证券监管派出机构和证券交易所报送季度报告的要求。

（四）对部分条款进行调整和完善

由于阅读公司季报的投资者一般对公司的财务状况已经有了一定程度的了解，其查看公司季报可能首先关心公司的经营情况，因此，对公司会计数据和财务指标的披露顺序进行了调整。

VII. 2. 9　公开发行证券的公司信息披露内容与格式准则第 5 号——公司股份变动报告的内容与格式（2007 年修订）

（2007 年 6 月 28 日　证监公司字［2007］98 号）

一、根据《中华人民共和国公司法》、《中华人民共和国证券法》、《上市公司股权分置改革管理办法》等相关法律、法规、规章制订本准则。

二、公司因发行新股、派发股份股利、实施股权激励计划、将股份奖励给本公司职工、可转换公司债券转股、股份限售期满等事项导致股份总额、股份结构（指各类股份的数量和比例）、股票面值发生变化，按照有关法律、法规、规章、规则需编制并披露股份变动报告，或在定期报告中披露股份变动情况，应遵守本准则的规定。

三、股份变动报告和定期报告披露股份变动情况应包括以下内容：

（一）股份变动的原因。

（二）股份变动的批准情况（如适用）。

（三）股份总额、股份结构变动情况。

未完成股权分置改革的公司应按表 1 的格式披露，已完成股权分置改革的公司应按表 2、表 3 和表 4 的格式披露。

（四）股份变动的过户情况。

（五）股份变动后股东持股情况或报告期末股东持股情况。

未完成股权分置改革的公司应按表 5 的格式披露前 10 名股东和前 10 名流通股股东的持股情况，已完成股权分置改革的公司应按表 6 的格式披露前 10 名股东和前 10 名无限售条件股东的持股情况。

（六）股份变动对最近一年和最近一期基本每股收益和稀释每股收益、归属于公司普通股股东的每股净资产等财务指标的影响（如有）。

（七）公司认为必要或证券监管机构要求披露的其他内容。

（八）备查文件。

四、本准则自公布之日起实施，《公开发行股票公司信息披露的内容与格式准则第 5 号——公司股份变动报告的内容与格式（试行）》（证监公司字［2005］142 号）同时废止。

表 1　　股份变动情况表（适用未完成股权分置改革的公司）

单位：股

	本次变动前		本次变动增减（+，-）					本次变动后	
	数量	比例	发行新股	送股	公积金转股	其他	小计	数量	比例
一、未上市流通股份									
1. 发起人股份									
其中：									
国家持有股份									
境内法人持有股份									
境外法人持有股份									
其他									
2. 募集法人股份									
3. 内部职工股									
4. 优先股或其他									
二、已上市流通股份									
1. 人民币普通股									
2. 境内上市的外资股									
3. 境外上市的外资股									
4. 其他									
三、股份总数									

注：

1. “未上市流通股份”系指尚未在证券交易所上市交易的股份。

2. “已上市流通股份”系指已在证券交易所上市交易的股份。

3. 发起人股份中的“国家持有股份”系指按照《股份有限公司规范意见》设立的公司所设的国家股及其增量。

4. 发起人股份中的“境内法人持有股份”系指发起人为境内法人时持有的股份。

5. 发起人股份中的“境外法人持有股份”系指按照《股份有限公司规范意见》设立的公司，其发起人为适用外资法律的法人（外商，港、澳、台商等）所持有的股份。

6. 发起人股份中的“其他”系指个别公司发起人与以上分类有区别的特殊情况，如有数字填报，应另附文字说明。

7. “募集法人股份”系指在《公司法》实施之前成立的定向募集公司所发行的、发起人以外的法人认购的股份。

8. “内部职工股”系指在《公司法》实施之前成立的定向募集公司所发行的、在报告时尚未上市的内部职工股。

9. “优先股或其他”为上市公司发行的优先股或无法计入其他类别的股份，如有数字填写，应另附文字说明。

10. “境内上市的人民币普通股”即 A 股，含向社会公开发行股票时向公司职工配售的公司职工股。若报告时有尚未上市的公司职工股，应另附文字说明该部分股份数量和预计上市时间。

11. “境内上市的外资股”即B股。

12. “境外上市的外资股”即在境外证券市场上市的普通股，如H股。

13. “本次变动增减”项下“其他”栏指除发行新股、送股、公积金转股外其他原因引起的股份变动，如有数字填写，应另附文字说明。

14. 上市公司在编制本表时，对没有的项目可以省略。

表2　股份变动情况表（适用已完成股权分置改革的公司）

单位：股

	本次变动前		本次变动增减（+，-）					本次变动后	
	数量	比例	发行新股	送股	公积金转股	其他	小计	数量	比例
一、有限售条件股份									
1. 国家持股									
2. 国有法人持股									
3. 其他内资持股									
其中：									
境内法人持股									
境内自然人持股									
4. 外资持股									
其中：									
境外法人持股									
境外自然人持股									
二、无限售条件股份									
1. 人民币普通股									
2. 境内上市的外资股									
3. 境外上市的外资股									
4. 其他									
三、股份总数									

注：

1. 有限售条件股份是指股份持有人依照法律、法规规定或按承诺有转让限制的股份，包括因股权分置改革暂时锁定的股份、内部职工股、机构投资者配售股份、董事、监事、高级管理人员持有股份等。

2. 国家持股是指有权代表国家投资的机构或部门（如国有资产授权投资机构）持有的上市公司股份。

3. 国有法人持股是指国有企业、国有独资公司、事业单位以及第一大股东为国有及国有控股企业且国有股权比例合计超过50%的有限责任公司或股份有限公司持有的上市公司股份。

4. 其他内资持股是指境内非国有及国有控股单位（包括民营企业、中外合资企业、外商独资企业等）及境内自然人持有的上市公司股份。

5. 外资持股是指境外股东持有的上市公司股份。

表 3　　　　　有限售条件股份可上市交易时间

单位：股

时 间	限售期满新增可上市交易股份数量	有限售条件股份数量余额	无限售条件股份数量余额	说 明
×年×月×日				
×年×月×日				
……	……	……	……	
×年×月×日				

表 4　　　　前 10 名有限售条件股东持股数量及限售条件

单位：股

<table>
<tr><th>序号</th><th>有限售条件股东名称</th><th>持有的有限售条件股份数量</th><th>可上市交易时间</th><th>新增可上市交易股份数量</th><th>限售条件</th></tr>
<tr><td rowspan="4">1</td><td rowspan="4"></td><td rowspan="4"></td><td>×年×月×日</td><td></td><td rowspan="4"></td></tr>
<tr><td>×年×月×日</td><td></td></tr>
<tr><td>……</td><td></td></tr>
<tr><td>×年×月×日</td><td></td></tr>
<tr><td rowspan="4">2</td><td rowspan="4"></td><td rowspan="4"></td><td>×年×月×日</td><td></td><td rowspan="4"></td></tr>
<tr><td>×年×月×日</td><td></td></tr>
<tr><td>……</td><td></td></tr>
<tr><td>×年×月×日</td><td></td></tr>
<tr><td>……</td><td></td><td></td><td colspan="2"></td><td></td></tr>
</table>

表5　股东数量和持股情况（适用未完成股权分置改革的公司）

单位：股

股东总数					
前10名股东持股情况					
股东名称	股东性质	持股比例	持股总数	持有非流通股数量	质押或冻结的股份数量
前10名流通股东持股情况					
股东名称		持有流通股数量		股份种类	
上述股东关联关系或一致行动的说明					

注：股东性质包括国家、国有法人、境内非国有法人、境内自然人、境外法人、境外自然人等；股份种类包括人民币普通股、境内上市外资股、境外上市外资股和其他。

表 6　股东数量和持股情况（适用已完成股权分置改革的公司）

单位：股

股东总数					
前 10 名股东持股情况					
股东名称	股东性质	持股比例	持股总数	持有有限售条件股份数量	质押或冻结的股份数量

前 10 名无限售条件股东持股情况		
股东名称	持有无限售条件股份数量	股份种类
上述股东关联关系或一致行动的说明		

注：股东性质包括国家、国有法人、境内非国有法人、境内自然人、境外法人、境外自然人等；股份种类包括人民币普通股、境内上市外资股、境外上市外资股和其他。

VII. 2. 10 证券公司年度报告内容与格式准则（2013年修订）

（2013年11月20日 中国证监会公告［2013］41号）

第一章 总 则

第一条 为规范证券公司年度报告的编制及信息披露行为，保护公司股东和债权人的合法权益，提高证券公司财务信息质量，根据《公司法》、《证券法》、《证券公司监督管理条例》、《企业会计准则》等法律、法规，及中国证券监督管理委员会（以下简称中国证监会）的有关规定，制订本准则。

第二条 凡根据《公司法》、《证券法》规定经批准设立的证券公司（以下简称公司）应按照本准则的要求编制年度报告，并在每个会计年度结束之日起4个月内向中国证监会报送。

已公开发行证券的公司除执行本准则外，还应按照公开发行证券的公司信息披露有关规定编制与披露年度报告。未公开发行证券的公司还应按照本准则第四章要求编制并向社会公开披露信息。

第三条 公司董事会、监事会及董事、监事、高级管理人员应保证年度报告内容的真实、准确、完整，不存在虚假记载、误导性陈述或重大遗漏，并就其承担个别和连带的法律责任。

第四条 本准则是对公司年度报告编制和披露的最低要求。对年度报告使用者有重大影响的信息，公司均应披露。

在不影响披露内容完整性和妨碍阅读的前提下，公司可采用相互引证的方法，对各相关部分的内容进行适当的处理，以避免不必要的重复。

第五条 公司年度报告中的财务报表应经具有证券期货相关业务资格的会计师事务所审计，有关审计报告应由该所盖章，并由两名注册会计师签名盖章。

编制合并财务报表的公司，纳入合并范围的企业和特殊目的主体的年度财务报表，以及对公司财务报表有重大影响的联营企业、合营企业的年度财务报表，也应由具有证券期货相关业务资格的会计师事务所审计。

中国证监会要求的其他专项报告也应由具有证券期货相关业务资格的会计师事务所审计。

第六条 公司必须在年度报告中全文转载注册会计师的审计意见，不得随意修改或删节会计师事务所和注册会计师已签发意见的财务报表。

第七条 公司在编制年度报告时还应遵循如下一般要求：

（一）年度报告中引用的数字应采用阿拉伯数字，有关货币金额除特别说明外，指人民币金额，并以元、千元、万元、百万元或亿元为单位。

（二）公司可根据有关规定或其他要求，编制年度报告外文译本，同时应保证中外文文本的一致性，并在外文文本上注明："本报告分别以中、英（或其他语种）文编制，在对中外文文本的理解上发生歧义时，以中文文本为准。"

（三）年度报告封面应载明公司名称、"年度报告"的字样、报告期年份，也可载有公司的外文名称、徽章、图案等。年度报告的目录应编排在显著位置。年度报告目录应标明各章、节的标题及其对应的页码。

（四）公司编制年度报告时可以图文并茂，采用柱状图、饼状图等统计图表，以及必要的产品、服务和业务活动图片进行辅助说明，提高报告的可读性。

第八条 编制合并财务报表的公司，年度报告正文中披露的数据应以合并报表数据为基础。按照监管要求需用母公司数据计算和编制的内容除外。

第二章 年度报告

第一节 重要提示、目录和释义

第九条 公司应在年度报告显要位置作出如下（但不限于）重要提示：

"本公司董事会、监事会及董事、监事、高级管理人员保证年度报告内容的真实、准确、完整，不存在虚假记载、误导性陈述或重大遗漏，并就其承担个别和连带的法律责任"。

如有董事、监事、高级管理人员对年度报告内容存在异议或无法保证其真实、准确、完整的，应当声明："×××无法保证本报告内容的真实、准确、完整"，并说明理由。同时，单独列示未出席董事会审议年度报告的董事姓名及原因。

公司负责人、主管会计工作的负责人及会计机构负责人（会计主管人员）应声明并保证年度报告中财务报表的真实、准确、完整。

如果执行审计的会计师事务所对公司财务报表出具了非标准审计意见，重要提示中应增加以下陈述：

"××会计师事务所为本公司出具了带强调事项段的无保留意见（或保留意见、无法表示意见、否定意见）的审计报告，本公司董事会、监事会对相关事项已有详细说明，请注意阅读"。

第十条 公司应对可能造成报告使用者理解障碍以及特定含义的术语做出

通俗易懂的解释，年度报告的释义应在目录次页排印。

第二节　公司概况

第十一条　公司应披露如下简介：

（一）公司的法定中、外文名称及缩写；

（二）法定代表人、总经理；

（三）注册资本、净资本和各单项业务资格；

（四）公司注册地址，公司办公地址及邮政编码，公司国际互联网网址、电子信箱；

（五）公司董事会秘书的姓名、联系地址、电话、传真、电子信箱。

第十二条　公司应简要介绍其历史沿革，主要包括以前年度经历的改制重组、增资扩股等情况。

第十三条　公司应采用图表或其他有效形式，简要介绍其组织机构，包括公司总部的主要职能部门、境内外分公司、境内外子公司等。还应披露境内外重要分公司、子公司的地址、设立时间、注册资本（或营运资金）、负责人、联系电话等。

第十四条　公司应披露其证券营业部的数量和分布情况等。

第三节　财务和业务数据摘要

第十五条　公司应采用数据列表方式，披露合并财务报表和母公司财务报表主要项目的期末数（本年数）、期初数（上年数）和增减百分比。

主要财务数据和指标的排列应从左到右，左起为报告期的数据。

第十六条　公司应披露的主要财务数据包括但不限于：资产总额、负债总额、所有者权益总额、营业收入、净利润（归属于母公司所有者的净利润）、其他综合收益，以及与期初或上期数据相比变动超过30%的重要项目。公司应披露的主要财务指标包括但不限于：净资产收益率、每股收益等。

第十七条　公司应按照监管部门的有关要求计算净资本、风险资本准备及相关风险控制指标，并列示期初数和期末数。若监管部门在报告期内修订相关计算标准，期初数应按照新标准重新计算列示。

第四节　管理层报告

第十八条　公司管理层报告中应对财务报表的数据和其他必要的统计数据，以及报告期内发生和未来发生的重大事项进行讨论、分析，可以采用逐年比较、数据列表或其他方式对相关事项进行列示，便于报告使用者了解其财务状况、经营成果及未来变化情况。公司披露管理层报告应当遵守以下原则：

（一）披露内容应当可靠，引用数据、资料应当依据充分。如引用第三方的数据、资料，应当关注其权威性，并注明来源；

（二）披露内容应当具有充分的决策相关性，在全面分析公司各项主要业务的基础上，着重关注公司业务创新、重大投融资等在报告期内的执行情况和未来计划，有利于报告使用者充分了解公司未来变化趋势；

（三）披露内容应当具有充分关联性，结合公司的外部环境（如宏观环境、行业政策、行业地位或区域市场地位等）和内部条件（如业务规模、经营区域、技术、人员等）对公司的经营成果和财务状况进行针对性的讨论、分析，保持内在逻辑的一致性；

（四）鼓励公司披露对业绩敏感度较高的关键业绩指标，分析指标的假定条件、计算方法、选取依据，以及变化原因和趋势；

（五）讨论、分析不应简单重复财务报表的内容，而应当侧重分析重要的经营指标和财务指标，重点披露实质性内容、已知的重要趋势和不确定性；

（六）语言表述平实，清晰易懂，力戒空洞、模板化。

第十九条 公司应分析披露报告期内主要业务的经营概况、业内竞争状况、所处的市场地位和核心竞争力等，以及公司为应对报告期内经济环境和市场状况的变化，对主要业务做出的重大调整。

公司可按照业务条线、区域等原则披露分部报告信息，包括分部的营业收入、成本、营业利润的构成、相对于上一报告期的变化情况及其变动原因。

第二十条 公司应披露报告期内破产重整，兼并或分立情况；子公司、分公司、营业部和特殊目的主体等设立和处置情况；重大的资产处置、收购、置换、剥离情况；重组其他公司情况等，以及这些活动对公司业绩的影响。

第二十一条 公司应披露在报告期内业务创新情况，分析其对公司经营业绩和未来发展的影响，以及如何进行风险控制。

第二十二条 公司应披露其主要的融资渠道、长短期负债结构以及为维持流动性水平所采取的措施和相关的管理政策，同时分析其融资能力、或有事项及其对财务状况的影响。

第二十三条 公司应分析报告期内现金流转情况，包括经营活动、投资活动和筹资活动产生的现金流量及其主要影响因素。

第二十四条 公司应针对自身特点，遵循关联性和重要性原则，分析影响其业务经营活动的各项重大风险因素，如政策性风险、业务模式风险、信用风险、流动性风险、市场风险等，以及这些风险因素对本报告期及未来业绩的影响，并说明已经或计划采取的应对措施。

第二十五条 公司应说明动态的风险控制指标监控和补足机制建立情况，报告期内风险控制指标触及预警标准、不符合规定标准的情况及采取的整改措施、整改效果。

第二十六条 公司财务报表被会计师事务所出具非标准审计意见的，公司应就所涉事项作出说明，独立董事、监事会对此说明有不同意见的，还应披露其不同意见。

公司作出会计政策、会计估计变更或重大会计差错更正的，应披露变更、更正的原因及影响，涉及追溯调整的，应当披露对当年和上年度经营成果的影响和财务状况的累计影响。

第二十七条 公司应披露报告期内利润分配政策的制定、执行或调整情况，说明利润分配政策是否符合行业有关规定、公司章程及审议程序的要求。

第二十八条 鼓励公司主动披露积极履行社会责任的工作情况，包括公司在保护债权人、职工、客户等利益相关者合法权益方面所承担的社会责任，以及公司在社会公益事业方面所采取的措施。

公司已披露社会责任报告全文的，仅需提供相关的查询索引。

第五节 其他重要事项

第二十九条 公司应披露本年度被处罚或公开谴责的情况，包括公司及其董事、监事和高级管理人员被证券期货监管机构、相关自律组织采取行政处罚或公开谴责，以及被财税、外汇和审计等部门作出处罚的记录等。

第三十条 公司应按如下要求披露报告期内诉讼和仲裁事项：

（一）对以前年度和本报告期内发生但尚未结案的重大诉讼、仲裁事项，应逐项披露其进展情况、涉及金额、是否形成预计负债及对公司未来的影响。对已经结案的重大诉讼、仲裁事项，公司应披露其具体内容、审理结果和执行等情况；

（二）如报告期内无重大诉讼和仲裁事项，公司应明确陈述“本年度公司无重大诉讼和仲裁事项”。

第三十一条 公司应披露其关联方情况，以及按照日常交易、投资、债权债务等业务类别，简要披露报告期内关联交易相关金额、余额等情况。

第三十二条 公司应披露报告期内各单项业务资格的变化情况。

第三十三条 公司应披露可能影响其财务状况和经营成果的主要表外项目（如担保、抵押、质押、融资合约、重要的承销合同等）的总金额及有关情况。

第三十四条 公司应披露报告期内聘任、变更会计师事务所情况。若有变更会计师事务所的，应说明变更的原因。

公司应分项披露归属于报告期和报告期内实际支付的年报相关审计费用情况，以及目前的审计机构和签字会计师已为公司提供年度财务报表审计服务的连续年限。

第三十五条 公司应披露如下重大资产负债表日后事项：

（一）公司股东、董事、监事及高级管理人员变动情况；

（二）年度分配预案或决议；

（三）重大投融资行为；

（四）重大诉讼、仲裁事项等；

（五）企业合并或处置子公司；

（六）其他可能对公司的财务状况、经营成果和现金流量发生重大影响的情况。

第三十六条 以合并口径计算，公司的子公司发生的本节所列重要事项，应当视同公司的重要事项予以披露。

第六节 股本（资本）变动及股东情况

第三十七条 公司应详细披露其股本（或实收资本）在报告期内的变动情况，包括增资扩股、重组合并、股权转让等，应披露相应的批准文号、投资者投入或重组置换资产的概要描述等。

第三十八条 公司应披露如下股东情况：

（一）报告期末股东总数；

（二）报告期末持有本公司5%以上（含5%）股份（股权）的股东名称、年度内股份（股权）增减变动情况、年末持股数量（出资金额）及百分比、所持股份（股权）的质押或冻结情况。若持股5%（含5%）以上的股东少于10名，则应列出至少前10名股东的持股情况。如前10名股东之间存在关联关系，应予以说明；

（三）对报告期末持股10%（含10%）以上的前5名法人股东，应详细介绍股东单位的法定代表人、总经理、主营业务、注册资本。若股东为自然人的，应介绍其姓名、国籍、是否取得其他国家或地区居留权、最近5年内的职业及职务等。

第七节 董事、监事、高级管理人员和员工情况

第三十九条 公司应披露现任及报告期内离任董事、监事和高级管理人员的姓名、性别、年龄、任期起止日期、期初和期末持有本公司股份、股票期权、被授予限制性股票数量、年度内股份增减变动量及增减变动原因。独立董事应单独注明。

第四十条 公司应披露现任董事、监事和高级管理人员的简要工作经历。董事、监事和高级管理人员在股东单位及除股东单位外的其他单位任职或兼职情况，包括其职务及任职期间。

第四十一条 公司应披露报告期内离任的董事、监事和高级管理人员的姓名和离任原因。

第四十二条 高级管理人员包括总经理、副总经理、财务负责人、合规负责人、董事会秘书及实际履行上述职务的人员。

第四十三条 公司董事会下设各类专门委员会的，应披露委员会的人员构成情况。

第四十四条 公司应披露董事、监事和高级管理人员薪酬管理的基本制度、决策程序以及薪酬情况，包括报告期末每位现任及报告期内离任董事、监事和高级管理人员在报告期内计提的薪酬金额、实际获得的薪酬金额、薪酬延期支付和非现金薪酬情况。

第四十五条 公司应简要介绍母公司和主要子公司的员工情况，主要包括：员工人数、人员分布（例如研究人员、投行人员、经纪业务人员、资产管理业务人员、证券投资业务人员、财务人员、信息技术人员等）和教育程度等。

第四十六条 公司应披露委托经纪人从事客户招揽、客户服务相关情况，包括管理模式、经纪人人数等。

第八节 公司治理

第四十七条 公司应简要披露报告期内股东会或股东大会、董事会会议、监事会会议情况及决议内容。

第四十八条 公司应披露董事、监事的履职情况，包括报告期内董事、监事参加董事会、监事会会议的次数、投票表决等情况。

公司应简要披露报告期内每位独立董事履行职责的情况，如独立董事出席董事会、股东会或股东大会情况、独立董事曾提出异议的有关事项及异议的内容、独立董事对公司有关建议是否被采纳的说明。

第四十九条 公司应披露董事会下设各类专门委员会在报告期内履行职责时所提出的重要意见和建议。

第五十条 公司应披露公司合规管理体系建设情况，合规、稽核部门报告期内完成的检查稽核情况。

第九节 内部控制

第五十一条 公司应披露董事会关于内部控制责任的声明，并披露建立财务报告内部控制的依据以及内部控制制度建设情况。

第五十二条 公司应披露经董事会审议通过的内部控制自我评价报告，披露报告期内发现的内部控制重大缺陷的具体情况，包括缺陷发生的时间、对缺陷的具体描述、缺陷对财务报告的潜在影响，已实施或拟实施的整改措施、时间及整改效果。

第五十三条 公司应披露会计师事务所对公司内部控制的意见，若与公司自我评价报告意见不一致的，公司应当解释原因。

第三章 财务报表

第五十四条 财务报表至少应当包括资产负债表、利润表、现金流量表、所有者权益（或股东权益）变动表和附注。

第五十五条 公司财务报表的编制应遵守《企业会计准则》、《企业会计准则——应用指南》和本准则所附的《证券公司财务报表附注编制的特别规定》等有关规定。

第五十六条 编制合并财务报表的公司，除提供合并财务报表外，还应提供母公司财务报表。

第五十七条 公司提供的财务报表中会计数据的排列应自左至右，最左侧为最近一期数据。表内各主要报表项目应标有附注编号，并与财务报表附注编号相一致。财务报表的金额单位应为人民币元。

第五十八条 公司提供的财务报表应加盖公司公章，由公司负责人、主管会计工作的负责人及公司会计机构负责人（会计主管人员）签名并盖章。

第四章 年度报告公开披露信息

第五十九条 未公开发行证券的公司应向社会披露按照本章要求编写的年度报告公开信息、审计报告正文以及经审计财务报表（不含附注）。

第六十条 公司应披露如下简介：

（一）公司的法定中、外文名称及缩写；

（二）法定代表人、总经理；

（三）注册资本和各单项业务资格；

（四）公司注册地址，公司办公地址及其邮政编码，公司国际互联网网址、电子信箱。

第六十一条 公司应披露如下股东情况：

（一）报告期末股东总数；

（二）期末持股前 5 名的股东名称、持股比例。

第六十二条 公司应简要介绍其历史沿革。

第六十三条 公司应简要介绍其组织结构，包括公司总部的主要职能部门、境内外分公司、境内外专业子公司等。

第六十四条 公司应概要披露其证券营业部数量和分布情况等。

第六十五条 公司应简要介绍母公司和主要子公司员工的有关情况，主要包括：员工人数、人员分布和教育程度等。

第六十六条 公司应对其资产质量、流动性情况、负债状况以及重要的投融资活动进行简要分析。

第六十七条 公司应概要披露报告期内各项业务的经营概况和公司所处的市场地位等。

第六十八条 财务报表被会计师事务所出具非标准审计意见的，公司应就所涉事项作出说明。

第六十九条 公司应披露内部控制自我评价报告结论和注册会计师对内部控制的意见。

第七十条 公司应披露董事、监事、高级管理人员薪酬管理信息，至少包括：

（一）薪酬管理的基本制度及决策程序；

（二）年度薪酬总额和在董事、监事、高级管理人员之间的分布情况（独立董事需单独列示）；

（三）薪酬延期支付和非现金薪酬情况。

第七十一条 鼓励公司主动披露积极履行社会责任的工作情况，包括公司在保护债权人、职工、客户等利益相关者合法权益方面所承担的社会责任，以及公司在社会公益事业方面所采取的措施。

公司已披露社会责任报告全文的，仅需提供相关的查询索引。

第五章 附 则

第七十二条 本准则自 2014 年 1 月 1 日起施行。原《证券公司年度报告内容与格式准则》（证监会公告［2008］1 号）、《公开发行证券的公司信息披露编报规则第 6 号——证券公司财务报表附注特别规定》（证监发［2000］76 号）、《公开发行证券的公司信息披露编报规则第 8 号——证券公司年度报告内容与格式特别规定》（证监发［2000］80 号）同时废止。

附件：证券公司财务报表附注编制的特别规定

附件

证券公司财务报表附注编制的特别规定

第一条 证券公司应按照企业会计准则及其应用指南和本特别规定编制财务报表附注。对于其他未作明确规定或创新的业务，公司应按照实质重于形式和重要性原则，通过对主要风险和收益的判断，严格把握相关业务或产品实质，确保信息披露真实、准确、完整。

第二条 编制合并财务报表的公司，应按照本规定分别对合并财务报表和母公司财务报表的主要项目进行注释。

附注项目金额异常或年度间变动异常的报表项目，如占公司报告期末资产总额5%（含5%）、报告期营业收入或营业支出总额10%（含10%）以上，且两个期间的数据变动幅度达30%（含30%）以上的，应具体说明原因。

第三条 对附注中的资产负债表项目注释期末期初比较数据，一般最左侧为期末数；对附注中的利润表项目注释本期与上期比较数据，一般最左侧为本期数。

第四条 公司对报表重要项目的说明，应当按照资产负债表、利润表、现金流量表、所有者权益（或股东权益）变动表及其项目列示的顺序，采用文字和数字描述相结合的方式进行披露。报表重要项目的明细金额合计，应当与报表项目金额相互勾稽。

第五条 公司财务报表附注应至少包括以下内容：

（一）公司概况；

（二）财务报表的编制基础；

（三）遵循《企业会计准则》的声明；

（四）公司采用的主要会计政策、会计估计；

（五）会计政策和会计估计变更及差错更正的说明；

（六）公司应披露主要税种、税率及所享受的税收优惠等情况。如果各分、子公司异地独立纳税，其中执行不同税率的，应予说明；

（七）报表重要项目的说明；

（八）或有事项和承诺事项、资产负债表日后非调整事项、关联方关系及其交易等事项；

（九）其他需要说明的重要事项。

第六条 公司应制定与其业务特点相适应的具体会计政策，不得以会计准则的原则性表述代替。

第七条 公司应披露公允价值确定、金融资产分类原则。采用估值技术确定公允价值的，应披露相关估值假设及主要参数选取原则。

第八条 公司应制定并在财务报表附注中披露可供出售金融资产减值准备计提政策，明确说明可供出售金融资产中的权益工具投资的公允价值发生“严重”与“非暂时性”下跌的量化标准，该判断标准应当在各报告期间保持一致。

第九条 公司应披露其所控制的境内外重要企业和特殊目的主体以及对公司财务报表有重大影响的合营企业、联营企业的全称、注册资本、经营范围以及公司对其投资额和所占权益比例等。未纳入合并财务报表范围的子公司和特殊目的主体，应明确说明原因及对财务状况的影响。合并报表范围如发生变更，应当披露变更内容、原因。公司报告期内若发生购买股权或以其他方式增加控股企业和特殊目的主体的情况，应说明每个新增企业和特殊目的主体的购买日及其确定方法。

第十条 货币资金应按自有资金和客户资金分别披露，同时在上述两项下披露融资融券业务的相关数据，包括自有信用资金存款和客户信用资金存款。

自有信用资金存款反映公司存放在银行或其他金融机构的用于融资融券业务的自有信用资金款项。客户信用资金存款反映客户用于融资融券的交易或担保的资金款项。

项目	期末			年初		
	外币金额	折算率	折人民币金额	外币金额	折算率	折人民币金额
现金：						
人民币						
货币选项						
银行存款：						
其中：自有资金						
人民币						
货币选项						
客户资金						
人民币						
货币选项						
其他货币资金：						
人民币						
货币选项						
合计						

其中，融资融券业务：

项目	期末			年初		
	外币金额	折算率	折人民币金额	外币金额	折算率	折人民币金额
自有信用资金						
人民币						
货币选项						
客户信用资金						
人民币						
货币选项						

在货币选项下可根据业务实际添加行。如有因抵押、质押或冻结等对使用有限制、有潜在回收风险的款项应单独说明。

第十一条 结算备付金应按自有备付金和客户备付金分别披露，同时还应披露融资融券业务的信用备付金。

信用备付金反映公司为融资融券业务的资金清算与交收而存入证券登记结算公司的款项。

项目	期末			年初		
	外币金额	折算率	折人民币金额	外币金额	折算率	折人民币金额
自有备付金：						
人民币						
货币选项						
客户备付金：						
人民币						
货币选项						
信用备付金：						
人民币						
货币选项						
合计						

第十二条 融出资金反映公司开展融资融券业务向客户提供融资的款项，应根据重要性原则，按下表进行披露。

项目	期末账面余额	年初账面余额
个人		
机构		
合计		

公司应按照担保物类别（资金、债券、股票等），披露客户因融资融券业务向公司提供的担保物公允价值情况。

担保物类别	期末公允价值	年初公允价值
资金		
债券		
股票		
合计		

第十三条 交易性金融资产应按下表填列。对于指定为以公允价值计量且其变动计入当期损益的金融资产，公司应参照该表格式单独予以披露，并简要披露相关业务情况。

项目名称	期末账面余额	期末初始成本	年初账面余额	年初初始成本
债券				
基金				
股票				
……				
其他				
合计				

第十四条 可供出售金融资产应按下表填列，同时还应按照项目类别分别列示减值准备及净值。

项目名称	期末				年初			
	初始成本	公允价值变动	减值准备	账面价值	初始成本	公允价值变动	减值准备	账面价值
债券								
基金								
股票								
证券公司理财产品								
银行理财产品								
信托计划								
……								
其他								
合计								

第十五条 公司应按下表披露融券业务情况，可根据业务实际添加项目，同时应披露融券业务违约概率情况。

项　　目	期末公允价值	年初公允价值
融出证券		
－可供出售金融资产		
－转融通融入证券		
转融通融入证券总额		

第十六条 衍生金融工具应按下表分别披露衍生金融资产和负债的年初、期末名义金额和公允价值。

类　　别	期　　末						年　　初					
	套期工具			非套期工具			套期工具			非套期工具		
	名义金额	公允价值		名义金额	公允价值		名义金额	公允价值		名义金额	公允价值	
		资产	负债		资产	负债		资产	负债		资产	负债
利率衍生工具（按类别列示）												
货币衍生工具（按类别列示）												
权益衍生工具（按类别列示）												
信用衍生工具（按类别列示）												
其他衍生工具（按类别列示）												
合　　计												

第十七条 买入返售金融资产应按下表披露，同时应披露收取的担保物情况。

按金融资产种类

项　　目	期末账面余额	年初账面余额
股票		
债券		
其他		
减：减值准备		
账面价值		

约定购回、质押回购融出资金按剩余期限分类披露

期　　限	期末账面余额	年初账面余额
一个月内		
一个月至三个月内		
三个月至一年内		
一年以上		
合计		

第十八条　应收利息应按下表填列，可根据业务实际添加项目。

项　　目	期末账面余额	年初账面余额
债券投资		
存放金融同业		
资金拆借		
融资融券		
买入返售		
其他		
合计		

第十九条　存出保证金应按下表填列，可根据业务实际添加项目；如涉及外币，应参照此表单独披露相关本、外币期初期末金额。

项　　目	期末账面余额	年初账面余额
交易保证金		
信用保证金		
履约保证金		
合计		

第二十条　持有至到期投资应按下表填列。

项　　目	期末账面余额	年初账面余额	期末公允价值
债券			
其中（按类别列示）：			
其他			
持有至到期投资合计			
减：持有至到期投资减值准备			
持有至到期投资账面价值			

第二十一条　公司应在其他资产项目下披露应收股利、其他应收款、抵债资产、代理兑付债券、长期待摊费用和待摊费用等项目。

第二十二条　公司应编制资产减值准备变动表，分项披露各项减值准备的变动情况。

项　　目	年初余额	本期增加	本期减少		期末余额
			转回	转销	
买入返售金融资产减值准备					
坏账准备					
可供出售金融资产减值准备					
持有至到期投资减值准备					
长期股权投资减值准备					
投资性房地产减值准备					
固定资产减值准备					
在建工程减值准备					
无形资产减值准备					
商誉减值准备					
……					
合计					

第二十三条　短期借款应按下表列示。

项　　目	期末账面余额	年初账面余额
借款		
其中：信用借款		
质押借款		
……		
其他		
合计		

第二十四条　公司应在拆入资金项下披露转融通融入资金规模、剩余期限、利率（或区间）情况。

第二十五条 卖出回购金融资产款应按下表披露，同时还应披露报价回购业务融入资金剩余期限、对应期末余额、利率等信息。

按金融资产种类

项　目	期末账面余额	年初账面余额
股票		
债券		
其他		
合计		

报价回购融入资金按剩余期限分类

期　限	期末账面余额	利率区间	年初账面余额	利率区间
一个月内				
一个月至三个月内				
三个月至一年内				
一年以上				
合计				

第二十六条 代理买卖证券款应按下表列示。

项　目	期末账面余额	年初账面余额
个人		
机构		
合计		

第二十七条 信用交易代理买卖证券款应按下表列示，反映公司接受融资融券业务客户委托，代理买卖股票、债券和基金等有价证券而收到的款项。

项　目	期末账面余额	年初账面余额
个人		
机构		
合计		

第二十八条 应付利息应按下表列示。

项　目	期末账面余额	年初账面余额
客户资金		
短期借款		
拆入资金		
其中：转融通融入资金		
应付债券		
卖出回购		

续表

项　目	期末账面余额	年初账面余额
次级债券		
……		
合　计		

第二十九条　应付债券应按下表列示。

债券名称	面值	发行日期	债券期限	发行金额	票面利率	期末余额	年初余额
债券 A							
债券 B							
……							

第三十条　公司应在其他负债项目下披露应付股利、其他应付款、代理兑付债券款和预提费用等项目。

第三十一条　公司应在次级债券下逐项披露次级债信息。如项目过多，可按期限合并披露相关规模及利率区间等信息。

第三十二条　手续费及佣金净收入应按下表列示。

项　目	本期发生额	上期发生额
手续费及佣金收入		
证券经纪业务		
其中：代理买卖证券业务		
交易单元席位租赁		
代销金融产品业务		
期货经纪业务		
投资银行业务		
其中：证券承销业务		
证券保荐业务		
财务顾问业务		
资产管理业务		
基金管理业务		
投资咨询业务		
其他		
手续费及佣金支出		
证券经纪业务		
其中：代理买卖证券业务		
交易单元席位租赁		
代销金融产品业务		

续表

项　　目	本期发生额	上期发生额
期货经纪业务		
投资银行业务		
其中：证券承销业务		
证券保荐业务		
财务顾问业务		
资产管理业务		
基金管理业务		
投资咨询业务		
其他		
手续费及佣金净收入		
其中：财务顾问业务净收入		
—并购重组财务顾问业务净收入——境内上市公司		
—并购重组财务顾问业务净收入——其他		
—其他财务顾问业务净收入		

其中，公司应分类披露代理销售金融产品的年度销售总金额及代理销售总收入等情况。

代销金融产品业务	本期		上期	
	销售总金额	销售总收入	销售总金额	销售总收入
基金				
银行理财产品				
信托				
……				
合计				

证券公司资产管理业务开展情况及收入应按下表列示。其中，集合资产管理计划年初、期末受托资金应填列实际收取的申购和认购金额。

项　　目	集合资产管理业务	定向资产管理业务	专项资产管理业务
期末产品数量			
期末客户数量			
其中：个人客户			
机构客户			
年初受托资金			
其中：自有资金投入			
个人客户			
机构客户			

续表

项　　目	集合资产管理业务	定向资产管理业务	专项资产管理业务
期末受托资金			
其中：自有资金投入			
个人客户			
机构客户			
期末主要受托资产初始成本			
其中：股票			
国债			
其他债券			
基金			
……			
当期资产管理业务净收入			

第三十三条　利息净收入应按下表列示。

项　　目	本期发生额	上期发生额
利息收入		
存放金融同业利息收入		
其中：自有资金存款利息收入		
客户资金存款利息收入		
融资融券利息收入		
买入返售金融资产利息收入		
其中：约定购回利息收入		
股权质押回购利息收入		
拆出资金利息收入		
其他		
利息支出		
客户资金存款利息支出		
卖出回购金融资产利息支出		
其中：报价回购利息支出		
短期借款利息支出		
拆入资金利息支出		
其中：转融通利息支出		
长期借款利息支出		
应付债券利息支出		
次级债券利息支出		
其他		
利息净收入		

第三十四条 投资收益应按下表列示，可根据业务实际添加项目。

项　　目	本期发生额	上期发生额
成本法核算的长期股权投资收益		
权益法核算的长期股权投资收益		
处置长期股权投资产生的投资收益		
金融工具投资收益		
其中：持有期间取得的收益		
—交易性金融资产		
—持有至到期投资		
—可供出售金融资产		
—衍生金融工具		
处置金融工具取得的收益		
—交易性金融资产		
—持有至到期投资		
—可供出售金融资产		
—衍生金融工具		
其他		
合　　计		

第三十五条 公允价值变动收益应按下表列示。

项　　目	本期发生额	上期发生额
交易性金融资产		
交易性金融负债		
衍生金融工具		
合计		

第三十六条 其他业务收入应按项目分别披露。

第三十七条 公司应按重要性原则披露营业税金及附加、业务及管理费、营业外收支的明细及比较数据。

第三十八条　其他综合收益应按下表列示。

项　　目	本期发生额	上期发生额
1. 可供出售金融资产产生的利得（或损失）金额		
减：可供出售金融资产产生的所得税影响		
前期计入其他综合收益当期转入损益的净额		
小计		
2. 按照权益法核算的在被投资单位其他综合收益中所享有的份额		
减：按照权益法核算的在被投资单位其他综合收益中所享有的份额产生的所得税影响		
前期计入其他综合收益当期转入损益的净额		
小计		
3. 现金流量套期工具产生的利得（或损失）金额		
减：现金流量套期工具产生的所得税影响		
前期计入其他综合收益当期转入损益的净额		
转为被套期项目初始确认金额的调整额		
小计		
4. 外币财务报表折算差额		
减：处置境外经营当期转入损益的净额		
小计		
5. 其他		
减：由其他计入其他综合收益产生的所得税影响		
前期其他计入其他综合收益当期转入损益的净额		
小计		
合计		

VII. 2. 11　公开发行证券的公司信息披露编报规则第 19 号——财务信息的更正及相关披露

（2003 年 12 月 1 日　证监会计字［2003］16 号）

第一条　为规范公开发行证券的公司（以下简称公司）披露其更正后财务信息的行为，提高财务信息披露的可靠性和及时性，保护投资者的合法权益，根据《中华人民共和国公司法》、《中华人民共和国证券法》等法律、法规及中国证券监督管理委员会（以下简称中国证监会）的有关规定，制定本规定。

第二条　本规定适用于下列情形：

（一）公司因前期已公开披露的定期报告存在差错被责令改正；

（二）公司已公开披露的定期报告存在差错，经董事会决定更正的；

（三）中国证监会认定的其他情形。

第三条　符合第二条的公司应当以重大事项临时报告的方式及时披露更正后的财务信息。

第四条　更正后财务信息的格式应当符合中国证监会有关信息披露规范和证券交易所股票上市规则的要求。

第五条　公司对以前年度已经公布的年度财务报告进行更正，需要聘请具有执行证券、期货相关业务资格的会计师事务所对更正后的年度报告进行审计。

第六条　公司在临时报告中应当披露的内容包括：

（一）公司董事会和管理层对更正事项的性质及原因的说明。

（二）更正事项对公司财务状况和经营成果的影响及更正后的财务指标。

（三）更正后经审计的年度财务报表及涉及更正事项的相关财务报表附注以及出具审计报告的会计师事务所名称。

如果更正后年度财务报告被出具了无保留意见加强调事项段、保留意见、否定意见、无法表示意见的审计报告，则应当同时披露审计意见全文。

如果公司对最近一期年度财务报告进行更正，但不能及时披露更正后经审计的年度财务报表及相关附注，公司应就此更正事项及时刊登提示性公告，并应当在该临时公告公布之日起 45 天内披露经具有执行证券、期货相关业务资格的会计师事务所审计的更正后的年度报告。

（四）更正后未经审计的中期财务报表及涉及更正事项的相关财务报表

附注。

第七条 第六条所指更正后的财务报表包括三种情况：

（一）若公司对已披露的以前期间财务信息（包括年度、半年度、季度财务信息）作出更正，应披露受更正事项影响的最近一个完整会计年度更正后的年度财务报表以及受更正事项影响的最近一期更正后的中期财务报表。

（二）若公司仅对本年度已披露的中期财务信息作出更正，应披露更正后的本年度受到更正事项影响的中期财务报表（包括季度财务报表、半年度财务报表）。

（三）若公司对上一会计年度已披露的中期财务信息作出更正，且上一会计年度财务报表尚未公开披露，应披露更正后的受到更正事项影响的中期财务报表（包括季度财务报表、半年度财务报表）。

第八条 更正后的财务报表中受更正事项影响的数据应以黑体字显示。

第九条 如果公司对三年以前年度财务信息作出更正，且更正事项对最近三年财务报告没有影响，可以不披露相关年度更正后的财务信息。

第十条 本规定由中国证监会负责解释。

VII. 2. 12 公开发行证券的公司信息披露编报规则第 4 号——保险公司信息披露特别规定

（2007 年 8 月 28 日 证监公司字［2007］139 号）

第一条 为了规范公开发行证券并上市的保险公司的信息披露行为，保护投资者的合法权益，根据《中华人民共和国证券法》、《中华人民共和国公司法》、《中华人民共和国保险法》和《上市公司信息披露管理办法》，制定本规定。

第二条 公开发行证券并上市的保险公司（以下简称保险公司）除应遵循中国证监会有关定期报告和临时公告等信息披露的一般规定外，还应遵循本规定的要求。

上市公司的控股子公司是保险公司的，上市公司保险业务的信息披露也应当遵循本规定的要求。

第三条 保险公司在定期报告中披露会计数据、财务指标时，应当包括以下内容：已赚保费、投资资产、未决赔款准备金（非寿险）、未到期责任准备金（非寿险）、赔付支出；已赚保费增长率、投资收益率、综合成本率（非寿险）、综合赔付率（非寿险）及退保率（寿险）。

第四条 保险公司（涉及人寿保险、健康保险、养老保险业务的）应当按照《公开发行证券的公司信息披露编报规则第 3 号——保险公司招股说明书内容与格式特别规定》第 13 条的规定，在年度报告中披露有关内含价值信息。

第五条 保险公司在披露董事、监事及高级管理人员的信息时，应当同时披露总精算师的信息。

总精算师应当对公司定期报告签署书面确认意见，保证上市公司所披露的信息真实、准确、完整。

第六条 保险公司在按照有关定期报告的内容与格式准则及编报规则的要求对相关经营情况进行回顾时，应当包括以下内容：

（一）经营状况与成果分析。包括但不限于以下内容：区分寿险业务与非寿险业务，并按主要险种类别分析其经营状况与成果，其中寿险业务应区分个人与团体业务。

（二）赔付支出、手续费及佣金支出情况。按主要险种类别披露赔付支出、手续费及佣金支出的构成，并分析其增减变动情况及原因。

（三）准备金计提情况。按主要险种类别披露各项准备金余额，分析其变动情况及原因，并披露准备金充足性测试情况。

（四）投资资产情况。披露公司投资政策、投资资产构成，并分析其变动情况及原因。投资资产应按投资对象和持有目的进行分类，根据投资对象分类时，应分为现金及现金等价物、定期存款、债券、基金、股票、基础设施投资、贷款及其他资金运用方式；根据持有目的分类时，应分为以公允价值计量且其变动计入当期损益的金融资产、持有至到期投资、可供出售金融资产、长期股权投资、贷款及其他。

（五）再保业务情况。按主要险种类别披露分出保费、分入保费及分保准备金等增减变动情况及原因；再保险业务的相关政策及主要业务伙伴、主要分保类型；尚处有效期的重大分保事项的有关情况。

再保险公司应按主要险种类别披露分保费收入、转分保分出保费等。

财产保险公司应披露报告期末承担重大保险责任的保单情况及其分保安排。

（六）偿付能力状况。分析本期末偿付能力情况，包括但不限于实际偿付能力额度、最低偿付能力额度及偿付能力充足率。实际偿付能力额度低于最低偿付能力额度时，应予相应说明并提出解决措施。

第七条 保险公司应在年度报告正文中披露内部控制制度的建立健全及其执行情况，包括但不限于以下控制环节：

1. 销售、核保、核赔、再保险等业务控制；
2. 预算、费用管理、财务报告等财务控制；
3. 资金调度、投资决策、投资风险管理等资金控制；
4. 信息技术、信息安全管理等信息技术控制。

第八条 保险公司应当在年度报告正文中从定性和定量的角度披露风险管理状况，包括风险管理组织框架与工作模式、风险类别（如承保风险、资产负债不匹配风险、市场风险、利率风险、信用风险及经营风险等）、风险管理流程与手段、风险管理效果评估与说明。

第九条 保险公司在定期报告中披露会计政策和会计估计时，应当包括以下内容：

（一）主要保险业务类别保费收入（含分保费收入）确认和计量的具体方法；

（二）提取各项准备金及进行准备金充足性测试的主要精算假设和方法。

再保险公司应重点披露各项分保准备金的核算方法。

第十条 保险公司应当按主要险种类别及账龄披露报告期末应收保费构

成。应收保费中如有持有保险公司5%及以上股份的股东单位欠款，应予以说明。

第十一条 保险公司应当按主要分保公司及账龄披露报告期末应收、应付分保账款金额。应收分保账款中如有持保险公司5%及以上股份的股东单位欠款，应予以说明。

第十二条 保险公司应当披露报告期内应付手续费及佣金、保单质押贷款及抵债物资的变化情况，并对增减变动原因予以说明。

第十三条 保险公司应当披露存出资本保证金、保险保障基金的计提依据及金额。

第十四条 保险公司应当聘请拥有专业精算人员的审计机构对年度报告进行审计。

第十五条 保险公司发生特定项目或股权投资时，如间接投资基础设施项目、商业银行等，应当及时进行信息披露。

第十六条 保险公司发生与保险经营相关的重大财产保险合同、重大人寿保险合同、重大分保合同、重大赔付事项、重大退保事项等重大合同或事项时，应当按照有关规定及时进行信息披露。

第十七条 保险公司与关联方发生委托资金运用、保险、赔付、分保等关联交易时，应当按照有关规定履行关联方回避表决等决策程序并及时进行信息披露。

第十八条 保险公司出现下列情形之一的，应当及时进行信息披露：

（一）总精算师发生变动；

（二）偿付能力不足；

（三）设立、撤销、合并省级或计划单列市一级的分支机构，设立、撤销、合并国外分支机构；

（四）险种费率发生重大变化；

（五）中国保监会对保险公司出具有关监管处罚意见；

（六）国家、政府主管部门颁布有关保险行业的重要政策、法律、法规，可能对保险公司的市场环境、财务状况、经营成果产生影响的，包括但不限于利率、汇率、资金运用限额、市场准入等政策；

（七）中国证监会认为可能会对保险公司财务状况、经营成果产生重大影响的其他事项。

第十九条 保险公司信息披露违反本规定的，依照《证券法》第一百九十三条、《上市公司信息披露管理办法》第六章的有关规定，依法追究法律责任。

VII. 2. 13 公开发行证券的公司信息披露编报规则第 26 号——商业银行信息披露特别规定（2014 年修订）

（2014 年 1 月 6 日 中国证监会公告［2014］3 号）

第一条 为了规范公开发行证券并上市的商业银行（以下简称商业银行）的信息披露行为，保护投资者的合法权益，依据《中华人民共和国公司法》、《中华人民共和国证券法》、《中华人民共和国商业银行法》、《上市公司信息披露管理办法》等法律法规和规章，制定本规定。

第二条 商业银行除应遵循中国证监会有关定期报告和临时报告等信息披露的一般规定外，还应遵循本规定的要求。

本规定所指定期报告的范围包括年度报告和半年度报告。

第三条 商业银行应在定期报告中披露截至报告期末前三年的主要会计数据，包括资产总额及结构、负债总额及结构、股东权益、存款总额及结构、贷款总额及结构、资本净额及结构（包括核心一级资本、其他一级资本和二级资本）、加权风险资产净额、贷款损失准备。

第四条 商业银行应在定期报告中披露截至报告期末前三年合并财务报表口径的主要财务指标，包括营业收入、利润总额、归属于本行股东的净利润、归属于本行股东的扣除非经常性损益后的净利润、资本充足率、一级资本充足率、核心一级资本充足率、不良贷款率、存贷比、流动性比例、单一最大客户贷款比率、最大十家客户贷款比率、正常类贷款迁徙率、关注类贷款迁徙率、次级类贷款迁徙率、可疑类贷款迁徙率、拨备覆盖率、拨贷比、成本收入比。

第五条 商业银行应根据自身经营管理特点在定期报告中合理确定并披露分级管理情况及各层级分支机构数量和地区分布，包括名称、地址、职员数、资产规模等。

第六条 商业银行应在定期报告中披露报告期信贷资产质量情况，包括按五级分类中的正常类贷款、关注类贷款、次级类贷款、可疑类贷款和损失类贷款的数额和占比，以及与上年末相比的增减变动情况。还应披露报告期公司重组贷款、逾期贷款的期初、期末余额以及占比情况。商业银行应对上述增减变动情况进行分析。

第七条 商业银行应在定期报告中披露报告期内贷款损失准备的计提和核销情况，包括贷款损失准备的计提方法、贷款损失准备的期初余额、本期计提、本期转出、本期核销、期末余额、回收以前年度已核销贷款损失准备的数额。

第八条 商业银行应在定期报告中披露报告期应收利息的增减变动情况，包括期初余额、本期增加数额、本期收回数额和期末余额，应收利息坏账准备的提取情况，坏账核销程序与政策。商业银行应对应收利息和坏账准备的增减变动情况进行分析。

第九条 商业银行应在定期报告中披露报告期营业收入中贷款利息净收入、拆放同业利息收入、存放中央银行款项利息收入、存放同业利息收入、债券投资利息收入、手续费及佣金净收入及其他项目的数额、占比及同比变动情况并予以分析。

第十条 商业银行应在定期报告中披露贷款投放的前十个行业和主要地区分布情况、贷款担保方式分布情况、金额及占比，前十大贷款客户的贷款余额以及占贷款总额的比例。

第十一条 商业银行应在定期报告中披露截至报告期末抵债资产情况，包括抵债资产金额、计提减值准备情况等。

第十二条 商业银行应在定期报告中分类披露计息负债的平均余额和平均利率，生息资产的平均余额和平均利率。包括但不限于企业活期存款、企业定期存款、储蓄活期存款、储蓄定期存款的平均余额和利率以及合计数；企业贷款、零售贷款；一般性短期贷款利率、中长期贷款利率；存放中央银行款项、存放同业、债券投资的平均余额和平均利率；同业拆入、已发行债券平均成本。

第十三条 商业银行应在定期报告中披露持有的金融债券的类别和金额，面值最大的十只金融债券的面值、年利率及到期日，计提减值准备情况。

第十四条 商业银行应在定期报告中披露报告期理财业务、资产证券化、托管、信托、财富管理等业务的开展和损益情况，包括但不限于披露为开展该业务而设立的载体的性质、目的、融资方式以及是否将该载体纳入合并范围的判断原则，并区分是否纳入合并财务报表的合并范围和业务类型，披露所涉及业务的规模。对于未纳入合并范围的载体，还应披露在该载体中权益的最大损失敞口及其确定方法。

第十五条 商业银行应在定期报告中披露对财务状况和经营成果造成重大影响的表外项目余额，包括但不限于信贷承诺（不可撤消的贷款承诺、银行承兑汇票、开出保函、开出信用证）、租赁承诺、资本性支出承诺等项目的具体情况。

第十六条 商业银行应在定期报告中披露下列各类风险的计量方法、风险计量体系的重大变更，以及相应的资本要求变化：

（一）信用风险状况。商业银行应披露信用风险管理、信用风险暴露、逾期贷款总额、信用风险资产组合缓释后风险暴露余额、信贷资产质量和收益的情况，包括产生信用风险的业务活动、信用风险管理和控制政策、信用风险管理的组织结构和职责划分、资产风险分类的程序和方法、信用风险分布情况、信用风险集中程度、不良贷款分析、贷款重组、不良贷款的地区分布和行业分布等情况。

（二）流动性风险状况。商业银行应披露能反映其流动性状况的有关指标，分析资产与负债在期限、结构上的匹配情况，分析影响流动性的因素，说明本行流动性管理策略。

（三）市场风险状况。商业银行应披露其市场风险状况的定量和定性信息，包括所承担市场风险的类别、总体市场风险水平及不同类别市场风险的风险头寸和风险水平；所承担各类市场风险的识别、计量和控制方法；有关市场风险的敏感性分析，包括利率、汇率、股票及其他价格变动对商业银行经济价值或财务状况和盈利能力的影响；市场风险管理的政策和程序；市场风险资本状况等。

（四）操作风险状况。商业银行应披露由于内部程序、人员、系统的不完善或失误，或外部事件造成损失的风险。

（五）其他风险状况。其他可能对本行造成严重不利影响的风险因素。

第十七条 商业银行董事会应向年度股东大会就关联交易管理制度的执行情况、关联交易控制委员会的运作情况，以及当年发生关联交易情况作出专项报告并披露。

第十八条 除日常经营范围的对外担保外，商业银行的对外担保事项，单笔担保金额超过经审计的上一年度合并财务报表中归属于上市公司股东的净资产金额5%或单笔担保金额超过20亿元的，公司应及时公告。

第十九条 商业银行涉及的诉讼事项，单笔金额超过经审计的上一年度合并财务报表中归属于本行股东的净资产金额1%的，公司应及时公告。

第二十条 商业银行发生的股权投资、收购和出售资产等事项，单笔金额超过经审计的上一年度合并财务报表中归属于本行股东的净资产金额5%或单笔金额超过20亿元的，公司应及时公告。

商业银行发生的资产和设备采购事项，单笔金额超过经审计的上一年度合并财务报表中归属于本行股东的净资产金额1%的，公司应及时公告。

第二十一条 商业银行发生重大突发事件（包括但不限于银行挤兑、重大诈骗、分支机构和个人的重大违规事件），涉及金额达到最近一期经审计的合并财务报表中归属于本行股东的净利润1%以上的，公司应按要求及时进行公告。

第二十二条 商业银行的关联交易包括与关联方之间发生的各类贷款、信贷承诺、证券回购、拆借、担保、债券投资等表内、外业务，资产转移和向商业银行提供服务等交易。

商业银行应在定期报告中披露与关联自然人发生关联交易的余额及其风险敞口。还应当及时披露与关联法人发生的交易金额占商业银行最近一期经审计净资产的0.5%以上的关联交易，应当及时披露。如果交易金额在3000万元以上且占最近一期经审计净资产1%以上的关联交易，除应当及时披露外，还应当提交董事会审议。如果交易金额占商业银行最近一期经审计净资产5%以上的关联交易，除应当及时披露外，还应当将该交易提交股东大会审议。商业银行的独立董事应当对关联交易的公允性以及内部审批程序履行情况发表书面意见。如商业银行根据相关规则，对日常发生的关联交易进行了合理预计，并履行了相应的董事会或股东大会审批和披露程序，则在预计范围内无需重复履行董事会和股东大会审批和披露程序。

第二十三条 商业银行的信用风险状况、流动性风险状况、市场风险状况、操作风险状况和其他风险状况发生变动，对公司的经营或盈利能力造成重大影响的，商业银行应及时进行公告。

第二十四条 商业银行应在定期报告中披露推出的创新业务品种情况。对银行有重大影响的业务创新，在得到有关部门批准之日起，应在两个工作日内按要求进行公告。

第二十五条 利率、汇率、税率发生变化以及新的政策、法规对商业银行经营业务和盈利能力构成重大影响的，商业银行应按要求及时公告政策、法规的变化对商业银行业务和盈利能力所造成的影响。

第二十六条 本规定要求披露的部分内容如与财务报表附注相同的，在不影响信息披露完整性和不妨碍阅读的情况下，公司可采取相互印证的方法对年度报告进行合理的技术处理，避免不必要的重复。

第二十七条 本规定所提及的监管指标和该等指标的计算口径，如中国银行业监督管理机构有相应规定规范的，按照中国银行业监督管理机构的标准执行。

第二十八条 商业银行信息披露违反本规定的，依照《中华人民共和国证券法》第一百九十三条、《上市公司信息披露管理办法》第六章的有关规定，依法追究法律责任。

第二十九条 本规定公布之日起施行，中国证监会2008年9月1日发布的《公开发行证券的公司信息披露编报规则第26号——商业银行信息披露特别规定》（证监会公告［2008］33号）同时废止。

VII. 2. 14 公开发行证券的公司信息披露编报规则第 21 号——年度内部控制评价报告的一般规定

（2014 年 1 月 3 日 中国证监会公告［2014］1 号）

第一条 为规范公开发行证券的公司内部控制信息披露行为，保护投资者的合法权益，依据《公司法》、《证券法》、《企业内部控制基本规范》及其配套指引，以及中国证券监督管理委员会有关规定，制定本规则。

第二条 凡在中华人民共和国境内公开发行证券并在证券交易所上市的股份有限公司（以下简称公司），按照有关规定需要披露年度内部控制评价报告或需要参照年度内部控制评价报告披露有关内部控制信息时，应遵循本规则。

第三条 本规则是对年度内部控制评价报告披露的最低要求。不论本规则是否有明确要求，凡对投资者投资决策有重大影响的内部控制信息，公司均应充分披露。

第四条 公司应当以内部控制评价工作获取的测试、评价证据为基础，如实编制和对外提供年度内部控制评价报告，不得含有虚假的信息或者隐瞒重要事实。公司董事会及全体董事应保证提供的年度内部控制评价报告不存在虚假记载、误导性陈述或重大遗漏，并就年度内部控制评价报告的真实性、准确性、完整性承担个别和连带的法律责任。

第五条 公司编制的年度内部控制评价报告经董事会审议通过，并按定期报告相关要求审核后，与年度报告一并对外披露。

第六条 公司内部控制评价结论认定公司于内部控制评价报告基准日存在内部控制重大缺陷，或者公司内部控制被会计师事务所出具了非标准内部控制审计报告，以及标准内部控制审计报告披露了非财务报告内部控制重大缺陷的，公司应当在年度报告“重要提示”中对以上情况作出声明，并提示投资者注意阅读年度报告内部控制相关章节中内部控制评价和审计的相关信息。

第七条 公司年度内部控制评价报告应包括以下要素：

（一）标题

（二）收件人

（三）引言段

（四）重要声明

（五）内部控制评价结论

（六）内部控制评价工作情况

（七）其他内部控制相关重大事项说明

第八条 年度内部控制评价报告标题统一为“××股份有限公司××年度内部控制评价报告”。

第九条 年度内部控制评价报告收件人统一为“××股份有限公司全体股东”。

第十条 年度内部控制评价报告引言段应当说明评价工作主要依据、内部控制评价报告基准日等内部控制评价基本信息。

第十一条 年度内部控制评价报告重要声明应当说明董事会、监事会及董事、监事、高级管理人员对内部控制及年度内部控制评价报告的相关责任，以及内部控制的目标和固有的局限性。

第十二条 年度内部控制评价报告内部控制评价结论应当分别披露对财务报告内部控制有效性的评价结论，以及是否发现非财务报告内部控制重大缺陷，并披露自内部控制评价报告基准日至内部控制评价报告发出日之间是否发生影响内部控制有效性评价结论的因素。

公司对财务报告内部控制有效性的评价结论与注册会计师对财务报告内部控制有效性的审计意见存在差异的，以及公司与注册会计师对非财务报告内部控制重大缺陷的披露存在差异的，公司应在年度报告内部控制的相关章节中予以说明，并解释差异原因。

第十三条 年度内部控制评价报告内部控制评价工作情况应当披露内部控制评价范围、内部控制评价工作依据及内部控制缺陷认定标准，以及内部控制缺陷认定及整改情况。

第十四条 内部控制评价范围应当从纳入评价范围的主要单位、业务和事项以及高风险领域三个方面进行披露，并对评价范围是否存在重大遗漏形成明确结论。如果评价范围存在重大遗漏或法定豁免，则应当披露评价范围重大遗漏的具体情况及对评价结论产生的影响以及法定豁免的相关情况。

第十五条 内部控制评价工作依据及缺陷认定标准应当披露公司开展内部控制评价工作的具体依据以及进行缺陷认定的具体标准及其变化情况。公司应当区分财务报告内部控制和非财务报告内部控制，分别披露重大缺陷、重要缺陷和一般缺陷的认定标准。

第十六条 内部控制缺陷认定及整改情况应当区分财务报告内部控制和非财务报告内部控制，分别披露报告期内部控制重大缺陷和重要缺陷的认定结果及缺陷的性质、影响、整改情况、整改计划等内容。

第十七条 公司应当在年度内部控制评价报告其他内部控制相关重大事项

说明段中披露可能对投资者理解内部控制评价报告、评价内部控制情况或进行投资决策产生重大影响的其他内部控制信息。

第十八条 本规则自发布之日起施行。

附件：年度内部控制评价报告披露参考格式

附件 年度内部控制评价报告披露参考格式

××股份有限公司××年度内部控制评价报告

××股份有限公司全体股东：

根据《企业内部控制基本规范》及其配套指引的规定和其他内部控制监管要求（以下简称企业内部控制规范体系），结合本公司（以下简称公司）内部控制制度和评价办法，在内部控制日常监督和专项监督的基础上，我们对公司20××年12月31日的内部控制有效性进行了评价。

一、重要声明

按照企业内部控制规范体系的规定，建立健全和有效实施内部控制，评价其有效性，并如实披露内部控制评价报告是公司董事会的责任。监事会对董事会建立和实施内部控制进行监督。经理层负责组织领导企业内部控制的日常运行。公司董事会、监事会及董事、监事、高级管理人员保证本报告内容不存在任何虚假记载、误导性陈述或重大遗漏，并对报告内容的真实性、准确性和完整性承担个别及连带法律责任。

公司内部控制的目标是合理保证经营管理合法合规、资产安全、财务报告及相关信息真实完整，提高经营效率和效果，促进实现发展战略。由于内部控制存在的固有局限性，故仅能为实现上述目标提供合理保证。此外，由于情况的变化可能导致内部控制变得不恰当，或对控制政策和程序遵循的程度降低，根据内部控制评价结果推测未来内部控制的有效性具有一定的风险。

二、内部控制评价结论

根据公司财务报告内部控制重大缺陷的认定情况，于内部控制评价报告基准日，不存在财务报告内部控制重大缺陷［由于存在财务报告内部控制重大缺陷］，董事会认为，公司已按照企业内部控制规范体系和相关规定的要求在所有重大方面保持了有效的财务报告内部控制［公司未能按照企业内部控制规范体系和相关规定的要求在所有重大方面保持有效的财务报告内部控制］。

根据公司非财务报告内部控制重大缺陷认定情况，于内部控制评价报告基准日，公司未发现［发现 个］非财务报告内部控制重大缺陷。

自内部控制评价报告基准日至内部控制评价报告发出日之间未发生影响内部控制有效性评价结论的因素。［若发生影响内部控制有效性评价结论的因素，则需描述相关因素的性质、对评价结论的影响及董事会拟采取的应对措施］。

三、内部控制评价工作情况

（一）内部控制评价范围

公司按照风险导向原则确定纳入评价范围的主要单位、业务和事项以及高风险领域。纳入评价范围的主要单位包括：［若单位或级次众多，可以考虑按照层级、业务分部、板块等形式披露］，纳入评价范围单位资产总额占公司合并财务报表资产总额的 %，营业收入合计占公司合并财务报表营业收入总额的 %；纳入评价范围的主要业务和事项包括：［具体描述纳入评价范围的主要业务和事项］；重点关注的高风险领域主要包括［具体描述重点关注的高风险领域］。

上述纳入评价范围的单位、业务和事项以及高风险领域涵盖了公司经营管理的主要方面，不存在重大遗漏。［如存在重大遗漏］公司本年度由于［原因］未能对构成内部控制重要方面的［具体描述应纳入而未纳入评价范围的主要单位/业务/事项/高风险领域的名称］进行内部控制评价，由于上述评价范围的重大遗漏，［描述对内部控制评价范围完整性及对评价结论的影响］。［如存在法定豁免］本年度，公司根据［法律法规的相关豁免规定］，未将［具体描述未纳入评价范围的缘由及涉及单位/业务/事项/高风险领域的名称］纳入内部控制评价范围。

（二）内部控制评价工作依据及内部控制缺陷认定标准

公司依据企业内部控制规范体系及［具体描述除企业内部控制规范体系之外的其他内部控制评价的依据］组织开展内部控制评价工作。

公司董事会根据企业内部控制规范体系对重大缺陷、重要缺陷和一般缺陷的认定要求，结合公司规模、行业特征、风险偏好和风险承受度等因素，区分财务报告内部控制和非财务报告内部控制，研究确定了适用于本公司的内部控制缺陷具体认定标准，并与以前年度保持一致［作出调整的，应描述调整原因，具体调整情况，及调整后标准］。公司确定的内部控制缺陷认定标准如下：

1. 财务报告内部控制缺陷认定标准

公司确定的财务报告内部控制缺陷评价的定量标准如下：

［按照重大缺陷、重要缺陷和一般缺陷分别描述公司财务报告内部控制缺陷的定量标准，若定量标准包括多个量化指标，需指出具体如何应用这些指标，如孰低原则或分别情形适用］

公司确定的财务报告内部控制缺陷评价的定性标准如下：

[按照重大缺陷、重要缺陷和一般缺陷分别描述公司财务报告内部控制缺陷的定性标准]

2. 非财务报告内部控制缺陷认定标准

公司确定的非财务报告内部控制缺陷评价的定量标准如下：

[按照重大缺陷、重要缺陷和一般缺陷分别描述公司非财务报告内部控制缺陷的定量标准，若定量标准包括多个量化指标，需指出具体如何应用这些指标，如孰低原则或分别情形适用]

公司确定的非财务报告内部控制缺陷评价的定性标准如下：

[按照重大缺陷、重要缺陷和一般缺陷分别描述公司非财务报告内部控制缺陷的定性标准]

（三）内部控制缺陷认定及整改情况

1. 财务报告内部控制缺陷认定及整改情况

根据上述财务报告内部控制缺陷的认定标准，报告期内公司存在 [不存在] 财务报告内部控制重大缺陷 [数量 个]、重要缺陷 [数量 个] [若适用]（含上年度末未完成整改的财务报告内部控制重大缺陷、重要缺陷）。

具体的重大和重要缺陷分别为 [若适用，重大缺陷与重要缺陷分别披露]：

缺陷 1：

（1）缺陷性质及影响：

[具体描述重大缺陷的具体内容，缺陷分类（设计缺陷/运行缺陷），发生时间、产生原因及对实现控制目标的影响]

（2）缺陷整改情况：

[整改开始时间、已采取的整改措施、整改后运行时间、整改后运行有效性的评价结论]

（3）整改计划：

[拟采取的具体整改计划、整改责任人、预计完成时间]

经过上述整改，于内部控制评价报告基准日，公司发现 [未发现] 未完成整改的财务报告内部控制重大缺陷 [数量 个]、重要缺陷 [数量 个]。

2. 非财务报告内部控制缺陷认定及整改情况

根据上述非财务报告内部控制缺陷的认定标准，报告期内发现 [未发现] 公司非财务报告内部控制重大缺陷 [数量 个]、重要缺陷 [数量 个] [若适用]（含上年度末未完成整改的非财务报告内部控制重大缺陷、重要缺陷）。

具体的重大和重要缺陷分别为 [若适用，重大缺陷与重要缺陷分别披露]：

缺陷 1：

（1）缺陷性质及影响：

［具体描述重大缺陷的具体内容，缺陷分类（设计缺陷/运行缺陷），发生时间、产生原因及对实现控制目标的影响］

（2）缺陷整改情况：

［整改开始时间、已采取的整改措施、整改后运行时间、整改后运行有效性的评价结论］

（3）整改计划：

［拟采取的具体整改计划、整改责任人、预计完成时间］

经过上述整改，于内部控制评价报告基准日，公司存在［不存在］未完成整改的非财务报告内部控制重大缺陷［数量 个］、重要缺陷［数量 个］。

四、其他内部控制相关重大事项说明

［若适用，需披露可能对投资者理解内部控制评价报告、评价内部控制情况或进行投资决策产生重大影响的其他内部控制信息。与内部控制无关的重大事项不需要在此披露］

董事长（已经董事会授权）：［签名］

［公司签章］

××股份有限公司

二〇××年××月××日

VII. 2. 15 关于发布《信息披露业务备忘录第 21 号——定期报告披露相关事宜》的通知（存目）

（2014 年 4 月 3 日 深圳证券交易所）

VII. 2. 16 中小企业板信息披露业务备忘录第 4 号——定期报告披露相关事项（存目）

（2014 年 1 月 15 日 深圳证券交易所）

VII. 2. 17 创业板信息披露业务备忘录第 10 号——定期报告披露相关事项（存目）

（2013 年 7 月修订　深圳证券交易所）

VII. 2. 18 关于发布《深圳证券交易所上市公司信息披露直通车业务指引（2014 年修订）》的通知（存目）

（2014 年 1 月 13 日　深圳证券交易所）

VII. 2. 19 上市公司定期报告工作备忘录第 7 号——关于年报工作中现金分红相关的注意事项（存目）

（2014 年修订　上海证券交易所）

VII. 2. 20 上市公司日常信息披露工作备忘录第 7 号——新股发行上市后相关主体承诺履行等事项的信息披露规范要求（存目）

（2013 年 12 月 31 日　上海证券交易所）

VII. 2. 21 深圳证券交易所创业板行业信息披露指引第1号——上市公司从事广播电影电视业务（存目）

（2013年1月7日 深证上［2013］1号）

VII. 2. 22 深圳证券交易所创业板行业信息披露指引第2号——上市公司从事药品、生物制品业务（存目）

（2013年1月7日 深证上［2013］1号）

VII. 3　上市公司并购重组

VII. 3. 1　上市公司收购管理办法（2012 年 2 月 14 日修订）

（2012 年 2 月 14 日　中国证券监督管理委员会令第 77 号）

目　录

第一章　总　　则

第一条　为了规范上市公司的收购及相关股份权益变动活动，保护上市公司和投资者的合法权益，维护证券市场秩序和社会公共利益，促进证券市场资源的优化配置，根据《证券法》、《公司法》及其他相关法律、行政法规，制定本办法。

第二条　上市公司的收购及相关股份权益变动活动，必须遵守法律、行政法规及中国证券监督管理委员会（以下简称中国证监会）的规定。当事人应当诚实守信，遵守社会公德、商业道德，自觉维护证券市场秩序，接受政府、社会公众的监督。

第三条 上市公司的收购及相关股份权益变动活动，必须遵循公开、公平、公正的原则。

上市公司的收购及相关股份权益变动活动中的信息披露义务人，应当充分披露其在上市公司中的权益及变动情况，依法严格履行报告、公告和其他法定义务。在相关信息披露前，负有保密义务。

信息披露义务人报告、公告的信息必须真实、准确、完整，不得有虚假记载、误导性陈述或者重大遗漏。

第四条 上市公司的收购及相关股份权益变动活动不得危害国家安全和社会公共利益。

上市公司的收购及相关股份权益变动活动涉及国家产业政策、行业准入、国有股份转让等事项，需要取得国家相关部门批准的，应当在取得批准后进行。

外国投资者进行上市公司的收购及相关股份权益变动活动的，应当取得国家相关部门的批准，适用中国法律，服从中国的司法、仲裁管辖。

第五条 收购人可以通过取得股份的方式成为一个上市公司的控股股东，可以通过投资关系、协议、其他安排的途径成为一个上市公司的实际控制人，也可以同时采取上述方式和途径取得上市公司控制权。

收购人包括投资者及与其一致行动的他人。

第六条 任何人不得利用上市公司的收购损害被收购公司及其股东的合法权益。

有下列情形之一的，不得收购上市公司：

（一）收购人负有数额较大债务，到期未清偿，且处于持续状态；

（二）收购人最近3年有重大违法行为或者涉嫌有重大违法行为；

（三）收购人最近3年有严重的证券市场失信行为；

（四）收购人为自然人的，存在《公司法》第一百四十七条规定情形；

（五）法律、行政法规规定以及中国证监会认定的不得收购上市公司的其他情形。

第七条 被收购公司的控股股东或者实际控制人不得滥用股东权利损害被收购公司或者其他股东的合法权益。

被收购公司的控股股东、实际控制人及其关联方有损害被收购公司及其他股东合法权益的，上述控股股东、实际控制人在转让被收购公司控制权之前，应当主动消除损害；未能消除损害的，应当就其出让相关股份所得收入用于消除全部损害做出安排，对不足以消除损害的部分应当提供充分有效的履约担保或安排，并依照公司章程取得被收购公司股东大会的批准。

第八条 被收购公司的董事、监事、高级管理人员对公司负有忠实义务和勤勉义务，应当公平对待收购本公司的所有收购人。

被收购公司董事会针对收购所做出的决策及采取的措施，应当有利于维护公司及其股东的利益，不得滥用职权对收购设置不适当的障碍，不得利用公司资源向收购人提供任何形式的财务资助，不得损害公司及其股东的合法权益。

第九条 收购人进行上市公司的收购，应当聘请在中国注册的具有从事财务顾问业务资格的专业机构担任财务顾问。收购人未按照本办法规定聘请财务顾问的，不得收购上市公司。

财务顾问应当勤勉尽责，遵守行业规范和职业道德，保持独立性，保证其所制作、出具文件的真实性、准确性和完整性。

财务顾问认为收购人利用上市公司的收购损害被收购公司及其股东合法权益的，应当拒绝为收购人提供财务顾问服务。

第十条 中国证监会依法对上市公司的收购及相关股份权益变动活动进行监督管理。

中国证监会设立由专业人员和有关专家组成的专门委员会。专门委员会可以根据中国证监会职能部门的请求，就是否构成上市公司的收购、是否有不得收购上市公司的情形以及其他相关事宜提供咨询意见。中国证监会依法做出决定。

第十一条 证券交易所依法制定业务规则，为上市公司的收购及相关股份权益变动活动组织交易和提供服务，对相关证券交易活动进行实时监控，监督上市公司的收购及相关股份权益变动活动的信息披露义务人切实履行信息披露义务。

证券登记结算机构依法制定业务规则，为上市公司的收购及相关股份权益变动活动所涉及的证券登记、存管、结算等事宜提供服务。

第二章 权益披露

第十二条 投资者在一个上市公司中拥有的权益，包括登记在其名下的股份和虽未登记在其名下但该投资者可以实际支配表决权的股份。投资者及其一致行动人在一个上市公司中拥有的权益应当合并计算。

第十三条 通过证券交易所的证券交易，投资者及其一致行动人拥有权益的股份达到一个上市公司已发行股份的5%时，应当在该事实发生之日起3日内编制权益变动报告书，向中国证监会、证券交易所提交书面报告，抄报该上市公司所在地的中国证监会派出机构（以下简称派出机构），通知该上市公司，并予公告；在上述期限内，不得再行买卖该上市公司的股票。

前述投资者及其一致行动人拥有权益的股份达到一个上市公司已发行股份的5%后，通过证券交易所的证券交易，其拥有权益的股份占该上市公司已发行股份的比例每增加或者减少5%，应当依照前款规定进行报告和公告。在报告期限内和作出报告、公告后2日内，不得再行买卖该上市公司的股票。

第十四条 通过协议转让方式，投资者及其一致行动人在一个上市公司中拥有权益的股份拟达到或者超过一个上市公司已发行股份的5%时，应当在该事实发生之日起3日内编制权益变动报告书，向中国证监会、证券交易所提交书面报告，抄报派出机构，通知该上市公司，并予公告。

投资者及其一致行动人拥有权益的股份达到一个上市公司已发行股份的5%后，其拥有权益的股份占该上市公司已发行股份的比例每增加或者减少达到或者超过5%的，应当依照前款规定履行报告、公告义务。

前两款规定的投资者及其一致行动人在作出报告、公告前，不得再行买卖该上市公司的股票。相关股份转让及过户登记手续按照本办法第四章及证券交易所、证券登记结算机构的规定办理。

第十五条 投资者及其一致行动人通过行政划转或者变更、执行法院裁定、继承、赠与等方式拥有权益的股份变动达到前条规定比例的，应当按照前条规定履行报告、公告义务，并参照前条规定办理股份过户登记手续。

第十六条 投资者及其一致行动人不是上市公司的第一大股东或者实际控制人，其拥有权益的股份达到或者超过该公司已发行股份的5%，但未达到20%的，应当编制包括下列内容的简式权益变动报告书：

（一）投资者及其一致行动人的姓名、住所；投资者及其一致行动人为法人的，其名称、注册地及法定代表人；

（二）持股目的，是否有意在未来12个月内继续增加其在上市公司中拥有的权益；

（三）上市公司的名称、股票的种类、数量、比例；

（四）在上市公司中拥有权益的股份达到或者超过上市公司已发行股份的5%或者拥有权益的股份增减变化达到5%的时间及方式；

（五）权益变动事实发生之日前6个月内通过证券交易所的证券交易买卖该公司股票的简要情况；

（六）中国证监会、证券交易所要求披露的其他内容。

前述投资者及其一致行动人为上市公司第一大股东或者实际控制人，其拥有权益的股份达到或者超过一个上市公司已发行股份的5%，但未达到20%的，还应当披露本办法第十七条第一款规定的内容。

第十七条 投资者及其一致行动人拥有权益的股份达到或者超过一个上市

公司已发行股份的20%但未超过30%的，应当编制详式权益变动报告书，除须披露前条规定的信息外，还应当披露以下内容：

（一）投资者及其一致行动人的控股股东、实际控制人及其股权控制关系结构图。

（二）取得相关股份的价格、所需资金额、资金来源，或者其他支付安排。

（三）投资者、一致行动人及其控股股东、实际控制人所从事的业务与上市公司的业务是否存在同业竞争或者潜在的同业竞争，是否存在持续关联交易；存在同业竞争或者持续关联交易的，是否已做出相应的安排，确保投资者、一致行动人及其关联方与上市公司之间避免同业竞争以及保持上市公司的独立性。

（四）未来12个月内对上市公司资产、业务、人员、组织结构、公司章程等进行调整的后续计划。

（五）前24个月内投资者及其一致行动人与上市公司之间的重大交易。

（六）不存在本办法第六条规定的情形。

（七）能够按照本办法第五十条的规定提供相关文件。

前述投资者及其一致行动人为上市公司第一大股东或者实际控制人的，还应当聘请财务顾问对上述权益变动报告书所披露的内容出具核查意见，但国有股行政划转或者变更、股份转让在同一实际控制人控制的不同主体之间进行、因继承取得股份的除外。投资者及其一致行动人承诺至少3年放弃行使相关股份表决权的，可免于聘请财务顾问和提供前款第（七）项规定的文件。

第十八条 已披露权益变动报告书的投资者及其一致行动人在披露之日起6个月内，因拥有权益的股份变动需要再次报告、公告权益变动报告书的，可以仅就与前次报告书不同的部分作出报告、公告；自前次披露之日起超过6个月的，投资者及其一致行动人应当按照本章的规定编制权益变动报告书，履行报告、公告义务。

第十九条 因上市公司减少股本导致投资者及其一致行动人拥有权益的股份变动出现本办法第十四条规定情形的，投资者及其一致行动人免于履行报告和公告义务。上市公司应当自完成减少股本的变更登记之日起2个工作日内，就因此导致的公司股东拥有权益的股份变动情况作出公告；因公司减少股本可能导致投资者及其一致行动人成为公司第一大股东或者实际控制人的，该投资者及其一致行动人应当自公司董事会公告有关减少公司股本决议之日起3个工作日内，按照本办法第十七条第一款的规定履行报告、公告义务。

第二十条 上市公司的收购及相关股份权益变动活动中的信息披露义务人依法披露前，相关信息已在媒体上传播或者公司股票交易出现异常的，上市公司应当立即向当事人进行查询，当事人应当及时予以书面答复，上市公司应当及时作出公告。

第二十一条 上市公司的收购及相关股份权益变动活动中的信息披露义务人应当在至少一家中国证监会指定媒体上依法披露信息；在其他媒体上进行披露的，披露内容应当一致，披露时间不得早于指定媒体的披露时间。

第二十二条 上市公司的收购及相关股份权益变动活动中的信息披露义务人采取一致行动的，可以以书面形式约定由其中一人作为指定代表负责统一编制信息披露文件，并同意授权指定代表在信息披露文件上签字、盖章。

各信息披露义务人应当对信息披露文件中涉及其自身的信息承担责任；对信息披露文件中涉及的与多个信息披露义务人相关的信息，各信息披露义务人对相关部分承担连带责任。

第三章 要约收购

第二十三条 投资者自愿选择以要约方式收购上市公司股份的，可以向被收购公司所有股东发出收购其所持有的全部股份的要约（以下简称全面要约），也可以向被收购公司所有股东发出收购其所持有的部分股份的要约（以下简称部分要约）。

第二十四条 通过证券交易所的证券交易，收购人持有一个上市公司的股份达到该公司已发行股份的30%时，继续增持股份的，应当采取要约方式进行，发出全面要约或者部分要约。

第二十五条 收购人依照本办法第二十三条、第二十四条、第四十七条、第五十六条的规定，以要约方式收购一个上市公司股份的，其预定收购的股份比例均不得低于该上市公司已发行股份的5%。

第二十六条 以要约方式进行上市公司收购的，收购人应当公平对待被收购公司的所有股东。持有同一种类股份的股东应当得到同等对待。

第二十七条 收购人为终止上市公司的上市地位而发出全面要约的，或者向中国证监会提出申请但未取得豁免而发出全面要约的，应当以现金支付收购价款；以依法可以转让的证券（以下简称证券）支付收购价款的，应当同时提供现金方式供被收购公司股东选择。

第二十八条 以要约方式收购上市公司股份的，收购人应当编制要约收购报告书，并应当聘请财务顾问向中国证监会、证券交易所提交书面报告，抄报派出机构，通知被收购公司，同时对要约收购报告书摘要作出提示性公告。

收购人依照前款规定报送符合中国证监会规定的要约收购报告书及本办法第五十条规定的相关文件之日起15日后，公告其要约收购报告书、财务顾问专业意见和律师出具的法律意见书。在15日内，中国证监会对要约收购报告书披露的内容表示无异议的，收购人可以进行公告；中国证监会发现要约收购报告书不符合法律、行政法规及相关规定的，及时告知收购人，收购人不得公告其收购要约。

第二十九条 前条规定的要约收购报告书，应当载明下列事项：

（一）收购人的姓名、住所；收购人为法人的，其名称、注册地及法定代表人，与其控股股东、实际控制人之间的股权控制关系结构图。

（二）收购人关于收购的决定及收购目的，是否拟在未来12个月内继续增持。

（三）上市公司的名称、收购股份的种类。

（四）预定收购股份的数量和比例。

（五）收购价格。

（六）收购所需资金额、资金来源及资金保证，或者其他支付安排。

（七）收购要约约定的条件。

（八）收购期限。

（九）报送收购报告书时持有被收购公司的股份数量、比例。

（十）本次收购对上市公司的影响分析，包括收购人及其关联方所从事的业务与上市公司的业务是否存在同业竞争或者潜在的同业竞争，是否存在持续关联交易；存在同业竞争或者持续关联交易的，收购人是否已作出相应的安排，确保收购人及其关联方与上市公司之间避免同业竞争以及保持上市公司的独立性。

（十一）未来12个月内对上市公司资产、业务、人员、组织结构、公司章程等进行调整的后续计划。

（十二）前24个月内收购人及其关联方与上市公司之间的重大交易。

（十三）前6个月内通过证券交易所的证券交易买卖被收购公司股票的情况。

（十四）中国证监会要求披露的其他内容。

收购人发出全面要约的，应当在要约收购报告书中充分披露终止上市的风险、终止上市后收购行为完成的时间及仍持有上市公司股份的剩余股东出售其股票的其他后续安排；收购人发出以终止公司上市地位为目的的全面要约，无须披露前款第（十）项规定的内容。

第三十条 收购人按照本办法第四十七条拟收购上市公司股份超过30%，须改以要约方式进行收购的，收购人应当在达成收购协议或者做出类似安排后的3日内对要约收购报告书摘要作出提示性公告，并按照本办法第二十八条、

第二十九条的规定履行报告和公告义务，同时免于编制、报告和公告上市公司收购报告书；依法应当取得批准的，应当在公告中特别提示本次要约须取得相关批准方可进行。

未取得批准的，收购人应当在收到通知之日起 2 个工作日内，向中国证监会提交取消收购计划的报告，同时抄报派出机构，抄送证券交易所，通知被收购公司，并予公告。

第三十一条 收购人向中国证监会报送要约收购报告书后，在公告要约收购报告书之前，拟自行取消收购计划的，应当向中国证监会提出取消收购计划的申请及原因说明，并予公告；自公告之日起 12 个月内，该收购人不得再次对同一上市公司进行收购。

第三十二条 被收购公司董事会应当对收购人的主体资格、资信情况及收购意图进行调查，对要约条件进行分析，对股东是否接受要约提出建议，并聘请独立财务顾问提出专业意见。在收购人公告要约收购报告书后 20 日内，被收购公司董事会应当将被收购公司董事会报告书与独立财务顾问的专业意见报送中国证监会，同时抄报派出机构，抄送证券交易所，并予公告。

收购人对收购要约条件做出重大变更的，被收购公司董事会应当在 3 个工作日内提交董事会及独立财务顾问就要约条件的变更情况所出具的补充意见，并予以报告、公告。

第三十三条 收购人作出提示性公告后至要约收购完成前，被收购公司除继续从事正常的经营活动或者执行股东大会已经作出的决议外，未经股东大会批准，被收购公司董事会不得通过处置公司资产、对外投资、调整公司主要业务、担保、贷款等方式，对公司的资产、负债、权益或者经营成果造成重大影响。

第三十四条 在要约收购期间，被收购公司董事不得辞职。

第三十五条 收购人按照本办法规定进行要约收购的，对同一种类股票的要约价格，不得低于要约收购提示性公告日前 6 个月内收购人取得该种股票所支付的最高价格。

要约价格低于提示性公告日前 30 个交易日该种股票的每日加权平均价格的算术平均值的，收购人聘请的财务顾问应当就该种股票前 6 个月的交易情况进行分析，说明是否存在股价被操纵、收购人是否有未披露的一致行动人、收购人前 6 个月取得公司股份是否存在其他支付安排、要约价格的合理性等。

第三十六条 收购人可以采用现金、证券、现金与证券相结合等合法方式支付收购上市公司的价款。收购人聘请的财务顾问应当说明收购人具备要约收购的能力。

以现金支付收购价款的，应当在作出要约收购提示性公告的同时，将不少于收购价款总额的20%作为履约保证金存入证券登记结算机构指定的银行。

收购人以证券支付收购价款的，应当提供该证券的发行人最近3年经审计的财务会计报告、证券估值报告，并配合被收购公司聘请的独立财务顾问的尽职调查工作。

收购人以在证券交易所上市交易的证券支付收购价款的，应当在作出要约收购提示性公告的同时，将用于支付的全部证券交由证券登记结算机构保管，但上市公司发行新股的除外；收购人以在证券交易所上市的债券支付收购价款的，该债券的可上市交易时间应当不少于一个月；收购人以未在证券交易所上市交易的证券支付收购价款的，必须同时提供现金方式供被收购公司的股东选择，并详细披露相关证券的保管、送达被收购公司股东的方式和程序安排。

第三十七条 收购要约约定的收购期限不得少于30日，并不得超过60日；但是出现竞争要约的除外。

在收购要约约定的承诺期限内，收购人不得撤销其收购要约。

第三十八条 采取要约收购方式的，收购人作出公告后至收购期限届满前，不得卖出被收购公司的股票，也不得采取要约规定以外的形式和超出要约的条件买入被收购公司的股票。

第三十九条 收购要约提出的各项收购条件，适用于被收购公司的所有股东。

收购人需要变更收购要约的，必须事先向中国证监会提出书面报告，同时抄报派出机构，抄送证券交易所和证券登记结算机构，通知被收购公司；经中国证监会批准后，予以公告。

第四十条 收购要约期限届满前15日内，收购人不得变更收购要约；但是出现竞争要约的除外。

出现竞争要约时，发出初始要约的收购人变更收购要约距初始要约收购期限届满不足15日的，应当延长收购期限，延长后的要约期应当不少于15日，不得超过最后一个竞争要约的期满日，并按规定比例追加履约保证金；以证券支付收购价款的，应当追加相应数量的证券，交由证券登记结算机构保管。

发出竞争要约的收购人最迟不得晚于初始要约收购期限届满前15日发出要约收购的提示性公告，并应当根据本办法第二十八条和第二十九条的规定履行报告、公告义务。

第四十一条 要约收购报告书所披露的基本事实发生重大变化的，收购人应当在该重大变化发生之日起2个工作日内，向中国证监会作出书面报告，同时抄报派出机构，抄送证券交易所，通知被收购公司，并予公告。

第四十二条 同意接受收购要约的股东（以下简称预受股东），应当委托证券公司办理预受要约的相关手续。收购人应当委托证券公司向证券登记结算机构申请办理预受要约股票的临时保管。证券登记结算机构临时保管的预受要约的股票，在要约收购期间不得转让。

前款所称预受，是指被收购公司股东同意接受要约的初步意思表示，在要约收购期限内不可撤回之前不构成承诺。在要约收购期限届满 3 个交易日前，预受股东可以委托证券公司办理撤回预受要约的手续，证券登记结算机构根据预受要约股东的撤回申请解除对预受要约股票的临时保管。在要约收购期限届满前 3 个交易日内，预受股东不得撤回其对要约的接受。在要约收购期限内，收购人应当每日在证券交易所网站上公告已预受收购要约的股份数量。

出现竞争要约时，接受初始要约的预受股东撤回全部或者部分预受的股份，并将撤回的股份售予竞争要约人的，应当委托证券公司办理撤回预受初始要约的手续和预受竞争要约的相关手续。

第四十三条 收购期限届满，发出部分要约的收购人应当按照收购要约约定的条件购买被收购公司股东预受的股份，预受要约股份的数量超过预定收购数量时，收购人应当按照同等比例收购预受要约的股份；以终止被收购公司上市地位为目的的，收购人应当按照收购要约约定的条件购买被收购公司股东预受的全部股份；未取得中国证监会豁免而发出全面要约的收购人应当购买被收购公司股东预受的全部股份。

收购期限届满后 3 个交易日内，接受委托的证券公司应当向证券登记结算机构申请办理股份转让结算、过户登记手续，解除对超过预定收购比例的股票的临时保管；收购人应当公告本次要约收购的结果。

第四十四条 收购期限届满，被收购公司股权分布不符合上市条件，该上市公司的股票由证券交易所依法终止上市交易。在收购行为完成前，其余仍持有被收购公司股票的股东，有权在收购报告书规定的合理期限内向收购人以收购要约的同等条件出售其股票，收购人应当收购。

第四十五条 收购期限届满后 15 日内，收购人应当向中国证监会报送关于收购情况的书面报告，同时抄报派出机构，抄送证券交易所，通知被收购公司。

第四十六条 除要约方式外，投资者不得在证券交易所外公开求购上市公司的股份。

第四章 协议收购

第四十七条 收购人通过协议方式在一个上市公司中拥有权益的股份达到

或者超过该公司已发行股份的5%，但未超过30%的，按照本办法第二章的规定办理。

收购人拥有权益的股份达到该公司已发行股份的30%时，继续进行收购的，应当依法向该上市公司的股东发出全面要约或者部分要约。符合本办法第六章规定情形的，收购人可以向中国证监会申请免除发出要约。

收购人拟通过协议方式收购一个上市公司的股份超过30%的，超过30%的部分，应当改以要约方式进行；但符合本办法第六章规定情形的，收购人可以向中国证监会申请免除发出要约。收购人在取得中国证监会豁免后，履行其收购协议；未取得中国证监会豁免且拟继续履行其收购协议的，或者不申请豁免的，在履行其收购协议前，应当发出全面要约。

第四十八条 以协议方式收购上市公司股份超过30%，收购人拟依据本办法第六章的规定申请豁免的，应当在与上市公司股东达成收购协议之日起3日内编制上市公司收购报告书，提交豁免申请及本办法第五十条规定的相关文件，委托财务顾问向中国证监会、证券交易所提交书面报告，同时抄报派出机构，通知被收购公司，并公告上市公司收购报告书摘要。派出机构收到书面报告后通报上市公司所在地省级人民政府。

收购人自取得中国证监会的豁免之日起3日内公告其收购报告书、财务顾问专业意见和律师出具的法律意见书；收购人未取得豁免的，应当自收到中国证监会的决定之日起3日内予以公告，并按照本办法第六十一条第二款的规定办理。

中国证监会发现收购报告书不符合法律、行政法规及相关规定的，应当及时告知收购人，收购人未纠正的，不得公告收购报告书，在公告前不得履行收购协议。

第四十九条 依据前条规定所作的上市公司收购报告书，须披露本办法第二十九条第（一）项至第（六）项和第（九）项至第（十四）项规定的内容及收购协议的生效条件和付款安排。

已披露收购报告书的收购人在披露之日起6个月内，因权益变动需要再次报告、公告的，可以仅就与前次报告书不同的部分作出报告、公告；超过6个月的，应当按照本办法第二章的规定履行报告、公告义务。

第五十条 收购人进行上市公司的收购，应当向中国证监会提交以下文件：

（一）中国公民的身份证明，或者在中国境内登记注册的法人、其他组织的证明文件。

（二）基于收购人的实力和从业经验对上市公司后续发展计划可行性的说

明，收购人拟修改公司章程、改选公司董事会、改变或者调整公司主营业务的，还应当补充其具备规范运作上市公司的管理能力的说明。

（三）收购人及其关联方与被收购公司存在同业竞争、关联交易的，应提供避免同业竞争等利益冲突、保持被收购公司经营独立性的说明。

（四）收购人为法人或者其他组织的，其控股股东、实际控制人最近2年未变更的说明。

（五）收购人及其控股股东或实际控制人的核心企业和核心业务、关联企业及主营业务的说明；收购人或其实际控制人为两个或两个以上的上市公司控股股东或实际控制人的，还应当提供其持股5%以上的上市公司以及银行、信托公司、证券公司、保险公司等其他金融机构的情况说明。

（六）财务顾问关于收购人最近3年的诚信记录、收购资金来源合法性、收购人具备履行相关承诺的能力以及相关信息披露内容真实性、准确性、完整性的核查意见；收购人成立未满3年的，财务顾问还应当提供其控股股东或者实际控制人最近3年诚信记录的核查意见。

境外法人或者境外其他组织进行上市公司收购的，除应当提交第一款第（二）项至第（六）项规定的文件外，还应当提交以下文件：

（一）财务顾问出具的收购人符合对上市公司进行战略投资的条件、具有收购上市公司的能力的核查意见；

（二）收购人接受中国司法、仲裁管辖的声明。

第五十一条 上市公司董事、监事、高级管理人员、员工或者其所控制或者委托的法人或者其他组织，拟对本公司进行收购或者通过本办法第五章规定的方式取得本公司控制权（以下简称管理层收购）的，该上市公司应当具备健全且运行良好的组织机构以及有效的内部控制制度，公司董事会成员中独立董事的比例应当达到或者超过1/2。公司应当聘请具有证券、期货从业资格的资产评估机构提供公司资产评估报告，本次收购应当经董事会非关联董事作出决议，且取得2/3以上的独立董事同意后，提交公司股东大会审议，经出席股东大会的非关联股东所持表决权过半数通过。独立董事发表意见前，应当聘请独立财务顾问就本次收购出具专业意见，独立董事及独立财务顾问的意见应当一并予以公告。

上市公司董事、监事、高级管理人员存在《公司法》第一百四十九条规定情形，或者最近3年有证券市场不良诚信记录的，不得收购本公司。

第五十二条 以协议方式进行上市公司收购的，自签订收购协议起至相关股份完成过户的期间为上市公司收购过渡期（以下简称过渡期）。在过渡期内，收购人不得通过控股股东提议改选上市公司董事会，确有充分理由改选董事会的，来自收购人的董事不得超过董事会成员的1/3；被收购公司不得为收购人及其关联方提供担保；被收购公司不得公开发行股份募集资金，不得进行重大购买、出售资产及重大投资行为或者与收购人及其关联方进行其他关联交易，但收购人为挽救陷入危机或者面临严重财务困难的上市公司的情形除外。

第五十三条 上市公司控股股东向收购人协议转让其所持有的上市公司股份的，应当对收购人的主体资格、诚信情况及收购意图进行调查，并在其权益变动报告书中披露有关调查情况。

控股股东及其关联方未清偿其对公司的负债，未解除公司为其负债提供的担保，或者存在损害公司利益的其他情形的，被收购公司董事会应当对前述情形及时予以披露，并采取有效措施维护公司利益。

第五十四条 协议收购的相关当事人应当向证券登记结算机构申请办理拟转让股份的临时保管手续，并可以将用于支付的现金存放于证券登记结算机构指定的银行。

第五十五条 收购报告书公告后，相关当事人应当按照证券交易所和证券登记结算机构的业务规则，在证券交易所就本次股份转让予以确认后，凭全部转让款项存放于双方认可的银行账户的证明，向证券登记结算机构申请解除拟协议转让股票的临时保管，并办理过户登记手续。

收购人未按规定履行报告、公告义务，或者未按规定提出申请的，证券交易所和证券登记结算机构不予办理股份转让和过户登记手续。

收购人在收购报告书公告后30日内仍未完成相关股份过户手续的，应当立即作出公告，说明理由；在未完成相关股份过户期间，应当每隔30日公告相关股份过户办理进展情况。

第五章 间接收购

第五十六条 收购人虽不是上市公司的股东，但通过投资关系、协议、其他安排导致其拥有权益的股份达到或者超过一个上市公司已发行股份的5%未超过30%的，应当按照本办法第二章的规定办理。

收购人拥有权益的股份超过该公司已发行股份的30%的，应当向该公司所有股东发出全面要约；收购人预计无法在事实发生之日起30日内发出全面要约的，应当在前述30日内促使其控制的股东将所持有的上市公司股份减持至30%或者30%以下，并自减持之日起2个工作日内予以公告；其后收购人或者其控制的股东拟继续增持的，应当采取要约方式；拟依据本办法第六章的规定申请豁免的，应当按照本办法第四十八条的规定办理。

第五十七条 投资者虽不是上市公司的股东，但通过投资关系取得对上市公司股东的控制权，而受其支配的上市公司股东所持股份达到前条规定比例、且对该股东的资产和利润构成重大影响的，应当按照前条规定履行报告、公告义务。

第五十八条 上市公司实际控制人及受其支配的股东，负有配合上市公司真实、准确、完整披露有关实际控制人发生变化的信息的义务；实际控制人及受其支配的股东拒不履行上述配合义务，导致上市公司无法履行法定信息披露义务而承担民事、行政责任的，上市公司有权对其提起诉讼。实际控制人、控股股东指使上市公司及其有关人员不依法履行信息披露义务的，中国证监会依法进行查处。

第五十九条 上市公司实际控制人及受其支配的股东未履行报告、公告义务的，上市公司应当自知悉之日起立即作出报告和公告。上市公司就实际控制人发生变化的情况予以公告后，实际控制人仍未披露的，上市公司董事会应当向实际控制人和受其支配的股东查询，必要时可以聘请财务顾问进行查询，并将查询情况向中国证监会、派出机构和证券交易所报告；中国证监会依法对拒不履行报告、公告义务的实际控制人进行查处。

上市公司知悉实际控制人发生较大变化而未能将有关实际控制人的变化情况及时予以报告和公告的，中国证监会责令改正，情节严重的，认定上市公司负有责任的董事为不适当人选。

第六十条 上市公司实际控制人及受其支配的股东未履行报告、公告义务，拒不履行第五十八条规定的配合义务，或者实际控制人存在不得收购上市公司情形的，上市公司董事会应当拒绝接受受实际控制人支配的股东向董事会提交的提案或者临时议案，并向中国证监会、派出机构和证券交易所报告。中国证监会责令实际控制人改正，可以认定实际控制人通过受其支配的股东所提名的董事为不适当人选；改正前，受实际控制人支配的股东不得行使其持有股份的表决权。上市公司董事会未拒绝接受实际控制人及受其支配的股东所提出的提案的，中国证监会可以认定负有责任的董事为不适当人选。

第六章 豁免申请

第六十一条 符合本办法第六十二条、第六十三条规定情形的，投资者及其一致行动人可以向中国证监会申请下列豁免事项：

（一）免于以要约收购方式增持股份；

（二）存在主体资格、股份种类限制或者法律、行政法规、中国证监会规定的特殊情形的，可以申请免于向被收购公司的所有股东发出收购要约。

未取得豁免的，投资者及其一致行动人应当在收到中国证监会通知之日起

30 日内将其或者其控制的股东所持有的被收购公司股份减持到 30% 或者 30% 以下；拟以要约以外的方式继续增持股份的，应当发出全面要约。

第六十二条 有下列情形之一的，收购人可以向中国证监会提出免于以要约方式增持股份的申请：

（一）收购人与出让人能够证明本次转让未导致上市公司的实际控制人发生变化；

（二）上市公司面临严重财务困难，收购人提出的挽救公司的重组方案取得该公司股东大会批准，且收购人承诺 3 年内不转让其在该公司中所拥有的权益；

（三）经上市公司股东大会非关联股东批准，收购人取得上市公司向其发行的新股，导致其在该公司拥有权益的股份超过该公司已发行股份的 30%，收购人承诺 3 年内不转让本次向其发行的新股，且公司股东大会同意收购人免于发出要约；

（四）中国证监会为适应证券市场发展变化和保护投资者合法权益的需要而认定的其他情形。

收购人报送的豁免申请文件符合规定，并且已经按照本办法的规定履行报告、公告义务的，中国证监会予以受理；不符合规定或者未履行报告、公告义务的，中国证监会不予受理。中国证监会在受理豁免申请后 20 个工作日内，就收购人所申请的具体事项做出是否予以豁免的决定；取得豁免的，收购人可以完成本次增持行为。收购人有前款第（三）项规定情形，但在其取得上市公司发行的新股前已经拥有该公司控制权的，可以免于按照前款规定提交豁免申请，律师就收购人有关行为发表符合该项规定的专项核查意见并经上市公司信息披露后，收购人凭发行股份的行政许可决定，按照证券登记结算机构的规定办理相关事宜。

第六十三条 有下列情形之一的，当事人可以向中国证监会提出免于发出要约的申请，中国证监会自收到符合规定的申请文件之日起 10 个工作日内未提出异议的，相关投资者可以向证券交易所和证券登记结算机构申请办理股份转让和过户登记手续；中国证监会不同意其申请的，相关投资者应当按照本办法第六十一条的规定办理：

（一）经政府或者国有资产管理部门批准进行国有资产无偿划转、变更、合并，导致投资者在一个上市公司中拥有权益的股份占该公司已发行股份的比例超过 30%；

（二）因上市公司按照股东大会批准的确定价格向特定股东回购股份而减少股本，导致当事人在该公司中拥有权益的股份超过该公司已发行股份的 30%；

（三）证券公司、银行等金融机构在其经营范围内依法从事承销、贷款等业务导致其持有一个上市公司已发行股份超过 30%，没有实际控制该公司的行为或者意图，并且提出在合理期限内向非关联方转让相关股份的解决方案；

（四）中国证监会为适应证券市场发展变化和保护投资者合法权益的需要而认定的其他情形。

有下列情形之一的，相关投资者可以免于按照前款规定提出豁免申请，直接向证券交易所和证券登记结算机构申请办理股份转让和过户登记手续：

（一）在一个上市公司中拥有权益的股份达到或者超过该公司已发行股份的 30% 的，自上述事实发生之日起一年后，每 12 个月内增持不超过该公司已发行的 2% 的股份；

（二）在一个上市公司中拥有权益的股份达到或者超过该公司已发行股份的 50% 的，继续增加其在该公司拥有的权益不影响该公司的上市地位；

（三）因继承导致在一个上市公司中拥有权益的股份超过该公司已发行股份的 30%。

相关投资者应在前款规定的权益变动行为完成后 3 日内就股份增持情况做出公告，律师应就相关投资者权益变动行为发表符合规定的专项核查意见并由上市公司予以披露。相关投资者按照前款第（一）项、第（二）项规定采用集中竞价方式增持股份，每累计增持股份比例达到该公司已发行股份的 1% 的，应当在事实发生之日通知上市公司，由上市公司在次一交易日发布相关股东增持公司股份的进展公告。相关投资者按照前款第（二）项规定采用集中竞价方式增持股份的，每累计增持股份比例达到上市公司已发行股份的 2% 的，在事实发生当日和上市公司发布相关股东增持公司股份进展公告的当日不得再行增持股份。前款第（一）项规定的增持不超过 2% 的股份锁定期为增持行为完成之日起 6 个月。

第六十四条 收购人提出豁免申请的，应当聘请律师事务所等专业机构出具专业意见。

第七章 财务顾问

第六十五条 收购人聘请的财务顾问应当履行以下职责：

（一）对收购人的相关情况进行尽职调查；

（二）应收购人的要求向收购人提供专业化服务，全面评估被收购公司的财务和经营状况，帮助收购人分析收购所涉及的法律、财务、经营风险，就收购方案所涉及的收购价格、收购方式、支付安排等事项提出对策建议，并指导收购人按照规定的内容与格式制作申报文件；

（三）对收购人进行证券市场规范化运作的辅导，使收购人的董事、监事和高级管理人员熟悉有关法律、行政法规和中国证监会的规定，充分了解其应当承担的义务和责任，督促其依法履行报告、公告和其他法定义务；

（四）对收购人是否符合本办法的规定及申报文件内容的真实性、准确性、完整性进行充分核查和验证，对收购事项客观、公正地发表专业意见；

（五）接受收购人委托，向中国证监会报送申报材料，根据中国证监会的审核意见，组织、协调收购人及其他专业机构予以答复；

（六）与收购人签订协议，在收购完成后12个月内，持续督导收购人遵守法律、行政法规、中国证监会的规定、证券交易所规则、上市公司章程，依法行使股东权利，切实履行承诺或者相关约定。

第六十六条 收购人聘请的财务顾问就本次收购出具的财务顾问报告，应当对以下事项进行说明和分析，并逐项发表明确意见：

（一）收购人编制的上市公司收购报告书或者要约收购报告书所披露的内容是否真实、准确、完整；

（二）本次收购的目的。

（三）收购人是否提供所有必备证明文件，根据对收购人及其控股股东、实际控制人的实力、从事的主要业务、持续经营状况、财务状况和诚信情况的核查，说明收购人是否具备主体资格，是否具备收购的经济实力，是否具备规范运作上市公司的管理能力，是否需要承担其他附加义务及是否具备履行相关义务的能力，是否存在不良诚信记录；

（四）对收购人进行证券市场规范化运作辅导的情况，其董事、监事和高级管理人员是否已经熟悉有关法律、行政法规和中国证监会的规定，充分了解应承担的义务和责任，督促其依法履行报告、公告和其他法定义务的情况；

（五）收购人的股权控制结构及其控股股东、实际控制人支配收购人的方式；

（六）收购人的收购资金来源及其合法性，是否存在利用本次收购的股份向银行等金融机构质押取得融资的情形；

（七）涉及收购人以证券支付收购价款的，应当说明有关该证券发行人的信息披露是否真实、准确、完整以及该证券交易的便捷性等情况；

（八）收购人是否已经履行了必要的授权和批准程序；

（九）是否已对收购过渡期间保持上市公司稳定经营作出安排，该安排是否符合有关规定；

（十）对收购人提出的后续计划进行分析，收购人所从事的业务与上市公司从事的业务存在同业竞争、关联交易的，对收购人解决与上市公司同业竞争等利益冲突及保持上市公司经营独立性的方案进行分析，说明本次收购对上市公司经营独立性和持续发展可能产生的影响；

（十一）在收购标的上是否设定其他权利，是否在收购价款之外还作出其他补偿安排；

（十二）收购人及其关联方与被收购公司之间是否存在业务往来，收购人与被收购公司的董事、监事、高级管理人员是否就其未来任职安排达成某种协议或者默契；

（十三）上市公司原控股股东、实际控制人及其关联方是否存在未清偿对公司的负债、未解除公司为其负债提供的担保或者损害公司利益的其他情形；存在该等情形的，是否已提出切实可行的解决方案；

（十四）涉及收购人拟提出豁免申请的，应当说明本次收购是否属于可以得到豁免的情形，收购人是否作出承诺及是否具备履行相关承诺的实力。

第六十七条 上市公司董事会或者独立董事聘请的独立财务顾问，不得同时担任收购人的财务顾问或者与收购人的财务顾问存在关联关系。独立财务顾问应当根据委托进行尽职调查，对本次收购的公正性和合法性发表专业意见。独立财务顾问报告应当对以下问题进行说明和分析，发表明确意见：

（一）收购人是否具备主体资格；

（二）收购人的实力及本次收购对被收购公司经营独立性和持续发展可能产生的影响分析；

（三）收购人是否存在利用被收购公司的资产或者由被收购公司为本次收购提供财务资助的情形；

（四）涉及要约收购的，分析被收购公司的财务状况，说明收购价格是否充分反映被收购公司价值，收购要约是否公平、合理，对被收购公司社会公众股股东接受要约提出的建议；

（五）涉及收购人以证券支付收购价款的，还应当根据该证券发行人的资产、业务和盈利预测，对相关证券进行估值分析，就收购条件对被收购公司的社会公众股股东是否公平合理、是否接受收购人提出的收购条件提出专业意见；

（六）涉及管理层收购的，应当对上市公司进行估值分析，就本次收购的定价依据、支付方式、收购资金来源、融资安排、还款计划及其可行性、上市公司内部控制制度的执行情况及其有效性、上述人员及其直系亲属在最近24个月内与上市公司业务往来情况以及收购报告书披露的其他内容等进行全面核查，发表明确意见。

第六十八条 财务顾问受托向中国证监会报送申报文件，应当在财务顾问报告中作出以下承诺：

（一）已按照规定履行尽职调查义务，有充分理由确信所发表的专业意见与收购人申报文件的内容不存在实质性差异；

（二）已对收购人申报文件进行核查，确信申报文件的内容与格式符合规定；

（三）有充分理由确信本次收购符合法律、行政法规和中国证监会的规定，有充分理由确信收购人披露的信息真实、准确、完整，不存在虚假记载、误导性陈述和重大遗漏；

（四）就本次收购所出具的专业意见已提交其内核机构审查，并获得通过；

（五）在担任财务顾问期间，已采取严格的保密措施，严格执行内部防火墙制度；

（六）与收购人已订立持续督导协议。

第六十九条 财务顾问在收购过程中和持续督导期间，应当关注被收购公司是否存在为收购人及其关联方提供担保或者借款等损害上市公司利益的情形，发现有违法或者不当行为的，应当及时向中国证监会、派出机构和证券交易所报告。

第七十条 财务顾问为履行职责，可以聘请其他专业机构协助其对收购人进行核查，但应当对收购人提供的资料和披露的信息进行独立判断。

第七十一条 自收购人公告上市公司收购报告书至收购完成后12个月内，财务顾问应当通过日常沟通、定期回访等方式，关注上市公司的经营情况，结合被收购公司定期报告和临时公告的披露事宜，对收购人及被收购公司履行持续督导职责：

（一）督促收购人及时办理股权过户手续，并依法履行报告和公告义务；

（二）督促和检查收购人及被收购公司依法规范运作；

（三）督促和检查收购人履行公开承诺的情况；

（四）结合被收购公司定期报告，核查收购人落实后续计划的情况，是否达到预期目标，实施效果是否与此前的披露内容存在较大差异，是否实现相关盈利预测或者管理层预计达到的目标；

（五）涉及管理层收购的，核查被收购公司定期报告中披露的相关还款计划的落实情况与事实是否一致；

（六）督促和检查履行收购中约定的其他义务的情况。

在持续督导期间，财务顾问应当结合上市公司披露的季度报告、半年度报告和年度报告出具持续督导意见，并在前述定期报告披露后的15日内向派出机构报告。

在此期间，财务顾问发现收购人在上市公司收购报告书中披露的信息与事实不符的，应当督促收购人如实披露相关信息，并及时向中国证监会、派出机构、证券交易所报告。财务顾问解除委托合同的，应当及时向中国证监会、派出机构作出书面报告，说明无法继续履行持续督导职责的理由，并予公告。

第八章 持续监管

第七十二条 在上市公司收购行为完成后12个月内，收购人聘请的财务顾问应当在每季度前3日内就上一季度对上市公司影响较大的投资、购买或者出售资产、关联交易、主营业务调整以及董事、监事、高级管理人员的更换、职工安置、收购人履行承诺等情况向派出机构报告。

收购人注册地与上市公司注册地不同的，还应当将前述情况的报告同时抄报收购人所在地的派出机构。

第七十三条 派出机构根据审慎监管原则，通过与承办上市公司审计业务的会计师事务所谈话、检查财务顾问持续督导责任的落实、定期或者不定期的现场检查等方式，在收购完成后对收购人和上市公司进行监督检查。

派出机构发现实际情况与收购人披露的内容存在重大差异的，对收购人及上市公司予以重点关注，可以责令收购人延长财务顾问的持续督导期，并依法进行查处。

在持续督导期间，财务顾问与收购人解除合同的，收购人应当另行聘请其他财务顾问机构履行持续督导职责。

第七十四条 在上市公司收购中，收购人持有的被收购公司的股份，在收购完成后12个月内不得转让。

收购人在被收购公司中拥有权益的股份在同一实际控制人控制的不同主体之间进行转让不受前述12个月的限制，但应当遵守本办法第六章的规定。

第九章 监管措施与法律责任

第七十五条 上市公司的收购及相关股份权益变动活动中的信息披露义务人，未按照本办法的规定履行报告、公告以及其他相关义务的，中国证监会责令改正，采取监管谈话、出具警示函、责令暂停或者停止收购等监管措施。在改正前，相关信息披露义务人不得对其持有或者实际支配的股份行使表决权。

第七十六条 上市公司的收购及相关股份权益变动活动中的信息披露义务人在报告、公告等文件中有虚假记载、误导性陈述或者重大遗漏的，中国证监会责令改正，采取监管谈话、出具警示函、责令暂停或者停止收购等监管措施。在改正前，收购人对其持有或者实际支配的股份不得行使表决权。

第七十七条 投资者及其一致行动人取得上市公司控制权而未按照本办法

的规定聘请财务顾问，规避法定程序和义务，变相进行上市公司的收购，或者外国投资者规避管辖的，中国证监会责令改正，采取出具警示函、责令暂停或者停止收购等监管措施。在改正前，收购人不得对其持有或者实际支配的股份行使表决权。

第七十八条 发出收购要约的收购人在收购要约期限届满，不按照约定支付收购价款或者购买预受股份的，自该事实发生之日起3年内不得收购上市公司，中国证监会不受理收购人及其关联方提交的申报文件；涉嫌虚假信息披露、操纵证券市场的，中国证监会对收购人进行立案稽查，依法追究其法律责任。

前款规定的收购人聘请的财务顾问没有充分证据表明其勤勉尽责的，中国证监会依法追究法律责任。

第七十九条 上市公司控股股东和实际控制人在转让其对公司的控制权时，未清偿其对公司的负债，未解除公司为其提供的担保，或者未对其损害公司利益的其他情形作出纠正的，中国证监会责令改正、责令暂停或者停止收购活动。

被收购公司董事会未能依法采取有效措施促使公司控股股东、实际控制人予以纠正，或者在收购完成后未能促使收购人履行承诺、安排或者保证的，中国证监会可以认定相关董事为不适当人选。

第八十条 上市公司董事未履行忠实义务和勤勉义务，利用收购谋取不当利益的，中国证监会采取监管谈话、出具警示函等监管措施，可以认定为不适当人选。

上市公司章程中涉及公司控制权的条款违反法律、行政法规和本办法规定的，中国证监会责令改正。

第八十一条 为上市公司收购出具资产评估报告、审计报告、法律意见书和财务顾问报告的证券服务机构或者证券公司及其专业人员，未依法履行职责的，中国证监会责令改正，采取监管谈话、出具警示函等监管措施。

第八十二条 中国证监会将上市公司的收购及相关股份权益变动活动中的当事人的违法行为和整改情况记入诚信档案。

违反本办法的规定构成证券违法行为的，依法追究法律责任。

第十章 附 则

第八十三条 本办法所称一致行动，是指投资者通过协议、其他安排，与其他投资者共同扩大其所能够支配的一个上市公司股份表决权数量的行为或者事实。

在上市公司的收购及相关股份权益变动活动中有一致行动情形的投资者，互为一致行动人。如无相反证据，投资者有下列情形之一的，为一致行动人：

（一）投资者之间有股权控制关系；

（二）投资者受同一主体控制；

（三）投资者的董事、监事或者高级管理人员中的主要成员，同时在另一个投资者担任董事、监事或者高级管理人员；

（四）投资者参股另一投资者，可以对参股公司的重大决策产生重大影响；

（五）银行以外的其他法人、其他组织和自然人为投资者取得相关股份提供融资安排；

（六）投资者之间存在合伙、合作、联营等其他经济利益关系；

（七）持有投资者 30% 以上股份的自然人，与投资者持有同一上市公司股份；

（八）在投资者任职的董事、监事及高级管理人员，与投资者持有同一上市公司股份；

（九）持有投资者 30% 以上股份的自然人和在投资者任职的董事、监事及高级管理人员，其父母、配偶、子女及其配偶、配偶的父母、兄弟姐妹及其配偶、配偶的兄弟姐妹及其配偶等亲属，与投资者持有同一上市公司股份；

（十）在上市公司任职的董事、监事、高级管理人员及其前项所述亲属同时持有本公司股份的，或者与其自己或者其前项所述亲属直接或者间接控制的企业同时持有本公司股份；

（十一）上市公司董事、监事、高级管理人员和员工与其所控制或者委托的法人或者其他组织持有本公司股份；

（十二）投资者之间具有其他关联关系。

一致行动人应当合并计算其所持有的股份。投资者计算其所持有的股份，应当包括登记在其名下的股份，也包括登记在其一致行动人名下的股份。

投资者认为其与他人不应被视为一致行动人的，可以向中国证监会提供相反证据。

第八十四条 有下列情形之一的，为拥有上市公司控制权：

（一）投资者为上市公司持股 50% 以上的控股股东；

（二）投资者可以实际支配上市公司股份表决权超过 30%；

（三）投资者通过实际支配上市公司股份表决权能够决定公司董事会半数以上成员选任；

（四）投资者依其可实际支配的上市公司股份表决权足以对公司股东大会的决议产生重大影响；

（五）中国证监会认定的其他情形。

第八十五条 信息披露义务人涉及计算其持股比例的，应当将其所持有的上市公司已发行的可转换为公司股票的证券中有权转换部分与其所持有的同一上市公司的股份合并计算，并将其持股比例与合并计算非股权类证券转为股份后的比例相比，以二者中的较高者为准；行权期限届满未行权的，或者行权条件不再具备的，无需合并计算。

前款所述二者中的较高者，应当按下列公式计算：

（一）投资者持有的股份数量/上市公司已发行股份总数

（二）（投资者持有的股份数量＋投资者持有的可转换为公司股票的非股权类证券所对应的股份数量）/（上市公司已发行股份总数＋上市公司发行的可转换为公司股票的非股权类证券所对应的股份总数）

第八十六条 投资者因行政划转、执行法院裁决、继承、赠与等方式取得上市公司控制权的，应当按照本办法第四章的规定履行报告、公告义务。

第八十七条 权益变动报告书、收购报告书、要约收购报告书、被收购公司董事会报告书、要约收购豁免申请文件等文件的内容与格式，由中国证监会另行制定。

第八十八条 被收购公司在境内、境外同时上市的，收购人除应当遵守本办法及中国证监会的相关规定外，还应当遵守境外上市地的相关规定。

第八十九条 外国投资者收购上市公司及在上市公司中拥有的权益发生变动的，除应当遵守本办法的规定外，还应当遵守外国投资者投资上市公司的相关规定。

第九十条 本办法自 2006 年 9 月 1 日起施行。中国证监会发布的《上市公司收购管理办法》（证监会令第 10 号）、《上市公司股东持股变动信息披露管理办法》（证监会令第 11 号）、《关于要约收购涉及的被收购公司股票上市交易条件有关问题的通知》（证监公司字［2003］16 号）和《关于规范上市公司实际控制权转移行为有关问题的通知》（证监公司字［2004］1 号）同时废止。

VII. 3. 2 上市公司重大资产重组管理办法（2011 年 8 月 1 日修订）

（2011 年 8 月 1 日 中国证券监督管理委员会令第 73 号）

（2008 年 3 月 24 日中国证券监督管理委员会第 224 次主席办公会审议通过，根据 2011 年 8 月 1 日中国证券监督管理委员会《关于修改上市公司重大资产重组与配套融资相关规定的决定》修订）

第一章 总 则

第一条 为了规范上市公司重大资产重组行为，保护上市公司和投资者的合法权益，促进上市公司质量不断提高，维护证券市场秩序和社会公共利益，根据《公司法》、《证券法》等法律、行政法规的规定，制定本办法。

第二条 本办法适用于上市公司及其控股或者控制的公司在日常经营活动之外购买、出售资产或者通过其他方式进行资产交易达到规定的比例，导致上市公司的主营业务、资产、收入发生重大变化的资产交易行为（以下简称重大资产重组）。

上市公司发行股份购买资产应当符合本办法的规定。

上市公司按照经中国证券监督管理委员会（以下简称中国证监会）核准的发行证券文件披露的募集资金用途，使用募集资金购买资产、对外投资的行为，不适用本办法。

第三条 任何单位和个人不得利用重大资产重组损害上市公司及其股东的合法权益。

第四条 上市公司实施重大资产重组，有关各方必须及时、公平地披露或者提供信息，保证所披露或者提供信息的真实、准确、完整，不得有虚假记载、误导性陈述或者重大遗漏。

第五条 上市公司的董事、监事和高级管理人员在重大资产重组活动中，应当诚实守信、勤勉尽责，维护公司资产的安全，保护公司和全体股东的合法权益。

第六条 为重大资产重组提供服务的证券服务机构和人员，应当遵守法律、行政法规和中国证监会的有关规定，遵循本行业公认的业务标准和道德规范，严格履行职责，不得谋取不正当利益，并应当对其所制作、出具文件的真实性、准确性和完整性承担责任。

第七条 任何单位和个人对所知悉的重大资产重组信息在依法披露前负有保密义务。

禁止任何单位和个人利用重大资产重组信息从事内幕交易、操纵证券市场等违法活动。

第八条 中国证监会依法对上市公司重大资产重组行为进行监管。

第九条 中国证监会在发行审核委员会中设立上市公司并购重组审核委员会（以下简称并购重组委），以投票方式对提交其审议的重大资产重组申请进行表决，提出审核意见。

第二章 重大资产重组的原则和标准

第十条 上市公司实施重大资产重组，应当符合下列要求：

（一）符合国家产业政策和有关环境保护、土地管理、反垄断等法律和行政法规的规定；

（二）不会导致上市公司不符合股票上市条件；

（三）重大资产重组所涉及的资产定价公允，不存在损害上市公司和股东合法权益的情形；

（四）重大资产重组所涉及的资产权属清晰，资产过户或者转移不存在法律障碍，相关债权债务处理合法；

（五）有利于上市公司增强持续经营能力，不存在可能导致上市公司重组后主要资产为现金或者无具体经营业务的情形；

（六）有利于上市公司在业务、资产、财务、人员、机构等方面与实际控制人及其关联人保持独立，符合中国证监会关于上市公司独立性的相关规定；

（七）有利于上市公司形成或者保持健全有效的法人治理结构。

第十一条 上市公司及其控股或者控制的公司购买、出售资产，达到下列标准之一的，构成重大资产重组：

（一）购买、出售的资产总额占上市公司最近一个会计年度经审计的合并财务会计报告期末资产总额的比例达到50%以上；

（二）购买、出售的资产在最近一个会计年度所产生的营业收入占上市公司同期经审计的合并财务会计报告营业收入的比例达到50%以上；

（三）购买、出售的资产净额占上市公司最近一个会计年度经审计的合并财务会计报告期末净资产额的比例达到50%以上，且超过5000万元人民币。

购买、出售资产未达到前款规定标准，但中国证监会发现存在可能损害上市公司或者投资者合法权益的重大问题的，可以根据审慎监管原则责令上市公司按照本办法的规定补充披露相关信息、暂停交易并报送申请文件。

第十二条 自控制权发生变更之日起，上市公司向收购人购买的资产总额，占上市公司控制权发生变更的前一个会计年度经审计的合并财务会计报告期末资产总额的比例达到100%以上的，除符合本办法第十条、第四十二条规定的要求外，上市公司购买的资产对应的经营实体持续经营时间应当在3年以上，最近两个会计年度净利润均为正数且累计超过人民币2000万元。上市公司购买的资产属于金融、创业投资等特定行业的，由中国证监会另行规定。

前款规定的重大资产重组完成后，上市公司应当符合中国证监会关于上市公司治理与规范运作的相关规定，在业务、资产、财务、人员、机构等方面独立于控股股东、实际控制人及其控制的其他企业，与控股股东、实际控制人及其控制的其他企业间不存在同业竞争或者显失公平的关联交易。

第十三条 计算本办法第十一条、第十二条规定的比例时，应当遵守下列规定：

（一）购买的资产为股权的，其资产总额以被投资企业的资产总额与该项投资所占股权比例的乘积和成交金额二者中的较高者为准，营业收入以被投资企业的营业收入与该项投资所占股权比例的乘积为准，资产净额以被投资企业的净资产额与该项投资所占股权比例的乘积和成交金额二者中的较高者为准；出售的资产为股权的，其资产总额、营业收入以及资产净额分别以被投资企业的资产总额、营业收入以及净资产额与该项投资所占股权比例的乘积为准。

购买股权导致上市公司取得被投资企业控股权的，其资产总额以被投资企业的资产总额和成交金额二者中的较高者为准，营业收入以被投资企业的营业收入为准，资产净额以被投资企业的净资产额和成交金额二者中的较高者为准；出售股权导致上市公司丧失被投资企业控股权的，其资产总额、营业收入以及资产净额分别以被投资企业的资产总额、营业收入以及净资产额为准。

（二）购买的资产为非股权资产的，其资产总额以该资产的账面值和成交金额二者中的较高者为准，资产净额以相关资产与负债的账面值差额和成交金额二者中的较高者为准；出售的资产为非股权资产的，其资产总额、资产净额分别以该资产的账面值、相关资产与负债账面值的差额为准；该非股权资产不涉及负债的，不适用第十一条第一款第（三）项规定的资产净额标准。

（三）上市公司同时购买、出售资产的，应当分别计算购买、出售资产的相关比例，并以二者中比例较高者为准。

（四）上市公司在12个月内连续对同一或者相关资产进行购买、出售的，以其累计数分别计算相应数额。已按照本办法的规定报经中国证监会核准的资产交易行为，无须纳入累计计算的范围，但本办法第十二条规定情形除外。

交易标的资产属于同一交易方所有或者控制，或者属于相同或者相近的业务范围，或者中国证监会认定的其他情形下，可以认定为同一或者相关资产。

第十四条 本办法第二条所称通过其他方式进行资产交易，包括：

（一）与他人新设企业、对已设立的企业增资或者减资；

（二）受托经营、租赁其他企业资产或者将经营性资产委托他人经营、租赁；

（三）接受附义务的资产赠与或者对外捐赠资产；

（四）中国证监会根据审慎监管原则认定的其他情形。

上述资产交易实质上构成购买、出售资产，且按照本办法规定的标准计算的相关比例达到50%以上的，应当按照本办法的规定履行信息披露等相关义务并报送申请文件。

第三章 重大资产重组的程序

第十五条 上市公司与交易对方就重大资产重组事宜进行初步磋商时，应当立即采取必要且充分的保密措施，制定严格有效的保密制度，限定相关敏感信息的知悉范围。上市公司及交易对方聘请证券服务机构的，应当立即与所聘请的证券服务机构签署保密协议。

上市公司关于重大资产重组的董事会决议公告前，相关信息已在媒体上传播或者公司股票交易出现异常波动的，上市公司应当立即将有关计划、方案或者相关事项的现状以及相关进展情况和风险因素等予以公告，并按照有关信息披露规则办理其他相关事宜。

第十六条 上市公司应当聘请独立财务顾问、律师事务所以及具有相关证券业务资格的会计师事务所等证券服务机构就重大资产重组出具意见。

独立财务顾问和律师事务所应当审慎核查重大资产重组是否构成关联交易，并依据核查确认的相关事实发表明确意见。重大资产重组涉及关联交易的，独立财务顾问应当就本次重组对上市公司非关联股东的影响发表明确意见。

资产交易定价以资产评估结果为依据的，上市公司应当聘请具有相关证券业务资格的资产评估机构出具资产评估报告。

证券服务机构在其出具的意见中采用其他证券服务机构或者人员的专业意见的，仍然应当进行尽职调查，审慎核查其采用的专业意见的内容，并对利用其他证券服务机构或者人员的专业意见所形成的结论负责。

第十七条 上市公司及交易对方与证券服务机构签订聘用合同后，非因正当事由不得更换证券服务机构。确有正当事由需要更换证券服务机构的，应当在申请材料中披露更换的具体原因以及证券服务机构的陈述意见。

第十八条 上市公司购买资产的，应当提供拟购买资产的盈利预测报告。上市公司拟进行本办法第二十八条第一款第（一）至（三）项规定的重大资产重组以及发行股份购买资产的，还应当提供上市公司的盈利预测报告。盈利预测报告应当经具有相关证券业务资格的会计师事务所审核。

上市公司确有充分理由无法提供上述盈利预测报告的，应当说明原因，在上市公司重大资产重组报告书（或者发行股份购买资产报告书，下同）中作出特别风险提示，并在管理层讨论与分析部分就本次重组对上市公司持续经营能力和未来发展前景的影响进行详细分析。

第十九条 重大资产重组中相关资产以资产评估结果作为定价依据的，资产评估机构原则上应当采取两种以上评估方法进行评估。

上市公司董事会应当对评估机构的独立性、评估假设前提的合理性、评估方法与评估目的的相关性以及评估定价的公允性发表明确意见。上市公司独立董事应当对评估机构的独立性、评估假设前提的合理性和评估定价的公允性发表独立意见。

第二十条 上市公司进行重大资产重组，应当由董事会依法作出决议，并提交股东大会批准。

上市公司董事会应当就重大资产重组是否构成关联交易作出明确判断，并作为董事会决议事项予以披露。

上市公司独立董事应当在充分了解相关信息的基础上，就重大资产重组发表独立意见。重大资产重组构成关联交易的，独立董事可以另行聘请独立财务顾问就本次交易对上市公司非关联股东的影响发表意见。上市公司应当积极配合独立董事调阅相关材料，并通过安排实地调查、组织证券服务机构汇报等方式，为独立董事履行职责提供必要的支持和便利。

第二十一条 上市公司应当在董事会作出重大资产重组决议后的次一工作日至少披露下列文件，同时抄报上市公司所在地的中国证监会派出机构（以下简称派出机构）：

（一）董事会决议及独立董事的意见；

（二）上市公司重大资产重组预案。

本次重组的重大资产重组报告书、独立财务顾问报告、法律意见书以及重组涉及的审计报告、资产评估报告和经审核的盈利预测报告至迟应当与召开股东大会的通知同时公告。

本条第一款第（二）项及第二款规定的信息披露文件的内容与格式另行

规定。

上市公司应当在至少一种中国证监会指定的报刊公告董事会决议、独立董事的意见和重大资产重组报告书摘要，并应当在证券交易所网站全文披露重大资产重组报告书及相关证券服务机构的报告或者意见。

第二十二条 上市公司股东大会就重大资产重组作出的决议，至少应当包括下列事项：

（一）本次重大资产重组的方式、交易标的和交易对方；

（二）交易价格或者价格区间；

（三）定价方式或者定价依据；

（四）相关资产自定价基准日至交割日期间损益的归属；

（五）相关资产办理权属转移的合同义务和违约责任；

（六）决议的有效期；

（七）对董事会办理本次重大资产重组事宜的具体授权；

（八）其他需要明确的事项。

第二十三条 上市公司股东大会就重大资产重组事项作出决议，必须经出席会议的股东所持表决权的2/3以上通过。

上市公司重大资产重组事宜与本公司股东或者其关联人存在关联关系的，股东大会就重大资产重组事项进行表决时，关联股东应当回避表决。

交易对方已经与上市公司控股股东就受让上市公司股权或者向上市公司推荐董事达成协议或者默契，可能导致上市公司的实际控制权发生变化的，上市公司控股股东及其关联人应当回避表决。

上市公司就重大资产重组事宜召开股东大会，应当以现场会议形式召开，并应当提供网络投票或者其他合法方式为股东参加股东大会提供便利。

第二十四条 上市公司应当在股东大会作出重大资产重组决议后的次一工作日公告该决议，并按照中国证监会的有关规定编制申请文件，委托独立财务顾问在3个工作日内向中国证监会申报，同时抄报派出机构。

第二十五条 上市公司全体董事、监事、高级管理人员应当出具承诺，保证重大资产重组申请文件不存在虚假记载、误导性陈述或者重大遗漏。

第二十六条 中国证监会依照法定条件和法定程序对重大资产重组申请作出予以核准或者不予核准的决定。

中国证监会在审核期间提出反馈意见要求上市公司作出书面解释、说明的，上市公司应当自收到反馈意见之日起30日内提供书面回复意见，独立财务顾问应当配合上市公司提供书面回复意见。逾期未提供的，上市公司应当在到期日的次日就本次重大资产重组的进展情况及未能及时提供回复意见的具体原因等予以公告。

第二十七条 中国证监会审核期间，上市公司拟对交易对象、交易标的、交易价格等作出变更，构成对重组方案重大调整的，应当在董事会表决通过后重新提交股东大会审议，并按照本办法的规定向中国证监会重新报送重大资产重组申请文件，同时作出公告。

在中国证监会审核期间，上市公司董事会决议终止或者撤回本次重大资产重组申请的，应当说明原因，予以公告，并按照公司章程的规定提交股东大会审议。

第二十八条 上市公司重大资产重组存在下列情形之一的，应当提交并购重组委审核：

（一）符合本办法第十二条的规定；

（二）上市公司出售资产的总额和购买资产的总额占其最近一个会计年度经审计的合并财务会计报告期末资产总额的比例均达到70%以上；

（三）上市公司出售全部经营性资产，同时购买其他资产；

（四）中国证监会在审核中认为需要提交并购重组委审核的其他情形。

重大资产重组不存在前款规定情形，但存在下列情形之一的，上市公司可以向中国证监会申请将本次重组方案提交并购重组委审核：

（一）上市公司购买的资产为符合本办法第五十条规定的完整经营实体且业绩需要模拟计算的；

（二）上市公司对中国证监会有关职能部门提出的反馈意见表示异议的。

第二十九条 上市公司在收到中国证监会关于召开并购重组委工作会议审核其重大资产重组申请的通知后，应当立即予以公告，并申请办理并购重组委工作会议期间直至其表决结果披露前的停牌事宜。

上市公司在收到并购重组委关于其重大资产重组申请的表决结果后，应当在次一工作日公告表决结果并申请复牌。公告应当说明，公司在收到中国证监会作出的予以核准或者不予核准的决定后将再行公告。

第三十条 上市公司收到中国证监会就其重大资产重组申请作出的予以核准或者不予核准的决定后，应当在次一工作日予以公告。

中国证监会予以核准的，上市公司应当在公告核准决定的同时，按照相关信息披露准则的规定补充披露相关文件。

第三十一条 中国证监会核准上市公司重大资产重组申请的，上市公司应当及时实施重组方案，并于实施完毕之日起3个工作日内编制实施情况报告书，向中国证监会及其派出机构、证券交易所提交书面报告，并予以公告。

上市公司聘请的独立财务顾问和律师事务所应当对重大资产重组的实施过

程、资产过户事宜和相关后续事项的合规性及风险进行核查，发表明确的结论性意见。独立财务顾问和律师事务所出具的意见应当与实施情况报告书同时报告、公告。

第三十二条 自收到中国证监会核准文件之日起60日内，本次重大资产重组未实施完毕的，上市公司应当于期满后次一工作日将实施进展情况报告中国证监会及其派出机构，并予以公告；此后每30日应当公告一次，直至实施完毕。超过12个月未实施完毕的，核准文件失效。

第三十三条 上市公司在实施重大资产重组的过程中，发生法律、法规要求披露的重大事项的，应当及时向中国证监会及其派出机构报告。该事项导致本次重组发生实质性变动的，须重新报经中国证监会核准。

第三十四条 根据本办法第十八条规定提供盈利预测报告的，上市公司应当在重大资产重组实施完毕后的有关年度报告中单独披露上市公司及相关资产的实际盈利数与利润预测数的差异情况，并由会计师事务所对此出具专项审核意见。

资产评估机构采取收益现值法、假设开发法等基于未来收益预期的估值方法对拟购买资产进行评估并作为定价参考依据的，上市公司应当在重大资产重组实施完毕后3年内的年度报告中单独披露相关资产的实际盈利数与评估报告中利润预测数的差异情况，并由会计师事务所对此出具专项审核意见；交易对方应当与上市公司就相关资产实际盈利数不足利润预测数的情况签订明确可行的补偿协议。

第三十五条 上市公司重大资产重组发生下列情形的，独立财务顾问应当及时出具核查意见，向中国证监会及其派出机构报告，并予以公告：

（一）中国证监会作出核准决定前，上市公司对交易对象、交易标的、交易价格等作出变更，构成对原重组方案重大调整的；

（二）中国证监会作出核准决定后，上市公司在实施重组过程中发生重大事项，导致原重组方案发生实质性变动的；

第三十六条 独立财务顾问应当按照中国证监会的相关规定，对实施重大资产重组的上市公司履行持续督导职责。持续督导的期限自中国证监会核准本次重大资产重组之日起，应当不少于一个会计年度。实施本办法第十二条规定的重大资产重组，持续督导的期限自中国证监会核准本次重大资产重组之日起，应当不少于3个会计年度。

第三十七条 独立财务顾问应当结合上市公司重大资产重组当年和实施完毕后的第一个会计年度的年报，自年报披露之日起15日内，对重大资产重组实施的下列事项出具持续督导意见，向派出机构报告，并予以公告：

（一）交易资产的交付或者过户情况；

（二）交易各方当事人承诺的履行情况；

（三）盈利预测的实现情况；

（四）管理层讨论与分析部分提及的各项业务的发展现状；

（五）公司治理结构与运行情况；

（六）与已公布的重组方案存在差异的其他事项。

独立财务顾问还应当结合本办法第十二条规定的重大资产重组实施完毕后的第二、三个会计年度的年报，自年报披露之日起15日内，对前款第（二）至（六）项事项出具持续督导意见，向派出机构报告，并予以公告。

第四章　重大资产重组的信息管理

第三十八条　上市公司筹划、实施重大资产重组，相关信息披露义务人应当公平地向所有投资者披露可能对上市公司股票交易价格产生较大影响的相关信息（以下简称股价敏感信息），不得有选择性地向特定对象提前泄露。

第三十九条　上市公司的股东、实际控制人以及参与重大资产重组筹划、论证、决策等环节的其他相关机构和人员，应当及时、准确地向上市公司通报有关信息，并配合上市公司及时、准确、完整地进行披露。上市公司获悉股价敏感信息的，应当及时向证券交易所申请停牌并披露。

第四十条　上市公司及其董事、监事、高级管理人员，重大资产重组的交易对方及其关联方，交易对方及其关联方的董事、监事、高级管理人员或者主要负责人，交易各方聘请的证券服务机构及其从业人员，参与重大资产重组筹划、论证、决策、审批等环节的相关机构和人员，以及因直系亲属关系、提供服务和业务往来等知悉或者可能知悉股价敏感信息的其他相关机构和人员，在重大资产重组的股价敏感信息依法披露前负有保密义务，禁止利用该信息进行内幕交易。

第四十一条　上市公司筹划重大资产重组事项，应当详细记载筹划过程中每一具体环节的进展情况，包括商议相关方案、形成相关意向、签署相关协议或者意向书的具体时间、地点、参与机构和人员、商议和决议内容等，制作书面的交易进程备忘录并予以妥当保存。参与每一具体环节的所有人员应当即时在备忘录上签名确认。

上市公司预计筹划中的重大资产重组事项难以保密或者已经泄露的，应当及时向证券交易所申请停牌，直至真实、准确、完整地披露相关信息。停牌期间，上市公司应当至少每周发布一次事件进展情况公告。

上市公司股票交易价格因重大资产重组的市场传闻发生异常波动时，上市公司应当及时向证券交易所申请停牌，核实有无影响上市公司股票交易价格的重组事项并予以澄清，不得以相关事项存在不确定性为由不履行信息披露义务。

第五章 发行股份购买资产的特别规定

第四十二条 上市公司发行股份购买资产，应当符合下列规定：

（一）有利于提高上市公司资产质量、改善公司财务状况和增强持续盈利能力；有利于上市公司减少关联交易和避免同业竞争，增强独立性；

（二）上市公司最近一年及一期财务会计报告被注册会计师出具无保留意见审计报告；被出具保留意见、否定意见或者无法表示意见的审计报告的，须经注册会计师专项核查确认，该保留意见、否定意见或者无法表示意见所涉及事项的重大影响已经消除或者将通过本次交易予以消除；

（三）上市公司发行股份所购买的资产，应当为权属清晰的经营性资产，并能在约定期限内办理完毕权属转移手续；

（四）中国证监会规定的其他条件。

上市公司为促进行业或者产业整合，增强与现有主营业务的协同效应，在其控制权不发生变更的情况下，可以向控股股东、实际控制人或者其控制的关联人之外的特定对象发行股份购买资产，发行股份数量不低于发行后上市公司总股本的5%；发行股份数量低于发行后上市公司总股本的5%的，主板、中小板上市公司拟购买资产的交易金额不低于1亿元人民币，创业板上市公司拟购买资产的交易金额不低于5000万元人民币。

特定对象以现金或者资产认购上市公司非公开发行的股份后，上市公司用同一次非公开发行所募集的资金向该特定对象购买资产的，视同上市公司发行股份购买资产。

第四十三条 上市公司发行股份购买资产的，可以同时募集部分配套资金，其定价方式按照现行相关规定办理。

第四十四条 上市公司发行股份的价格不得低于本次发行股份购买资产的董事会决议公告日前20个交易日公司股票交易均价。

前款所称交易均价的计算公式为：董事会决议公告日前20个交易日公司股票交易均价=决议公告日前20个交易日公司股票交易总额/决议公告日前20个交易日公司股票交易总量。

上市公司破产重整，涉及公司重大资产重组拟发行股份购买资产的，其发行股份价格由相关各方协商确定后，提交股东大会作出决议，决议须经出席会议的股东所持表决权的2/3以上通过，且经出席会议的社会公众股东所持表决权的 2/3 以上通过。关联股东应当回避表决。

第四十五条 特定对象以资产认购而取得的上市公司股份，自股份发行结束之日起 12 个月内不得转让；属于下列情形之一的，36 个月内不得转让：

（一）特定对象为上市公司控股股东、实际控制人或者其控制的关联人；

（二）特定对象通过认购本次发行的股份取得上市公司的实际控制权；

（三）特定对象取得本次发行的股份时，对其用于认购股份的资产持续拥有权益的时间不足 12 个月。

第四十六条 上市公司申请发行股份购买资产，应当提交并购重组委审核。

第四十七条 上市公司发行股份购买资产导致特定对象持有或者控制的股份达到法定比例的，应当按照《上市公司收购管理办法》（证监会令第 56 号）的规定履行相关义务。

特定对象因认购上市公司发行股份导致其持有或者控制的股份比例超过 30% 或者在 30% 以上继续增加，且上市公司股东大会同意其免于发出要约的，可以在上市公司向中国证监会报送发行股份申请的同时，提出豁免要约义务的申请。

第四十八条 中国证监会核准上市公司发行股份购买资产的申请后，上市公司应当及时实施。向特定对象购买的相关资产过户至上市公司后，上市公司聘请的独立财务顾问和律师事务所应当对资产过户事宜和相关后续事项的合规性及风险进行核查，并发表明确意见。上市公司应当在相关资产过户完成后 3 个工作日内就过户情况作出公告，并向中国证监会及其派出机构提交书面报告，公告和报告中应当包括独立财务顾问和律师事务所的结论性意见。

上市公司完成前款规定的公告、报告后，可以到证券交易所、证券登记结算公司为认购股份的特定对象申请办理证券登记手续。

第六章 重大资产重组后申请发行新股或者公司债券

第四十九条 经并购重组委审核后获得核准的重大资产重组实施完毕后，上市公司申请公开发行新股或者公司债券，同时符合下列条件的，本次重大资产重组前的业绩在审核时可以模拟计算：

（一）进入上市公司的资产是完整经营实体；

（二）本次重大资产重组实施完毕后，重组方的承诺事项已经如期履行，上市公司经营稳定、运行良好；

（三）本次重大资产重组实施完毕后，上市公司和相关资产实现的利润达到盈利预测水平。

上市公司在本次重大资产重组前不符合中国证监会规定的公开发行证券条件，或者本次重组导致上市公司实际控制人发生变化的，上市公司申请公开发行新股或者公司债券，距本次重组交易完成的时间应当不少于一个完整会计年度。

第五十条 本办法所称完整经营实体，应当符合下列条件：

（一）经营业务和经营资产独立、完整，且在最近两年未发生重大变化；

（二）在进入上市公司前已在同一实际控制人之下持续经营两年以上；

（三）在进入上市公司之前实行独立核算，或者虽未独立核算，但与其经营业务相关的收入、费用在会计核算上能够清晰划分；

（四）上市公司与该经营实体的主要高级管理人员签订聘用合同或者采取其他方式，就该经营实体在交易完成后的持续经营和管理作出恰当安排。

第七章 监督管理和法律责任

第五十一条 未经核准擅自实施重大资产重组的，责令改正，可以采取监管谈话、出具警示函等监管措施；情节严重的，处以警告、罚款，并可以对有关责任人员采取市场禁入的措施。

第五十二条 上市公司或者其他信息披露义务人未按照本办法规定报送重大资产重组有关报告，或者报送的报告有虚假记载、误导性陈述或者重大遗漏的，责令改正，依照《证券法》第一百九十三条予以处罚；情节严重的，责令停止重组活动，并可以对有关责任人员采取市场禁入的措施。

第五十三条 上市公司或者其他信息披露义务人未按照规定披露重大资产重组信息，或者所披露的信息存在虚假记载、误导性陈述或者重大遗漏的，责令改正，依照《证券法》第一百九十三条规定予以处罚；情节严重的，责令停止重组活动，并可以对有关责任人员采取市场禁入的措施；涉嫌犯罪的，依法移送司法机关追究刑事责任。

第五十四条 上市公司董事、监事和高级管理人员在重大资产重组中，未履行诚实守信、勤勉尽责义务，导致重组方案损害上市公司利益的，责令改正，采取监管谈话、出具警示函等监管措施；情节严重的，处以警告、罚款，并可以采取市场禁入的措施；涉嫌犯罪的，依法移送司法机关追究刑事责任。

第五十五条 为重大资产重组出具财务顾问报告、审计报告、法律意见、资产评估报告及其他专业文件的证券服务机构及其从业人员未履行诚实守信、勤勉尽责义务，违反行业规范、业务规则，或者未依法履行报告和公告义务、持续督导义务的，责令改正，采取监管谈话、出具警示函等监管措施；情节严重的，依照《证券法》第二百二十六条予以处罚。

前款规定的证券服务机构及其从业人员所制作、出具的文件存在虚假记载、误导性陈述或者重大遗漏的，责令改正，依照《证券法》第二百二十三条予以处罚；情节严重的，可以采取市场禁入的措施；涉嫌犯罪的，依法移送司法机关追究刑事责任。

第五十六条 重大资产重组实施完毕后，凡不属于上市公司管理层事前无法获知且事后无法控制的原因，上市公司或者购买资产实现的利润未达到盈利预测报告或者资产评估报告预测金额的80%，或者实际运营情况与重大资产重组报告书中管理层讨论与分析部分存在较大差距的，上市公司的董事长、总经理以及对此承担相应责任的会计师事务所、财务顾问、资产评估机构及其从业人员应当在上市公司披露年度报告的同时，在同一报刊上作出解释，并向投资者公开道歉；实现利润未达到预测金额50%的，可以对上市公司、相关机构及其责任人员采取监管谈话、出具警示函、责令定期报告等监管措施。

第五十七条 任何知悉重大资产重组信息的人员在相关信息依法公开前，泄露该信息、买卖或者建议他人买卖相关上市公司证券、利用重大资产重组散布虚假信息、操纵证券市场或者进行欺诈活动的，依照《证券法》第二百零二条、第二百零三条、第二百零七条予以处罚；涉嫌犯罪的，依法移送司法机关追究刑事责任。

第八章 附 则

第五十八条 本办法自2008年5月18日起施行。中国证监会发布的《关于上市公司重大购买、出售、置换资产若干问题的通知》（证监公司字［2001］105号）同时废止。

VII. 3. 3 国务院关于促进企业兼并重组的意见

（2010年8月28日 国发［2010］27号）

各省、自治区、直辖市人民政府，国务院各部委、各直属机构：

为深入贯彻落实科学发展观，切实加快经济发展方式转变和结构调整，提高发展质量和效益，现就加快调整优化产业结构、促进企业兼并重组提出以下意见：

一、充分认识企业兼并重组的重要意义

近年来，各行业、各领域企业通过合并和股权、资产收购等多种形式积极进行整合，兼并重组步伐加快，产业组织结构不断优化，取得了明显成效。但一些行业重复建设严重、产业集中度低、自主创新能力不强、市场竞争力较弱的问题仍很突出。在资源环境约束日益严重、国际间产业竞争更加激烈、贸易保护主义明显抬头的新形势下，必须切实推进企业兼并重组，深化企业改革，促进产业结构优化升级，加快转变发展方式，提高发展质量和效益，增强抵御国际市场风险能力，实现可持续发展。各地区、各有关部门要把促进企业兼并重组作为贯彻落实科学发展观，保持经济平稳较快发展的重要任务，进一步统一思想，正确处理局部与整体、当前与长远的关系，切实抓好促进企业兼并重组各项工作部署的贯彻落实。

二、主要目标和基本原则

（一）主要目标。通过促进企业兼并重组，深化体制机制改革，完善以公有制为主体、多种所有制经济共同发展的基本经济制度。加快国有经济布局和结构的战略性调整，健全国有资本有进有退的合理流动机制，鼓励和支持民营企业参与竞争性领域国有企业改革、改制和改组，促进非公有制经济和中小企业发展。兼并重组企业要转换经营机制，完善公司治理结构，建立现代企业制度，加强和改善内部管理，加强技术改造，推进技术进步和自主创新，淘汰落后产能，压缩过剩产能，促进节能减排，提高市场竞争力。

进一步贯彻落实重点产业调整和振兴规划，做强做大优势企业。以汽车、钢铁、水泥、机械制造、电解铝、稀土等行业为重点，推动优势企业实施强强联合、跨地区兼并重组、境外并购和投资合作，提高产业集中度，促进规模化、集约化经营，加快发展具有自主知识产权和知名品牌的骨干企业，培养一批具有国际竞争力的大型企业集团，推动产业结构优化升级。

（二）基本原则。

1. 发挥企业的主体作用。充分尊重企业意愿，充分调动企业积极性，通过完善相关行业规划和政策措施，引导和激励企业自愿、自主参与兼并重组。

2. 坚持市场化运作。遵循市场经济规则，充分发挥市场机制的基础性作用，规范行政行为，由企业通过平等协商、依法合规开展兼并重组，防止“拉郎配”。

3. 促进市场有效竞争。统筹协调，分类指导，促进提高产业集中度，促进大中小企业协调发展，促进各种所有制企业公平竞争和优胜劣汰，形成结构合理、竞争有效、规范有序的市场格局。

4. 维护企业与社会和谐稳定。严格执行相关法律法规和规章制度，妥善解决企业兼并重组中资产债务处置、职工安置等问题，依法维护债权人、债务人以及企业职工等利益主体的合法权益，促进企业、社会的和谐稳定。

三、消除企业兼并重组的制度障碍

（一）清理限制跨地区兼并重组的规定。为优化产业布局、进一步破除市场分割和地区封锁，要认真清理废止各种不利于企业兼并重组和妨碍公平竞争的规定，尤其要坚决取消各地区自行出台的限制外地企业对本地企业实施兼并重组的规定。

（二）理顺地区间利益分配关系。在不违背国家有关政策规定的前提下，地区间可根据企业资产规模和盈利能力，签订企业兼并重组后的财税利益分成协议，妥善解决企业兼并重组后工业增加值等统计数据的归属问题，实现企业兼并重组成果共享。

（三）放宽民营资本的市场准入。切实向民营资本开放法律法规未禁入的行业和领域，并放宽在股权比例等方面的限制。加快垄断行业改革，鼓励民营资本通过兼并重组等方式进入垄断行业的竞争性业务领域，支持民营资本进入基础设施、公共事业、金融服务和社会事业相关领域。

四、加强对企业兼并重组的引导和政策扶持

（一）落实税收优惠政策。研究完善支持企业兼并重组的财税政策。对企业兼并重组涉及的资产评估增值、债务重组收益、土地房屋权属转移等给予税收优惠，具体按照财政部、税务总局《关于企业兼并重组业务企业所得税处理若干问题的通知》（财税［2009］59号）、《关于企业改制重组若干契税政策的通知》（财税［2008］175号）等规定执行。

（二）加强财政资金投入。在中央国有资本经营预算中设立专项资金，通过技改贴息、职工安置补助等方式，支持中央企业兼并重组。鼓励地方人民政府通过财政贴息、信贷奖励补助等方式，激励商业银行加大对企业兼并重组的信贷支持力度。有条件的地方可设立企业兼并重组专项资金，支持本地区企业兼并重组，财政资金投入要优先支持重点产业调整和振兴规划确定的企业兼并重组。

（三）加大金融支持力度。商业银行要积极稳妥开展并购贷款业务，扩大贷款规模，合理确定贷款期限。鼓励商业银行对兼并重组后的企业实行综合授信。鼓励证券公司、资产管理公司、股权投资基金以及产业投资基金等参与企业兼并重组，并向企业提供直接投资、委托贷款、过桥贷款等融资支持。积极探索设立专门的并购基金等兼并重组融资新模式，完善股权投资退出机制，吸引社会资金参与企业兼并重组。通过并购贷款、境内外银团贷款、贷款贴息等方式支持企业跨国并购。

（四）支持企业自主创新和技术进步。支持有条件的企业建立企业技术中心，提高研发水平和自主创新能力，加快科技成果向现实生产力转化。大力支持兼并重组企业技术改造和产品结构调整，优先安排技术改造资金，对符合国家产业政策的技术改造项目优先立项。鼓励和引导企业通过兼并重组淘汰落后产能，切实防止以兼并重组为名盲目扩张产能和低水平重复建设。

（五）充分发挥资本市场推动企业重组的作用。进一步推进资本市场企业并购重组的市场化改革，健全市场化定价机制，完善相关规章及配套政策，支持企业利用资本市场开展兼并重组，促进行业整合和产业升级。支持符合条件的企业通过发行股票、债券、可转换债等方式为兼并重组融资。鼓励上市公司以股权、现金及其他金融创新方式作为兼并重组的支付手段，拓宽兼并重组融资渠道，提高资本市场兼并重组效率。

（六）完善相关土地管理政策。兼并重组涉及的划拨土地符合划拨用地条件的，经所在地县级以上人民政府批准可继续以划拨方式使用；不符合划拨用地条件的，依法实行有偿使用，划拨土地使用权价格可依法作为土地使用权人的权益。重点产业调整和振兴规划确定的企业兼并重组项目涉及的原生产经营性划拨土地，经省级以上人民政府国土资源部门批准，可以国家作价出资（入股）方式处置。

（七）妥善解决债权债务和职工安置问题。兼并重组要严格依照有关法律规定和政策妥善分类处置债权债务关系，落实清偿责任，确保债权人、债务人的合法利益。研究债务重组政策措施，支持资产管理公司、创业投资企业、股权投资基金、产业投资基金等机构参与被兼并企业的债务处置。切实落实相关政策规定，积极稳妥解决职工劳动关系、社会保险关系接续、拖欠职工工资等问题。制定完善相关政策措施，继续支持国有企业实施主辅分离、辅业改制和分流安置富余人员。认真落实积极的就业政策，促进下岗失业人员再就业，所需资金从就业专项资金中列支。

（八）深化企业体制改革和管理创新。鼓励兼并重组企业进行公司制、股份制改革，建立健全规范的法人治理结构，转换企业经营机制，创新管理理念、管理机制和管理手段，加强和改善生产经营管理，促进自主创新，提高企业市场竞争力。

五、改进对兼并重组的管理和服务

（一）做好信息咨询服务。加快引进和培养熟悉企业并购业务特别是跨国并购业务的专门人才，建立促进境内外并购活动的公共服务平台，拓宽企业兼并重组信息交流渠道，加强市场信息、战略咨询、法律顾问、财务顾问、资产评估、产权交易、融资中介、独立审计和企业管理等咨询服务，推动企业兼并重组中介服务加快专业化、规范化发展。

（二）加强风险监控。督促企业严格执行兼并重组的有关法律法规和政策，规范操作程序，加强信息披露，防范道德风险，确保兼并重组操作规范、公开、透明。深入研究企业兼并重组中可能出现的各种矛盾和问题，加强风险评估，妥善制定相应的应对预案和措施，切实维护企业、社会和谐稳定。有效防范和打击内幕交易和市场操纵行为，防止恶意收购，防止以企业兼并重组之名甩包袱、偷逃税款、逃废债务，防止国有资产流失。充分发挥境内银行、证券公司等金融机构在跨国并购中的咨询服务作用，指导和帮助企业制定境外并购风险防范和应对方案，保护企业利益。

（三）维护公平竞争和国家安全。完善相关管理办法，加强和完善对重大的企业兼并重组交易的管理，对达到经营者集中法定申报标准的企业兼并重组，依法进行经营者集中审查。进一步完善外资并购管理规定，建立健全外资并购国内企业国家安全审查制度，鼓励和规范外资以参股、并购方式参与国内企业改组改造和兼并重组，维护国家安全。

六、加强对企业兼并重组工作的领导

建立健全组织协调机制，加强对企业兼并重组工作的领导。由工业和信息化部牵头，发展改革委、财政部、人力资源社会保障部、国土资源部、商务部、人民银行、国资委、税务总局、工商总局、银监会、证监会等部门参加，成立企业兼并重组工作协调小组，统筹协调企业兼并重组工作，研究解决推进企业兼并重组工作中的重大问题，细化有关政策和配套措施，落实重点产业调整和振兴规划的相关要求，协调有关地区和企业做好组织实施。各地区要努力营造企业跨地区、跨行业、跨所有制兼并重组的良好环境，指导督促企业切实做好兼并重组有关工作。

附件：促进企业兼并重组任务分工表

附件

促进企业兼并重组任务分工表

工 作 任 务	牵头单位	参加单位
清理取消阻碍企业兼并重组的规定。	工业和信息化部	各省、自治区、直辖市人民政府
放宽民营资本的市场准入。	工业和信息化部	发展改革委、国土资源部、工商总局、银监会等
完善和落实企业兼并重组的税收优惠政策。	财政部	税务总局
鼓励商业银行开展并购贷款业务，扩大贷款规模。鼓励商业银行对兼并重组后的企业实行综合授信。通过并购贷款、境内外银团贷款、贷款贴息等方式支持企业跨国并购。	银监会、人民银行	发展改革委、工业和信息化部、财政部
积极探索设立专门并购基金等兼并重组融资新模式，完善股权投资退出机制。支持符合条件的企业通过发行股票、债券、可转换债等为兼并重组融资。	证监会、发展改革委	工业和信息化部、财政部
在中央国有资本经营预算中设立专项资金，支持中央企业兼并重组。	财政部	国资委、发展改革委、工业和信息化部、商务部
鼓励地方人民政府通过财政贴息、信贷奖励补助等方式，激励商业银行加大对企业兼并重组的信贷支持力度。有条件的地方可设立企业兼并重组专项资金。		各省、自治区、直辖市人民政府
进一步推进资本市场企业并购重组的市场化改革，健全市场化定价机制，完善相关规章及配套政策，支持企业利用资本市场开展兼并重组。鼓励上市公司以股权、现金及其他金融创新方式作为兼并重组的支付手段。	证监会	发展改革委、财政部、商务部、人民银行、银监会
完善土地使用优惠政策。	国土资源部	财政部
加大对兼并重组企业技术改造支持力度。支持有条件的企业建立企业技术中心。鼓励和引导企业通过兼并重组淘汰落后产能，切实防止以兼并重组为名盲目扩张产能和低水平重复建设。	发展改革委、工业和信息化部	财政部
研究债务重组政策措施，支持资产管理公司、创业投资企业、股权投资基金、产业投资基金等机构参与被兼并企业的债务处置。	财政部	发展改革委、人民银行、国资委、银监会

续表

工 作 任 务	牵头单位	参加单位
制订完善相关政策措施，继续支持国有企业实施主辅分离、辅业改制和分流安置富余人员。	财政部、国资委	人力资源社会保障部
落实积极的就业政策，促进下岗失业人员再就业。	人力资源社会保障部、财政部，各省、自治区、直辖市人民政府	国资委
建立促进境内外并购活动的公共服务平台。	工业和信息化部	发展改革委、商务部、证监会
发挥境内银行、证券公司等金融机构在跨国并购中的咨询服务作用，指导和帮助企业制定境外并购风险防范和应对方案。	商务部	银监会、证监会、工业和信息化部、发展改革委等
督促企业严格执行有关法律法规和政策，规范操作程序，加强信息披露。有效防范和打击内幕交易和市场操纵行为，防止恶意收购，防止以企业兼并重组之名甩包袱、偷逃税款、逃废债务，防止国有资产流失。	工业和信息化部	发展改革委、财政部、商务部、国资委、人民银行、税务总局、工商总局、银监会、证监会
深入研究企业兼并重组中可能出现的各种矛盾和问题，加强风险评估，制定相应的应对预案。	工业和信息化部	发展改革委、财政部、人力资源社会保障部、商务部、人民银行、国资委、银监会、证监会
对达到经营者集中法定申报标准的企业兼并重组，依法进行经营者集中审查。	商务部	发展改革委、工业和信息化部、国资委等
完善相关管理办法，加强和完善对重大的企业兼并重组交易的管理。	工业和信息化部	发展改革委、财政部、商务部、国资委、证监会
建立企业兼并重组工作部际协调机制。	工业和信息化部	发展改革委、财政部、人力资源社会保障部、国土资源部、商务部、人民银行、国资委、税务总局、工商总局、银监会、证监会等

VII. 3. 4 《上市公司收购管理办法》第六十二条及《上市公司重大资产重组管理办法》第四十三条有关限制股份转让的适用意见——证券期货法律适用意见第4号

（2009 年 5 月 19 日　中国证监会公告［2009］11 号）

《上市公司收购管理办法》（证监会令第 35 号，以下简称《收购办法》）第六十二条第一款第（二）项规定："上市公司面临严重财务困难，收购人提出的挽救公司的重组方案取得该公司股东大会批准，且收购人承诺 3 年内不转让其在该公司中所拥有的权益"的，收购人可以向我会申请免于履行要约收购义务；《收购办法》第六十二条第一款第（三）项规定："经上市公司股东大会非关联股东批准，收购人取得上市公司向其发行的新股，导致其在该公司拥有权益的股份超过该公司已发行股份的 30%，收购人承诺 3 年内不转让其拥有权益的股份，且公司股东大会同意收购人免于发出要约"的，收购人可以向我会申请免于履行要约收购义务。《上市公司重大资产重组管理办法》（证监会令第 53 号，以下简称《重组办法》）第四十三条规定："特定对象以资产认购而取得的上市公司股份，自股份发行结束之日起 12 个月内不得转让；属于下列情形之一的，36 个月内不得转让：（一）特定对象为上市公司控股股东、实际控制人或者其控制的关联人；（二）特定对象通过认购本次发行的股份取得上市公司的实际控制权；（三）特定对象取得本次发行的股份时，对其用于认购股份的资产持续拥有权益的时间不足 12 个月"。近来，一些上市公司股东咨询在同一实际控制人控制之下不同主体之间转让上市公司股份是否符合《收购办法》和《重组办法》的上述要求。我会认为，《收购办法》、《重组办法》的上述要求，旨在保证上市公司控制权相对稳定，以利于公司的长远发展，同时保障投资者可基于控制权归属的明确预期作出投资决策。实践中，同一实际控制人之下不同主体之间转让上市公司股份的案例，反映了部分上市公司基于资源整合及长远规划发展的考虑进行集团内持股结构调整的合理需求。经研究，我会认为：

一、适用《收购办法》第六十二条第一款第（二）项、第（三）项及《重组办法》第四十三条规定时，在控制关系清晰明确，易于判断的情况下，同一实际控制人控制之下不同主体之间转让上市公司股份，不属于上述规定限制转让的范围。

二、上市公司的实际控制人、控股股东及相关市场主体不得通过持股结构调整进行利益输送等损害上市公司及投资者利益的行为。

三、前述在同一实际控制人控制之下不同主体之间转让上市公司股份行为完成后，受让方或实际控制人仍应当按照诚实信用原则忠实履行相关承诺义务，不得擅自变更、解除承诺义务。

四、律师和律师事务所应当就上市公司的股份转让是否属于同一实际控制人之下不同主体之间的转让出具法律意见书。律师和律师事务所应当确保法律意见书的结论明确，依据适当、充分，法律分析清晰、合理，违反相关规定的，除依法采取相应的监管措施外，监管部门还将对法律意见书的签字律师和签字的律师事务所负责人此后出具的法律意见书给予重点关注。律师和律师事务所存在违法违规行为的，将依法追究其法律责任。

五、上述股份转让中，涉及股份过户登记的，应按照有关流通股协议转让规则办理。

VII. 3. 5 《上市公司收购管理办法》第六十二条有关上市公司严重财务困难的适用意见——证券期货法律适用意见第7号

（2011 年 1 月 17 日　中国证监会公告［2011］1 号）

《上市公司收购管理办法》（证监会令第 56 号）第六十二条第一款第（二）项规定，在“上市公司面临严重财务困难，收购人提出的挽救公司的重组方案取得该公司股东大会批准，且收购人承诺 3 年内不转让其在该公司中所拥有的权益”的情形下，收购人可以申请豁免要约收购义务。上述规定为收购人以危机上市公司为目标公司，实施有利于优化资源配置的收购活动提供了制度空间。为明确《上市公司收购管理办法》第六十二条第一款第（二）项有关“上市公司面临严重财务困难”的适用条件，进一步规范上市公司收购行为，现提出如下适用意见：

上市公司存在以下情形之一的，可以认定其面临严重财务困难：

一、最近 2 年连续亏损；

二、因 3 年连续亏损，股票被暂停上市；

三、最近 1 年期末股东权益为负值；

四、最近 1 年亏损且其主营业务已停顿半年以上；

五、中国证监会认定的其他情形。

VII. 3. 6 《上市公司收购管理办法》第六十二条、第六十三条有关要约豁免申请的条款发生竞合时的适用意见——证券期货法律适用意见第8号

（2011年1月17日　中国证监会公告［2011］2号）

《上市公司收购管理办法》（证监会令第56号，以下简称《收购办法》）第六十二条、第六十三条对可以提出要约豁免申请的情形作了规定，并设置了不同的申请程序。近来，一些申请人及其财务顾问等证券服务机构多次向我会咨询，当申请人同时符合《收购办法》第六十二条和第六十三条规定的情形时，可否选择其中一条适用。为明确《收购办法》有关规定，现就《收购办法》第六十二条、第六十三条有关规定提出适用意见如下：

拟向中国证监会申请免于以要约收购方式增持股份的申请人同时符合《收购办法》第六十二条和第六十三条规定的情形时，可以自行选择其中一条作为申请豁免的依据。

VII. 3. 7 《上市公司收购管理办法》第七十四条有关通过集中竞价交易方式增持上市公司股份的收购完成时点认定的适用意见——证券期货法律适用意见第 9 号

（2011 年 1 月 17 日　中国证监会公告［2011］3 号）

《上市公司收购管理办法》（证监会令第 56 号，以下简称《收购办法》）第七十四条第一款规定："在上市公司收购中，收购人持有的被收购公司的股份，在收购完成后 12 个月内不得转让。"近来，一些通过集中竞价交易方式增持上市公司股份的收购人及其财务顾问等证券服务机构多次向我会咨询对于其收购行为完成时点的认定问题。为明确《收购办法》有关规定，现就《收购办法》第七十四条有关规定提出适用意见如下：

一、收购人通过集中竞价交易方式增持上市公司股份的，当收购人最后一笔增持股份登记过户后，视为其收购行为完成。自此，收购人持有的被收购公司的股份，在 12 个月内不得转让。

二、在上市公司中拥有权益的股份达到或者超过该公司已发行股份的 30% 的当事人，自上述事实发生之日起一年后，拟在 12 个月内通过集中竞价交易方式增加其在该公司中拥有权益的股份不超过该公司已发行股份的 2%，并拟根据《收购办法》第六十三条第一款第（二）项的规定申请免除发出要约的，当事人可以选择在增持期届满时进行公告，也可以选择在完成增持计划或者提前终止增持计划时进行公告。当事人在进行前述公告后，应当按照《收购办法》的相关规定及时向我会提交豁免申请。

VII. 3. 8 《上市公司重大资产重组管理办法》第三条有关拟购买资产存在资金占用问题的适用意见——证券期货法律适用意见第10号

（2011年1月17日　中国证监会公告［2011］4号）

《上市公司重大资产重组管理办法》（证监会令第53号，以下简称《重组办法》）第三条规定："任何单位和个人不得利用重大资产重组损害上市公司及其股东的合法权益。"近来，一些上市公司及其独立财务顾问等证券服务机构多次咨询我会当上市公司拟购买资产存在被其股东及其关联方、资产所有人及其关联方非经营性占用资金时的有关监管政策把握问题。为明确《重组办法》有关规定，现就《重组办法》第三条有关规定提出适用意见如下：

一、上市公司重大资产重组时，拟购买资产存在被其股东及其关联方、资产所有人及其关联方非经营性资金占用的，前述有关各方应当在中国证监会受理重大资产重组申报材料前，解决对拟购买资产的非经营性资金占用问题。

二、上市公司应当在《上市公司重大资产重组报告书》第（十三）部分对拟购买资产的股东及其关联方、资产所有人及其关联方是否存在对拟购买资产非经营性资金占用问题进行特别说明。独立财务顾问应当对此进行核查并发表意见。

VII. 3. 9 《上市公司重大资产重组管理办法》第十二条上市公司在12个月内连续购买、出售同一或者相关资产的有关比例计算的适用意见——证券期货法律适用意见第11号

（2011年1月17日　中国证监会公告［2011］5号）

《上市公司重大资产重组管理办法》（证监会令第53号，以下简称《重组办法》）第十二条第一款第（四）项规定："上市公司在12个月内连续对同一或者相关资产进行购买、出售的，以其累计数分别计算相应数额。"近来，一些上市公司及其独立财务顾问等证券服务机构多次向我会咨询关于上市公司在12个月内连续对同一或者相关资产进行购买、出售的，该如何计算相关比例的问题。为明确《重组办法》有关规定，现就《重组办法》第十二条有关规定提出适用意见如下：

在上市公司股东大会作出购买或者出售资产的决议后12个月内，股东大会再次或者多次作出购买、出售同一或者相关资产的决议的，应当适用《重组办法》第十二条第一款第（四）项的规定。在计算相应指标时，应当以第一次交易时最近一个会计年度上市公司经审计的合并财务会计报告期末资产总额、期末净资产额、当期营业收入作为分母。

VII. 3. 10 《上市公司重大资产重组管理办法》第十三条、第四十三条的适用意见——证券期货法律适用意见第12号

（2011年8月1日　中国证监会公告［2011］17号）

一、《上市公司重大资产重组管理办法》（证监会令第73号，以下简称《重组办法》）第十三条第一款第（四）项规定："上市公司在12个月内连续对同一或者相关资产进行购买、出售的，以其累计数分别计算相应数额。已按照本办法的规定报经中国证监会核准的资产交易行为，无须纳入累计计算的范围，但本办法第十二条规定情形除外。"考虑到《重组办法》第十二条规定的重组行为的特殊性，为防止化整为零规避监管，严格执行拟注入资产须符合完整性、合规性和独立性要求，现就该规定中相关计算原则提出适用意见如下：

（一）执行累计首次原则，即按照上市公司控制权发生变更之日起，上市公司在重大资产重组中累计向收购人购买的资产总额（含上市公司控制权变更的同时，上市公司向收购人购买资产的交易行为），占控制权发生变更的前一个会计年度经审计的合并财务会计报告期末资产总额的比例累计首次达到100%以上的原则。

（二）执行预期合并原则，即收购人申报重大资产重组方案时，如存在同业竞争和非正常关联交易，则对于收购人解决同业竞争和关联交易问题所制定的承诺方案，涉及未来向上市公司注入资产的，也将合并计算。

二、《重组办法》第四十三条规定："上市公司发行股份购买资产的，可以同时募集部分配套资金，其定价方式按照现行相关规定办理。"现就该规定中发行股份购买资产项目配套融资提出适用意见如下：

上市公司发行股份购买资产同时募集的部分配套资金，主要用于提高重组项目整合绩效，所配套资金比例不超过交易总金额25%的，一并由并购重组审核委员会予以审核；超过25%的，一并由发行审核委员会予以审核。

不属于发行股份购买资产项目配套资金的上市公司再融资，仍按现行规定办理。

VII. 3. 11　关于规范上市公司重大资产重组若干问题的规定

（2008 年 4 月 16 日　中国证监会公告［2008］14 号）

第一条　上市公司拟实施重大资产重组的，全体董事应当严格履行诚信义务，切实做好信息保密及停复牌工作。

重大资产重组的首次董事会决议经表决通过后，上市公司应当在决议当日或者次一工作日的非交易时间向证券交易所申请公告。董事会应当按照《上市公司重大资产重组管理办法》（证监会令第 53 号）及相关的信息披露准则编制重大资产重组预案或者报告书，并将该预案或者报告书作为董事会决议的附件，与董事会决议同时公告。

重大资产重组的交易对方应当承诺，保证其所提供信息的真实性、准确性和完整性，保证不存在虚假记载、误导性陈述或者重大遗漏，并声明承担个别和连带的法律责任。该等承诺和声明应当与上市公司董事会决议同时公告。

第二条　上市公司首次召开董事会审议重大资产重组事项的，应当在召开董事会的当日或者前一日与相应的交易对方签订附条件生效的交易合同。交易合同应当载明本次重大资产重组事项一经上市公司董事会、股东大会批准并经中国证监会核准，交易合同即应生效。

重大资产重组涉及发行股份购买资产的，交易合同应当载明特定对象拟认购股份的数量或者数量区间、认购价格或者定价原则、限售期，以及目标资产的基本情况、交易价格或者定价原则、资产过户或交付的时间安排和违约责任等条款。

第三条　发行股份购买资产的首次董事会决议公告后，董事会在 6 个月内未发布召开股东大会通知的，上市公司应当重新召开董事会审议发行股份购买资产事项，并以该次董事会决议公告日作为发行股份的定价基准日。

发行股份购买资产事项提交股东大会审议未获批准的，上市公司董事会如再次作出发行股份购买资产的决议，应当以该次董事会决议公告日作为发行股份的定价基准日。

第四条　上市公司拟实施重大资产重组的，董事会应当就本次交易是否符合下列规定作出审慎判断，并记载于董事会决议记录中：

（一）交易标的资产涉及立项、环保、行业准入、用地、规划、建设施工等有关报批事项的，在本次交易的首次董事会决议公告前应当取得相应的许可证书或者有关主管部门的批复文件；本次交易行为涉及有关报批事项的，应当在重大资产重组预案和报告书中详细披露已向有关主管部门报批的进展情况和尚需呈报批准的程序，并对可能无法获得批准的风险作出特别提示。

（二）上市公司拟购买资产的，在本次交易的首次董事会决议公告前，资产出售方必须已经合法拥有标的资产的完整权利，不存在限制或者禁止转让的情形。

上市公司拟购买的资产为企业股权的，该企业应当不存在出资不实或者影响其合法存续的情况；上市公司在交易完成后成为持股型公司的，作为主要标的资产的企业股权应当为控股权。

上市公司拟购买的资产为土地使用权、矿业权等资源类权利的，应当已取得相应的权属证书，并具备相应的开发或者开采条件。

（三）上市公司购买资产应当有利于提高上市公司资产的完整性（包括取得生产经营所需要的商标权、专利权、非专利技术、采矿权、特许经营权等无形资产），有利于上市公司在人员、采购、生产、销售、知识产权等方面保持独立。

（四）本次交易应当有利于上市公司改善财务状况、增强持续盈利能力，有利于上市公司突出主业、增强抗风险能力，有利于上市公司增强独立性、减少关联交易、避免同业竞争。

第五条 上市公司拟实施重大资产重组的，董事会、交易对方、证券服务机构及相关人员应当严格遵守《关于规范上市公司信息披露及相关各方行为的通知》（证监公司字［2007］128号）的相关规定，切实履行信息披露等义务和程序。

重大资产重组的首次董事会决议公告后，上市公司董事会和交易对方非因充分正当事由，撤销、中止重组方案或者对重组方案作出实质性变更（包括但不限于变更主要交易对象、变更主要标的资产等）的，中国证监会将依据有关规定对上市公司、交易对方、证券服务机构等单位和相关人员采取监管措施，并依法追究法律责任。

VII. 3. 12　关于在借壳上市审核中严格执行首次公开发行股票上市标准的通知

（2013 年 11 月 30 日　证监发［2013］61 号）

2011 年 8 月，我会在修订《上市公司重大资产重组管理办法》（以下简称《重组办法》）时，提出借壳上市与首次公开发行股票上市标准趋同，并明确了相关资产要求。

近期，我会针对市场反映比较强烈的壳资源炒作等问题，强化了对借壳上市的监管，在审核中对借壳上市条件的把握由与 IPO 标准“趋同”向“等同”逐渐过渡，并按照《首次公开发行股票并上市管理办法》（证监会令第 32 号）的相关规定提高了借壳上市的条件。借壳上市标准由趋同提升到等同首次公开发行股票上市标准，既是 2011 年制定借壳上市标准时既定的方向，也是近年来市场规范发展的实践需要。

为进一步明确借壳上市的条件，给市场以明确的预期，我会下发《关于在借壳上市审核中严格执行首次公开发行股票上市标准的通知》（以下简称《通知》），明确借壳上市条件与 IPO 标准等同，不允许在创业板借壳上市。

一、关于借壳上市条件与 IPO 标准等同的考虑

一是提高借壳上市门槛，抑制市场炒作。目前借壳上市条件低于 IPO 标准，投资者对绩差公司被借壳预期强烈，市场对绩差公司的炒作成风，内幕交易时有发生，绩差公司通过卖壳成为股市“不死鸟”，难以形成有效的退市制度。借壳上市条件与 IPO 标准等同，有利于遏制市场对绩差股的投机炒作，从根本上减少内幕交易的动机，形成有效的退市制度。

二是借壳上市条件与 IPO 标准等同，防止市场监管套利。目前部分 IPO 终止审查或不予核准企业转道借壳上市，通过借壳上市规避 IPO 审查，引发了市场质疑。统一借壳上市与 IPO 的审核标准，可以防止审核标准不一致带来的监管套利。

同时，借壳上市条件与 IPO 标准等同，引导资本等市场资源和监管资源向规范运作程度高的绩优公司集中，有利于优化资本市场资源配置功能，促进产业结构优化升级，服务于国民经济调结构、转方式的总体大局。

二、关于创业板不允许借壳上市的考虑

一是允许在创业板借壳上市，与创业板市场定位不符。创业板定位于服务创新型、成长型小微企业，具有高风险、高收益特征，其准入、退市制度应当与主板、中小板有所区分。从现有主板借壳案例来看，多数借壳企业与创业板企业的特点不同，如果允许在创业板借壳上市，此类企业将登陆创业板市场，弱化创业板市场对创新、创业型企业的服务功能，扭曲创业板市场的定位。

二是允许在创业板借壳上市，与创业板监管政策相悖。创业板启动伊始，就一直向市场传递创业板不支持借壳上市的理念，且深交所《创业板股票上市规则》也不支持暂停上市阶段的上市公司，通过借壳式重组恢复上市。

同时，由于创业板目前存在“三高”问题，如果允许在创业板借壳上市，将加剧对创业板上市公司二级市场炒作，还易引发内幕交易、市场操纵等违法违规行为。

三、关于施行日期

《通知》自下发之日起施行，上市公司此后披露的重大资产重组预案如构成《重组办法》第十二条规定借壳上市的，应当符合《通知》的规定。《重组办法》等规则作相应修订后另行发布。

同时，为更好发挥资本市场支持国民经济转方式、调结构的功能，按照简政放权、加强监管原则，我会正稳步推进并购重组的市场化改革。其中，并购重组审核分道制已于今年 10 月 8 日正式实施，其他多项改革措施已经反复论证，待履行法规修改和批准程序后实施，主要包括：一是清理、简化行政许可，进一步减少并购重组审批事项。二是强化并购重组市场化机制。完善定价机制，增强定价弹性；丰富要约收购履约保证方式，取消第三方并购发行股份最低数量限制和硬性的业绩承诺要求。三是丰富并购重组支付工具，拓宽融资渠道。引入定向可转债、优先股作为支付工具，支持财务顾问提供并购重组过桥融资，支持并购基金等创新工具发展。四是加强并购重组监管。进一步提高并购重组监管透明度，完善上市公司股东决策机制，加强投资者保护；强化中介机构责任，督促市场主体归位尽责，增强对并购重组各方当事人的市场制约，强化监管问责机制，加大对违法违规行为的打击力度。

VII. 3. 13 关于破产重整上市公司重大资产重组股份发行定价的补充规定

（2008 年 11 月 11 日　中国证监会公告［2008］44 号）

为适应资本市场发展实践的需要，根据《破产法》、《证券法》等法律法规，现就破产重整上市公司重大资产重组股份发行定价问题，对《上市公司重大资产重组管理办法》（证监会令第 53 号）第四十二条作如下补充规定，作为第四十二条第三款：

上市公司破产重整，涉及公司重大资产重组拟发行股份购买资产的，其发行股份价格由相关各方协商确定后，提交股东大会作出决议，决议须经出席会议的股东所持表决权的 2/3 以上通过，且经出席会议的社会公众股东所持表决权的 2/3 以上通过。关联股东应当回避表决。

本规定自 2008 年 11 月 12 日起施行。

VII. 3. 14 关于规范国有股东与上市公司进行资产重组有关事项的通知

（2009 年 6 月 24 日 国资发产权［2009］124 号）

国务院各部委、各直属机构，各省、自治区、直辖市及计划单列市和新疆生产建设兵团国资委，各中央企业，上海证券交易所、深圳证券交易所、中国证券登记结算有限责任公司：

为规范国有股东与上市公司资产重组行为，保护各类投资者权益，维护证券市场健康发展，根据《中华人民共和国公司法》、《中华人民共和国证券法》、《中华人民共和国企业国有资产法》及《企业国有资产监督管理暂行条例》（国务院令第 378 号）等法律法规规定，现就国有股东与上市公司进行资产重组所涉及的有关事项通知如下：

一、本通知所称国有股东与上市公司资产重组是指国有股东或潜在国有股东（经本次资产重组后成为上市公司国有股东的，以下统称为国有股东）向上市公司注入、购买或置换资产并涉及国有股东所持上市公司股份发生变化的情形。

国有股东向上市公司注入、购买或置换资产不涉及国有股东所持上市公司股份发生变化的，按相关规定办理。

二、国有股东与上市公司进行资产重组，应遵循以下原则：

（一）有利于促进国有资产保值增值，符合国有股东发展战略；

（二）有利于提高上市公司质量和核心竞争力；

（三）标的资产权属清晰，资产交付或转移不存在法律障碍；

（四）标的资产定价应当符合市场化原则，有利于维护各类投资者合法权益。

三、国有股东与上市公司进行资产重组应当做好可行性论证，认真分析本次重组对国有股东、上市公司及资本市场的影响，并提出可行性报告。如涉及国有股东人员安置、土地使用权处置、债权债务处理等相关问题，国有股东应当制订解决方案。

四、国有股东与上市公司进行资产重组的，应当与上市公司充分协商。国有股东与上市公司就资产重组事项进行协商时，应当采取必要且充分的保密措施，制定严格的保密制度和责任追究制度。国有股东聘请中介机构的，应当与所聘请的中介机构签署保密协议。

五、国有股东与上市公司进行资产重组的相关事项在依法披露前，市场出现相关传闻，或上市公司证券及其衍生品种出现异常交易时，国有股东应当积极配合上市公司依法履行信息披露义务；必要时，应督促上市公司向证券交易所申请股票停牌。如上市公司证券及其衍生品种价格明显异动，对本次资产重组产生重大影响的，国有股东应当调整资产重组方案，必要时应当中止本次重组事项，且国有股东在3个月内不得重新启动。

六、国有股东与上市公司进行资产重组，应当按照有关法律法规，以及企业章程规定履行内部决策程序。

七、国有股东就本次资产重组事项进行内部决策后，应当按照相关规定书面通知上市公司，由上市公司依法披露，并申请股票停牌。同时，将可行性研究报告报省级或省级以上国有资产监督管理机构预审核。

国有股东为中央单位的，由中央单位通过集团母公司报国务院国有资产监督管理机构。国有股东为地方单位的，由地方单位通过集团母公司报省级国有资产监督管理机构。

国有股东为公司制企业，且本次重组事项需由股东会（股东大会）作出决议的，应当按照有关法律法规规定，在国有资产监督管理机构出具意见后，提交股东会（股东大会）审议。

八、国有资产监督管理机构收到国有股东关于本次资产重组的书面报告后，应当在10个工作日内出具意见，并及时通知国有股东，由国有股东书面通知上市公司依法披露。在中国证监会及证券交易所规定的股票停牌期内，国有股东与上市公司资产重组的方案未能获得国有资产监督管理机构同意的，上市公司股票须立即复牌，国有股东3个月内不得重新启动该事项。

九、国有股东与上市公司进行资产重组的方案经上市公司董事会审议通过后，国有股东应当在上市公司股东大会召开日前不少于20个工作日，按规定程序将相关方案报省级或省级以上国有资产监督管理机构审核。国有资产监督管理机构在上市公司股东大会召开前5个工作日出具批复文件。

十、国有股东对上市公司进行资产重组的，应当向国有资产监督管理机构报送以下材料：

（一）关于本次资产重组的请示及方案；

（二）上市公司董事会决议；

（三）本次资产重组涉及相关资产的审计报告、评估报告及作价依据；

（四）国有股东上一年度的审计报告；

（五）上市公司基本情况、最近一期的年度报告或中期报告；

（六）律师事务所出具的法律意见书；

（七）国有资产监督管理机构要求的其他材料。

十一、国有股东与上市公司进行资产重组的方案应主要包括以下内容：

（一）本次资产重组的原因及目的；

（二）本次资产重组涉及的资产范围、业务情况及近三年损益情况、未来盈利预测及其依据；

（三）本次资产重组所涉及相关资产作价的说明；

（四）本次资产重组对国有股东及上市公司权益、盈利水平及未来发展的影响。

十二、国有股东违反本规定的，国有资产监督管理机构应当责令其整改，并按照监管权限，直接或责成相关方面对相关责任人员给予相应处分；造成国有资产损失的，应追究赔偿责任，涉嫌犯罪的，依法移送司法机关处理。

社会中介机构在国有股东与上市公司资产重组中违规执业的，国有资产监督管理机构应当将有关情况通报其行业主管部门；情节严重的，国有资产监督管理机构可通报企业3年内不得聘请该中介机构从事相关业务。

国有资产监督管理机构工作人员违反本通知有关规定，造成国有资产重大损失的，应当对直接负责的主管人员和其他相关责任人员依法给予行政处分；涉嫌犯罪的，依法移送司法机关处理。

VII. 3. 15　上市公司并购重组财务顾问业务管理办法

（2008 年 6 月 3 日　中国证券监督管理委员会令第 54 号）

第一章　总　　则

第一条　为了规范证券公司、证券投资咨询机构及其他财务顾问机构从事上市公司并购重组财务顾问业务活动，保护投资者的合法权益，促进上市公司规范运作，维护证券市场秩序，根据《证券法》和其他相关法律、行政法规的规定，制定本办法。

第二条　上市公司并购重组财务顾问业务是指为上市公司的收购、重大资产重组、合并、分立、股份回购等对上市公司股权结构、资产和负债、收入和利润等具有重大影响的并购重组活动提供交易估值、方案设计、出具专业意见等专业服务。

经中国证券监督管理委员会（以下简称中国证监会）核准具有上市公司并购重组财务顾问业务资格的证券公司、证券投资咨询机构或者其他符合条件的财务顾问机构（以下简称财务顾问），可以依照本办法的规定从事上市公司并购重组财务顾问业务。

未经中国证监会核准，任何单位和个人不得从事上市公司并购重组财务顾问业务。

第三条　财务顾问应当遵守法律、行政法规、中国证监会的规定和行业规范，诚实守信，勤勉尽责，对上市公司并购重组活动进行尽职调查，对委托人的申报文件进行核查，出具专业意见，并保证其所出具的意见真实、准确、完整。

第四条　财务顾问的委托人应当依法承担相应的责任，配合财务顾问履行职责，并向财务顾问提供有关文件及其他必要的信息，不得拒绝、隐匿、谎报。

财务顾问履行职责，不能减轻或者免除委托人、其他专业机构及其签名人员的责任。

第五条　中国证监会依照法律、行政法规和本办法的规定，对财务顾问实行资格许可管理，对财务顾问及其负责并购重组项目的签名人员（以下简称财务顾问主办人）的执业情况进行监督管理。

中国证券业协会依法对财务顾问及其财务顾问主办人进行自律管理。

第二章 业务许可

第六条 证券公司从事上市公司并购重组财务顾问业务，应当具备下列条件：

（一）公司净资本符合中国证监会的规定；

（二）具有健全且运行良好的内部控制机制和管理制度，严格执行风险控制和内部隔离制度；

（三）建立健全的尽职调查制度，具备良好的项目风险评估和内核机制；

（四）公司财务会计信息真实、准确、完整；

（五）公司控股股东、实际控制人信誉良好且最近3年无重大违法违规记录；

（六）财务顾问主办人不少于5人；

（七）中国证监会规定的其他条件。

第七条 证券投资咨询机构从事上市公司并购重组财务顾问业务，应当具备下列条件：

（一）已经取得中国证监会核准的证券投资咨询业务资格；

（二）实缴注册资本和净资产不低于人民币500万元；

（三）具有健全且运行良好的内部控制机制和管理制度，严格执行风险控制和内部隔离制度；

（四）公司财务会计信息真实、准确、完整；

（五）控股股东、实际控制人在公司申请从事上市公司并购重组财务顾问业务资格前一年未发生变化，信誉良好且最近3年无重大违法违规记录；

（六）具有2年以上从事公司并购重组财务顾问业务活动的执业经历，且最近2年每年财务顾问业务收入不低于100万元；

（七）有证券从业资格的人员不少于20人，其中，具有从事证券业务经验3年以上的人员不少于10人，财务顾问主办人不少于5人；

（八）中国证监会规定的其他条件。

第八条 其他财务顾问机构从事上市公司并购重组财务顾问业务，除应当符合前条第（二）至（四）项及第（七）项的条件外，还应当具备下列条件：

（一）具有3年以上从事公司并购重组财务顾问业务活动的执业经历，且最近3年每年财务顾问业务收入不低于100万元；

（二）董事、高级管理人员应当正直诚实，品行良好，熟悉证券法律、行政法规，具有从事证券市场工作3年以上或者金融工作5年以上的经验，具备履行职责所需的经营管理能力；

（三）控股股东、实际控制人信誉良好且最近 3 年无重大违法违规记录；

（四）中国证监会规定的其他条件。

资产评估机构、会计师事务所、律师事务所或者相关人员从事上市公司并购重组财务顾问业务，应当另行成立专门机构。

第九条 证券公司、证券投资咨询机构和其他财务顾问机构有下列情形之一的，不得担任财务顾问：

（一）最近 24 个月内存在违反诚信的不良记录；

（二）最近 24 个月内因执业行为违反行业规范而受到行业自律组织的纪律处分；

（三）最近 36 个月内因违法违规经营受到处罚或者因涉嫌违法违规经营正在被调查。

第十条 财务顾问主办人应当具备下列条件：

（一）具有证券从业资格；

（二）具备中国证监会规定的投资银行业务经历；

（三）参加中国证监会认可的财务顾问主办人胜任能力考试且成绩合格；

（四）所任职机构同意推荐其担任本机构的财务顾问主办人；

（五）未负有数额较大到期未清偿的债务；

（六）最近 24 个月无违反诚信的不良记录；

（七）最近 24 个月未因执业行为违反行业规范而受到行业自律组织的纪律处分；

（八）最近 36 个月未因执业行为违法违规受到处罚；

（九）中国证监会规定的其他条件。

第十一条 证券公司、证券投资咨询机构和其他财务顾问机构申请从事上市公司并购重组财务顾问业务资格，应当提交下列文件：

（一）申请报告；

（二）营业执照复印件和公司章程；

（三）董事长、高级管理人员及并购重组业务负责人的简历；

（四）符合本办法规定条件的财务顾问主办人的证明材料；

（五）关于公司控股股东、实际控制人信誉良好和最近 3 年无重大违法违规记录的说明；

（六）公司治理结构和内控制度的说明，包括公司风险控制、内部隔离制度及内核部门人员名单和最近 3 年从业经历；

（七）经具有从事证券业务资格的会计师事务所审计的公司最近 2 年的财

务会计报告；

（八）律师出具的法律意见书；

（九）中国证监会规定的其他文件。

第十二条 证券投资咨询机构申请从事上市公司并购重组财务顾问业务资格，除提交本办法第十一条规定的申报材料外，还应当提交下列文件：

（一）中国证监会核准的证券投资咨询业务许可证复印件；

（二）从事公司并购重组财务顾问业务 2 年以上执业经历的说明，以及最近 2 年每年财务顾问业务收入不低于 100 万元的证明文件，包括相关合同和纳税证明；

（三）申请资格前一年控股股东、实际控制人未发生变化的说明。

第十三条 其他财务顾问机构申请从事上市公司并购重组财务顾问业务资格，除提交本办法第十一条规定的申报材料外，还应当提交下列文件：

（一）从事公司并购重组财务顾问业务 3 年以上执业经历的说明，以及最近 3 年每年财务顾问业务收入不低于 100 万元的证明文件，包括相关合同和纳税证明；

（二）董事、高级管理人员符合本办法规定条件的说明；

（三）申请资格前一年控股股东、实际控制人未发生变化的说明。

第十四条 财务顾问申请人应当提交有关财务顾问主办人的下列证明文件：

（一）证券从业资格证书；

（二）中国证监会规定的投资银行业务经历的证明文件；

（三）中国证监会认可的财务顾问主办人胜任能力考试且成绩合格的证书；

（四）财务顾问申请人推荐其担任本机构的财务顾问主办人的推荐函；

（五）不存在数额较大到期未清偿的债务的说明；

（六）最近 24 个月无违反诚信的不良记录的说明；

（七）最近 24 个月未受到行业自律组织的纪律处分的说明；

（八）最近 36 个月未因执业行为违法违规受到处罚的说明；

（九）中国证监会规定的其他文件。

第十五条 财务顾问申请人应当保证申请文件真实、准确、完整。申请期间，文件内容发生重大变化的，财务顾问申请人应当自变化之日起 5 个工作日内向中国证监会提交更新资料。

第十六条 中国证监会对财务顾问申请人的上市公司并购重组财务顾问业务资格申请进行审查、做出决定。

中国证监会及时公布和更新财务顾问及其财务顾问主办人的名单。

第十七条 证券公司、证券投资咨询机构或者其他财务顾问机构受聘担任上市公司独立财务顾问的，应当保持独立性，不得与上市公司存在利害关系；存在下列情形之一的，不得担任独立财务顾问：

（一）持有或者通过协议、其他安排与他人共同持有上市公司股份达到或者超过5%，或者选派代表担任上市公司董事；

（二）上市公司持有或者通过协议、其他安排与他人共同持有财务顾问的股份达到或者超过5%，或者选派代表担任财务顾问的董事；

（三）最近2年财务顾问与上市公司存在资产委托管理关系、相互提供担保，或者最近一年财务顾问为上市公司提供融资服务；

（四）财务顾问的董事、监事、高级管理人员、财务顾问主办人或者其直系亲属有在上市公司任职等影响公正履行职责的情形；

（五）在并购重组中为上市公司的交易对方提供财务顾问服务；

（六）与上市公司存在利害关系、可能影响财务顾问及其财务顾问主办人独立性的其他情形。

第十八条 上市公司并购重组活动涉及公开发行股票的，应当按照有关规定聘请具有保荐资格的证券公司从事相关业务。

第三章 业务规则

第十九条 财务顾问从事上市公司并购重组财务顾问业务，应当履行以下职责：

（一）接受并购重组当事人的委托，对上市公司并购重组活动进行尽职调查，全面评估相关活动所涉及的风险；

（二）就上市公司并购重组活动向委托人提供专业服务，帮助委托人分析并购重组相关活动所涉及的法律、财务、经营风险，提出对策和建议，设计并购重组方案，并指导委托人按照上市公司并购重组的相关规定制作申报文件；

（三）对委托人进行证券市场规范化运作的辅导，使其熟悉有关法律、行政法规和中国证监会的规定，充分了解其应承担的义务和责任，督促其依法履行报告、公告和其他法定义务；

（四）在对上市公司并购重组活动及申报文件的真实性、准确性、完整性进行充分核查和验证的基础上，依据中国证监会的规定和监管要求，客观、公正地发表专业意见；

（五）接受委托人的委托，向中国证监会报送有关上市公司并购重组的申报材料，并根据中国证监会的审核意见，组织和协调委托人及其他专业机构进行答复；

（六）根据中国证监会的相关规定，持续督导委托人依法履行相关义务；

（七）中国证监会要求的其他事项。

第二十条 财务顾问应当与委托人签订委托协议，明确双方的权利和义务，就委托人配合财务顾问履行其职责的义务、应提供的材料和责任划分、双方的保密责任等事项做出约定。财务顾问接受上市公司并购重组多方当事人委托的，不得存在利益冲突或者潜在的利益冲突。

接受委托的，财务顾问应当指定2名财务顾问主办人负责；同时，可以安排一名项目协办人参与。

第二十一条 财务顾问应当建立尽职调查制度和具体工作规程，对上市公司并购重组活动进行充分、广泛、合理的调查，核查委托人提供的为出具专业意见所需的资料，对委托人披露的内容进行独立判断，并有充分理由确信所作的判断与委托人披露的内容不存在实质性差异。

委托人应当配合财务顾问进行尽职调查，提供相应的文件资料。委托人不能提供必要的材料、不配合进行尽职调查或者限制调查范围的，财务顾问应当终止委托关系或者相应修改其结论性意见。

第二十二条 财务顾问利用其他证券服务机构专业意见的，应当进行必要的审慎核查，对委托人提供的资料和披露的信息进行独立判断。

财务顾问对同一事项所作的判断与其他证券服务机构的专业意见存在重大差异的，应当进一步调查、复核，并可自行聘请相关专业机构提供专业服务。

第二十三条 财务顾问应当采取有效方式对新进入上市公司的董事、监事和高级管理人员、控股股东和实际控制人的主要负责人进行证券市场规范化运作的辅导，包括上述人员应履行的责任和义务、上市公司治理的基本原则、公司决策的法定程序和信息披露的基本要求，并对辅导结果进行验收，将验收结果存档。验收不合格的，财务顾问应当重新进行辅导和验收。

第二十四条 财务顾问对上市公司并购重组活动进行尽职调查应当重点关注以下问题，并在专业意见中对以下问题进行分析和说明：

（一）涉及上市公司收购的，担任收购人的财务顾问，应当关注收购人的收购目的、实力、收购人与其控股股东和实际控制人的控制关系结构、管理经验、资信情况、诚信记录、资金来源、履约能力、后续计划、对上市公司未来发展的影响、收购人的承诺及是否具备履行相关承诺的能力等事项；因国有股行政划转或者变更、在同一实际控制人控制的不同主体之间转让股份、继承取得上市公司股份超过30%的，收购人可免于聘请财务顾问。

（二）涉及对上市公司进行要约收购的，收购人的财务顾问除关注本条第（一）项所列事项外，还应当关注要约收购的目的、收购人的支付方式和支付条件、履约能力、是否将导致公司退市、对收购完成后剩余中小股东的保护机制是否适当等事项。

收购人公告要约收购报告书摘要后15日内未能发出要约的，财务顾问应当督促收购人立即公告未能如期发出要约的原因及中国证监会提出的反馈意见。

（三）涉及上市公司重大资产重组的，财务顾问应当关注重组目的、重组方案、交易定价的公允性、资产权属的清晰性、资产的完整性、重组后上市公司是否具备持续经营能力和持续盈利能力、盈利预测的可实现性、公司经营独立性、重组方是否存在利用资产重组侵害上市公司利益的问题等事项。

（四）涉及上市公司发行股份购买资产的，财务顾问应当关注本次发行的目的、发行方案、拟购买资产的估值分析及定价的公允性、拟购买资产的完整性、独立性、盈利能力、对上市公司影响的量化分析、拟发行股份的定价模式、中小股东合法权益是否受到侵害、上市公司股票交易是否存在异常等事项；涉及导致公司控制权发生变化的，还应当按照本条第（一）项有关收购人的关注要点对本次发行的特定对象进行核查。

（五）涉及上市公司合并的，财务顾问应当关注合并的目的、合并的可行性、合并方案、合并方与被合并方的估值分析、折股比例的确定原则和公允性、对上市公司的业务和财务结构的影响、对上市公司持续盈利能力的影响、合并后的整合安排等事项。

（六）涉及上市公司回购本公司股份的，财务顾问应当关注回购目的的适当性、回购必要性、回购方案、回购价格的定价模式和公允性、对上市公司现金流的影响、是否存在不利于上市公司持续发展的问题等事项。

（七）财务顾问应当关注上市公司并购重组活动中，相关各方是否存在利用并购重组信息进行内幕交易、市场操纵和证券欺诈等事项。

（八）中国证监会要求的其他事项。

第二十五条 财务顾问应当设立由专业人员组成的内部核查机构，内部核查机构应当恪尽职守，保持独立判断，对相关业务活动进行充分论证与复核，并就所出具的财务顾问专业意见提出内部核查意见。

第二十六条 财务顾问应当在充分尽职调查和内部核查的基础上，按照中国证监会的相关规定，对并购重组事项出具财务顾问专业意见，并作出以下承诺：

（一）已按照规定履行尽职调查义务，有充分理由确信所发表的专业意见与委托人披露的文件内容不存在实质性差异；

（二）已对委托人披露的文件进行核查，确信披露文件的内容与格式符合要求；

（三）有充分理由确信委托人委托财务顾问出具意见的并购重组方案符合法律、法规和中国证监会及证券交易所的相关规定，所披露的信息真实、准确、完整，不存在虚假记载、误导性陈述或者重大遗漏；

（四）有关本次并购重组事项的财务顾问专业意见已提交内部核查机构审查，并同意出具此专业意见；

（五）在与委托人接触后到担任财务顾问期间，已采取严格的保密措施，严格执行风险控制和内部隔离制度，不存在内幕交易、操纵市场和证券欺诈问题。

第二十七条 财务顾问的法定代表人或者其授权代表人、部门负责人、内部核查机构负责人、财务顾问主办人和项目协办人应当在财务顾问专业意见上签名，并加盖财务顾问单位公章。

第二十八条 财务顾问代表委托人向中国证监会提交申请文件后，应当配合中国证监会的审核，并承担以下工作：

（一）指定财务顾问主办人与中国证监会进行专业沟通，并按照中国证监会提出的反馈意见作出回复；

（二）按照中国证监会的要求对涉及本次并购重组活动的特定事项进行尽职调查或者核查；

（三）组织委托人及其他专业机构对中国证监会的意见进行答复；

（四）委托人未能在行政许可的期限内公告相关并购重组报告全文的，财务顾问应当督促委托人及时公开披露中国证监会提出的问题及委托人未能如期公告的原因；

（五）自申报至并购重组事项完成前，对于上市公司和其他并购重组当事人发生较大变化对本次并购重组构成较大影响的情况予以高度关注，并及时向中国证监会报告；

（六）申报本次担任并购重组财务顾问的收费情况；

（七）中国证监会要求的其他事项。

第二十九条 财务顾问应当建立健全内部报告制度，财务顾问主办人应当就中国证监会在反馈意见中提出的问题按照内部程序向部门负责人、内部核查机构负责人等相关负责人报告，并对中国证监会提出的问题进行充分的研究、论证，审慎回复。回复意见应当由财务顾问的法定代表人或者其授权代表人、财务顾问主办人和项目协办人签名，并加盖财务顾问单位公章。

第三十条 财务顾问将申报文件报中国证监会审核期间，委托人和财务顾问终止委托协议的，财务顾问和委托人应当自终止之日起 5 个工作日内向中国证监会报告，申请撤回申报文件，并说明原因。委托人重新聘请财务顾问就同一并购重组事项进行申报的，应当在报送中国证监会的申报文件中予以说明。

第三十一条 根据中国证监会有关并购重组的规定，自上市公司收购、重大资产重组、发行股份购买资产、合并等事项完成后的规定期限内，财务顾问承担持续督导责任。

财务顾问应当通过日常沟通、定期回访等方式，结合上市公司定期报告的披露，做好以下持续督导工作：

（一）督促并购重组当事人按照相关程序规范实施并购重组方案，及时办理产权过户手续，并依法履行报告和信息披露的义务；

（二）督促上市公司按照《上市公司治理准则》的要求规范运作；

（三）督促和检查申报人履行对市场公开作出的相关承诺的情况；

（四）督促和检查申报人落实后续计划及并购重组方案中约定的其他相关义务的情况；

（五）结合上市公司定期报告，核查并购重组是否按计划实施、是否达到预期目标；其实施效果是否与此前公告的专业意见存在较大差异，是否实现相关盈利预测或者管理层预计达到的业绩目标；

（六）中国证监会要求的其他事项。

在持续督导期间，财务顾问应当结合上市公司披露的定期报告出具持续督导意见，并在前述定期报告披露后的15日内向上市公司所在地的中国证监会派出机构报告。

第三十二条 财务顾问应当建立健全内部检查制度，确保财务顾问主办人切实履行持续督导责任，按时向中国证监会派出机构提交持续督导工作的情况报告。

在持续督导期间，财务顾问解除委托协议的，应当及时向中国证监会派出机构作出书面报告，说明无法继续履行持续督导职责的理由，并予以公告。委托人应当在一个月内另行聘请财务顾问对其进行持续督导。

第三十三条 财务顾问应当建立并购重组工作档案和工作底稿制度，为每一项目建立独立的工作档案。

财务顾问的工作档案和工作底稿应当真实、准确、完整，保存期不少于10年。

第三十四条 财务顾问及其财务顾问主办人应当严格履行保密责任，不得利用职务之便买卖相关上市公司的证券或者牟取其他不当利益，并应当督促委托人、委托人的董事、监事和高级管理人员及其他内幕信息知情人严格保密，不得进行内幕交易。

财务顾问应当按照中国证监会的要求，配合提供上市公司并购重组相关内幕信息知情人买卖、持有相关上市公司证券的文件，并向中国证监会报告内幕信息知情人的违法违规行为，配合中国证监会依法进行的调查。

第三十五条 财务顾问从事上市公司并购重组财务顾问业务，应当公平竞争，按照业务复杂程度及所承担的责任和风险与委托人商议财务顾问报酬，不得以明显低于行业水平等不正当竞争手段招揽业务。

第三十六条 中国证券业协会可以根据本办法的规定，制定财务顾问执业规范，组织财务顾问主办人进行持续培训。

财务顾问可以申请加入中国证券业协会。财务顾问主办人应当参加中国证券业协会组织的相关培训，接受后续教育。

第四章 监督管理与法律责任

第三十七条 中国证监会及其派出机构可以根据审慎监管原则，要求财务顾问提供已按照本办法的规定履行尽职调查义务的证明材料、工作档案和工作底稿，并对财务顾问的公司治理、内部控制、经营运作、风险状况、从业活动等方面进行非现场检查或者现场检查。

财务顾问及其有关人员应当配合中国证监会及其派出机构的检查工作，提交的材料应当真实、准确、完整，不得以任何理由拒绝、拖延提供有关材料，或者提供不真实、不准确、不完整的材料。

第三十八条 中国证监会建立监管信息系统，对财务顾问及其财务顾问主办人进行持续动态监管，并将以下事项记入其诚信档案：

（一）财务顾问及其财务顾问主办人被中国证监会采取监管措施的；

（二）在持续督导期间，上市公司或者其他委托人违反公司治理有关规定、相关资产状况及上市公司经营成果等与财务顾问的专业意见出现较大差异的；

（三）中国证监会认定的其他事项。

第三十九条 财务顾问及其财务顾问主办人出现下列情形之一的，中国证监会对其采取监管谈话、出具警示函、责令改正等监管措施：

（一）内部控制机制和管理制度、尽职调查制度以及相关业务规则存在重大缺陷或者未得到有效执行的；

（二）未按照本办法规定发表专业意见的；

（三）在受托报送申报材料过程中，未切实履行组织、协调义务、申报文件制作质量低下的；

（四）未依法履行持续督导义务的；

（五）未按照本办法的规定向中国证监会报告或者公告的；

（六）违反其就上市公司并购重组相关业务活动所作承诺的；

（七）违反保密制度或者未履行保密责任的；

（八）采取不正当竞争手段进行恶性竞争的；

（九）唆使、协助或者伙同委托人干扰中国证监会审核工作的；

（十）中国证监会认定的其他情形。

责令改正的，财务顾问及其财务顾问主办人在改正期间，或者按照要求完成整改并经中国证监会验收合格之前，不得接受新的上市公司并购重组财务顾问业务。

第四十条 上市公司就并购重组事项出具盈利预测报告的，在相关并购重组活动完成后，凡不属于上市公司管理层事前无法获知且事后无法控制的原因，上市公司或者购买资产实现的利润未达到盈利预测报告或者资产评估报告预测金额80%的，中国证监会责令财务顾问及其财务顾问主办人在股东大会及中国证监会指定报刊上公开说明未实现盈利预测的原因并向股东和社会公众投资者道歉；利润实现数未达到盈利预测50%的，中国证监会可以同时对财务顾问及其财务顾问主办人采取监管谈话、出具警示函、责令定期报告等监管措施。

第四十一条 财务顾问不再符合本办法规定条件的，应当在5个工作日内向中国证监会报告并依法进行公告，由中国证监会责令改正。责令改正期满后，仍不符合本办法规定条件的，中国证监会撤销其从事上市公司并购重组财务顾问业务资格。

财务顾问主办人发生变化的，财务顾问应当在5个工作日内向中国证监会报告。财务顾问主办人不再符合本办法规定条件的，中国证监会将其从财务顾问主办人名单中去除，财务顾问不得聘请其作为财务顾问主办人从事相关业务。

第四十二条 财务顾问及其财务顾问主办人或者其他责任人员所发表的专业意见存在虚假记载、误导性陈述或者重大遗漏的，中国证监会责令改正并依据《证券法》第二百二十三条的规定予以处罚。

第四十三条 财务顾问及其财务顾问主办人在相关并购重组信息未依法公开前，泄漏该信息、买卖或者建议他人买卖该公司证券，利用相关并购重组信息散布虚假信息、操纵证券市场或者进行证券欺诈活动的，中国证监会依据《证券法》第二百零二条、第二百零三条、第二百零七条等相关规定予以处罚；涉嫌犯罪的，依法移送司法机关追究刑事责任。

第四十四条 中国证券业协会对财务顾问及其财务顾问主办人违反自律规范的行为，依法进行调查，给予纪律处分。

第五章　附　　则

第四十五条　本办法自2008年8月4日起施行。

VII. 3. 16　关于发布新修订的公开发行证券的公司信息披露内容与格式准则第15号至第19号的通知（存目）

（2006年8月4日　证监公司字［2006］156号）

（1）公开发行证券的公司信息披露内容与格式准则第15号——权益变动报告书（2014年修订）

（2014年5月28日　中国证监会公告［2014］24号）

（2）公开发行证券的公司信息披露内容与格式准则第16号——上市公司收购报告书（2014年修订）

（2014年5月28日　中国证监会公告［2014］25号）

（3）公开发行证券的公司信息披露内容与格式准则第17号——要约收购报告书（2014年修订）

（2014年5月28日　中国证监会公告［2014］26号）

（4）公开发行证券的公司信息披露内容与格式准则第 18 号——被收购公司董事会报告书

（2006 年 8 月 4 日　证监公司字［2006］156 号）

（5）公开发行证券的公司信息披露内容与格式准则第 19 号——豁免要约收购申请文件

（2006 年 8 月 4 日　证监公司字［2006］156 号）

VII. 3. 17　公开发行证券的公司信息披露内容与格式准则第 26 号——上市公司重大资产重组申请文件（2014 年修订）（存目）

（2014 年 5 月 28 日　中国证监会公告［2014］27 号）

VII. 3. 18　上市公司重大资产重组申报工作指引

（2008 年 5 月 20 日　中国证监会上市公司监管部）

一、申报程序：上市公司在股东大会作出重大资产重组决议并公告后 3 个工作日内，按照《公开发行证券的公司信息披露内容与格式准则第 26 号——上市公司重大资产重组申请文件》的要求编制申请文件，并委托独立财务顾问向中国证券监督管理委员会（以下简称证监会）申报，同时抄报派出机构。

二、申报接收和受理程序：证监会办公厅受理处统一负责接收申报材料，对上市公司申报材料进行形式审查。申报材料包括书面材料一式三份（一份原件和两份复印件）及电子版。

证监会上市部接到受理处转来申报材料后 5 个工作日内作出是否受理或发出补正通知。补正通知要求上市公司作出书面解释、说明的，上市公司及独立财务顾问需在收到补正通知书之日起 30 个工作日内提供书面回复意见。逾期不能提供完整合规回复意见的，上市公司应当在到期日的次日就本次重大资产重组的进展情况及未能及时提供回复意见的具体原因等予以公告。

收到上市公司的补正回复后，证监会上市部应在 2 个工作日内作出是否受理的决定，出具书面通知。受理后，涉及发行股份的适用《证券法》关于审核期限的规定。

为保证审核人员独立完成对书面申报材料的审核，证监会上市部自接收材料至反馈意见发出这段时间实行“静默期”制度，不接待申报人的来访。

三、审核程序：证监会上市部由并购一处和并购二处分别按各自职责对重大资产重组中法律问题和财务问题的审核，形成初审报告并提交部门专题会进行复核，经专题会研究，形成反馈意见。

四、反馈和反馈回复程序：在发出反馈意见后，证监会上市部可以就反馈意见中的有关问题与申报人和中介机构进行当面问询沟通。问询沟通由并购一处和并购二处两名以上审核员同时参加。反馈意见要求上市公司作出解释、说明的，上市公司应当自收到反馈意见之日起 30 个工作日内提供书面回复，独立财务顾问应当配合上市公司提供书面回复意见。逾期不能提供完整合规回复的，上市公司应当在到期日的次日就本次重大资产重组的进展情况及未能及时提供回复的具体原因等予以公告。

五、无需提交重组委项目的审结程序：上市公司和独立财务顾问及其他中介机构提交完整合规的反馈回复后，不需要提交并购重组委审议的，予以审结核准或不予核准。上市公司未提交完整合规的反馈回复的，或在反馈期间发生其他需要进一步解释或说明事项的，证监会上市部可以再次发出反馈意见。

六、提交重组委审议程序：需提交并购重组委审议的，证监会上市部将安排并购重组委工作会议审议。并购重组委审核的具体程序按照《上市公司重大资产重组管理办法》和《中国证券监督管理委员会上市公司重组审核委员会工作规程》的规定进行。

七、重组委通过方案的审结程序：并购重组委工作会后，上市公司重大资产重组方案经并购重组委表决通过的，证监会上市部将以部门函的形式向上市公司出具并购重组委反馈意见。公司应将完整合规的落实重组委意见的回复上报证监会上市部。落实重组委意见完整合规的，予以审结，并向上市公司出具相关批准文件。

八、重组委否决方案的审结程序：并购重组委否决的，予以审结，并向上市公司出具不予批准文件，同时证监会上市部将以部门函的形式向上市公司出具并购重组委反馈意见。上市公司拟重新上报的，应当召开董事会或股东大会进行表决。

九、封卷程序：上市公司和独立财务顾问及其他中介机构应按照证监会上市部的要求完成对申报材料原件的封卷存档工作。

备注：对于未提交完整合规反馈回复或在反馈期间发生其他需要进一步解释或说明事项的，可再次反馈，其流程与初次反馈相同。

VII. 3. 19 关于进一步做好上市公司重大资产重组信息披露监管工作的通知

（2008 年 5 月 18 日 上市部函［2008］76 号）

各上市公司：

《上市公司重大资产重组管理办法》（以下简称《重组办法》）于 2008 年 5 月 18 日起施行。为了进一步落实《重组办法》的精神，规范上市公司重大资产重组的信息披露和相关业务办理流程，现就有关问题通知如下：

1. 做好保密工作。上市公司与交易对方就重大资产重组事项（以下简称重大重组事项）进行初步磋商时，应当做好保密工作。上市公司应立即采取必要且充分的保密措施，制定严格有效的保密制度，限定相关敏感信息的知悉范围。上市公司及交易对方聘请证券服务机构的，应当立即与所聘请的证券服务机构签署保密协议。

2. 停牌申请及材料报送时间要求。在上市公司证券交易时段，本部概不接受关于上市公司重大重组事项的停牌申请及材料报送。该类停牌申请业务只在交易日收市后 15 时 30 分至 16 时 30 分之间受理。在上市公司证券停牌前，本部不接受与该上市公司有关的任何与重大重组事项相关的业务咨询。

3. 上市公司的停牌申请必须采用统一的格式。停牌申请提交时间必须填写至“分”。停牌申请必须经上市公司董事长亲笔签字。

4. 本部对接收到的上市公司重大重组事项停牌申请实行统一登记、集中管理。

5. 上市公司必须保证筹划中的重大重组事项的真实性，属于《重组办法》规范的事项，且具备可行性和可操作性，无重大法律政策障碍。上市公司不得随意以存在重大重组事项为由向本部申请停牌或故意虚构重大重组信息损害投资者权益。

关于相关业务的具体办理方法和要求，请参照《上市公司业务办理指南第 10 号——重大重组停牌及材料报送》（见附件）。

特此通知。

附件：《上市公司业务办理指南第 10 号——重大重组停牌及材料报送》

附件

上市公司业务办理指南第10号——重大重组停牌及材料报送

（2008年5月18日）

为了进一步落实《上市公司重大资产重组管理办法》（以下简称《重组办法》）精神，规范上市公司重大资产重组的信息披露和相关业务办理流程，根据《公司法》、《证券法》、《上市公司信息披露管理办法》、《重组办法》、《深圳证券交易所股票上市规则》等有关规定，制定本业务办理指南。

上市公司与交易对方筹划重大资产重组事项（以下简称重大重组事项）时，除做好保密工作外，应结合重大重组事项进展，密切关注媒体传闻、公司股票及其衍生品种（以下简称证券）的交易情况，及时申请公司证券停牌和报送材料。

一、停牌及报送材料的原则

1. 上市公司必须保证筹划中的重大重组事项的真实性，属于《重组办法》规范的事项，且具备可行性和可操作性，无重大法律政策障碍。上市公司不得随意以存在重大重组事项为由向本部申请停牌或故意虚构重大重组信息损害投资者权益。

2. 在上市公司证券交易时段，本部概不接受关于上市公司重大重组事项的停牌申请及材料报送。该类停牌申请业务只在交易日收市后15时30分至16时30分之间受理。

3. 在上市公司证券停牌前，本部不接受与该上市公司有关的任何与重大重组事项相关的业务咨询。

二、需及时申请公司证券停牌的情形

1. 上市公司与中介机构已制作好重大重组事项相关公告和文件，准备报送并披露。

2. 上市公司正筹划重大重组事项，在相关董事会决议公告前，相关信息已在媒体上传播或者公司证券交易出现异常波动的，上市公司应当立即将有关计划、方案或者相关事项的现状以及相关进展情况和风险因素等予以公告，并及时向本部主动申请办理公司证券停牌。

3. 上市公司预计筹划中的重大重组事项难以保密的，应及时向本部主动申请办理公司证券停牌。

三、停牌及材料报送具体办理方法

1. 上市公司在交易日15时30分至16时30分之间可以以存在重大重组事

项为由向本部申请停牌。

2. 上市公司的停牌申请必须采用附件1的格式。“上市公司重大资产重组停牌申请表”除“其他”栏可以视实际情况选择填写外，其他栏目均为必填栏目。

3. 停牌申请提交时间必须填写至“分”。停牌申请必须经上市公司董事长亲笔签字。

4. 本部设立专门的纸面传真机（传真号0755－25918587）在交易日收市后15时30分开始接收上市公司的有效停牌申请。该传真机只在收市后15时30分以后方能接收上市公司停牌申请。上市公司通过其他方式、其他渠道提交的停牌申请不得早于通过前述专门用途传真机的提交时间。

5. 本部对接收到的上市公司重大重组事项停牌申请实行统一登记、集中管理。停牌申请经统一登记后才分发到监管人员。上市公司必须在确认监管人员收到停牌申请后才能开始与监管人员沟通重大重组相关的业务。

6. 上市公司必须在重大重组停牌申请得到同意后，方能向本部提交相关材料。

7. 本部设立专门的材料接收人员，对上市公司报送的与重大重组相关的材料实行统一登记、集中管理。

8. 上市公司待重组事项公告完全符合披露要求后，可通过本部业务系统提交，并入常规信息披露业务流程完成相应的披露工作。

四、证券停牌后的工作

1. 上市公司证券停牌后，公司应尽快向本部提交按《重组办法》要求制作的相关文件，并对外披露，同时恢复公司证券交易。

2. 上市公司申请停牌时间一般不能超过5个交易日。如确有必要，可以申请延期，每次延期停牌时间也不能超过5个交易日，但总停牌时间原则上不得超过30个交易日。每次延期仍需按本指南第三条“停牌及材料报送具体办理办法”的要求填写停牌申请，同时向本部提交符合披露要求的实质性进展公告。本部将视情况同意或不同意延期申请。

3. 上市公司申请停牌到期后未申请延期或虽申请延期但未获同意的，本部将对该公司证券复牌。同时，该公司应按统一的格式及内容发布提示公告（附件2），说明上市公司曾筹划重大重组事项，但重大重组事项尚存在障碍或不成熟，同时承诺至少三个月内不再筹划重大重组事项。

附件1：上市公司重大资产重组停牌申请表

附件2：××股份有限公司关于中止筹划重大资产重组事项暨公司证券复牌公告

附件 1

上市公司重大资产重组停牌申请表

<table>
<tr><td>公司简称</td><td></td><td>证券代码</td><td></td></tr>
<tr><td>重组涉及金额（万元）</td><td></td><td>重组是否属于《重组办法》规范的范畴</td><td></td></tr>
<tr><td>重组是否涉及上市公司发行股份</td><td></td><td>重组是否需上重组委审核</td><td></td></tr>
<tr><td>申请人名称</td><td></td><td>申请人联系电话</td><td></td></tr>
<tr><td>停牌申请提交时间</td><td colspan="3">年　月　日　时　分</td></tr>
<tr><td colspan="4">申请内容</td></tr>
<tr><td>被申请人</td><td colspan="3">深圳证券交易所公司管理部</td></tr>
<tr><td>申请事项</td><td colspan="3">本公司申请对下列证券停牌：
证券 1 简称：__________，证券 1 代码：__________；
证券 2 简称：__________，证券 2 代码：__________；
证券 3 简称：__________，证券 3 代码：__________；

开始停牌时间：__________；
预计复牌时间：__________。</td></tr>
<tr><td>重组方案简介</td><td colspan="3"></td></tr>
<tr><td>停牌原因</td><td colspan="3">1. 准备报送重组材料；
2. 媒体已有传言；
3. 证券交易出现异常波动；
4. 预计筹划中的重组事项难以保密；
5. 其他：__________。</td></tr>
<tr><td>承诺</td><td colspan="3">1. 本公司保证申请停牌的重组事项是真实的，且具备可行性和可操作性，无重大法律政策障碍。本公司经慎重决定，申请公司证券停牌。本公司不存在故意虚构重组信息及其他损害投资者权益的情形。
2. 自停牌之日起 5 个交易日内，本公司如果不能针对筹划中的重组事项向你部提交符合披露要求的实质性进展公告或重组事项相关公告的，你部可对本公司证券强制复牌。同时，本公司将按要求发布提示公告。
3. 本公司承诺于　　年　　月　　日前披露符合《公开发行证券的公司信息披露内容与格式准则 26 号上市公司重大资产重组申请文件》要求的重组预案，逾期未牌事项，并在公司董事会公告重大资产重组预案后对公司股票予以复牌能披露重大资产重组预案的，公司证券应当自动复牌，并自复牌之日起三个月内不再筹划重大资产重组事项。</td></tr>
<tr><td>预计重组进展安排</td><td colspan="3">重组各阶段时间安排、停复牌安排。</td></tr>
<tr><td>其他</td><td colspan="3"></td></tr>
<tr><td>上市公司董事长签字</td><td></td><td>上市公司董事会签章</td><td></td></tr>
</table>

附件2

××股份公司关于中止筹划重大资产重组事项暨公司证券复牌公告

本公司曾于××××年××月××日与对手方筹划重大资产重组事项，公司证券已于××××年××月××日开始停牌。

一、曾筹划重大资产重组事项的介绍：……

二、上市公司在停牌期间做的工作：详述。

三、中止筹划的原因：重大资产重组事项尚存在障碍或不成熟或其他，详述。

四、承诺：本公司至少三个月内不再筹划重大资产重组事项。

五、证券复牌安排：公司证券将于××××年××月××日开始停牌。

特此公告

××股份公司董事会

××××年××月××日

VII. 3. 20 中国证券监督管理委员会上市公司并购重组审核委员会工作规程（2014年修订）（存目）

（2014年4月20日　中国证监会公告［2014］15号）

VII. 3. 21 上市公司并购重组专家咨询委员会工作规则（存目）

（2012年2月6日　中国证监会公告［2012］2号）

VII. 3. 22　上市公司监管指引第 1 号——上市公司实施重大资产重组后存在未弥补亏损情形的监管要求（存目）

（2012 年 3 月 23 日　中国证监会公告［2012］6 号）

VII. 3. 23　关于加强与上市公司重大资产重组相关股票异常交易监管的暂行规定（存目）

（2012 年 11 月 6 日　中国证监会公告［2012］33 号）

VII. 3. 24　并购重组共性问题审核意见关注要点（一）（存目）

（2010 年 9 月 15 日　中国证监会）

VII. 3. 25　并购重组共性问题审核意见关注要点（二）（存目）

（2010 年 11 月 26 日　中国证监会）

VII. 3. 26　常见问题解答（2009 年 9 月—2014 年 6 月）（存目）

VII. 3. 27 上市公司重大资产重组信息披露工作备忘录——第1号 信息披露业务办理流程（存目）

（2012年8月3日 上海证券交易所上市公司部）

VII. 3. 28 上市公司重大资产重组信息披露工作备忘录——第2号 上市公司重大资产重组财务顾问业务指引（试行）（存目）

（2008年5月20日 上海证券交易所上市公司部）

VII. 3. 29 上市公司重大资产重组信息披露工作备忘录——第4号 重组内幕信息知情人名单登记及提交（存目）

（2012年8月3日 上海证券交易所上市公司部）

VII. 3. 30 上市公司重大资产重组信息披露工作备忘录——第8号 上市公司重大资产重组预案公告格式指引（存目）

（2013年5月27日 上海证券交易所上市公司部）

VII. 3. 31 上市公司重大资产重组信息披露工作备忘录——第 9 号 上市公司终止重大资产重组的信息披露（试行）（存目）

（2013 年 7 月 26 日 上海证券交易所上市公司部）

VII. 3. 32 上市公司重大资产重组信息披露工作备忘录——第 10 号 重组公司持续信息披露（存目）

（2014 年 1 月 13 日 上海证券交易所上市公司部）

VII. 3. 33 上海证券交易所关于配合做好并购重组审核分道制相关工作的通知（存目）

（2013 年 9 月 13 日 上证发［2013］3 号）

VII. 3. 34 深圳证券交易所关于配合做好并购重组审核分道制相关工作的通知（存目）

（2013 年 9 月 13 日 深圳证券交易所）

VII. 3. 35 上海证券交易所关于执行《上市公司收购管理办法》等有关规定具体事项的通知（存目）

（2009 年 1 月 23 日 上证公字［2009］3 号）

VIII 证券服务机构

VIII. 1　财政部　证监会关于会计师事务所从事证券、期货相关业务有关问题的通知（2012 年修订）

（2007 年 4 月 9 日发布　2012 年 1 月 21 日修订）

为了规范会计师事务所从事证券、期货相关业务，维护证券市场秩序，保护投资者和社会公众的合法权益，现对会计师事务所从事证券、期货相关业务有关问题补充通知如下：

一、会计师事务所从事证券、期货相关业务资格的申请条件

会计师事务所从事证券、期货相关业务（以下简称证券业务），应当按照本通知规定取得证券、期货相关业务资格（以下简称证券资格）。

会计师事务所申请证券资格，应当具备下列条件：

（一）依法成立 5 年以上，组织形式为合伙制或特殊的普通合伙制；由有限责任制转制为合伙制或特殊的普通合伙制的会计师事务所，经营期限连续计算。

（二）质量控制制度和内部管理制度健全并有效执行，执业质量和职业道德良好；会计师事务所设立分所的，会计师事务所及其分所应当在人事、财务、业务、技术标准和信息管理等方面做到实质性的统一。

（三）注册会计师不少于 200 人，其中最近 5 年持有注册会计师证书且连续执业的不少于 120 人，且每一注册会计师的年龄均不超过 65 周岁。

（四）净资产不少于 500 万元。

（五）会计师事务所职业保险的累计赔偿限额与累计职业风险基金之和不少于 8000 万元。

（六）上一年度业务收入不少于 8000 万元，其中审计业务收入不少于 6000 万元，本项所称业务收入和审计业务收入均指以会计师事务所名义取得的相关收入。

（七）至少有 25 名以上的合伙人，且半数以上合伙人最近在本会计师事务所连续执业 3 年以上。

（八）不存在下列情形之一：

1. 在执业活动中受到行政处罚、刑事处罚，自处罚决定生效之日起至提出申请之日止未满 3 年；

2. 因以欺骗等不正当手段取得证券资格而被撤销该资格，自撤销之日起至提出申请之日止未满 3 年；

3. 申请证券资格过程中，因隐瞒有关情况或者提供虚假材料被不予受理或者不予批准的，自被出具不予受理凭证或者不予批准决定之日起至提出申请之日止未满3年。

会计师事务所具备前款第（一）项、第（七）项和第（八）项规定条件，并通过吸收合并具备前款第（二）项至第（六）项规定条件的，自吸收合并后工商变更登记之日起至提出申请之日止应当满一年。

会计师事务所发生吸收合并前已具备第二款规定条件的，不受第三款规定限制。

具有证券资格的会计师事务所应当持续具备申请条件。具有证券资格的会计师事务所，自取得证券资格第三年起，每一年度上市公司年度财务报告审计业务客户家数（含证监会已审核通过的IPO公司户数）不得少于5家，或者每一年度上市公司审计业务收入不得少于500万元。

二、证券资格的申请材料

会计师事务所申请证券资格，应当提交下列材料（一式2份）：

（一）会计师事务所证券资格申请表（详见附表1）；

（二）会计师事务所营业执照副本复印件和执业证书复印件；

（三）会计师事务所质量控制制度、内部管理制度及执行情况说明；

（四）注册会计师证书复印件，经省（自治区、直辖市）注册会计师协会（以下简称省级注册会计师协会）确认的提出申请上月末注册会计师情况表（详见附表2，略）；

（五）由其他具有证券资格的会计师事务所出具的上一年度本机构财务报表的审计报告，审计报告后附的会计报表附注中应当包括对审计业务收入的单项说明；

（六）职业保险保单复印件；

（七）会计师事务所上一年度审计业务收费情况表（详见附表3）；

（八）自上年末至提出申请上月末净资产、职业风险基金变动情况说明。

属于本通知第一条第三款规定情形的，除提交前款规定材料外，还应当提交会计师事务所合并协议复印件。

属于本通知第一条第四款规定情形，且自吸收合并工商变更登记之日起至提出申请之日止未满一年的，除提交本条第一款规定材料外，还应当提交下列材料：

（九）会计师事务所合并协议复印件；

（十）合并前吸收方质量控制制度、内部管理制度及执行情况说明；

（十一）经省级注册会计师协会确认的合并协议签署日合并各方注册会计师情况表；

（十二）由其他具有证券资格的会计师事务所出具的发生合并行为上一年度吸收方财务报表的审计报告，会计报表附注中应当包括对审计业务收入的单项说明；

（十三）自发生合并行为上年末至合并基准日上月末净资产、职业风险基金变动情况说明；

（十四）合并前吸收方职业保险保单复印件；

（十五）发生合并行为上一年度吸收方审计业务收费情况表。

属于最近3年内由有限责任制转制为合伙制或特殊的普通合伙制会计师事务所的，还应当提交股东会决议、合伙人会议决议、合伙人情况汇总表、合伙协议和转制批准文件。

申请人应当对申请材料内容的真实、完整负责。

财政部、证监会对会计师事务所提交的申请材料进行审查，必要时可以采取抽查工作底稿、实地调查等方式对申请材料的内容进行核实。

三、具有证券资格的会计师事务所的合并、分立和转制

具有证券资格的会计师事务所合并后存续或者分立后存续，并且具备本通知第一条第二款规定条件的，证券资格继续有效。该会计师事务所应当自工商变更登记之日起5个工作日内提交下列材料（一式2份）：

（一）会计师事务所合并变更备案表（详见附表4）或者会计师事务所分立变更备案表（详见附表5）；

（二）会计师事务所合并、分立协议复印件；

（三）合并、分立后会计师事务所营业执照副本复印件；

（四）经省级注册会计师协会确认的合并、分立后工商变更登记日注册会计师情况表；

（五）合并、分立后职业保险保单复印件；

（六）由其他具有证券资格的会计师事务所出具的合并、分立基准日资产负债表的审计报告。

具有证券资格的会计师事务所合并或者分立后新设的会计师事务所，不具有证券资格。

具有证券资格的会计师事务所由有限责任制转制为合伙制或特殊的普通合伙制会计师事务所的，并且具备本通知第一条第二款规定条件的，证券资格继续有效，转制前因执业问题可能引发的行政责任由转制后的事务所承担。

证券资格会计师事务所设立的分所，应当符合下列条件：

（一）至少有10名以上注册会计师（含分所负责人）；

（二）自设立第二年起，业务收入应当不少于300万元，其中审计业务收入不少于150万元。

四、具有证券资格的会计师事务所重大事项报备

具有证券资格的会计师事务所变更名称的，应当自工商变更登记之日起5个工作日内交回证券资格证书，并提交下列材料（一式2份）：

（一）会计师事务所名称变更登记表（详见附表6）；

（二）会计师事务所营业执照副本复印件。

具有证券资格的会计师事务所变更名称的，财政部、证监会应当自收到材料和证券资格证书后换发新的证券资格证书，并予以公告。

具有证券资格的会计师事务所地址、主任会计师（首席合伙人）、合伙人发生变更的，应当自变更之日起5个工作日内将有关情况报财政部、证监会备案（详见附表7）。

具有证券资格的会计师事务所设立或撤销分所，应当在分所工商登记之日起10个工作日内向财政部、证监会报送有关情况（详见附表8）。

五、具有证券资格的会计师事务所的年度报备

具有证券资格的会计师事务所应当于每年5月31日之前提交下列材料（一式2份）：

（一）会计师事务所基本情况表（详见附表9）；

（二）会计师事务所、分所营业执照副本复印件；

（三）会计师事务所质量控制制度、对分所管理制度和其他内部管理制度的执行情况以及上述制度的变动情况说明；

（四）经省级注册会计师协会确认的上年末注册会计师情况表；

（五）由其他具有证券资格的会计师事务所出具的上一年度本机构财务报表的审计报告，审计报告后附的会计报表附注中应当包括对审计业务收入、上市公司年度财务报告审计业务客户家数（含证监会已审核通过的IPO公司户数）、上市公司审计业务收入的单项说明；

（六）职业保险保单复印件；

（七）上一年度证券业务情况表（详见附表10，略）；

（八）上一年度审计业务收费情况表。

财政部、证监会应当对有关材料进行核查，必要时可以进行实地调查。

六、会计师事务所证券资格的监管

具有证券资格的会计师事务所在从事证券业务期间，应当持续具备本通知第一条第二款规定的条件。

发生不具备本通知第一条第二款第（二）项至第（五）项条件之一情形的，不得承接证券业务，并应当自出现该情形之日起5个工作日内提交会计师事务所整改计划表（详见附表11，一式2份）。两年内在执业活动中受到两次以上行政处罚、刑事处罚的，视为不具备第一条第二款第（二）项条件。该会计师事务所应当自出现上述情形之日起两个月内进行整改，并自整改结束之日起5个工作日内报送整改情况说明（一式2份）。未按规定提交会计师事务所整改计划表或者逾期仍未达到条件的，财政部、证监会撤回其证券资格。

发生不具备本通知第一条第二款第（六）项、第（七）项条件情形的，财政部、证监会撤回其证券资格。

具有证券资格的会计师事务所终止的，证券资格失效，应当在工商注销登记前交回证券资格证书。财政部、证监会应当自收到证券资格证书后将终止的具有证券资格的会计师事务所予以公告。

具有证券资格的会计师事务所，除被依法撤销、撤回资格的情形外，不再从事证券业务的，应当交回证券资格证书，并提交会计师事务所终止证券业务情况说明表（详见附表12，一式2份）。财政部、证监会应当自收到材料和证券资格证书后将不再从事证券业务的会计师事务所予以公告。

财政部、证监会依法对具有证券资格的会计师事务所从事证券业务的情况进行监督检查。会计师事务所及其注册会计师应当予以配合。

具有证券资格的会计师事务所存在下列情形之一的，财政部、证监会将给予特别关注：

（一）受到举报的；

（二）受到公众质疑，被有关媒体披露的；

（三）首次承接证券业务，或者最近1年内未从事证券业务的；

（四）注册会计师流动过于频繁的；

（五）股东或者合伙人之间关系不协调，可能对执业质量造成影响的；

（六）高层管理人员发生重大变动的；

（七）收费异常的；

（八）客户数量、规模与会计师事务所的执业能力、承担风险能力不相称的；

（九）发生合并或者分立的；

（十）在上市公司更换会计师事务所时承接业务的；

（十一）受到行政处罚、刑事处罚的；

（十二）不按规定进行业务报备的；

（十三）财政部、证监会认为需要给予特别关注的其他情形。

财政部、证监会应当建立会计师事务所从事证券业务诚信档案，记载会计师事务所、注册会计师的执业质量和质量控制情况，以及违法违规行为和对其采取的监管措施等内容，并予以公布。

具有证券资格的会计师事务所发生违反本通知规定行为的，财政部、证监会可以出具警示函并责令其整改；对会计师事务所负责人、直接负责的主管人员和其他直接责任人员，可以采取监管谈话、出具警示函、认定为不适宜从事证券业务人员等行政监管措施，并予以公告。

具有证券资格的会计师事务所应当充分利用信息技术支持业务工作和管理活动，按照注册会计师行业信息化建设总体方案要求完成信息化建设。存储业务工作、客户资料的数据服务器和信息技术应用服务器应当架设在中国境内，对服务器的访问以及相关数据调用应当保存清晰完整的日志。

证券期货相关业务报告应当由负责该项业务的合伙人签字。

七、其他事项

（一）本通知所称证券业务，是指证券、期货相关机构的财务报表审计、净资产验证、实收资本（股本）的审验、盈利预测审核、内部控制审计、前次募集资金使用情况专项审核等业务。

（二）本通知所称证券、期货相关机构，是指上市公司、首次公开发行证券公司、证券及期货经营机构、证券及期货交易所、证券投资基金及其管理公司、证券登记结算机构等。

（三）本通知所称“以上”、“以下”、“以内”，均包括本数。

（四）会计师事务所按照本通知规定提交的有关附表和审计报告，应当同时报送电子文档；提交的有关材料为复印件的，应当加盖单位公章。

（五）在本通知施行前已经具有证券资格的会计师事务所，在本通知施行之日起60日内向财政部、证监会报送“会计师事务所基本情况表”和“会计师事务所分所基本情况表”，并应当在2013年12月31日前达到前述各项要求，逾期未达到的，财政部、证监会撤回其证券许可证。

附表1：会计师事务所证券资格申请表

附表2：注册会计师情况表（略）

附表3：会计师事务所________年度审计业务收费情况表

附表4：会计师事务所合并变更备案表

附表5：会计师事务所分立变更备案表

附表6：会计师事务所名称变更登记表

附表7：会计师事务所其他重要事项变更登记表

附表8：证券资格会计师事务所设立分所备案表

附表9：会计师事务所基本情况表

附表10：会计师事务所________年度证券业务情况表（略）

附表11：会计师事务所整改计划表

附表12：会计师事务所终止证券业务情况说明表

附表1 会计师事务所证券资格申请表

会计师事务所名称：

<table>
<tr><td>成立时间</td><td></td><td>批准设立
机关</td><td></td><td>批准设立
文号</td><td></td><td>执业证书
编号</td><td></td></tr>
<tr><td colspan="2">主任会计师
（首席合伙人）</td><td colspan="6"></td></tr>
<tr><td colspan="2">联系电话</td><td colspan="2"></td><td>传 真</td><td colspan="3"></td></tr>
<tr><td colspan="2">电子邮箱</td><td colspan="6"></td></tr>
<tr><td colspan="2">通讯地址</td><td colspan="3"></td><td>邮政编码</td><td colspan="2"></td></tr>
<tr><td colspan="2">会计师事务所员工总数
（含分所）</td><td></td><td colspan="5">注册会计师　　人。其中最近持有注册会计师证书五年连续执业的　　人（含分所）。</td></tr>
<tr><td colspan="2">上一年度审计业务收入
（含分所）</td><td colspan="2">万元</td><td>净 资 产</td><td colspan="3">万元</td></tr>
<tr><td colspan="2">累计职业
风险基金</td><td colspan="2">万元</td><td>职业保险累
计赔偿限额
（含分所）</td><td colspan="3">万元</td></tr>
<tr><td colspan="3">分所名称</td><td>负责人</td><td colspan="2">注册会计师人数</td><td colspan="2">上一年度审计业务收入
（万元）</td></tr>
<tr><td colspan="3"></td><td></td><td colspan="2"></td><td colspan="2"></td></tr>
<tr><td colspan="3"></td><td></td><td colspan="2"></td><td colspan="2"></td></tr>
<tr><td colspan="3"></td><td></td><td colspan="2"></td><td colspan="2"></td></tr>
<tr><td colspan="3">……</td><td>……</td><td colspan="2">……</td><td colspan="2">……</td></tr>
<tr><td colspan="3">合计</td><td>—</td><td colspan="2"></td><td colspan="2"></td></tr>
<tr><td colspan="5">最近三年是否有在执业活动中受到行政处罚或刑事处罚（含分所）、因欺骗等不正当手段取得证券资格后被撤销资格、因隐瞒有关情况或者提供虚假材料被不予受理或不予批准的情形</td><td colspan="3"></td></tr>
<tr><td colspan="4">我所申请证券、期货相关业务资格，并保证本申请表所填报内容及所附申请材料真实。

主任会计师　　　　　　会计师事务所

（首席合伙人）　　　　　（盖章）

（签名并盖章）

年　月　日</td><td colspan="4">省级财政部门意见：

经办人签字：

省级财政部门
（盖章）
年　月　日</td></tr>
</table>

注：本表由申请人自行下载后，采用幅面为209×295毫米的纸张（相当于A4纸张规格）打印后填写，下同。

附表3 会计师事务所＿＿＿＿年度审计业务收费情况表

会计师事务所名称（盖章）： 填报日期： 年 月 日

序号	客户名称	业务类型	报告意见类型	收费金额（万元）
合计	—	—	—	

注：

1. 业务类型栏内分以下情况填列：a：首次公开发行证券公司审计；b：年度报告审计；c：中期报告审计；d：验资。如有其他类型审计业务，请详细填写该审计业务的性质。

2. 收费总额满6000万元人民币时，可不再填写。

3. 本表行数不足时，可自行添加。

附表 4　会计师事务所合并变更备案表

<table>
<tr><td>合并后会计师事务所名称</td><td colspan="4"></td></tr>
<tr><td>合并基准日</td><td></td><td>工商变更登记日</td><td colspan="2"></td></tr>
<tr><td>主任会计师（首席合伙人）</td><td></td><td>联系电话</td><td colspan="2"></td></tr>
<tr><td>电子邮箱</td><td></td><td>传　　真</td><td colspan="2"></td></tr>
<tr><td>通讯地址</td><td colspan="2"></td><td>邮政编码</td><td></td></tr>
<tr><td>合并后会计师事务所员工总数（含分所）</td><td></td><td colspan="3">注册会计师　　人。其中最近五年持有注册会计师证书且连续执业的　　人（含分所）。</td></tr>
<tr><td rowspan="2">合并后会计师事务所净资产（万元）</td><td rowspan="2"></td><td>合并后会计师事务所职业风险基金（万元）</td><td colspan="2"></td></tr>
<tr><td>合并后会计师事务所职业保险累计赔偿限额（万元）</td><td colspan="2"></td></tr>
<tr><td>合并原因</td><td colspan="4"></td></tr>
<tr><td>合并前各方名称</td><td>主任会计师</td><td colspan="2">注册会计师人数</td><td>上一年度审计业务收入（万元）</td></tr>
<tr><td></td><td></td><td colspan="2"></td><td></td></tr>
<tr><td></td><td></td><td colspan="2"></td><td></td></tr>
<tr><td></td><td></td><td colspan="2"></td><td></td></tr>
<tr><td>……</td><td>……</td><td colspan="2">……</td><td>……</td></tr>
<tr><td>合计</td><td>—</td><td colspan="2"></td><td></td></tr>
<tr><td colspan="5">谨此保证，本表所填报内容及所附证明材料真实。

主任会计师（签章）
（首席合伙人）
会计师事务所
（盖章）
年　　月　　日</td></tr>
</table>

附表5 会计师事务所分立变更备案表

<table>
<tr><td>分立后会计师
事务所名称</td><td colspan="4"></td></tr>
<tr><td>分立基准日</td><td></td><td>工商变更
登记日</td><td colspan="2"></td></tr>
<tr><td>主任会计师
（首席合伙人）</td><td></td><td>联系电话</td><td colspan="2"></td></tr>
<tr><td>电子邮箱</td><td></td><td>传　真</td><td colspan="2"></td></tr>
<tr><td>通讯地址</td><td colspan="2"></td><td>邮政编码</td><td></td></tr>
<tr><td>分立后会计师事务所
员工总数（含分所）</td><td></td><td colspan="3">注册会计师　　人。其中最近五年持有注册会计师证书且连续执业的　　人（含分所）。</td></tr>
<tr><td rowspan="2">分立后会计师事务所
净资产（万元）</td><td rowspan="2"></td><td colspan="2">分立后会计师事务所职业风险基金（万元）</td><td></td></tr>
<tr><td colspan="2">分立后会计师事务所职业保险累计赔偿限额（万元）</td><td></td></tr>
<tr><td>分立前会计师
事务所名称</td><td colspan="4"></td></tr>
<tr><td>分立前会计师
事务所成立时间</td><td></td><td>取得证券
资格时间</td><td colspan="2"></td></tr>
<tr><td>主任会计师
（首席合伙人）</td><td></td><td>证券资格证书编号</td><td colspan="2"></td></tr>
<tr><td>分立原因</td><td colspan="4"></td></tr>
<tr><td colspan="5">谨此保证，本表所填报内容及所附证明材料真实、完整。

主任会计师（签章）　　　　　　　　　　　　会计师事务所

（首席合伙人）　　　　　　　　　　　　　　（盖章）

年　　月　　日</td></tr>
</table>

附表 6　会计师事务所名称变更登记表

<table>
<tr><td>原名称</td><td colspan="5"></td></tr>
<tr><td>现名称</td><td colspan="5"></td></tr>
<tr><td>批准设立时间</td><td></td><td>批准设立机关</td><td></td><td>批准设立文号</td><td></td></tr>
<tr><td>主任会计师（首席合伙人）</td><td></td><td>联系电话</td><td colspan="3"></td></tr>
<tr><td>取得证券资格时间</td><td></td><td>证券资格证书编号</td><td colspan="3"></td></tr>
<tr><td>作出名称变更决议时间</td><td></td><td>工商变更登记日</td><td colspan="3"></td></tr>
<tr><td>变更原因</td><td colspan="5"></td></tr>
<tr><td>其他需要说明的事项</td><td colspan="5"></td></tr>
<tr><td colspan="6">谨此保证，本表所填报内容真实。

主任会计师（签章）　　　　　　　　会计师事务所
（首席合伙人）　　　　　　　　　　（盖章）
　　　　　　　　　　　　　　　　　年　月　日</td></tr>
</table>

附表7　会计师事务所其他重要事项变更登记表

<table>
<tr><td rowspan="2">主任会计师变更</td><td>原主任会计师</td><td colspan="3"></td></tr>
<tr><td>现主任会计师</td><td colspan="3"></td></tr>
<tr><td>合伙人变动</td><td>增加合伙人
（名单）</td><td></td><td>减少合伙人
（名单）</td><td></td></tr>
<tr><td>备注</td><td colspan="4"></td></tr>
<tr><td colspan="5">谨此保证，本表所填报内容真实。

主任会计师（签章）　　　　　　　　　　　　　　会计师事务所

（首席合伙人）　　　　　　　　　　　　　　　　（盖章）

年　　月　　日</td></tr>
</table>

附表8　证券资格会计师事务所设立分所备案表

会计师事务所名称：　　　　　　　　　　　　填报日期：　　　年　　月　　日

新设分所负责人		联系电话	
电子邮箱		传　真	
通讯地址		邮政编码	
取得证券资格时间		证券资格证书编号	
新设分所注册会计师人数			
备注			

谨此保证，本表所填报内容真实。

主任会计师（签章）　　　　　　　　　　　　会计师事务所

（首席合伙人）　　　　　　　　　　　　　　（盖章）

年　　月　　日

附表9 会计师事务所基本情况表

会计师事务所名称： 填报日期： 年 月 日

<table>
<tr><td>主任会计师</td><td colspan="3"></td><td>联系电话</td><td colspan="2"></td></tr>
<tr><td>电子邮箱</td><td colspan="3"></td><td>传　　真</td><td colspan="2"></td></tr>
<tr><td>通讯地址</td><td colspan="3"></td><td>邮政编码</td><td colspan="2"></td></tr>
<tr><td>上一年度末员工总数（含分所）</td><td></td><td colspan="5">上一年度末注册会计师　　人。最近五年持有注册会计师证书且连续执业的　　人（含分所）。</td></tr>
<tr><td rowspan="3">上一年度合伙人变动情况</td><td>新增</td><td></td><td>上一年度末净资产（万元）</td><td></td><td>上一年度审计业务收入（万元）（含分所）</td><td></td></tr>
<tr><td rowspan="2">退出</td><td rowspan="2"></td><td rowspan="2">上一年度从事证券业务收入（万元）（含分所）</td><td rowspan="2"></td><td>职业保险累计赔偿限额</td><td></td></tr>
<tr><td>职业风险基金</td><td></td></tr>
<tr><td colspan="3">注册会计师数量变动情况</td><td>上年初</td><td>上年转入</td><td>上年转出</td><td>上年末</td></tr>
<tr><td colspan="3">注册会计师人数（含分所）</td><td></td><td></td><td></td><td></td></tr>
<tr><td colspan="3">最近五年持有注册会计师证书且连续执业的注册会计师（含分所）</td><td></td><td></td><td></td><td></td></tr>
<tr><td colspan="3">分所名称</td><td>负责人</td><td colspan="2">注册会计师人数</td><td>上年业务收入</td></tr>
<tr><td colspan="3"></td><td></td><td colspan="2"></td><td></td></tr>
<tr><td colspan="3"></td><td></td><td colspan="2"></td><td></td></tr>
<tr><td colspan="3"></td><td></td><td colspan="2"></td><td></td></tr>
<tr><td colspan="3"></td><td></td><td colspan="2"></td><td></td></tr>
<tr><td colspan="3"></td><td></td><td colspan="2"></td><td></td></tr>
<tr><td colspan="3">合计</td><td>—</td><td colspan="2"></td><td></td></tr>
<tr><td colspan="3">上一年度因违法违规受到处罚情况（含分所）</td><td colspan="4"></td></tr>
<tr><td colspan="7">谨此保证，本表所填报内容及所附证明材料真实。
主任会计师（签章）　　　　会计师事务所
（首席合伙人）　　　　（盖章）
年　月　日</td></tr>
</table>

附表 11　会计师事务所整改计划表

<table>
<tr><td>会计师事务所名称</td><td colspan="3"></td></tr>
<tr><td>取得证券资格时间</td><td></td><td>证券资格
证书编号</td><td></td></tr>
<tr><td>主任会计师
（首席合伙人）</td><td></td><td>联系电话</td><td></td></tr>
<tr><td>电子邮件</td><td></td><td>传　　真</td><td></td></tr>
<tr><td>通讯地址</td><td></td><td>邮政编码</td><td></td></tr>
<tr><td>不具备条件的情况说明（具体情况、原因，出现时间等）</td><td colspan="3"></td></tr>
<tr><td colspan="4">整改计划：</td></tr>
<tr><td colspan="4">谨此保证，本表所填报内容及所附证明材料真实。

主任会计师（签章）　　　　　　　　会计师事务所
（首席合伙人）　　　　　　　　　　（盖章）
年　月　日</td></tr>
</table>

附表12　会计师事务所终止证券业务情况说明表

<table>
<tr><td>会计师事务所名称</td><td colspan="3"></td></tr>
<tr><td>取得证券资格时间</td><td></td><td>证券资格证书编号</td><td></td></tr>
<tr><td>主任会计师（首席合伙人）</td><td></td><td>联系电话</td><td></td></tr>
<tr><td>电子邮箱</td><td></td><td>传　　真</td><td></td></tr>
<tr><td>通讯地址</td><td></td><td>邮政编码</td><td></td></tr>
<tr><td>会计师事务所终止证券业务原因</td><td colspan="3"></td></tr>
<tr><td colspan="4">谨此保证，本表所填报内容及所附证明材料真实。

主任会计师（签章）　　　　会计师事务所
（首席合伙人）　　　　（盖章）
年　月　日</td></tr>
</table>

VIII.2 财政部 证监会关于从事证券期货相关业务的资产评估机构有关管理问题的通知

（2008年4月29日 财企［2008］81号）

各省、自治区、直辖市财政厅（局），证监会各省、自治区、直辖市、计划单列市监管局：

为了加强对从事证券、期货相关业务（以下简称证券业务）资产评估机构的管理，维护证券市场秩序，保护投资者和社会公众的合法权益，现对从事证券业务的资产评估机构有关管理问题补充通知如下：

一、关于证券业务评估资格的申请条件

（一）资产评估机构从事证券业务，应当按照本通知规定取得证券、期货相关业务评估资格（以下简称证券评估资格）。

（二）资产评估机构申请证券评估资格，应当符合下列条件：

1. 资产评估机构依法设立并取得资产评估资格3年以上，发生过吸收合并的，还应当自完成工商变更登记之日起满1年；

2. 质量控制制度和其他内部管理制度健全并有效执行，执业质量和职业道德良好；

3. 具有不少于30名注册资产评估师，其中最近3年持有注册资产评估师证书且连续执业的不少于20人；

4. 净资产不少于200万元；

5. 按规定购买职业责任保险或者提取职业风险基金；

6. 半数以上合伙人或者持有不少于50%股权的股东最近在本机构连续执业3年以上；

7. 最近3年评估业务收入合计不少于2000万元，且每年不少于500万元。

（三）资产评估机构申请证券评估资格，应当不存在下列情形之一：

1. 在执业活动中受到刑事处罚、行政处罚，自处罚决定执行完毕之日起至提出申请之日止未满3年；

2. 因以欺骗等不正当手段取得证券评估资格而被撤销该资格，自撤销之日起至提出申请之日止未满3年；

3. 申请证券评估资格过程中，因隐瞒有关情况或者提供虚假材料被不予受理或者不予批准的，自被出具不予受理凭证或者不予批准决定之日起至提出申请之日止未满3年。

二、关于证券评估资格的申请材料

（一）资产评估机构申请证券评估资格，应当按一式三份提交下列材料：

1. 资产评估机构关于申请证券评估资格的报告（附件1）及执业情况总结；

2. 资产评估机构基本情况表（附件2）；

3. 资产评估机构质量控制制度和其他内部管理制度及执行情况说明；

4. 经中国资产评估协会核实的提出申请前上月末注册资产评估师注册情况一览表（附件3）；

5. 由具有证券业务资格的会计师事务所出具的最近3年会计报表的审计报告，审计报告应当披露总收入中的评估收入单项说明；

6. 资产评估机构最近3年评估业务和收入汇总表（附件4）；

7. 职业责任保险保单复印件或者累计职业风险基金证明材料；

8. 资产评估资格证书副本、营业执照副本复印件。

（二）最近3年内发生过合并行为的资产评估机构，除以上规定材料外，还应当提交下列材料：

1. 合并协议复印件；

2. 由具有证券业务资格的会计师事务所出具的合并各方最近3个年度会计报表的审计报告，审计报告应当披露总收入中的评估收入单项说明；

3. 经中国资产评估协会核实的工商变更登记日合并各方注册资产评估师注册情况一览表（附件3）；

4. 自发生合并行为上年末至合并基准日上月末净资产、职业风险基金变动情况说明；

5. 合并各方最近3年评估业务和收入汇总表（附件4）；

6. 合并前各方职业责任保险保单复印件或者累计职业风险基金证明材料。

三、关于资产评估分支机构的设立

具有证券评估资格的资产评估机构设立分支机构，应当自分支机构工商注册登记之日起5个工作日内，按一式三份报送下列备案材料：

（一）资产评估机构基本情况表（附件2）；

（二）经中国资产评估协会核实的分支机构工商注册登记日资产评估机构和所有分支机构的注册资产评估师注册情况一览表（附件3）；

（三）对分支机构的授权书和分支机构管理制度。

四、关于资产评估机构的合并、分立

（一）具有证券评估资格的资产评估机构合并或者分立后仍然存续且具备

本通知第一条第（二）款第 2 项至第 7 项规定条件的，其证券评估资格继续有效，并应当自工商变更登记之日起 5 个工作日内，按一式三份报送下列备案材料：

1. 资产评估机构变更事项备案表（附件 5）；

2. 资产评估机构基本情况表（附件 2）；

3. 合并或者分立协议复印件；

4. 合并或者分立后资产评估机构营业执照副本复印件；

5. 经中国资产评估协会核实的合并或者分立后工商变更登记日注册资产评估师注册情况一览表（附件 3）；

6. 合并或者分立后职业责任保险保单复印件或者累计职业风险基金证明材料；

7. 由具有证券业务资格的会计师事务所出具的合并或者分立基准日上月末会计报表的审计报告，审计报告应当披露总收入中的评估收入单项说明；

8. 资产评估机构质量控制制度和其他内部管理制度及执行情况说明。

（二）具有证券评估资格的资产评估机构合并或者分立后新设的资产评估机构，符合本通知第一条第（二）、（三）款规定的，可以申请证券评估资格。

五、关于资产评估机构重大事项报备

（一）取得证券评估资格的资产评估机构，其名称、地址、股东或者合伙人、法定代表人或者首席合伙人发生变更的，应当自工商变更登记之日起 5 个工作日内，按一式三份报送下列备案材料：

1. 资产评估机构变更事项备案表（附件 5）；

2. 资产评估资格证书、营业执照副本复印件。

（二）具有证券评估资格的资产评估机构变更名称的，财政部、证监会应当自收到材料和证券评估资格证书后换发新的证券评估资格证书，并予以公告。

六、关于资产评估机构年度报备

具有证券评估资格的资产评估机构应当于每年 3 月 31 日之前，按一式三份报送下列备案材料：

（一）资产评估机构基本情况表（附件 2）；

（二）经中国资产评估协会核实的上年末注册资产评估师注册情况一览表（附件 3）；

（三）由具有证券业务资格的会计师事务所出具的上年度会计报表的审计报告，审计报告应当披露总收入中的评估收入单项说明；

（四）上年度评估业务和收入汇总表（附件 4）；

（五）职业责任保险保单复印件或者累计职业风险基金证明材料；

（六）资产评估机构质量控制制度、对分支机构管理制度和其他内部管理制度的执行情况及其变动情况的说明。

七、关于资产评估机构的日常管理

（一）具有证券评估资格的资产评估机构存在下列情形之一的，财政部、证监会将给予特别关注：

1. 被举报的；

2. 受到公众质疑，被有关媒体披露的；

3. 首次承接证券业务的；

4. 注册资产评估师流动过于频繁，或者最近 1 年内未从事证券业务的；

5. 股东（合伙人）之间关系极不协调，可能对执业质量造成影响的；

6. 股东（合伙人）发生重大变动的；

7. 收费异常的；

8. 客户数量、规模与资产评估机构的执业能力、承担风险能力不相称的；

9. 发生合并、分立的；

10. 受到刑事处罚、行政处罚或者行业自律惩戒的；

11. 不按本通知规定进行报备的；

12. 财政部、证监会认为需要给予特别关注的其他情形。

（二）财政部、证监会依法对资产评估机构从事证券业务的情况进行监督检查，资产评估机构及其注册资产评估师应当予以配合。

（三）财政部、证监会应当建立资产评估机构从事证券业务诚信档案。对具有证券评估资格的资产评估机构从事证券业务违反规定的，财政部、证监会可以采取出具警示函并责令其整改等措施；对资产评估机构负责人、直接负责的主管人员和其他直接责任人员，可以实行监管谈话、出具警示函等措施，对情节严重的，可以给予一定期限不适宜从事证券业务的惩戒，同时记入诚信档案，并予以公告。

八、关于证券评估资格的撤回

（一）具有证券评估资格的资产评估机构，应当持续具备本通知第一条第（二）款第 2 项至第 7 项规定的条件。

（二）具有证券评估资格的资产评估机构，发生不具备本通知第一条第（二）款第 2 项至第 5 项条件之一情形的，应当在 5 个工作日内，向财政部和证监会报告，并应当自出现上述情形之日起 90 日内进行整改，整改期间不得承接证券业务。整改结束后，应当在 5 个工作日内报送整改情况说明。

（三）具有证券评估资格的资产评估机构发生以下情形之一的，财政部、证监会撤回其证券评估资格：

1. 发生本条第（二）款情形逾期未报告，未经整改或者整改后仍未达到本通知第一条第（二）款第2项至第5项规定条件的；

2. 情况变化导致不具备本通知第一条第（二）款第6项和第7项规定条件的。

（四）具有证券评估资格的资产评估机构终止的，证券评估资格失效，其证券评估资格证书应当在工商注销登记之前交回。

（五）具有证券评估资格的资产评估机构，除被依法撤销、撤回证券评估资格外，不再从事证券业务的，应当交回证券评估资格证书，并按一式三份提交资产评估机构终止证券业务情况说明表（附件6）。

（六）财政部、证监会应当对被依法撤销、撤回证券评估资格或者交回证券评估资格证书的资产评估机构予以公告。

九、其他事项

（一）中国资产评估协会协助财政部、证监会对具有证券评估资格的资产评估机构进行管理。

（二）本通知所称证券业务，是指涉及各类已发行或者拟发行证券的企业的各类资产评估业务，以及涉及证券及期货经营机构、证券及期货交易所、证券投资基金及其管理公司、证券登记结算机构等的资产评估业务。

（三）本通知所称“以上”包括本数。

（四）资产评估机构按照本通知规定提交的有关附件和审计报告，应当同时报送电子文档；提交的有关材料为复印件的，应当加盖单位公章。

（五）本通知自2008年7月1日起施行。持有原国家国有资产管理局和证监会联合颁发的证券业务资产评估许可证的合法的资产评估机构，在本通知施行之日起60日内报送《资产评估机构基本情况表》（附件2）和证券业务资产评估许可证沿革说明的，其证券评估资格在2008年12月31日之前继续有效。

附件：

1. 关于申请证券评估资格的报告（略）
2. 资产评估机构基本情况表（略）
3. 注册资产评估师注册情况一览表（略）
4. 年度评估业务和收入汇总表（略）
5. 资产评估机构变更事项备案表（略）
6. 资产评估机构终止证券业务情况说明表（略）

VIII. 3 关于印发《关于证券期货审计业务签字注册会计师定期轮换的规定》的通知

（2003 年 10 月 8 日 证监会计字［2003］13 号）

各证券监管办公室、办事处、特派员办事处，各省、自治区、直辖市财政厅（局），深圳市财政局，各具有证券期货相关业务资格的会计师事务所，各上市公司：

为了维护证券期货相关机构审计工作的独立性，提高其经审计财务资料的质量，我们制定了《关于证券期货审计业务签字注册会计师定期轮换的规定》（以下简称《规定》），现予印发，请遵照执行。执行中遇到问题，请及时反馈给我们。

截至 2004 年 1 月 1 日，签字注册会计师及《规定》第十二条所指审计项目负责人的审计服务期限达到或超过五年的，也应当按照第三条至第八条的规定执行。

附件：《关于证券期货审计业务签字注册会计师定期轮换的规定》

附件

关于证券期货审计业务签字注册会计师定期轮换的规定

第一条 为了维护注册会计师执行证券期货审计业务的独立性，提高证券期货相关机构（以下简称相关机构）经审计财务资料的质量，根据《中华人民共和国证券法》、《中华人民共和国注册会计师法》及其他有关规定，制定本规定。

第二条 本规定所指相关机构，是指上市公司、首次公开发行证券公司、证券及期货经营机构、证券及期货交易所、证券投资基金及其管理公司、证券登记结算机构等。

第三条 除本规定第七条外，签字注册会计师连续为某一相关机构提供审计服务，不得超过五年。

第四条 签字注册会计师由于工作单位变动，在不同会计师事务所连续为同一相关机构提供审计服务的期限应当合并计算。

第五条 为首次公开发行证券公司提供审计服务的签字注册会计师，在该公司上市后连续提供审计服务的期限，不得超过两个完整会计年度。

第六条 相关机构发生重大资产重组，为其提供审计服务的签字注册会计师未变更的，该签字注册会计师在该相关机构重组前后提供审计服务的期限应连续计算。

第七条 两名签字注册会计师为同一相关机构连续提供审计服务的期限在同一年度达到五年的，可以由一名签字注册会计师延期为该相关机构提供审计服务，但延期不得超过一年。

第八条 签字注册会计师已连续为同一相关机构提供五年审计服务并被轮换后，在两年以内，不得重新为该相关机构提供审计服务。根据本规定第七条延期的签字注册会计师延期后被轮换的，在两年以内，不得重新为该相关机构提供审计服务。

第九条 会计师事务所应当在每年 5 月 15 日以前向中国证券监督管理委员会（以下简称中国证监会）会计部、财政部会计司以及负责监管被审计相关机构的中国证监会派出机构报告证券期货审计业务签字注册会计师的轮换情况，并将有关信息填入中国证监会网站会计部“会计资产评估机构监管数据库”。

第十条 上市公司应当在定期报告中披露有关轮换签字注册会计师的事项。

第十一条 中国证监会派出机构应当检查辖区内会计师事务所执行本规定的情况，中国证监会、财政部可以对会计师事务所执行本规定的情况进行抽查。

第十二条 除签字注册会计师外，会计师事务所还设有相关机构审计项目负责人的，该审计项目负责人应按照以上有关签字注册会计师定期轮换的规定进行定期轮换。

第十三条 本规定自 2004 年 1 月 1 日起施行。

VIII. 4 关于审理涉及会计师事务所在审计业务活动中民事侵权赔偿案件的若干规定

（2007 年 6 月 4 日 最高人民法院审判委员会第 1428 次会议通过）

为正确审理涉及会计师事务所在审计业务活动中民事侵权赔偿案件，维护社会公共利益和相关当事人的合法权益，根据《中华人民共和国民法通则》、《中华人民共和国注册会计师法》、《中华人民共和国公司法》、《中华人民共和国证券法》等法律，结合审判实践，制定本规定。

第一条 利害关系人以会计师事务所在从事注册会计师法第十四条规定的审计业务活动中出具不实报告并致其遭受损失为由，向人民法院提起民事侵权赔偿诉讼的，人民法院应当依法受理。

第二条 因合理信赖或者使用会计师事务所出具的不实报告，与被审计单位进行交易或者从事与被审计单位的股票、债券等有关的交易活动而遭受损失的自然人、法人或者其他组织，应认定为注册会计师法规定的利害关系人。

会计师事务所违反法律法规、中国注册会计师协会依法拟定并经国务院财政部门批准后施行的执业准则和规则以及诚信公允的原则，出具的具有虚假记载、误导性陈述或者重大遗漏的审计业务报告，应认定为不实报告。

第三条 利害关系人未对被审计单位提起诉讼而直接对会计师事务所提起诉讼的，人民法院应当告知其对会计师事务所和被审计单位一并提起诉讼；利害关系人拒不起诉被审计单位的，人民法院应当通知被审计单位作为共同被告参加诉讼。

利害关系人对会计师事务所的分支机构提起诉讼的，人民法院可以将该会计师事务所列为共同被告参加诉讼。

利害关系人提出被审计单位的出资人虚假出资或者出资不实、抽逃出资，且事后未补足的，人民法院可以将该出资人列为第三人参加诉讼。

第四条 会计师事务所因在审计业务活动中对外出具不实报告给利害关系人造成损失的，应当承担侵权赔偿责任，但其能够证明自己没有过错的除外。

会计师事务所在证明自己没有过错时，可以向人民法院提交与该案件相关的执业准则、规则以及审计工作底稿等。

第五条 注册会计师在审计业务活动中存在下列情形之一，出具不实报告并给利害关系人造成损失的，应当认定会计师事务所与被审计单位承担连带赔偿责任：

（一）与被审计单位恶意串通；

（二）明知被审计单位对重要事项的财务会计处理与国家有关规定相抵触，而不予指明；

（三）明知被审计单位的财务会计处理会直接损害利害关系人的利益，而予以隐瞒或者作不实报告；

（四）明知被审计单位的财务会计处理会导致利害关系人产生重大误解，而不予指明；

（五）明知被审计单位的会计报表的重要事项有不实的内容，而不予指明；

（六）被审计单位示意其作不实报告，而不予拒绝。

对被审计单位有前款第（二）至（五）项所列行为，注册会计师按照执业准则、规则应当知道的，人民法院应认定其明知。

第六条 会计师事务所在审计业务活动中因过失出具不实报告，并给利害关系人造成损失的，人民法院应当根据其过失大小确定其赔偿责任。

注册会计师在审计过程中未保持必要的职业谨慎，存在下列情形之一，并导致报告不实的，人民法院应当认定会计师事务所存在过失：

（一）违反注册会计师法第二十条第（二）、（三）项的规定；

（二）负责审计的注册会计师以低于行业一般成员应具备的专业水准执业；

（三）制订的审计计划存在明显疏漏；

（四）未依据执业准则、规则执行必要的审计程序；

（五）在发现可能存在错误和舞弊的迹象时，未能追加必要的审计程序予以证实或者排除；

（六）未能合理地运用执业准则和规则所要求的重要性原则；

（七）未根据审计的要求采用必要的调查方法获取充分的审计证据；

（八）明知对总体结论有重大影响的特定审计对象缺少判断能力，未能寻求专家意见而直接形成审计结论；

（九）错误判断和评价审计证据；

（十）其他违反执业准则、规则确定的工作程序的行为。

第七条 会计师事务所能够证明存在以下情形之一的，不承担民事赔偿责任：

（一）已经遵守执业准则、规则确定的工作程序并保持必要的职业谨慎，但仍未能发现被审计的会计资料错误；

（二）审计业务所必须依赖的金融机构等单位提供虚假或者不实的证明文件，会计师事务所在保持必要的职业谨慎下仍未能发现其虚假或者不实；

（三）已对被审计单位的舞弊迹象提出警告并在审计业务报告中予以指明；

（四）已经遵照验资程序进行审核并出具报告，但被验资单位在注册登记后抽逃资金；

（五）为登记时未出资或者未足额出资的出资人出具不实报告，但出资人在登记后已补足出资。

第八条 利害关系人明知会计师事务所出具的报告为不实报告而仍然使用的，人民法院应当酌情减轻会计师事务所的赔偿责任。

第九条 会计师事务所在报告中注明“本报告仅供年检使用”、“本报告仅供工商登记使用”等类似内容的，不能作为其免责的事由。

第十条 人民法院根据本规定第六条确定会计师事务所承担与其过失程度相应的赔偿责任时，应按照下列情形处理：

（一）应先由被审计单位赔偿利害关系人的损失。被审计单位的出资人虚假出资、不实出资或者抽逃出资，事后未补足，且依法强制执行被审计单位财产后仍不足以赔偿损失的，出资人应在虚假出资、不实出资或者抽逃出资数额范围内向利害关系人承担补充赔偿责任。

（二）对被审计单位、出资人的财产依法强制执行后仍不足以赔偿损失的，由会计师事务所在其不实审计金额范围内承担相应的赔偿责任。

（三）会计师事务所对一个或者多个利害关系人承担的赔偿责任应以不实审计金额为限。

第十一条 会计师事务所与其分支机构作为共同被告的，会计师事务所对其分支机构的责任部分承担连带赔偿责任。

第十二条 本规定所涉会计师事务所侵权赔偿纠纷未经审判，人民法院不得将会计师事务所追加为被执行人。

第十三条 本规定自公布之日起施行。本院过去发布的有关会计师事务所民事责任的相关规定，与本规定相抵触的，不再适用。

在本规定公布施行前已经终审，当事人申请再审或者按照审判监督程序决定再审的会计师事务所民事侵权赔偿案件，不适用本规定。

在本规定公布施行后尚在一审或者二审阶段的会计师事务所民事侵权赔偿案件，适用本规定。

VIII. 5 律师事务所从事证券法律业务管理办法

（2007 年 3 月 9 日 中国证券监督管理委员会
中华人民共和国司法部令第 41 号）

《律师事务所从事证券法律业务管理办法》已经中国证券监督管理委员会主席办公会议和司法部部务会议审议通过，现予公布，自 2007 年 5 月 1 日起施行。

第一章 总 则

第一条 为了加强对律师事务所从事证券法律业务活动的监督管理，规范律师在证券发行、上市和交易等活动中的执业行为，完善法律风险防范机制，维护证券市场秩序，保护投资者的合法权益，根据《证券法》和《律师法》，制定本办法。

第二条 律师事务所及其指派的律师从事证券法律业务，适用本办法。前款所称证券法律业务，是指律师事务所接受当事人委托，为其证券发行、上市和交易等证券业务活动，提供的制作、出具法律意见书等文件的法律服务。

第三条 律师事务所及其指派的律师从事证券法律业务，应当遵守法律、行政法规及相关规定，遵循诚实、守信、独立、勤勉、尽责的原则，恪守律师职业道德和执业纪律，严格履行法定职责，保证其所出具文件的真实性、准确性、完整性。

第四条 律师事务所应当建立健全风险控制制度，加强对律师从事证券法律业务的管理，提高律师证券法律业务水平。

第五条 中国证券监督管理委员会（以下简称中国证监会）及其派出机构、司法部及地方司法行政机关依法对律师事务所从事证券法律业务进行监督管理。

律师协会依照章程和律师行业规范对律师事务所从事证券法律业务进行自律管理。

第二章 业务范围

第六条 律师事务所从事证券法律业务，可以为下列事项出具法律意见：

（一）首次公开发行股票及上市；

（二）上市公司发行证券及上市；

（三）上市公司的收购、重大资产重组及股份回购；

（四）上市公司实行股权激励计划；

（五）上市公司召开股东大会；

（六）境内企业直接或者间接到境外发行证券、将其证券在境外上市交易；

（七）证券公司、证券投资基金管理公司及其分支机构的设立、变更、解散、终止；

（八）证券投资基金的募集、证券公司集合资产管理计划的设立；

（九）证券衍生品种的发行及上市；

（十）中国证监会规定的其他事项。

第七条 律师事务所可以接受当事人的委托，组织制作与证券业务活动相关的法律文件。

第八条 鼓励具备下列条件的律师事务所从事证券法律业务：

（一）内部管理规范，风险控制制度健全，执业水准高，社会信誉良好；

（二）有20名以上执业律师，其中5名以上曾从事过证券法律业务；

（三）已经办理有效的执业责任保险；

（四）最近2年未因违法执业行为受到行政处罚。

第九条 鼓励具备下列条件之一，并且最近2年未因违法执业行为受到行政处罚的律师从事证券法律业务：

（一）最近3年从事过证券法律业务；

（二）最近3年连续执业，且拟与其共同承办业务的律师最近3年从事过证券法律业务；

（三）最近3年连续从事证券法律领域的教学、研究工作，或者接受过证券法律业务的行业培训。

第十条 律师被吊销执业证书的，不得再从事证券法律业务。

律师被中国证监会采取证券市场禁入措施或者被司法行政机关给予停止执业处罚的，在规定禁入或者停止执业的期间不得从事证券法律业务。

第十一条 同一律师事务所不得同时为同一证券发行的发行人和保荐人、承销的证券公司出具法律意见，不得同时为同一收购行为的收购人和被收购的上市公司出具法律意见，不得在其他同一证券业务活动中为具有利害关系的不同当事人出具法律意见。

律师担任公司及其关联方董事、监事、高级管理人员，或者存在其他影响律师独立性的情形的，该律师所在律师事务所不得接受所任职公司的委托，为该公司提供证券法律服务。

第三章　业务规则

第十二条　律师事务所及其指派的律师从事证券法律业务，应当按照依法制定的业务规则，勤勉尽责，审慎履行核查和验证义务。

律师进行核查和验证，可以采用面谈、书面审查、实地调查、查询和函证、计算、复核等方法。

第十三条　律师事务所及其指派的律师从事证券法律业务，应当依法对所依据的文件资料内容的真实性、准确性、完整性进行核查和验证；在进行核查和验证前，应当编制核查和验证计划，明确需要核查和验证的事项，并根据业务的进展情况，对其予以适当调整。

第十四条　律师在出具法律意见时，对与法律相关的业务事项应当履行法律专业人士特别的注意义务，对其他业务事项履行普通人一般的注意义务，其制作、出具的文件不得有虚假记载、误导性陈述或者重大遗漏。

第十五条　律师从国家机关、具有管理公共事务职能的组织、会计师事务所、资产评估机构、资信评级机构、公证机构（以下统称公共机构）直接取得的文书，可以作为出具法律意见的依据，但律师应当履行本办法第十四条规定的注意义务并加以说明；对于不是从公共机构直接取得的文书，经核查和验证后方可作为出具法律意见的依据。

律师从公共机构抄录、复制的材料，经该机构确认后，可以作为出具法律意见的依据，但律师应当履行本办法第十四条规定的注意义务并加以说明；未取得公共机构确认的，对相关内容进行核查和验证后方可作为出具法律意见的依据。

第十六条　律师进行核查和验证，需要会计师事务所、资产评估机构等证券服务机构作出判断的，应当直接委托或者要求委托人委托会计师事务所、资产评估机构等证券服务机构出具意见。

第十七条　律师在从事证券法律业务时，委托人应当向其提供真实、完整的有关材料，不得拒绝、隐匿、谎报。

律师发现委托人提供的材料有虚假记载、误导性陈述、重大遗漏，或者委托人有重大违法行为的，应当要求委托人纠正、补充；委托人拒不纠正、补充的，律师可以拒绝继续接受委托，同时应当按照规定向有关方面履行报告义务。

第十八条　律师应当归类整理核查和验证中形成的工作记录和获取的材料，并对法律意见书等文件中各具体意见所依据的事实、国家相关规定以及律师的分析判断作出说明，形成记录清晰的工作底稿。

第十九条 工作底稿由出具法律意见的律师事务所保存，保存期限不得少于7年；中国证监会对保存期限另有规定的，从其规定。

第四章 法律意见

第二十条 法律意见是律师事务所及其指派的律师针对委托人委托事项的合法性，出具的明确结论性意见，是委托人、投资者和中国证监会及其派出机构确认相关事项是否合法的重要依据。法律意见应当由律师在核查和验证所依据的文件资料内容的真实性、准确性、完整性的基础上，依据法律、行政法规及相关规定作出。

第二十一条 法律意见书应当列明相关材料、事实、具体核查和验证结果、国家有关规定和结论性意见。

法律意见不得使用“基本符合”、“未发现”等含糊措辞。

第二十二条 有下列情形之一的，律师应当在法律意见中予以说明，并充分揭示其对相关事项的影响程度及其风险：

（一）委托人的全部或者部分事项不符合中国证监会规定；

（二）事实不清楚，材料不充分，不能全面反映委托人情况；

（三）核查和验证范围受到客观条件的限制，无法取得应有证据；

（四）律师已要求委托人纠正、补充而委托人未予纠正、补充；

（五）律师已依法履行勤勉尽责义务，仍不能对全部或者部分事项作出准确判断；

（六）律师认为应当予以说明的其他情形。

第二十三条 律师从事本办法第六条规定的证券法律业务，其所出具的法律意见应当经所在律师事务所讨论复核，并制作相关记录作为工作底稿留存。

第二十四条 律师从事本办法第六条规定的证券法律业务，其所出具的法律意见应当由2名执业律师和所在律师事务所负责人签名，加盖该律师事务所印章，并签署日期。

第二十五条 法律意见书的具体内容和格式，应当符合中国证监会的相关规定。

第二十六条 法律意见书等文件在报送中国证监会及其派出机构后，发生重大事项或者律师发现需要补充意见的，应当及时提出补充意见。

第五章 监督管理

第二十七条 律师从事证券法律业务期间，律师或者其所在律师事务所因涉嫌违法被有关机关立案调查的，该律师、律师事务所应当及时如实告知委托人，并明确提示可能的法律后果。

第二十八条 律师、律师事务所在向委托人出具法律意见时，应当按照规定同时提交其已从事证券法律业务的有关情况；委托人向中国证监会及其派出机构报送含有法律意见的文件时，应当按照规定同时提交律师、律师事务所已从事证券法律业务的有关情况。

第二十九条 中国证监会及其派出机构、司法行政机关及律师协会建立律师从事证券法律业务的资料库和诚信档案，记载律师、律师事务所从事证券法律业务所受处理处罚等情况，并按照规定予以公开。

第三十条 中国证监会及其派出机构在审核律师出具的法律意见时，对其真实性、准确性、完整性有疑义的，可以要求律师作出解释、补充，或者调阅其工作底稿。律师和律师事务所应当配合。

第三十一条 律师、律师事务所从事证券法律业务有下列情形之一的，中国证监会及其派出机构可以采取责令改正、监管谈话、出具警示函等措施：

（一）未按照本办法第十二条的规定勤勉尽责，对所依据的文件资料内容的真实性、准确性、完整性进行核查和验证；

（二）未按照本办法第十三条的规定编制核查和验证计划；

（三）未按照本办法第十七条的规定要求委托人予以纠正、补充，或者履行报告义务；

（四）未按照本办法第二十二条的规定在法律意见中作出说明；

（五）未按照本办法第二十三条的规定讨论复核法律意见；

（六）未按照本办法第二十七条的规定履行告知义务；

（七）法律意见的依据不适当或者不充分，法律分析有明显失误；

（八）法律意见的结论不明确或者与核查和验证的结果不对应；

（九）未按照本办法第十八条的规定制作工作底稿；

（十）未按照本办法第十九条的规定保存工作底稿；

（十一）法律意见书不符合规定内容或者格式；

（十二）法律意见书等文件存在严重文字错误等文书质量问题；

（十三）违反业务规则的其他情形。

第三十二条 中国证监会及其派出机构作出监管谈话决定的，应当将监管谈话的对象、原因、时间、地点等以书面形式通知律师或者律师事务所负责人。律师或者律师事务所负责人应当按照通知要求，接受监管谈话。

中国证监会及其派出机构对律师或者律师事务所负责人监管谈话，可以会同或者委托司法行政机关进行。

进行监管谈话，应当有2名以上工作人员在场，并对监管谈话的内容作出书面记录。

第三十三条 中国证监会及其派出机构或者司法行政机关对律师、律师事务所采取责令改正、监管谈话、出具警示函等措施的，律师、律师事务所应当按照要求改正所存在的问题，提高证券法律业务水平。

第三十四条 律师、律师事务所负责人未按照规定接受监管谈话，或者未按照要求改正所存在问题的，中国证监会及其派出机构或者司法行政机关可以责令其限期整改。

第三十五条 律师、律师事务所被中国证监会及其派出机构、司法行政机关立案调查或者责令整改的，在调查、整改期间，中国证监会及其派出机构暂不受理和审核该律师、律师事务所出具的法律意见书等文件。

第六章 法律责任

第三十六条 律师事务所及其指派的律师从事证券法律业务，违反《证券法》和有关证券管理的行政法规，应当给予行政处罚的，由中国证监会依据《证券法》和有关证券管理的行政法规实施处罚；需要对律师事务所给予停业整顿处罚、对律师给予停止执业或者吊销律师执业证书处罚的，由司法行政机关依法实施处罚。

第三十七条 律师事务所从事证券法律业务，未勤勉尽责，所制作、出具的文件有虚假记载、误导性陈述或者重大遗漏的，由中国证监

第三十八条 律师事务所从事证券法律业务，未按照本办法第十九条的规定保存工作底稿的，由中国证监会依照《证券法》第二百二十五条的规定实施处罚。

第三十九条 律师事务所从事证券法律业务，有本办法第三十一条第（一）项至第（八）项规定情形之一的，由中国证监会依照《证券法》第二百二十六条第三款的规定实施处罚。

第四十条 律师从事证券法律业务，违反《证券法》、有关行政法规和本办法规定，情节严重的，中国证监会可以依照《证券法》第二百三十三条的规定，对其采取证券市场禁入的措施。

第四十一条 律师事务所及其指派的律师从事证券法律业务，违反《律师法》和有关律师执业管理规定的，由司法行政机关给予相应的行政处罚。

律师事务所及其指派的律师从事证券法律业务，违反律师行业规范的，由律师协会给予相应的行业惩戒。

第四十二条 律师事务所及其指派的律师违反规定从事证券法律业务，涉嫌犯罪的，依法移送司法机关处理。

第四十三条 中国证监会及其派出机构、司法行政机关在查处律师事务所、律师从事证券法律业务的违法行为的工作中，应当相互配合，互通情况，建立协调协商机制。对于依法应当由对方实施处罚的，及时移送对方处理；一方实施处罚后，应当将处罚结果书面告知另一方，并抄送律师协会。

第七章 附 则

第四十四条 律师事务所及其指派的律师从事期货法律业务，参照本办法执行。

第四十五条 本办法自2007年5月1日起施行。《中国证券监督管理委员会关于加强律师从事证券法律业务管理的通知》（证监法字［1998］1号）同时废止。

VIII. 6 《律师事务所从事证券法律业务管理办法》第十一条有关规定的适用意见——证券期货法律适用意见［2007］第2号

（2007年11月20日 证监法律字［2007］14号）

根据《证券法》有关规定，保荐人应当勤勉尽责，对发行人的申请文件和信息披露资料进行审慎核查；证券公司承销证券，应当对公开发行募集文件的真实性、准确性、完整性进行核查；律师事务所为证券的发行出具法律意见书，应当勤勉尽责，对所依据的文件资料内容的真实性、准确性、完整性进行核查和验证。《律师事务所从事证券法律业务管理办法》（以下简称《办法》）第十一条有关“同一律师事务所不得同时为同一证券发行的发行人和保荐人、承销的证券公司出具法律意见”的规定，体现了《证券法》的要求。同一证券发行的保荐人、承销的证券公司、律师事务所，应当严格按照《证券法》和《办法》的规定，各自独立地履行法律赋予的职责，相互配合，相互制衡。为明确《办法》有关规定，规范律师事务所为证券发行出具法律意见书的证券服务行为，现就《办法》第十一条有关规定提出适用意见如下：

一、下列情形，属于同一律师事务所“同时为同一证券发行的发行人和保荐人、承销的证券公司出具法律意见”，应予禁止：

（一）同一律师事务所以口头或书面等形式，有偿或无偿地同时接受同一证券发行的发行人和保荐人、承销的证券公司委托，为同一证券发行的发行人、保荐人、承销的证券公司出具法律意见的；

（二）同一律师事务所虽未同时接受同一证券发行的发行人和保荐人、承销的证券公司委托，但在接受发行人委托为证券发行人出具法律意见的同时，另外向同一证券发行的保荐人、承销的证券公司出具作为保荐人、承销的证券公司履行自身法定职责依据的专项法律意见，或者出具作为保荐人、承销的证券公司用以证明自己勤勉尽责及减免法律责任目的的专项法律意见的；

（三）同一律师事务所虽未同时接受同一证券发行的发行人和保荐人、承销的证券公司委托，但在接受发行人委托为证券发行人出具法律意见的同时，将该法律意见向同一证券发行的保荐人、承销的证券公司出具，供保荐人、承销的证券公司作为自己履行法定职责的依据，或者用以证明自己勤勉尽责及减免法律责任目的的。

二、对于2007年5月1日之前，律师事务所已经与发行人签订了有效委托协议，并约定发行人委托的律师事务所同时向同一证券发行的保荐人、承销的证券公司出具法律意见的，可以根据协议的约定继续履行，不适用《办法》第十一条规定。

VIII.7 律师事务所证券法律业务执业规则（试行）

（2010 年 10 月 20 日 中国证监会 司法部公告［2010］33 号）

第一章 总 则

第一条 为了规范律师事务所及其指派的律师从事证券法律业务，保障执业质量，维护投资者的合法权益，根据《律师事务所从事证券法律业务管理办法》（证监会令第 41 号），制定本规则。

第二条 律师事务所及其指派的律师从事证券法律业务开展核查和验证（以下简称查验）、制作和出具法律意见书等执业活动，适用本规则。

第三条 律师事务所及其指派的律师，应当按照《律师事务所从事证券法律业务管理办法》（以下简称《管理办法》）和本规则的规定，进行尽职调查和审慎查验，对受托事项的合法性出具法律意见，并留存工作底稿。

第四条 律师事务所及其指派的律师从事证券法律业务，应当运用自己的专业知识和能力，依据自己的查验行为，独立作出查验结论，出具法律意见。对于收集证据材料等事项，应当亲自办理，不得交由委托人代为办理；使用委托人提供材料的，应当对其内容、性质和效力等进行必要的查验、分析和判断。

第五条 律师事务所及其指派的律师对有关事实、法律问题作出认定和判断，应当有适当的证据和理由。

第六条 律师从事证券法律业务，应当就业务事项是否与法律相关、是否应当履行法律专业人士特别注意义务作出分析、判断。需要履行法律专业人士特别注意义务的，应当拟订履行特别注意义务的具体方式、手段、措施，并予以落实。

第七条 律师事务所从事证券法律业务，应当建立、健全内部业务质量和执业风险控制机制，确保出具的法律意见书内容真实、准确、完整，逻辑严密、论证充分。

第二章 查验规则

第八条 律师事务所及其指派的律师对受托事项进行查验时，应当独立、客观、公正，遵循审慎性及重要性原则。

第九条 律师事务所及其指派的律师应当按照《管理办法》编制查验计划。查验计划应当列明需要查验的具体事项、查验工作程序、查验方法等。

查验工作结束后，律师事务所及其指派的律师应当对查验计划的落实情况进行评估和总结；查验计划未完全落实的，应当说明原因或者采取的其他查验措施。

第十条 律师应当合理、充分地运用查验方法，除按本规则和有关细则规定必须采取的查验方法外，还应当根据实际情况予以补充。在有关查验方法不能实现验证目的时，应当对相关情况进行评判，以确定是否采取替代的查验方法。

第十一条 待查验事项只需书面凭证便可证明的，在无法获得凭证原件加以对照查验的情况下，律师应当采用查询、复核等方式予以确认；待查验事项没有书面凭证或者仅有书面凭证不足以证明的，律师应当采用实地调查、面谈等方式进行查验。

第十二条 律师进行查验，向有关国家机关、具有管理公共事务职能的组织、会计师事务所、资信评级机构、公证机构等查证、确认有关事实的，应当将查证、确认工作情况做成书面记录，并由经办律师签名。

第十三条 律师采用面谈方式进行查验的，应当制作面谈笔录。谈话对象和律师应当在笔录上签名。谈话对象拒绝签名的，应当在笔录中注明。

第十四条 律师采用书面审查方式进行查验的，应当分析相关书面信息的可靠性，对文件记载的事实内容进行审查，并对其法律性质、后果进行分析判断。

第十五条 律师采用实地调查方式进行查验的，应当将实地调查情况作成笔录，由调查律师、被调查事项相关的自然人或者单位负责人签名。该自然人或者单位负责人拒绝签名的，应当在笔录中注明。

第十六条 律师采用查询方式进行查验的，应当核查公告、网页或者其他载体相关信息，并就查询的信息内容、时间、地点、载体等有关事项制作查询笔录。

第十七条 律师采用函证方式进行查验的，应当以挂号信函或者特快专递的形式寄出，邮件回执、查询信函底稿和对方回函应当由经办律师签名。函证对方未签署回执、未予签收或者在函证规定的最后期限届满时未回复的，由经办律师对相关情况作出书面说明。

第十八条 除本规则规定的查验方法之外，律师可以按照《管理办法》的规定，根据需要采用其他合理手段，以获取适当的证据材料，对被查验事项作出认定和判断。

第十九条 律师查验法人或者其分支机构有关主体资格以及业务经营资格的，应当就相关主管机关颁发的批准文件、营业执照、业务经营许可证及其他证照的原件进行查验。对上述原件的真实性、合法性存在疑问的，应当依法向该法人的设立登记机关、其他有关许可证颁发机关及相关登记机关进行查证、确认。

第二十条 对自然人有关资格或者一定期限内职业经历的查验，律师应当向其在相关期间工作过的单位人事等部门进行查询、函证。

第二十一条 对不动产、知识产权等依法需要登记的财产的查验，律师应当取得登记机关制作的财产权利证书原件，必要时应当采取适当方式，就该财产权利证书的真实性以及是否存在权利纠纷等，向该财产的登记机关进行查证、确认。

第二十二条 对生产经营设备、大宗产品或者重要原材料的查验，律师应当查验其购买合同和发票原件。购买合同和发票原件已经遗失的，应当由财产权利人或者其代表签字确认，并在工作底稿中注明；相关供应商尚存在的，应当向供应商进行查询和函证。必要时，应当进行现场查验，制作现场查验笔录，并由财产权利人或者其代表签字；财产权利人或者其代表拒绝签字的，应当在查验笔录中注明。

第二十三条 对依法需要评估才能确定财产价值的财产的查验，律师应当取得有证券、期货相关业务评估资格的资产评估机构（以下简称有资格的评估机构）出具的有效评估文书；未进行有效评估的，应当要求委托人委托有资格的评估机构出具有效评估文书予以确认。

第二十四条 对银行存款的查验，律师应当查验银行出具的存款证明原件；不能提供委托查验期银行存款证明的，应当会同委托人（存款人）向委托人的开户银行进行书面查询、函证。

第二十五条 对财产的查验，难以确定其是否存在被设定担保等权利负担的，律师应当以适当方式向有关财产抵押、质押登记部门进行查证、确认。

第二十六条 对委托人是否存在对外重大担保事项的查验，律师应当与委托人的财务负责人等相关人员及委托人聘请的会计师事务所的会计师面谈，并根据需要向该委托人的开户银行、公司登记机关、证券登记机构和委托人不动产、知识产权的登记部门等进行查证、确认。

向银行进行查证、确认，采取查询、函证等方式；向财产登记部门进行查证、确认，采取查询、函证或者查阅登记机关公告、网站等方式。

第二十七条 对有关自然人或者法人是否存在重大违法行为、是否受到有关部门调查、是否受到行政处罚或者刑事处罚、是否存在重大诉讼或者仲裁等事实的查验，律师应当与有关自然人、法人的主要负责人及有关法人的合规管理等部门负责人进行面谈，并根据情况选取可能涉及的有关行政机关、司法机关、仲裁机构等公共机构进行查证、确认。

向有关公共机构查证、确认，可以采取查询、函证或者查阅其公告、网站等方式。

第二十八条 从不同来源获取的证据材料或者通过不同查验方式获取的证据材料，对同一事项所证明的结论不一致的，律师应当追加必要的程序，作进一步查证。

第三章 法律意见书

第二十九条 律师应当依据法律、行政法规和中国证监会的规定，在查验相关材料和事实的基础上，以书面形式对受托事项的合法性发表明确、审慎的结论性意见。

第三十条 法律意见书应当列明以下基本内容：

（一）标题；

（二）收件人；

（三）法律依据；

（四）声明事项；

（五）法律意见书正文；

（六）承办律师、律师事务所负责人签名及律师事务所盖章；

（七）律师事务所地址；

（八）法律意见书签署日期。

第三十一条 法律意见书的标题为《××律师事务所关于××的法律意见》。

第三十二条 法律意见书收件人为法律意见书的委托人。法律意见书应当载明收件人的全称。

第三十三条 法律意见书的法律依据是指出具此项法律意见书所依据的法律、行政法规、规章和相关规定。

第三十四条 法律意见书声明事项段应当载明以下内容：“本所及经办律师依据《证券法》、《律师事务所从事证券法律业务管理办法》和《律师事务所证券法律业务执业规则》等规定及本法律意见书出具日以前已经发生或者存在的事实，严格履行了法定职责，遵循了勤勉尽责和诚实信用原则，进行了充分的核查验证，保证本法律意见所认定的事实真实、准确、完整，所发表的结论性意见合法、准确，不存在虚假记载、误导性陈述或者重大遗漏，并承担相应法律责任。”

第三十五条 法律意见书正文应当载明相关事实材料、查验原则、查验方式、查验内容、查验过程、查验结果、国家有关规定、结论性意见以及所涉及的必要文件资料等。

第三十六条 法律意见书发表的所有结论性意见，都应当对所查验事项是否合法合规、是否真实有效给予明确说明，并应当对结论性意见进行充分论证、分析。

第三十七条 律师事务所对法律意见书进行讨论复核时，应当制作相关记录存入工作底稿，参与讨论复核的律师应当签名确认。

第三十八条 法律意见书随相关申请文件报送中国证监会及其派出机构后，律师事务所不得对法律意见书进行修改，但应当关注申请文件的修改和中国证监会及其派出机构的反馈意见。申请文件的修改和反馈意见对法律意见书有影响的，律师事务所应当按规定出具补充法律意见书。

第四章 工作底稿

第三十九条 律师事务所应当完整保存在出具法律意见书过程中形成的工作记录，以及在工作中获取的所有文件、资料，及时制作工作底稿。

工作底稿是判断律师是否勤勉尽责的重要证据。中国证监会及其派出机构可根据监管工作需要调阅、检查工作底稿。

第四十条 工作底稿应当包括以下内容：

（一）律师接受委托事项的基本情况，包括委托人名称、事项的名称；

（二）与委托人签订的委托协议；

（三）查验计划及其操作程序的记录；

（四）与查验相关的文件，如设立批准证书、营业执照、合同、章程等文件、变更文件或者上述文件的复印件；

（五）与查验相关的重大合同、协议及其他重要文件和会议记录的摘要或者副本；

（六）与政府有关部门、司法机关、中介机构、委托人等单位及相关人员相互沟通情况的记录，对委托人提供资料进行调查的访问记录、往来函件、现场查验记录、查阅文件清单等相关的资料及详细说明；

（七）委托人及相关人员的书面保证或者声明书的复印件；

（八）法律意见书草稿；

（九）内部讨论、复核的记录；

（十）其他与出具法律意见书相关的重要资料。

上述资料应当注明来源，按照本规则的规定签名、盖章，或者对未签名、盖章的情形予以注明。

第四十一条 工作底稿内容应当真实、完整，记录清晰，标明目录索引和页码，由律师事务所指派的律师签名，并加盖律师事务所公章。

第五章 附 则

第四十二条 律师事务所及其指派的律师从事期货法律业务，参照适用本规则。

第四十三条 本规则自2011年1月1日起施行。

VIII.8 律师和律师事务所违法行为处罚办法（2010）（存目）

（2010年4月8日 中华人民共和国司法部令第122号）

VIII.9 中华全国律师协会律师办理国有企业改制与相关公司治理业务操作指引

（六届全国律协七次常务理事会审议通过）

目　录

总　则

第1条　宗旨

为指导律师承办国有企业改制与相关公司治理业务，规范律师执业行为，保障律师依法履行职责，充分发挥律师在国有企业改制与公司治理中的作用，依据《中华人民共和国公司法》（以下简称《公司法》）、《关于进一步规范国有企业改制工作的实施意见》（以下简称60号文）、《企业国有产权转让管理暂行办法》（以下简称3号令）及其他相关法律、法规、规章和国家关于规范国有企业改制的规范性政策文件（以下简称规范性政策文件）的规定，制定本指引。

第2条　定义及业务范围

2.1　本指引所称律师承办国有企业改制与相关公司治理业务，是指律师事务所接受改制企业、产权持有单位、其他改制当事人的委托，指派律师为委托人提供与国有企业改制相关的法律服务，协助改制后的企业建立和完善现代企业制度及法人治理结构。

2.2　律师承办国有企业改制业务包括但不限于下列范围：

2.2.1　开展尽职调查，编制《尽职调查报告》；

2.2.2　协助产权持有单位或改制企业完成国有产权界定的工作，代理产权持有单位或改制企业处理国有产权方面的纠纷；

2.2.3　制作《改制方案》、《职工安置方案》，涉及国有产权转让的，制作《国有产权转让方案》；

2.2.4　编制各类规范性法律文书，参与谈判，审核其他交易方提供的材料或法律文件；

2.2.5　依法对产权持有单位或改制企业报批的《改制方案》、《国有产权转让方案》出具“法律意见书”，涉及职工安置的，一并发表意见；

2.2.6　对改制企业的职工（代表）大会、董事会、股东（大）会进行见证并出具见证意见，协助完成国有企业各项内部审核与批准程序；

2.2.7　协助改制方案、国有产权转让方案的实施和完成产权交易工作，协助公司或企业办理工商变更登记手续。

2.3　律师承办相关公司治理业务包括但不限于下列内容：

2.3.1　协助改制后公司制企业完善公司治理结构；

2.3.2　协助改制后的公司制企业建立规章制度；

2.3.3　协助改制后的公司制企业健全激励约束机制；

2.3.4　协助改制后的公司制企业完善公司董事诚信体系建设；

2.3.5　协助改制后的公司制企业完善外部治理体系，有效防范法律风险。

第3条　特别事项

3.1　本指引旨在向律师提供办理国有企业改制和相关公司治理业务方面的经验，而非强制性规定，供律师在实践中参考。

3.2　律师从事国有企业改制和相关公司治理业务，依据法律、法规、规章和规范性政策文件，在委托人的授权范围内，独立进行工作。

3.3　律师以律师事务所名义与委托人订立书面的法律服务合同，明确约定委托事项、承办人员、提供服务的方式和范围、双方的权利和义务以及收费金额等事项。

律师可以主协调人身份全程参与国企改制与公司治理过程，依据委托人的授权，全面主导改制工作组的活动，安排会计师事务所、资产评估机构等中介机构的相关工作，协调各中介机构的活动，以充分发挥律师在国企改制与公司治理中的作用。

3.4　律师从事与国有企业改制与相关公司治理业务有关的法律服务时，可参照本指引执行。

第一章 国有企业改制业务

第一节 尽职调查与编制《尽职调查报告》

第4条 本指引所称尽职调查，专指法律尽职调查，即在国有企业改制过程中，律师依据改制企业的改制、产权交易等计划，通过对相关资料、文件、信息以及其他事实情况的收集，从法律或规范性政策文件的角度进行调查、研究、分析和判断。

第5条 律师开展尽职调查应当遵循三个基本原则：

5.1 独立性原则。律师开展尽职调查，应当独立于委托人意志，独立于审计、评估等其他中介机构。

5.2 审慎原则。在尽职调查过程中，律师应持审慎的态度，保持合理怀疑。

5.3 专业性原则。在尽职调查过程中，律师应当结合自身优势从法律角度作出专业的判断。

5.4 避免利益冲突原则。律师应履行利益冲突审查义务，在提供服务过程中或服务结束后不应利用获悉的相关信息获取任何利益，也不应在提供服务过程中，代理与产权持有单位或改制企业有直接或间接利益冲突关系的单位或个人的任何诉讼或非诉讼事务。

第6条 律师开展尽职调查，应要求被调查对象在合理或约定时间内向律师提供真实、完整的资料原件或与原件审核一致的复印件。

律师通过对相关被调查人进行口头询问，或对被调查事项进行现场勘查等方式了解情况。律师制作的谈话记录、现场勘查记录等文件材料，除非有相关人员或部门的书面保证或书面证明，否则不能作为制作《尽职调查报告》的依据。

第7条 律师开展尽职调查，一般应当涉及下列事项：

7.1 对“设立、沿革和变更情况”的核查，应包括但不限于下列文件（必要时需要辅之以企业工商登记的查询资料）：

7.1.1 改制企业的营业执照；

7.1.2 改制企业历次变更的章程及目前有效的章程；

7.1.3 与改制企业设立相关的政府有权部门的批文；

7.1.4 与业务经营相关的批准、许可或授权；

7.1.5 企业取得的资格认定证书，如业务经营许可证等；

7.1.6 企业变更登记事项的申请与批准文件；

7.1.7 审计、评估报告；

7.1.8 股东会、董事会的会议记录和决议；

7.1.9 企业分支机构和企业对外投资证明；

7.1.10 税务登记证以及有关税收优惠情况说明及批文；

7.1.11 外汇登记证；

7.1.12 海关登记证明；

7.1.13 企业已经取得的优惠政策的相关证明文件；

7.1.14 其他相关证明文件。

7.2 对“基本运营结构”的核查，应包括但不限于下列文件：

7.2.1 企业目前的股本结构或出资人出资情况的说明；

7.2.2 有关企业目前的管理结构、薪酬体系的文件；

7.2.3 有关企业内部管理制度与风险控制制度的文件。

7.3 对“股权情况”的核查，应包括但不限于下列文件：

7.3.1 有关企业的股权结构及其演变过程的证明文件；

7.3.2 股权有无质押或其他形式权利行使障碍的证明文件；

7.3.3 有关股东出资方式、出资金额的证明文件；

7.3.4 股东以非货币财产出资的财产权属证明文件及权属变更登记文件。

7.4 对“有形资产情况”的核查，应包括但不限于下列文件：

7.4.1 企业及其附属机构房屋产权及重要设备的清单；

7.4.2 企业及其附属机构有关房屋及重要设备租赁的文件；

7.4.3 企业及其附属机构有关海关免税的机械设备（车辆）的证明文件；

7.4.4 企业其他有形资产的清单及权属证明文件。

7.5 对“土地使用权及其他无形资产情况”的核查，应包括但不限于下列文件：

7.5.1 企业及其附属机构对各项软件、产品等无形资产所拥有的知识产权清单，包括专利、商标、版权及其他知识产权；

7.5.2 所有与知识产权有关的注册登记证明及协议；

7.5.3 企业及其附属机构土地使用权证、租赁土地的协议；

7.5.4 企业及其附属机构签署的重大知识产权或专有技术相关协议。

7.6 对改制企业所签署或者有关联关系的“重大合同情况”的核查，应包括但不限于下列文件：

7.6.1 任何与企业及其附属机构股权有关的合同；

7.6.2 任何在企业及其附属机构的动产或不动产设定的所有抵押、质押、留置权等担保权益或其他与权益限制相关的合同；

7.6.3 企业及其关联机构的兼并、分立、合并、歇业、清算、破产的相关合同；

7.6.4 企业及其附属机构签署的所有重要服务协议；

7.6.5 企业及其附属机构签署的所有重要许可协议、特许安排及附有条件的买卖合同；

7.6.6 企业及其附属机构签署的所有重要能源与原材料或必需品的供应合同；

7.6.7 企业及其附属机构签署的重大保险合同；

7.6.8 企业及其附属机构改制前签署的任何与合并、联合、重组、收购或出售有关的重要文件；

7.6.9 企业及其附属机构与主要客户签订的其他与其经营有重大影响的合同；

7.6.10 其他重要合同，如联营合同、征用土地合同、大额贷款或拆借合同、重大承包经营、租赁经营合同或投资参/控股及利润共享的合同或协议等等。

7.7 对改制企业“重大债权债务”的核查，应包括但不限于下列文件：

7.7.1 有关公司应收款、其他应收款的真实性及完整性；

7.7.2 应付款项是否与业务相关，有无异常负债；

7.7.3 有无其他或有事项；

7.7.4 有无提供抵押担保的债权债务及具体情况；

7.7.5 有无因债权债务事项而可能引发的纠纷等。

7.8 律师需要调查改制企业所涉及的“重大法律纠纷、行政处罚等情况”的，应包括但不限于下列文件：

7.8.1 企业未了结的诉讼、仲裁、行政处罚、索赔要求及政府部门之调查或质询的详细情况；

7.8.2 企业违反或被告知违反卫生、防火、建筑、规划、安全、环保等方面之法律、法规、通知的情况；

7.8.3 企业所知晓的将来可能涉及诉讼、仲裁、行政处罚、索赔要求、政府部门的调查或质询的事实。

7.9 律师需要调查改制企业“人员基本情况”的，应包括但不限于下列文件：

7.9.1 企业高级管理人员的基本情况；

7.9.2 企业和职工签订的劳动合同样本；

7.9.3 企业工会组织的情况和与工会签订的集体劳动合同或协议；

7.9.4 企业职工福利政策；

7.9.5 企业缴纳社会保险费的情况。

7.10 律师还可以依据改制计划、特点与要求的不同，要求委托人以及被调查对象提供其他各类相关文件或信息。

第8条 律师开展尽职调查，应当注意下列问题：

8.1 律师应当保持与委托人以及被调查对象的良好沟通，以便将律师在调查过程中所发现的问题及解决问题的方法及时反馈给委托人。

8.2 律师应当注意同其他中介机构的配合。律师在工作中应当同其他中介机构相互配合，确保改制项目顺利完成。

8.3 律师开展尽职调查，应当认真审核、比对相关资料。如果发现相关资料存在矛盾或者不一致，应当要求委托人予以核实，也可以商请其他中介机构协助调查，或由律师再次调查，以保证尽职调查的准确性。

8.4 律师开展尽职调查，应当注意收集完整的调查资料，对于因客观原因无法获得与改制或产权转让有重大关系的文件和证据的，应当在有关法律文件中明确说明。

8.5 律师开展尽职调查，应当制作工作底稿以防范执业风险。工作底稿应当真实、完整、记录清晰并适宜长期保存。

8.6 未经产权持有单位或改制企业同意，律师在提供服务过程中或服务结束后均不应将获悉的相关信息透露给任何第三方，履行保密义务。

第9条 编制《尽职调查报告》

《尽职调查报告》一般包括下列内容：

9.1.1 范围与目的。明确律师开展尽职调查工作的范围，出具尽职调查报告的目的。

9.1.2 律师的工作准则。律师是否根据有关法律、法规、规章和规范性政策文件，根据委托人的授权，按照律师行业公认的业务标准、道德规范和勤勉尽责精神，出具工作报告。

9.1.3 律师的工作程序。律师在开展尽职调查过程中的主要工作方式、工作时间以及工作流程。

9.1.4 相关依据。律师获取的各项书面材料和文件、谈话记录、现场勘查记录等。

9.1.5 正文。正文内容应当与律师的工作程序以及律师出具的调查清单所涉及的范围保持一致，如公司概况、经营情况、资产状况、知识产权、诉讼以及处罚情况等，正文部分可以分别对每一个具体问题进行确认、分析与解释。

9.1.6 结尾。律师对尽职调查的结果发表结论性意见。

第二节 编制《改制方案》与《职工安置方案》

第10条 编制《改制方案》

10.1 律师编制改制方案应当依据国家法律、法规、规章和规范性政策文件，处理好改革、发展与稳定的关系，妥善解决改制过程中遇到的问题。

10.2 改制方案一般包括下列内容：

10.2.1 改制企业及拟出资各方的基本情况（历史沿革、主营业务、人员结构、财务状况、近几年的经营情况、组织结构图等）；

10.2.2 改制的目的、必要性和可行性；

10.2.3 改制后企业的发展前景和规划；

10.2.4 改制的基本原则；

10.2.5 拟采取的改制形式；

10.2.6 国有产权受让、资产及债务处置的方式和条件；

10.2.7 职工安置；

10.2.8 党、工、团组织关系的处理；

10.2.9 股权设置及法人治理结构；

10.2.10 改制工作的组织和领导；

10.2.11 改制实施程序和步骤。

10.3 改制方案中涉及股权设置的，根据是否处于国家重点行业和关键领域决定国有控股、参股还是退出时，律师应注意下列问题：

10.3.1 涉及国家安全和经济安全的行业、自然垄断行业、提供重要公共产品和服务的行业、资源性行业和两类企业即支柱产业和高新技术产业中的骨干企业的主业部分，国有经济应继续发挥其控制力、影响力，进行股权重组时，国有股原则上应占到相对控股地位；

10.3.2 根据规模大小决定应当采取整体改制还是主辅分离辅业改制。实施辅业改制后的国有大股东持股比例原则上不能超过75%，律师应当协助改制企业在听取国资监管机构及其所出资企业、拟出资各方和改制企业职工意见的基础上，编制股权重组方案。

10.4 改制方案中涉及“资产和债权债务处置”的，律师应注意下列问题：

10.4.1 接受委托，在清产核资、财务审计的基础上，根据产权持有单位的改制目的和改制企业的具体情况制定债权债务处置方案；

10.4.2 要求改制企业如实告知各项未结债权债务，如果债权人中的金融机构持反对或保留意见，应说明该项金融债权对本次改制的影响；

10.4.3 如涉及或有负债或正在进行的有关债权债务的诉讼、仲裁和执行情况，应重点指出或有负债及诉讼、仲裁事项对本次改制的影响。

10.5 国有企业在改制过程中如将现金补偿转为股权补偿，律师应注意下列事项：

10.5.1 选择股权补偿必须自愿，不得以保留工作岗位为条件强迫职工选择；

10.5.2　职工入股采用自然人持股形式，若人数众多，应建议采取信托方式将职工的表决权和分红权分开，强化分红权，淡化表决权，通过受托人实现表决权的集中，以提高公司治理水平和决策效率。

第11条　编制《职工安置方案》

11.1　律师在参与国有企业的改制与重组过程中，应熟悉《劳动法》、《劳动合同法》以及相关的法律、法规、规章和规范性政策文件。

11.2　律师应帮助改制企业按照《劳动法》、《劳动合同法》的有关规定确立和职工之间的劳动关系，建立企业自主用工、劳动者自主择业的市场化机制，妥善安置职工。

11.3　律师应防止有关各方借改制之机侵害职工利益的不法行为出现。同时律师也应谨慎处理改制中发生的各种问题，避免激化矛盾，协助企业和各级政府机关维护社会稳定。

11.4　律师在接受产权持有单位或改制企业委托后，凡是涉及职工合法权益的问题，应建议委托人听取工会或企业职工（代表）大会的意见。

11.5　律师协助产权持有单位或改制企业编制有关改制方案以前应尽可能要求进行有关职工问题的尽职调查。律师开展尽职调查，应按照本指引第二章第一节的相关要求，排除各种干扰，认真收集、审核各项资料，保证尽职调查工作的独立性、真实性和准确性。

11.6　律师应首先了解企业对改制事项的初步意见，并据此寻找尽职调查的重点：

11.6.1　律师应当了解企业改制后是否将导致转让方不再拥有控股地位。如国有股在改制或重组后的企业中不占控股地位，律师对有关职工情况进行尽职调查时，应特别注意了解拖欠工资、医药费、挪用职工住房公积金以及欠缴社会保险费等债务情况。

11.6.2　律师应当了解改制企业准备采取何种方式安置职工。如转让方希望通过一次性补偿置换职工的全民所有制企业职工身份，律师在进行尽职调查时，应要求改制企业整理并列明全体职工的基本情况，特别是职工在改制企业连续工作时间的情况，以便下一步测算职工安置费用。

11.7　律师在尽职调查时应注意搜集和研究改制企业原有的政策文件和规章制度；查阅职工（代表）大会的会议记录及决议；审阅集体合同、劳动合同以及相关协议的样本；审阅已有或正在进行的劳动争议纠纷调解、仲裁或诉讼文件，并要求改制企业提供职工基本情况以及为职工缴纳社会保险及住房公积金情况的说明。

11.8　律师在对改制企业提供的职工基本情况的尽职调查中，应具体了解下列内容：

11.8.1　职工人数、职工参加工作时间以及在改制企业连续工作时间、工资以及职务、职位的基本情况；

11.8.2　不在岗（包括内退、借调、留职停薪或以其他任何形式分流的）职工的基本情况；

11.8.3　改制企业与职工之间签订的劳动合同是否有违反法律规定的内容或条款；

11.8.4　改制企业是否存在拖欠职工工资或欠缴社会保险以及住房公积金的情况；

11.8.5　职工工伤及职业病情况；

11.8.6　职工与改制企业之间是否有已发生或可能发生的仲裁或诉讼；

11.8.7　改制后有可能受到影响或发生变更的有关福利制度；

11.8.8　改制企业的劳动纪律和规章制度是否符合劳动法的有关规定。

11.9　律师对于改制企业违反劳动法律、法规的情况，应建议企业及时纠正。

11.10　律师应在尽职调查的基础上帮助改制企业起草职工安置方案。职工安置方案一般应包括下列内容：

11.10.1　制定职工安置方案的指导思想、原则和政策依据；

11.10.2　企业的人员状况及分流安置意见；

11.10.3　职工劳动合同的变更、解除及重新签订办法；

11.10.4　解除劳动合同职工的经济补偿金支付办法；

11.10.5　社会保险关系接续情况；

11.10.6　拖欠职工的工资、集资款等债务和企业欠缴的社会保险费处理办法等。

11.11　对产权转让企业，特别是产权转让后国有股不再拥有控股地位的企业，律师应督促企业将职工安置方案提交职工（代表）大会讨论，并要求企业协助职工（代表）大会按法定要求表决通过职工安置方案。律师在起草改制企业国有产权转让合同时，应将职工安置方案的内容包含在内，并将职工（代表）大会通过的决议或决定作为附件，和其他改制方案一起上报有关部门批准。

11.12　律师在对国有企业改制方案出具“法律意见书”时，应对职工安置方案明确提出自己的意见。如果律师认为改制企业在职工安置过程中有任何违法或不当之处，应在保留意见中予以陈述或说明。

11.13　国有企业在改制过程中如对职工安置采取支付经济补偿金方式，律师应对该方式是否合法合规进行认真审核，其中包括：

11.13.1　经济补偿标准是否达到法定最低要求；

11.13.2　经济补偿方式是否有合法依据等。

11.14　律师在帮助改制企业确定方案时应遵守劳动法律、法规和政策，不得损害职工权益。

11.15　律师在帮助改制企业确定经济补偿方式时，除非改制企业确有困难，应首先考虑现金即时兑付方式。如果必须选择其他补偿方式时，应以双方自愿协商，特别是职工一方自愿接受为前提。

11.16　在改制企业中，下列弱势群体，需要律师在工作中予以特别关注，并在安置方案中予以考虑其实际困难和安置方式：

11.16.1　内部退养人员；

11.16.2　距法定退休年龄不到5年的在职人员；

11.16.3　因公负伤或患职业病，丧失或部分丧失劳动能力的人员；

11.16.4　职工遗属；

11.16.5　征地农民工等。

第三节　报批备案

第12条　律师接受委托，依法协助《改制方案》的报批工作。对报批程序提供咨询意见时，应注意下列问题：

12.1　国有企业改制方案存在下述情况的不得实施：

12.1.1　未按照《企业国有资产监督管理暂行条例》的规定履行决定或批准程序；

12.1.2　未按照国务院国有资产监督管理机构或省、市国有资产监督管理机构的有关规定履行决定或批准程序。

12.2　国有企业改制涉及财政、劳动保障事项的，需预先报经同级人民政府有关部门审核，批准后报国有资产监督管理机构协调审批。

12.3　国有企业改制涉及政府社会公共管理审批事项的，依照国家有关法律法规，报经政府有关部门审批。

12.4　国有企业改制涉及由国有资产监督管理机构出资的企业改制为非国有企业的，改制方案需报同级人民政府批准。

12.5　国有企业改制涉及职工安置的，其职工安置方案须经改制企业所在地劳动保障行政部门核准。

12.6　国有企业改制涉及转让上市公司国有股权的，其审批程序按国有资产监督管理委员会（以下简称国资委）和中国证券监督管理委员会（以下简称中国证监会）的有关规定办理。

12.7　国有企业改制涉及转让银行资产的，其审批程序按国资委和中国银行业监督管理委员会及中国人民银行的有关规定办理。

第13条　律师接受委托，依法协助《国有产权转让方案》的报批、备案工作。律师对报批、备案程序提供咨询意见时，应注意下列操作规范：

13.1　国有企业改制涉及由国有资产监督管理机构出资的企业，其国有产权转让事项应报同级人民政府批准。

13.2　产权持有单位应按照国家有关规定，制定所属企业的国有产权转让管理办法，并报国有资产监督管理机构备案。

13.3　国有资产监督管理机构决定所出资企业的国有产权转让，其中转让行为致使国家不再拥有控股地位的，应报同级人民政府批准。

13.4　产权持有单位决定其出资的子企业的国有产权转让，其中重要子企业的重大国有产权转让事项，应当报同级国有资产监督管理机构批准。

13.5　企业国有产权转让事项经批准或决定后，如转让和受让双方需调整产权转让比例或者企业国有产权转让方案发生重大变化的，产权持有单位应当按照规定程序重新报批。

13.6　产权持有单位向改制企业经营管理者转让国有产权，必须严格执行国家3号令和《企业国有产权向管理层转让暂行规定》等有关规定。

13.7　转让国有产权的价款原则上应当一次结清。一次结清确有困难的，经产权转让双方协商一致，依法报请批准国有企业改制或批准国有产权转让的部门审批后，可采取分期付款的方式。分期付款时，首期付款不得低于总价款的30%，并在产权转让合同签署之日起5个工作日内支付；其余价款应当由受让方提供合法担保，并应当按同期银行贷款利率向转让方支付延期付款期间的利息，付款期限不超过一年。上市公司母公司转让控股股权导致股权性质发生变化的，受让方应当一次付清。

第14条　律师依法协助改制企业与金融机构债权人办理改制确认手续。律师对确认手续所涉及的法律问题提供咨询意见时，应注意下列操作规范：

14.1　转让企业国有产权导致转让方不再拥有控股地位的，改制企业应与债权金融机构订立书面的债权债务处置协议，或取得债权金融部门签发的同意改制确认书。

14.2　国有企业改制审批时，改制企业未征得金融机构债权人同意，未提交书面协议或确认书，不得进行改制。

第15条　律师可以对改制企业的清产核资、财务审计、资产评估工作提供法律服务。律师对所涉及的核准或备案程序问题提供咨询意见时，应注意下列操作规范：

15.1　产权持有单位出让国有产权的，应在清产核资和财务审计的基础上委托具有资质的资产评估机构进行资产评估。评估报告依法报经核准或者备案后，作为确定企业国有产权转让价格的参考依据。在产权交易过程中，当交易价格低于评估结果的90%时，应当暂停交易，在获得相关产权转让批准部门同意后方可继续进行。

15.2　企业改制中涉及资产损失认定与处理的，改制企业必须依据有关规定履行批准程序。

第16条　律师接受委托，依法协助“利用外资改组国有企业”有关事项的报批工作。律师对报批程序提供咨询意见时，应注意下列操作规范：

16.1　产权持有单位拟利用外资改组国有企业的，除应向国有资产监督管理机构提出申请，还应参考国家有关外商投资产业目录及商务部的有关规定。

16.2　产权持有单位转让国有产权、债权或出售资产的外汇资金收入，应当凭改组申请和转让协议的批准文件及有关文件报外汇管理部门批准后结汇。

16.3　利用外资改组的改制企业通过增资扩股方式吸收外国投资者投资进行改组的，经外汇管理部门批准，可以开立外汇资本金账户，保留境外投资者投入的外汇资金。

第四节　产权转让与产权交易

第17条　国有产权转让与产权交易概述

17.1　本指引所称国有产权转让，是指国有资产监督管理机构、产权持有单位将所持有的企业国有产权有偿转让给境内外法人、自然人或者其他组织（以下简称受让方）的活动。

17.2　国有产权转让可以采取拍卖、招投标、网络竞价、协议转让以及国家法律、行政法规规定的其他方式进行。涉及上市公司国有股或企业法人股应在规定的证券交易市场进行；破产企业所持有的国有股权除非债务人会议另有决议，由受理破产案件的法院委托拍卖机构进行拍卖。

17.3　国有产权转让应当在依法设立的产权交易机构中公开进行，其中涉及国务院国有资产监督管理机构所出资企业的国有产权的，应在北京产权交易所、上海联合产权交易所、天津产权交易中心进行。律师介入产权交易应当遵循下列原则：

17.3.1　有利于国有资产的保值增值，防止国有资产流失；

17.3.2　使交易各方在等价有偿和诚实信用的前提下完成交易；

17.3.3　符合国家产业政策，有利于资源的优化配置；

17.3.4　有利于引进国内外资金、先进科学技术和管理经验；

17.3.5　不受地区、行业、隶属关系、企业性质的限制。

17.4　律师可以接受委托，协助委托方选择经纪会员。产权交易所一般实行会员代理交易制度，从事产权交易的转让方和受让方应当委托具有产权经纪资质的交易所经纪会员（以下简称经纪会员）代理进行产权交易。在同一宗产权交易项目中，除下述情况外，一家经纪会员不得同时接受出让方和受让方的委托：

17.4.1　国有独资企业、事业法人下属的全资企业（事业）法人之间的产权交易；

17.4.2　其他经产权交易机构批准同意的产权交易。

第18条　律师可以接受委托，协助企业完成国有产权交易流程：

18.1　律师可以协助转让方或其经纪机构向产权交易机构提交以下文件：

18.1.1　产权转让申请书；

18.1.2　转让方和转让标的企业法人营业执照；

18.1.3　转让标的企业国有资产产权登记证；

18.1.4　转让方的内部决策文件；

18.1.5　产权转让有权批准机构同意产权转让的批复或决议；

18.1.6　转让标的企业为有限责任公司的，提交转让标的企业的股东会决议和公司章程；转让标的企业为中外合资或中外合作企业的，提交转让标的企业的董事会决议和公司章程；

18.1.7　涉及职工安置的，提交转让标的企业职工（代表）大会决议；

18.1.8　转让标的企业资产评估报告及其核准表或备案表；

18.1.9　转让标的企业审计报告；

18.1.10　律师事务所出具的法律意见书；

18.1.11　拟向转让标的企业法定代表人转让的，提交法定代表人的经济责任审计报告；

18.1.12　产权交易委托合同。

18.2　转让方或其经纪机构提交文件齐备后，产权交易所对文件进行形式审查，审查通过的，向转让方或其经纪机构出具产权转让申请受理通知书。

18.3　产权交易项目挂牌公示不少于20个工作日。通过产权交易所网站、电子显示屏及指定的各类媒体对外披露产权交易信息。信息披露内容以产权转让申请书内容为主；如项目属于向管理层转让，还需披露管理层拟受让国有产权申请表。

18.4　挂牌期间，律师可以接受意向受让方的委托，协助受让方向产权交易所提交以下文件：产权受让申请书、受让方的资格证明、机构法人的企业法人营业执照副本复印件、自然人的身份证复印件、机构法人的近期资产负债表和损益表、产权交易委托合同、有关此次收购的内部决议及批准情况、符合受让条件的相关文件或证明，以及按照交易规则应提交的其他文件、材料。

18.5　挂牌期满，只产生一个意向受让方的，律师应协助转让方或意向受让方与对方签订产权交易合同；产生两个及以上意向受让方，采取竞价转让的方式，如拍卖、招投标、网络竞价、评审或其他竞价程序。律师应协助转让方或意向受让方组织或参加竞价程序。

18.6 律师可以协助委托方办理产权交易结算交割，受让方将产权交易价款交产权交易所。如最终受让方属于管理层，价款应来源于管理层本人银行账户。

18.7 交易价款到账后，产权交易所审核并出具产权交易凭证。交易双方将产权交易手续费统一交纳至产权交易所并领取产权交易凭证。

18.8 律师可以代理交易的一方制作工商登记所要求的规范性文件并代理完成工商登记；向产权交易所出具工商部门变更后的公司法人营业执照和工商部门核准的公司章程，协助转让方领取产权交易价款。

第19条 律师协助产权主体或改制企业完成实施国有产权转让方案的具体内容，完成交易挂牌的相关准备工作，主要包括：

19.1 协助产权持有单位或改制企业完成申请或参加产权交易前，依据法律、公司章程及3号令的规定应当完成的内部决策、清产核资、审计和资产评估、审批或备案等相关手续。

19.2 协助产权持有单位或改制企业对受让方的资质、商业信誉、经营情况、财务状况、管理能力、资产规模等提出必要的受让条件，但所提出的受让条件不得出现具有明确指向性或违反公平竞争的内容。

19.3 在产权交易的转让方和受让方按照产权交易规则确定的交易方式成交后，律师可以协助产权持有单位或改制企业与产权交易受让方订立产权交易合同，并对合同内容和各项条款提出修改意见。产权交易合同一般应当包括下列主要内容：

19.3.1 转让与受让双方的名称与住所；

19.3.2 转让标的企业国有产权的基本情况；

19.3.3 转让标的企业涉及的职工安置方案；

19.3.4 转让标的企业涉及的债权债务处理方案；

19.3.5 转让方式及付款条件；

19.3.6 产权交割事项；

19.3.7 转让涉及的有关税费负担；

19.3.8 合同争议的解决方式；

19.3.9 合同各方的违约责任；

19.3.10 合同变更和解除的条件；

19.3.11 转让和受让双方认为必要的其他条款。

19.4 转让企业国有产权导致转让方不再拥有控股地位的，在签订产权交易合同时，律师可以协助产权持有单位或改制企业与受让方协商提出企业重组方案，包括在同等条件下对转让标的企业职工的优先安置方案。

19.5 采取协议转让方式的，律师可以协助产权持有单位或改制企业与受让方草签产权交易合同并按照内部决策程序进行审议，形成书面决议通过后方可正式签订合同。国有独资企业的产权转让，应当由总经理办公会议审议；国有独资公司的产权转让，应当由董事会审议；没有设立董事会的，由总经理办公会议审议。涉及职工合法权益的，律师应当建议改制企业必须听取转让标的企业职工（代表）大会的意见，对职工安置等事项应当经职工（代表）大会讨论通过。

19.6 通过增资扩股方式提高非国有股比例实施国企改制的，律师可以协助产权持有单位或改制企业通过产权交易所等公开方式择优选择拟出资方。

第五节 政策文件的制定与改制辅导

第20条 律师除可以为改制企业编制《改制方案》和《职工安置方案》、《国有产权转让方案》外，还可以根据改制企业的实际情况协助制定其他规范性政策文件，如土地处置方案、债权债务处置方案以及用于安置人员的资产委托管理等相关方案。

第21条 律师为企业改制拟定、编制其他规范性政策文件，应注意下列问题：

21.1 拟定决议类法律文件、公告类法律文件、协议类法律文件、当事人之间承诺或保证类法律文件，为委托人编制向政府提交用于审批、核准或备案的申请报告时，应当根据法律、法规和规范性政策文件规定的程序，在充分听取产权持有单位、改制企业或其他改制当事人意见的基础上进行。

21.2 在拟定公司章程的同时，为改制企业拟定新的规章制度，应符合改制企业建立法人治理结构的需要和要求。

21.3 拟定集体劳动合同书和劳动合同书，应依据《劳动法》、《劳动合同法》等法律、法规、规章及其他规范性政策文件。

第22条 律师应当为改制企业提供改制辅导，改制辅导目的是通过对《公司法》和国有企业改革政策的宣传同步实现观念更新，观念更新包含四项主要内容：培养股份制意识；形成公司治理文化；树立市场经济的理念；控股股东或出资人代表的平等意识等。改制辅导一般包括下列内容：

22.1 协助改制企业组织职工认真学习国家和所处地区有关国企改革的法律、法规、规章和规范性政策文件，通过会议动员、宣传培训、座谈讨论等形式，统一思想，形成共识。

22.2 帮助职工培养股份制意识是指实现权利意识、法律意识、财务意识、风险意识四种意识的合一。公司治理文化是一种分权制衡为核心的和谐发展文化。制度创新以后，应以分权制衡的公司治理文化取代领导被领导的传统国有企业文化，应以和谐发展文化取代内耗斗争文化。

第六节　工商登记

第 23 条　律师应当协助改制后的企业严格按照改制方案、《公司法》、《公司登记管理条例》及工商行政管理部门的有关规定，完成新公司设立的各项准备工作。

第 24 条　公司经公司登记机关依法登记，领取企业法人营业执照，方取得企业法人资格。

第 25 条　设立有限责任公司，应当由全体股东指定的代表或者共同委托的代理人向公司登记机关申请名称预先核准；设立股份有限公司，应当由全体发起人指定的代表或者共同委托的代理人向公司登记机关申请名称预先核准。律师协助设立公司办理申请名称预先核准手续的，应当提交下列文件：

25.1　有限责任公司的全体股东或者股份有限公司的全体发起人签署的公司名称预先核准申请书。

25.2　全体股东或者发起人指定代表或者共同委托代理人的证明。

25.3　工商行政管理部门规定要求提交的其他文件。

第 26 条　申请设立有限责任公司，律师应当协助设立企业向公司登记机关提交下列文件：

26.1　公司法定代表人签署的设立登记申请书。

26.2　全体股东指定代表或者共同委托代理人的证明。

26.3　公司章程。

26.4　依法设立的验资机构出具的验资证明，法律、行政法规另有规定的除外。

26.5　股东首次出资是非货币财产的，应当在公司设立登记时提交已办理其财产权转移手续的证明文件。

26.6　股东的主体资格证明或者自然人身份证明。

26.7　载明公司董事、监事、经理的姓名、住所的文件以及有关委派、选举或者聘用的证明。

26.8　公司法定代表人任职文件和身份证明。

26.9　企业名称预先核准通知书。

26.10　公司住所证明。

26.11　工商行政管理部门规定要求提交的其他文件。

法律、行政法规或者国务院决定规定设立有限责任公司必须报经批准的，律师可以协助设立企业提交有关批准文件。

第 27 条　申请设立股份有限公司，应当由董事会向公司登记机关申请设立登记。以募集方式设立股份有限公司的，应当于创立大会结束后 30 日内向公司登记机关申请设立登记。律师可以协助设立企业向公司登记机关提交下列文件：

27.1 公司法定代表人签署的设立登记申请书。

27.2 董事会指定代表或者共同委托代理人的证明。

27.3 公司章程。

27.4 依法设立的验资机构出具的验资证明。

27.5 发起人首次出资是非货币财产的，应当在公司设立登记时提交已办理其财产权转移手续的证明文件。

27.6 发起人的主体资格证明或者自然人身份证明。

27.7 载明公司董事、监事、经理姓名、住所的文件以及有关委派、选举或者聘用的证明。

27.8 公司法定代表人任职文件和身份证明。

27.9 企业名称预先核准通知书。

27.10 公司住所证明。

27.11 工商行政管理部门规定要求提交的其他文件。

第28条 律师可以协助新公司召开公司创立大会、登记注册与变更有关手续。律师依照有关规定，可以协助新公司办理公司登记、税务、土地、房屋、车辆等相关手续。

第二章 相关公司治理业务

第29条 律师承办相关公司治理业务、参与公司治理制度建设，应当充分体现“以保护股东利益为基本价值取向”的公司治理理念，深入了解企业文化背景、整体发展规划、股东需求、管理层与职工构成、企业所在地及所在产业的实际状况，坚持实事求是、依法创新、规范操作，以律师的职业素养和一般人的谨慎注意，诚信从事公司治理业务，避免损害的发生。

第30条 公司治理的主要目标：

30.1 保障改制企业的平稳过渡，推动改制后新公司的规范发展和防止公司僵局的出现。

30.2 协助新公司的国有股东代表、管理层、职工及其他相关人员，转变固有的“上下级指导”、“大股东拍板”、“等、靠、要”等经营管理思路，按公司法的规定和市场经济的要求，理解与完善公司治理。

30.3 使得控股与非控股股东的权利和利益达到有效平衡，在公司法框架下股东均得以有效保护，实现股东价值和长期投资回报最大化，增强投资者的信心。

30.4 规范股东、董事、经理、监事、职工、债权人等公司参与各方的权利和义务，降低公司运作成本。

30.5 建立风险管理的总体框架，在公司治理层面对公司的组织、资源、资产、投资和整个公司的运作进行有效控制，对管理层、骨干职工的活动和业绩进行监督和保持必要的激励，提高公司整体运作效率。

第31条 公司治理操作应坚持的基本原则：

31.1 根据公司的实际需求进行公司治理设计，在法律框架下，平衡公司参与各方的利益，保障公司稳定发展。

31.2 明确股东、董事、经理和监事的权利与责任，公平地对待所有股东，强化董事与股东之间的有效沟通机制。

31.3 强化单个董事及整个董事会的责任，包括完善董事会的结构与决策程序，确保董事会对公司的战略性指导和对管理人员的有效监督，并确保董事会对公司和股东负责，使董事会的决策和运作真正符合全体股东的根本利益，避免内部人控制或大股东操纵。

31.4 保持董事会应有的独立性，根据企业实际需要设计董事会下属各专业委员会，并明确其职责。

31.5 强化对管理层、职工的业绩和行为的监督与考核机制，有效运用薪酬设计激发个人潜能，促进企业长远发展。

第32条 股权结构设置与公司治理密切相关，不同的股权结构会导致不同的公司治理设计模式。律师承办国有企业改制后的相关公司治理业务时，对股权设置问题应注意以下几个方面的问题：

32.1 结合股权重组具体情况、公司发展战略，适时向重组相关方提出公司性质界定与股权结构设置建议。

32.2 对于众多职工拟参与增资扩股、职工仅倾向于获取股权分红的改制后企业，为避免股东会决策效率降低等后果，律师可以提出信托持股建议，并制作信托持股的法律文件。

32.3 对于因种种原因不参与企业管理、仅获取股权分红的股东，律师了解其合法需求后，可以提供股东表决权信托的法律文件，由该股东与其他相关股东签署。

32.4 对于需要限制管理层股东变化的公司，律师可以提出管理权与股权挂钩的建议，当管理层成员退出时，对其股权做退股处理，并在公司章程等文件中明确有关管理层股权退出的内容，如规定退股方式、退股条件、退股时间、受让方的确定、受让价格的计算等。

第33条 律师可以协助改制后企业修订完善公司章程，特别注意区分哪些是公司法中的强制性条款，不得随意变动；哪些是任意性条款，可以自由约定。公司章程修订完善应注意以下几个方面的问题：

33.1 向公司所在地工商行政管理部门进行询问，如果工商部门要求提交统一格式的章程，或存在固定的章程签署格式等要求，律师首先应取得该章程文本，再在其基础上予以设计、完善，避免因格式问题造成章程不被工商部门接收。

33.2 根据公司有关情况，向其所在地工商、税务等职能部门核实对公司性质、经营范围、经营资质、营业期限、出资方式、最低出资额等方面的限制性规定及程序性安排，依政策法规进行章程制作。

33.3 向公司股东等相关人员充分披露、分析讲解公司法规定的公司章程可自由约定事项、特别限制性条款等内容，根据公司各方利益主体的实际需求进行章程设计。就有限公司章程而言，列举如下：

33.3.1 公司的法定代表人可以由董事长、执行董事或者经理担任。

33.3.2 经全体股东约定，可以不按出资比例分取红利；公司章程可以约定，股东表决权不按出资比例行使；股东股权的转让事宜可以自由约定。

33.3.3 公司向其他企业投资或者为他人提供担保，可以由董事会或者股东会决议；对投资或者担保的总额及单项投资或者担保的数额有限额规定的，不得超过规定的限额；公司为公司股东或者实际控制人提供担保的，必须经股东会决议；前款规定的股东或者受前款规定的实际控制人支配的股东，不得参加前款规定事项的表决，该项表决由出席会议的其他股东所持表决权的过半数通过。

33.3.4 公司聘用、解聘承办公司审计业务的会计师事务所，可以由股东会或者董事会决定。

33.3.5 监事会中应有职工代表，职工代表的比例不得低于三分之一，由公司职工通过职工（代表）大会或者其他形式民主选举产生。

33.4 根据改制企业实际情况，合理安排股东会、董事会、经理、监事会的职权，将“公司章程规定的其他职权”与相关各方沟通后，落到实处。

33.5 注意公司章程的内部一致性，避免前后冲突，特别是单独约定事项与整体约定事项的冲突；注意公司章程与公司议事规则、工作制度、管理办法等公司内部规定的一致性，避免实际操作障碍。

第34条 公司议事规则与工作制度是公司章程的操作细则，根据公司情况，律师可以协助设计股东会议事规则、董事会议事规则、董事会专业委员会（如薪酬委员会、提名委员会、投资决策委员会等）议事规则、监事会议事规则、监事巡视制度、经理工作制度等文件。议事规则不能与公司章程相冲突，应当包括如下条款：

34.1 会议职权，需与公司章程保持一致，可以进一步细化。

34.2 会议召开，包括通知、议程、表决等内容；其中要明确：会议有效召开需要多少适格成员的参加；经过多大比例成员通过，会议决议方为有效。

34.3　参会与委托参会，对参加会议及表决的手续进行规定。

34.4　提案的提出、审议、表决、决议等。

第35条　从有效激励、促进公司长远发展的角度，律师可以根据改制后企业情况提出薪酬设计建议，协助公司建立与公司业绩和个人工作表现挂钩的薪酬制度。薪酬设计可以体现在基本工资、年度奖金，以及各种形式的股权激励等方面，薪酬方案视不同情况，包括决策机构、授予人员、涉及的股权总数、行权期限、行权价格、方案变更、操作程序等相关条款。

第36条　根据改制后新公司的委托，律师可以从事该公司的常年法律顾问或其他专项法律服务工作，从日常合同的审查修改、劳动关系的规范、经营风险的防范等诸多方面协助做好公司治理工作。

第37条　律师可以根据改制后新公司的发展变化，协助其不断完善治理机制，帮助其积极介入产品服务竞争市场、经理人才市场、董事市场、债权人市场、劳动力市场、控制权市场等外部治理市场，实现内部治理结构和外部治理市场的良性互动，通过市场约束帮助公司不断提升治理水平。

第38条　律师应当通过业务实践发现公司法律、法规存在的空白、缺陷，从理论上不断总结公司治理业务经验，提出立法建议，不断完善公司法律、行政法规体系。

第三章　法律意见书

第39条　法律意见书，是指律师应当事人的委托或要求，针对某一特定的法律事实、法律行为或法律文书，根据自己所掌握的事实和材料，正确运用法律作出分析、判断，据此向当事人出具的载有正式律师意见的书面法律文件。

法律意见书一般以律师事务所的名义出具，由一至二名承办律师签字；简易事项或其他需要仅以本所名义出具的，可以仅由本所盖章出具；时间紧急或有其他特殊情况的，可以由本所合伙人律师签字出具，事后补盖律师事务所公章。

第40条　法律建议书，是指律师向当事人提供的载有律师对该项问题的想法与处理意见的书面建议性法律文件，不具有法律意见书的效力，其出具可以参照本章相关规定执行。当出现下列情形之一时，律师可以出具法律建议书：时间紧迫不能及时形成正式的法律意见书而当事人需要律师的书面文件的；律师根据相关证明材料无法确定有关事实的；当事人就专项问题的处理方式向律师提出法律咨询的；当事人有其他特别要求的。

第41条　律师就非国有企业改制和相关公司治理事宜出具法律意见书或法律建议书的，在无其他相关规定时，可参照本指引执行。

第42条 律师在承办国有企业改制和相关公司治理业务中，可以应当事人的委托或要求，就以下事项出具法律意见书：

42.1 整体或专项产权界定。

42.2 改制涉及的资产评估相关事项（该法律意见书应仅从评估机构的资格、评估备案的程序等方面发表意见）。

42.3 改制方案。

42.4 职工安置方案。

42.5 国有产权转让方案。

42.6 国有企业改制的操作及审批流程。

42.7 公司治理结构、章程、议事规则、工作制度、薪酬计划、股权变化、会议决议及其调整和安排等。

第43条 律师出具法律意见书要谨防业务风险，在出具法律意见书之前，可以根据项目情况要求委托人出具委托方承诺，一般可以包括如下内容：承诺所依据的法律服务委托关系；向律师提供材料的截止时间，材料原件与复印件是一致的；提供给律师的材料是真实、准确且完整的；有关人员就相关事项的说明属实；不干预法律意见书的出具等。

第44条 在承接相关业务时，应当考虑本所指派的律师是否具备下列方面的素质和专业能力：

44.1 通过适当的培训和业务操作，已具备从事类似性质和复杂程度业务的知识和实务经验。

44.2 掌握与所出具的法律意见相关的法律、法规及规范性政策文件的规定。

44.3 对委托人所处的行业有适当的了解，能够把握该行业所特有的法律问题。

44.4 具有相当的职业判断能力和执业素养。

第45条 律师在出具法律意见书时，应参照本指引第二章第一节相关要求进行尽职调查，以保证出具法律意见书所依据的相关资料的真实性、准确性、完整性。

第46条 律师应当选择相关法律、法规及规范性政策文件作为出具法律意见书的依据。如果引用的是部门规章、地方性法规或其他仅适用于特定主体或目的的文件，律师应声明法律意见书的使用应仅限于该特定主体或目的。

第47条 当律师出具法律意见仅服务于特定的使用者，或具有特定目的时，律师应当考虑在法律意见中声明该意见的使用仅限于特定的使用者或特定目的。

第48条 法律意见书一般应由首部、主文和结尾组成。

首部包括标题和文件编号，标题一般采用“××律师事务所关于××事项的法律意见书”的形式，编号可以采用本所编号规则；结尾供法律意见书的签署之用，应当说明法律意见书的文本份数，加盖律师事务所公章、由经办律师加盖人名章（或采用打印律师姓名加律师签字的形式），并注明出具日期。

主文是法律意见书的核心部分，应当根据不同的事项确定其主要内容。如有必要，法律意见书可附相应附件，用以补充主文的相应内容；必要时，应委托人的要求，法律意见书的出具律师可以出具法律意见书的补充说明，作为法律意见书的有效组成部分，补充说明的出具参照本章规定执行。

第 49 条 法律意见书的主文部分一般应包括引言、正文。

49.1 引言一般包括五部分内容：

49.1.1 第一部分是律师事务所出具法律意见书所依据的委托关系表述。委托关系可基于律师事务所是委托人的常年法律顾问、本次委托事项的特聘专项法律顾问或其他委托关系，从而说明律师具有出具该法律意见书的合法身份。

49.1.2 第二部分是律师出具法律意见书所引用的法律依据。引用法律依据时律师应当注意适用法律、法规的准确性，正确处理法律和法规的效力冲突等问题，使用司法解释或法理以及规范性政策性文件作为依据时，应当作出适当说明。

49.1.3 第三部分是律师出具法律意见书所引用的证据材料。该证据材料须是与出具法律意见书相关的如下材料：律师依法调查取得的文件；委托人或其他相关主体提供并证明其来源真实、合法的文件；经被调查人签字确认的谈话记录；其他可以作为证据使用的材料。律师应当对证据材料来源进行说明。

49.1.4 第四部分是律师声明事项。律师可以根据具体情况确定声明事项，但不得作出违反律师行业公认的业务标准、道德规范和勤勉尽责精神的免责声明。对于律师出具法律意见过程中受到条件或资料等局限，以至可能影响法律意见的全面性或准确性的，律师应当作出相应的声明。

49.1.5 第五部分是法律意见书的名词释义。当法律意见书中使用简称、专业术语等表述时，应当进行名词释义，避免相关内容的歧义。

49.2 在法律意见书的正文部分，律师应根据出具法律意见书所针对的法律行为、法律事实或法律文书，就其所涉及的具体法律问题分别进行表述。正文部分一般包括委托人或交易事项主体的法律资格的说明、法律意见书所述各种事项决定权的说明、委托人的决策机构情况、委托人的财产情况、相关事项的合法性分析、总体结论性意见，以及律师认为需要说明的其他事项。

49.2.1 对委托人或交易事项的双方主体资格进行说明时，应查验其在有关登记机关登记注册的事项，说明其是否为依法有效存续的企业法人或其他合法主体，是否具有处理相应事项的主体资格，如审查近期经年检的企业法人营业执照、企业国有资产产权登记证或国有资产产权登记年度检查表等。

49.2.2 关于各种事项决定权的说明，主要说明所述事项是否满足外部（如法律要求）和内部决策（如章程）程序。

在出具国有产权转让的法律意见书时，要注意其内部审议程序有所不同：转让标的企业为国有独资企业的，说明产权转让方案是否为该企业总经理办公会审议，会议的审议程序和审议结果是否合法；转让标的企业为国有独资公司的，说明产权转让方案是否为该公司董事会审议，会议的审议程序和审议结果是否合法；转让标的企业为有限责任公司的，说明该国有产权转让是否已经取得股东会同意。企业国有产权转让涉及职工合法权益的，说明是否听取转让标的企业职工（代表）大会的意见，职工安置事项是否已经职工（代表）大会讨论通过。若内部审议的程序和结果均符合法律规定，说明该企业国有产权转让尚需转让方或有权批准的部门决定或审批；若审批方已经审批通过，则需要核查并说明审批程序及有关文件是否齐备、合法。

49.2.3 关于相关事项的合法性分析，是律师根据相关法律规定作出的合法性判断。

在出具国有产权转让方案的法律意见书时，律师一般应就本所参与制作的相关方案中各项内容逐项发表意见；对于本所前期并未参与相关方案制定的，出具法律意见书前，应当进行尽职调查，审查改制方案、产权转让方案、职工安置方案以及有关附属文件。出具法律意见书时，特别注意如下几点：说明方案中基本情况的介绍、转让行为的论证情况是否与律师查证的相关情况一致；职工安置方案与经职工（代表）大会审议通过的方案内容是否一致；企业拖欠职工的各项费用的解决方案和有关社会保险关系的接续方案是否合法；债权债务的处理方案是否合法；转让收益的处置方案是否合法；有关方案中的数值与资产评估报告中是否一致；转让底价的确定是否合法；期间损益、期后事项的处理是否合法；产权转让公告的主要内容是否合法等。

49.2.4 总体结论性意见，是律师根据委托事项进行概括总结，发表明确的总体结论性意见，包括无保留意见、保留意见、否定意见三种基本形式。对不符合有关法律、法规和相关规定的事项，或已勤勉尽责仍不能对其法律性质或其合法性作出准确判断的事项，律师应发表保留意见，并说明相应的理由。

第50条 律师应及时、准确、真实地制作工作底稿，工作底稿的质量是判断律师是否勤勉尽责的重要依据，也是律师防范执业风险的重要保障。工作底稿是指律师在承办国有企业改制和相关公司治理业务中，在出具法律意见书时形成的工作记录及在工作中获取的所有文件、会议纪要、谈话记录等资料。工作底稿与法律意见书一同归档留存，按本所档案管理规定管理。

第 51 条 为避免原件丢失或造成其他不必要的误解和责任，律师不应留存有关材料的原件，委托方或有关主体提供的材料应是经核对的原始资料复印件（A4 纸复印并加盖提供方骑缝章，或特殊情况下经有关人员齐缝签字确认）。律师的工作底稿应包括但不限于以下内容：

51.1 律师承担项目的基本情况，包括委托单位的名称、项目名称、服务于项目的时间或期间、工作量统计。

51.2 为制作法律意见书制定的工作计划及其操作程序的记录，律师工作组会议记录。

51.3 委托人或交易双方设立及历史沿革的有关资料，如设立批准书、出资协议、合同、章程、营业执照等文件（含变更文件）的复印件。

51.4 重大合同、协议、人员、财务资料，以及其他重要文件和会议记录的摘要或副本。

51.5 与委托人及相关人员相互沟通情况的记录，对其提供资料的检查、调查访问记录、往来函件、现场勘查记录、查阅文件清单等相关的资料及详细说明。

51.6 委托人的书面承诺或声明书的复印件。

51.7 对保留意见及疑难问题所作的说明。

51.8 其他相关的重要资料。

第 52 条 律师应当要求委托人，在改制方案、产权转让方案或其他方案有任何变动时立即通知律师，并经过委托人书面确认，该书面确认意见或就改动内容出具的法律意见书补充说明，应当立即报送决定或有权批准部门；但企业国有产权转让事项经批准或决定后，如转让或受让双方调整产权转让比例或者企业国有产权转让方案有重大变化的，应当重新出具法律意见书并按照规定程序重新报批。

附 则

第 53 条 本指引下列用语的含义：

53.1 改制企业，是指拟改制或正在进行改制的国有企业。

53.2 产权持有单位，是指国有企业出资人或国有产权转让方。

53.3 其他改制当事人，是指国有企业债权人、国有企业职工组织、国有产权受让人等。

第 54 条 本指引经六届全国律协七次常务理事会审议通过，自发布之日起施行。

VIII. 10　关于证券资格会计师事务所转制为特殊普通合伙会计师事务所有关业务延续问题的通知（存目）

（2012 年 9 月 14 日　财会［2012］17 号）

VIII. 11　关于调整证券资格会计师事务所申请条件的通知（存目）

（2012 年 1 月 21 日　财会［2012］2 号）

VIII. 12　资产评估机构审批和监督管理办法（存目）

（2011 年 8 月 11 日　中华人民共和国财政部令第 64 号）

IX 常用法律、法规、规章及规则

IX. 1　中华人民共和国行政许可法

（2003 年 8 月 27 日第十届全国人民代表大会常务委员会第四次会议通过　2003 年 8 月 27 日中华人民共和国主席令第 7 号公布　自 2004 年 7 月 1 日起施行）

目　　录

第一章　总　　则

第一条　为了规范行政许可的设定和实施，保护公民、法人和其他组织的合法权益，维护公共利益和社会秩序，保障和监督行政机关有效实施行政管理，根据宪法，制定本法。

第二条　本法所称行政许可，是指行政机关根据公民、法人或者其他组织的申请，经依法审查，准予其从事特定活动的行为。

第三条　行政许可的设定和实施，适用本法。

有关行政机关对其他机关或者对其直接管理的事业单位的人事、财务、外事等事项的审批，不适用本法。

第四条 设定和实施行政许可，应当依照法定的权限、范围、条件和程序。

第五条 设定和实施行政许可，应当遵循公开、公平、公正的原则。

有关行政许可的规定应当公布；未经公布的，不得作为实施行政许可的依据。行政许可的实施和结果，除涉及国家秘密、商业秘密或者个人隐私的外，应当公开。

符合法定条件、标准的，申请人有依法取得行政许可的平等权利，行政机关不得歧视。

第六条 实施行政许可，应当遵循便民的原则，提高办事效率，提供优质服务。

第七条 公民、法人或者其他组织对行政机关实施行政许可，享有陈述权、申辩权；有权依法申请行政复议或者提起行政诉讼；其合法权益因行政机关违法实施行政许可受到损害的，有权依法要求赔偿。

第八条 公民、法人或者其他组织依法取得的行政许可受法律保护，行政机关不得擅自改变已经生效的行政许可。

行政许可所依据的法律、法规、规章修改或者废止，或者准予行政许可所依据的客观情况发生重大变化的，为了公共利益的需要，行政机关可以依法变更或者撤回已经生效的行政许可。由此给公民、法人或者其他组织造成财产损失的，行政机关应当依法给予补偿。

第九条 依法取得的行政许可，除法律、法规规定依照法定条件和程序可以转让的外，不得转让。

第十条 县级以上人民政府应当建立健全对行政机关实施行政许可的监督制度，加强对行政机关实施行政许可的监督检查。

行政机关应当对公民、法人或者其他组织从事行政许可事项的活动实施有效监督。

第二章 行政许可的设定

第十一条 设定行政许可，应当遵循经济和社会发展规律，有利于发挥公民、法人或者其他组织的积极性、主动性，维护公共利益和社会秩序，促进经济、社会和生态环境协调发展。

第十二条 下列事项可以设定行政许可：

（一）直接涉及国家安全、公共安全、经济宏观调控、生态环境保护以及直接关系人身健康、生命财产安全等特定活动，需要按照法定条件予以批准的事项；

（二）有限自然资源开发利用、公共资源配置以及直接关系公共利益的特定行业的市场准入等，需要赋予特定权利的事项；

（三）提供公众服务并且直接关系公共利益的职业、行业，需要确定具备特殊信誉、特殊条件或者特殊技能等资格、资质的事项；

（四）直接关系公共安全、人身健康、生命财产安全的重要设备、设施、产品、物品，需要按照技术标准、技术规范，通过检验、检测、检疫等方式进行审定的事项；

（五）企业或者其他组织的设立等，需要确定主体资格的事项；

（六）法律、行政法规规定可以设定行政许可的其他事项。

第十三条 本法第十二条所列事项，通过下列方式能够予以规范的，可以不设行政许可：

（一）公民、法人或者其他组织能够自主决定的；

（二）市场竞争机制能够有效调节的；

（三）行业组织或者中介机构能够自律管理的；

（四）行政机关采用事后监督等其他行政管理方式能够解决的。

第十四条 本法第十二条所列事项，法律可以设定行政许可。尚未制定法律的，行政法规可以设定行政许可。

必要时，国务院可以采用发布决定的方式设定行政许可。实施后，除临时性行政许可事项外，国务院应当及时提请全国人民代表大会及其常务委员会制定法律，或者自行制定行政法规。

第十五条 本法第十二条所列事项，尚未制定法律、行政法规的，地方性法规可以设定行政许可；尚未制定法律、行政法规和地方性法规的，因行政管理的需要，确需立即实施行政许可的，省、自治区、直辖市人民政府规章可以设定临时性的行政许可。临时性的行政许可实施满一年需要继续实施的，应当提请本级人民代表大会及其常务委员会制定地方性法规。

地方性法规和省、自治区、直辖市人民政府规章，不得设定应当由国家统一确定的公民、法人或者其他组织的资格、资质的行政许可；不得设定企业或者其他组织的设立登记及其前置性行政许可。其设定的行政许可，不得限制其他地区的个人或者企业到本地区从事生产经营和提供服务，不得限制其他地区的商品进入本地区市场。

第十六条 行政法规可以在法律设定的行政许可事项范围内，对实施该行政许可作出具体规定。

地方性法规可以在法律、行政法规设定的行政许可事项范围内，对实施该行政许可作出具体规定。

规章可以在上位法设定的行政许可事项范围内，对实施该行政许可作出具体规定。

法规、规章对实施上位法设定的行政许可作出的具体规定，不得增设行政许可；对行政许可条件作出的具体规定，不得增设违反上位法的其他条件。

第十七条 除本法第十四条、第十五条规定的外，其他规范性文件一律不得设定行政许可。

第十八条 设定行政许可，应当规定行政许可的实施机关、条件、程序、期限。

第十九条 起草法律草案、法规草案和省、自治区、直辖市人民政府规章草案，拟设定行政许可的，起草单位应当采取听证会、论证会等形式听取意见，并向制定机关说明设定该行政许可的必要性、对经济和社会可能产生的影响以及听取和采纳意见的情况。

第二十条 行政许可的设定机关应当定期对其设定的行政许可进行评价；对已设定的行政许可，认为通过本法第十三条所列方式能够解决的，应当对设定该行政许可的规定及时予以修改或者废止。

行政许可的实施机关可以对已设定的行政许可的实施情况及存在的必要性适时进行评价，并将意见报告该行政许可的设定机关。

公民、法人或者其他组织可以向行政许可的设定机关和实施机关就行政许可的设定和实施提出意见和建议。

第二十一条 省、自治区、直辖市人民政府对行政法规设定的有关经济事务的行政许可，根据本行政区域经济和社会发展情况，认为通过本法第十三条所列方式能够解决的，报国务院批准后，可以在本行政区域内停止实施该行政许可。

第三章 行政许可的实施机关

第二十二条 行政许可由具有行政许可权的行政机关在其法定职权范围内实施。

第二十三条 法律、法规授权的具有管理公共事务职能的组织，在法定授权范围内，以自己的名义实施行政许可。被授权的组织适用本法有关行政机关的规定。

第二十四条 行政机关在其法定职权范围内，依照法律、法规、规章的规定，可以委托其他行政机关实施行政许可。委托机关应当将受委托行政机关和受委托实施行政许可的内容予以公告。

委托行政机关对受委托行政机关实施行政许可的行为应当负责监督，并对该行为的后果承担法律责任。

受委托行政机关在委托范围内，以委托行政机关名义实施行政许可；不得再委托其他组织或者个人实施行政许可。

第二十五条 经国务院批准，省、自治区、直辖市人民政府根据精简、统一、效能的原则，可以决定一个行政机关行使有关行政机关的行政许可权。

第二十六条 行政许可需要行政机关内设的多个机构办理的，该行政机关应当确定一个机构统一受理行政许可申请，统一送达行政许可决定。

行政许可依法由地方人民政府两个以上部门分别实施的，本级人民政府可以确定一个部门受理行政许可申请并转告有关部门分别提出意见后统一办理，或者组织有关部门联合办理、集中办理。

第二十七条 行政机关实施行政许可，不得向申请人提出购买指定商品、接受有偿服务等不正当要求。

行政机关工作人员办理行政许可，不得索取或者收受申请人的财物，不得谋取其他利益。

第二十八条 对直接关系公共安全、人身健康、生命财产安全的设备、设施、产品、物品的检验、检测、检疫，除法律、行政法规规定由行政机关实施的外，应当逐步由符合法定条件的专业技术组织实施。专业技术组织及其有关人员对所实施的检验、检测、检疫结论承担法律责任。

第四章 行政许可的实施程序

第一节 申请与受理

第二十九条 公民、法人或者其他组织从事特定活动，依法需要取得行政许可的，应当向行政机关提出申请。申请书需要采用格式文本的，行政机关应当向申请人提供行政许可申请书格式文本。申请书格式文本中不得包含与申请行政许可事项没有直接关系的内容。

申请人可以委托代理人提出行政许可申请。但是，依法应当由申请人到行政机关办公场所提出行政许可申请的除外。

行政许可申请可以通过信函、电报、电传、传真、电子数据交换和电子邮件等方式提出。

第三十条 行政机关应当将法律、法规、规章规定的有关行政许可的事项、依据、条件、数量、程序、期限以及需要提交的全部材料的目录和申请书示范文本等在办公场所公示。

申请人要求行政机关对公示内容予以说明、解释的，行政机关应当说明、解释，提供准确、可靠的信息。

第三十一条 申请人申请行政许可，应当如实向行政机关提交有关材料和反映真实情况，并对其申请材料实质内容的真实性负责。行政机关不得要求申请人提交与其申请的行政许可事项无关的技术资料和其他材料。

第三十二条 行政机关对申请人提出的行政许可申请，应当根据下列情况分别作出处理：

（一）申请事项依法不需要取得行政许可的，应当即时告知申请人不受理；

（二）申请事项依法不属于本行政机关职权范围的，应当即时作出不予受理的决定，并告知申请人向有关行政机关申请；

（三）申请材料存在可以当场更正的错误的，应当允许申请人当场更正；

（四）申请材料不齐全或者不符合法定形式的，应当当场或者在五日内一次告知申请人需要补正的全部内容，逾期不告知的，自收到申请材料之日起即为受理；

（五）申请事项属于本行政机关职权范围，申请材料齐全、符合法定形式，或者申请人按照本行政机关的要求提交全部补正申请材料的，应当受理行政许可申请。

行政机关受理或者不予受理行政许可申请，应当出具加盖本行政机关专用印章和注明日期的书面凭证。

第三十三条 行政机关应当建立和完善有关制度，推行电子政务，在行政机关的网站上公布行政许可事项，方便申请人采取数据电文等方式提出行政许可申请；应当与其他行政机关共享有关行政许可信息，提高办事效率。

第二节 审查与决定

第三十四条 行政机关应当对申请人提交的申请材料进行审查。

申请人提交的申请材料齐全、符合法定形式，行政机关能够当场作出决定的，应当当场作出书面的行政许可决定。

根据法定条件和程序，需要对申请材料的实质内容进行核实的，行政机关应当指派两名以上工作人员进行核查。

第三十五条 依法应当先经下级行政机关审查后报上级行政机关决定的行政许可，下级行政机关应当在法定期限内将初步审查意见和全部申请材料直接报送上级行政机关。上级行政机关不得要求申请人重复提供申请材料。

第三十六条 行政机关对行政许可申请进行审查时，发现行政许可事项直接关系他人重大利益的，应当告知该利害关系人。申请人、利害关系人有权进行陈述和申辩。行政机关应当听取申请人、利害关系人的意见。

第三十七条 行政机关对行政许可申请进行审查后，除当场作出行政许可决定的外，应当在法定期限内按照规定程序作出行政许可决定。

第三十八条 申请人的申请符合法定条件、标准的，行政机关应当依法作出准予行政许可的书面决定。

行政机关依法作出不予行政许可的书面决定的，应当说明理由，并告知申请人享有依法申请行政复议或者提起行政诉讼的权利。

第三十九条 行政机关作出准予行政许可的决定，需要颁发行政许可证件的，应当向申请人颁发加盖本行政机关印章的下列行政许可证件：

（一）许可证、执照或者其他许可证书；

（二）资格证、资质证或者其他合格证书；

（三）行政机关的批准文件或者证明文件；

（四）法律、法规规定的其他行政许可证件。

行政机关实施检验、检测、检疫的，可以在检验、检测、检疫合格的设备、设施、产品、物品上加贴标签或者加盖检验、检测、检疫印章。

第四十条 行政机关作出的准予行政许可决定，应当予以公开，公众有权查阅。

第四十一条 法律、行政法规设定的行政许可，其适用范围没有地域限制的，申请人取得的行政许可在全国范围内有效。

第三节 期 限

第四十二条 除可以当场作出行政许可决定的外，行政机关应当自受理行政许可申请之日起二十日内作出行政许可决定。二十日内不能作出决定的，经本行政机关负责人批准，可以延长十日，并应当将延长期限的理由告知申请人。但是，法律、法规另有规定的，依照其规定。

依照本法第二十六条的规定，行政许可采取统一办理或者联合办理、集中办理的，办理的时间不得超过四十五日；四十五日内不能办结的，经本级人民政府负责人批准，可以延长十五日，并应当将延长期限的理由告知申请人。

第四十三条 依法应当先经下级行政机关审查后报上级行政机关决定的行政许可，下级行政机关应当自其受理行政许可申请之日起二十日内审查完毕。但是，法律、法规另有规定的，依照其规定。

第四十四条 行政机关作出准予行政许可的决定，应当自作出决定之日起十日内向申请人颁发、送达行政许可证件，或者加贴标签、加盖检验、检测、检疫印章。

第四十五条 行政机关作出行政许可决定，依法需要听证、招标、拍卖、检验、检测、检疫、鉴定和专家评审的，所需时间不计算在本节规定的期限内。行政机关应当将所需时间书面告知申请人。

第四节 听 证

第四十六条 法律、法规、规章规定实施行政许可应当听证的事项，或者行政机关认为需要听证的其他涉及公共利益的重大行政许可事项，行政机关应当向社会公告，并举行听证。

第四十七条 行政许可直接涉及申请人与他人之间重大利益关系的，行政机关在作出行政许可决定前，应当告知申请人、利害关系人享有要求听证的权利；申请人、利害关系人在被告知听证权利之日起五日内提出听证申请的，行政机关应当在二十日内组织听证。

申请人、利害关系人不承担行政机关组织听证的费用。

第四十八条 听证按照下列程序进行：

（一）行政机关应当于举行听证的七日前将举行听证的时间、地点通知申请人、利害关系人，必要时予以公告；

（二）听证应当公开举行；

（三）行政机关应当指定审查该行政许可申请的工作人员以外的人员为听证主持人，申请人、利害关系人认为主持人与该行政许可事项有直接利害关系的，有权申请回避；

（四）举行听证时，审查该行政许可申请的工作人员应当提供审查意见的证据、理由，申请人、利害关系人可以提出证据，并进行申辩和质证；

（五）听证应当制作笔录，听证笔录应当交听证参加人确认无误后签字或者盖章。

行政机关应当根据听证笔录，作出行政许可决定。

第五节 变更与延续

第四十九条 被许可人要求变更行政许可事项的，应当向作出行政许可决定的行政机关提出申请；符合法定条件、标准的，行政机关应当依法办理变更手续。

第五十条 被许可人需要延续依法取得的行政许可的有效期的，应当在该行政许可有效期届满三十日前向作出行政许可决定的行政机关提出申请。但是，法律、法规、规章另有规定的，依照其规定。

行政机关应当根据被许可人的申请，在该行政许可有效期届满前作出是否准予延续的决定；逾期未作决定的，视为准予延续。

第六节 特别规定

第五十一条 实施行政许可的程序，本节有规定的，适用本节规定；本节没有规定的，适用本章其他有关规定。

第五十二条 国务院实施行政许可的程序，适用有关法律、行政法规的规定。

第五十三条 实施本法第十二条第二项所列事项的行政许可的，行政机关应当通过招标、拍卖等公平竞争的方式作出决定。但是，法律、行政法规另有规定的，依照其规定。

行政机关通过招标、拍卖等方式作出行政许可决定的具体程序，依照有关法律、行政法规的规定。

行政机关按照招标、拍卖程序确定中标人、买受人后，应当作出准予行政许可的决定，并依法向中标人、买受人颁发行政许可证件。

行政机关违反本条规定，不采用招标、拍卖方式，或者违反招标、拍卖程序，损害申请人合法权益的，申请人可以依法申请行政复议或者提起行政诉讼。

第五十四条 实施本法第十二条第三项所列事项的行政许可，赋予公民特定资格，依法应当举行国家考试的，行政机关根据考试成绩和其他法定条件作出行政许可决定；赋予法人或者其他组织特定的资格、资质的，行政机关根据申请人的专业人员构成、技术条件、经营业绩和管理水平等的考核结果作出行政许可决定。但是，法律、行政法规另有规定的，依照其规定。

公民特定资格的考试依法由行政机关或者行业组织实施，公开举行。行政机关或者行业组织应当事先公布资格考试的报名条件、报考办法、考试科目以及考试大纲。但是，不得组织强制性的资格考试的考前培训，不得指定教材或者其他助考材料。

第五十五条 实施本法第十二条第四项所列事项的行政许可的，应当按照技术标准、技术规范依法进行检验、检测、检疫，行政机关根据检验、检测、检疫的结果作出行政许可决定。

行政机关实施检验、检测、检疫，应当自受理申请之日起五日内指派两名以上工作人员按照技术标准、技术规范进行检验、检测、检疫。不需要对检验、检测、检疫结果作进一步技术分析即可认定设备、设施、产品、物品是否符合技术标准、技术规范的，行政机关应当当场作出行政许可决定。

行政机关根据检验、检测、检疫结果，作出不予行政许可决定的，应当书面说明不予行政许可所依据的技术标准、技术规范。

第五十六条 实施本法第十二条第五项所列事项的行政许可，申请人提交的申请材料齐全、符合法定形式的，行政机关应当当场予以登记。需要对申请材料的实质内容进行核实的，行政机关依照本法第三十四条第三款的规定办理。

第五十七条 有数量限制的行政许可，两个或者两个以上申请人的申请均符合法定条件、标准的，行政机关应当根据受理行政许可申请的先后顺序作出准予行政许可的决定。但是，法律、行政法规另有规定的，依照其规定。

第五章 行政许可的费用

第五十八条 行政机关实施行政许可和对行政许可事项进行监督检查，不得收取任何费用。但是，法律、行政法规另有规定的，依照其规定。

行政机关提供行政许可申请书格式文本，不得收费。

行政机关实施行政许可所需经费应当列入本行政机关的预算，由本级财政予以保障，按照批准的预算予以核拨。

第五十九条 行政机关实施行政许可，依照法律、行政法规收取费用的，应当按照公布的法定项目和标准收费；所收取的费用必须全部上缴国库，任何机关或者个人不得以任何形式截留、挪用、私分或者变相私分。财政部门不得以任何形式向行政机关返还或者变相返还实施行政许可所收取的费用。

第六章 监督检查

第六十条 上级行政机关应当加强对下级行政机关实施行政许可的监督检查，及时纠正行政许可实施中的违法行为。

第六十一条 行政机关应当建立健全监督制度，通过核查反映被许可人从事行政许可事项活动情况的有关材料，履行监督责任。

行政机关依法对被许可人从事行政许可事项的活动进行监督检查时，应当将监督检查的情况和处理结果予以记录，由监督检查人员签字后归档。公众有权查阅行政机关监督检查记录。

行政机关应当创造条件，实现与被许可人、其他有关行政机关的计算机档案系统互联，核查被许可人从事行政许可事项活动情况。

第六十二条 行政机关可以对被许可人生产经营的产品依法进行抽样检查、检验、检测，对其生产经营场所依法进行实地检查。检查时，行政机关可以依法查阅或者要求被许可人报送有关材料；被许可人应当如实提供有关情况和材料。

行政机关根据法律、行政法规的规定，对直接关系公共安全、人身健康、生命财产安全的重要设备、设施进行定期检验。对检验合格的，行政机关应当发给相应的证明文件。

第六十三条 行政机关实施监督检查，不得妨碍被许可人正常的生产经营活动，不得索取或者收受被许可人的财物，不得谋取其他利益。

第六十四条 被许可人在作出行政许可决定的行政机关管辖区域外违法从事行政许可事项活动的，违法行为发生地的行政机关应当依法将被许可人的违法事实、处理结果抄告作出行政许可决定的行政机关。

第六十五条 个人和组织发现违法从事行政许可事项的活动，有权向行政机关举报，行政机关应当及时核实、处理。

第六十六条 被许可人未依法履行开发利用自然资源义务或者未依法履行利用公共资源义务的，行政机关应当责令限期改正；被许可人在规定期限内不改正的，行政机关应当依照有关法律、行政法规的规定予以处理。

第六十七条 取得直接关系公共利益的特定行业的市场准入行政许可的被许可人，应当按照国家规定的服务标准、资费标准和行政机关依法规定的条件，向用户提供安全、方便、稳定和价格合理的服务，并履行普遍服务的义务；未经作出行政许可决定的行政机关批准，不得擅自停业、歇业。

被许可人不履行前款规定的义务的，行政机关应当责令限期改正，或者依法采取有效措施督促其履行义务。

第六十八条 对直接关系公共安全、人身健康、生命财产安全的重要设备、设施，行政机关应当督促设计、建造、安装和使用单位建立相应的自检制度。

行政机关在监督检查时，发现直接关系公共安全、人身健康、生命财产安全的重要设备、设施存在安全隐患的，应当责令停止建造、安装和使用，并责令设计、建造、安装和使用单位立即改正。

第六十九条 有下列情形之一的，作出行政许可决定的行政机关或者其上级行政机关，根据利害关系人的请求或者依据职权，可以撤销行政许可：

（一）行政机关工作人员滥用职权、玩忽职守作出准予行政许可决定的；

（二）超越法定职权作出准予行政许可决定的；

（三）违反法定程序作出准予行政许可决定的；

（四）对不具备申请资格或者不符合法定条件的申请人准予行政许可的；

（五）依法可以撤销行政许可的其他情形。

被许可人以欺骗、贿赂等不正当手段取得行政许可的，应当予以撤销。

依照前两款的规定撤销行政许可，可能对公共利益造成重大损害的，不予撤销。

依照本条第一款的规定撤销行政许可，被许可人的合法权益受到损害的，行政机关应当依法给予赔偿。依照本条第二款的规定撤销行政许可的，被许可人基于行政许可取得的利益不受保护。

第七十条 有下列情形之一的，行政机关应当依法办理有关行政许可的注销手续：

（一）行政许可有效期届满未延续的；

（二）赋予公民特定资格的行政许可，该公民死亡或者丧失行为能力的；

（三）法人或者其他组织依法终止的；

（四）行政许可依法被撤销、撤回，或者行政许可证件依法被吊销的；

（五）因不可抗力导致行政许可事项无法实施的；

（六）法律、法规规定的应当注销行政许可的其他情形。

第七章　法律责任

第七十一条　违反本法第十七条规定设定的行政许可，有关机关应当责令设定该行政许可的机关改正，或者依法予以撤销。

第七十二条　行政机关及其工作人员违反本法的规定，有下列情形之一的，由其上级行政机关或者监察机关责令改正；情节严重的，对直接负责的主管人员和其他直接责任人员依法给予行政处分：

（一）对符合法定条件的行政许可申请不予受理的；

（二）不在办公场所公示依法应当公示的材料的；

（三）在受理、审查、决定行政许可过程中，未向申请人、利害关系人履行法定告知义务的；

（四）申请人提交的申请材料不齐全、不符合法定形式，不一次告知申请人必须补正的全部内容的；

（五）未依法说明不受理行政许可申请或者不予行政许可的理由的；

（六）依法应当举行听证而不举行听证的。

第七十三条　行政机关工作人员办理行政许可、实施监督检查，索取或者收受他人财物或者谋取其他利益，构成犯罪的，依法追究刑事责任；尚不构成犯罪的，依法给予行政处分。

第七十四条　行政机关实施行政许可，有下列情形之一的，由其上级行政机关或者监察机关责令改正，对直接负责的主管人员和其他直接责任人员依法给予行政处分；构成犯罪的，依法追究刑事责任：

（一）对不符合法定条件的申请人准予行政许可或者超越法定职权作出准予行政许可决定的；

（二）对符合法定条件的申请人不予行政许可或者不在法定期限内作出准予行政许可决定的；

（三）依法应当根据招标、拍卖结果或者考试成绩择优作出准予行政许可决定，未经招标、拍卖或者考试，或者不根据招标、拍卖结果或者考试成绩择优作出准予行政许可决定的。

第七十五条　行政机关实施行政许可，擅自收费或者不按照法定项目和标准收费的，由其上级行政机关或者监察机关责令退还非法收取的费用；对直接负责的主管人员和其他直接责任人员依法给予行政处分。

截留、挪用、私分或者变相私分实施行政许可依法收取的费用的，予以追缴；对直接负责的主管人员和其他直接责任人员依法给予行政处分；构成犯罪的，依法追究刑事责任。

第七十六条 行政机关违法实施行政许可，给当事人的合法权益造成损害的，应当依照国家赔偿法的规定给予赔偿。

第七十七条 行政机关不依法履行监督职责或者监督不力，造成严重后果的，由其上级行政机关或者监察机关责令改正，对直接负责的主管人员和其他直接责任人员依法给予行政处分；构成犯罪的，依法追究刑事责任。

第七十八条 行政许可申请人隐瞒有关情况或者提供虚假材料申请行政许可的，行政机关不予受理或者不予行政许可，并给予警告；行政许可申请属于直接关系公共安全、人身健康、生命财产安全事项的，申请人在一年内不得再次申请该行政许可。

第七十九条 被许可人以欺骗、贿赂等不正当手段取得行政许可的，行政机关应当依法给予行政处罚；取得的行政许可属于直接关系公共安全、人身健康、生命财产安全事项的，申请人在三年内不得再次申请该行政许可；构成犯罪的，依法追究刑事责任。

第八十条 被许可人有下列行为之一的，行政机关应当依法给予行政处罚；构成犯罪的，依法追究刑事责任：

（一）涂改、倒卖、出租、出借行政许可证件，或者以其他形式非法转让行政许可的；

（二）超越行政许可范围进行活动的；

（三）向负责监督检查的行政机关隐瞒有关情况、提供虚假材料或者拒绝提供反映其活动情况的真实材料的；

（四）法律、法规、规章规定的其他违法行为。

第八十一条 公民、法人或者其他组织未经行政许可，擅自从事依法应当取得行政许可的活动的，行政机关应当依法采取措施予以制止，并依法给予行政处罚；构成犯罪的，依法追究刑事责任。

第八章 附 则

第八十二条 本法规定的行政机关实施行政许可的期限以工作日计算，不含法定节假日。

第八十三条 本法自2004年7月1日起施行。

本法施行前有关行政许可的规定，制定机关应当依照本法规定予以清理；不符合本法规定的，自本法施行之日起停止执行。

IX.2 中华人民共和国证券投资基金法（存目）

（2003 年 10 月 28 日第十届全国人民代表大会常务委员会第五次会议通过 2012 年 12 月 28 日第十一届全国人民代表大会常务委员会第三十次会议修订 2012 年 12 月 28 日中华人民共和国主席令第七十一号公布 自 2013 年 6 月 1 日起施行）

IX.3 中华人民共和国企业破产法（存目）

（2006 年 8 月 27 日第十届全国人民代表大会常务委员会第二十三次会议通过 2006 年 8 月 27 日中华人民共和国主席令第五十四号公布 自 2007 年 6 月 1 日起施行）

IX.4 中华人民共和国担保法（存目）

（1995 年 6 月 30 日第八届全国人民代表大会常务委员会第十四次会议通过 1995 年 6 月 30 日中华人民共和国主席令第五十号公布 自 1995 年 10 月 1 日起施行）

IX.5 中华人民共和国物权法（存目）

（2007 年 3 月 16 日第十届全国人民代表大会第五次会议通过 2007 年 3 月 16 日中华人民共和国主席令第六十二号公布 自 2007 年 10 月 1 日起施行）

IX.6　中华人民共和国合同法（存目）

（2007年6月29日第十届全国人民代表大会常务委员会第二十八次会议通过，2012年12月28日第十一届全国人民代表大会常务委员会第三十次会议修订）

IX.7　中华人民共和国企业国有资产法（存目）

（2008年10月28日第十一届全国人民代表大会常务委员会第五次会议通过　2008年10月28日中华人民共和国主席令第五号公布　自2009年5月1日起施行）

IX.8　中华人民共和国会计法（存目）

（1985年1月21日第六届全国人民代表大会常务委员会第九次会议通过　根据1993年12月29日第八届全国人民代表大会常务委员会第五次会议《关于修改〈中华人民共和国会计法〉的决定》修正　1999年10月31日第九届全国人民代表大会常务委员会第十二次会议修订　1999年10月31日中华人民共和国主席令第二十四号公布　自2000年7月1日起施行）

IX.9　中华人民共和国审计法（存目）

（1994年8月31日第八届全国人民代表大会常务委员会第九次会议通过　根据2006年2月28日第十届全国人民代表大会常务委员会第二十次会议《关于修改〈中华人民共和国审计法〉的决定》修正）

IX. 10　中华人民共和国刑法修正案（六）

（2006年6月29日第十届全国人民代表大会常务委员会第二十二次会议通过　2006年6月29日中华人民共和国主席令第五十一号公布实施）

一、将刑法第一百三十四条修改为："在生产、作业中违反有关安全管理的规定，因而发生重大伤亡事故或者造成其他严重后果的，处三年以下有期徒刑或者拘役；情节特别恶劣的，处三年以上七年以下有期徒刑。

"强令他人违章冒险作业，因而发生重大伤亡事故或者造成其他严重后果的，处五年以下有期徒刑或者拘役；情节特别恶劣的，处五年以上有期徒刑。"

二、将刑法第一百三十五条修改为："安全生产设施或者安全生产条件不符合国家规定，因而发生重大伤亡事故或者造成其他严重后果的，对直接负责的主管人员和其他直接责任人员，处三年以下有期徒刑或者拘役；情节特别恶劣的，处三年以上七年以下有期徒刑。"

三、在刑法第一百三十五条后增加一条，作为第一百三十五条之一："举办大型群众性活动违反安全管理规定，因而发生重大伤亡事故或者造成其他严重后果的，对直接负责的主管人员和其他直接责任人员，处三年以下有期徒刑或者拘役；情节特别恶劣的，处三年以上七年以下有期徒刑。"

四、在刑法第一百三十九条后增加一条，作为第一百三十九条之一："在安全事故发生后，负有报告职责的人员不报或者谎报事故情况，贻误事故抢救，情节严重的，处三年以下有期徒刑或者拘役；情节特别严重的，处三年以上七年以下有期徒刑。"

五、将刑法第一百六十一条修改为："依法负有信息披露义务的公司、企业向股东和社会公众提供虚假的或者隐瞒重要事实的财务会计报告，或者对依法应当披露的其他重要信息不按照规定披露，严重损害股东或者其他人利益，或者有其他严重情节的，对其直接负责的主管人员和其他直接责任人员，处三年以下有期徒刑或者拘役，并处或者单处二万元以上二十万元以下罚金。"

六、在刑法第一百六十二条之一后增加一条，作为第一百六十二条之二："公司、企业通过隐匿财产、承担虚构的债务或者以其他方法转移、处分财产，实施虚假破产，严重损害债权人或者其他人利益的，对其直接负责的主管人员和其他直接责任人员，处五年以下有期徒刑或者拘役，并处或者单处二万元以上二十万元以下罚金。"

七、将刑法第一百六十三条修改为："公司、企业或者其他单位的工作人员利用职务上的便利，索取他人财物或者非法收受他人财物，为他人谋取利益，数额较大的，处五年以下有期徒刑或者拘役；数额巨大的，处五年以上有期徒刑，可以并处没收财产。

“公司、企业或者其他单位的工作人员在经济往来中，利用职务上的便利，违反国家规定，收受各种名义的回扣、手续费，归个人所有的，依照前款的规定处罚。

“国有公司、企业或者其他国有单位中从事公务的人员和国有公司、企业或者其他国有单位委派到非国有公司、企业以及其他单位从事公务的人员有前两款行为的，依照本法第三百八十五条、第三百八十六条的规定定罪处罚。”

八、将刑法第一百六十四条第一款修改为：“为谋取不正当利益，给予公司、企业或者其他单位的工作人员以财物，数额较大的，处三年以下有期徒刑或者拘役；数额巨大的，处三年以上十年以下有期徒刑，并处罚金。”

九、在刑法第一百六十九条后增加一条，作为第一百六十九条之一：“上市公司的董事、监事、高级管理人员违背对公司的忠实义务，利用职务便利，操纵上市公司从事下列行为之一，致使上市公司利益遭受重大损失的，处三年以下有期徒刑或者拘役，并处或者单处罚金；致使上市公司利益遭受特别重大损失的，处三年以上七年以下有期徒刑，并处罚金：

“（一）无偿向其他单位或者个人提供资金、商品、服务或者其他资产的；

“（二）以明显不公平的条件，提供或者接受资金、商品、服务或者其他资产的；

“（三）向明显不具有清偿能力的单位或者个人提供资金、商品、服务或者其他资产的；

“（四）为明显不具有清偿能力的单位或者个人提供担保，或者无正当理由为其他单位或者个人提供担保的；

“（五）无正当理由放弃债权、承担债务的；

“（六）采用其他方式损害上市公司利益的。

“上市公司的控股股东或者实际控制人，指使上市公司董事、监事、高级管理人员实施前款行为的，依照前款的规定处罚。

“犯前款罪的上市公司的控股股东或者实际控制人是单位的，对单位判处罚金，并对其直接负责的主管人员和其他直接责任人员，依照第一款的规定处罚。”

十、在刑法第一百七十五条后增加一条，作为第一百七十五条之一：“以欺骗手段取得银行或者其他金融机构贷款、票据承兑、信用证、保函等，给银行或者其他金融机构造成重大损失或者有其他严重情节的，处三年以下有期徒刑或者拘役，并处或者单处罚金；给银行或者其他金融机构造成特别重大损失或者有其他特别严重情节的，处三年以上七年以下有期徒刑，并处罚金。

“单位犯前款罪的，对单位判处罚金，并对其直接负责的主管人员和其他直接责任人员，依照前款的规定处罚。”

十一、将刑法第一百八十二条修改为：“有下列情形之一，操纵证券、期货市场，情节严重的，处五年以下有期徒刑或者拘役，并处或者单处罚金；情节特别严重的，处五年以上十年以下有期徒刑，并处罚金：

“（一）单独或者合谋，集中资金优势、持股或者持仓优势或者利用信息优势联合或者连续买卖，操纵证券、期货交易价格或者证券、期货交易量的；

“（二）与他人串通，以事先约定的时间、价格和方式相互进行证券、期货交易，影响证券、期货交易价格或者证券、期货交易量的；

“（三）在自己实际控制的账户之间进行证券交易，或者以自己为交易对象，自买自卖期货合约，影响证券、期货交易价格或者证券、期货交易量的；

“（四）以其他方法操纵证券、期货市场的。

“单位犯前款罪的，对单位判处罚金，并对其直接负责的主管人员和其他直接责任人员，依照前款的规定处罚。”

十二、在刑法第一百八十五条后增加一条，作为第一百八十五条之一：“商业银行、证券交易所、期货交易所、证券公司、期货经纪公司、保险公司或者其他金融机构，违背受托义务，擅自运用客户资金或者其他委托、信托的财产，情节严重的，对单位判处罚金，并对其直接负责的主管人员和其他直接责任人员，处三年以下有期徒刑或者拘役，并处三万元以上三十万元以下罚金；情节特别严重的，处三年以上十年以下有期徒刑，并处五万元以上五十万元以下罚金。

“社会保障基金管理机构、住房公积金管理机构等公众资金管理机构，以及保险公司、保险资产管理公司、证券投资基金管理公司，违反国家规定运用资金的，对其直接负责的主管人员和其他直接责任人员，依照前款的规定处罚。”

十三、将刑法第一百八十六条第一款、第二款修改为：“银行或者其他金融机构的工作人员违反国家规定发放贷款，数额巨大或者造成重大损失的，处五年以下有期徒刑或者拘役，并处一万元以上十万元以下罚金；数额特别巨大或者造成特别重大损失的，处五年以上有期徒刑，并处二万元以上二十万元以下罚金。

“银行或者其他金融机构的工作人员违反国家规定，向关系人发放贷款的，依照前款的规定从重处罚。”

十四、将刑法第一百八十七条第一款修改为：“银行或者其他金融机构的工作人员吸收客户资金不入账，数额巨大或者造成重大损失的，处五年以下有期徒刑或者拘役，并处二万元以上二十万元以下罚金；数额特别巨大或者造成特别重大损失的，处五年以上有期徒刑，并处五万元以上五十万元以下罚金。”

十五、将刑法第一百八十八条第一款修改为："银行或者其他金融机构的工作人员违反规定，为他人出具信用证或者其他保函、票据、存单、资信证明，情节严重的，处五年以下有期徒刑或者拘役；情节特别严重的，处五年以上有期徒刑。"

十六、将刑法第一百九十一条第一款修改为："明知是毒品犯罪、黑社会性质的组织犯罪、恐怖活动犯罪、走私犯罪、贪污贿赂犯罪、破坏金融管理秩序犯罪、金融诈骗犯罪的所得及其产生的收益，为掩饰、隐瞒其来源和性质，有下列行为之一的，没收实施以上犯罪的所得及其产生的收益，处五年以下有期徒刑或者拘役，并处或者单处洗钱数额百分之五以上百分之二十以下罚金；情节严重的，处五年以上十年以下有期徒刑，并处洗钱数额百分之五以上百分之二十以下罚金：

"（一）提供资金账户的；

"（二）协助将财产转换为现金、金融票据、有价证券的；

"（三）通过转账或者其他结算方式协助资金转移的；

"（四）协助将资金汇往境外的；

"（五）以其他方法掩饰、隐瞒犯罪所得及其收益的来源和性质的。"

十七、在刑法第二百六十二条后增加一条，作为第二百六十二条之一："以暴力、胁迫手段组织残疾人或者不满十四周岁的未成年人乞讨的，处三年以下有期徒刑或者拘役，并处罚金；情节严重的，处三年以上七年以下有期徒刑，并处罚金。"

十八、将刑法第三百零三条修改为："以营利为目的，聚众赌博或者以赌博为业的，处三年以下有期徒刑、拘役或者管制，并处罚金。

"开设赌场的，处三年以下有期徒刑、拘役或者管制，并处罚金；情节严重的，处三年以上十年以下有期徒刑，并处罚金。"

十九、将刑法第三百一十二条修改为："明知是犯罪所得及其产生的收益而予以窝藏、转移、收购、代为销售或者以其他方法掩饰、隐瞒的，处三年以下有期徒刑、拘役或者管制，并处或者单处罚金；情节严重的，处三年以上七年以下有期徒刑，并处罚金。"

二十、在刑法第三百九十九条后增加一条，作为第三百九十九条之一："依法承担仲裁职责的人员，在仲裁活动中故意违背事实和法律作枉法裁决，情节严重的，处三年以下有期徒刑或者拘役；情节特别严重的，处三年以上七年以下有期徒刑。"

二十一、本修正案自公布之日起施行。

IX. 11　最高人民法院关于适用《中华人民共和国公司法》若干问题的规定（一）

（2014 年 2 月 20 日　法释［2014］2 号）

（2006 年 3 月 27 日最高人民法院审判委员会第 1382 次会议通过 根据 2014 年 2 月 17 日最高人民法院审判委员会第 1607 次会议《关于修改关于适用〈中华人民共和国公司法〉若干问题的规定的决定》修正）

为正确适用 2005 年 10 月 27 日十届全国人大常委会第十八次会议修订的《中华人民共和国公司法》，对人民法院在审理相关的民事纠纷案件中，具体适用公司法的有关问题规定如下：

第一条　公司法实施后，人民法院尚未审结的和新受理的民事案件，其民事行为或事件发生在公司法实施以前的，适用当时的法律法规和司法解释。

第二条　因公司法实施前有关民事行为或者事件发生纠纷起诉到人民法院的，如当时的法律法规和司法解释没有明确规定时，可参照适用公司法的有关规定。

第三条　原告以公司法第二十二条第二款、第七十四条第二款规定事由，向人民法院提起诉讼时，超过公司法规定期限的，人民法院不予受理。

第四条　公司法第一百五十一条规定的 180 日以上连续持股期间，应为股东向人民法院提起诉讼时，已期满的持股时间；规定的合计持有公司百分之一以上股份，是指两个以上股东持股份额的合计。

第五条　人民法院对公司法实施前已经终审的案件依法进行再审时，不适用公司法的规定。

第六条　本规定自公布之日起实施。

IX.12 最高人民法院关于适用《中华人民共和国公司法》若干问题的规定（二）

（2014 年 2 月 20 日 法释［2014］2 号）

（2008 年 5 月 5 日最高人民法院审判委员会第 1447 次会议通过 根据 2014 年 2 月 17 日最高人民法院审判委员会第 1607 次会议《关于修改关于适用〈中华人民共和国公司法〉若干问题的规定的决定》修正）

为正确适用《中华人民共和国公司法》，结合审判实践，就人民法院审理公司解散和清算案件适用法律问题作出如下规定。

第一条 单独或者合计持有公司全部股东表决权百分之十以上的股东，以下列事由之一提起解散公司诉讼，并符合公司法第一百八十二条规定的，人民法院应予受理：

（一）公司持续两年以上无法召开股东会或者股东大会，公司经营管理发生严重困难的；

（二）股东表决时无法达到法定或者公司章程规定的比例，持续两年以上不能作出有效的股东会或者股东大会决议，公司经营管理发生严重困难的；

（三）公司董事长期冲突，且无法通过股东会或者股东大会解决，公司经营管理发生严重困难的；

（四）经营管理发生其他严重困难，公司继续存续会使股东利益受到重大损失的情形。

股东以知情权、利润分配请求权等权益受到损害，或者公司亏损、财产不足以偿还全部债务，以及公司被吊销企业法人营业执照未进行清算等为由，提起解散公司诉讼的，人民法院不予受理。

第二条 股东提起解散公司诉讼，同时又申请人民法院对公司进行清算的，人民法院对其提出的清算申请不予受理。人民法院可以告知原告，在人民法院判决解散公司后，依据公司法第一百八十三条和本规定第七条的规定，自行组织清算或者另行申请人民法院对公司进行清算。

第三条 股东提起解散公司诉讼时，向人民法院申请财产保全或者证据保全的，在股东提供担保且不影响公司正常经营的情形下，人民法院可予以保全。

第四条 股东提起解散公司诉讼应当以公司为被告。

原告以其他股东为被告一并提起诉讼的，人民法院应当告知原告将其他股东变更为第三人；原告坚持不予变更的，人民法院应当驳回原告对其他股东的起诉。

原告提起解散公司诉讼应当告知其他股东，或者由人民法院通知其参加诉讼。其他股东或者有关利害关系人申请以共同原告或者第三人身份参加诉讼的，人民法院应予准许。

第五条 人民法院审理解散公司诉讼案件，应当注重调解。当事人协商同意由公司或者股东收购股份，或者以减资等方式使公司存续，且不违反法律、行政法规强制性规定的，人民法院应予支持。当事人不能协商一致使公司存续的，人民法院应当及时判决。

经人民法院调解公司收购原告股份的，公司应当自调解书生效之日起六个月内将股份转让或者注销。股份转让或者注销之前，原告不得以公司收购其股份为由对抗公司债权人。

第六条 人民法院关于解散公司诉讼作出的判决，对公司全体股东具有法律约束力。

人民法院判决驳回解散公司诉讼请求后，提起该诉讼的股东或者其他股东又以同一事实和理由提起解散公司诉讼的，人民法院不予受理。

第七条 公司应当依照公司法第一百八十三条的规定，在解散事由出现之日起十五日内成立清算组，开始自行清算。

有下列情形之一，债权人申请人民法院指定清算组进行清算的，人民法院应予受理：

（一）公司解散逾期不成立清算组进行清算的；

（二）虽然成立清算组但故意拖延清算的；

（三）违法清算可能严重损害债权人或者股东利益的。

具有本条第二款所列情形，而债权人未提起清算申请，公司股东申请人民法院指定清算组对公司进行清算的，人民法院应予受理。

第八条 人民法院受理公司清算案件，应当及时指定有关人员组成清算组。

清算组成员可以从下列人员或者机构中产生：

（一）公司股东、董事、监事、高级管理人员；

（二）依法设立的律师事务所、会计师事务所、破产清算事务所等社会中介机构；

（三）依法设立的律师事务所、会计师事务所、破产清算事务所等社会中介机构中具备相关专业知识并取得执业资格的人员。

第九条 人民法院指定的清算组成员有下列情形之一的，人民法院可以根据债权人、股东的申请，或者依职权更换清算组成员：

（一）有违反法律或者行政法规的行为；

（二）丧失执业能力或者民事行为能力；

（三）有严重损害公司或者债权人利益的行为。

第十条 公司依法清算结束并办理注销登记前，有关公司的民事诉讼，应当以公司的名义进行。

公司成立清算组的，由清算组负责人代表公司参加诉讼；尚未成立清算组的，由原法定代表人代表公司参加诉讼。

第十一条 公司清算时，清算组应当按照公司法第一百八十五条的规定，将公司解散清算事宜书面通知全体已知债权人，并根据公司规模和营业地域范围在全国或者公司注册登记地省级有影响的报纸上进行公告。

清算组未按照前款规定履行通知和公告义务，导致债权人未及时申报债权而未获清偿，债权人主张清算组成员对因此造成的损失承担赔偿责任的，人民法院应依法予以支持。

第十二条 公司清算时，债权人对清算组核定的债权有异议的，可以要求清算组重新核定。清算组不予重新核定，或者债权人对重新核定的债权仍有异议，债权人以公司为被告向人民法院提起诉讼请求确认的，人民法院应予受理。

第十三条 债权人在规定的期限内未申报债权，在公司清算程序终结前补充申报的，清算组应予登记。

公司清算程序终结，是指清算报告经股东会、股东大会或者人民法院确认完毕。

第十四条 债权人补充申报的债权，可以在公司尚未分配财产中依法清偿。公司尚未分配财产不能全额清偿，债权人主张股东以其在剩余财产分配中已经取得的财产予以清偿的，人民法院应予支持；但债权人因重大过错未在规定期限内申报债权的除外。

债权人或者清算组，以公司尚未分配财产和股东在剩余财产分配中已经取得的财产，不能全额清偿补充申报的债权为由，向人民法院提出破产清算申请的，人民法院不予受理。

第十五条 公司自行清算的，清算方案应当报股东会或者股东大会决议确认；人民法院组织清算的，清算方案应当报人民法院确认。未经确认的清算方案，清算组不得执行。

执行未经确认的清算方案给公司或者债权人造成损失，公司、股东或者债权人主张清算组成员承担赔偿责任的，人民法院应依法予以支持。

第十六条 人民法院组织清算的，清算组应当自成立之日起六个月内清算完毕。

因特殊情况无法在六个月内完成清算的，清算组应当向人民法院申请延长。

第十七条 人民法院指定的清算组在清理公司财产、编制资产负债表和财产清单时，发现公司财产不足清偿债务的，可以与债权人协商制作有关债务清偿方案。

债务清偿方案经全体债权人确认且不损害其他利害关系人利益的，人民法院可依清算组的申请裁定予以认可。清算组依据该清偿方案清偿债务后，应当向人民法院申请裁定终结清算程序。

债权人对债务清偿方案不予确认或者人民法院不予认可的，清算组应当依法向人民法院申请宣告破产。

第十八条 有限责任公司的股东、股份有限公司的董事和控股股东未在法定期限内成立清算组开始清算，导致公司财产贬值、流失、毁损或者灭失，债权人主张其在造成损失范围内对公司债务承担赔偿责任的，人民法院应依法予以支持。

有限责任公司的股东、股份有限公司的董事和控股股东因怠于履行义务，导致公司主要财产、账册、重要文件等灭失，无法进行清算，债权人主张其对公司债务承担连带清偿责任的，人民法院应依法予以支持。

上述情形系实际控制人原因造成，债权人主张实际控制人对公司债务承担相应民事责任的，人民法院应依法予以支持。

第十九条 有限责任公司的股东、股份有限公司的董事和控股股东，以及公司的实际控制人在公司解散后，恶意处置公司财产给债权人造成损失，或者未经依法清算，以虚假的清算报告骗取公司登记机关办理法人注销登记，债权人主张其对公司债务承担相应赔偿责任的，人民法院应依法予以支持。

第二十条 公司解散应当在依法清算完毕后，申请办理注销登记。公司未经清算即办理注销登记，导致公司无法进行清算，债权人主张有限责任公司的股东、股份有限公司的董事和控股股东，以及公司的实际控制人对公司债务承担清偿责任的，人民法院应依法予以支持。

公司未经依法清算即办理注销登记，股东或者第三人在公司登记机关办理注销登记时承诺对公司债务承担责任，债权人主张其对公司债务承担相应民事责任的，人民法院应依法予以支持。

第二十一条 有限责任公司的股东、股份有限公司的董事和控股股东，以及公司的实际控制人为二人以上的，其中一人或者数人按照本规定第十八条和第二十条第一款的规定承担民事责任后，主张其他人员按照过错大小分担责任的，人民法院应依法予以支持。

第二十二条 公司解散时，股东尚未缴纳的出资均应作为清算财产。股东尚未缴纳的出资，包括到期应缴未缴的出资，以及依照公司法第二十六条和第八十条的规定分期缴纳尚未届满缴纳期限的出资。

公司财产不足以清偿债务时，债权人主张未缴出资股东，以及公司设立时的其他股东或者发起人在未缴出资范围内对公司债务承担连带清偿责任的，人民法院应依法予以支持。

第二十三条 清算组成员从事清算事务时，违反法律、行政法规或者公司章程给公司或者债权人造成损失，公司或者债权人主张其承担赔偿责任的，人民法院应依法予以支持。

有限责任公司的股东、股份有限公司连续一百八十日以上单独或者合计持有公司百分之一以上股份的股东，依据公司法第一百五十一条第三款的规定，以清算组成员有前款所述行为为由向人民法院提起诉讼的，人民法院应予受理。

公司已经清算完毕注销，上述股东参照公司法第一百五十一条第三款的规定，直接以清算组成员为被告、其他股东为第三人向人民法院提起诉讼的，人民法院应予受理。

第二十四条 解散公司诉讼案件和公司清算案件由公司住所地人民法院管辖。公司住所地是指公司主要办事机构所在地。公司办事机构所在地不明确的，由其注册地人民法院管辖。

基层人民法院管辖县、县级市或者区的公司登记机关核准登记公司的解散诉讼案件和公司清算案件；中级人民法院管辖地区、地级市以上的公司登记机关核准登记公司的解散诉讼案件和公司清算案件。

IX. 13 最高人民法院关于适用《中华人民共和国公司法》若干问题的规定（三）

（2014 年 2 月 20 日　法释［2014］2 号）

（2010 年 12 月 6 日最高人民法院审判委员会第 1504 次会议通过　根据 2014 年 2 月 17 日最高人民法院审判委员会第 1607 次会议《关于修改关于适用〈中华人民共和国公司法〉若干问题的规定的决定》修正）

为正确适用《中华人民共和国公司法》，结合审判实践，就人民法院审理公司设立、出资、股权确认等纠纷案件适用法律问题作出如下规定。

第一条　为设立公司而签署公司章程、向公司认购出资或者股份并履行公司设立职责的人，应当认定为公司的发起人，包括有限责任公司设立时的股东。

第二条　发起人为设立公司以自己名义对外签订合同，合同相对人请求该发起人承担合同责任的，人民法院应予支持。

公司成立后对前款规定的合同予以确认，或者已经实际享有合同权利或者履行合同义务，合同相对人请求公司承担合同责任的，人民法院应予支持。

第三条　发起人以设立中公司名义对外签订合同，公司成立后合同相对人请求公司承担合同责任的，人民法院应予支持。

公司成立后有证据证明发起人利用设立中公司的名义为自己的利益与相对人签订合同，公司以此为由主张不承担合同责任的，人民法院应予支持，但相对人为善意的除外。

第四条　公司因故未成立，债权人请求全体或者部分发起人对设立公司行为所产生的费用和债务承担连带清偿责任的，人民法院应予支持。

部分发起人依照前款规定承担责任后，请求其他发起人分担的，人民法院应当判令其他发起人按照约定的责任承担比例分担责任；没有约定责任承担比例的，按照约定的出资比例分担责任；没有约定出资比例的，按照均等份额分担责任。

因部分发起人的过错导致公司未成立，其他发起人主张其承担设立行为所产生的费用和债务的，人民法院应当根据过错情况，确定过错一方的责任范围。

第五条　发起人因履行公司设立职责造成他人损害，公司成立后受害人请求公司承担侵权赔偿责任的，人民法院应予支持；公司未成立，受害人请求全体发起人承担连带赔偿责任的，人民法院应予支持。

公司或者无过错的发起人承担赔偿责任后，可以向有过错的发起人追偿。

第六条 股份有限公司的认股人未按期缴纳所认股份的股款，经公司发起人催缴后在合理期间内仍未缴纳，公司发起人对该股份另行募集的，人民法院应当认定该募集行为有效。认股人延期缴纳股款给公司造成损失，公司请求该认股人承担赔偿责任的，人民法院应予支持。

第七条 出资人以不享有处分权的财产出资，当事人之间对于出资行为效力产生争议的，人民法院可以参照物权法第一百零六条的规定予以认定。

以贪污、受贿、侵占、挪用等违法犯罪所得的货币出资后取得股权的，对违法犯罪行为予以追究、处罚时，应当采取拍卖或者变卖的方式处置其股权。

第八条 出资人以划拨土地使用权出资，或者以设定权利负担的土地使用权出资，公司、其他股东或者公司债权人主张认定出资人未履行出资义务的，人民法院应当责令当事人在指定的合理期间内办理土地变更手续或者解除权利负担；逾期未办理或者未解除的，人民法院应当认定出资人未依法全面履行出资义务。

第九条 出资人以非货币财产出资，未依法评估作价，公司、其他股东或者公司债权人请求认定出资人未履行出资义务的，人民法院应当委托具有合法资格的评估机构对该财产评估作价。评估确定的价额显著低于公司章程所定价额的，人民法院应当认定出资人未依法全面履行出资义务。

第十条 出资人以房屋、土地使用权或者需要办理权属登记的知识产权等财产出资，已经交付公司使用但未办理权属变更手续，公司、其他股东或者公司债权人主张认定出资人未履行出资义务的，人民法院应当责令当事人在指定的合理期间内办理权属变更手续；在前述期间内办理了权属变更手续的，人民法院应当认定其已经履行了出资义务；出资人主张自其实际交付财产给公司使用时享有相应股东权利的，人民法院应予支持。

出资人以前款规定的财产出资，已经办理权属变更手续但未交付给公司使用，公司或者其他股东主张其向公司交付、并在实际交付之前不享有相应股东权利的，人民法院应予支持。

第十一条 出资人以其他公司股权出资，符合下列条件的，人民法院应当认定出资人已履行出资义务：

（一）出资的股权由出资人合法持有并依法可以转让；

（二）出资的股权无权利瑕疵或者权利负担；

（三）出资人已履行关于股权转让的法定手续；

（四）出资的股权已依法进行了价值评估。

股权出资不符合前款第（一）、（二）、（三）项的规定，公司、其他股东或者公司债权人请求认定出资人未履行出资义务的，人民法院应当责令该出资人在指定的合理期间内采取补正措施，以符合上述条件；逾期未补正的，人民法院应当认定其未依法全面履行出资义务。

股权出资不符合本条第一款第（四）项的规定，公司、其他股东或者公司债权人请求认定出资人未履行出资义务的，人民法院应当按照本规定第九条的规定处理。

第十二条 公司成立后，公司、股东或者公司债权人以相关股东的行为符合下列情形之一且损害公司权益为由，请求认定该股东抽逃出资的，人民法院应予支持：

（一）制作虚假财务会计报表虚增利润进行分配；

（二）通过虚构债权债务关系将其出资转出；

（三）利用关联交易将出资转出；

（四）其他未经法定程序将出资抽回的行为。

第十三条 股东未履行或者未全面履行出资义务，公司或者其他股东请求其向公司依法全面履行出资义务的，人民法院应予支持。

公司债权人请求未履行或者未全面履行出资义务的股东在未出资本息范围内对公司债务不能清偿的部分承担补充赔偿责任的，人民法院应予支持；未履行或者未全面履行出资义务的股东已经承担上述责任，其他债权人提出相同请求的，人民法院不予支持。

股东在公司设立时未履行或者未全面履行出资义务，依照本条第一款或者第二款提起诉讼的原告，请求公司的发起人与被告股东承担连带责任的，人民法院应予支持；公司的发起人承担责任后，可以向被告股东追偿。

股东在公司增资时未履行或者未全面履行出资义务，依照本条第一款或者第二款提起诉讼的原告，请求未尽公司法第一百四十七条第一款规定的义务而使出资未缴足的董事、高级管理人员承担相应责任的，人民法院应予支持；董事、高级管理人员承担责任后，可以向被告股东追偿。

第十四条 股东抽逃出资，公司或者其他股东请求其向公司返还出资本息、协助抽逃出资的其他股东、董事、高级管理人员或者实际控制人对此承担连带责任的，人民法院应予支持。

公司债权人请求抽逃出资的股东在抽逃出资本息范围内对公司债务不能清偿的部分承担补充赔偿责任、协助抽逃出资的其他股东、董事、高级管理人员或者实际控制人对此承担连带责任的，人民法院应予支持；抽逃出资的股东已经承担上述责任，其他债权人提出相同请求的，人民法院不予支持。

第十五条 出资人以符合法定条件的非货币财产出资后，因市场变化或者其他客观因素导致出资财产贬值，公司、其他股东或者公司债权人请求该出资人承担补足出资责任的，人民法院不予支持。但是，当事人另有约定的除外。

第十六条 股东未履行或者未全面履行出资义务或者抽逃出资，公司根据公司章程或者股东会决议对其利润分配请求权、新股优先认购权、剩余财产分配请求权等股东权利作出相应的合理限制，该股东请求认定该限制无效的，人民法院不予支持。

第十七条 有限责任公司的股东未履行出资义务或者抽逃全部出资，经公司催告缴纳或者返还，其在合理期间内仍未缴纳或者返还出资，公司以股东会决议解除该股东的股东资格，该股东请求确认该解除行为无效的，人民法院不予支持。

在前款规定的情形下，人民法院在判决时应当释明，公司应当及时办理法定减资程序或者由其他股东或者第三人缴纳相应的出资。在办理法定减资程序或者其他股东或者第三人缴纳相应的出资之前，公司债权人依照本规定第十三条或者第十四条请求相关当事人承担相应责任的，人民法院应予支持。

第十八条 有限责任公司的股东未履行或者未全面履行出资义务即转让股权，受让人对此知道或者应当知道，公司请求该股东履行出资义务、受让人对此承担连带责任的，人民法院应予支持；公司债权人依照本规定第十三条第二款向该股东提起诉讼，同时请求前述受让人对此承担连带责任的，人民法院应予支持。

受让人根据前款规定承担责任后，向该未履行或者未全面履行出资义务的股东追偿的，人民法院应予支持。但是，当事人另有约定的除外。

第十九条 公司股东未履行或者未全面履行出资义务或者抽逃出资，公司或者其他股东请求其向公司全面履行出资义务或者返还出资，被告股东以诉讼时效为由进行抗辩的，人民法院不予支持。

公司债权人的债权未过诉讼时效期间，其依照本规定第十三条第二款、第十四条第二款的规定请求未履行或者未全面履行出资义务或者抽逃出资的股东承担赔偿责任，被告股东以出资义务或者返还出资义务超过诉讼时效期间为由进行抗辩的，人民法院不予支持。

第二十条 当事人之间对是否已履行出资义务发生争议，原告提供对股东履行出资义务产生合理怀疑证据的，被告股东应当就其已履行出资义务承担举证责任。

第二十一条 当事人向人民法院起诉请求确认其股东资格的，应当以公司为被告，与案件争议股权有利害关系的人作为第三人参加诉讼。

第二十二条 当事人之间对股权归属发生争议，一方请求人民法院确认其享有股权的，应当证明以下事实之一：

（一）已经依法向公司出资或者认缴出资，且不违反法律法规强制性规定；

（二）已经受让或者以其他形式继受公司股权，且不违反法律法规强制性规定。

第二十三条 当事人依法履行出资义务或者依法继受取得股权后，公司未根据公司法第三十一条、第三十二条的规定签发出资证明书、记载于股东名册并办理公司登记机关登记，当事人请求公司履行上述义务的，人民法院应予支持。

第二十四条 有限责任公司的实际出资人与名义出资人订立合同，约定由实际出资人出资并享有投资权益，以名义出资人为名义股东，实际出资人与名义股东对该合同效力发生争议的，如无合同法第五十二条规定的情形，人民法院应当认定该合同有效。

前款规定的实际出资人与名义股东因投资权益的归属发生争议，实际出资人以其实际履行了出资义务为由向名义股东主张权利的，人民法院应予支持。名义股东以公司股东名册记载、公司登记机关登记为由否认实际出资人权利的，人民法院不予支持。

实际出资人未经公司其他股东半数以上同意，请求公司变更股东、签发出资证明书、记载于股东名册、记载于公司章程并办理公司登记机关登记的，人民法院不予支持。

第二十五条 名义股东将登记于其名下的股权转让、质押或者以其他方式处分，实际出资人以其对于股权享有实际权利为由，请求认定处分股权行为无效的，人民法院可以参照物权法第一百零六条的规定处理。

名义股东处分股权造成实际出资人损失，实际出资人请求名义股东承担赔偿责任的，人民法院应予支持。

第二十六条 公司债权人以登记于公司登记机关的股东未履行出资义务为由，请求其对公司债务不能清偿的部分在未出资本息范围内承担补充赔偿责任，股东以其仅为名义股东而非实际出资人为由进行抗辩的，人民法院不予支持。

名义股东根据前款规定承担赔偿责任后，向实际出资人追偿的，人民法院应予支持。

第二十七条 股权转让后尚未向公司登记机关办理变更登记，原股东将仍登记于其名下的股权转让、质押或者以其他方式处分，受让股东以其对于股权享有实际权利为由，请求认定处分股权行为无效的，人民法院可以参照物权法第一百零六条的规定处理。

原股东处分股权造成受让股东损失，受让股东请求原股东承担赔偿责任、对于未及时办理变更登记有过错的董事、高级管理人员或者实际控制人承担相应责任的，人民法院应予支持；受让股东对于未及时办理变更登记也有过错的，可以适当减轻上述董事、高级管理人员或者实际控制人的责任。

第二十八条 冒用他人名义出资并将该他人作为股东在公司登记机关登记的，冒名登记行为人应当承担相应责任；公司、其他股东或者公司债权人以未履行出资义务为由，请求被冒名登记为股东的承担补足出资责任或者对公司债务不能清偿部分的赔偿责任的，人民法院不予支持。

IX. 14 最高人民法院关于适用《中华人民共和国企业破产法》若干问题的规定（一）（存目）

（2011 年 9 月 9 日 法释［2011］22 号）

（2011 年 8 月 29 日最高人民法院审判委员会第 1527 次会议通过）

IX. 15 最高人民法院关于适用《中华人民共和国企业破产法》若干问题的规定（二）（存目）

（2013 年 9 月 5 日 法释［2013］22 号）

（2013 年 7 月 29 日最高人民法院审判委员会第 1586 次会议通过）

IX.16 最高人民法院关于审理与企业改制相关的民事纠纷案件若干问题的规定

（2003年1月3日 法释［2003］1号）

为了正确审理与企业改制相关的民事纠纷案件，根据《中华人民共和国民法通则》、《中华人民共和国公司法》、《中华人民共和国全民所有制工业企业法》、《中华人民共和国合同法》、《中华人民共和国民事诉讼法》等法律、法规的规定，结合审判实践，制定本规定。

一、案件受理

第一条 人民法院受理以下平等民事主体间在企业产权制度改造中发生的民事纠纷案件：

（一）企业公司制改造中发生的民事纠纷；

（二）企业股份合作制改造中发生的民事纠纷；

（三）企业分立中发生的民事纠纷；

（四）企业债权转股权纠纷；

（五）企业出售合同纠纷；

（六）企业兼并合同纠纷；

（七）与企业改制相关的其他民事纠纷。

第二条 当事人起诉符合本规定第一条所列情形，并符合民事诉讼法第一百零八条规定的起诉条件的，人民法院应当予以受理。

第三条 政府主管部门在对企业国有资产进行行政性调整、划转过程中发生的纠纷，当事人向人民法院提起民事诉讼的，人民法院不予受理。

二、企业公司制改造

第四条 国有企业依公司法整体改造为国有独资有限责任公司的，原企业的债务，由改造后的有限责任公司承担。

第五条 企业通过增资扩股或者转让部分产权，实现他人对企业的参股，将企业整体改造为有限责任公司或者股份有限公司的，原企业债务由改造后的新设公司承担。

第六条 企业以其部分财产和相应债务与他人组建新公司，对所转移的债务债权人认可的，由新组建的公司承担民事责任；对所转移的债务未通知债权人或者虽通知债权人，而债权人不予认可的，由原企业承担民事责任。原企业无力偿还债务，债权人就此向新设公司主张债权的，新设公司在所接收的财产范围内与原企业承担连带民事责任。

第七条 企业以其优质财产与他人组建新公司，而将债务留在原企业，债权人以新设公司和原企业作为共同被告提起诉讼主张债权的，新设公司应当在所接收的财产范围内与原企业共同承担连带责任。

三、企业股份合作制改造

第八条 由企业职工买断企业产权，将原企业改造为股份合作制的，原企业的债务，由改造后的股份合作制企业承担。

第九条 企业向其职工转让部分产权，由企业与职工共同组建股份合作制企业的，原企业的债务由改造后的股份合作制企业承担。

第十条 企业通过其职工投资增资扩股，将原企业改造为股份合作制企业的，原企业的债务由改造后的股份合作制企业承担。

第十一条 企业在进行股份合作制改造时，参照公司法的有关规定，公告通知了债权人。企业股份合作制改造后，债权人就原企业资产管理人（出资人）隐瞒或者遗漏的债务起诉股份合作制企业的，如债权人在公告期内申报过该债权，股份合作制企业在承担民事责任后，可再向原企业资产管理人（出资人）追偿。如债权人在公告期内未申报过该债权，则股份合作制企业不承担民事责任，人民法院可告知债权人另行起诉原企业资产管理人（出资人）。

四、企业分立

第十二条 债权人向分立后的企业主张债权，企业分立时对原企业的债务承担有约定，并经债权人认可的，按照当事人的约定处理；企业分立时对原企业债务承担没有约定或者约定不明，或者虽然有约定但债权人不予认可的，分立后的企业应当承担连带责任。

第十三条 分立的企业在承担连带责任后，各分立的企业间对原企业债务承担有约定的，按照约定处理；没有约定或者约定不明的，根据企业分立时的资产比例分担。

五、企业债权转股权

第十四条 债权人与债务人自愿达成债权转股权协议，且不违反法律和行政法规强制性规定的，人民法院在审理相关的民事纠纷案件中，应当确认债权转股权协议有效。

政策性债权转股权，按照国务院有关部门的规定处理。

第十五条 债务人以隐瞒企业资产或者虚列企业资产为手段，骗取债权人与其签订债权转股权协议，债权人在法定期间内行使撤销权的，人民法院应当予以支持。

债权转股权协议被撤销后，债权人有权要求债务人清偿债务。

第十六条 部分债权人进行债权转股权的行为，不影响其他债权人向债务人主张债权。

六、国有小型企业出售

第十七条 以协议转让形式出售企业，企业出售合同未经有审批权的地方人民政府或其授权的职能部门审批的，人民法院在审理相关的民事纠纷案件时，应当确认该企业出售合同不生效。

第十八条 企业出售中，当事人双方恶意串通，损害国家利益的，人民法院在审理相关的民事纠纷案件时，应当确认该企业出售行为无效。

第十九条 企业出售中，出卖人实施的行为具有合同法第五十四条规定的情形，买受人在法定期限内行使撤销权的，人民法院应当予以支持。

第二十条 企业出售合同约定的履行期限届满，一方当事人拒不履行合同，或者未完全履行合同义务，致使合同目的不能实现，对方当事人要求解除合同并要求赔偿损失的，人民法院应当予以支持。

第二十一条 企业出售合同约定的履行期限届满，一方当事人未完全履行合同义务，对方当事人要求继续履行合同并要求赔偿损失的，人民法院应当予以支持。双方当事人均未完全履行合同义务的，应当根据当事人的过错，确定各自应当承担的民事责任。

第二十二条 企业出售时，出卖人对所售企业的资产负债状况、损益状况等重大事项未履行如实告知义务，影响企业出售价格，买受人就此向人民法院起诉主张补偿的，人民法院应当予以支持。

第二十三条 企业出售合同被确认无效或者被撤销的，企业售出后买受人经营企业期间发生的经营盈亏，由买受人享有或者承担。

第二十四条 企业售出后，买受人将所购企业资产纳入本企业或者将所购企业变更为所属分支机构的，所购企业的债务，由买受人承担。但买卖双方另有约定，并经债权人认可的除外。

第二十五条 企业售出后，买受人将所购企业资产作价入股与他人重新组建新公司，所购企业法人予以注销的，对所购企业出售前的债务，买受人应当以其所有财产，包括在新组建公司中的股权承担民事责任。

第二十六条 企业售出后，买受人将所购企业重新注册为新的企业法人，所购企业法人被注销的，所购企业出售前的债务，应当由新注册的企业法人承担。但买卖双方另有约定，并经债权人认可的除外。

第二十七条 企业售出后，应当办理而未办理企业法人注销登记，债权人起诉该企业的，人民法院应当根据企业资产转让后的具体情况，告知债权人追加责任主体，并判令责任主体承担民事责任。

第二十八条 出售企业时，参照公司法的有关规定，出卖人公告通知了债权人。企业售出后，债权人就出卖人隐瞒或者遗漏的原企业债务起诉买受人的，如债权人在公告期内申报过该债权，买受人在承担民事责任后，可再行向出卖人追偿。如债权人在公告期内未申报过该债权，则买受人不承担民事责任。人民法院可告知债权人另行起诉出卖人。

第二十九条 出售企业的行为具有合同法第七十四条规定的情形，债权人在法定期限内行使撤销权的，人民法院应当予以支持。

七、企业兼并

第三十条 企业兼并协议自当事人签字盖章之日起生效。需经政府主管部门批准的，兼并协议自批准之日起生效；未经批准的，企业兼并协议不生效。但当事人在一审法庭辩论终结前补办报批手续的，人民法院应当确认该兼并协议有效。

第三十一条 企业吸收合并后，被兼并企业的债务应当由兼并方承担。

第三十二条 企业进行吸收合并时，参照公司法的有关规定，公告通知了债权人。企业吸收合并后，债权人就被兼并企业原资产管理人（出资人）隐瞒或者遗漏的企业债务起诉兼并方的，如债权人在公告期内申报过该笔债权，兼并方在承担民事责任后，可再行向被兼并企业原资产管理人（出资人）追偿。如债权人在公告期内未申报过该笔债权，则兼并方不承担民事责任。人民法院可告知债权人另行起诉被兼并企业原资产管理人（出资人）。

第三十三条 企业新设合并后，被兼并企业的债务由新设合并后的企业法人承担。

第三十四条 企业吸收合并或新设合并后，被兼并企业应当办理而未办理工商注销登记，债权人起诉被兼并企业的，人民法院应当根据企业兼并后的具体情况，告知债权人追加责任主体，并判令责任主体承担民事责任。

第三十五条 以收购方式实现对企业控股的，被控股企业的债务，仍由其自行承担。但因控股企业抽逃资金、逃避债务，致被控股企业无力偿还债务的，被控股企业的债务则由控股企业承担。

八、附　　则

第三十六条 本规定自二〇〇三年二月一日起施行。在本规定施行前，本院制定的有关企业改制方面的司法解释与本规定相抵触的，不再适用。

IX.17 最高人民法院关于审理证券市场因虚假陈述引发的民事赔偿案件的若干规定

（2003 年 1 月 9 日 法释［2003］2 号）

（2002 年 12 月 26 日最高人民法院审判委员会第 1261 次会议通过）

为正确审理证券市场因虚假陈述引发的民事赔偿案件，规范证券市场民事行为，保护投资人合法权益，根据《中华人民共和国民法通则》、《中华人民共和国证券法》、《中华人民共和国公司法》以及《中华人民共和国民事诉讼法》等法律、法规的规定，结合证券市场实际情况和审判实践，制定本规定。

一、一般规定

第一条 本规定所称证券市场因虚假陈述引发的民事赔偿案件（以下简称虚假陈述证券民事赔偿案件），是指证券市场投资人以信息披露义务人违反法律规定，进行虚假陈述并致使其遭受损失为由，而向人民法院提起诉讼的民事赔偿案件。

第二条 本规定所称投资人，是指在证券市场上从事证券认购和交易的自然人、法人或者其他组织。

本规定所称证券市场，是指发行人向社会公开募集股份的发行市场，通过证券交易所报价系统进行证券交易的市场，证券公司代办股份转让市场以及国家批准设立的其他证券市场。

第三条 因下列交易发生的民事诉讼，不适用本规定：

（一）在国家批准设立的证券市场以外进行的交易；

（二）在国家批准设立的证券市场上通过协议转让方式进行的交易。

第四条 人民法院审理虚假陈述证券民事赔偿案件，应当着重调解，鼓励当事人和解。

第五条 投资人对虚假陈述行为人提起民事赔偿的诉讼时效期间，适用民法通则第一百三十五条的规定，根据下列不同情况分别起算：

（一）中国证券监督管理委员会或其派出机构公布对虚假陈述行为人作出处罚决定之日；

（二）中华人民共和国财政部、其他行政机关以及有权作出行政处罚的机构公布对虚假陈述行为人作出处罚决定之日；

（三）虚假陈述行为人未受行政处罚，但已被人民法院认定有罪的，作出刑事判决生效之日。

因同一虚假陈述行为，对不同虚假陈述行为人作出两个以上行政处罚；或者既有行政处罚，又有刑事处罚的，以最先作出的行政处罚决定公告之日或者作出的刑事判决生效之日，为诉讼时效起算之日。

二、受理与管辖

第六条 投资人以自己受到虚假陈述侵害为由，依据有关机关的行政处罚决定或者人民法院的刑事裁判文书，对虚假陈述行为人提起的民事赔偿诉讼，符合民事诉讼法第一百零八条规定的，人民法院应当受理。

投资人提起虚假陈述证券民事赔偿诉讼，除提交行政处罚决定或者公告，或者人民法院的刑事裁判文书以外，还须提交以下证据：

（一）自然人、法人或者其他组织的身份证明文件，不能提供原件的，应当提交经公证证明的复印件；

（二）进行交易的凭证等投资损失证据材料。

第七条 虚假陈述证券民事赔偿案件的被告，应当是虚假陈述行为人，包括：

（一）发起人、控股股东等实际控制人；

（二）发行人或者上市公司；

（三）证券承销商；

（四）证券上市推荐人；

（五）会计师事务所、律师事务所、资产评估机构等专业中介服务机构；

（六）上述（二）、（三）、（四）项所涉单位中负有责任的董事、监事和经理等高级管理人员以及（五）项中直接责任人；

（七）其他作出虚假陈述的机构或者自然人。

第八条 虚假陈述证券民事赔偿案件，由省、直辖市、自治区人民政府所在的市、计划单列市和经济特区中级人民法院管辖。

第九条 投资人对多个被告提起证券民事赔偿诉讼的，按下列原则确定管辖：

（一）由发行人或者上市公司所在地有管辖权的中级人民法院管辖。但有本规定第十条第二款规定的情形除外。

（二）对发行人或者上市公司以外的虚假陈述行为人提起的诉讼，由被告所在地有管辖权的中级人民法院管辖。

（三）仅以自然人为被告提起的诉讼，由被告所在地有管辖权的中级人民法院管辖。

第十条 人民法院受理以发行人或者上市公司以外的虚假陈述行为人为被告提起的诉讼后，经当事人申请或者征得所有原告同意后，可以追加发行人或者上市公司为共同被告。人民法院追加后，应当将案件移送发行人或者上市公司所在地有管辖权的中级人民法院管辖。

当事人不申请或者原告不同意追加，人民法院认为确有必要追加的，应当通知发行人或者上市公司作为共同被告参加诉讼，但不得移送案件。

第十一条 人民法院受理虚假陈述证券民事赔偿案件后，受行政处罚当事人对行政处罚不服申请行政复议或者提起行政诉讼的，可以裁定中止审理。

人民法院受理虚假陈述证券民事赔偿案件后，有关行政处罚被撤销的，应当裁定终结诉讼。

三、诉讼方式

第十二条 本规定所涉证券民事赔偿案件的原告可以选择单独诉讼或者共同诉讼方式提起诉讼。

第十三条 多个原告因同一虚假陈述事实对相同被告提起的诉讼，既有单独诉讼也有共同诉讼的，人民法院可以通知提起单独诉讼的原告参加共同诉讼。

多个原告因同一虚假陈述事实对相同被告同时提起两个以上共同诉讼的，人民法院可以将其合并为一个共同诉讼。

第十四条 共同诉讼的原告人数应当在开庭审理前确定。原告人数众多的可以推选二至五名诉讼代表人，每名诉讼代表人可以委托一至二名诉讼代理人。

第十五条 诉讼代表人应当经过其所代表的原告特别授权，代表原告参加开庭审理，变更或者放弃诉讼请求、与被告进行和解或者达成调解协议。

第十六条 人民法院判决被告对人数众多的原告承担民事赔偿责任时，可以在判决主文中对赔偿总额作出判决，并将每个原告的姓名、应获得赔偿金额等列表附于民事判决书后。

四、虚假陈述的认定

第十七条 证券市场虚假陈述，是指信息披露义务人违反证券法律规定，在证券发行或者交易过程中，对重大事件作出违背事实真相的虚假记载、误导性陈述，或者在披露信息时发生重大遗漏、不正当披露信息的行为。

对于重大事件，应当结合证券法第五十九条、第六十条、第六十一条、第六十二条、第七十二条及相关规定的内容认定。

虚假记载，是指信息披露义务人在披露信息时，将不存在的事实在信息披露文件中予以记载的行为。

误导性陈述，是指虚假陈述行为人在信息披露文件中或者通过媒体，作出使投资人对其投资行为发生错误判断并产生重大影响的陈述。

重大遗漏，是指信息披露义务人在信息披露文件中，未将应当记载的事项完全或者部分予以记载。

不正当披露，是指信息披露义务人未在适当期限内或者未以法定方式公开披露应当披露的信息。

第十八条 投资人具有以下情形的，人民法院应当认定虚假陈述与损害结果之间存在因果关系：

（一）投资人所投资的是与虚假陈述直接关联的证券；

（二）投资人在虚假陈述实施日及以后，至揭露日或者更正日之前买入该证券；

（三）投资人在虚假陈述揭露日或者更正日及以后，因卖出该证券发生亏损，或者因持续持有该证券而产生亏损。

第十九条 被告举证证明原告具有以下情形的，人民法院应当认定虚假陈述与损害结果之间不存在因果关系：

（一）在虚假陈述揭露日或者更正日之前已经卖出证券；

（二）在虚假陈述揭露日或者更正日及以后进行的投资；

（三）明知虚假陈述存在而进行的投资；

（四）损失或者部分损失是由证券市场系统风险等其他因素所导致；

（五）属于恶意投资、操纵证券价格的。

第二十条 本规定所指的虚假陈述实施日，是指作出虚假陈述或者发生虚假陈述之日。

虚假陈述揭露日，是指虚假陈述在全国范围发行或者播放的报刊、电台、电视台等媒体上，首次被公开揭露之日。

虚假陈述更正日，是指虚假陈述行为人在中国证券监督管理委员会指定披露证券市场信息的媒体上，自行公告更正虚假陈述并按规定履行停牌手续之日。

五、归责与免责事由

第二十一条 发起人、发行人或者上市公司对其虚假陈述给投资人造成的损失承担民事赔偿责任。

发行人、上市公司负有责任的董事、监事和经理等高级管理人员对前款的损失承担连带赔偿责任。但有证据证明无过错的，应予免责。

第二十二条 实际控制人操纵发行人或者上市公司违反证券法律规定，以发行人或者上市公司名义虚假陈述并给投资人造成损失的，可以由发行人或者上市公司承担赔偿责任。发行人或者上市公司承担赔偿责任后，可以向实际控制人追偿。

实际控制人违反证券法第四条、第五条以及第一百八十八条规定虚假陈述，给投资人造成损失的，由实际控制人承担赔偿责任。

第二十三条 证券承销商、证券上市推荐人对虚假陈述给投资人造成的损失承担赔偿责任。但有证据证明无过错的，应予免责。

负有责任的董事、监事和经理等高级管理人员对证券承销商、证券上市推荐人承担的赔偿责任负连带责任。其免责事由同前款规定。

第二十四条 专业中介服务机构及其直接责任人违反证券法第一百六十一条和第二百零二条的规定虚假陈述，给投资人造成损失的，就其负有责任的部分承担赔偿责任。但有证据证明无过错的，应予免责。

第二十五条 本规定第七条第（七）项规定的其他作出虚假陈述行为的机构或者自然人，违反证券法第五条、第七十二条、第一百八十八条和第一百八十九条规定，给投资人造成损失的，应当承担赔偿责任。

六、共同侵权责任

第二十六条 发起人对发行人信息披露提供担保的，发起人与发行人对投资人的损失承担连带责任。

第二十七条 证券承销商、证券上市推荐人或者专业中介服务机构，知道或者应当知道发行人或者上市公司虚假陈述，而不予纠正或者不出具保留意见的，构成共同侵权，对投资人的损失承担连带责任。

第二十八条 发行人、上市公司、证券承销商、证券上市推荐人负有责任的董事、监事和经理等高级管理人员有下列情形之一的，应当认定为共同虚假陈述，分别与发行人、上市公司、证券承销商、证券上市推荐人对投资人的损失承担连带责任：

（一）参与虚假陈述的；

（二）知道或者应当知道虚假陈述而未明确表示反对的；

（三）其他应当负有责任的情形。

七、损失认定

第二十九条 虚假陈述行为人在证券发行市场虚假陈述，导致投资人损失的，投资人有权要求虚假陈述行为人按本规定第三十条赔偿损失；导致证券被停止发行的，投资人有权要求返还和赔偿所缴股款及银行同期活期存款利率的利息。

第三十条 虚假陈述行为人在证券交易市场承担民事赔偿责任的范围，以投资人因虚假陈述而实际发生的损失为限。投资人实际损失包括：

（一）投资差额损失；

（二）投资差额损失部分的佣金和印花税。

前款所涉资金利息，自买入至卖出证券日或者基准日，按银行同期活期存款利率计算。

第三十一条 投资人在基准日及以前卖出证券的，其投资差额损失，以买入证券平均价格与实际卖出证券平均价格之差，乘以投资人所持证券数量计算。

第三十二条 投资人在基准日之后卖出或者仍持有证券的，其投资差额损失，以买入证券平均价格与虚假陈述揭露日或者更正日起至基准日期间，每个交易日收盘价的平均价格之差，乘以投资人所持证券数量计算。

第三十三条 投资差额损失计算的基准日，是指虚假陈述揭露或者更正后，为将投资人应获赔偿限定在虚假陈述所造成的损失范围内，确定损失计算的合理期间而规定的截止日期。基准日分别按下列情况确定：

（一）揭露日或者更正日起，至被虚假陈述影响的证券累计成交量达到其可流通部分100%之日。但通过大宗交易协议转让的证券成交量不予计算。

（二）按前项规定在开庭审理前尚不能确定的，则以揭露日或者更正日后第30个交易日为基准日。

（三）已经退出证券交易市场的，以摘牌日前一交易日为基准日。

（四）已经停止证券交易的，可以停牌日前一交易日为基准日；恢复交易的，可以本条第（一）项规定确定基准日。

第三十四条 投资人持股期间基于股东身份取得的收益，包括红利、红股、公积金转增所得的股份以及投资人持股期间出资购买的配股、增发股和转配股，不得冲抵虚假陈述行为人的赔偿金额。

第三十五条 已经除权的证券，计算投资差额损失时，证券价格和证券数量应当复权计算。

八、附则

第三十六条 本规定自2003年2月1日起施行。

第三十七条 本院2002年1月15日发布的《关于受理证券市场因虚假陈述引发的民事侵权纠纷案件有关问题的通知》中与本规定不一致的，以本规定为准。

IX. 18 最高人民检察院 公安部关于公安机关管辖的刑事案件立案追诉标准的规定（二）

（2010 年 5 月 7 日 最高人民检察院 公安部）

一、危害公共安全案

第一条 ［资助恐怖活动案（刑法第一百二十条之一）］资助恐怖活动组织或者实施恐怖活动的个人的，应予立案追诉。

本条规定的“资助”，是指为恐怖活动组织或者实施恐怖活动的个人筹集、提供经费、物资或者提供场所以及其他物质便利的行为。“实施恐怖活动的个人”，包括预谋实施、准备实施和实际实施恐怖活动的个人。

二、破坏社会主义市场经济秩序案

第二条 ［走私假币案（刑法第一百五十一条第一款）］走私伪造的货币，总面额在二千元以上或者币量在二百张（枚）以上的，应予立案追诉。

第三条 ［虚报注册资本案（刑法第一百五十八条）］申请公司登记使用虚假证明文件或者采取其他欺诈手段虚报注册资本，欺骗公司登记主管部门，取得公司登记，涉嫌下列情形之一的，应予立案追诉：

（一）超过法定出资期限，实缴注册资本不足法定注册资本最低限额，有限责任公司虚报数额在三十万元以上并占其应缴出资数额百分之六十以上的，股份有限公司虚报数额在三百万元以上并占其应缴出资数额百分之三十以上的。

（二）超过法定出资期限，实缴注册资本达到法定注册资本最低限额，但仍虚报注册资本，有限责任公司虚报数额在一百万元以上并占其应缴出资数额百分之六十以上的，股份有限公司虚报数额在一千万元以上并占其应缴出资数额百分之三十以上的。

（三）造成投资者或者其他债权人直接经济损失累计数额在十万元以上的。

（四）虽未达到上述数额标准，但具有下列情形之一的：

1. 两年内因虚报注册资本受过行政处罚二次以上，又虚报注册资本的。

2. 向公司登记主管人员行贿的。

3. 为进行违法活动而注册的。

（五）其他后果严重或者有其他严重情节的情形。

第四条 ［虚假出资、抽逃出资案（刑法第一百五十九条）］公司发起人、股东违反公司法的规定未交付货币、实物或者未转移财产权，虚假出资，或者在公司成立后又抽逃其出资，涉嫌下列情形之一的，应予立案追诉：

（一）超过法定出资期限，有限责任公司股东虚假出资数额在三十万元以上并占其应缴出资数额百分之六十以上的，股份有限公司发起人、股东虚假出资数额在三百万元以上并占其应缴出资数额百分之三十以上的。

（二）有限责任公司股东抽逃出资数额在三十万元以上并占其实缴出资数额百分之六十以上的，股份有限公司发起人、股东抽逃出资数额在三百万元以上并占其实缴出资数额百分之三十以上的。

（三）造成公司、股东、债权人的直接经济损失累计数额在十万元以上的。

（四）虽未达到上述数额标准，但具有下列情形之一的：

1. 致使公司资不抵债或者无法正常经营的。

2. 公司发起人、股东合谋虚假出资、抽逃出资的。

3. 两年内因虚假出资、抽逃出资受过行政处罚二次以上，又虚假出资、抽逃出资的。

4. 利用虚假出资、抽逃出资所得资金进行违法活动的。

（五）其他后果严重或者有其他严重情节的情形。

第五条 ［欺诈发行股票、债券案（刑法第一百六十条）］在招股说明书、认股书、公司、企业债券募集办法中隐瞒重要事实或者编造重大虚假内容，发行股票或者公司、企业债券，涉嫌下列情形之一的，应予立案追诉：

（一）发行数额在五百万元以上的。

（二）伪造、变造国家机关公文、有效证明文件或者相关凭证、单据的。

（三）利用募集的资金进行违法活动的。

（四）转移或者隐瞒所募集资金的。

（五）其他后果严重或者有其他严重情节的情形。

第六条 ［违规披露、不披露重要信息案（刑法第一百六十一条）］依法负有信息披露义务的公司、企业向股东和社会公众提供虚假的或者隐瞒重要事实的财务会计报告，或者对依法应当披露的其他重要信息不按照规定披露，涉嫌下列情形之一的，应予立案追诉：

（一）造成股东、债权人或者其他人直接经济损失数额累计在五十万元以上的。

（二）虚增或者虚减资产达到当期披露的资产总额百分之三十以上的。

（三）虚增或者虚减利润达到当期披露的利润总额百分之三十以上的。

（四）未按照规定披露的重大诉讼、仲裁、担保、关联交易或者其他重大事项所涉及的数额或者连续十二个月的累计数额占净资产百分之五十以上的。

（五）致使公司发行的股票、公司债券或者国务院依法认定的其他证券被终止上市交易或者多次被暂停上市交易的。

（六）致使不符合发行条件的公司、企业骗取发行核准并且上市交易的。

（七）在公司财务会计报告中将亏损披露为盈利，或者将盈利披露为亏损的。

（八）多次提供虚假的或者隐瞒重要事实的财务会计报告，或者多次对依法应当披露的其他重要信息不按照规定披露的。

（九）其他严重损害股东、债权人或者其他人利益，或者有其他严重情节的情形。

第七条　［妨害清算案（刑法第一百六十二条）］公司、企业进行清算时，隐匿财产，对资产负债表或者财产清单作虚伪记载或者在未清偿债务前分配公司、企业财产，涉嫌下列情形之一的，应予立案追诉：

（一）隐匿财产价值在五十万元以上的。

（二）对资产负债表或者财产清单作虚伪记载涉及金额在五十万元以上的。

（三）在未清偿债务前分配公司、企业财产价值在五十万元以上的。

（四）造成债权人或者其他人直接经济损失数额累计在十万元以上的。

（五）虽未达到上述数额标准，但应清偿的职工的工资、社会保险费用和法定补偿金得不到及时清偿，造成恶劣社会影响的。

（六）其他严重损害债权人或者其他人利益的情形。

第八条　［隐匿、故意销毁会计凭证、会计账簿、财务会计报告案（刑法第一百六十二条之一）］隐匿或者故意销毁依法应当保存的会计凭证、会计账簿、财务会计报告，涉嫌下列情形之一的，应予立案追诉。

（一）隐匿、故意销毁的会计凭证、会计账簿、财务会计报告涉及金额在五十万元以上的。

（二）依法应当向司法机关、行政机关、有关主管部门等提供而隐匿、故意销毁或者拒不交出会计凭证、会计账簿、财务会计报告的。

（三）其他情节严重的情形。

第九条　［虚假破产案（刑法第一百六十二条之二）］公司、企业通过隐匿财产、承担虚构的债务或者以其他方法转移、处分财产，实施虚假破产，涉嫌下列情形之一的，应予立案追诉：

（一）隐匿财产价值在五十万元以上的。

（二）承担虚构的债务涉及金额在五十万元以上的。

（三）以其他方法转移、处分财产价值在五十万元以上的。

（四）造成债权人或者其他人直接经济损失数额累计在十万元以上的。

（五）虽未达到上述数额标准，但应清偿的职工的工资、社会保险费用和法定补偿金得不到及时清偿，造成恶劣社会影响的。

（六）其他严重损害债权人或者其他人利益的情形。

第十条 ［非国家工作人员受贿案（刑法第一百六十三条）］公司、企业或者其他单位的工作人员利用职务上的便利，索取他人财物或者非法收受他人财物，为他人谋取利益，或者在经济往来中，利用职务上的便利，违反国家规定，收受各种名义的回扣、手续费，归个人所有，数额在五千元以上的，应予立案追诉。

第十一条 ［对非国家工作人员行贿案（刑法第一百六十四条）］为谋取不正当利益，给予公司、企业或者其他单位的工作人员以财物，个人行贿数额在一万元以上的，单位行贿数额在二十万元以上的，应予立案追诉。

第十二条 ［非法经营同类营业案（刑法第一百六十五条）］国有公司、企业的董事、经理利用职务便利，自己经营或者为他人经营与其所任职公司、企业同类的营业，获取非法利益，数额在十万元以上的，应予立案追诉。

第十三条 ［为亲友非法牟利案（刑法第一百六十六条）］国有公司、企业、事业单位的工作人员，利用职务便利，为亲友非法牟利，涉嫌下列情形之一的，应予立案追诉：

（一）造成国家直接经济损失数额在十万元以上的。

（二）使其亲友非法获利数额在二十万元以上的。

（三）造成有关单位破产，停业、停产六个月以上，或者被吊销许可证和营业执照、责令关闭、撤销、解散的。

（四）其他致使国家利益遭受重大损失的情形。

第十四条 ［签订、履行合同失职被骗案（刑法第一百六十七条）］国有公司、企业、事业单位直接负责的主管人员，在签订、履行合同过程中，因严重不负责任被诈骗，涉嫌下列情形之一的，应予立案追诉：

（一）造成国家直接经济损失数额在五十万元以上的。

（二）造成有关单位破产，停业、停产六个月以上，或者被吊销许可证和营业执照、责令关闭、撤销、解散的。

（三）其他致使国家利益遭受重大损失的情形。

金融机构、从事对外贸易经营活动的公司、企业的工作人员严重不负责任，造成一百万美元以上外汇被骗购或者逃汇一千万美元以上的，应予立案追诉。

本条规定的“诈骗”，是指对方当事人的行为已经涉嫌诈骗犯罪，不以对方当事人已经被人民法院判决构成诈骗犯罪作为立案追诉的前提。

第十五条 ［国有公司、企业、事业单位人员失职案（刑法第一百六十八条）］国有公司、企业、事业单位的工作人员，严重不负责任，涉嫌下列情形之一的，应予立案追诉：

（一）造成国家直接经济损失数额在五十万元以上的。

（二）造成有关单位破产，停业、停产一年以上，或者被吊销许可证和营业执照、责令关闭、撤销、解散的。

（三）其他致使国家利益遭受重大损失的情形。

第十六条 ［国有公司、企业、事业单位人员滥用职权案（刑法第一百六十八条）］国有公司、企业、事业单位的工作人员，滥用职权，涉嫌下列情形之一的，应予立案追诉：

（一）造成国家直接经济损失数额在三十万元以上的。

（二）造成有关单位破产，停业、停产六个月以上，或者被吊销许可证和营业执照、责令关闭、撤销、解散的。

（三）其他致使国家利益遭受重大损失的情形。

第十七条 ［徇私舞弊低价折股、出售国有资产案（刑法第一百六十九条）］国有公司、企业或者其上级主管部门直接负责的主管人员，徇私舞弊，将国有资产低价折股或者低价出售，涉嫌下列情形之一的，应予立案追诉：

（一）造成国家直接经济损失数额在三十万元以上的。

（二）造成有关单位破产，停业、停产六个月以上，或者被吊销许可证和营业执照、责令关闭、撤销、解散的。

（三）其他致使国家利益遭受重大损失的情形。

第十八条 ［背信损害上市公司利益案（刑法第一百六十九条之一）］上市公司的董事、监事、高级管理人员违背对公司的忠实义务，利用职务便利，操纵上市公司从事损害上市公司利益的行为，以及上市公司的控股股东或者实际控制人，指使上市公司董事、监事、高级管理人员实施损害上市公司利益的行为，涉嫌下列情形之一的，应予立案追诉：

（一）无偿向其他单位或者个人提供资金、商品、服务或者其他资产，致使上市公司直接经济损失数额在一百五十万元以上的。

（二）以明显不公平的条件，提供或者接受资金、商品、服务或者其他资产，致使上市公司直接经济损失数额在一百五十万元以上的。

（三）向明显不具有清偿能力的单位或者个人提供资金、商品、服务或者其他资产，致使上市公司直接经济损失数额在一百五十万元以上的。

（四）为明显不具有清偿能力的单位或者个人提供担保，或者无正当理由为其他单位或者个人提供担保，致使上市公司直接经济损失数额在一百五十万元以上的。

（五）无正当理由放弃债权、承担债务，致使上市公司直接经济损失数额在一百五十万元以上的。

（六）致使公司发行的股票、公司债券或者国务院依法认定的其他证券被终止上市交易或者多次被暂停上市交易的。

（七）其他致使上市公司利益遭受重大损失的情形。

第十九条 ［伪造货币案（刑法第一百七十条）］伪造货币，涉嫌下列情形之一的，应予立案追诉：

（一）伪造货币，总面额在二千元以上或者币量在二百张（枚）以上的。

（二）制造货币版样或者为他人伪造货币提供版样的。

（三）其他伪造货币应予追究刑事责任的情形。

本规定中的“货币”是指流通的以下货币：

（一）人民币（含普通纪念币、贵金属纪念币）、港元、澳门元、新台币。

（二）其他国家及地区的法定货币。

贵金属纪念币的面额以中国人民银行授权中国金币总公司的初始发售价格为准。

第二十条 ［出售、购买、运输假币案（刑法第一百七十一条第一款）］出售、购买伪造的货币或者明知是伪造的货币而运输，总面额在四千元以上或者币量在四百张（枚）以上的，应予立案追诉。

在出售假币时被抓获的，除现场查获的假币应认定为出售假币的数额外，现场之外在行为人住所或者其他藏匿地查获的假币，也应认定为出售假币的数额。

第二十一条 ［金融工作人员购买假币、以假币换取货币案（刑法第一百七十一条第二款）］银行或者其他金融机构的工作人员购买伪造的货币或者利用职务上的便利，以伪造的货币换取货币，总面额在二千元以上或者币量在二百张（枚）以上的，应予立案追诉。

第二十二条 ［持有、使用假币案（刑法第一百七十二条）］明知是伪造的货币而持有、使用，总面额在四千元以上或者币量在四百张（枚）以上的，应予立案追诉。

第二十三条 ［变造货币案（刑法第一百七十三条）］变造货币，总面额在二千元以上或者币量在二百张（枚）以上的，应予立案追诉。

第二十四条 ［擅自设立金融机构案（刑法第一百七十四条第一款）］未经国家有关主管部门批准，擅自设立金融机构，涉嫌下列情形之一的，应予立案追诉：

（一）擅自设立商业银行、证券交易所、期货交易所、证券公司、期货公司、保险公司或者其他金融机构的。

（二）擅自设立商业银行、证券交易所、期货交易所、证券公司、期货公司、保险公司或者其他金融机构筹备组织的。

第二十五条 ［伪造、变造、转让金融机构经营许可证、批准文件案（刑法第一百七十四条第二款）］伪造、变造、转让商业银行、证券交易所、期货交易所、证券公司、期货公司、保险公司或者其他金融机构的经营许可证或者批准文件的，应予立案追诉。

第二十六条 ［高利转贷案（刑法第一百七十五条）］以转贷牟利为目的，套取金融机构信贷资金高利转贷他人，涉嫌下列情形之一的，应予立案追诉：

（一）高利转贷，违法所得数额在十万元以上的。

（二）虽未达到上述数额标准，但两年内因高利转贷受过行政处罚二次以上，又高利转贷的。

第二十七条 ［骗取贷款、票据承兑、金融票证案（刑法第一百七十五条之一）］以欺骗手段取得银行或者其他金融机构贷款、票据承兑、信用证、保函等，涉嫌下列情形之一的，应予立案追诉：

（一）以欺骗手段取得贷款、票据承兑、信用证、保函等，数额在一百万元以上的。

（二）以欺骗手段取得贷款、票据承兑、信用证、保函等，给银行或者其他金融机构造成直接经济损失数额在二十万元以上的。

（三）虽未达到上述数额标准，但多次以欺骗手段取得贷款、票据承兑、信用证、保函等的。

（四）其他给银行或者其他金融机构造成重大损失或者有其他严重情节的情形。

第二十八条 ［非法吸收公众存款案（刑法第一百七十六条）］非法吸收公众存款或者变相吸收公众存款，扰乱金融秩序，涉嫌下列情形之一的，应予立案追诉：

（一）个人非法吸收或者变相吸收公众存款数额在二十万元以上的，单位非法吸收或者变相吸收公众存款数额在一百万元以上的。

（二）个人非法吸收或者变相吸收公众存款三十户以上的，单位非法吸收或者变相吸收公众存款一百五十户以上的。

（三）个人非法吸收或者变相吸收公众存款给存款人造成直接经济损失数额在十万元以上的，单位非法吸收或者变相吸收公众存款给存款人造成直接经济损失数额在五十万元以上的。

（四）造成恶劣社会影响的。

（五）其他扰乱金融秩序情节严重的情形。

第二十九条 ［伪造、变造金融票证案（刑法第一百七十七条）］伪造、变造金融票证，涉嫌下列情形之一的，应予立案追诉：

（一）伪造、变造汇票、本票、支票，或者伪造、变造委托收款凭证、汇款凭证、银行存单等其他银行结算凭证，或者伪造、变造信用证或者附随的单据、文件，总面额在一万元以上或者数量在十张以上的。

（二）伪造信用卡一张以上，或者伪造空白信用卡十张以上的。

第三十条 ［妨害信用卡管理案（刑法第一百七十七条之一第一款）］妨害信用卡管理，涉嫌下列情形之一的，应予立案追诉：

（一）明知是伪造的信用卡而持有、运输的。

（二）明知是伪造的空白信用卡而持有、运输，数量累计在十张以上的。

（三）非法持有他人信用卡，数量累计在五张以上的。

（四）使用虚假的身份证明骗领信用卡的。

（五）出售、购买、为他人提供伪造的信用卡或者以虚假的身份证明骗领的信用卡的。

违背他人意愿，使用其居民身份证、军官证、士兵证、港澳居民往来内地通行证、台湾居民来往大陆通行证、护照等身份证明申领信用卡的，或者使用伪造、变造的身份证明申领信用卡的，应当认定为“使用虚假的身份证明骗领信用卡”。

第三十一条 ［窃取、收买、非法提供信用卡信息案（刑法第一百七十七条之一第二款）］窃取、收买或者非法提供他人信用卡信息资料，足以伪造可进行交易的信用卡，或者足以使他人以信用卡持卡人名义进行交易，涉及信用卡一张以上的，应予立案追诉。

第三十二条 ［伪造、变造国家有价证券案（刑法第一百七十八条第一款）］伪造、变造国库券或者国家发行的其他有价证券，总面额在二千元以上的，应予立案追诉。

第三十三条 ［伪造、变造股票、公司、企业债券案（刑法第一百七十八条第二款）］伪造、变造股票或者公司、企业债券，总面额在五千元以上的，应予立案追诉。

第三十四条 ［擅自发行股票、公司、企业债券案（刑法第一百七十九条）］未经国家有关主管部门批准，擅自发行股票或者公司、企业债券，涉嫌下列情形之一的，应予立案追诉：

（一）发行数额在五十万元以上的。

（二）虽未达到上述数额标准，但擅自发行致使三十人以上的投资者购买了股票或者公司、企业债券的。

（三）不能及时清偿或者清退的。

（四）其他后果严重或者有其他严重情节的情形。

第三十五条 ［内幕交易、泄露内幕信息案（刑法第一百八十条第一款）］证券、期货交易内幕信息的知情人员、单位或者非法获取证券、期货交易内幕信息的人员、单位，在涉及证券的发行，证券、期货交易或者其他对证券、期货交易价格有重大影响的信息尚未公开前，买入或者卖出该证券，或者从事与该内幕信息有关的期货交易，或者泄露该信息，或者明示、暗示他人从事上述交易活动，涉嫌下列情形之一的，应予立案追诉：

（一）证券交易成交额累计在五十万元以上的。

（二）期货交易占用保证金数额累计在三十万元以上的。

（三）获利或者避免损失数额累计在十五万元以上的。

（四）多次进行内幕交易、泄露内幕信息的。

（五）其他情节严重的情形。

第三十六条 ［利用未公开信息交易案（刑法第一百八十条第四款）］证券交易所、期货交易所、证券公司、期货公司、基金管理公司、商业银行、保险公司等金融机构的从业人员以及有关监管部门或者行业协会的工作人员，利用因职务便利获取的内幕信息以外的其他未公开的信息，违反规定，从事与该信息相关的证券、期货交易活动，或者明示、暗示他人从事相关交易活动，涉嫌下列情形之一的，应予立案追诉：

（一）证券交易成交额累计在五十万元以上的。

（二）期货交易占用保证金数额累计在三十万元以上的。

（三）获利或者避免损失数额累计在十五万元以上的。

（四）多次利用内幕信息以外的其他未公开信息进行交易活动的。

（五）其他情节严重的情形。

第三十七条 ［编造并传播证券、期货交易虚假信息案（刑法第一百八十一条第一款）］编造并且传播影响证券、期货交易的虚假信息，扰乱证券、期货交易市场，涉嫌下列情形之一的，应予立案追诉：

（一）获利或者避免损失数额累计在五万元以上的。

（二）造成投资者直接经济损失数额在五万元以上的。

（三）致使交易价格和交易量异常波动的。

（四）虽未达到上述数额标准，但多次编造并且传播影响证券、期货交易的虚假信息的。

（五）其他造成严重后果的情形。

第三十八条 ［诱骗投资者买卖证券、期货合约案（刑法第一百八十一条第二款）］证券交易所、期货交易所、证券公司、期货公司的从业人员，证券业协会、期货业协会或者证券期货监督管理部门的工作人员，故意提供虚假信息或者伪造、变造、销毁交易记录，诱骗投资者买卖证券、期货合约，涉嫌下列情形之一的，应予立案追诉：

（一）获利或者避免损失数额累计在五万元以上的。

（二）造成投资者直接经济损失数额在五万元以上的。

（三）致使交易价格和交易量异常波动的。

（四）其他造成严重后果的情形。

第三十九条 ［操纵证券、期货市场案（刑法第一百八十二条）］操纵证券、期货市场，涉嫌下列情形之一的，应予立案追诉：

（一）单独或者合谋，持有或者实际控制证券的流通股份数达到该证券的实际流通股份总量百分之三十以上，且在该证券连续二十个交易日内联合或者连续买卖股份数累计达到该证券同期总成交量百分之三十以上的。

（二）单独或者合谋，持有或者实际控制期货合约的数量超过期货交易所业务规则限定的持仓量百分之五十以上，且在该期货合约连续二十个交易日内联合或者连续买卖期货合约数累计达到该期货合约同期总成交量百分之三十以上的。

（三）与他人串通，以事先约定的时间、价格和方式相互进行证券或者期货合约交易，且在该证券或者期货合约连续二十个交易日内成交量累计达到该证券或者期货合约同期总成交量百分之二十以上的。

（四）在自己实际控制的账户之间进行证券交易，或者以自己为交易对象，自买自卖期货合约，且在该证券或者期货合约连续二十个交易日内成交量累计达到该证券或者期货合约同期总成交量百分之二十以上的。

（五）单独或者合谋，当日连续申报买入或者卖出同一证券、期货合约并在成交前撤回申报，撤回申报量占当日该种证券总申报量或者该种期货合约总申报量百分之五十以上的。

（六）上市公司及其董事、监事、高级管理人员、实际控制人、控股股东或者其他关联人单独或者合谋，利用信息优势，操纵该公司证券交易价格或者证券交易量的。

（七）证券公司、证券投资咨询机构、专业中介机构或者从业人员，违背有关从业禁止的规定，买卖或者持有相关证券，通过对证券或者其发行人、上市公司公开作出评价、预测或者投资建议，在该证券的交易中谋取利益，情节严重的。

（八）其他情节严重的情形。

第四十条 ［背信运用受托财产案（刑法第一百八十五条之一第一款）］商业银行、证券交易所、期货交易所、证券公司、期货公司、保险公司或者其他金融机构，违背受托义务，擅自运用客户资金或者其他委托、信托的财产，涉嫌下列情形之一的，应予立案追诉：

（一）擅自运用客户资金或者其他委托、信托的财产数额在三十万元以上的。

（二）虽未达到上述数额标准，但多次擅自运用客户资金或者其他委托、信托的财产，或者擅自运用多个客户资金或者其他委托、信托的财产的。

（三）其他情节严重的情形。

第四十一条 ［违法运用资金案（刑法第一百八十五条之一第二款）］社会保障基金管理机构、住房公积金管理机构等公众资金管理机构，以及保险公司、保险资产管理公司、证券投资基金管理公司，违反国家规定运用资金，涉嫌下列情形之一的，应予立案追诉：

（一）违反国家规定运用资金数额在三十万元以上的。

（二）虽未达到上述数额标准，但多次违反国家规定运用资金的。

（三）其他情节严重的情形。

第四十二条 ［违法发放贷款案（刑法第一百八十六条）］银行或者其他金融机构及其工作人员违反国家规定发放贷款，涉嫌下列情形之一的，应予立案追诉：

（一）违法发放贷款，数额在一百万元以上的。

（二）违法发放贷款，造成直接经济损失数额在二十万元以上的。

第四十三条 ［吸收客户资金不入账案（刑法第一百八十七条）］银行或者其他金融机构及其工作人员吸收客户资金不入账，涉嫌下列情形之一的，应予立案追诉：

（一）吸收客户资金不入账，数额在一百万元以上的。

（二）吸收客户资金不入账，造成直接经济损失数额在二十万元以上的。

第四十四条 ［违规出具金融票证案（刑法第一百八十八条）］银行或者其他金融机构及其工作人员违反规定，为他人出具信用证或者其他保函、票据、存单、资信证明，涉嫌下列情形之一的，应予立案追诉：

（一）违反规定为他人出具信用证或者其他保函、票据、存单、资信证明，数额在一百万元以上的。

（二）违反规定为他人出具信用证或者其他保函、票据、存单、资信证明，造成直接经济损失数额在二十万元以上的。

（三）多次违规出具信用证或者其他保函、票据、存单、资信证明的。

（四）接受贿赂违规出具信用证或者其他保函、票据、存单、资信证明的。

（五）其他情节严重的情形。

第四十五条 ［对违法票据承兑、付款、保证案（刑法第一百八十九条）］银行或者其他金融机构及其工作人员在票据业务中，对违反票据法规定的票据予以承兑、付款或者保证，造成直接经济损失数额在二十万元以上的，应予立案追诉。

第四十六条 ［逃汇案（刑法第一百九十条）］公司、企业或者其他单位，违反国家规定，擅自将外汇存放境外，或者将境内的外汇非法转移到境外，单笔在二百万美元以上或者累计数额在五百万美元以上的，应予立案追诉。

第四十七条 ［骗购外汇案（全国人民代表大会常务委员会《关于惩治骗购外汇、逃汇和非法买卖外汇犯罪的决定》第一条）］骗购外汇，数额在五十万美元以上的，应予立案追诉。

第四十八条 ［洗钱案（刑法第一百九十一条）］明知是毒品犯罪、黑社会性质的组织犯罪、恐怖活动犯罪、走私犯罪、贪污贿赂犯罪、破坏金融管理秩序犯罪、金融诈骗犯罪的所得及其产生的收益，为掩饰、隐瞒其来源和性质，涉嫌下列情形之一的，应予立案追诉：

（一）提供资金账户的。

（二）协助将财产转换为现金、金融票据、有价证券的。

（三）通过转账或者其他结算方式协助资金转移的。

（四）协助将资金汇往境外的。

（五）以其他方法掩饰、隐瞒犯罪所得及其收益的来源和性质的。

第四十九条 ［集资诈骗案（刑法第一百九十二条）］以非法占有为目的，使用诈骗方法非法集资，涉嫌下列情形之一的，应予立案追诉：

（一）个人集资诈骗，数额在十万元以上的。

（二）单位集资诈骗，数额在五十万元以上的。

第五十条 ［贷款诈骗案（刑法第一百九十三条）］以非法占有为目的，诈骗银行或者其他金融机构的贷款，数额在二万元以上的，应予立案追诉。

第五十一条 ［票据诈骗案（刑法第一百九十四条第一款）］进行金融票据诈骗活动，涉嫌下列情形之一的，应予立案追诉：

（一）个人进行金融票据诈骗，数额在一万元以上的。

（二）单位进行金融票据诈骗，数额在十万元以上的。

第五十二条 ［金融凭证诈骗案（刑法第一百九十四条第二款）］使用伪造、变造的委托收款凭证、汇款凭证、银行存单等其他银行结算凭证进行诈骗活动，涉嫌下列情形之一的，应予立案追诉：

（一）个人进行金融凭证诈骗，数额在一万元以上的。

（二）单位进行金融凭证诈骗，数额在十万元以上的。

第五十三条 ［信用证诈骗案（刑法第一百九十五条）］进行信用证诈骗活动，涉嫌下列情形之一的，应予立案追诉：

（一）使用伪造、变造的信用证或者附随的单据、文件的。

（二）使用作废的信用证的。

（三）骗取信用证的。

（四）以其他方法进行信用证诈骗活动的。

第五十四条 ［信用卡诈骗案（刑法第一百九十六条）］进行信用卡诈骗活动，涉嫌下列情形之一的，应予立案追诉：

（一）使用伪造的信用卡，或者使用以虚假的身份证明骗领的信用卡，或者使用作废的信用卡，或者冒用他人信用卡，进行诈骗活动，数额在五千元以上的。

（二）恶意透支，数额在一万元以上的。

本条规定的“恶意透支”，是指持卡人以非法占有为目的，超过规定限额或者规定期限透支，并且经发卡银行两次催收后超过三个月仍不归还的。

恶意透支，数额在一万元以上不满十万元的，在公安机关立案前已偿还全部透支款息，情节显著轻微的，可以依法不追究刑事责任。

第五十五条 ［有价证券诈骗案（刑法第一百九十七条）］使用伪造、变造的国库券或者国家发行的其他有价证券进行诈骗活动，数额在一万元以上的，应予立案追诉。

第五十六条 ［保险诈骗案（刑法第一百九十八条）］进行保险诈骗活动，涉嫌下列情形之一的，应予立案追诉：

（一）个人进行保险诈骗，数额在一万元以上的。

（二）单位进行保险诈骗，数额在五万元以上的。

第五十七条 ［逃税案（刑法第二百零一条）］逃避缴纳税款，涉嫌下列情形之一的，应予立案追诉：

（一）纳税人采取欺骗、隐瞒手段进行虚假纳税申报或者不申报，逃避缴纳税款，数额在五万元以上并且占各税种应纳税总额百分之十以上，经税务机关依法下达追缴通知后，不补缴应纳税款、不缴纳滞纳金或者不接受行政处罚的。

（二）纳税人五年内因逃避缴纳税款受过刑事处罚或者被税务机关给予二次以上行政处罚，又逃避缴纳税款，数额在五万元以上并且占各税种应纳税总额百分之十以上的。

（三）扣缴义务人采取欺骗、隐瞒手段，不缴或者少缴已扣、已收税款，数额在五万元以上的。

纳税人在公安机关立案后再补缴应纳税款、缴纳滞纳金或者接受行政处罚的，不影响刑事责任的追究。

第五十八条 ［抗税案（刑法第二百零二条）］以暴力、威胁方法拒不缴纳税款，涉嫌下列情形之一的，应予立案追诉：

（一）造成税务工作人员轻微伤以上的。

（二）以给税务工作人员及其亲友的生命、健康、财产等造成损害为威胁，抗拒缴纳税款的。

（三）聚众抗拒缴纳税款的。

（四）以其他暴力、威胁方法拒不缴纳税款的。

第五十九条 ［逃避追缴欠税案（刑法第二百零三条）］纳税人欠缴应纳税款，采取转移或者隐匿财产的手段，致使税务机关无法追缴欠缴的税款，数额在一万元以上的，应予立案追诉。

第六十条 ［骗取出口退税案（刑法第二百零四条第一款）］以假报出口或者其他欺骗手段，骗取国家出口退税款，数额在五万元以上的，应予立案追诉。

第六十一条 ［虚开增值税专用发票、用于骗取出口退税、抵扣税款发票案（刑法第二百零五条）］虚开增值税专用发票或者虚开用于骗取出口退税、抵扣税款的其他发票，虚开的税款数额在一万元以上或者致使国家税款被骗数额在五千元以上的，应予立案追诉。

第六十二条 ［伪造、出售伪造的增值税专用发票案（刑法第二百零六条）］伪造或者出售伪造的增值税专用发票二十五份以上或者票面额累计在十万元以上的，应予立案追诉。

第六十三条 ［非法出售增值税专用发票案（刑法第二百零七条）］非法出售增值税专用发票二十五份以上或者票面额累计在十万元以上的，应予立案追诉。

第六十四条 ［非法购买增值税专用发票、购买伪造的增值税专用发票案（刑法第二百零八条第一款）］非法购买增值税专用发票或者购买伪造的增值税专用发票二十五份以上或者票面额累计在十万元以上的，应予立案追诉。

第六十五条 ［非法制造、出售非法制造的用于骗取出口退税、抵扣税款发票案（刑法第二百零九条第一款）］伪造、擅自制造或者出售伪造、擅自制造的可以用于骗取出口退税、抵扣税款的非增值税专用发票五十份以上或者票面额累计在二十万元以上的，应予立案追诉。

第六十六条 ［非法制造、出售非法制造的发票案（刑法第二百零九条第二款）］伪造、擅自制造或者出售伪造、擅自制造的不具有骗取出口退税、抵扣税款功能的普通发票一百份以上或者票面额累计在四十万元以上的，应予立案追诉。

第六十七条 ［非法出售用于骗取出口退税、抵扣税款发票案（刑法第二百零九条第三款）］非法出售可以用于骗取出口退税、抵扣税款的非增值税专用发票五十份以上或者票面额累计在二十万元以上的，应予立案追诉。

第六十八条 ［非法出售发票案（刑法第二百零九条第四款）］非法出售普通发票一百份以上或者票面额累计在四十万元以上的，应予立案追诉。

第六十九条 ［假冒注册商标案（刑法第二百一十三条）］未经注册商标所有人许可，在同一种商品上使用与其注册商标相同的商标，涉嫌下列情形之一的，应予立案追诉：

（一）非法经营数额在五万元以上或者违法所得数额在三万元以上的。

（二）假冒两种以上注册商标，非法经营数额在三万元以上或者违法所得数额在二万元以上的。

（三）其他情节严重的情形。

第七十条 ［销售假冒注册商标的商品案（刑法第二百一十四条）］销售明知是假冒注册商标的商品，涉嫌下列情形之一的，应予立案追诉：

（一）销售金额在五万元以上的。

（二）尚未销售，货值金额在十五万元以上的。

（三）销售金额不满五万元，但已销售金额与尚未销售的货值金额合计在十五万元以上的。

第七十一条 ［非法制造、销售非法制造的注册商标标识案（刑法第二百一十五条）］伪造、擅自制造他人注册商标标识或者销售伪造、擅自制造的注册商标标识，涉嫌下列情形之一的，应予立案追诉：

（一）伪造、擅自制造或者销售伪造、擅自制造的注册商标标识数量在二万件以上，或者非法经营数额在五万元以上，或者违法所得数额在三万元以上的。

（二）伪造、擅自制造或者销售伪造、擅自制造两种以上注册商标标识数量在一万件以上，或者非法经营数额在三万元以上，或者违法所得数额在二万元以上的。

（三）其他情节严重的情形。

第七十二条 ［假冒专利案（刑法第二百一十六条）］假冒他人专利，涉嫌下列情形之一的，应予立案追诉：

（一）非法经营数额在二十万元以上或者违法所得数额在十万元以上的。

（二）给专利权人造成直接经济损失在五十万元以上的。

（三）假冒两项以上他人专利，非法经营数额在十万元以上或者违法所得数额在五万元以上的。

（四）其他情节严重的情形。

第七十三条 ［侵犯商业秘密案（刑法第二百一十九条）］侵犯商业秘密，涉嫌下列情形之一的，应予立案追诉：

（一）给商业秘密权利人造成损失数额在五十万元以上的。

（二）因侵犯商业秘密违法所得数额在五十万元以上的。

（三）致使商业秘密权利人破产的。

（四）其他给商业秘密权利人造成重大损失的情形。

第七十四条 ［损害商业信誉、商品声誉案（刑法第二百二十一条）］捏造并散布虚伪事实，损害他人的商业信誉、商品声誉，涉嫌下列情形之一的，应予立案追诉：

（一）给他人造成直接经济损失数额在五十万元以上的。

（二）虽未达到上述数额标准，但具有下列情形之一的：

1. 利用互联网或者其他媒体公开损害他人商业信誉、商品声誉的。

2. 造成公司、企业等单位停业、停产六个月以上，或者破产的。

（三）其他给他人造成重大损失或者有其他严重情节的情形。

第七十五条 ［虚假广告案（刑法第二百二十二条）］广告主、广告经营者、广告发布者违反国家规定，利用广告对商品或者服务作虚假宣传，涉嫌下列情形之一的，应予立案追诉：

（一）违法所得数额在十万元以上的。

（二）给单个消费者造成直接经济损失数额在五万元以上的，或者给多个消费者造成直接经济损失数额累计在二十万元以上的。

（三）假借预防、控制突发事件的名义，利用广告作虚假宣传，致使多人上当受骗，违法所得数额在三万元以上的。

（四）虽未达到上述数额标准，但两年内因利用广告作虚假宣传，受过行政处罚二次以上，又利用广告作虚假宣传的。

（五）造成人身伤残的。

（六）其他情节严重的情形。

第七十六条 ［串通投标案（刑法第二百二十三条）］投标人相互串通投标报价，或者投标人与招标人串通投标，涉嫌下列情形之一的，应予立案追诉：

（一）损害招标人、投标人或者国家、集体、公民的合法利益，造成直接经济损失数额在五十万元以上的。

（二）违法所得数额在十万元以上的。

（三）中标项目金额在二百万元以上的。

（四）采取威胁、欺骗或者贿赂等非法手段的。

（五）虽未达到上述数额标准，但两年内因串通投标，受过行政处罚二次以上，又串通投标的。

（六）其他情节严重的情形。

第七十七条 ［合同诈骗案（刑法第二百二十四条）］以非法占有为目的，在签订、履行合同过程中，骗取对方当事人财物，数额在二万元以上的，应予立案追诉。

第七十八条 ［组织、领导传销活动案（刑法第二百二十四条之一）］组织、领导以推销商品、提供服务等经营活动为名，要求参加者以缴纳费用或者购买商品、服务等方式获得加入资格，并按照一定顺序组成层级，直接或者间接以发展人员的数量作为计酬或者返利依据，引诱、胁迫参加者继续发展他人参加，骗取财物，扰乱经济社会秩序的传销活动，涉嫌组织、领导的传销活动人员在三十人以上且层级在三级以上的，对组织者、领导者，应予立案追诉。

本条所指的传销活动的组织者、领导者，是指在传销活动中起组织、领导作用的发起人、决策人、操纵人，以及在传销活动中担负策划、指挥、布置、协调等重要职责，或者在传销活动实施中起到关键作用的人员。

第七十九条 ［非法经营案（刑法第二百二十五条）］违反国家规定，进行非法经营活动，扰乱市场秩序，涉嫌下列情形之一的，应予立案追诉：

（一）违反国家有关盐业管理规定，非法生产、储运、销售食盐，扰乱市场秩序，具有下列情形之一的：

1. 非法经营食盐数量在二十吨以上的。

2. 曾因非法经营食盐行为受过二次以上行政处罚又非法经营食盐，数量在十吨以上的。

（二）违反国家烟草专卖管理法律法规，未经烟草专卖行政主管部门许可，无烟草专卖生产企业许可证、烟草专卖批发企业许可证、特种烟草专卖经营企业许可证、烟草专卖零售许可证等许可证明，非法经营烟草专卖品，具有下列情形之一的：

1. 非法经营数额在五万元以上，或者违法所得数额在二万元以上的。

2. 非法经营卷烟二十万支以上的。

3. 曾因非法经营烟草专卖品三年内受过二次以上行政处罚，又非法经营烟草专卖品且数额在三万元以上的。

（三）未经国家有关主管部门批准，非法经营证券、期货、保险业务，或者非法从事资金支付结算业务，具有下列情形之一的：

1. 非法经营证券、期货、保险业务，数额在三十万元以上的。

2. 非法从事资金支付结算业务，数额在二百万元以上的。

3. 违反国家规定，使用销售点终端机具（POS 机）等方法，以虚构交易、虚开价格、现金退货等方式向信用卡持卡人直接支付现金，数额在一百万元以上的，或者造成金融机构资金二十万元以上逾期未还的，或者造成金融机构经济损失十万元以上的。

4. 违法所得数额在五万元以上的。

（四）非法经营外汇，具有下列情形之一的：

1. 在外汇指定银行和中国外汇交易中心及其分中心以外买卖外汇，数额在二十万美元以上的，或者违法所得数额在五万元以上的。

2. 公司、企业或者其他单位违反有关外贸代理业务的规定，采用非法手段，或者明知是伪造、变造的凭证、商业单据，为他人向外汇指定银行骗购外汇，数额在五百万美元以上或者违法所得数额在五十万元以上的。

3. 居间介绍骗购外汇，数额在一百万美元以上或者违法所得数额在十万元以上的。

（五）出版、印刷、复制、发行严重危害社会秩序和扰乱市场秩序的非法出版物，具有下列情形之一的：

1. 个人非法经营数额在五万元以上的，单位非法经营数额在十五万元以上的。

2. 个人违法所得数额在二万元以上的，单位违法所得数额在五万元以上的。

3. 个人非法经营报纸五千份或者期刊五千本或者图书二千册或者音像制品、电子出版物五百张（盒）以上的，单位非法经营报纸一万五千份或者期刊一万五千本或者图书五千册或者音像制品、电子出版物一千五百张（盒）以上的。

4. 虽未达到上述数额标准，但具有下列情形之一的：

（1）两年内因出版、印刷、复制、发行非法出版物受过行政处罚二次以上的，又出版、印刷、复制、发行非法出版物的。

（2）因出版、印刷、复制、发行非法出版物造成恶劣社会影响或者其他严重后果的。

（六）非法从事出版物的出版、印刷、复制、发行业务，严重扰乱市场秩序，具有下列情形之一的：

1. 个人非法经营数额在十五万元以上的，单位非法经营数额在五十万元以上的。

2. 个人违法所得数额在五万元以上的，单位违法所得数额在十五万元以上的。

3. 个人非法经营报纸一万五千份或者期刊一万五千本或者图书五千册或者音像制品、电子出版物一千五百张（盒）以上的，单位非法经营报纸五万份或者期刊五万本或者图书一万五千册或者音像制品、电子出版物五千张（盒）以上的。

4. 虽未达到上述数额标准，两年内因非法从事出版物的出版、印刷、复制、发行业务受过行政处罚二次以上的，又非法从事出版物的出版、印刷、复制、发行业务的。

（七）采取租用国际专线、私设转接设备或者其他方法，擅自经营国际电信业务或者涉港澳台电信业务进行营利活动，扰乱电信市场管理秩序，具有下列情形之一的：

1. 经营去话业务数额在一百万元以上的。

2. 经营来话业务造成电信资费损失数额在一百万元以上的。

3. 虽未达到上述数额标准，但具有下列情形之一的：

（1）两年内因非法经营国际电信业务或者涉港澳台电信业务行为受过行政处罚二次以上，又非法经营国际电信业务或者涉港澳台电信业务的。

（2）因非法经营国际电信业务或者涉港澳台电信业务行为造成其他严重后果的。

（八）从事其他非法经营活动，具有下列情形之一的：

1. 个人非法经营数额在五万元以上，或者违法所得数额在一万元以上的。

2. 单位非法经营数额在五十万元以上，或者违法所得数额在十万元以上的。

3. 虽未达到上述数额标准，但两年内因同种非法经营行为受过二次以上行政处罚，又进行同种非法经营行为的。

4. 其他情节严重的情形。

第八十条 ［非法转让、倒卖土地使用权案（刑法第二百二十八条）］以牟利为目的，违反土地管理法规，非法转让、倒卖土地使用权，涉嫌下列情形之一的，应予立案追诉：

（一）非法转让、倒卖基本农田五亩以上的。

（二）非法转让、倒卖基本农田以外的耕地十亩以上的。

（三）非法转让、倒卖其他土地二十亩以上的。

（四）违法所得数额在五十万元以上的。

（五）虽未达到上述数额标准，但因非法转让、倒卖土地使用权受过行政处罚，又非法转让、倒卖土地的。

（六）其他情节严重的情形。

第八十一条　［提供虚假证明文件案（刑法第二百二十九条第一款、第二款）］承担资产评估、验资、验证、会计、审计、法律服务等职责的中介组织的人员故意提供虚假证明文件，涉嫌下列情形之一的，应予立案追诉：

（一）给国家、公众或者其他投资者造成直接经济损失数额在五十万元以上的。

（二）违法所得数额在十万元以上的。

（三）虚假证明文件虚构数额在一百万元且占实际数额百分之三十以上的。

（四）虽未达到上述数额标准，但具有下列情形之一的：

1. 在提供虚假证明文件过程中索取或者非法接受他人财物的。

2. 两年内因提供虚假证明文件，受过行政处罚二次以上，又提供虚假证明文件的。

（五）其他情节严重的情形。

第八十二条　［出具证明文件重大失实案（刑法第二百二十九条第三款）］承担资产评估、验资、验证、会计、审计、法律服务等职责的中介组织的人员严重不负责任，出具的证明文件有重大失实，涉嫌下列情形之一的，应予立案追诉：

（一）给国家、公众或者其他投资者造成直接经济损失数额在一百万元以上的。

（二）其他造成严重后果的情形。

第八十三条　［逃避商检案（刑法第二百三十条）］违反进出口商品检验法的规定，逃避商品检验，将必须经商检机构检验的进口商品未报经检验而擅自销售、使用，或者将必须经商检机构检验的出口商品未报经检验合格而擅自出口，涉嫌下列情形之一的，应予立案追诉：

（一）给国家、单位或者个人造成直接经济损失数额在五十万元以上的。

（二）逃避商检的进出口货物货值金额在三百万元以上的。

（三）导致病疫流行、灾害事故的；

（四）多次逃避商检的。

（五）引起国际经济贸易纠纷，严重影响国家对外贸易关系，或者严重损害国家声誉的。

（六）其他情节严重的情形。

三、侵犯财产案

第八十四条 ［职务侵占案（刑法第二百七十一条第一款）］公司、企业或者其他单位的人员，利用职务上的便利，将本单位财物非法占为己有，数额在五千元至一万元以上的，应予立案追诉。

第八十五条 ［挪用资金案（刑法第二百七十二条第一款）］公司、企业或者其他单位的工作人员，利用职务上的便利，挪用本单位资金归个人使用或者借贷给他人，涉嫌下列情形之一的，应予立案追诉：

（一）挪用本单位资金数额在一万元至三万元以上，超过三个月未还的。

（二）挪用本单位资金数额在一万元至三万元以上，进行营利活动的。

（三）挪用本单位资金数额在五千元至二万元以上，进行非法活动的。

具有下列情形之一的，属于本条规定的“归个人使用”：

（一）将本单位资金供本人、亲友或者其他自然人使用的。

（二）以个人名义将本单位资金供其他单位使用的。

（三）个人决定以单位名义将本单位资金供其他单位使用，谋取个人利益的。

第八十六条 ［挪用特定款物案（刑法第二百七十三条）］挪用用于救灾、抢险、防汛、优抚、扶贫、移民、救济款物，涉嫌下列情形之一的，应予立案追诉：

（一）挪用特定款物数额在五千元以上的。

（二）造成国家和人民群众直接经济损失数额在五万元以上的。

（三）虽未达到上述数额标准，但多次挪用特定款物的，或者造成人民群众的生产、生活严重困难的。

（四）严重损害国家声誉，或者造成恶劣社会影响的。

（五）其他致使国家和人民群众利益遭受重大损害的情形。

附　则

第八十七条 本规定中的“多次”，是指三次以上。

第八十八条 本规定中的“虽未达到上述数额标准”，是指接近上述数额标准且已达到该数额的百分之八十以上的。

第八十九条 对于预备犯、未遂犯、中止犯，需要追究刑事责任的，应予立案追诉。

第九十条 本规定中的立案追诉标准，除法律、司法解释、本规定中另有规定的以外，适用于相应的单位犯罪。

第九十一条 本规定中的“以上”，包括本数。

第九十二条 本规定自印发之日起施行。2001 年 4 月 18 日最高人民检察院、公安部印发的《关于经济犯罪案件追诉标准的规定》（公发［2001］11 号）和 2008 年 3 月 5 日最高人民检察院、公安部印发的《关于经济犯罪案件追诉标准的补充规定》（高检会［2008］2 号）同时废止。

IX. 19 证券公司监督管理条例（存目）

（2008 年 4 月 23 日 中华人民共和国国务院令第 522 号）

IX. 20 证券公司风险处置条例（存目）

（2008 年 4 月 23 日 中华人民共和国国务院令第 523 号）

IX.21 中华人民共和国公司登记管理条例

（2014年2月19日 中华人民共和国国务院令第648号）

第一章 总 则

第一条 为了确认公司的企业法人资格，规范公司登记行为，依据《中华人民共和国公司法》（以下简称《公司法》），制定本条例。

第二条 有限责任公司和股份有限公司（以下统称公司）设立、变更、终止，应当依照本条例办理公司登记。

申请办理公司登记，申请人应当对申请文件、材料的真实性负责。

第三条 公司经公司登记机关依法登记，领取企业法人营业执照，方取得企业法人资格。

自本条例施行之日起设立公司，未经公司登记机关登记的，不得以公司名义从事经营活动。

第四条 工商行政管理机关是公司登记机关。

下级公司登记机关在上级公司登记机关的领导下开展公司登记工作。

公司登记机关依法履行职责，不受非法干预。

第五条 国家工商行政管理总局主管全国的公司登记工作。

第二章 登记管辖

第六条 国家工商行政管理总局负责下列公司的登记：

（一）国务院国有资产监督管理机构履行出资人职责的公司以及该公司投资设立并持有50%以上股份的公司；

（二）外商投资的公司；

（三）依照法律、行政法规或者国务院决定的规定，应当由国家工商行政管理总局登记的公司；

（四）国家工商行政管理总局规定应当由其登记的其他公司。

第七条 省、自治区、直辖市工商行政管理局负责本辖区内下列公司的登记：

（一）省、自治区、直辖市人民政府国有资产监督管理机构履行出资人职责的公司以及该公司投资设立并持有50%以上股份的公司；

（二）省、自治区、直辖市工商行政管理局规定由其登记的自然人投资设立的公司；

（三）依照法律、行政法规或者国务院决定的规定，应当由省、自治区、直辖市工商行政管理局登记的公司；

（四）国家工商行政管理总局授权登记的其他公司。

第八条 设区的市（地区）工商行政管理局、县工商行政管理局，以及直辖市的工商行政管理分局、设区的市工商行政管理局的区分局，负责本辖区内下列公司的登记：

（一）本条例第六条和第七条所列公司以外的其他公司；

（二）国家工商行政管理总局和省、自治区、直辖市工商行政管理局授权登记的公司。

前款规定的具体登记管辖由省、自治区、直辖市工商行政管理局规定。但是，其中的股份有限公司由设区的市（地区）工商行政管理局负责登记。

第三章 登记事项

第九条 公司的登记事项包括：

（一）名称；

（二）住所；

（三）法定代表人姓名；

（四）注册资本；

（五）公司类型；

（六）经营范围；

（七）营业期限；

（八）有限责任公司股东或者股份有限公司发起人的姓名或者名称。

第十条 公司的登记事项应当符合法律、行政法规的规定。不符合法律、行政法规规定的，公司登记机关不予登记。

第十一条 公司名称应当符合国家有关规定。公司只能使用一个名称。经公司登记机关核准登记的公司名称受法律保护。

第十二条 公司的住所是公司主要办事机构所在地。经公司登记机关登记的公司的住所只能有一个。公司的住所应当在其公司登记机关辖区内。

第十三条 公司的注册资本应当以人民币表示，法律、行政法规另有规定的除外。

第十四条 股东的出资方式应当符合《公司法》第二十七条的规定，但是，股东不得以劳务、信用、自然人姓名、商誉、特许经营权或者设定担保的财产等作价出资。

第十五条 公司的经营范围由公司章程规定，并依法登记。

公司的经营范围用语应当参照国民经济行业分类标准。

第十六条 公司类型包括有限责任公司和股份有限公司。

一人有限责任公司应当在公司登记中注明自然人独资或者法人独资，并在公司营业执照中载明。

第四章 设立登记

第十七条 设立公司应当申请名称预先核准。

法律、行政法规或者国务院决定规定设立公司必须报经批准，或者公司经营范围中属于法律、行政法规或者国务院决定规定在登记前须经批准的项目的，应当在报送批准前办理公司名称预先核准，并以公司登记机关核准的公司名称报送批准。

第十八条 设立有限责任公司，应当由全体股东指定的代表或者共同委托的代理人向公司登记机关申请名称预先核准；设立股份有限公司，应当由全体发起人指定的代表或者共同委托的代理人向公司登记机关申请名称预先核准。

申请名称预先核准，应当提交下列文件：

（一）有限责任公司的全体股东或者股份有限公司的全体发起人签署的公司名称预先核准申请书；

（二）全体股东或者发起人指定代表或者共同委托代理人的证明；

（三）国家工商行政管理总局规定要求提交的其他文件。

第十九条 预先核准的公司名称保留期为6个月。预先核准的公司名称在保留期内，不得用于从事经营活动，不得转让。

第二十条 设立有限责任公司，应当由全体股东指定的代表或者共同委托的代理人向公司登记机关申请设立登记。设立国有独资公司，应当由国务院或者地方人民政府授权的本级人民政府国有资产监督管理机构作为申请人，申请设立登记。法律、行政法规或者国务院决定规定设立有限责任公司必须报经批准的，应当自批准之日起90日内向公司登记机关申请设立登记；逾期申请设立登记的，申请人应当报批准机关确认原批准文件的效力或者另行报批。

申请设立有限责任公司，应当向公司登记机关提交下列文件：

（一）公司法定代表人签署的设立登记申请书；

（二）全体股东指定代表或者共同委托代理人的证明；

（三）公司章程；

（四）股东的主体资格证明或者自然人身份证明；

（五）载明公司董事、监事、经理的姓名、住所的文件以及有关委派、选举或者聘用的证明；

（六）公司法定代表人任职文件和身份证明；

（七）企业名称预先核准通知书；

（八）公司住所证明；

（九）国家工商行政管理总局规定要求提交的其他文件。

法律、行政法规或者国务院决定规定设立有限责任公司必须报经批准的，还应当提交有关批准文件。

第二十一条 设立股份有限公司，应当由董事会向公司登记机关申请设立登记。以募集方式设立股份有限公司的，应当于创立大会结束后30日内向公司登记机关申请设立登记。

申请设立股份有限公司，应当向公司登记机关提交下列文件：

（一）公司法定代表人签署的设立登记申请书；

（二）董事会指定代表或者共同委托代理人的证明；

（三）公司章程；

（四）发起人的主体资格证明或者自然人身份证明；

（五）载明公司董事、监事、经理姓名、住所的文件以及有关委派、选举或者聘用的证明；

（六）公司法定代表人任职文件和身份证明；

（七）企业名称预先核准通知书；

（八）公司住所证明；

（九）国家工商行政管理总局规定要求提交的其他文件。

以募集方式设立股份有限公司的，还应当提交创立大会的会议记录以及依法设立的验资机构出具的验资证明；以募集方式设立股份有限公司公开发行股票的，还应当提交国务院证券监督管理机构的核准文件。

法律、行政法规或者国务院决定规定设立股份有限公司必须报经批准的，还应当提交有关批准文件。

第二十二条 公司申请登记的经营范围中属于法律、行政法规或者国务院决定规定在登记前须经批准的项目的，应当在申请登记前报经国家有关部门批准，并向公司登记机关提交有关批准文件。

第二十三条 公司章程有违反法律、行政法规的内容的，公司登记机关有权要求公司作相应修改。

第二十四条 公司住所证明是指能够证明公司对其住所享有使用权的文件。

第二十五条 依法设立的公司，由公司登记机关发给企业法人营业执照。公司营业执照签发日期为公司成立日期。公司凭公司登记机关核发的企业法人营业执照刻制印章，开立银行账户，申请纳税登记。

第五章 变更登记

第二十六条 公司变更登记事项，应当向原公司登记机关申请变更登记。

未经变更登记，公司不得擅自改变登记事项。

第二十七条 公司申请变更登记，应当向公司登记机关提交下列文件：

（一）公司法定代表人签署的变更登记申请书；

（二）依照《公司法》作出的变更决议或者决定；

（三）国家工商行政管理总局规定要求提交的其他文件。

公司变更登记事项涉及修改公司章程的，应当提交由公司法定代表人签署的修改后的公司章程或者公司章程修正案。

变更登记事项依照法律、行政法规或者国务院决定规定在登记前须经批准的，还应当向公司登记机关提交有关批准文件。

第二十八条 公司变更名称的，应当自变更决议或者决定作出之日起30日内申请变更登记。

第二十九条 公司变更住所的，应当在迁入新住所前申请变更登记，并提交新住所使用证明。

公司变更住所跨公司登记机关辖区的，应当在迁入新住所前向迁入地公司登记机关申请变更登记；迁入地公司登记机关受理的，由原公司登记机关将公司登记档案移送迁入地公司登记机关。

第三十条 公司变更法定代表人的，应当自变更决议或者决定作出之日起30日内申请变更登记。

第三十一条 公司增加注册资本的，应当自变更决议或者决定作出之日起30日内申请变更登记。

公司减少注册资本的，应当自公告之日起45日后申请变更登记，并应当提交公司在报纸上登载公司减少注册资本公告的有关证明和公司债务清偿或者债务担保情况的说明。

第三十二条 公司变更经营范围的，应当自变更决议或者决定作出之日起30日内申请变更登记；变更经营范围涉及法律、行政法规或者国务院决定规定在登记前须经批准的项目的，应当自国家有关部门批准之日起30日内申请变更登记。

公司的经营范围中属于法律、行政法规或者国务院决定规定须经批准的项目被吊销、撤销许可证或者其他批准文件，或者许可证、其他批准文件有效期届满的，应当自吊销、撤销许可证、其他批准文件或者许可证、其他批准文件有效期届满之日起30日内申请变更登记或者依照本条例第六章的规定办理注销登记。

第三十三条 公司变更类型的，应当按照拟变更的公司类型的设立条件，在规定的期限内向公司登记机关申请变更登记，并提交有关文件。

第三十四条 有限责任公司变更股东的，应当自变更之日起30日内申请变更登记，并应当提交新股东的主体资格证明或者自然人身份证明。

有限责任公司的自然人股东死亡后，其合法继承人继承股东资格的，公司应当依照前款规定申请变更登记。

有限责任公司的股东或者股份有限公司的发起人改变姓名或者名称的，应当自改变姓名或者名称之日起30日内申请变更登记。

第三十五条 公司登记事项变更涉及分公司登记事项变更的，应当自公司变更登记之日起30日内申请分公司变更登记。

第三十六条 公司章程修改未涉及登记事项的，公司应当将修改后的公司章程或者公司章程修正案送原公司登记机关备案。

第三十七条 公司董事、监事、经理发生变动的，应当向原公司登记机关备案。

第三十八条 因合并、分立而存续的公司，其登记事项发生变化的，应当申请变更登记；因合并、分立而解散的公司，应当申请注销登记；因合并、分立而新设立的公司，应当申请设立登记。

公司合并、分立的，应当自公告之日起45日后申请登记，提交合并协议和合并、分立决议或者决定以及公司在报纸上登载公司合并、分立公告的有关证明和债务清偿或者债务担保情况的说明。法律、行政法规或者国务院决定规定公司合并、分立必须报经批准的，还应当提交有关批准文件。

第三十九条 变更登记事项涉及企业法人营业执照载明事项的，公司登记机关应当换发营业执照。

第四十条 公司依照《公司法》第二十二条规定向公司登记机关申请撤销变更登记的，应当提交下列文件：

（一）公司法定代表人签署的申请书；

（二）人民法院的裁判文书。

第六章 注销登记

第四十一条 公司解散，依法应当清算的，清算组应当自成立之日起10

日内将清算组成员、清算组负责人名单向公司登记机关备案。

第四十二条 有下列情形之一的，公司清算组应当自公司清算结束之日起30日内向原公司登记机关申请注销登记：

（一）公司被依法宣告破产；

（二）公司章程规定的营业期限届满或者公司章程规定的其他解散事由出现，但公司通过修改公司章程而存续的除外；

（三）股东会、股东大会决议解散或者一人有限责任公司的股东、外商投资的公司董事会决议解散；

（四）依法被吊销营业执照、责令关闭或者被撤销；

（五）人民法院依法予以解散；

（六）法律、行政法规规定的其他解散情形。

第四十三条 公司申请注销登记，应当提交下列文件：

（一）公司清算组负责人签署的注销登记申请书；

（二）人民法院的破产裁定、解散裁判文书，公司依照《公司法》作出的决议或者决定，行政机关责令关闭或者公司被撤销的文件；

（三）股东会、股东大会、一人有限责任公司的股东、外商投资的公司董事会或者人民法院、公司批准机关备案、确认的清算报告；

（四）企业法人营业执照；

（五）法律、行政法规规定应当提交的其他文件。

国有独资公司申请注销登记，还应当提交国有资产监督管理机构的决定，其中，国务院确定的重要的国有独资公司，还应当提交本级人民政府的批准文件。

有分公司的公司申请注销登记，还应当提交分公司的注销登记证明。

第四十四条 经公司登记机关注销登记，公司终止。

第七章 分公司的登记

第四十五条 分公司是指公司在其住所以外设立的从事经营活动的机构。分公司不具有企业法人资格。

第四十六条 分公司的登记事项包括：名称、营业场所、负责人、经营范围。

分公司的名称应当符合国家有关规定。

分公司的经营范围不得超出公司的经营范围。

第四十七条 公司设立分公司的，应当自决定作出之日起30日内向分公司所在地的公司登记机关申请登记；法律、行政法规或者国务院决定规定必须报经有关部门批准的，应当自批准之日起 30 日内向公司登记机关申请登记。

设立分公司，应当向公司登记机关提交下列文件：

（一）公司法定代表人签署的设立分公司的登记申请书；

（二）公司章程以及加盖公司印章的企业法人营业执照复印件；

（三）营业场所使用证明；

（四）分公司负责人任职文件和身份证明；

（五）国家工商行政管理总局规定要求提交的其他文件。

法律、行政法规或者国务院决定规定设立分公司必须报经批准，或者分公司经营范围中属于法律、行政法规或者国务院决定规定在登记前须经批准的项目的，还应当提交有关批准文件。

分公司的公司登记机关准予登记的，发给营业执照。公司应当自分公司登记之日起 30 日内，持分公司的营业执照到公司登记机关办理备案。

第四十八条 分公司变更登记事项的，应当向公司登记机关申请变更登记。

申请变更登记，应当提交公司法定代表人签署的变更登记申请书。变更名称、经营范围的，应当提交加盖公司印章的企业法人营业执照复印件，分公司经营范围中属于法律、行政法规或者国务院决定规定在登记前须经批准的项目的，还应当提交有关批准文件。变更营业场所的，应当提交新的营业场所使用证明。变更负责人的，应当提交公司的任免文件以及其身份证明。

公司登记机关准予变更登记的，换发营业执照。

第四十九条 分公司被公司撤销、依法责令关闭、吊销营业执照的，公司应当自决定作出之日起 30 日内向该分公司的公司登记机关申请注销登记。申请注销登记应当提交公司法定代表人签署的注销登记申请书和分公司的营业执照。公司登记机关准予注销登记后，应当收缴分公司的营业执照。

第八章 登记程序

第五十条 申请公司、分公司登记，申请人可以到公司登记机关提交申请，也可以通过信函、电报、电传、传真、电子数据交换和电子邮件等方式提出申请。

通过电报、电传、传真、电子数据交换和电子邮件等方式提出申请的，应当提供申请人的联系方式以及通讯地址。

第五十一条 公司登记机关应当根据下列情况分别作出是否受理的决定：

（一）申请文件、材料齐全，符合法定形式的，或者申请人按照公司登记机关的要求提交全部补正申请文件、材料的，应当决定予以受理。

（二）申请文件、材料齐全，符合法定形式，但公司登记机关认为申请文件、材料需要核实的，应当决定予以受理，同时书面告知申请人需要核实的事项、理由以及时间。

（三）申请文件、材料存在可以当场更正的错误的，应当允许申请人当场予以更正，由申请人在更正处签名或者盖章，注明更正日期；经确认申请文件、材料齐全，符合法定形式的，应当决定予以受理。

（四）申请文件、材料不齐全或者不符合法定形式的，应当当场或者在5日内一次告知申请人需要补正的全部内容；当场告知时，应当将申请文件、材料退回申请人；属于5日内告知的，应当收取申请文件、材料并出具收到申请文件、材料的凭据，逾期不告知的，自收到申请文件、材料之日起即为受理。

（五）不属于公司登记范畴或者不属于本机关登记管辖范围的事项，应当即时决定不予受理，并告知申请人向有关行政机关申请。

公司登记机关对通过信函、电报、电传、传真、电子数据交换和电子邮件等方式提出申请的，应当自收到申请文件、材料之日起5日内作出是否受理的决定。

第五十二条 除依照本条例第五十四条第一款第（一）项作出准予登记决定的外，公司登记机关决定予以受理的，应当出具受理通知书；决定不予受理的，应当出具不予受理通知书，说明不予受理的理由，并告知申请人享有依法申请行政复议或者提起行政诉讼的权利。

第五十三条 公司登记机关对决定予以受理的登记申请，应当分别情况在规定的期限内作出是否准予登记的决定：

（一）对申请人到公司登记机关提出的申请予以受理的，应当当场作出准予登记的决定。

（二）对申请人通过信函方式提交的申请予以受理的，应当自受理之日起15日内作出准予登记的决定。

（三）通过电报、电传、传真、电子数据交换和电子邮件等方式提交申请的，申请人应当自收到受理通知书之日起15日内，提交与电报、电传、传真、电子数据交换和电子邮件等内容一致并符合法定形式的申请文件、材料原件；申请人到公司登记机关提交申请文件、材料原件的，应当当场作出准予登记的决定；申请人通过信函方式提交申请文件、材料原件的，应当自受理之日起15日内作出准予登记的决定。

（四）公司登记机关自发出受理通知书之日起60日内，未收到申请文件、材料原件，或者申请文件、材料原件与公司登记机关所受理的申请文件、材料不一致的，应当作出不予登记的决定。

公司登记机关需要对申请文件、材料核实的，应当自受理之日起 15 日内作出是否准予登记的决定。

第五十四条 公司登记机关作出准予公司名称预先核准决定的，应当出具企业名称预先核准通知书；作出准予公司设立登记决定的，应当出具准予设立登记通知书，告知申请人自决定之日起 10 日内，领取营业执照；作出准予公司变更登记决定的，应当出具准予变更登记通知书，告知申请人自决定之日起 10 日内，换发营业执照；作出准予公司注销登记决定的，应当出具准予注销登记通知书，收缴营业执照。

公司登记机关作出不予名称预先核准、不予登记决定的，应当出具企业名称驳回通知书、登记驳回通知书，说明不予核准、登记的理由，并告知申请人享有依法申请行政复议或者提起行政诉讼的权利。

第五十五条 公司办理设立登记、变更登记，应当按照规定向公司登记机关缴纳登记费。

领取企业法人营业执照的，设立登记费按注册资本总额的 0.8‰缴纳；注册资本超过 1000 万元的，超过部分按 0.4‰缴纳；注册资本超过 1 亿元的，超过部分不再缴纳。

领取营业执照的，设立登记费为 300 元。

变更登记事项的，变更登记费为 100 元。

第五十六条 公司登记机关应当将公司登记、备案信息通过企业信用信息公示系统向社会公示。

第五十七条 吊销企业法人营业执照和营业执照的公告由公司登记机关发布。

第九章 年度报告公示、证照和档案管理

第五十八条 公司应当于每年 1 月 1 日至 6 月 30 日，通过企业信用信息公示系统向公司登记机关报送上一年度年度报告，并向社会公示。

年度报告公示的内容以及监督检查办法由国务院制定。

第五十九条 企业法人营业执照、营业执照分为正本和副本，正本和副本具有同等法律效力。

国家推行电子营业执照。电子营业执照与纸质营业执照具有同等法律效力。

企业法人营业执照正本或者营业执照正本应当置于公司住所或者分公司营业场所的醒目位置。

公司可以根据业务需要向公司登记机关申请核发营业执照若干副本。

第六十条 任何单位和个人不得伪造、涂改、出租、出借、转让营业执照。

营业执照遗失或者毁坏的，公司应当在公司登记机关指定的报刊上声明作废，申请补领。

公司登记机关依法作出变更登记、注销登记、撤销变更登记决定，公司拒不缴回或者无法缴回营业执照的，由公司登记机关公告营业执照作废。

第六十一条 公司登记机关对需要认定的营业执照，可以临时扣留，扣留期限不得超过10天。

第六十二条 借阅、抄录、携带、复制公司登记档案资料的，应当按照规定的权限和程序办理。

任何单位和个人不得修改、涂抹、标注、损毁公司登记档案资料。

第六十三条 营业执照正本、副本样式，电子营业执照标准以及公司登记的有关重要文书格式或者表式，由国家工商行政管理总局统一制定。

第十章 法律责任

第六十四条 虚报注册资本，取得公司登记的，由公司登记机关责令改正，处以虚报注册资本金额5%以上15%以下的罚款；情节严重的，撤销公司登记或者吊销营业执照。

第六十五条 提交虚假材料或者采取其他欺诈手段隐瞒重要事实，取得公司登记的，由公司登记机关责令改正，处以5万元以上50万元以下的罚款；情节严重的，撤销公司登记或者吊销营业执照。

第六十六条 公司的发起人、股东虚假出资，未交付或者未按期交付作为出资的货币或者非货币财产的，由公司登记机关责令改正，处以虚假出资金额5%以上15%以下的罚款。

第六十七条 公司的发起人、股东在公司成立后，抽逃出资的，由公司登记机关责令改正，处以所抽逃出资金额5%以上15%以下的罚款。

第六十八条 公司成立后无正当理由超过6个月未开业的，或者开业后自行停业连续6个月以上的，可以由公司登记机关吊销营业执照。

第六十九条 公司登记事项发生变更时，未依照本条例规定办理有关变更登记的，由公司登记机关责令限期登记；逾期不登记的，处以1万元以上10万元以下的罚款。其中，变更经营范围涉及法律、行政法规或者国务院决定规定须经批准的项目而未取得批准，擅自从事相关经营活动，情节严重的，吊销营业执照。

公司未依照本条例规定办理有关备案的，由公司登记机关责令限期办理；

逾期未办理的，处以3万元以下的罚款。

第七十条 公司在合并、分立、减少注册资本或者进行清算时，不按照规定通知或者公告债权人的，由公司登记机关责令改正，处以1万元以上10万元以下的罚款。

公司在进行清算时，隐匿财产，对资产负债表或者财产清单作虚假记载或者在未清偿债务前分配公司财产的，由公司登记机关责令改正，对公司处以隐匿财产或者未清偿债务前分配公司财产金额5%以上10%以下的罚款；对直接负责的主管人员和其他直接责任人员处以1万元以上10万元以下的罚款。

公司在清算期间开展与清算无关的经营活动的，由公司登记机关予以警告，没收违法所得。

第七十一条 清算组不按照规定向公司登记机关报送清算报告，或者报送清算报告隐瞒重要事实或者有重大遗漏的，由公司登记机关责令改正。

清算组成员利用职权徇私舞弊、谋取非法收入或者侵占公司财产的，由公司登记机关责令退还公司财产，没收违法所得，并可以处以违法所得1倍以上5倍以下的罚款。

第七十二条 伪造、涂改、出租、出借、转让营业执照的，由公司登记机关处以1万元以上10万元以下的罚款；情节严重的，吊销营业执照。

第七十三条 未将营业执照置于住所或者营业场所醒目位置的，由公司登记机关责令改正；拒不改正的，处以1000元以上5000元以下的罚款。

第七十四条 承担资产评估、验资或者验证的机构提供虚假材料的，由公司登记机关没收违法所得，处以违法所得1倍以上5倍以下的罚款，并可以由有关主管部门依法责令该机构停业、吊销直接责任人员的资格证书，吊销营业执照。

承担资产评估、验资或者验证的机构因过失提供有重大遗漏的报告的，由公司登记机关责令改正，情节较重的，处以所得收入1倍以上5倍以下的罚款，并可以由有关主管部门依法责令该机构停业、吊销直接责任人员的资格证书，吊销营业执照。

第七十五条 未依法登记为有限责任公司或者股份有限公司，而冒用有限责任公司或者股份有限公司名义的，或者未依法登记为有限责任公司或者股份有限公司的分公司，而冒用有限责任公司或者股份有限公司的分公司名义的，由公司登记机关责令改正或者予以取缔，可以并处10万元以下的罚款。

第七十六条 公司登记机关对不符合规定条件的公司登记申请予以登记，或者对符合规定条件的登记申请不予登记的，对直接负责的主管人员和其他直接责任人员，依法给予行政处分。

第七十七条 公司登记机关的上级部门强令公司登记机关对不符合规定条件的登记申请予以登记，或者对符合规定条件的登记申请不予登记的，或者对违法登记进行包庇的，对直接负责的主管人员和其他直接责任人员依法给予行政处分。

第七十八条 外国公司违反《公司法》规定，擅自在中国境内设立分支机构的，由公司登记机关责令改正或者关闭，可以并处5万元以上20万元以下的罚款。

第七十九条 利用公司名义从事危害国家安全、社会公共利益的严重违法行为的，吊销营业执照。

第八十条 分公司有本章规定的违法行为的，适用本章规定。

第八十一条 违反本条例规定，构成犯罪的，依法追究刑事责任。

第十一章 附 则

第八十二条 外商投资的公司的登记适用本条例。有关外商投资企业的法律对其登记另有规定的，适用其规定。

第八十三条 法律、行政法规或者国务院决定规定设立公司必须报经批准，或者公司经营范围中属于法律、行政法规或者国务院决定规定在登记前须经批准的项目的，由国家工商行政管理总局依照法律、行政法规或者国务院决定规定编制企业登记前置行政许可目录并公布。

第八十四条 本条例自1994年7月1日起施行。

IX. 22　企业名称登记管理规定

（2012 年 11 月 9 日　国家工商行政管理局令第 7 号）

第一条　为了加强企业名称管理，保护企业的合法权益，维护社会经济秩序，制定本规定。

第二条　本规定适用于中国境内具备法人条件的企业及其他依法需要办理登记注册的企业。

第三条　企业名称在企业申请登记时，由企业名称的登记主管机关核定。企业名称经核准登记注册后方可使用，在规定的范围内享有专用权。

第四条　企业名称的登记主管机关（以下简称登记主管机关）是国家工商行政管理局和地方各级工商行政管理局。登记主管机关核准或者驳回企业名称登记申请，监督管理企业名称的使用，保护企业名称专用权。

登记主管机关依照《中华人民共和国企业法人登记管理条例》，对企业名称实行分级登记管理。外商投资企业名称由国家工商行政管理局核定。

第五条　登记主管机关有权纠正已登记注册的不适宜的企业名称，上级登记主管机关有权纠正下级登记主管机关已登记注册的不适宜的企业名称。

对已登记注册的不适宜的企业名称，任何单位和个人可以要求登记主管机关予以纠正。

第六条　企业只准使用一个名称，在登记主管机关辖区内不得与已登记注册的同行业企业名称相同或者近似。

确有特殊需要的，经省级以上登记主管机关核准，企业可以在规定的范围内使用一个从属名称。

第七条　企业名称应当由以下部分依次组成：字号（或者商号，下同）、行业或者经营特点、组织形式。

企业名称应当冠以企业所在地省（包括自治区、直辖市，下同）或者市（包括州，下同）或者县（包括市辖区，下同）行政区划名称。

经国家工商行政管理局核准，下列企业的企业名称可以不冠以企业所在地行政区划名称：

（一）本规定第十三条所列企业；

（二）历史悠久、字号驰名的企业；

（三）外商投资企业。

第八条 企业名称应当使用汉字，民族自治地方的企业名称可以同时使用本民族自治地方通用的民族文字。

企业使用外文名称的，其外文名称应当与中文名称相一致，并报登记主管机关登记注册。

第九条 企业名称不得含有下列内容和文字：

（一）有损于国家、社会公共利益的；

（二）可能对公众造成欺骗或者误解的；

（三）外国国家（地区）名称、国际组织名称；

（四）政党名称、党政军机关名称、群众组织名称、社会团体名称及部队番号；

（五）汉语拼音字母（外文名称中使用的除外）、数字；

（六）其他法律、行政法规规定禁止的。

第十条 企业可以选择字号。字号应当由两个以上的字组成。

企业有正当理由可以使用本地或者异地地名作字号，但不得使用县以上行政区划名称作字号。

私营企业可以使用投资人姓名作字号。

第十一条 企业应当根据其主营业务，依照国家行业分类标准划分的类别，在企业名称中标明所属行业或者经营特点。

第十二条 企业应当根据其组织结构或者责任形式，在企业名称中标明组织形式。所标明的组织形式必须明确易懂。

第十三条 下列企业，可以申请在企业名称中使用“中国”、“中华”或者冠以“国际”字词：

（一）全国性公司；

（二）国务院或其授权的机关批准的大型进出口企业；

（三）国务院或其授权的机关批准的大型企业集团；

（四）国家工商行政管理局规定的其他企业。

第十四条 企业设立分支机构的，企业及其分支机构的企业名称应当符合下列规定：

（一）在企业名称中使用“总”字的，必须下设三个以上分支机构；

（二）不能独立承担民事责任的分支机构，其企业名称应当冠以其所从属企业的名称，缀以“分公司”、“分厂”、“分店”等字词，并标明该分支机构的行业和所在地行政区划名称或者地名，但其行业与其所从属的企业一致的，可以从略；

（三）能够独立承担民事责任的分支机构，应当使用独立的企业名称，并可以使用其所从属企业的企业名称中的字号；

（四）能够独立承担民事责任的分支机构再设立分支机构的，所设立的分支机构不得在其企业名称中使用总机构的名称。

第十五条 联营企业的企业名称可以使用联营成员的字号，但不得使用联营成员的企业名称。联营企业应当在其企业名称中标明“联营”或者“联合”字词。

第十六条 企业有特殊原因的，可以在开业登记前预先单独申请企业名称登记注册。预先单独申请企业名称登记注册时，应当提交企业组建负责人签署的申请书、章程草案和主管部门或者审批机关的批准文件。

第十七条 外商投资企业应当在项目建议书和可行性研究报告批准后，合同、章程批准之前，预先单独申请企业名称登记注册。外商投资企业预先单独申请企业名称登记注册时，应当提交企业组建负责人签署的申请书、项目建议书、可行性研究报告的批准文件，以及投资者所在国（地区）主管当局出具的合法开业证明。

第十八条 登记主管机关应当在收到企业提交的预先单独申请企业名称登记注册的全部材料之日起，十日内作出核准或者驳回的决定。

登记主管机关核准预先单独申请登记注册的企业名称后，核发企业名称登记证书。

第十九条 预先单独申请登记注册的企业名称经核准后，保留期为一年。经批准有筹建期的，企业名称保留到筹建期终止。在保留期内不得用于从事生产经营活动。保留期届满不办理企业开业登记的，其企业名称自动失效，企业应当在期限届满之日起十日内将企业名称登记证书交回登记主管机关。

第二十条 企业的印章、银行账户、牌匾、信笺所使用的名称应当与登记注册的企业名称相同。从事商业、公共饮食、服务等行业的企业名称牌匾可适当简化，但应当报登记主管机关备案。

第二十一条 申请登记注册的企业名称与下列情况的企业名称相同或者近似的，登记主管机关不予核准：

（一）企业被撤销未满三年的；

（二）企业营业执照被吊销未满三年的；

（三）企业因本条第（一）、（二）项所列情况以外的原因办理注销登记未满一年的。

第二十二条 企业名称经核准登记注册后，无特殊原因在一年内不得申请变更。

第二十三条 企业名称可以随企业或者企业的一部分一并转让。

企业名称只能转让给一户企业。企业名称的转让方与受让方应当签订书面合同或者协议，报原登记主管机关核准。

企业名称转让后，转让方不得继续使用已转让的企业名称。

第二十四条 两个以上企业向同一登记主管机关申请相同的符合规定的企业名称，登记主管机关依照申请在先原则核定。属于同一天申请的，应当由企业协商解决；协商不成的，由登记主管机关作出裁决。

两个以上企业向不同登记主管机关申请相同的企业名称，登记主管机关依照受理在先原则核定。属于同一天受理的，应当由企业协商解决；协商不成的，由各该登记主管机关报共同的上级登记主管机关作出裁决。

第二十五条 两个以上的企业因已登记注册的企业名称相同或者近似而发生争议时，登记主管机关依照注册在先原则处理。

中国企业的企业名称与外国（地区）企业的企业名称在中国境内发生争议并向登记主管机关申请裁决时，由国家工商行政管理局依据我国缔结或者参加的国际条约的规定的原则或者本规定处理。

第二十六条 违反本规定的下列行为，由登记主管机关区别情节，予以处罚：

（一）使用未经核准登记注册的企业名称从事生产经营活动的，责令停止经营活动，没收非法所得或者处以两千元以上、两万元以下罚款，情节严重的，可以并处；

（二）擅自改变企业名称的，予以警告或者处以一千元以上、一万元以下罚款，并限期办理变更登记；

（三）擅自转让或者出租自己的企业名称的，没收非法所得并处以一千元以上、一万元以下罚款；

（四）使用保留期内的企业名称从事生产经营活动或者保留期届满不按期将企业名称登记证书交回登记主管机关的，予以警告或者处以五百元以上、五千元以下罚款；

（五）违反本规定第二十条规定的，予以警告并处以五百元以上、五千元以下罚款。

第二十七条 擅自使用他人已经登记注册的企业名称或者有其他侵犯他人企业名称专用权行为的，被侵权人可以向侵权人所在地登记主管机关要求处理。登记主管机关有权责令侵权人停止侵权行为，赔偿被侵权人因该侵权行为所遭受的损失，没收非法所得并处以五千元以上、五万元以下罚款。

对侵犯他人企业名称专用权的，被侵权人也可以直接向人民法院起诉。

第二十八条 对登记主管机关根据本规定作出的具体行政行为不服的，当事人可以在收到通知之日起十五日内向上一级登记主管机关申请复议。上级登记主管机关应当在收到复议申请之日起三十日内作出复议决定。对复议决定不服的，可以依法向人民法院起诉。

逾期不申请复议，或者复议后拒不执行复议决定，又不起诉的，登记主管机关可以强制更改企业名称，扣缴企业营业执照。

第二十九条 外国（地区）企业可以在中国境内申请企业名称登记注册。

外国（地区）企业应当向国家工商行政管理局提出企业名称登记注册的申请，并提交外国（地区）企业法定代表人签署的申请书、外国（地区）企业章程和企业所在国（地区）主管当局出具的合法开业证明。登记主管机关应当在收到外国（地区）企业申请名称登记注册的全部材料之日起三十日内作出初步审查，通过初审的，予以公告。外国（地区）企业名称的公告期为六个月，在此期间无异议或者异议不成立的，予以核准登记注册，企业名称保留期为五年。登记主管机关核准登记注册外国（地区）企业名称后，应当核发《企业名称登记证书》。外国（地区）企业名称登记注册后需要变更或者保留期届满要求续展的，应当重新申请登记注册。

第三十条 在登记主管机关登记注册的事业单位及事业单位开办的经营单位的名称和个体工商户的名称登记管理，参照本规定执行。

第三十一条 本规定施行前已经核准登记注册的企业名称，准予继续使用，但严重不符合本规定的，应予纠正。

第三十二条 企业名称登记证书由国家工商行政管理局统一印制。

第三十三条 本规定由国家工商行政管理局负责解释。

第三十四条 本规定自一九九一年九月一日起施行。一九八五年五月二十三日国务院批准，一九八五年六月十五日国家工商行政管理局发布的《工商企业名称登记管理暂行规定》同时废止。

IX. 23　公司注册资本登记管理规定（存目）

（2014 年 2 月 20 日　国家工商行政管理总局令第 64 号）

IX. 24　证券市场禁入规定（存目）

（2006 年 6 月 7 日　中国证券监督管理委员会令第 33 号）

IX. 25　证券公司客户资产管理业务管理办法（存目）

（2012 年 8 月 1 日中国证券监督管理委员会第 21 次主席办公会议审议通过，根据 2013 年 6 月 26 日中国证券监督管理委员会《关于修改〈证券公司客户资产管理业务管理办法〉的决定》修订）

IX. 26　合格境外机构投资者境内证券投资管理办法（存目）

（2006 年 8 月 24 日　中国证券监督管理委员会
中国人民银行　国家外汇管理局令第 36 号）

IX. 27 企业国有产权向管理层转让暂行规定

（2005 年 4 月 11 日 国资发产权［2005］78 号）

一、为进一步推进国有企业改革，规范企业国有产权转让，保障国有产权有序流转，根据《国务院办公厅转发国务院国有资产监督管理委员会关于规范国有企业改制工作意见的通知》（国办发［2003］96 号）及《企业国有产权转让管理暂行办法》（国资委、财政部令第 3 号，以下简称《暂行办法》），制定本规定。

二、本规定所称“管理层”是指转让标的企业及标的企业国有产权直接或间接持有单位负责人以及领导班子其他成员。“企业国有产权向管理层转让”是指向管理层转让，或者向管理层直接或间接出资设立企业转让的行为。

三、国有资产监督管理机构已经建立或政府已经明确国有资产保值增值行为主体和责任主体的地区或部门，可以探索中小型国有及国有控股企业国有产权向管理层转让（法律、法规和部门规章另有规定的除外）。

大型国有及国有控股企业及所属从事该大型企业主营业务的重要全资或控股企业的国有产权和上市公司的国有股权不向管理层转让。

四、国有及国有控股企业的划型标准按照原国家经贸委、原国家计委、财政部、国家统计局《关于印发中小企业标准暂行规定的通知》（国经贸中小企［2003］143 号）、国家统计局《统计上大中小型企业划分办法（暂行）》（国统字［2003］17 号）规定的分类标准执行。今后国家相关标准如有调整，按照新标准执行。

五、企业国有产权向管理层转让，应当严格执行《暂行办法》的有关规定，并应当符合以下要求：

（一）国有产权持有单位应当严格按照国家规定委托中介机构对转让标的企业进行审计，其中标的企业或者标的企业国有产权持有单位的法定代表人参与受让企业国有产权的，应当对其进行经济责任审计。

（二）国有产权转让方案的制订以及与此相关的清产核资、财务审计、资产评估、底价确定、中介机构委托等重大事项应当由有管理职权的国有产权持有单位依照国家有关规定统一组织进行，管理层不得参与。

（三）管理层应当与其他拟受让方平等竞买。企业国有产权向管理层转让必须进入经国有资产监督管理机构选定的产权交易机构公开进行，并在公开国有产权转让信息时对以下事项详尽披露：目前管理层持有标的企业的产权情况、拟参与受让国有产权的管理层名单、拟受让比例、受让国有产权的目的及相关后续计划、是否改变标的企业的主营业务、是否对标的企业进行重大重组等。产权转让公告中的受让条件不得含有为管理层设定的排他性条款，以及其他有利于管理层的安排。

（四）企业国有产权持有单位不得将职工安置费等有关费用从净资产中抵扣（国家另有规定除外）；不得以各种名义压低国有产权转让价格。

（五）管理层受让企业国有产权时，应当提供其受让资金来源的相关证明，不得向包括标的企业在内的国有及国有控股企业融资，不得以这些企业的国有产权或资产为管理层融资提供保证、抵押、质押、贴现等。

六、管理层存在下列情形的，不得受让标的企业的国有产权：

（一）经审计认定对企业经营业绩下降负有直接责任的；

（二）故意转移、隐匿资产，或者在转让过程中通过关联交易影响标的企业净资产的；

（三）向中介机构提供虚假资料，导致审计、评估结果失真，或者与有关方面串通，压低资产评估结果以及国有产权转让价格的；

（四）违反有关规定，参与国有产权转让方案的制订以及与此相关的清产核资、财务审计、资产评估、底价确定、中介机构委托等重大事项的。

（五）无法提供受让资金来源相关证明的。

七、企业国有产权向管理层转让，有关工作程序、报送材料等按照《暂行办法》的规定执行。

八、企业国有产权向管理层转让后仍保留有国有产权的，参与受让企业国有产权的管理层不得作为改制后企业的国有股股东代表。相关国有产权持有单位应当按照国家有关规定，选派合格人员担任国有股股东代表，依法履行股东权利。

九、管理层不得采取信托或委托等方式间接受让企业国有产权。

十、企业国有产权向管理层转让后涉及该企业所持上市公司国有股性质变更的，按照国家有关规定办理。

十一、主辅分离、辅业改制，分流安置富余人员过程中，经国有资产监督管理机构及相关部门确定列入主辅分离、辅业改制范围的企业，需向管理层转让企业国有产权的，按照《关于国有大中型企业主辅分离辅业改制分流安置富余人员的实施办法》（国经贸企改［2002］859号）及有关配套文件规定办理。

十二、国有控股高新技术企业、转制科研机构符合《国务院办公厅关于转发财政部、科技部关于国有控股高新技术企业开展股权激励试点工作指导意见的通知》（国办发［2002］48 号）以及《国务院办公厅转发国务院体改办关于深化转制科研机构产权制度改革若干意见的通知》（国办发［2003］9 号）的规定实施股权激励试点工作，需向管理层转让企业国有产权的，应当报经省级以上财政主管部门或相关国有资产监督管理机构批准。

十三、各级国有资产监督管理机构和有关监管部门应切实加强对企业国有产权向管理层转让工作的监督管理，及时总结经验，不断完善相关规章制度和监管措施，切实维护出资人及职工的合法权益。

十四、各级国有资产监督管理机构所选定的产权交易机构应当按照本规定的要求，加强对企业国有产权转让中涉及管理层受让相关事项的审查，认真履行产权交易机构的职责和义务。

十五、相关机构和人员违反本规定进行国有产权向管理层转让的，国有资产监督管理机构、财政主管部门或政府授权部门应当要求转让方终止国有产权转让活动，必要时应当向人民法院提起诉讼，申请确认转让行为无效，并按照《企业国有资产监督管理暂行条例》（国务院令第 378 令）、《财政违法行为处罚处分条例》（国务院令第 427 号）及《暂行办法》的规定追究相关人员的责任；涉嫌犯罪的，依法移送司法机关处理。

十六、政企尚未分开的单位以及其他单位所持有的企业国有产权向管理层转让的，由政府财政主管部门或授权的国有资产监管机构批准，具体比照本规定执行。

IX. 28　关于企业国有产权转让有关事项的通知

（2006 年 12 月 31 日　国资发产权［2006］306 号）

各省、自治区、直辖市及计划单列市、新疆生产建设兵团国资委，财政厅（局），各中央企业：

《企业国有产权转让管理暂行办法》（国资委、财政部令第 3 号，以下简称《办法》）颁布以来，企业国有产权转让得到了进一步规范，市场配置资源的基础性作用在国有经济布局和结构调整中日渐加强，但在具体实施工作中还有一些事项需要进一步明确。经研究，现通知如下：

一、关于省级以上国资监管机构对协议转让方式的批准

企业国有产权转让应不断提高进场交易比例，严格控制场外协议转让。对于国民经济关键行业、领域的结构调整中对受让方有特殊要求，或者所出资企业（本通知所称所出资企业系指各级国有资产监督管理机构履行出资人职责的企业）内部资产重组中确需采取直接协议转让的，相关批准机构要进行认真审核和监控。

（一）允许协议转让的范围

1. 在国有经济结构调整中，拟直接采取协议方式转让国有产权的，应当符合国家产业政策以及国有经济布局和结构调整的总体规划。受让方的受让行为不得违反国家经济安全等方面的限制性或禁止性规定，且在促进企业技术进步、产业升级等方面具有明显优势。标的企业属于国民经济关键行业、领域的，在协议转让企业部分国有产权后，仍应保持国有绝对控股地位。

2. 在所出资企业内部的资产重组中，拟直接采取协议方式转让国有产权的，转让方和受让方应为所出资企业或其全资、绝对控股企业。

（二）所出资企业协议转让事项的批准权限，按照转让方的隶属关系，中央企业由国务院国资委批准，地方企业由省级国资监管机构批准。相关批准机构不得自行扩大协议转让范围，不得下放或分解批准权限。

（三）协议转让项目的资产评估报告由该协议转让的批准机构核准或备案，协议转让项目的转让价格不得低于经核准或备案的资产评估结果。

（四）相关批准机构应当在批准文件中明确协议转让事项执行的有效时限，并建立对批准协议转让事项的跟踪、报告制度。各省级国资监管机构应当将协议转让的批准和实施结果报告国务院国资委。

二、关于外商受让企业国有产权

在企业国有产权转让中，涉及受让方为外国的企业和其他经济组织或者个人的（以下统称外商），应当按以下规定办理：

（一）向外商转让企业国有产权应在产权交易市场中公开进行。特殊情况下，确需采取协议方式转让的，应符合《办法》及本通知中关于批准协议转让的相关规定。

（二）转让方在提出受让条件时，应对照《外商投资产业指导目录》及相关规定，对国家对外商受让标的企业产权有限制性或禁止性规定的，应在产权转让公告中予以提示。

（三）通过产权交易市场确定外商为受让主体的，由转让方按照国家有关管理规定报政府相关职能部门审核批准。

香港特别行政区、澳门特别行政区和台湾地区的投资者受让企业国有产权，参照以上规定办理。

三、关于企业国有产权受让条件的审核管理

广泛征集受让方是落实企业国有产权进场交易制度的关键环节，转让方、相关批准机构和产权交易机构要进一步加强受让条件的审核管理工作。

（一）转让方在制订企业国有产权转让方案时，应当根据转让标的企业的实际情况，明确提出对受让方的受让条件要求。

（二）对受让条件中表述不明确或者有违反公平竞争内容的，产权交易机构应及时向转让方提出修改建议，或要求转让方对受让条件的执行标准作出书面解释和具体说明。

（三）受让条件及其执行标准的书面解释和具体说明经相关批准机构审核后，由产权交易机构在产权转让公告中一并公布。未经公布的受让条件不得作为确认或否定意向受让方资格的依据。

（四）在产权转让公告中公布的受让条件，一经发布不得擅自变更。在产权交易机构尚未收到正式受让意向申请之前，确需变更受让条件的，应经产权转让相关批准机构批准后，在原信息发布渠道予以公告，公告期重新计算。

四、关于受让资格的审核确认

产权交易机构按照公布的受让条件提出对受让方资格的审核意见，并在征求转让方意见后，最终确认意向受让人资格。

（一）产权交易机构应当将正式表达受让意向的法人、自然人全部纳入登记管理范围，严格按照公布的受让条件进行资格审核后，提出具备受让资格的意向受让人名单。

（二）产权交易机构和转让方对意向受让人是否符合公告条件产生分歧时，

产权交易机构可就有关分歧事项书面征求政府有关职能部门（机构）意见，也可通过产权交易争端协调机制，对分歧事项进行协调。

（三）对意向受让人资格审核确认完成后，产权交易机构应当及时将审核结果以书面形式告知相关各方。

（四）当登记的意向受让人没有响应产权转让公告中受让条件的全部要求，或提出带有附加条件的受让要求时，产权交易机构应当及时以书面形式对其进行提示，在规定的公告期限内该意向受让人没有作出调整、纠正的，应取消其受让资格。

五、关于企业国有产权转让价格

按照《办法》的规定，企业国有产权转让价格应当以资产评估结果为参考依据，在产权交易市场中公开竞价形成，产权交易机构应按照有利于竞争的原则积极探索新的竞价交易方式。

（一）转让企业国有产权的首次挂牌价格不得低于经核准或备案的资产评估结果。经公开征集没有产生意向受让方的，转让方可以根据标的企业情况确定新的挂牌价格并重新公告；如拟确定新的挂牌价格低于资产评估结果的90%，应当获得相关产权转让批准机构书面同意。

（二）对经公开征集只产生一个意向受让方而采取协议转让的，转让价格应按本次挂牌价格确定。

（三）企业国有产权转让中涉及的职工安置、社会保险等有关费用，不得在评估作价之前从拟转让的国有净资产中先行扣除，也不得从转让价款中进行抵扣。

（四）在产权交易市场中公开形成的企业国有产权转让价格，不得以任何付款方式为条件进行打折、优惠。

六、关于各级财政部门在企业国有产权转让中的管理工作

各级财政部门应当认真做好有关企业国有产权转让的监督检查以及标的企业财政政策清理等工作，并按以下规定进行审核或者审批：

（一）按照《办法》第26条审核企业国有产权转让时，重点审核涉及《办法》第28条、29条规定的事项是否符合国家有关企业财务管理的政策规定。

（二）按照《办法》第37条的规定，政企尚未分开单位以及其他单位所持有的企业国有产权转让，由政企尚未分开单位以及其他单位审核后，报同级财政部门批准。

IX. 29 关于规范国有企业职工持股、投资的意见

（2008 年 9 月 16 日 国资发改革［2008］139 号）

各中央企业，各省、自治区、直辖市及计划单列市和新疆生产建设兵团国资委：

近年来，国有企业职工（含管理层，下同）投资参与国有中小企业改制、国有大中型企业辅业改制以及科技骨干参股科研院所改制，为推进企业股份制改革、完善公司法人治理结构、增强企业活力起到重要作用。但由于目前缺乏统一的规定，操作不规范，企业改制引入职工持股以及职工投资新设公司过程中出现了一些问题。为规范国有企业改制，加强企业管理，防止国有资产流失，维护企业和职工合法权益，根据《国务院办公厅转发国务院国有资产监督管理委员会关于规范国有企业改制工作意见的通知》（国办发［2003］96 号）、《国务院办公厅转发国资委关于进一步规范国有企业改制工作实施意见的通知》（国办发［2005］60 号）和《关于印发〈关于规范电力系统职工投资发电企业的意见〉的通知》（国资发改革［2008］28 号）精神，现就国有企业（包括国有独资和国有控股企业）职工持股、投资的有关问题（国有控股上市公司实施股权激励以及企业职工在证券市场购买股票除外），提出以下意见：

一、指导思想和基本原则

（一）指导思想：以邓小平理论和“三个代表”重要思想为指导，深入贯彻落实科学发展观，深化国有企业股份制改革，完善公司法人治理结构，促进国有资本有进有退合理流动，规范国有企业改制和企业职工投资行为，防止国有资产流失，维护企业和职工合法权益，实现国有企业又好又快发展。

（二）基本原则：一是区别对待，分类指导。进一步规范企业管理层持股、投资行为，妥善解决职工持股、投资存在的问题。二是规范操作，强化管理。引入职工持股应当公开透明，公平公正，严格执行国家有关企业改制和产权转让的各项规定；加强企业内部管理，防止通过不当行为向职工持股、投资的企业转移国有企业利益。三是维护企业职工合法权益，增强企业活力。职工持股要有利于深化企业内部人事、劳动、分配制度改革，切实转变经营机制；落实好职工参与改制的民主权利，尊重和维护职工股东的合法权益。

二、规范国有企业改制中的职工持股行为

（三）积极推进各类企业股份制改革。放开搞活国有中小企业，鼓励职工自愿投资入股，制订改制方案，要从企业实际出发，综合考虑职工安置、机制

转换、资金引入等因素。国有大中型企业主辅分离辅业改制，鼓励辅业企业的职工持有改制企业股权，但国有企业主业企业的职工不得持有辅业企业股权。国有大型企业改制，要着眼于引进先进技术和管理、满足企业发展资金需求、完善公司法人治理结构，提高企业竞争力，择优选取投资者，职工持股不得处于控股地位。国有大型科研、设计、高新技术企业改制，按照有关规定，对企业发展作出突出贡献或对企业中长期发展有直接作用的科技管理骨干，经批准可以探索通过多种方式取得企业股权，符合条件的也可获得企业利润奖励，并在本企业改制时转为股权，但其子企业（指全资、控股子企业，下同）改制应服从集团公司重组上市的要求。

（四）严格控制职工持股企业范围。职工入股原则限于持有本企业股权。国有企业集团公司及其各级子企业改制，经国资监管机构或集团公司批准，职工可投资参与本企业改制，确有必要的，也可持有上一级改制企业股权，但不得直接或间接持有本企业所出资各级子企业、参股企业及本集团公司所出资其他企业股权。科研、设计、高新技术企业科技人员确因特殊情况需要持有子企业股权的，须经同级国资监管机构批准，且不得作为该子企业的国有股东代表。

国有企业中已持有上述不得持有的企业股权的中层以上管理人员，自本意见印发后1年内应转让所持股份，或者辞去所任职务。在股权转让完成或辞去所任职务之前，不得向其持股企业增加投资。已持有上述不得持有的企业股权的其他职工晋升为中层以上管理人员的，须在晋升后6个月内转让所持股份。法律、行政法规另有规定的，从其规定。

（五）依法规范职工持股形式。国有企业改制，可依据《中华人民共和国公司法》等有关法律法规的规定，通过向特定对象募集资金的方式设立股份公司引入职工持股，也可探索职工持股的其他规范形式。职工投资持股应当遵循自愿、公平和诚实守信、风险自担的原则，依法享有投资者权益。国有企业不得以企业名义组织各类职工的投资活动。

（六）明确职工股份转让要求。改制为国有控股企业的，批准企业改制单位应依据有关法律、行政法规对职工所持股份的管理、流转等重要事项予以明确，并在改制企业公司章程中作出规定。

（七）规范入股资金来源。国有企业不得为职工投资持股提供借款或垫付款项，不得以国有产权或资产作标的物为职工融资提供保证、抵押、质押、贴现等；不得要求与本企业有业务往来的其他企业为职工投资提供借款或帮助融资。对于历史上使用工效挂钩和百元产值工资含量包干结余以全体职工名义投资形成的集体股权现象应予以规范。

三、规范国有企业职工投资关联企业的行为

（八）关联企业指与本国有企业有关联关系或业务关联且无国有股份的企业。严格限制职工投资关联关系企业；禁止职工投资为本企业提供燃料、原材料、辅料、设备及配件和提供设计、施工、维修、产品销售、中介服务或与本企业有其他业务关联的企业；禁止职工投资与本企业经营同类业务的企业。

国有企业中已投资上述不得投资的企业的中层以上管理人员，自本意见印发后1年内转让所持股份，或者辞去所任职务。在股权转让完成或辞去所任职务之前，不得向其投资企业增加投资。已投资上述不得投资的企业的其他职工晋升为中层以上管理人员的，须在晋升后6个月内转让所持股份。

四、规范国有企业与职工持股、投资企业的关系

（九）国有企业剥离出部分业务、资产改制设立新公司需引入职工持股的，该新公司不得与该国有企业经营同类业务；新公司从该国有企业取得的关联交易收入或利润不得超过新公司业务总收入或利润的三分之一。通过主辅分离辅业改制设立的公司，按照国家有关规定执行。

（十）加强国有企业内部管理。国有企业要严格依照有关法律、行政法规规定，采取招投标方式择优选取业务往来单位，不得定向采购或接受职工投资企业的产品或服务，产品、服务交易应当价格公允。国有企业向职工投资企业提供资金、设备、技术等资产和劳务、销售渠道、客户资源等，应参考资产评估价或公允价确定有偿使用费或租赁费，不得无偿提供。不得向职工投资企业提供属于本企业的商业机会。

国有企业应当在年度财务报告中披露与职工投资企业构成关联交易的种类、定价、数量、资金总额等情况。

（十一）国有企业中层以上管理人员，不得在职工或其他非国有投资者投资的非国有企业兼职；已经兼职的，自本意见印发后6个月内辞去所兼任职务。

五、加强对国有企业职工持股、投资的管理和监督

（十二）严格执行企业改制审批制度。国有企业改制引入职工持股，必须履行批准程序，严格执行国家有关规定。由集团公司批准的引入职工持股的企业改制，完成改制后须由集团公司将改制的相关文件资料报送同级国资监管机构备案。

（十三）国有企业是规范职工持股、投资的责任主体，要认真贯彻执行本意见各项要求，加强领导，认真组织，规范企业改制，强化内部管理，做好职工思想工作。各级国资监管机构要加强监督管理，对本意见的贯彻执行情况进行督促检查，发现违反本意见要求的，要立即予以制止和纠正，并按照相关规定追究有关责任人的责任。

IX. 30 关于实施《关于规范国有企业职工持股、投资的意见》有关问题的通知

（2009年3月24日　国资发改革［2009］49号）

各中央企业，各省、自治区、直辖市及计划单列市和新疆生产建设兵团国资委：

国务院国资委《关于规范国有企业职工持股、投资的意见》（国资发改革［2008］139号，以下简称《规范意见》）印发以来，有关中央企业和地方国资委反映在执行过程中遇到一些具体问题需进一步明确。经研究，现就有关问题通知如下：

一、需清退或转让股权的企业中层以上管理人员的范围

《规范意见》所称国有企业，是指各级国有及国有控股（含绝对控股和相对控股）企业及其授权经营单位（分支机构）。企业中层以上管理人员是指国有企业的董事会成员、监事会成员、高级经营管理人员、党委（党组）领导班子成员以及企业职能部门正副职人员等。企业返聘的原中层以上管理人员、或退休后返聘担任中层以上管理职务的人员亦在《规范意见》规范范围之内。

二、涉及国有股东受让股权的基本要求

国有企业中层以上管理人员清退或转让股权时，国有股东是否受让其股权，应区别情况、分类指导。国有企业要从投资者利益出发，着眼于国有资产保值增值，结合企业发展战略，围绕主业，优先受让企业中层以上管理人员所持国有控股子企业股权，对企业中层以上管理人员持有的国有参股企业或其他关联企业股权原则上不应收购。企业中层以上管理人员所持股权不得向其近亲属，以及这些人员所有或者实际控制的企业转让。

三、国有股东收购企业中层以上管理人员股权的定价原则

经同级国资监管机构确认，确属《规范意见》规范范围内的企业中层以上管理人员，国有股东收购其所持股权时，原则上按不高于所持股企业上一年度审计后的净资产值确定收购价格。

四、国有企业改制违规行为的处理方式

经核查，国有企业在改制过程中，违反《国务院办公厅转发国务院国有资产监督管理委员会关于规范国有企业改制工作意见的通知》（国办发［2003］96号）、《国务院办公厅转发国资委关于进一步规范国有企业改制工作实施意见的通知》（国办发［2005］60号）等规定，有下列情况的，在实施《规范意见》时，必须予以纠正。

（一）购股资金来源于国有企业借款、垫付款项，或以国有产权（资产）作为标的通过保证、抵押、质押、贴现等方式筹集。改制为国有控股企业的，改制企业的国有产权持有单位中层以上管理人员违规所得股权须上缴集团公司或同级国资监管机构指定的其他单位（以下统称指定单位），其个人出资所购股权按原始实际出资与专项审计后净资产值孰低的价格清退；持有改制企业股权的其他人员须及时还清购股借、贷款和垫付款项；违规持股人员须将其所持股权历年所获收益（包括分红和股权增值收益，下同）上缴指定单位。改制为非国有企业的，国有产权持有单位参照上述规定进行纠正，也可通过司法或仲裁程序追缴其违规所得。

（二）纳入企业改制资产范围的国有实物资产和专利技术、非专利技术、商标权、商誉等无形资产，以及土地使用权、探矿权、采矿权、特许经营权等，全部或部分资产未经评估作价。改制企业的国有产权持有单位中层以上管理人员须按原始实际出资与专项审计后净资产值孰低的价格清退所持股权，改制企业的国有产权持有单位管理层、改制企业管理层及参与改制事项其他人员须将其所持股权历年所获收益上缴指定单位；未经评估资产须进行资产评估作价，重新核定各股东所持股权。情况特殊的，也可经同级国资监管机构批准，采取其他方式进行纠正。

（三）无偿使用未进入企业改制资产范围的国有实物资产和专利技术、非专利技术、商标权、商誉等无形资产，以及土地使用权、探矿权、采矿权、特许经营权。国有产权持有单位应按资产评估价或同类资产的市场价确定租赁费，改制企业须补交已发生的租赁费。

对于故意转移、隐匿资产，或者在改制中通过关联交易影响企业净资产；向中介机构提供虚假资料，导致审计、评估结果失真，或者与有关方面串通，压低资产评估值以及国有资产折股价等违法违规行为要依法严肃查处，并依据《中央企业资产损失责任追究暂行办法》（国资委令第20号）的有关规定，追究该国有企业相关责任人责任。

五、进一步加强对股权清退转让的监督管理

各级国资监管机构要掌握所监管企业中层以上管理人员持股情况，督促相关企业严格规范有关人员持股行为。国有企业要对中层以上管理人员持股情况进行摸底，按《规范意见》和本通知的要求做好有关工作，要认真制订股权清退、转让方案，在规定的期限内完成工作，并将股权清退、转让方案和完成情况报同级国资监管机构备案；逾期不规范有关人员持股行为的，要追究当事人及企业负责人的责任，隐匿持股情况或不按要求进行规范的要严肃查处。

股权清退、转让的责任主体是国有企业。相关企业负责人要高度重视，认真做好有关人员的思想工作，保持企业稳定，促进企业健康发展。

IX.31 关于设立外商投资股份有限公司若干问题的暂行规定

（1995 年 1 月 10 日　对外贸易经济合作部令第 1 号）

第一条　为进一步扩大国际经济技术合作和交流，引进外资，促进社会主义商品经济的发展，外国的公司、企业和其他经济组织或个人（以下简称外国股东），按照平等互利的原则，可与中国的公司、企业或其他经济组织（以下简称中国股东）在中国境内，共同举办外商投资股份有限公司（以下简称公司）。

第二条　本规定所称的外商投资股份有限公司是指依本规定设立的，全部资本由等额股份构成，股东以其所认购的股份对公司承担责任，公司以全部财产对公司债务承担责任，中外股东共同持有公司股份。外国股东购买并持有的股份占公司注册资本 25% 以上的企业法人。

第三条　公司为外商投资企业的一种形式，适用国家法律、法规对于外商投资企业的有关规定。

第四条　设立公司应符合国家有关外商投资企业产业政策的规定。国家鼓励设立技术先进的生产型公司。

第五条　公司可采取发起方式或者募集方式设立。

第六条　以发起方式设立的公司，除应符合公司法规定的发起人的条件外，其中至少有一个发起人应为外国股东。

以募集方式设立的公司，除应符合前款条件外，其中至少有一个发起人还应有募集股份前 3 年连续盈利的记录，该发起人为中国股东时，应提供其近 3 年经过中国注册会计师审计的财务会计报告；该发起人为外国股东时，应提供该外国股东居所所在地注册会计师审计的财务报告。

第七条　公司的注册资本应为在登记注册机关登记注册的实收股本总额，公司注册资本的最低限额为人民币 3000 万元。其中外国股东购买并持有的股份应不低于公司注册资本的 25%。

第八条　股东认购的股份的转让应符合本规定第七条所规定的条件。发起人股份的转让，须在公司设立登记 3 年后进行，并经公司原审批机关批准。

第九条　发起人达成设立公司协议后，可共同委托一发起人办理设立公司的申请手续。具体程序是：

（一）申请人向其省、自治区、直辖市及计划单列市政府主管部门（以下称主管部门）提交设立公司的申请书、可行性研究报告、资产评估报告等文件。

以募集方式设立公司的，申请人还须提交招股说明书。

（二）上述文件经主管部门审查同意后，由主管部门转报省、自治区、直辖市及计划单列市对外经贸部门。上述文件经省、自治区、直辖市及计划单列市对外经贸部门核准后，发起人正式签定设立公司的协议、章程。

（三）发起人签定设立公司的协议、章程，报省、自治区、直辖市对外经贸部门审查同意后，报对外贸易经济合作部审查批准。对外贸易经济合作部在45日内决定批准或不批准。

第十条 发起人提交的各项文件必须用中文书写。在发起人各方认为需要时，可商定再用一种外文书写，但以审批生效的中文文本为准。

第十一条 设立公司的申请书应概要说明：

（一）发起人的名称、住所、法定代表人；

（二）组建公司的名称、住所及宗旨；

（三）公司设立方式、股本总额、类别、每股面值、发起人认购比例、股份募集范围和途径；

（四）发起人的生产经营情况，包括近3年生产经营、资产与负债、利润等情况（限于以募集方式设立公司的发起人）；

（五）公司的资金投向及经营范围；

（六）提出申请的时间，发起人的法定代表签名并加盖发起人单位公章；

（七）其他需要说明的事项。

第十二条 发起人协议应包括以下主要内容：

（一）发起人的名称、住所、法定代表人的姓名、国籍、住所、职务；

（二）组建公司的名称、住所；

（三）公司的宗旨、经营范围；

（四）公司设立的方式、组织形式；

（五）公司注册资本、股份总额、类别、发起人认购股份的数额、形式及期限；

（六）发起人的权利和义务；

（七）违约责任；

（八）适用法律及争议的解决；

（九）协议的生效与终止；

（十）订立协议的时间、地点，发起人签字；

（十一）其他需要载明的事项。

第十三条 发起人设立公司的协议、章程经对外贸易经济合作部批准后，发起人应在30日内凭对外贸易经济合作部颁发的批准证书到银行开立专用账户。发起人应自批准证书签发之日起90日内一次缴足其认购的股份。发起人在公司发行的股份缴足之前应承担连带认缴责任。公司不能设立时，发起人为设立行为所发生的费用和债务负连带责任。

第十四条 以发起方式设立公司的，发起人按本规定第十一条的规定缴足其认购的股份后，应当选举董事会和监事会，由董事会向公司登记机关报送设立公司的批准文件、公司章程、验资证明等文件，申请设立登记。

以募集方式设立公司的，发行股份的股数缴足后，必须经法定的验资机构验资并出具证明。发起人应当在30日内主持召开公司创立大会，并选举董事会、监事会，董事会应于创立大会结束后30日内，向公司登记机关报送设立公司的批准文件、公司章程、验资证明、创立大会的会议记录等文件，申请设立登记。

公司登记机关自接到全部登记文件之日起30天内完成登记注册手续，并颁发营业执照。

第十五条 已设立中外合资经营企业、中外合作经营企业、外资企业（以下简称外商投资企业），如申请转变为公司的，应有最近连续3年的盈利记录。由原外商投资企业的投资者作为公司的发起人（或与其他发起人）签定设立公司的协议、章程，报原外商投资企业所在地的审批机关初审同意后转报对外贸易经济合作部审批。

申请转变应报送下列文件：

（一）原外商投资企业的合同、章程；

（二）原外商投资企业董事会关于企业改组的决议；

（三）原外商投资企业投资者关于终止原合同、章程的决议；

（四）原外商投资企业资产评估报告；

（五）发起人（包括但不限于原外商投资企业投资者）协议；

（六）公司章程；

（七）原外商投资企业的营业执照、批准证书，最近连续3年的财务报告；

（八）设立公司的申请书；

（九）发起人的资信证明；

（十）可行性研究报告。

第十六条 上述申请经对外贸易经济合作部批准后，发起人应自批准证书签发并缴足其认购的股本金后向公司登记机关办理变更登记手续。

第十七条 外商投资企业变更登记为公司后，原外商投资企业的一切权利、义务全部转由公司承担。

外商投资企业的中外投资者在原外商投资企业合同、章程中承诺的义务，应列入发起人协议及章程，同样适用所设立的公司。

第十八条 国有企业、集体所有制企业如申请转变为公司的，除符合本规定其他条款的规定外，还须符合以下条件：

（一）该企业至少营业5年并有最近连续3年的盈利记录；

（二）外国股东以可自由兑换的外币购买并持有该企业的股份占该企业注册资本的25%以上；

（三）企业的经营范围符合外商投资企业产业政策。

中外股东作为发起人签定设立公司的协议、章程，报企业所在地审批机关初审同意后转报对外贸易经济合作部审批。

申请转变应报送下列文件：

（一）原企业资产评估报告；

（二）设立公司的申请书；

（三）可行性研究报告；

（四）发起人协议；

（五）公司章程；

（六）原企业的营业执照、最近连续3年的资产负债表；

（七）发起人的资信证明；

（八）其他必要的文件。

第十九条 上述申请经对外贸易经济合作部批准后，发起人应自批准证书签发并缴足其认购的股本金后向公司登记机关办理变更登记手续。

第二十条 股份有限公司申请转变为公司的，除符合本规定其他条款的规定外，还须符合以下条件：

（一）该股份有限公司是经国家正式批准设立的；

（二）外国股东以可自由兑换的外币购买并持有该股份有限公司的股份占公司注册资本的25%以上；

（三）股份有限公司的经营范围符合外商投资企业产业政策。

第二十一条 股份有限公司通过向社会公开发行人民币特种股票（B股），申请转变为公司的，应报送如下文件：

（一）股东大会对转变为公司的决议；

（二）原股份有限公司资产评估报告；

（三）申请转变为公司的报告；

（四）原股份有限公司章程的补充、修改协议；

（五）证券管理部门批准公开发行人民币特种股票（B股）的文件；

（六）其他必要的文件。

第二十二条 股份有限公司通过增资扩股或转股发行外国股东持有的股份，申请转变为公司的，除报送前条第（一）、（二）、（三）、（四）款规定的文件外，还应报送股份有限公司与定向购股人的购股协议等其他必要的文件。

第二十三条 股份有限公司在境外发行境外上市外资股（包括但不限于H股和N股）并在境外上市申请转变为公司的，除报送第二十一条第（一）、（二）、（三）、（四）款规定的文件外还应报送如下文件：

（一）证券管理部门批准境外上市的文件；

（二）境外证券机构批准原股份有限公司股票上市的文件；

（三）境外上市的原股份有限公司股票交易情况。

第二十四条 上述申请经对外贸易经济合作部批准后，原股份有限公司应持批准证书和公司的募股证明向工商行政管理机关办理变更登记手续。

第二十五条 本暂行规定未规定的公司的其他事宜，按《公司法》、《国务院关于股份有限公司境外募集股份及上市的特别规定》及有关规定办理。

第二十六条 凡属外商投资企业改组成公司的，其减免税等优惠期限，不再重新计算。

第二十七条 香港、澳门、台湾地区的公司、企业、其他经济组织或个人，在大陆投资设立公司的，准用此暂行规定。

第二十八条 本暂行规定由对外贸易经济合作部负责解释。

IX. 32 关于外商投资股份公司有关问题的通知

（2001 年 5 月 17 日　外经贸资字［2001］39 号）

各省、自治区、直辖市及计划单列市外经贸委（厅）：

为了规范外商投资股份公司上市。现就有关问题通知如下：

一、设立外商投资股份公司或现有的外商投资有限责任公司申请转为外商投资股份公司，须符合《关于设立外商投资股份有限公司若干问题的暂行规定》的要求并按规定程序报外经贸部审批。

二、现有外商投资股份公司申请上市发行 A 股或 B 股，应获得外经贸部书面同意并应符合下列条件：

（一）申请上市与上市后的外商投资股份公司应符合外商投资产业政策。

（二）申请上市的外商投资股份公司应为按规定和程序设立或改制的企业。

（三）上市后的外商投资股份公司的非上市外资股比例应不低于总股本的 25%。

（四）符合上市公司有关法规要求的其他条件。

三、上市前属于中外合资企业的 B 股公司，申请其非上市外资股上市流通，应按《关于境内上市外资股（B 股）公司非上市外资股上市流通问题的通知）的要求，在获得外经贸部书面同意意见后，向中国证监会报送非上市外资股上市流通的申请方案。申请非上市外资股上市流通应符合下列条件：

（一）转发 B 股后，外商投资股份公司的非上市外资股占总股本的比例不得低于 25%；

（二）拟上市流通的非上市外资股存续超过一年；

（三）非上市外资股转为流通股后，其承接人能够履行公司章程规定的原非上市外资股持有人的义务、责任；

（四）符合上市公司有关法规要求的其他条件。

外商投资性公司持有的非上市外资股暂不得转为流通股。

以上，请遵照执行。

特此通知

IX. 33 关于上市公司涉及外商投资有关问题的若干意见

（2001 年 10 月 8 日 对外贸易经济合作部 中国证监会
外经贸资发［2001］538 号）

为了推动境内股票市场的健康发展，规范外商投资股份有限公司上市发行股票和外商投资企业进入股票市场的行为，现提出以下意见：

一、关于外商投资股份有限公司设立

设立外商投资股份有限公司或现有的外商投资有限责任公司申请转为外商投资股份有限公司，须符合《关于设立外商投资股份有限公司若干问题的暂行规定》（外经贸部令 1995 年第 1 号）的要求并按规定程序报外经贸部审批。

二、关于外商投资股份有限公司上市发行股票

（一）外商投资股份有限公司在境内发行股票（A 股与 B 股）必须符合外商投资产业政策及上市发行股票的要求。

（二）首次公开发行股票并上市的外商投资股份有限公司，除符合《公司法》等法律、法规及中国证监会的有关规定外，还应符合下列条件：

1. 申请上市前 3 年均已通过外商投资企业联合年检；

2. 经营范围符合《指导外商投资方向暂行规定》与《外商投资产业指导目录》的要求；

3. 上市发行股票后，其外资股占总股本的比例不低于 10%；

4. 按规定需由中方控股（包括相对控股）或对中方持股比例有特殊规定的外商投资股份有限公司，上市后应按有关规定的要求继续保持中方控股地位或持股比例；

5. 符合发行上市股票有关法规要求的其他条件。

（三）外商投资股份有限公司首次公开发行股票并上市，除向中国证监会提交规定的材料外，还应提供通过联合年检的外商投资股份有限公司的批准证书和营业执照。

（四）外商投资股份有限公司首次发行股票后，其增发股票及配股，应符合本条上述第（二）款规定的条件以及增发股票与配股的有关规定。

（五）外商投资股份有限公司首次发行股票及增发或配、送股票完成后，应到外经贸部办理法律文件变更手续。

三、含有 B 股的外商投资股份有限公司，申请其非上市外资股在 B 股市场

上流通，应在获得外经贸部同意后，向中国证监会报送非上市外资股上市流通的申请方案。

申请非上市外资股上市流通应符合下列条件：

（一）拟上市流通的非上市外资股的持有人持有该非上市外资股的期限超过一年；

（二）非上市外资股转为流通股后，其原持有人继续持有的期限须超过一年；

（三）非上市外资股原持有人依照公司章程、股东协议及其他法律文件对公司的特殊承诺和法律、法规有要求承担特殊义务和责任的，按其承诺或义务执行；

（四）符合上市发行股票有关法规要求的其他条件。

四、外商投资企业（包括外商投资股份有限公司）受让境内上市公司非流通股，应按《外商投资企业境内投资的暂行规定》规定的程序和要求办理有关手续。

暂不允许外商投资性公司受让上市公司非流通股。

五、外商投资股份有限公司境内上市发行股票后外资比例低于总股本25%的，应缴回外商投资企业批准证书，并按规定办理有关变更手续。

外商投资企业受让上市公司的非流通股，导致上市公司（持有外商投资企业批准证书的公司）外资比例低于总股本25%的，该上市公司应缴回外商投资企业批准证书，并按规定办理有关变更手续。

六、符合条件的外商投资企业可以在境外发行股票。

IX. 34 外国投资者对上市公司战略投资管理办法

（2005 年 12 月 31 日 商务部 中国证监会 国家税务总局 国家工商总局 国家外汇管理局［2005］第 28 号）

第一条 为了规范股权分置改革后外国投资者对 A 股上市公司（以下简称上市公司）进行战略投资，维护证券市场秩序，引进境外先进管理经验、技术和资金，改善上市公司治理结构，保护上市公司和股东的合法权益，按照《关于上市公司股权分置改革的指导意见》的要求，根据国家有关外商投资、上市公司监管的法律法规以及《外国投资者并购境内企业暂行规定》，制定本办法。

第二条 本办法适用于外国投资者（以下简称投资者）对已完成股权分置改革的上市公司和股权分置改革后新上市公司通过具有一定规模的中长期战略性并购投资（以下简称战略投资），取得该公司 A 股股份的行为。

第三条 经商务部批准，投资者可以根据本办法对上市公司进行战略投资。

第四条 战略投资应遵循以下原则：

（一）遵守国家法律、法规及相关产业政策，不得危害国家经济安全和社会公共利益；

（二）坚持公开、公正、公平的原则，维护上市公司及其股东的合法权益，接受政府、社会公众的监督及中国的司法和仲裁管辖；

（三）鼓励中长期投资，维护证券市场的正常秩序，不得炒作；

（四）不得妨碍公平竞争，不得造成中国境内相关产品市场过度集中、排除或限制竞争。

第五条 投资者进行战略投资应符合以下要求：

（一）以协议转让、上市公司定向发行新股方式以及国家法律法规规定的其他方式取得上市公司 A 股股份；

（二）投资可分期进行，首次投资完成后取得的股份比例不低于该公司已发行股份的百分之十，但特殊行业有特别规定或经相关主管部门批准的除外；

（三）取得的上市公司 A 股股份三年内不得转让；

（四）法律法规对外商投资持股比例有明确规定的行业，投资者持有上述行业股份比例应符合相关规定；属法律法规禁止外商投资的领域，投资者不得对上述领域的上市公司进行投资；

（五）涉及上市公司国有股股东的，应符合国有资产管理的相关规定。

第六条 投资者应符合以下要求：

（一）依法设立、经营的外国法人或其他组织，财务稳健、资信良好且具有成熟的管理经验；

（二）境外实有资产总额不低于1亿美元或管理的境外实有资产总额不低于5亿美元，或其母公司境外实有资产总额不低于1亿美元或管理的境外实有资产总额不低于5亿美元；

（三）有健全的治理结构和良好的内控制度，经营行为规范；

（四）近3年内未受到境内外监管机构的重大处罚（包括其母公司）。

第七条 通过上市公司定向发行方式进行战略投资的，按以下程序办理：

（一）上市公司董事会通过向投资者定向发行新股及公司章程修改草案的决议；

（二）上市公司股东大会通过向投资者定向发行新股及修改公司章程的决议；

（三）上市公司与投资者签订定向发行的合同；

（四）上市公司根据本办法第十二条向商务部报送相关申请文件，有特殊规定的从其规定；

（五）在取得商务部就投资者对上市公司进行战略投资的原则批复函后，上市公司向中国证监会报送定向发行申请文件，中国证监会依法予以核准；

（六）定向发行完成后，上市公司到商务部领取外商投资企业批准证书，并凭该批准证书到工商行政管理部门办理变更登记。

第八条 通过协议转让方式进行战略投资的，按以下程序办理：

（一）上市公司董事会通过投资者以协议转让方式进行战略投资的决议；

（二）上市公司股东大会通过投资者以协议转让方式进行战略投资的决议；

（三）转让方与投资者签订股份转让协议；

（四）投资者根据本办法第十二条向商务部报送相关申请文件，有特殊规定的从其规定；

（五）投资者参股上市公司的，获得前述批准后向证券交易所办理股份转让确认手续、向证券登记结算机构申请办理登记过户手续，并报中国证监会备案；

（六）协议转让完成后，上市公司到商务部领取外商投资企业批准证书，并凭该批准证书到工商行政管理部门办理变更登记。

第九条 投资者拟通过协议转让方式构成对上市公司的实际控制，按照第八条第（一）、（二）、（三）、（四）项的程序获得批准后，向中国证监会报送上市公司收购报告书及相关文件，经中国证监会审核无异议后向证券交易所办理股份转让确认手续、向证券登记结算机构申请办理登记过户手续。完成上述手续后，按照第八条第（六）项办理。

第十条 投资者对上市公司进行战略投资，应按《证券法》和中国证监会的相关规定履行报告、公告及其他法定义务。

第十一条 投资者对其已持有股份的上市公司继续进行战略投资的，需按本办法规定的方式和程序办理。

第十二条 上市公司或投资者应向商务部报送以下文件：

（一）战略投资申请书（格式见附件1）；

（二）战略投资方案（格式见附件2）；

（三）定向发行合同或股份转让协议；

（四）保荐机构意见书（涉及定向发行）或法律意见书；

（五）投资者持续持股的承诺函；

（六）投资者三年内未受到境内外监管机构重大处罚的声明，以及是否受到其他非重大处罚的说明；

（七）经依法公证、认证的投资者的注册登记证明、法定代表人（或授权代表）身份证明；

（八）经注册会计师审计的该投资者近三年来的资产负债表；

（九）上述（一）、（二）、（三）、（五）、（六）项中规定提交的文件均需经投资者法定代表人或其授权代表签署，由授权代表签署的还应提交经法定代表人签署的授权书及相应的公证、认证文件；

（十）商务部规定的其他文件。

前款所列文件，除第七项、第八项所列文件外，必须报送中文本原件，第七项、第八项所列文件应报送原件及中文译件。

商务部收到上述全部文件后应在30日内作出原则批复，原则批复有效期180日。

第十三条 符合本办法第六条规定的外国公司（母公司）可以通过其全资拥有的境外子公司（投资者）进行战略投资，投资者除提交本办法第九条所列文件外，还应向商务部提交其母公司对投资者投资行为承担连带责任的不可撤销的承诺函。

第十四条 投资者应在商务部原则批复之日起15日内根据外商投资并购的相关规定开立外汇账户。投资者从境外汇入的用于战略投资的外汇资金，应当根据外汇管理的有关规定，到上市公司注册所在地外汇局申请开立外国投资者专用外汇账户（收购类），账户内资金的结汇及账户注销手续参照相关外汇管理规定办理。

第十五条 投资者可以持商务部对该投资者对上市公司进行战略投资的批准文件和有效身份证明，向证券登记结算机构办理相关手续。

对于投资者在上市公司股权分置改革前持有的非流通股份或在上市公司首次公开发行前持有的股份，证券登记结算机构可以根据投资者申请为其开立证券账户。

证券登记结算机构应根据本管理办法制定相应规定。

第十六条 投资者应在资金结汇之日起 15 日内启动战略投资行为，并在原则批复之日起 180 日内完成战略投资。

投资者未能在规定时间内按战略投资方案完成战略投资的，审批机关的原则批复自动失效。投资者应在原则批复失效之日起 45 日内，经外汇局核准后将结汇所得人民币资金购汇并汇出境外。

第十七条 战略投资完成后，上市公司应于 10 日内凭以下文件到商务部领取外商投资企业批准证书：

（一）申请书；

（二）商务部原则批复函；

（三）证券登记结算机构出具的股份持有证明；

（四）上市公司营业执照和法定代表人身份证明；

（五）上市公司章程。

商务部在收到上述全部文件之日起 5 日内颁发外商投资企业批准证书，加注“外商投资股份公司（A 股并购）”。

如投资者取得单一上市公司 25% 或以上股份并承诺在 10 年内持续持股不低于 25%，商务部在颁发的外商投资企业批准证书上加注“外商投资股份公司（A 股并购 25% 或以上）”。

第十八条 上市公司应自外商投资企业批准证书签发之日起 30 日内，向工商行政管理机关申请办理公司类型变更登记，并提交下列文件：

（一）公司法定代表人签署的申请变更申请书；

（二）外商投资企业批准证书；

（三）证券登记结算机构出具的股份持有证明；

（四）经公证、认证的投资者的合法开业证明；

（五）国家工商行政管理总局规定应提交的其他文件。

经核准变更的，工商行政管理机关在营业执照企业类型栏目中加注“外商投资股份公司（A 股并购）”字样，其中，投资者进行战略投资取得单一上市公司 25% 或以上股份并承诺在 10 年内持续持股不低于 25% 的，加注“外商投资股份公司（A 股并购 25% 或以上）”。

第十九条 上市公司应自外商投资企业营业执照签发之日起 30 日内，到税务、海关、外汇管理等有关部门办理相关手续。外汇管理部门在所颁发的外汇登记证上加注“外商投资股份公司（A 股并购）”。如投资者进行战略投资取得单一上市公司 25% 或以上股份并承诺在 10 年内持续持股不低于 25% 的，外汇管理部门在外汇登记证上加注“外商投资股份公司（A 股并购 25% 或以上）”。

第二十条 除以下情形外，投资者不得进行证券买卖（B 股除外）：

（一）投资者进行战略投资所持上市公司 A 股股份，在其承诺的持股期限届满后可以出售；

（二）投资者根据《证券法》相关规定须以要约方式进行收购的，在要约期间可以收购上市公司 A 股股东出售的股份；

（三）投资者在上市公司股权分置改革前持有的非流通股份，在股权分置改革完成且限售期满后可以出售；

（四）投资者在上市公司首次公开发行前持有的股份，在限售期满后可以出售；

（五）投资者承诺的持股期限届满前，因其破产、清算、抵押等特殊原因需转让其股份的，经商务部批准可以转让。

第二十一条 投资者减持股份使上市公司外资股比低于 25%，上市公司应在 10 日内向商务部备案并办理变更外商投资企业批准证书的相关手续。

投资者减持股份使上市公司外资股比低于 10%，且该投资者非为单一最大股东，上市公司应在 10 日内向审批机关备案并办理注销外商投资企业批准证书的相关手续。

第二十二条 投资者减持股份使上市公司外资股比低于 25%，上市公司应自外商投资企业批准证书变更之日起 30 日内到工商行政管理机关办理变更登记，工商行政管理机关在营业执照上企业类型调整为“外商投资股份公司（A 股并购）”。上市公司应自营业执照变更之日起 30 日内到外汇管理部门办理变更外汇登记，外汇管理部门在外汇登记证上加注“外商投资股份公司（A 股并购）”。

投资者减持股份使上市公司外资股比低于 10%，且投资者非为单一最大股东，上市公司自外商投资企业批准证书注销之日起 30 日内到工商行政管理机关办理变更登记，企业类型变更为股份有限公司。上市公司应自营业执照变更之日起 30 日内到外汇管理部门办理外汇登记注销手续。

第二十三条 母公司通过其全资拥有的境外子公司进行战略投资并已按期

完成的，母公司转让上述境外子公司前应向商务部报告，并根据本办法所列程序提出申请。新的受让方仍应符合本办法所规定的条件，承担母公司及其子公司在上市公司中的全部权利和义务，并依法履行向中国证监会报告、公告及其他法定义务。

第二十四条 投资者通过A股市场将所持上市公司股份出让的，可凭以下文件向上市公司注册所在地外汇局申请购汇汇出：

（一）书面申请；

（二）为战略投资目的所开立的外国投资者专用外汇账户（收购类）内资金经外汇局核准结汇的核准件；

（三）商务部出具的关于上市公司股权结构变更的批复文件；

（四）证券经纪机构出具的有关证券交易证明文件。

第二十五条 投资者持股比例低于25%的上市公司，其举借外债按照境内中资企业举借外债的有关规定办理。

第二十六条 相关政府机构工作人员必须忠于职守、依法履行职责，不得利用职务便利牟取不正当利益，并对知悉的商业秘密负有保密义务。

第二十七条 香港特别行政区、澳门特别行政区、台湾地区的投资者进行战略投资，参照本办法办理。

第二十八条 本办法自发布之日起30日后施行。

附件1

战略投资申请书

一、投资者名称

二、目标上市公司名称

三、投资意向

（投资者及授权代表签章） 年 月 日

附件 2

战略投资方案

一、投资者名称及自身情况简介（母公司通过其全资拥有的境外子公司进行战略投资的还应提供母公司的相关材料）

二、目标上市公司名称、经营范围，拟取得公司股份的具体方式、拟取得的股份数量及取得后占上市公司已发行股份的比例、战略投资时限

三、持续持股期限

四、投资者与目标上市公司控股股东的关联关系说明

（投资者及授权代表签章） 年 月 日

IX. 35　境外投资管理办法

（2014 年 9 月 6 日　中华人民共和国商务部令 2014 年第 3 号）

第一章　总　　则

第一条　为了促进和规范境外投资，提高境外投资便利化水平，根据《国务院关于投资体制改革的决定》、《国务院对确需保留的行政审批项目设定行政许可的决定》及相关法律规定，制定本办法。

第二条　本办法所称境外投资，是指在中华人民共和国境内依法设立的企业（以下简称企业）通过新设、并购及其他方式在境外拥有非金融企业或取得既有非金融企业所有权、控制权、经营管理权及其他权益的行为。

第三条　企业开展境外投资，依法自主决策、自负盈亏。

第四条　企业境外投资不得有以下情形：

（一）危害中华人民共和国国家主权、安全和社会公共利益，或违反中华人民共和国法律法规；

（二）损害中华人民共和国与有关国家（地区）关系；

（三）违反中华人民共和国缔结或者参加的国际条约、协定；

（四）出口中华人民共和国禁止出口的产品和技术。

第五条　商务部和各省、自治区、直辖市、计划单列市及新疆生产建设兵团商务主管部门（以下称省级商务主管部门）负责对境外投资实施管理和监督。

第二章　备案和核准

第六条　商务部和省级商务主管部门按照企业境外投资的不同情形，分别实行备案和核准管理。

企业境外投资涉及敏感国家和地区、敏感行业的，实行核准管理。

企业其他情形的境外投资，实行备案管理。

第七条　实行核准管理的国家是指与中华人民共和国未建交的国家、受联合国制裁的国家。必要时，商务部可另行公布其他实行核准管理的国家和地区的名单。

实行核准管理的行业是指涉及出口中华人民共和国限制出口的产品和技术的行业、影响一国（地区）以上利益的行业。

第八条 商务部和省级商务主管部门应当依法办理备案和核准，提高办事效率，提供优质服务。

商务部和省级商务主管部门通过“境外投资管理系统”（以下简称“管理系统”）对企业境外投资进行管理，并向获得备案或核准的企业颁发“企业境外投资证书”（以下简称“证书”，样式见附件1）。“证书”由商务部和省级商务主管部门分别印制并盖章，实行统一编码管理。

“证书”是企业境外投资获得备案或核准的凭证，按照境外投资最终目的地颁发。

第九条 对属于备案情形的境外投资，中央企业报商务部备案；地方企业报所在地省级商务主管部门备案。

中央企业和地方企业通过“管理系统”按要求填写并打印“境外投资备案表”（以下简称“备案表”，样式见附件2），加盖印章后，连同企业营业执照复印件分别报商务部或省级商务主管部门备案。

“备案表”填写如实、完整、符合法定形式，且企业在“备案表”中声明其境外投资无本办法第四条所列情形的，商务部或省级商务主管部门应当自收到“备案表”之日起3个工作日内予以备案并颁发“证书”。企业不如实、完整填报“备案表”的，商务部或省级商务主管部门不予备案。

第十条 对属于核准情形的境外投资，中央企业向商务部提出申请，地方企业通过所在地省级商务主管部门向商务部提出申请。

企业申请境外投资核准需提交以下材料：

（一）申请书，主要包括投资主体情况、境外企业名称、股权结构、投资金额、经营范围、经营期限、投资资金来源、投资具体内容等；

（二）“境外投资申请表”（样式见附件3），企业应当通过“管理系统”按要求填写打印，并加盖印章；

（三）境外投资相关合同或协议；

（四）有关部门对境外投资所涉的属于中华人民共和国限制出口的产品或技术准予出口的材料；

（五）企业营业执照复印件。

第十一条 核准境外投资应当征求我驻外使（领）馆（经商处室）意见。涉及中央企业的，由商务部征求意见；涉及地方企业的，由省级商务主管部门征求意见。征求意见时，商务部和省级商务主管部门应当提供投资事项基本情况等相关信息。驻外使（领）馆（经商处室）应当自接到征求意见要求之日起7个工作日内回复。

第十二条 商务部应当在受理中央企业核准申请后20个工作日内（包含征求驻外使（领）馆（经商处室）意见的时间）作出是否予以核准的决定。申请材料不齐全或者不符合法定形式的，商务部应当在3个工作日内一次告知申请企业需要补正的全部内容。逾期不告知的，自收到申请材料之日起即为受理。中央企业按照商务部的要求提交全部补正申请材料的，商务部应当受理该申请。

省级商务主管部门应当在受理地方企业核准申请后对申请是否涉及本办法第四条所列情形进行初步审查，并在15个工作日内（包含征求驻外使（领）馆（经商处室）意见的时间）将初步审查意见和全部申请材料报送商务部。申请材料不齐全或者不符合法定形式的，省级商务主管部门应当在3个工作日内一次告知申请企业需要补正的全部内容。逾期不告知的，自收到申请材料之日起即为受理。地方企业按照省级商务主管部门的要求提交全部补正申请材料的，省级商务主管部门应当受理该申请。商务部收到省级商务主管部门的初步审查意见后，应当在15个工作日内做出是否予以核准的决定。

第十三条 对予以核准的境外投资，商务部出具书面核准决定并颁发“证书”；因存在本办法第四条所列情形而不予核准的，应当书面通知申请企业并说明理由，告知其享有依法申请行政复议或者提起行政诉讼的权利。企业提供虚假材料申请核准的，商务部不予核准。

第十四条 两个以上企业共同开展境外投资的，应当由相对大股东在征求其他投资方书面同意后办理备案或申请核准。如果各方持股比例相等，应当协商后由一方办理备案或申请核准。如投资方不属同一行政区域，负责办理备案或核准的商务部或省级商务主管部门应当将备案或核准结果告知其他投资方所在地商务主管部门。

第十五条 企业境外投资经备案或核准后，原“证书”载明的境外投资事项发生变更的，企业应当按照本章程序向原备案或核准的商务部或省级商务主管部门办理变更手续。

第十六条 自领取“证书”之日起2年内，企业未在境外开展投资的，“证书”自动失效。如需再开展境外投资，应当按照本章程序重新办理备案或申请核准。

第十七条 企业终止已备案或核准的境外投资，应当在依投资目的地法律办理注销等手续后，向原备案或核准的商务部或省级商务主管部门报告。原备案或核准的商务部或省级商务主管部门根据报告出具注销确认函。

终止是指原经备案或核准的境外企业不再存续或企业不再拥有原经备案或核准的境外企业的股权等任何权益。

第十八条 “证书”不得伪造、涂改、出租、出借或以任何其他形式转让。已变更、失效或注销的“证书”应当交回原备案或核准的商务部或省级商务主管部门。

第三章 规范和服务

第十九条 企业应当客观评估自身条件、能力，深入研究投资目的地投资环境，积极稳妥开展境外投资，注意防范风险。境内外法律法规和规章对资格资质有要求的，企业应当取得相关证明文件。

第二十条 企业应当要求其投资的境外企业遵守投资目的地法律法规、尊重当地风俗习惯，履行社会责任，做好环境、劳工保护、企业文化建设等工作，促进与当地的融合。

第二十一条 企业对其投资的境外企业的冠名应当符合境内外法律法规和政策规定。未按国家有关规定获得批准的企业，其境外企业名称不得使用“中国”、“中华”等字样。

第二十二条 企业应当落实人员和财产安全防范措施，建立突发事件预警机制和应急预案。在境外发生突发事件时，企业应当在驻外使（领）馆和国内有关主管部门的指导下，及时、妥善处理。

企业应当做好外派人员的选审、行前安全、纪律教育和应急培训工作，加强对外派人员的管理，依法办理当地合法居留和工作许可。

第二十三条 企业应当要求其投资的境外企业中方负责人当面或以信函、传真、电子邮件等方式及时向驻外使（领）馆（经商处室）报到登记。

第二十四条 企业应当向原备案或核准的商务部或省级商务主管部门报告境外投资业务情况、统计资料，以及与境外投资相关的困难、问题，并确保报送情况和数据真实准确。

第二十五条 企业投资的境外企业开展境外再投资，在完成境外法律手续后，企业应当向商务主管部门报告。涉及中央企业的，中央企业通过“管理系统”填报相关信息，打印“境外中资企业再投资报告表”（以下简称“再投资报告表”，样式见附件4）并加盖印章后报商务部；涉及地方企业的，地方企业通过“管理系统”填报相关信息，打印“再投资报告表”并加盖印章后报省级商务主管部门。

第二十六条 商务部负责对省级商务主管部门的境外投资管理情况进行检查和指导。省级商务主管部门应当每半年向商务部报告本行政区域内境外投资的情况。

第二十七条 商务部会同有关部门为企业境外投资提供权益保障、投资促进、风险预警等服务。

商务部发布《对外投资合作国别（地区）指南》、国别产业指引等文件，帮助企业了解投资目的地投资环境；加强对企业境外投资的指导和规范，会同有关部门发布环境保护等指引，督促企业在境外合法合规经营；建立对外投资与合作信息服务系统，为企业开展境外投资提供数据统计、投资机会、投资障碍、风险预警等信息。

第四章　法律责任

第二十八条 企业以提供虚假材料等不正当手段办理备案并取得“证书”的，商务部或省级商务主管部门撤销该企业境外投资备案，给予警告，并依法公布处罚决定。

第二十九条 企业提供虚假材料申请核准的，商务部给予警告，并依法公布处罚决定。该企业在一年内不得再次申请该项核准。

企业以欺骗、贿赂等不正当手段获得境外投资核准的，商务部撤销该企业境外投资核准，给予警告，并依法公布处罚决定。该企业在三年内不得再次申请该项核准；构成犯罪的，依法追究刑事责任。

第三十条 企业开展境外投资过程中出现本办法第四条所列情形的，应当承担相应的法律责任。

第三十一条 企业伪造、涂改、出租、出借或以任何其他形式转让“证书”的，商务部或省级商务主管部门给予警告；构成犯罪的，依法追究刑事责任。

第三十二条 境外投资出现第二十八至三十一条规定的情形以及违反本办法其他规定的企业，三年内不得享受国家有关政策支持。

第三十三条 商务部和省级商务主管部门有关工作人员不依照本办法规定履行职责、滥用职权、索取或者收受他人财物或者谋取其他利益，构成犯罪的，依法追究刑事责任；尚不构成犯罪的，依法给予行政处分。

第五章 附 则

第三十四条 省级商务主管部门可依照本办法制定相应的工作细则。

第三十五条 本办法所称中央企业系指国务院国有资产监督管理委员会履行出资人职责的企业及其所属企业、中央管理的其他单位。

第三十六条 事业单位法人开展境外投资、企业在境外设立分支机构参照本办法执行。

第三十七条 企业赴香港、澳门、台湾地区投资参照本办法执行。

第三十八条 本办法由商务部负责解释。

第三十九条 本办法自2014年10月6日起施行。商务部2009年发布的《境外投资管理办法》（商务部令2009年第5号）同时废止。

附件：1. 企业境外投资证书（样式）
2. 境外投资备案表（样式）
3. 境外投资申请表（样式）
4. 外中资企业再投资报告表（样式）

附件 1

企业境外投资证书（样式）

境外投资证第　　号

××公司右页所列境外投资符合《境外投资管理办法》（商务部令2014年第3号）有关规定，现予以颁发《企业境外投资证书》。

公司自领取本证书之日起2年内，未从事右页所列境外投资，证书自动失效。

公司开展境外投资业务应认真遵守境内外相关的法律法规和政策。

发证机关（盖章）

年　　月　　日

<table>
<tr><td colspan="2">境外企业（最终目的地）</td><td>名称</td><td colspan="2"></td><td>国家/地区</td><td></td></tr>
<tr><td colspan="2">设立方式</td><td colspan="5">□新设　　□并购　　□变更</td></tr>
<tr><td rowspan="2">投资主体</td><td>中方名称</td><td colspan="3"></td><td>股比</td><td></td></tr>
<tr><td>外方名称</td><td colspan="3"></td><td>股比</td><td></td></tr>
<tr><td rowspan="2">投资总额</td><td>中方</td><td colspan="5">万元人民币（折合　　万美元）</td></tr>
<tr><td>外方</td><td colspan="5">万元人民币（折合　　万美元）</td></tr>
<tr><td colspan="2">中方境内现金出资实际币种和金额</td><td>币种</td><td></td><td>金额（单位：万元）</td><td colspan="2"></td></tr>
<tr><td rowspan="9">中方投资构成（单位：万元人民币）</td><td rowspan="6">境内</td><td rowspan="2">现金</td><td>自有资金</td><td colspan="3"></td></tr>
<tr><td>银行贷款</td><td colspan="3"></td></tr>
<tr><td>实物</td><td colspan="4"></td></tr>
<tr><td>无形资产</td><td colspan="4"></td></tr>
<tr><td>股权</td><td colspan="4"></td></tr>
<tr><td>其他</td><td colspan="4"></td></tr>
<tr><td rowspan="3">境外</td><td>自有资金</td><td colspan="4"></td></tr>
<tr><td>银行贷款</td><td colspan="4"></td></tr>
<tr><td>其他</td><td colspan="4"></td></tr>
<tr><td colspan="2">经营范围</td><td colspan="5"></td></tr>
<tr><td colspan="2">申报文号</td><td colspan="2"></td><td>核准或备案文号</td><td colspan="2"></td></tr>
<tr><td colspan="2">投资路径（仅限第一层级境外企业）</td><td>名称</td><td colspan="2"></td><td>国家/地区</td><td></td></tr>
<tr><td colspan="2">备注</td><td colspan="5"></td></tr>
</table>

附件 2

境外投资备案表（样式）

单位：万美元

<table>
<tr><td colspan="5" align="right">【系统统一编号】</td></tr>
<tr><td>基本事由</td><td colspan="4"></td></tr>
<tr><td rowspan="4">境内投资主体</td><td colspan="2">名称：</td><td rowspan="4">联 系 人</td><td>姓名：</td></tr>
<tr><td colspan="2">法定代表人：</td><td>座机：</td></tr>
<tr><td colspan="2">地址：</td><td>手机：</td></tr>
<tr><td colspan="2">所有制类型：（下拉列表选择）</td><td>电子邮件：</td></tr>
<tr><td>主管部门/集团总部</td><td colspan="4"></td></tr>
<tr><td>投资路径（仅限第一层级境外企业）</td><td colspan="2">名称：（可视情增加）</td><td colspan="2">国家（地区）：</td></tr>
<tr><td>境外投资
最终目的地</td><td colspan="4">国家（地区）：　　　　省（州）：　　　　城市：</td></tr>
<tr><td>境外企业名称
（最终目的地）</td><td colspan="4">中文：
外文：</td></tr>
<tr><td rowspan="4">股权结构</td><td rowspan="2">中方</td><td colspan="2">股东 1：</td><td>股比：</td></tr>
<tr><td colspan="2">股东 2：（可视情增加）</td><td>股比：</td></tr>
<tr><td rowspan="2">外方</td><td colspan="2">股东 1：</td><td>股比：</td></tr>
<tr><td colspan="2">股东 2：</td><td>股比：</td></tr>
<tr><td>设立方式</td><td colspan="4">○新设　　　　○并购　　　　○变更</td></tr>
<tr><td>经营范围</td><td colspan="4"></td></tr>
<tr><td rowspan="3">境外企业所属行业</td><td colspan="4">（下拉式列表选择）</td></tr>
<tr><td colspan="4">○　是否属于涉及出口国家限制出口的产品和技术的行业</td></tr>
<tr><td colspan="4">○　是否属于影响一国（地区）以上利益的行业</td></tr>
<tr><td>注册资本</td><td colspan="4">________，中方占　　　%股份，外方占　　　%股份</td></tr>
<tr><td>投资规模</td><td colspan="4">投资总额__________（折合__________万元人民币），其中，1. 中方投资额__________（折合__________万元人民币）；2. 外方投资额__________（折合__________万元人民币）。折算汇率：</td></tr>
<tr><td rowspan="2">中方出资币种和金额（单位：万）</td><td colspan="3">币种 1：</td><td>金额：</td></tr>
<tr><td colspan="3">币种 2：（可视情增加）</td><td>金额：</td></tr>
</table>

续表

<table>
<tr><td rowspan="2">中方投资的构成（单位：万美元）</td><td>境内</td><td>1. 现金出资________（包括股东借款等债权出资），其中：自有资金________，银行贷款________（包括项目融资）；
2. 实物出资________；
3. 无形资产________；
4. 股权出资________；
5. 其他________。</td></tr>
<tr><td>境外</td><td>1. 自有资金________；
2. 银行贷款________（包括内保外贷、外保外贷等）；
3. 其他________。</td></tr>
<tr><td rowspan="2">投资具体情况</td><td>项目简况</td><td>（包括经营内容、规模、产品/市场、配套基础设施、投资回收期等。如属于并购类投资，需包括并购目标公司的生产经营状况、资产财务状况以及具体收购方案等）</td></tr>
<tr><td>项目意义</td><td>（包括带动出口、获取技术、获得或建立营销网络、创造当地就业和税收等情况）</td></tr>
<tr><td colspan="3">本单位承诺本表中涉及的投资无以下情形：
（一）危害中华人民共和国国家主权、安全和社会公共利益，或违反中华人民共和国法律法规；
（二）损害中华人民共和国与有关国家（地区）关系；
（三）违反中华人民共和国缔结或者参加的国际条约、协定；
（四）出口中华人民共和国禁止出口的产品和技术。
本单位保证以上填报事项及材料的真实性，承诺遵守中华人民共和国及投资目的地相关法律法规，并按照《境外投资管理办法》（商务部令2014年第3号）的规定开展境外投资。

企业盖章：

年　月　日</td></tr>
<tr><td colspan="3">注：实行核准管理的国家中，与我国未建交的国家名单参见中华人民共和国外交部网站（cs. mfa. gov. cn/zlbg/bgzl/qtzl/t1094257. shtml）；受联合国制裁的国家名单参见联合国中文网站（www. un. org/chinese/sc/committees/list_ compend. shtml）。</td></tr>
<tr><td colspan="3">以下由商务部或省级商务主管机关填写：</td></tr>
<tr><td colspan="3">初核　　　　　复核　　　　　签发</td></tr>
</table>

附件 3

境外投资申请表（样式）

单位：万美元

<table>
<tr><td colspan="4" align="right">【系统统一编号】</td></tr>
<tr><td>基本事由</td><td colspan="3"></td></tr>
<tr><td rowspan="4">境内投资主体</td><td>名称：</td><td rowspan="4">联 系 人</td><td>姓名：</td></tr>
<tr><td>法定代表人：</td><td>座机：</td></tr>
<tr><td>地址：</td><td>手机：</td></tr>
<tr><td>所有制类型：（下拉列表选择）</td><td>电子邮件：</td></tr>
<tr><td>主管部门/集团总部</td><td colspan="3"></td></tr>
<tr><td>投资路径（仅限第一层级境外企业）</td><td colspan="2">名称：（可视情增加）</td><td>国家（地区）：</td></tr>
<tr><td>境外投资最终目的地</td><td colspan="3">国家（地区）： 省（州）： 城市：</td></tr>
<tr><td>境外企业名称（最终目的地）</td><td colspan="3">中文：
外文：</td></tr>
<tr><td>注册资本</td><td colspan="3">________，中方占 %股份，外方占 %股份</td></tr>
<tr><td rowspan="4">股权结构</td><td rowspan="2">中方</td><td>股东 1：</td><td>股比：</td></tr>
<tr><td>股东 2：（可视情增加）</td><td>股比：</td></tr>
<tr><td rowspan="2">外方</td><td>股东 1：</td><td>股比：</td></tr>
<tr><td>股东 2：</td><td>股比：</td></tr>
<tr><td>设立方式</td><td colspan="3">○新设 ○并购 ○变更</td></tr>
<tr><td>经营范围</td><td colspan="3"></td></tr>
<tr><td rowspan="3">境外企业所属行业</td><td colspan="3">（下拉式列表选择）</td></tr>
<tr><td colspan="3">○ 是否属于涉及出口国家限制出口的产品和技术的行业</td></tr>
<tr><td colspan="3">○ 是否属于影响一国（地区）以上利益的行业</td></tr>
<tr><td>投资规模</td><td colspan="3">投资总额__________（折合__________万元人民币），其中，1. 中方投资额__________（折合__________万元人民币）；2. 外方投资额__________（折合__________万元人民币）。折算汇率：</td></tr>
<tr><td rowspan="2">中方出资币种和金额（单位：万）</td><td colspan="2">币种 1：</td><td>金额：</td></tr>
<tr><td colspan="2">币种 2：（可视情增加）</td><td>金额：</td></tr>
</table>

续表

<table>
<tr><td rowspan="2">中方投资的构成
（单位：万美元）</td><td>境内</td><td>1. 现金出资________（包括股东借款等债权出资），其中：自有资金________，银行贷款________（包括项目融资）；
2. 实物出资________；
3. 无形资产________；
4. 股权出资________；
5. 其他________。</td></tr>
<tr><td>境外</td><td>1. 自有资金________；
2. 银行贷款________（包括内保外贷、外保外贷等）；
3. 其他________。</td></tr>
<tr><td rowspan="2">投资具体情况</td><td>项目简况</td><td>（包括经营内容、规模、产品/市场、配套基础设施、投资回收期等。如属于并购类投资，需包括并购目标公司的生产经营状况、资产财务状况以及具体收购方案等）</td></tr>
<tr><td>项目意义</td><td>（包括带动出口、获取技术、获得或建立营销网络、创造当地就业和税收等情况）</td></tr>
<tr><td colspan="3">本单位承诺本表中涉及的投资无以下情形：
（一）危害中华人民共和国国家主权、安全和社会公共利益，或违反中华人民共和国法律法规；
（二）损害中华人民共和国与有关国家（地区）关系；
（三）违反中华人民共和国缔结或者参加的国际条约、协定；
（四）出口中华人民共和国禁止出口的产品和技术。
本单位保证以上填报事项及材料的真实性，承诺遵守中华人民共和国及投资目的地相关法律法规，并按照《境外投资管理办法》（商务部令2014年第3号）的规定开展境外投资。

企业盖章：

年　　月　　日</td></tr>
<tr><td colspan="3">注：实行核准管理的国家中，与我国未建交的国家名单参见中华人民共和国外交部网站（cs. mfa. gov. cn/zlbg/bgzl/qtzl/t1094257. shtml）；受联合国制裁的国家名单参见联合国中文网站（www. un. org/chinese/sc/committees/list_ compend. shtml）。</td></tr>
<tr><td colspan="3">以下由商务部或省级商务主管机关填写：</td></tr>
</table>

初核		复核		签发	

附件 4

境外中资企业再投资报告表（样式）

单位：万美元

<table>
<tr><td colspan="4">【系统统一编号】</td></tr>
<tr><td>基本事由</td><td colspan="3"></td></tr>
<tr><td rowspan="2">境外中资企业
名称</td><td>中文：</td><td rowspan="2">注册地</td><td rowspan="2"></td></tr>
<tr><td>外文：</td></tr>
<tr><td rowspan="2">再投资境外企业
（项目）名称</td><td>中文：</td><td rowspan="2">注册地</td><td rowspan="2">国家（地区）：（下拉式列表选择）
省（州）：
城市：</td></tr>
<tr><td>外文：</td></tr>
<tr><td>再投资规模</td><td colspan="3">投资总额________，其中：1. 自有资金________；2. 境内银行贷款________；
3. 境外银行贷款__________；4. 其他__________。</td></tr>
<tr><td>再投资简介</td><td colspan="3">（包括经营内容、规模、产品/市场、配套基础设施、投资回收期等。如属于并购类投资，需包括并购目标公司的生产经营状况、资产财务状况以及具体收购方案等）</td></tr>
<tr><td>注册资本</td><td colspan="3"></td></tr>
<tr><td>股权结构</td><td colspan="3">境外中资企业占股比：
其他方股东名称及股比：</td></tr>
<tr><td>设立方式</td><td colspan="3">○新设　　　　○并购</td></tr>
<tr><td>经营范围</td><td colspan="3"></td></tr>
<tr><td>所属行业</td><td colspan="3">（下拉式列表选择）</td></tr>
<tr><td>多层级再投资
报告说明</td><td colspan="3">（如该境外中资企业通过设立多层级企业实现再投资，则需填写此项）</td></tr>
<tr><td colspan="4">附件：
1.《企业境外投资证书》（即境外中资企业获得的证书）</td></tr>
<tr><td colspan="4">本单位保证以上填报事项及材料的真实性，承诺遵守中华人民共和国及投资目的地相关法律法规，并按照《境外投资管理办法》（商务部令 2014 年第 3 号）的规定开展境外投资。
企业盖章：
年　　月　　日</td></tr>
</table>

IX. 36　境外投资项目核准和备案管理办法

（2014 年 4 月 8 日　中华人民共和国国家发展和改革委员会令第 9 号）

第一章　总　　则

第一条　为促进和规范境外投资，加快境外投资管理职能转变，根据《中华人民共和国行政许可法》、《国务院关于投资体制改革的决定》和《国务院对确需保留的行政审批项目设定行政许可的决定》，特制定本办法。

第二条　本办法适用于中华人民共和国境内各类法人（以下简称“投资主体”）以新建、并购、参股、增资和注资等方式进行的境外投资项目，以及投资主体以提供融资或担保等方式通过其境外企业或机构实施的境外投资项目。

第三条　本办法所称境外投资项目是指投资主体通过投入货币、有价证券、实物、知识产权或技术、股权、债权等资产和权益或提供担保，获得境外所有权、经营管理权及其他相关权益的活动。

第四条　本办法所称中方投资额是指投资主体为境外投资项目投入的货币、有价证券、实物、知识产权或技术、股权、债权等资产和权益或提供担保的总额。

第五条　国家根据不同情况对境外投资项目分别实行核准和备案管理。

第六条　国家发展和改革委员会（以下简称“国家发展改革委”）会同有关部门加强对企业境外投资的宏观指导、投向引导和综合服务，并通过多双边投资合作和对话机制，为投资主体实施境外投资项目积极创造有利的外部环境。

第二章　核准和备案机关及权限

第七条　中方投资额 10 亿美元及以上的境外投资项目，由国家发展改革委核准。涉及敏感国家和地区、敏感行业的境外投资项目不分限额，由国家发展改革委核准。其中，中方投资额 20 亿美元及以上，并涉及敏感国家和地区、敏感行业的境外投资项目，由国家发展改革委提出审核意见报国务院核准。

本办法所称敏感国家和地区包括：未建交和受国际制裁的国家，发生战争、内乱等国家和地区。

本办法所称敏感行业包括：基础电信运营，跨境水资源开发利用，大规模土地开发，输电干线、电网，新闻传媒等行业。

第八条 本办法第七条规定之外的境外投资项目实行备案管理。其中，中央管理企业实施的境外投资项目、地方企业实施的中方投资额3亿美元及以上境外投资项目，由国家发展改革委备案；地方企业实施的中方投资额3亿美元以下境外投资项目，由各省、自治区、直辖市及计划单列市和新疆生产建设兵团等省级政府投资主管部门备案。

第九条 对于境外投资项目前期工作周期长、所需前期费用（包括履约保证金、保函手续费、中介服务费、资源勘探费等）规模较大的，根据现行外汇管理规定的需要，投资主体可参照本办法第七、八条规定对项目前期费用申请核准或备案。经核准或备案的项目前期费用计入项目中方投资额。

第十条 中方投资额3亿美元及以上的境外收购或竞标项目，投资主体在对外开展实质性工作之前，应向国家发展改革委报送项目信息报告。国家发展改革委收到项目信息报告后，对符合国家境外投资政策的项目，在7个工作日内出具确认函。项目信息报告格式文本由国家发展改革委发布。

本办法所称境外收购项目，是指投资主体以协议、要约等方式收购境外企业全部或者部分股权、资产或其他权益的项目。境外竞标项目，是指投资主体参与境外公开或不公开的竞争性投标等方式获得境外企业全部或者部分股权、资产或其他权益的项目。

本办法所称对外开展实质性工作，境外收购项目是指对外签署约束性协议、提出约束性报价及向对方国家或地区政府审查部门提出申请，境外竞标项目是指对外正式投标。

第三章 核准和备案程序及条件

第十一条 由国家发展改革委核准或由国家发展改革委提出审核意见报国务院核准的境外投资项目，地方企业直接向所在地的省级政府发展改革部门提交项目申请报告，由省级政府发展改革部门提出审核意见后报送国家发展改革委；中央管理企业由集团公司或总公司向国家发展改革委报送项目申请报告。

第十二条 向国家发展改革委报送的项目申请报告主要包括项目名称、投资主体情况、项目必要性分析、背景及投资环境情况、项目实施内容、投融资方案、风险分析等内容。项目申请报告示范大纲由国家发展改革委发布。

项目申请报告应附以下附件：

（一）公司董事会决议或相关的出资决议；

（二）投资主体及外方资产、经营和资信情况的文件；

（三）银行出具的融资意向书；

（四）以有价证券、实物、知识产权或技术、股权、债权等资产权益出资的，按资产权益的评估价值或公允价值核定出资额，并应提交具备相应资质的会计师事务所、资产评估机构等中介机构出具的审计报告、资产评估报告及有权机构的确认函，或其他可证明有关资产权益价值的第三方文件；

（五）投标、并购或合资合作项目，应提交中外方签署的意向书或框架协议等文件。

第十三条 对于项目申请报告及附件不齐全或内容不符合规定要求的，国家发展改革委在5个工作日内一次性告知申报单位予以补正。

第十四条 涉及敏感国家和地区、敏感行业的境外投资项目，国家发展改革委在受理项目申请报告之日起3个工作日内征求有关部门意见，有关部门应当自收到征求意见函之日起7个工作日内出具书面意见。

第十五条 国家发展改革委在受理项目申请报告后，若确有必要，应在5个工作日内委托有资质的咨询机构进行评估。接受委托的咨询机构在规定时限内提出评估报告，并对评估结论承担责任。评估时限原则上不超过40个工作日。

评估费用由国家发展改革委承担，咨询机构及其工作人员不得收取申报单位或投资主体的任何费用。

第十六条 国家发展改革委自受理项目申请报告之日起，对于符合核准条件的境外投资项目在20个工作日内完成核准，或提出审核意见报国务院核准。如20个工作日不能作出核准决定或提出审核意见的，由国家发展改革委负责人批准延长10个工作日，并将延长期限的理由告知申报单位。

前款规定的核准期限，不包括委托咨询机构评估的时间。

第十七条 国家发展改革委对核准的项目将向申报单位出具书面核准文件；对不予核准的项目，将以书面决定的方式通知申报单位并说明理由，投资主体享有依法申请行政复议或者提起行政诉讼的权利。

第十八条 国家发展改革委核准项目的条件为：

（一）符合国家法律法规和产业政策、境外投资政策；

（二）符合互利共赢、共同发展的原则，不危害国家主权、安全和公共利益，不违反我国缔结或参加的国际条约；

（三）符合国家资本项目管理相关规定；

（四）投资主体具备相应的投资实力。

第十九条 属于国家发展改革委备案的项目，地方企业应填报境外投资项目备案申请表并附有关附件，直接提交所在地的省级政府发展改革部门，由省级政府发展改革部门报送国家发展改革委；中央管理企业由集团公司或总公司向国家发展改革委报送备案申请表及有关附件。

境外投资项目备案申请表格式文本及附件要求由国家发展改革委发布。

第二十条 对于备案申请表及附件不齐全或内容不符合规定要求的，国家发展改革委在5个工作日内一次性告知申报单位予以补正。

第二十一条 国家发展改革委在受理备案申请表之日起7个工作日内，对符合备案条件的境外投资项目出具备案通知书。对不予备案的境外投资项目，国家发展改革委将以书面决定的方式通知申报单位并说明理由，投资主体享有依法申请行政复议或者提起行政诉讼的权利。

第二十二条 国家发展改革委对申请备案的境外投资项目，主要从是否属于备案管理范围，是否符合相关法律法规、产业政策和境外投资政策，是否符合国家资本项目管理相关规定，是否危害国家主权、安全、公共利益，以及投资主体是否具备相应投资实力等进行审核。

第二十三条 对于已经核准或备案的境外投资项目，如出现下列情况之一的，应按照本办法第七、八条规定向国家发展改革委申请变更：

（一）项目规模和主要内容发生变化；

（二）投资主体或股权结构发生变化；

（三）中方投资额超过原核准或备案的20%及以上。

第四章 核准和备案文件效力

第二十四条 投资主体凭核准文件或备案通知书，依法办理外汇、海关、出入境管理和税收等相关手续。对于未按规定权限和程序核准或者备案的项目，有关部门不得办理相关手续，金融机构不得发放贷款。

第二十五条 投资主体实施需国家发展改革委核准或备案的境外投资项目，在对外签署具有最终法律约束效力的文件前，应当取得国家发展改革委出具的核准文件或备案通知书；或可在签署的文件中明确生效条件为依法取得国家发展改革委出具的核准文件或备案通知书。

第二十六条 核准文件和备案通知书应规定有效期，其中建设类项目核准文件和备案通知书有效期二年，其他项目核准文件和备案通知书有效期一年。

在有效期内投资主体未能完成办理本办法第二十四条所述相关手续的，应在有效期届满前30个工作日内申请延长有效期。

第五章 法律责任

第二十七条 国家发展改革委工作人员有下列行为之一的，责令其限期整改，并依据《行政机关公务员处分条例》等有关规定追究有关责任人的行政责任；构成犯罪的，由司法机关依法追究刑事责任。

（一）滥用职权、玩忽职守、徇私舞弊、索贿受贿的；

（二）违反本办法规定的程序和条件办理项目核准、备案的；

（三）其他违反本办法规定的行为。

第二十八条 投资主体应当对境外投资项目申请报告或项目备案申请表及附件的真实性、合法性负责。投资主体在境外投资项目申报过程中违反法律法规，隐瞒有关情况或提供虚假材料的，国家发展改革委将不予受理或不予核准、备案；已经取得核准文件或备案通知书的，国家发展改革委将撤销核准文件或备案通知书，并给予警告。

第二十九条 对于按照本办法规定投资主体应申请办理核准或备案但未依法取得核准文件或备案通知书而擅自实施的项目，以及未按照核准文件或备案通知书内容实施的项目，一经发现，国家发展改革委将会同有关部门责令其停止项目实施，并提请或者移交有关机关依法追究有关责任人的法律和行政责任。

对于按照本办法第十条规定投资主体应报送项目信息报告但未获得信息报告确认函而对外开展实质性工作的，国家发展改革委将予以通报批评，责令其纠正。对于性质严重、给国家利益造成严重损害的，国家发展改革委将会同有关部门依法进行处罚，并提请或者移交有关机关依法追究有关责任人的法律和行政责任。

第六章 附 则

第三十条 各省级政府投资主管部门要加强对本地企业境外投资的引导和服务，并参照本办法规定制定相应的备案管理办法。国家发展改革委对省级政府投资主管部门境外投资项目备案工作进行指导和监督，并对发现的问题及时予以纠正。

第三十一条 投资主体在境外投资参股或设立股权投资基金，适用本办法。

自然人和其他组织在境外实施的投资项目，参照本办法规定另行制定具体管理办法。

第三十二条 投资主体在香港特别行政区、澳门特别行政区实施的投资项目，参照本办法执行。投资主体在台湾地区实施的投资项目，参照本办法规定另行制定具体管理办法。

第三十三条 本办法由国家发展改革委负责解释。

第三十四条 本办法自 2014 年 5 月 8 日起施行。国家发展改革委于 2004 年 10 月颁布的《境外投资项目暂行管理办法》（第 21 号令）同时废止。

IX.37 外商投资项目核准和备案管理办法

（2014 年 5 月 17 日 中华人民共和国国家发展和改革委员会令第 12 号）

第一章 总 则

第一条 为进一步深化外商投资管理体制改革，根据《中华人民共和国行政许可法》、《指导外商投资方向规定》、《国务院关于投资体制改革的决定》及《政府核准的投资项目目录（2013 年本）》（以下简称《核准目录》），特制定本办法。

第二条 本办法适用于中外合资、中外合作、外商独资、外商投资合伙、外商并购境内企业、外商投资企业增资及再投资项目等各类外商投资项目。

第二章 项目管理方式

第三条 外商投资项目管理分为核准和备案两种方式。

第四条 根据《核准目录》，实行核准制的外商投资项目的范围为：

（一）《外商投资产业指导目录》中有中方控股（含相对控股）要求的总投资（含增资）3 亿美元及以上鼓励类项目，总投资（含增资）5000 万美元及以上限制类（不含房地产）项目，由国家发展和改革委员会核准。

（二）《外商投资产业指导目录》限制类中的房地产项目和总投资（含增资）5000 万美元以下的其他限制类项目，由省级政府核准。《外商投资产业指导目录》中有中方控股（含相对控股）要求的总投资（含增资）3 亿美元以下鼓励类项目，由地方政府核准。

（三）前两项规定之外的属于《核准目录》第一至十一项所列的外商投资项目，按照《核准目录》第一至十一项的规定核准。

（四）由地方政府核准的项目，省级政府可以根据本地实际情况具体划分地方各级政府的核准权限。由省级政府核准的项目，核准权限不得下放。本办法所称项目核准机关，是指本条规定具有项目核准权限的行政机关。

第五条 本办法第四条范围以外的外商投资项目由地方政府投资主管部门备案。

第六条 外商投资企业增资项目总投资以新增投资额计算，并购项目总投资以交易额计算。

第七条 外商投资涉及国家安全的，应当按照国家有关规定进行安全审查。

第三章 项目核准

第八条 拟申请核准的外商投资项目应按国家有关要求编制项目申请报告。项目申请报告应包括以下内容：

（一）项目及投资方情况；

（二）资源利用和生态环境影响分析；

（三）经济和社会影响分析。

外国投资者并购境内企业项目申请报告应包括并购方情况、并购安排、融资方案和被并购方情况、被并购后经营方式、范围和股权结构、所得收入的使用安排等。

第九条 国家发展和改革委员会根据实际需要，编制并颁布项目申请报告通用文本、主要行业的项目申请报告示范文本、项目核准文件格式文本。

对于应当由国家发展和改革委员会核准或者审核后报国务院核准的项目，国家发展和改革委员会制定并颁布《服务指南》，列明项目核准的申报材料和所需附件、受理方式、办理流程、办理时限等内容，为项目申报单位提供指导和服务。

第十条 项目申请报告应附以下文件：

（一）中外投资各方的企业注册证明材料及经审计的最新企业财务报表（包括资产负债表、利润表和现金流量表）、开户银行出具的资金信用证明；

（二）投资意向书，增资、并购项目的公司董事会决议；

（三）城乡规划行政主管部门出具的选址意见书（仅指以划拨方式提供国有土地使用权的项目）；

（四）国土资源行政主管部门出具的用地预审意见（不涉及新增用地，在已批准的建设用地范围内进行改扩建的项目，可以不进行用地预审）；

（五）环境保护行政主管部门出具的环境影响评价审批文件；

（六）节能审查机关出具的节能审查意见；

（七）以国有资产出资的，需由有关主管部门出具的确认文件；

（八）根据有关法律法规的规定应当提交的其他文件。

第十一条 按核准权限属于国家发展和改革委员会核准的项目，由项目所在地省级发展改革部门提出初审意见后，向国家发展和改革委员会报送项目申请报告；计划单列企业集团和中央管理企业可直接向国家发展和改革委员会报送项目申请报告，并附项目所在地省级发展改革部门的意见。

第十二条 项目申报材料不齐全或者不符合有关要求的，项目核准机关应当在收到申报材料后5个工作日内一次告知项目申报单位补正。

第十三条 对于涉及有关行业主管部门职能的项目，项目核准机关应当商请有关行业主管部门在7个工作日内出具书面审查意见。有关行业主管部门逾期没有反馈书面审查意见的，视为同意。

第十四条 项目核准机关在受理项目申请报告之日起4个工作日内，对需要进行评估论证的重点问题委托有资质的咨询机构进行评估论证，接受委托的咨询机构应在规定的时间内提出评估报告。

对于可能会对公共利益造成重大影响的项目，项目核准机关在进行核准时应采取适当方式征求公众意见。对于特别重大的项目，可以实行专家评议制度。

第十五条 项目核准机关自受理项目核准申请之日起20个工作日内，完成对项目申请报告的核准。如20个工作日内不能做出核准决定的，由本部门负责人批准延长10个工作日，并将延长期限的理由告知项目申报单位。

前款规定的核准期限，委托咨询评估和进行专家评议所需的时间不计算在内。

第十六条 对外商投资项目的核准条件是：

（一）符合国家有关法律法规和《外商投资产业指导目录》、《中西部地区外商投资优势产业目录》的规定；

（二）符合发展规划、产业政策及准入标准；

（三）合理开发并有效利用了资源；

（四）不影响国家安全和生态安全；

（五）对公众利益不产生重大不利影响；

（六）符合国家资本项目管理、外债管理的有关规定。

第十七条 对予以核准的项目，项目核准机关出具书面核准文件，并抄送同级行业管理、城乡规划、国土资源、环境保护、节能审查等相关部门；对不予核准的项目，应以书面说明理由，并告知项目申报单位享有依法申请行政复议或者提起行政诉讼的权利。

第四章 项目备案

第十八条 拟申请备案的外商投资项目需由项目申报单位提交项目和投资方基本情况等信息，并附中外投资各方的企业注册证明材料、投资意向书及增资、并购项目的公司董事会决议等其他相关材料。

第十九条 外商投资项目备案需符合国家有关法律法规、发展规划、产业政策及准入标准，符合《外商投资产业指导目录》、《中西部地区外商投资优势产业目录》。

第二十条 对不予备案的外商投资项目，地方投资主管部门应在7个工作日内出具书面意见并说明理由。

第五章 项目变更

第二十一条 经核准或备案的项目如出现下列情形之一的，需向原批准机关申请变更：

（一）项目地点发生变化；

（二）投资方或股权发生变化；

（三）项目主要建设内容发生变化；

（四）有关法律法规和产业政策规定需要变更的其他情况。

第二十二条 变更核准和备案的程序比照本办法前述有关规定执行。

第二十三条 经核准的项目若变更后属于备案管理范围的，应按备案程序办理；予以备案的项目若变更后属于核准管理范围的，应按核准程序办理。

第六章 监督管理

第二十四条 核准或备案文件应规定文件的有效期。在有效期内未开工建设的，项目申报单位应当在有效期届满前30个工作日向原核准和备案机关提出延期申请。在有效期内未开工建设且未提出延期申请的，原核准文件期满后自动失效。

第二十五条 对于未按规定权限和程序核准或者备案的项目，有关部门不得办理相关手续，金融机构不得提供信贷支持。

第二十六条 各级项目核准和备案机关要切实履行核准和备案职责，改进监督、管理和服务，提高行政效率，并按照相关规定做好项目核准及备案的信息公开工作。

第二十七条 各级发展改革部门应当会同同级行业管理、城乡规划、国土资源、环境保护、金融监管、安全生产监管等部门，对项目申报单位执行项目情况和外商投资项目核准或备案情况进行稽察和监督检查，加快完善信息系统，建立发展规划、产业政策、准入标准、诚信记录等信息的横向互通制度，严肃查处违法违规行为并纳入不良信用记录，实现行政审批和市场监管的信息共享。

第二十八条 国家发展和改革委员会要联合地方发展改革部门建立完善外商投资项目管理电子信息系统，实现外商投资项目可查询、可监督，提升事中事后监管水平。

第二十九条 省级发展改革部门每月10日前汇总整理上月本省项目核准

及备案相关情况，包括项目名称、核准及备案文号、项目所在地、中外投资方、建设内容、资金来源（包括总投资、资本金等）等，报送国家发展和改革委员会。

第七章 法律责任

第三十条 项目核准和备案机关及其工作人员违反本办法有关规定的，由其上级行政机关或者监察机关责令改正；情节严重的，对直接负责的主管人员和其他直接责任人员依法给予行政处分。

第三十一条 项目核准和备案机关工作人员，在项目核准和备案过程中滥用职权谋取私利，构成犯罪的，依法追究刑事责任；尚不构成犯罪的，依法给予行政处分。

第三十二条 咨询评估机构及其人员、参与专家评议的专家，在编制项目申请报告、受项目核准机关委托开展评估或者参与专家评议过程中，不遵守国家法律法规和本办法规定的，依法追究相应责任。

第三十三条 项目申报单位以拆分项目或提供虚假材料等不正当手段申请核准或备案的，项目核准和备案机关不予受理或者不予核准及备案。已经取得项目核准或备案文件的，项目核准和备案机关应依法撤销该项目的核准或备案文件。已经开工建设的，依法责令其停止建设。相应的项目核准和备案机关及有关部门应当将其纳入不良信用记录，并依法追究有关责任人的法律责任。

第八章 附 则

第三十四条 具有项目核准职能的国务院行业管理部门和省级政府有关部门可以按照国家有关法律法规和本办法的规定，制定外商投资项目核准具体实施办法和相应的《服务指南》。

第三十五条 香港特别行政区、澳门特别行政区和台湾地区的投资者在祖国大陆举办的投资项目，参照本办法执行。

外国投资者以人民币在境内投资的项目，按照本办法执行。

第三十六条 法律、行政法规和国家对外商投资项目管理有专门规定的，按照有关规定执行。

第三十七条 本办法由国家发展和改革委员会负责解释。

第三十八条 本办法自2014年6月17日起施行。国家发展和改革委员会2004年10月9日发布的《外商投资项目核准暂行管理办法》（国家发展和改革委员会令第22号）同时废止。

IX. 38 商务部关于涉及外商投资企业股权出资的暂行规定

（2012 年 9 月 21 日 中华人民共和国商务部令第 8 号）

第一条 为规范涉及外商投资企业的股权出资行为，提高投资便利化水平，促进外国投资者来华投资，根据中华人民共和国外商投资法律、《公司法》以及相关行政法规的规定，制定本规定。

第二条 境内外投资者（以下统称股权出资人）以其持有的中国境内企业（以下统称股权企业）的股权作为出资，设立及变更外商投资企业（以下统称被投资企业）的行为适用本规定，包括：

（一）以新设公司形式设立外商投资企业；

（二）增资使非外商投资企业变更为外商投资企业；

（三）增资使外商投资企业股权发生变更。

以上所称企业是指在中国境内依法设立的有限责任公司或股份有限公司。

第三条 本规定所称审批机关为中华人民共和国商务部或地方商务主管部门。

投资者以股权出资设立及变更外商投资企业，除按照有关外商投资审批管理规定由商务部批准的之外，其余由被投资企业所在省、自治区、直辖市和计划单列市的商务主管部门（以下简称省级审批机关）负责批准。

第四条 用作出资的股权应当权属清晰、权能完整，依法可以转让；股权企业为外商投资企业的，该企业应依法批准设立，符合外商投资产业政策。

属于以下情形的，股权不得用于出资：

（一）股权企业的注册资本未缴足；

（二）股权已被设立质权；

（三）股权已被依法冻结；

（四）股权企业章程（合同）约定不得转让的股权；

（五）未按规定参加或未通过上一年度外商投资企业联合年检的外商投资企业的股权；

（六）房地产企业、外商投资性公司、外商投资创业（股权）投资企业的股权；

（七）法律、行政法规或者国务院决定规定股权转让应当报经批准而未经批准；

（八）法律、行政法规或者国务院决定规定不得转让的其他情形。

第五条 股权出资后，被投资企业和股权企业及其直接或间接持股企业应符合《指导外商投资方向规定》、《外商投资产业指导目录》以及其他外商投资相关规定；不符合有关规定的，应在申报股权出资之前剥离相关资产、业务或转让股权。境内外投资者不得以股权出资方式规避外商投资管理。

第六条 用作出资的股权应当经依法设立的境内评估机构评估。

第七条 股权出资人与被投资企业的股东或其他投资者可在股权评估的基础上协商确定股权作价金额、股权出资金额。

股权作价金额是指以上各方在股权评估基础上共同认定的用于出资股权的交易作价，股权出资金额是指股权作价金额中计入被投资企业注册资本的部分，股权出资金额不得高于股权评估值。

对于以股权作价认购被投资企业增资的，股权作价金额计入并购交易额。

第八条 被投资企业全体股东的股权出资金额和以其他非货币财产作价出资金额之和不得高于其注册资本的70%。

第九条 被投资企业为有限责任公司的，其投资总额应根据《国家工商行政管理局关于中外合资经营企业注册资本与投资总额比例的暂行规定》，按照股权出资后被投资企业的注册资本进行确定。

第十条 投资者以股权出资，应由投资者或被投资企业向审批机关提出申请，提交以下文件：

（一）股权出资申请及股权出资协议；

（二）股权出资人合法持有用作出资股权的证明；

（三）股权企业企业法人营业执照（复印件）；

（四）股权企业为外商投资企业的，应提交外商投资企业批准证书及复印件，通过外商投资企业联合年检的相关证明；

（五）评估机构的股权评估报告；

（六）律师事务所及其委派的律师就本规定第四条、第五条内容出具的法律意见书；

（七）依照外商投资法律、行政法规和规章应当报送的其他关于外商投资企业设立或变更的文件；

（八）法律、行政法规或者国务院决定规定股权企业股东转让股权须报经批准的，需提交相关批准文件；

（九）审批机关要求提交的其他文件。

第十一条 被投资企业的审批机关依法决定批准或不予批准。予以批准的，由审批机关颁发或换发外商投资企业批准证书（在备注栏加注“股权出资未缴付”）。

股权企业为外商投资企业，且与被投资企业分由不同审批机关批准的，被投资企业的审批机关应征求股权企业所在地省级审批机关意见，股权企业所在地省级审批机关应在收到征求意见函后20个工作日内回复意见；逾期不答复的，视为同意。

第十二条 股权出资经被投资企业的审批机关批准后，股权企业为非外商投资企业的，股权企业应凭被投资企业加注的外商投资企业批准证书，按照《关于外商投资企业境内投资的暂行规定》及其他有关规定办理备案或审批手续，申请将用作出资的股权的持有人变更为被投资企业。

第十三条 股权出资经被投资企业的审批机关批准后，股权企业为外商投资企业的，按以下情形办理：

股权出资后，若股权企业股东中仍有外国投资者（含外商投资性公司、外商投资创业（股权）投资企业或以投资为主要业务的外商投资合伙企业），该股权企业应凭被投资企业加注的外商投资企业批准证书，按照《外商投资企业投资者股权变更的若干规定》向具有相应权限的审批机关申请将用作出资的股权的持有人变更为被投资企业。

股权出资后，若股权企业股东中无外国投资者（含外商投资性公司、外商投资创业（股权）投资企业或以投资为主要业务的外商投资合伙企业），该股权企业应凭被投资企业加注的外商投资企业批准证书，按照《外商投资企业投资者股权变更的若干规定》和《关于外商投资企业境内投资的暂行规定》办理有关审批或备案手续，向审批机关缴销或变更其外商投资企业批准证书。

第十四条 股权企业在完成上述变更后，应按照国家有关规定向所在地工商、税务、海关、外汇管理等有关部门办理变更登记。

用作出资的股权已在证券登记结算机构登记的，股权企业应当按照有关规定向证券交易所和证券登记结算机构办理股份转让和过户登记手续。

第十五条 股权企业完成上述变更后，被投资企业应凭以下文件向审批机关申请换发外商投资企业批准证书（在备注栏加注"股权出资已缴付"字样）。

（一）股权企业股权变更的说明；

（二）股权企业股权变更后的企业法人营业执照及复印件；

（三）经依法设立的验资机构出具的股权出资验资证明；

（四）股权企业在股权变更后仍为外商投资企业的，还应提交变更后的外商投资企业批准证书及复印件；

（五）股权企业为非外商投资企业但其经营范围涉及《外商投资产业指导目录》限制类领域的，还应提交省级审批机关关于外商投资企业境内再投资的批复文件。

第十六条 涉及境内上市公司的股权出资应符合国家证券监管、证券交易、证券登记结算等有关规定。

外国投资者以股权企业的股权作为对价参与境内上市公司定向发行或协议转让股份，应同时适用《外国投资者对上市公司战略投资管理办法》。商务部按照有关规定出具原则批复函，股权企业可按照本规定第十二条、第十三条的规定，凭原则批复函办理股权企业的备案、审批等变更手续，以及办理定向发行或协议转让手续。在交易完成后，上市公司到商务部领取外商投资企业批准证书，并凭该批准证书到工商行政管理部门办理变更登记。

第十七条 股权出资被投资企业的审批机关应将批准文件分别抄送被投资企业所在地工商、税务、海关、外汇等部门；股权出资人为境内投资者的，应抄送股权出资人所在地的税务主管部门。

第十八条 在办理被投资企业外债登记和进口免税额度时，应以被投资企业扣除股权出资部分的注册资本所确定的投资总额进行核定。

第十九条 股权出资应当符合国家有关税收管理的规定。

第二十条 股权出资涉及企业国有产权和上市公司国有股权管理事项的，应当遵守国有资产管理的相关规定。

第二十一条 验资机构在出具验资证明时，应向被投资企业所在地外汇管理部门进行验资询证。

第二十二条 股权出资涉及《国务院办公厅关于建立外国投资者并购境内企业安全审查制度的通知》规定的有关情形的，应由外国投资者按照相关规定提出并购安全审查申请。

股权出资属于外国投资者并购境内企业情形的，除适用本规定外，还应遵守《关于外国投资者并购境内企业的规定》。

第二十三条 涉及外商投资性公司的股权出资应符合外商投资举办投资性公司的相关规定。

第二十四条 境内投资者以外商投资企业的股权向内资企业出资的，应符合本规定第四条关于股权出资条件的规定。

第二十五条 外国投资者以境内企业的股权作为对价换取其他投资者持有的境内企业股权，应参照本规定关于股权出资条件、股权评估等有关规定，并遵守《外商投资企业投资者股权变更的若干规定》、《关于外国投资者并购境内企业的规定》等规定。

第二十六条 涉及台港澳侨投资企业的股权出资行为参照本规定管理。

第二十七条 本规定由商务部负责解释。

第二十八条 本规定自2012年10月22日起实施。

IX. 39 高新技术企业认定管理办法（存目）

（2008 年 4 月 14 日　科技部　财政部　国家税务总局
国科发火［2008］172 号）

IX. 40 关于规范电力系统职工投资发电企业的意见（存目）

（2008 年 1 月 28 日　国资委　发展改革委
财政部　证监会　国资发改革［2008］28 号）

IX. 41 军工企业股份制改造实施暂行办法（存目）

（2007 年 11 月 15 日　国防科工委）

IX. 42 中介机构参与军工企事业单位改制上市管理暂行规定（存目）

（2007 年 11 月 15 日　国防科工委）

IX. 43 国务院批转发展改革委等部门《关于抑制部分行业产能过剩和重复建设引导产业健康发展若干意见》的通知

（2009 年 9 月 26 日 国发［2009］38 号）

各省、自治区、直辖市人民政府，国务院各部委、各直属机构：

国务院同意发展改革委等部门《关于抑制部分行业产能过剩和重复建设引导产业健康发展的若干意见》，现转发给你们，请认真贯彻执行。

为应对国际金融危机的冲击和影响，党中央、国务院审时度势，及时制定和实施了扩大内需、促进经济增长的一揽子计划。按照“保增长、扩内需、调结构”的总体要求，出台了钢铁等十个重点产业调整和振兴规划，在推动结构调整方面提出了控制总量、淘汰落后、兼并重组、技术改造、自主创新等一系列对策措施，各地也相继出台了一些扶持产业发展的政策措施。目前，政策效应已初步显现，企业生产经营困难情况有所缓解，产业发展总体向好。但从当前产业发展状况看，结构调整虽取得一定进展，但总体进展不快，各地区、各行业也不平衡。不少领域产能过剩、重复建设问题仍很突出，有的甚至还在加剧。特别需要关注的是，不仅钢铁、水泥等产能过剩的传统产业仍在盲目扩张，风电设备、多晶硅等新兴产业也出现了重复建设倾向，一些地区违法、违规审批，未批先建、边批边建现象又有所抬头。

对于部分行业出现的产能过剩和重复建设，如不及时加以调控和引导，任其发展，市场恶性竞争难以避免，经济效益难以提高，并将导致企业倒闭或开工不足、人员下岗失业、银行不良资产大量增加等一系列问题，不仅严重影响国家扩大内需一揽子计划的实施效果和来之不易的企稳向好的形势，而且将错失利用国际金融危机形成的市场形势推动结构调整的历史机遇。

各地区、各部门要根据本通知精神，切实把思想和行动统一到党中央、国务院的决策部署上来，认真贯彻落实科学发展观，进一步增强大局意识、责任意识和忧患意识，在保增长中更加注重推进结构调整，坚持产业政策导向，严格执行环境监管、用地管理、金融政策和项目投资管理有关规定，将坚决抑制部分行业产能过剩和重复建设作为结构调整的重点工作抓紧抓好。要大力发展符合市场需求的高新技术产业和服务业，把握好调整的方向、力度和节奏，切实转变经济发展方式，提高经济发展的质量和效益，促进经济社会全面协调可持续发展。

关于抑制部分行业产能过剩和重复建设引导产业健康发展的若干意见

发展改革委　工业和信息化部　监察部　财政部　国土资源部　环境保护部　人民银行　质检总局　银监会　证监会

为切实将党中央、国务院应对国际金融危机的一揽子计划落到实处，巩固和发展当前经济企稳向好的势头，加快推动结构调整，坚决抑制部分行业的产能过剩和重复建设，引导新兴产业有序发展，现提出以下意见：

一、部分行业产能过剩和重复建设问题需引起高度重视

为应对国际金融危机的冲击和影响，党中央、国务院审时度势，及时制定和实施了扩大内需、促进经济增长的一揽子计划。按照"保增长、扩内需、调结构"的总体要求，出台了钢铁等十个重点产业调整和振兴规划，在推动结构调整方面提出了控制总量、淘汰落后、兼并重组、技术改造、自主创新等一系列对策措施，各地也相继出台了一些扶持产业发展的政策措施。目前政策效应已初步显现，工业增速稳中趋升，企业生产经营困难情况有所缓解，产业发展总体向好。

但从当前产业发展状况看，结构调整虽取得一定进展，但总体进展不快，各地区、各行业也不平衡。不少领域产能过剩、重复建设问题仍很突出，有的甚至还在加剧。特别需要关注的是，不仅钢铁、水泥等产能过剩的传统产业仍在盲目扩张，风电设备、多晶硅等新兴产业也出现了重复建设倾向，一些地区违法、违规审批，未批先建、边批边建现象又有所抬头。

（一）钢铁。2008 年我国粗钢产能 6.6 亿吨，需求仅 5 亿吨左右，约 1/4 的钢铁及制成品依赖国际市场。2009 年上半年全行业完成投资 1405.5 亿元，目前在建项目粗钢产能 5800 万吨，多数为违规建设，如不及时加以控制，粗钢产能将超过 7 亿吨，产能过剩矛盾将进一步加剧。

（二）水泥。2008 年我国水泥产能 18.7 亿吨，其中新型干法水泥 11 亿吨，特种水泥与粉磨站产能 2.7 亿吨，落后产能约 5 亿吨，当年水泥产量 14 亿吨。目前在建水泥生产线 418 条，产能 6.2 亿吨，另外还有已核准尚未开工的生产线 147 条，产能 2.1 亿吨。这些产能全部建成后，水泥产能将达到 27 亿吨，市场需求仅为 16 亿吨，产能将严重过剩。

（三）平板玻璃。2008 年全国平板玻璃产能 6.5 亿重箱，产量 5.74 亿重箱，约占全球产量的 50%，其中浮法玻璃产量为 4.79 亿重箱，占平板玻璃总量的 80%。2009 年上半年新投产 13 条生产线，新增产能 4848 万重箱，目前各

地还有30余条在建和拟建浮法玻璃生产线，平板玻璃产能将超过8亿重箱，产能明显过剩。

（四）煤化工。近年来，一些煤炭资源产地片面追求经济发展速度，不顾生态环境、水资源承载能力和现代煤化工工艺技术仍处于示范阶段的现实，不注重能源转化效率和全生命周期能效评价，盲目发展煤化工。传统煤化工重复建设严重，产能过剩30%，在进口产品的冲击下，2009年上半年甲醇装置开工率只有40%左右。目前煤制油示范工程正处于试生产阶段，煤制烯烃等示范工程尚处于建设或前期工作阶段，但一些地区盲目规划现代煤化工项目，若不及时合理引导，势必出现“逢煤必化、遍地开花”的混乱局面。

（五）多晶硅。多晶硅是信息产业和光伏产业的基础材料，属于高耗能和高污染产品。从生产工业硅到太阳能电池全过程综合电耗约220万千瓦时/兆瓦。2008年我国多晶硅产能2万吨，产量4000吨左右，在建产能约8万吨，产能已明显过剩。我国光伏发电市场发展缓慢，国内太阳能电池98%用于出口，相当于大量输出国内紧缺的能源。

（六）风电设备。风电是国家鼓励发展的新兴产业。2008年底已安装风电机组11638台，总装机容量1217万千瓦。近年来风电产业快速发展，出现了风电设备投资一哄而上、重复引进和重复建设现象。目前，我国风电机组整机制造企业超过80家，还有许多企业准备进入风电装备制造业，2010年我国风电装备产能将超过2000万千瓦，而每年风电装机规模为1000万千瓦左右，若不及时调控和引导，产能过剩将不可避免。

此外，电解铝、造船、大豆压榨等行业产能过剩矛盾也十分突出，一些地区和企业还在规划新上项目。目前，全球范围内电解铝供过于求，我国电解铝产能为1800万吨，占全球42.9%，产能利用率仅为73.2%；我国造船能力为6600万载重吨，占全球的36%，而2008年国内消费量仅为1000万载重吨左右，70%以上产量靠出口；大型锻件存在着产能过剩的隐忧；化肥行业氮肥和磷肥自给有余，钾肥严重短缺，产业结构亟待进一步优化。

必须清醒地认识到，2008年第四季度以来我国工业生产经营出现的困难，一方面是国际金融危机冲击的外因影响，另一方面也有我国经济发展方式粗放的内因，不少行业重复建设、盲目扩张，在外需严重萎缩的情况下产能过剩矛盾加剧。当前我国经济回升的基础还不够稳固，应对国际金融危机取得的成果还是初步的、阶段性的。对于部分行业出现的产能过剩和重复建设，如不及时加以调控和引导，任其发展，市场恶性竞争难以避免，经济效益难以提高，并将导致企业倒闭或开工不足、人员下岗失业、银行不良资产大量增加等一系列问题，不仅严重影响国家扩大内需一揽子计划的实施效果和来之不易的企稳向好的形势，而且将错失利用国际金融危机形成的市场形势推动结构调整的历史机遇。因此，尽快抑制产能过剩和重复建设，把有限的要素资源引导和配置到优化存量、培育新的增长点上来，大力发展符合市场需求的高新技术产业和服务业，不仅对实现产业的良性发展，而且对转变发展方式，实现经济社会可持续发展具有重要的意义。

二、正确把握抑制产能过剩和重复建设的政策导向

当前，我国经济正处于企稳回升的关键时期，必须认真贯彻落实科学发展观，进一步统一思想，增强忧患意识，在保增长中更加注重推进结构调整，将坚决抑制部分行业产能过剩和重复建设作为结构调整的重点工作抓紧、抓实，抓出成效。抑制产能过剩和重复建设所涉及的行业具有很强的市场性和全球资源配置特点，既要充分发挥市场机制的作用，又要辅之必要的调控措施，注意把握好以下原则和产业政策导向：

（一）主要原则。

一是控制增量和优化存量相结合。严格控制产能过剩行业盲目扩张和重复建设，推进企业兼并重组和联合重组，加快淘汰落后产能；结合实施“走出去”战略，支持有条件的企业转移产能，形成参与国际产业竞争的新格局；依靠技术进步，优化存量，调整产品结构，谋求有效益、有质量、可持续的发展。

二是分类指导和有保有压相结合。对钢铁、水泥等高耗能、高污染产业，要坚决控制总量、抑制产能过剩；鼓励发展高技术、高附加值、低消耗、低排放的新工艺和新产品，延长产业链，形成新的增长点。对多晶硅、风电设备等新兴产业，要集中有效资源，支持企业提高关键环节和关键部件自主创新能力，积极开展产业化示范，防止投资过热和重复建设，引导有序发展。

三是培育新兴产业和提升传统产业相结合。立足于新一轮国际竞争和可持续发展的需要，尽快培育一批科技含量高、发展潜力大、带动作用强的新兴产业，及时制定出台专项产业政策和规划，明确技术装备路线，建立和完善准入标准；抓紧改造提升传统产业，及时修订产业政策，提高准入标准，对结构调整给予明确产业政策引导。

四是市场引导和宏观调控相结合。加强行业产销形势的监测、分析和国内外市场需求的信息发布，发挥市场配置资源的基础性作用；综合运用法律、经济、技术、标准以及必要的行政手段，协调产业、环保、土地和金融政策，形成抑制产能过剩、引导产业健康发展的合力；同时，坚持深化改革，标本兼治，通过体制机制创新解决重复建设的深层次矛盾。

（二）产业政策导向。

钢铁：充分利用当前市场倒逼机制，在减少或不增加产能的前提下，通过淘汰落后、联合重组和城市钢厂搬迁，加快结构调整和技术进步，推动钢铁工业实现由大到强的转变。不再核准和支持单纯新建、扩建产能的钢铁项目。严禁各地借等量淘汰落后产能之名，避开国家环保、土地和投资主管部门的监管、审批，自行建设钢铁项目。重点支持有条件的大型钢铁企业发展百万千瓦火电及核电用特厚板和高压锅炉管、25万千伏安以上变压器用高磁感低铁损取向硅钢、高档工模具钢等关键品种。尽快完善建筑用钢标准及设计规范，加快淘汰强度335兆帕以下热轧带肋钢筋，推广强度400兆帕及以上钢筋，促进建筑钢材升级换代。2011年底前，坚决淘汰400立方米及以下高炉、30吨及以下转炉和电炉，碳钢企业吨钢综合能耗应低于620千克标准煤，吨钢耗用新水量低于5吨，吨钢烟粉尘排放量低于1.0千克，吨钢二氧化硫排放量低于1.8千克，二次能源基本实现100%回收利用。

水泥：严格控制新增水泥产能，执行等量淘汰落后产能的原则，对2009年9月30日前尚未开工水泥项目一律暂停建设并进行一次认真清理，对不符合上述原则的项目严禁开工建设。各省（区、市）必须尽快制定3年内彻底淘汰落后产能时间表。支持企业在现有生产线上进行余热发电、粉磨系统节能改造和处置工业废弃物、城市污泥及垃圾等。新项目水泥熟料烧成热耗要低于105公斤标煤/吨熟料，水泥综合电耗小于90千瓦时/吨水泥；石灰石储量服务年限必须满足30年以上；废气粉尘排放浓度小于50毫克/标准立方米。落后水泥产能比较多的省份，要加大对企业联合重组的支持力度，通过等量置换落后产能建设新线，推动淘汰落后工作。

平板玻璃：严格控制新增平板玻璃产能，遵循调整结构、淘汰落后、市场导向、合理布局的原则，发展高档用途及深加工玻璃。对现有在建项目和未开工项目进行认真清理，对所有拟建的玻璃项目，各地方一律不得备案。各省（区、市）要制定3年内彻底淘汰"平拉法"（含格法）落后平板玻璃产能时间表。新项目能源消耗应低于16.5公斤标煤/重箱；硅质原料的选矿回收率要达到80%以上；严格环保治理措施，二氧化硫排放低于500毫克/标准立方米、氮氧化物排放低于700毫克/标准立方米、颗粒物排放浓度低于50毫克/标准立方米。鼓励企业联合重组，在符合规划的前提下，支持大企业集团发展电子平板显示玻璃、光伏太阳能玻璃、低辐射镀膜等技术含量高的玻璃以及优质浮法玻璃项目。

煤化工：要严格执行煤化工产业政策，遏制传统煤化工盲目发展，今后3年停止审批单纯扩大产能的焦炭、电石项目。禁止建设不符合《焦化行业准入条件（2008年修订）》和《电石行业准入条件（2007年修订）》的焦化、电石项目。综合运用节能环保等标准提高准入门槛，加强清洁生产审核，实施差别电价等手段，加快淘汰落后产能。对焦炭和电石实施等量替代方式，淘汰不符合准入条件的落后产能。对合成氨和甲醇实施上大压小、产能置换等方式，降低成本、提高竞争力。稳步开展现代煤化工示范工程建设，今后3年原则上不再安排新的现代煤化工试点项目。

多晶硅：研究扩大光伏市场国内消费的政策，支持用国内多晶硅原料生产的太阳能电池以满足国内需求为主，兼顾国际市场。严格控制在能源短缺、电价较高的地区新建多晶硅项目，对缺乏配套综合利用、环保不达标的多晶硅项目不予核准或备案；鼓励多晶硅生产企业与下游太阳能电池生产企业加强联合与合作，延伸产业链。新建多晶硅项目规模必须大于3000吨/年，占地面积小于6公顷/千吨多晶硅，太阳能级多晶硅还原电耗小于60千瓦时/千克，还原尾气中四氯化硅、氯化氢、氢气回收利用率不低于98.5%、99%、99%；引导、支持多晶硅企业以多种方式实现多晶硅—电厂—化工联营，支持节能环保太阳能级多晶硅技术开发，降低生产成本。到2011年前，淘汰综合电耗大于200千瓦时/千克的多晶硅产能。

风电设备：抓住大力发展风电等可再生能源的历史机遇，把我国的风电装备制造业培育成具有自主创新能力和国际竞争力的新兴产业。严格控制风电装备产能盲目扩张，鼓励优势企业做大做强，优化产业结构，维护市场秩序。原则上不再核准或备案建设新的整机制造厂；严禁风电项目招标中设立要求投资者使用本地风电装备、在当地投资建设风电装备制造项目的条款；建立和完善风电装备标准、产品检测和认证体系，禁止落后技术产品和非准入企业产品进入市场。依托优势企业和科研院所，加强风电技术路线和海上风电技术研究，重点支持自主研发2.5兆瓦及以上风电整机和轴承、控制系统等关键零部件及产业化示范，完善质量控制体系。积极推进风电装备产业大型化、国际化，培育具有国际竞争力的风电装备制造业。

此外，严格执行国家产业政策，今后3年原则上不再核准新建、扩建电解铝项目。现有重点骨干电解铝厂吨铝直流电耗要下降到12500千瓦时以下，吨铝外排氟化物量大幅减少，到2010年底淘汰落后小预焙槽电解铝产能80万吨。要严格执行船舶工业调整和振兴规划及船舶工业中长期发展规划，今后3年各级土地、海洋、环保、金融等相关部门不再受理新建船坞、船台项目的申请，暂停审批现有造船企业船坞、船台的扩建项目，要优化存量，引导企业利用现有造船设施发展海洋工程装备。

三、坚决抑制产能过剩和重复建设的对策措施

各地区、各部门要认真贯彻落实《中共中央国务院转发〈国家发展和改革委员会关于上半年经济形势和做好下半年经济工作的建议〉的通知》（中发［2009］8号）以及重点产业调整和振兴规划中关于坚决抑制产能过剩行业盲目重复建设的有关要求，把思想和行动统一到党中央、国务院的决策部署上来，把握好调整的方向、力度和节奏，切实转变经济发展方式，进一步增强大局意识、责任意识，各司其职，密切配合，采取措施坚决抑制产能过剩和重复建设势头。

（一）严格市场准入。相关行业管理部门要切实履行职责，抓紧制定、完善相关产业政策，尽快修订发布《产业结构调整指导目录》，进一步提高钢铁、水泥、平板玻璃、传统煤化工等产业的能源消耗、环境保护、资源综合利用等方面的准入门槛。加快编制或修订专项规划，对多晶硅、风电设备等新兴产业要及时建立和完善准入标准，避免盲目和无序建设。质量管理部门要切实负起监管责任，按照产业政策的要求和企业的质量保证能力，严格核发螺纹钢、线材、水泥等产品生产许可证，坚决查处无证生产。依法加强产品质量监督，加大处罚力度。建设主管部门要禁止落后水泥进入重点建设工程和建筑结构工程。

（二）强化环境监管。推进开展区域产业规划的环境影响评价。区域内的钢铁、水泥、平板玻璃、传统煤化工、多晶硅等高耗能、高污染项目环境影响评价文件必须在产业规划环评通过后才能受理和审批。未通过环境评价审批的项目一律不准开工建设。环保部门要切实负起监管责任，定期发布环保不达标的生产企业名单。对使用有毒、有害原料进行生产或者在生产中排放有毒、有害物质的企业限期完成清洁生产审核，对达不到排放标准或超过排污总量指标的生产企业实行限期治理，未完成限期治理任务的，依法予以关闭。对主要污染物排放超总量控制指标的地区，要暂停增加主要污染物排放项目的环评审批。

（三）依法依规供地用地。切实加强对各类建设项目用地监管。对不符合产业政策和供地政策、未达到现行《工业项目建设用地控制指标》或相关工程建设项目用地指标要求的项目，一律不批准用地；对未按规定履行审批或核准手续的项目，一律不得供应土地。国土资源部门要切实负起监管责任。对未经依法批准擅自占地开工建设的，要依法从重处理；对有关责任人要追究政纪法律责任，构成犯罪的，依法追究刑事责任。

（四）实行有保有控的金融政策。要加强宏观信贷政策指导和监管，引导和督促金融机构改进和完善信贷审核。对不符合重点产业调整和振兴规划以及相关产业政策要求，未按规定程序审批或核准的项目，金融机构一律不得发放贷款，已发放贷款的要采取适当方式予以纠正。严格发债、资本市场融资审核程序。对不符合重点产业调整和振兴规划以及相关产业政策要求，不按规定程序审批或核准的项目及项目发起人，一律不得通过企业债、项目债、短期融资券、中期票据、可转换债、首次公开发行股票、增资扩股等方式进行融资。人民银行、银监会、证监会、发展改革委要对违反规定的金融机构和有关单位予以严肃处理。

（五）严格项目审批管理。各级投资主管部门要进一步加强钢铁、水泥、平板玻璃、煤化工、多晶硅、风电设备等产能过剩行业项目审批管理，原则上不再批准扩大产能的项目，不得下放审批权限，严禁化整为零、违规审批。严格防止各级政府的财政性资金流向产能过剩行业的扩大产能项目。尽快修订完善政府投资项目核准目录，在新的核准目录出台前，上述产能过剩行业确有必要建设的项目，需报国家发展改革委组织论证和核准。

（六）做好企业兼并重组工作。产能过剩行业企业兼并和联合重组的任务十分紧迫和艰巨，结构调整、控制总量和淘汰落后产能均需要企业组织结构进行相应的调整。要抓紧建立科学规范、行之有效的工作程序，同时要扎实做好企业改组、改制中的思想政治工作，切实维护群众利益，保持社会稳定，防止国有资产流失。按照重点产业调整和振兴规划要求，尽快制定出台加快企业兼并重组的指导意见。

（七）建立信息发布制度。发展改革委会同有关部门，建立部门联合发布信息制度，加强行业产能及产能利用率的统一监测，适时向社会发布产业政策导向及产业规模、社会需求、生产销售库存、淘汰落后、企业重组、污染排放等信息。充分发挥行业协会作用，及时反映行业问题和企业诉求，为企业提供信息服务，引导企业和投资者落实国家产业政策和行业发展规划，加强行业自律，提高行业整体素质。

（八）实行问责制。地方各级人民政府不得强制企业投资低水平产能过剩行业。政府各有关部门及金融机构要认真履行职责，依法依纪把好土地关、环保关、信贷关、产业政策关和项目审批（核准）关，并加强政策研究、信息共享和工作协调，形成合力，有效抑制部分行业产能过剩和重复建设，引导产业健康发展，促进结构调整和发展方式转变。要按照《中共中央办公厅国务院办公厅印发〈关于实行党政领导干部问责的暂行规定〉的通知》（中办发［2009］25号）的有关要求，对违反国家土地、环保法律法规和信贷政策、产业政策规定，工作严重失职或失误造成重大损失或恶劣影响的行为要进行问责，严肃处理。

（九）深化体制改革。要着眼于推进产业结构调整以及解决长期困扰我国产业良性发展的深层次矛盾，进一步深化财税体制、投融资体制、价格体制、社会保障体制等方面的改革，完善干部考核制度，形成有力促进经济结构战略性调整，推动我国工业实现由大到强转变的体制环境。

IX. 44 产业结构调整指导目录（2011 年本）

（2011 年 3 月 27 日 中华人民共和国发展和改革委员会令第 9 号）

（2011 年 3 月 27 日国家发展改革委第 9 号令公布，根据 2013 年 2 月 16 日国家发展改革委第 21 号令公布的《国家发展改革委关于修改〈产业结构调整指导目录（2011 年本）〉有关条款的的决定》修正）

第一类 鼓励类

一、农林业

1. 中低产田综合治理与稳产高产基本农田建设
2. 农产品基地建设
3. 蔬菜、瓜果、花卉设施栽培（含无土栽培）先进技术开发与应用
4. 优质、高产、高效标准化栽培技术开发与应用
5. 畜禽标准化规模养殖技术开发与应用
6. 重大病虫害及动物疫病防治
7. 农作物、家畜、家禽及水生动植物、野生动植物遗传工程及基因库建设
8. 动植物（含野生）优良品种选育、繁育、保种和开发；生物育种；种子生产、加工、贮藏及鉴定
9. 种（苗）脱毒技术开发与应用
10. 旱作节水农业、保护性耕作、生态农业建设、耕地质量建设及新开耕地快速培肥技术开发与应用
11. 生态种（养）技术开发与应用
12. 农用薄膜无污染降解技术及农田土壤重金属降解技术开发与应用
13. 绿色无公害饲料及添加剂开发
14. 内陆流域性大湖资源增殖保护工程
15. 远洋渔业、渔政渔港工程
16. 牛羊胚胎（体内）及精液工厂化生产
17. 农业生物技术开发与应用
18. 耕地保养管理与土、肥、水速测技术开发与应用
19. 农、林作物和渔业种质资源保护地、保护区建设；动植物种质资源收集、保存、鉴定、开发与应用
20. 农作物秸秆还田与综合利用（青贮饲料，秸秆氨化养牛、还田，秸秆

沼气及热解、气化，培育食用菌，固化成型燃料，秸秆人造板，秸秆纤维素燃料乙醇、非粮饲料资源开发利用等）

21. 农村可再生资源综合利用开发工程（沼气工程、“三沼”综合利用、沼气灌装提纯等）

22. 平垸行洪退田还湖恢复工程

23. 食（药）用菌菌种培育

24. 草原、森林灾害综合治理工程

25. 利用非耕地的退耕（牧）还林（草）及天然草原植被恢复工程

26. 动物疫病新型诊断试剂、疫苗及低毒低残留兽药（含兽用生物制品）新工艺、新技术开发与应用

27. 优质高产牧草人工种植与加工

28. 天然橡胶及杜仲种植生产

29. 无公害农产品及其产地环境的有害元素监测技术开发与应用

30. 有机废弃物无害化处理及有机肥料产业化技术开发与应用

31. 农牧渔产品无公害、绿色生产技术开发与应用

32. 农林牧渔产品储运、保鲜、加工与综合利用

33. 天然林等自然资源保护工程

34. 碳汇林建设、植树种草工程及林木种苗工程

35. 水土流失综合治理技术开发与应用

36. 生态系统恢复与重建工程

37. 海洋、森林、野生动植物、湿地、荒漠、草原等自然保护区建设及生态示范工程

38. 防护林工程

39. 石漠化防治及防沙治沙工程

40. 固沙、保水、改土新材料生产

41. 抗盐与耐旱植物培植

42. 速生丰产林工程、工业原料林工程、珍贵树种培育及名特优新经济林建设

43. 竹藤基地建设、竹藤精深加工产品及竹副产品开发

44. 森林抚育、低产林改造工程

45. 野生经济林树种保护、改良及开发利用

46. 珍稀濒危野生动植物保护工程

47. 林业基因资源保护工程

48. 次小薪材、沙生灌木及三剩物深加工与产品开发

49. 野生动植物培植、驯养繁育基地及疫源疫病监测预警体系建设

50. 道地中药材及优质、丰产、濒危或紧缺动植物药材的种植（养殖）

51. 香料、野生花卉等林下资源人工培育与开发

52. 木基复合材料及结构用人造板技术开发

53. 木质复合材料、竹质工程材料生产及综合利用

54. 松脂林建设、林产化学品深加工

55. 人工增雨防雹等人工影响天气技术开发与应用

56. 数字（信息）农业技术开发与应用

57. 农业环境与治理保护技术开发与应用

58. 海水养殖及产品深加工，海洋渔业资源增殖与保护

59. 生态清洁型小流域建设及面源污染防治

60. 农田主要机耕道（桥）建设

61. 油茶、油棕等木本粮油基地建设

62. 生物质能源林定向培育与产业化

63. 粮油干燥节能设备、农户绿色储粮生物技术、驱鼠技术、农户新型储粮仓（彩钢板组合仓、钢骨架矩形仓、钢网式干燥仓、热浸镀锌钢板仓等）推广应用

64. 农作物、林木害虫密度自动监测技术开发与应用

65. 森林、草原火灾自动监测报警技术开发与应用

66. 气象卫星工程（卫星研制、生产及配套软件系统、地面接收处理设备等）和气象信息服务

二、水利

1. 江河堤防建设及河道、水库治理工程

2. 跨流域调水工程

3. 城乡供水水源工程

4. 农村饮水安全工程

5. 蓄滞洪区建设

6. 海堤建设

7. 江河湖库清淤疏浚工程

8. 病险水库、水闸除险加固工程

9. 堤坝隐患监测与修复技术开发与应用

10. 城市积涝预警和防洪工程

11. 出海口门整治工程

12. 综合利用水利枢纽工程

13. 牧区水利工程

14. 淤地坝工程

15. 水利工程用土工合成材料及新型材料开发制造

16. 灌区改造及配套设施建设

17. 防洪抗旱应急设施建设

18. 高效输配水、节水灌溉技术推广应用

19. 水情水质自动监测及防洪调度自动化系统开发

20. 水文应急测报、旱情监测基础设施建设

21. 灌溉排水泵站更新改造工程

22. 水利血吸虫病防治工程（采用护坡、吹填、隔离沟、涵闸改造、设置沉螺池、抬洲降滩等防螺灭螺工程措施和疫情监测、防治宣教等措施）

23. 农田水利设施建设工程（灌排渠道、涵闸、泵站建设等）

24. 防汛抗旱新技术新产品开发与应用

25. 山洪地质灾害防治工程（山洪地质灾害防治区监测预报预警体系建设及山洪沟、泥石流沟和滑坡治理等）

26. 水生态系统及地下水保护与修复工程

27. 水源地保护工程（水源地保护区划分、隔离防护、水土保持、水资源保护、水生态环境修复及有关技术开发推广）

28. 水土流失监测预报自动化系统（水土流失数据采集存储、智能传输、数据分析处理、科学预测预报、数据库管理一体化）开发与应用

29. 洪水风险图编制技术及应用（大江大河中下游及重点防洪区、防洪保护区等特定地区洪涝灾害信息专题地图）

30. 水资源管理信息系统建设（以水源、取水、输水、供水、用水、耗水和排水等水资源开发利用主要环节的监测及大江大河行政边界控制断面、地下水超采区监测为基础，以国家电子政务外网和国家防汛指挥系统骨干网为依托，以水资源业务应用系统为核心的综合管理信息系统）

31. 水文站网基础设施建设及其仪器设备开发与应用

三、煤炭

1. 煤田地质及地球物理勘探

2. 120 万吨/年及以上高产高效煤矿（含矿井、露天）、高效选煤厂建设

3. 矿井灾害（瓦斯、煤尘、矿井水、火、围岩、地温、冲击地压等）防治

4. 型煤及水煤浆技术开发与应用

5. 煤炭共伴生资源加工与综合利用

6. 煤层气勘探、开发、利用和煤矿瓦斯抽采、利用

7. 煤矸石、煤泥、洗中煤等低热值燃料综合利用

8. 管道输煤

9. 煤炭高效洗选脱硫技术开发与应用

10. 选煤工程技术开发与应用

11. 地面沉陷区治理、矿井水资源保护与利用

12. 煤电一体化建设

13. 提高资源回收率的采煤方法、工艺开发与应用

14. 矿井采空区矸石回填技术开发与应用

15. 井下救援技术及特种装备开发与应用

16. 煤矿生产过程综合监控技术、装备开发与应用

17. 大型煤炭储运中心、煤炭交易市场建设

18. 矿井进出人员自动监控记录系统开发与应用

19. 新型矿工避险自救器材开发与应用

20. 建筑物下、铁路等基础设施下、水体下采用煤矸石等物质充填采煤技术开发与应用

四、电力

1. 水力发电

2. 单机 60 万千瓦及以上超临界、超超临界机组电站建设

3. 采用背压（抽背）型热电联产、热电冷多联产、30 万千瓦及以上热电联产机组

4. 缺水地区单机 60 万千瓦及以上大型空冷机组电站建设

5. 重要用电负荷中心且天然气充足地区天然气调峰发电项目

6. 30 万千瓦及以上循环流化床、增压流化床、整体煤气化联合循环发电等洁净煤发电

7. 单机 30 万千瓦及以上采用流化床锅炉并利用煤矸石、中煤、煤泥等发电

8. 500 千伏及以上交、直流输变电

9. 在役发电机组脱硫、脱硝改造

10. 电网改造与建设

11. 继电保护技术、电网运行安全监控信息技术开发与应用

12. 大型电站及大电网变电站集约化设计和自动化技术开发与应用

13. 跨区电网互联工程技术开发与应用

14. 输变电节能、环保技术推广应用

15. 降低输、变、配电损耗技术开发与应用

16. 分布式供电及并网技术推广应用

17. 燃煤发电机组脱硫、脱硝及复合污染物治理

18. 火力发电脱硝催化剂开发生产

19. 水力发电中低温水恢复措施工程、过鱼措施工程技术开发与应用

20. 大容量电能储存技术开发与应用

21. 电动汽车充电设施

22. 乏风瓦斯发电技术及开发利用

23. 垃圾焚烧发电成套设备

24. 分布式电源

五、新能源

1. 太阳能热发电集热系统、太阳能光伏发电系统集成技术开发应用、逆变控制系统开发制造

2. 风电与光伏发电互补系统技术开发与应用

3. 太阳能建筑一体化组件设计与制造

4. 高效太阳能热水器及热水工程，太阳能中高温利用技术开发与设备制造

5. 生物质纤维素乙醇、生物柴油等非粮生物质燃料生产技术开发与应用

6. 生物质直燃、气化发电技术开发与设备制造

7. 农林生物质资源收集、运输、储存技术开发与设备制造；农林生物质成型燃料加工设备、锅炉和炉具制造

8. 以畜禽养殖场废弃物、城市填埋垃圾、工业有机废水等为原料的大型沼气生产成套设备

9. 沼气发电机组、沼气净化设备、沼气管道供气、装罐成套设备制造

10. 海洋能、地热能利用技术开发与设备制造

11. 海上风电机组技术开发与设备制造

12. 海上风电场建设与设备制造

六、核能

1. 铀矿地质勘查和铀矿采冶、铀精制、铀转化

2. 先进核反应堆建造与技术开发

3. 核电站建设

4. 高性能核燃料元件制造

5. 乏燃料后处理

6. 同位素、加速器及辐照应用技术开发

7. 先进的铀同位素分离技术开发与设备制造

8. 辐射防护技术开发与监测设备制造

9. 核设施实体保护仪器仪表开发

10. 核设施退役及放射性废物治理

11. 核电站延寿及退役技术和设备

12. 核电站应急抢险技术和设备

七、石油、天然气

1. 常规石油、天然气勘探与开采

2. 页岩气、油页岩、油砂、天然气水合物等非常规资源勘探开发

3. 原油、天然气、液化天然气、成品油的储运和管道输送设施及网络建设

4. 油气伴生资源综合利用

5. 油气田提高采收率技术、安全生产保障技术、生态环境恢复与污染防治工程技术开发利用

6. 放空天然气回收利用与装置制造

7. 天然气分布式能源技术开发与应用

8. 石油储运设施挥发油气回收技术开发与应用

9. 液化天然气技术开发与应用

八、钢铁

1. 黑色金属矿山接替资源勘探及关键勘探技术开发

2. 煤调湿、风选调湿、捣固炼焦、配型煤炼焦、干法熄焦、导热油换热、焦化废水深度处理回用、煤焦油精深加工、苯加氢精制、煤沥青制针状焦、焦油加氢处理、焦炉煤气高附加值利用等先进技术的研发与应用

3. 非高炉炼铁技术

4. 先进压水堆核电管、百万千瓦火电锅炉管、耐蚀耐压耐温油井管、耐腐蚀航空管、高耐腐蚀化工管生产

5. 高性能、高质量及升级换代钢材产品技术开发与应用，包括600兆帕级及以上高强度汽车板、油气输送高性能管线钢、高强度船舶用宽厚板、海洋工程用钢、420兆帕级及以上建筑和桥梁等结构用中厚板、高速重载铁路用钢、低铁损高磁感硅钢、耐腐蚀耐磨损钢材、节约合金资源不锈钢（现代铁素体不锈钢、双相不锈钢、含氮不锈钢）、高性能基础件（高性能齿轮、12.9级及以上螺栓、高强度弹簧、长寿命轴承等）用特殊钢棒线材、高品质特钢锻轧材（工模具钢、不锈钢、机械用钢等）等

6. 在线热处理、在线性能控制、在线强制冷却的新一代热机械控制加工（TMCP）工艺技术应用

7. 直径600毫米及以上超高功率电极、高炉用微孔和超微孔碳砖、特种石墨（高强、高密、高纯、高模量）、石墨（质）化阴极、内串石墨化炉开发与生产

8. 焦炉、高炉、热风炉用长寿节能环保耐火材料生产工艺；精炼钢用低碳、无碳耐火材料和高效连铸用功能环保性耐火材料生产工艺

9. 生产过程在线质量检测技术应用

10. 利用钢铁生产设备处理社会废弃物

11. 烧结烟气脱硫、脱硝、脱二恶英等多功能干法脱除，以及副产物资源

化、再利用化技术

12. 难选贫矿、（共）伴生矿综合利用先进工艺技术

13. 冶金固体废弃物（含冶金矿山废石、尾矿，钢铁厂产生的各类尘、泥、渣、铁皮等）综合利用先进工艺技术

14. 利用低品位锰矿冶炼铁合金的新工艺技术，以及高效利用红土镍矿炼精制镍铁的回转窑—矿热炉（RKEF）工艺技术

15. 冶金废液（含废水、废酸、废油等）循环利用工艺技术与设备

16. 新一代钢铁可循环流程（在做好钢铁产业内部循环的基础上，发展钢铁与电力、化工、装备制造等相关产业间的横向、纵向物流和能流的循环流程）工艺技术开发与应用

17. 高炉、转炉煤气干法除尘

九、有色金属

1. 有色金属现有矿山接替资源勘探开发，紧缺资源的深部及难采矿床开采

2. 高效、低耗、低污染、新型冶炼技术开发

3. 高效、节能、低污染、规模化再生资源回收与综合利用：（1）废杂有色金属回收；（2）有价元素的综合利用；（3）赤泥及其他冶炼废渣综合利用；（4）高铝粉煤灰提取氧化铝

4. 信息、新能源有色金属新材料生产。（1）信息：直径200毫米以上的硅单晶及抛光片、直径125毫米以上直拉或直径50毫米以上水平生长化合物半导体材料、铝铜硅钨钼等大规格高纯靶材、超大规模集成电路铜镍硅和铜铬锆引线框架材料、电子焊料等；（2）新能源：核级海绵锆及锆材、高容量长寿命二次电池电极材料

5. 交通运输、高端制造及其他领域有色金属新材料生产。（1）交通运输：抗压强度不低于500MPa、导电率不低于80% IACS的铜合金精密带材和超长线材制品等高强高导铜合金、交通运输工具主承力结构用的新型高强、高韧、耐蚀铝合金材料及大尺寸制品（航空用铝合金抗压强度不低于650MPa，高速列车用铝合金抗压强度不低于500MPa）；（2）高端制造及其他领域：高性能纳米硬质合金刀具和大晶粒硬质合金盾构刀具及深加工产品、稀土及贵金属催化剂材料、低模量钛合金材及记忆合金等生物医用材料、耐蚀热交换器用铜合金及钛合金材料、高性能稀土磁性材料和储氢材料及高端应用

十、黄金

1. 黄金深部（1000米以下）探矿与开采

2. 从尾矿及废石中回收黄金

十一、石化化工

1. 含硫含酸重质、劣质原油炼制技术，高标准油品生产技术开发与应用

2. 硫、钾、硼、锂等短缺化工矿产资源勘探开发及综合利用，中低品位磷矿采选与利用，磷矿伴生资源综合利用

3. 零极距、氧阴极等离子膜烧碱电解槽节能技术、废盐酸制氯气等综合利用技术、铬盐清洁生产新工艺的开发和应用，气动流化塔生产高锰酸钾，全热能回收热法磷酸生产，大型脱氟磷酸钙生产装置

4. 20 万吨/年及以上合成气制乙二醇、10 万吨/年及以上离子交换法双酚 A、15 万吨/年及以上直接氧化法环氧丙烷、20 万吨/年及以上共氧化法环氧丙烷、5 万吨/年及以上丁二烯法己二腈生产装置，万吨级脂肪族异氰酸酯生产技术开发与应用

5. 优质钾肥及各种专用肥、缓控释肥的生产，氮肥企业节能减排和原料结构调整，磷石膏综合利用技术开发与应用，10 万吨/年及以上湿法磷酸净化生产装置

6. 高效、安全、环境友好的农药新品种、新剂型（水基化剂型等）、专用中间体、助剂（水基化助剂等）的开发与生产，甲叉法乙草胺、水相法毒死蜱工艺、草甘膦回收氯甲烷工艺、定向合成法手性和立体结构农药生产、乙基氯化物合成技术等清洁生产工艺的开发和应用，生物农药新产品、新技术的开发与生产

7. 水性木器、工业、船舶涂料，高固体分、无溶剂、辐射固化、功能性外墙外保温涂料等环境友好、资源节约型涂料生产；单线产能 3 万吨/年及以上、并以二氧化钛含量不小于 90% 的富钛料（人造金红石、天然金红石、高钛渣）为原料的氯化法钛白粉生产

8. 高固着率、高色牢度、高提升性、高匀染性、高重现性、低沾污性以及低盐、低温、小浴比染色用和湿短蒸轧染用的活性染料，高超细旦聚酯纤维染色性、高洗涤牢度、高染着率、高光牢度和低沾污性（尼龙、氨纶）、小浴比染色用的分散染料，用于聚酰胺纤维、羊毛和皮革染色的不含金属的弱酸性染料，高耐晒牢度、高耐气候牢度有机颜料的开发与生产

9. 染料及染料中间体清洁生产、本质安全的新技术（包括催化、三氧化硫磺化、连续硝化、绝热硝化、定向氯化、组合增效、溶剂反应、循环利用等技术，以及取代光气等剧毒原料的适用技术，膜过滤和原浆干燥技术）的开发与应用

10. 乙烯—乙烯醇树脂（EVOH）、聚偏氯乙烯等高性能阻隔树脂，聚异丁烯（PI）、聚乙烯辛烯（POE）等特种聚烯烃开发与生产

11. 6 万吨/年及以上非光气法聚碳酸酯生产装置，液晶聚合物（LCP）等工程塑料生产以及共混改性、合金化技术开发和应用，吸水性树脂、导电性树脂和可降解聚合物的开发与生产，尼龙 11. 尼龙 1414. 尼龙 46. 长碳链尼龙、

耐高温尼龙等新型聚酰胺开发与生产

12. 3 万吨/年及以上丁基橡胶、乙丙橡胶、异戊橡胶，溶聚丁苯橡胶、稀土系顺丁橡胶、丙烯酸酯橡胶及低多芳含量填充油丁苯橡胶等生产装置，合成橡胶化学改性技术开发与应用

13. 聚丙烯热塑性弹性体（PTPE）、热塑性聚酯弹性体（TPEE）、苯乙烯—异戊二烯—苯乙烯热塑性嵌段共聚物（SIS）、热塑性聚氨酯弹性体等热塑性弹性体材料开发与生产

14. 改性型、水基型胶粘剂和新型热熔胶，环保型吸水剂、水处理剂，分子筛固汞、无汞等新型高效、环保催化剂和助剂，安全型食品添加剂、饲料添加剂，纳米材料，功能性膜材料，超净高纯试剂、光刻胶、电子气、高性能液晶材料等新型精细化学品的开发与生产

15. 苯基氯硅烷、乙烯基氯硅烷等新型有机硅单体，苯基硅油、氨基硅油、聚醚改性型硅油等，苯基硅橡胶、苯撑硅橡胶等高性能橡胶及杂化材料，甲基苯基硅树脂等高性能树脂，三乙氧基硅烷等系列高效偶联剂

16. 全氟烯醚等特种含氟单体，聚全氟乙丙烯、聚偏氟乙烯、聚三氟氯乙烯、乙烯—四氟乙烯共聚物等高品质氟树脂，氟醚橡胶、氟硅橡胶、四丙氟橡胶、高含氟量 246 氟橡胶等高性能氟橡胶，含氟润滑油脂，消耗臭氧潜能值（ODP）为零、全球变暖潜能值（GWP）低的消耗臭氧层物质（ODS）替代品，全氟辛基磺酰化合物（PFOS）和全氟辛酸（PFOA）及其盐类替代品和替代技术的开发和应用，含氟精细化学品和高品质含氟无机盐

17. 高性能子午线轮胎（包括无内胎载重子午胎，低断面和扁平化（低于 55 系列）、大轮辋高性能轿车子午胎（15 吋以上），航空轮胎及农用子午胎）及配套专用材料、设备生产，新型天然橡胶开发与应用

18. 生物高分子材料、填料、试剂、芯片、干扰素、传感器、纤维素酶、碱性蛋白酶、诊断用酶等酶制剂、纤维素生化产品开发与生产

19. 四氯化碳、四氯化硅、一甲基氯硅烷、三甲级氯硅烷等 副产物综合利用，二氧化碳的捕获与应用

十二、建材

1. 利用现有 2000 吨/日及以上新型干法水泥窑炉处置工业废弃物、城市污泥和生活垃圾，纯低温余热发电；粉磨系统等节能改造

2. 电子工业用超薄（1.3 毫米以下）、太阳能产业用超白（折合 5 毫米厚度可见光透射率 $>90\%$）、在线镀膜玻璃和低辐射等特殊浮法玻璃生产线；现有浮法生产线采用纯氧燃烧技术、低温余热发电技术；玻璃熔窑用高档耐火材料；玻璃深加工工艺装备技术开发与应用

3. 新型墙体和屋面材料、绝热隔音材料、建筑防水和密封等材料的开发与

生产

4. 150万平方米/年及以上、厚度小于6毫米的陶瓷板生产线和工艺装备技术开发与应用

5. 一次冲洗用水量6升及以下的坐便器、蹲便器、节水型小便器及节水控制设备开发与生产

6. 5万吨/年及以上无碱玻璃纤维池窑拉丝技术和高性能玻璃纤维及制品技术开发与生产

7. 使用合成矿物纤维、芳纶纤维等作为增强材料的无石棉摩擦、密封材料新工艺、新产品开发与生产

8. 信息、新能源、国防、航天航空等领域用高品质人工晶体材料、制品和器件生产装备技术开发；高纯石英原料、石英玻璃材料及其制品制造技术开发与生产；航天航空等领域所需的特种玻璃制造技术开发与生产

9. 高新技术领域需求的高纯、超细、改性等精细加工的高岭土、石墨、硅藻土等非金属矿深加工材料生产及其技术装备开发与制造

10. 30万平方米/年以上超薄复合石材生产；机械化石材矿山开采；矿石碎料和板材边角料综合利用生产及工艺装备开发

11. 废矿石、尾矿和建筑废弃物的综合利用

12. 农用田间建设材料技术开发与生产

13. 利用工业副产石膏生产新型墙体材料及技术装备开发与制造

14. 应急安置房屋开发与生产

十三、医药

1. 拥有自主知识产权的新药开发和生产，天然药物开发和生产，新型计划生育药物（包括第三代孕激素的避孕药）开发和生产，满足我国重大、多发性疾病防治需求的通用名药物首次开发和生产，药物新剂型、新辅料的开发和生产，药物生产过程中的膜分离、超临界萃取、新型结晶、手性合成、酶促合成、生物转化、自控等技术开发与应用，原料药生产节能降耗减排技术、新型药物制剂技术开发与应用

2. 现代生物技术药物、重大传染病防治疫苗和药物、新型诊断试剂的开发和生产，大规模细胞培养和纯化技术、大规模药用多肽和核酸合成、发酵、纯化技术开发和应用，采用现代生物技术改造传统生产工艺

3. 新型药用包装材料及其技术开发和生产（一级耐水药用玻璃，可降解材料，具有避光、高阻隔性、高透过性的功能性材料，新型给药方式的包装；药包材无苯油墨印刷工艺等）

4. 濒危稀缺药用动植物人工繁育技术及代用品开发和生产，先进农业技术在中药材规范化种植、养殖中的应用，中药有效成份的提取、纯化、质量控制

新技术开发和应用，中药现代剂型的工艺技术、生产过程控制技术和装备的开发与应用，中药饮片创新技术开发和应用，中成药二次开发和生产

5. 民族药物开发和生产

6. 新型医用诊断医疗仪器设备、微创外科和介入治疗装备及器械、医疗急救及移动式医疗装备、康复工程技术装置、家用医疗器械、新型计划生育器具（第三代宫内节育器）、新型医用材料、人工器官及关键元器件的开发和生产，数字化医学影像产品及医疗信息技术的开发与应用

7. 实验动物标准化养殖及动物实验服务

8. 基本药物质量和生产技术水平提升及降低成本

十四、机械

1. 三轴以上联动的高速、精密数控机床及配套数控系统、伺服电机及驱动装置、功能部件、刀具、量具、量仪及高档磨具磨料

2. 大型发电机组、大型石油化工装置、大型冶金成套设备等重大技术装备用分散型控制系统（DCS），现场总线控制系统（FCS），新能源发电控制系统

3. 输入输出点数 512 个以上的可编程控制系统（PLC）

4. 数字化、智能化、网络化工业自动检测仪表与传感器，原位在线成分分析仪器，具有无线通信功能的低功耗智能传感器，电磁兼容检测设备，智能电网用智能电表（具有发送和接收信号、自诊断、数据处理功能），光纤传感器

5. 用于辐射、有毒、可燃、易爆、重金属、二恶英等检测分析的仪器仪表，水质、烟气、空气检测仪器，药品检验用质量数大于 1000 原子质量单位（amu）的质谱仪，色质联用仪以及相关的自动取样系统和样品处理系统

6. 科学研究用测量精度达到微米以上的多维几何尺寸测量仪器，自动化、智能化、多功能材料力学性能测试仪器，工业 CT、三维超声波探伤仪等无损检测设备，用于纳米观察测量的分辨率高于 3.0 纳米的电子显微镜

7. 城市智能视觉监控、视频分析、视频辅助刑事侦察技术设备

8. 矿井灾害（瓦斯、煤尘、矿井水、火、围岩等）监测仪器仪表和系统

9. 综合气象观测仪器装备（地面、高空、海洋气象观测仪器装备及耗材，专业气象观测、大气成分观测仪器装备及耗材，气象雷达等）、移动应急气象观测系统、移动应急气象指挥系统、气象计量检定设备、气象维修维护设备、气象观测仪器装备运行监控系统

10. 水文数据采集仪器及设备、水文仪器计量检定设备

11. 地震、地质灾害观测仪器仪表

12. 海洋观测、探测、监测技术系统及仪器设备

13. 数字多功能一体化办公设备（复印、打印、传真、扫描）、数字照相机、数字电影放映机等现代文化办公设备

14. 时速200公里以上动车组轴承，轴重大于30吨重载铁路货车轴承，使用寿命200万公里以上的新型城市轨道交通轴承，使用寿命25万公里以上汽车轮毂轴承单元，耐高温（400℃以上）汽车涡轮、机械增压器轴承，P4. P2级数控机床轴承，2兆瓦（MW）及以上风电机组用各类精密轴承，使用寿命大于5000小时盾构机等大型施工机械轴承，P5级、P4级高速精密冶金轧机轴承，飞机及发动机轴承，医疗CT机轴承，以及上述轴承零件

15. 单机容量80万千瓦及以上混流式水力发电设备（水轮机、发电机及调速器、励磁等附属设备），单机容量35万千瓦及以上抽水蓄能、5万千瓦及以上贯流式和10万千瓦及以上冲击式水力发电设备及其关键配套辅机

16. 60万千瓦及以上超临界、超超临界火电机组用发电机保护断路器、泵、阀等关键配套辅机、部件

17. 60万千瓦及以上超临界参数循环流化床锅炉

18. 燃气轮机高温部件及控制系统

19. 60万千瓦及以上发电设备用转子（锻造、焊接）、转轮、叶片、泵、阀、主轴护套等关键铸锻件

20. 耐高低温、耐腐蚀、耐磨损精密铸锻件

21. 500千伏（kV）及以上超高压、特高压交直流输电设备及关键部件：变压器（出线装置、套管、调压开关），开关设备（灭弧装置、液压操作机构、大型盆式绝缘子），高强度支柱绝缘子和空心绝缘子，悬式复合绝缘子，绝缘成型件，特高压避雷器、直流避雷器，电控、光控晶闸管，换流阀（平波电抗器、水冷设备），控制和保护设备，直流场成套设备等

22. 高压真空元件及开关设备，智能化中压开关元件及成套设备，使用环保型中压气体的绝缘开关柜，智能型（可通信）低压电器，非晶合金、卷铁芯等节能配电变压器

23. 二代改进型、三代核电设备及关键部件；2.5兆瓦以上风电设备整机及2.0兆瓦以上风电设备控制系统、变流器等关键零部件；各类晶体硅和薄膜太阳能光伏电池生产设备；海洋能（潮汐、海浪、洋流）发电设备

24. 直接利用高炉铁液生产铸铁件的短流程熔化工艺与装备；粘土砂静压造型主机；外热送风水冷长炉龄大吨位（15吨/小时以上）冲天炉；大型压铸机（合模力3500吨以上）；差压铸造机；自动浇注机；铸造专用机器人的制造与应用

25. 树脂砂、铸造粘土砂等干（热）法再生回用技术应用

26. 高速精密压力机（180～2500千牛，2000～750次/分钟）、黑色金属液压挤压机（150毫米/秒以上）、轻合金液压挤压机（10毫米/秒以下）、高速精密剪切机（2000千牛以上，70～80次/分，断面斜度1.5O以下）、内高压成形

机（10000 千牛以上）、大型折弯机（60000 千牛以上）、数字化钣金加工中心（柔性制造中心/柔性制造系统）、高速强力旋压机（径向旋压力/每轮：1000 千牛，轴向旋压力/每轮：800 千牛，主轴转矩：240 千牛米，主轴最高转速：95 转/分钟）、数控多工位冲压机、大公称压力冷/温锻压力机（有效公称力行程 25 毫米以上，公称力 10000 千牛以上）、4 工位以上自动温/热锻造压力机（公称力 16000 千牛以上）

27. 乙烯裂解三机，40 万吨级（聚丙烯等）挤压造粒机组，50 万吨级合成气、氨、氧压缩机等关键设备

28. 大型风力发电密封件（使用寿命 7 年以上，工作温度 -45℃ ~100℃）；核电站主泵机械密封（适用压力≥17 兆帕，工作温度 26.7℃ ~73.9℃）；盾构机主轴承密封（使用寿命 5000 小时）；轿车动力总成系统以及传动系统旋转密封；石油钻井、测井设备密封（适用压力≥105 兆帕）；液压支架密封件；高 PV 值旋转动密封件；超大直径（≥2 米）机械密封；航天用密封件（工作温度 -54℃ ~275℃，线速度≥150 米/秒）；高压液压元件密封件（适用压力≥31.5 兆帕）；高精密液压铸件（流道尺寸精度≤0.25 毫米，疲劳性能测试≥200 万次）

29. 高性能无石棉密封材料（耐热温度 500℃，抗拉强度≥20 兆帕）；高性能碳石墨密封材料（耐热温度 350℃，抗压强度≥270 兆帕）；高性能无压烧结碳化硅材料［弯曲强度≥200 兆帕，热导率≥130 瓦/米·开尔文（w/mK）］

30. 智能焊接设备，激光焊接和切割、电子束焊接等高能束流焊割设备，搅拌摩擦、复合热源等焊接设备，数字化、大容量逆变焊接电源

31. 大型（下底板半周长度冲压模 >2500 毫米，下底板半周长度型腔模 >1400 毫米）、精密（冲压模精度≤0.02 毫米，型腔模精度≤0.05 毫米）模具

32. 大型（装炉量 1 吨以上）多功能可控气氛热处理设备、程控化学热处理设备、程控多功能真空热处理设备及装炉量 500 公斤以上真空热处理设备、全纤维炉衬热处理加热炉

33. 高强度（12.9 级以上）、异形及钛合金紧固件，航空、航天、发动机等用弹簧，微型精密传动联结件（离合器），大型轧机联结轴；新型粉末冶金零件：高密度（≥7.0 克/立方厘米）、高精度、形状复杂结构件；高速列车、飞机摩擦装置；含油轴承；动车组用齿轮变速箱，船用可变桨齿轮传动系统、2.0 兆瓦以上风电用变速箱、冶金矿山机械用变速箱；汽车动力总成、工程机械、大型农机用链条

34. 海水淡化设备

35. 机器人及工业机器人成套系统

36. 500 万吨/年及以上矿井、薄煤层综合采掘设备，1000 万吨级/年及以

上大型露天矿关键装备

37. 直径1200毫米及以上的天然气输气管线配套压缩机、燃气轮机、阀门等关键设备；单线260万吨/年及以上天然气液化配套的压缩机及驱动机械、低温设备等；大型输油管线配套的3000立方米/小时及以上的输油泵等关键设备

38. 单张纸多色胶印机（幅宽≥750毫米，印刷速度：单面多色≥16000张/小时，双面多色≥13000张/小时）；商业卷筒纸胶印机（幅宽≥787毫米，印刷速度≥7米/秒，套印精度≤0.1毫米）；报纸卷筒纸胶印机（印刷速度：单纸路单幅机≥75000张/小时，双纸路双幅机≥150000张/小时，套印精度≤0.1毫米）；多色宽幅柔性版印刷机（印刷宽度≥1300毫米，印刷速度≥350米/分）；机组式柔性版印刷机（印刷速度≥150米/分）；环保多色卷筒料凹版印刷机（印刷速度≥300米/分，套印精度≤0.1毫米）；喷墨数字印刷机（出版用：印刷速度≥150米/分，分辨率≥600dpi；包装用：印刷速度≥30米/分，分辨率≥1000dpi；可变数据用：印刷速度≥100米/分，分辨率≥300dpi）；CTP直接制版机（成像速度≥15张/小时，版材幅宽≥750毫米，重复精度0.025毫米，分辨率3000dpi）；无轴数控平压平烫印机（烫印速度≥10000张/小时，加工精度0.05毫米）

39. 100马力以上、配备有动力换挡变速箱或全同步器换档变速箱、总线控制系统、安全驾驶室、动力输出轴有2个以上转速、液压输出点不少于3组的两轮或四轮驱动的轮式拖拉机、履带式拖拉机

40. 100马力以上拖拉机配套农机具：保护性耕作所需要的深松机、联合整地机和整地播种联合作业机等，常规农业作业所需要的单体幅宽≥40厘米的铧式犁、圆盘耙、谷物条播机、中耕作物精密播种机、中耕机、免耕播种机、大型喷雾（喷粉）机等

41. 100马力以上拖拉机关键零部件：动力换挡变速箱，轮式拖拉机用带差速锁的前驱动桥，离合器，液压泵、液压油缸、各种阀及液压输出阀等封闭式液压系统，闭心变量、负载传感的电控液压提升器，电控系统，轮辋及辐板，液压转向机构等

42. 农作物移栽机械：乘坐式盘土机动高速水稻插秧机（每分钟插次350次以上，每穴3~5株，适应行距20~30厘米，株距可调，适应株距12~22厘米）；盘土式机动水稻摆秧机（乘坐式或手扶式，适应行距为20~30厘米，株距可调，适应株距为12~22厘米）等

43. 配套动力50马力以上的棉田中耕型拖拉机、果园用高地隙拖拉机（最低离地高度40厘米以上）

44. 牧草收获机械：自走式牧草收割机、指盘式牧草搂草机、牧草捡拾压捆机等

45. 农业收获机械：自走式谷物联合收割机（喂入量6千克/秒以上）；自走式半喂入水稻联合收割机（4行以上，配套发动机44千瓦以上）；自走式玉米联合收割机（3~6行，摘穗型，带有剥皮装置，以及茎秆粉碎还田装置或茎秆切碎收集装置）；自走式大麦、草苜蓿、玉米、高粱等青贮饲料收获机（配套动力147千瓦以上，茎干切碎长度10~60毫米，带有去石去铁安全装置）；棉花采摘机（3行以上，自走式或拖拉机背负式，摘花装置为机械式或气力式，适应棉株高度35~160厘米，装有籽棉集装箱和自动卸棉装置）；马铃薯收获机（自走式或拖拉机牵引式，2行以上，行距可调，带有去土装置和收集装置，最大挖掘深度35厘米）；甘蔗收获机（自走式或拖拉机背负式，配套功率58千瓦以上，宿根破碎率≤18%，损失率≤7%）；残膜回收与茎杆粉碎联合作业机

46. 节水灌溉设备：各种大中型喷灌机、各种类型微滴灌设备等；抗洪排涝设备（排水量1500立方米/小时以上，扬程5~20米，功率1500千瓦以上，效率60%以上，可移动）

47. 沼气发生设备：沼气发酵及储气一体化（储气容积300~2000立方米系列产品）、沼液抽渣设备（抽吸量1立方米/分钟以上）等

48. 大型施工机械：30吨以上液压挖掘机、6米及以上全断面掘进机、320马力及以上履带推土机、6吨及以上装载机、600吨及以上架桥设备（含架桥机、运梁车、提梁机）、400吨及以上履带起重机、100吨及以上全地面起重机、钻孔100毫米以上凿岩台车、400千瓦及以上砼冷热再生设备、1米宽及以上铣刨机；关键零部件：动力换挡变速箱、湿式驱动桥、回转支承、液力变矩器、为电动叉车配套的电机、电控、压力25兆帕以上液压马达、泵、控制阀

49. 自动化物流系统装备、信息系统

50. 非道路移动机械用高可靠性、低排放、低能耗的内燃机：寿命指标（重型8000~12000小时，中型5000~7000小时，轻型3000~4000小时）、排放指标（符合欧ⅢA、欧ⅢB排放指标要求）；影响非道路移动机械用内燃机动力性、经济性、环保性的燃油系统、增压系统、排气后处理系统（均包括电子控制系统）

51. 制冷空调设备及关键零部件：热泵、复合热源（空气源与太阳能）热泵热水机、二级能效及以上制冷空调压缩机、微通道和降膜换热技术与设备、电子膨胀阀和两相流喷射器；使用环保制冷剂（ODP为0.GWP值较低）的制冷空调压缩机

52. 12000米及以上深井钻机、极地钻机、高位移性深井沙漠钻机、沼泽难进入区域用钻机、海洋钻机、车装钻机、特种钻井工艺用钻机等钻机成套设备

53. 危险废物（含医疗废物）集中处理设备

54. 大型高效二板注塑机（合模力1000吨以上）、全电动塑料注射成型机（注射量1000克以下）、节能型塑料橡胶注射成型机（能耗0.4千瓦时/千克以下）、高速节能塑料挤出机组（生产能力：30~3000公斤/小时，能耗0.35千瓦时/千克以下）、微孔发泡塑料注射成型机（合模力：60~1000吨，注射量：30~5000克，能耗0.4千瓦时/千克以下）、大型双螺杆挤出造粒机组（生产能力：30~60万吨/年）、大型对位芳纶反应挤出机组（生产能力1.4万吨/年以上）、碳纤维预浸胶机组（生产能力60万米/年以上；幅宽1.2米以上）

55. 涂装用纳米过滤和反向渗透纯水装备

56. 安全饮水设备：组合式一体化净水器（处理量100~2500吨/小时）

57. 大气污染治理装备：300兆瓦以上燃煤电站烟气SCR脱硝技术装备（脱氮效率90%以上，催化剂使用寿命16000小时以上）；钢铁烧结烟气循环流化床干法脱硫除尘成套装备（钙硫比：1.2~1.3）；1000兆瓦超超临界机组配套电除尘技术装备；电袋复合除尘技术装备（烟尘排放浓度<30毫克/立方米）；1000兆瓦超超临界以上机组脱硫氧化多级离心鼓风机（风量≥450立方米/分钟、升压≥14000毫米水柱）；等离子体废气净化机（废气去除率>95%）

58. 污水防治技术设备：20万吨/日城市污水处理成套装备（除磷脱氮）；污泥干燥焚烧技术装备（减渣量90%以上）；浸没式膜生物反应器（COD去除率90%以上）；陶瓷真空过滤机（真空度：0.09~0.098兆帕，孔隙：0.2微米~20微米）；中小城镇一体化污水处理成套技术装备；超生耦合法和生物膜法处理高浓度有机废水技术装备

59. 固体废物防治技术设备：生活垃圾清洁焚烧技术装备（助燃煤量20%以下）；厨余垃圾集中无害化处理技术装备（利用率95%以上）；垃圾填埋渗滤液和臭气处理技术装备（处理量50吨/天以上）；生活垃圾自动化分选技术装备（分选率80%以上）；建筑垃圾处理和再利用工艺技术装备（处理量100吨/小时以上）；工业危险废弃物处置处理技术装备（处理率90%以上）；油田钻井废弃物处理处置技术与成套装备（减容50%以上，处理率70%以上）；医疗废物清洁焚烧、高温蒸煮无害化处理技术装备（处理量150千克/小时以上，燃烧效率70%以上）

60. 土壤修复技术装备

十五、城市轨道交通装备

1. 城市轨道交通减震、降噪技术应用

2. 自动售检票系统（AFC），车门、站台屏蔽门、车钩系统 3. 城市轨道交通火灾报警和自动灭火系统

4. 数字轨道电路及以无线通信为基础的信号系统［含自动列车监控系统（ATS）、列车自动保护装置（ATP）、自动列车运行装置（ATO）］

5. 直流高速开关、真空断路器（GIS）供电系统成套设备关键部件

6. 轨道车辆交流牵引传动系统、制动系统及核心元器件（含 IGCT、IGBT 元器件）

7. 城轨列车网络控制系统及运行控制系统

8. 车体、转向架、齿轮箱及车内装饰材料轻量化应用

9. 城轨列车再生制动吸收装置

十六、汽车

1. 汽车关键零部件：汽油机增压器、电涡流缓速器、轮胎气压监测系统（TPMS）、随动前照灯系统、LED 前照灯、数字化仪表、电控系统执行机构用电磁阀、低地板大型客车专用车桥、空气悬架、吸能式转向系统、大中型客车变频空调、高强度钢车轮、载重车后盘式制动器

2. 双离合器变速器（DCT）、电控机械变速器（AMT）

3. 轻量化材料应用：高强度钢、铝镁合金、复合塑料、粉末冶金、高强度复合纤维等；先进成形技术应用：激光拼焊板的扩大应用、内高压成形、超高强度钢板热成形、柔性滚压成形等；环保材料应用：水性涂料、无铅焊料等

4. 高效柴油发动机（3L 以下升功率≥50kW/L，3L 以上升功率≥40kW/L）；后处理系统（包括颗粒捕捉器、氧化型催化器、还原型催化器）；电控直列式喷油泵、电控高压共轨喷射系统、电控高压单体泵以及喷油器、喷油嘴

5. 高效汽油发动机（自然吸气汽油机升功率≥60kW/L，涡轮增压汽油机升功率≥70kW/L）

6. 新能源汽车关键零部件：能量型动力电池组（能量密度≥110Wh/kg，循环寿命≥2000 次），电池正极材料（比容量≥150mAh/g，循环寿命 2000 次不低于初始放电容量的 80%），电池隔膜（厚度 15～40μm，孔隙率 40%～60%）；电池管理系统，电机管理系统，电动汽车电控集成；电动汽车驱动电机（峰值功率密度≥2.5kW/kg，高效区：65%工作区效率≥80%），车用 DC/DC（输入电压 100V～400V），大功率电子器件（IGBT，电压等级≥600V，电流≥300A）；插电式混合动力机电耦合驱动系统

7. 车载充电机、非车载充电设备

8. 电动空调、电制动、电动转向；怠速起停系统

9. 汽车电子控制系统：发动机控制系统（ECU）、变速箱控制系统（TCU）、制动防抱死系统（ABS）、牵引力控制（ASR）、电子稳定控制（ESP）、网络总线控制、车载故障诊断仪（OBD）、电控智能悬架、电子驻车系统、自动避撞系统、电子油门等

10. 汽车产品开发、试验、检测设备及设施建设

十七、船舶

1. 散货船、油船、集装箱船适应绿色、环保、安全要求的优化升级，以及满足国际造船新规范、新标准的船型开发建造

2. 10 万立方米以上液化天然气船、1.5 万立方米以上液化石油气船、万箱以上集装箱船、5000 车位及以上汽车运输船、豪华客滚船、IMO Ⅱ型以上化学品船、豪华邮轮等高技术、高附加值船舶

3. 大型远洋捕捞加工渔船、1 万立方米以上耙吸式挖泥船、火车渡轮、科学考察船、破冰船、海洋调查船、海洋监管船等特种船舶及其专用设备

4. 小水线面双体船、水翼船、地效应船、气垫船、穿浪船等高性能船舶

5. 120 米及以上水深自升式钻井平台、1500 米及以上深钻井船、1500 米及以上水深半潜式钻井平台等主流海洋移动钻井平台（船舶）；15 万吨及以上浮式生产储卸装置（FPSO）、1500 米水深半潜式生产平台、立柱式生产平台（SPAR）、张力腿平台（TLP）、LNG－FPSO、边际油田型浮式生产储油装置等浮式生产系统；万马力水级深水三用工作船、1500 米水深大型起重铺管船、1500 米水深工程勘察船、高性能物探船、5 万吨及以上半潜运输船、海上风车安装船等海洋工程作业船和辅助船

6. 动力定位系统、FPSO 单点系泊系统、大型海洋平台电站集成系统、主动力及传动系统、钻井平台升降系统、采油系统等通用和专用海洋工程配套设备

7. 豪华游艇开发制造及配套产业

8. 智能环保型船用中低速柴油机及其关键零部件、大型甲板机械、船用锅炉、油水分离机、海水淡化装置、压载水处理系统、船舶使用岸电技术及设备、液化天然气船用双燃料发动机、吊舱推进器、大型高效喷水推进装置、大功率中高压发电机、船舶通讯导航及自动化系统等关键船用配套设备

9. 水下潜器、机器人及探测观测设备

10. 精度管理控制、数字化造船、单元组装、预舾装和模块化、先进涂装、高效焊接技术应用

11. 高技术高附加值船舶、海洋工程装备的修理与改装

十八、航空航天

1. 干线、支线、通用飞机及零部件开发制造

2. 航空发动机开发制造

3. 机载设备、任务设备、空管设备和地面保障设备系统开发制造

4. 直升机总体、旋翼系统、传动系统开发制造

5. 航空航天用新型材料开发生产

6. 航空航天用燃气轮机制造

7. 卫星、运载火箭及零部件制造

8. 航空、航天技术应用及系统软硬件产品、终端产品开发生产

9. 航空器地面模拟训练系统开发制造

10. 航空器地面维修、维护、检测设备开发制造

11. 卫星地面和应用系统建设及设备制造

12. 航空器专用应急救援装备开发与应用

13. 航空器、设备及零件维修

14. 先进卫星载荷研制及生产

十九、轻工

1. 单条化学木浆30万吨/年及以上、化学机械木浆10万吨/年及以上、化学竹浆10万吨/年及以上的林纸一体化生产线及相应配套的纸及纸板生产线（新闻纸、铜版纸除外）建设；采用清洁生产工艺、以非木纤维为原料、单条10万吨/年及以上的纸浆生产线建设

2. 先进制浆、造纸设备开发与制造

3. 无元素氯（ECF）和全无氯（TCF）化学纸浆漂白工艺开发及应用

4. 非金属制品精密模具设计、制造

5. 生物可降解塑料及其系列产品开发、生产与应用

6. 农用塑料节水器材和长寿命（三年及以上）功能性农用薄膜的开发、生产

7. 新型塑料建材（高气密性节能塑料窗、大口径排水排污管道、抗冲击改性聚氯乙烯管、地源热泵系统用聚乙烯管、非开挖用塑料管材、复合塑料管材、塑料检查井）；防渗土工膜；塑木复合材料和分子量≥200万的超高分子量聚乙烯管材及板材生产

8. 动态塑化和塑料拉伸流变塑化的技术应用及装备制造；应用电磁感应加热和伺服驱动系统的塑料加工装备

9. 应用于工业、医学、电子、航空航天等领域的特种陶瓷生产及技术、装备开发；陶瓷清洁生产及综合利用技术开发

10. 高效节能缝制机械（采用嵌入式数字控制、无油或微油润滑等先进技术）及关键零部件开发制造

11. 用于制笔、钟表等行业的多工位组合机床研发与制造

12. 高新、数字印刷技术及高清晰度制版系统开发与应用

13. 少数民族特需用品制造

14. 真空镀铝、喷镀氧化硅、聚乙烯醇（PVA）涂布型薄膜、功能性聚酯（PET）薄膜、定向聚苯乙烯（OPS）薄膜及纸塑基多层共挤或复合等新型包装

材料

15. 二色及二色以上金属板印刷、配套光固化（UV）、薄板覆膜和高速食品饮料罐加工及配套设备制造

16. 锂二硫化铁、锂亚硫酰氯等新型锂原电池；锂离子电池、氢镍电池、新型结构（卷绕式、管式等）密封铅蓄电池等动力电池；储能用锂离子电池和新型大容量密封铅蓄电池；超级电池和超级电容器

17. 锂离子电池用磷酸铁锂等正极材料、中间相炭微球和钛酸锂等负极材料、单层与三层复合锂离子电池隔膜、氟代碳酸乙烯酯（FEC）等电解质与添加剂；废旧铅酸蓄电池资源化无害化回收，年回收能力5万吨以上再生铅工艺装备系统制造

18. 先进的各类太阳能光伏电池及高纯晶体硅材料（单晶硅光伏电池的转化效率大于17%，多晶硅电池的转化效率大于16%，硅基薄膜电池转化效率大于7%，碲化镉电池的转化效率大于9%，铜铟镓硒电池转化效率大于12%）

19. 锂离子电池自动化生产成套装备制造；碱性锌锰电池600只/分钟以上自动化生产成套装备制造

20. 制革及毛皮加工清洁生产、皮革后整饰新技术开发及关键设备制造、皮革废弃物综合利用；皮革铬鞣废液的循环利用，三价铬污泥综合利用；无灰膨胀（助）剂、无氨脱灰（助）剂、无盐浸酸（助）剂、高吸收铬鞣（助）剂、天然植物鞣剂、水性涂饰（助）剂等高档皮革用功能性化工产品开发、生产与应用

21. 高效节能电光源（高、低气压放电灯和固态照明产品）技术开发、产品生产及固汞生产工艺应用；废旧灯管回收再利用

22. 高效节能家电开发与生产

23. 多效、节能、节水、环保型表面活性剂和浓缩型合成洗涤剂的开发与生产

24. 采用新型制冷剂替代氢氯氟烃-22（HCFC-22或R22）的空调器开发、制造，采用新型发泡剂替代氢氯氟烃-141b（HCFC-141b）的家用电器生产，采用新型发泡剂替代氢氯氟烃-141b（HCFC-141b）的硬质聚氨酯泡沫的生产与应用

25. 节能环保型玻璃窑炉（含全电熔、电助熔、全氧燃烧技术）的设计、应用；废（碎）玻璃回收再利用

26. 轻量化玻璃瓶罐（轻量化度 L≤1.0 的一次性使用小口径玻璃瓶）工艺技术和关键装备的开发与生产

27. 水性油墨、紫外光固化油墨、植物油油墨等节能环保型油墨生产

28. 天然食品添加剂、天然香料新技术开发与生产

29. 先进的食品生产设备研发与制造；食品质量与安全监测（检测）仪器、设备的研发与生产

30. 热带果汁、浆果果汁、谷物饮料、本草饮料、茶浓缩液、茶粉、植物蛋白饮料等高附加价值植物饮料的开发生产与加工原料基地建设；果渣、茶渣等的综合开发与利用

31. 营养健康型大米、小麦粉（食品专用米、发芽糙米、留胚米、食品专用粉、全麦粉及营养强化产品等）及制品的开发生产；传统主食工业化生产；杂粮加工专用设备开发与生产

32. 粮油加工副产物（稻壳、米糠、麸皮、胚芽、饼粕等）综合利用关键技术开发应用

33. 菜籽油生产线：采用膨化、负压蒸发、热能自平衡利用、低消耗蒸汽真空系统等技术，油菜籽主产区日处理油菜籽 400 吨及以上、吨料溶剂消耗 1.5 公斤以下（其中西部地区日处理油菜籽 200 吨及以上、吨料溶剂消耗 2 公斤）以下；花生油生产线：花生主产区日处理花生 200 吨及以上，吨料溶剂消耗 2 公斤以下；棉籽油生产线：棉籽产区日处理棉籽 300 吨及以上，吨料溶剂消耗 2 公斤以下；米糠油生产线：采用分散快速膨化，集中制油、精炼技术；玉米胚芽油生产线；油茶籽、核桃等木本油料和胡麻、芝麻、葵花籽等小品种油料加工生产线

34. 发酵法工艺生产小品种氨基酸（赖氨酸、谷氨酸除外），新型酶制剂（糖化酶、淀粉酶除外）、多元醇、功能性发酵制品（功能性糖类、真菌多糖、功能性红曲、发酵法抗氧化和复合功能配料、活性肽、微生态制剂）等生产

35. 薯类变性淀粉

36. 畜禽骨、血及内脏等副产物综合利用与无害化处理

37. 采用生物发酵技术生产优质低温肉制品

38. 搪瓷静电粉和预磨粉等高科技新型搪瓷瓷釉、静电搪瓷关键装备、0.3 毫米及以下的薄钢板平板搪瓷的开发与生产

39. 冷凝式燃气热水器、使用聚能燃烧技术的燃气灶具等高效节能环保型燃气具的开发与制造

二十、纺织

1. 差别化、功能性聚酯（PET）的连续共聚改性［阳离子染料可染聚酯（CDP、ECDP）、碱溶性聚酯（COPET）、高收缩聚酯（HSPET）、阻燃聚酯、低熔点聚酯等］；熔体直纺在线添加等连续化工艺生产差别化、功能性纤维（抗静电、抗紫外、有色纤维等）；智能化、超仿真等差别化、功能性聚酯（PET）及纤维生产（东部地区限于技术改造）

腈纶、锦纶、氨纶、粘胶纤维等其他化学纤维品种的差别化、功能性改性

纤维生产

2. 聚对苯二甲酸丙二醇酯（PTT）、聚萘二甲酸乙二醇酯（PEN）、聚对苯二甲酸丁二醇酯（PBT）、聚丁二酸丁二酯（PBS）、聚对苯二甲酸环已烷二甲醇酯（PCT）等新型聚酯和纤维的开发、生产与应用

3. 采用绿色、环保工艺与装备生产新溶剂法纤维素纤维（Lyocell）、细菌纤维素纤维、以竹、麻等新型可再生资源为原料的再生纤维素纤维、聚乳酸纤维（PLA）、海藻纤维、甲壳素纤维、聚羟基脂肪酸酯纤维（PHA）、动植物蛋白纤维等生物质纤维

4. 有机和无机高性能纤维及制品的开发与生产［碳纤维（CF）（拉伸强度≥4，200MPa，弹性模量≥240GPa）］、芳纶（AF）、芳砜纶（PSA）、高强高模聚乙烯（超高分子量聚乙烯）纤维（UHMWPE）（纺丝生产装置单线能力≥300吨/年）、聚苯硫醚纤维（PPS）、聚酰亚胺纤维（PI）、聚四氟乙烯纤维（PTFE）、聚苯并双恶唑纤维（PBO）、聚芳恶二唑纤维（POD）、玄武岩纤维（BF）、碳化硅纤维（SiCF）、高强型玻璃纤维（HT－AR）等）

5. 符合生态、资源综合利用与环保要求的特种动物纤维、麻纤维、竹原纤维、桑柞茧丝、彩色棉花、彩色桑茧丝类天然纤维的加工技术与产品

6. 采用紧密纺、低扭矩纺、赛络纺、嵌入式纺纱等高速、新型纺纱技术生产多品种纤维混纺纱线及采用自动络筒、细络联、集体落纱等自动化设备生产高品质纱线（东部地区限于技术改造，新建和扩建除外）

7. 采用高速机电一体化无梭织机、细针距大园机等先进工艺和装备生产高支、高密、提花等高档机织、针织纺织品

8. 采用酶处理、高效短流程前处理、冷轧堆前处理及染色、短流程湿蒸轧染、气流染色、小浴比染色、涂料印染、数码喷墨印花、泡沫整理等染整清洁生产技术和防水防油防污、阻燃、抗静电及多功能复合等功能性整理技术生产高档纺织面料

9. 采用编织、非织造布复合、多层在线复合、长效多功能整理等高新技术，生产满足国民经济各领域需求的产业用纺织品

10. 新型高技术纺织机械、关键专用基础件和计量、检测、试验仪器的开发与制造

11. 高档地毯、抽纱、刺绣产品生产

12. 服装企业计算机集成制造及数字化、信息化、自动化技术和装备的应用

13. 纺织行业生物脱胶、无聚乙烯醇（PVA）浆料上浆、少水无水节能印染加工、“三废”高效治理与资源回收再利用技术的推广与应用

14. 废旧纺织品回收再利用技术与产品生产，聚酯回收材料生产涤纶工业

丝、差别化和功能性涤纶长丝等高附加价值产品

二十一、建筑

1. 建筑隔震减震结构体系及产品研发与推广
2. 智能建筑产品与设备的生产制造与集成技术研究
3. 集中供热系统计量与调控技术、产品的研发与推广
4. 高强、高性能结构材料与体系的应用
5. 太阳能热利用及光伏发电应用一体化建筑
6. 先进适用的建筑成套技术、产品和住宅部品研发与推广
7. 钢结构住宅集成体系及技术研发与推广
8. 预制装配式整体卫生间和厨房标准化、模数化技术开发与推广
9. 工厂化全装修技术推广
10. 移动式应急生活供水系统开发与应用

二十二、城市基础设施

1. 城市基础空间信息数据生产及关键技术开发
2. 依托基础地理信息资源的城市立体管理信息系统
3. 城市公共交通建设
4. 城市道路及智能交通体系建设
5. 城市交通管制系统技术开发及设备制造
6. 城市及市域轨道交通新线建设
7. 城镇安全饮水工程
8. 城镇地下管道共同沟建设
9. 城镇供排水管网工程、供水水源及净水厂工程
10. 城市燃气工程
11. 城镇集中供热建设和改造工程
12. 城市雨水收集利用工程
13. 城镇园林绿化及生态小区建设
14. 城市立体停车场建设
15. 城市建设管理信息化技术应用
16. 城市生态系统关键技术应用
17. 城市节水技术开发与应用
18. 城市照明智能化、绿色照明产品及系统技术开发与应用
19. 再生水利用技术与工程
20. 城市下水管线非开挖施工技术开发与应用
21. 城市供水、排水、燃气塑料管道应用工程
22. 城市应急与后备水源建设工程

23. 沿海城镇海水供水管网及海水净水厂工程

24. 城市积涝预警技术开发与应用

二十三、铁路

1. 铁路新线建设

2. 既有铁路改扩建

3. 客运专线、高速铁路系统技术开发与建设

4. 铁路行车及客运、货运安全保障系统技术与装备，铁路列车运行控制与车辆控制系统开发建设

5. 铁路运输信息系统开发与建设

6. 7200千瓦及以上交流传动电力机车、6000马力及以上交流传动内燃机车、时速200公里以上动车组、海拔3000米以上高原机车、大型专用货车、机车车辆特种救援设备

7. 干线轨道车辆交流牵引传动系统、制动系统及核心元器件（含IGCT、IGBT元器件）

8. 时速200公里及以上铁路接触网、道岔、扣配件、牵引供电设备

9. 电气化铁路牵引供电功率因数补偿技术应用

10. 大型养路机械、铁路工程建设机械装备、线桥隧检测设备

11. 行车调度指挥自动化技术开发

12. 混凝土结构物修补和提高耐久性技术、材料开发

13. 铁路旅客列车集便器及污物地面接收、处理工程

14. 铁路GSM－R通信信号系统

15. 铁路宽带通信系统开发与建设

16. 数字铁路与智能运输开发与建设

17. 时速在300公里及以上高速铁路或客运专线减震降噪技术应用

18. 城际轨道交通建设

二十四、公路及道路运输（含城市客运）

1. 西部开发公路干线、国家高速公路网项目建设

2. 国省干线改造升级

3. 汽车客货运站、城市公交站

4. 高速公路不停车收费系统相关技术开发与应用

5. 公路智能运输、快速客货运输、公路甩挂运输系统开发与建设

6. 公路管理服务、应急保障系统开发与建设

7. 公路工程新材料开发与生产

8. 公路集装箱和厢式运输

9. 特大跨径桥梁修筑和养护维修技术应用

10. 长大隧道修筑和维护技术应用
11. 农村客货运输网络开发与建设
12. 农村公路建设
13. 城际快速系统开发与建设
14. 出租汽车服务调度信息系统开发与建设
15. 高速公路车辆应急疏散通道建设
16. 低噪音路面技术开发
17. 高速公路快速修筑与维护技术和材料开发与应用
18. 城市公交
19. 运营车辆安全监控记录系统开发与应用

二十五、水运

1. 深水泊位（沿海万吨级、内河千吨级及以上）建设
2. 沿海深水航道和内河高等级航道及通航建筑物建设
3. 沿海陆岛交通运输码头建设
4. 大型港口装卸自动化工程
5. 海运电子数据交换系统应用
6. 水上交通安全监管和救助系统建设
7. 内河船型标准化
8. 老港区技术改造工程
9. 港口危险化学品、油品应急设施建设及设备制造
10. 内河自卸式集装箱船运输系统
11. 水上高速客运
12. 港口龙门吊油改电节油改造工程
13. 水上滚装多式联运
14. 水运行业信息系统建设
15. 国际邮轮运输及邮轮母港建设

二十六、航空运输

1. 机场建设
2. 公共航空运输
3. 通用航空
4. 空中交通管制和通讯导航系统建设
5. 航空计算机管理及其网络系统开发与建设
6. 航空油料设施建设
7. 海上空中监督巡逻和搜救设施建设
8. 小型航空器应急起降场地建设

二十七、综合交通运输

1. 综合交通枢纽建设与改造

2. 综合交通枢纽便捷换乘及行李捷运系统建设

3. 综合交通枢纽运营管理信息系统建设与应用

4. 综合交通枢纽诱导系统建设

5. 综合交通枢纽一体化服务设施建设

6. 综合交通枢纽防灾救灾及应急疏散系统

7. 综合交通枢纽便捷货运换装系统建设

8. 集装箱多式联运系统建设

二十八、信息产业

1. 2.5GB/S 及以上光同步传输系统建设

2. 155MB/S 及以上数字微波同步传输设备制造及系统建设

3. 卫星通信系统、地球站设备制造及建设

4. 网管监控、时钟同步、计费等通信支撑网建设

5. 数据通信网设备制造及建设

6. 物联网（传感网）、智能网等新业务网设备制造与建设

7. 宽带网络设备制造与建设

8. 数字蜂窝移动通信网建设

9. IP 业务网络建设

10. 下一代互联网网络设备、芯片、系统以及相关测试设备的研发和生产

11. 卫星数字电视广播系统建设

12. 增值电信业务平台建设

13. 32 波及以上光纤波分复用传输系统设备制造

14. 10GB/S 及以上数字同步系列光纤通信系统设备制造

15. 支撑通信网的路由器、交换机、基站等设备

16. 同温层通信系统设备制造

17. 数字移动通信、接入网系统、数字集群通信系统及路由器、网关等网络设备制造

18. 大中型电子计算机、百万亿次高性能计算机、便携式微型计算机、每秒一万亿次及以上高档服务器、大型模拟仿真系统、大型工业控制机及控制器制造

19. 集成电路设计，线宽 0.8 微米以下集成电路制造，及球栅阵列封装（BGA）、插针网格阵列封装（PGA）、芯片规模封装（CSP）、多芯片封装（MCM）等先进封装与测试

20. 集成电路装备制造

21. 新型电子元器件（片式元器件、频率元器件、混合集成电路、电力电子器件、光电子器件、敏感元器件及传感器、新型机电元件、高密度印刷电路板和柔性电路板等）制造

22. 半导体、光电子器件、新型电子元器件等电子产品用材料

23. 软件开发生产（含民族语言信息化标准研究与推广应用）

24. 计算机辅助设计（CAD）、辅助测试（CAT）、辅助制造（CAM）、辅助工程（CAE）系统开发生产

25. 半导体照明设备，光伏太阳能设备，片式元器件设备，新型动力电池设备，表面贴装设备（含钢网印刷机、自动贴片机、无铅回流焊、光电自动检查仪）等

26. 打印机（含高速条码打印机）和海量存储器等计算机外部设备

27. 薄膜场效应晶体管 LCD（TFT－LCD）、等离子显示屏（PDP）、有机发光二极管（OLED）、激光显示、3D 显示等新型平板显示器件及关键部件

28. 新型（非色散）单模光纤及光纤预制棒制造

29. 高密度数字激光视盘播放机盘片制造

30. 只读光盘和可记录光盘复制生产

31. 音视频编解码设备、音视频广播发射设备、数字电视演播室设备、数字电视系统设备、数字电视广播单频网设备、数字电视接收设备、数字摄录机、数字录放机、数字电视产品

32. 信息安全产品、网络监察专用设备开发制造

33. 数字多功能电话机制造

34. 多普勒雷达技术及设备制造

35. 医疗电子、金融电子、航空航天仪器仪表电子、传感器电子等产品制造

36. 无线局域网技术开发、设备制造

37. 电子商务和电子政务系统开发与应用服务

38. 卫星导航系统技术开发与设备制造

39. 应急广播电视系统建设

40. 量子通信设备

41. TFT－LCD、PDP、OLED、激光显示、3D 显示等新型平板显示器件生产专用设备

42. 半导体照明衬底、外延、芯片、封装及材料等

43. 数字音乐、手机媒体、动漫游戏等数字内容产品的开发系统

44. 防伪技术开发与运用

二十九、现代物流业

1. 粮食、棉花、食用油、食糖、化肥、石油等重要商品现代化物流设施建设

2. 农产品物流配送（含冷链）设施建设，食品物流质量安全控制技术服务

3. 药品物流配送（含冷链）技术应用和设施建设，药品物流质量安全控制技术服务

4. 出版物等文化产品供应链管理技术服务

5. 实现港口与铁路、铁路与公路、民用航空与地面交通等多式联运物流节点设施建设与经营

6. 第三方物流服务设施建设

7. 仓储和转运设施设备、运输工具、物流器具的标准化改造

8. 自动识别和标识技术、电子数据交换技术、可视化技术、货物跟踪和快速分拣技术、移动物流信息服务技术、全球定位系统、地理信息系统、道路交通信息通讯系统、智能交通系统、物流信息系统安全技术及立体仓库技术的研发与应用

9. 应急物流设施建设

10. 物流公共信息平台建设

11. 海港空港、产业聚集区、商贸集散地的物流中心建设

三十、金融服务业

1. 信用担保服务体系建设

2. 农村金融服务体系建设

3. 债券发行、交易服务体系建设

4. 农业保险、责任保险、信用保险

5. 金融产品研发和应用

6. 知识产权、收益权等无形资产贷款质押业务开发

7. 信用卡及网络服务

8. 人民币跨境结算、清算体系建设

9. 信贷、保险、证券统计数据信息系统建设

10. 金融监管技术开发与应用

11. 创业投资

三十一、科技服务业

1. 工业设计、气象、生物、新材料、新能源、节能、环保、测绘、海洋等专业科技服务，商品质量认证和质量检测服务、科技普及

2. 在线数据与交易处理、IT 设施管理和数据中心服务，移动互联网服务，因特网会议电视及图像等电信增值服务

3. 行业（企业）管理和信息化解决方案开发、基于网络的软件服务平台、软件开发和测试服务、信息系统集成、咨询、运营维护和数据挖掘等服务业务

4. 数字音乐、手机媒体、网络出版等数字内容服务，地理、国际贸易等领域信息资源开发服务

5. 数字化技术、高拟真技术、高速计算技术等新兴文化科技支撑技术建设及服务

6. 分析、试验、测试以及相关技术咨询与研发服务，智能产品整体方案、人机工程设计、系统仿真等设计服务

7. 数据恢复和灾备服务，信息安全防护、网络安全应急支援服务，云计算安全服务、信息安全风险评估与咨询服务，信息装备和软件安全评测服务，密码技术产品测试服务，信息系统等级保护安全方案设计服务

8. 科技信息交流、文献信息检索、技术咨询、技术孵化、科技成果评估和科技鉴证等服务

9. 知识产权代理、转让、登记、鉴定、检索、评估、认证、咨询和相关投融资服务

10. 国家级工程（技术）研究中心、国家工程实验室、国家认定的企业技术中心、重点实验室、高新技术创业服务中心、新产品开发设计中心、科研中试基地、实验基地建设

11. 信息技术外包、业务流程外包、知识流程外包等技术先进型服务

三十二、商务服务业

1. 租赁服务

2. 经济、管理、信息、会计、税务、鉴证（含审计服务）、法律、节能、环保等咨询与服务

3. 工程咨询服务（包括规划编制与咨询、投资机会研究、可行性研究、评估咨询、工程勘查设计、招标代理、工程和设备监理、工程项目管理等）

4. 资信调查与评级等信用服务体系建设

5. 资产评估、校准、检测、检验等服务

6. 产权交易服务平台

7. 广告创意、广告策划、广告设计、广告制作

8. 就业和创业指导、网络招聘、培训、人员派遣、高级人才访聘、人员测评、人力资源管理咨询、人力资源服务外包等人力资源服务业

9. 人力资源市场及配套服务设施建设

10. 农村劳动力转移就业服务平台建设

11. 会展服务（不含会展场馆建设）

三十三、商贸服务业

1. 现代化的农产品、生产资料市场流通设施建设

2. 种子、种苗、种畜禽和鱼苗（种）、化肥、农药、农机具、农膜等农资连锁经营

3. 面向农村的日用品、药品、出版物等生活用品连锁经营

4. 农产品拍卖服务

5. 商贸企业的统一配送和分销网络建设

6. 利用信息技术改造提升传统商品交易市场

7. 旧货市场建设

8. 现代化二手车交易服务体系建设

三十四、旅游业

1. 休闲、登山、滑雪、潜水、探险等各类户外活动用品开发与营销服务

2. 乡村旅游、生态旅游、森林旅游、工业旅游、体育旅游、红色旅游、民族风情游及其他旅游资源综合开发服务

3. 旅游基础设施建设及旅游信息服务

4. 旅游商品、旅游纪念品开发及营销

三十五、邮政业

1. 邮政储蓄网络建设

2. 邮政综合业务网建设

3. 邮件处理自动化工程

4. 邮政普遍服务基础设施台账、快递企业备案许可、邮（快）件时限监测、消费者申诉、满意度调查与公示、邮编及行业资费查询等公共服务和市场监管功能等邮政业公共服务信息平台建设

5. 城乡快递营业网点、门店等快递服务网点建设

6. 城市、区域内和区域间的快件分拣中心、转运中心、集散中心、处理枢纽等快递处理设施建设

7. 快件跟踪查询、自动分拣、运递调度、快递客服呼叫中心等快递信息系统开发与应用

8. 快件分拣处理、数据采集、集装容器等快递技术、装备开发与应用

9. 邮件、快件运输与交通运输网络融合技术开发

三十六、教育、文化、卫生、体育服务业

1. 学前教育

2. 特殊教育

3. 职业教育

4. 远程教育

5. 文化艺术、新闻出版、广播影视、大众文化、科普设施建设

6. 文物保护及设施建设
7. 文化创意设计服务
8. 文化信息资源共享工程
9. 广播影视制作、发行、交易、播映、出版、衍生品开发
10. 动漫创作、制作、传播、出版、衍生产品开发
11. 移动多媒体广播电视、广播影视数字化、数字电影服务监管技术及应用
12. 网络视听节目技术服务、开发
13. 广播电视村村通工程、农村电影放映工程
14. 社区书屋、农家书屋、阅报栏等基本新闻出版服务设施建设
15. 新闻出版内容监管技术、版权保护技术、出版物的生产技术、出版物发行技术开发与应用
16. 电子纸、阅读器等新闻出版新载体的技术开发、应用和产业化
17. 语言文字技术开发与应用
18. 基层公共文化设施建设
19. 非物质文化遗产保护与开发
20. 民族和民间艺术、传统工艺美术保护与发展
21. 国家历史文化名城（镇、村）和文化街区保护
22. 演艺业
23. 民族文化艺术精品的国际营销与推广
24. 预防保健、卫生应急、卫生监督服务设施建设
25. 计划生育、优生优育、生殖健康咨询与服务
26. 全科医疗服务
27. 远程医疗服务
28. 卫生咨询、健康管理、医疗知识等医疗信息服务
29. 医疗卫生服务设施建设
30. 传染病、儿童、精神卫生专科医院和护理院（站）设施建设与服务
31. 心理咨询服务
32. 残疾人社会化、专业化康复服务和托养服务
33. 体育竞赛表演、体育场馆设施建设及运营、大众体育健身休闲服务
34. 体育经纪、培训、信息咨询服务
35. 中华老字号的保护与发展

三十七、其他服务业

1. 保障性住房建设与管理
2. 物业服务
3. 老年人、未成年人活动场所

4. 城乡社区基础服务设施及综合服务网点建设

5. 儿童福利、优抚收养性社会福利机构及相关配套服务设施建设

6. 救助管理站及相关配套设施建设

7. 公共殡葬服务设施建设

8. 开发区、产业集聚区配套公共服务平台建设与服务

9. 家政服务

10. 养老服务

11. 社区照料服务

12. 病患陪护服务

13. 再生资源回收利用网络体系建设

14. 婚庆服务业

15. 基层就业和社会保障服务设施建设

16. 农民工留守家属服务设施建设

17. 社会保障一卡通工程

18. 工伤康复中心建设

三十八、环境保护与资源节约综合利用

1. 矿山生态环境恢复工程

2. 海洋环境保护及科学开发

3. 微咸水、苦咸水、劣质水、海水的开发利用及海水淡化工程

4. 消耗臭氧层物质替代品开发与利用

5. 区域性废旧汽车、废旧电器电子产品、废旧船舶、废钢铁、废旧木材等资源循环利用基地建设

6. 流出物辐射环境监测技术工程

7. 环境监测体系工程

8. 危险废弃物（放射性废物、核设施退役工程、医疗废物、含重金属废弃物）安全处置技术设备开发制造及处置中心建设

9. 流动污染源（机车、船舶、汽车等）监测与防治技术

10. 城市交通噪声与振动控制技术应用

11. 电网、信息系统电磁辐射控制技术开发与应用

12. 削减和控制二恶英排放的技术开发与应用

13. 持久性有机污染物类产品的替代品开发与应用

14. 废弃持久性有机污染物类产品处置技术开发与应用

15. “三废”综合利用及治理工程

16. “三废”处理用生物菌种和添加剂开发与生产

17. 含汞废物的汞回收处理技术、含汞产品的替代品开发与应用

18. 重复用水技术应用

19. 高效、低能耗污水处理与再生技术开发

20. 城镇垃圾及其他固体废弃物减量化、资源化、无害化处理和综合利用工程

21. 废物填埋防渗技术与材料

22. 新型水处理药剂开发与生产

23. 节能、节水、节材环保及资源综合利用等技术开发、应用及设备制造

24. 高效、节能采矿、选矿技术（药剂）

25. 鼓励推广共生、伴生矿产资源中有价元素的分离及综合利用技术

26. 低品位、复杂、难处理矿开发及综合利用

27. 尾矿、废渣等资源综合利用

28. 再生资源回收利用产业化

29. 废旧电器电子产品、废印刷电路板、废旧电池、废旧船舶、废旧农机、废塑料、废橡胶、废弃油脂等再生资源循环利用技术与设备开发

30. 废旧汽车、工程机械、矿山机械、机床产品、农业机械、船舶等废旧机电产品及零部件再利用、再制造，墨盒、有机光导鼓的再制造（再填充）

31. 综合利用技术设备：4000 马力以上废钢破碎生产线；废塑料复合材料回收处理成套装备（回收率 95% 以上）；轻烃类石化副产物综合利用技术装备；生物质能技术装备（发电、制油、沼气）；硫回收装备（低温克劳斯法）

32. 含持久性有机污染物土壤修复技术的研发与应用

33. 削减和控制重金属排放的技术开发与应用

34. 工业难降解有机废水处理技术

35. 有毒、有机废气、恶臭处理技术

36. 高效、节能、环保采选矿技术

37. 为用户提供节能诊断、设计、融资、改造、运行管理等服务

38. 餐厨废弃物资源化利用技术开发及设施建设

39. 碳捕获、存储及利用技术装备

40. 冰蓄冷技术及其成套设备制造

三十九、公共安全与应急产品

1. 地震、海啸、地质灾害监测预警技术开发与应用

2. 生物灾害、动物疫情监测预警技术开发与应用

3. 堤坝、尾矿库安全自动监测报警技术开发与应用

4. 煤炭、矿山等安全生产监测报警技术开发与应用

5. 公共交通工具事故预警技术开发与应用

6. 水、土壤、空气污染物快速监测技术与产品

7. 食品药品安全快速检测仪器

8. 新发传染病检测试剂和仪器

9. 公共场所体温异常人员快速筛查设备

10. 城市公共安全监测预警平台技术

11. 毒品等违禁品、核生化恐怖源探测技术与产品

12. 易燃、易爆、强腐蚀性、放射性等危险物品快速检测技术与产品

13. 应急救援人员防护用品开发与应用

14. 社会群体个人防护用品开发与应用

15. 雷电灾害新型防护技术开发与应用

16. 矿井等特殊作业场所应急避险设施

17. 突发事件现场信息探测与快速获取技术及产品

18. 生命探测仪器

19. 大型公共建筑、高层建筑、石油化工设施、森林、山岳、水域和地下设施消防灭火救援技术与产品

20. 起重、挖掘、钻凿等应急救援特种工程机械

21. 通信指挥、电力恢复、后勤保障等应急救援特种车辆

22. 侦检、破拆、救生、照明、排烟、堵漏、输转、洗消、提升、投送等高效救援产品

23. 应急物资投放伞具和托盘器材

24. 因灾损毁交通设施应急抢通装备及器材开发与应用

25. 公共交通设施除冰雪机械及环保型除雪剂开发与应用

26. 港口漂浮物应急打捞清理装备制造

27. 港口危险化学品、油品应急设施建设及设备制造

28. 船舶海上溢油应急处置装备

29. 突发环境灾难应急环保技术装备：热墙式沥青路面地热再生设备（再生深度：0—60 毫米）；无辐射高速公路雾雪屏蔽器；有毒有害液体快速吸纳处理技术装备；移动式医疗垃圾快速处理装置；移动式小型垃圾清洁处理装备；人畜粪便无害化快速处理装置；禽类病原体无害化快速处理装置；危险废物特性鉴别专用仪器

30. 应急发电设备

31. 应急照明器材及灯具

32. 生命支持、治疗、监护一体化急救与后送平台

33. 机动医疗救护系统

34. 防控突发公共卫生和生物事件疫苗和药品

35. 饮用水快速净化装置

36. 应急通信技术与产品

37. 应急决策指挥平台技术开发与应用

38. 反恐技术与装备

39. 交通、社区等应急救援社会化服务

40. 应急物流设施及服务

41. 应急咨询、培训、租赁和保险服务

42. 应急物资储备基础设施建设

43. 应急救援基地、公众应急体验基础设施建设

44. 登高平台消防车、举高喷射消防车、机场消防车、森林消防车、城市轨道交通专用消防车

45. 具有灭火、侦查、排烟、救助等功能的消防机器人

46. 公称直径≥150 毫米的消防水带、人工合成橡胶衬里消防水带

47. 水性钢结构防火涂料、预制组合式钢结构防火构件

48. 不燃外保温材料、阻燃制品

49. 用于哈龙替代的合成类气体灭火剂、泡沫灭火剂氟表面活性剂替代物、建筑外保温材料高效灭火剂、无磷类阻燃剂、塑胶及合成类纺织品高效灭火剂、金属火灾专用灭火剂

50. 洁净气体灭火系统、探火管灭火装置、风力发电装置专用灭火系统

51. 使用节能环保新型光源的消防应急照明和疏散指示产品

四十、民爆产品

1. 炸药现场混装作业方式和低感度散装炸药

2. 电子延期雷管

3. 刚性药头雷管

4. 高穿深石油射孔弹

5. 具有高分辨率的震源药柱

6. 复合型导爆管

7. 适用于不同使用需要的系列导爆索

8. 高性能安全型工业炸药

9. 连续化、自动化工业炸药雷管生产线、自动化装药、包装技术与设备

10. 先进的人工影响天气用燃爆器材

第二类　限制类

一、农林业

1. 天然草场超载放牧

2. 单线 5 万立方米/年以下的普通刨花板、高中密度纤维板生产装置

3. 单线3万立方米/年以下的木质刨花板生产装置

4. 1000吨/年以下的松香生产项目

5. 兽用粉剂/散剂/预混剂生产线项目（持有新兽药证书的品种和自动化密闭式高效率混合生产工艺除外）

6. 转瓶培养生产方式的兽用细胞苗生产线项目（持有新兽药证书的品种和采用新技术的除外）

7. 松脂初加工项目

8. 以优质林木为原料的一次性木制品与木制包装的生产和使用以及木竹加工综合利用率偏低的木竹加工项目

9. 1万立方米/年以下的胶合板和细木工板生产线

10. 珍稀植物的根雕制造业

11. 以野外资源为原料的珍贵濒危野生动植物加工

12. 湖泊、水库投饵网箱养殖

13. 不利于生态环境保护的开荒性农业开发项目

14. 缺水地区、国家生态脆弱区纸浆原料林基地建设

15. 粮食转化乙醇、食用植物油料转化生物燃料项目

16. 在林地上从事工业和房地产开发的项目

二、煤炭

1. 单井井型低于以下规模的煤矿项目：山西、内蒙古、陕西120万吨/年；重庆、四川、贵州、云南15万吨/年；福建、江西、湖北、湖南、广西9万吨/年；其他地区30万吨/年

2. 采用非机械化开采工艺的煤矿项目

3. 设计的煤炭资源回收率达不到国家规定要求的煤矿项目

4. 未按国家规定程序报批矿区总体规划的煤矿项目

5. 井下回采工作面超过2个的新建煤矿项目

三、电力

1. 小电网外，单机容量30万千瓦及以下的常规燃煤火电机组

2. 小电网外，发电煤耗高于300克标准煤/千瓦时的湿冷发电机组，发电煤耗高于305克标准煤/千瓦时的空冷发电机组

3. 无下泄生态流量的引水式水力发电

四、石化化工

1. 新建1000万吨/年以下常减压、150万吨/年以下催化裂化、100万吨/年以下连续重整（含芳烃抽提）、150万吨/年以下加氢裂化生产装置

2. 新建80万吨/年以下石脑油裂解制乙烯、13万吨/年以下丙烯腈、100万吨/年以下精对苯二甲酸、20万吨/年以下乙二醇、20万吨/年以下苯乙烯

（干气制乙苯工艺除外）、10 万吨/年以下己内酰胺、乙烯法醋酸、30 万吨/年以下羰基合成法醋酸、天然气制甲醇、100 万吨/年以下煤制甲醇生产装置（综合利用除外），丙酮氰醇法丙烯酸、粮食法丙酮/丁醇、氯醇法环氧丙烷和皂化法环氧氯丙烷生产装置，300 吨/年以下皂素（含水解物，综合利用除外）生产装置

3. 新建 7 万吨/年以下聚丙烯（连续法及间歇法）、20 万吨/年以下聚乙烯、乙炔法聚氯乙烯、起始规模小于 30 万吨/年的乙烯氧氯化法聚氯乙烯、10 万吨/年以下聚苯乙烯、20 万吨/年以下丙烯腈/丁二烯/苯乙烯共聚物（ABS，本体连续法除外）、3 万吨/年以下普通合成胶乳—羧基丁苯胶（含丁苯胶乳）生产装置，新建、改扩建溶剂型氯丁橡胶类、丁苯热塑性橡胶类、聚氨酯类和聚丙烯酸酯类等通用型胶粘剂生产装置

4. 新建纯碱、烧碱、30 万吨/年以下硫磺制酸、20 万吨/年以下硫铁矿制酸、常压法及综合法硝酸、电石（以大型先进工艺设备进行等量替换的除外）、单线产能 5 万吨/年以下氢氧化钾生产装置

5. 新建三聚磷酸钠、六偏磷酸钠、三氯化磷、五硫化二磷、饲料磷酸氢钙、氯酸钠、少钙焙烧工艺重铬酸钠、电解二氧化锰、普通级碳酸钙、无水硫酸钠（盐业联产及副产除外）、碳酸钡、硫酸钡、氢氧化钡、氯化钡、硝酸钡、碳酸锶、白炭黑（气相法除外）、氯化胆碱生产装置

6. 新建黄磷，起始规模小于 3 万吨/年、单线产能小于 1 万吨/年氰化钠（折 100%），单线产能 5 千吨/年以下碳酸锂、氢氧化锂，单线产能 2 万吨/年以下无水氟化铝或中低分子比冰晶石生产装置

7. 新建以石油（高硫石油焦除外）、天然气为原料的氮肥，采用固定层间歇气化技术合成氨，磷铵生产装置，铜洗法氨合成原料气净化工艺

8. 新建高毒、高残留以及对环境影响大的农药原药（包括氧乐果、水胺硫磷、甲基异柳磷、甲拌磷、特丁磷、杀扑磷、溴甲烷、灭多威、涕灭威、克百威、敌鼠钠、敌鼠酮、杀鼠灵、杀鼠醚、溴敌隆、溴鼠灵、肉毒素、杀虫双、灭线磷、硫丹、磷化铝、三氯杀螨醇，有机氯类、有机锡类杀虫剂，福美类杀菌剂，复硝酚钠（钾）等）生产装置

9. 新建草甘膦、毒死蜱（水相法工艺除外）、三唑磷、百草枯、百菌清、阿维菌素、吡虫啉、乙草胺（甲叉法工艺除外）生产装置

10. 新建硫酸法钛白粉、铅铬黄、1 万吨/年以下氧化铁系颜料、溶剂型涂料（不包括鼓励类的涂料品种和生产工艺）、含异氰脲酸三缩水甘油酯（TGIC）的粉末涂料生产装置

11. 新建染料、染料中间体、有机颜料、印染助剂生产装置（不包括鼓励类的染料产品和生产工艺）

12. 新建氟化氢（HF）（电子级及湿法磷酸配套除外），新建初始规模小于20万吨/年、单套规模小于10万吨/年的甲基氯硅烷单体生产装置，10万吨/年以下（有机硅配套除外）和10万吨/年及以上、没有副产四氯化碳配套处置设施的甲烷氯化物生产装置，全氟辛基磺酰化合物（PFOS）和全氟辛酸（PFOA），六氟化硫（SF6）（高纯级除外）生产装置

13. 新建斜交轮胎和力车胎（手推车胎）、锦纶帘线、3万吨/年以下钢丝帘线、常规法再生胶（动态连续脱硫工艺除外）、橡胶塑解剂五氯硫酚、橡胶促进剂二硫化四甲基秋兰姆（TMTD）生产装置

五、信息产业

1. 激光视盘机生产线（VCD系列整机产品）

2. 模拟CRT黑白及彩色电视机项目

六、钢铁

1. 未同步配套建设干熄焦、装煤、推焦除尘装置的炼焦项目

2. 180平方米以下烧结机（铁合金烧结机除外）

3. 有效容积400立方米以上1200立方米以下炼铁高炉；1200立方米及以上但未同步配套煤粉喷吹装置、除尘装置、余压发电装置，能源消耗大于430公斤标煤/吨、新水耗量大于2.4立方米/吨等达不到标准的炼铁高炉

4. 公称容量30吨以上100吨以下炼钢转炉；公称容量100吨及以上但未同步配套煤气回收、除尘装置，新水耗量大于3立方米/吨等达不到标准的炼钢转炉

5. 公称容量30吨以上100吨（合金钢50吨）以下电炉；公称容量100吨（合金钢50吨）及以上但未同步配套烟尘回收装置，能源消耗大于98千克标煤/吨、新水耗量大于3.2立方米/吨等达不到标准的电炉

6. 1450毫米以下热轧带钢（不含特殊钢）项目

7. 30万吨/年及以下热镀锌板卷项目

8. 20万吨/年及以下彩色涂层板卷项目

9. 含铬质耐火材料

10. 普通功率和高功率石墨电极压型设备、焙烧设备和生产线

11. 直径600毫米以下或2万吨/年以下的超高功率石墨电极生产线

12. 8万吨/年以下预焙阳极（炭块）、2万吨/年以下普通阴极炭块、4万吨/年以下炭电极生产线

13. 单机120万吨/年以下的球团设备（铁合金球团除外）

14. 顶装焦炉炭化室高度<6.0米、捣固焦炉炭化室高度<5.5米，100万吨/年以下焦化项目，热回收焦炉的项目，单炉7.5万吨/年以下、每组30万吨/年以下、总年产60万吨以下的半焦（兰炭）项目

15. 3000 千伏安及以上，未采用热装热兑工艺的中低碳锰铁、电炉金属锰和中低微碳铬铁精炼电炉

16. 300 立方米以下锰铁高炉；300 立方米及以上，但焦比高于 1320 千克/吨的锰铁高炉；规模小于 10 万吨/年的高炉锰铁企业

17. 1. 25 万千伏安以下的硅钙合金和硅钙钡铝合金矿热电炉；1. 25 万千伏安及以上，但硅钙合金电耗高于 11000 千瓦时/吨的矿热电炉

18. 1. 65 万千伏安以下硅铝合金矿热电炉；1. 65 万千伏安及以上，但硅铝合金电耗高于 9000 千瓦时/吨的矿热电炉

19. 2 ×2. 5 万千伏安以下普通铁合金矿热电炉（中西部具有独立运行的小水电及矿产资源优势的国家确定的重点贫困地区，矿热电炉容量 <2 ×1. 25 万千伏安）；2 ×2. 5 万千伏安及以上，但变压器未选用有载电动多级调压的三相或三个单相节能型设备，未实现工艺操作机械化和控制自动化，硅铁电耗高于 8500 千瓦时/吨，工业硅电耗高于 12000 千瓦时/吨，电炉锰铁电耗高于 2600 千瓦时/吨，硅锰合金电耗高于 4200 千瓦时/吨，高碳铬铁电耗高于 3200 千瓦时/吨，硅铬合金电耗高于 4800 千瓦时/吨的普通铁合金矿热电炉

20. 间断浸出、间断送液的电解金属锰浸出工艺；10000 吨/年以下电解金属锰单条生产线（一台变压器），电解金属锰生产总规模为 30000 吨/年以下的企业

七、有色金属

1. 新建、扩建钨、钼、锡、锑开采、冶炼项目，稀土开采、选矿、冶炼、分离项目以及氧化锑、铅锡焊料生产项目

2. 单系列 10 万吨/年规模以下粗铜冶炼项目

3. 电解铝项目（淘汰落后生产能力置换项目及优化产业布局项目除外）

4. 铅冶炼项目（单系列 5 万吨/年规模及以上，不新增产能的技改和环保改造项目除外）

5. 单系列 10 万吨/年规模以下锌冶炼项目（直接浸出除外）

6. 镁冶炼项目（综合利用项目除外）

7. 10 万吨/年以下的独立铝用炭素项目

8. 新建单系列生产能力 5 万吨/年及以下、改扩建单系列生产能力 2 万吨/年及以下、以及资源利用、能源消耗、环境保护等指标达不到行业准入条件要求的再生铅项目

八、黄金

1. 日处理金精矿 100 吨以下，原料自供能力不足 50% 的独立氰化项目

2. 日处理矿石 200 吨以下，无配套采矿系统的独立黄金选矿 厂项目

3. 日处理金精矿 100 吨以下的火法冶炼项目

4. 年处理矿石10万吨以下的独立堆浸场项目（东北、华北、西北）、年处理矿石20万吨以下的独立堆浸场项目（华东、中南、西南）

5. 日处理岩金矿石100吨以下的采选项目

6. 年处理砂金矿砂30万立方米以下的砂金开采项目

7. 在林区、基本农田、河道中开采砂金项目

九、建材

1. 2000吨/日以下熟料新型干法水泥生产线，60万吨/年以下水泥粉磨站

2. 普通浮法玻璃生产线

3. 150万平方米/年及以下的建筑陶瓷生产线

4. 60万件/年以下的隧道窑卫生陶瓷生产线

5. 3000万平方米/年以下的纸面石膏板生产线

6. 中碱玻璃球生产线、铂金坩埚球法拉丝玻璃纤维生产线

7. 粘土空心砖生产线（陕西、青海、甘肃、新疆、西藏、宁夏除外）

8. 15万平方米/年以下的石膏（空心）砌块生产线、单班2.5万立方米/年以下的混凝土小型空心砌块以及单班15万平方米/年以下的混凝土铺地砖固定式生产线、5万立方米/年以下的人造轻集料（陶粒）生产线

9. 10万立方米/年以下的加气混凝土生产线

10. 3000万标砖/年以下的煤矸石、页岩烧结实心砖生产线

11. 10000吨/年以下岩（矿）棉制品生产线和8000吨/年以下玻璃棉制品生产线

12. 100万米/年及以下预应力高强混凝土离心桩生产线

13. 预应力钢筒混凝土管（简称PCCP管）生产线：PCCP－L型：年设计生产能力≤50千米，PCCP－E型：年设计生产能力≤30千米

十、医药

1. 新建、扩建古龙酸和维生素C原粉（包括药用、食品用和饲料用、化妆品用）生产装置，新建药品、食品、饲料、化妆品等用途的维生素B1、维生素B2、维生素B12（综合利用除外）、维生素E原料生产装置

2. 新建青霉素工业盐、6－氨基青霉烷酸（6－APA）、化学法生产7－氨基头孢烷酸（7－ACA）、7－氨基－3－去乙酰氧基头孢烷酸（7－ADCA）、青霉素V、氨苄青霉素、羟氨苄青霉素、头孢菌素c发酵、土霉素、四环素、氯霉素、安乃近、扑热息痛、林可霉素、庆大霉素、双氢链霉素、丁胺卡那霉素、麦迪霉素、柱晶白霉素、环丙氟哌酸、氟哌酸、氟嗪酸、利福平、咖啡因、柯柯豆碱生产装置

3. 新建紫杉醇（配套红豆杉种植除外）、植物提取法黄连素（配套黄连种植除外）生产装置

4. 新建、改扩建药用丁基橡胶塞、二步法生产输液用塑料瓶生产装置

5. 新开办无新药证书的药品生产企业

6. 新建及改扩建原料含有尚未规模化种植或养殖的濒危动植物药材的产品生产装置

7. 新建、改扩建充汞式玻璃体温计、血压计生产装置、银汞齐齿科材料、新建2亿支/年以下一次性注射器、输血器、输液器生产装置

十一、机械

1. 2臂及以下凿岩台车制造项目

2. 装岩机（立爪装岩机除外）制造项目

3. 3立方米及以下小矿车制造项目

4. 直径2.5米及以下绞车制造项目

5. 直径3.5米及以下矿井提升机制造项目

6. 40平方米及以下筛分机制造项目

7. 直径700毫米及以下旋流器制造项目

8. 800千瓦及以下采煤机制造项目

9. 斗容3.5立方米及以下矿用挖掘机制造项目

10. 矿用搅拌、浓缩、过滤设备（加压式除外）制造项目

11. 低速汽车（三轮汽车、低速货车）（自2015年起执行与轻型卡车同等的节能与排放标准）

12. 单缸柴油机制造项目

13. 配套单缸柴油机的皮带传动小四轮拖拉机，配套单缸柴油机的手扶拖拉机，滑动齿轮换档、排放达不到要求的50马力以下轮式拖拉机

14. 30万千瓦及以下常规燃煤火力发电设备制造项目（综合利用、热电联产机组除外）

15. 6千伏及以上（陆上用）干法交联电力电缆制造项目

16. 非数控金属切削机床制造项目

17. 6300千牛及以下普通机械压力机制造项目

18. 非数控剪板机、折弯机、弯管机制造项目

19. 普通高速钢钻头、铣刀、锯片、丝锥、板牙项目

20. 棕刚玉、绿碳化硅、黑碳化硅等烧结块及磨料制造项目

21. 直径450毫米以下的各种结合剂砂轮（钢轨打磨砂轮除外）

22. 直径400毫米及以下人造金刚石切割锯片制造项目

23. P0级、直径60毫米以下普通微小型轴承制造项目

24. 220千伏及以下电力变压器（非晶合金、卷铁芯等节能配电变压器除外）

25. 220千伏及以下高、中、低压开关柜制造项目（使用环保型中压气体的绝缘开关柜以及用于爆炸性环境的防爆型开关柜除外）

26. 酸性碳钢焊条制造项目

27. 民用普通电度表制造项目

28. 8.8级以下普通低档标准紧固件制造项目

29. 驱动电动机功率560千瓦及以下、额定排气压力1.25兆帕及以下，一般用固定的往复活塞空气压缩机制造项目

30. 普通运输集装干箱项目

31. 56英寸及以下单级中开泵制造项目

32. 通用类10兆帕及以下中低压碳钢阀门制造项目

33. 5吨/小时及以下短炉龄冲天炉

34. 有色合金六氯乙烷精炼、镁合金SF6保护

35. 冲天炉熔化采用冶金焦

36. 无再生的水玻璃砂造型制芯工艺

37. 盐浴氮碳、硫氮碳共渗炉及盐

38. 电子管高频感应加热设备

39. 亚硝盐缓蚀、防腐剂

40. 铸/锻造用燃油加热炉

41. 锻造用燃煤加热炉

42. 手动燃气锻造炉

43. 蒸汽锤

44. 弧焊变压器

45. 含铅和含镉钎料

46. 新建全断面掘进机整机组装项目

47. 新建万吨级以上自由锻造液压机项目

48. 新建普通铸锻件项目

49. 动圈式和抽头式手工焊条弧焊机

50. Y系列（IP44）三相异步电动机（机座号80～355）及其派生系列，Y2系列（IP54）三相异步电动机（机座号63～355）

51. 背负式手动压缩式喷雾器

52. 背负式机动喷雾喷粉机

53. 手动插秧机

54. 青铜制品的茶叶加工机械

55. 双盘摩擦压力机

56. 含铅粉末冶金件

57. 出口船舶分段建造项目

十二、轻工

1. 聚氯乙烯普通人造革生产线

2. 年加工生皮能力 20 万标张牛皮以下的生产线，年加工蓝湿皮能力 10 万标张牛皮以下的生产线

3. 超薄型（厚度低于 0.015 毫米）塑料袋生产

4. 新建以含氢氯氟烃（HCFCs）为发泡剂的聚氨酯泡沫塑料生产线、连续挤出聚苯乙烯泡沫塑料（XPS）生产线

5. 聚氯乙烯（PVC）食品保鲜包装膜

6. 普通照明白炽灯、高压汞灯

7. 最高转速低于 4000 针/分的平缝机（不含厚料平缝机）和最高转速低于 5000 针/分的包缝机

8. 电子计价秤（准确度低于最大称量的 1/3000，称量≤15 千克）、电子皮带秤（准确度低于最大称量的 5/1000）、电子吊秤（准确度低于最大称量的 1/1000，称量≤50 吨）、弹簧度盘秤（准确度低于最大称量的 1/400，称量≤8 千克）

9. 电子汽车衡（准确度低于最大称量的 1/3000，称量≤300 吨）、电子静态轨道衡（准确度低于最大称量的 1/3000，称量≤150 吨）、电子动态轨道衡（准确度低于最大称量的 1/500，称量≤150 吨）

10. 玻璃保温瓶胆生产线

11. 3 万吨/年及以下的玻璃瓶罐生产线

12. 以人工操作方式制备玻璃配合料及秤量

13. 未达到日用玻璃行业清洁生产评价指标体系规定指标的玻璃窑炉

14. 生产能力小于 18000 瓶/时的啤酒灌装生产线

15. 羰基合成法及齐格勒法生产的脂肪醇产品

16. 热法生产三聚磷酸钠生产线

17. 单层喷枪洗衣粉生产工艺及装备、1.6 吨/小时以下规模磺化装置

18. 糊式锌锰电池、镉镍电池

19. 牙膏生产线

20. 100 万吨/年以下北方海盐项目；新建南方海盐盐场项目；60 万吨/年以下矿（井）盐项目

21. 单色金属板胶印机

22. 新建单条化学木浆 30 万吨/年以下、化学机械木浆 10 万吨/年以下、化学竹浆 10 万吨/年以下的生产线；新闻纸、铜版纸生产线

23. 元素氯漂白制浆工艺

24. 原糖加工项目及日处理甘蔗5000吨（云南地区3000吨）、日处理甜菜3000吨以下的新建项目

25. 白酒生产线

26. 酒精生产线

27. 5万吨/年及以下且采用等电离交工艺的味精生产线

28. 糖精等化学合成甜味剂生产线

29. 浓缩苹果汁生产线

30. 大豆压榨及浸出项目（黑龙江、吉林、内蒙古大豆主产区除外）；东、中部地区单线日处理油菜籽、棉籽200吨及以下，花生100吨及以下的油料加工项目；西部地区单线日处理油菜籽、棉籽、花生等油料100吨及以下的加工项目

31. 年加工玉米30万吨以下、绝干收率在98%以下玉米淀粉湿法生产线

32. 年屠宰生猪15万头及以下、肉牛1万头及以下、肉羊15万只及以下、活禽1000万只及以下的屠宰建设项目（少数民族地区除外）

33. 3000吨/年及以下的西式肉制品加工项目

34. 2000吨/年及以下的酵母加工项目

35. 冷冻海水鱼糜生产线

十三、纺织

1. 单线产能小于20万吨/年的常规聚酯（PET）连续聚合生产装置

2. 常规聚酯的对苯二甲酸二甲酯（DMT）法生产工艺

3. 半连续纺粘胶长丝生产线

4. 间歇式氨纶聚合生产装置

5. 常规化纤长丝用锭轴长1200毫米及以下的半自动卷绕设备

6. 粘胶板框式过滤机

7. 单线产能≤1000吨/年、幅宽≤2米的常规丙纶纺粘法非织造布生产线

8. 25公斤/小时以下梳棉机

9. 200钳次/分钟以下的棉精梳机

10. 5万转/分钟以下自排杂气流纺设备

11. FA502. FA503细纱机

12. 入纬率小于600米/分钟的剑杆织机，入纬率小于700米/分钟的喷气织机，入纬率小于900米/分钟的喷水织机

13. 采用聚乙烯醇浆料（PVA）上浆工艺及产品（涤棉产品，纯棉的高支高密产品除外）

14. 吨原毛洗毛用水超过20吨的洗毛工艺与设备

15. 双宫丝和柞蚕丝的立式缫丝工艺与设备

16. 绞纱染色工艺

17. 亚氯酸钠漂白设备

十四、烟草

1. 卷烟加工项目

十五、消防

1. 火灾报警控制器（包括联动型、独立型、区域型、集中型、集中区域兼容型）、消防联动控制器、点型感烟/温火灾探测器（独立式除外）、点型红外/紫外火焰探测器（独立式除外）、手动火灾报警按钮

2. 干粉灭火器、二氧化碳灭火器

3. 碳酸氢钠干粉灭火剂（BC）、磷酸铵盐干粉灭火剂（ABC）

4. 防火阀门（包括防火阀、排烟阀、排烟防火阀）、木质防火门、采用酸洗磷化生产工艺的钢质和钢木质防火门、新建初始规模小于6万平方米/年的防火卷帘项目

5. 天然橡胶有衬里消防水带、无衬里消防水带、消防软管卷盘、消防湿水带、PVC衬里消防水带

6. 室内消火栓、室外消火栓、消防水泵接合器的翻砂生产、加工、装配工艺

7. 水罐消防车、泡沫消防车、供水消防车、供液消防车、泵浦类消防车

8. 防火封堵材料、溶剂型钢结构防火涂料、饰面型防火涂料、电缆防火涂料

十六、民爆产品

1. 非人机隔离的非连续化、自动化雷管装配生产线

2. 非连续化、自动化炸药生产线

3. 高污染的起爆药生产线

4. 高能耗、高污染、低性能工业粉状炸药生产线

十七、其他

1. 用地红线宽度（包括绿化带）超过下列标准的城市主干道路项目：小城市和重点镇40米，中等城市55米，大城市70米（200万人口以上特大城市主干道路确需超过70米的，城市总体规划中应有专项说明）

2. 用地面积超过下列标准的城市游憩集会广场项目：小城市和重点镇1公顷，中等城市2公顷，大城市3公顷，200万人口以上特大城市5公顷

3. 别墅类房地产开发项目

4. 高尔夫球场项目

5. 赛马场项目

6. 4档及以下机械式车用自动变速箱（AT）

7. 排放标准国三及以下的机动车用发动机

第三类　淘汰类

注：条目后括号内年份为淘汰期限，淘汰期限为2011年是指应于2011年底前淘汰，其余类推；有淘汰计划的条目，根据计划进行淘汰；未标淘汰期限或淘汰计划的条目为国家产业政策已明令淘汰或立即淘汰。

一、落后生产工艺装备

（一）农林业

1. 湿法纤维板生产工艺
2. 滴水法松香生产工艺
3. 农村传统老式炉灶炕
4. 以木材、伐根为主要原料的活性炭生产以及氯化锌法活性炭生产工艺
5. 超过生态承载力的旅游活动和药材等林产品采集
6. 严重缺水地区建设灌溉型造纸原料林基地
7. 种植前溴甲烷土壤熏蒸工艺

（二）煤炭

1. 国有煤矿矿区范围（国有煤矿采矿登记确认的范围）内的各类小煤矿
2. 单井井型低于3万吨/年规模的矿井
3. 既无降硫措施，又无达标排放用户的高硫煤炭（含硫高于3%）生产矿井
4. 不能就地使用的高灰煤炭（灰分高于40%）生产矿井
5. 6AM、φM－2.5.PA－3型煤用浮选机
6. PB2.PB3.PB4型矿用隔爆高压开关
7. PG－27型真空过滤机
8. X－1型箱式压滤机
9. ZYZ、ZY3型液压支架
10. 木支架
11. 不能实现洗煤废水闭路循环的选煤工艺、不能实现粉尘达标排放的干法选煤设备

（三）电力

1. 大电网覆盖范围内，单机容量在10万千瓦以下的常规燃煤火电机组
2. 单机容量5万千瓦及以下的常规小火电机组
3. 以发电为主的燃油锅炉及发电机组
4. 大电网覆盖范围内，设计寿命期满的单机容量20万千瓦以下的常规燃煤火电机组

（四）石化化工

1. 200万吨/年及以下常减压装置（2013年，青海格尔木、新疆泽普装置除外），废旧橡胶和塑料土法炼油工艺，焦油间歇法生产沥青

2. 10万吨/年以下的硫铁矿制酸和硫磺制酸（边远地区除外），平炉氧化法高锰酸钾，隔膜法烧碱（2015年）生产装置，平炉法和大锅蒸发法硫化碱生产工艺，芒硝法硅酸钠（泡花碱）生产工艺

3. 单台产能5000吨/年以下和不符合准入条件的黄磷生产装置，有钙焙烧铬化合物生产装置（2013年），单线产能3000吨/年以下普通级硫酸钡、氢氧化钡、氯化钡、硝酸钡生产装置，产能1万吨/年以下氯酸钠生产装置，单台炉容量小于12500千伏安的电石炉及开放式电石炉，高汞催化剂（氯化汞含量6.5%以上）和使用高汞催化剂的乙炔法聚氯乙烯生产装置（2015年），氨钠法及氰熔体氰化钠生产工艺

4. 单线产能1万吨/年以下三聚磷酸钠、0.5万吨/年以下六偏磷酸钠、0.5万吨/年以下三氯化磷、3万吨/年以下饲料磷酸氢钙、5000吨/年以下工艺技术落后和污染严重的氢氟酸、5000吨/年以下湿法氟化铝及敞开式结晶氟盐生产装置

5. 单线产能0.3万吨/年以下氰化钠（100%氰化钠）、1万吨/年以下氢氧化钾、1.5万吨/年以下普通级白炭黑、2万吨/年以下普通级碳酸钙、10万吨/年以下普通级无水硫酸钠（盐业联产及副产除外）、0.3万吨/年以下碳酸锂和氢氧化锂、2万吨/年以下普通级碳酸钡、1.5万吨/年以下普通级碳酸锶生产装置

6. 半水煤气氨水液相脱硫、天然气常压间歇转化工艺制合成氨、一氧化碳常压变化及全中温变换（高温变换）工艺、没有配套硫磺回收装置的湿法脱硫工艺，没有配套建设吹风气余热回收、造气炉渣综合利用装置的固定层间歇式煤气化装置

7. 钠法百草枯生产工艺，敌百虫碱法敌敌畏生产工艺，小包装（1公斤及以下）农药产品手工包（灌）装工艺及设备，雷蒙机法生产农药粉剂，以六氯苯为原料生产五氯酚（钠）装置

8. 用火直接加热的涂料用树脂、四氯化碳溶剂法制取氯化橡胶生产工艺，100吨/年以下皂素（含水解物）生产装置，盐酸酸解法皂素生产工艺及污染物排放不能达标的皂素生产装置，铁粉还原法工艺（4，4－二氨基二苯乙烯－二磺酸［DSD酸］、2－氨基－4－甲基－5－氯苯磺酸［CLT酸］、1－氨基－8－萘酚－3，6－二磺酸［H酸］三种产品暂缓执行）

9. 50万条/年及以下的斜交轮胎和以天然棉帘子布为骨架的轮胎、1.5万吨/年及以下的干法造粒炭黑（特种炭黑和半补强炭黑除外）、3亿只/年以下

的天然胶乳安全套，橡胶硫化促进剂 N－氧联二（1，2－亚乙基）－2－苯并噻唑次磺酰胺（NOBS）和橡胶防老剂 D 生产装置

10. 氯氟烃（CFCs）、含氢氯氟烃（HCFCs）、用于清洗的 1，1，1－三氯乙烷（甲基氯仿）、主产四氯化碳（CTC）、以四氯化碳（CTC）为加工助剂的所有产品、以 PFOA 为加工助剂的含氟聚合物、含滴滴涕的涂料、采用滴滴涕为原料非封闭生产三氯杀螨醇生产装置（根据国家履行国际公约总体计划要求进行淘汰）

（五）钢铁

1. 土法炼焦（含改良焦炉）；单炉产能 5 万吨/年以下或无煤气、焦油回收利用和污水处理达不到准入条件的半焦（兰炭）生产装置

2. 炭化室高度小于 4.3 米焦炉（3.8 米及以上捣固焦炉除外）（西部地区 3.8 米捣固焦炉可延期至 2011 年）；无化产回收的单一炼焦生产设施

3. 土烧结矿

4. 热烧结矿

5. 90 平方米以下烧结机（2013 年）、8 平方米以下球团竖炉；铁合金生产用 24 平方米以下带式锰矿、铬矿烧结机

6. 400 立方米及以下炼铁高炉（铸造铁企业除外，但需提供企业工商局注册证明、三年销售凭证和项目核准手续等），200 立方米及以下铁合金、铸铁管生产用高炉

7. 用于地条钢、普碳钢、不锈钢冶炼的工频和中频感应炉

8. 30 吨及以下转炉（不含铁合金转炉）

9. 30 吨及以下电炉（不含机械铸造电炉）

10. 化铁炼钢

11. 复二重线材轧机

12. 横列式线材轧机

13. 横列式棒材及型材轧机

14. 叠轧薄板轧机

15. 普钢初轧机及开坯用中型轧机

16. 热轧窄带钢轧机

17. 三辊劳特式中板轧机

18. 直径 76 毫米以下热轧无缝管机组

19. 三辊式型线材轧机（不含特殊钢生产）

20. 环保不达标的冶金炉窑

21. 手工操作的土沥青焦油浸渍装置，矿石原料与固体原料混烧、自然通风、手工操作的土竖窑，以煤直接为燃料、烟尘净化不能达标的倒焰窑

22. 6300 千伏安以下铁合金矿热电炉，3000 千伏安以下铁合金半封闭直流电炉、铁合金精炼电炉（钨铁、钒铁等特殊品种的电炉除外）

23. 蒸汽加热混捏、倒焰式焙烧炉、艾奇逊交流石墨化炉、10000 千伏安及以下三相桥式整流艾奇逊直流石墨化炉及其并联机组

24. 单机产能 1 万吨及以下的冷轧带肋钢筋生产装备（2012 年，高延性冷轧带肋钢筋生产装备除外）

25. 生产预应力钢丝的单罐拉丝机生产装备

26. 预应力钢材生产消除应力处理的铅淬火工艺

27. 2.5 万吨/年及以下的单套粗（轻）苯精制装置（酸洗蒸馏法苯加工工艺及装置）

28. 5 万吨/年及以下的单套煤焦油加工装置（2012 年）

29. 100 立方米及以下铁合金锰铁高炉

30. 煅烧石灰土窑

31. 每炉单产 5 吨以下的钛铁熔炼炉、用反射炉焙烧钼精矿的钼铁生产线及用反射炉还原、煅烧红矾钠、铬酐生产金属铬的生产线

32. 燃煤倒焰窑耐火材料及原料制品生产线

33. 单条生产线规模小于 20 万吨的铸铁管项目

34. 环形烧结机

35. 一段式固定煤气发生炉项目（不含粉煤气化炉）

36. 电解金属锰用 5000 千伏安及以下的整流变压器、150 立方米以下的化合槽（2011 年），化合槽有效容积 150 立方米以下的生产设备

37. 单炉产能 7.5 万吨/年以下的半焦（兰炭）生产装置（2012 年）

38. 未达到焦化行业准入条件要求的热回收焦炉（2012 年）

39. 6300 千伏安铁合金矿热电炉（2012 年）（国家贫困县、利用独立运行的小水电，2014 年）

40. 还原二氧化锰用反射炉（包括硫酸锰厂用反射炉、矿粉厂用反射炉等）

41. 电解金属锰一次压滤用除高压隔膜压滤机以外的板框、箱式压滤机

42. 电解金属锰用 5000 千伏安以上、6000 千伏安及以下的整流变压器；150 立方米以上、170 立方米及以下的倾倒槽（2014 年）

43. 有效容积 18 立方米及以下轻烧反射窑

44. 有效容积 30 立方米及以下重烧镁砂竖窑

（六）有色金属

1. 采用马弗炉、马槽炉、横罐、小竖罐等进行焙烧、简易冷凝设施进行收尘等落后方式炼锌或生产氧化锌工艺装备

2. 采用铁锅和土灶、蒸馏罐、坩埚炉及简易冷凝收尘设施等落后方式炼汞

3. 采用土坑炉或坩埚炉焙烧、简易冷凝设施收尘等落后方式炼制氧化砷或金属砷工艺装备

4. 铝自焙电解槽及100KA及以下预焙槽（2011年）

5. 鼓风炉、电炉、反射炉炼铜工艺及设备（2011年）

6. 烟气制酸干法净化和热浓酸洗涤技术

7. 采用地坑炉、坩埚炉、赫氏炉等落后方式炼锑

8. 采用烧结锅、烧结盘、简易高炉等落后方式炼铅工艺及设备

9. 利用坩埚炉熔炼再生铝合金、再生铅的工艺及设备

10. 铝用湿法氟化盐项目

11. 1万吨/年以下的再生铝、再生铅项目

12. 再生有色金属生产中采用直接燃煤的反射炉项目

13. 铜线杆（黑杆）生产工艺

14. 未配套制酸及尾气吸收系统的烧结机炼铅工艺

15. 烧结－鼓风炉炼铅工艺

16. 无烟气治理措施的再生铜焚烧工艺及设备

17. 50吨以下传统固定式反射炉再生铜生产工艺及设备

18. 4吨以下反射炉再生铝生产工艺及设备

19. 离子型稀土矿堆浸和池浸工艺

20. 独居石单一矿种开发项目

21. 稀土氯化物电解制备金属工艺项目

22. 氨皂化稀土萃取分离工艺项目

23. 湿法生产电解用氟化稀土生产工艺

24. 矿石处理量50万吨/年以下的轻稀土矿山开发项目；1500吨（REO）/年以下的离子型稀土矿山开发项目（2013年）

25. 2000吨（REO）/年以下的稀土分离项目

26. 1500吨/年以下、电解槽电流小于5000A、电流效率低于85%的轻稀土金属冶炼项目

（七）黄金

1. 混汞提金工艺

2. 小氰化池浸工艺、土法冶炼工艺

3. 无环保措施提取线路板中金、银、钯等贵重金属

4. 日处理能力50吨以下采选项目

（八）建材

1. 窑径3米及以上水泥机立窑（2012年）、干法中空窑（生产高铝水泥、

硫铝酸盐水泥等特种水泥除外）、立波尔窑、湿法窑

2. 直径 3 米以下水泥粉磨设备

3. 无复膜塑编水泥包装袋生产线

4. 平拉工艺平板玻璃生产线（含格法）

5. 100 万平方米/年以下的建筑陶瓷砖、20 万件/年以下低档卫生陶瓷生产线

6. 建筑卫生陶瓷土窑、倒焰窑、多孔窑、煤烧明焰隧道窑、隔焰隧道窑、匣钵装卫生陶瓷隧道窑

7. 建筑陶瓷砖成型用的摩擦压砖机

8. 陶土坩埚玻璃纤维拉丝生产工艺与装备

9. 1000 万平方米/年以下的纸面石膏板生产线

10. 500 万平方米/年以下的改性沥青类防水卷材生产线；500 万平方米/年以下沥青复合胎柔性防水卷材生产线；100 万卷/年以下沥青纸胎油毡生产线

11. 石灰土立窑

12. 砖瓦 24 门以下轮窑以及立窑、无顶轮窑、马蹄窑等土窑（2011 年）

13. 普通挤砖机

14. SJ1580－3000 双轴、单轴制砖搅拌机

15. SQP400500－700500 双辊破碎机

16. 1000 型普通切条机

17. 100 吨以下盘转式压砖机

18. 手工制作墙板生产线

19. 简易移动式砼砌块成型机、附着式振动成型台

20. 单班 1 万立方米/年以下的混凝土砌块固定式成型机、单班 10 万平方米/年以下的混凝土铺地砖固定式成型机

21. 人工浇筑、非机械成型的石膏（空心）砌块生产工艺

22. 真空加压法和气炼一步法石英玻璃生产工艺装备

23. 6×600 吨六面顶小型压机生产人造金刚石

24. 手工切割加气混凝土生产线、非蒸压养护加气混凝土生产线

25. 非烧结、非蒸压粉煤灰砖生产线

26. 装饰石材矿山硐室爆破开采技术、吊索式大理石土拉锯

（九）医药

1. 手工胶囊填充工艺

2. 软木塞烫腊包装药品工艺

3. 不符合 GMP 要求的安瓿拉丝灌封机

4. 塔式重蒸馏水器

5. 无净化设施的热风干燥箱

6. 劳动保护、三废治理不能达到国家标准的原料药生产装置

7. 铁粉还原法对乙酰氨基酚（扑热息痛）、咖啡因装置

8. 使用氯氟烃（CFCs）作为气雾剂、推进剂、抛射剂或分散剂的医药用品生产工艺（根据国家履行国际公约总体计划要求进行淘汰）

（十）机械

1. 热处理铅浴炉

2. 热处理氯化钡盐浴炉（高温氯化钡盐浴炉暂缓淘汰）

3. TQ60、TQ80 塔式起重机

4. QT16、QT20、QT25 井架简易塔式起重机

5. KJ1600/1220 单筒提升绞机

6. 3000 千伏安以下普通棕刚玉冶炼炉

7. 4000 千伏安以下固定式棕刚玉冶炼炉

8. 3000 千伏安以下碳化硅冶炼炉

9. 强制驱动式简易电梯

10. 以氯氟烃（CFCs）作为膨胀剂的烟丝膨胀设备生产线

11. 砂型铸造粘土烘干砂型及型芯

12. 焦炭炉熔化有色金属

13. 砂型铸造油砂制芯

14. 重质砖炉衬台车炉

15. 中频发电机感应加热电源

16. 燃煤火焰反射加热炉

17. 铸/锻件酸洗工艺

18. 用重质耐火砖作为炉衬的热处理加热炉

19. 位式交流接触器温度控制柜

20. 插入电极式盐浴炉

21. 动圈式和抽头式硅整流弧焊机

22. 磁放大器式弧焊机

23. 无法安装安全保护装置的冲床

24. 粘土砂干型/芯铸造工艺

25. 无磁轭（≥0.25 吨）铝壳中频感应电炉（2015 年）

26. 无芯工频感应电炉

（十一）船舶

1. 废旧船舶滩涂拆解工艺

2. 船长大于 80 米的船舶整体建造工艺

（十二）轻工

1. 单套 10 万吨/年以下的真空制盐装置、20 万吨/年以下的湖盐和 30 万吨/年以下的北方海盐生产设施

2. 利用矿盐卤水、油气田水且采用平锅、滩晒制盐的生产工艺与装置

3. 2 万吨/年及以下的南方海盐生产装置

4. 超薄型（厚度低于 0.025 毫米）塑料购物袋生产

5. 年加工生皮能力 5 万标张牛皮、年加工蓝湿皮能力 3 万标张牛皮以下的制革生产线

6. 300 吨/年以下的油墨生产总装置（利用高新技术、无污染的除外）

7. 含苯类溶剂型油墨生产

8. 石灰法地池制浆设备（宣纸除外）

9. 5.1 万吨/年以下的化学木浆生产线

10. 单条 3.4 万吨/年以下的非木浆生产线

11. 单条 1 万吨/年及以下、以废纸为原料的制浆生产线

12. 幅宽在 1.76 米及以下并且车速为 120 米/分以下的文化纸生产线

13. 幅宽在 2 米及以下并且车速为 80 米/分以下的白板纸、箱板纸及瓦楞纸生产线

14. 以氯氟烃（CFCs）为制冷剂和发泡剂的冰箱、冰柜、汽车空调器、工业商业用冷藏、制冷设备生产线

15. 以氯氟烃（CFCs）为发泡剂的聚氨酯、聚乙烯、聚苯乙烯泡沫塑料生产

16. 四氯化碳（CTC）为清洗剂的生产工艺

17. 以三氟三氯乙烷（CFC－113）和甲基氯仿（TCA）为清洗剂和溶剂的生产工艺

18. 脂肪酸法制叔胺工艺，发烟硫酸磺化工艺，搅拌釜式乙氧基化工艺

19. 自行车盐浴焊接炉

20. 印铁制罐行业中的锡焊工艺

21. 燃煤和燃发生炉煤气的坩埚玻璃窑，直火式、无热风循环的玻璃退火炉

22. 机械定时行列式制瓶机

23. 生产能力 12000 瓶/时以下的玻璃瓶啤酒灌装生产线

24. 生产能力 150 瓶/分钟以下（瓶容在 250 毫升及以下）的碳酸饮料生产线

25. 日处理原料乳能力（两班）20 吨以下浓缩、喷雾干燥等设施；200 千克/小时以下的手动及半自动液体乳灌装设备

26. 3 万吨/年以下酒精生产线（废糖蜜制酒精除外）

27. 3 万吨/年以下味精生产装置

28. 2 万吨/年及以下柠檬酸生产装置

29. 年处理 10 万吨以下、总干物收率 97% 以下的湿法玉米淀粉生产线

30. 桥式劈半锯、敞式生猪烫毛机等生猪屠宰设备

31. 猪、牛、羊、禽手工屠宰工艺

32. 小麦粉增白剂（过氧化苯甲酰、过氧化钙）的添加工艺

（十三）纺织

1. “1”字头成卷、梳棉、清花、并条、粗纱、细纱设备，1332 系列络筒机，1511 型有梭织机，“1”字头整经、浆纱机等全部“1”字头的纺纱织造设备

2. A512、A513 系列细纱机

3. B581、B582 型精纺细纱机，BC581、BC582 型粗纺细纱机，B591 绒线细纱机，B601、B601A 型毛捻线机，BC272、BC272B 型粗梳毛纺梳毛机，B751 型绒线成球机，B701A 型绒线摇绞机，B250、B311、B311C、B311C（CZ）、B311C（DJ）型精梳机，H112、H112A 型毛分条整经机、H212 型毛织机等毛纺织设备

4. 90 年以前生产、未经技术改造的各类国产毛纺细纱机

5. 辊长 1000 毫米以下的皮辊轧花机，锯片片数在 80 以下的锯齿轧花机，压力吨位在 400 吨以下的皮棉打包机（不含 160 吨、200 吨短绒棉花打包机）

6. ZD647. ZD721 型自动缫丝机，D101A 型自动缫丝机，ZD681 型立缫机，DJ561 型绢精纺机，K251、K251A 型丝织机等丝绸加工设备

7. Z114 型小提花机

8. GE186 型提花毛圈机

9. Z261 型人造毛皮机

10. 未经改造的 74 型染整设备

11. 蒸汽加热敞开无密闭的印染平洗槽

12. R531 型酸性粘胶纺丝机

13. 2 万吨/年及以下粘胶常规短纤维生产线

14. 湿法氨纶生产工艺

15. 二甲基甲酰胺（DMF）溶剂法氨纶及腈纶生产工艺

16. 硝酸法腈纶常规纤维生产工艺及装置

17. 常规聚酯（PET）间歇法聚合生产工艺及设备

18. 常规涤纶长丝锭轴长 900 毫米及以下的半自动卷绕设备

19. 使用年限超过 15 年的国产和使用年限超过 20 年的进口印染前处理设

备、拉幅和定形设备、圆网和平网印花机、连续染色机

20. 使用年限超过 15 年的浴比大于 1∶10 的棉及化纤间歇式染色设备

21. 使用直流电机驱动的印染生产线

22. 印染用铸铁结构的蒸箱和水洗设备，铸铁墙板无底蒸化机，汽蒸预热区短的 L 型退煮漂履带汽蒸箱

23. 螺杆挤出机直径小于或等于 90mm，2000 吨/年以下的涤纶再生纺短纤维生产装置

（十四）印刷

1. 全部铅排、铅印工艺

2. 全部铅印机及相关辅机

3. 照像制版机

4. ZD201、ZD301 型系列单字铸字机

5. TH1 型自动铸条机、ZT102 型系列铸条机

6. ZDK101 型字模雕刻机

7. KMD101 型字模刻刀磨床

8. AZP502 型半自动汉文手选铸排机、ZSY101 型半自动汉文铸排机、TZP101 型外文条字铸排机、ZZP101 型汉文自动铸排机

9. QY401、2QY404 型系列电动铅印打样机，QYSH401、2QY401、DY401 型手动式铅印打样机

10. YX01、YX02、YX03 型系列压纸型机，HX01、HX02、HX03、HX04 型系列烘纸型机

11. PZB401 型平铅版铸版机，YZB02、YZB03、YZB04、YZB05、YZB06、YZB07 型系列铅版铸版机

12. JB01 型平铅版浇版机

13. RQ02、RQ03、RQ04 型系列铅泵熔铅炉

14. BB01 型刨版机，YGB02、YGB03、YGB04、YGB05 型圆铅版刮版机，YTB01 型圆铅版镗版机，YJB02 型圆铅版锯版机，YXB04、YXB05、YXB302 型系列圆铅版修版机

15. P401、P402 型系列四开平压印刷机，P801、P802、P803、P804 型系列八开平压印刷机

16. PE802 型双合页印刷机

17. TE102、TE105、TE108 型系列全张自动二回转平台印刷机

18. TY201 型对开单色一回转平台印刷机，TY401 型四开单色一回转平台印刷机

19. TY4201 型四开一回转双色印刷机

20. TT201、TZ201、DT201 型对开手动续纸停回转平台印刷机

21. TT202 型对开自动停回转平台印刷机，TT402、TT403、TT405、DT402 型四开自动停回转平台印刷机，TZ202 型对开半自动停回转平台印刷机，TZ401、TZS401、DT401 型四开半自动停回转平台印刷机

22. TR801 型系列立式平台印刷机

23. LP1101、LP1103 型系列平板纸全张单面轮转印刷机，LP1201 型平板纸全张双面轮转印刷机，LP4201 型平板纸四开双色轮转印刷机

24. LSB201（880×1230 毫米）及 LS201、LS204（787×1092 毫米）型系列卷筒纸书刊转轮印刷机

25. LB203、LB205、LB403 型卷筒纸报版轮转印刷机，LB2405、LB4405 型卷筒纸双层二组报版轮转印刷机，LBS201 型卷筒纸书、报二用轮转印刷机

26. K. M. T 型自动铸字排版机，PH－5 型汉字排字机

27. 球震打样制版机（DIA PRESS 清刷机）

28. 1985 年前生产的手动照排机、国产制版照相机

29. 离心涂布机

30. J1101 系列全张单色胶印机（印刷速度每小时 5000 张及以下）

31. J2101、PZ1920 系列对开单色胶印机（印刷速度每小时 4000 张及以下），PZ1615 系列四开单色胶印机（印刷速度每小时 4000 张及以下），YPS1920 系列双面单色胶印机（印刷速度每小时 4000 张及以下）

32. W1101 型全张自动凹版印刷机、AJ401 型卷筒纸单面四色凹版印刷机

33. DJ01 型平装胶订联动机，PRD－01、PRD－02 型平装胶订联动机，DBT－01 型平装有线订、包、烫联动机

34. 溶剂型即涂覆膜机、承印物无法降解和回收的各类覆膜机

35. QZ101、QZ201、QZ301、QZ401 型切纸机

36. MD103A 型磨刀机

（十五）民爆产品

1. 密闭式包装型乳化炸药基质冷却机

2. 密闭式包装型乳化炸药低温敏化机

3. 小直径手工单头炸药装药机

4. 轴承包覆在药剂中的混药、输送等炸药设备

5. 起爆药干燥工序采用蒸汽烘房干燥的工艺

6. 延期元件（体）制造工序采用手工装药的工艺

7. 雷管装填、装配工序及工序间的传输无可靠防殉爆措施的工艺

8. 导爆管制造工序加药装置无可靠防爆设施的生产线

9. 危险作业场所未实现远程视频监视的工业炸药和工业雷管生产线

10. 危险作业场所未实现远程视频监视的导爆索生产线

11. 采用传统轮碾方式的炸药制药工艺

12. 起爆药生产废水达不到《兵器工业水污染排放标准火工药剂》（GB14470.2）要求排放的生产工艺

13. 乳化器出药温度大于130℃的乳化工艺

14. 小直径含水炸药装药效率低于1200kg/h、小直径粉状炸药装药效率低于800kg/h的装药机

15. 有固定操作人员的场所，噪声超过85分贝以上的炸药设备

16. 全电阻极差大于1.5Ω的电雷管（钢芯脚线长度2m）生产技术（2013年）

17. 装箱产品下线未实现生产数据在线采集、及时传输的生产线（2013年）

18. 全电阻极差大于1.0Ω的电雷管（钢芯脚线长度2m）生产工艺（2015年）

19. 工序间无可靠防传爆措施的导爆索生产线（2013年）

20. 制索工序无药量在线检测、自动联锁保护装置的导爆索生产线（2013年）

21. 最大不发火电流小于0.25A的普通型电雷管生产工艺（2015年）

22. 雷管装填工序未实现人机隔离的生产工艺（2015年）

23. 雷管卡口、检查工序间需人工传送产品的生产工艺（2015年）

（十六）消防

1. 火灾探测器手工插焊电子元器件生产工艺

（十七）其他

1. 含有毒有害氰化物电镀工艺（氰化金钾电镀金及氰化亚金钾镀金（2014年）；银、铜基合金及予镀铜打底工艺（暂缓淘汰））

2. 含氰沉锌工艺

3. 实体坝连岛技术

4. 超过生态承载力的旅游活动和药材等林产品采集

5. 不符合国家现行城市生活垃圾、医疗废物和工业废物焚烧相关污染控制标准、工程技术标准以及设备标准的小型焚烧炉

二、落后产品

（一）石化化工

1. 改性淀粉、改性纤维、多彩内墙（树脂以硝化纤维素为主，溶剂以二甲苯为主的O/W型涂料）、氯乙烯－偏氯乙烯共聚乳液外墙、焦油型聚氨酯防水、水性聚氯乙烯焦油防水、聚乙烯醇及其 缩醛类内外墙（106、107涂料

等）、聚醋酸乙烯乳液类（含乙烯/醋酸乙烯酯共聚物乳液）外墙涂料

2. 有害物质含量超标准的内墙、溶剂型木器、玩具、汽车、外墙涂料，含双对氯苯基三氯乙烷、三丁基锡、全氟辛酸及其盐类、全氟辛烷磺酸、红丹等有害物质的涂料

3. 在还原条件下会裂解产生24种有害芳香胺的偶氮染料（非纺织品用的领域暂缓）、九种致癌性染料（用于与人体不直接接触的领域暂缓）

4. 含苯类、苯酚、苯甲醛和二（三）氯甲烷的脱漆剂，立德粉，聚氯乙烯建筑防水接缝材料（焦油型），107胶，瘦肉精，多氯联苯（变压器油）

5. 高毒农药产品：六六六、二溴乙烷、丁酰肼、敌枯双、除草醚、杀虫脒、毒鼠强、氟乙酰胺、氟乙酸钠、二溴氯丙烷、治螟磷（苏化203）、磷胺、甘氟、毒鼠硅、甲胺磷、对硫磷、甲基对硫磷、久效磷、硫环磷（乙基硫环磷）、福美胂、福美甲胂及所有砷制剂、汞制剂、铅制剂、10%草甘膦水剂，甲基硫环磷、磷化钙、磷化锌、苯线磷、地虫硫磷、磷化镁、硫线磷、蝇毒磷、治螟磷、特丁硫磷（2011年）

6. 根据国家履行国际公约总体计划要求进行淘汰农药产品：氯丹、七氯、溴甲烷、滴滴涕、六氯苯、灭蚁灵、林丹、毒杀芬、艾氏剂、狄氏剂、异狄氏剂

7. 软边结构自行车胎，以棉帘线为骨架材料的普通输送带和以尼龙帘线为骨架材料的普通V带，轮胎、自行车胎、摩托车胎手工刻花硫化模具

（二）铁路

1. G60型、G17型罐车

2. P62型棚车

3. K13型矿石车

4. U60型水泥车

5. N16型、N17型平车

6. L17型粮食车

7. C62A型、C62B型敞车

8. 轨道平车（载重40吨及以下）

（三）钢铁

1. 热轧硅钢片

2. 普通松弛级别的钢丝、钢绞线

3. 热轧钢筋：牌号HRB335、HPB235

（四）有色金属

1. 铜线杆（黑杆）

（五）建材

1. 使用非耐碱玻纤或非低碱水泥生产的玻纤增强水泥（GRC）空心条板

2. 陶土坩埚拉丝玻璃纤维和制品及其增强塑料（玻璃钢）制品

3. 25A空腹钢窗

4. S－2型混凝土轨枕

5. 一次冲洗用水量9升以上的便器

6. 角闪石石棉（即蓝石棉）

7. 非机械生产中空玻璃，双层双框各类门窗及单腔结构型的塑料门窗

8. 采用二次加热复合成型工艺生产的聚乙烯丙纶类复合防水卷材、聚乙烯丙纶复合防水卷材（聚乙烯芯材厚度在0.5mm以下）；棉涤玻纤（高碱）网格复合胎基材料、聚氯乙烯防水卷材（S型）

9. 石棉绒质离合器面片、合成火车闸瓦，石棉软木湿式离合器面片

（六）医药

1. 铅锡软膏管、单层聚烯烃软膏管（肛肠、腔道给药除外）

2. 安瓿灌装注射用无菌粉末

3. 药用天然胶塞

4. 非易折安瓿

5. 输液用聚氯乙烯（PVC）软袋（不包括腹膜透析液、冲洗液用）

（七）机械

1. T100、T100A推土机

2. ZP－Ⅱ、ZP－Ⅲ干式喷浆机

3. WP－3挖掘机

4. 0.35立方米以下的气动抓岩机

5. 矿用钢丝绳冲击式钻机

6. БY－40石油钻机

7. 直径1.98米水煤气发生炉

8. CER膜盒系列

9. 热电偶（分度号LL－2、LB－3、EU－2、EA－2、CK）

10. 热电阻（分度号BA、BA2、G）

11. DDZ－Ⅰ型电动单元组合仪表

12. GGP－01A型皮带秤

13. BLR－31型称重传感器

14. WFT－081辐射感温器

15. WDH－1E、WDH－2E光电温度计，PY5型数字温度计

16. BC系列单波纹管差压计，LCH－511、YCH－211、LCH－311、YCH－311、LCH－211、YCH－511型环称式差压计

17. EWC－01A 型长图电子电位差计

18. XQWA 型条形自动平衡指示仪

19. ZL3 型 X－Y 记录仪

20. DBU－521，DBU－521C 型液位变送器

21. YB 系列（机座号 63－355mm，额定电压 660V 及以下）、YBF 系列（机座号 63－160mm，额定电压 380、660V 或 380/660V）、YBK 系列（机座号 100－355mm，额定电压 380/660V、660/1140V）隔爆型三相异步电动机

22. DZ10 系列塑壳断路器、DW10 系列框架断路器

23. CJ8 系列交流接触器

24. QC10、QC12、QC8 系列起动器

25. JR0、JR9、JR14、JR15、JR16－A、B、C、D 系列热继电器

26. 以焦炭为燃料的有色金属熔炼炉

27. GGW 系列中频无心感应熔炼炉

28. B 型、BA 型单级单吸悬臂式离心泵系列

29. F 型单级单吸耐腐蚀泵系列

30. JD 型长轴深井泵

31. KDON－3200/3200 型蓄冷器全低压流程空分设备、KDON－1500/1500 型蓄冷器（管式）全低压流程空分设备、KDON－1500/1500 型管板式全低压流程空分设备、KDON－6000/6600 型蓄冷器流程空分设备

32. 3W－0、9/7（环状阀）空气压缩机

33. C620、CA630 普通车床

34. C616、C618、C630、C640、C650 普通车床（2015 年）

35. X920 键槽铣床

36. B665、B665A、B665－1 牛头刨床

37. D6165、D6185 电火花成型机床

38. D5540 电脉冲机床

39. J53－400、J53－630、J53－1000 双盘摩擦压力机

40. Q11－1、6×1600 剪板机

41. Q51 汽车起重机

42. TD62 型固定带式输送机

43. 3 吨直流架线式井下矿用电机车

44. A571 单梁起重机

45. 快速断路器：DS3－10、DS3－30、DS3－50（1000、3000、5000A）、DS10－10、DS10－20、DS10－30（1000、2000、3000A）

46. SX 系列箱式电阻炉

47. 单相电度表：DD1、DD5、DD5－2、DD5－6、DD9、DD10、DD12、DD14、DD15、DD17、DD20、DD28

48. SL7－30/10～SL7－1600/10、S7－30/10～S7－1600/10 配电变压器

49. 刀开关：HD6、HD3－100、HD3－200、HD3－400、HD3－600、HD3－1000、HD3－1500

50. GC 型低压锅炉给水泵，DG270－140、DG500－140、DG375－185 锅炉给水泵

51. 热动力式疏水阀：S15H－16、S19－16、S19－16C、S49H－16、S49－16C、S19H－40、S49H－40、S19H－64、S49H－64

52. 固定炉排燃煤锅炉（双层固定炉排锅炉除外）

53. 1－10/8、1－10/7 型动力用往复式空气压缩机

54. 8－18 系列、9－27 系列高压离心通风机

55. X52、X62W 320×150 升降台铣床

56. J31－250 机械压力机

57. TD60、TD62、TD72 型固定带式输送机

58. 以未安装燃油量限制器（简称限油器）的单缸柴油机为动力装置的农用运输车（指生产与销售）

59. E135 二冲程中速柴油机（包括 2、4、6 缸三种机型），TY1100 型单缸立式水冷直喷式柴油机，165 单缸卧式蒸发水冷、预燃室柴油机，4146 柴油机

60. TY1100 型单缸立式水冷直喷式柴油机

61. 165 单缸卧式蒸发水冷、预燃室柴油机

62. 含汞开关和继电器

63. 燃油助力车

64. 低于国二排放的车用发动机

65. 机动车制动用含石棉材料的摩擦片

（八）船舶

1. 采用整体造船法建造的钢制运输船舶

2. 不符合规范的改装船舶和已到报废期限的船舶

3. 单壳油船

4. 挂桨机船及其发动机

（九）轻工

1. 汞电池（氧化汞原电池及电池组、锌汞电池）

2. 开口式普通铅酸电池

3. 含汞高于 0.0001% 的圆柱型碱锰电池

4. 含汞高于 0.0005% 的扣式碱锰电池（2015 年）

5. 含镉高于0.002%的铅酸蓄电池（2013年）

6. 直排式燃气热水器

7. 螺旋升降式（铸铁）水嘴

8. 用于凹版印刷的苯胺油墨

9. 进水口低于溢流口水面、上导向直落式便器水箱配件

10. 铸铁截止阀

11. 添加白砒、三氧化二锑、含铅、含氟、铬矿渣等辅助原料玻璃配合料

12. 半自动（卧式）工业用洗衣机

13. 开启式四氯乙烯干洗机和普通封闭式四氯乙烯干洗机，分体式石油干洗机和普通封闭式石油干洗机

（十）消防

1. 二氟一氯一溴甲烷灭火剂（简称1211灭火剂）

2. 三氟一溴甲烷灭火剂（简称1301灭火剂）（原料及必要用途除外）

3. 简易式1211灭火器

4. 手提式1211灭火器

5. 推车式1211灭火器

6. 手提式化学泡沫灭火器

7. 手提式酸碱灭火器

8. 简易式1301灭火器（必要用途除外）

9. 手提式1301灭火器（必要用途除外）

10. 推车式1301灭火器（必要用途除外）

11. 管网式1211灭火系统

12. 悬挂式1211灭火系统容

13. 柜式1211灭火系统

14. 管网式1301灭火系统（必要用途除外）

15. 悬挂式1301灭火系统（必要用途除外）

16. 柜式1301灭火系统（必要用途除外）

（十一）民爆产品

1. 火雷管

2. 导火索

3. 铵梯炸药

4. 纸壳雷管（2011年）

（十二）其他

1. 59、69、72、TF－3型防毒面具

IX. 45 国务院关于化解产能严重过剩矛盾的指导意见

（2013 年 10 月 6 日 国发［2013］41 号）

各省、自治区、直辖市人民政府，国务院各部委、各直属机构：

化解产能严重过剩矛盾是当前和今后一个时期推进产业结构调整的工作重点。为积极有效地化解钢铁、水泥、电解铝、平板玻璃、船舶等行业产能严重过剩矛盾，同时指导其他产能过剩行业化解工作，特制定本意见。

一、充分认识化解产能严重过剩矛盾的重要性和紧迫性

在市场经济条件下，供给适度大于需求是市场竞争机制发挥作用的前提，有利于调节供需，促进技术进步与管理创新。但产品生产能力严重超过有效需求时，将会造成社会资源巨大浪费，降低资源配置效率，阻碍产业结构升级。

受国际金融危机的深层次影响，国际市场持续低迷，国内需求增速趋缓，我国部分产业供过于求矛盾日益凸显，传统制造业产能普遍过剩，特别是钢铁、水泥、电解铝等高消耗、高排放行业尤为突出。2012 年底，我国钢铁、水泥、电解铝、平板玻璃、船舶产能利用率分别仅为 72%、73.7%、71.9%、73.1% 和 75%，明显低于国际通常水平。钢铁、电解铝、船舶等行业利润大幅下滑，企业普遍经营困难。值得关注的是，这些产能严重过剩行业仍有一批在建、拟建项目，产能过剩呈加剧之势。如不及时采取措施加以化解，势必会加剧市场恶性竞争，造成行业亏损面扩大、企业职工失业、银行不良资产增加、能源资源瓶颈加剧、生态环境恶化等问题，直接危及产业健康发展，甚至影响到民生改善和社会稳定大局。

当前，我国出现产能严重过剩主要受发展阶段、发展理念和体制机制等多种因素的影响。在加快推进工业化、城镇化的发展阶段，市场需求快速增长，一些企业对市场预期过于乐观，盲目投资，加剧了产能扩张；部分行业发展方式粗放，创新能力不强，产业集中度低，没有形成由优强企业主导的产业发展格局，导致行业无序竞争、重复建设严重；一些地方过于追求发展速度，过分倚重投资拉动，通过廉价供地、税收减免、低价配置资源等方式招商引资，助推了重复投资和产能扩张；与此同时，资源要素市场化改革滞后，政策、规划、标准、环保等引导和约束不强，投资体制和管理方式不完善，监督检查和责任追究不到位，导致生产要素价格扭曲，公平竞争的市场环境不健全，市场机制作用未能有效发挥，落后产能退出渠道不畅，产能过剩矛盾不断加剧。

产能严重过剩越来越成为我国经济运行中的突出矛盾和诸多问题的根源。企业经营困难、财政收入下降、金融风险积累等，都与产能严重过剩密切相联。化解产能严重过剩矛盾必然带来阵痛，有的行业甚至会伤筋动骨，但从全局和长远来看，遏制矛盾进一步加剧，引导好投资方向，对加快产业结构调整，促进产业转型升级，防范系统性金融风险，保持国民经济持续健康发展意义重大。因此，要坚决控制增量、优化存量，深化体制改革和机制创新，加快建立和完善以市场为主导的化解产能严重过剩矛盾长效机制。这是一项复杂的系统工程，任务十分艰巨，要精心谋划、总体部署、统筹安排，积极稳妥加以推进。

二、总体要求、基本原则和主要目标

（一）总体要求

全面贯彻落实党的十八大精神，以邓小平理论、“三个代表”重要思想、科学发展观为指导，坚持以转变发展方式为主线，把化解产能严重过剩矛盾作为产业结构调整的重点，按照尊重规律、分业施策、多管齐下、标本兼治的总原则，立足当前，着眼长远，着力加强宏观调控和市场监管，坚决遏制产能盲目扩张；着力发挥市场机制作用，完善配套政策，“消化一批、转移一批、整合一批、淘汰一批”过剩产能；着力创新体制机制，加快政府职能转变，建立化解产能严重过剩矛盾长效机制，推进产业转型升级。

（二）基本原则

——坚持尊重市场规律与改善宏观调控相结合。发挥企业市场主体作用，强化企业责任意识；加强市场供需趋势研判和信息引导，综合运用法律、经济以及必要的宏观调控手段，加强政策协调，形成化解产能严重过剩矛盾、引导产业健康发展的合力。

——坚持开拓市场需求与产业转型升级相结合。保持投资合理增长，培育新的消费增长点，扩大国内市场规模，巩固拓展国际市场，消化国内过剩产能。强化需求升级导向，培育高端产品市场，促进产能结构优化，带动产业转型升级。

——坚持严格控制增量与调整优化存量相结合。严格要素供给和投资管理，遏制盲目扩张和重复建设；推进企业兼并重组，整合压缩过剩产能；实施境外投资和产业重组，转移国内过剩产能；强化资源能源和环境硬约束，加快淘汰落后产能；统筹区域协调发展，优化产业布局。

——坚持完善政策措施与深化改革创新相结合。完善和细化化解产能严重过剩矛盾的配套政策措施，建立中央和地方联动机制，加强协调服务，发挥部门合力，落实地方责任；深化重点领域改革和体制机制创新，形成有利于发挥市场竞争机制作用、有效化解产能严重过剩的体制机制环境。

（三）主要目标

通过5年努力，化解产能严重过剩矛盾工作取得重要进展：

——产能规模基本合理。钢铁、水泥、电解铝、平板玻璃、船舶等行业产能总量与环境承载力、市场需求、资源保障相适应，空间布局与区域经济发展相协调，产能利用率达到合理水平。

——发展质量明显改善。兼并重组取得实质性进展，产能结构得到优化；清洁生产和污染治理水平显著提高，资源综合利用水平明显提升；经济效益实现好转，盈利水平回归合理，行业平均负债率保持在风险可控范围内，核心竞争力明显增强。

——长效机制初步建立。公平竞争的市场环境得到完善，企业市场主体作用充分发挥。过剩行业产能预警体系和监督机制基本建立，资源要素价格、财税体制、责任追究制度等重点领域改革取得重要进展。

三、主要任务

（一）坚决遏制产能盲目扩张

严禁建设新增产能项目。严格执行国家投资管理规定和产业政策，加强产能严重过剩行业项目管理，各地方、各部门不得以任何名义、任何方式核准、备案产能严重过剩行业新增产能项目，各相关部门和机构不得办理土地（海域）供应、能评、环评审批和新增授信支持等相关业务。

分类妥善处理在建违规项目。对未按土地、环保和投资管理等法律法规履行相关手续或手续不符合规定的违规项目，地方政府要按照要求进行全面清理。凡是未开工的违规项目，一律不得开工建设；凡是不符合产业政策、准入标准、环保要求的违规项目一律停建；对确有必要建设的项目，在符合布局规划和环境承载力要求，以及等量或减量置换原则等基础上，由地方政府提出申请报告，报发展改革委、工业和信息化部并抄报国土资源部、环境保护部等相关职能部门，发展改革委、工业和信息化部商国土资源部、环境保护部等职能部门，在委托咨询机构评估的基础上出具认定意见，各相关部门依法依规补办相关手续。对未予认定的在建违规项目一律不得续建，由地方政府自行妥善处理；对隐瞒不报在建违规项目，一经查实，立即停建，金融机构停止发放贷款，国土、环保部门依据土地管理法、环境保护法等法律法规予以处理，对涉及失职渎职和权钱交易等问题的予以严肃查处，对监管不力的要严肃追究相关人员的责任。同时，按照谁违规谁负责的原则，做好债务、人员安置等善后工作。所有在建违规项目的处理结果均应向社会公开。

（二）清理整顿建成违规产能

全面清理整顿。各省级人民政府依据行政许可法、土地管理法、环境保护法等法律法规，以及能源消耗总量控制指标、产业结构调整指导目录、行业规范和准入条件、环保标准等要求，对产能严重过剩行业建成违规项目进行全面清理，提出整顿方案并向社会公示后，报发展改革委、工业和信息化部、国土资源部、环境保护部等部门备案；对不符合备案要求的，各有关部门要及时反馈意见。

加强规范管理。各级政府要加强对建成违规产能的规范管理，工业主管部门加强行业规范和准入管理，国土、环保部门严格监督检查，质检部门进行质量保障能力综合评价，依法颁发产品生产许可证。对工艺装备落后、产品质量不合格、能耗及排放不达标的项目，列入淘汰落后年度任务加快淘汰。

（三）淘汰和退出落后产能

坚决淘汰落后产能。分解落实年度目标，在提前一年完成“十二五”钢铁、电解铝、水泥、平板玻璃等重点行业淘汰落后产能目标任务基础上，通过提高财政奖励标准，落实等量或减量置换方案等措施，鼓励地方提高淘汰落后产能标准，2015年底前再淘汰炼铁1500万吨、炼钢1500万吨、水泥（熟料及粉磨能力）1亿吨、平板玻璃2000万重量箱。“十三五”期间，结合产业发展实际和环境承载力，通过提高能源消耗、污染物排放标准，严格执行特别排放限值要求，加大执法处罚力度，加快淘汰一批落后产能。中央企业在淘汰和退出落后产能方面要发挥示范带头作用。

引导产能有序退出。完善激励和约束政策，研究建立过剩产能退出的法律制度，引导企业主动退出过剩行业。分行业制修订并严格执行强制性能耗限额标准，对超过能耗限额标准和环保不达标的企业，实施差别电价和惩罚性电价、水价等差别价格政策。产能严重过剩行业项目建设，须制定产能置换方案，实施等量或减量置换，在京津冀、长三角、珠三角等环境敏感区域，实施减量置换。项目所在地省级人民政府须制定产能等量或减量置换方案并向社会公示，行业主管部门对产能置换方案予以确认并公告，同时将置换产能列入淘汰名单，监督落实。鼓励各地积极探索政府引导、企业自愿、市场化运作的产能置换指标交易，形成淘汰落后与发展先进的良性互动机制。

（四）调整优化产业结构

推进企业兼并重组。完善和落实促进企业兼并重组的财税、金融、土地等政策措施。协调解决企业跨地区兼并重组重大问题，理顺地区间分配关系，促进行业内优势企业跨地区整合过剩产能。支持兼并重组企业整合内部资源，优化技术、产品结构，压缩过剩产能。鼓励和引导非公有制企业通过参股、控股、资产收购等多种方式参与企业兼并重组。研究出台促进企业做优做强的指导意见，推动优强企业引领行业发展，支持和培育优强企业发展壮大，提高产业集中度，增强行业发展的协调和自律能力。

优化产业空间布局。科学制定产业布局规划，在坚决遏制产能盲目扩张和严控总量的前提下，有序推进产业布局调整和优化。按照区域发展总体战略要求，适应城镇化发展需要，结合地方环境承载力、资源能源禀赋、产业基础、市场空间、物流运输等条件，有序推进产业梯度转移和环保搬迁、退城进园，防止落后产能转移。支持跨地区产能置换，引导国内有效产能向优势企业和更具比较优势的地区集中，推动形成分工合理、优势互补、各具特色的区域经济和产业发展格局。

（五）努力开拓国内市场需求

扩大国内有效需求。适应工业化、城镇化、信息化、农业现代化深入推进的需要，挖掘国内市场潜力，消化部分过剩产能。推广钢结构在建设领域的应用，提高公共建筑和政府投资建设领域钢结构使用比例，在地震等自然灾害高发地区推广轻钢结构集成房屋等抗震型建筑；推动建材下乡，稳步扩大钢材、水泥、铝型材、平板玻璃等市场需求。优化航运运力结构，加快淘汰更新老旧运输船舶。

着力改善需求结构。强化需求升级导向，实施绿色建材工程，发展绿色安全节能建筑，制修订相关标准规范，提高建筑用钢、混凝土以及玻璃等产品使用标准，带动产品升级换代。推动节能、节材和轻量化，促进高品质钢材、铝材的应用，满足先进制造业发展和传统产业转型升级需要。加快培育海洋工程装备、海上工程设施市场。

（六）积极拓展对外发展空间

巩固扩大国际市场。鼓励企业积极参加各类贸易促进活动，创新国际贸易方式。拓展对外工程承包领域，提升对外承包工程质量和效益，积极承揽重大基础设施和大型工业、能源、通信、矿产资源开发等项目，带动国内技术、装备、产品、标准和服务等出口，培育“中国建设”国际品牌。适应国际新规范、新公约、新标准要求，增强节能环保船舶设计制造能力，稳定船舶出口市场。

扩大对外投资合作。鼓励优势企业以多种方式“走出去”，优化制造产地分布，消化国内产能。建立健全贸易投资平台和“走出去”投融资综合服务平台。推动设立境外经贸合作区，吸引国内企业入园。按照优势互补、互利共赢的原则，发挥钢铁、水泥、电解铝、平板玻璃、船舶等产业的技术、装备、规模优势，在全球范围内开展资源和价值链整合；加强与周边国家及新兴市场国家投资合作，采取多种形式开展对外投资，建设境外生产基地，提高企业跨国经营水平，拓展国际发展新空间。

（七）增强企业创新驱动发展动力

突破核心关键技术。利用市场机制和经济杠杆倒逼企业增强技术创新的内在动力，推动企业转型和产业升级，提升以产品质量、标准、技术为核心要素的市场竞争力。着力构建以企业为主体、市场为导向、产学研相结合的技术创新体系，集中精力突破、掌握一批关键共性技术。鼓励企业实施技术改造，推广应用更加节能、安全、环保、高效的钢铁、电解铝、水泥、平板玻璃工艺技术，提升高技术船舶、海洋工程装备设计制造能力。

加强企业管理创新。深化国有企业改革，引导国有资本从产能严重过剩行业向战略性新兴产业和公共事业领域转移。鼓励企业强化战略管理、培育知名品牌，加强产品创新、组织创新、商业模式创新，提升有效供给，创造有效需求。提高企业管理信息化水平，推进精细化管理。注重发挥企业家才能，加强创新型人才队伍建设，完善以人为本的企业人才激励机制。总结推广企业管理创新优秀成果，实施企业管理创新示范工程。

（八）建立长效机制

创新政府管理。加强产业、土地、环保、节能、金融、质量、安全、进出口等部门协调配合，强化用地、用海和岸线审查，严格环保和质量监督管理，坚持银行独立审贷，形成法律法规约束下责任清晰的市场监管机制。深化投资体制改革，强化事中和事后纵横协管。加强对产能严重过剩行业动态监测分析，建立产能过剩信息预警机制。

营造公平环境。保障各种所有制经济依法平等使用生产要素、公平参与市场竞争、同等受到法律保护。切实减少对企业生产经营活动的行政干预，坚决清理废除地方政府在招商引资中采取土地、资源、税收、电价等损害公平竞争的优惠政策，以及地方保护、市场分割的限制措施。加强知识产权保护和质量体系建设，打击假冒伪劣产品，整顿规范市场秩序，形成有利于创新创业的市场环境。

完善市场机制。推进资源税改革和环境保护税立法。理顺资源、要素价格的市场形成机制，完善差别化价格政策，提高产业准入的能耗、物耗、水耗和生态环保标准，切实发挥市场配置资源的基础性作用。以资源环境承载力上限，倒逼超标产能退出、节能减排达标和自然环境改善。完善转移支付制度，建立生态环保补偿责任制。

四、分业施策

对产能严重过剩行业，要根据行业特点，开展有选择、有侧重、有针对性的化解工作。

钢铁。重点推动山东、河北、辽宁、江苏、山西、江西等地区钢铁产业结构调整，充分发挥地方政府的积极性，整合分散钢铁产能，推动城市钢厂搬迁，优化产业布局，压缩钢铁产能总量8000万吨以上。逐步提高热轧带肋钢筋、电工用钢、船舶用钢等钢材产品标准，修订完善钢材使用设计规范，在建筑结构纵向受力钢筋中全面推广应用400兆帕及以上强度高强钢筋，替代335兆帕热轧带肋钢筋等低品质钢材。加快推动高强钢筋产品的分类认证和标识管理。落实公平税赋政策，取消加工贸易项下进口钢材保税政策。

水泥。加快制修订水泥、混凝土产品标准和相关设计规范，推广使用高标号水泥和高性能混凝土，尽快取消32.5复合水泥产品标准，逐步降低32.5复合水泥使用比重。鼓励依托现有水泥生产线，综合利用废渣发展高标号水泥和满足海洋、港口、核电、隧道等工程需要的特种水泥等新产品。支持利用现有水泥窑无害化协同处置城市生活垃圾和产业废弃物，进一步完善费用结算机制，协同处置生产线数量比重不低于10%。强化氮氧化物等主要污染物排放和能源、资源单耗指标约束，对整改不达标的生产线依法予以淘汰。

电解铝。2015年底前淘汰16万安培以下预焙槽，对吨铝液电解交流电耗大于13700千瓦时，以及2015年底后达不到规范条件的产能，用电价格在标准价格基础上上浮10%。严禁各地自行出台优惠电价措施，采取综合措施推动缺乏电价优势的产能逐步退出，有序向具有能源竞争优势特别是水电丰富地区转移。支持电解铝企业与电力企业签订直购电长期合同，推广交通车辆轻量化用铝材产品的开发和应用。鼓励国内企业在境外能源丰富地区建设电解铝生产基地。

平板玻璃。制修订平板玻璃和制品标准和应用规范，在新建建筑和既有建筑改造中使用符合节能标准的门窗，鼓励采用低辐射中空玻璃，支持既有生产线升级改造，提高优质浮法玻璃原片比重。发展功能性玻璃，鼓励原片生产深加工一体化，平板玻璃深加工率达到50%以上，培育玻璃精深加工基地。加快河北、广东、江苏、山东等重点产区和环境敏感区域结构调整。支持联合重组，形成一批产业链完整、核心竞争力强的企业集团。

船舶。提高海洋开发装备水平，加强海洋保障能力建设，充分挖掘航运、海洋工程、渔业、行政执法、应急救援等领域船舶装备的国内需求潜力，调整优化船舶产品结构。加大出口船舶信贷金融扶持，鼓励有实力的企业建立海外销售服务基地。提高满足国际新规范、新公约、新标准的船舶产品研发和建造能力，鼓励现有造船产能向海洋工程装备领域转移，支持中小企业转型转产，提升高端产能比重。提高行业准入标准，对达不到准入条件和一年以上未承接新船订单的船舶企业实施差别化政策。支持企业兼并重组，提高产业集中度。

五、政策措施

（一）完善行业管理

充分发挥行业规划、政策、标准的引导和约束作用，落实工业转型升级规划和行业发展规划，修订完善钢铁、水泥产业政策和铝、水泥、平板玻璃、船舶行业准入条件。加强行业准入和规范管理，公告符合条件的生产线和企业名单。适时发布产能严重过剩行业产能利用、市场供需等相关信息。定期发布淘汰落后产能企业名单。加强产品质量管理，推行产能严重过剩行业产品质量分类监管。发挥行业协会在行业自律、信息服务等方面的重要作用。

（二）强化环保硬约束监督管理

加强环保准入管理，严格控制区域主要污染物排放总量，完善区域限批措施。抓紧研究完善污染物排放和环境质量标准，特别是对京津冀等环境敏感区域要提高相关环境标准。开展环境质量、重点污染源排放情况动态监测，对污染物排放超标企业实施限产、停产等措施。对产能严重过剩行业企业强化执法监督检查，曝光环境违法企业名单，加大处罚力度，责令限期整改，污染排放严重超标的企业要停产整顿，对经整改整顿仍不符合污染物排放标准和特别排放限值等相关规定的企业，予以关停。

（三）加强土地和岸线管理

强化项目用地、岸线管理，对产能严重过剩行业企业使用土地、岸线进行全面检查，对违规建设项目使用土地、岸线进行清理整顿，对发现的土地违法行为依法进行查处。加强对产能严重过剩行业新增使用土地、岸线的审核，对未经核准、备案的项目，一律不得批准使用土地、岸线。各地要取消产能严重过剩行业项目用地优惠政策。政府土地储备机构有偿收回企业环保搬迁、兼并重组、淘汰落后等退出的土地，按规定支付给企业的土地补偿费，可以用于支持企业做好善后处理工作和转型发展。

（四）落实有保有控的金融政策

对产能严重过剩行业实施有针对性的信贷指导政策，加强和改进信贷管理。对未取得合法手续的建设项目，一律不得放贷、发债、上市融资。依法保护金融债权。鼓励商业银行按照风险可控和商业可持续原则，加大对产能严重过剩行业企业兼并重组整合过剩产能、转型转产、产品结构调整、技术改造和向境外转移产能、开拓市场的信贷支持。对整合过剩产能的企业，积极稳妥开展并购贷款业务，合理确定并购贷款利率，贷款期限可延长至7年。大力发展各类机构投资，鼓励创新基金品种，开拓企业兼并重组融资渠道。加大企业“走出去”的贷款支持力度、适当简化审批程序，完善海外投资保险产品，研究完善“走出去”投融资服务体系，支持产能向境外转移。

（五）完善和规范价格政策

按照体现资源稀缺性和环境成本的原则，深化资源性产品价格改革。继续实施并完善非居民用水超定额加价和环保收费政策。完善差别电价政策，各地对产能严重过剩行业优惠电价政策进行清理整顿，禁止自行实行电价优惠和电费补贴。对钢铁、水泥、电解铝、平板玻璃等高耗能行业，能耗、电耗、水耗达不到行业标准的产能，实施差别电价和惩罚性电价、水价。

（六）完善财税支持政策

中央财政加大对产能严重过剩行业实施结构调整和产业升级的支持力度，各地财政结合实际安排专项资金予以支持。中央财政利用淘汰落后产能奖励资金等现有资金渠道，适当扩大资金规模，支持产能严重过剩行业压缩过剩产能。完善促进企业兼并重组的税收政策，鼓励企业重组，提高市场竞争力。对向境外转移过剩产能的企业，其出口设备及产品可按现行规定享受出口退税政策。修订完善资源综合利用财税优惠政策，支持生产高标号水泥、高性能混凝土以及利用水泥窑处置城市垃圾、污泥和产业废弃物。

（七）落实职工安置政策

各级政府要切实负起责任，将化解产能严重过剩矛盾中企业下岗失业人员纳入就业扶持政策体系。落实促进自主创业、鼓励企业吸纳就业和帮扶就业困难人员就业等各项政策，加强对下岗失业人员的免费职业介绍、职业指导等服务，提供职业培训，开展创业指导和创业培训，落实自主创业税费减免、小额担保贷款等政策，扶持下岗失业人员以创业带动就业。切实做好下岗失业人员社会保险关系接续和转移，按规定落实好其社会保障待遇，依法妥善处理职工劳动关系。

（八）建立项目信息库和公开制度

建立全国统一的投资项目信息库，充分发挥信息化在市场监管中的作用。结合取消和下放项目行政审批，以及加强事中、事后监管的要求，率先建立钢铁、电解铝等产能严重过剩行业项目信息库，涵盖现有生产企业在建项目和已核准或备案项目的动态情况。加强建设项目信息公开和服务，并与国土、环保、金融等信息系统互联互通，形成协同监管机制。同时，建立和完善举报查处制度，鼓励和引导社会参与监管。

（九）强化监督检查

把化解产能严重过剩矛盾工作列为落实中央重大决策部署监督检查的重要内容，加强对本意见贯彻落实情况的监督检查，落实地方政府主体责任。认真执法问责，对工作开展不力的地方和部门，进行通报批评，建立健全责任延伸制度。强化案件查办，对违法违规建设产能严重过剩行业项目监管不力的，按照国家有关规定追究相关责任人的责任。将遏制重复建设、化解产能严重过剩矛盾工作列入地方政府政绩考核指标体系。及时公开化解产能严重过剩进展情况，发挥新闻媒体舆论引导和社会公众的监督作用。

六、实施保障

各地区、各部门要进一步提高认识，把思想和行动统一到中央的决策部署上来，切实履行职责，加强协调配合，以高度的责任感、使命感和改革创新精神，合力推进化解产能严重过剩矛盾各项工作。国土资源部门要进一步加强供地用地管理，把好土地关口；环境保护部门要继续强化环境监管，管好环保门槛；金融部门要改进和加强信贷管理，用好信贷闸门。各有关部门要按照本意见的要求，根据职责分工抓紧制定配套文件，完善配套政策，确保各项任务得到贯彻实施。各省级人民政府对本地区化解产能严重过剩矛盾工作负总责，结合实际制定具体实施方案并组织实施，高度重视和有效防范社会风险，切实加强组织领导和监督检查，稳扎稳打做好化解产能严重过剩工作，保障本意见各项任务顺利实施。加强宣传引导，做好政策解读，营造化解产能严重过剩矛盾的良好社会氛围。

IX. 46 国务院关于促进节约集约用地的通知

（2008 年 1 月 3 日 国发［2008］3 号）

各省、自治区、直辖市人民政府，国务院各部委、各直属机构：

我国人多地少，耕地资源稀缺，当前又正处于工业化、城镇化快速发展时期，建设用地供需矛盾十分突出。切实保护耕地，大力促进节约集约用地，走出一条建设占地少、利用效率高的符合我国国情的土地利用新路子，是关系民族生存根基和国家长远利益的大计，是全面贯彻落实科学发展观的具体要求，是我国必须长期坚持的一条根本方针。现就有关问题通知如下：

一、按照节约集约用地原则，审查调整各类相关规划和用地标准

（一）强化土地利用总体规划的整体控制作用。各类与土地利用相关的规划要与土地利用总体规划相衔接，所确定的建设用地规模必须符合土地利用总体规划的安排，年度用地安排也必须控制在土地利用年度计划之内。不符合土地利用总体规划和年度计划安排的，必须及时调整和修改，核减用地规模。

（二）切实加强重大基础设施和基础产业的科学规划。要按照合理布局、经济可行、控制时序的原则，统筹协调各类交通、能源、水利等基础设施和基础产业建设规划，避免盲目投资、过度超前和低水平重复建设浪费土地资源。

（三）从严控制城市用地规模。城市规划要按照循序渐进、节约土地、集约发展、合理布局的原则，科学确定城市定位、功能目标和发展规模，增强城市综合承载能力。要按照节约集约用地的要求，加快城市规划相关技术标准的制定和修订。尽快出台新修订的人均用地、用地结构等城市规划控制标准，合理确定各项建设建筑密度、容积率、绿地率，严格按国家标准进行各项市政基础设施和生态绿化建设。严禁规划建设脱离实际需要的宽马路、大广场和绿化带。

（四）严格土地使用标准。要健全各类建设用地标准体系，抓紧编制公共设施和公益事业建设用地标准。要按照节约集约用地的原则，在满足功能和安全要求的前提下，重新审改现有各类工程项目建设用地标准。凡与土地使用标准不一致的建设标准和设计规范，要及时修订。要采取先进节地技术、降低路基高度、提高桥隧比例等措施，降低公路、铁路等基础设施工程用地和取弃土用地标准。建设项目设计、施工和建设用地审批必须严格执行用地标准，对超标准用地的，要核减用地面积。今后，各地区、各部门不得开展涉及用地标准并有悖于节约集约用地原则的达标评比活动，已经部署开展的相关活动要坚决停下来。

二、充分利用现有建设用地，大力提高建设用地利用效率

（五）开展建设用地普查评价。各地要在第二次土地调查的基础上，认真组织开展建设用地普查评价，对现有建设用地的开发利用和投入产出情况做出评估，并按照法律法规和政策规定，处理好建设用地开发利用中存在的问题。今后各项建设要优先开发利用空闲、废弃、闲置和低效利用的土地，努力提高建设用地利用效率。

（六）严格执行闲置土地处置政策。土地闲置满两年、依法应当无偿收回的，坚决无偿收回，重新安排使用；不符合法定收回条件的，也应采取改变用途、等价置换、安排临时使用、纳入政府储备等途径及时处置、充分利用。土地闲置满一年不满两年的，按出让或划拨土地价款的20%征收土地闲置费。对闲置土地特别是闲置房地产用地要征缴增值地价，国土资源部要会同有关部门抓紧研究制订具体办法。2008年6月底前，各省、自治区、直辖市人民政府要将闲置土地清理处置情况向国务院做出专题报告。

（七）积极引导使用未利用地和废弃地。国土资源部门要对适宜开发的未利用地做出规划，引导和鼓励将适宜建设的未利用地开发成建设用地。积极复垦利用废弃地，对因单位撤销、迁移等原因停止使用，以及经核准报废的公路、铁路、机场、矿场等使用的原划拨土地，应依法及时收回，重新安排使用；除可以继续划拨使用的以外，经依法批准由原土地使用者自行开发的，按市场价补缴土地价款。今后，要严格落实被损毁土地的复垦责任，在批准建设用地或发放采矿权许可证时，责任单位应依法及时足额缴纳土地复垦费。

（八）鼓励开发利用地上地下空间。对现有工业用地，在符合规划、不改变用途的前提下，提高土地利用率和增加容积率的，不再增收土地价款；对新增工业用地，要进一步提高工业用地控制指标，厂房建筑面积高于容积率控制指标的部分，不再增收土地价款。财政、税务部门要严格落实和完善鼓励节约集约用地的税收政策。国土资源部要会同有关部门，依照《中华人民共和国物权法》的有关规定，抓紧研究制订土地空间权利设定和登记的具体办法。

（九）鼓励开发区提高土地利用效率。国土资源部要研究建立土地利用状况、用地效益和土地管理绩效等评价指标体系，加快开发区土地节约集约利用评估工作。凡土地利用评估达到要求并通过国家审核公告的开发区，确需扩区的，可以申请整合依法依规设立的开发区，或者利用符合规划的现有建设用地扩区。对符合“布局集中、产业集聚、用地集约”要求的国家级开发区，优先安排建设用地指标。

三、充分发挥市场配置土地资源基础性作用，健全节约集约用地长效机制

（十）深入推进土地有偿使用制度改革。国土资源部要严格限定划拨用地范围，及时调整划拨用地目录。今后除军事、社会保障性住房和特殊用地等可以继续以划拨方式取得土地外，对国家机关办公和交通、能源、水利等基础设施（产业）、城市基础设施以及各类社会事业用地要积极探索实行有偿使用，对其中的经营性用地先行实行有偿使用。其他建设用地应严格实行市场配置，有偿使用。要加强建设用地税收征管，抓紧研究各类建设用地的财税政策。

（十一）完善建设用地储备制度。储备建设用地必须符合规划、计划，并将现有未利用的建设用地优先纳入储备。储备土地出让前，应当处理好土地的产权、安置补偿等法律经济关系，完成必要的前期开发，缩短开发周期，防止形成新的闲置土地。土地前期开发要引入市场机制，按照有关规定，通过公开招标方式选择实施单位。经过前期开发的土地，依法由市、县人民政府国土资源部门统一组织出让。

（十二）合理确定出让土地的宗地规模。土地出让前要制订控制性详细规划和土地供应方案，明确容积率、绿地率和建筑密度等规划条件。规划条件一经确定，不得擅自调整。合理确定出让土地的宗地规模，督促及时开发利用，形成有效供给，确保节约集约利用每宗土地。未按合同约定缴清全部土地价款的，不得发放土地证书，也不得按土地价款缴纳比例分割发放土地证书。

（十三）严格落实工业和经营性用地招标拍卖挂牌出让制度。工业用地和商业、旅游、娱乐、商品住宅等经营性用地（包括配套的办公、科研、培训等用地），以及同一宗土地有两个以上意向用地者的，都必须实行招标拍卖挂牌等方式公开出让。国土资源部门要会同发展改革、城市规划、建设、水利、环保等部门制订工业用地招标拍卖挂牌出让计划，拟定出让地块的产业类型、项目建议、规划条件、环保要求等内容，作为工业用地出让的前置条件。工业和经营性用地出让必须以招标拍卖挂牌方式确定土地使用者和土地价格。严禁用地者与农村集体经济组织或个人签订协议圈占土地，通过补办用地手续规避招标拍卖挂牌出让。

（十四）强化用地合同管理。土地出让合同和划拨决定书要严格约定建设项目投资额、开竣工时间、规划条件、价款、违约责任等内容。对非经营性用地改变为经营性用地的，应当约定或明确政府可以收回土地使用权，重新依法出让。

（十五）优化住宅用地结构。合理安排住宅用地，继续停止别墅类房地产开发项目的土地供应。供应住宅用地要将最低容积率限制、单位土地面积的住房建设套数和住宅建设套型等规划条件写入土地出让合同或划拨决定书，确保

不低于70%的住宅用地用于廉租房、经济适用房、限价房和90平方米以下中小套型普通商品房的建设，防止大套型商品房多占土地。

四、强化农村土地管理，稳步推进农村集体建设用地节约集约利用

（十六）高度重视农村集体建设用地的规划管理。要按照统筹城乡发展、节约集约用地的原则，指导、督促编制好乡（镇）土地利用总体规划和镇规划、乡规划、村庄规划，划定村镇发展和撤并复垦范围。利用农民集体所有土地进行非农建设，必须符合规划，纳入年度计划，并依法审批。严格禁止擅自将农用地转为建设用地，严格禁止"以租代征"将农用地转为非农业用地。

（十七）鼓励提高农村建设用地的利用效率。要在坚持尊重农民意愿、保障农民权益的原则下，依法盘活利用农村集体建设用地。按规划稳妥开展农村集体建设用地整理，改善农民生产生活条件。农民住宅建设要符合镇规划、乡规划和村庄规划，住宅建设用地要先行安排利用村内空闲地、闲置宅基地。对村民自愿腾退宅基地或符合宅基地申请条件购买空闲住宅的，当地政府可给予奖励或补助。

（十八）严格执行农村一户一宅政策。各地要结合本地实际完善人均住宅面积等相关标准，控制农民超用地标准建房，逐步清理历史遗留的一户多宅问题，坚决防止产生超面积占用宅基地和新的一户多宅现象。

五、加强监督检查，全面落实节约集约用地责任

（十九）建立健全土地市场动态监测制度。要对土地出让合同、划拨决定书的执行实施全程监管，及时向社会公开供地计划、结果及实际开发利用情况等动态信息。国土资源部门要对土地供应和开发利用情况进行定期评价分析，研究完善加强土地调控、促进节约集约用地的政策措施。

（二十）完善建设项目竣工验收制度。要将建设项目依法用地和履行土地出让合同、划拨决定书的情况，作为建设项目竣工验收的一项内容。没有国土资源部门的检查核验意见，或者检查核验不合格的，不得通过竣工验收。

（二十一）加强各类土地变化状况的监测。运用遥感等现代技术手段，做好年度土地变更调查，建立土地利用现状数据库，全面掌握各类土地变化状况。国家每年选择若干个省级行政区，进行全行政区域的土地利用状况监测。重点监测各地新增建设用地、耕地减少和违法用地等情况，监测结果要向社会公开。

（二十二）加强对节约集约用地工作的监管。国土资源部要会同监察部等有关部门持续开展用地情况的执法检查，重点查处严重破坏、浪费、闲置土地资源的违法违规案件，依法依纪追究有关人员的责任。要将企业违法用地、闲置土地等信息纳入有关部门信用信息基础数据库。金融机构对房地产项目超过土地出让合同约定的动工开发日期满一年，完成土地开发面积不足 1/3 或投资不足 1/4 的企业，应审慎贷款和核准融资，从严控制展期贷款或滚动授信；对违法用地项目不得提供贷款和上市融资，违规提供贷款和核准融资的，要追究相关责任人的责任。

（二十三）建立节约集约用地考核制度。制定单位 GDP 和固定资产投资规模增长的新增建设用地消耗考核办法。实行上一级人民政府对下一级人民政府分级考核，考核结果由国土资源部门定期公布，作为下达土地利用年度计划的依据。

各地区、各部门要充分认识节约集约用地的重要性和紧迫性，增强节约集约用地的责任感，切实转变用地观念，转变经济发展方式，调整优化经济结构，将节约集约用地的要求落实在政府决策中，落实到各项建设中，科学规划用地，着力内涵挖潜，以节约集约用地的实际行动全面落实科学发展观，实现经济社会的可持续发展。

IX. 47　节约集约利用土地规定

（2014 年 5 月 22 日　中华人民共和国国土资源部令第 61 号）

第一章　总　　则

第一条　为贯彻十分珍惜、合理利用土地和切实保护耕地的基本国策，落实最严格的耕地保护制度和最严格的节约集约用地制度，提升土地资源对经济社会发展的承载能力，促进生态文明建设，根据《中华人民共和国土地管理法》和《国务院关于促进节约集约用地的通知》，制定本规定。

第二条　本规定所称节约集约利用土地，是指通过规模引导、布局优化、标准控制、市场配置、盘活利用等手段，达到节约土地、减量用地、提升用地强度、促进低效废弃地再利用、优化土地利用结构和布局、提高土地利用效率的各项行为与活动。

第三条　土地管理和利用应当遵循下列原则：

（一）坚持节约优先的原则，各项建设少占地、不占或者少占耕地，珍惜和合理利用每一寸土地；

（二）坚持合理使用的原则，盘活存量土地资源，构建符合资源国情的城乡土地利用新格局；

（三）坚持市场配置的原则，妥善处理好政府与市场的关系，充分发挥市场在土地资源配置中的决定性作用；

（四）坚持改革创新的原则，探索土地管理新机制，创新节约集约用地新模式。

第四条　县级以上地方国土资源主管部门应当加强与发展改革、财政、城乡规划、环境保护等部门的沟通协调，将土地节约集约利用的目标和政策措施纳入地方经济社会发展总体框架、相关规划和考核评价体系。

第五条　国土资源主管部门应当建立节约集约用地制度，开展节约集约用地活动，组织制定节地标准体系和相关标准规范，探索节约集约用地新机制，鼓励采用节约集约用地新技术和新模式，促进土地利用效率的提高。

第六条　在节约集约用地方面成效显著的市、县人民政府，由国土资源部按照有关规定给予表彰和奖励。

第二章　规模引导

第七条　国家通过土地利用总体规划，确定建设用地的规模、布局、结构和时序安排，对建设用地实行总量控制。

土地利用总体规划确定的约束性指标和分区管制规定不得突破。

下级土地利用总体规划不得突破上级土地利用总体规划确定的约束性指标。

第八条　土地利用总体规划对各区域、各行业发展用地规模和布局具有统筹作用。

产业发展、城乡建设、基础设施布局、生态环境建设等相关规划，应当与土地利用总体规划相衔接，所确定的建设用地规模和布局必须符合土地利用总体规划的安排。

相关规划超出土地利用总体规划确定的建设用地规模的，应当及时调整或者修改，核减用地规模，调整用地布局。

第九条　国土资源主管部门应当通过规划、计划、用地标准、市场引导等手段，有效控制特大城市新增建设用地规模，适度增加集约用地程度高、发展潜力大的地区和中小城市、县城建设用地供给，合理保障民生用地需求。

第三章　布局优化

第十条　城乡土地利用应当体现布局优化的原则。引导工业向开发区集中、人口向城镇集中、住宅向社区集中，推动农村人口向中心村、中心镇集聚，产业向功能区集中，耕地向适度规模经营集中。

禁止在土地利用总体规划和城乡规划确定的城镇建设用地范围之外设立各类城市新区、开发区和工业园区。

鼓励线性基础设施并线规划和建设，促进集约布局和节约用地。

第十一条　国土资源主管部门应当在土地利用总体规划中划定城市开发边界和禁止建设的边界，实行建设用地空间管制。

城市建设用地应当因地制宜采取组团式、串联式、卫星城式布局，避免占用优质耕地。

第十二条　市、县国土资源主管部门应当加强与城乡规划主管部门的协商，促进现有城镇用地内部结构调整优化，控制生产用地，保障生活用地，提高生态用地的比例，加大城镇建设使用存量用地的比例，促进城镇用地效率的提高。

第十三条　鼓励建设项目用地优化设计、分层布局，鼓励充分利用地上、地下空间。

建设用地使用权在地上、地下分层设立的，其取得方式和使用年期参照在地表设立的建设用地使用权的相关规定。

出让分层设立的建设用地使用权，应当根据当地基准地价和不动产实际交易情况，评估确定分层出让的建设用地最低价标准。

第十四条 促进整体设计、合理布局的建设项目用地节约集约开发。

对不同用途高度关联、需要整体规划建设、确实难以分割供应的综合用途建设项目用地，市、县国土资源主管部门可以按照一宗土地实行整体出让供应，综合确定出让底价。

综合用途建设项目用地供应，包含需要通过招标拍卖挂牌的方式出让的，整宗土地应当采用招标拍卖挂牌的方式出让。

第四章 标准控制

第十五条 国家实行建设项目用地标准控制制度。

国土资源部会同有关部门制定工程建设项目用地控制指标、工业项目建设用地控制指标、房地产开发用地宗地规模和容积率等建设项目用地控制标准。

地方国土资源主管部门可以根据本地实际，制定和实施更加节约集约的地方性建设项目用地控制标准。

第十六条 建设项目应当严格按照建设项目用地控制标准进行测算、设计和施工。

市、县国土资源主管部门应当加强对用地者和勘察设计单位落实建设项目用地控制标准的督促和指导。

第十七条 建设项目用地审查、供应和使用，应当符合建设项目用地控制标准和供地政策。

对违反建设项目用地控制标准和供地政策使用土地的，县级以上国土资源主管部门应当责令纠正，并依法予以处理。

第十八条 国家和地方尚未出台建设项目用地控制标准的建设项目，或者因安全生产、特殊工艺、地形地貌等原因，确实需要超标准建设的项目，县级以上国土资源主管部门应当组织开展建设项目用地评价，并将其作为建设用地供应的依据。

第十九条 国土资源部会同有关部门根据国家经济社会发展状况和宏观产业政策，制定《禁止用地项目目录》和《限制用地项目目录》，促进土地节约集约利用。

国土资源主管部门为限制用地的建设项目办理建设用地供应手续必须符合

规定的条件；不得为禁止用地的建设项目办理建设用地供应手续。

第五章 市场配置

第二十条 各类有偿使用的土地供应应当充分贯彻市场配置的原则，通过运用土地租金和价格杠杆，促进土地节约集约利用。

第二十一条 国家扩大国有土地有偿使用范围，减少非公益性用地划拨。

除军事、保障性住房和涉及国家安全和公共秩序的特殊用地可以以划拨方式供应外，国家机关办公和交通、能源、水利等基础设施（产业）、城市基础设施以及各类社会事业用地中的经营性用地，实行有偿使用。

具体办法由国土资源部另行规定。

第二十二条 经营性用地应当以招标拍卖挂牌的方式确定土地使用者和土地价格。

各类有偿使用的土地供应不得低于国家规定的用地最低价标准。

禁止以土地换项目、先征后返、补贴、奖励等形式变相减免土地出让价款。

第二十三条 市、县国土资源主管部门可以采取先出租后出让、在法定最高年期内实行缩短出让年期等方式出让土地。

采取先出租后出让方式供应工业用地的，应当符合国土资源部规定的行业目录。

第二十四条 鼓励土地使用者在符合规划的前提下，通过厂房加层、厂区改造、内部用地整理等途径提高土地利用率。

在符合规划、不改变用途的前提下，现有工业用地提高土地利用率和增加容积率的，不再增收土地价款。

第二十五条 符合节约集约用地要求、属于国家鼓励产业的工业用地，可以实行差别化的地价政策。

分期建设的大中型工业项目，可以预留规划范围，根据建设进度，实行分期供地。

具体办法由国土资源部另行规定。

第二十六条 市、县国土资源主管部门供应工业用地，应当将工业项目投资强度、容积率、建筑系数、绿地率、非生产设施占地比例等控制性指标纳入土地使用条件。

第二十七条 市、县国土资源主管部门在有偿供应各类建设用地时，应当在建设用地使用权出让、出租合同中明确节约集约用地的规定。

在供应住宅用地时，应当将最低容积率限制、单位土地面积的住房建设套数和住宅建设套型等规划条件写入建设用地使用权出让合同。

第六章　盘活利用

第二十八条　国家鼓励土地整治。县级以上地方国土资源主管部门应当会同有关部门，依据土地利用总体规划和土地整治规划，对田、水、路、林、村进行综合治理，对历史遗留的工矿等废弃地进行复垦利用，对城乡低效利用土地进行再开发，提高土地利用效率和效益，促进土地节约集约利用。

第二十九条　农用地整治应当促进耕地集中连片，增加有效耕地面积，提升耕地质量，改善生产条件和生态环境，优化用地结构和布局。

宜农未利用地开发，应当根据环境和资源承载能力，坚持有利于保护和改善生态环境的原则，因地制宜适度开展。

第三十条　高标准基本农田建设，应当严格控制田间基础设施占地规模，合理缩减田间基础设施占地率。

对基础设施占地率超过国家高标准基本农田建设相关标准规范要求的，县级以上地方国土资源主管部门不得通过项目验收。

第三十一条　县级以上地方国土资源主管部门可以依据国家有关规定，统筹开展农村建设用地整治、历史遗留工矿废弃地和自然灾害毁损土地的整治，提高建设用地利用效率和效益，改善人民群众生产生活条件和生态环境。

第三十二条　县级以上地方国土资源主管部门在本级人民政府的领导下，会同有关部门建立城镇低效用地再开发、废弃地再利用的激励机制，对布局散乱、利用粗放、用途不合理、闲置浪费等低效用地进行再开发，对因采矿损毁、交通改线、居民点搬迁、产业调整形成的废弃地实行复垦再利用，促进土地优化利用。

鼓励社会资金参与城镇低效用地、废弃地再开发和利用。鼓励土地使用者自行开发或者合作开发。

第七章　监督考评

第三十三条　县级以上国土资源主管部门应当加强土地市场动态监测与监管，对建设用地批准和供应后的开发情况实行全程监管，定期在门户网站上公布土地供应、合同履行、欠缴土地价款等情况，接受社会监督。

第三十四条　省级国土资源主管部门应当对本行政区域内的节约集约用地情况进行监督，在用地审批、土地供应和土地使用等环节加强用地准入条件、功能分区、用地规模、用地标准、投入产出强度等方面的检查，依据法律法规对浪费土地的行为和责任主体予以处理并公开通报。

第三十五条 县级以上国土资源主管部门应当组织开展本行政区域内的建设用地利用情况普查，全面掌握建设用地开发利用和投入产出情况、集约利用程度、潜力规模与空间分布等情况，并将其作为土地管理和节约集约用地评价的基础。

第三十六条 县级以上国土资源主管部门应当根据建设用地利用情况普查，组织开展区域、城市和开发区节约集约用地评价，并将评价结果向社会公开。

节约集约用地评价结果作为主管部门绩效管理和开发区升级、扩区、区位调整和退出的重要依据。

第八章 法律责任

第三十七条 县级以上国土资源主管部门及其工作人员违反本规定，有下列情形之一的，对有关责任人员依法给予处分；构成犯罪的，依法追究刑事责任：

（一）违反本规定第十七条规定，为不符合建设项目用地标准和供地政策的建设项目供地的；

（二）违反本规定第十九条规定，为禁止或者不符合限制用地条件的建设项目办理建设用地供应手续的；

（三）违反本规定第二十二条规定，低于国家规定的工业用地最低价标准供应工业用地的；

（四）违反本规定第三十条规定，通过高标准基本农田项目验收的；

（五）其他徇私舞弊、滥用职权和玩忽职守的行为。

第九章 附 则

第三十八条 本规定自2014年9月1日起实施。

IX.48 关于推动国有股东与所控股上市公司解决同业竞争规范关联交易的指导意见

（2013年8月20日 国资委 证监会 国资发产权［2013］202号）

为进一步规范上市公司国有控股股东和实际控制人（以下简称国有股东）行为，促进国有控股上市公司持续发展，保护各类投资者合法权益，根据国有资产监管、证券监管等法律法规，提出以下指导意见。

一、国有股东与所控股上市公司要结合发展规划，明确战略定位。在此基础上，对各自业务进行梳理，合理划分业务范围与边界，解决同业竞争，规范关联交易。

二、国有股东与所控股上市公司要按照“一企一策、成熟一家、推进一家”的原则，结合企业实际以及所处行业特点与发展状况等，研究提出解决同业竞争的总体思路。要综合运用资产重组、股权置换、业务调整等多种方式，逐步将存在同业竞争的业务纳入同一平台，促进提高产业集中度和专业化水平。

三、国有股东与所控股上市公司应严格按照相关法律法规，建立健全内控体系，规范关联交易。对于正常经营范围内且无法避免的关联交易，双方要本着公开、公平、公正的原则确定交易价格，依法订立相关协议或合同，保证关联交易的公允性。上市公司应当严格按照规定履行关联交易审议程序和信息披露义务，审议时与该交易有关联关系的董事或股东应当回避表决，并不得代理他人行使表决权。

四、国有股东与所控股上市公司在依法合规、充分协商的基础上，可针对解决同业竞争、规范关联交易的解决措施和期限，向市场作出公开承诺。国有股东与所控股上市公司要切实履行承诺，并定期对市场公布承诺事项的进展情况。对于因政策调整、市场变化等客观原因确实不能履行或需要作出调整的，应当提前向市场公开做好解释说明，充分披露承诺需调整或未履行的原因，并提出相应处置措施。

五、国有股东在推动解决同业竞争、规范关联交易等事项中，要依法与上市公司平等协商。有条件的国有股东在与所控股上市公司充分协商的基础上，可利用自身品牌、资源、财务等优势，按照市场原则，代为培育符合上市公司业务发展需要、但暂不适合上市公司实施的业务或资产。上市公司与国有股东约定业务培育事宜，应经上市公司股东大会授权。国有股东在转让培育成熟的业务时，上市公司在同等条件下有优先购买的权利。上市公司对上述事项作出授权决定或者放弃优先购买权的，应经股东大会无关联关系的股东审议通过。

六、国有股东要依法行使股东权利，履行股东义务，配合所控股上市公司严格按照法律、法规和证券监管的规定，及时、公平地披露相关信息。相关信息公开披露前，应当按照规定做好内幕信息知情人的登记管理工作，严格防控内幕交易。

七、国有资产监管机构和证券监管机构，应以服务实体经济为根本出发点，充分尊重企业发展规律和证券市场规律，不断改进工作方式，完善监管手段，形成政策合力，推动国有经济和证券市场健康发展。

IX.49 关于在全国开展交通运输业和部分现代服务业营业税改征增值税试点税收政策的通知

（2013年5月24日 财政部 国家税务总局 财税［2013］37号）

各省、自治区、直辖市、计划单列市财政厅（局）、国家税务局、地方税务局，新疆生产建设兵团财务局：

根据国务院进一步扩大交通运输业和部分现代服务业营业税改征增值税（以下称营改增）试点的要求，现将有关事项通知如下：

一、经国务院批准，自2013年8月1日起，在全国范围内开展交通运输业和部分现代服务业营改增试点。现将有关规定印发你们，请遵照执行。

二、在全国开展交通运输业和部分现代服务业营改增试点，范围广、时间紧、任务重，各地要高度重视，切实加强试点工作的组织领导，精心组织、周密安排、明确责任，采取各种有效措施，做好试点前的各项准备以及试点过程中的监测分析和宣传解释等工作，确保改革的平稳、有序、顺利进行。遇到问题请及时向财政部和国家税务总局反映。

三、《财政部 国家税务总局关于在上海市开展交通运输业和部分现代服务业营业税改征增值税试点的通知》（财税［2011］111号）、《财政部 国家税务总局关于应税服务适用增值税零税率和免税政策的通知》（财税［2011］131号）、《财政部 国家税务总局关于交通运输业和部分现代服务业营业税改征增值税试点若干税收政策的通知》（财税［2011］133号）、《财政部 国家税务总局关于交通运输业和部分现代服务业营业税改征增值税试点若干税收政策的补充通知》（财税［2012］53号）、《财政部 国家税务总局关于在北京等8省市开展交通运输业和部分现代服务业营业税改征增值税试点的通知》（财税［2012］71号）、《财政部 国家税务总局关于交通运输业和部分现代服务业营业税改征增值税试点应税服务范围等若干税收政策的补充通知》（财税［2012］86号）、《财政部 国家税务总局关于营业税若干政策问题的通知》（财税［2003］16号）第三条第（十六）和第（十八）项，自2013年8月1日起废止。

附件1：交通运输业和部分现代服务业营业税改征增值税试点实施办法

附件2：交通运输业和部分现代服务业营业税改征增值税试点有关事项的规定

附件3：交通运输业和部分现代服务业营业税改征增值税试点过渡政策的规定

附件4：应税服务适用增值税零税率和免税政策的规定

附件1

交通运输业和部分现代服务业营业税改征增值税试点实施办法

第一章　纳税人和扣缴义务人

第一条　在中华人民共和国境内（以下称境内）提供交通运输业和部分现代服务业服务（以下称应税服务）的单位和个人，为增值税纳税人。纳税人提供应税服务，应当按照本办法缴纳增值税，不再缴纳营业税。

单位，是指企业、行政单位、事业单位、军事单位、社会团体及其他单位。

个人，是指个体工商户和其他个人。

第二条　单位以承包、承租、挂靠方式经营的，承包人、承租人、挂靠人（以下称承包人）以发包人、出租人、被挂靠人（以下称发包人）名义对外经营并由发包人承担相关法律责任的，以该发包人为纳税人。否则，以承包人为纳税人。

第三条　纳税人分为一般纳税人和小规模纳税人。

应税服务的年应征增值税销售额（以下称应税服务年销售额）超过财政部和国家税务总局规定标准的纳税人为一般纳税人，未超过规定标准的纳税人为小规模纳税人。

应税服务年销售额超过规定标准的其他个人不属于一般纳税人；不经常提供应税服务的非企业性单位、企业和个体工商户可选择按照小规模纳税人纳税。

第四条　小规模纳税人会计核算健全，能够提供准确税务资料的，可以向主管税务机关申请一般纳税人资格认定，成为一般纳税人。

会计核算健全，是指能够按照国家统一的会计制度规定设置账簿，根据合法、有效凭证核算。

第五条　符合一般纳税人条件的纳税人应当向主管税务机关申请一般纳税人资格认定。具体认定办法由国家税务总局制定。

除国家税务总局另有规定外，一经认定为一般纳税人后，不得转为小规模纳税人。

第六条　中华人民共和国境外（以下称境外）的单位或者个人在境内提供应税服务，在境内未设有经营机构的，以其代理人为增值税扣缴义务人；在境内没有代理人的，以接受方为增值税扣缴义务人。

第七条　两个或者两个以上的纳税人，经财政部和国家税务总局批准可以视为一个纳税人合并纳税。具体办法由财政部和国家税务总局另行制定。

第二章 应税服务

第八条 应税服务，是指陆路运输服务、水路运输服务、航空运输服务、管道运输服务、研发和技术服务、信息技术服务、文化创意服务、物流辅助服务、有形动产租赁服务、鉴证咨询服务、广播影视服务。

应税服务的具体范围按照本办法所附的《应税服务范围注释》执行。

第九条 提供应税服务，是指有偿提供应税服务，但不包括非营业活动中提供的应税服务。

有偿，是指取得货币、货物或者其他经济利益。

非营业活动，是指：

（一）非企业性单位按照法律和行政法规的规定，为履行国家行政管理和公共服务职能收取政府性基金或者行政事业性收费的活动。

（二）单位或者个体工商户聘用的员工为本单位或者雇主提供应税服务。

（三）单位或者个体工商户为员工提供应税服务。

（四）财政部和国家税务总局规定的其他情形。

第十条 在境内提供应税服务，是指应税服务提供方或者接受方在境内。

下列情形不属于在境内提供应税服务：

（一）境外单位或者个人向境内单位或者个人提供完全在境外消费的应税服务。

（二）境外单位或者个人向境内单位或者个人出租完全在境外使用的有形动产。

（三）财政部和国家税务总局规定的其他情形。

第十一条 单位和个体工商户的下列情形，视同提供应税服务：

（一）向其他单位或者个人无偿提供交通运输业和部分现代服务业服务，但以公益活动为目的或者以社会公众为对象的除外。

（二）财政部和国家税务总局规定的其他情形。

第三章 税率和征收率

第十二条 增值税税率：

（一）提供有形动产租赁服务，税率为17%。

（二）提供交通运输业服务，税率为11%。

（三）提供现代服务业服务（有形动产租赁服务除外），税率为6%。

（四）财政部和国家税务总局规定的应税服务，税率为零。

第十三条 增值税征收率为3%。

第四章　应纳税额的计算

第一节　一般性规定

第十四条　增值税的计税方法，包括一般计税方法和简易计税方法。

第十五条　一般纳税人提供应税服务适用一般计税方法计税。

一般纳税人提供财政部和国家税务总局规定的特定应税服务，可以选择适用简易计税方法计税，但一经选择，36 个月内不得变更。

第十六条　小规模纳税人提供应税服务适用简易计税方法计税。

第十七条　境外单位或者个人在境内提供应税服务，在境内未设有经营机构的，扣缴义务人按照下列公式计算应扣缴税额：

应扣缴税额 = 接受方支付的价款 ÷（1 + 税率）× 税率

第二节　一般计税方法

第十八条　一般计税方法的应纳税额，是指当期销项税额抵扣当期进项税额后的余额。应纳税额计算公式：

应纳税额 = 当期销项税额 – 当期进项税额

当期销项税额小于当期进项税额不足抵扣时，其不足部分可以结转下期继续抵扣。

第十九条　销项税额，是指纳税人提供应税服务按照销售额和增值税税率计算的增值税额。销项税额计算公式：

销项税额 = 销售额 × 税率

第二十条　一般计税方法的销售额不包括销项税额，纳税人采用销售额和销项税额合并定价方法的，按照下列公式计算销售额：

销售额 = 含税销售额 ÷（1 + 税率）

第二十一条　进项税额，是指纳税人购进货物或者接受加工修理修配劳务和应税服务，支付或者负担的增值税税额。

第二十二条　下列进项税额准予从销项税额中抵扣：

（一）从销售方或者提供方取得的增值税专用发票（含货物运输业增值税专用发票、税控机动车销售统一发票，下同）上注明的增值税额。

（二）从海关取得的海关进口增值税专用缴款书上注明的增值税额。

（三）购进农产品，除取得增值税专用发票或者海关进口增值税专用缴款书外，按照农产品收购发票或者销售发票上注明的农产品买价和 13% 的扣除率计算的进项税额。计算公式为：

进项税额 = 买价 × 扣除率

买价，是指纳税人购进农产品在农产品收购发票或者销售发票上注明的价款和按照规定缴纳的烟叶税。

（四）接受铁路运输服务，按照铁路运输费用结算单据上注明的运输费用金额和7%的扣除率计算的进项税额。进项税额计算公式：

进项税额＝运输费用金额×扣除率

运输费用金额，是指铁路运输费用结算单据上注明的运输费用（包括铁路临管线及铁路专线运输费用）、建设基金，不包括装卸费、保险费等其他杂费。

（五）接受境外单位或者个人提供的应税服务，从税务机关或者境内代理人取得的解缴税款的中华人民共和国税收缴款凭证（以下称税收缴款凭证）上注明的增值税额。

第二十三条 纳税人取得的增值税扣税凭证不符合法律、行政法规或者国家税务总局有关规定的，其进项税额不得从销项税额中抵扣。

增值税扣税凭证，是指增值税专用发票、海关进口增值税专用缴款书、农产品收购发票、农产品销售发票、铁路运输费用结算单据和税收缴款凭证。

纳税人凭税收缴款凭证抵扣进项税额的，应当具备书面合同、付款证明和境外单位的对账单或者发票。资料不全的，其进项税额不得从销项税额中抵扣。

第二十四条 下列项目的进项税额不得从销项税额中抵扣：

（一）用于适用简易计税方法计税项目、非增值税应税项目、免征增值税项目、集体福利或者个人消费的购进货物、接受加工修理修配劳务或者应税服务。其中涉及的固定资产、专利技术、非专利技术、商誉、商标、著作权、有形动产租赁，仅指专用于上述项目的固定资产、专利技术、非专利技术、商誉、商标、著作权、有形动产租赁。

（二）非正常损失的购进货物及相关的加工修理修配劳务和交通运输业服务。

（三）非正常损失的在产品、产成品所耗用的购进货物（不包括固定资产）、加工修理修配劳务或者交通运输业服务。

（四）接受的旅客运输服务。

第二十五条 非增值税应税项目，是指非增值税应税劳务、转让无形资产（专利技术、非专利技术、商誉、商标、著作权除外）、销售不动产以及不动产在建工程。

非增值税应税劳务，是指《应税服务范围注释》所列项目以外的营业税应税劳务。

不动产，是指不能移动或者移动后会引起性质、形状改变的财产，包括建筑物、构筑物和其他土地附着物。

纳税人新建、改建、扩建、修缮、装饰不动产，均属于不动产在建工程。

个人消费，包括纳税人的交际应酬消费。

固定资产，是指使用期限超过12个月的机器、机械、运输工具以及其他与生产经营有关的设备、工具、器具等。

非正常损失，是指因管理不善造成被盗、丢失、霉烂变质的损失，以及被执法部门依法没收或者强令自行销毁的货物。

第二十六条 适用一般计税方法的纳税人，兼营简易计税方法计税项目、非增值税应税劳务、免征增值税项目而无法划分不得抵扣的进项税额，按照下列公式计算不得抵扣的进项税额：

不得抵扣的进项税额 = 当期无法划分的全部进项税额 ×（当期简易计税方法计税项目销售额 + 非增值税应税劳务营业额 + 免征增值税项目销售额）÷（当期全部销售额 + 当期全部营业额）

主管税务机关可以按照上述公式依据年度数据对不得抵扣的进项税额进行清算。

第二十七条 已抵扣进项税额的购进货物、接受加工修理修配劳务或者应税服务，发生本办法第二十四条规定情形（简易计税方法计税项目、非增值税应税劳务、免征增值税项目除外）的，应当将该进项税额从当期进项税额中扣减；无法确定该进项税额的，按照当期实际成本计算应扣减的进项税额。

第二十八条 纳税人提供的适用一般计税方法计税的应税服务，因服务中止或者折让而退还给购买方的增值税额，应当从当期的销项税额中扣减；发生服务中止、购进货物退出、折让而收回的增值税额，应当从当期的进项税额中扣减。

第二十九条 有下列情形之一者，应当按照销售额和增值税税率计算应纳税额，不得抵扣进项税额，也不得使用增值税专用发票：

（一）一般纳税人会计核算不健全，或者不能够提供准确税务资料的。

（二）应当申请办理一般纳税人资格认定而未申请的。

第三节 简易计税方法

第三十条 简易计税方法的应纳税额，是指按照销售额和增值税征收率计算的增值税额，不得抵扣进项税额。应纳税额计算公式：

应纳税额 = 销售额 × 征收率

第三十一条 简易计税方法的销售额不包括其应纳税额，纳税人采用销售额和应纳税额合并定价方法的，按照下列公式计算销售额：

销售额 = 含税销售额 ÷（1 + 征收率）

第三十二条 纳税人提供的适用简易计税方法计税的应税服务，因服务中止或者折让而退还给接受方的销售额，应当从当期销售额中扣减。扣减当期销售额后仍有余额造成多缴的税款，可以从以后的应纳税额中扣减。

第四节 销售额的确定

第三十三条 销售额，是指纳税人提供应税服务取得的全部价款和价外费用。

价外费用，是指价外收取的各种性质的价外收费，但不包括代为收取的政府性基金或者行政事业性收费。

第三十四条 销售额以人民币计算。

纳税人按照人民币以外的货币结算销售额的，应当折合成人民币计算，折合率可以选择销售额发生的当天或者当月 1 日的人民币汇率中间价。纳税人应当在事先确定采用何种折合率，确定后 12 个月内不得变更。

第三十五条 纳税人提供适用不同税率或者征收率的应税服务，应当分别核算适用不同税率或者征收率的销售额；未分别核算的，从高适用税率。

第三十六条 纳税人兼营营业税应税项目的，应当分别核算应税服务的销售额和营业税应税项目的营业额；未分别核算的，由主管税务机关核定应税服务的销售额。

第三十七条 纳税人兼营免税、减税项目的，应当分别核算免税、减税项目的销售额；未分别核算的，不得免税、减税。

第三十八条 纳税人提供应税服务，开具增值税专用发票后，发生提供应税服务中止、折让、开票有误等情形的，应当按照国家税务总局的规定开具红字增值税专用发票；未按照规定开具红字增值税专用发票的，不得按照本办法第二十八条和第三十二条的规定扣减销项税额或者销售额。

第三十九条 纳税人提供应税服务，将价款和折扣额在同一张发票上分别注明的，以折扣后的价款为销售额；未在同一张发票上分别注明的，以价款为销售额，不得扣减折扣额。

第四十条 纳税人提供应税服务的价格明显偏低或者偏高且不具有合理商业目的的，或者发生本办法第十一条所列视同提供应税服务而无销售额的，主管税务机关有权按照下列顺序确定销售额：

（一）按照纳税人最近时期提供同类应税服务的平均价格确定。

（二）按照其他纳税人最近时期提供同类应税服务的平均价格确定。

（三）按照组成计税价格确定。组成计税价格的公式为：

组成计税价格 = 成本 ×（1 + 成本利润率）

成本利润率由国家税务总局确定。

第五章 纳税义务、扣缴义务发生时间和纳税地点

第四十一条 增值税纳税义务发生时间为：

（一）纳税人提供应税服务并收讫销售款项或者取得索取销售款项凭据的当天；先开具发票的，为开具发票的当天。

收讫销售款项，是指纳税人提供应税服务过程中或者完成后收到款项。

取得索取销售款项凭据的当天，是指书面合同确定的付款日期；未签订书面合同或者书面合同未确定付款日期的，为应税服务完成的当天。

（二）纳税人提供有形动产租赁服务采取预收款方式的，其纳税义务发生

时间为收到预收款的当天。

（三）纳税人发生本办法第十一条视同提供应税服务的，其纳税义务发生时间为应税服务完成的当天。

（四）增值税扣缴义务发生时间为纳税人增值税纳税义务发生的当天。

第四十二条 增值税纳税地点为：

（一）固定业户应当向其机构所在地或者居住地主管税务机关申报纳税。总机构和分支机构不在同一县（市）的，应当分别向各自所在地的主管税务机关申报纳税；经财政部和国家税务总局或者其授权的财政和税务机关批准，可以由总机构合并向总机构所在地的主管税务机关申报纳税。

（二）非固定业户应当向应税服务发生地主管税务机关申报纳税；未申报纳税的，由其机构所在地或者居住地主管税务机关补征税款。

（三）扣缴义务人应当向其机构所在地或者居住地主管税务机关申报缴纳其扣缴的税款。

第四十三条 增值税的纳税期限分别为1日、3日、5日、10日、15日、1个月或者1个季度。纳税人的具体纳税期限，由主管税务机关根据纳税人应纳税额的大小分别核定。以1个季度为纳税期限的规定适用于小规模纳税人以及财政部和国家税务总局规定的其他纳税人。不能按照固定期限纳税的，可以按次纳税。

纳税人以1个月或者1个季度为1个纳税期的，自期满之日起15日内申报纳税；以1日、3日、5日、10日或者15日为1个纳税期的，自期满之日起5日内预缴税款，于次月1日起15日内申报纳税并结清上月应纳税款。

扣缴义务人解缴税款的期限，按照前两款规定执行。

第六章 税收减免

第四十四条 纳税人提供应税服务适用免税、减税规定的，可以放弃免税、减税，依照本办法的规定缴纳增值税。放弃免税、减税后，36个月内不得再申请免税、减税。

纳税人提供应税服务同时适用免税和零税率规定的，优先适用零税率。

第四十五条 个人提供应税服务的销售额未达到增值税起征点的，免征增值税；达到起征点的，全额计算缴纳增值税。

增值税起征点不适用于认定为一般纳税人的个体工商户。

第四十六条 增值税起征点幅度如下：

（一）按期纳税的，为月应税销售额5000－20000元（含本数）。

（二）按次纳税的，为每次（日）销售额300－500元（含本数）。

起征点的调整由财政部和国家税务总局规定。省、自治区、直辖市财政厅（局）和国家税务局应当在规定的幅度内，根据实际情况确定本地区适用的起征点，并报财政部和国家税务总局备案。

第七章　征收管理

第四十七条　营业税改征的增值税，由国家税务局负责征收。

第四十八条　纳税人提供适用零税率的应税服务，应当按期向主管税务机关申报办理退（免）税，具体办法由财政部和国家税务总局制定。

第四十九条　纳税人提供应税服务，应当向索取增值税专用发票的接受方开具增值税专用发票，并在增值税专用发票上分别注明销售额和销项税额。

属于下列情形之一的，不得开具增值税专用发票：

（一）向消费者个人提供应税服务。

（二）适用免征增值税规定的应税服务。

第五十条　小规模纳税人提供应税服务，接受方索取增值税专用发票的，可以向主管税务机关申请代开。

第五十一条　纳税人增值税的征收管理，按照本办法和《中华人民共和国税收征收管理法》及现行增值税征收管理有关规定执行。

第八章　附　　则

第五十二条　纳税人应当按照国家统一的会计制度进行增值税会计核算。

第五十三条　本办法自 2013 年 8 月 1 日起执行。

附：

应税服务范围注释

一、交通运输业

交通运输业，是指使用运输工具将货物或者旅客送达目的地，使其空间位置得到转移的业务活动。包括陆路运输服务、水路运输服务、航空运输服务和管道运输服务。

（一）陆路运输服务

陆路运输服务，是指通过陆路（地上或者地下）运送货物或者旅客的运输业务活动，包括公路运输、缆车运输、索道运输及其他陆路运输，暂不包括铁路运输。

出租车公司向使用本公司自有出租车的出租车司机收取的管理费用，按陆路运输服务征收增值税。

（二）水路运输服务

水路运输服务，是指通过江、河、湖、川等天然、人工水道或者海洋航道运送货物或者旅客的运输业务活动。

远洋运输的程租、期租业务，属于水路运输服务。

程租业务，是指远洋运输企业为租船人完成某一特定航次的运输任务并收取租赁费的业务。

期租业务，是指远洋运输企业将配备有操作人员的船舶承租给他人使用一定期限，承租期内听候承租方调遣，不论是否经营，均按天向承租方收取租赁费，发生的固定费用均由船东负担的业务。

（三）航空运输服务

航空运输服务，是指通过空中航线运送货物或者旅客的运输业务活动。

航空运输的湿租业务，属于航空运输服务。

湿租业务，是指航空运输企业将配备有机组人员的飞机承租给他人使用一定期限，承租期内听候承租方调遣，不论是否经营，均按一定标准向承租方收取租赁费，发生的固定费用均由承租方承担的业务。

（四）管道运输服务

管道运输服务，是指通过管道设施输送气体、液体、固体物质的运输业务活动。

二、部分现代服务业

部分现代服务业，是指围绕制造业、文化产业、现代物流产业等提供技术性、知识性服务的业务活动。包括研发和技术服务、信息技术服务、文化创意服务、物流辅助服务、有形动产租赁服务、鉴证咨询服务、广播影视服务。

（一）研发和技术服务

研发和技术服务，包括研发服务、技术转让服务、技术咨询服务、合同能源管理服务、工程勘察勘探服务。

1. 研发服务，是指就新技术、新产品、新工艺或者新材料及其系统进行研究与试验开发的业务活动。

2. 技术转让服务，是指转让专利或者非专利技术的所有权或者使用权的业务活动。

3. 技术咨询服务，是指对特定技术项目提供可行性论证、技术预测、专题技术调查、分析评价报告和专业知识咨询等业务活动。

4. 合同能源管理服务，是指节能服务公司与用能单位以契约形式约定节能目标，节能服务公司提供必要的服务，用能单位以节能效果支付节能服务公司投入及其合理报酬的业务活动。

5. 工程勘察勘探服务，是指在采矿、工程施工以前，对地形、地质构造、地下资源蕴藏情况进行实地调查的业务活动。

（二）信息技术服务

信息技术服务，是指利用计算机、通信网络等技术对信息进行生产、收集、处理、加工、存储、运输、检索和利用，并提供信息服务的业务活动。包括软件服务、电路设计及测试服务、信息系统服务和业务流程管理服务。

1. 软件服务，是指提供软件开发服务、软件咨询服务、软件维护服务、软件测试服务的业务行为。

2. 电路设计及测试服务，是指提供集成电路和电子电路产品设计、测试及相关技术支持服务的业务行为。

3. 信息系统服务，是指提供信息系统集成、网络管理、桌面管理与维护、信息系统应用、基础信息技术管理平台整合、信息技术基础设施管理、数据中心、托管中心、安全服务的业务行为。包括网站对非自有的网络游戏提供的网络运营服务。

4. 业务流程管理服务，是指依托计算机信息技术提供的人力资源管理、财务经济管理、金融支付服务、内部数据分析、呼叫中心和电子商务平台等服务的业务活动。

（三）文化创意服务

文化创意服务，包括设计服务、商标和著作权转让服务、知识产权服务、广告服务和会议展览服务。

1. 设计服务，是指把计划、规划、设想通过视觉、文字等形式传递出来的业务活动。包括工业设计、造型设计、服装设计、环境设计、平面设计、包装设计、动漫设计、展示设计、网站设计、机械设计、工程设计、广告设计、创意策划、文印晒图等。

2. 商标和著作权转让服务，是指转让商标、商誉和著作权的业务活动。

3. 知识产权服务，是指处理知识产权事务的业务活动。包括对专利、商标、著作权、软件、集成电路布图设计的代理、登记、鉴定、评估、认证、咨询、检索服务。

4. 广告服务，是指利用图书、报纸、杂志、广播、电视、电影、幻灯、路牌、招贴、橱窗、霓虹灯、灯箱、互联网等各种形式为客户的商品、经营服务项目、文体节目或者通告、声明等委托事项进行宣传和提供相关服务的业务活动。包括广告代理和广告的发布、播映、宣传、展示等。

5. 会议展览服务，是指为商品流通、促销、展示、经贸洽谈、民间交流、企业沟通、国际往来等举办或者组织安排的各类展览和会议的业务活动。

（四）物流辅助服务

物流辅助服务，包括航空服务、港口码头服务、货运客运场站服务、打捞救助服务、货物运输代理服务、代理报关服务、仓储服务和装卸搬运服务。

1. 航空服务，包括航空地面服务和通用航空服务。航空地面服务，是指航空公司、飞机场、民航管理局、航站等向在我国境内航行或者在我国境内机场停留的境内外飞机或者其他飞行器提供的导航等劳务性地面服务的业务活动。包括旅客安全检查服务、停机坪管理服务、机场候机厅管理服务、飞机清洗消毒服务、空中飞行管理服务、飞机起降服务、飞行通讯服务、地面信号服务、飞机安全服务、飞机跑道管理服务、空中交通管理服务等。

通用航空服务，是指为专业工作提供飞行服务的业务活动，包括航空摄影，航空测量，航空勘探，航空护林，航空吊挂播洒、航空降雨等。

2. 港口码头服务，是指港务船舶调度服务、船舶通讯服务、航道管理服务、航道疏浚服务、灯塔管理服务、航标管理服务、船舶引航服务、理货服务、系解缆服务、停泊和移泊服务、海上船舶溢油清除服务、水上交通管理服务、船只专业清洗消毒检测服务和防止船只漏油服务等为船只提供服务的业务活动。

港口设施经营人收取的港口设施保安费按照“港口码头服务”征收增值税。

3. 货运客运场站服务，是指货运客运场站（不包括铁路运输）提供的货物配载服务、运输组织服务、中转换乘服务、车辆调度服务、票务服务和车辆停放服务等业务活动。

4. 打捞救助服务，是指提供船舶人员救助、船舶财产救助、水上救助和沉船沉物打捞服务的业务活动。

5. 货物运输代理服务，是指接受货物收货人、发货人、船舶所有人、船舶承租人或船舶经营人的委托，以委托人的名义或者以自己的名义，在不直接提供货物运输服务的情况下，为委托人办理货物运输、船舶进出港口、联系安排引航、靠泊、装卸等货物和船舶代理相关业务手续的业务活动。

6. 代理报关服务，是指接受进出口货物的收、发货人委托，代为办理报关手续的业务活动。

7. 仓储服务，是指利用仓库、货场或者其他场所代客贮放、保管货物的业务活动。

8. 装卸搬运服务，是指使用装卸搬运工具或人力、畜力将货物在运输工具之间、装卸现场之间或者运输工具与装卸现场之间进行装卸和搬运的业务活动。

（五）有形动产租赁服务

有形动产租赁，包括有形动产融资租赁和有形动产经营性租赁。

1. 有形动产融资租赁，是指具有融资性质和所有权转移特点的有形动产租赁业务活动。即出租人根据承租人所要求的规格、型号、性能等条件购入有形动产租赁给承租人，合同期内设备所有权属于出租人，承租人只拥有使用权，合同期满付清租金后，承租人有权按照残值购入有形动产，以拥有其所有权。不论出租人是否将有形动产残值销售给承租人，均属于融资租赁。

2. 有形动产经营性租赁，是指在约定时间内将物品、设备等有形动产转让他人使用且租赁物所有权不变更的业务活动。

远洋运输的光租业务、航空运输的干租业务，属于有形动产经营性租赁。

光租业务，是指远洋运输企业将船舶在约定的时间内出租给他人使用，不配备操作人员，不承担运输过程中发生的各项费用，只收取固定租赁费的业务活动。

干租业务，是指航空运输企业将飞机在约定的时间内出租给他人使用，不配备机组人员，不承担运输过程中发生的各项费用，只收取固定租赁费的业务活动。

（六）鉴证咨询服务

鉴证咨询服务，包括认证服务、鉴证服务和咨询服务。

1. 认证服务，是指具有专业资质的单位利用检测、检验、计量等技术，证明产品、服务、管理体系符合相关技术规范、相关技术规范的强制性要求或者标准的业务活动。

2. 鉴证服务，是指具有专业资质的单位，为委托方的经济活动及有关资料进行鉴证，发表具有证明力的意见的业务活动。包括会计鉴证、税务鉴证、法律鉴证、工程造价鉴证、资产评估、环境评估、房地产土地评估、建筑图纸审核、医疗事故鉴定等。

3. 咨询服务，是指提供和策划财务、税收、法律、内部管理、业务运作和流程管理等信息或者建议的业务活动。

代理记账按照“咨询服务”征收增值税。

（七）广播影视服务

广播影视服务，包括广播影视节目（作品）的制作服务、发行服务和播映（含放映，下同）服务。

1. 广播影视节目（作品）制作服务，是指进行专题（特别节目）、专栏、综艺、体育、动画片、广播剧、电视剧、电影等广播影视节目和作品制作的服务。具体包括与广播影视节目和作品相关的策划、采编、拍摄、录音、音视频文字图片素材制作、场景布置、后期的剪辑、翻译（编译）、字幕制作、片头、片尾、片花制作、特效制作、影片修复、编目和确权等业务活动。

2. 广播影视节目（作品）发行服务，是指以分账、买断、委托、代理等方式，向影院、电台、电视台、网站等单位和个人发行广播影视节目（作品）以及转让体育赛事等活动的报道及播映权的业务活动。

3. 广播影视节目（作品）播映服务，是指在影院、剧院、录像厅及其他场所播映广播影视节目（作品），以及通过电台、电视台、卫星通信、互联网、有线电视等无线或有线装置播映广播影视节目（作品）的业务活动。

附件 2

交通运输业和部分现代服务业营业税改征增值税试点有关事项的规定

一、试点纳税人［指按照《交通运输业和部分现代服务业营业税改征增值税试点实施办法》（以下称《试点实施办法》）缴纳增值税的纳税人］有关政策

（一）混业经营

试点纳税人兼有不同税率或者征收率的销售货物、提供加工修理修配劳务或者应税服务的，应当分别核算适用不同税率或征收率的销售额，未分别核算销售额的，按照以下方法适用税率或征收率：

1. 兼有不同税率的销售货物、提供加工修理修配劳务或者应税服务的，从高适用税率。

2. 兼有不同征收率的销售货物、提供加工修理修配劳务或者应税服务的，从高适用征收率。

3. 兼有不同税率和征收率的销售货物、提供加工修理修配劳务或者应税服务的，从高适用税率。

（二）油气田企业

油气田企业提供的应税服务，适用《试点实施办法》规定的增值税税率，不再适用《财政部国家税务总局关于印发〈油气田企业增值税管理办法〉的通知》（财税［2009］8 号）规定的增值税税率。

（三）航空运输企业

1. 航空运输企业提供的旅客利用里程积分兑换的航空运输服务，不征收增值税。

2. 航空运输企业根据国家指令无偿提供的航空运输服务，属于《试点实施办法》第十一条规定的以公益活动为目的的服务，不征收增值税。

3. 航空运输企业的应征增值税销售额不包括代收的机场建设费和代售其他航空运输企业客票而代收转付的价款。

4. 航空运输企业已售票但未提供航空运输服务取得的逾期票证收入，不属于增值税应税收入，不征收增值税。

（四）销售额

经中国人民银行、商务部、银监会批准从事融资租赁业务的试点纳税人提供有形动产融资租赁服务，以取得的全部价款和价外费用（包括残值）扣除由出租方承担的有形动产的贷款利息（包括外汇借款和人民币借款利息）、关税、进口环节消费税、安装费、保险费的余额为销售额。

试点纳税人从全部价款和价外费用中扣除价款，应当取得符合法律、行政法规和国家税务总局有关规定的有效凭证。否则，不得扣除。

上述凭证是指：

1. 支付给境内单位或者个人的款项，以发票为合法有效凭证。

2. 缴纳的税款，以完税凭证为合法有效凭证。

3. 支付给境外单位或者个人的款项，以该单位或者个人的签收单据为合法有效凭证，税务机关对签收单据有疑议的，可以要求其提供境外公证机构的确认证明。

4. 国家税务总局规定的其他凭证。

（五）试点纳税人取得的2013年8月1日（含）以后开具的运输费用结算单据（铁路运输费用结算单据除外），不得作为增值税扣税凭证

（六）一般纳税人资格认定

《试点实施办法》第三条规定的应税服务年销售额标准为500万元（含本数）。

财政部和国家税务总局可以根据试点情况对应税服务年销售额标准进行调整。

（七）计税方法

1. 试点纳税人中的一般纳税人提供的公共交通运输服务，可以选择按照简易计税方法计算缴纳增值税。公共交通运输服务，包括轮客渡、公交客运、轨道交通（含地铁、城市轻轨）、出租车、长途客运、班车。其中，班车，是指按固定路线、固定时间运营并在固定站点停靠的运送旅客的陆路运输。

2. 试点纳税人中的一般纳税人，以该地区试点实施之日前购进或者自制的有形动产为标的物提供的经营租赁服务，试点期间可以选择适用简易计税方法计算缴纳增值税。

3. 试点纳税人中的一般纳税人兼有销售货物、提供加工修理修配劳务的，凡未规定可以选择按照简易计税方法计算缴纳增值税的，其全部销售额应一并按照一般计税方法计算缴纳增值税。

（八）试点前发生的业务

1. 试点纳税人在本地区试点实施之日前签订的尚未执行完毕的租赁合同，在合同到期日之前继续按照现行营业税政策规定缴纳营业税。

2. 试点纳税人提供应税服务，按照国家有关营业税政策规定差额征收营业税的，因取得的全部价款和价外费用不足以抵减允许扣除项目金额，截至本地区试点实施之日尚未扣除的部分，不得在计算试点纳税人本地区试点实施之日后的销售额时予以抵减，应当向原主管地税机关申请退还营业税。

试点纳税人按照本条第（八）项中第1点规定继续缴纳营业税的有形动产租赁服务，不适用本项规定。

3. 试点纳税人提供应税服务在本地区试点实施之日前已缴纳营业税，本地区试点实施之日（含）后因发生退款减除营业额的，应当向主管税务机关申请退还已缴纳的营业税。

4. 试点纳税人本地区试点实施之日前提供的应税服务，因税收检查等原因需要补缴税款的，应按照现行营业税政策规定补缴营业税。

（九）销售使用过的固定资产

按照《试点实施办法》和本规定认定的一般纳税人，销售自己使用过的本地区试点实施之日（含）以后购进或自制的固定资产，按照适用税率征收增值税；销售自己使用过的本地区试点实施之日以前购进或者自制的固定资产，按照4%征收率减半征收增值税。

使用过的固定资产，是指纳税人根据财务会计制度已经计提折旧的固定资产。

（十）扣缴增值税适用税率

境内的代理人和接受方为境外单位和个人扣缴增值税的，按照适用税率扣缴增值税。

二、原增值税纳税人［指按照《中华人民共和国增值税暂行条例》（以下称《增值税暂行条例》）缴纳增值税的纳税人］有关政策

（一）进项税额

1. 原增值税一般纳税人接受试点纳税人提供的应税服务，取得的增值税专用发票上注明的增值税额为进项税额，准予从销项税额中抵扣。

2. 原增值税一般纳税人自用的应征消费税的摩托车、汽车、游艇，其进项税额准予从销项税额中抵扣。

3. 原增值税一般纳税人接受境外单位或者个人提供的应税服务，按照规定应当扣缴增值税的，准予从销项税额中抵扣的进项税额为从税务机关或者代理人取得的解缴税款的中华人民共和国税收缴款凭证（以下称税收缴款凭证）上注明的增值税额。

上述纳税人凭税收缴款凭证抵扣进项税额的，应当具备书面合同、付款证明和境外单位的对账单或者发票。否则，进项税额不得从销项税额中抵扣。

4. 原增值税一般纳税人购进货物或者接受加工修理修配劳务，用于《应税服务范围注释》所列项目的，不属于《增值税暂行条例》第十条所称的用于非增值税应税项目，其进项税额准予从销项税额中抵扣。

5. 原增值税一般纳税人接受试点纳税人提供的应税服务，下列项目的进项税额不得从销项税额中抵扣：

（1）用于简易计税方法计税项目、非增值税应税项目、免征增值税项目、集体福利或者个人消费，其中涉及的专利技术、非专利技术、商誉、商标、著作权、有形动产租赁，仅指专用于上述项目的专利技术、非专利技术、商誉、

商标、著作权、有形动产租赁。

（2）接受的旅客运输服务。

（3）与非正常损失的购进货物相关的交通运输业服务。

（4）与非正常损失的在产品、产成品所耗用购进货物相关的交通运输业服务。

上述非增值税应税项目，是指《增值税暂行条例》第十条所称的非增值税应税项目，但不包括《应税服务范围注释》所列项目。

6. 原增值税一般纳税人取得的2013年8月1日（含）以后开具的运输费用结算单据（铁路运输费用结算单据除外），不得作为增值税扣税凭证。

原增值税一般纳税人取得的试点小规模纳税人由税务机关代开的增值税专用发票，按增值税专用发票注明的税额抵扣进项税额。

（二）一般纳税人认定

原增值税一般纳税人兼有应税服务，按照《试点实施办法》和本规定第一条第（六）项的规定应当申请认定一般纳税人的，不需要重新办理一般纳税人认定手续。

（三）增值税期末留抵税额

原增值税一般纳税人兼有应税服务的，截至本地区试点实施之日前的增值税期末留抵税额，不得从应税服务的销项税额中抵扣。

附件3

交通运输业和部分现代服务业营业税改征增值税试点过渡政策的规定

一、下列项目免征增值税

（一）个人转让著作权

（二）残疾人个人提供应税服务

（三）航空公司提供飞机播洒农药服务

（四）试点纳税人提供技术转让、技术开发和与之相关的技术咨询、技术服务

1. 技术转让，是指转让者将其拥有的专利和非专利技术的所有权或者使用权有偿转让他人的行为；技术开发，是指开发者接受他人委托，就新技术、新产品、新工艺或者新材料及其系统进行研究开发的行为；技术咨询，是指就特定技术项目提供可行性论证、技术预测、专题技术调查、分析评价报告等。

与技术转让、技术开发相关的技术咨询、技术服务，是指转让方（或受托方）根据技术转让或开发合同的规定，为帮助受让方（或委托方）掌握所转让

（或委托开发）的技术，而提供的技术咨询、技术服务业务，且这部分技术咨询、服务的价款与技术转让（或开发）的价款应当开在同一张发票上。

2. 审批程序。试点纳税人申请免征增值税时，须持技术转让、开发的书面合同，到试点纳税人所在地省级科技主管部门进行认定，并持有关的书面合同和科技主管部门审核意见证明文件报主管国家税务局备查。

（五）符合条件的节能服务公司实施合同能源管理项目中提供的应税服务

上述“符合条件”是指同时满足下列条件：

1. 节能服务公司实施合同能源管理项目相关技术，应当符合国家质量监督检验检疫总局和国家标准化管理委员会发布的《合同能源管理技术通则》（GB/T24915－2010）规定的技术要求。

2. 节能服务公司与用能企业签订《节能效益分享型》合同，其合同格式和内容，符合《中华人民共和国合同法》和国家质量监督检验检疫总局和国家标准化管理委员会发布的《合同能源管理技术通则》（GB/T24915－2010）等规定。

（六）自本地区试点实施之日起至2013年12月31日，注册在中国服务外包示范城市的试点纳税人从事离岸服务外包业务中提供的应税服务

注册在平潭的试点纳税人从事离岸服务外包业务中提供的应税服务。

从事离岸服务外包业务，是指企业根据境外单位与其签订的委托合同，由本企业或其直接转包的企业为境外提供信息技术外包服务（ITO）、技术性业务流程外包服务（BPO）或技术性知识流程外包服务（KPO）。

（七）台湾航运公司从事海峡两岸海上直航业务在大陆取得的运输收入

台湾航运公司，是指取得交通运输部颁发的“台湾海峡两岸间水路运输许可证”且该许可证上注明的公司登记地址在台湾的航运公司

（八）台湾航空公司从事海峡两岸空中直航业务在大陆取得的运输收入

台湾航空公司，是指取得中国民用航空局颁发的“经营许可”或依据《海峡两岸空运协议》和《海峡两岸空运补充协议》规定，批准经营两岸旅客、货物和邮件不定期（包机）运输业务，且公司登记地址在台湾的航空公司。

（九）美国ABS船级社在非营利宗旨不变、中国船级社在美国享受同等免税待遇的前提下，在中国境内提供的船检服务

（十）2013年12月31日之前，广播电影电视行政主管部门（包括中央、省、地市及县级）按照各自职能权限批准从事电影制片、发行、放映的电影集团公司（含成员企业）、电影制片厂及其他电影企业转让电影版权、发行电影以及在农村放映电影

（十一）随军家属就业

1. 为安置随军家属就业而新开办的企业，自领取税务登记证之日起，其提供的应税服务3年内免征增值税。

享受税收优惠政策的企业，随军家属必须占企业总人数的60%（含）以上，并有军（含）以上政治和后勤机关出具的证明。

2. 从事个体经营的随军家属，自领取税务登记证之日起，其提供的应税服务3年内免征增值税。

随军家属必须有师以上政治机关出具的可以表明其身份的证明，但税务部门应当进行相应的审查认定。

主管税务机关在企业或个人享受免税期间，应当对此类企业进行年度检查，凡不符合条件的，取消其免税政策。

按照上述规定，每一名随军家属可以享受一次免税政策。

（十二）军队转业干部就业

1. 从事个体经营的军队转业干部，经主管税务机关批准，自领取税务登记证之日起，其提供的应税服务3年内免征增值税。

2. 为安置自主择业的军队转业干部就业而新开办的企业，凡安置自主择业的军队转业干部占企业总人数60%（含）以上的，经主管税务机关批准，自领取税务登记证之日起，其提供的应税服务3年内免征增值税。

享受上述优惠政策的自主择业的军队转业干部必须持有师以上部队颁发的转业证件。

（十三）城镇退役士兵就业

1. 为安置自谋职业的城镇退役士兵就业而新办的服务型企业当年新安置自谋职业的城镇退役士兵达到职工总数30%以上，并与其签订1年以上期限劳动合同的，经县级以上民政部门认定、税务机关审核，其提供的应税服务（除广告服务外）3年内免征增值税。

2. 自谋职业的城镇退役士兵从事个体经营的，自领取税务登记证之日起，其提供的应税服务（除广告服务外）3年内免征增值税。

新办的服务型企业，是指《国务院办公厅转发民政部等部门关于扶持城镇退役士兵自谋职业优惠政策意见的通知》（国办发［2004］10号）下发后新组建的企业。原有的企业合并、分立、改制、改组、扩建、搬迁、转产以及吸收新成员、改变领导或隶属关系、改变企业名称的，不能视为新办企业。

自谋职业的城镇退役士兵，是指符合城镇安置条件，并与安置地民政部门签订《退役士兵自谋职业协议书》，领取《城镇退役士兵自谋职业证》的士官和义务兵。

（十四）失业人员就业

1. 持《就业失业登记证》（注明“自主创业税收政策”或附着《高校毕业生自主创业证》）人员从事个体经营的，在3年内按照每户每年8000元为限额依次扣减其当年实际应缴纳的增值税、城市维护建设税、教育费附加和个人所得税。

试点纳税人年度应缴纳税款小于上述扣减限额的，以其实际缴纳的税款为限；大于上述扣减限额的，应当以上述扣减限额为限。

享受优惠政策的个体经营试点纳税人，是指提供《应税服务范围注释》服务（除广告服务外）的试点纳税人。

持《就业失业登记证》（注明“自主创业税收政策”或附着《高校毕业生自主创业证》）人员是指：（1）在人力资源和社会保障部门公共就业服务机构登记失业半年以上的人员；（2）零就业家庭、享受城市居民最低生活保障家庭劳动年龄内的登记失业人员；（3）毕业年度内高校毕业生。

高校毕业生，是指实施高等学历教育的普通高等学校、成人高等学校毕业的学生；毕业年度，是指毕业所在自然年，即1月1日至12月31日。

2. 服务型企业（除广告服务外）在新增加的岗位中，当年新招用持《就业失业登记证》（注明“企业吸纳税收政策”）人员，与其签订1年以上期限劳动合同并依法缴纳社会保险费的，在3年内按照实际招用人数予以定额依次扣减增值税、城市维护建设税、教育费附加和企业所得税优惠。定额标准为每人每年4000元，可上下浮动20%，由试点地区省级人民政府根据本地区实际情况在此幅度内确定具体定额标准，并报财政部和国家税务总局备案。

按照上述标准计算的税收扣减额应当在企业当年实际应缴纳的增值税、城市维护建设税、教育费附加和企业所得税税额中扣减，当年扣减不足的，不得结转下年使用。

持《就业失业登记证》（注明“企业吸纳税收政策”）人员是指：（1）国有企业下岗失业人员；（2）国有企业关闭破产需要安置的人员；（3）国有企业所办集体企业（即厂办大集体企业）下岗职工；（4）享受最低生活保障且失业1年以上的城镇其他登记失业人员。

服务型企业，是指从事原营业税“服务业”税目范围内业务的企业。

国有企业所办集体企业（即厂办大集体企业），是指20世纪70、80年代，由国有企业批准或资助兴办的，以安置回城知识青年和国有企业职工子女就业为目的，主要向主办国有企业提供配套产品或劳务服务，在工商行政机关登记注册为集体所有制的企业。厂办大集体企业下岗职工包括在国有企业混岗工作的集体企业下岗职工。

3. 享受上述优惠政策的人员按照下列规定申领《就业失业登记证》、《高校毕业生自主创业证》等凭证：

（1）按照《就业服务与就业管理规定》（中华人民共和国劳动和社会保障部令第28号）第六十三条的规定，在法定劳动年龄内，有劳动能力，有就业要求，处于无业状态的城镇常住人员，在公共就业服务机构进行失业登记，申领《就业失业登记证》。其中，农村进城务工人员和其他非本地户籍人员在常住地稳定就业满6个月的，失业后可以在常住地登记。

（2）零就业家庭凭社区出具的证明，城镇低保家庭凭低保证明，在公共就业服务机构登记失业，申领《就业失业登记证》。

（3）毕业年度内高校毕业生在校期间凭学校出具的相关证明，经学校所在地省级教育行政部门核实认定，取得《高校毕业生自主创业证》（仅在毕业年度适用），并向创业地公共就业服务机构申请取得《就业失业登记证》；高校毕业生离校后直接向创业地公共就业服务机构申领《就业失业登记证》。

（4）服务型企业招录的人员，在公共就业服务机构申领《就业失业登记证》。

（5）《再就业优惠证》不再发放，原持证人员应当到公共就业服务机构换发《就业失业登记证》。正在享受下岗失业人员再就业税收优惠政策的原持证人员，继续享受原税收优惠政策至期满为止。

（6）上述人员申领相关凭证后，由就业和创业地人力资源和社会保障部门对人员范围、就业失业状态、已享受政策情况审核认定，在《就业失业登记证》上注明"自主创业税收政策"或"企业吸纳税收政策"字样，同时符合自主创业和企业吸纳税收政策条件的，可同时加注；主管税务机关在《就业失业登记证》上加盖戳记，注明减免税所属时间。

4. 上述税收优惠政策的审批期限为2011年1月1日至2013年12月31日，以试点纳税人到税务机关办理减免税手续之日起作为优惠政策起始时间。税收优惠政策在2013年12月31日未执行到期的，可继续享受至3年期满为止。

二、下列项目实行增值税即征即退

（一）注册在洋山保税港区和东疆保税港区内的试点纳税人，提供的国内货物运输服务、仓储服务和装卸搬运服务。

（二）安置残疾人的单位，实行由税务机关按照单位实际安置残疾人的人数，限额即征即退增值税的办法。

上述政策仅适用于从事原营业税"服务业"税目（广告服务除外）范围内业务取得的收入占其增值税和营业税业务合计收入的比例达到50%的单位。

有关享受增值税优惠政策单位的条件、定义、管理要求等按照《财政部 国家税务总局关于促进残疾人就业税收优惠政策的通知》（财税［2007］92号）中有关规定执行。

（三）试点纳税人中的一般纳税人提供管道运输服务，对其增值税实际税负超过3%的部分实行增值税即征即退政策。

（四）经人民银行、银监会、商务部批准经营融资租赁业务的试点纳税人中的一般纳税人，提供有形动产融资租赁服务，对其增值税实际税负超过3%的部分实行增值税即征即退政策。

三、本通知所称增值税实际税负，是指纳税人当期提供应税服务实际缴纳的增值税税额占纳税人当期提供应税服务取得的全部价款和价外费用的比例。

四、本地区试点实施之日前，如果试点纳税人已经按照有关政策规定享受了营业税税收优惠，在剩余税收优惠政策期限内，按照本规定享受有关增值税优惠。

附件 4

应税服务适用增值税零税率和免税政策的规定

一、中华人民共和国境内（以下称境内）的单位和个人提供的国际运输服务、向境外单位提供的研发服务和设计服务，适用增值税零税率。

（一）国际运输服务，是指：

1. 在境内载运旅客或者货物出境；

2. 在境外载运旅客或者货物入境；

3. 在境外载运旅客或者货物。

（二）境内的单位和个人适用增值税零税率，以水路运输方式提供国际运输服务的，应当取得《国际船舶运输经营许可证》；以陆路运输方式提供国际运输服务的，应当取得《道路运输经营许可证》和《国际汽车运输行车许可证》，且《道路运输经营许可证》的经营范围应当包括“国际运输”；以航空运输方式提供国际运输服务的，应当取得《公共航空运输企业经营许可证》且其经营范围应当包括“国际航空客货邮运输业务”。

（三）向境外单位提供的设计服务，不包括对境内不动产提供的设计服务。

二、境内的单位和个人提供的往返香港、澳门、台湾的交通运输服务以及在香港、澳门、台湾提供的交通运输服务（以下称港澳台运输服务），适用增值税零税率。

境内的单位和个人适用增值税零税率，以陆路运输方式提供至香港、澳门的交通运输服务的，应当取得《道路运输经营许可证》并具有持《道路运输证》的直通港澳运输车辆；以水路运输方式提供至台湾的交通运输服务的，应当取得《台湾海峡两岸间水路运输许可证》并具有持《台湾海峡两岸间船舶营运证》的船舶；以水路运输方式提供至香港、澳门的交通运输服务的，应当具有获得港澳线路运营许可的船舶；以航空运输方式提供上述交通运输服务的，应当取得《公共航空运输企业经营许可证》且其经营范围应当包括“国际、国内（含港澳）航空客货邮运输业务”。

三、境内的单位和个人提供期租、程租和湿租服务，如果租赁的交通运输工具用于国际运输服务和港澳台运输服务，不适用增值税零税率，由承租方按规定申请适用零税率。

四、境内的单位和个人提供适用零税率的应税服务，如果属于适用增值税一般计税方法的，实行免抵退税办法，退税率为其按照《试点实施办法》第十二条第（一）至（三）项规定适用的增值税税率；如果属于适用简易计税方法的，实行免征增值税办法。外贸企业兼营适用零税率应税服务的，统一实行免退税办法。

五、境内的单位和个人提供适用零税率应税服务的，可以放弃适用零税率，选择免税或按规定缴纳增值税。放弃适用零税率后，36 个月内不得再申请适用零税率。

六、境内的单位和个人提供适用零税率的应税服务，按月向主管退税的税务机关申报办理增值税免抵退税或免税手续。具体管理办法由国家税务总局商财政部另行制定。

七、境内的单位和个人提供的下列应税服务免征增值税，但财政部和国家税务总局规定适用零税率的除外：

（一）工程、矿产资源在境外的工程勘察勘探服务。

（二）会议展览地点在境外的会议展览服务。

（三）存储地点在境外的仓储服务。

（四）标的物在境外使用的有形动产租赁服务。

（五）在境外提供的广播影视节目（作品）的发行、播映服务。

（六）符合本规定第一条第（一）项规定但不符合第一条第（二）项规定条件的国际运输服务。

（七）符合本规定第二条第一款规定但不符合第二条第二款规定条件的港澳台运输服务。

（八）向境外单位提供的下列应税服务：

1. 技术转让服务、技术咨询服务、合同能源管理服务、软件服务、电路设计及测试服务、信息系统服务、业务流程管理服务、商标著作权转让服务、知识产权服务、物流辅助服务（仓储服务除外）、认证服务、鉴证服务、咨询服务、广播影视节目（作品）制作服务、期租服务、程租服务、湿租服务。但不包括：合同标的物在境内的合同能源管理服务，对境内货物或不动产的认证服务、鉴证服务和咨询服务。

2. 广告投放地在境外的广告服务。

IX. 50 关于在全国开展营业税改征增值税试点有关征收管理问题的公告

（2013 年 7 月 10 日 国家税务总局公告［2013］第 39 号）

为了贯彻落实《财政部 国家税务总局关于在全国开展交通运输业和部分现代服务业营业税改征增值税试点税收政策的通知》（财税［2013］37 号）精神，保障营业税改征增值税（以下简称营改增）改革试点的顺利实施，现将征收管理有关问题公告如下：

一、关于纳税人发票使用问题

（一）自本地区营改增试点实施之日起，增值税纳税人不得开具公路、内河货物运输业统一发票。

增值税一般纳税人（以下简称一般纳税人）提供货物运输服务的，使用货物运输业增值税专用发票（以下简称货运专票）和普通发票；提供货物运输服务之外其他增值税应税项目的，统一使用增值税专用发票（以下简称专用发票）和增值税普通发票。

小规模纳税人提供货物运输服务，服务接受方索取货运专票的，可向主管税务机关申请代开，填写《代开货物运输业增值税专用发票缴纳税款申报单》（附件 1）。代开货运专票按照代开专用发票的有关规定执行。

（二）提供港口码头服务、货运客运场站服务、装卸搬运服务、旅客运输服务的一般纳税人，可以选择使用定额普通发票。

（三）从事国际货物运输代理业务的一般纳税人，应使用六联专用发票或五联增值税普通发票，其中第四联用作购付汇联；从事国际货物运输代理业务的小规模纳税人，应使用普通发票，其中第四联用作购付汇联。

（四）纳税人于本地区试点实施之日前提供改征增值税的营业税应税服务并开具营业税发票后，如发生服务中止、折让、开票有误等情形，且不符合发票作废条件的，应于 2014 年 3 月 31 日前向原主管税务机关申请开具营业税红字发票，不得开具红字专用发票和红字货运专票。需重新开具发票的，应于 2014 年 3 月 31 日前向原主管税务机关申请开具营业税发票，不得开具专用发票或货运专票。

二、关于税控系统使用问题

（一）自本地区营改增试点实施之日起，一般纳税人提供货物运输服务、开具货运专票的，使用货物运输业增值税专用发票税控系统（以下简称货运专票税控系统）；提供货物运输服务之外的其他增值税应税服务、开具专用发票和增值税普通发票的，使用增值税防伪税控系统（以下简称防伪税控系统）。

（二）自2013年8月1日起，一般纳税人从事机动车（旧机动车除外）零售业务开具机动车销售统一发票，应使用机动车销售统一发票税控系统（以下简称机动车发票税控系统）。

（三）试点纳税人使用的防伪税控系统专用设备为金税盘和报税盘，纳税人应当使用金税盘开具发票，使用报税盘领购发票、抄报税；货运专票税控系统和机动车发票税控系统专用设备为税控盘和报税盘，纳税人应当使用税控盘开具发票，使用报税盘领购发票、抄报税。

货运专票税控系统及专用设备管理，按照现行防伪税控系统有关规定执行。各省国税机关可对现有相关文书作适当调整。

（四）北京市小规模纳税人自2012年9月1日起使用金税盘或税控盘开具普通发票，使用报税盘领购发票、抄报税的办法继续执行。

三、关于增值税专用发票（增值税税控系统）最高开票限额审批问题

增值税专用发票（增值税税控系统）实行最高开票限额管理。最高开票限额，是指单份专用发票或货运专票开具的销售额合计数不得达到的上限额度。

最高开票限额由一般纳税人申请，区县税务机关依法审批。一般纳税人申请最高开票限额时，需填报《增值税专用发票最高开票限额申请单》（附件2）。主管税务机关受理纳税人申请以后，根据需要进行实地查验。实地查验的范围和方法由各省国税机关确定。

税务机关应根据纳税人实际生产经营和销售情况进行审批，保证纳税人生产经营的正常需要。

四、关于货运专票开具问题

（一）一般纳税人提供应税货物运输服务，使用货运专票；提供其他增值税应税项目、免税项目或非增值税应税项目的，不得使用货运专票。

（二）货运专票中“承运人及纳税人识别号”栏填写提供货物运输服务、开具货运专票的一般纳税人信息：“实际受票方及纳税人识别号”栏填写实际负担运输费用、抵扣进项税额的一般纳税人信息：“费用项目及金额”栏填写应税货物运输服务明细项目及不含增值税的销售额：“合计金额”栏填写应税货物运输服务项目不含增值税的销售额合计：“税率”栏填写增值税税率：“税额”栏填写按照应税货物运输服务项目不含增值税的销售额和适用税率计算得出的增值税额：“价税合计（大写）（小写）”栏填写不含增值税的销售额和增值税额的合计：“机器编号”栏填写货运专票税控系统税控盘编号。

（三）税务机关在代开货运专票时，货运专票税控系统在货运专票左上角自动打印“代开”字样：“税率”栏填写小规模纳税人增值税征收率：“税额”栏填写按照应税货物运输服务项目不含增值税的销售额和小规模纳税人增值税征收率计算得出的增值税额：“备注”栏填写税收完税凭证号码；其他栏次内容与本条第（二）项相同。

（四）提供货物运输服务，开具货运专票后，如发生应税服务中止、折让、开票有误以及发票抵扣联、发票联均无法认证等情形，且不符合发票作废条件，需要开具红字货运专票的，实际受票方或承运人可向主管税务机关填报《开具红字货物运输业增值税专用发票申请单》（附件3），经主管税务机关核对并出具《开具红字货物运输业增值税专用发票通知单》（附件4，以下简称《通知单》）。实际受票方应暂依《通知单》所列增值税税额从当期进项税额中转出，未抵扣增值税进项税额的可列入当期进项税额，待取得承运人开具的红字货运专票后，与留存的《通知单》一并作为记账凭证。认证结果为“无法认证”、“纳税人识别号认证不符”、“发票代码、号码认证不符”以及所购服务不属于增值税扣税项目范围的，不列入进项税额，不作进项税额转出。承运人可凭《通知单》在货运专票税控系统中以销项负数开具红字货运专票。《通知单》暂不通过系统开具，但其他事项按照现行红字专用发票有关规定执行。

五、关于货运专票管理问题

（一）货运专票暂不纳入失控发票快速反应机制管理。

（二）货运专票的认证结果类型包括“认证相符”、“无法认证”、“认证不符”、“密文有误”和“重复认证”等类型（暂无失控发票类型），稽核结果类型包括“相符”、“不符”、“缺联”、“重号”、“属于作废”和“滞留”等类型。认证、稽核异常货运专票的处理按照专用发票的有关规定执行。

（三）稽核异常的货运专票的核查工作，按照《增值税专用发票审核检查操作规程（试行）》的有关规定执行。

（四）丢失货运专票的处理，按照专用发票的有关规定执行，承运方主管税务机关出具《丢失货物运输业增值税专用发票已报税证明单》（附件5）。

六、本公告自2013年8月1日起实施，《国家税务总局关于修订〈增值税专用发票使用规定〉的通知》（国税发［2006］156号）第五条、《国家税务总局关于营业税改征增值税试点有关税收征收管理问题的公告》（国家税务总局公告2011年第77号）、《国家税务总局关于北京等8省市营业税改征增值税试点有关税收征收管理问题的公告》（国家税务总局公告2012年第42号）同时废止。

特此公告。

附件：

1. 代开货物运输业增值税专用发票缴纳税款申报单
2. 增值税专用发票最高开票限额申请单
3. 开具红字货物运输业增值税专用发票申请单
4. 开具红字货物运输业增值税专用发票通知单
5. 丢失货物运输业增值税专用发票已报税证明单

附件1

代开货物运输业增值税专用发票缴纳税款申报单

本人（单位）提供的开票资料真实、完整、准确，符合税法相关规定。否则本人（单位）将承担一切法律责任。现申请代开货物运输业增值税专用发票。

申请人（单位）签章：

年　月　日

金额单位：元至角分

<table>
<tr><td rowspan="2">承运人</td><td>名　称</td><td colspan="2"></td></tr>
<tr><td>纳税人识别号</td><td colspan="2"></td></tr>
<tr><td rowspan="2">实际受票方</td><td>名　称</td><td colspan="2"></td></tr>
<tr><td>纳税人识别号</td><td colspan="2"></td></tr>
<tr><td rowspan="2">收货人</td><td>名　称</td><td colspan="2"></td></tr>
<tr><td>纳税人识别号</td><td colspan="2"></td></tr>
<tr><td rowspan="2">发货人</td><td>名　称</td><td colspan="2"></td></tr>
<tr><td>纳税人识别号</td><td colspan="2"></td></tr>
<tr><td>费用项目名称</td><td>费用项目金额（不含税）</td><td>征收率</td><td>税额</td></tr>
<tr><td></td><td></td><td></td><td></td></tr>
<tr><td></td><td></td><td></td><td></td></tr>
<tr><td></td><td></td><td></td><td></td></tr>
<tr><td></td><td></td><td></td><td></td></tr>
<tr><td>合计金额（不含税）</td><td></td><td>合计税额</td><td></td></tr>
<tr><td>价税合计</td><td colspan="3"></td></tr>
<tr><td>运输货物信息</td><td colspan="3"></td></tr>
<tr><td>车种车号</td><td></td><td>车船吨位</td><td></td></tr>
<tr><td>起运地、经由、到达地</td><td></td><td>备　注</td><td></td></tr>
<tr><td>主管税务机关
及代码：</td><td colspan="3">税款征收岗签章：　　　　税收完税凭证号：
代开发票管理岗签章：
发票代码：　　　　发票号码：</td></tr>
<tr><td colspan="4">经核对，所开发票与申报内容一致。
申请人（单位）经办人签章：　　　　单位法人代表签章：
年　月　日</td></tr>
</table>

注：本表一式三份，由申请代开货物运输业增值税专用发票的小规模纳税人填写，一份由税款征收岗留存，一份由代开发票管理岗留存，一份由纳税人留存。

附件 2

增值税专用发票最高开票限额申请单

<table>
<tr><td rowspan="8">申请事项（由纳税人填写）</td><td>纳税人名称</td><td></td><td>纳税人识别号</td><td></td></tr>
<tr><td>地 址</td><td></td><td>联系电话</td><td></td></tr>
<tr><td>购票人信息</td><td colspan="3"></td></tr>
<tr><td rowspan="2">申请增值税专用发票（增值税税控系统）最高开票限额</td><td colspan="3">□初次 □变更 （请选择一个项目并在□内打“√”）</td></tr>
<tr><td colspan="3">□一亿元 □一千万元 □一百万元
□十万元 □一万元 □一千元
（请选择一个项目并在□内打“√”）</td></tr>
<tr><td rowspan="2">申请货物运输业增值税专用发票（增值税税控系统）最高开票限额</td><td colspan="3">□初次 □变更 （请选择一个项目并在□内打“√”）</td></tr>
<tr><td colspan="3">□一亿元 □一千万元 □一百万元
□十万元 □一万元 □一千元
（请选择一个项目并在□内打“√”）</td></tr>
<tr><td colspan="4">申请理由：

经办人（签字）： 纳税人（印章）：
年 月 日 年 月 日</td></tr>
<tr><td rowspan="4">区县税务机关意见</td><td colspan="2">发票种类</td><td colspan="2">批准最高开票限额</td></tr>
<tr><td colspan="2">增值税专用发票（增值税税控系统）</td><td colspan="2"></td></tr>
<tr><td colspan="2">货物运输业增值税专用发票（增值税税控系统）</td><td colspan="2"></td></tr>
<tr><td colspan="4">

经办人（签字）： 批准人（签字）： 税务机关（印章）：
年 月 日 年 月 日 年 月 日</td></tr>
</table>

注：本申请表一式两联：第一联由申请纳税人留存；第二联由区县税务机关留存。

附件 3

开具红字货物运输业增值税专用发票申请单

填写日期：　　　年　　月　　日

<table>
<tr><td rowspan="2">承运人</td><td colspan="2">名　　称</td><td colspan="3"></td><td rowspan="2" colspan="2">实际受票方</td><td colspan="2">名　　称</td><td colspan="3"></td></tr>
<tr><td colspan="2">纳税人识别号</td><td colspan="3"></td><td colspan="2">纳税人识别号</td><td colspan="3"></td></tr>
<tr><td rowspan="2">收货人</td><td colspan="2">名　　称</td><td colspan="3"></td><td rowspan="2" colspan="2">发货人</td><td colspan="2">名　　称</td><td colspan="3"></td></tr>
<tr><td colspan="2">纳税人识别号</td><td colspan="3"></td><td colspan="2">纳税人识别号</td><td colspan="3"></td></tr>
<tr><td rowspan="3">开具红字货运专票内容</td><td colspan="6">费用项目及金额</td><td colspan="6">运输货物信息</td></tr>
<tr><td colspan="6"></td><td colspan="6"></td></tr>
<tr><td>合计金额</td><td></td><td>税率</td><td></td><td>税额</td><td></td><td>机器编号（税控盘编号）</td><td></td><td>车种车号</td><td></td><td>车船吨位</td><td></td></tr>
<tr><td>说明</td><td colspan="12">一、实际受票方申请 □
对应蓝字货运专票抵扣增值税销项税额情况：
1. 已抵扣□
2. 未抵扣 □
（1）无法认证 □
（2）纳税人识别号认证不符 □
（3）货运专票代码、号码认证不符 □
（4）所购服务不属于增值税扣税项目范围 □
对应蓝字货运专票的代码：__________ 号码：__________
二、承运人申请 □
1. 因开票有误受票方拒收□
2. 因开票有误等原因尚未交付□
对应蓝字货运专票的代码：__________ 号码：__________
开具红字货运专票理由：</td></tr>
<tr><td>申请方申明</td><td colspan="12">我申明所提供的《申请单》内容真实、完整、准确，并愿意承担相关法律责任。
申请方签章：
年　　月　　日</td></tr>
</table>

申请方经办人：　　　　　　　　　　　　　　　联系电话：

注：本申请单一式两联：第一联由申请方留存；第二联由申请方所属主管税务机关留存。

附件 4

开具红字货物运输业增值税专用发票通知单

填写日期：　　　年　　月　　日　　　　　　　　　　　　　　　　NO.

<table>
<tr><td rowspan="2">承运人</td><td colspan="2">名　称</td><td colspan="2"></td><td colspan="2" rowspan="2">实际受票方</td><td colspan="3">名　称</td><td colspan="3"></td></tr>
<tr><td colspan="2">纳税人识别号</td><td colspan="2"></td><td colspan="3">纳税人识别号</td><td colspan="3"></td></tr>
<tr><td rowspan="2">收货人</td><td colspan="2">名　称</td><td colspan="2"></td><td colspan="2" rowspan="2">发货人</td><td colspan="3">名　称</td><td colspan="3"></td></tr>
<tr><td colspan="2">纳税人识别号</td><td colspan="2"></td><td colspan="3">纳税人识别号</td><td colspan="3"></td></tr>
<tr><td rowspan="3">开具红字货运专票内容</td><td colspan="6">费用项目及金额</td><td colspan="6">运输货物信息</td></tr>
<tr><td colspan="6"></td><td colspan="6"></td></tr>
<tr><td>合计金额</td><td></td><td>税率</td><td></td><td>税额</td><td></td><td>机器编号（税控盘编号）</td><td></td><td>车种车号</td><td></td><td>车船吨位</td><td></td></tr>
<tr><td>说明</td><td colspan="12">一、实际受票方申请 □
对应蓝字专用发票抵扣增值税销项税额情况：
1. 需要作进项税额转出□
2. 不需要作进项税额转出□
（1）无法认证 □
（2）纳税人识别号认证不符 □
（3）货运专票代码、号码认证不符 □
（4）所购服务不属于增值税扣税项目范围 □
对应蓝字货运专票的代码：__________ 号码：__________
二、承运人申请 □
1. 因开票有误受票方拒收□
2. 因开票有误等原因尚未交付□
对应蓝字货运专票的代码：__________ 号码：__________
开具红字货运专票理由：</td></tr>
</table>

经办人：　　　　　　　　负责人：　　　　　　　　主管税务机关名称（印章）：__________

注：1. 本通知单一式三联：第一联由申请方主管税务机关留存；第二联由申请方送交对方留存；第三联由申请方留存。

2. 本通知单内容应与开具红字货运专票申请单内容一一对应。

附件 5

丢失货物运输业增值税专用发票已报税证明单

NO.

<table>
<tr><td rowspan="2">承运人</td><td>名　称</td><td colspan="2"></td><td rowspan="2">实际受票方</td><td>名　称</td><td></td></tr>
<tr><td>纳税人识别号</td><td colspan="2"></td><td>纳税人识别号</td><td></td></tr>
<tr><td rowspan="6">丢失货物运输业增值税专用发票</td><td>发票代码</td><td>发票号码</td><td>费用项目</td><td>金额</td><td>税额</td><td>运输货物信息</td></tr>
<tr><td></td><td></td><td></td><td></td><td></td><td></td></tr>
<tr><td></td><td></td><td></td><td></td><td></td><td></td></tr>
<tr><td></td><td></td><td></td><td></td><td></td><td></td></tr>
<tr><td></td><td></td><td></td><td></td><td></td><td></td></tr>
<tr><td></td><td></td><td></td><td></td><td></td><td></td></tr>
<tr><td>报税及纳税申报情况</td><td colspan="6">报税时间：
纳税申报时间：
经办人：　　负责人：　　主管税务机关名称（印章）：
年　月　日</td></tr>
<tr><td>备注</td><td colspan="6"></td></tr>
</table>

注：本证明单一式三联：第一联由承运人主管税务机关留存；第二联由承运人留存；第三联由实际受票方主管税务机关留存。

IX. 51 国务院关于坚决遏制部分城市房价过快上涨的通知

（2010年4月17日 国发［2010］10号）

各省、自治区、直辖市人民政府，国务院各部委、各直属机构：

《国务院办公厅关于促进房地产市场平稳健康发展的通知》（国办发［2010］4号）印发后，全国房地产市场整体上出现了一些积极变化。但近期部分城市房价、地价又出现过快上涨势头，投机性购房再度活跃，需要引起高度重视。为进一步落实各地区、各有关部门的责任，坚决遏制部分城市房价过快上涨，切实解决城镇居民住房问题，现就有关问题通知如下：

一、各地区、各有关部门要切实履行稳定房价和住房保障职责

（一）统一思想，提高认识。住房问题关系国计民生，既是经济问题，更是影响社会稳定的重要民生问题。房价过高、上涨过快，加大了居民通过市场解决住房问题的难度，增加了金融风险，不利于经济社会协调发展。各地区、各有关部门必须充分认识房价过快上涨的危害性，认真落实中央确定的房地产市场调控政策，采取坚决的措施，遏制房价过快上涨，促进民生改善和经济发展。

（二）建立考核问责机制。稳定房价和住房保障工作实行省级人民政府负总责、城市人民政府抓落实的工作责任制。住房城乡建设部、监察部等部门要对省级人民政府的相关工作进行考核，加强监督检查，建立约谈、巡查和问责制度。对稳定房价、推进保障性住房建设工作不力，影响社会发展和稳定的，要追究责任。

二、坚决抑制不合理住房需求

（三）实行更为严格的差别化住房信贷政策。对购买首套自住房且套型建筑面积在90平方米以上的家庭（包括借款人、配偶及未成年子女，下同），贷款首付款比例不得低于30%；对贷款购买第二套住房的家庭，贷款首付款比例不得低于50%，贷款利率不得低于基准利率的1.1倍；对贷款购买第三套及以上住房的，贷款首付款比例和贷款利率应大幅度提高，具体由商业银行根据风险管理原则自主确定。人民银行、银监会要指导和监督商业银行严格住房消费贷款管理。住房城乡建设部要会同人民银行、银监会抓紧制定第二套住房的认定标准。

要严格限制各种名目的炒房和投机性购房。商品住房价格过高、上涨过快、供应紧张的地区，商业银行可根据风险状况，暂停发放购买第三套及以上住房贷款；对不能提供1年以上当地纳税证明或社会保险缴纳证明的非本地居民暂停发放购买住房贷款。地方人民政府可根据实际情况，采取临时性措施，在一定时期内限定购房套数。

对境外机构和个人购房，严格按有关政策执行。

（四）发挥税收政策对住房消费和房地产收益的调节作用。财政部、税务总局要加快研究制定引导个人合理住房消费和调节个人房产收益的税收政策。税务部门要严格按照税法和有关政策规定，认真做好土地增值税的征收管理工作，对定价过高、涨幅过快的房地产开发项目进行重点清算和稽查。

三、增加住房有效供给

（五）增加居住用地有效供应。国土资源部要指导督促各地及时制定并公布以住房为主的房地产供地计划，并切实予以落实。房价上涨过快的城市，要增加居住用地的供应总量。要依法加快处置闲置房地产用地，对收回的闲置土地，要优先安排用于普通住房建设。在坚持和完善土地招拍挂制度的同时，探索"综合评标"、"一次竞价"、"双向竞价"等出让方式，抑制居住用地出让价格非理性上涨。

（六）调整住房供应结构。各地要尽快编制和公布住房建设规划，明确保障性住房、中小套型普通商品住房的建设数量和比例。住房城乡建设部门要加快对普通商品住房的规划、开工建设和预销售审批，尽快形成有效供应。保障性住房、棚户区改造和中小套型普通商品住房用地不低于住房建设用地供应总量的70%，并优先保证供应。城乡规划、房地产主管部门要积极配合国土资源部门，将住房销售价位、套数、套型面积、保障性住房配建比例以及开竣工时间、违约处罚条款等纳入土地出让合同，确保中小套型住房供应结构比例严格按照有关规定落实到位。房价过高、上涨过快的地区，要大幅度增加公共租赁住房、经济适用住房和限价商品住房供应。

四、加快保障性安居工程建设

（七）确保完成2010年建设保障性住房300万套、各类棚户区改造住房280万套的工作任务。住房城乡建设部、发展改革委、财政部等有关部门要尽快下达年度计划及中央补助资金。住房城乡建设部要与各省级人民政府签订住房保障工作目标责任书，落实工作责任。地方人民政府要切实落实土地供应、资金投入和税费优惠等政策，确保完成计划任务。按照政府组织、社会参与的原则，加快发展公共租赁住房，地方各级人民政府要加大投入，中央以适当方式给予资金支持。国有房地产企业应积极参与保障性住房建设和棚户区改造。住房城乡建设部要会同有关部门抓紧制订2010—2012年保障性住房建设规划

（包括各类棚户区建设、政策性住房建设），并在2010年7月底前向全社会公布。

五、加强市场监管

（八）加强对房地产开发企业购地和融资的监管。国土资源部门要加大专项整治和清理力度，严格依法查处土地闲置及炒地行为，并限制有违法违规行为的企业新购置土地。房地产开发企业在参与土地竞拍和开发建设过程中，其股东不得违规对其提供借款、转贷、担保或其他相关融资便利。严禁非房地产主业的国有及国有控股企业参与商业性土地开发和房地产经营业务。国有资产和金融监管部门要加大查处力度。商业银行要加强对房地产企业开发贷款的贷前审查和贷后管理。对存在土地闲置及炒地行为的房地产开发企业，商业银行不得发放新开发项目贷款，证监部门暂停批准其上市、再融资和重大资产重组。

（九）加大交易秩序监管力度。对取得预售许可或者办理现房销售备案的房地产开发项目，要在规定时间内一次性公开全部销售房源，并严格按照申报价格明码标价对外销售。住房城乡建设部门要对已发放预售许可证的商品住房项目进行清理，对存在捂盘惜售、囤积房源、哄抬房价等行为的房地产开发企业，要加大曝光和处罚力度，问题严重的要取消经营资格，对存在违法违规行为的要追究相关人员的责任。住房城乡建设部门要会同有关部门抓紧制定房屋租赁管理办法，规范发展租赁市场。

各省（区、市）人民政府要对本地区房地产开发企业经营行为进行一次检查，及时纠正和严肃处理违法违规行为，检查处理结果要于2010年6月底之前报国务院。住房城乡建设部要会同有关部门组织抽查，确保检查工作取得实效。

（十）完善房地产市场信息披露制度。各地要及时向社会公布住房建设计划和住房用地年度供应计划。住房城乡建设部要加快个人住房信息系统的建设。统计部门要研究发布能够反映不同区位、不同类型住房价格变动的信息。

国务院各有关部门要根据本通知精神，加快制定、调整和完善相关的政策措施，各司其职、分工协作，加强对各地的指导和监督检查。各地区、各有关部门要积极做好房地产市场调控政策的解读工作。新闻媒体要加强正面引导，大力宣传国家房地产市场调控政策和保障性住房建设成果，引导居民住房理性消费，形成有利于房地产市场平稳健康发展的舆论氛围。

IX. 52 军工涉密业务咨询服务安全保密监督管理办法（试行）（存目）

（科工安密［2011］356号）

IX. 53 军工涉密业务咨询服务安全保密监督管理办法实施细则（存目）

（科工安密［2012］105号）

IX. 54 国家外汇管理局关于境内居民通过境外特殊目的公司融资及返程投资外汇管理有关问题的通知

（2005 年 10 月 21 日 汇发［2005］75 号）

国家外汇管理局各省、自治区、直辖市分局、外汇管理部，深圳、大连、青岛、厦门、宁波市分局：

为鼓励、支持和引导非公有制经济发展，进一步完善创业投资政策支持体系，规范境内居民通过境外特殊目的公司从事投融资活动所涉及的跨境资本交易，根据《中华人民共和国外汇管理条例》、《境外投资外汇管理办法》、《外国投资者并购境内企业暂行规定》，现就境内居民通过境外特殊目的公司开展股权融资及返程投资涉及外汇管理的有关问题通知如下：

一、本通知所称“特殊目的公司”，是指境内居民法人或境内居民自然人以其持有的境内企业资产或权益在境外进行股权融资（包括可转换债融资）为目的而直接设立或间接控制的境外企业。

本通知所称“返程投资”，是指境内居民通过特殊目的公司对境内开展的直接投资活动，包括但不限于以下方式：购买或置换境内企业中方股权、在境内设立外商投资企业及通过该企业购买或协议控制境内资产、协议购买境内资产及以该项资产投资设立外商投资企业、向境内企业增资。

本通知所称“境内居民法人”，是指在中国境内依法设立的企业事业法人以及其他经济组织；“境内居民自然人”是指持有中华人民共和国居民身份证或护照等合法身份证件的自然人，或者虽无中国境内合法身份但因经济利益关系在中国境内习惯性居住的自然人。

本通知所称“控制”，是指境内居民通过收购、信托、代持、投票权、回购、可转换债券等方式取得特殊目的公司或境内企业的经营权、收益权或者决策权。

二、境内居民设立或控制境外特殊目的公司之前，应持以下材料向所在地外汇分局、外汇管理部（以下简称“外汇局”）申请办理境外投资外汇登记手续：

（一）书面申请（应详细说明境内企业基本情况、境外特殊目的公司的股权结构以及境外融资安排）；

（二）境内居民法人的境内登记注册文件，境内居民自然人需提供身份证明；

（三）境外融资商业计划书；

（四）境内居民法人的外汇资金（资产）来源核准批复和境外投资主管部门的批准文件；

（五）境内居民法人填写的《境外投资外汇登记证》，境内居民自然人填写的《境内居民个人境外投资外汇登记表》（附表）；

（六）其他真实性证明材料。

外汇局对上述材料审核无误后，应在《境外投资外汇登记证》或《境内居民个人境外投资外汇登记表》上加盖资本项目外汇业务专用章。

三、境内居民将其拥有的境内企业的资产或股权注入特殊目的公司，或在向特殊目的公司注入资产或股权后进行境外股权融资，应就其持有特殊目的公司的净资产权益及其变动状况办理境外投资外汇登记变更手续，办理时应提供以下材料：

（一）书面申请（详细说明境内企业与特殊目的公司的股东与股权变更过程、境内企业与特殊目的公司资产或股权的定价方式）；

（二）境内居民法人填写的《境外投资外汇登记证》，境内居民自然人填写的《境内居民个人境外投资外汇登记表》；

（三）外商投资主管部门对返程投资的核准、备案文件；

（四）涉及国有资产的，须提供国有资产管理部门对境内企业资产或股权价值的确认文件；

（五）特殊目的公司的境外注册、登记、营业执照等证明文件；

（六）其他真实性证明材料。

四、特殊目的公司完成境外融资后，境内居民可以根据商业计划书或招股说明书载明的资金使用计划，将应在境内安排使用的资金调回境内。

五、特殊目的公司使用境外融资所得资金返程投资或向境内企业提供股东贷款及其他债务资金，相关境内企业应按照现行利用外资、外债管理法律、法规办理有关外汇管理手续。外汇局为相关境内企业办理外商投资企业设立登记及变更登记、外债登记、或者为特殊目的公司办理转股收汇外资外汇登记时，应审核《境外投资外汇登记证》或《境内居民个人境外投资外汇登记表》。

六、境内居民按规定办理境外投资外汇登记及变更手续后，可向特殊目的公司支付利润、红利、清算、转股、减资等款项。

境内居民从特殊目的公司获得的利润、红利及资本变动外汇收入应于获得之日起180日内调回境内，利润或红利可以进入经常项目外汇账户或者结汇，资本变动外汇收入经外汇局核准，可以开立资本项目专用账户保留，也可经外汇局核准后结汇。

七、特殊目的公司发生增资或减资、股权转让或置换、合并或分立、长期股权或债权投资、对外担保等重大资本变更事项且不涉及返程投资的，境内居民应于重大事项发生之日起 30 日内向外汇局申请办理境外投资外汇登记变更或备案手续。

八、本通知实施前，境内居民已在境外设立或控制特殊目的公司并已完成返程投资，但未按规定办理境外投资外汇登记的，应按照本通知规定于 2006 年 3 月 31 日前到所在地外汇局补办境外投资外汇登记。境内居民补办境外投资外汇登记后，外汇局可为相关境内企业办理外资、外债外汇登记手续。

九、境内创业投资企业可参照本通知在境外设立特殊目的公司并从事创业投资活动。

十、上述同一管理事项涉及多个境内居民的，相关境内居民应出具委托书并委托其中 1～2 个境内居民办理相关外汇管理手续。

十一、本通知未尽事宜，按照现行外商投资和境外投资相关外汇管理法规办理。

十二、境内居民违反本规定构成逃汇及其他外汇管理违规行为的，外汇局应按照《中华人民共和国外汇管理条例》及有关规定进行处罚。

十三、本通知自 2005 年 11 月 1 日起实施。《关于完善外资并购外汇管理有关问题的通知》（汇发［2005］11 号）和《关于境内居民个人境外投资登记和外资并购外汇登记有关问题的通知》（汇发［2005］29 号）同时停止执行。

特此通知。

X 其他证券发行

X.1 证券公司债券

X.1.1 证券公司债券管理暂行办法（2004年）

（2004年10月18日 中国证券监督管理委员会令第25号）

关于修改《证券公司债券管理暂行办法》的决定

一、删去第七条第三项。

二、第十二条第二款修改为："公开发行债券的担保金额应不少于债券本息的总额。定向发行债券的担保金额原则上不少于债券本息的百分之五十，担保金额不足百分之五十或者未提供担保定向发行债券的，应当在发行和转让时向投资者作特别风险提示，并由投资者签字。"

三、第二十三条修改为："债券的期限最短为一年。"

四、第二十六条第（二）项修改为"实际发行债券的面值不少于5千万元"。

本决定自2004年10月18日起施行。

《证券公司债券管理暂行办法》根据本决定作相应的修改，重新公布。

证券公司债券管理暂行办法

（2003年8月29日中国证券监督管理委员会第43次主席办公会议审议通过，根据2004年10月15日中国证券监督管理委员会《关于修改〈证券公司债券管理暂行办法〉的决定》修订）

第一章 总 则

第一条 为规范证券公司债券的发行和转让行为，保护债券持有人的合法权益，根据《公司法》、《证券法》及有关法律、行政法规的规定，制定本办法。

第二条 本办法所称证券公司债券是指证券公司依法发行的、约定在一定期限内还本付息的有价证券。

证券公司发行债券适用本办法，但发行可转换公司债券的除外。

第三条 中国证券监督管理委员会（以下简称中国证监会）依法对证券公司债券的发行和转让行为进行监督管理。

第四条 证券公司发行债券必须符合本办法规定的条件，并报经中国证监会批准。未经批准不得擅自发行或变相发行债券。

第五条 证券公司债券经批准可以向社会公开发行，也可以向合格投资者定向发行。

定向发行的债券不得公开发行或者变相公开发行。

第六条 发行债券的证券公司（以下简称发行人）应当制定到期还本付息的有效措施，保护债券持有人的合法权益。

第二章 发行与承销

第七条 证券公司公开发行债券，除应当符合《公司法》规定的条件外，还应当符合下列要求：

（一）发行人为综合类证券公司；

（二）最近一期期末经审计的净资产不低于10亿元；

（三）各项风险监控指标符合中国证监会的有关规定；

（四）最近两年内未发生重大违法违规行为；

（五）具有健全的股东会、董事会运作机制及有效的内部管理制度，具备适当的业务隔离和内部控制技术支持系统；

（六）资产未被具有实际控制权的自然人、法人或其他组织及其关联人占用；

（七）中国证监会规定的其他条件。

第八条 证券公司定向发行债券，除应当符合《公司法》规定的条件外，还应当符合前条第（四）、（五）、（六）、（七）、（八）项规定的要求，且最近一期期末经审计的净资产不低于5亿元。

第九条 定向发行的债券只能向合格投资者发行。合格投资者是指自行判断具备投资债券的独立分析能力和风险承受能力，且符合下列条件的投资者：

（一）依法设立的法人或投资组织；

（二）按照规定和章程可从事债券投资；

（三）注册资本在1000万元以上或者经审计的净资产在2000万元以上。

第十条 发行债券募集的资金应当有确定的用途和相应的使用计划及管理制度。募集资金的使用应当符合法律法规和中国证监会的有关规定，不得用于禁止性的业务和行为。

第十一条 发行人应当聘请证券资信评级机构对本期债券进行信用评级并对跟踪评级做出安排。

证券资信评级机构对评级结果的客观、公正和及时性承担责任。信用评级报告的内容和格式应当符合有关规定。

第十二条 发行人应当为债券的发行提供担保。为债券的发行提供保证的，保证人应当具有代为清偿债务的能力，保证应当是连带责任保证；为债券的发行提供抵押或质押的，抵押或质押的财产应当由具备资格的资产评估机构进行评估。

公开发行债券的担保金额应不少于债券本息的总额。定向发行债券的担保金额原则上不少于债券本息的百分之五十，担保金额不足百分之五十或者未提供担保定向发行债券的，应当在发行和转让时向投资者作特别风险提示，并由投资者签字。

第十三条 发行人应当为债券持有人聘请债权代理人。聘请债权代理人应当订立债权代理协议，明确发行人、债券持有人及债权代理人之间的权利义务及违约责任。

发行人应当在募集说明书中明确约定，投资者认购本期债券视作同意债权代理协议。

发行人可聘请信托投资公司、基金管理公司、证券公司、律师事务所、证券投资咨询机构等机构担任债权代理人。

第十四条 发行人应当聘请律师事务所参照中国证监会证券发行的有关规定出具法律意见书和律师工作报告。

律师应当针对债券的特点，重点对债券的发行条件、发行方案、发行条款、担保、信用评级、专项偿债账户、债权代理人、债券持有人会议等，明确发表法律意见。

第十五条 发行人应当聘请有主承销商资格的证券公司组织债券的承销。定向发行的债券，经中国证监会批准可以由发行人自行组织销售。

第十六条 证券公司发行债券应当由董事会制定方案，股东会对下列事项做出专项决议：

（一）发行规模、期限、利率；

（二）担保；

（三）募集资金的用途；

（四）发行方式；

（五）决议有效期；

（六）与本期债券相关的其他重要事项。

第十七条 证券公司申请发行债券，应当向中国证监会报送下列文件：

（一）发行人申请报告；

（二）董事会、股东会决议；

（三）主承销商推荐函（附尽职调查报告）；

（四）募集说明书（附发行方案）；

（五）法律意见书（附律师工作报告）；

（六）经审计的最近三年及最近一期的财务会计报告；

（七）信用评级报告及跟踪评级安排的说明；

（八）偿债计划及保障措施的专项报告；

（九）关于支付本期债券本息的现金流分析报告；

（十）担保协议及相关文件；

（十一）债权代理协议；

（十二）发行人章程和营业执照复印件；

（十三）与债券发行相关的其他重要合同；

（十四）中国证监会要求报送的其他文件。

第十八条 定向发行债券，拟认购人书面承诺认购全部债券且不在转让市场进行转让，经拟认购人书面同意，发行人可免于信用评级、提供担保、聘请债权代理人。

前款所述的债券只能通过协议转让的方式进行转让。转让双方应当在协议中就该债券的转让限制和风险分别作出明确的书面提示和认可。

第十九条 债券的承销可采取包销和代销方式。

承销或者自行组织的销售，销售期最长不得超过90日。

第二十条 公开发行的债券，在销售期内售出的债券面值总额占拟发行债券面值总额的比例不足50%的，或未能满足债券上市条件的，视为发行失败。发行失败，发行人应当按发行价并加算银行同期存款利息返还认购人。

债券发行结束之前，发行人不得动用所募集的资金，主承销商和债权代理人负有监督义务。

第二十一条 公开发行的债券应当向社会公开发行，每份面值为100元。定向发行的债券应当采用记账方式向合格投资者发行，每份面值为50万元，每一合格投资者认购的债券不得低于面值100万元。

发行债券可按面值发行，也可采取其他方式发行，具体方式由发行人和主承销商协商确定。

第二十二条 债券的利率由发行人与其主承销商根据信用等级、风险程度、市场供求状况等因素协商确定，但必须符合企业债券利率管理的有关规定。

第二十三条 债券的期限最短为一年。

第三章 托管与转让

第二十四条 证券公司债券应当由中国证券登记结算有限责任公司负责登记、托管和结算。

经批准，中央国债登记结算有限责任公司也可以负责证券公司债券的登记、托管和结算。

第二十五条 公开发行的债券应当申请在证券交易所挂牌集中竞价交易。经中国证监会批准的，也可采取其他方式转让。

申请债券上市的证券公司应当与证券交易所订立上市协议，遵守证券交易所债券上市规则，接受证券交易所的监管。

第二十六条 债券申请上市应当符合下列条件：

（一）债券发行申请已获批准并发行完毕；

（二）实际发行债券的面值不少于 5 千万元；

（三）申请上市时仍符合公开发行的条件；

（四）中国证监会规定的其他条件。

第二十七条 上市债券到期前一个月终止上市交易，由发行人办理兑付事宜。

债券上市的证券公司出现《证券法》第五十五条、第五十六条规定情形的，由证券交易所做出暂停交易或终止上市的决定。

第二十八条 定向发行的债券可采取协议方式转让，也可经中国证监会批准采取其他方式转让，最小转让单位不得少于面值 50 万元。债券的转让应当在合格投资者之间进行，且应当符合转让场所的业务规则。

发行人、主承销商、提供转让服务的证券公司、转让人均应当对合格投资者身份进行必要的审查和确认，非合格投资者不得参与定向发行债券的认购、受让活动。

第二十九条 定向发行债券的发行人、主承销商、提供转让服务的证券公司应当将经审查确认的合格投资者的相关资料向登记结算公司申报，并办理证券账户的开立、注册手续。合格投资者只能使用在登记结算公司注册的证券账户进行债券的申购、受让等投资活动，并填制债券的认购表或受让表。

第四章 信息披露

第三十条 证券公司发行债券，应当按照中国证监会的有关规定制作募集说明书和其他信息披露文件，保证真实、准确、完整、及时地披露一切对投资者有实质性影响的信息。但定向发行债券的募集说明书及相关资料不得在媒体上公开刊登或变相公开刊登。

发行人及有关当事人不得以任何方式误导投资者购买债券。

第三十一条 发行人应当在募集说明书的显著位置提示投资者："投资者购买本期债券，应当认真阅读本募集说明书及有关的信息披露文件，进行独立的投资判断。中国证监会对本期债券发行的批准，并不表明其对本期债券的投资价值作出了任何评价，也不表明对本期债券的投资风险作出了任何判断"。

第三十二条 募集说明书、上市公告书、定期报告及重大事项公告等，应当符合中国证监会的有关规定和交易场所的业务规则。

第三十三条 募集说明书披露的发行条款应当具体明确，详细约定与债券当事人权利义务相关的条款。

募集说明书至少应当包括下列内容：

（一）债券的规模、期限、利率；

（二）发行的起止时间；

（三）本息偿付的时间、程序、方式；

（四）专项偿债账户及其他偿债措施；

（五）债券持有人会议的有关安排；

（六）债权代理人及债权代理协议；

（七）担保事项；

（八）评级报告及跟踪评级的安排；

（九）发行人的违约责任；

（十）承销机构及其责任。

第三十四条 发行人应当在债券存续期内向债券持有人披露经具有证券从业资格的会计师事务所审计的年度财务会计报告。

第三十五条 公开发行债券的发行人应当于本息支付日前10日内，就有关事宜在中国证监会指定的报刊上公告三次。

第三十六条 债券上市期间，发行人应当在每个会计年度结束之日后四个月内向中国证监会和证券交易所提交年度报告，在每个会计年度的上半年结束之日后两个月内向中国证监会和证券交易所提交中期报告，并在中国证监会指定报刊和互联网网站上披露。

第三十七条 定期报告应当详细披露报告期内与债券持有人利益相关的重要情况，至少应当包括下列内容：

（一）债券本息的支付情况；

（二）专项偿债账户的有关情况；

（三）担保人和担保物发生重大变化的情况；

（四）发行人的负债变化情况；

（五）现金流量状况综述；

（六）跟踪评级情况；

（七）债权代理人代理事务报告的主要内容；

（八）重大事项公告的主要情况；

（九）债券持有人会议的召开情况；

（十）其他对债券持有人有重大影响的信息。

第三十八条 发行人出现下列情形之一的，应当及时予以公告或以有效的方式告知债券持有人：

（一）预计到期难以偿付利息或本金；

（二）专项偿债账户出现异常；

（三）订立可能对还本付息产生重大影响的担保合同及其他重要合同；

（四）发生重大亏损或者遭受超过净资产百分之十以上的重大损失；

（五）发生重大仲裁、诉讼；

（六）减资、合并、分立、解散及申请破产；

（七）拟进行重大债务重组；

（八）未能履行募集说明书的约定；

（九）担保人或担保物发生重大变化；

（十）债券被证券交易所暂停交易、终止上市；

（十一）中国证监会规定的其他情形。

第三十九条 定向发行债券的，其持续信息披露的内容与方式，应当在募集说明书中约定，但应当符合中国证监会关于定向发行债券信息披露的有关规定。

第五章　偿债措施

第四十条 债券持有人根据法律、行政法规的规定和债券募集说明书的约定行使权利，监督发行人和债权代理人的有关行为。

第四十一条 发行人必须为支付债券的本金和利息设立专项偿债账户，明确账户资金的来源、提取方式及对账户的监督管理等有关事宜。该账户资金可用于投资国债等低风险、高流动性的产品，也可按约定用于债券的提前偿付。

第四十二条 发行人应当通过股东会形成决议，在债券存续期间提高任意盈余公积金的比例和一般风险准备金的比例，以降低偿付风险。

第四十三条 发行人应当通过股东会形成决议，在专项偿债账户资金未能按约定提取或者未能偿付债券本息期间，采取下列措施：

（一）不向股东分配利润；

（二）暂缓重大对外投资、收购兼并等资本性支出项目的实施；

（三）调减或停发董事和高级管理人员的工资和奖金；

（四）主要责任人不得调离。

第四十四条 发行人约定在债券到期之前购回或约定条件提前偿付的，不得损害债券持有人的利益，且须公平对待所有债券持有人。

第四十五条 发行人在债券存续期内，不得单方面变更募集说明书的约定。如因特殊情况需要变更的，应当及时通知债权代理人并取得债券持有人的同意。

第四十六条 债券持有人可单独行使权利，也可通过债券持有人会议行使权利。募集说明书应当约定债券持有人会议的权利、召开程序以及决议的生效条件。

第四十七条 出现下列情形之一的，应当召开债券持有人会议：

（一）发行人提出拟变更募集说明书的约定；

（二）发行人不能按期支付本息；

（三）发行人减资、合并、分立、解散及申请破产；

（四）担保人或担保物发生重大变化；

（五）持有10%以上面值的债券持有人提出拟更换债权代理人。

第四十八条 发行人、担保人、持有本期债券且持有发行人10%以上股权的股东及其他重要关联方，可参加债券持有人会议并提出议案，但没有表决权。

第四十九条 债权代理人应当恪尽职守，履行诚实、信用、谨慎、有效管理的义务，严格遵守代理协议的约定，并履行下列义务：

（一）当出现未能及时偿付本息及其他可能影响债券持有人重大利益的情形时，及时督促提醒发行人，并告知债券持有人；

（二）依照约定监督专项偿债账户、募集资金的使用以及担保事项；

（三）依照募集说明书的约定，代理债券持有人与发行人之间的谈判及诉讼事务；

（四）债券持有人会议授权的其他事项。

第五十条 债权代理人应当制定代理业务操作规则，采取有效措施保护债券持有人的合法权益，并定期出具债权代理事务报告。

第五十一条 发行人应当指定专人负责债券事务。在利息或本金偿付日之前十五个工作日内，发行人应当组成偿付工作小组，负责利息和本金的偿付及与之相关的其他事务。

第六章 法律责任

第五十二条 证券公司债券的发行、承销、转让以及信息披露行为，应当遵守《公司法》、《证券法》的有关规定。违反规定的，由中国证监会依法给予行政处罚。

第五十三条 定向发行债券，违反规定在媒体上公开刊登或者变相公开刊登募集说明书或发布相关信息的，由中国证监会责令改正，单处或并处警告、罚款；情节严重的撤销对其定向发行债券的批准，已发行的债券由发行人按照发行价加同期银行存款利息返还，三年内不再受理其发行申请。对直接负责的主管人员和其他直接责任人员，单处或并处警告、罚款、暂停或取消从事证券业务的资格。

第五十四条 定向发行债券的发行人或承销商，违反规定向合格投资者以外的投资者销售债券的，应当主动改正；拒不改正的，由中国证监会责令改正，单处或并处警告、罚款；对发行人可撤销定向发行债券的批准，已发行的债券由发行人按照发行价加同期银行存款利息返还，三年内不再受理其发行申请，对承销商可暂停或取消其证券承销业务资格。对直接负责的主管人员和其他直接责任人员，单处或并处警告、罚款、暂停或取消从事证券业务的资格。

第五十五条 为定向发行债券提供服务的中介机构，出具的专业意见存在虚假记载、误导性陈述或者重大遗漏的，应当主动改正；拒不改正的，由中国证监会责令改正，并可视情节单处或并处警告、罚款，暂停或取消从事证券业务的资格。对直接负责的主管人员和其他直接责任人员，单处或并处警告、罚款、暂停或取消从事证券业务的资格。

第五十六条 债权代理人未按规定履行义务的，由中国证监会对有关责任人员依法给予行政处罚；给债券持有人造成损失的，应当依法承担民事责任。

第五十七条 发行人到期未能偿还本息的，债券持有人可依法提起诉讼。对有偿债能力而拒绝履行偿债义务及其他违规行为，中国证监会可视情况采取下列措施：

（一）责令履行相关义务；

（二）对单位单处或并处警告、罚款、暂停部分证券业务；

（三）对直接负责的主管人员和其他直接责任人员，单处或并处警告、罚款、暂停或取消从事证券业务的资格。

第七章　附　　则

第五十八条　证券公司发行次级债券的管理办法另行制定。

第五十九条　本办法自 2003 年 10 月 8 日起施行。

X. 1. 2 关于发布《证券公司债券管理暂行办法》五个配套文件的通知

（2003 年 8 月 29 日 证监发行字［2003］106 号）

各证券公司：

为规范证券公司发行债券信息披露等行为，保护投资者合法权益，现发布《公开发行证券的公司信息披露内容与格式准则第 20 号——证券公司发行债券申请文件》、《公开发行证券的公司信息披露内容与格式准则第 21 号——证券公司公开发行债券募集说明书》、《公开发行证券的公司信息披露内容与格式准则第 22 号——证券公司债券上市公告书》、《证券公司定向发行债券信息披露准则》、《资信评级机构出具证券公司债券信用评级报告准则》，自 2003 年 10 月 8 日起施行。

中国证券监督管理委会

二〇〇三年八月二十九

①公开发行证券的公司信息披露内容与格式准则第 20 号——证券公司发行债券申请文件

第一条 为规范证券公司报送债券发行申请文件的行为，根据《公司法》、《证券法》等有关法律、法规及《证券公司债券管理暂行办法》的规定，制定本准则。

第二条 申请发行债券的证券公司（以下简称发行人），应当按照本准则的要求制作申请文件。

第三条 申请文件是发行人为发行债券向中国证券监督管理委员会（以下简称中国证监会）报送的必备文件。

第四条 发行人报送的申请文件应包括公开披露的文件和一切相关的资料。整套申请文件应包括两个部分，即要求在指定报刊或网站披露的文件和不要求在指定报刊或网站披露的文件（见附件一）。公开发行申请经中国证监会批准并且第一部分文件披露后，整套申请文件可供投资者查阅。

第五条 本准则规定的目录是发行申请文件的最低要求，发行人可视实际情况增加。有的目录对发行人确实不适用的，可不必提供，但应向中国证监会作出书面说明。中国证监会可视实际需要要求发行人提供有关补充材料。

第六条 发行申报是发行审批的法定程序，一经申报，未经中国证监会同意，不得随意增加、撤回或更换。

第七条 发行人、主承销商及负责出具专业意见的律师事务所、会计师事务所、资信评级机构等应审慎对待所申报的材料和所出具的意见。发行人全体董事及有关中介机构应按要求在所提供的有关文件上发表声明或签字，对申请文件的真实性、准确性和完整性作出承诺。

第八条 主承销商应按有关规定履行对申请文件的核查及对申请文件进行质量控制的义务，并出具核查意见。

第九条 发行人、主承销商及其他有关中介机构应结合中国证监会对发行申请文件的审核反馈意见提供补充材料，发行人全体董事应对补充内容出具书面回复函。有关中介机构应按中国证监会的规定履行尽职调查或补充出具专业意见的义务。

第十条 申请文件应为原件，如不能提供原件的，应由发行人律师提供鉴证意见，或由出文单位盖章，以保证与原件一致。如原出文单位不再存续，可由承继其职权的单位或作出撤销决定的单位出文证明文件的真实性。

第十一条 申请文件的纸张应采用幅面为209×295毫米规格的纸张（相当于标准A4纸张规格），双面印刷（需提供原件的历史文件除外）。

第十二条 申请文件的封面和侧面应标有“×××公司公开发行债券申请文件”字样。

第十三条 申请文件的扉页应附发行人的法定代表人、债券事务代表，有关中介机构项目负责人、相关业务部门负责人及公司主管领导或法定代表人姓名、电话、传真及其他有效方便的联系方式。

第十四条 申请文件章与章之间、章与节之间应有明显的分隔标识。

第十五条 申请文件中的页码应与目录中的页码相符。例如，第四章4－1的页码标注为4－1－1，4－1－2，4－1－3，……4－1－n。

第十六条 申请文件首次报送书面文件五份，其中一份按规定提供原件，其余四份可为原件的复印件。

第十七条 发行人应提供与主承销商签订的承销协议。申报时可提供经签名的包括尚待确定事项的承销协议，在中国证监会批准前报送对前述未确定事项加以明确的补充协议。

第十八条 中国证监会批准前，发行人应按要求补充提供有关文件的原件及其复印件。

第十九条 发行人在每次报送书面文件（包括募集说明书、法律意见书、有关专项说明或报告等）的同时，应报送一份相应的标准电子文件（应为标准.doc或.rtf文件）。

第二十条 对未按本准则的要求制作和报送发行申请文件的，中国证监会可不予受理或要求重新制作或报送。

第二十一条 证券公司报送定向发行债券申请文件应参照本准则执行。具体内容与格式详见附件二。

第二十二条 本准则自2003年10月8日起施行。

附件一

公开发行债券申请文件目录

第一部分 要求在指定报刊及网站披露的文件

第一章 债券募集说明书及发行公告

1-1 债券募集说明书（申报稿）

附录一 最近三年及最近一期的审计报告及财务报告全文（截止日距申报日不超过三个月）

附录二 发行人董事会、监事会关于报告期内被出具非标准无保留意见审计报告（如有）涉及事项处理情况的说明

附录三 注册会计师关于报告期内非标准无保留意见审计报告（如有）的补充意见

附录四 资信评级机构出具的信用评级报告全文及有关持续跟踪评级安排的说明

附录五 债券债权代理协议

附录六 担保协议或担保函及相关文件。采用抵（质）押担保的，应提供抵（质）押物的权属证明、资产评估报告及与抵（质）押相关的登记、保管、持续监督安排等方面的法律文件。

附录七 发行人关于本期债券偿债计划及保障措施的专项报告

附录八 发行人关于支付本期债券本息的现金流分析报告

1-2 债券募集说明书摘要（申报稿）

1-3 公开发行公告

第二部分 不要求在指定报刊及网站披露的文件

第二章 主承销商推荐文件

2－1 主承销商出具的“×××公司申请公开发行债券的推荐函”（附“发行人基本情况表”）

附录 主承销商出具的“尽职调查报告”和“×××公司申请公开发行债券申请文件的核查意见”

第三章 发行人律师的意见

3－1 法律意见书（附律师工作报告）

第四章 发行授权及申请文件

4－1 监管意见函

4－2 发行人出具的“关于×××公司拟公开发行债券的申请报告”

附录一 发行人董事会、股东会同意本次发行及有关重要条款的决议和授权董事会处理有关事宜的决议

附录二 在申报时和批准前，发行人全体董事和主承销商、发行人律师事务所、会计师事务所、资信评级机构、资产评估机构等对发行申请文件真实性、准确性和完整性的承诺书

4－3 发行人律师事务所、会计师事务所、资信评级机构以及资产评估机构等专业中介机构同意对纳入债券募集说明书的由其出具的专业报告或意见的内容无异议函

第五章 募集资金运用的有关文件

5－1 本次募集资金运用方案及董事会、股东会决议

5－2 发行人全体董事签名的募集资金运用项目的可行性研究报告（如有个别董事不同意或弃权，应说明原因并加盖公司印章）

5－3 发行人全体董事签名的关于前次募集资金使用情况的说明

5－4 拟收购资产和权益的资产评估报告（或审计报告）

第六章 发行条款、发行方案

6－1 发行人和主承销商签署的关于债券条款设置及其依据的说明

6－2 发行方案

第七章　其他与本次发行有关的文件

7－1　主承销商和发行人签订的承销协议及补充协议

7－2　已订立的与本期债券相关的重要合同

7－3　发行人公司章程和营业执照复印件

7－4　主承销商、其他承销团成员，债权代理人、资信评级机构、签名律师、注册会计师等及其所在机构的从业资格证书（如有）复印件，该复印件需由该机构盖章确认并说明用途

附件二

定向发行债券申请文件目录

第一章　债券募集说明书及发行方案

1－1　债券募集说明书（申报稿）

附录一　最近三年及最近一期的审计报告及财务报告全文（截止日距申报日不超过三个月）

附录二　发行人董事会、监事会关于报告期内被出具非标准无保留意见审计报告（如有）涉及事项处理情况的说明

附录三　注册会计师关于报告期内非标准无保留意见审计报告（如有）的补充意见

附录四　资信评级机构出具的信用评级报告全文及有关持续跟踪评级安排的说明

附录五　债券债权代理协议

附录六　担保协议或担保函及相关文件。采用抵（质）押担保的，应提供抵（质）押物的权属证明、资产评估报告及与抵（质）押相关的登记、保管、持续监督安排等方面的法律文件。

附录七　发行人关于本期债券偿债计划及保障措施的专项报告

附录八　发行人关于支付本期债券本息的现金流分析报告

1－2　定向发行方案

第二章　主承销商推荐文件

2－1　主承销商出具的“×××公司申请定向发行债券的推荐函”（附“发行人基本情况表”）

附录　主承销商出具的“尽职调查报告”和“×××公司申请定向发行债券申请文件的核查意见”

第三章　发行人律师的意见

3－1　法律意见书（附律师工作报告）

第四章　发行授权及申请文件

4－1　监管意见函

4－2　发行人出具的“×××公司定向发行债券的申请报告”

附录一　发行人董事会、股东会同意本次发行及有关重要条款的决议和授权董事会处理有关事宜的决议

附录二　在申报时和批准前，发行人全体董事和主承销商、发行人律师事务所、注册会计师事务所、资信评级机构、资产评估机构等对发行申请文件真实性、准确性和完整性的承诺书

4－3　发行人律师事务所、注册会计师事务所、资信评级机构以及资产评估机构等专业中介机构同意对纳入债券募集说明书的由其出具的专业报告或意见的内容无异议函

4－4　拟认购人关于认购债券且不在转让市场转让及同意不必提供担保、信用评级及聘请债权代理人的承诺书（如有）。

第五章　募集资金运用的有关文件

5－1　本次募集资金运用方案及董事会、股东会的决议

5－2　发行人全体董事签名的募集资金运用项目的可行性研究报告（如有个别董事不同意或弃权，应说明原因并加盖公司印章）

5－3　发行人全体董事签名的关于前次募集资金使用情况的说明

5－4　拟收购资产和权益的资产评估报告（或审计报告）

第六章　其他与本次发行有关的文件

6－1　主承销商和发行人签订的承销协议及补充协议

6－2　订立的与本期债券相关的重要合同

6－3　发行人公司章程和营业执照复印件

6－4　主承销商、其他承销团成员，债权代理人、资信评级机构、签名律师、注册会计师等及其所在机构的从业资格证书（如有）复印件，该复印件需由该机构盖章确认并说明用途

②公开发行证券的公司信息披露内容与格式准则第21号——证券公司公开发行债券募集说明书

目 录

第一章 总 则

第一条 为规范证券公司公开发行债券的信息披露行为，保护投资者合法权益，根据《公司法》、《证券法》等法律、法规以及《证券公司债券管理暂行办法》的有关规定，制定本准则。

第二条 申请公开发行债券的证券公司（以下简称发行人），应按本准则的要求编制债券募集说明书及其摘要，作为向中国证券监督管理委员会（以下简称中国证监会）申请公开发行债券的必备法律文件，并按规定披露。

第三条 本准则的规定是对募集说明书信息披露的最低要求。不论本准则是否有明确规定，凡对投资者作出投资决策有重大影响的信息，均应披露。

第四条 本准则某些具体要求对发行人确实不适用的，发行人可根据实际情况，在不影响披露内容完整性的前提下做适当修改，但应在申报时作书面说明。

第五条 由于商业秘密（如核心业务的保密资料、商业合同的具体内容等）等特殊原因，本准则规定的某些信息确实不便披露的，发行人可向中国证监会申请豁免。

第六条 在不影响信息披露的完整性和不致引起阅读不便的前提下，发行人可采用相互引征的方法，对各相关部分的内容进行适当的技术处理，以避免重复和保持文字简洁。

第七条 发行人在募集说明书及其摘要披露的所有信息应真实、准确、完整、公平、及时，尤其要确保所披露的财务会计资料有充分的依据。所引用的财务报告应由具有证券期货相关业务资格的会计师事务所审计，并由二名以上具有证券期货相关业务资格的注册会计师签署。

第八条 募集说明书引用的经审计的最近一期财务会计资料在财务报告截止日后六个月内有效。特别情况下可由发行人申请适当延长，但至多不超过一个月。

第九条 募集说明书的有效期为六个月，自中国证监会下发批准通知前募集说明书最后一次签署之日起计算。发行人在募集说明书有效期内未能发行债券的，应重新修订募集说明书。在符合本准则第八条要求的前提下，发行人可在特别情况下申请适当延长募集说明书的有效期限，但至多不超过一个月。

第十条 发行人报送申请文件后，在募集说明书披露前发生与申报稿不一致或对投资本期债券有重大影响的事项，发行人应视情况及时修改募集说明书及其摘要并提供补充说明材料。

发行人公开发行债券的申请经中国证监会批准后，如发行人认为还有必要对募集说明书及其摘要进行修改的，应书面说明情况，并经中国证监会同意后相应修改募集说明书及其摘要。必要时，发行人公开发行债券的申请应重新经过中国证监会批准。

在募集说明书披露后至债券上市公告书刊登前发生上述事项的，发行人也应及时履行信息披露义务。

第十一条 发行人应针对实际情况在募集说明书显要位置做“特别风险提示”，并在“风险因素”一节详细披露。

第十二条 募集说明书及其摘要应满足下列一般要求：

（一）引用的数据应提供资料来源，事实应有充分、客观、公正的依据；

（二）引用的数字应采用阿拉伯数字，货币金额除特别说明外，应指人民币金额，并以元、千元或万元为单位；

（三）发行人可根据有关规定或其他需求，编制募集说明书外文译本，但应保证中、外文文本的一致性，并在外文文本上注明："本募集说明书分别以中、英（或日、法等）文编制，在对中外文本的理解上发生歧义时，以中文文本为准"；

（四）募集说明书全文文本应采用质地良好的纸张印刷，幅面为 209×295 毫米（相当于标准的 A4 纸规格）；

（五）文字应简洁、通俗、平实和明确，不得刊载任何有祝贺性、广告性和恭维性的词句。

第十三条 募集说明书摘要的编制和披露，还应符合下列要求：

（一）募集说明书摘要的目的仅为向公众提供有关本次发行的简要情况，无需包括募集说明书全文各部分的主要内容；

（二）募集说明书摘要中要尽量少用投资者不熟悉的专业和技术词汇，尽量采用图表或其他较为直观的方式准确披露与投资本期债券相关的重要信息，做到简明扼要，通俗易懂；

（三）募集说明书摘要必须忠实于募集说明书全文的内容，不得有与全文相矛盾之处；

（四）募集说明书摘要刊登于中国证监会指定的信息披露报刊，篇幅不得超过一个版面。在指定报刊刊登的募集说明书摘要最小字号为标准小 5 号字，最小行距为 0.35 毫米。

第十四条 发行人应在发行前二至五个工作日内将募集说明书摘要刊登于至少一种中国证监会指定的报刊，同时将募集说明书全文刊登于中国证监会指定的网站，并将募集说明书全文文本及备查文件置备于发行人住所、拟上市证券交易所、主承销商和其他承销机构的住所，以备查阅。

第十五条 发行人可将募集说明书全文及摘要刊登于其他网站和报刊，但不得早于在中国证监会指定网站和报刊的披露。

第十六条 在募集说明书及其摘要披露前，任何当事人不得违反规定披露与募集说明书及其摘要有关的信息，或利用这些信息谋取利益。发行人、任何中介机构或人士利用与募集说明书及其摘要有关的信息进行推介宣传的，应遵守中国证监会的相关规定。

第十七条 发行人应在募集说明书及其摘要披露后十日内，将正式印刷的募集说明书全文文本一式五份，分别报送中国证监会及其在发行人注册地的派出机构。

第十八条 发行人董事会及全体董事应保证募集说明书及其摘要内容的真实性、准确性、完整性，承诺其中不存在虚假记载、误导性陈述或重大遗漏，并就其保证承担个别和连带的法律责任。

第十九条 主承销商应受发行人委托配合发行人编制募集说明书及其摘要，并对募集说明书及其摘要的内容进行核查，确认募集说明书及其摘要不存在虚假记载、误导性陈述或重大遗漏，并承担相应的责任。

第二十条 发行人律师可受发行人委托参与编制募集说明书及其摘要，并应对募集说明书及其摘要进行审阅，确认募集说明书及其摘要引用的法律意见真实、准确，并承担相应的责任。

第二十一条 发行人律师、注册会计师、信用评级人员、注册资产评估师等及其所在的中介机构应书面同意发行人在募集说明书及其摘要中引用由其出具的专业报告或意见的内容。

第二章 债券募集说明书

第一节 封面、书脊、扉页、目录、释义

第二十二条 募集说明书封面至少应标有“×××证券公司公开发行债券募集说明书”字样，并应载明发行人及主承销商的名称和住所。

第二十三条 募集说明书书脊应标明“×××证券公司公开发行债券募集说明书”字样。

第二十四条 募集说明书扉页应刊登下列内容：

（一）债券名称；

（二）发行总额及票面金额；

（三）期限；

（四）票面利率、付息方式和付息日期；

（五）发行价格；

（六）购回或提前偿付的提示性说明（如有）；

（七）信用级别及资信评级机构；

（八）担保；

（九）发行方式及发行期；

（十）主承销商；

（十一）债权代理人；

（十二）发行人债券事务代表；

（十三）正式申报的募集说明书签署日期。

第二十五条 募集说明书扉页应刊登发行人董事会的下列声明：

“发行人董事会已批准本募集说明书及其摘要，全体董事承诺其中不存在虚假记载、误导性陈述或重大遗漏，并对其真实性、准确性、完整性承担个别和连带的法律责任。”

“公司负责人和主管会计工作的负责人、会计机构负责人保证本募集说明书及其摘要中财务报告真实、完整。”

“债券持有人根据法律法规的规定和本募集说明书的约定行使有关权利，监督发行人和债权代理人的有关行为。”

“投资者购买本期债券，应当认真阅读本募集说明书及有关的信息披露文件，进行独立的投资判断。中国证监会对本期债券发行的批准，并不表明其对本期债券的投资价值作出了任何评价，也不表明对本期债券的投资风险作出了任何判断。任何与之相反的声明均属虚假不实陈述。”

“凡通过认购、受让等合法手段取得并持有本期债券的，均视同自愿接受本募集说明书对本期债券各项权利义务的约定。”

“投资者认购本期债券视作同意债权代理协议”。

“债券依法发行后，发行人经营与收益的变化引致的投资风险，由投资者自行负责。”

“投资者若对本募集说明书及其摘要存在任何疑问，应咨询自己的证券经纪人、律师、专业会计师或其他专业顾问。”

第二十六条 发行人聘请的会计师事务所对其财务报告出具了非标准无保留意见的审计报告的，发行人还应提示：“×××会计师事务所对本发行人财务报告出具了××××（审计报告类型）的审计报告，请投资者注意阅读该审计报告全文及相关财务报表附注。发行人董事会、监事会对相关事项已作详细说明，也请投资者注意阅读。”

第二十七条 募集说明书及其摘要的目录应标明各章、节的标题及相应的页码，内容编排也应符合通行的中文惯例。

第二十八条 发行人应对可能对投资者理解有障碍及有特定含义的术语作出释义，募集说明书及其摘要的释义应在目录次页排印。

第二节　概　　览

第二十九条 发行人应设置募集说明书概览并在本部分起首声明“本概览仅对募集说明书全文做扼要提示。投资者作出投资决策前，应认真阅读募集说明书全文。”

第三十条 发行人应在概览中简介发行人及其主要股东，发行人的主要财务数据，本次发行情况及募集资金主要用途等。

第三节　本次发行概况

第三十一条　发行人应披露本次发行的基本情况，主要包括：

（一）债券名称；

（二）发行总额及票面金额；

（三）期限；

（四）利率、付息方式和付息日期；

（五）发行价格；

（六）债权代理人；

（七）信用级别及资信评级机构；

（八）担保人或担保物；

（九）发行方式与发行对象、发行期；

（十）承销方式；

（十一）其他重要条款；

（十二）本次发行预计实收募集资金；

（十三）发行费用概算（主要包括承销费用、律师费用、评级费用、审计费用、发行手续费用、审核费等）。

第三十二条　发行人应说明本次发行后债券上市或转让方式的有关安排。

第三十三条　发行人应说明持续信息披露的方式。

第三十四条　发行人应披露下列机构的名称、住所、法定代表人、联系电话、传真，同时应披露有关经办人员的姓名：

（一）发行人；

（二）主承销商及其他承销机构；

（三）律师事务所；

（四）会计师事务所；

（五）债权代理人；

（六）资信评级机构；

（七）担保人；

（八）收款银行；

（九）登记、托管、结算机构；

（十）其他与发售债券有关的机构。

第三十五条　发行人应披露与本次发行有关的中介机构及其负责人、高级管理人员及经办人员之间存在的直接或间接的股权关系或其他权益关系。

第三十六条　发行人应针对不同的发行方式，披露有关重要日期，主要包括：

（一）发行公告刊登日期；

（二）发行日期；

（三）申购期；

（四）资金冻结日期；

（五）预计上市日期。

第四节 风险因素

第三十七条 发行人应参照《公开发行证券的公司信息披露内容与格式准则第 1 号——招股说明书》（证监发行字［2003］26 号）、《公开发行证券的公司信息披露编报规则第 5 号——证券公司招股说明书内容与格式特别规定》（证监发［2000］76 号）的有关要求披露本次发行的风险因素。

第三十八条 发行人应有针对地披露与本期债券相关的、可能影响债券本息偿付的具体风险因素，对这些风险因素能作出定量分析的，应进行定量分析；不能作出定量分析的，应进行定性描述。

第三十九条 发行人至少应披露下列风险因素：

（一）本期债券安排所特有的风险。重点分析说明本期债券有关约定潜在的风险，如专项偿债账户及其他偿债保障措施可能存在的风险、提前偿付安排可能对投资人利益的影响等。

（二）担保或评级的风险。重点分析说明担保人资信或担保物的现状及可能发生的重大变化对本期债券本息偿还的影响，分析说明信用评级结论的风险、信用评级级别变化可能对投资人利益的影响等。

（三）发行人的资信风险。重点分析说明发行人最近三年内资信状况及存在的问题和可能出现的资信风险。

（四）发行人流动性风险。应特别针对发行人现金流状况及变化说明存在的流动性风险。

（五）债券市场特有的风险，特别要说明利率风险，货币市场和资本市场波动的风险。

（六）政策性风险。分析说明因国家法律、法规、政策的可能变化对投资者产生的具体政策性风险，如因税收制度、经营许可制度、外汇制度、收费标准等发生变化而对证券公司的影响。

（七）发行人的其他财务风险。分析说明发行人因资产结构、负债结构和其他财务结构不合理而形成的财务风险，因整体业务结构和规模设计不合理（如自营规模过大、长期投资权重过高等）、对外担保等而导致公司整体变现能力差等风险。

（八）发行人的管理风险。重点分析说明发行人管理制度存在的问题及可能诱发的债券本息偿付风险，如因内部控制不健全、自身操作不当、职员道德水准不高等可能对公司产生直接和间接的经济损失，及其可能对债券本息偿付的影响。

（九）发行人的业务风险。重点分析由此可能诱发的债券本息偿付风险，主要包括证券经纪风险、证券承销风险、证券自营风险、受托投资管理风险、其他证券经营业务可能存在的风险、因技术因素而产生的操作风险和因同行业竞争而产生的风险，及其可能对债券本息偿付的影响。

第四十条 发行人应按重要性程度对风险因素进行排序。

第四十一条 发行人应明确指出报告期内是否因该等风险因素已发生损失或不利影响及影响程度。

第四十二条 对风险特别严重的，发行人应做“特别风险提示”。

第四十三条 除非发行人已经采取了具体的措施，否则不得披露风险对策。

第五节 发行条款

第四十四条 募集说明书应详细披露本期债券的全部发行条款，按照发行人、投资者及有关当事人权利、义务对等的原则，约定本期债券的有关重要事项，不得有不确定的表述。

第四十五条 发行人应披露本期债券的名称及票面金额。

第四十六条 发行人应披露本期债券的发行总额及其确定依据。

第四十七条 发行人应披露本期债券发行价格及其确定依据。

第四十八条 发行人应披露本期债券的期限、利率及年度、到期收益率的计算公式以及有关投资成本情况。

第四十九条 发行人应披露本期债券的起息日、利息登记日、付息日期、本金支付日、支付方式、支付金额及其他具体安排。

第五十条 发行人约定在债券到期之前购回或约定条件提前偿付的，至少应说明提前购回或偿付本息的条件、程序、价格、付款方法、时间及其他内容。发行人应披露公平对待和保护债券持有人的安排和措施。

第五十一条 发行人应披露变更发行条款的有关程序及信息披露的方式。

第五十二条 发行人应披露约定的其他发行条款。

第六节 发行人的资信状况

第五十三条 发行人应披露所聘请的资信评级机构及其对本期债券的信用评级情况。

第五十四条 发行人应披露信用评级报告的主要事项，至少包括下列情况：

（一）信用评级结论及标识所代表的涵义；

（二）提供担保的，应对比说明有无担保的情况下评级结论的差异；

（三）揭示的主要风险；

（四）跟踪评级的有关安排；

（五）其他重要事项。

第五十五条 发行人还应披露下列公司资信情况：

（一）近三年主要贷款银行及其对公司资信的评价（如有）；

（二）近三年与主要客户发生业务往来时，是否有严重违约现象；

（三）近三年发行的债券以及偿还情况；

（四）近三年的流动比率、利息倍数［（利润总额＋利息费用）/利息费用］、贷款偿还率（实际贷款偿还额/应偿还贷款额）、利息偿付率（实际利息/应付利息）等财务指标。

第七节 担 保

第五十六条 发行人应披露本期债券的担保情况。

第五十七条 提供保证的，发行人应披露保证人的基本情况，至少包括下列事项：

（一）基本情况简介；

（二）净资产额、资产负债率、净资产收益率、流动比率、速动比率等主要财务指标，并注明是否经审计；

（三）资信状况；

（四）累计担保余额占其净资产额的比例；

（五）偿债能力分析。

第五十八条 发行人应披露债券担保协议或担保函的主要内容，至少包括下列事项：

（一）担保金额；

（二）担保期限；

（三）担保方式；

（四）担保范围；

（五）发行人、担保人、债权代理人、债券持有人之间的权利义务关系；

（六）各方认为需要约定的其他事项。

第五十九条 提供抵押和质押担保的，应披露担保物的名称、金额（账面值和评估值）、担保物金额与所发行债券面值总额和本息总额之间的比例。

第六十条 发行人应披露担保物的评估、登记、保管和相关法律手续的办理情况。

第六十一条 发行人应披露反担保和共同担保的情况（如有）。

第六十二条 发行人应披露保证人的资信或担保物发生重大变化时的持续披露安排。

第六十三条 发行人应披露债券持有人及债权代理人对担保事项的持续监督安排。

第八节 偿债计划及其他保障措施

第六十四条 发行人应披露所制定的具体偿债计划及保障措施。

第六十五条 发行人应披露董事会指定的债券事务代表，即具体负责债券事务的专门人员，披露偿付工作小组的构成和工作方式。

第六十六条 发行人应披露专项偿债账户的资金来源、提取的开始时间、提取频度、提取金额等内容。

第六十七条 发行人应披露专项偿债账户的管理方式。应说明公司董事会是否指定了专人进行管理，或委托了独立非关联机构进行管理，是否对资金的提取、存储、动用建立了内部审批和风险控制制度。

第六十八条 发行人应披露专项偿债账户资金的用途范围，说明只能用于投资国债等低风险、高流动性的产品或按约定用于提前购回或偿付本期债券。

第六十九条 发行人应披露确保专项偿债账户持续符合规定及有关约定的措施。

第七十条 发行人应披露对专项偿债账户进行信息披露和报告的安排以及该账户的监督事项，应说明债券持有人及债权代理人对该账户的监督方式。

第七十一条 发行人应披露所约定的在债券存续期间提高任意盈余公积金的比例和一般风险准备金的比例的安排。

第七十二条 发行人应披露不能按时支付利息、到期不能兑付以及发生其他违约情况时，拟采取的具体偿债措施和赔偿方式。

第七十三条 发行人应披露其他已做出的承诺事项。发行人可根据实际情况作下列约定：

（一）本期债券存续期内最高借款余额不超过同一时点净资产的倍数；

（二）本期债券存续期内最高抵（质）押借款余额不超过同一时点净资产的倍数；

（三）本期债券存续期内发行人及其控股子公司再次发行债券或向金融机构借款的，不会损害本期债券持有人的利益。

在计算上述最高借款余额时，应包括发行人及其控股子公司对外担保等产生的或有负债。

第七十四条 发行人应披露在出现专项偿债账户未能按约定提取或者未能按期偿付债券本息时，须采取的措施，至少应包括：

（一）不向股东分配利润；

（二）暂缓重大对外投资、收购兼并等资本性支出项目的实施；

（三）调减或停发董事和高级管理人员的工资和奖金；

（四）主要责任人不得调离。

第九节 债券持有人会议

第七十五条 发行人应披露债券持有人根据法律、法规的规定和本募集说明书的约定行使有关权利的形式。

第七十六条 发行人应披露债券持有人会议的权利、召开程序以及决议的生效条件和效力。

第七十七条 发行人应披露债券持有人会议召开的情形。至少应包括：

（一）发行人提出拟变更募集说明书的约定；

（二）发行人不能按期支付本息；

（三）发行人减资、合并、分立、解散及申请破产；

（四）担保人或担保物发生重大变化；

（五）持有10%以上面值的债券持有人提出拟更换债权代理人。

第七十八条 发行人应明确披露债券持有人会议决议对未参加会议或明示不同意见的债券持有人的适用性，披露是否对全体债券持有人具有同等效力，披露债权代理人的督促义务。

第七十九条 发行人应明确披露，发行人、担保人、持有本期债券且持有发行人10%以上股权的股东及其他重要关联方可参加债券持有人会议，并提出议案，但没有表决权。

第八十条 发行人应披露债券持有人会议的其他事宜。

第十节 债权代理人

第八十一条 发行人应披露所聘任的债权代理人及其联系人和所订立的债权代理协议的情况。

第八十二条 发行人应再次明确提示投资者认购本期债券视作同意债权代理协议。

第八十三条 发行人应披露债权代理协议的主要事项，至少包括下列事项：

（一）债权代理人的名称及基本情况；

（二）债权代理人的聘任情况，与发行人是否有利害关系；

（三）发行人、债券持有人和债权代理人之间的权利、义务和违约责任；

（四）债权代理人行使权利、履行义务的方式、程序等；

（五）债权代理人的报酬情况；

（六）变更、解聘债权代理人的条件及程序；

（七）其他重要内容。

第八十四条 发行人应披露债权代理人保护债券持有人合法权益的主要措施，说明债权代理事务的主要程序和方式，说明如何出具债权代理事务报告。

第八十五条 发行人应披露债权代理人应履行的义务，至少应包括：

（一）当出现未能及时偿付本息及其他可能影响债券持有人重大利益的情形时，及时督促提醒发行人，并告知债券持有人；

（二）依照约定监督专项偿债账户、募集资金的使用以及担保事项；

（三）依据本募集说明书的约定，代理债券持有人与发行人之间的谈判及诉讼事务；

（四）债券持有人会议授权的其他事项。

第十一节 发行人基本情况

第八十六条 发行人应参照证监发行字［2003］26号、证监发［2000］76号文件有关章节的要求简要披露其基本情况。

第八十七条 发行人应参照证监发行字［2003］26号、证监发［2000］76号文件有关章节的要求简要披露其业务情况。

第八十八条 发行人应参照证监发行字［2003］26号、证监发［2000］76号文件有关章节的要求简要披露同业竞争与关联交易情况。

第八十九条 发行人应参照证监发行字［2003］26号、证监发［2000］76号文件有关章节的要求简要披露董事、监事、经理及其他高级管理人员的情况。

第九十条 发行人应参照证监发行字［2003］26号、证监发［2000］76号文件有关章节的要求简要披露其公司治理结构的情况。

第九十一条 发行人是上市公司的，还应说明最近三年内信息披露是否符合规定，是否发生过虚假记载、误导性陈述或者重大遗漏的情况。

第十二节 财务会计信息及风险控制指标

第九十二条 发行人应参照证监发行字［2003］26号、证监发［2000］76号文件有关章节的要求简要披露财务会计信息，主要包括：

（一）最近三年及最近一期的简要利润表、最近三年及最近一期期末的简要资产负债表和最近一年及最近一期的简要现金流量表；

（二）最近三年及最近一期的主要财务指标，主要包括流动比率、速动比率、应收账款周转率、资产负债率等；

（三）为支付本期债券本息的现金流量分析报告摘要；

（四）公司管理层作出的与本条（一）规定时间一致的公司财务分析的简明结论性意见，重点说明发行人资产质量状况，资产负债结构、股东权益结构的合理性，现金流量、偿债能力、收入和盈利能力等的连续性、稳定性等。

第九十三条 发行人应重点说明已发行在外尚未到期的债券余额、主要负债情况及本次发行债券后公司资产负债结构的变化。

第九十四条 会计师事务所曾对发行人近三年财务报告出具非标准无保留意见的审计报告的，发行人应披露注册会计师就该事项是否已消除或纠正出具的补充意见，以及董事会、监事会就该事项处理情况作出的详细说明。

第九十五条 发行人对可能影响投资者理解公司资产负债状况、经营业绩和现金流量的信息，应加以必要的说明。对财务困难、或有损失、或有负债等应在“财务风险”栏目中加以具体披露。所有财务会计信息的披露应采用简洁、通俗、平实和明确的语言表述。

第九十六条 发行人应披露以报告期息税前利润（利润总额和利息费用之和）简单平均值与债券发行成功后公司利息费用总额计算的备考利息倍数比率。

第九十七条 发行人应披露中国证监会规定的有关风险控制指标。

第十三节 募集资金运用

第九十八条 发行人应参照证监发行字［2003］26号文件有关章节的要求简要披露其业务发展目标和营运模式，以及披露围绕业务发展目标所制定的发展规划。

第九十九条 发行人应参照证监发行字［2003］26号文件有关章节的要求简要披露其本次募集资金的用途和相应的使用计划及管理制度。

第一百条 发行人应披露前次募集资金的运用情况。

第十四节 董事及有关中介机构声明

第一百零一条 发行人和有关中介机构应参照证监发行字［2003］26号文件有关章节的要求披露董事及有关中介机构声明。

第十五节 附录和备查文件

第一百零二条 募集说明书的附录是募集说明书不可分割的有机组成部分，主要包括：

（一）近三年及最近一期的审计报告及财务报告全文；

（二）发行人董事会、监事会关于报告期内被出具非标准无保留意见审计报告（如有）涉及事项处理情况的说明；

（三）注册会计师关于报告期内非标准无保留意见审计报告（如有）的补

充意见；

（四）资信评级机构出具的信用评级报告全文及有关持续跟踪评级安排的说明；

（五）债券债权代理协议；

（六）担保协议或担保函及相关文件。采用抵（质）押担保的，应提供抵（质）押物的权属证明、资产评估报告及与抵（质）押相关的登记、保管、持续监督安排等方面的法律文件；

（七）发行人关于本期债券偿债计划及保障措施的专项报告；

（八）发行人关于支付本期债券本息的现金流分析报告。

第一百零三条 发行人应将整套申请文件及发行人认为相关的其他文件作为备查文件，列示其目录，并告知投资者查阅的时间、地点、电话和联系人。备查文件上网的，应披露网址。

第三章 债券募集说明书摘要

第一百零四条 发行人应在募集说明书摘要的显要位置声明：

"本募集说明书摘要的目的仅为向公众提供有关本次发行的简要情况，并不包括募集说明书全文的全部内容。募集说明书全文同时刊载于×××网站。投资者在作出认购决定之前，应仔细阅读募集说明书全文，并以其作为投资决定的依据。"

"发行人董事会已批准本期债券募集说明书及其摘要，全体董事承诺其中不存在虚假记载、误导性陈述或重大遗漏，并对其真实性、准确性、完整性承担个别和连带的法律责任。"

"公司负责人和主管会计工作的负责人、会计机构负责人保证本期债券募集说明书及其摘要中财务报告真实、完整。"

"债券持有人根据法律法规的规定和本期债券募集说明书的约定行使有关权利，监督发行人和债权代理人的有关行为。"

"投资者购买本期债券，应当认真阅读本期债券募集说明书及有关的信息披露文件，进行独立的投资判断。中国证监会对本期债券发行的批准，并不表明其对本期债券的投资价值作出了任何评价，也不表明其对本期债券的投资风险作出了任何判断。任何与之相反的声明均属虚假不实陈述。"

"凡通过认购、受让等合法手段取得并持有本期债券的，均视同自愿接受本期债券募集说明书对本其债券各项权利义务的约定。"

"投资者认购本期债券视作同意债权代理协议"。

"债券依法发行后，发行人经营与收益的变化引致的投资风险，由投资者自行负责。”

“投资者若对本期债券募集说明书及其摘要存在任何疑问，应咨询自己的证券经纪人、律师、专业会计师或其他专业顾问。”

第一百零五条 发行人可针对实际情况编制募集说明书摘要，但应包括募集说明书全文的重要内容，不得出现在内容上不一致，或因遗漏重要信息而误导投资者的情况。

第四章 附 则

第一百零六条 本准则自2003年10月8日起施行。

③公开发行证券的公司信息披露内容与格式准则第22号——证券公司债券上市公告书

目 录

第一章 总 则

第一条 为规范证券公司债券上市的信息披露行为，保护投资者合法权益，根据《公司法》、《证券法》等法律、法规以及《证券公司债券管理暂行办法》（以下简称《暂行办法》）的规定，制定本准则。

第二条 公开发行债券的证券公司（以下简称发行人）在债券上市前，应按本准则编制债券上市公告书。

第三条 本准则的规定是对发行人上市公告书信息披露的最低要求。不论本准则是否有明确规定，凡在公开发行债券募集说明书披露日至上市公告书刊登日期间所发生的对投资者投资决策有重大影响的信息，均应披露。

本准则某些具体要求对发行人确实不适用的，发行人可针对实际情况，在不影响披露内容完整性的前提下作出适当修改，并予以书面说明。发行人未披露本准则规定内容的，应以书面形式报告证券交易所同意，并报中国证监会备案。

第四条 由于商业秘密等特殊原因致使某些信息确实不便披露的，发行人可向中国证监会申请豁免。

第五条 发行人披露所有信息应真实、准确、完整、公平、及时，尤其要确保所披露的财务会计资料有充分的依据。所引用的财务报告应由有资格的会计师事务所审计。

第六条 在不影响信息披露的完整性和不致引起阅读不便的前提下，发行人可采用相互引征的方法，对各相关部分的内容进行适当技术处理，以避免重复和保持文字简洁。

第七条 募集说明书及其引用的财务资料尚未失效的，可适当简化刊登有关财务会计资料，但应作必要的附注说明。募集说明书失效的，或其引用的财务资料已失效的，应补充披露最近一期经审计的财务报告。特别情况下可申请适当延长，但至多不超过一个月。

第八条 在编制上市公告书时还应遵循如下一般要求：

（一）引用的数据应提供资料来源，事实应有充分、客观、公正的依据；

（二）引用的数字应采用阿拉伯数字，货币金额除特别说明外，应指人民币金额，并以元、千元或万元为单位；

（三）发行人可根据有关规定或其他需求，编制上市公告书外文译本，但应保证中、外文文本的一致性，并在外文文本上注明："本上市公告书分别以中、英（或日、法等）文编制，在对中外文本的理解上发生歧义时，以中文文本为准"；

（四）上市公告书应载明发行人的名称、"×××债券上市公告书"的字样、公告日期等，可载有发行人的外文名称、徽章或其他标记、图案等；

（五）上市公告书不得刊载任何有祝贺性、广告性和恭维性的词句。

第九条 发行人应在其债券上市前五个工作日内，将上市公告书全文刊登在至少一种由中国证监会指定的报刊及网站上，并将上市公告书文本备置于发行人住所、拟上市的证券交易所、有关证券经营机构住所及其营业网点，以供公众查阅。

第十条 发行人可将上市公告书刊载于其他报刊和网站，但其披露时间不得早于在中国证监会指定报刊和网站的披露时间。

第十一条 上市公告书在披露前，任何当事人不得违反规定泄露有关的信息，或利用这些信息谋取利益。

第十二条 发行人应在披露上市公告书后十日内，将上市公告书文本一式五份分别报送中国证监会及其在发行人注册地的派出机构、上市的证券交易所。

第十三条 发行人董事会应保证上市公告书内容真实、准确、完整，承诺其中不存在虚假记载、误导性陈述或重大遗漏，并承担个别和连带的法律责任。

第二章 债券上市公告书的内容

第一节 重要声明与提示

第十四条 发行人应在上市公告书的显要位置作如下声明与提示：

"本公司董事会保证上市公告书内容的真实、准确、完整，全体董事承诺上市公告书不存在虚假记载、误导性陈述或重大遗漏，并承担个别和连带的法律责任"。

"根据《公司法》、《证券法》等有关法律、法规的规定，本公司董事、监事、经理及其他高级管理人员已履行诚信和勤勉尽责的义务。"

"公司负责人和主管会计工作的负责人、会计机构负责人保证上市公告书中财务会计信息真实、完整。"

"证券交易所、中国证监会、其他政府机关对本公司债券上市及有关事项的意见，均不表明对本期债券的任何保证。任何与之相反的声明均属虚假不实陈述。"

"本公司提醒广大投资者注意，凡本上市公告书未涉及的有关内容，请投资者查阅××年××月××日刊载于××（报刊）的本期债券募集说明书摘要，及刊载于××网站的本期债券募集说明书全文。"

"投资者若对上市公告书和本期募集说明书及其摘要存在任何疑问，应咨询自己的证券经纪人、律师、专业会计师或其他专业顾问。"

第十五条 会计师事务所对发行人财务报告出具了非标准无保留意见的审计报告的，发行人应作如下重要提示：

"×××会计师事务所对本公司×××年度的财务报告出具了×××（审计报告类型）的审计报告，请投资者注意阅读该审计报告及相关财务报表附注。注册会计师和本公司董事会、监事会对相关事项已出具补充意见或作出详细说明，请投资者注意阅读本期债券募集说明书中的相关内容。"

第二节 发行情况

第十六条 发行人应披露本期债券发行的简况：债券名称、发行总额、票面金额、期限、利率、付息方式和日期、发行价格、募集资金总额、发行方式、最大10名债券持有人名称及持有量、发行费用总额及项目、债权代理人。

第十七条 发行人应披露本期债券上市前发行承销情况，包括：社会公众认购债券后，由承销商包销债券的数量；主承销商及承销团成员分销比例及数量等。

第十八条 发行人应披露注册会计师对本期债券募集资金的验资报告，以及募集资金入账情况，包括时间、金额、账号与开户银行等。

第三节 募集说明书的重要内容

第十九条 发行人应披露有关当事人的名称、法定代表人、住所、联系电话、传真，同时应披露有关经办人员的姓名：

（一）发行人及其债券事务代表；

（二）主承销商及其他承销机构；

（三）律师事务所；

（四）会计师事务所；

（五）债权代理人；

（六）资信评级机构；

（七）担保人；

（八）收款银行；

（九）登记、托管、结算机构；

（十）其他与发售债券有密切联系的机构。

第二十条 发行人应披露本期债券募集说明书“特别风险提示”的内容。

第二十一条 发行人应简介信用评级结果及跟踪评级安排。

第二十二条 发行人应简介担保情况。

第二十三条 发行人应简介本期债券的偿债计划及其他安全保障措施，重点说明为支付债券利息和本金所设立的专项偿债账户，并说明账户资金的来源、提取方式和账户的管理、披露、监督及有关事宜，以及不能按时支付利息、到期不能兑付以及发生其他违约情况时，拟采取的具体偿债措施和赔偿方式。

第二十四条 发行人应简介债券持有人会议的安排，重点说明债券持有人会议的权利、召开的情形、召开程序以及决议的生效条件和效力。

第二十五条 发行人应简介债权代理人的安排，简要说明债权代理协议的主要内容。

第二十六条 发行人应简介发行人基本情况，主要包括发行人的业务、公司治理及高级管理人员等情况。

第二十七条 发行人应简介发行人重要财务会计信息，简要说明资产负债状况、经营业绩和现金流情况，以及已发行在外尚未到期的债券余额、主要负债和重大或有负债情况及本次发行债券后公司资产负债结构的变化。

第二十八条 发行人应简介本期债券募集资金用途。

第四节 董事及有关中介机构声明

第二十九条 发行人应列示自债券上市之日起董事会作出的承诺。董事会应严格遵守《公司法》、《证券法》等法律、法规和中国证监会的规定，并自债券上市之日起做到：

（一）承诺真实、准确、完整、公平和及时地公布定期报告、披露所有对投资者有重大影响的信息，并接受中国证监会、证券交易所的监督管理；

（二）承诺发行人在知悉可能对债券价格产生误导性影响的任何公共传播媒体出现的消息后，将及时予以公开澄清；

（三）发行人董事、监事、经理及其他高级管理人员将认真听取社会公众的意见和批评，不利用已获得的内幕消息和其他不正当手段直接或间接从事发行人债券的买卖活动；

（四）发行人没有无记录的负债。

第三十条 发行人应说明上市推荐人的推荐意见。附上市推荐人的名称、法定代表人、住所、联系电话、传真、联系人等。

第三章 附 则

第三十一条 本准则自2003年10月8日起施行。

④证券公司定向发行债券信息披露准则

第一章 总 则

第一条 为规范定向发行债券的证券公司（以下简称发行人）及有关当事人履行信息披露义务的行为，根据有关法律、法规和《证券公司债券管理暂行办法》的规定，制定本准则。

第二条 证券公司定向发行债券的信息披露（以下简称信息披露），适用本准则。

第三条 信息披露应遵循诚实信用的原则，不得有虚假记载、误导性陈述或者重大遗漏。

第四条 发行人董事会及全体董事应对信息披露的真实性、准确性和完整性负责，并承诺其中不存在虚假记载、误导性陈述或者重大遗漏，并就其保证承担个别和连带的法律责任。

第五条 主承销商、律师事务所、会计师事务所、资信评级机构等应对所出具的专业报告和意见负责，并应对提供服务所涉及的信息披露文件进行认真审阅，确认不存在虚假记载、误导性陈述或重大遗漏，并承担相应的责任。

第六条 参与认购或者转让债券的合格投资者应对信息披露的真实、准确和完整进行独立分析，并据以独立判断债券的投资价值，自行承担债券的任何投资风险。

第七条 发行人应采取有效措施，确保参与认购、转让债券的合格投资者能够同等获得债券相关的信息。

第二章 定向发行债券的募集说明书

第八条 发行人应向参与认购债券的合格投资者提供募集说明书。

第九条 募集说明书应参照公开发行募集说明书的内容编制，保证真实、准确、完整、公平、及时地提供一切对合格投资者做出投资决策有重大影响的信息。

第十条 发行人向合格投资者补充与定向发行债券相关的信息，应确保所有参与认购的合格投资者有同等机会获取。

第十一条 募集说明书引用的经审计的最近一期财务会计资料在财务报告截止日后六个月内有效。特别情况下可由发行人申请适当延长。

第十二条 募集说明书的有效期为六个月，自中国证监会下发批准通知前募集说明书最后一次签署之日起计算。发行人在募集说明书有效期内未能发行债券的，应重新修订募集说明书。在符合本准则第十一条要求的前提下，发行人可在特别情况下申请适当延长募集说明书的有效期限。

第十三条 发行人报送申请文件后，在募集说明书披露前发生与申报稿不一致或对投资本期债券有重大影响的事项，发行人应视情况及时修改募集说明书并提供补充说明材料。

发行人定向发行债券的申请经中国证监会批准后，如发行人认为还有必要对募集说明书进行修改的，应书面说明情况，并经中国证监会同意后相应修改募集说明书及其摘要。必要时，发行人定向发行债券的申请应重新经过中国证监会批准。

第十四条 发行人应在募集说明书的显要位置提示投资者：

“发行人董事会已批准本募集说明书，全体董事承诺其中不存在虚假记载、误导性陈述或重大遗漏，并对其真实性、准确性、完整性承担个别和连带的法律责任。”

“公司负责人和主管会计工作的负责人、会计机构负责人保证本募集说明书中财务报告真实、完整。”

“债券持有人根据法律法规的规定和本募集说明书的约定行使有关权利，监督发行人和债权代理人的有关行为。”

“投资者购买本期债券，应当认真阅读本募集说明书及有关的信息披露文件，进行独立的投资判断。中国证监会对本期债券发行的批准，并不表明其对本期债券的投资价值作出了任何评价，也不表明对本期债券的投资风险作出了任何判断。任何与之相反的声明均属虚假不实陈述。”

“凡通过认购、受让等合法手段取得并持有本期债券的，均视同自愿接受本募集说明书对本期债券各项权利义务的约定。”

“投资者认购本期债券视作同意债权代理协议”。

“债券依法发行后，发行人经营与收益的变化引致的投资风险，由投资者自行负责。”

“投资者若对本募集说明书存在任何疑问，应咨询自己的证券经纪人、律师、专业会计师或其他专业顾问。”

第十五条 发行人应在募集说明书中明示，认购或转让定向发行债券的合格投资者应填写《合格投资者认购债券表》（见附表一）或《合格投资者转让债券表》（见附表二），承诺自行承担投资债券的所有风险，并不向非合格投资者转让所持债券。

填妥的《合格投资者认购债券表》或《合格投资者转让债券表》应由主承销商或提供转让服务的证券公司负责保存至债券依法清偿完毕。

第十六条 发行人向合格投资者提供募集说明书及其他债券发行的相关信息，应以非公开的方式披露，不得在媒体上公开刊登或变相公开刊登。发行人及有关当事人不得以任何方式误导投资者购买债券。

第三章 持续信息披露

第十七条 在债券存续期内，发行人应向持有债券的合格投资者及时披露对其作出投资决策有重大影响的信息。持续信息披露的内容与方式应在募集说明书中明确约定。

第十八条 发行人在约定持续信息披露的内容时，应参照公开发行债券持续信息披露的有关规定。

第十九条 发行人持续披露的信息至少应包括年度报告和重大事项报告。

第二十条 在债券存续期间，发行人应在每个会计年度结束之日后4个月内向持有债券的合格投资者披露年度报告，并报中国证监会备案。

披露半年度报告的，发行人应在每个会计年度的上半年结束之日后2个月内向持有债券的合格投资者披露，并报中国证监会备案。

第二十一条 定期报告应当详细披露报告期内与债券持有人利益相关的重要情况，至少应包括下列内容：

（一）债券本息的支付情况；

（二）专项偿债账户的有关情况；

（三）担保人及担保物发生重大变化的情况；

（四）发行人的负债变化情况；

（五）现金流量状况综述；

（六）跟踪评级情况；

（七）债权代理人代理事务报告的主要内容；

（八）重大事项公告的主要情况；

（九）债券持有人会议的召开情况；

（十）其他对债券持有人有重大影响的信息。

第二十二条 发行人出现下列情况时，应当及时告知持有债券的合格投资者：

（一）预计到期难以偿付利息或本金；

（二）专项偿债账户出现异常；

（三）订立可能对还本付息产生重大影响的担保合同及其他重要合同；

（四）发生重大亏损或者遭受超过净资产百分之十以上的重大损失；

（五）发生重大仲裁、诉讼；

（六）减资、合并、分立、解散及申请破产；

（七）拟进行重大债务重组；

（八）未能履行募集说明书的约定；

（九）担保人、担保物发生重大变化；

（十）中国证监会规定的其他情形。

第二十三条 定向发行的债券在经中国证监会批准的转让场所进行转让的，其持续信息披露还应遵从中国证监会及转让场所的规定。发行人应将信息披露文件置备于转让场所。

第二十四条 发行人未按照中国证监会或转让场所的要求履行持续信息披露义务的，中国证监会或转让场所可暂停或终止该债券在转让市场的转让。

第四章 附 则

第二十五条 本准则自 2003 年 10 月 8 日起施行。

附表一 合格投资者认购债券表

附表二 合格投资者转让债券表

附表一

合格投资者认购债券表

<table>
<tr><td>认购人名称</td><td colspan="2"></td></tr>
<tr><td>认购人证券账户号</td><td colspan="2"></td></tr>
<tr><td>认购人联系地址</td><td colspan="2"></td></tr>
<tr><td>认购人联系电话</td><td colspan="2"></td></tr>
<tr><td>债券名称（代码）</td><td colspan="2"></td></tr>
<tr><td>认购数量（面值）</td><td colspan="2">（大写） 亿 千 佰 拾 万元
（小写）：</td></tr>
<tr><td>认购金额</td><td colspan="2">（大写） 亿 千 佰 拾 万元
（小写）：</td></tr>
<tr><td>认购人声明</td><td colspan="2">本认购人自行判断具备投资债券的独立分析能力和风险承受能力，具备中国证监会规定的合格投资者条件；已获得与本次认购债券有关的资料和风险提示，自愿认购债券并承担投资风险；承诺遵守有关规定并履行相应的义务。</td></tr>
<tr><td>发行人声明</td><td colspan="2">本发行人对认购人的合格投资者身份进行了核实，确认其具备中国证监会规定的合格投资者条件；已向其提供了有关的资料，并提示了认购债券的风险。</td></tr>
<tr><td>主承销商声明</td><td colspan="2">本主承销商对认购人的合格投资者身份进行了核实，确认其具备中国证监会规定的合格投资者条件；已向其提供了有关的资料，并提示了认购债券的风险。</td></tr>
<tr><td>认购人盖章

日期： 年 月 日</td><td>发行人盖章

日期： 年 月 日</td><td>主承销商盖章

日期： 年 月 日</td></tr>
</table>

附表二

合格投资者转让债券表

<table>
<tr><td colspan="2">出让人名称</td><td colspan="2"></td><td colspan="2">受让人名称</td><td colspan="2"></td></tr>
<tr><td colspan="2">出让人证券账户号</td><td colspan="2"></td><td colspan="2">受让人证券账户号</td><td colspan="2"></td></tr>
<tr><td colspan="2">出让人联系地址</td><td colspan="2"></td><td colspan="2">受让人联系地址</td><td colspan="2"></td></tr>
<tr><td colspan="2">出让人联系电话</td><td colspan="2"></td><td colspan="2">受让人联系电话</td><td colspan="2"></td></tr>
<tr><td colspan="2">债券名称（代码）</td><td colspan="6"></td></tr>
<tr><td colspan="2">转让数量（面值）</td><td colspan="6">（大写） 亿 千 佰 拾 万元
（小写）：</td></tr>
<tr><td colspan="2">转让金额</td><td colspan="6">（大写） 亿 千 佰 拾 万元
（小写）：</td></tr>
<tr><td colspan="2">出让人声明</td><td colspan="6">本出让人对受让人的合格投资者身份进行了核实，确认其具备中国证监会规定的合格投资者条件；已向其提供了有关的资料，并提示了受让债券的风险。</td></tr>
<tr><td colspan="2">受让人声明</td><td colspan="6">本受让人自行判断具备投资债券的独立分析能力和风险承受能力，具备中国证监会规定的合格投资者条件；已获得与本次受让债券有关的资料和风险提示，自愿受让债券并承担投资风险；承诺遵守有关规定并履行相应的义务。</td></tr>
<tr><td colspan="2">证券公司声明</td><td colspan="6">本证券公司对受让人的合格投资者身份进行了核实，确认其具备中国证监会规定的合格投资者条件；已向其提示了受让债券的风险。</td></tr>
<tr><td colspan="3">出让人盖章

日期： 年 月 日</td><td colspan="3">受让人盖章

日期： 年 月 日</td><td colspan="2">证券公司盖章

日期： 年 月 日</td></tr>
</table>

注：采取非直接协议转让方式的，可视具体情况免于填列有关栏目。

⑤资信评级机构出具证券公司债券信用评级报告准则

第一章　基本要求

第一条　为了规范资信评级机构出具证券公司债券信用评级报告的行为，根据《证券法》和中国证券监督管理委员会（以下简称中国证监会）的有关规定，制定本准则。

第二条 资信评级机构出具证券公司债券信用评级报告（以下简称评级报告），应当遵循信用评级的行业标准和自律规范。

第三条 资信评级机构出具评级报告应当采用浅显、简练、平实的语言，对评级结论的标识做出明确释义。

第四条 资信评级机构在出具评级报告前必须履行尽职调查义务。必要时应予以回避或作出相应的人员回避安排，保证有充分的理由确认出具评级报告的数据、资料和结果客观、准确、公正和及时。

第五条 资信评级机构应建立健全统一的内部信用评级标准和程序，并在出具评级报告时保持所依据的标准和程序的一致性。

第六条 资信评级机构出具信用评级报告应建立有效的内部控制机制，实行有效的内部审核和质量控制。

第七条 资信评级机构应当为每一受评债券指定专门的评级项目组，建立和保存完备的档案资料，并接受监管部门的检查。档案资料至少应当包括下列内容：

（一）委托协议；

（二）发行债券的证券公司（以下简称发行人）提供的原始资料；

（三）历次尽职调查记录；

（四）信用评级报告；

（五）信用评级委员会的表决情况；

（六）跟踪评级资料；

（七）其他相关资料。

第二章　评级报告的内容与格式

第八条 评级报告应当包括概述、声明、评级报告正文、跟踪评级安排和附录等五部分。

第九条 概述部分应概要说明评级报告的情况，包括发行人和受评债券的名称、信用级别及释义、资信评级机构及人员的联系方式和出具报告的时间等内容。

第十条 声明部分全面登载资信评级机构关于评级情况的声明事项，应当包括下列内容：

（一）除因本次评级事项资信评级机构与发行人构成委托关系外，资信评级机构、评级人员与发行人不存在任何影响评级行为独立、客观、公正的关联关系。存在其他关联关系的，应当予以说明。

（二）资信评级机构与评级人员已履行尽职调查和诚信义务，有充分理由保证所出具评级报告的数据、资料及结论的客观、准确、公正、及时。

（三）评级结论是资信评级机构依据内部信用评级标准和程序做出的独立判断，未因发行人和其他任何组织或者个人的任何影响改变评级意见。

（四）已对发行人及受评债券的跟踪评级做出明确安排。

（五）资信评级机构自愿接受中国证监会对评级工作的监管。

第十一条 正文部分是完整的信用评级报告，应当包括评级结论及评级结论分析两个部分。

第十二条 评级结论应包括发行人名称、受评债券名称、信用级别及释义、评级结论的主要依据等，并简要说明本次评级的过程和发行人、受评债券的风险程度。

发行人为受评债券提供担保的，应对比说明有无担保情况下评级结论的差异。

第十三条 评级结论分析部分至少应包括下列内容：

（一）对发行人的简要分析。重点分析发行人股权结构、业务及其特点。

（二）对受评债券的简要分析。重点分析受评债券的主要条款及有关偿债保障措施。

（三）对证券行业的简要分析。重点分析行业状况、发展趋势、行业风险及其对发行人的影响。

（四）分析发行人风险因素。应当针对实际情况，充分、准确、具体地揭示风险因素，按照重要性原则排列分析顺序。对风险应当尽可能做定量分析，无法进行定量分析的，应当有针对性地做出定性描述。

（五）描述和分析发行人及其董事、监事、经理及其他高级管理人员过去三年内发生的违法违规及违约事实。

（六）分析发行人财务状况。重点分析发行人的债务结构、资产质量、盈利状况、现金流状况、关联交易及其对发行人财务状况的影响，判断其财务风险。

（七）分析发行人募集资金投入项目。分析募集资金投向对发行人未来的财务状况、债务风险等方面的影响，以及项目实施可能出现的风险。

（八）分析有关偿债保障措施对受评债券风险程度的影响。有担保安排的，应当特别说明担保安排对评级结论的影响，说明无担保情况下发行人的实际信用状况或评级结论，此外还应对担保人或担保物的信用、风险进行评估。发行人建立专项偿债账户等其他保障措施的，应当分析说明有关保障措施的情况及其可靠性、局限性。

（九）分析发行人履行债券义务的能力、可信程度和抗风险能力。

第十四条 评级报告分析应当针对证券行业和发行人的特点，重点揭示风险，反映发行人及受评债券的信用水平及信用风险。

第十五条 评级报告分析可在显要位置作“特别风险提示”，必要时应详细分析该风险及其形成的原因，说明过去特别是最近一个会计年度曾经因该风险因素遭受的损失，判断将来遭受损失的可能程度。

第十六条 跟踪评级安排部分应明确说明对受评债券存续期内的跟踪评级时间、评级范围、出具评级报告的方式等内容，持续揭示受评债券的信用变化情况。

第十七条 附录部分应当收录其他相关的重要事项，主要包括资信评级机构简要介绍、尽职调查报告等。

第三章 跟踪评级报告

第十八条 资信评级机构应当在首次评级报告中明确有关跟踪评级的事项。跟踪评级应当包括定期跟踪评级和不定期跟踪评级。

第十九条 资信评级机构应当密切关注与发行人、受评债券有关的信息。如果发生影响前次评级报告结论的重大事项，资信评级机构应当在10个工作日内出具不定期跟踪评级报告，并报送中国证监会。

第二十条 资信评级机构应当在受评债券存续期内发行人发布年度报告后一个月内出具一次定期跟踪评级报告。定期跟踪评级报告应当与前次评级报告保持连贯。

第二十一条 定期跟踪评级报告与前次评级报告在评级结论或者其他重大事项方面出现差异的，应当分析原因，并做特别说明。

第二十二条 定期跟踪评级报告应对受评债券发行后发行人出现的违约状况进行描述和分析。

第二十三条 跟踪评级报告应当针对发行人外部经营环境、内部运营及财务状况的变化，以及前次评级报告提及的风险因素进行分析，说明其变化对受评债券的影响，并对原有信用级别是否进行调整作出明确说明。

第四章 附 则

第二十四条 本准则自2003年10月8日起施行。

X.1.3 证券公司发行债券监管意见书申报表

重要提示：申请公司须对填报要求进行了认真、仔细的阅读，并确认所填报内容真实、准确、完整，无任何虚假记载、误导性陈述或重大遗漏，如填报内容存在虚假记载、误导性陈述或重大遗漏，申请公司及其法人代表将承担相应法律责任。

证券公司：

填表日期：

中国证券监督管理委员会制

填表要求

一、请打印或者用钢笔填写（签名应当为手写），一式两份。除表中有特别要求外，请采用正楷汉字或阿拉伯数字，字迹要清晰、工整。

二、每栏均须填写，任何问题不适用时请填写“不适用”；如表格空间不够，请另附 A4 纸说明，纸上应表明所加纸与和问题有关，并签名盖章。

三、填写的内容要真实、准确、完整。填报本表后、中国证监会核准前，有关情况发生重大变化的，填表人应当及时向中国证监会提交修改后的文件和申请表。

四、金额以人民币万元为单位（除非另有说明）；

五、填表人须同时提交本表的电子版（以软盘的方式），其内容须与本申请表的填写内容安全相同（盖章和手写签名除外）。

一、公司基本情况

1. 公司名称：

中英文名称：

2. 注册地址：

3. 注册资本：

4. 法定代表人：

5. 公司类别：

6. 业务范围：

7. 公司现任高级管理人员：

姓名、性别、年龄、身份证号码、分管工作内容、住址、联系电话。

8. 公司股东及最终控制人：

股东名称、持有本公司股份和所占比例、注册地、注册资本、法人代表、经营范围、行业类型、股东间的关联关系。

9. 公司分支机构和营业网点情况：

10. 公司历史沿革：

应至少包括公司自成立至今经历的改制重组、增资扩股等情况，反映公司的演变发展过程，并说明各阶段的审批情况（包括批准文件名称、文号）。

11. 联系人及联系电话：

二、公司基本财务和其他情况

（一）基本财务指标

项目	2002 年	2001 年	2000 年
总资产			
负债总额			
净资产			
净资本			
自营证券			
受托投资			
客户交易结算资金			
受托资金			
未兑付债券			
营业收入			
利润总额			
净利润			
或有负债			
其中：对外担保			
净资本/对外负债			
流动资产/流动负债			
对外负债/净资本			
对外担保/净资产			

（二）有关发债情况

1. 本次发行前累计债券总额为__________，占公司净资产额的比例为__________；是否不超过 40%：是□　　否□

2. 本次发行后累计债券总额为__________，占公司净资产额的比例为__________；占公司净资本的比例为__________，是否不超过100%定向发行不超过120%：是□　　否□

3. 最近三年平均可分配利润为__________，是否足以支付公司债券一年的利息（　　）：是□　　否□

4. 本次发行债券的利率为__________，是否不超过国务院限定的利率水平：是□　　否□

5. 本次发行债券筹集资金是否有确定的用途和相应的使用计划及管理制度：是□　　否□；是否符合法律法规和中国证监会的有关规定，不用于弥补亏损和非生产性支出，不用于禁止性的业务和行为：是□　　否□

6. 公司资产是否未被具有实际控制权的自然人、法人或其他组织及其关联人占用：是□　　否□；如否，情况为：__________

7. 最近一期期末经审计的净资产不低于10亿元/定向发行不低于5亿元：是□　　否□

8. 最近一年盈利：是□　　否□

9. 最近两年的现金流情况：充足□　　出现过现金短缺□

10. 最近一起期末未经审计的净资本为__________亿元；是否不低于2亿元：是□　　否□

11. 对最近一期期末进行压力测试后的净资本为__________亿元；是否不低于2亿元：是□　　否□

12. 最近一期期末未经审计的净资本占对外负债的比例为__________；是否不低于8%：是□　　否□

13. 本次发行后净资本占对外负债的比例为__________；是否不低于8%：是□　　否□

14. 最近一期期末未经审计的流动资产是否不低于流动负债余额：是□　否□

15. 最近一期期末未经审计的对外负债是净资产的__________倍；是否不超过9倍：是□　　否□

16. 最近一期期末未经审计的自营权益类证券按成本价计算的总金额占净资产的比例为__________，是否不超过80%：是□　　否□

17. 最近一期期末对外担保的总额为__________，占公司净资产的比例为__________。是否不超过20%：是□　　否□；是否未为以买卖股票为目的的客户贷款提供担保：是□　　否□

18. 最近两年审计报告意见类型为，是否为标准无保留意见：是□

否□

三、公司合规经营情况

1. 最近两年内是否未受过我会或其他行政机关处罚：是□　　否□；如受过处罚，具体事项（包括：处罚机构、时间、事由、处罚内容、实际执行情况）及纠正情况为：＿＿＿＿＿

2. 最近两年内经纪、自营、投资银行、受托投资管理业务等业务是否不存在违法违规问题：是□　　否□；如存在，是否已纠正：是□　　否□，具体事项及纠正情况为：＿＿＿＿＿

3. 最近两年内是否未挪用过客户交易结算资金：是□　　否□；如发生过挪用，是否已全额归还：是□　　否□，挪用时间及归还情况为：＿＿＿＿＿

4. 最近两年内是否未发行过柜台个人债务：是□　　否□；如发行过，是否已全额兑付：是□　　否□，发行及兑付情况为：＿＿＿＿＿

5. 公司是否不存在涉及诉讼情况：是□　　否□；如存在，具体事项为：＿＿＿＿＿

6. 最近时点持有个股票是否不存在过于集中问题：是□　　否□；如存在，主要原因为：＿＿＿＿＿

7. 是否无其他需要特别说明的情形：是□　　否□；如否，情况为：＿＿＿＿＿

四、公司法人治理情况

1. 是否具有健全的股东会、董事会、监事会和管理层的运作机制：是□　　否□

2. 证券公司与其控股股东是否在业务、人员、机构、资产、财务等方面分开，各自独立核算，独立承担责任和风险：是□　　否□

3. 公司资产是否未被具有实际控制权的自然人、法人或其他组织及其关联人占用：是□　　否□；如否，情况为：

4. 是否未对公司股东进行股权投资，不存在给公司股东提供融资、担保、融资性交易或接受本公司股权作为质押标的等行为：是□　　否□

五、公司内部控制情况

1. 是否按照《证券公司内部控制指引》，建立了有效的内部控制制度和内部控制机制，并严格执行：是□　　否□

2. 是否具备适当的业务隔离和内部控制技术支持系统：是□　　否□

3. 是否有独立的监督检查部门和人员来履行合规检查等监控职能：是□　　否□

4. 是否根据经营环境变化和重大业务改变等情况，客观分析其对净资本和

财务预算的影响，并建立健全净资本充足状况的监控机制与净资本补充机制：是□ 否□

5. 是否外聘请专业中介机构对公司内部控制情况进行了评审并根据评审结果进行了整改：是□ 否□

6. 是否根据监管部门提出的监管要求对内部控制中存在的问题进行了整改：是□ 否□

六、其他需要说明的问题

公司法定代表人签字：

公司总经理签字：

公司盖章：

X.1.4 证券公司债券登记结算业务办理规则

（2003 年 12 月 22 日 中国证券登记结算有限责任公司）

第一章 总 则

第一条 为适应证券公司债券管理的需要，根据《证券公司债券管理暂行办法》等有关法规及规章，制定本规则。

第二条 本规则适用于定向发行的证券公司债券的登记结算业务，本规则没有规定的，适用中国证券登记结算有限责任公司（以下简称本公司）其他业务规定。

公开发行证券公司债券的登记结算业务，按照证券交易所挂牌证券登记结算业务有关规定办理。

第三条 本公司根据合格投资者委托的证券公司的申请，办理证券公司债券发行转让过程中涉及的登记、托管、结算以及其他相关业务。

第四条 本公司对申请人提供的申请材料进行形式审核，申请人应当确保其提供的申请材料合法、真实、准确和完整。

第二章 债券账户

第五条 合格投资者参与债券的认购、转让等活动，应当通过提供转让服务的证券公司向本公司申请开立合格投资者专用债券账户（以下简称专用账户）。证券公司负责合格投资者的资格审查。

第六条 一个合格投资者原则上只能开立一个专用账户，国家法律、法规、行政规章等另有规定的除外。

第七条 专用账户的开立、注册资料查询与变更、注销、专用账户卡挂失与补办等业务比照本公司有关证券账户管理规定办理。

第三章 登记托管

第八条 发行人办理登记业务前，应当与本公司签订《证券登记服务协议》，并向本公司提供授权委托书，授权专人作为其与本公司的指定联络人，负责全权办理债券登记及其他相关事宜。

第九条 发行人办理证券公司债券初始登记前，应当向本公司申请债券简称及债券代码。

债券简称及债券代码的编制规则由本公司另行制定。

第十条 发行人申请债券简称及债券代码时，应当提供以下材料：

（一）债券简称及代码申请书；

（二）中国证券监督管理委员会（以下简称中国证监会）关于证券公司债券发行的批复文件；

（三）加盖发行人印章的发行人营业执照复印件；

（四）指定联络人的有效身份证明文件原件及复印件；

（五）本公司要求提供的其他材料。

本公司自受理上述申请之日起两个工作日内，配发债券简称及债券代码。

第十一条 发行人变更债券简称时，应当提供以下材料：

（一）变更债券简称申请书；

（二）加盖发行人印章的发行人营业执照复印件；

（三）指定联络人有效身份证明文件原件及复印件；

（四）本公司要求提供的其他材料。

本公司自受理上述申请之日起两个工作日内，变更债券简称。

第十二条 发行人向本公司申请办理证券公司债券初始登记时，应当提供以下材料：

（一）初始登记申请；

（二）中国证监会关于证券公司债券发行的批复文件；

（三）债券募集说明书；

（四）具有从事证券业务资格的会计师事务所出具的募集资金验资报告；

（五）债券持有人名册清单（应当包括但不限于：债券代码、持有人全称、持有人专用账户号码、持有债券数量、司法冻结状态、债券托管证券公司等内容，并在每页上加盖发行人印章）；

（六）承销协议或中国证监会关于发行人自行组织销售的批准文件；

（七）加盖发行人印章的发行人营业执照复印件；

（八）指定联络人有效身份证明文件原件及复印件；

（九）本公司要求提供的其他材料。

本公司自受理上述申请之日起两个工作日内，完成初始登记，并向发行人出具债券登记确认书。

第十三条 本公司根据发行人的申请提供债券持有人名册。债券持有人名册服务业务按照本公司有关持有人名册服务业务的规定办理。

第十四条 合格投资者应当将持有的债券托管在提供转让服务的证券公

司。发行人办理初始登记时，应当注明债券托管的证券公司名称，合格投资者通过证券公司受让的债券即托管于该证券公司。

证券公司应当将自营债券，以及合格投资者在其处托管的债券，存管到本公司。

第十五条 合格投资者需要变更债券托管的证券公司时，应当通过转出的证券公司向本公司申请债券转托管。证券公司不得无故拒绝合格投资者的转托管申请。

第十六条 本公司收到证券公司的债券转托管指令当日（T日）15：00以后办理债券转托管，并将转托管数据发送转出的证券公司和转入的证券公司。

合格投资者可于T+1日通过转入的证券公司查询债券余额，并可转让转托管的债券。

第十七条 合格投资者转让债券应当通过其托管的证券公司向本公司申请办理债券转让的过户登记，转受让双方应当通过各自委托的证券公司于同一个工作日（T日）9：30至15：00向本公司发送转让和受让申报。

第十八条 转让或受让申报内容应当包括转让编号、债券简称、债券代码、转受让双方名称、专用账户号码、转让或受让数量、金额、受托证券公司、是否通过本公司办理资金结算等。一个转让编号对应一笔转让。

第十九条 转受让双方对已经发出的转让申报在申报当日15：00前可以申报撤销。

第二十条 对于同一转让方或受让方申报重复转让编号的，本公司以最后一次申报为准，其他申报视为无效申报。

第二十一条 发行人委托本公司办理债券派息、兑付的，发行人应当在派息/兑付债权登记日五个工作日前向本公司提供以下材料：

（一）委托债券派息、兑付申请；

（二）指定联络人有效身份证明文件原件及复印件；

（三）本公司要求提供的其他材料。

第二十二条 本公司于受理上述申请的次一工作日，将代理派息兑付所涉及的债券数量、派息兑付金额所需金额、手续费等通知发行人。

第二十三条 发行人应当在派息/兑付日两个工作日前将派息兑付资金以及手续费划至本公司指定银行账户。

第二十四条 本公司收到相应款项后，通过资金结算系统将债券持有人本息划付给债券托管的证券公司，证券公司于收到债券本息款后于次一工作日将其划付给合格投资者。

第二十五条 发行人委托本公司进行债券派息兑付，不能在规定期限内划入相关款项的，应当及时通知本公司，并以公告或其他有效的方式告知债券持有人，说明原因。因发行人未履行及时告知义务所致的一切法律责任由该发行人承担。

第二十六条 债券持有人因解散、破产、被依法责令关闭等原因丧失法人资格，资产承继人应当向证券公司提供以下材料并通过证券公司向本公司申报办理法人终止引起的过户登记.

（一）过户登记申请；

（二）工商行政管理部门出具的原法人注销登记证明；

（三）主管部门的批复文件或清算组有关债券归属的证明文件或人民法院的生效法律文书等能够证明财产归属的文件；

本公司认为必要时，还应提供有关债券受让情况的公证文件（公证内容应包括但不限于：申请人与原法人的名称、注册号、地址、债券受让依据）；

（四）原法人及受让方的专用账户卡原件及复印件；

（五）受让方营业执照副本原件及复印件；

（六）受让方法定代表人授权委托书；

（七）经办人有效身份证明文件原件及复印件；

（八）本公司要求提供的其他材料。

第二十七条 合格投资者可以向其债券托管的证券公司或本公司查询其债券转让记录及持有数量等信息。合格投资者向本公司查询上述信息时，应当提供以下材料：

（一）查询申请；

（二）合格投资者的专用账户卡原件及复印件；

（三）合格投资者的有效身份证明文件原件及复印件；

（四）合格投资者的法定代表人对经办人的授权委托书；

（五）经办人的有效身份证明文件原件及复印件；

（六）合格投资者因解散、破产、被依法责令关闭等原因丧失法人资格，清算组、资产承继人等申请查询时，需提供清算组或资产承继人成立的批准文件、清算组或资产承继人授权委托书、经办人有效身份证明文件原件及复印件；原股东申请查询的，需提供经公证的原全体股东（出资人）授权委托书、经办人有效身份证明文件原件及复印件；

（七）本公司要求提供的其他材料。

第二十八条 执法机关要求对证券公司债券进行司法冻结/解冻及司法裁决过户，应当通过证券公司申请办理，并提供以下材料：

（一）生效法律文书；

（二）执行公务证及介绍信；

（三）协助执行通知书；

（四）本公司要求提供的其他材料。

第二十九条 人民法院、人民检察院、中国证监会及其授权部门，以及国家其他有权机关向本公司或托管证券公司查询合格投资者债券转让记录及持有数量等信息时，应当提供以下材料：

（一）协助查询文件（应当注明需查询的具体内容）；

（二）执行公务证或工作证及介绍信；

（三）本公司要求提供的其他材料。

第三十条 债券质押登记按照本公司有关质押登记的业务规定办理。

第四章 结 算

第三十一条 债券转让的资金结算可以委托本公司办理。本公司于每一交收日完成证券交易所市场的资金结算后，办理债券转让的资金结算。

第三十二条 本公司办理债券转让的资金结算采用逐笔全额方式，不提供交收担保。

第三十三条 本公司于每一工作日的15：00以后，对债券转让的每笔申报进行核查，对转让方和受让方相同转让编号的申报核查转受让双方专用账户号码、转让债券代码、数量、金额等信息是否一致，转让债券是否足够等内容，只有核查通过的申报才是有效申报，核查结束后，本公司将当日债券转让申报的核查结果发送相关证券公司。

第三十四条 对核查通过的申报，本公司进行清算处理，计算债券转让应支付的相关税费。委托本公司办理资金结算的，本公司对转让债券所需收付的资金一并计算，本公司在清算处理完成后，将当日债券转让申报的清算结果发送相关证券公司。

第三十五条 本公司对核查通过的待过户债券作锁定处理，直至T+1日本公司完成交收处理后解除锁定。债券锁定期间不得再次申报转让，也不办理转托管，锁定期间的孳息归转让方所有。

债券锁定期间如遇司法冻结、司法裁决过户，本公司自动解除锁定并协助执行，原转让申报无效。

第三十六条 证券公司收到本公司发送的清算结果后，应当与其合格投资者进行确认，并于T+1日15：00前，将确认结果发送本公司。

第三十七条 对于确认债券过户和支付资金的，证券公司应当于T+1日16：00前将每笔债券转让所需支付的资金及相关税费足额划入其在本公司的资金交收账户。

第三十八条 本公司对证券公司确认的每一笔债券转让申报按时间顺序于T+1日16：00以后办理债券过户手续，并在其资金交收账户内直接扣减相应税费，委托本公司办理资金结算的，本公司同时将相应资金从受让方证券公司资金交收账户划入转让方证券公司资金交收账户。

第三十九条 对于证券公司未确认的申报或者证券公司已确认但交收过程中资金交收账户中资金不足的转让申报，本公司不办理债券及资金的交收，其转让申报视为无效申报。

第四十条 本公司在交收完成后，将债券及资金交收的结果发送相关证券公司。

第五章 附 则

第四十一条 本公司办理债券登记结算业务，参照现行沪深证券市场企业债券相关业务收费标准，对于尚未开展过的业务参照非流通股相关业务收费标准，针对证券公司债券登记和转让的特殊情况制定具体的收费标准。

第四十二条 相关当事人不按规定缴纳有关登记结算费用的，本公司暂停为其提供相应的登记结算服务，直至其缴清相关费用为止。

第四十三条 本规则由本公司负责解释，修改时亦同。

第四十四条 本规则自中国证监会批准之日起实施。

X.1.5 证券公司次级债管理规定

（2012年12月27日 中国证监会公告［2012］51号）

第一条 为规范证券公司次级债管理，维护投资者合法权益，根据《证券法》、《证券公司监督管理条例》等法律、行政法规的规定，制定本规定。

第二条 本规定所称证券公司次级债，是指证券公司向股东或机构投资者定向借入的清偿顺序在普通债之后的次级债务（以下简称次级债务），以及证券公司向机构投资者发行的、清偿顺序在普通债之后的有价证券（以下简称次级债券）。次级债务、次级债券为证券公司同一清偿顺序的债务。

前款所称的机构投资者是指：经国家金融监管部门批准设立的金融机构，包括商业银行、证券公司、基金管理公司、信托公司和保险公司等；上述金融机构面向投资者发行的理财产品，包括但不限于银行理财产品、信托产品、投连险产品、基金产品、证券公司资产管理产品等；注册资本不低于人民币1000万元的企业法人；合伙人认缴出资总额不低于人民币5000万元，实缴出资总额不低于人民币1000万元的合伙企业；经中国证监会认可的其他投资者。

证券公司次级债券只能以非公开方式发行，不得采用广告、公开劝诱和变相公开方式。每期债券的机构投资者合计不得超过200人。

第三条 次级债分为长期次级债和短期次级债。

证券公司借入或发行期限在1年以上（不含1年）的次级债为长期次级债。

证券公司为满足正常流动性资金需要，借入或发行期限在3个月以上（含3个月）、1年以下（含1年）的次级债为短期次级债。

第四条 长期次级债可按一定比例计入净资本，到期期限在3.2.1年以上的，原则上分别按100%、70%、50%的比例计入净资本。

短期次级债不计入净资本。证券公司为满足承销股票、债券业务的流动性资金需要而借入或发行的短期次级债，可按照以下标准扣减风险资本准备：

（一）在承销期内，按债务资金与承销业务风险资本准备的孰低值扣减风险资本准备；

（二）承销结束，发生包销情形的，按照债务资金与因包销形成的自营业务风险资本准备的孰低值扣减风险资本准备。

承销结束，未发生包销情况的，借入或发行的短期次级债不得扣减风险资本准备。

第五条 证券公司借入或发行次级债应根据公司章程的规定对以下事项作出决议：

（一）次级债的规模、期限、利率以及展期和利率调整；

（二）借入或募集资金的用途；

（三）与借入或发行次级债相关的其他重要事项；

（四）决议有效期。

第六条 证券公司发行次级债券应提供募集说明书，借入次级债务应与债权人签订次级债务合同。募集说明书和次级债务合同应约定以下事项：

（一）清偿顺序在普通债之后；

（二）次级债的金额、期限、利率；

（三）次级债本息的偿付安排；

（四）借入或募集资金用途；

（五）证券公司应向债权人披露的信息内容和披露时间、方式；

（六）次级债的借入或发行、偿还或兑付应符合本规定；

（七）违约责任。

募集说明书还应载明公司基本情况、财务状况、债券发行、转让范围及约束条件。

第七条 证券公司借入或发行次级债应符合以下条件：

（一）借入或募集资金有合理用途；

（二）次级债应以现金或中国证监会认可的其他形式借入或融入；

（三）借入或发行次级债数额应符合以下规定：

1. 长期次级债计入净资本的数额不得超过净资本（不含长期次级债累计计入净资本的数额）的50%；

2. 净资本与负债的比例、净资产与负债的比例等各项风险控制指标不触及预警标准。

（四）募集说明书内容或次级债务合同条款符合证券公司监管规定。

第八条 证券公司申请借入或发行次级债，应提交以下申请文件：

（一）申请书；

（二）关于借入或发行次级债的决议；

（三）募集说明书或借入次级债务合同；

（四）借入或募集资金的用途说明；

（五）合同当事人之间的关联关系说明；

（六）证券公司最近6个月的风险控制指标情况及相关测算报告；

（七）债权人资产信用的说明材料；

（八）中国证监会要求提交的其他文件。

第九条 证券公司次级债券可在证券交易所或中国证监会认可的交易场所（以下统称交易场所）依法向机构投资者发行、转让。发行或转让后，债券持有人不得超过200人。

次级债券发行或转让后，证券公司应在中国证券登记结算有限责任公司或中国证监会认可的其他登记结算机构（以下统称登记结算机构）办理登记。

证券公司在银行间市场发行次级债券，应事先经中国证监会认可，并遵守银行间市场的相关规定。

第十条 证券公司次级债券的发行、转让、兑付、登记、托管、结算、投资者适当性、信息披露和投资者权益保护等应符合法律法规以及交易场所和登记结算机构的相关规定。

证券公司次级债券可由具备承销业务资格的其他证券公司承销，也可由证券公司自行销售。

第十一条 证券公司申请次级债务展期，应提交以下申请文件：

（一）申请书；

（二）关于次级债务展期的决议；

（三）借入次级债务合同；

（四）债务资金的用途说明；

（五）证券公司最近3个月的风险控制指标情况及相关测算报告；

（六）中国证监会要求提交的其他文件。

前款所称次级债务展期，包括将短期次级债务转为长期次级债务。

第十二条 证券公司申请偿还次级债务，应在债务到期前至少10个工作日提交以下申请文件：

（一）申请书；

（二）借入次级债务合同；

（三）证券公司最近1个月的风险控制指标情况及相关测算报告；

（四）中国证监会要求提交的其他文件。

证券公司偿还短期次级债务的，还应提交债务资金使用情况的说明。

证券公司提前偿还次级债务的，还应提交关于提前偿还次级债务的决议。

第十三条 中国证监会及其派出机构对证券公司借入或发行次级债进行批准。其中，中国证监会对证券公司申请发行次级债券事项作出核准或不予核准的书面决定，中国证监会派出机构对证券公司申请次级债务借入、展期、偿还、利率调整等事项作出核准或不予核准的书面决定。

（一）对证券公司发行长期次级债券的申请，自受理之日起20个工作日内作出决定；对证券公司发行短期次级债券的申请，自受理之日起10个工作日内作出决定；

（二）对证券公司借入长期次级债务、次级债务展期的申请，自受理之日起10个工作日内作出决定；对证券公司借入短期次级债务、偿还次级债务和利率调整的申请，自受理之日起5个工作日内作出决定。

证券公司次级债券经批准后，可分期发行。次级债券分期发行的，自批准发行之日起，证券公司应在6个月内完成首期发行，剩余债券应在24个月内完成发行。

第十四条 证券公司可自长期次级债资金到账之日起按规定比例计入净资本。但是，长期次级债资金于获批日之前到账的，只能在获得批复后按规定比例计入净资本。

证券公司借入的短期次级债务转为长期次级债务或将长期次级债务展期的，在获得批复后方可按规定比例将长期次级债务计入净资本。

第十五条 证券公司提前偿还长期次级债务后1年之内再次借入新的长期次级债务的，新借入的次级债务应先按照提前偿还的长期次级债务剩余到期期限对应的比例计入净资本；在提前偿还的次级债务合同期限届满后，再按规定比例计入净资本。

新借入的长期次级债务数额超出提前偿还的长期次级债务数额的，超出部分的次级债务可按规定比例计入净资本。

第十六条 证券公司向其他证券公司借入长期次级债务或发行长期次级债券的，作为债权人的证券公司在计算自身净资本时应将借出或融出资金全额扣除。

证券公司不得向其实际控制的子公司借入或发行次级债。

第十七条 证券公司借入次级债务等事项获批后，未经批准不得变更次级债务合同。

第十八条 证券公司风险控制指标不符合规定标准或偿还次级债务后将导致风险控制指标不符合规定标准的，不得偿还到期次级债务本息。次级债务合同应明确约定前述事项。

证券公司到期偿还次级债券不受前款约束。

第十九条 除以下情形外，证券公司不得提前偿还或兑付次级债：

（一）证券公司偿还或兑付全部或部分次级债后，各项风险控制指标符合规定标准且未触及预警指标，净资本数额不低于借入或发行长期次级债时的净资本数额（包括长期次级债计入净资本的数额）；

（二）债权人将次级债权转为股权，且次级债权转为股权符合相关法律法规规定并经批准；

（三）中国证监会认可的其他情形。

第二十条 证券公司应自借入次级债务获批之日起3个工作日内在公司网站公开披露借入次级债务事项，自发行次级债券获批之日起2个工作日内在公司网站公开披露获准发行次级债券事项，并及时披露次级债券的后续发行情况。

证券公司偿还或兑付次级债，应在到期日前至少3个工作日在公司网站公开披露，并在实际偿还或兑付次级债后3个工作日内公开披露偿还或兑付情况。证券公司在交易场所发行次级债券，还应遵守其信息披露的要求。

上市证券公司借入或发行、偿还或兑付次级债的，除应遵守本规定要求外，还应按照上市公司信息披露管理的规定，履行信息披露义务。

第二十一条 中国证监会及其派出机构应加强对证券公司次级债存续期间的日常监管，对违反本规定及相关监管要求的，责令其及时改正，并依法采取监管措施。

第二十二条 从事证券相关业务的证券类机构借入或发行、偿还或兑付次级债等事项，经中国证监会同意，可参照本规定执行。

前款所称的证券类机构，包括但不限于证券金融公司。

第二十三条 本规定自公布之日起施行。《证券公司借入次级债务规定》（证监会公告［2010］23号）同时废止。

X.2 公司发行境内上市外资股（B股）

X.2.1 国务院关于股份有限公司境内上市外资股的规定（存目）

（1995年12月25日 中华人民共和国国务院令第189号）

X.2.2 股份有限公司境内上市外资股规定的实施细则（存目）

（1996年5月4日 证委发［1996］9号）

X.2.3 关于境内上市外资股（B股）发行上市过程中有关信息披露问题处理意见的通知（存目）

（1996年7月17日 证监会国际业务部［1996］1号）

X.2.4 申请发行境内上市外资股（B股）公司报送材料标准格式（存目）

（1999年3月25日 证监发［1999］17号）

X.2.5 关于企业发行B股有关问题的通知（存目）

（1999年5月19日 证监发行字［1999］52号）

X.2.6 关于外商投资股份有限公司非上市外资股转 B 股流通有关问题的补充通知

（2002 年 8 月 16 日　外经贸资一函［2002］902 号）

各省、自治区、直辖市及计划单列市外经贸委（厅、局）：

为推动境内证券市场的健康发展，进一步规范含有 B 股的外商投资股份有限公司非上市外资股转 B 股流通的行为，现就有关问题通知如下：

一、允许含有 B 股的外商投资股份有限公司非上市外资股转在 B 股市场上流通（以下简称非上市外资股转 B 股流通）。非上市外资股转 B 股流通必须严格按照外经贸部和中国证监会 2001 年 10 月 8 日发布的《关于上市公司涉及外商投资有关问题的若干意见》（外经贸资发［2001］538 号）执行，不得越权审批。

二、前款所述外商投资股份有限公司是指根据《关于设立外商投资股份有限公司若干问题的暂行规定》（外经贸部 1995 年 1 号令）由外经贸部批准设立的外商投资股份有限公司及该暂行规定颁布前由外经贸部以《关于举办中外股份有限公司有关问题的通知》（［1992］外经贸资综函字第 374 号）授权的部门批准设立的外商投资股份有限公司。未按规定设立的外商投资股份有限公司的非上市外资股不得转在 B 股市场上流通。

三、非上市外资股转 B 股流通除满足国家关于上市发行股票的要求外还应符合下列条件：

（一）申请人应为按规定和程序设立的外商投资股份有限公司；

（二）申请人应符合外商投资产业政策；

（三）拟转 B 股流通的非上市外资股股东如依照申请人章程、股东协议及其他法律文件和法律法规要求承担特殊义务和责任的（包括但不限于提供股东贷款、提供贷款担保、技术转让、商标许可等等），应在履行完上述义务和责任后方可申请非上市外资股转 B 股流通；

（四）申请前两年内均已通过外商投资企业联合年检并连续赢利；

（五）拟转 B 股流通的非上市外资股股东持有该非上市外资股的期限超过一年；

（六）非上市外资股转为流通股后，其原股东继续持有的期限须超过一年。

四、非上市外资股转 B 股流通按以下程序办理：

（一）申请人向所在地省级外经贸主管部门提出申请；

（二）申请人所在地省级外经贸主管部门应在接到申请之日起15日内完成初审。审核同意的，转报外经贸部审查批准；不同意的，书面说明理由；

（三）外经贸部应在接到申请材料之日起30日内完成审批。对符合条件的，予以批准；不符合条件的，不予以批准并书面说明理由；

（四）申请人应在中国证监会批准非上市外资股转B股流通之日起30日内凭外经贸部批准文件和中国证监会批准文件到外经贸部变更《外商投资企业批准证书》。申请人如在外经贸部批准之日起1年内仍未获得中国证监会批准，原外经贸部批准文件自行失效；

（五）申请人应在《外商投资企业批准证书》变更之日起30日内向工商行政管理部门申请办理变更登记手续。

五、本通知第四条第（三）款所述的申请材料是指：

（一）申请人所在地省级外经贸主管部门的申报文件（含初审意见）；

（二）申请人关于非上市外资股转B股流通的申请书；

（三）申请人股东大会关于非上市外资股转B股流通的决议和关于章程修改的决议；

（四）申请人董事会决议；

（五）申请人章程修改草案（正本）及原章程（复印件）；

（六）拟转B股流通的非上市外资股股东关于是否承担特殊义务和责任的书面声明。承担特殊义务和责任的，应书面说明履行情况或书面承诺继续履行相关义务和责任；

（七）申请人申请前两年内联合年检证明；

（八）申请人申请前两年赢利证明（审计报告及纳税证明）；

（九）申请人出具的拟转B股流通的非上市外资股股东持有该非上市外资股的期限超过一年的书面证明；

（十）拟转B股流通的非上市外资股股东出具的关于非上市外资股转为流通股后继续持有一年以上的书面承诺；

（十一）申请人的《外商投资企业批准证书》和《营业执照》复印件。其中，暂行规定颁布前由外经贸部以《关于举办中外股份有限公司有关问题的通知》（［1992］外经贸资综函字第374号）授权的部门批准设立的外商投资股份有限公司还应提供原审批部门的批准文件。

X.3 公司发行境外上市外资股（H股）

X.3.1 国务院关于股份有限公司境外募集股份及上市的特别规定

（1994年8月4日　中华人民共和国国务院令第160号）

第一条　为适应股份有限公司境外募集股份及境外上市的需要，根据《中华人民共和国公司法》第八十五条、第一百五十五条，制定本规定。

第二条　股份有限公司经国务院证券委员会批准，可以向境外特定的、非特定的投资人募集股份，其股票可以在境外上市。本规定所称境外上市，最指股份有限公司向境外投资人发行的股票，在境外公司开公的证券交易场所流通转让。

第三条　股份有限公司向境外投资人募集并在境外上市的股份（以下简称境外上市外资股），采取记名股票形式，以人民币标明面值的，以外币认购。

境外上市市外资股在境外上市，可以采取境外存股证形式或者股票的其他派生形式。

第四条　国务院证券委员会或者其监督管理执行机构中国证券监督管理委员会，可能与境外证券监督管理机构达成应谅解、协议，对股份有限公司向境外投资人募集股份并在境外上市及相关活动进行合作监督管理。

第五条　股份有限公司向境外投资人募集股份并在境外上市，应当按照国务院证券委员会的要求提出书面申请并附有关材料，报经国务院证券委员会批准。

第六条　国有企业或者国有资产占主导地位的企业按照国家有关规定改建为向境外投资人募集股份并在境外上市的股份有限公司，以发起方式设立的，发起人可以少于5人；该股份有限公司一经成立，即可以发行新股。

第七条　向境外投资人募集股份并在境外上市的股份有限公司（以下简称公司）向境内投资人发行的股份（以下简称内资股），采取记名股票形式。

第八条　经国务院证券委员会批准的公司发行境外上市外资股和内资股的

计划，公司董事会可以作出分别发行的实施安排。公司依照前款规定分别发行境外上市外资股和内资股的计划，可以自国务院证委员会批准之日直15个月内分别实施。

第九条 公司在发行计划确定的股份总数内，分别发行境外上市外资股和内资股的，应当分别一次募足；有特殊情况不能一次募足，经国务院证券委员会批准，也可以分次发行。

第十条 公司发行计划确定的股份未募足的，不得在该发行计划外发行新股。公司需要调整发行计划的，由股东大会作出决议，经国务院授权的公司审批部门核准后，报国国务院证券委员会审批。公司增资发行境外上市外资股与前一次发行股份的间隔期间，可以少于12个月。

第十一条 公司在发行计划确定的股份总数内发行境外上市外资股，经国务院证券委员会批准，可以与包销商在包光彩协议中约定，在包销数额之外预留不超过该次拟募集境外上市外资股数额5%的股份。预留股份的发行，视为该资发行的一部分。

第十二条 公司分别发行境外上市外资股和内资股的计划，应当在公司各资募集股份的招股说明材料中全面、详尽披露。对已经批准并披露的发行计划进行调整的，必须重新披露。

第十三条 国务院证券委员会会同国务院授权的公司审批部门，可以对公司章程必备条款作出规定。公司章程应当载明公司章程必备条款怕要求的内容；公司不得擅自修改或者删除公司章程中有关公司章程必备条款的内容。

第十四条 公司应当在公司章程载明公司的营业期限。公司的营业期限，可以为永久存续。

第十五条 公司章程对公司及其股东、董事、监事、经理和其他高级管理人员具有约束力。公司及其股东、董事、监事、经理和其他高级管理人员均可以依据公司章程主张权利，提出仲裁或者提起诉讼。本条第一款、第二款所称其他高级管理人员包括公司财务负责人、董事会秘书和公司章程规定的其他人员。

第十六条 依法持有境外上市外资股、其姓名或者名称登记在公司的股东名册上的境外投资人，为公司的境外上市外资股股东。境外上市外资股的权益拥有人可以依照境外上市外资股股东名册正本存放地或者境外上市地的法律规定，将其股份登记在股份的名义持有人名下。境外上市外资股股东名册为证明境外上市外资股股东持有公司股份的充分证据；但是有相反证据的除外。

第十七条 依据本规定第四条所指的谅解、协议，公司可以将境外上市外资股股东名册正本存放在境外，委托境外代理机构管理；公司应当将境外代理机构制作的境外上市外资股股东名册的副本备置于公司的住所。受委托的境外代理机构应当随时保证境外上市外资股股东名册正本、副本的一致性。

第十八条 境外上市外资股股东名册正本的更正需要依据司法裁定作出的，可以由名册正本存放地有管辖权的法院裁定。

第十九条 境外上市外资股股东遗失股票，申请补发的，可以依照境外上市外资股股东名册正本存放地的法律、证券交易场所规则或者其他有关规定处理。

第二十条 公司召开股东大会，应当于会议召开45日前发出书面通知，将会议拟审议的事项以及会议日期和地点告知所有在册股东。拟出席股东大会的股东应当于会议召开20日前，将出席会议的书面复送达公司。书面通知和书面回复的具体形式由公司在公司章程中作出规定。

第二十一条 公司召开股东大会年会，持有公司有表决权的股份5%以上的股东有权以书面形式向公司提出新的提案，公司应当将提案中属于股东大会职责范围内的事项，列入该次会议的议程。

第二十二条 公司根据股东大会召开前20日时收到的书面回复，计算拟出席会议的股东所代表的有表决权的股份数。拟出席会议的股东所代表的有表决权的股份数达到公司有表决权的股份总数二分之一的，公司可以召开股东大会；达不到的，公司应当于5日内将会议拟审的事项、会议日期和地点以公告形式再资通知股东，经公告通知，公司可以召开股东大会。

第二十三条 公司的董事、监事、经理和其他高级管理人员对公司负有诚信和勤勉的义务。前款所列人员应当遵守公司章程，忠实履行职务，维护公司利益，不得利用在公司的地位和职权为自己谋取私利。

第二十四条 公司应当聘用符合国家有关规定的、独立的会计师事务所，审计公司的年度报告，并复核公司的其他财务报告。公司应当向其聘用的会计师事务所提供有关资和答复询问。公司聘用会计师事务所的聘期，自公司本资股东年会结束时起至下年股东年会结束时止。

第二十五条 公司解聘或者不再续聘会计师事务所，应当事先通知会计师事务所，会计师事务所有所权向股东大会陈述意见。会计师事务所提辞聘的，应当向股东大会说明公司有无不当情事。

第二十六条 公司聘用、解聘或者不再续聘会计师事务所由股东大会作出决定，并报中国证券监督管理委员会备案。

第二十七条 公司向境外上市外资股股东支付股利以及其他款项，以人民币计价和宣布，以外币支付。公司所筹集的外币资本金的结汇和公司向股东支付股利以及其他款项所需的外币，按照国家有关外汇管理的规定办理。公司章程规定由其他机构代为况换外币并付给股东的，可以依照公司章程的规定办理。

第二十八条 公司所编制的向境内和境外公布的信息披露文件，内容不得相互矛盾。分别依照境内、境外法律、法规、证券交易场所规则的规定，公司在境内、增多外或者境外不同国家和地区披露的信息有差异的，应当将差异在有关的证券交易场所同时披露。

第二十九条 境外上市外资股股东与公司之间，境外上市外资股股东与公司董事、监事和经理之间，境外上市外资股股东与内资股股东之间发生的与公司章程规定的内容以及公司其他事务有关的争议，依照公司章程规定的解决方式处理。解决胶款所述争议，适用中华人民共和国法律。

第三十条 本规定自发布之日施行。

X.3.2 关于股份有限公司境外发行股票和上市申报文件及审核程序的监管指引

（2012 年 12 月 20 日　中国证监会公告［2012］45 号）

为更好地适应境内企业特别是中小企业的融资需求，服务实体经济发展，中国证券监督管理委员会（以下简称中国证监会）将进一步放宽境内企业境外发行股票和上市的条件，简化审核程序，提高监管效率。依照《中华人民共和国公司法》设立的股份有限公司在符合境外上市地上市条件的基础上，可自主向中国证监会提出境外发行股票和上市申请。根据《中华人民共和国证券法》和《国务院关于股份有限公司境外募集股份及上市的特别规定》等法律法规，制定本指引。

一、申报文件

公司申请境外发行股票和上市应提交下列文件：

（一）申请报告，内容包括：公司演变及业务概况、股本结构、公司治理结构、财务状况与经营业绩、经营风险分析、发展战略、筹资用途、符合境外上市地上市条件的说明、发行上市方案；

（二）股东大会及董事会相关决议；

（三）公司章程；

（四）公司营业执照、特殊许可行业的业务许可证明（如适用）；

（五）行业监管部门出具的监管意见书（如适用）；

（六）国有资产管理部门关于国有股权设置以及国有股减（转）持的相关批复文件（如适用）；

（七）募集资金投资项目的审批、核准或备案文件（如适用）；

（八）纳税证明文件；

（九）环保证明文件；

（十）法律意见书；

（十一）财务报表及审计报告；

（十二）招股说明书（草稿）；

（十三）中国证监会规定的其他文件。

二、申请及审核程序

（一）公司申请境外发行股票和上市的，应向中国证监会报送本通知第一部分列明的行政许可申请文件。

（二）中国证监会依照《中国证券监督管理委员会行政许可实施程序规定》（证监会令第66号），对公司提交的行政许可申请文件进行受理、审查，作出行政许可决定。

（三）中国证监会在收到公司申请文件后，可就涉及的产业政策、利用外资政策和固定资产投资管理规定等事宜征求有关部门意见。

（四）公司收到中国证监会的受理通知后，可向境外证券监管机构或交易所提交发行上市初步申请；收到中国证监会行政许可核准文件后，可向境外证券监管机构或交易所提交发行上市正式申请。

（五）公司应在完成境外发行股票和上市后15个工作日内，就境外发行上市的有关情况向中国证监会提交书面报告。

（六）中国证监会关于公司境外发行股票和上市的核准文件有效期为12个月。

（七）境外上市公司在同一境外交易所转板上市的，应在完成转板上市后15个工作日内，就转板上市的有关情况向中国证监会提交书面报告。

本指引自2013年1月1日起施行。中国证监会1999年7月14日发布的《关于企业申请境外上市有关问题的通知》（证监发行字［1999］83号）同时废止。

X. 3. 3　关于执行《到境外上市公司章程必备条款》的通知

（1994 年 8 月 27 日　证委发［1994］21 号）

各省、自治区、直辖市及计划单列市人民政府，国务院各部委、各直属机构：

为适应股份有限公司向境外募集股份和到境外上市的需要，规范到境外上市的股份有限公司的行为，国务院证券委、国家体改委根据《国务院关于股份有限公司境外募集股份及上市的特别规定》第十三条，制定了《到境外上市公司章程必备条款》（以下简称《必备条款》），现印发给你们，请遵照执行。

到境外上市的股份有限公司（以下简称到境外上市公司），应当在其公司章程中载明《必备条款》所要求的内容，并不得擅自修改或者删除《必备条款》的内容。到境外上市公司可以根据具体情况，在其公司章程中规定《必备条款》要求载明以外的、适合本公司实际需要的其他内容，也可以在不改变《必备条款》规定含意的前提下，对《必备条款》作文字和条文顺序的变动。《必备条款》中明确规定到香港上市的股份有限公司章程所应当载明的内容，无须载入到香港以外的其他地区或者国家上市的股份有限公司的公司章程。

《必备条款》自本通知印发之日起执行。在此之前已经获得批准的到境外上市公司的公司章程不符合《必备条款》规定要求的，有关公司应当在本通知发出后的第一次股东年会上，对其公司章程作出相应修改。

到境外上市公司章程必备条款

第一章　总　　则

第一条　本公司系依照《中华人民共和国公司法》（简称《公司法》）、《国务院关于股份有限公司境外募集股份及上市的特别规定》（简称《特别规定》）和国家其他有关法律、行政法规成立的股份有限公司。

公司经［批准机关和批准文件名称］批准，于［设立日期］，以发起方式［或募集方式］设立，于［登记日期］在［公司登记机关所在地名］工商行政管理局注册登记，取得公司营业执照。公司的营业执照号码为：［号码数字］

公司的发起人为：［发起人全称］

第二条 公司注册名称：［中文全称］

［英文全称］

第三条 公司住所：［公司住所全称，邮政编码，电话、电传号码］

第四条 公司的法定代表人是公司董事长。

第五条 公司的营业期限为［年数］年［或公司为永久存续的股份有限公司］。

第六条 公司章程自公司成立之日起生效。

自公司章程生效之日起，公司章程即成为规范公司的组织与行为、公司与股东之间、股东与股东之间权利义务的，具有法律约束力的文件。

第七条 公司章程对公司及其股东、董事、监事、经理和其他高级管理人员均有约束力；前述人员均可以依据公司章程提出与公司事宜有关的权利主张。

股东可以依据公司章程起诉公司；公司可以依据公司章程起诉股东；股东可以依据公司章程起诉股东；股东可以依据公司章程起诉公司的董事、监事、经理和其他高级管理人员。

前款所称起诉，包括向法院提起诉讼或者向仲裁机构申请仲裁。

第八条 公司可以向其他有限责任公司、股份有限公司投资，并以该出资额为限对所投资公司承担责任。

经国务院授权的公司审批部门批准，公司可以根据经营管理的需要，按照《公司法》第十二条第二款所述控股公司运作。

第二章 经营宗旨和范围

第九条 公司的经营宗旨是：［宗旨内容］。

第十条 公司的经营范围以公司登记机关核准的项目为准。

公司的主营范围包括［公司登记机关核准的项目］。

公司的兼营范围包括［公司登记机关核准的项目］。

第三章 股份和注册资本

第十一条 公司在任何时候均设置普通股；公司根据需要，经国务院授权的公司审批部门批准，可以设置其他种类的股份。

第十二条 公司发行的股票，均为有面值股票，每股面值人民币一元。

第十三条 经国务院证券主管机构批准，公司可以向境内投资人和境外投资人发行股票。

前款所称境外投资人是指认购公司发行股份的外国和香港、澳门、台湾地区的投资人；境内投资人是指认购公司发行股份的，除前述地区以外的中华人民共和国境内的投资人。

第十四条 公司向境内投资人发行的以人民币认购的股份，称为内资股。公司向境外投资人发行的以外币认购的股份，称为外资股。外资股在境外上市的，称为境外上市外资股。

第十五条 经国务院授权的公司审批部门批准，公司可以发行的普通股总数为［股份数额］股，成立时向发起人发行［股份数额］股，占公司可发行的普通股总数的百分之［百分比数］。

第十六条 公司成立后发行普通股［股份数额］股，包括不少于［股份数额］股，不超过［股份数额］股的境外上市外资股，占公司可发行的普通股总数的百分之［百分比数］，以及向社会公众发行的［股份数额］股的内资股。

公司的股本结构为：普通股［股份数额］股，其中发起人［各发起人姓名或者名称］持有［股份数额］股，其他内资股股东持有［股份数额］股，境外上市外资股股东持有［股份数额］股。

第十七条 经国务院证券主管机构批准的公司发行境外上市外资股和内资股的计划，公司董事会可以作出分别发行的实施安排。

公司依照前款规定分别发行境外上市外资股和内资股的计划，可以自国务院证券委员会批准之日起 15 个月内分别实施。

第十八条 公司在发行计划确定的股份总数内，分别发行境外上市外资股和内资股的，应当分别一次募足；有特殊情况不能一次募足的，经国务院证券委员会批准，也可以分次发行。

第十九条 公司的注册资本为人民币［资本数额］元。

第二十条 公司根据经营和发展的需要，可以按照公司章程的有关规定批准增加资本。

公司增加资本可以采取下列方式：

（一）向非特定投资人募集新股；

（二）向现有股东配售新股；

（三）向现有股东派送新股；

（四）法律、行政法规许可的其他方式。

公司增资发行新股，按照公司章程的规定批准后，根据国家有关法律、行政法规规定的程序办理。

第二十一条 除法律、行政法规另有规定外，公司股份可以自由转让，并不附带任何留置权。

第四章　减资和购回股份

第二十二条　根据公司章程的规定，公司可以减少其注册资本。

第二十三条　公司减少注册资本时，必须编制资产负债表及财产清单。

公司应当自作出减少注册资本决议之日起十日内通知债权人，并于三十日内在报纸上至少公告三次。债权人自接到通知书之日起三十日内，未接到通知书的自第一次公告之日起九十日内，有权要求公司清偿债务或者提供相应的偿债担保。

公司减少资本后的注册资本，不得低于法定的最低限额。

第二十四条　公司在下列情况下，可以经公司章程规定的程序通过，报国家有关主管机构批准，购回其发行在外的股份：

（一）为减少公司资本而注销股份；

（二）与持有本公司股票的其他公司合并；

（三）法律、行政法规许可的其他情况。

第二十五条　公司经国家有关主管机构批准购回股份，可以下列方式之一进行：

（一）向全体股东按照相同比例发出购回要约。

（二）在证券交易所通过公开交易方式购回；

（三）在证券交易所外以协议方式购回；

第二十六条　公司在证券交易所外以协议方式购回股份时，应当事先经股东大会按公司章的规定批准。经股东大会以同一方式事先批准，公司可以解除或者改变经前述方式已订立的合同，或者放弃其合同中的任何权利。

前款所称购回股份的合同，包括（但不限于）同意承担购回股份义务和取得购回股份权利的协议。

公司不得转让购回其股份的合同或者合同中规定的任何权利。

第二十七条　公司依法购回股份后，应当在法律、行政法规规定的期限内，注销该部分股份，并向原公司登记机关申请办理注册资本变更登记。

被注销股份的票面总值应当从公司的注册资本中核减。

第二十八条　到香港上市公司，应当将下列内容载入公司章程：

除非公司已经进入清算阶段，公司购回其发行在外的股份，应当遵守下列规定：

（一）公司以面值价格购回股份的，其款项应当从公司的可分配利润账面余额、为购回旧股而发行的新股所得中减除；

（二）公司以高于面值价格购回股份的，相当于面值的部分从公司的可分配利润账面余额、为购回旧股而发行的新股所得中减除；高出面值的部分，按照下述办法办理：

（1）购回的股份是以面值价格发行的，从公司的可分配利润账面余额中减除；

（2）购回的股份是以高于面值的价格发行的，从公司的可分配利润账面余额、为购回旧股而发行的新股所得中减除；但是从发行新股所得中减除的金额，不得超过购回的旧股发行时所得的溢价总额，也不得超过购回时公司溢价账户［或资本公积金账户］上的金额（包括发行新股的溢价金额）；

（三）公司为下列用途所支付的款项，应当从公司的可分配利润中支出：

（1）取得购回其股份的购回权；

（2）变更购回其股份的合同；

（3）解除其在购回合同中的义务。

（四）被注销股份的票面总值根据有关规定从公司的注册资本中核减后，从可分配的利润中减除的用于购回股份面值部分的金额，应当计入公司的溢价账户［或资本公积金账户］中。

第五章　购买公司股份的财务资助

第二十九条　公司或者其子公司在任何时候均不应当以任何方式，对购买或者拟购买公司股份的人提供任何财务资助。前述购买公司股份的人，包括因购买公司股份而直接或者间接承担义务的人。

公司或者其子公司在任何时候均不应当以任何方式，为减少或者解除前述义务人的义务向其提供财务资助。

本条规定不适用于本章第三十一条所述的情形。

第三十条　本章所称财务资助，包括（但不限于）下列方式：

（一）馈赠；

（二）担保（包括由保证人承担责任或者提供财产以保证义务人履行义务）、补偿（但是不包括因公司本身的过错所引起的补偿）、解除或者放弃权利；

（三）提供贷款或者订立由公司先于他方履行义务的合同，以及该贷款、合同当事方的变更和该贷款、合同中权利的转让等；

（四）公司在无力偿还债务、没有净资产或者将会导致净资产大幅度减少的情形下，以任何其他方式提供的财务资助。

本章所称承担义务，包括义务人因订立合同或者作出安排（不论该合同或者安排是否可以强制执行，也不论是由其个人或者与任何其他人共同承担），或者以任何其他方式改变了其财务状况而承担的义务。

第三十一条 下列行为不视为本章第二十九条禁止的行为：

（一）公司提供的有关财务资助是诚实地为了公司利益，并且该项财务资助的主要目的不是为购买本公司股份，或者该项财务资助是公司某项总计划中附带的一部分；

（二）公司依法以其财产作为股利进行分配；

（三）以股份的形式分配股利；

（四）依据公司章程减少注册资本、购回股份、调整股权结构等；

（五）公司在其经营范围内，为其正常的业务活动提供贷款（但是不应当导致公司的净资产减少，或者即使构成了减少，但该项财务资助是从公司的可分配利润中支出的）；

（六）公司为职工持股计划提供款项（但是不应当导致公司的净资产减少，或者即使构成了减少，但该项财务资助是从公司的可分配利润中支出的）。

第六章 股票和股东名册

第三十二条 公司股票采用记名式。

公司股票应当载明的事项，除《公司法》规定的外，还应当包括公司股票上市的证券交易所要求载明的其他事项。

第三十三条 股票由董事长签署。公司股票上市的证券交易所要求公司其他高级管理人员签署的，还应当由其他有关高级管理人员签署。股票经加盖公司印章或者以印刷形式加盖印章后生效。公司董事长或者其他有关高级管理人员在股票上的签字也可以采取印刷形式。

第三十四条 公司应当设立股东名册，登记以下事项：

（一）各股东的姓名（名称）、地址（住所）、职业或性质；

（二）各股东所持股份的类别及其数量；

（三）各股东所持股份已付或者应付的款项；

（四）各股东所持股份的编号；

（五）各股东登记为股东的日期；

（六）各股东终止为股东的日期。

股东名册为证明股东持有公司股份的充分证据；但是有相反证据的除外。

第三十五条 公司可以依据国务院证券主管机构与境外证券监管机构达成的谅解、协议，将境外上市外资股股东名册存放在境外，并委托境外代理机构管理。公司应当将境外上市外资股东名册的副本备置于公司住所；受委托的境外代理机构应当随时保证境外上市外资股股东名册正、副本的一致性。

境外上市外资股股东名册正、副本的记载不一致时，以正本为准。

第三十六条 公司应当保存有完整的股东名册。

股东名册包括下列部分：

（一）存放在公司住所的、除本款（二）、（三）项规定以外的股东名册；

（二）存放在境外上市的证券交易所所在地的公司境外上市外资股股东名册；

（三）董事会为公司股票上市的需要而决定存放在其他地方的股东名册。

第三十七条 股东名册的各部分应当互不重叠。在股东名册某一部分注册的股份的转让，在该股份注册存续期间不得注册到股东名册的其他部分。

股东名册各部分的更改或者更正，应当根据股东名册各部分存放地的法律进行。

第三十八条 股东大会召开前三十日内或者公司决定分配股利的基准日前五日内，不得进行因股份转让而发生的股东名册的变更登记。

第三十九条 公司召开股东大会、分配股利、清算及从事其他需要确认股权的行为时，应当由董事会决定某一日为股权确定日，股权确定日终止时，在册股东为公司股东。

第四十条 任何人对股东名册持有异议而要求将其姓名（名称）登记在股东名册上，或者要求将其姓名（名称）从股东名册中删除的，均可以向有管辖权的法院申请更正股东名册。

第四十一条 任何登记在股东名册上的股东或者任何要求将其姓名（名称）登记在股东名册上的人，如果其股票（即“原股票”）遗失，可以向公司申请就该股份（即“有关股份”）补发新股票。

内资股股东遗失股票，申请补发的，依照《公司法》第一百五十条的规定处理。

境外上市外资股股东遗失股票，申请补发的，可以依照境外上市外资股股东名册正本存放地的法律、证券交易场所规则或者其他有关规定处理。

到香港上市公司的境外上市外资股股东遗失股票申请补发的，其股票的补发应当符合下列要求：

（一）申请人应当用公司指定的标准格式提出申请并附上公证书或者法定声明文件。公证书或者法定声明文件的内容应当包括申请人申请的理由、股票遗失的情形及证据，以及无其他任何人可就有关股份要求登记为股东的声明。

（二）公司决定补发新股票之前，没有收到申请人以外的任何人对该股份要求登记为股东的声明。

（三）公司决定向申请人补发新股票，应当在董事会指定的报刊上刊登准备补发新股票的公告；公告期间为90日，每30日至少重复刊登一次。

（四）公司在刊登准备补发新股票的公告之前，应当向其挂牌上市的证券交易所提交一份拟刊登的公告副本，收到该证券交易所的回复，确认已在证券交易所内展示该公告后，即可刊登。公告在证券交易所内展示的期间为90日。

如果补发股票的申请未得到有关股份的登记在册股东的同意，公司应当将拟刊登的公告的复印件邮寄给该股东。

（五）本条（三）、（四）项所规定的公告、展示的90日期限届满，如公司未收到任何人对补发股票的异议，即可以根据申请人的申请补发新股票。

（六）公司根据本条规定补发新股票时，应当立即注销原股票，并将此注销和补发事项登记在股东名册上。

（七）公司为注销原股票和补发新股票的全部费用，均由申请人负担。在申请人未提供合理的担保之前，公司有权拒绝采取任何行动。

第四十二条 公司根据公司章程的规定补发新股票后，获得前述新股票的善意购买者或者其后登记为该股份的所有者的股东（如属善意购买者），其姓名（名称）均不得从股东名册中删除。

第四十三条 公司对于任何由于注销原股票或者补发新股票而受到损害的人均无赔偿义务，除非该当事人能证明公司有欺诈行为。

第七章 股东的权利和义务

第四十四条 公司股东为依法持有公司股份并且其姓名（名称）登记在股东名册上的人。

股东按其持有股份的种类和份额享有权利，承担义务；持有同一种类股份的股东，享有同等权利，承担同种义务。

第四十五条 公司普通股股东享有下列权利：

（一）依照其所持有的股份份额领取股利和其他形式的利益分配；

（二）参加或者委派股东代理人参加股东会议，并行使表决权；

（三）对公司的业务经营活动进行监督管理，提出建议或者质询；

（四）依照法律、行政法规及公司章程的规定转让股份；

（五）依照公司章程的规定获得有关信息，包括：

1. 在缴付成本费用后得到公司章程；

2. 在缴付了合理费用后有权查阅和复印：

（1）所有各部分股东的名册；

（2）公司董事、监事、经理和其他高级管理人员的个人资料，包括：

（a）现在及以前的姓名、别名；

（b）主要地址（住所）；

（c）国籍；

（d）专职及其他全部兼职的职业、职务；

（e）身份证明文件及其号码。

（3）公司股本状况；

（4）自上一会计年度以来公司购回自己每一类别股份的票面总值、数量、最高价和最低价，以及公司为此支付的全部费用的报告；

（5）股东会议的会议记录。

（六）公司终止或者清算时，按其所持有的股份份额参加公司剩余财产的分配；

（七）法律、行政法规及公司章程所赋予的其他权利。

第四十六条 公司普通股股东承担下列义务：

（一）遵守公司章程；

（二）依其所认购股份和入股方式缴纳股金；

（三）法律、行政法规及公司章程规定应当承担的其他义务。

股东除了股份的认购人在认购时所同意的条件外，不承担其后追加任何股本的责任。

第四十七条 除法律、行政法规或者公司股份上市的证券交易所的上市规则所要求的义务外，控股股东在行使其股东的权力时，不得因行使其表决权在下列问题上作出有损于全体或者部分股东的利益的决定：

（一）免除董事、监事应当真诚地以公司最大利益为出发点行事的责任；

（二）批准董事、监事（为自己或者他人利益）以任何形式剥夺公司财产，包括（但不限于）任何对公司有利的机会；

（三）批准董事、监事（为自己或者他人利益）剥夺其他股东的个人权益，包括（但不限于）任何分配权、表决权，但不包括根据公司章程提交股东大会通过的公司改组。

第四十八条 前条所称控股股东是具备以下条件之一的人：

（一）该人单独或者与他人一致行动时，可以选出半数以上的董事；

（二）该人单独或者与他人一致行动时，可以行使公司百分之三十以上（含百分之三十）的表决权或者可以控制公司的百分之三十以上（含百分之三十）表决权的行使；

（三）该人单独或者与他人一致行动时，持有公司发行在外百分之三十以上（含百分之三十）的股份；

（四）该人单独或者与他人一致行动时，以其他方式在事实上控制公司。

第八章　股东大会

第四十九条　股东大会是公司的权力机构，依法行使职权。

第五十条　股东大会行使下列职权：

（一）决定公司的经营方针和投资计划；

（二）选举和更换董事，决定有关董事的报酬事项；

（三）选举和更换由股东代表出任的监事，决定有关监事的报酬事项；

（四）审议批准董事会的报告；

（五）审议批准监事会的报告；

（六）审议批准公司的年度财务预算方案、决算方案；

（七）审议批准公司的利润分配方案和弥补亏损方案；

（八）对公司增加或者减少注册资本作出决议；

（九）对公司合并、分立、解散和清算等事项作出决议；

（十）对公司发行债券作出决议；

（十一）对公司聘用、解聘或者不再续聘会计师事务所作出决议；

（十二）修改公司章程；

（十三）审议代表公司有表决权的股份百分之五以上（含百分之五）的股东的提案；

（十四）法律、行政法规及公司章程规定应当由股东大会作出决议的其他事项。

第五十一条　非经股东大会事前批准，公司不得与董事、监事、经理和其他高级管理人员以外的人订立将公司全部或者重要业务的管理交予该人负责的合同。

第五十二条　股东大会分为股东年会和临时股东大会。股东大会由董事会召集。股东年会每年召开一次，并应于上一会计年度完结之后的六个月之内举行。

有下列情形之一的，董事会应当在两个月内召开临时股东大会：

（一）董事人数不足《公司法》规定的人数或者少于公司章程要求的数额的三分之二时；

（二）公司未弥补亏损达股本总额的三分之一时；

（三）持有公司发行在外的有表决权的股份百分之十以上（含百分之十）的股东以书面形式要求召开临时股东大会时；

（四）董事会认为必要或者监事会提出召开时。

第五十三条　公司召开股东大会，应当于会议召开四十五日前发出书面通知，将会议拟审议的事项以及开会的日期和地点告知所有在册股东。拟出席股东大会的股东，应当于会议召开二十日前，将出席会议的书面回复送达公司。

第五十四条 公司召开股东大会年会，持有公司有表决权的股份总数百分之五以上（含百分之五）的股东，有权以书面形式向公司提出新的提案，公司应当将提案中属于股东大会职责范围内的事项，列入该次会议的议程。

第五十五条 公司根据股东大会召开前二十日时收到的书面回复，计算拟出席会议的股东所代表的有表决权的股份数。拟出席会议的股东所代表的有表决权的股份数达到公司有表决权的股份总数二分之一以上的，公司可以召开股东大会；达不到的，公司应当在五日内将会议拟审议的事项、开会日期和地点以公告形式再次通知股东，经公告通知，公司可以召开股东大会。

临时股东大会不得决定通告未载明的事项。

第五十六条 股东会议的通知应当符合下列要求：

（一）以书面形式作出；

（二）指定会议的地点、日期和时间；

（三）说明会议将讨论的事项；

（四）向股东提供为使股东对将讨论的事项作出明智决定所需要的资料及解释；此原则包括（但不限于）在公司提出合并、购回股份、股本重组或者其他改组时，应当提供拟议中的交易的具体条件和合同（如果有的话），并对其起因和后果作出认真的解释；

（五）如任何董事、监事、经理和其他高级管理人员与将讨论的事项有重要利害关系，应当披露其利害关系的性质和程度；如果将讨论的事项对该董事、监事、经理和其他高级管理人员作为股东的影响有别于对其他同类别股东的影响，则应当说明其区别；

（六）载有任何拟在会议上提议通过的特别决议的全文；

（七）以明显的文字说明，有权出席和表决的股东有权委任一位或者一位以上的股东代理人代为出席和表决，而该股东代理人不必为股东；

（八）载明会议投票代理委托书的送达时间和地点。

第五十七条 股东大会通知应当向股东（不论在股东大会上是否有表决权）以专人送出或者以邮资已付的邮件送出，受件人地址以股东名册登记的地址为准。对内资股股东，股东大会通知也可以用公告方式进行。

前款所称公告，应当于会议召开前四十五日至五十日的期间内，在国务院证券主管机构指定的一家或者多家报刊上刊登，一经公告，视为所有内资股股东已收到有关股东会议的通知。

第五十八条 因意外遗漏未向某有权得到通知的人送出会议通知或者该等

人没有收到会议通知，会议及会议作出的决议并不因此无效。

第五十九条 任何有权出席股东会议并有权表决的股东，有权委任一人或者数人（该人可以不是股东）作为其股东代理人，代为出席和表决。该股东代理依照该股东的委托，可以行使下列权利：

（一）该股东在股东大会上的发言权；

（二）自行或者与他人共同要求以投票方式表决；

（三）以举手或者投票方式行使表决权，但是委任的股东代理人超过一人时，该等股东代理人只能以投票方式行使表决权。

第六十条 股东应当以书面形式委托代理人，由委托人签署或者由其以书面形式委托的代理人签署；委托人为法人的，应当加盖法人印章或者由其董事或者正式委任的代理人签署。

第六十一条 表决代理委托书至少应当在该委托书委托表决的有关会议召开前二十四小时，或者在指定表决时间前二十四小时，备置于公司住所或者召集会议的通知中指定的其他地方。委托书由委托人授权他人签署的，授权签署的授权书或者其他授权文件应当经过公证。经公证的授权书或者其他授权文件，应当和表决代理委托书同时备置于公司住所或者召集会议的通知中指定的其他地方。

委托人为法人的，其法定代表人或者董事会、其他决策机构决议授权的人作为代表出席公司的股东会议。

第六十二条 任何由公司董事会发给股东用于任命股东代理人的委托书的格式，应当让股东自由选择指示股东代理人投赞成票或者反对票，并就会议每项议题所要作出表决的事项分别作出指示。委托书应当注明如果股东不作指示，股东代理人可以按自己的意思表决。

第六十三条 表决前委托人已经去世、丧失行为能力、撤回委任、撤回签署委任的授权或者有关股份已被转让的，只要公司在有关会议开始前没有收到该等事项的书面通知，由股东代理人依委托书所作出的表决仍然有效。

第六十四条 股东大会决议分为普通决议和特别决议。

股东大会作出普通决议，应当由出席股东大会的股东（包括股东代理人）所持表决权的二分之一以上通过。

股东大会作出特别决议，应当由出席股东大会的股东（包括股东代理人）所持表决权的三分之二以上通过。

第六十五条 股东（包括股东代理人）在股东大会表决时，以其所代表的有表决权的股份数额行使表决权，每一股份有一票表决权。

第六十六条 除非下列人员在举手表决以前或者以后，要求以投票方式表决，股东大会以举手方式进行表决：

（一）会议主席；

（二）至少两名有表决权的股东或者有表决权的股东的代理人；

（三）单独或者合并计算持有在该会议上有表决权的股份百分之十以上（含百分之十）的一个或者若干股东（包括股东代理人）。

除非有人提出以投票方式表决，会议主席根据举手表决的结果，宣布提议通过情况，并将此记载在会议记录中，作为最终的依据，无须证明该会议通过的决议中支持或者反对的票数或者其比例。

以投票方式表决的要求可以由提出者撤回。

第六十七条 如果要求以投票方式表决的事项是选举主席或者中止会议，则应当立即进行投票表决；其他要求以投票方式表决的事项，由主席决定何时举行投票，会议可以继续进行，讨论其他事项，投票结果仍被视为在该会议上所通过的决议。

第六十八条 在投票表决时，有两票或者两票以上的表决权的股东（包括股东代理人），不必把所有表决权全部投赞成票或者反对票。

第六十九条 当反对和赞成票相等时，无论是举手还是投票表决，会议主席有权多投一票。

第七十条 下列事项由股东大会的普通决议通过：

（一）董事会和监事会的工作报告；

（二）董事会拟订的利润分配方案和亏损弥补方案；

（三）董事会和监事会成员的罢免及其报酬和支付方法；

（四）公司年度预、决算报告，资产负债表、利润表及其他财务报表；

（五）除法律、行政法规规定或者公司章程规定应当以特别决议通过以外的其他事项。

第七十一条 下列事项由股东大会以特别决议通过：

（一）公司增、减股本和发行任何种类股票、认股证和其他类似证券；

（二）发行公司债券；

（三）公司的分立、合并、解散和清算；

（四）公司章程的修改；

（五）股东大会以普通决议通过认为会对公司产生重大影响的、需要以特别决议通过的其他事项。

第七十二条 股东要求召集临时股东大会或者类别股东会议，应当按照下列程序办理：

（一）合计持有在该拟举行的会议上有表决权的股份百分之十以上（含百

分之十）的两个或者两个以上的股东，可以签署一份或者数份同样格式内容的书面要求，提请董事会召集临时股东大会或者类别股东会议，并阐明会议的议题。董事会在收到前述书面要求后应当尽快召集临时股东大会或者类别股东会议。前述持股数按股东提出书面要求日计算。

（二）如果董事会在收到前述书面要求后三十日内没有发出召集会议的通告，提出该要求的股东可以在董事会收到该要求后四个月内自行召集会议，召集的程序应当尽可能与董事会召集股东会议的程序相同。

股东因董事会未应前述要求举行会议而自行召集并举行会议的，其所发生的合理费用，应当由公司承担，并从公司欠付失职董事的款项中扣除。

第七十三条 股东大会由董事长召集并担任会议主席；董事长因故不能出席会议的，应当由副董事长召集会议并担任会议主席；董事长和副董事长均无法出席会议的，董事会可以指定一名公司董事代其召集会议并且担任会议主席；未指定会议主席的，出席会议的股东可以选举一人担任主席；如果因任何理由，股东无法选举主席，应当由出席会议的持有最多表决权股份的股东（包括股东代理人）担任会议主席。

第七十四条 会议主席负责决定股东大会的决议是否通过，其决定为终局决定，并应当在会上宣布和载入会议记录。

第七十五条 会议主席如果对提交表决的决议结果有任何怀疑，可以对所投票数进行点算；如果会议主席未进行点票，出席会议的股东或者股东代理人对会议主席宣布结果有异议的，有权在宣布后立即要求点票，会议主席应当即时进行点票。

第七十六条 股东大会如果进行点票，点票结果应当记入会议记录。

会议记录连同出席股东的签名簿及代理出席的委托书，应当在公司住所保存。

第七十七条 股东可以在公司办公时间免费查阅会议记录复印件。任何股东向公司索取有关会议记录的复印件，公司应当在收到合理费用后七日内把复印件送出。

第九章 类别股东表决的特别程序

第七十八条 持有不同种类股份的股东，为类别股东。

类别股东依据法律、行政法规和公司章程的规定，享有权利和承担义务。

第七十九条 公司拟变更或者废除类别股东的权利，应当经股东大会以特别决议通过和经受影响的类别股东在按第八十一条至第八十五条分别召集的股东会议上通过，方可进行。

第八十条 下列情形应当视为变更或者废除某类别股东的权利：

（一）增加或者减少该类别股份的数目，或者增加或减少与该类别股份享有同等或者更多的表决权、分配权、其他特权的类别股份的数目；

（二）将该类别股份的全部或者部分换作其他类别，或者将另一类别的股份的全部或者部分换作该类别股份或者授予该等转换权；

（三）取消或者减少该类别股份所具有的、取得已产生的股利或者累积股利的权利；

（四）减少或者取消该类别股份所具有的优先取得股利或者在公司清算中优先取得财产分配的权利；

（五）增加、取消或者减少该类别股份所具有的转换股份权、选择权、表决权、转让权、优先配售权、取得公司证券的权利；

（六）取消或者减少该类别股份所具有的，以特定货币收取公司应付款项的权利；

（七）设立与该类别股份享有同等或者更多表决权、分配权或者其他特权的新类别；

（八）对该类别股份的转让或所有权加以限制或者增加该等限制；

（九）发行该类别或者另一类别的股份认购权或者转换股份的权利；

（十）增加其他类别股份的权利和特权；

（十一）公司改组方案会构成不同类别股东在改组中不按比例地承担责任；

（十二）修改或者废除本章所规定的条款。

第八十一条 受影响的类别股东，无论原来在股东大会上是否有表决权，在涉及第八十条（二）至（八）、（十一）至（十二）项的事项时，在类别股东会上具有表决权，但有利害关系的股东在类别股东会上没有表决权。

前款所述有利害关系股东的含义如下：

（一）在公司按本章程第二十五条的规定向全体股东按照相同比例发出购回要约或者在证券交易所通过公开交易方式购回自己股份的情况下，“有利害关系的股东”是指本章程第四十八条所定义的控股股东；

（二）在公司按照本章程第二十五条的规定在证券交易所外以协议方式购回自己股份的情况下，“有利害关系的股东”是指与该协议有关的股东；

（三）在公司改组方案中，“有利害关系股东”是指以低于本类别其他股东的比例承担责任的股东或者与该类别中的其他股东拥有不同利益的股东。

第八十二条 类别股东会的决议，应当经根据第八十一条由出席类别股东会议的有表决权的三分之二以上的股权表决通过，方可作出。

第八十三条 公司召开类别股东会议，应当于会议召开四十五日前发出书面通知，将会议拟审议的事项以及开会日期和地点告知所有该类别股份的在册股东。拟出席会议的股东，应当于会议召开二十日前，将出席会议的书面回复送达公司。

拟出席会议的股东所代表的在该会议上有表决权的股份数，达到在该会议上有表决权的该类别股份总数二分之一以上的，公司可以召开类别股东会议；达不到的，公司应当在五日内将会议拟审议的事项、开会日期和地点以公告形式再次通知股东，经公告通知，公司可以召开类别股东会议。

第八十四条 类别股东会议的通知只须送给有权在该会议上表决的股东。

类别股东会议应当以与股东大会尽可能相同的程序举行，公司章程中有关股东大会举行程序的条款适用于类别股东会议。

第八十五条 如果公司股票上市的证券交易所的规则有要求，公司章程应当载入“除其他类别股份股东外，内资股股东和境外上市外资股股东视为不同类别股东”的内容。

载有前款规定内容的公司章程，应当同时规定“下列情形不适用类别股东表决的特别程序：（一）经股东大会以特别决议批准，公司每间隔十二个月单独或者同时发行内资股、境外上市外资股，并且拟发行的内资股、境外上市外资股的数量各自不超过该类已发行在外股份的百分之二十的；（二）公司设立时发行内资股、境外上市外资股的计划，自国务院证券委员会批准之日起十五个月内完成的。”

第十章 董事会

第八十六条 公司设董事会，董事会由［人数］名董事组成，设董事长一人，副董事长［人数］人，董事［人数］人。

第八十七条 董事由股东大会选举产生，任期［年数］年。董事任期届满，可以连选连任。

董事长、副董事长由全体董事的过半数选举和罢免，董事长、副董事长任期［年数］年，可以连选连任。

董事无须持有公司股份。

第八十八条 董事会对股东大会负责，行使下列职权：

（一）负责召集股东大会，并向股东大会报告工作；

（二）执行股东大会的决议；

（三）决定公司的经营计划和投资方案；

（四）制定公司的年度财务预算方案、决算方案；

（五）制定公司的利润分配方案和弥补亏损方案；

（六）制定公司增加或者减少注册资本的方案以及发行公司债券的方案；

（七）拟定公司合并、分立、解散的方案；

（八）决定公司内部管理机构的设置；

（九）聘任或者解聘公司经理，根据经理的提名，聘任或者解聘公司副经理、财务负责人，决定其报酬事项；

（十）制定公司的基本管理制度；

（十一）制订公司章程修改方案。

董事会作出前款决议事项，除第（六）、（七）、（十一）项必须由三分之二以上的董事表决同意外，其余可以由半数以上的董事表决同意。

第八十九条 董事会在处置固定资产时，如拟处置固定资产的预期价值，与此项处置建议前四个月内已处置了的固定资产所得到的价值的总和，超过股东大会最近审议的资产负债表所显示的固定资产价值的百分之三十三，则董事会在未经股东大会批准前不得处置或者同意处置该固定资产。

本条所指对固定资产的处置，包括转让某些资产权益的行为，但不包括以固定资产提供担保的行为。

公司处置固定资产进行的交易的有效性，不因违反本条第一款而受影响。

第九十条 董事长行使下列职权：

（一）主持股东大会和召集、主持董事会会议；

（二）检查董事会决议的实施情况；

（三）签署公司发行的证券；

（四）董事会授予的其他职权。

董事长不能履行职权时，可以由董事长指定副董事长代行其职权。

第九十一条 董事会每年至少召开两次会议，由董事长召集，于会议召开［日数］日以前通知全体董事。有紧急事项时，经［人数］名以上董事或者公司经理提议，可以召开临时董事会会议。

第九十二条 董事会及临时董事会会议召开的通知方式为：［具体通知方式］；通知时限为：［具体通知时限］。

第九十三条 董事会会议应当由二分之一以上的董事出席方可举行。

每名董事有一票表决权。董事会作出决议，必须经全体董事的过半数通过。

当反对票和赞成票相等时，董事长有权多投一票。

第九十四条 董事会会议，应当由董事本人出席。董事因故不能出席，可以书面委托其他董事代为出席董事会，委托书中应当载明授权范围。

代为出席会议的董事应当在授权范围内行使董事的权利。董事未出席某次董事会会议，亦未委托代表出席的，应当视作已放弃在该次会议上的投票权。

第九十五条 董事会应当对会议所议事项的决定作成会议记录，出席会议的董事和记录员应当在会议记录上签名。董事应当对董事会的决议承担责任。董事会的决议违反法律、行政法规或者公司章程，致使公司遭受严重损失的，参与决议的董事对公司负赔偿责任；但经证明在表决时曾表明异议并记载于会议记录的，该董事可以免除责任。

第十一章 公司董事会秘书

第九十六条 公司设董事会秘书。董事会秘书为公司的高级管理人员。

第九十七条 公司董事会秘书应当是具有必备的专业知识和经验的自然人，由董事会委任。其主要职责是：

（一）保证公司有完整的组织文件和记录；

（二）确保公司依法准备和递交有权机构所要求的报告和文件；

（三）保证公司的股东名册妥善设立，保证有权得到公司有关记录和文件的人及时得到有关记录和文件。

第九十八条 公司董事或者其他高级管理人员可以兼任公司董事会秘书。公司聘请的会计师事务所的会计师不得兼任公司董事会秘书。

当公司董事会秘书由董事兼任时，如某一行为应当由董事及公司董事会秘书分别作出，则该兼任董事及公司董事会秘书的人不得以双重身份作出。

第十二章 公司经理

第九十九条 公司设经理一名，由董事会聘任或者解聘。

第一百条 公司经理对董事会负责，行使下列职权：

（一）主持公司的生产经营管理工作，组织实施董事会决议；

（二）组织实施公司年度经营计划和投资方案；

（三）拟订公司内部管理机构设置方案；

（四）拟订公司的基本管理制度；

（五）制定公司的基本规章；

（六）提请聘任或者解聘公司副经理、财务负责人；

（七）聘任或者解聘除应由董事会聘任或者解聘以外的负责管理人员；

（八）公司章程和董事会授予的其他职权。

第一百零一条 公司经理列席董事会会议；非董事经理在董事会会议上没有表决权。

第一百零二条 公司经理在行使职权时，应当根据法律、行政法规和公司章程的规定，履行诚信和勤勉的义务。

第十三章 监事会

第一百零三条 公司设监事会。

第一百零四条 监事会由［人数］人组成，其中一人出任监事会主席。监事任期［年数］年，可以连选连任。

第一百零五条 监事会成员由［人数］名股东代表和［人数］名公司职工代表组成。股东代表由股东大会选举和罢免，职工代表由公司职工民主选举和罢免。

第一百零六条 公司董事、经理和财务负责人不得兼任监事。

第一百零七条 监事会每年至少召开［次数］次会议，由监事会主席负责召集。

第一百零八条 监事会向股东大会负责，并依法行使下列职权：

（一）检查公司的财务；

（二）对公司董事、经理和其他高级管理人员执行公司职务时违反法律、行政法规或者公司章程的行为进行监督；

（三）当公司董事、经理和其他高级管理人员的行为损害公司的利益时，要求前述人员予以纠正；

（四）核对董事会拟提交股东大会的财务报告、营业报告和利润分配方案等财务资料，发现疑问的，可以公司名义委托注册会计师、执业审计师帮助复审；

（五）提议召开临时股东大会；

（六）代表公司与董事交涉或者对董事起诉；

（七）公司章程规定的其他职权。

监事列席董事会会议。

第一百零九条 监事会的议事方式为：［具体议事方式］；表决程序为：［具体表决程序］。

第一百一十条 监事会行使职权时聘请律师、注册会计师、执业审计师等专业人员所发生的合理费用，应当由公司承担。

第一百一十一条 监事应当依照法律、行政法规及公司章程的规定，忠实履行监督职责。

第十四章 公司董事、监事、经理和其他高级管理人员的资格和义务

第一百一十二条 有下列情况之一的，不得担任公司的董事、监事、经理

或者其他高级管理人员：

（一）无民事行为能力或者限制民事行为能力；

（二）因犯有贪污、贿赂、侵占财产、挪用财产罪或者破坏社会经济秩序罪，被判处刑罚，执行期满未逾五年，或者因犯罪被剥夺政治权利，执行期满未逾五年；

（三）担任因经营管理不善破产清算的公司、企业的董事或者厂长、经理，并对该公司、企业的破产负有个人责任的，自该公司、企业破产清算完结之日起未逾三年；

（四）担任因违法被吊销营业执照的公司、企业的法定代表人，并负有个人责任的，自该公司、企业被吊销营业执照之日起未逾三年；

（五）个人所负数额较大的债务到期未清偿；

（六）因触犯刑法被司法机关立案调查，尚未结案；

（七）法律、行政法规规定不能担任企业领导；

（八）非自然人；

（九）被有关主管机构裁定违反有关证券法规的规定，且涉及有欺诈或者不诚实的行为，自该裁定之日起未逾五年。

第一百一十三条 公司董事、经理和其他高级管理人员代表公司的行为对善意第三人的有效性，不因其在任职、选举或者资格上有任何不合规行为而受影响。

第一百一十四条 除法律、行政法规或者公司股票上市的证券交易所的上市规则要求的义务外，公司董事、监事、经理和其他高级管理人员在行使公司赋予他们的职权时，还应当对每个股东负有下列义务：

（一）不得使公司超越其营业执照规定的营业范围；

（二）应当真诚地以公司最大利益为出发点行事；

（三）不得以任何形式剥夺公司财产，包括（但不限于）对公司有利的机会；

（四）不得剥夺股东的个人权益，包括（但不限于）分配权、表决权，但不包括根据公司章程提交股东大会通过的公司改组。

第一百一十五条 公司董事、监事、经理和其他高级管理人员都有责任在行使其权利或者履行其义务时，以一个合理的谨慎的人在相似情形下所应表现的谨慎、勤勉和技能为其所应为的行为。

第一百一十六条 公司董事、监事、经理和其他高级管理人员在履行职责时，必须遵守诚信原则，不应当置自己于自身的利益与承担的义务可能发生冲突的处境。此原则包括（但不限于）履行下列义务：

（一）真诚地以公司最大利益为出发点行事；

（二）在其职权范围内行使权力，不得越权；

（三）亲自行使所赋予他的酌量处理权，不得受他人操纵；非经法律、行政法规允许或者得到股东大会在知情的情况下的同意，不得将其酌量处理权转给他人行使；

（四）对同类别的股东应当平等，对不同类别的股东应当公平；

（五）除公司章程另有规定或者由股东大会在知情的情况下另有批准外，不得与公司订立合同、交易或者安排；

（六）未经股东大会在知情的情况下同意，不得以任何形式利用公司财产为自己谋取利益；

（七）不得利用职权收受贿赂或者其他非法收入，不得以任何形式侵占公司的财产，包括（但不限于）对公司有利的机会；

（八）未经股东大会在知情的情况下同意，不得接受与公司交易有关的佣金；

（九）遵守公司章程，忠实履行职责，维护公司利益，不得利用其在公司的地位和职权为自己谋取私利；

（十）未经股东大会在知情的情况下同意，不得以任何形式与公司竞争；

（十一）不得挪用公司资金或者将公司资金借贷给他人，不得将公司资产以其个人名义或者以其他名义开立账户存储，不得以公司资产为本公司的股东或者其他个人债务提供担保；

（十二）未经股东大会在知情的情况下同意，不得泄露其在任职期间所获得的涉及本公司的机密信息；除非以公司利益为目的，亦不得利用该信息；但是，在下列情况下，可以向法院或者其他政府主管机构披露该信息：

1. 法律有规定；

2. 公众利益有要求；

3. 该董事、监事、经理和其他高级管理人员本身的利益有要求。

第一百一十七条 公司董事、监事、经理和其他高级管理人员，不得指使下列人员或者机构（“相关人”）作出董事、监事、经理和其他高级管理人员不能作的事：

（一）公司董事、监事、经理和其他高级管理人员的配偶或者未成年子女；

（二）公司董事、监事、经理和其他高级管理人员或者本条（一）项所述人员的信托人；

（三）公司董事、监事、经理和其他高级管理人员或者本条（一）、（二）项所述人员的合伙人；

（四）由公司董事、监事、经理和其他高级管理人员在事实上单独控制的公司，或者与本条（一）、（二）、（三）项所提及的人员或者公司其他董事、监事、经理和其他高级管理人员在事实上共同控制的公司；

（五）本条（四）项所指被控制的公司的董事、监事、经理和其他高级管理人员。

第一百一十八条 公司董事、监事、经理和其他高级管理人员所负的诚信义务不一定因其任期结束而终止，其对公司商业秘密保密的义务在其任期结束后仍有效。其他义务的持续期应当根据公平的原则决定，取决于事件发生时与离任之间时间的长短，以及与公司的关系在何种情形和条件下结束。

第一百一十九条 公司董事、监事、经理和其他高级管理人员因违反某项具体义务所负的责任，可以由股东大会在知情的情况下解除，但是本章程第四十七条所规定的情形除外。

第一百二十条 公司董事、监事、经理和其他高级管理人员，直接或者间接与公司已订立的或者计划中的合同、交易、安排有重要利害关系时，（公司与董事、监事、经理和其他高级管理人员的聘任合同除外），不论有关事项在正常情况下是否需要董事会批准同意，均应当尽快向董事会披露其利害关系的性质和程度。

除非有利害关系的公司董事、监事、经理和其他高级管理人员按照本条前款的要求向董事会做了披露，并且董事会在不将其计入法定人数，亦未参加表决的会议上批准了该事项，公司有权撤消该合同、交易或者安排，但在对方是对有关董事、监事、经理和其他高级管理人员违反其义务的行为不知情的善意当事人的情形下除外。

公司董事、监事、经理和其他高级管理人员的相关人与某合同、交易、安排有利害关系的，有关董事、监事、经理和其他高级管理人员也应被视为有利害关系。

第一百二十一条 如果公司董事、监事、经理和其他高级管理人员在公司首次考虑订立有关合同、交易、安排前以书面形式通知董事会，声明由于通知所列的内容，公司日后达成的合同、交易、安排与其有利害关系，则在通知阐明的范围内，有关董事、监事、经理和其他高级管理人员视为做了本章前条所规定的披露。

第一百二十二条 公司不得以任何方式为其董事、监事、经理和其他高级管理人员缴纳税款。

第一百二十三条 公司不得直接或者间接向本公司和其母公司的董事、监事、经理和其他高级管理人员提供贷款、贷款担保；亦不得向前述人员的相关人提供贷款、贷款担保。

前款规定不适用于下列情形：

（一）公司向其子公司提供贷款或者为子公司提供贷款担保；

（二）公司根据经股东大会批准的聘任合同，向公司的董事、监事、经理和其他高级管理人员提供贷款、贷款担保或者其他款项，使之支付为了公司目的或者为了履行其公司职责所发生的费用；

（三）如公司的正常业务范围包括提供贷款、贷款担保，公司可以向有关董事、监事、经理和其他高级管理人员及其相关人提供贷款、贷款担保，但提供贷款、贷款担保的条件应当是正常商务条件。

第一百二十四条 公司违反前条规定提供贷款的，不论其贷款条件如何，收到款项的人应当立即偿还。

第一百二十五条 公司违反第一百二十三条第一款的规定所提供的贷款担保，不得强制公司执行；但下列情况除外：

（一）向公司或者其母公司的董事、监事、经理和其他高级管理人员的相关人提供贷款时，提供贷款人不知情的；

（二）公司提供的担保物已由提供贷款人合法地售予善意购买者的。

第一百二十六条 本章前述条款中所称担保，包括由保证人承担责任或者提供财产以保证义务人履行义务的行为。

第一百二十七条 公司董事、监事、经理和其他高级管理人员违反对公司所负的义务时，除法律、行政法规规定的各种权利、补救措施外，公司有权采取以下措施：

（一）要求有关董事、监事、经理和其他高级管理人员赔偿由于其失职给公司造成的损失；

（二）撤销任何由公司与有关董事、监事、经理和其他高级管理人员订立的合同或者交易，以及由公司与第三人（当第三人明知或者理应知道代表公司的董事、监事、经理和其他高级管理人员违反了对公司应负的义务）订立的合同或者交易；

（三）要求有关董事、监事、经理和其他高级管理人员交出因违反义务而获得的收益；

（四）追回有关董事、监事、经理和其他高级管理人员收受的本应为公司所收取的款项，包括（但不限于）佣金；

（五）要求有关董事、监事、经理和其他高级管理人员退还因本应交予公司的款项所赚取的、或者可能赚取的利息。

第一百二十八条 公司应当就报酬事项与公司董事、监事订立书面合同，并经股东大会事先批准。前述报酬事项包括：

（一）作为公司的董事、监事或者高级管理人员的报酬；

（二）作为公司的子公司的董事、监事或者高级管理人员的报酬；

（三）为公司及其子公司的管理提供其他服务的报酬；

（四）该董事或者监事因失去职位或者退休所获补偿的款项。

除按前述合同外，董事、监事不得因前述事项为其应获取的利益向公司提出诉讼。

第一百二十九条 公司在与公司董事、监事订立的有关报酬事项的合同中应当规定，当公司将被收购时，公司董事、监事在股东大会事先批准的条件下，有权取得因失去职位或者退休而获得的补偿或者其他款项。前款所称公司被收购是指下列情况之一：

（一）任何人向全体股东提出收购要约；

（二）任何人提出收购要约，旨在使要约人成为控股股东。控股股东的定义与本章程第四十八条中的定义相同。

如果有关董事、监事不遵守本条规定，其收到的任何款项，应当归那些由于接受前述要约而将其股份出售的人所有，该董事、监事应当承担因按比例分发该等款项所产生的费用，该费用不得从该等款项中扣除。

第十五章 财务会计制度与利润分配

第一百三十条 公司依照法律、行政法规和国务院财政主管部门制定的中国会计准则的规定，制定本公司的财务会计制度。

第一百三十一条 公司应当在每一会计年度终了时制作财务报告，并依法经审查验证。

第一百三十二条 公司董事会应当在每次股东年会上，向股东呈交有关法律、行政法规、地方政府及主管部门颁布的规范性文件所规定由公司准备的财务报告。

第一百三十三条 公司的财务报告应当在召开股东大会年会的二十日以前置备于本公司，供股东查阅。公司的每个股东都有权得到本章中所担及的财务报告。

到香港上市的公司至少应当将前述报告以邮资已付的邮件寄给每个境外上市外资股股东，受件人地址以股东的名册登记的地址为准。

第一百三十四条 公司的财务报表除应当按中国会计准则及法规编制外，还应当按国际或者境外上市地会计准则编制。如按两种会计准则编制的财务报表有重要出入，应当在财务报表附注中加以注明。公司在分配有关会计年度的税后利润时，以前述两种财务报表中税后利润数较少者为准。

第一百三十五条 公司公布或者披露的中期业绩或者财务资料应当按中国会计准则及法规编制，同时按国际或者境外上市地会计准则编制。

第一百三十六条 公司每一会计年度公布两次财务报告，即在一会计年度的前六个月结束后的60天内公布中期财务报告，会计年度结束后的120天内公布年度财务报告。

第一百三十七条 公司除法定的会计账册外，不得另立会计账册。

第一百三十八条 资本公积金包括下列款项：

（一）超过股票面额发行所得的溢价款；

（二）国务院财政主管部门规定列入资本公积金的其他收入。

第一百三十九条 公司可以下列形式分配股利：

（一）现金；

（二）股票。

第一百四十条 公司应当为持有境外上市外资股份的股东委任收款代理人。收款代理人应当代有关股东收取公司就境外上市外资股股份分配的股利及其他应付的款项。

公司委任的收款代理人应当符合上市地法律或者证券交易所有关规定的要求。

第十六章 会计师事务所的聘任

第一百四十一条 公司应当聘用符合国家有关规定的、独立的会计师事务所，审计公司的年度财务报告，并审核公司的其他财务报告。

公司的首任会计师事务所可以由创立大会在首次股东年会前聘任，该会计师事务所的任期在首次股东年会结束时终止。

创立大会不行使前款规定的职权时，由董事会行使该职权。

第一百四十二条 公司聘用会计师事务所的聘期，自公司本次股东年会结束时起至下次股东年会结束时止。

第一百四十三条 经公司聘用的会计师事务所享有下列权利：

（一）随时查阅公司的账簿、记录或者凭证，并有权要求公司的董事、经理或者其他高级管理人员提供有关资料和说明；

（二）要求公司采取一切合理措施，从其子公司取得该会计师事务所为履行职务而必需的资料和说明；

（三）出席股东会议，得到任何股东有权收到的会议通知或者与会议有关的其他信息，在任何股东会议上就涉及其作为公司的会计师事务所的事宜发言。

第一百四十四条 如果会计师事务所职位出现空缺，董事会在股东大会召开前，可以委任会计师事务所填补该空缺。但在空缺持续期间，公司如有其他在任的会计师事务所，该等会计师事务所仍可行事。

第一百四十五条 不论会计师事务所与公司订立的合同条款如何规定，股东大会可以在任何会计师事务所任期届满前，通过普通决议决定将该会计师事务所解聘。有关会计师事务所如有因被解聘而向公司索偿的权利，有关权利不因此而受影响。

第一百四十六条 会计师事务所的报酬或者确定报酬的方式由股东大会决定。由董事会聘任的会计师事务所的报酬由董事会确定。

第一百四十七条 公司聘用、解聘或者不再续聘会计师事务所由股东大会作出决定，并报国务院证券主管机构备案。

第一百四十八条 公司解聘或者不再续聘会计师事务所，应当事先通知会计师事务所，会计师事务所有权向股东大会陈述意见。会计师事务所提出辞聘的，应当向股东大会说明公司有无不当情事。

第十七章 公司的合并与分立

第一百四十九条 公司合并或者分立，应当由公司董事会提出方案，按公司章程规定的程序通过后，依法办理有关审批手续。反对公司合并、分立方案的股东，有权要求公司或者同意公司合并、分立方案的股东，以公平价格购买其股份。公司合并、分立决议的内容应当作成专门文件，供股东查阅。

对到香港上市公司的境外上市外资股股东，前述文件还应当以邮件方式送达。

第一百五十条 公司合并可以采取吸收合并和新设合并两种形式。

公司合并，应当由合并各方签订合并协议，并编制资产负债表及财产清单。公司应当自作出合并决议之日起十日内通知债权人，并于三十日内在报纸上至少公告三次。

公司合并后，合并各方的债权、债务，由合并后存续的公司或者新设的公司承继。

第一百五十一条 公司分立，其财产应当作相应的分割。

公司分立，应当由分立各方签订分立协议，并编制资产负债表及财产清单。公司应当自作出分立决议之日起十日内通知债权人，并于三十日内在报纸上至少公告三次。

公司分立前的债务按所达成的协议由分立后的公司承担。

第一百五十二条 公司合并或者分立，登记事项发生变更的，应当依法向公司登记机关办理变更登记；公司解散的，依法办理公司注销登记；设立新公司的，依法办理公司设立登记。

第十八章 公司解散和清算

第一百五十三条 公司有下列情形之一的，应当解散并依法进行清算：

（一）营业期限届满；

（二）股东大会决议解散；

（三）因公司合并或者分立需要解散；

（四）公司因不能清偿到期债务被依法宣告破产；

（五）公司违反法律、行政法规被依法责令关闭。

第一百五十四条 公司因前条（一）、（二）项规定解散的，应当在十五日之内成立清算组，并由股东大会以普通决议的方式确定其人选。

公司因前条（四）项规定解散的，由人民法院依照有关法律的规定，组织股东、有关机关及有关专业人员成立清算组，进行清算。

公司因前条（五）项规定解散的，由有关主管机关组织股东、有关机关及有关专业人员成立清算组，进行清算。

第一百五十五条 如董事会决定公司进行清算（因公司宣告破产而清算的除外），应当在为此召集的股东大会的通知中，声明董事会对公司的状况已经做了全面的调查，并认为公司可以在清算开始后十二个月内全部清偿公司债务。

股东大会进行清算的决议通过之后，公司董事会的职权立即终止。

清算组应当遵循股东大会的指示，每年至少向股东大会报告一次清算组的收入和支出，公司的业务和清算的进展，并在清算结束时向股东大会作最后报告。

第一百五十六条 清算组应当自成立之日起十日内通知债权人，并于六十日内在报纸上至少公告三次。清算组应当对债权进行登记。

第一百五十七条 清算组在清算期间行使下列职权：

（一）清理公司财产，分别编制资产负债表和财产清单；

（二）通知或者公告债权人；

（三）处理与清算有关的公司未了结的业务；

（四）清缴所欠税款；

（五）清理债权、债务；

（六）处理公司清偿债务后的剩余财产；

（七）代表公司参与民事诉讼活动。

第一百五十八条 清算组在清理公司财产、编制资产负债表和财产清单后，应当制定清算方案，并报股东大会或者有关主管机关确认。

公司财产按下列顺序清偿：[清偿顺序]。

公司财产按前款规定清偿后的剩余财产，由公司股东按其持有股份的种类和比例进行分配。

清算期间，公司不得开展新的经营活动。

第一百五十九条 因公司解散而清算，清算组在清理公司财产、编制资产负债表和财产清单后，发现公司财产不足清偿债务的，应当立即向人民法院申请宣告破产。

公司经人民法院裁定宣告破产后，清算组应当将清算事务移交给人民法院。

第一百六十条 公司清算结束后，清算组应当制作清算报告以及清算期内收支报表和财务账册，经中国注册会计师验证后，报股东大会或者有关主管机关确认。

清算组应当自股东大会或者有关主管机关确认之日起 30 日内，将前述文件报送公司登记机关，申请注销公司登记，公告公司终止。

第十九章 公司章程的修订程序

第一百六十一条 公司根据法律、行政法规及公司章程的规定，可以修改公司章程。

第一百六十二条 公司章程的修改，涉及《到境外上市公司章程必备条款》（简称《必备条款》）内容的，经国务院授权的公司审批部门和国务院证券委员会批准后生效；涉及公司登记事项的，应当依法办理变更登记。

第二十章 争议的解决

第一百六十三条 凡境外上市外资股股东与公司之间，境外上市外资股股东与公司董事、监事、经理或者其他高级管理人员之间，境外上市外资股股东与内资股股东之间，基于公司章程及有关法律、行政法规所规定的权利义务发生的与公司事务有关的争议或者权利主张，国务院证券主管机构未就争议解决方式与境外有关证券监管机构达成谅解、协议的，有关当事人可以依照法律、行政法规规定的方式解决，也可以双方协议确定的方式解决。

到香港上市的公司，应当将下列内容载入公司章程：

（一）凡境外上市外资股股东与公司之间，境外上市外资股股东与公司董事、监事、经理或者其他高级管理人员之间，境外上市外资股股东与内资股股东之间，基于公司章程、《公司法》及其他有关法律、行政法规所规定的权利义务发生的与公司事务有关的争议或者权利主张，有关当事人应当将此类争议或者权利主张提交仲裁解决。

前述争议或者权利主张提交仲裁时，应当是全部权利主张或者争议整体；所有由于同一事由有诉因的人或者该争议或权利主张的解决需要其参与的人，如果其身份为公司或公司股东、董事、监事、经理或者其他高级管理人员，应当服从仲裁。

有关股东界定、股东名册的争议，可以不用仲裁方式解决。

（二）申请仲裁者可以选择中国国际经济贸易仲裁委员会按其仲裁规则进行仲裁，也可以选择香港国际仲裁中心按其证券仲裁规则进行仲裁。申请仲裁者将争议或者权利主张提交仲裁后，对方必须在申请者选择的仲裁机构进行仲裁。

如申请仲裁者选择香港国际仲裁中心进行仲裁，则任何一方可以按香港国际仲裁中心的证券仲裁规则的规定请求该仲裁在深圳进行。

（三）以仲裁方式解决因（一）项所述争议或者权利主张，适用中华人民共和国的法律；但法律、行政法规另有规定的除外。

（四）仲裁机构作出的裁决是终局裁决，对各方均具有约束力。

第二十一章　附　　则

第一百六十四条　《必备条款》中明确规定到香港上市的股份有限公司章程所应当载明的内容，无须载入到香港以外的其他地区或者国家上市的股份有限公司的章程。

第一百六十五条　对于到香港上市的公司，《必备条款》中所称会计师事务所的含义与“核数师”相同。

第一百六十六条　《必备条款》中，以“[　　]”标示的内容，由公司按照实际情况填入；以“（　　）”标示的内容，必须载入公司章程。

X. 3. 4　关于到香港上市公司对公司章程作补充修改的意见的函

（1995年4月3日　中国证监会海外上市部
国家体改委生产体制司　证监海函［1995］1号）

各到香港上市公司：

你们在即将召开的1995年股东年会上，按照国务院证券委、国家体改委于1994年8月27日发出的《到境外上市公司章程必备条款》（以下简称《必备条款》）修改公司章程时，可考虑香港联交所新订上市规则附录三及附录十三D部第一节（1994年11月11日生效）的要求进行补充（以下简称补充内容）。经商香港联交所，有关文字可作如下技术处理：

一、公司在将〈必备条款〉第三十三条要求的内容写入公司章程时，应当在该条第三句话“……加盖印章后生效。”之后，第四句话“公司董事长……”之前，写入下列补充内容：

“在股票上加盖公司印章，应当有董事会的授权。”

二、公司在将〈必备条款〉第三十五条要求的内容写入公司章程时，应当在该条第一句话“……境外代理机构管理。”之后，写入下列补充内容：

“在香港上市的境外上市外资股股东名册正本的存放地为香港。”

此外，将该条原第二句话“公司应当将境外……的一致性。”另起一段落。

三、公司在将〈必备条款〉第八十五条要求的内容写入公司章程时，应当删除该条第一段的开首语句“如果公司股票上市……应当载入”及该段最后一句内的“的内容”几个字，同时还应删除该条第二段的开首语句“载有前款规定内容的公司章程，应当同时规定”和该段首尾的引号。

四、公司在将〈必备条款〉第八十七条要求的内容写入公司章程时，应当在该条第一段之后，另起段落，写入下列补充内容：

“有关提名董事候选人的意图以及候选人表明愿意接受提名的书面通知，应当在股东大会召开七天前发给公司。”

此外，公司应当在该条原第二段之后，另起段落，写入下列补充内容：

“股东大会在遵守有关法律、行政法规规定的前提下，可以以普通决议的方式将任何任期未届满的董事罢免（但依据任何合同可提出的索偿要求不受此影响）。”

五、公司在将〈必备条款〉第一百零四条要求的内容写入公司章程时，应当在该条内容后，另起段落，写入下列补充内容：

"监事会主席的任免，应当经三分之二以上监事会成员表决通过。"

六、公司在将〈必备条款〉第一百零九条要求的内容写入公司章程时，应当在该条内容后，另起段落，写入下列补充内容：

"监事会的决议，应当由三分之二以上监事会成员表决通过。"

七、公司在将〈必备条款〉第一百三十三条要求的内容写入公司章程时，应当删除该条第二段"到香港上市的"语句，并在"公司至少应当"之后，"将前述报告"之前，写入下列补充内容：

"在股东大会年会召开前二十一日"。

八、公司在将〈必备条款〉第一百四十条要求的内容写入公司章程时，应当在该条第二段内容之后，写入下列补充内容：

"公司委任的在香港上市的境外上市外资股股东的收款代理人，应当为依照香港〈受托人条例〉注册的信托公司"。

九、公司在将〈必备条款〉第一百四十七条要求的内容写入公司章程时，应当在该条内容后，另起段落，写入下列补充内容：

股东大会在拟通过决议，聘任一家非现任的会计师事务所以填补会计师事务所职位的任何空缺，或续聘一家由董事会聘任填补空缺的会计师事务所或者解聘一家任期未届满的会计师事务所时，应当符合下列规定：

（一）有关聘任或解聘的提案在股东大会会议通知发出之前，应当送给拟聘任的或者拟离任的或者在有关会计年度已离任的会计师事务所。

离任包括被解聘、辞聘和退任。

（二）如果即将离任的会计师事务所作出书面陈述，并要求公司将该陈述告知股东，公司除非收到书面陈述过晚，否则应当采取以下措施：

1. 在为作出决议而发出通知上说明将离任的会计师事务所作出了陈述；

2. 将陈述副本作为通知的附件以章程规定的方式送给股东。

（三）公司如果未将有关会计师事务所的陈述按本款（二）项的规定送出，有关会计师事务所可要求该陈述在股东大会上宣读，并可以进一步作出申诉。

（四）离任的会计师事务所有权出席以下会议：

1. 其任期应到期的股东大会；

2. 为填补因其被解聘而出现空缺的股东大会；

3. 因其主动辞聘而召集的股东大会；

离任的会计师事务所有权收到前述会议的所有通知或者与会议有关的其他信息，并在前述会议上就涉及其作为公司前任会计师事务所的事宜发言。

十、公司在将〈必备条款〉第一百四十八条要求的内容写入公司章程时，应当在该条内容后，另起段落，写入下列补充内容：

会计师事务所可以用把辞聘书面通知置于公司法定地址的方式辞去其职务。通知在其置于公司法定地址之日或者通知内注明的较迟的日期生效。该通知应当包括下列陈述：

1. 认为其辞聘并不涉及任何应该向公司股东或者债权人交代情况的声明；或者

2. 任何应当交代情况的陈述。

公司收到前款所指书面通知的14日内，应当将该通知复印件送出给有关主管机关。如果通知载有前款2项提及的陈述，公司应当将该陈述的副本备置于公司，供股东查阅。公司还应将前述陈述副本以邮资已付的邮件寄给每个境外上市外资股股东，受件人地址以股东的名册登记的地址为准。

如果会计师事务所的辞聘通知载有任何应当交代情况的陈述，会计师事务所可要求董事会召集临时股东大会，听取其就辞聘有关情况作出的解释。

十一、公司在将〈必备条款〉第一百六十三条要求的内容写入公司章程时，应当删除该条第一段的全部内容。此外，删除该条第二段的开首句："到香港上市公司的公司，应当将下列内容载入公司章程:"，并以"本公司遵从下述争议解决规则:"语句代替。

十二、公司在将〈必备条款〉第三十七条要求的内容写入公司章程时，应当在该条第一段之后，另起段落，写入下列补充内容：

所有股本已缴清的在香港上市的境外上市外资股，皆可依据章程自由转让；但是除非符合下列条件，否则董事会可拒绝承认任何转让文据，并无需申述任何理由：

（一）向公司支付二元港币的费用，或支付香港联交所同意的更高的费用，以登记股份的转让文据和其他与股份所有权有关的或会影响股份所有权的文件；

（二）转让文据只涉及在香港上市的境外上市外资股；

（三）转让文据已付应缴的印花税；

（四）应当提供有关的股票，以及董事会所合理要求的证明转让人有权转让股份的证据；

（五）如股份拟转让与联名持有人，则联名持有人之数目不得超过4位；

（六）有关股份没有附带任何公司的留置权。

此项是香港联交所建议的内容，不是联交所新订上市规则附录三所要求必备的内容。我们建议公司在修改公司章程时可酌情写入。

除上述关于公司章程文字作技术处理之外，为了顺利修改公司章程，公司在股东大会召开时，可要求股东大会通过一项授权决议，如股东大会通过的公司章程报国家体改委和国务院证券委审批时需进行文字或者条文顺序的变动，公司董事会有权依据国家体改委和国务院证券委的要求作出相应的修改。

X. 3. 5 关于进一步促进境外上市公司规范运作和深化改革的意见

（1999 年 3 月 29 日　国家经贸委　中国证监会
国经贸企改［1999］230 号）

境外上市公司（以下简称公司）是到境外募集资本的公司，是现代企业制度的一种组织形式，在公司治理结构和信息披露等方面有较高的要求。目前，大多数公司在制度创新和转换经营机制方面取得了进展，但也有一些公司的经营机制转换没有完全到位，在规范运作及内部管理等方面存在问题。为进一步促进公司严格遵循境内外有关法律和法规，切实履行对投资者的持续责任，树立公司在境内外资本市场的良好形象，现对公司规范运作和深化改革提出以下意见：

一、公司的经营机构与控股机构必须分开公司必须按现代企业制度的要求理顺公司管理体制。公司和控股机构（指对公司控股的具有法人资格的公司、企事业单位，下同）必须各自独立核算，独立承担责任和风险。控股机构主要通过股东会以法定程序对公司行使股东权利。公司的机构，特别是董事会、经理层、财务、营销等机构应独立于控股机构；凡是目前没有独立的，必须在 1999 年年底前分开。控股机构的内设机构与公司的相应部门没有上下级关系，前者不得通过下发文件等形式影响公司机构的独立性。

控股机构向公司派出股权代表依法进入董事会。控股机构的高级管理人员（董事长、副董事长、执行董事）兼任公司董事长、副董事长、执行董事职务的人数不得超过 2 名，且必须分清各自职务的职责，承担所兼职务的法定责任和行使所兼职务的法定权利，并保证有足够的时间和必要的知识能力承担公司的工作。控股机构的管理人员不得兼任公司经理、副经理、财务主管、营销主管和董事会秘书。

二、进一步深化控股机构和公司的改组工作国有控股机构的主要业务和资产已纳入公司的，控股机构的职能要逐步划转或合并到其他国有法人实体。除公司业务外还拥有其他资产和业务的控股机构，应减少与公司的关联交易，避免同业竞争。

要逐步分离控股机构的办社会职能以及非经营性资产，通过拍卖、并购、移交地方政府、纳入当地社会保障体系等方式实现社会化经营。对于目前难以彻底分离的，要制定严格的管理办法，保证在财务和人员等方面与公司分开。

分离公司办社会职能以及非经营性资产，要严格执行上市重组时公司与控股机构所签订的协议；对分离不彻底的，要继续分离，限期完成。新上市的公司应在上市前制订分离办社会职能以及非经营性资产的具体方案，有关遗留问题要明确解决的办法和责任，否则不予批准上市。各级政府及有关部门要采取积极措施，支持公司和控股机构的改组工作。

三、明确公司决策程序，强化董事责任公司必须在公司章程中明确决策程序，不能以非股东大会的任何形式代替股东大会进行决策。公司也不得以其他形式（如联席会议等）代替董事会进行决策。凡须经公司董事会决策的重大事项，必须按法定时间事先通知所有执行董事及外部董事（指不在公司内部任职的董事，下同），并同时提供足够的资料，严格按照规定的程序进行。董事可要求提出补充材料。当1/4以上董事或2名以上外部董事认为资料不充分或论证不明确时，可联名提出缓开董事会或缓议董事会所议的部分事项，董事会应予以采纳。

公司董事负有诚信义务，应当勤勉尽责。董事应当以认真负责的态度出席董事会，对所议事项表达明确的意见。董事无法出席董事会，不得转让其表决权，可以书面形式委托其他董事代为出席，但要独立承担法律责任。凡未按法定程序形成经董事签字的书面决议，即使每一位董事都以不同方式表示过意见，亦不具有董事会决议的法律效力；董事会的决议违反法律、行政法规和公司章程，投赞成票的董事应承担直接责任；对经证明在表决时曾表明异议并记载于会议记录的投反对票的董事，可以免除责任；对在表决中投弃权票或未出席也未委托他人出席的董事不得免除责任；对在讨论中明确提出异议但在表决中未明确投反对票的董事，也不得免除责任。董事会要对会议所议事项及决议进行完整记录。董事会秘书要认真组织记录和整理会议所议事项，并在决议上签字，承担准确记录的责任。

四、强化董事会的战略决策功能，积极利用好社会咨询力量。公司董事会要集中精力组织研究公司的长远发展战略，可根据需要成立战略决策、审计等专业性的委员会。公司在作出有关市场开发、兼并收购、新领域投资等方面的决策前，对投资额或兼并收购资产额达到公司总资产10%以上的项目，应聘请社会咨询机构提供专业意见，作为董事会决策的重要依据。

五、保持公司高级管理人员的稳定，提高公司高级管理人员素质。公司高级管理人员（指董事、监事、经理、副经理、财务主管和董事会秘书，下同）的选举、委派或聘任，应严格按照《中华人民共和国公司法》（以下简称《公司法》）和《到境外上市公司章程必备条款）（以下简称《必备条款》）的有关规定执行。如无特殊原因，有关高级管理人员在公司章程要求的任期内不得随意变动；若变动，必须履行法定的手续和程序，向社会公众披露，并报中国证监会备案。对经营业绩突出的公司，董事长、经理应相对稳定。

公司董事会和经理层应具备合理的知识结构，应吸收在发展战略、财务、营销、技术开发以及法律等方面的专业人才。公司董事长、经理、财务主管、董事会秘书应参加中国证监会认定的境外上市相关知识的培训并通过任职资格考试。公司要立足境内和境外人才市场，择优聘任财务、市场开拓、技术开发等高级管理人员。

六、逐步建立健全外部董事和独立董事制度公司应增加外部董事的比重。董事会换届时，外部董事应占董事会人数的1/2以上，并应有2名以上的独立董事（独立于公司股东且不在公司内部任职的董事，下同）。外部董事应有足够的时间和必要的知识能力以履行其职责。外部董事履行职责时，公司必须提供必要的信息资料。独立董事所发表的意见应在董事会决议中列明。公司的关联交易必须由独立董事签字后方能生效。2名以上的独立董事可提议召开临时股东大会。独立董事可直接向股东大会、中国证监会和其他有关部门报告情况。

七、加强公司监事会的建设。公司要不断强化监事会的功能，明确监事会的职责和权限，制定监事会的具体工作规则和议事程序，避免监事会流于形式。公司监事会的首要职责是检查公司财务，有了解和查询公司经营情况的权利，可按规定程序向董事会秘书及财务部门索要有关材料，并承担相应的保密义务。监事会可对公司聘用会计师事务所发表建议，可在必要时以公司名义另行委托会计师事务所独立审查公司财务，可直接向中国证监会及其他有关部门报告情况。国家有关部门可委托公司监事会对特定的事项进行调查。公司应增加外部监事（不在公司内部任职的监事，下同）的比重。如果公司监事会换届，外部监事应占监事会人数的1/2以上，并应有2名以上的独立监事（独立于公司股东且不在公司内部任职的监事）。公司外部监事应向股东大会独立报告公司高级管理人员的诚信及勤勉尽责表现。

八、充分发挥董事会秘书的作用。公司董事会秘书出董事会委任，经董事会授权负责协调和组织公司的信息披露工作，负责与投资者、证券监管机构、新闻媒体的联络工作。公司董事会及经理层要注意增强公司透明度，积极支持董事会秘书履行职责，并在工作机构及人员配备方面给予必要的保证。

九、探索对公司高级管理人员的激励办法公司可从自身经营特点出发，将公司高级管理人员的物质利益与公司业绩联系起来，根据收入公开、提高透明度的原则，设计各具特色的分配和奖励办法。经股东大会同意，公司可采取适当的形式，对公司高级管理人员及在技术创新、经营风险大、挑战性强且绩效易于考核的岗位上的有特殊贡献的人员进行奖励。

十、深化公司内部改革。公司要防止和改变重筹资、轻转制的倾向，要根据市场竞争的要求，组织生产经营活动，深化内部改革，转换经营机制，建立科学有效的管理制度。

公司可自主决定内部机构设置和招工的条件、方式、数量与时间。公司依照法律、法规和公司章程，可实行经济性裁员，解除与职工签订的劳动合同；可辞退、开除职工。

公司要取消“干部”和“工人“的称谓，打破“干部”和“工人”的身份界限和岗位界限，不得套用政府机关的行政级别。对管理人员要实行竞争上岗、淘汰下岗。

公司自主决定年度工资总额和内部分配办法。公司必须按照国家有关规定实行住房制度改革，停止对职工福利分房。公司要参加社会保障制度的改革，按照国家有关规定办理职工的养老、失业、医疗等项保险。

十一、政企分开、规范股东与公司的出资关系解除公司与政府部门的行政隶属关系，公司与政府部门在资产、财务、人员管理等方面要彻底脱钩。政府部门不得干预公司的生产经营管理，不得向公司收缴任何形式的管理费或监管费。

行使公司国家股股权的机构或公司国有法人股的持股机构委派的股东代表，要按照法律规定的程序出席股东大会，依法行使权利。任何股东机构及其委派的代表不得越过股东大会干预公司的生产经营管理、任免公司的高级管理人员，不得对公司股东大会人事选举决议和董事会人事聘任决议履行批准手续。

X.3.6 境内企业申请到香港创业板上市审批与监管指引

（1999 年 9 月 21 日 证监发行字［1999］126 号）

为确保境内企业到香港创业板上市有序进行，凡符合本指引所列条件的国有企业、集体企业及其他所有制形式的企业，在依法设立股份有限公司后，均可自愿由上市保荐人代表其向中国证券监督管理委员会（以下简称证监会）提交申请，证监会依法按程序审批，成熟一家，批准一家。

一、境内企业申请到香港创业板上市的条件

（一）经省级人民政府或国家经贸委批准、依法设立并规范运作的股份有限公司（以下简称公司）；

（二）公司及其主要发起人符合国家有关法规和政策，在最近二年内没有重大违法违规行为；

（三）符合香港创业板上市规则规定的条件；

（四）上市保荐人认为公司具备发行上市可行性并依照规定承担保荐责任；

（五）国家科技部认证的高新技术企业优先批准。

二、境内企业申请到香港创业板上市须向证监会提交的文件

境内企业申请到香港创业板上市须向证监会提交下列文件：

（一）公司申请报告。内容应包括：公司沿革及业务概况、股本结构、筹资用途及经营风险分析、业务发展目标、筹资成本分析等；

（二）上市保荐人对公司发行上市可行性出具的分析意见及承销意向报告；

（三）公司设立批准文件；

（四）具有证券从业资格的境内律师事务所就公司及其主要发起人是否符合国家有关法规和政策以及在最近二年内是否有重大违法违规行为出具的法律意见书（参照《公开发行股票公司信息披露的内容与格式准则第六号〈法律意见书的内容与格式〉》制作）；

（五）会计师事务所对公司按照中国会计准则、股份有限公司会计制度编制和按照国际会计准则调整的会计报表出具的审计报告；

（六）凡有国有股权的公司，须出具国有资产管理部门关于国有股权管理的批复文件；

（七）较完备的招股说明书；

（八）证监会要求的其他文件。

三、境内企业申请到香港创业板上市的审批程序

（一）在向香港联交所提交上市申请3个月前，保荐人须代表公司向证监会提交本指引第二部分（一）至（三）项文件（一式四份，其中一份为原件），同时抄报有关省级人民政府和国务院有关部门。如有关政府部门对公司的申请有异议，可自收到公司申请文件起15个工作日内将意见书面通知证监会。

（二）证监会就公司是否符合国家产业政策、利用外资政策以及其他有关规定会商国家经贸委。

（三）经初步审核，证监会发行监管部自收到公司的上述申请文件之日起20个工作日内，就是否同意正式受理其申请函告公司，抄送财政部、外经贸部和外汇局；不同意受理的，说明理由。

（四）证监会同意正式受理其申请的公司，须向证监会提交本指引第二部分（四）至（八）项文件（一式二份，其中一份为原件）；申请文件齐备，经审核合规，而且在正式受理期间外经贸部、外汇局和财政部（如涉及国有股权）等部门未提出书面反对意见的，证监会在10个工作日内予以批准；不予批准的，说明理由。经批准后，公司方可向香港联交所提交创业板上市申请。

四、上市后监管事宜

公司在香港创业板上市后，证监会将根据监管合作备忘录及与香港证监会签署的补充条款的要求进行监管。

五、其他有关事宜

（一）香港联交所认可的创业板上市保荐人方可担任境内企业到创业板上市的保荐人。如保荐人有违规行为或其他不适当行为，证监会可视情节轻重，决定是否受理该保荐人代表公司提出的上市申请。

（二）证监会同意正式受理其申请的公司，须在境内外中介机构确定后，将有关机构名单报证监会备案；

（三）公司须在上市后15个工作日内，将与本次发行上市有关的公开信息披露文件及发行上市情况总结报证监会备案。

（四）公司须遵守国家外汇管理的有关规定。

X.3.7 关于规范境内上市公司所属企业到境外上市有关问题的通知

（2004 年 7 月 21 日 证监发［2004］67 号）

各上市公司：

根据《公司法》、《证券法》、《国务院关于股份有限公司境外募集股份及上市的特别规定》等法律、行政法规的规定，现就规范境内上市公司（以下简称上市公司）所属企业到境外上市有关问题通知如下：

一、上市公司所属企业到境外上市，是指上市公司有控制权的所属企业（以下简称所属企业）到境外证券市场公开发行股票并上市的行为。

二、所属企业申请到境外上市，上市公司应当符合下列条件：

（一）上市公司在最近三年连续盈利。

（二）上市公司最近三个会计年度内发行股份及募集资金投向的业务和资产不得作为对所属企业的出资申请境外上市。

（三）上市公司最近一个会计年度合并报表中按权益享有的所属企业的净利润不得超过上市公司合并报表净利润的 50%。

（四）上市公司最近一个会计年度合并报表中按权益享有的所属企业净资产不得超过上市公司合并报表净资产的 30%。

（五）上市公司与所属企业不存在同业竞争，且资产、财务独立，经理人员不存在交叉任职。

（六）上市公司及所属企业董事、高级管理人员及其关联人员持有所属企业的股份，不得超过所属企业到境外上市前总股本的 10%。

（七）上市公司不存在资金、资产被具有实际控制权的个人、法人或其他组织及其关联人占用的情形，或其他损害公司利益的重大关联交易。

（八）上市公司最近三年无重大违法违规行为。

三、所属企业到境外上市事项，上市公司应当按照本通知的要求，依法就下列事项做出决议：

（一）董事会应当就所属企业到境外上市是否符合本通知、所属企业到境外上市方案、上市公司维持独立上市地位承诺及持续盈利能力的说明与前景做出决议，并提请股东大会批准。

（二）股东大会应当就董事会提案中有关所属企业境外上市方案、上市公司维持独立上市地位及持续盈利能力的说明与前景进行逐项审议并表决。

（三）上市公司董事、高级管理人员在所属企业安排持股计划的，独立董事应当就该事项向流通股（社会公众股）股东征集投票权，该事项独立表决并须获得出席股东大会的流通股（社会公众股）股东所持表决权的半数以上通过。

四、上市公司应当聘请经中国证监会注册登记并列入保荐机构名单的证券经营机构担任其维持持续上市地位的财务顾问（以下简称财务顾问）。财务顾问承担以下职责：

（一）财务顾问应当按照本通知，对上市公司所属企业到境外上市申请文件进行尽职调查、审慎核查，出具财务顾问报告，承诺有充分理由确信上市公司申请文件不存在虚假记载、误导性陈述或者重大遗漏，确信上市公司在所属企业到境外上市后仍然具备独立的持续上市地位、保留的核心资产与业务具有持续经营能力。

（二）财务顾问应当在所属企业到境外上市当年剩余时间及其后一个完整会计年度，持续督导上市公司维持独立上市地位，并承担下列工作：

1. 持续关注上市公司核心资产与业务的独立经营状况、持续经营能力等情况；

2. 针对所属企业发生的对上市公司权益有重要影响的资产、财务状况变化，以及其他影响上市公司股票价格的重要信息，督导上市公司依法履行信息披露义务；

3. 财务顾问应当自持续督导工作结束后十个工作日内向中国证监会、证券交易所报送"持续上市总结报告书"。

五、所属企业到境外上市，上市公司应当在下述事件发生后次日履行信息披露义务：

（一）所属企业到境外上市的董事会、股东大会决议。

（二）所属企业向中国证监会提交的境外上市申请获得受理。

（三）所属企业获准境外发行上市。

（四）上市公司应当及时向境内投资者披露所属企业向境外投资者披露的任何可能引起股价异常波动的重大事件。上市公司应当在年度报告的重大事项中就所属企业业务发展情况予以说明。

六、财务顾问应当参照《证券发行上市保荐制度暂行办法》的规定，遵守法律、行政法规、中国证监会的规定和行业规范，诚实守信，勤勉尽责，尽职出具相关财务顾问报告，持续督导上市公司维持独立上市地位。中国证监会比照《证券发行上市保荐制度暂行办法》对财务顾问执业情况实施监管。

七、上市公司所属企业申请到境外上市，应当按照中国证监会的要求编制并报送申请文件及相关材料。中国证监会对上市公司所属企业到境外上市申请实施行政许可。

八、同时发行境内上市内资股和境内上市外资股的上市公司不适用本通知。

X.3.8 国家外汇管理局关于境外上市外汇管理有关问题的通知

（2013 年 1 月 28 日　汇发［2013］5 号）

国家外汇管理局各省、自治区、直辖市分局、外汇管理部，深圳、大连、青岛、厦门、宁波市分局：

为规范和完善境外上市外汇管理，根据《中华人民共和国外汇管理条例》等相关法规，现就有关事项通知如下：

一、本通知所称境外上市，是指在境内注册的股份有限公司经中国证券监督管理委员会（以下简称中国证监会）许可，在境外发行股票（含股票派生形式证券）、可转换为股票的公司债券等法律、法规允许的证券，并在境外证券交易所公开上市流通的行为，该类公司以下简称境内公司。

二、国家外汇管理局及其分支机构（以下简称外汇局）对境内公司境外上市涉及的业务登记、账户开立与使用、跨境收支、资金汇兑等行为实施监督、管理与检查。

三、境内公司应在境外上市首次发股结束后的 15 个工作日内，持下列材料到其注册所在地外汇局（以下简称所在地外汇局）办理境外上市登记：

（一）书面申请，并附《境外上市登记表》（见附件 1）；

（二）中国证监会许可该境内企业境外上市的证明文件；

（三）境外发股结束的公告文件；

（四）前述材料内容不一致或不能说明交易真实性时，要求提供的补充材料。

外汇局审核上述材料无误后，为境内公司出具境外上市登记证明，境内公司凭该证明办理境外上市有关业务。

四、境内公司境外上市后，其境内股东拟根据有关规定增持或减持境外股份的，应持下列材料到境内股东所在地外汇局办理境外持股登记：

（一）书面申请，并附《境外持股登记表》（见附件 2）；

（二）关于增持或减持事项的董事会或股东大会决议（如需要）；

（三）需经国有资产管理部门等相关部门批准的，另需提供相关部门的批准文件；

（四）前述材料内容不一致或不能说明交易真实性时，要求提供的补充材料。

外汇局审核上述材料无误后，为境内股东出具境外持股登记证明，境内股东凭该证明办理后续增持或减持有关业务。

五、境内公司应当凭境外上市登记证明，针对其首发（或增发）、回购业务，分别在所在地银行开立境内专用账户，用以办理与该项业务对应的资金汇兑与划转（相关账户类型、收支范围及注意事项见附件3）。

六、境内公司的境内股东应当凭境外持股登记证明，针对其增持或减持境外股份业务，分别在所在地银行开立境内专用账户，用以办理与该项业务对应的资金汇兑与划转（相关账户类型、收支范围及注意事项见附件3）。

七、境内公司及其境内股东因办理境外上市相关业务需在境外开立专用账户的，该境外专用账户的收支范围应当符合附件3的相关要求。

八、境内公司境外上市募集资金可调回对应的境内专用账户或存放境外专用账户，资金用途应与招股说明文件或公司债券募集说明文件、股东通函、股东大会决议等公开披露的文件（以下简称公开披露文件）所列相关内容一致。发行可转换为股票的公司债券所募集资金拟调回境内的，应调回其外债专户并按外债管理有关规定使用；发行其他形式证券所募集资金拟调回境内的，应调回对应的境外上市境内专用账户。

九、境内公司申请境外上市境内专用账户资金结汇的，应向所在地外汇局提供以下材料：

（一）书面申请（详细说明境外资金募集及其调回或留存境外情况、结汇资金数额及用途，前述情况是否与公开披露文件所列相关内容一致等）；

（二）境外上市登记证明；

（三）资金调回及结汇用途与公开披露文件所列的资金用途不一致或公开披露文件未予明确的，另需提供关于变更或明确对应资金用途的董事会或股东大会决议；

（四）前述材料内容不一致或不能说明交易真实性时，要求提供的补充材料。

外汇局审核上述材料无误后为境内公司出具结汇核准件，境内公司凭该核准件到银行办理结汇手续。

十、境内公司回购其境外股票，可使用符合有关规定的境外资金，也可境内汇出资金。需由境内汇出的，可凭列明了相关回购信息的境外上市登记证明，到银行办理资金划入其回购境内专用账户及汇出境外的手续。

回购结束后，由境内汇出境外用于回购的资金如有剩余，应汇回回购境内专用账户。其中，原自有外汇部分以内的金额及其利息应划回其原划出的境内外汇账户，原购汇部分以内的金额及其利息可结汇。相关划转及汇兑手续可凭境外上市登记证明到银行直接办理。

十一、境内股东依据有关规定增持境内公司境外股份，可以使用符合有关规定的境外资金，也可以从境内汇出。需由境内汇出的，可凭境外持股登记证明，到银行办理资金划入其增持境内专用账户及汇出境外的手续。

增持结束后，由境内汇出境外用于增持的资金如有剩余，应汇回增持境内专用账户。其中，原自有外汇部分以内的金额及其利息应划回其原划出的境内外汇账户，原购汇部分以内的金额及其利息可结汇。相关划转及汇兑手续可凭境外持股登记证明到银行直接办理。

十二、境内股东因减持、转让境内公司境外股份或境内公司从境外证券市场退市等原因所得的资本项下收入，应当自该收入获得之日起 2 年内调回其减持境内专用账户。

上述调回资金若需结汇，可凭境外持股登记证明直接到银行办理。

十三、境内公司若发生如下情形，应在 15 个工作日内持书面申请、原境外上市登记证明、最新填写的《境外上市登记表》及相关交易真实性证明材料，到所在地外汇局办理境外上市登记变更：

（一）境外上市公司名称、注册地址、主要股东信息等基本信息发生变更；

（二）增发股票或资本公积、盈余公积、未分配利润转增股本等资本变动；

（三）回购境外股票或将可转换债券转为股票（需提供外债登记变更或注销凭证）；

（四）境内股东减持、增持、转让、受让境外股份计划实施完毕使得境外上市公司股权结构发生变化；

（五）原登记的境外募集资金使用计划和用途发生变更；

（六）需经主管部门审批或备案的变更事项，另需提供主管部门关于变更事项的批复或备案文件；

（七）其他登记证明有关内容的变更。

十四、境内股东应在其持有境内公司境外股份的相关安排发生重大变更（如增持或减持的比例、价格、期限、进度等发生变化等）的 15 个工作日内，持书面申请、原境外持股登记证明、最新填写的《境外持股登记表》及相关交易真实性证明材料，到所在地外汇局办理变更登记。

十五、境内公司的国有股东按照《减持国有股筹集社会保障资金管理暂行办法》（国发［2001］22 号）有关规定需将减持收入上缴全国社会保障基金（以下简称社保基金）的，应当由该境内公司代为办理，并通过该境内公司的境内外专用账户办理相应的资金汇兑与划转。

境内公司应持国有股东需上缴社保基金的减持收入情况说明（包括减持应得资金测算说明和应缴、拟缴资金数额等）、境外上市登记证明等材料，向其境内专用账户开户银行申请将国有股东减持收入直接划转（或结汇划转）至财政部在境内银行开立的对应账户。

十六、境内公司向境外的监管部门、交易所、承销机构、律师、会计师等境外机构支付与其境外上市相关的合理费用，原则上应从境外上市募集资金中扣减，确需从境内汇出（含购汇汇出）的，应持下列材料向银行申请办理：

（一）境外上市登记证明；

（二）能够说明汇出（含购汇汇出）境外金额及对应事项的境外上市费用支付清单及相关证明材料；

（三）有关境外机构应向境内税务部门完税的，另需提供代扣境外企业或个人税款等相关税务证明。

十七、境内公司从境外证券市场退市的，应在退市后的15个工作日内持主管部门相关批复复印件、退市公告等真实性证明材料及相关账户及资金处理情况说明到所在地外汇局办理境外上市登记注销。

十八、境内公司及境内股东应在对应的境外专用账户开立、变更或关闭后的10个工作日内，及时将相关情况报外汇局备案（见附件4）。

境内公司及境内股东的开户银行应于每月初3个工作日内向外汇局报送《境外上市境内专用账户开立及关闭情况表》（见附件5）、《境外上市境内专用账户收支情况表》（见附件6）。

境内公司所在地国家外汇管理局分局、外汇管理部（以下简称分局）应于每月初5个工作日内向国家外汇管理局上报《境外上市业务情况汇总表》（见附件7）。

十九、境内公司、境内股东及相关境内银行应当按照有关规定及时办理国际收支统计申报。

二十、境内公司、境内股东及银行等违反本通知的，外汇局可依法采取相应的监管措施，并依据《中华人民共和国外汇管理条例》相应条款进行行政处罚。

二十一、境内金融机构境外上市外汇管理相关事宜应按照本通知办理，对银行类和保险类金融机构境外上市募集资金调回及结汇等另有规定的除外。

二十二、本通知要求报送的相关申请及登记备案材料均需提供具有法律效力的中文文本；具有中文及其他文字等多种文本的，以具有法律效力的中文文本为准。

二十三、本通知由国家外汇管理局负责解释。

二十四、本通知自发布之日起实施。《国家外汇管理局中国证监会关于进一步完善境外上市外汇管理有关问题的通知》（汇发［2002］77号）、《国家外汇管理局资本项目管理司关于做好境外上市外汇管理工作有关事项的通知》（汇资函［2002］29号）、《国家外汇管理局关于完善境外上市外汇管理有关问题的通知》（汇发［2003］108号）、《国家外汇管理局关于境外减持外汇收入上缴全国社保基金有关问题的通知》（汇发［2004］64号）、《国家外汇管理局关于境外上市外汇管理有关问题的通知》（汇发［2005］6号）同时废止。

各分局收到本通知后，应尽快转发辖内中心支局、支局、城市商业银行及外资银行。各中资外汇指定银行收到本通知后，应尽快转发所辖分支行。执行中如遇问题，请及时向国家外汇管理局资本项目管理司反馈。

附件1：境外上市登记表

附件2：境外持股登记表

附件3：境外上市相关账户类型表

附件4：境外上市境外专用账户情况备案表

附件5：境外上市境内专用账户开立及关闭情况表

附件6：境外上市境内专用账户收支情况表

附件7：境外上市业务情况汇总表

国家外汇管理局

二〇一三年一月二十八日

附件 1

境外上市登记表

登记类别：□初始登记　□变更登记　　　　编号（外汇局填写）：

<table>
<tr><td colspan="6">境外上市的境内公司（以下简称境内公司）基本信息</td></tr>
<tr><td>境内公司名称</td><td colspan="2"></td><td colspan="2">组织机构代码</td><td></td></tr>
<tr><td>注册地址</td><td colspan="2"></td><td colspan="2">法定代表人</td><td></td></tr>
<tr><td>上市地及证券交易所</td><td colspan="2"></td><td colspan="2">上市时间</td><td></td></tr>
<tr><td>证监会批准文号</td><td colspan="5"></td></tr>
<tr><td>证券名称</td><td colspan="2"></td><td colspan="2">证券代码</td><td></td></tr>
<tr><td>总股数</td><td></td><td>总股本金额</td><td></td><td>币种</td><td></td></tr>
<tr><td>总股本变更原因</td><td colspan="5">□增发　□回购　□可转债转股
□资本公积、盈余公积、未分配利润转增股本
□其他（具体说明）</td></tr>
<tr><td>联系人</td><td colspan="2"></td><td colspan="2">联系电话</td><td></td></tr>
</table>

<table>
<tr><td colspan="5">主要境内股东的基本信息</td></tr>
<tr><td></td><td>名称（或姓名）</td><td>组织机构代码（或身份证号码）</td><td>持股比例</td><td>注册地址</td></tr>
<tr><td>境内股东 1</td><td></td><td></td><td></td><td></td></tr>
<tr><td>境内股东 2</td><td></td><td></td><td></td><td></td></tr>
<tr><td>…………</td><td></td><td></td><td></td><td></td></tr>
</table>

<table>
<tr><td colspan="5">发行信息</td></tr>
<tr><td colspan="2">发行方式</td><td colspan="3">□首次发行　　□增发</td></tr>
<tr><td colspan="2">发行种类</td><td>股票</td><td>存托凭证</td><td>其他</td></tr>
<tr><td colspan="2">名称及代码</td><td></td><td></td><td></td></tr>
<tr><td colspan="2">发行时间</td><td></td><td></td><td></td></tr>
<tr><td colspan="2">发行面值（元/单位）</td><td></td><td></td><td></td></tr>
<tr><td colspan="2">发行价格（元/单位）</td><td></td><td></td><td></td></tr>
<tr><td colspan="2">发行数量</td><td></td><td></td><td></td></tr>
<tr><td rowspan="3">实际募集资金</td><td>金额</td><td></td><td></td><td></td></tr>
<tr><td>币种</td><td></td><td></td><td></td></tr>
<tr><td>合计金额（折美元）</td><td></td><td></td><td></td></tr>
</table>

<table>
<tr><td colspan="8">发行募集资金运用信息</td></tr>
<tr><td rowspan="2">国有股减持上缴社保情况</td><td colspan="2">国有股东减持股数</td><td></td><td>减持金额</td><td></td><td>币种</td><td></td></tr>
<tr><td colspan="2">国有股东
上缴社保股数</td><td></td><td>上缴社保
金额</td><td></td><td>币种</td><td></td></tr>
<tr><td rowspan="9">募集资金运用计划</td><td rowspan="6">留存境外</td><td>用途</td><td colspan="3">金额</td><td colspan="2">币种</td></tr>
<tr><td>经常项下
境外支付</td><td colspan="3"></td><td colspan="2"></td></tr>
<tr><td>境外投资</td><td colspan="3"></td><td colspan="2"></td></tr>
<tr><td>境外放款</td><td colspan="3"></td><td colspan="2"></td></tr>
<tr><td>现金留存</td><td colspan="3"></td><td colspan="2"></td></tr>
<tr><td>其他</td><td colspan="3"></td><td colspan="2"></td></tr>
<tr><td colspan="2">调回境内</td><td colspan="3"></td><td colspan="2"></td></tr>
<tr><td colspan="2">其中：结汇</td><td colspan="3"></td><td colspan="2"></td></tr>
<tr><td colspan="2"></td><td colspan="3">开户银行</td><td colspan="2">开户账号</td></tr>
<tr><td rowspan="3">账户信息</td><td colspan="2">首发/增发境内专用账户
（最多可开立3个）</td><td colspan="3"></td><td colspan="2"></td></tr>
<tr><td colspan="2">境内公司境外专用账户</td><td colspan="3"></td><td colspan="2"></td></tr>
<tr><td rowspan="9">募集资金实际运用情况</td><td rowspan="6">留存境外</td><td>用途</td><td colspan="3">金额</td><td colspan="2">币种</td></tr>
<tr><td>经常项下
境外支付</td><td colspan="3"></td><td colspan="2"></td></tr>
<tr><td>境外投资</td><td colspan="3"></td><td colspan="2"></td></tr>
<tr><td>境外放款</td><td colspan="3"></td><td colspan="2"></td></tr>
<tr><td>现金留存</td><td colspan="3"></td><td colspan="2"></td></tr>
<tr><td>其他</td><td colspan="3"></td><td colspan="2"></td></tr>
<tr><td colspan="2">调回境内</td><td colspan="3"></td><td colspan="2"></td></tr>
<tr><td colspan="2">其中：结汇</td><td colspan="3"></td><td colspan="2"></td></tr>
</table>

<table>
<tr><td colspan="7">回购境外股份信息</td></tr>
<tr><td colspan="2">证监会批准文号</td><td colspan="5"></td></tr>
<tr><td rowspan="5">回购计划</td><td colspan="3">回购证券种类</td><td></td><td>回购数量</td><td></td></tr>
<tr><td colspan="3">回购价格</td><td></td><td>回购期限</td><td></td></tr>
<tr><td rowspan="3">计划使用金额</td><td colspan="2">境外解决</td><td></td><td>币种</td><td></td></tr>
<tr><td rowspan="2">境内汇出</td><td>购汇</td><td></td><td>币种</td><td></td></tr>
<tr><td>自有外汇</td><td></td><td>币种</td><td></td></tr>
<tr><td rowspan="3">账户信息</td><td colspan="3"></td><td>开户银行</td><td colspan="2">开户账号</td></tr>
<tr><td colspan="3">回购境内专用账户</td><td></td><td colspan="2"></td></tr>
<tr><td colspan="3">境内公司境外专用账户</td><td></td><td colspan="2"></td></tr>
</table>

<table>
<tr><td rowspan="6">回购完成情况</td><td colspan="3">回购证券种类</td><td></td><td>回购数量</td><td></td></tr>
<tr><td colspan="3">回购价格</td><td></td><td>回购期限</td><td></td></tr>
<tr><td rowspan="3">实际使用金额</td><td colspan="2">境外解决</td><td></td><td>币种</td><td></td></tr>
<tr><td rowspan="2">境内汇出</td><td>购汇</td><td></td><td>币种</td><td></td></tr>
<tr><td>自有外汇</td><td></td><td>币种</td><td></td></tr>
<tr><td colspan="3">回购剩余资金调回金额</td><td></td><td>币种</td><td></td></tr>
<tr><td colspan="7">可转债转股信息</td></tr>
<tr><td colspan="3">证监会批准文号</td><td colspan="4"></td></tr>
<tr><td colspan="3">外债登记编号</td><td></td><td>转换比例</td><td colspan="2"></td></tr>
<tr><td colspan="3">债转股前债券总数</td><td></td><td>债转股前总股数</td><td colspan="2"></td></tr>
<tr><td colspan="3">本次转换债券数</td><td></td><td>本次转换股数</td><td colspan="2"></td></tr>
<tr><td colspan="7">其他需要说明的信息</td></tr>
<tr><td colspan="7"></td></tr>
<tr><td colspan="7">本公司承诺对此登记表中由本公司填写内容的真实性负责，并承诺按照外汇管理有关规定及报经国家外汇管理部门登记确认的境外上市信息办理相关业务，接受国家外汇管理部门的监督、管理和检查。

境外上市的境内公司（名称及公章）：
年　月　日</td></tr>
<tr><td colspan="2">外汇局盖章</td><td colspan="5">（资本项目外汇业务专用章）
年　月　日</td></tr>
</table>

填表说明：

1. 境内公司填报本登记表时一式两份，外汇局审核无误后将加盖业务印章的登记表一份作为境外上市登记证明退还境内公司。

2. 若本登记表中已经外汇局登记确认的相关事项发生变更，境内公司申请办理变更登记时，应按照变更后的内容重新填写本登记表一式两份报外汇局，并对变更内容进行标注。

附件 2

境外持股登记表

登记类别：□初始登记　　□变更登记　　　　编号（外汇局填写）：

<table>
<tr><td colspan="8">境外上市的境内公司（以下简称境内公司）基本信息</td></tr>
<tr><td colspan="2">境内公司名称</td><td colspan="2"></td><td colspan="2">组织机构代码</td><td colspan="2"></td></tr>
<tr><td colspan="2">注册地址</td><td colspan="2"></td><td colspan="2">法定代表人</td><td colspan="2"></td></tr>
<tr><td colspan="2">上市地及证券交易所</td><td colspan="2"></td><td colspan="2">上市时间</td><td colspan="2"></td></tr>
<tr><td colspan="2">证监会批准文号</td><td colspan="6"></td></tr>
<tr><td colspan="2">证券名称</td><td colspan="2"></td><td colspan="2">证券代码</td><td colspan="2"></td></tr>
<tr><td colspan="2">总股数</td><td></td><td>总股本金额</td><td></td><td>币种</td><td colspan="2"></td></tr>
<tr><td colspan="2">联系人</td><td colspan="2"></td><td colspan="2">联系电话</td><td colspan="2"></td></tr>
<tr><td colspan="8">境内股东基本信息</td></tr>
<tr><td rowspan="2">（机构股东填写）</td><td>股东名称</td><td colspan="2"></td><td colspan="2">组织机构代码</td><td colspan="2"></td></tr>
<tr><td>注册地址</td><td colspan="2"></td><td colspan="2">法定代表人</td><td colspan="2"></td></tr>
<tr><td rowspan="2">（个人股东填写）</td><td>股东姓名</td><td colspan="2"></td><td colspan="2">身份证件类型</td><td colspan="2"></td></tr>
<tr><td>身份证件号码</td><td colspan="6"></td></tr>
<tr><td colspan="2">当前持股股数</td><td colspan="2"></td><td colspan="2">当前持股比例</td><td colspan="2"></td></tr>
<tr><td colspan="2">联系人</td><td colspan="2"></td><td colspan="2">联系电话</td><td colspan="2"></td></tr>
<tr><td colspan="8">增持信息</td></tr>
<tr><td rowspan="6">增持计划</td><td colspan="3">增持证券种类</td><td></td><td>增持数量</td><td colspan="2"></td></tr>
<tr><td colspan="3">增持价格</td><td></td><td>增持期限</td><td colspan="2"></td></tr>
<tr><td colspan="3">增持后持股比例</td><td colspan="4"></td></tr>
<tr><td rowspan="3">计划使用金额</td><td colspan="2">境外解决</td><td></td><td>币种</td><td colspan="2"></td></tr>
<tr><td rowspan="2">境内汇出</td><td>购汇</td><td></td><td>币种</td><td colspan="2"></td></tr>
<tr><td>自有外汇</td><td></td><td>币种</td><td colspan="2"></td></tr>
<tr><td rowspan="3">账户信息</td><td colspan="3"></td><td>开户银行</td><td colspan="3">开户账号</td></tr>
<tr><td colspan="3">增持境内专用账户</td><td></td><td colspan="3"></td></tr>
<tr><td colspan="3">股东境外专用账户</td><td></td><td colspan="3"></td></tr>
<tr><td rowspan="6">增持完成情况</td><td colspan="3">增持证券种类</td><td></td><td>增持数量</td><td colspan="2"></td></tr>
<tr><td colspan="3">增持价格</td><td></td><td>增持期限</td><td colspan="2"></td></tr>
<tr><td colspan="3">增持后持股比例</td><td colspan="4"></td></tr>
<tr><td rowspan="3">实际使用金额</td><td colspan="2">境外解决</td><td></td><td>币种</td><td colspan="2"></td></tr>
<tr><td rowspan="2">境内汇出</td><td>购汇</td><td></td><td>币种</td><td colspan="2"></td></tr>
<tr><td>自有外汇</td><td></td><td>币种</td><td colspan="2"></td></tr>
</table>

<table>
<tr><td></td><td colspan="3">增持剩余资金调回金额</td><td></td><td>币种</td><td></td></tr>
<tr><td colspan="7">减持信息</td></tr>
<tr><td rowspan="6">减持计划</td><td colspan="3">减持证券种类</td><td></td><td>减持数量</td><td></td></tr>
<tr><td colspan="3">减持价格</td><td></td><td>减持期限</td><td></td></tr>
<tr><td colspan="3">减持后持股比例</td><td colspan="3"></td></tr>
<tr><td rowspan="3">计划减持资金安排</td><td colspan="2">境外留存</td><td></td><td>币种</td><td></td></tr>
<tr><td rowspan="2">汇回境内</td><td>结汇</td><td></td><td>币种</td><td></td></tr>
<tr><td>保留现汇</td><td></td><td>币种</td><td></td></tr>
<tr><td rowspan="3">账户信息</td><td colspan="3"></td><td>开户银行</td><td colspan="2">开户账号</td></tr>
<tr><td colspan="3">减持境内专用账户</td><td></td><td colspan="2"></td></tr>
<tr><td colspan="3">股东境外专用账户</td><td></td><td colspan="2"></td></tr>
<tr><td rowspan="6">减持完成情况</td><td colspan="3">减持证券种类</td><td></td><td>减持数量</td><td></td></tr>
<tr><td colspan="3">减持价格</td><td></td><td>减持期限</td><td></td></tr>
<tr><td colspan="3">减持后持股比例</td><td colspan="3"></td></tr>
<tr><td rowspan="3">实际减持资金安排</td><td colspan="2">境外留存</td><td></td><td>币种</td><td></td></tr>
<tr><td rowspan="2">汇回境内</td><td>结汇</td><td></td><td>币种</td><td></td></tr>
<tr><td>保留现汇</td><td></td><td>币种</td><td></td></tr>
<tr><td colspan="7">其他需要说明的信息</td></tr>
<tr><td colspan="7"></td></tr>
<tr><td colspan="7">本公司（本人）承诺对此登记表中由本公司填写内容的真实性负责，并承诺按照外汇管理有关规定及报经国家外汇管理部门登记确认的境外上市信息办理相关业务，接受国家外汇管理部门的监督、管理和检查。

境内股东（名称及公章/签名）：
年　月　日</td></tr>
<tr><td>外汇局盖章</td><td colspan="6">（资本项目外汇业务专用章）
年　月　日</td></tr>
</table>

填表说明：

1. 境内股东填报本登记表时一式两份，外汇局审核无误后将加盖业务印章的登记表一份作为境外持股登记证明退还境内股东。

2. 若本登记表中已经外汇局登记确认的相关事项发生变更，境内股东申请办理变更登记时，应按照变更后的内容重新填写本登记表一式两份报外汇局，并对变更内容进行标注。

3. 表中“减持价格”与“增持价格”均填写对应操作期间的平均价格。

附件3

境外上市相关账户类型表

<table>
<tr><th>开户主体</th><th colspan="2">账户种类</th><th>账户收入范围</th><th>账户支出范围</th><th>注意事项</th></tr>
<tr><td rowspan="3">境内公司</td><td rowspan="2">境内专用账户</td><td>境外上市首发/增发境内专用账户</td><td>从境内公司境外专用账户调回的境外上市首发/增发募集资金，以及经外汇局许可的其他收入。</td><td>公开披露文件中所列经常项目下的支出及经外汇局许可的资本项目下支出，经外汇局许可的资金结汇，为境外机构代扣代缴境内税费，代境内国有股东将国有股减持收入上缴社保基金，以及经外汇局许可的其他支出。</td><td rowspan="2">境内公司境外上市首发（增发）、回购应分别开立对应的境内专用账户，每次每类账户最多可以开立3个。</td></tr>
<tr><td>境外上市回购境内专用账户</td><td>以自有外汇、人民币购汇或人民币从境内划入的用于回购境内公司境外股份的资金，回购境外股份剩余资金调回，以及经外汇局许可的其他收入。</td><td>汇往境外用于回购境外股份，汇回原汇出的境内账户或结汇。</td></tr>
<tr><td colspan="2">境外专用账户</td><td>境外首发或增发募集的资金，资金存放境外产生的利息收入或经外汇局许可境外运用产生的收益，因境内国有股东减持需代为上交社保基金的减持收入，从回购境内专用账户划入的用于回购境外股份的资金，以及其他与境外上市相关的收入。</td><td>募集资金或回购剩余资金调回境内，划出回购境外股份的资金，支付境外上市或回购境外股份的相关费用，按公开披露文件所列的资金用途所列用途境外运用，以及经外汇局许可的其他支出。</td><td>1. 境内公司如需回购境外股份，可直接使用原发股所用境外专用账户；原账户如已关闭，可另开立境外专用外汇账户。
2. 开立境外专用账户的个数原则上不应超过3个。</td></tr>
</table>

<table>
<tr><th>开户主体</th><th colspan="2">账户种类</th><th>账户收入范围</th><th>账户支出范围</th><th>注意事项</th></tr>
<tr><td rowspan="3">境内股东</td><td rowspan="2">境内专用账户</td><td>境外上市股东增持境内专用账户</td><td>以自有外汇、人民币购汇或人民币从境内划入的用于增持境外上股份的资金，增持剩余资金汇回，以及经外汇局许可的其他收入。</td><td>汇往境外用于实施增持境外股份，汇回原汇出的境内外汇账户或结汇。</td><td rowspan="2">境内股东增持、减持或转股应分别开立对应的境内专用账户，每次每类账户最多只能开立1个。</td></tr>
<tr><td>境外上市股东减持境内专用账户</td><td>从境外划入的减持或转让境外股份所得的资金，以及经外汇局许可的其他收入。</td><td>经常项目下的支出及经外汇局许可的资本项目下支出，经外汇局许可的资金结汇，以及经外汇局许可的其他支出。</td></tr>
<tr><td colspan="2">境外专用账户</td><td>境内股东为增持境外股份从增持境内专用账户划入的资金，境内股东减持境外股份所得收入，以及经外汇局许可的其他收入。</td><td>境内股东为增持境外股份划出的资金，增持结束后剩余资金汇回境内；境内股东减持境外股份所得收入汇回境内，支付相关税费；以及经外汇局许可的其他支出。</td><td>1. 境内股东增持或减持业务在境外可使用同一个境外专用账户（也可分别开立）。
2. 开立境外专用账户的个数原则上不应超过3个。</td></tr>
</table>

附件 4

境外上市境外专用账户情况备案表

（境内公司或境内股东填写）

开户公司（人）（签章）： 报告期：________年____月____日

<table>
<tr><td colspan="5">账户开立情况</td><td colspan="4">账户关闭情况</td></tr>
<tr><td rowspan="2">开户公司（人）名称</td><td rowspan="2">开户银行</td><td rowspan="2">账号</td><td rowspan="2">币种</td><td rowspan="2">开户日期</td><td rowspan="2">关户日期</td><td rowspan="2">关户原因</td><td colspan="2">关户后资金处置情况</td></tr>
<tr><td>境外支付及使用</td><td>汇回境内</td></tr>
<tr><td></td><td></td><td></td><td></td><td></td><td></td><td></td><td></td><td></td></tr>
<tr><td></td><td></td><td></td><td></td><td></td><td></td><td></td><td></td><td></td></tr>
</table>

填表说明：

1. 本表由境内公司或其境内股东在账户开立、变更或关闭后的 10 个工作日内将其相关境外上市项下境外专用账户情况汇总后，及时向所在地外汇局报送。

2. 关户原因按照以下代码填写（仅填写代码）：1 – 账户迁移；2 – 账户内资金余额正常为零；3.1 – 境内公司因回购、破产、解散、清算、经营期满等在境外证券市场退市，3.2 – 其他原因使境内公司在境外证券市场退市。

3. “关户后资金处置情况”中，“境外支付使用”下填写资金在境外划往的境外收款人账户开户行、户名及账号；“汇回境内”下填写划往的境内收款人账户开户行、户名及账号。

附件 5

境外上市境内专用账户开立及关闭情况表

报告期：________年____月

开户公司（人）名称	开户银行	账号	账户性质代码	币种	账户开立日期	账户关闭日期	备注

填表说明：

1. 本表由开户银行于每月初 3 个工作日内将在本行开立的境外上市项下的境内专用账户开立与关闭情况汇总后，向所在地外汇局报送。填报内容为当月新发生的情况。如为纸质文件报送，应加盖公章。

2. 账户性质代码：按《国家外汇管理局关于规范境内银行资本项目数据报送的通知》（汇发［2012］36 号）要求填写。

2404	资本项目——境外上市首发/增发境内专户
2405	资本项目——境外上市回购境内专户
2406	资本项目——境外上市股东增持境内专户
2407	资本项目——境外上市股东减持境内专户

3. 发生账户关闭的，需在备注栏填写关户原因及关户后资金处置情况。“关户原因”按照以下代码填写（仅填写代码）：1－账户迁移；2－账户内资金余额正常为零；3－境内公司因回购、破产、解散、清算、经营期满等在境外证券市场退市，3. 2－其他原因使境内公司在境外证券市场退市。“关户后资金处置情况”填写时，结汇的还应填写结汇所得人民币资金划往的账户开户行、户名及账号；境内划转的还应填写划往的外汇账户开户行、户名及账号；汇出境外的还应填写境外收款人开户行、户名及账号。

附件 6

境外上市境内专用账户收支情况表

报告期：______年___月　　　　　　　　　　　　单位：美元

<table>
<tr><th rowspan="2">编号</th><th rowspan="2">开户公司（人）名称</th><th rowspan="2">开户银行</th><th rowspan="2">账号</th><th rowspan="2">账户性质代码</th><th rowspan="2">币种</th><th rowspan="2">月初余额</th><th rowspan="2">汇入额</th><th colspan="3">其中</th><th rowspan="2">利息</th><th rowspan="2">汇出额</th><th colspan="3">其中</th><th rowspan="2">月末余额</th></tr>
<tr><th>购汇</th><th>境内原币划转</th><th>境外汇回</th><th>汇往境外</th><th>结汇</th><th>境内原币划转</th></tr>
<tr><td></td><td></td><td></td><td></td><td></td><td></td><td></td><td></td><td></td><td></td><td></td><td></td><td></td><td></td><td></td><td></td><td></td></tr>
<tr><td></td><td></td><td></td><td></td><td></td><td></td><td></td><td></td><td></td><td></td><td></td><td></td><td></td><td></td><td></td><td></td><td></td></tr>
</table>

填表：　　　　联系电话：　　　　复核：　　　　联系电话：　　　　填表日期：　　年　月　日

填表说明：

1. 本表由开户银行于每月初 3 个工作日内将本行开立的境外上市项下境内专用账户上月收支情况汇总后，向所在地外汇局报送。填报内容为当月新发生的情况。如为纸质文件报送，应加盖公章。

2. 账户性质代码：按《国家外汇管理局关于规范境内银行资本项目数据报送的通知》（汇发［2012］36 号）要求填写。

2404	资本项目——境外上市首发/增发境内专户
2405	资本项目——境外上市回购境内专户
2406	资本项目——境外上市股东增持境内专户
2407	资本项目——境外上市股东减持境内专户

3. 表中的金额栏按报告当月外汇局公布的《各种货币对美元折算率表》折算为美元填报。

4. “汇入额”、“汇出额”为上月该账户累计的汇入、汇出金额，其中：汇入额＝购汇＋境内原币划转＋境外汇回，汇出额＝汇往境外＋结汇＋境内原币划转。

5. 月末余额＝月初余额＋汇入额－汇出额。

附件 7

境外上市业务情况汇总表（单位：万美元）

	当月发生额			本年累计		
	外币	人民币	合计	外币	人民币	合计
1. 境外上市的境内公司（以下简称境内公司）家数	/	/		/	/	
1.1 境内公司增发股票家数						
2. 境内公司实际募集金额						
3. 境内公司境外保留金额	–	–	–			
4. 境内公司资金实际调回金额						
4.1 结汇额	–	–		–	–	
5. 境内公司回购境外流通股汇出额						
5.1 购汇额	–	–		–	–	
6. 境内股东增持境外股份（股）	–	–				
6.1 境内股东增持境外上市股票汇出额						
6.1.1 购汇额	–	–		–	–	
7. 境内股东减持境外股份（股）	–	–		–	–	
7.1 减持调回额						
7.1.1 结汇额	–	–		–	–	
7.2 存放境外金额	–	–	–			

填表说明：

1. 本表由境内公司所在地外汇分局于每月 5 个工作日内逐级汇总向国家外汇管理局上报。
2. 表中信息来源于境内公司、境内股东及其开户银行报送的相关数据。
3. 表中的金额栏按报告当月外汇局公布的《各种货币对美元折算率表》折算为美元填报。

X.3.9 关于规范国有控股上市公司实施股权激励制度有关问题的通知

（2008年10月21日 国资发分配［2008］171号）

各省、自治区、直辖市及计划单列市和新疆生产建设兵团国资委、财政厅（局），各中央企业：

国资委、财政部《关于印发〈国有控股上市公司（境外）实施股权激励试行办法〉的通知》（国资发分配［2006］8号）和《关于印发〈国有控股上市公司（境内）实施股权激励试行办法〉的通知》（国资发分配［2006］175号）印发后，境内、外国有控股上市公司（以下简称上市公司）积极探索试行股权激励制度。由于上市公司外部市场环境和内部运行机制尚不健全，公司治理结构有待完善，股权激励制度尚处于试点阶段，为进一步规范实施股权激励，现就有关问题通知如下：

一、严格股权激励的实施条件，加快完善公司法人治理结构

上市公司国有控股股东必须切实履行出资人职责，并按照国资发分配［2006］8号、国资发分配［2006］175号文件的要求，建立规范的法人治理结构。上市公司在达到外部董事（包括独立董事）占董事会成员一半以上、薪酬委员会全部由外部董事组成的要求之后，要进一步优化董事会的结构，健全通过股东大会选举和更换董事的制度，按专业化、职业化、市场化的原则确定董事会成员人选，逐步减少国有控股股东的负责人、高级管理人员及其他人员担任上市公司董事的数量，增加董事会中由国有资产出资人代表提名的、由公司控股股东以外人员任职的外部董事或独立董事数量，督促董事提高履职能力，恪守职业操守，使董事会真正成为各类股东利益的代表和重大决策的主体，董事会选聘、考核、激励高级管理人员的职能必须到位。

二、完善股权激励业绩考核体系，科学设置业绩指标和水平

（一）上市公司实施股权激励，应建立完善的业绩考核体系和考核办法。业绩考核指标应包含反映股东回报和公司价值创造等综合性指标，如净资产收益率（ROE）、经济增加值（EVA）、每股收益等；反映公司赢利能力及市场价值等成长性指标，如净利润增长率、主营业务收入增长率、公司总市值增长率等；反映企业收益质量的指标，如主营业务利润占利润总额比重、现金营运指数等。上述三类业绩考核指标原则上至少各选一个。相关业绩考核指标的计算应符合现行会计准则等相关要求。

（二）上市公司实施股权激励，其授予和行使（指股票期权和股票增值权的行权或限制性股票的解锁，下同）环节均应设置应达到的业绩目标，业绩目标的设定应具有前瞻性和挑战性，并切实以业绩考核指标完成情况作为股权激励实施的条件。

1. 上市公司授予激励对象股权时的业绩目标水平，应不低于公司近 3 年平均业绩水平及同行业（或选取的同行业境内、外对标企业，行业参照证券监管部门的行业分类标准确定，下同）平均业绩（或对标企业 50 分位值）水平。

2. 上市公司激励对象行使权利时的业绩目标水平，应结合上市公司所处行业特点和自身战略发展定位，在授予时业绩水平的基础上有所提高，并不得低于公司同行业平均业绩（或对标企业 75 分位值）水平。凡低于同行业平均业绩（或对标企业 75 分位值）水平以下的不得行使。

（三）完善上市公司股权激励对象业绩考核体系，切实将股权的授予、行使与激励对象业绩考核结果紧密挂钩，并根据业绩考核结果分档确定不同的股权行使比例。

（四）对科技类上市公司实施股权激励的业绩指标，可以根据企业所处行业的特点及成长规律等实际情况，确定授予和行使的业绩指标及其目标水平。

（五）对国有经济占控制地位的、关系国民经济命脉和国家安全的行业以及依法实行专营专卖的行业，相关企业的业绩指标，应通过设定经营难度系数等方式，剔除价格调整、宏观调控等政策因素对业绩的影响。

三、合理控制股权激励收益水平，实行股权激励收益与业绩指标增长挂钩浮动

按照上市公司股价与其经营业绩相关联、激励对象股权激励收益增长与公司经营业绩增长相匹配的原则，实行股权激励收益兑现与业绩考核指标完成情况挂钩的办法。即在达到实施股权激励业绩考核目标要求的基础上，以期初计划核定的股权激励预期收益为基础，按照股权行使时间限制表，综合上市公司业绩和股票价格增长情况，对股权激励收益增幅进行合理调控。具体方法如下：

（一）对股权激励收益在计划期初核定收益水平以内且达到考核标准的，可按计划予以行权。

（二）对行权有效期内股票价格偏高，致使股票期权（或股票增值权）的实际行权收益超出计划核定的预期收益水平的上市公司，根据业绩考核指标完成情况和股票价格增长情况合理控制股权激励实际收益水平。即在行权有效期内，激励对象股权激励收益占本期股票期权（或股票增值权）授予时薪酬总水平（含股权激励收益，下同）的最高比重，境内上市公司及境外 H 股公司原则上不得超过40%，境外红筹股公司原则上不得超过50%。股权激励实际收益超出上述比重的，尚未行权的股票期权（或股票增值权）不再行使或将行权收益上交公司。

（三）上述条款应在上市公司股权激励管理办法或股权授予协议上予以载明。随着资本市场的逐步完善以及上市公司市场化程度和竞争性的不断提高，将逐步取消股权激励收益水平限制。

四、进一步强化股权激励计划的管理，科学规范实施股权激励

（一）完善限制性股票授予方式，以业绩考核结果确定限制性股票的授予水平。

1. 上市公司应以严格的业绩考核作为实施限制性股票激励计划的前提条件。上市公司授予限制性股票时的业绩目标应不低于下列业绩水平的高者：公司前 3 年平均业绩水平；公司上一年度实际业绩水平；公司同行业平均业绩（或对标企业 50 分位值）水平。

2. 强化对限制性股票激励对象的约束。限制性股票激励的重点应限于对公司未来发展有直接影响的高级管理人员。限制性股票的来源及价格的确定应符合证券监管部门的相关规定，且股权激励对象个人出资水平不得低于按证券监管规定确定的限制性股票价格的50%。

3. 限制性股票收益（不含个人出资部分的收益）的增长幅度不得高于业绩指标的增长幅度（以业绩目标为基础）。

（二）严格股权激励对象范围，规范股权激励对象离职、退休等行为的处理方法。

上市公司股权激励的重点应是对公司经营业绩和未来发展有直接影响的高级管理人员和核心技术骨干，不得随意扩大范围。未在上市公司任职、不属于上市公司的人员（包括控股股东公司的员工）不得参与上市公司股权激励计划。境内、境外上市公司监事不得成为股权激励的对象。

股权激励对象正常调动、退休、死亡、丧失民事行为能力时，授予的股权当年已达到可行使时间限制和业绩考核条件的，可行使的部分可在离职之日起的半年内行使，尚未达到可行使时间限制和业绩考核条件的不再行使。股权激励对象辞职、被解雇时，尚未行使的股权不再行使。

（三）规范股权激励公允价值计算参数，合理确定股权激励预期收益。

对实行股票期权（或股票增值权）激励方式的，上市公司应根据企业会计准则等有关规定，结合国际通行做法，选取适当的期权定价模型进行合理估值。其相关参数的选择或计算应科学合理。

对实行限制性股票激励方式的，在核定股权激励预期收益时，除考虑限制性股票赠与部分价值外，还应参考期权估值办法考虑赠与部分未来增值收益。

（四）规范上市公司配股、送股、分红后股权激励授予数量的处理。

上市公司因发行新股、转增股本、合并、分立、回购等原因导致总股本发生变动或其他原因需要调整股权授予数量或行权价格的，应重新报国有资产监管机构备案后由股东大会或授权董事会决定。对于其他原因调整股票期权（或股票增值权）授予数量、行权价格或其他条款的，应由董事会审议后经股东大会批准；同时，上市公司应聘请律师就上述调整是否符合国家相关法律法规、公司章程以及股权激励计划规定出具专业意见。

（五）规范履行相应程序，建立社会监督和专家评审工作机制。

建立上市公司国有控股股东与国有资产监管机构沟通协调机制。上市公司国有控股股东在上市公司董事会审议其股权激励计划之前，应与国有资产监管机构进行沟通协调，并应在上市公司股东大会审议公司股权激励计划之前，将上市公司董事会审议通过的股权激励计划及相应的管理考核办法等材料报国有资产监管机构审核，经股东大会审议通过后实施。

建立社会监督和专家评审工作机制。上市公司董事会审议通过的股权激励计划草案除按证券监管部门的要求予以公告外，同时还应在国有资产监管机构网站上予以公告，接受社会公众的监督和评议。同时国有资产监管机构将组织有关专家对上市公司股权激励方案进行评审。社会公众的监督、评议意见与专家的评审意见，将作为国有资产监管机构审核股权激励计划的重要依据。

建立中介服务机构专业监督机制。为上市公司拟订股权激励计划的中介咨询机构，应对股权激励计划的规范性、合规性、是否有利于上市公司的持续发展、以及对股东利益的影响发表专业意见。

（六）规范国有控股股东行为，完善股权激励报告、监督制度。

国有控股股东应增强法制观念和诚信意识，带头遵守法律法规，规范执行国家政策，维护出资人利益。

国有控股股东应按照国资发分配［2006］8 号、国资发分配［2006］175 号文件及本通知的要求，完善股权激励报告制度。国有控股股东向国有资产监管机构报送上市公司股东大会审议通过的股权激励计划时，应同时抄送财政部门。国有控股股东应当及时将股权激励计划的实施进展情况以及激励对象年度行使情况等报国有资产监管机构备案；国有控股股东有监事会的，应同时报送公司控股企业监事会。

国有控股股东应监督上市公司按照《企业财务通则》和企业会计准则的规定，为股权激励的实施提供良好的财务管理和会计核算基础。

国有资产监管机构将对上市公司股权激励的实施进展情况，包括公司的改革发展、业绩指标完成情况以及激励对象薪酬水平、股权行使及其股权激励收益、绩效考核等信息实行动态管理和对外披露。

在境外和境内同时上市的公司，原则上应当执行国资发分配［2006］175号文件。公司高级管理人员和管理技术骨干应在同一个资本市场（境外或境内）实施股权激励。

对本通知印发之前已经实施股权激励的国有控股上市公司，其国有控股股东应按照本通知要求，督促和要求上市公司对股权激励计划进行修订完善并报国资委备案，经股东大会（或董事会）审议通过后实施。

国务院国有资产监督管理委员会

中华人民共和国财政部

二〇〇八年十月二十一日

X.4 境外注册中资公司境外发行上市

X.4.1 关于批转证监会《关于境内企业到境外公开发行股票和上市存在的问题的报告》的通知

（1993 年 4 月 9 日　证委发［1993］18 号）

各省、自治区、直辖市人民政府，国务院各部委、各直属机构：

国务院证券委员会同意中国证券监督管理委员会《关于境内企业到境外公开发行股票和上市存在的问题的报告》。现将证监会报告转发给你们，请认真贯彻执行。

关于境内企业到境外公开发行股票和上市存在的问题的报告

国务院证券委：

最近一段时间，特别是国务院《关于进一步加强证券市场宏观管理的通知》（国发［1992］68 号文）公布以来，一些境内企业未经批准自行联系到境外发行股票和上市，一些单位和个人还组织研讨会，鼓动和引导企业通过在境外成立控股公司等途径，在境外发行股票和上市。我们认为，这些作法是违反国家规定的，应加以制止。

境内企业直接或者间接到境外发行股票和上市主要包括以下几种方式：

1. 境内企业直接到境外发行股票和上市（包括到境外公开发行 B 股的形式）；

2. 境内企业利用境外设立的公司的名义在境外发行股票和上市；

3. 境内上市的公司到境外的交易所上市交易；

4. 境内上市的公司在境外发行存券证（DR）或者股票的其它派生形式。

境内企业到境外发行股票和上市，是一项政策性很强的工作。为了防止境内企业一哄而上到境外发行股票和上市，避免国有资产产权受到侵害，保护国家和投资者的利益，对境内企业到境外发行股票和上市，必须加强统一管理，按照国务院国发［1992］68 号文关于“选择若干家企业到海外公开发行股票和上市，必须在证券委统一安排下，并经证券委审批，各地各部门不得自行其是”的规定严格审批。

为此，建议再次重申：今后凡是企业采取上述方式到境外公开发行股票和上市，均应事先报证券委审批。证监会对获得批准到境外发行股票和上市的企业及其业务活动进行监管。

以上报告，如无不妥，请批转各地执行。

X.4.2 关于境内企业间接到境外发行股票并上市有关问题的复函

（1997 年 3 月 17 日　证办法字［1997］1 号）

深圳信达律师事务所：

现就你所于 1997 年 2 月 19 日关于境内企业间接到境外上市有关问题的请示答复如下：

一、根据《国务院关于进一步加强证券市场宏观管理的通知》、《股票发行与交易管理暂行条例》、《国务院关于批转国务院证券委员会 1995 年证券期货工作安排意见的通知》、《国务院办公厅转发国务院证券委员会关于 1996 年全国证券期货工作安排意见的通知》的有关规定，境内企业直接或者间接到境外发行股票并将其股票在境外上市，都必须经国务院证券委员会审批；未经国务院证券委员会批准，任何境内企业不得以任何形式到境外发行股票和上市。

二、具有证券从业资格的律师事务所及其律师在为境内企业间接上市提供法律服务时，应当遵守上述有关规定，对其出具的法律意见书承担责任。任何认为境内企业间接到境外发行股票并上市不需要国务院证券委员会批准的法律意见都是没有依据的，出具此类不正确法律意见的选题事务所及其律师应当对其行为承担法律责任。

三、具有证券从业资格的律师事务所及其律师在从事境内企业间接到境外上市的法律服务过程中，对有关问题如有疑问，可以向我会有关部门请示。

X.4.3 关于进一步加强在境外发行股票和上市管理的通知

（1997年6月20日 国发［1997］21号）

各省、自治区、直辖市人民政府，国务院各部委、各直属机构：

1992年以来，国务院和国务院证券主管部门在一系列法规和文件中，对在境外发行股票和上市的有关政策作了明确规定。但最近一个时期，一些机构和企业违反规定，未经批准，擅自将境内资产以各种形式转移到境外上市，造成了不良影响。在境外发行股票和上市是一项政策性很强的工作，必须依照国家有关规定有组织、有步骤地进行。针对目前境外上市中存在的问题，为进一步加强管理，保证境外发行股票和上市工作有序进行，现将有关规定通知如下：

一、在境外注册、中资控股（包括中资为最大股东，下同）的境外上市公司（以下称境外中资控股上市公司），进行分拆上市、增发股份等活动，受当地证券监管机构监管，但其中资控股股东的境内股权持有单位应当事后将有关情况报中国证监会备案，并加强对股权的监督管理。

二、在境外注册的中资非上市公司和中资控股的上市公司，以其拥有的境外资产和由其境外资产在境内投资形成并实际拥有三年以上的境内资产，在境外申请发行股票和上市，依照当地法律进行，但其境内股权持有单位应当按照隶属关系事先征得省级人民政府或者国务院有关主管部门同意；其不满三年的境内资产，不得在境外申请发行股票和上市，如有特殊需要的，报中国证监会审核后，由国务院证券委审批。上市活动结束后，境内股权持有单位应当将有关情况报中国证监会备案。

三、凡将境内企业资产通过收购、换股、划转以及其他任何形式转移到境外中资非上市公司或者境外中资控股上市公司在境外上市，以及将境内资产通过先转移到境外中资非上市公司再注入境外中资控股上市公司在境外上市，境内企业或者中资控股股东的境内股权持有单位应当按照隶属关系事先经省级人民政府或者国务院有关主管部门同意，并报中国证监会审核后，由国务院证券委按国家产业政策、国务院有关规定和年度总规模审批。

四、重申《国务院关于暂停收购境外企业和进一步加强境外投资管理的通知》（国发〈1993〉69号）规定的精神，禁止境内机构和企业通过购买境外上市公司控股股权的方式，进行买壳上市。

五、对违反上述规定的，以擅自发行股票论处，对负有责任的主管部门领导，由有关部门给予行政处分；对当事单位的主管人员和直接责任人员由该单位上级主管部门给予撤职直至开除的处分；对构成犯罪的，移交司法机关依法追究刑事责任；对当事单位和有关中介机构及责任人员由中国证监会按照《股票发行与交易管理暂行条例》等有关规定，给以处罚。

各地方、各部门要严格执行本通知的规定，采取切实有效措施，监督所属企业认真遵守国家有关法规和政策。境内企业到境外证券市场融资应主要采取直接上市的方式，国务院证券委要继续指导好这项工作，选择符合国家产业政策和境外上市条件的国有企业到境外直接上市。

本通知自发布之日起施行。

X. 4. 4 关于落实国务院《关于进一步加强在境外发行股票和上市管理的通知》若干问题的通知

（1998 年 2 月 27 日 证监［1998］5 号）

各省、自治区、直辖市、计划单列市证管办（证监会），国务院有关部委及直属机构办公厅：

1997 年 6 月 20 日国务院发布了《关于进一步加强在境外发行股票和上市管理的通知》（以下简称《通知》），进一步明确并重申了我国对在境外发行股票和上市管理的有关政策。为了贯彻落实《通知》精神，现将监管工作中的有关问题进一步明确如下：

一、对境外中资控股上市公司进行一次普查建档工作。近期我会将对境外中资控股上市公司进行一次摸底调查，请你们接到本通知后，责成有关境内股权持有单位，在 1998 年 3 月 31 日前，将所属境外中资控股上市公司的基本情况补报中国证监会。补报材料的内容要求参见附件一。

二、对按《通知》规定属于事后报中国证监会备案的境外间接上市或注资，各地区、各部门应严格审批。依据《通知》第一条及第二条前款规定，属于事先由国内股权持有单位按照隶属关系征求省级人民政府和国务院有关主管部门同意、事后报中国证监会备案的境外间接上市或注资，各地区、各部门应严格审批，注意防止违规及越权或变相越权审批，并督促有关境内股权持有单位在上市或注资活动完成后及时向中国证监会备案。具体要求是：上市或注资活动完成后 3 个工作日内将简要情况及有关公告传真至中国证监会国际业务部，15 个工作日内将有关备案材料报送中国证监会备案。备案材料的内容要求参见附件二。

上市筹集资金使用如属于《通知》第三条规定的情况，涉及将境内资产向境外转移的，应事先经中国证监会审核后报国务院证券委审批。

三、由中国证监会审核并经国务院证券委批准上市或注资的境外中资控股上市公司，上市或注资活动完成后 15 个工作日内，其国内股权持有单位应将发行上市或注资的有关情况报国务院证券委和中国证监会。报送材料的内容要求参见附件三。

四、各地区、各部门不得以政府名义就有关企业境外上市向境内、境外机构出具承诺函或类似函件。有特殊情况的，应事先征求中国证监会意见。

五、严禁中方驻外人员利用内幕消息在境外股市违法、违规牟利。境外中资控股上市公司应遵守上市地的有关法律法规，规范运作，严禁中方驻外人员进行内幕交易；凡涉及境内的资产经营和业务活动，应遵守境内的有关法律法规。各地区、各部门应采取切实有效的保密措施，防止内幕消息泄露，严禁境内参与决策人员将内幕消息透露给境外第三方进行内幕交易；有关部门应按照国家有关法规对泄露内幕消息及进行内幕交易的驻外人员严加惩处。

六、境外中资控股上市公司股权结构若发生重大变动，对中资控股地位有影响的，其境内股权持有单位应在事后按本通知第二条规定的时间要求将有关情况报中国证监会备案。

七、各地区、各部门应督促有关境内股权持有单位将所属境外中资控股上市公司每年的年报在其公布后15个工作日内报送中国证监会备案。

X.4.5 商务部关于修改《关于外国投资者并购境内企业的规定》的决定

（2009 年 6 月 22 日 中华人民共和国商务部令第 6 号）

为保证《关于外国投资者并购境内企业的规定》与《反垄断法》和《国务院关于经营者集中申报标准的规定》相一致，对《关于外国投资者并购境内企业的规定》作如下修改：

一、删除第五章“反垄断审查”，在“附则”中新增一条作为第五十一条，表述为：“依据《反垄断法》的规定，外国投资者并购境内企业达到《国务院关于经营者集中申报标准的规定》规定的申报标准的，应当事先向商务部申报，未申报不得实施交易。”

此后条文、章节顺序依次调整。

二、对以下条款作文字修改：

（一）将第十六条第四款中“外国投资者并购境内企业设立外商投资企业，如果外国投资者出资比例低于企业注册资本 25% 的，投资者以现金出资的”修改为“外国投资者并购境内企业设立外商投资企业，如果外国投资者出资比例低于企业注册资本 25%，投资者以现金出资的”。

（二）将第三十六条第一款“自营业执照颁发之日起 6 个月内，如果境内外公司没有完成其股权变更手续，则加注的批准证书和中国企业境外投资批准证书自动失效，登记管理机关根据境内公司预先提交的股权变更登记申请文件核准变更登记，使境内公司股权结构恢复到股权并购之前的状态”，修改为“自营业执照颁发之日起 6 个月内，如果境内外公司没有完成其股权变更手续，则加注的批准证书和中国企业境外投资批准证书自动失效。登记管理机关根据境内公司预先提交的股权变更登记申请文件核准变更登记，使境内公司股权结构恢复到股权并购之前的状态。”

（三）将第四十二条第一款第（一）项和第四十四条第一款第（三）项中的“最终控制人”修改为“实际控制人”。

此决定自公布之日起施行。

《关于外国投资者并购境内企业的规定》根据本决定作相应的修改，重新公布。

附件：关于外国投资者并购境内企业的规定

附件

关于外国投资者并购境内企业的规定

目 录

第一章 总 则

第一条 为了促进和规范外国投资者来华投资，引进国外的先进技术和管理经验，提高利用外资的水平，实现资源的合理配置，保证就业、维护公平竞争和国家经济安全，依据外商投资企业的法律、行政法规及《公司法》和其他相关法律、行政法规，制定本规定。

第二条 本规定所称外国投资者并购境内企业，系指外国投资者购买境内非外商投资企业（以下称“境内公司”）股东的股权或认购境内公司增资，使该境内公司变更设立为外商投资企业（以下称“股权并购”）；或者，外国投资者设立外商投资企业，并通过该企业协议购买境内企业资产且运营该资产，或，外国投资者协议购买境内企业资产，并以该资产投资设立外商投资企业运营该资产（以下称“资产并购”）。

第三条 外国投资者并购境内企业应遵守中国的法律、行政法规和规章，遵循公平合理、等价有偿、诚实信用的原则，不得造成过度集中、排除或限制竞争，不得扰乱社会经济秩序和损害社会公共利益，不得导致国有资产流失。

第四条 外国投资者并购境内企业，应符合中国法律、行政法规和规章对投资者资格的要求及产业、土地、环保等政策。

依照《外商投资产业指导目录》不允许外国投资者独资经营的产业，并购不得导致外国投资者持有企业的全部股权；需由中方控股或相对控股的产业，该产业的企业被并购后，仍应由中方在企业中占控股或相对控股地位；禁止外国投资者经营的产业，外国投资者不得并购从事该产业的企业。

被并购境内企业原有所投资企业的经营范围应符合有关外商投资产业政策的要求；不符合要求的，应进行调整。

第五条 外国投资者并购境内企业涉及企业国有产权转让和上市公司国有股权管理事宜的，应当遵守国有资产管理的相关规定。

第六条 外国投资者并购境内企业设立外商投资企业，应依照本规定经审批机关批准，向登记管理机关办理变更登记或设立登记。

如果被并购企业为境内上市公司，还应根据《外国投资者对上市公司战略投资管理办法》，向国务院证券监督管理机构办理相关手续。

第七条 外国投资者并购境内企业所涉及的各方当事人应当按照中国税法规定纳税，接受税务机关的监督。

第八条 外国投资者并购境内企业所涉及的各方当事人应遵守中国有关外汇管理的法律和行政法规，及时向外汇管理机关办理各项外汇核准、登记、备案及变更手续。

第二章 基本制度

第九条 外国投资者在并购后所设外商投资企业注册资本中的出资比例高于25%的，该企业享受外商投资企业待遇。

外国投资者在并购后所设外商投资企业注册资本中的出资比例低于25%的，除法律和行政法规另有规定外，该企业不享受外商投资企业待遇，其举借外债按照境内非外商投资企业举借外债的有关规定办理。审批机关向其颁发加注“外资比例低于25%”字样的外商投资企业批准证书（以下称“批准证书”）。登记管理机关、外汇管理机关分别向其颁发加注“外资比例低于25%”字样的外商投资企业营业执照和外汇登记证。

境内公司、企业或自然人以其在境外合法设立或控制的公司名义并购与其有关联关系的境内公司，所设立的外商投资企业不享受外商投资企业待遇，但该境外公司认购境内公司增资，或者该境外公司向并购后所设企业增资，增资额占所设企业注册资本比例达到25%以上的除外。根据该款所述方式设立的外商投资企业，其实际控制人以外的外国投资者在企业注册资本中的出资比例高于25%的，享受外商投资企业待遇。

外国投资者并购境内上市公司后所设外商投资企业的待遇，按照国家有关规定办理。

第十条 本规定所称的审批机关为中华人民共和国商务部或省级商务主管部门（以下称“省级审批机关”），登记管理机关为中华人民共和国国家工商行政管理总局或其授权的地方工商行政管理局，外汇管理机关为中华人民共和国国家外汇管理局或其分支机构。

并购后所设外商投资企业，根据法律、行政法规和规章的规定，属于应由商务部审批的特定类型或行业的外商投资企业的，省级审批机关应将申请文件转报商务部审批，商务部依法决定批准或不批准。

第十一条 境内公司、企业或自然人以其在境外合法设立或控制的公司名义并购与其有关联关系的境内的公司，应报商务部审批。

当事人不得以外商投资企业境内投资或其他方式规避前述要求。

第十二条 外国投资者并购境内企业并取得实际控制权，涉及重点行业、存在影响或可能影响国家经济安全因素或者导致拥有驰名商标或中华老字号的境内企业实际控制权转移的，当事人应就此向商务部进行申报。

当事人未予申报，但其并购行为对国家经济安全造成或可能造成重大影响的，商务部可以会同相关部门要求当事人终止交易或采取转让相关股权、资产或其他有效措施，以消除并购行为对国家经济安全的影响。

第十三条 外国投资者股权并购的，并购后所设外商投资企业承继被并购境内公司的债权和债务。

外国投资者资产并购的，出售资产的境内企业承担其原有的债权和债务。

外国投资者、被并购境内企业、债权人及其他当事人可以对被并购境内企业的债权债务的处置另行达成协议，但是该协议不得损害第三人利益和社会公共利益。债权债务的处置协议应报送审批机关。

出售资产的境内企业应当在投资者向审批机关报送申请文件之前至少15日，向债权人发出通知书，并在全国发行的省级以上报纸上发布公告。

第十四条 并购当事人应以资产评估机构对拟转让的股权价值或拟出售资产的评估结果作为确定交易价格的依据。并购当事人可以约定在中国境内依法设立的资产评估机构。资产评估应采用国际通行的评估方法。禁止以明显低于评估结果的价格转让股权或出售资产，变相向境外转移资本。

外国投资者并购境内企业，导致以国有资产投资形成的股权变更或国有资产产权转移时，应当符合国有资产管理的有关规定。

第十五条 并购当事人应对并购各方是否存在关联关系进行说明，如果有两方属于同一个实际控制人，则当事人应向审批机关披露其实际控制人，并就并购目的和评估结果是否符合市场公允价值进行解释。当事人不得以信托、代持或其他方式规避前述要求。

第十六条 外国投资者并购境内企业设立外商投资企业，外国投资者应自外商投资企业营业执照颁发之日起3个月内向转让股权的股东，或出售资产的境内企业支付全部对价。对特殊情况需要延长者，经审批机关批准后，应自外商投资企业营业执照颁发之日起6个月内支付全部对价的60%以上，1年内付清全部对价，并按实际缴付的出资比例分配收益。

外国投资者认购境内公司增资，有限责任公司和以发起方式设立的境内股份有限公司的股东应当在公司申请外商投资企业营业执照时缴付不低于20%的新增注册资本，其余部分的出资时间应符合《公司法》、有关外商投资的法律和《公司登记管理条例》的规定。其他法律和行政法规另有规定的，从其规定。股份有限公司为增加注册资本发行新股时，股东认购新股，依照设立股份有限公司缴纳股款的有关规定执行。

外国投资者资产并购的，投资者应在拟设立的外商投资企业合同、章程中规定出资期限。设立外商投资企业，并通过该企业协议购买境内企业资产且运营该资产的，对与资产对价等额部分的出资，投资者应在本条第一款规定的对价支付期限内缴付；其余部分的出资应符合设立外商投资企业出资的相关规定。

外国投资者并购境内企业设立外商投资企业，如果外国投资者出资比例低于企业注册资本25%，投资者以现金出资的，应自外商投资企业营业执照颁发之日起3个月内缴清；投资者以实物、工业产权等出资的，应自外商投资企业营业执照颁发之日起6个月内缴清。

第十七条 作为并购对价的支付手段，应符合国家有关法律和行政法规的规定。外国投资者以其合法拥有的人民币资产作为支付手段的，应经外汇管理机关核准。外国投资者以其拥有处置权的股权作为支付手段的，按照本规定第四章办理。

第十八条 外国投资者协议购买境内公司股东的股权，境内公司变更设立为外商投资企业后，该外商投资企业的注册资本为原境内公司注册资本，外国投资者的出资比例为其所购买股权在原注册资本中所占比例。

外国投资者认购境内有限责任公司增资的，并购后所设外商投资企业的注册资本为原境内公司注册资本与增资额之和。外国投资者与被并购境内公司原其他股东，在境内公司资产评估的基础上，确定各自在外商投资企业注册资本中的出资比例。

外国投资者认购境内股份有限公司增资的，按照《公司法》有关规定确定注册资本。

第十九条 外国投资者股权并购的，除国家另有规定外，对并购后所设外商投资企业应按照以下比例确定投资总额的上限：

（一）注册资本在210万美元以下的，投资总额不得超过注册资本的10/7；

（二）注册资本在210万美元以上至500万美元的，投资总额不得超过注册资本的2倍；

（三）注册资本在500万美元以上至1200万美元的，投资总额不得超过注册资本的 2.5 倍；

（四）注册资本在 1200 万美元以上的，投资总额不得超过注册资本的 3 倍。

第二十条 外国投资者资产并购的，应根据购买资产的交易价格和实际生产经营规模确定拟设立的外商投资企业的投资总额。拟设立的外商投资企业的注册资本与投资总额的比例应符合有关规定。

第三章 审批与登记

第二十一条 外国投资者股权并购的，投资者应根据并购后所设外商投资企业的投资总额、企业类型及所从事的行业，依照设立外商投资企业的法律、行政法规和规章的规定，向具有相应审批权限的审批机关报送下列文件：

（一）被并购境内有限责任公司股东一致同意外国投资者股权并购的决议，或被并购境内股份有限公司同意外国投资者股权并购的股东大会决议；

（二）被并购境内公司依法变更设立为外商投资企业的申请书；

（三）并购后所设外商投资企业的合同、章程；

（四）外国投资者购买境内公司股东股权或认购境内公司增资的协议；

（五）被并购境内公司上一财务年度的财务审计报告；

（六）经公证和依法认证的投资者的身份证明文件或注册登记证明及资信证明文件；

（七）被并购境内公司所投资企业的情况说明；

（八）被并购境内公司及其所投资企业的营业执照（副本）；

（九）被并购境内公司职工安置计划；

（十）本规定第十三条、第十四条、第十五条要求报送的文件。

并购后所设外商投资企业的经营范围、规模、土地使用权的取得等，涉及其他相关政府部门许可的，有关的许可文件应一并报送。

第二十二条 股权购买协议、境内公司增资协议应适用中国法律，并包括以下主要内容：

（一）协议各方的状况，包括名称（姓名），住所，法定代表人姓名、职务、国籍等；

（二）购买股权或认购增资的份额和价款；

（三）协议的履行期限、履行方式；

（四）协议各方的权利、义务；

（五）违约责任、争议解决；

（六）协议签署的时间、地点。

第二十三条 外国投资者资产并购的，投资者应根据拟设立的外商投资企业的投资总额、企业类型及所从事的行业，依照设立外商投资企业的法律、行政法规和规章的规定，向具有相应审批权限的审批机关报送下列文件：

（一）境内企业产权持有人或权力机构同意出售资产的决议；

（二）外商投资企业设立申请书；

（三）拟设立的外商投资企业的合同、章程；

（四）拟设立的外商投资企业与境内企业签署的资产购买协议，或外国投资者与境内企业签署的资产购买协议；

（五）被并购境内企业的章程、营业执照（副本）；

（六）被并购境内企业通知、公告债权人的证明以及债权人是否提出异议的说明；

（七）经公证和依法认证的投资者的身份证明文件或开业证明、有关资信证明文件；

（八）被并购境内企业职工安置计划；

（九）本规定第十三条、第十四条、第十五条要求报送的文件。

依照前款的规定购买并运营境内企业的资产，涉及其他相关政府部门许可的，有关的许可文件应一并报送。

外国投资者协议购买境内企业资产并以该资产投资设立外商投资企业的，在外商投资企业成立之前，不得以该资产开展经营活动。

第二十四条 资产购买协议应适用中国法律，并包括以下主要内容：

（一）协议各方的状况，包括名称（姓名），住所，法定代表人姓名、职务、国籍等；

（二）拟购买资产的清单、价格；

（三）协议的履行期限、履行方式；

（四）协议各方的权利、义务；

（五）违约责任、争议解决；

（六）协议签署的时间、地点。

第二十五条 外国投资者并购境内企业设立外商投资企业，除本规定另有规定外，审批机关应自收到规定报送的全部文件之日起30日内，依法决定批准或不批准。决定批准的，由审批机关颁发批准证书。

外国投资者协议购买境内公司股东股权，审批机关决定批准的，应同时将有关批准文件分别抄送股权转让方、境内公司所在地外汇管理机关。股权转让方所在地外汇管理机关为其办理转股收汇外资外汇登记并出具相关证明，转股收汇外资外汇登记证明是证明外方已缴付的股权收购对价已到位的有效文件。

第二十六条 外国投资者资产并购的，投资者应自收到批准证书之日起30日内，向登记管理机关申请办理设立登记，领取外商投资企业营业执照。

外国投资者股权并购的，被并购境内公司应依照本规定向原登记管理机关申请变更登记，领取外商投资企业营业执照。原登记管理机关没有登记管辖权的，应自收到申请文件之日起10日内转送有管辖权的登记管理机关办理，同时附送该境内公司的登记档案。被并购境内公司在申请变更登记时，应提交以下文件，并对其真实性和有效性负责：

（一）变更登记申请书；

（二）外国投资者购买境内公司股东股权或认购境内公司增资的协议；

（三）修改后的公司章程或原章程的修正案和依法需要提交的外商投资企业合同；

（四）外商投资企业批准证书；

（五）外国投资者的主体资格证明或者自然人身份证明；

（六）修改后的董事会名单，记载新增董事姓名、住所的文件和新增董事的任职文件；

（七）国家工商行政管理总局规定的其他有关文件和证件。

投资者自收到外商投资企业营业执照之日起30日内，到税务、海关、土地管理和外汇管理等有关部门办理登记手续。

第四章　外国投资者以股权作为支付手段并购境内公司

第一节　以股权并购的条件

第二十七条　本章所称外国投资者以股权作为支付手段并购境内公司，系指境外公司的股东以其持有的境外公司股权，或者境外公司以其增发的股份，作为支付手段，购买境内公司股东的股权或者境内公司增发股份的行为。

第二十八条　本章所称的境外公司应合法设立并且其注册地具有完善的公司法律制度，且公司及其管理层最近3年未受到监管机构的处罚；除本章第三节所规定的特殊目的公司外，境外公司应为上市公司，其上市所在地应具有完善的证券交易制度。

第二十九条　外国投资者以股权并购境内公司所涉及的境内外公司的股权，应符合以下条件：

（一）股东合法持有并依法可以转让；

（二）无所有权争议且没有设定质押及任何其他权利限制；

（三）境外公司的股权应在境外公开合法证券交易市场（柜台交易市场除外）挂牌交易；

（四）境外公司的股权最近1年交易价格稳定。

前款第（三）、（四）项不适用于本章第三节所规定的特殊目的公司。

第三十条　外国投资者以股权并购境内公司，境内公司或其股东应当聘请在中国注册登记的中介机构担任顾问（以下称“并购顾问”）。并购顾问应就并购申请文件的真实性、境外公司的财务状况以及并购是否符合本规定第十四条、第二十八条和第二十九条的要求作尽职调查，并出具并购顾问报告，就前述内容逐项发表明确的专业意见。

第三十一条 并购顾问应符合以下条件：

（一）信誉良好且有相关从业经验；

（二）无重大违法违规记录；

（三）应有调查并分析境外公司注册地和上市所在地法律制度与境外公司财务状况的能力。

第二节 申报文件与程序

第三十二条 外国投资者以股权并购境内公司应报送商务部审批，境内公司除报送本规定第三章所要求的文件外，另须报送以下文件：

（一）境内公司最近1年股权变动和重大资产变动情况的说明；

（二）并购顾问报告；

（三）所涉及的境内外公司及其股东的开业证明或身份证明文件；

（四）境外公司的股东持股情况说明和持有境外公司5%以上股权的股东名录；

（五）境外公司的章程和对外担保的情况说明；

（六）境外公司最近年度经审计的财务报告和最近半年的股票交易情况报告。

第三十三条 商务部自收到规定报送的全部文件之日起30日内对并购申请进行审核，符合条件的，颁发批准证书，并在批准证书上加注“外国投资者以股权并购境内公司，自营业执照颁发之日起6个月内有效”。

第三十四条 境内公司应自收到加注的批准证书之日起30日内，向登记管理机关、外汇管理机关办理变更登记，由登记管理机关、外汇管理机关分别向其颁发加注“自颁发之日起8个月内有效”字样的外商投资企业营业执照和外汇登记证。

境内公司向登记管理机关办理变更登记时，应当预先提交旨在恢复股权结构的境内公司法定代表人签署的股权变更申请书、公司章程修正案、股权转让协议等文件。

第三十五条 自营业执照颁发之日起6个月内，境内公司或其股东应就其持有境外公司股权事项，向商务部、外汇管理机关申请办理境外投资开办企业核准、登记手续。

当事人除向商务部报送《关于境外投资开办企业核准事项的规定》所要求的文件外，另须报送加注的外商投资企业批准证书和加注的外商投资企业营业执照。商务部在核准境内公司或其股东持有境外公司的股权后，颁发中国企业境外投资批准证书，并换发无加注的外商投资企业批准证书。

境内公司取得无加注的外商投资企业批准证书后，应在30日内向登记管理机关、外汇管理机关申请换发无加注的外商投资企业营业执照、外汇登记证。

第三十六条 自营业执照颁发之日起6个月内，如果境内外公司没有完成其股权变更手续，则加注的批准证书和中国企业境外投资批准证书自动失效。登记管理机关根据境内公司预先提交的股权变更登记申请文件核准变更登记，使境内公司股权结构恢复到股权并购之前的状态。

并购境内公司增发股份而未实现的，在登记管理机关根据前款予以核准变更登记之前，境内公司还应当按照《公司法》的规定，减少相应的注册资本并在报纸上公告。

境内公司未按照前款规定办理相应的登记手续的，由登记管理机关按照《公司登记管理条例》的有关规定处理。

第三十七条 境内公司取得无加注的外商投资企业批准证书、外汇登记证之前，不得向股东分配利润或向有关联关系的公司提供担保，不得对外支付转股、减资、清算等资本项目款项。

第三十八条 境内公司或其股东凭商务部和登记管理机关颁发的无加注批准证书和营业执照，到税务机关办理税务变更登记。

第三节 对于特殊目的公司的特别规定

第三十九条 特殊目的公司系指中国境内公司或自然人为实现以其实际拥有的境内公司权益在境外上市而直接或间接控制的境外公司。

特殊目的公司为实现在境外上市，其股东以其所持公司股权，或者特殊目的公司以其增发的股份，作为支付手段，购买境内公司股东的股权或者境内公司增发的股份的，适用本节规定。

当事人以持有特殊目的公司权益的境外公司作为境外上市主体的，该境外公司应符合本节对于特殊目的公司的相关要求。

第四十条 特殊目的公司境外上市交易，应经国务院证券监督管理机构批准。

特殊目的公司境外上市所在国家或者地区应有完善的法律和监管制度，其证券监管机构已与国务院证券监督管理机构签订监管合作谅解备忘录，并保持着有效的监管合作关系。

第四十一条 本节所述的权益在境外上市的境内公司应符合下列条件：

（一）产权明晰，不存在产权争议或潜在产权争议；

（二）有完整的业务体系和良好的持续经营能力；

（三）有健全的公司治理结构和内部管理制度；

（四）公司及其主要股东近3年无重大违法违规记录。

第四十二条 境内公司在境外设立特殊目的公司，应向商务部申请办理核准手续。办理核准手续时，境内公司除向商务部报送《关于境外投资开办企业核准事项的规定》要求的文件外，另须报送以下文件：

（一）特殊目的公司实际控制人的身份证明文件；

（二）特殊目的公司境外上市商业计划书；

（三）并购顾问就特殊目的公司未来境外上市的股票发行价格所作的评估报告。

获得中国企业境外投资批准证书后，设立人或控制人应向所在地外汇管理机关申请办理相应的境外投资外汇登记手续。

第四十三条 特殊目的公司境外上市的股票发行价总值，不得低于其所对应的经中国有关资产评估机构评估的被并购境内公司股权的价值。

第四十四条 特殊目的公司以股权并购境内公司的，境内公司除向商务部报送本规定第三十二条所要求的文件外，另须报送以下文件：

（一）设立特殊目的公司时的境外投资开办企业批准文件和证书；

（二）特殊目的公司境外投资外汇登记表；

（三）特殊目的公司实际控制人的身份证明文件或开业证明、章程；

（四）特殊目的公司境外上市商业计划书；

（五）并购顾问就特殊目的公司未来境外上市的股票发行价格所作的评估报告。

如果以持有特殊目的公司权益的境外公司作为境外上市主体，境内公司还须报送以下文件：

（一）该境外公司的开业证明和章程；

（二）特殊目的公司与该境外公司之间就被并购的境内公司股权所作的交易安排和折价方法的详细说明。

第四十五条 商务部对本规定第四十四条所规定的文件初审同意的，出具原则批复函，境内公司凭该批复函向国务院证券监督管理机构报送申请上市的文件。国务院证券监督管理机构于20个工作日内决定是否核准。

境内公司获得核准后，向商务部申领批准证书。商务部向其颁发加注“境外特殊目的公司持股，自营业执照颁发之日起1年内有效”字样的批准证书。

并购导致特殊目的公司股权等事项变更的，持有特殊目的公司股权的境内公司或自然人，凭加注的外商投资企业批准证书，向商务部就特殊目的公司相关事项办理境外投资开办企业变更核准手续，并向所在地外汇管理机关申请办理境外投资外汇登记变更。

第四十六条 境内公司应自收到加注的批准证书之日起 30 日内，向登记管理机关、外汇管理机关办理变更登记，由登记管理机关、外汇管理机关分别向其颁发加注“自颁发之日起 14 个月内有效”字样的外商投资企业营业执照和外汇登记证。

境内公司向登记管理机关办理变更登记时，应当预先提交旨在恢复股权结构的境内公司法定代表人签署的股权变更申请书、公司章程修正案、股权转让协议等文件。

第四十七条 境内公司应自特殊目的公司或与特殊目的公司有关联关系的境外公司完成境外上市之日起 30 日内，向商务部报告境外上市情况和融资收入调回计划，并申请换发无加注的外商投资企业批准证书。同时，境内公司应自完成境外上市之日起 30 日内，向国务院证券监督管理机构报告境外上市情况并提供相关的备案文件。境内公司还应向外汇管理机关报送融资收入调回计划，由外汇管理机关监督实施。境内公司取得无加注的批准证书后，应在 30 日内向登记管理机关、外汇管理机关申请换发无加注的外商投资企业营业执照、外汇登记证。

如果境内公司在前述期限内未向商务部报告，境内公司加注的批准证书自动失效，境内公司股权结构恢复到股权并购之前的状态，并应按本规定第三十六条办理变更登记手续。

第四十八条 特殊目的公司的境外上市融资收入，应按照报送外汇管理机关备案的调回计划，根据现行外汇管理规定调回境内使用。融资收入可采取以下方式调回境内：

（一）向境内公司提供商业贷款；

（二）在境内新设外商投资企业；

（三）并购境内企业。

在上述情形下调回特殊目的公司境外融资收入，应遵守中国有关外商投资及外债管理的法律和行政法规。如果调回特殊目的公司境外融资收入，导致境内公司和自然人增持特殊目的公司权益或特殊目的公司净资产增加，当事人应如实披露并报批，在完成审批手续后办理相应的外资外汇登记和境外投资登记变更。

境内公司及自然人从特殊目的公司获得的利润、红利及资本变动所得外汇收入，应自获得之日起 6 个月内调回境内。利润或红利可以进入经常项目外汇账户或者结汇。资本变动外汇收入经外汇管理机关核准，可以开立资本项目专用账户保留，也可经外汇管理机关核准后结汇。

第四十九条 自营业执照颁发之日起 1 年内，如果境内公司不能取得无加注批准证书，则加注的批准证书自动失效，并应按本规定第三十六条办理变更登记手续。

第五十条 特殊目的公司完成境外上市且境内公司取得无加注的批准证书和营业执照后，当事人继续以该公司股份作为支付手段并购境内公司的，适用本章第一节和第二节的规定。

第五章 附 则

第五十一条 依据《反垄断法》的规定，外国投资者并购境内企业达到《国务院关于经营者集中申报标准的规定》规定的申报标准的，应当事先向商务部申报，未申报不得实施交易。

第五十二条 外国投资者在中国境内依法设立的投资性公司并购境内企业，适用本规定。

外国投资者购买境内外商投资企业股东的股权或认购境内外商投资企业增资的，适用现行外商投资企业法律、行政法规和外商投资企业投资者股权变更的相关规定，其中没有规定的，参照本规定办理。

外国投资者通过其在中国设立的外商投资企业合并或收购境内企业的，适用关于外商投资企业合并与分立的相关规定和关于外商投资企业境内投资的相关规定，其中没有规定的，参照本规定办理。

外国投资者并购境内有限责任公司并将其改制为股份有限公司的，或者境内公司为股份有限公司的，适用关于设立外商投资股份有限公司的相关规定，其中没有规定的，适用本规定。

第五十三条 申请人或申报人报送文件，应依照本规定对文件进行分类，并附文件目录。规定报送的全部文件应用中文表述。

第五十四条 被股权并购境内公司的中国自然人股东，经批准，可继续作为变更后所设外商投资企业的中方投资者。

第五十五条 境内公司的自然人股东变更国籍的，不改变该公司的企业性质。

第五十六条 相关政府机构工作人员必须忠于职守、依法履行职责，不得利用职务之便牟取不正当利益，并对知悉的商业秘密负有保密义务。

第五十七条 香港特别行政区、澳门特别行政区和台湾地区的投资者并购境内其他地区的企业，参照本规定办理。

第五十八条 本规定自公布之日起施行。

X.4.6 国务院办公厅关于建立外国投资者并购境内企业安全审查制度的通知

（2011 年 2 月 3 日　国办发［2011］6 号）

各省、自治区、直辖市人民政府，国务院各部委、各直属机构：

近年来，随着经济全球化的深入发展和我国对外开放的进一步扩大，外国投资者以并购方式进行的投资逐步增多，促进了我国利用外资方式多样化，在优化资源配置、推动技术进步、提高企业管理水平等方面发挥了积极作用。为引导外国投资者并购境内企业有序发展，维护国家安全，经国务院同意，现就建立外国投资者并购境内企业安全审查（以下简称并购安全审查）制度有关事项通知如下：

一、并购安全审查范围

（一）并购安全审查的范围为：外国投资者并购境内军工及军工配套企业，重点、敏感军事设施周边企业，以及关系国防安全的其他单位；外国投资者并购境内关系国家安全的重要农产品、重要能源和资源、重要基础设施、重要运输服务、关键技术、重大装备制造等企业，且实际控制权可能被外国投资者取得。

（二）外国投资者并购境内企业，是指下列情形：

1. 外国投资者购买境内非外商投资企业的股权或认购境内非外商投资企业增资，使该境内企业变更设立为外商投资企业。

2. 外国投资者购买境内外商投资企业中方股东的股权，或认购境内外商投资企业增资。

3. 外国投资者设立外商投资企业，并通过该外商投资企业协议购买境内企业资产并且运营该资产，或通过该外商投资企业购买境内企业股权。

4. 外国投资者直接购买境内企业资产，并以该资产投资设立外商投资企业运营该资产。

（三）外国投资者取得实际控制权，是指外国投资者通过并购成为境内企业的控股股东或实际控制人。包括下列情形：

1. 外国投资者及其控股母公司、控股子公司在并购后持有的股份总额在 50% 以上。

2. 数个外国投资者在并购后持有的股份总额合计在 50% 以上。

3. 外国投资者在并购后所持有的股份总额不足50%，但依其持有的股份所享有的表决权已足以对股东会或股东大会、董事会的决议产生重大影响。

4. 其他导致境内企业的经营决策、财务、人事、技术等实际控制权转移给外国投资者的情形。

二、并购安全审查内容

（一）并购交易对国防安全，包括对国防需要的国内产品生产能力、国内服务提供能力和有关设备设施的影响。

（二）并购交易对国家经济稳定运行的影响。

（三）并购交易对社会基本生活秩序的影响。

（四）并购交易对涉及国家安全关键技术研发能力的影响。

三、并购安全审查工作机制

（一）建立外国投资者并购境内企业安全审查部际联席会议（以下简称联席会议）制度，具体承担并购安全审查工作。

（二）联席会议在国务院领导下，由发展改革委、商务部牵头，根据外资并购所涉及的行业和领域，会同相关部门开展并购安全审查。

（三）联席会议的主要职责是：分析外国投资者并购境内企业对国家安全的影响；研究、协调外国投资者并购境内企业安全审查工作中的重大问题；对需要进行安全审查的外国投资者并购境内企业交易进行安全审查并作出决定。

四、并购安全审查程序

（一）外国投资者并购境内企业，应按照本通知规定，由投资者向商务部提出申请。对属于安全审查范围内的并购交易，商务部应在5个工作日内提请联席会议进行审查。

（二）外国投资者并购境内企业，国务院有关部门、全国性行业协会、同业企业及上下游企业认为需要进行并购安全审查的，可以通过商务部提出进行并购安全审查的建议。联席会议认为确有必要进行并购安全审查的，可以决定进行审查。

（三）联席会议对商务部提请安全审查的并购交易，首先进行一般性审查，对未能通过一般性审查的，进行特别审查。并购交易当事人应配合联席会议的安全审查工作，提供安全审查需要的材料、信息，接受有关询问。

一般性审查采取书面征求意见的方式进行。联席会议收到商务部提请安全审查的并购交易申请后，在5个工作日内，书面征求有关部门的意见。有关部门在收到书面征求意见函后，应在20个工作日内提出书面意见。如有关部门均认为并购交易不影响国家安全，则不再进行特别审查，由联席会议在收到全部书面意见后5个工作日内提出审查意见，并书面通知商务部。

如有部门认为并购交易可能对国家安全造成影响，联席会议应在收到书面意见后5个工作日内启动特别审查程序。启动特别审查程序后，联席会议组织对并购交易的安全评估，并结合评估意见对并购交易进行审查，意见基本一致的，由联席会议提出审查意见；存在重大分歧的，由联席会议报请国务院决定。联席会议自启动特别审查程序之日起60个工作日内完成特别审查，或报请国务院决定。审查意见由联席会议书面通知商务部。

（四）在并购安全审查过程中，申请人可向商务部申请修改交易方案或撤销并购交易。

（五）并购安全审查意见由商务部书面通知申请人。

（六）外国投资者并购境内企业行为对国家安全已经造成或可能造成重大影响的，联席会议应要求商务部会同有关部门终止当事人的交易，或采取转让相关股权、资产或其他有效措施，消除该并购行为对国家安全的影响。

五、其他规定

（一）有关部门和单位要树立全局观念，增强责任意识，保守国家秘密和商业秘密，提高工作效率，在扩大对外开放和提高利用外资水平的同时，推动外资并购健康发展，切实维护国家安全。

（二）外国投资者并购境内企业涉及新增固定资产投资的，按国家固定资产投资管理规定办理项目核准。

（三）外国投资者并购境内企业涉及国有产权变更的，按国家国有资产管理的有关规定办理。

（四）外国投资者并购境内金融机构的安全审查另行规定。

（五）香港特别行政区、澳门特别行政区、台湾地区的投资者进行并购，参照本通知的规定执行。

（六）并购安全审查制度自本通知发布之日起30日后实施。

国务院办公厅

二〇一一年二月三日

X.4.7 商务部实施外国投资者并购境内企业安全审查制度的规定

（2011 年 9 月 1 日 商务部公告［2011］第 53 号）

第一条 外国投资者并购境内企业，属于《国务院办公厅关于建立外国投资者并购境内企业安全审查制度的通知》明确的并购安全审查范围的，外国投资者应向商务部提出并购安全审查申请。

两个或者两个以上外国投资者共同并购的，可以共同或确定一个外国投资者（以下简称申请人）向商务部提出并购安全审查申请。

第二条 地方商务主管部门在按照《关于外国投资者并购境内企业的规定》、《外商投资企业投资者股权变更的若干规定》、《关于外商投资企业境内投资的暂行规定》等有关规定受理并购交易申请时，对于属于并购安全审查范围，但申请人未向商务部提出并购安全审查申请的，应暂停办理，并在 5 个工作日内书面要求申请人向商务部提交并购安全审查申请，同时将有关情况报商务部。

第三条 外国投资者并购境内企业，国务院有关部门、全国性行业协会、同业企业及上下游企业认为需要进行并购安全审查的，可向商务部提出进行并购安全审查的建议，并提交有关情况的说明（包括并购交易基本情况、对国家安全的具体影响等），商务部可要求利益相关方提交有关说明。属于并购安全审查范围的，商务部应在 5 个工作日内将建议提交联席会议。联席会议认为确有必要进行并购安全审查的，商务部根据联席会议决定，要求外国投资者按本规定提交并购安全审查申请。

第四条 在向商务部提出并购安全审查正式申请前，申请人可就其并购境内企业的程序性问题向商务部提出商谈申请，提前沟通有关情况。该预约商谈不是提交正式申请的必经程序，商谈情况不具有约束力和法律效力，不作为提交正式申请的依据。

第五条 在向商务部提出并购安全审查正式申请时，申请人应提交下列文件：

（一）经申请人的法定代表人或其授权代表签署的并购安全审查申请书和交易情况说明；

（二）经公证和依法认证的外国投资者身份证明或注册登记证明及资信证明文件；法定代表人身份证明或外国投资者的授权代表委托书、授权代表身份证明；

（三）外国投资者及关联企业（包括其实际控制人、一致行动人）的情况说明，与相关国家政府的关系说明；

（四）被并购境内企业的情况说明、章程、营业执照（复印件）、上一年度经审计的财务报表、并购前后组织架构图、所投资企业的情况说明和营业执照（复印件）；

（五）并购后拟设立的外商投资企业的合同、章程或合伙协议以及拟由股东各方委任的董事会成员、聘用的总经理或合伙人等高级管理人员名单；

（六）为股权并购交易的，应提交股权转让协议或者外国投资者认购境内企业增资的协议、被并购境内企业股东决议、股东大会决议，以及相应资产评估报告；

（七）为资产并购交易的，应提交境内企业的权力机构或产权持有人同意出售资产的决议、资产购买协议（包括拟购买资产的清单、状况）、协议各方情况，以及相应资产评估报告；

（八）关于外国投资者在并购后所享有的表决权对股东会或股东大会、董事会决议、合伙事务执行的影响说明，其他导致境内企业的经营决策、财务、人事、技术等实际控制权转移给外国投资者或其境内外关联企业的情况说明，以及与上述情况相关的协议或文件；

（九）商务部要求的其他文件。

第六条 申请人所提交的并购安全审查申请文件完备且符合法定要求的，商务部应书面通知申请人受理申请。

属于并购安全审查范围的，商务部在15个工作日内书面告知申请人，并在其后5个工作日内提请外国投资者并购境内企业安全审查部际联席会议（以下简称联席会议）进行审查。

自书面通知申请人受理申请之日起的15个工作日内，申请人不得实施并购交易，地方商务主管部门不得审批并购交易。15个工作日后，商务部未书面告知申请人的，申请人可按照国家有关法律法规办理相关手续。

第七条 商务部收到联席会议书面审查意见后，在5个工作日内将审查意见书面通知申请人（或当事人），以及负责并购交易管理的地方商务主管部门。

（一）对不影响国家安全的，申请人可按照《关于外国投资者并购境内企业的规定》、《外商投资企业投资者股权变更的若干规定》、《关于外商投资企业境内投资的暂行规定》等有关规定，到具有相应管理权限的相关主管部门办理并购交易手续。

（二）对可能影响国家安全且并购交易尚未实施的，当事人应当终止交易。申请人未经调整并购交易、修改申报文件并经重新审查，不得申请并实施并购交易。

（三）外国投资者并购境内企业行为对国家安全已经造成或可能造成重大影响的，根据联席会议审查意见，商务部会同有关部门终止当事人的交易，或采取转让相关股权、资产或其他有效措施，以消除该并购行为对国家安全的影响。

第八条 在商务部向联席会议提交审查后，申请人修改申报文件、撤销并购交易或应联席会议要求补交、修改材料的，应向商务部提交相关文件。商务部在收到申请报告及有关文件后，于5个工作日内提交联席会议。

第九条 对于外国投资者并购境内企业，应从交易的实质内容和实际影响来判断并购交易是否属于并购安全审查的范围；外国投资者不得以任何方式实质规避并购安全审查，包括但不限于代持、信托、多层次再投资、租赁、贷款、协议控制、境外交易等方式。

第十条 外国投资者并购境内企业未被提交联席会议审查，或联席会议经审查认为不影响国家安全的，若此后发生调整并购交易、修改有关协议文件、改变经营活动以及其他变化（包括境外实际控制人的变化等），导致该并购交易属于《国务院办公厅关于建立外国投资者并购境内企业安全审查制度的通知》明确的并购安全审查范围的，当事人应当停止有关交易和活动，由外国投资者按照本规定向商务部提交并购安全审查申请。

第十一条 参与并购安全审查的商务主管部门、相关单位和人员应对并购安全审查中的国家秘密、商业秘密及其他需要保密的信息承担保密义务。

第十二条 本规定自2011年9月1日起实施。

X.4.8 关于加强在境外发行证券与上市相关保密和档案管理工作的规定

（2009 年 10 月 20 日 中国证监会
国家保密局 国家档案局公告［2009］29 号）

一、为保障国家经济安全，保护社会公共利益，根据《中华人民共和国证券法》、《中华人民共和国保守国家秘密法》和《中华人民共和国档案法》等法律法规的有关规定，制定本规定。

二、在境外发行证券与上市过程中，境外上市公司（包括拟上市公司，下同）以及提供相关证券服务的证券公司、证券服务机构应当严格贯彻执行有关法律法规的规定以及本规定的要求，增强保守国家秘密和加强档案管理的法律意识，建立和完善专项规章制度，加强对有关人员的教育和管理，认真落实各项具体措施，进一步做好保密和档案管理工作。

三、在境外发行证券与上市过程中，境外上市公司向有关证券公司、证券服务机构和境外监管机构提供或者公开披露涉及国家秘密的文件、资料和其他物品的，应当依法报有审批权限的主管部门批准，并报同级保密行政管理部门备案。是否属于国家秘密不明确或者有争议的，应当报有关保密行政管理部门确定。

四、在境外发行证券与上市过程中，境外上市公司向有关证券公司、证券服务机构和境外监管机构提供或者公开披露涉及国家安全或者重大利益的档案的，应当依法报国家档案局批准。

五、境外上市公司在与有关证券公司、证券服务机构签订服务协议时，应当依照《中华人民共和国保守国家秘密法》等法律法规及本规定，对有关证券公司、证券服务机构承担保密义务的范围等事项依法作出明确的约定；服务协议关于适用法律以及有关证券公司和证券服务机构承担保密义务的约定条款与中国有关法律法规的规定以及本规定不符的，应当及时修改。

六、在境外发行证券与上市过程中，提供相关证券服务的证券公司、证券服务机构在境内形成的工作底稿等档案应当存放在境内。

前款所称工作底稿涉及国家秘密、国家安全或者重大利益的，不得在非涉密计算机信息系统中存储、处理和传输；未经有关主管部门批准，也不得将其携带、寄运至境外或者通过信息技术等任何手段传递给境外机构或者个人。

七、证监会、国家保密局和国家档案局等有关主管部门建立协作机制，在各自的职权范围内依法对在境外发行证券与上市过程中涉及保密和档案管理的有关事项进行监督检查。

前款所称检查，包括现场检查和非现场检查。

八、证监会负责就在境外发行证券与上市保密和档案管理工作涉及的跨境证券监管事宜，与境外证券监管机构和其他相关机构开展交流与合作。

境外证券监管机构和其他相关机构提出对境外上市公司以及为境外发行证券与上市提供证券服务的证券公司、证券服务机构（包括境外证券公司和证券服务机构在境内设立的成员机构、代表机构、联营机构、合作机构等关联机构）在境内进行现场检查的，有关境外上市公司、证券公司和证券服务机构应当事先向证监会和有关主管部门报告，涉及需要事先经有关部门批准的事项，应当事先取得有关部门的批准。现场检查应以我国监管机构为主进行，或者依赖我国监管机构的检查结果。

境外证券监管机构和其他相关机构提出对境外上市公司以及为境外发行证券与上市提供证券服务的证券公司、证券服务机构（包括境外证券公司和证券服务机构在境内设立的成员机构、代表机构、联营机构、合作机构等关联机构）进行非现场检查的，涉及国家秘密的事项，有关境外上市公司、证券公司和证券服务机构应当依法报有审批权限的主管部门批准，并报同级保密行政管理部门备案；涉及档案管理的事项，有关境外上市公司、证券公司和证券服务机构应当依法报国家档案局批准。涉及需要事先经其他有关部门批准的事项，有关境外上市公司、证券公司和证券服务机构应当事先取得其他有关部门的批准。

九、在境外发行证券与上市过程中，任何单位和个人违反《中华人民共和国保守国家秘密法》和《中华人民共和国档案法》等法律法规的，由有关部门依法追究法律责任；涉嫌犯罪的，移送司法机关依法追究刑事责任。

十、本规定所称境外上市公司，是指发行境外上市外资股的境内股份有限公司。

十一、境外中资控股上市公司的境内股权持有单位以及为上述公司提供证券服务的证券公司和证券服务机构参照本规定执行。

十二、本规定自公布之日起施行。